あ
か
さ
た
な
は
ま
や
ら
わ

新明解 四字熟語 辞典

三省堂編修所［編］

【第二版】

三省堂

●編集協力者

江口尚純……静岡大学教授
小川　隆……駒澤大学教授

●執筆協力者

［初版］
江口尚純・大野貴正・尾崎幸弘・小原広行・川田　健・児玉健一郎・佐藤憲正・島村　亨・瀬戸武生・高橋　慎・田口昌弘・徳植弘幸・永井弥人・永田　碩・西口智也・許山秀樹・流王法子

［第二版］
池田　宏・小野寺淳・川嶋　優・近藤　章・永由徳夫・宮岡良成

●紙面設計

ツヨシ＊グラフィックス（下野　剛）

●装丁

三省堂デザイン室

まえがき

特異な作家として知られた、岡本かの子の『生々流転』の中に、「けふは呉越同舟の船かね、それとも一蓮托生《いちれんたくしょう》の船かね」という一文がある。敵か味方かを直接的な表現ではなく、比喩的に四字熟語を使って、まことに味わい深いものにしている。

このように、四字熟語はわずか四文字で、人類の長年の英知を、その背景を含めて比喩的に表すことができるし、仏典・仏教語に基づく深遠な意義を含蓄ある比喩として伝えることもできる。さらに、現代の言語生活から生まれた四字熟語を使うことによって、端的に相手の共感を呼ぶこともできよう。このような言葉の便宜性が今日、文章表現やスピーチなどでしばしば引用され、また、多くの人々に好まれる所以《ゆえん》でもある。さらに、入学試験や最近話題の漢字能力検定試験などで、四字熟語がよく出題され、四字熟語に対する人々の関心は次第に高まってきている。

しかし、一方で、多岐多彩な四字熟語の中には、中国数千年の悠久たる歴史を背景とする故事・成句が多く、また、仏典・仏教語からの宗教的な難解な四字熟語も多いことなどから、その使い方が分からず、使いにくいものとして敬遠されがちな傾向もある。

そこで、本書は、四字熟語の意味を簡潔に定義し、故事にたとえのあるものとないものとを明らかにするとともに、作家などの用例を掲載して、四字熟語の使い方が容易に理解できるように編集した。巷間《こうかん》、四字熟語に関する類書は多いが、四字熟語の知識が豊かであっても、時に応じ状況に応じて、四字熟語が自在に使えなければ宝の持ち腐れである。本書は、自在に使いこなすという目的に適《かな》う数々の仕組みを案出して、それを一大特色とした。また、入学試験や難解な漢字能力検定試験に対応できるよう、日常たびたび耳にする四字熟語はもとより、中国の典籍からも広範に採録して、類書を凌《しの》ぐ語数を収録した。

四字熟語は学校で学ぶものもあるが、周りの人々からの口伝えで学んだり、新聞・雑誌などマスコミから知ったりすることも多い。えてしてその知識は曖昧であることが多い。

どうか本書を不断に活用することによって、四字熟語に一層の親しみをもち、文章表現やスピーチなどで効果的に用いるようにしていただきたい。

本書を刊行するに当たって、ご校閲をいただいた静岡大学助教授江口尚純《えぐちなおすみ》先生に深く感謝の意を表したい。

一九九八年二月

三省堂編修所

第二版　まえがき

本辞典の刊行以来十五年が経過した。この間、四字熟語をめぐる世界も日々変化を遂げ、今日では日常生活の様々な場面で、四字熟語に触れる機会も一層多くなってきている。そこで新たに、より明解で広範な辞書となることを目指して、以下のような編集方針を立てて、本書に全面的な改訂を施すこととした。

・見出しの四字熟語を大幅に増補し、水準をはるかに上回る収録語数を実現すること。
・初版の解説記述を見直し、簡明な〔意味〕欄と詳しく丁寧な〔補説〕〔故事〕〔出典〕欄の構成に改めて、簡潔明瞭かつ詳しく丁寧な解説を実現すること。
・著名作家の用例を掲げた〔用例〕欄を増補すること。
・四字熟語の理解と自由自在な使用に資するために、新たに三つの索引と三つの付録を用意すること。

本書を刊行するに当たっては、初版以来ご校閲をいただいた静岡大学教授江口尚純先生とともに、新たに仏教語について、駒澤大学教授小川隆《おがわたかし》先生のご指導をいただいた。お二人に深く感謝の意を表したい。

本書が引き続き多くの読者にご愛用いただけることを心より願ってやまない。

二〇一三年五月

三省堂編修所

凡例

【編集方針】

［1］収録語数

中国の典籍を典拠とする四字熟語から日常の言語生活で見聞きする現代的な四字熟語まで、約六千五百語を選び出し、見出しを立てて解説を施した。これに、類義語・対義語等として掲示した語例を加えて、約七千五百語の四字熟語を収録した。

［2］収録項目の範囲

本辞典に収録した四字熟語は次のようなものである。

①中国の典籍を典拠とする「臥薪嘗胆《がしんしょうたん》」「櫛風沐雨《しっぷうもくう》」など
②仏典・仏教語に由来する「色即是空《しきそくぜくう》」「四苦八苦」など
③「背水之陣」「一炊之夢」など、「之」が入って四字熟語とみなされるもの
④「灯火可親」「先従隗始《せんじゅうかいし》」など、一般には訓読して使われるが、これを音読するもの
⑤日本の古くからの成句・格言などからよく使われる「手《て》前味噌」「手練手管」など
⑥現代社会の言語生活から生み出された「官官接待」「総量規制」など

【見出し語】

［1］見出し語の配列

見出し語は四字熟語の読みの五十音順に配列した。同音の場合は一字目（・二字目…）の漢字の画数の少ない四字熟語を先に配列した。なお、四字熟語の読みの中に「…（の）…」という表記がある場合は、「の」を入れて読んでも入れずに読んでもよいことを示すが、この「（の）」の読みは除いて配列した。

［2］見出し語の種類

一般によく見聞きすると思われる四字熟語約八百語を本書独自に選定して、常用語として区別し、【 】で示した。その他の語は【 】で示した。

［3］見出し語の表記

見出し語の字形は、「常用漢字表」「人名用漢字別表」および「表外漢字字体表」に収められた字についてはその字形に準じた。

［4］見出し語の読み方・活用

漢字表記の見出し語に続いて、その語の構成に準じて字間を空けたり改行したりして、読み方を分かち書きにして示した。さらに見出し語がサ変動詞や形容動詞のように活用する場合には、〈―スル〉〈―タル〉〈―ト〉〈―ナ〉などの表現形式を適宜表示して、四字熟語の活用の便をはかった。

［5］空見出し

他の項目を参照して、そこで集中的に解説を施す場合は、矢印の下に参照先の本見出し項目とその収録ページを示した。

【解説項目】

意味…一般に熟した具体的な意味をできるだけ簡潔明瞭に示した。

補説…意味のよりどころとなる原義や、語釈、訓読みの例など、その語の理解に必要と思われる情報を示した。

注意…見出し語の異表記や別の読み、語構成を示した。

故事…由来となった故事を詳細に示した。

出典…出典は、原則として初出のものを掲示した。書名は『　』、作品は「　」で示し、また、詩や詞の場合は「作者名-詩」などとしたうえでその表題を示した。（作品名が長い場合は表題を割愛した例もある）　見出し語の意義を理解するうえで、原文を必要とすると思われるものには、◎の後に現代仮名遣いによる書き下し文を掲げ、適宜訳文を補った。なお、出典のうち『三国志』については『魏志』『蜀志』『呉志』のそれぞれに分けて掲げた。個人の詩文については、原則として作者名と作品名を掲げた。

用法…作家・評論家などの作品から適切な「用例」が求めにくい場合や、典型的な慣用句などがある場合に、その四字熟語の句例を示した。

用例…作家・評論家などの作品に現れる四字熟語の使用例を掲げた。なお、原文の旧字・旧仮名遣いは、「常用漢字表」「人名用漢字別表」に掲げられている字形および現代仮名遣いに改めた。

類義語…見出し語に類似した意味をもつ四字熟語や対応関係にある四字熟語の例を掲げた。

対義語…見出し語とは反対の意味をもつ語を掲げた。

【付録】

「中国王朝興亡表」「主要出典解説」「名作の中の四字熟語」を設けて、四字熟語の理解や表現に資するようにした。

「中国王朝興亡表」…中国歴代の王朝の興亡が一目で分かるように図示した。

「主要出典解説」…四字熟語の典拠となる漢籍から、特に重要な五十五点を選んで解説した。

「名作の中の四字熟語」…明治から昭和にかけての著名な作家が駆使した四字熟語の例を、作家ごと・作品ごとに紹介した。

【索引】

「総索引」「漢字索引」「場面・用途別索引」を設けて、四字熟語を自由に調べ、自在に使いこなすことができるように工夫した。

「総索引」…四字熟語を読み方から調べる索引。見出しに掲げた四字熟語をはじめ、類義語・対義語や(補説)欄に示した四字熟語など、本辞典に収録したすべての四字熟語を五十音順に並べて示した。

「漢字索引」…四字熟語を漢字から調べる索引。本辞典の見出しに掲げたすべての四字熟語を一字目の漢字でまとめて示した。

「場面・用途別索引」…四字熟語を表現に用いるための索引。人生のさまざまな場面を想定し、それぞれの場面や用途に応じた四字熟語の例を示した。

あ

【哀哀父母】 あいあい ふぼ

意味 いたわしくあわれな父母。

補説 父母は我らを生み苦労を重ねたのに、我らは体ばかり大きくなり何一つ父母の恩に報いることができないでいるということを悲しむ語。父母の没後に子が親を悲しみ慕う情を述べたもの。「哀哀」は悲しみきわまりないさま。「哀哀《あいあい》たる父母《ふぼ》」と訓読する。

出典 『詩経《しきょう》』小雅《しょうが》・蓼莪《りくが》 ◎「哀哀たる父母、我を生みて劬労《くろう》す」

類義語 枯魚銜索《こぎょかんさく》・風樹之歎《ふうじゅのたん》・蓼莪之詩《りくがのし》

【合縁奇縁】 あいえん きえん

意味 不思議なめぐり合わせの縁。人と人とが互いに気心が合うかどうかは、因縁という不思議な力によるものであるということ。

補説 人と人の結びつきについていうが、特に男女の間柄についていう。「合縁」はもと仏教語で、恩愛から起こる人と人との結びつきの意。「奇縁」は不思議なめぐり合わせの意。また、思いがけない不思議な縁の意。

注意 「合縁」は「愛縁」「相縁」、「奇縁」は「機縁」とも書く。

用例 合縁奇縁ハ見てわからず。しかるを梅屋舗《うめやしき》の腰掛にて。一寸《ちょっと》見た計《ばかり》で縁談沙汰《ざた》。〈坪内逍遥◆当世書生気質〉

【愛屋及烏】 あいおく きゅうう

意味 ある人を愛すると、その人に関《かか》わるすべてのものが好ましく思えること。

補説 人を愛すると、その家の屋根にいるカラスまで好ましくなる意。「愛及屋烏《あいきゅうおくう》」「屋烏之愛《おくうのあい》」ともいう。一般に「屋《おく》を愛《あい》して烏《からす》に及《およ》ぶ」と訓読して用いる。

出典 『孔叢子《くぞうし》』連叢子《れんぞうし》下

【哀感頑艶】 あいかん がんえん

意味 歌声が物悲しく、愚かな人も聡《さと》い人もみな感動すること。また、文芸作品の美しさや悲しさが人を感動させることにも用いる。

補説 「頑」は愚かな人。「艶」はみやびな人、また、聡い人。「頑艶《がんえん》を哀感《あいかん》せしむ」「哀《かな》しみ頑艶《がんえん》を感《かん》ぜしむ」と訓読する。

出典 『文選《もんぜん》』繁欽《はんきん》「魏《ぎ》の文帝《ぶんてい》に与《あた》うる牋《せん》」

【哀毀骨立】 あいき こつりつ 〈―スル〉

意味 悲しみのあまり瘦《や》せ衰えること。父母や親しい人の死で非常に悲しむことの形容。

補説 「哀毀」は、悲しみのあまりからだをこわし、瘦せ細る意。「骨立」は、瘦せて骨だけでからだを支えるほど肉が落ちて、骨と皮ばかりになる意。

出典 『後漢書《ごかんじょ》』韋彪伝《いひょうでん》

類義語 毀瘠骨立《きせきこつりつ》・形銷骨立《けいしょうこつりつ》・羸瘠骨立《るいせきこつりつ》

【愛及屋烏】 あいきゅう おくう

⇒ 愛屋及烏 あいおくきゅうう 1

【哀矜懲創】 あいきょう ちょうそう

意味 懲罰を与えるには、相手を思いやる情が必要であるということ。

補説 罰は、その罪を悔い改め人生に新たな道を開くためのもので、悲しみ哀れむ心をもって行うべきことをいう。「哀矜」は悲しみ哀れむこと。「懲創」はこらしめること。

出典 蘇軾《そしょく》「省試《しょうし》、刑賞《けいしょう》は忠厚《ちゅうこう》の至《いた》りなりの論《ろん》」

【愛月撤灯】 あいげつ てっとう

意味 物を愛玩《あいがん》することの程度が甚だしいこと。

補説 「愛月」は月を愛すること。「撤灯」は灯燭《とうしょく》を撤去すること。「月《つき》を愛《あい》して灯燭《ともしび》を撤《てっ》す」と訓読する。

故事 中国唐の蘇頲《そてい》が、詩文を作り酒を飲む宴席で、月の光があまりに清らかなため、灯燭を撤去させたという故事から。

出典 『開元天宝遺事《かいげんてんぽういじ》』

【哀鴻遍野】 あいこう へんや

意味 いたる所に悲痛な叫び声をあげる難民があふれているさま。

補説 野のいたる所に悲しげな鳴き声をあげるガンがいる意から。「鴻」は大型の水鳥、ガン。「哀鴻」は悲しげに鳴きながら飛ぶガンのことで、流浪の民のたとえ。「遍野」は

いう。「哀鳴《あいこう》野《や》に遍《あまね》し」と訓読する。野原のあらゆる所での意で、数の多いことを

出典 『詩経《しきょう》』小雅《しょうが》・鴻鴈《こうがん》 ◎「鴻鴈于ここに飛び、哀鳴すること嗷嗷《ごうごう》たり（ガンが飛び、悲しげに鳴く声がはげしく聞こえる）」

類義語 哀鴻遍地《あいこうへんち》

【相碁井目】 あいご せいもく

意味 何事にも実力の差はあるものだということ。

補説 人の力の差がさまざまであることを囲碁の腕前にたとえたもの。「相碁」は対等の腕前の者が打つ碁。「井目」は、実力の劣るほうがあらかじめ碁盤上の九つの点に碁石を置いて対戦すること。

注意 「相棋井目」とも書く。

【哀糸豪竹】 あいし ごうちく

意味 かなしげな音を奏でる琴と、力強い音を出す大笛。

補説 「哀糸」は、かなしげな弦楽器の音。「豪竹」は力強い音を出す大きな笛。「豪竹哀糸《ごうちくあいし》」ともいう。

出典 杜甫《とほ》一詩「酔《よ》うて馬《うま》より墜《お》つるを為《な》す、諸公《しょこう》酒《さけ》を携《たずさ》えて相《あい》看《み》る」

【愛多憎生】 あいた ぞうせい

意味 人から受ける恩や愛が甚だしいと、かえって人のねたみや憎しみを被ることになるということ。

補説 「愛《あい》多《おお》ければ憎《にく》しみ生《しょう》ず」と訓読する。

出典 『亢倉子《こうそうし》』用道《ようどう》 ◎「恩甚だしければ則《すなわ》ち怨《うら》み生じ、愛多ければ則ち憎しみ至る」

類義語 愛多憎至《あいたぞうし》

【愛別離苦】 あいべつりく

意味 愛する者と別れる苦しみ。

補説 仏教語。親子や夫婦など、愛する人と、生死を問わず、別れる苦痛や悲しみ。仏教でいう八苦の一つ。（↓「四苦八苦《しくはっく》」274）

注意 語構成は「愛別離」＋「苦」。

出典 『大般涅槃経《だいはつねはんぎょう》』一二

用例 愛別離苦の悲しみと偉大なものに生命を賭《か》ける壮烈な想《おも》いとで翁《おきな》の腸は一ねじり捩《ねじ》れた。〈岡本かの子◆富士〉

類義語 河梁之誼《かりょうのよしみ》・朝有紅顔《ちょうゆうこうがん》

対義語 怨憎会苦《おんぞうえく》

【曖昧模糊】 あいまいもこ 〈—タル〉〈—ト〉

意味 はっきりせず、ぼんやりしているさま。あやふやなさま。

補説 「曖昧」も「模糊」も、ともにぼんやりして不明瞭《ふめいりょう》なさま。類義の語を重ねて意味を強調している。

注意 「曖昧模糊」とも書く。

用例 ところが、猪八戒《ちょはっかい》の方は怪しいもので、彼の旅行目的たるや至極曖昧模糊としており、彼の人生の目的たるや私には分らない。〈坂口安吾◆私の小説〉

類義語 有耶無耶《うやむや》・五里霧中《ごりむちゅう》・渾渾沌沌《こんこんとんとん》・朦朧模糊《もうろうもこ》

対義語 明明白白《めいめいはくはく》

【哀鳴啾啾】 あいめい しゅうしゅう 〈—タル〉〈—ト〉

意味 鳥や獣などが、か細くかなしげに鳴く様子。

補説 「哀鳴」は鳥や獣のかなしげな鳴き声。「啾啾」は、鳥獣・虫などが、か細い声で鳴く様子。

出典 白居易《はくきょい》「微之《びし》に与《あた》うるの書《しょ》」 ◎「山猿谷鳥の哀鳴啾啾たるを聞く」

【愛楊葉児】 あい ようようにない

意味 物事の真理をより深くきわめようとしないこと。

補説 「楊葉」は枝の垂れないヤナギ（カワヤナギ・ネコヤナギの類）の葉。楊葉を愛する幼児の意。幼児が落葉の季節に、黄色くなったヤナギの葉を見て黄金と思い誤ることから。もと仏教語で、浅い教えで満足し、より深い教えに気づかないことを戒める言葉。

注意 語構成は「愛」＋「楊葉」＋「児」。

出典 『二教論《にきょうろん》』

【阿吽之息】 あうんの いき

意味 二人以上で一緒に一つのことをする際に、互いの微妙な調子や気持ちが一致すること。

補説 「阿」はサンスクリット文字の字母の最初の音で開口音、「吽」は最後の音で閉口音で、二つ合わせて初めと終わりを象徴する。転じて「阿」は吐く息、「吽」は吸う息を表し、それぞれの呼吸まで揃《そろ》ったさまを指す。類義の表現に「阿吽の呼吸」がある。

【青息吐息】 あおいき といき

意味 非常に困ったときや、きわめて苦しいときに発する元気のないため息。また、そのようなときの状態をいう。

補説 大きな心労・苦労があるとき、心身ともに疲れ果て、苦しそうな息づかいをすることから。「青息」は苦しんだり悩んだりするときにつくため息。「吐息」もため息。「息」の熟語を重ねることで語調を整え、意味を強めたもの。

【悪衣悪食】 あくい あくしょく

意味 質素で粗末な着物や食べ物。

補説 「悪衣」は粗末な着物。「悪食」は、ここでは、粗末な食事。

出典 『論語《ろんご》』里仁《りじん》 ◎「士、道に志して悪衣悪食を恥ずる者は未《いま》だ与《とも》に議するに足らず（道徳の修養に志す人で、自分の外面的な粗末な衣食を恥ずかしいと思うようでは、まだ一緒に道を論ずる資格はない）」

用例 されば悪衣悪食を恥ずるものはともに語るに足らずとなせし孔子も子貢の政《まつりごと》を問うに答えてはすなわちまず食を足らすと述べ、〈河上肇◆貧乏物語〉

類義語 褞袍粗糲《おんぽうそれい》・節衣縮食《せついしゅくしょく》・粗衣糲食《そいれいしょく》・粗衣粗食《そいそしょく》

対義語 錦衣玉食《きんいぎょくしょく》・侈衣美食《しいびしょく》・暖衣飽食《だんいほうしょく》

【悪因悪果】 あくいん あっか

意味 悪い行いが原因となって悪い結果や報いが生じること。

補説 もと仏教語。「悪因」は悪い結果をまねく原因。「悪果」は悪い行いの報い。人の行いの善悪に応じてその報いが現れる「因果応報《いんがおうほう》」の悪い面。

用例 継起して遂に竟《おわ》ることなしと云《い》うがそれじゃ。いつまでたっても終りにならぬ、どこどこまでも悪因悪果、悪果によって新に悪因をつくる。な。斯《こ》うじゃ。〈宮沢賢治◆二十六夜〉

類義語 悪因苦果《あくいんくか》・因果応報《いんがおうほう》

対義語 善因善果《ぜんいんぜんか》

【悪逆非道】 あくぎゃく ひどう

意味 人としての道に著しくそむき、道理や人情にもはずれること。また、その様子。その人。

補説 「悪逆」は人の道にそむいたひどい行い。「非道」は道理や人情にはずれること。

用例 翌日鏡葉之助《かがみようのすけ》は、蘭医《らんい》大槻玄卿《おおつきげんけい》の、悪逆非道の振る舞いにつき、ひそかに有司へ具陳した。〈国枝史郎◆八ヶ嶽の魔神〉

類義語 悪逆無道《あくぎゃくむどう》・極悪凶猛《ごくあくきょうもう》・極悪非道《ごくあくひどう》・極悪無道《ごくあくむどう》・残酷非道《ざんこくひどう》・大悪無道《たいあくむどう》・大逆非道《たいぎゃくひどう》・大逆無道《たいぎゃくむどう》・暴戻恣睢《ぼうれいしき》

対義語 品行方正《ひんこうほうせい》

【悪逆無道】 あくぎゃく むどう 〈―ナ〉

意味 人の道にはずれた、甚だしい悪事。

補説 「悪逆」は道理にそむいた著しく悪い行い。「無道」は道理にはずれているさま。「悪逆」を強めるために「無道」を添えた語。

注意 「無道」は「ぶとう」「ぶどう」とも読む。

用法 悪逆無道な振る舞い

用例 地位に多少のヒラキはあるが、悪逆無道の張本人と申せば、当時誰《だれ》でもこの二人のジジイに指を折り、その三本目は折らなかったものである。〈坂口安吾◆織田信長〉

類義語 悪逆非道《あくぎゃくひどう》・極悪非道《ごくあくひどう》・残酷非道《ざんこくひどう》・残忍酷薄《ざんにんこくはく》・大逆無道《たいぎゃくむどう》・暴虐非道《ぼうぎゃくひどう》

【悪事千里】 あくじ せんり

意味 悪い行為や評判は、またたくまに世間に知れ渡ること。

補説 一般には「悪事千里を行く」「悪事千里を走る」の形で用いる。

出典 『北夢瑣言《ほくむさげん》』六 ◎「好事門を出《い》でず、悪事千里を行く」

用例 馳《は》せ抜けても、とは思えど悪事千里といえば折角の辛棒《しんぼう》を水泡《むだ》にして、〈樋口一葉◆大つごもり〉

【悪酔強酒】 あくすい きょうしゅ

意味 望んでいることと、実行することが相反すること。また、悪いと知りながら悪事を行うこと。

補説 酒に酔うことをおそれながらも、無理に酒を飲むことから。「悪酔」は酔うことをいやがること。「強酒」は無理に酒を飲むこと。「酔《よ》いを悪《にく》みて酒《さけ》を強《し》う」と訓読する。

出典 『孟子《もうし》』離婁《りろう》上

【悪戦苦闘】 あくせんくとう 〈―スル〉

意味 非常な困難の中で苦しみながら、必死に努力をすること。

補説 強敵に死にものぐるいで苦しい戦いをすることからいう。「悪戦」は不利な状況の中で強敵に苦戦すること。

用例 あの時代の先生は思索生活における悪戦苦闘の時代で、いわば哲学に憑っかれていられて、私どもたわいのない学生の相手になぞなっていることができなかったのであろう。〈三木清◆西田先生のことども〉

類義語 苦心惨憺《くしんさんたん》・千辛万苦《せんしんばんく》・難行苦行《なんぎょうくぎょう》

【悪人正機】 あくにんしょうき

意味 仏教で、阿弥陀仏《あみだぶつ》の本願は、罪業《ざいごう》の深い悪人を救うことにあるとする説。

補説 『歎異抄《たんにしょう》』三の「善人なおもちて往生《おうじょう》をとぐ、いわんや悪人をや」という言葉で有名な、他力を本願とする浄土真宗の親鸞《しんらん》の思想。「正機」は、仏の教法を受けて、悟りを得る条件・資質を適切に備えていること。悪人こそが極楽に往生しうる者であるということ。

類義語 他力本願《たりきほんがん》

【握髪吐哺】 あくはつとほ

意味 立派な人材を求めるのに熱心なことのたとえ。

補説 「握髪」は洗っている髪を握って、洗うのをやめること。「吐哺」は口の中の食べ物を吐き出すこと。「髪《かみ》を握《にぎ》り哺《ほ》を吐《は》く」と訓読する。「吐哺握髪《とほあくはつ》」「吐哺捉髪《とほそくはつ》」ともいい、略して「吐握《とあく》」ともいう。

故事 中国古代、周公旦は来客があれば、入浴中にはぬれた髪を握ったまま、食事中には口の中の食べ物を吐き出して面会し、すぐれた人材を逃さないように熱心に求めたという故事から。

出典 『韓詩外伝《かんしがいでん》』三 ◎「一沐《いちもく》三たび髪を握り、一飯三たび哺を吐きて猶《な》お天下の士を失わんことを恐る」

類義語 一饋十起《いっきじっき》

【悪婦破家】 あくふはか

意味 心がけの悪い妻は家庭を破壊し、ひいては、夫の人生をもだめにするということ。

補説 一般に「悪婦《あくふ》家《いえ》を破《やぶ》る」と訓読して用いる。

出典 『通俗篇《つうぞくへん》』倫常《りんじょう》

【悪木盗泉】 あくぼくとうせん

意味 たとえ困窮しても、わずかな悪事にも身を近づけないたとえ。悪事に染まるのを戒める語。また、悪事に染まること。

補説 「悪木」は役に立たない木。また、人を傷つけたり悪臭のある木。「盗泉」は孔子がそこを通ったとき、喉《のど》が渇いていたが、その名が悪いといって飲まなかったといわれる泉。悪い木の陰で休んだり、悪い泉の水を飲んだりしただけでも身が汚れるという意。「盗泉」の説話は『尸子《しし》』下に見える。

出典 『文選《もんぜん》』陸機《りくき》「猛虎行《もうここう》」 ◎「渇《かっ》すれども盗泉の水を飲まず、熱《あっ》けれども悪木の陰に息《いこ》わず」

類義語 瓜田李下《かでんりか》

【阿衡之佐】 あこうのさ

意味 賢臣・名宰相が政治を補佐すること。また、その人。

補説 「阿衡」は殷《いん》の賢臣伊尹《いいん》が任命された官名。「佐」はたすける意。

注意 「あこうのたすけ」とも読む。

出典 『史記《しき》』魏世家《ぎせいか》・贊

類義語 阿衡之才《あこうのさい》・阿衡之任《あこうのにん》・覇王之輔《はおうのほ》

【浅瀬仇波】 あさせあだなみ

意味 思慮の足りない人ほど、とるに足りない小さなことにも大騒ぎすることのたとえ。

補説 「浅瀬に仇波」の略。浅い瀬では深い淵《ふち》にくらべて激しく波立つことからいう。「仇波」は、いたずらに立ち騒ぐ波。

注意 「浅瀬徒波」とも書く。

出典 『古今集《こきんしゅう》』恋四 ◎「そこひなきふちやはさわぐ山河のあさきせにこそあだ浪はたて」

【鴉雀無声】 あじゃくむせい

意味 ひっそりとして声ひとつないこと。静まりかえっているさま。また、黙ったまま話をしないさま。

補説 「鴉」はカラス。カラスやスズメなど鳥の鳴き声のない意から。「鴉雀《あじゃく》声《こえ》無《な》し」と訓読する。

出典 蘇軾《そしょく》－詩「絶句三首《ぜっくさんしゅ》」
類義語 鴉鵲無聞《あじゃくむぶん》・鴉黙雀静《あもくじゃくせい》

【阿世曲学】 あせい きょくがく

⇒ 曲学阿世 きょくがくあせい 161

【啞然失笑】 あぜん しっしょう

意味 あっけにとられて、思わず笑ってしまうこと。
補説 「啞然」はあっけにとられるさま。「失笑」は自然と笑いが出てしまうこと。「啞然《あぜん》として失笑《しっしょう》す」と訓読する。
出典 『呉越春秋《ごえつしゅんじゅう》』越王無余外伝《えつおうむよがいでん》

【鴉巣生鳳】 あそう せいほう

意味 愚かな親にすぐれた子が生まれるたとえ。また、貧しい家にすぐれた人物が生まれるたとえ。
補説 カラスの巣におおとりが生まれる意から。「鴉」はカラス。「鳳」は想像上の瑞鳥《ずいちょう》でおおとりで、聖天子が出ると現れるとされる。「鴉巣《あそう》に鳳《ほう》を生《しょう》ず」と訓読する。「とびが鷹《たか》を生む」と同意。
出典 『五灯会元《ごとうえげん》』一二・白鹿顕端禅師《はくろくけんたんぜんし》

【可惜身命】 あたら しんみょう

意味 体や命を大切にすること。
補説 「可惜」は価値のあるもの、すぐれた立派なものなどがそれにふさわしい扱いを受けていないのを惜しむ情を示す語。「身命」は体と命の意。
対義語 不惜身命《ふしゃくしんみょう》

【遏悪揚善】 あつあく ようぜん

意味 悪事をとどめ抑えて、善事をすすめること。
補説 悪事には刑罰を加えてその悪を禁じ、善事には報奨を与えて官職に挙げ用いること。「遏」はとどめ禁ずる、絶つ意。「揚」はすすめさかんにする意。また、挙げ用いる意。「悪《あく》を遏《とど》め善《ぜん》を揚《あ》ぐ」と訓読する。
出典 『易経《えききょう》』大有《たいゆう》 ◎「君子は以《もっ》て悪を遏め善を揚げて、天の休《おお》いなる命に順《したが》う」
類義語 勧善懲悪《かんぜんちょうあく》・激濁揚清《げきだくようせい》

【悪鬼羅刹】 あっき らせつ

意味 人に害を与える恐ろしい魔物のたとえ。
補説 「悪鬼」は人にたたりをする魔物。「羅刹」は仏教で、人を食うという鬼。
用例 一天にわかに搔《か》きくもり、潮《うしお》はどうどうと怒り立ち、百千の悪鬼羅刹は海の底よりあらわれたり。〈岡本綺堂◆平家蟹〉
類義語 魑魅魍魎《ちみもうりょう》・妖怪変化《ようかいへんげ》

【悪口雑言】 あっこう ぞうごん

意味 口ぎたなく、あれこれ思う存分に悪口を言うこと。また、その言葉。
補説 さんざんにののしることをいう。「悪口」は人を悪く言うこと。「雑言」は悪口や言い掛かり。
用法 悪口雑言の限りを尽くす
類義語 悪口罵詈《あっこうばり》・讒謗罵詈《ざんぼうばり》・罵詈讒謗《ばりざんぼう》・罵詈雑言《ばりぞうごん》

【阿鼻叫喚】 あび きょうかん

意味 非常に悲惨でむごたらしいさま。
補説 もとは阿鼻地獄と叫喚地獄の意。「阿鼻」は仏教で説く八大地獄の一つ、無間《むけん》地獄のこと。「叫喚」は八大地獄の一つの叫喚地獄（釜《かま》ゆでの地獄）の意。また、「叫喚」は泣き叫ぶことで、阿鼻地獄に落ちた者がその責め苦に泣き叫ぶこととも。（→「八大地獄《はちだいじごく》」530）
用法 阿鼻叫喚の巷《ちまた》と化す
用例 自分がいままで阿鼻叫喚で生きて来た所謂《いわゆる》「人間」の世界に於《お》いて、たった一つ、真理らしく思われたのは、それだけでした。〈太宰治◆人間失格〉

【阿鼻地獄】 あび じごく

⇒ 無間地獄 むけんじごく 618

【阿附迎合】 あふ げいごう 〈—スル〉

意味 相手に気に入られようとして、へつらいおもねること。
補説 「阿附」は人にへつらい、おもねり従うこと。「迎合」は相手の気に入るように調子を合わせること。
注意 「阿付迎合」とも書く。
類義語 阿諛曲従《あゆきょくしょう》・阿諛迎合《あゆげいごう》・阿諛苟合《あゆこうごう》・阿諛承迎《あゆしょうげい》・阿諛追従《あゆついしょう》・阿諛追随《あゆついずい》・阿諛便佞《あゆべんねい》・阿諛逢迎《あゆほうげい》・阿諛奉承《あゆほうしょう》・迎合追従《げいごうついしょう》・世辞追従《せじついしょう》

【蛙鳴蟬噪】 あめいせんそう 〈—スル〉

意味 無駄な表現が多く、内容の乏しい議論や文章。

補説 無用の口論や下手な文章をいう。カエルやセミがやかましく鳴くように、騒がしいだけでなんの役にも立たないという意から。「噪」は騒がしく鳴く意。「蟬噪蛙鳴《せんそうあめい》」ともいう。

出典 蘇軾《そしょく》詩「都《みやこ》を出《い》でて陳《ちん》に来《きた》る、乗《の》る所《ところ》の船上《せんじょう》に小詩八首《しょうしはっしゅ》を題《だい》する有《あ》り、何人《なんぴと》なるかを知《し》らず、余《よ》が心《こころ》に感《かん》ずる者《もの》有《あ》り、聊《いささ》か為《ため》に之《これ》を和《わ》す」

用例 成程彼輩に於《お》いては二十三年迄《まで》は国会とか憲法とか蛙鳴蟬噪するの自由を有することもあるべし。〈徳富蘇峰◆明治二十三年後の政治家の資格を論す〉

類義語 蛙鳴雀噪《あめいじゃくそう》・春蛙秋蟬《しゅんあしゅうぜん》・驢鳴犬吠《ろめいけんばい》

【天叢雲剣】 あめのむらくものつるぎ

意味 皇位継承のしるしである三種の神器の一つ。熱田神宮の神体。

補説 須佐之男命《すさのおのみこと》が出雲国《いずものくに》で倒したヤマタノオロチの尾から出てきたという刀。草薙剣《くさなぎのつるぎ》などともいわれる。（↓「三種神器《さんしゅのじんぎ》」263）

注意 「あまのむらくものつるぎ」とも読む。

【阿爺下頷】 あや（の）あがん

意味 物事を見分けることができない愚か者のこと。また、誤り・間違いのこと。

補説 「阿」は人名や人に関《かか》わる語の上につけて親愛の情を表す助字、「爺」は父の俗称で、「阿爺」は「お父さん」の意。「下頷」は下顎《あご》。

注意 「あや（の）かがん」とも読む。

故事 愚かな息子が、戦場に落ちていた馬の鞍《くら》の一部を戦死した父親の下顎の骨と思い込み、大切に持ち帰ったという故事から。

出典 『碧巌録《へきがんろく》』九八

【阿諛迎合】 あゆげいごう 〈—スル〉

意味 相手の気に入るように、おもねりへつらうこと。

補説 「阿諛」はおもねりへつらうこと。「迎合」は相手の気に入るようにすること。

用例 同じ阿諛迎合を事としても、杜周《としゅう》（中略）のような奴《やっ》は自らそれを知っているに違いないが、このお人好しの丞相《じょうしょう》ときた日にはその自覚さえない。〈中島敦◆李陵〉

類義語 阿附迎合《あふげいごう》・阿諛曲従《あゆきょくしょう》・阿諛苟合《あゆこうごう》・阿諛取容《あゆしゅよう》・阿諛追随《あゆついずい》・阿諛便佞《あゆべんねい》・阿諛追従《あゆついしょう》・阿諛奉承《あゆほうしょう》・阿諛逢迎《あゆほうげい》・世辞追従《せじついしょう》

【阿諛傾奪】 あゆけいだつ 〈—スル〉

意味 権勢のある者におもねって、人を陥れ、地位や利権を奪うこと。

補説 「阿諛」はおもねりへつらうこと。「傾奪」は自分のほうに引き寄せ地位や財産を奪う意。

出典 亀谷省軒《かめたにせいけん》『商法必読序《しょうほうひつどくじょ》』

【阿諛追従】 あゆついしょう 〈—スル〉

意味 相手の気に入るように、おもねり、こびへつらうこと。

補説 「阿諛」はおもねりへつらうこと。「追従」はこびへつらうこと。また、その言葉。

用例 予はさような阿諛追従は好まざるは、〈坪内逍遥◆自由太刀余波鋭鋒〉

類義語 阿附迎合《あふげいごう》・阿諛曲従《あゆきょくしょう》・阿諛迎合《あゆげいごう》・阿諛苟合《あゆこうごう》・阿諛取容《あゆしゅよう》・阿諛追随《あゆついずい》・阿諛便佞《あゆべんねい》・阿諛逢迎《あゆほうげい》・阿諛奉承《あゆほうしょう》・曲意逢迎《きょくいほうげい》・揣摩迎合《しまげいごう》・世辞追従《せじついしょう》・諂佞阿諛《てんねいあゆ》・卑躬屈節《ひきゅうくっせつ》

【阿諛便佞】 あゆべんねい 〈—スル〉

意味 相手の気に入るように口先でうまいことを言って、おもねりへつらうこと。

補説 「阿諛」はおもねりへつらうこと。「便佞」は口先ではうまいことを言いながら、誠意のないこと。

用例 かくて他律的服従は盲目なる者の偸安《とうあん》か、奸譎《かんきつ》なる者の阿諛便佞か——阿諛便佞を通じたる利己かである。〈阿部次郎◆三太郎の日記〉

類義語 阿附迎合《あふげいごう》・阿諛曲従《あゆきょくしょう》・阿諛迎合《あゆげいごう》・阿諛苟合《あゆこうごう》・阿諛取容《あゆしゅよう》・阿諛追従《あゆついしょう》・阿諛追随《あゆついずい》・阿諛逢迎《あゆほうげい》・阿諛奉承《あゆほうしょう》・曲意逢迎《きょくいほうげい》・世辞追従《せじついしょう》・諂佞阿諛《てんねいあゆ》

【阿轆轆地】 あろくろくじ

意味 物事が滞りなく、うまく動いてゆくさま。また、次々と言葉が発せられること。

補説 「阿」「地」はともに助字。「轆轆」は車がガラゴロと回転する音の形容で、車がくるくる回転するように滞らないさまをいう。

注意 「阿漉漉地」とも書く。語構成は「阿」+「轆轆」+「地」。「転轆轆地《てんろくろくじ》」ともいう。

出典 『碧巌録《へきがんろく》』七九

【暗雲低迷】 あんうんていめい〈―スル〉

意味 悪い状態が長く続き、向上のきざしが見えてこない前途不安な状況のこと。

補説 暗い雲が低く垂れ込めて晴れそうにないさまから。「暗雲」は光をさえぎる黒い雲で、何かの事件が起こりそうな穏やかでない気配のこと。「低迷」は雲が低く漂うことで、好ましくない状態が続いていること。経済・社会状況や心情などについていう。

【晏嬰狐裘】 あんえいのこきゅう

意味 倹約につとめて職務に励むたとえ。

補説 人の上に立つ者のあるべき姿を説いた語。「晏嬰」は中国春秋時代の斉の名宰相。尊称して晏子という。「狐裘」はキツネの脇《わき》の下の白い毛で作った高価なかわごろものこと。類義の表現に「一狐裘三十年《いっこきゅうさんじゅうねん》」がある。

故事 中国春秋時代、斉の名宰相晏嬰が質素倹約につとめ、高価なものではあるが、たった一枚の狐裘を三十年も着続けて、国を治めることに励んだという故事から。

出典 『礼記《らいき》』檀弓《だんぐう》下

【安閑恬静】 あんかんてんせい〈―ナ〉

意味 ゆったりとして静かで安らかなさま。無欲で心騒ぐことなく、ゆったりとしたさま。

補説 「安閑」「恬静」ともに、心安らかで静かなさま。

用法 安閑恬静な暮らし

【安居危思】 あんきょきし

⇒ 居安思危 きょあんしき 152

【安居楽業】 あんきょらくぎょう

意味 社会的地位など、現在の環境や状況に心安らかに満足し、自分の仕事を楽しむこと。

補説 自分の分《ぶん》をわきまえて不満をもたず、心安らかに自分のなすべき仕事をすることをいう。また、転じて、善政の行われていることのたとえとしても用いる。世が治まり生活が安定して、みなそれぞれの仕事に励む意から。「居《きょ》に安《やす》んじ業《ぎょう》を楽《たの》しむ」「安居《あんきょ》して業《ぎょう》を楽《たの》しむ」と訓読する。

出典 『漢書《かんじょ》』貨殖伝《かしょくでん》・序

用例 彼等《かれら》にその当面の必須事たる安居楽業を得さしてやるだけでも、容易なことではあるまい。〈豊島与志雄◆上海の渋面〉

類義語 安家楽業《あんからくぎょう》・安土楽業《あんどらくぎょう》

【暗香蓊勃】 あんこうおうぼつ〈―タル〉〈―ト〉

意味 どこからともなく、よい香りが盛んに漂いくるさま。

補説 「暗香」はどこからともなく漂うよい香り。また、暗闇《くらやみ》の中に漂うよい香り。花の香り、特に梅の花の香りをいうことが多い。「蓊勃」は盛んなさま。

注意 「暗香蓊勃」とも書く。

出典 斎藤拙堂《さいとうせつどう》「月瀬記勝《つきがせきしょう》」

類義語 暗香疎影《あんこうそえい》・暗香浮動《あんこうふどう》

【按甲休兵】 あんこうきゅうへい

意味 戦いや争いをやめること。

補説 「按甲」は甲冑《かっちゅう》をぬぎとどめること。「休兵」は出兵をやめ、兵を休養させる意。「甲《こう》を按《あん》じて兵《へい》を休《やす》む」と訓読する。

注意 「安甲休兵」とも書く。

出典 『史記《しき》』淮陰侯伝《わいいんこうでん》

類義語 按甲寝兵《あんこうしんぺい》・解甲帰田《かいこうきでん》・巻甲韜旗《かんこうとうき》・棄甲曳兵《きこうえいへい》

【暗香疎影】 あんこうそえい

意味 梅のことをたとえていう。

補説 「暗香」はどこからともなく漂うよい香り。また、暗闇《くらやみ》の中に漂うよい香り。花の香り、特に梅の花の香りをいうことが多い。「疎影」は、まばらに映る木々などの影。

出典 林逋《りんぽ》―詩「山園小梅《さんえんのしょうばい》」

類義語 暗香蓊勃《あんこうおうぼつ》・暗香浮動《あんこうふどう》

【暗香浮動】 あんこうふどう〈―スル〉

意味 暗闇《くらやみ》の中、梅の香りがかすかに漂うこと。かすかに感じられる春の訪れを表す。

補説 「暗香」はどこからともなく漂うよい香り。また、暗闇の中に漂うよい香り。花の香り、特に梅の花の香りをいうことが多い。「浮動」はふわふわと漂っていること。

出典 林逋《りんぽ》詩「山園小梅《さんえんのしょうばい》」◎「疎影横斜して水《みず》清浅、暗香浮動して月《つき》黄昏《こうこん》」

用例 花を理想的に愛する人は、破れた籬《まがき》の前に座して野菊と語った陶淵明《とうえんめい》や、たそがれに、西湖の梅花の間を逍遥《しょうよう》しながら、暗香浮動の趣に我れを忘れた林和靖《りんわせい》のごとく、花の生まれ故郷に花をたずねる人々である。〈岡倉天心 岡倉覚三・村岡博訳◆茶の本〉

類義語 暗香蓊勃《あんこうおうぼつ》・暗香疎影《あんこうそえい》

【暗黒時代】 あんこくじだい

意味 道義や秩序が乱れ、悪や不正がはびこって希望がもてない時代。また、戦乱が続いたり人間の尊厳が奪われたりしている時代。

補説 「暗黒」は暗闇《くらやみ》のこと。

用例 我々は事もなくフグ料理に酔い痴《し》れているが、あれが料理として通用するに至るまでの暗黒時代を想像すれば、そこにも一篇《いっぺん》の大ドラマがある。〈坂口安吾◆ラムネ氏のこと〉

対義語 黄金時代《おうごんじだい》

【暗黒沈静】 あんこくちんせい

意味 あたり一面暗闇《くらやみ》が垂れ込めて、静まり返っていること。

補説 「暗黒」は暗闇のこと。「沈静」は静まり返っていること。

用例 暗黒沈静の深夜より喧嘩囂躁《けんかごうそう》の白昼に出《い》でたる者なれば、〈福沢諭吉◆文明論之概略〉

類義語 暗無天日《あんむてんじつ》

【晏子之御】 あんしのぎょ

意味 他人の権威に寄りかかっておごり、自らの低い地位に満足しているつまらない人物のたとえ。

補説 「晏子」は中国春秋時代の斉の名宰相晏嬰《あんえい》のこと。「御」は馬車の御者《ぎょしゃ》。

故事 中国春秋時代、斉の宰相晏嬰の御者が、主人を乗せた馬車を操ることで意気揚々と得意がっていたところ、それを見た妻が離縁を迫って夫をたしなめたため、行いを改めたという故事から。

出典 『史記《しき》』晏嬰伝《あんえいでん》

類義語 晏御揚揚《あんぎょようよう》

【晏子高節】 あんしのこうせつ

意味 晏子が臣下としての節操を守り通した故事。

補説 「晏子」は中国春秋時代の斉の名宰相晏嬰《あんえい》のこと。「高節」は節操の高いこと。

故事 中国の春秋時代、斉の崔杼《さいちょ》が、君主の荘公を殺害したうえ、自分に忠誠を誓わない者を次々と殺した。その中にあって晏嬰が、「君主に背くのは義に反する。無道の者は天罰を受けるであろう」と言い切り、毅然《きぜん》として脅しに屈しなかったという故事から。

出典 『晏子春秋《あんししゅんじゅう》』雑《ざっ》上

【安車蒲輪】 あんしゃほりん

意味 老人をいたわって、手厚くもてなすこと。また、賢人を優遇することにもいう。

補説 「安車」は古代中国で、老人や婦人用に座って乗るように仕立てられた、屋根つきの小車。「蒲輪」は蒲《がま》の穂で車輪を包んで、揺れをおさえて乗り心地をよくしたもの。

出典 『漢書《かんじょ》』武帝紀《ぶていき》

類義語 安車軟輪《あんしゃなんりん》

【安常処順】 あんじょうしょじゅん

意味 憂いなく、平穏な生活に満足して、時の流れゆくままに身をまかせること。また、平穏な生活に慣れ、順調な境遇にいること。

補説 「常《つね》に安《やす》んじて順《じゅん》に処《お》る」と訓読する。

出典 『荘子《そうじ》』養生主《ようじょうしゅ》

【安心立命】 あんしんりつめい 〈―スル〉

意味 信仰の力で心を安らかに保って身を天命にまかせ、どんなときにも心を乱されないこと。また、人力のすべてを尽くして身を天命にまかせ、どんなときにも動じないこと。

補説 初め儒学の語であったが、禅宗で使われ、広く用いられるようになった。「安心」は仏教の言葉で、もとは「あんじん」と読み、信仰によって達する心の動かない境地のこと。「立命」は儒教の言葉で、天から与えられた本性を修養し、天命を全うすること。「立命安心《りつめいあんしん》」ともいう。

注意 「安心」は「安身」とも書き、「あんじん」とも読む。「立命」は「りゅうめい」「りゅうみょう」とも読む。

出典 『景徳伝灯録《けいとくでんとうろく》』一〇

用例 結局、安心立命するものを捉《とら》えさえ

したらいいのだろう。〈岡本かの子◆食魔〉
類義語 安心決定《あんしんけつじょう》

【按図索驥】あんずさくき

意味 実際には役立たない考えややり方のたとえ。また、決まったやり方にこだわって、融通のきかないことのたとえ。
補説 馬に関しての絵や書物の知識だけで、すぐれた馬を見つけようとする意から。「按」は細かく研究すること。「索」はもとめること。「驥」は一日に千里走る名馬。「按図索駿《あんずさくしゅん》」ともいう。「図《ず》を按《あん》じて驥《き》を索《もと》む」と訓読する。
注意 「案図索驥」とも書く。
出典 『漢書《かんじょ》』梅福伝《ばいふくでん》
類義語 按図求駿《あんずきゅうしゅん》・机上空論《きじょうのくうろん》・空理空論《くうりくうろん》・紙上談兵《しじょうだんぺい》

【按図索駿】あんずさくしゅん

⇒按図索驥 あんずさくき 9

【黯然失色】あんぜんしっしょく 〈―スル〉

意味 打ちひしがれて、気力を失うこと。
補説 本来の光彩を失って、暗くさえないことから。「黯然」は暗いさま、黒いさま。また、顔色を失い悲しむさま。気の晴れないさま。「失色」は本来の光彩をなくすこと。顔色をかえる、失うこと。
類義語 黯然銷魂《あんぜんしょうこん》

【暗箭傷人】あんせんしょうじん

意味 ひそかに人を陥れたり、中傷したりする卑劣な行為のこと。
補説 「暗箭」は暗闇《くらやみ》から放たれる矢のことで、誰《だれ》が放ったのかはわからない。「傷人」は人を傷つける意。「暗箭《あんせん》人《ひと》を傷《やぶ》る(傷《きず》つく)」と訓読する。
出典 『水滸伝《すいこでん》』一一三

【安然無恙】あんぜんむよう

意味 憂いや病気がなく、平安で無事なこと。また、軍事などでいまだ少しも損害のないこと。
補説 「安然」は安らかなさま。「無恙」は心配事や病気がなく、平安で無事なさま。一般に「安然《あんぜん》として恙《つつが》無《な》し」と訓読して用いる。
出典 『醒世恒言《せいせいこうげん》』四
類義語 安然無事《あんぜんぶじ》

【暗送秋波】あんそうしゅうは

意味 女性が媚《こび》を含んだまなざしを男性に向けること。色目を使うこと。また、機嫌を取って取り入り、ひそかに相手と結ぼうとすること。
補説 「暗」はひそかに、こっそりの意。「秋波」は秋の涼やかに澄んだ水波の意で、美人の澄んだ目、女性の媚を含むまなざしのたとえ。色目。一般に「暗《あん》に秋波《しゅうは》を送《おく》る」と訓読して用いる。
出典 李煜《りいく》―詩「菩薩蛮《ぼさつばん》」

【安宅正路】あんたくせいろ

意味 仁と義のたとえ。
補説 「安宅」は住み心地のよい家で、安らかで安全な身の置き所の意から、仁のたとえ。「正路」は、正しい道で、人の踏み行うべき正しい道という意から、義のたとえ。仁は他人への思いやり、いつくしみ。仁愛。義は人として踏み行うべき道。正義。
出典 『孟子《もうし》』離婁《りろう》上 ◎「仁は人の安宅なり、義は人の正路なり」

【暗澹溟濛】あんたんめいもう 〈―タル〉〈―ト〉

意味 先の見通しが暗く、希望がないこと。
補説 「暗澹」は暗くてはっきりしないさま。「溟濛」は明らかでないさま。
用例 其《その》作用が暗澹溟濛の極に達して居るから、自然とこれが形体の上にあらわれて、知らぬ母親に入らぬ心配を掛けたんだろうと思う。〈夏目漱石◆吾輩は猫である〉

【暗中飛躍】あんちゅうひやく

意味 ひそかに画策して、活躍すること。人に知られないように、ひそかに策動すること。
補説 略して「暗躍《あんやく》」という。
用例 暗中飛躍をする無数の政客や、武人や、策士を、法皇はやはり高い御座《みくら》のうえからよく観《み》ておられると、〈吉川英治◆親鸞〉
類義語 裏面工作《りめんこうさく》

【暗中模索】あんちゅうもさく 〈―スル〉

意味 手がかりのないまま、あれこれとやってみること。
補説 暗闇《くらやみ》の中で、手探りをして求める意から。「模索」は手さぐりでさがす意。

注意 「暗中摸索」とも書く。

出典 『隋唐嘉話《ずいとうかわ》』中

用例 依頼心というでもなく、ふと暗中模索する気もちが、ぼくを闇夜へ追い出していたのである。〈吉川英治◆忘れ残りの記〉

類義語 五里霧中《ごりむちゅう》

対義語 明明白白《めいめいはくはく》

【安土重遷】 あんどじゅうせん

意味 郷里に安住して、他の土地に移りたがらないこと。住み慣れた土地を離れたがらないのも人の情であることをいう。

補説 「土」は郷土。「重」は恐れる意。「遷」は移ること。「土《つち》に安《やす》んじて遷《せん》（遷《うつ》る）を重《はばか》る」と訓読する。

出典 『漢書《かんじょ》』元帝紀《げんていき》

類義語 安土恋本《あんどれんぽん》

【安寧秩序】 あんねいちつじょ

意味 国や社会が落ち着いていて、乱れていないこと。平和で不安がなく、秩序立っていること。

補説 「安寧」は安らかで平和なこと。

用例 宗教は（中略）一社会の各員がその社会の安寧秩序を維持する力に対する共同的関係であるといって居る。〈西田幾多郎◆善の研究〉

【安穏無事】 あんのんぶじ 〈―ナ〉

意味 何事もなく、穏やかで安らかなさま。

補説 社会や暮らしなどの穏やかな様子をいう。「安穏」は安定したさま。

注意 「あんおんぶじ」とも読む。

用例 機械的な繰返しの生を営んで、その中に淫《いん》し溺《おぼ》れて、その日その日の安穏無事から、一歩も外に出ようとはしない。〈豊島与志雄◆都会に於ける中流婦人の生活〉

類義語 平穏無事《へいおんぶじ》

【安分守己】 あんぶんしゅき

意味 自分の身の程をわきまえて生き、高望みしないこと。

補説 「安分」は自分の身の程をわきまえる意。「守己」は自分の身を持すること。「分《ぶん》に安《やす》んじ己《おのれ》を守《まも》る」と訓読する。

類義語 巣林一枝《そうりんいっし》・知足安分《ちそくあんぶん》

【按兵不動】 あんぺいふどう

意味 状況や様子をうかがいながら、好機の来るのをじっと待つこと。

補説 兵をおさえ止めたまま前進せず、好機到来を待つ意から。「按」はおさえる、引き止める意。「兵《へい》を按《あん》じて（按《おさ》えて）動《うご》かず」と訓読する。

注意 「案兵不動」とも書く。

出典 『荀子《じゅんし》』王制《おうせい》

類義語 按軍不動《あんぐんふどう》・案兵無動《あんぺいむどう》

【安楽浄土】 あんらくじょうど

意味 仏教で阿弥陀仏《あみだぶつ》のいるという安楽の世界。一切の苦難のない、円満で安楽な場所・境遇。また、すべてに満ち足りていることのたとえ。

用例 早く此《この》峠を越しさえすれば安楽浄土は十方光明の世界を現じて、麓《ふもと》に照りかがやいて居る。〈平出修◆夜烏〉

類義語 極楽浄土《ごくらくじょうど》・欣求浄土《ごんぐじょうど》・寂光浄土《じゃっこうじょうど》

【い】

【帷幄上奏】 いあくじょうそう

意味 大日本帝国憲法（明治憲法）下、軍の統帥に関《かか》わる事項について、陸軍参謀総長・海軍軍令部総長らが、内閣を通さずに直接天皇に上奏すること。

補説 「帷幄」は陣営に張られた幕。転じて、作戦を立てる場所。本陣。そこで作戦に加わる家臣を「帷幄之臣《いあくのしん》」（↓10）という。「上奏」は天皇に意見などを申し上げること。

【帷幄之臣】 いあくのしん

意味 陣営で作戦計画に参与する参謀。

補説 「帷幄」は陣営に張られた幕。転じて、作戦を立てる場所。本陣。

出典 『漢書《かんじょ》』張良伝《ちょうりょうでん》◎「籌策《ちゅうさく》を帷幄の中に運《めぐ》らし、勝ちを千里の外に決せしは子房《しぼう》の功なり」／黄覇伝《こうはでん》◎「帷幄近臣《いあくきんしん》」

類義語 入幕之賓《にゅうばくのひん》

【異域之鬼】 いいきのき

意味 外国で死ぬこと。故郷を遠く離れて死ぬこと。
補説 故郷を離れ外国にとどまっている死者の魂の意から。「異域」は外国、「鬼」は死者の魂の意。
注意 「いいきのおに」とも読む。
出典 『文選《もんぜん》』李陵《りりょう》「蘇武《そぶ》に答《こた》うる書《しょ》」◎「生きては別世の人と為《な》り、死しては異域の鬼と為る」
用例 刃《やいば》の串につんざかれ、矢玉の雨に砕かれて異域の鬼となッてしまッた口惜《くや》しさはどれほどだろうか。〈山田美妙◆武蔵野〉

【以夷制夷】いいせいい

意味 他人の力を用いて、自分の利益を図ること。外敵を使って外敵を制する戦略。
補説 外敵同士を戦わせて互いの力を弱め、自国の安泰を図る意から。「夷」は未開の異民族で、ここでは外敵。「夷《い》を以《もっ》て夷《い》を制《せい》す」と訓読する。
注意 「以夷征夷」とも書く。
出典 『後漢書《ごかんじょ》』鄧訓伝《とうくんでん》◎「夷を以て夷を伐《う》つ」
類義語 以毒制毒《いどくせいどく》

【唯唯諾諾】いいだくだく 〈―タル〉〈―ト〉

意味 事のよしあしにかかわらず、何事にもはいはいと従うさま。人の言いなりになり、おもねるさま。
補説 「はい、はい」の意。「唯」「諾」ともに「はい」という応答の辞。
出典 『韓非子《かんぴし》』八姦《はっかん》◎「優笑侏儒《しゅじゅ》、左右近習は、此《こ》れ人主未《いま》だ命ぜずして唯唯、未だ使わずして諾諾、意に先んじ旨を承《う》け、貌《ぼう》を観《み》色を察し、以《もっ》て主の心に先んずる者にして…（役者や道化師、従者や付き人などは主人がまだ何も命じていないのに「はい」と言い、何もさせないうちに「はい」と言い、主君の意向に先回りして意に添うようにし、様子や顔色をうかがって、主君の心に先回りしようとする者であって…）」
用例 心に服従することを欲しないことあるのにかかわらず、表向だけ唯々諾々としてこれを遵奉するは自ら欺くというもので、内部の矩《のり》を踰《こ》ゆるものではなかろうか。〈新渡戸稲造◆自由の真髄〉
類義語 唯唯連声《いいれんせい》・百依百順《ひゃくいひゃくじゅん》・付和雷同《ふわらいどう》

【伊尹負鼎】いいんふてい

意味 大望を果たすために身を落とすたとえ。
補説 「伊尹」は中国古代の伝説上の人物。殷《いん》代の名宰相。「鼎」は三本の足のある煮炊き用の器具。伊尹が鼎《かなえ》を背負ってやって来る意から。『蒙求《もうぎゅう》』の表題の一つ。
故事 中国古代、伊尹は殷の湯王に、初めは鼎を背負って料理人として近づき仕え、ついには宰相にまでなったという故事から。
出典 『史記《しき》』殷紀《いんき》
類義語 韓信匍匐《かんしんほふく》

【医鬱排悶】いうつはいもん

意味 気晴らしをすること。
補説 憂さを晴らして気分を爽快《そうかい》にすることから。「医鬱」は鬱屈を晴らす意。「排悶」は気晴らしをする意。類義の語を重ねて意味を強めている。
用例 遊惰放逸の徒の小説を読むは、偏《ひとえ》に医鬱排悶の媒介《ばいかい》となさんが為《ため》のみ、〈坪内逍遥◆小説神髄〉

【易往易行】いおういぎょう

意味 行いやすい平易な修行で、極楽往生できるという教え。
補説 極楽往生は容易で、そのための修行も容易であること。「往」は極楽往生すること。「行」は修行すること。浄土宗の他力本願の教えで、阿弥陀如来《あみだにょらい》にすがって、「南無阿弥陀仏《なむあみだぶつ》」と唱えれば、極楽往生できると説くもの。
類義語 易往易修《いおういしゅう》・易行易修《いぎょういしゅう》
対義語 難行苦行《なんぎょうくぎょう》

【威恩並行】いおんへいこう

⇒ 恩威並行 おんいへいこう 85

【位階勲等】いかいくんとう

意味 授与される位と勲章の等級。
補説 日本においては、「位階」は六〇三年の冠位十二階制に始まる律令制における官僚の序列の標示。大日本帝国憲法（明治憲法）下では国家に対して功績のあった者に与える栄典として正一位から従八位までの十六階が定められた。日本国憲法下では死者に対する追賜・昇叙のみが行われる。「勲等」は国家・社会に勲功のあった者を賞するための栄典。

【帷蓋不棄】いがいふき

意味 ぼろぼろになった物でも、使い道があるため捨てるのを惜しむこと。

補説 「帷」は垂れ幕、「蓋」は車を覆う布のこと。「不棄」はそれらがぼろぼろになっても捨てないこと。死んだ動物を覆い埋めるのに帷蓋を用いたことから、動物を大切にすることについてもいう。「帷蓋《いがい》棄《す》てず」と訓読する。

出典 『礼記《らいき》』檀弓《だんぐう》下

【衣冠盛事】いかんせいじ

意味 名門の家に生まれて功績をあげ、その家の盛んな名声を引き継ぐこと。また、その者。

補説 「衣冠」は衣服とかんむりの意から、立派な家柄、名門をいう。「盛事」は立派な事業の意。

出典 『新唐書《しんとうじょ》』芸文志《げいもんし》二

【遺憾千万】いかんせんばん 〈―ナ〉

意味 思うようにならず、きわめて残念なさま。この上なく心残りなさま。

補説 「遺憾」は残念に思うこと。「千万」は、語の下に添えて、程度の甚だ高いことを表す。

用例 それほど尊敬し、驚嘆している指導者たちのいずれに対しても、私が窃《ひそ》かに、最も大切な根本的な或物《あるもの》が欠けているという不満を感ぜねばならないのは、まことに遺憾千万なことだと思います。〈与謝野晶子◆婦人指導者への抗議〉

類義語 残念至極《ざんねんしごく》・千恨万悔《せんこんばんかい》

【衣冠束帯】いかんそくたい

意味 公家《くげ》の正装。昔の貴族や高級官僚の正装。

補説 「衣冠」「束帯」はともに平安時代以降の貴族の礼装。「束帯」は朝廷での公事・儀式などでの正装、「衣冠」はその略装。江戸時代に両者の違いが意識されなくなってできた言葉。

用例 我我の祖先は「神」と言う言葉に衣冠束帯の人物を髣髴《ほうふつ》していた。しかし我我は同じ言葉に髯《ひげ》の長い西洋人を髣髴している。〈芥川龍之介◆侏儒の言葉〉

【意気軒昂】いきけんこう 〈―タル〉〈―ト〉

意味 意気込んで、奮い立つさま。元気や勢力が盛んなさまで、威勢のいい様子。

補説 「意気」は気持ち・心持ち、「軒昂」は高くあがるさま。

用例 勝頼《かつより》の意気軒昂たるものがあったであろう。徳川《とくがわ》織田《おだ》何するものぞと思わせたに違いない。〈菊池寛◆長篠合戦〉

類義語 意気衝天《いきしょうてん》・意気揚揚《いきようよう》

対義語 意気消沈《いきしょうちん》・意気阻喪《いきそそう》・灰心喪気《かいしんそうき》・垂頭喪気《すいとうそうき》

【意気自如】いきじじょ 〈―タル〉〈―ト〉

意味 気持ちがふだんと変わらず平静なさま。

補説 「意気」は気持ち・心持ち。「自如」は平気で落ち着いたさま。平然としたさま。

出典 『史記《しき》』李将軍伝《りしょうぐんでん》

類義語 意気自若《いきじじゃく》・神色自若《しんしょくじじゃく》・泰然自若《たいぜんじじゃく》

対義語 右往左往《うおうさおう》・周章狼狽《しゅうしょうろうばい》

【意気消沈】いきしょうちん 〈―スル〉

意味 元気をなくし、沈みこむこと。しょげかえること。

補説 「意気」は気持ち・心持ち。「消沈」は気力などが衰えること。

注意 「意気銷沈」とも書く。

用例 平素は大抵彼は黙々として元気がないのである。不機嫌そうに顔をしかめて、意気消沈したもののようである。〈豊島与志雄◆春〉

類義語 意気阻喪《いきそそう》・灰心喪気《かいしんそうき》・垂頭喪気《すいとうそうき》

対義語 意気軒昂《いきけんこう》・意気衝天《いきしょうてん》・意気揚揚《いきようよう》

【意気衝天】いきしょうてん

意味 意気込みや元気がこの上なく盛んなさま。

補説 「意気」は気持ち・心持ち。「衝天」は天を突き上げる意。勢いの盛んなことのたとえ。「意気《いき》天《てん》を衝《つ》く」と訓読する。

用例 幅広と胸に掛けた青白の糸は、すなわち、青天と白雲を心に帯《たい》した、意気衝天の表現なのである。〈泉鏡花◆薄紅梅〉

類義語 意気軒昂《いきけんこう》・意気揚揚《いきようよう》

対義語 意気消沈《いきしょうちん》・意気阻喪《いきそそう》・灰心喪気《かいしんそうき》・垂頭喪気《すいとうそうき》

【意気阻喪】いきそそう 〈―スル〉

意味 意気込みや元気がくじけ弱ること。

補説 「意気」は気持ち・心持ち。「阻喪」は気力がくじけ、勢いがなくなること。

注意 「意気沮喪」とも書く。

用例 誰《だれ》にも逢《あ》いたくない、少しも口が利きたくない、そしてただ一人でじっとしていたい。そういう気持の時が屢々《しばしば》ある。これは意気阻喪の時ではなく、情意沈潜の時である。〈豊島与志雄◆猫性〉

類義語 意気消沈《いきしょうちん》・灰心喪気《かいしんそうき》・垂頭喪気《すいとうそうき》

対義語 意気軒昂《いきけんこう》・意気衝天《いきしょうてん》・意気揚揚《いきようよう》

【意気投合】いきとうごう 〈―スル〉

意味 互いの気持ちや考えなどが、ぴったりと一致すること。気が合うことをいう。

補説 「意気」は気持ち・心持ち。「投合」はぴったりと合う意。「投」も気持ちが合う意。

用例 彼等《かれら》は、必ずしもそれがために意気投合したのではないが、二人の「友情」を保つ上に、この努力が必要なのである。〈岸田國士◆異性間の友情と恋愛〉

類義語 情意投合《じょういとうごう》

【意気揚揚】いきようよう 〈―タル〉〈―ト〉

意味 得意げで威勢のよいさま。いかにも誇らしげに振る舞うさま。

補説 「意気」は気持ち・心持ち。「揚揚」は得意な様子。

注意 「意気洋洋」とも書く。

故事 ↓「晏子之御《あんしのぎょ》」8

出典 『史記《しき》』晏嬰伝《あんえいでん》

用例 「これからあれへ、あれからこれへ！」を声高らかに歌いながら意気揚々と月明の丘を降って行った。〈牧野信一◆吊籠と月光と〉

類義語 意気軒昂《いきけんこう》・意気昂然《いきこうぜん》・意気衝天《いきしょうてん》

対義語 意気消沈《いきしょうちん》・意気阻喪《いきそそう》・灰心喪気《かいしんそうき》・垂頭喪気《すいとうそうき》

【異曲同工】いきょくどうこう

⇓ 同工異曲 どうこういきょく 484

【倚玉之栄】いぎょくのえい

意味 容姿のすぐれた人や立派な人と寄り添うこと。結婚することの誉れ。

補説 「倚玉」は玉樹（容姿のすぐれた人、立派な人）に寄りかかること。「栄」は栄誉・誉れ。

故事 中国魏《ぎ》の明帝が、皇后の弟である毛曽《もうそう》を、容姿のすぐれた夏侯玄《かこうげん》と並べて座らせた。これを見た人々が、「葭《あし》が玉樹に寄りかかっている」と言った故事から。

出典 『世説新語《せせつしんご》』容止《ようし》

【衣錦還郷】いきんかんきょう

意味 立身出世し、成功して故郷に帰ること。故郷に錦《にしき》を飾ること。

補説 錦を着て故郷に帰る意から。「錦」は金糸銀糸で華麗な模様を織り出した絹織物。「錦《にしき》を衣《き》て郷《きょう》に還《かえ》る」と訓読する。

出典 『南史《なんし》』柳慶遠伝《りゅうけいえんでん》

用例 故郷の新聞社から、郷土出身の芸術家として、招待を受けるということは、これは、衣錦還郷の一種なのではあるまいか。〈太宰治◆善蔵を思う〉

類義語 衣錦栄帰《いきんえいき》・衣錦帰郷《いきんききょう》・衣錦之栄《いきんのえい》

対義語 衣繡夜行《いしゅうやこう》

【衣錦尚絅】いきんしょうけい

意味 才能などを外にあらわにしないこと。

補説 華やかな錦《にしき》を着て、その上にひとえの衣をまとう意から。才能などは、あらわにしなくとも次第に明らかに知られるようになるもので、無理にひけらかすことを戒めた語。「錦」は金糸銀糸で華麗な模様を織り出した絹織物。才能や人徳にたとえる。「絅」はひとえの着物。「尚」は加える意で、上からかけること。「錦《にしき》を衣《き》て絅《けい》を尚《くわ》う」と訓読する。

出典 『中庸《ちゅうよう》』三三に引く『詩経《しきょう》』衛風《えいふう》・碩人《せきじん》の句

【衣錦之栄】いきんのえい

意味 立身出世し、成功して故郷に帰るという栄誉。

補説 錦《にしき》を着て、故郷に帰る誉れの意から。「錦」は金糸銀糸で華麗な模様を織り出した絹織物。「錦《にしき》を衣《き》るの栄《えい》」と訓読する。

出典 欧陽脩《おうようしゅう》「相州昼錦堂記《しょうしゅうちゅうきんどうき》」

用例 衣錦之栄も、へったくれも無い。私の場合は、まさしく、馬子《まご》の衣裳《いしょう》というも

のである。〈太宰治◆善蔵を思う〉
類義語 衣錦栄帰《いきんえいき》・衣錦還郷《いきんかんきょう》・衣錦帰郷《いきんききょう》
対義語 衣繡夜行《いしゅうやこう》

【郁郁青青】 いくいくせいせい 〈—タル〉〈—ト〉
意味 草木が青々と生い茂り、よい香りを漂わせているさま。
補説 もと水際に生えたヨロイグサやフジバカマ（一説に、ヒヨドリバナとも）の様子を言った語。「郁郁」は香りのよいさま。「青青」は生い茂るさま。
出典 范仲淹《はんちゅうえん》「岳陽楼記《がくようろうのき》」◎「岸芷汀蘭《がんしていらん》、郁郁青青たり」

【異口同音】 いくどうおん
意味 多くの人がみな口をそろえて、同じことを言うこと。また、みんなの意見が一致すること。
注意 もともと「いこうどうおん」とも読んだ。
出典 『抱朴子《ほうぼくし》』道意《どうい》に「異口同声」とある。
用例 並み居る人々からは異口同音に南無阿弥陀仏《なむあみだぶつ》の声が出て、堂内に満ちた。〈倉田百三◆親鸞〉
類義語 異口同辞《いくどうじ》・異口同声《いくどうせい》・衆口一致《しゅうこういっち》・満場一致《まんじょういっち》

【夷険一節】 いけんいっせつ
意味 平和で順調なときも逆境にあるときも、節操を変えないこと。
補説 「夷険」は土地の平らな所と険しい所の意。太平と乱世、また、順境と逆境のたとえ。「節」は節操の意で、節義を守って変えないこと。
出典 欧陽脩《おうようしゅう》「相州昼錦堂記《しょうしゅうちゅうきんどうき》」

【韋弦之佩】 いげんのはい
意味 自分の性質の欠点を改めるために努力することのたとえ。
補説 気質や性質を戒め直すために身につける柔らかいなめし革と常に張りつめた弓づるの意から。「韋」はなめし革。「弦」は弓のつる。「佩」は身につけるもの。「佩韋佩絃《はいいはいげん》」ともいう。
注意 「韋絃之佩」とも書く。
故事 中国戦国時代の西門豹《せいもんひょう》は、短気な性格を柔軟な気質に改めようと柔らかいなめし革を身につけ、春秋時代の董安于《とうあんう》は、のんびりした性格を引き締めようと張りつめた弓づるを身につけたという故事から。
出典 『韓非子《かんぴし》』観行《かんこう》

【懿公喜鶴】 いこうきかく
意味 大切にすべき者をないがしろにして、つまらぬ者をかわいがり、ついに身を滅ぼすことのたとえ。
補説 「懿公好鶴《いこうこうかく》」ともいう。「懿公《いこう》鶴《かく》を喜《この》む」と訓読する。懿公は中国春秋時代の衛の国の王。
故事 衛の懿公は、臣下や国民よりも鶴を愛し、爵位を与えたりして大切にした。そのため、戦争が起きたときに、懿公が兵隊に戦うように命じたが、兵隊は「鶴に戦わせればいい」と言って協力しなかったため、ついに懿公は身を滅ぼしたという故事から。
出典 『春秋左氏伝《しゅんじゅうさしでん》』閔公《びんこう》二年
類義語 懿公之鶴《いこうのつる》

【衣香襟影】 いこうきんえい
意味 人々の姿・形。また、人々の様子のこと。衣服にたきこめた薫香と襟の形の意から。
補説 「影」は姿・形の意。
用例 人様々の顔の相好《すまい》、おもいおもいの結髪風姿《かみかたち》、聞観《ぶんと》に聚《あつ》まる衣香襟影は紛然雑然として千態万状、ナッカなかもって一々枚挙するに遑《いとま》あらずで、〈二葉亭四迷◆浮雲〉

【懿公好鶴】 いこうこうかく
⇒ 懿公喜鶴 いこうきかく 14

【異国情緒】 いこくじょうちょ
意味 いかにも外国らしい風物がかもしだす、自国のものとは異なる雰囲気や趣。エキゾチシズム。
補説 「情緒」はその周囲をとりまく独特の雰囲気や味わい。また、物事に接したときに受けるさまざまな情趣や感慨。「異国情調《いこくじょうちょう》」ともいう。
注意 「いこくじょうしょ」とも読む。
用例 日本の映画ファンも、外国映画の異国情緒は別として、真に俳優の演技に心を惹《ひ》かれるようになれば、必ず舞台への関心を呼び覚まされ、〈岸田國士◆わが演劇文化の水

準〉

【異国情調】 いこくじょうちょう

⇒ 異国情緒 いこくじょうちょ 14

【為虎傅翼】 いこふよく

意味 ただでさえ強い者に、さらに力をつけてやること。

補説 もともと強者である虎にさらに翼をつけて、飛ぶ力を持たせること。一般に、「虎《とら》の為《ため》に翼《つばさ》を傅《つ》く」と訓読して用いる。

出典 『逸周書《いっしゅうしょ》』寤儆解《ごけいかい》

「為虎添翼《いこてんよく》」「傅虎為翼《ふこいよく》」ともいう。

【已己巳己】 いこみき

意味 互いに似ているもののたとえ。

補説 「已」「己」「巳」の字形が互いに似ていることから。「已」「己」「巳」のそれぞれの読みを区別し、覚えやすくした古くからの歌に次のようなものがある。「己《き》己《こ》の声、己《おのれ》己《つちのと》下につき、已《い》已《すでに》中ば、巳《し》巳《み》はみなつく」「巳《み》は上に、已《すでに》已《や》む已《のみ》中ほどに、己《おのれ》己《つちのと》下につくなり」

【意在言外】 いざいげんがい

意味 言葉ではっきり表さずに、思いを行間ににじませること。また、自分の思いを直接口に出さず、それとなくほのめかすこと。

補説 一般に「意《い》は言外《げんがい》に在《あ》り」と訓読して用いる。

出典 司馬光《しばこう》『続詩話《ぞくしわ》』

類義語 意出字外《いしゅつじがい》・意味深長《いみしんちょう》・微言大義《びげんたいぎ》

【頤指気使】 いしきし 〈—スル〉

意味 人を頤《あご》でこき使うこと。また、傲慢《ごうまん》な態度で人に指示するたとえ。

補説 顎や顔つき、目配りなどで人を使う意から。「頤」は顎。「指」は指示すること。「気」は様子・顔つき。「頤《あご》もて指《さ》し気《き》もて使《つか》う」と訓読する。

出典 元稹《げんじん》「李遜《りそん》の母《はは》崔氏《さいし》を博陵郡太君《はくりょうぐんたいくん》に追封《ついほう》するの制《せい》」

類義語 頤指風使《いしふうし》

【意識朦朧】 いしきもうろう 〈—タル〉〈—ト〉

意味 意識が薄れて、はっきりしないさま。

補説 「朦朧」はおぼろげなさま。意識がはっきりしないさま。

【意志堅固】 いしけんご 〈—ナ〉

意味 成し遂げようとする気持ちが強くて、ゆるがないこと。

補説 「意志」は物事を成し遂げようとする積極的な気持ち。「堅固」はしっかりしていること。

用例 「古藤さんと来たらそれは意志堅固……」「そうなら僕は今日もここなんかには来やしません。」〈有島武郎◆或る女〉

類義語 確乎不動《かっこふどう》・確乎不抜《かっこふばつ》

対義語 意志薄弱《いしはくじゃく》・優柔不断《ゆうじゅうふだん》

【意志薄弱】 いしはくじゃく 〈—ナ〉

意味 意志の力が弱く、決断力や忍耐力に欠けるさま。また、人の言動に影響されやすいさま。

補説 「意志」は物事を成し遂げようとする積極的な気持ち。「薄弱」はしっかりしていないこと。

用例 「いったい、この頃、たいていの者はみな、精神のバランス、釣合いを失っていて、そのため、意志薄弱になっていますね。酒を飲みすぎるのも、意志薄弱、猫いらずを飲むのも、意志薄弱のせいでしょう。」〈豊島与志雄◆庶民生活〉

類義語 薄志弱行《はくしじゃっこう》・游移不定《ゆういふてい》・優柔不断《ゆうじゅうふだん》

対義語 意志堅固《いしけんご》・確乎不動《かっこふどう》・確乎不抜《かっこふばつ》・進取果敢《しんしゅかかん》・不抜之志《ふばつのこころざし》

【意思表示】 いしひょうじ 〈—スル〉

意味 自分の考えや思いを、外に向かってはっきり示すこと。

補説 「意思」は本人の考えや思い。「表示」は表し示すこと。一般に、「意志」が「何かを成し遂げようとする気持ち」を表すときに用いられることが多いのに対して、「意思」は一般的な考えや判断・態度や公的な意見などを表す際に用いられることが多い。

用例 腹を立ててやしませんよ。けれど、なにかはっきり、意思表示をしたいです。〈豊島与志雄◆鳶と柿と鶏〉

【石部金吉】 いしべきんきち

意味 まじめ一方で融通がきかない人。

補説 「石」「金」という硬い物を並べて人名

めかした語。男女の機微に疎い人物を指すこともある。「石部金吉金兜《いしべきんきちかなかぶと》」は、「石部金吉」がさらに「金兜」をかぶっているという意で、極端な堅物のたとえ。

用例 無骨一偏の者が測らぬ時に優しき歌を詠《うた》うとか、石部金吉と思われた者に艶聞《えんぶん》があるとか、いずれも人生の表裏であるまいか。〈新渡戸稲造◆自警録〉

【意趣遺恨】 いしゅいこん

意味 晴らさずにはいられないような深い恨み。

補説 「意趣」は、ここでは、他人に対する恨みの気持ち。「遺恨」はずっと残る恨み。

用例 三右衛門《さんえもん》は精神が慥《たしか》で、役人等《ら》に問われて、はっきりした返事をした。自分には意趣遺恨を受ける覚《おぼえ》は無い。〈森鷗外◆護持院原の敵討〉

【遺臭万載】 いしゅうばんさい

意味 後世に長く悪い評判を残すこと。

補説 「遺」は残す意。「臭」は臭いにおいで、悪評のたとえ。「万載」は長い年月の意。「臭《しゅう》を万載《ばんさい》に遺《のこ》す」と訓読する。

注意 「遺臭万歳」とも書く。

出典 『世説新語《せせつしんご》』尤悔《ゆうかい》

類義語 遺臭万世《いしゅうばんせい》・遺臭万年《いしゅうばんねん》

対義語 垂名竹帛《すいめいちくはく》・流芳後世《りゅうほうこうせい》

【衣繡夜行】 いしゅうやこう

意味 成功したり立身出世したりしても、故郷に錦《にしき》を飾らなければ、誰《だれ》も知る者がないたとえ。また、美点やすばらしさを誰も気づかなくて、つまらないことのたとえ。

補説 華やかな錦を着て暗い夜に歩く意から。「繡」は美しく刺繡をほどこした衣。「繡《しゅう》を衣《き》て夜《よる》行《い》く」と訓読する。

故事 中国楚《そ》の項羽《こうう》が関中の地にあった秦《しん》の都咸陽《かんよう》を攻略したのち、楚の国に帰ろうと思っていたとき、関中にとどまって都を置くよう説いた者がいた。これに対して項羽が、「富貴な身になっても故郷に帰らないのは、錦を着て夜歩くようなものである」と言った故事から。

出典 『史記《しき》』項羽紀《こううき》

類義語 衣錦夜行《いきんやこう》・夜行被繡《やこうひしゅう》

対義語 衣錦還郷《いきんかんきょう》・衣錦昼行《いきんちゅうこう》・衣錦之栄《いきんのえい》

【痿縮震慄】 いしゅくしんりつ 〈スル〉

意味 恐怖におびえ、身がすくんでいること。

補説 「痿」は手足などがなえる意。「震慄」は恐れおののくこと。

注意 「萎縮震慄」とも書く。

用例 人民既に自国の政府に対して痿縮震慄の心を抱けり、豈《あに》外国に競うて文明を争うに遑《いとま》あらんや。〈福沢諭吉◆学問のすすめ〉

【渭樹江雲】 いじゅこううん

意味 互いに遠く隔たっているたとえ。また、遠くにいる友人同士がお互いを思い合うたとえ。

補説 北方の渭水《いすい》のほとりの樹木と、南方の長江の空に浮かぶ雲の意から。「渭」は渭水。甘粛《かんしゅく》省に発して陝西《せんせい》省を東流し、黄河に注ぐ川。「江」は長江（揚子江）。

出典 杜甫《とほ》詩「春日《しゅんじつ》李白《りはく》を憶《おも》う」◎「渭北春天の樹、江東日暮の雲」

類義語 嵩雲秦樹《すううんしんじゅ》・暮雲春樹《ぼうんしゅんじゅ》

【意趣卓逸】 いしゅたくいつ

意味 心の赴くところが、非凡であること。

補説 「意趣」は意向、考え。「卓逸」は、「卓越」と同義で、ぬきんでていること。

用例 長短凡《およ》そ三十篇《ぺん》、格調高雅、意趣卓逸、一読して作者の才の非凡を思わせるものばかりである。〈中島敦◆山月記〉

【意匠惨澹】 いしょうさんたん 〈―スル〉〈―タル〉

意味 物事に工夫を凝らすのに、いろいろと苦心すること。

補説 「意匠」は詩文や絵画などの工夫。また、その工夫をめぐらすこと。「惨澹」はさまざまに心を悩まし考えること。

注意 「意匠惨憺」とも書く。

出典 杜甫《とほ》詩「丹青引《たんせいのいん》」

用例 抱一の画の趣向なきに反して光琳《こうりん》の画には一々意匠惨憺たる者があるのは怪しむに足らない。〈正岡子規◆病牀六尺〉

類義語 苦心惨憺《くしんさんたん》・経営惨澹《けいえいさんたん》・焦唇乾舌《しょうしんかんぜつ》・粒粒辛苦《りゅうりゅうしんく》

【医食同源】 いしょくどうげん

意味 食事に注意することが病気を予防する最善の策であるということ。また、日常の食生活も医療に通じるということ。

補説 病気を治す薬と食べ物とは、ともに生命を養い健康を保つためのもので、本来起源を同じくするものであるということから。「医食」は医薬と食事、「同源」は起源が同じ意。

【衣食礼節】 いしょくれいせつ

意味 生活の基盤が整えば、民は自然に礼節をわきまえるようになるということ。

補説 「衣食」は生活に最低限必要なもの。「礼節」は礼儀と節度の意。礼節を守らせるためには、まず生活を安定させることが必要であることを説いている。一般には「衣食足りて礼節を知る」として用いる。

出典 『管子《かんし》』牧民《ぼくみん》 ◎「倉廩《そうりん》実つれば則《すなわ》ち礼節を知り、衣食足れば則ち栄辱を知る」

【以身殉利】 いしんじゅんり

意味 つまらない人は自分の身を犠牲にしても利欲を求める。つまらない人間は、自分の利欲のためだけに一生を費やすということ。

補説 「殉利」は利欲に身を捧げること。一般に「身《み》を以《もっ》て利《り》に殉《じゅん》ず」と訓読して用いる。

出典 『荘子《そうじ》』駢拇《べんぼ》 ◎「小人は則《すなわ》ち身を以て利に殉じ、士は則ち身を以て名に殉じ、大夫は則ち身を以て家に殉じ、聖人は則ち身を以て天下に殉ず」

【遺簪墜履】 いしんついく

意味 日常で使い慣れたもののたとえ。また、それを愛惜する情のたとえ。

補説 なくしたかんざしと落としたくつの意から。「遺」はうしなうこと。「簪」はかんざし。「墜」は落とすこと。「履」はくつ。

故事 孔子が、薪を刈っている最中に、かんざしをなくして泣いている婦人に出会った故事と、楚《そ》の昭王が、呉《ご》との戦いの最中にくつを落として、これを惜しんだ故事から。

出典 『韓詩外伝《かんしがいでん》』九／『新書《しんじょ》』諭城《ゆじょう》

類義語 依依不舎《いいふしゃ》・遺簪墜履《いしんついり》・遺簪弊履《いしんへいり》

【以心伝心】 いしんでんしん

意味 文字や言葉を使わなくても、お互いの心と心で通じ合うこと。

補説 もとは禅宗の語で、言葉や文字で表されない仏法の神髄を、師から弟子の心に伝えることを意味した。「心《こころ》を以《もっ》て心《こころ》に伝《つた》う」と訓読する。

出典 『禅源諸詮集都序《ぜんげんしょせんしゅうとじょ》』

用法 以心伝心の仲

用例 故に小説の法則なんどは所謂《いわゆる》以心伝心にて、得ていい難き物多かり。〈坪内逍遥◆小説神髄〉

類義語 教外別伝《きょうげべつでん》・拈華微笑《ねんげみしょう》・不立文字《ふりゅうもんじ》・維摩一黙《ゆいまいちもく》・不言不語《ふげんふご》

【怡然自得】 いぜんじとく 〈―スル〉

意味 心安らかに楽しく、満ち足りていること。また、自分で心に悟り、喜び安らぐこと。

補説 「怡然」は喜び楽しむさま。また、道理がすらすらわかるさま。「自得」は自分で満足すること。また、自分で心に悟ること。「怡然《いぜん》として自得《じとく》す」と訓読する。

出典 『列子《れっし》』黄帝《こうてい》

類義語 怡然自若《いぜんじじゃく》・怡然自楽《いぜんじらく》

【渭川漁父】 いせんのぎょほ

⇒ 渭浜漁父 いひんのぎょほ 50

【衣帯中賛】 いたいちゅうのさん

意味 南宋《なんそう》の忠臣文天祥《ぶんてんしょう》が、節を貫いて処刑されるに臨み、その帯の中に書き残した文章のこと。また、忠節を守り通すこと。

補説 「衣帯」は帯のこと。「賛」は文体の名。人や事物を褒めたたえる韻文が多い。

注意 語構成は「衣帯中＋賛」。

故事 文天祥は、中国南宋末の軍人・政治家で、南宋三忠臣の一人。宋王朝が滅亡に瀕《ひん》する中で元《げん》軍に捕らえられ、元に従うよう繰り返し迫られたが、頑として忠節を貫き、刑に処せられた。獄中で詠んだ「正気《せいき》の歌」でも知られる。

出典 『宋史《そうし》』文天祥伝《ぶんてんしょうでん》

【異体同心】 いたいどうしん

意味 肉体は違っても、心は一つに固く結ばれていること。関係がきわめて深いたとえ。

補説 体は異なるが心は同じという意から。夫婦や非常に親しい人の間柄に多く用いる。

用例 異体同心とか言って、目には夫婦二人に見えるが、内実は一人前なんだからね。〈夏目漱石◆吾輩は猫である〉

類義語 一心同体《いっしんどうたい》・形影一如《けいえいいちにょ》・寸歩不離《すんぽふり》

【衣帯不解】 いたいふかい

⇒ 不解衣帯 ふかいいたい 568

【韋駄天走】 いだてんばしり

（意味）非常に速く走ること。

（補説）「韋駄天」は仏法、特に僧や寺院の守護神。甲冑《かっちゅう》を身につけ、両腕で宝剣を持つ。非常に足が速く、魔鬼を追いやり除くとされ、足の速いたとえとして用いられる。韋駄天のように速く走る意。

（注意）語構成は「韋駄天」＋「走」。

（類義語）韋駄天足《いだてんあし》・奔逸絶塵《ほんいつぜつじん》

【異端邪宗】 いたんじゃしゅう

（意味）正統とは認められない、人心を惑わす有害な宗教。

（補説）「異端」はその社会の本流から外れていること。思想・信仰・学説などで、多数の人に一般的に認められた正統に対して、特殊な少数の者に信じられ、主張されているものをいう。もとこの語は『論語《ろんご》』為政《いせい》から出たもので、その場合は儒家以外の主張や教義をいった。「邪宗」は人を惑わすよこしまな宗教。「邪宗異端《じゃしゅういたん》」ともいう。

（用例）父が生前極力排斥し、敵視した異端邪宗の教えの国に来て、かえって岸本は父を見る眼《め》をさえ養われた。〈島崎藤村◆新生〉

（類義語）異端邪説《いたんじゃせつ》・淫祠邪教《いんしじゃきょう》

【異端邪説】 いたんじゃせつ

（意味）正統でないよこしまな思想・信仰・学説。

（補説）「異端」はその社会の本流から外れていること。思想・信仰・学説などで、多数の人に一般的に認められた正統に対して、特殊な少数の者に信じられ、主張されているものをいう。もとこの語は『論語《ろんご》』為政《いせい》から出たもので、その場合は儒家以外の主張や教義をいった。「邪説」は人を惑わすよこしまな説の意。「邪説異端《じゃせついたん》」ともいう。

（出典）程頤《ていい》「明道先生墓表《めいどうせんせいぼひょう》」◎「異端を弁じ邪説を闢《ひら》く」

（用例）先師と言えば、外国より入って来るものを異端邪説として蛇蝎《だかつ》のように憎み嫌った人のように普通に思われているが、〈島崎藤村◆夜明け前〉

（類義語）異端邪宗《いたんじゃしゅう》・淫祠邪教《いんしじゃきょう》

【一意攻苦】 いちいこうく 〈―スル〉

（意味）いちずに苦心して考えること。

（補説）「一意」は一つのことに心を集中すること。「攻苦」は苦難・苦境にうちかつ意。転じて、苦心して勉強すること。

（出典）『本朝虞初新誌《ほんちょうぐしょしんし》』

（類義語）一意専心《いちいせんしん》・一心一意《いっしんいちい》・一心不乱《いっしんふらん》

【一意孤行】 いちいここう

（意味）他人の意見に耳を傾けず、自分一人の考えで事を行うこと。

（補説）他に迎合せず、公明正大なたとえとして用いることもあるが、他人の言うことを無視して、独断で事を処理する意でも使われる。「一意」は一つのことに心を集中すること。「孤行」は一人だけで行くこと。独行。「孤行一意《ここういちい》」ともいう。

（出典）『史記《しき》』酷吏伝《こくりでん》／張湯伝《ちょうとうでん》

【一意専心】 いちいせんしん 〈―スル〉

（意味）他に心を動かされず、ひたすら一つのことに心を集中すること。

（補説）「一意」も「専心」も一つのことに心を集中すること。「意《い》を一《いっ》にし心《こころ》を専《もっぱ》らにす」と訓読する。「専心一意《せんしんいちい》」ともいう。

（注意）「一意摶心」とも書く。

（出典）『管子《かんし》』内業《ないぎょう》

（用例）とにかく、私は此所《ここ》へ着眼して一意専心に写生を研究しました。〈高村光雲◆幕末維新懐古談〉

（類義語）一意繋心《いちいけいしん》・一意攻苦《いちいこうく》・一心一意《いっしんいちい》・一心一向《いっしんいっこう》・一心不乱《いっしんふらん》・専心専意《せんしんせんい》・全心全意《ぜんしんぜんい》

【一衣帯水】 いちいたいすい

（意味）狭い川や海に隔てられているが、きわめて近接していることのたとえ。

（補説）一筋の帯のように、細い川の意から。「衣帯」は衣服の帯で、細く長いたとえ。「水」は川や海などをいう。

（注意）語構成は「一」＋「衣帯」＋「水」。

（故事）中国隋《ずい》の文帝が陳の国を討伐しようとしたとき、「わたしは人民の父母である。どうして一本の帯のような川に隔てられているからといって、これを救わないでいられるだろうか」と、長江を称していった言葉。
出典『南史《なんし》』陳後主紀《ちんこうしゅき》
用例 つぎに経済的には日本と中国は一衣帯水でかたく結ばなければならないと思います。〈浅沼稲次郎◆浅沼稲次郎の三つの代表的演説〉
類義語 衣帯一江《いたいいっこう》・衣帯之水《いたいのみず》

【一飲一啄】《いちいんいったく》

意味 自然に順応して、自由に生きることのたとえ。また、人が分際《ぶんざい》に安んじてそれ以上求めないことのたとえ。
補説 鳥がちょっと飲み、ちょっとついばむこと。わずかな飲食の意から。「一」はわずか、すこし。「啄」は、鳥がくちばしでついばむこと。
出典『荘子《そうじ》』養生主《ようじょうしゅ》 ◎「沢雉《たくち》は十歩にして一啄し、百歩にして一飲し、樊中《はんちゅう》に畜《か》わるるを蘄《もと》めず（沢のキジは自然のままに、十歩行ってはえさをついばみ百歩行っては喉《のど》を潤す自由を楽しみ、貴人の庭の囲いに入って飼ってもらおうとは願っていない）」

【一韻到底】《いちいんとうてい》

意味 漢詩における古詩の韻の踏み方の一つで、初めから終わりまで同じ響きを持つ漢字を用いること。
補説「韻」は漢詩の技巧の一つ。詩のリズムや響きを美しくするために、一定の句末に同じ響きの漢字を配する技巧。「到底」は最初から最後までの意。

【一栄一辱】《いちえいいちじょく》

意味 人は栄えることもあれば、恥辱にまみれることもあるということ。
補説 栄えているときは戒めとして、衰えているときは慰めの語として用いる。また、人の世のはかなさをいう。「一…一…」は「あるときは…し、あるときは…する」の意。「栄」は栄えること。「辱」ははずかしめを受けること。
用例 恥もかく、名誉も得る。七転八起。一栄一辱。棺に白布《しらぬの》を蓋《おお》うにいたって、初て其《その》名誉が定まるんだ。〈坪内逍遥◆当世書生気質〉
類義語 一栄一落《いちえいいちらく》・一栄一枯《いちえいいっこ》・栄枯盛衰《えいこせいすい》・禍福糾纆《かふくきゅうぼく》

【一栄一落】《いちえいいちらく》

意味 人が栄えたり、没落したりすること。
補説 草木が春には花を咲かせ、秋には落葉することから、人の世の栄枯盛衰の激しさをいう。「一…一…」は「あるときは…し、あるときは…する」の意。「栄」は栄えること。「落」は没落すること。
類義語 一栄一辱《いちえいいちじょく》・一栄一枯《いちえいいっこ》・栄枯盛衰《えいこせいすい》・禍福糾纆《かふくきゅうぼく》

【一詠一觴】《いちえいいっしょう》

⇒ 一觴一詠 いっしょういちえい 38

【一往一来】《いちおういちらい》

意味 行ったり来たりすること。
補説「一…一…」は「あるときは…し、あるときは…する」の意。
出典『荀子《じゅんし》』賦《ふ》

【一往深情】《いちおうしんじょう》

意味 いちずで情の深いこと。また、感情を抑えきれないほど、物事に深く感じること。
補説「一往」はひたすらの意。
故事 桓子野《かんしや》が、美しい歌を聞くたびに感情を抑えきれないほど深く感じていたため、謝公が「子野はいちずで情が深いと言える」と言った故事から。
出典『世説新語《せせつしんご》』任誕《じんたん》
類義語 一往情深《いちおうじょうしん》・至上一往《しじょういちおう》・情深一往《じょうしんいちおう》

【一往直前】《いちおうちょくぜん》

意味 困難をかえりみず、こわがることなく、ただひたすら進むこと。
補説「一往」はひたすらの意。「直前」はただただまっすぐに進むこと。
類義語 一往邁進《いちおうまいしん》・一往無前《いちおうむぜん》・邁往直進《まいおうちょくしん》・勇往邁進《ゆうおうまいしん》

【一月三舟】《いちがつさんしゅう》

⇒ 一月三舟 いちげつさんしゅう 20

【一雁高空】《いちがんこうくう》

意味 一羽のガンが群れを外れて、いちだんと高く飛んでいる様子。孤高の境地のたとえ。
出典 杜甫《とほ》詩「雨晴《あめはる》る」 ◎「胡笳《こか》楼上に発《おこ》り、一雁高空に入る」

類義語 離群索居《りぐんさっきょ》

【一牛吼地】いちぎゅうこうち
⇓ 一牛鳴地 いちぎゅうめいいち 20

【一牛鳴地】いちぎゅうめいち

意味 非常に近い距離のこと。また、のどかな田舎・田園の形容。

補説 牛の鳴き声が聞こえるほどに近い地域の意から。略して「一牛鳴《いちぎゅうめい》」ともいう。また、「一牛吼地《いちぎゅうこうち》」ともいう。

注意 「いちごみょうち」とも読む。語構成は「一牛鳴」+「地」。

出典 王維《おうい》ー詩「蘇盧二員外《そろにいんがい》と方丈寺《ほうじょうじ》に游《あそ》ぶを期《き》す、而《しこう》して蘇《そ》至《いた》らず、因《よ》って是《こ》の作《さく》有《あ》り」◎「廻看《かいかん》す双鳳闕《そうほうけつ》、相《あい》去る一牛鳴」

【一行三昧】いちぎょうざんまい

意味 一つの修行法を決めて、一心に仏道修行に励むこと。また、一心に念仏すること。

補説 仏教語。「一行」は一事に専心すること。「三昧」は心が安らかに統一されている状態。また、一心に仏道修行すること。特に念仏三昧のことをいう。

出典 『文殊説般若経《もんじゅせつはんにゃぎょう》』

類義語 一相三昧《いっそうざんまい》・真如三昧《しんにょざんまい》・打成一片《だじょういっぺん》

【一芸一能】いちげいいちのう

意味 一つの技芸や才能。

補説 「芸」「能」はともに技芸・芸能・才能のこと。「一能一芸《いちのういちげい》」ともいう。

用例 今は如何《いか》に時めいている大臣大将でも、一芸一能にすぐれていらっしゃらない方は、滅多に若殿さまの御眼《おめ》にはかかれません。〈芥川龍之介◆邪宗門〉

【一月三舟】いちげつさんしゅう

意味 仏道は一つであるのに、衆生《しゅじょう》の受け止め方で、種々の意味に解釈されるたとえ。

補説 止まっている舟から見る月は動かず、南へ行く舟から見る月は南に動き、北へ行く舟から見る月は北へ動くように見えるということから。

注意 「いちがつさんしゅう」とも読む。

出典 『華厳経疏演義鈔《けごんきょうそえんぎしょう》』

類義語 一水四見《いっすいしけん》

【一言一句】いちげんいっく
⇓ 一言一句 いちごんいっく 21

【一言一行】いちげんいっこう

意味 ちょっとした言葉とちょっとした行い。ふとしたわずかな言行。

補説 一つの言葉と一つの行為の意から。

出典 『顔氏家訓《がんしかくん》』慕賢《ぼけん》

用例 人は孤立して生活するのではないから、一言一行も他人との、また集団としての社会との、交渉をもつものであり、一くちにいうと生活は社会的のものだ、ということであるが、これについては多くをいう必要があるまい。〈津田左右吉◆歴史とは何か〉

類義語 一挙一動《いっきょいちどう》

【一言九鼎】いちげんきゅうてい

意味 国を左右するほど重みのある貴重な一言。

補説 「九鼎」は中国夏《か》の禹《う》王が、諸国より青銅を上納させて作らせたという天子の象徴としての鼎《かなえ》。鼎は三本足の釜《かま》で、祭器《さいき》としても用いられた。

注意 「いちごんきゅうてい」とも読む。

出典 『史記《しき》』平原君伝《へいげんくんでん》

類義語 一言万鈞《いちげんばんきん》・一語九鼎《いちごきゅうてい》・九鼎大呂《きゅうていたいりょ》・片言九鼎《へんげんきゅうてい》

【一言居士】いちげんこじ

意味 何事にも、必ず何かひとこと言わなければ気のすまない人のこと。

補説 「居士」は、もとは在家で仏教に帰依する男子の称で、わが国では男子が死んだ後、戒名の下につける称号。ここでは「一言抉《こじ》る（こじつける）」を人名になぞらえていったもの。

注意 「いちごんこじ」とも読む。

用例 隠居はしても如水《じょすい》は常に一言居士、京城に主力を集中、その一日行程の要地に堅陣を構え、守って明《みん》軍を撃破すべしと主張する。〈坂口安吾◆二流の人〉

【一言半句】いちげんはんく
⇓ 一言半句 いちごんはんく 22

【一元描写】いちげんびょうしゃ

意味 小説の登場人物の心理や事件の描写

を、主人公など一人の視点から一元的になすべきであるとする小説作法。

補説 岩野泡鳴《ほうめい》が、田山花袋《かたい》の「平面描写」に対して主張したもの。私小説の方法に近い。

対義語 多元描写《たげんびょうしゃ》・平面描写《へいめんびょうしゃ》

【一期一会】いちご いちえ

意味 一生に一度だけの機会。生涯に一度限りであること。生涯に一回しかないと考えて、そのことに専念する意。

補説 もと茶道の心得を表した語で、どの茶会も一生にただ一度のものと心得て、主客ともに誠意を尽くすべきであることをいう。千利休《せんのりきゅう》の弟子宗二の『山上宗二記《やまのうえそうじき》』に「一期に一度の会」とあることから。「一期」は仏教語で、人が生まれてから死ぬまでの間の意。

出典 『茶湯一会集《さとういちえしゅう》』

用例 名残はつきないけれど、六時の汽車へ見送る。人生はすべて一期一会のこころだ。〈種田山頭火◆鉄鉢と魚籃と〉

【一伍一什】いちご いちじゅう

意味 事の初めから終わりまで、もれなくすべて。

補説 一から十までということで、すべての意。

注意 「一五一十」とも書く。

用例 私は一伍一什を掻《か》いつまんで話した。呼吸がせわしくなり、唇も、手もふるえた。〈嘉村礒多◆神前結婚〉

類義語 一部始終《いちぶしじゅう》

【一語一句】いちご いっく

意味 一つひとつの言葉。

補説 類義の語「一語」「一句」を重ねて、意味を強調している。「一句一語《いっくいちご》」ともいう。

用例 重大な事柄を話そうとする人にふさわしいように、ゆっくり、そして一語一句をはっきり句切って話す。〈寺田寅彦◆アインシュタイン〉

類義語 一言一句《いちごんいっく》・一言半句《いちごんはんく》・一字一句《いちじいっく》・片言隻句《へんげんせきく》・片言隻語《へんげんせきご》

対義語 千言万語《せんげんばんご》

【一合一離】いちごう いちり （―スル）

意味 関係を結んだり、離れたりすること。

補説 国と国が連合したり断絶したりすることから。「一…一…」は「あるときは…し、あるときは…する」の意。「一離一合《いちりいちごう》」ともいう。

出典 『戦国策《せんごくさく》』燕策《えんさく》

類義語 一聚一散《いっしゅういっさん》

【一業所感】いちごう しょかん

意味 一つの業《ごう》によって、多くの人々が同一の結果を受けること。

補説 仏教語。複数の人がいっしょに苦難や災厄にあった際、前世の同一の業の結果をともに受けているのだと説明する語。「業」は善悪いずれにせよ必ずその結果をもたらす行為。「所感」は過去の行為の結果。

類義語 共業共果《きょうごうきょうか》

【一期四相】いちご しそう

意味 生・老・病・死のこと。

補説 仏教語。「一期」は人が生まれてから死ぬまでの間のこと。「四相」は事物の出現から消滅までの四つの段階。生（誕生すること）、老（年をとること）、病（病気になること）、死（死ぬこと）の各相。また、生（誕生すること）、住（存在すること）、異（変化すること）、滅（なくなること）の各相。

【一言一句】いちごん いっく

意味 一つひとつの言葉。また、ほんのわずかな言葉。ひとこと。

補説 類義の語「一言」「一句」を重ねて、意味を強調している。また、「一言一句聞きもらさない」のように打ち消しの語を伴うと、ほんのわずかな言葉の意となる。

注意 「いちげんいっく」とも読む。

用例 生涯に、このようなこと、二度とございませぬ。私を信じて、そうして、私も鬼でない以上、今夜のお前の寛大のためにだけでも、悪癖よさなければならぬ。以上、一言一句あやまちなし。〈太宰治◆創生記〉

類義語 一行半句《いちぎょうはんく》・一語一句《いちごいっく》・一言半句《いちごんはんく》・一言片句《いちごんへんく》・一字一句《いちじいっく》・片言隻句《へんげんせきく》・片言隻語《へんげんせきご》

対義語 千言万語《せんげんばんご》

【一言居士】いちごん こじ

⇒ 一言居士 いちげんこじ 20

【一言万鈞】 いちごんばんきん

意味 ひとことがきわめて大きな重みがあること。

補説 「一言」は、ひとこと、短い言葉。「万鈞」はきわめて重いこと。

用例 一滴万戸侯《いってきばんここう》の美酒あって一言万鈞の君が快談なきを遺憾《いかん》うらみとしとった。〈内田魯庵◆くれの廿八日〉

類義語 一言九鼎《いちげんきゅうてい》

【一言半句】 いちごんはんく

意味 ほんの少しの言葉。ちょっとした言葉。ひとこと。

補説 「一言」「半句」はともに、ごくわずかな言葉。類義の語を重ねて、意味を強調している。打ち消しの語を伴って用いることが多い。

注意 「いちげんはんく」とも読む。

用例 どっちからも訪問は元よりの事一言半句の挨拶《あいさつ》もなかった。〈有島武郎◆或る女〉

類義語 一行半句《いちぎょうはんく》・一語一句《いちごいっく》・一言一句《いちごんいっく》・一言片句《いちごんへんく》・一字一句《いちじいっく》・片言隻句《へんげんせきく》・片言隻語《へんげんせきご》

対義語 千言万語《せんげんばんご》

【一言芳恩】 いちごんほうおん

意味 ちょっと声をかけてもらったことを忘れずに感謝すること。また、一声を賜った恩に感じてその人を主人と仰ぐこと。

補説 「芳恩」は人から受けた親切や恩義の敬称。ご恩・おかげの意。

【一字一句】 いちじいっく

意味 一つの文字、一つの言葉。

補説 類義の語「一字」「一句」を重ねて、意味を強調している。ふつう、書き言葉についていう。

用例 一字一句の裏《うち》に宇宙の一大哲理を包含するは無論の事。〈夏目漱石◆吾輩は猫である〉

類義語 一語一句《いちごいっく》・一言一句《いちごんいっく》・一言半句《いちごんはんく》・片言隻句《へんげんせきく》・片言隻語《へんげんせきご》

対義語 千言万語《せんげんばんご》

【一字三礼】 いちじさんらい

意味 敬虔《けいけん》な態度で写経すること。また、そのような態度で写経せよという教え。

補説 写経するとき、一字書写するたびに、三度仏を礼拝したことから。仏像を彫るときは「一刀三礼《いっとうさんらい》」、仏画では「一筆三礼《いっぴつさんらい》」という。

用例 供うる華に置く露の露散る暁《あした》、焼《た》く香の煙の煙立つ夕を疾《と》くも来れと待つ間、一字三礼妙典《みょうてん》書写の功を積みしに、思い出《い》ずるも腹立たしや〈幸田露伴◆二日物語〉

類義語 一刀三礼《いっとうさんらい》・一筆三礼《いっぴつさんらい》

【一字千金】 いちじせんきん

意味 貴重で価値のある立派な文字や文章のたとえ。また、師の恩などの厚いことをいう。

補説 一字が千金もの大きな価値がある意から。

故事 中国秦《しん》の呂不韋《りょふい》が『呂氏春秋《りょししゅんじゅう》』を著したとき、都の咸陽《かんよう》の門に千金とあわせて置いて、「一字でも添削できた者にはこの千金を与えよう」と言ったという故事から。

出典 『史記《しき》』呂不韋伝《りょふいでん》

類義語 一言千金《いちげんせんきん》・一字百金《いちじひゃっきん》・一字連城《いちじれんじょう》

【一日九回】 いちじつきゅうかい

意味 一日に何度も腸がねじれるほど、ひどく憂い悶《もだ》えるさま。

補説 「九」は何度もの意。

注意 「一日九廻」とも書く。

出典 『文選《もんぜん》』司馬遷《しばせん》「任少卿《じんしょうけい》に報《ほう》ずるの書《しょ》」

【一日九遷】 いちじつきゅうせん

意味 出世の早いこと。

補説 「九遷」は九たび官位が上がること。一日に九回も官位が上がることから、皇帝の寵愛《ちょうあい》を受けていることをいう。「一日《いちじつ》九《く》たび遷《うつ》る」と訓読する。

出典 『易林《えきりん》』

類義語 一歳九遷《いっさいきゅうせん》・耆老九次《きろうきゅうじ》

【一日三秋】 いちじつさんしゅう

意味 相手を思慕する情が強いことのたとえ。また、ある物事や人が早く来てほしいと願う情が深いこと。

補説 一日会わなかっただけでも、三年も会わなかったような気がする意から。「三秋」は三度の秋を経ることから、三年の意。一説に三か月、また、九か月とする。

注意「いちにちさんしゅう」とも読む。

出典『詩経《しきょう》』王風《おうふう》・采葛《さいかつ》 ◎「一日見ざれば三秋のごとし」

用法 一日三秋の思い

類義語 一日千秋《いちじつせんしゅう》・一刻千秋《いっこくせんしゅう》・三秋之思《さんしゅうのおもい》

【一日千秋】いちじつせんしゅう

意味 相手を思慕する情が非常に強いことのたとえ。また、ある物事や人が早く来てほしいと願う情が非常に強いこと。

補説 一日が千年にも長く思われる意から。「千秋」は千年の意。もと「一日三秋」から出た語。

注意「いちにちせんしゅう」とも読む。

出典『詩経《しきょう》』王風《おうふう》・采葛《さいかつ》

用例 彼は、ターヘルアナトミアを手にして以来、腑分《ふわ》けの日を一日千秋の思いで待っていた。〈菊池寛◆蘭学事始〉

類義語 一日三秋《いちじつさんしゅう》・一刻千秋《いっこくせんしゅう》

【一日千里】いちじつせんり

意味 並はずれてすぐれた才能を持っていることのたとえ。

補説 駿馬《しゅんめ》が一日に千里も走る意から。

注意「いちにちせんり」とも読む。

出典『荘子《そうじ》』秋水《しゅうすい》

【一日之長】いちじつのちょう

意味 少し年長であること。転じて、ほんの少し経験があり、技能などが他よりわずかにすぐれていること。

補説 一日早く生まれた意から。自分の経験・能力・技能などを謙遜《けんそん》していう語。

注意「いちにちのちょう」とも読む。

出典『論語《ろんご》』先進《せんしん》 ◎「吾《われ》が一日も爾《なんじ》より長じたるを以《もっ》て、吾れを以てすること無かれ（私がお前たちより少し年が上だからといって、遠慮をしないでくれ）」

用例 男女関係に一日の長ある年上の女として相当の注意を与えて遣《や》りたい。〈夏目漱石◆明暗〉

【一日片時】いちじつへんじ

意味 わずかの時間。

補説「片時」はわずかな時間の意。

注意「一日」は「いちにち」、「片時」は「へんし」とも読む。また、「ひとひかたとき」「いちにちかたとき」とも読む。

出典『観智院本《かんちいんぼん》三宝絵《さんぼうえ》』序 ◎「劫《こう》を重ね、世を積むとも、求めずは至りがたし。一日片時にても心を発《おこ》さば得べし」

用例 一年農作の飢饉《ききん》にあえば、これを救うの術を施し、（中略）一日片時も怠慢に附すべからず、一小事件も容易に看過すべからず。〈福沢諭吉◆政事と教育と分離すべし〉

【一字不説】いちじふせつ

意味 釈迦《しゃか》が悟り得た境地を説くにも、直接実相を説き尽くすことはできず、真理は一字も説いていないということ。また、仏法の真理は奥深く、言葉で言い表すことはできないし、言葉を通して得られるものでもなく、自ら体得することによってのみ悟ることができるということ。

補説 仏教語。「不説一字《ふせついちじ》」ともいう。

出典『楞伽経《りょうがきょう》』

用例 怒らず激せず喜ばず悲まず平和ならず不平ならざる時、則《すなわ》ち山静《しずか》に水流れ、煙颺《あが》り牛帰る。一字不説、目視、心忘る。〈正岡子規◆病牀譫語〉

類義語 不立文字《ふりゅうもんじ》

【一字褒貶】いちじほうへん

意味 一字の使い分けで人を褒めたり、けなしたりすること。

補説 孔子が筆削したという『春秋《しゅんじゅう》』の表現様式を評した語で、一字の使い方の中に人の行いの善悪を褒めたり、そしったりの意を込めたとされる。「褒貶」は褒めることと、そしりおとしめること。

出典『文選《もんぜん》』杜預《どよ》「春秋左氏伝序《しゅんじゅうさしでんじょ》」

類義語 春秋筆法《しゅんじゅうのひっぽう》・皮裏陽秋《ひりのようしゅう》・微言大義《びげんたいぎ》・筆削褒貶《ひっさくほうへん》

【一時名流】いちじ（の）めいりゅう

意味 その時、その時代の名士。

補説「一時」はその時、その時代。「名流」はすぐれた人、名士の意。

出典『世説新語《せせつしんご》』品藻《ひんそう》

類義語 名流夫人《めいりゅうふじん》

【一汁一菜】いちじゅういっさい

意味 非常に質素な食事のたとえ。

補説 ご飯のほかに汁物一品とおかず一品の食事の意から。「菜」はおかずの意。**用例** 昼飯のおかずは茄子《なす》の煮つけ一皿だ。事変以後の一汁一菜の声などと何の関《かかわ》りもない一皿であることは云《い》うまでもないだろう。〈島木健作◆東旭川村にて〉**類義語** 節衣縮食《せついしゅくしょく》・粗衣粗食《そいそしょく》・箪食瓢飲《たんしひょういん》・朝齏暮塩《ちょうせいぼえん》 **対義語** 三汁七菜《さんじゅうしちさい》・漿酒霍肉《しょうしゅかくにく》・食前方丈《しょくぜんほうじょう》・炊金饌玉《すいきんせんぎょく》

【一入再入】いちじゅうさいじゅう

意味 布を何度も染め重ねること。染色の濃くて深いこと。また、色が深いことから、恩などが深く厚いことのたとえ。**補説** 布を染めるのに液に一度入れ、さらにもう一度入れる意から。**注意** 「いちじゅさいじゅ」「いつじゅうさいじゅう」とも読む。**出典** 『平家物語《へいけものがたり》』二 ◎「其《そ》の恩のふかき事を案ずれば、一入再入の紅にも過ぎたらん」

【一樹之陰】いちじゅのかげ

意味 この世のどんな出会いも前世からの因縁によるということ。**補説** 見知らぬ人同士が、一つの木陰に寄り添って雨宿りをするのも、前世からの因縁である、ということから。類義の表現に「一樹の陰《かげ》一河《いちが》の流れも多生《たしょう》の縁」がある。**出典** 『平家物語《へいけものがたり》』七 ◎「一樹の陰にやどるも、先世の契《ちぎ》りあさからず、同じ流を結ぶも、多生の縁猶《なお》深し」**用例** 主婦のもてなしぶり谷水を四五町のふもとに汲《く》みてもてくる汗のしたたり、情を汲む一口に浮世の腸は洗われたり。一樹の陰一河の流れとや。〈正岡子規◆かけはしの記〉

【一樹百穫】いちじゅひゃっかく

意味 人材を育てることは、大きな利益をもたらすことのたとえ。また、大計を成し遂げるには、人材を育成しなければならないというたとえ。**補説** 一を育てて、百倍もの収穫があるのは人材である意から。「一樹」は木を一本植えること。「百穫」は百倍の収穫の意。**出典** 『管子《かんし》』権修《けんしゅう》 ◎「一年の計は穀を樹《う》うるに如《し》くは莫《な》し。…終身の計は人を樹うるに如くは莫し。一樹一穫なる者は穀なり。一樹十穫なる者は木なり。一樹百穫なる者は人なり」

【一上一下】いちじょういちげ 〈―スル〉

意味 上がったり下がったりすること。上げたり下げたりすること。転じて、その場に応じて適切に処理するたとえ。**補説** 「一…一…」は「あるときは…し、あるときは…する」の意。もと宇宙の精気が絶えず循環運行し、少しも停滞しないことをたとえた語。**出典** 『呂氏春秋《りょししゅんじゅう》』圜道《えんどう》

【一杖一鉢】いちじょういっぱつ

意味 僧侶《そうりょ》のきわめて質素な身なりを形容する語。**補説** 「一杖」は一本の杖《つえ》の意。「一鉢」は托鉢《たくはつ》用の一つの鉢のこと。**用例** 荷葉《かよう》の三衣、秋の霜に堪え難けれども、一杖一鉢に法捨を求むるの外、他に望なし。〈高山樗牛◆滝口入道〉

【一場春夢】いちじょうのしゅんむ

意味 人生の栄華が、きわめてはかなく消えてしまうことのたとえ。**補説** ひとときだけの短い春の夜に見る夢の意から。「一場」はその場かぎり、ほんのわずかの短い間の意。**出典** 盧延譲《ろえんじょう》―詩「李郢端公《りえいたんこう》を哭《こく》す」**類義語** 一炊之夢《いっすいのゆめ》・邯鄲之夢《かんたんのゆめ》・黄粱一炊《こうりょういっすい》・盧生之夢《ろせいのゆめ》

【一時流行】いちじりゅうこう

意味 その時その時の世の中の好みに応じた一時的な新しさのこと。**補説** もと蕉風俳論で用いる語で、停滞することなく常に新味を求めて、時に応じて変化を重ねてゆくことから。**用例** あんなクラシックな、俳諧《はいかい》の用語で言えば、一時流行でなくて千古不易《せんこふえき》の方に属する作を味《あじ》わう余裕は、〈森鷗外◆青年〉**対義語** 千古不易《せんこふえき》・千載不易《せんざいふえき》・万古不易《ばんこふえき》・百世不磨《ひゃくせいふま》・不易流行《ふえきりゅうこう》

【一新紀元】いちしんきげん

意味 新しい時代の始まり。古いことが終わりを告げ、新たな時代が始まる最初の年。

補説「新紀元」は新時代の最初の年のこと。
注意 語構成は「一」＋「新紀元」。
用例 国是は定まり、国運は伸び、わけて文化の一新紀元が劃《かく》せられた。〈高村光太郎◆美の日本的源泉〉

【一塵不染】いちじんふせん

意味 少しの汚れもないこと。また、心が清らかで、悪い考えや習慣に染まらないこと。
補説 もと仏教の語で、修行者が、煩悩を引き起こす「六塵《ろくじん》（色・声・香・味・触・法）」に染まらず、身心を清らかに保つということから。「一塵《いちじん》にも染《そ》まらず」と訓読する。
出典 張耒《ちょうらい》－詩「臘初《ろうしょ》小雪《しょうせつ》の後《のち》圃梅《ほばい》開《ひら》く」
類義語 六塵不染《ろくじんふせん》

【一塵法界】いちじんほっかい

意味 わずかな一つの塵《ちり》の中にも、全宇宙が含まれているということ。また、そのことを悟ること。
補説 仏教語。「塵」は「微塵《みじん》」のことで、非常に微細な物質。原子。「法界」は全宇宙のこと。
出典『円悟録《えんごろく》』一 ◎「一塵は法界を含み、一念は十方に偏《あまね》し」

【一族郎党】いちぞくろうとう

意味 血のつながりのある者と、その従者や家来。また、家族や関係者の全員。
補説「郎党」は中世武家社会での家臣・家来の意。転じて、有力者の取り巻きをいう。
注意「一族郎等」とも書く。「いちぞくろうどう」とも読む。
用例 かの成巧せる実業家、成巧せる政治家が、子供や孫、一族郎党でもいなかったとしたら、どんなに退屈するものであるかは、一寸《ちょっと》理解され難いのである。〈中原中也◆詩と其の伝統〉
類義語 一家眷族《いっかけんぞく》・妻子眷族《さいしけんぞく》・親類縁者《しんるいえんじゃ》

【一大決心】いちだいけっしん

意味 きわめて重大な決意のこと。
補説「一大」は名詞の上に付けられ、一つの大きな、重大なの意を表す。
用例 大江山捜査課長はとうとう一大決心をかため、十人の警官から成る地中突撃隊を編成した。〈海野十三◆地中魔〉

【一諾千金】いちだくせんきん

意味 信頼できる確かな承諾や約束。また、約束を重んじなければならないたとえ。
補説 いったん承諾したら、それは千金にも値するほどの重みがあるということから。「一諾」はひとたび承知して引き受けること。「千金」は大金のたとえ。「季布一諾《きふのいちだく》」ともいう。
故事 中国秦《しん》末、楚《そ》の将軍季布《きふ》は、はじめ項羽《こうう》の傘下で漢の劉邦《りゅうほう》を苦しめたが、のち劉邦に仕えた。信義に厚い任侠《にんきょう》として知られ、いったん承知し引き受けたことは確実に実行したので、楚の人々から、黄金百斤を得るより季布の一度の承諾を得るほうが価値がある、といわれた故事から。
出典『史記《しき》』季布伝《きふでん》 ◎「楚人《そひと》の諺《ことわざ》に曰《いわ》く、黄金百斤を得《う》るは、季布の一諾を得るに如《し》かず、と」
用法 一諾千金の重み
用例 子路が他の所では飽く迄《まで》人の下風に立つを潔しとしない独立不羈《ふき》の男であり、一諾千金の快男児であるだけに、碌々《ろくろく》たる凡弟子然《ぼんていしぜん》として孔子の前に侍《はんべ》っている姿は、人々に確かに奇異な感じを与えた。〈中島敦◆弟子〉
類義語 季布一諾《きふのいちだく》・千金之諾《せんきんのだく》
対義語 軽諾寡信《けいだくかしん》

【一団和気】いちだんのわき

意味 和らぎ、なごやかな雰囲気。親しみやすい態度。
補説「一団」はひとかたまりの意。
出典『上蔡先生語録《じょうさいせんせいごろく》』
類義語 一堂和気《いちどうのわき》

【一読三嘆】いちどくさんたん〈－スル〉

意味 すばらしい詩文などを読んで、非常に感銘を受けること。また、そのような詩文や本のたとえ。
補説 一度読んで幾度も感嘆する意から。「三」は幾度もの意。
用法 一読三嘆の書
用例 あるいは同情の涙を催さしめ、またあるいは一読三嘆、机を打って快哉《かいさい》を叫ばしむる〈穂積陳重◆法窓夜話〉
類義語 一唱三歎《いっしょうさんたん》

い

【一日三秋】 いちにち さんしゅう

⇒一日三秋 いちじつさんしゅう 22

【一日千秋】 いちにち せんしゅう

⇒一日千秋 いちじつせんしゅう 23

【一日千里】 いちにち せんり

⇒一日千里 いちじつせんり 23

【一日之長】 いちにちの ちょう

⇒一日之長 いちじつのちょう 23

【一日不食】 いちにち ふしょく

意味 毎日、仕事をしてからでないと、食事をしないこと。

補説 仕事の大切さを説いた言葉。「一日作《な》さざれば一日食《くら》わず」を略したもの。

故事 中国唐の百丈懐海禅師《ひゃくじょうえかいぜんじ》は、いつも自ら率先して耕作や労務を行っていたが、ある日、弟子たちが高齢の師をいたわって労務の道具を隠して休ませようとしたところ、百丈はその日は休息したが、終日食事もとらなかった。弟子たちがその理由を尋ねると、「一日作さざれば一日食わず」と答えたという故事から。

出典 『五灯会元《ごとうえげん》』三

用例 私たちは『一日不作一日不食』でなくて『食べたら働かなければならない』である、今日の雨中行乞《ぎょうこつ》などは、まさにそれだ（働かなければ食えないのはホントウだ、働らいても食えないのはウソだ）。〈種田山頭火◆行乞記〉

【一日片時】 いちにち へんじ

⇒一日片時 いちじつへんじ 23

【一人当千】 いちにん とうせん

意味 非常に大きな力や実力があること。きわめて勇気のあること。一人の力が千人の力にも匹敵する意から。

補説 「一人《いちにん》千《せん》に当《あ》たる」と訓読する。

注意 「いちにんとうぜん」とも読む。

用法 一人当千の剛《ごう》の者

類義語 一人当百《いちにんとうひゃく》・一騎当千《いっきとうせん》

【一念往生】 いちねん おうじょう

意味 ただ一度の念仏だけで極楽浄土にいけるということ。

補説 仏教語。「一念」は、一度、阿弥陀仏《あみだぶつ》の名号《みょうごう》を唱えること。「往生」は死後、極楽に往《ゆ》って生まれること。法然《ほうねん》の没後、門下の念仏理解に分岐が生じ、一回の念仏で往生できるとする「一念義」と数多く念仏することを重視する「多念義」の対立が起こった際に生まれた。

対義語 多念往生《たねんおうじょう》

【一念化生】 いちねん けしょう

意味 心に強く念ずることで他のものに生まれ変わること。心の向けようによって、餓鬼にも仏にもなること。

補説 仏教語。「一念」は深く思い込んだ心。「化生」は生まれ変わること。ひたむきな思い。

【一念三千】 いちねん さんぜん

意味 日常における人の一瞬一瞬の思いの中に、三千という数で表現される全宇宙の事象が完全に備わっているという、天台宗の教義。

出典 『摩訶止観《まかしかん》』五

【一念通天】 いちねん つうてん

意味 一心に念じ努力すれば、真心が天に通じ、どんなことでも成し遂げることができるということ。

補説 「一念《いちねん》天《てん》に通《つう》ず」と訓読する。

出典 『周易参同契《しゅうえきさんどうけい》』注 ◎「精勤して退かざれば、一念天に通ぜん」

類義語 至誠通天《しせいつうてん》・射石飲羽《しゃせきいんう》

【一念万年】 いちねん ばんねん

意味 時間の長い短いは、個人の主観次第ということ。

補説 禅宗の語。一瞬の心の働きの中に万年の歳月を包括するということから。「一念」はきわめて短い時間の意。

注意 「いちねんまんねん」とも読む。

用例 「一念万年、万年一念。短くもあり、短くもなしだ」〈夏目漱石◆吾輩は猫である〉

【一念発起】 いちねん ほっき 〈―スル〉

意味 それまでの考えを改め、あることを成し遂げようと決意し、熱心に励むこと。

補説 もと仏教語で、「一念発起菩提心《ぼだいしん》」の略。仏道に入り、一心に信心する心を起こすこと。また、ひたすら悟りを求める心を起こすこと。

こすこと。「一念」はひとたび悟りを得ようとする志を起こすこと。また、ひたすら思い込むこと。「発起」は信仰の心を起こして出家すること。また、新しいことを計画すること。「一心発起《いっしんほっき》」ともいう。

出典 『歎異抄《たんにしょう》』一四

用例 第一、印度の哲人達を見るがいい。若い身そらで、悟りをひらこうなどと一念発起した青道心はひとりもいない。〈坂口安吾◆勉強記〉

類義語 一念発心《いちねんほっしん》・感奮興起《かんぷんこうき》・緊褌一番《きんこんいちばん》

【一能一芸】 いちのう いちげい

⇒ 一芸一能 いちげいいちのう 20

【一暴十寒】 いちばく じっかん

意味 継続して行わなければ何事も成果は上がらないというたとえ。

補説 植物を生育させるのに一日目にこれを日《ひ》に曝《さら》して暖めたかと思うと、次の十日これを陰で冷やす意から。少しだけ努力して、あとは怠けることが多いこと。気が変わりやすいこと。また、あるところで努力して、あるところでそれを打ち破ることをいう。「暴」は「曝」と同じで、日に曝して暖める意。「十寒一暴《じっかんいちばく》」ともいう。

出典 『孟子《もうし》』告子《こくし》上 ◎「天下に生《しょう》じ易《やす》きの物有《あ》りと雖《いえど》も、一日《いちじつ》之《これ》を暴《あたた》め、十日《じゅうじつ》之を寒《ひや》さば、未《いま》だ能《よ》く生ずる者有らざるなり」

類義語 三日坊主《みっかぼうず》

【一罰百戒】 いちばつ ひゃっかい

意味 一人の罪や過失を罰することで、他の多くの人々が同じような過失や罪を犯さないよう戒めとすること。

補説 一人の罪を罰することで百人の戒めにする意から。

【一盤散沙】 いちばん さんさ

意味 一枚の皿の上に砂を散らしたように、人心が分散してまとまりがないこと。

補説 「一盤」は一枚の皿のことで、一つの国にたとえている。「散沙」はそこに散らばる砂で、人心を表している。「沙」は砂の意。

類義語 摶沙一散《たんさいっさん》

【一病息災】 いちびょう そくさい

意味 一つぐらい持病がある人のほうが、病気もない健康な人よりもかえって健康に気を配り、長生きするということ。

補説 「息災」は健康であること、身にさわりのないこと。

類義語 無事息災《ぶじそくさい》・無病息災《むびょうそくさい》

【一分一厘】 いちぶ いちりん

意味 ごくわずかなことのたとえ。

補説 「分」も「厘」も、単位の名称で、非常にわずかな数を示す。

用例 第一に其《その》鼻下の八字髯《はちじぜん》が極めて光沢が無い、これは其人物に一分一厘の活気もない証拠だ。〈石川啄木◆雲は天才である〉

類義語 一糸一毫《いっしいちごう》

【一部始終】 いちぶ しじゅう

意味 始めから終わりまで。物事の最初から最後までの詳しい事情すべて。

補説 もとは一部の書物の最初から最後までの意。

用例 すると、良人《おっと》はその一部始終をきいて、静かに、眼《め》を伏せながらいった。「お帰り。」〈宮本百合子◆新しい一夫一婦〉

類義語 一伍一什《いちごいちじゅう》

【一別以来】 いちべつ いらい

意味 この前会ったとき以来。

補説 「一別」は一度別れる意。「一別来《いちべつらい》」ともいう。多くはしばらくぶりに会ったときの挨拶《あいさつ》として用いられる。

用例 もうおおぜい客が来ていて母上は一人一人にねんごろに一別以来の辞儀をせられる。〈寺田寅彦◆竜舌蘭〉

【一望千頃】 いちぼう せんけい

⇒ 一望千里 いちぼうせんり 27

【一望千里】 いちぼう せんり

意味 一目でかなたまで広々と見渡されること。見晴らしのよいたとえ。また、広々として見渡される美しい景色のたとえ。

補説 「一望」は広々した眺めを一目で見渡すこと。「千里」ははるかかなた。極めて遠いたとえ。「一望千頃《いちぼうせんけい》」ともいう。

類義語 一望無垠《いちぼうむぎん》・一望無際《いちぼうむさい》・一碧万頃《いっぺきばんけい》・眺望絶佳《ちょうぼうぜっか》・天涯一望《てんがいいちぼう》

【一望無垠】いちぼうむぎん

意味 一目でかなたまで広々と見渡されること。見晴らしのよいたとえ。また、広々として見渡される美しい景色のたとえ。

補説 「無垠」は果てしないこと。「垠」は地の果て。「一望《いちぼう》垠《はて》無《な》し」と訓読する。

類義語 一望千頃《いちぼうせんけい》・一望千里《いちぼうせんり》・一望無際《いちぼうむさい》・一碧万頃《いっぺきばんけい》・天涯一望《てんがいいちぼう》

【一木一草】いちぼくいっそう

意味 そこにあるすべてのもののこと。また、きわめてわずかなもののたとえ。

補説 一本の木や一本の草まですべての意から。また、わずか一本の木と一本の草の意から。「一草一木《いっそういちぼく》」ともいう。

用例 先生が一九一八年に訪問された時には、此《こ》の辺は一木一草もなくなっていたそうだが、二十年の間にひこばえがこれだけに成長したものと見える。〈野上豊一郎◆ヴェルダン〉

【一木難支】いちぼくなんし

意味 大勢が傾きかけているときは、一人の力ではどうすることもできないということ。

補説 「一木大廈《たいか》の崩《くず》るるを支《ささ》うる能《あた》わず」「大廈の顚《たお》れんとするは一木の支うる所にあらず」が常用句。「大廈」は大きな建物。大きな建物が崩れるときは、もはや一本の柱では支えられないという意。一般に「一木《いちぼく》支《ささ》え難《がた》し」と訓読して用いる。

出典 『文中子《ぶんちゅうし》』事君《じくん》 ◎「大廈の将《まさ》に顚れんとすれば、一木の支うる所に非《あら》ざるなり」

【一枚看板】いちまいかんばん

意味 一座の代表的な役者のこと。転じて、多くの人の中で中心となる人物のこと。また、ほかに大して誇れるものがないなかで、唯一誇ることができるもの。

補説 「一枚看板」は、歌舞伎《かぶき》で、出し物の演目（外題《げだい》）や主な役者の名や絵姿を一枚の看板に書いて劇場の前に掲げたことから出た語。一枚の看板に名前がのるほどの役者の意から転じた。また、昔、武家で中間《ちゅうげん》や小者に支給された着物を「かんばん」と呼んだことで、一着しかない衣服の意から転じた。

用例 お力というは此家《このや》の一枚看板、年は随一若けれども客を呼ぶに妙ありて、さのみは愛想の嬉《うれ》しがらせを言うようにもなく我まま至極の身の振舞、〈樋口一葉◆にごりえ〉

【一味同心】いちみどうしん

意味 同じ目的をもって集まり、心を一つにすること。また、その仲間。

補説 「一味」は同じ目的をもった仲間。「同心」は志を同じくすること。また、その人々。

出典 『平家物語《へいけものがたり》』四

類義語 一味合体《いちみがったい》・一味徒党《いちみととう》・一丘之貉《いっきゅうのかく》

【一味徒党】いちみととう

意味 同じ志や目的をもって仲間になること。また、その仲間。

補説 「一味」は同じ目的をもった仲間。「徒党」は事をもくろむために集まった仲間。悪い仲間をいうことが多い。「一味郎党《いちみろうとう》」ともいう。

用例 そうかそれじゃおれもやろうと、即座に一味徒党に加盟した。〈夏目漱石◆坊っちゃん〉

類義語 一味同心《いちみどうしん》・一丘之貉《いっきゅうのかく》

【一味郎党】いちみろうとう

⇒一味徒党 いちみととう 28

【一面之辞】いちめんのじ

意味 議論における一方のみの言い分。また、一方の主張のみを聞くこと。

補説 「一面」は一方面の意。「辞」は言葉のこと。

出典 『醒世姻縁伝《せいせいいんえんでん》』七二

類義語 一面之詞《いちめんのし》

【一網打尽】いちもうだじん

意味 犯人など一味の者をひとまとめに捕らえること。

補説 ひと網であたりのすべての魚や鳥獣などを捕らえることから。『呂氏春秋《りょししゅんじゅう》』異用《いよう》にある、四面に網を張り、四方からの獲物をすべて捕らえようと祈っている呪師《じゅし》の故事を踏まえたものか。「打尽」はここでは捕り尽くす意。「打」は動詞の前に置き、その動作がいきいきと進行する意を表す。

出典 『東軒筆録《とうけんひつろく》』四

用例 こうして正雪一味の徒はほとんど一網打尽の体《てい》で、一人残らず捕らえられたが、その捕らえ方の迅速なるは洵《まこと》に電光石火ともいうべく真に目覚しいものであって、これを指揮した松平伊豆守《まつだいらいずのかみ》は、諸人賞讃《しょうさん》の的となった。〈国枝史郎◆正雪の遺書〉
類義語 一網無遺《いちもうむい》・一発五豝《いっぱつごは》

【一毛不抜】いちもうふばつ
意味 非常に物惜しみすること。また、非常にけちな人、利己的な人のたとえ。
補説 自分の毛を一本抜くほどのわずかな献身をすれば天下を利することができるのに、それをしない意から。「一毛」は一本の毛。ごくわずかなもののたとえ。「一毛《いちもう》も抜《ぬ》かず」と訓読する。
出典『孟子《もうし》』尽心《じんしん》上 ◎「楊子《ようし》は我が為《ため》にするを取る。一毛を抜きて天下を利するも為《な》さざるなり（楊子はひたすら自分のためにすることをその主義とし、たとえ一本の毛を抜くことが天下に役立つとしてもそれをしようとしない）」
類義語 一毫不抜《いちごうふばつ》・葛屨履霜《かっくりそう》

【一目十行】いちもくじゅうぎょう
意味 書物などを速く読む力がすぐれていることのたとえ。
補説 一目見ただけで、すぐに十行分を読むことができる意から。
故事 中国梁《りょう》の簡文帝《かんぶんてい》は、幼いころより理解力が人並み以上であって、読書の際に一度に十行ずつ読んだという故事から。
出典『梁書《りょうしょ》』簡文帝紀《かんぶんていき》 ◎「読書十行倶《とも》に下る（読書の際に一度に十行を読む）」

【一目瞭然】いちもくりょうぜん〈—ナ〉
意味 一目見ただけではっきりわかるさま。
補説「一目」はただ一目見ること。「瞭然」ははっきりしているさま。
注意「一目了然」とも書く。
出典『朱子語類《しゅしごるい》』一三七
用例 遊バせ言葉を吐くといえども。一目瞭然お里がしれ。〈坪内逍遥◆当世書生気質〉
類義語 一目即了《いちもくそくりょう》・簡単明瞭《かんたんめいりょう》

【一問一答】いちもんいっとう〈—スル〉
意味 一つの質問に対して、一つの答えをすること。また、質問と答えを繰り返すこと。
出典『春秋左氏伝《しゅんじゅうさしでん》』序・疏《そ》
用法 大臣と一問一答する

【一門数竈】いちもんすうそう
意味 一家が同居しながらも生計を別々にして、まとまりのない状態をそしっていう言葉。一家にかまどがいくつもあることから。
補説「一門」は一家。「数竈」は飯を炊くかまどがいくつかあること。もともと北方の魏《ぎ》が南方の江南地方の風習をそしった言葉。
出典『魏書《ぎしょ》』裴植伝《はいしょくでん》

【一文半銭】いちもんはんせん
意味 ごくわずかの金銭のたとえ。
補説「少しの金も…しない」という意で、金惜しみするときに用いられることが多い。「文」「銭」は昔の小銭の単位。「半銭」は、直径一寸《ひとき》の一文銭の半分の意から、「きなか」と読むことがある。
用例 是《これ》までだって妾《わたし》が江南の家へ一文半銭注込《つぎこ》んだ事があるかい。〈内田魯庵◆社会百面相〉
類義語 一紙半銭《いっしはんせん》・一銭一厘《いっせんいちりん》

【一文不知】いちもんふち
⇒一文不通 いちもんふつう 29

【一文不通】いちもんふつう
意味 読み書きができないこと。
補説 一つの文字すら通じていない意から。「文」は文字。「一文不知《いちもんふち》」ともいう。
用例 澄元契約に使者に行った細川の被官の薬師寺与一というのは、一文不通の者であったが、天性正直で、〈幸田露伴◆魔法修行者〉
類義語 一字不識《いちじふしき》・無学文盲《むがくもんもう》

【一夜検校】いちやけんぎょう
意味 ごく短期間に金持ちになること。
補説 一夜で検校になる意で、江戸時代、大金を官に上納してにわかに検校の位を授けられた者を、このように呼んだことから。「検校」は昔、盲人に与えられた最上級の官名。
注意「一夜撿挍」とも書く。

【一夜十起】いちやじっき
意味 人間は多かれ少なかれ私情や私心に左右され、私心をすべて捨て去ることが難しいことのたとえ。

補説 中国後漢の第五倫《だいごりん》の故事から。「一夜」は一晩、「十起」は十回起きること。「一夜《いちや》に十《と》たび起《お》く」と訓読する。

故事 ↓「五倫十起《ごりんじっき》」246

出典『後漢書《ごかんじょ》』第五倫伝《だいごりんでん》

類義語 五倫十起《ごりんじっき》

【一遊一予】いちゆう いちよ

意味 遊んだり楽しんだりすること。特に、天子が楽しみながら諸国を視察すること。

補説「一…一…」は「あるときは…し、あるときは…する」の意。「予」は遊覧して楽しむこと。昔、王が楽しみを兼ねて民の暮らしを視察したことから。

出典『孟子《もうし》』梁恵王《りょうけいおう》下 ◎「一遊一予、諸侯の度と為《な》る」

【意中之人】いちゅうの ひと

意味 心の中でひそかに思い定めている人。また、心の中でひそかに恋しく思っている人。

出典 陶潜《とうせん》―詩「周続之《しゅうぞくし》祖企《そき》謝景夷《しゃけいい》の三郎《さんろう》に示《しめ》す」◎「薬石時有りて閑《かん》、念《おも》う我が意中の人」

用例 そのうちに先生の意中の人なる美少女も青年と恋をはじめた。〈坂口安吾◆不可解な失恋に就て〉

【一葉知秋】いちよう ちしゅう

意味 わずかな前兆や現象から、事の大勢・本質・変化、また、物事の衰亡を察知すること。

補説 一枚の葉が枯れて落ちたのを見て、秋が来たことに気づく意から。「一葉」は一枚の葉、一枚の葉が落ちること。「知秋」は秋の来たのに気づく意。一般に「一葉《いちよう》秋《あき》を知《し》る」と訓読して用いる。「桐葉知秋《どうようちしゅう》」ともいう。類義の表現に「一葉《いちよう》落《お》ちて天下《てんか》の秋《あき》を知《し》る」「梧桐《ごとう》一葉《いちよう》落《お》つ」「桐一葉《きりひとは》」がある。

出典『淮南子《えなんじ》』説山訓《せつざんくん》◎「一葉の落つるを見て、歳《とし》の将《まさ》に暮れなんとするを知る」

類義語 梧桐一葉《ごとういちよう》・葉落知秋《ようらくちしゅう》

【一陽来復】いちよう らいふく

意味 冬が終わり春が来ること。新年が来ること。また、悪いことが続いた後で、ようやくよい方に向かうこと。

補説 もと易《えき》の語。陰の気がきわまって陽の気にかえる意から。陰暦十月は坤《こん》の卦《か》(䷁)にあたり、十一月は復の卦(䷗)にあたり、陰(⚋)ばかりの中に陽(⚊)が戻って来たことになる。「復」は陰暦十一月、また、冬至のこと。

出典『易経《えききょう》』復《ふく》

用例 十年も若返ったような顔で目にはいっぱい涙がたまっている。堅く閉じた心の氷がとけて一陽来復の春が来たのである。〈寺田寅彦◆映画雑感III〉

【一落千丈】いちらく せんじょう

意味 急激に落ちること。地位や権威などが一気に下がってしまうこと。

出典 韓愈《かんゆ》―詩「穎師《えいし》の琴《こと》を弾《だん》ずるを聴《き》く」◎「躋攀《せいはん》分寸《ぶんすん》も上るべからず。勢いを失って一たび落つ千丈強《せんじょうきょう》」

類義語 急転直下《きゅうてんちょっか》

【一利一害】いちり いちがい

意味 利益もある一方、害もあること。また、利益と害とが同じくらいであること。

出典『元史《げんし》』耶律楚材伝《やりつそざいでん》◎「一利を興《おこ》すは一害を除くに如《し》かず(一つの利益になることを始めるよりは一つの害を除いたほうがよい)」

用例 親が子となるが故に子の一利一害は己の利害の様に感ぜられ、〈西田幾多郎◆善の研究〉

類義語 一長一短《いっちょういったん》・一得一失《いっとくいっしつ》

【一離一合】いちり いちごう 〈―スル〉

⇒一合一離《いちごういちり》 21

【一里撓椎】いちり どうつい

意味 多くの人が口にしていると、通常では考えられないことでも事実となってしまうこと。多くの人の言葉であっても盲信してはいけないということ。

補説 一つの村の人々がみな「椎《つち》を曲げることができるほどの力がある人間がいる」と言えば、本当にいることとなってしまうという意から。「一里」は一つの村。「撓椎」は椎を押し曲げること。「一里《いちり》なれば椎《つち》を撓《たわ》む」と訓読する。

出典『淮南子《えなんじ》』説山訓《せつざんくん》

類義語 三人成虎《さんにんせいこ》・衆議成林《しゅうぎせいりん》

【一粒万倍】《いちりゅうまんばい》
意味 わずかなものから多くの利益があがるたとえ。また、わずかなものでも粗末にしてはいけないという戒め。
補説 一粒の種子をまけば、実って万倍もの収穫を得ることができる意から。一つの善行が多くのよい結果をもたらすたとえとしても用いる。また、「稲」の異名。
出典 『報恩経《ほうおんきょう》』四

【一竜一猪】《いちりょういっちょ》
意味 努力して学ぶ者と怠けて学ばない者との間で、きわめて大きな賢愚の差ができるたとえ。また、すぐれた者と劣った者のこと。
補説 学ぶと学ばぬとによって一方は竜となり、一方は豚となる意から。「竜」は変幻自在で霊妙な才能のある賢者や大成者にたとえ、「猪」は豚のことで、無知で愚かな人にたとえる。
注意 「いちりゅういっちょ」とも読む。
出典 韓愈《かんゆ》—詩「符《ふ》書《しょ》を城南《じょうなん》に読《よ》む」
類義語 一竜一蛇《いちりょういちだ》

【一了百了】《いちりょうひゃくりょう》
意味 一つの根本が片付けば、すべてが解決すること。また、根本の一つのことから万事が推測できること。
補説 人が死ねば万事終わることから。「了」は終わる、済むこと。また、明らかなこと。「一」「百」は初めと終わり、根本と万般。
出典 『伝習録《でんしゅうろく》』下
類義語 一了百当《いちりょうひゃくとう》

【一力当先】《いちりょくとうせん》
意味 まず先頭に立って、一人の力で敵に当たっていくこと。
補説 「一力」は一人の力、独力。「当先」は先頭に立って、敵に向かっていくこと。
出典 『西遊記《さいゆうき》』八七

【一旅中興】《いちりょちゅうこう》
意味 衰微し、人民も少なくなった国を、再び立て直し盛んにすること。
補説 衰え少なくなった人数で、再興を目指して奮闘するたとえ。「一旅」は兵士五百人のこと。「中興」は一度衰えたものを再び盛んにすること。「一旅《いちりょ》にて中興《ちゅうこう》す」と訓読する。
出典 『春秋左氏伝《しゅんじゅうさしでん》』哀公《あいこう》元年

【一縷千鈞】《いちるせんきん》
意味 非常に危険なことのたとえ。
補説 細い一本の糸で千鈞もの重い物を支えつるす意から。「一縷」は一本の糸。一般にはきわめてわずかなつながりなどのたとえ。「鈞」は重さの単位で、一鈞は中国周代で約七・七キログラム。
出典 『文選《もんぜん》』枚乗《ばいじょう》「書《しょ》を上《たてまつ》りて呉王《ごおう》を諫《いさ》む」◎「一縷の任《にん》を以《もっ》て、千鈞の重きを係《か》く」
類義語 一縷千金《いちるせんきん》・一触即発《いっしょくそくはつ》・一髪千鈞《いっぱつせんきん》・危機一髪《ききいっぱつ》・剣抜弩張《けんばつどちょう》・千鈞一髪《せんきんいっぱつ》・累卵之危《るいらんのき》

【一蓮托生】《いちれんたくしょう》
意味 事の善悪にかかわらず仲間として行動や運命をともにすること。
補説 もと仏教語。よい行いをした者は極楽浄土に往生して、同じ蓮《はす》の花の上に身を託し生まれ変わることから。「托」はよりどころとする、身をよせる意。
注意 「一蓮託生」とも書く。
用例 二人とも世を忍ぶ身ながらに、落ちぶれて見ればなつかしい水の月。おなじ道楽の一蓮托生と言ったような気持も手伝って、昔の恋仇《こいがたき》の意地張は何処《どこ》へやら。心から手を取り合って奇遇を喜び合うのであった。〈夢野久作◆名娼満月〉

【一労永逸】《いちろうえいいつ》
意味 一度苦労すれば、その後長くその恩恵をこうむり、安楽な生活を送ることができること。
補説 「一労」は一度の苦労、少しの苦労。「永」は長くの意。「逸」は安楽・利益の意。「一《ひと》たび労《ろう》して永《なが》く逸《やす》んず」と訓読する。
出典 『文選《もんぜん》』班固《はんこ》「燕然山《えんねんざん》を封《ほう》ずる銘《めい》」◎「一たび労して久しく逸んじ、暫《しば》らく費やして永く寧《やす》らかなり」
類義語 一労久逸《いちろうきゅういつ》・暫費永寧《ざんぴえいねい》・暫労永逸《ざんろうえいいつ》・先難後獲《せんなんこうかく》・先憂後楽《せんゆうこうらく》
対義語 苟且偸安《こうしょとうあん》

【一六勝負】《いちろくしょうぶ》
意味 ばくちのこと。また、運まかせに冒険的にやってみること。

（補説）さいころの目に一が出るか六が出るかを賭《か》けて勝負を争うことから。「一六」は賭博《とばく》や双六《すごろく》などで、二つのさいの目に一と六が出ることをいう。

［類義語］一擲乾坤《いってきけんこん》・乾坤一擲《けんこんいってき》

【一路順風】いちろじゅんぷう

（意味）事が順調に運ぶこと。また、旅立つ人の道中の無事を祈っていう語。

（補説）もとは帆船の航行が順調なことをいった語。「一路」はひたすらの意。「順風」は追い風。

［類義語］一路平安《いちろへいあん》

【一路平安】いちろへいあん

（意味）旅立つ人の道中の無事を祈っていう語。「道中ご無事で」の意。

（補説）「平安」は無事で穏やかなこと。平穏無事なこと。「平安一路《へいあんいちろ》」ともいう。

（出典）『紅楼夢《こうろうむ》』一四

（用例）この笑いの波も灯のおかげ、どうやら順風の様子、一路平安を念じつつ綱を切ってするする出帆、題は、作家の友情について。〈太宰治◆喝采〉

［類義語］一路順風《いちろじゅんぷう》

【一塊之肉】いっかいのにく

（意味）ただ一人の子のこと。

（補説）「一塊」はひとかたまり、「肉」は人体の意。

（故事）中国南宋《なんそう》最後の皇帝、広王趙昺《ちょうへい》は、元《げん》との戦いに敗れて入水自殺し、王朝は滅亡した。それを聞いた楊太后《ようたいこう》は、「わたしが苦労に耐えてきたのもすべて趙《ちょう》氏（宋の皇帝の姓）の一塊の肉（昺帝のこと）のためを思えばこそだったのに」と慟哭《どうこく》した故事による。

（出典）『宋史《そうし》』瀛国公紀《えいこくこうき》

【一攫千金】いっかくせんきん

（意味）一度にたやすく大きな利益を手に入れること。

（補説）「一攫」は一つかみの意。「攫」はつかみ取る意で、「獲」と書くのは本来は誤用。「千金」は大金の意。非常に高価、貴重なことのたとえ。

（注意）「一獲千金」とも書く。

（用例）もとより一攫千金を夢みて来たのではない。予は唯《ただ》此《この》北海の天地に充満する自由の空気を呼吸せんが為《ため》に、津軽の海を越えた。〈石川啄木◆初めて見たる小樽〉

［類義語］一攫万金《いっかくばんきん》

【一家眷族】いっかけんぞく

（意味）家族と血縁者。一族。また、一族とその家臣や部下。

（補説）「眷族」は血縁の者。また、家臣や部下をいう場合もある。

（注意）「一家眷属」とも書く。

（用例）一家眷属の口が乾上《ひあが》る惧《おそれ》がある以上、予は怪しげな語学の資本を運転させて、どこまでも教育家らしい店構えを張りつづける覚悟でいた。〈芥川龍之介◆入社の辞〉

［類義語］一族郎党《いちぞくろうとう》・妻子眷族《さいしけんぞく》・親類縁者《しんるいえんじゃ》

【一家相伝】いっかそうでん

（意味）一つの家で代々受け継ぎ、伝えていくこと。また、その物。

（補説）「相伝」は代々受け継ぎ、伝えること。

（用例）蟇《がま》の額には夜光の明珠があるというが、吾輩《わがはい》の尻尾には神祇釈教恋無常《しんぎしゃっきょうこいむじょう》は無論の事、満天下の人間をばかにする一家相伝の妙薬が詰め込んである。〈夏目漱石◆吾輩は猫である〉

【一家団欒】いっかだんらん

（意味）家族が集まり、楽しく談笑すること。

（補説）「団欒」は親しい者が集まってむつまじくする意。「家族団欒《かぞくだんらん》」ともいう。

（用例）なんというおれは意気地なしなんだろうと、そうした一家団欒の前をとおりすぎながらはずかしくなった。〈武林夢想庵◆Ｃｏｃｕのなげき〉

［類義語］親子団欒《おやこだんらん》

【一割之利】いっかつのり

⇒鉛刀一割 えんとういっかつ 77

【一竿風月】いっかん（の）ふうげつ

（意味）俗事にとらわれず、自然の中で悠々自適の生活を送るたとえ。

（補説）一本の釣りざおを手に、俗事を離れて自然の風月を友とし楽しむ意から。「竿」は釣りざお。「風月」は自然に親しみ風流を楽しむこと。

出典 陸游《りくゆう》詩「感旧《かんきゅう》」

類義語 一丘一壑《いっきゅういちがく》・採薪汲水《さいしんきゅうすい》・悠悠自適《ゆうゆうじてき》

【一喜一憂】いっき いちゆう 〈—スル〉

意味 状況の変化に応じて、喜んだり心配したりすること。また、まわりの状況にふりまわされること。

補説 「一…一…」は「あるときは…し、あるときは…する」の意。「喜」はよろこぶこと、「憂」は心配すること。

用例 試験の為《ため》に勉強し、試験の成績に一喜一憂し、如何《どん》な事でも試験に関係の無い事なら、如何《どう》なとなれと余処《よそ》に見て、〈二葉亭四迷◆平凡〉

対義語 順逆一視《じゅんぎゃくいっし》

【一貴一賤】いっき いっせん

⇒一貧一富 いっぴんいっぷ 48

【一気呵成】いっき かせい

意味 ひと息に文章を完成すること。また、物事を中断せずに、ひと息に仕上げること。

補説 乱れずひと息に書き上げて、文章がのびやかなさま。「呵」は大きく口を開けて息を吹きかけること。「呵成」は息を吹きかけるだけで完成する、また、凍った筆に息を吹きかけ一気に書き上げる意ともいう。

出典 『詩藪《しそう》』内編・五

用例 書き始めたら一気呵成にやりだすに違いないのだ、余はそうも思っているのだが一向滝は机に向おうとはしない。〈牧野信一◆西瓜喰う人〉

類義語 一瀉千里《いっしゃせんり》

【一饋十起】いっき じっき

意味 熱心に賢者を求め迎えるたとえ。

補説 一回の食事の間に、十度も席を立ち上がる意から。「饋」は食事の意。「一饋《いっき》に十起《じっき》す」また、「一饋《いっき》に十《と》たび起《た》つ」と訓読する。

故事 中国夏《か》の禹《う》王が、善政を行う補佐となる賢者を熱心に求め、一回の食事中に十度も席を立って、訪ねてきた賢者に会い、一回髪を洗う間に、三度も髪を握ったまま訪問者に面会したという故事から。

出典 『淮南子《えなんじ》』氾論訓《はんろんくん》

類義語 握髪吐哺《あくはつとほ》・一饋七起《いっきしちき》・吐哺握髪《とほあくはつ》

【一騎当千】いっき とうせん

意味 群を抜いた勇者のたとえ。また、人並みはずれた能力や経験などのたとえ。

補説 一人の騎兵で千人もの敵を相手にできるほど強い意から。「当千」は「千に当たる」で、千人を敵にできる、千人に匹敵する意。

注意 「いっきとうぜん」とも読む。

用例 臣が辺境に養うところの兵は皆荊楚《けいそ》の一騎当千の勇士なれば、願わくは彼らの一隊を率いて討って出《い》で、側面から匈奴《きょうど》の軍を牽制《けんせい》したいという陵《りょう》の嘆願には、武帝も頷《うなず》くところがあった。〈中島敦◆李陵〉

類義語 一人当千《いちにんとうせん》・一人当百《いちにんとうひゃく》

【一簣之功】いっきの こう

意味 仕事が完成する寸前の最後の努力のこと。最後の努力の大切さをいう。また、仕事を完成するために重ねる一つひとつの努力と、その大切さをいう。

補説 長い間の努力も最後の「一簣之功」がなければ完成しない意から。「簣」は土を入れて運ぶ竹かごの類で、もっこの意。「一簣」は、もっこ一ぱいの土のことで、もっこ一ぱいの土を運ぶ最後の努力の意。一般に、長い間の努力も最後のわずかな失敗で完成しないという意の「九仞《きゅうじん》の功を一簣《いっき》に虧《か》く」という。出典に「山を為《つく》ること九仞、功、一簣に虧く（山を作るのに九仞の高さになっても、完成を直前にしてあともっこ一ぱいの土盛りのところで作業をやめれば、山は完成しない）」とある。

出典 『書経《しょきょう》』旅獒《りょごう》

対義語 九仞一簣《きゅうじんいっき》・功虧一簣《こうきいっき》

【一丘一壑】いっきゅう いちがく

意味 身を俗世から離れた自然の中に置いて、風流を楽しむこと。

補説 あるいは丘に登り、あるいは谷で釣り糸をたれ、俗世に煩わされず自然界の万物を友として、何物にも拘束されることなく、心おのずから楽しい意から。「一…一…」は「あるときは…し、あるときは…する」の意。「丘」はおか、「壑」は谷の意。

出典 『漢書《かんじょ》』叙伝《じょでん》

類義語 一竿風月《いっかんふうげつ》

【一裘一葛】 いっきゅういっかつ

意味 きわめて貧しいたとえ。また、質素なたとえ。

補説 一枚のかわごろもと一枚のくずかたびらの意から。「裘」は冬に着るかわごろも。毛皮の衣。「葛」は夏に着るくずの布の薄い衣。

出典 韓愈《かんゆ》「石処士《せきしょし》を送《おく》るの序《じょ》」◎「冬は一裘、夏は一葛」

【一球入魂】 いっきゅうにゅうこん

意味 野球で、一球一球の球に全力を傾けること。精神を集中して、一球を投ずること。

補説 「入魂」は物事に魂を込めること。全神経を傾けること。

類義語 全力投球《ぜんりょくとうきゅう》

【一丘之貉】 いっきゅうのかく

意味 同類、似たようなもののたとえ。また、同類の悪者のたとえ。

補説 同じ丘にすんでいるむじなの意。ふつうは悪者の同類をけなしていう語。「貉」はむじなで、アナグマのこと。類義の表現に「同じ穴のむじな」がある。

出典 『漢書《かんじょ》』楊惲伝《よううんでん》

類義語 一味同心《いちみどうしん》・一味徒党《いちみととう》

【一虚一盈】 いっきょいちえい 〈―スル〉

意味 一定の形を保たず、消えたり満ちたり、常に変化して予測しにくいことのたとえ。

補説 あるいはむなしく、あるいは満ちる意から。「一…一…」は「あるときは…し、あるときは…する」の意。「虚」はむなしい、なくなる意。「盈」は満ちる意。

出典 『晋書《しんじょ》』皇甫謐伝《こうほひつでん》

類義語 一虚一実《いっきょいちじつ》・一虚一満《いっきょいちまん》

【一虚一実】 いっきょいちじつ

意味 さまざまに変化して予測しにくいことのたとえ。

補説 あるいは消え、あるいは現れる意から。「一…一…」は「あるときは…し、あるときは…する」の意。「虚」はむなしい、消える意。「実」は現れる、満ちる意。

類義語 一虚一盈《いっきょいちえい》・一虚一満《いっきょいちまん》

【一挙一動】 いっきょいちどう

意味 一つひとつの動作。また、ちょっとした動作や振る舞いのこと。

補説 立ち居振る舞い・しぐさを表す「挙動」を分けて、「一」をそれぞれに添えたもの。「一」はちょっとした、また一度の意。「一挙手一投足」と類義。

出典 『宣和遺事《せんないじ》』前集

用例 親切であるために人の一挙一動は断《た》えず注意深い目で四方から監視されている。〈寺田寅彦◆田園雑感〉

類義語 一言一行《いちげんいっこう》

【一挙両失】 いっきょりょうしつ

意味 何か一つの事をおこすことで、同時に他の事までもだめになること。

補説 「一挙」は一つの動作・行動。

出典 『戦国策《せんごくさく》』燕策《えんさく》

対義語 一挙両全《いっきょりょうぜん》・一挙両得《いっきょりょうとく》・一石二鳥《いっせきにちょう》

【一挙両得】 いっきょりょうとく

意味 一つの行為で、同時に二つの利益が得られること。わずかな労力で多くの利益を得るたとえ。

補説 「一挙」は一つの動作・行動。

出典 『東観漢記《とうかんかんき》』耿弇伝《こうえんでん》

用例 丁度、僕も朝寝で困って居る所だから、毎朝々早く起して貰《もら》いたい、一挙両得とはこの事だと笑って約束した。〈真山青果◆南小泉村〉

類義語 一挙両全《いっきょりょうぜん》・一挙両利《いっきょりょうり》・一石二鳥《いっせきにちょう》・一箭双雕《いっせんそうちょう》

対義語 一挙両失《いっきょりょうしつ》

【一琴一鶴】 いっきんいっかく

意味 役人が清廉潔白であることのたとえ。また、旅の荷物が少なく簡易であるたとえ。

補説 一張りの琴《きん》と一羽の鶴の意。

故事 中国宋《そう》の趙抃《ちょうべん》が蜀《しょく》に赴任するとき、わずかに一張りの琴と鶴一羽を携えて行ったという故事から。

出典 『宋史《そうし》』趙抃伝《ちょうべんでん》

【一句一語】 いっくいちご

⇒ 一語一句 いちごいっく 21

【一薫一蕕】 いっくんいちゆう

意味 善いことは消えやすく悪いことは除きがたいことのたとえ。悪人が善人を駆逐してはびこりやすいたとえ。

補説 一本の香りのよい草と一本の香りの悪い草の意。同じ所に置けば、悪い香りが強く、よい香りは消されてしまうことから。「薫」は香りのよい草。「蕕」は香りの悪い草。

出典『春秋左氏伝《しゅんじゅうさしでん》』僖公《きこう》四年 ◎「一薫一蕕、十年尚《な》お猶《な》お臭有り」

【一欠十求】いっけつじっきゅう

意味 官職に一つ空きができると、多くの人がその空席を求めて殺到すること。

補説「一欠」は官職の一つの空席。「十求」は多くの人が求め殺到すること。

故事 中国晋《しん》の役人であった王蘊《おううん》は性格が温厚で、身分の低い者でも官職に登用するため、官職に一つの空席ができると、それを求めて多くの人が殺到した故事から。

出典『晋書《しんじょ》』王蘊伝《おううんでん》

【一決雌雄】いっけつしゆう

意味 一回の戦いで、勝負のすべてを決すること。

補説「雌雄」は勝ち負けの意。

出典『史記《しき》』項羽紀《こううき》 ◎「願わくは、漢王と挑戦し、雌雄を決せん」

【一蹶不振】いっけつふしん

意味 一度失敗して挫折《ざせつ》し、二度と立ち上がれないたとえ。

補説 一度つまずいて、振るわなくなる意から。「蹶」はつまずくこと。「一蹶《いっけつ》して振《ふ》るわず」と訓読する。

類義語 一蹶不興《いっけつふきょう》

対義語 捲土重来《けんどちょうらい》

【一結杳然】いっけつようぜん 〈—タル〉〈—ト〉

意味 文章が終わった後に余韻が残るさま。文章を一たび締めくくった後に、その余韻がはるかに漂うさま。

補説「一結」は文章をいったん締めくくる意。「杳然」は遠くはるかの意。悠然。

用例 主人は一結杳然というつもりで読み終わったが、さすがの名文もあまり短すぎるのと、主意がどこにあるのかわかりかねるので、三人はまだあとがある事と思って待っている。〈夏目漱石・吾輩は猫である〉

【一件落着】いっけんらくちゃく 〈—スル〉

意味 ある物事や事件の決着がついたり、解決したりすること。

補説「一件」は一つの事柄や事件。「落着」は物事のきまりがつくこと、解決すること。

用法 これにて一件落着

用例「違いねえ」と客も苦笑しましたが、一件落着に及んだような元どおりの顔になり、〈岡本かの子・生々流転〉

【一闔一闢】いっこういちびゃく

意味 あるいは閉じ、あるいは開く意。陰の気と陽の気が衰えたり盛んになったり変化するさま。

補説「一…一…」は「あるときは…し、あるときは…する」の意。「闔」は閉じること。「闢」は開くこと。

出典『易経《えききょう》』繋辞《けいじ》上

【一口両舌】いっこうりょうぜつ

意味 前に言った内容と後に言った内容が食い違うこと。前に言ったことと違うことを平気で言うこと。

補説 一つの口に二枚の舌がある意から。二枚舌。

類義語 一口三舌《いっこうさんぜつ》

【一国一城】いっこくいちじょう

意味 他からの干渉を受けず、独立している状態のたとえ。

補説 一つの国と一つの城。また、それを領有すること。

用法 一国一城の主《あるじ》

用例 このように一国一城よりも、骨肉の生命よりも、茶器の価値が重く見られた時代ですから、名器の発見は、その大名にとっては、所領一箇国の加増ということにもなりました。〈薄田泣菫・小壺狩〉

【一国三公】いっこくさんこう

意味 命令する者が多すぎて、組織の統率がとれないこと。

補説 一国に三人の君主がいる意から。「三公」は三人の君主。

出典『春秋左氏伝《しゅんじゅうさしでん》』僖公《きこう》五年 ◎「一国に三公あり、吾《われ》誰《たれ》にか適従せん」

【一刻千金】いっこくせんきん

意味 わずかな時間が千金にも値すること。

時間の貴重なことのたとえ。

補説 貴重な時間、よい季節や楽しいひとときなどが過ぎ去りやすいのを惜しんでいう語。また、時間を無駄に過ごすのを戒める語。「一刻」はわずかな時間。もとは、春の夜のひとときが千金にも値するほどすばらしい意。「千金一刻《せんきんいっこく》」ともいう。

出典 蘇軾《そしょく》–詩「春夜《しゅんや》」◎「春宵一刻直千金《しゅんしょういっこくあたいせんきん》」

用例 吾身《わがみ》の為《ため》めには一刻千金の時である、金がなければ唯《ただ》使わぬと覚悟を定めて、〈福沢諭吉◆福翁自伝〉

【一刻千秋】いっこくせんしゅう

意味 わずかな時間が、まるで千年間であるかのように待ち遠しく感じられること。

補説 「一刻」はわずかな時間。「千秋」は千年の意。

用例 立って見たりすわッて見たりして、今か今かと文三が一刻千秋の思いをして頸《くび》を延ばして待ち構えていると、〈二葉亭四迷◆浮雲〉

類義語 一日三秋《いちじつさんしゅう》・一日千秋《いちじつせんしゅう》

【一顧傾城】いっこけいせい

意味 絶世の美女のたとえ。

補説 美女が一度ちらりと流し目で見るだけで、町中の男がその美しさに夢中になって町が滅びそうになり、君主がそれに溺《おぼ》れて政治を投げ出し、国を傾け滅ぼしてしまうという意から。「一顧」はちらりと振り返る、ちらりと流し目で見る意。「城」は町の意。ここから転じて、江戸時代には遊女のことを「傾城」といった。もと、漢の李延年《りえんねん》が武帝に妹をすすめるために作った歌による。「一顧《いっこ》、城《しろ》を傾《かたむ》く」と訓読する。

出典 『漢書《かんじょ》』外戚伝《がいせきでん》・李夫人伝《りふじんでん》◎「一顧すれば人の城を傾け、再顧すれば人の国を傾く」

類義語 一顧傾国《いっこけいこく》・一笑千金《いっしょうせんきん》・傾国美女《けいこくのびじょ》・傾城傾国《けいせいけいこく》・太液芙蓉《たいえきのふよう》・天姿国色《てんしこくしょく》

【一壺千金】いっこせんきん

意味 それほど価値がないものでも、時と場合によっては、計り知れないほど役立つことがあるたとえ。

補説 川や海で舟が沈み溺《おぼ》れそうになったとき、ひょうたん一つが浮きになって、きわめて大きな価値をもつ意から。「壺」はひょうたん・ふくべのこと。「千金」はきわめて大きな価値の意。

出典 『鶡冠子《かつかんし》』学問《がくもん》◎「中河に船を失えば、一壺も千金」

【一狐之腋】いっこのえき

意味 一匹のキツネの脇《わき》の下からとれる毛のこと。白くて美しく、わずかしかとれないため大変珍重されたことから、希少価値のあるたとえ。また、諫言《かんげん》する直言の士のたとえ。

補説 「腋」は脇。また、脇の下にある白くて美しい毛。

出典 『意林《いりん》』二に引く『慎子《しんし》』

用例 袖無《ちゃんちゃん》の裏から、もじゃもじゃした狐《きつね》の皮が食《は》み出している。これは支那へ行った友人の贈り物として君《くん》が大事の袖無である。千羊《せんよう》の皮は一狐の腋にしかずと云《い》って、君はいつでもこの袖無を一着している。〈夏目漱石◆虞美人草〉

【一呼百諾】いっこひゃくだく

意味 人望や権勢があって、一声かければ応じる傘下の人が多いたとえ。また、皆がすぐに従うような有力者の一言。鶴の一声。

補説 一声あげれば、百人もの人が呼応して同意する意から。「諾」は返事する、同意する意。

出典 寒山《かんざん》・拾得《じっとく》–詩◎「一呼すれば百諾至る」

類義語 一呼百応《いっこひゃくおう》

【一切有情】いっさいうじょう

⇒一切衆生 いっさいしゅじょう 37

【一切皆空】いっさいかいくう

意味 すべての事物・事象は、それ自身としての実体をもたず、空であるということ。

補説 仏教語。「一切」はすべて、あらゆるの意。

類義語 空即是色《くうそくぜしき》・五蘊皆空《ごうんかいくう》・色即是空《しきそくぜくう》

【一切合切】いっさいがっさい

意味 なにもかもすべて。

補説 「一切」「合切」はともに全部、残らずみなの意で、類義の語を重ねて、意味を強めている。
注意 「一切合財」とも書く。
用例 物質的にも、一切合切を自分で責任を背負った方がどのくらい楽だったか知れなかった。〈葉山嘉樹◆海に生くる人々〉
類義語 森羅万象《しんらばんしょう》

【一切衆生】いっさいしゅじょう

意味 この世に生きているすべてのもの。生きとし生けるもの。特に人間に対していうことが多い。
補説 仏教語。「一切有情《いっさいうじょう》」ともいう。「一切」はすべて、あらゆるの意。「衆生」は生きとし生けるものすべて。特に人を指していう。経典の古い訳語で、玄奘《げんじょう》以降の新訳では「有情」という。
出典 『方広大荘厳経《ほうこうだいそうごんきょう》』
用例 善人であろうが、悪人であろうが、一切衆生の成仏を……その大願をたてられた仏の慈悲、即《すなわ》ち、それは母の慈愛であります。〈尾崎放哉◆海〉
類義語 禽獣草木《きんじゅうそうもく》

【一切即一】いっさいそくいち

意味 全体の中に個があり、個の中に全体があり、個と全体は相即しているという考え方。また、そのように考えることによって、人生や世界を正しく把握できるという教え。
補説 仏教語。「一切」は全体の意。
出典 『華厳五経章《けごんごきょうしょう》』
類義語 一即一切《いっそくいっさい》

【一糸一毫】いっしいちごう

意味 きわめてわずかなこと。
補説 一本の細い糸と一本の細い毛の意から。「毫」は細い毛のこと。
出典 『二刻拍案驚奇《にこくはくあんきょうき》』二四
類義語 一分一厘《いちぶいちりん》

【一弛一張】いっしいっちょう

⇒ 一張一弛 いっちょういっし 44

【一士諤諤】いっしがくがく

意味 ほとんどの者がおもねり従う中で、一人だけ恐れはばかることなく直言すること。
補説 「諤諤」は恐れはばかることなく是非善悪を思ったとおり言うさま。直言するさま。
出典 『史記《しき》』商君伝《しょうくんでん》 ◎「千人の諾諾《だくだく》は一士の諤諤に如《し》かず（千人のおもねる人々よりも、一人の直言してはばからない人のほうが貴重である）」

【一死七生】いっししちしょう

意味 天上界で一度死んで、七たびこの世に生まれ変わるということ。何度も生まれ変わること。
補説 「一死」は一回だけの死。「七生」は七たび生まれ変わること。また、永遠にの意。
類義語 七死七生《しちししちしょう》

【一子相伝】いっしそうでん

意味 学問や技芸などの秘伝や奥義を、自分の子供の一人だけに伝えて、他には秘密にして漏らさないこと。
補説 「相伝」は代々伝えること。
用例 樋口家《ひぐちけ》には十数巻の奥義書があり、虎の巻、獅子《しし》の巻、竜の巻、象の巻、犬の巻なぞと名がついていて、これは一子相伝で、高弟といえども見ることのできなかったものであった。〈坂口安吾◆馬庭念流訪問記〉
類義語 父子相伝《ふしそうでん》

【一枝巣林】いっしそうりん

⇒ 巣林一枝 そうりんいっし 411

【一失一得】いっしついっとく

⇒ 一得一失 いっとくいっしつ 46

【一視同仁】いっしどうじん

意味 すべてを平等に慈しみ差別しないこと。えこひいきがなく、区別なく同じように人を遇すること。また、身分・出身・敵味方などにかかわらず、すべての人を平等に慈しみ、禽獣《きんじゅう》にも区別なく接すること。
補説 「一視」は同じように見ること。「仁」は思いやり・愛情の意。「同仁一視《どうじんいっし》」ともいう。
出典 韓愈《かんゆ》「原人《げんじん》」 ◎「聖人は一視して同仁に、近きに篤《あつ》くして遠きを挙ぐ（近くの人を厚くもてなし遠くの人を登用する）」
用例 道学者はややもすると世界中の人を相手にして一視同仁なんて大きな事を言っているではないか。〈福沢諭吉◆福翁自伝〉
類義語 一視之仁《いっしのじん》・怨親平等《おんしんびょうどう》・兼愛無私《けんあいむし》

【一紙半銭《いっしはんせん》】

(意味) ごくわずかなもののたとえ。また、ごくわずかの金銭のたとえ。

(補説) 一枚の紙と半文《はんもん》の銭《ぜに》の意から。仏家では寄進の額が少ないことをいう。

[類義語] 一文半銭《いちもんはんせん》・一銭一厘《いっせんいちりん》

【一死報国《いっしほうこく》】

(意味) 命をなげうって、国に尽くすこと。

(補説) 「一死」は死ぬことを強めた言い方。「報国」は国から受けた恩に報いること。「一死を以《もっ》て国恩に報いん」などの言い方で、戦争時の合言葉として使われたこともある。

(用例) 彼はこの主義の為《ため》に、一死報国の念に燃えていたのであるから、新撰組《しんせんぐみ》が単なる非常警察と考えられるのには、大いに不満でもあったらしい。〈菊池寛◆大衆維新史読本〉

[類義語] 七生報国《しちしょうほうこく》・尽忠報国《じんちゅうほうこく》

【一瀉千里《いっしゃせんり》】

(意味) 文章や弁舌などが巧みでよどみのないことのたとえ。また、物事が一気にはかどることのたとえ。

(補説) 「瀉」は水が下に流れ注ぐ意。勢いよく流れ下ること。水が一気に千里もの距離を流れ下る意から。

(出典) 李白《りはく》―詩「従弟《じゅうてい》宣州《せんしゅう》の長史昭《ちょうししょう》に贈《おく》る」

(用例) 何んの工夫もなく、よく意味も解らないで一瀉千里に書き流して来たが、「死」という字に来ると、葉子はペンも折れよといらいらしくその上を塗り消した。〈有島武郎◆或る女〉

[類義語] 一気呵成《いっきかせい》・一瀉万里《いっしゃばんり》・一瀉百里《いっしゃひゃくり》

【一種一瓶《いっしゅいっぺい》】

(意味) 簡単な酒宴。

(補説) 一種類の酒の肴《さかな》と徳利《とっくり》一本の酒の意から。親しい者同士が互いに酒肴《しゅこう》を持ち寄ってやる肩の凝らない酒宴にもいう。

【一宿一飯《いっしゅくいっぱん》】

(意味) ちょっとした世話になること。また、ちょっとした恩義でも忘れてはいけないという戒めの語。

(補説) 旅先などで、一晩泊めてもらったり一度食事を恵まれたりする意から。「一宿」は旅先などで一晩泊めてもらうこと。「一飯」は一回の食事をごちそうになる意。昔、博徒《ばくと》の間では、旅の途中で泊めてもらったり食事を振る舞われたりして世話になると、生涯の恩義とする仁義があった。

(用例) その人の煙草《たばこ》の火のおかげで、私は煙草を一服吸う事が出来るのだもの、謂《い》わば一宿一飯の恩人と同様である。〈太宰治◆作家の手帖〉

[類義語] 一飯君恩《いっぱんくんおん》・一飯千金《いっぱんせんきん》・一飯之恩《いっぱんのおん》・一飯之徳《いっぱんのとく》・一飯之報《いっぱんのむくい》

【一觴一詠《いっしょういちえい》】

(意味) 酒を飲みながら詩を歌って、風流に楽しむこと。

(補説) ひとさかずきの酒を飲み、一つの詩を歌う意から。「觴」はさかずき。「詠」は詩を作ること、詩を歌うこと。「一詠一觴《いちえいいっしょう》」ともいう。(↓162)

(出典) 王羲之《おうぎし》「蘭亭集序《らんていしゅうじょ》」(↓「曲水流觴《きょくすいりゅうしょう》」162)

【一笑一顰《いっしょういっぴん》】

⇒ 一顰一笑《いっぴんいっしょう》 48

【一生懸命《いっしょうけんめい》】〈―ナ〉

(意味) 命をかけて物事に当たるさま。本気で物事に打ち込むさま。

(補説) 「懸命」は命がけでの意。転じて、真剣に物事に当たるさま。「一所懸命《いっしょけんめい》」から出た語。(↓「一所懸命《いっしょけんめい》」39)

(用法) 一生懸命に努力する

(用例) 正義だの、人道だのという事にはお構いなしに一生懸命儲《もう》けなければならぬ。〈石川啄木◆時代閉塞の現状〉

[類義語] 一所懸命《いっしょけんめい》・全力投球《ぜんりょくとうきゅう》

【一唱三歎《いっしょうさんたん》】〈―スル〉

(意味) すばらしい詩文を賞賛する語。

(補説) 詩歌を一度詠み上げる間に、何度も感嘆する意から。「三」は何度もの意。「歎」は感じ入ってため息をつく、感心して褒めあげること。もとは中国で、宗廟《そうびょう》の祭祀《さいし》で音楽を奏するとき、一人が唱《うた》えば三人がこれに和して唱ったことをいった。

(注意) 「一唱」は「一倡」、「三歎」は「三嘆」とも書く。

出典『礼記《らいき》』楽記《がくき》

用例 少しく文字ある者は都々逸《どどいつ》を以《もっ》て俚野《りや》唾《だ》すべしとなす。しかも賤妓《せんぎ》冶郎《やろう》が手を拍《う》って一唱三歎する者はこの都々逸なり。〈正岡子規◆人々に答ふ〉

類義語 一読三嘆《いちどくさんたん》

【一笑千金】いっしょう せんきん

意味 美人をいう。また、美人の笑顔の得難いことのたとえ。

補説 美人がひとたびほほえめば、千金に値する意から。「千金一笑《せんきんいっしょう》」ともいう。

出典『芸文類聚《げいもんるいじゅう》』五七に引く崔駰《さいいん》「七依《しちい》」

類義語 一顧傾城《いっこけいせい》

【一将万骨】いっしょう ばんこつ

意味 とかく功名や手柄は上に立つ者だけに帰するものであることのたとえ。また、多くの部下の努力や犠牲を忘れて、功名や手柄を一人が独占することを非難した語。

補説 一人の将軍が功名を立てた陰には、何万もの兵卒がその骨を戦場にさらして犠牲になっている意から。「将」は将軍。上に立つ者のたとえ。「万骨」は何万もの遺骨。多くの部下の努力や犠牲のたとえ。「一将功成《な》りて万骨枯《か》る」の略。

出典 曹松《そうしょう》—詩「己亥歳《きがいさい》」

【一生不犯】いっしょう ふぼん

意味 仏教での僧侶《そうりょ》の戒律で、一生涯にわたって不淫戒《ふいんかい》（すべての淫事を禁ずる戒め）を守り、男女の交わりをしないこと。生涯女性と接しないこと。

補説「不犯」は仏教で戒律を守り、犯さないこと。

用例 青蓮院《しょうれんいん》の僧正は、一生不犯などと、聖《ひじり》めかしてはおわすが、実は、人知れず香を袂《たもと》に〈吉川英治◆親鸞〉

【一触即発】いっしょく そくはつ

意味 きわめて緊迫した状態や状況。小さなきっかけで、重大な事態が起こるかもしれない危険な状態に直面していること。

補説 ちょっと触れただけで、すぐに爆発しそうな状態の意から。「即」はすぐにの意。弓を引き絞り放たれるのを待っている緊張の状態の意からともいう。

出典 李開先《りかいせん》「原性堂記《げんせいどうき》」

用例 方《まさ》に一触即発のこの時、天は絶妙な劇作家的手腕を揮《ふる》って人々を驚かせた。かの歴史的な大惨禍、一八八九年の大颶風《ハリケーン》が襲来したのである。〈中島敦◆光と風と夢〉

類義語 一縷千鈞《いちるせんきん》・一髪千鈞《いっぱつせんきん》・危機一髪《ききいっぱつ》・剣抜弩張《けんばつどちょう》・刀光剣影《とうこうけんえい》・累卵之危《るいらんのき》

【一所懸命】いっしょ けんめい〈—ナ〉

意味 命をかけて物事に当たるさま。本気で物事に打ち込むさま。

補説「懸命」は命がけでの意。転じて、真剣に物事に当たるさま。日本の中世の武士が、主君から賜った一か所の領地を命がけで守り、生活の頼みにしたことからいう。

用例 どうかして助けたいと一所懸命に考えましたが、とうとう一つうまいことを考え出しまして、瓶を手に持ったままお台所の方へ走って行きました。〈夢野久作◆虻のおれい〉

類義語 一生懸命《いっしょうけんめい》・全力投球《ぜんりょくとうきゅう》

【一所不住】いっしょ ふじゅう

意味 定まった場所に住まず、各地を転々とすること。

補説 修行のために、諸国を行脚して回る行脚僧についていうことが多い。

用例 それでなければ坊主の慣用する手段を試みるがよい。一所不住の沙門雲水行脚の衲僧《のうそう》は必ず樹下石上を宿とすとある。〈夏目漱石◆吾輩は猫である〉

類義語 雲遊萍寄《うんゆうへいき》

【一心一意】いっしん いちい

意味 心を一つにしていちずに思うこと。また、心を集中して励むこと。

補説「一心」「一意」はともに一つのことをひたすら思うこと。

出典『魏志《ぎし》』杜恕伝《とじょでん》・裴注《はいちゅう》に引く『杜氏新書《とししんしょ》』

類義語 一意攻苦《いちいこうく》・一意専心《いちいせんしん》・一心一計《いっしんいっけい》・一心一向《いっしんいっこう》・一心不乱《いっしんふらん》

【一心一向】いっしん いっこう

意味 心を一方にのみ向け、他のことに心を奪われないこと。

補説「一心」は心を一つのことに集中すること。「一向」は心を一方にひたすら向ける意。

(用例) 物事に当って行うときは決してこれを悪事と思わず、毫《ごう》も心に恥ずるところなきのみならず、一心一向に善き事と信じて、〈福沢諭吉◆学問のすすめ〉
(類義語) 一意専心《いちいせんしん》・一心一意《いっしんいちい》・一心不乱《いっしんふらん》・全心全意《ぜんしんぜんい》

【一進一退】 いっしんいったい 〈—スル〉
(意味) あるいは進み、あるいは退くこと。状態や情勢がよくなったり悪くなったりすること。
(補説) 「一…一…」は「あるときは…し、あるときは…する」の意。
(出典) 『管子《かんし》』覇言《はげん》
(用例) それを見ると僕もまた溜《たま》らなく気の毒になる。感情の一進一退はこんな風にもつれつつ危くなるのである。〈伊藤左千夫◆野菊の墓〉

【一心一徳】 いっしんいっとく
⇓ 一徳一心 いっとくいっしん 46

【一身軽舟】 いっしんけいしゅう
(意味) 自分と舟が大自然の中で一体となって、自他の区別がつかなくなるたとえ。また、それを感じさせるほど景色の雄大なさま。

(補説) 「軽舟」は軽やかに速く進む小舟。「一身軽舟と為《な》る」の略。

(出典) 常建《じょうけん》一詩「西山《せいざん》」◎「一身軽舟と為《な》る、落日西山の際」

(用例) だが私は、それが鳥であろうとお雪であろうと頓着はなかったが、無性に悲しくなって、それならば試して見ようと点頭《うなず》いて、「一身軽舟と為る——」と胸を拡《ひろ》げて歌った。〈牧野信一◆ダニューヴの花嫁〉

【一身是胆】 いっしんしたん
(意味) 極めて勇気があり畏《おそ》れるもののないたとえ。

(補説) 全身に胆力が満ちている意から。「一身」は全身。「胆」は勇気。度胸。一般に「一身《いっしん》是《こ》れ胆《たん》なり」と訓読して用いる。「満身是胆《まんしんしたん》」ともいう。類義の表現に「一身都《すべ》て是れ胆」がある。

(故事) 中国・三国時代、蜀《しょく》の劉備《りゅうび》が、魏《ぎ》の曹操《そうそう》の大軍に追われて逃走した時、部下の趙雲《ちょううん》(子竜)の勇猛果敢なさまを称えて「趙雲の体は全部肝っ玉だ」と言った故事による。

(出典) 『蜀志《しょくし》』趙雲《ちょううん》伝の裴注《はいちゅう》に引く「子竜は一身都《すべ》て是れ胆なり」

(類義語) 大胆不敵《だいたんふてき》

【一心同体】 いっしんどうたい
(意味) 二人、または多くの人が心を一つにして、あたかも一人の人のように固く結びつくこと。
(補説) 心も体も一つになるほどの結びつきの意。
(用例) 「誰《だれ》でも、さ。誰の魂でも、路傍でない魂なんて、あるものか。夫婦は一心同体だなんて、馬鹿も休み休み言うがいいや」〈坂口安吾◆私は海をだきしめていたい〉
(類義語) 異体同心《いたいどうしん》・形影一切《けいえいいっさい》・寸歩不離《すんぽふり》

【一心不乱】 いっしんふらん 〈—ナ〉
(意味) 何か一つのことに心を集中して、他のことには心を奪われないさま。
(補説) もと仏教語。心を一つにして仏に帰依する意。
(出典) 『阿弥陀経《あみだきょう》』
(用例) 底の見えてきた句稿の選にさらに一心不乱に取りかかった。〈高浜虚子◆柿二つ〉
(類義語) 一意攻苦《いちいこうく》・一意専心《いちいせんしん》・一心一意《いっしんいちい》・一心一向《いっしんいっこう》・打成一片《だじょういっぺん》・不解衣帯《ふかいいたい》・無我夢中《むがむちゅう》

【一心発起】 いっしんほっき 〈—スル〉
⇓ 一念発起 いちねんほっき 26

【一水盈盈】 いっすいえいえい
⇓ 盈盈一水 えいえいいっすい 67

【一水四見】 いっすいしけん
(意味) 同じ物を見るのでも、見る人の心が違えば見方も違ってくるということ。心を離れて事物は存在しないこと。
(補説) 仏教、特に唯識《ゆいしき》の説。「一水」は同一の水、「四見」は異なって見る意。同じ水を見ても、天人は宝石で飾られた大地、人は水、餓鬼は膿《うみ》で満たされた河、魚は自分の住みかと見る説のほか、諸説がある。
(類義語) 一月三舟《いちげつさんしゅう》・一境四面《いっきょうしめん》

【一酔千日】 いっすいせんにち
(意味) 非常にうまい酒のたとえ。少し飲んでひと酔いしただけで、心地よくなり千日も眠る意から。

故事 劉玄石《りゅうげんせき》という者が酒屋で非常に強い「千日酒」という酒を求めた。酒屋はこの酒の限度を注意するのを忘れたと、千日たったころを見はからって玄石を訪ねたが、家の者は酔って眠った玄石を死んだものと思い込み、すでに葬っていた。そこで墓をあばいて棺《ひつぎ》を開けたところ、大きなあくびをして、ちょうど目をさましたという故事から。

出典『博物志《はくぶつし》』

【一炊之夢】いっすいのゆめ

⇒ **邯鄲之夢** かんたんのゆめ 127

【一寸光陰】いっすんのこういん

意味 ごくわずかな時間のこと。

補説 ほんのわずかな時間も無駄にしてはいけないという戒めの語。「一寸」はちょっと・わずかの意。ごく短いことのたとえ。「光陰」は時間や年月の意。一説に、「光」は昼、「陰」は夜とも、また、「光」は日、「陰」は月ともいう。「一寸の光陰軽んずべからず」という慣用句として用いられることが多い。出典は「少年老い易《やす》く学成り難し、一寸の光陰軽んずべからず」とある朱熹《しゅき》の詩「偶成」とされてきたが、実はこの詩は日本の五山の僧の作という。

用例 こうなった上は一寸の光陰も軽んずべからずだ、愚図愚図すれば撲《ぶ》ち殺されるぞ、生命《いのち》が惜しくば早く下れ下れ！〈木村小舟◆太陽系統の滅亡〉

類義語 光陰如箭《こういんじょせん》

【一寸丹心】いっすんのたんしん

意味 いつわりのない真心。自分の真心をいう謙譲の語。

補説 ほんのちょっとの真心の意から。「一寸」はちょっと・わずかの意。「丹心」は「赤心」と同じで、真心や誠意の意。

出典 杜甫《とほ》詩「鄭駙馬《ていふば》が池台《ちだい》にて鄭広文《ていこうぶん》に遇《あ》い同《おな》じく飲《の》むことを喜《よろこ》ぶ」

類義語 一寸赤心《いっすんのせきしん》

【一成一旅】いっせいいちりょ

意味 治めている土地が狭く、人民が少ないこと。また、弱小となった国などが努力して勝ちをおさめ、旧勢力に復することのたとえ。

補説 「一成」は十里四方の土地。「一旅」は兵士五百人のこと。

出典『春秋左氏伝《しゅんじゅうさしでん》』哀公《あいこう》元年

【一世一代】いっせいちだい

意味 一生のうちにたった一度のこと。一生に二度とないような重大なこと。

補説 もと歌舞伎《かぶき》や能の役者などが引退するとき、演じ納めとして最後に得意の芸を演ずることをいう。「一世」「一代」はともに人の一生をいう。

用法 一世一代の大仕事

用例 手際好《よ》くはちっとむずかしいが、まあ一世一代の積りで遣《や》ってみようよ。〈岡本綺堂◆相馬の金さん〉

類義語 一世一度《いっせいちど》

【一世木鐸】いっせいのぼくたく

意味 世の人々を教え導く人のたとえ。

補説 「一世」は世の中・世の人々の意。「木鐸」は木の振り子がついている金属製の大鈴。古代中国で、法律や命令を人民にふれ歩く際にこれを振り鳴らした。転じて、世人を教え導く者のこと。

出典『論語《ろんご》』八佾《はちいつ》

類義語 金口木舌《きんこうぼくぜつ》

【一世之雄】いっせいのゆう

意味 その時代を代表する最もすぐれた英雄。その時代の最も傑出した人物。

補説 「一世」はその時代、当代の意。

出典『宋書《そうしょ》』武帝紀《ぶていき》

類義語 一時之傑《いちじのけつ》・一代英雄《いちだいのえいゆう》・一世之冠《いっせいのかん》

【一世風靡】いっせいふうび

意味 ある時代に非常に流行すること。また、世の多くの人々を敬服させたり威服させたりすること。

補説 風が草木を吹きなびかせるように、その時代のたくさんの人々をなびき従わせる意から。「靡」はなびく意。一般には「一世を風靡する」として用いる。

【一成不変】いっせいふへん

意味 ひとたび形ができあがったものは、もう変えることはできないこと。特に法律のことをいう。

補説 いったんできあがったものを変えることは困難であるから、物事を作り上げる際には慎重を期すべきであるという戒めの語。「一成」はひとたびできあがること。また、そのもの。
出典 『礼記《らいき》』王制《おうせい》
類義語 一成不易《いっせいふえき》

【一夕九徙】いっせききゅうし 〈—スル〉

意味 一夜のうちに居場所が何度も変わること。また、居場所が何度も変わるため、どこにいるのか分からないこと。
補説 「一夕」は一晩のこと。「九」は何度も、たくさんの意。「徙」は場所を移すこと。
故事 中国の後漢代、李暠《りこう》は蘇不韋《そふい》に殺されることを恐れた。そこで部屋にいばらを敷いたり、板を地に敷いたりして、一晩に何度も居場所を変え、家の人すらも李暠の居場所が分からなかったという故事から。
出典 『後漢書《ごかんじょ》』蘇不韋伝《そふいでん》
類義語 一夕三遷《いっせきさんせん》

【一石二鳥】いっせきにちょう

意味 一つのことをして、二つの利益を得るたとえ。一つの行為や苦労で、二つの目的を同時に果たすたとえ。
補説 英語のことわざ「To kill two birds with one stone」の訳語。一つの石を投げて、二羽の鳥を同時に捕らえる意から。
用例 学校の講義に出席するのは、週に一回だけ、午前中ときめた。もっとも、学校の教授中には、社から原稿執筆を依頼してある向きもあるので、聴講と原稿催促とを兼ねた一石二鳥のやり方だ。〈豊島与志雄◆失われた半身〉
類義語 一挙双擒《いっきょそうきん》・一挙両得《いっきょりょうとく》・一箭双雕《いっせんそうちょう》・一発双貫《いっぱつそうかん》
対義語 一挙両失《いっきょりょうしつ》

【一殺多生】いっせつたしょう

意味 一人の悪人を犠牲にして、多数の者を救い生かすこと。多くの人を生かすには、一人を殺すのもやむを得ないということ。
補説 仏教語。「多生」はたくさんの人を生かすこと。
注意 「いっさつたしょう」とも読む。
出典 『瑜伽師地論《ゆがしじろん》』四一
用例 「さて、今度は俺《おれ》の仕事だ。一殺多生！ 一殺多生！ 多くは云《い》わぬこれが目的だ！」〈国枝史郎◆神州纐纈城〉

【一銭一厘】いっせんいちりん

意味 ごくわずかなことのたとえ。
補説 「銭」「厘」はともに貨幣の単位。一銭は一円の百分の一、一厘は一銭の十分の一。
用例 けれども国家の与うべき報酬は、一銭一厘たりとも好悪によって支配さるべきではない。必ず優劣によって決せらるべきである。〈夏目漱石◆文芸委員は何をするか〉
類義語 一文半銭《いちもんはんせん》・一紙半銭《いっしはんせん》

【一箭双雕】いっせんそうちょう

意味 一つのことをして二つの利益を得るたとえ。一つの行為や苦労で二つの目的を同時に果たすたとえ。
補説 一本の矢で二羽のワシを射落とす意から。「箭」は矢のこと。「双」はふたつ、二羽の意。「雕」はワシの意。中国で「一石二鳥」に当たる語。
故事 中国南北朝時代、使者として突厥《とっけつ》に赴いていた北周の長孫晟《ちょうそんせい》は、突厥の摂図《せっと》王に気に入られて毎日狩猟をして過ごしていたが、ある日二羽のワシが飛びながら獲物を奪い合っているところに出くわした。二本の矢を与えられ、これを射落とすよう乞《こ》われた晟が、弓を引きながら馬で走っていくと、たまたま二羽が肉をつかみ合っていたために、ついに一本の矢でその二羽を仕留めたという故事から。
出典 『隋書《ずいしょ》』長孫晟伝《ちょうそんせいでん》
類義語 一挙双擒《いっきょそうきん》・一挙両得《いっきょりょうとく》・一石二鳥《いっせきにちょう》・一発双貫《いっぱつそうかん》

【一措一画】いっそいっかく

⇒一点一画 いってんいっかく 45

【一草一木】いっそういちぼく

⇒一木一草 いちぼくいっそう 28

【一体分身】いったいぶんしん 〈—スル〉

意味 仏教で、諸仏菩薩《しょぶつぼさつ》が衆生《しゅじょう》を救うため、さまざまに化身して現れること。転じて、一つの物事がいくつかに分かれること。
注意 「いったいふんじん」とも読む。
用例 今度の旅は、一体はじめは、仲仙道線で故郷へ着いて、其処《そこ》で、一事《あるよう》を済《すま》したあとを、姫路行の汽車で東京へ帰ろうとしたのでありました。――此《この》列車は、米原《まいばら》で一体分身して、分れて東西へ馳《はし》ります。〈泉鏡花◆雪霊続記〉

【一短一長】 いったん いっちょう
⇓ 一長一短 いっちょういったん 44

【一箪一瓢】 いったん いっぴょう
意味 粗末な飲食物。質素な暮らし。また、清貧に甘んじて学問に励むたとえ。
補説 一つのわりごに盛った食物と、一つのひさごに入れた飲み物の意から。「箪」は飯を盛るための竹で編んだ器。「瓢」はひさごを半分に割って作った、汁物や飲み物を入れる器。もと孔子が、弟子である顔淵《がんえん》（顔回）の貧しい生活に甘んじて学問に励むのを褒めた言葉。「一瓢一箪《いっぴょういったん》」ともいう。
故事 →「一箪之食《いったんのし》」 43
出典 『論語《ろんご》』雍也《ようや》 ◎「一箪の食《し》、一瓢の飲《いん》、陋巷《ろうこう》に在り。人は其《そ》の憂いに堪えず。回や其の楽しみを改めず」
類義語 一箪之食《いったんのし》・一瓢之飲《いっぴょうのいん》・箪食瓢飲《たんしひょういん》

【一旦豁然】 いったん かつぜん 〈―タル〉〈―ト〉
意味 ある時、突然迷いが消え、悟りが開けるさま。
補説 「一旦」はある朝の意。「豁然」は疑いがなくなり悟るさま。
出典 『大学章句《だいがくしょうく》』伝五 ◎「力を用うることの久しくして一旦豁然として貫通するに至りては、則《すなわ》ち衆物の表裏精粗、到《いた》らざること無し」
用例 智恵《ちえ》の領分に於《おい》ては、一旦豁然としてこれを悟り、その功用の盛《さかん》なること、かの浩然《こうぜん》の気の如《ごと》きものあるべからず。〈福沢諭吉◆文明論之概略〉

【一旦緩急】 いったん かんきゅう
意味 ひとたび一大事が起こったとき。いざというとき。
補説 「一旦」はにわかにの意。「緩急」は「緩」の意はなく、危急・緊急のことの意。一般には「一旦緩急あれば」として用いる。
出典 『史記《しき》』袁盎伝《えんおうでん》
用例 皇室に対して忠であることは、「一旦緩急あれば義勇公に奉ずる」ことであった。対内的でなくして対外的であった。〈和辻哲郎◆蝸牛の角〉
類義語 一時緩急《いちじかんきゅう》

【一箪之食】 いったんの し
意味 きわめて貧しい食事のこと。また、清貧に甘んじることをいう。
補説 「箪」は飯を盛るための竹で編んだ器。「食」は、めしの意。
故事 孔子が、弟子の顔淵《がんえん》（顔回）は竹の器一杯の食事、ひさご一杯の汁だけしか食べられないほど貧しかったが、道を追求することを楽しんだと言った言葉から。
出典 『論語《ろんご》』雍也《ようや》 ◎「一箪の食、一瓢《いっぴょう》の飲《いん》、陋巷《ろうこう》に在り。人は其《そ》の憂いに堪えず。回や其の楽しみを改めず」
用例 夫《それ》で少々得意に成ったので外国へ行っても金が少なくっても一箪の食一瓢の飲然と呑気《のんき》に洒落《しゃらく》にまた沈着に暮されると自負しつつあったのだ。〈夏目漱石◆倫敦消息〉
類義語 一箪一瓢《いったんいっぴょう》・箪食瓢飲《たんしひょういん》

【一治一乱】 いっち いちらん 〈―スル〉
意味 治まったり乱れたりを繰り返すこの世の治乱の様相をいう。
補説 あるいは治まり、あるいは乱れる意から。「一…一…」は「あるときは…し、あるときは…する」の意。
出典 『孟子《もうし》』滕文公《とうぶんこう》下
類義語 治乱興廃《ちらんこうはい》・治乱興亡《ちらんこうぼう》

【一致団結】 いっち だんけつ 〈―スル〉
意味 多くの人が気持ちを一つにして、協力し合うこと。
補説 「一致」は気持ちが一つになること。「団結」は、ある目的のために一つにまとまること。
用例 そのために徒党を組んで、やたらと仲間ぼめして、所謂《いわゆる》一致団結して孤影の者をいじめます。〈太宰治◆美男子と煙草〉
類義語 一致協力《いっちきょうりょく》・一徳一心《いっとくいっしん》・群策群力《ぐんさくぐんりょく》・上下一心《しょうかいっしん》・同心協力《どうしんきょうりょく》

【一知半解】 いっち はんかい
意味 ほんの少し知っているだけで、十分には理解していないこと。生かじりの知識や理解しかないこと。
補説 一つの事を知っているが半分しか理解

していない意から。「半解半知《はんかいはんち》」「半知半解《はんちはんかい》」ともいう。
出典 『滄浪詩話《そうろうしわ》』詩弁《しべん》
用例 たとい結果は一知半解の独断的意見が多くなっているにもせよ、私の取扱っている題目の範囲のかなりに広い上に、私の微力の能《あた》う限りにおいて社会事実の有機的関係を広く深く観察すると共に、その全体と核心と部分との統一と本末軽重を無視するどころか、常にそれを顧慮し高調していることにお気が附《っ》かねばならないはずです。〈与謝野晶子◆平塚さんと私の論争〉

【一致百慮】いっちひゃくりょ

意味 物事を考えるとき、結果に至るまではさまざまに思い煩うけれども、最終的に行き着く先は一つであること。
補説 「一致」は一つのところに帰着すること。「百慮」はいろいろ異なる考えのこと。「致《ち》を一《いっ》にして慮《りょ》を百《ひゃく》にす」と訓読する。
出典 『易経《えききょう》』繋辞《けいじ》下

【一張一弛】いっちょういっし

意味 人に厳しく接したり、やさしく接したりすること。
補説 政治家・上司、また教育者などの心得で、時には厳格に、時には寛大に程よく人に接するべきことをいう。弦を強く張ったり、ゆるめたりする意から。「一…一…」は「あるときは…し、あるときは…する」の意。「一弛一張《いっしいっちょう》」ともいう。
故事 聖天子といわれる周の文王や武王が政治を行うのに、時には厳格に、時には寛大に、程よく人民に接して太平をもたらしたという故事から。
出典 『礼記《らいき》』雑記《ざっき》下
用例 しかれども一たび活眼を開て大観すれば、一張一弛は人道の常にして、〈中江兆民◆一年有半〉
類義語 緩急自在《かんきゅうじざい》

【一朝一夕】いっちょういっせき

意味 きわめてわずかな期間、非常に短い時間のたとえ。
補説 ひと朝とひと晩の意から。「一朝一夕には…できない」のように、下に打ち消し表現を伴うことが多い。
出典 『易経《えききょう》』坤《こん》・文言伝《ぶんげんでん》
用例 旅人を親切にもてなすことは、古い街道筋の住民が一朝一夕に養い得た気風でもない。〈島崎藤村◆夜明け前〉
類義語 一旦一夕《いったんいっせき》

【一長一短】いっちょういったん

意味 人や物事について、いい面もあれば悪い面もあること。長所もあり短所もあって、完全でないこと。
補説 「一…一…」は「ある面は…ある面は…」の意。「長」「短」は長所・短所、よい点・悪い点。「一短一長《いったんいっちょう》」ともいう。
用例 「馬も悪くはないが、しかし、まあ一長一短というところだろうな。」あいまいに誤魔化《ごまか》した。〈太宰治◆新釈諸国噺〉
類義語 一利一害《いちりいちがい》・一得一失《いっとくいっしつ》・尺短寸長《せきたんすんちょう》

【一超直入】いっちょうじきにゅう

意味 すみやかに迷いを超越して、ただちに悟りの境地に達すること。
補説 仏教語。「一超」はとびこえること。「直入」はただちに悟りに入ること。
用例 道は非凡を求むるところになくして、平凡を行ずることにある。漸々修学から一超直入が生れるのである。飛躍の母胎は沈潜である。〈種田山頭火◆道〔扉の言葉〕〉

【一朝之忿】いっちょうのいかり

意味 一時的な怒り。かっとなること。
補説 「一朝」はわずかな時間、一時的の意。「忿」は怒りのこと。
出典 『論語《ろんご》』顔淵《がんえん》◎「一朝の忿りに其《そ》の身を忘れて以《もっ》て其の親《しん》に及ぼすは、惑いに非《あら》ずや」

【一朝之患】いっちょうのうれい

意味 一時的な心配。また、思いがけず突然わき起こる心配。
補説 「一朝」はわずかな時間、一時的の意。また、思いがけず突然にの意。「患」はわずらい・うれい。
出典 『孟子《もうし》』離婁《りろう》下◎「君子には終身の憂い有るも一朝の患《わずら》い無きなり」

【一朝富貴】いっちょうのふうき

意味 急に富貴な身分になること。
補説 「一朝」はある朝突然に、思いもよらずにわかにの意。

出典 韓愈《かんゆ》「短灯檠歌《たんとうけいか》」

【一擲乾坤】いってき けんこん

⇒ 乾坤一擲 けんこんいってき 199

【一擲千金】いってき せんきん

意味 一度に惜しげもなく大金を使うこと。大事を思い切りよく実行すること。豪快な振る舞いや思い切りのよいたとえ。また、浪費に節度がない意に用いられることもある。

補説 一度の賭《か》けに惜しげもなく大金を賭ける意から。「擲」は投げる、投げ出す意。「千金一擲《せんきんいってき》」ともいう。

出典 呉象之《ごしょうし》「少年行《しょうねんこう》」

用例 あるいは一擲千金の愉快をほしいままにしながら、公共のためにうんぬんと聞けば、〈福沢諭吉◆福翁百余話〉

類義語 一擲百万《いってきひゃくまん》

【一徹無垢】いってつ むく 〈―ナ〉

意味 ひとすじに思い込み、純粋なさま。

補説 「一徹」はひとすじに思い込むさま。また、思い込んだら、かたくなに押し通すこと。「無垢」は煩悩の汚れがないさま。

用例 此世に属《つ》いた物と言えば、名でも、富でも、栄花《えいが》でも、一切希望《のぞみ》を置かないと言ったような、一徹無垢な量見から、実世界《よのなか》の現象悉《ことごと》く仮偽《いつわり》であるとまで観じた程の少壮《としわか》な青木ではあったが、唯《ただ》一つ彼に眼中に仮偽でないと見える物は恋愛であった。〈島崎藤村◆春〉

【一点一画】いってん いっかく

意味 文字、特に漢字の一つの点、一つの筆画。また、細かいところに気を配り、丁寧に文字を書くことをいう。

補説 「一措一画《いっそいっかく》」ともいう。

出典 『顔氏家訓《がんしかくん》』書証《しょしょう》

用例 偏せず、激せず、大空のようにひろく、のびのびとしていてつつましく、しかもその造型機構の妙は一点一画の歪《ゆが》みにまで行き届いている。〈高村光太郎◆書について〉

【一天四海】いってん しかい

意味 天下のすべて、全世界。

補説 「一天」は天の下すべて、一つの天下、天下全体。「四海」は四方の海の意。転じて、天下・全世界の意。

出典 『平家物語《へいけものがたり》』一 ◎「其《その》人ならではけがすべき官ならねども、一天四海を掌《たなごころ》の内に、握られしうえは子細に及ばず」

用例 国学者の斎藤彦麿《さいとうひこまろ》翁はその著「神代余波」のうちに、盛んに蒲焼《かばやき》の美味を説いて、「一天四海に比類あるべからず」と云《い》い、「われ六、七歳のころより好みくいて、八十歳まで無病なるはこの霊薬の効験にして、草根木皮のおよぶ所にあらず」とも云っている。〈岡本綺堂◆綺堂むかし語り〉

【一点素心】いってん そしん

意味 純粋で世俗の名利にとらわれない心。

補説 「一点」はひとつの、少しのの意。「素心」は純粋で世俗に染まらない心。

出典 『菜根譚《さいこんたん》』

【一天万乗】いってん ばんじょう

⇒ 万乗之君 ばんじょうのきみ 539

【一刀三礼】いっとう さんらい

意味 仏像を彫る態度が敬虔《けいけん》であること。

補説 仏教語。仏像を彫刻するとき、ひと彫りごとに三度礼拝する意から。「一刀」はひとたび刀を入れる、「礼」は礼拝する意。写経では「一字三礼《いちじさんらい》」、仏画では「一筆三礼《いっぴつさんらい》」という。

用例 『あいびき』や『めぐりあい』を訳した時は一刀三礼の心持で筆を執っていた。それにもかかわらず、後には若気《わかげ》の過失《あやまち》で後悔しているといった。〈内田魯庵◆二葉亭追録〉

類義語 一字三礼《いちじさんらい》・一刻三礼《いっこくさんらい》・一刀三拝《いっとうさんぱい》・一筆三礼《いっぴつさんらい》

【一刀両断】いっとう りょうだん 〈―スル〉

意味 物事を思い切って処理するたとえ。また、ためらわずにすみやかに決断するたとえ。

補説 ただひと太刀で物を真っ二つに断ち切る意から。「一刀」はひとたび太刀を振り下ろす意。

出典 『朱子語類《しゅしごるい》』四四

用法 一刀両断にする

用例 その「敵でないもの」をも、自衛上、一刀両断するところに戦争の現実のすがたがある。〈岸田國士◆空地利用〉

類義語 快刀乱麻《かいとうらんま》

【一得一失】いっとくいっしつ

意味 一方で利益があり他方で損失があること。利益と損失がともにあるたとえ。また、物事にはよい面と悪い面があるたとえ。

補説 「一…一…」は「ある面は…ある面は…」の意。「一失一得《いっしついっとく》」ともいう。

出典 『無門関《むもんかん》』二六

用例 相当の下宿を探すか、葉山へ同居をするか、何方《どちら》かであるが、それも考えれば、何《いず》れにも一得一失はあって、又自分の所帯に越したことは無い点もある。〈尾崎紅葉◆多情多恨〉

類義語 一利一害《いちりいちがい》・一長一短《いっちょういったん》

【一徳一心】いっとくいっしん

意味 君主と臣下が心を合わせて事に当たること。

補説 行いと心を一つにする意。「徳」は、行い。信念。「一心」は心を一つにすること。「徳《とく》を一《いっ》にし、心《こころ》を一《いっ》にす」と訓読する。「一心一徳《いっしんいっとく》」ともいう。

出典 『書経《しょきょう》』泰誓《せいしん》

類義語 一致団結《いっちだんけつ》・上下一心《しょうかいっしん》・同心協力《どうしんきょうりょく》・同心同徳《どうしんどうとく》・同心戮力《どうしんりくりょく》・戮力一心《りくりょくいっしん》

対義語 離心離徳《りしんりとく》

【一斗百篇】いっとひゃっぺん

意味 よく酒を飲み、よく詩を書くことのたとえ。

補説 一斗の酒を飲む間に百篇の詩を作る意から。「一斗」は容積の単位で、唐代の一斗は約六リットル。

故事 唐の李白《りはく》が、一斗の酒を飲む間に百篇の詩を作ったという故事から。

出典 杜甫《とほ》一詩「飲中八仙歌《いんちゅうはっせんか》」

【一敗塗地】いっぱいとち

意味 再び立ち上がることができないほど大敗すること。完敗すること。

補説 「塗地」は肝脳地に塗る、すなわち、戦死者の肝臓や脳などが大地に散乱して泥まみれになること。一般に「一敗《いっぱい》、地《ち》に塗《まみ》る」と訓読して用いる。

出典 『史記《しき》』高祖紀《こうそき》

類義語 肝脳塗地《かんのうとち》・大敗塗地《たいはいとち》

【一発五豝】いっぱつごは

意味 ひとたび矢を放てば、五頭ものイノシシを射止めるということ。一度にたくさんの獲物を手に入れること。一説に、狩りをするのに一度矢を放って五匹を獲るだけで禽獣《きんじゅう》を殺し尽くさない意で、仁者の狩りのこと。また、仁心のこと。

補説 「一発」はひとたび矢を放てばの意で、矢を一本だけ射ることではない。「豝」はイノシシ、豚。

注意 「壹発五豝」とも書く。

出典 『詩経《しきょう》』召南《しょうなん》・騶虞《すうぐ》 ◎「彼《か》の茁《せっ》たる者は葭《か》、壹発五豝（あの燃え出《い》ずる蘆《あし》の中で、ひとたび矢を放てば五頭のイノシシを射止める）」

類義語 一網打尽《いちもうだじん》

【一髪千鈞】いっぱつせんきん

意味 非常に危険なことのたとえ。

補説 細い一本の髪で千鈞もの重い物を支えつるす意から。「一髪」は一本の髪。きわめてわずかなつながりのたとえ。「鈞」は重さの単位で、一鈞は中国唐代では約二〇キログラム。「千鈞一髪《せんきんいっぱつ》」ともいう。

出典 韓愈《かんゆ》「孟尚書《もうしょうしょ》に与《あた》うるの書《しょ》」

類義語 危機一髪《ききいっぱつ》・一縷千鈞《いちるせんきん》・一触即発《いっしょくそくはつ》・剣抜弩張《けんばつどちょう》・累卵之危《るいらんのき》

【一発必中】いっぱつひっちゅう

意味 一度の試みだけで成功させること。

補説 弓や銃などを一度だけ射たり撃ったりして必ず命中させることから、確かな腕前についてもいう。「中」は当てる意。

用例 「あたらぬとはおかしい。おちついて、一発必中と、よくねらえ」「はい」〈海野十三◆火星兵団〉

【一波万波】いっぱばんぱ

意味 小さな事件でも、その影響は広範囲に及ぶたとえ。

補説 「一波纔《わず》かに動いて万波随《したが》う」が慣用句。小さな波が一つ立つと、たくさんの波が続いて立つことを指す。

出典 『冷斎夜話《れいさいやわ》』

用例 因果相趁《お》い内部の事情と、外部の境遇と相摩擦し、一事万事を起し、一波万波を揺かいし、水到《いた》りて渠《きょ》成り。〈徳富蘇峰◆近来流行の政治小説を評す〉

類義語 一波万頃《いっぱばんけい》

【一飯君恩】 いっぱんくんおん

意味 たった一度でも、食事を振る舞ってくれた主君の恩をいつまでも忘れないこと。わずかな恩義であっても、それを忘れてはいけないという戒めの語。

補説 「一飯」は一膳《いちぜん》の食事。

用例 いかにばかでも病気でも主人に変わりはない。一飯君恩を重んずという詩人もある事だから猫だって主人の身の上を思わない事はあるまい。〈夏目漱石◆吾輩は猫である〉

類義語 一宿一飯《いっしゅくいっぱん》・一飯千金《いっぱんせんきん》・一飯之恩《いっぱんのおん》・一飯之徳《いっぱんのとく》・一飯之報《いっぱんのむくい》

【一飯千金】 いっぱんせんきん

意味 一膳《いちぜん》の食事のようなわずかな恵みにも、千金に値する恩があること。わずかな恵みにも厚い恩返しをするたとえ。

補説 「一飯」は一膳の食事。「千金」は価値のきわめて大きいこと。

故事 中国漢代、貧しかった韓信《かんしん》は、川で布をさらしていた老婆から数十日の食事を恵まれた。のちに出世して楚《そ》王となった韓信が、かつての恩人である老婆を呼んで、千金を報いたという故事から。

出典 『史記《しき》』淮陰侯伝《わいいんこうでん》

類義語 一宿一飯《いっしゅくいっぱん》・一飯君恩《いっぱんくんおん》・一飯之恩《いっぱんのおん》・一飯之徳《いっぱんのとく》・一飯之報《いっぱんのむくい》

【一斑全豹】 いっぱんぜんぴょう

⇒ 全豹一斑 ぜんぴょういっぱん 400

【一飯之恩】 いっぱんのおん

⇒ 一飯之徳 いっぱんのとく 47

【一飯之徳】 いっぱんのとく

意味 ほんのわずかな恵みのたとえ。また、わずかな恩義であっても、それを忘れてはいけないという戒めの語。

補説 一膳《いちぜん》の食事を恵んでもらった恩義の意から。「一飯之恩《いっぱんのおん》」「一飯之報《いっぱんのむくい》」ともいう。

出典 『史記《しき》』范雎伝《はんしょでん》

類義語 一宿一飯《いっしゅくいっぱん》・一飯君恩《いっぱんくんおん》・一飯千金《いっぱんせんきん》

【一飯之報】 いっぱんのむくい

⇒ 一飯之徳 いっぱんのとく 47

【溢美溢悪】 いつびいつあく

意味 褒めすぎることと、けなしすぎること。またそうした偏った評価。

補説 「溢」は度を越えること。

出典 『荘子《そうじ》』人間世《じんかんせい》 ◎「夫《そ》れ両喜《りょうき》には必ず溢美の言多く、両悪には必ず溢悪の言多し（両方がともに喜ぶようにしようとすれば、必ず褒めすぎの言葉が多く、お互いともに怒るようにしようとすれば、必ずけなしすぎの言葉が多くなる）」

用法 溢美溢悪の言

【一筆啓上】 いっぴつけいじょう 〈―スル〉

意味 筆をとって申し上げること。

補説 男子が手紙の書き出しに使った語で、現在の「拝啓」にあたる。「一筆」は一通の手紙、「啓上」は申し上げる意。さらに丁寧な場合は「一筆啓上仕《つか》まつり候《そうろう》」となる。安土桃山時代の本多作左衛門重次《ほんださくざえもんしげつぐ》が陣中から妻にあてた手紙「一筆啓上　火の用心　おせん泣かすな　馬肥やせ」は、用件だけを端的に述べた手紙の例として有名。

【一筆勾消】 いっぴつこうしょう 〈―スル〉

意味 これまでのことを取り消して元の状態に戻すこと。

補説 帳簿などの記述をひと筆で消し去ってしまう意から。「勾消」は消し去る意。

注意 「一筆勾銷」とも書く。

故事 中国宋《そう》の范仲淹《はんちゅうえん》が、才能のない役人を名簿から次々と消し去っていった故事から。

出典 『五朝名臣言行録《ごちょうめいしんげんこうろく》』七

類義語 一筆勾断《いっぴつこうだん》・一筆抹殺《いっぴつまっさつ》

【一筆三礼】 いっぴつさんらい

⇒ 一刀三礼 いっとうさんらい 45

【一筆抹殺】 いっぴつまっさつ 〈―スル〉

意味 すべてを消し去ること。帳消しにすること。軽率に過去の美点や功績をすべて消し去ってしまうこと。

補説 「抹殺」は消してなくす、塗り消す意。人や物事の存在を否定すること。「殺」は意味を強調する助字。

類義語 一筆勾消《いっぴつこうしょう》・一筆抹倒《いっぴつまっとう》

【一瓢一簞】 いっぴょういったん

⇒一簞一瓢 いったんいっぴょう 43

【一顰一笑】 いっぴんいっしょう

意味 顔に表れるわずかな表情。また、わずかな表情の変化。

補説 ちょっと顔をしかめたり、ちょっと笑ったりする意から。「顰」は眉《まゆ》をひそめ、眉間《みけん》にしわをよせること。「一笑一顰《いっしょういっぴん》」ともいう。

注意 「一嚬一笑」とも書く。

出典 『韓非子《かんぴし》』内儲説《ないちょせつ》上 ◎「明主は一嚬一笑を愛《おし》む（賢明な君主は臣下に心情を悟られないように軽々しくは表情を表さないものだ）」

用例 何よりも、新劇が少数のファン、殊に、所謂《いわゆる》演劇青年と称する一種の文学的ヴァガボンドを対手《あいて》として、その一顰一笑に神経を尖《とが》らしていたことが間違いである。〈岸田國士◆新劇の殻〉

【一貧一富】 いっぴんいっぷ

意味 貧しくなったり、富貴になったりすること。また、貧しいときと豊かなときとでは、他人の扱いも変わってくるということ。

補説 「一…一…」は「あるときは…し、あるときは…する」の意。「一貴一賤《いっきいっせん》」ともいう。

故事 昔、翟《てき》公という人が、自分が落ちぶれれば、すぐ自分の周りから人が消え、地位を得るとすぐ周りに集まってくるさまを見て、「一貧一富、乃《すなわ》ち交態（つきあい方）を知る」と嘆いたという故事から。

出典 『史記《しき》』鄭当時伝《ていとうじでん》

【一夫一婦】 いっぷいっぷ

意味 一人の夫に一人の妻がいること。またその婚姻の制度。

用例 凡《すべ》て肉体に関するものは、一時的で皮相で無価値なものだと思った。この思想は一夫一婦主義の家庭生活とよく調和した。〈豊島与志雄◆或る男の手記〉

類義語 一夫一妻《いっぷいっさい》

【一夫多妻】 いっぷたさい

意味 一人の夫が、同時に複数の妻を持つ婚姻の形態。

補説 「一夫」は一人の夫。「多妻」は複数の妻。

用例 ところで私は、俗物たちが妾《めかけ》をもって平然としているように、一夫多妻主義で納まっていることはできない。〈田中英光◆野狐〉

【一碧万頃】 いっぺきばんけい

意味 海や湖の水面が、はるかかなたまで青々と広がっているさま。

補説 「一碧」は見渡すかぎり青一色であるさま。「頃」は面積の単位で、「万頃」はきわめて広いたとえ。

出典 范仲淹《はんちゅうえん》「岳陽楼記《がくようろうのき》」（↓「春和景明《しゅんわけいめい》」320）

用例 わかわかしき一すじの夢より離れて眼《め》を一碧万頃なる美術の大海に転じ、〈島崎藤村◆落梅集〉

類義語 一望千頃《いちぼうせんけい》・一望千里《いちぼうせんり》・一望無垠《いちぼうむぎん》

【一片氷心】 いっぺん(の)ひょうしん

意味 俗塵《ぞくじん》に染まらず清く澄みきった心、また心境のこと。名利を求めず、汚れなく清らかな品行のたとえ。ひとかけらの氷のように清く澄んだ心の意から。

注意 「一片冰心」とも書く。

出典 王昌齢《おうしょうれい》一詩「芙蓉楼《ふようろう》にて辛漸《しんぜん》を送《おく》る」◎「一片の氷心《ひょうしん》玉壺《ぎょくこ》に在り」

用例 才弁縦横の若い二人を前にして、巧言は徳を紊《みだ》るという言葉を考え、矜《ほこ》らかに我が胸中一片の氷心を恃《たの》むのである。〈中島敦◆弟子〉

【一放一収】 いっぽういっしゅう

意味 緩めたり引き締めたりすること。

補説 放任と締め付け、両様の手法を自在に駆使すること。「一…一…」は、「あるときは…し、あるときは…する」の意。弟子を指導する際の、師の臨機応変な手腕をいう。禅語。

出典 『碧巌録《へきがんろく》』二四

類義語 与奪自在《よだつじざい》

【一飽一襲】 いっぽういっしゅう

意味 質素な衣食のこと。生活していけるだけの食事・衣服などの意。

補説 「一飽」は一度食事をして満腹になること。「一襲」はひとそろいの衣服の意。

用例 自己《おのれ》を知らざる妻の糧食に頼《よ》るよ

りも一飽一襲自《みずか》ら鋤犂《じょり》して粒々辛苦の熱汗を流して事を成すは遥《はる》かに潔《いさぎよ》い男らしき所為《しかた》で、〈内田魯庵◆くれの廿八日〉

【鷸蚌之争】いつぼうのあらそい

意味 両者が利を争っているうちに、第三者に横取りされて共倒れになるような無益な争いのたとえ。
補説 「鷸」は水鳥のシギ。「蚌」はドブ貝のこと。一説にマテ貝、ハマグリの一種とも。
故事 →「漁夫之利《ぎょふのり》」165
出典 『戦国策《せんごくさく》』燕策《えんさく》
類義語 漁夫之利《ぎょふのり》・田父之功《でんぷのこう》

【一本調子】いっぽんぢょうし

意味 歌い方に抑揚・変化のないこと。また、文章や会話、物事のやり方などに変化が乏しいさま。
注意 「いっぽんちょうし」とも読む。
用例 のみならず彼女の言葉は勿論《もちろん》、彼女の声も亦《また》一本調子だった。〈芥川龍之介◆夢〉
類義語 千篇一律《せんぺんいちりつ》
対義語 千変万化《せんぺんばんか》

【乙夜之覧】いつやのらん

意味 天子が書物を読むこと。読書の大切さをいう語。
補説 天子は昼間は政務に忙しく、午後十時ごろようやく読書する余裕がもてることから。「乙夜」は午後十時ごろ。一夜を五更《ごこう》に分けた二番目。一更は約二時間。「覧」は読書のこと。略して「乙覧《いつらん》」ともいう。
注意 「おつやのらん」とも読む。
出典 『杜陽雑編《とようざっぺん》』
用例 伏て望むらくは陛下深仁深慈臣が至愚を憐《あわ》れみて少しく乙夜の覧を垂れ給《たま》わんことを。〈田中正造◆直訴状〉

【意到筆随】いとうひつずい

意味 詩文などを作るとき、心のまま自然に筆が進むこと。
補説 「意到」は興味がわくこと。また、書きたい意欲がわくこと。「筆随」は筆が心の動きに応じて、すらすら進むこと。一般に「意《い》到《いた》りて筆《ふで》随《したが》う」と訓読して用いる。
出典 『春渚紀聞《しゅんしょきぶん》』東坡事実《とうばじじつ》・文章快意《ぶんしょうかいい》 ◎「文章を作るに、意の到る所は則《すなわ》ち筆力曲折して、意を尽くさざる無し」
類義語 意到心随《いとうしんずい》・機到筆随《きとうひつずい》

【以毒制毒】いどくせいどく

意味 悪をもって悪を抑えること。
補説 毒を消すために他の毒を用いる意から。一般には「毒《どく》を以《もっ》て毒《どく》を制《せい》す」と訓読して用いる。
出典 神清《しんせい》『北山集《ほくざんしゅう》』譏異説《きいせつ》 ◎「良医の家は、毒を以て毒を止《とど》めるなり」
類義語 以夷制夷《いいせいい》・以毒攻毒《いどくこうどく》・就毒攻毒《しゅうどくこうどく》

【猗頓之富】いとんのとみ

意味 莫大《ばくだい》な財産のこと。また、富豪の意。
補説 「猗頓」は中国春秋時代の金持ちの名。「陶朱猗頓《とうしゅいとん》」ともいう。
故事 中国春秋時代、もと越王句践《こうせん》に仕えた范蠡《はんれい》が名を陶朱《とうしゅ》と変え、巨万の富を得ていたが、猗頓はこの陶朱に教えを受け、牛や羊を十年飼ううちに財産は王公になぞらえるほどになり、金持ちとして名を馳《は》せた故事から。別に塩業で富を成したともいう。
出典 『孔叢子《くぞうし》』陳士義《ちんしぎ》／『史記《しき》』貨殖伝《かしょくでん》
用例 節義の存するところ、水火を踏んで辞せず、節義の欠くるところ、王侯の威も屈する能《あた》わず、猗頓の富も誘うべからずして、甫《はじ》めてもって士と称するに足るのである。〈穂積陳重◆法窓夜話〉
類義語 呉越之富《ごえつのとみ》・堆金積玉《たいきんせきぎょく》

【委肉虎蹊】いにくこけい

意味 みすみす危険や災難を招くたとえ。また、犬死にすることのたとえ。
補説 肉を虎の通る道に落とす意から。「委」は捨てる、置く意。「虎蹊」は虎の出没する道。「蹊」は小道。一般に「肉《にく》を虎蹊《こけい》に委《す》つ（委《い》す）」と訓読して用いる。
出典 『戦国策《せんごくさく》』燕策《えんさく》

【威迫利誘】いはくりゆう〈―スル〉

意味 威力で脅迫し、利益で誘惑すること。時には脅し時には誘惑して、あの手この手で人を従わせること。
補説 「威《い》もて迫《せま》り利《り》もて誘《さそ》う」と訓読する。
類義語 威脅利誘《いきょうりゆう》

【倚馬七紙】 いばしちし

意味 たちどころにすばらしい詩文を書き上げる才能。

補説 馬前に立ったまま、一気に紙七枚の文を書き上げる意から。「倚」はよりかかることで、「倚馬」は馬前に立ったままという意。「七紙」は七枚にわたる長文。

故事 中国晋《しん》の袁虎《えんこ》が主君の桓温《かんおん》に呼ばれ布告の文を作るように命ぜられたとき、馬前に立ったまま即座に七枚にわたる名文を書き上げ、その文才を王珣《おうじゅん》に賞嘆された故事から。

出典 『世説新語《せせつしんご》』文学《ぶんがく》

類義語 倚馬之才《いばのさい》・万言倚馬《まんげんいば》

【意馬心猿】 いばしんえん

意味 煩悩《ぼんのう》や情欲・妄念のために、心が混乱して落ち着かないたとえ。また、心に起こる欲望や心の乱れを抑えることができないたとえ。

補説 仏教語。心が落ち着かないことを、走り回る馬や野猿が騒ぎ立てるのを抑えきれないことにたとえた語。「意」は心。「心猿意馬《しんえんいば》」ともいう。

出典 『敦煌変文集《とんこうへんぶんしゅう》』三一に引く『維摩詰経講経文《ゆいまきつきょうこうきょうもん》』

用例 武技だけでは、こうはいかぬ。意馬心猿の境地ではおのずから裏切られてしまう性質のものであるから、つまり彼は剣聖の境に達したのである。〈坂口安吾◆花咲ける石〉

対義語 虚心坦懐《きょしんたんかい》・明鏡止水《めいきょうしすい》

【衣鉢相伝】 いはつそうでん

意味 教法や奥義を伝え継承すること。弟子が師の教えを受け継ぎ伝えること。広く先人の事業や業績を継ぐことにもいう。

補説 もと仏教語。「衣鉢」は僧侶が身につける三衣《さんね》（三種の袈裟《けさ》）と托鉢《たくはつ》のときに施し物を受ける一つの鉢のこと。師が弟子に教えを授けるとき、その証拠としてこの法具を与えることから、転じて奥義、師から伝えられた教えの意。「相伝」は受け伝えること。

注意 「えはつそうでん」「いはちそうでん」とも読む。

【夷蛮戎狄】 いばんじゅうてき

意味 中国周辺の異民族の総称。

補説 昔の中国で、漢民族が異民族を卑しんで用いた語。「東夷《とうい》、南蛮《なんばん》、西戎《せいじゅう》、北狄《ほくてき》」を略したもので、四方それぞれの方角の異民族の名称。「蛮夷戎狄《ばんいじゅうてき》」ともいう。

出典 『礼記《らいき》』王制《おうせい》

類義語 禽獣夷狄《きんじゅういてき》・東夷西戎《とういせいじゅう》・南蛮北狄《なんばんほくてき》

【萎靡沈滞】 いびちんたい 〈―スル〉

意味 物事の働きや動きが衰え、活気や勢いがなくなってしまうこと。

補説 「萎靡」は、なえしぼむこと。「沈滞」は沈みとどこおること。いずれも活気がなくなるたとえ。「沈滞萎靡《ちんたいいび》」ともいう。

用例 一方、戯曲の生産も亦《また》、この二三年来、頓《とみ》に萎靡沈滞していたことは周知の事実である。〈岸田國士◆新劇復興の兆〉

【萎靡不振】 いびふしん 〈―ナ〉

意味 元気がなく振るわないさま。

補説 「萎靡」はなえしぼむこと。活気のないさま。「萎靡《いび》して振《ふ》るわず」と訓読する。

用例 平和的所産である美術が事変によって蒙《こうむ》った打撃は深大であり、そこに一時の萎靡不振は已《や》むを得なかったけれど、私はそれに対しいささかも悲観の必要はないと考えているのである。〈藤島武二◆画室の言葉〉

【渭浜漁父】 いひんのぎょほ

意味 太公望《たいこうぼう》といわれた呂尚《りょしょう》のこと。転じて、宰相や将軍になるべき卓絶した人物のたとえ。

補説 「渭」は渭水《いすい》。甘粛《かんしゅく》省に発し黄河に注ぐ川の名。「漁父」は漁師のおやじの意。「渭川漁父《いせんのぎょほ》」ともいう。

注意 「いひんのぎょふ」とも読む。

故事 古代中国で、渭水のほとりで釣りをしていた呂尚が、周の文王に「わが太公（父祖）が永く待ち望んでいた人物である（これが太公望《たいこうぼう》の称の由来）」と見いだされ、のち文王の子の武王を助けて、文武両面で周王朝を開くのに功があったという故事から（『史記《しき》』斉世家《せいせいか》）。

出典 『史記《しき》』范雎伝《はんしょでん》

類義語 渭浜之器《いひんのうつわ》

【移風易俗】 いふうえきぞく

意味 風俗や習慣をよいほうへ導き変えるこ

と。また、風俗や習慣を改めること。
補説 「風俗」を「移易《いえき》」す、の互文（双方補い合って意味を完成する表現法）。「風俗」は日常生活上のならわし。「移易」はかえること。「易」は、かえる意。「風《ふう》を移《うつ》し俗《ぞく》を易《か》う」と訓読する。
出典 『詩経《しきょう》』大序《たいじょ》
対義語 傷風敗俗《しょうふうはいぞく》

【遺風残香】《いふうざんこう》
意味 昔の立派な人物や、すぐれた風俗のなごり。
補説 「遺風」は後世にのこる先人の教え。また、昔から伝わる風習や習慣。「残香」はあとに残っているかおり。残り香。
類義語 遺風余香《いふうよこう》・残膏賸馥《ざんこうしょうふく》

【威風堂堂】《いふうどうどう》 〈―タル〉〈―ト〉
意味 態度や雰囲気に威厳があって力強く立派なさま。気勢が非常に盛んな形容。
補説 「威風」は威厳に満ちたさま。「堂堂」は立派で力強いさま。
用法 威風堂々たる行進
用例 夕暮時に沖から帰ってくる多くの漁船は日ごとに豊漁の満艦飾をおしたてて威風堂々と凱旋《がいせん》した。〈牧野信一◆村のストア派〉
類義語 威風凛凛《いふうりんりん》・威武堂堂《いぶどうどう》・耀武揚威《ようぶようい》

【威風凛然】《いふうりんぜん》 〈―タル〉〈―ト〉
⇒威風凛凛 いふうりんりん 51

【威風凛凛】《いふうりんりん》 〈―タル〉〈―ト〉
意味 犯しがたい威厳があって、りりしいさま。
補説 「威風」は威厳に満ちたさま。「凛凛」は、勇ましくて、りりしいさま。「威風凛然《いふうりんぜん》」ともいう。
類義語 威風堂堂《いふうどうどう》

【緯武経文】《いぶけいぶん》
意味 学芸と武術の両方を重んじて、政治の土台にすること。
補説 文武の両道を兼ねた政治の理想的姿。武を横糸に文を縦糸にして、美しい布を織る意から。「緯」は横糸。「経」は縦糸。「武《ぶ》を緯《い》にし文《ぶん》を経《けい》にす」と訓読する。「経文緯武《けいぶんいぶ》」ともいう。
出典 『晋書《しんじょ》』文六王伝《ぶんろくおうでん》・賛
類義語 左文右武《さぶんゆうぶ》・文事武備《ぶんじぶび》・文武両道《ぶんぶりょうどう》

【畏怖嫌厭】《いふけんえん》 〈―スル〉
意味 怖れおののいて、嫌うこと。
補説 「畏怖」は怖れおののくこと。「嫌厭」は、嫌って、いやがること。
用例 自分が姿を現せば、必ず君に畏怖嫌厭の情を起させるに決っているからだ。〈中島敦◆山月記〉

【異聞奇譚】《いぶんきたん》
意味 珍しい話。変わった話。
補説 「異聞」「奇譚」はともに珍しい話の意。「異」「奇」は普通と違った、変わったの意。「譚」は、話。
用例 槍《やり》などは下手でも構わん。昔し藩中に起った異聞奇譚を、老耄《ろうもう》せずに覚えて居てくれればいいのである。〈夏目漱石◆趣味の遺伝〉
類義語 珍聞奇聞《ちんぶんきぶん》

【衣弊履穿】《いへいりせん》
意味 貧しいことのたとえ。貧しい服装をいう。
補説 疲れ破れた衣服やくつの意から。「履」はくつ・履物の意。「弊」は疲れ破れること。「穿」は破れ穴があくこと。「衣《い》弊《やぶ》れ履《くつ》穿《うが》つ」と訓読する。
出典 『荘子《そうじ》』山木《さんぼく》

【韋編三絶】《いへんさんぜつ》
意味 何度も繰り返し、熱心に本を読むことのたとえ。また、学問に熱心なことのたとえ。
補説 「韋編」は文字を書いた木札（木簡という）や竹の札（竹簡という）をなめし革のひもで綴《つづ》った古代中国の書物。「三絶」は三度断ち切れる意。また、何度も断ち切れる意。「韋編《いへん》三《み》たび絶《た》つ」と訓読する。
故事 孔子は晩年に易《えき》を愛読し、それを何度も繰り返し読んだので、その書を綴ったなめし革のひもが何度も切れたという故事から。
出典 『史記《しき》』孔子世家《こうしせいか》
用例 この易学は、孔子さえ韋編三絶と申し伝え候えば、よくよく観察の功を積まざれば

〈中江藤樹・翁問答〉

【移木之信】いぼくのしん

⇒ 徙木之信　しぼくのしん　295

【葦末之巣】いまつのす

意味 頼るところがなく、危険にさらされていること。また、その状態を悔いること。

補説 葦《あし》の穂の部分に作った巣の意から。

故事 中国南方の蒙鳩《もうきゅう》という鳥が、羽毛を集めてそれを髪や毛で編んで巣をつくり、葦の穂に結びつけた。しかし、強い風が吹いてきて、葦の穂は折れ、中の卵が割れて雛《ひな》は死んでしまったという故事から。

出典 『荀子《じゅんし》』勧学《かんがく》

類義語 葦巣之悔《いそうのかい》

【意味深長】いみしんちょう 〈―ナ〉

意味 人の言動や詩文などの表現に深い趣や含蓄のあるさま。また、表面にあらわれた意味のほかに、別の意味が含まれているさま。

補説 「深長」は奥深く含蓄のあるさま。後者の意の場合は俗に「意味深《いみしん》」ともいう。

出典 『河南程氏遺書《かなんていしいしょ》』一九

用例 そんな勝手な芸当が作曲としてできるかどうか、私はただ、早坂さんの意味深長な微笑に期待をかけるばかりである。〈岸田國士・速水女塾に就ての雑談〉

類義語 意在言外《いざいげんがい》・微言大義《びげんたいぎ》

【倚門之望】いもんのぼう

意味 子を思う親の愛情が切実なたとえ。特に母親の愛情についていう。

補説 門に寄りかかって子の帰りを望み待つ意から。「倚」は寄りかかる意。「望」は遠くを見やる意。「倚閭之望《いりょのぼう》」ともいう。

故事 中国戦国時代、王孫賈《おうそんか》の母親が、賈が朝出かけて夕暮れに帰るのを家の門に寄りかかって待ち望み、夕暮れに出かけて帰らないときには、村里の門に寄りかかって帰りを待ちわびた故事から。

出典 『戦国策《せんごくさく》』斉策《せいさく》

類義語 倚門倚閭《いもんいりょ》・倚閭之望《いりょのぼう》

【依流平進】いりゅうへいしん 〈―スル〉

意味 経歴・年齢などの順序に従って、順々に出世すること。

補説 「流」は格・等級。また、自然の成り行き。「平進」は順を追って進む。自然の成り行きとして進む。「流《なが》れに依《よ》りて平進《へいしん》す」と訓読する。

出典 『南史《なんし》』王騫伝《おうけんでん》

【意料無限】いりょうむげん

意味 思いきわめた果ての意。

補説 「意料」は心に思いはかること。「無限」はどこまでも限りなくという意の強めの語。

用例 「嗚呼《ああ》過《あやま》てり」とは何より先に口を衝《つ》いて覚えず出《い》でし意料無限の一語、〈高山樗牛◆滝口入道〉

類義語 感慨無量《かんがいむりょう》

【倚閭之望】いりょのぼう

⇒ 倚門之望　いもんのぼう　52

【異類異形】いるいいぎょう

意味 姿・かたちが尋常ではないもの。また、この世のものとは思われない怪しい姿をしたもの。化け物や妖怪《ようかい》の類。

補説 「異類」は人間以外の動植物の意。仏教では、仏・菩薩《ぼさつ》・人間以外の餓鬼・畜生の意。「異形」は異様な姿・かたちをしたものの意。

用例 やにわにそこへ刎《は》ね起きましたが、まだ夢の中の異類異形が、眶《まぶた》の後《うしろ》を去らないのでございましょう。〈芥川龍之介◆地獄変〉

【異類中行】いるいちゅうぎょう

意味 仏や菩薩《ぼさつ》が衆生《しゅじょう》を救うために、迷いの世界である俗世に身を投じること。また、禅僧が修行者を導くために、いろいろな方法を用いること。

補説 仏教語。「異類」は全く別のものの意で、「異類の中を行く」という意。

注意 語構成は「異類中」＋「行」。

出典 『景徳伝灯録《けいとくでんとうろく》』八・池州南泉普願禅師《ちしゅうなんせんふがんぜんし》

【異類無礙】いるいむげ

意味 互いに異質なものが、何のさわりもなく相互に通じ合うこと。

補説 仏教語。「異類」は全く別のものの意。「無礙」はさまたげない意。火と水、水と土など異質なもの同士が、何の障害もなく通じ合うことをいう。

注意 「異類無碍」とも書く。
類義語 融通無礙《ゆうずうむげ》
対義語 同類無礙《どうるいむげ》

【異路同帰】いろどうき

意味 異なった方法でも、同じ結果になるたとえ。
補説 道筋は違っても、行きつく先は同じである意から。「路」は道。方法のたとえ。「帰」は結果で、目的・真理のたとえ。「路《みち》を異《こと》にして帰《き》を同《おな》じうす」と訓読する。
出典 『淮南子《えなんじ》』本経訓《ほんけいくん》／『文子《ぶんし》』精誠《せいせい》
類義語 異塗同帰《いとどうき》・殊塗同帰《しゅとどうき》

【意路不倒】いろふとう

意味 人間の思慮分別では理解できないこと。不可思議。また、人間の思考や論理では、悟りの境地（大悟徹底の絶対の境地）はとらえることができないということ。
補説 仏教語。「意路」は思慮のみちすじ。
出典 『碧巌録《へきがんろく》』六三
類義語 言忘慮絶《ごんもうりょぜつ》・不可思議《ふかしぎ》

【隠悪揚善】いんあくようぜん

意味 人の、善くないところは隠して、善いところは言い広めること。また、悪いことはおさえ、善いことは取り上げて広めること。
補説 「隠悪」は人の悪いところを隠すこと。「揚」は世に広く知らせること。後者の意味のときは、「隠」はおさえる、「揚」は上げ用いる意。「悪《あく》を隠《かく》して善《ぜん》を揚《あ》ぐ」「悪を隠《おさ》えて善を揚《あ》ぐ」と訓読する。
出典 『中庸《ちゅうよう》』六
類義語 隠悪揚美《いんあくようび》・掩悪揚善《えんあくようぜん》・掩過揚善《えんかようぜん》

【殷殷奨飾】いんいんしょうしょく〈―スル〉

意味 ねんごろに励ましたり、褒めたりすること。
補説 「殷殷」は丁寧なさま。ねんごろなさま。また、しきりに。「奨飾」は褒めたり励ましたりすること。「殷殷《いんいん》として奨飾《しょうしょく》す」と訓読する。

【陰陰滅滅】いんいんめつめつ〈―タル〉〈―ト〉

意味 気分や雰囲気が暗く気の滅入《めい》るさま。また、暗く陰気で物寂しいさま。気分にいう。
補説 「陰陰」は薄暗く、物寂しく陰気な様子。「滅」はほろびる、消えるということで、陰気で物寂しいさまを強めている。
用法 陰々滅々たる雰囲気
用例 ハッと思った一刹那《いっせつな》、秀吉《ひでよし》の体はズルズルと、一尺ばかり前へ出た。何者かの力が引き出したのであった。「うむ、しまった！」と気が付くと共に、小供の泣声がハタと止んだ。陰々滅々静かであった。〈国枝史郎◆五右衛門と新左〉
類義語 陰陰鬱鬱《いんいんうつうつ》

【飲醼贈遺】いんえんぞうい

意味 人を接待して振る舞ったり、物を贈ったりすること。酒食をごちそうしたり、贈り物をしたりすること。
補説 「飲醼」は酒宴の意。「贈遺」は贈り物をすること。また、その品物。
注意 「醼」は「宴」「燕」「讌」とも書く。

【因往推来】いんおうすいらい

意味 過去の出来事に基づいて、未来のことを推測すること。
補説 「往」は過去の意。「来」は未来の意。「往《おう》に因《よ》りて来《らい》を推《お》す」と訓読する。
出典 『揚子法言《ようしほうげん》』五百
類義語 鑑往知来《かんおうちらい》・数往知来《すうおうちらい》・彰往考来《しょうおうこうらい》・彰往察来《しょうおうさつらい》

【暗噁叱咤】いんおしった〈―スル〉

意味 非常に怒って怒鳴ること。
補説 「暗噁」は大いに怒鳴るさま。「叱咤」は大声で怒鳴りつける意。
注意 「暗嗚叱咤」とも書く。
出典 『史記《しき》』淮陰侯伝《わいいんこうでん》

【隠晦曲折】いんかいきょくせつ〈―スル〉

意味 ぼんやりして曲がりくねる意から、文章や表現が曖昧《あいまい》ではっきりしないこと。
補説 「隠晦」は隠れくらます。また、ぼんやりしてはっきりしないこと。「曲折」は曲がりくねる、ごたごた変化して込み入ること。

【飲灰洗胃】いんかいせんい

意味 心の奥底から悔い改めて再出発すること。心底から改心するたとえ。
補説 灰を飲んで胃中の汚れをきれいに洗い

清める意から。「灰《はい》を飲《の》んで胃《い》を洗《あら》う」と訓読する。

故事 中国斉の高帝が、かつて過ちを犯して罰した竺景秀《じくけいしゅう》について荀伯玉《じゅんはくぎょく》に問うたところ、荀伯玉は「彼は『もし悔い改めるのをお許しくださるならば、刀を呑《の》んで腸を削り、灰を呑んで胃を清めましょう』と申しております」と答えた故事から。

出典 『南史《なんし》』荀伯玉伝《じゅんはくぎょくでん》

類義語 回心転意《かいしんてんい》・呑刀刮腸《どんとうかっちょう》

【因果因縁】 いんがいんねん

意味 物事を成り立たせる原因や条件。

補説 仏教語。「因果」は物事の原因と結果。「因縁」は物事を成り立たせる直接的な原因と間接的な原因・条件。物事はさまざまな「因果」「因縁」によって成り立っているという考えを表すのに用いられ、具体的には、現在（今生）は過去（前世）の行為の結果であり、未来（来世）は現在（今生）の行為の結果である、という含意（「三世応報《さんぜおうほう》」「因果応報《いんがおうほう》」）で用いられることが多い。

用例 長生すれば恥多しという、といって自殺はしたくない、まあ、生きられるだけは生きよう、すべてが業《ごう》だ、因果因縁だ、どうすることもできないし、どうなるものでもない、日々随波逐波、時々随縁赴感、それでよろしい、よろしい。〈種田山頭火◆其中日記〉

類義語 因果応報《いんがおうほう》

【因果応報】 いんがおうほう

意味 善い行いをすれば善い報いがあり、悪い行いをすれば悪い報いがあるということ。

補説 もと仏教語。前世または過去の行為の善悪に応じて、その報いがあること。善い行いには善い報いがあることを「善因善果」、悪い行いには悪い報いがあることを「悪因悪果」というが、現在では「悪因悪果」の意で用いられることが多い。「因果」は物事の原因と結果。「因果報応《いんがほうおう》」ともいう。

出典 『大慈恩寺三蔵法師伝《だいじおんじさんぞうほうしでん》』七

用例 月日を経るに従い、これぞまさしく因果応報の戒めなるべくやと、自然に観念いたすように相成り申し候。〈永井荷風◆榎物語〉

類義語 悪因悪果《あくいんあっか》・悪因苦果《あくいんくか》・因果因縁《いんがいんねん》・因果報応《いんがほうおう》・前因後果《ぜんいんこうか》・善因善果《ぜんいんぜんか》・福善禍淫《ふくぜんかいん》・輪廻応報《りんねおうほう》

【因果覿面】 いんがてきめん

意味 悪いことをした報いがすぐに目の前に現れること。

補説 「因果」は物事の原因と結果のことだが、ここでは特に悪い行いによる悪い報いの意。「覿面」は目の当たりの意。転じて、目の前にはっきりした報いが速やかに現れること。

用例 これ等《ら》の内情を知れる人々は、因果覿面、好《よ》き気味なりと竊《ひそ》かに語り合いしという。〈石河幹明◆瘠我慢の説に対する評論について〉

類義語 因果歴然《いんがれきぜん》・積悪之報《せきあくのむくい》

【飲河之願】 いんがのねがい

⇒ 偃鼠飲河 えんそいんが 76

【因果報応】 いんがほうおう

⇒ 因果応報 いんがおうほう 54

【飲河満腹】 いんかまんぷく

⇒ 偃鼠飲河 えんそいんが 76

【殷鑑不遠】 いんかんふえん

意味 身近な失敗例を自分の戒めとせよというたとえ。また、自分の戒めとなるものは、近くにあることのたとえ。

補説 「殷」は古代中国の王朝の名。「鑑」は鏡で、手本の意。中国古代の王朝は夏《か》から始まり、殷（商ともいう）、周と続く。殷王朝の戒めとなる見本は、遠い昔に求めなくてもすぐ前代の夏王朝の暴政による滅亡があるという意。失敗の前例は遠くに求めずとも身近にあるから、これを戒めとせよということ。一般に「殷鑑《いんかん》遠《とお》からず」と訓読して用いる。

出典 『詩経《しきょう》』大雅《たいが》・蕩《とう》◎「殷鑑遠からず、夏后《かこう》の世に在り」

類義語 商鑑不遠《しょうかんふえん》・他山之石《たざんのいし》

【因機説法】 いんきせっぽう

⇒ 対機説法 たいきせっぽう 419

【淫虐暴戾】 いんぎゃくぼうれい（―ナ）

意味 みだらで残虐非道なさま。

補説 「淫虐」はみだらで残虐なこと。「暴戾」は乱暴で道理にもとること。

注意 「婬虐暴戾」とも書く。

【韻鏡十年】 いんきょうじゅうねん

意味 理解することが、きわめて難しいこと。

補説 『韻鏡』が難解で理解するのに十年はかかる意から。『韻鏡』は唐末の漢字の音韻を研究し図示した書。鎌倉時代に伝わり、江戸時代になって漢字音研究に利用された。

【隠居放言】 いんきょほうげん

意味 世を避けたうえで、身を潔白に保ち、自分の思うがままのことを言うこと。

補説 「隠居」は世から隠れ住むこと。世から隠れることで、身を潔白に保つこと。「隠居《いんきょ》して放言《ほうげん》す」と訓読する。

出典 『論語《ろんご》』微子《びし》

【慇懃無礼】 いんぎんぶれい 〈―ナ〉

意味 言葉や態度などが丁寧すぎて、かえって無礼であるさま。また、表面の態度はきわめて礼儀正しく丁寧だが、実は尊大で相手を見下げているさま。

補説 「慇懃」は丁寧で礼儀正しいさま。

用法 慇懃無礼な態度

用例 親切の押売り、馬鹿遠慮、責任感の誇示、愛国心の宣伝、矜持《きょうじ》と面子《めんつ》との履き違い、厳粛と真面目の混合、慇懃無礼、などがすぐに頭に浮ぶ。〈岸田國士◆日本人とは？〉

類義語 慇懃尾籠《いんぎんびろう》・馬鹿慇懃《ばかいんぎん》

【引決自裁】 いんけつじさい 〈―スル〉

意味 責任を負って自分で自分を処置すること。また、責任を負い自殺すること。

補説 「引決」は責任を負って、自分を処置すること。「自裁」は自殺すること。また、辞職するなどして決まりをつけること。

注意 「引訣自裁」とも書く。

出典 『文選《もんぜん》』司馬遷《しばせん》「任少卿《じんしょうけい》に報ずるの書《しょ》」

【隠公左伝】 いんこうさでん

意味 読書や勉強が長続きしないこと。

補説 「左伝」は中国の歴史書『春秋左氏伝《しゅんじゅうさしでん》』のこと。『春秋左氏伝』が魯《ろ》の王「隠公」の記事から始まることから、「左伝」を読み始めても最初の「隠公」の条で飽きて読むのをやめてしまうことをいう。

類義語 桐壺源氏《きりつぼげんじ》・三月庭訓《さんがつていきん》・須磨源氏《すまげんじ》・三日坊主《みっかぼうず》・雍也論語《ようやろんご》

【咽喉之地】 いんこうのち

意味 必ず通らなければならない場所、重要な場所のこと。

補説 「咽喉」は喉《のど》。戦略上の重要な土地を人間の急所である喉にたとえたもの。

出典 『戦国策《せんごくさく》』秦策《しんさく》 ◎「韓《かん》は天下の咽喉なり、魏《ぎ》は天下の胸腹なり」

用例 シンガポールはマラッカ海峡咽喉の地にありて、実に枢要の港口なり。〈井上円了◆西航日録〉

【飲至策勲】 いんしさっくん

意味 いくさに勝って帰り、酒を酌み交わしたり、戦功を書き記したりすること。

補説 「飲至」は、戦いから帰って、君主の祖先を祀《まつ》った宗廟《そうびょう》に参拝し、酒を酌み交わすこと。「策勲」は、戦いの功績を策（竹の札）に書き記して捧《ささ》げること。

出典 『春秋左氏伝《しゅんじゅうさしでん》』桓公《かんこう》二年 ◎「行より反《かえ》れば、飲至し、爵《しゃく》を舎《お》きて勲を策す。礼なり（外国より帰ったときは、酒宴を開き、杯《さかずき》を置いて、勲功を竹簡に書く。これが礼である）」

【淫祠邪教】 いんしじゃきょう

意味 人心を惑わすいかがわしい教え。

補説 教義の相反する他の宗教に対する非難の意味で用いられることが多い。「淫祠」は邪悪な神を祀《まつ》ったやしろ。

用例 または、淫祠邪教のお筆先、または、ほら吹き山師の救国政治談にさえ堕する危険無しとしない。〈太宰治◆父〉

類義語 異端邪宗《いたんじゃしゅう》・異端邪説《いたんじゃせつ》

【因循苟且】 いんじゅんこうしょ

意味 古い習慣や方法にこだわって改めようとせず、一時しのぎの手段をとること。また、決断力がなく、ぐずぐずしてためらうこと。

補説 「因循」は古い習慣や方法に従って改めようとしないこと。「苟且」はかりそめに間に合わせるさま。

出典 『宋史《そうし》』謝深甫伝《しゃしんほでん》

類義語 因循姑息《いんじゅんこそく》

【因循姑息】 いんじゅんこそく 〈―ナ〉

意味 古い習慣や方法にこだわって改めよう

とせず、一時しのぎに終始するさま。また、決断力がなく、ぐずぐずしてためらうこと。補説「因循」は古い習慣や方法に従って改めようとしないこと。「姑息」は姑《しば》らく息をつく意から、一時の間に合わせのこと。用法 因循姑息なやり方 用例 しかし元来が親藩であったし、因循姑息の藩士が多かったから、尊王攘夷《じょうい》などに、耳もかそうとはしないので、同志を募って、京洛《けいらく》に出《い》でて、華々しい運動を起すというようなことはできなかった。〈菊池寛◆仇討禁止令〉類義語 因循苟且《いんじゅんこうしょ》

【因小失大】いんしょうしつだい

意味 小さなことをおろそかにしたため、大きなことをしくじること。小さな利益にこだわり、かえって大きな損失を招くこと。補説「小《しょう》に因《よ》りて大《だい》を失《うしな》う」と訓読する。類義語 貪小失大《どんしょうしつだい》 対義語 枉尺直尋《おうせきちょくじん》

【印象批評】いんしょうひひょう

意味 芸術作品などを評価するとき、客観的な基準によらないで、その作品などが自分に与える印象や個人的感動を基準とする批評。補説 十九世紀半ばから後半にかけて、フランスで起こった文芸批評の一つ。用例 私は又、此等《これら》の人々から、印象批評でもよい、どうぞ分解しないで、其《その》まま聞かして貰《もら》いたいと思う。〈折口信夫◆歌の円寂する時〉

【引縄批根】いんじょうへっこん

意味 力を合わせて、他人を根こそぎ排斥すること。転じて、結託して他人を排斥するたとえ。また、こちらが調子のよいときには慕って言い寄りながら、こちらの調子が悪くなると背を向けた者たちに報復するたとえ。補説「引縄」は縄をより合わせるように互いに依存する意。他説もある。「批根」は根こそぎ取り払うこと。「縄《なわ》を引《ひ》きて根《ね》を批《しりぞ》く」と訓読する。故事 中国前漢の高官であった灌夫《かんぷ》と魏其《ぎき》侯は、権勢を保持していたときには慕い寄ってきた者たちが、力を失うと背を向けてしまったので、そうした連中を根こそぎ退けて報復してやりたいと思ったという故事から。出典『史記《しき》』灌夫伝《かんぷでん》 類義語 引縄排根《いんじょうはいこん》

【飲食之人】いんしょくのひと

意味 飲んだり食べたりする以外に関心をもたない人。本能にまかせて生きている人間。出典『孟子《もうし》』告子《こくし》上 ◎「飲食の人は則《すなわ》ち人之《これ》を賤《いや》しむ。其《そ》の小を養いて以《もっ》て大を失うが為《ため》なり」 類義語 禽息鳥視《きんそくちょうし》・無芸大食《むげいたいしょく》・行尸走肉《こうしそうにく》・飯嚢酒甕《はんのうしゅおう》

【引伸触類】いんしんしょくるい 〈—スル〉

意味 一つの事柄の原理を推し広げて、類似した他の事柄を理解すること。補説「引伸」はある原理を引き伸ばすこと。「触類」は似たような物事に触れ、これに影響を及ぼすこと。出典『易経《えききょう》』繋辞《けいじ》上 ◎「引きて之《これ》を伸ばし、類に触れて之を長《ちょう》ず」

【陰森凄幽】いんしんせいゆう

意味 樹木が鬱蒼《うっそう》と生い茂って薄暗く、ひどく静まり返っていること。補説「陰森」は樹木が生い茂って薄暗いさま。「凄幽」は寂しく静かであるさま。用例 夜は山精木魅《さんせいもくび》の出《い》でて遊ぶを想《おも》わしむる、陰森凄幽の気を凝《こら》すに反してこの霽朗《せいろう》なる昼間の山容水態は、〈尾崎紅葉◆金色夜叉〉

【音信不通】いんしんふつう

⇒ 音信不通 おんしんふつう 86

【飲水思源】いんすいしげん

意味 物事の基本を忘れないという戒めの語。特に、他人から受けた恩を忘れてはいけないという戒めの語。補説 水を飲むとき、その水源のことを思う意から。「思源」は源のことを考える意。「水《みず》を飲《の》みて源《みなもと》を思《おも》う」と訓読する。出典 庾信《ゆしん》「徴調曲《ちょうちょうきょく》」 類義語 飲水懐源《いんすいかいげん》・飲水弁源《いんすいべんげん》 対義語 得魚忘筌《とくぎょぼうせん》

【引錐刺股】いんすいしこ

意味 錐《きり》で太股《ふともも》を刺して、眠気を覚ます

こと。転じて、眠気にも負けず、勉学に努めることのたとえ。

補説 「引錐」は傍らにある錐を引き寄せること。「錐《きり》を引《ひ》きて股《また》を刺《さ》す」と訓読する。

故事 中国戦国時代の遊説家の蘇秦《そしん》が、書物を読んでいて眠気を催すと、錐で自分の太股《ふともも》を刺して眠気を覚ましたという故事による。

出典 『戦国策《せんごくさく》』秦策《しんさく》

類義語 引錐自刺《いんすいじし》・懸頭刺股《けんとうしこ》・刺股懸梁《しこけんりょう》

【引足救経】いんそく きゅうけい

意味 首つり自殺をしようとしている人を助けようとして、その人の足を引っ張ってしまうこと。動機と結果が相反し、まったく目的が達せられないことのたとえ。

補説 「経」はひもで首をくくること、また、首つり自殺をする人。「足《あし》を引《ひ》きて経《くび》れるを救《すく》わんとす」と訓読する。「救経引足《きゅうけいいんそく》」ともいう。

出典 『荀子《じゅんし》』仲尼《ちゅうじ》

【飲鴆止渇】いんちん しかつ

意味 一時的には解決しても、かえって将来に大きな災いを招くたとえ。また、目先の困難を回避するだけで、その結果や後の困難を考えないたとえ。

補説 猛毒の鴆毒が入った酒を飲んで渇きをいやす意から。「鴆」は羽に猛毒をもつ鳥の名で、それを酒に浸したものを飲むと、たちどころに死ぬという。一般に「鴆《ちん》を飲《の》みて渇《かつ》を止《とど》む」と訓読して用いる。「止渇飲鴆《しかついんちん》」ともいう。

出典 『後漢書《ごかんじょ》』霍諝伝《かくしょでん》

類義語 鬱肉漏脯《うつにくろうほ》・漏脯充飢《ろうほじゅうき》

【陰徳恩賜】いんとく おんし

意味 人知れず善行をする者には、必ずよい報いがあり、恵み深いたまものを得るということ。

補説 「陰徳」は人に知られない善行。「恩賜」は恵み深いたまものの意。

用例 その物は貴しと雖《いえ》ども、所持の主人あらばただこれを古人の陰徳恩賜と言うべきのみ。〈福沢諭吉・学問のすすめ〉

【陰徳陽報】いんとく ようほう

意味 人知れず善行をする者には、必ずよい報いがはっきりと現れるということ。

補説 「陰徳」は人に知られない善行。「陽報」は表面にはっきり現れるよい報い。人に隠れた善行でも天が見ており、きっとよい報いがはっきりと現れ、名声をもたらすということをいう。一般には「陰徳《いんとく》あれば必《かなら》ず陽報《ようほう》あり」と訓読して用いる。

出典 『淮南子《えなんじ》』人間訓《じんかんくん》 ◎「陰徳有る者は必ず陽報有り」

類義語 于公高門《うこうこうもん》・善因善果《ぜんいんぜんか》

【隠忍自重】いんにん じちょう〈—スル〉

意味 怒りや苦しみなどをじっとこらえて、軽々しい行いをしないこと。また、そうするべきであるとする戒めの語。

補説 「隠忍」は本心を隠して、じっと堪え忍ぶこと。「自重」は自分の行動を慎むこと。

用例 一つは湿気を帯《はら》んだ湖の空気に、身も心も胆汁質に仕上げられ、怒りを感ぜず、隠忍自重の風が自然と積上って来ているためかもしれぬ。〈横光利一・琵琶湖〉

類義語 忍之一字《にんのいちじ》

対義語 軽挙妄動《けいきょもうどう》

【飲馬投銭】いんば とうせん

意味 馬が水を飲むたびに、その水の代金として水中に銭を投げ入れること。転じて、心が清く行いが正しいことのたとえ。

補説 「飲馬」は馬に水を飲ませること。「馬《うま》に飲《みずか》い銭《ぜに》を投《とう》ず」と訓読する。

出典 『三輔決録《さんぽけつろく》』一

【允文允武】いんぶん いんぶ

意味 文武ともにすぐれていること。

補説 もと天子に文武の徳が備わっていることをたたえた語。「允《まこと》に文《ぶん》、允《まこと》に武《ぶ》」と訓読する。「允」はまこと、まことにの意。

出典 『詩経《しきょう》』魯頌《ろしょう》・泮水《はんすい》

類義語 文事武備《ぶんじぶび》・文武両道《ぶんぶりょうどう》

【陰謀詭計】いんぼう きけい

意味 人を欺くために策をめぐらせた、ひそかな悪だくみ。

補説 「陰謀」はひそかに陰で企てる悪いはかりごと。「詭計」は人を欺く悪い計略。「陰謀詭秘《いんぼうきひ》」ともいう。

【引喩失義】いんゆしつぎ

意味 自分勝手なたとえ話をもち出して、正しいことを行おうとしないこと。

補説 「引喩」はたとえを引く。身勝手なたとえ話やよからぬ前例をもち出すこと。「失義」は道理にかなったことを踏みはずす意。「喩《ゆ》を引《ひ》きて義《ぎ》を失《しっ》す」と訓読する。

出典 諸葛亮《しょかつりょう》「前出師表《ぜんすいしのひょう》」

【陰陽五行】いんようごぎょう

意味 天地間にあって、万物を造り出す陰と陽の二気と、天地間に循環流行して、万物を生じるもとになる木・火・土・金《ごん》・水の五つの元素。万物の構成要素。

補説 古来中国では、これらの要素の消長などによって吉凶禍福など万象を解釈・説明しようとした陰陽五行説が広く行われ、人々の生活に大きな影響を及ぼした。日本の陰陽道《おんようどう》もこの流れを汲《く》んでいる。

注意 「おんようごぎょう」とも読む。

う

【有為転変】ういてんぺん〈―スル〉

意味 この世のすべての存在や現象は常に移り変わるものであり、少しの間もとどまっていないこと。また、この世が無常で、はかないものであるたとえ。

補説 もと仏教語。「有為」は因縁（原因）によって生じたこの世の一切の現象。「有為無常《ういむじょう》」ともいう。

注意 「ういてんべん」「ういてんでん」とも読む。

用例 つくづくその世界の有為転変を知るかの女は、世間の風聞にもはや動かされなくなっているにしても、しかし、それを通じて風浪の荒い航行中に、少くともかの女のむす子は舵《かじ》を正しく執りつつあるのを見て取った。〈岡本かの子◆母子叙情〉

類義語 盛者必衰《じょうしゃひっすい》・諸行無常《しょぎょうむじょう》

対義語 永遠不変《えいえんふへん》・永久不変《えいきゅうふへん》・万古不易《ばんこふえき》

【有為無常】ういむじょう

⇒ 有為転変 ういてんぺん 58

【烏焉魯魚】うえんろぎょ

意味 文字の書き誤り。文字の造形が似ていて書き誤ること。

補説 筆の文字では、「烏」と「焉」、「魯」と「魚」がそれぞれ字形が似ていて、誤りやすいことからいう。

出典 『事物異名録《じぶついめいろく》』書籍《しょせき》・書訛《しょか》

類義語 烏焉成馬《うえんせいば》・焉馬之誤《えんばのあやまり》・亥豕之譌《がいしのか》・三豕渡河《さんしとか》・魯魚亥豕《ろぎょがいし》・魯魚章草《ろぎょしょうそう》・魯魚帝虎《ろぎょていこ》・魯魚陶陰《ろぎょとういん》・魯魚之謬《ろぎょのあやまり》

【右往左往】うおうさおう〈―スル〉

意味 うろたえて、あっちに行ったりこっちに来たりすること。また、あわてふためいて混乱した状態をいう。

補説 右に行ったり左に行ったりという意から。「往」は行く意。「左往右往《さおううおう》」ともいう。

注意 「うおうざおう」とも読む。

用例 白い卵をかかえて、右往左往する昆虫はそのまま人間の群集の混乱の姿だった。〈原民喜◆苦しく美しき夏〉

類義語 周章狼狽《しゅうしょうろうばい》・紛擾多端《ふんじょうたたん》

対義語 意気自如《いきじじょ》・神色自若《しんしょくじじゃく》・泰然自若《たいぜんじじゃく》

【烏獲之力】うかくのちから

意味 力持ちのたとえ。

補説 「烏獲」は中国戦国時代、秦《しん》の武王に仕えた人物。「烏獲之任《うかくのにん》」ともいう。

故事 烏獲は千鈞《きん》（七六八〇キログラム）を持つほどの力持ちで、その力で武王に仕え、大官に昇ったという故事から。

出典 『孟子《もうし》』告子《こくし》下

【羽翮飛肉】うかくひにく

意味 小さな力でも数多く集まれば、大きな力になることのたとえ。

補説 鳥の羽は一つひとつは軽く微力であるが、それが集まれば重い鳥のからだを飛ばすことができる意から。「翮」は羽の軸、羽の根元のことで、転じて羽の意。「飛肉」は鳥の体を飛ばす意。「羽翮《うかく》、肉《にく》を飛《と》ばす」と訓読する。

出典 『漢書《かんじょ》』景十三王《けいじゅうさんおう》・中山靖王劉勝伝《ちゅうざんせいおうりゅうしょうでん》

類義語 群軽折軸《ぐんけいせつじく》・積羽沈舟《せきうちんしゅう》・積水成淵《せきすいせいえん》・積土成山《せきどせいざん》・叢軽折軸《そうけいせつじく》

【雨過天晴】うかてんせい

意味 悪かった状況や状態がよいほうに向かうたとえ。

補説 雨がやみ、空が晴れ渡り明るくなる意から。「雨《あめ》過《す》ぎて天《てん》晴《は》る」と訓読する。

注意 「雨過天青」とも書く。

【羽化登仙】うかとうせん 〈―スル〉

意味 酒などに酔って快い気分になることのたとえ。天にも昇る心地。

補説 羽が生え仙人になって、天に昇る意から。「羽化」は羽が生えて、空を自由に翔《かけ》る仙人になること。「登仙」は天に昇って仙人になる意。

出典 蘇軾《そしょく》「前赤壁賦《ぜんせきへきのふ》」◎「飄飄乎《ひょうひょうこ》として世を遺《わす》れて独り立ち、羽化登仙するがごとし」

用例 こうして道業が進んで来て、やがて機縁が熟すると、彼等《かれら》のあるものはかねての宿望どおりに羽化登仙する。〈薄田泣菫◆独楽園〉

【雨奇晴好】うきせいこう

⇒ 晴好雨奇 せいこううき 368

【于公高門】うこうこうもん

意味 ひそかに善行を積み重ねた家の子孫は繁栄することのたとえ。

補説 「于公」は漢代の丞相《じょうしょう》となった于定国《うていこく》の父のこと。「于公《うこう》、門《もん》を高《たか》くす」と訓読する。『蒙求《もうぎゅう》』の表題の一つ。

故事 中国漢の于定国の父は、裁判官として公平に裁判を処理して、人知れぬ善行を積んでいた。その村の門の修理のとき、村人に、ひそかに善行を積む家の子孫には出世する者が出て繁栄するであろうと言い、その門を高大に造らせたという故事から。

出典 『漢書《かんじょ》』于定国伝《うていこくでん》

類義語 陰徳陽報《いんとくようほう》

【禹行舜趨】うこうしゅんすう

意味 うわべをまねるだけで実質が伴っていないたとえ。

補説 禹のように歩き舜のように走って、聖人をまねるだけで実質がない意から。聖天子とされる禹や舜の表面上の行動だけをまねして、実質的な聖人の徳を備えていないこと。「禹」は舜に位を禅譲されて夏《か》王朝の開祖となり、「舜」は尭《ぎょう》から天子の位を禅譲されたとされる人。いずれも中国古代伝説上の聖天子。「趨」は走る意。「禹歩舜趨《うほしゅんすう》」ともいう。

出典 『荀子《じゅんし》』非十二子《ひじゅうにし》

【烏合之衆】うごうのしゅう

意味 規律も統制もなく、ただ寄り集まっているだけの集団。秩序のない人々の集まりや軍勢にいう。

補説 「烏」はカラス。カラスの集まりが無秩序でばらばらであることから。

出典 『後漢書《ごかんじょ》』耿弇伝《こうえんでん》

類義語 烏集之衆《うしゅうのしゅう》・烏集之交《うしゅうのまじわり》・獣聚鳥散《じゅうしゅうちょうさん》

【右顧左眄】うこさべん 〈―スル〉

意味 まわりの情勢や周囲の思惑・意見を気にして、なかなか決断できないでいること。

補説 右を見たり左を見たりする意から。「顧」はかえりみる。「眄」は横目でちらりと見る。また、かえりみる。「左眄右顧《さべんうこ》」ともいう。（→「左顧右眄《さこうべん》」255）

用例 最初から他の民族への迎合を考えて右顧左眄し始めたらそれはすでに芸術の自殺である。〈伊丹万作◆映画と民族性〉

類義語 右顧左顧《うこさこ》・内股膏薬《うちまたこうやく》・狐疑逡巡《こぎしゅんじゅん》・左右傾側《さゆうけいそく》・首鼠両端《しゅそりょうたん》・遅疑逡巡《ちぎしゅんじゅん》・左見右見《とみこうみ》・二股膏薬《ふたまたこうやく》

対義語 知者不惑《ちしゃふわく》

【雨後春筍】うごしゅんじゅん

意味 似たような物事が次々と現れたり起こったりすること。

補説 「筍」はタケノコ。雨がやんだあとにタケノコが続々とはえてくることからいう。類義の表現に「雨後の筍《たけのこ》」がある。

出典 張耒《ちょうらい》一詩「食筍《しょくじゅん》」

【有財餓鬼】うざいがき

意味 貪欲《どんよく》で金銭に執着する者のこと。けちな人をののしる語。守銭奴《しゅせんど》。

補説 もと仏教語で、「餓鬼」は生前に犯した罪の報いで餓鬼道に落ちた亡者。常に飢餓に苦しむとされるが、その中でも食べ残しなど、一定の食べ物を食べることはできる餓鬼をいう。
類義語 多財餓鬼《たざいがき》
対義語 無財餓鬼《むざいがき》

【烏集之交】うしゅうのまじわり
意味 うそが多くて心のこもっていない交際のこと。
補説 「烏集」はカラスの集まり。カラスを疑い深い鳥として、己の利益のためだけに争うとしたことからきた言葉。
出典 『管子《かんし》』形勢解《けいせいかい》
類義語 烏合之衆《うごうのしゅう》・烏集之衆《うしゅうのしゅう》・烏鳥之狡《うちょうのこう》

【有情世間】うじょうせけん
意味 感情や意志をもった生き物、また、その世界のこと。
補説 仏教語。「有情」は感情や意志をもつ人間や動物の意で、「衆生《しゅじょう》」と同義。
類義語 衆生世間《しゅじょうせけん》

【有情非情】うじょうひじょう
意味 この世に存在するすべてのもの。万物。
補説 感情や意志をもつ人間や動物だけでなく、感情のない木石や草・水なども含めて一切のものの意から。「有情」は感情や意志をもつ人間や動物の意で、「衆生《しゅじょう》」と同義。「非情」は、ここでは、感情をもたない植物や木石・大地など。
類義語 有象無象《うぞうむぞう》・森羅万象《しんらばんしょう》

【有象無象】うぞうむぞう
意味 数は多いが、種々雑多なくだらない人や物。ろくでもない連中のこと。また、仏教で、形があるものも、ないものもすべて。有形無形のすべて。
補説 仏教語では「有像無像」と書く。「象」は形の意。
用法 有象無象のやから
用例 「草枕」の画《え》かきさんはこの世を「住みにくい国」と言う。画かきさんは芸術をもってこの世を住みよくし浮世の有象無象を神経衰弱より救うつもりである。〈和辻哲郎◆霊的本能主義〉
類義語 有情非情《うじょうひじょう》・有相無相《うそうむそう》・森羅万象《しんらばんしょう》

【有智高才】うちこうさい
意味 聡明《そうめい》ですぐれた才能があること。また、その人。
補説 もと仏教語。「有智」は聡明なこと。頭の働きのよいこと。「高才」はきわめて高い才能・学識の意。「智」は生まれながらの頭の働き、才は学んで得た才能ともいう。

【内股膏薬】うちまたこうやく
意味 あっちについたりこっちについたりして、節操のないこと。しっかりした意見がなくその時の気持ちで動くこと。また、そのような人。
補説 「内股」は股の内側。「膏薬」は練って作った外用薬。内股にはった膏薬が足を動かすたびに右側についたり左側についたりする意。「二股膏薬《ふたまたこうやく》」ともいう。
注意 「うちまたごうやく」とも読む。
用例 いわゆる内股膏薬で、敵にも付けば味方にも付く。義理人情は構わない、銭になれば何でもする。こういう安っぽい奴《やっ》ちゃあ堪《た》まりません。〈岡本綺堂◆半七捕物帳〉
類義語 右顧左眄《うこさべん》・股座膏薬《またぐらこうやく》

【有頂天外】うちょうてんがい
意味 この上なく大喜びすること。また、喜びのあまり、夢中になって我を忘れる様子。
補説 「有頂天」は、仏教でいう三界《さんがい》（欲界《よっかい》・色界《しきかい》・無色界《むしきかい》）のうち、純粋に精神的な領域であり、最上に位置する無色界の中で最上位の天である非想非非想天《ひそうひひそうてん》のこと。また、形ある世界である色界の中で最上位の天である色究竟天《しきくきょうてん》のこと。その有頂天よりさらに高く外に出る意から。「有頂天」をさらに強めた語。
注意 語構成は「有頂天」＋「外」。
用例 臍《へそ》の下を住家として魂が何時《いっ》の間にか有頂天外へ宿替《やどかえ》をすれば、〈二葉亭四迷◆浮雲〉
類義語 狂喜乱舞《きょうきらんぶ》・欣喜雀躍《きんきじゃくやく》

【烏鳥私情】うちょうのしじょう
意味 親に孝養を尽くしたいという自分の気持ちを謙遜《けんそん》していう語。
補説 「烏鳥」はカラス。カラスは、成長したのちに親鳥に口移しで餌《えさ》を与える（これを反哺《はんぽ》という）孝行心のあつい鳥とされた。「私情」は自分の気持ちをいう。

出典 李密《りみつ》「陳情表《ちんじょうひょう》」

類義語 烏鳥之情《うちょうのじょう》・三枝之礼《さんしのれい》・慈烏反哺《じうはんぽ》・反哺之孝《はんぽのこう》

【迂直之計】うちょくのけい

意味 すぐには効果が表れないが、実は最も有効な手段のことをいう。

補説 遠回りして敵を油断させておき、ある時期に一気に攻め立てるという戦法から。「迂」は遠回りする意。「直」はまっすぐ進む意。

出典 『孫子《そんし》』軍争《ぐんそう》 ◎「軍争の難きは、迂を以《もっ》て直と為《な》し、患を以て利と為せばなり。故に其《そ》の途《みち》を迂にして之《これ》を誘うに利を以てし、人に後れて発するも人に先んじて至る者は、迂直の計を知る者なり」

【鬱鬱怏怏】うつうつ おうおう 〈—タル〉〈—ト〉

意味 気持ちがふさいで晴れ晴れせず、不満を抱いているさま。

補説 「鬱鬱」は気がふさがり不平不満のさま。「怏怏」も悶々《もんもん》として気が晴れないさま。

用例 然《しか》れども、これ以《もっ》て全く生《せい》を慰《なぐさ》むるに足らずして、鬱々怏々として月日を過したれば、生は最も甚しき疳癖《かんぺき》の人物となり、又極めて涙もろく、〈島崎藤村◆春〉

【鬱鬱葱葱】うつうつ そうそう 〈—タル〉〈—ト〉

意味 樹木などがうっそうと茂るさま。また、気が盛んに上り満ちるさま。また、めでたい気が満ちるさま。

補説 「鬱鬱」は樹木がこんもりと茂るさま。また、気が盛んなさま。「葱葱」は草木が青々と茂るさま。また、めでたい気が盛んに満ちるさま。

用例 光武皇帝の未《いま》だ竜騰せざるに、南陽から其《そ》の居処春陵を望んで、佳なるかな気や、鬱々葱々然たりと評したとあるから、其の気の象たる秀茂せる森林の如《ごと》くで有ったのだろう。〈幸田露伴◆努力論〉

類義語 鬱鬱勃勃《うつうつぼつぼつ》

【鬱鬱勃勃】うつうつ ぼつぼつ 〈—タル〉〈—ト〉

意味 気が盛んに満ちるさま。また、意気や生気が盛んなさま。

補説 「鬱鬱」は気が盛んなさま。「勃勃」は勢いの盛んなさま。

類義語 鬱鬱葱葱《うつうつそうそう》

【鬱肉漏脯】うつにく ろうほ

意味 腐った肉やほじしのこと。また、一時逃れをするために先の不利益や危険をかえりみないたとえ。飢えた者が一時逃れに腐った肉で腹を満たす意から。

補説 「鬱肉」は腐って臭い肉。「鬱」は腐って臭い意。「漏」も臭い意。「脯」は薄く切って干した肉。ほじし。

出典 『抱朴子《ほうぼくし》』良規《りょうき》

類義語 飲鴆止渇《いんちんしかつ》

【鬱塁神荼】うつりつ しんと

⇓ 神荼鬱塁 しんとうつりつ 354

【禹湯文武】うとう ぶんぶ

意味 古代中国の聖天子として尊ばれた四人の王のこと。夏《か》の禹《う》王、殷《いん》の湯《とう》王、周の文王と武王。

補説 「禹」は、夏王朝の始祖とされる伝説上の聖王。「湯」は、夏の暴君桀《けっ》王を討ち、殷王朝を創始した王。「文」は、太公望《たいこうぼう》などの賢士を集め、周王朝の基礎を築いた王。「武」は文王の子で、殷の暴君紂《ちゅう》王を討ち、周王朝を創始した王。

出典 『管子《かんし》』枢言《すうげん》

【烏兎匆匆】うと そうそう 〈—タル〉〈—ト〉

意味 歳月のあわただしく過ぎ去るたとえ。

補説 「烏兎」は歳月・月日の意。太陽には三本足のカラスがすんでおり、月にはウサギがすんでいるという古代中国の伝説による。「匆匆」は急ぐさま、あわただしいさま。

注意 「烏兎怱怱」とも書く。

用例 来た頃《ころ》は留学中の或《ある》教授の留守居というのであったが、遂《つい》に此《ここ》に留《とど》まることとなり、烏兎怱々いつしか二十年近くの年月を過すに至った。〈西田幾多郎◆或教授の退職の辞〉

類義語 烏飛兎走《うひとそう》・光陰如箭《こういんじょせん》・兎走烏飛《とそううひ》・露往霜来《ろおうそうらい》

【鵜目鷹目】うのめ たかのめ

意味 熱心で集中した鋭いまなざし。また、そのようにものを探し出そうとするさま。

補説 鵜が魚を追い鷹が獲物を狙うときの目

つきから。

(用例) 覆盆子《いちご》といえば、今が丁度出盛りの、ついそこらの草の間にもこっそりと稔《みの》っていまいものでもあるまいと、私は鵜の目鷹の目で草を掻《か》き分けて見たが、一粒も見当らなかった。〈薄田泣菫◆飛鳥〉

【烏白馬角】 うはくばかく

(意味) 世の中にありえないこと。

(補説) カラスが白く、馬に角があるという意から。「烏白」は、本来全身が黒いカラス(の頭)が白くなる意。「馬角」は馬に角が生えること。

(故事) 中国戦国時代、秦《しん》の人質になっていた燕《えん》の太子丹《たん》が帰国を求めたとき、秦王は「カラスの頭が白くなり、馬に角が生えることがあったら許そう」と言った。丹は嘆きながら天に向かって熱心に祈ったところ、果たしてカラスの頭が白くなり、馬に角が生えたという故事から。

(出典) 『論衡《ろんこう》』感虚《かんきょ》

(類義語) 亀毛兎角《きもうとかく》・童牛角馬《どうぎゅうかくば》

【烏飛兎走】 うひとそう

⇓ 兎走烏飛 とそううひ 499

【嫗伏孕鬻】 うふうよういく

(意味) 鳥や獣が子を産み育てること。

(補説) 「嫗伏」は鳥が翼で卵をおおって温める意。「嫗」は温める。母が子を慈しみ育てる「伏」はおおう意。「孕鬻」は獣が子を孕《はら》んで産み育てること。「孕」は、はらむ。「鬻」は産み育てる意。

(注意) 「嫗」は「おう」、「伏」は「ふ」とも読む。

(出典) 『礼記《らいき》』楽記《がくき》 ◎「羽ある者は嫗伏し、毛ある者は孕鬻す」

【禹歩舜趨】 うほしゅんすう

⇓ 禹行舜趨 うこうしゅんすう 59

【海千山千】 うみせんやません

(意味) 長い年月にさまざまな経験を積んで、世の中の裏も表も知り尽くしていて悪賢いこと。また、そういうしたたかな人。

(補説) 「海に千年、山に千年」の略。海に千年、山に千年すみついた蛇は竜になるという言い伝えから。

(用法) 海千山千のつわもの

(用例) 作家の中には無垢《むく》の子供と悪魔だけが棲《す》んでおればいい。作家がへんに大人になれば、文学精神は彼をはなれてしまう。ことに海千山千の大人はいけない。〈織田作之助◆文学的饒舌〉

(類義語) 海千河千《うみせんかわせん》・千軍万馬《せんぐんばんば》・百戦錬磨《ひゃくせんれんま》・飽経風霜《ほうけいふうそう》

【有無相生】 うむそうせい

(意味) 有と無は、有があってこそ無があり、無があってこそ有があるという相対的な関係で存在すること。また、この世のものはすべて相対的な関係にあること。

(補説) 「相生」は互いに生じ合うこと。もとは、人間の価値観は要するに相対的なものであるのに、それを絶対的なものと錯覚して、万物を勝手に歪曲《わいきょく》して秩序立てている人間の愚かさと危うさを警告した『老子』の中の語。「有無《うむ》相生《あいしょう》ず」と訓読する。

(出典) 『老子《ろうし》』二

(類義語) 音声相和《おんせいそうわ》・高下相傾《こうげそうけい》・前後相随《ぜんごそうずい》・長短相形《ちょうたんそうけい》

【有耶無耶】 うやむや〈―ナ〉

(意味) はっきりしないさま。曖昧《あいまい》なさま。また、いいかげんなさま。

(補説) あるかないか、はっきりしない意。「耶」は疑問の助字。「有りや無しや」の意。

(用法) 有耶無耶な結論

(用例) そうした上から世間体はただ内縁の妻として有耶無耶に家に入れたい両親の腹だった。〈嘉村礒多◆神前結婚〉

(類義語) 曖昧模糊《あいまいもこ》

【紆余委蛇】 うよいい〈―タル〉〈―ト〉

(意味) 山や丘などがうねうねと曲がりながら長く続くさま。

(補説) 「紆余」は山や丘などがくねり、長く続くさま。「委蛇」はうねり曲がるさま。

(注意) 「紆余委迤」「紆余委迱」とも書く。「うよいだ」とも読む。

(出典) 『文選《もんぜん》』司馬相如《しばしょうじょ》「上林賦《じょうりんのふ》」

(類義語) 蜿蜿長蛇《えんえんちょうだ》

【紆余曲折】 うよきょくせつ〈―スル〉

(意味) 道や川などが曲がりくねること。また、事情が込み入っていて解決に手間どること。

(補説) 「紆余」は道などが曲がりくねってうねうねと続いているさま。「曲折」は折れ曲がること。転じて、込み入った事情。
用例 実は其《その》道こそ紆余曲折の千万里、行く程に行く程に近くなったり、遠くなったり、〈徳冨蘆花◆思出の記〉
類義語 曲折浮沈《きょくせつふちん》・盤根錯節《ばんこんさくせつ》・複雑多岐《ふくざつたき》

【羽翼已成】うよくいせい

意味 補佐する人々の顔ぶれがすでに整っていて、しっかりした体制ができていること。また、力量がすでに具備しているたとえ。
補説 「羽翼」は鳥の羽と翼。転じて、主君の補佐役、組織の体制のこと。一般に「羽翼《うよく》已《すで》に成《な》る」と訓読して用いる。
故事 漢の高祖劉邦《りゅうほう》は正妻の子の代わりに愛妾《あいしょう》の子を太子としようとしたが、補佐する人々がすでに整っていたのであきらめた。そのときの言葉から。
出典 『史記《しき》』留侯世家《りゅうこうせいか》

【盂蘭盆会】うらぼんえ

意味 陰暦の七月十五日の頃《ころ》に、先祖の霊を招きまつり冥福《めいふく》を祈る仏教行事。うら盆。精霊会《しょうりょうえ》。
補説 現在では、八月に行うが、七月に行う地域も多い。迎え火を焚《た》いて先祖の霊を迎え、精霊棚《しょうりょうだな》に食物を供え、僧侶《そうりょ》に棚経《たなぎょう》（読経すること）をしてもらい、墓参りをして、送り火を焚いて先祖の霊を送る。
注意 語構成は「盂蘭盆」＋「会」。
用例 五度行うた精霊会が、南北朝の頃には、社会的の勢力を失って、唯《ただ》一回の盂蘭盆会に帰趨《きすう》した痕《あと》を示したのであるが、七月の盂蘭盆と十二月の魂祭《たままつ》りとは、必古の大祓《おおはらえ》の遺風であると信じる。〈折口信夫◆盆踊りと祭屋台と〉

【雨笠煙蓑】うりゅうえんさ

意味 霧雨にぬれたかさとみのの意。雨の中にいる漁師の形容。
出典 陳泰《ちんたい》—詩「漁父《ぎょほ》」

【雨霖鈴曲】うりんれいきょく

意味 中国唐の玄宗《げんそう》が、寵愛《ちょうあい》していた楊貴妃《ようきひ》を悼んで作った曲の名。
注意 語構成は「雨霖鈴＋曲」。
故事 玄宗は第六代皇帝として唐の絶頂期を築いたが、楊貴妃を寵愛して政治をなおざりにしたことから安史《あんし》の乱が起き、都を捨てて蜀《しょく》へと逃れることとなった。その途次、長雨（雨霖）の桟道で、馬の鈴が雨音と響き合うのを聞き、死なせてしまった楊貴妃への想《おも》いをかき立てられ、「雨霖鈴」という曲を作ったという故事から。
出典 『明皇雑録補遺《めいこうざつろくほい》』

【雨露霜雪】うろそうせつ

意味 さまざまな気象の変化のこと。また、人生のさまざまな困難のたとえ。
類義語 霪雨沐浴《いんうもくよく》・艱難辛苦《かんなんしんく》・櫛風沐雨《しっぷうもくう》

【有漏無漏】うろむろ

意味 煩悩のある者とない者のこと。
補説 仏教語。「漏」は六根（人の迷いが生じる六つの根元）から漏れる、流れ出るものということから、煩悩をいう。六根は六つの感覚器官で、眼《げん》・耳《に》・鼻・舌・身・意のこと。「有漏」は煩悩から脱することができず、迷いの世界に流転する者。「無漏」は煩悩を断ち切った、清らかな境地にいる者。

【雲雨巫山】うんうふざん

⇒巫山之夢 ふざんのゆめ 574

【雲煙過眼】うんえんかがん

意味 物事に深く執着しないたとえ。物事に心をとめないで淡泊なたとえ。
補説 雲やもやが目の前を過ぎ去ってとどまらない意から。「雲煙」は雲ともや・霧・かすみ。「過眼」は目の前を過ぎ去ること。「煙雲過眼《えんうんかがん》」ともいう。
注意 「雲烟過眼」とも書く。
出典 蘇軾《そしょく》「宝絵堂記《ほうかいどうき》」
類義語 虚静恬淡《きょせいてんたん》・行雲流水《こううんりゅうすい》・無欲恬淡《むよくてんたん》

【雲煙万里】うんえんばんり

意味 はるかかなたにたなびく雲やかすみのこと。非常に遠く離れているたとえ。
補説 「雲煙」は雲ともや・霧・かすみ。「万里」は、はるかかなたのこと。
注意 「雲烟万里」とも書く。
用例 庭下駄《にわげた》をはいて、三十歩も歩けば行かれる離屋《はなれ》の書斎が、雲煙万里の向うにあるような気がする。〈久生十蘭◆キャラコさ

ん〉

【雲煙飛動】うんえんひどう〈—スル〉
意味 筆勢が躍動して力強いたとえ。
補説 雲やかすみが飛び動いてとどまらない意から。「雲煙」は雲ともや・霧・かすみ。「飛動」は飛ぶように動くこと。
注意 「雲烟飛動」とも書く。
用例 雲烟飛動の趣も目に入らぬ。落花啼鳥《ていちょう》の情けも心に浮ばぬ。蕭々《しょうしょう》として独り春山を行く吾《われ》の、いかに美しきかは猶更《なおさら》に解せぬ。〈夏目漱石◆草枕〉
類義語 鳳翥竜蟠《ほうしょりょうばん》・落紙雲煙《らくしうんえん》

【雲煙縹渺】うんえんひょうびょう〈—タル〉〈—ト〉
意味 雲やかすみがはるか遠くたなびくさま。
補説 「雲煙」は雲ともや・霧・かすみ。「縹渺」は遠くかすかなさま。
注意 「雲煙」は「雲烟」、「縹渺」は「縹緲」「縹眇」とも書く。
用例 「そうら、こっちが西だ、遥《はる》か向うの平野に雲煙縹渺たるところ、山がかすんで見えるだろう、あれが伊勢《いせ》の鈴鹿山《すずかやま》だ」〈中里介山◆大菩薩峠〉

【雲霞之交】うんかのまじわり
意味 俗世を超越した交友のこと。
補説 「雲霞」は雲やかすみがたなびく所の意から、俗世をはるかに超越した仙人などが住む所をいう。
注意 「うんかのこう」とも読む。
出典 『南史《なんし》』謝瀹伝《しゃやくでん》
類義語 世外之交《せがいのまじわり》

【運斤成風】うんきんせいふう
意味 非常に巧みですばらしい技術のこと。また、それをもつ職人。
補説 手斧《ておの》を振るって風を巻き起こす意から。「運斤」は斧を振るうこと。「成風」は風を起こすことで、風を起こすほど勢いよく振りまわす意。「斤《きん》を運《めぐ》らし風《かぜ》を成《な》す」と訓読する。
故事 →「匠石運斤《しょうせきうんきん》」328
出典 『荘子《そうじ》』徐無鬼《じょむき》
類義語 匠石運斤《しょうせきうんきん》・神工鬼斧《しんこうきふ》

【雲霓之望】うんげいののぞみ
意味 切実な希望のたとえ。特に、名君の出現を待望すること。
補説 雲や虹《にじ》が出ることを望む意で、雲や虹は雨の前後に出るので、日照りのときに雨が降るよう強く望むことから。「雲霓」は雲と虹のこと。また、虹。ともに雨の前後に出ることから転じて、雨のこと。
注意 「雲蜺之望」とも書く。
故事 孟子《もうし》が斉の宣王に対して、王者のする戦いは、民衆から日照りのときの雨のように、待ち望まれるものでなくてはいけないと説いた故事による。
出典 『孟子《もうし》』梁恵王《りょうけいおう》下

【雲行雨施】うんこううし
意味 雲が空に流れ動いて雨が降り、万物を潤して恩恵を施すこと。また、天子の恩恵が広く行き渡るたとえ。天下が太平であることのたとえ。
補説 「雲《くも》行《ゆ》き雨《あめ》施《ほどこ》す」と訓読する。
出典 『易経《えききょう》』乾《けん》

【雲合霧集】うんごうむしゅう〈—スル〉
意味 雲や霧が集まりわくように、多くのものが一時に集まって来ること。
出典 『史記《しき》』淮陰侯伝《わいいんこうでん》
類義語 雲屯霧集《うんとんむしゅう》
対義語 雲散霧消《うんさんむしょう》・雲集霧散《うんしゅうむさん》・雲消雨散《うんしょううさん》

【雲散鳥没】うんさんちょうぼつ〈—スル〉
意味 あとかたもなく消えてしまうこと。
補説 雲のように散り、鳥のように消え去る意から。
出典 蘇軾《そしょく》「劉沔都曹《りゅうべんとそう》に答《こた》うる書《しょ》」
類義語 雲散霧消《うんさんむしょう》・雲消霧散《うんしょうむさん》・煙散霧消《えんさんむしょう》

【雲散霧消】うんさんむしょう〈—スル〉
意味 雲が散り霧が消え去るように、あとかたもなく消えてなくなること。
補説 「雲消霧散《うんしょうむさん》」ともいう。
用例 二人の間はいつか疎遠になってしまい、小料理屋を出す話もいつの間にか雲散霧消してしまっていた。〈林芙美子◆魚介〉
類義語 雲散鳥没《うんさんちょうぼつ》・雲消雨散《うんしょううさん》・煙消霧散《えんしょううむさん》
対義語 雲合霧集《うんごうむしゅう》

【雲集霧散】うんしゅうむさん〈―スル〉

意味 多くのものが雲や霧のように、集まったり散ったりすること。

補説 「雲《くも》のごとく集《あつ》まり霧《きり》のごとく散《さん》ず」と訓読する。

出典 『文選《もんぜん》』班固《はんこ》「西都賦《せいとのふ》」

類義語 離合集散《りごうしゅうさん》

対義語 雲合霧集《うんごうむしゅう》

【雲壌月鼈】うんじょうげつべつ

意味 両者があまりにも大きく異なっていること。

補説 天と地、月とすっぽんのように違いすぎる意から。「雲壌」は天と地の意。「月鼈」は月とすっぽんの意。

用例 其《その》脚色は面白けれども、（中略）他の『膝栗毛《ひざくりげ》』と相並べて其優劣を論ずる時には、雲壌月鼈の差あることというまでもなき事なりかし。〈坪内逍遥◆小説神髄〉

類義語 雲壌懸隔《うんじょうけんかく》・雲竜井蛙《うんりょうせいあ》・月鼈《げつべつ》雲泥《うんでい》・天地懸隔《てんちけんかく》

【雲壌懸隔】うんじょうけんかく〈―スル〉

意味 天と地のように、非常にかけ離れていること。

補説 「雲壌」は天と地の意。「懸隔」はかけ離れること。

用例 かつて田舎の本心を失わず、二人の徳行、とみに雲壌懸隔することとあり。〈福沢諭吉◆文明論之概略〉

類義語 雲壌月鼈《うんじょうげつべつ》・雲竜井蛙《うんりょうせいあ》

【雲消霧散】うんしょうむさん〈―スル〉

⇒ 雲散霧消 うんさんむしょう 64

【雲蒸竜変】うんじょうりょうへん

意味 英雄や豪傑などのすぐれた人物が、時運に乗じて出現し活躍すること。

補説 雲がわき起こり竜が勢いを増して、変幻自在に活動する意から。天に昇る竜は雲を呼び起こし、その勢いをさらに増すという。「雲蒸」は雲がわき起こること。

注意 「うんじょうりゅうへん」とも読む。

出典 『史記《しき》』彭越伝《ほうえつでん》・賛

類義語 雲起竜驤《うんきりょうじょう》・雲蒸竜騰《うんじょうりょうとう》・蛟竜雲雨《こうりょううんう》

【雲心月性】うんしんげっせい

意味 名声や利益を求めず、超然としていること。

補説 雲や月のように清らかな心や性質の意から。

出典 孟浩然《もうこうねん》―詩「周秀才《しゅうしゅうさい》・素上人《そしょうにん》を憶《おも》う時《とき》、間《まま》各《おのおの》一方《いっぽう》に在《あ》り」◎「野客雲を心と作《な》し、高僧月を性と為《な》す」

類義語 無欲恬淡《むよくてんたん》

【雲水行脚】うんすいあんぎゃ

意味 僧が所を定めず、諸国をめぐり歩いて修行をすること。また、人が思うままに旅すること。

補説 「雲水」は修行僧のこと。空の雲や川の流れのように行方を定めず諸国をめぐることから。また、思うままに諸方を遍歴する人のこと。「行脚」は僧が諸国をめぐり修行する意。また、諸方を旅すること。

用例 一所不住の沙門雲水行脚の衲僧《のうそう》は、必ず樹下石上を宿とすとある。〈夏目漱石◆吾輩は猫である〉

【雲中白鶴】うんちゅう（の）はっかく

意味 世俗を脱した高尚な境地にある人のたとえ。高潔な人のたとえ。

補説 雲の中の白い鶴の意から。「雲」は白雲で、俗世を脱した高潔な境地のたとえ。

出典 『魏志《ぎし》』邴原伝《へいげんでん》・注

用例 囲碁の独り稽古《けいこ》にふけっている有様を望見するに、どこやら雲中白鶴の趣さえ感ぜられる。〈太宰治◆令嬢アユ〉

類義語 雲間之鶴《うんかんのつる》

【雲泥之差】うんでいのさ

意味 非常にかけ離れていることのたとえ。

補説 天空の雲と地上の泥ほどの隔たりの意から。「雲泥」は雲と泥で、二つの物事がきわめてかけ離れているさま。

出典 『後漢書《ごかんじょ》』逸民伝《いつみんでん》・矯慎伝《きょうしんでん》

用例 先生と呼ぶのと、呼ばれるのは雲泥の差だ。〈夏目漱石◆坊っちゃん〉

類義語 雲泥異路《うんでいいろ》・雲泥万里《うんでいばんり》・霄壌之差《しょうじょうのさ》・天淵之差《てんえんのさ》・天淵氷炭《てんえんひょうたん》・天懸地隔《てんけんちかく》・天地之差《てんちのさ》

【雲泥万里】うんでいばんり

意味 非常に大きな差異のたとえ。天と地ほどかけ離れていること。

補説 天にある雲と地にある泥では、万里もかけ離れている意から。「雲泥」は雲と泥で、二つの物事がきわめてかけ離れているさま。転じて、「うんてんばんてん」「うってんばってん」ともいった。

出典 『後漢書《ごかんじょ》』逸民伝《いつみんでん》・矯慎伝《きょうしんでん》

用例 出たのをよく視《み》ますと、まるで葉茶屋の狆《ちん》とは雲泥万里の相違で、同じ狆とはいいながら、似ても似つかぬような風采です。〈高村光雲◆幕末維新懐古談〉

類義語 雲泥之差《うんでいのさ》・雲泥万天《うんでいばんてん》

【雲濤煙浪《うんとうえんろう》】

意味 雲や煙たなびく大波。海の雄大なことの形容。

補説 「濤」「浪」ともに大きい波のこと。「雲濤」ははるか天の果てに見える波。「煙浪」は水面がけむってはっきりしないさま。「煙」は雲・霧・もや・かすみ。

注意 「雲濤烟浪」とも書く。

出典 白居易《はくきょい》の新楽府《しんがふ》「海漫漫《うみまんまん》」

【運否天賦《うんぷてんぷ》】

意味 人の運命は天の定めによるということ。運不運は天命であること。転じて、運を天に任せること。

補説 「運否」は好運と不運、運のあるなしの意。「天賦」は天が与えるものの意。

注意 「うんぴてんぷ」とも読む。

用例 この賽《さい》っ粒というやつがバクチの方では干将莫耶《かんしょうばくや》の剣でござんしてな、この賽粒の表に運否天賦という神様が乗移り、その運否天賦の呼吸で黒白《こくびゃく》の端的が現われる〈中里介山◆大菩薩峠〉

類義語 墜茵落溷《ついいんらくこん》

【雲翻雨覆《うんぽんうふく》】

意味 世の人情のうつろいやすいことのたとえ。

補説 「雲翻」は「手を翻《ひるがえ》せば雲と作《な》る」の略で、手のひらを上に向けると雲になる意。「雨覆」は「手を覆《くつがえ》せば雨」の略で、手のひらを下に向けると雨になる意。手のひらを上下にかえすほど短い時間で、めまぐるしく変わる軽薄な世情をたとえたもの。「覆雨翻雲《ふくうほんうん》」「翻雲覆雨《ほんうんふくう》」ともいう。

出典 杜甫《とほ》「貧交行《ひんこうこう》」◎「手を翻せば雲と作り手を覆せば雨。紛紛たる軽薄、何ぞ数うるを須《もち》いん（手のひらを上に向けると雲になり、手のひらを下に向けると雨になる。多くの軽薄な人をどうして数え上げる必要があろうか）」

【雲遊萍寄《うんゆうへいき》】

意味 執着もこだわりもたず、自然の成り行きのままにうつろい行動すること。寄るべなくさまようこと。また、定まった居所をもたず、諸国を修行してめぐり歩く僧のこと。

補説 「雲遊」は雲のように、何にもとらわれず自由に動くこと。「萍」は浮き草。「萍寄」は浮き草のように流れにまかせること。

出典 張喬《ちょうきょう》―詩「弟《てい》に寄《よ》す」

類義語 一所不住《いっしょふじゅう》・行雲流水《こううんりゅうすい》

【雲容煙態《うんようえんたい》】

意味 雲やかすみの様子。また、雲やかすみの形や様子がさまざまに変化すること。

補説 「煙」は雲・霧・もや・かすみ。「容」「態」は姿や様子。「雲煙」「容態」を一字ずつに分けて表現したもの。

注意 「雲容烟態」とも書く。

用例 矢張り面《ま》のあたり自然に接して、朝な夕なに雲容烟態を研究した揚句、あの色こそと思ったとき、すぐ三脚几《さんきゃくき》を担いで飛び出さなければならん。〈夏目漱石◆草枕〉

【雲竜井蛙《うんりょうせいあ》】

意味 地位や賢愚などの差が非常に大きいことのたとえ。

補説 雲翔《かけ》る竜と井戸のカエルの意から。「雲竜」は雲高く翔る竜の意から、高貴または高いことのたとえ。「井蛙」は井戸のカエルの意で、貧賤《ひんせん》または低いことのたとえ。

注意 「うんりゅうせいあ」とも読む。

類義語 雲壌月鼈《うんじょうげつべつ》・雲壌懸隔《うんじょうけんかく》

【雲竜風虎《うんりょうふうこ》】

意味 同じ類のものが互いに引きつけ合うこと。名君が賢臣を得ることに多く用いる。また、英雄や豪傑のたとえ。

補説 竜は雲に伴い、虎は風に伴う、と考えられていた。

注意 「うんりゅうふうこ」とも読む。

出典 『易経《えききょう》』乾《けん》◎「雲は竜に従い、風は虎に従う」

え

【盈盈一水】えいえい いっすい

意味 愛する人に会うことのできない苦しみをいう。互いに思いながら、会ったり言葉を交わしたりできないたとえ。

補説 水が満ちあふれた一筋の川の意から。「盈盈」は水が満ち満ちるさま。また、姿が整って美しいさま。「一水」は一筋の川。天の川。牽牛《けんぎゅう》と織女が天の川に隔てられ、会うことができないという七夕伝説に基づく。「盈盈《えいえい》たる一水《いっすい》」と訓読する。また「一水盈盈《いっすいえいえい》」ともいう。

出典 『文選《もんぜん》』古詩十九首《こしじゅうきゅうしゅ》 ◎「盈盈たる一水の間、脈脈《みゃくみゃく》として語るを得ず」

【永永無窮】えいえい むきゅう 〈―ナ〉

意味 いつまでも永遠に果てることなく続くさま。時の果てしなく長いたとえ。

補説 「永永《えいえい》として窮《きわ》まり無《な》し」と訓読する。「永遠無窮《えいえんむきゅう》」ともいう。

出典 『史記《しき》』文帝紀《ぶんていき》

類義語 永劫末世《えいごうまっせ》・永世無窮《えいせいむきゅう》・万劫末代《まんごうまつだい》・未来永劫《みらいえいごう》

【永遠偉大】えいえん いだい 〈―ナ〉

意味 いつまでも変わらず立派なさま。

補説 「永遠」は未来にわたるまで限りなく続くこと。

用例 蒼茫《そうぼう》として彼の眼前に展《ひら》けた光景《ありさま》は、永遠偉大な自然の絵画でもなければ、深秘な力の籠《こも》った音楽でも無い。〈島崎藤村◆春〉

【永遠回帰】えいえん かいき

⇒ 永劫回帰 えいごうかいき 68

【永遠不変】えいえん ふへん 〈―ナ〉

意味 いつまでも変わらないこと。「永劫不変《えいごうふへん》」ともいう。

補説 「永遠」は未来にわたるまで限りなく続くこと。「不変」は変わらないこと。

用例 衣食足れば礼節を知る。まことに真理は単純であり、その通り、永遠不変の実相なのである。〈坂口安吾◆帝銀事件を論ず〉

類義語 千古不易《せんこふえき》・千古不抜《せんこふばつ》・万古不易《ばんこふえき》

対義語 有為転変《ういてんぺん》

【永遠不滅】えいえん ふめつ

意味 いつまでも残り続けること。

補説 「永遠」は未来にわたるまで限りなく続くこと。「不滅」はなくならないこと。

用例 聖人の人格の永久価値を失わないというのは、永遠不滅の道を体現するからである。〈井上哲次郎◆明治哲学界の回顧〉

類義語 千古不磨《せんこふま》・万古不磨《ばんこふま》・百世不磨《ひゃくせいふま》

【永遠無窮】えいえん むきゅう 〈―ナ〉

⇒ 永永無窮 えいえいむきゅう 67

【影駭響震】えいがい きょうしん 〈―スル〉

意味 驚き恐れることの甚だしいたとえ。ひどく怖がること。

補説 かすかな影や小さな音におびえる意から。「駭」は驚く意、「影駭」はかすかな影を見ただけで驚くこと。「響」は音の意、「響震」はささいな音を聞いただけで震えあがること。

出典 『文選《もんぜん》』班固《はんこ》「賓《ひん》の戯《たわむ》れしに答《こた》う」

類義語 風声鶴唳《ふうせいかくれい》

【栄諧伉儷】えいかい こうれい

意味 栄えて和らぎ、むつまじい連れ合い。調和のとれた仲の良い夫婦のこと。

補説 他人が妻をめとり迎えるのを祝っていう言葉で、結婚の賀詞に用いられる。「栄諧」は栄えて和らぎ、親しむこと。「伉」「儷」は夫婦のこと。

【栄華栄耀】えいが えいよう

⇒ 栄耀栄華 えいようえいが 70

【栄華秀英】えいか しゅうえい

意味 草木の花の総称。

補説 出典で示した『爾雅《じが》』の解説では「栄」は草の花、「華」は木の花、「秀」は花が咲かないで実を結ぶもの、「英」は花が咲いて実を結ばないものという。

注意 「えいがしゅうえい」とも読む。

出典 『爾雅《じが》』釈草《しゃくそう》

【栄華之夢】えいがのゆめ

⇓ 邯鄲之夢 かんたんのゆめ 127

【英華発外】えいかはつがい

意味 内面のすぐれた精神や美しさなどが表面に表れること。

補説 もとは、人を感動させるすぐれた音楽についていった語で、内面に蓄えられたすぐれた精神が力強く外に表れ出て、美しい曲調をなすことをいう。「英華」は美しい花の意で、ここでは内面のすぐれたもののたとえ。「発外」は外に出ること。一般に「英華《えいか》外《そと》に発《あらわ》る」と訓読して用いる。

出典 『礼記《らいき》』楽記《がくき》

【永久不変】えいきゅうふへん 〈―ナ〉

意味 いつまでも変わらないこと。

補説 「永久」は未来にわたってずっと、という意味。「不変」は変わらないこと。

用例 ただそれらがいかに変化しても、その変化した状態に常に適応するもの適応し得るものが永久不変なのであって、国体はこの意義において不変であったのである。〈津田左右吉◆日本歴史の研究に於ける科学的態度〉

類義語 万古不易《ばんこふえき》・万世不易《ばんせいふえき》・万世不朽《ばんせいふきゅう》・百世不磨《ひゃくせいふま》

対義語 有為転変《ういてんぺん》

【永劫回帰】えいごうかいき

意味 宇宙は永遠に循環運動を繰り返すものであるから、人間は今の一瞬一瞬を大切に生きるべきであるとする思想。

補説 生の絶対的肯定を説くニーチェ哲学の根本思想。ドイツ語「ewige Wiederkunft（エーヴィゲ ヴィーダークンフト）」の訳語。「永遠回帰《えいえんかいき》」ともいう。

用例 近ごろ『ツァラツストラ』を読み返してみたが、あの難解な永劫回帰がどうやら自分流に領会されるように思われた。永劫回帰といえども、輪廻思想《りんねしそう》に基かねば建立されもしなかったろう。〈蒲原有明◆夢は呼び交す〉

【永劫不変】えいごうふへん 〈―ナ〉

⇓ 永遠不変 えいえんふへん 67

【永劫未来】えいごうみらい

⇓ 未来永劫 みらいえいごう 615

【栄枯休咎】えいこきゅうきゅう

意味 人や物事の繁栄や衰退と、禍福のこと。

補説 「栄枯」は草木が茂ることと枯れることの意から、人・家・国などの勢いの盛衰をいう。「休咎」は喜びと災い、禍福のこと。

類義語 栄枯盛衰《えいこせいすい》

【栄枯盛衰】えいこせいすい

意味 栄えることと衰えること。栄えたり衰えたりを繰り返す人の世のはかなさをいう。

補説 「栄枯」は草木が茂ることと枯れることの意から、人・家・国などの勢いの盛衰をいう。「盛衰栄枯《せいすいえいこ》」ともいう。

用法 栄枯盛衰は世の習い

用例 栄枯盛衰いろいろに、定めなき世も智恵《ちえ》あれば、どうにか活計はたつから。〈坪内逍遥◆当世書生気質〉

類義語 一栄一辱《いちえいいちじょく》・一栄一落《いちえいいちらく》・栄枯休咎《えいこきゅうきゅう》・栄枯窮達《えいこきゅうたつ》・栄枯浮沈《えいこふちん》・盛者必衰《じょうしゃひっすい》・盛衰興亡《せいすいこうぼう》・世運隆替《せうんりゅうたい》

【英姿颯爽】えいしさっそう 〈―タル〉〈―ト〉

意味 すぐれた姿で勇ましくきびきびとしたさま。また、姿や動作がりりしいさま。

補説 「英姿」は勇ましく立派な姿。「颯爽」は勇ましくきびきびとしているさま。

出典 杜甫《とほ》「丹青引《たんせいのいん》」

用例 英姿颯爽という俤《おもかげ》はあるが、今アンチノリ館と呼ばれる建物の一角を睨《にら》んだ眼《め》には、気の所為《せい》か何と無く多恨の色が浮んでいた。〈上田敏◆うづまき〉

類義語 英姿渙発《えいしかんぱつ》・勇姿英発《ゆうしえいはつ》

【永字八法】えいじはっぽう

意味 「永」の一字に書法、特に楷書《かいしょ》の基本である八種の点画が含まれているとして、「永」の字を用いてその運筆法を示したもの。

補説 書法伝授法の一つ。長く書の教えとされてきた。「八法」は書法における用筆の八つの法で、側《そく》・勒《ろく》・努《ど》・趯《てき》・策《さく》・掠《りゃく》・啄《たく》・磔《たく》のこと。後漢の蔡邕《さいよう》の考案とされるが、一説に、王羲之《おうぎし》「蘭亭集序《らんていしゅうじょ》」の第一字からともいわれる。

【英俊豪傑】えいしゅんごうけつ

意味 多くの人並みはずれた才能や能力をも

つすぐれた人物。
補説 「英」「俊」「豪」「傑」ともに、人並みはずれて秀でていること。また、その人。
出典 『淮南子《えなんじ》』泰族訓《たいぞくくん》 ◎「智《ち》、万人に過ぐる者、之《これ》を英と謂《い》い、千人なる者は之を俊と謂い、百人なる者は之を豪と謂い、十人なる者は之を傑と謂う」

【郢書燕説】えいしょえんせつ

意味 あれこれ無理にこじつけて、もっともらしく説明すること。
補説 「郢」は中国古代、楚《そ》の国の都。「書」は手紙の意。「燕」は国の名。
故事 昔、郢の人が燕の宰相にあてて手紙を書いていたとき、灯火が暗いので灯火を持つ者に「燭《しょく》を挙げよ」と言ったところ、誤ってその言葉をそのまま筆記してしまった。燕の大臣はこれを読んで、これは「賢人を登用せよ」の意であるとこじつけ、その通りやってみると、国がよく治まったという故事から。
出典 『韓非子《かんぴし》』外儲説《がいちょせつ》左上

【栄辱得喪】えいじょくとくそう

意味 栄誉を受けたり恥辱を被ったり、財産を得たり失ったりする世俗的な関心事のこと。
補説 「栄辱」は誉れと辱め。「得喪」は得ることと失うこと。
用例 俗累の羈絏《きせつ》牢《ろう》として絶ち難きが故に、栄辱得喪のわれに逼《せま》る事、念々切なるが故に、ターナーが汽車を写すまでは汽車の美を解せず〈夏目漱石◆草枕〉

類義語 栄達落魄《えいたつらくはく》・毀誉得失《きよとくしつ》

【潁水隠士】えいすいのいんし

意味 俗世を超越して名利にこだわらず、自分の行いを清く保つ人のたとえ。
補説 中国古代伝説上の聖天子である尭《ぎょう》帝のとき、俗世を避けて潁水のほとりに住んでいた隠者の許由《きょゆう》のことから。「潁水」は河南省北部に源を発し、安徽《あんき》省に入って淮河《わいが》に注ぐ川の名。
故事 ↓「許由巣父《きょゆうそうほ》」167
出典 『高士伝《こうしでん》』許由《きょゆう》

【永垂不朽】えいすいふきゅう

意味 名声や業績などが末長く伝えられ、決して滅びないこと。
補説 「垂」はたれる意から、後世に示し伝えること。「不朽」は名声や業績が朽ち果てない、後世まで伝わり残る意。
出典 『魏書《ぎしょ》』高祖紀《こうそき》
類義語 永存不朽《えいぞんふきゅう》・永伝不朽《えいでんふきゅう》・百世不磨《ひゃくせいふま》

【影隻形単】えいせきけいたん

⇓ 形単影隻 けいたんえいせき 189

【影迹無端】えいせきむたん

意味 影も足跡もなく、尋ねる手掛かり・糸口が一つもないこと。
補説 「迹」は足跡のこと。「端」は手掛かり・糸口のこと。「影迹《えいせき》端《たん》無《な》し」と訓読する。
出典 『宋書《そうしょ》』謝霊運伝《しゃれいうんでん》

【詠雪之才】えいせつのさい

意味 女性の文才のすぐれていることのたとえ。文才のある女性をほめていう語。
補説 「柳絮之才《りゅうじょのさい》」ともいう。
故事 中国晋《しん》の王凝之《おうぎょうし》の妻の謝道韞《しゃどううん》(蘊)が、にわかに降り出した雪をたとえるのに、他の人が空に塩をまいたなどと無風流なたとえをしたのに対して、「春の柳絮《りゅうじょ》(柳の種の綿毛のことで、晩春に綿のように乱れ飛ぶ)が空を舞う」とたとえて、その文才をたたえられた故事から。
出典 『世説新語《せせつしんご》』言語《げんご》
類義語 詠絮之才《えいじょのさい》・柳絮才高《りゅうじょさいこう》

【栄達落魄】えいたつらくはく

意味 出世と没落のこと。栄えることと落ちぶれること。
補説 「栄達」は高い地位に昇り、出世すること。「落魄」は落ちぶれること。
注意 「えいたつらくたく」とも読む。
用例 人間も是《これ》におなじく栄達落魄必ずしも人間の性質に伴わざるから、或《ある》いは才子にして業を成さざるあり、〈坪内逍遥◆小説神髄〉
類義語 栄辱得喪《えいじょくとくそう》

【曳尾塗中】えいびとちゅう

意味 高貴な身分になって自由を奪われるより、低い身分でも自由に生きるほうがよい、というたとえ。
補説 亀《かめ》が尾を引きずって泥の中で生きる

意から。「塗中」は泥の中。一般に「尾《お》を塗中《とちゅう》に曳《ひ》く」と訓読して用いる。

故事 中国戦国時代、荘子《そうし》が楚《そ》王から役人になることを求められたとき、「亀は、死んで神亀として占いに使われ尊重されるのと、生きて泥の中で過ごすのとどちらを求めるだろうか」と言って断ったという故事から。

出典 『荘子《そうじ》』秋水《しゅうすい》

類義語 畏犠辞聘《いぎじへい》

【英邁闊達】えいまいかったつ 〈―ナ〉

意味 才知にすぐれ、心が大らかなこと。

補説 「英邁」は、才知がぬきん出てすぐれていること。「闊達」は、心が広く、ささいな物事にこだわらないこと。

注意 「英邁豁達」とも書く。

類義語 英明闊達《えいめいかったつ》

【盈満之咎】えいまんのとがめ

意味 富貴や権勢が絶頂に達すると必ず衰退の兆しが現れてくること。

補説 物事が満ち足りていれば、かえって災いを招くことになるという意から。満ちれば欠けるの道理をいう。「盈満」は満ち満ちる、満ち足りる意。「咎」は災いの意。

注意 「えいまんのとが」とも読む。

出典 『後漢書《ごかんじょ》』方術伝《ほうじゅつでん》・折像伝《せつぞうでん》

類義語 盈満之災《えいまんのわざわい》・盛者必衰《じょうしゃひっすい》・天道虧盈《てんどうきえい》

【英明闊達】えいめいかったつ 〈―ナ〉

意味 賢くて道理に明るく、心が広くささいな物事にこだわらないこと。

補説 すぐれて道理に明るく、物事にこだわらない大らかな性質をいう。「英明」は才知にすぐれて道理に明るいこと。「闊達」は心が広く、ささいな物事にこだわらないこと。

注意 「英明豁達」とも書く。

類義語 英邁闊達《えいまいかったつ》

【英雄欺人】えいゆうぎじん

意味 卓抜した能力をもつ人は、そのすぐれたはかりごとで、普通の人が思いもよらない手段や行動をとるものであるということ。

補説 一般に「英雄《えいゆう》人《ひと》を欺《あざむ》く」と訓読して用いる。

出典 『唐詩選《とうしせん》』序

【英雄豪傑】えいゆうごうけつ

意味 すぐれた知力・才能をもち、武勇に秀でた者のこと。

補説 「英雄」はすぐれた知力と度胸をもった者。「豪傑」は力が強く、武勇にすぐれた者。「英雄」「豪傑」ともに、特に武勇にすぐれた者のことをいう。

用例 生の諸書——就中《なかんずく》、歴史小説を好むや、英雄豪傑の気風を欽慕《きんぼ》し、寝ても覚ても其《その》事ばかりを思い続け、いつも己れの一身を是等《これら》の英雄の地位に置かんことを望み居たり。〈島崎藤村◆春〉

【栄耀栄華】えいようえいが

意味 富や権勢があってぜいたくを尽くすこと。また、人や家などが華やかに栄えること。また、おごりたかぶること。

補説 「栄耀」は栄え輝く、栄えてぜいたくな暮らしをすること。「栄華」は華やかに栄える意。「栄華栄耀《えいがえいよう》」ともいう。

注意 「えようえいが」とも読む。

用法 栄耀栄華を極める

用例 あの方の御思召《おぼしめし》は、決してそのように御自分ばかり、栄耀栄華をなさろうと申すのではございません。〈芥川龍之介◆地獄変〉

【慧可断臂】えかだんぴ

意味 非常に強い決意のほどを示すこと。また、切なる求道《ぐどう》の思いを示すこと。

補説 「慧可」は中国隋《ずい》の高僧で、禅宗の第二祖。「臂《ひ》」は腕で、「断臂」は腕を切り落とすこと。この語は画題としても有名。

故事 禅宗の高僧慧可は、嵩山《すうざん》の少林寺にいた達磨《だるま》に教えを請うたが、達磨は壁に面して座禅するばかりであった。慧可はある大雪の夜、雪の中に立って自分の左腕を切り落として求道の決意のほどを示し、それによって教えを授けられたという故事から。

出典 『続高僧伝《ぞくこうそうでん》』一六

【易簀之際】えきさくのさい

意味 人の臨終のときのこと。特に徳の高い人の死を敬っていう場合が多い。

補説 「易簀」は、すのこ（寝台の上に敷く竹で編んだ敷物）を取りかえること。人の臨終を意味する。

故事 孔子の弟子の曽参《そうしん》が臨終のときに、

寝台の上に大夫《たいふ》の身分の人が使うすのこが敷いてあったため、身分にふさわしくないと言って取りかえさせ、死ぬ間際でも正道を重んじたという故事から。

出典 『礼記《らいき》』檀弓《だんぐう》上

【益者三楽】 えきしゃさんごう

⇓益者三楽 えきしゃさんらく 71

【益者三友】 えきしゃさんゆう

意味 交際してためになる三種の友人のこと。

補説 人と付き合うに当たって、友人をどう選ぶかを述べた語。正しいと思うことを直言する正直な人、誠実な人、博識な人のこと。（↓「損者三友《そんしゃさんゆう》」417）

出典 『論語《ろんご》』季氏《きし》 ◎「益者三友、…直《なお》きを友とし、諒《まこと》を友とし、多聞を友とするは益なり」

対義語 損者三友《そんしゃさんゆう》

【益者三楽】 えきしゃさんらく

意味 人が楽しむものの中で、有益な三つのもの。

補説 礼儀と雅楽をほどよく整え行い、人の美点を口に出して褒め、賢友を多くもつことを楽しむこと。（↓「損者三楽《そんしゃさんらく》」417）「楽」は楽しむ、好む、また、願う意。

注意 伝統的には「えきしゃさんごう」と読み習わしてきた。

出典 『論語《ろんご》』季氏《きし》 ◎「益者三楽、…礼楽を節《せっ》せんことを楽しみ、人の善を道《い》うことを楽しみ、賢友多きを楽しむは益なり」

対義語 損者三楽《そんしゃさんらく》

【易姓革命】 えきせいかくめい

意味 王朝が交代すること。天子の徳がなくなれば天命が別の姓の天子に改まり変わるという中国の政治思想。

補説 「易姓」は王室の姓を変えることから、王朝を交代すること。「革命」は天命を改めることで、王朝が交代すること。昔の中国では、天子は天命によって決まると信じられ、天子にその徳がなくなれば天命は他の人に代わり下ると信じられており、また一王朝は同じ血統（姓）で続いていくが、王朝交代の際には王室の姓が変わることからいう。「姓《せい》を易《か》え命《めい》を革《あらた》む」と訓読する。「革命易姓《かくめいえきせい》」ともいう。

出典 『史記《しき》』暦書《れきしょ》

【役夫之夢】 えきふのゆめ

意味 人生の名声や栄光は、夢のようにはかないものだということ。

補説 「役夫」は使用人の意。

故事 中国、周の尹《いん》氏の家でこき使われていた年老いた使用人が、「人生の百年は昼と夜に二分される。昼は、使用人としてこき使われているが、夜、夢の中では、国王であって、その楽しさといったら比べるものとてない。だから、恨みに思うことなどありません」と言ったという故事から。

出典 『列子《れっし》』周穆王《しゅうぼくおう》

類義語 一炊之夢《いっすいのゆめ》・栄華之夢《えいがのゆめ》・邯鄲之夢《かんたんのゆめ》

【亦歩亦趨】 えきほえきすう

意味 弟子が師のなすことを学ぶこと。また、定見なく人に追従すること。

補説 先生が歩けば自分も歩き、先生が走れば自分も走る意から。「亦」は「～もまた」の意。「趨」は小走りすること。

出典 『荘子《そうじ》』田子方《でんしほう》

類義語 一歩一趨《いっぽいっすう》・随人歩趨《ずいじんほすう》

【回光返照】 えこうへんしょう

意味 仏教で、自分の知恵の光をめぐらせて、自分自身のあるべき姿を振り返って反省し、真実の自分を発見すること。また、滅びる前の一時の隆盛や死の前のつかの間の元気。

補説 輝いていた太陽が沈むとき、空が反射して明るくなる意から。仏教で、外に向かう心を内側に向け、内なる自分を反省して、本来の自分を明らかにすることをいう。「回光」は夕日の照り返しの意で、「返照」も照り返し・夕映えの意。

注意 「回光」は「廻光」、「返照」は「反照」とも書く。「回光」は「かいこう」、「返照」は「へんじょう」とも読む。

用例 今日は一句も出来なかった、心持が逼迫《ひっぱく》していては句の出来ないのが本当だ、退一歩して、回光返照の境地に入らなければ、私の句は生れない。〈種田山頭火◆三八九日記〉

【回向発願】 えこうほつがん 〈—スル〉

意味 自分の積んだ一切の功徳《くどく》を、西方浄土《さいほうじょうど》に振り向け、極楽往生を願うこと。

補説 仏教語。「回向」は功徳をめぐらし、他のものに差し向けること。「発願」は望みが実現するように願をおこすこと。

注意 「廻向発願」とも書く。

出典 『観無量寿経《かんむりょうじゅきょう》』

【依怙贔屓】 えこひいき 〈―スル〉

意味 特に一方に心をかたむけ公平でないこと。また、好きなほうにだけ心を寄せ、肩入れすること。

補説 「依怙」は本来は頼る意であるが、不公平の意にも用いる。「贔屓」はもと「ひき」と読んで、力を用いる意であったが、力添えする意から、「ひいき」と読んで、特に目をかけて引き立てる意となった。

注意 「依怙贔屭」とも書く。

用例 おやじは頑固だけれども、そんな依怙贔屓はせぬ男だ。〈夏目漱石◆坊っちゃん〉

【会釈遠慮】 えしゃくえんりょ

⇓ 遠慮会釈 えんりょえしゃく 80

【会者定離】 えしゃじょうり

意味 この世や人生は無常であることのたとえ。

補説 仏教語。この世で出会った者には、必ず別れる時がくる運命にあること。「定」は必ずの意。

出典 『遺教経《ゆいきょうぎょう》』

用例 然《しか》しお上人さまがよう言わるる此《こ》の世のさまは、生者必滅、会者定離。たとえ表向き夫婦となって、共白髪まで添い遂げようとしても、無常の風に誘われれば、たちまちあの世と此の世の距《へだ》て。〈岡本かの子◆取返し物語〉

類義語 生者必滅《しょうじゃひつめつ》・朝有紅顔《ちょうゆうこうがん》

【依他起性】 えたきしょう

意味 すべての存在が他との関係によって成り立っている、というあり方。

補説 仏教語。「遍計所執性《へんげしょしゅうしょう》」「円成実性《えんじょうじっしょう》」とともに唯識法相宗《ゆいしきほっそうしゅう》の教義「三性《さんしょう》」の一つ。

注意 語構成は「依他起」＋「性」。

出典 『成唯識論《じょうゆいしきろん》』八

【越権行為】 えっけんこうい

意味 まかせられた権限の範囲を越えた行い。出過ぎた行いのこと。

補説 「越権」は、特に職務上の権限を越えて事を行うこと。

用例 貴方《あなた》の制作上の態度にまで審査員が口を入れるということは、個人の自由に対する、審査員の一つの越権行為と見るべきです、〈小熊秀雄◆橋本明治氏に与へる公開状〉

類義語 越俎代庖《えっそだいほう》・越俎之罪《えっそのつみ》

対義語 越畔之思《えっぱんのおもい》

【越俎代庖】 えっそだいほう

⇓ 越俎之罪 えっそのつみ 72

【越俎之罪】 えっそのつみ

意味 自分の職分など分《ぶん》を越えて、他人の職分や権限を侵す罪。越権行為の罪。

補説 「越俎」は自分の本分を越えて他人の職分や権限を侵すこと。「俎」はまな板。また、いけにえの肉を載せ供える台のこと。「越俎代庖《えっそだいほう》」ともいう。

故事 中国古代伝説上の聖天子である尭《ぎょう》帝が許由《きょゆう》という人物に天下を譲ろうとしたとき、許由が「人は分を守ることが大切であり、たとえ料理番が神に供える料理をうまく作らないからといって、（自分の分を越えて）神主が供え物の酒樽《さかだる》やいけにえを踏み越えて、料理番に代わって台所に立つなどということはしない」と断った故事から。

出典 『荘子《そうじ》』逍遥遊《しょうようゆう》

類義語 越権行為《えっけんこうい》

対義語 越畔之思《えっぱんのおもい》

【越鳥南枝】 えっちょうなんし

意味 故郷を懐かしみ忘れがたく思う気持ちが、きわめて強いことのたとえ。

補説 南方の越の国の鳥は、南の故国のことを思い、南の枝に巣を作る意から。「越鳥」は越の国から渡ってきた鳥のこと。「南枝」はここでは南の枝に巣を作る意。「越鳥《えっちょう》は南枝《なんし》に巣《す》くう」の略。

出典 『文選《もんぜん》』古詩十九首《こしじゅうきゅうしゅ》◎「胡馬《こば》は北風に依《よ》り、越鳥は南枝に巣くう」

類義語 狐死首丘《こししゅきゅう》・胡馬北風《こばほくふう》・蓴羹鱸膾《じゅんこうろかい》・池魚故淵《ちぎょこえん》

【越畔之思】 えっぱんのおもい

意味 自分の領分・職分を守って、他人の領域を侵さないようにする気持ち。

【補説】「畔」は田畑の境界。それを越えないように心掛けることをいった言葉。

【故事】中国春秋時代、鄭《てい》の宰相の子産が、政治の大切な点を農業にたとえて「自分の耕す田畑の畔《あぜ》を越えて手を出さないようにすれば過ちはない」と言った故事から。

【出典】『春秋左氏伝《しゅんじゅうさしでん》』襄公《じょうこう》二五年

【対義語】越権行為《えっけんこうい》・越俎之罪《えっそのつみ》

【越鳧楚乙】えつふそいつ

【意味】場所や人などが異なると、同じ物でも呼び名が違ってくるたとえ。言葉は人によって異なるたとえ。

【補説】「越」「楚」はともに国の名。「鳧」はカモ・ノガモ。「乙」はツバメ。

【故事】鴻《おおとり》が天高く飛ぶ姿を見て、越の国の人はカモであると言い、楚の国の人はツバメであると言った故事から。

【出典】『南史《なんし》』顧歓伝《こかんでん》

【得手勝手】えてかって〈―ナ〉

【意味】他人に構わず自分の都合ばかりを考えて、わがまま放題にするさま。

【用例】動物の目から見ればやはり人間は得手勝手なものに見えるであろう。氷海の無辜《むこ》の住民たる白熊《しろくま》に対してはソビエト探険隊員は残虐なる暴君として血と生命との搾取者としてスクリーンの上に映写されるのである。〈寺田寅彦◆空想日録〉

【類義語】勝手気儘《かってきまま》・我田引水《がでんいんすい》・傍若無人《ぼうじゃくぶじん》・自分勝手《じぶんかって》・独断専行《どくだんせんこう》

【栄耀栄華】えようえいが

⇒ 栄耀栄華 えいようえいが 70

【宴安酖毒】えんあんちんどく

【意味】享楽にふけることに対する戒め。

【補説】いたずらに遊び暮らすのは酖毒を飲むようなもので、身を滅ぼすもとである意から。「宴安」は遊び楽しむこと。享楽にふけること。「酖毒」は鴆《ちん》という鳥の羽を酒にひたした猛毒の酒。一般に「宴安《えんあん》は酖毒《ちんどく》」と訓読して用いる。

【注意】「宴安鴆毒」とも書く。

【出典】『春秋左氏伝《しゅんじゅうさしでん》』閔公《びんこう》元年

【煙雲過眼】えんうんかがん

⇒ 雲煙過眼 うんえんかがん 63

【蜿蜿長蛇】えんえんちょうだ

【意味】うねうねと長く続くもののたとえ。

【補説】「蜿蜿」は蛇や竜などが、うねうね曲がりながら進むさま。「長蛇」は長い蛇。転じて、長い列の形容。

【注意】「蜿蜿」は「蜿蜒」「蜒蜒」「延延」とも書く。

【用例】あるとき、二人で映画見物に行くと、遠山青年は長蛇の列を尻目にかけて、それが切符を買う順を待つ人々だとは微塵《みじん》も気付かずに、横から手をだして、ケンツクを食った。ケンツクはとにかくとして、蜿蜒長蛇の列が映画見物のためであるとは！ 彼の驚きは深刻であった。〈坂口安吾◆波子〉

【類義語】紆余委蛇《うよいい》

【鴛鴦之契】えんおうのちぎり

【意味】永久に仲良く連れ添うという夫婦の約束。夫婦のきずなのきわめて固いこと。夫婦仲のきわめてむつまじいことの形容。

【補説】「鴛鴦」はおしどり。雌雄がいつも一緒にいることから、夫婦仲が良いことのたとえ。「契」は約束・誓い。

【出典】『詩経《しきょう》』小雅《しょうが》・鴛鴦《えんおう》

【類義語】鴛鴦交頸《えんおうこうけい》・鴛鴦之偶《えんおうのぐう》・関関雎鳩《かんかんしょきゅう》・関雎之化《かんしょのか》・琴瑟相和《きんしつそうわ》・双宿双飛《そうしゅくそうひ》・比翼連理《ひよくれんり》・鳳凰于飛《ほうおううひ》

【円滑洒脱】えんかつしゃだつ〈―ナ〉

【意味】言葉や行動が自在で角立たず、物事をすらすら処理していくさま。物事をそつなくこなすさま。

【補説】「円滑」は物事が角立たず、滞りなく進むこと。「洒脱」はさっぱりしたさま。

【類義語】円転滑脱《えんてんかつだつ》

【煙霞痼疾】えんかのこしつ

【意味】自然の風物をこよなく愛すること。また、隠居して自然と親しむこと。

【補説】自然をめでる心がきわめて深いことを、長く治らない持病にたとえた語。「煙霞」はもやとかすみの意。転じて、自然の風物。「痼疾」は長く治らない病気。

【注意】「烟霞痼疾」とも書く。

【出典】『旧唐書《くとうじょ》』隠逸伝《いんいつでん》・田遊巌伝《でんゆうがんでん》

類義語 煙霞之癖《えんかのへき》・泉石膏肓《せんせきこうこう》

【轅下之駒】《えんかのこま》

意味 無理なことを強いられて苦しむこと。また、人の束縛を受けて自由がきかないこと。

補説 まだ車を引く力がないのに車につながれた若馬の意から。「轅下」は馬車・牛車などのながえの下の意。「駒」は二歳の若い馬。

注意 「えんかのく」とも読む。

出典 『史記《しき》』灌夫伝《かんぷでん》

【冤家路窄】《えんかろさく》

意味 会いたくない人に限ってよく会うことのたとえ。また、悪いことは重なり合うことのたとえ。

補説 かたき同士が狭い道で出会えば、互いに逃げることができないことからいう。「冤家」はかたきの家。かたき。「窄」は狭い意。「冤家《えんか》、路《みち》窄《せま》し」と訓読する。

出典 『西遊記《さいゆうき》』四五

類義語 冤家路狭《えんかろきょう》

【燕頷虎頸】《えんがんこけい》

意味 勇ましく勢いがあり、堂々とした武者の容貌《ようぼう》のたとえ。また、遠国の諸侯となる人相のこと。

補説 ツバメのような顎《あご》と虎のような首をもった人の意。「頷」は顎。「燕頷」は武勇にすぐれた人の骨相《こっそう》をいう。「頸」は首のこと。「虎頸」は太くいかつい首の意。「燕頷虎頭《えんがんことう》」ともいう。

故事 中国後漢の班超は、生まれつきツバメのような顎と虎のような首をしていた。若いころ雇われて筆書の仕事をしていたが、あるとき筆を投げ捨てて異域で戦功を立てて出世したいと志し、占い師に見せたところ、遠方で諸侯になる人相という。果たして、のち万里の外に遠征し戦功をあげ、定遠侯《ていえんこう》に封《ほう》ぜられた故事から。

出典 『東観漢記《とうかんかんき》』班超伝《はんちょうでん》

【燕頷虎頭】《えんがんことう》

⇒ 燕頷虎頸《えんがんこけい》 74

【燕雁代飛】《えんがんだいひ》

意味 人と人がすれ違いで遠く隔てられているたとえ。

補説 ツバメの飛び来るころにはガンはすでに去り、ガンの来るころにはツバメがすでに去っていることからいう。「代」はかわる、かわるがわるの意。「燕雁《えんがん》代《か》わり（代《か》わるがわる）飛《と》ぶ」と訓読する。

出典 『淮南子《えなんじ》』墜形訓《ちけいくん》

類義語 参商之隔《しんしょうのへだて》

【燕頷投筆】《えんがんとうひつ》

意味 文事をやめて武の道に進むこと。また、大きな決意をして志を立てること。

補説 中国後漢の班超の故事から。「燕頷」はツバメのような顎《あご》の意で、武勇にすぐれた人相。「投筆」は筆を投げ捨てる意。「燕頷《えんがん》筆《ふで》を投《とう》ず」と訓読する。

故事 →「燕頷虎頸《えんがんこけい》」74

出典 『後漢書《ごかんじょ》』班超伝《はんちょうでん》

【怨気満腹】《えんきまんぷく》

意味 恨みの情が非常に強いこと。

補説 恨みが腹に満ちる意から。「怨気《えんき》腹《はら》に満《み》つ」と訓読する。

出典 『後漢書《ごかんじょ》』祭祀志《さいしし》

類義語 怨気衝天《えんきしょうてん》

【婉曲迂遠】《えんきょくうえん》 〈―ナ〉

意味 遠回しでまわりくどいさま。また、まわりくどくて実際の役に立たないさま。

補説 「婉曲」は遠回しに表すこと。「迂遠」はまわりくどいさま。

対義語 直截簡明《ちょくせつかんめい》

【延頸鶴望】《えんけいかくぼう》 〈―スル〉

意味 今か今かと待ち望むこと。

補説 鶴の長い首ぐらい、首を長くして待ちわびることから。「頸」は首。「頸《くび》を延《の》ばして鶴望《かくぼう》す」と訓読する。

出典 『蜀志《しょくし》』張飛伝《ちょうひでん》 ◎「漢を思うの士、延頸鶴望す」

類義語 延頸企踵《えんけいきしょう》・延頸挙踵《えんけいきょしょう》・鶴立企佇《かくりつきちょ》

【延頸挙踵】《えんけいきょしょう》 〈―スル〉

意味 人や事の到来を待ち望むこと。また、すぐれた人物の出現するのを待ち望むこと。

補説 首を長く伸ばし、つま先立って待ちわびる意から。「頸」は首。「踵」はかかと。「頸《くび》を延《の》べ踵《かかと》を挙《あ》ぐ」と訓読する。

出典 『荘子《そうじ》』胠篋《きょきょう》

類義語 延頸鶴望《えんけいかくぼう》・延頸企踵《えんけいきしょう》・鶴立企佇《かくりつきちょ》・翹首企足《ぎょうしゅきそく》・翹足引領《ぎょうそくいんりょう》

【艶言浮詞】えんげん ふし

意味 猫なで声やお世辞のこと。媚《こ》びて相手の機嫌をとる言葉のこと。

補説 「艶言」は猫なで声の意。「浮詞」は媚びへつらう言葉の意。

用例 色を売り媚《こび》を呈し艶言浮詞を尽くして叱咤《しった》にすら佞《ねい》する醜を学ぼうとは思わぬが、〈内田魯庵◆くれの廿八日〉

【淵広魚大】えんこう ぎょだい

意味 主君が道理に明るく賢ければ、集まる臣下もまた賢明であることのたとえ。

補説 淵《ふち》が広く深ければ、そこには大きい魚がいる意から。一般に「淵《ふち》広《ひろ》ければ魚《うお》大《だい》なり」と訓読して用いる。

出典 『韓詩外伝《かんしがいでん》』五

【遠交近攻】えんこう きんこう

意味 遠い国と手を結び、背後から牽制《けんせい》させながら近い国を攻める策。

補説 中国戦国時代の范雎《はんしょ》が秦《しん》王に進言した戦略。「遠《とお》きに交《まじ》わりて近《ちか》きを攻《せ》む」と訓読する。

出典 『戦国策《せんごくさく》』秦策《しんさく》

用例 不幸にも彼は東亜の隣邦に対し誤りて遠交近攻の策を講じ〈陸羯南◆李鴻章死矣〉

【猿猴取月】えんこう しゅげつ

意味 欲を起こしてよく考えもせずに行動し、命を失ったり災難を招いたりすること。身のほどをわきまえないと身を滅ぼすたとえ。また、無謀な計画のこと。

補説 「猿猴」は猿。「取」はとらえる、つかむ意。「猿猴《えんこう》月《つき》を取《と》る」と訓読する。「猿猴捉月《えんこうそくげつ》」ともいう。

故事 猿たちが井戸の水に映った月を取ろうとして木の枝にぶら下がり、互いに尾をつかんで数珠つなぎになったところ、枝が折れみんな落ちて死んだという故事から。

出典 『僧祇律《そうぎりつ》』七

類義語 海底撈月《かいていろうげつ》・掉棒打星《とうぼうだせい》・蟷螂之斧《とうろうのおの》

【猿猴捉月】えんこう そくげつ

⇒ 猿猴取月 えんこうしゅげつ 75

【円孔方木】えんこう ほうぼく

⇒ 円鑿方枘 えんさくほうぜい 75

【円鑿方枘】えんさく ほうぜい

意味 物事がうまくかみ合わないたとえ。

補説 丸い穴に四角いほぞを入れる意から。「円鑿」は丸い穴。「鑿」は穴をあけること。また、穴の意。「方」は四角いこと。「枘」はほぞ（木材どうしを接合するとき一方の先につけて他方の木材の穴にはめ込むようにした突起部）。「円孔方木《えんこうほうぼく》」「円枘方鑿《えんぜいほうさく》」「方鑿円枘《ほうさくえんぜい》」「方枘円鑿《ほうぜいえんさく》」ともいう。

注意 「圓鑿方枘」とも書く。

出典 『楚辞《そじ》』九弁《きゅうべん》

類義語 方底円蓋《ほうていえんがい》

【掩耳盗鐘】えんじ とうしょう

意味 自分で自分を欺くたとえ。浅はかな考えのたとえ。悪事を隠したつもりでも、いつの間にか知れ渡っているというたとえ。また、自分の良心に背くことをしながら、強いてそのことを考えないようにしているたとえ。

補説 自分の耳をふさぐこと。耳をふさいで鐘を盗む意から。「耳《みみ》を掩《おお》いて鐘《かね》を盗《ぬす》む」と訓読する。「掩耳盗鈴《えんじとうれい》」ともいう。

注意 「掩耳盗鐘」とも書く。

故事 鐘を盗んだ男が逃げようとしたが、鐘が大きすぎて背負いきれず、割ろうと槌《つち》で打ったところ大きな音がしたので、この音を聞いて他人がこの鐘を奪うのを恐れて、急いで自分の耳をふさいだという故事から。

出典 『呂氏春秋《りょししゅんじゅう》』自知《じち》

類義語 掩目捕雀《えんもくほじゃく》

【煙視媚行】えんし びこう 〈―スル〉

意味 新婦の控え目で恥じらいのある様子。

補説 「煙視」は煙の中でものを見るように目を細めて伏し目がちに見ること。「媚行」はゆっくりと歩くこと。

出典 『呂氏春秋《りょししゅんじゅう》』不屈《ふくつ》

【燕雀鴻鵠】えんじゃく こうこく

意味 大人物の志は小人物には理解できない、ということ。

補説 「燕雀」はツバメとスズメで、小さい鳥の意。「鴻鵠」はハクチョウで、大きな鳥の意。「燕雀《えんじゃく》安《いず》くんぞ鴻鵠《こうこく》の志《こころざし》を知《し》らんや」の略。

故事 →「鴻鵠之志《こうこくのこころざし》」213

出典 『史記《しき》』陳渉世家《ちんしょうせいか》 ◎「燕雀安くんぞ鴻鵠の志を知らんや」

類義語 鴻鵠之志《こうこくのこころざし》

【燕雀相賀】えんじゃくそうが

意味 新居の完成に対する祝福の言葉。

補説 ツバメやスズメは人家の軒下に巣を作ることから、ツバメやスズメも集まって完成を祝ってくれる、という意。一般に「燕雀《えんじゃく》相《あい》賀《が》す」と訓読して用いる。

出典 『淮南子《えなんじ》』説林訓《ぜいりんくん》

類義語 燕雀之賀《えんじゃくのが》

【円首方足】えんしゅほうそく

⇒ 円頭方足 えんとうほうそく 77

【円成実性】えんじょうじっしょう

意味 普遍的で完成されたあらゆるものの真実の本性。

補説 仏教語。「円成」は、完全に成就していること。「実」は、真実。「性」は、もの。「遍計所執性《へんげしょしゅうしょう》」「依他起性《えたきしょう》」とともに唯識法相宗《ゆいしきほっそうしゅう》の教義「三性《さんしょう》」の一つ。

注意 語構成は「円成実」+「性」。

出典 『成唯識論《じょうゆいしきろん》』八

【怨女曠夫】えんじょこうふ

意味 結婚適齢期になっても配偶者のいない男と女。また、配偶者と死別または生別した男女にもいう。

補説 「怨」はうらむ意。「曠」は壮年になって妻のいない男。

【遠水近火】えんすいきんか

出典 『孟子《もうし》』梁恵王《りょうけいおう》下

意味 遠くのものは急場のときには役には立たないということ。

補説 緩慢な方法では切迫した問題を解決できないたとえとしても用いられる。「遠水」は遠くの水のこと。「近火」は近くの火事。遠くの水では近くの火事を消すのに間に合わない意から。「遠水は近火を救わず」の略。

出典 『韓非子《かんぴし》』説林《ぜいりん》上

類義語 遠水近渇《えんすいきんかつ》

【円柄方鑿】えんぜいほうさく

⇒ 円鑿方柄 えんさくほうぜい 75

【嫣然一笑】えんぜんいっしょう 〈―スル〉

意味 女性の笑顔がきわめて美しいこと。また、あでやかに、にっこりとほほえむ意。

補説 華麗に咲く花の形容としても用いられる。「嫣然」はあでやかにほほえむさま。

注意 「婉然一笑」とも書く。

出典 『文選《もんぜん》』宋玉《そうぎょく》「登徒子好色賦《とうとしこうしょくのふ》」

用例 肥《ふと》った赤ら顔の快活そうな老西洋人が一人おり立って、曲がった泥よけをどうにか引き曲げて直した後に、片手を高くさしあげてわれわれをさしまねきながら大声で「ドモスミマシェン」と言って嫣然一笑した。そうして再びエンジンの爆音を立てて威勢よく軽井沢《かるいざわ》のほうへ走り去ったのであった。〈寺田寅彦・あひると猿〉

【偃鼠飲河】えんそいんが

意味 人の欲望もそれぞれの分《ぶん》に応じて満足するものであるたとえ。人は自分の身の程(分)を知らなければならないという教え。

補説 モグラが河の水を飲んでも、その小さな腹を満たすに過ぎないということから。「偃鼠」はモグラ。もぐらもち。また、ドブネズミ。「偃鼠《えんそ》河《かわ》に飲《の》むも満腹《まんぷく》に過《す》ぎず」の略。「飲河之願《いんがのねがい》」「飲河満腹《いんかまんぷく》」ともいう。一般に「偃鼠《えんそ》河《かわ》に飲《の》む」と訓読して用いる。

故事 中国古代伝説上の聖天子である堯《ぎょう》帝が許由《きょゆう》という人物に天下を譲ろうとした。しかし堯帝の政治で世の中はよく治まっており、また許由は「モグラが河の水を飲んでも満腹になったら、それで十分である。だから、どうかお引きとりください」と言って、今の生活に満足しているし、自分には天下を治める才はなく、その気もないと断った故事から。

出典 『荘子《そうじ》』逍遥遊《しょうようゆう》

類義語 巣林一枝《そうりんいっし》

【燕巣幕上】えんそうばくじょう

意味 極めて不安定で危険なことのたとえ。

補説 張った幕の上にツバメが巣をつくる意。一般に「燕《つばめ》幕上《ばくじょう》に巣《す》くう」と訓読して用いる。

出典 『春秋左氏伝《しゅんじゅうさしでん》』襄公《じょうこう》二十九年

【円頂黒衣】えんちょうこくい

意味 僧の姿かたちのこと。また、僧のこと。

補説 「円頂」は髪をそった丸い頭。「黒衣」は墨染めの法衣《ほうえ》。

用例 またある日、ある宗教家に面会したおり、ふとその夜の論難を語ると、その人はこういった。もとよりその円頂黒衣の人は洒脱《しゃだつ》な気さくな人であったが、こともなげにその解決をつけてしまった。〈長谷川時雨◆芳川鎌子〉

類義語 円頂緇衣《えんちょうしい》

【円転滑脱】えんてんかつだつ 〈—ナ〉

意味 言葉や行動が自在で角が立たず、物事をそつなくすらすらこなしていくさま。

補説 「円転」は角を立てずに滞りなく進むこと。「滑脱」は滑らかで自在に変化するさま。「円融滑脱《えんゆうかつだつ》」ともいう。

用例 事実この人は円転滑脱の域をとうの昔に通りこして、寧《むし》ろ常規を逸しがちの所が常態になっているような人で、輸入部の連中からは「間借人《クワルチラント》」と敬称されて親しまれると同時に、些《いささ》かうるさがられてもいた。〈神西清◆灰色の眼の女〉

類義語 円滑洒脱《えんかつしゃだつ》

【宛転蛾眉】えんてんがび

意味 非常に美しい顔かたちの形容。美人のたとえ。

補説 きれいな弧を描いた、触角のような美しい眉《まゆ》の意から。「宛転」は眉が緩やかなカーブを描いて美しい曲線をなすことをいう。「蛾眉」は蛾の触覚のように細長く湾曲している美しい眉で、美人の眉。「宛転《えんてん》たる蛾眉《がび》」と訓読する。中国唐《とう》の白居易《はくきょい》がその詩「長恨歌《ちょうごんか》」のなかで、美女楊貴妃《ようきひ》をたとえた言葉として知られる。

出典 劉希夷《りゅうきい》—詩「白頭《はくとう》を悲《かな》しむ翁《おきな》に代《か》わる」/白居易《はくきょい》「長恨歌《ちょうごんか》」

類義語 曲眉豊頬《きょくびほうきょう》・明眸皓歯《めいぼうこうし》

【円転自在】えんてんじざい 〈—ナ〉

意味 言動が意のままに滑らかに行われること。また、その様子。

補説 「円転」は、角立たず、滑らかに動くこと。

用例 沿線の、どこにもここにも白い杏《あんず》の花が咲き溢《あふ》れて来て、やがてローヌ河が汽車と共にうねり流れ、円転自在に体を翻しつつもどこまでも汽車から放れようとしなかった。〈横光利一◆旅愁〉

類義語 円滑洒脱《えんかつしゃだつ》・円転滑脱《えんてんかつだつ》

【鉛刀一割】えんとういっかつ

意味 凡庸な人でも時には力を発揮できるときがあるたとえ。多くは自分の微力を謙遜《けんそん》していう。

補説 鉛でできた切れ味の悪い刀でも、一度は物を断ち切ることができる意から。また、一度用いると二度と使えないことから、その一度を大事にする意としても用いられる。「一割之利《いっかつのり》」ともいう。

出典 『後漢書《ごかんじょ》』班超伝《はんちょうでん》

類義語 鉛刀一断《えんとういちだん》

【円頭方足】えんとうほうそく

意味 人間のこと。

補説 「円頭」は丸い頭。「方足」は四角い足。古代の中国では、人間の丸い頭は天にかたどり、方形の足は地にかたどったもので、自然に則《のっと》ってできていると考えられた。「円首方足《えんしゅほうそく》」「円顱方趾《えんろほうし》」「方趾円顱《ほうしえんろ》」ともいう。

出典 『淮南子《えなんじ》』精神訓《せいしんくん》 ◎「頭の円なるや天に象《かたど》り、足の方なるや地に象る」

【円頓止観】えんどんしかん

意味 人格を完成した究極の境地をいう。

補説 仏教、特に天台宗でいう語。すべての存在がそのまま真実の理法にかなうことを正しく観察すること。「円頓」は「円満頓足《えんまんとんそく》」の意で、現にある今の心にすべてのことが欠けることなく円満に備わり、たちどころにさとって成仏に至ること。「止観」は心をしずめて一つの対象に集中し、正しく観察すること。あれこれと思い煩わないこと。

類義語 摩訶止観《まかしかん》

【円融三諦】えんにゅうさんだい

意味 空《くう》・仮《け》・中《ちゅう》の三つの真理が、それぞれの立場を保ちながら完全に融合して一つとなり、同時に成立していること。

補説 仏教、特に天台宗でいう語。「円融」はそれぞれがその立場を保ちつつ完全に一体となって妨げのないこと。「諦」は真理のこ

え

と。それぞれの事象の本体が実体のないことを「空」、それぞれの事象は因縁によって存在することを「仮」、これらを越え空でも仮でもなく絶対の真理を「中」という。「三諦円融《さんたいえんにゅう》」ともいう。
注意 「円融」は「えんゆう」、「三諦」は「さんたい」とも読む。
対義語 隔歴三諦《きゃくりゃくさんだい》

【延年転寿】 えんねんてんじゅ
意味 安楽に長命を保ち、ますます長生きすること。長寿を祈り祝う語。
補説 もと仏教語で、修行や仏の加護によって寿命を延ばすこと。「転」はますますの意。
類義語 延年益寿《えんねんえきじゅ》・延命息災《えんめいそくさい》・息災延命《そくさいえんめい》・長命安楽《ちょうめいあんらく》

【煙波縹渺】 えんぱひょうびょう 〈—タル〉〈—ト〉
意味 水面にもやなどが立ちこめて、空と水面の境界がはっきりとしないさま。
補説 「煙波」は、かすんで煙のように見える水面。「縹渺」はぼんやりしてかすかなさま。「煙波渺茫《えんぱびょうぼう》」ともいう。
注意 「煙波」は「烟波」、「縹渺」は「縹緲」「縹眇」とも書く。
用例 伊豆《いず》の山々青螺《ら》の如《ごと》くにして左手《ゆんで》の空を限り、右手《めて》は煙波縹渺の間、はるかに御前が崎を望む、景物限りなく壮大なり。〈高山樗牛◆清見潟日記〉

【煙波渺茫】 えんぱびょうぼう 〈—タル〉〈—ト〉
⇒ 煙波縹渺 えんぱひょうびょう 78

【鳶飛魚躍】 えんぴぎょやく
意味 万物が自然の本性に従って、自由に楽しんでいることのたとえ。また、そのような天の理の作用のこと。
補説 君主の恩徳が広く及んでいるたとえとしても用いられる。トビが空に飛び、魚が淵《ふち》に躍る意から。「鳶《とび》飛《と》び魚《うお》躍《おど》る」と訓読する。
出典 『詩経《しきょう》』大雅《たいが》・旱麓《かんろく》 ◎「鳶《とび》は飛んで天に戻《いた》り、魚は淵に躍る」

【猿臂之勢】 えんぴのいきおい
意味 進退が自在で、柔軟に事に当たることができる軍隊の体制のこと。
補説 「臂」は腕で、「猿臂」は猿の長い腕。長い腕は弓を射るのに都合がよいことから、弓射にすぐれた人や兵を表す。長い腕を伸縮して自由に動かせることから、進退や攻守が自在であることをいう。
出典 『旧唐書《くとうじょ》』李光弼伝《りこうひつでん》

【偃武修文】 えんぶしゅうぶん
意味 戦いをやめ、文教によって平穏な世の中を築くこと。
補説 「偃武」は武器を伏せ片付けることから、戦いをやめること。「偃」は伏せる意。「修文」は文徳（学問・教養）を修めること。「武《ぶ》を偃《ふ》せ文《ぶん》を修《おさ》む」と訓読する。
出典 『書経《しょきょう》』武成《ぶせい》
類義語 偃武恢文《えんぶかいぶん》・華山帰馬《かざんきば》・帰馬放牛《きばほうぎゅう》

【閻浮檀金】 えんぶだんごん
意味 良質の金のこと。
補説 仏教で、閻浮樹《えんぶじゅ》（蒲桃《ほとう》。一説に想像上の大木）の大森林を流れる川の底に産する砂金。一説に、閻浮樹の下にあるという金塊。閻浮樹は須弥山《しゅみせん》の南にあるという大陸閻浮提《えんぶだい》にある大樹。「檀」は川を意味する。
注意 「えんぶだごん」とも読む。語構成は「閻浮檀」＋「金」。
出典 『大智度論《だいちどろん》』三五
用例 閻浮檀金の尊像でも糞溜《くそだめ》に落ちると一寸《ちょっと》拾上げる気になれんようなものじゃ〈内田魯庵◆社会百面相〉

【厭聞飫聴】 えんぶんよちょう
意味 よく聞いて知りつくすこと。十分に聴取すること。また、聞き飽きること。
補説 「厭」「飫」はともに、あきる意。類義の語を重ねて意味を強調している。
注意 「えんぶんよてい」とも読む。
出典 曽鞏《そうきょう》「江任《こうにん》を送《おく》るの序《じょ》」

【婉娩聴従】 えんべんちょうじゅう
意味 物腰がやわらかく素直で、人に逆らわず従うこと。
補説 「婉」は言葉が素直でおだやか、「娩」は節操を守りしとやかなさま、「聴」は目上の者の言葉に従うこと、「従」は目上の者の行いに従うこと。
出典 『礼記《らいき》』内則《だいそく》

【怨望隠伏】
えんぼう いんぷく 〈―スル〉

(意味) 不平不満や恨みつらみが表に出ないこと。

(補説) 「怨望」は恨んで、不平を抱く意。また、恨みの意。「隠伏」は表に現れないこと。

(用例) その風俗決して善美ならずと雖《いえ》ども、ただ怨望隠伏の一事に至っては必ず我国と趣きを異にするところあるべし。〈福沢諭吉◆学問のすすめ〉

【遠謀深慮】
えんぼう しんりょ

⇒ 深謀遠慮 しんぼうえんりょ 355

【縁木求魚】
えんぼく きゅうぎょ

(意味) 目的に適した方法をとらないために、苦労しても成果が得られず、目的が達成できないこと。

(補説) 木に登って魚を求めようとする意から。一般に「木《き》に縁《よ》りて魚《うお》を求《もと》む」と訓読して用いる。「求魚縁木《きゅうぎょえんぼく》」ともいう。

(出典) 『孟子《もうし》』梁恵王《りょうけいおう》上

(類義語) 縁希望魚《えんきぼうぎょ》・縁山求魚《えんざんきゅうぎょ》・敲氷求火《こうひょうきゅうか》・膝癢掻背《しつようそうはい》・煎水作氷《せんすいさくひょう》

【円木警枕】
えんぼく(の) けいちん

(意味) 寝る間も惜しんで懸命に勉学に励むたとえ。

(補説) 眠り込んでしまったらすぐ転んで目が覚めるようにした丸木の枕《まくら》の意から。「警枕」は眠り込まないようにした枕。

(故事) 中国宋《そう》の司馬光《しばこう》は学問に励み、眠り込むと枕が転がってすぐ目が覚めるように、丸い木を枕にして勉学に励んだという故事から。〈范祖禹《はんそう》「司馬温公布衾銘記《しばおんこうふきんめいき》」〉

(出典) 『資治通鑑《しじつがん》』後梁紀《こうりょうき》

(類義語) 蛍雪之功《けいせつのこう》・懸頭刺股《けんとうしこ》

【円満具足】
えんまん ぐそく 〈―スル〉

(意味) 十分に満ち足りていて、少しも不足がないこと。

(補説) 「円満」「具足」とも、十分に備わっていること。類義の語を重ねて意味を強調している。

(用例) ハイネはゲエテの詩の前に正直に頭を垂れている。が、円満具足したゲエテの僕等《ぼくら》を行動に駆りやらないことに満腔《まんこう》の不平を洩《も》らしている。〈芥川龍之介◆文芸的な、余りに文芸的な〉

(類義語) 福徳円満《ふくとくえんまん》

(対義語) 不平不満《ふへいふまん》

【衍曼流爛】
えんまん りゅうらん

(意味) あまねく広がるさま。

(補説) 悪事や悪人がはびこることにもいう。「衍曼」は綿々と絶えまなく広がり続くさま。「流爛」はあまねく行き渡ること。

(注意) 「衍漫流爛」とも書く。

(出典) 『史記《しき》』司馬相如伝《しばしょうじょでん》

【延命息災】
えんめい そくさい

⇒ 息災延命 そくさいえんめい 412

【淵明把菊】
えんめい はきく

(意味) 風流をこよなく愛する人のたとえ。

(補説) 「淵明」は東晋《とうしん》の詩人陶淵明《とうえんめい》のこと。「把菊」は菊を摘むこと。『蒙求《もうぎゅう》』の表題の一つ。

(故事) 酒と菊を愛した陶淵明は、重陽《ちょうよう》の節句(九月九日)の日、祝いの酒がないのでつれづれに菊を摘んでいた。しばらくして郡の長官の使いが酒を持ってやって来たので、喜んでその場で飲み干して、酔って帰宅したという故事から。

(出典) 『宋書《そうしょ》』陶潜伝《とうせんでん》

【鳶目兎耳】
えんもく とじ

(意味) トビのように遠くのことまで目ざとく見つける目と、ウサギのように小さな音までよく聞こえる耳のこと。また、それをもつ人。

(補説) 新聞記者など報道関係者についていう。

(類義語) 飛耳長目《ひじちょうもく》

【轅門二竜】
えんもん にりょう

(意味) 唐《とう》の人、烏承玼《うしょうし》と烏承恩《うしょうおん》のこと。

(補説) 二人は同じ一族の同輩で、ともに戦場ですぐれた功績を挙げたことから、このように呼ばれた。「轅門」は陣門、「轅」は車のながえ。戦陣などで車で囲いを作り、二両の車のながえを向かい合わせて門としたことからいう。「竜」はここでは、すぐれた人物の意。

(注意) 「えんもんにりゅう」とも読む。

出典『新唐書《しんとうじょ》』烏承玼伝《うしょうしでん》

【円融滑脱】えんゆうかつだつ 〈―ナ〉

⇒ 円転滑脱 えんてんかつだつ 77

【厭離穢土】えんりえど

意味 この世をけがれたものとして、嫌い離れること。

補説 仏教語。「厭離」は嫌って離れる意。「穢土」はけがれた世界。現世のこと。「穢」はよごれる、けがれる意。「穢土」を離れて極楽浄土に往生することを願い求めて「厭離穢土、欣求浄土《ごんぐじょうど》」として用いることが多い。

注意 「おんりえど」とも読む。

対義語 欣求浄土《ごんぐじょうど》

【延陵季子】えんりょうのきし

意味 中国春秋時代の呉の賢者、季札《きさつ》のこと。

補説 「延陵」は呉の地名で、今の江蘇省《こうそしょう》常州市《じょうしゅうし》。「季子」は呉王寿夢《じゅぼう》の子、季札の尊称。兄からの譲位を固辞して延陵に封ぜられ、その地を見事に治めたことから、このように呼ばれた。

出典『史記《しき》』呉太伯世家《ごたいはくせいか》

【遠慮会釈】えんりょえしゃく

意味 つつしみや礼儀。他人のことを思いやり、つつましく控え目にすること。

補説 「会釈」は軽くおじぎをすることから、相手を思いやる意。一般には「遠慮会釈もない」と否定の表現を伴う。「会釈遠慮《えしゃくえんりょ》」ともいう。

用例 遠慮会釈なくそんな所で菓子に狃《な》れ親しむのは子供たちだった。〈有島武郎◆或る女〉

対義語 傍若無人《ぼうじゃくぶじん》

【遠慮近憂】えんりょきんゆう

意味 遠い将来まで見通した深い考えをもたずに行動すると、必ず身近なところにさし迫った心配事が起こるということ。

補説 「遠慮」は先々まで見通した深い考え、配慮のこと。「近憂」は身近に迫った心配事の意。「遠き慮《おもんぱか》り無ければ、必ず近き憂《うれ》い有り」の略。

出典『論語《ろんご》』衛霊公《えいれいこう》

【遠慮深謀】えんりょしんぼう

⇒ 深謀遠慮 しんぼうえんりょ 355

【艶麗繊巧】えんれいせんこう 〈―ナ〉

意味 文章や絵画などが、華やかで美しく、繊細で巧みなさま。

補説 「艶麗」は文章・絵画・音楽などが、華やかで美しいさま。「繊巧」は技が繊細で巧みなさま。

用例 彼が画は決して艶麗繊巧なるものにあらず、寧《むし》ろ田舎漢の如《ごと》く剛壮なるものなりき。〈徳冨蘆花◆自然と人生〉

【円顱方趾】えんろほうし

⇒ 円頭方足 えんとうほうそく 77

お

【嘔啞嘲哳】おうあちょうたつ

意味 調子がはずれて聞き苦しく、洗練されていない乱雑な音のこと。また、小さな子どもがやかましく騒ぎ立てている声。

補説 「嘔啞」は子どもの声や調子はずれの音楽などのやかましいさま。「嘲哳」は調子がはずれ、騒々しいだけの下品な音のさま。また、わかりにくい言葉についてもいう。

注意 「おうあとうたつ」とも読む。

出典 白居易《はくきょい》「琵琶行《びわこう》」

【枉駕来臨】おうがらいりん

意味 わざわざお越しくださいましての意。人の来訪をいう敬語表現。

補説 「枉駕」は乗り物の道順を変えて、わざわざ立ち寄る意。人の来訪をいう敬語。「来臨」は人が来ることの敬語。人の来訪に対して敬意を表す語。「駕《が》を枉《ま》げて来臨《らいりん》す」と訓読する。

【桜花爛漫】おうからんまん 〈―タル〉〈―ト〉

意味 桜の花が満開になって、みごとに咲き乱れているさま。

補説 「爛漫」は花が咲き乱れるさま。

注意 「桜花爛熳」とも書く。

用例 其《その》一は桜花爛熳たる土塀の外に一人の若衆頬冠《ほおかむ》りにあたりの人目を兼ねて佇《たたず》

めば、土塀にかけたる梯子《はしご》の頂より一人の美女結び文を手に持ち半身を現わしたり。〈永井荷風◆江戸芸術論〉

【応機接物】おうきせつもつ

意味　相手の素質・力量や個性に応じて、種々の手段を用いて教化すること。また、広く相手に応じて、適切に指導したり接したりすること。

補説　仏教語。「機」は機根のことで、衆生《しゅじょう》の性質、また、教えを受けて修行しうる能力をいう。「物」は修行者や衆生を指す。「機《き》に応《おう》じ物《もの》に接《せっ》す」と訓読する。

類義語　因病下薬《いんぺいかやく》・応病与薬《おうびょうよやく》・善巧方便《ぜんぎょうほうべん》・対機説法《たいきせっぽう》・対症下薬《たいしょうかやく》

【応急措置】おうきゅうそち

意味　差し迫った状態のときに、間に合わせに行う仮の処置。

補説　「応急」は急場しのぎの意。「措置」は何か事態が起こったとき、うまく物事を取り計らうこと。

用例　息つまりそうにて胸がごとごといいてそのまま血をのみこみたり。村上先生来診、応急措置をいたされ、咳《せき》とめ注射のおかげにて陶然となりぬ。〈海野十三◆降伏日記〉

類義語　応急処置《おうきゅうしょち》・緊急措置《きんきゅうそち》

【横行闊歩】おうこうかっぽ　〈—スル〉

意味　思うままに振る舞うこと。

補説　気ままに威張って歩くことから。「横行」は気ままにのし歩くこと。また、ほしいままに振る舞うこと。「横」はほしいまま、道理にもとる意。「闊歩」は威張って堂々と歩くこと。多く悪人についていう。

用例　天下の大道をわが物顔に横行闊歩するのを憎らしいと思って〈夏目漱石◆吾輩は猫である〉

類義語　横行寡桀《おうこうごうけつ》・横行跋扈《おうこうばっこ》・横行覇道《おうこうはどう》・昂首闊歩《こうしゅかっぽ》・跳梁跋扈《ちょうりょうばっこ》・飛揚跋扈《ひようばっこ》

【王侯将相】おうこうしょうしょう

意味　王や諸侯、将軍や宰相など、身分が高く権勢のある高貴な階級をいう。

補説　中国戦国時代末、秦《しん》に対して陳勝とともに反乱を起こした呉広が言った「王侯将相寧《いず》くんぞ種《しゅ》有《あ》らんや（王・諸侯・将軍・宰相になるのに、どうして決まった家柄や血筋などというものがあろうか、ありはしない）」という成句から出た語。高貴な身分になるのは、家柄や血筋ではなく、各自の才能と努力によるものであることをいったもの。（→「陳勝呉広《ちんしょうごこう》」459）

出典　『史記《しき》』陳渉世家《ちんしょうせいか》

用例　王侯将相何ぞ種《しゅ》あらんや。平民から一躍して大臣の印綬《いんじゅ》握《つか》む事の出来る今日じゃぞ。〈内田魯庵◆社会百面相〉

類義語　王公大人《おうこうたいじん》・高位高官《こういこうかん》

【横行跋扈】おうこうばっこ　〈—スル〉

意味　のさばってわがままに振る舞うこと。

補説　多く悪人についていう語。「横」はほしいまま、道理にもとる意で「横行」は気ままにのし歩くこと。また、ほしいままに振る舞うこと。「跋」は跳びはねる意、「扈」は魚をとる水中の竹垣のことで、大きい魚はそれを跳ね上がって逃れ去ることから、「跋扈」は他人を無視してのさばり、思いのままに振る舞うこと。類義の語を重ねて意味を強調している。

用例　戦国時代の富士ときてはかなり物騒なものであった。至る所に猛獣毒蛇魑魅魍魎《ちみもうりょう》が横行跋扈し、野武士邪教徒剽盗《ひょうとう》の類が巣を構えて住んでいた。〈国枝史郎◆神州纐纈城〉

類義語　横行闊歩《おうこうかっぽ》・横行覇道《おうこうはどう》・横行不法《おうこうふほう》・昂首闊歩《こうしゅかっぽ》・跳梁跋扈《ちょうりょうばっこ》・飛揚跋扈《ひようばっこ》

【往古来今】おうこらいこん

意味　昔から今まで綿々と続く時間の流れ。

補説　「往古」は過ぎ去った昔。「来今」は今から後。『淮南子《えなんじ》』斉俗訓《せいぞくくん》では「往古来今、之《これ》を宙と謂《い》い、四方上下、之を宇と謂う」とあり、時間と空間の限りない広がりをいっている。

出典　『鶡冠子《かつかんし》』世兵《せいへい》

類義語　古往今来《こおうこんらい》・古今東西《ここんとうざい》

【黄金時代】おうごんじだい

意味　国や組織、個人や文化などが、もっとも栄えたり盛んだったりした時代。全盛期。

補説　「黄金」は、金のように輝かしい状態の意。

用例　十七世紀という芝居の黄金時代に、モリエエルの喜劇団から、シャンメエレという女優が姿を消し、その蔭《かげ》に新進悲劇作者ラシイヌが控へていて、この「脱退女優」を浚《さら》って行った話がある。〈岸田國士◆脱退問題是非〉
対義語 暗黒時代《あんこくじだい》

【王佐之才】 おうさのさい
意味 君主を助けることのできる才能。また、すぐれた才能で王を補弼《ほひつ》すること。
補説 「佐」は助ける、補佐する意。
出典 『漢書《かんじょ》』董仲舒伝《とうちゅうじょでん》・賛
類義語 王佐之材《おうさのざい》・王佐之符《おうさのふ》

【往事渺茫】 おうじびょうぼう 〈―タル〉〈―ト〉
意味 過ぎ去った昔のことがぼんやりかすんで明らかでないさま。
補説 昔のことを振り返っていう語。「往事」は過ぎ去った昔の事柄。「渺茫」は果てしなく遠いさま。遠くかすかなさま。「往事茫茫《おうじぼうぼう》」ともいう。
出典 白居易《はくきょい》の詩 ◎「往事渺茫、都《すべ》て夢に似たり」

【往事茫茫】 おうじぼうぼう 〈―タル〉〈―ト〉
⇒ 往事渺茫 おうじびょうぼう 82

【王述忿狷】 おうじゅつふんけん
意味 中国晋《しん》の王述が非常に怒りっぽい性格であった故事。
補説 「忿」は怒る、「狷」は気が短い意。『蒙求《もうぎゅう》』の表題の一つ。
故事 晋の王述は卵を食べようとして、箸《はし》で突き刺そうとしたができなかったため、怒って卵を地にたたきつけた。卵は転がり続け下駄の歯で踏もうとしたが駄目で、いよいよ怒った王述は卵を拾い口に入れ嚙《か》み砕いて吐き出したという。
出典 『晋書《しんじょ》』王述伝《おうじゅつでん》
類義語 王思怒蠅《おうしどよう》・王述擲卵《おうじゅつてきらん》

【往生極楽】 おうじょうごくらく
⇒ 極楽往生 ごくらくおうじょう 234

【往生素懐】 おうじょう(の)そかい
意味 仏教に帰依し、死後極楽浄土に生まれ変わりたいという平素からの願い。
補説 仏教語。「往生」は死後、極楽浄土に生まれ変わること。「素懐」は平素からの思い・願い。
用例 「野ざらしを心に風のしむ身かな」―師匠は四五日前に、「かねては草を敷き、土を枕《まくら》にして死ぬ自分と思ったが、こう云《い》う美しい布団の上で、往生の素懐を遂げる事が出来るのは、何よりも悦《よろこ》ばしい。」と繰返して自分たちに、礼を云われた事がある。〈芥川龍之介◆枯野抄〉
類義語 往生本懐《おうじょうほんかい》

【嘔心瀝血】 おうしんれきけつ
意味 心臓を吐き、血が滴るくらい心血を注ぐこと。
補説 「嘔心」は心臓を吐き出すこと。また、心臓を吐き出すほど苦しいこと。「瀝血」は吐いた血が滴ること。「心《しん》を嘔《は》き血《ち》を瀝《そそ》ぐ」と訓読する。
出典 李商隠《りしょういん》「李長吉小伝《りちょうきつしょうでん》」
類義語 竭能尽力《けつのうじんりょく》・尽心竭力《じんしんけつりょく》

【王政復古】 おうせいふっこ
意味 武家政治や共和制などを廃して、もとの君主体制に戻すこと。
補説 「王政」は王や天皇の行う政治、「復古」はもとに戻すこと。
用例 王政復古の号令が発せられ、アンチ徳川の連中は、悉《ことごと》く復活し、公武合体派は参朝を禁ぜられてしまった。〈菊池寛◆鳥羽伏見の戦〉

【枉尺直尋】 おうせきちょくじん
意味 大きなことを成し遂げるために、小さな犠牲をはらうこと。小さなことで犠牲をはらって、大きな利益をのばすこと。
補説 一尺を折り曲げても、八尺をまっすぐに伸ばせればよいという意から。「尺」「尋」はいずれも昔の長さの単位で、一尋は八尺。「枉」は曲げる意。「尺《せき》を枉《ま》げて尋《じん》を直《なお》くす」と訓読する。
注意 「おうしゃくちょくじん」とも読む。
出典 『孟子《もうし》』滕文公《とうぶんこう》下
対義語 因小失大《いんしょうしつだい》・枉尋直尺《おうじんちょくせき》・貪小失大《どんしょうしつだい》

【横説竪説】 おうせつじゅせつ
意味 あれこれとあらゆる方向から論じること。縦横自在に弁舌を振るうこと。

補説 弁舌が巧みなさまをいう。「竪」は縦《たて》の意。
類義語 横説縦説《おうせつじゅうせつ》

【応接不暇】おうせつふか
意味 非常に多忙なことの形容。
補説 もとは、美しい風景が次々に現れ、いちいちゆっくりながめる暇がない意。転じて、物事が後から後から起こって対応しきれないことをいう。また、忙しくて一人一人に対応できない人に会うこと。また、次々に起こる物事に対処すること。一般に「応接《おうせつ》に暇《いとま》あらず」と訓読して用いる。
出典 『世説新語《せせつしんご》』言語《げんご》

【尪繊懦弱】おうせんだじゃく 〈―ナ〉
意味 体が弱くてか細く、さらに気も弱いさま。肉体的精神的に虚弱であることをいう。
補説 「尪」は体が弱いこと。「繊」はか細いこと。「懦弱」は臆病で気の弱いさま。また、無気力なこと。
出典 『魏書《ぎしょ》』崔浩伝《さいこうでん》
類義語 蒲柳之質《ほりゅうのしつ》

【横草之功】おうそうのこう
意味 非常にたやすいことのたとえ。また、わずかな功績のたとえ。
補説 「横草」は草を横ざまに踏み倒す意。簡単であり、功績もわずかであることから。
出典 『漢書《かんじょ》』終軍伝《しゅうぐんでん》
類義語 横草之労《おうそうのろう》

と。

【横徴暴斂】おうちょうぼうれん
意味 租税などの取り立てが極めて厳しいこと。
補説 「横」はほしいまま、不条理にの意。「徴」は取り立てる意。「横徴」はほしいままに租税などを取り立てること。「斂」は取り立てること。「暴斂」はむやみに取り立てること。類義の語を重ねて意味を強調している。
類義語 横徴暴賦《おうちょうぼうふ》

【王道楽土】おうどうらくど
意味 公平で思いやりのある政治が行われている平和で楽しい国土。
補説 「王道」は帝王として踏み行うべき道で、徳をもって公明正大で公平な政治を行うこと。また、仁徳のある帝王が、武力や威力によらず、道徳によって天下を治めること。「楽土」は安楽な土地・安楽な国のこと。
用例 「そうして、人間が生活のために、つまり衣食のために、おたがいに屈従することなく、衣食の余りある生活の下に、人間の自由が伸び、享楽が増し、まあいわゆる、王道楽土とか、地上の理想国とかいうものが成立したとしましてですな」〈中里介山◆大菩薩峠〉

【懊悩呻吟】おうのうしんぎん 〈―スル〉
意味 思い悩み、苦しみうめくこと。
補説 「懊悩」は、悩みもだえること。「呻吟」は苦しみうめくこと。
用例 その荒涼の現実のなかで思うさま懊悩呻吟することを覚えたわけである。〈太宰治◆猿面冠者〉
類義語 懊悩煩悶《おうのうはんもん》

【懊悩煩悶】おうのうはんもん 〈―スル〉
意味 思い悩み、苦しみもだえること。
補説 「懊悩」は、悩みもだえること。「煩悶」は、思い悩むこと。類義の語を重ねて意味を強調している。「煩悶懊悩《はんもんおうのう》」ともいう。
用例 遂《つい》に自殺しようとして何度も妻子に発見されては自殺することも出来ず、懊悩煩悶して居ると、一夜、夢に一個《ひとり》の風采堂々たる丈夫《ますらお》が現れて、〈国木田独歩◆石清虚〉
類義語 懊悩呻吟《おうのうしんぎん》

【椀飯振舞】おうばんぶるまい 〈―スル〉
意味 盛大にごちそうしたり、気前よく物を与えたりすること。
補説 「椀飯」は椀《わん》に盛った飯の意。また、人をもてなす膳《ぜん》のことで、王朝時代には宮中で供せられる膳、江戸時代ごろには民家で正月に親戚《しんせき》などを招いて宴会を催すことをいった。「椀飯」の字から転じて「大盤」の字をあて、「大盤振舞《おおばんぶるまい》」ともいう。

【横眉怒目】おうびどもく
意味 怒った顔つき。恐ろしい顔つきのこと。
補説 「横眉」は眉《まゆ》をつりあげ、目を怒らせて見ること。「怒目」は怒った目つき。類義の語を重ねて意味を強調している。
類義語 横眉竪眼《おうびじゅがん》・横眉立眼《おうびりつがん》・横眉立目《おうびりつもく》・張眉怒目《ちょうびどもく》・柳眉倒豎《りゅうびとうじゅ》

【応病与薬】おうびょうよやく

(意味) 人の性質や素質、理解力など状況に応じて適切な指導をすること。また、状況に応じて適切な措置を講じること。

(補説) もと仏教語。病状にあわせて、それに適した薬を与える意から。「病《やまい》に応《おう》じて薬《くすり》を与《あた》う」と訓読する。

(用例) この失敗を来す所以《ゆえん》は畢竟《ひっきょう》科学の素養を欠くから応病与薬の適切な方法を案出する事が出来ないのだと考えて益々《ますます》研究に深入した。〈内田魯庵◆二葉亭四迷の一生〉

(類義語) 応機接物《おうきせつもつ》・善巧方便《ぜんぎょうほうべん》・対機説法《たいきせっぽう》・対症下薬《たいしょうかやく》

【王法為本】おうぼういほん

(意味) 王法を根本とするということ。

(補説) 仏教語。「王法」は、「仏法」に対して、現世の法制・秩序をいう。浄土真宗は元来「仏法為本《ぶっぽういほん》」（信心を根本とする）という立場であったが、門徒勢力の増大にともない、本願寺第八世の蓮如《れんにょ》が王法為本の考え方を説くに至った。

【枉法徇私】おうほうじゅんし

(意味) 正しいきまりを曲げて、私利私欲にはしり、わがまま勝手に振る舞うこと。

(補説) 「枉」は曲げる、ゆがめる意。「徇」はしたがう意。「法《ほう》を枉《ま》げて私《し》に徇《したが》う」と訓読する。

(出典) 『管子《かんし》』任法《にんぽう》

(類義語) 枉法従私《おうほうじゅうし》

【応報覿面】おうほうてきめん

(意味) 悪業の報いが目の当たりに現れること。また、悪事の報いが寸分の狂いもなくやって来ること。

(補説) 仏教語。「応報」は善悪に応じて生ずる苦楽の報いの意。「覿面」は目の当たりに出くわす、目の当たりに見る意。

(用例) 積悪の応報覿面の末を憂いて措《お》かざる直道が心の眼《まなこ》は、無残にも怨《うら》みの刃に劈《つんざ》かれて、〈尾崎紅葉◆金色夜叉〉

(類義語) 天罰覿面《てんばつてきめん》

【王門伶人】おうもん(の)れいじん

(意味) 王家の楽人。権力者のお抱えの芸術家。

(補説) 「王門」は王家。「伶人」は楽人。

(故事) 中国晋《しん》の戴逵《たいき》は芸術全般に通じ、特に琴《きん》の名人であった。それを聞いた武陵王は戴逵を召し抱えようと使者を遣わした。しかし、隠遁《いんとん》を愛する戴逵は、「私は王門の楽人にはならない」と怒り、使者の前で琴をたたき壊したという故事から。

(出典) 『晋書《しんじょ》』隠逸伝《いんいつでん》・戴逵伝《たいきでん》

(類義語) 戴逵破琴《たいきはきん》

【甕牖縄枢】おうゆうじょうすう

(意味) 貧しく粗末な家のたとえ。

(補説) 割れたかめの口を壁にはめ込んだ小さな窓と、縄でつないで枢《とぼそ》（開き戸の軸）としている粗末な家の意。「甕」はかめ、「牖」は窓。「甕牖」は壊れたかめの口を壁にはめ込み窓としたもの。また、割れたかめの口ほどの小さな窓の意ともいう。「枢」は、とぼそ。開き戸の開閉をする軸のところをいう。

(出典) 『文選《もんぜん》』賈誼《かぎ》「過秦論《かしんろん》」

(類義語) 甕牖桑枢《おうゆうそうすう》・蓬戸甕牖《ほうこおうゆう》

【応用無辺】おうゆうむへん

(意味) 仏が民衆を救済するために、時と場所を選ばず自在に出現すること。仏の力の自在な働きをいう。

(補説) 仏教語。「無辺」は限りないこと。

【鷹揚自若】おうようじじゃく 〈―タル〉〈―ト〉

(意味) ゆったりと落ち着いていて、物に動じないさま。

(補説) 「鷹揚」は、余裕があって、小事にこだわらないさま。「自若」は、どっしり落ち着いているさま。

(用例) 齷齪《あくせく》とこせつく必要なく鷹揚自若と衆人環視の裏《うち》に立って世に処する事の出来るのは、全く祖先が骨を折って置いてくれた結果といわなければならない。〈夏目漱石◆東洋美術図譜〉

(類義語) 泰然自若《たいぜんじじゃく》

(対義語) 周章狼狽《しゅうしょうろうばい》・戦戦兢兢《せんせんきょうきょう》

【王楊盧駱】おうようろらく

(意味) 中国初唐時代のすぐれた四人の詩人、王勃《おうぼつ》、楊炯《ようけい》、盧照鄰《ろしょうりん》、駱賓王《らくひんのう》のこと。

(補説) いずれも、詩の黄金時代といわれる唐代の新しい詩風を切り開き、近体詩の確立に貢献した詩人。「初唐四傑《しょとうのしけつ》」ともいわれる。

(出典) 『旧唐書《くとうじょ》』楊炯伝《ようけいでん》

【甕裏醯鶏】 おうり(の)けいけい

意味 世間知らずで見識の狭い人のたとえ。

補説 かめの中にわく小さな羽虫の意から。「甕裏」はうち・なかの意。「醯鶏」は酒つぼなどにわく小さな虫。かつおむし。「醯鶏《けいけい》甕裏《おうり》」ともいう。

故事 孔子が老子に面会した後、弟子の顔淵《がんえん》に向かって、老子に比べれば、私などはつぼの中にわく醯鶏のような小さな存在である、と語った故事から。

出典 『荘子《そうじ》』田子方《でんしほう》 ◎「丘《きゅう》（孔子）の道に於《お》けるや、其《そ》れ猶《な》お醯鶏のごときか」

類義語 坎井之蛙《かんせいのあ》・井底之蛙《せいていのあ》

【大盤振舞】 おおばんぶるまい 〈―スル〉

⇓ 椀飯振舞 おうばんぶるまい 83

【岡目八目】 おかめはちもく

意味 事の当事者よりも、第三者のほうが情勢や利害得失などを正しく判断できること。

補説 囲碁から出た語。碁を脇《わき》から見ていると、実際に打っている人よりも、八目も先まで手を見越すという意から。「岡目」は他人がしていることを脇で見ていること。「目《もく》」は碁盤の目の意。

注意 「傍目八目」とも書く。

用例 吉岡《よしおか》の為《た》めに今夜は駒代《こまよ》という芸者の値打をば岡目八目真実間違のないところを見届けようと思ったのである。〈永井荷風◆腕くらべ〉

【屋烏之愛】 おくうのあい

⇓ 愛屋及烏 あいおくきゅうう 1

【屋下架屋】 おくかかおく

⇓ 屋上架屋 おくじょうかおく 85

【屋上架屋】 おくじょうかおく

意味 無駄な重複、無意味なことを繰り返すたとえ。また、何の新味もないこと、人のまねばかりして独創性のないことのたとえ。

補説 屋根の上にまた屋根を架ける意から。「屋」は屋根。「架」は架けわたす意。一般に「屋上《おくじょう》屋《おく》を架《か》す」と訓読して用いる。「屋下架屋《おくかかおく》」ともいう。

類義語 画蛇添足《がだてんそく》・畳牀架屋《じょうしょうかおく》・牀上施牀《しょうじょうししょう》・頭上安頭《とうじょうあんとう》

【臆測揣摩】 おくそくしま 〈―スル〉

⇓ 揣摩臆測 しまおくそく 295

【屋梁落月】 おくりょうらくげつ

⇓ 落月屋梁 らくげつおくりょう 652

【雄蝶雌蝶】 おちょうめちょう

意味 婚礼で用いる銚子《ちょうし》につける雄雌の蝶をかたどった折り紙。また、その銚子で夫婦固めの杯に酌をする男女の稚児。

【汚名返上】 おめいへんじょう 〈―スル〉

意味 めざましい功績を挙げて、それまでに被った不名誉な評判を消し去ること。

補説 「汚名」は、自らに与えられた不名誉な評判、悪い評判。

類義語 失地回復《しっちかいふく》・名誉回復《めいよかいふく》・名誉挽回《めいよばんかい》

【恩威並行】 おんいへいこう 〈―スル〉

意味 人の上に立つ者は、適切な賞罰をはっきりと行うことが必要だということ。

補説 「恩威」は恩恵と刑罰、賞罰。また、恩恵と威厳。「並行」は並び行う意。「恩威《おんい》並《なら》び行《おこな》う」と訓読する。「威恩並行《いおんへいこう》」ともいう。

出典 『呉志《ごし》』周魴伝《しゅうほうでん》

類義語 恩威兼済《おんいけんせい》・恩威並重《おんいへいじゅう》・恩威並用《おんいへいよう》・信賞必罰《しんしょうひつばつ》

【温言慰謝】 おんげんいしゃ 〈―スル〉

意味 温かく優しい言葉をかけて、人を慰めること。

補説 「温言」は優しい言葉。「慰謝」は「慰藉」とも書き、慰めいたわること。

【温厚質実】 おんこうしつじつ 〈―ナ〉

⇓ 温厚篤実 おんこうとくじつ 85

【温厚篤実】 おんこうとくじつ 〈―ナ〉

意味 性質が温かで、情が厚く、誠実なさま。

補説 「温厚」は穏やかで優しく、情が深いこと。「篤実」は人情に厚く実直なさま。誠実で親切なこと。「温厚質実《おんこうしつじつ》」「篤実温厚《とくじつおんこう》」ともいう。

用法 温厚篤実な人柄

用例 蕪村《ぶそん》は極めて温厚篤実の人であった。しかもその人にしてこの句あり。時流に超越した人の不遇思うべしである。〈萩原朔太郎◆郷愁の詩人 与謝蕪村〉

類義語 温和篤厚《おんわとっこう》・情恕理遣《じょうじょりけん》

【温故知新】おんこちしん

意味 前に学んだことや昔の事柄をもう一度調べたり考えたりして、新たな道理や知識を見いだし自分のものとすること。

補説 古いものをたずね求めて新しい事柄を知る意から。「温」はたずね求める意。一説に、冷たいものをあたため直し味わう意とも。「故《ふる》きを温《たず》ねて新《あら》しきを知《し》る」または「故《ふる》きを温《あたた》めて新《あら》しきを知《し》る」と訓読する。

出典 『論語《ろんご》』為政《いせい》

用例 たとい其《そ》の陽は一意専念過去を想《おも》うように見えたるも其陰は所謂《いわゆる》温故知新の沙汰《さた》にて未来の料にとてすることなり。〈坪内逍遥◆春廼家漫筆〉

類義語 覧古考新《らんここうしん》

【温柔敦厚】おんじゅうとんこう

意味 穏やかで優しく、情が深いこと。

補説 もと、孔子が、儒教の基本的な古典で中国最古の詩集である『詩経《しきょう》』の教化の力を評した語。『詩経』の詩篇《しへん》は古代の純朴な民情が素直に歌われたもので、人を感動させ、教化する力をもっていると説いたもの。「温柔」は穏やかで柔和なこと。「敦厚」は人情深いこと。「温良篤厚《おんりょうとっこう》」ともいう。

出典 『礼記《らいき》』経解《けいかい》 ◎「温柔敦厚なるは詩の教えなり」

用例 而《しこう》して彼が八十年の生涯に於《お》いて、清淡寡慾《せいたんかよく》温柔敦厚、快活にして人を愛し、謙和にして物と争わず、〈徳冨蘆花◆自然と人生〉

類義語 敦篤虚静《とんとくきょせい》

【恩讐分明】おんしゅうぶんめい

意味 恩には恩で、あだにはあだで報いること。また、それを区別して報いること。

補説 「讐」はあだ・かたき。また、恨みの意。「分明」ははっきりしているさま。また、はっきりさせること。

出典 『呂氏童蒙訓《りょしどうもうくん》』

【温潤良玉】おんじゅんりょうぎょく

意味 良質の玉《ぎょく》のように人柄が温かく潤いがあること。人格がうるわしいこと。人柄が優しくよく行き届いていること。

補説 「温潤」は温かく柔和である意。「良玉」は良質の玉（ひすいなどの宝石）の意。元来「玉」を形容する語。

用例 他山の子外崎《とのさき》さんも元秀を識《し》っていたが、これを評して温潤良玉の如《ごと》き人であったと云《い》っている。〈森鷗外◆渋江抽斎〉

【怨親平等】おんしんびょうどう

意味 敵も味方も同じように処遇すること。恨み敵対した者も親しい人も同じように扱うこと。また、敵味方の霊を弔うこと。

補説 もと仏教語で、敵味方の恩讐《おんしゅう》を越えて、区別なく同じように供養して極楽往生させること。「怨親」は自分を害する者と、自分に味方してくれる者の意。

類義語 一視同仁《いっしどうじん》・兼愛無私《けんあいむし》・博愛主義《はくあいしゅぎ》

【音信不通】おんしんふつう

意味 便りや連絡がないこと。消息がつかめないこと。

補説 「音信」は便り・連絡。

注意 「いんしんふつう」とも読む。

用例 正作の兄は十六の歳《とし》に家を飛び出し音信不通、行方《ゆきがた》知れずになって了《しま》った。〈国木田独歩◆非凡なる凡人〉

【遠塵離垢】おんじんりく

意味 けがれから遠く離れること。また、煩悩を断ち切ること。

補説 仏教語。「塵」「垢」は、それぞれ「ちり」「あか」の意で、けがれ・煩悩を指す。「遠」「離」は遠ざかり、離れること。

類義語 遠塵離苦《おんじんりく》

【温凊定省】おんせいていせい

意味 親孝行をすること。

補説 冬は暖かく、夏は涼しく過ごせるように気を配り、夜には寝具を調え、朝にはご機嫌を伺うこと。「凊」は涼しい意。「定」は寝具を調え、安眠できるよう配慮すること。「省」はかえりみる意で、安否を問う、ご機嫌伺いをすること。子が親に尽くすべき心がけを説いたもの。「定省温凊《ていせいおんせい》」ともいう。

出典 『礼記《らいき》』曲礼《きょくらい》上 ◎「凡《およ》そ人の子たるの礼、冬は温《あたた》かにして夏は凊《すず》しくし、昏《くれ》には定めて晨《あした》に省《かえり》みる」

類義語 昏定晨省《こんていしんせい》・扇枕温衾《せんちんおんきん》・冬温夏凊《とうおんかせい》

【怨憎会苦】 おんぞうえく

意味 怨《うら》み憎む者にも会わなければならない苦しみ。

補説 仏教語。仏教でいう八苦の一つ。（↓「四苦八苦《しくはっく》」274）

注意 語構成は「怨憎会」＋「苦」。

対義語 愛別離苦《あいべつりく》

【穏着沈黙】 おんちゃくちんもく

意味 穏やかで無口なこと。

補説 「穏着」は穏やかで沈着なさま。「沈黙」は無口なこと。

【怨敵退散】 おんてきたいさん

意味 怨《うら》むべき敵よ、退散せよという意。

補説 神仏に祈って、悪魔などを取り鎮めるために行う降伏《ごうぶく》の祈願などで唱える語。「退散」は逃げ去る、ちりぢりに去ること。

注意 「おんできたいさん」とも読む。

用例 この夜は別して身を浄《きよ》め、御灯《みあかし》の数を献《ささ》げて、災難即滅、怨敵退散の祈願を籠《こ》めたりしが、翌日《あくるひ》の点灯頃《ひともしころ》ともなれば、又来にけり。〈尾崎紅葉◆金色夜叉〉

【音吐朗朗】 おんとろうろう 〈―タル〉〈―ト〉

意味 音声が豊かではっきりしたさま。また、音声が豊かでさわやかなさま。

補説 「音吐」は発声・音声、また、声の出し方をいう。「朗朗」は声が高く澄んでとおるさま。特に、朗読したり詩歌を吟じたりする際に用いられることが多い。

用例 自分の問に対して、石本君が、例の音吐朗々たるナポレオン声を以《もっ》て詳しく説明して呉《く》れた一切は、大略次の如《ごと》くであった。〈石川啄木◆雲は天才である〉

類義語 音吐清朗《おんとせいろう》

【乳母日傘】 おんばひがさ

意味 子ども、特に幼児が必要以上に過保護に育てられること。

補説 乳母《うば》に抱かれ、日傘をさしかけられるなどして、ちやほやされながら大切に育てられる意から。「乳母《おんば》」は、「御乳母《おうば》」の音が転じたもの。うば・めのとのこと。

注意 「おんばひからかさ」とも読む。

用例 貴女《あなた》、其《それ》こそ乳母日傘で、お浅間へ参詣《さんけい》に行《い》らしった帰り途《みち》、円い竹の埒《らち》に擱《つかま》って、御覧なすった事もありましょう。〈泉鏡花◆女系図〉

【温文爾雅】 おんぶんじが

意味 態度や言動が穏やかで、礼儀にかなっていること。

補説 「温文」は心が温和で、態度が礼にかなって立派なこと。「爾雅」は言葉などが正しく美しい意。「爾雅温文《じがおんぶん》」ともいう。

出典 『聊斎志異《りょうさいしい》』陳錫九《ちんせききゅう》

類義語 温文儒雅《おんぶんじゅが》

【縕袍粗糲】 おんぽうそれい

意味 粗末な服を着て、貧しい食事をすること。また、貧窮の中に生活をすること。

補説 「縕袍」はどてら。粗末な衣服を指す。「粗糲」は精白していない米・玄米の意。粗末な食物を指す。

用例 縕袍粗糲幾年の苦辛に成った経営画策を一時なりとも抛棄《ほうき》するは、卞和《べんか》の璧《へき》を抱いて却《かえ》って刖《あしき》らるる様な感情《こころもち》がした。〈内田魯庵◆くれの廿八日〉

類義語 悪衣悪食《あくいあくしょく》

【陰陽五行】 おんようごぎょう

⇒ 陰陽五行 いんようごぎょう 58

【厭離穢土】 おんりえど

⇒ 厭離穢土 えんりえど 80

【温良恭倹】 おんりょうきょうけん 〈―ナ〉

意味 穏やかで素直で、人にうやうやしく自分はつつましやかなさま。

補説 「温」は穏やか、「良」は素直、「恭」は人に対するうやうやしさ、「倹」は自らのつつましさ。また、「温良」は穏やかで善良なこと、「恭倹」は人に対してうやうやしく自らはつつましやかにすること。出典の『論語』では、これに「譲」（へりくだる）を加えて、この五つの徳を備えているとして、孔子の弟子子貢が師である孔子を評している。

出典 『論語《ろんご》』学而《がくじ》 ◎「温良恭倹譲、以《もっ》て之《これ》を得たり（おだやかさ・すなおさ・

うやうやしさ・つつましさ・へりくだるという五つの徳で、そういうこと［どこの国へ行っても政治の相談を受けること］になるのです」

【温良篤厚】おんりょうとっこう

⇒ 温柔敦厚 おんじゅうとんこう 86

【温和篤厚】おんわとっこう

意味 穏やかなおとなしい人柄で、人情に厚く誠実なこと。

補説 「温和」は、穏やかでおとなしいこと。「篤厚」は、人情深く誠実なこと。

注意 「おんわとくこう」とも読む。

類義語 温厚篤実《おんこうとくじつ》

【温和怜悧】おんわれいり〈―ナ〉

意味 穏やかで賢いさま。

補説 「温和」は穏やかで優しい意。「怜悧」は賢いこと。利口なこと。

用例 もしそれこの高慢と闘争を好むの性癖を除いたら、則《すなわ》ち温和怜悧で、好奇心に富んでいることもその比を見ない。〈島崎藤村◆夜明け前〉

か

【瑰意琦行】かいいきこう

意味 考えや行いが凡俗の人とかけ離れてすぐれていること。

補説 「瑰意」は大きくすぐれた心。「琦行」は普通ではない行いの意。

出典 『文選《もんぜん》』宋玉《そうぎょく》「楚王《そおう》の問《と》いに対《こた》う」

【解衣推食】かいいすいしょく

意味 人に恩を施すたとえ。また、人を重用すること。

補説 自分の着衣を脱いで着せ、自分の食べ物をすすめて食べさせる意から。「推」はおしすすめる意。「衣《い》を解《と》き、食《しょく》を推《お》す」と訓読する。

故事 漢王の劉邦《りゅうほう》が韓信《かんしん》に楚《そ》の項王（項羽《こうう》）を討たせようとしたとき、項王は使者を送って味方になるよう説得したが、韓信は「以前、項王に仕えたときは私の進言も策略も取り上げてくれなかった。今仕えている漢王は、進言も策略も聞き入れてくれたばかりか、私を将軍として数万の軍隊を与えてくれた。そのうえ、自分の衣を解いて私に着せ、食を推《すす》めて私に食べさせてくれた」と言って断ったという故事から。

出典 『史記《しき》』淮陰侯伝《わいいんこうでん》

【誨淫誨盗】かいいんかいとう

⇒ 誨盗誨淫 かいとうかいいん 96

【誨淫導欲】かいいんどうよく

意味 淫《みだ》らなことを教え、情欲を刺激すること。性にかかわることについていう。

補説 「誨淫」は淫らなことを吹き込む意。「誨」は教える意。「導欲」は欲望を刺激すること。「淫《いん》を誨《おし》え欲《よく》を導《みちび》く」と訓読する。

注意 「誨婬導欲」とも書く。

用例 唐山の人々が小説を指して誨婬導欲と罵《のの》りたりしは、『金瓶梅《きんぺいばい》』もしくは『肉蒲団《にくぶとん》』等の評なるべく、〈坪内逍遥◆小説神髄〉

類義語 冶容誨淫《やようかいいん》

【開雲見日】かいうんけんじつ

意味 暗雲を押し開いて再び光明を見いだすこと。また、暗雲が払いのけられて前途に希望がもてるようになること。疑惑や誤解が解けるたとえ。

補説 「雲」は暗雲。悪い状況、不安な状況のたとえ。「日」は太陽。「雲《くも》を開《ひら》きて日《ひ》を見《み》る」と訓読する。「撥雲見天《はつうんけんてん》」ともいう。

出典 『後漢書《ごかんじょ》』袁紹伝《えんしょうでん》

類義語 重見天日《ちょうけんてんじつ》・撥雲見日《はつうんけんじつ》

【海翁失鷗】かいおうしつおう

意味 私心や下心を起こすと友好的な関係が失われるたとえ。私心を起こすと失うところが大きいたとえ。

補説 無心無欲をすすめた語。「海翁」は海辺に住む男。「翁」は男の老人の称、また男の称。「海翁《かいおう》鷗《かもめ》を失《うしな》う」と訓読する。

故事 浜辺にカモメと戯れるのが好きな男が住んでいた。ある日、その男の父がカモメを捕まえてくるように言ったところ、いつもは百羽以上も近寄ってくるカモメがその日は一羽も近づいてこなかったという故事から。

【怪怪奇奇】 かいかい きき 〈—ナ〉

⇒ 奇奇怪怪 ききかいかい 135

出典 『列子《れっし》』黄帝《こうてい》

【開懐暢飲】 かいかい ちょういん 〈—スル〉

意味 心楽しく思う存分に酒を飲むこと。何物にもとらわれず、打ち解けてゆったりと心ゆくまで酒を飲むこと。

補説 「開懐」は何物にもとらわれないゆったりとした心の形容。また、心を開くこと、打ち解けること。「暢飲」はのびのびと心地よく酒を飲むこと。「暢」はのびやかなさま。

【蓋瓦級甎】 がいが きゅうせん

意味 屋根瓦《がわら》と階段の敷き瓦のこと。

補説 「蓋瓦」は屋根を覆う瓦。「級甎」は階段の敷き瓦やれんがのこと。

出典 韓愈《かんゆ》「新修滕王閣記《しんしゅうとうおうかくき》」

【海角天涯】 かいかく てんがい

⇒ 天涯海角 てんがいかいかく 469

【改過自新】 かいか じしん

意味 自分の過ちを改めて、再出発すること。過ちを改めて心を入れ替えること。

補説 「改過」は過ちを改めること。「自新」は自分で態度や心などを一新する意。「過《あやま》ちを改《あらた》め自《みずか》ら新《あら》たにす」と訓読する。

出典 『史記《しき》』呉王濞伝《ごおうびでん》

類義語 改過作新《かいかさくしん》・悔過自新《かいかじしん》

【快活温柔】 かいかつ おんじゅう 〈—ナ〉

意味 性質が明るく、穏やかで素直なさま。

補説 「快活」は気持ちが明るく、元気なさま。「温柔」は穏やかで素直なさま。

用例 同輩の画家は皆彼の画を笑いて然《しか》も画家を愛したり。快活温柔なるコロオは到る処《ところ》に一陣の清風を齎《もた》らしたればなり。〈徳冨蘆花◆自然と人生〉

【海闊天空】 かいかつ てんくう

⇒ 天空海闊 てんくうかいかつ 471

【快活明朗】 かいかつ めいろう 〈—ナ〉

⇒ 明朗快活 めいろうかいかつ 627

【快活愉快】 かいかつ ゆかい 〈—ナ〉

意味 明朗で面白いさま。また、明るくて気持ちがよく、愉快なさま。

補説 「快活」は気持ちが明るく、元気なさま。

用例 哀歓小説にて最も注意すべき事は、快活愉快の物語と、悲楚《ひそ》哀切の物語との混淆《こんこう》塩梅《あんばい》すなわち是《これ》なり。〈坪内逍遥◆小説神髄〉

【開化文明】 かいか ぶんめい

⇒ 文明開化 ぶんめいかいか 587

【蓋棺事定】 がいかん じてい

意味 人間の本当の評価は、死んで初めて定まるということ。

補説 生前の評価は、利害やその人の威力などが関係するため、あてにならないことにもいう。「蓋棺」は棺《ひつぎ》の蓋《ふた》を閉じる。すなわち死ぬこと。一般に「棺《かん》を蓋《おお》いて事《こと》定《さだ》まる」と訓読して用いる。

出典 杜甫《とほ》一詩「君不見《くんぶけん》、蘇徯《そけい》に簡《かん》す」

類義語 蓋棺定論《がいかんていろん》

【外寛内深】 がいかん ないしん

意味 外面上は寛容そうだが、内心はむごく厳しいこと。また、その人。

補説 「外寛」は表向きはゆったりとして寛大なこと。「内深」は心の中は苛酷なこと。

類義語 外柔内剛《がいじゅうないごう》

【開巻有益】 かいかん ゆうえき

意味 読書はためになるということ。読書を奨励する語。

補説 「開巻」は書物を開く意。転じて、読書。「有益」は役に立つこと。「巻《かん》を開《ひら》けば益《えき》有《あ》り」と訓読する。

出典 『澠水燕談録《べんすいえんだんろく》』六

類義語 開巻有得《かいかんゆうとく》

【外強中乾】 がいきょう ちゅうかん

意味 外見は強そうだが、内実は空虚で弱いこと。見かけ倒しのたとえ。

補説 「中」は内実・中身。「乾」は干からびる、乾ききって空虚である意。

注意 「外彊中乾」とも書く。「がいきょうちゅうけん」とも読む。

出典 『春秋左氏伝《しゅんじゅうさしでん》』僖公《きこう》一五年
類義語 外強中枯《がいきょうちゅうこ》・外沢中乾《がいたくちゅうかん》・外腴中乾《がいゆちゅうかん》

【懐玉有罪】かいぎょくゆうざい

意味 不相応に立派なものを備え持ったり不相応なことをしたりすると、何かと災いを招くものだというたとえ。
補説 「懐玉」は宝石をいだくこと。「有罪」はここでは、人からねらわれて禍いを得ること。「玉《ぎょく》を懐《いだ》きて罪《つみ》有《あ》り」と訓読する。
出典 『春秋左氏伝《しゅんじゅうさしでん》』桓公《かんこう》一〇年 ◎「匹夫男に罪無し、璧《たま》を懐けば其《そ》れ罪あり」
用例 佳人薄命、懐玉有罪、など言って、私をして、いたく赤面させ、狼狽《ろうばい》させて私に大酒のませる悪戯者《いたずらもの》まで出て来た。〈太宰治◆懶惰の歌留多〉

【荷衣蕙帯】かいけいたい

意味 ハスの葉の衣と香草の帯。俗世を超越した仙人や隠者などの衣服のこと。
補説 清浄な衣服、清潔な装いを指すこともある。「荷衣」はハスの葉の衣。「蕙帯」は香り草の帯。「蕙」は香草の名。ともに仙人や隠者の衣服。
出典 『楚辞《そじ》』九歌《きゅうか》・少司命《しょうしめい》

【会稽之恥】かいけいのはじ

意味 敗戦の屈辱のこと。また、人から受けた忘れられないほどの屈辱。積年の恨みや恥辱にもいう。
補説 「会稽」は中国浙江《せっこう》省の山の名。春秋時代の呉と越の古戦場。一般に「会稽の恥を雪《すす》ぐ」として長年の恨みを晴らすことや名誉を回復することなどに用いる。
故事 中国春秋時代、会稽山で呉王夫差《ふさ》と戦って敗れた越王句践《こうせん》は、命乞いをして自分は臣下になり妻は召し使いとなるなどさまざまな恥辱を受けたが、のちに臥薪嘗胆《がしんしょうたん》の苦しみを味わいながら夫差を打ち破り、見事にその恥をすすいだという故事から。（↓「臥薪嘗胆《がしんしょうたん》」106）
出典 『史記《しき》』越世家《えつせいか》
用例 お前はこのことから会稽の恥をおもい敵人を怨《うら》むようなことがあってはならぬ。これというのも偏《ひとえ》に先きの世の宿業《しゅくごう》である。〈中里介山◆法然行伝〉

【改弦易轍】かいげんえきてつ

意味 法や制度を改めること。また、方法・計画や方向などを変更すること。
補説 「改弦」は弦楽器の弦を張りかえて、その調子を改めること。「易轍」は道を変えること。「轍」は車のわだち。車の進む道・進路の意。一説に車軸の幅を変える意。「弦《げん》を改《あらた》め轍《てつ》を易《か》う」と訓読する。
注意 「改絃易轍」とも書く。
出典 『晋書《しんじょ》』江統伝《こうとうでん》
類義語 改弦更張《かいげんこうちょう》・改轍易途《かいてつえきと》

【開眼供養】かいげんくよう

意味 新たに仏像や仏画を作ったとき、最後に目を入れて仏の魂を迎える法会《ほうえ》。
補説 「開眼」は仏眼を開く意。仏の魂を入れること。
用例 鑑真《がんじん》とその徒が困難な航海の後に九州に着いたのは、大仏開眼供養の翌年の末であったといわれている。〈和辻哲郎◆古寺巡礼〉

【開源節流】かいげんせつりゅう

意味 財源を開発して租税を節減すること。また、財源を新たに開拓して支出を抑えること。また、そのような健全財政のこと。
補説 「開源」は水源を開発することから、転じて、財源や収入を確保すること。「節流」は租税を減らすこと。また、支出を抑えること。「源《みなもと》を開《ひら》き流《なが》れを節《せっ》す」と訓読する。
出典 『荀子《じゅんし》』富国《ふこく》
類義語 量入為出《りょうにゅういしゅつ》

【開口一番】かいこういちばん

意味 何かを話し始める一番初めに。口を開くやいなや。
補説 「開口」は口を開くこと。話し始める意。
用例 開口一番一寸《ちょっと》休まなければやり切れない位のものだ。〈夏目漱石◆倫敦消息〉
類義語 開巻第一《かいかんだいいち》

【解甲帰田】かいこうきでん 〈―スル〉

意味 兵役を離れて故郷に帰り、平和に暮らすこと。
補説 よろいを捨てて、田園に帰る意から。「甲」はよろい・かぶと。「解甲」は軍装を脱ぐ意。「甲《こう》を解《と》き田《た》に帰《かえ》る」と訓読する。
類義語 按甲休兵《あんこうきゅうへい》・解甲倒戈《かいこうとうか》・棄甲曳兵《きこうえいへい》

【外交辞令】がいこうじれい
意味 相手によく思われようとするためだけの、表面的な愛想のいい言葉。お愛想。お世辞。
補説 外交上用いられる儀礼的で形式的な言葉の意。「外交」は外部との交渉のこと。「辞令」は応対の言葉の意。習慣的で形式的な言い回し。
用例 内心の侮辱を忍びつつ、これも、所謂《いわゆる》『教養階級』の虚飾的な外交辞令であった。〈佐左木俊郎◆殺人迷路〉
類義語 社交辞令《しゃこうじれい》

【蟹行鳥跡】かいこうちょうせき
意味 西洋の書物と漢籍のこと。転じて、書き物・書物の総称。
補説 「蟹行」は、カニが横に歩くように横書きされた文字。転じて、西洋の文字。「鳥跡」は蒼頡《そうけつ》という人が鳥の足跡を見て文字を作ったという話から、漢字を指す。
用例 清香一室に満ち、時に蟹行鳥跡に倦《う》みたる眼《まなこ》を移して此《こ》の君に向えば、神《しん》は転《うた》た青山深き処《ところ》に飛ぶ。〈徳冨蘆花◆自然と人生〉

【外巧内嫉】がいこうないしつ
意味 表面上は巧みにとりつくろっているが、内心ではねたんでいること。
補説 「外巧」は表面上は巧みに応対していること。「嫉」はねたむ意。
出典 『漢書《かんじょ》』翟方進伝《てきほうしんでん》
類義語 内疎外親《ないそがいしん》

【外剛内柔】がいごうないじゅう
⇒ 内柔外剛 ないじゅうがいごう 504

【回光返照】かいこうへんしょう
⇒ 回光返照 えこうへんしょう 71

【魁梧奇偉】かいごきい
意味 体がひときわ大柄なこと。
補説 「魁梧」は体が大きくて立派なさま。「奇偉」はすぐれて立派なこと。
出典 『史記《しき》』留侯世家《りゅうこうせいか》・賛

【悔悟慙羞】かいござんしゅう 〈―スル〉
意味 後悔して過失に気づき、心に恥じること。過ちに気づいて悔い恥じること。
補説 「悔悟」は過ちを悔い非を悟ること。「慙羞」は恥ずかしく思うこと。
用例 小説の寓意《ぐうい》を知得てただちに悔悟慙羞して其《その》行いを改むるに至らずとも、誹刺《ひし》されてこころよしと思う者は稀《まれ》なるべし。〈坪内逍遥◆小説神髄〉

【解語之花】かいごのはな
意味 美女のたとえ。
補説 言葉を理解する花の意から。
故事 中国唐の玄宗《げんそう》皇帝が、宮中の太液池で美しく咲いた白蓮《びゃくれん》の花を見ていたときに、花の美しさをほめる人々に対して白蓮の花も楊貴妃《ようきひ》の美しさにはかなうまいと言ったという故事から。
出典 『開元天宝遺事《かいげんてんぽういじ》』解語花《かいごか》 ◎「太液池に、千葉《せんよう》の白蓮《はくれん》有り。帝《てい》貴妃《きひ》を指し左右に示して曰《いわ》く、争《いか》でか我が解語の花に如《し》かんと」
類義語 国色天香《こくしょくてんこう》

【悔悟憤発】かいごふんぱつ 〈―スル〉
意味 失敗を悔いて挽回《ばんかい》に努めること。前非を悔い改め、挽回しようと奮い立つこと。
補説 「悔悟」は過ちを悔い非を悟ること。「憤発」は元気を奮い起こすこと。
用例 これまで賊徒に従う譜代臣下の者たりとも、悔悟憤発して国家に尽す志あるの輩《ともがら》は寛大の思召《おぼしめし》をもって御採用あらせらるべく、もしまた、この時節になっても大義を弁《わきま》えずに、賊徒と謀《はかりごと》を通ずるような者は、朝敵同様の厳刑に処せられるであろう。〈島崎藤村◆夜明け前〉

【快語満堂】かいごまんどう
意味 痛快な言葉を部屋中に響かせること。
補説 「快語」は自慢げに話す痛快な言葉。「満堂」は部屋いっぱいに満ちていること。
用例 大丈夫この気宇《きう》なかる可《べ》からずと、そり身に成りて快語満堂を圧するは、この人。函山《かんざん》の美を説くは、菅。〈島崎藤村◆春〉

【開権顕実】かいごんけんじつ
意味 「権教《ごんきょう》」を開き、「実教《じっきょう》」を顕《あら》す。『法華経《ほけきょう》』以前の諸経の教えが仮の教え（「権教」）であったことを打ち明け、真実の教え（「実教」）である『法華経』を顕示する、ということ。
(補説) 仏教語。他の教えを方便の説とし『法華経』を至上の教えと位置づける天台宗《てんだいしゅう》の説。
(出典) 『法華玄義《ほっけげんぎ》』
[類義語] 開三顕一《かいさんけんいち》・開迹顕本《かいしゃくけんぽん》

【睚眦之怨】 がいさいのうらみ
(意味) ほんのわずかなうらみ。ちょっとにらまれた程度のうらみの意から。

(補説) 「睚眦」は目を怒らすさま、にらむさま。「睚」はまぶた、「眦」はまなじりの意。

(注意) 「がいさいのえん」とも読む。

(出典) 『史記《しき》』范雎伝《はんしょでん》 ◎「一飯の徳も必ず償《つぐな》い、睚眦の怨も必ず報ゆ」

【懐才不遇】 かいさいふぐう
⇒ 轗軻不遇 かんかふぐう 119

【回山倒海】 かいざんとうかい
(意味) 勢いがきわめて盛んな形容。
(補説) 山をころがし海をひっくり返す意から。「回」はまわる、まわす意。「山《やま》を回《めぐ》らし海《うみ》を倒《たお》す」と訓読する。
(出典) 『魏書《ぎしょ》』高閭伝《こうりょでん》
[類義語] 移山造海《いざんぞうかい》・抜山蓋世《ばつざんがいせい》

【開示悟入】 かいじごにゅう
(意味) すべての衆生《しゅじょう》に、仏の悟りを「開」き、「示」し、「悟」らせ、それに「入」らせること。
(補説) 仏教語。衆生に「仏知見《ぶっちけん》」（仏の智恵《ちえ》）を「開示」し、それに「悟入」せしめるという「一大事因縁《いちだいじいんねん》」のためにこそ、仏はこの世に現れたのだとされる。「開示」は教えさとすこと。「悟入」は悟りの境地に入ること。
(出典) 『法華経《ほけきょう》』方便品《ほうべんぽん》

【海市蜃楼】 かいししんろう
(意味) 実体や根拠などがなく、むなしくうつろなもののたとえ。また、現実性のない考えなどのたとえ。
(補説) 「海市」「蜃楼」ともに蜃気楼の意。「蜃」はおおはまぐり。古代中国ではこれの吐き出す息で蜃気楼ができると考えられていた。「蜃楼海市《しんろうかいし》」ともいう。
(出典) 『史記《しき》』天官書《てんかんしょ》
[類義語] 空中楼閣《くうちゅうろうかく》・空中楼台《くうちゅうろうだい》・砂上楼閣《さじょうのろうかく》

【亥豕之譌】 がいしのか
(意味) 文字の書き誤りのこと。
(補説) 「亥」と「豕」とが字形が似ていて書き誤りやすいのでいう。「譌」は誤りの意。
(注意) 「がいしのあやまり」とも読む。
(出典) 『呂氏春秋《りょししゅんじゅう》』察伝《さつでん》
[類義語] 烏焉魯魚《うえんろぎょ》・焉馬之誤《えんばのあやまり》・虎虚之誤《こきょのあやまり》・三豕渡河《さんしとか》・魯魚亥豕《ろぎょがいし》・魯魚章草《ろぎょしょうそう》・魯魚帝虎《ろぎょていこ》・魯魚陶陰《ろぎょとういん》・魯魚之謬《ろぎょのあやまり》

【改邪帰正】 かいじゃきせい〈―スル〉
(意味) 悪い行いから抜け出し、正しい行いへと進んでいくこと。
(補説) 「邪《じゃ》を改《あらた》め正《せい》に帰《き》す」と訓読する。
(注意) 「かいじゃきしょう」とも読む。
[類義語] 棄邪従正《きじゃじゅうせい》・背邪向正《はいじゃこうせい》・翻邪帰正《ほんじゃきせい》

【膾炙人口】 かいしゃじんこう
(意味) 誰《だれ》の口にものぼり、広く世間に知られて、もてはやされること。

(補説) 「人口」は世人の口・うわさ。「膾」はなますで、細く切った生《なま》の肉、「炙」はあぶり肉のこと。どちらも美味で、誰の口にも合って好まれることから。一般に「人口《じんこう》に膾炙《かいしゃ》する」と訓読して用いる。「人口膾炙《じんこうかいしゃ》」ともいう。

(注意) 「かいせきじんこう」とも読む。

(出典) 林嵩《りんすう》「周樸詩集序《しゅうぼくししゅうじょ》」

【鎧袖一触】 がいしゅういっしょく〈―スル〉
(意味) 相手をたやすく打ち負かしてしまうたとえ。弱敵にたやすく一撃を加えるたとえ。
(補説) 鎧《よろい》の袖《そで》がわずかに触れただけで、敵が即座に倒れる意から。「鎧袖」は鎧の袖。「一触」はほんの少し触れること。
(出典) 『日本外史《にほんがいし》』二
(用例) 肉体が疲れて意志を失ってしまったときには、鎧袖一触、修辞も何もぬきにして、袈裟《けさ》がけに人を抜打ちにしてしまう場合が

多いように思われます。〈太宰治◆女の決闘〉

【外柔内剛】がいじゅうないごう

（意味）外見は穏やかで優しそうだが、心の中は強い意志をもっていること。外見は弱々しく見えるが、案外気の強いことにもいう。
（補説）「柔」は穏やかなこと。おとなしいこと。「剛」は意志などが強いこと。「内剛外柔《ないごうがいじゅう》」ともいう。
（出典）『晋書《しんじょ》』甘卓伝《かんたくでん》
（用例）所謂《いわゆる》外柔内剛で、口当りは一寸《ちょっと》柔いが、心が確《しっか》りしている、行《や》り出すと極端まで行るです。〈二葉亭四迷◆其面影〉
（類義語）外円内方《がいえんないほう》・外寛内深《がいかんないしん》・内剛外順《ないごうがいじゅん》・内峻外和《ないしゅんがいわ》・外柔中剛《がいじゅうちゅうごう》
（対義語）外剛内柔《がいごうないじゅう》・内柔外剛《ないじゅうがいごう》

【下意上達】かいじょうたつ（—スル）

（意味）下の者の気持ちなどが、上の者によく通じること。
（補説）「下意」は下々の者の気持ちや考え。「上達」は上の者に達する、届く意。
（用例）政治は下意上達の道がひらかれ、特に、民族の相互接触と共に、大規模な共存共栄の形が日常生活の上で具体化しつつあるのであります。〈岸田國士◆文芸の側衛的任務〉
（対義語）上意下達《じょういかたつ》

【快人快語】かいじんかいご

（意味）きっぱりして好ましい人がずばり言うことの形容。また、そうした言葉。
（補説）「快人」はさばさばした人。きっぱりして好ましい人。「快語」はずばり言ってのける心地よい言葉。
（出典）『景徳伝灯録《けいとくでんとうろく》』六
（類義語）快人一語《かいじんいちご》

【開心見誠】かいしんけんせい

（意味）胸襟を開いて、誠意をもって人に接すること。
（補説）「開心」は心の中を開くこと。「見誠」は誠意を表すこと。「見」は表す、示す意。「心《こころ》を開《ひら》いて誠《まこと》を見《あらわ》す」と訓読する。
（出典）『後漢書《ごかんじょ》』馬援伝《ばえんでん》
（類義語）開誠布公《かいせいふこう》

【灰心喪気】かいしんそうき

（意味）がっかりして元気をなくすこと。
（補説）「灰心」は火が消えた冷たい灰のように、元気がなくしょげている心。「喪気」は元気を失うこと。
（類義語）意気消沈《いきしょうちん》・意気阻喪《いきそそう》・灰心喪意《かいしんそうい》
（対義語）意気軒昂《いきけんこう》・意気衝天《いきしょうてん》・意気揚揚《いきようよう》

【回心転意】かいしんてんい（—スル）

（意味）これまでの考えや主張を考え直し改めること。仲直りの意に用いることが多い。

（補説）「回心」は心を改める。また、昔の思いや愛情をよみがえらせ取り戻す意。「転意」もほぼ「回心」と同意。「意」は心の意。

（出典）『京本通俗小説《けいほんつうぞくしょうせつ》』錯斬崔寧《さいねいをさくざんす》

【戒慎之鞀】かいしんのとう

（意味）ほんの少しの過ちでも改めること。
（補説）周の武王が自分を諫《いさ》めたいとき、臣下に振り鼓《つづみ》を鳴らすように言ったことから。「戒慎」は戒め慎むこと、過ちのないように用心して気をつけること。「鞀」は柄《え》のついた振り鼓。
（出典）『呂氏春秋《りょししゅんじゅう》』自知《じち》
（類義語）敢諫之鼓《かんかんのこ》・司直之人《しちょくのひと》・誹謗之木《ひぼうのき》
（類義語）飲灰洗胃《いんかいせんい》・心回意転《しんかいいてん》

【誨人不倦】かいじんふけん

（意味）他人を教え導いて怠らないこと。また、教えているときに相手がなかなか納得しなくても教える熱意を失わないこと。
（補説）「誨」は教える意。一般に「人《ひと》を誨《おし》えて倦《う》まず」と訓読して用いる。
（出典）『論語《ろんご》』述而《じゅつじ》
（類義語）誨人不厭《かいじんふえん》

【回生起死】かいせいきし

⇒ 起死回生 きしかいせい 139

【海誓山盟】かいせいさんめい

（意味）非常に固い誓い。

（補説）永久に変わらない海や山のように、変わらない誓いの意から。男女間の愛情に用いられることが多い。「誓」「盟」はともに、誓い・約束の意。

（出典）辛棄疾《しんきしつ》—詞「南郷子《なんきょうし》・贈妓《ぞうき》」

か

類義語 海約山盟《かいやくさんめい》・河誓山盟《かせいさんめい》・山海之盟《さんかいのめい》

【蓋世之才】 がいせいのさい

意味 意気盛んで、非常にすぐれた才気。また、それをもつ人。

補説 「蓋世」は世を蓋《おお》う意で、世の中を覆い尽くすほど気力や能力などがすぐれていること。「才」は才能にすぐれていること。

出典 蘇軾《そしょく》「留侯論《りゅうこうろん》」

類義語 蓋世之材《がいせいのざい》・特立之士《とくりつのし》

【蓋世不抜】 がいせいふばつ

意味 気性や才能などが圧倒的にすぐれていて、揺るぎがないこと。

補説 「蓋世」は、世を蓋《おお》う意で、世の中を覆い尽くすほど気力や能力などがすぐれていること。「不抜」は、堅固でしっかりしていること。

用例 ナポレオンは、まだ密《ひそ》かにロシアを遠征する機会を狙《ねら》ってやめなかった。この蓋世不抜の一代の英気は、またナポレオンの腹の田虫をいつまでも癒《なお》す暇を与えなかった。〈横光利一◆ナポレオンと田虫〉

【晦迹韜光】 かいせきとうこう

⇒ 韜光晦迹《とうこうかいせき》 484

【塊然独処】 かいぜんどくしょ

意味 独りじっと静かにいること。

補説 「塊」は土のかたまりの意で、「塊然」は独りでじっと動かずにいるさま。「独処」は独りで静かにしていること。『荀子《じゅんし》』の、天子は見ようとしなくても見え、聞こうとしなくても聞こえ、考えようとしなくても分かり、動こうとしなくても功《いさお》が上がるので、独りじっと座っていても自然と天下の人々が服従して、あたかも一つの体のようである、とする天子の理想の姿を述べた一節にある語。「塊然《かいぜん》として独《ひと》り処《しょ》す」と訓読する。

出典 『荀子《じゅんし》』君道《くんどう》

類義語 塊然独坐《かいぜんどくざ》

【階前万里】 かいぜんばんり

意味 天子が地方政治の実情をよく知っていて、臣下は天子を欺くことができないたとえ。

補説 万里の遠方の出来事も、手近な階段の前のことのように分かる意から。「階前」は階段の前。宮殿の階段の前の意。

出典 『資治通鑑《しじつがん》』唐紀《とうき》・宣宗《せんそう》・大中《だいちゅう》一二年

用例 乙姫さまは、あなたの事なんか、もうとうにご存じですよ。階前万里というじゃありませんか。観念して、ただていねいにお辞儀しておけばいいのです。〈太宰治◆お伽草紙〉

類義語 明見万里《めいけんばんり》

【海内殷富】 かいだいいんぷ

意味 国家が豊かに繁栄すること。

補説 「海内」は四海の内の意で、国家のこと。国内。「殷富」は栄えて富んでいること。「殷」は中身が詰まって多いことを示す。

出典 『史記《しき》』孝文帝紀《こうぶんていき》

類義語 国家殷富《こっかいんぷ》

【海内冠冕】 かいだいのかんべん

意味 天下第一ということ。

補説 「海内」は四海の内の意で、国内・天下のこと。「冠冕」は高位の人が頭につける冠。転じて、第一位・一番・首位の意。

出典 『文選《もんぜん》』任昉《じんぼう》「王文憲集序《おうぶんけんしゅうのじょ》」

【海内奇士】 かいだいのきし

意味 この世で類のないほどすぐれた人物。

補説 「海内」は四海の内の意で、この世・天下のこと。「奇士」は群を抜いてすぐれた人物。

出典 『後漢書《ごかんじょ》』臧洪伝《ぞうこうでん》

【海内紛擾】 かいだいふんじょう

意味 世の中が乱れ、騒がしくなること。

補説 「海内」は四海の内の意で、国内のこと。「紛擾」は乱れて騒ぐこと。もめること。

用例 実に足利《あしかが》の末世、海内紛擾の時に当りて、織田豊臣《おだとよとみ》の功業もいまだその基を固くすること能《あた》わず。〈福沢諭吉◆文明論之概略〉

【海内無双】 かいだいむそう

意味 この世に並ぶものがないほどすぐれていること。

補説 「海内」は四海の内の意で、この世・天下のこと。「無双」は世に二つとない、並ぶものがないこと。「双」は並ぶ、匹敵する。

出典 『文選《もんぜん》』東方朔《とうぼうさく》「客《きゃく》の難《なん》ずる

に答《こた》う」

用例 その心配のうちにも、また安んずるところがあるのは、それはこの殿様が、もとより武芸にかけて何一つおろそかはないが、ことに鉄砲にかけては、海内無双であるということを知っているからであります。〈中里介山◆大菩薩峠〉

類義語 挙世無双《きょせいむそう》・古今独歩《ここんどっぽ》・古今無双《ここんむそう》・天下一品《てんかいっぴん》・天下第一《てんかだいいち》・天下無双《てんかむそう》・天下無敵《てんかむてき》・当代無双《とうだいむそう》

【咳唾成珠】がいだせいしゅ

意味 権勢が盛んで一語一語が尊ばれること。また、詩文の才が豊かで一語一語がすばらしいこと。

補説 せきや唾《つば》もみな珠玉になる意から。「咳唾」はせきと唾。他人の言葉の敬称。「珠」は珠玉。一般に「咳唾《がいだ》珠《たま》を成《な》す」と訓読して用いる。

注意 「欬唾成珠」とも書く。

出典 『後漢書《ごかんじょ》』趙壱伝《ちょういつでん》

【街談巷語】がいだんこうご

⇒ 街談巷説《がいだんこうせつ》 95

【街談巷説】がいだんこうせつ

意味 市中のちょっとしたうわさ話のこと。風説。世評。

補説 「街談」も「巷説」も、世間のうわさ話。類義の語を重ねて意味を強調している。「街談巷語《がいだんこうご》」ともいう。

出典 『文選《もんぜん》』曹植《そうしょく》「楊徳祖《ようとくそ》に与《あた》うる書《しょ》」 ◎「街談巷説も必ず采《と》る可《べ》き有り」

類義語 街談巷議《がいだんこうぎ》・道聴塗説《どうちょうとせつ》・流言蜚語《りゅうげんひご》

【怪誕不経】かいたんふけい （―ナ）

意味 でたらめで道理に合わないこと。また、そのような話。

補説 「怪誕」は怪しくいいかげんなこと。でたらめなこと。「不経」は正しい道に背くこと。道理に合わないこと。

出典 『二刻拍案驚奇《にこくはくあんきょうき》』原序

類義語 譎詭不経《けっきふけい》・荒唐無稽《こうとうむけい》

【喙長三尺】かいちょうさんじゃく

意味 弁論が達者なたとえ。口が立つたとえ。

補説 くちばしの長さが三尺もある意から。「喙」はくちばし、口。「三尺」は長いことのたとえ。

出典 『荘子《そうじ》』徐無鬼《じょむき》

【海底撈月】かいていろうげつ

意味 実現できないことに労力を費やして効果のないたとえ。

補説 海面に映った月をすくい上げようとする意から。「撈」は水中からすくい上げる意。「海底《かいてい》に月《つき》を撈《すく》う」と訓読する。中国唐の李白《りはく》が、船上で酒に酔って、水面に映った月をすくい上げようとして溺死《できし》したという伝説がある。

類義語 猿猴取月《えんこうしゅげつ》・海中撈月《かいちゅうろうげつ》・海底撈針《かいていろうしん》・水中捉月《すいちゅうそくげつ》・水中撈月《すいちゅうろうげつ》

【蓋天蓋地】がいてんがいち

意味 全世界。仏の教えがすべての世界に、広くすみずみまで行き渡ること。

補説 仏教語。「蓋」はおおう意。「天《てん》を蓋《おお》い地《ち》を蓋《おお》う」と訓読する。

用例 四囲の鬼神汝《なんじ》を呪うことあり。呪われて後蓋天蓋地の大歓喜に逢《あ》うべし。〈夏目漱石◆幻影の盾〉

類義語 尽十方界《じんじっぽうかい》

【回天事業】かいてん（の）じぎょう

意味 天下を一変させるほどの大事業。世の中の情勢を変えてしまうほどの大事業。

補説 「回天」は天を回転させる意で、天下の形勢を一変すること。

注意 「廻天事業」とも書く。

類義語 回天之力《かいてんのちから》・図南之翼《となんのよく》・図南鵬翼《となんほうよく》

【回天之力】かいてんのちから

意味 天下の情勢を一変させる大きな力。また、衰えた勢いを挽回《ばんかい》させる力。

補説 「回天」は天を回転させる意で、天下の形勢を一変すること。

注意 「廻天之力」とも書く。

出典 『北斉書《ほくせいしょ》』帝紀総論《ていきそうろん》

類義語 回天事業《かいてんじぎょう》

【開天闢地】かいてんへきち

意味 天地の始まり。また、史上初めての出来事の形容。

補説 「開」「闢」はともに、ひらく意。「開闢《かいびゃく》」で天地がひらける、また、その時の意。中国伝説上、古代の天子の盤古《ばんこ》が天地を開き創造したとされる。「天《てん》を開《ひら》き地《ち》を闢《ひら》く」と訓読する。

注意 「開天辟地」とも書く。「かいてんびゃくち」とも読む。

出典 『隋書《ずいしょ》』音楽志《おんがくし》

類義語 天開地辟《てんかいちへき》・天地開闢《てんちかいびゃく》

【誨盗誨淫】かいとうかいいん

意味 悪事に誘い込むこと。

補説 盗みや淫《みだ》らな心を起こせと教える意から。「誨」は教える意。「淫」は淫らな心。おろそかな戸締まりが盗賊をその気にさせ、なまめかしい装いが人に淫らな心を起こさせる。だから、災いを招く前の用心が大切、という戒めの言葉。「盗《とう》を誨《おし》え淫《いん》を誨《おし》う」と訓読する。「誨淫誨盗《かいいんかいとう》」ともいう。

出典 『易経《えききょう》』繋辞《けいじ》上 ◎「蔵を慢にするは盗を誨え、容を冶《かざ》るは淫を誨う（宝の蔵の戸締まりをおろそかにすることは、盗賊に盗めと教えるようなものであり、容貌《ようぼう》をなまめかしくすることは、人に淫らな心を起こさせ誘惑させているようなものである）」

【改頭換面】かいとうかんめん

意味 表面は変わったようでも内実は変わらないことのたとえ。

補説 古い顔が新しい顔に変わり改まる意から。「頭《こう》べを改《あらた》め面《めん》を換《か》う」と訓読する。

出典 寒山《かんざん》「詩三百三首《しさんびゃくさんしゅ》」

類義語 改頭換尾《かいとうかんび》

【快刀乱麻】かいとうらんま

意味 こじれた物事を非常にあざやかに処理し解決すること。

補説 鋭利な刃物でもつれた麻糸を断ち切るように、物事を手際よく処理する意から。「快刀、乱麻を断《た》つ」の略。「快刀」は鋭利な刃物。「乱麻」はもつれた麻のこと。

出典 『太平御覧《たいへいぎょらん》』巻二一五に引く謝承《しゃしょう》『後漢書《ごかんじょ》』方儲伝《ほうちょでん》／『北斉書《ほくせいしょ》』文宣帝紀《ぶんせんていき》

用例 その議論は往々快刀乱麻を断つ槩《がい》がある。〈森鷗外◆魔睡〉

類義語 一刀両断《いっとうりょうだん》

【快犢破車】かいとくはしゃ

意味 大物になる素質をもった子どもは、しばしば無茶をするが、周囲は少し大目に見てやるべきである、ということ。そうした子どもは将来有望であるから、成長が楽しみであること。また、そうした子どもには自制を促して、無事に成長させるようにするべきである、ということ。

補説 「快犢」は勢いのよい子牛、「破車」は車を壊す意。「快犢《かいとく》車《くるま》を破《やぶ》る」と訓読する。

出典 『晋書《しんじょ》』石季竜載記《せっきりゅうさいき》

類義語 大器晩成《たいきばんせい》

【開闢以来】かいびゃくいらい

意味 天地が始まってから今に至るまでずっと。

補説 「開闢」は天地がひらける意。「開」「闢」はともに、ひらく意。

出典 『揚子法言《ようしほうげん》』寡見《かけん》

用例 今に偉い事になると思って、今日迄《こんにちまで》辛方《しんぼう》して聞いていたんだろう。愚の至りだ。彼等《かれら》の講義は開闢以来こんなものだ。〈夏目漱石◆三四郎〉

【開闢草昧】かいびゃくそうまい

意味 国が開け始めたばかりで、文明や秩序がまだ発達していないこと。

補説 「開闢」は天地がひらける意。「草昧」は世の開け始め、物事の初めで秩序のまだ整わないこと。

用例 而《しこう》して開闢草昧の世には、人民皆事物の理に暗くして外形のみに畏服《いふく》するものなれば、〈福沢諭吉◆文明論之概略〉

【凱風寒泉】がいふうかんせん

意味 親子の情愛の深いたとえ。特に母子についていう。また、親孝行な子がその母を慕う情の甚だ深いことのたとえ。

補説 「凱風」は『詩経《しきょう》』の篇名《へんめい》で、南風の意。慈愛に満ちた母の情をたとえたもの。「寒泉」は凱風篇にある詩句で、冷たい泉の意。旅人や農夫の喉《のど》を潤すなど寒泉でさえ人の役に立つのに、子どもが七人もいながら、母に苦労をかけてばかりいるのを悔いることをたとえた語。

出典 『詩経《しきょう》』邶風《はいふう》・凱風《がいふう》

用法 凱風寒泉の思い

【磑風舂雨】がいふうしょうう

意味 物事の兆し・前兆などのたとえ。

補説 羽蟻《はあり》の群れなどが、石臼《うす》を回すようにぐるぐる旋回して飛ぶときには風が吹き、きねで臼をつくように、上に下にと飛ぶときには雨になるという言い伝え。「磑」は石臼のこと。「舂」は臼で穀物などをつくこと。

出典 『事物原始《じぶつげんし》』 磨磑《まがい》

【開物成務】かいぶつせいむ

意味 人々の知識を開発して、世の中の事業を成就させること。

補説 もと、卜筮《ぼくぜい》（うらない）によって、人が吉凶を知り、それによって事業を成就させるという易《えき》の目的を述べた語。万物の道理に通暁し、事業を成功させる意。「開物」は万物を開き発展させる意。「成務」は事業や職務を成し遂げる意。略して「開成」ともいう。「物《もの》を開《ひら》き務《つと》めを成《な》す」と訓読する。

出典 『易経《えききょう》』 繋辞《けいじ》上 ◎「夫《そ》れ易《えき》は物を開き務めを成し、天下の道を冒《おお》う」

【懐宝迷邦】かいほうめいほう

意味 すぐれた才能をもちながら、それを活用して社会に役立てないことのたとえ。

補説 宝を胸に抱きながら、国を乱れたままにしている意から。「懐宝」は宝物を懐中にしまっておくこと、「宝」はすぐれた才能のたとえ。「迷邦」は国が乱れているのをそのままにしておくこと。「宝《たから》を懐《いだ》いて邦《くに》を迷《まよ》わす」と訓読する。

出典 『論語《ろんご》』 陽貨《ようか》

【槐門棘路】かいもんきょくろ

意味 政界の最高幹部のこと。

補説 もとは、中国周代の三公と九卿《きゅうけい》のことをいった。「槐門」は三公の別称。「棘路」は九卿の別称。合わせて、公卿《こうけい》の地位のこと。三公は臣下の最高位の三つの位で、周代では太師・太傅《たいふ》・太保をいう。九卿は九人の大臣。それぞれ時代によって異なる。「九棘三槐《きゅうきょくさんかい》」「三槐九棘《さんかいきゅうきょく》」「露槐風棘《ろかいふうきょく》」ともいう。

故事 中国の周代、天子が政務を執る外朝《がいちょう》の庭に三公が位置する所を示す三本の槐（エンジュの木）を植え、外朝の左右に九卿の位置する所を示す九本の棘（いばらの木）を植えたという故事から。

類義語 槐階棘路《かいかいきょくろ》・公卿大夫《こうけいたいふ》

【開門揖盗】かいもんゆうとう

意味 自分から災いを招くたとえ。

補説 自ら門を開いて、盗人に会釈して招き入れる意から。「開門」は門を開くこと。「揖」は会釈、また、会釈して招き入れること。「揖盗」は盗人に会釈する意。「門《もん》を開《ひら》きて盗《とう》に揖《ゆう》す」と訓読する。

出典 『呉志《ごし》』 呉主伝《ごしゅでん》

類義語 引狼入室《いんろうにゅうしつ》・自業自得《じごうじとく》

【傀儡政権】かいらいせいけん

意味 自らの意志をもたず、他人や他国に操られるだけの、実権のない政権のこと。

補説 「傀儡」は操り人形。

【怪力乱神】かいりきらんしん

意味 怪しく不思議で人知ではかり知れないもののこと。

補説 「怪」は奇怪なこと、不思議なこと。「力」は武勇や暴力のこと。「乱」は道徳に反すること。「神」は鬼神、普通の人が認知できない神霊・霊魂のこと。

注意 「かいりょくらんしん」とも読む。

出典 『論語《ろんご》』 述而《じゅつじ》 ◎「子《し》（孔子）、怪力乱神を語らず」

用例 ある会心は、胸にあった。けれどそれは怪力乱神を語るに似て、人には語れないものであった。〈吉川英治◆源頼朝〉

【魁塁之士】かいるいのし

意味 体格が大きくて立派な人のこと。

補説 「魁」は大きくすぐれている意。「魁塁」はすぐれてたくましいさま。

出典 『漢書《かんじょ》』 鮑宣伝《ほうせんでん》

【偕老同穴】かいろうどうけつ

意味 夫婦が仲むつまじく添い遂げること。夫婦の契りがかたく仲むつまじいたとえ。

補説 夫婦がともにむつまじく年を重ね、死後は同じ墓に葬られる意から。「偕」はともにの意。「穴」は墓の穴の意。

出典 （偕老）『詩経《しきょう》』 邶風《はいふう》・撃鼓《げきこ》／（同穴）『詩経』 王風《おうふう》・大車《たいしゃ》

用法 偕老同穴の契りを結ぶ

(用例)主人が偕老同穴を契った夫人の脳天のまん中にはまん丸な大きな禿《はげ》がある。しかもその禿が暖かい日光を反射して、今や時を得顔に輝いている。〈夏目漱石◆吾輩は猫である〉

(類義語)比翼連理《ひよくれんり》

【薤露蒿里】 かいろ こうり

(意味)人の命のはかないことのたとえ。

(補説)「薤露」「蒿里」はともに、葬送のときに歌われた挽歌《ばんか》の名。中国秦《しん》末の田横《でんおう》が漢の高祖劉邦《りゅうほう》に仕えるのを恥じて自殺したとき、悲しんだ門人が作った歌を、李延年《りえんねん》が「薤露歌《かいろか》」「蒿里曲《こうりきょく》」の二曲に分けて作曲し、前者は王侯貴族の葬送に、後者は士大夫《したいふ》・庶民の葬送に用いた。「薤露」は、ニラの上におりた朝露の意。乾きやすく落ちやすいことから、人の命のはかなさのたとえ。「蒿里」はもと中国山東省の泰山の南にある山の名。人が死ぬとその魂がここに来るとされる。転じて、墓地の意。

(出典)『古今注《ここんちゅう》』音楽《おんがく》

(類義語)薤上之露《かいじょうのつゆ》

【夏雲奇峰】 かうん きほう

(意味)夏の青空に現れる入道雲の珍しい峰の形のこと。

(出典)陶潜《とうせん》－詩「四時《しいじ》」◎「春水《しゅんすい》四沢《したく》に満ち、夏雲奇峰多し」

【瓦解土崩】 がかい どほう 〈―スル〉

⇒ 土崩瓦解 どほうがかい 501

【柯会之盟】 かかいの めい

(意味)約束を果たし信義を守ることのたとえ。

(補説)約束を果たし、信頼を得ることのたとえとして用いることもある。「柯」は中国春秋時代の斉の地名。山東省にある。略して「柯盟」ともいう。

(故事)中国春秋時代、斉の桓《かん》公が斉の柯の地で魯《ろ》の荘公と会合し、侵略した魯の領土を返すことを約束して、これを違《たが》わずに果たし信義を守ったという故事から。

(出典)『春秋左氏伝《しゅんじゅうさしでん》』荘公《そうこう》一三年

【瓦解氷消】 がかい ひょうしょう

⇒ 氷消瓦解 ひょうしょうがかい 558

【花街柳巷】 かがい りゅうこう

⇒ 柳巷花街 りゅうこうかがい 660

【下学上達】 かがく じょうたつ 〈―スル〉

(意味)身近で平易なことから学んで、次第に高度で深い道理に通じること。また、手近なところから学び始めて、進歩向上してゆくこと。

(補説)「下学」は初歩的で卑近なことを学ぶこと。「上達」は高遠な道理に通じること。「下学《かがく》して上達《じょうたつ》す」と訓読する。「下学之功《かがくのこう》」ともいう。

(出典)『論語《ろんご》』憲問《けんもん》◎「下学して上達す」

【蝸角之争】 かかくの あらそい

(意味)ささいなことで争うことのたとえ。

(補説)きわめて小さな世界での争いの意から。「蝸角」はカタツムリの角の意。きわめて狭いこと、また小さいことのたとえ。「蝸牛角上《かぎゅうかくじょう》の争い」の略。「蝸牛角上《かぎゅうかくじょう》」ともいう。『荘子《そうじ》』にある、カタツムリの左の角の上にある触《しょく》氏の国と右の角の上にある蛮《ばん》氏の国が領地を争って、数万もの戦死者を出したという寓話から。

(出典)『荘子《そうじ》』則陽《そくよう》

(類義語)蛮触之争《ばんしょくのあらそい》

【下学之功】 かがくの こう

⇒ 下学上達 かがくじょうたつ 98

【呵呵大笑】 かか たいしょう 〈―スル〉

(意味)大声をあげて笑うこと。

(補説)「呵呵」は大声で笑うさま。

(出典)『景徳伝灯録《けいとくでんとうろく》』八・潭州秀谿和尚《たんしゅうしゅうけいおしょう》

(用例)私達はお通夜をしりめに杯の数をあげながら、つまり今夜俺達は例のファウストの科白《せりふ》に復讐《ふくしゅう》しているようなものだなと言いあって呵々大笑したものである。〈坂口安吾◆牧野さんの死〉

(類義語)捧腹絶倒《ほうふくぜっとう》

【瓜葛之親】 かかつの しん

(意味)親類縁者のこと。

(補説)ウリやクズのつるが互いにからみ合うことから、血縁関係のたとえとなった。

(出典)『独断《どくだん》』下

(用例)二洲《じしゅう》は瓜葛の親とは、思軒《しけん》以来の

套語《ごとう》であるが〈森鷗外◆伊沢蘭軒〉

【夏下冬上】かかとうじょう

意味 炭火などのおこし方。

補説 夏は炭の下に、冬は上に、火種を置くとよく火がおこるということ。「冬上夏下《とうじょうかか》」ともいう。

【河漢之言】かかんのげん

意味 言説がおおげさで現実離れしていること。言葉が果てしなくとりとめのないこと。誇大な言葉、虚言（ほら話）のこと。

補説 天《あま》の川のように無限に続く言葉の意から。「河漢」は天の川の意。天の川が遠くきわまりないように、おおげさでとらえどころのないたとえ。

出典 『荘子《そうじ》』逍遥遊《しょうようゆう》 ◎「吾《われ》は其《そ》の言の猶《な》お河漢のごとくにして極まり無きに驚怖するなり」

類義語 河漢斯言《かかんしげん》

【花顔柳腰】かがんりゅうよう

意味 花のように美しい顔と、柳のようにしなやかな腰の意。美人の形容。

補説 「花顔」は花のように美しい顔の意。「柳腰」は柳のようにしなやかな腰の意。

用例 花顔柳腰の人、抑々《そもそも》爾《なんじ》は狐狸《こり》か、変化《へんげ》か、魔性か。恐《おそ》らくは胭脂《えんし》の怪物なるべし。〈泉鏡花◆義血侠血〉

【夏癸殷辛】かきいんしん

意味 夏《か》の桀《けっ》王と殷《いん》の紂《ちゅう》王のこと。転じて、暴君のたとえ。

補説 「夏」「殷」はともに王朝の名。「癸」は桀王の名。「辛」は紂王の名。夏王朝は禹《う》王に始まり桀王に終わり、次の殷王朝は湯王に始まり紂王に終わった。禹王、湯王はともに聖天子とされ、最後の桀王、紂王は古代の代表的暴君。

出典 『文選《もんぜん》』張衡《ちょうこう》「東京賦《とうけいのふ》」

【和気香風】かきこうふう

意味 のどかな陽気とともに、よい香りが満ちていること。

補説 「和気」は穏やかでのどかな気候の意。「香風」はよいにおい、よい香りを含む風の意。

用例 また春の日に瓊葩綉葉《けいはしゅうよう》の間、和気香風のうちに、臥榻《がとう》を据《す》えてその上に臥《ね》そべり、次第《しだい》に遠ざかり往《ゆ》く虻《あぶ》の声を聞きながら、眠《ねぶ》るでもなく眠《ねぶ》らぬでもなく、〈二葉亭四迷◆浮雲〉

【餓鬼偏執】がきへんしゅう

意味 他人の迷惑を考えず、自分の考えにかたくなにとらわれていること。また、そのような人。

補説 「餓鬼」は生前の悪行の報いで餓鬼道に落ちた亡者。飢えに苦しんで常にがつがつ食物をむさぼることから、貪欲な者をいう。「偏執」はかたよった考えに固執すること。

注意 「がきへんず」とも読む。

【蝸牛角上】かぎゅうかくじょう

⇒ 蝸角之争 かかくのあらそい 98

【家給人足】かきゅうじんそく

意味 生活が豊かで満ち足りているたとえ。

補説 どの家にも衣食が十分に行き渡り、誰《だれ》もが豊かに満ち足りている意から。「給」は行き渡る、豊かになる意。「足」は十分にある、満ち備わる意。「家《いえ》ごとに給《きゅう》し人《ひと》ごとに足《た》る」と訓読する。

出典 『史記《しき》』商君伝《しょうくんでん》

類義語 家殷人足《かいんじんそく》・人給家足《じんきゅうかそく》・民給家足《みんきゅうかそく》

【蝸牛之廬】かぎゅうのいおり

意味 小さな住まいのこと。ささやかな住まいのたとえ。

補説 「蝸牛」はカタツムリ。「廬」は草ぶきの小屋。カタツムリの殻のように狭く小さい家の意。自分の家の謙称に多く用いられる。

注意 「蝸牛之庵」とも書く。「かぎゅうのあん」とも読む。

出典 『古今注《ここんちゅう》』魚虫《ぎょちゅう》

用例 私は性来《しょうらい》騒々しい所がきらいですから、わざと便利な市内を避けて、人迹《じんせき》まれな寒村の百姓家にしばらく蝸牛の庵を結んでいたのです…〈夏目漱石◆吾輩は猫である〉

【火牛之計】かぎゅうのけい

意味 牛の角に刀剣をくくりつけ、尾に葦《あし》を結んで火を付け、群れをなして敵陣に突入させる戦法。

補説 中国戦国時代、斉の田単《でんたん》が用いた。日本では、木曽義仲《きそよしなか》がこの火牛の計を用い、平氏の大軍を破ったとされる話が有名。「計」は「はかりごと」とも読む。

故事 中国戦国時代、斉の将軍田単が、敵の包囲網を打ち破るため、千頭余りの牛に赤い衣を着せ、刀を角に縛り付け、尾に付けた油を注いだ葦に火を付けて、城壁の穴から敵陣目がけて突撃させ、大勝したという故事から。

出典 『史記《しき》』田単伝《でんたんでん》

【科挙圧巻】かきょあっかん

意味 試験で最優秀の成績を収めること。

補説 「科挙」は中国の隋《ずい》代に制度として確立した官吏登用試験のこと。科目で人材を挙げ用いる意。「巻」は答案用紙の意で、「圧巻」は最優秀の答案（巻）を他の答案の上に載せたことから出た語。最もすぐれたものが一番上にあって、他のすべての答案を圧することから、転じて、書物や演劇などの中で最もすぐれた部分、また、詩文などで多くの作品中最もすぐれたものをいう。

出典 陳振孫《ちんしんそん》『直斎書録解題《ちょくさいしょろくかいだい》』一九

【下喬入幽】かきょうにゅうゆう

意味 高い木の梢《こずえ》から下りて、薄暗い谷間に移り住むこと。よい環境を捨てて、悪い環境に移るたとえ。よい所から悪い所へ移ることのたとえ。

補説 「喬」は喬木、高い樹木のこと。「幽」は幽谷、人里離れた奥深い谷のこと。「喬《きょう》を下《くだ》り幽《ゆう》に入《い》る」と訓読する。

故事 陳相《ちんしょう》は陳良という立派な師に仕えていたが、陳良が死んだあとは許子のところで野蛮な教えを学んでいた。そのことを孟子《もうし》が高い木から下りて、薄暗い谷間に移り住むような行為だとそしった故事から。

出典 『孟子《もうし》』滕文公《とうぶんこう》上

対義語 喬遷之喜《きょうせんのき》

【河魚腹疾】かぎょのふくしつ

意味 国などが内部から崩壊していくこと。

補説 川魚が腹に病気をもつ意。魚は腹の中から腐敗が始まることからいう。また、腹の病気のこと。「疾」は病気。

出典 『春秋左氏伝《しゅんじゅうさしでん》』宣公《せんこう》一二年

類義語 河魚之患《かぎょのかん》・河魚之疾《かぎょのしつ》

【嘉耦天成】かぐうてんせい

意味 天の働きによって、よい配偶者と自然に巡り合うこと。結婚を祝福するときに用いられる言葉。

補説 「耦」は「偶」と同じで配偶者の意。「嘉耦」はよい配偶者のこと。「天成」は天の働きによって自然にでき上がること。

出典 『春秋左氏伝《しゅんじゅうさしでん》』桓公《かんこう》二年

【架空無稽】かくうむけい

意味 作りごとで、でたらめなこと。何のよりどころもなく、ほらを吹くこと。

補説 「架空」「無稽」はともに何らよりどころのないこと。

用例 其《その》皮相なる脚色につきて彼《か》の物語を評するときには、奇異荒唐、架空無稽、只《ただ》よのつねなる奇異譚《ローマンス》と相異なることなきに似たれど、〈坪内逍遥◆小説神髄〉

類義語 荒唐不稽《こうとうふけい》・荒唐無稽《こうとうむけい》

【赫赫之功】かくかくのこう

⇒ 赫赫之名 かくかくのな 100

【諤諤之臣】がくがくのしん

意味 何はばかることなく、是非や善悪を直言する人のこと。正しいと思うことを遠慮なく述べる人のこと。

補説 「諤諤」はありのままを恐れはばかることなく直言するさま。

出典 『韓詩外伝《かんしがいでん》』七 ◎「願わくは諤諤の臣と為《な》り、筆に墨《すみ》し牘《とく》を操《あやつ》らん」◎「衆人の諾諾は一士の諤諤に若《し》かず」

類義語 侃侃諤諤《かんかんがくがく》

【赫赫之名】かくかくのな

意味 すばらしい評判・名声のたとえ。

補説 「赫赫」は、光り輝くさま。「赫赫之功《かくかくのこう》」ともいう。

注意 「かっかくのな」とも読む。

出典 『詩経《しきょう》』小雅《しょうが》・出車《しゅっしゃ》

類義語 赫赫之光《かくかくのひかり》・赫赫有名《かくかくゆうめい》・名声籍甚《めいせいせきじん》

【赫赫明明】かくかくめいめい 〈―タル〉〈―ト〉

⇒ 明明赫赫 めいめいかくかく 627

【隔岸観火】かくがんかんか

意味 他人の災難に対して手を貸して救おうとせず、ただ傍観していること。

補説 岸を隔てて対岸の火事を見る意から。「観火」は火事見物すること。「岸《きし》を隔《へだ》てて火《ひ》を観《み》る」と訓読する。転じて、出来事を自分とは無関係と考える意でも使われる。

類義語 拱手傍観《きょうしゅぼうかん》・坐視不救《ざしふきゅう》・袖手傍観《しゅうしゅぼうかん》・対岸火災《たいがんのかさい》・冷眼傍観《れいがんぼうかん》

【権管之利】かくかんのり

意味 川に一つだけ丸木橋を架けて、その通行税を独占するように、政府が専売を行い、利益を独占すること。

補説 「権」は丸木橋、「管」はつかさどる意。

注意 「権筦之利」とも書く。

出典 『漢書《かんじょ》』車千秋伝《しゃせんしゅうでん》

【革故鼎新】かくこていしん

意味 古い物事を改めて新しくすること。

補説 「革故」は古いもの、旧弊を取り去ること。「革」はあらためる意。もと易《えき》の卦《か》の名。「鼎新」は新しいものを取ること。「鼎」は物を煮る三本足の器。かなえ。もと易の卦の名。「故《ふる》きを革《あらた》め新《あら》しきを鼎《と》る（新しきに鼎《あらた》む）」と訓読する。「鼎新革故《ていしんかくこ》」ともいう。

出典 『易経《えききょう》』雑卦伝《ざっかでん》

類義語 革旧鼎新《かくきゅうていしん》

【各種各様】かくしゅかくよう

意味 いろいろな種類。それぞれの様子。

補説 「各種」は異なった種類。「各様」はさまざまに異なった様子。

用例 日本各地に生れた各種各様の婦人会は、男女同権の思想を基礎にして、ピューリタン的な「家庭の純潔」をめざした。〈宮本百合子◆婦人作家〉

類義語 各人各様《かくじんかくよう》・百人百様《ひゃくにんひゃくよう》

【鶴寿千歳】かくじゅせんざい

意味 長命・長寿のこと。

補説 鶴は千年の寿命を保つ意。「鶴寿」は鶴の寿命。「千歳」は千年。「歳」は年に同じ。

出典 『淮南子《えなんじ》』説林訓《ぜいりんくん》

類義語 亀鶴之寿《きかくのじゅ》・千秋万歳《せんしゅうばんざい》

【各人各様】かくじんかくよう

意味 人それぞれが、さまざまであること。

補説 「各人」はそれぞれの人。「各様」はさまざまに異なった様子。

用例 人あるところに恋あり、各人各様千差万別の恋愛が地上に営まれていることはいうまでもないことであろうが、見方によればどの恋も似寄《により》ったものだといえないことはない。〈坂口安吾◆不可解な失恋に就て〉

類義語 各種各様《かくしゅかくよう》・三者三様《さんしゃさんよう》・十人十色《じゅうにんといろ》・百人百様《ひゃくにんひゃくよう》

【隔世之感】かくせいのかん

意味 時代が移り変わってしまったという感慨。

補説 「隔世」は時代が隔たること。過去を思い起こす際に用いることが多い。

用例 黒い髭《ひげ》を生《は》やして山高帽を被《かぶ》った今の姿と坊主頭の昔の面影とを比べて見ると、自分でさえ隔世の感が起らないとも限らなかった。〈夏目漱石◆道草〉

類義語 今昔之感《こんじゃくのかん》

【廓然大公】かくぜんたいこう

意味 心に何のわだかまりもなくからっとしていて、少しの偏りもないこと。

補説 君子が学ぶべき聖人の心をいう語。また、聖人の心を学ぶ者の心構えをいう語。「廓然」は心が広々としてわだかまりがないさま。「大公」は大いに公平で私心のないこと。

注意 「廓然太公」とも書く。

出典 『河南程氏文集《かなんていしぶんしゅう》』二「横渠張子厚先生《おうきょちょうしこうせんせい》に答《こた》うる書《しょ》」

類義語 物来順応《ぶつらいじゅんのう》

【格致日新】かくちにっしん

意味 物事の道理や本質を追い求めて知識を深め、日々向上していくこと。

補説 「格致」は「格物致知《かくぶつちち》」（→「格物致知」102）の略。「日新」は、日ごとに新しくなる、日ごとに向上する意。「格致《かくち》日《ひ》に新《あら》た」と訓読する。

【学知利行】がくちりこう

意味 人が踏み行うべき道を学んで理解し、その正しさを認識して、実践すること。

補説 人が踏み行うべき人倫の道を認識し、実践していく三つの段階（生まれつき人が踏み行うべき道を知っていて、自然にそれを実践できる「生知安行《せいちあんこう》」、人が踏み行うべき道を学んで理解し、その正しさを認識して実行する「学知利行」、人が踏み行うべき道

か

を苦心して知り、努力して実践し、人徳を身につける「困知勉行《こんちべんこう》」）のうちの一つ。「学知」は人倫の道を学んで知ること。「利行」は正しさを認めて実践すること。

出典『中庸《ちゅうよう》』二〇 ◎「或《ある》いは生まれながらにして之《これ》を知り、或いは学んで之を知り、或いは困《くる》しんで之を知る。其《そ》の之を知るに及んでは、一なり。或いは安んじて之を行い、或いは利して之を行い、或いは勉強して之を行う。其の功を成すに及んでは、一なり」

【鶴汀鳧渚】かくてい ふしょ

意味 鶴のいる水際と、カモの遊ぶなぎさ。美しい水辺の形容。

補説「汀」は水際、「渚」はなぎさ。中州。ともに水辺の鳥の憩う所。「鳧」はノガモ。

出典 王勃《おうぼつ》「滕王閣序《とうおうかくのじょ》」◎「鶴汀鳧渚、島嶼《とうしょ》の縈廻《えいかい》を窮《きわ》む（鶴のいる水際、カモの遊ぶなぎさが島々の周りに続いている）」

【廓然大悟】かくねん たいご 〈―スル〉

意味 心が広々としてわだかまりがなく、大いなる真理を悟ること。疑いの心が晴れて確信の境地が開けること。

補説 仏教語。「廓然」は心が広々としてわだかまりがないさま。「大悟」は大いなる真理を悟ること。

注意「かくねんだいご」とも読む。

出典『観無量寿経《かんむりょうじゅきょう》』

類義語 豁然大悟《かつぜんたいご》・恍然大悟《こうぜんたいご》・大悟徹底《たいごてってい》・翻然大悟《ほんぜんたいご》

【廓然無聖】かくねん むしょう

意味 禅の悟りの境地は何にもとらわれない広々とした世界で、そこから見れば、聖者も凡夫も平等無差別であるということ。

補説 禅宗の語。「廓然」は心が広々としてわだかまりがないさま。「無聖」は聖者と凡夫の差別がない意。

出典『景徳伝灯録《けいとくでんとうろく》』三・菩提達磨《ぼだいだるま》

用例 達磨《だるま》と云《い》う坊さんは足の腐る迄《まで》座禅をして澄まして居たと云うが、仮令壁の隙から蔦《つた》が這《は》い込《こん》で大師の眼口を塞ぐ迄動かないにしろ、寐《ね》て居るんでも死んで居るんでもない。頭の中は常に活動して、廓然無聖などと乙な理窟《りくつ》を考え込んで居る。〈夏目漱石◆吾輩は猫である〉

【鶴髪童顔】かくはつ どうがん

意味 老いてなお精気盛んなこと。また、そういう人。

補説 鶴のように白髪だが、幼い血色のいい顔をしている意から。「鶴髪」は鶴の羽毛のように真っ白な髪であることから白髪の雅称。「童顔」は子どもの顔のこと。また、子どものように血色のいい顔つきをいう。「童顔鶴髪《どうがんかくはつ》」ともいう。

用例 何でもいいから黙って死亡診断書を書いてくれと言うと、鶴髪童顔先生、フラフラの大ニコニコで念入りに診察していたが、そのうちに大声で笑い出したものだ。〈夢野久作◆爆弾太平記〉

類義語 白髪童顔《はくはつどうがん》

【格物究理】かくぶつ きゅうり

⇒ 致知格物 ちちかくぶつ 443

【格物致知】かくぶつ ちち

意味『大学』にある「致レ知在レ格レ物」の略。自らを修め、人を治めるための八条目のうち、「格物」と「致知」をいう。その解釈については、古来、大きく分けて二説行われている。（↓「致知格物《ちちかくぶつ》」443）

【革命易姓】かくめい えきせい

⇒ 易姓革命 えきせいかくめい 71

【鶴鳴九皐】かくめい きゅうこう

意味 賢者は山中の奥深くに隠居していても、その名声はおのずから遠くまで達することのたとえ。

補説 山中の奥深い沼沢で鶴が鳴くことから。「鶴鳴」は鶴の鳴き声。鶴の鳴き声は山中の奥深いところで鳴いても遠くまで達することから、山中に隠居する賢者の名声が遠くまで知れ渡ることにたとえている。「九皐」は山中の奥深い沼沢。「鶴《つる》九皐《きゅうこう》に鳴《な》く」と訓読する。「九皐鳴鶴《きゅうこうのめいかく》」ともいう。

出典『詩経《しきょう》』小雅《しょうが》・鶴鳴《かくめい》

類義語 鶴鳴之士《かくめいのし》・鶴鳴之歎《かくめいのたん》

【鶴鳴之士】かくめいの し

意味 在野にあって、才徳が備わり名声の高い人のたとえ。また、在野にいて、不遇な賢人のたとえ。

補説「鶴鳴」は鶴の鳴き声。高貴な鳥である鶴の鳴き声は聞こえても、奥深いところにいてその姿は見えないことから、山林に隠れ住む賢人にたとえたもの。

出典『易経《えききょう》』中孚《ちゅうふ》／『詩経《しきょう》』小雅《しょうが》・鶴鳴《かくめい》

類義語 鶴鳴九皐《かくめいきゅうこう》・鶴鳴之歎《かくめいのたん》・九皐鳴鶴《きゅうこうのめいかく》

【鶴鳴之歎】かくめいのたん

意味 在野にいる賢人の用いられることなく不遇なことの嘆き。

補説「鶴鳴」は鶴の鳴き声。高貴な鳥である鶴の鳴き声は聞こえても、奥深いところにいてその姿は見えないことから、山林に隠れ住む賢人にたとえたもの。

注意「鶴鳴之嘆」とも書く。

類義語 鶴鳴九皐《かくめいきゅうこう》・鶴鳴之士《かくめいのし》・九皐鳴鶴《きゅうこうのめいかく》

【楽羊啜子】がくようてっし

意味 君臣として私情を捨てて、わが子の羹《あつもの》をすすり、主君への忠義を貫いた故事。また、そのために主君に疑われた故事。

補説「啜」はすすり飲む意。「楽羊《がくよう》子《こ》を啜《すす》る」と訓読する。

故事 中国戦国時代に魏《ぎ》の将軍であった楽羊が中山を攻めたとき、楽羊の子が人質にとられて羹にされた。しかし、楽羊はその羹を三杯飲んだ。主君のためには何でもする楽羊を恐れ、中山はついに降伏した。楽羊は主君のために魏の領土を広げ、手柄を立てたが、自分の子の羹を飲んだため信用されなくなったという故事。

出典『淮南子《えなんじ》』人間訓《じんかんくん》

【鶴翼之囲】かくよくのかこみ

⇒ 魚鱗鶴翼 ぎょりんかくよく 167

【鶴翼之陣】かくよくのじん

⇒ 魚鱗鶴翼 ぎょりんかくよく 167

【鶴立企佇】かくりつきちょ（―スル）

意味 待ち遠しく思うこと。待ち望むこと。

補説 鶴が立っている姿のように首を伸ばし、つま先立って待ち望む意から。「企」はつま先立つこと。かかとをあげること。「佇」はたたずむ、待ち望む意。略して「鶴企《かくき》」「鶴首」「鶴望」ともいう。

出典『魏志《ぎし》』陳思王植伝《ちんしおうしょくでん》

類義語 延頸鶴望《えんけいかくぼう》・翹首企足《ぎょうしゅきそく》・延頸企踵《えんけいきしょう》・延頸挙踵《えんけいきょしょう》

【鶴唳風声】かくれいふうせい

⇒ 風声鶴唳 ふうせいかくれい 566

【嫁鶏随鶏】かけいずいけい

意味 妻が夫に従うことのたとえ。妻が夫のもとで安んじているたとえ。

補説 めんどりがおんどりに従う意から。「嫁鶏」はめんどり。「嫁鶏《かけい》鶏《けい》に随《したが》う」と訓読する。

出典 欧陽脩《おうようしゅう》一詩「鳩婦《きゅうふ》の言《げん》に代《か》わる」

類義語 嫁狗随狗《かこうずいこう》・夫唱婦随《ふしょうふずい》

【瓦鶏陶犬】がけいとうけん

⇒ 陶犬瓦鶏 とうけんがけい 483

【家鶏野雉】かけいやち

⇒ 家鶏野鶩 かけいやぼく 103

【家鶏野鶩】かけいやぼく

意味 古いものを嫌い、珍しく新しいものを好むこと。また、身近なものや良いものを嫌い、遠くにあるものや悪いものを好むこと。

補説 家で飼う鶏を嫌って、野生のアヒルを好む意から。「家鶏」は身近なもの、良いもの、古いもののたとえ。「野鶩」は野生のアヒルで、遠くにあるもの、悪いもの、新しいもののたとえ。「家鶏を厭《いと》い、野鶩を愛す」の略。良い筆跡と悪い筆跡のたとえとしても使われる。「家鶏野雉《かけいやち》」ともいう。

故事 中国晋《しん》代の庾翼《ゆよく》は、はじめ王羲之《おうぎし》と名を等しくするほどの書の大家であったが、のち、王羲之の名声が大いに上がり、人々は次第に王羲之の書を学ぶようになった。そこで庾翼が友人に送った手紙で、自分を家鶏に、王羲之を野雉（野生のキジ）にたとえ、世の人々が家鶏を卑しみ野雉を愛していると嘆いたという故事から。

出典『太平御覧《たいへいぎょらん》』九一八に引く『晋書《しんじょ》』

【花言巧語】かげんこうご

意味 巧みに飾り立てられているけれども内

容のない言葉のこと。
補説 「花言」はうわべばかりで実のない言葉。「巧語」は飾り立てた語。「巧語花言《こうごかげん》」ともいう。
出典 『朱子語類《しゅしごるい》』一二〇
類義語 花嘴利舌《かしりぜつ》・花唇巧舌《かしんこうぜつ》・虚言巧語《きょげんこうご》

【寡見少聞】 かけん しょうぶん
⇓ 寡聞少見 かぶんしょうけん 115

【嘉言善行】 かげん ぜんこう
意味 立派な言葉と立派な行い。
補説 「嘉言」は人生の戒めとなるよい言葉。
用例 その読むところの書は人々の随意に任じ、嘉言善行の実をしておのずから塾窓の中に盛ならしむるを勉むるのみ。〈福沢諭吉◆慶応義塾学生諸氏に告ぐ〉

【寡言沈黙】 かげん ちんもく
⇓ 沈黙寡言 ちんもくかげん 460

【仮公済私】 かこう さいし
意味 公の立場を利用し私腹を肥やすこと。
補説 「済」は助ける、役に立てる意。「公《こう》に（を）仮《か》りて私《し》を済《たす》く」と訓読する。
出典 『朱子語類《しゅしごるい》』一三六
類義語 仮公営私《かこうえいし》・託公報私《たくこうほうし》

【夏侯拾芥】 かこう しゅうかい
意味 学問をするのが大切なことのたとえ。
補説 「夏侯」は中国漢の儒学者夏侯勝のこと。「拾芥」はごみを拾う意で、物事のたやすいたとえ。また、得ることが容易なたとえ。夏侯勝は講義のたびに、学問を修めて身に付ければ官職を得ることなどは地面のごみを拾うように簡単である、と門生に言い聞かせたという。「夏侯《かこう》、芥《あくた》を拾《ひろ》う」と訓読する。
出典 『漢書《かんじょ》』夏侯勝伝《かこうしょうでん》『蒙求《もうぎゅう》』の表題の一つ。

【歌功頌徳】 かこう しょうとく
意味 人の功績や仁徳を褒めたたえて歌うこと。
補説 「歌功」は功績をたたえたり歌ったりする意。「頌徳」は仁徳を賛美する意。「功《こう》を歌《うた》い徳《とく》を頌《たた》う」と訓読する。
出典 『史記《しき》』周本紀《しゅうほんぎ》

【花紅柳緑】 かこう りゅうりょく
意味 春の美しい景色の形容。色とりどりの華やかな装いや、あでやかで鮮やかな顔色の形容。人手を加えていない自然のままの美しさのこと。また、仏教、特に禅宗で、花が赤く柳が緑であるというありのままの姿こそが悟りの境地であることをいう。
補説 「花は紅、柳は緑」の意。「柳緑花紅《りゅうりょくかこう》」ともいう。類義の表現に「柳は緑、花は紅」がある。
出典 魏承班―詞「生査子《せいさし》」
類義語 柳暗花明《りゅうあんかめい》

【画虎類狗】 がこ るいく
意味 才能のない者がすぐれた人のまねをして、自分の浅はかさやつたなさを露呈してしまうたとえ。また、高望みしてすぐれた人のまねをして失敗し、笑いものになるたとえ。
補説 虎の絵を描こうとして、犬に似た絵になってしまう意から。「類」は似る意。「虎《とら》を画《えが》いて狗《いぬ》に類《るい》す」と訓読する。「描虎類狗《びょうこるいく》」ともいう。
出典 『後漢書《ごかんじょ》』馬援伝《ばえんでん》 ◎「所謂《いわゆる》虎を画いて成《な》らず、反《かえ》って狗に類する者なり」
類義語 画虎成狗《がこせいく》・画虎不成《がこふせい》・刻鵠類鶩《こくこくるいぼく》・照猫画虎《しょうびょうがこ》

【河山帯礪】 かざん たいれい
意味 永久に変わらない固い誓約のたとえ。また、国が永遠に栄え安泰であるたとえ。
補説 たとえ広い黄河が帯のように細くなり、高い泰山がすりへって砥石《しとい》のように平らになるようなことがあっても、永久に変わることはない意から。「河」は黄河のこと。「山」は泰山の意。「礪」は砥石の意。「山礪河帯《さんれいかたい》」「礪山帯河《れいざんたいが》」ともいう。
注意 「河山帯厲」とも書く。
出典 『史記《しき》』高祖功臣侯者年表序《こうそこうしんこうしゃねんぴょうのじょ》 ◎「封爵《ほうしゃく》の誓いに曰《いわ》く、河をして帯の如《ごと》くし泰山をして厲《れい》の若《ごと》くならしむるも、国以《もっ》て永寧にして爰《ここ》に苗裔《びょうえい》に及ぼさん、と」
類義語 帯厲之誓《たいれいのちかい》

【加持祈禱】 かじ きとう
意味 病気や災難などから身を守り、願いをかなえるために、神仏の加護を祈ること。

補説 「加持」は仏の加護を祈り、災難を除くように祈禱する修法のこと。「祈禱」は神仏に祈ること。

用例 外出していて不意に病気になったり、頓死したりする者があると、皆それを七人御先《みさき》の所為《せい》にした。ある者は、その七人御先を払うために行者を呼んで、加持祈禱をしてもらった。七人御先に対する恐怖は、今でも私の神経に生きている。〈田中貢太郎◆八人みさきの話〉

【寡二少双】かじしょうそう

意味 並ぶ者がいないこと。二人といないこと。

補説 「寡二」は二つとない意。「少双」は並ぶ者がない意。類義の語を重ねて意味を強調している。

出典 『漢書《かんじょ》』吾丘寿王伝《ごきゅうじゅおうでん》◎「天下に双《ならび》少《すく》なく、海内《かいだい》に二寡《になし》」

類義語 天下無双《てんかむそう》

【和氏之璧】かしのへき

意味 中国古代の有名な宝石の名。また、この世にまれな宝物のたとえ。

補説 「和氏」は春秋時代の人、楚《そ》の卞和《べんか》のこと。「璧」は宝玉。中国の玉器の一種で、平たい円盤状の中央に孔《あな》があいているもの。随侯の珠《たま》（→「随侯之珠《ずいこうのたま》」359）とともに天下の至宝とされた。「連城之璧《れんじょうのへき》」ともいう。（→「完璧帰趙《かんぺききちょう》」131・「随珠和璧《ずいしゅかへき》」359）

注意 「かしのたま」とも読む。

故事 中国春秋時代、楚の卞和が山中で宝玉の原石を見つけ、厲《れい》王に献上したが、ただの石ころと鑑定され罰として左足を切られてしまった。のち武王に献上したが、同様に石ころとされて右足を切られた。文王の代になって今度は献上せず、楚山の下でこの玉を抱いたまま血の涙を流していたところ文王に下問され、「足切りにされたのが悲しいのではなく、宝玉が石ころと言われ、正直者がうそつき呼ばわりされたのが悲しいのです」と答えた。文王がこの原石を磨かせたところ、果たして天下の宝玉であったという故事から。

出典 『韓非子《かんぴし》』和氏《かし》

類義語 随侯之珠《ずいこうのたま》・随珠和璧《ずいしゅかへき》・卞和泣璧《べんかきゅうへき》・卞和之璧《べんかのへき》

【火樹銀花】かじゅぎんか

意味 灯火や花火の光が盛んにきらめくことの形容。また、夜景の形容。

補説 「火樹」は灯火に彩られ燃えるように赤くなった樹木。「銀花」は銀白色の光。「火樹」も「銀花」も灯火の光の盛んな形容。

出典 蘇味道《そみどう》－詩「正月十五夜《せいげつじゅうごや》」

類義語 火樹琪花《かじゅきか》

【嫁娶不同】かしゅふどう

意味 娘は自分の家よりよい家に嫁がせ、また、嫁は、自分の家より劣った家から迎えると自然と嫁いだ家の人を尊敬し、慎みの心をもってよく夫の父母に仕えてうまくいくということ。嫁入りと嫁取りでやり方が違う意。

補説 「嫁娶」は嫁に行くことと嫁をもらうこと。嫁入りと嫁取り。転じて、縁組み。「嫁娶《かしゅ》、同《おな》じからず」と訓読する。

出典 『宋名臣言行録《そうめいしんげんこうろく》』前集・胡瑗《こえん》

【火上加油】かじょうかゆ

⇒ 火上注油 かじょうちゅうゆ 105

【家常茶飯】かじょうさはん

⇒ 日常茶飯 にちじょうさはん 509

【火上注油】かじょうちゅうゆ

意味 火に油を注ぐこと。怒っている相手をさらに怒らせたり、悪い事態をさらに悪くしたりすること。

補説 「火上《かじょう》油《あぶら》を注《そそ》ぐ」と訓読する。「火上加油《かじょうかゆ》」ともいう。

類義語 火上澆油《かじょうぎょうゆ》

【過小評価】かしょうひょうか 〈―スル〉

意味 実際よりも低く評価すること。みくびること。実質以下に価値判断すること。

用例 尤《もっと》もそうだからと云《い》って、文化の各種の職業的専門家（？）の役割について、過小評価することはまた、ナンセンスだろう。〈戸坂潤◆再び科学的精神について〉

対義語 過大評価《かだいひょうか》

【過剰防衛】かじょうぼうえい

意味 自分の身を守るために、正当として許される一定の限度を超えて反撃すること。

補説 刑法上の用語。「過剰」は必要以上に

か

多いこと。

対義語 正当防衛《せいとうぼうえい》

【花燭洞房】 かしょくどうぼう

⇓ 洞房花燭 どうぼうかしょく 491

【華燭之典】 かしょくのてん

意味 結婚式のこと。また、他人の結婚式の美称。

補説 「華燭」は華やかで美しいともしび。転じて、結婚式のこと。「典」は儀式の意。

用例 二人は三部谷の落葉の中に、烏瓜《からすうり》の紅を華燭の典。いずれも礼服を整えて、〈泉鏡花・鴛鴦帳〉

類義語 華燭之式《かしょくのしき》

【華胥之国】 かしょのくに

意味 天下太平の理想郷。また、楽しい夢の世界。

補説 略して「華胥《かしょ》」、また「華胥氏の国」ともいう。

故事 ↓「華胥之夢《かしょのゆめ》」106

類義語 華胥之夢《かしょのゆめ》

【華胥之夢】 かしょのゆめ

意味 良い夢のこと。また、昼寝のこと。

補説 黄《こう》帝が見た理想郷の夢から。「華胥」は天下太平の理想郷といわれる架空の国。慣用句で「華胥の国に遊ぶ」ともいう。また、「華胥」でも昼寝の意に用いる。

故事 中国古代伝説上の聖天子黄帝は、国がうまく治まらないことを心配していた。あるとき昼寝をして、その夢の中で華胥の国へ行ったところ、そこは人の上に立って命令する者もなく、人民は生死・愛憎・利害などにわずらわされず自由で、国中に自然な治世が行われている理想郷であった。夢から覚めた黄帝は、その後その国にならって国を治めたところ、よく治まったという故事から。

出典 『列子《れっし》』黄帝《こうてい》

類義語 華胥之国《かしょのくに》

【家書万金】 かしょばんきん

意味 一人きりで寂しくしているときに、家族から届く手紙は何よりもうれしいということ。

補説 家族からの手紙は万金にも相当するほど値打ちがある意から。「家書」は家族からの手紙の意。「万金」は多額の金銭の意で、きわめて価値があるたとえ。出典の「家書、万金に抵《あた》る」の略。

出典 杜甫《とほ》─詩「春望《しゅんぼう》」

【禾黍油油】 かしょゆうゆう 〈─タル〉〈─ト〉

意味 稲やキビなどが、つやつやと勢いよく生長するさま。

補説 「禾」は稲。「黍」はキビ。「油油」はつやつやと勢いのよいさま。草木の茂るさま。

出典 『史記《しき》』宋世家《そうせいか》

【画脂鏤氷】 がしろうひょう

意味 内実がないのに表面を飾っても無駄であるたとえ。また、努力しても効果のないたとえ。力を無用なところに用いること。

補説 「脂」はあぶら。「鏤」は彫る、刻みつける意。「脂《あぶら》に画《えが》き氷《こおり》に鏤《ちりば》む（鏤《きざ》む）」と訓読する。あぶらに画《えが》き氷に彫刻する意から。

注意 「かくしろうひょう」とも読む。

出典 『塩鉄論《えんてつろん》』殊路《しゅろ》 ◎「内にその質無くして外にその文を学ぶは、賢師良友有りといえども、脂に画きて氷に鏤むがごとく、日を費やし功を損す」

類義語 凋氷画脂《ちょうひょうがし》・鏤氷雕朽《ろうひょうちょうきゅう》・鏤氷描水《ろうひょうびょうすい》

【佳人才子】 かじんさいし

⇓ 才子佳人 さいしかじん 251

【臥薪嘗胆】 がしんしょうたん 〈─スル〉

意味 目的を果たすため、努力と苦労を重ねること。

補説 「臥薪」はたきぎの上に寝ること。「嘗胆」は苦いきもをなめること。もとは敗戦の恥をすすぎ仇《あだ》を討とうと、労苦を自身に課して苦労を重ねること。

故事 中国春秋時代、呉王夫差《ふさ》は、父の仇《かたき》である越王句践《こうせん》を討つためにたきぎの上に寝て復讐心《ふくしゅうしん》をかきたて、長い艱難《かんなん》の末にこれを破った。一方、会稽《かいけい》山で夫差に敗れた句践は、苦いきもを寝所に掛けておき、寝起きのたびにこれをなめてその恥を忘れまいとし、のちに夫差を滅ぼしたという故事から。（→「会稽之恥《かいけいのはじ》」90）

出典 『史記《しき》』越世家《えつせいか》／『十八史略《じゅうはっしりゃく》』春秋戦国《しゅんじゅうせんごく》

（用例）その当時は日露の関係も日米の関係も嵐の前のような暗い徴候を現わし出して、国人全体は一種の圧迫を感じ出していた。臥薪嘗胆というような合い言葉が頻《しき》りに言論界には説かれていた。〈有島武郎◆或る女〉
（類義語）越王之胆《えつおうのたん》・坐薪懸胆《ざしんけんたん》

【雅人深致】 がじん(の)しんち

（意味）風雅で高尚な人が備えている、深いおもむきのこと。

（補説）「雅人」は風雅・高尚な人。また、才知・品行のすぐれた人。「深致」は深いおもむきやありさま。

（出典）『世説新語《せせつしんご》』文学《ぶんがく》 ◎「此《こ》の句偏《ひとえ》に雅人の深致有り」

【軻親断機】 かしんだんき

⇒ 孟母断機 もうぼだんき 632

【佳人薄命】 かじんはくめい

（意味）美人はとかく薄幸であること。

（補説）美人は美しく生まれついたため数奇な運命にあって、とかく幸せな一生が送れないものである意。また、美人はとかく短命である意。立派な人についていう場合もある。「薄命」は不運のこと。運命に恵まれないこと。また、短命の意にも用いる。

（出典）蘇軾《そしょく》―詩「佳人薄命《かじんはくめい》」

（用例）佳人薄命、懐玉有罪、など言って、私をして、いたく赤面させ、狼狽《ろうばい》させて私に大酒のませる悪戯者《いたずらもの》まで出て来た。〈太宰治◆懶惰の歌留多〉

（類義語）紅顔薄命《こうがんはくめい》・才子多病《さいしたびょう》・美人薄命《びじんはくめい》

【嘉辰令月】 かしんれいげつ

（意味）めでたい月日のこと。良い日と良い月の意。

（補説）「嘉」「令」はともに良い意。「辰」は日のこと。

【苛政猛虎】 かせいもうこ

（意味）むごい政治は、人食い虎よりももっと恐ろしく、人民を苦しめるということ。過酷な政治を戒める語。

（補説）「苛政」は人民を苦しめしいたげるむごい政治。一般に「苛政《かせい》は虎《とら》よりも猛《たけ》し（猛《もう》なり）」と訓読して用いる。

（故事）孔子が泰山のふもとの道ばたで泣いている婦人にその理由をたずねたところ、「舅《しゅうと》も夫も虎に食い殺され、いままた子が虎に食い殺された」と答えた。そこで「そんな恐ろしい土地をどうして離れないのか」とたずねると、「ここには過酷な政治がないからです」と答えたという故事から。

（出典）『礼記《らいき》』檀弓《だんぐう》下

【禍棗災梨】 かそうさいり

（意味）価値が低くて無駄な書物を出版することを批判する言葉。

（補説）ナツメや梨は書物の版木として最もよい材料とされた。悪劣な書物を印刷するために切り倒されるナツメや梨が災難であるという意味。「禍」「災」はともにわざわいの意。

【雅俗混淆】 がぞくこんこう 〈―スル〉

（意味）風雅なことと、卑俗なことが入り交じっていること。また、雅語と俗語が入り交じること。

（補説）「雅俗」の「雅」は風雅、「俗」は卑俗の意。「混淆」は入り交じること。

（注意）「雅俗混交」とも書く。

（類義語）雅俗折衷《がぞくせっちゅう》
（出典）紀昀《きいん》『閲微草堂筆記《えつびそうどうひっき》』

【雅俗折衷】 がぞくせっちゅう

（意味）風雅なものと卑俗なものを交ぜ用いること。また、雅語（文語体）と俗語（口語体）を適宜交ぜた文。
（補説）小説などで、地の文は上品で優美な雅文、文語体を用い、会話文は口語体を用いるいわゆる雅俗折衷文のこと。言文一致への移行期である明治時代初・中期に発達した。先駆けとして井原西鶴《いはらさいかく》などがおり、坪内逍遥《つぼうちしょうよう》などが提唱した。
（用例）我が国にていにしえより小説に用い来りし文体は一定ならねど、要するに雅と俗と雅俗折衷の三体の外にはあらじ。〈坪内逍遥◆小説神髄〉
（類義語）雅俗混淆《がぞくこんこう》

【家族団欒】 かぞくだんらん

⇒ 一家団欒 いっかだんらん 32

【過大評価】 かだいひょうか 〈―スル〉

（意味）物事の価値や力を実際よりも大きく見

ること。

(用例)新らたなるものに対するジャーナリズムの過大評価は見なれていることだから、私は必ずしもこの評判を鵜《う》のみにはしないが、〈坂口安吾・大阪の反逆〉

(対義語)過小評価《かしょうひょうか》

【火宅之境】 かたくのさかい

(意味)火のついた家のような災いに満ちた境遇のこと。もろもろの苦悩にあふれているこの世をたとえていう。

(補説)仏教語。「火宅」は火事で焼けている家のこと。

(類義語)火宅之門《かたくのもん》・三界火宅《さんがいのかたく》

【画蛇添足】 がだてんそく

(意味)不必要なものをつけ足すこと。

(補説)蛇の絵に、蛇にはない足をたし描く意から。略して「蛇足《だそく》」ともいう。「蛇《へび》を画《えが》きて足《あし》を添《そ》う」と訓読する。

(注意)「がじゃてんそく」とも読む。

(故事)昔、楚《そ》に神霊を祭る者がおり、その使用人たちに大杯の酒を振る舞ったことがあった。この酒は数人で飲めば足りず、一人で飲めば余るくらいであったから、使用人らは相談して、蛇の絵を最初に描き上げた者が酒を飲むことになったが、最初に描き上げた者が調子に乗って足まで描いていたところ、他の者が描き上げ「蛇には足がない」と言い、酒を飲んでしまった。最初に描き上げた者は、余計なことをしたばかりに酒を奪われてしまったという故事から。

(出典)『戦国策《せんごくさく》』斉策《せいさく》

(類義語)為蛇画足《いだがそく》・為蛇添足《いだてんそく》・屋上架屋《おくじょうかおく》・妄画蛇足《もうがだそく》

【華冑家世】 かちゅうかせい

(意味)貴族・華族の家系のこと。

(補説)「華冑」は名門・貴族の意。「冑」は血筋の意。「家世」は代々の家柄の意。家系。

(用例)しかしわたくしは維新後に於《お》ける華冑家世の事に精《くわ》しくないから、もし誤謬《ごびゅう》があったら正してもらいたい。〈森鷗外・渋江抽斎〉

【夏虫疑氷】 かちゅうぎひょう

(意味)見聞が狭いこと。見聞の狭い人が広い世界を理解せず、自分の知らないことを信じようとしないこと。

(補説)冬を知らない夏の虫は、冬に氷というものがあるのを信じない意から。見識や見聞が狭い人を卑しめていう語。一般に「夏虫《かちゅう》、氷《こおり》を疑《うたが》う」と訓読して用いる。

(出典)『荘子《そうじ》』秋水《しゅうすい》 ◎「夏虫は以《もっ》て氷を語る可《べ》からずとは時に篤《くるし》めらるればなり(夏の虫に氷のことを話しても無駄なのは、その虫が夏の暑い時期だけのわずかな時間に制約されているからだ)」

(類義語)坎井之蛙《かんせいのあ》・井蛙之見《せいあのけん》・尺沢之鯢《せきたくのげい》

【火中取栗】 かちゅうしゅりつ

(意味)自分の利益にならないのに、他人のために危険を冒すこと。また、危険を冒して得た利益を横取りされてしまうこと。

(補説)十七世紀、フランスの詩人ラ・フォンテーヌの『寓話《ぐうわ》』「猿と猫」にある、猿におだてられた猫が、やけどをしながら暖炉より手に入れたクリを、その猿に横取りされてしまったという話から。自ら危険を冒す意でも用いられる。一般に「火中《かちゅう》に栗《くり》を取《と》る」と訓読して用いる。また、「火中に栗を拾う」の形で用いる。「火中之栗《かちゅうのくり》」ともいう。

【華冑摂籙】 かちゅうせつろく

(意味)摂関家のような高位の貴族のこと。

(補説)「華冑」は名門・貴族の意。「摂籙」は摂政のこと。また、関白のこと。それらの家柄の人。「籙」は符(未来を予言するのに用いるふだ)の意で、天子にかわり符を摂《と》ることからいう。

【火中之栗】 かちゅうのくり

⇒火中取栗 かちゅうしゅりつ 108

【渦中之人】 かちゅうのひと

(意味)混乱している物事に巻き込まれている人。また、話題の中心になっている人物。

(補説)混乱の渦の中にいる人という意から。「渦中」は渦の中。混乱に引き込まれている状態をいう。

【花朝月夕】 かちょうげっせき

(意味)春秋の盛りの気候のよい時のこと。

(補説)陰暦二月中旬と八月中旬の春秋の盛り

の時節。花の咲く春の朝と名月の照る秋の夕べ、また、それを楽しみめでる意。のちに陰暦二月十五日を花朝、八月十五日を月夕というようになった。

出典 『旧唐書《くとうじょ》』羅威伝《らいでん》

類義語 花晨月夕《かしんげっせき》・花朝月夜《かちょうげつや》

【花鳥諷詠】かちょうふうえい

意味 四季の移り変わりによる自然界や人間界のあらゆる現象を、そのまま客観的にうたうべきであるとする俳句理念。

補説 高浜虚子《たかはまきょし》が提唱し、ホトトギス派の基本理念となった。「花鳥」は自然のたとえ。「諷詠」は詩歌をうたい作ること。

【花鳥風月】かちょうふうげつ

意味 自然の美しい景色。また、自然の風物を題材とした詩歌や絵画などをたしなむ風流にもいう。

補説 「花鳥」は花と鳥、「風月」は風と月で、自然の風物をいう。

用例 しかし俳句が短歌とちがうと思われる点は、上にも述べたように花鳥風月と合体した作者自身をもう一段高い地位に立った第二の自分が客観し認識しているようなところがある。〈寺田寅彦◆俳句の精神〉

類義語 琴歌酒賦《きんかしゅふ》・風流韻事《ふうりゅういんじ》・春花秋月《しゅんかしゅうげつ》・雪月風花《せつげつふうか》

【活火激発】かっかげきはつ 〈—スル〉

意味 すさまじい炎が激しく起こること。火山のような激しい炎が爆発的に起こること。

補説 「活火」は火が盛んに燃えているさま。「激発」は物事が突発的に激しく起こること。

用例 時を要するは此《こ》の導火線の準備にこそあらめ。活火激発の機は必ず瞬時ならざる可《べか》らず、いないな其《そ》の瞬時ならん事こそ、かえりて貴《とうと》からめ。〈島崎藤村◆春〉

【隔靴掻痒】かっかそうよう

意味 はがゆくもどかしいこと。思うようにいかず、じれったいこと。

補説 靴の上からかゆい足をかく意から。「掻」はかくこと。「痒」はかゆいこと。「靴《くつ》を隔《へだ》てて痒《かゆ》きを掻《か》く」と訓読する。

注意 「隔靴掻癢」とも書く。「かくかそうよう」とも読む。

出典 『景徳伝灯録《けいとくでんとうろく》』二二・福州康山契穏法宝大師《ふくしゅうこうざんけいおんほうぼうだいし》

用法 隔靴掻痒の感がある

用例 その座談会の記事は多分の省略があり、前後の脈絡がなく、隔靴掻痒の嘆はあったけれども、ともかく、ねらいの正しい、鋭い企画である。〈岸田國士◆感想〉

類義語 隔靴之掻《かっかのそう》・隔靴爬痒《かっかはよう》・掉棒打星《とうぼうだせい》

対義語 麻姑掻痒《まこそうよう》

【渇驥奔泉】かっきほんせん

意味 勢いが激しいたとえ。また、書の筆勢がきわめて力強くすばらしいたとえ。

補説 喉《のど》の渇いた名馬が泉に向かって疾走する意から。「驥」は一日に千里を走るという名馬のこと。「奔」は勢いよく走る意。「渇驥《かっき》、泉《いずみ》に奔《はし》る」と訓読する。

出典 『新唐書《しんとうじょ》』徐浩伝《じょこうでん》

類義語 怒猊抉石《どげいけっせき》

【恪勤精励】かっきんせいれい

⇒ 精励恪勤 せいれいかっきん 376

【葛屨履霜】かっくりそう

意味 クズで編んだ夏向きの薄い靴で、冬でも霜を踏んで過ごすこと。貧しいことのたとえ。また、ひどいけちのたとえ。

補説 「葛屨《かっく》霜《しも》を履《ふ》む」と訓読する。

出典 『詩経《しきょう》』魏風《ぎふう》・葛屨《かっく》

類義語 一毛不抜《いちもうふばつ》

【活計歓楽】かっけいかんらく

意味 喜び楽しんで暮らすこと。また、ぜいたくな生活。

補説 「活計」は生計をたてること。また、豊かな生活をすること。ぜいたく。「歓楽」は快楽に浸って喜び楽しむこと。

類義語 贅沢三昧《ぜいたくざんまい》

対義語 質素倹約《しっそけんやく》

【割鶏牛刀】かっけいぎゅうとう

⇒ 牛刀割鶏 ぎゅうとうかっけい 151

【確乎不動】かっこふどう

意味 地位や気持ちがしっかりしていて揺れ動かないこと。

補説 「確乎」はしっかりとして、容易にゆるがないさま。「不動」は動かないこと。

注意 「確固不動」とも書く。
用例 殿様が、御自分の腕前に確乎不動の自信を持っていたならば、なんの異変も起らず、すべてが平和であったのかも知れぬが、古来、天才は自分の真価を知ること甚だうといものだそうである。〈太宰治◆水仙〉
類義語 意志堅固《いしけんご》・確乎不抜《かっこふばつ》・気骨稜稜《きこつりょうりょう》
対義語 意志薄弱《いしはくじゃく》・薄志弱行《はくしじゃっこう》・游移不定《ゆういふてい》・優柔不断《ゆうじゅうふだん》

【確乎不抜】かっこふばつ 〈―ナ〉

意味 意志や精神などがしっかりとしていて動じないさま。しっかりとしていて変えることができないさま。
補説 「確乎」はしっかりとして、容易にゆるがないさま。「不抜」は移せない、動かせない意。
注意 「確固不抜」とも書く。
出典 『易経《えききょう》』乾《けん》 ◎「確乎として其《そ》れ抜くべからざるものは潜竜なり（しっかりとした志操をもち、災厄があってもその守る節操を移しかえることをしない人物こそ、潜竜［活動する時期が来ない英雄・君子］というべきである）」
用例 徳義とは、一切《いっさい》外物の変化にかかわらず、世間の譏誉《きよ》を顧ることなく、威武も屈すること能《あた》わず、貧賤《ひんせん》も奪うこと能わず、確乎不抜、内に存するものをいうなり。〈福沢諭吉◆文明論之概略〉
類義語 意志堅固《いしけんご》・確乎不動《かっこふどう》・気骨稜稜《きこつりょうりょう》
対義語 意志薄弱《いしはくじゃく》・薄志弱行《はくしじゃっこう》・游移不定《ゆういふてい》・優柔不断《ゆうじゅうふだん》

【活殺自在】かっさつじざい 〈―ナ〉

意味 自分の思い通りに扱うさま。
補説 生かすも殺すもこちらの思うがままである意から。「活殺」は生かすことと殺すこと。「自在」は自分の思いのままである意。
用例 島根を最《も》う少し横着にすると活殺自在の模範政治家が出来るがノウ…〈内田魯庵◆社会百面相〉
類義語 生殺与奪《せいさつよだつ》

【合従連衡】がっしょうれんこう 〈―スル〉

意味 その時の利害に従って、結びついたり離れたりすること。また、時勢を察して、巧みにはかりごとをめぐらす政策、特に外交政策のこと。
補説 もとは中国戦国時代、蘇秦《そしん》の合従策と張儀《ちょうぎ》の連衡策のことをいう。「従」は縦《たて》の意で、「合従」は南北に連なった趙《ちょう》・魏《ぎ》・韓《かん》・燕《えん》・斉・楚《そ》の六国が連合して強国秦《しん》に対抗する策。「衡」は横の意で、「連衡」はこの六か国が秦とおのおの同盟を結んで、国を維持しようとした策。
注意 「合縦連衡」とも書く。
出典 『史記《しき》』孟子伝《もうしでん》
用例 蘇秦張儀の輩《やから》、正に四方に奔走して、あるいはその事を助け、あるいはこれを破り、合縦連衡の戦争に忙《せ》わしき世なれば、貴族といえども自《みず》からその身を安んずるを得ず。〈福沢諭吉◆文明論之概略〉
類義語 合従連横《がっしょうれんおう》・従横之言《しょうおうのげん》

【合水和泥】がっすいわでい

意味 水にぬれ泥にまみれるのもかまわず、溺《おぼ》れている者を救うこと。わが身を顧みずに、他人を救うこと。
補説 仏教語。溺れる人を救うときは、自分も水にぬれ泥にまみれる意から。「和泥合水《わでいがっすい》」ともいう。
出典 『永平広録《えいへいこうろく》』
類義語 拖泥帯水《たでいたいすい》

【割席分坐】かっせきぶんざ 〈―スル〉

意味 友人と絶交すること。
補説 座っていたむしろを二つに裂いて、座席を分かつ意から。「席」は下に敷いて座るむしろ。「坐」は「座」に同じ。「席《せき》を割《さ》き坐《ざ》を分《わ》かつ」と訓読する。
故事 中国魏《ぎ》の管寧《かんねい》と華歆《かきん》が席を同じくして読書していたとき、貴人が通りかかった。管寧はそのまま読書を続けたが、華歆は読むのをやめて外に出て見物したので、管寧は席を裂き座を分かって「君は私の友ではない」と言ったという故事から。
出典 『世説新語《せせつしんご》』徳行《とっこう》

【豁然開朗】かつぜんかいろう

意味 目の前がぱっと明るく開けること。また、明るい見通しが立つこと。また、疑い迷っていたことが解けて、真理を悟ること。
補説 「豁然」は広々と開けるさま。また、迷いなどが晴れてすっきりするさま。

【注意】「豁然」は仏教では「かつねん」とも読む。

【出典】陶潜《とうせん》「桃花源記《とうかげんのき》」

【類義語】豁然大悟《かつぜんたいご》・頓開茅塞《とんかいぼうそく》

【豁然大悟】かつぜんたいご（—スル）

【意味】疑い迷っていたことが解けて、真理を悟ること。
【補説】「豁然」は広々と開けるさま。また、迷いなどが晴れてすっきりするさま。「大悟」は大いに悟る、真理を悟ること。
【注意】「豁然」は仏教では「かつねん」とも読む。「大悟」は「だいご」とも読む。
【出典】『祖庭事苑《そていじえん》』
【用例】ちょうど三日目の明け方に、隣の家で赤ん坊がおぎゃあと泣いた声を聞いて、うんそうだと豁然大悟して、夫《それ》から早速長い髪を切って男の着物をきてHierophilusの講義をききに行った。〈夏目漱石◆吾輩は猫である〉
【類義語】廓然大悟《かくねんたいご》・豁然開朗《かつぜんかいろう》・豁然開悟《かつねんかいご》・豁然頓悟《かつねんとんご》・恍然大悟《こうぜんたいご》

【豁達豪放】かったつごうほう（—ナ）

【意味】度量が広く、細かいことにとらわれないさま。心が広く豪快であるさま。

【補説】「豁達」は度量が大きく細事にこだわらないさま。「豪放」は豪快でこせこせしない意。

【注意】「闊達豪放」とも書く。「豪放豁達《ごうほうかったつ》」ともいう。

【用例】加うるに、豁達豪放の気は、此《この》余裕あるが為《ため》に益々《ますます》膨張して、〈泉鏡花◆義血侠血〉

【類義語】豪放磊落《ごうほうらいらく》

【闊達自在】かったつじざい（—ナ）

【意味】心が広く小事にこだわらないさま。思いのままにのびのびしているさま。
【補説】「闊達」は度量が大きく細事にこだわらないさま。「自在」は何の束縛もなく思いのままなこと。
【注意】「豁達自在」とも書く。
【用法】闊達自在な人
【用例】闊達自在、いささかの道学者臭もないのに子路は驚く。この人は苦労人だなとすぐに子路は感じた。おかしいことに、子路の誇る武芸や膂力《りょりょく》においてさえ孔子のほうが上なのである。ただそれを平生用いないだけのことだ。〈中島敦◆弟子〉
【類義語】自由闊達《じゆうかったつ》

【闊達自由】かったつじゆう

⇒自由闊達　じゆうかったつ　302

【豁達大度】かったつたいど

【意味】度量がきわめて広く物事にこだわらないこと。また、開けっぴろげな性質で、人や物事をよく受け入れること。

【補説】「豁達」は度量が大きく細事にこだわらないさま。「大度」は度量が大きいこと。心が広いこと。

【注意】「闊達大度」とも書く。

【出典】『文選《もんぜん》』潘岳《はんがく》「西征賦《せいせいのふ》」

【類義語】寛仁大度《かんじんたいど》

【闊達明朗】かったつめいろう（—ナ）

⇒明朗闊達　めいろうかったつ　628

【勝手気儘】かってきまま（—ナ）

【意味】自分の思うままに振る舞うさま。
【用例】兎角《とかく》人間と云《い》うものは我儘《わがまま》なもので、親が達者で居る間《うち》は勝手気儘も云いもし為《し》もするものですが、〈徳冨蘆花◆自然と人生〉
【類義語】得手勝手《えてかって》・気随気儘《きずいきまま》・自分勝手《じぶんかって》・放辟邪侈《ほうへきじゃし》

【活剝生呑】かっぱくせいどん

【意味】他人の詩文などを盗用すること。

【補説】生きたまま皮を剝《は》ぎ丸のみすることから。また、他人の言葉や考えを鵜呑《うの》みにして受け売りするだけで、独自性・創造性のないたとえにも用いる。「活剝」は生きたまま皮などを剝ぎとること。「生呑」は生きたまま丸のみすること。転じて、他人の文章を盗用すること。「生呑活剝《せいどんかっぱく》」ともいう。

【出典】『大唐新語《だいとうしんご》』諧謔《かいぎゃく》

【活潑婉麗】かっぱつえんれい（—ナ）

【意味】生き生きとして美しいさま。

【補説】あたかも魚が跳びはねるがごとく躍動感があり、元気なこと。「活潑」は生き生きして元気のいいさま。「婉麗」はたおやかで美しい意。

【用例】一唱人情をばよく表出する文句の如《ごと》きは、総じて活潑婉麗なるから、ひたすら情

を写さんとて事実を枉《まぐ》ることも多かるべし。〈坪内逍遥◆小説神髄〉

【活潑豪宕】 かっぱつごうとう 〈—ナ〉

意味 勢いがあって豪放なさま。活気に満ちて豪快なさま。

補説 「活潑」は生き生きして元気のいいさま。魚が水から跳び出るように勢いがよい意。「豪宕」は豪放なこと。

用例 雅文体はすなわち倭文《わぶん》なり。其《その》質優柔にして閑雅なれば、婉曲《えんきょく》富麗の文をなすにはおのずから適《かな》えりといえども、惜しいかな活潑豪宕の気なし。〈坪内逍遥◆小説神髄〉

【活潑潑地】 かっぱつはっち 〈—ナ〉

意味 生き生きとして勢いのあるさま。意気盛んで、元気のあるさま。また、天理が万物にゆきわたり滞りのないさま。

補説 「活潑潑」は魚が勢いよくはね上がるさま。「地」は語調を整える助字。

注意 「活撥撥地」とも書く。「かっぱつぱっち」「かつはつはっち」とも読む。語構成は「活」+「潑潑」+「地」。

出典 『中庸章句《ちゅうようしょうく》』一二

用例 幸徳等《こうとくら》は死ぬる所か活潑潑地に生きている。〈徳冨蘆花◆自然と人生〉

【割臂之盟】 かっぴのめい

意味 正式な儀礼によらず男女がひそかに結婚の約束をすること。

補説 「割臂」は腕に傷をつけること。「盟」は誓い。

故事 中国春秋時代、魯《ろ》の荘公が、党《とう》氏《しょ》の娘の孟任《もうじん》を見てわがものにしようとしたが、孟任が夫人にするならというので、荘公はそれを許し、孟任は自分の腕に傷をつけそれをすすって夫婦となることを誓った故事から。

出典 『春秋左氏伝《しゅんじゅうさしでん》』荘公《そうこう》三二年

【刮目相待】 かつもくそうたい

意味 人のめざましい成長や物事の進歩を期待して待ち望むこと。また、相手を今までとは違った見方で見ること。

補説 目をこすりよく見て、相手に応対する意から。「刮」はこする意。「刮目」は目をこすってよく見ること。一般に「刮目《かつもく》して相待《あいま》つ」と訓読して用いる。

故事 中国三国時代、呉の武将の呂蒙《りょもう》が、主君孫権のすすめで勉学に励み、その進歩のはやさに驚かされた魯粛《ろしゅく》から「呉にいたころの蒙さんではない」と言われたのに対し、「立派な人は三日別れているだけで、もう目を見開き見なければいけないものなのです」と答えたという故事から。(→「呉下阿蒙《ごかのあもう》」230)

出典 『呉志《ごし》』呂蒙伝《りょもうでん》・注

類義語 刮目相看《かつもくそうかん》

【活霊活現】 かつれいかつげん

意味 あたかも目前にあるように生き生きと表現されていること。

補説 文芸作品などについていう。

類義語 活竜活現《かつりょうかつげん》

【華亭鶴唳】 かていかくれい

意味 かつての繁栄を懐かしみ、現状を嘆くさま。

補説 中国晋《しん》の陸機が讒言《ざんげん》によって殺されようとしたとき、かつて故郷の華亭で聞いて楽しんだ鶴の声を再び聞くことができないのを嘆いた言葉。「華亭」は地名で、現在の上海《シャンハイ》市松江県の西にあった。「鶴唳」は鶴の鳴き声。「唳」は鳴く、鳴き声の意。

出典 『世説新語《せせつしんご》』尤悔《ゆうかい》

【過庭之訓】 かていのおしえ

意味 父の教え。また、家庭での教育のこと。

補説 「過庭」は庭を横切ること。「訓」は教え。略して「庭訓《ていきん》」、訓読して「庭《にわ》の訓《おしえ》」ともいう。

故事 孔子が、息子の鯉《り》が庭を走り過ぎようとしたのを呼び止めて、詩や礼を学ぶ大切さを教え、鯉もそれによく従った故事から。

出典 『論語《ろんご》』季氏《きし》

【瓜瓞綿綿】 かてつめんめん 〈—タル〉〈—ト〉

意味 子孫が繁栄するさま。

補説 「瓜瓞」は大きなウリと小さなウリ。「綿綿」は絶えずに連なること。つるの根元から末までたくさんのウリがつながっていることから、子孫繁栄のたとえとなった。

出典 『詩経《しきょう》』大雅《たいが》・緜《めん》

【我田引水】 がでんいんすい

意味 自分に都合がいいように言ったり行動

したりすること。自分に好都合なように取りはからうこと。

補説 自分の田んぼにだけ水を引き入れる意から。「我《わ》が田《た》に水《みず》を引《ひ》く」と訓読する。

用例 こういう考えは、固《もと》より「我田引水的」である。ただし、僕は、我が田にのみ水を引こうとするものではない。演劇が当然文学から独立し、戯曲が舞台から駆逐せられてもいい如《ごと》く、映画の生命は、文学的要素を離れて存在し得ることは、今日誰《だれ》も疑うものはないのである。〈岸田國士◆「ゼンマイの戯れ」に就いて〉

類義語 得手勝手《えてかって》・自画自賛《じがじさん》・手前勝手《てまえがって》

【花天酒地】かてんしゅち

意味 歓楽街のこと。また、酒色に溺《おぼ》れる生活のこと。

補説 酒と女の世界の意から。「花」は酒場の女・妓女《ぎじょ》。「天地」は世界。

出典 郭麟《かくりん》―詩「模魚児《もぎょじ》」

【瓜田李下】かでんりか

意味 人に疑念を抱かせるような言動は慎むべきであるという戒めの語。また、人に嫌疑を抱かせるような言動のたとえ。

補説 「瓜田」はウリの畑。「李下」はスモモの木の下。「李下瓜田《りかかでん》」ともいう。

出典 古楽府《こがふ》「君子行《くんしこう》」◎「君子は未然に防ぎ、嫌疑の間に処《お》らず、瓜田に履《くつ》を納《い》れず、李下に冠《かんむり》を正さず（君子たる者は未然に疑いをうけるようなことは避けなければならない。ウリ畑でかがんで履物をはき直すと、ウリを盗んでいると疑われるし、スモモの木の下で冠をかぶり直すと、スモモを盗んでいると疑われるので、こうした行動は避けなければいけない）」

用例 あっちが顔のいい上にあんなにはねッかえりで、瓜田李下の嫌疑なんぞにかまわないところへ〈三宅花圃◆藪の鶯〉

類義語 悪木盗泉《あくぼくとうせん》・瓜田之履《かでんのくつ》・李下之冠《りかのかんむり》

【寡頭政治】かとうせいじ

意味 少数の者が権力を握って行う政治。

補説 「寡」は少ない意。「寡頭」は少人数の支配者をいう。

用例 ドイツの少数の企業家たち、軍需企業家たちが寡頭政治で独裁権をつよめて来ているからこそ、ドイツの大衆の固定的窮乏と云《い》われるものが生じているのに。〈宮本百合子◆道標〉

【臥榻之側】がとうのかたわら

意味 自分の領分・身近なところ。

補説 自分の領域に他人が勝手に入り込んで好き放題することを許さない、というときによく用いる。「臥榻」は寝床のこと。人にとって最も私的な場所で、自分の領域のたとえ。

出典 『続資治通鑑長編《ぞくしじつがんちょうへん》』宋太祖紀《そうたいそき》

【家徒四壁】かとしへき

意味 きわめて貧しいことのたとえ。

補説 もとは家の中に家財がなく、ただ四方の壁だけが立っている意。「徒」は「ただ…のみ」の意。一般に「家《いえ》、徒《ただ》四壁《しへき》のみ」と訓読して用いる。

出典 『史記《しき》』司馬相如伝《しばしょうじょでん》

類義語 家徒壁立《かとへきりつ》・環堵蕭然《かんとしょうぜん》

【河図洛書】かとらくしょ

意味 中国古代伝説上の図である「河図」と文である「洛書」のこと。

補説 「河図」は伝説上の帝王である伏羲《ふっき》の世に、黄河から現れた竜馬の背のうず巻いた毛の形を写したという図のこと。易《えき》の八卦《はっか》のもとになったとされる。「洛書」は夏《か》の禹《う》王が洪水を治めたとき、洛水《らくすい》という川から現れた神亀の背の文字を写したとされる文。『書経《しょきょう》』洪範篇《こうはんぺん》「九疇《きゅうちゅう》」のもとになったとされる。転じて、得ることが難しい図書のたとえともなる。「河」は黄河、「洛」は洛水という川。

出典 『易経《えききょう》』繋辞《けいじ》上

【家内狼藉】かないろうぜき

意味 屋内が散らかって、雑然としていること。家の中が乱雑で散らかっていること。

補説 「狼藉」は乱雑の意。

用例 裏表に戸締りもなくして、家内狼藉なるその家の門前に、二十インチの大砲一坐《ざ》を備《そな》うるも、盗賊の防禦《ぼうぎょ》に適すべからざるが如《ごと》し。〈福沢諭吉◆文明論之概略〉

【鉄梃大尽】かなてこだいじん

意味 頑固で融通のきかない大金持ち、資産家のこと。
補説 「鉄梃」は鉄製のてこ。転じて、堅物。融通のきかない人。「大尽」は財産を多くもっている人、富んでいる人。

【家貧孝子】 かひんこうし

意味 貧しい家には孝行な子どもが出るということ。また、人は逆境のときこそ真価が現れるたとえ。
補説 「孝子」は孝行な子。「家貧しくして孝子顕《あらわ》る」の略。
出典 『宝鑑《ほうかん》』◎「家貧しくして孝子顕れ、世乱れて忠臣を識《し》る」

【歌舞音曲】 かぶおんぎょく

意味 歌や踊りや音楽のこと。また、そのような華やかな遊芸のこと。
補説 「歌舞」は歌と踊り。「音曲」は音楽。
用例 その持ち去ったのは主に歌舞音曲の書、随筆小説の類である。〈森鷗外◆渋江抽斎〉

【禍福倚伏】 かふくいふく

意味 災いと幸せは順繰りに訪れるものだということ。
補説 福の中に禍が潜み、禍の中に福が潜むということ。「禍福」は災いと幸い。「倚伏」は禍福が互いに生じること。「倚」は寄り添う、また、原因となる意。「伏」は潜む意。
出典 『老子《ろうし》』五八 ◎「禍は福の倚《よ》る所、福は禍の伏す所なり」
類義語 禍福糾縄《かふくきゅうじょう》・禍福糾纆《かふくきゅうぼく》・禍福相倚《かふくそうい》・禍福相貫《かふくそうかん》・禍福之転《かふくのてん》・塞翁失馬《さいおうしつば》・塞翁之馬《さいおうのうま》

【禍福糾纆】 かふくきゅうぼく

意味 災いと幸せは順々にやってくるということ。
補説 より合わせた縄のように禍福は表裏の関係で、災いが福に転じ福が災いに転じる意。「禍福」は災いと幸い。「糾纆」は、より合わせた縄。一般に「禍福《かふく》は糾《あざな》える纆《なわ》のごとし」と訓読して用いる。
出典 『文選《もんぜん》』賈誼《かぎ》「鵩鳥賦《ふくろうのふ》」◎「夫《そ》れ禍の福とは何ぞ糾える纆に異ならんや」
類義語 一栄一辱《いちえいいちじょく》・一栄一落《いちえいいちらく》・禍福倚伏《かふくいふく》・禍福相貫《かふくそうかん》・塞翁失馬《さいおうしつば》・塞翁之馬《さいおうのうま》・転禍為福《てんかいふく》

【禍福得喪】 かふくとくそう

意味 災いに遭ったり、幸いに出あったり、成功し出世して地位を得たり、地位を失ったりすること。
補説 「禍福」は災いと幸い。「得喪」は成功と失敗。また、出世して高い地位を得ることと地位を失うこと。
出典 蘇軾《そしょく》「李公択《りこうたく》に与《あた》うるの書《しょ》」

【禍福無門】 かふくむもん

意味 災いや幸福はその人自身が招くものであるということ。
補説 禍福がやってくる一定の入り口があるわけではなく、その人の心がけ次第で災いにもなれば幸福ともなるもので、言行は慎むべきであるという戒め。「禍福」は災いと幸い。「無門」は定められた門はない意。一般に「禍福《かふく》門《もん》無《な》し」と訓読して用いる。
出典 『春秋左氏伝《しゅんじゅうさしでん》』襄公《じょうこう》二十三年 ◎「禍福門無し、唯《ただ》人の召《まね》く所なり」
類義語 禍福同門《かふくどうもん》・福善禍淫《ふくぜんかいん》

【葭莩之親】 かふのしん

意味 縁の遠い親類のこと。
補説 「葭莩」はアシの茎の中にある薄い膜のこと。転じて、ごく薄く軽いものにたとえる。「親」は親類の意。
出典 『漢書《かんじょ》』中山靖王劉勝伝《ちゅうざんせいおうりゅうしょうでん》
類義語 葭莩之誼《かふのぎ》・葭莩之類《かふのるい》

【歌舞優楽】 かぶゆうらく

意味 歌や舞に楽しみふけること。
補説 「優楽」はのんびりと気楽にすること。
用例 君の御馬前に天晴《あっぱれ》勇士の名を昭《あらわ》して討死すべき武士《もののふ》が、何処《いずく》に二つの命ありて、歌舞優楽の遊に荒《すさ》める所存の程こそ知られね。〈高山樗牛◆滝口入道〉

【瓦釜雷鳴】 がふらいめい

意味 賢者が用いられず、能力のない者が高い地位にいるたとえ。実力のない者が得意げに威張りわめくたとえ。また、讒言《ざんげん》が用いられるたとえ。
補説 素焼きの釜《かま》が、雷のように大きな音をたてて鳴る意から。「瓦釜」は素焼きの土製の釜で、小人物のたとえ。「雷鳴」は雷のような大きな音をたてること。また、たたき鳴らして大きな音をたてること。

出典『楚辞《そじ》』卜居《ぼくきょ》

【寡聞少見《かぶんしょうけん》】

意味 見識が狭いこと。また、世間知らずなこと。

補説 自分を謙遜《けんそん》するときによく用いる。「寡」は少ない意。「寡聞」は見聞の狭いこと。見聞きしてきたものが少ないということ。「寡見少聞《かけんしょうぶん》」ともいう。

出典『漢書《かんじょ》』匡衡伝《きょうこうでん》

類義語 寡聞鮮見《かぶんせんけん》・孤陋寡聞《ころうかぶん》・浅見寡聞《せんけんかぶん》

【寡聞浅学《かぶんせんがく》】

⇒浅学寡聞 せんがくかぶん 386

【佳兵不祥《かへいふしょう》】

意味 すぐれた武器は人を殺す不吉なものであるという戒め。武器を不吉なものとして戦争を批判した語。

補説「佳兵」は佳《よ》き兵ということで、すぐれた武器のこと。「不祥」は不吉の意。「佳」については「隹《すい》」の誤りで、「唯」と同じとして「夫《そ》れただ兵は」とする説がある。その場合、「佳兵」はいったい武器というものは、という意になる。

出典『老子《ろうし》』三一 ◎「夫《そ》れ佳兵は不祥の器《き》なり。物或《つね》に之《これ》を悪《にく》む。故に有道者（道を体現した人）は処《お》らず」

【瓜剖豆分《かぼうとうぶん》】〈—スル〉

⇒豆剖瓜分 とうぼうかぶん 491

【華封三祝《かほうのさんしゅく》】

意味 中国の華山の番人が尭《ぎょう》帝に述べた三つの祝福。

補説「華」は中国の華山。「封」は国境警備の役人だが、ここでは華山の聖地の番人。

故事 中国古代の聖天子である尭に、華山の役人が寿（長寿）・富（金持ちになること）・多男子（多くの男の子が生まれること）の三つの祝福を述べようとしたところ、尭が断った。その理由として、男子が多いと心配事が多く、富めば面倒が多く、長寿だと恥も多いと述べたという故事から。

出典『荘子《そうじ》』天地《てんち》

【夸父逐日《かほちくじつ》】

意味 自分の力をわきまえていない行為のたとえ。また、自然に立ち向かう強い意志の形容。

補説「夸父《かほ》日《ひ》を逐《お》う」と訓読する。

注意「こほちくじつ」とも読む。

故事 中国古代の伝説上の人物である夸父は、自分の力をわきまえず、太陽に追いつこうとして追いかけたが、途中で喉《のど》が渇き、黄河と渭水《いすい》の水を飲み干した。しかし、それでも足りなかったので、北方の大沢の水も飲もうとしたが、その途中で喉の渇きに耐えきれず死んでしまった、という伝説による。

出典『列子《れっし》』湯問《とうもん》

【我慢勝他《がまんしょうた》】

意味 人一倍、我《が》を押し通すこと。また、おごり高ぶり、自分が他人よりすぐれていると思うこと。思い上がって他人をあなどり見下すこと。

補説 仏教語。「我慢」は七慢《しちまん》の一つ。我をたのみとし高慢である意。「勝他」は他人よりすぐれる意。また、そのように思うこと。

出典『十善法語《じゅうぜんほうご》』一二

用例 我慢勝他が性質《もちまえ》の叔母《おば》のお政《まさ》が、よくせきの事なればこそ我《われ》から折れて出て、「お前さんさえ我《が》を折れば、三方四方円《まる》く納まる。」ト穏便《おんびん》をおもって言ッてくれる。〈二葉亭四迷◆浮雲〉

【我武者羅《がむしゃら》】〈—ナ〉

意味 やみくもにひたすら突き進むさま。向こう見ずにひたすら一つの事に打ち込むさま。また、血気にはやるさま。

補説 当て字とされる。「我武者」も同意。「我貪《がむさぼり》」から転化して、我武者の漢字を当てたともいわれる。

注意 語構成は「我武者」＋「羅」。

用例 巡礼者の大群はアラビヤの砂漠を横断して、聖地へ向って、我武者羅な旅行をはじめる。信仰の激しさが、旅行の危険よりも強い。〈坂口安吾◆勉強記〉

類義語 我武者《がむしゃ》・遮二無二《しゃにむに》

【烏之雌雄《からすのしゆう》】

意味 物事の是非や善悪などがまぎらわしくて、判断がつきにくいことのたとえ。

補説 カラスの雄と雌はどちらも真っ黒で判別しにくいことからいう。「誰《たれ》か烏の雌雄を知らん」の略。

（出典）『詩経《しきょう》』小雅《しょうが》・正月《せいげつ》

【我利我利】がりがり

（意味）自分だけの利益を考えて他を顧みないこと。

（補説）「我利」は自分だけの利益。重ねることでその意を強調している。「我利我利亡者《がりがりもうじゃ》」「我利我利坊主《がりがりぼうず》」は、そのような人を卑しめていう語。

（用例）子供は無邪気に見えて、実は無遠慮な我利我利なのだ。子供は嘘《うそ》を言わないのではない。嘘さえ言えぬ未完成な生命なのだ。〈岡本かの子◆かの女の朝〉

（類義語）貪夫徇財《たんぷじゅんざい》

【我利私欲】がりしよく

（意味）個人的な利益だけをむさぼる欲望のこと。

（補説）「我利」は自分だけの利益。私利に同じ。「私欲」は自分だけの利益をはかる心の意。

（注意）「我利私慾」とも書く。

（用例）我利私欲の羈絆《きはん》を掃蕩《そうとう》するの点において、――千金《せんきん》の子よりも、万乗《ばんじょう》の君よりも、あらゆる俗界の寵児《ちょうじ》よりも幸福である。〈夏目漱石◆草枕〉

（類義語）私利私欲《しりしよく》

【下陵上替】かりょうじょうたい

（意味）世の中が大いに乱れた様子。

（補説）下克上《げこくじょう》が行われている世をいう。下の者が上をしのいで、上の者が衰える意。「陵」はしのぐ意。「替」はすたれる、衰えること。「下《しも》陵《しの》ぎ上《かみ》替《すた》る」と訓読する。

（出典）『春秋左氏伝《しゅんじゅうさしでん》』昭公《しょうこう》一八年

【画竜点睛】がりょうてんせい

（意味）物事を完成するために、最後に加える大切な部分。また、肝心なところに手を入れて、全体をいっそう引き立てるたとえ。

（補説）「睛」はひとみ・目玉。転じて、物事の大切なところの意。一般には「画竜点睛を欠く」と用いることが多く、この場合は最後の仕上げが不十分で、肝心なところが欠けているため精彩がないことをいう。「竜《りょう》を画《えが》いて睛《ひとみ》を点《てん》ず」と訓読する。「点睛開眼《てんせいかいがん》」ともいう。

（注意）「がりゅうてんせい」とも読む。

（故事）中国六朝《りくちょう》時代、梁《りょう》の絵の大家張僧繇《ちょうそうよう》が都金陵《きんりょう》の安楽寺に四頭の竜の絵を描いたが、睛を描き入れると竜が飛び去ってしまうと言って、睛を描き入れなかった。世間の人はこれをでたらめだとして信用せず、是非にと言って無理やり睛を描き入れさせたところ、たちまち睛を入れた二頭の竜が天に昇り、睛を入れなかった二頭はそのまま残ったという故事から。

（出典）『歴代名画記《れきだいめいがき》』

（用例）所が此《この》好奇心が遺憾なく満足されるべき画竜点睛の名前迄《まで》愈《いよいよ》読み進んだ時、自分は突然驚いた。〈夏目漱石◆手紙〉

【河梁之吟】かりょうのぎん

（意味）送別の歌のこと。また、親しい人を見送るときの別れがたい気持ちをいう。

（故事）→「河梁之別《かりょうのわかれ》」116

（出典）『文選《もんぜん》』李陵《りりょう》―詩「蘇武《そぶ》に与《あた》う」

（類義語）河梁之誼《かりょうのよしみ》・河梁之別《かりょうのわかれ》

【河梁之別】かりょうのわかれ

（意味）一般に送別のこと、人と別れること。また、親しい人を見送るつらい別れのこと。

（補説）もとは人を見送って橋の上で別れる意。「河梁」は川に架かる橋。

（故事）中国漢代、異民族の匈奴《きょうど》に捕らわれていた李陵《りりょう》が、同じく捕らわれていた蘇武《そぶ》が中国に帰るときに、「手を携えて河梁に上る、遊子暮れに何《いず》くにか之《ゆ》く（手を取り合って川の橋を上って行く、旅人は夕暮れにどこへ行くのか）、…」という惜別の詩を送った故事から。

（出典）『文選《もんぜん》』李陵《りりょう》―詩「蘇武《そぶ》に与《あた》う」

（類義語）河梁携手《かりょうけいしゅ》・河梁之吟《かりょうのぎん》・河梁之誼《かりょうのよしみ》

【迦陵頻伽】かりょうびんが

（意味）仏教の語で、ヒマラヤ山中あるいは極楽浄土にすむという想像上の鳥の名。まだ殻にあるときに美しい声で鳴くともいい、比類なき美声は仏の声にたとえられる。

（補説）浄土曼陀羅《じょうどまんだら》の絵などでは上半身は美女、下半身は鳥の姿で描かれている。転じて、美しい声のさまや美貌《びぼう》・美声の芸妓《げいぎ》をいうこともある。梵語《ぼんご》「Kalavinka」の音写で、仏典では「好声」「好音声鳥」「妙声」などと訳される。略して、「迦陵頻」「迦陵」「頻伽」などともいう。

注意 「迦陵嚬伽」「伽陵頻伽」とも書く。

出典 『月光菩薩経《げっこうぼさつきょう》』三

用例 その声ざまの美しさは、極楽に棲《す》むとやら承った伽陵頻伽にも劣るまじい。〈芥川龍之介◆きりしとほろ上人伝〉

【臥竜鳳雛】がりょう ほうすう

⇒ 伏竜鳳雛 ふくりょうほうすう 573

【寡廉鮮恥】かれん せんち 〈―ナ〉

意味 心が清らかでなく恥知らずなさま。節操がなく恥を知らないさま。

補説 「寡」「鮮」はともに少ない意。「廉」は心が清く欲がないこと。節操が固いこと。「廉《れん》は寡《すくな》く恥《はじ》鮮《すくな》し」と訓読する。

出典 『文選《もんぜん》』司馬相如《しばしょうじょ》「巴蜀《はしょく》に喩《さと》す檄《げき》」

類義語 厚顔無恥《こうがんむち》

【苛斂誅求】かれん ちゅうきゅう

意味 税金や借金などを容赦なく厳しく取り立てること。

補説 「苛」はむごい、また、責め立てる意。「斂」はおさめる、集める意。「誅」は責める意。「苛斂」「誅求」ともに厳しく責めて取り立てる意。類義の語を重ねて意味を強めている。

用例 公平無私な官吏や苛斂誅求を事とせぬ政治家の皆無だった当時のこととて、孔子の公正な方針と周到な計画とはごく短い期間に驚異的な治績をとげた。〈中島敦◆弟子〉

類義語 頭会箕斂《とうかいきれん》

【餓狼之口】がろうの くち

意味 非常な危険や困難のあること。また、きわめて欲深く、残忍な人のたとえ。

補説 飢えたオオカミの口の意から。「餓狼」は飢えたオオカミ。

出典 『晋書《しんじょ》』阮种伝《げんちゅうでん》

【夏炉冬扇】かろ とうせん

意味 時期はずれの無駄なもののたとえ。また、無用なもの、時宜を得ず役に立たない言論や才能などのたとえ。

補説 夏の炉と冬の扇《うちわ》の意から。「炉」は火鉢。また、囲炉裏。「扇」は、うちわ。君主の信望・寵愛《ちょうあい》を失った者や、寵愛を失った宮女、恋人にすてられた女性のたとえとして用いられることもある。「冬扇夏炉《とうせんかろ》」ともいう。

出典 『論衡《ろんこう》』逢遇《ほうぐう》

用例 特に時候を論ぜざる見世物と異りて、渠《かれ》の演芸は自《おのず》から夏炉冬扇の嫌《きらい》あり。〈泉鏡花◆義血侠血〉

類義語 六菖十菊《りくしょうじゅうぎく》

【銜哀致誠】がんあい ちせい

意味 心から悲しみ誠意を尽くすこと。心からの哀惜の気持ちで死者を弔うこと。

補説 人の死を悼んで用いる語。哀悼の情を心に含み、真心をささげる意から。「銜」は含む、心にいだく意。「致誠」は真心をささげる意。「哀《あい》を銜《ふく》み誠《まこと》を致《いた》す」と訓読する。

出典 韓愈《かんゆ》「十二郎《じゅうにろう》を祭《まつ》るの文《ぶん》」

【含飴弄孫】がんい ろうそん

意味 晩年の気楽な生活のこと。老人がのんきに隠居生活をすることをいう。

補説 飴《あめ》をなめながら孫をあやす意。「含飴」は飴を口に含む、飴をなめる意。「弄孫」は孫とたわむれ遊ぶ意。「飴《あめ》を含《ふく》み孫《まご》を弄《ろう》す」と訓読する。

出典 『後漢書《ごかんじょ》』明徳馬皇后紀《めいとくばこうごうき》

【閑雲孤鶴】かんうん こかく

⇒ 閑雲野鶴 かんうんやかく 118

【干雲蔽日】かんうん へいじつ

意味 大木の形容。大木が天高く伸びるさま。

補説 雲の中を押し進み、太陽を覆い隠すらい伸びている意。「干雲」は雲の中を押し進むこと。「蔽日」は太陽を覆うこと。「雲《くも》を干《おか》し日《ひ》を蔽《おお》う」と訓読する。

出典 『後漢書《ごかんじょ》』丁鴻伝《ていこうでん》

【韓雲孟竜】かんうん もうりょう

意味 男色の契り。また、男色のこと。

補説 「韓」は唐の韓愈《かんゆ》、「孟」は同時代の孟郊《もうこう》。二人は地位を気にしない心からの友人の契りを交わしたが、それが男色の相手という俗説を生んだ。「雲竜」はお互いなくてはならないものの形容。

注意 「かんうんもうりゅう」とも読む。

出典 洒落本《しゃれぼん》『聖遊廓《ひじりゆうかく》』雪月花《せつげつか》

【閑雲野鶴】 かんうんやかく

意味 世俗に拘束されず、自由にのんびりと暮らすたとえ。また、自適の生活を送る隠士の心境のたとえ。

補説 大空にゆったりと浮かぶ雲と、広い野にいる野生の鶴の意から。「閑雲」は大空にゆったりと浮かぶ雲。「野鶴」は野に気ままに遊ぶ鶴。何ものにもしばられない自由な生活のたとえ。「閑雲孤鶴《かんうんこかく》」ともいう。

注意 「間雲野鶴」とも書く。

出典 『全唐詩話《ぜんとうしわ》』僧貫休《そうかんきゅう》

用例 そして十幾ヶ月の間閑雲野鶴を友として暮したが、五年以前の秋、思い立って都門の客となり、さる高名な歴史家の書生となった。翌年は文部省の検定試験を受けて、歴史科中等教員の免状を貰《もろ》うた。〈石川啄木◆葬列〉

類義語 琴歌酒賦《きんかしゅふ》・孤雲野鶴《こうんやかく》

【含英咀華】 がんえいしょか

意味 文章のすぐれた部分をよく味わい体得すること。

補説 花ぶさを口に含み花をかみしめ味わう意から。「英」は花ぶさ。また、花。「咀」はかむ、また、味わう意。「英《えい》を含《ふく》み華《か》を咀《くら》う」と訓読する。

出典 韓愈《かんゆ》「進学解《しんがくかい》」

類義語 咀嚼英華《そしゃくえいか》

【檻猿籠鳥】 かんえんろうちょう

⇒ 籠鳥檻猿 ろうちょうかんえん 677

【韓海蘇潮】 かんかいそちょう

意味 韓愈《かんゆ》の文章は海のように雄大でゆったりしており、蘇軾《そしょく》の文章は潮《うしお》のように躍動していて力強いということ。

補説 韓愈は中国唐の文人で、古文復興を主張した。蘇軾は北宋《ほくそう》の文人で、宋詩の第一人者であり、書画にもすぐれた。二人の文体を対比して評した言葉。

出典 楊慎《ようしん》『丹鉛総録《たんえんそうろく》』詩話類《しわるい》 ◎「韓は海の如《ごと》く、柳（宋元）は泉の如く、欧（陽脩《ようしゅう》）は瀾《なみ》の如く、蘇は潮の如し」

【顔回箪瓢】 がんかいたんぴょう

⇒ 箪食瓢飲 たんしひょういん 435

【感慨無量】 かんがいむりょう 〈―ナ〉〈―タル〉

意味 深く身にしみて感じ、しみじみとした気持ちになること。

補説 「感慨」は深く心に感じてしみじみとした思いにひたること。「無量」は計り知れないほどの意。略して「感無量」ともいう。

用法 誠に感慨無量なものがある

用例 しかしこの当り前のことが行なわれるために、今まで、数千年の歴史が無駄というか、たいへんないばらの路《みち》を歩みつづけてきたことを思うとき、感慨無量たらざるをえない。〈中井正一◆「焚書時代」の出現〉

類義語 意料無限《いりょうむげん》

【扞格齟齬】 かんかくそご 〈―スル〉

意味 お互いの意見がかみ合わないこと。

補説 「扞」は拒む、「格」ははばむ意で、「扞格」は固くこばんで入れないこと。「齟齬」はかみ合わない意。

注意 「捍格齟齬」とも書く。

【干戈倥偬】 かんかこうそう 〈―タル〉〈―ト〉

意味 戦争で慌ただしく忙しいさま。

補説 「干戈」は、たてとほこ。転じて、戦いの意。「倥偬」は忙しいさま。

類義語 干戈不息《かんかふそく》・兵馬倥偬《へいばこうそう》

対義語 倒載干戈《とうさいかんか》・倒置干戈《とうちかんか》

【鰥寡孤独】 かんかこどく 〈―ナ〉

意味 身寄りもなく寂しいさま。また、その人のこと。

補説 「鰥」は老いて妻のない夫。「寡」は老いて夫のない妻。「孤」は幼くして父がいない子。「独」は子のない老人のこと。いずれも身寄りのない寂しい者の意。

注意 「矜寡孤独」とも書く。

出典 『孟子《もうし》』梁恵王《りょうけいおう》下

用例 抑々《そもそも》男女室に居るは人の大倫であり、鰥寡孤独は四海の窮民である。天下に窮民なく、人々家庭の楽あるは太平の恵沢である。家に良妻ある程幸福はない。〈坂口安吾◆安吾人生案内〉

類義語 形影相憐《けいえいそうりん》・孤影悄然《こえいしょうぜん》・天涯孤独《てんがいこどく》・無告之民《むこくのたみ》

【含牙戴角】 がんがたいかく

意味 牙《きば》や角をもつもの。獣の類のこと。

補説 口に牙があり、頭に角をいただき載せているものの意から。「牙《きば》を含《ふく》み角《つの》を戴《いただ》く」と訓読する。
出典『淮南子《えなんじ》』脩務訓《しゅうむくん》
類義語 前爪後距《ぜんそうこうきょ》

【頷下之珠】がんかのしゅ

意味 手に入れることが難しい貴重なもののたとえ。
補説 竜の顎《あご》の下の珠玉の意から。「頷」は顎の意。「珠」は宝玉。九層の深淵にすむ驪竜《りりょう》（黒い竜）の顎の下にあるという宝玉。命懸けで求める珠玉のこと。
注意「がんかのたま」とも読む。
出典『荘子《そうじ》』列禦寇《れつぎょこう》
類義語 千金之珠《せんきんのたま》・探驪獲珠《たんりかくしゅ》・驪竜之珠《りりょうのたま》

【寒花晩節】かんかばんせつ

意味 晩節（年老いてからの節義）を全うすること。
補説「寒花」は冬に咲く花。冬の花は長い間その香りを保っていることから、人が節義を年終えるまで全うし続けることにたとえる。若いときは節義を保ちやすいが、晩年になってからはそれが難しいとされている。
出典『宋名臣言行録《そうめいしんげんこうろく》』後集・韓琦《かんき》
◎「老圃《ろうほ》の秋容の深きを羞《は》じず、且《しばら》く看《み》よ、寒花の晩節の香《かんば》しきを」

【轗軻不遇】かんかふぐう（―ナ）

意味 世に受け入れられず行き悩むさま。事が思い通りにいかず行き悩み、ふさわしい地位や境遇に恵まれないさま。
補説「轗軻」は道が平坦《へいたん》でないさま。転じて、事が思い通り運ばないさま。世に受け入れられず行き悩むさま。「懐才不遇《かいさいふぐう》」ともいう。
注意「轗軻」は「坎坷」「坎軻」とも書く。
出典『北史《ほくし》』文苑伝《ぶんえんでん》・序
用例 師の陣風斎《じんぷうさい》という人は、実際轗軻不遇の士。考えれば考える程気の毒で成らなかった。〈江見水蔭・死剣と生縄〉
類義語 崎嶇坎坷《きくかんか》

【干戈不息】かんかふそく

意味 戦争が続き、終わらないこと。
補説「干戈」は、たてとほこ、転じて、戦いの意。「息」はやむこと、終わること。「干戈《かんか》息《や》まず」と訓読する。
出典『宣和遺事《せんないじ》』
類義語 干戈倥偬《かんかこうそう》
対義語 倒載干戈《とうさいかんか》

【緩歌慢舞】かんかまんぶ

意味 緩やかな歌声や舞。また、ゆったりと歌い、ゆったりと舞うこと。
注意「慢舞」は「謾舞」「縵舞」とも書く。
出典 白居易《はくきょい》「長恨歌《ちょうごんか》」

【侃侃諤諤】かんかんがくがく（―タル）（―ト）

意味 遠慮することなく述べて盛んに議論をするさま。議論の盛んなことの形容。また、はばかることなく直言するさま。
補説「侃侃」は強くまっすぐなさま。剛直なさま。「諤諤」は、はばかることなくありのままを直言するさま。「侃諤」ともいう。多くの人が勝手にやかましく騒ぎたてる意の「喧喧囂囂《けんけんごうごう》」と混同されやすいが、別意。
用例 そこでたとい第一義的な問題に就いての、所謂《いわゆる》侃々諤々の議論が出ても、それは畢竟《ひっきょう》するに、頭脳のよさの誇り合いであり、衒学《げんがく》の角突合であり、機智の閃《ひら》めかし合いで、それ以上の何物でもないと、自ら思わざるを得なくなって来るのだった。〈久米正雄・良友悪友〉
類義語 諤諤之臣《がくがくのしん》・議論百出《ぎろんひゃくしゅつ》・百家争鳴《ひゃっかそうめい》

【観感興起】かんかんこうき（―スル）

意味 目に見て心に感じ、感動して奮い立つこと。
補説「観感」は目に見て、心に感じて感動を引き起こすこと。「興起」は奮い起こすこと。

【寒巌枯木】かんがんこぼく

⇒ 枯木寒巌 こぼくかんがん 244

【乾乾浄浄】かんかんじょうじょう

意味 清潔でさっぱりしたさま。きちんとしていること。また、すっかりなくなる意。
出典『醒世恒言《せいせいこうげん》』
◎「衣服を把《と》りて漿洗《しょうせん》すれば乾乾浄浄たるを得《う》」
用例 十二月は余の大好きな月である。絢爛《けんらん》の秋が過ぎて、落つるものは落ち尽し、枯るるものは枯れ尽し、見るもの皆乾々浄々として、寂しいにも寂しいが、寂しい中にも何

とも云《い》えぬ味がある。〈徳冨健次郎◆みみずのたはこと〉

【関関雎鳩】かんかん しょきゅう

意味 夫婦仲が良くむつまじいこと。また、仲むつまじい夫婦のたとえ。

補説 「関関」は鳥が和らぎ鳴き交わす声の形容。「雎鳩」は水鳥の名、ミサゴ。つがいのミサゴが、川の中州で仲良く和らぎ鳴き交わしている意で、夫婦がむつまじく、和らいでいることをたとえたもの。「関関たる雎鳩」ともいう。また、夫婦がむつまじく家庭がよく治まる楽しみを「関雎《かんしょ》の楽しみ」という。

出典 『詩経《しきょう》』周南《しゅうなん》・関雎《かんしょ》

「関雎」は「関関雎鳩」を略したもの。

類義語 鴛鴦之契《えんおうのちぎり》・関雎之化《かんしょのか》・琴瑟相和《きんしつそうわ》・琴瑟調和《きんしつちょうわ》・比翼連理《ひよくれんり》・夫唱婦随《ふしょうふずい》

【官官接待】かんかん せったい

意味 公務員が、公費を使って公務員を接待すること。

補説 主に地方自治体の公務員が、予算上などでの便宜を図ってもらう目的で、公費を使って中央省庁の官僚をもてなすことなどをいう。「官官」は公務員同士の意。

【汗顔無地】かんがん むち

意味 非常に恥ずかしくて身の置き場のないこと。

補説 「汗顔」は顔に汗をかくことから、ひどく恥じるさま。「無地」は場所がない、身の置き場所のないこと。「汗顔《かんがん》、地無《ちな》し」と訓読する。

類義語 顔厚忸怩《がんこうじくじ》・冷汗三斗《れいかんさんと》

【歓喜抃舞】かんき べんぶ 〈—スル〉

⇒ 喜躍抃舞 きやくべんぶ 146

【緩急軽重】かんきゅう けいちょう

意味 事の緊急性や重要性の度合いのこと。

補説 「緩急」は緊急でないことと緊急なこと。「軽重」は重要さの軽いことと重いこと。「軽重緩急《けいちょうかんきゅう》」ともいう。

【緩急剛柔】かんきゅう ごうじゅう

意味 強く出たり優しく出たり、ゆったり接したり厳しく接したり、場に応じて適切に対処すること。

補説 「緩急」は緩やかなことと厳しいこと。「剛柔」は堅いことと柔らかいこと。強いことと優しいこと。

用例 応接掛りは普段の真裸体《まっぱだか》に似ず、袴《はかま》羽織にチャント脇差《わきざし》を挟《さ》して緩急剛柔、ツマリ学医の面目云々《うんぬん》を楯《たて》にして剛情な理屈を言うから、サア先方の医者も困ってしまい、そこで平あやまりだという。〈福沢諭吉◆福翁自伝〉

【緩急自在】かんきゅう じざい 〈—ナ〉

意味 状況に応じて早くしたり遅くしたり、緩めたり厳しくしたり思うままに操るさま。

補説 「緩急」は遅いことと早いこと、緩やかなことと厳しいこと。「自在」は思いのままであるさま。

用例 これらのシーンの推移のテンポは緩急自在で、実に目にも止まらぬような機微なものがある。〈寺田寅彦◆映画時代〉

類義語 一張一弛《いっちょういっし》

【汗牛充棟】かんぎゅう じゅうとう

意味 蔵書がきわめて多いことの形容。

補説 本が非常に多くて、牛車に積んで運ぶと牛も汗をかき、家の中に積み上げれば棟木《むなぎ》にまで届いてしまう意から。「牛《うし》に汗《あせ》し棟《むね》に充《み》つ」と訓読する。「充棟汗牛《じゅうとうかんぎゅう》」ともいう。

出典 柳宗元《りゅうそうげん》「陸文通先生墓表《りくぶんつうせんせいぼひょう》」

用例 「感心に手入れの怠りがないのみならず、分類の方法が宜《よろ》しきを得ている」といいながら、駒井《こまい》は一学の手から提灯《ちょうちん》を受取って、汗牛充棟の書物をいちいち見てあるきました。〈中里介山◆大菩薩峠〉

類義語 載籍浩瀚《さいせきこうかん》・擁書万巻《ようしょばんかん》

【貫朽粟陳】かんきゅう ぞくちん

意味 財貨が非常に多いことのたとえ。

補説 ためた銭が多すぎて銭差し（銭の穴に通して束ねるのに用いた縄ひも）の縄が朽ち、ため込んだ穀物（アワ）が古くなって腐りかけていること。「貫」は銭差しの縄、「陳」は古い意。

出典 『史記《しき》』平準書《へいじゅんしょ》

【閑居養志】かんきょ ようし 〈—スル〉

意味 世の中を避けて、自分の心を育てるための修養をすること。

補説 「閑居」は静かな住居。「養志」は志を養うこと。「閑居《かんきょ》して志《こころざし》を養《やしな》う」と訓読する。

出典 『後漢書《ごかんじょ》』梁竦伝《りょうしょうでん》

対義語 小人閑居《しょうじんかんきょ》

【寒気凜冽】 かんきりんれつ 〈―タル〉〈―ト〉

意味 寒さが非常に厳しいこと。

補説 「凜」「冽」はともに寒い意で、「凜冽」は骨をさすほど寒いさま。

注意 「寒気凜烈」とも書く。

【管窺蠡測】 かんきれいそく

意味 きわめて見識の狭いたとえ。また、非常に狭い見識や理解で大事をはかるたとえ。

補説 「管窺」は細い管《くだ》を通して大きな天を見ること。古く『荘子《そうじ》』秋水《しゅうすい》にも「用管窺天(管を用《もっ》て天を窺《うかが》う)」の句がある。「蠡測」はひさごで大きな海の水をはかること。「管《かん》もて窺《うかが》い蠡《れい》もて測《はか》る」と訓読する。略して「管蠡」ともいう。

注意 「筦窺蠡測」とも書く。

出典 『文選《もんぜん》』東方朔《とうぼうさく》「客《かく》の難《なん》ずるに答《こた》う」◎「筦《かん》を以《もっ》て天を窺い、蠡《ひさご》を以て海を測る」

類義語 管窺之見《かんきのけん》・坎井之蛙《かんせいのあ》・管中窺豹《かんちゅうきひょう》・井蛙之見《せいあのけん》・井底之蛙《せいていのあ》・尺沢之鯢《せきたくのげい》・用管窺天《ようかんきてん》

【歓欣鼓舞】 かんきんこぶ 〈―スル〉

⇒ 喜躍抃舞 きやくべんぶ 146

【顔筋柳骨】 がんきんりゅうこつ

意味 中国唐代の大書家、顔真卿《がんしんけい》と柳公権《りゅうこうけん》との筆法の要諦《ようてい》。また、それを身に付けていること。書に卓越していることのたとえ。

補説 「筋」は筋肉、「骨」は骨格で、書法における筆画などの骨法・骨組みのこと。力強いことの形容。

出典 陸游《りくゆう》―詩「唐希雅雪鵲《とうきがせつじゃく》」

【艱苦辛苦】 かんくしんく 〈―スル〉

⇒ 艱難辛苦 かんなんしんく 129

【艱苦奮闘】 かんくふんとう 〈―スル〉

意味 悩み苦しみながらも、力の限りを尽くして闘うこと。力いっぱいに努めること。

補説 「艱苦」は艱難と苦労、艱難辛苦の意。つらいことと苦しいこと。困難に出あって苦労すること。「奮闘」は力を奮って闘うこと。困難などに対して力の限り努力すること。

類義語 刻苦勉励《こっくべんれい》・奮励努力《ふんれいどりょく》

【簡潔明瞭】 かんけつめいりょう 〈―ナ〉

⇒ 簡単明瞭 かんたんめいりょう 127

【甘言蜜語】 かんげんみつご

意味 相手の気を引いたり、取り入ったりするための甘い言葉。

補説 「蜜語」は蜜のように甘い言葉。男女の甘い語らいにもいう。

類義語 甘言美語《かんげんびご》・甜言蜜語《てんげんみつご》

【歓言愉色】 かんげんゆしょく

意味 楽しげな談話と楽しげな顔色。また、お世辞を言い、愛想よく振る舞うこと。

補説 「歓言」は相手と楽しく語り合う意。「愉色」は楽しそうな顔つきのこと。

用例 流しと板の間の境にある敷居《しきい》の上であって、当人はこれから歓言愉色、円転滑脱《えんてんかつだつ》の世界に逆もどりをしようという間ぎわである。〈夏目漱石◆吾輩は猫である〉

【緩絃朗笛】 かんげんろうてき

意味 緩やかな弦楽器の音色と、朗々と響きわたる笛の音色のこと。

補説 「緩絃」はゆるやかな弦楽器の音色の意。「朗笛」は澄んでよく通る笛の音の意。

注意 「緩弦朗笛」とも書く。

用例 口上は渠《かれ》が所謂《いわゆる》不弁舌なる弁を揮《ふる》いて前口上を陳了《のべおわ》れば、忽《たちま》ち起る緩絃朗笛の節《せつ》を履《ふ》みて、静々歩出《い》でたるは、当座の太夫元《たゆうもと》滝の白糸、〈泉鏡花◆義血侠血〉

【頑固一徹】 がんこいってつ 〈―ナ〉

意味 非常にかたくなで、一度決めたらあくまでも自分の考えや態度を変えようとしないさま。また、そういう性質。

補説 「頑固」「一徹」はともに、かたくなに思い込み強情に押し通すこと。類義の語を重ねて意味を強調している。

用法 頑固一徹な性格

用例 早くから母に死なれ、父は頑固一徹の

学者気質で、世俗のことには、とんと、うとく、私がいなくなれば、一家の切りまわしがまるで駄目になる〈太宰治◆葉桜と魔笛〉

【眼光炯炯】 がんこう けいけい 〈—タル〉〈—ト〉

意味 目が鋭く光るさま。すべてを見透かしているようで、人を圧倒する目のこと。

補説 「眼光」は目の光。転じて、物事の真実を見抜く力。「炯炯」はきらきらと鋭く光り輝くさま。

用例 お旦那は、出陣の武士の如《ごと》く、眼光炯々、口をへの字型にぎゅっと引き結び、いかにしても今宵《こよい》は、天晴《あっぱ》れの舞いを一さし舞い、その鬼どもを感服せしめ、もし万一、感服せずば、この鉄扇にて皆殺しにしてやろう、たかが酒くらいの愚かな鬼ども、何程の事があろうや、と〈太宰治◆お伽草紙〉

類義語 双眸炯炯《そうぼうけいけい》

【箝口結舌】 かんこう けつぜつ 〈—スル〉

意味 口をつぐんで何も言わないこと。

補説 「箝口」「結舌」はともに口をつぐんで何も言わないこと。類義の語を重ねて意味を強調している。

【顔厚忸怩】 がんこう じくじ 〈—タル〉〈—ト〉

意味 非常に恥じ入ること。顔色も変わるほど恥じ入ること。また、恥知らずな者の顔にも、なお恥じる色が表れる意。

補説 「顔厚」は顔色が変わる意とも、面の皮が厚い者の意とも解される。「忸怩」は心に恥ずかしく思うこと。恥じて身を縮めること。もと自分の恥じ入ることを言った謙譲語。

出典 『書経《しょきょう》』五子之歌《ごしのか》 ◎「顔厚なれども忸怩たる有り」

類義語 汗顔無地《かんがんむち》

【眼光紙背】 がんこう しはい

意味 文字面だけでなく、深い内容・意味まで深く洞察力を働かせて読むたとえ。

補説 目の鋭い光が文字の書かれている紙の裏まで貫く意から。「眼光」は目の光。転じて、物事を見通す力。一般には「眼光紙背に徹《てっ》す」という慣用句で用いる。

用例 一を聞いて十を知るということは単に素質のよさを意味するには限らないので教養に於《お》ける関心・意欲・思想・の体系の働きだと考えてもいい。眼光紙背に徹するのも判《わか》りの良さも、共感の大きな能力も、理知的な自信も、皆ここから来る。〈戸坂潤◆思想と風俗〉

類義語 紙背之意《しはいのい》・熟読玩味《じゅくどくがんみ》

【眼高手低】 がんこう しゅてい

意味 知識はあり、あれこれ批評するが、それをこなす能力がないこと。また、理想は高いものの実力が伴わないこと。

補説 「眼高《めたか》く手低《てひく》し」と訓読する。

用例 つまり頭は進んでいても眼高手低をまぬがれない。これを子供の時からその世界で叩《たた》きあげている「歌舞伎」にくらべると、新劇の眼高手低の甚しさがハッキリする。〈坂口安吾◆戦後合格者〉

類義語 眼高手生《がんこうしゅせい》・志大才疎《しだいさいそ》

【寒江独釣】 かんこう どくちょう

意味 雪の降る冬の川で一人釣りをすること。また、その人の姿。

補説 中国唐の柳宗元《りゅうそうげん》の詩「江雪《こうせつ》」で詠《うた》われたもの。多くの画題となっている。

出典 柳宗元《りゅうそうげん》―詩「江雪《こうせつ》」◎「孤舟蓑笠《さりゅう》の翁《おう》、独《ひと》り釣る寒江《かんこう》の雪」

【含垢忍辱】 がんこう にんじょく 〈—スル〉

意味 屈辱を耐え忍ぶこと。

補説 「垢」は恥の意。「含垢」「忍辱」はともに恥を忍ぶこと。「垢《はじ》を含《ふく》み、辱《はずかし》めを忍《しの》ぶ」と訓読する。

出典 『後漢書《ごかんじょ》』曹世叔妻伝《そうせいしゅくさいでん》

類義語 含垢忍恥《がんこうにんち》・含垢納汚《がんこうのうお》・包羞忍恥《ほうしゅうにんち》

【換骨羽化】 かんこつ うか

意味 仙人になること。

補説 人間が凡骨を仙骨に換え、人体に羽を生じて飛行することから。「換骨」は、神仙術で凡骨を換えて仙骨とすることをいう道家の語。「羽化」は人体に羽を生じて仙人になること。

注意 「かんこつうげ」とも読む。

【換骨奪胎】 かんこつ だったい 〈—スル〉

意味 古人の詩文の表現や発想などをもとにしながら、これに創意を加えて、自分独自の作品とすること。他人の詩文、また表現や着想などをうまく取り入れて自分のものを作り出すこと。

補説 もと、「換骨」は、神仙術で凡骨を換えて仙骨とする、「奪胎」は胎盤を奪い生まれ変わらせる意で、修練をして根本から仙人に生まれ変わることをいう道家の語。転じて、詩文の創作法としての「換骨」は、古人の詩文の意味を変えないで字句を変えること、「奪胎」は古人の詩文の内容・主意を取って作り替えること。今では、他人の作品の一部を作り替えて、自分のもののように見せかける意に用いられる。「奪胎換骨《だったいかんこつ》」ともいう。「骨《ほね》を換《か》え胎《たい》を奪《うば》う」と訓読する。

注意 「換骨脱胎」とも書く。

出典 『冷斎夜話《れいさいやわ》』一

用例 白楽天の長慶集は「嵯峨《さが》日記」にも掲げられた芭蕉《ばしょう》の愛読書の一つである。こう云《ぃ》う詩集などの表現法を換骨奪胎することは必《かなら》ずしも稀《まれ》ではなかったらしい。〈芥川龍之介◆芭蕉雑記〉

類義語 点鉄成金《てんてつせいきん》

【冠婚葬祭】かんこんそうさい

意味 慣習的に定まった慶弔の儀式の総称。

補説 「冠」は元服・成人式、「婚」は婚礼、「葬」は葬儀、「祭」は祖先の祭礼。もとはこの四つを指したが、現在では広く慶弔の儀式一般を指していう。

注意 「婚」は「昏」、「葬」は「喪」とも書く。

出典 『礼記《らいき》』礼運《れいうん》

用例 例えば冠婚葬祭の義理は平気で欠かしてしまう。身内の者が危篤だという電報が来ても、仕事が終らぬうちは、腰を上げようとしない。〈織田作之助◆鬼〉

【翫歳愒日】がんさいかいじつ

意味 何をするでもなく無駄に月日を過ごすこと。

補説 「翫」「愒」はともに、むさぼる意。民を治める人のしてはならないことを述べたもの。「歳《とし》を翫《むさぼ》り日《ひ》を愒《むさぼ》る」と訓読する。

出典 『春秋左氏伝《しゅんじゅうさしでん》』昭公《しょうこう》元年

類義語 蹉跎歳月《さたさいげつ》・無為徒食《むいとしょく》

【敢作敢当】かんさくかんとう

意味 思い切って事に当たること。思い切って事を断行し、その結果には潔く責任をとること。また、そうした意気込みをいう。

補説 「敢」はあえて、思い切ってする意。「敢作」は「敢行」と同意。「当」は事にあたること。

出典 『山侠五義《さんきょうごぎ》』七五

【寒山拾得】かんざんじっとく

意味 中国唐代中期の寒山と拾得の二人の高僧のこと。

補説 二人とも奇行が多く、詩人としても有名だが、その実在すら疑われることもある。拾得は天台山国清寺《こくせいじ》の食事係をしていたが、近くの寒巌《かんがん》に隠れ住み乞食《こじき》のような格好をした寒山と仲が良く、寺の残飯をとっておいては寒山に持たせてやったという。また、この二人は文殊菩薩《もんじゅぼさつ》、普賢《ふげん》菩薩の生まれ変わりといわれる。画題としてもよく用いられる。

用例 また、寒山拾得の如《ごと》く、あまり非凡な恰好《かっこう》をして人の神経を混乱させ圧倒するのも悪い事であるから、私はなるべく普通の服装をしていたいのである。〈太宰治◆服装について〉

【岸芷汀蘭】がんしていらん

意味 花がかぐわしく咲き、草木が青々と茂っているさま。

補説 「岸」は水辺の高くなっている所で、「汀」は水際の平地。「芷」はセリ科の香草でヨロイグサ。「蘭」はキク科の香草でフジバカマ。どちらも香りのよい花をつける。

出典 范仲淹《はんちゅうえん》「岳陽楼記《がくようろうのき》」◎「錦鱗《きんりん》（美しい魚）遊泳し、岸芷汀蘭、郁郁青青《いくいくせいせい》たり」

【含沙射影】がんしゃせきえい

意味 陰険な手段を用いて他人を害するたとえ。陰で誹謗《ひぼう》中傷し人を害するたとえ。

補説 いさご虫が砂を含んで、人の影に吹きつける意から。「含沙」は水中にいるいさご虫という怪虫。砂を含んで人の影に吹きつけると、その人は高熱を発し死に至るという（『博物志《はくぶつし》』異虫《いちゅう》／『捜神記《そうじんき》』）。「射影」は人の影を射る意。「射」は当てる意。一般に「含沙《がんしゃ》影《かげ》を射《ぃ》る」と訓読して用いる。

注意 「がんさせきえい」とも読む。

出典 鮑照《ほうしょう》「苦熱行《くねっこう》」

【感情移入】かんじょういにゅう 〈—スル〉

意味 他人の言葉や表情に接して、共感をもってその感情を追体験すること。

〔補説〕元来は、十九世紀末にドイツのリップスが提唱した美学における美意識の根本原理。自然物や風景、さらに自分以外の人の感情を感じ取るのに、その対象物に自分自身の感情を投射し、しかもそれを対象に属するものとして受け止めること。芸術作品や自然の風物に自分の感情を移し込み、その共感と融合の作用によって、対象物のもつ感情などをありありとつかもうとする心の働きをいう。

〔用例〕自分の感情を其《その》人の内部に入り込ませて活動させて見ること、即ち感情移入と云《い》うようなことが出来なくては駄目だが。〈森鷗外・灰燼〉

【顔常山舌】がんじょうざんのした

〔意味〕過酷な目にあっても屈せず、主君や国家に忠節を尽くすたとえ。

〔補説〕「顔常山」は中国唐の顔杲卿《がんこうけい》のこと。常山（河北省）の長官であった。

〔注意〕語構成は「顔常山」＋「舌」。

〔故事〕唐代、玄宗《げんそう》の忠臣で常山の太守（長官）であった顔杲卿が、反乱軍の安禄山《あんろくざん》に捕らえられながらも、唐への忠誠を尽くして屈せず、安禄山を罵倒《ばとう》したため舌を切られたが、それでもなお罵倒し続けたという故事から。

〔出典〕文天祥《ぶんてんしょう》「正気歌《せいきのうた》」

【勧奨懲誡】かんしょうちょうかい〈―スル〉

〔意味〕善を勧め悪を戒めること。人に善いことを行わせ、悪いことをしないようにさせること。
〔補説〕「勧奨」は奨励の意。「懲誡」は懲らしめる意。
〔用例〕（小説、稗史《はいし》の）間接の裨益《ひえき》は一にして足らず。曰《いわ》く人の気格《きぐらい》を高尚になす事、曰く人を勧奨懲誡なす事、〈坪内逍遥◆小説神髄〉
〔類義語〕勧善懲悪《かんぜんちょうあく》

【含笑入地】がんしょうにゅうち

〔意味〕何も思い残すことなく、安らかに死んでいくこと。

〔補説〕「入地」は死んで地下に埋葬されること。中国後漢の韓韶《かんしょう》が嬴《えい》県を治めていたとき、難民に食糧を与えたところ地元の戸主から非難された。これに対して韓韶は「貧しい人を救ったために罰せられるのなら、笑って死ねる」と言ったことから。一般に「笑《わら》いを含《ふく》んで地《ち》に入《い》る」と訓読して用いる。

〔出典〕『後漢書《ごかんじょ》』韓韶伝《かんしょうでん》

【干将莫邪】かんしょうばくや

〔意味〕中国古代の名剣の名。また、名剣のこと。
〔補説〕「干将」は中国春秋時代、呉の刀鍛冶《かじ》の名。「莫邪」はその妻の名。
〔注意〕「莫邪」は「莫耶」「鏌鋣」とも書く。
〔故事〕呉の干将は呉王の闔閭《こうりょ》に刀を作るように命じられた。最初はうまくいかなかったが、妻が頭髪と爪を切って炉に入れたところ、地金がよく溶けなじんで、みごとな陰陽二本の名剣ができあがり、陽剣に「干将」、陰剣に「莫邪」と名づけて闔閭に献上したという故事から。
〔出典〕『呉越春秋《ごえつしゅんじゅう》』闔閭内伝《こうりょないでん》
〔用例〕この賽《さい》っ粒というやつが、バクチの方では干将莫耶の剣でござんしてな、この賽粒の表に運否天賦《うんぷてんぷ》という神様が乗移り、その運否天賦の呼吸で黒白《こくびゃく》の端的が現われる〈中里介山◆大菩薩峠〉
〔類義語〕竜淵太阿《りゅうえんたいあ》

【旰食宵衣】かんしょくしょうい

⇩ 宵衣旰食 しょういかんしょく 321

【関雎之化】かんしょのか

〔意味〕夫婦がむつまじく、家庭がよく治まっていることのたとえ。
〔補説〕「関雎」は中国最古の詩集で、儒教の基本的古典である五経の一つ『詩経《しきょう》』周南の詩篇《しへん》の名。周の文王の后妃が、夫の文王のために良いつれあいを探し求めて、これとなれ親しみ合うのを詠じたもの（古注）とも、また、文王が自らのつれあいを探し求めて后妃とし、これとなれ親しみ合うのを詠じたもの（新注）ともいわれる。この文王と后妃の夫婦や家庭の和合の徳化が下に及んで、夫婦や家庭が和合する意。
〔出典〕『詩経《しきょう》』周南《しゅうなん》・兎罝《としゃ》・小序
〔類義語〕鴛鴦之契《えんおうのちぎり》・関関雎鳩《かんかんしょきゅう》・琴瑟相和《きんしつそうわ》・琴瑟調和《きんしつちょうわ》・比翼連理《ひよくれんり》

【肝腎肝文】かんじんかんもん〈―ナ〉

〔意味〕きわめて大切な、重要なこと。

〔補説〕「肝腎」は肝臓と腎臓で、ともに人体に大事なところであることから、この上なく大切なこと。「肝文」も大切な文句で、重要であること。肝要。「肝腎」を強めるためにリズムよく「肝文」を添えた語。

【玩人喪徳】がんじんそうとく

（意味）人を軽く見て、いい加減に扱うと、自分の徳を失うことになること。

（補説）中国周の召公が文王に言ったとされる語。「玩」はもてあそぶ意。軽く見てあしらうこと。「喪徳」は徳を失う、徳を傷つける意。「人《ひと》を玩《もてあそ》べば徳《とく》を喪《うしな》う」と訓読する。（→「玩物喪志《がんぶつそうし》」130）

（出典）『書経《しょきょう》』旅獒《りょごう》 ◎「人を玩べば徳を喪い、物を玩べば志を喪う」

［類義語］玩物喪志《がんぶつそうし》

【寛仁大度】かんじんたいど 〈―ナ〉

（意味）心が広くて情け深く、度量の大きいこと。人の性質にいう語。

（補説）「寛仁」は心が広く情が厚いこと。「大度」は度量が大きく小事にこだわらないこと。

（出典）『漢書《かんじょ》』高帝紀《こうていき》

（用例）彼は、故中納言秀康卿《ひでやすきょう》が、ありし世の寛仁大度な行跡を思い起しながら、永らえて恥を得た身を悔いた。〈菊池寛◆忠直卿行状記〉

［類義語］豁達大度《かったつたいど》・寛洪大量《かんこうたいりょう》

【閑人適意】かんじんてきい

（意味）俗世間を離れ、気ままに風流な暮らしをすること。また、その人。

（補説）「閑人」はひまのある人、風流に生きている人の意。「適意」は思いどおりに振舞うこと。

（用例）濃く甘く、湯加減に出た、重い露を、舌の先へ一しずくずつ落として味わってみるのは閑人適意の韻事である。〈夏目漱石◆草枕〉

【姦人之雄】かんじんのゆう

（意味）世渡り上手でうわべだけ口がうまく、まったく実のない者のこと。

（補説）「姦人」はよこしまな人のこと。「雄」は最たる者の意。

（出典）『荀子《じゅんし》』非相《ひそう》

【韓信匍匐】かんしんほふく

（意味）将来の大きな目的のために、一時の屈辱・一時の苦労にも耐え忍ぶことのたとえ。

（補説）韓信が腹ばいになって人の股《また》の下をくぐる意から。一般には「韓信《かんしん》の股《また》くぐり」という句で有名。「韓信」は漢の高祖劉邦《りゅうほう》の名将。「匍匐」は腹ばいで進むこと。

（注意）「韓信蒲伏」とも書く。

（故事）韓信がまだ若く貧乏なころ、淮陰《わいいん》（江蘇省）の若者で韓信を馬鹿にするものがあり、「お前は図体も大きく好んで長剣をさげているが、内心はびくびくしているのさ。やれるものなら、その剣で一突きしてみな。できないなら俺の股の下をくぐれ」と言われたが、韓信はじっと相手を見つめ、腹ばいになって股下をくぐり、大勢の前で大いに恥をかかされた。その後、漢の劉邦に仕え、名将として漢王朝の建国に大きな功績をあげ、張良《ちょうりょう》・蕭何《しょうか》とともに三傑と称されるまでになったという故事から。

（出典）『史記《しき》』淮陰侯伝《わいいんこうでん》

［類義語］伊尹負鼎《いいんふてい》

【甘井先竭】かんせいせんけつ

（意味）才能ある者ほど早く衰退するたとえ。

（補説）うまい水の出る井戸は人が争い汲《く》むので、他の井戸より先に汲み尽くされてしまう意から。「甘井」はおいしい水のある井戸。「竭」は尽きる、なくなる意。「甘井《かんせい》は先《さき》に竭《つ》く」と訓読する。

（出典）『荘子《そうじ》』山木《さんぼく》 ◎「直木は先に伐《き》られ、甘井は先に竭く」

［類義語］甘泉必竭《かんせんひっけつ》・山木自寇《さんぼくじこう》・直木先伐《ちょくぼくせんばつ》

【坎井之蛙】かんせいのあ

⇒ 井蛙之見 せいあのけん 365

【姦声乱色】かんせいらんしょく

（意味）人心を乱し堕落させる音楽や女色。よこしまで、不正な音楽や淫《みだ》らな女色の意。

（補説）「姦声」は人の心を乱すような音楽。「乱色」は淫らな女色。「色」は女色。

（出典）『礼記《らいき》』楽記《がくき》

［類義語］淫楽慝礼《いんがくとくれい》

【干戚羽旄】かんせきうぼう

（意味）武の舞と文の舞のこと。

（補説）「干戚」は盾とまさかり。また、それを持って舞う、武の舞。「羽旄」はキジの羽と旄牛《ぼうぎゅう》（ヤク）の尾。また、それを飾った旗を持って舞う、文の舞。

出典 『礼記《らいき》』楽記《がくき》

【頑石点頭】がんせきてんとう 〈―スル〉

意味 説得力や感化力が大きいたとえ。

補説 「頑石」は無情な石ころ。「点頭」はうなずくこと。石ころさえもがうなずくほどに感化する力が大きいことをいう。

故事 道生《どうしょう》という僧が石ころを集めて説法したところ、石ころが理解してうなずいたという故事から。

出典 『蓮社高賢伝《れんしゃこうけんでん》』道生法師《どうしょうほうし》

【煥然一新】かんぜんいっしん 〈―スル〉

意味 鮮やかにぱっと改まり、新しくなること。また、一度にがらりと変わること。

補説 「煥然」は明らかなさま。がらりと鮮やかにの意。「一新」はすっかり新しくなること。「煥然《かんぜん》として一新《いっしん》す」と訓読する。

出典 『老学庵筆記《ろうがくあんひっき》』八

【冠前絶後】かんぜんぜつご

意味 ずばぬけてすぐれている形容。また、非常に珍しいことの形容。

補説 「冠」はかんむりで、人の一番上につけることから、最高にすぐれている意。略して「冠絶」ともいう。今までで最高であり、これからもないであろうという意から。

故事 中国宋《そう》の徽宗《きそう》が、東晋《とうしん》の顧愷之《こがいし》の絵は彼以前で最高であり、梁《りょう》の張僧繇《ちょうそうよう》の絵は彼以後は比べられるものがないと言われるが、唐の呉道子はこれらを兼ね備えたほど偉大な画人である、と評した故事から。

出典 『宣和画譜《せんながふ》』道釈《どうしゃく》二 ◎「顧は前に冠たり、張は後を絶つ。而《しこう》して道子は乃《すなわ》ち兼ねて之《これ》を有す」

類義語 空前絶後《くうぜんぜつご》・曠前絶後《こうぜんぜつご》

【勧善懲悪】かんぜんちょうあく

意味 善良な人や善良な行いを奨励して、悪者や悪い行いを懲らしめること。

補説 「善《ぜん》を勧《すす》め悪《あく》を懲《こ》らす」と訓読する。「懲悪勧善《ちょうあくかんぜん》」ともいう。

出典 『春秋左氏伝《しゅんじゅうさしでん》』成公《せいこう》一四年

用例 ひたすら勧善懲悪をば小説、稗史《はいし》の主眼とこころえ、彼の本尊たる人情をば〈坪内逍遥◆小説神髄〉

類義語 遏悪揚善《あつあくようぜん》・勧奨懲誡《かんしょうちょうかい》・勧善戒悪《かんぜんかいあく》・勧善黜悪《かんぜんちゅつあく》・彰善癉悪《しょうぜんたんあく》

【完全燃焼】かんぜんねんしょう 〈―スル〉

意味 物が最後まで、すっかり燃え尽きること。また、全力を出し切ることのたとえ。

類義語 全力投球《ぜんりょくとうきゅう》

【完全無欠】かんぜんむけつ 〈―ナ〉

意味 欠点や不足がまったくないさま。完璧《かんぺき》なさま。

補説 「無欠」は欠けたところがないこと。類義の熟語を重ねて意味を強調している。

用例 正真《ほんとう》の教育者というものは、其《その》完全無欠な規定の細目を守って、一毫《いちごう》乱れざる底《てい》に授業を進めて行かなければ成らない〈石川啄木◆雲は天才である〉

類義語 完美無欠《かんびむけつ》・金甌無欠《きんおうむけつ》・十全十美《じゅうぜんじゅうび》・尽善尽美《じんぜんじんび》・全知全能《ぜんちぜんのう》

【乾燥無味】かんそうむみ 〈―ナ〉

⇒ 無味乾燥 むみかんそう 622

【観測気球】かんそくききゅう

意味 世論や周囲の反応を探るために、意図的に流す情報や発表のたとえ。

補説 もとは、高層の大気の状態を調べたり、戦場で敵情を偵察したりするために上げる気球のこと。「観測」は観察し測定すること。

用法 観測気球を上げる

【官尊民卑】かんそんみんぴ

意味 政府や官吏に関連する事業などを尊いとし、民間人や民間の事業などを卑しむこと。また、その気風。

補説 「官」は政府や役所、役人。「民」は民間人、庶民。

用例 ですがこれは官尊民卑の余弊とも云《い》いましょうか。富貴なものにのみ美を認める見方は、極めて貧しい習慣に過ぎないのです。〈柳宗悦◆民芸とは何か〉

【邯鄲学歩】かんたんがくほ

⇒ 邯鄲之歩 かんたんのほ 127

【寒煖饑飽】かんだんきほう

意味 寒さ、暖かさ、飢え、満腹といった日常生活の苦しみや楽しみのこと。苦楽と同意。

補説「寒煖」は寒さと暖かさ。「饑飽」は飢えることと満腹になること。貧乏と裕福。

注意「寒煖」は「寒暖」、「饑飽」は「飢飽」とも書く。

出典 白居易《はくきょい》「微之《びし》に与《あた》うるの書《しょ》」

【肝胆胡越】かんたんこえつ

⇒肝胆楚越 127

【肝胆相照】かんたんそうしょう

意味 お互いに心の奥底まで分かり合って、心から親しくつき合うこと。心の底まで打ち明け深く理解し合っていること。

補説「肝胆」は肝臓と胆囊《たんのう》。転じて、心の底、まごころ。また、肝臓と胆囊が近くにあることから密接な関係のたとえ。一般に「肝胆《かんたん》相《あい》照《て》らす」と訓読して用いる。

【肝胆楚越】かんたんそえつ

意味 非常に似たものでも見方によって違って見えるたとえ。また、きわめて近い関係にある者が遠い関係になるたとえ。密接な関係にありながらいがみ合うことのたとえ。

補説「肝胆」は肝臓と胆囊《たんのう》。「楚」「越」はともに中国戦国時代の国の名で、楚は西方、越は東方にあった。肝臓と胆囊のようにきわめて近い関係にあるものが、楚国と越国のように遠い関係になる意。相反する、相隔たるたとえ。「肝胆胡越《かんたんこえつ》」ともいう。「肝胆《かんたん》も楚越《そえつ》なり」と訓読する。

出典『荘子《そうじ》』徳充符《とくじゅうふ》 ◎「其《そ》の異なる者より之《これ》を視《み》れば、肝胆も楚越なり（物はそれぞれ違っているという立場から見れば同じ体内に接している肝臓と胆囊のような近い関係のものも、楚と越のようにひどく隔たっていると思える）」

【邯鄲之歩】かんたんのほ

意味 自分本来のものを忘れてやたらに人の模倣をするため、中途半端になり、ついには両方ともうまくいかなくなってしまうたとえ。

補説 自分の本分を忘れてむやみに他人をまねると、両方とも失ってしまうという戒めの語。「邯鄲」は中国戦国時代、趙《ちょう》の都。大都会として賑《にぎ》わっていた。「邯鄲学歩《かんたんがくほ》」ともいう。

注意「かんたんのあゆみ」とも読む。

故事 燕《えん》の寿陵《じゅりょう》という田舎町の青年が趙の都の邯鄲に行き、都の格好のいい歩き方を学ぼうとしたが、結局その歩き方も身に付かないうえに、故郷の歩き方も忘れてしまい、腹ばいになって帰ったという故事から。

出典『荘子《そうじ》』秋水《しゅうすい》

【邯鄲之夢】かんたんのゆめ

意味 人の世の栄華のはかないたとえ。人生のはかないたとえ。

補説「邯鄲」は中国唐代の町の名。盧生《ろせい》という若者が見た夢の故事から。「一炊之夢《いっすいのゆめ》」「栄華之夢《えいがのゆめ》」「邯鄲之枕《かんたんのまくら》」「黄粱一炊《こうりょういっすい》」「黄粱之夢《こうりょうのゆめ》」「粟粒一炊《ぞくりゅういっすい》」「盧生之夢《ろせいのゆめ》」ともいう。

故事 中国唐代、出世を望んでいた盧生という若者が、邯鄲の町で、道士の呂翁《りょおう》から借りた出世がかなうという枕《まくら》で寝たところ、よい妻を得、大臣となって富み栄え、栄華に満ちた一生を終える夢を見た。目が覚めてみると、宿屋の主人に頼んでおいた黄粱（オオアワ）のかゆがまだ炊きあがらないほどごく短い時間であったという故事から。

出典『枕中記《ちんちゅうき》』

類義語 一場春夢《いちじょうのしゅんむ》・一枕黄粱《いっちんのこうりょう》・役夫之夢《えきふのゆめ》・人生如夢《じんせいじょむ》・電光朝露《でんこうちょうろ》・南柯之夢《なんかのゆめ》・囊中之枕《のうちゅうのまくら》・泡沫夢幻《ほうまつむげん》

【簡単明瞭】かんたんめいりょう（―ナ）

意味 やさしく分かりやすいさま。また、分かりやすく、はっきりしているさま。

補説「明瞭」は明らかで、はっきりしているさま。「簡潔明瞭《かんけつめいりょう》」ともいう。

用例 くるわの四季の風俗が調子のいい江戸ッ児《こ》好みの言葉で描写されているだけで、事々しく研究するほどでもない簡単明瞭であった。〈正宗白鳥◆根無し草〉

類義語 一目瞭然《いちもくりょうぜん》・単純明快《たんじゅんめいかい》

対義語 複雑怪奇《ふくざつかいき》

【奸智術数】かんちじゅっすう

意味 悪知恵や悪だくみ。よこしまな知恵やはかりごと。

補説「奸」はよこしま、心がねじけている意。「奸智」はよこしまな知恵。「術数」ははかりごと・たくらみ。

注意「姦智術数」とも書く。

類義語 奸智術策《かんちじゅっさく》・権謀術策《けんぼうじゅっさく》・権謀術数《けんぼうじゅっすう》

【管中窺天】かんちゅうきてん

意味 見識のきわめて狭いことのたとえ。

補説 管《くだ》の小さな穴を通して天を見る意から。広大な天の一部しか見えないことからいう。「窺」はのぞくこと。「管中《かんちゅう》より天《てん》を窺《うかが》う」と訓読する。

出典 『荘子《そうじ》』秋水《しゅうすい》 ◎「管《くだ》を用いて天を闚《うかが》い、錐《きり》を用いて地を指《はか》る」

類義語 以管窺天《いかんきてん》・管中窺豹《かんちゅうきひょう》・管豹一斑《かんぴょうのいっぱん》

【管中窺豹】かんちゅうきひょう

意味 見識のきわめて狭いことのたとえ。

補説 管《くだ》の小さな穴を通してヒョウを見る意から。一つの斑紋《はんもん》だけしか見えないことからいう。「窺」はのぞくこと。一部分の観察から全体を推し量るたとえでも用いられる。「管中《かんちゅう》より豹《ひょう》を窺《うかが》う」と訓読する。

出典 『世説新語《せせつしんご》』方正《ほうせい》

類義語 管窺之見《かんきのけん》・管窺蠡測《かんきれいそく》・管豹一斑《かんぴょうのいっぱん》・全豹一斑《ぜんぴょういっぱん》・用管窺天《ようかんきてん》

【管仲随馬】かんちゅうずいば

意味 先人の経験を尊重するたとえ。

補説 「管仲」は中国春秋時代の斉の名宰相。「随馬」は馬に従うこと。管仲のような知恵者ですら馬の知恵に頼るのに、人が聖人の知恵に頼らないことを戒めた語。また、人には得意不得意があるたとえとして用いられることもある。「管仲《かんちゅう》馬《うま》に随《したが》う」と訓読する。『蒙求《もうぎゅう》』の表題の一つ。

故事 管仲が戦いの帰り道で道に迷ったとき、一度通った道を覚えているとされる老いた馬の知恵を借りようと、これを放ってそのあとに従い道を見出した故事から。

出典 『韓非子《かんぴし》』説林《ぜいりん》上

【眼中之釘】がんちゅうのくぎ

意味 自分に害をなすもの。邪魔者、いやなやつ、憎らしい人などのたとえ。

補説 眼《め》の中の釘（障害物）の意から。類句として「眼中抜釘《がんちゅうばってい》（眼中より釘を抜く）」があり、自分に害を与えるものを取り去る、害をなすものがいなくなる意。一般には邪魔者がいなくなったときに「眼中の釘が抜けてせいせいした」などと用いる。

注意 「がんちゅうのてい」とも読み、その場合は「眼中之丁」とも書く。

故事 中国五代の趙在礼《ちょうざいれい》の悪政に苦しんでいた人々が、在礼が官を去るときに、眼中の釘が抜けたようだと喜んだ故事から。

出典 『雲仙雑記《うんぜんざっき》』九／『新五代史《しんごだいし》』雑伝《ざつでん》・趙在礼伝《ちょうざいれいでん》

類義語 眼中之刺《がんちゅうのし》・城狐社鼠《じょうこしゃそ》

【歓天喜地】かんてんきち

意味 大喜びすること。思わず踊りだすような大きな喜び。

補説 「歓天」は天に向かって喜ぶ意。「喜地」は地に向かって喜ぶ意。「天《てん》に歓《よろこ》び地《ち》に喜《よろこ》ぶ」と訓読する。

用例 漆桶《しっつう》を抜くがごとく痛快なる悟りを得て歓天喜地の至境に達したのさ〈夏目漱石◆吾輩は猫である〉

類義語 歓欣鼓舞《かんきんこぶ》・喜躍抃舞《きやくべんぶ》・狂喜乱舞《きょうきらんぶ》・欣喜雀躍《きんきじゃくやく》

【旱天慈雨】かんてん(の)じう

意味 苦境にあるときや困難なときにもたらされる援助や救いのたとえ。また、待望の物事が実現したり手に入ったりするたとえ。

補説 日照りに降る恵みの雨の意から。「旱天」は日照りが続き長い間雨が降らないこと。「慈雨」は恵みの雨の意。恩恵がゆきわたるたとえ。

注意 「干天慈雨」とも書く。

類義語 大旱雲霓《たいかんうんげい》・大旱慈雨《たいかんじう》・大旱望雲《たいかんぼううん》

【撼天動地】かんてんどうち

意味 勢いや音などのきわめて大きいたとえ。また、世間の人をあっと驚かすような大きな出来事の形容。

補説 「撼」は揺るがす、動かす意。天を震わし大地を動かす意から。

用例 吾々《われわれ》日本人民をして殆《ほと》んど撼天動地の憤懣《ふんまん》を懐《いだ》かしむるにも頓着《とんちゃく》せず〈馬場辰猪◆条約改正論〉

類義語 驚天動地《きょうてんどうち》・震天駭地《しんてんがいち》・震天撼地《しんてんかんち》

【甘棠之愛】かんとうのあい

意味 善政を行う為政者に対する親愛や敬慕の情が深いことのたとえ。

補説 「甘棠」は、ヤマナシ・カラナシの木をいう。
故事 中国古代、周の召公の善政に感じて、人民がその徳を慕い、召公がかつて休息した甘棠の木を大切にして、いつまでも召公の善政を忘れなかった故事から。
出典 『詩経《しきょう》』召南《しょうなん》
類義語 甘棠《かんとう》・甘棠遺愛《かんとうのいあい》・甘棠之恵《かんとうのめぐみ》

【患得患失】 かんとくかんしつ
意味 手に入れないうちは手に入れようと気に病み、手に入れてしまうと失うことを心配すること。利害や得失に一喜一憂する度量の小さい人の形容。
補説 「患」は憂える、思い悩む意。「患得」はどうやって得ようかと心を労すること。「患失」はなくならないように気にかけること。
故事 志が卑しくつまらない人間とはいっしょに仕事をすることができないということをいうとき、孔子が使った表現による。「得《う》るを患《うれ》い失《うしな》うを患《うれ》う」と訓読する。
出典 『論語《ろんご》』陽貨《ようか》

【環堵蕭然】 かんとしょうぜん 〈―タル〉〈―ト〉
意味 家が狭く粗末で、寂しく荒れ果てていること。
補説 「環堵」は小さく狭い家のこと。四方それぞれ一堵の家の意。「環」は周囲。「堵」は長さの単位で、一丈《いちじょう》というが、諸説ある。「蕭然」はみすぼらしく寂しいさま。物寂しく荒れ果てたさま。
出典 陶潜《とうせん》「五柳先生伝《ごりゅうせんせいでん》」◎「環堵蕭然として、風日を蔽《おお》わず」

類義語 家徒四壁《かとしへき》

【頑鈍無恥】 がんどんむち 〈―ナ〉
意味 気骨がなく恥を知らないさま。
補説 「頑鈍」は気骨がなく恥知らずなこと。また、かたくなで愚かなこと。「無恥」は恥を知らないさま。
故事 中国漢の陳平が「高祖（劉邦《りゅうほう》）は士に対して傲慢《ごうまん》で礼に欠けているため廉節の士が集まらないが、爵位や土地を与えることを惜しまないため、利益を得ようと節操のない恥知らずの者は集まってくる」と言った故事から。
出典 『史記《しき》』陳丞相世家《ちんじょうしょうせいか》

【艱難辛苦】 かんなんしんく 〈―スル〉
意味 非常な困難にあって苦しみ悩むこと。
補説 「艱」「難」はともにつらい、苦しい、悩むの意。「辛苦」はつらく苦しいこと。つらい目にあって悩むこと。類義の語を重ねることで意味を強調し、つらい目に何度もあうことを表している。「艱苦辛苦《かんくしんく》」「辛苦艱難《しんくかんなん》」「艱難辛困《かんなんしんこん》」「艱難苦労《かんなんくろう》」ともいう。
用例 おのれが経験なしたる艱難辛苦の事情はさらなり〈坪内逍遥◆小説神髄〉
類義語 雨露霜雪《うろそうせつ》・四苦八苦《しくはっく》・七難八苦《しちなんはっく》・焦心苦慮《しょうしんくりょ》・千辛万苦《せんしんばんく》・粒粒辛苦《りゅうりゅうしんく》

【艱難辛困】 かんなんしんこん 〈―スル〉
⇒ 艱難辛苦 かんなんしんく 129

【奸佞邪智】 かんねいじゃち
意味 心がひねくれて、ずるがしこく立ち回ること。またその人。
補説 「奸佞」は心がねじけてへつらうこと。「佞」はおもねる。「奸」は心がねじけて正しくない意。また、口先や態度は巧みだが心はねじけている意。「邪智」は悪知恵。「邪智奸佞《じゃちかんねい》」「佞奸邪智《ねいかんじゃち》」ともいう。
注意 「奸佞」は「姦佞」、「邪智」は「邪知」とも書く。
用例 私は、こよい、殺される。殺されるために走るのだ。身代わりの友を救うために走るのだ。王の奸佞邪智を打ち破るために走るのだ。走らなければならぬ。〈太宰治◆走れメロス〉
類義語 奸佞邪心《かんねいじゃしん》

【感応道交】 かんのうどうこう 〈―スル〉
意味 衆生《しゅじょう》に機縁があれば、仏の力が自然とこれに応じ、衆生と仏の心が通じて、通い合うこと。
補説 仏教語。「感応」は仏と修行者の心が相交流すること。「感」は衆生が仏の力を感じること。「応」は仏が衆生の求めに応じて赴くこと。「道交」は衆生の感と仏の応の道が相交通すること。
出典 『法華文句《ほっけもんく》』
用例 ただ東国の方へ遣《や》った、まだ見ぬ山に棲《す》める筈《はず》の姉と弟の方からは、翁《おきな》のこれほどの血の愛の合図をもってしても何の感応道交も無かった。〈岡本かの子◆富士〉

【肝脳塗地】かんのうとち

意味 むごたらしい死に方や殺され方のこと。また、忠誠を誓って、どんな犠牲も惜しまないことのたとえ。

補説 「肝脳」は肝臓と脳髄。「塗地」は土まみれになること。また転じて、戦いに負けるさま。「塗」はまみれる意。死者の腹から内臓が飛び出し、頭が割られて脳味噌《のうみそ》が出て泥まみれになっている意から。一般に「肝脳《かんのう》地《ち》に塗《まみ》る」と訓読して用いる。

出典 『戦国策《せんごくさく》』燕策《えんさく》／『史記《しき》』劉敬伝《りゅうけいでん》

類義語 一敗塗地《いっぱいとち》・肝胆塗地《かんたんとち》

【汗馬之労】かんばのろう

意味 仕事などで汗水流して奔走する苦労。

補説 「汗馬」は馬に汗をかかせる意で、戦場を駆けめぐり戦うこと。戦功を得るために馬を走らせて戦場を駆けめぐる苦労から。

出典 『韓非子《かんぴし》』五蠹《ごと》

用例 事成るの日にこれを首功《しゅこう》と為《な》したるも、天皇の意を以《もっ》て尊氏《たかうじ》が汗馬の労を賞したるにあらず、時勢に従《したが》って足利家の名望に報じたるものなり。〈福沢諭吉◆文明論之概略〉

類義語 汗馬功労《かんばこうろう》・汗馬之功《かんばのこう》・犬馬之労《けんばのろう》

【銜尾相随】かんびそうずい

意味 前後に連なって一列で進むこと。前後に連なり合っていること。

補説 狭く険しい山道などで、まるで前を行く馬のしっぽを後ろの馬がくわえるように一列になって進む意から。「銜」は口にくわえる、ふくむ意。「銜尾」は前の馬のしっぽをあとの馬がくわえること。また一説に「銜」はくつわの意で、後ろの馬のくつわと前の馬のしっぽが接し連なる意ともいう。一般に「銜尾《かんび》相随《あいしたが》う」と訓読して用いる。

出典 『漢書《かんじょ》』匈奴伝《きょうどでん》

【勧百風一】かんびゃくふういつ

意味 人に益や忠告を与えることが少なく、害や悪影響を与えることの多いこと。特に言葉や文章についていう。害を与える無用のことばかり多くて、役に立つことが少ないこと。

補説 もとは、百度も華やかなことを勧めて一度だけ遠回しに諌《いさ》める意。「風」は遠回しに諌める意。「百《ひゃく》を勧《すす》めて一《いっ》を風《ふう》す」また「勧《すす》むること百《ひゃく》にして風《ふう》すること一《いっ》」と訓読する。

注意 「勧百諷一」とも書く。

出典 『漢書《かんじょ》』司馬相如伝《しばしょうじょでん》・賛

【玩物喪志】がんぶつそうし

意味 枝葉末節にこだわり、真に学ぶべきことや学問の本質を見失うこと。また、自分の好みで珍しいものなどを過度に愛好して、正しい心を失うこと。

補説 無用なものを過度に愛玩して、本来の志を見失ってしまう意から。「玩」はもてあそぶ、むさぼる意。「喪」は失う意。「物《もの》を玩《もてあそ》べば志《こころざし》を喪《うしな》う」と訓読する。（→「玩人喪徳《がんじんそうとく》」125）

出典 『書経《しょきょう》』旅獒《りょごう》 ◎「人を玩べば徳を喪い、物を玩べば志を喪う」

用例 諸人争って奇書をあがなう。いまだ玩物喪志のそしりあるを免れず〈内田魯庵◆緑蔭茗話〉

類義語 玩人喪徳《がんじんそうとく》

対義語 虚心坦懐《きょしんたんかい》

【感孚風動】かんぷふうどう（―スル）

意味 人の心に感動を与えて感化すること。

補説 相手を感動させ、感化し教化する意から。「感孚」は人の心を感動させること。「風動」は風に物がなびくように人を感化する意。

用例 文才ある宗教家もしくは道徳家の博識《ものしり》なんども、彼《か》の奇異譚の時好に投じてめでもてはやさるるのみにあらで且《か》つよく感孚風動する至大の効力あるをば見つ。〈坪内逍遥◆小説神髄〉

【間不容髪】かんふようはつ

意味 非常に差し迫ったさま。また、間《ま》をおかず、ほとんど同時に次の動きをするさま。

補説 髪の毛一本も容《い》れられないほど事と事の間にすきまがない意から。一般に「間《かん》、髪《はつ》を容《い》れず」と訓読して用いる。

注意 語構成は「間」＋「不容髪」。

出典 『大戴礼記《だたいらいき》』曽子天円《そうしてんえん》／『文選《もんぜん》』枚乗《ばいじょう》「書《しょ》を上《たてまつ》りて呉王《ごおう》を諌《いさ》む」

用例 知らんと思った迷亭がこの先生の名を間不容髪の際に持ち出したのは暗に主人の一夜作りの仮鼻《かりばな》をくじいたわけになる。〈夏

目漱石◆吾輩は猫である〉

類義語 間不容縷《かんふよう る》

【感奮興起】《かんぷんこうき》〈―スル〉

意味 心に深く感じて奮い立つこと。

補説 「感奮」は心を揺り動かされて奮い立つこと。「興起」は奮い起こること。

用例 詩は人間を感奮興起させる。人間に人生を見る目を与えてくれる。〈下村湖人◆論語物語〉

類義語 一念発起《いちねんほっき》・感動振奮《かんどうしんぷん》・感奮激厲《かんぷんげきれい》

【韓文之疵】《かんぶんのし》

意味 自分の言説に矛盾があること。

補説 「韓文」は唐の名文家韓愈《かんゆ》の文章。

注意 「かんぶんのきず」とも読む

故事 韓愈が、「孟東野《もうとうや》を送るの序」の中で、前の方では「およそ物は平常の状態を得ないときには鳴る」と言いながら、その文の後の方では「人も同じで、尭《ぎょう》の唐《とう》、舜《しゅん》の虞《ぐ》といった盛時《せいじ》に皐陶《こうよう》・禹《う》ら名臣が善《よ》く鳴る（言葉を発する）」と言い、天下太平の平時に「鳴る」という矛盾ともとれる記述があることから。

【緩兵之計】《かんぺいのけい》

意味 敵との決戦を先延ばしにして、時間をつくって様子をうかがい、時機を待ってから攻撃を再開する戦法のこと。

補説 「緩」は遅らせる意。

出典 『三国演義《さんごくえんぎ》』九九 ◎「孔明、緩兵の計を用い、漸《やよう》く漢中に退く」

対義語 速戦即決《そくせんそっけつ》

【完璧帰趙】《かんぺききちょう》

意味 預かった品物を傷つけることなく返すこと。

補説 「璧」は宝玉。中国の玉器の一種で、平たい円盤状の中央に孔《あな》があいているもの。「璧《へき》を完《まっと》うして趙《ちょう》に帰《かえ》る」と訓読する。「完璧」の語源。

故事 中国戦国時代、有名な宝玉である和氏《かし》の璧を持っていた趙王は、当時勢力のあった秦《しん》王から十五の城市との交換を要求されたため、藺相如《りんしょうじょ》を使者として届けさせた。秦王に十五の城市を渡す意思がないことを悟った藺相如は、一度渡した璧を言葉巧みに取り返し、無事本国まで送りとどけたという故事から。

出典 『史記《しき》』藺相如伝《りんしょうじょでん》（→「和氏之璧《かしのへき》」105）

【管鮑之交】《かんぽうのまじわり》

意味 互いによく理解し合っていて、利害を超えた信頼の厚い友情のこと。

補説 「管」は中国春秋時代、斉の名宰相の管仲。「鮑」は斉の政治家の鮑叔牙《ほうしゅくが》。管仲と若いときから仲が良く、互いによく理解し合い、利害を超えたその友情が終生変わらなかったことから。

注意 「かんぽうのこう」とも読む。

故事 中国春秋時代、斉の桓《かん》公に仕えた宰相の管仲と大夫《たいふ》の鮑叔牙とは幼いころから仲が良かった。鮑叔牙は管仲のことをよく理解し、かつてともに商売をしたときに管仲が分け前を余分に取っても、管仲が貧しいのを知っていて非難せず、管仲が事業を計画して失敗し鮑叔牙を困窮に陥れたときも、時には利と不利があるとして愚か者と言わなかった。また、管仲が主君から暇を出されたときには、仕える時宜を得なかったからだとして、できそこないだと言わず、管仲が戦に敗れて逃げてきても、管仲が母を養っているのを知っていてひきょう者と言わなかった。主君が敗れたときに管仲が殉死せず囚《とら》われて辱めを受けても、管仲は天下に名が知られないことこそ恥とする男だとして恥知らずと言わなかった。のちに、桓公に管仲を推薦したのも鮑叔牙であった。管仲は「我を生む者は父母なり、我を知る者は鮑子なり」と言って、鮑叔牙の厚意にいつも感謝し、二人の親密な友情は終生変わらなかった、という故事から。

出典 『史記《しき》』管晏伝《かんあんでん》／『列子《れっし》』力命《りきめい》

類義語 金石之交《きんせきのまじわり》・金蘭之契《きんらんのちぎり》・膠漆之交《こうしつのまじわり》・水魚之交《すいぎょのまじわり》・耐久之朋《たいきゅうのとも》・断金之交《だんきんのまじわり》・莫逆之友《ばくぎゃくのとも》・刎頸之交《ふんけいのまじわり》・雷陳膠漆《らいちんこうしつ》

【含哺鼓腹】《がんぽこふく》

意味 人々が豊かで、太平な世を楽しむたとえ。

補説 食べ物を口に含み、満腹になって腹つづみをうつ意から。「哺」は口に含んだ食べ物。「含哺」は食べ物を口にほおばること、満腹の意。「鼓腹」は腹つづみをうつこと。「哺《ほ》を含《ふく》み腹《はら》を鼓《こ》す」と訓読する。
出典 『荘子《そうじ》』馬蹄《ばてい》／『十八史略《じゅうはっしりゃく》』帝尭《ていぎょう》
類義語 鼓腹撃壌《こふくげきじょう》

【頑迷固陋】 がんめいころう 〈—ナ〉
意味 頑固で視野が狭く、自分の考えに固執して正しい判断ができないさま。
補説 「頑迷」はかたくなで道理に暗いこと。「固陋」はかたくなで見識が狭いこと。また、頑固で古いものに固執すること。「固陋頑迷《ころうがんめい》」ともいう。
注意 「頑冥固陋」とも書く。
用法 頑迷固陋な性質
用例 わが環境を盲信的に正義と断ずる偏執的な片意地を、その狂信的な頑迷固陋さの故に純粋と見、高貴、非俗なるものと自ら潜思しているだけのこと、〈坂口安吾◆大阪の反逆〉
類義語 頑冥不霊《がんめいふれい》・狷介孤高《けんかいここう》・狷介固陋《けんかいころう》・卑陋頑固《ひろうがんこ》・墨守成規《ぼくしゅせいき》・冥頑不霊《めいがんふれい》

【干名采誉】 かんめいさいよ
意味 名誉を追い求めること。
補説 多く、無節操に名誉を求める人を卑しめていう。「干」は求める、「采」は取る意。「名《な》を干《もと》め誉《ほま》れを采《と》る」と訓読する。
出典 『漢書《かんじょ》』終軍伝《しゅうぐんでん》

【簡明直截】 かんめいちょくせつ 〈—ナ〉
⇒ 直截簡明 ちょくせつかんめい 457

【頑冥不霊】 がんめいふれい 〈—ナ〉
⇒ 冥頑不霊 めいがんふれい 624

【簡明扼要】 かんめいやくよう
意味 簡単で分かりやすく、しかも要点を押さえていること。
補説 「扼要」は重要な地を占拠すること。転じて、要点を押さえること。「扼」は押さえつける、握る、要所を占める意。「簡明《かんめい》にして要《よう》を扼《おさ》う」と訓読する。

【顔面蒼白】 がんめんそうはく
意味 精神的に動揺したり困惑したりして、顔から血の気が失《う》せること。
補説 「顔面」は顔、顔色。「蒼白」は青白いこと。
用例 廊下のドアから、顔面蒼白の鰐《わに》博士が駆けこんで来、あとから黒い影が二つ、風のように押しこんで来た。〈神西清◆わが心の女〉
類義語 吃驚仰天《きっきょうぎょうてん》

【歓楽哀情】 かんらくあいじょう
意味 楽しいことがきわまると、衰退のことを考えて、かえって哀《かな》しい気持ちがわき上がってくるということ。
補説 「歓楽」は楽しみ。おもに遊びや酒色の楽しみを指す。「哀情」は哀しい気持ち。「歓楽極まりて哀情多し」の略。
出典 『文選《もんぜん》』漢武帝《かんのぶてい》「秋風辞《しゅうふうのじ》」◎「歓楽極まりて哀情多し。少壮幾時《いくとき》ぞ、老いを奈何《いかん》せん（楽しみが極みに達するとかえって哀しみがわき上がってくる。若いときはいつまで続くのだろう、老いることをどうしようか、どうしようもできない）」

【冠履転倒】 かんりてんとう 〈—スル〉
⇒ 冠履倒易 かんりとうえき 132

【冠履倒易】 かんりとうえき 〈—スル〉
意味 人の地位や立場、また、物事の価値が上下逆さまで秩序が乱れているさま。
補説 本来頭にかぶるべき冠《かんむり》を足につけ、足にはくべき履《くつ》を頭にかぶる意から。「倒」は逆さまになる意。「易」はかわる、入れかわる意。「冠履転倒《かんりてんとう》」ともいう。
出典 『東観漢記《とうかんかんき》』楊賜《ようし》
類義語 冠履雑処《かんりざっしょ》・冠履倒施《かんりとうし》・冠履倒置《かんりとうち》・本末転倒《ほんまつてんとう》

【頑廉懦立】 がんれんだりつ
意味 すぐれた人に感化されて、よい方向に向かうこと。
補説 欲深い人も清廉になり、怠け者も志を立てるようになる意から。「頑」は欲が深いこと。一説に知恵のないこと。「廉」は心にけがれがなく清らかなこと。一説に知恵があり、もののけじめを明らかにすること。「懦」はなまけること。気の弱いこと。「立」は奮起して志を立てること。出典にある伯夷《はくい》は周の人で、清廉な人として知られている。
出典 『孟子《もうし》』万章《ばんしょう》下 ◎「伯夷の風《ふう》を聞く者は、頑夫も廉に、懦夫《だふ》も志を立つる

か

有り」

【頑陋至愚】がんろうしぐ

意味 頑固でもの分かりが悪く、非常に愚かであること。

補説 「頑陋」は、かたくなでもの分かりが悪いこと。「至」はこのうえない意。

用例 西洋諸国を文明といい、亜細亜《アジア》諸国を半開というといえども、二、三の人物を挙《あげ》てこれを論ずれば、西洋にも頑陋至愚の民あり、亜細亜にも智徳俊英の士あり。〈福沢諭吉◆文明論之概略〉

【閑話休題】かんわきゅうだい

意味 それはさておき。ともかく。

補説 話が横道にそれたのを本筋に戻すときにいう語。主として文章中で用いる。「閑話」は暇にまかせてする無駄話のこと。「休」はやめる意。「題」は話題にすること。

注意 「間話休題」とも書く。

出典 『水滸伝《すいこでん》』一〇

用例 まあそんなことは閑話休題として、こちらへいらしってめしあがれヨー。〈三宅花圃◆藪の鶯〉

き

【几案之才】きあんのさい

意味 文章を巧みに作る才能のこと。また、その人。

補説 「几」「案」はともに机の意。

注意 「机案之才」とも書く。

出典 『魏書《ぎしょ》』李遐伝《りかでん》

類義語 文筆之才《ぶんぴつのさい》

【奇異荒唐】きいこうとう〈―ナ〉

意味 でたらめで突拍子もないこと。大ぶろしきを広げること。

補説 「奇異」は普通と変わっており妙であること。「荒唐」はとりとめがなく、でたらめなこと。

用例 其《その》皮相なる脚色につきて彼《か》の物語を評するときには、奇異荒唐、架空無稽《むけい》、只《ただ》よのつねなる奇異譚《ローマンス》と相異なることなきに似たれど、〈坪内逍遥◆小説神髄〉

類義語 荒唐不稽《こうとうふけい》・荒唐無稽《こうとうむけい》・不可思議《ふかしぎ》

【気韻生動】きいんせいどう〈―スル〉

意味 絵画や書などの芸術作品に、風格や気品が生き生きと表現されていて、情趣にあふれていること。

補説 「気韻」は書画など芸術作品にある気高い趣。気品。「生動」は生き生きとしているさま。また、生き生きとして真に迫ること。中国六朝《りくちょう》時代、南斉の人物画の名手謝赫《しゃかく》が、『古画品録』の中で画の六法の第一に挙げたのに始まるといわれる。

出典 『輟耕録《てっこうろく》』叙画《じょが》・序

用例 未熟ではあるが気韻生動して作陶に生命あるものとなされるならば、私は欣然《きんぜん》として層一層研究を進め後進青年達各位のためになにか遺《のこ》さなければならんと思っているものであります。〈北大路魯山人◆近作鉢の会に一言〉

【気宇広大】きうこうだい〈―ナ〉

⇒ 気宇壮大 きうそうだい 133

【気宇壮大】きうそうだい〈―ナ〉

意味 心意気、度量や発想などが人並みはずれて大きいさま。

補説 「気宇」は心の持ち方、度量。「壮大」は非常に大きくて立派なさま。「気宇広大《きうこうだい》」ともいう。

用法 気宇壮大な計画

類義語 気宇軒昂《きうけんこう》・気宇雄豪《きうゆうごう》

【疑雲猜霧】ぎうんさいむ

意味 周囲の疑いやねたみの心が、雲や霧がかかったように晴れないさま。

補説 疑いやねたみを受けていることを雲や霧にたとえていう。「猜」は、ねたむこと。

用例 彼は、今、この疑雲猜霧のうちに、一歩一歩静かに足を進めつつあるなり。〈木下尚江◆火の柱〉

【帰依三宝】きえさんぽう

意味 仏門に入って教えを信奉すること。仏教徒としての基本的条件。

補説 仏教語。「三宝」は、仏と仏の教えとその教えを広める僧のこと。これを仏・法・僧という。「帰依」は仏の教えや有徳の高僧の威徳にすがって付き従うこと。「三宝《さんぽう》に帰依《きえ》す」と訓読する。

【気炎万丈】きえんばんじょう

意味 意気込みが非常に盛んであること。

補説 多くは意気盛んな談論についていう。「気炎」は炎が燃え上がるように盛んな気勢。意気込み。「万丈」は非常に高いこと。「丈」は長さの単位。気勢を上げるのを高く燃えあがる炎にたとえたもの。

注意 「気焔万丈」とも書く。

用例 左様サ、我輩は両三日前に会ったがその時は大得意で気焔万丈だッたが、馬鹿な奴サ、家賃も滞《たま》ってるくせに新らしい洋服を算段して綱曳《つなひき》で奔走してやがる。〈内田魯庵◆社会百面相〉

【既往不咎】きおうふきゅう

意味 過ぎてしまったことは、とがめだてしないこと。

補説 過ぎたことは非難せず、これからの言動に慎重を期すべきことをいう戒めの語。「既往」はすでに過ぎてしまったこと。済んでしまったこと。「咎」はとがめること。一般に「既往《きおう》は咎《とが》めず」と訓読して用いる。

出典 『論語《ろんご》』八佾《はちいつ》

【祇園精舎】ぎおんしょうじゃ

意味 古代インドのコーサラ国の都の舎衛城《しゃえじょう》（シラーヴァスティー）にあった仏教の修行道場の僧院。

補説 都の須達《しゅだつ》長者が釈迦《しゃか》とその弟子のために私財を投じて建てた。釈迦がここで多くの説法をしたことで知られる。「祇園」の名はこの僧院がジェーダ太子の林苑《りんえん》（「祇樹給孤独園《ぎじゅぎっこどくおん》」と漢訳される）に建てられたことによる。「精舎」は寺院・僧院。

用例 王子は四歳まで育って、母后の兄である祇園精舎の聖人の手に渡り、七歳の時大王の前に連れ出されて、一切の経過を明らかにした。〈和辻哲郎◆埋もれた日本〉

【機会均等】きかいきんとう

意味 すべての国や人などに対して、平等の待遇や権利を与えること。

補説 特に、経済活動、教育などへの参加の機会の平等についていう。「均等」は平等。

用例 主人の一人は洗濯物を女に出す。すると他の四人の主人も洗濯物を出す。機会均等。利権等分。彼等《かれら》には独身もののサラリーマンらしい可憐《かれん》な経済観念があった。〈岡本かの子◆百喩経〉

【奇怪千万】きかいせんばん 〈—ナ〉

意味 普通では理解できないきわめて不思議なさま。また、許せないほどけしからんこと。

補説 「奇怪」は不思議なこと、不都合なこと。「千万」は程度の甚だしいことの形容。

注意 「きっかいせんばん」とも読む。

用例 間違ったもののように言いなす人々を、自称新人達の間に折々見受けるのは奇怪千万な事である。〈生田長江◆新貞操論〉

類義語 奇怪至極《きかいしごく》・奇奇怪怪《ききかいかい》・奇奇妙妙《ききみょうみょう》・奇絶怪絶《きぜつかいぜつ》・不可思議《ふかしぎ》

【棄灰之刑】きかいのけい

意味 刑罰の非常に苛酷《かこく》なことのたとえ。

補説 道に灰を捨てる者を罰する刑のことから。「棄灰」は道路に灰をまくことで、軽犯罪の典型。殷《いん》の法ではこれを犯した罪は死刑とも、手を断つとも、黥《げい》（顔に入れ墨を入れる刑）ともいわれる。軽犯罪に対し重罰を行うことによって、人民に法の恐怖を植え付けようとしたもの。

出典 『韓非子《かんぴし》』内儲説《ないちょせつ》上

【機械之心】きかいのこころ

意味 たくらみいつわる心。また、世俗的なことに策略をめぐらす心。

補説 「機械」は巧妙なつくりの器具。転じて、巧妙な知恵、いつわりの意。

出典 『淮南子《えなんじ》』原道訓《げんどうくん》

【帰家穏座】きかおんざ

意味 故郷を出て旅していた者が、自分の家に帰ってきて落ち着くこと。

補説 仏教語。人間が本来もっている仏性《ぶっしょう》に立ち返り、安住することの意から。

出典 『碧巌録《へきがんろく》』一

用例 十時の汽車で逆戻り、二時、鳴子下車、多賀の湯という湯宿に泊る、質実なのが何よりうれしい。いつでもどこでも、帰家穏座の心でありたい。〈種田山頭火◆旅日記〉

【奇貨可居】きかかきょ

意味 好機はうまくとらえて、利用するべきだというたとえ。

補説 珍しい値打ちのある物を蓄えておいて、将来値が上がってから売ること。「奇貨」は珍しい価値のあるもの。転じて、絶好の機会のたとえ。「居」は蓄える、手元に置く意。一般に「奇貨《きか》居《お》く可《べ》し」と訓読して用いる。

故事 中国戦国時代末、趙《ちょう》の人質となっていた秦《しん》の子楚《しそ》を豪商の呂不韋《りょふい》が見いだし、「これは掘り出しものだ、とっておかなくては」と援助した。のちに子楚は秦の荘襄王《そうじょうおう》（始皇帝の父）となり、呂不韋はその大臣となったという故事から。

出典 『史記《しき》』呂不韋伝《りょふいでん》

類義語 操奇計贏《そうきけいえい》

【鬼家活計】きか(の)かっけい

意味 むだな努力、報われない生活のこと。

補説 仏教語。亡者《もうじゃ》が死後の世界でする無駄な努力・生活の意から。「鬼家」は亡霊のすむ場所で、暗黒の世界。「活計」は生活、あるいは努力。

出典 『大慧法語《だいえほうご》』

【揮汗成雨】きかんせいう

意味 多くの汗をかくことの形容。また、人の多くいるさま。

補説 人々のふりはらう汗が、まるで降雨のようであるということから。「汗《あせ》を揮《ふる》いて雨《あめ》を成《な》す」と訓読する。

出典 『戦国策《せんごくさく》』斉策《せいさく》

類義語 挙袂成幕《きょべいせいまく》・比肩継踵《ひけんけいしょう》・連衽成幃《れんじんせいい》

【鬼瞰之禍】きかんのわざわい

意味 富み栄える者がおごり高ぶれば、人のねたみを買って災いを受けることのたとえ。また、よいことには邪魔が入りやすいたとえ。

補説 権勢のある家を邪鬼がのぞきこんで、すきをうかがって下す災いの意から。「鬼」は鬼神で、霊的な存在。鬼は満ち足りておごるものに災いを下すといわれる。「瞰」は上からうかがい見る、すきをねらう意。

出典 『文選《もんぜん》』揚雄《ようゆう》「解嘲《かいちょう》」◎「高明の家は鬼《き》其《そ》の室を瞰《うかが》う」

類義語 好事多魔《こうじたま》

【危機一髪】ききいっぱつ

意味 非常な危険に陥りそうな瀬戸際。きわめてきわどい状況。

補説 髪の毛一本ほどのわずかな違いで、危険や困難に陥るかどうかの瀬戸際をいう。「危機」は非常に危ない状態。「一髪」は一本の髪の毛。

用例 我々人間の心はこういう危機一髪の際にも途方もないことを考えるものです。〈芥川龍之介◆河童〉

類義語 一縷千鈞《いちるせんきん》・一触即発《いっしょくそくはつ》・一髪千鈞《いっぱつせんきん》・累卵之危《るいらんのき》

【奇技淫巧】ききいんこう

意味 非常に珍しい技や度を越えた技巧のこと。また、人の快楽のみを追求する好ましくないもののたとえ。

補説 「奇技」は奇異な技、きわめて珍しい技。「淫」は度を越す意。「淫巧」はみだりに飾り立てること。過度の技巧。

出典 『書経《しょきょう》』泰誓《たいせい》下

【奇奇怪怪】ききかいかい（―ナ）

意味 常識では理解できない不思議なさま。非常に怪しく不思議なさま。

補説 「奇怪」は不思議なさま。「奇」「怪」をそれぞれ重ねて意味を強めたもの。「怪怪奇奇《かいかいきき》」ともいう。

出典 韓愈《かんゆ》「窮《きゅう》を送《おく》るの文《ぶん》」

用例 けれども戦争中の日本人は国民儀礼と称する奇々怪々なオツトメをやらされ、朝々ノリトのような誓いの言葉を唱え、その滑稽《こっけい》の度において天璽照妙《てんじしょうみょう》と全く甲乙のないことをやっていたのである。〈坂口安吾◆邪教問答〉

類義語 怪絶奇絶《かいぜつきぜつ》・奇怪至極《きかいしごく》・奇怪千万《きかいせんばん》・奇奇妙妙《ききみょうみょう》・奇絶怪絶《きぜつかいぜつ》・不可思議《ふかしぎ》

【騏驥過隙】ききかげき

意味 時の過ぎ去ることのきわめて速やかなことの形容。また、きわめてわずかな時間、ほんの一瞬の出来事のたとえ。

補説 もと人の命のはかなさをいう語。「騏驥」は一日に千里を走る駿馬《しゅんめ》。「過隙」は戸の隙間《すきま》をさっと駆け抜ける意。「騏驥《きき》隙《げき》を過《す》ぐ」と訓読する。

出典 『荘子《そうじ》』盗跖《とうせき》

類義語 白駒過隙《はっくかげき》

【熙熙攘攘】ききじょうじょう 〈—タル〉〈—ト〉

意味 多くの人が出て騒がしくにぎやかなさま。また、大勢の人が騒がしくにぎやかに行き交うさま。

補説 「熙熙」は楽しみやわらぐさま。「攘攘」は乱れるさま。また、多いさま。

注意 「熙熙壌壌」とも書く。

出典 『史記《しき》』貨殖伝《かしょくでん》 ◎「天下熙熙として皆《みな》利の為《ため》に来たり、天下壌壌として皆利の為に往《ゆ》く」

類義語 熙来攘往《きらいじょうおう》・攘往熙来《じょうおうきらい》

【鬼気森然】ききしんぜん 〈—タル〉〈—ト〉

意味 ただならぬ鋭い気配の漂うさま。人を戦慄《せんりつ》させる気配のするさま。

補説 「鬼気」はただならぬ気配、気味悪くぞっとすること。「森然」は厳かなさま。

用例 満天の黄焰《こうえん》更に血紅色に燃えかわり、鬼気森然として人を襲う。〈徳冨蘆花◆自然と人生〉

【貴貴重重】ききちょうちょう

意味 きわめて大切なこと。非常に価値が高いこと。

補説 「貴重」のそれぞれを重ね添えて、意味を強調した語。

用例 かかる間《ひま》にも常は止《ただ》一毛に値する一秒の壱銭乃至《ないし》拾銭にも暴騰せる貴々重々の時は、速射砲を連発《つるべうち》にするが如《ごと》く飛過るにぞ、彼等《かれら》の恐慌は更に意言《こころことば》にも及ばざるなる。〈尾崎紅葉◆金色夜叉〉

【危急存亡】ききゅうそんぼう

意味 危険が切迫して存続するか滅びるか、生き残れるか死ぬかの瀬戸際のこと。

補説 「危急」は危険が迫ること。「存亡」は存続するか滅びるか、また、生きるか死ぬかの意。「危急存亡の秋《とき》」「危急存亡の瀬戸際」などと用いることが多い。秋は万物が実る季節であることから、大切な時の意。組織や集団の重大な局面についていうことが多い。

出典 諸葛亮《しょかつりょう》「前出師表《ぜんすいしのひょう》」

用例 その間お前は、随分働いてくれたし、一度も俺のいいつけに背いたことはなかった。それが今度に限って、危急存亡の瀬戸際に臨んで、俺の言葉を全く無視するどころか、悉《ことごと》く反対なことばかり仕出来《しでか》してしまった。〈豊島与志雄◆立札〉

類義語 生死存亡《せいしそんぼう》

【箕裘之業】ききゅうのぎょう

意味 父祖からの業《わざ》を受け継ぐこと。また、親をまねて自然に家業を習得していくこと。

補説 「箕」は穀物のもみをふるいわける道具。「裘」は動物の毛皮で作った上着の類。弓作りの息子は、親が弓を作るのを見て、まずやわらかい柳の木の枝を曲げて箕を作ることから始め、鍛冶屋《かじや》の息子は、親が金属を加工するのを見て、まずやわらかい動物の毛皮をなめして裘を作ることから始めて父祖の業を受け継ぐということから。

出典 『礼記《らいき》』学記《がくき》 ◎「良冶《りょうや》の子は、必ず裘を為《つく》るを学び、良弓の子は必ず箕を為るを学ぶ」

【崎嶇坎坷】きくかんか

意味 大いに苦労し、不遇で志が遂げられないさま。

補説 「崎嶇」は山道が非常にけわしいさま。転じて、人生の困難なさま。「坎坷」は不遇で志を得ないさま。

注意 「坎坷」は「轗軻」「坎軻」とも書く。

出典 文天祥《ぶんてんしょう》—詩「平原《へいげん》を過《す》ぐるの作《さく》」

類義語 轗軻不遇《かんかふぐう》

【鞠躬尽瘁】きくきゅうじんすい 〈—スル〉

意味 ひたすら心身を労し、命果てるまで国のために力を尽くすこと。心身をささげ尽くして、骨折り努めること。

補説 「鞠躬」は身をかがめて、敬いつつしむさま。転じて、心を尽くして骨折ること。「鞠」はかがむ、「躬」は体の意。「尽瘁」は力を尽くして努力すること。「瘁」は病み疲れる、非常な労苦の意。

注意 「きっきゅうじんすい」とも読む。

出典 諸葛亮《しょかつりょう》「後出師表《こうすいしのひょう》」 ◎「鞠躬尽瘁し、死して後《のち》に已《や》まん」

用例 東洋の多事、今よりますますはなはだしからん。ただ、わが同胞は鞠躬尽瘁よく、唇ほろびて歯寒きの間に立ち、風雲を一掃して、東洋の天地に青天白日をめぐらすことを期せざるべからず。〈井上円了◆西航日録〉

類義語 鞠躬尽力《きくきゅうじんりょく》

【規矩準縄】きくじゅんじょう

意味 物事や行為の標準・基準になるもののこと。手本。きまり。

補説 「規」はコンパス。「矩」は方形を描くさしがね（直角に曲がったものさし）。定規。「準」は水平を測るための水盛《みずもり》。水準器。「縄」は直線を引くための墨縄《すみなわ》。「規矩」で、考えや行動の規準とするもの。「準縄」で手本、規則。二語を合わせて、物事の基準や法則をいう。

出典 『孟子《もうし》』離婁《りろう》上

用例 あながち法則にのみ拘泥して、彼《か》の工《たくみ》が規矩準縄もてものするごとく強いて意を枉《ま》げ筆を矯《た》めて〈坪内逍遥◆小説神髄〉

類義語 規矩縄墨《きくじょうぼく》・規則縄墨《きそくじょうぼく》・鉤縄規矩《こうじょうきく》

【詭計多端】きけいたたん

意味 人をだます計略が数多くあること。

補説 「詭計」は人をだまし陥れる計略。「多端」は多くの事柄。

出典 『三国演義《さんごくえんぎ》』一一七

類義語 詭変多端《きへんたたん》

【危言覈論】きげんかくろん

意味 自分の正しいと思うことを激しく論じること。

補説 「危言」は身の危険をかえりみずに直言すること。また、激しく言うこと。「覈論」は調べ論ずる、厳しく論ずること。

出典 『後漢書《ごかんじょ》』郭太伝《かくたいでん》

【危言危行】きげんきこう

意味 言語や行いを厳しくすること。また、言行を清く正しく保つこと。

補説 「危」は前者の意のとき、言動を厳しくして俗に従わない、また、厳正にする意。後者の意のとき、高くする、正しく気高くする意。前者は「言《げん》を危《はげ》しくし行《おこな》いを危《はげ》しくす」、後者は「言《げん》を危《たか》くし行《おこな》いを危《たか》くす」と訓読する。別な訓読もある。

出典 『論語《ろんご》』憲問《けんもん》◎「子《し》曰《いわ》く、邦《くに》に道有らば言を危しくし行いを危しくす。邦に道無ければ行いを危しくして言は孫《したが》う（先生が言われた、国に正しい道が行われていれば、言語を厳しくし行いも厳しくし、国に正しい道が行われていなければ、行いは厳しくしても言葉は害に遭わないように穏やかにする）」

【機嫌気褄】きげんきづま

意味 人の快・不快の気持ち。気分。

補説 一般に「機嫌気褄をとる」の形で用いられ、人の気に入るように振る舞う、相手が喜ぶように働きかける意。「機嫌」「気褄」はともに人の気分をいう。「機嫌をとる」と「（着物の）褄をとる」が組み合わさった語。

用例 さて文三には人の機嫌気褄を取るなどという事ができぬ。〈二葉亭四迷◆浮雲〉

【危言聳聴】きげんしょうちょう（―スル）

意味 大げさに表現して、聴いている人を驚かし怖がらすこと。

補説 「危言」は激しい言葉。「聳聴」は聴いている人をおそれさせること。「危言《きげん》もて聴《き》くものを聳《おそ》れしむ」と訓読する。

注意 「危言悚聴」とも書く。

【貴顕紳士】きけんしんし

意味 地位が高くて品性や教養があり、世に知られた男子。

補説 「貴顕」は、身分が高くて名声があること。「紳士」は、教養があり礼儀正しい男子。また、上流社会の男子。

用例 朝野の貴顕紳士が参向したほかに、古市公威《ふるいちこうい》、前田利《とし》鬯《か》子爵等《ら》が下県して能を舞われた。〈夢野久作◆梅津只円翁伝〉

【棄甲曳兵】きこうえいへい

意味 戦いに敗れて逃げること。戦意を失い敗走すること。

補説 鎧甲《よろいかぶと》を捨てて、武器を引きずって逃げる意。「甲」はよろい。「曳」は引きずる意。「兵」は武器。「甲《こう》を棄《す》てて兵《へい》を曳《ひ》く」と訓読する。

出典 『孟子《もうし》』梁恵王《りょうけいおう》上

類義語 按甲休兵《あんこうきゅうへい》・解甲帰田《かいこうきでん》・棄甲倒戈《きこうとうか》

【跂行喙息】きこうかいそく

意味 生きもの、特に虫や鳥の類をいう。

補説 足で歩き口で息をするものの意。「跂行」は足をつま先だてて歩く、また、はいずり行く意。「喙息」は口で息をする意。

出典 『史記《しき》』匈奴伝《きょうどでん》

【規行矩歩】 きこうくほ

意味 心や行いがきちんとして正しいこと。また、古いしきたりや規定を固守して融通のきかないこと。

補説 歩き方がきちんとした法則にかなっている意から。「規」はコンパス。「矩」は方形を描くさしがね。定規。ともに規則や法則のたとえ。

出典 『晋書《しんじょ》』潘尼伝《はんじでん》

類義語 循規蹈矩《じゅんきとうく》・品行方正《ひんこうほうせい》

【鬼哭啾啾】 きこくしゅうしゅう 〈―タル〉〈―ト〉

意味 鬼気迫るものすごい気配のさま。

補説 悲惨な死に方をした浮かばれない亡霊の泣き声が恨めしげに響くさまから。「鬼哭」は浮かばれない霊魂が声を上げて泣き悲しむこと。「啾啾」はしくしくと泣く声の形容。

出典 杜甫《とほ》「兵車行《へいしゃこう》」◎「君見ずや…、新鬼は煩冤《はんえん》し旧鬼は哭し、天陰《くも》り雨湿《うるお》うとき声啾啾たるを（諸君は見聞きしなかったか…、死んで間もない亡霊はもだえ恨み古い霊魂は泣き叫び、空がくもり雨にしめるときには亡霊の泣く声が悲しげにひびいているのを）」

用例 鬼哭啾々、死屍累々《ししるいるい》。二人は慄然《りつぜん》としてあたりを見廻《みまわ》した。開かぬ扉は奥の方に二人を嘲笑するように見えていた。〈海野十三◆十八時の音楽浴〉

【旗鼓相当】 きこそうとう

意味 力が拮抗《きっこう》していること。

補説 「旗鼓」は軍旗と太鼓。転じて、軍隊。戦争で、敵・味方の軍隊が相対する意から。一般に「旗鼓《きこ》相当《あい》たる」と訓読して用いる。「鼓旗相当《こきそうとう》」ともいう。

出典 『後漢書《ごかんじょ》』隗囂伝《かいごうでん》

【気骨稜稜】 きこつりょうりょう 〈―タル〉〈―ト〉

意味 信念をきびしく貫こうとする様子。

補説 「気骨」は自分の信念を守って、他に屈しない気性のこと。「稜稜」は態度の角ばって正しいさま。威厳のあるさま。

用例 その前時代の吉右衛門《きちえもん》型であった「中車」の顔は、同じくその骨相は気骨稜々としたものだったにしても、地顔の神経っぽさは無く、舞台顔へすっと抜けていたものです。〈木村荘八◆役者の顔〉

類義語 確乎不動《かっこふどう》・確乎不抜《かっこふばつ》・志操堅固《しそうけんご》

【起居動静】 きこどうじょう

意味 日常。様子。また、立ち居振る舞い、身のこなしのこと。

補説 「起居」は立つことと座ること。日常の動作のこと。「動静」は様子・動き・ありさま。

類義語 行住坐臥《ぎょうじゅうざが》・挙止進退《きょししんたい》・常住坐臥《じょうじゅうざが》・立居振舞《たちいふるまい》

【旗鼓堂堂】 きこどうどう 〈―タル〉〈―ト〉

意味 軍隊が整然として勢いや威厳のあるさま。

補説 「旗鼓」は軍旗と太鼓。転じて、軍隊。「堂堂」は陣容などが整って盛んなさま。また、威厳のあるさま。転じて、一般に隊列をなして行進するさまなどの形容。また、文筆の勢いの盛んな形容にも用いる。

用例 恰《あたか》も支那の将軍が旗鼓堂堂戦争に出《い》でて平生講説する孫呉の兵法を持余しつつあるが如《ごと》くならずや。〈内田魯庵◆政治小説を作るべき好時機〉

類義語 旌旗堂堂《せいきどうどう》・堂堂之陣《どうどうのじん》

【騎虎之勢】 きこのいきおい

意味 物事にはずみがつき、勢いよく進むこと。また、事の成り行きで後には引けないことのたとえ。

補説 「騎」は乗る意。いったん虎の背に乗ってしまえば、その勢いが激しく降りられない、また、途中で降りれば虎に食われてしまうので、もう降りられないことから。

出典 『晋書《しんじょ》』温嶠伝《おんきょうでん》

類義語 騎獣之勢《きじゅうのいきおい》・破竹之勢《はちくのいきおい》

【奇策縦横】 きさくじゅうおう

意味 人の意表を突く奇抜なはかりごとを、思うままに行うこと。

補説 「奇策」は人の思いつかないような奇抜な計略。「縦横」はあらゆる方向に自分の思うままに振る舞うこと。

用例 戦争の巧《うま》いこと、戦略の狡猾《こうかつ》なこと、外交かけひきの妙なこと、臨機応変、奇策縦横、行動の速力的なこと、見透しの的確なこと、話の外である。〈坂口安吾◆黒田如水〉

類義語 機知奇策《きちきさく》・機謀権略《きぼうけんりゃく》・機略縦

横《きりゃくじゅうおう》・神機妙算《しんきみょうさん》・神算鬼謀《しんさんきぼう》

【奇策妙計】 きさくみょうけい

意味 人の意表を突くような、奇抜ですぐれたはかりごとのこと。

補説 「奇」は人の考えつかない、珍しくすぐれたの意。「妙」はすぐれた、非凡なの意。「策」「計」はともに策略・計略のこと。「妙計奇策《みょうけいきさく》」ともいう。

用例 時には金もうけの奇策妙計の思い浮かばざることなきにあらざれども、〈山路愛山◆経済雑論〉

【偽詐術策】 ぎさじゅっさく

意味 計略・策謀のこと。計略を巡らして相手を陥れること。

補説 「偽詐」は偽り欺く意。「術策」は計略・策謀。類義の語を重ねて意味を強めたもの。

用例 かの誠実なる良民も、政府に接すれば忽《たちま》ちその節を屈し、偽詐術策もって官を欺き、嘗《かつ》て恥ずるものなし。〈福沢諭吉◆学問のすすめ〉

類義語 権謀術数《けんぼうじゅっすう》

【箕山之志】 きざんのこころざし

意味 名利を捨て、俗世から逃れて隠棲《いんせい》し、自分の節操を堅く守ること。

補説 「箕山」は山の名。その所在は諸説ある。

故事 中国古代伝説上の聖天子である尭《ぎょう》帝のとき、これも伝説上の許由《きょゆう》と巣父《そうほ》という二人が、世俗的な名誉をきらって、箕山に隠れ住んだという故事から。

出典 『文選《もんぜん》』曹丕《そうひ》「呉質《ごしつ》に与《あた》うる書《しょ》」

類義語 箕山之節《きざんのせつ》・箕山之操《きざんのみさお》・箕潁之情《きえいのじょう》・許由巣父《きょゆうそうほ》

【起死回生】 きしかいせい

意味 絶望的な状況を一気によい方向に立て直し、勢いを盛り返すこと。

補説 もとは、医術のすぐれて高いことの形容。「起死」「回生」はともに瀕死の人を生き返らせること。「回生起死《かいせいきし》」ともいう。

注意 「起死廻生」とも書く。

出典 『太平広記《たいへいこうき》』五九・太玄女《たいげんじょ》に引く『女仙伝《じょせんでん》』

用例 そこへ運ばれて来た蕎麦《そば》のカケは起死回生の物だった。〈吉川英治◆忘れ残りの記〉

類義語 還魂起死《かんこんきし》・起死回骸《きしかいがい》・起死再生《きしさいせい》

【窺伺傚慕】 きしこうぼ 〈―スル〉

意味 他人のやりかたをこっそりのぞき見て、まねをしようとすること。

補説 「窺伺」は狭いところからこっそりのぞき見ること。「傚慕」はならいしたう、まねをしてみること。

故事 昔、郭橐駝《かくたくだ》という名庭師がいた。あまりにも木を育てるのが上手だったため、他の庭師はそのやり方をまねしようと、こっそりのぞき見るのだが、誰《だれ》も郭橐駝のようにはできなかったという故事から。

出典 柳宗元《りゅうそうげん》「種樹郭橐駝伝《しゅじゅかくたくだでん》」

【旗幟鮮明】 きしせんめい 〈―ナ〉

意味 主義主張や態度などがはっきりしていることのたとえ。

補説 「旗幟」は旗・のぼり。外にあらわれた主義主張や態度などのたとえ。「鮮明」は鮮やかではっきりしているさま。旗じるしがはっきりして鮮やかである意から。

用例 僕はいつも旗幟鮮明である。まだ一度も莫迦《ばか》だと思う君子に、聡《そう》なるかな、明なるかななどと云《い》ったことはない。唯《ただ》莫迦だと云わないだけである。〈芥川龍之介◆佐藤春夫氏〉

【貴耳賤目】 きじせんもく

意味 伝聞やうわさを信じて、自分の目で見ているものを信じないこと。また、伝え聞いた遠くのことや過去のことは重んじるが、身近なことや現在のことは軽視すること。

補説 「賤」はいやしみ軽んじる意。耳で伝え聞いたことは尊ぶが、実際に目で見たものは軽んじる意から。「耳《みみ》を貴《とうと》び目《め》を賤《いや》しむ」と訓読する。

出典 『文選《もんぜん》』張衡《ちょうこう》「東京賦《とうけいのふ》」

対義語 百聞一見《ひゃくぶんいっけん》

【紀事本末】 きじほんまつ

意味 出来事の始めから終わりまでを、一つの項目としてまとめて記述する歴史の叙述の方法。

補説 年代ごとに事実を並べる形式の編年体では、出来事の全容を見るのに不便なことから考案された。宋《そう》の袁枢《えんすう》の『通鑑紀事本末《つがんきじほんまつ》』がそのはじまり。

注意 「記事本末」とも書く。

【疑事無功】ぎじむこう

意味 疑い、ためらいながら事を行うようでは、成果は期待できないということ。自信のないままにしたことは成功しないこと。

補説 一度決めたことは決然として断行すべきであるという戒めの語。「疑事《ぎじ》功《こう》無《な》し」と訓読する。

出典 『戦国策《せんごくさく》』趙策《ちょうさく》

類義語 疑行無名《ぎこうむめい》

【綺襦紈袴】きじゅがんこ

意味 富貴な家の若者・貴族の子弟のこと。

補説 「綺」はあや織りの美しい絹。「紈」は練り絹。いずれも高価なもので貴族や富貴な人の衣服。「襦」は腰までの短い服。また、肌着。「袴」はももひき・はかま。あや絹の襦と、練り絹の袴の意から。

出典 『漢書《かんじょ》』叙伝《じょでん》

類義語 紈袴子弟《がんこしてい》・膏粱子弟《こうりょうしてい》

【鬼出電入】きしゅつでんにゅう〈―スル〉

意味 現れたり消えたりがすばやく、目にとまらないこと。また、出没が奔放自在で予測できないこと。

補説 「電」は稲妻のこと。鬼神のように足跡がなく自在で、稲妻のように速やかに出没する意から。

出典 『淮南子《えなんじ》』原道訓《げんどうくん》

類義語 鬼出神入《きしゅつしんにゅう》・神出鬼行《しんしゅつきこう》・神出鬼没《しんしゅつきぼつ》・神変出没《しんぺんしゅつぼつ》

【鬼手仏心】きしゅぶっしん

意味 外科医は患者に対したためらうことなく冷静に手術をするが、それはすべて患者を救おうとする温かい慈悲の心に基づくものだ、というたとえ。また、情け容赦ない行為に見えるが、実は相手を思いやる温かい心に発したものであることをいう。

補説 「鬼手」は鬼の冷酷な手。「仏心」は仏の慈悲の心。「仏心鬼手《ぶっしんきしゅ》」ともいう。

【貴種流離】きしゅりゅうり

意味 年若い神や貴い家柄の者が他郷をさすらい、数々の試練を克服した末に、神となったり尊い存在になったりすること。

補説 「貴種」は貴い家柄の生まれのこと。「流離」は居所を失って漂泊すること。「貴種流離譚《きしゅりゅうりたん》」の形で、説話や物語の一類型を表すのに使われる。大国主命《おおくにぬしのみこと》や日本武尊《やまとたけるのみこと》の説話、『源氏物語』須磨流謫《すまりゅうたく》のくだりなどがその例。

【希少価値】きしょうかち

意味 ほんの少ししか存在しないために生じる価値。

補説 「希」は「まれ」の意。

注意 「稀少価値」とも書く。

【起承転結】きしょうてんけつ

意味 文章や話などで全体を秩序正しくまとめる構成の意。さらに広く物事の順序、展開のしかた、構想にも用いられる。

補説 もとは漢詩文の作法で、四句からなる絶句において、第一句（起句）でうたい起こし、第二句（承句）でこれを受けて発展させ、第三句（転句）で場面や視点を転じ、第四句（結句）でこれらを受けつつ全体をしめくくる。八句からなる律詩においても二句ずつまとめて絶句に準じる。

注意 語構成は「起」＋「承」＋「転」＋「結」。

用例 不図《ふと》十七字を並べて見たり又は起承転結の四句位組み合せないとも限らないけれども何時《いつ》もどこかに間隙《すき》があるような心持がして、隈《くま》も残さず心を引き包《くる》んで、詩と句の中に放り込む事が出来ない。〈夏目漱石◆思い出す事など〉

類義語 起承転合《きしょうてんごう》

【嬉笑怒罵】きしょうどば

意味 喜んだり、笑ったり、怒ったり、ののしったりと、人のさまざまな情の動きをいう。

補説 「嬉」は楽しむ、喜ぶ意。「罵」はののしる意。

出典 黄庭堅《こうていけん》「東坡先生真賛《とうばせんせいしんさん》」

用例 兵士、希臘《ギリシア》人、土耳格《トルコ》人、あらゆる外国人《とつくにびと》の打ち雑《まじ》りて、且叫び且走る、その熱鬧《ねっとう》雑沓《ざっとう》の状《さま》、げに南国中の南国は是《ここ》なるべし。この嬉笑怒罵の天地に比ぶれば、羅馬《ローマ》は猶《なお》幽谷のみ、墓田のみ。拿破里《ナポリ》夫人は手を拍《う》ち鳴《なら》して、拿破里と呼べり。〈森鷗外訳アンデルセン◆即興詩人〉

類義語 喜怒哀楽《きどあいらく》

【机上空論】きじょうのくうろん

意味 頭で考えただけで実際の役に立たない考えや意見。理屈は通っているが、実際には使えない議論や計画。
補説 「机上」は机の上。机の上であれこれ考え、理屈をこねまわすことをいう。「机上之論《きじょうのろん》」ともいう。
類義語 按図索驥《あんずさくき》・空理空論《くうりくうろん》・紙上談兵《しじょうだんぺい》

【机上之論】きじょうのろん

⇒ 机上空論 きじょうのくうろん 141

【喜色満面】きしょくまんめん

意味 喜びの表情が、顔じゅうにあふれ出ているさま。
補説 「色」は表情や様子の意。「満面」は顔じゅう、顔全体。
用例 リット提督は、それをきいて喜色満面、バネ仕掛のように椅子からとびあがって、両巨漢と、いくたびもかたい握手をかわしたのであった。〈海野十三◆浮かぶ飛行島〉
類義語 喜笑顔開《きしょうがんかい》・春風満面《しゅんぷうまんめん》・得意満面《とくいまんめん》

【疑心暗鬼】ぎしんあんき

意味 疑いの心があると、なんでもないことでも怖いと思ったり、疑わしく感じることのたとえ。
補説 疑いの心をもっていると、いもしない暗闇《くらやみ》の亡霊が目に浮かんでくる意から。「疑心」は疑う心。「暗鬼」は暗闇の中の亡霊の意。
注意 「疑心闇鬼」とも書く。
出典 『師友雑志《しゆうざっし》』
用例 気持ちが滅入って来ると、疑心暗鬼を生じて来る。前には松田憲秀《まつだのりひで》の様なスパイ事件もあるし、機敏な秀吉《ひでよし》は此《こ》の形勢を見て、盛んに調略、策動をやった。〈菊池寛◆小田原陣〉
類義語 呉牛喘月《ごぎゅうぜんげつ》・窃鈇之疑《せっぷのうたがい》・草木皆兵《そうもくかいへい》・杯中蛇影《はいちゅうのだえい》・風声鶴唳《ふうせいかくれい》
対義語 虚心坦懐《きょしんたんかい》

【喜新厭旧】きしんえんきゅう

意味 新しいものを好み、古いものを嫌うこと。多くの場合、新しいものに気移りしてしまうことをいう。
補説 「新《あら》しきを喜《よろこ》び旧《ふる》きを厭《いと》う」と訓読する。
類義語 喜新厭故《きしんえんこ》

【貴人多忘】きじんたぼう

意味 高い地位につくと人は傲慢《ごうまん》になり、昔のことなど忘れてしまう場合が多いこと。
補説 高位の人が冷淡であることのたとえ。物事をよく忘れたり、人の事を忘れたように振る舞う人を責めるときなどにも使われる。「貴人」は身分や官位の高い人。「多忘」は忘れっぽいこと。
出典 『唐摭言《とうせきげん》』二
類義語 貴人健忘《きじんけんぼう》

【杞人天憂】きじんてんゆう

意味 無用の心配をすること。取り越し苦労。
補説 杞国の人が天が落ちてくるのではないかと心配し憂える意から。「杞」は中国周代の国の名。河南省にあった。「杞人之憂《きじんのゆう・きじんのうれい・きひとのうれい》」ともいい、略して「杞憂」ともいう。
故事 杞の国に、天が崩れ落ちたらどうしようと心配して、夜も眠れず食事も喉《のど》を通らない人がいたという故事から。
出典 『列子《れっし》』天瑞《てんずい》
類義語 杞人憂天《きじんゆうてん》・呉牛喘月《ごぎゅうぜんげつ》・蜀犬吠日《しょっけんはいじつ》

【杞人之憂】きじんのゆう

⇒ 杞人天憂 きじんてんゆう 141

【帰真反璞】きしんはんはく

意味 自然のままの純朴な心に帰ること。
補説 「帰真」「反璞」はともに自然で純朴な状態に戻ること。「璞」はあらたま。加工するまえの原石の玉《ぎょく》。「真《しん》に帰《かえ》り璞《はく》に反《かえ》る」と訓読する。
出典 『戦国策《せんごくさく》』斉策《せいさく》

【既成概念】きせいがいねん

意味 すでに広く社会で認められていて、通用している概念。
補説 「概念」はある事物に関する大まかな意味内容。
用例 評者は屹度《きっと》歌というものに就いて或

き

《ある》狭い既成概念を有《も》ってる人に違いない。〈石川啄木◆歌のいろいろ〉

【規制緩和】 きせいかんわ 〈―スル〉

意味 経済活動を活性化させるため、政府による産業や経済に関する規制を廃止したり緩めたりすること。

補説 一九八〇年代以降の現代政治経済に関する用語。

対義語 規制強化《きせいきょうか》

【既成事実】 きせいじじつ

意味 すでに成り立っていて、広く社会に認められている事実。

用例 かかる単独審議、一党独裁はあらためられなければなりません。また既成事実を作っておいて、今回解散と来てもおそすぎると思います。〈浅沼稲次郎◆浅沼稲次郎の三つの代表的演説〉

【欺世盗名】 ぎせいとうめい

意味 世間を欺いて、実質の伴わない名声を得ること。

補説 「盗名」は不当に名声を得ること。「世《よ》を欺《あざむ》き名《な》を盗《ぬす》む」と訓読する。

出典 『荀子《じゅんし》』不苟《ふこう》

【希世之雄】 きせいのゆう

意味 世にもまれなすぐれた英雄のこと。

補説 「希世」は世にもまれで珍しいこと。「雄」は英雄のこと。

注意 「稀世之雄」とも書く。

出典 『日本政記《にほんせいき》』

【帰正反本】 きせいはんぽん

意味 悪い状態を改め、本来あるべき正しい状態にもどること。

補説 「正《せい》に帰《かえ》り本《もと》に反《かえ》る」と訓読する。

出典 『蜀志《しょくし》』馬超伝《ばちょうでん》 ◎「海内怨憤《えんぷん》す、正に帰り本に反るべし」

【羈紲之僕】 きせつのぼく

意味 主君の旅の供をする者のこと。従者、また随行者の謙称。

補説 馬の手綱をとる従者の意から。「羈紲」は馬を御するためにつけた手綱の意。「僕」はしもべ・従者の意。

出典 『春秋左氏伝《しゅんじゅうさしでん》』僖公《きこう》二十四年

【巍然屹立】 ぎぜんきつりつ 〈―スル〉

意味 人や事物が、高い山のように他よりひときわ抜きんでて、すぐれて揺るぎないこと。

補説 大きな山が高くそびえ立つ意から。「巍然」は山の高く大きいさま。「屹立」は高くそびえたつこと。「巍然《ぎぜん》として屹立《きつりつ》す」と訓読する。

類義語 屹然特立《きつぜんとくりつ》

【貴賤上下】 きせんじょうげ

意味 身分や階級の高い人と低い人。また、身分の高い人も低い人もすべてという意。

補説 類義の語を組み合わせて意味を強調している。

用例 私の交際上、子供のつきあいに至るまで、貴賤上下の区別を成して〈福沢諭吉◆福翁自伝〉

【貴賤貧富】 きせんひんぷ

⇒ 貧富貴賤 ひんぷきせん 562

【貴賤老若】 きせんろうにゃく

⇒ 老若貴賤 ろうにゃくきせん 677

【奇想天外】 きそうてんがい 〈―ナ〉

意味 普通では思いもよらない奇抜なこと。またそのさま。

補説 「奇想」は普通では思いつかない奇抜な考え。「天外」は天の外、転じて思いもよらない所の意。「奇想天外より落《お》つ」の略。

用法 奇想天外な計画

用例 君はいつも妙なことを言う人じゃね。アルフレッド大王とは奇想天外だ。〈尾崎紅葉◆金色夜叉〉

類義語 斬新奇抜《ざんしんきばつ》・不可思議《ふかしぎ》

【帰巣本能】 きそうほんのう

意味 虫・鳥・獣などが生まれつきもっている、遠隔の地からでも自分のもとの巣に帰ってくることのできる能力。

用例 家出本能のようなものもあれば、帰巣本能のようなものもあるんだね。飛びだす方をほッとく以上は、戻ってくるのも自由にほッとく必要があるだろう。〈坂口安吾◆街はふるさと〉

類義語 帰家本能《きかほんのう》

【気息奄奄】きそくえんえん 〈―タル〉〈―ト〉

意味 息も絶え絶えで、今にも死にそうなさま。転じて、広く事物などが今にも滅びそうな様子をいう。

補説 「気息」は呼吸、息づかい。「奄奄」は息が絶え絶えなさま。生気のないさま。「奄」は、おおう、ふさがる意。「残息奄奄《ざんそくえんえん》」ともいう。

出典 李密《りみつ》「陳情表《ちんじょうひょう》」

用例 西洋人が百年の歳月を費したものを、いかに先駆の困難を勘定に入れないにした所で僅《わず》かその半《なか》ばに足らぬ歳月で明々地に通過し了《おわ》るとしたならば吾人《ごじん》はこの驚くべき知識の収穫を誇り得ると同時に、一敗また起《た》つ能《あた》わざるの神経衰弱に罹《かか》って、気息奄々として今や路傍に呻吟《しんぎん》しつつあるは必然の結果としてまさに起るべき現象でありましょう。〈夏目漱石◆現代日本の開化〉

類義語 半死半生《はんしはんしょう》

【規則縄墨】きそくじょうぼく

意味 物事の決まり。従うべきおきて・規準。

補説 「縄墨」は大工道具のすみなわ。転じて決まり・規範の意。

用例 またこれを試験するにも、有形の規則縄墨あり。〈福沢諭吉◆文明論之概略〉

類義語 規矩準縄《きくじゅんじょう》・規矩縄墨《きくじょうぼく》

【吉日良辰】きちじつりょうしん

意味 縁起のよい日。めでたい日。また、仏教で占星術によって日時の吉凶を占うこと。

補説 「吉日」「良辰」はともに縁起のよい日、めでたい日。「辰」は日・とき、また干支の総称。「吉辰良日《きっしんりょうじつ》」ともいう。

注意 「吉日」は「きちにち」「きつじつ」「きつにち」とも読む。

出典 『楚辞《そじ》』九歌《きゅうか》・東皇太一《とうこうたいいつ》

類義語 黄道吉日《こうどうきちにち》・大安吉日《たいあんきちじつ》

【吉祥悔過】きちじょうけか

意味 毎年正月に行われる、吉祥天《きちじょうてん》を本尊として、罪を懺悔《ざんげ》して福徳を祈願する儀式のこと。

補説 仏教語。「吉祥」は吉祥天のこと。福徳安楽を与え仏法を護持する天女。毘沙門天《びしゃもんてん》の妃《きさき》とされる。「悔過」は過ちを悔いる意。「吉祥天悔過」の略。

注意 「吉祥」は「きっしょう」、「悔過」は「かいか」とも読む。

類義語 吉祥懺悔《きちじょうさんげ》

【飢腸轆轆】きちょうろくろく 〈―タル〉〈―ト〉

意味 腹が空《す》いてグーグーと鳴る形容。非常に空腹でひもじいことをいう。

補説 「轆轆」は、もと車の走る音の形容。ここでは腹が空いて鳴ることの形容。

【奇怪千万】きっかいせんばん 〈―ナ〉

⇒ 奇怪千万 きかいせんばん 134

【吉凶禍福】きっきょうかふく

意味 幸いとわざわい。よいことと悪いこと。また、めでたいことと縁起の悪いこと。

補説 「吉凶」はよいことと悪いこと。「禍福」はわざわいと幸せ。類義の語を重ねて意味を強調している。

用例 彼は当時の仏教がこの世の吉凶禍福に心を迷わし、卜占祭祀《ぼくせんさいし》を事とし、迷信邪教に陥っていることに対して鋭い批判を向けた。〈三木清◆親鸞〉

【吃驚仰天】きっきょうぎょうてん 〈―スル〉

意味 突然の出来事などに、非常に驚くこと。

補説 「吃驚」「仰天」はともに驚くこと。類義の語を重ねて意味を強調している。

注意 「喫驚仰天」とも書く。「びっくりぎょうてん」とも読む。

類義語 顔面蒼白《がんめんそうはく》・瞠若驚嘆《どうじゃくきょうたん》・茫然自失《ぼうぜんじじつ》

【佶屈聱牙】きっくつごうが 〈―ナ〉

意味 文章が難解で分かりにくいさま。

補説 「佶屈」は折れ曲がるさま。またとこおりつまって進まないさま。「聱牙」は話などがごつごつして理解できないさま。「聱」は言葉が耳に入らないこと。「牙」は歯がかみ合わないこと。

注意 「佶屈」は「佶倔」「詰屈」「詰詘」「詰倔」とも書く。

出典 韓愈《かんゆ》「進学解《しんがくかい》」

用例 芭蕉《ばしょう》、去来は寧《むし》ろ天然に重きを置き、其角《きかく》、嵐雪《らんせつ》は人事を写さんとして端無く佶屈聱牙に陥り、或《あるい》は人をして之《これ》を解するに苦しましむるに至る。〈正岡子規◆俳人蕪村〉

類義語 佶屈晦渋《きっくつかいじゅう》・鉤章棘句《こうしょうきょくく》

【亀甲獣骨】 きっこうじゅうこつ

意味 亀の甲羅《こうら》とけものの骨のこと。

補説 中国古代に占いに用い、その結果などを文字に刻んだ。この文字が中国で現存最古の甲骨文字。「甲」は甲羅。

注意 「きこうじゅうこつ」とも読む。

【乞食飯牛】 きっしょくはんぎゅう

意味 卑しい身分のたとえ。また、貧賤《ひんせん》の身分から出世すること。

補説 「乞食」は他人に食べ物を乞《こ》うこと。「飯牛」は牛の世話をすること。卑しい身分のたとえ。

故事 中国春秋時代、百里奚《ひゃくりけい》は物乞《ものご》いをしながら旅をしていたが、やがて秦《しん》の穆《ぼく》公に取り立てられて国政を任せられ、また、甯戚《ねいせき》は、牛車の牛に餌を与えているときに歌っていた歌の内容が斉の桓《かん》公に気に入られ、大夫《たいふ》にまでなった故事から。

出典 『漢書《かんじょ》』鄒陽伝《すうようでん》

【吉人天相】 きつじんてんしょう

意味 善い人は天が助けてくれるものだということ。

補説 人の不幸を慰めたり、不幸を乗り越えた人を祝すときに用いられる言葉。「吉人」は善人の意。「天相」は天の助けのこと。「相」は助ける意。

出典 （吉人）『春秋左氏伝《しゅんじゅうさしでん》』宣公《せんこう》三年／（天相）『春秋左氏伝《しゅんじゅうさしでん》』昭公《しょうこう》四年

【吉辰良日】 きっしんりょうじつ

⇒吉日良辰 きちじつりょうしん 143

【屹然特立】 きつぜんとくりつ 〈―スル〉

意味 周囲と比べてとりわけ高くそびえ立っていること。

補説 「屹然」は山が高くそびえ立つさま。「特立」はとりわけ際立っていること。

出典 『文選《もんぜん》』王延寿《おうえんじゅ》「魯霊光殿賦《ろれいこうでんふ》」

類義語 巍然屹立《ぎぜんきつりつ》

【橘中之楽】 きっちゅうのたのしみ

意味 将棋や囲碁をする楽しみのこと。

補説 「橘」はミカンの木。

注意 「きっちゅうのらく」とも読む。

故事 昔、中国巴邛《はきょう》（今の四川省）の人が、庭のミカンの大きな実を割ってみたところ、中に二人の老人がいて、ミカンの中での生活のすばらしさを褒めたたえながら、ゆったりと象戯《しょうぎ》（中国の将棋）をうっていたという故事から。

出典 『幽怪録《ゆうかいろく》』

類義語 橘中之仙《きっちゅうのせん》

【儀狄之酒】 ぎてきのさけ

意味 おいしい酒のこと。

補説 「儀狄」は夏《か》の時代に、初めて酒を造ったとされる伝説上の人物。転じて、酒の意でも使われる。

故事 昔、儀狄が造った酒を飲んだ夏の禹《う》王が、そのうまさをたたえて「後世、酒に溺《おぼ》れて国を滅ぼす者が出るだろう」と言って禁じたという故事から。

出典 『戦国策《せんごくさく》』魏策《ぎさく》

類義語 清聖濁賢《せいせいだくけん》・天之美禄《てんのびろく》・麦曲之英《ばくきょくのえい》・百薬之長《ひゃくやくのちょう》・米泉之精《べいせんのせい》・忘憂之物《ぼうゆうのもの》

【寄田仰穀】 きでんぎょうこく

意味 他国の田を借りて作物を育て、近隣の国の穀物をあてにして買い入れること。

補説 食糧を自給自足できないさまの形容。「寄田」は他国の田を借りて作物をつくること。「仰穀」は他国の穀物をあてにすること。

出典 『漢書《かんじょ》』西域伝《せいいきでん》・鄯善国《ぜんぜんこく》

【喜怒哀楽】 きどあいらく

意味 喜び・怒り・悲しみ・楽しみの四つの情。人間のもつさまざまな感情を代表させたもの。

注意 語構成は「喜」＋「怒」＋「哀」＋「楽」。

出典 『中庸《ちゅうよう》』一

用例 面《おもて》は喜怒哀楽を越えた無表情なものですが、それがもし名匠の手に成ったものであり、それを着けている人が名人であったら、面は立派に喜怒哀楽の情を表わします。〈上村松園◆「草紙洗」を描いて〉

類義語 嬉笑怒罵《きしょうどば》

【詭道険語】 きどうけんご

意味 人を惑わし迷わせるやり方や、難しい言葉のこと。

き

補説 「詭道」は人を迷わせるやり方の意。「険語」は難しくて人を驚かせる言葉のこと。
用例 汎《ひろ》く学び深く考て詭道険語を蜜《みつ》よりも甘しとして縦説横議する曲学異端を笑って折伏《しゃくぶく》した人さえある。〈内田魯庵◆くれの廿八日〉

【欺軟怕硬】 ぎなん はこう
意味 弱者をいじめ、強者にへつらうこと。
補説 「欺」はあなどる、軽んずること。「怕」はおそれる、こわがる意。「軟」「硬」は弱い者と強い者のたとえ。「軟《なん》を欺《あざむ》き硬《こう》を怕《おそ》る」と訓読する。
出典 『琵琶記《びわき》』義倉賑済《ぎそうしんさい》

【肌肉玉雪】 きにく ぎょくせつ
意味 白く美しい肌の形容。主として女性や幼児の肌についていう。
補説 「肌肉」は素肌・皮膚のこと。「玉」は雪に冠した美称で美しく白い雪の意。いずれも非常に白く美しい肌の形容。
出典 韓愈《かんゆ》「殿中少監馬君墓誌《でんちゅうしょうかんばくんぼし》」
類義語 玉肌香膩《ぎょくきこうじ》

【帰馬放牛】 きば ほうぎゅう
意味 戦争が終わって平和になるたとえ。また、再び戦争をしないたとえ。
補説 軍馬や役牛を野に帰し放つ意から。「馬《うま》を帰《かえ》し牛《うし》を放《はな》つ」と訓読する。
故事 中国周の武王が殷《いん》の紂《ちゅう》王を討ってのち、武力を用いず学問を重んじることとして、軍馬を華山の南に帰し、輸送用の牛を桃林の野に放って再び用いないことを示した故事から。
出典 『書経《しょきょう》』武成《ぶせい》
類義語 偃武修文《えんぶしゅうぶん》・華山帰馬《かざんきば》・放馬南山《ほうばなんざん》

【驥服塩車】 きふく えんしゃ
意味 すぐれた人物が低い地位につけられ、つまらない仕事をさせられるたとえ。
補説 駿馬《しゅんめ》が塩を積んだ車を引かせられる意から。「驥」は一日に千里を走る名馬で、才能のすぐれた人物のたとえ。「服」は従事することで、牛馬を車につける意。「塩車」は塩を運ぶ車。「驥《き》、塩車《えんしゃ》に服《ふく》す」と訓読する。
注意 「驥伏塩車」とも書く。
出典 『戦国策《せんごくさく》』楚策《そさく》
類義語 大器小用《たいきしょうよう》・大材小用《たいざいしょうよう》
対義語 適材適所《てきざいてきしょ》・量才録用《りょうさいろくよう》

【鬼斧神工】 きふ しんこう
⇒ 神工鬼斧 しんこうきふ 344

【季布一諾】 きふの いちだく
⇒ 一諾千金 いちだくせんきん 25

【帰命頂礼】 きみょう ちょうらい
意味 地に頭をつけて礼拝し、深く帰依《きえ》の情を表すこと。心から仏に帰依すること。
補説 仏教語。「帰命」は仏の教えを深く信じ、身命をささげて仏・法・僧の三宝に帰依すること。梵語の音訳語「南無《なむ》」の意訳。「頂礼」は頭を地につけてする礼。頭を地につけ尊者の足下を拝する礼。古代インドの最高の敬礼。（→「五体投地《ごたいとうち》」240）
用例 ああ褒めよ称《たた》えよ、帰命頂礼、わが浄土、われ等《ら》祈って、生死一如《しょうじいちにょ》の、道に生きる。〈野口米次郎◆起てよ印度〉
類義語 帰命稽首《きみょうけいしゅ》・南無三宝《なむさんぼう》

【鬼面嚇人】 きめん かくじん
意味 見せかけの威力で、人を威嚇《いかく》するたとえ。
補説 鬼の面で人をおどす意から。「鬼面」は鬼の面。また、鬼のような恐ろしい顔つきのこと。「嚇」はおどす意。「鬼面《きめん》人《ひと》を嚇《おど》す」と訓読する。
類義語 鬼瞼嚇人《きけんかくじん》

【鬼面仏心】 きめん ぶっしん
意味 表面は怖そうだが、内心はとても優しいこと。また、そのような人。
補説 鬼のように怖そうな顔に、仏のような慈悲深い心の意から。「鬼面」は鬼のような恐ろしい顔つき。「仏心」は仏のような慈悲深い心。
対義語 人面獣心《じんめんじゅうしん》

【亀毛兎角】 きもう とかく
意味 この世にあり得ないもの、実在するはずがない物事のたとえ。
補説 もとは戦争の起こる兆しをいった。亀に毛が生え、ウサギに角が生える意から。「兎角亀毛《とかくきもう》」ともいう。

き

出典『捜神記《そうしんき》』六／『楞厳経《りょうごんきょう》』一
用法 亀毛兎角の話
類義語 烏白馬角《うはくばかく》・塩香風色《えんこうふうしょく》・亀毛蛇足《きもうだそく》・狗頭生角《くとうせいかく》・蛇足塩香《だそくえんこう》・童牛角馬《どうぎゅうかくば》

【記問之学】 きもんのがく
意味 書物などを読んで暗記するだけの学問。また、実生活で役に立たない知識・学問。
補説「記問」は書物や他人の説を暗記すること。また、その知識を活用しないこと。
出典『礼記《らいき》』学記《がくき》

【逆取順守】 ぎゃくしゅじゅんしゅ
意味 道理にそむいた方法で天下を取り、それを道理にかなった方法で守ること。
補説 もと殷《いん》の湯王が夏《か》の桀《けっ》王から、周の武王が殷の紂《ちゅう》王から、武力で天下を奪いとったが、その後は正道すなわち文事に則《のっと》りよい政治を行って天下を統治したことをいう。
出典『史記《しき》』陸賈伝《りくかでん》

【客塵煩悩】 きゃくじんぼんのう
意味 外から偶発的にもたらされるさまざまな心の迷いのこと。
補説 仏教語。煩悩は本来的に心にあるものではなくて、たまたま外から心に付着して汚すものであるという考え方から。「客塵」は外から一時的に来る客または旅人のように、身に偶然ついたちりのような細かく数多い汚れのこと。「煩悩」は心の迷いの意。

【喜躍抃舞】 きやくべんぶ〈―スル〉
意味 喜びのあまり手を打って舞うこと。喜びきわまって身の置きどころのない形容。
補説「抃舞」は手を打って舞うこと。「抃」は手を打つ意。「歓喜抃舞《かんきべんぶ》」「歓欣鼓舞《かんきんこぶ》」ともいう。
出典『列子《れっし》』湯問《とうもん》
類義語 歓声雷動《かんせいらいどう》・歓天喜地《かんてんきち》・驚喜雀躍《きょうきじゃくやく》・欣喜雀躍《きんきじゃくやく》・手舞足踏《しゅぶそくとう》

【脚下照顧】 きゃっかしょうこ〈―スル〉
意味 自分の足元をよくよく見よという意。
補説 もと禅宗の語で、外に理想を追求するのではなく、まず自分の本性をよく見つめよという戒めの語。転じて、他に向かって理屈を言う前に、まず自分の足元を見て自分のことをよく反省すべきだということ。また、身近なことに気をつけるべきことをいう。「脚下」は足元の意。転じて、本来の自分、自分自身。「照顧」は反省し、よく考える、また、よくよく見る意。「照顧脚下《しょうこきゃっか》」ともいう。
用例 まことに脚下照顧はむつかしい（此句《このく》は足元御用心とでも訳すべきだろう）。今夜もまた睡《ねむ》れそうにないから、寝酒を二三杯ひっかけたが、にがい酒だった、今夜の私としては。〈種田山頭火◆行乞記〉

【牛飲馬食】 ぎゅういんばしょく〈―スル〉
意味 大いに飲み食いをすること。
補説 牛が水を飲むように、また、馬がまぐさを食べるようにたくさん飲食する意から。
用例 船が、凄《すさ》まじくロオリングするなか、ぼくは盛んに、牛飲馬食、二番の虎さんや、水泳の安さんなんかと一緒に、殆《ほとん》ど、最後まで残って、たしか飯を五杯以上は食いました。〈田中英光◆オリンポスの果実〉
類義語 鯨飲馬食《げいいんばしょく》・痛飲大食《つういんたいしょく》・暴飲暴食《ぼういんぼうしょく》

【旧雨今雨】 きゅううこんう
意味 古い友人と新しい友人のこと。
補説 中国音で「雨」「友」はともに音が通じるところから、友人のことをいう語。
出典 杜甫《とほ》「秋述《しゅうじゅつ》」

【求栄反辱】 きゅうえいはんじょく
意味 栄誉を求めたことによって、逆に辱められること。
補説「栄《えい》を求《もと》めて反《かえ》って辱《はずかし》めらる」と訓読する。
出典『児女英雄伝《じじょえいゆうでん》』一

【窮猿投林】 きゅうえんとうりん
意味 困っているときには、あれこれとえり好みなどしている余裕はないことのたとえ。
補説「窮猿」は追いつめられた猿。「投林」は林に飛び込む意。『晋書《しんじょ》』文苑《ぶんえん》・李充伝《りじゅうでん》に「窮猿林に投ずるに豈《あ》に木を択《えら》ぶに暇《いとま》あらんや（追いつめられて林に飛び込んだ猿は、どうしてどの枝によじ登ろうかなどとかまっている余裕があろうか）」とある。晋の李充が将軍の参謀に薦められたとき、軍人では家の貧窮が救えないと判断して、それよりも下の位の地方官を選んで言ったもの。「窮猿《きゅうえん》林《はやし》に投《とう》ず」と訓読する。
出典『世説新語《せせつしんご》』言説《げんせつ》
類義語 窮猿奔林《きゅうえんほんりん》

【窮閻漏屋】きゅうえん（の）ろうおく

意味 裏路地のあばらやのこと。
補説 「窮閻」は貧しい町の中。狭く汚い町の中。「閻」は巷《ちまた》の意。一説に里中の門。「漏屋」の「漏」は「陋」に通じて、あばらやの意。また、雨の漏る家。
出典『荀子《じゅんし》』儒効《じゅこう》
類義語 窮巷陋屋《きゅうこうろうおく》・窮巷陋室《きゅうこうろうしつ》

【九夏三伏】きゅうかさんぷく

意味 夏の最も暑いころをいう。
補説 「九夏」は九旬の夏の意で、夏の九十日間。夏いっぱいを指す。「三伏」は初伏（夏至《げし》後の三度目の庚《かのえ》の日）、中伏（四度目の庚の日）、末伏（立秋後の初めての庚の日）のこと。夏の最も暑い時期をいう。
用例 ひたすらに絵画を好めるの心にほだされて、あるときは九夏三伏の暑さにも砂に座り草に伏して独り写生に心を砕き、〈島崎藤村◆落梅集〉

【牛鬼蛇神】ぎゅうきだしん

意味 荒唐無稽《こうとうむけい》な文章・作品のたとえ。また、人柄が卑しくて性格がゆがんでいる人のたとえ。さらに容貌《ようぼう》の醜いたとえとして用いられることもある。
補説 「牛鬼」は頭が牛の形をした鬼神・怪物のこと。転じて、容姿が醜いたとえ。「蛇神」は顔が人で体が蛇の姿をした神。
出典 杜牧《とぼく》「李賀集序《りがしゅうじょ》」

【牛驥同皁】ぎゅうきどうそう（—スル）

意味 賢者が愚者と同一の待遇を受けるたとえ。賢者が粗末に扱われるたとえ。また、賢者と凡人が交じるたとえ。
補説 足ののろい牛と一日に千里を走る駿馬《しゅんめ》が、一緒の飼い葉桶《おけ》の餌《えさ》を食べる意から。「驥」は一日に千里を走る駿馬。「皁」は飼い葉桶の意。「牛驥《ぎゅうき》皁《そう》を同《おな》じうす」と訓読する。
出典『文選《もんぜん》』鄒陽《すうよう》「獄中《ごくちゅう》にて書《しょ》を上《たてまつ》り自《みずか》ら明《あき》らかにす」
類義語 牛驥一皁《ぎゅうきいっそう》・牛驥共牢《ぎゅうききょうろう》・玉石混淆《ぎょくせきこんこう》・利鈍斉列《りどんせいれつ》

【九牛一毛】きゅうぎゅうのいちもう

意味 多くの中の、きわめてわずかな部分のたとえ。また、きわめてささいで取るに足りないことのたとえ。
補説 多くの牛に生えた無数の毛の中の一本の意から。「九牛」は多くの牛。「九」は数が多いこと。略して「九牛毛」ともいう。
出典『文選《もんぜん》』司馬遷《しばせん》「任少卿《じんしょうけい》に報《ほう》ずるの書《しょ》」
用例 如斯《こん》な下劣の匹夫に何が出来る？ オニャーテが九牛一毛ほどの仕事も恐らく難かしかろう。〈内田魯庵◆くれの廿八日〉
類義語 滄海一滴《そうかいいってき》・滄海一粟《そうかいのいちぞく》・大海一滴《たいかいいってき》

【汲汲忙忙】きゅうきゅうぼうぼう（—タル）（—ト）

意味 きわめて忙しいさま。
補説 「汲汲」は休まず努めるさま。「忙忙」は忙しいさま、あわただしいさま。
出典『論衡《ろんこう》』書解《しょかい》
用法 汲汲忙忙とした毎日
類義語 忙忙碌碌《ぼうぼうろくろく》

【求魚縁木】きゅうぎょえんぼく

⇒ 縁木求魚　えんぼくきゅうぎょ　79

【九棘三槐】きゅうきょくさんかい

⇒ 槐門棘路　かいもんきょくろ　97

【窮極無聊】きゅうきょくぶりょう

意味 困窮しきって全く希望のないこと。貧窮の極みで頼るものもないこと。また、困窮しきって心憂い、楽しむことがないこと。
補説 「窮極」は貧窮が極まる意。「無聊」は頼るものがないこと。また、心に憂いがあって、楽しむことがないこと。
注意 「きゅうきょくむりょう」とも読む。
出典 費昶《ひちょう》—詩「公子《こうし》を思《おも》う」

【鳩居鵲巣】きゅうきょじゃくそう

意味 女性が嫁いで、夫の家に住むたとえ。転じて、労せずして他人の成功や他人の地位を横取りするたとえ。
補説 借家住まいのたとえとして用いられることもある。ハトは巣作りが下手で、それの上手なカササギの巣に住み、卵を生む意から。「鵲」はカササギ。「鳩《はと》、鵲《かささぎ》の巣《す》に居《お》る」と訓読する。「鵲巣鳩居《じゃくそうきゅうきょ》」「鵲巣鳩占《じゃくそうきゅうせん》」ともいう。

出典『詩経《しきょう》』召南《しょうなん》・鵲巣《じゃくそう》

【救経引足】きゅうけい いんそく

⇒引足救経 いんそくきゅうけい 57

【鳩形鵠面】きゅうけい こくめん

⇒鵠面鳩形 こくめんきゅうけい 234

【窮形尽相】きゅうけい じんそう

意味 万物の形象をあるがままに生き生きと表現し、その姿に迫ること。特に絵画や文章などについていう。また、人や物事をきわめて巧みにまねること。万物の形を極めその姿を尽くす意。

補説「窮」「尽」はともに窮め尽くす意。「形」「相」はともにものの形象のこと。「形《かたち》を窮《きわ》め相《そう》を尽《つ》くす」と訓読する。

出典『文選《もんぜん》』陸機《りくき》「文賦《ぶんのふ》」

類義語 窮形尽態《きゅうけいじんたい》

【泣血漣如】きゅうけつ れんじょ （―タル）（―ト）

意味 悲しさのあまり涙が止めどもなく流れるさま。さめざめと泣くさま。

補説「泣血」は悲しみのあまり、血を流すように激しく泣くこと。一説に、声もなく泣くこと、また、涙が尽きて血が流れること。「漣如」は涙の流れるさま。「如」は副詞や形容詞の下につき、様子や状態を表す助字。

出典『易経《えききょう》』屯《ちゅん》

【及肩之牆】きゅうけんの しょう

意味 簡単に中身が見えてしまい、まだまだ未熟であることのたとえ。

補説 肩の高さくらいの塀の意。「牆」は塀のこと。「及肩」は肩に及ぶほどの意。

故事 中国古代、魯《ろ》の大夫《たいふ》叔孫武叔《しゅくそんぶしゅく》が「孔子よりも子貢のほうがすぐれている」と言ったことを聞いた孔子の弟子子貢が「屋敷の塀にたとえてみると、私は肩におよぶ程度の高さの塀であるから家の中がきれいな様子をのぞけるけれども、先生（孔子）は数仞《すうじん》（一仞は約一・六メートル）にもおよぶ塀であるから、門を見つけなければ中の立派な様子を見ることはできない。また、その門を見つけることができる人も少ないため、叔孫武叔がそう言ったのももっともだ」と答えたという故事から。

出典『論語《ろんご》』子張《しちょう》

【急功近利】きゅうこう きんり

意味 成功を急ぎ、目先の利益に飛びつくこと。

補説「功」は成功・功績の意。「利」は利益。「功《こう》を急《いそ》ぎ利《り》に近《ちか》づく」と訓読する。

出典『春秋繁露《しゅんじゅうはんろ》』対膠西王《たいこうせいおう》

【躬行実践】きゅうこう じっせん （―スル）

⇒実践躬行 じっせんきゅうこう 290

【九皐鳴鶴】きゅうこうの めいかく

⇒鶴鳴九皐 かくめいきゅうこう 102

【救国済民】きゅうこく さいみん

⇒経世済民 けいせいさいみん 188

【丘山之功】きゅうざんの こう

意味 丘や山のように、高く大きな功績のこと。無数の努力の積み重ねによって、成し遂げた大きな功績のこと。

補説 大きな丘や山も小さな土や石が無数に積み重なって、高くなっていることから。「丘山」は高く大きいたとえ。また、物の多いことのたとえ。「功」は手柄・功績。

出典『文選《もんぜん》』陳琳《ちんりん》「呉《ご》の将校《しょうこう》部曲《ぶきょく》に檄《げき》する文《ぶん》」

【泣斬馬謖】きゅうざん ばしょく

意味 規律や法律の公平公正さを保つために私情を捨てて厳正な処分をすること。法は私情で曲げられないたとえ。また、大きな目的のためには私情を捨てることのたとえ。

補説 愛すべき部下を心ならずも処分するときなどに用いることが多い。泣いて馬謖を斬罪に処する意から。「馬謖」は中国三国時代、蜀《しょく》の武将で諸葛亮《しょかつりょう》の部下。「泣《な》いて馬謖《ばしょく》を斬《き》る」と訓読する。また、「涙を揮《ふる》って馬謖を斬る」「流涕《りゅうてい》して馬謖を斬る」ともいう。

故事 中国三国時代、蜀の丞相《じょうしょう》諸葛亮が、最も信頼していた部下の将軍馬謖が命令に背き魏《ぎ》との戦いに大敗したため、涙をのんで処刑して軍律を保ったという故事から。

出典『蜀志《しょくし》』馬謖伝《ばしょくでん》

【窮山幽谷】きゅうざんゆうこく

意味 奥深く静かな山と谷。

補説 「窮」「幽」はともに奥深い意。

類義語 窮山通谷《きゅうざんつうこく》・深山窮谷《しんざんきゅうこく》・深山幽谷《しんざんゆうこく》

【九死一生】きゅうしいっしょう

意味 危ういところで奇跡的に助かること。ほとんど死を避けがたい危険な瀬戸際で、かろうじて助かること。

補説 「九死」は十のうち九まで死の可能性が高いことで、ほとんど死が避けがたい危険な場合をいう。「一生」は十のうち一の生きる可能性の意。一般には「九死に一生を得る」という形で用いることが多い。

出典 『文選《もんぜん》』屈原《くつげん》「離騒《りそう》」の唐《とう》劉良《りゅうりょう》注

用例 卿《きょう》は僕が為《ため》には九死一生の恩人なり。〈織田純一郎訳◆花柳春話〉

類義語 十死一生《じっしいっしょう》・万死一生《ばんしいっせい》

【宮車晏駕】きゅうしゃあんが

意味 天子の崩御《ほうぎょ》。

補説 「宮車」は天子の車の意。「晏」は晩の意で、「晏駕」は霊柩《れいきゅう》車が日が暮れてから出る意。

出典 『史記《しき》』范雎伝《はんしょでん》

類義語 宮車晩駕《きゅうしゃばんが》

【窮愁著書】きゅうしゅうちょしょ

意味 逆境にある人が、苦しみをばねにして書を著しその志を述べること。

補説 「窮愁」は苦しみ悩むこと。「窮愁《きゅうしゅう》書《しょ》を著《あらわ》す」と訓読する。

出典 『史記《しき》』虞卿伝《ぐけいでん》

【牛溲馬勃】ぎゅうしゅうばぼつ

意味 下等な薬品。つまらないものや、役に立たない無用なもののたとえ。

補説 「牛溲」は牛の小便。一説に下等な薬草のオオバコ。利尿作用があるという。「馬勃」は馬のくそ。一説に腐った木などに生えるきのこのホコリタケ。また、マグソダケ。できものに効くといわれる。いずれにしろ、ともにささいなものであることからいう。

注意 「牛溲馬渤」とも書く。「ぎゅうそうばぼつ」とも読む。

出典 韓愈《かんゆ》「進学解《しんがくかい》」

用例 牛溲馬勃亦《また》必ずしも『きたなき』の一語を以《もっ》て排し去るを得んや。〈正岡子規◆俳句問答〉

類義語 牛糞馬涎《ぎゅうふんばせん》

【鳩首協議】きゅうしゅきょうぎ 〈―スル〉

⇒鳩首凝議 きゅうしゅぎょうぎ 149

【鳩首凝議】きゅうしゅぎょうぎ 〈―スル〉

意味 人々が寄り集まって熱心に相談すること。

補説 「鳩」は集める意。「鳩首」は頭を集めることで、人々が額を突き合わせて集まる意。「凝議」は熱心に議論すること。「凝」はこらす、集中する意。「鳩首協議《きゅうしゅきょうぎ》」「鳩首謀議《きゅうしゅぼうぎ》」ともいう。

用例 「そうだ。だが、上司へはもう聞えておる。老中、若年寄、大目附《おおめつけ》など、寄り寄り鳩首凝議しておるとのことじゃ」〈林不忘◆魔像〉

類義語 鳩首密議《きゅうしゅみつぎ》

【牛首馬肉】ぎゅうしゅばにく

⇒羊頭狗肉 ようとうくにく 648

【鳩首謀議】きゅうしゅぼうぎ 〈―スル〉

⇒鳩首凝議 きゅうしゅぎょうぎ 149

【求漿得酒】きゅうしょうとくしゅ

意味 望んだものよりもよいものが手に入ることのたとえ。

補説 漿を求めて酒を得る意から。「漿」は酸味のある飲み物。酒の代用とした。「漿《しょう》を求《もと》めて酒《さけ》を得《う》」と訓読する。

出典 『史通《しつう》』書志《しょし》

類義語 乞漿得酒《きっしょうとくしゅ》

【休心息念】きゅうしんそくねん

意味 時々わき上がってくる感情や欲望を断ち切り、仏の教えに従い、本来のあり方に徹して生きていくこと。

補説 仏教語。「休」「息」はともに、やめること。

出典 『正法眼蔵《しょうぼうげんぞう》』行持《ぎょうじ》

【九仞之功】きゅうじんのこう

⇒一簣之功 いっきのこう 33

【救世済民】 きゅうせいさいみん

意味 世の中を救い、人々を苦しみから助けること。

補説 「救世」は悪い世の中を救ってよいほうに導くこと。「済民」は人民の難儀を救うこと。「済」も救う、救助する意。

用例 救世済民の志を抱き、国事に尽したいと希望しながら、〈下村湖人◆論語物語〉

類義語 経世済民《けいせいさいみん》

【求全之毀】 きゅうぜんのそしり

意味 万全を期して正しいことを行っても、かえって人に非難されることもあるということ。

補説 「求全」は万全を求めること。「毀」は他人の悪口を言うこと。「全《ぜん》を求《もと》むるの毀《そし》り」と訓読する。

出典 『孟子《もうし》』離婁《りろう》上

対義語 不虞之誉《ふぐのほまれ》

【窮鼠嚙猫】 きゅうそごうびょう

意味 弱い者でも窮地に追いつめられて必死になれば、思いもよらない力を発揮して、強い者に勝つこともあるというたとえ。

補説 追いつめられて逃げ場を失ったネズミが猫にかみつく意から。一般に「窮鼠《きゅうそ》猫《ねこ》を嚙《か》む」と訓読して用いる。「窮鼠嚙狸《きゅうそごうり》」ともいう。

出典 『塩鉄論《えんてつろん》』詔聖《しょうせい》 ◎「死して再びは生きずとなれば、窮鼠も狸《り》を齧《か》む」

類義語 禽困覆車《きんこんふくしゃ》・困獣猶闘《こんじゅうゆうとう》

【旧態依然】 きゅうたいいぜん 〈—タル〉〈—ト〉

意味 昔のままで進歩や発展がないさま。

補説 「旧態」は昔からの状態、ありさま。「依然」は前と変わらず、もとのとおりのさま。

用例 今日の小説家は、特殊な場合を除き、恐らく戯曲を書いて、その小説ほどの評価を得ることは困難だろう。その理由は、云《い》うまでもなく、今日の小説が、「本質的に」著しく「進化」しているのだ。そして、戯曲は、全く、進化の道を塞《ふさ》がれて、「本質的に」旧態依然たる有様だ。〈岸田國士◆劇壇左右展望〉

類義語 十年一日《じゅうねんいちじつ》・保守退嬰《ほしゅたいえい》

対義語 日進月歩《にっしんげっぽ》

【九腸寸断】 きゅうちょうすんだん 〈—スル〉

意味 非常に悲しいことの形容。断腸の思い。

補説 「九腸」の「九」は数の多いことを表す。腸《はらわた》全体。「寸断」はずたずたに断ち切られる意。腸がずたずたに断ち切られるような非常なつらさ、悲しさをいう語。

故事 ↓「断腸之思《だんちょうのおもい》」 436

用法 九腸寸断の思い

類義語 断腸之思《だんちょうのおもい》・母猿断腸《ぼえんだんちょう》

【旧調重弾】 きゅうちょうちょうだん

意味 時代遅れで、古い考えや話などを繰り返すたとえ。

補説 昔の調べを重ねて弾く意から。「旧調」は昔の調子・リズムのこと。「重」は重ねて、繰り返しの意。「弾」はつまびく、弾く意。「旧《きゅう》調《ちょう》重《かさ》ねて弾《だん》ず」と訓読する。

注意 「きゅうちょうじゅうだん」とも読む。

類義語 老調重弾《ろうちょうちょうだん》

【窮鳥入懐】 きゅうちょうにゅうかい

意味 追いつめられ逃げ場を失った人が、助けを求めすがること。

補説 追いつめられた人が助けを求めたら、どんな事情があっても助けてやるのが人の道である、という場面で用いられることが多い。「窮鳥」は追いつめられた鳥。一般に「窮鳥《きゅうちょう》懐《ふところ》に入《い》る」と訓読して用いる。

出典 『魏志《ぎし》』邴原伝《へいげんでん》の裴注《はいちゅう》に引く『魏志春秋《ぎししゅんじゅう》』／『顔氏家訓《がんしかくん》』省事《しょうじ》

類義語 窮鳥帰人《きゅうちょうきじん》・窮鳥投人《きゅうちょうとうじん》

【弓調馬服】 きゅうちょうばふく

意味 何事も、まず基礎を固めおくことが第一であることのたとえ。

補説 弓はまず調子を整え、馬は人によく服従させることの意から。「弓《ゆみ》調《ととの》い馬《うま》服《ふく》す」と訓読する。

故事 中国春秋時代、魯《ろ》の哀公が孔子に人を採用する方法を尋ねたところ、孔子が「弓は調子が整っていることが第一であり、その上で強い弓を求めればよく、馬はよく服従することが第一であり、その上で良馬を求めればよい。したがって、役人を採用する場合にも誠実なことを第一として、その上で知能の高い者を求めるのがよい」と答えたという故事から。

出典 『荀子《じゅんし》』哀公《あいこう》

【九鼎大呂】きゅうていたいりょ

意味 貴重な物、重要な地位や名声などのたとえ。

補説 「九鼎」は夏《か》王朝の開祖禹《う》王が九つの州（中国全土の意）から献上させた銅で作った鼎《かなえ》。それ以来、天子の宝・象徴として伝えられた。「鼎」は三本足の釜《かま》。いけにえの調理具として、また祭器として用いられた。「大呂」は周王朝の大廟《たいびょう》に供えた大きな鐘のこと。ともにこのうえなく貴重なもののたとえ。

出典 『史記《しき》』平原君伝《へいげんくんでん》

用例 他人の膳《ぜん》より食う間は、自ら思うこと塵《ちり》の如《ごと》く、我奮う時は、自ら九鼎大呂の重きを知る。〈宮崎湖処子◆帰省〉

類義語 一言九鼎《いちげんきゅうてい》

【急転直下】きゅうてんちょっか 〈—スル〉

意味 物事の事態や情勢が突然に変化して、解決に向かうこと。

補説 「急転」は急激に変化すること。もとは「九天」と書いた。「直下」はまっすぐにおりる、ただちに結末に向かうこと。

用例 文壇は急転直下の勢で目覚ましい革命を受けている。凡《すべ》てがことごとく動いて、新気運に向って行くんだから、取り残されちゃ大変だ。〈夏目漱石◆三四郎〉

類義語 一落千丈《いちらくせんじょう》

【牛刀割鶏】ぎゅうとうかっけい

意味 取るに足りない小さなことを処理するのに、大げさな方法を用いるたとえ。

補説 小さな物事を裁くのに、大人物や大げさな方法・手段などは必要ないということ。また、それらを戒めた語。鶏をさばくのに牛を切る大きな包丁を用いる意から。「牛刀《ぎゅうとう》もて鶏《にわとり》を割《さ》く」と訓読する。「割鶏牛刀《かっけいぎゅうとう》」ともいう。

出典 『論語《ろんご》』陽貨《ようか》 ◎「鶏を割くに焉《いず》くんぞ牛刀を用いん（鶏を割くのに牛切りの大きな包丁がどうして必要なのだろうか）」

用例 これは少し牛刀鶏を割く嫌《きら》いがある。〈森鷗外◆独身〉

【弓道八節】きゅうどうはっせつ

⇓ 射法八節 しゃほうはっせつ 301

【旧套墨守】きゅうとうぼくしゅ 〈—スル〉

意味 古いしきたりや方法などを固く守ること。また、古いしきたりなどにとらわれて融通のきかないこと。

補説 「旧套」は古いしきたりや形式・方法。また、ありふれたやりかた。「墨守」は、中国宋《そう》の墨子が城を守り通した故事から、固く守ること。（→「輸攻墨守《しゅこうぼくしゅ》」312）

用例 しかし、旧套墨守のそうしたアカデミックな風潮に対抗して、当時徐々に新気運は動きつつあった。〈高村光太郎◆ヒウザン会とパンの会〉

類義語 旧慣墨守《きゅうかんぼくしゅ》・旧習墨守《きゅうしゅうぼくしゅ》・刻舟求剣《こくしゅうきゅうけん》・守株待兎《しゅしゅたいと》・蹈常襲故《とうじょうしゅうこ》・墨守成規《ぼくしゅせいき》・保守退嬰《ほしゅたいえい》

対義語 吐故納新《とこのうしん》

【窮途之哭】きゅうとのこく

意味 貧しくて困窮した悲しみ。また、正道を行いながら世に容《い》れられない悲しみ。

補説 「窮途」は行き止まりの道。転じて、苦しい境遇・困窮の意。また、仕官の道を得られないたとえ。「哭」は声を上げ、泣き悲しむこと。

故事 中国晋《しん》の阮籍《げんせき》が車で出かけ、行き止まりで先へ行けず、嘆き悲しんで引き返したという故事から（『晋書《しんじょ》』阮籍伝《げんせきでん》）。

出典 王勃《おうぼつ》「滕王閣序《とうおうかくのじょ》」

【窮途末路】きゅうとまつろ

意味 苦境にいて行きづまり、逃れようもない状態。窮地にあって困りはてること。

補説 道がきわまって行きようのない意から。「窮途」は行き止まりの道。転じて、苦しい境遇・困窮の意。「末路」は道の終わり。「末路窮途《まつろきゅうと》」ともいう。

類義語 山窮水尽《さんきゅうすいじん》・絶体絶命《ぜったいぜつめい》

【窮途潦倒】きゅうとろうとう 〈—タル〉〈—ト〉

意味 苦しい境遇にいて落ちぶれたさま。また、失意の中にいるさま。

補説 「窮途」は行き止まりの道。転じて、苦しい境遇・困窮の意。「潦倒」は落ちぶれたさま。

類義語 窮困潦倒《きゅうこんろうとう》

【窮年累世】きゅうねんるいせい

意味 自分の一生から、孫子の代までも。

補説「窮年」は年月を送ること。また、人の一生涯。「累世」は子々孫々の意。「年《とし》を窮《きわ》め世《よ》を累《かさ》ぬ」と訓読する。
出典『荀子《じゅんし》』栄辱《えいじょく》
類義語 窮年累月《きゅうねんるいげつ》・積年累月《せきねんるいげつ》

【吸風飲露】 きゅうふう いんろ
意味 仙人などの清浄な暮らしのこと。
補説 人間の食べている五穀を食べずに、風を吸い露を飲んで生活する意から。「風《かぜ》を吸《す》い露《つゆ》を飲《の》む」と訓読する。
出典『荘子《そうじ》』逍遥遊《しょうようゆう》◎「五穀を食らわず、風を吸い露を飲み、雲気に乗り、飛竜に御して、四海の外に遊ぶ」

【窮兵黷武】 きゅうへい とくぶ
意味 みだりに武力を用い、やたらに戦争して徳を汚すこと。
補説「窮兵」は兵を窮める、もっぱら戦争をすること。「黷武」も武力を乱用すること。「黷」は乱用すること。
故事 中国殷《いん》の創始者湯王は七十里四方の領地しか有していなかったが、王者となれたのは徳を修めたからであり、春秋晋《しん》の智伯《ちはく》が千里四方もの領地を有していながらも滅んだのは、やたらに戦争ばかりしていたからであるという故事から。
出典『淮南子《えなんじ》』兵略訓《へいりゃくくん》
類義語 佳兵黷武《かへいとくぶ》・玩兵黷武《がんへいとくぶ》

【朽木糞牆】 きゅうぼく ふんしょう
意味 怠け者、手の施しようのないもののたとえ。
補説 腐った木には彫刻できないし、腐りくずれた土塀は上塗りができないように、怠け者は教育しがたいことをいう。「朽木」は腐った木。「糞牆」は腐ってぼろぼろになった土塀の意。「朽木糞土《きゅうぼくふんど》」「糞土之牆《ふんどのしょう》」ともいう。
出典『論語《ろんご》』公冶長《こうやちょう》◎「宰予《さいよ》昼寝《い》ぬ。子曰《い》わく、朽木は雕《ほ》るべからず、糞土の牆《かき》は杇《ぬ》るべからず。予《よ》に於《お》いてか何ぞ誅《せ》めん（孔子の弟子の宰予が昼寝していた。それを見た孔子は言った。「腐った木には彫刻できないし、腐りくずれた土壁には上塗りできない。お前に対しては何を叱《しか》ろうか、叱ってもしかたない」）」
類義語 朽木之材《きゅうぼくのざい》

【朽木糞土】 きゅうぼく ふんど
⇒ 朽木糞牆 きゅうぼくふんしょう 152

【求名求利】 きゅうめい きゅうり
意味 名声と利益ばかりを求めること。
補説「名」は名声。「利」は利益。「名《な》を求《もと》め利《り》を求《もと》む」と訓読する。
出典『商子《しょうし》』算地《さんち》

【窮余一策】 きゅうよの いっさく
意味 追いつめられ、苦しまぎれに思いついた手段や方策のこと。
補説「窮余」は困り切ったあげく、苦しまぎれにの意。
類義語 苦肉之計《くにくのけい》・苦肉之策《くにくのさく》

【急流勇退】 きゅうりゅう ゆうたい 〈―スル〉
意味 官職などをいさぎよく辞めること。
補説 船が急流中でさっと引き返すように、仕事の調子のいいうちに、機を見て辞職する意から。「勇退」は勇敢に退くこと。また、思い切りよく地位を退くこと。
出典『邵氏聞見録《しょうしぶんけんろく》』七

【居安思危】 きょあん しき
意味 平穏なときにも万一のことを思い、常に用心を怠らないことが必要であるという戒めの語。
補説 一般に「安《やす》きに居《お》りて危《あや》うきを思《おも》う」と訓読して用いる。「安居危思《あんきょきし》」ともいう。
出典『春秋左氏伝《しゅんじゅうさしでん》』襄公《じょうこう》一一年◎「書に曰《い》わく、安きに居りて危うきを思う、と。思えば則《すなわ》ち備え有り、備え有れば患《うれ》い無し」
類義語 居安慮危《きょあんりょき》・居高思危《きょこうしき》

【挙案斉眉】 きょあん せいび
意味 妻が夫に礼儀を尽くし尊ぶたとえ。また、夫婦が互いに礼儀を尽くし尊敬して、仲がよいたとえ。
補説 膳《ぜん》を眉《まゆ》の高さまで挙げて、両手でうやうやしくささげ持つ意から。「案」は膳。短い足のついた盆。「挙案」は膳を挙げ持つ意で、「斉眉」は眉の高さと同じくしてささげること。「斉」は等しい意。「案《あん》を挙《あ》ぐるに眉《まゆ》に斉《ひと》しくす」と訓読する。

(故事) 中国後漢の梁鴻《りょうこう》の妻は夫に食事を勧めるとき、決して夫の顔をまともには見ず、膳を眉の高さまでささげ挙げて敬い勧めたという故事から。

(出典) 『後漢書《ごかんじょ》』逸民伝《いつみんでん》・梁鴻伝《りょうこうでん》

【挙一反三】 きょいち はんさん 〈―スル〉

(意味) 理解力にすぐれ、優秀なこと。

(補説) 一つのことを聞くと、関連する他のことも類推して理解することができるということ。物事を四角形にたとえた成語。一つの隅を示してやれば、残り三つの隅は類推して理解できるという意。「一《いち》を挙《あ》げて三《さん》を反《かえ》す」と訓読する。（→「挙一明三《こいちみょうさん》」206）

(出典) 『論語《ろんご》』述而《じゅつじ》

(類義語) 挙一明三《こいちみょうさん》

【強悪強善】 きょうあく きょうぜん

(意味) 悪事に強い人は善事にも強いこと。

(補説) 悪の限りを尽くした悪人がひとたび悔い改めると、逆に生まれ変わったほどの善人になるたとえ。一般に「悪《あく》に強《つよ》ければ善《ぜん》にも強《つよ》し」「悪《あく》に強《つよ》きは善《ぜん》にも強《つよ》し」と訓読して用いる。

【恐悦至極】 きょうえつ しごく

(意味) 恐れつつしんで大喜びすること。かしこみ喜ぶこと。

(補説) 手紙文などに用いて、目上の人に自分の喜びや感謝の気持ちを伝えるときの丁寧な語。「至極」はこのうえないこと。

(注意) 「恭悦至極」とも書く。

(用例) 「麗《うるわ》しき御尊顔を拝し奉り、恐悦至極に存じ奉ります。早速、拝謁仰せつけられ、冥加至極、恐れ入り奉ります。某《それがし》は、岩下佐次右衛門《さじえもん》にござりまする」〈直木三十五◆南国太平記〉

【矯枉過直】 きょうおう かちょく

(意味) 過ちやゆがみを正そうとして、かえって損ねてしまうこと。

(補説) 物事を正し直そうとして度を越すと、逆に損害を招くたとえ。本来は、曲がったものを直そうとして力を入れ過ぎ、逆のほうに曲がってしまう、また、あまりにまっすぐになってしまう意。「矯」は正す意。「枉」は曲がる、曲がりの意。「枉《まが》れるを矯《た》めて直《なお》きに過《す》ぐ」と訓読する。

(出典) 『越絶書《えつぜつしょ》』一五・越絶篇叙外伝記《えつぜつへんじょがいでんき》

(類義語) 矯枉過正《きょうおうかせい》・矯枉過中《きょうおうかちゅう》・矯角殺牛《きょうかくさつぎゅう》

【跫音空谷】 きょうおん くうこく

⇒ 空谷跫音 くうこくのきょうおん 176

【堯階三尺】 ぎょうかい さんじゃく

(意味) 君主の質素な生活の形容。

(補説) 中国古代伝説上の聖天子堯の御殿は、土を固めた階段で高さが三尺にすぎなかったことからいう。君主の日常生活の質素なさまをたたえていう語。

(注意) 「ぎょうかいさんしゃく」とも読む。

(出典) 『史記《しき》』太史公自序《たいしこうじじょ》 ◎「堂高三尺、土階三等、茅茨《ぼうし》剪《き》らず」

(類義語) 土階三尺《どかいさんじゃく》・土階三等《どかいさんとう》・土階茅茨《どかいぼうし》

(対義語) 峻宇雕牆《しゅんうちょうしょう》

【矯角殺牛】 きょうかく さつぎゅう

(意味) わずかの欠点を直そうとして、かえって全体を損なってしまうたとえ。

(補説) 曲がっている角を直そうとして、かえって牛を殺してしまう意から。「矯」は正す意。一般に「角《つの》を矯《た》めて牛《うし》を殺《ころ》す」と訓読して用いる。

(出典) 『玄中記《げんちゅうき》』

(類義語) 矯枉過直《きょうおうかちょく》・庇葉傷枝《ひようしょうし》

【鏡花水月】 きょうか すいげつ

(意味) 鏡に映った花と水に映った月のように、目には見えるが手には取れないもの。

(補説) 目には見えても見るだけで、実際に手に取ることができないことから、はかない幻のたとえ。また、感じ取れても説明できない奥深い趣のたとえ。詩歌・小説などの奥深い味わいについていう。「水月鏡花《すいげつきょうか》」ともいう。「鏡花水月法」は漢文の文体の一つで、しかもその物事をあからさまに説明しないで、その物事の姿をありありと読者に思い浮かばせる表現方法。

(出典) 裴休《はいきゅう》の文

(用例) 所謂《いわゆる》理想派と雖《いえど》も、豈《あに》徒《いたず》らに鏡花水月をのみ画《えが》く者ならんや、心中の事実、皎《きょう》として明なる者を写すに過ぎざるのみ、然《しか》らば即《すなわ》ち是《これ》も亦《また》写実派なり。

き

〈山路愛山◆詩人論〉
類義語 水月鏡像《すいげつきょうぞう》

【叫喚呼号】 きょうかんこごう
意味 わめき叫ぶこと。大声で怒鳴ること。
補説 「叫喚」「呼号」はともにわめき叫ぶこと。類義の語を重ねて意味を強調している。
用例 何《いず》れも容姿を取り乱して右に走り左に馳《は》せ、叫喚呼号の響、街衢《がいく》に充《み》ち満ちて、修羅の巷《ちまた》もかくやと思われたり。〈高山樗牛◆滝口入道〉

【叫喚地獄】 きょうかんじごく
意味 罪を犯した者が落ち、熱湯や猛火に責めさいなまれて、絶えず泣き叫ぶという地獄。また、そのような目も当てられぬ惨状のこと。
補説 「叫喚」は、わめき叫ぶこと。「叫喚地獄」は、仏教でいう八大地獄の一つ。（↓「八大地獄《はちだいじごく》」530）

【強幹弱枝】 きょうかんじゃくし
意味 中央政府に権力を集中させて、地方の権限を抑え弱めるたとえ。
補説 幹たるべき中央政府を強くし、枝たるべき地方政権を弱くする意から。「幹」は帝室・中央政府の、「枝」は諸侯・地方政権のたとえ。「幹《みき》を強《つよ》め枝《えだ》を弱《よわ》む」と訓読する。
出典 『史記《しき》』漢興以来諸侯王年表序《かんこういらいしょこうおうねんぴょうじょ》

【仰観俯察】 ぎょうかんふさつ 〈—スル〉
意味 細かく周囲の事物を観察すること。
補説 仰いでは天文を観察し、うつむいては地理を見る意。「仰」は上を仰ぎ見る。「俯」はうつむく、下を向くこと。「俯察仰観《ふさつぎょうかん》」ともいう。
出典 『易経《えききょう》』繋辞《けいじ》上 ◎「仰いで以《もっ》て天文を観《み》、俯して以て地理を察す」

【澆季溷濁】 ぎょうきこんだく 〈—スル〉
意味 人の心が濁り汚れて、道徳が衰え、風俗が乱れた末の世のこと。
補説 「澆」は薄い、「季」は末の意で、「澆季」は道徳や風俗が衰え乱れた末の世の意。「溷濁」は濁ること、汚れること。
注意 「澆季混濁」とも書く。
用例 着想を紙に落さぬとも璆鏘《きゅうそう》の音は胸裏に起る。丹青は画架に向って塗抹せんでも五彩の絢爛《けんらん》は自《おの》ずから心眼に映る。只《ただ》おのが住む世を、かく観じ得て、霊台方寸のカメラに澆季溷濁の俗界を清くうららかに収め得れば足る。〈夏目漱石◆草枕〉
類義語 澆季末世《ぎょうきまっせ》

【行儀作法】 ぎょうぎさほう
意味 行儀と作法。立ち居振る舞いのしかた。
補説 「行儀」は、礼儀にかなっているかどうかという点から見た立ち居振る舞い。「作法」は、礼儀にかなった立ち居振る舞いのしかた。
用例 肉がなくて魚がない。それでいて工夫が稚拙、料理の美を知らない。行儀作法に欠けるボーイ、辛うじて料理はオリーブ油に助けられている始末である。〈北大路魯山人◆フランス料理について〉
類義語 礼儀作法《れいぎさほう》

【澆季末世】 ぎょうきまっせ
意味 人情が薄くなり、風俗が衰え乱れた末の世。
補説 「澆」は薄い、「季」は末の意で、「澆季」は道徳や風俗の衰え乱れた末の世の意。
類義語 澆季溷濁《ぎょうきこんだく》・澆世季世《ぎょうせいきせい》・澆漓末代《ぎょうりまつだい》

【兢兢業業】 きょうきょうぎょうぎょう 〈—タル〉〈—ト〉
意味 恐れ戒めて慎むさま。
補説 万事に用心深くあるべきことをいう語。「兢兢」は恐れ慎むさま。「業業」は危ぶみ恐れるさま。
出典 『書経《しょきょう》』皐陶謨《こうようぼ》

【恐恐謹言】 きょうきょうきんげん
⇓ 恐惶謹言 きょうこうきんげん 155

【皎皎晶晶】 きょうきょうしょうしょう 〈—タル〉〈—ト〉
意味 明るくきらめき光るさま。
補説 「皎皎」は潔白なさま、明るいさま。「晶晶」はきらめき光るさま。
注意 「こうこうしょうしょう」とも読む。
用例 億万条の光線は一面の田野人家を射、霜は皎々晶々として表に白光を放ち、陰《うら》に紫の影を落しぬ。〈徳冨蘆花◆自然と人生〉

【狂喜乱舞】 きょうきらんぶ 〈—スル〉
意味 小躍りするほど大いに喜ぶこと。

補説 「狂喜」は狂おしいほどに大喜びすること。「乱舞」は、大勢が入り乱れて踊ること。用例 これがもし昼間であったら、飛行島の乗組員たちは、手のまい足のふむところをしらないほど、狂喜乱舞したことだろう。〈海野十三◆浮かぶ飛行島〉 類義語 有頂天外《うちょうてんがい》・歓天喜地《かんてんきち》・欣喜雀躍《きんきじゃくやく》

【胸襟秀麗】きょうきんしゅうれい〈—ナ〉

意味 考え方や心構えが正しく立派なさま。補説 「胸襟」は胸のうち、心の中の意。「襟」も心・胸の意。「秀麗」はすぐれて美しいさま。

【恐懼感激】きょうくかんげき〈—スル〉

意味 あまりのありがたさに、恐れかしこまって感激すること。補説 こちらが畏敬《いけい》の念をいだいている相手から温情をかけられたときに用いる。「恐懼」は恐れかしこまること。恐れいること。「懼」も恐れる意。

【僑軍孤進】きょうぐんこしん〈—スル〉

意味 助けもなく孤立して進軍すること。また、助けもなく孤立して事を行うたとえ。補説 「僑」は旅・仮住まい。他国などに何年もいること。「僑軍」は他の土地から遠征してきた軍。類義語 孤軍奮闘《こぐんふんとう》・孤立無援《こりつむえん》

【薑桂之性】きょうけいのせい

意味 老いてますます剛直なことのたとえ。補説 特有の性質は簡単には変わらないたとえにも用いる。「薑」はショウガ。「桂」は肉桂《にっけい》（ニッキ）。ともに古くなってもその辛さを失わず、辛さを増すことからいう。出典 『韓詩外伝《かんしがいでん》』七／『宋史《そうし》』晏敦復伝《あんとんふくでん》

【教外別伝】きょうげべつでん

意味 経文の教えの他に、直覚的に伝えられる深い教理。補説 禅宗の語。教説の他に体験により別に伝える意。禅宗の本旨を示す語で、教典の中に示された精神を直接体験によって捉えることをいう。「不立文字《ふりゅうもんじ》、教外別伝、直指人心《じきしにんしん》、見性成仏《けんしょうじょうぶつ》」の四句は、禅宗の定義を簡明に表したもの。注意 「きょうがいべつでん」とも読む。類義語 以心伝心《いしんでんしん》・拈華微笑《ねんげみしょう》・不立文字《ふりゅうもんじ》・維摩一黙《ゆいまいちもく》

【狂言綺語】きょうげんきご

意味 道理に合わない言葉や、巧みに表面だけを飾った言葉。補説 主に仏教の立場から、虚構や文飾の多い小説・物語・戯曲などを卑しめていう語。「狂言」は道理に外れた言葉。たわごと。「綺語」は飾り立てた言葉。注意 「きょうげんきぎょ」とも読む。出典 白居易《はくきょい》「香山寺白氏洛中集記《こうざんじはくしらくちゅうしゅうのき》」用例 あまりに人死にが多く全篇《ぜんぺん》血をもって覆われて荒唐無稽《こうとうむけい》をきわめているのが、いくら狂言綺語とはいえ人心を害《そこ》なうものだという建前に発しているので、自分は一つ、一人も人が死なず一滴も血をこぼさない敵討物《あだうちもの》を書いて一世を驚倒させてやろうと考えた。〈林不忘◆仇討たれ戯作〉

【興言利口】きょうげんりこう

意味 座興の、その場の興をそえるために口に出す戯れの言葉。即興の巧みな言葉。また、興に乗じていう冗談。補説 「興言」は、興にまかせて言う座興の言葉。「利口」は、冗談を言うこと。用例 年下の同僚も、またそれを機会にして、いわゆる興言利口の練習をしようとしたからである。〈芥川龍之介◆芋粥〉

【恐惶謹言】きょうこうきんげん

意味 恐れかしこまり謹しんで申し上げる意。補説 相手に敬意を表するために手紙の末尾に用いる語。目上の人に対して、「敬具」「敬白」などと同様に用いる。「恐惶」は恐れかしこまること。「恐恐謹言《きょうきょうきんげん》」ともいう。用例 さても可申上《もうしあぐべき》こと多し。これにて書とどめ申候《もうしそろ》。恐惶謹言。八月二十八日菅太中晋帥《かんたいちゅうしんすい》。伊沢辞安様。〈森鷗外◆伊沢蘭軒〉 類義語 恐懼再拝《きょうくさいはい》・恐惶敬白《きょうこうけいはく》

【匡衡鑿壁】きょうこうさくへき

意味 貧しい暮らしの中で懸命に学問に励むたとえ。苦学のたとえ。

（補説）「鑿」はうがつ、穴を開けること。「鑿壁偸光《さくへきとうこう》」「鑿壁読書《さくへきどくしょ》」「穿壁引光《せんぺきいんこう》」ともいう。

（故事）中国前漢の学者匡衡は、若いとき家が貧しくて灯火を買うことさえできなかった。そのため、壁に穴を開け、隣家の灯火の明かりで読書し、学問に励んだという故事から。

（出典）『西京雑記《せいけいざっき》』二

（類義語）蛍雪之功《けいせつのこう》

【尭鼓舜木】ぎょうこしゅんぼく

（意味）為政者は人民の諫《いさ》めの言葉をよく聞くべきことのたとえ。また、広く人の善言をよく聞き入れるべきことのたとえ。

（補説）尭帝の設けた太鼓と舜帝の立てた木札の意から。「尭」「舜」はいずれも中国古代の聖天子。

（故事）尭は朝廷に太鼓を置き、諫めようとする者にはこれを打たせ、舜は木札を立てさせて、諫めの言葉を書かせた故事から。

（出典）『旧唐書《くとうじょ》』褚亮伝《ちょりょうでん》

【教唆扇動】きょうさせんどう 〈—スル〉

（意味）教えそそのかして人心をあおること。

（補説）「教唆」は教えそそのかす、けしかける。また、そそのかして悪事をさせること。「扇動」は人をあおりたてて、行動を起こすようにしむけること。

（注意）「教唆煽動」とも書く。

【挟山超海】きょうざんちょうかい

（意味）不可能なこと、できないことのたとえ。

（補説）山を脇《わき》に挟んで、海を跳び越える意。「山《やま》を挟《わきばさ》みて海《うみ》を超《こ》ゆ」と訓読する。

（故事）孟子《もうし》が、なさないこととできないことの違いを説くのに、「泰山を脇に挟んで、北海を跳び越えるのはできないことである」と言った故事から。

（出典）『孟子《もうし》』梁恵王《りょうけいおう》上 ◎「曰《いわ》く、太山を挟みて以《もっ》て北海を超えんとす」

【仰事俯畜】ぎょうじふちく 〈—スル〉

（意味）一家を養い、生計を成り立たせることの形容。

（補説）「仰事」は親に仕える、「俯畜」は妻子を養うこと。「上は親から下は妻子まで」という意味合いで「仰」「俯」としている。「仰《あお》いで事《つか》え、俯《ふ》して畜《やしな》う」と訓読する。

（出典）『孟子《もうし》』梁恵王《りょうけいおう》上 ◎「仰いでは以《もっ》て父母に事うるに足り、俯しては以て妻子を畜うに足る」

（類義語）仰事俯育《ぎょうじふいく》

【驕奢淫逸】きょうしゃいんいつ 〈—ナ〉

（意味）大変におごってぜいたくであり、遊興にふけること。また、そのさま。

（補説）「驕奢」は非常におごってぜいたくなこと。「淫逸」は遊興にふけってしまりがないこと。また、男女関係の淫《みだ》らなこと。

（注意）「驕奢淫佚」とも書く。

（用例）全国寺院の過多なること、寺院の富用無益のこと、僧侶《そうりょ》の驕奢淫逸乱行懶惰《らんだ》なること、罪人の多く出ること、田地境界訴訟の多きこと等は、第三者の声を待つまでもなく、仏徒自身ですら心あるものはそれを認めるほどの過去の世相であったのだ。〈島崎藤村◆夜明け前〉

（類義語）奢侈淫佚《しゃしいんいつ》

【凶終隙末】きょうしゅうげきまつ

（意味）親しく交友する間柄の結末が、争いになってしまうことがしばしばあるということ。

（補説）友人関係のまっとうしがたいことのたとえ。「凶終」は最後は人を傷つけるような争いになること。「隙末」も終末には仲たがいになること。「終《お》わりを凶《きょう》にし末《すえ》に隙《げき》あらしむ」と訓読する。

（故事）中国戦国時代、秦《しん》の張耳《ちょうじ》と陳余は非常に仲が良かったが、後に殺し合いをした。また、漢の蕭育《しょういく》と朱博も世間で言われるほど仲が良かったが、最後は仲たがいしてしまったという故事から。

（出典）『後漢書《ごかんじょ》』王丹伝《おうたんでん》

【行住坐臥】ぎょうじゅうざが

（意味）日常の立ち居振る舞いのこと。

（補説）もと仏教語。「行」は歩くこと。「住」はとどまること。「坐」は座ること。「臥」は寝ること。仏教ではこれを四威儀《しいぎ》という。転じて、ふだん、常々の意に用いる。

（注意）「行住座臥」とも書く。

（用例）口に名号を唱え、心に相好を観じ、行住坐臥、暫《しば》しも忘れず、〈幸田露伴◆連環記〉

（類義語）起居動静《ききょどうじょう》・挙止進退《きょししんたい》・挙措動作《きょそどうさ》・坐臥行歩《ざがこうほ》・坐作進退《ざさしんたい》・常住坐

臥《じょうじゅうざが》・立居振舞《たちいふるまい》・日常坐臥《にちじょうざが》

【仰首伸眉】ぎょうしゅしんび

(意味) 志を高く掲げ、平然たる顔をして何事にも屈しないこと。

(補説) 頭《こうべ》を上げて胸を張り、眉《まゆ》をつり上げるさまから。「仰首」は頭を上げること。「伸眉」はひそめた眉を伸ばす、眉を張ってつり上げること。「首《こうべ》を仰《あお》ぎ眉《まゆ》を伸《の》ぶ」と訓読する。

(出典) 『文選《もんぜん》』司馬遷《しばせん》「任少卿《じんしょうけい》に報《ほう》ずるの書《しょ》」

【拱手傍観】きょうしゅぼうかん 〈―スル〉

(意味) 手をこまねいて何もせず、ただそばで見ていること。

(補説) 「拱手」は中国の古式の敬礼の一つで、両手を胸の前に重ねる動作。転じて、手をこまねいて何もしないこと。「傍観」はただそばで見ていること。重大な事態に直面して何もしないことに批判的に用いることが多い。

(注意) 「供手旁観」とも書く。「こうしゅぼうかん」とも読む。

(用例) ポリネシア式の優柔不断が戦争を容易に起させないであろうことを唯一の頼として、拱手傍観している外はないのか？〈中島敦◆光と風と夢〉

[類義語] 隔岸観火《かくがんかんか》・冷眼傍観《れいがんぼうかん》・袖手傍観《しゅうしゅぼうかん》・無為無策《むいむさく》

【喬松之寿】きょうしょうのじゅ

⇒ 松喬之寿 しょうきょうのじゅ 322

【彊食自愛】きょうしょくじあい 〈―スル〉

(意味) つとめて飲食し自分の体を大切にすること。

(補説) 「彊食」は強いて食事をすること。無理にでも食べること。「彊」は「強」に同じ。「自愛」は自分の体に気をつけること。自分自身を大事にすること。

(注意) 「強食自愛」とも書く。

(出典) 『越絶書《えつぜつしょ》』一二・越絶外伝記呉王占夢《えつぜつがいでんきごおうせんむ》／『漢書《かんじょ》』匡衡伝《きょうこうでん》

【強食弱肉】きょうしょくじゃくにく

⇒ 弱肉強食 じゃくにくきょうしょく 298

【驚心動魄】きょうしんどうはく

(意味) 人を心の底から激しく感動させるさま。

(補説) 人の心を驚かし、たましいを揺り動かす意から。「魄」はたましい。魂魄は人の霊気で、肉体にあるのを魄、心に宿るのを魂という。死ぬと魂は天に帰り、魄は地に帰るとされる。「心《こころ》を驚《おどろ》かし魄《たましい》を動《うご》かす」と訓読する。

(出典) 『詩品《しひん》』上

[類義語] 驚魂動魄《きょうこんどうはく》・驚心破胆《きょうしんはたん》

【協心戮力】きょうしんりくりょく 〈―スル〉

⇒ 同心戮力 どうしんりくりょく 487

【共存共栄】きょうそんきょうえい 〈―スル〉

(意味) 二つ以上のものが互いに敵対することなく助け合って生存し、ともに栄えること。

(補説) 「共存」は二つ以上のものが敵対することなく存在すること。「共栄」はともに栄えること。

(注意) 「きょうぞんきょうえい」とも読む。

(用例) なぜなら、社会万般の制度はまさに一転機にのぞんでおり、政治は下意上達の道がひらかれ、特に、民族の相互接触と共に、大規模な共存共栄の形が日常生活の上で具体化しつつあるのであります。〈岸田國士◆文芸の側衛的任務〉

[対義語] 弱肉強食《じゃくにくきょうしょく》

【胸中成竹】きょうちゅう(の)せいちく

(意味) ある事をするときに、あらかじめ成功の見込みをつけて準備すること。また、成功の見込み、成算のこと。

(補説) 竹を描くときに、胸中にまず竹の姿を完成させてから一気に筆を揮《ふる》う意から。「胸中」は胸のうち。「成竹」は竹の姿を完成する、また、その完成した姿。「胸中成竹有《あ》り」ともいう。

(出典) 蘇軾《そしょく》「文与可《ぶんよか》の画《えが》く篔簹谷《うんとうこく》偃竹《えんちく》の記《き》」

【胸中甲兵】きょうちゅうのこうへい

(意味) 心中に軍略があるたとえ。転じて、心中にすぐれたはかりごとがあるたとえ。

(補説) 胸の中にいる軍勢の意から。「胸中」は胸のうち。「甲兵」は武装した兵士。

(出典) 『魏書《ぎしょ》』崔浩伝《さいこうでん》

[類義語] 腹中甲兵《ふくちゅうのこうへい》

【仰天長嘆】ぎょうてんちょうたん〈―スル〉

意味 天を仰ぎ見て、長くため息をつくこと。ひどく嘆くこと。

補説 「長嘆」はひどく嘆いて長くため息をつくこと。「天《てん》を仰《あお》ぎて長嘆《ちょうたん》す」と訓読する。

出典 『荘子《そうじ》』斉物論《せいぶつろん》

【驚天動地】きょうてんどうち

意味 世間を非常に驚かせること。

補説 世間をあっと驚かせる事件・出来事の形容。「天《てん》を驚《おどろ》かし地《ち》を動《うご》かす」と訓読する。

出典 白居易《はくきょい》―詩「李白墓《りはくのはか》」

用法 驚天動地の大事件

用例 それらの土地は、なにか踏みいれば驚天動地的なものがあるだろうと、聴くだに探奇心をそそりたてる神秘境なのである。〈小栗虫太郎◆人外魔境〉

類義語 殷天動地《いんてんどうち》・撼天動地《かんてんどうち》・驚地動天《きょうちどうてん》・驚天駭地《きょうてんがいち》・震地動天《しんちどうてん》・震天動地《しんてんどうち》

【仰天不愧】ぎょうてんふき

意味 心にやましいところがなければ、天に対して少しも恥じることはないということ。

補説 「愧」は恥じる意。一般に「天《てん》を仰《あお》ぎて愧《は》じず」と訓読して用いる。また、「仰いで天に愧じず（仰不愧於天）」ということも多い。

出典 『孟子《もうし》』尽心《じんしん》上

【尭年舜日】ぎょうねんしゅんじつ

意味 天下太平の世のこと。

補説 尭や舜が治めている年月の意。「尭」「舜」はいずれも中国古代伝説上の聖天子。「舜日尭年《しゅんじつぎょうねん》」ともいう。

出典 沈約《しんやく》「四時白紵歌《しいじはくちょか》」

類義語 尭天舜日《ぎょうてんしゅんじつ》・尭風舜雨《ぎょうふうしゅんう》・天下泰平《てんかたいへい》

【狂悖暴戾】きょうはいぼうれい

意味 狂ったかのごとくに乱暴で、道理に反しているさま。

補説 「狂悖」は本心を失い道理に背くこと。「暴戾」は乱暴で道理に反すること。

注意 「きょうぼつぼうれい」とも読む。

用例 狂悖暴戾、余りに其《その》家門の栄達を図るに急にして彼等《かれら》が荘園を奪って毫《ごう》も意とせざりし、より大胆なるシーザーとしての入道相国を見たり。〈芥川龍之介◆木曽義仲論〉

【強迫観念】きょうはくかんねん

意味 いくら考えまいと思っても、脳裏につきまとい、自分の意志では払いのけることができない考え。

補説 心理学用語。「強迫」は、ここでは、無意味・不合理だと分かっていながらやめられないこと。「観念」は考えや意識。

用例 青年時代になってからも、色々恐ろしい幻覚に悩まされた。特に強迫観念が烈《はげ》しかった。門を出る時、いつも左の足からでないと踏み出さなかった。〈萩原朔太郎◆僕の孤独癖について〉

【虚有縹渺】きょうひょうびょう〈―タル〉〈―ト〉

意味 おぼろげではっきりしないさま。

補説 あるかないかが分からないような、ぼんやりしてはっきりしないさまをいう。「虚有」は実質的な内容がない意。「縹渺」はかすかではっきりしない意。

注意 「虚有縹緲」「虚有縹眇」とも書く。「きょゆうひょうびょう」とも読む。

用例 魂がもぬければ一心に主《しゅ》とする所なく、居回《いまわ》りにあるほどのものことごとく薄烟《うすけぶり》に包まれて、虚有縹渺の中《うち》に漂い、〈二葉亭四迷◆浮雲〉

【器用貧乏】きようびんぼう〈―ナ〉

意味 中途半端に器用であるために、あちこちに手を出し、結局どれも大成しないこと。また、器用であるために他人から重宝がられて、かえって大成できないこと。

用例 器用貧乏と、持ったが病の酒癖とで、歌沢の師匠もやれば俳諧の点者もやると云《い》う具合に、〈芥川龍之介◆老年〉

類義語 巧者貧乏《こうしゃびんぼう》・鼯鼠之技《ごそのぎ》

【尭風舜雨】ぎょうふうしゅんう

意味 天下太平の世の意。

補説 尭や舜のような聖天子の恵みが天下に行き渡っているのを風雨にたとえていう語。「尭」「舜」は中国古代の伝説上の聖天子。

類義語 尭雨舜風《ぎょううしゅんぷう》・尭天舜日《ぎょうてんしゅんじつ》・尭年

舜日《ぎょうねんしゅんじつ》・刑鞭蒲朽《けいべんほきゅう》・舜日堯年《しゅんじつぎょうねん》・天下泰平《てんかたいへい》
対義語 四海困窮《しかいこんきゅう》

【驕兵必敗】 きょうへい ひっぱい

意味 力を過信して思い上がり、敵を侮る軍隊は必ず敗れるということ。
補説 「驕兵」は国力や兵員の大きさをたのんでおごる軍隊。「驕」はおごりたかぶること。一般に「驕兵《きょうへい》は必《かなら》ず敗《やぶ》る」と訓読して用いる。
出典 『漢書《かんじょ》』魏相伝《ぎしょうでん》 ◎「国家の大を恃《たの》み、民人の衆《おお》きを矜《ほこ》り、威を敵に見《しめ》さんと欲する者は、之《これ》を驕兵と謂《い》う。兵驕《おご》れる者は滅ぶ」

【嚮壁虚造】 きょうへき きょぞう

意味 実在しないもの、根拠もないものをむやみに作り出すこと。
補説 壁に向き合い頭の中だけで、ないものを思い浮かべ作り上げる意から。「嚮」は「向」に同じ。「虚造」はいたずらにないものを作り出すこと。「壁《かべ》に嚮《むか》って虚造《きょぞう》す」と訓読する。中国漢代に、孔子の旧宅の壁から出たという古文の経書《けいしょ》（儒教の基本的古典）について当時の人が評した語。
注意 「郷壁虚造」とも書く。
出典 『説文解字《せつもんかいじ》』序

【怯防勇戦】 きょうぼう ゆうせん

意味 守りを固めるときには臆病《おくびょう》なくらい注意を払い、戦うときには勇敢であること。
補説 「怯防」は臆病なほど注意深く守りを堅固にすること。「勇戦」は勇敢に戦うこと。
出典 『梁書《りょうしょ》』馮道根伝《ふうどうこんでん》

【喬木故家】 きょうぼく こか

意味 古くから続いている家には、それを象徴するような大きな樹木があること。
補説 「喬木」は高く大きい木。「故家」は古くから続いている家、旧家のこと。
故事 孟子《もうし》が斉の宣王に「いわゆる古くから続いている国というものは、古くからある大木がある国をいうのではなく、その国と喜憂をともにする代々仕えている家臣がいる国のことをいうのである」と言った故事から。
出典 『孟子《もうし》』梁恵王《りょうけいおう》下

【驕慢放縦】 きょうまん ほうじゅう 〈—ナ〉

意味 気ままにおごりたかぶっているさま。
補説 「驕慢」は、おごりあなどる。他人を見下して勝手なことをする意。「放縦」は勝手気まま、ほしいままの意。
注意 「きょうまんほうしょう」とも読む。
用例 平生《いつも》なら冠冕《かんべん》に唾《つば》き富貴に冷かな男が苦もなく説《と》き落されて驕慢放縦なる世間知らずと偕老《かいろう》の契《ちぎ》りを結んだが、〈内田魯庵◆くれの廿八日〉

【興味索然】 きょうみ さくぜん 〈—タル〉〈—ト〉

意味 興の尽きるさま。関心がなくなり面白くないさま。また、面白味のないさま。
補説 「興味」は物事に心がひかれること。面白味。「索然」は尽きてなくなるさま。
用例 博士の日記はいつも粗い筋書で、読み返して見れば興味索然たるものである。〈森鷗外◆金毘羅〉
対義語 興味津津《きょうみしんしん》

【興味津津】 きょうみ しんしん 〈—タル〉〈—ト〉

意味 面白味や関心が尽きず、あとからあとからわいてくるさま。
補説 「興味」は物事に心がひかれること。面白味。「津津」はあふれ出るさま。
用例 京都の朝市に匹敵するのは、北京《ペキン》の泥棒市、巴里《パリ》の蚤《のみ》の市、倫敦《ロンドン》のカルドニアン・マーケット等、何《いず》れも興味津々たるものである。〈柳宗悦◆京都の朝市〉
対義語 興味索然《きょうみさくぜん》

【興味本位】 きょうみ ほんい

意味 面白ければいいと思う傾向。
補説 「興味」は物事に心がひかれること。面白味。「本位」は、考えや行動の標準・基本となるもの。
用例 彼は興味本位の立場から色々な怪奇をも説いてはいるが、腹の中では当時行われていた各種の迷信を笑っていたのではないかと思われる節もところどころに見える。〈寺田寅彦◆西鶴と科学〉

【狂瀾怒濤】 きょうらん どとう

意味 荒れ狂いさかまく大波。
補説 ひどく乱れて手の施しようのないことのたとえに用いる。「狂瀾」「怒濤」はともに荒れ狂う大波のこと。「瀾」「濤」はともに波の意。多く世の情勢についていう。
用例 戦後の狂瀾怒濤は轟々《ごうごう》とこの身に打寄せ、今にも私を粉砕しようとする。〈原民喜◆死と愛と孤独〉
類義語 疾風怒濤《しっぷうどとう》・暴風怒濤《ぼうふうどとう》

【強理勁直】きょうり けいちょく 〈―ナ〉

意味 努めて道理にかなうようにし、強く正しいさま。
補説 「強理」は努めて道理に従うこと。「勁直」は強く正しいさま。剛直。「勁」は強い意。
出典 『白虎通徳論《びゃっこつうとくろん》』諡《し》

【魚塩之中】ぎょえんのうち

意味 魚や塩といった海産物を扱う商売仲間のこと。また、魚や塩などを売っている所。
出典 『孟子《もうし》』告子《こくし》下

【魚塩之利】ぎょえんのり

意味 魚を捕らえたり、塩を海水から取ることで得られる利益。
出典 『史記《しき》』斉太公世家《せいたいこうせいか》

【虚往実帰】きょおう じっき

意味 師などから無形の感化や徳化を受けるたとえ。
補説 行くときは何も分からずに空っぽの心で行って、帰るときには充実して、十分に満足している意から。出典では、王駘《おうたい》という人物について、教え諭すわけでも道理を論ずるわけでもないのに、教えを請う者は空っぽの心でそこに行き、帰りには得るところがあって十分満足しているといい、王駘は言葉には出さないが、自然に相手を感化する教えを心得た人物として描かれている。「虚往」は頭を空っぽにして行くこと。「実帰」は充実して帰る、また、十分に満足して帰る意。「虚《きょ》にして往《ゆ》き実《み》ちて帰《かえ》る」と訓読する。
出典 『荘子《そうじ》』徳充符《とくじゅうふ》

【去華就実】きょか しゅうじつ

意味 外見を飾り立てるのをやめ質実な態度をとること。
補説 花を捨てて実を取る意。外見の美しさよりも内にある実質を重んじること。「華」は「花」に同じ。一般に「華《か》を去《さ》り実《じつ》に就《つ》く」と訓読して用いる。

【巨眼赭髯】きょがん しゃぜん

意味 精悍《せいかん》な容貌《ようぼう》の形容。
補説 人を威圧するような眼光と、男性的な赤いひげをもつ容貌のこと。「巨眼」は大きな目、「赭髯」は赤いひげの意。
用例 先代の呴犂湖単于《くりこぜんう》の弟だが、骨格のたくましい巨眼赭髯の中年の偉丈夫である。〈中島敦◆李陵〉

【拒諫飾非】きょかん しょくひ

意味 他人の忠告を聞き入れず、自分の非道な行為を弁護し取りつくろうこと。
補説 「拒諫」は他人の諫《いさ》めを拒み退けること。「飾非」は非道な行為を取りつくろい飾ること。「諫《かん》を拒《こば》み非《ひ》を飾《かざ》る」と訓読する。
出典 『荀子《じゅんし》』成相《せいしょう》

【嘘寒問暖】きょかん もんだん

意味 人の生活によく気を配ることのたとえ。
補説 寒さを感じている人に暖かい息を吹きかけ、暖かいか寒いか尋ねる意。「嘘」は吹く、息を吐く意。「寒《かん》に嘘《ふ》きて暖《だん》を問《と》う」と訓読する。
出典 『淞隠漫録《しょういんまんろく》』
類義語 問寒問暖《もんかんもんだん》

【挙棋不定】きょき ふてい

意味 物事を行うのに一定の方針がないまま、その場その場で適当に処理するたとえ。また、物事を行うのになかなか決断できないことのたとえ。
補説 碁石を手に持ち上げたものの、打つところがなかなか決まらない意から。「挙棋」は碁石をつまみ上げること。「棋《き》を挙《あ》げて定《さだ》まらず」と訓読する。
出典 『春秋左氏伝《しゅんじゅうさしでん》』襄公《じょうこう》二五年

【虚気平心】きょき へいしん

意味 心をむなしくして平静にすること。また、その心境。
補説 「虚気」は心をむなしくすること。空にすること。「平心」は心を落ち着けること。「気《き》を虚《むな》しくして心《こころ》を平《たい》らかにす」と訓読する。
出典 『管子《かんし》』版法解《はんぽうかい》
類義語 無念無想《むねんむそう》

【虚虚実実】 きょきょじつじつ

意味 互いに策略や手段を尽くして戦うこと。

補説 「虚」は守りの弱いところ、備えのすき。「実」は守りの堅いところ、堅い備え。実を避け虚をついて戦う意から。「虚」「実」のそれぞれを重ねて、意味を強調した語。

用例 新聞社同志の虚々実々の駆引きは勿論《もちろん》である。けれど、坂田と東京方棋士乃至《ないし》将棋大成会との間にわだかまる感情問題、面目問題はかなりに深刻である。〈織田作之助◆聴雨〉

【曲意逢迎】 きょくいほうげい 〈―スル〉

意味 自分の考えや主張を曲げて、他人に迎合すること。

補説 「意」は心・思い・考え。「曲意」は主張を曲げる意。「逢迎」は人の機嫌をとること、こびへつらうこと。「意《い》を曲《ま》げて逢迎《ほうげい》す」と訓読する。

注意 「曲意奉迎」とも書く。

類義語 阿諛曲従《あゆきょくしょう》・阿諛追従《あゆついしょう》・阿諛便佞《あゆべんねい》・世辞追従《せじついしょう》

【局外中立】 きょくがいちゅうりつ

意味 対立しているいずれの側にも立たない立場をとること。

補説 交戦国のどちらとも関係を持たず、戦いに影響する行動を避けている公平な立場の意。「局外」は起きている事態の外。

用例 いかに徳川家を疑い憎む反対者でも、当時局外中立の位置にある外国公使らまで認めないもののないこの江戸の主人の恭順に対して、それを攻めるという手はなかった。〈島崎藤村◆夜明け前〉

類義語 厳正中立《げんせいちゅうりつ》

【曲学阿世】 きょくがくあせい

意味 学問の真理をゆがめて時代の好みにおもねり、世間や時勢に迎合する言動をすること。

補説 「曲学」は真理を曲げた学問。「阿世」は世におもねる意。「阿」はへつらいおもねる意。「阿世曲学《あせいきょくがく》」ともいう。

出典 『史記《しき》』儒林伝《じゅりんでん》

用例 仏陀《ぶっだ》は現に阿含経《あごんきょう》中に彼の弟子の自殺を肯定している。曲学阿世の徒はこの肯定にも「やむを得ない」場合の外はなどというであろう。〈芥川龍之介◆或旧友へ送る手記〉

【曲肱之楽】 きょくこうのたのしみ

意味 貧しい中でも正しい道を行う楽しみ。

補説 清貧に甘んじて学問に励み、道を求め行う楽しみをいう。また、貧しい暮らしの中にも楽しみがあることをいう。「肱」はひじ。「曲肱」はひじを曲げて枕《まくら》とすること。ひじを枕の代わりにするような貧しい生活をいう。

注意 「きょくこうのらく」とも読む。

出典 『論語《ろんご》』述而《じゅつじ》 ◎「疏食《そし》を飯《くら》らい水を飲み、肱《ひじ》を曲げて之《これ》を枕とす。楽しみ亦《また》其《そ》の中に在り（粗末な飯を食べ水を飲み、ひじを曲げてそれを枕にする。楽しみはそこにも自然とあるものだ）」

【玉砕瓦全】 ぎょくさいがぜん

意味 正義や名誉のためにいさぎよく死ぬことと、平凡に生き長らえること。

補説 「玉砕」は玉のように美しく砕け散る意。名誉などに殉じていさぎよく死ぬたとえ。「瓦全」はかわらのようなつまらないものとなって身を全うする。なすこともなく、いたずらに生き長らえるたとえ。

出典 『北斉書《ほくせいしょ》』元景安伝《げんけいあんでん》 ◎「大丈夫《だいじょうふ》、寧《むし》ろ玉砕すべきも、能《よ》く瓦全せず（立派な男は身は玉と砕けても、かわらのようになすこともなく生き長らえようとは思わないものだ）」

用例 もし採用されなかったら丈夫玉砕瓦全を恥ずとか何とか珍汾漢《ちんぷんかん》の気焔《きえん》を吐こうと暗に下拵《したごしらえ》に黙って居る、〈夏目漱石◆自転車日記〉

【玉趾珠冠】 ぎょくししゅかん

意味 貴人の典雅な姿の形容。

補説 「玉趾」は貴人の足の敬称。「珠冠」は宝玉をちりばめた冠。

【旭日昇天】 きょくじつしょうてん

意味 勢いがきわめて盛んなたとえ。

補説 朝日が勢いよく天空に昇る意から。「旭日」は朝日。「昇天」は天に昇ること。「旭日昇天の勢い」の形で用いられることが多い。

用例 当時の春廼舎朧《はるのやおぼろ》の声望は旭日昇天

の勢いで、世間の『書生気質《しょせいかたぎ》』を感歎《かんたん》するやあたかも凱旋《がいせん》将軍を迎うる如《ごと》くであった。〈内田魯庵◆二葉亭四迷の一生〉

類義語 旭日東天《きょくじつとうてん》・破竹之勢《はちくのいきおい》

【曲水流觴】 きょくすい りゅうしょう

意味 屈曲した小川の流れに杯《さかずき》を浮かべ、それが自分の前を流れ過ぎないうちに詩歌を作り、杯の酒を飲むという風雅な遊び。

補説 陰暦三月三日（また、上巳《じょうし》の日）に行われた風習。日本では曲水の宴と呼ばれた。「曲水」は曲折した小川の流れ。「觴」は杯の意。中国晋《しん》代、王羲之《おうぎし》が会稽《かいけい》の蘭亭《らんてい》で文人を集めて催したものが有名。「流觴曲水《りゅうしょうきょくすい》」ともいう。

出典 王羲之《おうぎし》「蘭亭集序《らんていしゅうじょ》」◎「清流激湍《げきたん》有り、左右に映帯す。引きて以《もっ》て流觴曲水と為《な》し、其《そ》の次《じ》に列坐《れつざ》す。糸竹管弦の盛は無しと雖《いえど》も、一觴一詠、亦《ま》た以て幽情を暢叙《ちょうじょ》するに足る（清流に早瀬があって、両岸に照り映えている。その水を引き込んで、杯を流す曲がりくねった小川を作り、席順に並んで座った。にぎやかな管弦の調べはないが、一杯の酒を飲み、一編の詩を作る。心の奥底に秘めた思いをのべるには十分である）」

類義語 一觴一詠《いっしょういちえい》・曲水之宴《きょくすいのえん》

【玉石混淆】 ぎょくせき こんこう 〈―スル〉

意味 すぐれたものと劣ったものが区別なく入り交じっていることのたとえ。

補説 宝玉と石ころが交じり合っている意から。「玉石」は宝玉と石。よいものと悪いもの、賢者と愚者などのたとえ。「混淆」はいろいろなものが入り交じること。

注意 「玉石混交」とも書く。

出典 『抱朴子《ほうぼくし》』尚博《しょうはく》

用例 景樹《かげき》の歌がひどく玉石混淆であるところは俳人でいうと蓼太《りょうた》に比するが適当と思われ候。〈正岡子規◆歌よみに与うる書〉

類義語 牛驥同皁《ぎゅうきどうそう》・玉石同匱《ぎょくせききどうき》・玉石雑糅《ぎょくせきざつじゅう》・玉石同架《ぎょくせききどうか》

【玉石同匱】 ぎょくせき どうき

意味 すぐれたものと劣ったものが区別なく同じように扱われるたとえ。

補説 宝玉と石ころが同じ箱の中で交じり合っている意から。「玉石」は宝玉と石。よいものと悪いもの、賢者と愚者などのたとえ。「匱」はひつ・大きな箱の意。「玉石《ぎょくせき》匱《き》を同《おな》じくす」と訓読する。

出典 『楚辞《そじ》』東方朔《とうぼうさく》「七諫《しちかん》・謬諫《びゅうかん》」

類義語 玉石混淆《ぎょくせきこんこう》・玉石雑糅《ぎょくせきざつじゅう》

【玉石同砕】 ぎょくせき どうさい 〈―スル〉

意味 善悪・賢愚の区別なくすべて滅び、なくなるたとえ。

補説 宝玉と石ころがともに砕け、なくなる意から。「玉石」は宝玉と石。よいものと悪いもの、賢者と愚者などのたとえ。「玉石《ぎょくせき》同《とも》に砕《くだ》く」と訓読する。

出典 『文選《もんぜん》』袁宏《えんこう》「三国名臣序賛《さんごくめいしんのじょさん》」

類義語 玉石同沈《ぎょくせきどうちん》

【玉蟾金兎】 ぎょくせん きんと

⇒ 玉兎銀蟾 ぎょくとぎんせん 163

【局促不安】 きょくそく ふあん

意味 気が小さくてささいなことにも恐れるさま。また、不安げでおどおどしているさま。

補説 「局促」はおどおどとして恐れるさま。心の小さいさま。「局促《きょくそく》として安《やす》からず」と訓読する。

出典 『史記《しき》』灌夫伝《かんぷでん》

【曲直正邪】 きょくちょく せいじゃ

⇒ 正邪曲直 せいじゃきょくちょく 369

【曲直是非】 きょくちょく ぜひ

⇒ 是非曲直 ぜひきょくちょく 385

【曲直分明】 きょくちょく ぶんめい

意味 物事の是非がはっきりしているさま。また、それをはっきりさせられること。

補説 「曲直」は曲がったことと正しいこと。転じて、不正なこととまっすぐなこと。物事の是非・善悪。「分明」は明らかなさま、また、明らかにすること。

出典 『三国演義《さんごくえんぎ》』五七

【跼天蹐地】 きょくてん せきち

意味 恐れおののいてびくびくすること。ひどく恐れて身の置き所のないこと。また、世間をはばかって暮らすこと。

補説 天は高いのに身をかがめ、大地は厚いのに抜き足差し足でそっと歩く意から。「跼」はせぐくまる。背をまるめてかがむこと。「蹐」は抜き足差し足で歩くこと。「天《てん》に跼《きょく》し地《ち》に蹐《せき》す」と訓読する。略して「跼蹐」ともいう。

注意 「局天蹐地」とも書く。

出典 『詩経《しきょう》』小雅《しょうが》・正月《せいげつ》

用例 今や、跼天蹐地の孤児は漸《よう》やくに青雲の念燃ゆるが如《ごと》くなる青年となれり。〈芥川龍之介◆木曽義仲論〉

【玉兎銀蟾】 ぎょくと ぎんせん

意味 月の異称。

補説 「玉兎」は伝説で月にいるというウサギ。「銀蟾」は伝説で月にいるというヒキガエル。ともに、転じて、月の異称。「玉蟾金兎《ぎょくせんきんと》」ともいう。

出典 白居易《はくきょい》—詩「中秋《ちゅうしゅう》の月《つき》」

【曲突徙薪】 きょくとつ ししん

意味 災難を未然に防ぐことのたとえ。

補説 煙突を曲げ、かまどの周りにあるたきぎを他に移して、火事になるのを防ぐ意から。「突」は煙突の意。「徙」は移す、物を移動させること。「突《とつ》を曲《ま》げ薪《たきぎ》を徙《うつ》す」と訓読する。「徙薪曲突《ししんきょくとつ》」ともいう。

故事 ある家で、かまどの煙突が突き出していて、そのそばにたきぎが積んであった。これを見たある人が煙突を曲げて、たきぎは別な所に移したほうがよい、そうしないと火事になるだろうと忠告した。しかし、その家の主人は言うことを聞かず、火事になってしまった。家の主人は、消火にあたった人々には賞を与えたが、忠告した人には賞を与えなかったというたとえ話から。（↓「焦頭爛額《しょうとうらんがく》」330）

出典 『漢書《かんじょ》』霍光伝《かくこうでん》

【曲筆舞文】 きょくひつ ぶぶん

⇒ 舞文曲筆 ぶぶんきょくひつ 580

【曲眉豊頬】 きょくび ほうきょう

意味 美しい女性の形容。

補説 「曲眉」は三日月形にゆるやかに湾曲した美しい眉《まゆ》。「豊頬」はふっくらとした頬《ほお》のこと。「豊頬曲眉《ほうきょうきょくび》」ともいう。

出典 韓愈《かんゆ》「李愿《りげん》の盤谷《ばんこく》に帰《かえ》るを送《おく》る序《じょ》」

類義語 宛転蛾眉《えんてんがび》・国色天香《こくしょくてんこう》・氷肌玉骨《ひょうきぎょっこつ》・粉白黛墨《ふんぱくたいぼく》・明眸皓歯《めいぼうこうし》・容姿端麗《ようしたんれい》

【局面打開】 きょくめん だかい

意味 行き詰まった事態を切り開いて、新たな解決に向かうこと。

補説 「局面」はもとは碁や将棋の盤面のこと。転じて、勝負の形勢や物事のなりゆきの意。「打開」は行き詰まりを切り開くこと。

用例 ところが遺憾なことに、こうした局面打開策は、そうした元気旺盛な、精力の強い人にして初めて出来る事で、何回となく死に損ねた、見かけ倒おしの私には全然不向きな更生法なのです。〈夢野久作◆スランプ〉

類義語 現状打破《げんじょうだは》

対義語 現状維持《げんじょういじ》

【玉友金昆】 ぎょくゆう きんこん

⇒ 玉昆金友 ぎょっこんきんゆう 165

【玉葉金枝】 ぎょくよう きんし

⇒ 金枝玉葉 きんしぎょくよう 172

【玉楼金殿】 ぎょくろう きんでん

⇒ 金殿玉楼 きんでんぎょくろう 174

【居敬窮理】 きょけい きゅうり

意味 心を専一にして日ごろの振る舞いを慎み、広く物事の道理をきわめて、正確な知識を得ること。

補説 中国南宋《なんそう》、朱熹《しゅき》の修養法の二つの大綱。「居敬」は心を引き締めて怠ることなく、慎み深い態度で日ごろの立ち居振る舞いに注意することで、内的な修養法。「窮理」は物事の道理をきわめて、正しい知識を得ることで、外的な修養法。

出典 『朱子語類《しゅしごるい》』九

【挙国一致】 きょこく いっち 〈—スル〉

意味 国全体が心を一つにして、ある目的に向かって団結すること。

補説 「挙国」は国中を挙げて、国全体の意。

用法 挙国一致して難局に当たる

用例 金を守るにもっぱらなる資本家も喜んで軍事公債に応じ、挙国一致、千載一遇の壮挙は着々として実行されている。〈田山花袋

◆田舎教師〉

【挙止迂拙】きょしうせつ

(意味) 立ち居振る舞いが不器用なこと。動作が間が抜けていて要領を得ないこと。

(補説) 「挙止」は立ち居振る舞い・動作・行動の意。「迂拙」はおろかでまずいこと。役に立たないこと。また、不器用なこと。

(用例) 古渡は風采《ふうさい》揚らず、挙止迂拙であったので、これと交るものは殆《ほとん》ど保一人のみであった。〈森鷗外◆渋江抽斎〉

【挙止進退】きょししんたい

(意味) 人の立ち居振る舞いや身の処し方。

(補説) 「挙止」「進退」はともに立ち居振る舞い・動作・行動の意。また、身の処し方。「挙措進退《きょそしんたい》」ともいう。

(類義語) 起居動作《ききょどうさ》・起居動静《ききょどうじょう》・行住坐臥《ぎょうじゅうざが》・挙止動作《きょしどうさ》・挙措動作《きょそどうさ》・坐臥行歩《ざがこうほ》・坐作進退《ざさしんたい》・立居振舞《たちいふるまい》

【虚実皮膜】きょじつひまく

(意味) 芸は実と虚の境の微妙なところにあること。

(補説) 事実と虚構との微妙な境界に芸術の真実があるとする論。江戸時代、近松門左衛門《ちかまつもんざえもん》が唱えたとされる芸術論。「虚実」はうそとまこと。虚構と事実。「皮膜」は皮膚と粘膜。転じて、区別できないほどの微妙な違いのたとえ。

(注意) 「きょじつひにく」とも読む。

(出典) 穂積以貫《ほづみいかん》『難波土産《なにわみやげ》』

【魚質竜文】ぎょしつりょうぶん

(意味) 正しいように見えて、実際には間違っていること。表面は立派に見えるが、内実はないこと。外観を偽ること。

(補説) 実質は魚であるのに、外見はあたかも竜のように見えることから。「質」は実質、「文」は外見のこと。

(注意) 「ぎょしつりゅうぶん」とも読む。

(出典) 『抱朴子《ほうぼくし》』呉失《ごしつ》

【去就進退】きょしゅうしんたい

⇒ 進退去就 しんたいきょしゅう 352

【魚菽之祭】ぎょしゅくのまつり

(意味) 魚や豆類などの日常の食べ物を供物《くもつ》とする、粗末な祭りのこと。

(補説) 「菽」は豆類。「祭」は祖先の霊をなぐさめること。「魚菽之奠《ぎょしゅくのてん》」ともいう。

(出典) 『春秋公羊伝《しゅんじゅうくようでん》』哀公《あいこう》六年

【虚心坦懐】きょしんたんかい 〈―ナ〉

(意味) 心になんのわだかまりもなく、気持ちがさっぱりしていること。また、そうした状態で平静に事に臨むさま。

(補説) 「虚心」は心に先入観やわだかまりがなく、ありのままを素直に受け入れること。また、そうした心の状態。「坦懐」はわだかまりがなく、さっぱりとした心。平静な心境。「坦」は平らの意。

(用例) そしてそのために一部の人々から敵視せられることもあったが、彼自身はただ虚心坦懐に振舞ってるに過ぎなかった。〈豊島与志雄◆三木清を憶う〉

(類義語) 虚心平意《きょしんへいい》・虚心平気《きょしんへいき》・虚堂懸鏡《きょどうけんきょう》・光風霽月《こうふうせいげつ》・晴雲秋月《せいうんしゅうげつ》・平気虚心《へいききょしん》・明鏡止水《めいきょうしすい》

(対義語) 意馬心猿《いばしんえん》・玩物喪志《がんぶつそうし》・疑心暗鬼《ぎしんあんき》・焦心苦慮《しょうしんくりょ》

【虚心平気】きょしんへいき

(意味) 先入観やわだかまりをもたず、人の意見も素直に聞ける心穏やかな状態のこと。

(補説) 「虚心」「平気」はともに落ち着いた、素直な心の状態をいう。「平気虚心《へいききょしん》」ともいう。

(用例) 多く古今の論説を聞き、博《ひろ》く世界の事情を知り、虚心平気、以《もっ》て至善の止《とど》まる所を明《あき》らかにし、〈福沢諭吉◆文明論之概略〉

(類義語) 虚心坦懐《きょしんたんかい》・平心易気《へいしんいき》・平心静気《へいしんせいき》・平心定気《へいしんていき》

【虚静恬淡】きょせいてんたん

(意味) 心静かでわだかまりがなく、あっさりしているさま。

(補説) もと道家の修養法の語。「虚静」は心に先入観やわだかまりがなく、静かで落ち着いていること。「恬淡」は欲がなく、あっさりしているさま。

(注意) 「虚静恬惔」「虚静恬澹」「虚静恬憺」とも書く。

(出典) 『荘子《そうじ》』天道《てんどう》

(類義語) 雲煙過眼《うんえんかがん》・虚無恬淡《きょむてんたん》・無欲恬淡《むよくてんたん》

【挙世無双】 きょせいむそう 〈―ナ〉

(意味) 世の中に並ぶものがないほど、すばらしい様子。

(補説) 「挙世」は世を挙げて、こぞっての意。「無双」は二つとない、世に並ぶものがないこと。「双」は並ぶ、匹敵する。

(用例) 爾時《ときに》ヴェンガイン村に一素女あり、ジサと名づく、貞操堅固、儀容挺特《ぎようていとく》、挙世無双だった。〈南方熊楠◆十二支考〉

(類義語) 蓋世無双《がいせいむそう》・海内無双《かいだいむそう》・挙世無比《きょせいむひ》・天下無双《てんかむそう》

【挙足軽重】 きょそくけいちょう

(意味) ある人のわずかな挙動が全体に大きな影響を及ぼすたとえ。

(補説) 二つの勢力の間にあって第三者が少し足を挙げて左右どちらかに踏み出せば成り行きが決まってしまう意から。出典によれば、足を左右どちらかに挙げて一歩踏み出す意。「挙足」は足を挙げて一歩踏み出す意。「軽重」は軽いか重いか、重大なことかそうでないかなど、事の成り行きが決する意。

(出典) 『後漢書《ごかんじょ》』竇融伝《とうゆうでん》 ◎「権は将軍に在り。足を左右に挙ぐれば、便《すなわ》ち軽重有り」

【挙措失当】 きょそしっとう

(意味) 事に当たって対処の仕方や振る舞いが適当でないこと。

(補説) 「挙措」は体のこなし、動作、態度、立ち居振る舞い。「失当」は適当さを欠くこと、適当でないこと。「挙措《きょそ》、当《とう》を失《しっ》す」と訓読する。

【挙措進退】 きょそしんたい

⇒ 挙止進退 きょししんたい 164

【挙措動作】 きょそどうさ

(意味) 立ち居振る舞いのこと。

(補説) 「挙措」は体のこなし、動作、態度、立ち居振る舞い。

(注意) 「挙錯動作」とも書く。

(出典) 『漢書《かんじょ》』匡衡伝《きょうこうでん》

(用例) 挙措動作も、はきはきしてるがぎごちなく、謂《い》わば凡《すべ》てに女性的な濡《うる》おいと曲線とが乏しい彼女なのだが、その時の彼女の素振りには、おのずから流れ出た子供っぽいものがあったのだった。〈豊島与志雄◆鳶と柿と鶏〉

(類義語) 行住坐臥《ぎょうじゅうざが》・挙止進退《きょししんたい》・挙措進退《きょそしんたい》・坐作進退《ざさしんたい》

【虚誕妄説】 きょたんもうせつ

(意味) 偽りとでたらめな言説のこと。また、でたらめなことをみだりに説くこと。

(補説) 「虚誕」は虚言の意。おおげさなうそ。「妄説」は根拠のない説の意。

(用例) 虚誕妄説を軽信して巫蠱《ふこ》神仏に惑溺《わくでき》し、〈福沢諭吉◆学問のすすめ〉

【玉昆金友】 ぎょっこんきんゆう

(意味) 他人の兄弟の美称。

(補説) すぐれた兄弟の意。「昆」は兄、「友」はここでは弟。「玉」「金」は珠玉と黄金で、すぐれていることの形容。「金友玉昆《きんゆうぎょっこん》」「玉友金昆《ぎょくゆうきんこん》」ともいう。

(出典) 『南史《なんし》』王銓伝《おうせんでん》

【虚堂懸鏡】 きょどうけんきょう

(意味) 心をむなしくし、利害や感情にとらわれず公平にものを見るたとえ。また、その心。

(補説) 「虚堂」は人のいない部屋に鏡をかける意から。「虚堂」は人のいない部屋、何もない部屋。「懸鏡」は鏡をかけること。また、かけられた鏡。

(出典) 『宋史《そうし》』陳良翰伝《ちんりょうかんでん》

「虚堂《きょどう》に鏡《かがみ》を懸《か》く」と訓読する。

(類義語) 虚心坦懐《きょしんたんかい》・虚心平意《きょしんへいい》・公平無私《こうへいむし》

【漁夫之勇】 ぎょふのゆう

(意味) 幸不幸などは運命と思い、いかなる災難があってもいずれはよい巡り合わせもあると信じ、勇気をもって事に当たるべきであることのたとえ。

(補説) 漁夫が水中で恐ろしいものに出会っても逃げずに仕事を続ける勇気の意から。「漁夫」は漁師。

(注意) 「漁父之勇」とも書く。

(出典) 『荘子《そうじ》』秋水《しゅうすい》 ◎「水行して蛟竜《こうりょう》を避けざる者は漁父の勇なり（蛟《みずち》がいても竜がいてもかまわず水中に飛び込んで、その仕事をするのが漁夫の勇気である）」

【漁夫之利】 ぎょふのり

(意味) 両者が争っているすきに、第三者が骨を折らずにその利益を横取りするたとえ。
補説 「漁夫」は漁師。
注意 「漁父之利」とも書く。
故事 中国戦国時代、趙《ちょう》が燕《えん》を攻めようとしたとき、燕の昭王は遊説家蘇代《そだい》に趙の恵文王を説得させて、攻撃を思いとどまらせようとした。蘇代は恵文王に「鷸《いつ》（シギ）と蚌《ぼう》（ドブガイ）が譲らず争っているところへ漁夫がやってきて、やすやすと両方とも捕らえてしまった」という寓話《ぐうわ》を話し、今趙と燕が争えば、強国の秦《しん》が漁夫となっていとも簡単に両国とも取られてしまう、と説得した故事から。
出典 『戦国策《せんごくさく》』燕策《えんさく》
用例 鷸蚌《いつぼう》の争いは漁夫の利ということもないではないが、兄弟牆《かき》にせめげども外その侮りを受けずという真理も忘れてはならぬ。〈戸坂潤◆現代日本の思想対立〉
類義語 鷸蚌之争《いつぼうのあらそい》・漁人之利《ぎょじんのり》・犬兎之争《けんとのあらそい》・田父之功《でんぷのこう》

【毀誉褒貶】《きよほうへん》 〈―スル〉

意味 ほめたりけなしたりすること。そしりとほまれ。また、ほめたりけなしたりする世評。世間の評判。
補説 「毀」「貶」はともに、そしること、けなすこと。「誉」「褒」はともに、ほめること。類義の語を重ねて意味を強調している。
用例 口先や筆先では毀誉褒貶に超然としているらしく見せかけていても、文壇人は俳優や音楽家と同様、人気を気にするのが普通である。〈正宗白鳥◆旧友追憶〉

【虚無恬淡】《きょむてんたん》

意味 事物に対するあらゆる区別・欲を捨てた、心安らかな状態のこと。
補説 老荘思想の根本的な教え。「虚無」は何もなく、空虚なこと。「恬淡」は欲がなく、あっさりとしているさま。
注意 「虚無恬澹」とも書く。
出典 『荘子《そうじ》』刻意《こくい》
用例 やや虚無恬淡の情趣を述べているのは、常陸《ひたち》移住後四五年も過ぎ、生活にもいくらか安定を得て、〈真山青果◆林子平の父〉
類義語 虚静恬淡《きょせいてんたん》・清淡虚無《せいたんきょむ》

【虚無縹渺】《きょむひょうびょう》 〈―タル〉〈―ト〉

意味 何もなく遠くかすかにぼんやりしたさま。
補説 果てしもなく広がる風景の形容。また、俗世とかけ離れたはるかかなたの世界の形容。「虚無」は何もなく、空虚なこと。「縹渺」は遠くかすかなさま。辺際のかすんではっきりしないさま。
注意 「虚無縹緲」「虚無縹眇」とも書く。
出典 白居易《はくきょい》「長恨歌《ちょうごんか》」◎「忽《たちま》ち聞く海上に仙山有り、山は虚無縹緲の間に在り」
用例 何事も消極的に退縮して、人生の霊現なる実存を証《あか》しすることなく、徒《いたず》らに虚無縹渺の来世を頼む、斯《かく》の如《ごと》くにして活気なき国民となり、萎縮しやすき民人となりて、今日の形勢には推し及びぬ。〈北村透谷◆一種の攘夷思想〉
類義語 神韻縹渺《しんいんひょうびょう》

【魚網鴻離】《ぎょもうこうり》

意味 求めるものが得られず、求めていないものが得られるたとえ。求めていたものとは違う意外なものが手に入るたとえ。
補説 魚を捕らえようと網を張ってあったのに鴻《おおとり》がかかる意から。「鴻」はオオハクチョウ。また、大きなガン。「離」はここでは、網にかかること。
出典 『詩経《しきょう》』邶風《はいふう》・新台《しんだい》◎「魚網を之《これ》設けて、鴻《こう》則《すなわ》ち之《これ》に離《かか》る」

【魚目燕石】《ぎょもくえんせき》

意味 本物と紛らわしい偽物。また、本物と偽物が紛らわしいこと。
補説 「魚目」は魚の目玉。「燕石」は燕山（河北省）の石。ともに珠玉に似るが偽物であることから、外観は似ているが内実は似ても似つかない価値のないもののたとえとする。
類義語 魚目混珠《ぎょもくこんしゅ》・魚目混珍《ぎょもくこんちん》

【魚目混珠】《ぎょもくこんしゅ》

意味 本物と偽物とが交ざって見分けがつきにくいこと。
補説 「魚目」は魚の目玉。魚の目は姿が珠玉に似ているが、価値のまったくないものであることから、似て非なるもののたとえに用いられる。「魚目《ぎょもく》珠《たま》に混《こん》ず」と訓読する。
出典 『文選《もんぜん》』任昉《じんぼう》「大司馬《だいしば》の記室《きしつ》に到《いた》る牋《せん》」
類義語 魚目燕石《ぎょもくえんせき》・魚目間珠《ぎょもくかんしゅ》・魚目混珍《ぎょもくこんちん》・魚目入珠《ぎょもくにゅうしゅ》

き

【許由巣父】きょゆう そうほ

意味 行いが清廉で潔いことのたとえ。また、栄達や高い地位に進むのを嫌うたとえ。
補説 「許由」「巣父」はともに中国古代伝説上の隠者で、高潔の人。古来、画題として著名。
故事 許由は、中国古代の伝説上の聖天子である堯《ぎょう》帝から位を譲ろうと言われたとき、それを聞いて耳が汚れたとして潁川《えいせん》で耳を洗った。ちょうどそこにやってきた巣父は、その訳を聞いて、引いてきた牛にはその汚れた水を飲ませられないと言って、上流に行ってきれいな水を飲ませたという故事から。
出典 『高士伝《こうしでん》』上／（許由）『荘子《そうじ》』逍遥遊《しょうようゆう》
類義語 箕山之志《きざんのこころざし》・箕山之節《きざんのせつ》・許由一瓢《きょゆういっぴょう》

【魚爛土崩】ぎょらん どほう

⇒ 土崩魚爛 どほうぎょらん 501

【魚竜爵馬】ぎょりょう しゃくば

意味 昔、中国で行われた演芸。
補説 大魚が竜に化してうねり歩いたり、また、大きなスズメ（「爵」はスズメ）や馬の形をしたものが飛び去るなどの趣向をこらしたものというが、諸説ある。
出典 『文選《もんぜん》』鮑照《ほうしょう》「蕪城賦《ぶじょうのふ》」

【魚鱗鶴翼】ぎょりん かくよく

意味 魚のうろこを並べたような陣形と、鶴が翼を広げたような陣形。
補説 兵法で、陣形の一つである「魚鱗之陣《ぎょりんのじん》」と「鶴翼之陣《かくよくのじん》」とを並称したもの。「魚鱗之陣」は、魚のうろこの形のように、中央部を最前列に置き、その左右後方に順次兵を配置して、「△」型に布陣した陣形。「鶴翼之陣」は「鶴翼之囲《かくよくのかこみ》」ともいい、鶴が翼を左右に広げた形のように、左右の兵を最前列に置き、中央部が最も奥になるように配置して、敵を包囲するように「V」字型に布陣した陣形。
出典 『帝範《ていはん》』序 ◎「夕《ゆうべ》に魚鱗の陣に対し、朝《あした》に鶴翼の囲みに臨む」
類義語 鶴翼之囲《かくよくのかこみ》・鶴翼之陣《かくよくのじん》・魚鱗之陣《ぎょりんのじん》

【魚鱗之陣】ぎょりんの じん

⇒ 魚鱗鶴翼 ぎょりんかくよく 167

【義理一遍】ぎり いっぺん

意味 心からでなく、形式的にすること。
補説 世間に対するうわべだけの行為。「義理」はここでは、交際上のいろいろな関係から、いやでも務めなければならない行為やものごと。体面。「一遍」は一通りの意。「通り一遍」に同じ。
用例 でも伯父さん家《とこ》からの相談だから、義理一遍で静江さんを呼んでお話しなすッたの。〈内田魯庵◆くれの廿八日〉

【義理人情】ぎり にんじょう

意味 義理と人情。守るべき道理と人への思いやりや情け。
補説 「義理」は社会生活を営むうえで守らなければならない道理。道義上、他人に果たさなければいけない務め。「人情」は人として生まれつき備わっている情けや思いやりの気持ち。
用法 義理人情に厚い。
用例 義理人情の世界、経済の世界が大阪ではない。元禄《げんろく》の大坂人がどんな風に世の中を考え、どんな風に生きたかを考えれば判《わか》ることである。〈織田作之助◆わが文学修業〉

【機略縦横】きりゃく じゅうおう

意味 時に応じて策略を自在にめぐらし用いること。
補説 「機略」ははかりごと・策略の意。「縦横」はたてとよこ。転じて、自由自在の意。思うままに動かすこと。
用例 そうですが、そこはそれ、機略縦横で、且つ意志が強くないといかんです。〈矢野竜渓◆不必要〉
類義語 奇策縦横《きさくじゅうおう》・機知縦横《きちじゅうおう》・知略縦横《ちりゃくじゅうおう》

【耆老久次】きろう きゅうじ

意味 年をとるまで同じ官職にあって昇進しないこと。
補説 「耆老」は年をとること。「耆」は六十歳、「老」は七十歳を指した。「久次」は長い間昇進しないこと。「久」は長くとどまる意。「次」は官位の意。
出典 『漢書《かんじょ》』揚雄伝《ようゆうでん》・賛
対義語 一日九遷《いちじつきゅうせん》

【晷漏粛唱】きろうしゅくしょう

意味 時計が正確に時を告げること。

補説 「晷漏」は日時計と水時計のこと。「粛唱」は厳格に伝え告げること。転じて、時刻。

出典 『文選《もんぜん》』左思《さし》「魏都賦《ぎとのふ》」◎「晷漏粛唱して明宵《めいしょう》程《かぎり》有り（日時計や水時計は正確に時を告げ、昼夜の区別を明らかにする）」

【騎驢覓驢】きろべきろ

意味 身近にあるものや自分に備わっているものを、わざわざ他に求める愚かさのたとえ。

補説 もと仏教語。驢馬《ろば》に乗りながら驢馬を探し求める意から。「覓」は探し求める意。「驢《ろ》に騎《の》りて驢《ろ》を覓《もと》む」と訓読する。

出典 『景徳伝灯録《けいとくでんとうろく》』二九・梁宝誌和尚《りょうのほうしおしょう》大乗讃《だいじょうのさん》

【岐路亡羊】きろぼうよう

⇒ 多岐亡羊 たきぼうよう 429

【議論百出】ぎろんひゃくしゅつ 〈—スル〉

意味 さまざまな意見が数多く出されて、活発に議論されること。また、そのさま。

補説 「百」は数が多いこと。「百出」は多くのものが次々に現れること。

用例 先日、現代文学の座談会で高木卓をめぐって歴史文学の議論百出であったが、僕は一度も喋《しゃべ》ることができなかった。〈坂口安吾◆ただの文学〉

類義語 侃侃諤諤《かんかんがくがく》・議論風生《ぎろんふうせい》・議論沸騰《ぎろんふっとう》・議論紛紛《ぎろんふんぷん》・談論風発《だんろんふうはつ》・甲論乙駁《こうろんおつばく》・百家争鳴《ひゃっかそうめい》・諸説紛紛《しょせつふんぷん》

対義語 衆口一致《しゅうこういっち》

【錦衣玉食】きんいぎょくしょく 〈—スル〉

意味 ぜいたくな暮らしをするたとえ。また、富貴な身分のたとえ。

補説 錦《にしき》のような美しい着物と珠玉のような上等な食べ物の意から。

注意 「金衣玉食」とも書く。

出典 『魏書《ぎしょ》』常景伝《じょうけいでん》

用例 世界の尤《もっと》も気の毒なるもの恐くは露西亜《ロシア》皇帝ならん、彼は囚人なり、只《ただ》錦衣玉食するに過ぎず〈木下尚江◆火の柱〉

類義語 侈衣美食《しいびしょく》・暖衣飽食《だんいほうしょく》・豊衣飽食《ほういほうしょく》

対義語 悪衣悪食《あくいあくしょく》・節衣縮食《せついしゅくしょく》・粗衣粗食《そいそしょく》

【金烏玉兎】きんうぎょくと

意味 日と月をいう。また、月日。歳月。

補説 「金烏」は伝説上で太陽にすむという三本足のカラス。転じて、太陽のたとえ。「玉兎」は伝説上で月にすむというウサギ。転じて、月のたとえ。

【金甌無欠】きんおうむけつ

意味 物事が完全で欠点がないたとえ。

補説 黄金の瓶《かめ》に少しも欠け損じたところがない意から。「金甌」は黄金の瓶。高貴なものということから、国家や天子の位にたとえる。特に、外国からの侵略を受けたことがなく、安泰で堅固な国家や天子の位のたとえ。「金甌《きんおう》欠《か》くる無《な》し」と訓読する。

出典 『南史《なんし》』朱异伝《しゅいでん》

用例 金甌無欠の国家のために某某を殺したと言っているではないか？〈芥川龍之介◆侏儒の言葉〉

類義語 完全無欠《かんぜんむけつ》

【金屋貯嬌】きんおくちょきょう

意味 立派な家屋に美人を住まわせること。転じて、妾《めかけ》をもつこと。

補説 「金屋」は立派な家屋。多く宮中を指す。「嬌」は若い女性のこと。「金屋《きんおく》に嬌《きょう》を貯《たくわ》う」と訓読する。

故事 漢の武帝が皇太子のとき、長公主（皇帝の姉妹の尊号）が武帝に、嫁をとる気はないかと自分の娘を指差したところ、武帝は笑って「阿嬌（若い娘を親しみを込めて呼ぶ表現。一説に『嬌』は娘の名）と結婚できたら立派な屋敷を造ってそこに住まわせよう」と言った故事から。

出典 『漢武故事《かんぶこじ》』

類義語 金屋阿嬌《きんおくあきょう》

【金塊珠礫】きんかいしゅれき

意味 ぜいたくの限りを尽くすたとえ。

補説 金を土くれと同じく、珠玉を小石のように扱う意から。「塊」は土のかたまり・土くれのこと。「礫」は小石。「金《きん》をば塊《かい》のごとく珠《たま》をば礫《こいし》のごとくす」と訓読する。

出典 杜牧《とぼく》「阿房宮賦《あぼうきゅうのふ》」

類義語 鼎鐺玉石《ていとうぎょくせき》

【槿花一日】きんかいちじつ

(意味) 人の世の栄華のはかないことのたとえ。また、しばしの栄華のたとえ。

(補説) ムクゲの花が朝咲いて、夕暮れには散ることからいう。「槿花」はムクゲの花。はかないたとえ。また、「小人、槿花の心〈つまらない人の心はムクゲの花のように移ろいやすい〉」のように、人の心の変わりやすいことのたとえにも用いる。「一日」はわずかな時。一般に「槿花一日の栄」として用いる。「槿花一朝《きんかいっちょう》」ともいう。

(出典) 白居易《はくきょい》―詩「放言《ほうげん》」

(用例) 槿花一朝の栄とはいうけれど、この花は朝ばかりの栄ではなく終日の栄である。すなわち槿花一日の栄だといわなければその花の実際とは合致しない。〈牧野富太郎◆植物一日一題〉

(類義語) 人生朝露《じんせいちょうろ》

【槿花一朝】きんかいっちょう

⇒槿花一日 きんかいちじつ 169

【金科玉条】きんかぎょくじょう

(意味) 人が絶対的なよりどころとして守るべき規則や法律のこと。

(補説) 黄金や珠玉のように善美を尽くした法律や規則の意から。現在では「金科玉条のごとく守る」のように融通のきかないたとえとして用いることもある。「金」は黄金、「玉」は宝玉で、貴重なもの・大切なもののたとえ。「科」「条」はともに法律やきまりなどの条文の意。

(出典) 『文選《もんぜん》』揚雄《ようゆう》「劇秦美新《げきしんびしん》」

(用例) そしてこの一条は私にとって金科玉条であり、いやしくも映画産業に関する私の考え方はことごとく右の定理の上に築かれ発展しているものと認めてもらって何らさしつかえはない。〈伊丹万作◆映画界手近の問題〉

(類義語) 金科玉律《きんかぎょくりつ》・金律金科《きんりつきんか》

【巾幗之贈】きんかくのぞう

(意味) 意気地のない行いや考えを辱めるたとえ。また、志のない男子を辱めるたとえ。

(補説) 女性のつける髪飾りを贈る意から。「巾幗」は女性の髪飾り。また、婦人が喪中にかぶる冠ともいう。

(故事) 中国三国時代、蜀《しょく》の諸葛亮《しょかつりょう》は、魏《ぎ》を攻めて渭水《いすい》の南に出撃し、たびたび魏の大将軍司馬懿《しばい》を挑発したが、懿は城中に立てこもったままなかなか戦おうとしなかった。そこで諸葛亮は司馬懿のことを臆病《おくびょう》で男らしくないとして、女性が身に付ける髪飾りを贈り、これを辱めた故事から。

(出典) 『晋書《しんじょ》』宣帝紀《せんていき》

(類義語) 亮遺巾幗《りょういきんかく》

【琴歌酒賦】きんかしゅふ

(意味) 俗世を離れた優雅な遊びのたとえ。また、世俗を遠く離れた隠者の生活のたとえ。

(補説) 琴《きん》を弾いて歌をうたい酒を飲んで詩を作る意から。「琴歌」は琴と歌。琴を弾いて歌をうたうこと。「酒賦」は酒宴を開いて詩を作ること。「賦」は詩を作ること。

(出典) 『文選《もんぜん》』孔稚珪《こうちけい》「北山移文《ほくざんいぶん》」

(類義語) 花鳥風月《かちょうふうげつ》・閑雲孤鶴《かんうんこかく》・閑雲野鶴《かんうんやかく》・孤雲野鶴《こうんやかく》・風流韻事《ふうりゅういんじ》

【銀河倒瀉】ぎんがとうしゃ

(意味) 滝の壮大なことの形容。また、大雨の降る形容。

(補説) 銀河が逆さまに注ぎ降る意から。「銀河」は天《あま》の川。「倒」は逆さま、「瀉」は注ぐ、流れ下る意。天の雄大な銀河が地上に流れ注ぐこと。「銀河《ぎんが》、倒《さか》しまに瀉《そそ》ぐ」と訓読する。

(出典) 李白《りはく》―詩「廬山謡《ろざんよう》、盧侍御虚舟《ろじぎょきょしゅう》に寄す」／「廬山《ろざん》の瀑布《ばくふ》を望《のぞ》む」

【金亀換酒】きんきかんしゅ

(意味) 何よりも酒を愛することのたとえ。また、大切な友を心からもてなすことのたとえ。

(補説) 金の亀を売って酒に換える意から。「金亀」は黄金の亀とも、金の飾りを施した亀袋《きたい》（唐代、官位を示す魚符を入れた袋）とも、腰に佩《お》びる玩具《がんぐ》の類ともいう。いずれにしても、高価なもの、大切なもののたとえ。

(故事) 中国唐の賀知章が李白《りはく》の才能を認め、金亀を酒に換えて李白とともに楽しんだ故事から。

(出典) 李白《りはく》―詩「酒《さけ》に対《たい》して賀監《がかん》を憶《おも》う」序 ◎「金亀を解《と》き、酒に換えて楽しみを為《な》す」

【琴棋詩酒】きんきししゅ

(意味) 文人の風流な楽しみ。

(補説) 教養や風雅を身に付けた文化人の風流

な遊び。また、そのたしなみ。琴《きん》を弾き、碁を打ち、詩を作り、酒を飲むこと。昔、中国で知識人の風雅なたしなみとされた。

注意 「きんぎししゅ」とも読む。

類義語 琴棋書画《きんきしょが》

【欣喜雀躍】 きんきじゃくやく 〈―スル〉

意味 小躍りするほど大喜びをすること。

補説 「欣」「喜」はともに喜ぶ意。「雀躍」はスズメがぴょんぴょんと跳ね行くように喜ぶこと。類義の語を重ねて意味を強調している。

用例 諸君よ。欣喜雀躍せよ。勇敢に飛び上り、逆立ち、宙返りせよ。〈夢野久作◆ドグラ・マグラ〉

類義語 有頂天外《うちょうてんがい》・歓喜雀躍《かんきじゃくやく》・歓天喜地《かんてんきち》・喜躍抃舞《きやくべんぶ》・驚喜雀躍《きょうきじゃくやく》・狂喜乱舞《きょうきらんぶ》・欣喜踊躍《きんきようやく》・手舞足踏《しゅぶそくとう》

【琴棋書画】 きんきしょが

意味 文人の風流な楽しみ。

補説 教養や風雅を身につけた文化人の風流な遊び。また、そのたしなみ。琴《きん》を弾き、碁を打ち、書をかき、絵を描くこと。昔、中国では四芸と称して、知識人の芸術的なたしなみとされた。また、画題としても用いられた。

注意 「きんぎしょが」とも読む。

用例 市民一般に趣味人をもって任ずるこの古都には、いわゆる琴棋書画の会が多かった。〈岡本かの子◆食魔〉

類義語 琴棋詩酒《きんきししゅ》

【金玉之言】 きんぎょくのげん

意味 金や珠玉のように貴重な忠告。また、戒めの言葉。

補説 「金玉」は黄金と珠玉。貴重なもののたとえ。

出典 『醒世恒言《せいせいこうげん》』

類義語 金玉良言《きんぎょくりょうげん》・金石之言《きんせきのげん》・金石良言《きんせきりょうげん》

【金玉満堂】 きんぎょくまんどう

意味 黄金や珠玉などの宝が部屋いっぱいに満ちていること。転じて、才能や学識が非常に豊かにあるたとえ。

補説 「金玉」は黄金と珠玉。貴重なもののたとえ。「満堂」は家の中に満ちていること。「金玉《きんぎょく》堂《どう》に満《み》つ」と訓読する。

出典 『老子《ろうし》』九／『世説新語《せせつしんご》』賞誉《しょうよ》

【斤斤計較】 きんきんけいこう 〈―スル〉

意味 細かいことまで考え合わせること。細事にまで気を配ること。

補説 「斤斤」は明らかに察するさま。また、細かいことにこだわるさま。「計較」ははかりくらべる意。「斤斤《きんきん》として計較《けいこう》す」と訓読する。

注意 「斤斤計校」とも書く。

【謹厳実直】 きんげんじっちょく 〈―ナ〉

意味 きわめて慎み深く、まじめで正直なさま。

補説 「謹厳」は慎み深く厳格なこと。「実直」はまじめで正直なさま。

用例 彼は謹厳実直の郷士で、一滴の酒も嗜《たしな》むことなく夙《つと》に竜巻村小字界隈《かいわい》の風教改革運動に東奔西走して寧日もなき人でありました。〈牧野信一◆月あかり〉

類義語 謹厳温厚《きんげんおんこう》・謹厳重厚《きんげんじゅうこう》・謹言慎行《きんげんしんこう》

【勤倹小心】 きんけんしょうしん 〈―ナ〉

意味 仕事に励んで、無駄な出費を省き、用心深いさま。

補説 「勤倹」は熱心に働き質素にするさま。「小心」は細かいことまで気を配るさま。

用例 渠《かれ》は遂《つい》に其《その》責任の為《ため》に石を巻き、鉄を捩《ねじ》、屈す可《べ》からざる節を屈して、勤倹小心の婦人となりぬ。〈泉鏡花◆義血侠血〉

【勤倹尚武】 きんけんしょうぶ

意味 よく働いて質素に努め、武勇を尊び励むこと。

補説 「勤倹」は熱心に働き質素にするさま。「尚武」は武芸を尊ぶこと。武士たる者の生活態度として重んじられた考え方。

用例 あながちに勤倹尚武を主とするにあらず、決して廃物利用を心掛くるにあらず〈内田魯庵◆文学者となる法〉

【謹言慎行】 きんげんしんこう

意味 言葉づかいや行動をつつしむこと。

補説 「謹」「慎」はともに、つつしむ、慎重にする意。「言《げん》を謹《つつし》み行《おこな》いを慎《つつし》む」

と訓読する。
出典 『礼記《らいき》』緇衣《しい》
類義語 謹厳実直《きんげんじっちょく》

【勤倹力行】きんけんりっこう（―スル）

意味 仕事に励みつつましやかにし、精一杯努力すること。
補説 「勤倹」は熱心に働き質素にするさま。「力行」は努力して仕事などに励むこと。
注意 「力行」は「りきこう」「りょっこう」「りょくこう」とも読む。
用例 同じ金満家でも勤倹力行もって今日の富をいたした堅気な男、〈徳冨蘆花◆思出の記〉
類義語 精励恪勤《せいれいかっきん》・奮励努力《ふんれいどりょく》

【金口玉言】きんこうぎょくげん

意味 貴重な言葉の意。
補説 他人の言葉の敬称。また、一度口にした言葉は必ず守らねばならない戒め。もと、天子など高貴な人の言葉のこと。「金口」「玉言」はともに天子の言葉、貴重な言葉の意で、他人の言葉の敬称。
出典 『晋書《しんじょ》』夏侯湛伝《かこうたんでん》
類義語 金口玉音《きんこうぎょくおん》

【近郷近在】きんごうきんざい

意味 近くの村。近隣の村々。また、都市や町に近い村。
補説 「近郷」「近在」はともに近くの村、また、都市に近い村の意。類義の語を重ねて意味を強調している。「近在近郷《きんざいきんごう》」ともいう。
用例 近郷近在から、三十人に近い石工があつめられた。工事は、枯葉を焼く火のように進んだ。〈菊池寛◆恩讐の彼方に〉
類義語 近所合壁《きんじょがっぺき》

【謹厚慎重】きんこうしんちょう（―ナ）

意味 慎み深く、注意深いさま。
補説 「謹厚」は慎み深く人情に厚いこと。「慎重」は注意深く、落ち着いて行動するさま。
用例 謹厚慎重とも言いたい菅のような友達でも、熱ある病の為《ため》には前後を顧みなくなるのであろう。〈島崎藤村◆春〉
類義語 謹慎重厚《きんしんじゅうこう》

【金口木舌】きんこうぼくぜつ

意味 すぐれた言論で、世の人を指導する人のたとえ。
補説 口が金属で、舌（内部の振り子の部分）が木で作られた大鈴の意から。「木鐸《ぼくたく》」のこと。古代中国で、官吏が法律や政令などを人民に告げ歩くとき鳴らした。
注意 「きんこうもくぜつ」とも読む。
出典 『揚子法言《ようしほうげん》』学行《がっこう》
類義語 一世木鐸《いっせいのぼくたく》

【金谷酒数】きんこくのしゅすう

意味 中国晋《しん》の石崇《せきすう》が別荘の金谷園での宴会において、詩が作れなかった者に、罰として三斗の酒を飲ませた故事（『世説新語《せせつしんご》』品藻《ひんそう》の注に引く石崇《せきすう》「金谷詩叙《きんこくしじょ》」）。
補説 「金谷」は石崇の別荘の名。洛陽《らくよう》（河南省）の西北にあった。「酒数」は酒を飲む杯数、酒量のこと。
出典 李白《りはく》「春夜《しゅんや》桃李園《とうりえん》に宴《えん》するの序《じょ》」◎「如《も》し詩成らずんば、罰は金谷の酒数に依《よ》らん」

【緊褌一番】きんこんいちばん

意味 決意も新たに気持ちを引き締めて事にのぞむこと。
補説 難事や大勝負などの前の心構えをいったもの。「緊褌」は褌《ふんどし》を引き締める意。「一番」は思い切って一度ほどの意。
用例 お前は、僕なんかに較《くら》べると問題にならないほど、うまいんだ。でも、あしたは本職の役者の前でやるのだから、ちょっと今夜は酷評して緊褌一番をうながしてみたんだがね。なに、上出来だよ。〈太宰治◆正義と微笑〉
類義語 一念発起《いちねんほっき》

【禽困覆車】きんこんふくしゃ

意味 弱い者でも追いつめられると意外に大きな力を出すたとえ。
補説 鳥獣でも追いつめられて、死にもの狂いになれば車でもひっくり返す意から。「禽困」は鳥獣が追いつめられ苦しむこと。「禽」はけもの。また鳥獣。「覆」はくつがえす、ひっくり返す意。一般に、「禽《きん》も困《くる》しめば車《くるま》を覆《くつがえ》す」と訓読して用いる。
出典 『戦国策《せんごくさく》』韓策《かんさく》
類義語 窮鼠嚙猫《きゅうそごうびょう》

【近在近郷】 きんざい きんごう

⇓ 近郷近在 きんごうきんざい 171

【金枝玉葉】 きんし ぎょくよう

意味 天子の一族や子孫のたとえ。

補説 花樹の枝葉が金玉のように美しく茂る意。広く高貴な人や金持ちの一族や子孫のたとえにも用いる。「金」「玉」は高貴のたとえ、「枝」「葉」は一族や子孫のたとえ。「玉葉金枝《ぎょくようきんし》」ともいう。

出典 『古今注《ここんちゅう》』輿服《よふく》

用例 只々《ただただ》金枝玉葉の御身として、定めなき世の波風に漂い給《たも》うこと、御痛《おいた》わしゅう存じ候。〈高山樗牛◆滝口入道〉

類義語 金枝花萼《きんしかがく》・瓊枝玉葉《けいしぎょくよう》

【琴瑟相和】 きんしつ そうわ 〈―スル〉

意味 夫婦の仲がむつまじいことのたとえ。また、兄弟や友人などの仲がよいたとえとして用いられることもある。

補説 琴《きん》と瑟の音が程よく調っている意から。「瑟」は大型の琴。「相和」は互いに調和すること。「琴瑟調和《きんしつちょうわ》」ともいう。「琴瑟《きんしつ》相《あい》和《わ》す」と訓読する。

出典 『詩経《しきょう》』小雅《しょうが》・常棣《じょうてい》 ◎「妻子好く合し、瑟琴《しっきん》を鼓《ひ》くが如《ごと》し。兄弟《けいてい》既に翕《つど》い、和楽し且つ湛《たの》しまん」

類義語 鴛鴦之契《えんおうのちぎり》・関関雎鳩《かんかんしょきゅう》・関雎之化《かんしょのか》・琴瑟之好《きんしつのこう》・琴瑟之和《きんしつのわ》・琴瑟和同《きんしつわどう》・比翼連理《ひよくれんり》

対義語 琴瑟不調《きんしつふちょう》

【琴瑟調和】 きんしつ ちょうわ 〈―スル〉

⇓ 琴瑟相和 きんしつそうわ 172

【禽獣夷狄】 きんじゅう いてき

意味 中国周辺の異民族。

補説 「禽獣」は鳥やけもの。礼儀や道理をわきまえない者のたとえ。「夷狄」は異民族・未開人の意。

類義語 夷蛮戎狄《いばんじゅうてき》・東夷西戎《とういせいじゅう》・南蛮北狄《なんばんほくてき》

【錦繍心肝】 きんしゅう しんかん

⇓ 錦心繍口 きんしんしゅうこう 173

【禽獣草木】 きんじゅう そうもく

意味 命あるすべてのもの。

補説 「禽獣」は鳥やけもの。「草木」は植物。「草木禽獣《そうもくきんじゅう》」ともいう。

用例 禽獣草木、風雨、山河、互に連帯関係を保って互に自治し、無礙《むげ》自在であって滞る処《ところ》が無い。〈石川三四郎◆吾等の使命〉

類義語 一切衆生《いっさいしゅじょう》

【錦繍綾羅】 きんしゅう りょうら

意味 美しく高貴な織物や着物のこと。また、美しく着飾ること。

補説 広く彩りの華やかなものの形容として用いられる。「錦繍」は錦《にしき》と刺繍《ししゅう》をした織物のこと、「綾羅」はあや絹と薄絹のことで、いずれも高貴で美しい布のこと。「綾羅錦繍《りょうらきんしゅう》」ともいう。

用例 眇《びょう》たる丸善の損害は何程でもなかろうが、其肆頭《そのしとう》の書籍は世間の虚栄を増長せしむる錦繍綾羅と違って、皆有用なる知識の糧、霊魂の糧である。〈内田魯庵◆灰燼十万巻（丸善炎上の記）〉

類義語 豪華絢爛《ごうかけんらん》

【近朱必赤】 きんしゅ ひっせき

意味 人は交わる友によってよくも悪くも感化されるというたとえ。

補説 「朱《しゅ》に近《ちか》づけば必《かなら》ず赤《あか》し」と訓読する。一般に「朱に交われば赤くなる」として使われるが、その場合、現代では悪い方に感化される意味で使われることが多い。

出典 傅玄《ふげん》「太子少傅箴《たいししょうふしん》」

【擒縦自在】 きんしょう じざい 〈―ナ〉

意味 思いのままにあやつるさま。また、思うがままに人を処遇するさま。

補説 「擒縦」は、とりこにすることと、放つこと。「自在」は自由に、思いのままにの意。

【金城鉄壁】 きんじょう てっぺき

意味 非常に守りの堅いことのたとえ。また、非常に堅固で、付け入るすきがないことのたとえ。

補説 金や鉄のようにきわめて堅固な城壁の意から。「金城」は金で築いた堅固な城。「鉄壁」は鉄でつくった城壁。

出典 徐積《じょせき》―詩「倪復《げいふく》に和《わ》す」

用例 藁《わら》と薄縁《うすべり》を敷いたうす暗い書斎に、彼は金城鉄壁の思いで、籠《こも》っていた。〈葛

西善蔵◆贋物〉
類義語 金城湯池《きんじょうとうち》・堅塞固塁《けんさいこるい》・厳塞要徼《げんさいようきょう》・堅城鉄壁《けんじょうてっぺき》・堅牢堅固《けんろうけんご》・湯池鉄城《とうちてつじょう》・難攻不落《なんこうふらく》・南山不落《なんざんふらく》・要害堅固《ようがいけんご》

【錦上添花】きんじょうてんか

意味 善美なものの上に、さらに善美なものを加えること。
補説 美しい錦《にしき》の上に、さらに美しい花を添える意。よいもの、美しいもの、めでたいことなどが重なることに用いる。「錦」は美しい綾織物《あやおりもの》。一般に「錦上《きんじょう》に花《はな》を添《そ》う」と訓読して用いる。
出典 王安石《おうあんせき》ー詩「即事《そくじ》」

【金城湯池】きんじょうとうち

意味 非常に守りの堅いことのたとえ。また、容易には入り込めない勢力範囲のたとえ。
補説 「金城」は金で築いた堅固な城。「湯池」は熱湯をたぎらせた堀。
出典 『漢書《かんじょ》』蒯通伝《かいとうでん》
用例 南条、五十嵐《いがらし》の両名が、高声私語する節々を聞いていると、金城湯池をくつがえすような気焔《きえん》だけはすさまじい。〈中里介山◆大菩薩峠〉
類義語 金城鉄壁《きんじょうてっぺき》・堅塞固塁《けんさいこるい》・厳塞要徼《げんさいようきょう》・堅城鉄壁《けんじょうてっぺき》・湯池鉄城《とうちてつじょう》・難攻不落《なんこうふらく》・南山不落《なんざんふらく》

【近所合壁】きんじょがっぺき

意味 近くの家々のこと。隣近所。
補説 「合壁」は壁一枚を隔てた隣のこと。
用例 あの江戸絵ですがな、近所合壁、親類中の評判で、平吉が許《もと》へ行ったら、大黒柱より江戸絵を見い、と云《い》う騒ぎで、〈泉鏡花◆国貞えがく〉
類義語 近郷近在《きんごうきんざい》

【琴心剣胆】きんしんけんたん

意味 情けもあり、勇力もあることのたとえ。
補説 琴を奏でる風流な心をもち、一方で剣を手にする勇力を兼ね備えている意から。

【錦心繡口】きんしんしゅうこう

意味 詩文の才能にすぐれているたとえ。
補説 美しくすぐれた思いと言葉の意から。「錦心」は錦《にしき》のように美しい思いや心をいう。「繡口」は刺繡《ししゅう》のように美しい言葉。「繡口錦心《しゅうこうきんしん》」「錦繡心肝《きんしゅうしんかん》」ともいう。
出典 柳宗元《りゅうそうげん》「乞巧文《きっこうぶん》」
類義語 錦繡之腸《きんしゅうのはらわた》・錦心繡腸《きんしんしゅうちょう》・錦心繡腹《きんしんしゅうふく》

【金声玉振】きんせいぎょくしん

意味 才知や人徳が調和して、よく備わっているたとえ。
補説 すぐれた人物として大成することをいう。鐘を鳴らして音楽を始め、磬《けい》を打って音楽をまとめ収束する意。「金」は鐘。「声」は、ここでは鳴らす意。「玉」は磬のことで、玉石で作った「へ」の字形に曲がった打楽器。「振」は磬を打って鳴らし、音楽をまとめ収めること。一説に調える意。中国古代で音楽を奏するのに、まず鐘を鳴らして音楽を始め、次に糸・竹の楽器を奏でて、終わりに磬を打ってしめくくった。始まりと終わりの整っているさまをいい、もと孟子《もうし》が孔子の人格を賛美した語。
出典 『孟子《もうし》』万章《ばんしょう》下

【金石糸竹】きんせきしちく

意味 楽器の総称。
補説 「金」は鐘（金属製の打楽器）、「石」は磬《けい》（石をつるしてたたく楽器）、「糸」は琴瑟《きんしつ》（大小合わせた琴の総称）、「竹」は簫管《しょうかん》（細い竹を並べてくった笛）。代表的な四つの楽器の材料を楽器の総称とした。
出典 『礼記《らいき》』楽記《がくき》
用法 金石糸竹をたしなむ

【金石之交】きんせきのまじわり

意味 友情のきわめて堅いこと。いつまでも変わらない交わりのこと。
補説 「金石」は堅くて永遠不滅のものの象徴。「金石交情《きんせきこうじょう》」「金石至交《きんせきしこう》」ともいう。
注意 「きんせきのこう」とも読む。
出典 『漢書《かんじょ》』韓信伝《かんしんでん》
類義語 管鮑之交《かんぽうのまじわり》・金蘭之契《きんらんのちぎり》・膠漆之交《こうしつのまじわり》・水魚之交《すいぎょのまじわり》・断金之交《だんきんのまじわり》・莫逆之友《ばくぎゃくのとも》・莫逆之交《ばくぎゃくのまじわり》・刎頸之交《ふんけいのまじわり》

【巾箱之寵】きんそうのちょう

意味 いつも側《そば》に置いて離すことができな

いこと。また、そのもの。

(補説)「巾箱」は布張りの小箱。身近に置いて書物などを入れる手文庫。「寵」は愛する、かわいがる、気に入るの意。

【禽息鳥視】きんそくちょうし 〈—スル〉

(意味) 無益に生きながらえるたとえ。

(補説) 獣のように息をして鳥のように見る意から。禽獣が息をしたり物を見たりするのも、食を求めるに過ぎず、志をもたないで、いたずらに生きていることからいう。「禽《けもの》のごとく息《いこ》い鳥《とり》のごとく視《み》る」と訓読する。

(出典)『文選《もんぜん》』曹植《そうしょく》「自《みずか》ら試《こころ》みられんことを求《もと》むる表《ひょう》」

(類義語) 飲食之人《いんしょくのひと》・行尸走肉《こうしそうにく》・飯嚢酒甕《はんのうしゅおう》・無為徒食《むいとしょく》

【金泥精描】きんでいせいびょう

(意味) 金の顔料を用いて細密に絵を描くこと。

(補説)「金泥」は金粉を膠《にかわ》の液で溶かして作った顔料の意。「精描」は細かく丁寧に絵を描く意。

(注意)「こんでいせいびょう」とも読む。

(用例) 金泥精描の騰竜《のぼりりゅう》は目貫《めぬき》を打ったるかとばかり雲間に耀《かがや》ける横物の一幅。〈尾崎紅葉◆金色夜叉〉

【金殿玉楼】きんでんぎょくろう

(意味) きらびやかで美しい御殿。また、黄金や珠玉で飾った豪華で美しい建物。

(補説)「金」「玉」は黄金や珠玉の意で美しく立派なもの、貴重なもの。大きく立派な建物。「殿」「楼」はともに建物・御殿の意。「玉楼金殿《ぎょくろうきんでん》」ともいう。

(用例) おれも二三度その金殿玉楼を訪ねたことはあるんだが……君は今度の日曜にあの家へ遊びに行くつもりか。〈正宗白鳥◆人生恐怖図〉

【勤王攘夷】きんのうじょうい

(意味) 天皇に忠誠を尽くすことと、外国人を排斥して国内に入れないこと。

(補説) 江戸時代末、王政復古を目指す倒幕運動の中で唱えられた、勤王論と攘夷論のこと。「勤王」は天皇に忠誠を尽くすこと。「攘夷」は外国人を追い払うこと。「夷」は外国人を卑しんでいう語。

(注意)「勤皇攘夷」とも書く。

(用例) 幕府を佐《たす》けるもの。浪士を妨害するもの。唐物《とうぶつ》（洋品）の商法《あきない》をするもの。この三つの者は勤王攘夷の敵と認めて誅戮《ちゅうりく》を加える。〈島崎藤村◆夜明け前〉

(類義語) 尊皇攘夷《そんのうじょうい》

【銀杯羽化】ぎんぱいうか

(意味) 盗難に遭うたとえ。

(補説) 銀の杯に羽が生えて飛び去る意から。「羽化」は羽が生じて飛び去ること。「銀杯《ぎんぱい》羽化す」と訓読する。

(注意)「銀盃羽化」とも書く。

(故事) 中国唐の柳公権《りゅうこうけん》は書の大家として名声があり、揮毫《きごう》のお礼に莫大《ばくだい》な金品を得ていた。使用人の蔵番でこれを盗む者もあった。銀の杯の入った箱の表の縄は結ばれたままであったのに中身はなくなっていた。公権はこれを知ると「銀杯に羽が生えて飛んでいった」と言い、それ以上責めなかったという故事から。

(出典)『旧唐書《くとうじょ》』柳公権伝《りゅうこうけんでん》

【金波銀波】きんぱぎんぱ

(意味) 月光や日光に照り映えて、金色や銀色にきらきらと輝いている波。

(補説) 波に金銀を添えて、美しいさまを表している。「銀波金波《ぎんぱきんぱ》」ともいう。

(用例) やがて日は海に入りて、陰暦八月十七日の月東にさし上り、船は金波銀波をさざめかして月色の中《うち》を駛《はし》る。〈徳冨蘆花◆小説 不如帰〉

【銀波金波】ぎんぱきんぱ

⇒ 金波銀波 きんぱぎんぱ 174

【吟風弄月】ぎんぷうろうげつ

(意味) 自然の風月を友として詩歌をうたうこと。また、自然の風景を題材に詩歌を作ること。また、心静かに楽しみ、さっぱりして俗気がないことの形容。

(補説) 現実社会から離れた思想内容の乏しい詩文をいうこともある。風に吹かれながら詩を吟じ、名月を眺め楽しむ意から。「吟風」は風に吹かれながら詩歌を吟じること。「弄月」は月を眺め観賞すること。「風《かぜ》に吟《ぎん》じ月《つき》を弄《もてあそ》ぶ」と訓読する。

(出典) 范伝正《はんでんせい》「李翰林白墓志銘《りかんりんはくぼしめい》」

類義語 詠月嘲風《えいげつちょうふう》・吟風詠月《ぎんぷうえいげつ》・嘯風弄月《しょうふうろうげつ》・嘲風弄月《ちょうふうろうげつ》

【金碧輝煌】きんぺき きこう

意味 金色と青緑色とがまばゆく光り輝くこと。

補説 目を奪われるほど華麗なものの形容。「金碧」は黄金と碧玉。「輝煌」は光り輝くこと。

類義語 金碧相輝《きんぺきそうき》・金碧爛然《きんぺきらんぜん》

【金友玉昆】きんゆう ぎょっこん

⇒ 玉昆金友 ぎょっこんきんゆう 165

【瑾瑜匿瑕】きんゆ とくか

意味 立派な人物にとって少々の欠点は、その偉大さを下げるものではないということ。

補説 美しい玉《ぎょく》は傷をかくす意。「瑾」「瑜」はともに美しい玉の名。「瑕」は玉の表面のきず。転じて、欠点のこと。「瑾瑜《きんゆ》瑕《きず》を匿《かく》す」と訓読する。

出典 『春秋左氏伝《しゅんじゅうさしでん》』宣公《せんこう》一五年

類義語 山藪蔵疾《さんそうぞうしつ》

【金襴緞子】きんらん どんす

意味 高価で美しい織物のたとえ。

補説 「金襴」は織物で錦《にしき》の一種。平たい金糸を横糸にして、絹糸で模様を織り出したもの。「緞子」は生地が厚く緻密で光沢のある絹織物。

【金蘭之契】きんらんの ちぎり

意味 堅く親密な交わり。

補説 「蘭」は、フジバカマのことで、よい香りを発する。「契」は約束。

出典 『易経《えききょう》』繋辞《けいじ》上 ◎「二人《ににん》心を同じくすれば、其《そ》の利《と》きこと金を断つ。心を同じくするの言は、其の臭《かおり》蘭《らん》の如《ごと》し（心を合わせて事に当たればその勢いは金よりも堅く、心を同じくする二人の言葉は蘭のようにかぐわしい交友関係）」

類義語 管鮑之交《かんぽうのまじわり》・金石之交《きんせきのまじわり》・金蘭之友《きんらんのとも》・金蘭之交《きんらんのまじわり》・膠漆之交《こうしつのまじわり》・水魚之交《すいぎょのまじわり》・耐久之朋《たいきゅうのとも》・断金之交《だんきんのまじわり》・莫逆之友《ばくぎゃくのとも》・伐木之契《ばつぼくのちぎり》・刎頸之交《ふんけいのまじわり》・雷陳膠漆《らいちんこうしつ》

【勤労奉仕】きんろう ほうし

意味 公共の利益のために、無報酬で労力を提供すること。

補説 「勤労」は一定時間一定の仕事をすること。「奉仕」は人のために尽くすこと。

用例 出がけに、うちの門のまえの草を、少しむしって、お母さんへの勤労奉仕。きょうは何かいいことがあるかも知れない。〈太宰治◆女生徒〉

く

【空空寂寂】くうくう じゃくじゃく 〈―タル〉〈―ト〉

意味 空虚で静寂なさま。

補説 仏教語。執着や煩悩《ぼんのう》を除いた静かな心の境地。無心。転じて、何もなく静かなさま。また、思慮や分別のないさま。「空」は、この世の有形・無形の一切のものは固定した実体がないということ。「寂」はひっそりと静かな意。煩悩や執着のない静寂なあり方が本性であること。

用例 世間を卒業してしまってはかえって面白くない、悟れば空々寂々、迷うているからこそ、花も咲き鳥も啼《な》く。〈種田山頭火◆其中日記〉

【空空漠漠】くうくう ばくばく 〈―タル〉〈―ト〉

意味 果てしもなく広いさま。また、とりとめもなくぼんやりしたさま。

補説 「漠漠」は広々としてはるかなさま。「空漠」を分けて、繰り返して強調した語。

用例 生活費は毎月本屋からとどけられ、余分の飲み代のために、都新聞の匿名批評だの雑文をかき、私はまったく空々漠々たる虚《むな》しい毎日を送っていた。〈坂口安吾◆ぐうたら戦記〉

【空花乱墜】くうげ らんつい 〈―スル〉

意味 妄想や幻覚のたとえ。また、実体のない存在を実体があるもののように誤ること。

補説 目を病んだときは見えるはずのない無数の空花が虚空に乱れ落ちるように見えること。「空花」は実在しない花のこと。「乱墜」は乱れ落ちること。

注意 「空華乱墜」とも書く。

用例 ただ一翳《いちえい》眼《め》に在って空花乱墜するが故に、（中略）応挙が幽霊を描くまでは幽

霊の美を知らずに打ち過ぎるのである。〈夏目漱石◆草枕〉

【空谷跫音】くうこくのきょうおん

(意味) 思いがけない喜びのたとえ。また、非常に珍しいことのたとえ。

(補説) 予期しない知己の来訪や、珍しい、また、うれしい便りがあること。孤立しているときに賛同者や同情者などを得た場合にも用いる。人気のない谷で突然人の足音を聞く意から。「空谷」は人気のない寂しい谷間。「跫音空谷《きょうおんくうこく》」ともいう。

(出典)『荘子《そうじ》』徐無鬼《じょむき》 ◎「夫《そ》れ虚空《きょくう》に逃るる者は…人の足音《そくいん》の跫然《きょうぜん》たるを聞きて喜ぶ（大きな丘の洞窟《どうくつ》に逃げ隠れている者は…〈人恋しくなって〉人の足音が聞こえただけで喜ぶものだ）」

(類義語) 空谷足音《くうこくのそくおん》・空谷跫然《くうこくきょうぜん》・空谷之音《くうこくのおん》

【空山一路】くうざんいちろ

(意味) 人気のない、寂しい静かな山の中に、ひとすじの道だけが通じていること。

(補説)「空山」は人気のない静かな山。ひっそりと静まりかえった山。「一路」はひとすじの道。

(用例) やがてのどかな馬子唄が、春に更けた空山一路の夢を破る。憐《あわ》れの底に気楽な響きがこもって、どう考えても画《え》にかいた声だ。馬子唄の鈴鹿《すずか》越ゆるや春の雨 〈夏目漱石◆草枕〉

【空手還郷】くうしゅげんきょう

(意味) 何も持たず、手ぶらで故郷に帰ること。

(補説) 仏教語。道元《どうげん》が自らの入宋求法《にゅうそうぐほう》の意義を述べた語。道元は宋の国で如浄禅師《にょじょうぜんじ》に出会い、ただ「眼横鼻直《がんのうびちょく》」（目はヨコ、鼻はタテ）の一事のみを悟って帰国したという。当たり前のことをあるがままに知ることが悟りであり、そのほかに悟るべき格別の「仏法」などありはしない、という意。「空手《くうしゅ》にして郷《きょう》に還《かえ》る」と訓読する。

(出典)『永平広録《えいへいこうろく》』一

【苦雨凄風】くうせいふう

⇒ 凄風苦雨 せいふうくう 374

【空前絶後】くうぜんぜつご

(意味) 非常に珍しいこと、まれなこと。

(補説) 今までに例がなく、これからもあり得ないという意から。「空前」はこれまでにないこと。「絶後」は今後もありえないこと。

(故事) →「冠前絶後《かんぜんぜつご》」126

(出典)『宣和画譜《せんながふ》』道釈《どうしゃく》一

(用例) 実に『仙嬢伝』のごときはアレゴリイ中の傑作にして、空前絶後のものといわんも決して誣言《ぶげん》にあらざるなり。〈坪内逍遥◆小説神髄〉

(類義語) 冠前絶後《かんぜんぜつご》・曠前空後《こうぜんくうご》・曠前絶後《こうぜんぜつご》・前代未聞《ぜんだいみもん》・超然絶後《ちょうぜんぜつご》

【偶像崇拝】ぐうぞうすうはい

(意味) 偶像を信仰の対象として重んじ尊ぶこと。また、あるものを絶対的な権威として無批判に尊ぶこと。

(補説)「偶像」は神仏などにかたどり、信仰の対象として作られた像。崇拝や盲信の対象となるもののこと。

(用例) そのもっとも大なる過失は過度の偶像崇拝をブルジョア既成観念から継承したことだ。〈新居格◆共産主義党派文芸を評す〉

【偶像破壊】ぐうぞうはかい

(意味) 偶像崇拝を否定するために、神や仏の像などを破壊すること。また、既成の権威などの象徴を否定し、排撃すること。

(補説)「偶像」は神仏などにかたどり、信仰の対象として作られた像。崇拝や盲信の対象となるもののこと。

(用例) ある者はそれを知識の開明に帰し、ある者は勇しき偶像破壊と呼び、モラールの名をなみする〈倉田百三◆愛と認識との出発〉

【空即是色】くうそくぜしき

(意味)「空」がそのまま、この世のすべてとなっている。

(補説) 仏教語。「空」は固定的な実体がなく空虚であること。「色」はあらゆる事物・事象。「即是」は、まさしく…である、そのままで…にほかならない。「空」とは何物も存在しない虚無のことではなく、「空」が「空」のまま、この世のあらゆる事物としてありありと現象しているのだという意。「色即是空《しきそくぜくう》」とともに用いられることが多い。（→「色即是空《しきそくぜくう》」273）

（注意）語構成は「空」＋「即是」＋「色」。

（出典）『般若心経《はんにゃしんぎょう》』

（用例）色即是空、空即是色、いいかえると、現象と実在とが不即不離になって、私の身心其物《そのもの》として表現せられる境地、その境地に没入することが私の志である。〈種田山頭火◆旅日記〉

（類義語）一切皆空《いっさいかいくう》・色即是空《しきそくぜくう》

【藕断糸連】 ぐうだんしれん

（意味）関係が完全に断ち切れていないことのたとえ。

（補説）ハスが断ち切れているようで糸が連なっている意から。離縁して表向きの関係は断たれてもなお相手を思う情は残っていることのたとえ。多く男女間のことに用いる。「藕」はハス。また、ハスの根。れんこん。「糸連」はハスの葉柄や根を切ったときに糸を引くこと。「藕《はす》断《た》たれて糸《いと》連《つら》なる」と訓読する。

（出典）孟郊《もうこう》－詩「去婦《きょふ》」◎「君が心は匣中《こうちゅう》の鏡のごとし。一たび破らば復《ま》た全《まった》からず。妾《しょう》が心は藕中《ぐうちゅう》の糸のごとし。断たると雖《いえど》も猶《な》お牽連《けんれん》す」

【空中分解】 くうちゅうぶんかい 〈―スル〉

（意味）航空機の機体が、飛行中に空中で壊れてばらばらになること。また、計画や組織などが、途中で崩れてだめになってしまうことのたとえ。

（用法）せっかくの計画が空中分解した

（類義語）土崩瓦解《どほうがかい》・土崩魚爛《どほうぎょらん》

【空中楼閣】 くうちゅう（の）ろうかく

（意味）根拠のないことがら。また、実際からかけ離れた空想的な物事。

（補説）もとは、空中に現れた高殿の意で、蜃気楼《しんきろう》のこと。また、空中に築いた高殿の意。「楼閣」は高殿・高い建物。「空中楼殿《くうちゅうろうでん》」ともいう。

（出典）宋之問《そうしもん》－詩「法華寺《ほっけじ》に遊ぶ」

（用例）現実にぶつかり、美しい『先天的なもの』がすべて虚偽に過ぎないことを発見して驚いたときに、その時初めて懐疑の心が彼の内に湧《わ》き、古い空中楼閣の壁を一挙にして破壊するのである。〈北条民雄◆精神のへど〉

（類義語）海市蜃楼《かいししんろう》・空中楼台《くうちゅうろうだい》・空理空論《くうりくうろん》・砂上楼閣《さじょうのろうかく》

【空理空論】 くうりくうろん

（意味）実際からかけ離れている役に立たない考えや理論。

（補説）「空理」「空論」はともに実情や現実を考えない役に立たない理論や議論。ほぼ同意の熟語を重ねて意味を強めた語。

（用例）「見受けた所、四体を労せず実事に従わず空理空論に日を暮らしている人らしいな。」と蔑《さげす》むように笑う。〈中島敦◆弟子〉

（類義語）按図索驥《あんずさくき》・按図索駿《あんずさくしゅん》・机上空論《きじょうのくうろん》・空中楼閣《くうちゅうろうかく》・砂上楼閣《さじょうのろうかく》・紙上談兵《しじょうだんぺい》

【倶会一処】 ぐえいっしょ

（意味）極楽浄土に往生し、仏や菩薩《ぼさつ》たちと出会うこと。極楽浄土で皆相まみえることができること。

（補説）仏教語。ともに一つの場所で会う意。「倶《とも》に一処《いっしょ》に会《あ》う」と訓読する。

（注意）「くえいっしょ」とも読む。

（出典）『阿弥陀経《あみだきょう》』

【苦学力行】 くがくりっこう 〈―スル〉

（意味）苦労して学問に励むこと。

（補説）特に、働いて学資を得ながら学問に励む様子を表す語。「力行」は努力して行うこと。

（注意）「くがくりきこう」「くがくりょっこう」とも読む。

（用例）わたしは夙《つと》に苦学力行の人物には感心する傾向だった。〈牧野信一◆茜蜻蛉〉

（類義語）蛍雪之功《けいせつのこう》・蛍窓雪案《けいそうせつあん》・困知勉行《こんちべんこう》・断薺画粥《だんせいかくしゅく》

【苦髪楽爪】 くがみらくづめ

（意味）苦労の多いときは髪の毛が伸びやすく、楽をしているときは爪が伸びやすいこと。

（補説）「苦爪楽髪《くづめらくがみ》」「楽髪苦爪《らくがみくづめ》」ともいう。

（用例）苦髪楽爪とやら、先の日に勝重《かつしげ》が見に来たときよりも師匠が髭《ひげ》の延び、髪は鶉《うずら》のようになってめっきり顔色も青ざめていることは驚かれるばかり。〈島崎藤村◆夜明け前〉

（類義語）苦髭楽爪《くひげらくづめ》

【苦行難行】 くぎょうなんぎょう 〈―スル〉

⇒難行苦行 なんぎょうくぎょう 506

【区区之心】《くくのこころ》

(意味) 自分の心や考えを謙遜《けんそん》していう語。

(補説) 取るに足りない小さな心の意。「区区」はわずかなさま。また、まとまりのないさま。「区」は小さなくぎりの意。

(出典) 『孔叢子《くぞうし》』答問《とうもん》

(類義語) 区区之意《くくのい》

【愚公移山】《ぐこういざん》

(意味) 怠ることなくひたすら努力を重ねれば、最後には必ず成し遂げることができるというたとえ。

(補説) 一般に「愚公《ぐこう》、山《やま》を移《うつ》す」と訓読して用いる。

(故事) 昔、九十歳になろうとする老人の愚公は、二つの高山の北側に住んでいたが、山にさえぎられて回り道をしなければならない家の出入りに長い間苦しんでいた。そこで家族と相談して、その二つの山を切り崩そうと考えた。周囲には老いの身でできるわけがないと嘲笑《ちょうしょう》する者もいたが、愚公は子や孫、その子の代までかかれば、いつかはできると山を崩しにかかった。天帝はついに愚公の熱意に感じ、息子二人に命じてその山を背負わせ他に移してやったという故事から。

(出典) 『列子《れっし》』湯問《とうもん》

(類義語) 積水成淵《せきすいせいえん》・積土成山《せきどせいざん》・点滴穿石《てんてきせんせき》

【苦口婆心】《くこうばしん》

(意味) 相手を気づかい、何度も教えさとすこと。

(補説) 「苦口」は厳しいいさめの言葉。「婆心」は老婆のような慈愛の心。老婆心。

(注意) 「くくばしん」とも読む。

(出典) 『児女英雄伝《じじょえいゆうでん》』一六

(類義語) 老婆心切《ろうばしんせつ》

【愚者一得】《ぐしゃのいっとく》

(意味) どんなに愚かな者でも、たまには的を射た考えを出すことがあるということ。

(補説) 自分の意見を謙遜《けんそん》して用いることもある。「得」は得ること。「愚者にも一得」ともいう。

(出典) 『史記《しき》』淮陰侯伝《わいいんこうでん》 ◎「智者《ちしゃ》も千慮に必ず一失有り、愚者も千慮に必ず一得有り」

(類義語) 千慮一得《せんりょのいっとく》・百慮一得《ひゃくりょのいっとく》

(対義語) 千慮一失《せんりょのいっしつ》・知者一失《ちしゃのいっしつ》・百慮一失《ひゃくりょのいっしつ》

【苦心孤詣】《くしんこけい》

(意味) 心血を注ぎ苦労して、学問や技術・芸術に深く通じること。また、造詣の深さや豊かな独創性の形容。

(出典) 杭世駿《こうせいしゅん》「李太白集《りたいはくしゅう》輯註序《しゅうちゅうじょ》」

(類義語) 精心孤詣《せいしんこけい》

【苦心惨憺】《くしんさんたん》 〈―スル〉

(意味) 心をくだいて非常な苦労を重ね、工夫をこらすこと。

(補説) 「苦心」はあれこれ心をくだいて考えること。「惨憺」は心をくだき悩ますこと。

(注意) 「苦心惨澹」とも書く。

(用例) これこそ自分が十余年間苦心惨憺して造ろうとして造り得なかった理想の至魚だ。〈岡本かの子◆金魚撩乱〉

(類義語) 悪戦苦闘《あくせんくとう》・意匠惨澹《いしょうさんたん》・経営惨澹《けいえいさんたん》・焦唇乾舌《しょうしんかんぜつ》・粒粒辛苦《りゅうりゅうしんく》

【薬九層倍】《くすりくそうばい》

(意味) 暴利をむさぼるたとえ。

(補説) 薬の売値は原価よりはるかに高く、儲《もう》けが大きいこと。薬は売値が非常に高く、原価の九倍もするという意から。

(注意) 語構成は「薬」＋「九層倍」。

(用例) 市内新聞の隅っこに三行広告も見うけられ、だんだんに売れだした。売れてみると、薬九層倍以上だ。〈織田作之助◆勧善懲悪〉

(類義語) 花八層倍《はなはっそうばい》

【九寸五分】《くすんごぶ》

(意味) 短刀・あいくちのこと。

(補説) 短刀の長さが九寸五分（約二九センチメートル）あったところから。寸・分は尺貫法による長さの単位。

(用例) 女の左手には九寸五分の白鞘《しらさや》がある。姿はたちまち障子の影に隠れた。余は朝っぱらから歌舞伎座《かぶきざ》をのぞいた気で宿を出る。〈夏目漱石◆草枕〉

【虞芮之訴】《ぐぜいのうったえ》

(意味) 互いに利を争って訴えること。また、争っていることを恥と思い、訴えを取り下げることのたとえ。

補説 「虞」と「芮」はともに中国周王朝時代の一国。

故事 虞と芮は土地の境界線をめぐって争っていたが、解決がつかず、有徳の誉れ高い周の文王に判決をしてもらうことにした。しかし、文王の国に行き、人民が田畑でも道路でも常に譲り合うのを見ると、双方自分たちの行為を恥じて譲り合ったという故事から。

出典 『史記《しき》』周紀《しゅうき》

【苦節十年】くせつじゅうねん

意味 長く苦境にありながら目標に向かって努力し続けること。

補説 長い間、逆境にありながら節度をもち続ける意。多くは成功ののち、過去の苦労をふり返って言う。「苦節」は苦労に負けず、考えや態度を守りぬくこと。「十年」は時間の長いことをいう。

用例 同君は、文学に志して苦節十年の人であるらしい。これだけのものを書けば、もう少し認められてもいい人だと思う。〈菊池寛◆話の屑籠〉

【九損一徳】くそんいっとく

意味 費用ばかりかかってほとんど益のないこと。

補説 十回のうち得になるのは一回という意味。「徳」は「得」に同じ。「鞠《まり》は九損一徳」の略。蹴鞠《けまり》に夢中になると十のうち九は損をするといわれた。

注意 「九損一得」とも書く。

【愚痴無知】ぐちむち

意味 知恵がなく、愚かなこと。また、その人。

補説 「愚痴」は愚かなこと。「無知」は知識がないこと。

注意 「愚痴無智」とも書く。

用例 それを昇《のぼ》るは、お政《まさ》ごとき愚痴無知の婦人に持ち長じられるといッて、おれほど働き者はないとうぬぼれてしまい、〈二葉亭四迷◆浮雲〉

【苦中作楽】くちゅうさくらく

意味 苦しみの中に楽しみを求め作り出すこと。

補説 もとは苦しみばかりの世の中を楽しいと思い込み、現世に執着しているという否定的な意。のちに苦しみを苦としない積極的な意に転じた。また、忙しい中にもゆとりのある生き方をいう。一般に「苦中《くちゅう》に楽《らく》を作《な》す」と訓読して用いる。

出典 『大宝積経《だいほうしゃくきょう》』一一二

類義語 忙裏偸閑《ぼうりとうかん》

【苦爪楽髪】くづめらくがみ

⇒ 苦髪楽爪 くがみらくづめ 177

【狗頭生角】くとうせいかく

意味 怪異なこと。転じて、本来あり得ないことが起こることのたとえ。

補説 犬の頭に角が生える意から。古くは凶兆とされた。「狗」は犬のこと。一般に「狗頭《くとう》角《つの》を生《しょう》ず」と訓読して用いる。

出典 『風俗通義《ふうぞくつうぎ》』正失《せいしつ》・孝文帝《こうぶんてい》

類義語 亀毛蛇足《きもうだそく》・亀毛兎角《きもうとかく》

【苦肉之計】くにくのけい

意味 悩み抜いた末に考えた苦しまぎれの手段や方法のこと。

補説 もとは、敵を欺くために、自分の身を傷つけ苦しめてまで行う計略の意。「苦肉」は自分の身を傷つけ苦しめること。出典では、敵を欺くために、わざと自分の肉体を傷つけて敵陣に逃亡し、敵を油断させようとする計画をいう。「苦肉之策《くにくのさく》」「苦肉之謀《くにくのはかりごと》」ともいう。（↓「反間苦肉《はんかんくにく》」536）

出典 『三国演義《さんごくえんぎ》』四六

用例 苦肉の計に耽《ふけ》っている彼には、苦しかったのに相違ない。〈芥川龍之介◆或日の大石内蔵助〉

類義語 窮余一策《きゅうよのいっさく》・苦肉之策《くにくのさく》

【苦肉之策】くにくのさく

⇒ 苦肉之計 くにくのけい 179

【苦肉之謀】くにくのはかりごと

⇒ 苦肉之計 くにくのけい 179

【九年之蓄】くねんのたくわえ

意味 国が豊かであること。

補説 もとは、国に国民全員に対して九年分の食糧の蓄えがあること。「蓄」は食糧の蓄えの意。

注意 「九年之儲」とも書く。「きゅうねんのたくわえ」とも読む。

出典『礼記《らいき》』王制《おうせい》

【九年面壁】 くねん めんぺき

⇒面壁九年 めんぺきくねん 629

【狗吠緇衣】 くはい しい

⇒楊布之狗 ようふのいぬ 649

【狗馬之心】 くばの こころ

⇒犬馬之心 けんばのこころ 203

【狗尾続貂】 くび ぞくちょう

意味 劣った者がすぐれた者のあとを続けるたとえ。

補説 もとつまらない者をむやみに高官に取り立てるのを罵《のの》る語。犬の尾をテンの尾の代わりにして続ける意から。他人の仕事を受け継ぐことを謙遜《けんそん》して言う場合にも用いる。「狗」は犬。「貂」はテン。イタチ科のけもの。毛皮が珍重され、高官はテンの尾で飾った冠をつけた。「続貂之譏《ぞくちょうのそしり》」ともいう。

故事 中国晋《しん》の趙王倫《ちょうおうりん》の一党が勢力を得て、みな高位高官を授かってテンの尾で飾った冠をつけたので、世人が、この様子ではテンが足りなくなり後は犬の尾の飾りの冠をつけるほかない、と罵った故事から。

出典『晋書《しんじょ》』趙王倫伝《ちょうおうりんでん》

【九分九厘】 くぶ くりん

意味 ほとんど完全に近いこと。ほとんど間違いなく確実なこと。

補説 推測・予想などがほぼ確実であることをいう。十分《ぶ》のうち一厘を残すだけの意から。「分」は十分の一。「厘」は百分の一。

用例 人造ダイヤモンドの発明に没頭していたんです。もう九分九厘まで成功しかけていたんです。処《ところ》が、一寸《ちょっと》したことから、薬品が爆発しましてね。〈岸田國士◆命を弄ぶ男ふたり〉

類義語 十中八九《じっちゅうはっく》

【具不退転】 ぐ ふたいてん

意味 途中で後戻りしないで、事を貫徹するような心構えをもつこと。

補説 仏教語。「具」はそなえる、十分にそろい整う意。「不退転」は仏道の修行で退歩することの段階（不退）から後戻りしないこと。転じて、固く信じて後へ引かないこと。「倶不戴天《ぐふたいてん》」は「不倶戴天」と同義で、別の語。

注意 語構成は「具」＋「不退転」。

【求不得苦】 ぐふとく く

意味 求めているものが得られない苦しみ。

補説 仏教語。不老不死や物質的な欲望など、求めても得られない苦しみをいう。仏教でいう八苦の一つ。（→「四苦八苦《しくはっく》」274）

注意 語構成は「求不得」＋「苦」。

【区聞陬見】 くぶん すうけん

意味 学問や見識がきわめて狭く偏っていること。

補説 「区」は小さい、狭い意。「聞」「見」はともに見聞・見識の意。「陬」はかたよる意。

類義語 管豹一斑《かんぴょうのいっぱん》・井蛙之見《せいあのけん》

対義語 博学多才《はくがくたさい》・博学多識《はくがくたしき》・博識多才《はくしきたさい》

【九品蓮台】 くほん れんだい

意味 浄土に往生する者がそれぞれ座るという浄土にある蓮華《れんげ》の台座。また、九等に分かれた極楽浄土をいう。

補説 仏教語。生前に積んだ功徳や行いによって、九つの等級に分かれるという。

用例 長生きをして私の出世する時を見てください。そのあとで死ねば九品蓮台の最上位にだって生まれることができるでしょう。〈与謝野晶子訳紫式部◆源氏物語〉

類義語 九品之台《くほんのうてな》

【愚問愚答】 ぐもん ぐとう

意味 くだらない問答のこと。つまらない質問と、馬鹿げた回答のこと。

【君恩海壑】 くんおん かいがく

意味 主君から受けた恩は海や谷のようにきわめて深いこと。

補説 「海壑」は海と谷。また、海の意。「壑」は谷。

【群蟻附羶】 ぐんぎ ふせん

意味 人々が私利私欲のために、利益のあるところに群がり集まるたとえ。

補説 卑しんでいう語。多くのアリが、なまぐさい肉に群がる意から。「群」は多いこと。「羶」はなまぐさい意。羊の肉のこと。「群蟻《ぐんぎ》羶《せん》に附《つ》く」と訓読する。

注意「附」は「付」、「羶」は「膻」とも書く。
出典『荘子《そうじ》』徐無鬼《じょむき》 ◎「羊肉、蟻《あり》を慕わざるに、蟻、羊肉を慕うは、羊肉羶《なまぐさ》ければなり」
類義語 衆蟻慕羶《しゅうぎぼせん》

【群疑満腹】ぐんぎまんぷく

意味 心が多くの疑問でいっぱいになること。また、多くの人が疑いの心を抱くこと。
補説「群」は多いこと。また、多くの人の意。「群疑《ぐんぎ》、腹《はら》に満《み》つ」と訓読する。
出典 諸葛亮《しょかつりょう》「後出師表《ごすいしのひょう》」 ◎「群疑腹に満ち、衆難胸に塞《ふさ》がる」

【群軽折軸】ぐんけいせつじく

意味 微細なもの、微力なものでも数多く集まれば大きな力となるたとえ。
補説 きわめて軽いものでも多く積めば重くなって、それを載せた車の軸が折れてしまうことから。「群軽」は軽いものが多く集まったもの。「軸」は車の軸。「群軽《ぐんけい》軸《じく》を折《お》る」と訓読する。
出典『戦国策《せんごくさく》』魏策《ぎさく》
類義語 羽翮飛肉《うかくひにく》・衆口鑠金《しゅうこうしゃくきん》・積羽沈舟《せきうちんしゅう》・積水成淵《せきすいせいえん》・積土成山《せきどせいざん》・叢軽折軸《そうけいせつじく》

【群鶏一鶴】ぐんけいのいっかく

⇒ 鶏群一鶴《けいぐんのいっかく》 185

【君蒿悽愴】くんこうせいそう

意味 強い香気が立ちのぼり、凄《すさ》まじい霊気に心が締めつけられるように悲壮さを感じさせること。
補説 人や生物の死後の精気の形容。「君蒿」は強い香気が蒸し上がるようにのぼってくること。「君」は香気、「蒿」は蒸しのぼる意。「悽愴」は凄まじくて痛ましいさま。
出典『礼記《らいき》』祭義《さいぎ》 ◎「君蒿悽愴たるは、此《こ》れ百物の精にして、神《しん》の著《あら》わるるなり」

【群策群力】ぐんさくぐんりょく

意味 多くの人が策略を巡らせて、力を合わせること。
補説 上の者が下の者の策略を聞き入れ、力を合わせることによって、組織の力が最大限に発揮されることをいう。「群策」は群臣の策略、「群力」は群士（大勢の官吏）の力のこと。
故事 漢が楚《そ》を破って中国を統一することができた理由を聞かれた人が、「群臣の策略を取り入れ、群臣は群士の力を頼りにして、団結して事にあたったためだ」と答えたという故事から。
出典『揚子法言《ようしほうげん》』重黎《ちょうれい》
類義語 一致団結《いっちだんけつ》

【君子自重】くんしじちょう

意味 立派な人は自らの行為を慎み、軽はずみなことをしないこと。
補説「君子」は教養や徳の高い立派な人。人格者。「自重」は自分の行動を慎み、軽はずみなことをしないこと。
出典『論語《ろんご》』学而《がくじ》 ◎「君子は重からざれば則《すなわ》ち威あらず（立派な人間は重々しくなければ威厳がない）」

【君子殉名】くんしじゅんめい

意味 立派な人物は、名誉のために身を犠牲にするということ。
補説「君子」は教養や徳の高い立派な人。人格者。「殉名」は名誉のために身を犠牲にすること。「君子《くんし》名《な》に殉《じゅん》ず」と訓読する。
出典『荘子《そうじ》』盗跖《とうせき》 ◎「小人は財に殉ず（つまらぬ者は財のために命がけになる）」と対にして用いられる。

【君子九思】くんしのきゅうし

意味 君子が思い心がけるべき九つのこと。
補説 物を見るときははっきりと見、聞くときはさとく正確に聞きたいと思い、顔つきは穏和を心がけ、姿は恭しくありたいと思い、言葉は誠実でありたいと思い、仕事には慎重を心がけ、疑念には質問を心がけ、怒るときはその後の困難な事態を思い、利益に対しては道義を考えてよしあしを吟味するということ。「君子」は教養や徳の高い立派な人。人格者。
出典『論語《ろんご》』季氏《きし》

【君子三畏】くんしのさんい

意味 君子の畏敬《いけい》すべき三つのこと。
補説 天命、立派な有徳の人、聖人の言をいう。「君子」は教養や徳の高い立派な人。人格者。「畏」は畏敬、おそれ慎む意。
出典『論語《ろんご》』季氏《きし》

【君子三戒】くんしのさんかい

意味 君子が慎むべき年齢に応じた戒め。

補説 若いときには血気がまだ定まっておらず、情に流されやすいから色欲・女色を戒め、壮年期には血気盛んであるから争いを戒め、老年になると血気は衰え、安逸を求めるから物欲を戒めること。「君子」は教養や徳の高い立派な人。人格者。

出典 『論語《ろんご》』季氏《きし》

【君子三楽】くんしのさんらく

意味 君子の三つの楽しみ。

補説 父母が健在で兄弟もそろって元気なこと、心や行いが正しく人や天に恥じるところがないこと、天下の英才を得てこれを教育すること。「君子」は教養や徳の高い立派な人。人格者。

出典 『孟子《もうし》』尽心《じんしん》上

【君子万年】くんしばんねん

意味 君子は長寿であること。

補説 長寿を祈る語としても用いられる。「君子」は教養や徳の高い立派な人。人格者。「万年」は一万年で、長い年月。

注意 「くんしまんねん」とも読む。

出典 『詩経《しきょう》』小雅《しょうが》・瞻彼洛矣《せんぴらくい》

【君子豹変】くんしひょうへん（—スル）

意味 君子は過ちと知ったら潔くすぐに改めるものだというたとえ。転じて、主張や態度が急にがらりと変わること。

補説 本来、過ちをすぐに改めることを評価する語だが、現在ではその無節操ぶりを非難する語として使うことが多い。「君子」は教養や徳の高い立派な人。人格者。「豹変」は季節によってヒョウの毛が抜け替わり、まだら模様が美しくなることから、主張や態度などが急に変わること。

出典 『易経《えききょう》』革《かく》

用例 一番彼等《かれら》が機関となって兎《と》も角も議院に出た上では翻然旗色を替えて君子豹変と出かくる積りで承知したで有ろうが、〈福地桜痴・増訂もしや草紙〉

類義語 大人虎変《たいじんこへん》

対義語 小人革面《しょうじんかくめん》

【君子不器】くんしふき

意味 君子は一能一芸にのみすぐれるのではなく、広く何事にも通用する人徳をもつということ。

補説 器物はある用途にのみ有効であるが、君子にはかたよりがないということ。「君子」は教養や徳の高い立派な人。人格者。一般に「君子《くんし》は器《き》ならず」と訓読して用いる。

出典 『論語《ろんご》』為政《いせい》

【群集心理】ぐんしゅうしんり

意味 人が群がり集まったときに起こりやすい、特殊な心理状態。

補説 判断力がにぶり、他人の言動に引きずられたり、興奮状態に巻き込まれたりする。「群集」は人や動物が群がり集まること。「心理」は心の動きや状態。

用例 凡《すべ》ての迷信は信仰以上に執着性を有する者である通り、此《この》迷信も群集心理の機微に触れて居る。〈有島武郎・二つの道〉

【葷酒山門】くんしゅさんもん

意味 臭いものや酒は修行の妨げになるので、山門の内に持ち込んではいけないということ。また、臭いものを食べ、酒を飲んだ者は寺門の内に入ってはいけないということ。

補説 禅寺などの門の脇《わき》に、「不許葷酒入山門（葷酒、山門に入るを許さず）」と刻まれた石が立っているが、これを略したもの。「葷」は、ニラ・ネギ・ニンニクなどの臭気の強い野菜のこと。「山門」は寺。

【君辱臣死】くんじょくしんし

意味 臣下は君主と生死や苦楽をともにしなければならないこと。

補説 君主が屈辱を受ければ、臣下は命を懸けてその屈辱を晴らすということ。君主と臣下の強い結びつきのことをいう。「辱」は、辱め・恥。「臣」は臣下・家来。「君《くん》辱《はずかし》めらるれば、臣《しん》死《し》す」と訓読する。

出典 『国語《こくご》』越語《えつご》

類義語 主辱臣死《しゅじょくしんし》

【君側之悪】くんそくのあく

意味 主君のそば近くの悪人。また、主君におもねって悪だくみをめぐらす悪臣。

補説 「君側」は主君のそば。「悪」は悪者。

出典 『春秋公羊伝《しゅんじゅうくようでん》』定公《ていこう》一三年

類義語 君側之奸《くんそくのかん》・城狐社鼠《じょうこしゃそ》

【君命無二】くんめいむに

意味 君主の命令は、一度出されればそれが絶対であり、二つはないということ。また、臣は君主の命令に二心をもたないこと。

補説 「君命《くんめい》に二《に》無《な》し」と訓読する。

出典 『春秋左氏伝《しゅんじゅうさしでん》』僖公《きこう》二四年

【群雄割拠】ぐんゆうかっきょ（―スル）

意味 多くの英雄や実力者たちが各地に勢力を張り、互いに対立して覇《は》を競い合っていること。

補説 「群雄」はたくさんの英雄・実力者。「割拠」はそれぞれが土地を分かち取り、そこを本拠として勢力を張ること。本来、中国や日本の戦国時代などの状況をいう語。

類義語 治乱興亡《ちらんこうぼう》

【群竜無首】ぐんりょうむしゅ

意味 上に立って統括すべき者がいないこと。転じて、上に立つ者がいないために事が順調に運ばないたとえ。

補説 人材は並びいるが、これを統括する者がおらず、十分な働きができないこと。「竜」はすぐれた人材のたとえ。「首」は首領・統括者のこと。「無首」はもとは、多くの竜が頭を雲の中に隠して現さない意で、剛健盛大な時運に遭遇しても竜たちが頭を現さないように、尊大におごることがないことをいった。「群竜《ぐんりょう》、首《しゅ》無《な》し」と訓読する。

注意 「群竜无首」とも書く。「ぐんりゅうむしゅ」とも読む。

出典 『易経《えききょう》』乾《けん》 ◎「群竜を見るに首《かしら》无《な》し。吉」

【勲労功伐】くんろうこうばつ

意味 手柄・功労のこと。また、手柄・功労を立てること。

補説 「勲」「労」「功」「伐」はともに手柄・功労のこと。人臣の功に五品があり、そのうちの上の四つ。もう一つは「閲《えつ》」。

出典 『史記《しき》』高祖功臣侯者年表《こうそこうしんこうしゃねんぴょう》・序

け

【経緯万端】けいいばんたん

意味 物事が入り組んでいて、手がかりが見つけにくいことの形容。

補説 「経」は縦糸、「緯」は横糸。「万端」は端緒が万もあること。たくさんの糸が絡まって糸口が見つけられないことを表す。

出典 『史記《しき》』礼書《れいしょ》

類義語 経緯万方《けいいばんぽう》・千緒万端《せんしょばんたん》・千端万緒《せんたんばんしょ》

【鯨飲馬食】げいいんばしょく（―スル）

意味 一度にたくさんのものを飲み食いすること。

補説 鯨のようにたくさんの酒や水を飲み、馬のように多く食べる意から。

出典 『史記《しき》』范雎伝《はんしょでん》

用例 胃袋を大切にしなさい。胃袋を。大学をでる。役人になる。一週五回以上の鯨飲馬食に耐えねばならぬ。頭は必要ではない。〈坂口安吾◆安吾巷談〉

類義語 牛飲馬食《ぎゅういんばしょく》・痛飲大食《つういんたいしょく》・暴飲暴食《ぼういんぼうしょく》

【閨英闈秀】けいえいいしゅう

意味 すぐれた女性のこと。

補説 女性を褒めていう語。「閨」は女性の寝室。「闈」は奥座敷。後宮。ともに女性のいる所の意から女性を表す。「英」「秀」はともに学問や才能にすぐれたことをいう語。

出典 『紅楼夢《こうろうむ》』二九

類義語 閨英閣秀《けいえいかくしゅう》・閨英閣香《けいえいかっこう》

【形影一如】けいえいいちにょ

意味 仲むつまじい夫婦のたとえ。また、心の善し悪しがその行動に表れるたとえ。

補説 体とその影は常に離れず寄り添い同じ動きをすることから、密接な関係のたとえ。「形影」は物の形とその影。「一如」はもと仏教語で、一体である、不可分である意。

類義語 異体同心《いたいどうしん》・一心同体《いっしんどうたい》・形影相随《けいえいそうずい》・形影相同《けいえいそうどう》・形影相伴《けいえいそうはん》・形影不離《けいえいふり》・寸歩不離《すんぽふり》

【経営惨澹】けいえいさんたん（―スル）

意味 事を成すのにあれこれと思いをめぐらし、工夫すること。事を成すのに非常に心を悩ますこと。

補説 芸術作品を創作するのに心を悩ましあれこれ工夫することにもいう。「経営」は物事の計画を立てて治め営むこと。また、事業を営むこと。「惨澹」は心を悩ますこと。「惨澹経営《さんたんけいえい》」ともいう。

注意 「経営惨憺」とも書く。

出典 杜甫《とほ》「丹青引《たんせいのいん》」

用例 三つの室に、七十何点かの画《え》が並んでいる。それが皆日本画である。しかし唯《ただ》の日本画じゃない。いずれも経営惨憺の余《よ》になった、西洋画のような日本画である。〈芥川龍之介◆西洋画のやうな日本画〉

類義語 意匠惨澹《いしょうさんたん》・苦心惨憺《くしんさんたん》

【形影相随】けいえいそうずい

意味 身体の動きに応じて影も動くこと。転じて、心の善悪などのありようが、その言動に表れるたとえ。

補説 影が身体から離れないように、関係が親密で離れられないことをいう。また、体と影が互いに慰め合うこと。孤独で寄る辺のないことの形容。「形影」は物の形とその影。一般に「形影《けいえい》相《あい》随《したが》う」と訓読して用いる。「形影相同《けいえいそうどう》」ともいう。

出典 『列子《れっし》』説符《せっぷ》

類義語 形影一如《けいえいいちにょ》・形影不離《けいえいふり》・形直影正《けいちょくえいせい》

【形影相弔】けいえいそうちょう

意味 孤独で寂しいさま。だれも訪ねて来ず寂しいさま。

補説 自分の体とその影が互いに慰め合う意から。「形影」は物の形とその影。「弔」は慰める、あわれむ意。一般に「形影《けいえい》相《あい》弔《とぶら》う」と訓読して用いる。

出典 『文選《もんぜん》』曹植《そうしょく》「『躬《み》を責《せ》む』『詔《みことのり》に応《おう》ず』の詩《し》を上《たてまつ》る表《ひょう》」

類義語 形影相親《けいえいそうしん》

【形影相同】けいえいそうどう

⇒形影相随　けいえいそうずい　184

【形影不離】けいえいふり

意味 関係が親密で離れられないことのたとえ。

補説 物と影とが離れることのない意から、きわめて密接な関係をいう。「形影」は物の形とその影。「形影《けいえい》離《はな》れず」と訓読する。

出典 『荘子《そうじ》』在宥《ざいゆう》

類義語 形影一如《けいえいいちにょ》・形影相随《けいえいそうずい》

【繋影捕風】けいえいほふう

⇒繋風捕影　けいふうほえい　190

【形骸土木】けいがいどぼく

⇒土木形骸　どぼくけいがい　501

【傾蓋知己】けいがいのちき

意味 ちょっと会って少し話をしただけなのに、古くからの友人のように打ち解け親しむこと。また、そのような仲。

補説 「傾蓋」は車のかさを傾ける。車をとめることをいう。「蓋」は車につけられたかさ。「知己」は自分を知ってくれている人の意で、友人。また、親しい人をいう。

故事 孔子が偶然出会った初対面の程子と、道端でかさを傾け合って車をとめ、親しく語り合った故事（『孔子家語《こうしけご》』観思《かんし》〈致思《ちし》〉）から。

出典 『史記《しき》』鄒陽伝《すうようでん》◎「諺《ことわざ》に曰《いわ》く、白頭新《しん》の如《ごと》く、傾蓋故《こ》の如き有り、と（ことわざに、白髪になるまで長く付き合っても、気が合わなければ新たに知り合った友人と同じであり、道端で車のかさを傾けて少し話しただけで親密な仲になることもある、という）」

類義語 程孔傾蓋《ていこうけいがい》

【傾家蕩産】けいかとうさん

意味 家の財産を使い果たし、すべてを失うこと。

補説 「傾家」「蕩産」はともに全財産を使い果たすこと。「蕩」はあらう、すっかりなくなる意。「家《いえ》を傾《かたむ》け産《さん》を蕩《やぶ》る」と訓読する。

出典 『蜀志《しょくし》』董和伝《とうわでん》

類義語 傾家竭産《けいかけっさん》・傾家敗産《けいかはいさん》・傾家破産《けいかはさん》

【桂冠詩人】けいかんしじん

意味 イギリス王室において任命される、詩人としての最高の称号。

補説 現在では名誉職。王室の慶弔などに詩を作った。古代ギリシャで、すぐれた詩人に月桂冠を与えたことからいう。

類義語 欽定詩宗《きんていしそう》

【傾危之士】 けいきのし

意味 策謀や詭弁《きべん》で国を傾け危うくする人のこと。また、危険な人物。

補説 「傾危」は傾き危ういこと。傾け危うくすること。中国戦国時代の遊説家で、合従《がっしょう》策を唱えた蘇秦《そしん》と連衡策を唱えた張儀を評した語。（↓「合従連衡《がっしょうれんこう》」110・「蘇張之弁《そちょうのべん》」415）

出典 『史記《しき》』張儀伝《ちょうぎでん》・賛

【桂宮柏寝】 けいきゅうはくしん

意味 美しい宮室のたとえ。

補説 桂《かつら》の宮殿と柏《かしわ》の寝所の意から。「桂」はニッケイなどの香木の総称。「柏」はコノテガシワなどの常緑樹の総称。「寝」は寝室、また、寝台。

出典 鮑照《ほうしょう》「白紵《はくちょ》舞歌《ぶか》に代《か》わる詞《し》」

【軽裘肥馬】 けいきゅうひば

意味 非常に富貴なさま。また、富貴の人。

補説 富貴な人の外出のときの装いである、軽くて美しい皮ごろもと肥えた立派な馬の意から。「裘」は皮ごろものこと。「軽裘」は軽くて高価な皮ごろも。略して「軽肥」ともいう。また、「肥馬軽裘《ひばけいきゅう》」ともいう。

出典 『論語《ろんご》』雍也《ようや》

【荊棘叢裏】 けいきょくそうり

意味 逆臣・悪臣の家のたとえ。

補説 いばらが茂った中の意から。「荊棘」は、いばらなどとげのある低木。とげがあることから、転じて、障害・妨げ・困難なことのたとえ。また、悪人のたとえ。「叢裏」はくさむらの中。いばらの生い茂る中。「裏」は内側・中の意。

出典 『楚辞《そじ》』東方朔《とうぼうさく》「七諫《しちかん》・怨思《えんし》」

【荊棘銅駝】 けいきょくどうだ

⇒ 銅駝荊棘 どうだけいきょく 489

【桂玉之艱】 けいぎょくのかん

意味 物価の高い都会で、生活に苦しむことのたとえ。地方から物価の高い土地に来て、苦学するたとえ。

補説 高価な桂《かつら》より高いたきぎと、珠玉より高い食べ物に苦しむ意から。「桂」は香木、「玉」は宝玉のこと。「艱」は悩み苦しむこと。「都門桂玉《ともんけいぎょく》」ともいう。

故事 中国戦国時代の遊説家蘇秦《そしん》が、楚《そ》の威王に面会するのに三か月も待たされ、その間に珠玉よりも高い食べ物と桂よりも高いたきぎなど生活物資の物価の高さに悩まされた故事から。

出典 『戦国策《せんごくさく》』楚策《そさく》

類義語 桂玉之地《けいぎょくのち》・食玉炊桂《しょくぎょくすいけい》

【軽挙妄動】 けいきょもうどう〈—スル〉

意味 軽はずみに何も考えずに行動すること。是非の分別もなく、軽はずみに動くこと。

補説 「軽挙」は深く考えずに行動すること。「妄動」は分別なくみだりに行動すること。

用法 軽挙妄動を慎む

用例 低級な学問をした者が軽挙妄動し諸種の誘惑に身を誤りやすいのは男も同じ事でしょう。〈与謝野晶子◆婦人改造と高等教育〉

類義語 軽慮浅謀《けいりょせんぼう》

対義語 隠忍自重《いんにんじちょう》・熟慮断行《じゅくりょだんこう》・思慮分別《しりょふんべつ》・付和雷同《ふわらいどう》

【鶏群一鶴】 けいぐんのいっかく

意味 多くの凡人の中に、一人だけすぐれた人物が交じっていることのたとえ。

補説 多くの鶏の群れの中にいる一羽の鶴の意から。「群鶏一鶴《ぐんけいのいっかく》」ともいう。

出典 『世説新語《せせつしんご》』容止《ようし》

類義語 鶏群孤鶴《けいぐんこかく》・絶類離倫《ぜつるいりりん》

【鶏犬不寧】 けいけんふねい

意味 きわめて緊迫した事態で、心安らかではいられないたとえ。

補説 騒然としていて、鶏や犬でさえも安らかでいられない意から。「寧」は安らか、穏やかの意。「鶏犬《けいけん》も寧《やす》らかならず」と訓読する。

出典 柳宗元《りゅうそうげん》「蛇《へび》を捕《と》らうる者《もの》の説《せつ》」

【鶏口牛後】 けいこうぎゅうご

意味 大きな集団や組織の末端にいるより、小さくてもよいから長となって重んじられるほうがよいということ。

補説 「寧《むし》ろ鶏口と為《な》るも、牛後と為る無かれ」の略。「鶏口」は鶏のくちばし。弱小なものの首長のたとえ。「牛後」は牛の尻《しり》。

強大なものに隷属する者のたとえ。

故事 中国戦国時代、遊説家の蘇秦《そしん》が韓《かん》王に、小国とはいえ一国の王として権威を保つのがよく、強大な秦《しん》に屈して臣下に成り下がってはならないと説いて、韓・魏《ぎ》・趙《ちょう》・燕《えん》・斉・楚《そ》の六国が合従《がっしょう》するのを勧めた故事から。（→「合従連衡《がっしょうれんこう》」110）

出典『戦国策《せんごくさく》』韓策《かんさく》／『史記《しき》』蘇秦伝《そしんでん》

類義語 鶏尸牛従《けいしぎゅうしょう》

【傾国傾城】けいこく けいせい

⇒ 傾城傾国 けいせいけいこく 187

【経国済民】けいこく さいみん

⇒ 経世済民 けいせいさいみん 188

【経国大業】けいこくの たいぎょう

意味 国を治める立派な事業のこと。また、すぐれた文章のこと。

補説「経国」は国を経営する、「大業」は立派な事業の意。魏《ぎ》の曹丕《そうひ》（文帝）が文章論の中で、すぐれた文章は経国の大業である、と述べたことによる。文章一般にもいう。

出典『文選《もんぜん》』曹丕《そうひ》「典論《てんろん》」論文《ろんぶん》 ◎「蓋《けだ》し文章は経国の大業、不朽の盛事なり」

【傾国美女】けいこくの びじょ

意味 絶世の美人のたとえ。

補説 君主がその女色に溺《おぼ》れて政治を顧みず、国を傾けてしまうほどの美人の意から。「傾国美人《けいこくのびじん》」ともいう。（→「一顧傾城《いっこけいせい》」36）

出典『漢書《かんじょ》』外戚伝《がいせきでん》・李夫人伝《りふじんでん》

類義語 一顧傾城《いっこけいせい》・傾城傾国《けいせいけいこく》

【傾国美人】けいこくの びじん

⇒ 傾国美女 けいこくのびじょ 186

【鶏骨支床】けいこつ ししょう

意味 喪に服して、憔悴《しょうすい》しきっているさまの形容。

補説 体が痩《や》せ衰えて床（寝台）に支えることがやっとである状態の意から。「鶏骨」は鶏の骨のように細く弱々しいこと。「鶏骨《けいこつ》、床《とこ》を支《ささ》う」と訓読する。

出典『世説新語《せせつしんご》』徳行《とっこう》

【稽古之力】けいこの ちから

意味 昔のことを考える努力の意。また、学問や芸術に関する事柄により財産や地位を得ること。

補説「稽古」は昔のことを考えること。学問。

出典『後漢書《ごかんじょ》』桓栄伝《かんえいでん》

【刑故無小】けいこ むしょう

意味 故意に犯した罪は小さな罪でも刑罰を与えること。

補説 故意による罪を罰するのに、その犯した罪が小さいということは問題にならないということ。「故」は故意に犯した罪。「故《こ》を刑《けい》するに小《しょう》とする無《な》し」と訓読する。

出典『書経《しょきょう》』大禹謨《だいうぼ》 ◎「過ちを宥《ゆる》すに大とする無く、故を刑するに小とする無し（過失による罪を許すのにその罪が大きいということは問題にならない、故意による罪を罰するのにその罪が小さいということは問題にならない）」

【荊妻豚児】けいさい とんじ

意味 自分の妻子を謙遜《けんそん》していう語。

補説「荊妻」はいばらのかんざしをつけた妻の意（→「荊釵布裙《けいさいふくん》」186）で、自分の妻の謙称。愚妻。「豚児」は豚の子のことで、自分の息子の謙称。手紙文に用いられることが多い。

用例 この筆者は私たちのぐるりのような荊妻豚児的家庭の感情ももっていないし、公のことと私のこととを妙に区別した一昔前の新しさもなくて、何と全統一の感じがあるでしょう。〈宮本百合子◆獄中への手紙〉

類義語 愚妻愚息《ぐさいぐそく》

【荊釵布裙】けいさい ふくん

意味 女性のつましく粗末な服装のたとえ。

補説 いばらのかんざしと麻布のもすその意から。「荊」はいばら、「釵」はかんざし。「裙」はもすそで、女性が腰から下につける衣。

故事 中国後漢の梁鴻《りょうこう》の妻、孟光《もうこう》がつつましく、いつもいばらのかんざしと、麻布のもすそを身につけていた故事から。

出典『太平御覧《たいへいぎょらん》』七一八に引く『列女伝《れつじょでん》』

【荊山之玉】けいざんの ぎょく

意味 すぐれて賢い人のたとえ。

【補説】荊山から出る玉《ぎょく》を抱いている人の意から。「荊山」は中国春秋時代、楚《そ》の卞和《べんか》が玉の原石を手に入れたといわれる山。所在については諸説ある。（↓「和氏之璧《かしのへき》」105）

【出典】『文選《もんぜん》』曹植《そうしょく》「楊徳祖《ようとくそ》に与《あた》うるの書《しょ》」

【鶏尸牛従】けいしぎゅうしょう

【意味】大きな集団や組織の末端にいるより、小さくてもよいから長となって重んじられるほうがよいということ。
【補説】大きな牛の群れの後ろに従い行くよりは、小さくても鶏の群れの長になったほうがよいという意から。「寧《むし》ろ鶏尸《けいし》と為《な》るも牛従《ぎゅうしょう》と為ること無かれ」の略。「鶏尸」は鶏の群れの長。「尸」は主・つかさの意。「牛従」は牛の群れの後ろに従い行く子牛の意。
【出典】『資治通鑑《しじつがん》』周紀《しゅうき》・顕王《けんおう》三六年の注に引く『爾雅翼《じがよく》』
【類義語】鶏口牛後《けいこうぎゅうご》

【瓊枝玉葉】けいしぎょくよう

【意味】皇室の一門・子孫のたとえ。

【補説】「瓊」は玉《ぎょく》の意。「枝」「葉」はともに一門・子孫のたとえ。

【類義語】金枝花萼《きんしかがく》・金枝玉葉《きんしぎょくよう》

【経史子集】けいししじゅう

【意味】中国で、古典的書物を分類・整理するときの四部門のこと。経書《けいしょ》・歴史書・諸子類・詩文集。

【補説】「経」は儒教の基本的な古典。「史」は歴史書。「子」は諸子で、諸派の思想書。「集」は詩文集。

【出典】『事物紀源《じぶつきげん》』経籍芸文部《きょうせきげいもんぶ》・四部 ◎「今崇文《すうぶん》（文学）の官録する所の書目、経史子集の甲乙丙丁四部と為《な》す」

【瓊枝栴檀】けいしせんだん

【意味】有徳の人や、すぐれた詩文のたとえ。

【補説】「瓊枝」は美しい玉《ぎょく》を生じるといわれる木。「栴檀」は香木。白檀《びゃくだん》のこと。いずれもすぐれたもののたとえ。

【軽車熟路】けいしゃじゅくろ

【意味】物事に熟達していて容易にこなすことができるたとえ。

【補説】「軽車」は軽快に走る車。「熟路」はよく知っている道。よく走る車でなれた道を行くように容易にできるという意から。

【出典】韓愈《かんゆ》「石処士《せきしょし》を送《おく》るの序《じょ》」

【類義語】駕軽就熟《がけいしゅうじゅく》

【霓裳羽衣】げいしょううい

【意味】薄絹などで作った、女性の美しくて軽やかな衣装のこと。また、舞曲の名。

【補説】もと西域から伝来した舞曲という。一説に、中国唐の玄宗《げんそう》が仙人と月宮に遊び、仙女の舞を見てその音調を覚えて帰り、楽士にそのとおり作らせた楽曲という。楊貴妃《ようきひ》はこの舞を得意としたとされる。「霓裳」は虹《にじ》のように美しいもすそ（スカート）。「霓」は虹。「羽衣」は鳥の羽で作った軽い衣。天《あま》のはごろも。天人や仙人が着て空を飛ぶという。

【出典】白居易《はくきょい》「長恨歌《ちょうごんか》」

【用例】やがて知んぬ。なかなかに時のはやりに染まぬ服装の、却《かえ》って鶯帯蝉羅《おうたいせんら》にして、霓裳羽衣の風情をなせる、そこの農家の姉娘の、里の伯母前《おばぜ》を訪《と》うなりしを。〈泉鏡太郎◆婦人十一題〉

【卿相雲客】けいしょううんかく

⇒月卿雲客 げっけいうんかく 195

【形銷骨立】けいしょうこつりつ

【意味】疲れ果てて体が痩《や》せて衰弱しきっているさまの形容。
【補説】体が痩せ細って骨ばかりになる意から。「形銷」は体が痩せ衰える意。「骨立」は痩せて骨ばかりになる意。
【出典】『南史《なんし》』梁武帝紀《りょうぶていき》
【類義語】哀毀骨立《あいきこつりつ》・銷毀骨立《しょうきこつりつ》

【傾城傾国】けいせいけいこく

【意味】絶世の美人のたとえ。
【補説】その美貌《びぼう》で人心を惑わし、国や城を傾け滅ぼす意から。「傾国傾城《けいこくけいせい》」ともいう。（↓「一顧傾城《いっこけいせい》」36）
【出典】『漢書《かんじょ》』外戚伝《がいせきでん》・李夫人伝《りふじんでん》
【用例】にっこりと笑むえくぼのうちには、傾城傾国の力を蓄う。〈坪内逍遥◆妹と背かがみ〉
【類義語】一顧傾城《いっこけいせい》・傾国美女《けいこくのびじょ》・天姿国色《てんしこくしょく》

【経世済民】けいせいさいみん

（意味）世の中をよく治めて人々を苦しみから救うこと。また、そうした政治をいう。

（補説）「経」は治める、統治する。「済民」は人民の難儀を救済すること。「済」は救う、援助する意。「世《よ》を経《おさ》め民《たみ》を済《すく》う」と訓読する。「経国済民《けいこくさいみん》」「救国済民《きゅうこくさいみん》」ともいう。「経済」の語源。

（用例）古来、学者と云《い》われる人物の日本的特性を考えてみると、甚だ興味あることは、彼等《かれら》が常に経世済民の志を掲げ、（中略）「文」を業としつつも、「武」の道をもって心の備えとしていたことであります。〈岸田國士◆日本文化の特質〉

類義語 救世済民《きゅうせいさいみん》

【景星鳳凰】けいせいほうおう

（意味）聖人や賢人が世に現れるめでたい兆し。また、賢人のたとえ。

（補説）「景星」はめでたい星。「鳳凰」は想像上のめでたい鳥。雄を鳳、雌を凰といい、徳の高い天子や聖賢が世に出たときに現れるという。

（注意）「景星鳳皇」とも書く。

（出典）韓愈《かんゆ》「少室《しょうしつ》の李拾遺《りしゅうい》に与《あた》うるの書《しょ》」

【蛍雪之功】けいせつのこう

（意味）苦労して学問に励むこと。また、その成果。

（補説）「蛍雪」は蛍の光と雪明かり。「功」は年功。また、成しとげた仕事。成果。

（故事）中国東晋《とうしん》の車胤《しゃいん》は貧しくて灯油が買えず、夏は蛍を集めて薄い練り絹の袋に入れてその光で勉強し（『晋書《じんじょ》』車胤伝《しゃいんでん》）、同じく貧しかった孫康は、冬は窓から入る雪明かりで勉強した（『初学記《しょがくき》』二に引く『宋斉語《そうせいご》』）という故事から。

（出典）『蒙求《もうぎゅう》』孫康映雪《そんこうえいせつ》／車胤聚蛍《しゃいんしゅうけい》

（用例）それというのは、昔は雪の光で書物を読んだとか、蛍を集めて手習をしたとか、いわゆる学問は蛍雪の功を積まねばならぬ、よほど辛《つら》いものであるという教《おしえ》になっているからである。〈新渡戸稲造◆教育の目的〉

類義語 円木警枕《えんぼくけいちん》・匡衡鑿壁《きょうこうさくへき》・苦学力行《くがくりっこう》・蛍窓雪案《けいそうせつあん》・懸頭刺股《けんとうしこ》・困知勉行《こんちべんこう》・車胤聚蛍《しゃいんしゅうけい》・車蛍孫雪《しゃけいそんせつ》・孫康映雪《そんこうえいせつ》・断薺画粥《だんせいかくしゅく》・昼耕夜誦《ちゅうこうやしょう》・磨穿鉄硯《ませんてっけん》

【蛍窓雪案】けいそうせつあん

（意味）苦労して学問に励むこと。

（補説）「案」は机のこと。略して「蛍案」ともいう。「雪案蛍窓《せつあんけいそう》」ともいう。

（故事）→「蛍雪之功《けいせつのこう》」188

類義語 苦学力行《くがくりっこう》・蛍雪之功《けいせつのこう》・懸頭刺股《けんとうしこ》・困知勉行《こんちべんこう》・車胤聚蛍《しゃいんしゅうけい》・断薺画粥《だんせいかくしゅく》・昼耕夜誦《ちゅうこうやしょう》・磨穿鉄硯《ませんてっけん》

【勁草之節】けいそうのせつ

（意味）節操や意志の非常に固いこと。

（補説）強風にも折れない草のように強固な節操の意。「勁草」は茎が強くて強風にも折れない草のこと。「節」は節操や意志をいう。

（出典）『東観漢記《とうかんかんき》』王覇伝《おうはでん》「疾風《しっぷう》に勁草《けいそう》を知《し》る」

類義語 歳寒松柏《さいかんしょうはく》・志操堅固《しそうけんご》・疾風勁草《しっぷうけいそう》・雪中松柏《せっちゅうのしょうはく》

【傾側偃仰】けいそくえんぎょう〈―スル〉

（意味）世の流れに従って生活すること。

（補説）「傾側」は世間の片隅に住むこと。また、世に随順すること。「偃仰」はうつむいたり仰いだり、寝たり起きたりする意。転じて、世の流れに従い浮き沈みすること。

（注意）「けいそくえんこう」とも読む。

（出典）『淮南子《えなんじ》』要略《ようりゃく》

【形息名彰】けいそくめいしょう

（意味）後世に名が残ること。

（補説）身体は死滅しても、その名声は世に知られている意から。「形息」は肉体が消滅すること。「形」は肉体。「息」は消える意。「名彰」は名が世間に知られること。「彰」は明らかにあらわれる意。「形《かたち》息《や》みて名《な》彰《あらわ》る」と訓読する。

（出典）『呂氏春秋《りょししゅんじゅう》』上徳《じょうとく》

【軽率短慮】けいそつたんりょ〈―ナ〉

（意味）決定や行動などが軽はずみで、思慮が足りないさま。

（補説）「軽率」はどのような結果になるか注意せずに事をするさま。「短慮」は考えのあさはかなさま。思慮の足りないさま。「短慮軽率《たんりょけいそつ》」ともいう。

類義語 軽佻浮薄《けいちょうふはく》・智謀浅短《ちぼうせんたん》・直情径行《ちょくじょうけいこう》

対義語 思慮分別《しりょふんべつ》・深謀遠慮《しんぼうえんりょ》・深慮遠謀《しんりょえんぼう》

【軽諾寡信】 けいだく かしん

意味 軽々しく引き受ける者は約束を守らないことが多く、信用できないということ。

補説 「軽諾」は気軽に引き受けること。安請け合い。「寡信」は信用が少ない意で、信用できないこと。「軽諾は必ず信寡《すくな》し」の略。

出典 『老子《ろうし》』六三

対義語 一諾千金《いちだくせんきん》・季布一諾《きふのいちだく》・千金之諾《せんきんのだく》

【形単影隻】 けいたん えいせき

意味 独りぼっちで孤独なこと。

補説 独り身で助けてくれる人のいないこと。からだも一つ、影も一つの意から。「形」はからだのこと。「隻」は一つの意。「影隻形単《えいせきけいたん》」ともいう。

出典 韓愈《かんゆ》「十二郎《じゅうにろう》を祭《まつ》るの文《ぶん》」

【髻中明珠】 けいちゅう みょうしゅ

意味 髻《もとどり》の中に隠された宝珠。秘められた究極の教えのたとえ。具体的には『法華経《ほけきょう》』の教えを指す。

補説 仏教語。「法華七喩《ほっけしちゆ》」（法華経に説かれる七つのたとえ話）の一つ。転輪聖王《てんりんじょうおう》（仏法で世界を治める理想的帝王）は髻の中に宝珠を秘蔵していたが、通常の戦功の者には他の褒美を与えてその宝珠を与えず、格別の大功ある者にのみ髻中の明珠を授けたという。釈迦《しゃか》が機根の劣る者にはそれぞれに相応の教えを示しておき、最後に『法華経』の教えを開示したことをたとえる。

出典 『法華経』安楽行品《あんらくぎょうほん》

【軽重緩急】 けいちょう かんきゅう

⇒ 緩急軽重 かんきゅうけいちょう 120

【軽佻浮薄】 けいちょう ふはく 〈―ナ〉

意味 考えや行動などが軽はずみで、浮ついているさま。

補説 「軽佻」は落ち着きがなく、よく考えず言動するさま。「浮薄」は浮ついて軽々しいさま。信念がなく他に動かされやすいさま。

注意 「軽窕浮薄」とも書く。

用例 伝統的な手法を忘れて、一体に画壇が軽佻浮薄に流れて、いけないというようなお話をしきりにせられていました。〈上村松園◆旧い記憶を辿って〉

類義語 軽率短慮《けいそつたんりょ》・軽佻佞巧《けいちょうねいこう》・軽佻浮華《けいちょうふか》・喉元思案《のどもとじあん》・鼻先思案《はなさきじあん》

【形直影正】 けいちょく えいせい

意味 心の善悪がそのまま行為に表れるたとえ。原因と結果が相離れることのないたとえ。

補説 物がまっすぐであれば、その影もまっすぐになる意から。人が相手や物事に応じて自らの身を処していくことのたとえにも用いる。「形」「影」はともに本体とそれから現れ出るもののたとえ。原因と結果のたとえ。また、他者と自己のたとえ。「形《かたち》直《なお》ければ影《かげ》正《ただ》し」と訓読する。

出典 『列子《れっし》』説符《せっぷ》

類義語 形影相随《けいえいそうずい》・形影相同《けいえいそうどう》・形枉影曲《けいおうえいきょく》

【敬天愛人】 けいてん あいじん

意味 天を敬い人を愛すること。

補説 「敬天」は天をおそれ敬うこと。「愛人」は人をいつくしみ愛すること。西郷隆盛《さいごうたかもり》（号は南洲《なんしゅう》）が『南洲翁遺訓《なんしゅうおういくん》』で「講学の道は敬天愛人を目的とし、身を修するに克己を以《もっ》て終始す可《べ》し」といい、学問の目的を述べた語として有名。

出典 中村正直「敬天愛人説」

類義語 敬天愛民《けいてんあいみん》

【桂殿蘭宮】 けいでん らんきゅう

意味 美しい宮殿のこと。

補説 「桂」は香木の名。「蘭」は香草の名。「殿」「宮」はともに建物のこと。

【軽薄才子】 けいはく さいし

意味 言動が軽々しくて思慮が浅く、調子がいいだけの抜け目のない人間。

補説 「軽薄」はうわべだけ調子がよくて真心がないこと。「才子」は本来は才能のある人の意だが、ここでは反語的な意味で用いている。

用例 その友人というのが、無論、拙者には竹馬の友でして、鈍重な男ではあるが、軽薄才子ではありません。〈中里介山◆大菩薩峠〉

【軽薄短小】 けいはくたんしょう

意味 軽くて薄く、短く小さいさま。また、内容などが薄っぺらで中身のないさま。

補説 一九八〇年代頃、電気製品など工業製品の小型化を表した語。転じて、社会の風潮を揶揄《やゆ》する言葉としても用いられる。

対義語 重厚長大《じゅうこうちょうだい》

【瓊葩繡葉】 けいはしゅうよう

意味 玉のように美しい花、美しい葉のこと。

補説 「瓊葩」は玉のように麗しい花の意。「繡葉」は美しい葉の意。

注意 「瓊葩綉葉」とも書く。

用例 また春の日に瓊葩綉葉の間、和気香風《かきこうふう》の中《うち》に、臥榻《がとう》を据えてその上に臥《ね》そべり、〈二葉亭四迷◆浮雲〉

【鶏皮鶴髪】 けいひかくはつ

意味 老人のたとえ。年老い衰えた形容。

補説 「鶏皮」は皮膚が鶏の肌のように張りや艶《つや》を失い衰えたさま。「鶴髪」は頭髪が鶴の羽のように白くなったさま。

出典 玄宗《げんそう》「傀儡吟《かいらいぎん》」

【繫風捕影】 けいふうほえい

意味 話や物事がとりとめなく、当てにならないたとえ。つかまえどころのないたとえ。

補説 風をつなぎ止め影をつかまえる意から。「繫」はつなぎ止めること。根拠のない風聞などをいう。「風《かぜ》を繫《つな》ぎ影《かげ》を捕《とら》う」と訓読する。出典には「係風捕景」とある。

出典 『漢書《かんじょ》』郊祀志《こうしし》

「繫影捕風《けいえいほふう》」「捕風捉影《ほふうそくえい》」ともいう。

【恵風和暢】 けいふうわちょう

意味 恵みの風が吹き、のどかでなごやかにすること。

補説 「恵風」は生物を成長させる恵みの風。「和暢」はのどかでなごやかなこと。また、のどかでなごやかにすること。

出典 王羲之《おうぎし》「蘭亭集序《らんていしゅうじょ》」

【経文緯武】 けいぶんいぶ

⇒ 緯武経文 いぶけいぶん 51

【軽便信用】 けいべんしんよう

意味 簡単に得られる信用のこと。

補説 本来信用とは長年の努力の積み重ねの結果得られるべきものだが、これは手軽で便利に得られる信用のこと。

用例 「……此《この》煙草《たばこ》を吸ってると、大変信用が違います」「寒月君が珠《たま》を磨《みが》くよりも楽な信用でいい、手数《てかず》がかからない。軽便信用だね」〈夏目漱石◆吾輩は猫である〉

【刑鞭蒲朽】 けいべんほきゅう

意味 世の中が平和に治まっているたとえ。

補説 「刑鞭」は罪人を打つむち。「蒲」はガマ・ガマの穂。「朽」は朽ちる。腐る。「刑鞭《けいべん》蒲《ほ》朽《く》つ」と訓読する。

故事 中国後漢の劉寛《りゅうかん》は、竹などで作った刑具の代わりに、打っても苦痛のないガマでむちを作り、刑罰を受ける恥辱を与えるだけで実際には痛くないようにした（『後漢書《ごかんじょ》』劉寛伝《りゅうかんでん》）。そのガマのむちさえ使わなかったので、ガマのむちが朽ち果ててしまったということ。

出典 『和漢朗詠集《わかんろうえいしゅう》』帝王《ていおう》

類義語 尭風舜雨《ぎょうふうしゅんう》・千里同風《せんりどうふう》・蒲鞭之政《ほべんのせい》・劉寛温恕《りゅうかんおんじょ》

【傾盆大雨】 けいぼんのたいう

意味 激しく降る雨のたとえ。

補説 鉢をひっくり返したような大雨の意から。「盆」は水や酒を入れる大きな容器・鉢。

出典 杜甫《とほ》詩「白帝《はくてい》」

【軽妙洒脱】 けいみょうしゃだつ 〈―ナ〉

意味 軽やかでしゃれていること。俗っぽくなく、さわやかで洗練されて巧みなこと。また、そのさま。

補説 「軽妙」は軽やかでたくみなさま。「洒脱」は俗気がなくさわやかなさま。さっぱりしていてこだわらないさま。

用例 根岸派では、饗庭篁村《あえばこうそん》が先達で、八文字舎《はちもんじや》風の軽妙洒脱な紀行文を書き「東京朝日」の続き物として明日を楽しませた。〈小島烏水◆紀行文家の群れ〉

類義語 滑稽洒脱《こっけいしゃだつ》・洒洒落落《しゃしゃらくらく》

【鶏鳴狗盗】 けいめいくとう

意味 小策を弄《ろう》する人や、くだらない技能をもつ人、つまらないことしかできない人のたとえ。また、つまらないことでも何かの役に立つことがあるたとえ。

(補説)「鶏鳴」は鶏の鳴きまねをすること。「狗盗」は犬のようにこそこそと、わずかばかりの物を盗むこと。卑しいことをして人をあざむく者のたとえ。
(故事)中国戦国時代、秦《しん》の昭王に捕らえられた斉の孟嘗君《もうしょうくん》が、犬のまねをして盗みを働く食客と、巧みに鶏の鳴きまねのできる食客を利用して、無事に逃れた故事から。
(出典)『史記《しき》』孟嘗君伝《もうしょうくんでん》
(用例)いたずらに硬語を吐き、身に鶏鳴狗盗の術なくして、しかも治国平天下を談ず〈犬養木堂◆都人士〉
(類義語)竹頭木屑《ちくとうぼくせつ》

【刑名参同】けいめいさんどう

(意味)中国戦国時代に法家が唱えた、君主の臣下統御の法。臣下の実績や行為と、臣下の言葉や地位などが、厳しく一致しているかどうかで賞罰を下すというもの。

(補説)はじめ申不害《しんふがい》が唱え、韓非子《かんぴし》らが受け継いだ。「刑」は「形」に同じで形にあらわれた事柄・行為。「名」は人の地位・職分・本分・言葉のこと。「参同」は比べ合わせてぴったり一致すること。(→「循名責実《じゅんめいせきじつ》」320)

(注意)「形名参同」とも書く。

(出典)『韓非子《かんぴし》』揚権《ようけん》/主道《しゅどう》
(類義語)刑名審合《けいめいしんごう》・言行一致《げんこういっち》・循名責実《じゅんめいせきじつ》

【鶏鳴之助】けいめいのじょ

(意味)内助の功があること。また、内助の功のある妻がいること。

(補説)「鶏鳴」は鶏が鳴き夜明けを告げること。

(故事)賢夫人が鶏の鳴くのを聞いて、もう朝になったと思い、夫が出勤に遅れてはいけないと起き出して夫を起こそうとしたが、実は聞き違いで、まだ夜は明けていなかったという故事から。

(出典)『詩経《しきょう》』斉風《せいふう》・雞鳴《けいめい》

【兄友弟恭】けいゆうていきょう

(意味)兄は弟に対して友愛の情を尽くし、弟は兄に恭敬《きょうけい》の心を尽くすこと。
(補説)理想の兄弟関係。「友」は友愛、兄弟間における慈しみの意。「恭」は恭敬、うやうやしくつつしむこと。「兄《けい》は友《ゆう》、弟《てい》は恭《きょう》」と訓読する。
(出典)『史記《しき》』五帝紀《ごていき》
(類義語)手足之愛《しゅそくのあい》・手足之情《しゅそくのじょう》

【勁勇無双】けいゆうぶそう〈―ナ〉

(意味)武勇に非常にすぐれているさま。非常に勇ましく強いさま。

(補説)「勁勇」は強く勇敢である意。「無双」は二つとない、世に並ぶものがないこと。「双」は並ぶ、匹敵する。

(注意)「勁」は「きょう」、「無」は「む」とも読む。

(用例)今の合衆国の西南三分《ぶ》一はすなわちこのオニャーテ父子《おやこ》が勁勇無双《きょうゆうぶそう》の鉄腕で創建したので……〈内田魯庵◆くれの廿八日〉

(類義語)武勇冠世《ぶゆうかんせい》・武力絶倫《ぶりょくぜつりん》

【傾揺解弛】けいようかいし

(意味)心が動揺して、自分の務めがおろそかになってしまうこと。

(補説)「傾揺」は傾き動揺すること。「解弛」は解け弛《ゆる》むこと。

(注意)「傾揺懈弛」とも書く。

(出典)曽鞏《そうきょう》「李材叔《りざいしゅく》の柳州《りゅうしゅう》に知《ち》たるを送《おく》るの序《じょ》」

【形容枯槁】けいようここう

(意味)容貌《ようぼう》が痩《や》せ衰えて生気のないこと。
(補説)「形容」は顔かたち・容貌。「枯槁」は草木が枯れること。転じて、人が痩せ衰える意。
(出典)『戦国策《せんごくさく》』秦策《しんさく》
(用例)唖々子《ああし》は既に形容枯槁して一カ月前に見た時とは別人のようになっていたが、しかし談話はなお平生《へいぜい》と変りがなかったので、夏の夕陽《ゆうひ》の枕元にさし込んで来る頃まで倶《とも》に旧事を談じ合った。〈永井荷風◆梅雨晴〉

【形容辺幅】けいようへんぷく

(意味)容貌《ようぼう》・外観のこと。見栄えの善し悪しのこと。

(補説)「形容」は顔かたち・容貌。「辺幅」は元来、織物のふちの意。転じて、見栄え・外観のこと。

(用例)顧みれば滝口、性質《こころ》にもあらで形容辺幅に心を悩めたりしも恋のためなりき。〈高

山樗牛・滝口入道〉

【啓沃之功】 けいよくのこう
意味 主君を補佐して助言し、成果をあげること。
補説 「啓沃」は真心をもって主君に仕え、良策を助言する意。「功」は成果のこと。
出典 『書経《しょきょう》』説命《えつめい》上

【軽慮浅謀】 けいりょせんぼう
意味 あさはかで軽々しい考えや計略。
補説 「軽慮」は軽々しい考え。あさはかな考え。「浅謀」はあさはかな計画。考えの浅い計略。
出典 『史記《しき》』趙世家《ちょうせいか》
類義語 軽挙妄動《けいきょもうどう》

【桂林一枝】 けいりんのいっし
意味 出世したことを謙遜《けんそん》していう語。転じて、容易に得がたい人物や物事。また、高潔で世俗を抜け出ている人物のたとえ。
補説 桂《かつら》の林の中の一本の枝の意から、少しばかりの出世の意。もとは自分の官職に満足していないことをいう語。「桂」は肉桂《にっけい》や木犀《もくせい》などの香木の称。
故事 中国晋《しん》代の郤詵《げきしん》が、官吏登用試験に優秀な成績で及第し、のち雍州刺史《ようしゅうしし》という地方長官に任命されたとき、帝にどのような気持ちかと尋ねられ、「わずかに桂林の一枝、崑崙山《こんろんさん》から出る美玉の一片を手に入れたほどのこと」と答えた故事から。
出典 『晋書《しんじょ》』郤詵伝《げきしんでん》
類義語 崑山片玉《こんざんへんぎょく》

【撃壌鼓腹】 げきじょうこふく
⇒ 鼓腹撃壌 こふくげきじょう 243

【撃壌之歌】 げきじょうのうた
意味 中国古代伝説上の聖天子である尭《ぎょう》帝のときに、人民が天下の泰平を謳歌《おうか》した歌の名。
補説 「撃壌」は地を足で踏みならして拍子をとること。一説に古代の遊戯の名。（↓「鼓腹撃壌《こふくげきじょう》」243）
出典 『十八史略《じゅうはっしりゃく》』帝尭《ていぎょう》
類義語 鼓腹撃壌《こふくげきじょう》・南風之歌《なんぷうのうた》・南風之詩《なんぷうのし》

【撃柝一声】 げきたくいっせい
意味 拍子木を打つこと。拍子木の鳴る音。また、合図をすること。
補説 「撃柝」は元来は拍子木を打って夜まわりをする意。また、その人。夜番の意。
用例 時《とき》正《まさ》に午後一時、撃柝一声、囃子《はやし》は鳴りを鎮むる時、〈泉鏡花・義血侠血〉

【激濁揚清】 げきだくようせい
意味 悪を取り除き、善を高揚するたとえ。
補説 濁流を速めて流し去り、清らかな波を揚げる意。「激」は激しく当たって水勢を速くする意。「濁」は濁った流れ。転じて、不正を働くやから、悪のこと。「清」は水が澄みきっている意で、善のこと。「濁《だく》を激《げき》して清《せい》を揚《あ》ぐ」と訓読する。「揚清激濁《ようせいげきだく》」ともいう。
出典 『尸子《しし》』君治《くんじ》
類義語 遏悪揚善《あつあくようぜん》

【撃排冒没】 げきはいぼうぼつ〈―スル〉
意味 一切を顧みず徹底的に攻撃すること。
補説 「撃排」は打ち退ける意。「冒」は覆い押さえる意。「没」は沈める意。
出典 柳宗元《りゅうそうげん》「陸文通先生墓表《りくぶんつうせんせいぼひょう》」

【激憤慷慨】 げきふんこうがい〈―スル〉
意味 激しくいきどおり嘆くこと。
補説 「激憤」はひどく怒ること。また、その怒り。「慷慨」はいきどおり嘆く意。
類義語 悲憤慷慨《ひふんこうがい》

【屐履之間】 げきりのあいだ
意味 微細なこと、ささいなことのたとえ。
補説 履物を履いて歩く時の意。「屐」は木製の下駄の類、「履」はくつの意で、「屐履」は、履物の総称。
注意 「げきりのかん」とも読む。
出典 『晋書《しんじょ》』謝玄伝《しゃげんでん》

【下化衆生】 げけしゅじょう
意味 菩薩《ぼさつ》がすべての衆生を救って悟りに導くこと。
補説 仏教語。菩薩は上に向かっては高次の悟りを追求し、下に向かってはすべての衆生の救済をめざす、ということ。「化」は教化《きょうけ》する意。「上求菩提《じょうぐぼだい》」と対句をなす。（↓「上求菩提《じょうぐぼだい》」322）

出典 『摩訶止観《まかしかん》』

用例 上求菩提の努力の中にも下化衆生の大願を忘れてはならない。〈阿部次郎◆三太郎の日記〉

対義語 上求菩提《じょうぐぼだい》

【戯作三昧】げさくざんまい

意味 役に立たないような詩や文章を書き散らしてばかりいること。戯れに遊戯的な興味から小説を書きまくること。

補説 「戯作」は気晴らしに詩文をつづること。江戸時代後期の読本《よみほん》などの小説類の総称としても用いられる。「三昧」は一つのことに心を集中して雑念がなくなること。一心不乱に事をするさま。

用例 この感激を知らないものに、どうして戯作三昧の心境が味到されよう。どうして戯作者の厳かな魂が理解されよう。〈芥川龍之介◆戯作三昧〉

【灰身滅智】けしんめっち

意味 身も心もまったく無にして煩悩をなくした境地のこと。

補説 仏教語。身を灰にして智恵をなくす意から。「灰身」は、身が外界に動かされることなく冷めた灰のように平静であること。「智」は精神の活動の意。「身《み》を灰《はい》にして智《ち》を滅《めっ》す」と訓読する。

注意 「かいしんめっち」とも読む。

【外題学問】げだいがくもん

意味 うわべだけの学問をあざける語。

補説 書物の書名だけは知っているが、その内容はよく知らないえせ学問のこと。「外題」は書物の表紙にはった紙に書かれた題名。

類義語 外題学者《げだいがくしゃ》

【解脱幢相】げだつどうそう

意味 僧が身にまとう袈裟《けさ》のこと。

補説 袈裟は仏教の奥義である解脱（煩悩を脱して悟りの境地に達する）を求める人の着るものであるから、このようにいう。「幢相」は袈裟の形状が仏塔の幢《はた》（小さい旗をつけたほこ）に似ていることから。「解脱幢相衣《げだつどうそうえ》」の略。

注意 「解脱同相」とも書く。

【結縁灌頂】けちえんかんじょう

意味 広く世俗の人に仏道に入る縁を結ばせるために行う灌頂の儀式。

補説 仏教語。「灌頂」は特に密教で重要なもので、頭に水を注ぎかける儀式。仏道に入る縁を結ばせるために行うものを結縁灌頂といい、その後段階ごとにさまざまな灌頂の儀式がある。

類義語 結縁八講《けちえんはっこう》

【血脈相承】けちみゃくそうしょう

意味 師から弟子に、仏法が受け継ぎ伝えられるということ。

補説 仏教語。父の血が子に受け継がれるように、仏法が師から弟子に伝えられていく意。「血脈」は、一般には「けつみゃく」で血統の意。仏教語としては普通「けちみゃく」と読み、教理を伝える系譜、法統の意となる。

注意 「けちみゃくそうじょう」とも読む。

類義語 血脈不断《けつみゃくふだん》・師資相承《ししそうしょう》・法統連綿《ほうとうれんめん》

【厥角稽首】けっかくけいしゅ

意味 相手に最高の敬礼をすること。

補説 額を地に打ちつけ、頭を地に届くまで下げて拝礼する意から。「厥」は地に打ちつけること。「角」は額の高くなったところ。「稽首」は頭を地につけて拝礼すること。「厥角」については異説もある。

出典 『孟子《もうし》』尽心《じんしん》下

【月下推敲】げっかすいこう

意味 詩文の字句や表現を、あれこれ工夫をこらして練り上げること。

補説 月の光の下で、門を「推《お》す」と表現するか「敲《たた》く」とするか思案する意から。「推」は押す意。「敲」はたたく意。

故事 中国唐の詩人賈島《かとう》が、科挙（官吏登用試験）を受けるために都に行ったとき、驢馬《ろば》に乗って詩を作りながら、「僧は推す月下の門」とするか「僧は敲く月下の門」とするか思案しているうちに、都の知事であった同じく詩人の韓愈《かんゆ》の行列にぶつかってしまった。わけを話すと、韓愈は「それは『敲く』のほうがよかろう」と言い、二人はそのままうち解けて乗り物を並べて詩を論じ合ったという故事から。

出典 『唐詩紀事《とうしきじ》』四〇

類義語 百鍛千練《ひゃくたんせんれん》

【決河之勢】けっかのいきおい

(意味) 防ぎ切れないくらいの激しい勢いのたとえ。

(補説) 「決河」は川の水が堤防をえぐって流れ出る意。

(出典) 『淮南子《えなんじ》』兵略《へいりゃく》 ◎「勢い積水を千仭《せんじん》の堤《つつみ》より決するが如《ごと》し」

(類義語) 高屋建瓴《こうおくけんれい》・破竹之勢《はちくのいきおい》

【月下氷人】げっかひょうじん

(意味) 縁結びの神。仲人。媒酌人。転じて、男女の縁の仲立ちをする人。仲人。媒酌人。
(補説) この語は「月下老《げっかろう》」(↓「月下老人《げっかろうじん》」194)と「氷人」という二人の縁結びの神が合わさった語ともいわれる。
(故事) 中国晋《しん》の令孤策《れいこさく》が、氷の上に立って氷の下の人と語り合った夢を見た。そこで、占いの名人索紞《さくたん》に夢占いをしてもらったところ、氷の上というのは陽、氷の下は陰で、男女のことを表している。『詩経《しきょう》』の句に「若者よ、もし妻をめとるならば氷の溶けきらないうちに」とあるのは婚姻に関することであるから、おそらく婚姻の媒酌をして氷が溶ける頃には成立する前ぶれであろうと言われ、そのとおりになったという故事から。(氷人)
(出典) 『晋書《しんじょ》』索紞伝《さくたんでん》
(用例) 時雄は芳子《よしこ》の師として、此《こ》の恋の証人として一面月下氷人の役目を余儀なくさせられたのであった。〈田山花袋◆蒲団〉
(類義語) 月下老人《げっかろうじん》

【結跏趺坐】けっかふざ 〈―スル〉

(意味) 仏教の座法の一つ。

(補説) 左右の足の甲を反対の足のももの上に交差し、足の裏が上を向くように組む座法。特に禅宗では座禅の正しい姿勢としている。「跏」は足の裏。「趺」は足の甲。

(用例) やがて、薄暗い底の台の上に結跏趺坐したまま睡《ねむ》っている僧形《そうぎょう》がぼんやり目前に浮かび上って来た。〈中島敦◆悟浄出世〉

【月下老人】げっかろうじん

(意味) 縁結びの神。転じて、男女の縁の仲立ちをする人。仲人。媒酌人。

(補説) 略して「月下老」ともいう。

(故事) 中国唐の韋固《いこ》は若く、まだ結婚していなかったが、旅先で、月明かりの下で袋に寄りかかって読書をしている不思議な老人に出会った。固が袋の中身を問うと、夫婦になる者の足を結ぶ赤い縄だという。その後、固は老人の言ったとおり郡の長官の娘と結婚したという故事から。

(出典) 『続幽怪録《ぞくゆうかいろく》』四
(類義語) 月下氷人《げっかひょうじん》・赤縄繋足《せきじょうけいそく》

【譎詭不経】けっきふけい

(意味) 実体の伴わない大きなことばかり言って、人を欺き道理に背くこと。また、偽って人を欺く常識はずれな言動。
(補説) 「譎詭」はここでは、奇怪ででたらめなこと。「不経」は道理に合わないこと、常識はずれなこと。
(出典) 『漢書《かんじょ》』王尊伝《おうそんでん》・賛
(類義語) 怪誕不経《かいたんふけい》

【譎詭変幻】けっきへんげん

(意味) さまざまな様子に変わること。

(補説) 「譎詭」はさまざまに変化すること。「変幻」はまぼろしのようにぱっと現れてはぱっと消えてしまうこと。

【血気方剛】けっきほうごう

(意味) 人は壮年期になると精力がきわめて盛んになること。

(補説) 「血気」は血の気・精力の意。「方」はちょうどまさにの意。「剛」はつよい、盛んなの意。一般に「血気《けっき》方《まさ》に剛《つよ》し」と訓読して用いる。

(故事) 孔子が君子の戒めとして「壮年に達すると精力がきわめて盛んになるから、争いごとを起こさぬよう慎むことだ」と言ったことによる。

(出典) 『論語《ろんご》』季氏《きし》

【絜矩之道】けっくのみち

(意味) 人が行動するときに常に守るべき道徳。

(補説) 一定して変わらない法律に照らして行動する方法の意。また、人の望みをおしはかること、人の心中をおしはかりかなえてやること、思いやりの心についてもいう。「絜」ははかる、「矩」はさしがね・定規の意。「絜矩」はさしがねをあててはかること。

(出典) 『大学《だいがく》』

【月卿雲客】げっけいうんかく

意味 公卿《くぎょう》や殿上人《てんじょうびと》のこと。また、高位高官のこと。

補説 「月卿」は、中国ではもと宮中を天に、天子を日に、臣下を月になぞらえて、大臣をいう。わが国では公卿（大臣、大・中納言、参議、三位以上）をいう。「雲客」は殿上人（四位・五位及び六位の蔵人《くろうど》）のこと。「卿相雲客《けいしょううんかく》」ともいう。

出典 『平家物語《へいけものがたり》』八

用例 然《しか》れども其《そ》の資材とする所は、概《おおむ》ね月卿雲客の私事にして、其の骨子とする所は、王公貴人の恋愛談の圏套《けんとう》を出《い》でず。〈高山樗牛◆明治の小説〉

類義語 高位高官《こういこうかん》

【譎詐百端】けっさひゃくたん

意味 偽りや欺きが非常に多いこと。

補説 「譎詐」は偽りや欺きの意。「百端」は非常に多い意。

用例 慶喜《よしのぶ》の人物を評して、「譎詐百端の心術」の人であるとなし、〈島崎藤村◆夜明け前〉

【齧指痛心】げっしつうしん

意味 親孝行の情が厚いことの形容。

補説 「指《ゆび》を齧《か》みて心《こころ》を痛《いた》ましむ」と訓読する。

故事 中国春秋時代の曽参《そうさん》は、自分の母が家で指をかむと胸騒ぎを覚えて、たとえ外出をしていても、急いで帰宅をするほど親孝行者だったという故事から。

出典 『太平御覧《たいへいぎょらん》』三七〇に引く『孝子伝《こうしでん》』

類義語 噬指棄薪《ぜいしきしん》

【刖趾適履】げっしてきく

⇒ 削足適履 さくそくてきり 254

【結縄之政】けつじょうのまつりごと

意味 古代の政治のこと。

補説 「結縄」は縄を結ぶこと。古代のまだ文字がなかったときには、大事には大きな縄の結び目を、小事には小さな縄の結び目を結んで、約束事の心覚えとしたことからいう。

出典 『易経《えききょう》』繫辞《けいじ》下

【欠席裁判】けっせきさいばん

意味 本人がいない場で、その本人に関わる大事なことを、一方的に決めてしまうことのたとえ。

補説 もとは、被告人が欠席のままで行われる裁判のこと。

【月旦春秋】げったんしゅんじゅう

意味 人物を品定めして批評を加えること。

補説 「月旦」はもと、月のついたちの意。後漢の許劭《きょしょう》が毎月一日に人物を批評した故事（→「人物月旦《じんぶつげったん》」355）により、人物を批評する意に用いられるようになった。「春秋」は五経の一つの『春秋』のこと。『春秋』には、孔子の褒貶《ほうへん》の意志が含まれていると言われていることから、ここでは批評をすること。

出典 『桃花扇《とうかせん》』修札《しゅうさつ》

類義語 許劭月旦《きょしょうげったん》・許劭品題《きょしょうひんだい》・人物月旦《じんぶつげったん》・舌端月旦《ぜったんげったん》

【月中蟾蜍】げっちゅうのせんじょ

意味 伝説で月にすむという、ヒキガエルのこと。

補説 「蟾蜍」はヒキガエル。

故事 中国伝説時代、英雄の羿《げい》が仙女の西王母から得たという不死の薬を、妻の姮娥《こうが》が盗み飲んで、月に逃げて蟾蜍になったという故事（『淮南子《えなんじ》』覧冥訓《らんめいくん》）から。

出典 『淮南子《えなんじ》』精神訓《せいしんくん》

【月白風清】げっぱくふうせい

意味 静かで美しい夜のさま。

補説 秋の月夜の形容に用いる。「月白」は月が白く輝くこと。「風清」はそよ風が涼しく吹くこと。「月白《つきしろ》く風清《かぜきよ》し」と訓読する。「風清月白《ふうせいげっぱく》」ともいう。

出典 蘇軾《そしょく》「後赤壁賦《こうせきへきのふ》」

【血脈貫通】けつみゃくかんつう 〈―スル〉

意味 文章などの構成や筋が正しく通ってよく統一がとれていること。

補説 体中に血の流れがめぐり通じている意から転じていう。

出典 『大学蒙引《だいがくもういん》』

【兼愛交利】けんあいこうり

意味 人を区別なく広く愛し、互いに利益を与え合うこと。
（補説）中国戦国時代の墨子の思想。「兼愛」は区別なく愛すること。博愛。孔子など儒家の説く仁愛を、差別愛として対抗的に唱えられたもの。「交利」は「交《こもごも》利《り》す」と訓読し、互いに利益を与え合うこと。
（出典）『墨子《ぼくし》』兼愛《けんあい》中
（類義語）汎愛兼利《はんあいけんり》

【涓埃之功】けんあいのこう

（意味）しずくやほこりほどのきわめて小さな功労のこと。

（補説）自分の功績の謙称。「涓」はしずく、細流。「埃」はほこり。ともにわずかなことのたとえ。

（出典）『周書《しゅうしょ》』蕭撝伝《しょうきでん》

【兼愛無私】けんあいむし

（意味）自他の区別なく、広く人を愛して区別がないこと。私心なく人を広く愛すること。
（補説）中国戦国時代の墨子の思想。「兼愛」は区別なく愛すること。儒家の説く仁愛を、差別愛として対抗的に唱えられたもの。「兼愛《けんあい》私《し》無《な》し」と訓読する。
（出典）『荘子《そうじ》』天道《てんどう》
（類義語）一視同仁《いっしどうじん》・一視之仁《いっしのじん》・怨親平等《おんしんびょうどう》

【言易行難】げんいこうなん

（意味）口で言うのは簡単だが、それを実行するのはむずかしいということ。

（補説）一般に「言《い》うは易《やす》く行《おこな》うは難《かた》し」と訓読して用いる。

（出典）『塩鉄論《えんてつろん》』利議《りぎ》

【牽衣頓足】けんいとんそく

（意味）非常につらい別れを惜しむことの形容。

（補説）もと出征する兵士の家族が、兵士の服にすがり引き留め、足をばたばたさせて別れを悲しむ意から。「牽衣」は服にすがり引っぱること。「頓足」は足をばたばたさせる。「衣《い》を牽《ひ》き足《あし》を頓《とん》す」と訓読する。

（出典）杜甫《とほ》「兵車行《へいしゃこう》」

【犬猿之仲】けんえんのなか

（意味）非常に仲の悪い間柄。

（補説）顔を合わせればいがみ合うような間柄。犬と猿は、仲が悪いとされているところから、互いに仲の悪いことをたとえていう。

（用例）酒飲みで遊び好きの三馬は、またよく人と争い、人を罵《のの》しって、当時の有名な京伝《きょうでん》、馬琴《ばきん》などの文壇人とも交際がなかった。ことに曲亭《きょくてい》とは犬猿の仲であった。〈林不忘◆仇討たれ戯作〉

【狷介孤高】けんかいここう（―ナ）

（意味）自分の意志をかたくなに守って、他と協調しないさま。

（補説）「狷介」は自分を固く守って妥協しないさま。「孤高」は世俗から離れて超然としているさま。「孤高狷介《ここうけんかい》」ともいう。

（類義語）頑迷固陋《がんめいころう》・狷介孤独《けんかいこどく》・狷介固陋《けんかいころう》・狷介不屈《けんかいふくつ》・孤独狷介《こどくけんかい》・風岸孤峭《ふうがんこしょう》

【狷介固陋】けんかいころう（―ナ）

（意味）かたくなに自分の意志を守って、人のことを受け入れないさま。また、かたくなで頑固なさま。
（補説）「狷介」は自分を固く守って妥協しないさま。「固陋」は自分の狭い視野にとらわれてかたくななさま。
（用例）余ヤ性狷介固陋世ニ処スルノ道ヲ知ラザルコト匹婦ヨリモ甚シ。〈永井荷風◆申訳〉
（類義語）頑迷固陋《がんめいころう》・狷介孤高《けんかいここう》・狷介孤独《けんかいこどく》・狷介不屈《けんかいふくつ》・孤独狷介《こどくけんかい》・風岸孤峭《ふうがんこしょう》

【懸崖撒手】けんがいさっしゅ

（意味）ひとたび死んで再びよみがえること。それまで抱いていた思慮などをすべてなげうち、心をむなしくして修行し、真の命をつかむこと。また、勇気を奮って思い切って事を行うたとえ。
（補説）仏教語。切り立った断崖《だんがい》で手をぱっと放す意。「懸崖」は切り立った崖《がけ》のこと。「撒」は放す意。「懸崖《けんがい》に手《て》を撒《さっ》す」と訓読する。
（出典）『景徳伝灯録《けいとくでんとうろく》』二〇・蘇州永光院真禅師《そしゅうえいこういんしんぜんじ》
（類義語）絶後再甦《ぜつごさいせい》・大死一番《だいしいちばん》

【言外之意】げんがいのい

（意味）言葉の、表面上の意味の内側にある、隠された真意のこと。
補説「言外」は言葉で表されていない部分。
出典『石林詩話《せきりんしわ》』下

【狷介不羈】けんかいふき

意味 自分の意志をかたく守って、何ものにも縛られないこと。
補説「狷介」は自分を固く守って妥協しないさま。「不羈」は束縛できない、また束縛されないこと。「羈」はつなぐ意。
用例 我々独立の志ある狷介不羈の学士が集まって大学の卑屈無気力を一掃しては奈何《どう》だい。〈内田魯庵◆社会百面相〉

【懸崖勒馬】けんがいろくば

意味 間一髪のところで、はっと気づいて引き返すたとえ。情欲などに溺《おぼ》れて危険な状態に陥ったとき、はっと後悔して悟ること。切り立った崖《がけ》で馬の手綱を引き押さえて、間一髪のところで落ちるのを防ぐ意から。
補説「懸崖」は切り立った崖。「勒」は手綱を引く。押さえる、引き留める意。「懸崖《けんがい》に馬《うま》を勒《おさ》う」と訓読する。
出典『閲微草堂筆記《えつびそうどうひっき》』一六

【蒹葭玉樹】けんかぎょくじゅ

意味 つまらない者が、富貴な親戚《しんせき》の勢力を借りること。また、権勢のある親戚のおかげで栄えるのをあざける語。またその謙称。
補説 オギとアシが美しい木に寄りかかっている意から。「蒹葭」はまだ生長していないオギとアシ。ヒメヨシ。身分の低い者の象徴。「玉樹」は玉のように美しい木。富貴な親戚の意。「蒹葭玉樹に倚《よ》る」の略。
出典『世説新語《せせつしんご》』容止《ようし》

【喧嘩囂躁】けんかごうそう

意味 騒がしく慌ただしいこと。また、そのさま。
補説「喧嘩」はここでは騒がしいこと。「囂躁」もやかましく慌ただしいこと。類義の語を重ねて意味を強調している。
注意「喧嘩」は「喧譁」、「囂躁」は「嗷騒」とも書く。
用例 開闢《かいびゃく》以来始て外国人に接し、暗黒沈静の深夜より喧嘩囂躁の白昼に出《い》でたる者なれば、その見る所の事物、悉《ことごと》く皆奇怪にして意に適するものなし。〈福沢諭吉◆文明論之概略〉

【懸河瀉水】けんがしゃすい

意味 よどみなく奔放な話しぶりや文章の形容。
補説「懸河」は傾斜の激しいところを勢いよく流れる川。また滝のこと。「瀉」は注ぐこと。「懸河《けんが》水《みず》を瀉《そそ》ぐ」と訓読する。
出典『世説新語《せせつしんご》』賞誉《しょうよ》
類義語 懸河注水《けんがちゅうすい》・懸河之弁《けんがのべん》

【減価償却】げんかしょうきゃく 〈―スル〉

意味 使用や時間の経過によって生じる、土地を除く固定資産の価値の減少を、決算期ごとに一定の方式で経費として算入すること。
補説 企業会計における費用の認識と評価に関わ《かか》る手続きの一つ。

【犬牙相制】けんがそうせい

意味 国境が接するところで互いに牽制《けんせい》し合うこと。
補説 広く、互いに牽制し合うたとえ。「犬牙」は犬のきば。ここでは犬のきばのように国境が入りくんで接しているたとえ。一般に「犬牙《けんが》相《あい》制《せい》す」と訓読して用いる。国境が入り交じり接していることをたとえて、「犬牙相錯《けんがそうさく》（犬牙相《あい》錯《さく》す）」という。
出典『史記《しき》』孝文紀《こうぶんき》
類義語 犬牙交錯《けんがこうさく》・犬牙差互《けんがさご》

【懸河之弁】けんがのべん

意味 よどみなく奔放な話しぶりのこと。
補説「懸河」は傾斜の激しいところを勢いよく流れる川。「弁」は話しぶり。（↓「懸河瀉水《けんがしゃすい》」197）
出典『隋書《ずいしょ》』儒林伝《じゅりんでん》・序
用例 俺《おれ》も一向平気なものでしばらく雑談を交わせていたが、云《い》うだけの事は云ってしまおうと俺は本題へ入って行った。懸河の弁を尽くしたものさ。〈国枝史郎◆開運の鼓〉
類義語 懸河瀉水《けんがしゃすい》

【阮簡曠達】げんかんこうたつ

意味 中国晋《しん》の阮簡が、心が広く大らかで、物事にこだわらなかったという故事。
補説 阮簡は竹林の七賢の一人阮咸《げんかん》の甥《おい》。「曠達」は心が広くてこだわりがないこと。『蒙求《もうぎゅう》』の表題の一つ。

故事 中国晋の阮簡は、父の喪中というのに外出して大雪に遭い、県の長官宅にたどり着くと、他の客のために用意してあった料理を平気でご馳走《ちそう》になり、議論を楽しんでいったという故事から。

出典 『蒙求《もうぎゅう》』阮簡曠達《げんかんこうたつ》

【元気溌剌】 げんきはつらつ 〈―タル〉〈―ト〉

意味 活力がみなぎって、生き生きしているさま。

補説 「元気」ははりきって物事をしようとする気持ち。「溌剌」は魚が飛び跳ねるさまから。転じて生き生きしていること。

注意 「元気溌溂」とも書く。

用例 自転車に乗ったり、テニスに熱中したりして頗《すこぶ》る元気溌剌たる娘時代を過したようであるが、卒業後は概してあまり頑健という方ではなく、様子もほっそりしていて、一年の半分近くは田舎や、山へ行っていたらしかった。〈高村光太郎◆智恵子の半生〉

類義語 生気溌溂《せいきはつらつ》

【牽強付会】 けんきょうふかい 〈―スル〉

意味 自分の都合のいいように、強引に理屈をこじつけること。

補説 「牽強」「付会」はともに、道理に合わないことを無理にこじつけること。

注意 「牽強附会」「牽強傅会」とも書く。

出典 『朱子語類《しゅしごるい》』六七

用例 それは元より気立ての優しいあの娘を、御贔屓《ごひいき》になったのには間違いございません。が、色を御好《おこの》みになったと申しますのは、恐らく牽強附会の説でございましょう。〈芥川龍之介◆地獄変〉

類義語 牽強付合《けんきょうふごう》・漱石枕流《そうせきちんりゅう》・付会之説《ふかいのせつ》

【言近旨遠】 げんきんしえん

意味 言葉自体は卑近でありふれていても、深い意味を含むということ。

補説 「言近」は言い回しが身近で分かりやすいこと。「旨遠」は含んでいる意義が深いこと。一般に「言《げん》近《ちか》くして旨《むね》遠《とお》し」と訓読して用いる。類義の表現に「言近くして意《い》遠し」がある。

出典 『孟子《もうし》』尽心《じんしん》下

【懸軍万里】 けんぐんばんり

意味 軍隊が本隊を遠く離れて進軍すること。本隊と連絡のないまま奥に進んで行くこと。また、その軍隊。

補説 「懸」はかけ離れる、「万里」は遠くの意。

出典 杜甫《とほ》「秦州雑詩《しんしゅうざっし》」

【元軽白俗】 げんけいはくぞく

意味 中国唐の元稹《げんしん》の詩風は軽薄で、白居易《はくきょい》の詩風は卑俗であるとそしったもの。

補説 中国北宋《ほくそう》の蘇軾《そしょく》の語。「元」は中唐期の詩人の元稹。「白」は白居易（白楽天《はくらくてん》）のこと。

出典 蘇軾《そしょく》「柳子玉《りゅうしぎょく》を祭《まつ》るの文《ぶん》」

【剣戟森森】 けんげきしんしん 〈―タル〉〈―ト〉

意味 気性が、人をぞっとさせるほど激しくきびしいさま。

補説 武器が多く並んでいて、人をぞっとさせる意から。「剣」はつるぎ、「戟」はほこで、「剣戟」は武器の意。「森森」は多くて盛んなさま。多く立ち並ぶさま。

出典 『北史《ほくし》』李義深伝《りぎしんでん》

【喧喧諤諤】 けんけんがくがく 〈―タル〉〈―ト〉

意味 さまざまな意見が出されてやかましいさま。

補説 「喧喧」はやかましく騒ぐさま。「諤諤」ははばからずにありのまま主張するさま。「喧囂囂《けんけんごうごう》」と「侃侃諤諤《かんかんがくがく》」とが混同されてできた語。

【喧喧囂囂】 けんけんごうごう 〈―タル〉〈―ト〉

意味 多くの人が口やかましく騒ぐさま。また、やかましく騒ぎ立てて収拾がつかないさま。

補説 「喧喧」「囂囂」はともに、やかましいさま。騒がしいさま。類義の語を重ねて意味を強調している。はばからずに主張する意の「侃侃諤諤《かんかんがくがく》」と混同されやすいが、別意。また、「喧喧諤諤《けんけんがくがく》」は、「喧喧囂囂」と「侃侃諤諤」とが混交したもの。

用例 そこで喧々囂々、甲は乙の傾向を罵《のの》しり、乙は丙の色調を貶《けな》し、丙は又甲の主張を嘲《あざけ》るに日もこれ足らざる有様である。〈岸田國士◆新劇界の分野〉

【見賢思斉】 けんけんしせい

意味 賢人を見ては自分もそのような人にな

りたいと思うこと。

補説「斉」は等しいこと。一般に「賢《けん》を見《み》ては斉《ひと》しからんことを思《おも》う」と訓読して用いる。

出典『論語《ろんご》』里仁《りじん》

【蹇蹇匪躬】《けんけんひきゅう》

意味 自分のことは後回しにして苦労を重ね、主人に尽くすこと。

補説「蹇蹇」は忠義を尽くすさま。また、身を苦しめて非常な困難を救うさま。「匪」は非に同じ。「躬」はわが身。「匪躬」は自分のために非常な苦労をするのではない意。

出典『易経《えききょう》』蹇《けん》 ◎「王臣蹇蹇たり、躬《み》の故《ゆえ》に匪《あら》ず」

類義語 七生報国《しちしょうほうこく》

【拳拳服膺】《けんけんふくよう》（―スル）
意味 人の教えや言葉などを、心にしっかりと留めて決して忘れないこと。
補説 両手で物を大切に捧《ささ》げ持って胸につける意から。「拳拳」は両手でうやうやしく捧げ持つ形容。「服膺」は胸にくっつけることから、よく心に留めること。「服」はつける意。「膺」は胸の意。
出典『中庸《ちゅうよう》』八
用例 ポローニアス的教訓も陳腐だが、その陳腐な説を僕は拳々服膺してるんだよ。〈正宗白鳥◆近松秋江〉

【言行一致】《げんこういっち》
意味 言葉に出したことと、その行動が同じであること。
補説「言行」は口でいう内容と実際の行為。
用例 言行一致の美名を得る為《ため》にはまず自己弁護に長じなければならぬ。〈芥川龍之介◆侏儒の言葉〉
類義語 刑名参同《けいめいさんどう》・刑名審合《けいめいしんごう》
対義語 言行相反《げんこうそうはん》・言行齟齬《げんこうそご》・口是心非《こうぜしんぴ》

【言行齟齬】《げんこうそご》
意味 言葉に出したことと、実際の行動が食い違っていること。
補説「言行」は口でいう内容と実際の行為。「齟齬」はかみ合わないこと。
類義語 言行相反《げんこうそうはん》・口是心非《こうぜしんぴ》
対義語 言行一致《げんこういっち》

【元亨利貞】《げんこうりてい》
意味 易《えき》の乾《けん》の卦《か》のもつ四つの徳。
補説 乾は天を象徴する卦。「元」は万物の生ずる根元。善の根元。「亨」は成就の意。万物が成長し衆美が集まる。「利」は万物のよろしきを得させる。「貞」は正しく守ること。万物の根幹。天の四つの徳として、春夏秋冬、仁礼義智《ち》に配される。また、卦の吉凶を占う語として「元《おお》いに亨《とお》る、貞《ただ》しきに利《よろ》し」と訓読して、正しい道を踏み守って変わらなければ、万事はすらすらよく運ぶの意ともいう。その場合「元」は大の意で、大いに。「亨」は通の意で、通じる、すらすら事が運ぶ。「利」は利益がある。「貞」は正しくて変わらないこと。他にも諸説ある。

出典『易経《えききょう》』乾《けん》

【堅甲利兵】《けんこうりへい》
意味 非常に強い兵力のこと。
補説 堅固なよろいと鋭利な武器の意。「甲」はよろい、また、よろいを身につけた兵士。「利」は鋭い意。「兵」は武器のこと。
出典『墨子《ぼくし》』非攻《ひこう》下
類義語 堅甲利刃《けんこうりじん》

【言語漏洩】《げんごろうせつ》

意味 内密の言葉が外に漏れること。

補説「漏洩」は秘密が漏れることで、「ろうえい」とも読む。

出典『春秋左氏伝《しゅんじゅうさしでん》』襄公《じょうこう》一四年

【乾坤一擲】《けんこんいってき》
意味 運を天にまかせて、のるかそるかの大勝負をすること。
補説 天下をかけて一度さいころを投げる意から。「乾」は天、「坤」は地の意。「一擲」はさいころをひとたび投げること。「一擲乾坤《いってきけんこん》」ともいう。
出典 韓愈《かんゆ》一詩「鴻溝《こうこう》を過《す》ぐ」◎「真《まこと》に一擲を成して乾坤を賭《と》す」
用法 乾坤一擲の大勝負
用例 きみは不正直です。陰険です。それも、つまらぬ小細工ばかり弄《ろう》して、男らしい乾坤一擲の大陰謀などは、まるで出来ない。ポローニャス、少しは恥ずかしく思いなさい。〈太宰治◆新ハムレット〉
類義語 一六勝負《いちろくしょうぶ》

【堅塞固塁】けんさい こるい

意味 非常に守りの堅いとりで。

補説 「塞」は国境などを守り固める陣地・とりで。もとはふさぐ意。「塁」は土石を重ねた小城・とりで。もとは重ねる意。

類義語 金城鉄壁《きんじょうてっぺき》・金城湯池《きんじょうとうち》・厳塞要徼《げんさいようきょう》・深溝高塁《しんこうこうるい》

【厳塞要徼】げんさい ようきょう

意味 非常に守りの堅いとりで。

補説 「塞」は国境などを守り固める陣地・とりで。もとはふさぐ意。「要」はかなめ。地勢が険しく守りの堅い土地をいう。「徼」は国境などのとりで。もと、さえぎる、待ちかまえる、また国境の意。

類義語 金城鉄壁《きんじょうてっぺき》・金城湯池《きんじょうとうち》・堅塞固塁《けんさいこるい》

【剣山刀樹】けんざん とうじゅ

意味 地獄にあるという、剣の山や刀の林のこと。

補説 仏教語。「剣山」は地獄にあるとされる、数多くの剣の先を上にして立てた山のこと。「刀樹」は刀を葉とした木が生えている林のこと。

用例 それは一帖《いちじょう》の屏風《びょうぶ》の片隅へ、小さく十王を始め眷属《けんぞく》たちの姿を描いて、あとは一面に紅蓮《ぐれん》大紅蓮の猛火《みょうか》が剣山刀樹も爛《ただ》れるかと思う程渦を巻いて居りました。〈芥川龍之介◆地獄変〉

類義語 剣樹地獄《けんじゅじごく》・剣樹刀山《けんじゅとうざん》

【妍姿艶質】けんし えんしつ

意味 あでやかな姿と美しい肉体。あでやかな美人の形容。

補説 「妍」は美しい、なまめかしいさま。「艶」はあでやか、つややか、豊満で美しいさま。「質」は生地・したじの意で、生まれつきや肉体のこと。

【兼弱攻昧】けんじゃく こうまい

意味 弱いものは併合して、道理に通じていないものには攻撃をすること。また、弱小のものが力を合わせて、政治が混迷し衰弱した国を討伐すること。

補説 「昧」はほの暗い意で、乱れていること。また、道理に通じていないこと。「弱《じゃく》を兼《か》ね（兼《あわ》せて）昧《まい》を攻《せ》む」と訓読する。

出典 『書経《しょきょう》』仲虺之誥《ちゅうきしこう》

【懸車致仕】けんしゃ ちし

意味 官職を退き隠居するたとえ。また、転じて、七十歳のこと。

補説 「懸車」は、故事にあるように車をかけること。「致仕」は官職を辞めること。また、『礼記《らいき》』曲礼《きょくらい》上の「大夫は七十にして事《こと》を致《いた》す」より、七十歳のこと。「車《くるま》を懸《か》けて致仕《ちし》す」と訓読する。「致仕懸車《ちしけんしゃ》」ともいう。

故事 中国前漢の薛広徳《せつこうとく》が七十歳になって辞職するとき、天子から安車（老人や婦人用の座って乗る馬車）を賜った。薛広徳の故郷では、その安車を光栄なものとし、薛広徳はそれをつるしておくことによって、子孫に名誉を伝えた故事から。

出典 『白虎通徳論《びゃっこつうとくろん》』致仕《ちし》

類義語 懸車告老《けんしゃこくろう》・懸車之年《けんしゃのとし》

【言者不知】げんしゃ ふち

⇒ 知者不言 ちしゃふげん 442

【減収減益】げんしゅう げんえき

意味 収入が減り、利益も減ること。

補説 多く、企業の決算において、売上高と利益がともに減少することをいう。企業の決算などにおいて売上と利益を述べる表現としては、ほかに「増収増益」「増収減益」「減収増益」がある。

【懸鶉楽道】けんじゅん らくどう

意味 貧しい姿をしていても清貧に甘んじ、道を楽しむたとえ。

補説 「懸鶉」はぶら下げたウズラの意。ウズラの尾は毛が抜けているので、すそがつりあがってしまった衣のように見えることから。転じて、破れたみすぼらしい衣服の意。「楽道」は聖賢の道を守り楽しむこと。「懸鶉《けんじゅん》、道《みち》を楽《たの》しむ」と訓読する。

出典 『荀子《じゅんし》』大略《たいりゃく》

【現状維持】げんじょう いじ 〈―スル〉

意味 今の状態を変化させずに守り保つこと。また、変化せず保たれること。

補説 「維持」は同じ状態を保ち続けること。「維」はつなぐこと。

【用例】自分では絶えず工夫して進んでいるつもりでも、はたからはまず、現状維持くらいにしか見えないものです。〈太宰治◆炎天汗談〉
【類義語】現状凍結《げんじょうとうけつ》・現状保持《げんじょうほじ》
【対義語】局面打開《きょくめんだかい》・現状打破《げんじょうだは》

【玄裳縞衣】げんしょうこうい

【意味】鶴の典雅な姿の形容。また、鶴の異名。

【補説】黒のはかまと白い上着の意から。「玄」は黒の意。「裳」はもすそ・したばかま。「縞」は白の意。また、白ぎぬの意。「衣」はころも・上着。

【出典】蘇軾《そしょく》「後赤壁賦《こうせきへきのふ》」

【見性自覚】けんしょうじかく

【意味】自己の本性を悟ること。自己に本来そなわっている心性を自覚すること。

【補説】「見性」は仏教語で、人に本来備わっている根源的な本性を見ること。真の自分に気づくこと。

【用例】若《も》し善意を以《もっ》て蒟蒻《こんにゃく》問答的に解釈してやれば主人は見性自覚の方便として斯様《かよう》に鏡を相手に色々な仕草《しぐさ》を演じて居るのかも知れない。〈夏目漱石◆吾輩は猫である〉

【言笑自若】げんしょうじじゃく（―タル）（―ト）

【意味】どのようなことがあっても、平然としているたとえ。
【補説】「言笑」はしゃべったり笑ったりすること。談笑。「自若」は心が落ち着いていていて動じないさま。
【故事】中国三国時代、蜀《しょく》の武将の関羽は、かつて肘《ひじ》に受けた流れ矢の毒が骨にまわって、雨が降ると骨が痛んでいた。そこで、諸将を招いた宴会の最中に、医者に切開して骨を削らせ、そこから流れ出る血で盤器は溢《あふ》れていたが、関羽は肉を食い裂き、酒を引き寄せ、談笑して平気な様子だったという故事から。
【出典】『蜀志《しょくし》』関羽伝《かんうでん》
【類義語】神色自若《しんしょくじじゃく》・泰然自若《たいぜんじじゃく》
【対義語】周章狼狽《しゅうしょうろうばい》

【見性成仏】けんしょうじょうぶつ

【意味】本来もつ自分の本性・仏心を見きわめて悟ること。
【補説】禅宗の語。すべての人が本来的に仏であることを体感としてつかみうることをいう。「直指人心《じきしにんしん》」とともに「直指人心見性成仏」の形で用いられることが多い。「見性」は修行によって自己の本性（仏性）を見きわめること。「成仏」は悟りを開いて仏になること。（→「直指人心《じきしにんしん》」273）
【用例】私は何も仏を信じてる訳じゃないが、禅で悟を開くとか、見性成仏とかいった趣きが心の中《うち》には有る。〈二葉亭四迷◆私は懐疑派だ〉
【類義語】見性悟道《けんしょうごどう》

【現状打破】げんじょうだは

【意味】今の状態を打ち破ること。
【補説】「現状」は現在の状態。ここでは、とくに好ましくない状況をいう。「打破」は妨げになるものを打ち破ること。
【用例】そして動物中に行われる現状打破の本能を際立って著しいものと認めたのではなかったろうか。〈有島武郎◆惜みなく愛は奪う〉
【類義語】局面打開《きょくめんだかい》
【対義語】現状維持《げんじょういじ》

【現身説法】げんしんせっぽう

【意味】仏や菩薩《ぼさつ》が世の人々を救うために、いろいろな姿で現れて法を説くこと。
【補説】本来仏教語。転じて、指導者が自分の現在の姿や実体験を見せることによって人を教導すること。「現身」は仏や菩薩が人々を救うため、いろいろ変化して現れ出た姿の意。応身《おうじん》。「説法」は仏の教えを説き聞かせること。
【出典】『楞言経《りょうごんきょう》』六
【類義語】率先垂範《そっせんすいはん》

【厳正中立】げんせいちゅうりつ

【意味】厳しく公正を守り、どちらにも偏らない立場を守ること。
【補説】「厳正」は厳しく公正を守ること。「中立」は両者の間に立って、どちらにも偏らないこと。
【用例】しかも、この一隊だけは政府党の警官たちをも監視し牽制《けんせい》する厳正中立の鉄甲である。それでもまだここへも雪崩《なだれ》かかろうとして詰めよる群衆と、引き返す者との混乱が暫《しばら》くは繰り返した。〈横光利一◆旅愁〉
【類義語】局外中立《きょくがいちゅうりつ》

【阮籍青眼】げんせき せいがん

(意味) 阮籍が自分の気に入った人は黒（青）い目で迎え、世俗にとらわれた気に入らない人には白い目で応対したこと。

(補説) 「阮籍」は中国三国時代の魏《ぎ》の人。竹林の七賢の一人。老荘の学を好み、俗世にこだわらない人で、世俗の儒教道徳をきらって、そうした人たちを白眼視した。『蒙求《もうぎゅう》』の表題の一つ。「白眼青眼《はくがんせいがん》」ともいう。

(出典) 『晋書《しんじょ》』阮籍伝《げんせきでん》

【現世利益】げんぜ りやく

(意味) 信仰や修行によって、この世で受ける仏・菩薩《ぼさつ》の恵み。

(補説) 仏教語。信仰した結果がこの世において実り、欲望が達せられるということ。「現世」は「現在世」の略。この世。「利益」は神仏の恵み。

(注意) 「げんせりやく」「げんせいりやく」とも読む。

(用例) 浄瑠璃《じょうるり》と説経との根本の区別を言えば、浄瑠璃は現世利益、説経は来世転生《らいせてんしょう》を語るものと言えよう。〈折口信夫◆雪の島〉

【倹存奢失】けんそん しゃしつ

(意味) 倹約する者は生存し、贅沢《ぜいたく》をする者は滅びるということ。

(補説) 「倹《けん》は存《そん》し奢《しゃ》は失《しっ》す」と訓読する。

(出典) 白居易《はくきょい》－詩「杏《あんず》を梁《はり》と為《な》す」

【厳談酷促】げんだん こくそく 〈—スル〉

(意味) 情け容赦のない取り立てのこと。むごい借金催促のこと。

(補説) 「厳談」「酷促」はともに容赦のない取り立ての意。類義の語を重ねて意味を強調している。

(用例) 貫一の漸《ようや》く頻《しき》なる厳談酷促は自《おのず》から此処《ここ》に彼処《かしこ》に債務者の怨《うら》みを買いて、彼の為《ため》に泣き、彼の為に憤るもの寡《すくな》からず、〈尾崎紅葉◆金色夜叉〉

【乾端坤倪】けんたん こんげい

(意味) 天の果て、地の果て。天地の限り。

(補説) 「乾」は天、「坤」は地。「端」「倪」はともに限り・果ての意。

(出典) 韓愈《かんゆ》「南海神廟碑《なんかいしんびょうひ》」

【懸頭刺股】けんとう しこ

(意味) 刻苦して勉学に励むたとえ。苦学のたとえ。

(補説) 「懸頭」は頭を懸ける意で、ここでは梁《はり》にかけた縄に首をかけること。「刺股」はももを突き刺す意で、ここでは錐《きり》でももを突き刺すこと。いずれも眠り込まないように工夫して、勉学に励むことをいう。「刺股《しこ》懸頭《けんとう》」ともいう。

(故事) 中国漢の孫敬が、首に縄を結んでそれを梁につなぎ、首を垂れて眠り込むと自然に首が絞まって目を覚ますようにして勉学にいそしんだ故事と、中国戦国時代の蘇秦《そしん》が、読書をしていて眠気を催すと、錐でももを突き刺して眠らないようにして励んだ故事から。

(出典) 『太平御覧《たいへいぎょらん》』巻三六三に引く『漢書《かんじょ》』／『戦国策《せんごくさく》』秦策《しんさく》

(類義語) 引錐刺股《いんすいしこ》・円木警枕《えんぼくけいちん》・蛍雪之功《けいせつのこう》・蛍窓雪案《けいそうせつあん》・懸頭錐股《けんとうすいこ》・懸梁刺股《けんりょうしこ》・懸梁錐股《けんりょうすいこ》・刺股読書《しこどくしょ》

【捲土重来】けんど ちょうらい

(意味) 一度敗れたり失敗したりした者が、再び勢いを盛り返して巻き返すことのたとえ。

(補説) 巻き起こった土煙が再びやって来る意から。もとは一度敗れた軍が再び勢いを盛り返して攻めて来ることをいった。「捲土」は土煙が巻き上がることで、勢いの激しいことのたとえ。「重来」は再びやって来ること。

(注意) 「巻土重来」とも書く。「けんどじゅうらい」とも読む。

(出典) 杜牧《とぼく》－詩「烏江亭《うこうてい》に題《だい》す」

(用法) 捲土重来を期す

(用例) 「何言うたはりまんねん。一ぺん焼かれたくらいで本屋やめますかいな。今親戚《しんせき》のところへ疎開してまっけど、また大阪市内で本屋しまっさかい、雑誌買いに来とくなはれ」と、三ちゃんは既に捲土重来の意気込みであった。〈織田作之助◆起ち上る大阪〉

(類義語) 七転八起《しちてんはっき》

(対義語) 一蹶不振《いっけつふしん》

【堅忍果決】けんにん かけつ

(意味) 強い意志で堪え忍び、いったん決めると思い切って断行すること。また、そのような性質。

補説 「堅忍」は意志がきわめて強く、じっと堪え忍ぶこと。我慢強いこと。「果決」は思い切って事を行うこと。

出典 吉田松陰《よしだしょういん》『士規七則《しきしちそく》』

【堅忍質直】けんにんしっちょく 〈—ナ〉

意味 何事にも我慢強く堪え忍び、飾り気がなくまっすぐな気性をしているさま。また、その性質。

補説 「堅忍」は意志がきわめて強く、じっと堪え忍ぶこと。我慢強いこと。「質直」は飾り気がなくまっすぐな気性。地味で正直なさま。「質」は質朴、飾り気がないの意。

出典 『史記《しき》』張丞相伝《ちょうじょうしょうでん》

【堅忍不抜】けんにんふばつ

意味 どんなことがあっても心を動かさず、じっと我慢して堪え忍ぶこと。

補説 「堅忍」は意志がきわめて強く、じっと堪え忍ぶこと。我慢強いこと。「不抜」は固くて抜けない意。意志が強く、何があっても心を動かさないこと。

出典 蘇軾《そしょく》「鼂錯論《ちょうそろん》」

用例 或《あ》る日の逸話に鷗外《おうがい》と私と二人を列《なら》べて、堅忍不抜精力人に絶すと同じ文句で並称した〈内田魯庵◆鷗外博士の追憶〉

類義語 堅苦卓絶《けんくたくぜつ》・鉄心石腸《てっしんせきちょう》・堅忍持久《けんにんじきゅう》・志操堅固《しそうけんご》・不抜之志《ふばつのこころざし》

【犬吠驢鳴】けんばいろめい

⇒ 驢鳴犬吠 ろめいけんばい 680

【堅白異同】けんぱくいどう

⇒ 堅白同異 けんぱくどうい 203

【堅白同異】けんぱくどうい

意味 こじつけや詭弁《きべん》のたとえ。

補説 「堅白同異の弁」の略。中国戦国時代に弁者の間で交わされた議論・論理。中国戦国時代、趙《ちょう》の公孫竜が唱えたものによると、「堅くて白い石を、目で見ると色が白いことはわかるが、堅さはわからない。手で触れると堅さはわかるが、色はわからない。よって堅くて白い石は同時には成立しない」というもの。「白馬非馬《はくばひば》」とともに、公孫竜の詭弁として著名。「堅白異同《けんぱくいどう》」ともいう。（↓

出典 「白馬非馬《はくばひば》」526）

出典 『公孫竜子《こうそんりゅうし》』堅白論《けんぱくろん》

類義語 堅石白馬《けんせきはくば》・白馬非馬《はくばひば》・有厚無厚《ゆうこうむこう》

【剣抜弩張】けんばつどちょう

意味 今にも戦いが始まりそうな緊迫した情勢のたとえ。また、書の筆勢が激しくて、気迫がこもっていることの形容。

補説 剣をさやから抜き放ち、いしゆみをひきしぼる意から。「弩」は古代中国で用いられた武器の一つ。引き金による発射機構を備えた弓。いしゆみ。おおゆみ。「張」は弦をはる意。「弩張剣抜《どちょうけんばつ》」ともいう。

出典 『漢書《かんじょ》』王莽伝《おうもうでん》下 ◎「抜刃張弩」

類義語 一縷千鈞《いちるせんきん》・一触即発《いっしょくそくはつ》・一髪千鈞《いっぱつせんきん》・刀光剣影《とうこうけんえい》

【犬馬之心】けんばのこころ

意味 主君に対する忠誠心。

補説 犬や馬が主人に示す忠誠心から。自らの忠誠心を謙遜《けんそん》していう際に使われる。「狗馬之心《くばのこころ》」ともいう。

出典 『史記《しき》』三王世家《さんのうせいか》

【犬馬之年】けんばのとし

⇒ 犬馬之歯 けんばのよわい 203

【犬馬之養】けんばのよう

意味 親に対して敬う心のないことをいうたとえ。

補説 犬や馬を飼うように、ただ衣食住を提供して養うだけの意から。

注意 「けんばのやしない」とも読む。

出典 『論語《ろんご》』為政《いせい》

【犬馬之歯】けんばのよわい

意味 自分の年齢を謙遜《けんそん》していう語。

補説 犬や馬のようにこれといった働きもせず、いたずらに年を重ねるという意。「歯」は齢と同じで年齢の意。略して「馬歯」ともいう。「犬馬之年《けんばのとし》」ともいう。

注意 「犬馬之齢」とも書く。

出典 『漢書《かんじょ》』趙充国伝《ちょうじゅうこくでん》

【犬馬之労】けんばのろう

意味 自分が主人や他人のために力を尽くして働くことを謙遜《けんそん》していう語。

補説 犬や馬ほどの働きという意から。

【厳父慈母】げんぷじぼ

意味 厳しい父とやさしい母。

補説 「慈母」は慈しみ深い母の意味。理想的な父親像・母親像とされる。

用例 「でも良人《あなた》、厳父慈母と俗にも申しますに、良人が可愛いがッてばかりおヤンなさいますから、本当《ほんと》に逆様になッてしまッて、わたくしは始終叱《しか》り通しで、悪《にく》まれ役はわたくし一人ですわ」〈徳冨蘆花◆小説不如帰〉

類義語 汗馬之労《かんばのろう》・犬馬之報《けんばのほう》

【言文一致】げんぶんいっち

意味 日常用いている話し言葉によって文章を書くこと。また、特に明治時代を中心に行われた文体の改革運動をいう。

補説 明治初期に文学界では二葉亭四迷《ふたばていしめい》、山田美妙《やまだびみょう》、尾崎紅葉《おざきこうよう》らが小説に試み、明治末期以降に確立した。「言文」は話し言葉と書き言葉。口語と文語の意。

用例 然《しか》し此《この》ひょろひょろした文字《もんじ》が言文一致で綴《つづ》られているのを発見した時、自分の好奇心は最初の一、二行では満足する事が出来なくなった。〈夏目漱石◆手紙〉

【兼幷之徒】けんぺいのと

意味 他人の財産や土地を奪い取って、自分のものにしてしまう集団のこと。

補説 「兼幷」は合わせて一つにすること。他の者の財産を奪って、自分のものと一つにすることを意味する。「徒」は徒党。

出典 『史記《しき》』平準書《へいじゅんしょ》

【権謀術策】けんぼうじゅっさく

⇒ 権謀術数 けんぼうじゅっすう 204

【権謀術数】けんぼうじゅっすう

意味 巧みに人をあざむく策略のこと。

補説 「権謀」はその場に応じた策略。「術数」ははかりごと・たくらみ。「権謀術策《けんぼうじゅっさく》」ともいう。

出典 朱熹《しゅき》「大学章句序《だいがくしょうくじょ》」

用例 日本の戦争は武士道の戦争だなどと考えると大きな間違いで、日本の戦史は権謀術数の戦史である。〈坂口安吾◆家康〉

類義語 奸智術策《かんちじゅっさく》・奸智術数《かんちじゅっすう》・偽詐術策《ぎさじゅっさく》

【玄圃積玉】げんぽせきぎょく

意味 非常に美しい詩文のたとえ。

補説 玄圃にある多くの珠玉の意から。「玄圃」は、中国西方の伝統の霊山である崑崙山《こんろんさん》にあるといわれる仙人の居所。「積玉」は積み重なった玉《ぎょく》。多くの玉。

出典 『晋書《しんじょ》』陸機伝《りくきでん》

【賢母良妻】けんぼりょうさい

⇒ 良妻賢母 りょうさいけんぼ 663

【肩摩轂撃】けんまこくげき

意味 人や車馬の往来が激しく、混雑しているさま。都会の雑踏の形容。

補説 人の肩と肩が触れ合い、車のこしきとこしきがぶつかり合うほど混雑している意から。「肩摩」は肩と肩が触れ合うこと。「轂」は車のこしき。車輪の中央部で車軸を通して回転するところ。「轂撃」は轂と轂がぶつかり合うこと。「轂撃肩摩《こくげきけんま》」ともいう。

出典 『戦国策《せんごくさく》』斉策《せいさく》

用例 ことに六時の神戸急行は乗客が多く、二等室も時の間に肩摩轂撃の光景となった。〈田山花袋◆蒲団〉

類義語 肩摩裙接《けんまくんせつ》・肩摩踵接《けんましょうせつ》・比肩継踵《ひけんけいしょう》・比肩随踵《ひけんずいしょう》

【賢明愚昧】けんめいぐまい

意味 賢くて道理に明るいことと、愚かで道理に暗いこと。

補説 「昧」は道理に暗い意。

【牽羊悔亡】けんようかいぼう

意味 本性のままにさせず、正しい方向にきちんと教え導いてやれば、後悔するようなことに出あわなくてすむということ。

補説 「牽羊」は羊を引っ張る意。羊は放っておくと、他の羊とぶつかって角が絡まるまで前に進み続ける性質があるので、羊飼いは進む方向を導いてやる必要があるということ。異説が多い。「悔亡」は後悔することがなくなるという意。「羊《ひつじ》を牽《ひ》けば悔《く》い亡《ほろ》びん」と訓読する。

出典 『易経《えききょう》』夬《かい》

【絢爛豪華】けんらんごうか〈―ナ〉

⇒ 豪華絢爛 ごうかけんらん 207

【権理通義】けんりつうぎ

意味 広く一般に通じる普遍的な原理で、人が生まれながらにもっている権利。

補説 「権理」は「権利」と同じ。「通義」は世間に通用する道理。

用例 故に今、人と人との釣合を問えばこれを同等と言わざるを得ず。但しその同等とは有様の等しきを言うに非《あら》ず、権理通義の等しきを言うなり。〈福沢諭吉◆学問のすすめ〉

【賢良方正】けんりょうほうせい

意味 賢く善良で行いが正しいこと。また、その人。

補説 「賢良」は賢く善良なこと。「方正」は行いが正しいこと。中国漢代以降の官吏選抜の科目の名でもある。

出典 『史記《しき》』孝文紀《こうぶんき》

用例 譬《たと》えば爰《ここ》に一政府あらん。賢良方正の士を挙て政《まつりごと》を任し、民の苦楽を察して適宜の処置を施し、信賞必罰、恩威行われざるところなく、万民腹を鼓して太平を謡うが如《ごと》きは誠に誇るべきに似たり。〈福沢諭吉◆学問のすすめ〉

【彦倫鶴怨】げんりんかくえん

意味 俗世を離れたはずの彦倫が任官したことを、孔稚珪《こうちけい》が批判した故事。

補説 中国南斉《なんせい》の周顒《しゅうぎょう》（字《あざな》は彦倫）は初め俗世を離れて鍾山《しょうざん》に隠棲《いんせい》したが、後に県令に任官した。孔稚珪がそれを批判して「あなたがいなくなったら鶴も怨《うら》み、猿も驚いているだろう」と、にせ隠者ぶりを皮肉を込めて批判した故事。『蒙求《もうぎゅう》』の表題の一つ。

出典 『文選《もんぜん》』孔稚珪《こうちけい》「北山移文《ほくざんいぶん》」

【牽攣乖隔】けんれんかいかく

意味 心は互いに引かれながら、遠く隔たっていること。

補説 中国唐の白居易《はくきょい》が左遷された親友元稹《げんじん》（字《あざな》は微之《びし》）に贈った手紙で、遠く離れていることを嘆じた言葉。「牽攣」は互いに心が引かれること。「牽」は引く、引きつける意。「攣」はつながる。また、恋い慕う意。「乖隔」は遠く隔たる。「乖」はそむく。また、隔たる意。

出典 白居易《はくきょい》「微之《びし》に与《あた》うるの書《しょ》」

【堅牢堅固】けんろうけんご（―ナ）

意味 守りが非常に堅く、容易に破られたり動じたりしないさま。また、堅くて丈夫なさま。

補説 「堅牢」「堅固」はともに堅く丈夫なこと。類義の語を重ねて意味を強調している。

類義語 金城鉄壁《きんじょうてっぺき》・堅固不抜《けんごふばつ》

【黔驢之技】けんろのぎ

意味 自分の稚拙な腕前を自覚せずに示して恥をかくこと。また、見かけ倒しの劣った腕前・技量。

補説 「黔」は地名。黔州《けんしゅう》。今の中国貴州省。「驢」はロバ。

注意 「けんろのわざ」とも読む。

故事 ある人が、ロバのいない黔州にロバを連れて行き山の麓《ふもと》でそれを放した。虎は大きなロバを見て初めは恐れて隠れてようすをうかがっていたが、大した能力もない者のように思えてきたので、しだいに近付いてロバにまとわりつくようになった。ロバは怒りにたえきれず、虎を蹴《け》った。ところが、虎はかえってその力のなさを見破り、ついにこれを食い殺してしまったという故事から。

出典 柳宗元《りゅうそうげん》「三戒《さんかい》」

【懸腕直筆】けんわんちょくひつ

意味 筆を垂直に持ち、腕や肘《ひじ》を机から離して字を書くこと。

補説 書道の運筆で腕が自由に動かせる構え方。「懸」はかかげる意。宙に浮かせること。「直筆」は筆を垂直に立てて書くこと。

用例 誰《だれ》でも字を書くには懸腕直筆と云《い》うて、腕を上げて書くと云うことは古来一定の法でありますが、腕を上げないでも書く人があります。〈内藤湖南◆弘法大師の文芸〉

【懸腕枕腕】けんわんちんわん

意味 腕や肘《ひじ》を机から離して宙に浮かせて書く書法（懸腕法）と、左の手のひらを紙の上に伏せてそれを右手の枕のようにして構える書法（枕腕法）。

補説 いずれも書作のときの腕の構え方。「懸」はかかげる意。宙に浮かせること。

注意 「枕」を「沈」と書くのは本来は誤り。

出典 『古今法書苑《ここんほうしょえん》』

こ

【挙一明三】 こいち みょうさん

意味 才知の鋭いことの形容。一つを聞いてすべてを悟ること。

補説 仏教語。四角の一隅を挙げ示せば、他の三隅を悟る意から。「一《いち》を挙《あ》げて三《さん》を明《あき》らかにす」と訓読する。（→「挙一反三《きょいちはんさん》」153）

出典 『碧巌録《へきがんろく》』

類義語 挙一反三《きょいちはんさん》

【縞衣綦巾】 こうい ききん

意味 中国周代、貧賤《ひんせん》の女性が身につける質素な服装。転じて、自分の妻の謙称。

補説 白い衣服とよもぎ色の帯布の意から。「縞衣」は染めていない白色の薄絹の衣。「綦巾」は白みを帯びた青色の帯布。「巾」は女性が帯びる布で、手をぬぐうもの、あるいは頭を包むもの。一説に、「縞衣」は男の服装、「綦巾」は女の服装ともされ、また、「縞衣綦巾」で未婚の女性の質素な服ともされて、異説が多い。

出典 『詩経《しきょう》』鄭風《ていふう》・出其東門《しゅっきとうもん》

【高位高官】 こうい こうかん

意味 高い官職の役人のこと。

補説 「位」は位階、「官」は官職のこと。高い位と高い官職から。

用例 昔から高位高官に登ったような人に、そんなにおもしろい人も見当りませんぜ。〈島崎藤村◆山陰土産〉

類義語 王公貴人《おうこうきじん》・王侯将相《おうこうしょうしょう》・王侯大人《おうこうたいじん》・月卿雲客《げっけいうんかく》

対義語 無位無官《むいむかん》

【好逸悪労】 こういつ あくろう

意味 何もせずに遊び暮らすことばかりを求め、苦労することを嫌うこと。

補説 「逸」は楽しみふけること。「悪」は憎む意。「逸《いっ》を好《この》み労《ろう》を悪《にく》む」と訓読する。

故事 中国後漢の医者郭玉《かくぎょく》が、天子に問われて、病気を治すに当たっての困難を四つ挙げた。その一つが、安逸をむさぼって苦労を嫌うことだったたという故事から。

出典 『後漢書《ごかんじょ》』方術《ほうじゅつ》・郭玉伝《かくぎょくでん》

【香囲粉陣】 こうい ふんじん

意味 たくさんの美人に囲まれるたとえ。

補説 香の囲いと、おしろいの列の意から。「粉」はおしろいのこと。

【黄衣廩食】 こうい りんしょく

意味 宦官《かんがん》（去勢されて宮中で仕える男）のこと。

補説 黄衣を着て俸禄《ほうろく》を受ける者の意から。「黄衣」は僧侶《そうりょ》や道士、また、唐代には宦官が身につける服。「廩食」は官から受ける扶持米《ふちまい》。また、扶持米を受けること。

出典 『資治通鑑《しじつがん》』唐紀《とうき》・唐玄宗《とうげんそう》開元《かいげん》元年

【光陰如箭】 こういん じょせん

意味 月日の流れが早いことのたとえ。

補説 月日は矢のようにあっという間に早く過ぎ去ってしまう意から。「光陰」は月日のこと。「光」は昼、「陰」は夜を意味する。「箭」は矢の意。一般に「光陰《こういん》箭《や》の如《ごと》し」と訓読して用いる。

出典 韋荘《いそう》詩「関河道中《かんかどうちゅう》」

類義語 一寸光陰《いっすんのこういん》・烏兎匆匆《うとそうそう》・烏飛兎走《うひとそう》・光陰流水《こういんりゅうすい》・光陰流転《こういんりゅうてん》・兎走烏飛《とそううひ》・露往霜来《ろおうそうらい》

【光陰流転】 こういん りゅうてん 〈—スル〉

意味 時がまたたくまに過ぎてしまうこと。

補説 「光陰」は月日のこと。「光」は昼、「陰」は夜を意味する。「流転」は次々と移り変わっていくこと。

注意 「こういんるてん」とも読む。

出典 白居易《はくきょい》詩「秋晩《しゅうばん》」◎「光陰は流転して忽《たちま》ち已《すで》に晩《く》れ」

類義語 光陰如箭《こういんじょせん》

【行雨朝雲】 こうう ちょううん

⇓ 巫山之夢 ふざんのゆめ 574

【行雲流水】 こううん りゅうすい

意味 空行く雲や流れる水のように、深く物事に執着せず自然の成り行きに任せて行動するたとえ。また、一定の形をもたず、自然に移り変わってよどみがないことのたとえ。

補説 諸国を修行してまわる禅僧のたとえにも用いられることがある。「行雲」は空行く雲。「流水」は流れる水。
出典 蘇軾《そしょく》「謝民師《しゃみんし》に答《こた》うるの書《しょ》」
用例 苦沙弥《くしゃみ》君の文は行雲流水のごとしとありましたよ〈夏目漱石◆吾輩は猫である〉
類義語 雲煙過眼《うんえんかがん》・雲遊萍寄《うんゆうへいき》

【光焔万丈】 こうえんばんじょう

意味 詩文や議論などに勢いがあって、すばらしいことのたとえ。
補説 「光焔」は燃え上がる炎。「丈」は長さの単位で、一丈は十尺。「万丈」は非常に高く、また、非常に長く燃えさかること。炎が勢いよく燃えさかるさまをいう。もと中唐の韓愈《かんゆ》が李白《りはく》と杜甫《とほ》の詩文のすばらしさを評した語。
注意 「光炎万丈」とも書く。
出典 韓愈《かんゆ》―詩「張籍《ちょうせき》に調《たわむ》る」

【高屋建瓴】 こうおくけんれい

意味 下へ向かう勢いが強いこと。防ぐことができないくらい勢いが強いこと。
補説 高い屋根の上から水瓶《みずがめ》の水をあけたような勢いの意。「高屋」は高い屋根、「瓴」は水瓶、「建」はひっくり返すこと。「高屋《こうおく》瓴《れい》を建《くつがえ》す」と訓読する。
出典 『史記《しき》』高祖紀《こうそき》
類義語 決河之勢《けっかのいきおい》

【後悔噬臍】 こうかいぜいせい

意味 あとになって悔やんでも、取り返しがつかないことのたとえ。
補説 「後悔先に立たず」と同意。「噬」は噛《か》む意。「臍」はへそ。「噬臍（臍《ほぞ》を噬《か》む）」はへそを噛むこと。口はへそに届かないことから、後悔してもどうにもならないたとえ。「後悔《こうかい》臍《ほぞ》を噬《か》む」と訓読する。
出典 『春秋左氏伝《しゅんじゅうさしでん》』荘公《そうこう》六年

【慷慨忠直】 こうがいちゅうちょく

意味 忠義の心から憤り嘆くこと。
補説 「慷慨」は世の中の不義・不正を憤り嘆く意。「忠直」は国家や君主に忠義で正直なこと。また、その人。
用例 彼等《かれら》から見れば、井伊大老は夷狄《いてき》を恐怖する心から慷慨忠直の義士を憎み、おのれの威力を示そうがために奸謀《かんぼう》を廻《めぐ》らし、天朝をも侮る神州の罪人である、〈島崎藤村◆夜明け前〉

【慷慨悲歌】 こうがいひか 〈―スル〉

⇒ 悲歌慷慨 ひかこうがい 545

【慷慨悲憤】 こうがいひふん 〈―スル〉

⇒ 悲憤慷慨 ひふんこうがい 552

【慷慨憤激】 こうがいふんげき 〈―スル〉

意味 世の不正義や自分の不運などを激しく憤り嘆くこと。
補説 「慷慨」は世の中の不義・不正を憤り嘆くこと。「憤激」は激しく怒ること。類義の語を重ねて意味を強調している。
類義語 慷慨扼腕《こうがいやくわん》・悲歌慷慨《ひかこうがい》・悲憤慷慨《ひふんこうがい》

【好学尚武】 こうがくしょうぶ

意味 文の道・武の道、どちらも好み尊ぶこと。
補説 「好学」は学問を好むこと。「尚武」は武道や武勇を尊ぶこと。
類義語 文武兼備《ぶんぶけんび》・文武両道《ぶんぶりょうどう》・文武一途《ぶんぶいっと》

【口角飛沫】 こうかくひまつ

意味 口の端からつばを飛ばさんばかりに激しく議論するさま。きわめて熱心に話すさま。
補説 「口角」は口の端、口のまわり。一般に「口角《こうかく》沫《あわ》を飛《と》ばす」と訓読して用いる。
類義語 口角流沫《こうかくりゅうまつ》

【豪華絢爛】 ごうかけんらん 〈―タル〉〈―ト〉〈―ナ〉

意味 きらびやかに輝き、華やかで美しいさま。
補説 「豪華」はぜいたくで華やかなさま。「絢爛」はきらびやかで美しいさま。「絢爛豪華《けんらんごうか》」ともいう。
用例 地下室の豪華絢爛さに比べると二階はさながらに廃屋みたような感じである。〈夢野久作◆冥土行進曲〉
類義語 錦繡綾羅《きんしゅうりょうら》・絢爛華麗《けんらんかれい》・荘厳華麗《そうごんかれい》

【篝火狐鳴】 こうかこめい

意味 不可思議な現象に仮託して衆を惑わし、反乱を企てること。また、不思議なことで人々を惑わすたとえ。

補説 かがり火とキツネの鳴き声の意から。「篝火」はかがり火。

故事 中国秦《しん》末、陳勝《ちんしょう》が呉広と反乱を起こそうとしたとき、夜中にかがり火をたいて怪しい火のように見せかけ、同時にキツネの鳴きまねをさせて不思議な現象を装い、「大楚《たいそ》（陳勝らが名乗った国名）が興って陳勝が王となるだろう」と大声で叫ばせ、民衆を蜂起《ほうき》させようとした故事から。

出典 『史記《しき》』陳渉世家《ちんしょうせいか》

【膏火自煎】こうかじせん

意味 財産や才能などがあることで、かえって災いを招くたとえ。

補説 あぶらの火は燃やすと明るくなり、その力を発揮するが、そのために自らを焼いて燃え尽きてしまう意から。「膏」はあぶら。「煎」は炒《い》る、焼く意。「膏火《こうか》自《みずか》ら煎《せん》ず」と訓読する。

出典 『荘子《そうじ》』人間世《じんかんせい》

類義語 山木自寇《さんぼくじこう》

【恒河沙数】ごうがしゃすう

意味 数量が多過ぎて、数えあげることができないたとえ。

補説 仏教語。インドのガンジス川にある砂のように多い意。「恒河」はガンジス川のこと。「沙数」は砂の数。略して「恒河沙《ごうがしゃ》」「恒沙《ごうじゃ》」ともいう。

注意 「沙数」は「しゃしゅ」「じゃしゅ」とも読む。

類義語 恒沙塵数《ごうしゃじんじゅ》

【咬牙切歯】こうがせっし〈―スル〉

意味 強く歯を食いしばったり、歯ぎしりをしたりすること。恨みや悔しさの甚だしいこと。また、激しく怒ること。

補説 「咬牙」は歯をかみしめること。「切歯」は歯を食いしばること。歯ぎしりをすること。転じて、激しく怒り、また非常に残念がること。「切歯咬牙《せっしこうが》」ともいう。

出典 『勘頭巾《かんとうきん》』二

類義語 切歯扼腕《せっしやくわん》

【高牙大纛】こうがたいとう

意味 高い地位のしるし。本陣のしるし。

補説 「高牙」は竿《さお》の先に象牙《ぞうげ》の飾りのついた大きな旗。本陣のしるし。大将の旗をいう。「大纛」は、旄牛《ぼうぎゅう》（からうし）の尾やキジの尾羽などで作った飾りつきの大きな旗ぼこのこと。貴人の車に立てたり、軍隊の大将旗、儀仗《ぎじょう》の大旗として用いられたりした。

出典 欧陽脩《おうようしゅう》「相州昼錦堂記《しょうしゅうちゅうきんどうき》」

【効果覿面】こうかてきめん

意味 結果や効き目がすぐに現れるさま。

補説 一般には都合のよい結果や効き目についていう。「効果」は行為の結果や効き目。「覿」は見る、示す意。「覿面」は目の当たり、目の当たりに見ること。効果や結果が速やかに現れるさまをいう。

類義語 天罰覿面《てんばつてきめん》

【高臥東山】こうがとうざん

⇒ 東山高臥 とうざんこうが 485

【広廈万間】こうかばんげん

意味 きわめて大きな家。転じて、貧しい人々を広く庇護《ひご》するたとえ。

補説 「廈」は広く大きな建物。「間」は柱と柱の間を数える単位。「万間」は万間もあるような大きい家。

故事 杜甫《とほ》が成都（中国四川省）に寓居《ぐうきょ》し、秋の大風に茅葺《かやぶ》きの屋根が吹き飛ばされたとき、「大きな家を手に入れ、天下の貧しい人々をその中に住まわせ、ともに喜びを分かち合いたいものだ」と歌った故事から。

出典 杜甫《とほ》「茅屋《ぼうおく》秋風《しゅうふう》の破《やぶ》る所《ところ》と為《な》る歌《うた》」

【黄花晩節】こうかばんせつ

意味 晩年にいたってなお高尚な節操を守っているたとえ。年老いてなお健康なたとえ。長寿を祝う言葉。

補説 冷たい霜にも枯れず菊の花が咲く意。また菊花。「黄花」だけでも菊の花を指す。

出典 韓琦《かんき》詩「九日水閣《きゅうじつすいかく》」

類義語 白首一節《はくしゅいっせつ》

【高歌放吟】こうかほうぎん〈―スル〉

⇒ 放歌高吟 ほうかこうぎん 596

【業果法然】ごうかほうねん

意味 前世の行いに対して、この世で受ける報いは当然の道理であるということ。
補説 仏教語。「業果」は業因、すなわち苦楽の果報を招く因となる善悪の行為によって受ける報い。善因善果、悪因悪果は当然であること。「法然」はもろもろの物が、その性質どおりにあること。ありのままの姿で存在すること。自然にそうなる意。

【鴻雁哀鳴】こうがんあいめい

意味 流浪してさすらう民がその苦労・窮状を訴えるたとえ。ガンが飛んで悲しげに鳴く意から。
補説 「鴻雁」は水鳥のガン。大きいものを鴻といい、小さいものを雁という。定居を失って原野をさまよい苦労する民人・流民のたとえ。
出典 『詩経《しきょう》』小雅《しょうが》・鴻鴈《こうがん》

【紅顔可憐】こうがんかれん 〈—ナ〉

意味 いじらしくかわいらしい若者の形容。また、若くして亡くなった者を哀れむこと。
補説 もとは、時が無常に過ぎ去り、昔の若者も年老いてしまったのを哀れむ意。「紅顔」は血色のよい元気な若者。「可憐」はいじらしくかわいいさま。また、かわいそう、気の毒だの意。出典では後者の意。「紅顔《こうがん》憐《あわ》れむべし」と訓読する。
出典 劉庭芝《りゅうていし》—詩「白頭《はくとう》を悲《かな》しむ翁《おきな》に代《か》わる」◎「此《こ》の翁《おう》の白頭真《まこと》に憐む可《べ》し、伊《こ》れ昔《むかし》紅顔の美少年」
用例 紅顔可憐という形容が似合うのだが、しかし、じっと相手を見据える視線や、眉間《みけん》の縦皺《たてじわ》、きっと結んだ口元は、〈織田作之助・それでも私は行く〉

【合歓綢繆】ごうかんちゅうびゅう 〈—スル〉

意味 男女が親しく愛し合うさま。
補説 「合歓」は喜びをともにすること。男女が交わること。「綢繆」はもつれ合う、まつわる意。
用例 合歓綢繆を全うせざるもの詩家の常ながら、特に厭世《えんせい》詩家に多きを見て思う所あり。〈北村透谷◆厭世詩家と女性〉

【傲岸不遜】ごうがんふそん 〈—ナ〉

意味 おごりたかぶって人を見下すさま。思いあがって謙虚さのないさま。
補説 「傲岸」はおごりたかぶったさま。「不遜」は高ぶってへりくだらないこと。類義の語を重ねて意味を強調している。
用例 あの傲岸不遜のニイチェ。自ら称して「人類史以来の天才」と傲語《ごうご》したニイチェが、これはまた何と悲しく、痛痛しさの眼《め》に沁《し》みる言葉であろう。〈萩原朔太郎◆宿命 詩人の死ぬや悲し〉
類義語 傲岸不屈《ごうがんふくつ》・傲岸無礼《ごうがんぶれい》・傲慢不遜《ごうまんふそん》・傲慢無礼《ごうまんぶれい》・傍若無人《ぼうじゃくぶじん》

【傲岸無礼】ごうがんぶれい 〈—ナ〉

意味 人を見下すような態度で威張り散らし、礼儀に外れているさま。
補説 「傲岸」はおごりたかぶったさま。「無礼」は礼儀に外れているさま。
類義語 傲岸不屈《ごうがんふくつ》・傲岸不遜《ごうがんふそん》・傲慢不遜《ごうまんふそん》・傲慢無礼《ごうまんぶれい》・傍若無人《ぼうじゃくぶじん》

【後患無窮】こうかんむきゅう

意味 後日に訪れる災いが、きわめて大きいと予想されること。
補説 「後患」はのちのちの心配事。「無窮」はきわまりない、無限。「後患《こうかん》窮《きわ》まり無《な》し」と訓読する。

【厚顔無恥】こうがんむち 〈—ナ〉

意味 厚かましく、恥知らずなさま。
補説 他人の迷惑などかまわずに、自分の都合や思惑だけで行動すること。「厚顔」は厚かましいこと。ずうずうしいさま。面の皮が厚いこと。「無恥」は恥知らず。「顔《かお》を厚《あつ》くし恥《は》ずる無《な》し」と訓読する。「無恥厚顔《むちこうがん》」ともいう。
出典 『文選《もんぜん》』孔稚珪《こうちけい》「北山移文《ほくざんいぶん》」
用例 秋を淋《さび》しくないと云《い》う者は、衣服を脱いで真裸でつっ立つ折の、妙に侘《わび》しい頼り無い淋しさを、鈍感のためにか或《ある》いは厚顔無恥のためにか、身に感じないていの者であるに相違ない。〈豊島与志雄◆秋の気魄〉
類義語 寡廉鮮恥《かれんせんち》

【剛毅果断】ごうきかだん 〈—ナ〉

意味 意志がしっかりとしていて、思い切って事を行うさま。また、決断力に富んださま。
補説 「剛毅」は気性が強く屈しないさま。「果断」は思い切って事を行うさま。
用例 殊に森は留学時代に日本語廃止論を提

唱したほど青木よりも一層徹底して、剛毅果断の気象に富んでいた。〈内田魯庵◆四十年前〉

類義語 剛毅果敢《ごうきかかん》・剛毅勇敢《ごうきゆうかん》・進取果敢《しんしゅかかん》・勇悍果敢《ゆうかんかかん》・勇猛果敢《ゆうもうかかん》・勇猛無比《ゆうもうむひ》

対義語 縮手縮脚《しゅくしゅしゅくきゃく》・優柔不断《ゆうじゅうふだん》

【光輝燦然】こうきさんぜん 〈—タル〉〈—ト〉

意味 非常に鮮やかに光り輝くさま。

補説 名誉や栄光が輝くばかりに華やかなさま。「光輝」は輝き。光り輝くこと。また、光り輝くような名誉。「燦然」は光り輝くさま。鮮やかなさま。

注意 「光暉燦然」「光煕燦然」とも書く。

用例 光輝燦然たる恋人が記念の指輪。この腐れたる指にうがち、この汚れたる口にて〈木下尚江◆良人の自白〉

【綱紀粛正】こうきしゅくせい 〈—スル〉

意味 国家の規律を整えて、政治の在り方や政治家・役人の態度を戒め正すこと。また、一般に乱れた規律を厳しく正すこと。

補説 「綱紀」は大きな綱と小さな綱、転じて、国家を統治する大法と細則。また、物事の締めくくり・おおもと。「粛正」は厳しく正す、戒め正すこと。

用例 そうして上役人は「綱紀粛正」とか称して下役人をしばったり督励しようとしているといううわさを耳にします。〈末弘厳太郎◆役人の頭〉

対義語 綱紀廃弛《こうきはいし》

【巧偽拙誠】こうぎせっせい

意味 巧みに偽りごまかすことと、つたなくとも誠意があること。また、巧みに偽るよりも、つたなくとも誠意があるほうがよいということ。

補説 「巧」はたくみなさま。「偽」は偽ること。ごまかすこと。「拙」はつたない、下手なの意。「誠」は真心の意。後者の意は「巧偽は拙誠に如《し》かず」の略。

出典 『韓非子《かんぴし》』説林《ぜいりん》上

類義語 巧詐拙誠《こうさせっせい》

【綱紀頽弛】こうきたいし 〈—スル〉

⇒綱紀廃弛 こうきはいし 210

【剛毅直諒】ごうきちょくりょう 〈—ナ〉

意味 意志がしっかりとしていて、真心があるさま。

補説 「剛毅」は気性が強く物事にくじけない、屈しないさま。「直諒」は正しくて誠実なさま。

類義語 剛毅木訥《ごうきぼくとつ》

【好機到来】こうきとうらい 〈—スル〉

意味 またとない、よい機会がめぐってくること。絶好の機会に恵まれること。

補説 「好機」はちょうどよい機会、またとない機会のこと。「到来」は時機・機会が来ること。

用例 ぼくは逃走の好機到来と心中で計企するところがあったが、ふたりはなかなかゆだんしないのだ。〈佐藤紅緑◆少年連盟〉

類義語 時機到来《じきとうらい》・時節到来《じせつとうらい》・千載一遇《せんざいいちぐう》

【綱紀廃弛】こうきはいし 〈—スル〉

意味 国または社会の規律や秩序がゆるみ乱れること。

補説 「綱紀」は国家を統治する大法と細則。また、物事の締めくくり・おおもと。「廃弛」は規律などがすたれゆるむこと。「綱紀頽弛《こうきたいし》」ともいう。

対義語 綱紀厳正《こうきげんせい》・綱紀粛正《こうきしゅくせい》

【香気芬芬】こうきふんぷん 〈—タル〉〈—ト〉

意味 よい香りが盛んに漂うさま。

補説 「芬芬」は香りの高いさま。

類義語 香気馥郁《こうきふくいく》・香気芬然《こうきふんぜん》

【剛毅木訥】ごうきぼくとつ 〈—ナ〉

意味 意志がしっかりとしていて、無口で飾り気のないさま。

補説 「剛毅」は気性が強く屈しないさま。意志が強く物事にくじけないさま。「木訥」は無口で飾り気がないさま。無骨なさま。

注意 「剛毅朴訥」「剛毅朴吶」とも書く。

出典 『論語《ろんご》』子路《しろ》 ◎「剛毅木訥は仁《じん》に近し」

用例 剛毅木訥にして決行敢為の風あり。〈山路愛山◆論史漫筆〉

類義語 剛毅直諒《ごうきちょくりょう》・質実剛健《しつじつごうけん》・質朴剛健《しつぼくごうけん》

対義語 巧言令色《こうげんれいしょく》

【恒久平和】こうきゅうへいわ

意味 いつまでも変わらず平和が続くこと。

補説 「恒」は一定不変の意で、「恒久」は永遠に変わらないこと。日本国憲法前文に、「日本国民は、恒久の平和を念願し」とある。

【控馭之術】こうぎょのじゅつ

意味 人の自由を規制して、思うがままに操ること。

補説 「控馭」は馬を自分の思うままに自由に扱うこと。「馭」は馬を操る意。

注意 「控御之術」とも書く。

出典 『晋書《しんじょ》』慕容垂載記《ぼようすいさいき》

【抗拒不承】こうきょふしょう

意味 強く拒絶して承諾しないこと。

補説 「抗」は張り合い、抵抗する意。「拒」は防ぐ、こばむ意。「抗拒《こうきょ》して承《う》けず」と訓読する。

出典 蘇轍《そてつ》「兄《あに》軾《しょく》獄《ごく》に下《くだ》るが為《ため》に上《たてまつ》るの書《しょ》」

【綱挙網疏】こうきょもうそ

意味 根本・おおもとをつかむことに専念して、細事にはこだわらないこと。また、大きな罪や大悪の根源を挙げることに意を用い、小さな罪は許すこと。

補説 大綱を挙げて細目をあらくする意から。「綱」は網の締めくくりのもとづな。おおづな。「疏」はあらいこと。おおまか。

出典 『晋書《しんじょ》』劉頌伝《りゅうしょうでん》

【敲金撃石】こうきんげきせき

意味 詩文の響きやリズムの巧みなことのたとえ。

補説 「金」は金属製の打楽器。「石」は石製の打楽器。「敲」はたたく。「撃」は打つ。「金」も「石」も打てば美しい音色をかなでることからいう。もと、中国唐の韓愈《かんゆ》が張籍の詩を金石の美しい音色のようにすばらしいと評した語。「金《かね》を敲《たた》き石《いし》を撃《う》つ」と訓読する。

出典 韓愈《かんゆ》「張籍《ちょうせき》に代《か》わって李浙東《りせっとう》に与《あた》うるの書《しょ》」

類義語 敲金戛玉《こうきんかつぎょく》・吹竹弾糸《すいちくだんし》

【高吟放歌】こうぎんほうか 〈―スル〉

⇒ 放歌高吟 ほうかこうぎん 596

【攻苦食啖】こうくしょくたん

意味 粗食に甘んじ、苦境に負けないこと。転じて、苦労して勉強すること。

補説 苦難と闘い粗食に甘んじる意。「攻苦」は苦難と闘うこと。転じて、苦心して勉強する意。「啖」は味のない食物、粗食の意。「攻苦《こうく》啖《たん》を食《くら》う」と訓読する。

注意 「攻苦食淡」とも書く。

出典 『史記《しき》』叔孫通伝《しゅくそんつうでん》

類義語 攻苦茹淡《こうくじょたん》

【康衢通逵】こうくつうき

意味 大通り・本道のこと。また、基本的かつ正統的な筋道・方法のたとえ。

補説 「康衢」は四方八方に道が通じている大通りの意。「通逵」は街道の意。

用例 然《しか》るに奇とすべきは、其《その》人が康衢通逵をばかり歩いていずに、往々径《こみち》に由《よ》って行くことをもしたと云《い》う事である。抽斎《ちゅうさい》は宋槧《そうざん》の経子《けいし》を討《もと》めたばかりでなく、古い武鑑や江戸図をも翫《もてあそ》んだ。〈森鷗外・渋江抽斎〉

【高下在心】こうげざいしん

意味 事に直面して適切に処置できるかどうかは、心一つであること。事が成るかどうかは、心がけ次第であること。また、人事や賞罰を自分の思うままにすること。

補説 高くするも低くするも心一つの意から。「高下」は高くすることと低くすること。一般に「高下《こうげ》心《こころ》に在《あ》り」と訓読して用いる。

出典 『春秋左氏伝《しゅんじゅうさしでん》』宣公《せんこう》一五年

【皓月千里】こうげつせんり

意味 白く輝く月が千里の遠くまで照らしているさま。

補説 「皓月」は白く輝く月。明月のこと。「千里」は一里の千倍。また、非常に遠い距離のたとえ。

注意 「皎月千里」とも書く。

出典 范仲淹《はんちゅうえん》「岳陽楼記《がくようろうのき》」

【高潔無比】こうけつむひ 〈―ナ〉

意味 比べようがないほど、心が気高く清らかなさま。

補説「高潔」は気高くて汚れがないさま。「無比」は比べるものがないほどであること。

用例けれども私は、高潔無比のお心をあてにしながら、ひと思いに私の運を、あなたのお手にゆだねます。〈太宰治◆猿面冠者〉

【剛健質実】ごうけん しつじつ 〈—ナ〉

⇓質実剛健 しつじつごうけん 289

【剛健質朴】ごうけん しつぼく 〈—ナ〉

⇓質朴剛健 しつぼくごうけん 291

【高軒寵過】こうけん ちょうか

意味高貴な人の来訪のこと。

補説「高軒」は立派な車。他人の車の敬称。「寵過」は名誉な来訪のこと。栄誉の来訪に浴すること。略して「高軒過」という。

故事中国中唐の李賀《りが》が七歳のとき、その文才を聞いた韓愈《かんゆ》と皇甫湜《こうほしょく》の来訪を受けて、即座に「高軒過」と題した歓迎の詩を作って、二人を驚かせた故事から。

出典『新唐書《しんとうじょ》』文芸《ぶんげい》・李賀伝《りがでん》

【黄絹幼婦】こうけん ようふ

意味「絶妙」の二字の隠語。

補説「黄絹」は色の糸で「絶」の字、「幼婦」は少女で「妙」の字の意から。二人の判断が一致しているたとえに用いる。また、解釈がきわめて正確なたとえ、知恵のある者とない者の差が甚だしいたとえ、絶妙な文章のたとえなどに用いられることもある。

故事中国後漢の楊脩《ようしゅう》が魏《ぎ》の武帝（曹操《そうそう》）とともに曹娥碑《そうがひ》の下を通ったとき、「黄絹幼婦 外孫齏臼《せいきゅう》」の八文字があった。曹操が楊脩にその意味を尋ねたところ、楊脩は即座に理解した。曹操は楊脩が答えるのを待たせ、ようやく三十里進んだところで理解した。「黄絹」は色糸のことで「絶」、「幼婦」は少女のことで「妙」、「外孫」は女子のことで「好」、「齏臼」は辛いものを受けるもののことで「辞」。つまり「絶妙好辞（非常にすばらしい文章、言葉）」の意味であると。そこで曹操が「知恵のある者とない者との差は三十里である」と言ったという故事から。

出典『世説新語《せせつしんご》』捷悟《しょうご》

【巧言乱徳】こうげん らんとく

意味巧みに飾った言葉は、人を惑わして徳の妨げになること。

補説口先ばかりで誠意がないと、結局信頼をなくして徳を乱すもととなる意から。「巧言《こうげん》は徳《とく》を乱《みだ》る」と訓読する。

出典『論語《ろんご》』衛霊公《えいれいこう》

【巧言令色】こうげん れいしょく

意味口先だけでうまいことを言ったり、愛想よくとりつくろったりすること。
補説「巧言」は相手が気に入るように巧みに飾られた言葉。「令色」は愛想よくとりつくろった顔色。「令」はよい、立派の意。
出典『論語《ろんご》』学而《がくじ》 ◎「巧言令色、鮮《すく》なし仁」
用例巧言令色、銭を貪《むさぼ》る者は、論語を講ずる人の内にあり。〈福沢諭吉◆文明論之概略〉
類義語長舌三寸《ちょうぜつさんずん》
対義語剛毅木訥《ごうきぼくとつ》・質実剛健《しつじつごうけん》・質朴剛健《しつぼくごうけん》

【槁項黄馘】こうこう こうかく

意味痩《や》せ細った首すじと、疲れ果てて黄ばみやつれた顔。

補説非常にやつれた顔の形容。「槁項」は痩せ細った首すじのこと。「槁」は枯れる、枯れ木の意。「項」はうなじ。「馘」は顔の意。

出典『荘子《そうじ》』列禦寇《れつぎょこう》

【恍恍惚惚】こうこう こつこつ 〈—タル〉〈—ト〉

意味心を奪われてうっとりするさま。我を忘れてぼんやりするさま。

補説「恍惚」を二字ずつ重ねて語意を強めたもの。

注意「恍恍忽忽」とも書く。

用例忽然《こつぜん》として生じて思わずして来たり、恍々惚々としてその来所を知るに由なしとはいえど、〈二葉亭四迷◆浮雲〉

【嗷嗷待哺】ごうごう たいほ

意味飢えて食べ物を求めるさま。転じて、被災者が憂えて救援を待つたとえなどに用いられる。

補説鳥のひなが騒がしく鳴いて、親鳥の口中にある餌《えさ》を待つさまから。「嗷嗷」は鳥の哀《かな》しい鳴き声。転じて、民衆の憂え嘆く声のたとえ。「嗷嗷《ごうごう》として哺《ほ》を待《ま》つ」と訓読する。

出典 皇甫冉《こうほぜん》詩「長道一絶《ちょうどういちぜつ》を賦《ふ》して陸遂潜夫《りくすいせんぷ》を送る」序

【膏肓之疾】こうこうのしつ

意味 不治の病や難病のこと。

補説 「膏」は心臓の下。「肓」は横隔膜《おうかくまく》の上の隠れたところ。体の奥深い部分で、この間に病がはいると、きわめて治療しにくいとされたことからいう。

注意 「こうこうのやまい」とも読む。

故事 →「病入膏肓《びょうにゅうこうこう》」559

類義語 膏肓之病《こうこうのやまい》・病入膏肓《びょうにゅうこうこう》

【紅口白牙】こうこうはくが

意味 美人を形容する言葉。

補説 紅の唇と白い歯の意から。「牙」は歯のこと。

出典 『紅楼夢《こうろうむ》』九八

類義語 紅口白舌《こうこうはくぜつ》・紅粉青蛾《こうふんせいが》・朱唇皓歯《しゅしんこうし》・赤口白舌《せきこうはくぜつ》・明眸皓歯《めいぼうこうし》

【皎皎冽冽】こうこうれつれつ 〈—タル〉〈—ト〉

意味 清らかなさま。朝の寒気のように厳しいまでに清く澄みきったさま。

補説 「皎皎」は清らかなさま。また、明るくはっきりしたさま。「冽冽」は清らかに澄みきっているさま。また、寒気の厳しい意。

注意 「皓皓冽冽」とも書く。

用例 こういう場合に人の心を乱すものはただこわいという感じばかりだから、この感じさえ引き抜くと、余るところは皎々冽々たる空霊の気だけになる。〈夏目漱石◆吾輩は猫である〉

【巧語花言】こうごかげん

⇒ 花言巧語 かげんこうご 103

【鴻鵠之志】こうこくのこころざし

意味 大人物の志。大きな志のこと。

補説 「鴻鵠」は白鳥などの大きな鳥。大人物にたとえる。「鴻鵠」には諸説ある。

故事 中国秦《しん》末、日雇い労働者だった陳勝《ちんしょう》が、雇い主に「お互い出世しても忘れないようにしような」と言ったところ、雇い主は「日雇いの身分で何を言うか」と笑った。これに対し陳勝は、「燕雀《えんじゃく》（燕《つばめ》や雀《すずめ》などの小鳥）に鴻鵠の志がわかろうか（小人物には大人物の志などわかるものではない）」と言って嘆息した。やがて陳勝は秦に反旗を翻し、一時期権力を握ったという故事から。（→「陳勝呉広《ちんしょうごこう》」459）

出典 『史記《しき》』陳渉世家《ちんしょうせいか》 ◎「燕雀安《いずく》んぞ鴻鵠の志を知らんや」

類義語 燕雀鴻鵠《えんじゃくこうこく》・千里之志《せんりのこころざし》

【傲骨嶙峋】ごうこつりんしゅん

意味 高ぶって人に屈しない気質の甚だしいさま。

補説 「傲骨」は腰にこの骨があると人に屈することができないといわれる骨。転じて、高ぶって人に屈しない気質のたとえ。「嶙峋」は崖《がけ》が重なって奥深いさま。ここでは「傲骨」の甚だしいさま。

故事 中国唐代の人々が「李白《りはく》の腰には傲骨があって、そのために人に屈することができない」と評した故事から。

出典 『鼠璞《そはく》』深傲骨《しんごうこつ》

【後顧之憂】こうこのうれい

意味 後に残る気がかり。後のことを心配すること。

補説 「後顧」は後ろを顧みる意から、後に残る思いのこと。「憂」は不安・心配の意。

注意 「後顧之患」とも書く。

出典 『魏志《ぎし》』徐奕伝《じょえきでん》

用例 信玄《しんげん》も亦《また》、上洛《じょうらく》の志がある。それには、後顧の憂を断つために、謙信《けんしん》に大打撃を与うることが、肝要である。〈菊池寛◆川中島合戦〉

類義語 回顧之憂《かいこのうれい》・還顧之憂《かんこのうれい》・反顧之憂《はんこのうれい》

【高材疾足】こうざいしっそく

意味 知勇を兼ね備えたすぐれた人物のたとえ。すぐれた才能や能力をもつ者のたとえ。

補説 「高材」はすぐれた才能。「疾足」は足の速いこと。

注意 「高才疾足」とも書く。「こうさいしっそく」とも読む。

出典 『史記《しき》』淮陰侯伝《わいいんこうでん》

類義語 高材逸足《こうざいいっそく》・高材捷足《こうざいしょうそく》・疾足先得《しっそくせんとく》・千里之足《せんりのあし》・智勇兼備《ちゆうけんび》

【光彩奪目】こうさいだつもく

意味 目を見張るばかりの美しい輝きやいろどり。

補説「光彩」は美しく輝く光。鮮やかないろどりの意。また、すぐれていて目立つこと。美人の形容ともなる。「奪目」はすばらしさで見る者をうっとりさせること。一般に「光彩《こうさい》目《め》を奪《うば》う」と訓読して用いる。

注意「光采奪目」とも書く。

類義語 光彩煥発《こうさいかんぱつ》・光彩陸離《こうさいりくり》

【幸災楽禍】こうさいらくか

意味 他人の不幸を喜ぶこと。

補説 他人の災いを幸いとして喜び、他人の災難を幸福として喜ぶこと。「幸災」は他人の災いを楽しむ意から。「楽禍」は災いを招くことを楽しむこと。ここでは他人の災いを見て楽しむこと。「災《わざわ》いを幸《さいわ》いとし禍《わざわ》いを楽《たの》しむ」と訓読する。「楽禍幸災《らくかこうさい》」ともいう。

出典『春秋左氏伝《しゅんじゅうさしでん》』僖公《きこう》一四年／『顔氏家訓《がんしかくん》』誡兵《かいへい》

【光彩陸離】こうさいりくり〈―タル〉〈―ト〉

意味 光が乱れ輝き、まばゆいばかりに美しいさま。

補説「光彩」は美しく輝く光。鮮やかないろどりの意。また、すぐれていて目立つこと。美人の形容ともなる。「陸離」は光がきらきらと入り乱れて輝くさま。

注意「光采陸離」とも書く。

用例 拙堂も観《み》た五色岩《ごしきいわ》こそはまた光彩陸離として衆人の眼《め》を奪うものであろうか。〈北原白秋◆日本ライン〉

類義語 光彩奪目《こうさいだつもく》

【高山景行】こうざんけいこう

意味 徳が高く行いが立派なことのたとえ。また、だれにも尊敬される物事のたとえ。

補説 高い山と大きな道の意で、高い山は人が仰ぎ見るもの、大きな道は明白で規範となるものであることから。「景」は大きい、「行」は道路の意。

出典『詩経《しきょう》』小雅《しょうが》・車舝《しゃかつ》

【恒産恒心】こうさんこうしん

意味 定まった財産や職業のない人は、安定して良心をもち続けられないということ。

補説「恒」は安定して変わらないこと。「恒産」は定まった財産。安定した職業。「恒心」は変わらぬ心。節操。「恒産無ければ恒心無し」を略した語。

出典『孟子《もうし》』滕文公《とうぶんこう》上

【高山流水】こうざんりゅうすい

意味 すぐれて巧みな音楽、絶妙な演奏のたとえ。また、自分を理解してくれる真の友人のたとえ。

補説 清らかな自然の意に用いられることもある。「流水高山《りゅうすいこうざん》」ともいう。「知音《ちいん》」も、親友の意。

故事 中国春秋時代、琴《きん》の名手の伯牙《はくが》が、高い山を思いながら琴を弾くと、友人の鍾子期《しょうしき》は「すばらしい。高くそびえたつさまは、まるであの高い泰山《たいざん》が目前にあるようだ」と評し、川の流れを思いうかべながら琴を弾くと、「すばらしい。広々とはてしないさまは、まるで滔々《とうとう》と流れる長江や黄河の流れが目前にあるようだ」と評した。鍾子期が死ぬと、伯牙は琴を打ち割り弦を断ち切って、終身琴を弾かなかったという。（↓「伯牙絶弦《はくがぜつげん》」522）

出典『列子《れっし》』湯問《とうもん》

用例 或《ある》は帯書きに華麗をつくす花鳥風月、さては清楚《せいそ》を極むる高山流水、意の趣《おもむ》く処《ところ》景色ととのいて、〈樋口一葉◆うもれ木〉

類義語 古琴之友《こきんのとも》

【口耳講説】こうじこうせつ

意味 人の話を聞いて、十分に理解しないまますぐ人に話すこと。

補説 受け売りのこと。「口耳」は耳で聞いてよく考えず、すぐ口から出すこと。「講説」は説き明かすこと。

類義語 口耳四寸《こうじしすん》・口耳之学《こうじのがく》・道聴塗説《どうちょうとせつ》

【公私混同】こうしこんどう〈―スル〉

意味 公的なことと私的なことをけじめをつけずに扱うこと。

補説 好ましくない様子、戒むべき事柄として使われる語。「混同」は区別なく混ぜ合わせること。

用例 こういう父の一面に公私混同をきらう気質がよくあって、仕事のことになると、家族であるなしということの情実に支配されることを極端にさけていたと思われます。〈宮本百合子◆父の手帳〉

【口耳四寸】こうじしすん

⇓口耳之学 こうじのがく 215

【降志辱身】こうしじょくしん

意味 境遇に順応して志を引き下げ、人格を汚してしまうこと。また、俗世間と迎合して生きること。

補説 「志《こころざし》を降《くだ》し身《み》を辱《はずかし》む」と訓読する。

出典 『論語《ろんご》』微子《びし》

【行尸走肉】こうしそうにく

意味 才能や学問もなく、何の役にも立たない無能な人のたとえ。

補説 生きてはいるが魂が抜けて死んだも同然ということ。歩く屍《しかばね》と、走る魂のない肉体の意から。「行」は歩く意。「尸」は死体。死体や肉体は形だけあって、魂がないことからいう。

注意 「行屍走肉」とも書く。

出典 『拾遺記《しゅういき》』六

用例 人もどれほど「王佐棟梁《おうさとうりょう》」の才であっても、これを利用もせず懶惰《らんだ》に日を送れば、（中略）ただ大なる「行尸走肉」たるに過ぎぬ。〈新渡戸稲造◆自警録〉

類義語 飲食之人《いんしょくのひと》・禽息鳥視《きんそくちょうし》・行尸走骨《こうしそうこつ》・酒甕飯袋《しゅおうはんたい》・酒甕飯嚢《しゅおうはんのう》・酒嚢飯袋《しゅのうはんたい》・走尸行肉《そうしこうにく》・飯嚢酒甕《はんのうしゅおう》

【行屎走尿】こうしそうにょう

意味 便所で用を足すこと。

補説 日常生活のたとえ。日常のありふれた事柄の意にも用いる。「屎」は大便、「尿」は小便の意。

用例 もし彼の脳裏に一点の趣味を貼《ちょう》し得たならば、彼は之《ゆ》く所に同化して、行屎走尿の際にも、完全たる芸術家として存在し得るだろう。余の如《ごと》きは、探偵に屁《へ》の数を勘定される間は、到底画家にはなれない。〈夏目漱石◆草枕〉

【好事多魔】こうじたま

意味 よいことには、とかく邪魔が入りやすいことのたとえ。

補説 恋愛などにおいて多くの波乱や邪魔があり、思うように成就しないことにもいう。一般に「好事《こうじ》魔《ま》多《おお》し」と訓読して用いる。

注意 「好事多磨」とも書く。

出典 晁端礼《ちょうたんれい》「安公子詞《あんこうしし》」／『西廂記《せいしょうき》』一

類義語 鬼瞰之禍《きかんのわざわい》・好事多慳《こうじたけん》・好事多阻《こうじたそ》・寸善尺魔《すんぜんしゃくま》・美事多磨《びじたま》

【曠日持久】こうじつじきゅう 〈―スル〉

意味 長期間もちこたえること。また、なすべもなく長い年月を経ること。

補説 「曠日」は長い年月を経ること。また、なすこともなく時を過ごすこと。「持久」は長くもちこたえること。

出典 『戦国策《せんごくさく》』趙策《ちょうさく》

【膠漆之交】こうしつのまじわり

意味 きわめて親密で堅い交友のたとえ。

補説 膠《にかわ》や漆《うるし》でくっつけたように堅く強い結びつきのこと。厚い友情。

注意 「こうしつのこう」とも読む。

出典 『韓詩外伝《かんしがいでん》』九

類義語 管鮑之交《かんぽうのまじわり》・金石之交《きんせきのまじわり》・金蘭之契《きんらんのちぎり》・金蘭之友《きんらんのとも》・金蘭之交《きんらんのまじわり》・膠漆之心《こうしつのこころ》・膠漆之契《こうしつのちぎり》・膠漆之分《こうしつのぶん》・断金之交《だんきんのまじわり》・水魚之交《すいぎょのまじわり》・耐久之朋《たいきゅうのとも》・莫逆之友《ばくぎゃくのとも》・刎頸之交《ふんけいのまじわり》・雷陳膠漆《らいちんこうしつ》

【曠日弥久】こうじつびきゅう

意味 むだに時間を過ごして事を長引かせること。

補説 「曠日」は多くの月日を経ること。また、むだに月日を過ごすこと。「弥久」は長い時間を経ること。「弥」はわたる、時間を経る意。「日《ひ》を曠《むな》しくして久《ひさ》しきに弥《わた》る」と訓読する。

出典 『戦国策《せんごくさく》』燕策《えんさく》

【口耳之学】こうじのがく

意味 耳で聞いたことを自分でよく考えもせず、すぐそのまま人に話し伝える学問。

補説 底の浅い受け売りの学問をいう。「口耳四寸《こうじしすん》」ともいう。

出典 『荀子《じゅんし》』勧学《かんがく》 ◎「小人の学や、耳より入《い》りて口より出《い》ず。口耳の間、則《すなわ》ち四寸のみ、曷《いず》くんぞ以《もっ》て七尺《しちせき》の軀《からだ》を美《よ》しとするに足らんや」

類義語 口耳講説《こうじこうせつ》・耳食之学《じしょくのがく》・小人之学《しょうじんのがく》・道聴塗説《どうちょうとせつ》

【皓歯明眸】 こうし めいぼう

⇒ 明眸皓歯 めいぼうこうし 626

【高車駟馬】 こうしゃ しば

意味 高貴な人の乗り物。転じて、高貴な人のこと。

補説 「高車」は覆いの高い車。高く立派な車。「駟馬」は四頭立ての馬車。

出典 『水経注《すいけいちゅう》』江水《こうすい》

【後車之誡】 こうしゃの いましめ

⇒ 前車覆轍 ぜんしゃふくてつ 392

【昂首闊歩】 こうしゅ かっぽ 〈―スル〉

意味 意気盛んにおごり高ぶって、勝手気ままに振る舞うこと。

補説 顔を上げ、大股《おおまた》で自由気ままに歩く意から。「昂首」は頭を上げる意。「闊歩」は勝手気ままに振る舞うこと。肩で風を切って歩く意。

類義語 横行闊歩《おうこうかっぽ》・横行跋扈《おうこうばっこ》・跳梁跋扈《ちょうりょうばっこ》・飛揚跋扈《ひようばっこ》・傍若無人《ぼうじゃくぶじん》

【厚酒肥肉】 こうしゅ ひにく

⇒ 肥肉厚酒 ひにくこうしゅ 551

【鉤縄規矩】 こうじょう きく

意味 物事や行為の標準・基準になるもののこと。物事の手本。きまり。

補説 「鉤」は角度をつけるのに使う三角定規状の具。曲線を描くための道具。半規または曲尺《かねじゃく》など諸説あって定まらない。「縄」は直線を引くための墨縄《すみなわ》のこと。「規」はコンパスのことで、円を描くのに用いる。「矩」は方形を描く差し金。

出典 『荘子《そうじ》』駢拇《べんぼ》

類義語 規矩準縄《きくじゅんじょう》・規矩縄墨《きくじょうぼく》

【鉤章棘句】 こうしょう きょくく

意味 引っかかるところが多く、読みにくい文章のこと。また、奇怪で難解な文章のこと。

補説 「鉤章」は先の曲がった金具のように、読んでいて引っかかりの多い文章。「鉤」は先の曲がった金属製の道具。また、釣り針。「棘句」はとげのある句。「棘」はいばら、とげ。

出典 韓愈《かんゆ》「貞曜先生墓誌銘《ていようせんせいぼしめい》」

類義語 佶屈聱牙《きっくつごうが》

【黄裳元吉】 こうしょう げんきつ

意味 心に中庸の美徳があり、それが外に現れ出て、大いなる吉を得ること。

補説 易《えき》の語。「黄裳」は黄色いもすそ。「黄」は中国では中央の意味をもち、高貴な色とされる。「裳」は腰から下の衣。「元」は大いにの意。「黄裳なり。元《おお》いに吉《きつ》」と訓読する。

出典 『易経《えききょう》』坤《こん》

【広宵大暮】 こうしょう たいぼ

意味 亡くなった人が深い土の中に入って、二度と戻ってこないこと。死者を悼む言葉。

補説 広がる夜は限りなく遠く、とこしえの闇は明けることはない意。「広宵」は限りなく広がる夜。「大暮」は長い夜。永遠の死の世界を意味する。

注意 「広霄大暮」とも書く。

出典 『文選《もんぜん》』陸機《りくき》「挽歌詩《ばんかのし》」◎「広宵何《なん》ぞ寥廓《りょうかく》たる。大暮安《いず》くんぞ晨《あ》くべし」

類義語 幽明異境《ゆうめいいきょう》

【口尚乳臭】 こうしょう にゅうしゅう

意味 経験が乏しく、世間知らずの若者をいう言葉。

補説 口にまだ乳の臭《にお》いがする意。「尚」は、なお。まだ。「乳臭」は母乳の臭い。まだ乳の臭いもとれない若僧の意。一般に「口《くち》に尚《な》お乳臭《にゅうしゅう》あり」と訓読して用いる。

出典 『漢書《かんじょ》』高祖紀《こうそき》

【向上機縁】 こうじょうの きえん

意味 昇天の機会のこと。

補説 「向上」は昇る、昇天する意。「機縁」はとき・おり・機会の意。

出典 『桃花扇《とうかせん》』入道《にゅうどう》

【攻城野戦】 こうじょう やせん

意味 城を攻め、野で戦うこと。

補説 戦い全般をいう。また、最前線で奮闘すること。「攻城」は敵の城やとりでを攻めること。「野戦」は野原で戦うこと。「野戦攻城《やせんこうじょう》」ともいう。

出典 『戦国策《せんごくさく》』趙策《ちょうさく》

用例 戦国時代の文献を読むと、攻城野戦英雄雲のごとく、十八貫の鉄の棒を苧殻《おがら》のごとく振り回す勇士や、敵将の首を引き抜く豪

傑はたくさんいるが、人間らしい人間を常にmissしていた。〈菊池寛・三浦右衛門の最後〉

【高所大所】 こうしょたいしょ

⇒大所高所 たいしょこうしょ 424

【苟且偸安】 こうしょとうあん

意味 目前の一時の安楽をむさぼって、将来を考えないこと。

補説 「苟且」はかりそめ、なおざり、一時逃れの意。「偸安」は安逸を盗む意で、目の前の安楽をむさぼる、一時逃れの安楽をむさぼること。また、一時逃れをすること。略して「苟偸《こうとう》」「苟安《こうあん》」ともいう。

対義語 一労永逸《いちろうえいいつ》・暫労永逸《ざんろうえいいつ》・先難後獲《せんなんこうかく》・先憂後楽《せんゆうこうらく》

【公序良俗】 こうじょりょうぞく

意味 公の秩序と善良な風俗。

補説 法律用語。社会的な妥当性が認められる道徳観。すべての法の基本理念の一つで、法解釈やその適用のときの基準の一つ。「公序」は人々が守るべき社会の秩序。「良俗」はよい風俗・慣習。

【嚆矢濫觴】 こうしらんしょう

意味 物事の始まり・起こり。

補説 「嚆矢」は、音の鳴るかぶら矢の意。転じて、物事の始まり。昔、戦いを始めるときに、かぶら矢を敵の陣に射かけたことからいう。「嚆」は高鳴る、矢が鳴る意。「濫觴」は川の源の意。転じて、物事の初め。大きな川もその始まりは觴《さかずき》にあふれるほどのわずかな流れであることからいう。「濫」はあふれる意。「觴」はさかずき。類義の語を重ねて意味を強めている。

【鉤心闘角】 こうしんとうかく

意味 建物が交錯して林立し、密集していることの形容。また、建物の構造が精緻《せいち》なことの形容。

補説 そりかえった屋根が中心に集まり、屋根のとがった軒先が隣と入り交じって角を戦わせているように見える意。おのおの知恵の限りを尽くして争うたとえとしても用いる。「鉤心」は車の軸。転じて、屋根の中心の集まるところ。また、そった屋根の中心が多くの鉤《かぎ》が集まったように見えること。「闘角」は屋根のとがった軒先が入り交じり、角を戦わせているように見えるさま。

注意 「勾心闘角」とも書く。

出典 杜牧《とぼく》「阿房宮賦《あぼうきゅうのふ》」

【黄塵万丈】 こうじんばんじょう

意味 強い風に吹かれて、土煙がもうもうと空高く舞い上がっているさま。

補説 戦場で砂煙が舞い上がっているさまに用いられることもある。「黄塵」は黄色い土煙、砂煙。また、世間の俗事の意にも用いる。「万丈」はきわめて高いことをいう。「丈」は長さの単位。

用例 この山楂子《さんざし》売りはハルビン街上風景の一主要人物である。黄塵万丈の風に乗って、泣くようなその売り声が町の角々から漂ってくるとき、人は「哈爾賓《ハルビン》らしさ」の核心に触れる。〈谷譲次・踊る地平線〉

【傲世逸俗】 ごうせいいつぞく

意味 世間を侮り、世俗から逃れること。

補説 世間に対しておごり高ぶって、俗世から逃れるといって現実世界から逃避すること。「傲世」は世間を軽んじること。「傲」はおごる。侮る。「逸俗」は世俗を逃れる。

用例 傲世逸俗を以《もっ》て自ら任じた青年の気風は奈何《どんな》に操の心を動かしたろう。〈島崎藤村・春〉

【後生可畏】 こうせいかい

意味 若者は、今は未熟でも来るべき時代の息吹を敏感に感じ取り、将来の大きな可能性を秘めているから、侮ってはならず、むしろおそれ敬うべきであるということ。

補説 「後生」は自分より後から生まれてきた者。また、若者・後輩。一般に「後生《こうせい》畏《おそ》る可《べ》し」と訓読して用いる。

出典 『論語《ろんご》』子罕《しかん》

【曠世之感】 こうせいのかん

意味 この世に二つとないような感じ。

補説 「曠世」は、ここでは、世にまたとないこと。

【曠世之才】 こうせいのさい

意味 世に比類ないすぐれた才能。また、その人物。

補説 「曠世」は、ここでは、世にまたとないこと。「才」は才能。

注意 「曠世之材」とも書く。

出典 陶潜《とうせん》「士《し》の不遇《ふぐう》に感《かん》ずる賦《ふ》」

類義語 曠世之度《こうせいのど》

【曠世不羈】 こうせいふき

意味 長い間服従させることができなかったという意。また、長くは拘束できない意。

補説 「曠世」は、ここでは、長い間の意。「不羈」はつながれない、拘束を受け得ない意。「羈」はつなぎとめること。

出典 『文選《もんぜん》』孫楚《そんそ》「石仲容《せきちゅうよう》の為《ため》に孫皓《そんこう》に与《あた》うる書《しょ》」◎「曠世の不羈なるもの、化に応じて至る（長い間服従しなかった国も徳化に応じてやってきた）」

類義語 百世不羈《ひゃくせいふき》

【功成名遂】 こうせいめいすい

意味 大きな業績をあげて名声が上がること。

補説 一般に「功《こう》成《な》り名《な》遂《と》ぐ」と訓読して用いる。

出典 『老子《ろうし》』九 ◎「功成り名遂げて、身退くは天の道なり（いつまでも執着せず、その地位を退くのは天の道にかなったことである）」

【荒瘠斥鹵】 こうせきせきろ

意味 土地が荒れ果て、地味が痩《や》せていること。

補説 「荒瘠」は土地が荒れて地味が痩せていること。「瘠」は痩せる意。「斥鹵」は塩分を含んでいて耕作できない荒れ地。「斥」は塩分を含んだ土地。「鹵」は塩。また、塩分を含み作物の育たない土地。

出典 蘇軾《そしょく》「張文潜《ちょうぶんせん》に答《こた》うる書《しょ》」

類義語 黄茅白葦《こうぼうはくい》

【孔席墨突】 こうせきぼくとつ

意味 物事に奔走して休む間もなく、家にゆっくり落ち着くことができないたとえ。

補説 孔子や墨子は遊説のため諸国を周遊して一箇所にとどまることがなかったので、座席が暖まる暇もなく、かまども使うことがないので煙突に煤《すす》がつくこともないという意から。「孔」は孔子、「墨」は墨子。ともに中国春秋戦国時代の思想家で、世のために自らの信じる道を諸国に遊説して回った。「席」は座席。「突」は煙突のこと。孔子と墨子の故事が逆転したもの（『文子《ぶんし》』自然《しぜん》）もある。

出典 『文選《もんぜん》』班固《はんこ》「賓《ひん》の戯《たわむ》れしに答《こた》う」◎「孔席は暖かならず、墨突は黔《くろ》からず」

類義語 孔突墨席《こうとつぼくせき》

【考績幽明】 こうせきゆうめい

意味 成績を審査して暗愚な者を退け、賢明な者を昇進させること。

補説 「考績」は官吏の成績を調べること。「幽明」は暗愚と賢明のこと。「幽」は暗い意。古代中国では三年に一度諸官の成績を調べ、それを三度（合計九年）調べて暗愚な者を退け、賢明な者を昇進させたという。

出典 『書経《しょきょう》』舜典《しゅんてん》

【口是心非】 こうぜしんひ

意味 言葉と気持ちが一致していないこと。

補説 口では賛成していても、心の中では反対していること。「是」は認めること、是認。「非」は認めないこと、否認。「口《くち》に是《ぜ》とし心《こころ》に非《ひ》とす」と訓読する。

出典 『抱朴子《ほうぼくし》』微旨《びし》

類義語 言行齟齬《げんこうそご》

対義語 言行一致《げんこういっち》

【恍然大悟】 こうぜんたいご 〈―スル〉

意味 突如、はっと悟ること。

補説 「恍然」は突然。「大悟」は徹底的に悟ること。

類義語 廓然大悟《かくねんたいご》・豁然大悟《かつぜんたいご》

【浩然之気】 こうぜんのき

意味 何ものにもとらわれない広く大きな気分。

補説 天地の間に満ちている生命や、活力の源となる元気の意。人が道義にかなった行動をし、天地に恥じるところがなければ自然に心に生じてくる、この上なく大きく強い道徳的勇気・精神のこと。「浩然」は広く大きいさま。また、ゆったりとしたさま。

出典 『孟子《もうし》』公孫丑《こうそんちゅう》上

用例 人間も、こうなっては、既にだめである。浩然之気もへったくれもあったものでない。〈太宰治◆禁酒の心〉

類義語 正大之気《せいだいのき》

【公孫布被】こうそんふひ

意味 高位でありながら質素であるたとえ。また、見せかけの倹約のたとえ。

補説 売名行為のために、ことさらに倹約して見せることをいうこともある。「布被」は麻や木綿でできた質素な掛け布団のこと。

故事 中国前漢の高官公孫弘は日ごろから臣下は倹約をするべきだと言って、麻の布団を使い、食事の肉類も一品であったが、汲黯《きゅうあん》がこれを偽善的だと言った故事から。

出典 『史記《しき》』平津公伝《へいしんこうでん》

【荒怠暴恣】こうたいぼうし〈―ナ〉

意味 心がすさんで自分勝手なさま。すさみ怠り、荒々しく勝手気ままなさま。

補説 「荒怠」はすさんでやるべきことを怠る意。「暴恣」は暴力的で勝手気ままの意。

用例 弾者の荒怠暴恣の心状をこれほど明らかに映し出したものはない。〈中島敦◆弟子〉

【広大無辺】こうだいむへん〈―ナ〉

意味 果てしなく広く大きいさま。また、限りなく広々としているさま。

補説 「広大」は広くて大きいこと。「無辺」は限りない、果てしないこと。

注意 「宏大無辺」「洪大無辺」とも書く。

用例 そうして、どうするのが善いとか悪いとか、そんな限定的なモラールや批判や解説を付加して説明するにはあまりに広大無辺な意味をもったものである。〈寺田寅彦◆さるかに合戦と桃太郎〉

【強談威迫】ごうだんいはく〈―スル〉

意味 自分の要求に従わせようと、相手方に対し強引に談判して脅すこと。

補説 法律用語。「強談」は強引に話をつけること。強談判《こわだんぱん》。「威迫」は脅しつけて無理に従わせようとすること。

【高談闊歩】こうだんかっぽ〈―スル〉

意味 あたりかまわず声高に話しながら大股《おおまた》に歩くこと。

補説 周りを気にせず気ままなこと。「高談」は意気盛んな談論。また、あたりをかまわず大声で話すこと。「闊歩」は大股に歩くこと。転じて、自由で得意なさま。

【交淡如水】こうたんじょすい

意味 交際が水のように淡泊でさっぱりとしていること。君子の交際の形容。

補説 有徳の立派な人物の交わりは淡泊に見えても心からのものであるという意。「交《まじ》わりは淡《あわ》きこと水《みず》の如《ごと》し」と訓読する。

出典 『荘子《そうじ》』山木《さんぼく》◎「君子の交わりは淡くして水の若《ごと》し」／『礼記《らいき》』表記《ひょうき》◎「君子の接《まじ》わりは水の如し」

【豪胆無比】ごうたんむひ〈―ナ〉

意味 比べようがないほどきもがすわっていて、思い切った行動をとるさま。

補説 「豪胆」はきもが太く、動じないこと。「無比」は比べるものがないこと。

用例 真《まこと》に思い切ったる豪胆無比の御裁決、三浦さまほどの御大身も何もかも、いっさい、御眼中に無く、〈太宰治◆右大臣実朝〉

【高談雄弁】こうだんゆうべん〈―スル〉

意味 大いに談論すること。盛んに議論すること。

補説 「高談」は意気盛んな談論。また、あたりかまわず大声で話すこと。「雄弁」は勢いよく説得力のある弁論。また、よどみなく話すこと。

出典 杜甫《とほ》「飲中八仙歌《いんちゅうはっせんか》」

用例 伯父を訪うて、頻《しき》りに高談雄弁したことがある。〈徳冨蘆花◆思出の記〉

類義語 高談闊論《こうだんかつろん》・高談放論《こうだんほうろん》

【巧遅拙速】こうちせっそく

意味 巧みではあるが遅いよりも、稚拙でも速いほうがいいこと。

補説 もと兵法の語。「巧遅は拙速に如《し》かず」の略。「巧遅」は巧みではあるが遅いこと。「拙速」はつたないが速いこと。

出典 『孫子《そんし》』作戦《さくせん》◎「兵は拙速を聞くも、未《いま》だ巧久を睹《み》ざるなり」（戦争は戦術がまずくともすみやかに勝って戦いを終わらせることと聞いている、戦術が巧みで長い戦いを続けた例を見たことがない）

【黄中内潤】こうちゅうないじゅん

意味 才能や徳が内に充実していること。また、それを内に深くしまい込んで外に表さないこと。

補説 「黄中」は中庸の美徳が内にあること。

美徳が内に充実していること。『易経《えききょう》』坤《こん》にある語。「黄」は五行《ごぎょう》で中央の色に配当され、「中」は中庸の徳をいう。「内潤」は内にあるつやの意。また、内が徳で潤っていること。内に充実した才能や徳をいう。

【口中雌黄】 こうちゅうのしおう

(意味) 自分の発言の不適切なところをすぐ改めること。

(補説) 口の中に雌黄を含む意から、不適切な言説を改めることをいった。また、言論に定まりがなく、事実を覆い隠して出まかせを言うことにも用いる。「雌黄」は黄色の顔料。昔の紙は黄色みを帯び、誤りがあればこの顔料で上から塗り消した。

(出典) 『魏書《ぎしょ》』高允伝《こういんでん》

【口誅筆伐】 こうちゅうひつばつ 〈―スル〉

(意味) 言葉や文章によって相手を非難攻撃すること。

(補説) 「誅」「伐」はともに、罪のある者を責め討つこと。

(出典) 『晋書《しんじょ》』王衍伝《おうえんでん》

(類義語) 信口開河《しんこうかいが》・信口雌黄《しんこうしおう》

【剛腸石心】 ごうちょうせきしん

(意味) 度胸があって意志堅固なこと。果敢であり不屈であること。

(補説) 「剛腸」は豪胆の意。「石心」は石のような不屈の魂のこと。

(用例) コルテズ将軍の孫女《まご》を女房にして同気相求むる剛腸石心の鉄脚隊を組成《つく》って〈内田魯庵◆くれの廿八日〉

(類義語) 石心鉄腸《せきしんてっちょう》・鉄心石腸《てっしんせきちょう》

【高枕安眠】 こうちんあんみん 〈―スル〉

(意味) 枕を高くし安心して眠ること。

(補説) 油断しきって、何も警戒しないこと。「高枕」は枕を高めにして、眠りやすくすること。「安眠」はぐっすり眠り込むこと。

(出典) 『戦国策《せんごくさく》』斉策《せいさく》

(用例) 印度の人はこの貴き典籍を守り、この旧《ふる》き国風を存して、高枕安眠のその間に、政権をば既に西洋人に奪われて、〈福沢諭吉◆文明論之概略〉

(類義語) 高枕安臥《こうちんあんが》・高枕安寝《こうちんあんしん》

【高枕無憂】 こうちんむゆう

(意味) 平穏で悩みがないたとえ。また、警戒心が薄く楽観的であるたとえ。

(補説) 何の心配もなく、枕を高くして眠る意。「高枕」は枕を高めにして、眠りやすくすること。「無憂」は心配がないこと。「枕《まくら》を高《たか》くして憂《うれ》い無《な》し」と訓読する。

(故事) 中国戦国時代、縦横家の張儀が魏《ぎ》の哀王に「魏が秦《しん》に仕えれば、楚《そ》と韓《かん》は決して攻撃して来ないでしょう。楚と韓が攻撃して来なければ大王は枕を高くして寝られ、国に心配がなくなることでしょう」として秦と連衡することを説いた故事から。

(出典) 『戦国策《せんごくさく》』魏策《ぎさく》

【孝悌忠信】 こうていちゅうしん

(意味) よく親や目上の人に仕え、真心を尽くすこと。

(補説) 儒教の四つの徳目。「孝」は敬愛の心でよく父母に仕えること。「悌」は年長者にすなおに仕えること。「忠」は真心を尽くすこと。また、真心を尽くし仕えること。「信」は真心を尽くして欺かないこと。誠実で人をだまさないこと。「忠信孝悌《ちゅうしんこうてい》」ともいう。

(注意) 「孝弟忠信」とも書く。

(用例) 此辺《このへん》は世間の儒者と少し違うようだが、其他《そのほか》は所謂《いわゆる》孝悌忠信で、純粋の漢学者に相違ない。〈福沢諭吉◆福翁自伝〉

【向天吐唾】 こうてんとだ

(意味) 人に害を与えようとして、かえって自分がその害を受ける結果になること。

(補説) 天に向かって唾《つば》を吐けば、その唾は自分の顔に落ちてくる意から。一般に「天《てん》に向《む》かって唾《つば》を吐《は》く」と訓読して用いる。

(類義語) 自業自得《じごうじとく》・自縄自縛《じじょうじばく》

【黄道吉日】 こうどうきちにち

(意味) すべてのことをするのによい日。日柄のよい日。

(補説) 「黄道」は地球から見て、太陽が運行するように見える軌道。「吉日」は事をするのによい日。めでたい日。略して「黄道日《こうどうじつ》」ともいう。

(注意) 「吉日」は「きちじつ」「きつじつ」「きつにち」とも読む。

(用例) 英吉君の母も、此《こ》の御返事……と申しまするより、むしろ黄道吉日をば待ちまして、唯《ただ》今以《いまもっ》て、東京《こちら》に逗留《とうりゅう》いたし

て居《お》りまする次第で。〈泉鏡花◆婦系図〉

類義語 吉日良辰《きちじつりょうしん》・大安吉日《たいあんきちじつ》

【交頭接耳】こうとうせつじ

意味 ひそひそ話をすること。内緒話のこと。

補説 「交頭」は頭を近づける、頭を寄せ合う意。「接耳」は口を相手の耳に近づけて話すこと。「頭《あたま》を交《まじ》え耳《みみ》を接《せっ》す」と訓読する。

出典 『単刀会《たんとうかい》』三

類義語 呫囁耳語《しょうしょうじご》

【荒唐之言】こうとうのげん

意味 根拠がなく、とりとめのない言説。

補説 でたらめで軽率な言葉をいう。「荒唐」は言説などによりどころがなく、とりとめのないさま。

出典 『荘子《そうじ》』天下《てんか》

類義語 荒唐無稽《こうとうむけい》

【行動半径】こうどうはんけい

意味 艦船や飛行機などが、基地を出たあと燃料を補給することなく基地に戻ってくることのできる最大距離。転じて、人や動物の行動する範囲のこと。

補説 ここでいう「半径」は、行動する範囲を円と想定したときの、中心を起点とした外周までの距離のこと。

用例 そのうち少年は、小学の六年生になった。児玉《こだま》の家での彼の「行動半径」は、この頃から次第に自由に解き放たれて行った。〈神西清◆地獄〉

【荒唐不稽】こうとうふけい （―ナ）

⇒荒唐無稽 こうとうむけい 221

【荒唐無稽】こうとうむけい （―ナ）

意味 言説などがでたらめでよりどころがないさま。

補説 「荒唐」は言説などによりどころがなく、とりとめのないさま。「無稽」は根拠がないこと。でたらめであること。「稽」は考える意。「無稽荒唐《むけいこうとう》」「荒唐不稽《こうとうふけい》」ともいう。

出典 （荒唐）『荘子《そうじ》』天下《てんか》／（無稽）『書経《しょきょう》』大禹謨《だいうぼ》

用例 夢は元来、荒唐無稽なものとされている。けれども、ハムレットのような地位におかれる時、その周囲の事情からして、事情の暗示を夢より得られないと、誰《だれ》が断言出来よう。〈豊島与志雄◆夢〉

類義語 怪誕不経《かいたんふけい》・架空無稽《かくうむけい》・奇異荒唐《きいこうとう》・荒誕無稽《こうたんむけい》・荒唐之言《こうとうのげん》・謬悠之説《びゅうゆうのせつ》・妄誕無稽《もうたんむけい》

【紅灯緑酒】こうとうりょくしゅ

意味 歓楽街・繁華街の華やかなことの形容。また、歓楽と飽食の享楽生活のたとえ。

補説 「紅灯」はあかいともしび。繁華街などの華やかな明かりをいう。「緑酒」は緑色に澄んだ酒。質のよい美酒をいう。「緑酒紅灯《りょくしゅこうとう》」「灯紅酒緑《とうこうしゅりょく》」ともいう。

出典 黄遵憲《こうじゅんけん》―詩「隣婦嘆《りんぷたん》」

用例 大盃《たいはい》を満引し名媛《めいえん》を提挈《ていけい》して紅灯緑酒の間に流連せしことも多かるべし〈正岡子規◆獺祭書屋俳話〉

【皇統連綿】こうとうれんめん （―タル）（―ト）

意味 天皇の血統が絶えることなく綿々と続くさま。

補説 「皇統」は天子・天皇の血統。「連綿」は長く続いて絶えないさま。

注意 「皇統聯綿」とも書く。

【功徳兼隆】こうとくけんりゅう

意味 成し遂げた功績と身に備わっている人徳とがともに盛大なこと。

補説 「功徳」は功績と徳行。人徳。「兼隆」はともに盛んであること。

出典 『新唐書《しんとうじょ》』太宗紀《たいそうき》

【厚徳載福】こうとくさいふく

意味 徳の厚い人は幸福を身に受ける、また、受けることができること。

補説 「厚徳」は徳が広く大きいさま。「載福」は福を受けること。「載」はのせる意。

出典 『易経《えききょう》』坤《こん》／『国語《こくご》』晋語《しんご》

【功徳無量】こうとくむりょう

意味 功績や恩恵がきわめて大きいこと。

補説 もと仏教語で、読経《どきょう》や念仏などの仏事を行うことによって、仏の恩恵を授かること。「功徳」は功績と徳行。「無量」は計り知れないくらい多いこと。

注意 仏教では「くどくむりょう」と読む。

出典 『漢書《かんじょ》』丙吉伝《へいきつでん》

用例 一目見ただけでも、天《あめ》が下に功徳無量《くどくむりょう》の名を轟《とどろ》かせた、横川《よかわ》の僧都《そうず》だと申す事は疑おうようもございません。〈芥川龍之介◆邪宗門〉

【狡兎三窟】こうと さんくつ

意味 難を逃れるのに巧みなたとえ。また、ずる賢い者は用心深く、抜かりなく困難から逃れる手段を用意しているたとえ。

補説 すばしこいウサギは三つの隠れ穴をもって危険から身を守る意から。「狡」はすばしこいこと。また、悪賢いこと。「窟」は穴。

出典 『戦国策《せんごくさく》』斉策《せいさく》

類義語 狡兎三穴《こうとさんけつ》

【狡兎良狗】こうと りょうく

意味 役立つときは重用されるが、用がなくなれば打ち捨てられるたとえ。

補説 獲物であるすばしこいウサギが捕らえ尽くされていなくなると、それを追う賢い猟犬も用なしとして煮て食われてしまう意から。もとは敵を討ち滅ぼしたのち、功績のあった忠臣も必要がないからと殺されてしまうたとえ。「狡兎」はすばしこいウサギ。「良狗」は賢い犬。「狡兎死して良狗烹《に》らる」の略。

出典 『史記《しき》』淮陰侯伝《わいいんこうでん》

類義語 狡兎走狗《こうとそうく》・鳥尽弓蔵《ちょうじんきゅうぞう》・得魚忘筌《とくぎょぼうせん》・兎死狗烹《としくほう》

【項背相望】こうはい そうぼう

意味 人々が多く出て往来のはげしい形容。

補説 人が前後を互いに見る意から。「項」はうなじ、また、首筋。「望」はながめる様子を見る。一般に「項背《こうはい》相《あい》望《のぞ》む」と訓読して用いる。

出典 『後漢書《ごかんじょ》』左雄伝《さゆうでん》

【侯覇臥轍】こうは がてつ

意味 善政を行って住民から別れを惜しまれた政治家のたとえ。

補説 中国後漢の侯覇が善政を行い、召されて都に帰るとき、土地の人は別れを惜しんで使者の車をさえぎり、あるいは路上に伏して留任を願った故事から。「侯覇」は後漢の人。淮平《わいへい》郡の長官となり、よく守って善政を行った。「臥轍」は進路に伏して車をさえぎること。「臥」は寝る、伏す意。「轍」は車のわだち・進路。『蒙求《もうぎゅう》』の表題の一つ。

出典 『後漢書《ごかんじょ》』侯覇伝《こうはでん》

【黄白青銭】こうはく せいせん

意味 金銭のこと。

補説 「黄」は金、「白」は銀、「青」は青銅の貨幣のこと。

用例 黄白青銭が知識の匹敵でない事は是《これ》で十分理解できるだろう。〈夏目漱石◆吾輩は猫である〉

【句駁省便】こうはく せいべん

意味 財政の管理をしっかりして、出納をきちんとすること。

補説 「句」はここでは金銭の出入りや多少を調べ上げる意。「駁」は論じて誤りを正す意。書類を調べ上げてその不正を論じあばくこと。「省」は浪費を省く意。「便」は物の流通を便利にして利益を得る意。

注意 「句剝省便」とも書く。

出典 『資治通鑑《しじつがん》』唐紀《とうき》・玄宗《げんそう》・開元二一年

【巧発奇中】こうはつ きちゅう

意味 巧みな発言が、人の気持ちや事実をよく言い当てること。

補説 巧妙に発言して、よく物事に的中する意から。「奇」はすばらしい、非凡なの意。「中」は当たる、的中する意。

出典 『史記《しき》』孝武紀《こうぶき》

【黄髪垂髫】こうはつ すいちょう

意味 老人と子ども。

補説 「黄髪」は老人の黄色みを帯びた白髪。転じて、老人の意。「垂髫」は子どものおさげ髪。転じて、子どもの意。

出典 陶潜《とうせん》「桃花源記《とうかげんのき》」

【黄髪番番】こうはつ はは

意味 老人の白髪が黄色みを帯びている形容。また、そのような老人。

補説 年を重ねて知識や経験の深くなった老人をいう。「黄髪」は老人の白髪が黄色みを帯びること。また、その髪。転じて、老人。「番番」は白髪のさま。

出典 『史記《しき》』秦紀《しんき》

【洪範九疇】こうはん きゅうちゅう

意味 天下を治める大法。政治の基本となる道徳。
補説 『書経《しょきょう》』洪範に記された政治道徳の九つの大法の意。「洪範」は『書経』の篇名《へんめい》。「九疇」は殷《いん》の箕子《きし》が、周の武王に教えた天下を治めるための九つの大法。もとは天が夏《か》の禹《う》王に下したものという。
出典 『書経《しょきょう》』洪範《こうはん》

【香美脆味】 こうびぜいみ

意味 豪華でぜいたくな食事のこと。
補説 「香美」は香りのよいもの。「脆味」は舌ざわりのよい柔らかな食べ物の意。「脆」は柔らかでよい肉。
出典 『韓非子《かんぴし》』揚権《ようけん》
類義語 三汁七菜《さんじゅうしちさい》・漿酒霍肉《しょうしゅかくにく》・食前《しょくぜん》方丈《ほうじょう》・炊金饌玉《すいきんせんぎょく》・太牢滋味《たいろうのじみ》

【敲氷求火】 こうひょうきゅうか

意味 目的に適した方法を採らないと苦労しても成果は得られないたとえ。また、見当はずれの無理な望みをもつたとえ。
補説 氷をたたいて火をおこそうとする意。「敲」はたたく意。「氷《こおり》を敲《たた》いて火《ひ》を求《もと》む」と訓読する。
出典 『永明智覚禅師唯心訣《ようめいちかくぜんじゆいしんけつ》』四
類義語 縁木希魚《えんぼくききぎょ》・縁木求魚《えんぼくきゅうぎょ》・敲氷索火《こうひょうさくか》・煎水作氷《せんすいさくひょう》

【好評嘖嘖】 こうひょうさくさく 〈—タル〉〈—ト〉

意味 非常に評判のよいさま。
補説 「嘖嘖」は口々にうわさするさま。評判するさま。
用例 愛読者大会の文士劇は、好評嘖々であった。久米、小島、川口、今などの上手なのには、驚いた。〈菊池寛◆話の屑籠〉
類義語 名声赫赫《めいせいかくかく》・名声嘖嘖《めいせいさくさく》
対義語 非難囂囂《ひなんごうごう》

【光風霽月】 こうふうせいげつ

意味 心がさっぱりと澄み切ってわだかまりがなく、さわやかなことの形容。
補説 日の光の中を吹き渡るさわやかな風と、雨上がりの澄み切った空の月の意から。また、世の中がよく治まっていることの形容に用いられることもある。「霽」は晴れる意。
出典 黄庭堅《こうていけん》「濂渓詩《れんけいし》」序
用例 昔の仇《かたき》を夢と見て、今の現《うつつ》に報いんともせず、恨みず、乱れず、光風霽月の雅量は、さすが世を観じたる滝口入道なり。〈高山樗牛◆滝口入道〉
類義語 虚心坦懐《きょしんたんかい》・晴雲秋月《せいうんしゅうげつ》・明鏡止水《めいきょうしすい》

【咬文嚙字】 こうぶんしゃくじ

意味 一字一句の表面上の技巧にばかりこだわり、文章の内容が乏しいこと。
補説 学識をひけらかすばかりで、実際の役に立たない知識人を揶揄《やゆ》する語としても用いる。「咬」「嚙」はともに、かむ、かみ砕く意。「文《ぶん》を咬《か》み字《じ》を嚙《か》む」と訓読する。
類義語 咬文嚙字《こうぶんごうじ》・彫虫篆刻《ちょうちゅうてんこく》

【紅粉青蛾】 こうふんせいが

意味 美人の形容。また、美しい化粧の形容。
補説 「紅粉」は紅と白粉《おしろい》。「青蛾」は青で描いた美しい眉《まゆ》。「蛾」は蛾の触角のように細長く湾曲した美しい眉のこと。
出典 杜審言《としんげん》一詩「戯《たわむ》れに趙使君《ちょうしくん》の美人《びじん》に贈《おく》る」
類義語 紅口白牙《こうこうはくが》・朱唇皓歯《しゅしんこうし》・明眸皓歯《めいぼうこうし》

【公平無私】 こうへいむし 〈—ナ〉

意味 一方に偏ることなく平等で、私心をもたないさま。
補説 「無私」は私心がないこと。
出典 『韓詩外伝《かんしがいでん》』七
用例 君子は公平無私で、広く天下を友とするものじゃ。小人はこれに反して、好悪や打算で交わる。〈下村湖人◆論語物語〉
類義語 虚堂懸鏡《きょどうけんきょう》・公正平等《こうせいびょうどう》・公明正大《こうめいせいだい》・心地光明《しんちこうめい》・無私無偏《むしむへん》

【向壁虚造】 こうへききょぞう

意味 実在しないものを勝手に作り上げるたとえ。
補説 壁に向かって思索し、実在しないものを思い浮かべる意から。「虚」は何もない意。「壁《かべ》に向《む》かいて虚造《きょぞう》す」と訓読する。
注意 「嚮壁虚造」「鄉壁虚造」とも書く。
故事 中国前漢時代、魯《ろ》の恭王のとき孔子の旧家の壁から『礼記《らいき》』『尚書《しょうじょ》』『春秋』『論語』『孝経』が発見された。しかし、それらは古文（当時一般に使われていた文字と異なる古い文字）で書かれていたため、世間の人々は「奇妙なものを好む者が、壁に向かって実在していない書を勝手に作り上げて当時の文字を混乱させ、人々を惑わそうとしたものだ」とそしった故事から。

出典 許慎《きょしん》『説文解字叙《せつもんかいじじょ》』

【光芒一閃】 こうぼう いっせん 〈—スル〉

意味 光がぴかっと一瞬光るように、事が急激に、また瞬時に変化する形容。

補説 「光芒」はきらきらする光。光の穂先の意。「一閃」は一瞬ぴかっと光ること。「閃」はきらめく、ぴかっと光る意。

類義語 紫電一閃《しでんいっせん》

【豪放豁達】 ごうほう かったつ 〈—ナ〉

⇒ 豁達豪放 かったつごうほう 111

【厚貌深情】 こうぼう しんじょう

意味 顔つきは実直でも、本心は奥深くに隠していること。また、その本心。

補説 「厚貌」はまじめで正直そうな顔つき。「深情」は奥深い気持ち。人の心のはかりがたいことのたとえ。

出典 『荘子《そうじ》』列禦寇《れつぎょこう》

【好謀善断】 こうぼう ぜんだん

⇒ 多謀善断 たぼうぜんだん 433

【興亡治乱】 こうぼう ちらん

⇒ 治乱興亡 ちらんこうぼう 458

【荒亡之行】 こうぼうの おこない

意味 自己の楽しみにおぼれ、他を顧みないすさんだ行いのこと。

補説 「荒亡」は狩猟や酒や遊びにひたって志を失うこと。また、為政者が民に無用の負担を強いて、自分は楽しみにおぼれること。

出典 『孟子《もうし》』梁恵王《りょうけいおう》下／『管子《かんし》』戒《かい》

類義語 流連荒亡《りゅうれんこうぼう》

【黄茅白葦】 こうぼう はくい

意味 黄色のかやと白いアシ。

補説 海辺や痩《や》せた土地に生えることから、平凡で無味乾燥な詩文、斉一で単調な詩文のたとえ。また、荒れて痩せた土地、単調な風景の形容。「茅」はかや。イネ科の多年草の総称。「葦」はアシ。イネ科の多年草。

出典 蘇軾《そしょく》「張文潜《ちょうぶんせん》に答《こた》うる書《しょ》」

用例 如此《かくのごとく》にして二十年前の肥田沃土《よくど》は今や化して黄茅白葦満目惨憺《まんもくさんたん》の荒野と為《な》れるあり。〈田中正造◆直訴状〉

類義語 荒瘠斥鹵《こうせきせきろ》

【高鳳漂麦】 こうほう ひょうばく

意味 学問に熱心なことのたとえ。

補説 「高鳳」は中国後漢の人。家は農家であったが、学問に精励して立派な学者になった。「漂」は漂い流れること。『蒙求《もうぎゅう》』の表題の一つ。

故事 後漢の高鳳は学問に励み、読書に専心して、妻が田に行くとき頼まれた庭に干した麦が、にわか雨に流されたのにも気づかなかった故事から。

出典 『後漢書《ごかんじょ》』高鳳伝《こうほうでん》

【豪放磊落】 ごうほう らいらく 〈—ナ〉

意味 度量が大きく、小さなことにこだわらないこと。また、そのさま。

補説 「豪放」「磊落」ともに度量が大きく快活で、ささいなことにこだわらないこと。類義の語を重ねて意味を強調している。

用例 朝の練習が済むと、B甲板に、全員集合を命ぜられました。役員のひとりで、豪放磊落なG博士が、肩幅の広い身体をゆすりあげ、設けの席につくと、〈田中英光◆オリンポスの果実〉

類義語 豁達豪放《かったつごうほう》・天空海闊《てんくうかいかつ》・磊磊落落《らいらいらくらく》・磊落闊達《らいらくかったつ》

対義語 小心翼翼《しょうしんよくよく》

【濠濮間想】 ごうぼくかんの おもい

意味 俗世を離れて自ら楽しむ静かな心。俗世間から離れ、自分の楽しみの境地に生きるたとえ。

補説 「濠」は「濠梁《ごうりょう》（堀の意）」のこと。一説に、濠水《ごうすい》（安徽省《あんきしょう》にあった川）。「濮」は濮水《ぼくすい》（山東省にあった川）。「間」は、あいだ、そのあたりの意。

注意 語構成は「濠濮間」＋「想」。「ごうぼくのかんそう」とも読む（この場合、「間想」は静かな思いの意）。

故事 荘子が濠梁のほとりで友人の恵子と魚の遊ぶのを見て楽しみ、濮水で魚釣りをして楽しみ、丞相《じょうしょう》にするという楚《そ》王の招きを受け入れなかった故事（『荘子《そうじ》』秋水《しゅうすい》）から。

【出典】『世説新語《せせつしんご》』言語《げんご》
【類義語】濠梁之上《ごうりょうのうえ》・濠梁之想《ごうりょうのおもい》

【槁木死灰】こうぼくしかい

【意味】身も心も生気がまったくなく、何の働きもしないたとえ。意欲や活気のないさま。
【補説】「槁木」は枯れ木。からだが枯れ木のように静止して不動なことの形容。「死灰」は燃え尽きて、火の気のない灰。心が火の気のない灰のように無心なことの形容。いずれも生気や活気のないさま。
【出典】『荘子《そうじ》』斉物論《せいぶつろん》
【用例】哲也《てつや》は色一つ動かさず、冷然として槁木死灰の如《ごと》くなるのを見ると〈二葉亭四迷◆其面影〉
【類義語】枯木寒巌《こぼくかんがん》・枯木死灰《こぼくしかい》・枯木冷灰《こぼくれいかい》

【高邁闊達】こうまいかったつ〈―ナ〉

【意味】人より抜きんでてすぐれ、度量が広く物事にこだわらないさま。

【補説】「高邁」は気高く人よりすぐれている意。「闊達」はこだわりがない意。

【用例】調子のよい時の武帝はまことに高邁闊達な理解ある文教の保護者だった〈中島敦◆李陵〉

【毫末遺漏】ごうまついろう

【意味】ほんの少しの取りこぼしのこと。細い毛の先ほどのわずかな漏れのこと。

【補説】「毫末」は細い毛の先の意。転じて、ほんの少しの意。

【注意】「豪末遺漏」とも書く。

【用例】小説といえるものは、千変万化の世態を描写し、千変万化の情趣を写して、毫末遺漏なからんことをば其《その》務めとはなすものなるから、〈坪内逍遥◆小説神髄〉

【毫末之利】ごうまつのり

【意味】ごくわずかな利益のこと。

【補説】「毫末」は細い毛の先の意。きわめて細くわずかな形容。

【出典】欧陽脩《おうようしゅう》「原弊《げんぺい》」

【傲慢不羈】ごうまんふき〈―ナ〉

【意味】おごり高ぶり、なにものにも束縛されないこと。

【補説】「傲慢」はおごり高ぶり、人を見下すさま。「不羈」は束縛されない意。また、非凡な才能をもち、自由に振る舞うこと。

【用例】さて、生《せい》の神経の過敏なる悪質は、これを母より受け、傲慢不羈なる性は、これを父より貰《もら》いたり。〈島崎藤村◆春〉

【傲慢不遜】ごうまんふそん〈―ナ〉

【意味】おごり高ぶり、人を見下し、思いあがるさま。
【補説】「傲慢」はおごり高ぶり、人を見下すさま。「不遜」は人にへりくだらず、思いあがるさま。
【用例】今日世の有様を見るに、或《あるい》は傲慢不遜にして人に厭《いと》わるる者あり、〈福沢諭吉◆学問のすすめ〉
【類義語】傲岸不遜《ごうがんふそん》・傲岸無礼《ごうがんぶれい》・傲慢無礼《ごうまんぶれい》・眄視指使《べんしし》

【高慢無礼】こうまんぶれい〈―ナ〉

⇒傲慢無礼 ごうまんぶれい 225

【傲慢無礼】ごうまんぶれい〈―ナ〉

【意味】おごり高ぶり、人を見下し、礼儀に欠ける態度をとるさま。
【補説】「傲慢」はおごり高ぶり、人を見下すさま。「無礼」は礼儀をわきまえないさま。「高慢無礼《こうまんぶれい》」「無礼傲慢《ぶれいごうまん》」ともいう。
【用例】僕は豪華な肱掛椅子《ひじかけいす》に腰を埋めて、部屋の主人であるような傲慢無礼な様をしながら、銅羅《どら》の鳴るまで身動《みじろぎ》もしない。〈坂口安吾◆海の霧〉
【類義語】傲岸不遜《ごうがんふそん》・傲岸無礼《ごうがんぶれい》・傲慢不遜《ごうまんふそん》・眄視指使《べんしし》

【傲慢磊落】ごうまんらいらく〈―ナ〉

【意味】おごり高ぶり、細かなことを軽んずるさま。

【補説】「傲慢」はおごり高ぶり、人を見下すさま。「磊落」は心が大きく小事にこだわらないさま。

【用例】生《せい》の父は、封建制度の下《もと》にありて厳格なる式礼の間に成長したる人にも関《かか》わらず、傲慢磊落の気風あり。〈島崎藤村◆春〉

【口蜜腹剣】こうみつふくけん

【意味】口当たりのよいことを言うが、腹の底は邪悪であること。物腰は丁寧でやわらかいが、邪心を抱いていること。

補説 「口蜜」は言葉が丁寧であること。「腹剣」は内心が邪悪であること。「口に蜜有り、腹に剣有り」の略。中国唐の李林甫《りりんぽ》を評した語。
出典 『資治通鑑《しじつがん》』唐紀《とうき》・玄宗《げんそう》・天宝《てんぽう》元年
用例 自分はもちろん口蜜腹剣の徒が色を売り媚《こび》を呈し艶言浮詞《えんげんふし》を尽くして〈内田魯庵◆くれの廿八日〉

【光明遍照】こうみょうへんじょう

意味 仏や聖者・仏塔などから輝き出る光が、全世界を遍《あまね》く照らし出すこと。
補説 仏教語。「光明」は仏の慈悲の光、「遍照」は遍く照らすこと。仏の慈悲は念仏する衆生《しゅじょう》を救い取って見捨てることがないことをいう。
出典 『観無量寿経《かんむりょうじゅきょう》』
用例 たとえば私がカサカサした枯れ芝生の上に仰臥《ぎょうが》して光明遍照の蒼空《あおぞら》を見上げる。その蒼い、極度に新鮮な光と色との内に無限と永遠が現われている。〈和辻哲郎◆「自然」を深めよ〉

【功名利禄】こうみょうりろく

意味 名誉と実益。世渡りの上での打算。
補説 「功名」は名声・名誉の意。「利禄」は禄（俸給）を受けること。また、利益と俸禄。転じて、利益そのものの意に用いる。
注意 「こうめいりろく」とも読む。
用例 紛々たる世間の功名利禄以外に超然として蓋世《がいせい》の経綸《けいりん》を行わんとする大志ある者の〈内田魯庵◆くれの廿八日〉

【黄霧四塞】こうむしそく

意味 黄色の霧が四方にいっぱいに満ちること。古代中国で、天下の乱れる兆しとされた。
補説 「四塞」は四方に取り囲まれる意から、四方に満ちあふれること。
出典 『漢書《かんじょ》』成帝紀《せいていき》

【孔明臥竜】こうめいがりょう

意味 まだ世に知られていないすぐれた人物のたとえ。
補説 「孔明」は中国三国時代の蜀《しょく》の丞相《じょうしょう》、諸葛亮《しょかつりょう》（孔明）のこと。三国志の英雄。「臥竜」は淵《ふち》に潜んでいる竜の意。『蒙求《もうぎゅう》』の表題の一つ。
注意 「こうめいがりゅう」とも読む。
故事 中国三国時代、徐庶《じょしょ》が後に蜀を建国する劉備《りゅうび》に、まだ民間にあって後に丞相となる諸葛亮を、淵に潜む竜のようにまだ世に現れていないすぐれた人物だ、として推挙した故事から。
出典 『蜀志《しょくし》』諸葛亮伝《しょかつりょうでん》
類義語 臥竜鳳雛《がりょうほうすう》・伏竜鳳雛《ふくりょうほうすう》・鳳凰在笯《ほうおうざいど》・猛虎伏草《もうこふくそう》

【公明正大】こうめいせいだい〈―ナ〉

意味 私心をさしはさまず、公正に事を行うこと。また、そのさま。
補説 「公明」は公平で私心のないこと。不正や隠し立てがないこと。「正大」は態度や行動などが正しくて堂々としていること。
用例 吾等《われら》が恋愛はすべからく公明正大にして大胆なるべし。何物も恐るる勿《なか》れ。〈国木田独歩◆欺かざるの記〉
類義語 公正平等《こうせいびょうどう》・公平無私《こうへいむし》・心地光明《しんちこうめい》・正正堂堂《せいせいどうどう》・大公無私《たいこうむし》
対義語 僭賞濫刑《せんしょうらんけい》

【毫毛斧柯】ごうもうふか

意味 災いは小さいうちに取り除いておくべきだということ。
補説 芽生えてすぐの小さいうちに取り除いておかないと、やがて倒すのに斧《おの》がいるほど大きくなる意。「毫毛」は非常に細い毛。きわめて細くわずかな形容。ここでは草木の芽生えのたとえ。「斧柯」は斧の柄。また、斧。「毫毛にして掇《てっ》せずんば（抜かないと）、将《まさ》に斧柯を成さんとす」の略。
注意 「豪毛斧柯」とも書く。
出典 『逸周書《いっしゅうしょ》』和寤解《わごかい》

【紅毛碧眼】こうもうへきがん

意味 西洋人を指す。
補説 赤い髪の毛、青い眼《め》の人の意。「紅毛」は江戸時代のオランダ人の呼称。ポルトガル人やスペイン人を南蛮人と呼んだのに対する。のち、一般に西洋人を指すようになった。「碧」はみどり・あお・あおみどり色のこと。西洋人の目の色の形容。「碧眼紅毛《へきがんこうもう》」ともいう。
用例 紅毛碧眼の異国人が蝙蝠傘《こうもりがさ》をさした日本の遊女と腕を組んで、悠長にそれを見物している。〈長与善郎◆青銅の基督〉

【孔孟老荘】こうもうろうそう

類義語 紫髯緑眼《しぜんりょくがん》

意味 中国、春秋戦国時代の思想家、孔子・孟子《もうし》・老子・荘子の併称。

補説 「孔孟」は儒家の孔子と孟子。孟子は孔子に次ぐ聖人として亜聖ともいわれる。「老荘」は道家の老子と荘子。「子」はいずれも尊称。

【鴻門之会】こうもんのかい

意味 漢の劉邦《りゅうほう》と楚《そ》の項羽《こうう》が、鴻門（現在の中国の陝西《せんせい》省にある地名）で会見したこと。

故事 秦《しん》を滅ぼした後、鴻門で劉邦と会見した項羽は、范増《はんぞう》の勧めで剣舞に事寄せて劉邦を殺そうとした。ところが、項伯《こうはく》がともに舞ってこれを制し、樊噲《はんかい》が怒りのあまり髪を逆立てて項羽に対している間に、劉邦は張良の計に従って無事逃れた。この会で劉邦を逃したことで、項羽敗北へ向けて時代は大きく動き出すことになった。

出典 『史記《しき》』項羽紀《こううき》

【鴻門玉斗】こうもんのぎょくと

意味 漢の劉邦《りゅうほう》が「鴻門之会《こうもんのかい》」（↓前項）の折、楚《そ》の項羽《こうう》の家臣である范増《はんぞう》に贈った玉《ぎょく》で作ったひしゃく。

補説 「玉斗」は玉製の酒を汲《く》むひしゃく。

故事 中国秦《しん》の滅亡後、漢の劉邦と楚の項羽が鴻門で会見したが、危険を察知した劉邦が後を家臣の張良に託して逃れる際、項羽の家臣の范増に玉で作ったひしゃく一双を贈らせたところ、范増は劉邦を逃がしたことを悔しがって、剣を抜きそのひしゃくを打ち砕いたという故事。（『史記《しき》』項羽紀《こううき》）

出典 曽鞏《そうきょう》—詩「虞美人草《ぐびじんそう》」

【公門桃李】こうもんのとうり

意味 政府の官職に、天下の有能な人材が集まっているたとえ。

補説 「公門」は政府・官庁の意。「桃李」はモモやスモモのこと。モモやスモモは夏には休憩ができる木陰をつくり、秋には食用の実がなることから、転じて、よく人のためになる有能な人物のたとえ。

出典 『資治通鑑《しじつがん》』唐紀《とうき》・則天后《そくてんこう》久視《きゅうし》元年 ◎「天下の桃李、悉《ことごと》く公門に在り」

【衡陽雁断】こうようがんだん

意味 音信が絶えるたとえ。

補説 衡山《こうざん》の南に回雁峰《かいがんほう》があり、ガンがやって来てもこれを越えて南に下ることができないといわれることから。「衡陽」は衡山の南。衡山は五岳の一つで中国湖南省にある。「雁断」はガンが回雁峰から南には下らず、そのままとどまって、北に帰ることをいう。「衡陽《こうよう》雁《かり》断《た》ゆ」と訓読する。

出典 『琵琶記《びわき》』官邸憂思《かんていゆうし》

類義語 衡陽帰雁《こうようきがん》

【高陽酒徒】こうようのしゅと

意味 酒飲みのこと。また、世を捨てた酒飲みだと自分をあざけりいう語。

補説 「高陽」は中国河南《かなん》省にあった地名。「酒徒」は酒飲み。

故事 中国秦《しん》末、沛公《はいこう》（劉邦《りゅうほう》）が高陽あたりに進撃したとき、そこの酈食其《れきいき》は沛公を訪ねて面会を求めた。そのとき儒者の装いをしていたために儒者嫌いの沛公に面会を断られた酈食其が、目をいからせ剣の鞘《さや》に手をやりながら「早くもどって沛公どのに伝えろ。わしは高陽の酒徒であって、儒者などではない」と言ったという故事から。

出典 『史記《しき》』酈生陸賈伝《れきせいりくかでん》

【紅葉良媒】こうようりょうばい

意味 紅葉が仲人役を果たす意。

補説 「良媒」は良い仲人のこと。

故事 中国唐の僖宗《きそう》のとき、于祐《うゆう》が宮廷を流れる小川で詩の書かれた一枚の紅葉を拾った。于祐も紅葉に詩を書いて流し、宮女の韓《かん》夫人がそれを拾ったのが縁となって二人は結婚したという故事。唐代には他にもこれに類した故事が多くある。

出典 『青瑣高議《せいさこうぎ》』流紅記《りゅうこうき》

類義語 御溝紅葉《ぎょこうのこうよう》・紅葉題詩《こうようだいし》

【孔翊絶書】こうよくぜっしょ

意味 政治に公正を期し、私情を排すたとえ。

補説 「孔翊」は中国晋《しん》の人。「絶書」は手紙を絶つ意で、手紙を開封しないで捨てること。『蒙求《もうぎゅう》』の表題の一つ。

故事 孔翊は洛陽《らくよう》の長官であったとき、その地位をあてにして依頼してくる手紙をみな開封せずに水中に捨てたという故事。

出典『蒙求箋注《もうぎゅうせんちゅう》』に引く『晋先賢伝《しんせんけんでん》』

【洽覧深識】こうらんしんしき〈—ナ〉

意味 見聞がきわめて広く博識なさま。

補説「洽覧」はあまねく見ること。書物をあまねく読むこと。「深識」は知識が深いこと。いずれも見聞や知識が広く深いことをいう。

出典『晋書《しんじょ》』束晳伝《そくせきでん》

類義語 博学洽聞《はくがくこうぶん》・博聞多識《はくぶんたしき》・博覧強識《はくらんきょうしき》

【毫釐千里】ごうりせんり

意味 初めのわずかな違いが、結果として大きな誤りとなること。また、初めはごく小さな違いでも、最後には大きな違いになること。

補説 初めを慎むべきことの戒めの語。「毫」「釐」はごくわずか。ほんの少し。「毫」「釐」はともにごく小さな数量の単位。「毫釐の差は千里の謬《あやま》り」の略。

注意「豪釐千里」とも書く。

出典『礼記《らいき》』経解《けいかい》 ◎「差《たが》うこと若《も》し豪釐ならば、繆《あや》まるに千里を以《もっ》てせん」／『史記《しき》』太史公自序《たいしこうじじょ》 ◎「之《これ》を毫釐に失すれば謬るに千里を以てす」

【黄粱一炊】こうりょういっすい

⇒ 邯鄲之夢 かんたんのゆめ 127

【蛟竜雲雨】こうりょううんう

意味 埋もれていた英雄豪傑が活躍すべき時と所を得て、その力を発揮すること。

補説「蛟竜」はみずち。中国の想像上の生き物で、竜に似て水中にひそみ、雷や雨を呼んで天に昇るという。それらになくてはならない雲や雨が現れれば、池から飛び出して空に舞い上がるという意。「蛟竜《こうりゅう》雲雨《うんう》を得」の略。

注意「こうりゅううんう」とも読む。

出典『呉志《ごし》』周瑜伝《しゅうゆでん》 ◎「蛟竜雲雨を得ば、終《つい》に池中《ちちゅう》の物に非《あら》ず」

類義語 雲蒸竜変《うんじょうりょうへん》・蛟竜得水《こうりょうとくすい》

【膏粱子弟】こうりょうしてい

意味 富貴の家に生まれた者のこと。富貴の家に生まれ、享楽生活に慣れた若者のこと。

補説 おいしいごちそうを食べる若者の意。「膏」は脂《あぶら》ののった肉。「粱」はおいしい上質の穀物。いずれも美食の意。転じて、富貴な人。

出典 袁宏《えんこう》『後漢記《ごかんき》』順帝紀《じゅんていき》二一

類義語 綺襦紈袴《きじゅがんこ》・公子王孫《こうしおうそん》・膏粱年少《こうりょうねんしょう》・千金之子《せんきんのこ》・暖衣飽食《だんいほうしょく》

【蛟竜毒蛇】こうりょうどくじゃ

意味 気味悪くて恐ろしげなもののたとえ。

補説「蛟竜」はみずち。中国の想像上の生き物で、竜に似て水中にひそみ、雷や雨を呼んで天に昇るという。「毒蛇」は毒を持つ蛇。

注意「こうりゅうどくじゃ」とも読む。

用例 中から一匹の黒竜が雲を捲《ま》いて一文字に昇天したと云《い》う話もござる。瘤《こぶ》の中にさえ竜が居たなら、ましてこれ程の池の底には、何十匹となく蛟竜毒蛇が蟠《わだかま》って居ようも知れぬ道理じゃ。〈芥川龍之介◆竜〉

類義語 魑魅魍魎《ちみもうりょう》

【黄粱之夢】こうりょうのゆめ

⇒ 邯鄲之夢 かんたんのゆめ 127

【亢竜有悔】こうりょうゆうかい

意味 富み栄える者、また、高い地位にある者は、慎まなければ、過ちを生じて悔いることがあること。また、それを戒める語。

補説 富や地位をきわめた者は、これを持続することは難しく、必ず衰えることをよく考えて、自分をよく慎むべきことをいう。「亢」は高きをきわめる意。「亢竜」は天上に登りつめた竜。進むを知って退くことを知らない竜。一般に「亢竜《こうりょう》悔《く》い有《あ》り」と訓読して用いる。

注意「こうりゅうゆうかい」とも読む。

出典『易経《えききょう》』乾《けん》

【羹藜含糗】こうれいがんきゅう

意味 粗末な食べ物のたとえ。また、貧しい食生活をするたとえ。

補説 アカザの吸い物を食し、乾飯《ほしいい》を口に含む意から。「羹」はあつもの・吸い物。「藜」はアカザ。「糗」は保存用に乾燥させた飯。乾飯。一般に「藜《れい》を羹《あつもの》にし糗《ほしいい》を含《ふく》む(含《くら》う)」と訓読して用いる。

出典『文選《もんぜん》』王褒《おうほう》「聖主《せいしゅ》賢臣《けんしん》を得《う》るの頌《しょう》」

類義語 箪食瓢飲《たんしひょういん》・朝齏暮塩《ちょうせいぼえん》

【高楼大廈】こうろう たいか

⇓ 大廈高楼 たいかこうろう 418

【光禄池台】こうろくの ちだい

意味 見事な邸宅のこと。

補説 中国漢の王根の邸宅が立派であったことから。「光禄」は光禄勲《こうろくくん》のことで、高位の官名。ここでは王根のこと。王根は元帝の外戚《がいせき》である王鳳《おうほう》の弟であった。「池台」は庭の池の中、または池のほとりに築いた建物のこと。その豪華さは、天子の邸宅にも匹敵するほどだったという。

出典 劉庭芝《りゅうていし》―詩「白頭《はくとう》を悲《かな》しむ翁《おきな》に代《か》わる」

【甲論乙駁】こうろん おつばく 〈―スル〉

意味 互いにあれこれ主張して議論がまとまらないこと。

補説 甲の人が論ずると、乙の人がそれに反駁《はんばく》するというように議論がいろいろと出る意から。

用例 偽物だという者もあれば、まさかと打ち消す人々も多い。威厳があるという人もある。甲論乙駁。思い案じて私の表情をうかがう人も多かった。〈坂口安吾◆山の貴婦人〉

類義語 議論百出《ぎろんひゃくしゅつ》・議論沸騰《ぎろんふっとう》・議論紛紛《ぎろんふんぷん》・諸説紛紛《しょせつふんぷん》

対義語 衆口一致《しゅうこういっち》・満場一致《まんじょういっち》

【高論卓説】こうろん たくせつ

意味 すぐれた意見や議論のこと。

補説 「高」は程度の非常に高いこと。「卓」は他に抜きんでてすぐれていること。

用例 諸君の高論卓説も伺ったが、猶《なお》大問題じゃから十分御研究を願って将来の鉄道政策を〈内田魯庵◆社会百面相〉

類義語 高論名説《こうろんめいせつ》・名論卓説《めいろんたくせつ》

【五蘊皆空】ごうん かいくう

意味 人の心身は五つの構成要素（五蘊）からなるものだが、これらは条件が変化すればそれに伴い変化していくものなので、定まった実体などなく空《くう》であるということ。

補説 仏教語。「五蘊」は人間の肉体と精神、物質と精神を色《しき》（肉体、すべての物質）・受（感受、感覚）・想（表象、心に浮かぶ像）・行《ぎょう》（意志、欲求）・識（認識、意識）の五つに分類して示したもの。

出典 『般若心経《はんにゃしんぎょう》』

類義語 一切皆空《いっさいかいくう》・五蘊空寂《ごうんくうじゃく》・色即是空《しきそくぜくう》

【五蘊盛苦】ごうんじょう く

⇓ 五陰盛苦 ごおんじょうく 230

【孤雲野鶴】こうん やかく

意味 世俗を離れた隠者のたとえ。また、世俗の名利などから遠ざかった者のたとえ。

補説 ぽつんと一片だけ浮かぶ雲と野にすむ鶴の意から。「野鶴」は野にすむ鶴。世俗を離れ、超然としている人のたとえ。

出典 劉長卿《りゅうちょうけい》―詩「方外上人《ほうがいしょうにん》を送《おく》る」

用例 孤雲野鶴を見て別天地に逍遥《しょうよう》するは詩人の至快なり。〈北村透谷◆山庵雑記〉

類義語 閑雲孤鶴《かんうんこかく》・閑雲野鶴《かんうんやかく》・琴歌酒賦《きんかしゅふ》・孤高之士《ここうのし》

【孤影悄然】こえい しょうぜん 〈―タル〉〈―ト〉

意味 一人ぼっちでさびしげなさま。一人だけで悲しむさま。

補説 「孤影」は一人ぼっちでさびしげな姿。「悄然」は憂い悲しむさま。物さびしいさま。

注意 「孤影蕭然」とも書く。

用例 何となれば、小説七軒、戯曲一軒の割合にもならぬとすると、戯曲は、全く孤影悄然、話しかける相手もない有様が眼《め》に見えるようだからだ。〈岸田國士◆劇壇左右展望〉

類義語 鰥寡孤独《かんかこどく》・孤影孑然《こえいけつぜん》・孤影飄零《こえいひょうれい》・孤影寥寥《こえいりょうりょう》

【孤影飄零】こえい ひょうれい 〈―タル〉〈―ト〉

意味 落ちぶれて、一人ぼっちでさびしげなさま。

補説 「孤影」は一人ぼっちでさびしげな姿。「飄零」は落ちぶれる、零落する意。

注意 「孤影漂零」とも書く。

用例 家を成さず、名を成さず、孤影飄零として半死の身を人の世に寄す、命《めい》なれば此《これ》も止《や》むなきなり。〈徳冨蘆花◆自然と人生〉

類義語 孤影悄然《こえいしょうぜん》・孤景飄零《こけいひょうれい》

【呉越同舟】ごえつ どうしゅう

意味 仲の悪い者同士や敵味方が、同じ場所や境遇にいること。

こ

(補説) 本来は、仲の悪い者同士でも同じ災難や利害が一致すれば、協力したり助け合ったりすることのたとえ。「呉」「越」はともに中国春秋時代の国名。「楚越同舟《そえつどうしゅう》」ともいう。

(故事) 『孫子《そんし》』で、「呉と越は宿敵同士でしばしば戦いを繰り広げたが、その憎しみ合っている両国の人が、同じ舟に乗って川を渡るときに大風が吹いて舟が覆りそうになれば、普段の恨みも忘れて互いに助けあうだろう」とたとえた故事から。

(出典) 『孫子《そんし》』九地《きゅうち》

(用例) いよいよカイロ行の一団は、千鶴子《ちずこ》の組も真紀子の組も呉越同舟で三台の自動車に分乗した。〈横光利一◆旅愁〉

[類義語] 同舟共済《どうしゅうきょうさい》・風雨同舟《ふううどうしゅう》

【呉越之富】《ごえつのとみ》

(意味) 富が莫大《ばくだい》で無尽蔵なことのたとえ。

(補説) 呉と越の富を合わせたくらいの巨万の富という意から。「呉」「越」はともに中国春秋時代の国名。

(出典) 『史記《しき》』楚世家《そせいか》

[類義語] 猗頓之富《いとんのとみ》・陶朱猗頓《とうしゅいとん》

【古往今来】《こおうこんらい》

(意味) 昔から今に至るまで。昔から。

(補説) 「古往」は昔。いにしえ。「今来」は今に至るまで。「今来古往《こんらいこおう》」ともいう。

(注意) 「こおうきんらい」とも読む。

(出典) 『文選《もんぜん》』潘岳《はんがく》「西征賦《せいせいのふ》」

(用例) 実際我々の愛する女性は古往今来飽きするほど、すばらしい心の持ち主である。〈芥川龍之介◆侏儒の言葉〉

[類義語] 往古来今《おうこらいこん》

【五陰盛苦】《ごおんじょうく》

(意味) 人の身心を構成する五つの要素から生ずる苦悩。迷いの世界として存在するすべては、苦であるということ。

(補説) 仏教語。「五陰」は「五蘊《ごうん》」に同じで、人間の肉体と精神、物質と精神を色《しき》(肉体、すべての物質)・受(感受、感覚)・想(表象、心に浮かぶ像)・行《ぎょう》(意志、欲求)・識(認識、意識)の五つに分類して示したもの。「盛」は五陰の作用が盛んなさまとも、五陰に苦しみを盛る意ともいう。仏教でいう八苦の一つ。「五蘊盛苦《ごうんじょうく》」「五盛陰苦《ごじょうおんく》」ともいう。(→「四苦八苦《しくはっく》」274)

(注意) 語構成は「五陰盛」+「苦」。

【五角六張】《ごかくろくちょう》

(意味) 何をしてもうまくいかない凶日のたとえ。また、物事が順調に進まないたとえ。

(補説) 五日に角宿にあい、六日に張宿にあう意で、この両日は物事がうまくいかないことが多いといわれていることから。「角」「張」は二十八宿(全天を星座によって二十八方位に分割したもの)の中の東・南を指す星座。「宿」は星座の意。

(出典) 『開天伝信記《かいてんでんしんき》』

【狐仮虎威】《こかこい》

(意味) 権力や権威のある者の威力を借りて、自分勝手に振る舞うたとえ。

(補説) 「狐《きつね》、虎《とら》の威《い》を仮《か》る」と訓読する。類義の表現に「虎《とら》の威《い》を仮《か》る狐《きつね》」がある。

(故事) あるときキツネが虎につかまり食べられそうになった。キツネに「私を食べてはいけません。天帝は私を百獣の長としたのです。それを疑うなら私の後について歩いてみなさい」といわれた虎がキツネの後を歩いて行くと、獣たちはキツネの後ろをついてくる虎に驚いて逃げ去ったが、虎はキツネの話を信じてしまったという故事から。

(出典) 『戦国策《せんごくさく》』楚策《そさく》

【呉下阿蒙】《ごかのあもう》

(意味) いつまでたっても、全く進歩のない人のたとえ。また、無学な人のたとえ。

(補説) 呉の蒙さんの意から。「呉下」は呉の国の中。呉の地方にいる意。「阿」は相手を親しみを込めて呼ぶのに名前の上につける接頭語で、「阿蒙」は蒙さんの意。ここでは、中国三国時代、呉の孫権に仕えた呂蒙《りょもう》のこと。

(故事) 三国時代、呉の呂蒙は若いころ全く無学であったが、主君の孫権の勧めで学問に励んでいた。のちに大臣の魯粛《ろしゅく》が呂蒙と久しぶりに会ったとき、その学問の進歩ぶりに感嘆して「もはや呉にいたころの蒙さんではない」と言ったという故事から。(→「刮目相待《かつもくそうたい》」112)

(出典) 『呉志《ごし》』呂蒙伝《りょもうでん》・裴注《はいちゅう》に引く『江表伝《こうひょうでん》』

【孤寡不穀】 こか ふこく

意味 王侯の自称。
補説 「孤」「寡」「不穀」とも諸侯や王の自称。
出典 『老子《ろうし》』三九

【胡漢陵轢】 こかん りょうれき

意味 異民族と漢民族が互いに侵し争うこと。
補説 「胡」は中国北方または西方の異民族。えびす。「漢」は漢民族。中国のこと。「陵轢」は侮り踏みにじること。

【狐疑逡巡】 こぎ しゅんじゅん 〈―スル〉

意味 なかなか決心がつかず、ぐずぐずしていること。優柔不断なさま。
補説 「逡巡」は後ずさりする、ためらいぐずぐずすること。キツネが疑い深いことからともいう。
注意 「狐疑逡循」とも書く。
用例 お前が美伃《みょ》を何とか思っていたとしたら、それを前以《まえもって》て明《あき》らかにすべきだったんじゃないかね。それというのも、お前達の徒《いたずら》なる狐疑逡巡の為《な》す所じゃないか。〈森本薫◆華々しき一族〉
類義語 右顧左眄《うこさべん》・狐疑不決《こぎふけつ》・縮手縮脚《しゅくしゅしゅくきゃく》・首鼠両端《しゅそりょうたん》・瞻前顧後《せんぜんこご》・遅疑逡巡《ちぎしゅんじゅん》
対義語 知者不惑《ちしゃふわく》

【鼓旗相当】 こき そうとう

⇒ 旗鼓相当 きこそうとう 138

【狐裘羔袖】 こきゅう こうしゅう

意味 全体としては立派に整っているが、一部に不十分な点があるたとえ。また、少々の難点はあるが、全体から見れば立派であるたとえ。
補説 高価なキツネの皮ごろもに子羊の皮のそでをつける意。「狐裘」はキツネの腋《わき》の下の毛で作った高価な皮ごろも。「羔袖」は小羊の皮で作った安価なそで。「狐裘《こきゅう》して羔袖《こうしゅう》す」と訓読する。
出典 『春秋左氏伝《しゅんじゅうさしでん》』襄公《じょうこう》一四年
類義語 白璧微瑕《はくへきのびか》

【呼牛呼馬】 こぎゅう こば

意味 相手の言うのにまかせて、自分では逆らわないことのたとえ。
補説 ほめられても悪口を言われても気にせず、相手が自分を牛と呼べば自分は牛だと思い、馬だと呼ばれれば自分は馬だと思う意。「牛《うし》と呼《よ》び馬《うま》と呼《よ》ぶ」と訓読する。
出典 『荘子《そうじ》』天道《てんどう》
類義語 対牛弾琴《たいぎゅうだんきん》・馬耳東風《ばじとうふう》

【呉牛喘月】 ごぎゅう ぜんげつ

意味 過度におびえ恐れることのたとえ。また、疑いの心があると、何でもないものにまで恐れや疑いの気持ちをもつたとえ。
補説 暑い呉の地方の牛は、月を見ても暑い太陽だと思い、喘《あえ》ぐ意から。「呉」は中国南方の呉の地方。「牛」は、ここでは水牛のこと。「喘」は息が切れて苦しそうに呼吸すること。一般に「呉牛《ごぎゅう》、月《つき》に喘《あえ》ぐ」と訓読して用いる。
出典 『世説新語《せせつしんご》』言語《げんご》
類義語 疑心暗鬼《ぎしんあんき》・杞人天憂《きじんてんゆう》・蜀犬吠日《しょっけんはいじつ》・懲羹吹膾《ちょうこうすいかい》・吠日之怪《はいじつのあやしみ》

【狐裘蒙戎】 こきゅう もうじゅう

意味 富貴の人の乱れた行いで、国が乱れるたとえ。
補説 高貴の人が着るキツネの皮ごろもの毛が乱れる意から。「狐裘」はキツネの腋《わき》の下にある白い毛で作った皮ごろも。富貴の人の着る高価な着物。「蒙戎」はやぶれ乱れるさま。
出典 『詩経《しきょう》』邶風《はいふう》・旄丘《ぼうきゅう》

【五行相剋】 ごぎょう そうこく

意味 木・火・土・金《ごん》・水の五つの根元要素が互いに力を減じ合い、水は火に、火は金に、金は木に、木は土に、土は水に勝つという考え方。
補説 これにより自然や社会の現象を説明し、五行の徳を歴代の王朝にあてはめて変遷の順を理論づけた。「剋」は勝つ意。「五行」は万物を構成する木・火・土・金・水の五つの要素で、これらがある一定の法則で循環交代して万物を生ずる根元となると考えられた。一方、木は火を生じ、火は土を、土は金を、金は水を、水は木を生じるという考え方を「五行相生《ごぎょうそうしょう》」といい、同じく王朝の変遷を説明した。
注意 「五行相克」とも書く。
出典 『春秋繁露《しゅんじゅうはんろ》』五行相勝《ごぎょうそうしょう》

類義語 五行相勝《ごぎょうそうしょう》
対義語 五行相生《ごぎょうそうしょう》

【枯魚銜索】こぎょ かんさく

意味 人の寿命はあっという間に過ぎ去り短くはかないから、親が生きているうちに孝行すべきであることをいう。また、今は亡き両親を思慕する語。

補説 もとは干物の魚に通した縄の意。長くもちそうで、すぐに虫に食われて朽ち果ててしまうことからいう。また、一般に人の命ははかなく短いものであるたとえにも用いる。「枯魚」はひもの、干した魚。「銜索」は縄に通すこと。「索」は縄。「枯魚《こぎょ》索《なわ》を銜《ふく》む」と訓読する。

注意 「故魚銜索」とも書く。

出典 『韓詩外伝《かんしがいでん》』一

類義語 哀哀父母《あいあいふぼ》・風樹之歎《ふうじゅのたん》・蓼莪之詩《りくがのし》

【虎踞竜蟠】こきょ りょうばん

⇒ 竜蟠虎踞 りょうばんこきょ 666

【鼓琴之悲】こきんの かなしみ

意味 知己の死に対する悲しみ。

補説 「鼓」は奏でる意。

故事 中国晋《しん》の時代、琴《きん》を弾くのが好きだった顧栄が亡くなった際、その弔問にやってきた親友の張翰《ちょうかん》が、慟哭《どうこく》しながら生前顧栄が愛用していた琴を弾いて故人をしのんだという故事から。

出典 『世説新語《せせつしんご》』傷逝《しょうせい》

【古琴之友】こきんの とも

意味 自分のことをよく理解してくれる友人のこと。

補説 中国春秋時代の琴《きん》の名人伯牙《はくが》とその友人鍾子期《しょうしき》の故事から。

故事 →「高山流水《こうざんりゅうすい》」214

出典 『呂氏春秋《りょししゅんじゅう》』本味《ほんみ》

類義語 高山流水《こうざんりゅうすい》・断金之交《だんきんのまじわり》

【極悪非道】ごくあく ひどう 〈―ナ〉

意味 この上なく悪く道理にはずれていること。また、そのさま。

補説 「極悪」は悪逆きわまりないこと。「非道」は道理や人の道に反していること。

用例 極悪非道の追剝《おいはぎ》としてまた素晴らしい手利きとして陶器師の名は聞いていた。〈国枝史郎◆神州纐纈城〉

類義語 悪逆非道《あくぎゃくひどう》・悪逆無道《あくぎゃくむどう》・強悪非道《ごうあくひどう》・大逆無道《たいぎゃくむどう》

【国威発揚】こくい はつよう

意味 国家の威光を奮い立たせ、内外に示すこと。

補説 「国威」は対外的な国家の威光。「発揚」は勢いを盛んにすること。

類義語 国威宣揚《こくいせんよう》

【黒雲白雨】こくうん はくう

意味 黒い雲におおわれ、激しい雨がたたきつけること。激しいにわか雨。

補説 「白雨」はにわか雨。激しくたたきつけるような雨。

出典 蘇軾《そしょく》—詩「六月二十七日望湖楼《ぼうころう》に酔《よ》いて書《しょ》す」

【哭岐泣練】こくき きゅうれん

意味 もとが同じでありながら、のちには大きく異なってしまうことを嘆くたとえ。

補説 人は習慣や心がけによって善人にも悪人にもなるということから。「哭」は大声で泣くこと。「岐」は分かれ道。「練」は白い糸、白い練り絹。「岐《き》に哭《こく》し練《れん》に泣《な》く」と訓読する。

故事 「哭岐」は、中国戦国時代の楊朱《ようしゅ》が分かれ道に来て、人間はみな同じように生まれてもその選択次第で善人と悪人に大きく分かれてしまうことを思って嘆き泣いた故事。「泣練」は墨子が、白い糸がどんな色にでも染まるように、人間も習慣や環境によって善人にも悪人にもなることを考えて嘆いた故事。

出典 『淮南子《えなんじ》』説林訓《ぜいりんくん》

類義語 水随方円《すいずいほうえん》・南橘北枳《なんきつほくき》・墨子泣糸《ぼくしきゅうし》・墨子悲糸《ぼくしひし》・墨子悲染《ぼくしひせん》・麻中之蓬《まちゅうのよもぎ》・楊朱泣岐《ようしゅきゅうき》

【轂撃肩摩】こくげき けんま

⇒ 肩摩轂撃 けんまこくげき 204

【告朔餼羊】こくさくの きよう

意味 虚礼でもその根本を忘れない拠《よ》り所となるから、古くからの習慣や行事の形式は残しておいたほうがよいこと。また、実質を失って形式だけが残っているたとえ。

補説　「告朔」は、古代中国で十二月に諸侯が、天子から次の年の暦を受けて祖先のみたまやに収め、毎月一日にいけにえの羊を供えて祖先を祭り、その暦を領民に発布した儀式。「朔」はついたち。「餼羊」はいけにえの羊。

故事　孔子の門人の子貢が、告朔の儀式が形骸《けいがい》化して、いけにえの羊を供えているだけであるのを見て、そのいけにえの羊も廃止するよう進言したとき、孔子は「お前は一頭の羊を惜しむのだろうが、私は古くからの礼が廃れるのを惜しむのである」と、形式だけでも残したほうがよいと言った故事から。

出典　『論語《ろんご》』八佾《はちいつ》

【黒歯彫題】こくしちょうだい

意味　黒く染めた歯と入れ墨をした額。

補説　「黒歯」は歯を黒く染めること。おはぐろ。「彫」は描く意。「題」は額の意。「彫題」は入れ墨をした額のこと。いずれも中国南方の異民族の習俗。「彫題黒歯《ちょうだいこくし》」ともいう。

注意　「黒歯雕題」とも書く。

出典　『楚辞《そじ》』招魂《しょうこん》

類義語　被髪左衽《ひはつさじん》・被髪文身《ひはつぶんしん》

【国士無双】こくしむそう

意味　国中で並ぶ者がないほどすぐれた人物のこと。

補説　「国士」は国の中で傑出した人のこと。「無双」は二つとない、世に並ぶものがないこと。「双」は並ぶ、匹敵する。もと、中国漢の蕭何《しょうか》が、後に軍の指揮官として漢王朝の成立に大功をあげた韓信《かんしん》を評して、劉邦《りゅうほう》（漢の高祖）に推薦したときの語。

出典　『史記《しき》』淮陰侯伝《わいいんこうでん》

用例　伏して惟《おも》んみるに先生の盛徳実にこれ国士無双、謙譲もって人を服し、勤倹もって衆を率《ひ》きゆ。〈清水紫琴◆誰が罪〉

類義語　古今無双《ここんむそう》・天下一品《てんかいっぴん》・天下無双《てんかむそう》・天下無敵《てんかむてき》・当代無双《とうだいむそう》・非常之人《ひじょうのひと》

【刻舟求剣】こくしゅうきゅうけん

意味　時勢の移り変わりを知らず、古い習慣ややり方に固執して融通の利かないたとえ。

補説　考えや行動が現実や実態からはずれていて徒労に終わることのたとえとしても使われる。「舟《ふね》に刻《きざ》みて剣《けん》を求《もと》む」と訓読する。

故事　中国春秋時代、楚《そ》の人が舟で川を渡ったとき水中に剣を落とした。そこで、目印として剣の落ちた船べりにしるしを刻んでおき、後に舟が止まってからその目じるしの箇所から水中に入って探したという故事から。

出典　『呂氏春秋《りょししゅんじゅう》』察今《さっこん》

用例　これらの諸人物を以《もっ》て、ただちに日本人の軽重を推計せんとするのは、それこそ刻舟求剣のしたり顔なる穿鑿《せんさく》に近い。〈太宰治◆お伽草紙〉

類義語　旧套墨守《きゅうとうぼくしゅ》・膠柱鼓瑟《こうちゅうこしつ》・守株待兎《しゅしゅたいと》

【国色天香】こくしょくてんこう

意味　牡丹《ぼたん》の異名。牡丹のすばらしさをたたえる語。また、非常に美しい女性の形容。

補説　「国色」は国中で第一の美しい色。また、国一番の美人。「天香」は天のものかと思うばかりの妙《たえ》なる香り。すばらしい香りの意。「天香国色《てんこうこくしょく》」ともいう。出典に引用された李正封《りせいほう》の詩句「国色朝《あした》に酒を酣《たの》しみ、天香夜に衣を染む」による。

出典　『松窓雑録《しょうそうざつろく》』

類義語　解語之花《かいごのはな》・魏紫姚黄《ぎしようこう》・曲眉豊頬《きょくびほうきょう》・国艶天香《こくえんてんこう》・仙姿玉質《せんしぎょくしつ》・太液芙蓉《たいえきのふよう》

【極大苦悩】ごくだいくのう

意味　きわめて大きな悩み・苦しみ。このうえない心痛。

補説　「極大」は非常に大きいさま。最大。

用例　実在の苦境のほかに文三《ぶんぞう》が別に妄念から一苦界を産み出して、求めてその中に沈淪《ちんりん》して、あせッてもがいて極大苦悩をなめている今日このごろ、〈二葉亭四迷◆浮雲〉

【黒貂之裘】こくちょうのきゅう

意味　非常に高価なもののたとえ。

補説　黒いテンの皮で作った皮ごろもの意。貴人の服。「貂」はテン。イタチ科の動物。「裘」は皮ごろも。

出典　『戦国策《せんごくさく》』趙策《ちょうさく》

【黒甜郷裏】こくてんきょうり

意味　昼寝のこと。

補説　「黒甜」は昼寝、また、熟睡。「裏」は中の意。昼寝のまどろみの世界の中の意。

注意「黒甜郷裡」とも書く。語構成は「黒甜郷」＋「裏」。

用例 いつのまにか眠くなって、つい黒甜郷裡に遊んだ。〈夏目漱石◆吾輩は猫である〉

【克伐怨欲】こくばつえんよく

意味 勝ち気・自慢・恨み・むさぼりの四つの悪心。

補説「克」は人に勝つこと、人をしのぐことを好むこと。「伐」は自分の功を誇ること。「怨」は恨み。ささいなことを恨むこと。「欲」はむさぼること。

出典『論語《ろんご》』憲問《けんもん》◎「克伐怨欲の行われざる、以《もっ》て仁と為《な》す可《べ》し」

【黒白混淆】こくびゃくこんこう（—スル）

意味 事の是非や善悪の区別をわきまえないこと。

補説「黒白」は事の是非・善悪・正邪などのたとえ。「混淆」は入り交じること。

注意「黒白混交」とも書く。

出典『後漢書《ごかんじょ》』楊震伝《ようしんでん》

対義語 黒白分明《こくびゃくぶんめい》

【黒白分明】こくびゃくぶんめい

意味 事の是非や善悪の区別がはっきりしているさま。

補説 黒は黒、白は白とはっきりとしている意から。「黒白」は事の是非・善悪・正邪などのたとえ。「分明」ははっきり分かれている、はっきりしていること。

出典『春秋繁露《しゅんじゅうはんろ》』保位権《ほいけん》

対義語 黒白混淆《こくびゃくこんこう》

【黒風白雨】こくふうはくう

意味 暴風とにわか雨。暴風雨。

補説「黒風」はちりやほこりを巻き上げる強い風。暴風。「白雨」はにわか雨のこと。

用例 湖面が青天白日の平和な光景である限り、沿岸だけが黒風白雨の天気に支配されるというはずはない。〈中里介山◆大菩薩峠〉

【国歩艱難】こくほかんなん

意味 国勢が振るわず、国家が危難の中にあること。

補説「国歩」は国の歩み。国家の運命のこと。「艱難」は非常に苦しむこと。内憂外患がしきりにおこり国の命運が危ないことをいう。

出典『詩経《しきょう》』大雅《たいが》・桑柔《そうじゅう》

用例 国歩艱難とも云《い》うべき今日、まことに国民として不甲斐《ふがい》なき仕儀と云わねばならぬ。〈岸田國士◆地方文学の曙光〉

【国民主権】こくみんしゅけん

⇒ 主権在民 しゅけんざいみん 312

【鵠面鳩形】こくめんきゅうけい

意味 飢え痩《や》せて、やつれ果てている形容。

補説「鵠面」は痩せ果てて顔の形が細くとがって、鵠《くぐい》（オオハクチョウ）に似ていること。「鳩形」は痩せ果てて胸が突き出て、ハトに似ていること。「鳩形鵠面《きゅうけいこくめん》」ともいう。

出典『明史《みんし》』忠義伝《ちゅうぎでん》・耿廷籙《こうていろく》

類義語 鵠面鳥形《こくめんちょうけい》・鳥面鵠形《ちょうめんこくけい》

【極楽往生】ごくらくおうじょう（—スル）

意味 死んだ後に極楽浄土に生まれ変わること。また、安らかに死ぬこと。

補説 仏教語。「極楽」は「極楽浄土」の略。（→「極楽浄土《ごくらくじょうど》」234）「往生」は死ぬこと。「往生極楽《おうじょうごくらく》」ともいう。

用例 仏は知見を以《もっ》て何事も、広く知食《しろしめ》すことなれば、（中略）只今《ただいま》正定聚《しょうじょうじゅ》の数に入り、極楽往生疑いなし。〈岡本かの子◆取返し物語〉

類義語 浄土往生《じょうどおうじょう》

【極楽浄土】ごくらくじょうど

意味 阿弥陀仏《あみだぶつ》がいるとされる苦しみのない安楽の世界。

補説 西方に向かって十万億土のかなたにあり、まったく苦しみのない安楽な理想の世界。「西方浄土《さいほうじょうど》」ともいう。

用例 私は京を遁《のが》れて、極楽浄土のような静かな所へ行きたいと思うて居《お》ります。〈島村抱月◆清盛と仏御前〉

類義語 安養宝国《あんようほうこく》・安楽浄土《あんらくじょうど》・安楽世界《あんらくせかい》・九品浄土《くほんじょうど》・極楽国土《ごくらくこくど》・極楽世界《ごくらくせかい》・西方世界《さいほうせかい》・寂光浄土《じゃっこうじょうど》・十万億土《じゅうまんおくど》

【極楽蜻蛉】ごくらくとんぼ

意味 のん気に何も思い悩まずに暮らしている人をからかっていう語。のん気者。

補説 何も思い煩うことがなく、極楽をすいすいと飛んでいるトンボという意から。

用例 鼻糞《はなくそ》ほどのボーナスを貰《もら》ってカフエーへ駆込んだり、高等官になったとて嚊殿《かかぁどの》に誇るような極楽蜻蛉、菜畠蝶々《なばたけちょうちょう》に比べては、罪が深い、〈幸田露伴◆蒲生氏郷〉

【国利民福】こくり みんぷく

意味 国の利益と人民の幸福のこと。

補説 「国利」は国家の利益。国益。「民福」は人民の幸福。

用例 人民の意志に出るものなりしにもせよ、国利民福に至大の関係あるにもせよ〈竹越与三郎◆政海之新潮〉

【孤苦零丁】こく れいてい

⇒ 零丁孤苦 れいていこく 674

【刻露清秀】こくろ せいしゅう

意味 秋の気候のさっぱりとすがすがしいさま。秋の景色のすがすがしいさま。

補説 「刻露」は木の葉が落ちて、山の姿が厳しく現れること。「清秀」は気が澄んで清く、眺めの秀麗なさま。

出典 欧陽脩《おうようしゅう》「豊楽亭記《ほうらくていのき》」

類義語 風霜高潔《ふうそうこうけつ》

【孤軍奮闘】こぐん ふんとう 〈―スル〉

意味 支援する者がない中、一人で懸命に戦うこと。また、一人で難事業に向かって鋭意努力すること。

補説 孤立した少数の軍勢が、敵と懸命に戦う意から。「孤軍」は味方から孤立した少人数の軍隊のこと。

用例 重昌《しげまさ》は忠茂《ただしげ》の孤軍奮闘するを危んで、退軍を命ずるが、土民軍に軽くあしらわれた怒《いか》りは収らず、なかなか服しようとはせず、軍使三度到って漸《ようや》く帰陣した。〈菊池寛◆島原の乱〉

類義語 僑軍孤進《きょうぐんこしん》・孤立無援《こりつむえん》・四面楚歌《しめんそか》

【虎渓三笑】こけい さんしょう

意味 熱中するあまり他をすべて忘れてしまうことのたとえ。

補説 「虎渓」は廬山《ろざん》（中国江西省）の東林寺の前にあった谷の名。「三笑」は三人で笑うこと。多く画題となっている。

故事 中国東晋《とうしん》の高僧慧遠《えおん》は、廬山の東林寺で行を積んでいて、寺の下にある虎渓を渡るまいと誓いを立てていたが、あるとき詩人の陶潜と道士の陸修静を見送りに出て、道中話がはずみ思わず虎渓を渡ってしまい、虎がほえるのを耳にして初めてそれに気づいて、三人で顔を見合わせ大笑いしたという故事から。

出典 『廬山記《ろざんき》』

【虎穴虎子】こけつ こし

意味 危険を冒さなければ、大きな利益は得られないことのたとえ。

補説 虎のすむ穴に入る勇気がなければ、虎の子を捕らえることはできない意。「虎穴に入らずんば虎子《こじ》を得ず」の略。

注意 「こけつこじ」とも読む。

出典 『後漢書《ごかんじょ》』班超伝《はんちょうでん》

類義語 虎口抜牙《ここうばつが》・驪竜之珠《りりょうのたま》

【古言古義】こげん こぎ

意味 古来の格言・金言のこと。昔から伝えられてきた名言のこと。

補説 「古義」は古来伝えられてきた義解の意。

【孤行一意】ここう いちい

⇒ 一意孤行 いちいここう 18

【股肱羽翼】ここう うよく

意味 人の手足となってはたらき、主君を補佐する人物。

補説 最も頼りになる臣下や部下のこと。「股」は足のもも。「肱」はうで。「股肱」は、手足のこと。転じて、なくてはならない、最も頼みとなる人物。「羽翼」は鳥の翼のように左右から助ける人物。

出典 『六韜《りくとう》』竜韜《りょうとう》・王翼《おうよく》

類義語 羽翼之臣《うよくのしん》・股肱之臣《ここうのしん》

【孤高狷介】ここう けんかい 〈―ナ〉

⇒ 狷介孤高 けんかいここう 196

【枯槁之士】ここうの し

意味 落ちぶれて痩《や》せ衰えた人のこと。また、隠逸の人のたとえ。

補説 「枯槁」は草木が枯れること。転じて、人がやせ衰える意。

出典 『荘子《そうじ》』徐無鬼《じょむき》

類義語 枯槁憔悴《ここうしょうすい》

【股肱之臣】ここうのしん

意味 主君の手足となって補佐する家臣。側近として信頼できる部下のこと。

補説 「股」は足のもも。「肱」はうで。「股肱」は手足のことで、転じて、主君の手足となる家臣、なくてはならない大切なもののたとえ。

出典 『書経《しょきょう》』皐陶謨《こうようぼ》／『史記《しき》』太史公自序《たいしこうじじょ》

類義語 股肱羽翼《ここううよく》・股肱之良《ここうのりょう》・股掌之臣《こしょうのしん》・腹心之臣《ふくしんのしん》

【股肱之力】ここうのちから

意味 臣下として主君を補佐し助ける力。また、全身の力。全力。

補説 「股」は足のもも。「肱」はうで。「股肱」は手足のことで、転じて、主君の手足となる家臣、なくてはならない大切なもののたとえ。

出典 『春秋左氏伝《しゅんじゅうさしでん》』僖公《きこう》九年

【虎口余生】ここうよせい

意味 非常に危険な目に遭いながらも、奇跡的に助かることのたとえ。

補説 「虎口」は虎の口で、非常に危険な目に遭うこと。「余生」は生きながらえた命の意。

【五穀豊穣】ごこくほうじょう

意味 穀物が豊かに実ること。

補説 「五穀」は人の主食となる五種の穀物。米・麦・粟《あわ》・豆・黍《きび》（稗《ひえ》）のこと。また、穀物類の総称。「豊穣」は穀物が豊かに実ること。

用例 また主としては五穀豊穣を祈るためにまつられた吉祥天女が、——どうしてあのような女の姿に現わされたか。〈和辻哲郎◆古寺巡礼〉

【個個別別】ここべつべつ〈—ナ〉

意味 一つひとつ。ひとりひとり。一つひとつを別々に扱うこと。

補説 「個別」と同義。同じ語を重ねて強調した表現。

用例 人間は個々別々に孤立して互の融和同情を眼中に置かず、ただ自家専門の職業にのみ腐心しては居られないものだ〈夏目漱石◆道楽と職業〉

【古今東西】ここんとうざい

意味 昔から今まで、あらゆる場所で。いつでもどこでも。

補説 「古今」（昔から今までの意）は時間の流れ、「東西」は空間の広がり。「東西古今《とうざいここん》」ともいう。

用例 浦里の適役を一生の思出に演じて斃《たお》れたという悲惨事は、古今東西の演劇史上比類無い話だろう。〈上田敏◆うづまき〉

類義語 往古来今《おうこらいこん》

【古今独歩】ここんどっぽ〈—スル〉

意味 昔から今に至るまで比べるものがないほどすぐれていること。

補説 「古今」は昔から今までの意。「独歩」は他に並ぶものがないほどすぐれたさま。

用例 盛んに純之助《じゅんのすけ》の雄風高節を称《たた》えて殆《ほと》んど古今独歩の大豪傑に祀《まつ》り上げて了《しま》った。〈内田魯庵◆くれの廿八日〉

類義語 海内無双《かいだいむそう》・古今無双《ここんむそう》・古今無比《ここんむひ》・古今無類《ここんむるい》

【古今無双】ここんむそう

意味 昔から今まで並ぶものがないこと。

補説 「古今」は昔から今までの意。「無双」は二つとない、世に並ぶものがないこと。「双」は並ぶ、匹敵する。

用例 ああ、夫子《ふうし》が、——古今無双の射の名人たる夫子が、弓を忘れ果てられたとや？〈中島敦◆名人伝〉

類義語 海内無双《かいだいむそう》・国士無双《こくしむそう》・古今独歩《ここんどっぽ》・古今無比《ここんむひ》・古今無類《ここんむるい》

【孤雌寡鶴】こしかかく

意味 夫を失った孤独な女性のたとえ。

補説 「孤雌」は雄を失って孤独な雌、「寡鶴」は配偶のいない鶴の意。

出典 『文選《もんぜん》』王褒《おうほう》「洞簫賦《どうしょうのふ》」

【五色霜林】ごしきのそうりん

意味 美しい紅葉《もみじ》の描写。

補説 「五色」は色とりどりの様子。「霜林」は霜のかかった林。晩秋の風景の代表。霜にあたることによって葉が黄色や紅に変わることから。

出典 銭惟善《せんいぜん》—詩「南江夕照《なんこうせきしょう》」

【狐死首丘】こししゅきゅう

意味 故郷を忘れないことのたとえ。また、根本を忘れないことのたとえ。

（補説）キツネは死ぬとき、自分がすんでいた丘の方に頭を向けるという意から。「首丘」は丘の方に頭を向けること。「狐《きつね》死《し》するとき丘《きゅう》に首《しゅ》す」と訓読する。

（出典）『礼記《らいき》』檀弓上《だんぐうじょう》

（類義語）越鳥南枝《えっちょうなんし》・胡馬北風《こばほくふう》・蓴羹鱸膾《じゅんこうろかい》・池魚故淵《ちぎょこえん》

【呉市吹簫】ごしすいしょう

（意味）すぐれた人物が一時的に困窮し、物乞《ご》いをするたとえ。

（補説）呉の市中で簫《しょう》を吹き、物乞いをする意から。「簫」はたて笛の一種で、「吹簫」は簫を吹く意。「呉市《ごし》に簫《しょう》を吹《ふ》く」と訓読する。

（故事）中国春秋時代、楚《そ》の伍子胥《ごししょ》は呉の市中で腹をたたき、簫を吹いて食べ物を乞《こ》うていたが、のちに呉王闔閭《こうりょ》に仕えて功績をあげた故事から。

（出典）『史記《しき》』范雎伝《はんしょでん》

【虎視眈眈】こしたんたん〈―タル〉〈―ト〉

（意味）強い者が機会をねらって形勢をうかがっているさま。

（補説）虎が獲物をねらって、鋭い目でじっと見下ろす意から。「虎視」は虎が獲物をねらい見ること。「眈眈」は見下ろすさま。ねらい見るさま。

（出典）『易経《えききょう》』頤《い》

（用例）市の背後の森林にはマターファの率いる叛軍《はんぐん》が虎視眈々と機を窺《うかが》っていた。〈中島敦◆光と風と夢〉

【狐死兎泣】こしときゅう

（意味）同類が死んだり失敗したりすることを悲しみ、同情すること。また、同類が死んだのを見、その災いが自分にも近づいているのを憂うるたとえ。

（補説）「狐《きつね》死《し》して兎《うさぎ》泣《な》く」と訓読する。

（出典）『宋史《そうし》』反臣伝《はんしんでん》・李全伝《りぜんでん》

（類義語）狐兎之悲《ことのかなしみ》・兎死狐悲《としこひ》

【五十知命】ごじゅうちめい

（意味）五十歳で、天命を知ること。

（補説）「命」は天命で、天から与えられた使命。また、人の力を超越した運命。孔子が自分の生涯を振り返って述べた語で、ここから五十歳を「知命」という。（↓「十五志学《じゅうごしがく》」303）

（出典）『論語《ろんご》』為政《いせい》

（用例）五十知命、いいかえれば冷暖自知ではあるまいか。〈種田山頭火◆其中日記〉

（類義語）三十而立《さんじゅうじりつ》・四十不惑《しじゅうふわく》・十五志学《じゅうごしがく》・六十耳順《ろくじゅうじじゅん》

【五趣生死】ごしゅしょうじ

（意味）衆生《しゅじょう》が自ら作った善悪の因によって、五趣といわれる地獄・餓鬼・畜生・人《にん》・天の五つの世界に輪廻転生《りんねてんしょう》すること。

（補説）「五趣」は仏教語で、生き物が自ら作った功罪によって死後におもむく五つの世界、地獄・餓鬼・畜生・人・天の意。「生死」は生きることと死ぬこと。また、生き死にを繰り返す意。輪廻転生の意。

（用例）譬《たと》えばあの男が竜蓋寺《りゅうがいじ》の門へ描《か》きました、五趣生死の絵に致しましても、夜更けて門の下を通りますと、天人《てんにん》の嘆息《ためいき》をつく音や〈芥川龍之介◆地獄変〉

【枯樹生華】こじゅせいか

（意味）非常な困難のさなかに活路を得るたとえ。また、老い衰えた人が生気を取り戻すたとえ。

（補説）枯れ木に花が咲く意から。もとはこの上ない真心が通じることをたとえたもの。「枯樹《こじゅ》、華《はな》を生《しょう》ず」と訓読する。

（注意）「枯樹生花」とも書く。

（出典）『続博物志《ぞくはくぶつし》』七

（類義語）枯木生華《こぼくせいか》・枯木生葉《こぼくせいよう》・枯木竜吟《こぼくりゅうぎん》

【五盛陰苦】ごじょうおんく

⇓五陰盛苦　ごおんじょうく　230

【五障三従】ごしょうさんじゅう

（意味）女性が持つとされた五つの障害と、女性に課せられていた三つの忍従。

（補説）「五障」は仏教語。仏教では、女性は梵天《ぼんてん》・帝釈天《たいしゃくてん》・魔王・転輪聖王《てんりんじょうおう》・仏の五つにはなれないとされていた。「三従」は、女性は幼い時は親に従い、結婚すれば夫に従い、年老いたら子に従うべきだということ。インドでは『マヌ法典』、中国では『儀礼《ぎらい》』などに見える。なお、大乗仏教では女性も仏に成れると説かれるようにな

こ

り（→「女人成仏《にょにんじょうぶつ》」511）、『法華経《ほけきょう》』に出る竜女がその典型とされた（→「竜女成仏《りゅうにょじょうぶつ》」661）。ただし、その際も、女の身がいったん男の身に変わり、そのうえで成仏すると説明された（→「変成男子《へんじょうなんし》」592）。
注意 「ごしょうさんしょう」とも読む。
出典 『法華題目抄《ほっけだいもくしょう》』
用例 剰《あまつさ》え昔の五障三従や七去説の縄目よりも更に苛酷《かこく》な百種の勿《なか》れ主義を以《もっ》て取締ろうというのは笑うべき事である。〈与謝野晶子◆婦人と思想〉

【顧小失大】こしょうしつだい

意味 目先の小さな利益にとらわれて、大きな利益を失うこと。
補説 「小」「大」はここでは利益の大小を表す。「小《しょう》を顧《かえり》みて大《だい》を失《うしな》う」と訓読する。
出典 『易林《えきりん》』賁之蒙《ふんしもう》
類義語 貪小失大《どんしょうしつだい》・貧小失大《ひんしょうしつだい》

【後生大事】ごしょうだいじ

意味 非常に大切にすること。
補説 もとは仏教の語で、来世の安楽を願ってひたすら善行を積んで仏道に励むことをいった。「後生」は死んで後の世に生まれ変わること。来世。また、来世で極楽に生まれ変わること。
用例 懐中には外務大臣子爵青木周蔵、子爵夫人エリサベットの名を署したる一葉の夜会招待券を後生大事と風呂敷に包みて入れたり。〈徳冨蘆花◆燕尾服着初の記〉

【孤掌難鳴】こしょうなんめい

意味 何事をなすにも、一人ではどうしようもできないこと。
補説 「孤掌」は片方の手のひら。拍手をするのに片方の手だけではどんなに速く動かしても音は鳴らない。協力の不可欠なことのたとえ。「孤掌《こしょう》鳴《な》り難《がた》し」と訓読する。
出典 『韓非子《かんぴし》』功名《こうめい》

【虎嘯風生】こしょうふうしょう

意味 英雄やすぐれた人物が、時を得て奮起するたとえ。
補説 虎が吠《ほ》え叫んで風が巻き起こる意から。「嘯」は声を長く引いて鳴くこと。「虎《とら》嘯《うそぶ》いて風《かぜ》生《しょう》ず」と訓読する。
出典 『北史《ほくし》』張定和伝《ちょうていわでん》
類義語 虎嘯風烈《こしょうふうれつ》・竜興致雲《りょうこうちうん》

【後生菩提】ごしょうぼだい

意味 来世に極楽に生まれ変わること。また、来世に悟りをひらくこと。
補説 仏教語。「後生」は死んで後の世に生まれ変わること。来世。「菩提」は悟り、悟りの境地。
用例 御身を敵と思う妄念は一切断ち申す。もし、貴僧にお志あらば、亡父の後生菩提をお弔い下されい！〈菊池寛◆仇討三態〉

【孤城落日】こじょうらくじつ

意味 勢いが衰えて助けもなく心細いさま。
補説 「孤城」は孤立して援軍の来ない城のこと。「落日」は西に沈む夕日。孤立して援軍のない城が、沈もうとする夕日に照らされている光景。
出典 王維《おうい》詩「韋評事《いひょうじ》を送《おく》る」
用例 戸板にかこまれた木戸銭の影も斑《まば》らで、このならびでは一番の不入り、孤城落日のところだなとは、馬春堂が心でおかしく思った半畳でした。〈吉川英治◆江戸三国志〉
類義語 孤城落月《こじょうらくげつ》・孤立無援《こりつむえん》

【五濁悪世】ごじょくあくせ

意味 末世。末法の世。
補説 仏教語。五つの汚れに満ちた悪い世の意。「五濁」は五つの汚れ。以下の四濁の起こる時代の汚れ。劫濁《こうじょく》（時代の汚れ。以下の四濁の起こる時代）・煩悩濁《ぼんのうじょく》（貪《むさぼ》りや怒りなど人の浅ましさがはびこる）・衆生濁《しゅじょうじょく》（心身が弱く苦しみが多く、人の資質が低下する）・見濁《けんじょく》（誤った悪い思想・考え）・命濁《みょうじょく》（寿命が短くなり、最後には十歳になる）をいう。
出典 『法華経《ほけきょう》』方便品《ほうべんぼん》

【古色蒼然】こしょくそうぜん（―タル）（―ト）

意味 ひどく古びたさま。いかにも古めかしいさま。また、古めかしく趣のあるさま。
補説 「古色」は年を経た物の古びた色合い。古風な趣。「蒼然」は古びた色のさま。
用法 古色蒼然たる趣
用例 此《この》前買った「ウァートン」の英詩の歴史は製本が「カルトーバー」で古色蒼然として居て実に安い掘出し物だ。〈夏目漱石◆倫敦消息〉

類義語 古色古香《こしょくここう》

【故事来歴】こじらいれき

意味 古くから伝わっている事柄に関する、由来・歴史や伝来の事情。

補説 「故事」は昔から伝わっているいわれや話。「来歴」は由来やいきさつ。

注意 「古事来歴」とも書く。

用例 相かわらず、通さんの狂歌は、故事来歴が交ってあるから、一寸《ちょっと》聞ちゃア、解しにくい所がある。〈総生寛◆西洋道中膝栗毛〉

【古人糟魄】こじんのそうはく

意味 言葉や文章では、聖人や賢人の本質や神髄は、とうてい伝えられないことのたとえ。

補説 昔の聖人や賢人の言葉や書物の意。ほんとうの精神や神髄は文字や言葉で伝えられるものではないから、言葉や書物は残りかすに過ぎないということ。学問や書物を否定する老荘の語。「古人」は昔のすぐれた人。「糟魄」は酒のしぼりかすのこと。酒かす。

注意 「古人糟粕」とも書く。

出典 『荘子《そうじ》』天道《てんどう》

類義語 聖人糟粕《せいじんそうはく》

【牛頭馬頭】ごずめず

意味 地獄の獄卒のこと。また、地獄の獄卒のように情け容赦のない人のこと。

補説 仏教語。頭が牛や馬で体は人間である地獄の獄卒の意。

出典 『大智度論《だいちどろん》』

用例 とにかくそういういろいろの人間が、火と煙とが逆捲《さかま》く中を、牛頭馬頭の獄卒に虐《さいな》まれて、大風に吹き散らされる落葉のように、紛々《ふんぷん》と四方八方へ逃げ迷っているのでございます。〈芥川龍之介◆地獄変〉

【鼓舌揺唇】こぜつようしん

意味 好き勝手にしゃべり立てること。口先で巧みに言いつくろうさま。

補説 「鼓舌」は舌を鳴らして弁舌を振るうこと。「揺唇」は唇を動かすこと。しゃべること。「唇《くちびる》を揺《うご》かし舌《した》を鼓《なら》す」と訓読する。

出典 『荘子《そうじ》』盗跖《とうせき》◎「唇を揺かし舌を鼓し、擅《ほしいまま》に是非を生じて（判断して）、以《もっ》て天下の主（君主）を迷わす」

【胡説乱道】こせつらんどう

意味 道理の通らないでたらめな議論や言葉のこと。あれこれと、でたらめを言うこと。

補説 「胡説」はでたらめの議論・話。「乱道」はでまかせを言うこと。また、道理を乱すこと。「道」は言うこと。また、道理の意。

類義語 胡言乱語《こげんらんご》・胡説白道《こせつはくどう》・胡説八道《こせつはちどう》

【梧前灯下】ごぜんとうか

意味 書斎で読書するさま。

補説 桐《きり》の机の前、ともしびの下の意から。「梧前」は桐の机の前の意。手紙のあて名のわきづけとしても用いる。

用例 人のおかげで自己がわかるくらいなら、自分の代理に牛肉を食わして、堅いか柔らかいか判断のできるわけだ。朝《あした》に法を聞き、夕べに道を聞き、梧前灯下に書巻《しょかん》を手にするのは皆この自証を挑発する方便の具にすぎぬ。〈夏目漱石◆吾輩は猫である〉

【五臓六腑】ごぞうろっぷ

意味 はらわた。内臓。からだの中すべて。また、腹の中。心の中。

補説 五つの内臓と六つのはらわたの意。もと漢方の語。「五臓」は心臓・肺臓・脾臓《ひぞう》・肝臓・腎臓《じんぞう》。「六腑」は大腸・小腸・胃・胆・膀胱《ぼうこう》・三焦《さんしょう》。転じて、全身の意。三焦は胃の上（上焦）、胃の中（中焦）、膀胱の上（下焦）で消化や排泄《はいせつ》をつかさどるという。

注意 古い典籍では「臓」は「蔵」、「腑」は「府」と書かれることもある。

出典 『呂氏春秋《りょししゅんじゅう》』達鬱《たつうつ》

用例 男の略図のような単純な五臓六腑が生れてはじめて食物を送る為《ため》以外に蠕動《ぜんどう》するのが歯朶子《しだこ》に見えた。〈岡本かの子◆百喩経〉

【鼯鼠之技】ごそのぎ

意味 器用で技能は多くあるが、どれも中途半端で役立つものがないこと。また、そうした技能。

補説 「鼯鼠」はムササビ。ムササビは、空中を飛べるが屋根には届かず、木には登るが頂上まで届かず、泳げるが谷川を渡りきれず、穴は掘れるが身を隠すほど深く掘れず、走ることはできるが人に先んじることはできないことからいう。心を一つに集中せずに気を散らしていては何も成し遂げられないという戒め。「螻蛄之才《ろうこのさい》」ともいう（「螻蛄」はケラとアリ）。出典の「梧鼠は五技にして窮す」の略。

注意「梧鼠之技」とも書く。「ごそのわざ」とも読む。

出典『荀子《じゅんし》』勧学《かんがく》

類義語 器用貧乏《きようびんぼう》・鼯鼠五技《ごそごぎ》・鼯鼠五能《ごそごのう》

【胡孫入袋】こそんにゅうたい

意味 役職につくなどして自由を奪われるたとえ。また、物事が自由にできないこと。

補説 野の猿が布の袋に入って身動きできない意から。「胡孫」は猿の異称。胡人《こじん》（古代中国北・西方の異民族）に似ているとしていう。「胡孫《こそん》、袋《ふくろ》に入《い》る」と訓読する。

注意「猢猻入袋」とも書く。

出典『帰田録《きでんろく》』二

【五体投地】ごたいとうち

意味 全身を地に投げ伏してうやうやしく行う最高の拝礼。

補説 仏教語。両肘《ひじ》・両膝《ひざ》と頭を地面につけて行う拝礼。「五体」は、仏教では、頭と両手・両足の意。全身。

出典『無量寿経《むりょうじゅきょう》』

用例 彼は仰いで天に訴え、伏して地に訴えるの形をしているのだ。仏教でよくいう五体投地の形をしているのだ。〈中里介山◆大菩薩峠〉

類義語 稽首作礼《けいしゅされい》・五輪著地《ごりんじゃくち》

【誇大妄想】こだいもうそう

意味 自分の地位・財産・能力などの現状を実際より過大に評価して、自分が他者よりもはるかにすぐれていると思い込むこと。

補説「誇大」は大げさであること。「妄想」は根拠のない誤った判断によって作られた主観的な信念。

用例 ただ私はこの運命の信仰が現在の無力の自覚から生まれている事を忘れたくないと思います。ここに誇大妄想と真実の自己運命の信仰との別があるのです。〈和辻哲郎◆ある思想家の手紙〉

類義語 針小棒大《しんしょうぼうだい》

【涸沢之蛇】こたくのへび

意味 お互いを利用しあって双方とも利益を得ること。

補説「涸沢」は水のかれた沢。

故事 水のかれた沢に住んでいた大蛇が、人に殺されないように、小さい蛇と互いに相手の尾を口に含み、大きい蛇が小さい蛇を背負って道を行ったところ、人々は背負っている小さい蛇を神と恐れて手出しせず、二匹とも安全に他に移ったという寓話《ぐうわ》から。

出典『韓非子《かんぴし》』説林《ぜいりん》上

【壺中之天】こちゅうのてん

意味 俗世を離れた別天地のこと。仙境。また、酒を飲んで俗世間を忘れる楽しみをいうこともある。

補説「壺中」はつぼの中、「天」は世界のこと。

故事 昔、壺公《ここう》という薬屋がいた。夜になり店をたたむと、たちまち小さくなって壺《つぼ》の中に入ってしまった。たまたま費長房がその様子を見て自分も入りたいと頼み、入れてもらうと、中には御殿があってごちそうが山のように並んでいた。そこでともに遊んで帰ったという故事から。

出典『後漢書《ごかんじょ》』方術《ほうじゅつ》・費長房伝《ひちょうぼうでん》

類義語 壺中天地《こちゅうのてんち》

【胡蝶之夢】こちょうのゆめ

意味 万物一体の境地。我と物とが一体の心境。また、夢と現実との区別がはっきりしないたとえ。

補説 人生のはかないたとえとしても使われる。「胡蝶」は蝶。「荘周之夢《そうしゅうのゆめ》」ともいう。

注意「蝴蝶之夢」とも書く。

故事 中国戦国時代、荘子（荘周）が蝶になって楽しんだ夢を見たが、夢から覚めると、自分が夢で蝶になったのか、蝶が夢の中で自分になったのか区別がつかなくなったという故事から。

出典『荘子《そうじ》』斉物論《せいぶつろん》

類義語 蕉鹿之夢《しょうろくのゆめ》

【克己復礼】こっきふくれい

意味 私情や私欲に打ち勝って、社会の規範や礼儀にかなった行いをすること。

補説「克」は勝つ意。また、抑える意。「克己」は自分の欲望や私情に勝つこと。また、わが身を慎むこと。「復」は返る意。「復礼」は礼の道に立ち返る、従うこと。「己《おのれ》に克《か》ちて礼《れい》に復《かえ》る」「己を克《せ》めて礼に復る」と訓読する。もと、孔子が重んじた「仁」について、弟子の顔淵《がんえん》に答えた語。
出典 『論語《ろんご》』顔淵《がんえん》 ◎「己に克《か》ちて礼に復るを仁と為《な》す」
用例 克己復礼の四字を示して、その字義を知らしむるも、固《もと》よりいまだ道を伝えたりというべからず。〈福沢諭吉◆文明論之概略〉

【刻苦精進】こっくしょうじん 〈—スル〉

意味 わが身を傷めつけるほど一心に、努め励むこと。
補説 「刻苦」は自らの心身を苦しめて努力すること。「精進」はひたすら励むこと。
用例 真に欽慕《きんぼ》すべきは、かれの天稟《てんぴん》の楽才と、刻苦精進して夙《はや》く鬱然《うつぜん》一家をなし、世の名利をよそにその志す道に悠々自適せし生涯とに他ならぬ。〈太宰治◆盲人独笑〉
類義語 刻苦精励《こっくせいれい》・刻苦勉励《こっくべんれい》

【刻苦精励】こっくせいれい 〈—スル〉

⇒ 刻苦勉励 こっくべんれい 241

【刻苦勉励】こっくべんれい 〈—スル〉

意味 心身を苦しめて仕事や勉学に励むこと。
補説 「刻苦」は自らの心身を苦しめて努力すること。「刻」は責める、苦しめる意。「勉励」は一心に務め励むこと。「刻苦精励《こっくせいれい》」ともいう。
用例 文字は初《はじ》め其《その》形を見て之《これ》を模することを習うより後其義を解するに至る迄《まで》刻苦勉励過多の年数を費さざれば之を利用する能《あた》わず。〈森有礼◆教育論〉
類義語 艱苦奮闘《かんくふんとう》・刻苦精進《こっくしょうじん》・精励恪勤《せいれいかっきん》

【国君含垢】こっくんがんこう

意味 君主たる者は先を見通して、一時の恥を忍ぶことも必要であること。また、君主には臣下の少しの過ちなどを大目にみる度量が必要であること。
補説 「垢」はあか・汚れ。転じて、恥や過失などの意。「国君《こっくん》垢《こう》を含《ふく》む」と訓読する。
出典 『春秋左氏伝《しゅんじゅうさしでん》』宣公《せんこう》一五年 ◎「国君垢を含むは、天の道なり」
類義語 山藪蔵疾《さんそうぞうしつ》

【滑稽洒脱】こっけいしゃだつ 〈—ナ〉

意味 巧みにおもしろく言いこなして、俗気がなく、さっぱりとしているさま。
補説 「滑稽」は巧みな表現で是非を言いくるめること。「洒脱」は俗気がなく、さっぱりしているさま。
用例 間々滑稽洒脱の趣あるも、法度おのずから其《そ》の間に備わりて、少しも散漫の弊に陥らず。〈高山樗牛◆現代文章私見〉
類義語 軽妙洒脱《けいみょうしゃだつ》

【滑稽之雄】こっけいのゆう

意味 知恵が次々とわき出る知恵者のこと。
補説 「滑稽」は、巧みな表現で是非を言いくるめること。また、その人をいう。
出典 『漢書《かんじょ》』東方朔伝《とうぼうさくでん》

【骨騰肉飛】こっとうにくひ 〈—スル〉

意味 心も体も躍動すること。
補説 もと兵士が勇敢に走り回る様子。転じて、美人などを見たときの心の衝動にも用いられるようになった。「騰」は飛び上がること。また、馬が勢いよくはね上がるように走ること。
出典 『呉越春秋《ごえつしゅんじゅう》』闔閭内伝《こうりょないでん》

【骨肉相食】こつにくそうしょく

意味 親子や兄弟など、肉親同士が互いに激しく争うこと。骨肉の争い。
補説 「骨肉」は親子や兄弟などの近い血縁の者。一般に「骨肉《こつにく》相《あい》食《は》む」と訓読して用いる。
類義語 骨肉相争《こつにくそうそう》・骨肉相呑《こつにくそうどん》・六親不和《りくしんふわ》

【骨肉之親】こつにくのしん

意味 親子・兄弟・姉妹など血のつながりの深い者。親しい間柄の愛情が深いこと。
補説 「骨肉」は親子や兄弟などの近い血縁の者。骨と肉のように離れがたい間柄の意。「親」は親しさの意。
出典 『呂氏春秋《りょししゅんじゅう》』季秋紀《きしゅうき》「精通《せいつう》」
用例 泄冶《せっや》の霊公に於《お》けるは骨肉の親あるにも非《あら》ず、位も一大夫《たいふ》に過ぎぬ。〈中島敦◆弟子〉
類義語 骨肉至親《こつにくししん》

【木端微塵】こっぱみじん

意味 こなごなに砕け散ること。

補説 「木端」は木の切れ端のこと。転じて、取るに足りない、つまらないもの。「微塵」は細かいちりやほこり。転じて、非常に細かいもの。

用例 既に砕けた瓦《かわら》はこなごなに砕かれなければならない。木端微塵に砕き尽されなければならない。〈種田山頭火◆砕けた瓦〉

【固定観念】こていかんねん

意味 強く思い込んでしまっていて、簡単には変えられない考え。

補説 「固定」は一定の状態のまま動かないこと。「観念」は決まった考えや意識のこと。凝り固まった考えという意味で、好ましくないものとしていうことが多い。

用例 事実は全くその反対で、一、二巻のフィルムを見ているうちに、今まで頭の中に固定観念のようにへばりついていた不思議なかたまりがいつのまにか朝日の前の霜柱のようにとけて流れて消えてしまう。〈寺田寅彦◆映画と生理〉

【虎擲竜挐】こてきりょうだ

意味 英雄同士が激しく戦うたとえ。

補説 虎と竜が激しくうち合う意から。「擲」は投げうつこと。「挐」はつかみ合うこと。また、交じり乱れること。「竜挐虎擲《りょうだこてき》」ともいう。

注意 「こてきりゅうだ」とも読む。

出典 李献能《りけんのう》—詩「滎陽古城《けいようこじょう》に登覧《とうらん》して裕之《ゆうし》に寄《よ》す」

類義語 竜虎相搏《りょうこそうはく》・竜攘虎搏《りゅうじょうこはく》・竜騰虎闘《りょうとうことう》

【涸轍鮒魚】こてつのふぎょ

意味 窮地にある人のたとえ。危機や困難が目前に迫っていることをいう。

補説 「涸」は水がかれることで、「涸轍」は車の轍《わだち》にわずかに残った水がかれ果てる意。「鮒魚」はフナ。水がかれた轍にいるフナの意から。

故事 荘子は家が貧しかったので、監河侯《かんかこう》に米を借りに行ったところ、近々領地から税が入ったら貸してやろうと言われた。これを聞いた荘子が「ここへ来る途中、かれた轍にいるフナが水を少し入れてほしいと助けを求めてきた。これから南方に行くから、西江の水をここへ流してやろうと言うと、フナはむっとして、そんなのんきなことを言うのなら、さっさと乾物屋にでも行って干物になった私をさがすがいいと言った。自分もこのフナと同じだ」と話した故事から。

出典 『荘子《そうじ》』外物《がいぶつ》

類義語 小水之魚《しょうすいのうお》・轍鮒之急《てっぷのきゅう》・風前之灯《ふうぜんのともしび》

【梧桐一葉】ごどういちよう

意味 わずかな衰退の兆し。

補説 「梧桐」はアオギリ。「一葉」は一枚の葉。「梧桐一葉落つ」の略。アオギリの葉が一枚落ちるのを見て秋の到来を知る意から。（→「一葉知秋《いちようちしゅう》」30）

出典 『群芳譜《ぐんぽうふ》』

類義語 一葉知秋《いちようちしゅう》

【孤灯一穂】ことういっすい

意味 穂の形をして、一つだけともっている明かり。

補説 「一穂」は一本の穂。また、形が穂に似ているところから、一つの灯火を指していう。孤独でさびしい人のたとえとしても使われる。

用例 座賞の人に影を添えて孤灯一穂の光を奪い、ついに間《あわ》の壁へはい上る。〈二葉亭四迷◆浮雲〉

【虎頭蛇尾】ことうだび

意味 初めは盛んで勢いもよいが、次第に衰えて振るわなくなるたとえ。また、外見はよいが中身は感心しないたとえ。

補説 頭は虎のように立派であるが、尻尾は蛇の尻尾のように細く貧弱である意から。

出典 『李逵負荊《りきふけい》』二

類義語 竜頭蛇尾《りゅうとうだび》

【孤独矜寡】こどくかんか

意味 四種の困窮した者。政治上で優先的に保護し、仁徳を施すべき者とされる。

補説 「孤」は幼くして父を亡くした者。「独」は老いて子のない者。「寡」は老いて夫のない者。「矜」は老いて妻のない者。

注意 「孤独鰥寡」とも書く。

出典 『礼記《らいき》』王制《おうせい》

【胡馬北風】こば ほくふう

意味 故郷を懐かしみ、忘れないことのたとえ。

補説 胡の馬は、他国にあっても北風が吹くと、その方に身を寄せて懐かしむ意から。「胡」は中国北方や西方の地で、「胡馬」は胡の地に生まれた馬の意。「胡馬、北風に依《よ》る」「胡馬、北風に嘶《いなな》く」の略。

出典 『文選《もんぜん》』「古詩十九首《こしじゅうきゅうしゅ》」

類義語 越鳥南枝《えっちょうなんし》・狐死首丘《こししゅきゅう》・蓴羹鱸膾《じゅんこうろかい》・池魚故淵《ちぎょこえん》

【小春日和】こはる びより

意味 初冬の頃の、晴れて春のように暖かで穏やかな天候のこと。

補説 「小春」は陰暦十月の異称。「日和」は晴れたよい天気のこと。「小春日」ともいう。

用例 コスモスは市街のはずれの小春日和を思わせる。〈若山牧水◆秋草と虫の音〉

【寤寐思服】ごび しふく 〈―スル〉

意味 寝ても覚めても心に思って忘れられないこと。

補説 「寤寐」は、目が覚めていることと寝ること。寝ても覚めても。「思服」はいつも心に思って忘れないこと。思念の深いこと。「寤寐《ごび》に思服《しふく》す」と訓読する。

出典 『詩経《しきょう》』周南《しゅうなん》・関雎《かんしょ》

【虎尾春氷】こび しゅんぴょう

意味 危険を冒すたとえ。また、非常に危険なことのたとえ。

補説 虎の尾や春の氷を踏む意から。

出典 『書経《しょきょう》』君牙《くんが》 ◎「心の憂危《ゆうき》、虎の尾を踏み春の氷を渉《わた》るが若《ごと》し」

【虎皮羊質】こひ ようしつ

⇒ 羊質虎皮 ようしつこひ 647

【虎豹之文】こひょうの ぶん

意味 才智のある人間は、その才能と知識のためにかえって災いを招くたとえ。

補説 虎やヒョウは、毛皮の文様が美しいためにかえって人々に狩猟の気を起こさせる意から。「文」は文様の意。

出典 『荘子《そうじ》』応帝王《おうていおう》

類義語 猿狙之便《えんそのべん》

【五風十雨】ごふう じゅうう

意味 世の中が平穏無事であるたとえ。

補説 五日ごとに風が吹き、十日ごとに雨が降る意から。気候が穏やかで順調なことで、豊作の兆しとされる。「五日にして一《ひと》たび風ふき、十日にして一たび雨ふる」の略。

出典 『論衡《ろんこう》』是応《ぜおう》

用例 これさえ手に入れば国家泰平福徳万年五風十雨の世は極楽となるかのように思っていた。〈徳冨蘆花◆思出の記〉

類義語 十風五雨《じゅうふうごう》

【鼓腹撃壌】こふく げきじょう

意味 太平の世の形容。太平で安楽な生活を喜び楽しむさま。善政が行われ、人々が平和な生活を送るさま。

補説 満腹で腹鼓《はらづつみ》を打ち、足で地面をたたいて拍子をとる意から。「鼓腹」は腹鼓を打つこと。「壌」は土・地面。「撃壌」は地面をたたいて拍子をとること。一説に木製の履物を遠くから投げて当てる遊びの名ともいう。「腹《はら》を鼓《こ》し壌《つち》を撃《う》つ」と訓読する。「撃壌鼓腹《げきじょうこふく》」ともいう。

故事 中国古代伝説上の聖天子である尭《ぎょう》帝が、世の中が治まっているのかどうかを確かめるために、ひそかに市井に出たとき、老人が腹鼓を打ち、地面をたたいてリズムをとりながら、太平の世を謳歌《おうか》する歌をうたっていたという故事から。

出典 『十八史略《じゅうはっしりゃく》』五帝《ごてい》

用例 今日は鼓腹撃壌とて安堵《あんど》するも、たちまち国難に逢《お》うて財政に窘《くる》しめらるるときは、またたちまち艱難《かんなん》の民たるべし。〈福沢諭吉◆政事と教育と分離すべし〉

類義語 含哺鼓腹《がんぽこふく》・撃壌之歌《げきじょうのうた》

【顧復之恩】こふくの おん

意味 親に育てられた恩のこと。

補説 「顧復」は親がいつも子どものことを振り返って心配すること。「顧」は子を心配して目をくばり気をつけること。「復」はそれを何度も行うこと。

出典 『詩経《しきょう》』小雅《しょうが》・蓼莪《りくが》

【鼓舞激励】こぶ げきれい 〈―スル〉

意味 大いに励まし奮い立たせること。励まし元気づけること。

補説 「鼓舞」は鼓を打って舞う意。転じて、励まし勢いづけること。「激励」も励まし奮い立たせること。類義の語を重ねて意味を強調している。

用例 庶政一新の政策を行うには、もう少し人心を鼓舞激励し、一世の輿論《よろん》を指導し得るような大政治家を必要とすると思う。〈菊池寛◆話の屑籠〉

類義語 叱咤激励《しったげきれい》

【五分五分】ごぶごぶ

意味 双方に優劣のないこと。お互いに同等であること。

補説 力や勢いが互角であるさま。相互に五分と五分で、似たり寄ったり、どっこいどっこいということ。

用例 罪があるなら、罪は五分五分のたたき分けでなければならないはずである。〈坂口安吾◆安吾人生案内〉

類義語 大同小異《だいどうしょうい》

【五方雑処】ごほうざっしょ（—スル）

意味 あらゆる地方の人々や文化が入り交じっている大都市の生活の複雑なさま。

補説 さまざまな地方の人々が、一つの場所に雑居する意から。「五方」は東・西・南・北・中央の意。あらゆる地方の人々のこと。「雑」は入り交じっていること。「処」は居住すること。「五方雑厝《ごほうざっさく》」ともいう。

出典 『漢書《かんじょ》』地理志《ちりし》下 ◎「是《こ》の故《ゆえ》に五方雑厝《ざっさく》して、風俗純ならず」

類義語 四方雑処《しほうざっしょ》

【孤峰絶岸】こほうぜつがん

意味 峰が他に抜きんでて高くそびえ立つさま。また、詩文などが他に抜きんでてすぐれているたとえ。

補説 「孤峰」は他に抜きんでてそびえ立つ峰。「絶岸」は高く切り立った崖《がけ》。

出典 『大唐新語《だいとうしんご》』文章《ぶんしょう》

【枯木寒巌】こぼくかんがん

意味 世俗に超然とした悟りの境地のたとえ。

補説 枯れた木と冷たい岩の意から。仏教、特に禅宗で「枯木」「寒巌」を、情念を滅却した悟りの境域にたとえる。また、情味がなく冷淡で付き合いにくい態度・性質などのたとえに用いられることもある。「巌」はいわお。高く大きな石。「寒巌枯木《かんがんこぼく》」ともいう。

用例 ものの半日あまり、枯木寒巌といったていで、半眼をとじながら黙々然々《もくもくねんねん》としていたが、〈久生十蘭◆顎十郎捕物帳〉

類義語 槁木死灰《こうぼくしかい》・枯木寒灰《こぼくかんかい》・枯木死灰《こぼくしかい》

【枯木朽株】こぼくきゅうしゅ

意味 年老いた人のたとえ。また、老齢や病気のため衰弱した人、衰弱した力のたとえ。

補説 「枯木」は枯れ果てた木。「朽株」は腐り朽ちた切り株。ともに老いることのたとえ。また、力の衰えたことのたとえ。

出典 『文選《もんぜん》』鄒陽《すうよう》「獄中《ごくちゅう》にて書《しょ》を上《たてまつ》り自《みずか》ら明《あき》らかにす」

【枯木枯草】こぼくこそう

意味 枯れた木や草のこと。

【枯木死灰】こぼくしかい

意味 煩悩や妄念などがなく無心のたとえ。また、情熱や活気のないたとえ。

補説 死んで枯れた木と火の気がなく冷たくなった灰の意から。

出典 『荘子《そうじ》』斉物論《せいぶつろん》

用例 余生いつまで保《も》つかは解《わか》らないけれど、枯木死灰と化さないかぎり、ほんとうの故郷を欣求《ごんぐ》することは忘れていない。〈種田山頭火◆故郷〔扉の言葉〕〉

類義語 槁木死灰《こうぼくしかい》・枯木寒灰《こぼくかんかい》・枯木寒巌《こぼくかんがん》

【枯木逢春】こぼくほうしゅん

意味 苦境を脱することのたとえ。衰えたものや逆境にあったものが、再び勢いを盛り返すたとえ。

補説 春になり枯れたと思っていた木も生き返る意から。「枯木《こぼく》春《はる》に逢《あ》う」と訓読する。

類義語 枯木開花《こぼくかいか》・枯木生華《こぼくせいか》・枯木発栄《こぼくはつえい》・枯木竜吟《こぼくりょうぎん》

【枯木竜吟】こぼくりょうぎん

意味 すべてを投げ捨ててこそ、初めて真の生命、すなわち解脱《げだつ》の境地が得られることのたとえ。また、苦境を脱して生を得ること。生命力を回復するたとえ。

補説 禅宗の語。「竜吟」は枯れたように見えていた木が風に吹かれて勢いよく鳴る音の形容。
注意 「こぼくりゅうぎん」とも読む。
出典 『碧巌録《へきがんろく》』二
類義語 枯樹生華《こじゅせいか》・枯木逢春《こぼくほうしゅん》

【故歩自封】こほじふう

意味 旧態や現状に甘んじ、進歩を求めないたとえ。
補説 「故歩」はもとからの歩き方。転じて、古いしきたりのこと。「封」は閉じこもる意。古いしきたりに自ら閉じこもる意から。
出典 『漢書《かんじょ》』叙伝《じょでん》上
類義語 故歩不離《こほふり》

【虚妄分別】こもうふんべつ

意味 物事の真相を、誤って認識・判断すること。
補説 仏教語。「虚妄」は、うそ・いつわりのこと。
出典 『維摩経《ゆいまきょう》』観衆生品《かんしゅじょうほん》

【虚融澹泊】こゆうたんぱく

意味 悟りの境地の形容。
補説 仏教語。「虚融」は無心で心に何のとどこおりもないこと。「澹泊」は偏見や執着がなく、さっぱりしていること。
出典 『景徳伝灯録《けいとくでんとうろく》』五・慧能大師《えのうだいし》

【孤立無援】こりつむえん 〈—ナ〉

意味 頼るものがなく、ひとりぼっちで助けのないさま。
補説 「孤立」はひとりぼっちで助けがないこと。「無援」は助けがないこと。「無援孤立《むえんこりつ》」ともいう。
用例 私は、孤立無援の状態で、自分の一切に絶望していました。〈林芙美子◆文学的自叙伝〉
類義語 僑軍孤進《きょうぐんこしん》・孤軍奮闘《こぐんふんとう》・孤城落日《こじょうらくじつ》・孤立無親《こりつむしん》・四面楚歌《しめんそか》

【狐狸変化】こりへんげ

意味 キツネやタヌキの化け物のこと。
補説 「狐狸」はキツネとタヌキ。人をだましたり、悪事を働く者の意にも用いられる。「変化」は化け物のこと。
用例 愈《いよいよ》呆《あき》れたる馭者《ぎょしゃ》ハ少《すこ》しく身を退《すさ》りて、仮初《かりそめ》ながら、狐狸変化の物にあらずやと心陰《ひそか》に疑えり。〈泉鏡花◆義血侠血〉
類義語 狐狸妖怪《こりようかい》・魑魅魍魎《ちみもうりょう》

【五里霧中】ごりむちゅう

意味 物事の様子や手掛かりがつかめず、方針や見込みが立たず困ること。また、そうした状態。
補説 「五里霧」は五里四方に立ち込める深い霧。五里にもわたる深い霧の中にいる意から。事情などがはっきりしない中、手探りで何かをする意にも用いる。
注意 語構成は「五里霧」＋「中」。「霧」を「夢」と書かない。
故事 中国後漢の張楷《ちょうかい》は仙術をよくし、五里四方にわたる霧を起こすことができたという故事から。
出典 『後漢書《ごかんじょ》』張楷伝《ちょうかいでん》
用例 もし問題の分析をせずに研究すればいつまでたっても要領を得ないで五里霧中に迷うような事になってしまう。〈寺田寅彦◆物理学の応用について〉
類義語 曖昧模糊《あいまいもこ》・暗中模索《あんちゅうもさく》
対義語 明明白白《めいめいはくはく》

【狐狸妖怪】こりようかい

意味 人をだましたり恐れさせたりする化け物のこと。また、人をだましてひそかに悪事を働く者のたとえ。
補説 「狐狸」はキツネとタヌキ。昔から人をだますと言い伝えられ、人をだます信用できない人物のたとえとされる。「妖怪」は化け物。
用例 馬琴《ばきん》のような近世の碩学《せきがく》でも狐狸妖怪の伝説を真面目に書いているのであった。〈坂口安吾◆日本の山と文学〉
類義語 狐狸変化《こりへんげ》・魑魅魍魎《ちみもうりょう》

【五倫五常】ごりんごじょう

意味 儒教の教えで、人として常に踏み守るべき道徳のこと。
補説 「五倫」は基本的な人間関係を規律する五つの徳目。父子の親、君臣の義、夫婦の別、長幼の序、朋友《ほうゆう》の信。「五常」は仁・義・礼・智《ち》・信の五つ。
用例 「其《そ》の方法は五倫五常の道を守るに在ります」と。翁は頭を振って曰《い》う、否々《いないな》、そは金看板なり、表面《うわべ》の飾りに過ぎずと。

〈西郷隆盛・遺教〉

【五倫十起】 ごりん じっき

意味 清廉公平な人物にも私心があることのたとえ。

補説 「五倫」は人の名で、中国後漢《ごかん》の政治家第五倫《だいごりん》のこと。「十起」は十たび起きること。『蒙求《もうぎゅう》』の表題の一つ。

故事 後漢の第五倫は清廉公平で知られていたが、ある時、人からあなたのような方でも私心があるのかと聞かれ、兄の子の病気には一晩に十回も起きて見舞っても家に帰れば安眠できたが、わが子の病気には見舞いには行かなくても心配で夜眠れない、これこそ私心ある証拠であると言った故事から。

出典 『後漢書《ごかんじょ》』第五倫伝《だいごりんでん》

類義語 一夜十起《いちやじっき》

【孤陋寡聞】 ころう かぶん

意味 見識が狭く、ひとりよがりで偏っていること。

補説 「孤陋」はひとりよがりで視野が狭く、かたくななこと。「寡聞」は見識が狭いさま。知識が少ないさま。「寡」は少ない意。

出典 『礼記《らいき》』学記《がくき》

類義語 寡聞少見《かぶんしょうけん》

【固陋頑迷】 ころう がんめい 〈―ナ〉

⇒ 頑迷固陋 がんめいころう 132

【固陋蠢愚】 ころう しゅんぐ 〈―ナ〉

意味 頑迷で愚かなさま。頑固で視野が狭く愚かしいさま。

補説 「固陋」は、ひとりよがりで視野が狭く、かたくななこと。「蠢愚」は、愚かで無知な意。

【狐狼盗難】 ころう とうなん

意味 夜道の危険のこと。夜道でキツネ・オオカミや盗賊に襲われること。

補説 人に害を与えるものの総称としても使われることがある。

用例 葵《あおい》の紋のついた提灯《ちょうちん》さえあれば如何《いか》なる山野を深夜独行するとも狐狼盗難に出逢《であ》うことはないとまで信ぜられていた〈島崎藤村・夜明け前〉

【孤論難持】 ころん なんじ

意味 独りで主張するだけの議論は守りにくく、保つことが難しいこと。ただ独り主張する意見は通らないこと。

補説 「孤論」は賛同者のいない議論の意。「持」は保つこと。一般に「孤論《ころん》、持《じ》し難《がた》し」と訓読して用いる。

出典 『魏志《ぎし》』杜恕伝《とじょでん》

【滾瓜爛熟】 こんか らんじゅく

意味 十分に習熟しているたとえ。しっかりと暗誦・音読しているたとえ。

補説 瓜《うり》が丸々となって完全に熟し切っている意。「滾」は転がる意。「滾瓜」は転がるくらい丸々とした瓜のこと。「爛熟」は十分に熟していること。転じて、十分に深く通じること。

出典 『儒林外史《じゅりんがいし》』一二

【渾金璞玉】 こんきん はくぎょく

⇒ 璞玉渾金 はくぎょくこんきん 523

【困苦窮乏】 こんく きゅうぼう 〈―スル〉

⇒ 困苦欠乏 こんくけつぼう 246

【困苦欠乏】 こんく けつぼう 〈―スル〉

意味 生活に窮して困り苦しむこと。

補説 「欠乏」は食物など生きるのに必要なものが乏しいこと。「困苦窮乏《こんくきゅうぼう》」ともいう。

用例 時としては困苦欠乏にも耐え、盗賊などの外敵を防ぎ、人間の散歩のお供もする。〈豊島与志雄・猫先生の弁〉

【欣求浄土】 ごんぐ じょうど

意味 極楽浄土に往生することを心から願い求めること。

補説 仏教語。「欣求」は喜び求める、積極的に願い求めること。「浄土」は極楽浄土の略。「厭離穢土《えんりえど》」と対で用いられることが多い。

（→「厭離穢土《えんりえど》」80）

類義語 安楽浄土《あんらくじょうど》・厭穢欣浄《えんえごんじょう》

対義語 厭離穢土《えんりえど》

【金剛邪禅】 こんごう じゃぜん

意味 強固であるが、正しい道に背いた座禅・瞑想《めいそう》のこと。

補説 「金剛」は金剛石・ダイヤモンドの意で、きわめて堅固なことのたとえ。「邪禅」は本来の正しい道からはずれた座禅・瞑想の意。

用例 金剛邪禅の法を修《しゅ》したとは、とりも直さず御坊《ごぼう》の事じゃ。〈芥川龍之介◆邪宗門〉

【金剛不壊】こんごうふえ

意味 きわめて堅固で決して壊れないこと。また、志を堅く守って変えないこと。

補説 もとは仏の身体について言った語という。「金剛」は金石の中で最も硬いもの。ダイヤモンド。金剛石。一説に金。「不壊」は堅く壊れないこと。「不壊金剛《ふえこんごう》」ともいう。

用例 老樹たちは、金剛不壊という言葉に似つかわしいほどなどっしりとした、迷いのない、壮大な力強さをもって、天を目ざして直立している。〈和辻哲郎◆樹の根〉

類義語 金剛堅固《こんごうけんご》

【金剛輪際】こんごうりんざい

意味 物事の極限、きわまる所。また、とことん、絶対にの意。

補説 仏教語。仏教の世界観において、大地を支える三つの大輪（三輪）のうち、水輪・風輪の上にあるとされる「金剛輪（金輪《こんりん》ともいう）」の最も下の部分、水輪に接するところの意から。「金輪際《こんりんざい》」ともいう。

注意 語構成は「金剛輪」＋「際」。

類義語 金輪奈落《こんりんならく》

【言語道断】ごんごどうだん

意味 言葉に表せないほどあまりにひどいこと。とんでもないこと。もってのほか。

補説 もと仏教語で、奥深い仏教の真理や究極の境地は言葉では言い表せない意から。「言語」は言葉に出して表すこと。「道断」は言うことが断たれること。「道」は口で言うこと。また、「言語の道が断たれる」意ともいう。

出典『維摩経《ゆいまきょう》』阿閦仏品《あしゅくぶっぽん》

用例 いや、このごろの季氏の専横は、まったく言語道断じゃ。〈下村湖人◆論語物語〉

類義語 言語道過《ごんごどうか》

【渾渾沌沌】こんこんとんとん〈―タル〉〈―ト〉

意味 物事の区別がはっきりしないさま。入り乱れて明らかでないさま。

補説 もとは天地がまだ開かれていない原初の様子を言った語。「渾沌」を二字ずつ重ねて強めたもの。

注意「混混沌沌」とも書く。

出典『孫子《そんし》』兵勢《へいせい》

類義語 曖昧模糊《あいまいもこ》

対義語 明明白白《めいめいはくはく》

【紺紙金泥】こんしこんでい

意味 紺色の紙に金泥で書いたもの。

補説 経文・仏画などに多く見られる。「金泥」は金粉を膠《にかわ》で溶いたもの。

注意「こんしきんでい」とも読む。

用例 その上には、紺紙金泥に、金襴《きんらん》の表装をした経巻一巻と、遺書を包んだ袱紗《ふくさ》とが、置かれ、〈直木三十五◆南国太平記〉

【今昔之感】こんじゃくのかん

意味 昔のことを思い起こして、時世や境遇などの大きな変化にしみじみと感じ入る気持ち。

注意「こんせきのかん」とも読む。

類義語 隔世之感《かくせいのかん》

【根深柢固】こんしんていこ

⇒ 深根固柢 しんこんこてい 344

【混水模魚】こんすいもぎょ

意味 事態の混乱に乗じて利益を得ること。

補説 もと、水を濁らせて魚の目を眩《くら》まし、動揺しているところを捕らえることから。「水《みず》を混《にご》して魚《うお》を模《さぐ》る」と訓読する。

類義語 混水撈魚《こんすいろうぎょ》

【今是昨非】こんぜさくひ

意味 昨日までの過ちに気づくこと。今までの過ちを悟って悔いる語。

補説 今日は正しくて昨日までは誤っている意から。「是」は正しい。「非」は誤り。出典の「今の是《ぜ》にして昨《さく》の非なりしを覚《さと》る」の略。「昨非今是《さくひこんぜ》」ともいう。

出典 陶潜《とうせん》「帰去来辞《ききょらいのじ》」

【懇切丁寧】こんせつていねい〈―ナ〉

意味 非常に親切で、細かなところまで気配りが行き届いている様子。

補説「懇切」は、細かいところにまで親切で心がこもっていること。「丁寧」は注意が行き届いていること。「丁寧懇切《ていねいこんせつ》」ともいう。

用例 親にたのまれて一二回作品を見てやったというだけの若年の娘にも、先生はお目に

かかるかぎり懇切丁寧で、ふさわしい親切をもって対して下すっていた。〈宮本百合子◆時代と人々〉

【渾然一体】 こんぜんいったい

意味 いくつかのものが溶け合って区別がつかないさま。

補説 「渾然」は溶け合って区別のないさま。一つにまとまったさま。「一体」は一つのものの意。

注意 「混然一体」とも書く。

出典 『河南程子遺書《かなんていしいしょ》』二上

用例 心と物は「人」に於《お》いて渾然一体である。その正しき調和を無視して一方に偏重し、いわゆる唯心とか唯物とかいう事はむずかしい理屈の分からぬ私どもにも一方的理屈である事が明らかである。〈石原莞爾◆戦争史大観〉

【困知勉行】 こんちべんこう

対義語 内外之分《ないがいのぶん》

意味 才能に恵まれない者が発憤し、ひたむきに努力を重ねること。人が踏み行うべき人倫の道を認識し実践していくこと。

補説 「勉行」はひたすら努力して実践すること。修養には三段階があるが、道が違うのみで結果は同じであるから、才能の劣った者でも努力すべきことをいう語。（→「学知利行《がくちりこう》」101）

出典 『中庸《ちゅうよう》』二〇

類義語 苦学力行《くがくりっこう》・蛍雪之功《けいせつのこう》・蛍窓雪案《けいそうせつあん》

【昏定晨省】 こんていしんせい

意味 親に孝行をすること。

補説 「昏定」は夜には寝具を整え、快適に安眠できるように配慮すること。「晨省」は朝にはご機嫌をうかがうこと。「省」はかえりみる意で、安否を問う、ご機嫌うかがいをする意。もとは子が親に仕えて尽くすべき心掛けを説いたもの。「昏《くれ》に定《さだ》めて晨《あした》に省《かえり》みる」と訓読する。

出典 『礼記《らいき》』曲礼《きょくらい》上

類義語 温凊定省《おんせいていせい》・扇枕温衾《せんちんおんきん》

【昏天黒地】 こんてんこくち

意味 日が暮れて空も地面も真っ暗になり、光が差さない状態。転じて、頭がもうろうとしていること。また、生活が乱れている様子や、社会の秩序が乱れていることを形容するときにも用いる。

補説 「昏天」は日が落ちて暗く、ぼんやりしたさま。

出典 関漢卿《かんかんけい》『調風月《ちょうふうげつ》』二

類義語 昏天暗地《こんてんあんち》

【懇到切至】 こんとうせっし

意味 すみずみまで心が行き届いて、このうえなく親切なこと。また、真心を尽くして十分に言い聞かせること。

補説 「懇到」「切至」ともに、ねんごろに行き届くこと。

出典 『言志録《げんしろく》』

類義語 懇切周到《こんせつしゅうとう》

【蒟蒻問答】 こんにゃくもんどう

意味 的外れのとんちんかんな問答や返事のこと。

補説 にわか坊主になった蒟蒻屋の六兵衛《ろくべえ》が、旅僧から禅問答をしかけられ、蒟蒻の出来具合だと思って、とんちんかんな返答をしたが、それがかえって旅僧を感服させたという古典落語「蒟蒻問答」から出た語。

用例 だからこの蒟蒻問答の雲水めいた相手の顔を眺めながら、「わからないよ」と簡単な返事をした。〈芥川龍之介◆東京小品〉

【魂飛魄散】 こんひはくさん

意味 非常に驚き恐れるさま。また、茫然《ぼうぜん》としたり、あることに心うばわれて思考力がなくなったり、心がそらになるたとえ。

補説 たましいが飛んだり散ったりして心がからになる意から。「魂」「魄」はともに、たましいの意。肉体に付随するのを魄、心に付随するのを魂といい、魂は死んだ後に天にのぼり、魄は地上にとどまるとされる。「魂《こん》飛《と》び魄《はく》散《さん》す」と訓読する。

出典 高文秀《こうぶんしゅう》『啄木児《たくぼくじ》』套曲《とうきょく》

類義語 魂銷魄散《こんしょうはくさん》・魂飛胆裂《こんひたんれつ》

【昏迷乱擾】 こんめいらんじょう 〈—スル〉

意味 人の心を混乱させ、悩ませること。

補説 「昏迷」はくらまし迷わせる意。「乱擾」は混乱させる意。

注意 「混迷乱擾」とも書く。

用例 これを語らんに人無く、愬《うった》えんには

友無く、しかも自ら拯《すく》うべき道は有りや。（中略）彼は実にこの昏迷乱擾せる一根の悪障を抉去《くじりさ》りて、猛火に燬《や》かんことを冀《こいねが》えり。〈尾崎紅葉・金色夜叉〉

【今来古往】こんらい こおう

⇒古往今来 こおうこんらい 230

【金輪奈落】こんりん ならく

意味 物事の極限、きわまるところ。また、とことん、絶対にの意。

補説 仏教語。仏教の世界観において、「金輪」は大地を支える三つの大輪（三輪）のうち、水輪・風輪の上にあるとされる、大地のはるか下の部分。「奈落」は地獄のこと。「金輪際《こんりんざい》」ともいう。

用例 金輪奈落其様《そのよう》な義は御免蒙《ごめんこうむ》る、〈幸田露伴・風流仏〉

類義語 金剛輪際《こんごうりんざい》

【渾崙呑棗】こんろん どんそう

意味 人の教えを十分かみくだかず鵜呑《うの》みにするのでは、その真の意味を会得することはできないことのたとえ。

補説 仏教語。丸ごとナツメを呑み込む意から。「渾崙」は丸ごとひっくるめての意。分離しないさま。また円形・頭などのたとえ。「渾崙《こんろん》に棗《なつめ》を呑《の》む」と訓読する。

注意 「渾淪呑棗」「渾掄呑棗」とも書く（この場合、「淪」「掄」は「りん」とも読む）。

出典 『碧巌録《へきがんろく》』三〇

さ

【罪悪滔天】ざいあく とうてん

意味 非常に大きな罪悪のたとえ。

補説 「滔天」は水が天に達するほど大きい意から。転じて、物事の程度が天に達するほどすさまじいこと。

出典 『斉東野語《せいとうやご》』景定慧星《けいていけいせい》

【塞翁失馬】さいおう しつば

意味 人生の幸不幸は、変転定まりないものであることのたとえ。また、それにいたずらに一喜一憂すべきではないことをいう。

補説 「塞翁」は昔中国北方の塞《とりで》のそばに住んでいた老人の意。「塞翁《さいおう》馬《うま》を失《うしな》う」と訓読する。「人間万事塞翁が馬」という類句が有名。「塞翁之馬《さいおうのうま》」ともいう。

故事 昔、中国北方の塞のそばに住み、占いをよくした老人の飼っていた馬が、塞の外に逃げた。隣人がそれを慰めると、老人は「この不幸が幸いとならないといえようか」と答えたが、やがて逃げた馬が良馬をたくさん引き連れて戻ってきた。今度は隣人がこれを祝うと、老人は「この幸いが不幸とならないといえようか」と言った。果たして老人の息子がその馬から落ち、足が不自由になった。これを見て隣人が同情すると、老人は「この不幸が幸いとならないといえようか」と答えたが、果たせるかなこの息子は、足が不自由なおかげで徴兵をまぬがれたという故事から。

出典 『淮南子《えなんじ》』人間訓《じんかんくん》

類義語 禍福倚伏《かふくいふく》・禍福糾纆《かふくきゅうぼく》・転禍為福《てんかいふく》

【塞翁之馬】さいおうの うま

⇒塞翁失馬 さいおうしつば 249

【斎戒沐浴】さいかい もくよく 〈―スル〉

意味 神仏に祈ったり神聖な仕事に従事したりする前に、飲食や行動を慎み、水を浴びて心身を清めること。

補説 「斎戒」は物忌《ものい》みをすること。神をまつるときなどに、心身を清めけがれを去ること。「沐浴」は髪やからだを洗い清めること。「沐浴斎戒《もくよくさいかい》」ともいう。

出典 『孟子《もうし》』離婁《りろう》下

用例 秀次《ひでつぐ》はその要求に素直であった。直ちに斎戒沐浴し白衣を着け神下しをして異心の存せざる旨誓紙を書いた。〈坂口安吾・我鬼〉

類義語 精進潔斎《しょうじんけっさい》

【才華蓋世】さいか がいせい

意味 すぐれた才知が世間の人々を圧倒すること。

補説 「才華」は外に現れたすぐれた才知の意。「蓋世」は世をおおうほどである意。世間を圧倒すること。「才華《さいか》、世《よ》を蓋《おお》う」と訓読する。

出典 『西湖佳話《せいこかわ》』白堤政蹟《はくていせいせき》

【採菓汲水】 さいかきっすい

意味 厳しい仏道修行のたとえ。

補説 仏教語。仏に供えるため、木の実を採り、花を摘み、水を汲《く》む意から。「菓」は木の実。果実。「菓《か》を採《と》り水《みず》を汲《く》む」と訓読する。

注意 「採果汲水」「採花汲水」とも書く。「さいかぎっすい」「さいかきゅうすい」とも読む。

出典 『法華経《ほけきょう》』提婆達多品《だいばだったほん》

【才華爛発】 さいからんぱつ

意味 才能が花のように、あでやかにあふれ出ていること。才能に秀でていること。

補説 「才華」はすぐれた才能の意。「爛発」は咲き乱れる意。

用例 天は才華爛発なる詩人をして人間の悲曲を歌い尽《つ》くさしめず、閭巷《りょこう》無名の鄙婦《ひふ》をして人間の為《ため》に代《かわ》って其《その》悲を天に訴えしむ。〈徳冨蘆花◆自然と人生〉

【歳寒三友】 さいかん(の)さんゆう

意味 冬の寒い季節に友とすべき三つのもの。松・竹・梅。また、梅・水仙・竹。

補説 多く画題となっている。転じて、乱世や逆境のたとえ。「歳寒」は冬の寒い季節。転じて、乱世や逆境のたとえ。乱世に友とすべき山水・松竹・琴酒《きんしゅ》をいうこともある。

類義語 雪中四友《せっちゅうのしゆう》

【歳寒松柏】 さいかん(の)しょうはく

意味 逆境にあっても節操や志を変えないたとえ。

補説 冬の厳しい季節にも緑を保っている松や柏《はく》の意から。「歳寒」は冬の寒く厳しい季節。転じて、乱世や逆境のたとえ。「柏」はコノテガシワ。

出典 『論語《ろんご》』子罕《しかん》 ◎「歳《とし》寒くして而《しか》る後に松柏の彫《くぼ》むに後《おく》るることを知るなり」

類義語 勁草之節《けいそうのせつ》・疾風勁草《しっぷうけいそう》・松柏之操《しょうはくのみさお》・雪中松柏《せっちゅうのしょうはく》

【才気煥発】 さいきかんぱつ 〈―スル〉〈―ナ〉

意味 すぐれた才能が自然と外にあふれ出ること。またそのさま。

補説 「才気」はすぐれた才能。すぐれた頭のはたらき。「煥発」は輝き現れるさま。「煥」は明らかなさま。輝き現れるさま。

用例 それに、作品そのものは極めて才気煥発という感じがする。極めてスピリチュエルである。〈岸田國士◆ジュウル・ルナアル〉

類義語 才気横溢《さいきおういつ》

【猜疑嫉妬】 さいぎしっと 〈―スル〉

意味 疑いねたむこと。疑いそねむこと。

補説 「猜疑」はそねみ疑う意。

用例 人間交際に就いては、猜疑嫉妬の心深しといえども、事物の理《ことわり》を談ずるときには、疑を発して不審を質《ただ》すの勇なし。〈福沢諭吉◆文明論之概略〉

【再起不能】 さいきふのう

意味 もう一度以前のようなよい状態に戻ろうとしても、戻れないということ。

補説 「再起」は悪い状態から立ち直ってもとの力を取り戻すこと。「不能」は不可能の意。

用例 あるいは、死期とまではいかなくとも、再起不能の状態に近づいているのではないかと思われるのであった。〈坂口安吾◆街はふるさと〉

【歳月不待】 さいげつふたい

意味 年月は人の都合などにかまわず速やかに過ぎ去り、しばしもとどまらないこと。

補説 時間を大切にして、今しなければならないことを努力して行うべきことをいう語。また、時間は無情に速やかに過ぎ去ることから、人生のはかなさをいう語。一般には「歳月《さいげつ》、人《ひと》を待《ま》たず」と訓読して用いられる。

出典 陶潜《とうせん》「雑詩《ざっし》」◎「時に及んで当《まさ》に勉励すべし。歳月は人を待たず」

【罪業消滅】 ざいごうしょうめつ

意味 現世での罪深い悪い行為も、仏道修行をすることで消し去ることができるということ。

補説 仏教語。「罪業」はかつて作った罪。罪となる悪い行為。道理に背いた苦の報いを受ける行為。

用例 その罪業消滅のため、自分の像を石に刻ませ、往来へ抛《ほう》り出し、恨みある人は我を蹴《け》って恨みを晴らせとの希望で、こうして石像を曝《さら》したものであるという〈高村光雲◆幕末維新懐古談〉

【最後通牒】 さいご つうちょう

意味 これ以上交渉の余地はないと相手方に通告すること。

補説 紛争の当事国の一方が平和的な交渉などを打ち切り、最終的な要求を突き付けて、それが受け入れられない場合は自由行動を取ることを述べた外交文書。「通牒」は外交文書で通告すること。また、その文書。

用例 その上に、いついかなる程度の地震暴風津波洪水が来るか今のところ容易に予知することができない。最後通牒も何もなしに突然襲来するのである。〈寺田寅彦◆天災と国防〉

【在在所所】 ざいざい しょしょ

意味 あちらこちら。また、至るところ。

補説 「在在」「所所」はともに、あちこちの村里、あちこちの場所の意。そこかしこ。「所所在在《しょしょざいざい》」ともいう。

注意 「さいさいしょしょ」とも読む。

用例 在々所々のそれ等《ら》の家に何々小町とか何々乙姫《おとひめ》とか呼ばれる娘は随分生れた。〈岡本かの子◆雛妓〉

類義語 処処方方《しょしょほうぼう》

【歳歳年年】 さいさい ねんねん

⇒ 年年歳歳 ねんねんさいさい 514

【再三再四】 さいさん さいし

意味 何度も何度も。たびたび。

補説 「再三」は何度も、たびたびの意。「再三」を強めていう語。

出典 范康《はんこう》『竹葉舟《ちくようしゅう》』

用例 私は鼻をつまんで、三度まわって、それから片手でコップの水を二拝して一息で飲む、というまじないを、再三再四、執拗《しつよう》に試みたが、だめであった。〈太宰治◆春の盗賊〉

【才子佳人】 さいし かじん

意味 才知のすぐれた男子と、美人の誉れ高い女子。理想的な男女のこと。

補説 「才子」は才知のあるすぐれた男性。「佳人」は美しい女性。「佳人才子《かじんさいし》」ともいう。

用例 世は既に才子佳人相思の繊巧なる小説に飽けり、侠客《きょうかく》烈婦の講談めきたる物語に倦《う》めり。〈田岡嶺雲◆下流の細民と文士〉

【在邇求遠】 ざいじ きゅうえん

意味 人の踏み行うべき道は手近な所にあり、また、自身の中に求めるべきなのに、人はかえってこれを遠い所に求めようとするということ。

補説 「邇」は「近」と同じで、近い、手近なの意。道は日常卑近なところにあるので、いたずらに難しい理論を弄《ろう》すべきでないことをいう。一般に「邇《ちか》きに在《あ》りて遠《とお》きに求《もと》む」と訓読して用いる。

出典 『孟子《もうし》』離婁《りろう》上

類義語 舎近求遠《しゃきんきゅうえん》・舎近謀遠《しゃきんぼうえん》・釈近謀遠《しゃくきんぼうえん》

【妻子眷族】 さいし けんぞく

意味 妻や子など家族と血縁にある親族のこと。また、一族とその従者や部下。

補説 「眷族」は血のつながりのあるもの。一族。また、従者や部下。

注意 「妻子眷属」とも書く。

用例 李陵《りりょう》の身体は都にはないが、その罪の決定によって、彼の妻子眷属家財などの処分が行われるのである。〈中島敦◆李陵〉

類義語 一族郎党《いちぞくろうとう》・一家眷族《いっかけんぞく》

【再思三省】 さいし さんせい 〈―スル〉

意味 何度も考え直し、幾たびとなくわが身をかえりみて、自分を戒めること。

補説 「再思」は「再考」と同じで、もう一度考え直すこと。「三省」は日に何度となく自分の身を反省し、自らを戒める意。

用例 結局、私は、下手なのである、やりくりが上手でないのであろう。再思三省すべきであろう。〈太宰治◆金銭の話〉

類義語 再思三考《さいしさんこう》

【才子多病】 さいし たびょう

意味 才知にすぐれた人は、とかくからだが弱く病気がちであるということ。

補説 「才子」は才知のあるすぐれた人。

用例 跖《せき》富んで顔《がん》貧しく、美人薄命にして才子多病なり。〈末広鉄腸◆雪中梅〉

類義語 佳人薄命《かじんはくめい》・美人薄命《びじんはくめい》

【犀舟勁楫】 さいしゅう けいしゅう

意味 堅固な舟と強い櫂《かい》。

補説 「犀舟」は堅く丈夫な舟。「勁」は強い。「楫」は舟をこぐための櫂。

【載舟覆舟】 さいしゅうふくしゅう

出典 『後漢書《ごかんじょ》』張衡伝《ちょうこうでん》

意味 君主は人民によって支えられ、また、人民によって滅ぼされるということ。

補説 水は舟を浮かべるものであるが、同時に舟を転覆させもするという意から。君主は人民を舟、民衆を水にたとえたもの。君主は人民を愛し、政治に安んじさせることが必要であるということをいう。転じて、人は味方して盛り立ててくれることもあれば、敵となってつぶしにかかることもあるという意味でも使われる。「舟《ふね》を載《の》せ舟《ふね》を覆《くつがえ》す」と訓読する。

出典 『荀子《じゅんし》』王制《おうせい》

【才色兼備】 さいしょくけんび

意味 すぐれた才能と美しい容姿の両方をもっていること。

補説 多くは女性についていう。「才色」は才知・才能と顔かたちのこと。「兼備」は兼ね備えること。

注意 「さいしきけんび」とも読む。

用例 才色兼備にして且つ善良なる人物を常に主人公となすを要せず。〈坪内逍遥◆小説神髄〉

類義語 才貌両全《さいぼうりょうぜん》・秀外恵中《しゅうがいけいちゅう》

【采色不定】 さいしょくふてい

意味 喜んだり怒ったりして、感情がしょっちゅう変わること。

補説 「采色」は顔つき・顔色。顔色が始終変わって一定しないことをいう。

【採薪汲水】 さいしんきゅうすい

出典 『荘子《そうじ》』人間世《じんかんせい》

意味 自然の中で生活をすること。自然の中で質素に暮らすこと。

補説 たきぎを採り、谷川の水を汲《く》む意。「薪《たきぎ》を採《と》り水《みず》を汲《く》む」と訓読する。「負薪汲水《ふしんきゅうすい》」ともいう。

注意 「采薪汲水」とも書く。

類義語 一竿風月《いっかんふうげつ》・逍遥自在《しょうようじざい》・悠悠自適《ゆうゆうじてき》

【採薪之憂】 さいしんのうれい

意味 自分の病気をへりくだっていう語。

補説 病気にかかって、たきぎを採りにすら行けない意から。一説にたきぎを採りに行った疲れの意からとも。

注意 「采薪之憂」とも書く。

出典 『孟子《もうし》』公孫丑《こうそんちゅう》下

類義語 採薪之疾《さいしんのやまい》・負薪之憂《ふしんのうれい》

【砕身粉骨】 さいしんふんこつ

⇒ 粉骨砕身 ふんこつさいしん 584

【細心翼翼】 さいしんよくよく 〈―タル〉〈―ト〉

⇒ 小心翼翼 しょうしんよくよく 328

【細心臨摸】 さいしんりんも 〈―スル〉

意味 細かいところまで注意を払い、手本を見てそのとおりに写すこと。

補説 「細心」は綿密・緻密な心の意。「臨」「摸」はともに手本を見て写す、まねること。「さいしんりんぼ」とも読む。

注意 「細心臨模」とも書く。

用例 心を虚《むな》しうして一生を絵画に供したるの経歴は、後の美術家が細心臨摸す可《べ》き絶好の粉本として、幾世の後に残らん。〈徳冨蘆花◆自然と人生〉

【祭政一致】 さいせいいっち

意味 祭事と政治とが一体化していること。また、そうした考えやそのような政治形態。

補説 古代社会に多い政治形態。「祭政」は祭礼を行うことと政治をすること。「政教」と同義。「一致」は一つになること。

類義語 政教一致《せいきょういっち》

対義語 祭政分離《さいせいぶんり》・政教分離《せいきょうぶんり》

【載籍浩瀚】 さいせきこうかん

意味 非常に多くの書物があること。

補説 「載籍」は書物のこと。事柄・事実を記載した書籍の意。「浩瀚」は物が多く豊かなさま。書物の巻数が多いさま。

類義語 汗牛充棟《かんぎゅうじゅうとう》

【灑掃応対】 さいそうおうたい

意味 年少者が学ぶべき、日常生活に必要な仕事や作法。

補説 掃除をすることと人に応対することの意から。「灑掃」は水をまくことと、ほうきで掃くことで、掃除のことをいう。

注意 「洒掃応対」とも書く。

出典 朱熹《しゅき》「大学章句序《だいがくしょうくじょ》」

【洒掃薪水】さいそうしんすい
意味 家事労働のこと。
補説 「洒掃」は掃除の意。「薪水」は炊事の意。水をまき、ほうきで掃いて掃除をし、たきぎを拾い水を汲《く》んで炊事をする意から。
注意 「灑掃薪水」とも書く。
用例 平生《いつも》叱り付けたり、口を聞かなかったり、身上《しんじょう》の苦労をさせたり、子供の世話をさせたりする許《ばか》りで何一つ洒掃薪水の労に酬《むく》いた事はない。〈夏目漱石◆吾輩は猫である〉

【財多命殆】ざいためいたい
意味 財産が多いと命がねらわれることが多く、身が危険である意。また、富や名声などを重んじないほうが平穏な生活ができる意。
補説 「殆」はあやうい意。一般に「財《ざい》多《おお》くして命《いのち》殆《あや》うし」と訓読して用いる。
出典 『後漢書《ごかんじょ》』馮衍伝《ふうえんでん》

【裁断批評】さいだんひひょう
意味 特定の価値観などある外的な基準を定めて、芸術作品などを断定的に評価する作品批評の方法。
補説 「裁断」は理非・善悪などを区別し定めること。裁決。十八世紀初頭までの古典主義時代以前のヨーロッパの批評にはこの方法が多い。

【採長補短】さいちょうほたん
意味 人のよいところを取り入れて、自分の短所や足りないところを補うこと。また、余ったもので足りないところを補うこと。
補説 「長」は長所。また、余ったところ、はみ出したところ。「短」は短所。また、足りないところ。「長《ちょう》を採《と》り短《たん》を補《おぎな》う」と訓読する。
類義語 舎短取長《しゃたんしゅちょう》・取長補短《しゅちょうほたん》・助長補短《じょちょうほたん》・続短断長《ぞくたんだんちょう》・断長続短《だんちょうぞくたん》・断長補短《だんちょうほたん》

【采椽不斲】さいてんふたく
意味 質素な建物、質素な生活のこと。
補説 削らないままのたるきの建物の意から。「椽」はたるき。屋根板を支えて、棟から軒に渡す木。「采」は木の名で、クヌギ、また、イチイ。一説に山から伐採してきたままの材木。「斲」は削る意。もと中国古代伝説上の聖天子尭《ぎょう》帝の宮殿の質素なさまをいう語。「采椽《さいてん》、斲《けず》らず」と訓読する。
出典 『韓非子《かんぴし》』五蠹《ごと》
類義語 土階三等《どかいさんとう》・土階茅茨《どかいぼうし》・茅茨不剪《ぼうしふせん》・藜杖韋帯《れいじょういたい》

【才徳兼備】さいとくけんび
意味 すぐれた才知と人徳を兼ね備えていること。
補説 「才徳」は才知と人徳・徳行。「兼備」は両方を身に付けていること。

【災難即滅】さいなんそくめつ
意味 災いが直ちに消滅すること。それを願う祈願の言葉。
補説 「即」は直ちにの意。
用例 この夜は別して身を浄《きよ》め、御灯《みあかし》の数を献《ささ》げて、災難即滅、怨敵退散《おんてきたいさん》の祈願を籠《こ》めたりしが、〈尾崎紅葉◆金色夜叉〉

【才難之嘆】さいなんのたん
意味 有能な人材が得難いことの嘆き。
補説 「才難」は「才難《がた》し」で有能な人材は得難い意。「嘆」はなげくこと。
注意 「才難之歎」とも書く。
出典 『論語《ろんご》』泰伯《たいはく》

【再拝稽首】さいはいけいしゅ〈―スル〉
⇒ 頓首再拝 とんしゅさいはい 503

【才弁縦横】さいべんじゅうおう
意味 才気にあふれた巧みな弁舌を自由自在に駆使すること。
補説 「才弁」は才気ある弁舌の意。「縦横」は自由に操る意。
用例 才弁縦横の若い二人を前にして、巧言は徳を紊《みだ》るという言葉を考え、矜《ほこ》らかに胸中一片の氷心を恃《たの》むのである。〈中島敦◆弟子〉

【西方浄土】さいほうじょうど
⇒ 極楽浄土 ごくらくじょうど 234

【彩鳳随鴉】さいほうずいあ
意味 女性が自分よりも身分の低い男に嫁ぐことのたとえ。また、その婚姻に不満を抱くこと。転じて、妻が夫をぞんざいに扱うこと。

さ

補説 美しいおおとりがカラスに嫁ぐ意から。「彩」は美しいいろどり。「鳳」はおおとり。伝説上のめでたい鳥のこと。「鴉」はカラスのこと。「彩鳳《さいほう》鴉《あ》に随《したが》う」と訓読する。「随鴉彩鳳《ずいあさいほう》」ともいう。
出典 劉将孫《りゅうしょうそん》―詞「沁園春《しんえんしゅん》」

【菜圃麦隴】 さいほ ばくろう

意味 畑のこと。
補説 「菜圃」は野菜畑・菜園。「圃」ははたけ。「麦隴」は麦畑。麦畑のうね。「隴」は田畑のうね。はたけ。

【豺狼当路】 さいろう とうろ

意味 暴虐な人が重要な地位にいて、権勢を振るっているたとえ。
補説 山犬やオオカミが通り道にいて、行く手を阻んでいる意から。「豺狼」は山犬とオオカミ。「当路」は通り道にいて、邪魔をすること。また、枢要の地位にいること。「豺狼《さいろう》路《みち》に当《あ》たる」と訓読する。
出典 『後漢書《ごかんじょ》』張綱伝《ちょうこうでん》

【左往右往】 さおう うおう 〈―スル〉

⇒ 右往左往 うおうさおう 58

【坐臥行歩】 ざが こうほ

意味 立ち居振る舞いのこと。
補説 座ったり、寝たり、歩いたりする意から。
注意 「座臥行歩」とも書く。
類義語 行住坐臥《ぎょうじゅうざが》・挙止進退《きょししんたい》・坐作進退《ざさしんたい》・常住坐臥《じょうじゅうざが》・進退動作《しんたいどうさ》

【鑿歯尺牘】 さくし せきとく

意味 中国東晋《とうしん》の習鑿歯が、手紙による議論がじょうずだったという故事。
補説 「鑿歯」は、東晋の人、習鑿歯のこと。「尺牘」は手紙。
故事 東晋の習鑿歯は文章家として知られ、将軍桓温《かんおん》の右腕となって活躍したが、とりわけ手紙による議論がうまかったという故事から。
出典 『蒙求《もうぎゅう》』鑿歯尺牘《さくしせきとく》

【作史三長】 さくしの さんちょう

意味 歴史書を著作・編集する歴史家に必要な三つの能力。才・学・識（才知・学問・識見）をいう。
出典 『旧唐書《くとうじょ》』劉子玄伝《りゅうしげんでん》

【削株掘根】 さくしゅ くっこん

意味 災いの元を根こそぎに取り除くこと。
補説 株を削り、根を掘り起こすことから。災いを木にたとえていう。「株《かぶ》を削《けず》り根《ね》を掘《ほ》る」と訓読する。
出典 『戦国策《せんごくさく》』秦策《しんさく》
類義語 剪草除根《せんそうじょこん》・断根枯葉《だんこんこよう》・抽薪止沸《ちゅうしんしふつ》・抜本塞源《ばっぽんそくげん》

【索然寡味】 さくぜん かみ

意味 内容が貧弱で面白みに欠けるさま。
補説 「索然」は面白くないさま。「寡」は少ない意。「索然《さくぜん》として味《あじ》寡《すくな》し」と訓読する。
類義語 索然無味《さくぜんむみ》

【鑿窓啓牖】 さくそう けいゆう

意味 さまざまなことを学んで、見識を広めること。
補説 窓をうがち開けて、外光を多くとり入れる意から。「鑿」はうがつ、穴を開ける意。「啓」はひらくこと。「牖」は窓。明かり窓。「窓《まど》を鑿《うが》ち牖《まど》を啓《ひら》く」と訓読する。
出典 『論衡《ろんこう》』別通《べっつう》

【削足適履】 さくそく てきり

意味 本末を取り違えて、無理に物事を行うたとえ。また、目先のことにとらわれて、根本を考えないたとえ。
補説 大きな足を削り落として、靴に合わせる意から。「適」は合わせること。「履」は靴・はきものの意。「足《あし》を削《けず》りて履《くつ》に適《てき》せしむ」と訓読する。「刖趾適屨《げっしてきく》」「截趾適履《せっしてきり》」ともいう。
出典 『淮南子《えなんじ》』説林訓《ぜいりんくん》
類義語 刖足適履《げっそくてきり》・殺頭便冠《さいとうべんかん》

【昨非今是】 さくひ こんぜ

⇒ 今是昨非 こんぜさくひ 247

【作文三上】 さくぶん さんじょう

意味 文章を作る工夫をするのに、適した三つの場所。馬上（馬に乗っているとき）・枕上《ちんじょう》（寝床に入っているとき）・厠上《しじょう》（便所にいるとき）をいう。

補説 中国北宋《ほくそう》の欧陽脩《おうようしゅう》の語。
出典 『帰田録《きでんろく》』
類義語 三多三上《さんたさんじょう》

【鑿壁偸光】 さくへきとうこう

⇒ 匡衡鑿壁 きょうこうさくへき 155

【鑿壁読書】 さくへきどくしょ

⇒ 匡衡鑿壁 きょうこうさくへき 155

【左建外易】 さけんがいえき

意味 道理に反するやり方で、自分の勢力や権勢を伸ばすこと。
補説 「左建」は不正なやり方で勢力を伸ばすこと。「左」は道理に反する、不正の意。「外易」は外にあって君命を変え改めること。
出典 『史記《しき》』商君伝《しょうくんでん》
類義語 造反無道《ぞうはんむどう》

【左顧右眄】 さこうべん 〈—スル〉

意味 周りを気にして、なかなか決断を下さないこと。他人の様子をうかがって、決断をためらうこと。また、あちこちに気を配り詳しく観察すること。
補説 左を見たり右を見たりする意から。もとは、ゆったりと得意で余裕のある様子をいった語。「顧」はかえりみる。「眄」は横目でちらりと見る。また、かえりみる。（↓「右顧左眄《うこさべん》」59）
出典 『文選《もんぜん》』曹植《そうしょく》「呉季重《ごきじゅう》に与《あた》うる書《しょ》」
用例 一体女は何事によらず決心するまでには気の毒な程《ほど》迷って、とつおいつする癖に、既に決心したとなると、男のように左顧右眄しないで、œillères《オヨイエエル》を装われた馬のように、向うばかり見て猛進するものである。〈森鷗外◆雁〉
類義語 右顧左顧《うこさこ》・右顧左眄《うこさべん》・左顧右視《さこうし》・左眄右顧《さべんうこ》

【瑣砕細膩】 ささいさいじ

意味 情のこまやかなこと。
補説 「瑣砕」はこまやかなこと。こまごまと心を砕くこと。「細膩」はきめこまやかでなめらかなこと。
出典 『紅楼夢《こうろうむ》』一

【坐作進退】 ざさしんたい

意味 立ち居振る舞いのこと。日常の動作。
補説 座る、立つ、進む、退くの意から。「作」は立つ意。
注意 「座作進退」とも書く。
用例 それからそれへと、その取り扱いかたや、儀式の場合の坐作進退のこまごましたことなどを、〈下村湖人◆論語物語〉
類義語 行住坐臥《ぎょうじゅうざが》・挙止進退《きょししんたい》・挙措進退《きょそしんたい》・挙措動作《きょそどうさ》・坐臥行歩《ざがこうほ》

【左支右吾】 さしゆうご 〈—スル〉

意味 あれこれと手を尽くして難を避けたり、言い逃れしたりすること。
補説 左を支え、右を防ぎとどめる意から。「支」はささえる意。「吾」は防ぐ、とどめる意。
出典 『宋史《そうし》』李邴伝《りへいでん》

【左史右史】 さしゆうし

意味 天子の言行を記録する左右の記録官のこと。
補説 古代中国で、「左史」は君主の行いを記録し、「右史」は君主の言葉を記録した。逆の説もある。
出典 『礼記《らいき》』玉藻《ぎょくそう》

【砂上楼閣】 さじょうのろうかく

意味 基礎がしっかりしていないために、長続きしない物事のたとえ。また、実現することが不可能な物事のたとえ。
補説 地盤のきわめて弱い、砂の上に建てられた高い建物の意から。「楼閣」は高い建物のこと。
類義語 海市蜃楼《かいししんろう》・空中楼閣《くうちゅうろうかく》・空中楼台《くうちゅうろうだい》・空理空論《くうりくうろん》

【坐食逸飽】 ざしょくいっぽう 〈—スル〉

意味 働かないで食べ、のん気に好きなだけ食べること。
補説 「坐食」は何も仕事をしないで食べる意。徒食。「逸飽」は気楽で好きなだけ食べる意。
注意 「座食」は「座食」、「逸飽」は「佚飽」とも書く。「ざしょくいっぽう」とも読む。
用例 農民は国の本なれども、工商の二民は僅《わず》かに賦を出《いだ》すか出さずして坐食逸飽、理に於《おい》てあるまじきことなりとて、頻《しき》りに工商を咎《とが》むれども、〈福沢諭吉◆文明論之概略〉
類義語 無為徒食《むいとしょく》

【坐薪懸胆】 ざしんけんたん〈―スル〉

意味 将来の成功を期して、苦労に耐えること。

補説 たきぎの上に座り、きもを寝所に掛けて寝起きのたびになめて、復讐心《ふくしゅうしん》をかきたてる意から。「懸」は掛ける意。「薪《たきぎ》に坐《ざ》し胆《きも》を懸《か》く」と訓読する。

類義語 臥薪嘗胆《がしんしょうたん》・坐薪嘗胆《ざしんしょうたん》

【左戚右賢】 させきゆうけん

意味 親族は低い地位におき、賢者を高い地位にすえて重用すること。

補説 中国漢代は右を上席としたことから。「戚」は親族・一族。「賢」は賢者。「戚《せき》を左《ひだり》にし賢《けん》を右《みぎ》にす」と訓読する。「右賢左戚《ゆうけんさせき》」ともいう。

出典 『漢書《かんじょ》』文帝紀《ぶんていき》

【蹉跎歳月】 さたさいげつ

意味 大切な時間をただ無駄に過ごすこと。

補説 「蹉跎」は時機を失い、むなしく過ごすこと。

注意 「蹉跎歳月」とも書く。

類義語 翫歳愒日《がんさいかいじつ》・蹉跎白髪《さたはくはつ》・無為徒食《むいとしょく》

【蹉跎白髪】 さたはくはつ

意味 時機を失い志半ばのまま、むなしく年老いてしまうこと。また、その嘆き。

補説 「蹉跎」は時機を失い、むなしく過ごすこと。

注意 「蹉跎白髪」とも書く。

出典 張九齢《ちょうきゅうれい》 ― 詩「鏡《かがみ》に照《て》らして白髪《はくはつ》を見《み》る」◎「宿昔《しゅくせき》青雲の志、蹉跎たり白髪の年」

類義語 蹉跎歳月《さたさいげつ》

【沙中偶語】 さちゅう(の)ぐうご

意味 臣下が謀反を企てる談合をすること。

補説 人のいない砂地に集まり、額を突き合わせて相談する意から。「沙中」は砂の中、人のいない砂地の中。「偶語」は向かい合って語る、相談する。対話。

注意 「砂中偶語」とも書く。

故事 中国漢の高祖(劉邦《りゅうほう》)が王朝を開いたとき、大功のある者は侯に封じたものの、その他の者が勲功を争い、論功行賞を行えずにいたところ、その家臣の中に砂地に座って、ひそかに謀反の相談をしていた者がいたという故事から。

出典 『史記《しき》』留侯世家《りゅうこうせいか》

類義語 沙中之語《さちゅうのご》・沙中之謀《さちゅうのぼう》

【察言観色】 さつげんかんしき

意味 人の言葉をよく聞き、顔つきをよく観察して、人の性質や考え方を見抜くこと。また、人の言葉をよく聞き分け、人の顔色を見抜く聡明《そうめい》さをいう。

補説 「言」は言葉。「色」は顔つき・顔色。「言《げん》を察《さっ》して色《いろ》を観《み》る」と訓読する。

出典 『論語《ろんご》』顔淵《がんえん》◎「夫《そ》れ達なる者は、質直にして義を好み、言を察して色を観《み》、慮《おもんぱか》りて人に下る」

【殺妻求将】 さっさいきゅうしょう

意味 名誉や利益を得るためには手段を選ばないたとえ。

補説 妻を殺して、将軍になることを求める意から。一般に「妻《つま》を殺《ころ》して将《しょう》を求《もと》む」と訓読して用いる。

故事 中国春秋時代に斉が魯《ろ》を攻めたとき、魯王は呉起を将軍に任用しようとしたが、呉起の妻は斉の国の人であったため、将軍にすることをためらった。そこで将軍になりたかった呉起は、自分の妻を殺して忠誠を示し、将軍となって斉に勝利を収めた故事から。

出典 『史記《しき》』呉起伝《ごきでん》

【箚青淋漓】 さっせいりんり〈―タル〉〈―ト〉

意味 いれずみをした図案が鮮やかなさま。いれずみが鮮やかなさま。

補説 「箚青」はいれずみ。また、いれずみをする意。「箚」は、刺す。「淋漓」は筆勢の盛んなさま。

注意 「とうせいりんり」とも読む。

用例 渠《かれ》が雪の如《ごと》き膚《はだ》には、箚青淋漓として、悪竜《あくりょう》焔《ほのお》を吐くにあらざれば、〈泉鏡花◆義血侠血〉

【雑然紛然】 ざつぜんふんぜん〈―タル〉〈―ト〉

意味 ごたごたと入り交じっていて、まとまりのないこと。

補説 「雑然」「紛然」はともに、ものが入り交じっている意。類義の語を重ねて意味を強調している。「紛然雑然《ふんぜんざつぜん》」ともいう。

(用例) 世は濁り、江戸は行き詰り、一切のものが実に雑然紛然として互いに叫びを挙げている中で、どうして国学者の夢などをこの地上に実現し得られようと考えた。〈島崎藤村◆夜明け前〉

【殺伐激越】 さつばつげきえつ

(意味) 音声などが荒々しく激しいさま。

(補説) 「殺伐」は荒々しいさま。「激越」は音声や動きなどが激しく、荒立つさまをいう。

(用例) 今由《ゆう》の音を聞くに、誠に殺伐激越、南音に非《あら》ずして北声に類するものだ。弾者の荒怠暴恣《こうたいぼうし》の心状をこれほど明らかに映し出したものはない。〈中島敦◆弟子〉

【左程右準】 さていゆうじゅん

(意味) 行動がすべて道徳的規範にあてはまっていること。

(補説) 「程」「準」はともに物事を行うための基準。

(出典) 柳宗元《りゅうそうげん》「表弟《ひょうてい》呂譲《りょじょう》の将《まさ》に仕進《ししん》せんとするを送《おく》るの序《じょ》」

(類義語) 行不踰方《ぎょうふゆほう》

【左図右史】 さとゆうし

(意味) 蔵書の多いことのたとえ。左を見ても右を見ても本ばかりの意。

(補説) 「図」は書籍。図書。「史」は史書。

(出典) 『新唐書《しんとうじょ》』楊綰伝《ようかんでん》

【左武右文】 さぶゆうぶん

⇓ 右文左武 ゆうぶんさぶ 642

【左眄右顧】 さべんうこ 〈―スル〉

⇓ 右顧左眄 うこさべん 59

【詐謀偽計】 さぼうぎけい

(意味) 相手をわなにはめる計略のこと。敵を陥れるための策謀のこと。

(補説) 「詐謀」は相手を欺くための策謀の意。「偽計」は相手をだますための計略の意。

(用例) 何《いず》れも皆詐謀偽計の明著なるものにて、およそ天下に耳目を具したる者ならば、その内情を洞察すべきはずなれども、〈福沢諭吉◆文明論之概略〉

【佐命立功】 さめいりっこう

(意味) 天命を受けて君主となった人に仕え、その建国の大業を助け、功績を上げること。

(補説) 「佐」は助ける意。「命」は天命を受けた帝。また、帝の受けた天命。「命《めい》を佐《たす》けて功《こう》を立《た》つ」と訓読する。

(出典) 『文選《もんぜん》』李陵《りりょう》「蘇武《そぶ》に答《こた》うるの書《しょ》」

(類義語) 佐命之勲《さめいのいさお》・佐命之功《さめいのこう》・佐命之臣《さめいのしん》

【左右他言】 さゆうたげん 〈―スル〉

(意味) 自分の都合の悪い話題をそらしてごまかすこと。答えに困ったり、答える必要がないと思ったりしたときの態度をいう。

(補説) 「他言」は他を言う、他に話題をそらすこと。

(故事) 中国戦国時代、孟子《もうし》が斉の国の王に、「家臣が他国へ行くにあたって妻子の世話を友人に頼んだが、帰ってみると妻子がほったらかしにされていたり、今もし裁判官が部下を統率することができなければどうしますか」と尋ねた。王は「そのような者は辞めさせる」と答えた。孟子は「では、天下がきちんと治まっていなかったらどうしますか」と質問した。王は、自分がその責任を果たしていないことを指摘されたことに気づき、左右の側近と違う話をして話題をごまかしたという故事から。

(出典) 『孟子《もうし》』梁恵王《りょうけいおう》下

【座右之銘】 ざゆうのめい

(意味) 常に自分のそばにおいて、戒めとする格言。

(補説) 「座右」は座席の右、転じて、かたわら・そば・身近。また、身辺に備えておく意。「銘」は自分の戒めとする語句。

(注意) 「ざうのめい」とも読む。

(出典) 『文選《もんぜん》』崔瑗《さいえん》「座右《ざゆう》の銘《めい》」

(用例) 彼は読書《よみかき》の好きな和助のために座右の銘ともなるべき格言を選び、心を籠《こ》めた数葉の短冊を書き、それを紙に包んで初旅の餞《はなむけ》ともした。〈島崎藤村◆夜明け前〉

【娑羅双樹】 さらそうじゅ

(意味) 釈迦《しゃか》が八十歳で入滅したとき、寝床の四方にあった二本ずつの娑羅の木。

(補説) 釈迦の入滅を悲しんで、二本のうち一本ずつが枯れたともいい、入滅とともにそれらが白く枯れ変じたともいう。「娑羅」は常

さ

緑高木。インド原産で、淡黄色の小さな花をつけ、幹は非常に長く伸びる。材質は堅固で建築用木材として適している。『平家物語《へいけものがたり》』の冒頭の句で有名。

注意 「沙羅双樹」とも書く。「しゃらそうじゅ」とも読む。

用例 私は親鸞《しんらん》や日蓮《にちれん》と一しょに、沙羅双樹の花の陰も歩いています。〈芥川龍之介◆神神の微笑〉

【栈雲峡雨】さんうんきょうう

意味 山中のかけ橋のあたりに漂う雲と、谷あいに降る雨。

補説 「栈」はかけ橋。険しい場所に、丸太や藤蔓《ふじづる》などを組んでかけた橋。「峡」は山と山の間の谷。

【三衣一鉢】さんえいっぱち

意味 僧侶《そうりょ》が持ち歩くわずかな持ち物。

補説 インド僧団で出家僧が持つことを許されたもの。「三衣」はインドの僧団で僧侶の着る三種類の衣。僧伽梨《そうぎゃり》（托鉢《たくはつ》・王宮などに行くとき）、鬱多羅僧《うったらそう》（礼拝・講義などのとき）、安陀衣《あんだえ》（作業など日常で着るとき）。「一鉢」は托鉢の際に布施の食物を入れる食器。それだけあればとりあえず足りるという意。

注意 「三衣」は「さんね」、「一鉢」は「いっぱつ」とも読む。

用例 さては相見ての後のただちの短きに、恋い悲みし永の月日を恨みて三衣一鉢に空《あだ》なる情《なさけ》を観ぜし人、惟《おも》えば孰《いず》れか恋の奴《やっこ》に非《あら》ざるべき。〈高山樗牛◆滝口入道〉

【三槐九棘】さんかいきゅうきょく

⇒槐門棘路 かいもんきょくろ 97

【三界火宅】さんがいのかたく

意味 苦しみの絶えないこの世を、火事になった家屋にたとえた語。

補説 仏教語。「三界」は仏教の世界観で、衆生《しゅじょう》が生まれて、死に、輪廻《りんね》する三つの領域、欲界《よっかい》（欲望の世界）・色界《しきかい》（物質的世界）・無色界《むしきかい》（精神的世界）のこと。「火宅」は火事になった家。

出典 『法華経《ほけきょう》』譬喩品《ひゆぼん》

類義語 火宅之境《かたくのさかい》・火宅之門《かたくのもん》・苦輪之海《くりんのうみ》・三界皆苦《さんがいかいく》・三界苦輪《さんがいくりん》

【山海珍味】さんかいのちんみ

意味 山や海で採れた珍しい食べ物。豪華なご馳走。

類義語 珍味佳肴《ちんみかこう》

【三界無安】さんがいむあん

意味 この世は、苦労が多くて、少しも心が安まることがないということ。

補説 仏教語。「三界」は仏教の世界観で、衆生《しゅじょう》が生まれて、死に、輪廻《りんね》する三つの領域、欲界《よっかい》（欲望の世界）・色界《しきかい》（物質的世界）・無色界《むしきかい》（精神的世界）のこと。「無安」は安穏さがない状態のこと。苦しみの多いこと。

出典 『法華経《ほけきょう》』譬喩品《ひゆぼん》

用例 此《こ》の世の中は辛いところだ。おくみにはおくみの苦労、わしにはわしの苦労がある。三界無安、猶如火宅《ゆうにょかたく》、ただ念仏のみ超世の術じゃ。さあ行こう。〈岡本かの子◆取返し物語〉

【三界無宿】さんがいむしゅく

意味 この世のどこにも身の置きどころがないこと。三界に家なし。

補説 もと仏教語。「三界」は仏教の世界観で、衆生《しゅじょう》が生まれて、死に、輪廻《りんね》する三つの領域、欲界《よっかい》（欲望の世界）・色界《しきかい》（物質的世界）・無色界《むしきかい》（精神的世界）のこと。「無宿」は、住む家がないこと。

用例 歳《とし》も歳だし、子供も大きくなったし、それに三界無宿の身で、今少し何とか考えねばならぬのだが、〈若山牧水◆樹木とその葉〉

類義語 三界無家《さんがいむけ》

【三界流転】さんがいるてん

意味 生あるものは三界に生死を繰り返して、迷い続けるということ。

補説 仏教語。「三界」は仏教の世界観で、衆生《しゅじょう》が生まれて、死に、輪廻《りんね》する三つの領域、欲界《よっかい》（欲望の世界）・色界《しきかい》（物質的世界）・無色界《むしきかい》（精神的世界）のこと。「流転」は迷い続けること。生まれ変わり、死に変わって迷い続けること。

用例 三界流転のうち、離れ難きぞ恩愛の絆《きずな》なる――といったような、子を持った親でなければわからない感情のために、お雪ちゃんが泣きました。〈中里介山◆大菩薩峠〉

【山河襟帯】さんがきんたい

(意味) 自然の要害の堅固なことのたとえ。地勢のすぐれたことのたとえ。

(補説) 山が襟《えり》のように取り囲み、川が帯のように巡り流れる意から。

(出典) 白居易《はくきょい》―詩「徳《とく》を叙《じょ》し情《じょう》を書《しょ》す四十韻《しじゅういん》、宣歙《せんしょう》の崔中丞《さいちゅうじょう》に上《たてまつ》る」

(用例) 山河襟帯の中間に盆地を成すの形勢が、何となしに甲州一国を髣髴《ほうふつ》させるのが山科の風景である。〈中里介山◆大菩薩峠〉

[類義語] 四塞之国《しそくのくに》・四塞之地《しそくのち》

【三角関係】さんかくかんけい

(意味) 三つのものの間のつながり。特に、男女三人の間のこみ入った恋愛関係のこと。

(補説) 「三角」は三角の形。「関係」は、つながり。特に男女のつながりのこと。

(用例) ジャーナリスト等《ら》は、三角関係の恋愛や情死者等を揶揄《やゆ》してニイチェストと呼んだ。〈萩原朔太郎◆ニイチェに就いての雑感〉

【産学協同】さんがくきょうどう

(意味) 産業界と研究・教育機関が協力して、技術開発を行ったり、技術教育をしたりすること。

(補説) 「産学」の「産」は産業界、「学」は主に大学に代表される研究・教育機関の意。「協同」は心を合わせ、力を合わせて仕事をすること。

【三月庭訓】さんがつていきん

(意味) 学習が長続きしないこと。

(補説) 一月から十二月までの往復手紙文集『庭訓往来《ていきんおうらい》』の学習を始めても、三月のあたりでやめてしまうことからいう。

[類義語] 隠公左伝《いんこうさでん》・桐壺源氏《きりつぼげんじ》・須磨源氏《すまげんじ》・三日坊主《みっかぼうず》・雍也論語《ようやろんご》

【三寒四温】さんかんしおん

(意味) 冬季に寒い日が三日ほど続くと、その後四日間ぐらいは暖かい日が続く現象。気候がだんだん暖かくなる意にも用いる。

(用例) 三寒四温といって、思いがけなく暖かい日もあった。春が来るのは遅かったが、春になると鳥の声が長閑《のど》かであった。〈宮城道雄◆私の若い頃〉

【山簡倒載】さんかんとうさい

(意味) 大酒飲みのこと。

(補説) 「山簡」は中国東晋《とうしん》の人。竹林の七賢の一人、山濤《さんとう》の子で、征南将軍になった。「倒載」は車に載せて持っていった酒食を傾け尽くすこと。一説に、後ろ向きに乗る意で、馬に後ろ向きに乗って景色をなごり惜しみながら帰ること。『蒙求《もうぎゅう》』の表題の一つ。

(故事) 東晋代の山簡は大酒飲みで、高陽池のほとりに行っては持っていった酒を飲み尽くしてご機嫌で帰った故事から。人に「日莫《く》れて倒載して帰り、茗艼《めいてい》(＝酩酊)して知る所無し」と歌いはやされたという。

(出典) 『世説新語《せせつしんご》』任誕《じんたん》

【三跪九叩】さんききゅうこう 〈―スル〉

(意味) 中国清《しん》朝の敬礼の法。三度ひざまずいて、九たび頭を地につけて拝礼すること。

(補説) 「跪」はひざまずく。「叩」はぬかずく、頭を地面につけて拝礼すること。

[類義語] 三跪九拝《さんききゅうはい》・三拝九叩《さんぱいきゅうこう》・三拝九拝《さんぱいきゅうはい》・平身低頭《へいしんていとう》

【山窮水尽】さんきゅうすいじん

(意味) 苦境に陥り、進退が窮まること。

(補説) 山も水も尽き果てて、それ以上進んでいくことができない状態の意から。「山《やま》窮《きわ》まり水《みず》尽《つ》く」と訓読する。「山窮水断《さんきゅうすいだん》」ともいう。

(出典) 庾信《ゆしん》「周兗州刺史《しゅうえんしゅうしし》宇文公神道碑《うぶんこうしんどうひ》」

[類義語] 窮途末路《きゅうとまつろ》・水窮山尽《すいきゅうさんじん》・絶体絶命《ぜったいぜつめい》

【山窮水断】さんきゅうすいだん

⇒ 山窮水尽 さんきゅうすいじん 259

【三釁三浴】さんきんさんよく 〈―スル〉

(意味) 相手を大切に待つ情をいう語。

(補説) 何度もからだに香を塗ってよい香りをつけ、何度もからだを洗い清める意。「三」は何度もの意。「釁」は香料をからだに塗ること。「浴」は湯水でからだを洗うこと。湯浴み。「三薫三沐《さんくんさんもく》」「三浴三薫《さんよくさんくん》」ともいう。

(出典) 『国語《こくご》』斉語《せいご》

【三薫三沐】 さんくん さんもく 〈―スル〉

⇒三釁三浴 さんきんさんよく 259

【三軍暴骨】 さんぐん ばくこつ

(意味) 戦いに大敗して、多くの兵士が死ぬこと。

(補説) 中国周代の制度では、一軍が一万二千五百人で、諸侯の大国になると、三軍（上・中・下軍）三万七千五百人を有したとされる。転じて、「三軍」は大軍の意。「暴骨」は兵が死んで、骨を野にさらすこと。「三軍《さんぐん》骨《ほね》を暴《さら》す」と訓読する。

(出典) 『春秋左氏伝《しゅんじゅうさしでん》』襄公《じょうこう》二十六年

【三業供養】 さんごう くよう

(意味) ひれふし、口に仏の徳をたたえ、誠の心で仏を念じて、仏を供養すること。

(補説) 仏教語。「三業」は身業《しんごう》（身体的行為）・口業《くごう》（言語表現）・意業《いごう》（心意作用）のこと。

【三綱五常】 さんこう ごじょう

(意味) 儒教で、人として常に踏み行い、重んずべき道のこと。

(補説) 「三綱」は君臣・父子・夫婦の間の道徳。「五常」は仁・義・礼・智《ち》・信の五つの道義。また、父の義、母の慈、兄の友、弟の恭、子の孝をいう。

(出典) 『白虎通義《びゃっこつうぎ》』三綱六紀《さんこうろっき》／情性《じょうせい》

(用例) 絶間《たえま》無き騒動の中《うち》に狼藉《ろうぜき》として戯れ遊ぶ為体《ていたらく》は三綱五常も糸瓜《へちま》の皮と地に塗《まび》れて、唯《ただ》これ修羅道を打覆《ぶっくりかえ》したるばかりなり。〈尾崎紅葉◆金色夜叉〉

【残膏賸馥】 ざんこう しょうふく

(意味) すぐれた人物や詩文の余沢。

(補説) 残されたあぶらやにおいの意で、人がいた後に残る香気とも、ごちそうの残りの意ともいう。「膏」はあぶら。「賸」は余り。「馥」は香り。

(注意) 「ざんこうようふく」とも読む。

(出典) 『新唐書《しんとうじょ》』文芸伝《ぶんげいでん》・杜甫伝《とほでん》・賛

(類義語) 遺風残香《いふうざんこう》・遺風余香《いふうよこう》

【山光水色】 さんこう すいしょく

(意味) 山や海・川・湖など、山水の景色。

(補説) 「山光」は山の景色。「水色」は海・川・湖などの景色、水辺の景色。

(用例) 嗚呼《ああ》日本の明媚《めいび》なる山光水色は決して瑞西《スイス》のそれに譲るなし、〈幸徳秋水◆筆のしづく〉

(類義語) 山紫水明《さんしすいめい》・山容水色《さんようすいしょく》・山容水態《さんようすいたい》

【山高水長】 さんこう すいちょう

(意味) 高潔な人の功績や徳望が崇高で、長く人に仰がれることの形容。また、人の品性が高大で高潔なことの形容に用いられることもある。

(補説) 山が高くそびえ、川が長く流れるさまから。「山高」は山がどっしり高くそびえる意で、功績や徳望の高さを人から仰がれるたとえ。「水長」は川の水が絶えることなく流れる意で、長く尽きることのないたとえ。「山《やま》高《たか》く水《みず》長《なが》し」と訓読する。

(出典) 范仲淹《はんちゅうえん》「厳先生祠堂記《げんせんせいしどうのき》」

(用例) 或《あるい》は又虚栄空華の都会の粉塵裏《ふんじんり》を脱して山高水長の清境に嘯傲《しょうごう》するとか、或は金門玉堂の人の忽《たちま》ちにして蜑煙蠻雨《たんえんばんう》の荒郷に身を投ずるとか、〈幸田露伴◆努力論〉

【山肴野蔌】 さんこう やそく

(意味) 山の幸《さち》と野の幸のこと。

(補説) 「肴」はおかず。肉や野菜などの副食物。「山肴」は山菜を料理したものの類。「蔌」は野菜のこと。

(出典) 欧陽脩《おうようしゅう》「酔翁亭記《すいおうていのき》」

【残酷非道】 ざんこく ひどう 〈―ナ〉

(意味) むごたらしくて、人の道に背いているさま。また、そのような振る舞いや行い。

(補説) 「残酷」は思いやりがなく、むごたらしいこと。「非道」は正しい道理や筋道にはずれているさま。人として当然踏まなければならない道にはずれているさま。また、そのような振る舞いや行い。

(用例) 日頃借金のために身を責められて居る中山は、此頃《このごろ》また或《あ》る名高い高利貸の残酷非道な男に悩まされて居る。〈幸田露伴◆不安〉

(類義語) 悪逆非道《あくぎゃくひどう》・悪逆無道《あくぎゃくむどう》・残虐非道《ざんぎゃくひどう》・残忍酷薄《ざんにんこくはく》・残忍非道《ざんにんひどう》

【三国無双】さんごくぶそう

(意味) この世に他に並ぶものがないこと。

(補説) 「三国」は、もとは日本・唐土(＝中国)・天竺《てんじく》(＝インド)の三つの国。転じて、全世界をいう。「無双」は、二つとない、世に並ぶものがないこと。「双」は並ぶ、匹敵する。

(注意) 「さんごくむそう」とも読む。

(出典) 『太平記《たいへいき》』二一 ◎「三国無双の雁塔《がんとう》也《なり》」

【三顧之礼】さんこのれい

(意味) 真心から礼儀を尽くして、すぐれた人材を招くこと。また、目上の人が、ある人物を信任して手厚く迎えること。

(補説) 「顧」は訪ねること。訪ねて面会を望むこと。

(故事) 中国三国時代、蜀《しょく》の劉備《りゅうび》が、わびずまいの諸葛亮《しょかつりょう》(孔明《こうめい》)を訪ねたが、二度目までは会えず、三度目にやっと面会できた。二人は胸中を語り合って感激し、劉備は孔明を軍師として迎えることができたという故事から。

(出典) 諸葛亮《しょかつりょう》「前出師表《ぜんすいしのひょう》」

(用例) さっき話した斎木素子さんだ。社長が三顧の礼をもって迎えた方だからね、万事特別にな。〈岸田國士◆泉〉

(類義語) 三徴七辟《さんちょうしちへき》・草廬三顧《そうろさんこ》

【斬衰斉衰】ざんさいしさい

(意味) 近しい関係の人の喪《も》に用いる喪服《もふく》。

(補説) 「衰」は喪服。「斬衰」は最も重い三年の喪に着る喪服。裁断したままで縁縫いをしていないもの。子が父の、臣が君の、妻が夫のためなどに三年の喪の期間中に用いるものとされる。「斉衰」は斬衰に次いで重い喪服で、妻や祖父母のための一年の喪に用いる。麻の布で、裁断したままではなく、布の端が縫い合わされている。

(出典) 『周礼《しゅらい》』春官《しゅんかん》・司服《しふく》

【剗削消磨】さんさくしょうま〈―スル〉

(意味) 岩や石が、雨風にさらされてすり減っていくこと。また、そのさま。

(補説) 「剗」「削」はともに、けずる意。

(注意) 「せんさくしょうま」とも読む。

(出典) 欧陽脩《おうようしゅう》「豊楽亭記《ほうらくていのき》」

【三三五五】さんさんごご

(意味) あちらに三人、こちらに五人というように、人が行く、また、人がいるさま。

(補説) 物があちこちに散らばっているさまをいうこともある。

(出典) 李白《りはく》「採蓮曲《さいれんきょく》」

(用例) この二、三日、あとになり前になり、警戒にこころを砕きながら三々五々、やっと、江戸へ一伸《の》しのここまで来たところだった——。〈林不忘◆口笛を吹く武士〉

【残山剰水】ざんざんじょうすい

(意味) 山水画の描法の一つ。

(補説) 全景を描ききらず、部分的に描くことで、かえって自然の雄大な景観を表現する山水画の描法。山河を描ききらずに残す意。「残」「剰」はともに、損なわれ残っている意。「水」は川の意。また、戦乱などの後に残された荒廃した山河、亡国の風景をいうこともある。「剰水残山《じょうすいざんざん》」「残山賸水《ざんざんしょうすい》」ともいう。

(出典) 杜甫《とほ》—詩「鄭広文《ていこうぶん》に陪《ばい》して何将軍《かしょうぐん》の山林《さんりん》に遊《あそ》ぶ」

【三思九思】さんしきゅうし〈―スル〉

(意味) 何度もくり返し、よく考えること。

(補説) 「三思」「九思」ともによく考えること。「三…九…」と重ねて、「何度も」という意味を強調している。

(類義語) 千思万考《せんしばんこう》

【三思後行】さんしこうこう

(意味) 熟慮したのち、初めて物事を実行すること。

(補説) 三たび思い考えた後に行う意から。もとは、あまりに慎重になり過ぎると断行できず、また、別の迷いを生ずるのを戒める言葉であったが、今では一般に軽はずみな行いを戒める語として用いられる。「思」は思い考える、熟慮する意。一般に「三《み》たび思《おも》いて後《のち》に行《おこな》う」と訓読して用いる。

(故事) 中国春秋時代、魯《ろ》国の家老の季文子《きぶんし》はきわめて慎重な人で、三度考えてから初めて実行したが、孔子はこれを聞いて、「二度考えればそれでよろしい」と言った故事から。

(出典) 『論語《ろんご》』公冶長《こうやちょう》

【三家渉河】さんししょうか

⇒ 三家渡河 さんしとか 262

【山紫水明】 さんしすいめい

意味 自然の風景が清浄で美しいこと。

補説 日の光の中で山は紫にかすみ、川は澄みきって美しい意から。「水紫山明《すいしさんめい》」ともいう。

用例 外来語は山紫水明の古都までも無遠慮に侵入している。（中略）京の舞妓《まいこ》に「オープンでドライヴおしやしたらどうどす」などといわれると腹の底までくすぐったい感じがする。〈九鬼周造◆外来語所感〉

類義語 山光水色《さんこうすいしょく》・山明水秀《さんめいすいしゅう》・嵐影湖光《らんえいここう》・山清水秀《さんせいすいしゅう》

【三日新婦】 さんじっしんぷ

意味 拘束されて、きわめて窮屈なたとえ。

補説 結婚して三日の新婦の意から。結婚してしばらくは行事や儀式が多く、新婦は拘束されることからいう。

出典 『梁書《りょうしょ》』曹景宗伝《そうけいそうでん》◎「車中に閉置せらるること、三日の新婦の如《ごと》し」

【三豕渡河】 さんしとか

意味 文字・伝聞の誤りのたとえ。似ている字を読み間違えること。

補説 「三豕渉河《さんししょうか》」「三豕《さんし》、河《かわ》を渡《わた》る」と訓読する。

故事 中国春秋時代、子夏《しか》が晋《しん》へ行く途中に、衛の国を通りかかったとき、史書を読んでいる人がいて、「晋の軍隊が『三豕（三匹のいのこ）』と河を渡る」と読んだ。それを聞いた子夏は、「『三』は『己《き》』の字に、『豕《し》』は『亥《がい》』の字に似ているから、『三豕』は『己亥《きがい》』の誤りでしょう」と言った。晋に着いた子夏がこのことを尋ねてみると、「晋の軍隊は己亥の年に河を渡った」ということであったという故事から。

出典 『呂氏春秋《りょししゅんじゅう》』察伝《さつでん》

類義語 烏焉魯魚《うえんろぎょ》・亥豕之譌《がいしのか》・三豕己亥《さんしきがい》・三豕金根《さんしきんこん》・魯魚亥豕《ろぎょがいし》・魯魚之謬《ろぎょのあやまり》・魯魚章草《ろぎょしょうそう》

【三枝之礼】 さんしのれい

意味 親への礼儀を尽くし、孝行心の厚いことのたとえ。親にへりくだり譲る礼儀。

補説 子バトは木の枝にとまるのに、親バトより三本下の枝にとまって、親に対する礼儀を守ることからいう。

出典 『学友抄《がくゆうしょう》』◎「烏《からす》に反哺《はんぽ》の孝有り、鳩《はと》に三枝の礼有り」

用例 徳の根底に横たわるべき源泉なくして善といい悪と呼ぶがゆえに反哺の孝と三枝の礼は人生の第一義だと言われる。烏と鳩とに比べらるるのは吾人《ごじん》の恥である。〈和辻哲郎◆霊的本能主義〉

類義語 烏鳥私情《うちょうのしじょう》・烏鳥之情《うちょうのじょう》・慈烏反哺《じうはんぽ》・反哺之孝《はんぽのこう》

【三尺秋水】 さんじゃく（の）しゅうすい

意味 冴《さ》えわたった剣のこと。

補説 「三尺」は剣の標準的な長さのことから、剣そのものを表す。「秋水」は秋の冷たく澄みきった水で、剣の白く冴えわたった光の形容。

注意 「三尺」は「さんせき」とも読む。

用例 「我が日の本の魂が、凝り固まったる三尺の秋水。天下法度の切支丹《きりしたん》の邪法、いで真二《まっぷたつ》つに……」〈夢野久作◆芝居狂冒険〉

類義語 秋霜三尺《しゅうそうさんじゃく》

【三者三様】 さんしゃさんよう

意味 やり方や考え方などが、人それぞれで違うこと。

補説 三人の者がいれば、三つのさま、様子、形がある意。

用例 三者三様の相違はあるが、とにかくその優秀なる者を求むれば、この三人である。〈江森泰吉◆大隈伯百話〉

類義語 各人各様《かくじんかくよう》・十人十色《じゅうにんといろ》・百人百様《ひゃくにんひゃくよう》

【三舎退避】 さんしゃたいひ 〈―スル〉

意味 相手をはばかって、自分から退くこと。

補説 「舎」は中国古代の軍隊の一日分の行程。一舎は三十里。軍隊が敵から三日分の行程を退き避けることから。「三舎を避く」ともいう。

故事 中国春秋時代、晋《しん》の文公重耳《ちょうじ》が亡命して長く諸国を放浪していた際に楚《そ》の成王に厚遇された。重耳はその恩に対する返礼として、「将来、晋で即位して楚と戦うことになったら、晋の兵を三舎後退させましょう」と言い、その後約束を果たしてこれを実行したという故事から。

出典 『春秋左氏伝《しゅんじゅうさしでん》』僖公《きこう》二三年

【三者鼎談】さんしゃていだん

意味 三人が向かい合って話をすること。また、その話。

補説 鼎《かなえ》に三本の足がついていることからいう。「鼎」はものを煮たり、祭器として用いたりする器。二つの手と三本の足がついている。

【三者鼎立】さんしゃていりつ 〈―スル〉

意味 力の均衡した三者が並び立つこと。また、ほぼ力の等しい三者が、それぞれ勢力を争って張り合うこと。三つどもえ。

補説 鼎《かなえ》が三本の足で、バランスをとって立っていることからたとえた語。「鼎」はものを煮たり、祭器として用いたりする器。二つの手と三本の足がついている。

出典 『呉志《ごし》』陸凱伝《りくがいでん》

類義語 三足鼎立《さんそくていりつ》・三分鼎足《さんぶんていそく》・三分鼎立《さんぶんていりつ》

【三汁七菜】さんじゅうしちさい

意味 ぜいたくで豪華な食事のたとえ。

補説 本膳《ほんぜん》料理（正式の日本料理）の膳立ての菜数（おかずの数）。「三汁」は汁物三品、「七菜」はおかず七品の意。

類義語 香美脆味《こうびぜいみ》・食前方丈《しょくぜんほうじょう》・炊金饌玉《すいきんせんぎょく》・太牢滋味《たいろうのじみ》

対義語 一汁一菜《いちじゅういっさい》

【三従四徳】さんじゅうしとく

意味 中国古代の、女性に対する教え。女性としての心構えを教えた言葉。

補説 「三従」は幼時には父に従い、嫁いでは夫に従い、老いては子に従うという教え。「四徳」は婦徳（貞節であること）、婦言（丁寧な言葉遣い）、婦功（家事を行うこと）、婦容（きちんとした身なり）を指し、日常の心がけのこと。

出典 『儀礼《ぎらい》』喪服《そうふく》／『周礼《しゅらい》』天官《てんかん》・九嬪《きゅうひん》

【三十而立】さんじゅうじりつ

意味 三十歳で、自分の世に立つ道も明確になること。三十歳で学識が確立し、世に立つ自信を得ること。

補説 孔子が自分の生涯を振り返って述べた語で、ここから三十歳を「而立」という。「而」は接続詞的な意をもつ助字。一般に「三十《さんじゅう》にして立《た》つ」と訓読して用いる。（→「十五志学《じゅうごしがく》」303）

出典 『論語《ろんご》』為政《いせい》

類義語 五十知命《ごじゅうちめい》・四十不惑《しじゅうふわく》・十五志学《じゅうごしがく》・而立之年《じりつのとし》・六十耳順《ろくじゅうじじゅん》

【三十六策】さんじゅうろくさく

⇒三十六計 さんじゅうろっけい 263

【三十六計】さんじゅうろっけい

意味 逃げるべきときには、どんな策略より逃げるのが最上の策であること。いざというときには逃げるのが最も安全であること。

補説 「三十六」は、中国古代の兵法が三十六あったことから、計略やかけひきの意。「三十六計、走《にぐ》るを上計と為《な》す」「三十六計逃ぐるに如《し》かず」などの略。「三十六策《さんじゅうろくさく》」ともいう。

注意 語構成は「三十六」＋「計」。

出典 『南斉書《なんせいしょ》』王敬則伝《おうけいそくでん》 ◎「三十六策、走《にぐ》るは是《こ》れ上計」

用例 九死に一生、三十六計とばかり、別に用事はなかったんです。唯《ただ》それだけです、と全くただそれだけがやっと言えたのを倖《さいわ》い、飛ぶ様に逃げてしまった。〈織田作之助◆雨〉

【三種神器】さんしゅのじんぎ

意味 皇位のしるしとして伝えられている三つの宝物。

補説 天孫降臨の際、天照大神《あまてらすおおみかみ》から授けられたとされる、八咫鏡《やたのかがみ》・八尺瓊勾玉《やさかにのまがたま》・天叢雲剣《あめのむらくものつるぎ》（草薙剣《くさなぎのつるぎ》）の三つ。三種の神宝。また、三種の代表的な必需品の意に用いられることもある。

注意 「さんしゅのしんぎ」とも読む。

出典 『神皇正統記《じんのうしょうとうき》』神代《じんだい》

【三旬九食】さんじゅんきゅうしょく

意味 生活がきわめて貧しいたとえ。

補説 「旬」は十日間の意。「三旬」は三十日間で、一か月の意。一か月に九回しか食事をとれない意から。「三旬」を「二旬」としても用いられる。

故事 中国春秋時代、子思が衛の国にいたとき、生活はきわめて苦しく、表側の布がない衣服を着ていて、三十日間に九回しか食事をとることができなかったという故事から。

出典『説苑《ぜいえん》』立節《りっせつ》

【蚕食鯨呑】さんしょくげいどん

意味 大国が弱小国を侵略・併合していくこと。
補説 蚕が桑の葉をどんどん食べ、鯨が小魚たちを次々に飲み込んでいく意から。
出典『閲微草堂筆記《えつびそうどうひっき》』灤陽消夏録《らくようしょうかろく》六

【斬新奇抜】ざんしんきばつ 〈―ナ〉

意味 物事の着想が独自で、それまでに類をみないほど新しく、思いもよらないほど変わっているさま。
補説「斬新」は発想が独自で、それまでに類がないほど新しいさま。「奇抜」は、普通の人が思いもよらないほど変わっているさま。また、他に抜きんでてすぐれているさま。
用例 奥山恩の旧友たちは、この斬新奇抜な夫婦語に注意を惹《ひ》かれ、改めて、その説明を求めるものもいた。〈岸田國士◆菜の花は赤い〉
類義語 奇想天外《きそうてんがい》

【三心二意】さんしんじい

意味 気持ちが定まらず、あれこれと迷うたとえ。また、それぞれが自分の意見を主張して、考えが一つに定まらないこと。
補説「心」は気持ち。「意」は意志・意見。
出典『論衡《ろんこう》』調時
類義語 二心両意《にしんりょうい》

【三寸之轄】さんずんのくさび

意味 物事の要点、欠くことのできないもののたとえ。

補説「三寸」は一寸の三倍の長さで、短いことのたとえ。「轄」は車輪が車軸から抜けるのを防ぐとめ金のこと。わずか三寸のものだが、これがないと、車は走ることができないことから、物事の要点を意味する言葉となった。

注意「さんずんのかつ」とも読む。

出典『淮南子《えなんじ》』人間訓《じんかんくん》

【三寸不律】さんずんふりつ

意味 長さ三寸の筆。短い筆のこと。
補説「三寸」は一寸の三倍の長さで、短いことのたとえ。「不律」は筆の異名。筆の音《おん》が転じたもので、中国古代の蜀《しょく》や呉の地方の俗語という。

【三世一爨】さんせいいっさん

意味 三世代の家族が仲よく一つの家に同居すること。
補説 三代の家族が一つのかまどで煮炊きする意から。「爨」はかまど。
出典『新唐書《しんとうじょ》』崔邠伝《さいふんでん》
類義語 三世同居《さんせいどうきょ》・三世同財《さんせいどうざい》・三世同爨《さんせいどうさん》・三世同堂《さんせいどうどう》

【三聖吸酸】さんせいきゅうさん

意味 儒教の蘇軾《そしょく》、道教の黄庭堅《こうていけん》、仏教の仏印禅師《ぶついんぜんじ》の三人が、桃花酸《とうかさん》という酢《す》をなめて、眉《まゆ》をひそめるということ。また、その図。
補説 宗教や思想は違っていても真理は一つであるという三教の一致を主題にしたもので、東洋画の画題。三酸図《さんさんず》ともいい、孔子（儒教）、老子（道教）、釈迦《しゃか》（仏教）として描かれることもある。

【山棲谷飲】さんせいこくいん

意味 俗世間を離れ、隠遁《いんとん》するたとえ。
補説 山中に住み、谷川の水を飲む意から。「棲」は暮らすこと。
出典『魏書《ぎしょ》』粛宗孝明帝紀《しゅくそうこうめいていき》

【三牲之養】さんせいのよう

意味 親にごちそうをして養うこと。転じて、親孝行をいう。

補説「三牲」は牛・羊・豕《し》（豚）の三種のいけにえ。転じて、ごちそうのこと。「養」はやしなう、孝養を尽くすこと。

出典『孝経《こうきょう》』紀孝行章《きこうこうしょう》

【山精木魅】さんせいもくび

意味 山の霊や木の霊。山中にいるさまざまな霊のこと。
補説「山精」は山の霊の意。「木魅」は木の霊の意。
注意「さんせいぼくみ」とも読む。
用例 夜は山精木魅の出《い》でて遊ぶを想《おも》わしむる、陰森凄幽《いんしんせいゆう》の気を凝《こら》すに反してこの霽朗《せいろう》なる昼間の山容水態は明媚《めいび》争《いか》でか画も如《し》かん、〈尾崎紅葉◆金色夜叉〉

【三尺童子】さんせきのどうじ

意味 七、八歳の子供。

補説 「尺」は長さの単位で、「三尺」は身長の低いことをいう。一説に、「一尺」は二歳半のことともいう。

注意 「さんじゃくのどうじ」とも読む。

出典 韓愈《かんゆ》「淮西《わいせい》の事宜《じぎ》を論《ろん》ずるの状《じょう》」

【三世了達】さんぜりょうだつ

意味 仏の智恵《ちえ》が過去・現在・未来の事柄を広く見通していること。

補説 仏教語。「三世」は過去・現在・未来のこと。「了達」はよく通じ悟ること。

用例 然《しか》らば彼安助《あんじょ》を造らば、即時に科《とが》に落つ可《べ》きと云《い》う事を知らずんばあるべからず。知らずんば、三世了達の智《ち》と云えば虚談なり。〈芥川龍之介◆るしへる〉

【三千世界】さんぜんせかい

意味 全宇宙、この世のすべて。

補説 仏教でいう世界観では、須弥山《しゅみせん》を中心に、周囲に四大洲《しだいしゅう》があり、その周りに九山八海があり、われわれの住む小世界を形成している。この一つの世界を千合わせたものを小千世界、小千世界を千合わせて中千世界、さらに中千世界を千合わせて大千世界となる。この大千世界は千が三つ重なるので三千大千世界、略して三千世界という。この三千世界が一仏の教化の及ぶ範囲とされた。一般に世間の意に用いられることもある。「大千世界《だいせんせかい》」ともいう。

用例 生死は人の疑うところ、霊魂は人の惑うところ、この疑惑を以《もっ》て三千世界に対する憶度《おくたく》に加うれば、〈北村透谷◆他界に対する観念〉

【山川草木】さんせんそうもく

意味 山や川、草や木。自然の総称。

補説 「山川」は山と川。「草木」は草と木、植物の総称。

用例 政治的な時事問題なども面白くない。話はおのずから、天地自然のこと、つまり山川草木のことが主となる。〈豊島与志雄◆太宰治との一日〉

【三千寵愛】さんぜん(の)ちょうあい

意味 多くの侍女にかける寵愛。宮女三千人分にかける寵愛。

補説 本来、多くの女性にかけるべき愛情が、一人に集中してしまうこと。

故事 中国唐の玄宗《げんそう》皇帝には三千もの美女がいたが、楊貴妃《ようきひ》は三千人分の寵愛を独り占めしてしまった故事から。

出典 白居易《はくきょい》「長恨歌《ちょうごんか》」◎「後宮の佳麗三千人、三千の寵愛一身に在り」

【山藪蔵疾】さんそうぞうしつ

意味 大事をなす人物はあらゆる人を包み込む度量の広さがあるたとえ。また、立派なものにも多少の欠点はあることのたとえ。

補説 山や藪《やぶ》は毒虫をかくまう意から。「山藪」は山や藪。ここでは立派なもの、大人物のたとえ。「蔵」はかくす、入れる意。「疾」は害をなすもの の意。ここでは害をなす毒虫の類。「山藪《さんそう》疾《やまい》を蔵《かく》す」と訓読する。

出典 『春秋左氏伝《しゅんじゅうさしでん》』宣公《せんこう》一五年

類義語 瑾瑜《きんゆ》匿瑕《とくか》・国君《こっくん》含垢《がんこう》・川沢《せんたく》納汚《のうお》

【三草二木】さんそうにもく

意味 大小さまざまな草木が、ひとしく雨に潤されるように、資質・能力に差がある衆生《しゅじょう》も、ひとしく仏の教えの恵みを受けるというたとえ。また、仏の教えは一つであるが、衆生の側の受け取り方は水準に応じてさまざまであるというたとえ。

補説 「小」「中」「大」三種の薬草と、「小」「大」二種の樹木。「法華七喩《ほっけしちゆ》」(法華経の説かれる七つのたとえ話)の一つ。

【残息奄奄】ざんそくえんえん 〈―タル〉〈―ト〉

⇒ 気息奄奄 きそくえんえん 143

【山村僻邑】さんそんへきゆう

意味 山中のへんぴな地にある村落のこと。片田舎の山里。

補説 「僻邑」は都会から遠く離れたへんぴな村、片田舎の意。

用例 世に変人奇物とて、故《こと》さらに山村僻邑に居り世の交際を避くる者あり。〈福沢諭吉◆学問のすすめ〉

【三諦円融】さんたいえんにゅう

⇒ 円融三諦 えんにゅうさんだい 77

【三諦止観】 さんたい しかん

(意味) 仏道修行に励むこと。

(補説) 「三諦」は仏教の教義の一つで、空諦《くうたい》・仮諦《けたい》・中諦《ちゅうたい》を指す。「諦」は真実の意。「止観」は仏教の修行の一つで、心を一つにして正しく対象を認識すること。

(注意) 「さんだいしかん」とも読む。

(用例) 稽古の窓に向って三諦止観の月を楽める身も、一朝折りかえす花染の香に幾年の行業を捨てし人、〈高山樗牛◆滝口入道〉

【惨澹経営】 さんたん けいえい

⇓ 経営惨澹 けいえいさんたん 183

【三段論法】 さんだん ろんぽう

(意味) 大前提と小前提から結論を導き出す三つの段階を踏んだ推論の形式。

(補説) 例えば、「すべての人間は動物である（大前提）→私は人間である（小前提）→したがって私は動物である（結論）」という推論の流れをいう。「論法」は議論の方法。

(用例) 機智《きち》とは三段論法を欠いた思想であり、彼等《かれら》の所謂《いわゆる》「思想」とは思想を欠いた三段論法である。〈芥川龍之介◆侏儒の言葉〉

【山中暦日】 さんちゅう れきじつ

(意味) 俗世を離れて、悠々自適に過ごすこと。

(補説) 「山中暦日無し」の略。人里を離れた山中で暮らせば、のんびりとしていて、月日のたつのを忘れてしまう意。「暦日」はこよみで定められた日月のことで、年月・日月。また、こよみの意。

(出典) 太上隠者《たいじょういんじゃ》一詩「人《ひと》に答《こた》う」

(用例) 「何刻《なんどき》であろうか、山中暦日無く、鐘声なし」〈直木三十五◆南国太平記〉

【斬釘截鉄】 ざんてい せってつ

(意味) きっぱりとして決断力があることのたとえ。

(補説) もとは禅宗の語で、煩悩や妄想などの迷いを、きっぱりと断ち切るたとえ。師家が学人の迷いなどを断ち切り、あらゆる問題をばっさりと解決して、解脱させる様子のたとえ。くぎや鉄を断ち切る意から。「斬」「截」はともに断ち切ること。「釘《くぎ》を斬《き》り鉄《てつ》を截《た》つ」と訓読する。

(出典) 『碧巌録《へきがんろく》』一四

(用例) 其時《そのとき》既に衰老の年であったが、ふたたび宮闈《きゅうい》などに召出《めしだ》されぬよう斬釘截鉄的に狂叫したのだとも云《い》えば云えよう。〈幸田露伴◆連環記〉

(類義語) 斬鉄截釘《ざんてつせってい》

【参天弐地】 さんてん じち

(意味) 天地と同じほどの大きな徳をもつこと。

(補説) 「参」は交わる意で「参天」は天に交わること。「弐地」は地に並ぶ意。また、「参」は三、「弐」は二で、自分で徳を地に比すことを「弐地」といい、地と自分とを天に並び合わせて三となるのを「参天」という。もと易《えき》の語で、「参天両地（天を参にし地を両にす）」。奇数の一・三・五を天の数とし、「参天」は天を三つとすること。偶数の二・四を地の数とし、「両地」は地を二つとすること。諸説あり一定しない。「天《てん》に参《さん》じ地《ち》に弐《じ》す」と訓読する。

(出典) 『易経《えききょう》』説卦《せっか》／『史記《しき》』司馬相如伝《しばしょうじょでん》

【讒諂面諛】 ざんてん めんゆ

(意味) 悪口を言って、人を陥れたり面前でこびへつらったりすること。

(補説) 「讒諂」は悪口を言うことと、こびへつらうこと。「面諛」は相手の面前でこびへつらうこと。

(出典) 『孟子《もうし》』告子《こくし》下

【山濤識量】 さんとう しきりょう

(意味) 中国西晋《せいしん》時代の山濤が、識見や器量が非常にすぐれ人材を適材適所に任用したので、「山濤の識量」とたたえられたという故事。

(補説) 「山濤」は西晋の思想家・政治家で、竹林の七賢の一人。「識量」は見識と度量のこと。（→「竹林七賢《ちくりんのしちけん》」441）

(出典) 『蒙求《もうぎゅう》』山濤識量《さんとうしきりょう》

【三頭両緒】 さんとう りょうしょ

(意味) 物事が複雑に入り組んで、統制のとれないたとえ。物事の糸口がたくさんあり過ぎること。

(補説) 「頭」「緒」はともに物事の糸口の意。

(出典) 朱熹《しゅき》「張敬夫《ちょうけいふ》に答《こた》うるの書《しょ》」

【残忍酷薄】 ざんにんこくはく 〈―ナ〉

意味 他者に対する思いやりがなく、むごたらしいさま。人の性質にいう。

補説 「残忍」はむごいことを平気でするさま。「酷薄」はむごくて思いやりのないさま。

注意 「残忍刻薄」とも書く。

用例 その行える残忍酷薄の人の道に欠けたるを知らざるにあらぬ貫一は、職業の性質既に不法なれば〈尾崎紅葉◆金色夜叉〉

類義語 悪逆無道《あくぎゃくむどう》・残虐非道《ざんぎゃくひどう》・残酷非道《ざんこくひどう》・残忍非道《ざんにんひどう》

【三人成虎】 さんにんせいこ

意味 うそやうわさなども多くの人が言えば、いつのまにか事実であるかのようになってしまうたとえ。

補説 三人が「町に虎が出た」と言えば、それを聞いた者は事実と信じてしまうということ。「三人《さんにん》虎《とら》を成《な》す」と訓読する。「市虎三伝《しこさんでん》」ともいう。

故事 中国戦国時代、魏《ぎ》の龐恭《ほうきょう》が魏王に「町に虎が出た」と一人が言ったら信じるかと尋ねたところ、王は信じないと答えた。二人が言ったら信じるかと尋ねたら、王は疑うかもしれないと答えた。三人が言ったら信じるかと尋ねると、王は信じるようになるだろうと答えたという故事から。

出典 『戦国策《せんごくさく》』魏策《ぎさく》／『韓非子《かんぴし》』内儲説《ないちょせつ》上

類義語 一里撓椎《いちりどうつい》・衆議成林《しゅうぎせいりん》・衆口鑠金《しゅうこうしゃくきん》・衆心成城《しゅうしんせいじょう》・聚蚊成雷《しゅうぶんせいらい》・曽参殺人《そうしんさつじん》・浮石沈木《ふせきちんぼく》

【三人文殊】 さんにんもんじゅ

意味 特別に頭の働きがよくなくても、三人も集まって相談すれば、よい考えが浮かぶものだということ。

補説 「文殊」は知恵をつかさどる文殊菩薩《もんじゅぼさつ》のこと。「三人寄れば文殊の知恵」の略。

用例 以前《まえ》の事情を説明しておかないと、話がすすまない。そこで、またしても、今夜のこの三人文殊の寄りあい……。〈林不忘◆丹下左膳〉

【残念至極】 ざんねんしごく 〈―ナ〉

意味 非常にくやしく心残りのあるさま。

補説 「至極」は接尾辞で、この上なく…だ、まったく…だの意。

用例 下宿屋の主人にまで平身低頭せねばならぬというは、残念至極のことじゃ。〈末広鉄腸◆雪中梅〉

類義語 遺憾千万《いかんせんばん》・残念無念《ざんねんむねん》・無念至極《むねんしごく》・無念千万《むねんせんばん》

【残念無念】 ざんねんむねん 〈―ナ〉

意味 非常にくやしく思うさま。

補説 「残念」「無念」はともに非常にくやしい意で、これを重ねて意味を強めた語。「無念残念《むねんざんねん》」ともいう。

用例 それに気附《きづ》かず、作者は、汗水流し、妻子を犠牲にしてまで、そのような読者たちに奉仕しているのではあるまいか、と思えば、泣くにも泣けないほどの残念無念の情が胸にこみ上げて来るのだ。〈太宰治◆眉山〉

類義語 残念至極《ざんねんしごく》・無念至極《むねんしごく》・無念千万《むねんせんばん》

【三拝九拝】 さんぱいきゅうはい 〈―スル〉

意味 何度も頭を下げて敬意や謝意を表すこと。また、手紙の末尾に記して敬意を表す語。

補説 三拝の礼と九拝の礼。「三拝」は三度礼拝すること。仏教では、身・口《く》・意の三業の敬意を表して三度拝すること。「九拝」は、中国周代に定められた九種の礼拝（稽首《けいしゅ》・頓首《とんしゅ》・空首・吉拝・凶拝・奇拝・褒拝《ほうはい》・粛拝《しゅくはい》・振動）のこと。

用例 あまり有名でもない私の名前をよく知っていて、非常にペコペコして三拝九拝しながら、私が持って行った手土産の菓子箱を受取ったものであった。〈夢野久作◆眼を開く〉

類義語 三跪九叩《さんききゅうこう》・三跪九拝《さんききゅうはい》・平身低頭《へいしんていとう》

【残杯冷炙】 ざんぱいれいしゃ

意味 冷遇され屈辱を受けるたとえ。また、権貴の者に技芸で仕え、養ってもらうこと。

補説 「残杯」は人が飲み残した酒のこと。「冷炙」は冷えたあぶり肉。「残杯冷炙の辱《はずかしめ》」の略。

注意 「ざんぱいれいせき」とも読む。

出典 『顔氏家訓《がんしかくん》』雑芸《ざつげい》

用例 私はもう、二十年ちかくも大鰐《おおわに》温泉を見ないが、いま見ると、やはり浅虫《あさむし》のように都会の残杯冷炙に宿酔してあれている感じがするであろうか。〈太宰治◆津軽〉

類義語 残羹冷炙《ざんこうれいしゃ》・残杯冷肴《ざんぱいれいこう》

【三百代言】さんびゃくだいげん

意味 詭弁《きべん》を弄《ろう》すること。また、その人。また、弁護士をののしっていう語。

補説 明治時代の初期に、資格のない代言人（弁護士）をののしった語からいう。「三百」は銭《ぜに》三百文《もん》の意で、わずかな金額、価値の低いことを表す。「代言」は代言人で、弁護士の旧称。

用例 日本の労働者は三百代言にも劣った陰険な心を持っとるのか。〈木下尚江◆火の柱〉

【賛否両論】さんぴりょうろん

意味 賛成と反対の両方の意見。

補説 「賛否」は賛成と不賛成。「両論」は異なった二つの意見。

用例 これには賛否両論がありましたが、どちらも本道《ほんとう》は子規の心を摑《つか》んではいなかったのです。〈折口信夫◆日本美〉

対義語 衆口一致《しゅうこういっち》・満場一致《まんじょういっち》

【三釜之養】さんぷのよう

意味 薄給にもかかわらず職に就き、親を養うこと。また、その喜び。

補説 「三釜」は約三七リットルの米。転じて、薄給のこと。一釜は中国春秋戦国時代の容量単位で、約一二・四リットル。

故事 孔子の弟子の曽子《そうし》は二度目の仕官をした際、「最初の仕官は薄給であったが、親を直接養えて幸せだった。ところが、今度の仕官は高給であるが、養うべき親の死んだ後ゆえ心悲しい」と言った故事から。

出典 『荘子《そうじ》』寓言《ぐうげん》

【散文精神】さんぶんせいしん

意味 ありのままの現実を客観的に冷静にとらえ、結論を急がず描いていこうとする文学上の態度。

補説 暗黒の時代といわれた昭和十年代に、広津和郎《ひろつかずお》が、「どんな事があってもめげずに、忍耐強く、執念深く、みだりに悲観もせず、楽観もせず、行き通して行く精神」（「散文精神について」昭一一）と言ったことで知られる。

【三分鼎足】さんぶんていそく

意味 力の均衡した三者が分かれて並び立つこと。また、ほぼ力の等しい三者が勢力を争って張り合うこと。三つどもえ。

補説 もとは天下を三分して三つの国が並び立つことをいった。「鼎」はかなえ。ものを煮たり、祭器として用いたりする器。二つの手と三本の足がついている。鼎が三本の足でバランスをとって立つのにたとえた語。

出典 『史記《しき》』淮陰侯伝《わいいんこうでん》

類義語 三家鼎立《さんかていりつ》・三国鼎立《さんごくていりつ》・三者鼎立《さんしゃていりつ》・三足鼎立《さんそくていりつ》・三分鼎立《さんぶんていりつ》

【三平二満】さんぺいじまん

意味 十分ではないが、少しのもので満足し、心穏やかに過ごすこと。また、普通で曲折がないこと。つねなみ。

補説 「三」「二」はともに、数の少ないことを示す。三でも平穏で二でも満足である意。また、別意で、額・鼻・下顎《したあご》（三つ）が平らで、両方の頰《ほお》（二つ）が膨れている顔、おたふく顔のことをいう。

注意 「さんぺいにまん」とも読む。

出典 黄庭堅《こうていけん》「四休居士詩《しきゅうこじのし》」序

【残編断簡】ざんぺんだんかん

⇒ 断編残簡　だんぺんざんかん　438

【讒謗罵詈】ざんぼうばり

⇒ 罵詈讒謗　ばりざんぼう　535

【三位一体】さんみいったい

意味 キリスト教で、父（神）と子（キリスト）と聖霊は、唯一の神が別の姿となって現れたものであるという考え方。

補説 転じて、三つのものが、一つのものの三つの側面であること。また、三者が心を合わせて一つになることなどの意でも用いられる。三つのものが緊密に結びつくこと。

用例 この奇蹟《きせき》を信ぜざることを得ないとなれば、三位一体のドグマも信ぜられないはずがなくなるというのである。〈森鷗外◆青年〉

【三密瑜伽】さんみつゆが

⇒ 瑜伽三密　ゆがさんみつ　644

【三面六臂】さんめんろっぴ

意味 一人で何人分かの働きをすること。また、一人で多方面にわたって活躍すること。

補説 仏像などが、三つの顔と六つの腕をもつ意から。「面」は顔。「臂」はひじ・腕のこと。
用法 三面六臂の活躍
類義語 八面六臂《はちめんろっぴ》

【山容水態】さんようすいたい

意味 山や川の様子・姿。自然の美しい風景をいう。
補説 「容」「態」は、ともに姿・様子の意。
用例 いつも同じところに停滞しているような感じは、環境の大小深浅の相違はあれ、支那の揚子江《ようすこう》のそれのように、大江的趣致であるともいえる。ただこれは山容水態、淡装をこらした美女佳妓《かぎ》の侍座する四畳半式なだけだ。〈河東碧梧桐◆南予枇杷行〉
類義語 山光水色《さんこうすいしょく》・山容水色《さんようすいしょく》

【三浴三薫】さんよくさんくん 〈―スル〉

⇒ 三釁三浴 さんきんさんよく 259

【山溜穿石】さんりゅうせんせき

意味 こつこつと努力を続ければ、何事も成し遂げることができるたとえ。
補説 山中より滴り出る水が、やがては岩石に穴を貫き通す意から。「山溜」は山から滴り出る水。「穿」は貫き通す意。「山溜《さんりゅう》、石《いし》を穿《うが》つ」と訓読する。
注意 「山霤穿石」とも書く。
出典 『孔叢子《くぞうし》』連叢子《れんぞうし》上「子琳《しりん》に与《あた》うるの書《しょ》」
類義語 愚公移山《ぐこういざん》・点滴穿石《てんてきせんせき》・磨杵作針《ましょさくしん》

さ

【三輪空寂】さんりんくうじゃく

意味 人に物をやったり、お布施を行ったりするときに、その物に執着する心を捨てよ、ということ。
補説 仏教語。「三輪」は、お布施の際の、施者（施す人）・受者（受ける人）・施物（施す物）の三つのこと。「輪」はそれら三つが互いに関連し合っていることを表す。「空寂」は一切のものは皆実体がなく、空《くう》であるという意味。三輪がすべて空であると考えることによって、施物に対する執着心を捨て去ることを意味する。
用例 与える人のいろいろさまざまが考えられる、三輪空寂は理想だ、せめて二輪空寂になりたい。〈種田山頭火◆行乞記〉
類義語 三輪体空《さんりんたいくう》

【三輪清浄】さんりんしょうじょう

意味 仏教で、身業《しんごう》（身体的行為）・口業《くごう》（言語表現）・意業《いごう》（心意作用）の三業《さんごう》の働き（三輪）がすべて清らかなこと。また、お布施の際に、施し与える人・施し与えられる人・施し与える物の「三輪」がすべて清らかであること。
出典 『心地観経《しんじかんぎょう》』一

【山礪河帯】さんれいかたい

⇒ 河山帯礪 かざんたいれい 104

【三令五申】さんれいごしん 〈―スル〉

意味 何度も繰り返し命じること。何度も言い聞かすこと。
補説 三度命じ、五度重ねて言い聞かす意から。「申」は繰り返すこと。説明し敷衍《ふえん》すること。
出典 『史記《しき》』孫武伝《そんぶでん》
類義語 耳提面訓《じていめんくん》・耳提面命《じていめんめい》・提耳面命《ていじめんめい》

【暫労永逸】ざんろうえいいつ

意味 一時、骨を折ることで、その後はいつまでも気ままに楽しんでいられること。
補説 「暫」はしばらく、一時の意。「労」は骨を折って働く。「逸」はほしいままに楽しむ。また、のんきなこと。
出典 『文選《もんぜん》』張衡《ちょうこう》「西京賦《せいけいのふ》」◎「体《たい》を継ぎ、基《もとい》を承《う》け、暫《しば》らく労して永く逸し、無為にして治まる」
類義語 一労永逸《いちろうえいいつ》・苟且偸安《こうしょとうあん》・先難後獲《せんなんこうかく》・先憂後楽《せんゆうこうらく》

【三老五更】さんろうごこう

意味 徳の高い長老のこと。
補説 「三老」は三公（中国周代、三人の重要な大臣）にあった者が、引退の後に三老として尊ばれた。「五更」は卿《けい》（中国周代、大臣）の位にあった者が引退して、五更として尊ばれた。「三老」「五更」は、ともに中国周代の長老の称。それ以外の一般の老人は「群老」と呼ばれた。この他、いわれについては諸説あるが、いずれにしても徳の高い長老の意。
出典 『礼記《らいき》』文王世子《ぶんのうせいし》

し

【思案投首】 しあんなげくび

(意味) 名案が浮かばず、困りきって首を傾けているさま。

(補説) 「投首」は首を傾ける、首をたれる意。

(用例) あれで、丁稚《でっち》も大将も、思案投首というところで、途方にくれてまんね。〈横光利一◆家族会議〉

【詩歌管弦】 しいかかんげん

(意味) 詩歌を吟じ、楽器を奏でること。また、広く文学と音楽のこと。

(補説) 「詩歌」は漢詩と和歌。また、和歌・俳句・詩などの韻文の総称。「管弦」は管楽器と弦楽器のこと。

(注意) 「詩歌管絃」とも書く。

(用例) 唐人さえやらないものを誰《だれ》が心血を注いで研究などをしよう、それよりも詩歌管絃の方が余程面白かったのである。〈狩野直喜◆日本国見在書目録に就いて〉

(類義語) 詩歌弦管《しいかげんかん》

【尸位素餐】 しいそさん

(意味) 高い地位にありながら職責を果たさず、無駄に禄《ろく》をもらっていること。また、その人。

(補説) 「尸位」は、人がかたしろになって、神のまつられる所に就く意で、地位にあって動かない、位にありながらなんの責務も果たさないことをいう。「素餐」は何も仕事をしないでただ食らうこと。「窃位素餐《せついそさん》」ともいう。

(注意) 「しいそざん」とも読む。

(出典) 『論衡《ろんこう》』量知《りょうち》／『漢書《かんじょ》』朱雲伝《しゅうんでん》

(用例) これらは咎《とが》め立するほどの、価値《ねうち》ある罪人ではない。それよりも、もっと大きな罪人には、尸位素餐、爵禄《しゃくろく》を貪《むさぼ》っている上に、役得という名の下に、いろいろな不埒《ふらち》を、働いている徒輩《ともがら》もある。〈清水紫琴◆誰が罪〉

(類義語) 素餐尸禄《そさんしろく》・伴食大臣《ばんしょくだいじん》

【侈衣美食】 しいびしょく

(意味) ぜいたくを尽くすことのたとえ。

(補説) 「侈衣」はぜいたくな着物。「美食」はおいしい、ぜいたくな食べ物。

(出典) 『呂氏春秋《りょししゅんじゅう》』精通《せいつう》

(類義語) 玉杯象箸《ぎょくはいぞうちょ》・錦衣玉食《きんいぎょくしょく》・暖衣飽食《だんいほうしょく》

(対義語) 悪衣悪食《あくいあくしょく》・粗衣粗食《そいそしょく》

【子為父隠】 しいふいん

(意味) 悪いところがあってもそれを隠し、かばい合うのが父子間の正しい道であるということ。

(補説) 子が父の罪を隠す意から。一般に「子《こ》は父《ちち》の為《ため》に隠《かく》す」と訓読して用いる。

(故事) 中国春秋時代、魯《ろ》にいた正直者の躬《きゅう》という者が、迷い込んできた羊を捕らえて自分のものにしてしまった父親を役所に訴え出て、証言をした。葉公《しょうこう》がこれを正直であると評価したのに対し、孔子は「子が父のためにその罪を隠すことこそ人情にそった真の正直である」と反論したという故事から。

(出典) 『論語《ろんご》』子路《しろ》

(類義語) 父為子隠《ふいしいん》

(対義語) 直躬証父《ちょっきゅうしょうふ》

【時雨之化】 じうのか

(意味) 草木がほどよい時に降る雨によって生育するように、有徳者の教化が広く人々に及ぶことのたとえ。

(補説) 師の恩について用いられることもある。「時雨」はほどよい時にほどよく降る雨。万物を生育させる。転じて、教化の行われることのたとえ。

(出典) 『孟子《もうし》』尽心《じんしん》上

【慈烏反哺】 じうはんぽ

(意味) 子が親の恩に報いて孝養を尽くすこと。親孝行のたとえ。

(補説) カラスが口移しで餌《えさ》を与える意から。「慈烏」はカラスの異称。カラスは、幼いとき親が口移しで餌を与えてくれた恩を忘れず、成長すると親に餌を与えてその恩を返すという。「哺」は親鳥が口に含んだ餌を与えて育てること。口移しに餌を与えること。また、口中の食物のこと。

(出典) 梁武帝《りょうのぶてい》「孝思賦《こうしふ》」

(類義語) 烏鳥私情《うちょうのしじょう》・三枝之礼《さんしのれい》・反哺之羞《はんぽのしゅう》・反哺之孝《はんぽのこう》

【四宇和平】しうわへい

(意味) 世の中が平和なこと。

(補説) 「四宇」は世界のこと。「宇」は大きな屋根のことで、世界を大きな屋根のような空の下にあるものに見立てている。

(出典) 『文選《もんぜん》』枚乗《ばいじょう》「七発《しちはつ》」

(類義語) 天下安寧《てんかあんねい》・天下泰平《てんかたいへい》

【持盈保泰】じえいほたい

(意味) 満ち足りて安らかな状態を長く保持すること。また、それを守るために、行動を慎んで災いを招かないようにすること。

(補説) 「持盈」は繁栄や栄華を維持すること。「盈」はみちる意。「保泰」は安らかなことを保つ意。「盈《えい》を持《じ》して泰《たい》を保《たも》つ」と訓読する。「保泰持盈《ほたいじえい》」ともいう。

(出典) 『詩経《しきょう》』大雅《たいが》・鳧鷖《ふえい》・序 ◎「太平《たいへい》の君子、能《よ》く盈《えい》を持《じ》し成《せい》を守る」

(類義語) 持盈守成《じえいしゅせい》

【四海兄弟】しかいけいてい

(意味) 真心と礼儀を尽くして他者に交われば、世界中の人々はみな兄弟のように仲良くなること。また、そうすべきであること。

(補説) 「四海」は四方の海のうち。天下、世界中の意。「四海同胞《しかいどうほう》」ともいう。

(注意) 「しかいきょうだい」とも読む。

(出典) 『論語《ろんご》』顔淵《がんえん》 ◎「君子は敬して失う無く、人と恭《うやうや》しくして礼有らば、四海の内、皆兄弟なり」

(用例) 一視同仁、四海兄弟といえば、この地球はあたかも一家の如《ごと》く、地球上の人民は等しく兄弟の如くにして、その相交るの情に厚薄の差別あるべからず。〈福沢諭吉◆文明論之概略〉

(類義語) 四海一家《しかいいっか》

【四海困窮】しかいこんきゅう 〈—スル〉

(意味) 天下の民が貧しく生活に困ること。

(補説) 「四海」は四方の海のうち。天下、世界中の意。

【四海天下】しかいてんか

(意味) 世界。世間。この世、人の世の意。
(補説) 「四海」は四方の海のうち。天下、世界中の意。「天下」も世界の意。
(用例) うららかな春日は一流れの雲も見えぬ深き空より四海天下を一度に照らして、十坪に足らぬ庭の面《おも》も元日の曙光《しょこう》を受けた時よりあざやかな活気を呈している。〈夏目漱石◆吾輩は猫である〉
(出典) 『書経《しょきょう》』大禹謨《たいうぼ》
(対義語) 尭風舜雨《ぎょうふうしゅんう》

【四海同胞】しかいどうほう

⇓ 四海兄弟 しかいけいてい 271

【死灰復然】しかいふくねん 〈—スル〉

(意味) 一度衰えた勢力が再び盛り返すたとえ。また、一度おさまった事が再発することのたとえ。

(補説) 火の気が消えて冷たくなった灰が、再び燃え出す意から。「然」は「燃」と同じで、燃える意。「死灰《しかい》復《また》然《も》ゆ」と訓読する。

(注意) 「死灰復燃」とも書く。

(出典) 『史記《しき》』韓長孺伝《かんちょうじゅでん》
(類義語) 枯木発栄《こぼくはつえい》・死灰再燃《しかいさいねん》

【駟介旁旁】しかいほうほう 〈—タル〉〈—ト〉

(意味) 堅く武装した四頭立ての馬の引く戦車が、勇ましく戦場を駆け回るさま。

(補説) 「駟」は四頭の馬。「介」は「甲」と同じで、よろいのこと。「駟介」はよろいを装備した四頭立ての馬、馬車のこと。「旁旁」は駆け回ってやまないさま。

(注意) 「しかいぼうぼう」とも読む。

(出典) 『詩経《しきょう》』鄭風《ていふう》・清人《せいじん》

【爾雅温文】じがおんぶん

⇓ 温文爾雅 おんぶんじが 87

【事過境遷】じかきょうせん

(意味) 物事の状況や事態が移れば、それとともに心境も移り変わること。また、ある事が過ぎ移れば、その境遇やまわりの状況も変わること。

(補説) 「境」は心境、境遇の意。「遷」は移る、移り変わる意。「事《こと》過《す》ぎ境《きょう》遷《うつ》る」と訓読する。

(類義語) 事過情遷《じかじょうせん》

【四角四面】しかくしめん 〈—ナ〉

(意味) 非常にまじめで堅苦しいこと。

(補説) 四つの角と四つの面がはっきりしていることから、きちょうめん過ぎて融通がきか

し

ないことをいう。

用法 四角四面な挨拶

用例 その弊所をごく分りやすく一口に御話《おはなし》すれば生きたものを故《わざ》と四角四面の棺の中へ入れて殊更に融通が利かないようにするからである。〈夏目漱石◆現代日本の開化〉

類義語 杓子定規《しゃくしじょうぎ》・馬鹿正直《ばかしょうじき》

対義語 融通無礙《ゆうずうむげ》

【自画自賛】じがじさん 〈―スル〉

意味 自分で自分のことを褒めること。

補説 自分で描いた絵に自分で賛を書く意から。「賛」は絵画に書き込む詩や文章などのこと。また、詩や文章などを画面の中に記すこと。他人に書いてもらうのが通例。

注意 「自画自讃」とも書く。

用例 ワタシノ母サン、ヤサシイ母サン。やたらに続けて唄うのである。私は奇妙に思った。まるで、自画自讃ではないか。この奥さんには三人の子供があるのだ。〈太宰治◆作家の手帖〉

類義語 一分自慢《いちぶじまん》・我田引水《がでんいんすい》・自負自賛《じふじさん》・手前味噌《てまえみそ》

【止渇飲鴆】しかついんちん

⇒ 飲鴆止渇 いんちんしかつ 57

【歯豁頭童】しかつとうどう

⇒ 頭童歯豁 とうどうしかつ 490

【自家撞着】じかどうちゃく 〈―スル〉

意味 同じ人の言動や文章などが前後で矛盾していること。自分で自分の言行に反することをすること。

補説 「自家」は自分、自分自身の意。「撞着」は突き当たること。矛盾すること。「自己撞着《じこどうちゃく》」ともいう。

注意 「自家撞著」とも書く。

出典 『禅林類聚《ぜんりんるいじゅう》』看経門《かんきんもん》

用例 なあんだ、若旦那。自家撞着していますぜ。さっきご自分で批評がきらいだなんておっしゃってた癖に、ご自分では、私の事を浅慮だの、無謀だの、こんどは身勝手だの、さかんに批評してやがるじゃないか。〈太宰治◆お伽草紙〉

類義語 自家撲滅《じかぼくめつ》・自己矛盾《じこむじゅん》・矛盾撞着《むじゅんどうちゃく》

【歯牙余論】しがのよろん

意味 わずかな言葉。また、わずかなほめ言葉。ちょっとした激励の言葉。

補説 口さきから漏れるわずかな言葉の意から。「歯牙」は歯と牙《きば》。転じて、口さき、言論の意。「余論」は余った言論の意で、わずかな言葉。

出典 『南史《なんし》』謝朓伝《しゃちょうでん》 ◎「歯牙の余論を惜しむこと無かれ」

【徙家忘妻】しかぼうさい

⇒ 徙宅忘妻 したくぼうさい 285

【自家撲滅】じかぼくめつ

意味 同じ人の言動や文章などが、前後で矛盾すること。

補説 「自家」は自分、自分自身の意。「撲滅」は打ち消すこと。

類義語 自家撞着《じかどうちゃく》・自己撞着《じこどうちゃく》・自己矛盾《じこむじゅん》・矛盾撞着《むじゅんどうちゃく》

【自家薬籠】じかやくろう

⇒ 薬籠中物 やくろうちゅうのもの 636

【紫幹翠葉】しかんすいよう

意味 山の景色の青々と美しいことの形容。

補説 むらさきの木の幹とみどりの木の葉の意から。「幹」は木のみき。「翠」はみどり色。略して「紫翠」ともいう。

用例 ここは松山の半腹、紫幹翠葉の間から富士足柄箱根大山高麗《こうらい》山がちらちら顔を出し、〈徳冨蘆花◆思出の記〉

【只管打坐】しかんたざ

意味 余念を交えず、ただひたすら座禅すること。

補説 禅宗の語。「只管」はひたすら、ただ一筋に一つのことに専念すること。「打坐」は座ること、座禅をすること。「打」は動作する意を示す助字。

注意 「祗管打坐」とも書く。

出典 『正法眼蔵随聞記《しょうぼうげんぞうずいもんき》』

【士気高揚】しきこうよう 〈―スル〉

意味 集団の意気込みが高まること。

補説 「士気」は戦いに臨む兵士の意気込み。転じて、集団で何かするときの人々の意気込み。「高揚」は精神や気分などが高まること。

兵士の意気込みが高まることから転じた。
注意 「士気昂揚」とも書く。
用例 だが、奇瑞《きずい》や予言をつかうのは兵家のつねだ。これも正成《まさしげ》が士気昂揚のための一計であったろう。〈吉川英治◆私本太平記〉
対義語 士気阻喪《しきそそう》

【直指人心】 じきしにんしん

意味 人の心を直に指さすこと。
補説 禅宗の語。人の心こそが仏であり、心をおいて仏はない。禅宗の初祖、菩提達磨《ぼだいだるま》は、その事実を説明ぬきでずばりと指し示すためにやって来たとされる。心にそなわる仏としての本質（仏性《ぶっしょう》）を見て自ら仏となるという意の成語「見性成仏《けんしょうじょうぶつ》」と対にして用いられる。また、説明のための言語文字を定立しないという意の「不立文字《ふりゅうもんじ》」という語が、その上に加えられることも少なくない。（→「見性成仏《けんしょうじょうぶつ》」201・「不立文字《ふりゅうもんじ》」581）
出典 『碧巌録《へきがんろく》』一

【時期尚早】 じきしょうそう 〈―ナ〉

意味 事を実行するには、まだ時が早過ぎること。また、そのさま。
補説 「尚早」は、なお早い、まだその時期ではないの意。
用例 女なら女のことを解決するかもしれない、というぼんやりした婦人たちの期待は、時期尚早のうちに強行された選挙準備のうちに、決して、慎重に政党の真意を計るところまで高められようもなかった。〈宮本百合子◆一票の教訓〉

【色相世界】 しきそうせかい

意味 目に見える世界、現実世界のこと。
補説 「色相」は肉眼で見える姿・形・ありさまの意。
用例 金屏《きんびょう》を背に、銀燭《ぎんしょく》を前に、春の宵の一刻を千金と、さざめき暮らしてこそしかるべきこの装いの、いとう景色もなく、争う様子も見えず、色相世界から薄れてゆくのは、ある点において超自然の情景である。〈夏目漱石◆草枕〉
類義語 現象世界《げんしょうせかい》

【色即是空】 しきそくぜくう

意味 この世のすべては、そのまま「空」にほかならない。
補説 仏教語。「色」はあらゆる事物・事象。「空」は固定的な実体がなく空虚であること。「即是」は、まさしく…である、そのままで…にほかならない。「色」の存在を否定したところに「空」があるのでなく、「色」は「色」のままで「空」にほかならない、という意。「空即是色」とともに用いられることが多い。（→「空即是色《くうそくぜしき》」176）
注意 語構成は「色」＋「即是」＋「空」。
出典 『般若心経《はんにゃしんぎょう》』
用例 色即是空、酒もつまらぬ、小さい家を一軒買い、田舎から女房子供を呼び寄せて、……という里心に似たものが、ふいと胸をかすめて通る事が多くなった。〈太宰治◆グッド・バイ〉
類義語 一切皆空《いっさいかいくう》・空即是色《くうそくぜしき》・五蘊皆空《ごうんかいくう》

【士気阻喪】 しきそそう 〈―スル〉

意味 集団の意気込みがくじけて勢いがなくなること。
補説 「士気」は戦いに臨む兵士の意気込み。転じて、集団で何かするときの人々の意気込み。「阻喪」は気力がくじけて勢いがなくなること。気落ちすること。兵士の意気込みがくじけてしまうことから転じた。
注意 「士気沮喪」とも書く。
対義語 士気高揚《しきこうよう》

【時機到来】 じきとうらい

⇒ 時節到来 じせつとうらい 283

【事急計生】 じきゅうけいせい

意味 事態が緊迫すると、かえってすぐれた計略・策略が出ること。
補説 「事《こと》急《きゅう》なれば計《けい》生《しょう》ず」と訓読する。
故事 中国後梁《こうりょう》の太祖朱全忠の庶子である朱友珪《しゅゆうけい》が、太祖に左遷されそうであると知って悲嘆していると、側近から「事態が緊迫するとすぐれた計略が生じるものです」と励まされ、太祖を殺して帝位を奪い取った故事から。
出典 『新五代史《しんごだいし》』朱友珪伝《しゅゆうけいでん》

【自給自足】 じきゅうじそく 〈―スル〉

意味 必要とする物を他に求めず、すべて自分でまかない、足りるようにすること。
補説 自分で自分に供給し、自分で必要なものを満たす意から。
用例 此所《ここ》のように自給自足すら覚束《おぼつか》ないような痩地の所へは買出しの人さえやって来ず、従って農人はおのずから勤勉であると同時に悪びれもせず、人間本来の性情を素直に保っている。〈高村光太郎◆開墾〉

【至恭至順】しきょうしじゅん 〈—ナ〉

意味 この上なく素直で従順なさま。
補説 「至」はいたって、この上なくの意。「恭」は慎み深いこと、おとなしいこと。「順」は逆らわないこと。

【子虚烏有】しきょうゆう

意味 何もないこと。何もかもなくなること。また、うその事柄。
補説 「子虚」はうそ。「烏有」は「いずくんぞあらんや」と読み、どうしてあろうか、いやありはしない、という意味。
故事 漢の司馬相如《しばしょうじょ》が、天子に倹約を説く文章を作ったときに、子虚・烏有という架空の人物を登場させて語らせた故事から。
出典 『文選《もんぜん》』司馬相如《しばしょうじょ》「子虚賦《しきょのふ》」／『史記《しき》』司馬相如伝《しばしょうじょでん》

【史魚屍諌】しぎょしかん

意味 史魚は衛の霊公《れいこう》を諌《いさ》めたが聞き入れられず、臨終のとき、自分を埋葬しないように子に命じて、自分の屍《しかばね》で霊公を諌めたという故事。
補説 「史魚」は中国春秋時代、衛の大夫《たいふ》の史鰌《しゅう》。「史」は官名。名は鰌、字《あざな》は子魚。「屍」は死体。「諌」はいさめる。
注意 「史魚尸諌」とも書く。
出典 『韓詩外伝《かんしがいでん》』七
類義語 史魚黜殯《しぎょちゅつひん》・史魚之直《しぎょのちょく》

【至緊至要】しきんしよう 〈—ナ〉

意味 いたって差し迫り大切であるさま。この上なく緊急で大切である意から。
補説 「至緊」はたいへんに差し迫っていること。「至要」はこの上なく大切であること。

【四弘誓願】しぐぜいがん

意味 あらゆる仏や菩薩《ぼさつ》のもつ広大な四つの誓い・願い。
補説 仏教語。衆生《しゅじょう》無辺誓願度（すべてのものを悟りの彼岸に渡そうとする誓願）、煩悩無尽誓願断（すべての煩悩を断ち切ろうとする誓願）、法門無量誓願学（仏法の深い教えを学びきろうとする誓願）、仏道無上誓願成《せいがんじょう》（この上ない悟りに至ろうとする誓願）の四つをいう。
注意 「しくせいがん」「しぐうぜいがん」とも読む。
出典 『摩訶止観《まかしかん》』一〇下
用例 まず何よりも酒をつつしむべし、二合をよしとすれども、三合までは許さるべし、ショウチュウ、ジンなどはのむべからず、ほろほろとしてねるがよろし。いつも懺悔文《ざんげぶみ》をとなうべし、四弘誓願を忘るべからず。〈種田山頭火◆行乞記〉

【四衢八街】しくはちがい

意味 大きな通りが四方八方に通じた大きな町。交通などの便がよく、にぎわう町の形容。
補説 「衢」「街」は、ともに四方に通じる道。大通りのこと。
類義語 四通八達《しつうはったつ》

【四苦八苦】しくはっく 〈—スル〉

意味 非常に苦労すること。たいへんな苦しみ。
補説 もとは仏教語で、あらゆる苦しみの意。「四苦」は「生《しょう》」「老《ろう》」「病《びょう》」「死《し》」の四つの苦しみ。「八苦」は「四苦」に次の四種を加えたもの。「愛別離苦《あいべつりく》」（愛するものと別れなければならぬ苦しみ）、「怨憎会苦《おんぞうえく》」（恨み憎む者に会わねばならぬ苦しみ）、「求不得苦《ぐふとくく》」（求めるものが得られぬ苦しみ）、「五陰盛苦《ごおんじょうく》」（心身を形成する五つの要素から生じる苦しみ）。
用例 父の面を眺め詰め、胸にこだわる四苦八苦を吐き出すまいか、どうしたらよかろうと、〈坪内逍遥◆細君〉
類義語 艱難辛苦《かんなんしんく》・生老病死《しょうろうびょうし》・五陰盛苦《ごおんじょうく》・七難八苦《しちなんはっく》

【舳艫千里】じくろせんり

意味 多くの船が長く連なり進むこと。
補説 「舳」は船尾。「艫」は船首。一説にこの逆。船の船尾に次の船の船首がくっつくように、果てしなく連なることをいう。
出典 『漢書《かんじょ》』武帝紀《ぶていき》

【四絃一撥】《しげんいっぱつ》

意味 琵琶《びわ》の四つの弦が一斉にかき鳴らされること。また、それがあたかも絹を裂くような悲しげな音をたてること。

補説 「四絃」は四本の弦を張った楽器で、琵琶のこと。「撥」は楽器の弦をはねること。また、そのための道具。

注意 「四弦一撥」とも書く。

出典 白居易《はくきょい》「琵琶行《びわこう》」

用例 予《かね》て召し置かれたる白拍子《しらびょうし》の舞もはや終りし頃おい、さと帛《きぬ》を裂くが如《ごと》き四絃一撥の琴の音に連《つ》れて、繁絃急管のしらべ洋々として響き亙《わた》れば、〈高山樗牛◆滝口入道〉

類義語 四絃一声《しげんいっせい》

【子見南子】《しけんなんし》

意味 道義を守り、自分の信念をおし通すこと。

補説 『論語《ろんご》』中の、ある一節の書き出し四文字で、「子、南子を見る（先生が南子に会われる）。」という意味。「南子」は、衛の国王霊公《れいこう》の夫人。不品行だったという。

故事 孔子が、とかくうわさのある国王夫人南子に謁見しようとすると、弟子の子路が不快な顔をした。それを見た孔子は誓いを立てて、道に背けば天が私を見捨てるはずだと答えた、という故事から。

出典 『論語《ろんご》』雍也《ようや》 ◎「子、南子を見る。子路悦《よろこ》ばず。夫子《ふうし》これに矢《ちか》いて曰《いわ》く、予《われ》、否《こば》むところのものは、天これを厭《す》てん、天これを厭てん」

【子建八斗】《しけんはっと》

意味 詩文の才能を賞賛する語。

補説 中国六朝《りくちょう》代、宋《そう》の謝霊運《しゃれいうん》が三国時代の魏《ぎ》の曹植《そうしょく》の詩才を、天下の才能が一石《いっせき》あるとすれば、曹植の詩才は一人で八斗を有すると賞賛した。「子建」は曹植の字《あざな》。「斗」は容量の単位。一石は十斗。『蒙求《もうぎゅう》』の表題の一つ。（→「七歩之才《しちほのさい》」286）

出典 『蒙求《もうぎゅう》』子建八斗《しけんはっと》

【自己暗示】《じこあんじ》

意味 自分で自分にある観念を繰り返すことで暗示をかけ、それが現実であるという意識が生まれること。

補説 「暗示」はそれとなく示す、ほのめかすこと。

用例 それ故彼《か》れは画家の凡《すべ》てが陥っている色彩上の自己暗示に襲われることなしに、自然の色と絵具の色とを比較することが出来た。〈有島武郎◆描かれた花〉

【舐糠及米】《しこうきゅうまい》

意味 被害が次第に本体に及んだり、拡大したりすることのたとえ。また、領土を次々に削られて、滅亡に至るたとえ。

補説 コクゾウムシなどの害虫が米の外側の糠《ぬか》をなめ尽くすと、中身の米を食べるようになる意から。「舐」はなめる、ねぶる意。「糠」は米のぬか。一般に「糠《ぬか》を舐《ねぶ》りて米《こめ》に及《およ》ぶ」と訓読して用いる。

出典 『史記《しき》』呉王濞伝《ごおうびでん》

【試行錯誤】《しこうさくご》〈―スル〉

意味 新しい物事を行うとき、試みと失敗を繰り返しながら次第に見通しを立てて、解決策や適切な方法を見いだしていくこと。

補説 「試行」は試しに行うこと。「錯誤」は誤り・間違い。心理学用語「trial and error（トライアル・アンド・エラー）」の訳語。

用例 学習の最初の行動は試行錯誤によりて行われ、その中で結果を持ちきたすもののみが漸次に固定されて行き、遂《つい》に学習するようになるというのである。〈久保良英◆教育心理に関する現下の問題二三〉

【自高自大】《じこうじだい》

意味 おごり高ぶって他人を軽視すること。高慢なこと。

補説 「自高」「自大」はともに、自らを高く、大きなものとみなすこと。自分で自分を大したものであると思う意。

類義語 夜郎自大《やろうじだい》

【自業自得】《じごうじとく》

意味 自分の行いの報いを自分が受けること。

補説 一般には悪い報いを受ける場合に用いる。もとは仏教の語で、自分のした善悪の行為で、自ら苦楽の結果を招き受けること。「業」は行為。

用例 今我々親子の世間から疎《うと》まれているの

は、自業自得の致すところで、不名誉の極です！〈尾崎紅葉◆金色夜叉〉
類義語 開門揖盗《かいもんゆうとう》・向天吐唾《こうてんとだ》・自業自縛《じごうじばく》・自作自受《じさくじじゅ》・自縄自縛《じじょうじばく》

【至公至平】しこう しへい 〈―ナ〉

意味 この上なく公平であること。また、そのさま。
補説 「至」はこの上なく、甚だしく。「公平」のそれぞれの語に「至」を添えて意味を強めた語。
用例 この日夜飽くなき美食何十年の実際生活を基本として至公至平に判断するとき、ふぐは絶味も絶味、他の何物にも処《とこ》ろを異にすると断言してはばからないのである。〈北大路魯山人◆河豚食わぬ非常識〉

【豕交獣畜】しこう じゅうちく

意味 人をけものなみに扱うこと。
補説 豚なみにあしらい、けものなみに養う意から。「豕交」は豚とみなして交わる。「獣畜」はけものとみなして養う。「畜」は養う意。
出典 『孟子《もうし》』尽心《じんしん》上

【師曠之聡】しこうの そう

意味 耳がすぐれていて、よく音を聞き分けるさま。
補説 師曠のように耳がさとい意から。「師曠」は中国春秋時代、晋《しん》の楽師。音楽に精通し、よく音調を聞き分けて、音で事の吉凶を判断したという。
出典 『孟子《もうし》』離婁《りろう》上

し

【四荒八極】しこう はっきょく

意味 世界の隅々。世界のあらゆる場所のこと。
補説 「四荒」は四方の果ての異民族の住む地。北方の觚竹《こちく》、南方の北戸《ほくこ》、西方の西王母《せいおうぼ》、東方の日下《じっか》の四つを指す。「八極」は八方の遠方の地。八方の地の果てのところ。
出典 白居易《はくきょい》「新楽府《しんがふ》・八駿図《はっしゅんず》」

【至高無上】しこう むじょう

意味 この上なく高尚で立派なこと。
補説 「至高」はこの上なくすぐれていること。「無上」はこの上ないこと。
出典 『淮南子《えなんじ》』繆称訓《びゅうしょうくん》
類義語 至高至上《しこうしじょう》

【自己犠牲】じこ ぎせい

意味 自分の欲望や利益を捨てて、他のために尽くすこと。
補説 「自己」は自分自身。「犠牲」はある目的のために大切なものを捧《ささ》げること。ここでは、自分自身を捧げるという意味。
用例 真実の価値あるものを生むためには、必ず自己犠牲が必要なのだ。人のために捧げられた奉仕の魂が必要だ。〈坂口安吾◆いずこへ〉

【自己欺瞞】じこ ぎまん

意味 自分で自分の心を欺きだますこと。自分の良心に反する言行をすること。
補説 「自己」は自分自身。「欺」「瞞」はともに、あざむく、だます、いつわる意。
用例 しかし恋人と云《い》うものは滅多に実相を見るものではない。いや、我我の自己欺瞞は一たび恋愛に陥ったが最後、最も完全に行われるのである。〈芥川龍之介◆侏儒の言葉〉

【自己嫌厭】じこ けんえん

⇒ 自己嫌悪 じこけんお 276

【自己嫌悪】じこ けんお

意味 自分で自分が嫌になること。
補説 「自己」は自分自身。「嫌悪」はひどく嫌うこと。「自己嫌厭《じこけんえん》」ともいう。
用例 そして十四歳の少年にしては、あまりにもむごたらしい自己嫌悪にさえ陥りかけたのである。〈下村湖人◆次郎物語〉

【自己顕示】じこ けんじ 〈―スル〉

意味 自分の存在を多くの人の中で、ことさらに目立たせること。
補説 「自己」は自分自身。「顕示」は、はっきりと示すこと。明確にあらわすこと。
対義語 自己陶酔《じことうすい》

【刺股懸頭】しこ けんとう

⇒ 懸頭刺股 けんとうしこ 202

【市虎三伝】しこ さんでん

⇒ 三人成虎 さんにんせいこ 267

【事後承諾】じご しょうだく

意味 事がすんだあとで、それについての承諾を受けること。また、承諾を与えること。

用例 一緒に住んでいる俺でさえ事後承諾の形で、一時は憤慨したくらいだ。〈森本薫◆女の一生〉

【自己韜晦】じことうかい

意味 自分の才能・形跡・本心などを包み隠して表に出さず、人に知られないようにすること。

補説 「自己」は自分自身。「韜晦」は才能や学問などを包みくらますこと。「韜」は包む、隠す意。「晦」は暗い、くらます意。

用例 たとえばスタンダールは自己韜晦の名人だったというような通念を一人間理解の常識を鵜呑《うの》みにしているような人達にはけっして納得できないのである。〈杉山英樹◆独断について〉

類義語 韜光晦迹《とうこうかいせき》・韜光養晦《とうこうようかい》・被褐懐玉《ひかついぎょく》

【自己陶酔】じことうすい（―スル）

意味 自分の言動や考えなどをよしとして、そのような自分にうっとり酔いしれること。

補説 「自己」は自分自身。「陶酔」はうっとりとしていい気分にひたること。

用例 本人が多少いい気になって、うれしがると自分でいった事を自分で感心して了《しま》って自己陶酔を始めたりするので、来賓が皆あくびをしていても頓着なく、一人うれしく話を長びかせいつ終るという見込みさえ立たなくなって了うのである。〈小出楢重◆最近の雑感二つ〉

対義語 自己嫌悪《じこけんお》・自己批判《じこひはん》

【自己撞着】じこどうちゃく（―スル）

⇒自家撞着《じかどうちゃく》 272

【自己弁護】じこべんご（―スル）

意味 自分の立場を守りかばうために、都合のいい言い訳をすること。

補説 「自己」は自分自身。「弁護」は助けになることを主張して、その人を守りかばうこと。自分で自分を弁護するという意味。

用例 この種の文章は往々にして、いやみな自己弁護になるか、卑屈な謙遜《けんそん》になるか、傲慢《ごうまん》な自己主張になりやすい。〈織田作之助◆私の文学〉

【自己満足】じこまんぞく（―スル）

意味 これでよしとして、今の自分に満足すること。

補説 「自己」は自分自身。「満足」は望みどおりになって、気持ちのよい状態であること。自分は満足しているが、他人が満足する水準にはない場合に否定的に使われることが多い。

用例 三十歳台、四十歳台で、一にも二にも表現、表現と叫んで自然ではなく、奇矯な形態の作品を描いて自己満足し、芸術表現なりとしている人々〈小熊秀雄◆川村曼舟論〉

【自己矛盾】じこむじゅん

意味 自分自身の中で、論理や行動が食い違い、つじつまが合わなくなること。

補説 「自己」は自分自身。「矛盾」はつじつまの合わないこと。

用例 その背後に一を考えることもできない、多を考えることもできない。決定せられることそのことが自己矛盾を含んでいなければならない。〈西田幾多郎◆絶対矛盾的自己同一〉

類義語 自家撞着《じかどうちゃく》・自家撲滅《じかぼくめつ》・自己撞着《じこどうちゃく》・矛盾撞着《むじゅんどうちゃく》

【四顧寥廓】しこりょうかく（―タル）（―ト）

意味 あたり四方が、ただ空しく広がっているさま。四方四辺ががらんとして広い形容。

補説 「四顧」は四方を見回す意。「寥廓」は空しく広がる意。

用例 四顧寥廓として、止《ただ》山水と明月とあるのみ。〈泉鏡花◆義血侠血〉

【自今以後】じこんいご

意味 今からのち。今後。「而今而後《じこんじご》」ともいう。

注意 「自今」は「爾今」「而今」とも、「以後」は「已後」とも書く。

用例 自今以後とても、教育家がこの辺に心付かずして、ただ教育法の高尚なるを求め、（中略）今のままの方向に進みたらんには、国中ますます教師を生ずるのみにして、実業につく者なく、〈福沢諭吉◆慶応義塾学生諸氏に告ぐ〉

【而今而後】じこんじご

⇒自今以後《じこんいご》 277

【士魂商才】しこんしょうさい

意味 武士の精神と商人としての抜け目ない才能とを併せもっていること。

補説 「士魂」は武士の精神。「商才」は商売の才能。「和魂漢才」をもじってできた語という。商人や実業家のあるべき姿とされた。

用例 開山福沢翁が富の福音を伝道しつつも士魂商才を叫んだ如《ごと》く、当時の青年は（中略）文芸に陶酔してペンを持っても、国士という桎梏《しっこく》から全く解放されたものは先《ま》ずなかった。〈内田魯庵◆二葉亭追録〉

【指差喚呼】しさかんこ（―スル）

意味 安全をはかるために、指でさし示し、大声を出してまわりの状況を確認すること。

補説 「指差」は指さすこと。「喚呼」は大声で叫ぶ意。危険な作業現場や、鉄道の運行などの安全をはかるために行う確認の言動。指差し確認。

類義語 喚呼応答《かんこおうとう》

【自作自演】じさくじえん（―スル）

意味 筋書きを作った人が、自ら役者となって、その作品に出演すること。

補説 作詞・作曲家が自身で演奏し、歌うこともいう。また、強盗に襲われたかのように見せかけ、警察に届けるような場合にも比喩《ひゆ》的に用いる。

用例 「物を考える脳髄」が「物を考える脳髄」に自作自演さした一大恐怖ノンセンス劇のドン詰めでなくて何であろう。〈夢野久作◆ドグラ・マグラ〉

【自作自受】じさくじじゅ

意味 自分の行った悪事によって、自分が悪い結果を得ること。

補説 「自作」は自らなす。「作」は行為。自ら行った行為を自らが受け取る意。

出典 『鉄囲山叢談《てついさんそうだん》』四

類義語 自業自得《じごうじとく》

【思索生知】しさくせいち

意味 道理や筋道を追って物事をよく考えることで、知恵が生まれてくるということ。

補説 「思索」は筋道を立てて十分に考えること。「生知」は知識・知恵が生まれること。一般に「思索《しさく》、知《ち》を生《しょう》ず」と訓読して用いる。

注意 「しさくしょうち」とも読む。

出典 『管子《かんし》』内業《ないぎょう》

【自殺行為】じさつこうい

意味 結果として自分を滅ぼすことになるような、おろかな行いのこと。

補説 「自殺」は自身の命を絶つこと。「行為」は行いのこと。比喩《ひゆ》的に使うことが多い。

用例 人類よ、戦争を計画してくれるな。原子爆弾というものがある故に、戦争は人類の自殺行為にしかならないのだ。〈永井隆◆長崎の鐘〉

【屍山血河】しざんけつが

意味 激しい戦闘のたとえ。また、そのあとの惨状のこと。

補説 屍《しかばね》の山と血の河の意から。

注意 「尸山血河」とも書く。「しざんけっか」とも読む。

用例 国民の一部が他国で屍山血河を越えているというような風情は少しも見えない、この点に於《お》いては日本は幸福な国である、〈中里介山◆百姓弥之助の話〉

【時時刻刻】じじこくこく

意味 その時その時。物事が引き続いて起こることにいう。また、時を追って。次第次第に。

注意 「じじこっこく」とも読む。

用例 人間の存在は時々刻々に変転し又消失して行く、その現実そのものが詩歌でなければならない。〈野口米次郎◆想像の洗礼〉

類義語 念念刻刻《ねんねんこくこく》

【四肢五体】ししごたい

意味 全身、からだ全体の意。

補説 「四肢」は両手と両足。「五体」は身体を構成する五つの部分。筋・脈・肉・骨・毛皮、または、頭・両手・両足、あるいは頭・頸《くび》・胸・手・足の称。転じて、全身のこと。

用例 果ては魂という個体を、もぎどうに保ちかねて、氤氳《いんうん》たる瞑氛《めいふん》が散るともなしに四肢五体に纏綿《てんめん》して、依々《いい》たり恋々《れんれん》たる心持ちである。〈夏目漱石◆草枕〉

【孜孜忽忽】ししこつこつ（―タル）（―ト）

意味 他の事を顧みず、ひたすら邁進《まいしん》するさま。他の事には目もくれず、一事に全力を注ぐさま。
補説「孜孜」は努め励むさま。「怱怱」は他を顧みないさま。
用例 眼中利禄《りろく》なく名誉なく、況《いわ》んや酒色の欲望の如《ごと》きは塵芥《じんかい》よりも軽しとし孜々怱々其《その》一路を志《こころざ》して〈内田魯庵◆くれの廿八日〉

【志士仁人】しし じんじん

意味 志のある人や仁徳者。
補説「志士」は道や学問に志す人。「仁人」は仁徳のある人。
出典『論語《ろんご》』衛霊公《えいれいこう》
用例 志士仁人が往来し、一般人心がおびえているうちに、広い世間には極めて暢気千万《のんきせんばん》な奴《やつ》もあればあるもので、道庵十八文の如《ごと》きその一人。〈中里介山◆大菩薩峠〉

【獅子身中】しし しんちゅう

意味 内部の者でありながらその組織に災いをもたらす者のたとえ。また、恩を受けておきながら逆に害悪を及ぼす者のたとえ。
補説 もと、仏の弟子でありながら、仏教に害を及ぼす者のたとえ。「獅子」はライオン。獅子の体内に寄生している虫が獅子に害を及ぼし、死に至らしめることがあることからいう。「獅子身中の虫」の略。
出典『蓮華面経《れんげめんぎょう》』上
用例 政府其《その》ものの中に政府を危《あや》うす可《べ》き獅子身中の虫は少なからず宿って居た。〈徳冨蘆花◆黒潮〉
類義語 身中之虫《しんちゅうのむし》

【師資相承】しし そうしょう

意味 師の教えや技芸を受け継いでいくこと。また、師から弟子へ学問や技芸などを引き継いでいくこと。
補説 もとは、仏の教えが弟子へと正しく伝えられることをいう。「師資」は師匠・先生。また、師匠と弟子。「師資《しし》相承《あいう》く」と訓読する。
用例 かくてもとは師資相承であった筈《はず》の術道も、いつしか血脈相承となる。すべてのものが家柄によって保持せられることとなるのである。〈喜田貞吉◆憑き物系統に関する民族的研究〉
類義語 血脈相承《けちみゃくそうしょう》

【子子孫孫】しし そんそん

意味 末代まで。孫子《まごこ》の代まで。代々。
補説「子孫」を重ねて強めた語。
注意「ししそんぞん」とも読む。
出典『書経《しょきょう》』梓材《しざい》
用例 おい、俺は今ここにこうして死ぬけれども、この肉の甘味だけは子々孫々忘れてはならぬ。〈坂口安吾◆ラムネ氏のこと〉

【事実無根】じじつ むこん（―ナ）

意味 事実に基づいていないさま。事実であるという根拠がないさま。
補説「根」は根拠の意。
用例 それにしても嫉妬の根拠であるものが事実無根にすぎないことを自分ではっきり知っているのが滑稽だった。〈坂口安吾◆老嫗面〉

【舐痔得車】しじ とくしゃ

意味 卑しいことをして人にこびへつらい、利益を手に入れるたとえ。
補説 自分を卑しめることをしてまで利を求めるのをあざける語。「舐」はなめる意で、「舐痔」は痔疾を舐《な》めること。一般に「痔《じ》を舐《ねぶ》りて車《くるま》を得《う》」と訓読して用いる。
故事 中国宋《そう》の曹商《そうしょう》が秦《しん》に使いに行き、王から車百乗をもらって得意になって帰国した。荘子《そうし》はこれを見て、「秦王は痔疾をなめて治療した者には車五乗を与えたというから、おまえもさぞかし痔をなめて、その多くの車をもらったのだろう」とあざけったという故事から。
出典『荘子《そうじ》』列禦寇《れつぎょこう》

【死児之齢】しじの よわい

意味 亡くなった子が生きていたら今何歳だ、と年を数えて悔やむこと。転じて、後悔しても仕方ないことで悔やむ意にも用いる。
補説 取り返しがつかないことについていう場合もある。「死んだ子の年を数える」という言い方が一般的。
用例 死児の齢を数える、と言って笑うものがあるが、わが子を亡くしたことのない人の冷たい言葉であろう。〈永井隆◆この子を残して〉

【獅子搏兎】しし はくと

意味 簡単なことでも全力で努めるべきであ

し

ることのたとえ。

【補説】ライオンはウサギのような弱いものを捕らえるにも、全力でこれに当たることからいう。「獅子」はライオン。「搏」はうつこと。また、捕らえること。「獅子《しし》兎《うさぎ》を搏《う》つに皆《みな》全力《ぜんりょく》を用《もち》う」の略。

【出典】黄宗羲《こうそうぎ》「称心寺志《しょうしんじし》」序

【孜孜不倦】 ししふけん

【意味】飽きることなく、絶えず努め励むこと。

【補説】「孜孜《しし》」は努め励むこと。勤勉なこと。「倦」は飽きること。一般に「孜孜《しし》として倦《う》まず」と訓読して用いる。

【出典】『書経《しょきょう》』益稷《えきしょく》

【類義語】孜孜不懈《ししふかい》・孜孜不怠《ししふたい》・孜孜無倦《ししむけん》・孜孜無怠《ししむたい》

【事事物物】 じじぶつぶつ

【意味】あらゆる物事。一つひとつすべての事柄。それぞれの物事。

【補説】「事物」のそれぞれの語を重ねて、意味を強めた語。

【用例】今や外国の交際俄《にわか》に開け、国内の事務一としてこれに関せざるものなし。事々物々皆外国に比較して処置せざるべからざるの勢いに至り、〈福沢諭吉◆学問のすすめ〉

【獅子奮迅】 ししふんじん

【意味】獅子が奮い立って、猛進するような激しい勢い。また、そのような猛烈な勢いで活動すること。

【補説】もとは仏教で奮い立って事に当たるさまをいった。「獅子」はライオン。「奮迅」は激しく奮い立つさま。

【出典】『大般若経《だいはんにゃきょう》』五二

【用例】満身の力を腕にこめて、押し寄せ渦巻き引きずる流れを、なんのこれしきと掻《か》きわけ掻きわけ、めくらめっぽう獅子奮迅の人の子の姿には、神も哀れと思ったか、ついに憐愍《れんびん》を垂れてくれた。〈太宰治◆走れメロス〉

【刺字漫滅】 しじまんめつ 〈―スル〉

【意味】しばらく人を訪問しないこと。

【補説】名刺をふところに入れたままで長く使わないために、名刺の字が擦れて汚れて読めなくなる意から。「刺字」は名刺の字。「漫滅」は文字などが擦れて消えてしまい、はっきりしないこと。

【出典】『後漢書《ごかんじょ》』文苑伝《ぶんえんでん》・禰衡伝《でいこうでん》

【耳視目食】 じしもくしょく

⇒目食耳視 もくしょくじし 632

【四十不惑】 しじゅうふわく

【意味】四十歳で、あれこれ迷わなくなること。

【補説】四十歳で自分の向かう道が正しいと確信して、いかなる事変に遭遇しても確固として所信に向かい迷わなくなること。孔子が生涯を振り返って述べた語で、ここから四十歳を「不惑」という。一般に「四十《しじゅう》にして惑《まど》わず」と訓読して用いる。（↓「十五志学《じゅうごしがく》」303）

【出典】『論語《ろんご》』為政《いせい》

【類義語】五十知命《ごじゅうちめい》・三十而立《さんじゅうじりつ》・十五志学《じゅうごしがく》・六十耳順《ろくじゅうじじゅん》

【耳熟能詳】 じじゅくのうしょう

【意味】聞き慣れてよく理解できていることは、詳しく説明できるということ。

【補説】「耳熟」はくり返し耳にしているということ。「能詳」は詳細に明らかにできるということ。「耳《みみ》に熟《じゅく》するは能《よ》く詳《つまび》らかにす」と訓読する。

【出典】欧陽脩《おうようしゅう》「瀧岡阡表《そうこうせんぴょう》」

【耳竪垂肩】 じじゅすいけん

【意味】耳たぶが肩まで垂れていること。長寿で富貴な人の相をいう。

【補説】「耳竪」は耳たぶ。「耳竪《じじゅ》肩《かた》に垂《た》る」「耳竪《じじゅ》肩《かた》に垂《なん》とす」と訓読する。

【故事】中国西晋《せいしん》の時代、占術家の陳訓《ちんくん》が病にふせる王導《おうどう》に、「耳竪垂肩」の相があるから子孫は必ず江東地方で繁栄するであろう、と予言した。のち、東晋の建国に尽力した王導は宰相となり、王氏一族は繁栄をきわめたという故事から。

【出典】『晋書《しんじょ》』陳訓伝《ちんくんでん》

【自主独立】 じしゅどくりつ

【意味】他者の保護や干渉を受けずに、自ら判断して物事を行うこと。

【用例】大概の事は人間として考える自主独立の意識を自覚せしめようと思います。〈与謝野晶子◆文化学院の設立について〉

【類義語】独立自存《どくりつじそん》・独立自尊《どくりつじそん》

【自受法楽】 じじゅほうらく

意味 仏が、その悟った教えを自ら楽しみ味わうこと。また、悟りを開いた人が、その境地を自身で楽しむこと。

補説 仏教語。「自受」は自ら享受すること。「法楽」は仏の教えを信じる楽しみ。

【自浄意志】 じじょういし

意味 心を清らかにするよう自ら励まなくてはならないということ。

補説 仏教語。仏道を修行するためには悪行をしてはならず、諸善を行わなければならないという教え。「自《みずか》ら意志《いし》を浄《きよ》む」と訓読する。

出典 『正法眼蔵《しょうぼうげんぞう》』

【史上空前】 しじょうくうぜん

意味 歴史上、それまでに例がないということ。

補説 「史上」は歴史に現れている範囲内で。「空前」は今までに例がないということ。

類義語 空前絶後《くうぜんぜつご》・前代未聞《ぜんだいみもん》

【自浄作用】 じじょうさよう

意味 川・海・大気などが、沈殿・吸着や微生物による分解などによって自然に汚濁・汚染を取り除き、清らかになるはたらき。転じて、組織内部の悪いところを自らの力で改めるたとえ。

用例 万人万様の思想が存在するのは当然の事で、それらの思想が拮抗《きっこう》し、比較し、補正し、助長し合って存在してこそ、人類の思想は自浄作用の中に深化と進歩とを遂げるのであると思います。〈与謝野晶子◆激動の中を行く〉

【師勝資強】 ししょうしきょう

意味 師匠・弟子ともにすぐれて立派であること。

補説 仏教語。「師」は師匠、「資」は弟子のこと。「勝」「強」はともに、すぐれている意。

出典 『正法眼蔵《しょうぼうげんぞう》』

【自縄自縛】 じじょうじばく

意味 自分の言動が自分をしばって、自由に振る舞えずに苦しむこと。

補説 自分の縄で自分をしばる意から。「縛」はしばる、縄をかける意。

用例 「ああこれこそ自縄自縛だ。出邸《でやしき》に人数を配ったのは、他でもないこの俺だ。その人数に見張られるとは、なんという矛盾したことだろう」〈国枝史郎◆名人地獄〉

類義語 向天吐唾《こうてんとだ》・自業自得《じごうじとく》・自業自縛《じごうじばく》

【紙上談兵】 しじょうだんぺい

意味 理屈ばかりの議論で、実行不可能であり、実際の役には立たないことのたとえ。

補説 紙の上で兵略を議論する意から。「紙上《しじょう》に兵《へい》を談《だん》ず」と訓読する。

類義語 按図索驥《あんずさくき》・按図索駿《あんずさくしゅん》・机上空論《きじょうのくうろん》・机上之論《きじょうのろん》・空理空論《くうりくうろん》・紙上空論《しじょうのくうろん》

【事上磨錬】 じじょうまれん

意味 実際に行動や実践を通して、知識や精神を磨くこと。また、そうした方法。

補説 中国明《みん》代の王守仁《おうしゅじん》（陽明《ようめい》）が学問の修養について、日常の行為を離れて思索する静座に対して、実際の日常の行動をこなし、これを通して修養するのが真の学問であると述べた説。「事上」は実際のことに当たりながらの意。「磨錬」は練り磨く意。「事上錬磨《じじょうれんま》」ともいう。

出典 『伝習録《でんしゅうろく》』下

【至上命令】 しじょうめいれい

意味 絶対に服従すべき命令。

補説 「至上」はこれ以上ないこと。

用例 愛するということは人間内部の至上命令だ。愛する時人は水が低きに流れるが如《ごと》く愛する。〈有島武郎◆惜みなく愛は奪う〉

【梓匠輪輿】 ししょうりんよ

意味 指し物職人、大工、車輪・車台を作る職人のこと。広く木工職人全般のこと。

補説 「梓」は梓人《しじん》で、板をさし合わせて家具・器具を作る指し物職人。「匠」は匠人で、大工など。「輪」は輪人で、車輪を作る職人。「輿」は輿人で、車台を作る職人。

出典 『孟子《もうし》』滕文公《とうぶんこう》下

【耳食之談】 じしょくのだん

意味 他人の話を確かめもせずに信じてする議論・話。

補説 「耳食」は聞いただけでものの味を判断すること。転じて、聞いた話を確かめもせず信じること。
出典 『史記《しき》』六国年表序《りっこくねんぴょうじょ》
類義語 耳食之論《じしょくのろん》・風言風語《ふうげんふうご》

【四書五経】 ししょごきょう
意味 中国の代表的な古典の総称で、儒教で経典《けいてん》として尊ばれたもの。
補説 「四書」は儒教の根本経典とされる『大学《だいがく》』『中庸《ちゅうよう》』『論語《ろんご》』『孟子《もうし》』。「五経」は儒教の経典のうち重要な『易経《えききょう》』『詩経《しきょう》』『書経《しょきょう》』『礼記《らいき》』『春秋《しゅんじゅう》』の五種の書。「五経」については時代により異なる。
用例 今は町の役場に出るようになったのでよしたが、三年前までは、町や屋敷の子弟に四書五経の素読を教えたものである。〈田山花袋◆田舎教師〉

【爾汝之交】 じじょのまじわり
意味 お互いに「お前」「あいつ」と呼び合えるような、非常に親しい仲のこと。
補説 「爾」も「汝」も、対等以下の相手に対する二人称。ともに一字で「なんじ」と訓読する。
注意 「じじょのこう」とも読む。
出典 『世説新語《せせつしんご》』言語《げんご》に引く『文士伝《ぶんしでん》』

【事序繽紛】 じじょひんぷん 〈―タル〉〈―ト〉
意味 順序が乱れること。秩序を失い、入り乱れるさま。
補説 「事序」はことの順序・秩序の意。「繽紛」は入り乱れ、もつれるさま。
用例 初めに土台をもうけて、さて構造に着手せざれば、前後錯乱、事序繽紛、精麤《せいそ》当らず、緩急度なく、よしや小説の目的たる人情世態は写しいだして其《その》真髄に入るよしありとも、脚色繁雑《くだくだ》しければ読むに煩わしく、〈坪内逍遥◆小説神髄〉

【死屍累累】 しかばねるいるい 〈―タル〉〈―ト〉
意味 死体が多く重なり合って、むごたらしいさま。
補説 「死屍」はしかばね・なきがら。「累累」は重なり合うさま。
用例 今は灌木《かんぼく》が深深と茂ってるけれども、その当時は死屍累々の恐ろしい光景を呈した所だという。〈野上豊一郎◆ヴェルダン〉

【徙薪曲突】 ししんきょくとつ
⇒ 曲突徙薪 きょくとつししん 163

【詩人蛻骨】 しじんぜいこつ
意味 銘茶のよさを褒めたたえる言葉。
補説 よいお茶は、それを飲んだ詩人の感性を、新たに生まれ変わらせるという意から。「蛻骨」は脱皮すること。「蛻」は（セミなどが）外皮を脱ぐこと。
出典 『書言故事大全《しょげんこじたいぜん》』茶類《ちゃるい》

【四神相応】 しじんそうおう
意味 天の四神（四つの方角をつかさどる神）に応じた地上で最もよい地勢のこと。
補説 左（東）に流水のあるのを青竜《せいりょう》、右（西）に大道のあるのを白虎《びゃっこ》、前（南）にくぼ地のあるのを朱雀《しゅじゃく》、後ろ（北）に丘陵のあるのを玄武《げんぶ》とする。平安京はそれにかなう地とされる。「相応」は相応《あいおう》じる意。
類義語 四地相応《しちそうおう》

【澌尽礱磨】 しじんろうま 〈―スル〉
意味 あとかたもなく消え失《う》せてしまうこと。しだいに消滅してゆくこと。
補説 「澌尽」はほろびつきる意で、あとかたもなくなくなること。「礱磨」は、すり減ってなくなること。
用例 両者の間隔がはなはだしく懸絶するときは、この矛盾はようやく澌尽礱磨して、かえって大勢力の一部となって活動するに至るかもしれぬ。〈夏目漱石◆草枕〉
類義語 澌尽灰滅《しじんかいめつ》

【死生契闊】 しせいけっかつ
意味 生死を共にすることを約束し、共々に努め苦しむこと。
補説 死ぬも生きるも苦労を共にする意から。「契闊」は努め苦しむこと。一説に、遠く隔たる意。
出典 『詩経《しきょう》』邶風《はいふう》・撃鼓《げきこ》

【時世時節】 じせいじせつ
⇒ 時世時節 ときよじせつ 494

【市井之徒】 しせいのと
意味 一般の庶民。また、町のならず者、無頼の徒。

補説「市井」は町なかにある井戸。昔、中国では、井戸を中心に人家が集まり町となったことから、人家の多く集まっている所をいう。「徒」は人、大衆。また、ならず者。

出典『旧唐書《くとうじょ》』李密伝《りみつでん》

類義語 市井之臣《しせいのしん》・市井之人《しせいのひと》・市井無頼《しせいぶらい》

【死生有命】 しせい ゆうめい

意味 人の生死は天命によって定められたものであって、人の力ではどうすることもできないこと。

補説 一般に「死生《しせ》命《めい》有《あ》り」と訓読して用いる。

出典『論語《ろんご》』顔淵《がんえん》 ◎「死生命有り、富貴天に在り」

【咫尺天涯】 しせき てんがい

意味 非常に近いところにいながら、まるで天の果てに感じるほど、なかなか会えないことのたとえ。

補説「咫」「尺」は、ともに中国古代の長さの単位。周代で八寸を「咫」といい、女子の指十本の幅にあたる（小尺）。また、十寸を「尺」といい、男子の指十本の幅にあたる（大尺）。いずれも八寸や一尺は短いことから、「咫尺」はきわめて近い距離のたとえ。「天涯」は天の果てのこと。きわめて遠い距離のたとえ。

出典 関漢卿《かんかんけい》『新水令《しんすいれい》』套曲《とうきょく》

類義語 咫尺千里《しせきせんり》

【咫尺之書】 しせきの しょ

意味 短い手紙。簡単な書状。また、単に手紙の意。

補説「咫」「尺」は、ともに中国古代の長さの単位。周代で八寸を「咫」といい、女子の指十本の幅にあたる(小尺)。また、十寸を「尺」といい、男子の指十本の幅にあたる（大尺)。ともに非常に短い距離や長さをいう。

出典『史記《しき》』淮陰侯伝《わいいんこうでん》

【咫尺之地】 しせきの ち

意味 わずかな広さの土地のこと。

補説「咫」「尺」は、ともに中国古代の長さの単位。周代で八寸を「咫」といい、女子の指十本の幅にあたる(小尺)。また、十寸を「尺」といい、男子の指十本の幅にあたる（大尺)。わずかな距離、きわめて接近していることのたとえに用いる。

出典『史記《しき》』留侯世家《りゅうこうせいか》

類義語 尺寸之地《せきすんのち》・立錐之地《りっすいのち》

【咫尺万里】 しせき ばんり

意味 詩や絵画など、小さなものでありながらその中に奥深い世界がこめられていることのたとえ。

補説 小さな画面に、万里にもわたる景色を描くこと。「咫」「尺」は、ともに中国古代の長さの単位。周代で八寸を「咫」といい、女子の指十本の幅にあたる（小尺)。また、十寸を「尺」といい、男子の指十本の幅にあたる（大尺)。非常に狭いことのたとえ。狭い紙面や画面。「万里」ははるかに遠い距離。

出典『南史《なんし》』斉武帝諸子伝《せいぶていしょしでん》・昭賁伝《しょうふんでん》

【志節堅固】 しせつ けんご 〈―ナ〉

⇒ 志操堅固 しそうけんご 284

【時節到来】 じせつ とうらい 〈―スル〉

意味 ちょうどよい機会がやって来ること。好機が訪れること。

補説「時節」はよい機会の意。「到来」は時機が来ること。予想通り来ること。「時機到来《じきとうらい》」ともいう。

用例 のみならず、水戸《みと》藩では朝命を奉じて佐幕派たる諸生党を討伐するというほどの一変した形勢の中にいた。彼としては真に時節到来の感があったであろう。〈島崎藤村◆夜明け前〉

類義語 好機到来《こうきとうらい》

【自然天然】 しぜん てんねん

⇒ 天然自然 てんねんしぜん 477

【自然淘汰】 しぜん とうた 〈―スル〉

意味 長い間に劣悪なものは滅び、優良なものだけが自然に生き残ること。

補説「淘汰」は選び分ける。悪いものを捨て、よいものを取ること。もとダーウィンが進化論の中で説いた語。自然界で、生態的条件や環境などによりよく適合するものは生存を続け、そうでない劣勢のものは自然に滅びていくこと。現在でも生物学などでは原義で使われることが多い。

用例 どうしても時世に恰好《かっこう》の人物、自然淘汰の網の目をば第一に脱《ぬ》けて生残る逸物《いちもつ》と見えた。〈山田美妙◆武蔵野〉

類義語 自然選択《しぜんせんたく》・弱肉強食《じゃくにくきょうしょく》・生存競争《せいぞんきょうそう》・適者生存《てきしゃせいぞん》・優勝劣敗《ゆうしょうれっぱい》

対義語 人為淘汰《じんいとうた》

【紫髯緑眼】しぜん りょくがん

意味 西洋人の形容。

補説 赤黒いひげと青い目。中国で西方の異民族を形容した語。「髯」はひげ・ほおひげ。

出典 岑参《しんじん》―詩「胡笳歌《こかのうた》、顔真卿《がんしんけい》の使《つか》いして河隴《かろう》に赴《おもむ》くを送《おく》る」

類義語 紅毛碧眼《こうもうへきがん》

【志操堅固】しそう けんご 〈―ナ〉

意味 志や考え・主義などを堅く守り、何があっても変えないさま。

補説 「志操」は考えや主義などを守って変えない意志。「志節堅固《しせつけんご》」ともいう。

用例 だって、そうなんですもの。前川さんは、穏便主義でお姉さんは、志操堅固なんですもの。愚図愚図いわれることなんかちっともないわ。〈菊池寛◆貞操問答〉

類義語 気骨稜稜《きこつりょうりょう》・勁草之節《けいそうのせつ》・堅忍不抜《けんにんふばつ》・志操堅確《しそうけんかく》・秋霜烈日《しゅうそうれつじつ》・松柏之操《しょうはくのみさお》・雪中松柏《せっちゅうのしょうはく》・道心堅固《どうしんけんご》

【耳聡目明】じそう もくめい

意味 聴覚・視覚ともにすぐれていること。

補説 「耳聡」は耳ざといこと。聴覚がよいこと。

類義語 耳目聡明《じもくそうめい》

出典 『易経《えききょう》』鼎《てい》・彖伝《たんでん》

【四塞之国】しそくの くに

意味 四方を山河など自然の要害に囲まれ、攻撃から守りやすい国のこと。

補説 「塞」はふさぐ意。もとは、中国古代の秦《しん》や斉の国をいった。

出典 『史記《しき》』秦始皇紀《しんしこうき》

類義語 山河襟帯《さんがきんたい》・四塞之地《しそくのち》・要害之地《ようがいのち》

対義語 四戦之国《しせんのくに》・四戦之地《しせんのち》

【咨咀逡巡】しそ しゅんじゅん 〈―スル〉

意味 あれこれと思い悩んで、決断をためらうこと。

補説 「咨咀」はあれこれ思い悩む意。「逡巡」はためらい迷う意。

用例 我輩《わがはい》は実に君の経綸《けいりん》を惜むんだ。孟賁《もうふん》の勇も咨咀逡巡する時は庸夫と相去る唯《ただ》一尺だ。〈内田魯庵◆くれの廿八日〉

類義語 遅疑逡巡《ちぎしゅんじゅん》

【自存独立】じそん どくりつ 〈―スル〉

⇓ 独立自存 どくりつじそん 496

【志大才疎】しだい さいそ

意味 志は雄大だが、それに見合った才能に欠けること。

補説 「疎」はあらい、まばらの意。

注意 「志大才疏」とも書く。

出典 『後漢書《ごかんじょ》』孔融伝《こうゆうでん》

用例 氏は志大才疎、大仏のような輪郭の大きい人間で、その言うところは不得要領〈山路愛山◆現代富豪論〉

類義語 眼高手低《がんこうしゅてい》・才疎意広《さいそいこう》・志大智小《しだいちしょう》

【時代錯誤】じだい さくご

意味 考え方や行動などが時代の流れに逆行していて合わないこと。時代遅れ。アナクロニズム。

補説 もと、時代の異なるものを混同して考えること。「錯誤」は、たがう、誤ること。

用例 美とか真とかいう他の標準を求めるのは最も滑稽な時代錯誤であります。〈芥川龍之介◆侏儒の言葉〉

【至大至剛】しだい しごう 〈―ナ〉

意味 この上なく大きく、この上なく強いさま。

補説 「至」はこの上なくの意。「剛」は強いさま。もと、孟子《もうし》が「浩然之気《こうぜんのき》」を評した語。（→「浩然之気《こうぜんのき》」218）

出典 『孟子《もうし》』公孫丑《こうそんちゅう》上

類義語 天下至大《てんかしだい》

【至大至重】しだい しちょう

意味 この上なく大きく、この上なく大切な、重大なこと。

補説 「至」はこの上なくの意。「重」は大切であること。重大であること。

(用例) この物あらざればかの学校以下の諸件も実の用をなさず、真にこれを文明の精神と言うべき至大至重のものなり。蓋《けだ》しその物とは何ぞや。云《いわ》く、人民独立の気力、即《すなわ》ちこれなり。〈福沢諭吉◆学問のすすめ〉

【事大主義】 じだいしゅぎ

(意味) 自らの信念を持たず、勢力の強い者に追随して、自己の保身を図ろうとする態度や考え方。また、全体を見通さないまま瑣末《さまつ》なことを大げさに騒ぎ立てる態度をいうこともある。

(補説) 「事大」は、弱者が強者の言いなりに従うこと。もとは中国戦国時代、斉の宣王に隣国とのつきあい方をたずねられた時の孟子《もうし》の言葉で、「ただ智者《ちしゃ》のみが、自分が小国でありながら、大国に礼を尽くして交わりをする」意。大勢力に仕える意から、転じて小国が大国のいいなりになること。一般に批判的な意味合いで用いられる。

(出典) 『孟子《もうし》』梁恵王《りょうけいおう》下 ◎「惟《ただ》智者のみ能《よ》く小を以《もっ》て大に事《つか》うることを為《な》す」

(用例) 僥倖《ぎょうこう》をたのみ、空元気をつけ、自己の無力を他の罪に帰し、名目を求めて事大主義に陥り、舞台は「演劇の伝統」を離れて、低俗にあらざれば奇矯なスペクタクルと化しつつある。〈岸田國士◆最近の戯曲について〉

【徙宅忘妻】 したくぼうさい

(意味) 物忘れの最たる者のこと。

(補説) 引っ越す際に妻を置き忘れてしまう意から。「宅《たく》を徙《うつ》して妻《つま》を忘《わす》る」と訓読する。「徙家忘妻《しかぼうさい》」ともいう。

(出典) 『孔子家語《こうしけご》』賢君《けんくん》

(類義語) 忘性脳子《ぼうせいのうし》

【舌先三寸】 したさきさんずん

(意味) 口先だけの巧みな弁舌。うわべだけのうまい言葉で、心や中身が伴わないこと。

(補説) 「三寸」は短いこと。転じて、心がこもらず軽いことの意。「舌三寸」ともいう。

(出典) 『史記《しき》』平原君虞卿伝《へいげんくんぐけいでん》

【自他不二】 じたふに

(意味) 自分と他人との区別のない、絶対的な平等のこと。

(補説) 仏教語。仏教の絶対平等の観点からすれば、自己と他者の間には本来なんの区別もない。したがって、自己の救済と他者の救済とは本質的に一つのことである、ということ。

(用例) 悠々たる観の世界は否定の否定の立場として自他不二の境に我々を誘い込むのである。〈和辻哲郎◆『青丘雑記』を読む〉

(類義語) 自他平等《じたびょうどう》

【七擒七縦】 しちきんしちしょう

⇒ 七縦七擒 しちしょうしちきん 285

【七嘴八舌】 しちしはちぜつ

(意味) 多くの人が口々に言いたいことをしゃべりたてるさま。

(補説) 七つのくちばしと、八つの舌の意から。「嘴」はくちばし。

(出典) 張鳳翼《ちょうほうよく》『灌園記《かんえんき》』淖歯被擒《どうしひきん》

【七十古稀】 しちじゅうこき

(意味) 七十歳まで長く生きられるのは、古来稀《まれ》であること。

(補説) 出典の詩句から七十歳を「古稀（希）」という。

(注意) 「七十古希」とも書く。

(出典) 杜甫《とほ》詩「曲江《きょっこう》」◎「人生七十古来稀なり」

【七種菜羹】 しちしゅのさいこう

(意味) 七種類の野菜の汁物。また、七草がゆ。

(補説) これを陰暦一月七日に食すると、一年間健康に過ごせるという。「羹」は汁物。

【七縦七擒】 しちしょうしちきん

(意味) 敵を捕らえたり逃がしたりを繰り返して力を見せつけ、心服させること。

(補説) 「縦」は放つ、放免して自由にさせる意。「擒」は擒《とりこ》にする、捕虜にする意。「七擒七縦《しちきんしちしょう》」ともいう。

(注意) 「七縦七禽」とも書く。

(故事) 中国三国時代、蜀《しょく》の諸葛亮《しょかつりょう》が敵将の孟獲《もうかく》を捕虜にし、自軍の陣形を教えて降伏を勧めたところ、孟獲が「これが分かっていれば負けなかった」と言うので笑って放免した。さらに戦って、七度放免し、七度捕虜にしたので、孟獲もついに心服したという故事から。

(出典) 『蜀志《しょくし》』諸葛亮伝《しょかつりょうでん》の裴注《はいちゅう》に引く『漢晋春秋《かんしんしゅんじゅう》』

【七生報国】しちしょうほうこく

意味 幾度も生まれ変わり、国家のために忠誠を尽くすこと。

補説 「七生」は七度この世に生まれ変わってくるという仏教の言葉。この場合の「七」は何度も何度もと数の多いことを表す。「報国」は国家の恩に報いるという意味。

用例 そのため「七生報国」は、日本国民の血液にひそむ大悲願なのであります。〈岸田國士◆国防と文化〉

類義語 一死報国《いっしほうこく》・蹇蹇匪躬《けんけんひきゅう》・尽忠報国《じんちゅうほうこく》・挺身報国《ていしんほうこく》・報国尽忠《ほうこくじんちゅう》

【七転八起】しちてんはっき

意味 何度失敗してもくじけず、立ち上がって努力すること。

補説 人生の浮き沈みの激しいことのたとえとして用いることもある。七度転んで八度起き上がる意から。「七」「八」は数の多いことを表す。一般に「七転《ななころ》び八起《やお》き」という。

注意 「七顚八起」とも書く。

用例 恥もかく。名誉も得る。七転八起。一栄一辱。棺《ひつぎ》に白布《しらぬの》を蓋《おお》うにいたって。初《はじ》めて其《そ》の名誉が定まるんだ。〈坪内逍遥◆当世書生気質〉

類義語 捲土重来《けんどちょうらい》・不撓不屈《ふとうふくつ》

【七転八倒】しちてんばっとう 〈―スル〉

意味 激しい苦痛などで、ひどく苦しんで転げまわること。転んでは起き、起きては転ぶこと。また物事が混乱し秩序を失っていることの形容。

補説 何度も転がり倒れる意から。「七」「八」は数が多いことをいう。

注意 「七顚八倒」とも書く。「しってんばっとう」「しちてんはっとう」とも読む。

出典 『朱子語類《しゅしごるい》』五一／『五灯会元《ごとうえげん》』八・招慶道匡禅師《しょうけいどうきょうぜんし》

用例 ぼくは、居たたまれず、船室に駆けこみ、頭を押えて、七転八倒の苦しみでした。〈田中英光◆オリンポスの果実〉

【七堂伽藍】しちどうがらん

意味 寺の主要な七つの建物。また、七つの堂のそろった大きな寺。

補説 「七堂」は、一般には塔・金堂《こんどう》・講堂・鐘楼・経蔵・僧房・食堂《じきどう》を指す。禅宗では仏殿・法堂《はっとう》・僧堂・庫裏《くり》・山門・東司《とうす》（便所）・浴室を指すことが多いが、宗派などにより異なる。「伽藍」は寺の建物。寺院。

用例 紫の袈裟《けさ》をかけて、七堂伽藍に住んだ処《ところ》で何程のこともあるまい、〈泉鏡花◆高野聖〉

類義語 堂宇伽藍《どううがらん》・堂塔伽藍《どうとうがらん》

【七難九厄】しちなんくやく

意味 七と九の年回り（十七歳や四十九歳など）は災難がありがちだという俗信。

【七難八苦】しちなんはっく

意味 さまざまな災難や苦難のこと。また、それに遭うこと。

補説 もと仏教語。「七難」は『法華経《ほけきょう》』では、火難・水難・羅刹《らせつ》難・刀杖《とうじょう》難・鬼難・枷鎖《かさ》難・怨賊《おんぞく》難を指す。経典により諸説あって一定しない。「八苦」はあらゆる苦しみの意。（→「四苦八苦《しくはっく》」274）

類義語 艱難辛苦《かんなんしんく》・四苦八苦《しくはっく》

【七歩之才】しちほのさい

意味 文才に恵まれていること。また、すぐれた詩文を素早く作る才能があること。

故事 中国三国時代、魏《ぎ》の曹操《そうそう》の子であった曹丕《そうひ》・曹植《そうしょく》兄弟は互いにすぐれた文才があった。曹操の死後、文帝に即位した兄の曹丕が弟の曹植の才能を妬《ねた》んで、あるとき「七歩歩く間に詩を作れ。できなければ死罪にする」と命じたところ、曹植がたちどころに「豆を煮て吸い物を作り、豆をこして汁にする。豆がらは釜の下で燃やされ、豆は釜の中で泣く。もとは同じ根から生じたのに、どうしてこのように煮たてるのだろうか」と、兄の無情を嘆く詩を作ったので、文帝は大いに恥じたという故事から。

出典 『世説新語《せせつしんご》』文学《ぶんがく》 ◎「豆を煮て持って羹《あつもの》と作《な》し、豉《し》を漉《こ》して以《もっ》て汁と為《な》す。萁《まめがら》は釜下《ふか》に在りて燃え、豆は釜中に在りて泣く。本《もと》同根自《よ》り生じたるに、相煎《あいい》ること何ぞ太《はなは》だ急なる」

類義語 七歩成詩《しちほせいし》・七歩八叉《しちほはっさ》・陳思《ちんし》七歩《しちほ》

【七歩八叉】しちほはっさ

意味 詩文の才に恵まれていること。

補説 七歩歩く間に詩を作り、八度腕組みする間に賦を作り上げる意から。賦は漢文の文体の一つで、対句を多く含み、句末は韻を踏む文。「叉」は腕組みすること。手をこまぬくこと。
故事 「七歩」は、七歩歩く間に詩を作ったという中国三国魏《ぎ》の曹植《そうしょく》の故事から。（→「七歩之才《しちほのさい》」286）「八叉」は、八度腕組みする間に八韻の賦を作ったという唐の温庭筠《おんていいん》の故事から。
出典 （七歩）『世説新語《せせつしんご》』文学《ぶんがく》／（八叉）『北夢瑣言《ほくむさげん》』四
類義語 七歩成詩《しちほせいし》・七歩之才《しちほのさい》・陳思七歩《ちんししちほ》

【死中求活】しちゅうきゅうかつ

意味 絶望的な状況を切り開くため、死ぬ覚悟で危険に飛び込んでいくこと。
補説 「死中」は死を待つしかないほどせっぱ詰まった状況。「活」は活路。一般に「死中《しちゅう》に活《かつ》を求《もと》む」と訓読して用いる。
出典 『後漢書《ごかんじょ》』公孫述伝《こうそんじゅつでん》
類義語 死中求生《しちゅうきゅうせい》

【史籀大篆】しちゅうだいてん

意味 中国古代の史官である史籀がそれまでの古文という古い書体を変えて、大篆という書体を作った故事。
補説 「史籀」は周の宣王のときの史官といわれる。「大篆」は書体の名。『蒙求《もうぎゅう》』の表題の一つ。
出典 許慎《きょしん》『説文解字《せつもんかいじ》』叙
類義語 程邈隷書《ていばくれいしょ》

【砥柱中流】しちゅうちゅうりゅう

⇒ 中流砥柱 ちゅうりゅうのしちゅう 448

【視聴言動】しちょうげんどう

意味 見ること、聞くこと、言うこと、行動すること。また、これらを慎み、礼儀にかなうようにすること。
補説 孔子が「礼にはずれたことは、見ても聞いても言っても行動してもいけない」と言ったことによる。
出典 『論語《ろんご》』顔淵《がんえん》

【詩腸鼓吹】しちょうのこすい 〈―スル〉

意味 詩情がかきたてられること。また、詩情を誘うウグイスの声のこと。また、詩作の情をおこさせる音声・音楽。
補説 「詩腸」は詩を作る情。詩情。「鼓吹」は鼓や笛を鳴らす意から、かきたてること。
故事 中国六朝《りくちょう》宋《そう》の戴顒《たいぎょう》が春の日に出掛けるとき、どこに行くのかと尋ねられ、「コウライウグイスの声を聞いて、世俗に染まった耳をきれいにして詩情をかきたてるのだ」と言った故事から。
出典 『雲仙雑記《うんぜんざっき》』二・俗耳鍼砭詩腸鼓吹《ぞくじしんぺんしちょうこすい》

【四鳥之別】しちょうのわかれ

⇒ 四鳥別離 しちょうべつり 287

【四鳥別離】しちょうべつり

意味 親子の悲しい別れ。
補説 巣立つ四羽のひな鳥を見送る親鳥の別れの悲しみの意から。「四鳥」は四羽のひな鳥。「四鳥之別《しちょうのわかれ》」ともいう。
故事 孔子が早朝に悲鳴のような泣き声を聞き、高弟の顔淵《がんえん》に尋ねたところ、顔淵は「死んだ人のために悲しんでいるだけではなく、生き別れを悲しんでいる人です。桓山《かんざん》で鳥が四羽のひな鳥を育て、巣立つとき母鳥は別れの悲しさに声をあげて鳴き送ると申しますが、あの声もその母鳥の鳴き声と同じです」と答えた。果たして、父親が死んで子を売らなければならなくなった、母親の泣き叫ぶ声であったという故事から。
出典 『孔子家語《こうしけご》』顔回《がんかい》

【七里結界】しちりけっかい

意味 人を忌み嫌って近づけないこと。人を寄せつけないこと。
補説 密教で、修行の邪魔をする悪魔の仕業である魔障《ましょう》を入れないように、七里四方に境界を設けることから。
注意 「しちりけっぱい」「しちりけんばい」とも読む。

【四通八達】しつうはったつ 〈―スル〉

意味 道路や交通が四方八方に通じていること。道路網が発達して便利なこと。
補説 転じて、往来の激しくにぎやかな所をいう。「四通」は道路・交通が四方に通じていること。
出典 『子華子《しかし》』晏子問党《あんしもんとう》
用例 このような自動車のハンドルを握って

四通八達の街頭に立っているようなものである。同じ目的地に達するのでも道筋の取り方は必ずしも一定していない。〈寺田寅彦◆物理学と感覚〉

類義語 四衢八街《しくはちがい》・四達八通《したつはっつう》・四通五達《しつうごたつ》・阡陌交通《せんぱくこうつう》

【悉有仏性】 しつうぶっしょう

意味 すべての人に、仏の性質が備わっているということ。また、万物すべてが仏そのものであるということ。

補説 前者の意では、「悉《ことごと》く仏性《ぶっしょう》有《あ》り」と訓読する。すべての人は仏になる可能性を秘めているという意味。それに対して後者は鎌倉時代の僧道元《どうげん》が唱えたもので、「悉有は仏性なり」と訓読する。この場合「悉有《しつう》」は世の中のすべて。

出典 『涅槃経《ねはんぎょう》』

【十誡五倫】 じっかいごりん

意味 キリスト教で、神がモーゼに与えた十か条の掟《おきて》・戒めと、儒教で、人として守るべき五つの道。

補説 「十誡」は他神崇拝・偶像礼拝・神名濫称・安息日不履行・父母に対する不敬・殺人・姦淫《かんいん》・盗み・偽証・貪欲を戒めたもの。「五倫」は父子の親《しん》・君臣の義・夫婦の別・長幼の序・朋友の信を守るべきものとした。

注意 「十戒五倫」とも書く。

用例 この十誡五倫は、聖人の定めたる教の大綱領にして、数千年の古《いにしえ》よりこれを変ずべからず。〈福沢諭吉◆文明論之概略〉

【悉皆成仏】 しっかいじょうぶつ

意味 万物すべてが仏になること。

補説 仏教語。「悉皆」は一つ残らず全部、ことごとくすべての意。

出典 『涅槃経《ねはんぎょう》』◎「草木国土、悉皆成仏す」

用例 其《その》時分の彼は彫刻家であった。見性《けんしょう》した日に、嬉《うれ》しさの余り、裏の山へ馳《か》け上って、草木国土悉皆成仏と大きな声を出して叫んだ。そうして遂《つい》に頭を剃《そ》ってしまった。〈夏目漱石◆門〉

【十寒一暴】 じっかんいちばく

⇒ 一暴十寒 いちばくじっかん 27

【質疑応答】 しつぎおうとう

意味 質問とそれに対する答弁。

補説 「質疑」は疑わしい点を質問すること。「質」は問いただす意。「応答」は受け答え。

用例 中華民国のかたではありませんか、と呼びかけられて、下関で高等係の人からかなり長い質疑応答をやらせられた私達〈谷譲次◆踊る地平線〉

【失敬千万】 しっけいせんばん 〈—ナ〉

⇒ 失礼千万 しつれいせんばん 292

【日月星辰】 じつげつせいしん

意味 太陽と月と星などの天体。空。

補説 「星辰」は星の総称。「辰」は星座。日、月、星の三つを「三辰」ともいう。

用例 日月星辰の運行昼夜の区別とかいうものが視覚の欠けた人間には到底時間の経過を感じさせる材料にはなるまい。〈寺田寅彦◆物理学と感覚〉

【日月逾邁】 じつげつゆまい 〈—スル〉

意味 月日が過ぎ去ること。また、またたく間に時が過ぎ、年老いていくこと。

補説 「逾邁」は月日が過ぎ去ること、時が過ぎていくこと。

出典 『書経《しょきょう》』秦誓《しんせい》

【疾言遽色】 しつげんきょしょく

意味 落ち着きのないさま。

補説 「疾」ははやい意。「疾言」は早口でものを言うこと。「遽」はあわてること。「色」は顔色のこと。早口でしゃべり、あわてた顔付きをすることの意。

出典 『後漢書《ごかんじょ》』劉寛伝《りゅうかんでん》

【執行猶予】 しっこうゆうよ

意味 有罪判決を受けて刑を言い渡された者について、情状によって一定期間その刑の執行を猶予し、猶予期間を問題なく経過したときには刑を科さない制度。

用例 彼は家の焼ける前に家の価格に二倍する火災保険に加入していた。しかも偽証罪を犯した為《ため》に執行猶予中の体になっていた。〈芥川龍之介◆歯車〉

【失魂落魄】 しっこんらくはく

意味 非常に驚いてあわてふためくさま。また、精神が不安定で行動が異常であるさま。

補説「魂」「魄」ともに、たましいの意。「魂」は死後天に昇る精神のたましい、「魄」は地上にとどまる肉体のたましいといわれる。「魂《こん》を失《うしな》い魄《はく》を落《お》とす」と訓読する。

類義語 失魂喪魄《しっこんそうはく》・失神落魄《しっしんらくはく》

【十死一生】 じっしいっしょう

意味 ほとんど死を避けられない危険な状況や状態の中で、かろうじて助かること。

補説「十死」は十のうち十まで死の可能性が高いことで、ほとんど死が避けがたい危険な場合の意。「一生」は十のうち一の生きる可能性の意。

出典 賈誼《かぎ》『新書《しんじょ》』四・匈奴《きょうど》

用例 この勝家《かついえ》も、昔にはおれに手向かって、おれを十死一生の危ない目に遭わせたのだぜ。〈正宗白鳥◆安土の春〉

類義語 九死一生《きゅうしいっしょう》

【実事求是】 じつじきゅうぜ

意味 事実の実証に基づいて、物事の真理を追究すること。

補説 中国清朝《しんちょう》の考証学の学風。「実事」は事実を得ることにつとめること。「求是」は誠・真理を窮め求めること。「事《こと》に実《じつ》にして是《ぜ》を求《もと》む」と訓読する。

出典『漢書《かんじょ》』河間献王劉徳伝《かかんけんおうりゅうとくでん》

【十室九空】 じっしつきゅうくう

意味 村が閑散としている状態。

補説 戦乱や天災によって住民が離散し、十軒中九軒ほどが空家となっているさま。

出典『抱朴子《ほうぼくし》』用刑《ようけい》

類義語 十室九虚《じっしつきゅうきょ》

【質実剛健】 しつじつごうけん〈―ナ〉

意味 中身が充実して飾り気がなく、心身ともに強くたくましいさま。

補説「質」は質朴、「実」は誠実の意で、「質実」は飾り気がなく、まじめなこと。「剛健」は心やからだが強く、たくましいこと。「剛健質実《ごうけんしつじつ》」ともいう。

用例 武士がゼイタクしていたという例は珍しく、江戸大坂に若干の繁栄があったほかは、国土の貧しさと人口の多さによって、支配階級の武士すらも、もっぱら質実剛健を旨とせざるを得なかったのである。〈坂口安吾◆安吾巷談〉

類義語 剛毅木訥《ごうきぼくとつ》・質朴剛健《しつぼくごうけん》

対義語 巧言令色《こうげんれいしょく》

【質実朴素】 しつじつぼくそ〈―ナ〉

意味 飾り気がなく、ありのままであるさま。

補説「質」は質朴、「実」は誠実の意で、「質実」は飾り気がなく、まじめなこと。「朴素」は飾り気がなく、ありのままである意。素朴。

用例 去ればクラウド、プーサンの名と共に殆《ほと》んど記憶に過ぎざりし風景画も、荷蘭《オランダ》風を帯びたる英国画の刺戟《しげき》により、更に溯《さかのぼ》って荷蘭の質実朴素なる画風其《その》ものの刺戟により、死せる型式的の桎梏《しっこく》を脱して、一新派一新傾向を生むの運に到《いた》りぬ。〈徳冨蘆花◆自然と人生〉

類義語 質朴剛健《しつぼくごうけん》

【嫉視反目】 しっしはんもく〈―スル〉

意味 相手をねたんでにらみ合い、対立すること。

補説「嫉視」はねたましく思って見ること。「反目」は対立してにらみ合うこと。「反目嫉視《はんもくしっし》」ともいう。

用例 これがなかなか、恐ろしい事であります。あらぬ噂《うわさ》となり、不公平な評判となり、嫉視反目、この界隈《かいわい》、住むに堪えずということになる。〈岸田國士◆犬は鎖に繋ぐべからず〉

対義語 和気藹藹《わきあいあい》

【失笑噴飯】 しっしょうふんぱん〈―スル〉

意味 おかしくて、思わず噴き出し笑うこと。

補説「失笑」はおかしさを抑えることができず、思わず噴き出し笑うこと。「噴飯」は食べかけの飯粒を噴き出す意で、ばかばかしくて、思わず噴き出し笑うこと。

出典 蘇軾《そしょく》「文与可《ぶんよか》の画《えが》きし篔簹谷《うんとうこく》の偃竹《えんちく》の記《き》」

用例 しかるに凡《およ》そ専制の治下に生存する人士に於《お》いて、最も失笑噴飯せしむるに足る者一《いつ》あり。〈中江兆民◆三酔人経綸問答〉

【十進九退】 じっしんくたい

意味 仏道修行が困難であること。

補説 仏教語。十人中九人は仏道修行の途中で脱落してしまう、ということ。また、仏道修行は十の努力をしても九は退いてしまうの

し

で多くの時間を要すること。

出典『二教論《にきょうろん》』下

【漆身呑炭】 しっしん どんたん

意味 仇《あだ》を討つため、さまざまに策を弄《ろう》して、心身を苦しめ努力すること。

補説 「漆身」は体に漆を塗ること。「呑炭」は炭を呑《の》む意。「身《み》に漆《うるし》し炭《すみ》を呑《の》む」と訓読する。「呑炭漆身《どんたんしっしん》」ともいう。

故事 →「予譲呑炭《よじょうどんたん》」650

出典『戦国策《せんごくさく》』趙策《ちょうさく》／『史記《しき》』刺客伝《しかくでん》／予譲伝《よじょうでん》

【実践躬行】 じっせん きゅうこう 〈―スル〉

意味 理論や信条などを、自身の力で実際に行うこと。

補説 「躬」は自ら、自分での意。口だけでなく、実際に行うことの大切さをいう語。「躬行実践《きゅうこうじっせん》」ともいう。

用例 校長の口ぐせは実践躬行の四字であった、かれの訓話にはかならず中江藤樹《なかえとうじゅ》がひっぱりだされる、〈佐藤紅緑◆ああ玉杯に花うけて〉

類義語 率先躬行《そっせんきゅうこう》・率先垂範《そっせんすいはん》・率先励行《そっせんれいこう》

【疾足先得】 しっそく せんとく

意味 能力のすぐれた者が先に獲物を手に入れるということ。

補説 「疾足」は足の速い者の意で、能力のすぐれた者のたとえ。韓信《かんしん》に謀反をそそのかしたとして劉邦《りゅうほう》に殺されそうになった蒯通《かいとう》が、言いわけして言った語。「疾足《しっそく》すれば先得《せんとく》す」と訓読する。

出典『史記《しき》』淮陰侯伝《わいいんこうでん》

類義語 高材捷足《こうざいしょうそく》・捷足先得《しょうそくせんとく》

【質素倹約】 しっそ けんやく

意味 無駄遣いやぜいたくをせず、つつましく暮らすこと。

補説 「質素」はつつましいこと。「倹約」はぜいたくや無駄遣いをしないこと。

用例 けれども青砥《あおと》は、決して卑しい守銭奴ではない。質素倹約、清廉潔白の官吏である。一汁一菜、しかも、日に三度などは食べない。〈太宰治◆新釈諸国噺〉

対義語 活計歓楽《かっけいかんらく》・贅沢三昧《ぜいたくざんまい》

【叱咤激励】 しった げきれい 〈―スル〉

意味 大声で励まして、奮い立たせること。

補説 「叱咤」は大声でしかること。「激励」は励ますこと。また、大声で励まし、元気づけること。

用例 時代に流されながらも愛情だけはたいせつに育てていくということを忘れない点で、ただやたらに叱咤激励する連中とは根本的にちがっているよ。〈下村湖人◆次郎物語〉

類義語 啓発激励《けいはつげきれい》・鼓舞激励《こぶげきれい》・叱咤督励《しったとくれい》

【失地回復】 しっち かいふく

意味 失った権威や勢力範囲などを、ふたたび取り戻すことのたとえ。

補説 戦争などで失った土地を取り返すという意味から。「失地」は失った土地。「回復」は元どおりになること。

用例 そして、それが、たいがいは、小説製造販売業者としての自己保存欲からの「失地回復」の手段としてである。〈三好十郎◆恐怖の季節〉

類義語 汚名返上《おめいへんじょう》・名誉挽回《めいよばんかい》

【十中八九】 じっちゅう はっく

意味 十のうち八か九まで。ほとんど。

注意 「じゅっちゅうはっく」とも読む。

用例 丁度私自身がその嘘《うそ》を云《い》っている様にわかる様に思えるのである。そして事実は十中八九それの正鵠《せいこく》を証明している。〈梶井基次郎◆矛盾の様な真実〉

類義語 九分九厘《くぶくりん》

【七珍万宝】 しっちん まんぽう

意味 数多くの宝物。

補説 「七珍」は「七宝」と同じく七つの宝物。金・銀・瑠璃《るり》・硨磲《しゃこ》・瑪瑙《めのう》・玻璃《はり》・珊瑚《さんご》。他にも諸説がある。「万宝」は多くの宝物。

注意 「しっちんまんぼう」とも読む。

【疾痛惨憺】 しっつう さんたん 〈―スル〉

意味 ひどく心を痛めること。甚だしく悩み、心を砕いて痛めること。

補説 「疾痛」は悩み痛む意。「惨憺」は心を痛める意。

用例 今疾痛惨憺をきわめた彼の心の中にあってなお修史の仕事を思い絶たしめないもの

は、その父の言葉ばかりではなかった。それは何よりも、その仕事そのものであった。〈中島敦◆李陵〉

類義語 疾痛惨怛《しっつうさんだつ》

【失道寡助】 しつどうかじょ

意味 道理にかなった行動をとっていなければ、人からの助けを得ることができず、孤独とならざるを得なくなるということ。

補説 「道」は道徳や王者の道。仁義の道のこと。一般に「道《みち》を失《うしな》えば助《たす》け寡《すく》なし」と訓読して用いる。

出典 『孟子《もうし》』公孫丑《こうそんちゅう》下

【疾風勁草】 しっぷうけいそう

意味 苦境や厳しい試練にあるとき、初めて意志や節操が堅固な人であることが分かるたとえ。

補説 強い風にも折れない強い草も、強い風が吹いて、初めてそれが分かる意から。「疾風」は激しく速く吹く風。はやて。「勁草」は強い草。節操の堅い人のたとえ。「疾風《しっぷう》に勁草《けいそう》を知る」の略。

出典 『東観漢記《とうかんかんき》』王覇伝《おうはでん》

類義語 勁草之節《けいそうのせつ》・歳寒松柏《さいかんしょうはく》・雪中松柏《せっちゅうのしょうはく》・松柏之操《しょうはくのみさお》

【十風五雨】 じっぷうごう

⇒ 十風五雨 じゅうふうごう 308

【疾風迅雷】 しっぷうじんらい

意味 素早く激しいさま。

補説 「疾風」は激しく速く吹く風。はやて。「迅雷」は激しく鳴る雷。速い風と激しい雷の意から。

出典 『礼記《らいき》』玉藻《ぎょくそう》

用例 病院というところは、誰《だれ》が熱を出した、誰れが血痰《けったん》したというような細事をまで声なき声のように疾風迅雷的に耳から耳に伝わるものであった。〈鷹野つぎ◆草藪〉

類義語 迅速果敢《じんそくかかん》・迅速果断《じんそくかだん》・迅雷風烈《じんらいふうれつ》・電光石火《でんこうせっか》

【疾風怒濤】 しっぷうどとう

意味 時代が激しく変化することの形容。

補説 激しい風と荒れ狂う波の意から。「怒濤」は荒れ狂い逆巻く波。ドイツ語「シュトルム・ウント・ドラング(Sturm und Drang)」の訳語で、十八世紀後半のドイツで、ゲーテやシラーらを中心に展開された文学革新運動をいう。

用例 この疾風怒濤の如《ごと》き接待は、津軽人の愛情の表現なのである。〈太宰治◆津軽〉

類義語 狂瀾怒濤《きょうらんどとう》・飄忽淜滂《ひょうこつひょうほう》

【櫛風沐雨】 しっぷうもくう

意味 世の中のさまざまな辛苦にさらされることのたとえ。

補説 風雨にさらされながら、苦労して働くさまから。「櫛風」は風に髪がくしけずられること。「沐雨」は雨で髪が洗われること。「沐雨櫛風《もくうしっぷう》」「櫛風浴雨《しっぷうよくう》」「風櫛雨沐《ふうしつうもく》」ともいう。

出典 『荘子《そうじ》』天下《てんか》

用例 かつ紳士諸君は、もっぱら戦争を以《もっ》て不好事となし、兵卒の櫛風沐雨の苦しみを想像して真の苦しみとなし、〈中江兆民◆三酔人経綸問答〉

類義語 雨露霜雪《うろそうせつ》・風鬟雨鬢《ふうかんうびん》

【櫛風浴雨】 しっぷうよくう

⇒ 櫛風沐雨 しっぷうもくう 291

【失望落胆】 しつぼうらくたん (―スル)

意味 希望を失って、がっかりすること。

補説 「失望」は希望を失って、がっかりすること。「落胆」もがっかりすること。類義の語を重ねて意味を強調している。「落胆失望《らくたんしつぼう》」ともいう。

用例 T内閣が瓦解《がかい》した時にも、失望落胆した人が、官僚や軍人の中には、いくらかいたでしょうが、杉浦辰三《すぎうらたつぞう》もその少数の中の一人です。〈菊池寛◆侯爵と写真師〉

【質朴剛健】 しつぼくごうけん (―ナ)

意味 飾り気がなく素直で、たくましいこと。

補説 「質朴」は、飾り気がなく素直なこと。「剛健」は、心身ともにたくましいこと。「剛健質朴《ごうけんしつぼく》」ともいう。

用例 「(前略)成程《なるほど》元気旺盛なものだね。独仙君、君の気に入りそうな話だぜ」「質朴剛健でたのもしい気風だ」〈夏目漱石◆吾輩は猫である〉

類義語 剛毅木訥《ごうきぼくとつ》・質実剛健《しつじつごうけん》・質実朴素《しつじつぼくそ》

対義語 巧言令色《こうげんれいしょく》

【膝癢掻背】しつようそうはい

意味 することが的外れなたとえ。核心から外れているたとえ。

補説 膝《ひざ》がかゆいのに、関係のない背中をかく意から。議論が的を外れているときなどに用いる。「膝《ひざ》癢《かゆ》くして背《せ》を掻《か》く」と訓読する。

出典 『塩鉄論《えんてつろん》』利議《りぎ》

類義語 縁木求魚《えんぼくきゅうぎょ》

【実力伯仲】じつりょくはくちゅう

意味 実力にほとんど差が見られないこと。優劣をつけがたい様子。

補説 「伯仲」は長兄と次兄の意。多くの兄弟の中で、長兄と次兄は年齢も近く、実力もほぼ互角であることから、転じて、両者ともにすぐれていて優劣をつけがたいことをいう。

類義語 勢力伯仲《せいりょくはくちゅう》・伯仲之間《はくちゅうのかん》

【失礼千万】しつれいせんばん（―ナ）

意味 言動や態度が、ひどく礼儀を欠いていること。

補説 「失礼」は礼儀に外れていること。「千万」は程度が甚だしいことを表す。相手の態度をなじる場合に使うことが多い。「失敬千万《しっけいせんばん》」ともいう。

用例 長二……手前何をするのだ、失礼千万な、何を証拠に其様《そん》なことをいうのだ、〈三遊亭圓朝◆指物師名人長二〉

類義語 無礼至極《ぶれいしごく》・無礼千万《ぶれいせんばん》

【耳提面命】じていめんめい

⇒ 提耳面命 ていじめんめい 463

【紫電一閃】しでんいっせん

意味 事態の急激な変化の形容。

補説 研ぎ澄まされた剣をひと振りするとき、一瞬ひらめく鋭い光の意から。「紫電」は研ぎ澄まされた剣をひと振りするときにひらめく鋭い光。「一閃」は一瞬のひらめき。さっとひらめくこと。

用例 釦《ボタン》一つ押すと紫電一閃。太い二本の光の柱です。一本は真直《まっすぐ》に空中を飛び上る。もう一本は敵陣の中につっこむ。〈海野十三◆発明小僧〉

類義語 光芒一閃《こうぼういっせん》

【指天画地】してんかくち

意味 思うままに述べたり、議論したりするたとえ。手ぶりを加えて激しく話すさま。また、天にのっとり地上の政治を行うこと。

補説 「指天」は天を指さすこと。「画地」は地面にえがくこと。「天《てん》を指《さ》し地《ち》に画《かく》す」と訓読する。

出典 陸賈《りくか》『新語《しんご》』懐慮《かいりょ》

【紫電清霜】しでんせいそう

意味 すぐれて光り輝き、節操の堅固な人の形容。

補説 紫のいなずまのように光り輝き、清く白い霜のように、きりっとひきしまっていることから。鋭く光り輝く武器のいかめしさの形容としても使われる。「紫電」は紫のいなずま。研ぎ澄まされた武器の輝きの形容。また、すぐれて輝く形容。「清霜」は清らかにきりっとひきしまったものの形容。

出典 王勃《おうぼつ》「滕王閣序《とうおうかくのじょ》」

【至道無難】しどうぶなん

意味 仏教の道を悟るのは、難しいことではないということ。

補説 仏教語。「至道」は無上の大道、仏道のこと。「至道は無難なり、ただ揀択《けんじゃく》を嫌う」という。仏教の道は決して人間界からかけ離れたところにあるのではない。ただ、対立的な見方をせず、いずれか一方に執着する態度を捨てればおのずと仏道に合致するという意。

出典 『碧巌録《へきがんろく》』

用例 朝の読書はほんとうによい、碧巌《へきがん》第二則、至道無難、趙州《じょうしゅう》和尚の唇皮禅《しんぴぜん》に敬服する。〈種田山頭火◆其中日記〉

【舐犢之愛】しとくのあい

意味 親が子を溺愛《できあい》すること。

補説 親牛が子牛をなめて愛することからいう。「舐」はなめる意。「犢」は子牛、牛の子。

出典 『後漢書《ごかんじょ》』楊彪伝《ようひょうでん》

類義語 老牛舐犢《ろうぎゅうしとく》

【自然法爾】じねんほうに

意味 浄土真宗で、自力を捨て、如来《にょらい》の絶対他力にまかせきること。人為を捨て、ありのままにまかせること。

（補説）仏教語。「自然」はおのずからそうであること。「法爾」はそれ自身の法則にのっとって、そのようになっていること。「法爾自然《ほうにじねん》」ともいう。

（用例）むしろ妄心起動《もうしんきどう》を自然法爾の力と観《み》て、その業力《ごうりき》に、思想の経過から言えば最後の南無《なむ》をささげようとしているのである。〈蒲原有明◆夢は呼び交す〉

（類義語）自然法然《じねんほうねん》・法性自爾《ほうしょうじに》・法爾法然《ほうにほうねん》

【士農工商】しのうこうしょう

（意味）江戸時代の身分制度で、武士・農民・職人・商人をいう。

（補説）もと古代中国で、官吏・農民・工人・商人の職分による四つの身分階級をいった。

（出典）『管子《かんし》』小匡《しょうきょう》

【事半功倍】じはんこうばい

（意味）わずかの努力で、大きな成果を上げること。

（補説）人の半分の努力で効果は人の倍ある意から。一般に「事《こと》半《なか》ばにして功《こう》倍《ばい》す」と訓読して用いる。

（出典）『孟子《もうし》』公孫丑《こうそんちゅう》上

（類義語）費半功倍《ひはんこうばい》

（対義語）事倍功半《じばいこうはん》

【地盤沈下】じばんちんか〈―スル〉

（意味）（地震や地下水の汲《く》み上げなどで）地面が沈んで、土地が低くなる現象。また、これまでの勢いが衰えて、ふるわなくなることのたとえ。

（補説）「地盤」は建物などの土台となる土地。「沈下」は沈んで下がること。

【至微至妙】しびしみょう〈―ナ〉

（意味）きわめてかすかで、すぐれて巧みであるさま。また、非常に微妙であるさま。

（補説）「至」はこの上なくの意で、「微妙」を強調する文字。「妙」はかすか、奥深い。また、計り知れないすぐれた働きがある意。

（用例）涼しき眼《め》と凜々《りり》しき眼とハ、無量の意を含みて相合えり。渠等《かれら》ハ無言の数秒《すびょう》の間に、不能語、不可説なる至微至妙の霊語を交えたりき。〈泉鏡花◆義血侠血〉

【慈眉善目】じびぜんもく

（意味）やさしく慈愛にあふれ、善良そうな顔つきのこと。

（補説）「慈眉」は慈愛にあふれた眉《まゆ》。「善目」は善良そうな目のこと。

【慈悲忍辱】じひにんにく

（意味）慈しみ哀れむ気持ちをもってどんな苦難にも耐えること。

（補説）仏教語。法華経《ほけきょう》を広めるため、僧として守るべき道をいう。「忍辱」は耐え忍ぶこと。

（用例）慈悲忍辱を説く聖者が、今、衆人環視の中で自分の子を捕えて食った。そして、食い終わってから、その事実をも忘れたるがごとくに、ふたたび慈悲の説を述べはじめた。〈中島敦◆悟浄出世〉

【紫緋紋綾】しひもんりょう

（意味）文様を織りなした、高位高官の衣服の意。

（補説）位袍《いほう》（官位に則して色を変えた朝服）では、紫・緋色は高位高官のもの。「紋綾」は模様のこと。

（用例）あわれ此程《このほど》までは殿上《てんじょう》の交《まじわり》をだに嫌われし人の子、家の族《やから》、今は紫緋紋綾に禁色《きんじき》を猥《みだり》にして、〈高山樗牛◆滝口入道〉

【四百四病】しひゃくしびょう

（意味）人のかかる病気のすべて。

（補説）仏教語。人体は地・水・火・風の四つの元素（四大《しだい》）から構成されていて、これが不調なとき、それぞれ百一の病気を生ずるとされる。

（注意）語構成は「四百四」＋「病」。

（用例）朝夕の不自由は何とも名状す可《べ》からざる程の苦しみにして、之《これ》が為《た》めには人物も愚に返り人相までも変るもの多し。諺《ことわざ》に四百四病の中に貧ほど憂きものはなしと言うも、決して過ぎたる言に非《あら》ず。〈福沢諭吉◆福翁百話〉

【雌伏雄飛】しふくゆうひ

（意味）将来を期して人の下に従い、低い地位に甘んじ、やがては大いに羽ばたき活躍すること。

（補説）「雌伏」は雌鳥が雄鳥に従い伏す意。転じて、人に付き従うこと。低い地位に辛抱していること。「雄飛」は雄鳥が飛ぶように、盛んに活躍すること。

出典 『後漢書《ごかんじょ》』趙典伝《ちょうてんでん》（趙温伝《ちょうおんでん》）

類義語 戢鱗潜翼《しゅうりんせんよく》

【自負自賛】じふじさん〈―スル〉

意味 うぬぼれて、自分で自分の行為を褒めること。

補説 「自負」は自分の才能に自信をもち、誇ること。うぬぼれ。「自賛」は自分で自分の行為を褒めること。

注意 「自負自讃」とも書く。

用例 文三《ぶんぞう》に対しては気にさわる事のみを言い散らすか、さもなければ同僚の非を数えて「おれは」との自負自賛、〈二葉亭四迷◆浮雲〉

類義語 自画自賛《じがじさん》・手前味噌《てまえみそ》

【自分勝手】じぶんかって〈―ナ〉

意味 他人の都合など考えず、自分のためだけを考えて行動するさま。

補説 「勝手」は相手の迷惑などかまわず思い通りにするさま。

注意 「じぶんがって」とも読む。

用例 ある人に言わせると、岸本は自分勝手の塊である。〈島崎藤村◆春〉

類義語 得手勝手《えてかって》・勝手気儘《かってきまま》・手前勝手《てまえがって》

【四分五散】しぶんごさん〈―スル〉

⇒四分五裂 しぶんごれつ 294

【四分五裂】しぶんごれつ〈―スル〉

意味 ばらばらになってしまうこと。まとまりのあるものが秩序を失い、乱れること。

補説 「四」「五」はいくつもの、の意だが、極端に多いことではない。国や地域、人の意見などに使われることが多い。「四分五散《しぶんごさん》」ともいう。

注意 「しぶごれつ」とも読む。

出典 『戦国策《せんごくさく》』魏策《ぎさく》

用例 また或《あ》る時期には、現実に対する作者の態度が四分五裂して、各人各様の態度をとり、随《したが》って作品の種類も雑多になる。〈豊島与志雄◆現代小説展望〉

類義語 四散五裂《しさんごれつ》・四分五割《しぶんごかつ》・四分五剖《しぶんごぼう》・四分五落《しぶんごらく》・支離滅裂《しりめつれつ》・分崩離析《ぶんぽうりせき》

【耳聞目見】じぶんもくけん

意味 実際に自分自身の耳で聞き、目で見ること。

補説 「耳《みみ》もて聞《き》き、目《め》もて見《み》る」と訓読する。

出典 『顔氏家訓《がんしかくん》』帰心《きしん》

類義語 耳聞眼見《じぶんがんけん》・耳聞目撃《じぶんもくげき》・耳聞目睹《じぶんもくと》

【資弁捷疾】しべんしょうしつ

意味 生まれつき弁舌に巧みで、行動が素早いこと。

補説 「資」は生まれつき。「弁」は弁舌で、その才能があることにもいう。「捷」「疾」はともに、はやい、素早い意。もと、中国の古代王朝、殷《いん》の紂《ちゅう》王の性質を評した語。

出典 『史記《しき》』殷紀《いんき》

【自暴自棄】じぼうじき〈―ナ〉

意味 失望などのために投げやりな行動をして、自分を駄目にすること。また、そのさま。

補説 「自暴」はめちゃくちゃなことをして、自分自身のからだを損なうこと。「自棄」は自分で自分を見捨てること。

出典 『孟子《もうし》』離婁《りろう》上

用例 私は、そこで自暴自棄な力が湧いて来た。私を連れて来た男をやっつける義務を感じて来た。〈葉山嘉樹◆淫売婦〉

【歯亡舌存】しぼうぜっそん

意味 硬いものよりも、柔らかいもののほうが、かえって最後まで存続するということ。

補説 歯は抜けてしまっても舌は残っている意から。一般に「歯《は》亡《ほろ》びて舌《した》存《そん》す」と訓読して用いる。

出典 『説苑《ぜいえん》』敬慎《けいしん》

類義語 歯堕舌存《しだぜっそん》・歯弊舌存《しへいぜっそん》・柔能制剛《じゅうのうせいごう》

【四方八方】しほうはっぽう

意味 あちらこちら。周囲のあらゆる方向。

補説 「四方」は東・西・南・北、「八方」は東・西・南・北と北東・北西・南東・南西の八つの方角を示し、ともにあらゆる方向・方面の意。

用例 火と煙とが逆捲《さかま》く中を、牛頭馬頭《ごずめず》

の獄卒に虐《さいな》まれて、大風に吹き散らされる落葉のように、紛々《ふんぷん》と四方八方へ逃げ迷っているのでございます。〈芥川龍之介◆地獄変〉
類義語 東西南北《とうざいなんぼく》

【子墨客卿】しぼくかくけい

意味 文人のこと。詩文を作る風流な人。また、他人からきた手紙の称。文章の称。
補説 「子墨」は墨を擬人表現したもの。「子」は男子の通称。「客卿」は他の国からきて、客分として高官にある者。出典では「翰林《かんりん》」の語を主人の名に、「子墨」を「客卿」の名に借りて、この二人の会話に諷喩《ふうゆ》の意を込めたとされる。
出典 『文選《もんぜん》』揚雄《ようゆう》「長楊賦《ちょうようのふ》」序
類義語 子墨兎毫《しぼくとごう》・文人墨客《ぶんじんぼっかく》

【子墨兎毫】しぼくとごう

意味 文人のこと。詩文を作る風流な人。
補説 「子墨」は墨を擬人表現したもの。「兎毫」はウサギの毛で作った筆。
類義語 子墨客卿《しぼくかくけい》・文人墨客《ぶんじんぼっかく》

【徙木之信】しぼくのしん

意味 約束を確実に実行する信用のこと。また、政治家は法の権威と信用を人民に示すべきであるという戒めの語。
補説 「徙」は移す意。「移木之信《いぼくのしん》」ともいう。
故事 中国秦《しん》の商鞅《しょうおう》が変法の命令を出すに際して、人民が法令を信用しないのを恐れ、都の南門の木を北門に移す者には十金を与えると布告し、移した者には法令の約束どおりに金を与えて、その法令がうそでないことを示したという故事から。
出典 『史記《しき》』商君伝《しょうくんでん》
類義語 商君徙木《しょうくんしぼく》

【慈母敗子】じぼはいし

意味 教育は時には厳しさが必要であることのたとえ。
補説 母親が慈愛にあふれて甘すぎると、放蕩《ほうとう》な子ができる意から。「慈母」は慈愛に満ちた母で、ここでは度を過ぎて甘い母のこと。「敗子」は家をやぶる子の意で、放蕩な子のこと。「慈母《じぼ》に敗子《はいし》有《あ》り」の略。
出典 『韓非子《かんぴし》』顕学《けんがく》

【揣摩臆測】しまおくそく〈―スル〉

意味 根拠もないのに、他人の気持ちや物事の事情などを推測すること。
補説 「揣摩」は相手の心情を推し量ること。同じく推し量る意の「臆測」に重ねて、意味を強調した語。「臆測揣摩《おくそくしま》」ともいう。
注意 「揣摩憶測」とも書く。
用例 この二つの事件が、外では広くもあらぬ高山の天地を震駭《しんがい》させ、揣摩臆測や流言蜚語《りゅうげんひご》といったようなものが満ち渡るのに、〈中里介山◆大菩薩峠〉
類義語 揣摩臆断《しまおくだん》

【揣摩迎合】しまげいごう〈―スル〉

意味 相手の気持ちを推し量って、相手の気に入るように調子を合わせること。
補説 「揣摩」は相手の心情を推し量る意。「迎合」は相手の意を迎えて合わせる、気に入るように調子を合わせること。
類義語 阿諛追従《あゆついしょう》・揣合逢迎《しごうほうげい》

【四曼不離】しまんふり

意味 四種の曼荼羅《まんだら》が互いに関《かか》わりあって不可分であるという密教の教義。
補説 仏教語。「四曼」は「四種曼荼羅《ししゅまんだら》」の略。曼荼羅は、主に多数の仏や菩薩《ぼさつ》を彩色で描いた図をいうが、梵字《ぼんじ》・立像・仏具などで仏菩薩を表象したものも含まれる。「四種曼荼羅」はそれらの総称で、「大曼荼羅」「三昧耶曼荼羅《さんまやまんだら》」「法曼荼羅」「羯磨曼荼羅《かつままんだら》」の四種をいう。「不離」は相互に関連しあい浸透しあって分離不能であるということ。
用例 四曼不離の夜毎《よごと》の行業《こうごう》に慣れそめてか、籬《まがき》の虫の駭《おどろ》かん様も見えず。今は心を定め、ほとほとと門《かど》を音ずるれども答なし。〈高山樗牛◆滝口入道〉
類義語 四曼相即《しまんそうそく》

【四無量心】しむりょうしん

意味 四つのはかりしれない利他心。また、仏道を志す人がもっておくべき心構え。
補説 仏教語。衆生《しゅじょう》に対して起こす四つの心。生けるものに楽しみを与える「慈無量心」、他人の苦しみを除く「悲無量心」、他の者が安楽になることを喜びねたまない「喜無量心」、他の者に対して好悪の感情がなく平等な「捨無量心」の四つをいう。

（注意）語構成は「四」＋「無量心」。

【自明之理】じめいのり

（意味）根拠をあげて証明するまでもない明らかな真理。

（補説）「自明」は証明するまでもなく、それ自身で明らかなこと。「理」は物事の道理。ことわり。

（用例）しかし全く偶然の暗合でない事も、彼に云《い》わせると、自明の理であった。〈夏目漱石◆明暗〉

（類義語）事理明白《じりめいはく》

【七五三縄】しめなわ

（意味）境界を表し、出入りを禁ずることを示すために張り渡す縄。特に神事などで神聖な場所を画するのに用いたり、新年に門口に魔除《よ》けのために張ったりするものを指す。

（補説）藁《わら》を左よりにない、藁の茎を七・五・三筋と順により放して垂らし、その間に四手《しで》という紙を下げた。「注連縄」「標縄」とも書く。

【四面瀟淳】しめんおうぼつ 〈―タル〉〈―ト〉

（意味）雲や霧で盛んに覆われているさま。

（補説）「瀟淳」は雲や霧などが盛んに立ち上るさま。

（注意）「四面瀟渤」とも書く。

（用例）雨催《あまもよい》の天《そら》に月ハあれども、四面瀟淳として煙《けぶり》の布《し》くが如《ごと》く、淡墨《うすずみ》を流せる森の彼方《あなた》に、忽《たちま》ち跫音《あしおと》の響きて、がやがやと罵《ののし》る声せるハ、見世物師等が打連立ちて公園を引払うにぞありける。〈泉鏡花◆義血侠血〉

【四面楚歌】しめんそか

（意味）周囲がすべて敵や反対者で、まったく孤立して、助けや味方がいないこと。また、そのさま。孤立無援。

（故事）中国漢初、漢の劉邦《りゅうほう》との戦いを続けていた楚《そ》の項羽《こうう》の軍は、しだいに追いつめられ、垓下《がいか》の町にたてこもっていた。夜になると、四面を幾重にも取り囲む漢軍の中から項羽の出身地である楚の歌を皆で歌っているのが聞こえてきた。それを聞いた項羽が、「漢はすでに楚をすべて占領してしまったのか、なんと楚の人が多くいることか」と驚き嘆いた故事から。

（出典）『史記《しき》』項羽紀《こううき》

（用例）私が『「いき」の構造』を書いた頃はマルクス主義全盛の頃で、私は四面楚歌の感があった。〈九鬼周造◆伝統と進取〉

（類義語）孤軍奮闘《こぐんふんとう》・孤立無援《こりつむえん》

【鴟目虎吻】しもくこふん

（意味）貪欲《どんよく》で悪賢く、残忍な人相。

（補説）「鴟目」はフクロウの目。悪賢い人相とされる。「虎吻」は虎の口。人を損ない傷つける人相。残忍で貪欲な人相とされる。

（出典）『漢書《かんじょ》』王莽伝《おうもうでん》

【耳目之欲】じもくのよく

（意味）聞いたり見たりして生じる欲望。聞きたい見たいという欲求。感覚的な欲望。

（補説）聞くことや見ることの欲望の意から。

（出典）『孟子《もうし》』離婁《りろう》下

【自問自答】じもんじとう 〈―スル〉

（意味）自分で自分に問いかけ、自分で答えること。

（用例）彼れはそこの所を幾度も無関心に繰返した。笠井《かさい》の娘――笠井の娘――笠井の娘がどうしたんだ――彼れは自問自答した。段々眼《め》がかすんで来た。〈有島武郎◆カインの末裔〉

【四門出遊】しもんしゅつゆう

（意味）釈迦《しゃか》が出家を決意するに至った伝説。

（補説）釈迦が出家する前、王城の東西南北の四つの門から郊外に出かけた際に帝釈天《たいしゃくてん》が老人、病人、死者に出会わせて、老・病・死は人間にとって避けられないものと聞かせた。人生の苦しみを自覚した釈迦を最後に修行者に出会わせて出家を決意させたという。また、釈迦は、そのときにそれぞれの苦しみを実際に見て、世をいとう心が生まれたともいわれる。「四門遊観《しもんゆうかん》」ともいう。

（出典）『過去現在因果経《かこげんざいいんがきょう》』二

【四門遊観】しもんゆうかん

⇒ 四門出遊 しもんしゅつゆう 296

【車胤聚蛍】しゃいんしゅうけい

（意味）苦学のたとえ。

（補説）「聚蛍」は蛍を集めてその光で書物を

照らす意。中国東晋《とうしん》の車胤が蛍の光で読書したこと。孫康とともに「蛍雪之功《けいせつのこう》」の故事で知られる。『蒙求《もうぎゅう》』の表題の一つ。

故事 中国東晋の車胤が、家が貧しかったため灯油が買えず、夏の夜に蛍を集めて袋に入れ、その光で読書したという故事から。（→「蛍雪之功《けいせつのこう》」188）

出典 『晋書《しんじょ》』車胤伝《しゃいんでん》

類義語 蛍雪之功《けいせつのこう》・蛍窓雪案《けいそうせつあん》・車蛍孫雪《しゃけいそんせつ》・孫康映雪《そんこうえいせつ》・断薺画粥《だんせいかくしゅく》・嚢蛍映雪《のうけいえいせつ》

【社燕秋鴻】 しゃえん しゅうこう

意味 会ったかと思うと、たちまちすぐ別れることのたとえ。

補説 「社燕」はツバメ。春の社日《しゃにち》（立春から第五番の戊《つちのえ》の日）に渡って来て、秋の社日（立秋から第五番の戊の日）に去るのでいう。「鴻」は秋に来て、春に去る大きな渡り鳥、ガン。両者が春と秋にすれ違い、ほんの一時会うことから。

出典 蘇軾《そしょく》－詩「陳睦《ちんぼく》の潭州《たんしゅう》に知《ち》たるを送《おく》る」

【釈迦八相】 しゃか はっそう

⇒ 八相成道 はっそうじょうどう 532

【視野狭窄】 しや きょうさく

意味 考え方や知識の範囲が狭くすぼまっている様子。

補説 視野が周辺から狭くなる目の症状から。

【車魚之嘆】 しゃぎょの なげき

意味 仕えている主人に対し、その待遇の悪さを嘆くこと。

補説 「車」は外出する際に乗り物が用意されるほどの待遇、「魚」は食事に魚が付くほどの待遇を指す。

注意 「しゃぎょのたん」とも読む。

故事 中国斉の宰相孟嘗君《もうしょうくん》の食客《しょっかく》となった馮諼《ふうけん》（馮驩《ふうかん》）は、当初の待遇の悪さを嘆き、長剣の柄《つか》をたたいて、「車」と「魚」を求めて歌ったが、のち、孟嘗君の危機を救ったという故事から。

出典 『戦国策《せんごくさく》』斉策《せいさく》

【舎近求遠】 しゃきん きゅうえん

⇒ 釈近謀遠 しゃくきんぼうえん 297

【釈近謀遠】 しゃくきん ぼうえん

意味 身近なところや今をおろそかにして、いたずらに遠いところや、はるか将来のことばかり考えること。身近なところや今を、よく考えるべきであるという戒めの語。

補説 「釈」は捨てる意。一般に「近《ちか》きを釈《す》てて遠《とお》きを謀《はか》る」と訓読して用いる。「舎近求遠《しゃきんきゅうえん》」ともいう。

出典 『三略《さんりゃく》』下略《かりゃく》

類義語 在邇求遠《ざいじきゅうえん》・舎近図遠《しゃきんとえん》・舎近謀遠《しゃきんぼうえん》

【釈根灌枝】 しゃくこん かんし

意味 末節に心を奪われたりこだわったりして、物事の根本を忘れるたとえ。

補説 木の根に水をやらないで、枝に注ぎかける意から。「釈」は捨てる意。「灌」は水を注ぎかける意。一般に「根《ね》を釈《す》てて枝《えだ》に灌《そそ》ぐ」と訓読して用いる。「捨根注枝《しゃこんちゅうし》」ともいう。

出典 『淮南子《えなんじ》』泰族訓《たいぞくくん》

類義語 捨根灌枝《しゃこんかんし》・舎本逐末《しゃほんちくまつ》・主客転倒《しゅかくてんとう》・本末転倒《ほんまつてんとう》

【杓子果報】 しゃくし かほう

意味 好運に恵まれること。

補説 「杓子」は汁や飯などを盛ったりよそったりする道具。「果報」は幸せの意。食べ物が杓子にたくさん盛られて配られる幸せの意から。

【杓子定規】 しゃくし じょうぎ 〈―ナ〉

意味 一定の基準や形式で、すべてを律しようとすること。また、そのために融通がきかないさま。

補説 曲がっている杓子の柄を無理に定規の代用とする意から。「杓子」は汁や飯などを盛ったりよそったりする道具。古くは柄が曲がっていた。

用例 誰《だれ》も昔を見たことがないのだから何とでも言える訳さ。しかし昔の道を杓子定規にそのまま履《ふ》んで、それで巧《うま》く世が治まるくらいなら、誰も苦労はしないよ。〈中島敦◆弟子〉

類義語 四角四面《しかくしめん》

対義語 融通無礙《ゆうずうむげ》・臨機応変《りんきおうへん》

【灼然炳乎】しゃくぜん へいこ 〈―タル〉〈―ト〉

意味 明らかなさま。

補説 「灼然」「炳乎」はともに明らかなさまの意。類義の語を重ねて意味を強調している。

用例 否《いな》あらわれる事は二六時中間断《かんだん》なくあらわれているが、かくのごとく顕著に灼然炳乎として遠慮なくはあらわれて来ない。〈夏目漱石◆吾輩は猫である〉

【鵲巣鳩居】じゃくそう きゅうきょ

⇒鳩居鵲巣《きゅうきょじゃくそう》 147

【鵲巣鳩占】じゃくそう きゅうせん

⇒鳩居鵲巣《きゅうきょじゃくそう》 147

【弱肉強食】じゃくにく きょうしょく

意味 弱い者が強い者のえじきになること。強い者が弱い者を思うままに滅ぼして、繁栄すること。

補説 「強食弱肉《きょうしょくじゃくにく》」ともいう。

出典 韓愈《かんゆ》「浮屠《ふと》の文暢師《ぶんちょうし》を送《おく》るの序《じょ》」◎「弱の肉は強の食なり」

用例 同盟、必ずしも忠実に守るべき道義性のなかったのが当時の例で、弱肉強食、一々が必死を賭けた保身だから、同盟もその裏切りも慾得《よくとく》づくと命がけで、生き延びた者が勝者である。〈坂口安吾◆黒田如水〉

類義語 自然淘汰《しぜんとうた》・生存競争《せいぞんきょうそう》・優勝劣敗《ゆうしょうれっぱい》・適者生存《てきしゃせいぞん》

対義語 共存共栄《きょうそんきょうえい》

【尺布斗粟】しゃくふ とぞく

意味 兄弟の仲が悪いことをそしった語。

補説 わずかな量の布とアワの意。「尺布」は一尺分の布、「斗粟」は一斗分のアワのこと。わずかな食料と衣類の意。「斗粟尺布《とぞくしゃくふ》」ともいう。

注意 「せきふとぞく」とも読む。

故事 中国漢の時代、淮南王《わいなんおう》は漢の文帝と腹違いの兄弟であったため、おごりたかぶり、しばしば法に背いた。そのため文帝は淮南王の王位を奪い、蜀《しょく》郡に護送しようとしたが、その途中、淮南王は苦しみ悶《もだ》え、食を断って死んだ。その後、民衆が「一尺の布でも衣服にすれば、ともに寒さを防げる。一斗のアワでもついて食べれば、ともに飢えをしのげる。どうして兄弟二人は仲良くできなかったのだろう」と歌ったという故事から。

出典 『史記《しき》』淮南厲王長伝《わいなんれいおうちょうでん》

対義語 棣鄂之情《ていがくのじょう》

【寂滅為楽】じゃくめつ いらく

意味 迷いの世界から解放された悟りの境地が、心安らかで楽しいものであるということ。転じて、死ぬこと。消えること。

補説 仏教語。「寂滅」は煩悩の消え去った究極的な悟りの境地。（↓「諸行無常《しょぎょうむじょう》」335）

出典 『涅槃経《ねはんぎょう》』

用例 つらつら思うに、寂滅為楽の幽妙なる仏味と宗教的虚無思想が吾人《ごじん》の中に存して、吾人の生霊を支配せし事久し〈北村透谷◆一種の攘夷思想〉

類義語 生滅滅已《しょうめつめつい》

【車蛍孫雪】しゃけい そんせつ

意味 苦学のたとえ。

補説 中国東晋《とうしん》の車胤《しゃいん》が夏の夜に蛍の光で読書し、孫康が冬の夜に雪に照り返された月明かりで読書したことから。（↓「車胤聚蛍《しゃいんしゅうけい》」296・「孫康映雪《そんこうえいせつ》」416）

故事 ↓「蛍雪之功《けいせつのこう》」188

類義語 蛍雪之功《けいせつのこう》・車胤聚蛍《しゃいんしゅうけい》・孫康映雪《そんこうえいせつ》・嚢蛍映雪《のうけいえいせつ》

【社交辞令】しゃこう じれい

意味 付き合いを円滑にするために使う、口先だけの愛想のいい言葉。

補説 「社交」は社会における人々との付き合い。「辞令」は応対するときの言葉。

用例 それは、もはや、軽薄なる社交辞令ではなかった。私は、しんからそれ一つに期待をかけた。〈太宰治◆親友交歓〉

類義語 外交辞令《がいこうじれい》

【捨根注枝】しゃこん ちゅうし

⇒釈根灌枝《しゃくこんかんし》 297

【車載斗量】しゃさい とりょう

意味 数量の非常に多いことのたとえ。また、多くても、すべて平凡であることのたとえ。

補説 車に載せ、ますではかる意から。「斗」は量器のとます・ます。「量」ははかる意。

出典 『呉志《ごし》』呉主権伝《ごしゅけんでん》の裴注《はいちゅう》に引

く『呉書《ごしょ》』

【奢侈淫佚】しゃしいんいつ（―ナ）

意味 ぜいたくにふけり、みだらな楽しみや遊興にふけるさま。

補説 「奢侈」は度を越えたぜいたく。「淫佚」はみだらでだらしないさま。また、男女関係のみだらなさま。

注意 「奢侈淫逸」とも書く。

類義語 驕奢淫逸《きょうしゃいんいつ》

【奢侈文弱】しゃしぶんじゃく（―ナ）

意味 おごってぜいたくを尽くし、文事にばかりふけって弱々しいこと。また、そのさま。

補説 「奢侈」は度を越えたぜいたく。「文弱」は学問や詩文など、文事ばかりにふけって弱々しいこと。

用例 奢侈文弱の弊を戒め勤倹力行の風俗を奨励し都会に汚されずしてドシドシ健全の血液を都会に送るは〈徳冨蘆花◆思出の記〉

【洒洒落落】しゃしゃらくらく（―タル）（―ト）

意味 さっぱりとして物事にとらわれないさま。

補説 「洒落《しゃらく》」のそれぞれの語を重ねて語意を強めた語。人の性格や態度などについていう。

注意 「灑灑落落」とも書く。

用例 文三《ぶんぞう》の目より見る時はお勢はいわゆる女豪の萌芽《めばえ》だ、見識も高尚で気韻も高く、洒々落々として愛すべく尊ぶべき少女であって見れば、〈二葉亭四迷◆浮雲〉

類義語 軽妙洒脱《けいみょうしゃだつ》

【邪宗異端】じゃしゅういたん

⇒異端邪宗 いたんじゃしゅう 18

【射将先馬】しゃしょうせんば

意味 大きなものや、主たるものを攻めたり手に入れたりするには、相手がよりどころとしているもの、その周囲にあるものをまずねらうのがよいということ。

補説 武将を射とめようとするなら、まず、その乗っている馬を射るのがよいという意から。「将《しょう》を射《い》んとすれば馬《うま》を先《さき》にせよ」と訓読する。「将を射んと欲すれば先《ま》ず馬を射よ」の略で、この形で用いることが多い。

出典 杜甫《とほ》―詩「前出塞《ぜんしゅっさい》」

類義語 射人先馬《しゃじんせんば》

【社稷之臣】しゃしょくのしん

意味 国家の重臣のこと。国の重大事にあって大任に当たる臣。

補説 「社」は土地の神。「稷」は五穀の神。ともに国家の重要な守り神。転じて、「社稷」は朝廷・国家のこと。

出典 『論語《ろんご》』季氏《きし》

【社稷之守】しゃしょくのまもり

意味 国家の守りとなる者。

補説 「社」は土地の神。「稷」は五穀の神。ともに国家の重要な守り神。転じて、「社稷」は朝廷・国家のこと。

出典 『国語《こくご》』晋語《しんご》

【車水馬竜】しゃすいばりょう

意味 車馬の往来の激しい形容。非常ににぎわっている形容。

補説 車は流れる水のようで、馬は竜が動いているようである意から。「車は流水の如《ごと》く馬は游竜《ゆうりょう》の如し」の略。

注意 「しゃすいばりゅう」とも読む。

出典 『後漢書《ごかんじょ》』明徳馬皇后紀《めいとくばこうごうき》

【舎生取義】しゃせいしゅぎ

意味 命を犠牲にしても、正義を守ること。

補説 「舎」は捨てる意。「生《せい》を舎《す》てて義《ぎ》を取《と》る」と訓読する。

出典 『孟子《もうし》』告子《こくし》上

【射石飲羽】しゃせきいんう

意味 精神を集中し、必死の思いで事に当たれば、いかなることもできないことはないというたとえ。一念岩をも通す。

補説 「射石」は矢で石を射る意。「飲羽」は矢の羽根まで深く食い込むこと。「石《いし》を射《い》て羽《はね》を飲《の》む」と訓読する。「射石飲羽」の故事は出典の他、中国春秋時代楚《そ》の養由基《ようゆうき》の話（『呂氏春秋《りょししゅんじゅう》』精通《せいつう》）、漢の李広《りこう》の話（『史記』李将軍伝）、北周の李遠の話（『周書』李遠伝）などがある。

注意 「せきせきいんう」とも読む。

故事 昔、楚《そ》の熊渠子《ゆうきょし》が、夜中に横たわった虎に力の限り弓を引いて矢を射たところ、それは大きな石で、矢が矢羽のあたりまで深く石に食い込んでいたという故事から。

出典『韓詩外伝《かんしがいでん》』六
類義語 一念通天《いちねんつうてん》・精神一到《せいしんいっとう》

【邪説異端】 じゃせつ いたん
⇒ 異端邪説 いたんじゃせつ 18

【社鼠城狐】 しゃそ じょうこ
⇒ 城狐社鼠 じょうこしゃそ 323

【舎短取長】 しゃたん しゅちょう
意味 短所や欠点を捨てて、美点や長所を選び伸ばすこと。
補説「舎」は捨てる意。「短」は短所・欠点。「長」は長所。「短《たん》を舎《す》て長《ちょう》を取《と》る」と訓読する。
出典『漢書《かんじょ》』芸文志《げいもんし》
類義語 採長補短《さいちょうほたん》・助長補短《じょちょうほたん》・続短断長《ぞくたんだんちょう》・断長続短《だんちょうぞくたん》

【邪智奸佞】 じゃち かんねい
⇒ 奸佞邪智 かんねいじゃち 129

【邪知暴虐】 じゃち ぼうぎゃく
意味 悪知恵を働かせ、乱暴な行いをして人を苦しめること。
補説「邪知」は悪知恵。よこしまな知恵。「暴虐」は乱暴でむごたらしいこと。荒々しく人を苦しめること。
注意「邪智暴虐」とも書く。
用例 メロスは激怒した。必ず、かの邪智暴虐の王を除かねばならぬと決意した。〈太宰治◆走れメロス〉

【雀角鼠牙】 じゃっかく そが
⇒ 鼠牙雀角 そがじゃっかく 412

【借花献仏】 しゃっか けんぶつ
意味 人の物や行為に頼って、自分の義理を果たすこと。
補説 他人の花を借りてきて、仏に供えることから。「花《はな》を借《か》りて仏《ほとけ》に献《けん》ず」と訓読する。
出典『過去現在因果経《かこげんざいいんがきょう》』

【寂光浄土】 じゃっこう じょうど
意味 仏の住む清らかな世界。さまざまな煩悩から解き放たれ、仏の悟りである真理そのものが現れている世界。
補説「寂光」は真理の寂静《じゃくじょう》なることと真智《しんち》の光。理智の仁徳を指していう。「常寂光土《じょうじゃっこうど》」ともいう。
用例 寂光浄土の極楽へ、地獄の獄卒どもが練ってきたように、それは殺風景なものであった。〈吉川英治◆神州天馬侠〉
類義語 安楽浄土《あんらくじょうど》・九品浄土《くほんじょうど》・極楽浄土・西方浄土《さいほうじょうど》・西方世界《さいほうせかい》・十万億土《じゅうまんおくど》

【車轍馬跡】 しゃてつ ばせき
意味 為政者が全国をくまなく巡り歩くこと。
補説「車轍」は車のわだち、「馬跡」は馬のひづめの跡。昔の為政者は馬車で全国を巡視したので、その場所には車轍馬跡が残されたことから。
出典『春秋左氏伝《しゅんじゅうさしでん》』昭公《しょうこう》一二年

【煮豆燃萁】 しゃとう ねんき
意味 兄弟の仲が悪いことのたとえ。
補説「煮豆」は豆を煮ること。「萁」は豆殻《まめがら》。「豆《まめ》を煮《に》るに萁《まめがら》を燃《た》く」と訓読する。中国三国時代、魏《ぎ》の曹操《そうそう》の子、曹丕《そうひ》・曹植《そうしょく》兄弟の故事から。
故事 →「七歩之才《しちほのさい》」286
出典『世説新語《せせつしんご》』文学《ぶんがく》
類義語 兄弟鬩牆《けいていげきしょう》

【遮二無二】 しゃに むに
意味 一つのことをがむしゃらにすること。むやみに。また、やたらと。むしょうに。
補説「遮二」は二を断ち切る意。「無二」は二がない意で、前後の見通しも考えないで行うこと。当て字とする説もある。
用例 すると猫は大胆にも枕の上へあがって来てまた別の隙間へ遮二無二首を突込もうとした。〈梶井基次郎◆のんきな患者〉
類義語 我武者羅《がむしゃら》・無二無三《むにむさん》

【捨閉閣抛】 しゃへい かくほう
意味 自力の仏道修行を完全に廃棄し、もっぱら念仏のみを行うこと。
補説「捨」「閉」「閣」「抛」は、いずれも捨て去ること。日蓮《にちれん》が、浄土宗の法然《ほうねん》の主張を批判するために、法然の『選択本願念仏集《せんちゃくほんがんねんぶつしゅう》』から「捨」「閉」「閣」「抛」の四文字を抜き出して並べ、批判的にまとめた語。法然自身がこの四字を一語として用いたわけではない。

〔出典〕『立正安国論《りっしょうあんこくろん》』

【射法八節】 しゃほう はっせつ

〔意味〕弓道における射術の法則。矢を射る一連の動作を竹になぞらえ、その推移を八つの節に分けて示したもの。

〔補説〕八節とは、一、足踏《あしぶ》み 二、胴造り 三、弓構《ゆがま》え 四、打起し 五、引分け 六、会《かい》 七、離れ 八、残心《ざんしん》（残身）。「弓道八節《きゅうどうはっせつ》」ともいう。

【舎本逐末】 しゃほん ちくまつ

〔意味〕物事の根本をおろそかにして、末節に心を配ること。

〔補説〕「舎」は捨てる意。「本」は根本の意。「逐末」は末節、つまらないものを追い求めること。一般に「本《もと》を舎《す》てて末《すえ》を逐《お》う」と訓読して用いる。

〔出典〕『呂氏春秋《りょししゅんじゅう》』上農《じょうのう》

〔類義語〕釈根灌枝《しゃくこんかんし》・舎本事末《しゃほんじまつ》・主客転倒《しゅかくてんとう》・本末転倒《ほんまつてんとう》

【殊域同嗜】 しゅいき どうし

〔意味〕外国人でありながら、自分と趣味・嗜好が一致していること。

〔補説〕「殊域」は外国の意。「同嗜」は趣味が共通する意。

〔用例〕わたくしはこれを読んで私《ひそ》かに殊域同嗜の人を獲たと思った。〈森鷗外◆渋江抽斎〉

【醜悪奸邪】 しゅうあく かんじゃ 〈―ナ〉

〔意味〕みにくくよこしまで、けがらわしいさま。また、その人。

〔補説〕「醜悪」は容姿・心・行いなどが、みにくくけがらわしいさま。「奸邪」はよこしまなこと。

〔注意〕「醜悪姦邪」とも書く。

〔用例〕若《も》しただ読者を感動して非常の注意を促すべき非凡の資格を有したらんには、醜悪奸邪の人物といえども得て主人公となすべきなり。〈坪内逍遥◆小説神髄〉

【十悪五逆】 じゅうあく ごぎゃく

〔意味〕十種の悪い行いと、五種の極悪の行い。

〔補説〕仏教語。「十悪」は、「殺生《せっしょう》」（殺し）、「偸盗《ちゅうとう》」（盗み）、「邪淫《じゃいん》」（不当な異性関係）、「妄語《もうご》」（うそ）、「綺語《きご》」（無内容な言葉）、「悪口《あっく》」（人を悩ます言葉）、「両舌《りょうぜつ》」（かげぐち・中傷）、「貪欲《とんよく》」（むさぼり）、「瞋恚《しんに》」（いかり）、「愚痴《ぐち》」（おろか）。「五逆」は「五逆罪」。犯せば「無間《むけん》地獄」（↓「八大地獄《はちだいじごく》」530）に堕《お》ちるとされることから「五無間業《ごむげんごう》」とも。「殺母《せつも》」（母親の殺害）、「殺父《せっぷ》」（父親の殺害）、「殺阿羅漢《せつあらかん》」（聖者の殺害）、「出仏身血《しゅつぶっしんけつ》」（仏の身を傷つけて出血させる）、「破和合僧《はわごうそう》」（教団の破壊）。「十逆五悪《じゅうぎゃくごあく》」ともいう。

【拾遺補闕】 しゅうい ほけつ

〔意味〕人の手抜かりや過失を見つけて、それを補い正すこと。

〔補説〕もとは、君主の手抜かりや過失を補い正すことをいった。「遺」はうっかりしたところや手抜かりなどをいう。「闕」は欠ける意で、欠けたところや過失をいう。「遺《お》ちたるを拾《ひろ》い闕《か》けたるを補《おぎな》う」と訓読する。

〔出典〕『文選《もんぜん》』司馬遷《しばせん》「任少卿《じんしょうけい》に報《ほう》ずるの書《しょ》」

〔類義語〕拾遺補過《しゅういほか》

【集腋成裘】 しゅうえき せいきゅう

〔意味〕民衆を集め、大きなことを成し遂げるたとえ。

〔補説〕キツネの腋《わき》に生えている白い毛を集めて、皮ごろもを作る意から。「集腋」はキツネの腋の下の白い毛を集めること。「成裘」は皮ごろもを作ること。「腋《えき》を集《あつ》めて裘《きゅう》を成《な》す」と訓読する。

〔出典〕『墨子《ぼくし》』親士《しんし》

〔類義語〕集翠成裘《しゅうすいせいきゅう》

【縦横自在】 じゅうおう じざい 〈―ナ〉

⇓ 自由自在 じゆうじざい 304

【縦横無礙】 じゅうおう むげ 〈―ナ〉

⇓ 縦横無尽 じゅうおうむじん 301

【縦横無尽】 じゅうおう むじん 〈―ナ〉

〔意味〕自由自在に物事を行うさま。思う存分にするさま。

〔補説〕四方八方に限りない意から。「縦横」はたてとよこ。四方八方。転じて、自分の思うとおりに振る舞うさま。自由自在に。「無尽」は尽き窮まることがないこと。「縦横無礙《じゅうおうむげ》」ともいう。
（用例）恐らくは部屋一面を舞台にして縦横無尽に地団太踏んでいるものらしい猛烈な物音であった。〈坂口安吾◆黒谷村〉
［類義語］縦横自在《じゅうおうじざい》・縦横無隅《じゅうおうむぐう》・自由自在《じゆうじざい》・馳騁縦横《ちていじゅうおう》

【秀外恵中】しゅうがいけいちゅう

（意味）風姿が立派で美しく、内に高い知性を備えていること。

（補説）「外」「中」は外形・内心の意。「秀」はひいでている、立派である意。「恵」は頭の働きのさといこと。「外《そと》に秀《ひい》でて中《うち》に恵《けい》あり」と訓読する。

（出典）韓愈《かんゆ》「李愿《りげん》の盤谷《ばんこく》に帰《かえ》るを送《おく》る序《じょ》」

［類義語］才色兼備《さいしょくけんび》・才貌両全《さいぼうりょうぜん》

【自由闊達】じゆうかったつ 〈―ナ〉

（意味）心が広くのびのびとして物事にこだわらないさま。

（補説）「闊達」は度量が大きく、小事にこだわらないさま。「闊達自由《かったつじゆう》」ともいう。

（注意）「自由豁達」とも書く。

（用例）たとえば女の子は決して自分の寝室に男の友達を入れないという慣習などは、（中略）やはり一方に自由闊達な両性の交際が行われている社会の習慣が、その半面にもっているけじめなのだと思う。〈宮本百合子◆異性の友情〉

［類義語］闊達自在《かったつじざい》・天空海闊《てんくうかいかつ》

【衆寡不敵】しゅうかふてき

（意味）少ない人数では、多くの人数にはかなわないということ。

（補説）戦争や勝負などで、人数が多いほうが有利であることをいう。「寡」は少ない意。「不敵」は敵対できない意。一般に「衆寡《しゅうか》敵《てき》せず」と訓読して用いる。

（出典）『魏志《ぎし》』張範伝《ちょうはんでん》

【羞花閉月】しゅうかへいげつ

（意味）美人の容姿のすぐれて麗しいこと。

（補説）あまりの美しさに花を恥じらわせ、月も恥じらい隠れる意から。「羞」は恥じらう意。「閉月羞花《へいげつしゅうか》」「羞月閉花《しゅうげつへいか》」ともいう。

（出典）楊果《ようか》「采蓮女曲《さいれんじょきょく》」

［類義語］沈魚落雁《ちんぎょらくがん》
［対義語］人三化七《にんさんばけしち》・敗柳残花《はいりゅうざんか》

【衆議一決】しゅうぎいっけつ 〈―スル〉

（意味）多くの人の議論や相談によって、意見がまとまり決まること。
（補説）「衆議」は多くの人々の議論・相談。「一決」は一つにまとまり決まること。
（用例）是《これ》は一番こねくって遣《や》ろうと、塾中の衆議一決、直《すぐ》にそれぞれ掛《かか》りの手分けをした。〈福沢諭吉◆福翁自伝〉
［類義語］衆口一致《しゅうこういっち》・満場一致《まんじょういっち》

【衆議成林】しゅうぎせいりん

（意味）たとえ間違いであっても、多数の言うことは正論になってしまうということ。
（補説）多くの人がそうだと言えば、平地に林が生ずるという意から。「衆議」は多くの人々の議論のこと。一般に「衆《しゅう》議《ぎ》すれば林《はやし》を成《な》す」「衆議《しゅうぎ》林《はやし》を成《な》す」と訓読して用いる。
（出典）『淮南子《えなんじ》』説山訓《せつざんくん》
［類義語］一里撓椎《いちりどうつい》・三人成虎《さんにんせいこ》・市虎三伝《しこさんでん》・衆口鑠金《しゅうこうしゃくきん》・聚蚊成雷《しゅうぶんせいらい》・曽参殺人《そうしんさつじん》・浮石沈木《ふせきちんぼく》

【十逆五悪】じゅうぎゃくごあく

⇒ 十悪五逆 じゅうあくごぎゃく 301

【愁苦辛勤】しゅうくしんきん 〈―スル〉

（意味）思い悩んで憂え苦しむこと。また、その苦しみ。

（補説）「愁苦」は憂え苦しむ。「辛勤」はつらくて憂い苦しむこと。また、苦労してつとめること。

（出典）白居易《はくきょい》―詩「王昭君《おうしょうくん》」

【羞月閉花】しゅうげつへいか

⇒ 羞花閉月 しゅうかへいげつ 302

【衆賢茅茹】しゅうけんぼうじょ

（意味）多くの賢人が互いに協力して進み行くこと。また、そうあるべきこと。

（補説）「衆賢」は多くの賢人。「茅茹」はチガヤの根が連なり引き合っているさま。自分だけが重用されようとせず、仲間と一緒にすれば、事は成功することをいう。

（出典）『易経《えききょう》』泰《たい》 ◎「茅《ちがや》を抜くに茹《じょ》

たり。其《そ》の彙《たぐい》と以《とも》に征《ゆ》けば吉（根の張ったチガヤを抜こうとすれば、根が互いに引き合っているので、何本か一緒に抜ける。これと同じように、自分一人だけ用いられようとせず、仲間同士一緒に進んでいけば吉が得られる）」

【衆口一致】しゅうこう いっち 〈―スル〉

意味 多くの人の意見や評判がぴったり合うこと。

補説 「衆口」は多くの人の言葉。「一致」は一つになる意。

用例 クラスの集会に欠席すると、「菅沼《すがぬま》はどうした」と、衆口一致して遺憾の声を発する。〈正宗白鳥◆何処へ〉

類義語 異口同音《いくどうおん》・衆議一決《しゅうぎいっけつ》・満場一致《まんじょういっち》

対義語 議論百出《ぎろんひゃくしゅつ》・甲論乙駁《こうろんおつばく》・賛否両論《さんぴりょうろん》

【繡口錦心】しゅうこう きんしん

⇒ 錦心繡口 きんしんしゅうこう 173

【衆口熏天】しゅうこう くんてん

意味 多人数の意見は、絶大な力があるということのたとえ。

補説 多くの人の言葉は、天をも感動させるという意から。「衆口」は多くの人の言葉。多くの人の評判や意見。「熏」は動かすという意から、感動させること。「衆口《しゅうこう》天《てん》を熏《くん》ず」と訓読する。

出典 『呂氏春秋《りょししゅんじゅう》』離謂《りい》

【重厚長大】じゅうこう ちょうだい 〈―ナ〉

意味 どっしりとして大きいさま。

補説 重く厚く、長く大きい意から。物や人の性格などについていう。

対義語 軽薄短小《けいはくたんしょう》

【秋毫之末】しゅうごうの すえ

意味 きわめてわずかなこと。微細なもの。

補説 「秋毫」は秋になり、生えかわって出てくる獣の細い毛。転じて、わずかなもの、微細なものの意。ここでは、その毛の先ということで、きわめて微細の意。

出典 『孟子《もうし》』梁恵王《りょうけいおう》上

【秋高馬肥】しゅうこう ばひ

意味 爽《さわ》やかで、気持ちのよい秋を表現する言葉。

補説 秋の空が晴れ渡るようになると、馬も食欲を増してたくましくなってくるということ。古代中国では、異民族が中国の収穫を待って、馬に乗って攻めてくる時期のことをいった。一般に「秋《あき》高《たか》くして馬《うま》肥《こ》ゆ」と訓読して用いる。「天高く馬肥ゆる秋」という形がよく知られている。

出典 『漢書《かんじょ》』趙充国伝《ちょうじゅうこくでん》

【十五志学】じゅうご しがく

意味 十五歳で、学問の道に志すこと。

補説 「志学」は学問をしようと心に決意すること。孔子が自分の生涯を振り返って述べた語で、ここから十五歳を「志学」という。

出典 『論語《ろんご》』為政《いせい》 ◎「子曰《いわ》く、吾《われ》十有五《じゅうゆうご》にして学に志す。三十にして立つ。四十にして惑わず。五十にして天命を知る。六十にして耳《みみ》順《したが》う。七十にして心の欲する所に従えども矩《のり》を踰《こ》えず（先生はおっしゃった。私は十五歳で学問の道に志した。三十歳で世に立つ道も明確になった。四十歳であれこれ迷わなくなった。五十歳で天命を知った。六十歳で人の言葉を素直に聞けるようになった。七十歳で、心のおもむくところに従っても基準を踏み外さないようになった）」

類義語 五十知命《ごじゅうちめい》・三十而立《さんじゅうじりつ》・四十不惑《しじゅうふわく》・六十耳順《ろくじゅうじじゅん》

【修己治人】しゅうこ ちじん

意味 自分を修養して徳を積み、世を治めていくこと。

補説 自分の修養に励んで徳を積み、その徳で人々を感化して、世を正しく治めることをいい、儒教の根本思想。「己《おのれ》を修《おさ》めて人《ひと》を治《おさ》む」と訓読する。

出典 朱熹《しゅき》「大学章句序《だいがくしょうくじょ》」

【終歳馳駆】しゅうさい ちく 〈―スル〉

意味 多忙をきわめ、年がら年中駆けずり回っていること。

補説 「終歳」は一年中の意。「馳駆」は走り回る、奔走する意。

用例 全国の男児は終歳馳駆して金円を逐《お》い、全国の婦人は終身孜々《しし》としてこの逐円《ちくえん》の男児を生殖するのみ、〈福沢諭吉◆文明

し

論之概略〉

【聚散十春】 しゅうさん じっしゅん

意味 朋友《ほうゆう》などが離散して、たちまち十年の歳月が流れること。

補説 「聚」は集まること。「散」は離散すること。「十春」は十回の春の意から、十年の歳月のこと。

出典 杜甫《とほ》―詩「蔡十四著作《さいじゅうしちょさく》に別《わか》る」

【集散離合】 しゅうさん りごう 〈―スル〉

⇒離合集散 りごうしゅうさん 657

【終始一貫】 しゅうし いっかん 〈―スル〉

意味 始めから終わりまで同じ態度や方法などを貫き通すこと。

補説 「一貫」は一つの態度や方法などを貫き通すこと。

出典 『漢書《かんじょ》』王莽伝《おうもうでん》 ◎「公は其《そ》の終始を包《か》ね、一以《もっ》て之《これ》を貫く」

用例 またそれと同じ様に私ども日本民族も、この国運の進展に伴って、終始一貫した成立発展の歴史を続けているのであります。〈喜田貞吉◆本州における蝦夷の末路〉

類義語 首尾一貫《しゅびいっかん》・首尾相応《しゅびそうおう》・徹頭徹尾《てっとうてつび》

対義語 前後矛盾《ぜんごむじゅん》

【自由自在】 じゆう じざい 〈―ナ〉

意味 自分の思うままにできるさま。思う存分に振る舞うさま。

補説 もと仏教語で、いかなるとらわれも妨げも無いさま。「縦横自在《じゅうおうじざい》」ともいう。

出典 『中阿含経《ちゅうあごんきょう》』三七

用例 丑満時《うしみつどき》の天体でも、自由自在に円天井に映しだして見られるという機械なんだからね。〈牧野信一◆村のストア派〉

類義語 七縦八横《しちしょうはちおう》・縦横無礙《じゅうおうむげ》・縦横無尽《じゅうおうむじん》・自由無碍《じゆうむげ》・馳騁縦横《ちていじゅうおう》

【十日一水】 じゅうじつ いっすい

意味 入念に作品を仕上げること。また、その作品。

補説 「十日一水、五日一石《ごじついっせき》」と対にして用いる。一つの川を描くのに十日かけ、一つの石を描くのに五日かけるという意味。精魂込めて慎重に、芸術作品を仕上げること。

出典 杜甫《とほ》「戯《たわむ》れに王宰《おうさい》の画《えが》きし山水図《さんすいず》に題《だい》するの歌《うた》」◎「十日に一水を画《えが》き、五日に一石を画く」

類義語 五日一石《ごじついっせき》

【秋日荒涼】 しゅうじつ こうりょう 〈―タル〉〈―ト〉

意味 秋の物さびしい景色の形容。

補説 「秋日」は秋の日。「荒涼」は荒れ果てたさま。

出典 趙孟頫《ちょうもうふ》―詩「岳鄂王墓《がくがくおうぼ》」

【螽斯之化】 しゅうしのか

意味 多くの子どもに恵まれ、子孫が繁栄することのたとえ。

補説 「螽斯」はイナゴ。イナゴは一度にたくさんの卵を生むといわれることから。

出典 『詩経《しきょう》』周南《しゅうなん》・螽斯《しゅうし》 ◎「螽斯の羽《はね》詵詵《しんしん》たり。爾《なんじ》の子孫に宜《よろ》しく振振たり」

【衆矢之的】 しゅうしのまと

意味 多数の人が集中して非難や攻撃を加える対象のこと。

補説 多くの矢が刺さる的の意から。「衆矢」はたくさんの矢。

【充耳不聞】 じゅうじ ふぶん

意味 耳をふさいで、聞こうとしないこと。

補説 「充」はふさぐ意。一般に「耳《みみ》を充《ふさ》いで聞《き》かず」と訓読して用いる。

出典 『詩経《しきょう》』邶風《はいふう》・旄丘《ぼうきゅう》の鄭玄《じょうげん》の箋《せん》

【十字砲火】 じゅうじ ほうか

意味 左右から十字に交差するように飛び交う砲火のこと。また、非難や批判が一斉に集中すること。

補説 「十字」は十の字の形。「砲火」は大砲などを撃ったときに出る火。また、その弾丸のこと。「十字火」ともいう。

用法 十字砲火を浴びる

類義語 集中砲火《しゅうちゅうほうか》

【羞渋疑阻】 しゅうじゅう ぎそ 〈―スル〉

意味 恥ずかしがって、どうしようか決めかね、しり込みすること。恥じためらって、断行できないこと。

補説 「羞渋」は恥ずかしがって、もじもじすること。「疑阻」は疑いためらうこと。
注意 「羞渋疑沮」とも書く。
出典 王守仁《おうしゅじん》「教条《きょうじょう》竜場《りゅうじょう》の諸生《しょせい》に示《しめ》す」改過《かいか》

【獣聚鳥散】 じゅうしゅう ちょうさん

意味 秩序や統率のない集まりのたとえ。
補説 獣のように集まり、鳥のように散り去る意から。「聚」は集まること。
出典 『史記《しき》』平津侯主父伝《へいしんこうしゅふでん》
類義語 烏合之衆《うごうのしゅう》

【重重無尽】 じゅうじゅう むじん

意味 すべての存在が相互に際限なく関連しあい、幾重にも反映・包摂しあっていること。
補説 仏教語。華厳宗《けごんしゅう》の世界観を示す語。十枚の鏡の中央に一本の蠟燭《ろうそく》を立てると、その炎が鏡に映り、それがさらに他の鏡に映って無限に重なりあう。世界もそのようにして成り立っていると説明される。「重重」は幾重にも重なりあうこと。「無尽」は尽きることがないこと。
注意 「十十無尽」とも書く。
出典 『華厳金師子章《けごんこんじししょう》』
用例 図書館が一つの網として、「はたらき」の網として、重々無尽の映し合う露々の玉として輝くとき、それははじめて生きてくるのである。〈中井正一◆野に山にかかる虹の橋〉
類義語 事事無礙《じじむげ》

【囚首喪面】 しゅうしゅ そうめん

意味 顔かたちを飾らないことのたとえ。
補説 囚人のように、梳《と》かし整えられていない髪と、喪中の人が顔を洗わないように、汚れた顔の意から。「首」は頭。「面」は顔。
出典 蘇洵《そじゅん》「弁姦論《べんかんろん》」
類義語 囚首垢面《しゅうしゅこうめん》・蓬頭垢面《ほうとうこうめん》・蓬頭乱髪《ほうとうらんぱつ》

【袖手傍観】 しゅうしゅ ぼうかん 〈―スル〉

意味 手をこまぬいて、ただ何もせずにそばで見ていること。
補説 特に重大な事態などに当然なすべき事があるのに、何もしないでいることに対して批判を込めて用いることが多い。「袖手」は袖《そで》の中に手を入れる。転じて、手をこまぬいて何もしない意。「傍観」はかたわらでただ見ていること。
注意 「袖手旁観」とも書く。
出典 韓愈《かんゆ》「柳子厚《りゅうしこう》を祭《まっ》るの文《ぶん》」
用例 過日、長州赤間が関にて夷艦攘討《いかんじょうとう》なせるとき、袖手傍観の藩あるのよし。〈染崎延房◆近世紀聞〉
類義語 隔岸観火《かくがんかんか》・拱手傍観《きょうしゅぼうかん》・傍観縮手《ぼうかんしゅくしゅ》

【衆少成多】 しゅうしょう せいた

意味 些細《ささい》なものでも、集めれば大きなものになるということ。
補説 「衆少」は少ないものを集めること。「塵《ちり》も積もれば山となる」に同じ。「少《しょう》を衆《あつ》めて多《た》を成《な》す」と訓読する。
出典 『漢書《かんじょ》』董仲舒伝《とうちゅうじょでん》
類義語 積少成多《せきしょうせいた》

【周章狼狽】 しゅうしょう ろうばい 〈―スル〉

意味 大いに慌てること。非常に慌てうろたえること。
補説 「周章」「狼狽」はともに慌てる意。一説に、「狼」「狽」はともに伝説上の獣で、狼は前足が長くて後足が極端に短く、狽は前足が極端に短くて後足が長い。狽が狼の後ろに乗るようにして二頭は常に一緒に行動するとされ、離れると動けず倒れてしまうことから、うまくいかない意、慌てふためく意に用いる。類義の語を重ねて意味を強調した語。
用例 能因法師《のういんほうし》は、茶店のハチという飼犬に吠《ほ》えられて、周章狼狽であった。その有様は、いやになるほど、みっともなかった。〈太宰治◆富嶽百景〉
類義語 右往左往《うおうさおう》・心慌意乱《しんこういらん》
対義語 意気自若《いきじじゃく》・意気自如《いきじじょ》・鷹揚自若《おうようじじゃく》・言笑自若《げんしょうじじゃく》・神色自若《しんしょくじじゃく》・泰然自若《たいぜんじじゃく》

【秀色神采】 しゅうしょく しんさい

意味 すぐれた景色や様子のこと。
補説 景色や人・物などにいう。「秀色」は美しい様子・姿。「神采」はすばらしい風采・姿、また、けだかい様子の意。
注意 「秀色神彩」とも書く。
用例 岳頂一点の雪、実に富士の秀色神采を十倍せしむるのみならず、更に四囲の大景に眼睛《がんせい》を点ず。東海の景は富士によりて生き、富士は雪によりて生く。〈徳冨蘆花◆自然と人生〉

【修飾辺幅】 しゅうしょくへんぷく

(意味) 体裁を繕うこと。また、うわべや外見を飾り見栄を張ること。

(補説) 布の縁をかがって、ほころびのないようにする意から。「修飾」は繕い飾ること。「辺幅」は布地のへり、縁。転じて、外見の意。「辺幅《へんぷく》を修飾《しゅうしょく》す」と訓読する。「辺幅修飾《へんぷくしゅうしょく》」ともいう。

(出典) 『後漢書《ごかんじょ》』馬援伝《ばえんでん》

【柔茹剛吐】 じゅうじょごうと

(意味) 弱い者をさげすみ、強い者は畏《おそ》れるといった世俗の常を表したたとえ。

(補説) 柔らかいものは食べ、固いものは吐き出すというところから。「柔」は柔らかいもの。「茹」は食うの意。「剛」は固いもの。「吐」は吐き出す。「柔《じゅう》なるは茹《くら》い剛《ごう》なるは吐《は》く」と訓読する。

(出典) 『詩経《しきょう》』大雅《たいが》・烝民《じょうみん》

【衆人環視】 しゅうじんかんし

(意味) 多くの人が周りを取り囲んで見ていること。

(補説) 「環視」は周りを取り囲んで見ること。「衆目環視《しゅうもくかんし》」ともいう。

(用例) 白昼、衆人環視のなかで、なんのザマかね、君。犬猫同然じゃないか。〈吉川英治◆達磨町七番地〉

【修身斉家】 しゅうしんせいか

(意味) 自分の行いを修め正して、家庭をととのえ治めること。

(補説) 「斉」はととのえ治める意。「身《み》を修《おさ》め家《いえ》を斉《ととの》う」と訓読する。儒教の基本的な政治観は「修身、斉家、治国、平天下（身を修め、家庭をととのえ、国を治め、天下を平和に導く）」と表される。

(出典) 『大学《だいがく》』

(用例) 察するに一方は、路花墻柳《ろかしょうりゅう》の美に目を奪われるの甲斐《かい》なきことをあげて、修身斉家の大切なことを、それとなく諷《ふう》したに違いない。〈幸田露伴◆連環記〉

【衆酔独醒】 しゅうすいどくせい

(意味) 世の中はみな汚れており、自分一人が清く生きていること。

(補説) 世の多くの人が欲に目がくらみ酔いしれていて、自分だけが醒《さ》めている意から。世を追われてさまよっているのはなぜか、という漁夫の問いに、楚《そ》の詩人屈原《くつげん》が答えた語。「衆人皆酔えるに、我独り醒めたり」の略。

(出典) 『楚辞《そじ》』漁父《ぎょほ》

【縦説横説】 じゅうせつおうせつ 〈―スル〉

(意味) 縦横無尽に解説すること。また、思うままに議論をすること。

(補説) 「縦…横…」は自由自在に、思うぞんぶんにの意。

(注意) 「しょうせつおうせつ」とも読む。

(用例) 都《すべ》て古義に従って縦説横説した。抽斎は師迷庵の校刻した六朝本《りくちょうぼん》の如《ごと》きは、何時《いつ》でも毎葉毎行の文字の配置に至るまで、空《くう》に憑《よ》って思い浮べることが出来たのである。〈森鷗外◆渋江抽斎〉

【鞦韆院落】 しゅうせんいんらく

(意味) ぶらんこのある中庭。

(補説) 日中のにぎやかさとは違う春の夜の静かで魅惑的な情景。「鞦韆」はぶらんこ。「院落」は中庭。貴族の屋敷の中庭の光景をいう。

(出典) 蘇軾《そしょく》―詩「春夜《しゅんや》」◎「歌管《かかん》楼台《ろうだい》声《こえ》寂寂《せきせき》、鞦韆《しゅうせん》院落《いんらく》夜《よる》沈沈《ちんちん》」

【十全健康】 じゅうぜんけんこう 〈―ナ〉

(意味) 少しも病んでいるところがなく、全く丈夫なさま。

(補説) 体に病気が全くない状態。「十全」は、完全なさま。十分にととのっていて、危なげのないさま。万全。「健康」は、体に悪いところがなく、すこやかなさま。

(用例) 今の世界に向《むか》って文明の極度を促すは、これを譬《たと》えば世に十全健康の人を求《もと》むるが如《ごと》し。世界の蒼生《そうせい》多しといえども、身に一点の所患なく、生れて死に至るまで些少《さしょう》の病にも罹《かか》らざる者あるべきや。〈福沢諭吉◆文明論之概略〉

【十全十美】 じゅうぜんじゅうび

(意味) 完全で全く欠点のないこと。すべてがそろって美しいさま。

(補説) 「十全」は完全なこと、少しの欠点もないこと。「十美」も完璧《かんぺき》で、非の打ちどころのないさま。

[類義語] 完全無欠《かんぜんむけつ》・尽善尽美《じんぜんじんび》・全知全

し

能《ぜんちぜんのう》

【秋霜三尺】しゅうそう さんじゃく

意味 研ぎ澄まされた刀剣。

補説 「秋霜」は秋の霜の厳しく冷たく光ることから、鋭い刀剣のたとえ。「三尺」は刀剣の長さから、同様に刀剣をいう。

類義語 三尺秋水《さんじゃくしゅうすい》

【秋霜烈日】しゅうそう れつじつ

意味 刑罰・権威・節操・意志などが厳しく、また、厳かなことのたとえ。

補説 秋の厳しく冷たい霜と夏の強い日差しの意から。

用例 或《ある》いは却《かえ》って一段秋霜烈日の厳を増したのではないかと思った。〈石川啄木◆雲は天才である〉

【周知徹底】しゅうち てってい（―スル）

意味 広くすみずみまで、きちんと知れわたらせること。

補説 「周」はあまねくの意。「周知」は広く知れわたっていること。

用法 周知徹底を図る

類義語 志操堅固《しそうけんご》

対義語 春風駘蕩《しゅんぷうたいとう》

【舟中敵国】しゅうちゅう てきこく（の）

意味 味方でも敵になることがあるたとえ。

補説 君主が徳を修めなければ、味方も敵になるということ。また、味方の中にも敵がいるたとえとして用いられることがある。同じ舟に乗っていて利害を同じくする者がみな敵になる意から。

出典 『史記《しき》』呉起伝《ごきでん》

【集中砲火】しゅうちゅう ほうか

意味 特定の人や所に向けて、一斉に非難や批判を浴びせることのたとえ。

補説 砲弾による攻撃を、一か所に向けて一気に浴びせるという意味から。「集中」は一か所に集めること。「砲火」は大砲などを撃ったときに出る火。また、その弾丸のこと。

用例 新年早々から、縁起でもない、茶遊び攻撃などして、と集中砲火の返報が来そうであるが、茶の道を愛すればこその信念の一途から、とうとう止むに止まれず、あえてバク談投下を試みた次第。〈北大路魯山人◆茶美生活〉

類義語 十字砲火《じゅうじほうか》

【獣蹄鳥跡】じゅうてい ちょうせき

意味 世が乱れて、獣や鳥が横行すること。

補説 獣の足あとと、鳥の足あとの意から。「蹄」「跡」は、ともに足あとの意。

出典 『孟子《もうし》』滕文公《とうぶんこう》上

【秋天一碧】しゅうてん いっぺき

意味 ただ青一色の、雲一つない秋空のさま。

補説 「秋天」は晴れた秋空の意。「一碧」は空や水面が青一色の意。

用例 秋天一碧の下、嘎々《かつかつ》と蹄《ひづめ》の音を響かせて草原となく丘陵となく狂気のように馬を駆けさせる。〈中島敦◆李陵〉

【充棟汗牛】じゅうとう かんぎゅう

⇒ 汗牛充棟 かんぎゅうじゅうとう 120

【縦塗横抹】じゅうと おうまつ

意味 気ままに、乱雑に書きなぐること。

補説 「塗」「抹」はともに、ぬる。また、ぬり消す。「縦…横…」は自由自在に、思うままにの意。

【終南捷径】しゅうなん しょうけい（の）

意味 正規の手続きや段階を経ずに、官職につく法のこと。

補説 世俗を避けて終南山に隠居して、隠者のふりをすると名声が上がり、仕官の道が得やすいこと。終南山には仕官の近道がある意から。「終南」は終南山のこと。中国陝西省《せんせいしょう》西安市の南方にあり、名勝や古跡に富む。「捷径」は最短距離。早道。「南山捷径《なんざんしょうけい》」ともいう。

出典 『大唐新語《だいとうしんご》』隠逸《いんいつ》

【臭肉来蠅】しゅうにく らいよう

意味 何か心にやましいことがあると、悪者につけ入られるというたとえ。

補説 生臭い肉に蠅《はえ》がたかる意から。

出典 『五灯会元《ごとうえげん》』一一・三聖慧然禅師《さんせいえねんぜんじ》

【十人十色】じゅうにん といろ

意味 考え・好み・性質などが、人によってそれぞれに異なること。

補説 「色」は種類。

用例 よそ目には一列一体、平等無差別、どの猫も自家固有の特色などはないようであるが、猫の社会にはいってみるとなかなか複雑なもので十人十色という人間界のことばはそのままここにも応用ができるのである。〈夏目漱石◆吾輩は猫である〉

類義語 各人各様《かくじんかくよう》・三者三様《さんしゃさんよう》・十人十腹《じゅうにんとはら》・千差万別《せんさばんべつ》・多種多様《たしゅたよう》・百人百様《ひゃくにんひゃくよう》・蓼虫忘辛《りょうちゅうぼうしん》

【十年一日】 じゅうねん いちじつ

意味 十年も同じ日をくり返すように、何年たっても変わらないこと。

補説 長い間同じで、少しも変化・進歩・成長のないさまをいう。また、長く同じやり方や状態を辛抱強く守ること。一般には「十年一日のごとし」と用いることが多い。

用例 森公はまた頗《すこぶ》る達者で病気一つした例《ため》しはなく、十年一日の如《ごと》く、その生活定石《じょうせき》も崩したことがないという。〈吉川英治◆忘れ残りの記〉

類義語 旧態依然《きゅうたいいぜん》

【十年一剣】 じゅうねん いっけん

⇒ 十年磨剣 じゅうねんまけん 308

【十年一昔】 じゅうねん ひとむかし

意味 世の中の移り変わりが激しいことのたとえ。

補説 十年という年月を区切りとして、それ以前は昔のように思われるということ。十年もたてば、世の中は何かしら変わるものだということ。

用例 人生の大きな峠を、また一つ自分はうしろにした。十年一昔だという。すると自分の生れたことはもうむかしのむかしの、むかしの、そのまた昔の事である。〈山村暮鳥◆雲〉

【十年磨剣】 じゅうねん まけん

意味 長い間、武術の修練を積むこと。また、武術の修練を積み、力を発揮する機会を待つこと。

補説 十年の間ひと振りの剣を磨く意から。「十年、一剣を磨《みが》く」の略。「十年一剣《じゅうねんいっけん》」ともいう。

出典 賈島《かとう》―詩「剣客《けんかく》」

【柔能制剛】 じゅうのう せいごう

意味 弱い者がかえって強い者に勝つこと。

補説 柔らかいものがかえって固いものに勝つ意から。弱い者が最後には勝利を収めるたとえ。一般に「柔《じゅう》能《よ》く剛《ごう》を制《せい》す」と訓読して用いる。老子の思想に基づく語。類義の表現に「柔能く剛に克《か》つ」「弱能く強を制す」がある。

出典 『三略《さんりゃく》』上略《じょうりゃく》

類義語 歯亡舌存《しぼうぜっそん》・弱能制強《じゃくのうせいきょう》・柔能克剛《じゅうのうこくごう》

【戎馬倥偬】 じゅうば こうそう 〈―タル〉〈―ト〉

意味 戦いで慌ただしく走り回るさま。

補説 「戎馬」は戦いに用いる馬。転じて、戦争・軍事の意。「倥偬」は忙しく慌ただしいさま。また、苦しむさま。

類義語 兵馬倥偬《へいばこうそう》

【十風五雨】 じゅうふう ごう

意味 順調な気候。農作物などの生育に適した気候。また、世の中が平穏無事なたとえ。

補説 十日に一度風が吹き、五日に一度雨が降る意。

注意 「じっぷうごう」とも読む。

出典 陸游《りくゆう》―詩「村居初夏《そんきょしょか》」

類義語 五風十雨《ごふうじゅうう》

【秋風索莫】 しゅうふう さくばく 〈―タル〉〈―ト〉

意味 秋風が吹き、物寂しいさま。

補説 盛んであった物事の勢いが衰えて、物寂しいたとえとしても用いられる。「索莫」は物寂しいさま。また、失意のさま。「秋風落莫《しゅうふうらくばく》」ともいう。

注意 「秋風索寞」「秋風索漠」とも書く。

類義語 秋風寂莫《しゅうふうせきばく》

【秋風蕭条】 しゅうふう しょうじょう 〈―タル〉〈―ト〉

意味 物寂しいさま。

補説 夏が過ぎて秋風が寂しげに吹くように、物事の盛りが過ぎ、凋落《ちょうらく》して物寂しい様子。「蕭条」は物寂しいさま。草木が枯れるさま。

用例 秋風蕭条の記。日清《にっしん》の戦争に世は武士《もののふ》のものとなりぬ。〈島崎藤村◆春〉

【秋風落莫】 しゅうふう らくばく

⇒ 秋風索莫 しゅうふうさくばく 308

【秋風冽冽】しゅうふうれつれつ 〈―タル〉〈―ト〉

意味 秋風の厳しく冷たいさま。

補説 「冽冽」は寒さや風が身にしみるほど厳しいさま。

注意 「秋風洌洌」とも書く。

出典 『文選《もんぜん》』左思《さし》「雑詩《ざっし》」◎「秋風何ぞ冽冽たる、白露は朝霜《ちょうそう》と為《な》る」

類義語 秋風凜冽《しゅうふうりんれつ》

【醜婦之仇】しゅうふのあだ

意味 賢臣は奸臣《かんしん》の目のかたきであること。

補説 容貌《ようぼう》の醜い女性は、美しい女性を目のかたきにするものだということから。「仇」はかたきの意。

出典 『説苑《ぜいえん》』尊賢《そんけん》

【聚蚊成雷】しゅうぶんせいらい

意味 小さなもの、つまらないものも、多く集まると大きな力になるたとえ。また、つまらない人の悪口も多く集まって言い立てられると、大きな悪害をもたらすたとえ。

補説 蚊がたくさん飛び回ってうるさいさま。小さな蚊も多く飛び回れば、その羽音が雷のように大きく聞こえる意。「聚」は集まる。一般に「聚蚊《しゅうぶん》雷《らい》を成《な》す」と訓読して用いる。

出典 『漢書《かんじょ》』中山靖王劉勝伝《ちゅうざんせいおうりゅうしょうでん》

類義語 三人成虎《さんにんせいこ》・衆議成林《しゅうぎせいりん》・衆口鑠金《しゅうこうしゃくきん》・曽参殺人《そうしんさつじん》・曽母投杼《そうぼとうちょ》・浮石沈木《ふせきちんぼく》

【自由放任】じゆうほうにん

意味 各自の自由に任せて、干渉や束縛などをしないこと。

補説 経済活動に関して、個人や企業の自由に任せて、国家は統制や干渉をしないという場合にも用いる。「放任」は監督・規制すべきところを放っておく意。

用例 自由放任を宗旨となし、国家は個人の私事にできうるだけ立ち入らぬことを国風としている英国において、今かくのごとき法律の発布を見るに至りたる事は、一葉落ちて天下の秋を知るとやいわん、実に驚くべき時勢の変である。〈河上肇◆貧乏物語〉

【自由奔放】じゆうほんぽう 〈―ナ〉

意味 他を気にかけず、自分の思うままに振る舞うさま。

補説 「奔放」は勢いのあるさま。転じて、周りにとらわれず、思いのままに振る舞うさま。「奔放自由《ほんぽうじゆう》」ともいう。

用例 その上、太宰《だざい》はまた、がむしゃらな自由奔放な生き方をしているようでいて、一面、ひどく極《きま》りわるがり恥《はずか》しがるところがあった。〈豊島与志雄◆太宰治との一日〉

類義語 天馬行空《てんばこうくう》・不羈奔放《ふきほんぽう》・奔放自在《ほんぽうじざい》・奔放不羈《ほんぽうふき》

【十万億土】じゅうまんおくど

意味 極楽浄土のこと。

補説 仏教語。この世から、阿弥陀仏《あみだぶつ》がいるという極楽浄土に至るまでの間に、無数にあるという仏土の意から。転じて、非常に離れている意にも用いられる。「億」は非常に大きな単位の意で、「十万億」は非常に多い意。（→「極楽浄土《ごくらくじょうど》」234）

注意 語構成は「十万億」＋「土」。

用例 いまはもう、いっそ、母のほうで、そのチベットとやらの十万億土へ行ってしまいたい気持である。〈太宰治◆花火〉

類義語 極楽浄土《ごくらくじょうど》・寂光浄土《じゃっこうじょうど》

【周密精到】しゅうみつせいとう 〈―ナ〉

意味 細部まで十分に行き届いていること。注意が細かいところまで行き渡って、手落ちのないこと。

補説 「周密」は細部まで抜かりなく行き届く意。「精到」は十分に行き届くこと。類義の語を重ねて意味を強めている。

用例 老若男女、善悪正邪の心の中の内幕をば洩《もら》す所なく描きいだして周密精到、人情を灼然《しゃくぜん》として見えしむるを我が小説家の務めとはするなり。〈坪内逍遥◆小説神髄〉

【衆妙之門】しゅうみょうのもん

意味 万物の生まれ出る根源。

補説 「衆妙」はさまざまな霊妙な現象。一切の万物。「衆妙之門」はそれが生まれ出る所の意。

出典 『老子《ろうし》』一

【自由民権】じゆうみんけん

意味 人は本来自由であり、だれもが平等に政治に参加できる権利を持つという考え。

補説 「民権」は人民が政治に参加する権利。明治初期、この考えの実現を目指し、国会開設や憲法制定などを求めて、自由民権運動が起こった。

用例 四方に奔走して、自由民権の大義を唱えて、探偵に跟随《つけ》られて、動《やや》もすれば腰縄で暗い冷たい監獄へ送られても、屈しない。〈二葉亭四迷◆平凡〉

【襲名披露】しゅうめい ひろう

意味 先代などの名・名跡《みょうせき》を継いだことを広く知らせること。

補説 「襲」は受け継ぐこと。「披露」は広く公表すること。おひろめ。

用例 羽左衛門《うざえもん》と梅幸《ばいこう》の襲名披露で、こんどの羽左衛門は、前の羽左衛門よりも、もっと男振りがよくって、すっきりして、可愛くって、そうして、声がよくって、芸もまるで前の羽左衛門とは較《くら》べものにならないくらいうまいんですって。〈太宰治◆フォスフォレッスセンス〉

【衆目環視】しゅうもく かんし

⇒ 衆人環視 しゅうじんかんし 306

【十羊九牧】じゅうよう きゅうぼく

意味 治められる側の人員の割に、治める側の役人が多すぎることのたとえ。また、そのため政治に支障が生じること。

補説 羊が十頭に対して、羊飼いが九人いること。命令する人が多く、どの命令に従ったらよいかわからないたとえともする。「九牧」は九人の牧人（羊飼い）のこと。

出典 『隋書《ずいしょ》』楊尚希伝《ようしょうきでん》

【戢鱗潜翼】しゅうりん せんよく

意味 志をいだきつつ、じっと時機の到来を待ったとえ。

補説 「戢」はおさめる意。「鱗」はうろこ。「戢鱗」は竜がうろこをつぼめおさめて、じっとしている意。「潜翼」は鳥が羽をすぼめて、じっとしていること。「鱗《りん》を戢《おさ》め翼《よく》を潜《ひそ》む」と訓読する。

出典 『晋書《しんじょ》』宣帝紀《せんていき》

類義語 雌伏雄飛《しふくゆうひ》

【秀麗皎潔】しゅうれい こうけつ 〈―ナ〉

意味 一点の汚れもなく、気高く麗しいさま。

補説 「秀麗」はすぐれて麗しい意。「皎潔」は白く清らかな意。

注意 「しゅうれいきょうけつ」とも読む。

用例 豆相《ずそう》の連山を踏み、万波雪の如《ごと》く立ち騒ぐ相模灘《さがみなだ》を俯瞰《ふかん》して、秀麗皎潔、神威十倍するを覚う。〈徳冨蘆花◆自然と人生〉

【聚斂之臣】しゅうれんの しん

意味 重税をきびしく取り立て、人民を苦しめる役人のこと。

補説 「聚斂」は集めおさめる。重税をかけて、きびしく取り立てること。

出典 『大学《だいがく》』◎「其《そ》れ聚斂の臣有らんよりは、寧《むし》ろ盗臣有らん（重税を取り立てる臣をもっているよりは、いっそ主君の財産を盗み取る臣の方が、民に及ぼす害が少ないだけ、まだましだ）」

【酒甕飯嚢】しゅおう はんのう

⇒ 飯嚢酒甕 はんのうしゅおう 541

【酒家妓楼】しゅか ぎろう

意味 居酒屋や遊郭のこと。

補説 「酒家」は居酒屋の意。「妓楼」は遊郭の意。

用例 此《この》人達は啻《ただ》に酒家妓楼に出入《いでいり》するのみではなく、常に無頼の徒と会して袁耽《えんたん》の技を闘わした。〈森鷗外◆渋江抽斎〉

【主客転倒】しゅかく てんとう 〈―スル〉

意味 物事の順序・軽重や立場などが逆転すること。

補説 主な物事と従属的な物事が逆の扱いを受けること。「主客」は主人と客人。転じて、重要な事柄と、付属的、従属的な事柄のこと。

注意 「主客顚倒」とも書く。「しゅきゃくてんとう」とも読む。

用例 彼女の言葉の奥には、いろんな感情がごったに乱れていた。単に河野さんとのことばかりではなく、私や松本のことなんかも、主客転倒して一緒にはいっていたかも知れない。〈豊島与志雄◆或る男の手記〉

類義語 釈根灌枝《しゃくこんかんし》・舎本逐末《しゃほんちくまつ》・本末転倒《ほんまつてんとう》

【樹下石上】じゅか せきじょう

⇒ 樹下石上 じゅげせきじょう 312

【主義主張】しゅぎ しゅちょう

意味 その組織や人の、主義や主張。

補説 「主義」は一貫して持っている行動上の方針。特に、特定の理念や思想に基づく立場。「主張」は強く持っている意見。

用例 是等《これら》諸氏はみな信者諸氏と同じく、各自の主義主張の為《ため》に、世界各地より集り来《きた》った真理の友である。〈宮沢賢治◆ビジテリアン大祭〉

【縮衣節食】しゅくい せっしょく 〈—スル〉

意味 倹約すること。

補説 衣食を節約する意から。「節」は、はぶくこと。倹約すること。「衣《ころも》を縮《ちぢ》め食《しょく》を節《せっ》す」と訓読する。

出典 陸游《りくゆう》「秋穫歌《しゅうかくか》」

類義語 節衣縮食《せついしゅくしょく》

対義語 暖衣飽食《だんいほうしょく》

【夙興夜寝】しゅくこう やしん

意味 一日中職務に精励すること。

補説 朝早くから起き夜半に寝る意から。「夙興」は朝早く起きること。「夜寝」は夜半に寝る意。「夙《つと》に興《お》き夜《よわ》に寝《い》ぬ」と訓読する。

出典 『詩経《しきょう》』衛風《えいふう》・氓《ぼう》

類義語 夙興夜寐《しゅくこうやび》・披星戴月《ひせいたいげつ》

【熟思黙想】じゅくし もくそう 〈—スル〉

意味 黙って、心を平静にしてじっくりと考えること。

補説 「熟思」は十分に考える、よく考えをめぐらすこと。「黙想」は黙って、心を静かにして思いにふけること。

用例 自分は自分でよそごとを、といった所がお勢の上や身の成り行きで、熟思黙想しながら、おりおり間外《まはず》れなため息かみ交ぜの返答をしていると、〈二葉亭四迷◆浮雲〉

類義語 沈思凝想《ちんしぎょうそう》・沈思黙考《ちんしもっこう》

【宿執開発】しゅくしゅう かいほつ

意味 前世で積んだ善行や功徳《くどく》が、現世においてよい結果として現れること。

補説 「宿執」は仏教語で、前世から心に付着して離れない善悪の性質。「開発」は現実化すること。

類義語 宿習開発《しゅくじゅうかいほつ》・宿善開発《しゅくぜんかいほつ》・善因善果《ぜんいんぜんか》

【縮手縮脚】しゅくしゅ しゅくきゃく 〈—スル〉

意味 非常に寒く、手足が縮こまって伸びないさま。また、物事をするのに周りを気にして、思い切って断行できないたとえ。

補説 手足をすくめる意から。

類義語 狐疑逡巡《こぎしゅんじゅん》・束手束脚《そくしゅそくきゃく》・優柔不断《ゆうじゅうふだん》

対義語 剛毅果断《ごうきかだん》

【淑女紳士】しゅくじょ しんし

⇒ 紳士淑女 しんししゅくじょ 346

【菽水之歓】しゅくすいの かん

意味 貧しい暮らしをしながらも、なお親に孝行を尽くして喜ばせること。

補説 水や豆などの粗末な食事をすすってでも、なお親孝行して喜ばせるという意味。「菽水」は豆と水、貧しい食事の象徴。「歓」は喜ばせること。

出典 『礼記《らいき》』檀弓《だんぐう》下 ◎「菽《まめ》を啜《すす》らせ水を飲ませ、其《そ》の歓を尽くさしむ、斯《これ》を之《これ》孝と謂《い》う」

【縮地補天】しゅくち ほてん

意味 政治上、行政機構などを大きく改革することのたとえ。また、非凡なことをするたとえ。

補説 「縮地」は現実の政治をひき締めること。「地」は現実のたとえ。「補天」は政治理念の不足を補うこと。「天」は理念のたとえ。「地《ち》を縮《ちぢ》め天《てん》を補《おぎな》う」と訓読する。

出典 『旧唐書《くとうじょ》』音楽志《おんがくし》

【熟読玩味】じゅくどく がんみ 〈—スル〉

意味 文章をよく読み、じっくり考えて味わうこと。

補説 「熟読」は意味を十分に考えながら読むこと。「玩味」はよく味わって食べる意で、物事の意義をよく考え味わうこと。

注意 「熟読含味」とも書く。

出典 『小学《しょうがく》』嘉言《かげん》

用例 熟読玩味せられもせば、小説という一大美術の至難技たるをば知らるるのみかは、〈坪内逍遥◆小説神髄〉

類義語 眼光紙背《がんこうしはい》・紙背之意《しはいのい》・熟読三思《じゅくどくさんし》

【熟読三思】じゅくどく さんし 〈—スル〉

意味 じっくり考えながら読み、読み取った内容について何度も考えること。

補説 「熟読」は内容を考えながら詳しく読むこと。「三思」は何度も考えること。

用例 ああいうものを探されて、熟読三思せらるることを君にお勧めしたいと思います。〈島崎藤村◆桃の雫〉

類義語 熟読玩味《じゅくどくがんみ》

【夙夜夢寐】しゅくや むび

意味 一日中。朝から晩までいつもいつも。また、寝ても覚めても思うこと。

補説 一日中、夢の中までも頭を離れず思い続けることをいう。「夙夜」は早朝から夜遅くまで。一日中。「夢寐」は寝て夢を見ること。寝ている間のこと。「寐」は寝る意。

出典 『後漢書《ごかんじょ》』郎顗伝《ろうがいでん》

類義語 夙夜夢寤《しゅくやむご》

【熟慮断行】じゅくりょ だんこう 〈—スル〉

意味 十分に考えた上で、思い切って実行すること。

補説 「熟慮」は十分に考えをめぐらすこと。「断行」は思い切って行うこと。

用例 子女の家出に熟慮断行などということは、めったにない。激情的であるから、当人は一時的に悲愴《ひそう》であるが、同時に冷静でもある。〈坂口安吾◆街はふるさと〉

類義語 思慮分別《しりょふんべつ》

対義語 軽挙妄動《けいきょもうどう》・即断即決《そくだんそっけつ》・直情径行《ちょくじょうけいこう》

【樹下石上】じゅげ せきじょう

意味 出家行脚《あんぎゃ》する者の境遇のたとえ。

補説 仏教語。仏道を修行する者が宿とする、道ばたの木の下や石の上の意から。「石上樹下《せきじょうじゅげ》」ともいう。

注意 「じゅかせきじょう」とも読む。

用例 一体本来を云《い》えば樹下石上にあるべき僧侶が、御尊崇下さる故とは云え、世俗の者共月卿雲客《げっけいうんかく》の任官謝恩の如《ごと》くに、喜びくつがえりて、綺羅《きら》をかざりて宮廷に拝趨《はいすう》するなどということのあるべきでは無いから、〈幸田露伴◆連環記〉

【主権在民】しゅけん ざいみん

意味 国を統治する最高権力が、国民にあるという考え。

補説 「主権」は国の最高権力。「在民」は国民にあるということ。「国民主権《こくみんしゅけん》」ともいう。日本国憲法前文に、「主権が国民に存することを宣言し」とある。

用例 時としては主権在民論者も勤王説を加味し、時としてはキリスト崇拝論者も国権説を主張す、しかして世人これを怪しまず往々その勢力を感受す、〈陸羯南◆近時政論考〉

【輸攻墨守】しゅこう ぼくしゅ

意味 攻めるほうも守るほうも、知略を尽くして戦うたとえ。また、戦争などの国家の大事をいう。

補説 公輸盤《こうしゅはん》が攻め立て、墨翟《ぼくてき》が堅く守る意から。「輸」は中国春秋時代、魯《ろ》の名工の公輸盤。城を攻める道具で、雲まで届くはしごの雲梯《うんてい》を作ったとされ、魯般《ろはん》（魯班）と同一人物といわれる。「墨」は墨翟（墨子）のこと。墨翟が城を堅く守った故事から、堅く守ることを「墨守」という。

故事 中国戦国時代、公輸盤が楚《そ》のために新兵器雲梯を作って宋《そう》を攻めようとしていると聞いた墨子は、楚に行って、楚王の前で公輸盤に机上戦をいどんだ。墨子はその場にあった帯と木の札を城と兵器に見立て、公輸盤が九回作戦を変えて攻めてきたのをことごとく防いだ。そのため、公輸盤の攻撃手段は尽きてしまったが、墨子の防御にはまだ余裕があったという故事から。

出典 『墨子《ぼくし》』公輸《こうしゅ》

【酒食徴逐】しゅし ちょうちく

意味 お互いに呼んだり呼ばれたり、酒を飲んだり食事をしたりする親しい間柄のこと。

補説 「徴」は「召」と同じで招く意。「逐」はついていくことで、「徴逐」は、友人同士が親しく招いたり招かれたりすること。

出典 韓愈《かんゆ》「柳子厚墓誌銘《りゅうしこうぼしめい》」

【取捨選択】しゅしゃ せんたく 〈—スル〉

意味 悪いもの、不必要なものを捨てて、よいもの、必要なものを選び取ること。

補説 取るべきものと捨てるべきものとを選択する意から。「取捨」はよいものを取り、悪いものを捨てること。「選択」はよりよいものを選び出すこと。

用例 厩舎《うまや》に依《よ》りて、強がりあり弱気あり、身びいきあり、謙遜《けんそん》あり、取捨選択に、厩舎の情報など聞かざるに如《し》かず。〈菊池寛◆我が馬券哲学〉

【趣舎万殊】しゅしゃばんしゅ

意味 進退など行動は、人によってそれぞれ異なること。

補説 人の生き方が千差万別であることをいう。「趣舎」は進むことと止まること。また、取ることと捨てること。ここでは進退または行動をいう。「万殊」はそれぞれ異なっているということ。

出典 王羲之《おうぎし》「蘭亭集序《らんていしゅうじょ》」

【珠襦玉匣】しゅじゅぎょっこう

意味 珠玉を縫い合わせた短衣と、珠玉で飾った美しい箱。

補説 昔、諸侯や王など高貴な人の死を送るのに用いた。「珠」「玉」は真珠と宝玉。ともに美しく飾り立てるもの。「襦」は腰までの短い服。「珠襦」は珠玉を貫いて飾りとした短衣。「匣」は箱、ふた付きの箱。

注意 「珠襦玉柙」とも書く。

出典 『漢書《かんじょ》』佞幸伝《ねいこうでん》・董賢伝《とうけんでん》

【種種雑多】しゅじゅざった 〈―ナ〉

意味 いろいろなものが入り交じっているさま。

補説 「種種」はいろいろなものがあるさま。「雑多」はいろいろなものが入り交じっているさま。類義の語を重ねて意味を強めている。

用例 雨戸を閉める音は、種々雑多であるが、その両極端に、ガタガタ……ピシャリ……というのと、スー……コトリ……というのとある。〈豊島与志雄◆録音集〉

類義語 種種様様《しゅじゅさまざま》・多種多様《たしゅたよう》

【守株待兎】しゅしゅたいと

意味 いたずらに古い習慣やしきたりにとらわれて、融通がきかないたとえ。また、偶然の幸運をあてにする愚かさのたとえ。

補説 木の切り株を見守ってウサギを待つ意から。一般に「株《かぶ》を守《まも》りて兎《うさぎ》を待《ま》つ」と訓読して用いる。また、「守株」も同意。

故事 中国春秋時代、宋《そう》の農夫が、ある日、ウサギが切り株にぶつかって死んだのを見た。また同じような事が起こるものと思って、仕事もせず、毎日切り株を見守ってばかりいたので畑は荒れ果て、国中の笑いものになったという故事から。

出典 『韓非子《かんぴし》』五蠹《ごと》

類義語 旧套墨守《きゅうとうぼくしゅ》・刻舟求剣《こくしゅうきゅうけん》

【衆生済度】しゅじょうさいど

意味 仏道によって、生きているものすべてを迷いの中から救済し、悟りを得させること。

補説 仏教語。「衆生」は生きとし生けるもの。人間を含むすべての生きもの。「済度」は迷う衆生を悟りの境地に導くこと。

用例 それよりも、仏道に帰依し、衆生済度のために、身命を捨てて人々を救うと共に、汝《なんじ》自身を救うのが肝心じゃ〈菊池寛◆恩讐の彼方に〉

【首施両端】しゅしりょうたん

⇒ 首鼠両端 しゅそりょうたん 314

【朱唇皓歯】しゅしんこうし

意味 美人の形容。

補説 赤い唇と白い歯の意から。「皓」は白い意。

出典 『楚辞《そじ》』大招《たいしょう》

類義語 蛾眉皓歯《がびこうし》・紅口白牙《こうこうはくが》・紅粉青蛾《こうふんせいが》・朱脣榴歯《しゅしんりゅうし》・曼理皓歯《まんりこうし》・明眸皓歯《めいぼうこうし》

【酒酔酒解】しゅすいしゅかい

意味 迎え酒をすること。

補説 酒の酔いを酒で解くという意から。

出典 『後漢書《ごかんじょ》』第五倫伝《だいごりんでん》

【殊俗帰風】しゅぞくきふう

意味 異郷の異なる風俗や習慣に従い染まること。

補説 「殊俗」は異なった風俗・習慣。また、風俗・習慣の異なる土地・国。「帰」は服従する、心を寄せる意。「殊俗《しゅぞく》、風《ふう》に帰《き》す」と訓読する。

出典 『帝範《ていはん》』務農《むのう》

類義語 入境問禁《にゅうきょうもんきん》

【寿則多辱】じゅそくたじょく

意味 長生きをすると、それだけ恥をさらすことも多いということ。

補説「寿」は長生きすること。「辱」ははずかしめ・はじの意。一般に「寿《いのちなが》ければ則《すなわ》ち辱《はじ》多《おお》し」と訓読して用いる。

出典『荘子《そうじ》』天地《てんち》 ◎「男子多ければ則《すなわ》ち懼《おそ》れ多く、富めば則ち事多く、寿ければ則ち辱多し」

【手足重繭】しゅそく ちょうけん

意味 手足に、まめやたこができるほど苦労すること。

補説「繭」はまめ・たこの意。「重繭」は繭を重ねること。

出典『淮南子《えなんじ》』脩務訓《しゅうむくん》

【首鼠両端】しゅそ りょうたん

意味 ぐずぐずして、どちらか一方に決めかねているたとえ。また、形勢をうかがい、心を決めかねているたとえ。日和見《ひよりみ》。

補説 穴から首だけ出したネズミが外をうかがって、両側をきょろきょろ見回している意から。「首鼠」は穴から首を出したりひっこめたりするネズミ。また一説に「躊躇《ちゅうちょ》」の音が変化し、さらに「首施《しゅし》」と表記されたものと同じで、躊躇する意ともいう。「両端」は両はしの意。「首施両端《しゅしりょうたん》」ともいう。

出典『史記《しき》』灌夫伝《かんぷでん》

用例 私は良人《おっと》たる人さえ首鼠両端でなかったら、この悲劇の運命は多分避け得られたのではないかと思って返すがえすも惜まれるのである。〈与謝野晶子◆姑と嫁について〉

類義語 右顧左眄《うこさべん》・狐疑逡巡《こぎしゅんじゅん》・左右傾側《さゆうけいそく》・遅疑逡巡《ちぎしゅんじゅん》

【受胎告知】じゅたい こくち

意味 キリスト教で、大天使ガブリエルがヨセフのいいなずけ聖母マリアを訪れ、聖霊によって神の子キリストを身ごもったことを告げたこと。

補説 古くからキリスト教美術のテーマの一つ。「受胎」は身ごもること。

用例 受胎告知のとき――すなわち童貞女マリアに天使があらわれて、聖霊によって懐胎し、神の子を生むべきことを告げたとき、マリアは非常なへりくだりと、絶対の信仰とをもって、「我は主の使用人なり、仰せのごとくわれになれかし」と答えた。〈永井隆◆この子を残して〉

【酒池肉林】しゅち にくりん

意味 ぜいたくの限りを尽くした盛大な宴会。また、みだらな宴会のたとえ。

補説 酒を池に満たし、肉を林に掛ける意から。

故事 中国古代、殷《いん》の暴君紂《ちゅう》王が、池に酒を満たし、木々に肉を掛け、男女を裸にして、その間を追いかけ回らせ、昼夜を分かたず酒宴を張ったという故事から。

出典『史記《しき》』殷紀《いんき》

用例 本望は唯《ただ》獣慾《じゅうよく》を逞《たくましゅ》うするのみに止《とど》まり、先《ま》ず高大なる家を作り、酒池肉林、一夕千金を抛《なげう》ち、妾《めかけ》を飼い、〈福沢諭吉◆福翁百話〉

類義語 鐘鼎玉帛《しょうていぎょくはく》・長夜之飲《ちょうやのいん》・肉山脯林《にくざんほりん》

【述懐奉公】じゅっかい ぼうこう

意味 不平・不満や愚痴を言いながら、主人や主君に仕えること。

補説「述懐」はここでは、愚痴を言うこと。また、「奉公」は住み込みで勤めること。一身をささげて、主君に仕えること。

注意「しゅっかいぼうこう」とも読む。

【出奇制勝】しゅっき せいしょう

意味 人の意表をつく策略を用いて、勝ちを収めること。

補説「奇」は、奇兵や奇計。一般に「奇《き》を出《い》だして勝《か》ちを制《せい》す」と訓読して用いる。

出典『孫子《そんし》』勢篇《せいへん》

【出家遁世】しゅっけ とんせい 〈―スル〉

意味 世俗の生活を捨てて僧となること。

補説「出家」は家庭などとの関係を断ち、世俗の生活を捨てて僧となること。「遁世」は一般には俗世の煩わしさを遁《のが》れて静かな生活に入ることだが、「出家遁世」と使った場合には「出家」と同義。

用例 その出発の日は暴風雨の警報がでていた。なみの旅行とちがって、半分出家遁世のような出発であるから、浮世の警報などは気にかからない。〈坂口安吾◆我が人生観〉

【出言不遜】しゅつげん ふそん 〈―ナ〉

意味 言葉や話すさまが傲慢《ごうまん》で、へりくだらないこと。無礼者のこと。

補説「出言」は言葉を出す、また、話した

言葉の意。「遜」はへりくだる、卑下するの意。
出典『荀子《じゅんし》』子道《しどう》

【朮羹艾酒】じゅっこうがいしゅ
意味 モチアワのあつものと、ヨモギの酒。
補説「朮」はモチアワ。アワの一種。「羹」はあつもの。野菜や肉などを入れて煮た吸い物。「艾」はヨモギ。どちらも、古代中国で、洛陽《らくよう》の人たちが端午《たんご》の節句に作った。
出典『歳時広記《さいじこうき》』端午《たんご》上に引く「金門歳節《きんもんさいせつ》」

【出谷遷喬】しゅっこくせんきょう
意味 人が出世することのたとえ。春になり、鳥が谷間を出て高い木に移る意から。
補説「喬」は高い木。「谷《たに》を出《い》でて喬《きょう》に遷《うつ》る」と訓読する。
出典『詩経《しきょう》』小雅《しょうが》・伐木《ばつぼく》

【述而不作】じゅつじふさく
意味 先人の説を述べ伝えるだけで、むやみに自説を立てないこと。
補説 孔子が自分の学問の姿勢について述べた『論語《ろんご》』述而篇《じゅつじへん》の冒頭の言葉。一般に「述《の》べて作《つく》らず」と訓読して用いる。
出典『論語《ろんご》』述而《じゅつじ》 ◎「述べて作らず、信じて古《いにしえ》を好む」

【出将入相】しゅっしょうにゅうしょう
意味 文武の才を兼備した人物のたとえ。また、広く高位の人のたとえ。
補説 外に出れば将軍として立派に軍を動かし、朝廷の中にいれば宰相として手腕を発揮する意から。「将」は将軍。「相」は宰相。「出」「入」は朝廷から外に出ることと朝廷の中に入る意。一般に「出《い》でては将《しょう》、入《い》りては相《しょう》」と訓読して用いる。
出典 北魏《ほくぎ》の「元英墓志《げんえいぼし》」／『貞観政要《じょうがんせいよう》』任賢《にんけん》

【出処進退】しゅっしょしんたい
意味 その職にとどまっていることと、辞めて退くこと。身のふり方や身の処し方。
補説 世に出て仕えることと、退いて民間にあることもいう。仕官と在野。「出」は世に出て仕える意。「処」は官につかずに家にいる意。「進退出処《しんたいしゅっしょ》」ともいう。
用例 新撰組《しんせんぐみ》の離合集散出処進退は、この両名が代表する社会的地盤に照すことなしには理解されない。〈服部之総◆新撰組〉
類義語 進退去就《しんたいきょしゅう》・用行舎蔵《ようこうしゃぞう》

【出世本懐】しゅっせのほんがい
意味 釈迦《しゃか》がこの世に現れた真の目的。
補説「出世」は仏がこの世に現れること。「本懐」は本来の思い。すべての衆生《しゅじょう》を救い、成仏させようという意志。あるいは、浄土に導こうという意志。

【出没自在】しゅつぼつじざい
⇒神出鬼没 しんしゅつきぼつ 347

【出藍之誉】しゅつらんのほまれ
意味 弟子が師よりもすぐれた才能を表すたとえ。
補説 青色の染料は藍《あい》から取るものだが、もとの藍の葉より青くなることからいう。「藍」は、タデ科の一年草。類義の表現に「青は藍より出《い》でて藍よりも青し」がある。
出典『荀子《じゅんし》』勧学《かんがく》 ◎「青は之《これ》を藍より取りて藍よりも青し」
類義語 青藍氷水《せいらんひょうすい》

【出離生死】しゅつりしょうじ
意味 生死の苦しみを離れて、悟りの境地に至ること。
補説 仏教語。「出離」は迷いの世界を離れ出ること。悟りの境地に至ること。
出典『六祖壇経《ろくそだんきょう》』
用例 位《くらい》人臣を極め、一門の栄華は何《いず》れの国、何れの代《よ》にも例《ため》しなく、齢《よわい》六十に越え給《たま》えば、出離生死の御営《おんいとなみ》、〈高山樗牛◆滝口入道〉

【出類抜萃】しゅつるいばっすい
意味 同類のうちで最もすぐれたものの中から、さらに抜きんでていること。
補説 能力などが特に優秀な人を指すのに用いる。「類」は同類の人。「出類」は同類からすぐれた者を選ぶ意。「萃」は集まる意。同類の中から選び抜いたすぐれた人物の仲間。「抜萃」はその中からさらに傑出した者を抜き出す意。「類《るい》より出《い》でて萃《すい》に抜《ぬ》く」と訓読する。
出典『孟子《もうし》』公孫丑《こうそんちゅう》上
類義語 出群抜萃《しゅつぐんばっすい》・抜群出類《ばつぐんしゅつるい》

【殊塗同帰】 しゅとどうき

意味 手段や方法は違っても、同じ目的や結論に到達すること。

補説 行く道は違っていても、同じ所に帰着する意から。「殊」は異なること。「塗」は「途」に同じで、途中・みち。「帰」は帰着するところ。目的。「塗《みち》を殊《こと》にして帰《き》を同《おな》じくす」と訓読する。「同帰殊塗《どうきしゅと》」ともいう。

注意 「殊途同帰」とも書く。

出典 『易経《えききょう》』繋辞《けいじ》下

類義語 異塗同帰《いとどうき》・異路同帰《いろどうき》

【酒入舌出】 しゅにゅうぜつしゅつ

意味 酒を飲んで酔うと、口数が多くなること。また、酒を飲むと饒舌《じょうぜつ》になるので失言に注意することを戒めた語。

補説 一般に「酒《さけ》入《い》れば舌《した》出《い》づ」と訓読して用いる。

出典 『説苑《ぜいえん》』敬慎《けいしん》

【酒嚢飯袋】 しゅのうはんたい

⇒ 飯嚢酒甕 はんのうしゅおう 541

【首尾一貫】 しゅびいっかん 〈―スル〉

意味 最初から最後まで、一つの方針や態度で貫かれていること。

補説 「首」は頭の意味。「首尾」は初めと終わり。最初から最後まで。「首尾貫徹《しゅびかんてつ》」ともいう。

用例 私は始めてあの人のこと、あのころのことを思いだしてみようとしたが、その時はもう、みんな忘れて、とりとめのない断片だけがあるばかり、今もなお、首尾一貫したものがない。〈坂口安吾◆三十歳〉

類義語 終始一貫《しゅうしいっかん》・首尾相応《しゅびそうおう》・徹頭徹尾《てっとうてつび》

対義語 前後矛盾《ぜんごむじゅん》

【首尾貫徹】 しゅびかんてつ 〈―スル〉

⇒ 首尾一貫 しゅびいっかん 316

【手舞足踏】 しゅぶそくとう 〈―スル〉

意味 大喜びして、小躍りして喜ぶさま。

補説 大きな喜びなどで気持ちが高ぶって、思わずそれが身振り手振りとなって現れることをいう。「手舞」は手を動かして舞う、「足踏」は足を踏みならすこと。ともに踊りの動き。それによって自分の気持ちの高揚を表現することからいう。「手の舞い足の踏む（所）を知らず」の略。

出典 『詩経《しきょう》』周南《しゅうなん》・関雎《かんしょ》・大序《たいじょ》

類義語 喜躍抃舞《きやくべんぶ》・欣喜雀躍《きんきじゃくやく》・鳧趨雀躍《ふすうじゃくやく》

【入木三分】 じゅぼくさんぶ

⇒ 入木三分 にゅうぼくさんぶ 510

【朱墨爛然】 しゅぼくらんぜん

意味 読書や学問に励むことの形容。

補説 読書するのに、朱色の墨で句読点をつけたり書き入れたりするので、黒い文字の本が朱色で鮮やかになる意から。「朱墨」は朱色の墨。「爛然」は鮮やかなさま。

出典 『国朝漢学師承記《こくちょうかんがくししょうき》』賈田祖《かでんそ》

【孺慕之思】 じゅぼのおもい

意味 幼子が親を慕うこと。また、同じような情を他人に対していだくこと。

補説 「孺」は「孺子」に同じで、幼い子どものこと。

故事 ある時、孔子の弟子の有子と子游《しゆう》が幼子が親を慕って泣き叫ぶのを見て、有子は「故人を慕う真の気持ちというものは本当にあるのだ。死をいたんでもだえ踊る礼のあるのは正しいのだ」と言い、子游が「人の心の変化に合わせて動作を程よく調節したものが礼である」と言ったという故事から。

出典 『礼記《らいき》』檀弓《だんぐう》下

【修羅苦羅】 しゅらくら

意味 怒りや嫉妬《しっと》のため、怒り狂う阿修羅《あしゅら》のように、心中が激しく動揺するさま。また、心が煮えかえるさま。

補説 「修羅」は阿修羅の略で、戦闘を好むインドの鬼神。「苦羅」は意味を強調するために添える語。

用例 けだし、尋ねようという石田の宿所は、後門《うらもん》を抜ければツイそこではあるが、何分にも胸に燃やす修羅苦羅の火の手が盛んなので、しばらく散歩して余熱《ほとぼり》を冷ますつもりで。〈二葉亭四迷◆浮雲〉

【儒林棟梁】 じゅりんのとうりょう

意味 儒者の世界で重任にある人。学芸の世界でのはたがしら。

補説「儒林」は儒者の仲間。儒者の世界。「棟梁」は、かしら・はたがしら。

【珠聯璧合】しゅれんへきごう

意味 才能のある人材が一つに集まるたとえ。また、新婚を祝う語。

補説 貴重な珠玉・宝石が連合する意から。「珠」は珠玉、「璧」は宝石の意で、転じて、すぐれた人材のたとえ。「聯」はつらねる。つらなる。

注意「珠連璧合」とも書く。

出典『漢書《かんじょ》』律暦志《りつれきし》上

類義語 珠聯玉映《しゅれんぎょくえい》

【株連蔓引】しゅれんまんいん

意味 関係した者を芋づる式に一斉に罰すること。

補説 株を連ね、つるを引っ張る意から。「株連」は株が連なっているのを抜くように、「蔓引」はつるを引っ張るように、引き連なった者がごっそり罪に問われること。

出典 蘇轍《そてつ》「呂恵卿《りょけいけい》を誅竄《ちゅうざん》するを乞《こ》うの状《じょう》」

【春蛙秋蟬】しゅんあしゅうぜん

意味 うるさいだけで、役に立たない無用な言論のたとえ。

補説 やかましく鳴く春のカエルと秋のセミの意から。「春蛙」は春のカエル。「秋蟬」は秋のセミ。

類義語 蛙鳴雀噪《あめいじゃくそう》・蛙鳴蟬噪《あめいせんそう》・驢鳴犬吠《ろめいけんばい》

【純一無雑】じゅんいつむざつ 〈―ナ〉

意味 混じり気がないさま。また、性質などが純粋で偽りや邪心がないこと。

補説「純一」「無雑」はともに混じり気のないこと。また、そのさま。類義の語を重ねて意味を強めている。

用例 社会がその社会的本能によって動く時こそ、その生活は純一無雑な境地に達するだろう。〈有島武郎◆惜しみなく愛は奪う〉

類義語 純精無雑《じゅんせいむざつ》

【春蚓秋蛇】しゅんいんしゅうだ

意味 悪筆のたとえ。

補説 春のミミズや秋の蛇がのたくったような悪筆の意。「蚓」はミミズ。

出典『晋書《しんじょ》』王羲之伝《おうぎしでん》

【春夏秋冬】しゅんかしゅうとう

意味 春・夏・秋・冬の四季のこと。一年中。四季折々。

用例 それから今日の農芸や園芸は在来の春夏秋冬のうちに草花や果物や蔬菜《そさい》などを収められぬ位に発達している。〈芥川龍之介◆発句私見〉

【春寒料峭】しゅんかんりょうしょう

意味 春になって寒さがぶり返し、肌寒く感じられるさま。

補説「春寒」は春になってぶりかえした寒さ。「料峭」は肌寒いさま。「料」は肌をなで触れる意。「峭」は厳しい意。

類義語 春風料峭《しゅんぷうりょうしょう》

【循規蹈矩】じゅんきとうく

意味 規則に従い、それを踏まえて行動すること。

補説 保守的で変化や変革を嫌う人のたとえとしても用いる。「循」は従い行く意。「規」は円を描くコンパス、「蹈」は踏み行うこと。「矩」は方形を描く曲尺《かねじゃく》（直角に曲がった物差し）で、規則や礼法のたとえ。「規《き》に循《したが》い矩《のり》を蹈《ふ》む」と訓読する。

出典 朱熹《しゅき》「方賓王《ほうひんおう》に答《こた》うる書《しょ》」

類義語 規行矩歩《きこうくほ》

【順逆一視】じゅんぎゃくいっし

意味 人生を達観して、幸不幸に振り回されないこと。

補説「順逆」は良いことと悪いこと、順境と逆境。幸不幸。「一視」は同一視すること。人生の幸不幸を同一視して、喜怒の感情をこえた境地に立つこと。

出典『菜根譚《さいこんたん》』

対義語 一喜一憂《いっきいちゆう》

【純潔清浄】じゅんけつしょうじょう 〈―ナ〉

⇒純潔無垢 じゅんけつむく 317

【純潔無垢】じゅんけつむく 〈―ナ〉

意味 邪念や私欲がまったくなく、心が潔白なこと。また、そのさま。

補説「純潔」は心身ともにけがれがなく、清らかなこと。「無垢」はけがれのないさま。

し

潔白の意。清浄。「垢」はあか・汚れの意。類義の語を重ねて意味を強めている。「純潔清浄《じゅんけつしょうじょう》」ともいう。
用例 純潔無垢な菅《すが》の真情と、友達思いの足立《あだち》が熱心とですら、この人の心を動かすことが出来ない。〈島崎藤村◆春〉

【蓴羹鱸膾】 じゅんこう ろかい
意味 故郷を懐かしく思い慕う情のたとえ。
補説 「蓴羹」は蓴菜《じゅんさい》の吸い物。「羹」はあつもの・吸い物。「鱸膾」は鱸《すずき》のなますの意。「蓴羹」も「鱸膾」も、いずれもふるさとの味。
故事 中国晋《しん》の張翰《ちょうかん》が、故郷の料理である蓴菜の吸い物と鱸のなますの味にひかれるあまり、官を辞して帰郷した故事から。
出典 『晋書《しんじょ》』文苑伝《ぶんえんでん》・張翰伝《ちょうかんでん》
類義語 越鳥南枝《えっちょうなんし》・狐死首丘《こししゅきゅう》・胡馬北風《こばほくふう》・池魚故淵《ちぎょこえん》

【舜日堯年】 しゅんじつ ぎょうねん
⇒ 堯年舜日 ぎょうねんしゅんじつ 158

【春日遅遅】 しゅんじつ ちち 〈—タル〉〈—ト〉
意味 春の日が長く、暮れるのが遅いさま。春の日がうららかでのどかなさま。
補説 「遅遅」は春ののどかなさま。ひねもすのたりのたりの意。
出典 『詩経《しきょう》』豳風《ひんぷう》・七月《しちがつ》
用例 まことに春日遅々たるの想《おも》いで豆粒ほどの土に藹々《あいあい》たる無辺の念を凝らしながら、阿吽《あうん》の呼吸をはかって、やがては個性を吹き込み、風格を注ぎ込もうという妙境なのである……。〈牧野信一◆心象風景〉

【徇私舞弊】 じゅんし ぶへい
意味 不正を行い、それを法律などをねじ曲げることによって正当化すること。
補説 おもに官吏などが自分の利益のために悪行を行い、法や規則にこじつけて歪曲《わいきょく》し、罪に問われないようにすること。「徇私」は自らの利益に走ること。私利私欲に走ること。「舞弊」は法律や規則を都合のよいように勝手に歪曲すること。不正をすること。
類義語 舞文弄法《ぶぶんろうほう》

【春愁秋思】 しゅんしゅう しゅうし
意味 春の日にふと感じる物悲しさと、秋にふと感じる寂しい思い。
補説 よい気候のときに、なんとなく気がふさぐこと。また、いつも心のどこかに悲しみや悩みがあることをいう。「春愁」は春の日の物思い、春に感じる哀愁、「秋思」は秋の寂しい物思いの意。
出典 白居易《はくきょい》の新楽府《しんがふ》「陵園妾《りょうえんのしょう》」
類義語 春恨秋懐《しゅんこんしゅうかい》

【春秋筆法】 しゅんじゅうの ひっぽう
意味 ちょっとした言葉遣いの中に、賞賛・批判や深い真意を暗に含めた表現方法。また、公正で厳しい批判の態度のこと。
補説 間接の原因を直接的な原因として表現する論法。論理に飛躍があるようにも見えるが、一面の真理をついているような論法をいう。孔子が書いたとされる『春秋《しゅんじゅう》』の簡潔な表現の中に、厳しい歴史批判が込められているところからいう。『春秋』は魯《ろ》の国の歴史書で、魯の史官が記したものに孔子が褒貶《ほうへん》の義を加えて筆削したとされる。五経《ごきょう》の一つ。
用例 損害をかけた人も受けた人も全然その場合の因果関係に心づかない事が多いように思われる。（中略）そして言論や行動の自由が許されている。春秋の筆法が今は行なわれないのであろう。〈寺田寅彦◆写生紀行〉
類義語 一字褒貶《いちじほうへん》・春秋筆削《しゅんじゅうのひっさく》・微言大義《びげんたいぎ》・筆削褒貶《ひっさくほうへん》・皮裏陽秋《ひりのようしゅう》

【春宵一刻】 しゅんしょう いっこく
意味 春の夜のひとときはなんともいわれぬ趣があり、大きな価値をもっているということ。
補説 「春宵」は春の夜。「一刻」はわずかな時間。「春宵一刻値千金」の略。
出典 蘇軾《そしょく》—詩「春夜《しゅんや》」◎「春宵一刻値《あたい》千金《せんきん》、花に清香有り月に陰有り」
用例 春宵一刻千金とまでは進まぬその一歩手前の夕暮の気持を象徴的に詠出したものであろうか。〈平野萬里◆晶子鑑賞〉

【純情可憐】 じゅんじょう かれん 〈—ナ〉
意味 純粋で邪心がなく、清らかで愛らしいさま。
補説 「純情」は素直で邪心のない心をもっていること。「可憐」はいじらしいさま。かわいらしいさま。「純真可憐《じゅんしんかれん》」ともいう。

（用例）かくのごとくして、迷信的とも見うる茶道の廃墟《はいきょ》に松風を求めて祈るさまは、それが純情可憐な乙女達の多数を占めるだけに、気の毒でならぬ。〈北大路魯山人◆茶美生活〉

（類義語）純真可憐《じゅんしんかれん》・純真無垢《じゅんしんむく》

【純真可憐】じゅんしんかれん 〈—ナ〉

⇓ 純情可憐 じゅんじょうかれん 318

【純真無垢】じゅんしんむく 〈—ナ〉

（意味）心にけがれや偽りがなく、純粋で清らかなさま。自然のままで飾り気のないさま。

（補説）「純真」はけがれがなく純粋で清らか。「垢」はあか・汚れの意で、「無垢」もけがれのないさま。類義の語を重ねて意味を強めている。

（用例）そうしてその紀行文を書いている時の氏は、自由で、快活で、正直で、如何《いか》にも青草を得た驢馬《ろば》のように、純真無垢な所があった。従ってそれだけの領域では、田山氏はユニイクだと云《い》おうが何だろうが差支えない。〈芥川龍之介◆あの頃の自分の事〉

（類義語）純情可憐《じゅんじょうかれん》・純粋無垢《じゅんすいむく》・清浄無垢《せいじょうむく》・天衣無縫《てんいむほう》

【純精無雑】じゅんせいむざつ 〈—ナ〉

（意味）純粋で、まったく混じり気のないさま。

（補説）「純精」「無雑」はともに混じり気がなく、純粋の意。類義の語を重ねて意味を強めている。

（用例）道徳も純精無雑なればこれを軽んずべからず。一身の私に於《おい》てはその功能極《きわ》めて大なりといえども、徳は一人《いちにん》の内に存して、有形の外物に接するの働あるものにあらず。〈福沢諭吉◆文明論之概略〉

（類義語）純一無雑《じゅんいつむざつ》

【駿足長阪】しゅんそくちょうはん

（意味）すぐれた人が困難にあって、自分の才能を試してみたいと思うことのたとえ。

（補説）足の速いすぐれた馬は、長い坂を越えたいと思う意から。有能な者はむしろ困難を待ち望むということ。「駿足」は足の速い駿馬。「長阪」は長い坂道。「阪」は「坂」に同じ。「駿足長阪を思う」の略。

（出典）陸厥《りくけつ》詩「内兄《ないけい》の希叔《きしゅく》に奉答《ほうとう》す」

【瞬息万変】しゅんそくばんぺん

（意味）物事の変化がきわめて多様で速いこと。状況がめまぐるしく変化すること。

（補説）一度まばたきし、一呼吸する間に種々多様に変化する意から。「瞬息」はわずかの間。「万変」はいろいろに変わること。

（類義語）瞬息千変《しゅんそくせんぺん》・瞬息万状《しゅんそくばんじょう》

【峻抜雄健】しゅんばつゆうけん 〈—ナ〉

（意味）抜きんでて力強いさま。険しい山々が高くそびえ立つように抜きんでて、勢いがあるさま。

（補説）「峻抜」は険しい山がそびえ立つように、高く抜きんでているさま。「雄健」は力強く、勢いがある意。

（用例）俗文体は通俗の言語をもてそのままに文になしたるものなり。故に文字の意味平易《やすらか》にして（中略）峻抜雄健なる勢力あり、追懐愛慕の想念をも惹起《ひきおこ》しつべき品格あり。〈坪内逍遥◆小説神髄〉

【春風駘蕩】しゅんぷうたいとう 〈—タル〉〈—ト〉

（意味）春の景色ののどかなさま。春風がそよそよと気持ちよく吹くさま。また、温和でのんびりとした人柄のたとえ。

（補説）「駘蕩」はのどかなさま。のびのびしたさま。

（用例）酒を愛し、郷人を愛し、いつも春風駘蕩といったような大人《たいじん》風な好々爺《こうこうや》であったらしい。〈吉川英治◆忘れ残りの記〉

（対義語）秋霜烈日《しゅうそうれつじつ》

【春風得意】しゅんぷうとくい

（意味）春の風の心地よさ。転じて、仕事や出世が順調で満足げなことの形容。

（補説）もとは、科挙（中国で行われた官吏登用試験）に合格した喜びを表した詩の一節。

（出典）孟郊《もうこう》詩「登科後《とうかののち》」◎「春風意を得て馬蹄《ばてい》疾《はや》く、一日《いちじつ》看尽《みつく》す長安の花」

【淳風美俗】じゅんぷうびぞく

（意味）人情の厚い美しい風俗や習慣。

（補説）「淳風」は素直で、人情の厚い風俗。「俗」は風習・習慣。

（注意）「醇風美俗」とも書く。

（用例）しかし、醇風美俗を誤りなくそれと感じる感覚だけは、人間の人間らしさとして飽くまでも尊重したい。〈岸田國士◆日本人と

は？〉
類義語 良風美俗《りょうふうびぞく》

【順風満帆】 じゅんぷう まんぱん

意味 物事がすべて順調に進行することのたとえ。
補説 追い風を帆いっぱいに受けて、船が軽快に進む意から。「順風」は人や船が進む方向に吹く風。追い風のこと。「満帆」は帆をいっぱいに張ること。
類義語 乗風破浪《じょうふうはろう》・万事如意《ばんじにょい》

【春蕪秋野】 しゅんぶ しゅうや

意味 春の雑草と秋の野原。現実離れして、風雅に遊ぶ文人の境地。
補説 「春蕪」は濃い緑色をした春の雑草の意。また、香草の意。
用例 忙急中の急なる境遇の中央にありながら心は常に春蕪秋野の外を繞《めぐ》る不生産的余にとりては、売花銭は即《すなわ》ち是《こ》れ延命銭なり。〈徳冨蘆花◆自然と人生〉

【循名責実】 じゅんめい せきじつ

意味 名前にそって検討し、その名が実質と合っているかを求めること。行為が名目や職分にそっているかを熟考すること。韓非子《かんぴし》の「刑名参同《けいめいさんどう》」の考え方。
補説 「責実」は実績を求めること。「責」は求める意。「名《な》に循《したが》い実《じつ》を責《せ》む」と訓読する。（→「刑名参同《けいめいさんどう》」191）
出典 『韓非子《かんぴし》』定法《ていほう》
類義語 刑名参同《けいめいさんどう》・刑名審合《けいめいしんごう》

【春蘭秋菊】 しゅんらん しゅうぎく

意味 春の蘭と秋の菊。花の時期は異なるものの、どちらもそれぞれに美しいということ。転じて、いずれもすばらしく、優劣を付けがたいことのたとえ。
出典 『楚辞《そじ》』九歌《きゅうか》・礼魂《れいこん》

【春露秋霜】 しゅんろ しゅうそう

意味 春の露と秋の霜。恩恵と威厳のたとえ。
出典 『北史《ほくし》』袁翻伝《えんほんでん》 ◎「威は秋霜より厲《はげ》しく、恵は春露より霑《うるお》う」
類義語 秋霜春露《しゅうそうしゅんろ》

【春和景明】 しゅんわ けいめい

意味 春の日の穏やかで、光の明るいさま。春の穏やかで明るい陽気のこと。
補説 「春和」は春の和らいだ様子。「景」は日差し・日光の意。「春《はる》和《やわ》らぎ景《けい》明《あき》らかなり」と訓読する。
出典 范仲淹《はんちゅうえん》「岳陽楼記《がくようろうのき》」◎「春和し景明らかにして、波瀾《はらん》驚かず、上下天光《じょうかてんこう》、一碧万頃《いっぺきばんけい》なり」

【諸悪莫作】 しょあく まくさ

意味 悪事をなすことを戒める言葉。
補説 仏教語。「莫」は否定の言葉。もろもろの悪をしない、してはならないの意。過去の諸仏が共通に保った戒め。「七仏通戒偈《しちぶつつうかいげ》」の一つ。「諸悪莫作、衆善奉行《しゅぜんぶぎょう》、自浄其意《じじょうごい》、是諸仏教《ぜしょぶっきょう》（諸悪をなさず、あらゆる善を行い、自分を浄《きよ》める、これが仏教である）」の第一句。
類義語 衆善奉行《しゅぜんぶぎょう》

【叙位叙勲】 じょい じょくん

意味 位階を授けることと、勲等を与え勲章を授けること。
補説 「叙」は順序を定める、位などを授けること。

【上医医国】 じょうい いこく

意味 すぐれた医師は、個人の病気を治すことに止まらず、国の戦乱や風紀の乱れを正すものであるということ。
補説 すぐれた政治家の心得。「上医」はすぐれた医者のことで、有能な政治家のたとえ。一般に「上医《じょうい》は国《くに》を医《い》す」と訓読して用いる。
出典 『国語《こくご》』晋語《しんご》

【上意下達】 じょうい かたつ

意味 上位の者の意志や命令を、下位の者に徹底させること。
補説 「上意」は上の者の意志や命令。「下達」は下の者に通じさせること。「上命下達《じょうめいかたつ》」も同じ意味。
出典 頼山陽《らいさんよう》『日本政記《にほんせいき》』正親町天皇《おおぎまちてんのう》
用例 しかもその協力の仕方は上意下達という形もあり、また下情上通という形に依《よ》ってもできる。〈岸田國士◆大政翼賛会と文化問題〉
対義語 下意上達《かいじょうたつ》

【宵衣旰食】しょういかんしょく 〈―スル〉

意味 為政者が朝早くから夜遅くまで政治に励むたとえ。

補説 夜が明ける前に服を着、時刻はずれの夜遅く食事をとり政治に励む意から。もとは多く天子についていう語。「宵」は暗い、暗いうちに。「旰」は夜遅く、時刻が遅い意。また、日暮れ。「旰食宵衣《かんしょくしょうい》」ともいう。

出典 徐陵《じょりょう》「陳文皇帝哀冊文《ちんぶんこうていあいさくぶん》」

【情意投合】じょういとうごう 〈―スル〉

意味 互いの気持ちがぴったりと合うこと。

補説 「情意」は感情と意志。また、心。「投合」はぴったり合うこと。

用例 従来は命令服従という冷かな形式のみの結合であったが、併《しか》し両者の関係はもっと温情あるものにならねばならぬ。兄弟も只《ただ》ならぬように情意投合すべきだ。〈戸坂潤◆社会時評〉

類義語 意気投合《いきとうごう》

【冗員淘汰】じょういんとうた 〈―スル〉

意味 むだな人員を削減し、整理すること。

補説 「冗員」はむだな人員。余分な人員。「淘汰」は選び分ける。よいものを選んで、いらないものを切り捨てること。

類義語 人員整理《じんいんせいり》・定員削減《ていいんさくげん》

【晶瑩玲瓏】しょうえいれいろう

意味 冴《さ》えて透き通り、玉《ぎょく》のように美しいこと。

補説 「晶瑩」は冴えて透き通っている意。「玲瓏」は玉の鳴る音。また、玉のように美しく輝くさま。冴えて鮮やかなさま。

用例 庭に立ちて、空を望むに、地平線より天心に到るまで一点の雲なく、晶瑩玲瓏、明鏡よりも澄み、碧玉《へきぎょく》よりも匂やかに、深淵《しんえん》よりも光を含み、名工の鍛える秋水よりも冴えたり。〈徳冨蘆花◆自然と人生〉

【上援下推】じょうえんかすい

意味 上の者から引き立てられ、下の者から推挙されること。

補説 「援」は引っ張る、登用する。「推」はすすめる、推挙する意。

出典 『礼記《らいき》』儒行《じゅこう》

【硝煙弾雨】しょうえんだんう

意味 銃弾を撃ち合う激しい戦い。戦闘が激しく繰り広げられるさま。

補説 「硝煙」は火薬の煙。発砲によって出る煙。「弾雨」は銃弾が雨のように降り注ぐさま。

類義語 砲煙弾雨《ほうえんだんう》

【彰往察来】しょうおうさつらい

意味 過去の出来事を明らかにした上で、未来の状況を予測すること。

補説 「往」は過去、「来」は未来の意。「往《おう》を彰《あき》らかにして来《らい》を察《さっ》す」と訓読する。

出典 『易経《えききょう》』繋辞《けいじ》下

類義語 因往推来《いんおうすいらい》・鑑往知来《かんおうちらい》・彰往考来《しょうおうこうらい》・数往知来《すうおうちらい》

【上下一心】しょうかいっしん

意味 身分の上下を問わず、心を一つにすること。また、心を一つにして事に当たること。

補説 「上下《しょうか》心《こころ》を一《いっ》にす」と訓読する。

注意 「じょうげいっしん」とも読む。

出典 『荀子《じゅんし》』富国《ふこく》

類義語 一徳一心《いっとくいっしん》・一致協力《いっちきょうりょく》・一致団結《いっちだんけつ》・同心協力《どうしんきょうりょく》・同心戮力《どうしんりくりょく》・戮力協心《りくりょくきょうしん》

【上下天光】しょうかてんこう

意味 天にも地にも光が満ちあふれたさま。

補説 「上下」は天地、空と水をいう。「天光」は空一面に輝く日の光。ここではそれが水面にも映り輝くこと。

注意 「じょうげてんこう」とも読む。

出典 范仲淹《はんちゅうえん》「岳陽楼記《がくようろうのき》」(→「春和景明《しゅんわけいめい》」320)

【城下之盟】じょうかのめい

意味 敵に包囲されて降伏し、城壁の下で結ばされる最も屈辱的な講和条約。また、敵の城下に攻め込み講和の盟約を結ぶこと。

補説 「城」は中国で町を守る城壁のこと。「盟」は講和条約のこと。

注意 「じょうかのちかい」とも読む。

出典 『春秋左氏伝《しゅんじゅうさしでん》』桓公《かんこう》一二年

【消化不良】しょうかふりょう

意味 胃や腸のはたらきが悪くて、食べ物の消化がうまくいかないこと。また、知識や技術がまだ自分のものになっていないことのたとえ。
補説 「消化」は胃や腸で食べ物を分解して、吸収できるようにすること。「不良」ははたらきがよくないこと。
用例 無拠《よんどころなく》教程を鵜呑《うの》みにする結果は知識に対する消化不良と食慾《しょくよく》不振である。〈寺田寅彦◆マーカス・ショーとレビュー式教育〉

【小家碧玉】しょうかへきぎょく

意味 卑しく貧しい家に育った、若くて美しい娘のたとえ。
補説 貧しい家にある、美しく輝く青い玉《ぎょく》の意から。「小家」は卑しくて貧しい家。また、自分の家の謙称。「碧玉」は青く美しい玉。
出典 『楽府詩集《がふしゅう》』清商曲辞《せいしょうきょくじ》・碧玉歌《へきぎょくか》

【承顔順旨】しょうがんじゅんし〈—スル〉

意味 相手の顔色をうかがい、その意志に従うこと。おもねり従うこと。
補説 「承顔」は相手の顔色をうかがい、それに逆らわないような態度をとること。「順旨」はおぼし召しに従うということ。相手の言葉に従うこと。「顔《かお》を承《う》け旨《し》に順《したが》う」と訓読する。
注意 「承顔順指」とも書く。
出典 『呉志《ごし》』王蕃伝《おうばんでん》
類義語 承顔候色《しょうがんこうしょく》

【傷弓之鳥】しょうきゅうのとり

意味 一度恐ろしい目に遭って、必要以上に警戒心の強くなっている人のたとえ。
補説 矢を射られたことのある鳥の意から。
故事 昔、中国で、更羸《こうるい》が魏《ぎ》の王の前で「弓を引き弓弦《ゆづる》を鳴らすだけで鳥を落としましょう」と言い、その通り弓の弦の音を鳴らすだけで雁《かり》を落とした。驚く魏王に対して、「これはかつて射かけられたことのある鳥で、弓の音にびっくりして、必要以上に高く飛んで逃げようとしたために、古傷が痛んで落ちたのです」と答えたという故事から。
出典 『戦国策《せんごくさく》』楚策《そさく》
類義語 驚弓之鳥《きょうきゅうのとり》

【松喬之寿】しょうきょうのじゅ

意味 いつまでも年をとらず、長生きすることのたとえ。長寿、長命のたとえ。
補説 「松喬」は、中国の伝説上の仙人赤松子《せきしょうし》と王子喬《おうしきょう》のこと。後に広く仙人一般を指す言葉にもなった。「喬松之寿《きょうしょうのじゅ》」ともいう。
出典 『漢書《かんじょ》』王吉伝《おうきつでん》
類義語 不老長寿《ふろうちょうじゅ》

【章句小儒】しょうく(の)しょうじゅ

意味 細かい字句にこだわって大義を理解しようとしない者。
補説 経典を読む際、その大義を理解しようとせず、文や字句といった末節の解釈のみにこだわっている儒者のことから。「章句」は文章の章と句。「小儒」はつまらない儒者・学者。
出典 『漢書《かんじょ》』夏侯勝伝《かこうしょうでん》
類義語 章句之徒《しょうくのと》

【上求菩提】じょうぐぼだい

意味 菩薩《ぼさつ》が上に向かって、さらに完全な悟りの境地を求めること。
補説 仏教語。上に向かって菩提を求める意から。菩薩が行う自利の行《ぎょう》（自ら仏になるための行）をいう。「上求」は上に求める。「菩提」は煩悩を去った悟りの境地の意。「下化衆生《げけしゅじょう》」と対句をなす。（→「下化衆生《げけしゅじょう》」192）
出典 『摩訶止観《まかしかん》』一
用例 上求菩提の中にも下化衆生の大願を忘れてはならない、独善主義や主我的な享楽主義は排斥さるべきである…〈生田長江◆「二の道」に就いて阿部次郎君に与うる書〉
対義語 下化衆生《げけしゅじょう》

【笙磬同音】しょうけいどうおん

意味 人が心を合わせて仲よくすること。
補説 楽器それぞれの音が調和して、美しい音楽を奏でる意。「笙」は管楽器、「磬」は打楽器の一つ。「同音」は楽器それぞれが一斉に奏して、調和していること。「笙磬《しょうけい》音《いん》を同《おな》じくす」と訓読する。
出典 『詩経《しきょう》』小雅《しょうが》・鼓鍾《こしょう》

【小隙沈舟】しょうげきちんしゅう

意味 わずかな事柄でも軽んじないで、慎重に取り組むべきである、という戒めの語。

（補説）「小隙」はわずかな隙間《すきま》。ほんのわずかな隙間があっても、そこから水が入り込んで船が沈んでしまう。わずかな隙間にも気をつけるべきであるということ。「小隙《しょうげき》舟《ふね》を沈《しず》む」と訓読する。

（出典）『関尹子《かんいんし》』九薬《きゅうやく》

［類義語］螻蟻潰堤《ろうぎかいてい》

【浄潔快豁】 じょうけつ かいかつ 〈—ナ〉

（意味）なんのわだかまりもなく、すっきりした状態。

（補説）「浄潔」は潔い、さっぱりしている。「快豁」は気持ちが晴れやかで、さっぱりした状態。「豁」はぱっと視界が開けるさま。

（出典）『言志録《げんしろく》』

【銷遣之具】 しょうけんの ぐ

（意味）憂さ晴らしの手段のこと。趣味・気晴らしの種のこと。

（補説）「銷遣」は消しやる意。気晴らしをすること。

（注意）「消遣之具」とも書く。

（出典）鄭谷《ていこく》詩「中秋《ちゅうしゅう》」

【条件反射】 じょうけん はんしゃ

（意味）ある刺激を与えたときに、決まって引き起こされる一定の体の反応のこと。

（補説）「条件」は、物事を成立させるのに必要な事柄。また、ある状態を引き起こす原因となる事柄。「反射」は、無意識に起きる生理的な反応のこと。梅干しを見る（条件）だけで唾液が出る（反射）ように、経験や学習によって引き起こされるようになった後天的な反応をいう。旧ソ連の生理学者パブロフが、毎回ベルを鳴らしてから犬に餌《えさ》を与え続けると、ベルを聞くだけで唾液を出すようになるという実験から、この現象を「条件反射」と名付けた。

（用例）なるほど耳になじみのあるその曲を聞くと、私の頭の中で条件反射が行われ、新馬鹿大将の行動があざやかに見えるような気がした。〈伊丹万作◆私の活動写真傍観史〉

【証拠隠滅】 しょうこ いんめつ

（意味）事実・真実を明らかにするよりどころとなる物事をなくすこと。

（補説）「隠滅」はあとかたもなく隠したり、消したりすること。もと「湮滅」または「堙滅」と書いたが、法令などで「隠滅」と書き換えたものが一般化した。

（用例）証拠とすべきものが非常に尠《すくな》い上に、悪に長《た》けた三十九名が気を合わせて証拠湮滅をはかるのだから、これは探し出そうという方が無理である。〈海野十三◆キド効果〉

【上行下効】 じょうこう かこう

（意味）上の者が行うと、下の者がそれを見習うこと。

（補説）「上行」は上に立つ者が行うこと。また、その行い。「効」はならう、まねる意。「上《かみ》行《おこな》えば下《しも》効《なら》う」と訓読する。

（出典）『白虎通徳論《びゃっこつうとくろん》』三教《さんきょう》 ◎「上《かみ》之《これ》を為《な》せば下《しも》之に効う」

［類義語］上行下従《じょうこうかじゅう》

【焦熬投石】 しょうごう とうせき

（意味）非常にもろく、壊れやすいことのたとえ。

（補説）「焦熬」は焦がし煎《い》る。また、そうされた物。「投石」は石に投げつける。火で焦がしたものは壊れやすく、石にぶつけるとすぐ壊れるという意。「焦熬《しょうごう》もて石《いし》に投《とう》ず」と訓読する。

（出典）『荀子《じゅんし》』議兵《ぎへい》

【照顧脚下】 しょうこ きゃっか

⇒ 脚下照顧 きゃっかしょうこ 146

【小国寡民】 しょうこく かみん

（意味）国土が小さくて、人口が少ないこと。

（補説）老子が理想とした国家の姿。「寡」は少ない意。

（出典）『老子《ろうし》』八〇

【城狐社鼠】 じょうこ しゃそ

（意味）君主や権力者のかげに隠れて、悪事を働く者のたとえ。

（補説）城や社という安全なところに巣くって、悪さをするキツネやネズミの意から。「城狐」は城に棲《す》むキツネ。「社」は土地神を祭るやしろ。「社鼠城狐《しゃそじょうこ》」ともいう。

（出典）『晋書《しんじょ》』謝鯤伝《しゃこんでん》

［類義語］眼中之釘《がんちゅうのくぎ》・君側之悪《くんそくのあく》・稷狐社鼠《しょくこしゃそ》

【常在戦場】 じょうざい せんじょう

意味 いつも戦場にいるつもりで、気を引きしめて事に当たれという心得を説いた言葉。

補説 「常《つね》に戦場《せんじょう》に在《あ》り」と訓読する。

出典 『呉誌《ごし》』朱然伝《しゅぜんでん》

用例 太平逸楽の頃の落語家にしてなおかつ、この常在戦場の心構えあったのではないかとさえ、むしろ私は叫びたい。〈正岡容◆寄席行灯〉

【商山四皓】 しょうざん(の)しこう

意味 中国秦《しん》末、国乱を避けて、商山に隠れた東園公《とうえんこう》・夏黄公《かこうこう》・甪里《ろくり》先生・綺里季《きりき》の四人の隠者のこと。

補説 東洋画の画題としてよく用いられる。「商山」は陝西省《せんせいしょう》商県《しょうけん》にある山。「皓」は白い意。四人の老人のあごひげと眉《まゆ》がまっ白であったのでいう。

出典 『史記《しき》』留侯世家《りゅうこうせいか》

【常山蛇勢】 じょうざんの だせい

意味 隙《すき》のない陣立て。隙や欠点がないこと。また、物事、特に文章の前後が相呼応して、首尾が一貫していること。

補説 陣法で、先陣と後陣、左翼と右翼などが互いに相応じて戦い、敵が乗じることができないようにしたもの。常山にいる率然《そつぜん》という両頭の蛇は、尾を打てば首で応じ、首を攻めれば尾が助けたことからいう。「常山」は恒山《こうざん》(中国河北省曲陽県)のこと。

出典 『孫子《そんし》』九地《きゅうち》

類義語 常山蛇陣《じょうざんのだじん》

【生死事大】 しょうじ じだい

意味 生き死にの問題は、事として重大である。生き死にの問題の決着こそ、最重要事であるということ。

補説 禅宗の語。「無常迅速、生死事大」あるいは「生死事大、無常迅速」として対の形で用いる。死はいつ訪れるか知れないので、早急に仏道を究め、自己の生き死にの問題に決着をつけねばならない、ということ。(→「無常迅速《むじょうじんそく》」620)

用例 あつい茶をのんで、じっとしている、身心が水のようにおちついてきた、生死事大、無常迅速。……〈種田山頭火◆其中日記〉

【笑止千万】 しょうし せんばん 〈一ナ〉

意味 非常にばかばかしいこと、おかしいこと。また、そのさま。また、いかにも気の毒なさまに用いられることもある。

補説 「笑止」はおかしいこと。ばかばかしいこと。また、気の毒なこと。「千万」は語の下に添えて、その程度がこの上なく高いことを表す。

用例 これはまた笑止千万な。南都北嶺《ほくれい》とやらの聖僧《ひじり》たちも少なからぬように見うけたが、〈芥川龍之介◆邪宗門〉

【生死不定】 しょうじ ふじょう

意味 人の生の不確実ではかないこと。

補説 仏教語。生き死にには何ら確定的なものは無い、ということ。

用例 あの幼い女の子が、生死不定の姿ながら、ひしと抱かれておったをいかにしようぞ。〈芥川龍之介◆奉教人の死〉

類義語 生死無常《しょうじむじょう》

【生死無常】 しょうじ むじょう

意味 人生のはかないこと。人の生死は無常なものであること。

補説 仏教語。「無常」は人の世の変わりやすいこと。人の命のはかないこと。

類義語 生死不定《しょうじふじょう》

【生死妄念】 しょうじ もうねん

意味 迷妄の心。

補説 仏教語。「生死」は輪廻《りんね》のこと。すなわち、迷いの世界で生き死にをくり返すこと。永遠に迷いのなかにあること。「妄念」はとらわれた思い。正しくない心。

用例 世を換え生を移しても、生死妄念を離れざる身を思えば、悟《さと》りの日の晩《おそ》かりし心急《せ》かれて、世は是《これ》迄《まで》とこそ思われ候え。〈高山樗牛◆滝口入道〉

類義語 生死長夜《しょうじじょうや》

【正笏一揖】 しょうしゃく いちゆう

意味 威儀を正し、相手に敬意を示すこと。礼儀正しいこと。

補説 「正笏」は笏(束帯姿のとき、右手に持つ細長い薄板)を正しく、からだの中央に持つ所作のこと。転じて、礼儀正しいこと。「一揖」はちょっとおじぎをすること。「揖」は笏をとり、上体を少し前に屈して、敬意を表すこと。拝に次ぐ礼。

【銷鑠縮栗】しょうしゃくしゅくりつ

意味 意気がそがれて、縮み上がり恐れること。また、悪者などが縮み恐れ、消えうせること。

補説 「銷鑠」はとろける、とけてなくなる意で、意気がそがれること。また、消滅すること。「縮栗」は縮み上がり恐れること。「栗」は「慄」に同じ。

注意 「消鑠縮栗」とも書く。

出典 韓愈《かんゆ》「少室李拾遺《しょうしつりしゅうい》に与《あた》うるの書《しょ》」

【将錯就錯】しょうしゃくしゅしゃく

意味 誤りの上に誤りを重ねること。また、誤りを誤りとして認識すること。

補説 仏教語。「将」は「…をもって」の意。「錯」は錯誤。「錯《しゃく》を将《もっ》て錯《しゃく》に就《つ》く」と訓読する。

注意 「しょうしゃくしゅうしゃく」「しょうしゃくじゅしゃく」とも読む。

出典 『碧巌録《へきがんろく》』

【盛者必衰】じょうしゃひっすい

意味 この世は無常であり、勢いの盛んな者もいつかは必ず衰え滅びるということ。

補説 仏教語。『六度集経《ろくどじっきょう》』『仁王《にんのう》般若経《はんにゃきょう》』などに「盛者必衰、実者必虚（盛んなる者も必ず衰え、実なる者も必ず虚となる）」と見える。『平家物語《へいけものがたり》』の冒頭「祇園精舎《ぎおんしょうじゃ》の鐘《かね》の声、諸行無常《しょぎょうむじょう》の響きあり。沙羅双樹《さらそうじゅ》の花の色、盛者必衰のことわりをあらわす」の一節で有名。

注意 「しょうじゃひっすい」「しょうしゃひっすい」とも読む。

用例 盛者必衰の理《ことわり》とは謂《い》いながら、権門の末路、なかなかに言葉にも尽くされぬ。〈高山樗牛◆滝口入道〉

類義語 有為転変《ういてんぺん》・栄枯盛衰《えいこせいすい》・盈満之咎《えいまんのとがめ》・生者必滅《しょうじゃひつめつ》・盛者必滅《じょうしゃひつめつ》

【生者必滅】しょうじゃひつめつ

意味 この世に生を受けた者は、必ず滅び死ぬものであるということ。

補説 仏教語。人生の無常をいう。「生者必滅、会者定離《えしゃじょうり》は浮き世の習い」（『平家物語《へいけものがたり》』）のように、会者定離と対にして用いられることも多い。

出典 『大涅槃経《だいねはんぎょう》』

用例 此《こ》の世のさまは、生者必滅、会者定離。たとえ表向き夫婦となって、共白髪まで添い遂げようとしても、無常の風に誘われれば、たちまちあの世と此の世の距《へだ》て。〈岡本かの子◆取返し物語〉

類義語 会者定離《えしゃじょうり》・盛者必衰《じょうしゃひっすい》・是生滅法《ぜしょうめっぽう》

【常住坐臥】じょうじゅうざが

意味 座っている時も寝ている時も。ふだん、いつもの意。

補説 「常住」はいつもの意。「坐臥」は座ることと寝ること。また、いつもの意。「行住坐臥《ぎょうじゅうざが》」と「常住」が混同されてできた語。（→「行住坐臥《ぎょうじゅうざが》」156）

類義語 起居動静《ききょどうじょう》・行住坐臥《ぎょうじゅうざが》・坐臥行歩《ざがこうほ》・立居振舞《たちいふるまい》・日常坐臥《にちじょうざが》

【常住不断】じょうじゅうふだん

意味 常に切れ目なく続いていること。絶え間のないこと。

補説 「常住」は仏教語で、生滅変化することなく、永遠に存在すること。無常の対義語。「不断」は絶え間なく続くこと。

用例 常住不断に秒をきざんでる時計に、もし意識があって、自分で自分の音をきき続けたら如何《どう》でしょう、と尋ねた男がある。〈豊島与志雄◆録音集〉

【常住不滅】じょうじゅうふめつ

意味 常に変わらず滅びることがないこと。

補説 仏教語。「常住」は、生滅変化することなく、永遠に存在すること。無常の対義語。

類義語 常住不壊《じょうじゅうふえ》

【漿酒霍肉】しょうしゅかくにく

意味 きわめてぜいたくなことのたとえ。

補説 酒を漿のように、肉を豆の葉のようにみなす意から。「漿」は酸味のある飲料。こんず。酒の代用ともされた。「霍」は豆の葉。貧しい人の食べ物。「酒《さけ》を漿《しょう》とし肉《にく》を霍《かく》とす」と訓読する。

出典 『漢書《かんじょ》』鮑宣伝《ほうせんでん》

類義語 香美脆味《こうびぜいみ》・食前方丈《しょくぜんほうじょう》

対義語 一汁一菜《いちじゅういっさい》・糟糠不飽《そうこうふほう》・簞食瓢飲《たんしひょういん》

し

【畳牀架屋】 じょうしょうかおく

(意味) 無駄なこと、余計なことを重ね行うことのたとえ。また、人のまねばかりして、なんの新味もないことのたとえ。

(補説) 床の上に床を張り、屋根の下にさらに屋根を設ける意から。「畳」は重ねること。「牀」は床。「屋」は屋根。「牀《しょう》を畳《かさ》ね屋《おく》を架《か》す」と訓読する。

(注意) 「畳床架屋」とも書く。

(出典) 『顔氏家訓《がんしかくん》』序致《じょち》

(類義語) 屋下架屋《おくかかおく》・屋上架屋《おくじょうかおく》・牀上施牀《しょうじょうししょう》・頭上安頭《とうじょうあんとう》

【上昇気流】 じょうしょうきりゅう

(意味) 地表から上方に向かう大気の流れのこと。転じて、物事が順調に運ぶことのたとえ。

(補説) 「上昇」は位置や程度が上がること。「気流」は大気の流れ。上昇気流は、雲や雨を生む原因となる。

(用例) 特に、美濃《みの》近江《おうみ》の国境の連山は、地形の影響で、上昇気流を助長し、雪雲の生成を助長するのであろう。〈寺田寅彦◆伊吹山の句について〉

【清浄潔白】 しょうじょうけっぱく 〈―ナ〉

(意味) 心や行いが正しく清らかで、少しもやましいところがないさま。

(補説) 「清浄」は清くてけがれのないさま。「潔白」は心がよごれていなくて、後ろ暗いところのないさま。

(注意) 「せいじょうけっぱく」とも読む。

(用例) 二人の関係を清浄潔白と認めてから本家筋の古田朔一《ふるたさくいち》に相談し、〈内田魯庵◆くれの廿八日〉

(類義語) 清廉潔白《せいれんけっぱく》

【牀上施牀】 しょうじょうししょう

(意味) 無駄なこと、余計なことを重ね行うことのたとえ。また、人のまねばかりして、なんの新味もないことのたとえ。

(補説) 床の上に床を張る意から。「牀」は床。一般に「牀上《しょうじょう》に牀《しょう》を施《ほどこ》す」と訓読して用いる。

(注意) 「床上施床」とも書く。

(出典) 『顔氏家訓《がんしかくん》』序致《じょち》

(類義語) 屋下架屋《おくかかおく》・屋上架屋《おくじょうかおく》・畳牀架屋《じょうしょうかおく》・頭上安頭《とうじょうあんとう》

【情状酌量】 じょうじょうしゃくりょう 〈―スル〉

(意味) 裁判で、諸事情を考慮して、刑罰を軽くすること。

(補説) 裁判の用語だが、一般にも過失をとがめたり、懲罰を加えたりするときに、同情すべき点など諸事情を考慮することをいう。「情状」は実際の事情や状態。刑事裁判の手続きで訴追を行うかどうかや、量刑に影響を及ぼすべきすべての事情。「酌量」はくみはかる。事情をくみ取って、同情のある扱いをすること。

(用例) 情状酌量は、ただ作者自身の胸の中にしまっておくがよい、そして公正な批判を甘受するがよい。〈豊島与志雄◆月評をして〉

(類義語) 酌量減刑《しゃくりょうげんけい》

【生生世世】 しょうじょうせぜ

(意味) 生まれ変わり死に変わりして限りなく多くの世を経る意。現世も来世も永遠に。いつまでも。

(補説) 仏教語。「生生」は生まれ、死ぬことを永遠に繰り返すこと。「世世」は多くの世。

(注意) 「しょうじょうせせ」「しょうじょうよよ」とも読む。

(出典) 『南史《なんし》』王敬則伝《おうけいそくでん》

(用例) それがしが縄目を赦《ゆる》いてたまわった御恩は、生々世々忘却つかまつるまじい。〈芥川龍之介◆きりしとほろ上人伝〉

(類義語) 生生流転《せいせいるてん》・未来永劫《みらいえいごう》

【掌上明珠】 しょうじょうのめいしゅ

(意味) 非常に大事にされている人のたとえ。また、最も大切にしているもののたとえ。

(補説) のち、特に父母にかわいがられる娘を指すようになった。手のひらの上に載せた宝玉の意から。「掌」は手のひら。たなごころ。「明珠」は輝き光っている玉。

(出典) 傅玄《ふげん》「短歌行《たんかこう》」

(類義語) 掌上之珠《しょうじょうのたま》・掌中之珠《しょうちゅうのたま》

【瀟湘八景】 しょうしょうはっけい

(意味) 瀟水と湘江の合流するあたりの八つの景色のよい所。

(補説) 平沙落雁《へいさらくがん》・遠浦帰帆《えんぽきはん》・山市晴嵐《さんしせいらん》・江天暮雪《こうてんぼせつ》・洞庭秋月《どうていしゅうげつ》・瀟湘夜雨《しょうしょうやう》・煙寺晩鐘《えんじばんしょう》・漁村夕照《ぎょそんせきしょう》をいう。中国宋《そう》の宋迪《そうてき》が八枚の画に描いたので有名。「瀟湘」は湖南省の瀟水と湘江の合流するあたり。日本の近江《おうみ》八景・金沢八景はこれにならったもの。

用例 京の円光寺の長老がゆえあって近江蟄居《ちっきょ》の時、琵琶湖付近の景を瀟湘八景に擬して当時の人々から詩歌などを得た。それがいわゆる近江八景のはじまりだが、〈幸田露伴◆華厳滝〉

【蕭条無人】しょうじょうむにん

意味 だれもいなくて寂しいこと。

補説 「蕭条」はひっそりとして寂しいさま。「蕭条《しょうじょう》として人無《ひとな》し」と訓読する。

類義語 寂若無人《せきじゃくむじん》

【生生流転】しょうじょうるてん 〈—スル〉

⇒ 生生流転 せいせいるてん 371

【相如四壁】しょうじょしへき

意味 貧しい生活のたとえ。

補説 「相如」は中国漢代の人、司馬相如《しばしょうじょ》のこと。賦《ふ》に巧みで、のちに武帝に重用された。

故事 司馬相如は若いころ非常に生活に困り、家にはただ四方の壁しかなかったという故事から。

出典 『史記《しき》』司馬相如伝《しばしょうじょでん》

【情緒纏綿】じょうしょてんめん 〈—タル〉〈—ト〉

意味 情緒が深くて離れがたいさま。

補説 「情緒」は、おりにふれて起こる、さまざまな思い・感情・気分。「纏綿」は、心にまとわりついて離れないさま。

注意 「じょうちょてんめん」とも読む。

用例 丹次郎が久しく別れていたその情婦仇吉《あだきち》を深川のかくれ家にたずね、旧歓をかたり合う中、日はくれて雪がふり出し、帰ろうにも帰られなくなるという、情緒纏綿とした、その一章を思出す。〈永井荷風◆雪の日〉

【情恕理遣】じょうじょりけん

意味 人に接する態度が寛大で温和なこと。

補説 「恕」はゆるす、「遣」は逃がす。放つ。人が過ちを犯しても、人情や道理に照らし合わせて、寛大な態度でその人をゆるすという意味。もと中国晋《しん》の衛玠《えいかい》が喜怒の情を表に出さないことを述べた語。「情《じょう》もて恕《ゆる》し理《り》もて遣《や》る」と訓読する。

出典 『晋書《しんじょ》』衛玠伝《えいかいでん》

類義語 温厚篤実《おんこうとくじつ》

【生死流転】しょうじるてん

意味 生まれかわり死にかわりをくり返しながら、迷妄の世界を際限なくさまよい続けること。

補説 仏教では、衆生《しゅじょう》は生死をくり返して、六道（地獄・餓鬼・畜生・修羅・人間・天上の六界）を巡り続けると考えていた。

用例 三衣《さんえ》を纏《まと》い一鉢を捧《ささ》ぐる身の、世の盛衰に離れ得ず、生死流転の間に彷徨《さまよ》えるこそ口惜しき至りなれ。〈高山樗牛◆滝口入道〉

類義語 生死転変《しょうじてんぺん》・生生流転《せいせいるてん》・流転輪廻《るてんりんね》

【小人閑居】しょうじんかんきょ 〈—スル〉

意味 小人物はひまでいると、とかくよくないことをするものであること。

補説 「小人」は小人物。人徳のない人。「閑居」はひまでいること。一人でいること。「小人閑居して不善を為《な》す」の略。

注意 「小人間居」とも書く。

出典 『大学《だいがく》』◎「小人は閑居して不善を為すこと至らざる所無し」

用例 用が無いから、ソコデ小人閑居して不善を為す、男にも小人は多いが、女には男よりも更に一層小人が多い、碌《ろく》な事をしをらん。〈内田魯庵◆家庭の読書室〉

対義語 閑居養志《かんきょようし》

【焦唇乾舌】しょうしんかんぜつ

意味 唇や舌が乾くほどに辛苦すること。

補説 大いに言い争うことのたとえ。大いに焦るさまに用いられることもある。唇が焦げ舌が乾く意から。「唇《くちびる》を焦《こ》がし舌《した》を乾《かわ》かす」と訓読する。

出典 『史記《しき》』仲尼弟子伝《ちゅうじていしでん》

類義語 意匠惨澹《いしょうさんたん》・苦心惨憺《くしんさんたん》・唇焦口燥《しんしょうこうそう》・粒粒辛苦《りゅうりゅうしんく》

【小心謹慎】しょうしんきんしん

意味 言動などが非常に注意深く慎重で、かつ控えめなこと。

補説 「小心」は、ここでは注意深く、細かいところまでよく行き届く心のこと。「謹慎」は慎むということ。

し

出典『漢書《かんじょ》』霍光伝《かくこうでん》

【焦心苦慮】 しょうしんくりょ 〈—スル〉

意味 心を痛めて、あれこれ思いをめぐらし悩むこと。

補説 「焦心」は心をいら立たせること。「苦慮」は心を悩まし考えること。

用例 ふっとした行きちがいから、何年にも続いて、自分の魂を打ち込んで焦心苦慮したことがまるで水の泡になってしまったことを慨《なげ》いても歎《なげ》いても足りないで私はひとり胸の中で天道を怨《うら》みかこつ心になっていた。〈近松秋江◆霜凍る宵〉

類義語 艱難辛苦《かんなんしんく》

対義語 虚心坦懐《きょしんたんかい》

【精進潔斎】 しょうじんけっさい 〈—スル〉

意味 肉食をせず飲食を慎み、行いを慎むことで、心身を清浄な状態におくこと。

補説 「精進」は酒や魚肉の類を口にせず、心を清めて信仰に励むこと。「潔斎」は神仏に仕えるために、飲酒や性行為などを避け心身を清らかに保つこと。ものいみ。

用例 塩断ちをなさる方があり、五穀をお断ちになる方があり、精進潔斎もいろいろです。〈島崎藤村◆夜明け前〉

類義語 斎戒沐浴《さいかいもくよく》

【正真正銘】 しょうしんしょうめい

意味 まったくうそ偽りがないこと。偽りのない本物であること。

補説 うそ偽りのないことを強調する語。「正真」は真実であること。本物であること。「正銘」は由緒正しい銘がある意。本物であること。類義の語を重ねて意味を強調している。「真正真銘《しんしょうしんめい》」ともいう。

用例 自分のは、五匁《もんめ》三銭の安物かも知れないが、兎《と》に角《かく》正真正銘の煙草《たばこ》である。〈石川啄木◆雲は天才である〉

【小人之勇】 しょうじんのゆう

意味 血気にはやるだけで、無分別であさはかな勇気。軽はずみな勇気。

補説 「小人」はつまらない人間。小人物。徳や教養のない人。「勇」は勇気。

出典『荀子《じゅんし》』栄辱《えいじょく》

類義語 匹夫之勇《ひっぷのゆう》

【精進勇猛】 しょうじんゆうもう

⇒ 勇猛精進 ゆうもうしょうじん 643

【小心翼翼】 しょうしんよくよく 〈—タル〉〈—ト〉

意味 気が小さく、びくびくしているさま。

補説 本来は、慎み深くうやうやしいさまをいう語。「小心」は注意深くする、慎み深いこと。また、気が小さいこと。「翼翼」は慎み深いさま、うやうやしいさま。「翼翼小心《よくよくしょうしん》」「細心翼翼《さいしんよくよく》」ともいう。

出典『詩経《しきょう》』大雅《たいが》・大明《たいめい》

用例 小心翼々といったようなその瞬間までの自分の歩きぶりがひどく滑稽《こっけい》に思えた。〈梶井基次郎◆路上〉

対義語 豪放磊落《ごうほうらいらく》・従容自若《しょうようじじゃく》・大胆不敵《だいたんふてき》・磊磊落落《らいらいらくらく》

【剰水残山】 じょうすいざんざん

⇒ 残山剰水 ざんざんじょうすい 261

【小水之魚】 しょうすいのうお

意味 小さな水たまりの中の魚。生命が限界づけられていることのたとえ。

補説 「小水」は少しの水。本来の表記は「少水」。『出曜経《しゅつようぎょう》』無常品《むじょうぼん》や『法句経《ほっくきょう》』無常品に見える偈《げ》に基づく。「是《こ》の日已《すで》に過ぐれば命は則《すなわ》ち随《したが》いて減す少水の魚の如《ごと》し斯《これ》に何の楽しみか有らん」

類義語 涸轍鮒魚《こてつのふぎょ》・釜底游魚《ふていのゆうぎょ》・風前之灯《ふうぜんのともしび》・轍鮒之急《てっぷのきゅう》

【少数精鋭】 しょうすうせいえい

意味 少ない人数ではあるが、選び抜かれた特に優れた兵士や軍隊など。また、そのような人材のこと。

補説 「少数」は数が少ないこと。「精鋭」は気力や能力を備えた優れた人材。

対義語 多士済済《たしせいせい》

【匠石運斤】 しょうせきうんきん

意味 技術が比類のないほどにすぐれていて、精緻《せいち》なことのたとえ。

補説 「匠石」は石《せき》という名の工人で、大工の名人。「匠」は大工、職人。「運斤」は斧《おの》をあやつること。「斤」は斧、まさかり。斧を使って、木などを切断すること。「運」はめぐらす意。「匠石《しょうせき》斤《おの》を運《めぐ》らす」と訓読する。

（故事）中国春秋時代、楚《そ》の国の都である郢《えい》の人がしっくい（白い土）を鼻の先に薄く塗って、匠の石にそれを斧で削り取らせた。石は斧を振り上げてうなるほど振りまわしたところ、その鼻を傷つけることなく、しっくいをきれいに削り落とすことができたという故事から。
（出典）『荘子《そうじ》』除無鬼《じょむき》
類義語 運斤成風《うんきんせいふう》・神工鬼斧《しんこうきふ》

【支葉碩茂】しようせきも

（意味）本家も分家もともに栄えること。

（補説）一族すべてが繁栄することをいう。枝も葉も大いに茂る意から。「支葉」は枝葉。一族や子孫のたとえ。「碩」は大きい意。

（注意）「枝葉碩茂」とも書く。

（出典）『漢書《かんじょ》』叙伝《じょでん》
類義語 枝葉扶疏《しようふそ》

【饒舌多弁】じょうぜつたべん 〈―ナ〉

（意味）口数がたいへん多いさま。おしゃべり。口が達者なこと。

（補説）「饒舌」はよくしゃべるさま。「多弁」も口数が多いこと。おしゃべりの意。類義の語を重ねて意味を強めている。

対義語 沈黙寡言《ちんもくかげん》

【承前啓後】しょうぜんけいご

（意味）過去を受け継いで、未来を導き開くこと。

（補説）特に学問や事業などにおいていう。「前《まえ》を承《う》け後《あと》を啓《ひら》く」と訓読する。

類義語 承上起下《しょうじょうきか》・承先啓後《しょうせんけいご》

【彰善癉悪】しょうぜんたんあく

（意味）善なるものをほめ、悪いものを懲らしめること。
（補説）「彰」はあらわす。明らかにする。「癉」は苦しめる、懲らす意。「善《ぜん》を彰《あら》わし悪《あく》を癉《や》ましむ」と訓読する。
（出典）『書経《しょきょう》』畢命《ひつめい》
類義語 勧善懲悪《かんぜんちょうあく》

【少壮気鋭】しょうそうきえい

（意味）年が若く意気盛んで、将来が期待されること。また、その人。
（補説）「少壮」は年若く意気盛んな年ごろ。「気鋭」は意気込みの鋭いこと。
（用例）松竹は芸術座を買込み約束が成立すると、その魁《さきがけ》に明治座へ須磨子《すまこ》を招き、少壮気鋭の旧派の猿之助《えんのすけ》や寿美蔵《すみぞう》や延若《えんじゃく》たちと一座をさせ、かってとかく物議の種になった脚本をならべて開場した。〈長谷川時雨◆松井須磨子〉
類義語 少壮有為《しょうそうゆうい》・新進気鋭《しんしんきえい》・前途有為《ぜんとゆうい》

【少壮有為】しょうそうゆうい 〈―ナ〉

（意味）若く意気にあふれ、有能であること。
（補説）「少壮」は若くて意気が盛んなこと。「有為」は才能があって役に立つこと。
（用例）来たるべき時代のためにそれらの少壮有為な藩士らがせっせと支度を始めていることを知っただけでも、彼にはこの小さな旅の意味があった。〈島崎藤村◆夜明け前〉
類義語 少壮気鋭《しょうそうきえい》・新進気鋭《しんしんきえい》

【消息盈虚】しょうそくえいきょ

（意味）時の移り変わりのこと。また、生死や盛衰の変化のこと。

（補説）「消息」は、ここでは消えることと生ずること。また、栄えることと衰えること。「盈虚」は満ちることと欠けること。また、栄えることと衰えること。

（出典）『易経《えききょう》』剝《はく》

【躡足附耳】じょうそくふじ

（意味）人を諭すときは、相手や場所に配慮する必要があるということ。

（補説）人にさとられないように、こっそり足を踏んで知らせ、耳元でそっと話すことから。「躡足」は足を踏むこと。「附耳」は口を耳に近づけてそっと話すこと。「足《あし》を躡《ふ》み耳《みみ》に附《つ》く」と訓読する。

（出典）『史記《しき》』淮陰侯伝《わいいんこうでん》◎「張良《ちょうりょう》・陳平《ちんぺい》、漢王の足を躡み、因《よ》りて耳に附き語りて曰《いわ》く、漢、方《まさ》に利あらず」

【掌中之珠】しょうちゅうのたま

（意味）自分の最も大切なもののたとえ。最愛の子や妻のたとえ。

（補説）特に父母にかわいがられる娘のたとえとして用いられることが多い。「掌中」は手の中にある大切な玉の意から。「掌中」は手のひらの中。

（出典）傅玄《ふげん》「短歌行《たんかこう》」

し

類義語 掌上明珠《しょうじょうのめいしゅ》

【小懲大誡】しょうちょうたいかい

意味 軽い刑罰を加えて、懲らしめて大いに恐れさせ、戒めること。

補説 『易経《えききょう》』において、小人《しょうじん》は、自分の利益がなければ仁を行おうとしないため、軽い刑罰をもって脅かし、罪を犯さないようにさせることが、かえって小人には幸福なのだと述べている。「小懲」はささいな罰で懲らしめること。「大誡」は大いに戒めること。「誡」は「戒」に同じ。「小《すこ》しく懲《こ》らして大《おお》いに誡《いまし》む」と訓読する。

出典 『易経《えききょう》』繋辞《けいじ》下 ◎「小人は不仁を恥じず、不義を畏《おそ》れず、利を見ざれば勧まず、威《おど》さざれば懲りず。小しく懲らして大いに誡むるは、此《こ》れ小人の福なり」

【祥月命日】しょうつきめいにち

意味 仏教で、一周忌以後の、故人が亡くなった月日と同じ月日。

補説 「祥月」は一周忌以後の、故人が亡くなった月と同じ月。「命日」は故人の亡くなった日と同じ日。

用例 母の祥月命日、涙なしには母の事は考えられない。〈種田山頭火◆其中日記〉

【傷天害理】しょうてんがいり

意味 天の道理（本来的な道徳）に背くこと。

補説 「傷」「害」はともに損ない破ること。「理」は道理。「天《てん》を傷《そこな》い理《り》を害《がい》す」と訓読する。

出典 『聊斎志異《りょうさいしい》』呂無病《りょむへい》

【常套手段】じょうとうしゅだん

意味 同じような場合に、いつも決まってとられる手段。また、ありふれた方法や手段。

補説 「常套」は古くからの習慣。ありふれたやり方。

用例 同じことを、二度いわせるのが、僕らが尋問の常套手段なのです。〈菊池寛◆島原心中〉

類義語 慣用手段《かんようしゅだん》

【升堂入室】しょうどうにゅうしつ

意味 学問・技能にすぐれて、その奥義をきわめていることのたとえ。

補説 師から高く評価されている弟子のたとえ。表座敷に上がってから次に奥の間に入る意から。「堂」は表座敷。技芸が一定のレベルに達しているたとえ。「室」は奥の間。奥義を極めるたとえ。「堂《どう》に升《のぼ》り室《しつ》に入《い》る」と訓読する。「入室升堂《にゅうしつしょうどう》」ともいう。

出典 『論語《ろんご》』先進《せんしん》 ◎「由《ゆう》や堂に升《のぼ》れり、未《いま》だ室に入らざるなり」（由〔子路〕は表座敷まで上ることができたが、まだ奥の間までは入り得ていない）

【焦頭爛額】しょうとうらんがく

意味 根本を忘れ、瑣末《さまつ》なものを重視するたとえ。また、処理に手こずりせっぱつまって苦労することのたとえ。

補説 火災を未然に予防する方法を教えた者は賞されず、火事が起きて、火災を消すために頭の毛を焦がし、額にやけどをおった者が賞される意から。「焦頭爛額は上客《じょうかく》と為《な》る」の略。「焦」は、こがす。「爛額」は額が焼けただれること。「頭《あたま》を焦《こ》がし額《ひたい》を爛《ただ》らす」と訓読する。（→「曲突徙薪《きょくとつししん》」163）

注意 「燋頭爛額」とも書く。

出典 『漢書《かんじょ》』霍光伝《かくこうでん》

【焦熱地獄】しょうねつじごく

意味 現世で悪事をはたらいた亡者が、炎熱の責め苦を受ける地獄。また、そのような苦しみに遭うことのたとえ。

補説 仏教でいう八大地獄の一つ。「炎熱地獄《えんねつじごく》」とも。（→「八大地獄《はちだいじごく》」530）

用例 青年時代の僕は、それの焦熱地獄のベットの上で、終日反転悶々して苦しんだが、今ではもうそんな恐ろしい地獄もない。〈萩原朔太郎◆老年と人生〉

【商売繁盛】しょうばいはんじょう

意味 商売がうまくいって、にぎわいさかえること。

注意 「商売繁昌」とも書く。

用例 実はこれを見破ぶるほどの食通もいないので、商売繁昌、客にも判《わか》る人はきわめて少ない。〈北大路魯山人◆握り寿司の名人〉

類義語 千客万来《せんきゃくばんらい》・門前成市《もんぜんせいし》

【松柏之質】しょうはくのしつ

意味 体の強いことのたとえ。また、節操や意志のきわめて固い気質のたとえ。

補説「松柏」は松とコノテガシワ。常緑樹で冬にも葉が落ちず、葉を茂らせることから、体力や意志の強いことにたとえられる。
注意「松栢之質」とも書く。
出典『世説新語《せせつしんご》』言語《げんご》
対義語 蒲柳之質《ほりゅうのしつ》・蒲柳之身《ほりゅうのしん》

【松柏之寿】 しょうはくのじゅ

意味 長生き。長寿を祝う語。
補説「松柏」は松とコノテガシワ。常緑樹で寿命が長いことから、長寿の象徴。また、節操を守って変わらないことのたとえ。「寿」は寿命の意。
出典 白居易《はくきょい》「陶潜《とうせん》の体《たい》に効《なら》うの詩《し》」

【松柏之操】 しょうはくのみさお

意味 困難な状況下でも節操を変えない意志の強さのたとえ。
補説「松柏」は松とコノテガシワ。ともに常緑樹で、一年中変わらず緑の葉をたたえていることから、節操を守って変わらないことのたとえ。
出典『南史《なんし》』楽預伝《がくよでん》
類義語 歳寒松柏《さいかんしょうはく》・志操堅固《しそうけんご》・疾風勁草《しっぷうけいそう》・松柏之志《しょうはくのこころざし》・雪中松柏《せっちゅうのしょうはく》

【賞罰之柄】 しょうばつのへい

意味 ほめることと罰することを行う権力のこと。
補説「柄」は権柄。他を支配する力、権勢の意。

【笑比河清】 しょうひかせい

出典『呂氏春秋《りょししゅんじゅう》』義賞《ぎしょう》

意味 性質が非常に厳格で、ほとんど笑顔を見せないこと。
補説 いつも濁っている黄河の水が澄むのと同じほど、笑顔を期待できない意から。「河清」は黄色く濁った黄河の水が澄むこと。一般に「笑《わら》いを河清《かせい》に比《ひ》す」と訓読して用いる。
出典『宋史《そうし》』包拯伝《ほうじょうでん》

【攘臂疾言】 じょうひしつげん 〈—スル〉

意味 腕まくりをして、早口にしゃべり立てること。非常に得意なさま。
補説「攘臂」は腕まくりをすること。袖《そで》をたくし上げて、腕を出すこと。「疾言」は早口にしゃべること。
出典『呂氏春秋《りょししゅんじゅう》』驕恣《きょうし》

【焦眉之急】 しょうびのきゅう

意味 非常にさし迫った危険や急務。急を要する事態。
補説「焦眉」は眉《まゆ》を焦がす意。それほど、火が近づいていること。
注意「焼眉之急」とも書く。
出典『五灯会元《ごとうえげん》』一六／蔣山法泉禅師《しょうざんほうせんぜんじ》 ◎「火《ひ》眉毛《びもう》を焼く」
用例 その年は血の出るような三度目の山売りを断行して、辛《から》くも焦眉の急の借財を返した当座では無かったか。〈若山牧水◆古い村〉
類義語 燃眉之急《ねんびのきゅう》

【常備不懈】 じょうびふかい

意味 いつも万一に備えて気をゆるめず、準備を整えておくこと。
補説「懈」はなまける、気をゆるめること。「常《つね》に備《そな》えて懈《おこた》らず」と訓読する。
類義語 有備無患《ゆうびむかん》

【照猫画虎】 しょうびょうがこ

意味 本質を理解せず、形式だけ模倣することのたとえ。
補説 猫の外見が虎に似ているために、猫を参考にして虎を描く意から。「猫《ねこ》に照《て》らして虎《とら》を画《えが》く」と訓読する。
類義語 画虎類狗《がこるいく》

【松風水月】 しょうふうすいげつ

意味 人柄のすがすがしく高潔なことのたとえ。
補説 松を渡る風のようにすがすがしく、月の光のように澄み渡って明るい意から。「水月」は人の品格の清らかで美しいたとえ。
出典 唐太宗《とうたいそう》「大唐三蔵聖教序《だいとうさんぞうしょうぎょうじょ》」

【蕉風俳諧】 しょうふうはいかい

意味 江戸前期の俳人松尾芭蕉《まつおばしょう》とその門人たちによって確立された俳風の俳諧。
補説 幽玄・閑寂を重んじ、さび・しおり・細み・軽みなどを尊ぶ。「俳諧」は「俳諧の連歌」の略で、室町時代に始まった日本独自の短詩形文芸形式の一つ。もとは滑稽《こっけい》を本質とする。
注意「正風俳諧」とも書く。

し

【傷風敗俗】しょうふう はいぞく

意味 よい風俗を乱して、社会を害すること。

補説 「傷」は傷つけ損なう。「敗」はやぶり損なう。「風」「俗」は風俗・風紀の意。「風《ふう》を傷《やぶ》り俗《ぞく》を敗《やぶ》る」と訓読する。

出典 『魏書《ぎしょ》』游明根伝《ゆうめいこんでん》

類義語 傷化敗俗《しょうかはいぞく》・敗俗傷化《はいぞくしょうか》・風紀紊乱《ふうきびんらん》・風俗壊乱《ふうぞくかいらん》

対義語 移風易俗《いふうえきぞく》

【嘯風弄月】しょうふう ろうげつ

意味 自然の風景に親しみ、詩歌・風流を愛して楽しむこと。

補説 風に吹かれて詩歌を口ずさみ、月を眺めること。「嘯」はうそぶく。口をすぼめて声を長く引いて歌うこと。「弄月」は月を眺め賞すること。「風《かぜ》に嘯《うそぶ》き月《つき》を弄《もてあそ》ぶ」と訓読する。

類義語 吟風弄月《ぎんぷうろうげつ》・嘲風弄月《ちょうふうろうげつ》

【乗桴浮海】じょうふ ふかい

意味 現世を嘆いて逃避すること。

補説 世が乱れているときにはきっぱりと隠退することのたとえ。いかだに乗って海に逃げる意から。「乗桴」はいかだを操縦すること。「浮海」は船などに乗って陸を離れること。「桴《いかだ》に乗《の》りて海《うみ》に浮《う》かぶ」と訓読する。

故事 ある日、孔子が「私の理想とする道徳は、この世の中に行われそうもない。いっそこの中国を見捨てていかだに乗って、東の海に乗り出したいと思う」と言った故事から。

出典 『論語《ろんご》』公冶長《こうやちょう》

【昭穆倫序】しょうぼく りんじょ

意味 祖先の宗廟《そうびょう》の序列には一定のきまりがあること。

補説 「昭穆」は古代中国で、祖先の宗廟の順序。中央は太祖で東面に配置し、二世・四世・六世を昭といって左（北側）に連ね、三世・五世・七世を穆といって右（南側）に連ねて祭った。廟の中での順序は変わっても、昭と穆が入れ替わることはないのでいう。「倫序」は順序。

【枝葉末節】しよう まっせつ

意味 主要でない部分。ささいな部分。本質からはずれた瑣末《さまつ》なこと。

補説 「枝葉」は枝と葉で、幹が主要なもののたとえであるのに対して、主要でない部分のたとえ。「末節」は木の末のほうの節《ふし》の意で、主要でない瑣末な部分のたとえ。

用例 これはむしろ、書かれる言葉としての枝葉末節で、根本は話し言葉の機能、つまり、働きを強めるということ、それには、なんとしてもまず、第一に、余計なものを取除くことが必要だ。〈岸田國士◆菜の花は赤い〉

類義語 枝葉末端《しようまったん》

【常命六十】じょうみょう ろくじゅう

意味 人の寿命は、だいたい六十歳くらいであるということ。

補説 「常命」は平均的な寿命。

出典 『俚言集覧《りげんしゅうらん》』

【上命下達】じょうめい かたつ

⇒上意下達 じょういかたつ 320

【鐘鳴鼎食】しょうめい ていしょく

意味 富貴の人のぜいたくな生活のこと。

補説 「鐘鳴」は富貴の人の食事を知らせる合図に鐘を鳴らすこと。また、大きな家で食事に人々を集めるのに鐘を鳴らすこと。楽器を鳴らすと解する説もある。「鼎食」は食物を盛った鼎《かなえ》を並べて食べること。「鼎」は三本足の器。

出典 王勃《おうぼつ》「滕王閣序《とうおうかくのじょ》」

類義語 撃鐘陳鼎《げきしょうちんてい》・鐘鼎玉帛《しょうていぎょくはく》・鐘鳴鼎列《しょうめいていれつ》

【生滅遷流】しょうめつ せんる 〈―スル〉

意味 この世に生きとし生けるものの生き死にが、川の流れのように、絶え間なく繰り返されていること。

補説 「生滅」は生まれることと死ぬこと。「遷流」は仏教語で、移り変わってとどまっていない意。

注意 「せいめつせんりゅう」とも読む。

用例 世間一切の法はその通り絶えず生滅遷流して、刹那《せつな》も住《じゅう》すと申す事はない。〈芥川龍之介◆邪宗門〉

類義語 生滅去来《しょうめつこらい》

【生滅滅已】しょうめつ めつい

意味 生死の世界を超越して、涅槃《ねはん》（煩悩から解放された安らぎの境地）に入ること。

補説 仏教語。生まれることと死ぬことがまったくなくなることで、移り変わりがなくなることをいう。「生滅」は生まれることと死ぬこと。「滅已」はなくなること。「已」は終わる意。（→「諸行無常《しょぎょうむじょう》」335）
出典 『涅槃経《ねはんぎょう》』
類義語 寂滅為楽《じゃくめついらく》

【笑面夜叉】しょうめん やしゃ

意味 顔は笑っているが、心の底に一物《いちもつ》あったり、内心は陰険であったりすること。
補説 表面は穏やかだが、裏表のある人のたとえ。「笑面」は笑い顔。「夜叉」は人を害する悪い鬼神。「笑面虎《しょうめんこ》」ともいう。
出典 『説郛《せっぷ》』四に引く『老学庵続筆記《ろうがくあんぞくひっき》』
類義語 笑面老虎《しょうめんろうこ》・笑裏蔵刀《しょうりぞうとう》
対義語 千金笑面《せんきんしょうめん》

【将門有将】しょうもん ゆうしょう

意味 名門からはすぐれた人材が出ること。
補説 将軍の家柄からは将軍が出るということから。「将門」は代々将軍が出る家柄。一般に「将門《しょうもん》、将《しょう》有《あ》り」と訓読して用いる。
出典 『史記《しき》』孟嘗君伝《もうしょうくんでん》
類義語 相門有相《しょうもんゆうしょう》

【招揺過市】しょうよう かし

意味 町中をわざと目立つようにぶらぶら歩くこと。
補説 自分の財力などをひけらかしながら人目をひいて、人の集まる場所をさまようこと。「招揺」はぶらぶら歩くこと。転じて、偉ぶること、人目をひくこと。「過市」は人の多く集まる市場などを通り過ぎること。「招揺《しょうよう》して市《いち》を過《す》ぐ」と訓読する。
出典 『史記《しき》』孔子世家《こうしせいか》

【逍遥自在】しょうよう じざい

意味 俗事を離れて、束縛されることなく、気ままに楽しむこと。
補説 「逍遥」は気ままにぶらぶら歩く、気ままに楽しむ。「自在」は束縛されることなく、思いのままであること。
類義語 採薪汲水《さいしんきゅうすい》・悠悠自適《ゆうゆうじてき》・悠悠自得《ゆうゆうじとく》

【従容自若】しょうよう じじゃく

意味 もの静かで、ゆったりと落ち着きはらっているさま。
補説 「従容」はゆったりと落ち着いているさま。「自若」は物に動じないさま。
注意 「縦容自若」とも書く。
用例 広場に着き、最後の祈がすむと、ギヨティーヌの上に導かれた。その足どりも甚だ確かなもので従容自若としていたとはいわれる。〈野上豊一郎◆パリの地下牢〉
類義語 従容不迫《しょうようふはく》・泰然自若《たいぜんじじゃく》
対義語 小心翼翼《しょうしんよくよく》・戦戦兢兢《せんせんきょうきょう》

【従容就義】しょうよう しゅうぎ

意味 ゆったりと落ち着いて、少しも恐れず正義のために命を投げ出すこと。
補説 「従容」はゆったりと落ち着いているさま。「就義」は正義のために死ぬこと。身を投げ出しても正義に従うこと。一般に「従容《しょうよう》として義《ぎ》に就《つ》く」と訓読して用いる。
注意 「縦容就義」とも書く。
出典 『読通鑑論《どくつがんろん》』宋《そう》文帝《ぶんてい》
類義語 従容赴死《しょうようふし》

【従容中道】しょうよう ちゅうどう

意味 あるがままの自然な振る舞いが道に合致すること。
補説 『中庸《ちゅうよう》』では、自然な行動が天の道にぴったりと合うのが聖人の姿であり、聖人の道であるとした。「従容」はゆったりと落ち着いているさま。「中道」は道にぴったり当たるということ。「従容《しょうよう》として道《みち》に中《あ》たる」と訓読する。
注意 「縦容中道」とも書く。
出典 『中庸《ちゅうよう》』二〇

【従容不迫】しょうよう ふはく

意味 慌てず、ゆったりと落ち着いているさま。
補説 「従容」はゆったりと落ち着いているさま。「迫」は急ぐ、慌てること。一般に「従容《しょうよう》として迫《せま》らず」と訓読して用いる。
注意 「縦容不迫」とも書く。
類義語 従容自若《しょうようじじゃく》・悠揚不迫《ゆうようふはく》

【逍遥法外】しょうよう ほうがい

意味 法を犯している者がその制裁を受けることもなく、自由に生活していること。
補説 法律の外側を自由に闊歩《かっぽ》する意か

ら。「逍遥」は気ままにぶらぶら歩く。自由に闊歩する。「法外」は法律の外の意。「法外《ほうがい》に逍遥《しょうよう》す」と訓読する。

【従容無為】しょうようむい

意味 何ものにもわずらわされず心がゆったりしていて、何もかまえることがないこと。

補説 ゆったりとして、何もかまえることがないのに、万物が自然に治まっているという政治論。「従容」はゆったりと落ち着いているさま。「無為」は何もしないこと。

注意 「縦容無為」とも書く。

出典 『荘子《そうじ》』在宥《ざいゆう》

類義語 泰然自若《たいぜんじじゃく》

【少欲知足】しょうよくちそく

意味 多くの物を欲しがらず、少しの物で満足すること。

補説 仏教語。物欲や地位・名誉などに幅広く用いる。「少欲」はまだ手に入れていない物について、多くを求めないこと。「知足」は足るを知る意で、すでに手に入れた物について、少しだけで満足すること。

出典 『大涅槃経《だいねはんぎょう》』

類義語 無欲恬淡《むよくてんたん》

【乗輿車駕】じょうよしゃが

意味 天子の乗る車。皇帝用の器物。転じて、天子のことをいう。

補説 「乗輿」「車駕」はともに天子の乗る車のこと。

出典 『独断《どくだん》』上

【乗輿播越】じょうよはえつ

意味 天子が都を落ちのびて、遠い国をさすらうこと。

補説 「乗輿」は天子が乗る車。転じて、天子のこと。「播越」は移り逃れる、居所を失い他国をさすらうこと。

出典 『周書《しゅうじょ》』裴寛伝《はいかんでん》

【常楽我浄】じょうらくがじょう

意味 この世の四つの特性である、恒常、安楽、実体、清浄のこと。

補説 初期の仏教では、この世は「無常」「苦」「無我（実体がない）」「不浄」であり、それを覚《さと》らず、この世を「常」「楽」「我（実体が存在する）」「浄」と思いなすことを「四顛倒《してんどう》」（四種の誤解）の一つと断じた。しかし、大乗仏教がおこり『涅槃経《ねはんぎょう》』が登場すると「常」「楽」「我」「浄」は「涅槃」の「四徳《しとく》」（四種のすぐれた特性）として肯定的に説かれるようになった。一般には、後者の意味で用いられることが多い。

出典 『涅槃経《ねはんぎょう》』

用例 筏《いかだ》を漕ぐ、浪《なみ》の音が聞こえる……あれは聖衆《しょうじゅ》の乗らるる迎えの舟だ。五濁深重《ごじょくしんじゅう》の此岸《しがん》を捨てて常楽我浄の彼岸へ渡りの舟。櫂《かい》を操る十六大士のお姿も、追々はっきり見えて来た。〈岡本かの子◆或る秋の紫式部〉

【笑裏蔵刀】しょうりぞうとう

意味 表向きは柔和でありながら、心の底は陰険そのものであったりすること。

補説 表向きの笑いの中に刀を隠しもっている意から。「笑裏」は笑いの内側。「蔵」は収める。かくす。「笑裏《しょうり》に刀《とう》を蔵《ぞう》す」と訓読する。

類義語 笑中之刀《しょうちゅうのとう》・笑面夜叉《しょうめんやしゃ》・笑面老虎《しょうめんろうこ》

対義語 千金笑面《せんきんしょうめん》

【小利大損】しょうりだいそん

意味 わずかの利益のためにあくせくして、かえって大きな損をしてしまうこと。

補説 わずかな利益を得ようとして、より大きな利益を逃してしまう場合にもいう。

注意 「しょうりたいそん」とも読む。

類義語 小利大害《しょうりたいがい》

【常鱗凡介】じょうりんぼんかい

意味 ごく平凡な人のたとえ。

補説 ふつうの魚やありふれた貝類の意。「鱗」はうろこで、魚の意。「介」は貝。

出典 韓愈《かんゆ》「科目《かもく》に応《おう》ずる時《とき》人《ひと》に与《あた》うるの書《しょ》」

【上漏下湿】じょうろうかしゅう

意味 あばら屋の形容。貧しい家の形容。

補説 天井からは雨が漏り、床は湿気でじめじめしている意から。「上《かみ》は漏《も》れ下《しも》は湿《しめ》る」と訓読する。

注意 「じょうろうかしつ」とも読む。

出典 『荘子《そうじ》』譲王《じょうおう》

類義語 上漏旁風《じょうろうぼうふう》

【生老病死】しょうろうびょうし

意味 人生で免れることのできない四つの苦悩のこと。

補説 仏教語。生まれること、老いること、病むこと、死ぬことの四つの苦。四苦ともいい、また、四天使ともいわれる。

用例 生老病死は無常なる人生における現実である。かかる無常の体験が釈迦《しゃか》の出世間の動機であった。〈三木清◆親鸞〉

類義語 四苦八苦《しくはっく》

【蕉鹿之夢】しょうろくのゆめ

意味 人生の損得は夢のようにはかないものだということ。また、あきらめのよいたとえ。

補説 「蕉」は芭蕉《ばしょう》の葉。

故事 古代中国鄭《てい》の人が、鹿を捕らえ、芭蕉の葉で覆って隠しておいたが、その場所を忘れてしまったので、鹿を獲たのは夢だったとしてあきらめたという故事から。

出典 『列子《れっし》』周穆王《しゅうぼくおう》

類義語 胡蝶之夢《こちょうのゆめ》

【書画骨董】しょがこっとう

意味 書と絵画と骨董品。

補説 「書画」は書道作品と絵画。「骨董」は値打ちのある古道具や古美術品。

用例 亭主が云《い》うには手前は書画骨董がすきで、とうとうこんな商買を内々で始める様になりました。あなたも御見受《おみうけ》申すところ大分御風流でいらっしゃるらしい。〈夏目漱石◆坊っちゃん〉

【杵臼之交】しょきゅうのまじわり

意味 身分の貴賤《きせん》にこだわらない交際。主従の関係を越えた交際。

補説 「杵臼」は、きねとうす。

注意 「しょきゅうのこう」とも読む。

故事 中国後漢の公沙穆《こうさぼく》は、学資がなく呉祐《ごゆう》の家に雇われて米つきをしていたが、呉祐が公沙穆と語って、その才に大いに驚き、以後、主従を越えた親交を結んだという故事から。

出典 『後漢書《ごかんじょ》』呉祐伝《ごゆうでん》

【諸行無常】しょぎょうむじょう

意味 この世のすべては常に変化し、何ひとつとして恒常・不滅なものは無いということ。

補説 仏教語。『涅槃経《ねはんぎょう》』巻一四聖行品《しょうぎょうぼん》に「諸行無常《しょぎょうむじょう》 是生滅法《ぜしょうめっぽう》 生滅滅已《しょうめつめつい》 寂滅為楽《じゃくめついらく》（諸行無常なるは是《そ》れ生滅の法 生滅滅し已《おわ》り 寂滅《じゃくめつ》楽と為《な》る）」という偈《げ》（詩句）が見える。この偈は、後半の二句を知るために雪山童子《せっせんどうじ》が身を捨てたという故事から「雪山偈《せっせんげ》」とよばれ、「いろは」歌は、弘法大師がこの偈の内容を日本語の歌にしたものと伝えられている。また「諸行無常」の句は、『平家物語』冒頭の「祇園精舎《ぎおんしょうじゃ》の鐘《かね》の声、諸行無常の響あり…」でも名高い。

用例 もとより諸行無常は現実である。そしてそれは仏教の出発点である。〈三木清◆親鸞〉

類義語 有為転変《ういてんぺん》・有為無常《ういむじょう》・是生滅法《ぜしょうめっぽう》・朝盈夕虚《ちょうえいせききょ》・朝有紅顔《ちょうゆうこうがん》・万物《ばんぶつ》流転《るてん》

【食牛之気】しょくぎゅうのき

⇒ 呑牛之気 どんぎゅうのき 502

【蜀犬吠日】しょくけんはいじつ

⇒ 蜀犬吠日 しょっけんはいじつ 337

【食前方丈】しょくぜんほうじょう

意味 きわめてぜいたくな食事のこと。

補説 ごちそうが自分の前に、一丈四方もいっぱいに並べられる意から。「食前」は食事の席の前。「方丈」は一丈四方。「丈」は長さの単位。一丈は中国の春秋戦国時代では約二・二五メートル。

出典 『孟子《もうし》』尽心《じんしん》下

用例 むかしの侯伯には、食前方丈侍妾《じしょう》数百人をはぶきて、文教の助けとある浩瀚《こうかん》の書を印行せしもありき、今の世にはありがたかり。〈大槻文彦◆ことばのうみのおくがき〉

類義語 香美脆味《こうびぜいみ》・三汁七菜《さんじゅうしちさい》・漿酒霍肉《しょうしゅかくにく》・炊金饌玉《すいきんせんぎょく》・太牢滋味《たいろうのじみ》

対義語 一汁一菜《いちじゅういっさい》

【食肉寝皮】しょくにくしんぴ

意味 相手の肉を裂き、皮を剝《は》いでやりたいくらいに憎らしいことのたとえ。

補説 禽獣《きんじゅう》の肉を食らい、その皮を敷物にする意から。「肉《にく》を食《く》らい皮《かわ》に寝《い》ぬ」と訓読する。

出典 『春秋左氏伝《しゅんじゅうさしでん》』襄公《じょうこう》二一年

【食肉之禄】しょくにくのろく

意味 肉を食べられるだけの、多くの俸給を受けること。また、その人。

補説 昔、中国では高位高官の者（特に朝廷の官吏）を指した。「禄」は俸給・給料のこと。

出典 『春秋左氏伝《しゅんじゅうさしでん》』昭公《しょうこう》四年

【食馬解囲】しょくばかいい

意味 恩義を受けたことのある人が、恩人が危機に陥ったときに助けに行くこと。

補説 「馬《うま》を食《く》らいて囲《かこ》みを解《と》く」と訓読する。

故事 中国秦《しん》の穆公《ぼくこう》は、逃げた自分の愛馬を野人が食べようとするのを見つけた。しかし、彼らの気持ちを察して、肉どころか酒も出してやった。やがて、穆公は戦争で窮地に追い込まれたが、酒肉を振る舞ってもらった野人たち三百人が加勢したので、穆公は勝利することができたという故事から。

出典 『呂氏春秋《りょししゅんじゅう》』仲秋《ちゅうしゅう》・愛士《あいし》

【嗇夫口弁】しょくふこうべん

意味 身分は低いが、口の達者な男のこと。

補説 「嗇夫」は中国の漢代、雑役をする下級役人。「口弁」は口が達者なこと。「利口」と同じ意味。「嗇夫利口《しょくふりこう》」ともいう。

故事 中国前漢時代、張釈之《ちょうしゃくし》が文帝の供をして虎圏《こけん》（動物を入れた囲い）に行ったとき、帳簿を調べた文帝の疑問にだれも答えられなかった。そのとき、虎圏の嗇夫がそれに的確に答えたので、文帝がその下役人を上林苑《じょうりんえん》の長官にしようとしたところ、張釈之が口先だけ巧みな嗇夫を登用すれば天下は混乱すると諫《いさ》めたので、文帝は嗇夫の登用をやめたという故事から。

出典 『史記《しき》』張釈之伝《ちょうしゃくしでん》

【嗇夫利口】しょくふりこう

⇒ 嗇夫口弁 しょくふこうべん 336

【諸国漫遊】しょこくまんゆう

意味 いろいろな国を、気の向くままに旅行してまわること。

補説 「諸国」はいろいろな国、さまざまな土地。「漫遊」は当てもなくあちこち旅行すること。

用例 諸国漫遊の途次、一昨年の秋、此《こ》の富山に来て、旅籠《はたご》町の青柳《あおやぎ》という旅店に一泊した。〈泉鏡花◆黒百合〉

【初志貫徹】しょしかんてつ 〈―スル〉

意味 初めに心に決めた志を最後まで貫き通すこと。

補説 「初志」は思い立ったときの最初の気持ち・志。「貫徹」はやり通す、貫き通すこと。

【諸事万端】しょじばんたん

意味 いろいろな事柄すべて。

補説 「諸事」はいろいろな事柄。「万端」はそのことについてすべてという意。

用例 諸事万端の入費をくるめた当日のお物入なるものがまたおろそかな高ではないので。〈佐々木味津三◆右門捕物帖〉

【諸子百家】しょしひゃっか

意味 中国春秋戦国時代に活躍した多くの学者や学派、また、その書物の総称。

補説 代表的な思想家として、儒家の孔子・孟子《もうし》、道家の老子・荘子、墨家の墨子、法家の韓非子《かんぴし》などがいる。「諸子」は多くの学者・思想家。「百家」は多くの思想家・諸学派の意。

用例 諸子百家の学問から、医学に至るまで、学問という学問に通じておいでなすった〈中里介山◆大菩薩峠〉

類義語 九流百家《きゅうりゅうひゃっか》・百家九流《ひゃっかきゅうりゅう》・百家争鳴《ひゃっかそうめい》

【茹柔吐剛】じょじゅうとごう

⇒ 吐剛茹柔 とごうじょじゅう 498

【初秋涼夕】しょしゅう（の）りょうせき

意味 初秋の涼しい夜のこと。

補説 月が美しく、風のさわやかな秋の夜の形容。「涼夕」は涼しい夜。冷え冷えする夜。

出典 『南史《なんし》』褚彦回伝《ちょげんかいでん》

【所所在在】しょしょざいざい

⇒ 在在所所 ざいざいしょしょ 251

【処女脱兎】しょじょだっと

意味 兵法で、始めは若い娘のように弱々しく見せかけて敵を油断させ、後にはウサギのような素早い勢いで急襲するたとえ。

補説 敵の隙《すき》を誘い、その隙につけ込んで

迅速に攻めれば、敵は防ぎようがないことのたとえ。「処女」は家に処《お》る女の意から、未婚の娘。おとなしいたとえ。「脱兎」は驚き逃げるウサギ。非常に素早いたとえ。「始《はじ》めは処女のごとく後《のち》は脱兎のごとし」の略。

出典 『孫子《そんし》』九地《きゅうち》 ◎「始めは処女の如《ごと》く、敵人戸を開くや、後は脱兎の如くにして、敵は拒《ふせ》ぐに及ばず」

【庶人食力】しょじん しょくりょく

意味 官位のない平民は、肉体労働で生計を立てるということ。

補説 「庶人」は一般庶民（特に農民）を指す。「庶人《しょじん》は力《ちから》に食《は》む」と訓読する。

出典 『国語《こくご》』晋語《しんご》

【諸説紛紛】しょせつ ふんぷん 〈—タル〉〈—ト〉

意味 いろいろな意見が入り乱れて、まとまりがつかないさま。また、さまざまな憶測が乱れ飛んで、なかなか真相がつかめないさま。

補説 「紛紛」は入り乱れたさま。

注意 「諸説芬芬」とも書く。

用例 班内でも諸説紛々という有様であったらしい。誰かが私の餅を盗みかけていたのだという者もあった。〈夢野久作◆ざんげの塔〉

類義語 議論百出《ぎろんひゃくしゅつ》・甲論乙駁《こうろんおつばく》・紛紛聚訴《ふんぷんしゅうそ》

対義語 満場一致《まんじょういっち》

【女尊男卑】じょそん だんぴ

意味 女性を男性より尊いものとする考え方。また、そのような社会的慣習。

補説 「女尊」は女性をたっとび高く扱うこと。「男卑」は男性をあなどり低く扱うこと。

対義語 男尊女卑《だんそんじょひ》

【助長抜苗】じょちょう ばつびょう

意味 手助けして、かえって害を与えること。過保護などのこと。

補説 成長を助けようとして、苗を引っ張る意から。「助《たす》け長《ちょう》ぜしめんとして苗《なえ》を抜《ぬ》く」と訓読する。

故事 中国戦国時代、宋《そう》の農夫が成長を助けようと苗を引っ張り、かえって苗を枯らしてしまったという故事から。

出典 『孟子《もうし》』公孫丑《こうそんちゅう》上

【助長補短】じょちょう ほたん

意味 人の長所を伸ばし、短所を補ってやること。

補説 ここでの「助長」は、力を添えて成長させること。「長《ちょう》を助《たす》け短《たん》を補《おぎな》う」と訓読する。

類義語 採長補短《さいちょうほたん》・舎短取長《しゃたんしゅちょう》・続短断長《ぞくたんだんちょう》・断長続短《だんちょうぞくたん》・取長補短《しゅちょうほたん》

【食客三千】しょっかく さんぜん

意味 たくさんの客分の家来をかかえていること。

補説 「食客」は客分としてかかえられている家臣。中国春秋戦国時代、学者や技芸を備えた者など広く人材を求め、客分としてかかえて私的な家臣とすることが行われた。多くの食客を抱えていた者として、戦国時代の斉の孟嘗君《もうしょうくん》（→「鶏鳴狗盗《けいめいくとう》」190）などが有名。

注意 「しょっきゃくさんぜん」とも読む。

出典 『史記《しき》』呂不韋伝《りょふいでん》

類義語 食客一千《しょっかくいっせん》

【蜀犬吠日】しょっけん はいじつ

意味 見識の狭い者が、分かりもしないのに無用な疑いをいだいて、非難ばかりするたとえ。

補説 蜀《しょく》（中国四川省《しせんしょう》）の地は高山に囲まれ、雨や霧が多く、晴れの日が少なかったため、ここの犬は太陽を見ると、怪しんで吠《ほ》えたということから。一般に「蜀犬《しょっけん》日《ひ》に吠《ほ》ゆ」と訓読して用いる。

注意 「しょくけんはいじつ」とも読む。

出典 岑参《しんじん》「北客《ほっかく》を招《まね》く文《ぶん》」

類義語 越犬吠雪《えっけんはいせつ》・杞人天憂《きじんてんゆう》・呉牛喘月《ごぎゅうぜんげつ》・蜀日越雪《しょくじつえつせつ》・吠日之怪《はいじつのあやしみ》

【職権濫用】しょっけん らんよう

意味 公務員が正当な職務を逸脱して、人に義務のないことをさせたり、当然の権利を妨害したりすること。

補説 公務員以外の一般にもいうことがある。「職権」は職務上、付与された権限。「濫用」はみだりに用いること。

注意 「職権乱用」とも書く。

用例 勅選議員美濃部《みのべ》博士は、司法官の職権濫用による不法犯罪行為の成立を質問の形で暗示している〈戸坂潤◆現代日本の思想対立〉

【初転法輪】 しょてんぽうりん

意味 最初の説法。釈迦《しゃか》が悟りを開いた後、最初に行った鹿野苑《ろくやおん》での説法のこと。

補説 「法輪」は仏法を「輪」にたとえたものとされるが、「輪」については、円形の武器、戦車の車輪など、いくつかの説がある。「転法輪」は「法輪」を転ずる意で、仏が説法すること。仏が法を駆使して人々の迷いを打ち破ってゆくことを、武器ないし車輪が回転して敵を破砕してゆくさまにたとえた語。

注意 語構成は「初」＋「転法輪」。

【諸法無我】 しょほうむが

意味 宇宙間に存在するあらゆる事物には、永遠不変な本性である我《が》がないということ。

補説 仏教語。すべてのものは原因（因縁）によって生じているので、原因がなくなればただちに滅び、実体的なものは何もないこと。仏法の大綱である三法印《さんぼういん》の一つ。「諸法」はあらゆる事物、ありとあらゆるものの意。「我」はその存在をあらしめている永遠不変の本質。

【黍離之歎】 しょりのたん

意味 亡国の嘆き。

補説 「黍離」は『詩経《しきょう》』の詩篇《しへん》の名。中国東周の大夫《たいふ》が、西周の宮殿跡が黍《きび》畑となって荒れ果てているのを見て、嘆いて作った詩とされる。「黍」はキビ（特にモチキビという）。「離」はここでは垂れ下がっているさま。

注意 「黍離之嘆」とも書く。

出典 『詩経《しきょう》』王風《おうふう》・黍離《しょり》

類義語 麦秀之歌《ばくしゅうのうた》・麦秀之嘆《ばくしゅうのたん》

【白河夜船】 しらかわよふね

意味 正体もなく、ぐっすり寝こむこと。よく眠っていて、何も気づかないこと。また、知ったかぶりの意。

補説 「白河」は京都の地名。

注意 「河」は「川」、「船」は「舟」とも書く。「しらかわよぶね」とも読む。

故事 京都を見てきたふりをした者が、白河のことを聞かれ、すっかり川のことだと思い込み、夜、船で通ったので、眠っていて分からなかったと答えたため、うそが露見してしまったという話から。

出典 『毛吹草《けふきぐさ》』

用例 こんなに綺麗《きれい》な景色を白河夜船で通っちゃ損だからね。〈長与善郎◆竹沢先生と云ふ人〉

【紫瀾洶湧】 しらんきょうゆう

意味 海の波がわき起こるさま。

補説 「紫瀾」は紫色の波の意。転じて、海の波のこと。「洶湧」は波が盛んにわき上がりうねるさま。

注意 「しらんきょうよう」とも読む。

用例 夥《おびただ》しい夕焼だ。所謂《いわゆる》「戦余落日黄《せんよらくじつきなり》」とは此《この》事であろう、満天満地真黄色に焼けて来た。独り海のみ紫瀾洶湧、鞺鞳《どうどう》として荒れ騒いで居る。〈徳冨蘆花◆自然と人生〉

【芝蘭玉樹】 しらんぎょくじゅ

意味 すぐれた人材。才能のある他人の子弟を褒めていう語。

補説 すぐれた人材が輩出する意にも用いる。「芝」は霊芝《れいし》。ヒジリタケ。めでたい兆しとされる。「蘭」はフジバカマ。ともに香気高い香草で、才徳にすぐれた人のたとえ。「玉樹」は玉のように美しい木。

出典 『世説新語《せせつしんご》』言語《げんご》

【芝蘭結契】 しらんけっけい

⇒ 芝蘭之交 しらんのまじわり 339

【芝蘭之化】 しらんのか

意味 才徳の高い友人に影響されること。また、よき友人による影響。

補説 「芝」は霊芝《れいし》。ヒジリタケ。めでたい兆しとされる。「蘭」はフジバカマ。ともに香気高い香草で、才徳にすぐれた人のたとえ。その香りの中に長くいて、知らず知らずのうちに自分がそれに同化していくことをいう。

出典 『孔子家語《こうしけご》』六本《りくほん》

対義語 芝蘭之室《しらんのしつ》・鮑魚之肆《ほうぎょのし》

【芝蘭之室】 しらんのしつ

意味 善人のたとえ。また、才徳の高い友人に影響されること。その影響。

補説 香り高い草のある部屋の意から。「芝」は霊芝《れいし》。ヒジリタケ。めでたい兆しとされる。「蘭」はフジバカマ。ともに香気高い香草で、才徳にすぐれた人のたとえ。

出典 『孔子家語《こうしけご》』六本《りくほん》

類義語 芝蘭之化《しらんのか》

【芝蘭之交】しらんのまじわり

意味 よい感化をもたらす才徳の高い人との交際。また、美しい交際。麗しい付き合い。

補説 「芝」は霊芝《れいし》。めでたい兆しとされる。「蘭」はフジバカマ。ともに香気高い香草で、才徳にすぐれた人のたとえ。「芝蘭結契《しらんけっけい》」ともいう。

類義語 芝蘭之契《しらんのちぎり》

【自力更生】じりきこうせい 〈—スル〉

意味 他人の援助に頼らず、自分の力で生活を改め、正しく立ち直ること。

補説 「更生」は立ち直ること。個人だけでなく、破綻した企業の再生の意にも用いる。

注意 「自力甦生」とも書く。

用例 無論農村が自力更生出来ない限り農村精神も作興される筈《はず》はない〈戸坂潤◆現代日本の思想対立〉

【私利私欲】しりしよく

意味 私的な利益と私的な欲望。

補説 自分の利益や、自分の欲求を満たすことだけを考えて行動することもいう。

注意 「私利私慾」とも書く。

用例 私利私欲のために殺したのではないが、親の敵には違いない。〈菊池寛◆仇討禁止令〉

類義語 我利私欲《がりしよく》

【至理名言】しりめいげん

意味 道理にかなったすぐれた言葉。

補説 「至理」はこの上なく正しい道理。「名言」はすぐれた言葉。

【事理明白】じりめいはく 〈—ナ〉

意味 物事の道理や筋道が、きわめてはっきりしているさま。

補説 「事理」は物事の道理・筋道。「明白」ははっきりしていること。

用例 ……まことに事理明白な次第でありますが、幸か不幸かこの御心配は御無用である事を、横町の黒犬と竪町《たてちょう》の白犬とが往来の真中で証明してくれるのであります。〈夢野久作◆鼻の表現〉

類義語 自明之理《じめいのり》

【支離滅裂】しりめつれつ 〈—ナ〉

意味 ばらばらでまとまりがなく、筋道が立っていないさま。

補説 「支離」はばらばらなさま。「滅裂」はきれぎれ、離ればなれ。ばらばら。

用例 自分の生活が支離滅裂だと批難をされる時でも、大望を円心にして輪を描いて見ると、自分の生活は何時《いつ》でもその輪の外に出ている事はなかった。〈有島武郎◆幻想〉

類義語 四分五裂《しぶんごれつ》・乱雑無章《らんざつむしょう》

対義語 順理成章《じゅんりせいしょう》・理路整然《りろせいぜん》

【持粱歯肥】じりょうしひ

意味 ごちそうを食べること。また、ごちそうが食べられるような身分になること。

補説 上等な食べ物を盛った器を手に持ち、肥えた肉を食べる意から。「粱」はオオアワ。上等な穀物。上等な食べ物。「歯」は、かむ、食べること。「肥」は肥えた肉。「粱《りょう》を持《じ》し肥《ひ》を歯《くら》う」と訓読する。

出典 『史記《しき》』蔡沢伝《さいたくでん》

【思慮分別】しりょふんべつ

意味 物事に注意深く考えをめぐらし、判断すること。

補説 物事の道理をよく考え、深く思いを凝らして判断すること。「思慮」はいろいろ慎重に考えること。「分別」は物事の是非や道理を常識的に判断すること。

用例 「それじゃ、どうです。」才之助《さいのすけ》は、もはや思慮分別を失っていた。〈太宰治◆清貧譚〉

類義語 熟慮断行《じゅくりょだんこう》

対義語 軽挙妄動《けいきょもうどう》・軽率短慮《けいそつたんりょ》

【自利利他】じりりた

意味 仏教で、自分だけが利益を得るのではなく、他人にも利益を与えること。

補説 自分は修行して悟りを得、他人には仏法による教化で、救いを施すこと。「自利」は自分の利益。「利他」は他人の利益をはかること。他人の幸福を願うこと。

用例 商売に自利利他と云《い》えば、交際上に於《おい》ては自尊尊他と云わなければならぬ。〈福澤諭吉◆明治三十一年三月十二日三田演説会に於ける演説〉

類義語 自行化他《じぎょうけた》

【緇林杏壇】しりんきょうだん

意味 学問を教える所、講堂のこと。

補説 「緇林」は黒いとばりを巡らしたように、樹木がうっそうと生い茂った林。「杏壇」は台地の名で、アンズの木が多くあったからいう。のち、孔子が学問を教えた所の意。

故事 孔子が、黒いとばりのようにうっそうとした林を通りかかり、その中のアンズの花が咲く木の下の小高い台地に休息した故事から。

出典 『荘子《そうじ》』漁父《ぎょほ》

【砥砺切磋】しれいせっさ〈―スル〉

意味 学問・修養などにつとめ励むこと。

補説 「砥」「砺」「磋」はとぎ、みがく意。「切」は骨などを切りきざみ加工する意。いずれも修養に励むたとえ。

出典 『言志録《げんしろく》』

類義語 切磋琢磨《せっさたくま》

【眥裂髪指】しれつはっし〈―スル〉

意味 猛烈に怒《いか》ること。激しい怒りを表すこと。

補説 「眥裂」は怒りで目をきっと見開くこと。まなじりが裂けるほど見開く意。「眥」はまなじりの意。「髪指」は毛髪が怒りで逆立つこと。

出典 『史記《しき》』項羽紀《こううき》 ◎「頭髪上指《じょうし》し目眥《もくし》尽《ことごと》く裂く」

類義語 頭髪上指《とうはつじょうし》・怒髪衝天《どはつしょうてん》

【指鹿為馬】しろくいば

意味 道理に合わないことを承知で、その考えを押し通すこと。間違いを間違いと認めずそのまま押し通すこと。また、人をだまして愚弄するたとえ。

補説 一般に「鹿《しか》を指《さ》して馬《うま》と為《な》す」と訓読して用いる。

故事 中国秦《しん》の始皇帝の死後、趙高《ちょうこう》は権力をほしいままにするため、二世皇帝に「馬でございます」と言って鹿を献上した。二世皇帝は笑って「これは鹿ではないか」と左右の群臣に問うたが、ある者は黙り、ある者は馬であると言って趙高に合わせた。正しく鹿と言った側近もいたが、後に趙高によって処罰されたという故事から。

出典 『史記《しき》』秦始皇紀《しんしこうき》

類義語 漱石枕流《そうせきちんりゅう》

【四六時中】しろくじちゅう

意味 一日じゅう。いつも。

補説 「四六時」は四に六を掛けて二十四時間になる意。「中」は時間的に引き続いている意を添える語。…の間。昔、一日を昼六刻、夜六刻の計十二刻に分けていたことからくる「二六時中《にろくじちゅう》」にならってできた語。

注意 語構成は「四六時」+「中」。

用法 四六時中仕事のことを考えている

用例 わしの進む道には秘伝はない。わしは四六時中の生活に道を現わして行きたいと思っている。〈下村湖人◆論語物語〉

類義語 二六時中《にろくじちゅう》

【四六駢儷】しろくべんれい

意味 漢文の文体の名。

補説 四字および六字の句を並べて対句を作り、典故を多く利用し音調を整えた、華美で技巧的な文体。「駢」は二つ並べる、対句にする意。「儷」は一対になって並ぶ、二つそろう意。四六駢儷体・四六駢儷文・四六文・駢文《べんぶん》・駢四儷六《べんしれいろく》などとも呼ばれる。中国の六朝《りくちょう》から唐にかけて盛行した文章様式。奈良・平安時代の漢文によく用いられた。

【臣一主二】しんいつしゅに

意味 どの主人に仕えるかは、自分の自由であるということ。

補説 原義は、「臣下としての自分の身は一つだけだが、仕える対象としての主人はたくさんいる」という意味。君主がよくなければ、他に主人を自由に見つけて、それに仕えてもよいということ。

出典 『春秋左氏伝《しゅんじゅうさしでん》』昭公《しょうこう》一三年

【人為淘汰】じんいとうた〈―スル〉

意味 生物の多くの個体の中から、目的にかなった形質の個体を選び残していくこと。

補説 家畜や作物の品種改良に用いられる方法の一つ。「人為」は自然のままでなく、人間の手を加えること。「淘汰」はより分ける、よいものを取り、悪いものを捨てること。「人為選択《じんいせんたく》」ともいう。

用例 農産物や養蚕や家畜は人為淘汰に関する農業技術を抜きにしてはそれ自身不可能な

存在だし、又工業技術を離れて今日の農村生活を生活することは出来ない。〈戸坂潤◆日本イデオロギー論〉
対義語 自然淘汰《しぜんとうた》

【神韻縹渺】しんいんひょうびょう 〈―タル〉〈―ト〉

意味 芸術作品などがもっている、表現しがたいきわめてすぐれた奥深い趣。
補説 「神韻」は詩文などのきわめてすぐれた趣。「縹渺」はかすかではっきりしない様子、ほのかに見えるさま。
注意 「神韻縹緲」「神韻縹眇」とも書く。
用例 彼のイデヤは詩的であり、情味の深い影を帯びた、神韻縹渺たる音楽である。〈萩原朔太郎◆詩の原理〉
類義語 虚無縹渺《きょむひょうびょう》

【心悦誠服】しんえつせいふく 〈―スル〉

意味 心から喜び相手の誠意に服すること。
補説 「心悦」は心の底から相手の行為・言葉に喜ぶこと。「誠服」は心から慕うこと。心服に同じ。
出典 『孟子《もうし》』公孫丑《こうそんちゅう》上

【心猿意馬】しんえんいば

⇒ 意馬心猿 いばしんえん 50

【晨煙暮靄】しんえんぼあい

意味 朝の霧と夕方のもや。
補説 朝夕の霞《かすみ》に包まれた景色の描写。「晨煙」は明け方のもや、霧。「暮靄」は夕暮れのもや。

出典 『文選《もんぜん》』顔延之《がんえんし》「陶徴士《とうちょうし》の誄《るい》」

【塵外孤標】じんがいこひょう

意味 一人世俗を大きく抜け出てすぐれていること。
補説 「塵外」は汚れた俗世間の外側。こごました俗世間を「塵《ちり》」にたとえたもの。「孤標」は人格などが特に抜け出てすぐれていること。一人抜き出ているさま。
出典 『旧唐書《くとうじょ》』杜審権伝《としんけんでん》
類義語 雲間独歩《うんかんどくほ》・風塵外物《ふうじんがいぶつ》・風塵表物《ふうじんひょうぶつ》

【人海戦術】じんかいせんじゅつ

意味 多数の人員を次々に繰り出して、仕事を成し遂げようとするやり方。
補説 機械などを利用せず、大勢の人を動員して物事に当たらせる方法。本来は、損害は覚悟のうえで、多数の兵員を投じ、数の力によって敵軍を破る戦法のこと。「人海」は人が多数集まっていることの形容。
用例 午前中に文部省の局長、午後に私達、続いて御婦人の文部省課長と手を換え品を換えて〝人海戦術〟を取ったのであった。〈中井正一◆図書館法楽屋話〉
類義語 人海作戦《じんかいさくせん》

【心外千万】しんがいせんばん 〈―ナ〉

意味 思いがけず、非常に残念に思うさま。
補説 「心外」は思いがけない結果を残念に思うさま。「千万」は程度が甚だしいという意味を添える語。

用例 かほどまで寛大な取扱いをいたしたのは、われらが寸志じゃに、それが各々方に分からなかったとは心外千万じゃ。〈菊池寛◆乱世〉
類義語 慮外千万《りょがいせんばん》

【神会黙契】しんかいもくけい 〈―スル〉

意味 言語を用いないで、意思が通じ合うこと。語らないで自然に一致すること。
補説 「神会」は心に理解すること。「会」は、悟る意。「黙契」は黙っていて、意思が疎通する意。
用例 彼等《かれら》が十年語りて尽すべからざる心底の磅礴《ぼうはく》は、実に此《この》瞬息に於《おい》て神会黙契されけるなり。〈泉鏡花◆義血侠血〉

【尋花問柳】じんかもんりゅう

意味 花を探したり、柳を問い求めたりして春の景色を楽しむこと。のち転じて、花柳を妓女《ぎじょ》に見立て、花柳界に遊ぶことのたとえ。
補説 「尋花」は花を探りめでること。「花《はな》を尋《たず》ねて柳《やなぎ》を問《と》う」と訓読する。「問柳尋花《もんりゅうじんか》」ともいう。
出典 杜甫《とほ》―詩「厳中丞《げんちゅうじょう》駕《が》を枉《ま》げ過《よ》ぎらる」

【心間手敏】しんかんしゅびん

意味 心技が一体となって習熟していることのたとえ。
補説 琴などをひくとき、心は冷静で手は素早く、思いのままに演奏できることから。「心間」は心が穏やかで、安静なこと。「心」は精神、「手」は技能で、両者が熟達していること。「心《こころ》間《しず》かに手《て》敏《さと》し」と訓読する。

(注意)「心閑手敏」とも書く。

(出典)嵆康《けいこう》「琴賦《きんぷ》」

【心願成就】 しんがん じょうじゅ 〈―スル〉
(意味)心の中の願いがかなえられること。
(補説)神や仏などに心から祈っていると、願いはかなえられるということ。「心願」は心の中で神仏に立てる願《がん》。神仏に願をかけて祈ること。「成就」は思ったとおりに実現すること。
(用例)このうえも、心願成就の手がかりをよろしきようにお頼み申すと平伏すれば、〈高畠藍泉◆蝶鳥紫山裾模様〉
(類義語)大願成就《たいがんじょうじゅ》

【人間青山】 じんかん せいざん
(意味)世の中は広く、どこで死んでも骨を埋める場所ぐらいは必ずあるから、大望を果たすために故郷を捨てて大いに活躍せよ、ということ。
(補説)「人間」は世の中・世間。「青山」は死んで骨を埋める所、墳墓の地、墓場。「人間到る処《ところ》青山有り」の略。中国宋《そう》代の蘇軾《そしょく》にも「青山骨を埋《うず》む可《べ》し（男子は故郷でなくても、どこの青山でも骨を埋めることはできる）」の句がある。蘇軾の詩句から着想して幕末の僧月性《げっしょう》が作ったとされる詩の一節。
(出典)月性《げっしょう》一詩「将《まさ》に東遊《とうゆう》せんとして壁《かべ》に題《だい》す」

【心機一転】 しんき いってん 〈―スル〉
(意味)あることをきっかけとして、すっかり気持ちがよい方向に変わること。また、変えること。
(補説)「心機」は心の働き・心のはずみ・気持ち。「一転」はまったく変わる、がらりと変わること。
(用例)浅草の人たちが、このことに気付いて、新風に思いを凝らしはじめたことは結構で、なんといっても、古い根のある土地柄だから、心機一転、身構えを変えれば、立直るだけの素質はそろっている。〈坂口安吾◆モンアサクサ〉

【心悸亢進】 しんき こうしん
(意味)心臓の鼓動が速く激しくなること。

(補説)精神的興奮・運動・過労などによって心臓の搏動《はくどう》が速く強くなること。「心悸」は心臓の動き・鼓動。「亢進」は高ぶり進むこと。

(注意)「心機昂進」とも書く。

(類義語)心搏急速《しんぱくきゅうそく》

【新鬼故鬼】 しんき こき
(意味)最近死んだ人の霊魂と、以前亡くなった人の霊魂。
(補説)「鬼」は死んだ人の魂・霊魂の意。
(出典)『春秋左氏伝《しゅんじゅうさしでん》』文公《ぶんこう》二年

【神機妙算】 しんき みょうさん
(意味)人間の知恵では思いもつかないようなすぐれたはかりごと。
(補説)「神機」は神が考えたような、はかり知ることのできないすばらしいはかりごと。「妙算」は巧みな、すぐれたはかりごと。「機」も「算」も、はかりごとの意。
(用例)なお神機妙算わくがごとく候えども、次の汽車にて茅崎《ちがさき》まで背進つかまつり候〈内田魯庵◆社会百面相〉
(類義語)奇策縦横《きさくじゅうおう》・神機妙道《しんきみょうどう》・神算鬼謀《しんさんきぼう》・神籌妙算《しんちゅうみょうさん》

【深居簡出】 しんきょ かんしゅつ
(意味)奥深い所に閉じこもって、めったには出歩かないようにすること。
(補説)転じて、高い身分の者が姿をくらます場合にも使われる。「深居」は奥深い所にいること。「簡」は選ぶ意で、「簡出」は時を選んで出ること。時機を見て出ること。また、「簡」は少ない、稀《まれ》の意で、たまに出ること。
(出典)韓愈《かんゆ》「浮屠《ふと》文暢師《ぶんちょうし》を送《おく》る序《じょ》」

【晨去暮来】 しんきょ ぼらい 〈―スル〉
(意味)朝のうちに去って、夕暮れに戻ってくること。
(補説)野生の鳥が餌《えさ》を求めて朝方に巣を飛び立ち、夕方にはまた巣に戻ることから。「晨」は朝・夜明け、「暮」は日暮れ・夕方の意。
(出典)『漢書《かんじょ》』朱博伝《しゅはくでん》

【人琴之嘆】 じんきんの たん
(意味)人の死を激しく悲しむさま。

補説「人琴」は人と琴《きん》。琴は中国の弦楽器。五弦ないし七弦で、琴柱《ことじ》がない。

故事 中国晋《しん》の王徽之《おうきし》・王献之《おうけんし》兄弟は琴の名人であった。王献之が若くして死んだとき、王徽之は王献之の琴を取って弾いたがうまく弾けず、琴を投げつけて「献之よ、人も琴も死んでしまったのか」と、その死を嘆き悲しんだという故事から。

出典『世説新語《せせつしんご》』傷逝《しょうせい》

【辛苦艱難】 しんくかんなん 〈—スル〉

⇒ 艱難辛苦 かんなんしんく 129

【辛苦辛労】 しんくしんろう 〈—スル〉

⇒ 辛労辛苦 しんろうしんく 357

【辛苦遭逢】 しんくそうほう

意味 たいそう困難な、つらい苦しい目にあうこと。苦しい目にあうめぐりあわせ。
補説「辛苦」はつらく苦しい思いをすること。つらい目にあい苦しむこと。「遭逢」はであうこと。めぐりあわせ。
出典 文天祥《ぶんてんしょう》—詩「零丁洋《れいていよう》を過《す》ぐ」

【身軽言微】 しんけいげんび

意味 身分や地位が低く、こちらの言い分が重んじられないこと。
補説「身軽」は身分が軽い、身分が低い意。「微」は卑しいこと。身分が卑しいために言葉が軽んじられること。「身《み》軽《かる》くして言《げん》微《いや》し」と訓読する。
出典『後漢書《ごかんじょ》』循吏伝《じゅんりでん》・孟嘗伝《もうしょうでん》
類義語 人微言軽《じんびげんけい》

【人傑地霊】 じんけつちれい

意味 すぐれた人物はすばらしい土地が育むものだということ。
補説「人傑」は秀でた人物のこと。「地霊」は土地柄が計り知れないほどすぐれているということ。
出典 王勃《おうぼつ》「秋日《しゅうじつ》洪府《こうふ》の滕王閣《とうおうかく》に登《のぼ》り餞別《せんべつ》する序《じょ》」

【人権蹂躙】 じんけんじゅうりん

意味 人が生まれながらにもつ権利を侵害すること。
補説 特に、権力をもつ者や強い立場にある者が人権を無視して不法な行為をしたり、不当に手荒く扱ったりすること。「人権」は人が生まれながらにもっている権利。「蹂躙」はふみにじる意。
用例 唯《ただ》往時に較《くら》べて量がずっと減っただけで、依然こんな人権蹂躙は絶え間がない。〈細井和喜蔵◆女工哀史〉
類義語 人権侵害《じんけんしんがい》

【真剣勝負】 しんけんしょうぶ

意味 全力を出して本気になって立ち向かうこと。
補説 刀を抜いて、生死をかけて斬り合う意から。「真剣」は木刀や竹刀《しない》ではない本物の刀。
用例 馬鹿は恥にはならない。怒る時は真剣勝負だ。出しゃばりは万々ならん。〈牧野信一◆祖母の教訓〉

【身言書判】 しんげんしょはん

意味 人材を登用する際に、人物鑑定の基準とするもの。
補説 中国唐代における、官吏登用の際の人物試験の四つの基準をいう。容姿・言葉遣い・筆跡（文字）・文章の四つ。「身」は容貌、「言」は言辞、「書」は筆跡、「判」は文章のこと。
出典『新唐書《しんとうじょ》』選挙志《せんきょし》

【心堅石穿】 しんけんせきせん

意味 意志が堅ければ、どんな困難をも克服することができるということ。
補説 意志が強固ならば、石にさえ穴を開けることができるという意から。「心堅」は意志・決心が堅いこと。「穿」は穴を開ける意。一般に「心《こころ》堅《かた》ければ石《いし》をも穿《うが》つ」と訓読して用いる。
故事 焦山《しょうざん》に入って修行していた傅《ふ》先生が、師から木のみを与えられ岩盤に穴を開ける修行を課され、四十七年かかって岩に穴を開けたという故事による。
出典『真誥《しんこう》』五

【仁言利博】 じんげんりはく

意味 徳のある者の言動というものは、人々に広く利益が及ぶこと。

補説「仁言」は仁者（有徳者）の言葉のこと。「利博」は利益が広く及ぶこと。「仁言《じんげん》利《り》博《ひろ》し」と訓読する。

出典『春秋左氏伝《しゅんじゅうさしでん》』昭公《しょうこう》三年

【心慌意乱】しんこう いらん〈―スル〉

意味 慌てて心が乱れ、何がなんだか分からなくなってしまう状態。

補説 「心慌」はあせり慌てること。「意乱」は心が入り乱れて混乱すること。「心《こころ》慌《あわ》ただしく意《い》乱《みだ》る」と訓読する。

類義語 周章狼狽《しゅうしょうろうばい》

【人口膾炙】じんこう かいしゃ

⇒ 膾炙人口 かいしゃじんこう 92

【神工鬼斧】しんこう きふ

意味 人知や人力ではなしえないほどの、すぐれた技術・細工や作品のこと。

補説 「神工」は神わざ。「鬼斧」は鬼神が斧《おの》で細工したようなみごとな工作物。名人芸のことをいう。「鬼斧神工《きふしんこう》」ともいう。

出典 『荘子《そうじ》』達生《たっせい》

用例 その神工鬼斧に驚嘆して歌をつくり、または古《いにしえ》の浦島の子の伝説を懐古してあこがれたりするようなことは得手ではありません。〈中里介山◆大菩薩峠〉

類義語 運斤成風《うんきんせいふう》・匠石運斤《しょうせきうんきん》

【深溝高塁】しんこう こうるい

意味 堅固な城塞《じょうさい》・とりでのこと。また、守りの固いこと。

補説 深い掘り割りと高いとりでということから。「溝」はみぞで、ここでは堀のこと。「塁」は土を重ねて作られた小城。

出典 『韓非子《かんぴし》』説林《ぜいりん》下

類義語 堅塞固塁《けんさいこるい》

【心曠神怡】しんこう しんい

意味 心が広々として、非常に愉快な気分になること。

補説 洞庭湖《どうていこ》のほとりの岳陽楼《がくようろう》に登ると、心が広々として愉快になり、この世の栄誉も恥辱もいっさい忘れてしまって、酒杯をあげて風に向かい、あふれる喜びでいっぱいになったという、中国宋《そう》の范仲淹《はんちゅうえん》の文章から。「心曠」は心が広く寛容なこと。「神怡」は心喜ぶこと。「神」は精神のこと。「心《こころ》曠《ひろ》く神《しん》怡《よろこ》ぶ」と訓読する。

出典 范仲淹《はんちゅうえん》「岳陽楼記《がくようろうのき》」◎「斯《こ》の楼に登れば、則《すなわ》ち心曠く神怡びて、寵辱《ちょうじょく》皆《みな》忘れ、酒を把《と》りて風に臨み、其《そ》の喜《よろこび》洋洋たる者有らん」

類義語 神怡心静《しんいしんせい》

【心広体胖】しんこう たいはん

意味 心が広くのびやかで、からだがすこやかなこと。また、心がのびやかで広く、からだもゆったりとして落ち着いていること。

補説 「心広」は心が広く大きいこと。「胖」は安らかな、ゆったりのびやかなの意。もとは徳が身についている人の心身のあり方をいう語。「心《こころ》広《ひろ》くして体《たい》胖《ゆた》かなり」と訓読する。

出典 『大学《だいがく》』

用例 湯屋の看板に『一浴心広体胖』、大盛うどん屋の立額に『はたらかざる人はくらうべからず』。〈種田山頭火◆行乞記〉

【人口稠密】じんこう ちゅうみつ

意味 人が一か所に多く集まって、密集し込み合っていること。

補説 「人口」はある地域に住む人の数。「稠密」は人家や人間が密集しているさま。

用例 千島列島を南下する植民政策も、却《かえ》って人口稠密な日本側からの移住者によって圧倒されていた。〈徳永直◆光をかかぐる人々〉

類義語 人口密集《じんこうみっしゅう》

類義語 心寛体舒《しんかんたいじょ》

【塵垢粃糠】じんこう ひこう

意味 役に立たないもののたとえ。

補説 「塵」はちり、「垢」はあか、「粃」は実のならない穀物、しいな、「糠」はもみがら、また、ぬか。

出典 『荘子《そうじ》』逍遥遊《しょうようゆう》

【深根固柢】しんこん こてい

意味 物事の基礎・根本をしっかり固め、ゆるがないようにすること。

補説 「柢」は「根」と同じで、木の根の意。「根」は細根で養分を吸収し、「柢」は直根で樹幹を立たせる役割りがあるともいう。物事の基本・根本のたとえ。根を深くし、強固なものにするところから。「根《ね》を深《ふか》くし柢《てい》を固《かた》くす」と訓読する。「根深柢固《こんしんていこ》」ともいう。

注意 「深根固蔕」とも書く。

出典 『老子《ろうし》』五九

【尋言逐語】 じんごん ちくご

意味 文字や章句の解釈のみを問題とし、経典から仏法の精神を身につけることをおろそかにしていること。

補説 仏教語。「言《げん》を尋《たず》ね語《ご》を逐《お》う」と訓読する。

出典 『座禅儀《ざぜんぎ》』

類義語 尋行数墨《じんこうすうぼく》・尋章摘句《じんしょうてきく》・滞言滞句《たいげんたいく》

【神采英抜】 しんさい えいばつ（―ナ）

意味 顔の表情や輝きが人より抜きんでてすぐれているさま。

補説 「神采」は「神彩」とも書き、顔の表情や輝き。気高い顔だち。また、精神と風采、心と姿の意。「英抜」は他に抜きんでてすぐれていること。

出典 『陳書《ちんしょ》』江総伝《こうそうでん》

【神算鬼謀】 しんさん きぼう

意味 人知の及ばないような巧みな策略。

補説 神や鬼神がめぐらしたはかりごとの意。「算」も「謀」もはかりごと・計略のこと。「神」「鬼」を添え、人知では及ばないほどすぐれているというニュアンスを表す。

類義語 奇策縦横《きさくじゅうおう》・神機妙算《しんきみょうさん》・神機妙道《しんきみょうどう》

【深山窮谷】 しんざん きゅうこく

意味 奥深い山と深い谷のこと。人が足を踏み入れていない奥深い自然。

補説 「深山」は人里遠く離れた奥深い山、「窮谷」は深い谷のこと。

出典 『春秋左氏伝《しゅんじゅうさしでん》』昭公《しょうこう》四年

用例 サンチアコの深山窮谷を探って牛馬を放つも面白し、チワワの深山窮谷の沿岸に牛馬を放つも面白し、チワワの深山窮谷を探って鉄椎《てっつい》を奮うも面白し〈内田魯庵◆くれの廿八日〉

類義語 窮山通谷《きゅうざんつうこく》・窮山幽谷《きゅうざんゆうこく》・深山幽谷《しんざんゆうこく》

【深山幽谷】 しんざん ゆうこく

意味 ほとんど人が入っていないような奥深く静かな大自然のこと。

補説 「深山」は人里遠く離れた奥深い山。「幽谷」は山奥深くにある静かな谷。

出典 『列子《れっし》』黄帝《こうてい》

用例 彼は戦時中、召集されて、北海道で軍隊生活をし、訓練の間には、深山幽谷で孤立した数時間を闇夜のうちに過したこともある〈豊島与志雄◆ものの影〉

類義語 窮山通谷《きゅうざんつうこく》・窮山幽谷《きゅうざんゆうこく》・深山窮谷《しんざんきゅうこく》

【塵思埃念】 じんし あいねん

意味 世俗的なくだらない考え、俗念のこと。

補説 「塵思」も「埃念」もつまらない考え。「塵」「埃」はほこり・ちり・世俗的な汚いものの意。「思」「念」は考え・思いの意。類義の語を重ねて意味を強めている。

用例 案頭一瓶の百合《ゆり》、余は之《これ》に対する毎《ごと》に心は清絶幽絶の境を繞《めぐ》る。塵思埃念起る毎に余は此《こ》の花に対して顔赤うするなり。〈徳冨蘆花◆自然と人生〉

【人事葛藤】 じんじ かっとう

意味 人間同士の争いごと。人と人との関係が複雑にからみ合いもめること。

補説 「人事」は人間に関する事柄の意。「葛藤」は、かずらやふじのつるがもつれからむことから、もつれ・もめごと・争いの意。

用例 しかし普通の小説家のようにそのかってなまねの根本を探《さ》ぐって、心理作用に立ち入ったり、人事葛藤の詮議《せんぎ》立てをしては俗になる。〈夏目漱石◆草枕〉

【深識遠慮】 しんしき えんりょ

意味 遠い先のことまでよく思慮をめぐらせること。

補説 「深識」は見識が深いこと。「遠慮」は将来のことをおもんぱかること。未来のことをあれこれと熟慮すること。「深識長慮《しんしきちょうりょ》」ともいう。

出典 『後漢書《ごかんじょ》』杜林伝《とりんでん》

類義語 遠謀深慮《えんぼうしんりょ》・深謀遠慮《しんぼうえんりょ》・深慮遠謀《しんりょえんぼう》

【深識長慮】 しんしき ちょうりょ

⇒ 深識遠慮 しんしきえんりょ 345

【紳士協定】 しんし きょうてい

意味 互いに相手を信頼して取り決める非公式の約束。また、条約の一種で、厳重な形式によらない合意。

補説 英語「gentlemen's agreement（ジェントルメンズ・アグリーメント）」の訳語。「紳士」は上品で教養があり礼儀正しい男性。「協定」は協議して取り決めること。

類義語 紳士協約《しんしきょうやく》

【慎始敬終】しんしけいしゅう

意味 何かを行おうとする際、その始めを慎重にするだけでなく、気を抜かず最後まで慎重さを失ってはいけないという戒め。

補説 特に物事の始めと終わりを慎重にすることをいう。「慎」も「敬」も慎重に行う意。一般に「始《はじ》めを慎《つつし》み、終《お》わりを敬《つつし》む」と訓読して用いる。

出典 『礼記《らいき》』表記《ひょうき》

【心事高尚】しんじこうしょう〈―ナ〉

意味 心の中に思っている事柄が、程度が高く上品であるさま。

補説 「心事」は心に思うこと。「高尚」は、学問・言行などの程度が高く、上品なさま。

用例 また心事高尚にして働きに乏しき者は、人に厭《いと》われて孤立することあり。〈福沢諭吉◆学問のすすめ〉

類義語 善始善終《ぜんしぜんしゅう》

【参差錯落】しんしさくらく〈―タル〉〈―ト〉

意味 いろいろと、ふぞろいの物が入り混じっているさま。

補説 「参差」は長短・高低入り混じり、ふぞろいなさま。「錯落」はたくさんの物がごたごた入り混じるさま。

用例 あらゆる建築の様式を一軒ずつ別にさせて、ウェネチアの町のように参差錯落たる美観を造るようにでも心掛けたら好《よ》かろう〈森鷗外◆妄想〉

類義語 参差不斉《しんしふせい》

【紳士淑女】しんししゅくじょ

意味 品位があり、教養の備わった、礼儀にあつい男性と女性。

補説 「淑女紳士《しゅくじょしんし》」ともいう。

用例 シルクハット、モーニングの市長を初め、紳士淑女が陸続と盛装で会場へ詰めかけて来た。〈横光利一◆厨房日記〉

類義語 貴紳淑女《きしんしゅくじょ》

【真実一路】しんじついちろ

意味 どこまでも真実を追い求めて生きていくこと。

補説 「真実」はまこと・ほんとうのこと。うそ偽りのないこと。「一路」は一筋の道。一筋の道をまっすぐに、ひたすらの意。

用例 蓬莱和子《ほうらいかずこ》は相変らずの調子で喋《しゃべ》りまくる。私、ノンモラルですの、夫以外の人と恋愛します。私、ヒューマニストですの、私、真実一路ですの。〈久坂葉子◆華々しき瞬間〉

類義語 真実一到《しんじついっとう》

【真実無妄】しんじつむもう

意味 本当のこと。まこと。真実であって、うそ偽りのないさま。

補説 「真実」はまこと、うそ偽りのないこと。「無妄」は偽らない、あざむかないこと。

注意 「しんじつむぼう」とも読む。

用例 故に世に未《いま》だ真実無妄の公道を発明せざるの間は、人の議論もまた何《いず》れを是とし何れを非とすべきやこれを定むべからず。〈福沢諭吉◆学問のすすめ〉

【人事天命】じんじてんめい

意味 人間としてできうる限りの努力をし尽くしたうえで、その結果は静かに運命にゆだねること。

補説 「人事」は人のなしうる事柄、「天命」はその人に備わった運命の意。「人事を尽くして天命を待つ」の略。

出典 『読史管見《どくしかんけん》』

【唇歯之国】しんしのくに

意味 密接な利害関係をもつ国同士のこと。

補説 「唇歯」は唇と歯。関係の密接なもののたとえ。

出典 『春秋左氏伝《しゅんじゅうさしでん》』僖公《きこう》五年

類義語 唇歯輔車《しんしほしゃ》・唇亡歯寒《しんぼうしかん》

【人事不省】じんじふせい

意味 まったく知覚や意識を失うこと。重病や重傷などで意識不明になり、昏睡《こんすい》状態になること。

補説 「人事」はここでは、人としての意識でいること。人としての知覚。「不省」は明らかでない、はっきりしない意。また、知覚しない、わからない意。

出典 朱震亨《しゅしんきょう》『丹渓心法《たんけいしんぽう》』中暑《ちゅうしょ》

用例 暫時《しばらく》の間、人事不省に陥《おち》ったが、気がついて見ると、ユキも私の傍《そば》に崩れ倒

れて、〈嘉村礒多◆神前結婚〉
類義語 前後不覚《ぜんごふかく》

【唇歯輔車】しんしほしゃ

意味 一方がだめになると、他方もだめになってしまうような、お互いが助け合うことによって成り立つ関係のたとえ。
補説 もちつもたれつの関係をいう。「唇歯」は唇と歯。「輔車」は頬骨《ほおぼね》と下顎《あご》の骨のこと。一説に車の添え木と車ともいい、他にも説がある。唇と歯や頬骨と下顎の骨は、切っても切れない密接な関係にあることから。
出典 『春秋左氏伝《しゅんじゅうさしでん》』僖公《きこう》五年 ◎「輔車相《あい》依《よ》り、唇《くちびる》亡《ほろ》ぶれば歯《は》寒し」
「輔車唇歯《ほしゃしんし》」「輔車相依《ほしゃそうい》」ともいう。
用例 五洲《ごしゅう》の内を環顧するに一の同種の国なく一の唇歯輔車相《あい》倚《よ》り相扶《あいたす》くる者なく、〈中島敦◆斗南先生〉
類義語 唇歯之国《しんしのくに》・唇亡歯寒《しんぼうしかん》

【斟酌折衷】しんしゃくせっちゅう 〈―スル〉

意味 その時の事情や相手の心情などをくみ取って、ほどよく取りはからい、その中間を取ること。
補説 「斟酌」は事情をくみ取り、ほどよく処理すること。「折衷」はあれこれと取捨して、適当なところ、その中間を取ること。

【仁者不憂】じんしゃふゆう

意味 仁徳の備わった人は、人の守り行うべき正しい道を行くので悩むことがない。
補説 仁徳者は道義をわきまえて行動するので、心配することがない意。一般に「仁者《じんしゃ》は憂《うれ》えず」と訓読して用いる。
出典 『論語《ろんご》』子罕《しかん》／郷党《きょうとう》／憲問《けんもん》
類義語 知者不惑《ちしゃふわく》・勇者不懼《ゆうしゃふく》

【仁者無敵】じんしゃむてき

意味 仁徳の備わった人は、すべての人を慈しむので敵というものがいないということ。
補説 仁徳者は慈愛をもって政治を行い、人民を分け隔てなく愛するから敵対する者がいない意。「仁者《じんしゃ》に敵《てき》無《な》し」と訓読する。
出典 『孟子《もうし》』梁恵王《りょうけいおう》上

【仁者楽山】じんしゃらくざん

意味 仁徳の備わった人は、欲に動かされず心が穏やかでゆったりとしているので、おのずから安定しどっしりとした山を愛するものであるということ。
補説 「仁者《じんしゃ》は山《やま》を楽《たの》しむ」と訓読する。
出典 『論語《ろんご》』雍也《ようや》
類義語 知者楽水《ちしゃらくすい》

【進取果敢】しんしゅかかん 〈―ナ〉

意味 慣習にとらわれず積極的に新しいことに取り組み、強い決断力で大胆に物事を行うさま。
補説 「進取」は自ら進んで事をなすこと。固定観念にとらわれず、進んで新しいことに取り組むこと。「果敢」は決断力が強く大胆に物事を行うさま。
用例 「日本渡航記」は栄之助《えいのすけ》の才気横溢《おういつ》で、進取果敢な性格の一面も描き、〈徳永直◆光をかかぐる人々〉
類義語 剛毅果断《ごうきかだん》・即断即決《そくだんそっけつ》・勇猛果敢《ゆうもうかかん》
対義語 意志薄弱《いしはくじゃく》・薄志弱行《はくしじゃっこう》・優柔不断《ゆうじゅうふだん》

【伸縮自在】しんしゅくじざい 〈―ナ〉

意味 伸ばしたり縮めたりすることが自由にできること。また、物事を思いのままにあつかえること。
補説 「伸縮」は伸び縮み、「自在」は思うままになること。
用例 斜めに歩く角度は伸縮自在であるから、塔の運動の趣も変幻自在である。〈和辻哲郎◆古寺巡礼〉

【人主逆鱗】じんしゅ(の)げきりん

意味 臣下が君主や支配者の激しい怒りを買うこと。
補説 「人主」は君主・権力者。「逆鱗」は竜の顎《あご》の下に生えているという逆さのうろこ。これに触れると竜は怒ってその人を殺すという伝説がある。人主を竜にたとえていったもので、「人主亦《また》逆鱗有り」の略。
出典 『韓非子《かんぴし》』説難《ぜいなん》

【神出鬼没】しんしゅつきぼつ

意味 自由自在に素早く現れたり、隠れたりすること。
補説 鬼神のように出没する意。きわめて巧妙に出没し、所在が分からないこと。いつどこに現れ消えるか予測ができないことをいう。「出没自在《しゅつぼつじざい》」ともいう。
出典 『淮南子《えなんじ》』兵略訓《へいりゃくくん》
用例 神出鬼没の雲の動作程、美と不可知の力を蔵するものは他にあるまい。しかし、ただ、それは、自然の意志の反映なのである。〈小川未明◆常に自然は語る〉
類義語 鬼出神行《きしゅつしんこう》・鬼出電入《きしゅつでんにゅう》・神変出没《しんぺんしゅつぼつ》

【浸潤之譖】 しんじゅんのそしり
意味 水が少しずつ物に染み込んでいくように、徐々に非難や悪口が信じられていくこと。また、そうした巧みな讒言《ざんげん》をいう。
補説 「浸潤」は液体が染み込んでぬれること。思想などが次第に染み込んで広がること。「譖」は告げ口・悪口・讒言。
注意 「しんじゅんのしん」とも読む。
出典 『論語《ろんご》』顔淵《がんえん》
類義語 膚受之愬《ふじゅのうったえ》

【尋常一様】 じんじょういちよう 〈―ナ〉
意味 ごくあたりまえで、格別に他と変わらないさま。普通と異なることのないさま。
補説 「尋常」は普通・あたりまえ。「一様」は行動・状態などが同じさま。
用例 凡《およ》そ尋常一様の写本をして塾に居られるなどと云《い》うことは世の中にないことであるが、〈福沢諭吉◆福翁自伝〉

【深情厚誼】 しんじょうこうぎ
意味 深くて厚い情愛のこもったつきあい。心からの厚いよしみ。
補説 「深情」は人を深く思う気持ち。真心。「厚誼」は深い親しみの気持ち。心からの親しいつきあい。
用法 深情厚誼をかたじけなくする

【唇焦口燥】 しんしょうこうそう
意味 喉《のど》をからして何度も叫ぶさま。声の限りに叫んで憔悴《しょうすい》するさま。また、激しく議論するさま。
補説 唇が焦げ、口が乾燥する意。「燥」はかわく、乾燥する。「唇《くちびる》焦《こ》げ、口《くち》燥《かわ》く」と訓読する。
出典 杜甫《とほ》「茅屋《ぼうおく》秋風《しゅうふう》の破《やぶ》る所《ところ》と為《な》る歌《うた》」
類義語 焦唇乾舌《しょうしんかんぜつ》・唇乾口燥《しんかんこうそう》・舌敝唇焦《ぜっぺいしんしょう》

【真正真銘】 しんしょうしんめい
⇒ 正真正銘 しょうしんしょうめい 328

【尋章摘句】 じんしょうてきく
意味 ささいなことばかりにこだわって、全体を見通した見方ができないたとえ。
補説 文章や詩の一章一句の細かな部分に気をとられ、全体の意味や趣旨が理解できないという意。「尋章」「摘句」は、ともに文の一章一句を取り出し考えること。「章《しょう》を尋《たず》ね句《く》を摘《つ》む」と訓読する。
出典 『呉志《ごし》』孫権伝《そんけんでん》の裴注《はいちゅう》に引く『呉書《ごしょ》』
類義語 尋言逐語《じんごんちくご》・滞言滞句《たいげんたいく》

【参商之隔】 しんしょうのへだて
意味 互いに遠く離れて会う機会のないこと。また、夫婦・親友の離別や兄弟の仲たがいなどのたとえ。
補説 「参」「商」はともに二十八宿（古代中国の星座）の一つ。「参」は参星《しんせい》で、オリオン座の星、「商」は商星《しょうせい》で、さそり座の星アンタレス。参星は西方に、商星は東方にあり、この二つの星は同時に現れることはないことから。
故事 中国伝説上の天子高辛氏《こうしんし》に二人の子があり、兄の閼伯《あっぱく》と弟の実沈《じっしん》は仲が悪く、争いばかりするので遠く住まわせ、それぞれ商星と参星をつかさどらせたという伝説から（『春秋左氏伝《しゅんじゅうさしでん》』昭公《しょうこう》元年）。
出典 杜甫《とほ》—詩「衛八処士《えいはちしょし》に贈《おく》る」
類義語 燕雁代飛《えんがんだいひ》

【信賞必罰】 しんしょうひつばつ
意味 賞罰を厳格に行うこと。
補説 賞すべき功績のある者には必ず賞を与え、罪を犯し、罰すべき者は必ず罰するという意味。「信賞」は間違いなく賞を与えること。「必罰」は罪ある者は必ず罰すること。
出典 『韓非子《かんぴし》』外儲説《がいちょせつ》右上
用例 民の苦楽を察して適宜の処置を施し、信賞必罰、恩威行われざるところなく、万民腹を鼓して太平を謡うが如《ごと》きは、誠に誇るべきに似たり。〈福沢諭吉◆学問のすすめ〉
類義語 恩威並行《おんいへいこう》
対義語 僭賞濫刑《せんしょうらんけい》

【心象風景】しんしょうふうけい

意味 見聞や感覚などがもとになって、心の中に思い描いたり刻み込まれたりしている風景。

補説 「心象」は英語「イメージ（image）」の訳語で、見聞や感覚などがもととなり心に描かれる像。「風景」は眼前に広がる眺め。

用例 あのような陰惨な題材に心惹《こころひ》かれて描くということに、この作者の心象風景を見るような気もしたが、〈原民喜◆悪夢〉

【針小棒大】しんしょうぼうだい 〈―ナ〉

意味 ささいな物事を、おおげさに誇張して言うこと。

補説 針ほどの小さいものを、棒ほどに大きく言う意から。

用例 勿論《もちろん》それは、相手が県内でも有数な勢力家であるために、針小棒大に誣告《ぶこく》して司直の手を煩わしたことかも知れない。〈坂口安吾◆黒谷村〉

類義語 誇大妄想《こだいもうそう》・大言壮語《たいげんそうご》

【晨鐘暮鼓】しんしょうぼこ

⇒ 暮鼓晨鐘 ぼこしんしょう 607

【神色自若】しんしょくじじゃく 〈―タル〉〈―ト〉

意味 大事にあって顔色一つ変えず、平然と落ち着いた様子。物事に動揺しないさま。

補説 「神色」は精神（心）と顔色、「自若」は物事にあわてず落ち着いているさま。

出典 『晋書《しんじょ》』王戎伝《おうじゅうでん》

用例 相原の拳銃《けんじゅう》を持った腕をうんとなぐった。拳銃はばたりと地に墜《お》ちた。山口は神色自若として相原に言った。〈森鷗外◆灰燼〉

類義語 意気自如《いきじじょ》・言笑自若《げんしょうじじゃく》・神色泰然《しんしょくたいぜん》・泰然自若《たいぜんじじゃく》

対義語 右往左往《うおうさおう》・周章狼狽《しゅうしょうろうばい》

【心織筆耕】しんしょくひっこう

意味 文筆で生計をたてること。

補説 心の中で機《はた》を織り、筆によって田を耕し生活する意から。

故事 唐の王勃《おうぼつ》が、ある人に頼まれて文を作り、そのお礼に黄金と織物を車いっぱいにもらったことに対して、当時の人がからかった故事から。

出典 『雲仙雑記《うんせんざっき》』九

用例 嘗《かつ》て文壇の梁山泊《りょうざんぱく》と称《とな》えられた硯友社《けんゆうしゃ》、その星座の各員が陣を構え、塞頭《さいとう》高らかに、我楽多文庫《がらくたぶんこ》の旗を翻した、編輯所《へんしゅうじょ》があって、心織筆耕の花を咲かせ、綾《あや》なす霞《かすみ》を靉靆《たなび》かせた。〈泉鏡花◆薄紅梅〉

類義語 筆耕硯田《ひっこうけんでん》

【人死留名】じんしりゅうめい

意味 人として生まれたからには、功績をあげて後世に名を残すべきであるということ。

補説 一般に「人《ひと》は死《し》して名《な》を留《とど》む」と訓読して用いる。

出典 『新五代史《しんごだいし》』王彦章伝《おうげんしょうでん》 ◎「豹《ひょう》は死して皮を留め、人は死して名を留む」

【身心一如】しんじんいちにょ

意味 仏教で、肉体と精神は一体のもので、分けることができず、一つのものの両面であるということ。

補説 「身心」はからだと心。「一如」は真理はただ一つである意。

注意 「心身一如」とも書く。「しんしんいちにょ」とも読む。

用例 我々は抽象的意識的自己を否定した所、身心一如なる所に、真の自己を把握するのである。〈西田幾太郎◆デカルト哲学について〉

【人心一新】じんしんいっしん 〈―スル〉

意味 人々の心を全く新しくすること。

補説 「人心」は多くの人々の心。「一新」は古いことを全く改めて新たにすること。すっかり新しくする意。「人心を一新する」と表現されることが多い。

用例 今こそ人心一新のときであります。吉田《よしだ》内閣の退陣は国民の要望するところであります。〈浅沼稲次郎◆浅沼稲次郎の三つの代表的演説〉

【薪尽火滅】しんじんかめつ

意味 人が亡くなること。

補説 「薪尽」はたきぎがなくなること。「火滅」は火が消える意。仏教で釈迦《しゃか》の入滅のことを言ったもので、そこから人の死をいう。「薪《たきぎ》尽《つ》きて火《ひ》滅《ほろ》ぶ」と訓読する。

出典 『法華経《ほけきょう》』序品《じょぼん》

【新進気鋭】しんしん きえい

意味 新たにその分野に現れたばかりで、意気込みが鋭く、将来有望なさま。また、そういう人のこと。

補説 「新進」は新しくその場に出る、新しく仲間入りする意。「気鋭」は意気込みが鋭く盛んなさま。

用例 ヴィンデルバントが『ヘーゲル主義の復興』と云《い》う論文を書いたとき、彼はその頃新進気鋭のノールやエビングハウスを頭においていたと云われています。〈三木清◆消息一通〉

類義語 少壮気鋭《しょうそうきえい》・少壮有為《しょうそうゆうい》

【人心洶洶】じんしん きょうきょう (—タル)(—ト)

意味 人々の心が、おどおどと恐れおののいているさま。

補説 「人心」は多くの人の心。「洶洶」はどきどき、びくびく、おどおどするさま。

注意 「人心恟恟」とも書く。

【人身攻撃】じんしん こうげき

意味 個人の事情や私的な言動にまで踏み込んでその人を非難すること。

補説 「人身」は個人の事情や私的な言動、身の上。「攻撃」は相手を強く非難し責めること。

用例 屁《へ》を勘定するのは人身攻撃の方針で、屁をひるのは正当防禦《ぼうぎょ》の方針で、こうやって観海寺の石段を登るのは随縁放曠《ずいえんほうこう》の方針である。〈夏目漱石◆草枕〉

【心神耗弱】しんしん こうじゃく

意味 精神が衰弱して、是非善悪の判断能力や行動を抑制する能力が低下していること。

補説 医学や法律などで用いられる語。「心神」は心・精神。「耗弱」はすり減って弱くなること。心神喪失よりは軽い状態。

用例 さるにても同行タヌキ嬢の虐待酷使を受け、竟《つい》に心神耗弱したるコントラ・バスの研究生狐《きつね》のコン吉氏は、その脳神経に栄養を与えるため、常春《とこはる》の碧瑠璃海岸《コオト・ダジュウル》に向けて巴里《パリー》を出発した〈久生十蘭◆ノンシャラン道中記〉

類義語 神経衰弱《しんけいすいじゃく》・心神喪失《しんしんそうしつ》

【人心収攬】じんしん しゅうらん

意味 人々の心をうまくとらえてまとめること。また、人々の信頼をかちえること。

補説 「人心」は多くの人々の心。「収攬」は集めてつかむ、にぎること。

用例 こういう俳優は、多く、「立役《たちやく》」中の花形に多く、一座を統率する才幹もあり、人心収攬の術も心得、芸の上でも光った一面をもっているのである。〈岸田國士◆煽動性万能〉

類義語 人心籠絡《じんしんろうらく》

【心神喪失】しんしん そうしつ (—スル)

意味 精神が衰弱して、識別力が乏しくなり、自分の行為の結果についての判別能力が欠けていること。

補説 法律上の用語。「心神」は心・精神。「喪失」は失うこと。心神耗弱よりは重い状態をさす。

類義語 神経衰弱《しんけいすいじゃく》・心神耗弱《しんしんこうじゃく》

【身心脱落】しんじん だつらく

意味 身も心も抜け落ちること。物質的にも精神的にも枠づけられない、自己の真のありかたをいう。

補説 道元《どうげん》が中国宋《そう》の如浄禅師《にょじょうぜんじ》のもとで道を得た際の実感を表現した言葉。如浄の「心塵脱落」という語を、道元が発展的に改変したものとする推定もある。

出典 『正法眼蔵《しょうぼうげんぞう》』行持《ぎょうじ》下・遍参《へんざん》

用例 飛躍はなかった、しかし、たしかに諦観《ていかん》はあった、自己超越に近いもの、身心脱落らしいもの、そういう心境への第一歩を歩んだと信じている。〈種田山頭火◆其中日記〉

【人心向背】じんしんの こうはい

意味 人々の心が、ある物事に向かうか背くかのこと。

補説 人々が賛成するか反対するかの意思・動向のこと。「人心」は多くの人々の心。「向背」は従うか背くか、動静の意。

出典 『水心文集《すいしんぶんしゅう》』別集《べっしゅう》・君徳《くんとく》

【人心沸騰】じんしん ふっとう

意味 人々の気持ちがわき立つこと。人々の心が激しく騒ぐこと。

補説 「人心」は人々の心の意。特に多くの人々の心のこと。「沸騰」はわき立つ、騒ぎ立つ意。

用例 当今は人心沸騰の時勢、何事も叡慮《えいりょ》を伺った上でないと朝廷の思召はもとより長防鎮圧の運命もどう成ることであろうか、〈島崎藤村◆夜明け前〉

【薪水之労】しんすいのろう

意味 炊事などの日常の労働。また、人に仕えて、日常の雑事に骨身を惜しまず働くこと。

補説 たきぎをとったり、水を汲《く》んだりして働くことから。

出典 昭明太子《しょうめいたいし》「陶淵明伝《とうえんめいでん》」

【進寸退尺】しんすんたいしゃく

⇒ 寸進尺退 すんしんしゃくたい 364

【人生羈旅】じんせいきりょ

意味 人の一生という長い旅のこと。人の一生を旅に見立てていう。

補説 「羈旅」は旅・旅行の意。

用例 これから更に踏み出そうとして、人生羈旅の別れ路に立つ彼半蔵のようなものもある。〈島崎藤村◆夜明け前〉

類義語 人生行路《じんせいこうろ》

【人生行路】じんせいこうろ

意味 人がこの世に生きていく道程。

補説 人生を先の予測できない旅にたとえた語。「人生」は人の一生・生涯。「行路」は道を行くこと。またその道すじ。世渡りの道。

用例 始めの書き出しにはロマンチックなしかも現実に即した人生行路の処々に置かれてある、眼《め》に見ましく手にとらまほしき一篇《ぺん》の詩のようには書き出しはしましたが……。〈岡本かの子◆恋愛といふもの〉

類義語 人生羈旅《じんせいきりょ》

【人生如夢】じんせいじょむ

意味 人生は、夢のようにはかないものであるということ。

補説 一般に「人生《じんせい》夢《ゆめ》の如《ごと》し」と訓読して用いる。

類義語 一炊之夢《いっすいのゆめ》・邯鄲之夢《かんたんのゆめ》・黄粱一炊《こうりょういっすい》・黄粱之夢《こうりょうのゆめ》・浮生若夢《ふせいじゃくむ》・盧生之夢《ろせいのゆめ》

【信誓旦旦】しんせいたんたん

意味 心の底から、誠意をもって誓うこと。

補説 もと、男が女に求婚するときの心境を表す語として用いられた。「旦旦」は明らかなさま。また、懇ろで真心のあるさま。

出典 『詩経《しきょう》』衛風《えいふう》・氓《ぼう》

【人生朝露】じんせいちょうろ

意味 人の一生は、朝露のように、はかなくもろいものであるということ。

補説 人間の生命のはかなさ・もろさを、日を受けてすぐに消え去る朝露にたとえていったもの。「人生朝露の如《ごと》し」の略。

出典 『漢書《かんじょ》』蘇武伝《そぶでん》

用例 この幽冥《ゆうめい》の理に逢《あ》うときは、（中略）悽然《せいぜん》として胆を落とし、富貴浮雲、人生朝露の歎《たん》を為《な》さざるを得ず。〈福沢諭吉◆文明論之概略〉

類義語 槿花一日《きんかいちじつ》・浮生若夢《ふせいじゃくむ》

【晨星落落】しんせいらくらく（—タル）（—ト）

意味 仲のよかった友人が、年とともに次第に減っていくさま。また、年がたつにつれて、友人がだんだん死んでいなくなるさま。

補説 夜明けの空に残っていた星が、次第に一つひとつ消えていく意から。「晨星」は明け方の空に残っている星。転じて、数の少ないたとえ。「落落」はまばらでさみしいさま。「落落晨星《らくらくしんせい》」ともいう。

出典 劉禹錫《りゅううしゃく》「張盥《ちょうかん》の挙《きょ》に赴《おもむ》くを送《おく》る詩《し》」引《いん》

【人跡未踏】じんせきみとう

意味 人がまだ一度も入ったり通ったりしたことがないこと。

補説 「人跡」は人の足あと、人の通ったあと。人の往来。「未踏」はまだ誰《だれ》も足を踏み入れていないこと。

用例 真に力作して人跡未踏の処女地を立派な沃野《よくや》良田たらしめたのは坪内君である。〈内田魯庵◆明治の文学の開拓者〉

【神仙思想】しんせんしそう

意味 人間の世界から抜け出て、人知では計り知れない不老長生の世界に生きようという考え。

補説 「神仙」は神通力をもった不老不死の仙人。遠い海上や深山の想像上の楽園に住むとされた。神仙の実在を信じる中国古代の思想で、この信仰によって不老不死の薬が求められたりした。道教の根幹をなす思想。

【尽善尽美】 じんぜん じんび

意味 欠けるものがなく、完璧であること。美しさと立派さをきわめているさま。

補説 もと孔子が韶《しょう》（中国伝説上の天子舜《しゅん》帝の音楽）を評した語。「善《ぜん》を尽《つ》くし美《び》を尽《つ》くす」と訓読する。

出典 『論語《ろんご》』八佾《はちいつ》

類義語 完全無欠《かんぜんむけつ》・十全十美《じゅうぜんじゅうび》

【真相究明】 しんそう きゅうめい

意味 事件などの、まだ知られていない本当の事情を追究し明らかにすること。

補説 「真相」は物事の本当の姿。明らかになっていない実情。「究明」は真理や真相を追究し明らかにすること。

用例 今までの捜査のテンマツを全部語りあかして、真相究明を依頼したのであった。〈坂口安吾◆明治開化 安吾捕物〉

【深造自得】 しんぞう じとく

意味 自らの力で、学問の奥深いことまで体得していること。

補説 「造」は至る。目指すべき道に達する意。「深造」は学問の奥深い境地に達すること。「自得」は自分で道を会得すること。

出典 『孟子《もうし》』離婁《りろう》下 ◎「君子の深く之《これ》に造《いた》るに道を以《もっ》てするは其《そ》の之を自得せんことを欲すればなり（すぐれた人が深く目標の道に達するためにさまざまに工夫するのは、自分でその道を会得しようと考えているからである）」

し

【深層心理】 しんそう しんり

意味 ふだんの生活の中では意識されていない無意識の、奥深く隠れている心理のこと。

補説 「深層」は深い層、奥深く隠されている部分。「表層」の対義語。「心理」は心の動き・働き、心の状態。

【迅速果敢】 じんそく かかん 〈―ナ〉

⇒ 迅速果断 じんそくかだん 352

【迅速果断】 じんそく かだん 〈―ナ〉

意味 何においても、素早く決断し、思い切って物事を行うさま。

補説 「迅速」はすみやか、たいへん速いさま。「果断」は決断力が強く、大胆に物事を行うさま。「迅速果敢《じんそくかかん》」ともいう。

類義語 即断即決《そくだんそっけつ》・剽悍無比《ひょうかんむひ》

【進退維谷】 しんたい いこく

意味 進むことも退くこともできず、身動きが取れないこと。

補説 「維」は語調をととのえる語。「谷」は「窮」と同義で、きわまる意。一般に「進退《しんたい》維《これ》谷《きわ》まる」と訓読して用いる。

出典 『詩経《しきょう》』大雅《たいが》・桑柔《そうじゅう》

類義語 進退両難《しんたいりょうなん》

【進退去就】 しんたい きょしゅう

意味 （職や地位に）留《とど》まるか辞めるかなどの、身のふり方や処し方のこと。

補説 「進退」は留まることと辞めること。「去就」は去ることと留まること。「去就進退《きょしゅうしんたい》」ともいう。

用例 お勢の心一ツで進退去就を決しさえすればイサクサは無い 何故《なぜ》最初から其処《そこ》に心附かなかッたか〈二葉亭四迷◆浮雲〉

類義語 出処進退《しゅっしょしんたい》・用行舎蔵《ようこうしゃぞう》

【進退出処】 しんたい しゅっしょ

⇒ 出処進退 しゅっしょしんたい 315

【身体髪膚】 しんたい はっぷ

意味 人間のからだ全体のこと。全身。

補説 「身体」はからだ。「髪膚」は髪の毛と皮膚の意。ここから、からだ全体をいう。からだは父母から受けた大切なものとして、出典に「身体髪膚之《これ》を父母に受く、敢《あ》えて毀傷《きしょう》せざるは孝の始めなり」とある。

出典 『孝経《こうきょう》』開宗明義章《かいそうめいぎしょう》

用例 何も身体髪膚之を父母に受くなどと堅くるしい理窟《りくつ》をいうのではないが、死で後も体は完全にして置きたいような気がする。〈正岡子規◆死後〉

【進退両難】 しんたい りょうなん

意味 どうにもこうにもならないさま。にっちもさっちもいかないさま。

補説 進むことも退くことも困難な様子をいう。「進退《しんたい》両《ふた》つながら難《かた》し」と訓読する。

用例 訳文をして原文の字句を勝手に増損し、前後を倒置するなどの必要を生ずる、是《これ》実に責任ある翻訳家の進退両難とする所であ

る、〈幸徳秋水◆翻訳の苦心〉
類義語 進退維谷《しんたいいこく》

【人畜無害】じんちく むがい 〈―ナ〉

意味 どんなものにも害を与えないこと。また、そのような人や物。
補説 あたりさわりのないことのたとえ。また、他に何の影響も及ぼさない人のことをいう。「人畜」は人と家畜。「無害」は害がないこと。

【心地光明】しんち こうめい 〈―ナ〉

意味 心が清く正しく、広いさま。少しも私心がないさま。
補説 「心地」はこころ・精神・本心の意。「光明」は明るく輝く光、仏・菩薩《ぼさつ》の心身から放つ光の意。
注意 「地」は「じ」とも、「明」は「みょう」とも読む。
類義語 公平無私《こうへいむし》・公明正大《こうめいせいだい》・大公無私《たいこうむし》

【身中之虫】しんちゅうの むし

意味 仏教の正しい教えが、内部の仏教信者によって損なわれること。転じて、味方を裏切る者、味方の害になる者のたとえ。
補説 仏教語。獅子《しし》の体にすんでいてその恩恵を被っているにもかかわらず、獅子の肉を食う虫の意から。「獅子身中の虫」の略で一般にはこちらを用いる。
出典 『梵網経《ぼんもうきょう》』下
類義語 獅子身中《しししんちゅう》

【人中之竜】じんちゅうの りゅう

意味 多くの人々の中で、非凡な才能をもった人のこと。
補説 もと、中国晋《しん》の隠者宋纖《そうせん》を賞賛した言葉。
出典 『晋書《しんじょ》』宋纖伝《そうせんでん》
類義語 人中騏驥《じんちゅうのきき》・人中獅子《じんちゅうのしし》・特立之士《とくりつのし》

【尽忠報国】じんちゅう ほうこく

意味 忠節を尽くし、国から受けた恩に報いること。
補説 「尽忠」は君主や国家に忠義・忠誠を尽くすこと。「報国」は国のために力を尽くして国の恩に報いること。中国宋《そう》の岳飛《がくひ》はたいへんな忠誠心の持ち主で、背中に「尽忠報国」の四文字の入れ墨をしていたと伝えられる（『宋史《そうし》』岳飛伝《がくひでん》）。「報国尽忠《ほうこくじんちゅう》」ともいう。
出典 『北史《ほくし》』文苑伝《ぶんえんでん》・顔之儀伝《がんしぎでん》
用例 尽忠報国をまっこうに振りかざし、京都の市中を騒がす攘夷《じょうい》党の志士浪人に対抗して、幕府のために粉骨砕身しようという剣客ぞろいだ。〈島崎藤村◆夜明け前〉
類義語 一死報国《いっしほうこく》・義勇奉公《ぎゆうほうこう》・七生報国《しちしょうほうこく》・赤心奉国《せきしんほうこく》

【陣中見舞】じんちゅう みまい

意味 忙しく一生懸命に働く人を訪ね、激励すること。また、そのときの贈り物。
補説 戦場の将兵を訪ね、金品を贈ってねぎらうことから。「陣中」は戦場。「陣中見舞い」と表記されることもある。
用例 友愛塾では、開塾中に先輩から陣中見舞と称して、しばしば各地の名産が送られて来た〈下村湖人◆次郎物語〉

【慎重居士】しんちょう こじ

意味 何事においても、慎重な態度で臨み、注意深くて軽々しく行動しない人のこと。
補説 「慎重」は慎み深く、重々しいさま。「居士」は在家で、仏道を修行する男子のこと。多少からかいの気持ちをこめて使われる。

【新陳代謝】しんちん たいしゃ 〈―スル〉

意味 古いものがだんだんなくなって、新しいものに入れ代わること。また、生物が生活の持続のために、体内に必要なものを取り入れ、不必要なものを体外に排出する作用。
補説 「陳」は古の意。「代謝」は代わり来たり辞し去る意で、新しいものが来て交代し、古いものが辞し去ること。「謝」は衰える、しぼむ意。また、去の意。
用例 世の中というものは実に微妙に推移して行くもんだと僕は思うね。常に新陳代謝している。〈石川啄木◆我等の一団と彼〉
類義語 吐故納新《とこのうしん》・物質代謝《ぶっしつたいしゃ》

【心定理得】しんてい りとく

意味 行動が道理にかなっているため、心が安定していて安らかなさま。
補説 「人心定まりて事理得《う》」の略。
出典 『魏志《ぎし》』夏侯玄伝《かこうげんでん》

し

類義語 心安理得《しんあんりとく》

【震天動地】しんてんどうち

意味 大事件が起こることの形容。勢いや音などが、人を驚かすほどに激しく大きいさま。

補説 天地を震動させる意。また、そのような大音響や大騒動のこと。「天《てん》を震《ふる》わし地《ち》を動《うご》かす」と訓読する。

出典 『水経注《すいけいちゅう》』河水《かすい》

用例 我が宗教世界に於《お》いて昔し欧洲《おうしゅう》に在て震天動地の偉功を奏せし宗教改革諸英雄の如《ごと》き人傑あらしめば吾人《ごじん》は如何《いか》に頼母敷《たのもし》からずや、〈山路愛山◆英雄論〉

類義語 撼天動地《かんてんどうち》・驚天動地《きょうてんどうち》・震地動天《しんちどうてん》・震天駭地《しんてんがいち》

【陣頭指揮】じんとうしき 〈―スル〉

意味 指揮官や責任者が現場の先頭に立って部下を指揮すること。

補説 「陣頭」は戦闘部隊の最前列、また、活動の第一線。

類義語 率先躬行《そっせんきゅうこう》・率先垂範《そっせんすいはん》・率先励行《そっせんれいこう》

【神荼鬱塁】しんとうつりつ

意味 家の門を守り悪鬼を払う神のこと。

補説 「神荼」「鬱塁」はともに古代中国の兄弟神の名。門の守護神で百鬼を従わせ、背いたものは捕らえて虎に食わせたという。古代中国ではこの二神と虎の絵を家の門の所に貼って魔よけにした。「鬱塁神荼《うつりつしんと》」ともいう。

注意 「荼」は「だ」「じょ」、「塁」は「るい」とも読む。

出典 『独断《どくだん》』上

【心頭滅却】しんとうめっきゃく 〈―スル〉

意味 心に浮かぶ雑念をなくすこと。

補説 どんな苦難に遭っても心の中から雑念・想念を取り去り、無念無想の境地に至れば苦しさを感じないという意。「心頭」はこころ・心の中。「滅却」は消し滅ぼす、なくしてしまうこと。「心頭を滅却すれば火も自《おの》ずから涼し」の略。一般には「心頭を滅却すれば火もまた涼し」ということも多い。織田信長が甲斐《かい》の恵林寺《えりんじ》を攻めたとき、快川禅師《かいせんぜんじ》が燃える山門の中でこの句を唱え、端座して焼死した故事は有名。

出典 杜荀鶴《とじゅんかく》－詩「夏日《かじつ》悟空上人《ごくうしょうにん》の院《いん》に題《だい》す」／『碧巌録《へきがんろく》』四三

用例 暁に及んでいよいよ寒く、心頭滅却の修行もいまはあきらめて、ああ早く青森に着いて、どこかの宿で炉辺に大あぐらをかき、熱燗《あつかん》のお酒を飲みたい、と頗《すこぶ》る現実的な事を一心に念ずる下品な有様となった。〈太宰治◆津軽〉

【審念熟慮】しんねんじゅくりょ 〈―スル〉

意味 物事を明らかにし、正しい筋道を得るために熟考すること。

補説 「審念」は物事の本質を明らかにするためによく考える意。「熟慮」は念を入れて十分に考えをめぐらす意。

用例 黙坐《もくざ》して腕を拱《く》んで、沈吟して嘆息して、千思万考《せんしばんこう》、審念熟慮して屈托《くったく》して見たが、詮《せん》ずる所は旧《もと》の木阿弥《もくあみ》。〈二葉亭四迷◆浮雲〉

【心煩意乱】しんはんいらん 〈―スル〉

意味 いらいらして心が乱れ、気持ちが定まらないこと。

補説 「心煩」は心が煩わされるということ。「意」も心の意で、「意乱」は心が乱れること。

出典 『楚辞《そじ》』卜居《ぼくきょ》

類義語 心狂意乱《しんきょういらん》・心煩意悶《しんはんいもん》

【塵飯塗羹】じんぱんとこう

意味 現実には何の用もなさないもの。取るに足りないもののたとえ。

補説 「塵飯」は子どものままごと遊びの砂(土)の飯《めし》。「塗羹」は泥で作ったあつもの(吸い物)の意。

出典 『韓非子《かんぴし》』外儲説《がいちょせつ》左上

類義語 塵羹土飯《じんこうとはん》

【振臂一呼】しんぴいっこ 〈―スル〉

意味 自分から努めて奮起すること。発奮すること。また、腕を振るって号令すること。

補説 「振臂」は腕を振るうこと。奮起するさま。「一呼」は声を上げること。腕を振るい、声を出して自分を奮い立たせること。「臂《ひじ》を振《ふる》って一呼《いっこ》す」と訓読する。

出典 『文選《もんぜん》』李陵《りりょう》「蘇武《そぶ》に答《こた》うるの書《しょ》」

【人品骨柄】じんぴんこつがら

意味 人柄、人の品格や風采《ふうさい》・身なり・顔

し

立ち。
補説 「人品」はその人に備わっている品性・気品。「骨柄」はからだつきから感じられる、その人の風格・品性。
用例 最初は小身であったが次第次第に武功を積んで、人品骨柄の中々立派であることが世に認めらるるに至ったためとで、他にこれということも見当らぬ。〈幸田露伴◆蒲生氏郷〉

【人貧智短】 じんぴん ちたん
意味 人は困窮すると、知恵が働かなくなり、よい考えも浮かばなくなるということ。
補説 「人《ひと》貧《ひん》すれば智《ち》短《みじか》し」と訓読する。
出典 『続伝灯録《ぞくでんとうろく》』二〇
類義語 人亡家破《じんぼうかは》

【心腹之疾】 しんぷくの しっ
意味 心臓と腹とは人体の重要な部分で、そこを侵される致命的な病気の意。転じて、除きがたい災いや大きな障害・敵のこと。
補説 内部から起こる害にもいう。「腹心之疾《ふくしんのしっ》」ともいう。
注意 「しんぷくのやまい」とも読む。
出典 『春秋左氏伝《しゅんじゅうさしでん》』哀公《あいこう》一一年
類義語 心腹之患《しんぷくのうれい》・心腹之病《しんぷくのやまい》

【心腹之友】 しんぷくの とも
意味 心をうち解けあった友人。非常に親しい友人のこと。
補説 「心腹」は腹を割って、胸中を明かし合うほどの意。
類義語 心腹之交《しんぷくのこう》

【新婦新郎】 しんぷ しんろう
⇩ 新郎新婦 しんろうしんぷ 357

【人物月旦】 じんぶつ げったん
意味 人物を批評すること。人物の批評。特に著名人についての評論。
補説 「月旦」は毎月のはじめの日のこと。ついたち。また、月旦評のこと。月旦評は人物の批評、人物の品定めのこと。
故事 中国後漢、汝南《じょなん》の許劭《きょしょう》は毎月一日に従兄弟《いとこ》の許靖《きょせい》と、同郷の人々の論評をし合って楽しんだ。これを汝南の人が「月旦評」といったという故事から。
出典 『後漢書《ごかんじょ》』許劭伝《きょしょうでん》
用例 話はそれから東西の色々の人物月旦にワタリ、〈長与善郎◆竹沢先生と云う人〉
類義語 月旦春秋《げったんしゅんじゅう》・舌端月旦《ぜったんげったん》

【神仏混淆】 しんぶつ こんこう 〈―スル〉
意味 日本固有の神の信仰と、仏教信仰とを折衷して、融合調和させること。
補説 「神仏」は神と仏、神道と仏教。「混淆」は入り交じること。奈良時代に既に見られたが、平安時代に本格的な本地垂迹《ほんじすいじゃく》説が流行し、以降現代まで影響を及ぼしている。（↓「本地垂迹《ほんじすいじゃく》」609）「神仏習合《しんぶつしゅうごう》」ともいう。
注意 「神仏混交」とも書く。
用例 神仏混淆は日本で起り、道仏混淆は支那で起り、仏法婆羅門《ばらもん》混淆は印度で起っている。何も不思議はない。〈幸田露伴◆魔法修行者〉
類義語 本地垂迹《ほんじすいじゃく》
対義語 神仏分離《しんぶつぶんり》

【心平気和】 しんぺい きわ
意味 心が落ち着き和らいでいるさま。
補説 争おうとする心が全くなく、平静で、穏やかなさまを表す。「気」は気持ち。「心《こころ》平《たい》らかに気《き》和《わ》す」と訓読する。
出典 程頤《ていい》「明道先生行状《めいどうせんせいぎょうじょう》」
類義語 心正気和《しんせいきわ》・心平徳和《しんぺいとくわ》

【深謀遠慮】 しんぼう えんりょ
意味 深く考えを巡らし、のちのちの遠い先のことまで見通した周到綿密な計画を立てること。また、その計画。
補説 「深謀」は奥深い見通しをもったはかりごと・考え。「遠慮」は、ここでは将来について考え巡らす、遠く先のことをおもんぱかる、よくよく考える意。「遠謀深慮《えんぼうしんりょ》」「遠慮深謀《えんりょしんぼう》」「深慮遠謀《しんりょえんぼう》」ともいう。
出典 『文選《もんぜん》』賈誼《かぎ》「過秦論《かしんろん》」
用例 そうするとこれまで馬鹿げた事であった当局の為事《しごと》が、深謀遠慮から出た善政になる。〈森鷗外◆灰燼〉
類義語 深識遠慮《しんしきえんりょ》・深識長慮《しんしきちょうりょ》
対義語 軽率短慮《けいそつたんりょ》

【唇亡歯寒】 しんぼう しかん
意味 互いに助け合っていた一方がくずれ滅

びると、もう一方も孤立して危うくなってしまうことのたとえ。

補説 唇と歯は互いに助け合う関係にあり、一方の唇がなくなれば歯はむき出しになって寒くなる意から。一般に「唇《くちびる》亡《ほろ》びて歯《は》寒《さむ》し」と訓読して用いる。「亡唇寒歯《ぼうしんかんし》」ともいう。

出典『春秋左氏伝《しゅんじゅうさしでん》』僖公《きこう》五年／哀公《あいこう》八年

類義語 唇歯之国《しんしのくに》・唇歯輔車《しんしほしゃ》・輔車唇歯《ほしゃしんし》・輔車相依《ほしゃそうい》

【心慕手追】しんぼしゅつい

意味 すぐれた技芸や人物などを慕いまねること。

補説 心で慕い、手で追う意。心で慕い敬い、力を尽くして手でまねをすること。

出典『晋書《しんじょ》』王羲之伝《おうぎしでん》・賛

【心満意足】しんまんいそく 〈―スル〉

意味 非常に満足すること。存分に満ち足りた気分になること。

補説「心満」「意足」はともに心が満ち足りる意。「心《こころ》満《み》ち意《い》足《た》る」と訓読する。

対義語 欲求不満《よっきゅうふまん》

【尽未来際】じんみらいさい

意味 永遠のこと。

補説 仏教語。未来の果てのそのまた果ての時間が尽きるまで、未来永劫《みらいえいごう》時間が続く限りのこと。

注意「じんみらいざい」とも読む。語構成は「尽」＋「未来際」。

出典『大乗本生心地観経《だいじょうほんじょうしんじかんぎょう》』四

用例 この餅《もち》も主人と同じようにどうしても割り切れない。かんでもかんでも、三で十を割る如《ごと》く尽未来際方《かた》のつく期《ご》はあるまいと思われた。〈夏目漱石◆吾輩は猫である〉

【人面獣心】じんめんじゅうしん

意味 冷酷で、恩義や人情をわきまえず、恥などを知らない人のこと。

補説 顔は人間であるが、心は獣類に等しい人の意から。「人面」は人間の顔。また、それに似た形の意。「獣心」は道理をわきまえない、残忍な獣のような心。「人面獣身」は別語。（↓356）

注意「にんめんじゅうしん」とも読む。

出典『史記《しき》』匈奴伝《きょうどでん》・賛

用例 その木石《ぼくせき》のような心もちが、やはり何かとあげつらわれたようでございます。中にはあの男を罵《ののし》って、画のためには親子の情愛も忘れてしまう、人面獣心の曲者《くせもの》だなどと申すものもございました。〈芥川龍之介◆地獄変〉

類義語 虎吻鴟目《こふんしもく》・人頭畜鳴《じんとうちくめい》

対義語 鬼面仏心《きめんぶっしん》

【人面獣身】じんめんじゅうしん

意味 顔は人間で、からだは獣のような妖怪《ようかい》・怪物を表す語。

補説「人面」は人間の顔、「獣身」は獣のからだ。「人面獣心」は別語。（↓356）

出典『史記《しき》』五帝紀《ごていき》・注

用例 その「謎語《スフィンクス》」の「謎語」たる所以《ゆえん》は、その姿が人面獣身であるところにあるという事も亦《また》あまりに有名な事実であります。〈夢野久作◆鼻の表現〉

【人面桃花】じんめんとうか

意味 中国唐の詩人崔護《さいご》が、桃の花が咲く所で美女と出会い、忘れられずに次の年に再びそこを訪れたが、その人の姿は見えなかった。そこで、「去年の今日此《こ》の門の中《うち》、人面桃花相映じて紅《くれない》なり、…」の詩を残して去ったという故事。

出典『本事詩《ほんじじ》』情感《じょうかん》

【瞋目張胆】しんもくちょうたん 〈―スル〉

意味 大いに勇気を振るうこと。

補説「瞋目」は目を怒《いか》らす、怒って目を見張ること。「張胆」は肝っ玉を太くする。恐ろしい目に遭っても、気力・胆力をすえてそれに立ち向かうさま。

出典『史記《しき》』張耳陳余伝《ちょうじちんよでん》

【晨夜兼道】しんやけんどう

意味 昼夜を分かたず急行すること。急いで仕事をすること。

補説「晨」は朝・早朝。「晨夜」は朝と夜、朝早くから夜遅くまで。「兼道」は二日の行程を一日で行く意。大急ぎで行くこと。

出典『蜀志《しょくし》』龐統伝《ほうとうでん》

類義語 昼夜兼行《ちゅうやけんこう》・倍日并行《ばいじつへいこう》・連日連夜《れんじつれんや》

し

【迅雷風烈】 じんらい ふうれつ

意味 激しい雷と猛烈な風。事態が急激に変わるさま。また行動が素早いさま。

補説 「迅雷」は天地をとどろかす激しい雷鳴。「風烈」は激しく吹く風で、「烈風」に同じ。

出典 『礼記《らいき》』玉藻《ぎょくそう》

用例 その迅雷風烈を放ち出す手は、また一隻の雀《すずめ》をだに故なくして地に墮《おと》すことなきなり。〈森鷗外訳アンデルセン◆即興詩人〉

類義語 疾風迅雷《しっぷうじんらい》

【森羅万象】 しんら ばんしょう

意味 天地間に存在する、数限りないすべてのもの（万物）や事象。

補説 「森羅」は樹木が限りなく茂り並ぶ意で、たくさん連なること。また、万物。「万象」はすべての形あるもの、有形のものの意。

注意 「しんらばんぞう」「しんらまんぞう」とも読む。

出典 『法句経《ほっくきょう》』

用例 若《も》し夫《そ》れ春去り夏来り秋と更《かわ》り冬と換《かわ》るは、四時《しいじ》の法度なり。日暮れ夜継ぐは、一日《いちじつ》の則《のり》なり。宇宙間の森羅万象一つとしておのずから法度を有せざるはなし。〈坪内逍遥◆小説神髄〉

類義語 一切合切《いっさいがっさい》・有情非情《うじょうひじょう》・有象無象《うぞうむぞう》・天地万象《てんちばんしょう》

【心領神会】 しんりょう しんかい 〈―スル〉

意味 心の中で理解し、また、その理解が深いこと。よくよく理解すること。

補説 「領」は悟る、「会」は理解するという意。「神」もここでは、こころの意。

出典 呉海《ごかい》「傅徳謙《ふとくけん》の臨川《りんせん》に還《かえ》るを送《おく》る序《じょ》」

類義語 心融神会《しんゆうしんかい》・心領意会《しんりょういかい》・心領神悟《しんりょうしんご》

【新涼灯火】 しんりょう とうか

意味 秋の初めの涼しくなり始めたころは、明かりの下で読書をするのにふさわしい時期である意。

補説 「新涼」は初秋の涼しさ。「灯火」は「灯火親しむべき候」の略で、明かりの下で読書するのに適している季節の意。

類義語 灯火可親《とうかかしん》

【深慮遠謀】 しんりょ えんぼう

⇒ 深謀遠慮 しんぼうえんりょ 355

【親類縁者】 しんるい えんじゃ

意味 血縁や縁組によってつながりがある人々。

補説 「親類」は、ここでは血縁関係にある人々。「縁者」は、ここでは婚姻や縁組によって親戚になった人々。

用例 親類縁者に促されて、心にもない渡米を余儀なくされた時に自分で選んだ道――〈有島武郎◆或る女〉

類義語 一族郎党《いちぞくろうとう》・一家眷族《いっかけんぞく》

【深厲浅掲】 しんれい せんけい

意味 その場その時の状況によって、適切に対処すること。

補説 川を渡るのに、深ければ衣服をまくり上げて渡り、浅ければすそをからげて渡る意。「厲」は高く上げること。一説に、服を脱がずそのまま渡る意。「掲」は着物のすそをまくること。一般に「深《ふか》ければ厲《れい》し、浅《あさ》ければ掲《けい》す」と訓読して用いる。

出典 『詩経《しきょう》』邶風《はいふう》・匏有苦葉《ほうゆうこよう》

類義語 随機応変《ずいきおうへん》・量体裁衣《りょうたいさいい》・臨機応変《りんきおうへん》

【蜃楼海市】 しんろう かいし

⇒ 海市蜃楼 かいししんろう 92

【辛労辛苦】 しんろう しんく 〈―スル〉

意味 つらい目にあって、非常に苦労すること。

補説 「辛労」「辛苦」はともに、たいへん苦しむこと。非常につらい思いをすること。「辛労辛苦」は、「労苦」を分けて、それぞれに「辛《つら》い」を加えて意味を強めた語。「辛苦心労《しんくしんろう》」ともいう。

【新郎新婦】 しんろう しんぷ

意味 花婿と花嫁のこと。

補説 結婚式などで並称される。「郎」は若い男子。「婦」は夫のある女性。「新婦新郎《しんぷしんろう》」ともいう。

用例 卒業免状でも渡す時の様に、声厳《おごそ》かに新郎新婦を呼び出して、テーブルの前に立たせた。〈徳冨健次郎◆みみずのたわごと〉

す

【随鴉彩鳳】ずいあ さいほう

⇒ 彩鳳随鴉 さいほうずいあ 253

【吹影鏤塵】すいえい ろうじん

(意味) 形跡が見えないたとえ。また、とりとめのないたとえ。やってもかいのないたとえ。

(補説) 影を吹いたり、細かなちりに刻みを入れようとする意から。「鏤」は刻む、彫りつけること。一般に「影《かげ》を吹《ふ》き塵《ちり》に鏤《ちりば》む」と訓読して用いる。「鏤塵吹影《ろうじんすいえい・るじんすいえい》」ともいう。

(注意) 「すいえいるじん」とも読む。

(出典) 『関尹子《かんいんし》』一宇《いちう》

【随縁放曠】ずいえん ほうこう

(意味) さまざまな因縁にしばられず、気の向くままに勝手に振る舞うこと。また、因縁にまかせてのびのびとして物事にこだわらないこと。

(補説) 「随縁」は縁（条件）に随《したが》って物が生起し変化すること。「放曠」は心がのびのびとして、ものにこだわらないこと。自由に心のままに振る舞うこと。

(用例) 誰の迷惑にもならない。是《これ》が真正の方針である。屁《へ》を勘定するのは人身攻撃の方針で、屁をひるのは正当防禦《ぼうぎょ》の方針で、こうやって観海寺の石段を登るのは随縁放曠の方針である。〈夏目漱石◆草枕〉

【水火無情】すいか むじょう

(意味) 水害や火災は人に莫大《ばくだい》な被害を与えるという、天災の恐ろしさをいう語。

(補説) 水や火には情けなどないというところから。「無情」は情けがない、無慈悲の意。

【随感随筆】ずいかん ずいひつ

(意味) 思うまま感じるままに書き付けること。また、その文。

(補説) 「随感」は感じるままに、思うままにの意。「随筆」は筆にまかせて、筆のおもむくままに書き記したもの。「随」はしたがう、まかせるの意。

【酔眼朦朧】すいがん もうろう 〈―タル〉〈―ト〉

(意味) 酒に酔ってとろりとした目付きになり、頭もぼうっとして、辺りの物がはっきり見えないさま。

(補説) 「酔眼」は酒に酔ったときのとろんとして定まらない目付き。「朦朧」はかすんではっきりしない様子。

(出典) 蘇軾《そしょく》一詩「杜介《とかい》魚《うお》を送《おく》る」

(用例) 敬之進《けいのしん》は覚束《おぼつか》ない足許《あしもと》で、ややともすれば往来の真中に倒れそうに成る。酔眼朦朧、星の光すら其《その》瞳には映りそうにも見えなかった。〈島崎藤村◆破戒〉

(類義語) 酔歩蹣跚《すいほまんさん》

【随機応変】ずいき おうへん

⇒ 臨機応変 りんきおうへん 669

【随喜渇仰】ずいき かつごう 〈―スル〉

(意味) 心から喜んで、深く仏を信仰すること。

(補説) もと仏教語。「随喜」は心から喜び、ありがたく感じること。「渇仰」は喉《のど》が渇いて水を欲しがるように、仏道を深く信仰すること。

(用例) 鶴見《つるみ》はそのおぎろなき慈悲に身を染めて、さながら如来智《にょらいち》をでも授かったように他念なく随喜渇仰していたものである。〈蒲原有明◆夢は呼び交す〉

【随喜功徳】ずいき くどく

(意味) 他人が功徳を積んでいるのを見て、自分のことのように喜ぶこと。また、他人の功徳を喜んだことによって、自分も功徳を得ること。

(補説) 仏教語。「随喜」は他人が善行を成すのを見て喜ぶこと。

(出典) 『法華経《ほけきょう》』随喜功徳品《ずいきくどくぼん》

【随宜所説】ずいぎ しょせつ

(意味) 相手の心や性質や能力に応じて、理解できるように説いた仏法のこと。

(補説) 仏教語。「随宜」は教えを聞く相手に順応すること。「宜《よろ》しきに随《したが》いて説《と》く所《ところ》」と訓読する。

(出典) 『法華経《ほけきょう》』方便品《ほうべんぼん》

(類義語) 随宜説法《ずいぎせっぽう》・随類応同《ずいるいおうどう》

【炊臼之夢】すいきゅうの ゆめ

(意味) 臼《うす》で飯を炊く夢。転じて、妻を失うことのたとえ。

故事 昔、中国で、張瞻《ちょうせん》という者が、旅先で臼で飯を炊く夢を見た。そこで占い師にその夢を占ってもらったところ、「あなたが帰宅したら奥さんが亡くなっているだろう。臼で飯を炊くのは、釜《かま》（音読みは「フ」）で「婦《ふ》」を暗示している）がなくなったためだ」と言われた。張瞻が帰宅してみると、本当に妻は数か月前に亡くなっていたという故事から。

出典 『酉陽雑俎《ゆうようざっそ》』八

【垂拱之化】 すいきょうのか

意味 天子の徳がいきわたって、手をこまぬいて何もしなくても、天下が平穏無事に治まること。

補説 「垂拱」は衣を垂れ、手をこまぬいて何もしないこと。「化」は感化・教化の意。天子の徳により、臣下・人民がおのずから感化・教化されて、自然と世の中がうまく治まる様子。中国古代の政治の理想。「垂拱之治《すいきょうのち》」ともいう。

出典 『書経《しょきょう》』武成《ぶせい》

【垂拱之治】 すいきょうのち

⇒ 垂拱之化 すいきょうのか 359

【水魚之交】 すいぎょのまじわり

意味 離れることができない、親密な間柄や交際のたとえ。

補説 水と魚のように切っても切れない親しい関係をいう。

注意 「すいぎょのこう」とも読む。

故事 中国三国時代、蜀《しょく》の劉備《りゅうび》が諸葛亮《しょかつりょう》（孔明）を三顧の礼で軍師に招き重く用いた。これを古参の諸臣が喜ばなかったとき、劉備が「二人の間は水と魚との関係のようなもので、切っても切れない間柄である」と言ったという故事から。（↓「三顧之礼《さんこのれい》」261）

出典 『蜀志《しょくし》』諸葛亮伝《しょかつりょうでん》 ◎「孤の孔明有るは、猶《な》お魚《うお》の水有るがごときなり（私に孔明がいることは、ちょうど魚に水があるのと同じである）」

類義語 管鮑之交《かんぽうのまじわり》・金石之交《きんせきのまじわり》・金蘭之契《きんらんのちぎり》・膠漆之交《こうしつのまじわり》・耐久之朋《たいきゅうのとも》・断金之交《だんきんのまじわり》・莫逆之友《ばくぎゃくのとも》・刎頸之交《ふんけいのまじわり》・雷陳膠漆《らいちんこうしつ》

【炊金饌玉】 すいきんせんぎょく

意味 たいへん豪華でぜいたくな食事。たいへんなごちそうの意。

補説 黄金を炊いて食物とし、玉《ぎょく》を取りそろえて膳《ぜん》に並べる意から。美食をほめたたえるたとえ。また、他人のもてなしを謝する言葉。「金《きん》を炊《かし》ぎ玉《ぎょく》を饌《そな》う」と訓読する。「饌玉炊金《せんぎょくすいきん》」ともいう。

出典 駱賓王《らくひんのう》「帝京篇《ていけいへん》」

類義語 香美脆味《こうびぜいみ》・太牢滋味《たいろうのじみ》・三汁七菜《さんじゅうしちさい》・食前方丈《しょくぜんほうじょう》

対義語 一汁一菜《いちじゅういっさい》

【水月鏡花】 すいげつきょうか

⇒ 鏡花水月 きょうかすいげつ 153

【水光接天】 すいこうせってん

意味 広々として輝いている水面がはるかかなたの空と接している。輝く水面と空とが連なり、はるかに広がっているさま。

補説 「水光」は水面が月や日の光できらきら輝いていること。一般に「水光《すいこう》天《てん》に接《せっ》す」と訓読して用いる。

出典 蘇軾《そしょく》「前赤壁賦《ぜんせきへきのふ》」

類義語 水天一色《すいてんいっしょく》・水天一碧《すいてんいっぺき》・水天彷彿《すいてんほうふつ》

【随侯之珠】 ずいこうのたま

意味 天下の至宝。たいへん貴重な宝玉。

補説 中国春秋時代、随侯がけがをしている大蛇を助けてやった。そのお礼に大蛇が持ってきたという宝玉のこと。和氏《かし》の璧《へき》（↓「和氏之璧《かしのへき》」105）とともに天下の至宝とされた。（↓「随珠和璧《ずいしゅかへき》」359）

注意 「隋侯之珠」とも書く。「ずいこうのしゅ」とも読む。

出典 『荘子《そうじ》』譲王《じょうおう》

類義語 和氏之璧《かしのへき》・随和之宝《ずいかのたから》・随珠和璧《ずいしゅかへき》

【水紫山明】 すいしさんめい

⇒ 山紫水明 さんしすいめい 262

【随珠和璧】 ずいしゅかへき

意味 きわめて貴重なもののたとえ。

補説 「随珠」は「随侯之珠《ずいこうのたま》」のこと。（↓「随侯之珠《ずいこうのたま》」359）「和璧」は「和氏之

す

璧《かしのへき》」のこと。（→「和氏之璧《かしのへき》」105）どちらもこの世にめったにない貴重な宝物・宝玉であるところから。
（注意）「隋珠和璧」とも書く。
（出典）『淮南子《えなんじ》』覧冥訓《らんめいくん》
（類義語）和氏之璧《かしのへき》・随和之材《ずいかのざい》・随和之宝《ずいかのたから》・随侯之珠《ずいこうのたま》

【随珠弾雀】《ずいしゅだんじゃく》

（意味）使うものが適当でないことのたとえ。また、得るものが少なく失うものが多いことのたとえ。

（補説）「随珠」は「随侯之珠《ずいこうのたま》」のこと。（→「随侯之珠《ずいこうのたま》」359）随侯之珠のような貴重な石を使ってスズメを撃ち落とすことから。「随珠《ずいしゅ》雀《すずめ》を弾《う》つ」と訓読する。

（注意）「隋珠弾雀」とも書く。

（出典）『荘子《そうじ》』譲王《じょうおう》 ◎「随侯の珠を以《もっ》て千仞《じん》の雀を弾《う》たば、世必ず之《これ》を笑わん」

（類義語）随珠弾鵲《ずいしゅだんじゃく》・明珠弾雀《めいしゅだんじゃく》

【翠色冷光】《すいしょくれいこう》

（意味）冷ややかな感じのする青白い光の形容。月の光の形容。

（補説）「翠色」はみどり・青緑色。「冷光」は冷たく感じる冷ややかな光。

（出典）『竜鳳録《りゅうほうろく》』

【随処任意】《ずいしょにんい》

（意味）いつでもどこでも自由に行動できること。

（補説）「随処」はいかなる所・場合にあってもの意。どこでも。「任意」は自分の意のままに事をなすこと。

（注意）「随所任意」とも書く。

（用例）それでね、おれも睡眠時間を四時間に縮めるには、永年修行をしたもんだ、若いうちは何《ど》うしても眠たくて行かなんだが、近ごろに至って始めて随処任意の庶境《しょきょう》に入って甚だ嬉《うれ》しいと自慢するんです。〈夏目漱石◆吾輩は猫である〉

（類義語）随処為主《ずいしょいしゅ》

【水随方円】《すいずいほうえん》

（意味）民は君主の善悪に感化されて、どちらにでもなりうること。人も交友・環境によってよくなったり悪くなったりすること。
（補説）「方円」は四角い器と丸い器。水は器の形によって方形にも円形にもなるということから。「水は方円の器《うつわ》に随《したが》う」の略。一般に「水《みず》は方円《ほうえん》に随《したが》う」と訓読して用いる。
（出典）『韓非子《かんぴし》』外儲説《がいちょせつ》左上
（類義語）哭岐泣練《こくきゅうれん》・潜移暗化《せんいあんか》・潜移黙化《せんいもくか》・南橘北枳《なんきつほくき》・墨子泣糸《ぼくしきゅうし》・麻中之蓬《まちゅうのよもぎ》

【水声山色】《すいせいさんしょく》

（意味）川のせせらぎの音と山の緑。のどかな村落の形容。

（補説）「水声」はせせらぎの水音。「山色」は山の緑色。

（出典）杜牧《とぼく》－詩「宣州開元寺《せんしゅうかいげんじ》の水閣《すいかく》に題す」

【水清無魚】《すいせいむぎょ》

（意味）あまり清廉潔白過ぎたり、明敏であり過ぎたりすれば、かえって人に親しまれず友人もできないことのたとえ。

（補説）水が清らか過ぎると、隠れる所がないので魚はそこにすまない意から。「水清ければ大魚無し」の略。一般に「水《みず》清《きよ》ければ魚《うお》無《な》し」と訓読して用いる。類義の表現に「水清ければ魚棲《す》まず」がある。

（出典）『後漢書《ごかんじょ》』班超伝《はんちょうでん》

【酔生夢死】《すいせいむし》

（意味）何もせずに、ただむなしく一生を過ごすこと。

（補説）生きている意味を自覚することなく、ぼんやりと無自覚に一生を送ること。酒に酔ったような、また、夢を見ているような心地で死んでいく意から。

（出典）『程頤《ていい》』「明道先生行状《めいどうせんせいぎょうじょう》」

（用例）漢学者の謂《い》う酔生夢死というような生涯を送ってしまうのが残念である。それを口惜しい、残念だと思うと同時に、痛切に心の空虚を感ずる。〈森鷗外◆妄想〉

（類義語）無為徒食《むいとしょく》・遊生夢死《ゆうせいむし》

【垂涎三尺】《すいぜんさんじゃく》

（意味）うらやんで、物を非常に欲しがることのたとえ。

（補説）うまそうな物を見て思わずよだれを三尺も垂らす意。「涎」はよだれ。

注意「すいえんさんじゃく」「すいせんさんじゃく」とも読む。
出典 柳宗元《りゅうそうげん》「海賈《かいこ》を招くの文」
用例 食った刹那《せつな》の香味に至っては、これを語って人をして垂涎三尺たらしむるには、優れたる弁舌が入用になるわけである。〈永井荷風◆一六、七のころ〉
類義語 垂涎欲滴《すいぜんよくてき》

【水村山郭】すいそんさんかく
意味 水辺にある村と山中の村。
補説 中国の江南《こうなん》地方の春の農村を描いた、唐の詩人杜牧《とぼく》の詩句から。江南地方は、小さな運河が網の目のようにめぐらされているので「水村」という。「山郭」の「郭」は町を囲う城郭のことで、町そのものをいう。
出典 杜牧《とぼく》―詩「江南春《こうなんのはる》」
用例 汽笛一声京城《けいじょう》を後にして五十三亭一日に見尽すとも水村山郭の絶風光は雲煙過眼よりも脆《もろ》く写真屋の看板に名所古跡を見るよりもなおはかなく一瞥《いちべつ》の後また跡かたを留《とど》めず。〈正岡子規◆旅の旅の旅〉

【翠帳紅閨】すいちょうこうけい
意味 高貴な婦人の寝室のこと。

補説「翠帳」はカワセミの緑の美しい羽で飾った垂れぎぬのこと。「紅閨」は赤く塗って飾った婦人の寝室の意。深窓の令嬢の生活のたとえとして使われる。

用例「翠帳紅閨に枕ならべていいねし夜」など近松《ちかまつ》の世話浄瑠璃《じょうるり》では、〈正宗白鳥◆根無し草〉

【垂髫戴白】すいちょうたいはく
意味 幼童と年寄り。子供と老人。
補説「垂髫」はお下げ髪の意。転じて、幼い子。「戴白」は頭に白髪を戴《いただ》くことで、白髪の人、老人の意。
出典『十八史略《じゅうはっしりゃく》』東漢《とうかん》
類義語 垂髪戴白《すいはつたいはく》

【垂直思考】すいちょくしこう
意味 既成の枠組みや常識にとらわれて考えること。
補説 ↓「水平思考《すいへいしこう》」362
対義語 水平思考《すいへいしこう》

【推陳出新】すいちんしゅっしん
意味 古い物を破棄して、新しい物にすること。また、古い物をもとにして、新しい物を生み出すこと。

補説「陳《ふる》きを推《お》して新《あら》しきを出《い》だす」と訓読する。

出典『梁渓漫志《りょうけいまんし》』九に引く『張文潜粥記《ちょうぶんせんしゅくき》』

【水滴石穿】すいてきせきせん
⇒点滴穿石《てんてきせんせき》476

【水天一碧】すいてんいっぺき
意味 水と空とがひと続きになって、一様に青々としていること。
補説「水天」は水と空、海と空。「一碧」は一面に青い色となること。「碧」は深い青色、あおみどり。
出典 王勃《おうぼつ》「滕王閣序《とうおうかくのじょ》」◎「秋水は長天と共に一色なり」
類義語 水光接天《すいこうせってん》・水天一色《すいてんいっしょく》・水天彷彿《すいてんほうふつ》

【水天彷彿】すいてんほうふつ〈―タル〉〈―ト〉
意味 はるかな海上の水と空とが接していて、どこまでが水でどこまでが空かはっきり見分けられないさま。
補説「水天」は海と空。「彷彿」はぼんやりしてはっきりしないさま。
注意「水天髣髴」とも書く。
出典 頼山陽《らいさんよう》―詩「天草洋《あまくさなだ》に泊《はく》す」◎「雲か山か呉か越か。水天髣髴青一髪《せいいっぱつ》」
用例 狂瀾《きょうらん》激浪を水天髣髴の間に認めて惶忙《こうぼう》退回したる如《ごと》く〈幸田露伴◆露団々〉
類義語 水光接天《すいこうせってん》・水天一色《すいてんいっしょく》・水天一碧《すいてんいっぺき》

【水到渠成】すいとうきょせい
意味 学問を十分にすれば、自然に道徳も身に備わるということ。また、物事は時がくれば、自然と成就するということ。
補説「渠」は溝・掘り割りのこと。水が流れると、自然に土が削られて溝ができるという意から。一般に「水《みず》到《いた》りて渠《きょ》成《な》る」と訓読して用いる。
出典 蘇軾《そしょく》「秦太虚《しんたいきょ》に答《こた》うるの書《しょ》」
用例 なあに、水到渠成は絶好の処世法、〈徳冨蘆花◆思出の記〉
類義語 水到魚行《すいとうぎょこう》

【垂頭喪気】すいとう そうき

意味 元気をなくしてしょげかえり、がっかりすること。

補説 「垂頭」は頭を低く垂れること。「喪気」は元気がなくなること。「頭《かしら》を垂《た》れ気《き》を喪《うしな》う」と訓読する。

出典 韓愈《かんゆ》「送窮文《そうきゅうぶん》」

類義語 意気消沈《いきしょうちん》・意気阻喪《いきそそう》

対義語 意気軒昂《いきけんこう》・意気衝天《いきしょうてん》・意気揚揚《いきようよう》

【垂頭塞耳】すいとう そくじ

意味 頭を低く垂れて、見ることも聞くこともしない状態。

補説 わざと見ることもせず、聞くこともしないこと。「垂頭」は頭を低く垂れること。「塞」はふさぐ、閉じる意。「頭《とう》を垂《た》れ耳《みみ》を塞《ふさ》ぐ」と訓読する。

出典 『後漢書《ごかんじょ》』殤帝紀《しょうていき》

【垂堂之戒】すいどうの いましめ

意味 大切な子供や有為な人物は、危険な場所に近付けてはいけないという戒め。

補説 瓦《かわら》が落ちてくるような危険な場所を避けることから。「垂堂」は堂端の軒下の部分に近付くこと。

出典 『漢書《かんじょ》』爰盎伝《えんおうでん》 ◎「千金の子は堂に垂《すい》せず」

【随波逐流】ずいは ちくりゅう 〈—スル〉

意味 なんら自分の主張・考えもなく、ただ世の大勢に従うこと。

補説 波に従い流れを追いかけるという意から。「随波」は波にさからわず、波の流れのままになること。「逐流」も波の動きのままになること。「波《なみ》に随《したが》い流《なが》れを逐《お》う」と訓読する。

類義語 随波漂流《ずいはひょうりゅう》

【彗氾画塗】すいはん がと

意味 物事がきわめて容易にできることのたとえ。

補説 水たまりをほうきで掃き、刀で泥に線を引く意から。「彗氾」は水たまりをほうきで掃くこと。「彗」はほうきで掃く、「氾」は水があふれている所。「画塗」は刀で泥に線を引くこと。「塗」は泥の意。

出典 『漢書《かんじょ》』王褒伝《おうほうでん》

【随風倒舵】ずいふう とうだ

意味 大勢に順応することのたとえ。

補説 風向きによって舵《かじ》の向きを変えるということから。また、なりゆきまかせ、風まかせの状態を表す場合にも用いる。「随風」は吹く風に従う意。なりゆきに任せるたとえ。また、大勢に従うたとえ。「風《かぜ》に随《したが》い舵《かじ》を倒《さかしま》にす」と訓読する。

類義語 見風使舵《けんぷうしだ》

【水平思考】すいへい しこう

意味 問題を解決するにあたって、従来の枠組みにとらわれず、多角的視点から思考して解決の手がかりを得ようとすること。

補説 二十世紀半ばに英国の心理学者デ・ボノが提唱した思考法「Lateral thinking（ラテラル・シンキング）」の訳語。従来通りの思考法「垂直思考」に対して、より良いアイディアを見つけようとする思考法。

対義語 垂直思考《すいちょくしこう》

【酔歩蹣跚】すいほ まんさん 〈—タル〉〈—ト〉

意味 酒に酔い、ふらふらになって歩く様子。

補説 「酔歩」は酔って歩くこと。また、その足取り。千鳥足のこと。「蹣跚」はよろめきながら歩くさま。

注意 「すいほばんさん」とも読む。

用例 奥田孫太夫《おくだまごだゆう》が庭で相手取った一人に、青竹の先に百目蠟燭《ひゃくめろうそく》をつけたのを、寝巻のえり頸《くび》へさして、酔歩蹣跚と立ち向った大柄な武士があって、かなり腕の利く男だったという。〈林不忘◆口笛を吹く武士〉

類義語 酔眼朦朧《すいがんもうろう》

【推本溯源】すいほん さくげん

意味 物事の根本をきわめ求めること。

補説 根本を推察して根源にさかのぼる意。「本《もと》を推《お》して源《みなもと》に溯《さかのぼ》る」と訓読する。

注意 「推本遡源」とも書く。「すいほんそげん」とも読む。

類義語 推究根源《すいきゅうこんげん》・追本究源《ついほんきゅうげん》

【垂名竹帛】すいめい ちくはく

意味 名前が後世に伝わること。

補説 「竹帛」は書物のこと。昔は紙がなかったので、竹の札と白い絹布でできた竹帛に文字を残したということによる。一般に「名《な》を竹帛《ちくはく》に垂《た》る」と訓読して用いる。
出典 『後漢書《ごかんじょ》』鄧禹伝《とううでん》
類義語 竹帛之功《ちくはくのこう》・豹死留皮《ひょうしりゅうひ》
対義語 遺臭万載《いしゅうばんさい》

【吹毛求疵】 すいもう きゅうし

意味 無理に人の欠点をあばきたてようとすること。また、人のあらを探そうとして、かえって自分の欠点をさらけ出してしまうこと。
補説 毛を吹き分けて、隠れた傷を探し出す意から。一般に「毛《け》を吹《ふ》いて疵《きず》を求《もと》む」と訓読して用いる。
出典 『韓非子《かんぴし》』大体《だいたい》
類義語 吹毛之求《すいもうのもとめ》・洗垢索瘢《せんこうさくはん》・披毛求瑕《ひもうきゅうか》

【水落石出】 すいらく せきしゅつ

意味 事の真相が露見することのたとえ。
補説 水位が下がって、川底の石が露出する意から。「水《みず》落《お》ちて石《いし》出《い》づ」と訓読する。
出典 蘇軾《そしょく》「後石壁賦《こうせきへきのふ》」

【随類応同】 ずいるい おうどう 〈―スル〉

意味 仏や菩薩《ぼさつ》が衆生《しゅじょう》の資質に応じて説法・教化を施すこと。相手の能力や性質に応じて、それぞれに合った指導をすること。
補説 仏教語。「随類」は種類に従うこと。「応同」は同じ仲間に応《こた》える意。「類《るい》に随《したが》い同《どう》に応《おう》ず」と訓読する。
出典 『一遍語録《いっぺんごろく》』下・門人伝説《もんじんでんせつ》

類義語 随宜所説《ずいぎしょせつ》

【垂簾聴政】 すいれん ちょうせい

意味 皇帝が幼いときなどに、それに代わって太后・皇太后などが政治を執ること。
補説 直接群臣に向かうことをはばかって、座席の前に簾《すだれ》を垂れたことから。「垂簾」は簾をおろすこと。「聴政」は政治を執ること。「垂簾之政《すいれんのせい・すいれんのまつりごと》」ともいう。
出典 『旧唐書《くとうじょ》』高宗紀《こうそうき》

【衰老病死】 すいろう びょうし

意味 体力が衰えること、老いること、病むこと、死ぬこと。
用例 彼と我との距離甚だ遠きに驚ろく。不死不朽、彼と与《とも》にあり、衰老病死、我と与にあり。〈北村透谷◆一夕観〉
類義語 生老病死《しょうろうびょうし》

【鄒衍降霜】 すうえん こうそう

意味 鄒衍が無実を天に訴えて、夏に霜を降らせたという故事。
補説 「鄒衍」は中国戦国時代の思想家。五行説《ごぎょうせつ》を唱えた。「降霜」は霜が降りる意。『蒙求《もうぎゅう》』の表題の一つ。
注意 「騶衍降霜」とも書く。
故事 中国戦国時代、斉の鄒衍が無実の罪で投獄されたとき、その無実を天に訴えた。天はこれに応《こた》えて、夏に霜を降らせたという故事から。
出典 『太平御覧《たいへいぎょらん》』一四に引く『淮南子《えなんじ》』

【趨炎附熱】 すうえん ふねつ

意味 時の権力者につき従い、こびへつらうこと。
補説 もとは、勢いよく燃えている炎に向かって走り、熱いものにつく意。「炎」「熱」はともに勢いが盛んなもののたとえ。「炎《えん》に趨《おもむ》き熱《ねっ》に附《ふ》く」と訓読する。
注意 「趨炎付熱」とも書く。
出典 『宋史《そうし》』李垂伝《りすいでん》
類義語 趨炎附勢《すうえんふせい》・趨炎奉勢《すうえんほうせい》

【数黒論黄】 すうこく ろんこう

意味 言い争うこと、また、陰で人の悪口を言うこと。
補説 黒色がどうとか黄色がどうとか、人のことをあれこれ言うことから。「数」は人の落ち度を責めあげること。また、説明する意。「黒《くろ》を数《せ》め、黄《き》を論《ろん》ず」と訓読する。
出典 『西廂記《せいしょうき》』
類義語 数黄道黒《すうこうどうこく》

【鄒魯遺風】 すうろ（の）いふう

意味 孔子や孟子《もうし》の残した教えのこと。儒学・儒教。また、正当な儒家を引き継ぐ学風。その継承者。
補説 「鄒」は孟子の、「魯」は孔子の出生の地。「遺風」は後世に残した教えの意。
類義語 鄒魯之学《すうろのがく》

【崇論閎議】 すうろん こうぎ

意味 見識高く、広く議論をすること。また、その議論。

補説 崇高かつ堂々と議論をする意から。「崇」は高い、「閎」は広い意。「崇《たか》く論《ろん》じ閎《ひろ》く議《ぎ》す」と訓読する。

出典 『史記《しき》』司馬相如伝《しばしょうじょでん》

【頭寒足熱】ずかんそくねつ

意味 頭部を冷やし、足部を温かくすること。また、その状態。

補説 「頭寒」は頭部を冷やすこと。「足熱」は足を温める意。このようにすると健康によいとされる。

用例 頭寒足熱は延命息災の徴《しるし》と傷寒論にも出ているとおり、濡《ぬ》れ手拭《てぬぐい》は長寿法において一日も欠くべからざる者である。〈夏目漱石◆吾輩は猫である〉

類義語 頭寒足暖《ずかんそくだん》

【杜撰脱漏】ずさんだつろう

意味 物事のやり方が粗雑で誤りや脱落が多く、いいかげんなこと。

補説 「杜撰」は手落ちが多く、いいかげんなさま。中国宋《そう》の杜黙《ともく》が作った詩が、詩の規則に合わないものが多かったという、『野鶴叢書《やかくそうしょ》』にある故事から、詩や文章などに規格はずれや誤りが多いことをいう。「撰」は記す、著す意。「脱漏」は漏れ落ちること。

類義語 杜黙詩撰《ともくしせん》

【頭脳明晰】ずのうめいせき 〈—ナ〉

意味 頭がよくて、筋道の通ったはっきりした考えができること。

補説 「頭脳」は頭の働き。「明晰」は筋道が通っていて、分かりやすいこと。

用例 頭脳明晰な人士もこの偏見に限って疑《うたぐ》らないのが奇妙であるが、そのために世人の生活はどれほど歪《ゆが》められ傷められているか知れないのである。〈坂口安吾◆総理大臣が貰った手紙の話〉

【頭北面西】ずほくめんさい

意味 頭を北に、顔を西に、右脇を下にして横たわること。また、死者をそのように寝かせること。

補説 仏教語。「頭北面西右脇臥《ずほくめんさいうきょうが》」の略。釈迦《しゃか》の入滅のときの姿とされる。このことから、人が死んだときこれにならって寝かせるようになったという。「北枕」の語もここから出た。

出典 『長阿含経《じょうあごんきょう》』

【寸陰尺璧】すんいんせきへき

意味 時間の大切さを表した言葉。

補説 一尺の宝玉よりも一寸の光陰（時間）を重んじるということから。「寸陰」はわずかな時間のこと。「尺璧」は一尺の貴重な宝玉のこと。「寸」「尺」は長さの単位。一尺は一寸の十倍。

出典 『淮南子《えなんじ》』原道訓《げんどうくん》◎「聖人は尺《せき》の璧《へき》を貴《とうと》ばずして寸《すん》の陰《いん》を重んず」

【寸指測淵】すんしそくえん

意味 実現不可能なこと。また、浅はかで愚かな行為のたとえ。

補説 「寸指」は一寸の指。小さいことをいう。「測淵」は水の深い所を測量する意。小さな指で水の深い所を測ろうとしてもできないことから。「寸指《すんし》もて淵《ふち》を測《はか》る」と訓読する。

出典 『孔叢子《くぞうし》』答問《とうもん》

【寸進尺退】すんしんしゃくたい

意味 少し進んで多く退く。得るところが少なく、失うところが多いたとえ。

補説 一寸進んで一尺退く意。「尺」は「寸」の十倍の長さの単位。「進寸退尺《しんすんたいしゃく・しんすんたいせき》」ともいう。

注意 「すんしんせきたい」とも読む。

出典 韓愈《かんゆ》「兵部李侍郎《ひょうぶりじろう》に上《たてまつ》る書」

【寸善尺魔】すんぜんしゃくま

意味 この世の中には、よいことが少なく悪いことばかりが多いたとえ。また、よいことにはとかく妨げが多いこと。

補説 「寸善」は一寸の善で、少しばかりのよいこと。「尺魔」は一尺の悪いこと。一尺は一寸の十倍の長さで、「寸善」より「尺魔」のほうが多い意。

注意 「すんぜんせきま」とも読む。

用例 人間の一生は地獄でございまして、寸善尺魔、とは、まったく本当の事でございますね。一寸の仕合せには一尺の魔物が必ずくっついてまいります。〈太宰治◆ヴィヨンの妻〉

類義語 好事多魔《こうじたま》

【寸草春暉】すんそうしゅんき

意味 父母の恩愛は大きく、子がほんのわずかでもそれに報いるのが難しいことのたとえ。

補説 「寸草」はわずかに伸びた丈の短い草。子の、親の恩に報いようとするわずかな気持ちのたとえ。「春暉」は春の暖かい陽光。親の子に対する愛情のたとえ。

出典 孟郊《もうこう》「遊子吟《ゆうしぎん》」

類義語 寸草之心《すんそうのこころ》

【寸鉄殺人】すんてつさつじん

意味 短く鋭い言葉で、相手の痛いところをつくたとえ。

補説 小さくて鋭い刃物で人を殺すように、要を得た一言で相手の急所や弱点をついてまいらせること。「寸鉄」は一寸ほどの小さい刃物。一般に「寸鉄《すんてつ》人《ひと》を殺《ころ》す」と訓読して用いる。

出典 『鶴林玉露《かくりんぎょくろ》』殺人手段《さつじんしゅだん》

用例 ややもすれば、益もなきことに他の短所を挙げ、寸鉄殺人の毒言を吐くがごときは、〈福沢諭吉◆福翁百話〉

類義語 頂門一針《ちょうもんのいっしん》・頂門金椎《ちょうもんのきんつい》

【寸田尺宅】すんでんしゃくたく

意味 少しの財産のこと。

補説 「寸田」は一寸四方の田のこと。「尺宅」は一尺四方の住宅の意。どちらもわずかな財産のたとえ。

出典 蘇軾《そしょく》－詩「羅浮山《らふさん》に遊《あそ》ぶ一首《いっしゅ》、児子《じし》の過《か》に示《しめ》す」

類義語 寸土尺地《すんどしゃくち》

【寸土寸金】すんどすんきん

意味 人口が密集していて、地価が非常に高い土地。少量でも価値が高いたとえ。

補説 「寸土」はわずかな土地。「寸地」に同じ。「寸金」はわずかな金。転じて、少量でも価値の高いもののこと。

出典 『好色万金丹《こうしょくまんきんたん》』二

【寸馬豆人】すんばとうじん

意味 絵画に描かれた遠景の人馬の形容。また、遠くの人や馬などが小さく見えること。

補説 「寸」も「豆」も、ともに小さいことのたとえ。水墨画の遠近法に使われる。

出典 荊浩《けいこう》「山水《さんすい》を画《えが》くの賦《ふ》」

用例 遥《はる》かにこしかたを見かえるに山又山峩々《がが》として路《みち》いずくにかある。寸馬豆人のみぞ、かれかと許《ばか》り疑われて、〈正岡子規◆かけはしの記〉

【寸歩難行】すんぽなんこう 〈―スル〉

意味 ほんのわずかな距離も歩けないこと。転じて、苦しい立場に置かれて、どうすることもできない状態のたとえ。

補説 「寸歩」はごく少しの歩み。ひとあしの意。「難行」は容易にはかどらない意。「寸《すん》歩《ぽ》行《ゆ》き難《がた》し」と訓読する。

出典 杜甫《とほ》－詩「九日《ここのか》岑参《しんしん》に寄《よ》す」◎「寸歩《すんぽ》なる曲江《きょくこう》の頭《ほとり》、一《ひと》たび相《あい》就《つ》くを為《な》し難《がた》し」

類義語 寸歩難移《すんぽなんい》

【寸歩不離】すんぽふり

意味 距離をおかず、すぐそばにいること。また、非常に密接な関係にあること。夫婦仲むつまじく、一歩も離れないこと。

補説 「寸歩」はごく少しの歩みの意。「寸《すん》歩《ぽ》離《はな》れず」と訓読する。

出典 『述異記《じゅついき》』

類義語 異体同心《いたいどうしん》・一心同体《いっしんどうたい》・形影一如《けいえいいちにょ》

せ

【青鞋布襪】せいあいふべつ

⇒ 布襪青鞋 ふべつせいあい 580

【井蛙之見】せいあのけん

意味 見識や考え方がきわめて狭いことのたとえ。広い世間のことを知らず、自分だけの狭い見聞にとらわれるたとえ。

補説 「井」は井戸。「蛙」はカエルの意。「井の中の蛙、大海を知らず」という句が慣用される。「坎井之蛙《かんせいのあ》」「井底之蛙《せいていのあ》」ともいう。

故事 井戸の底にいるカエルが、海にすむ大亀に向かって「なんと楽しいことか。井戸に飛び込んでは悠々と浮かび、周りの赤虫、蟹《かに》、おたまじゃくしも私にかなう者はいない。一つの穴を独り占めして井戸にふんぞり返る楽しみは最上だ。あなたも井戸の中に入ってごらんなさい」と言ったので、大亀が井戸に入ろうとすると、たちまちつかえて動けなくなってしまった。そこで大亀は海の広さや深さについてカエルに語ったところ、カエルはびっくりしてうろたえるだけで、どうしようもなかったという。
出典『荘子《そうじ》』秋水《しゅうすい》
類義語 甕裏醯鶏《おうりけいけい》・夏虫疑氷《かちゅうぎひょう》・管窺蠡測《かんきれいそく》・区聞陬見《くぶんすうけん》・尺沢之鯢《せきたくのげい》・夜郎自大《やろうじだい》・遼東之豕《りょうとうのいのこ》

【誠意誠心】せいい せいしん
⇒誠心誠意 せいしんせいい 370

【晴雲秋月】せいうん しゅうげつ
意味 心に汚れがなく、澄みとおっているたとえ。
補説「晴雲」は、晴れた空に浮かぶ白雲のこと。「秋月」は、秋の澄んだ空にかかる月の意。
出典『宋史《そうし》』文同伝《ぶんどうでん》
類義語 虚心坦懐《きょしんたんかい》・光風霽月《こうふうせいげつ》・明鏡止水《めいきょうしすい》

【青雲之志】せいうんの こころざし
意味 徳を磨いて、立派な人物になろうとする心。また、功名を立て立身出世をしようとする心。
補説「青雲」は雲の上の青い空を意味し、高位高官、立身出世のことをいう。
出典 王勃《おうぼつ》「滕王閣序《とうおうかくのじょ》」
類義語 凌雲之志《りょううんのこころざし》

【青雲之士】せいうんの し
意味 高位高官に昇り名声のある人。また、学徳の高い人。また、志が高く俗世を逃れて人里離れて隠れ住む隠逸の士をいう。
補説「青雲」は雲の上の青い空の意。
出典『史記《しき》』伯夷伝《はくいでん》

【精衛塡海】せいえい てんかい
意味 できそうもないことを企てて、結局無駄に終わること。また、いつまでも悔やみ続けること。
補説「精衛」は、古代の想像上の小鳥。「塡海」は海をうずめる意。意志の強固なことにも用いる。「精衛《せいえい》海《うみ》を塡《うず》む」と訓読する。
故事 中国古代の伝説上の皇帝である炎帝の娘、女娃《じょあ》が東海で溺《おぼ》れて死んでしまった。女娃は精衛という名の小鳥に変身して、常に西山の小石や小枝をくわえては、自分の溺れた東海をうずめようとしたが、とうとうその効果はなかったという伝説から。
出典『山海経《せんがいきょう》』北山経《ほくさんきょう》
類義語 塡海之志《てんかいのこころざし》

【清音幽韻】せいおん ゆういん
意味 文章のすぐれていることのたとえ。
補説「清音」は清らかな音声、「幽韻」は奥深く何ともいえない趣の意。中国北宋《ほくそう》の王安石が欧陽脩《おうようしゅう》の文を評した言葉。
出典 王安石《おうあんせき》「欧陽文忠公《おうようぶんちゅうこう》を祭《まつ》るの文《ぶん》」

【青蓋黄旗】せいがい こうき
意味 気が集まって、王の車に用いられる「青蓋」や、天子の使用する「黄旗」の形をなすこと。王者出現の瑞兆《ずいちょう》とされる。
補説「青蓋」は青い覆いで、王の車に用いられ、「黄旗」は黄色い旗で、天子が使用する旗。
出典 陸倕《りくすい》「石闕銘《せっけつめい》」◎「青蓋《せいがい》南に泊《と》まり、黄旗《こうき》東を指す」
類義語 黄旗紫蓋《こうきしがい》

【星河一天】せいが いってん
意味 空一面に、帯状の無数の星が輝いて見える様子。
補説「星河」は、天《あま》の川、銀河。「一天」は空全体、空一面の意。
用例 先鋒《せんぽう》已《すで》に可愛が嶽《たけ》の麓《ふもと》にかかれば、夜は闌《ふ》けて星河一天、山黒くして月幽《ゆう》に、風露肌《はだ》に冷《ひや》やかなり。〈徳冨蘆花◆自然と人生〉

【臍下丹田】せいか たんでん
意味 へそのすぐ下あたりのところ。漢方医学では、ここに意識を集中して力を集めれば、健康を保ち勇気がわいてくるという。
補説「臍下」はへその下、「丹田」はへその下あたりの意で、「下丹田」ともいう。
出典『黄庭経《こうていきょう》』注
用例 按吉《あんきち》は、時々、お天気のいい日、臍下丹田に力をいれて、充分覚悟をかためた上で、高僧を訪ねることが、稀《まれ》にはあった。〈坂

口安吾・勉強記〉

【西河之痛】せいかのいたみ

意味 自分の子を亡くして激しく悲しむことのたとえ。
補説 「抱痛西河《ほうつうせいか》」ともいう。
注意 「せいかのつう」とも読む。
故事 中国春秋時代、孔子の弟子の子夏が、孔子の死後、西河で教えを説いていたとき、自分の子の死を悲しむあまり、失明してしまったという故事から。
出典 『史記《しき》』仲尼弟子伝《ちゅうじでしでん》

【星火燎原】せいかりょうげん

意味 初めは小さな勢力でも、次第に勢力を増して侮れなくなること。
補説 「星火」は星の光のような小さな火。「燎原」は野原を焼き払うこと。反乱や一揆《いっき》などは、初めはその力が小さくても次第に力を増していき、やがて防ぎようがなくなることをたとえたもの。
出典 『後漢書《ごかんじょ》』周紆伝《しゅううでん》

【擠陥讒誣】せいかんざんぶ 〈—スル〉

意味 悪意をもって人を陥れ、無実の罪を言い立ててそしること。
補説 「擠陥」は悪意をもって人を罪に落とす意。「讒誣」は偽りを言い立てて人をそしる、事実とは違う悪口を言って陥れる意。
用例 官界につきものの朋党比周《ほうとうひしゅう》の擠陥讒誣による地位（あるいは生命）の不安定からも免れることができた。〈中島敦・李陵〉

【誠歓誠喜】せいかんせいき

意味 この上なく喜ばしい意。
補説 臣下が天子に奉る文書に用いる言葉。「歓喜」のそれぞれに「誠」を重ねて、最高の喜びを表す。
出典 『後漢書《ごかんじょ》』劉盆子伝《りゅうぼんしでん》

【旌旗巻舒】せいきけんじょ

意味 戦いの続くことのたとえ。
補説 「旌旗」は旗の総称。「旌」も旗の意。「巻舒」は巻いたり広げたりすること。軍旗を巻いたり広げたりするということで、戦いに明け暮れる意。中国三国時代、魏《ぎ》を建国し、初代皇帝となった曹丕《そうひ》が言った言葉に基づく。
出典 『魏志《ぎし》』傅嘏伝《ふかでん》

【生寄死帰】せいきしき

意味 人が今生きているのは、仮にこの世に身をおいているだけであり、死ぬことは故郷に帰るように、本来いるべきところに落ち着くことだということ。
補説 「寄」は寄寓《きぐう》で仮住まいのこと。「帰」は本来の場所に帰ること。「生《せい》は寄《き》なり死《し》は帰《き》なり」と訓読する。
出典 『淮南子《えなんじ》』精神訓《せいしんくん》

【生気潑溂】せいきはつらつ 〈—タル〉〈—ト〉

意味 生き生きとして、動作や表情に元気のあふれている様子。
補説 「生気」は生き生きとした活力。「潑溂」は魚の元気よくはねるさまから、動作や表情に元気のあふれているさま。
注意 「生気溌剌」とも書く。
用例 自分の仕事は「述べル」ことに尽きる。事実、彼は述べただけであった。しかし何と生気潑溂たる述べ方であったか？〈中島敦・李陵〉
類義語 元気潑溂《げんきはつらつ》

【政教分離】せいきょうぶんり 〈—スル〉

意味 政治と宗教とを切り離すこと。これらが相互に介入したり干渉したりすることを禁ずるという原則。
補説 「政教」は政治と宗教。「分離」は一体であったものを分け離すこと。
用例 おそらく祭政一致の行われがたいことを知った政府は、諸外国の例なぞに鑑みて、政教分離の方針を執るに至ったのであろう。〈島崎藤村・夜明け前〉
類義語 祭政分離《さいせいぶんり》
対義語 祭政一致《さいせいいっち》・政教一致《せいきょういっち》

【精金良玉】せいきんりょうぎょく

意味 性格が穏やかで純粋なたとえ。すぐれた金属と立派な玉の意から。
補説 「精金」は混じりけのない金属。「良玉」は美しい玉。「良玉精金《りょうぎょくせいきん》」ともいう。中国北宋《ほくそう》の学者であった程顥《ていこう》の人柄が、温和で純粋であることを言った言葉。
出典 程頤《ていい》「明道先生行状《めいどうせんせいぎょうじょう》」◎「純粋なること精金のごとく、温潤なること良玉のごとし」

【斉駆並駕】せいく へいが
⇓ 並駕斉駆 へいがせいく 588

【晴好雨奇】せいこう うき
(意味) 自然の景色が晴天でも雨天でも、それぞれ趣があって美しくすばらしいこと。
(補説) 「奇」は普通とは違ってすぐれている意。出典の「水光瀲灎《れんえん》として晴れ方《まさ》に好《よ》く、山色空濛《くうもう》として雨も亦《また》奇なり」の句から。「雨奇晴好《うきせいこう》」ともいう。
(出典) 蘇軾《そしょく》－詩「湖上《こじょう》に飲《の》む初《はじ》め晴《は》れ後《のち》雨《あめ》ふる」

【晴耕雨読】せいこう うどく 〈－スル〉
(意味) 田園で世間のわずらわしさを離れて、心穏やかに暮らすこと。
(補説) 悠々自適の生活をいう。晴れた日には田畑を耕し、雨の日には家に引きこもって読書する意から。
(用例) 妻の父はトルストイにそっくりの老人で税務署長、村長などを勤め、晩年は晴耕雨読の境涯に入り、漢籍の素養が深かった。〈伊丹万作◆わが妻の記〉

【性行淑均】せいこう しゅくきん 〈－ナ〉
(意味) 性質や行為が善良で偏っていないさま。
(補説) 性質がひねくれておらず、行動も偏りのないこと。「性行」は性質と行動、「淑均」はしとやかで公平なこと。
(出典) 諸葛亮《しょかつりょう》「前出師表《ぜんすいしのひょう》」

【誠惶誠恐】せいこう せいきょう
(意味) まことに恐れかしこまること。
(補説) 臣下が天子に自分の意見を奉るときに用いる。「惶」は恐れかしこまる意。「惶」「恐」それぞれに「誠」を重ねて、丁寧さを強調した言葉。「誠《まこと》に惶《おそ》れ誠《まこと》に恐《おそ》る」と訓読する。
(出典) 韓愈《かんゆ》「潮州刺史謝上表《ちょうしゅうししゃじょうひょう》」

【清光素色】せいこう そしょく
(意味) 清らかな月の白い光のこと。夜中に月の光がきらきらと輝いているさま。
(補説) 「清光」は清らかに澄んだ光。特に月のさえた清い光をいう。「素色」は白色、自然色の意。
(用例) 蒼空《あおぞら》一面にてりわたる清光素色、ただ亭々皎々《ていていきょうきょう》として雫《しずく》も滴《した》たるばかり。〈二葉亭四迷◆浮雲〉

【成効卓著】せいこう たくちょ
(意味) 成績や結果が非常にすぐれていること。
(補説) 「成効」は結果・成功・成績の意。「卓」はすぐれている、「著」は明らかにあらわれる、目立っているの意。
(出典) 『自由書《じゆうのしょ》』

【清光溶溶】せいこう ようよう 〈－タル〉〈－ト〉
(意味) 月のさえた清らかな光が、水が広々と盛んに流れるように、あたり一面をこうこうと照らしているさま。
(補説) 「清光」は清らかに澄んだ光。特に月のさえた清い光をいう。「溶溶」は水が盛んに流れるさま。また、ゆったりと流れるさま。
(用例) 月は今彼方の大竹藪《おおたけやぶ》を離れて、清光溶々として上天下地を浸し、身は水中に立つの思《おも》いあり。〈徳冨蘆花◆自然と人生〉

【生殺与奪】せいさつ よだつ
(意味) 生かしたり殺したり、与えたり奪いとったりすること。他人をどうしようと自分の思うままであること。
(補説) 絶対的な権力を握っていることをいう。
(出典) 『荀子《じゅんし》』王制《おうせい》
(用例) 三百の諸侯各一政府を設け、君臣上下の分を明《あき》らかにして生殺与奪の権を執り、その堅固なることこれを万歳に伝うべきが如《ごと》くなりしもの、〈福沢諭吉◆文明論之概略〉
(類義語) 活殺自在《かっさつじざい》・殺生与奪《さっせいよだつ》

【青山一髪】せいざん いっぱつ
(意味) はるか遠くに山が見える様子。
(補説) 遠くに見える山が地平線と一つになって、まるで一本の髪の毛のように見えることからこう表現される。また、水平線を形容することもある。
(出典) 蘇軾《そしょく》－詩「澄邁駅通潮閣《ちょうまいえきつうちょうかく》」◎「杳杳《ようよう》天低く鶻《こつ》没する処《ところ》、青山一髪是《これ》中原《ちゅうげん》」

【青史汗簡】せいし かんかん
(意味) 歴史書のこと。

補説「青史」は歴史のこと。「汗簡」は油を抜いた竹の札（竹簡）で、文書・書物のこと。昔、紙がまだなかったころ、青竹を火であぶり青みと油（汗）をぬき去って書きやすくし、漆で記録したことからいう。

【噬指棄薪】ぜいし きしん

意味 母と子の気持ちが通じ合うこと。

補説「噬指」は指をかむこと。「棄薪」はたきぎを放り出すこと。「指《ゆび》を噬《か》みて薪《たきぎ》を棄《す》つ」と訓読する。

故事 中国後漢の蔡順《さいじゅん》は日ごろから母親によく尽くしていた。その蔡順がたきぎを取りに行った留守に急用の客が来たので、母親は連絡に困り自分の指をかむと、蔡順にその気持ちが伝わり胸騒ぎを覚えて、彼はたきぎを捨てて帰って来たという故事から。孔子の弟子の曽参《そうしん》にも同様の説話が伝わる。

出典『白孔六帖《はっこうろくじょう》』孝《こう》・噬指《ぜいし》

類義語 齧指痛心《げっしつうしん》

【生死肉骨】せいし にくこつ

意味 窮地にあるときに助けてくれた人の大恩のこと。また、恵みや施しの非常に深いこと。落ち目の人を救い上げること。

補説 死んだ者を生き返らせ、しかばねの白骨に肉をつける意から。「死《し》を生《い》かして骨《ほね》に肉《にく》す」と訓読する。

出典『春秋左氏伝《しゅんじゅうさしでん》』襄公《じょうこう》二一年

【斉紫敗素】せいし はいそ

意味 知者が事を行えば災いを福に変じ、失敗を成功に転じることのたとえ。

補説 斉の国でもてはやされた紫色の絹も、もとは粗末な古い白絹を染め直したものである意から。「斉紫」は中国戦国時代に斉の国で産出した紫色の布地。「敗素」は古い白絹。敗素を紫地に染めただけで、斉紫は値段が十倍にもなったといわれる。

出典『戦国策《せんごくさく》』燕策《えんさく》

【成事不説】せいじ ふせつ

意味 すでに起きてしまったことについては、とやかく言わないということ。

補説「成事」はすでに起きてしまったこと。済んだこと。過去のこと。「説」は語る、論じる意。一般に「成事《せいじ》は説《と》かず」と訓読して用いる。この語の後に「遂事《すいじ》は諫《いさ》めず、既往《きおう》は咎《とが》めず（やってしまったことは諫めない、過去については咎めない）」と続く。孔子が、弟子の宰我の失言に対して教え諭した言葉。

出典『論語《ろんご》』八佾《はちいつ》

【西施捧心】せいし ほうしん

意味 病気に悩む美女の様子。また、むやみに他人のまねをして物笑いになるたとえ。

補説 同じ行いでも人や場合により価値に差が生まれるということ。「西施」は中国古代の美女。「捧心」は胸をおさえる。両手で胸をかかえる。「西施《せいし》心《むね》を捧《ささ》ぐ」と訓読する。『蒙求《もうぎゅう》』の表題の一つ。

故事 中国春秋時代、越《えつ》の美女の西施が、病んだ胸を手で押さえ眉《まゆ》をひそめていた。その美しさに人々が見とれたのを見て、村の醜い女が自分も同じようにすれば美しく見えるかと思って顔をしかめたところ、人々はその醜さに驚いて皆逃げたという故事から。

出典『荘子《そうじ》』天運《てんうん》

【正邪曲直】せいじゃ きょくちょく

意味 物事の、正と不正。

補説「正邪」も「曲直」も、正と不正という意。類義の語を重ねて意味を強めている。「曲直正邪《きょくちょくせいじゃ》」「是非正邪《ぜひせいじゃ》」ともいう。

用例 第一自分が事を起して置いて、ああ云《い》う善良な人を迷惑な状態に陥らして、それで平気に見物がして居られるものじゃない。正邪曲直なんて六《む》ずかしい問題は別として、ただ気の毒で、痛わしくって不可《いけ》ない〈夏目漱石◆三四郎〉

類義語 是非曲直《ぜひきょくちょく》・是非善悪《ぜひぜんあく》・理非曲直《りひきょくちょく》

【静寂閑雅】せいじゃく かんが 〈―ナ〉

意味 静かでひっそりとしていて、みやびやかな風情のあるさま。

補説「静寂」はしんと静まり返っているさま。「閑雅」は閑静でみやびやかな趣のあるさま。

用例 床柱は白南天《しろなんてん》、天井が鶉杢目《うずらもくめ》で、隅炉《すみろ》が切ってある。如何《いか》にも静寂閑雅な構え。〈久生十蘭◆顎十郎捕物帳〉

【西戎東夷】せいじゅう とうい

⇒東夷西戎 とういせいじゅう 480

【西狩獲麟】せいしゅかくりん

意味 中国春秋時代、魯《ろ》の哀公が、西方に狩りに行って麒麟《きりん》を得た故事。また、絶筆。物事の終わり。

補説 「麟」は麒麟のこと。想像上の動物で、からだは鹿、尾は牛で、毛は五色に輝き、聖人が世に現れるのに応じて出現するといわれていた。この麒麟が乱世に現れたのに感じて、孔子は『春秋』の中でこの語を記して筆をおいたといわれる。このことから文章の書き終わり、絶筆、転じて、物事の終わりなどの意に用いられる。「獲麟」だけでもその意で用いられる。「西狩《せいしゅ》して麟《りん》を獲《え》たり」と訓読する。

出典 『春秋左氏伝《しゅんじゅうさしでん》』哀公《あいこう》一四年

【清浄潔白】せいじょうけっぱく（—ナ）

⇒ 清浄潔白 しょうじょうけっぱく 326

【清浄無垢】せいじょうむく（—ナ）

意味 清らかで汚れのないさま。また、心が清らかで煩悩のないさま。

補説 「垢」はあか・汚れ。「無垢清浄《むくせいじょう》」ともいう。

注意 「せいじょうむこう」とも読む。

用例 すると彼は妙に気恥しくなった。空二は漫画の本を横に隠して、顔を婦人の方へ向けた。空二の眼《め》に好色的な輝きが漲《みなぎ》って来たが、婦人は清浄無垢の表情をしている。〈原民喜◆雲雀病院〉

類義語 純真無垢《じゅんしんむく》

【青松落色】せいしょうらくしょく

意味 友人との付き合いが途絶えることのたとえ。

補説 常緑であるはずの松の色があせるように、変わらないはずの心が離れるということ。「青松」は常緑樹である松のこと。「落色」は色があせること。青い松がいつまでもその色を保つように、人の心がいつまでも変わらないことは「青松の心」という。

出典 孟郊《もうこう》—詩「衰松《すいしょう》」

【精神一到】せいしんいっとう

意味 神経や精神を一つのことに集中すること。また、そうすればどんな難しいことでも成し遂げられるものであるということ。

補説 「精神一到、何事か成らざらん」の略。

出典 『朱子語類《しゅしごるい》』八

用例 骨が舎利になるともやりまする、精神一到何事か出来ぬという筈《はず》はなく、〈樋口一葉◆やみ夜〉

類義語 射石飲羽《しゃせきいんう》・精神統一《せいしんとういつ》

【精神鬱快】せいしんうつおう（—タル）（—ト）

意味 気持ちがふさぐさま。精神がふさいで晴れ晴れしないさま。

補説 「鬱快」は気持ちがふさぎ、晴れ晴れしないさま。

用例 そは他ならず、詩文を試みて意想を写す能《あた》わざるの時、書簡を認《したた》めて所見を述ぶること叶《かな》わぬ暁、精神鬱快として殆《ほとん》ど人事を忘るるに至る如《ごと》き、これなり。〈島崎藤村◆春〉

【聖人君子】せいじんくんし

意味 立派な人徳やすぐれた知識・教養を身につけた理想的な人物。

補説 「聖人」は最高の人格を備えた人。「君子」は学識・人格のすぐれた人。

用例 それがいけないんだ。子供のくせに、ひねこびた聖人君子になってしまっちゃあ、おしまいじゃないか。〈下村湖人◆次郎物語〉

類義語 聖人賢者《せいじんけんじゃ》

【誠心誠意】せいしんせいい

意味 この上ない真心。真心のこもるさま。

補説 打算的な考えをもたず、真心こめて相手に接する心をいう。「意」も心で、「誠心」「誠意」はともに真心。類義の語を重ねて意味を強めている。「誠意誠心《せいいせいしん》」ともいう。

用例 科学を奨励する目的で、われわれが誠心誠意でやっている事が、事実上の結果において、かえって正しく科学の進歩を妨害しているような悲しむべき場合が、全くないとは言われない。〈寺田寅彦◆鑢屑〉

【精神統一】せいしんとういつ（—スル）

意味 心の働きを、ある一つのことに集中すること。

補説 何か目的をもってこれを達成しようとするときに、心をその一点に集中することをいう。

用例 ……此奴《こやつ》口では斯《こ》んなことを云《い》ってるが腹の中は斯うだな、ということが、こ

の精神統一の状態で観《み》ると、直《す》ぐ看破出来るんだからね、そりゃ恐ろしいもんだよ。〈葛西善蔵◆子をつれて〉
類義語 精神一到《せいしんいっとう》

【聖人無夢】 せいじんむむ

意味 徳のすぐれている聖人は、心身が安らかで憂いや悩みが少しもないから、夢を見ることがないということ。
補説 「聖人」は最高の人格を備えた人。「聖人《せいじん》に夢《ゆめ》無《な》し」と訓読する。
出典 『荘子《そうじ》』大宗師《たいそうし》

【盛衰栄枯】 せいすいえいこ

⇒ 栄枯盛衰 えいこせいすい 68

【盛衰興亡】 せいすいこうぼう

意味 興り盛えることと、衰え滅ぶこと。また、興り盛えたり衰え滅んだりすること。
補説 「盛衰」は物事が盛んになることと衰えること。「興亡」は国家などが興ることと滅びること。
用例 それ等《ら》の人々の盛衰興亡に一新紀元を劃《かく》し、それ等の人々が作る文化の栄枯消長に一転機を与えました。〈夢野久作◆鼻の表現〉
類義語 栄枯盛衰《えいこせいすい》・盛衰栄枯《せいすいえいこ》・興亡盛衰《こうぼうせいすい》・消長盛衰《しょうちょうせいすい》

【凄凄切切】 せいせいせつせつ （—タル）（—ト）

意味 きわめて物寂しいさま。
補説 「凄切」はきわめて物寂しいさま。それを重ねて、さらに意味を強調した四字句。

【成性存存】 せいせいそんそん

意味 天から与えられた本性を大切に保存し、それを生かして事を成し遂げたり、その生命を全うしたりすること。
補説 「性」は天から与えられた本性。「存存」は本性を保存し、失わないようにすること。「性《せい》を成《な》し存《そん》を存《そん》す」と訓読する。
出典 『易経《えききょう》』繋辞《けいじ》上 ◎「性を成し存するを存するは道義の門なり」

【清聖濁賢】 せいせいだくけん

意味 酒の異名。
補説 「清」は澄んだ酒。「聖」は聖人。「濁」は濁り酒。「賢」は賢者。
故事 中国三国時代、魏《ぎ》の曹操《そうそう》が禁酒令を出したとき、酒好きが清酒を聖人、濁り酒を賢人と呼んで、ひそかに飲んでいたという故事から。
出典 『魏志《ぎし》』徐邈伝《じょばくでん》
類義語 儀狄之酒《ぎてきのさけ》・天之美禄《てんのびろく》・麦曲之英《ばくきょくのえい》・百薬之長《ひゃくやくのちょう》・米泉之精《べいせんのせい》・忘憂之物《ぼうゆうのもの》

【済済多士】 せいせいたし

⇒ 多士済済 たしせいせい 430

【正正堂堂】 せいせいどうどう （—タル）（—ト）

意味 態度や手段が正しくて立派なさま。
補説 旗が整然と並び、意気盛んな軍陣の意から。「正正」は軍旗が正しく整うさま。「堂堂」は陣構えの勢いが盛んなさま。「正正の旗、堂堂の陣」の略。
出典 『孫子《そんし》』軍争《ぐんそう》
用例 マサカ代用教員如《ごと》きに作曲などをする資格がないという規定もない筈《はず》だ。して見ると、自分は相不変《あいかわらず》正々堂々たるものである、俯仰《ふぎょう》して天地に恥ずる処《とこ》ろなき大丈夫である。〈石川啄木◆雲は天才である〉
類義語 公明正大《こうめいせいだい》

【生生流転】 せいせいるてん （—スル）

意味 すべての物は生まれては変化し、絶えず移り変わっていくこと。
補説 「生生」は物が次々と生まれ育つこと。「流転」は物事が止まることなく移り変わっていく意。
注意 「しょうじょうるてん」とも読む。
用例 生々流転、無限なる人間の永遠の未来に対して、我々の一生などは露の命であるにすぎず、〈坂口安吾◆続堕落論〉
類義語 生生世世《しょうじょうせぜ》・生死流転《しょうじるてん》・念念生滅《ねんねんしょうめつ》・万物流転《ばんぶつるてん》・流転輪廻《るてんりんね》

【清絶高妙】 せいぜつこうみょう （—ナ）

意味 非常に清らかであり、かつすぐれているさま。
補説 「清絶」は非常に清らかである意。「高妙」は非常にすぐれており、見事である意。
用例 其《その》除却したる脚色に代うべき清絶高妙の脚色とはそもまたいかなるものなるかを得てさとるびょうもあらざる故、〈坪内逍遥◆小説神髄〉

【井渫不食】 せいせつふしょく

意味 才能のある人が世の中に用いられないままでいることのたとえ。

補説 せっかくきれいに澄んだ井戸水があっても、汲《く》んで用いられないことから。「井渫」は井戸の水がきれいに澄んでいること。「渫」はさらう。水底の泥やごみを除去する意。「不食」は飲用として用いられない意。一般に「井《せい》渫《さら》えども食《く》らわれず」と訓読して用いる。

出典 『易経《えききょう》』井《せい》

【清絶幽絶】 せいぜつゆうぜつ

意味 人里を離れた、きわめて清らかで静かな様子。

補説 「清絶」は、きわめて清らかなこと。「幽絶」は、静寂で人里を離れていること。また、その場所のこと。

用例 案頭一瓶の百合《ゆり》、余はこれに対する毎《ごと》に心は清絶幽絶の境を繞《めぐ》る。塵思埃念《じんしあいねん》起る毎に余は此《この》花に対して顔を赤うするなり。〈徳冨蘆花◆自然と人生〉

【青銭万選】 せいせんばんせん

意味 卓越した文章のたとえ。

補説 青銅の銭は質がよいので、一万回選び取っても、他の粗悪な銭と取り間違えたりしない意。転じて、何度受けても必ず科挙（昔の中国の官吏登用試験）の試験に合格できるほどのすばらしい文章をいう。

出典 『新唐書《しんとうじょ》』張薦伝《ちょうせんでん》

【清窓浄机】 せいそうじょうき

⇓ 明窓浄机 めいそうじょうき 626

【悽愴流涕】 せいそうりゅうてい 〈—スル〉

意味 悲しみいたんで涙を流すこと。

補説 「悽愴」はいたみ悲しむさま。悲惨。「涕」は涙の意。

注意 「凄愴流涕」とも書く。

出典 『孔叢子《くぞうし》』儒服《じゅふく》

【盛粧麗服】 せいそうれいふく

意味 装いを十分にし、美しく着飾ること。

補説 顔の化粧を十分にして美しい服で着飾る意から。「粧」は化粧すること。よそおう。

注意 「せいしょうれいふく」とも読む。

出典 『紅楼夢《こうろうむ》』三

【生存競争】 せいぞんきょうそう

意味 生きていくための争い。生き残るための避けられない競い合い。

補説 ダーウィンの「進化論」の中心概念で、英語「struggle for existence（ストラグル・フォー・イグジステンス）」の訳語。

類義語 自然淘汰《しぜんとうた》・弱肉強食《じゃくにくきょうしょく》・適者生存《てきしゃせいぞん》・優勝劣敗《ゆうしょうれっぱい》

【青苔黄葉】 せいたいこうよう

意味 山あいの家の美しい景観。

補説 「青苔」は青色のこけ。「黄葉」は秋になって黄色に色づいた葉。

出典 劉長卿《りゅうちょうけい》—詩「李穆《りぼく》に寄《よ》せらるるに酬《むく》ゆ」

【贅沢三昧】 ぜいたくざんまい

意味 思う存分にぜいたくするさま。

補説 「贅沢」は身分にふさわしくない必要以上のおごり。「三昧」はそのことに夢中になって、他をかえりみない意を表す語。もと仏教語で精神を集中して雑念を捨て去る意。

用例 贅沢三昧の生活をしていながら、生きているのがいやになって、自殺を計った事もありました。〈太宰治◆小さいアルバム〉

類義語 活計歓楽《かっけいかんらく》

対義語 質素倹約《しっそけんやく》

【清濁併呑】 せいだくへいどん

意味 善も悪も分け隔てなく受け入れること。度量が広く何事でも受け入れること。

補説 清らかなものも濁っているものも、差別しないで飲み込む意。一般に「清濁《せいだく》併《あわ》せ呑《の》む」と訓読して用いる。

【清淡寡慾】 せいたんかよく 〈—ナ〉

意味 清くさっぱりとしていて、欲の少ないさま。

補説 「清淡」は濁りや汚れがなく、あっさりしていて物事に執着しないさま。欲がなく心が清らかなこと。「寡慾」は欲が少ない意。

注意 「清淡寡欲」とも書く。

用例 而《しこう》して彼が八十年の生涯に於《お》いて、清淡寡慾、温柔敦厚《おんじゅうとんこう》、快活にして人を愛し、謙和にして物と争わず、〈徳冨蘆花◆自然と人生〉

類義語 清淡虚無《せいたんきょむ》・無欲恬淡《むよくてんたん》

【清淡虚無】せいたんきょむ

意味 清潔かつさっぱりしていて、物に対する執着がないこと。

補説 「清淡」は濁りや汚れがなく、あっさりしていて物事に執着しないさま。ここでは物欲のないこと。「虚無」は何もない状態。

類義語 虚無恬淡《きょむてんたん》・清淡寡慾《せいたんかよく》

【生知安行】せいちあんこう

意味 生まれながらにして人の踏み行うべき道をよく知り、考えることなく心のままにそれを行うこと。

補説 聖人の境地。「生知」は学ばなくても生まれながらに人の道を知ること。「安行」は心のままに行うこと。何の努力もなしに人の道を行う意。（→「学知利行《がくちりこう》」101）

出典 『中庸《ちゅうよう》』二〇

用例 後世の儒者らが孔子を尊崇する余り、孔子を生知安行の聖人として、強いて凡人と区別せんとするのは、不心得千万と申さねばならぬ。〈桑原隲蔵◆支那史上の偉人（孔子と孔明）〉

類義語 良知良能《りょうちりょうのう》

【精忠無比】せいちゅうむひ

意味 比べるもののないほどの純粋な真心があるさま。

補説 「精忠」は私心を交えない、真心・忠義。「忠」は真心。また、君主に対する忠義心。「無比」は比類のない、無類の、無二のの意。

【井底之蛙】せいていのあ

⇒ 井蛙之見 せいあのけん 365

【青天霹靂】せいてんのへきれき

意味 思いがけずに起こる突発的事件・出来事、人を驚かす大変動のたとえ。

補説 晴れわたった空に、突如雷鳴がとどろく意から。本来は筆勢ののびやかで動きのあることを形容した語。「青天」は晴れわたった青空。「霹靂」は突然起こる雷。

注意 「青」を「晴」と書くのは本来は誤り。

出典 陸游《りくゆう》－詩「九月四日鶏未《いま》だ鳴かず起きて作る」◎「青天に霹靂を飛ばす」

用例 機一発、伊公《いこう》の著名なる保安条例が青天霹靂の如《ごと》く発布された。危険と目指《もくさ》れた数十名の志士論客は三日の間に帝都を去るべく厳命された。〈内田魯庵◆四十年前〉

【青天白日】せいてんはくじつ

意味 よく晴れわたった青空と日の光。転じて、潔白で後ろ暗いことのないことのたとえ。また、無実であることが明らかになること。

補説 「青天」は晴れわたった青空。「白日」は輝いて白い太陽のこと。「白日青天《はくじつせいてん》」ともいう。

出典 韓愈《かんゆ》「崔羣《さいぐん》に与《あた》うるの書《しょ》」

用例 捜索の手がゆるんだといっても、落武者の身で青天白日のもとを往来するわけにはゆかない。なんとかお姿を変える必要がある。〈岡本綺堂◆夢のお七〉

類義語 清廉潔白《せいれんけっぱく》

【正当防衛】せいとうぼうえい

意味 他人から不意に暴力行為を受けた場合に、自分または他人を守るため、やむをえず相手に害を与える行為。

補説 法律上、責任を問われない。「正当防御《せいとうぼうぎょ》」ともいう。

用例 又は一方を殺して置いて、正当防衛を主張するのは何の造作もない話で結局はレミヤを世界一の不幸な、恐しい境界に陥れる結果になる事が最初からチャント解《わ》かり切っているのです。〈夢野久作◆霊感！〉

類義語 緊急防衛《きんきゅうぼうえい》

対義語 過剰防衛《かじょうぼうえい》

【正当防御】せいとうぼうぎょ

⇒ 正当防衛 せいとうぼうえい 373

【斉東野語】せいとうやご

意味 信じるに足りない、下品で愚かな言葉。

補説 斉東の田舎者の言葉つきの意から。「斉東」は中国戦国時代の斉（今の山東省）の東部。「野語」は野卑・下品な言葉。田舎びた言葉。「斉東野人《せいとうやじん》の語」の略。

出典 『孟子《もうし》』万章《ばんしょう》上

【斉東野人】せいとうやじん

意味 （斉東の）野卑な田舎者。田舎育ちの愚か者のたとえ。

補説 「斉東」は中国戦国時代の斉（今の山東省）の東部。「野人」は田舎育ちの粗野な人。

出典 『孟子《もうし》』万章《ばんしょう》上 ◎「此《これ》、君子の

言に非《あら》ず。斉東野人の語なり」

用例 惟《おも》うに是《これ》或《あるい》は斉東野人の説たるに過ぎざるべきも、伯の財政が世上の疑問となるを見るに就《つ》いても、亦《また》其《そ》の生活の如何《いか》に贅沢《ぜいたく》なるやを知るに足るべし。〈鳥谷部春汀◆明治人物月旦〉

類義語 斉東野語《せいとうやご》・田夫野人《でんぶやじん》・田夫野老《でんぶやろう》

【盛徳大業】せいとく たいぎょう

意味 盛んな徳と大きな事業。

補説 聖人君子の目標とされていたもの。「盛徳」は高くすぐれた徳。「大業」は偉大な事業。

出典 『易経《えききょう》』繋辞《けいじ》上

【聖読庸行】せいどく ようこう

意味 立派な内容の書物を読んでいながら、いざ行動するとなると、平凡であること。

補説 「聖読」は聖賢の書を読むこと。「庸」は平凡なこと。「聖読《せいどく》して庸行《ようこう》す」と訓読する。

出典 『揚子法言《ようしほうげん》』問明《もんめい》

用例 その人の裸がその学問と切り離せない程偉大な事もある。又その学問の下に聖読庸行、見るも醜怪な姿をしている事もある。〈高村光太郎◆触覚の世界〉

【生呑活剝】せいどん かっぱく

⇒ 活剝生呑 かっぱくせいどん 111

【成敗利害】せいはい りがい

意味 現実的得失・損得。また、それを考えること。

補説 「成敗」は成し遂げるか失敗するか。勝つか負けるか。「利害」は利益と損失のことで、総じて現実的な得失を計ることをいう。

用例 水戸《みと》の党派争いは殆《ほと》んど宗教戦争に似ていて、成敗利害の外にあるものだと言った人もある。〈島崎藤村◆夜明け前〉

【成敗利鈍】せいはい りどん

意味 成功するか失敗するか、手際が上手か下手かということ。事の成功と失敗。

補説 「成敗」は成し遂げるか失敗するか。勝つか負けるか。「利」は鋭い、よく切れる意。「鈍」はにぶい意。

出典 諸葛亮《しょかつりょう》「後出師表《ごすいしのひょう》」

用例 頼朝《よりとも》は殆《ほと》んど予期と実行と一致したり。順潮にあらずンば軽舟を浮べざりき。然《しか》れども義仲《よしなか》は成敗利鈍を顧みざりき、〈芥川龍之介◆木曽義仲論〉

【萋斐貝錦】せいひ ばいきん

意味 他人の小さな過ちを言い立てて罪に陥れるたとえ。また、事実を曲げて人のことを悪く告げるたとえ。

補説 美しいあや模様や貝錦のように言葉を飾り立てて、巧みに人を陥れる意。「萋斐」はあや模様の美しいさま。「貝錦」は貝殻のように美しい模様のある錦《にしき》。

出典 『詩経《しきょう》』小雅《しょうが》・巷伯《こうはく》

【精疲力尽】せいひ りきじん

意味 疲れ果てること。

補説 「精《せい》疲《つか》れ力《ちから》尽《つ》く」と訓読する。

類義語 疲労困憊《ひろうこんぱい》

【凄風苦雨】せいふう くう

意味 冷たく激しい風と長雨のこと。

補説 人を悲しませたり傷つけたりするもののたとえにも使われる。「凄風」は冷たくすさまじい風。「苦雨」は長雨。「苦雨凄風《くうせいふう》」ともいう。

出典 『春秋左氏伝《しゅんじゅうさしでん》』昭公《しょうこう》四年

類義語 凄風冷雨《せいふうれいう》

【清風故人】せいふう こじん

意味 さわやかな秋風が吹いてくるのは、旧友の久しぶりの訪問のようだということ。

補説 「清風」はさわやかな風で、ここでは秋風のこと。「故」は古い意で、「故人」は古くからの友人の意。「清風故人来《きた》る」の略。

出典 杜牧《とぼく》―詩「早秋《そうしゅう》」

【清風明月】せいふう めいげつ

意味 明るい月夜の静かで清らかな様子。明月と清らかな風の中の静かですがすがしいたたずまいの形容。

補説 風雅な遊びや自然を心ゆくまで味わう意にも用いる。「清風」はさわやかですがすがしい風、「明月」は明るく澄みきった月の意。

出典 蘇軾《そしょく》「前赤壁賦《ぜんせきへきのふ》」

用例 儒教は人を風雅に導き、仙骨を帯びしめ、清風明月の間に遊ばしめんとする〈外山正一◆日本絵画の未来〉

類義語 清風朗月《せいふうろうげつ》

【声聞過情】せいぶんかじょう

意味 名声が、実際の価値以上に高いこと。

補説 「声聞」はよい評判のこと。「情」は実情・真相のこと。一般に「声聞情《せいぶんじょう》に過《す》ぐ」と訓読して用いる。

出典 『孟子《もうし》』離婁《りろう》下 ◎「声聞情に過《す》ぐるは、君子之《これ》を恥《は》ず」

類義語 名声過実《めいせいかじつ》

【精明強幹】せいめいきょうかん 〈—ナ〉

意味 聡明でよく仕事ができること。また、心身ともに健全な人。

補説 物事をよくわきまえていて、仕事をてきぱきとさばく能力の高いさま。「精明」は物事にくわしく明らかなさま。「強幹」は仕事をやり遂げる能力のすぐれている意。

【声名狼藉】せいめいろうぜき

意味 評判を落として、それが回復しないこと。悪名が広がってどうにもならなくなっていること。

補説 「声名」は評判のよいことで、名声と同じ。「狼藉」は取り散らかっていてどうにもならないこと。出典に「悪声狼藉《あくせいろうぜき》」とあることから出た言葉。

出典 『史記《しき》』蒙恬伝《もうてんでん》・索隠《さくいん》

【清籟蕭蕭】せいらいしょうしょう 〈—タル〉〈—ト〉

意味 さらさらと。ひゅうひゅうと。

補説 清らかで物寂しい声の形容。「清籟」は清らかな音声の意。「蕭蕭」は物寂しい声の形容。主として風雨や馬のいななき、落ち葉などの形容に用いる。

用例 吾《わが》心水の如《ごと》く清《す》める時しも、何処《いずく》にか一陣の清籟蕭々として起り、颯々《さつさつ》として山中に満ちぬ。〈徳冨蘆花◆自然と人生〉

【星羅雲布】せいらうんぷ

意味 物のたくさん連なっていること。

補説 星のように点々と連なり、雲のように多く集まる意から。もとは軍隊の陣の立て方が盛大なさまを述べた語。「羅」は連なること。「布」は敷き連なる意。「星《ほし》のごとく羅《つら》なり雲《くも》のごとく布《し》く」と訓読する。

出典 『文選《もんぜん》』班固《はんこ》「西都賦《せいとのふ》」

類義語 星羅棋布《せいらきふ》

【青藍氷水】せいらんひょうすい

意味 弟子がその師よりもすぐれることのたとえ。

補説 「青は之《これ》を藍《あい》より取りて藍よりも青し。氷は水之を為《な》して水より寒《つめた》し」の略。

出典 『荀子《じゅんし》』勧学《かんがく》

類義語 出藍之誉《しゅつらんのほまれ》

【星離雨散】せいりうさん 〈—スル〉

意味 星や雨のように素早くばらばらに散らばること。共にあったものがばらばらに離れること。

補説 星のごとく離れ、雨のごとく散る意から。

出典 李白《りはく》一詩「旧遊《きゅうゆう》を憶《おも》い譙郡《しょうぐん》の元参軍《げんさんぐん》に寄《よ》す」

【生離死別】せいりしべつ

意味 人の世の中でもこの上ない悲しい別れ。非常に悲しい生き別れと死に別れ。

補説 「生離」は生きながらの別れのこと。「死別」は死によって永遠に別れてしまうこと。

出典 『陳書《ちんしょ》』除陵伝《じょりょうでん》

類義語 生離死絶《せいりしぜつ》

【整理整頓】せいりせいとん 〈—スル〉

意味 乱れている物事をととのえ、不要なものを除き、きちんと片付けること。

補説 「整理」は乱れている物事をととのえること。また、不要なものを処分すること。「整頓」は物事を片付け、ととのえること。類義の語を重ねて意味を強めている。

【精力絶倫】せいりょくぜつりん 〈—ナ〉

意味 心身の活動がきわめて強くすぐれているさま。精力が飛び抜けて強いさま。

補説 「精力」は心身の活動力のこと。「絶倫」は群を抜いてすぐれている意。「倫」は仲間の意で、仲間より抜け出ているということ。

用例 それをどうかすると、冷かし半分に、精力絶倫と褒める批評家がある〈森鷗外◆不思議な鏡〉

類義語 精力旺盛《せいりょくおうせい》

【勢力伯仲】せいりょくはくちゅう 〈—スル〉

意味 互いの力が釣り合っていて、優劣がつけにくいこと。

補説 「伯」は長兄、「仲」は次兄のことで、「伯仲」はお互い格別の違いがなく、よく似ていて力などが釣り合っている意。「伯仲之間《はくちゅうのかん》」ともいう。

用例 甲源一刀流と新影流！ 勢力伯仲の二人の博徒！ 構えは同じ中段に中段！ 逸見多四郎《へんみたしろう》と秋山要介《ようすけ》と、当代一流の剣豪を、師匠に取って剣道を、正規に学んだ二人であった。〈国枝史郎◆剣侠〉

類義語 実力伯仲《じつりょくはくちゅう》

【精励恪勤】せいれいかっきん 〈―スル〉

意味 力の限りを尽くして学業や仕事に励むこと。

補説 「精励」は力を尽くして励むこと、「恪」はつつしむ意で、「恪勤」はまじめに一生懸命勤めること。「恪勤精励《かっきんせいれい》」ともいう。

用例 若《も》しも彼の精励恪勤に相応した報酬が与えられたとしたら、彼自身は吃驚《びっくり》仰天したことであろうけれど、恐らく五等官には補せられていたに違いない。〈平井肇訳ゴーゴリ◆外套〉

類義語 勤倹力行《きんけんりっこう》・刻苦勉励《こっくべんれい》・精励勤勉《せいれいきんべん》・昼耕夜誦《ちゅうこうやしょう》・奮励努力《ふんれいどりょく》・奮闘努力《ふんとうどりょく》

【清廉潔白】せいれんけっぱく 〈―ナ〉

意味 心が清くて私欲がなく、後ろ暗いことのまったくないさま。

補説 「廉」は私欲がなく、けじめがついているさま。「潔白」は心や行いがきれいで正しく、やましいところがないさま。

用例 けれども青砥《あおと》は、決して卑《いや》しい守銭奴《しゅせんど》ではない。質素倹約、清廉潔白の官吏である。〈太宰治◆新釈諸国噺〉

類義語 清浄潔白《しょうじょうけっぱく》・青天白日《せいてんはくじつ》

【清矑明眉】せいろめいび

意味 澄んだひとみが鮮やかで美しいこと。美しいひとみの形容。

補説 「清矑」は美しいひとみの意。「明眉」は鮮やかで美しい意。

注意 「清矑明媚」とも書く。

用例 陋《いやし》げに日に黧《くろ》みたる面も熟《よく》視《み》れば、清矑明眉、相貌《そうぼう》秀でて尋常《よのつね》ならず。〈泉鏡花◆義血侠血〉

【世運隆替】せうんりゅうたい

意味 世の中のなりゆきが、時代が移るに従い、盛んになったり衰えたりすること。

補説 「世運」は時代のなりゆき、世の回り合わせ。「隆」は盛んになること。「替」はすたれる、衰えること。

類義語 栄枯盛衰《えいこせいすい》・栄枯浮沈《えいこふちん》

【世外桃源】せがいとうげん

⇓ 武陵桃源 ぶりょうとうげん 582

【是邪非邪】ぜかひか

意味 是であるのか非であるのか、その判断に迷うこと。

補説 正邪・善悪・良し悪しの意である「是非」に、疑問や反語を表す助字「邪」を付けたもの。

注意 「是耶非耶」とも書く。

出典 『史記《しき》』伯夷伝《はくいでん》 ◎「余《よ》甚だ惑う。儻《ある》いは所謂《いわゆる》天道是か非か」

【積悪余殃】せきあくのよおう

意味 積もり重なった悪事の報いとして、災いが子孫にまで及ぶこと。

補説 「積悪」は数多くの悪い行い。「余殃」は祖先の悪事の報いとして子孫にまで伝わる災い。「積悪の家には必ず余殃有り」の略。

出典 『易経《えききょう》』坤《こん》・文言伝《ぶんげんでん》 ◎「積不善《せきふぜん》の家には必ず余殃有り」

対義語 積善余慶《せきぜんのよけい》

【尺蚓穿堤】せきいんせんてい

意味 小さな原因が大きな災難を引き起こすたとえ。

補説 ミミズが堤防に小さい穴をあけただけで、一つの村が水に浸《つ》かってしまうということから。「尺」は小さい、短い意。「蚓」はミミズのこと。「穿」はうがつ、穴をあける意。「尺蚓《せきいん》堤《つつみ》を穿《うが》つ」と訓読する。

出典 『劉子新論《りゅうししんろん》』慎隙《しんげき》

類義語 螻蟻潰堤《ろうぎかいてい》

【積羽沈舟】せきうちんしゅう

意味 小さなものであっても、たくさん集まれば大きな力となるというたとえ。

補説 羽毛のように軽いものも、多く積もれば舟を沈める重さになる意から。「積羽《せきう》舟《ふね》を沈《しず》む」と訓読する。

出典 『戦国策《せんごくさく》』魏策《ぎさく》

【類義語】羽翮飛肉《うかくひにく》・群軽折軸《ぐんけいせつじく》・積水成淵《せきすいせいえん》・積土成山《せきどせいざん》・叢軽折軸《そうけいせつじく》

【碩学大儒】《せきがくたいじゅ》

【意味】学問の広く深い大学者のこと。

【補説】「碩」は大きい意で、「碩学」は大学者のこと。「大儒」はすぐれた儒者、大学者の意。「通儒《つうじゅ》」も類義の語で、「通儒碩学《つうじゅせきがく》」ともいう。

【用例】たまたま碩学大儒、家塾を開いて教うる者あれば、その生徒は必ず士族に限り〈福沢諭吉◆文明論之概略〉

【類義語】碩学鴻儒《せきがくこうじゅ》

【惜玉憐香】《せきぎょくれんこう》

⇒憐香惜玉《れんこうせきぎょく》 674

【跖狗吠堯】《せきくはいぎょう》

【意味】人はそれぞれ、自分の主人が善であるか悪であるかをかえりみず、尽くそうとするものであるということ。

【補説】「跖」は中国春秋時代の大盗賊の盗跖《とうせき》のこと。「狗」は犬の意。「堯」は古代の理想的な聖天子といわれた堯帝のこと。盗跖に飼われている犬が堯帝に吠《ほ》えかかるという意から。一般に「跖《せき》の狗《いぬ》堯《ぎょう》に吠《ほ》ゆ」と訓読して用いる。

【出典】『戦国策《せんごくさく》』斉策《せいさく》

【類義語】桀犬吠堯《けつけんはいぎょう》

【赤口毒舌】《せきこうどくぜつ》

【意味】激しく人をののしって傷つける言葉の形容。

【補説】「赤口」は讒言者《ざんげんしゃ》やののしる者の口の意。赤い火と同様であることからいう。「毒舌」はしんらつな皮肉。悪口。

【出典】盧仝《ろどう》—詩「月蝕《げっしょく》」

【積厚流光】《せきこうりゅうこう》

【意味】祖先の功績が大きければ、それだけ子孫にも大きな恩恵が及ぶこと。

【補説】積み重ねられたものが厚ければ、それだけその恩恵も大きいということ。「流光」は恩徳や感化が後世まで及ぶこと。「流」は流沢・恩恵の意。「光」は広に通じ、大きい意。

【出典】『大戴礼《だたいれい》』礼三本《れいさんぼん》

【尺山寸水】《せきざんすんすい》

【意味】高い山から見た景観の形容。

【補説】高い山から見下ろすと、山や川がとても小さく見えることをたとえたもの。「尺」「寸」はともに長さの単位で、丈・尋に比べるとごく短い長さなので、小さい意を表す。

【類義語】尺呉寸楚《せきごすんそ》

【隻紙断絹】《せきしだんけん》

【意味】文字を書いたわずかな紙や絹地。

【補説】「隻紙」は紙切れ、「断絹」は絹地の切れ端。それらに貴重な文字の書かれたものをいう。

【積日累久】《せきじつるいきゅう》

【意味】役人などが年功を積むこと。また、日数を重ねること。

【補説】「積日」は多くの日数を経ること。多くの日数の意。「累」は重ねる意。中国前漢の董仲舒《とうちゅうじょ》が武帝に、官吏の昇格について、「現在は昔のようにその才能によらず、年功だけで昇格させているから人材が育たない」と上申した中で用いた語から。

【出典】『漢書《かんじょ》』董仲舒伝《とうちゅうじょでん》

【尺二秀才】《せきじのしゅうさい》

【意味】俗字を書く者を非難する言葉。また、俗っぽい秀才のこと。

【補説】「秀才」は科挙（昔の中国の官吏登用試験）に受験資格をもつ者のこと。また、科挙の科目の名。

【故事】中国宋《そう》代、科挙試験の際、受験者の中に「盡《じん》」の字を俗字の「尽《じん》」と書いて答案を提出した者がいた。当時試験官であった楊万里《ようばんり》は「尺二（「尽」の字を分解して「尺」と「二」にした）の受験生」と言って、彼を合格させなかったという故事から。

【出典】『履斎示児編《りさいじじへん》』

【碩師名人】《せきしめいじん》

【意味】大学者や名声の高い人。偉大な徳のある人や人望のある人。

【補説】「碩」は大きい意で、「碩師」は大学者・大先生のこと。「名人」は名声の高い人・名士。

【出典】宋濂《そうれん》「東陽《とうよう》馬生《ばせい》を送《おく》るの序《じょ》」

【赤手空拳】《せきしゅくうけん》

【意味】手には何の武器も持たないで立ち向かうこと。また、助けを何も借りずに、独力で物事を行うこと。

補説 「赤」も「空」もむなしい、何もないの意。「赤手」は手に何も持たないこと、「空拳」は拳《こぶし》だけで武器を持たないこと。

出典 『西遊記《さいゆうき》』二

用例 北条早雲《ほうじょうそううん》という男も、なかなかの傑物であったに相違ない、赤手空拳でもって、関八州を横領し、うまく人心を収攬《しゅうらん》したのはなかなかの手腕家だ。〈中里介山◆大菩薩峠〉

類義語 徒手空拳《としゅくうけん》

【赤縄繋足】せきじょうけいそく

意味 婚姻が整うこと。また、結婚することのたとえ。

補説 赤いひもで足を縛る意から。結婚は天の定めによるものであることのたとえとして用いられることもある。「赤縄《せきじょう》足《あし》を繋《つな》ぐ」と訓読する。

故事 中国唐の韋固《いこ》が旅先の宋城《そうじょう》で泊まったとき、月光の下で読書する不思議な老人に会った。韋固がその老人に何の本かと問うと、結婚に関する本だという。老人の脇《わき》には赤いひもが入った袋があり、その赤いひもについて問うと、このひもで夫婦になるべき者の足を縛れば、たとえ仇《かた》同士でも夫婦となるといったという故事から。

出典 『続玄怪録《ぞくげんかいろく》』

類義語 月下老人《げっかろうじん》

【石上樹下】せきじょうじゅげ

⇒ 樹下石上 じゅげせきじょう 312

【石心鉄腸】せきしんてっちょう

⇒ 鉄心石腸 てっしんせきちょう 467

【積薪之嘆】せきしんのたん

意味 後から来た者が重用され、前から仕えていた者が下積みになって苦労する悩み。

補説 新しいたきぎが次々と積み重ねられるため、古いたきぎがいつまでも下積みになったままであることから。「積薪」はたきぎを積み重ねる意。

注意 「積薪之歎」とも書く。

【赤心奉国】せきしんほうこく

意味 誠意をもって国のために尽くすこと。

補説 「赤」はありのままの意で、「赤心」はうそいつわりのない真心。誠意。中国北斉の楊愔《ようい ん》がクーデターで殺されるとき、大声をあげて、自分は忠臣であり殺される覚えはないと叫んだ。そのときの言葉の中にある語。

出典 『資治通鑑《しじつがん》』陳紀《ちんき》

類義語 尽忠報国《じんちゅうほうこく》

【積水成淵】せきすいせいえん

意味 小さなものでもたくさん集まれば大きくなることのたとえ。また、学問や努力などを重ねれば、最後には物事が立派に成就するたとえ。

補説 少しの水でもそれが積もり積もれば深い淵《ふち》となる意から。「積水《せきすい》淵《ふち》を成《な》す」と訓読する。

出典 『荀子《じゅんし》』勧学《かんがく》

類義語 羽翮飛肉《うかくひにく》・愚公移山《ぐこういざん》・群軽折軸《ぐんけいせつじく》・積羽沈舟《せきうちんしゅう》・積土成山《せきどせいざん》・叢軽折軸《そうけいせつじく》・点滴穿石《てんてきせんせき》

【尺寸之功】せきすんのこう

意味 ごくわずかな功績のこと。

補説 「尺」「寸」はともに長さの単位。一尺が十寸。中国周代では一尺は一八センチメートル。ともに短いこと、わずかなことのたとえ。「功」は功績・てがら。

注意 「尺寸之効」とも書く。

出典 『戦国策《せんごくさく》』燕策《えんさく》

類義語 咫尺之功《しせきのこう》

【尺寸之地】せきすんのち

意味 ほんのわずかの土地。

補説 「尺寸」は小さいもの、わずかなことのたとえ。（→「尺寸之功《せきすんのこう》」378）

出典 『史記《しき》』主父偃伝《しゅふえんでん》

類義語 黒子之地《こくしのち》・咫尺之地《しせきのち》・弾丸黒子《だんがんこくし》・弾丸之地《だんがんのち》

【尺寸之柄】せきすんのへい

意味 ごくわずかな権力。

補説 「尺寸」は少ないもの、わずかなことのたとえ。（→「尺寸之功《せきすんのこう》」378）「柄」はここでは権力の意。

出典 『史記《しき》』魏豹彭越伝《ぎひょうほうえつでん》・賛

【積善余慶】せきぜんのよけい

意味 善行を重ねた家は、その報いとして幸せが子孫にまで及ぶこと。

補説「積善」は長い間、善行を積み重ねること。「余慶」は思いがけない吉事が子孫にまで及ぶこと。「積善の家には必ず余慶有り」の略。
出典『易経《えききょう》』坤《こん》・文言伝《ぶんげんでん》
対義語 積悪余殃《せきあくのよおう》

【刺草之臣】せきそうのしん
意味 一般の人民のこと。人民が君主に対して自分を謙遜《けんそん》していう言葉。
補説 草を刈る卑しい者の意から。「刺草」は草を刈る意。また、とげのある草で、ノコギリグサ・オニアザミなどを指す。「臣」は民、一般の人民のこと。
注意「しそうのしん」とも読む。
出典『儀礼《ぎらい》』士相見礼《しそうけんれい》
類義語 草莽之臣《そうもうのしん》

【尺沢之鯢】せきたくのげい
意味 見たり聞いたりした知識・体験の狭いたとえ。また、そうした人のたとえ。
補説 小さな池にすむ山椒魚《さんしょうお》の意から。「尺沢」は小さい池。「鯢」は山椒魚。一説に、メダカともいう。
出典『文選《もんぜん》』宋玉《そうぎょく》「楚王《そおう》の問《とい》に対《こた》う」
類義語 夏虫疑氷《かちゅうぎひょう》・管窺蠡測《かんきれいそく》・坎井之蛙《かんせいのあ》・井底之蛙《せいていのあ》・夜郎自大《やろうじだい》・遼東之豕《りょうとうのいのこ》

【尺短寸長】せきたんすんちょう
意味 人には必ず長所・短所があるもので、いかにすぐれた人にも短所があり、逆にいかに劣った人にも長所はあるもの、ということ。
補説「短」は短所。「長」は長所。出典には「尺も短き所有り、寸も長き所有り」とある。
出典『楚辞《そじ》』卜居《ぼくきょ》
類義語 一長一短《いっちょういったん》

【積土成山】せきどせいざん
意味 わずかな土でも、それを積み上げていけばやがては山になる意。転じて、小さな努力でも、それを重ねていけばやがて大事をなすということのたとえ。
補説 一般に「積土《せきど》山《やま》を成《な》す」、「土《つち》を積《つ》んで山《やま》を成《な》す」と訓読して用いる。
出典『荀子《じゅんし》』勧学《かんがく》
類義語 羽翮飛肉《うかくひにく》・愚公移山《ぐこういざん》・群軽折軸《ぐんけいせつじく》・積羽沈舟《せきうちんしゅう》・積少成多《せきしょうせいた》・積水成淵《せきすいせいえん》・叢軽折軸《そうけいせつじく》・点滴穿石《てんてきせんせき》

【責任転嫁】せきにんてんか（—スル）
意味 自分が引き受けなければならない任務・責務を、他になすりつけること。
補説「転嫁」は再度の嫁入りの意から転じて、ほかに移すこと。
用例 学生の気質を詳細に観察して否定的な特徴の主なものとして五つの傾向を挙げている。その一つに、環境の影響に対する受動性と責任転嫁の傾向を挙げている。〈宮本百合子◆ヒューマニズムへの道〉

【石破天驚】せきはてんきょう
意味 音楽・詩文・出来事などが、人を驚かすほど奇抜で巧みなことの形容。
補説 石が破れ、天が驚くほど巧妙であるという意から。
出典 李賀《りが》「李憑《りひょう》箜篌引《こうこうのいん》」

【赤貧如洗】せきひんじょせん
意味 洗い流したように無一物で、ひどく貧乏なさま。

補説「赤」は何もないこと。一般に「赤貧《せきひん》洗《あら》うが如《ごと》し」と訓読して用いる。

出典『先哲叢談《せんてつそうだん》』物茂卿《ぶつもけい》

【尺布斗粟】せきふとぞく
⇒尺布斗粟 しゃくふとぞく 298

【尺璧非宝】せきへきひほう
意味 時間はこの上なく貴重であるということのたとえ。

補説「尺璧」は直径が一尺もある大きな宝玉のこと。この宝玉も時間の大切さに比べたら、宝物とはいえないという意。「尺璧《せきへき》は宝《たから》に非《あら》ず」と訓読する。

出典『淮南子《えなんじ》』原道訓《げんどうくん》 ◎「聖人は尺《せき》の璧《たま》を貴ばずして、寸の陰《いん》を重んず」

【隻履西帰】せきりせいき
意味 死んだはずの達磨《だるま》が片方の草履を手に持って、西方の国に帰ったという故事。
補説「隻履」は一対のうちの一方の草履の意。「隻履《せきり》西《にし》に帰《かえ》る」と訓読する。
故事 達磨が死んで三年後、中国北魏《ほくぎ》の宋雲《そううん》が西域から帰る途中、死んだはずの達磨が自分の草履の片方を手にして西の方に帰るのに出会ったという。そこで、明帝が改めて達磨の墓を調べさせたところ、そこには草履が片方しか残っていなかったという故事。
類義語 隻履達磨《せきりのだるま》
出典 『景徳伝灯録《けいとくでんとうろく》』三・菩提達磨《ぼだいだるま》

【是生滅法】《ぜしょうめっぽう》

意味 生命のあるものは、いつかは必ず滅びて死に至り、不変のものは何一つないということ。
補説 仏教語。この世のすべてのものは、常にとどまることなく移り変わり、生きているものは必ず死ぬという考え方。（↓「諸行無常《しょぎょうむじょう》」335）
出典 『涅槃経《ねはんぎょう》』
用例 ただ歩きに歩いて蹌踉《そうろう》とたどりついたところは其《そ》の名も盛者必衰《じょうしゃひっすい》、是生滅法の鐘が崎、〈太宰治◆新釈諸国噺〉
類義語 生者必滅《しょうじゃひつめつ》・諸行無常《しょぎょうむじょう》

【是是非非】《ぜぜひひ》

意味 客観的に、また公平に物事を判断すること。正しいこと（是）は正しいと認め、正しくないこと（非）は正しくないとすること。
補説 「是《ぜ》を是《ぜ》とし、非《ひ》を非《ひ》とす」と訓読する。
出典 『荀子《じゅんし》』脩身《しゅうしん》
用例 彼の気質の中には政治家の泣き言の意味でない本来の意味の是々非々の態度を示そうとする傾向があった。〈太宰治◆ロマネスク〉

【世尊金口】《せそんこんく》

意味 釈迦《しゃか》自身による説法のこと。釈迦が、弟子や人々のために自ら説いた教え・説法のこと。
補説 仏教語。「世尊」はもとは尊い人の意で、仏の尊称。単独で用いられるときは、釈迦を指すのが普通。「金口」は仏の口の意。仏のからだは黄金色であるので、その口を金口という。
用例 されば予が世尊金口の御経《おんきょう》も、実は恋歌《こいか》と同様じゃと嘲笑《あざわら》う度《たび》に腹を立てて、〈芥川龍之介◆邪宗門〉
類義語 金口直説《こんくじきせつ》

【世代交代】《せだいこうたい》 〈―スル〉

意味 年をとった人が退いて、若い人にかわること。
補説 もとは、生物学において、同一種の生物で、生殖法の異なる世代が交互に現れることをいう。
注意 「世代交替」とも書く。
類義語 新旧交代《しんきゅうこうたい》

【世態人情】《せたいにんじょう》

⇒ 人情世態《にんじょうせたい》 512

【世智弁聡】《せちべんそう》

意味 世俗の知恵にたけていること。
補説 世俗的な知恵にたけているために、かえって仏法を虚心に受容できないことをいう。仏教で「八難」（仏道の成就をさまたげる八種の苦難）の一つとされる。

【節哀順変】《せつあいじゅんぺん》

意味 人が亡くなったときには、悲しむ気持ちをほどよく和らげ、時とともに気持ちが変化していくようにすること。不幸にあった人に対する挨拶《あいさつ》の言葉。
補説 「節」はほどよく和らげる意。「哀《あい》を節《せっ》するは順《した》がいて変《へん》ず」と訓読する。
出典 『礼記《らいき》』檀弓《だんぐう》下

【雪案蛍窓】《せつあんけいそう》

⇒ 蛍窓雪案《けいそうせつあん》 188

【節衣縮食】《せついしゅくしょく》

意味 衣服や食事を切り詰め、倹約に努めること。
補説 「衣《い》を節《せっ》し食《しょく》を縮《ちぢ》む」と訓読する。
類義語 悪衣悪食《あくいあくしょく》・一汁一菜《いちじゅういっさい》・縮衣節食《しゅくいせっしょく》・粗衣粗食《そいそしょく》・草衣木食《そういもくしょく》
対義語 錦衣玉食《きんいぎょくしょく》・暖衣飽食《だんいほうしょく》

【窃位素餐】《せついそさん》

⇒ 尸位素餐《しいそさん》 270

【雪萼霜葩】《せつがくそうは》

意味 梅の異名。
補説 梅の花が雪や霜のように白く、雪や霜をしのいで咲くことからいう。「萼」はつぼみのとき、花びらを外側から包んでいるもの。「葩」は花のこと。

【類義語】雪魄氷姿《せっぱくひょうし》・雪裏清香《せつりせいこう》

【石画之臣】 せっかくのしん

【意味】堅実な計画を立てる臣下。また、壮大な計画を立てる臣下。

【補説】「石画」は石のように堅いはかりごと。「石」は一説に「碩《せき》」と同じで、大きい意。

【出典】『漢書《かんじょ》』匈奴伝《きょうどでん》

【石火電光】 せっかでんこう

⇒電光石火 でんこうせっか 472

【折花攀柳】 せっかはんりゅう

【意味】花柳街で遊女たちと遊ぶこと。

【補説】「折花」は花を手折ること、「攀柳」は柳の枝を引く意。昔、遊女のいた花柳街には多くの柳が植えられていたことから、これを「柳巷花街《りゅうこうかがい》」といい、そこで遊ぶ意に用いられた語。

【折檻諫言】 せっかんかんげん

【意味】臣下が君主に対し強くいさめること。

【補説】「檻」は手すり・欄干。「折檻」は手すりが折れること。「諫言」は目下の者が目上の人の言行についていさめる言葉。

【故事】中国前漢の成帝がある臣下に目をかけていた。朱雲がその男は悪臣であるから切り捨てるよう帝をいさめたところ、逆に帝は怒り、朱雲をその場から連れ出させようとした。朱雲は御殿の欄干につかまり、なおもそのいさめをやめずに続けていたところ、その欄干の手すりの木が折れてしまったという故事から。

【出典】『漢書《かんじょ》』朱雲伝《しゅうんでん》

【絶観忘守】 ぜっかんぼうしゅ

【意味】真理を客体として観察することをやめ（絶観）、真理を対象として守ることをやめる（忘守）。

【補説】仏教語。主体と客体の対立が解消された境地をいう。「観《かん》を絶《た》ち守《しゅ》を忘《わす》る」と訓読する。

【出典】『心銘《しんめい》』

【窃玉偸香】 せつぎょくとうこう

【意味】男がこっそり女に手を出して情事にふけること。

【補説】「玉」「香」はともに女性を象徴したもの。「窃」「偸」はともに盗む、こっそり盗み取る意。「玉《ぎょく》を窃《ぬす》み香《こう》を偸《ぬす》む」と訓読する。「偸香窃玉《とうこうせつぎょく》」ともいう。

【出典】『西廂記《せいしょうき》』

【雪月風花】 せつげつふうか

【意味】四季折々の自然の美しい景色のこと。

【補説】冬の雪、秋の月、夏の風、春の花。また、それを見ながら、詩や歌を作ったりする風流をいう。「風花雪月《ふうかせつげつ》」ともいう。

【類義語】花鳥風月《かちょうふうげつ》・春花秋月《しゅんかしゅうげつ》

【接見応対】 せっけんおうたい〈―スル〉

【意味】（高位の人が）人を迎え入れて受け答えすること。また、面会したときの相手への受け答え、対応のしかた。

【補説】「接見」は人を迎え入れて会うこと。高位の人についていうことが多い。「応対」は相手の話を聞き、受け答えすること。

【節倹力行】 せっけんりっこう〈―スル〉

【意味】倹約に努め励むこと。

【補説】「節倹」はむだな費用を減らすこと。「力行」は努力して行うこと。

【注意】「せっけんりょっこう」とも読む。

【出典】『史記《しき》』晏嬰伝《あんえいでん》

【用例】中学の時生徒監の鈴木蘭二《らんじ》先生という軍人出の体操教師で有名な節倹力行家がおられたが、私がいつでもゲートルをほうり出して置くので持って帰られる。〈倉田百三◆幼きこころ〉

【絶巧棄利】 ぜっこうきり

【意味】機械や道具など便利なものを捨てて、自然の生活に戻ること。

【補説】「絶巧」は人の力で巧みに作られたものを絶つこと。「棄利」は便利に作られたものを捨てること。「巧《こう》を絶《た》ち利《り》を棄《す》つ」と訓読する。

【出典】『老子《ろうし》』一九

【絶言絶慮】 ぜつごんぜつりょ

【意味】仏教の真理は言語や思慮を超越するということ。

【補説】仏教語。「言」は言語、「慮」は思慮のこと。「言《げん》を絶《ぜっ》し慮《りょ》を絶《ぜっ》す」と訓読する。

【出典】『信心銘《しんじんめい》』

【切磋琢磨】 せっさたくま〈—スル〉

意味 学問や人徳をよりいっそう磨き上げること。また、友人同士が互いに励まし合い競争し合って、共に向上すること。

補説 「切」は獣骨や角を加工するとき、まず刀斧《とうふ》で切り刻み、「磋」はやすりやかんなで骨角を磨くこと。「琢」は玉石を槌《つち》とのみで刻み、「磨」はそれを沙石で磨くこと（以上は朱子《しゅ》の解釈）。「切」「磋」「琢」「磨」はそれぞれ骨角、象牙《ぞうげ》、玉《ぎょく》、石の四者を加工する（毛伝）という説もあり、他にも諸説ある。自らの徳を修め養うたとえ。

注意 「切瑳琢磨」とも書く。

出典 『詩経《しきょう》』衛風《えいふう》・淇奥《きいく》◎「切したるが如《ごと》く磋したるが如く、琢したるが如く磨したるが如し」

用例 若殿様はこの少納言の御手許《おてもと》で、長らく切磋琢磨の功を御《お》積みになりましたが、〈芥川龍之介◆邪宗門〉

類義語 砥礪切磋《しれいせっさ》・鍛冶研磨《たんやけんま》

【説三道四】 せつさんどうし〈—スル〉

意味 あれこれ勝手にいい加減なことを言うこと。

補説 「説」は説く、言う意。「道」も言う意。三と言ったり四と言ったりの意から。

出典 『女論語《おんなろんご》』学礼《がくれい》

類義語 言三語四《げんさんごし》・説白道黒《せっぱくどうこく》

【切歯咬牙】 せっしこうが〈—スル〉

⇒咬牙切歯 こうがせっし 208

【切歯痛憤】 せっしつうふん〈—スル〉

意味 歯ぎしりして激しく憤ること。

補説 「切歯」は歯ぎしりする、歯をくいしばる意。「痛憤」はひどく憤ること。

用例 北条《ほうじょう》足利《あしかが》にもまさる逆謀という外《ほか》はない、これには切歯痛憤、言うべき言葉もないという意味のことが書いてあったという。〈島崎藤村◆夜明け前〉

類義語 切歯腐心《せっしふしん》・切歯扼腕《せっしやくわん》

【截趾適履】 せっしてきく

⇒削足適履 さくそくてきり 254

【截趾適履】 せっしてきり

⇒削足適履 さくそくてきり 254

【切歯腐心】 せっしふしん〈—スル〉

意味 非常に激しく怒り、心を傷めること。

補説 「切歯」は歯ぎしりする、歯をくいしばる意。激しく怒ったときなどのさま。「腐心」はひどく心を悩ます意。

出典 『史記《しき》』荊軻伝《けいかでん》／『戦国策《せんごくさく》』燕策《えんさく》

類義語 切歯拊心《せっしふしん》・切歯痛心《せっしつうしん》・切歯痛憤《せっしつうふん》・切歯扼腕《せっしやくわん》

【切歯扼腕】 せっしやくわん〈—スル〉

意味 甚だしく怒り、非常に悔しく思うことの形容。

補説 「切歯」は歯ぎしり、歯をくいしばること。「扼腕」は自分の腕を握りしめること。

注意 「切歯搤腕」とも書く。

出典 『史記《しき》』張儀伝《ちょうぎでん》／『戦国策《せんごくさく》』魏策《ぎさく》

用例 オレの人生が割りきれたら、と今までどんなに切歯扼腕したか知れやしない。〈坂口安吾◆握った手〉

類義語 咬牙切歯《こうがせっし》・切歯痛憤《せっしつうふん》・切歯腐心《せっしふしん》・偏袒扼腕《へんたんやくわん》

【摂取不捨】 せっしゅふしゃ

意味 仏がこの世の衆生《しゅじょう》を見捨てず、仏の世界に救い上げること。

補説 仏教語。「摂取」はその慈悲心で衆生を仏の世界に救うこと。「不捨」は仏がどのような生き物をも見捨ててしまうことはないということ。

出典 『観無量寿経《かんむりょうじゅきょう》』

用例 泥棒が阿弥陀様《あみださま》を念ずれば阿弥陀様は摂取不捨の誓《ちか》いによって往生させて下さる事疑《うたが》いなしという。〈正岡子規◆病牀六尺〉

【雪上加霜】 せつじょうかそう

意味 災難や不幸などが相次いで生じるたとえ。また、余計なおせっかい。

補説 雪の白の上に霜の白を加える意。「雪上《せつじょう》に霜《しも》を加《くわ》う」と訓読する。禅語では、余計な世話。無用。

出典 『景徳伝灯録《けいとくでんとうろく》』八

【折衝禦侮】 せっしょうぎょぶ

意味 敵のついてくるのを打ち砕き、敵の侮る心を防ぎ止め恐れさせること。

補説 「折衝」は敵の衝《つ》いてくる矛先をくじく意。「禦侮」は敵がこちらを侮るのを防ぎ止める意。「衝《つ》くを折《くじ》き侮《あなど》りを禦《ふせ》ぐ」と訓読する。

出典 『詩経《しきょう》』大雅《たいが》・緜《めん》・毛伝《もうでん》

用例 兵気を鼓舞して精兵を仕立なば、兵数は寡《すくな》くとも、折衝禦侮共に事欠ぐ間敷也《まじきなり》。〈西郷隆盛◆遺訓〉

類義語 折衝千里《せっしょうせんり》

【殺生禁断】 せっしょうきんだん

意味 仏教の慈悲の心に基づいて、生き物を殺すのを禁ずること。

補説 「殺生」は生き物を殺すこと。仏教では十悪の一つとされる。

出典 『続日本紀《しょくにほんぎ》』一二

用例 すると渡月橋《とげつきょう》上下六町の間、殺生禁断になっている川中では、平常から集り棲《す》んでいた魚類が寄って来て生飯《さば》を喰《た》べます。〈岡本かの子◆鯉魚〉

【絶世独立】 ぜっせいどくりつ

意味 美人。また、すぐれた人。

補説 この世で並ぶものがないほど独りすぐれている意。「絶世」は世の中に並ぶものがなくすぐれていること。「独立」は他から離れて独りそびえ立っていること。

出典 『漢書《かんじょ》』外戚伝《がいせきでん》・孝武李夫人伝《こうぶりふじんでん》

【切切偲偲】 せつせつしし 〈―タル〉〈―ト〉

意味 努めて善をすすめ励まし合うこと。また、そのさま。

補説 「切切」は心をこめて励ますさま。「偲偲」も互いに励まし忠告し合うさま。「切偲」だけで丁寧に善をすすめる意だが、それぞれの二字を重ねることで語調を強めている。

故事 孔子の弟子、子路が「どのような人物を士人《しじん》というか」と尋ねたのに対して、孔子が「勉《つと》め励まし合い、なごやかに親しむものが士というもの。友達は勉め励まし合い、兄弟はなごやかに親しむもの」と答えた言葉による。

出典 『論語《ろんご》』子路《しろ》 ◎「子曰《いわ》く、切切偲偲怡怡如《いいじょ》たるを、士と謂《い》う可《べ》し。朋友《ほうゆう》には切切偲偲たり、兄弟《けいてい》には怡怡たりと」

【折足覆餗】 せっそくふくそく

意味 小人などが大任を受けても、力不足でその任に堪えきれず失敗してしまうたとえ。

補説 鼎《かなえ》の足が折れて、中身をひっくり返してしまうことから。「足」は鼎の足のこと。「餗」は鼎に盛った物のこと。「足《あし》を折《お》り餗《こながき》を覆《くつがえ》す」と訓読する。

出典 『易経《えききょう》』鼎《てい》

類義語 操刀傷錦《そうとうしょうきん》

【絶体絶命】 ぜったいぜつめい

意味 困難・危険から、どうしても逃れられないさま。追いつめられ、切羽詰まったさま。

補説 「絶」は窮まる意。追いつめられ窮地にある立場や状態をいう。「絶体」「絶命」はともに九星術の凶星の名。

用例 見ず知らずの方に突然こんなことをお願いしたら、定めし変な奴《やっ》だとお思いになるでしょうが、どうぞわたしを助けてください。わたしはいま、絶体絶命の位置にいるのです。〈松本泰◆謎の街〉

類義語 窮途末路《きゅうとまつろ》・山窮水尽《さんきゅうすいじん》・風前之灯《ふうぜんのともしび》

【舌端月旦】 ぜったんげったん

意味 人物を批評すること。

補説 「舌端」は舌の先で、弁舌、もの言いの意。「月旦」は月のついたちの意。中国後漢の許劭《きょしょう》が毎月の一日に人物を批評した故事（→「人物月旦《じんぶつげったん》」355）から、人物を批評する意に用いられるようになった。

出典 『海録砕事《かいろくさいじ》』人事《じんじ》

類義語 月旦春秋《げったんしゅんじゅう》・人物月旦《じんぶつげったん》

対義語 皮裏陽秋《ひりのようしゅう》

【截断衆流】 せつだんしゅる

意味 俗世に生ずる雑念や妄想などを、すべて断ち切ること。

補説 仏教語で、修行中の者がその煩悩を断ち切ることから。「截断」は断ち切る意。「衆流」はもろもろの流れの意で、雑念や妄想のたとえ。「衆流《しゅる》を截断《せつだん》す」と訓読する。

出典 『石林詩話《せきりんしわ》』上

【雪中送炭】 せっちゅうそうたん

意味 人の切迫した困窮を、物資を送るなどして救うこと。

補説 雪で困っている人に炭をあげ、暖めるという意から。「雪中《せっちゅう》に炭《すみ》を送《おく》る」と訓読する。
出典『四字経《よじきょう》』
類義語 雪里送炭《せつりそうたん》

【雪中四友】せっちゅうのしゅう

意味 冬咲く花四種。
補説 黄梅《こうばい》・臘梅《ろうばい》・水仙《すいせん》・山茶花《さざんか》の雅称。画題として好まれる。
出典『月令広義《げつれいこうぎ》』
類義語 歳寒三友《さいかんのさんゆう》

【雪中松柏】せっちゅうのしょうはく

意味 志や節操・主義を堅く守ることのたとえ。
補説 松や柏《かしわ》は寒さの厳しい雪の中でも緑の葉の色を変えないことから、時代の流れに変化があってもその節操を変えない人にたとえた。「柏」はコノテガシワ。
出典 謝枋得《しゃぼうとく》「初めて建寧《けんねい》に到りて賦《ふ》する詩」
類義語 勁草之節《けいそうのせつ》・歳寒松柏《さいかんしょうはく》・志操堅固《しそうけんご》・疾風勁草《しっぷうけいそう》・松柏之操《しょうはくのみさお》

【絶痛絶苦】ぜっつうぜっく

意味 この上もなく激しい心や体の痛み。
補説「絶」はこの上ない、きわまる意。「痛」「苦」はともに精神的肉体的な痛み・苦しみのこと。
用例 彼は終《つい》に心を許し肌身を許せし初恋を擲《なげう》ちて、絶痛絶苦の悶々《もんもん》の中《うち》に一生最も楽かるべき大礼を挙げ畢《おわ》んぬ。〈尾崎紅葉◆金色夜叉〉

【雪泥鴻爪】せっでい(の)こうそう

意味 人の行いや事業などは、はかないものであるたとえ。人生のはかなさのたとえ。
補説 雪解けの泥におおとりのつけた爪跡の意。「雪泥」は雪が解けたときのぬかるみ。「鴻」はおおとり。「鴻爪」はおおとりの爪の跡。人生行路はちょうど渡り鳥のおおとりが雪解けのぬかるみを踏んだようなものである。ぬかるみにたまたま指や爪の跡は残るが、飛び去ってしまえばもうどの方向に飛び去ったのか分からないように、人生もはかなく分からない意。跡形も無く消えることのたとえとしても使われる。
出典 蘇軾《そしょく》詩「子由《しゆう》の澠池《めんち》に旧《きゅう》を懐《おも》うに和《わ》す」
類義語 無影無踪《むえいむそう》

【舌頭落地】ぜっとうらくち

意味 言語によって説明しきれない仏教の真理を、くどくどと説明するのは危険である、ということ。
補説 仏教語。しゃべり過ぎると舌が地に落ちてしまうという戒めの語。「舌頭」は言葉・弁舌の意。「舌頭《ぜっとう》地《ち》に落《お》つ」と訓読する。
出典『碧巌録《へきがんろく》』

【刹那主義】せつなしゅぎ

意味 将来や過去のことは考えず、その場さえよければそれで満足という考え方。
補説「刹那」は仏教語で、きわめて短い時間のこと。「主義」は主張や考え。
用例 僕達青年も刹那主義や自然主義に人生の端的を教わりながら、実はその一方に、人生の永遠性を求めて止《や》まないんだ。〈岡本かの子◆兄妹〉

【雪魄氷姿】せっぱくひょうし

意味 花の潔白なことの形容。また梅の花のこと。また、高潔な人のたとえ。
補説 梅は多くの花がまだ咲かない雪のあるうちから、春にさきがけて清らかで白い花を開くことからいう。「氷姿雪魄《ひょうしせっぱく》」ともいう。
類義語 雪萼霜葩《せつがくそうは》・雪裏清香《せつりせいこう》

【截髪易酒】せっぱつえきしゅ〈—スル〉

意味 骨身をけずって来客の接待をするたとえ。また、客を真心から歓待するたとえ。
補説「截」は断ち切る意。「髪《かみ》を截《き》りて酒《さけ》に易《か》う」と訓読する。
故事 中国晋《しん》の陶侃《とうかん》の家に友人が訪ねて来た。ところが、貧しくてもてなす金がなかったので、陶侃の母は自分の髪の毛を切り、それを売って酒や肴《さかな》を買い求め、それで歓待したという故事から。
出典『世説新語《せせつしんご》』賢媛《けんえん》
類義語 截髪留賓《せっぱつりゅうひん》

【窃鈇之疑】せっぷのうたがい

意味 疑いの心で人を見ると、確かな証拠がなくても、その人の言動のすべてが疑わしく思えることのたとえ。
補説「窃」は盗む。「鈇」は斧《おの》と同じ。まさかり。

注意 「せっぷのぎ」とも読む。

故事 昔、斧を見失った人が隣家の子どもが盗んだものと疑いをもった。そう思って見るとその子の言動や顔つきまであやしく見えた。ところがふとしたことで自分の家のくぼ地を掘ったら無くした斧が出てきた。それから改めてその子を見ると、動作・態度は少しも斧を盗んだようには見えず、とてもかわいらしく見えたという故事から。

出典 『列子《れっし》』説符《せっぷ》

類義語 疑心暗鬼《ぎしんあんき》

【舌敝耳聾】 ぜっぺいじろう

意味 話がまわりくどく煩雑なたとえ。

補説 話し手がしゃべり疲れ、聞き手が聞き飽きることから。また、老人がもうろくしたことの形容に用いられることもある。舌がぼろぼろになり、耳が聞こえなくなる意。「敝」はやぶれること。「聾」は耳が聞こえないこと。

注意 「舌弊耳聾」とも書く。

出典 『戦国策《せんごくさく》』秦策《しんさく》

類義語 舌敝唇焦《ぜっぺいしんしょう》

【切問近思】 せつもんきんし 〈―スル〉

意味 十分に理解できないことを熱心に究め探り、高遠な道理を考えず身近な問題に当てて考えること。

補説 「切問」は、理解の及んでいないことを問いただすこと。「近思」は高遠なことではなく身近なことから考えていくこと。「切《せっ》に問《と》いて近《ちか》く思《おも》う」と訓読する。

出典 『論語《ろんご》』子張《しちょう》

【雪裏清香】 せつり(の)せいこう

意味 梅の異名。

補説 雪のある間はほとんどの花はその姿を見せないが、梅だけはまだ雪のある間に清らかな香りを漂わせているという意。「雪裏」は雪が降っている中、また、雪の積もっている中。

類義語 雪萼霜葩《せつがくそうは》・雪魄氷姿《せっぱくひょうし》

【絶類離倫】 ぜつるいりりん

意味 群を抜いて優秀な人物。

補説 「絶類」と「離倫」は類義の熟語を二つ並べたもの。「絶」「離」は大きく超える、「類」「倫」はともにたぐい、集団の意。「類《るい》を絶《た》ち倫《りん》を離《はな》る」と訓読する。

出典 韓愈《かんゆ》「進学解《しんがくかい》」

類義語 鶏群一鶴《けいぐんのいっかく》・絶類離群《ぜつるいりぐん》

【世道人心】 せどうじんしん

意味 世の中の道徳とそれを守るべき人の心のこと。

補説 「世道」は人として守るべき道徳、社会道徳のこと。「人心」は人々の心。

用例 ただ、世道人心のあるところをよくよく見究めてやらなければ、億衆の手をとって、親切に、安住へ導いてやることはできません。〈吉川英治◆親鸞〉

【是非曲直】 ぜひきょくちょく

意味 物事の善悪・正不正のこと。

補説 「是非」は正しいこと（是）と正しくないこと（非）。「曲直」は曲がっていること（曲）とまっすぐなこと（直）。「曲直是非《きょくちょくぜひ》」ともいう。

出典 『論衡《ろんこう》』説日《せつじつ》

用例 そこで世界の各国が一国を判断する時には、その言うこと為《な》すことの是非曲直を以《もっ》て判断する、〈新渡戸稲造◆真の愛国心〉

類義語 正邪曲直《せいじゃきょくちょく》・是非善悪《ぜひぜんあく》・理非曲直《りひきょくちょく》

【是非正邪】 ぜひせいじゃ

⇒ 正邪曲直 せいじゃきょくちょく 369

【是非善悪】 ぜひぜんあく

意味 物事の正・不正、よしあし。

補説 「是非」は正しいこと（是）と正しくないこと（非）。「善悪」はよいこと（善）と悪いこと（悪）。物事の判断の基準として、それぞれ相対する語を重ねて使ったもの。「善悪是非《ぜんあくぜひ》」ともいう。

用例 従ってなおさらの事この二つの方針あるいは流儀の是非善悪を判断する事は非常に困難になる。〈寺田寅彦◆電車の混雑について〉

類義語 正邪曲直《せいじゃきょくちょく》・是非曲直《ぜひきょくちょく》・理非曲直《りひきょくちょく》

【是非之心】 ぜひのこころ

意味 すべての物事を、是は是とし非は非として正しく判断できる能力。よい悪いを正しく見分けることのできる心。

出典 『孟子《もうし》』公孫丑《こうそんちゅう》上

せ

【善悪是非】 ぜんあく ぜひ

⇒ 是非善悪 ぜひぜんあく 385

【潜移暗化】 せんい あんか 〈—スル〉

意味 環境や他人からの影響を受けて、いつの間にか性質や考え方が変化すること。

補説 「潜」も「暗」もひそかに、知らず知らずのうちにの意。「移」「化」は移り変わる、感化される意。「潜《ひそ》かに移《うつ》り暗《あん》に化《か》す」と訓読する。

出典 『顔氏家訓《がんしかくん》』慕賢《ぼけん》

類義語 水随方円《すいずいほうえん》・潜移黙化《せんいもくか》・墨子泣糸《ぼくしきゅうし》

【戦意喪失】 せんい そうしつ 〈—スル〉

意味 戦う気力を失うこと。また、物事に立ち向かう意欲をなくすことのたとえ。

補説 「戦意」は戦おうという心。「喪失」は失うこと。

用例 英国の態度はベルギーの降伏となり、フランスの戦意喪失となったのは当然である。〈石原莞爾◆戦争史大観〉

対義語 不撓不屈《ふとうふくつ》

【千違万別】 せんい ばんべつ

⇒ 千差万別 せんさばんべつ 391

【善因善果】 ぜんいん ぜんか

意味 よい行いをしていれば、いずれよい報いがあるということ。

補説 「善因」は仏教語で、よい結果を生むもととなる原因の行い。「善果」はよい行いの報い。人の行いの善悪に応じてその報いが現れる「因果応報《いんがおうほう》」のよい面。

用例 是《これ》は善因善果悪因悪果の如《ごと》き殆《ほと》ど自明の理とは事かわり甚だ了解し難いものである。〈狩野亨吉◆安藤昌益〉

類義語 因果応報《いんがおうほう》・陰徳陽報《いんとくようほう》・宿執開発《しゅくしゅうかいほつ》

対義語 悪因悪果《あくいんあっか》

【扇影衣香】 せんえい いこう

意味 貴婦人たちが寄り集まる会合の様子。

補説 「扇影」は婦人が手にする扇子の影。「衣香」は婦人が衣装にたきしめるよい香りのこと。身分の高い婦人たちの身にかかわるものでその会合の様子を形容したもの。

【浅学寡聞】 せんがく かぶん

意味 学識が浅く、知識・見聞の狭いこと。

補説 「浅学」は、学問や知識が浅く未熟なこと。「寡聞」は、見たり聞いたりして得た知識や経験が少ないこと。「寡聞浅学《かぶんせんがく》」ともいう。

用例 余輩未《いま》だ浅学寡聞、この取捨の疑問に至り一々当否を論じてその箇条を枚挙する能《あた》わざるは〈福沢諭吉◆学問のすすめ〉

【遷客騒人】 せんかく そうじん

意味 詩人などの風流人のこと。

補説 「遷客」は罪を得て遠方に流された人。「騒人」は楚《そ》の屈原が「離騒」を作ってより、心の憂いをうたう人をいい、のち詩人の称となった。心に憂いをもって物思いにふける人。どちらも自分のもつ憂いを詩に託すことが多いことから詩人・文人の別称となる。

出典 范仲淹《はんちゅうえん》「岳陽楼記《がくようろうのき》」

【浅学短才】 せんがく たんさい

⇒ 浅学菲才 せんがくひさい 386

【浅学菲才】 せんがく ひさい

意味 学問や知識が浅く未熟で、才能が欠けていること。

補説 自分の識見をへり下っていう語として用いられることが多い。「浅学」は学問や知識が浅く未熟なこと。「菲」は野菜の名で、カブの類。転じて、薄い、粗末な、劣ったという意。「菲才」は才能のないこと。「浅学短才《せんがくたんさい》」「浅識菲才《せんしきひさい》」ともいう。

注意 「浅学非才」とも書く。

用法 浅学菲才の身

用例 もとより浅学菲才、各位のご所期に添うあたわざるを恐れ候えども、〈中川静◆書翰文精義〉

類義語 浅知短才《せんちたんさい》

対義語 博学才穎《はくがくさいえい》・博学多才《はくがくたさい》・博識多才《はくしきたさい》

【先花後果】 せんか ごか

意味 先に女子が生まれて、後から男子が生まれるたとえ。一姫二太郎。

補説 最初に花が咲き、その後果実がなることの意。「果」は果実。

注意 「せんかこうか」とも読む。

出典『醒世恒言《せいせいこうげん》』

【千歓万悦】せんかん ばんえつ 〈―スル〉

意味 大いに喜ぶこと。とてもうれしいこと。

補説 「千」「万」は数の多いことを示す。「歓」も「悦」もよろこぶ意。

出典『易林《えきりん》』一二

類義語 千歓万喜《せんかんばんき》

【千巌万壑】せんがん ばんがく

意味 多くの岩山の連なりと多くの深い谷。また、それらが険しく続くさま。

補説 「千」「万」は数の多いことを示す。「巌」はそびえ立つ岩山、「壑」は渓谷のこと。

出典『世説新語《せせつしんご》』言語《げんご》

類義語 千山万水《せんざんばんすい》

【先義後利】せんぎ こうり

意味 道義を優先させ、利益を後回しにすること。

補説 「義」は人として当然あるべき道の意。「利」は利益のこと。「義《ぎ》を先《さき》にして利《り》を後《あと》にす」と訓読する。

出典『孟子《もうし》』梁恵王《りょうけいおう》上

【千客万来】せんきゃく ばんらい

意味 多くの客が入れ替わりひっきりなしに来て絶え間がないこと。

補説 「千」「万」は数の多いことを示す。店などが繁盛していたり来客が頻繁にあったりするときに用いる。

注意 「せんかくばんらい」とも読む。

用例 源氏滅亡と見えたとたんから、六波羅《ろくはら》御門は、牛車、お馬、輿《こし》など、千客万来を呈しております。〈吉川英治◆源頼朝〉

類義語 商売繁盛《しょうばいはんじょう》・門前成市《もんぜんせいし》

対義語 門前雀羅《もんぜんじゃくら》

【遷喬之望】せんきょうの ぼう

意味 立身出世を望むことのたとえ。

補説 春になって、鳥が深い谷間から高い木へ移りすみたいと願う気持ちから。「遷喬」は出典の「鳥が谷間から高い木にうつる」意から転じて、官位の昇進するたとえ。「遷」は移動すること。「喬」は喬木《きょうぼく》で、高い木。

注意 「せんきょうののぞみ」とも読む。

出典『詩経《しきょう》』小雅《しょうが》・伐木《ばつぼく》 ◎「木を伐《き》ること丁丁《とうとう》たり鳥鳴くこと嚶嚶《おうおう》たり幽谷《ゆうこく》より出《い》でて喬木《きょうぼく》に遷《うつ》る」

【善巧方便】ぜんぎょう ほうべん

意味 相手や状況に応じてうまく方法を考えること。

補説 仏教語。「善巧」は巧みなこと。「方便」は仏が衆生《しゅじょう》に仏法を説くときに用いる熟達した手段のこと。仏が人々に仏法を説くときに、聞き手の理解力などに応じて説く方法を巧みに変えて、人々を教導したことからきた言葉。

用例 一人《いちにん》を欺かぬ聖賢はあっても、天下を欺かぬ聖賢はない。仏家の所謂《いわゆる》善巧方便とは畢竟《ひっきょう》精神上のマキアヴェリズムである。〈芥川龍之介◆侏儒の言葉〉

類義語 因病下薬《いんぺいかやく》・応機接物《おうきせつもつ》・応病与薬《おうびょうよやく》・対機説法《たいきせっぽう》・対症下薬《たいしょうかやく》

【饌玉炊金】せんぎょく すいきん

⇒ 炊金饌玉 すいきんせんぎょく 359

【前倨後恭】ぜんきょ こうきょう

意味 傲慢《ごうまん》な態度で接してきたのに、急に態度を変えて相手にこびへつらうこと。

補説 「倨」はおごりたかぶること。また、足を投げ出して座り、偉そうに構えること。「恭」はうやうやしいこと。一般に「前《さき》には倨《おご》りて後《のち》には恭《うやうや》し」と訓読して用いる。

故事 中国戦国時代、遊説家蘇秦《そしん》は自分を売り込んで諸国を歩いたが、すっかり貧乏になって帰ってきた。妻は機織《はたお》りをやめようとせず、兄嫁は食事も作ってやらなかった。のちに出世して六国連合の宰相になって帰ってくると、今度は恭しく給仕したので「どうして今度は恭しくするのか」と尋ねたところ、兄嫁が「あなたは位も高く、お金持ちでもあるからです」と答えたという故事から。

出典『史記《しき》』蘇秦伝《そしんでん》

【千金一刻】せんきん いっこく

⇒ 一刻千金 いっこくせんきん 35

【千金一笑】せんきん いっしょう

⇒ 一笑千金 いっしょうせんきん 39

【千金一擲】せんきん いってき

⇒ 一擲千金 いってきせんきん 45

【千鈞一髪】 せんきん いっぱつ

⇒ 一髪千鈞 いっぱつせんきん 46

【千金弊帚】 せんきん へいそう

⇒ 弊帚千金 へいそうせんきん 590

【千軍万馬】 せんぐん ばんば

(意味) 非常に大きな軍隊。その勢いが強いことの形容。また、豊富な経験がある老練な人の形容。

(補説) 多くの兵士と軍馬の意で、転じて、何度も戦争に行っていくさの経験が豊かなことを表す。「千」「万」は数の多いことを示す。

(出典) 関漢卿《かんかんけい》『単刀会《たんとうかい》』一

(用例) 其《その》大軍といい、一般方針といい、それから又千軍万馬往来の諸雄将の勇威と云《い》い、大剛の士、覚えの兵等の猛勇で功者な事と云い、北条《ほうじょう》方にも勇士猛卒十八万余を蓄わえて居るとは云え、到底関白を敵として勝味は無い。〈幸田露伴◆蒲生氏郷〉

(類義語) 海千山千《うみせんやません》・千兵万馬《せんぺいばんば》・百戦錬磨《ひゃくせんれんま》・飽経風霜《ほうけいふうそう》

【千荊万棘】 せんけい ばんきょく

(意味) 多くの困難や障害があることをいう。

(補説) 数多くのいばらの意から。「千」「万」は数の多いことを示す。「荊」「棘」はともに、いばら。枝に堅いとげのある草木の総称。

(用例) 彼等《かれら》が千荊万棘を渉《わた》った艱難辛苦《かんなんしんく》〈徳冨蘆花◆自然と人生〉

(類義語) 千辛万苦《せんしんばんく》

【剡渓訪戴】 せんけい ほうたい

(意味) 隠居の身で気ままに友を訪ねること。

(補説) 「剡渓」は中国の浙江《せっこう》省にある川。「戴」は中国東晋《とうしん》の王徽之《おうきし》の友人、戴逵《たいき》のこと。「剡渓《せんけい》戴《たい》を訪《たず》ぬ」と訓読する。

(故事) 東晋の王徽之が、大雪の晩、興に乗ってふと思い立ち、舟で剡渓にいる旧友の戴逵に会いに行ったが、家の門までたどり着いたところで会わずに帰ってしまった。訳を尋ねられた王徽之は「もともと興に乗じてのこと。興が冷めた今となっては、会うこともあるまい」と答えたという故事から。

(出典) 『世説新語《せせつしんご》』任誕《じんたん》

(類義語) 子猷尋戴《しゆうじんたい》・雪夜訪戴《せつやほうたい》

【鮮血淋漓】 せんけつ りんり 〈―タル〉〈―ト〉

(意味) からだから真っ赤な血がぽたぽたとしたたり落ちる様子。

(補説) 「鮮血」はからだから出たばかりの血。「鮮」は新しいこと。「淋漓」は血や汗などの液体が滴となって下に落ちるさま。

(用例) 下に敷きたる木の角の、すねに食い込み、鮮血淋漓と流れいずれど、苦痛を忍び〈宇田川文海◆巷説二葉松〉

(類義語) 流血淋漓《りゅうけつりんり》

【前言往行】 ぜんげん おうこう

(意味) いにしえの聖人・賢者の残した言葉や行い。

(補説) 「前言」は古人の足跡、聖人・賢者の行いのこと。「往行」は古人の言い残した言葉、

(出典) 『易経《えききょう》』大畜《たいちく》

【旋乾転坤】 せんけん てんこん

(意味) 天下国家の情勢を一変させること。根本から局面をひっくり返すこと。

(補説) 「乾」は易《えき》で天を表し、「坤」は地を表す卦《か》。「乾坤」と対にして、天地・世界の意。「旋」「転」はともに、ぐるりと回すこと。天地をひっくり返して正常な状態に戻すという意味。「乾《けん》を旋《めぐ》らし坤《こん》を転《てん》ず」と訓読する。

(出典) 韓愈《かんゆ》「潮州刺史謝上表《ちょうしゅうのししゃじょうひょう》」

(類義語) 旋転乾坤《せんてんけんこん》

【先見之明】 せんけんの めい

(意味) 将来どのようになっていくかを見通すことができる眼力。

(補説) 「先見」は将来のことを見通すこと。「明」は物を見分ける能力・見識。

(出典) 『後漢書《ごかんじょ》』楊彪伝《ようひょうでん》

(類義語) 先見之識《せんけんのしき》・蚤知之士《そうちのし》

【千言万語】 せんげん ばんご

(意味) 非常にたくさんの言葉。また、たくさんの言葉でくどくどと言うこと。

(補説) 「千」「万」は数の多いことを示す。「言」「語」はともに言葉のこと。

(出典) 『鶡冠子《かつかんし》』世兵《せいへい》

(用例) 彼が千言万語を舌を弄《ろう》して倦《う》まざるは、畢竟《ひっきょう》利の一字を掩《おお》わんがためのみ。〈尾崎紅葉◆金色夜叉〉

(類義語) 千言万句《せんげんばんく》・千言万言《せんげんばんげん》・千言万

説《せんげんばんせつ》 対義語 一語一句《いちごいっく》・一言一句《いちごんいっく》・一言半句《いちごんはんく》・一字一句《いちじいっく》

【先甲後甲】 せんこうこうこう

意味 物事を間違いがないように慎重に丁寧にとり行うこと。また、物事の発生する兆しの見える前と見えた後。

補説 前者の意では「甲」は新たに作られた法令。新たに法律を定めるときは、事前事後に人民に対して丁寧に説明するべきであるということ。後者の意では「甲」は物事の発生する最初の段階。「先甲」はまだその兆しが現れないこと。「後甲」はすでに現れた後。

出典 『易経《えききょう》』蠱《こ》／『揚子法言《ようしほうげん》』先知《せんち》

類義語 先庚後庚《せんこうこうこう》

【先庚後庚】 せんこうこうこう

意味 間違いがないように慎重に丁寧に物事を行うこと。

補説 「庚」は「更」と同じで改めること。法律や規則を改めるときは、事前事後に人民に対して丁寧に説明するべきであるということ。転じて、物事を丁寧に処理する意となった。「庚《こう》に先《さき》だち庚《こう》に後《おく》る」と訓読する。

出典 『易経《えききょう》』巽《そん》

類義語 先甲後甲《せんこうこうこう》

【洗垢索瘢】 せんこうさくはん

意味 他人の欠点や過ちを、しつこく探し出そうとするたとえ。

補説 垢《あか》を洗い落としてまで、傷あとを探し出そうとする意。「索」は探し求めること。「瘢」は傷あと。「垢《あか》を洗《あら》いて瘢《きず》を索《もと》む」と訓読する。

出典 『後漢書《ごかんじょ》』趙壱伝《ちょういつでん》

類義語 吹毛求疵《すいもうきゅうし》・洗垢求瘢《せんこうきゅうはん》・披毛求瑕《ひもうきゅうか》

【千紅万紫】 せんこうばんし

⇒ 千紫万紅 せんしばんこう 392

【先刻承知】 せんこくしょうち

意味 すでによく知っていること。

補説 「先刻」は、すでに。

用例 「莫迦《ばか》をいえ。わしが昨日から歯痛で、笑い声一つ立てられないのは、先刻承知じゃないか」〈織田作之助◆猿飛佐助〉

【前虎後狼】 ぜんここうろう

意味 災難が次々とふりかかってくること。

補説 「前門に虎《とら》を拒《ふせ》いで後門に狼《おおかみ》を進《すす》む」の略。前にいる虎をやっと防いだと思ったら、もう後ろからオオカミが来ている。危機や困難に次々と遭うことのたとえ。「前門の虎、後門の狼」の形で用いることが多い。「前狼後虎《ぜんろうこうこ》」ともいう。

出典 『評史《ひょうし》』

類義語 舎虎逢狼《しゃこほうろう》・除狼得虎《じょろうとくこ》

【善後処置】 ぜんごしょち

意味 事件などが起きたあと、残された問題点をきちんと始末すること。

補説 「善後」は後始末をよくすること。事件が起きたときや失敗したときに、あとのために適切な処置を行うこと。「善後措置《ぜんごそち》」ともいう。

用例 この報告を早く本社にして、善後処置についての指令を仰ぐことが必要だと思った。〈海野十三◆棺桶の花嫁〉

【善後措置】 ぜんごそち

⇒ 善後処置 ぜんごしょち 389

【千呼万喚】 せんこばんかん 〈―スル〉

意味 繰り返し呼びかけること。何度も促したり招いたりすること。

補説 「千」「万」は数の多いことを示す。「呼」「喚」はともに大声で呼び叫ぶこと。類義の語を重ねて意味を強調している。

出典 白居易《はくきょい》「琵琶行《びわこう》」

用例 只《ただ》大白を浮べて政党の万歳を千呼万喚して止《や》まんのみ。〈利光鶴松◆政党評判記〉

【千古万古】 せんこばんこ

意味 遠い昔。また、ずっと昔から今まで。永遠。永久。

補説 「千古」も「万古」も太古、遠い昔。また、遠い昔から現在に至るまでの長い時間。類義の語を重ねて意味を強めている。

用例 ああ、岳神、大慈大悲、我らに代り、その屹立《きつりつ》を以《もっ》て、その威厳を以て、その秀色を以て、千古万古天に祈禱《きとう》しつつあるを知らずや。〈小島烏水◆山を讃する文〉

せ

【千古不易】せんこふえき

意味 永遠に変化しないこと。価値などが長年にわたり変化しないこと。

補説 「千古」は太古、遠い昔。また、遠い昔から現在に至るまでの長い時間。「不易」は変化しないこと。「易」は変わる、変化するの意。

用例 今も昔も男と女客と妓女《ぎじょ》とのいきさつこれのみまことに千古不易の人情とや申すべき。〈永井荷風◆腕くらべ〉

類義語 永遠不変《えいえんふへん》・千古不朽《せんこふきゅう》・千古不抜《せんこふばつ》・千古不変《せんこふへん》・千古不磨《せんこふま》・千載不易《せんざいふえき》・万古不易《ばんこふえき》・万世不易《ばんせいふえき》・百世不磨《ひゃくせいふま》

対義語 一時流行《いちじりゅうこう》

【前後不覚】ぜんごふかく

意味 物事のあとさきも分からなくなるくらいに正常な意識を失うこと。

補説 「前後」は時間の前と後。「不覚」は意識がしっかりしていないこと。

用例 もっとも、去年は酔っ払って前後不覚、奥沢の車庫へはいり、お巡りさんに宿屋へ案内してもらったような戦歴もあり、前後不覚の最中に何をやっているか、どこへ旅行しているか、ちょっと見当のつかない不安もあった。〈坂口安吾◆西荻随筆〉

類義語 人事不省《じんじふせい》

【千古不朽】せんこふきゅう

意味 永久に価値を保って残ること。

補説 「千古」は太古、遠い昔。また、遠い昔から現在に至るまでの長い時間。「不朽」は失われずに後世まで残ること。「千古不滅《せんこふめつ》」ともいう。

用例 僕から見れば、博士は千古不朽の大発明をしたように思うが、当の博士としては、これではまだ研究を完成していないわけで、〈海野十三◆宇宙女囚第一号〉

類義語 千古不易《せんこふえき》・千古不抜《せんこふばつ》・千古不磨《せんこふま》・万古不易《ばんこふえき》・万古不磨《ばんこふま》

【千古不抜】せんこふばつ

意味 永久に変わらないこと。

補説 「千古」は太古、遠い昔。また、遠い昔から現在に至るまでの長い時間。「不抜」は堅くて動かないこと。

用例 千古不抜なる法則も無きにあらねど、悉《ことごと》く確定したるものと見做《みな》すは違《たが》えり。〈坪内逍遥◆小説神髄〉

類義語 永遠不変《えいえんふへん》・千古不易《せんこふえき》・千古不朽《せんこふきゅう》・千古不変《せんこふへん》・千載不易《せんざいふえき》・万古不易《ばんこふえき》・万世不易《ばんせいふえき》

【千古不磨】せんこふま

意味 すぐれた伝統・作品・業績などが、永久に伝わり続けて消滅しないこと。

補説 「千古」は太古、遠い昔。また、遠い昔から現在に至るまでの長い時間。「不磨」はすり減って消滅することがないこと。

出典 『閑情偶識《かんじょうぐうしき》』詞曲《しきょく》

用例 純然たる君主的立憲制の日本の国性に適合するを確信し、且つ之《これ》を確立するに於《おい》て周到なる意匠と慎重なる考慮を凝らし、以《もっ》て遂《つい》に千古不磨の大典を立案するを得たり。〈鳥谷部春汀◆明治人物月旦〉

類義語 永遠不滅《えいえんふめつ》・千古不易《せんこふえき》・千古不朽《せんこふきゅう》

【千古不滅】せんこふめつ

⇒ 千古不朽 せんこふきゅう 390

【前後矛盾】ぜんごむじゅん 〈—スル〉

意味 言動が、まえとあとで互いに食い違い、一貫していないこと。

補説 「前後」は、まえとあと。「矛盾」は二つの物事が互いに食い違い、つじつまが合わないこと。

用例 またこの書にはかなりしばしば同一思想の反復あるいは前後矛盾せる文章を含んでいる。〈倉田百三◆愛と認識との出発〉

類義語 前後撞着《ぜんごどうちゃく》・撞着矛盾《どうちゃくむじゅん》・矛盾撞着《むじゅんどうちゃく》

対義語 終始一貫《しゅうしいっかん》・首尾一貫《しゅびいっかん》・脈絡通徹《みゃくらくつうてつ》

【千恨万悔】せんこんばんかい 〈—スル〉

意味 起こしてしまった過ちを、この上なく悔やむこと。後悔して残念に思うこと。

補説 「千」「万」は数の多いことを示す。「恨」「悔」はともに悔やむ、残念に思う意。「恨悔」は前非を悔やんで残念がること。

用例 今更に由なき悪縁を結んだを千恨万悔しても効《かい》がないから、〈内田魯庵◆くれの廿八日〉

類義語 遺憾千万《いかんせんばん》

【潜在意識】せんざい いしき

意味 外に現れたり、自覚したりすることはないが、自分の内に深く潜んでいて、行動や思考に影響を与える意識。また、理性で強く抑制されていて表面に現れ出ない意識。

補説 「潜在」は表面には現れず、内側にひそかに存在していること。

用例 而《しか》もまた一時の錯乱にかられて、身分と財産を最後の避難所とする潜在意識を以《も》って、再び犯すのであろうか、もしそうならば、結果は、単に錯乱と後悔と懊悩《おうのう》との繰返しにすぎない。〈豊島与志雄◆風景〉

【千載一遇】せんざい いちぐう

意味 滅多に訪れそうもないよい機会。二度と来ないかもしれないほど恵まれた状態。

補説 「載」は「年」の意。「一遇」は一度出会う。「遇」は思いがけず出くわす。千年に一度偶然訪れるくらいの機会という意味。

出典 『文選《もんぜん》』王褒《おうほう》「四子講徳論《ししこうとくろん》」

用例 一演劇学生であった私は、胸を躍らせて、この千載一遇の好機を捉え、シャンゼリゼェ劇場へ十日興行の殆《ほと》んど毎夜を通いつめた。〈岸田國士◆演出者として〉

類義語 好機到来《こうきとうらい》・千載一会《せんざいいちえ》・千載一合《せんざいいちごう》・千載一時《せんざいいちじ》・曇華一現《どんげいちげん》・盲亀浮木《もうきふぼく》

【仙才鬼才】せんさい きさい

意味 他の人に比べて飛び抜けてすぐれた才能。

補説 「仙才」は仙人のような才能。仙人は人間界を離れて神通力を得た人。「鬼才」は人間業とは思えないようなずば抜けた才能のこと。中国唐の詩人の李白《りはく》を仙才、李賀《りが》を鬼才と称したことから。

出典 『詩話総亀《しわそうき》』

【千錯万綜】せんさく ばんそう 〈―スル〉

意味 いろいろな物事が複雑に入り交じっていること。複雑に絡み合ってとけないこと。

補説 「千」「万」は数の多いことを示す。「錯」「綜」は複雑に入り組んで絡まること。

類義語 千頭万緒《せんとうばんちょ》

【千差万別】せんさ ばんべつ

意味 さまざまに異なっていること。

補説 「千」「万」は数の多いことを示す。「差」「別」は区別・違いの意味。「千違万別《せんいばんべつ》」ともいう。

注意 「千差」は「せんしゃ」、「万別」は「まんべつ」とも読む。

出典 『景徳伝灯録《けいとくでんとうろく》』二五・文遂導師《ぶんすいどうし》

用例 併《しか》し慾《よく》には種類ありて食慾色慾等五官の慾を初めとして無形の名誉に至るまで千差万別あることとなるが、其《その》各種の慾心には消長盛衰あれども其総体の分量は固《もと》より百斤ならば百斤の外に出《い》づることなし。〈正岡子規◆読書弁〉

類義語 十人十色《じゅうにんといろ》・種種様様《しゅじゅさまざま》・千種万別《せんしゅばんべつ》・千種万様《せんしゅばんよう》・多種多様《たしゅたよう》

【先斬後奏】せんざん こうそう

意味 指示を受ける前に問題を片付け、その後で上の人に報告すること。

補説 軍紀や規則を破った者をまず処刑して、その後に君主に報告する意から。「斬」は切り殺す意。「奏」は上の人に申し上げること。「先《ま》ず斬《き》りて後《のち》奏《そう》す」と訓読する。

出典 『新五代史《しんごだいし》』梁臣伝《りょうしんでん》・朱珍伝《しゅちんでん》

【千山万水】せんざん ばんすい

意味 たくさんの山や川。山や川が続くこと。深山幽谷の形容。また、旅路の長くけわしいことの形容。

補説 「千」「万」は数の多いことを示す。「山」「水」は「山河」に同じ。行けども行けども山や川が続くという意味。「万水千山《ばんすいせんざん》」ともいう。

出典 宋子問《そうしもん》―詩「端州駅《たんしゅうえき》に至《いた》りて杜五審言《とごしんげん》・沈三佺期《しんさんせんき》・閻五朝隠《えんごちょういん》・王二無競《おうじぶきょう》の壁に題せるを見て慨然《がいぜん》として詠《えい》を為《な》す」

類義語 千巌万壑《せんがんばんがく》

【遷徙偃仰】せんし えんぎょう 〈―スル〉

意味 世の流れに従って、身の処し方を変えること。時代の移り変わりに応じて、方法を調整すること。

補説 「遷徙」は移り変わる意。「偃仰」はふせたり仰ぎ見たりすること。転じて、世の流れに従って浮沈すること。

出典 『荀子《じゅんし》』非相《ひそう》
類義語 与世偃仰《よせいえんぎょう》・与世俯仰《よせいふぎょう》

【浅識菲才】 せんしき ひさい

⇒ 浅学菲才 せんがくひさい 386

【仙姿玉質】 せんし ぎょくしつ

意味 並はずれた美人の形容。
補説 「仙姿」は仙女の姿。「玉質」は宝玉のように高尚で優雅な姿をたとえる。なめらかで美しい肌のこと。
類義語 国色天香《こくしょくてんこう》・仙姿佚色《せんしいっしょく》・仙姿玉色《せんしぎょくしょく》・太液芙蓉《たいえきのふよう》・天香国色《てんこうこくしょく》・明眸皓歯《めいぼうこうし》・窈窕淑女《ようちょうしゅくじょ》

【先事後得】 せんじ こうとく

意味 まず仕事を優先して、その後に報酬を手に入れること。
補説 「先事」は先に労力を使うこと。報酬を考えるより先に、仕事に真剣に取り組むべきであるという意。「事を先《さき》にして得《う》ることを後《あと》にす」と訓読する。
出典 『論語《ろんご》』顔淵《がんえん》
類義語 先事後禄《せんじこうろく》・先難後獲《せんなんこうかく》

【千思万考】 せんし ばんこう 〈―スル〉

意味 あれこれと考えて思いをめぐらすこと。
補説 「千」「万」は数の多いことを示す。「思」「考」は考える。何回も思考してみるという意味。
用例 二時間ばかりというものは黙坐《もくざ》して腕を拱《く》んで、沈吟して嘆息して、千思万考、審念熟慮して屈託して見たが、詮ずる所は旧《もと》の木阿弥《もくあみ》。〈二葉亭四迷◆浮雲〉
類義語 千思万想《せんしばんそう》・千思万慮《せんしばんりょ》・千方百計《せんぽうひゃっけい》・百術千慮《ひゃくじゅつせんりょ》
対義語 無念無想《むねんむそう》

【千紫万紅】 せんし ばんこう

意味 さまざまな花の色の形容。また、色とりどりに花が咲いているさま。
補説 「千」「万」は数の多いことを示す。「紅」「紫」はさまざまな花の色。「千紅万紫《せんこうばんし》」「万紫千紅《ばんしせんこう》」ともいう。
用例 織り物をするところでは、輪出向きのタフタのようなものを、動力をつかった沢山の機で織っているのですが、ここは千紫万紅色とりどりに美しい布の洪水です。〈林芙美子◆新生の門〉
類義語 百花繚乱《ひゃっかりょうらん》

【千姿万態】 せんし ばんたい

意味 さまざまに異なる姿や形のこと。また、さまざまに姿や形を変えること。
補説 「千」「万」は数の多いことを示す。「姿」「態」は顔かたちやからだつき、また、形・様子のこと。
用例 先生は女が髪を直す時の千姿万態を、そのあらゆる場合を通じて尽《ことごと》くこれを秩序的に諳《そら》んじながら、なお飽きないほどの熱心なる観察者である。〈永井荷風◆妾宅〉
類義語 千状万態《せんじょうばんたい》・千態万状《せんたいばんじょう》・千態万様《せんたいばんよう》

【浅酌低唱】 せんしゃく ていしょう 〈―スル〉

意味 ほどよく酒を味わい飲みながら、小声で詩歌を口ずさんで楽しむこと。
補説 「浅酌」はほどよく酒を飲むこと。「低唱」は小さい声で歌うこと。「浅斟低唱《せんしんていしょう》」「低唱浅斟《ていしょうせんしん》」ともいう。
用例 高きところに酒池肉林の豪を誇る者、画簾《がれん》密なる中に浅酌低唱の興をむさぼる者〈陸羯南◆秋夜倦読誌〉
類義語 浅酌低吟《せんしゃくていぎん》・浅酌微吟《せんしゃくびぎん》
対義語 杯盤狼藉《はいばんろうぜき》・放歌高吟《ほうかこうぎん》

【千射万箭】 せんしゃ ばんせん

意味 一つひとつの事を、決してないがしろにしてはならないということ。
補説 「千射万箭、悉《ことごと》く皆新たなり。」という弓道の言葉から。「射」「箭」はどちらも矢のこと。たとえ千本万本の矢を射ようとも、今射るその矢の一本をおろそかにしてはならないという教え。

【前車覆轍】 ぜんしゃ(の) ふくてつ

意味 過去の失敗を今の戒めにすること。
補説 前を行く人の失敗は、後へ続く人にとってのよき戒めとなるということ。「前車」は前を行く車。「轍」はわだち。車輪の跡。前の車がひっくり返った車輪の跡という意。それを見ることによって、どうしてひっくり返ってしまったかが分かることから、失敗に対する戒めの意となる。「前覆後戒《ぜんぷくこうかい》」「後車之誡《こうしゃのいましめ》」「覆車之戒《ふくしゃのいましめ》」ともいう。

せ

出典『漢書《かんじょ》』賈誼伝《かぎでん》 ◎「前車の覆《くつがえ》るは後車の誡《いまし》め」

類義語 前車之鑑《ぜんしゃのかん》

【先従隗始】 せんじゅうかいし

意味 大きな事を行うには、まず手近なことから始めるべきであるということ。また、物事はまず言い出した人が着手すべきであるということ。

補説「従…」は「…より、…から」の意。「隗」は中国戦国時代、燕《えん》の政治家郭隗《かくかい》のこと。一般に「先《ま》ず隗《かい》従《よ》り始《はじ》めよ」と訓読して用いる。

故事 中国戦国時代、燕の昭王が郭隗に、どうしたら有能な人材が自分のもとに集まるだろうかと尋ねたところ、「まず大したことのない私、郭隗を重用してください。そうすればそれよりすぐれた人物は自分も重用されるだろうと集まってきます」と提案し、その通りにしたところ本当に賢者が多数集まったという故事から。

出典『戦国策《せんごくさく》』燕策《えんさく》／『史記《しき》』燕召公世家《えんしょうこうせいか》

【千秋万古】 せんしゅうばんこ

意味 歳月の長いこと。永遠。

補説「千秋」は千年、長い年月の形容。「秋」はここでは年のこと。「万古」は永遠のこと。長久。「万古千秋《ばんこせんしゅう》」ともいう。

出典 劉希夷《りゅうきい》「公子行《こうしこう》」

用例 二人は底知れぬ谷に落ちうせたり。千秋万古、ついにこの二人が行方を知る者なく大国。〈国木田独歩◆詩想〉

類義語 千秋万歳《せんしゅうばんざい》・千秋万世《せんしゅうばんせい》

【千秋万歳】 せんしゅうばんざい

意味 歳月の非常に長いこと。また、長寿を祝う言葉。

補説「千秋」は千年、「万歳」は万年のことで、長い年月の形容。「秋」「歳」はともに年のこと。千年、万年の非常に長い年月の意。

注意「せんしゅうばんざい」「せんしゅうまんざい」とも読む。

出典『韓非子《かんぴし》』顕学《けんがく》

用例 皇室の御栄《おさか》えあらせらるることは、われわれ国民にとってまことに喜びにたえませんことで、千秋万歳、皆さんの毎日お歌いになる君が代の唱歌にもさざれ石の巌《いわお》となりて苔《こけ》のむすまでと申してございます通りであります。〈田山花袋◆田舎教師〉

類義語 鶴寿千歳《かくじゅせんざい》・千秋万古《せんしゅうばんこ》・千秋万世《せんしゅうばんせい》・天保九如《てんぽうきゅうじょ》・南山之寿《なんざんのじゅ》

【洗手奉職】 せんしゅほうしょく

意味 誠実に職務を務めること。清廉潔白に職務に励むこと。

補説「奉」はつとめること。「手《て》を洗《あら》い職《しょく》に奉《ほう》ず」と訓読する。

出典 韓愈《かんゆ》「唐故中散大夫少府監胡良公墓神道碑《とうこちゅうさんたいふしょうふかんこりょうこうぼしんどうひ》」

【千乗之国】 せんじょうのくに

意味 兵車千台を出す力を持つ大諸侯の国。

補説「千乗」は兵車千台の意。「乗」は馬四頭立ての戦車を数える語。周代の制では一乗には甲兵（武装した兵）三人、歩卒七十二人、輜重《しちょう》（荷物を運ぶ者）二十五人の合計百人がつく。「千乗」で兵車千台・十万の兵力となる。（→「万乗之国《ばんじょうのくに》」539）

出典『論語《ろんご》』学而《がくじ》

類義語 万乗之国《ばんじょうのくに》

【川上之歎】 せんじょうのたん

意味 時が無常に過ぎ去ることの嘆き。

注意「川上之嘆」とも書く。

故事 孔子が川のほとりに立ってその流れを見ながら、「過ぎ去っていくものはこの川の流れのようであるなあ。昼夜にかかわらず次々と流れていってしまう」と嘆いたという故事による。

出典『論語《ろんご》』子罕《しかん》 ◎「子、川の上《ほとり》に在りて曰《いわ》く、逝く者は斯《かく》の如《ごと》きか。昼夜を舎《や》めず」

【千乗万騎】 せんじょうばんき

意味 大規模で堂々とした行列のこと。

補説「千」「万」は数の多いことを示す。「千乗」は兵車千台。「乗」は馬四頭立ての戦車を数える語。「万騎」は騎兵一万騎。車や騎馬隊が非常に多く連なった権力者、おもに天子の行列を指す。

出典『史記《しき》』梁孝王世家《りょうこうおうせいか》

【千状万態】 せんじょうばんたい

⇒ **千態万状** せんたいばんじょう 397

【禅譲放伐】 ぜんじょうほうばつ

意味 中国古代で、帝位を親族以外の者に譲ることと、君主を追放したり討伐したりすること。

補説 「禅譲」は天子がその位を子孫以外の有徳者に平和裏に譲ること。尭《ぎょう》が舜《しゅん》に、舜が禹《う》に、帝位を譲ったことなどがこれにあたる。「禅」も譲る意。「放伐」は帝位にふさわしくない君主を武力で追い出したり討伐したりすること。（↓「易姓革命《えきせいかくめい》」71）

【僭賞濫刑】 せんしょうらんけい

意味 公正を欠くむやみな賞罰を行うこと。

補説 「僭賞」は分不相応に恩賞を与えること。また、その恩賞。「濫刑」は決まりにはずれてやたらに罰すること。「濫」は道理や基準を無視して勝手に行うこと。「僭賞濫罰《せんしょうらんばつ》」ともいう。

出典 『春秋左氏伝《しゅんじゅうさしでん》』襄公《じょうこう》二六年

対義語 公明正大《こうめいせいだい》・信賞必罰《しんしょうひつばつ》

【僭賞濫罰】 せんしょうらんばつ

⇒ 僭賞濫刑 せんしょうらんけい 394

【千緒万端】 せんしょばんたん

意味 物事がごたごたして複雑であることの形容。さまざまな雑多な事柄。

補説 「千」「万」は数の多いことを示す。「端緒」が千も万もある、ということ。「端」は物事の出発点、「緒」は物事の糸口・取っ掛かりを示す。

注意 「せんちょばんたん」とも読む。

出典 『晋書《しんじょ》』陶侃伝《とうかんでん》

用例 人の心の働は千緒万端、朝は夕に異なり、夜は昼に同じからず。今日の君子は明日の小人と為《な》るべし、〈福沢諭吉◆文明論之概略〉

類義語 経緯万端《けいいばんたん》・千条万緒《せんじょうばんちょ》・千頭万緒《せんとうばんちょ》・千緒万縷《せんしょばんる》

【専心一意】 せんしんいちい

⇒ 一意専心 いちいせんしん 18

【洗心革面】 せんしんかくめん

意味 心を改めて面目を一新するさま。過ちなどを改め善に向かうこと。

補説 「洗心」は心を洗い清める。「革面」は顔つきを改める。「心《こころ》を洗《あら》い面《おもて》を革《あらた》む」と訓読する。

出典 『抱朴子《ほうぼくし》』用刑《ようけい》

【全身全霊】 ぜんしんぜんれい

意味 その人に備わっている体力と精神力のすべて。

補説 「身」は肉体。「霊」は精神のこと。その人のもっているものすべてを表す。

用例 木部の全身全霊を爪の先き想《おも》いの果てまで自分のものにしなければ、〈有島武郎◆或る女〉

類義語 全心全力《ぜんしんぜんりょく》

【浅斟低唱】 せんしんていしょう 〈―スル〉

⇒ 浅酌低唱 せんしゃくていしょう 392

【千仞之谿】 せんじんのたに

意味 谷が非常に深いこと。

補説 「千仞」は山や川などが非常に高く深いことのたとえ。「仞」は長さの単位。ひろ。中国周代では八尺（七尺、五尺六寸など異説が多い）。「谿」は渓谷の意味。

注意 「千仞」は「千尋」、「谿」は「谷」とも書く。

出典 『孫子《そんし》』軍形《ぐんけい》

用例 おまけにその黒い岩は千仞の谷の上に首を出しているのです。〈江南文三◆佐渡が島から〉

対義語 千仞之山《せんじんのやま》

【千仞之山】 せんじんのやま

意味 非常に高い山の形容。

補説 「千仞」は山や川などが非常に高く深いことのたとえ。「仞」は長さの単位。ひろ。中国周代では八尺（七尺、五尺六寸など異説が多い）。

注意 「千尋之山」とも書く。

出典 『孫子《そんし》』兵勢《へいせい》

対義語 千仞之谿《せんじんのたに》

【千辛万苦】 せんしんばんく 〈―スル〉

意味 さまざまな苦労や困難に遭うこと。また、そうした苦しみ。

補説 「千」「万」は数の多いことを示す。「辛苦」が千も万もあるという意。

出典 秦簡夫《しんかんぷ》『趙礼譲肥《ちょうれいじょうひ》』四

用例 あるいは右に、あるいは左に、あるい

は緩に、あるいは急に、千辛万苦して、以《もっ》て今日文明の境界に透徹せり。〈中江兆民◆三酔人経綸問答〉

類義語 悪戦苦闘《あくせんくとう》・艱難辛苦《かんなんしんく》・千荊万棘《せんけいばんきょく》・粒粒辛苦《りゅうりゅうしんく》

【前人未踏】ぜんじんみとう

意味 過去に誰《だれ》も到達したり足を踏み入れたりしていないこと。今まで誰も成し遂げたことがないということ。

補説 「前人」は今までの人、先人。「未踏」は誰もその場所に踏み込んでいないということ。「未踏」は「未到」とも書き、この場合は誰もたどり着いていない地点。

注意 「前人未到」とも書く。

用例 この一手は「坂田の将棋を見とくなはれ。」という声を放って、暴れまわり、のた打ちまわっているような手であった。前人未踏の、奇想天外の手であった。〈織田作之助◆聴雨〉

類義語 破天荒解《はてんこうかい》

【煎水作氷】せんすいさくひょう

意味 まったく不可能なことのたとえ。見当違いのことをしても目的は達せられないたとえ。

補説 氷を作ろうとして水を煮ても、無理があることから。「煎水」は水を煮ること。「作氷」は氷を作ること。「水《みず》を煎《に》て氷《こおり》を作《つ》くる」と訓読する。

出典 『魏志《ぎし》』高堂隆伝《こうどうりゅうでん》

類義語 縁木求魚《えんぼくきゅうぎょ》・敲氷求火《こうひょうきゅうか》

【先制攻撃】せんせいこうげき

意味 相手が攻撃してくるよりも先に相手を攻めること。

補説 相手の機先を制して攻めること。「先制」は相手よりも先に攻撃して、有利な立場に立つこと。

用例 源平の昔から勝機は常に先制攻撃のたまもの、之《これ》が戦争の唯一の鍵というものだ。〈坂口安吾◆二流の人〉

類義語 先手必勝《せんてひっしょう》

【先声後実】せんせいこうじつ

意味 初めに強いという評判によって相手を怖《お》じけさせ、その後実力を行使して攻めること。

補説 まず声を上げて敵を怖じけさせ、武力を用いるのはその後にする意から。「声《こえ》を先《さき》にして実《じつ》を後《のち》にす」と訓読する。

出典 『史記《しき》』淮陰侯伝《わいいんこうでん》

類義語 先声奪人《せんせいだつじん》

【全生全帰】ぜんせいぜんき

意味 親から授かった体を一生大切にして傷つけないことが、本当の親孝行であるということ。

補説 「全」は欠けたところがないという意味。「帰」はもとあるところに落ち着くこと。欠けたところなく生んでもらったのだから、そのまま親に返すということ。

故事 昔、楽正子春という人物が足にけがをした。けがはすぐ治ったのに毎日浮かない顔をしていた。そのわけを尋ねると、「私は『親は完全な体を子に与えているのだから、完全な形で返すことが親孝行というべきである』という孔子の言葉に背き、体を傷つけてしまった」と嘆いた故事から。

出典 『礼記《らいき》』祭義《さいぎ》

類義語 全受全帰《ぜんじゅぜんき》

【先聖先師】せんせいせんし

意味 昔の聖人や賢人の教えを広めるのに功のあった先師。

補説 「先聖」は昔の聖人。「先師」は聖人の教えを広めるのに大功のあった人。また、師として仰ぎ学ぶべき昔の賢人。古代の中国では、学校を建てると先聖と先師を祭る（この儀式を釈奠《せきてん》という）ことになっていた。先聖・先師を誰《だれ》と見なすかは、時代によって異なる。古代の学校では、舜《しゅん》・禹《う》・湯王・文王などを先聖とし、後漢の明帝《めいてい》は周公を先聖、孔子を先師とし、三国時代には、孔子を先聖とし、顔淵《がんえん》を配享《はいきょう》（あわせ祭る）した。

出典 『礼記《らいき》』文王世子《ぶんのうせいし》

類義語 至聖先師《しせいせんし》

【先声奪人】せんせいだつじん

意味 機先を制すること。

補説 戦いのとき、まず大声を上げて敵を怖《お》じけさせる意。「先声《せんせい》人《ひと》を奪《うば》う」と訓読する。

出典 『春秋左氏伝《しゅんじゅうさしでん》』昭公《しょうこう》二一年

類義語 先声後実《せんせいこうじつ》

【泉石煙霞】せんせきえんか

⇒泉石膏肓 せんせきこうこう 396

【泉石膏肓】せんせきこうこう

意味 自然を愛し、その中で暮らすことに病みつきになること。

補説 「泉石」は泉水と石。山水、自然の象徴。「膏肓」は心臓の下、横隔膜の上の部分。ここは鍼《はり》も薬も届かないので、病気が入ったら治らない場所という。自然を愛好することにはまりこみ、もはや癒《いや》しがたい病気といえるほどになること。「泉石煙霞《せんせきえんか》」ともいう。

出典 『旧唐書《くとうじょ》』隠逸伝《いんいつでん》・田游巌伝《でんゆうがんでん》

類義語 煙霞痼疾《えんかのこしつ》

【戦戦兢兢】せんせんきょうきょう〈―タル〉〈―ト〉

意味 恐れてびくびくしている様子。何かに恐れ慎む様子。

補説 「戦戦」は震えて恐れること。「兢兢」は緊張して恐れるさま、恐れて戒め慎むさま。もとは慎重に行動する意。

注意 「戦戦恐恐」とも書く。

出典 『詩経《しきょう》』小雅《しょうが》・小旻《しょうびん》 ◎「戦戦兢兢として深淵《しんえん》に臨むが如《ごと》く、薄氷を履《ふ》むが如し」

用例 家族は避雷針なき大木の下に夏住む如く戦戦兢兢として明かし暮らしぬ。〈徳冨蘆花◆不如帰〉

類義語 戦戦慄慄《せんせんりつりつ》

対義語 鷹揚自若《おうようじじゃく》・従容自若《しょうようじじゃく》

【宣戦布告】せんせんふこく〈―スル〉

意味 相手国に対し、戦争の開始を宣言すること。

補説 「宣戦」は戦争開始の意思を明らかにすること。「布告」は国家の意思を国の内外に公式に示すこと。他人と敵対関係に入ることを明らかにする際にも用いられる。

用例 それはある意味の宣戦布告に近かった。彼は、青木が上京して、そのまま滞在するようになるのを、何よりも怖《おそ》れていた。〈菊池寛◆青木の出京〉

【戦戦慄慄】せんせんりつりつ〈―タル〉〈―ト〉

意味 びくびくして震えおののくさま。恐れのあまりぶるぶる震えるさま。

補説 恐ろしさに身が震える意味の「戦慄」という語を重ねて用いたもの。「戦」は恐れおののく、「慄」は恐怖のあまりからだがぶるぶる震える意。

注意 「戦戦栗栗」とも書く。

出典 『韓非子《かんぴし》』初見秦《しょけんしん》

類義語 戦戦兢兢《せんせんきょうきょう》

【蟬噪蛙鳴】せんそうあめい

⇒蛙鳴蟬噪 あめいせんそう 6

【剪草除根】せんそうじょこん

意味 災いの元を徹底的に取り除いて、後に心配の種を残さないこと。

補説 「剪草」は草を刈り取ること。「除根」は根を除き去ること。草を徹底的に取り除き、再び生えないようにする意味。「草《くさ》を剪《き》り根《ね》を除《のぞ》く」と訓読する。

出典 『春秋左氏伝《しゅんじゅうさしでん》』隠公《いんこう》六年

類義語 削株掘根《さくしゅくっこん》・斬草除根《ざんそうじょこん》・抜本塞源《ばっぽんそくげん》・釜底抽薪《ふていちゅうしん》・断根枯葉《だんこんこよう》

【千瘡百孔】せんそうひゃっこう

⇒百孔千瘡 ひゃっこうせんそう 557

【先祖伝来】せんぞでんらい

意味 先祖から代々受け継いできた物事。

補説 「先祖」はその血統に連なる代々の人々。「伝来」は伝わってきたということ。「祖先伝来《そせんでんらい》」「父祖伝来《ふそでんらい》」ともいう。

用例 この村の人達の顔色は素焼の土瓶のようだが何も腎臓病というわけではなく、先祖伝来この風に吹きまくられている所為《せい》で、意外にも長寿者の数は近郊随一だよ。〈牧野信一◆冬物語〉

【吮疽之仁】せんそのじん

意味 大将が自分の部下をいたわり大切に扱うこと。

補説 「吮」は唇をとがらせて吸い出すこと。「疽」は根の深い、悪性で治りにくいはれもの。

注意 「せんしょのじん」とも読む。

故事 中国戦国時代、楚《そ》の将軍呉起は、いつも一番下の兵卒と寝泊まりをして、部下が疽を病んで苦しんでいるのを見ると、その血うみを吸いとったという故事から。

出典 『史記《しき》』呉起伝《ごきでん》

せ

【千村万落】せんそんばんらく

意味 たくさんの村落。
補説 「千」「万」は数の多いことを示す。村落が千も万もある、という意味。
出典 杜甫《とほ》「兵車行《へいしゃこう》」

【千態万状】せんたいばんじょう

意味 種々さまざまの様子や形状のこと。また、さまざまに様子や形を変えること。
補説 「千」「万」は数の多いことを示す。「態」「状」はともに形状・状態のこと。「千態万様《せんたいばんよう》」「千状万態《せんじょうばんたい》」ともいう。
出典 梁武帝《りょうぶてい》「竜教寺《りゅうきょうじ》の碑《ひ》」
用例 徹底自然主義は此《この》千態万状を残すところなく精写する義務がある。〈片山孤村◆抱月の偽自然主義〉
類義語 千姿万態《せんしばんたい》

【千態万様】せんたいばんよう

⇒ 千態万状 せんたいばんじょう 397

【前代未聞】ぜんだいみもん

意味 これまでに聞いたこともないような珍しく変わったこと。また、たいへんな出来事のこと。
補説 「前代」は現在よりも前の時代、過去。「未聞」は、今までに聞いたことがないという意味。
用例 金兵衛《きんべえ》の言う通り、あの時の大通行は全く文字通り前代未聞の事と言ってよかった。同勢およそ千六百七十人ほどの人数がこの宿に溢《あふ》れた。〈島崎藤村◆夜明け前〉
類義語 空前絶後《くうぜんぜつご》・先代未聞《せんだいみもん》・破天荒解《はてんこうかい》

【千朶万朶】せんだばんだ

意味 たくさんの花のこと。
補説 「千」「万」は数の多いことを示す。「朶」は花やそれに似た形状のものを数える単位。また、花のついた枝。
出典 杜甫《とほ》－詩「江畔《こうはん》独《ひと》り歩《ほ》して花《はな》を尋《たず》ぬ七絶句《しちぜっく》」
用例 陽春四月の時に会うて千朶万朶一時に花さいた其《そ》れ一つ。それからいま一つ、〈徳冨蘆花◆黒潮〉

【栴檀双葉】せんだんのふたば

意味 すぐれた才能をもつ人物は、幼少のころからすぐれているということ。
補説 「栴檀は双葉より芳《かんば》し」の略。「栴檀」は白檀《びゃくだん》のこと。香木として用いる。「双葉」は草木が最初に出す小さい二枚の葉の意。栴檀の木は芽生えたばかりのときにすでに香気があるということ。
出典 『観仏三昧海経《かんぶつざんまいかいきょう》』
対義語 大器晩成《たいきばんせい》

【専断偏頗】せんだんへんぱ〈—ナ〉

意味 勝手に決めつけて、考えがかたよっているさま。
補説 「専断」は自分だけの意見で勝手に決めること。「偏頗」は考えがかたよって公平でないさま。
用例 専断偏頗の訴えはそこから起って来て、教養の紛乱も絶えることがない。〈島崎藤村◆夜明け前〉

【先知先覚】せんちせんがく

意味 衆人よりも先に道理を知ることができること。また、その人。
補説 「先知」「先覚」はともに、普通の人よりも先に道理を知り、悟ること。「知」「覚」の違いについては、事実を知るのが知で、覚はその道理についていう説のほか異説が多い。
出典 『孟子《もうし》』万章《ばんしょう》上

【全知全能】ぜんちぜんのう

意味 知らないことは一つもなく、できないことは何もないということ。すべてのことを知り尽くし行える、完全無欠の能力のこと。
補説 「知」は物事の本質を見通す力。「能」は物事を成し遂げる力。
注意 「全智全能」とも書く。
用例 古代の神は全知全能と崇《あが》められて居る。〈夏目漱石◆吾輩は猫である〉
類義語 完全無欠《かんぜんむけつ》・十全十美《じゅうぜんじゅうび》
対義語 無知無能《むちむのう》

【扇枕温衾】せんちんおんきん

意味 親孝行のたとえ。
補説 「扇枕」は枕元をあおいで涼しくすること。「温衾」は掛け布団を暖めること。「衾」は掛け布団。親のために、夏は扇で枕元をあおぎ、冬には自分の身をもって親の布団を暖めることをいった。出典の「扇枕温席」に基づく言葉。「扇枕温被《せんちんおんぴ》」ともいう。
出典 『東観漢記《とうかんかんき》』黄香伝《こうこうでん》
類義語 温凊定省《おんせいていせい》・昏定晨省《こんていしんせい》・扇枕温席《せんちんおんせき》・冬温夏凊《とうおんかせい》

【扇枕温被】せんちん おんぴ
⇒ 扇枕温衾 せんちんおんきん 397

【前程万里】ぜんてい ばんり
意味 これから先の道のりが非常に長く遠いこと。また、その人物の前途に大きな可能性が広がっていること。前途が明るいこと。
補説 「前程」はこれから先の道のり。前途。「程」は道のり。「万里」はきわめて長い距離。
出典 『南楚新聞《なんそしんぶん》』崔鉉《さいげん》
類義語 前程遠大《ぜんていえんだい》・前途万里《ぜんとばんり》・前途有望《ぜんとゆうぼう》・前途洋洋《ぜんとようよう》・鵬程万里《ほうていばんり》
対義語 前途多難《ぜんとたなん》・前途遼遠《ぜんとりょうえん》

【先手必勝】せんて ひっしょう
意味 戦いの局面で相手よりも先に攻撃を仕掛ければ、必ず勝てるということ。
補説 「先手」は相手よりも先に戦いを始め、出鼻をくじくことで局面を有利にすること。機先を制すること。
類義語 先制攻撃《せんせいこうげき》・先発制人《せんぱつせいじん》

【旋転囲繞】せんてん いじょう 〈―スル〉
意味 相手をぐるりと回って取り囲むこと。
補説 「旋転」はぐるぐる回ること。「囲繞」はぐるりと取り囲む意。

【前途多難】ぜんと たなん 〈―ナ〉
意味 これから先多くの困難や災難が待っているさま。また、そう予期されるさま。
補説 「前途」は将来、目標までの今後の道のり。「途」は道のり。「多難」は困難や災難の多いさま。
用例 今、例の火星世界の偵察報告を夢中になってよんでいたが、中々前途多難じゃね〈海野十三◆大宇宙遠征隊〉
類義語 前途遼遠《ぜんとりょうえん》
対義語 前程万里《ぜんていばんり》・前途有望《ぜんとゆうぼう》・前途洋洋《ぜんとようよう》

【前途多望】ぜんと たぼう 〈―ナ〉
⇒ 前途有望 ぜんとゆうぼう 398

【前途有為】ぜんと ゆうい 〈―ナ〉
意味 将来の活躍が期待できるすぐれた才能をそなえていること。また、そのような人。
補説 「前途」は将来、目標までの今後の道のり。「途」は道のり。「有為」は有能で役に立つこと。
用例 君は、前途有為の青年だ、もう二度とこんな悪いことをしちゃいかんぞ。〈平林初之輔◆私はこうして死んだ！〉
類義語 少壮気鋭《しょうそうきえい》・前途有望《ぜんとゆうぼう》・前途洋洋《ぜんとようよう》

【前途有望】ぜんと ゆうぼう 〈―ナ〉
意味 将来成功する可能性を大いに秘めているさま。
補説 「前途」は将来、目標までの今後の道のり。「途」は道のり。「有望」は将来に望みをもつことができる状態。「前途多望《ぜんとたぼう》」ともいう。
用例 斎田さんは、流行歌手ではないから、あまり有名ではないが、本格的な歌手として前途有望な人であり、〈菊池寛◆話の屑籠〉
類義語 前程万里《ぜんていばんり》・前途有為《ぜんとゆうい》・前途洋洋《ぜんとようよう》
対義語 前途多難《ぜんとたなん》・前途遼遠《ぜんとりょうえん》

【前途洋洋】ぜんと ようよう 〈―タル〉〈―ト〉
意味 今後の人生が大きく開けていて、希望に満ちあふれているさま。
補説 「前途」は将来、目標までの今後の道のり。「途」は道のり。「洋洋」は水があふれるように一面に満ちている様子。前途が大きく広がっていることを表す。
用例 わが民族の精神年齢について、一外国人は甚だ前途洋々の望みを嘱しているようだが、果してその観察は誤りであろうか？〈岸田國士◆老病について〉
類義語 前程万里《ぜんていばんり》・前途有為《ぜんとゆうい》・前途有望《ぜんとゆうぼう》・鵬程万里《ほうていばんり》
対義語 前途多難《ぜんとたなん》・前途遼遠《ぜんとりょうえん》

【前途遼遠】ぜんと りょうえん 〈―ナ〉
意味 目的達成までの道のりや時間が、まだ長く残っているさま。今後の道のりがまだ遠くて困難なさま。
補説 「前途」は将来、目標までの今後の道のり。「途」は道のり。「遼遠」ははるかに遠いさま。「遼」は道が延々と長く続いている意。

用例 気の差した彼は、読む事の代りに、ただ頁《ページ》をばらばらと翻して書物の厚味ばかりを苦にするように眺めた。すると前途遼遠という気が自《おのず》から起った。〈夏目漱石◆明暗〉

類義語 前途多難《ぜんとたなん》

対義語 前程万里《ぜんていばんり》・前途有望《ぜんとゆうぼう》・前途洋洋《ぜんとようよう》

【千成瓢箪】せんなりびょうたん

意味 大きな瓢箪の周りに小さな瓢箪をいくつかあしらった形。豊臣秀吉《とよとみひでよし》が馬印（軍陣の標識）に使ったことで知られる。

補説 「千成」は、実が群がって生《な》っていること。「瓢箪」はウリ科の植物で、実を乾かして水筒や酒の容器に使った。

用例 落ちて行くうちに不意に秀吉《ひでよし》の千成瓢箪が行手に朝日を受けて輝き立って居るので、周章狼狽《ろうばい》した。〈菊池寛◆賤ヶ岳合戦〉

【先難後獲】せんなんこうかく

意味 まず人のために困難なことを行って、自分の利益になることは後回しにすること。また、初めに難事を行えば、後でその利益を得られること。

補説 難事を先にして利益を後回しにする意。利益を得るためには、まず困難なことを行わなければならないという教え。「先難」は困難を先に行うこと。「後獲」は人に遅れて利益を取ること。または後に利益を得られるという意味。「難《かた》きを先《さき》にして獲《う》るを後《あと》にす」「先《ま》ず難《うれ》えて後《のち》に獲《う》」と訓読する。

出典 『論語《ろんご》』雍也《ようや》

類義語 一労永逸《いちろうえいいつ》・苟且偸安《こうしょとうあん》・暫労永逸《ざんろうえいいつ》・先苦後甜《せんくこうてん》・先事後得《せんじこうとく》・先憂後楽《せんゆうこうらく》

【善男善女】ぜんなんぜんにょ

意味 仏道の教えに帰依した人々。後に広く仏教を信仰する人々のことを指す。また、寺院に参詣したり霊場を巡礼したりする人を指す語。

補説 仏教語。良家の男子・女子という意味の梵語《ぼんご》の意訳。彼らは前世あるいは今世に善行を積んだので、在家の身で仏法を聞くことができたとされる。

用例 同時にまた天下に充満した善男善女の地上楽園である。〈芥川龍之介◆侏儒の言葉〉

類義語 善男信女《ぜんなんしんにょ》

【漸入佳境】ぜんにゅうかきょう

意味 話や状況などがだんだん興味深い部分にさしかかってくること。

補説 「漸入」はだんだんその段階に入っていくこと。「佳境」はよい境地、最も興味深くおもしろいところ。一般に「漸《ようや》く佳境《かきょう》に入《い》る」と訓読して用いる。

故事 中国晋《しん》の画家顧愷之《こがいし》は、甘蔗《かんしょ》（サトウキビ）を食べるときには、まずい先のほうから食べていた。これを不思議に思った人がその理由を聞くと、「だんだん佳境に入る」と答えたという故事から。

出典 『晋書《しんじょ》』文苑伝《ぶんえんでん》・顧愷之伝《こがいしでん》

類義語 漸至佳境《ぜんしかきょう》

【専売特許】せんばいとっきょ

意味 発明や考案をした人や会社に対して、それを独占して使用する権利を国が認めて保護すること。転じて、その人にしかできないことのたとえ。

補説 「専売」は特定のものを独占して売ること。「特許」は独占して利用する権利を認めること。もとは「特許法」の定めによる「特許」の旧称。

用例 碧梧桐《へきごとう》調は専売特許の如《ごと》き者いち早くこれを摸《も》して世に誇らんとするは不徳義といわんか不見識といわんか〈正岡子規◆墨汁一滴〉

【浅薄愚劣】せんぱくぐれつ 〈―ナ〉

意味 思慮や知識が浅くて、愚かであること。

補説 「浅薄」は考えや知識が浅いこと。「愚劣」ははばかげていること。

用例 世間見ずの坊ちゃんの浅薄愚劣なる世界観を、さもさも大人振って表白した筋書である。〈夏目漱石◆明治座の所感を虚子君に問れて〉

類義語 単樸浅近《たんぼくせんきん》

【阡陌交通】せんぱくこうつう

意味 あぜ道が四方に通じていること。道が縦横に通じて四方どこへでも行けること。

補説 「阡陌」は道路。あぜ道。南北に通じているのを「阡」、東西に通じているのを「陌」という。一説にその逆。「交通」は四方にのびているあぜ道がどこへでも通じること。「阡陌《せんぱく》交《こも》通《つう》ず」と訓読する。
出典 陶潜《とうせん》「桃花源記《とうかげんのき》」
類義語 四通五達《しつうごたつ》・四通八達《しつうはったつ》

【浅薄皮相】 せんぱく ひそう
⇒ 皮相浅薄 ひそうせんぱく 549

【前跋後疐】 ぜんばつ こうち
意味 進退窮まって身動きができなくなること。どうすることもできない困難な状況に追い込まれること。
補説 「跋」は踏む。「疐」はつまずき倒れる。年老いたオオカミは、前に進もうとすれば自分の顎《あご》の下に垂れ下がる自分の肉を踏んでしまい、後ろに下がろうとすれば自分のしっぽにつまずいてしまう。進むことも退くこともできず、窮地に立たされていること。「前《まえ》に跋《ふ》み後《うしろ》に疐《つまず》く」と訓読する。
出典 『詩経《しきょう》』豳風《ひんぷう》・狼跋《ろうばつ》

【千波万波】 せんぱ ばんぱ
意味 数多くの波。波が次から次へと絶え間なく押し寄せるさま。
補説 「千」も「万」も数が多いことを示す。
用例 渺々《びょうびょう》たる相洋は一分時《ぷんじ》ならずして千波万波鼎《かなえ》の如《ごと》く沸きぬ。〈徳冨蘆花◆不如帰〉

【千般計較】 せんぱん けいこう
意味 あれこれと思いをめぐらすこと。また、あれこれ思いめぐらせ落ち着かないたとえ。
補説 「千般」はさまざま、あれこれの意。「計較」ははかりくらべる、考えること。
注意 「千般計校」とも書く。
出典 『景徳伝灯録《けいとくでんとうろく》』六・越州大珠慧海禅師《えつしゅうだいしゅえかいぜんし》

【鮮美透涼】 せんび とうりょう〈―ナ〉
意味 美しく澄んでいるさま。人の性質などについてもいう。
補説 「鮮美」は美しくあざやかな意。「透涼」は清く透き通ってすずやかなさま。
用例 鮮美透涼なる彼に対して、撓《たわ》み易く折れ易き我いかに赧然《たんぜん》たるべきぞ。〈島崎藤村◆春〉

【全豹一斑】 ぜんぴょう いっぱん
意味 物のごく一部を見て、全体を推測したり批評したりすることのたとえ。見識がきわめて狭いことのたとえ。
補説 「一斑」は豹《ひょう》の斑点の一つ。「全豹」は豹全体。転じて、物事の全容のこと。狭い管から豹をのぞき、見えた一つの斑点から豹全体を類推するという意。「一斑全豹《いっぱんぜんぴょう》」ともいう。
出典 『世説新語《せせつしんご》』方正《ほうせい》
類義語 管中窺豹《かんちゅうきひょう》

【仙風道骨】 せんぷう どうこつ
意味 世俗を超越したすぐれた人の容貌《ようぼう》・人品の形容。
補説 仙人や道士の風采《ふうさい》・気質の意から。「仙風」は仙人の風采、「道骨」は道を体得した者の容貌。「骨」は品格・人品。また、気骨のこと。
出典 李白《りはく》「大鵬賦序《たいほうふのじょ》」
類義語 仙風道格《せんぷうどうかく》・仙風道気《せんぷうどうき》

【前覆後戒】 ぜんぷく こうかい
⇒ 前車覆轍 ぜんしゃふくてつ 392

【前仆後継】 ぜんふ こうけい
意味 前の者が倒れると、後ろの者がそれに続いて倒れること。前進しがたいことのたとえ。転じて、犠牲を恐れず、勇敢に前進し続けることのたとえ。
補説 「仆」は倒れるの意。「前《まえ》仆《たお》れ後《あと》継ぐ」と訓読する。
出典 孫樵《そんしょう》「梓潼神君を祭《まつ》る文《ぶん》」

【穿壁引光】 せんぺき いんこう
⇒ 匡衡鑿壁 きょうこうさくへき 155

【千篇一律】 せんぺん いちりつ〈―ナ〉
意味 物事が一様で変わりばえせず、面白味に欠けること。
補説 作られた多くの文章や芸術作品などが、どれも同じ調子や体裁で変わりばえのしないことの意。「千篇」は数多くの詩文のこと。「一律」はすべて同じ調子で変化がないこと。
注意 「千編一律」とも書く。
出典 『詩品《しひん》』中
用例 私は、日本文学の発生について、既に屢々《しばしば》書いて居る。その都度、幾分違った方面から、筆をおろしているのだが、どうも、

千篇一律になって居そうなひけ目を感じる。〈折口信夫◆日本文学の発生〉
類義語 一本調子《いっぽんぢょうし》・千篇一体《せんぺんいったい》
対義語 千変万化《せんぺんばんか》・変幻自在《へんげんじざい》

【千変万化】せんぺんばんか 〈—スル〉

意味 局面や状況などがさまざまに変化してきわまることがないこと。
補説 「千」「万」は数量の多いことを示す。「変化」が千も万も起こるという意味。
注意 「せんぺんばんか」とも読む。
出典 『列子《れっし》』周穆王《しゅうぼくおう》
用例 千変万化の文体を用いて千変万化の思いを吐くもの之《これ》を完全の才筆というとスペンサー翁はいわれき。〈坪内逍遥◆小説神髄〉
類義語 変幻自在《へんげんじざい》
対義語 一本調子《いっぽんぢょうし》・千篇一律《せんぺんいちりつ》

【瞻望咨嗟】せんぼうしさ 〈—スル〉

意味 はるかに望み見てうらやみ、ため息をつくこと。高貴な人を非常にうらやむこと。
補説 「瞻望」は仰ぎ見て慕う。尊敬する意。「咨嗟」はため息をつく。高貴な人のすばらしさを敬慕しつつ、ため息をついてうらやむ意味。
出典 欧陽脩《おうようしゅう》「相州昼錦堂記《しょうしゅうちゅうきんどうき》」

【千方百計】せんぽうひゃっけい

意味 さまざまな方法・手段。また、あらゆる方法を尽くして事を行うこと。
補説 「千」「百」は、多くの、さまざまのという意味を表す。「方」は方法、「計」は計略のこと。
出典 『朱子語類《しゅしごるい》』三五
類義語 千思万考《せんしばんこう》・百術千慮《ひゃくじゅつせんりょ》

【千磨百錬】せんまひゃくれん

意味 多くの困難を克服し、鍛え抜かれたもののこと。
補説 「千」「百」は、多くの、さまざまのという意味を表す。「錬」は金属を精錬する意。
注意 「千磨百煉」とも書く。
用例 千磨百錬、僅《わずか》に一時の異説を圧し得たるものを、国論衆説と名《なづ》くるのみ。〈福沢諭吉◆文明論之概略〉

【千万無量】せんまんむりょう

意味 推し量ることもできないほどに数や量の多いこと。
補説 「千万」は非常に数が多いこと。「無量」は計り知れないほど量が多いこと。
注意 「せんばんむりょう」とも読む。
用例 されば恋の功徳《くどく》こそ、千万無量とも申してよかろう。〈芥川龍之介◆邪宗門〉

【千門万戸】せんもんばんこ

意味 宮殿などで建物や部屋の数が非常に多いこと。また、多くの建物が密集していること。
補説 「千」「万」は数量の多いことを示す。「門」「戸」はともに戸口のことで、室や家を表す。
出典 『史記《しき》』孝武帝紀《こうぶていき》

【先憂後楽】せんゆうこうらく

意味 先にあれこれ心をくだいて憂苦した者は、後に安楽になれるということ。また、常に民に先立って国のことを心配し、民が楽しんだ後に自分が楽しむこと。
補説 中国北宋《ほくそう》の忠臣范仲淹《はんちゅうえん》が為政者の心得を述べた言葉。「憂」は心配すること。東京や岡山にある庭園、後楽園の名の由来。
出典 『大戴礼記《だたいらいき》』曽子立事《そうしりつじ》／范仲淹《はんちゅうえん》「岳陽楼記《がくようろうのき》」◎「天下の憂いに先んじて憂い、天下の楽しみに後《おく》れて楽しむ」
類義語 一労永逸《いちろうえいいつ》・苟且偸安《こうしょとうあん》・暫労永逸《ざんろうえいいつ》・先難後獲《せんなんこうかく》

【千里一曲】せんりいっきょく

意味 すぐれた人の行いにも必ず過ちがあるたとえ。また、その過ちをことさらに批判するには及ばないということ。また、行動が自由で小節にこだわらないたとえ。
補説 もとの意味は、中国の黄河が千里に一度その進路を変えること。
出典 『春秋公羊伝《しゅんじゅうくようでん》』文公《ぶんこう》一二年／『世説新語《せせつしんご》』任誕《じんたん》
類義語 千慮一失《せんりょのいっしつ》
対義語 千慮一得《せんりょのいっとく》

【千里結言】せんり(の)けつげん

意味 遠方にいる友人と約束した言葉。
補説 「千里」は道のりの非常に遠いこと。「結言」は言葉によって約束をすること。
出典 『後漢書《ごかんじょ》』范式伝《はんしきでん》

【千里同風】 せんりどうふう

意味 世の中がよく治まっていて平和であること。逆に、世の中全体が混乱していることをいうときもある。

補説 国全体が同じ状態にあることをいうので、平和な場合にも混乱している場合にも用いる。「千里」は遠く離れた地域。「同風」は同じ風が国土の隅々まで行き渡っている意味。「風」は風俗・教化の意。

出典 『論衡《ろんこう》』雷虚《らいきょ》

用例 改暦の嘉儀《かぎ》、千里同風、めでたく申し納め候。まずもって、当方一同無事越年いたし〈中川静◆書翰文精義〉

類義語 刑鞭蒲朽《けいべんほきゅう》・万里同風《ばんりどうふう》

【千里之足】 せんりのあし

意味 すぐれた才能をもつ人の形容。

補説 「千里」は一日に千里もの距離を走ることができる馬。転じて、すぐれた才能の意。

出典 『韓詩外伝《かんしがいでん》』七

類義語 高材疾足《こうざいしっそく》

【千里之駕】 せんりのが

意味 はるかかなたからおいでになるということ。

補説 「千里」は遠方の意。「駕」は馬車に乗って来ること。

出典 『懐風藻《かいふうそう》』藤原宇合《ふじわらのうまかい》「常陸《ひたち》に在《あ》りて倭判官《わほうがん》の留《とど》まりて京《きょう》に在《あ》るに贈《おく》るの詩《し》」序

類義語 千里命駕《せんりめいが》

【千里之志】 せんりのこころざし

意味 優れた人物が抱くきわめて遠大な志。

補説 「千里」はきわめて遠大なことの形容。

出典 『呂氏春秋《りょししゅんじゅう》』長利《ちょうり》

類義語 鴻鵠之志《こうこくのこころざし》

【千里無煙】 せんりむえん

意味 民衆の生活が非常に困窮しているたとえ。千里にわたって、炊事の煙が立ち上っていない、という意味から。

補説 「千里」は非常に広い地域の意。「煙」は炊事をするときに出るかまどの煙。

出典 『魏志《ぎし》』衛覬伝《えいきでん》

【千里命駕】 せんりめいが

意味 遠方の友をはるばる訪ねることのたとえ。また、はるか遠くからおいでになるということ。

補説 はるか遠くにいる友人を訪ねるために、車馬の用意を命ずることから。「千里」は遠方の意。「駕」は車に馬をつける、また、馬車などに乗る意。「千里《せんり》駕《が》を命《めい》ず」と訓読する。

出典 『晋書《しんじょ》』嵆康伝《けいこうでん》

類義語 千里之駕《せんりのが》

【千両役者】 せんりょうやくしゃ

意味 格式が高く技芸のすぐれた役者。また、際立った活躍をして人気を博する才能・力量にあふれた人。

補説 年間千両の給金を取る役者の意から。

用例 芝居の先代萩《せんだいはぎ》には雀《すずめ》が千両役者以上の重要な役として登場するのは誰しもご存じの事と思う。〈太宰治◆お伽草紙〉

対義語 大根役者《だいこんやくしゃ》

【全力投球】 ぜんりょくとうきゅう 〈―スル〉

意味 全力を出して物事に取り組むこと。

補説 野球で投手が全力で投球する意から。

類義語 一球入魂《いっきゅうにゅうこん》・一生懸命《いっしょうけんめい》・一所懸命《いっしょけんめい》・完全燃焼《かんぜんねんしょう》

【千慮一失】 せんりょのいっしつ

意味 いかなる賢者でも、間違いが一つはあるということ。また、思いがけない失敗をすることもあるということ。

補説 ちょっとした失敗や過ちの意。「千慮」は何度も繰り返し考えること。十分に思慮をこらすこと。「一失」は一度の失敗の意。

出典 『晏子春秋《あんししゅんじゅう》』内篇《ないへん》・雑《ざつ》下／『史記《しき》』淮陰侯伝《わいいんこうでん》

用例 ああ、千慮の一失である。然《しか》り、千慮の一失である。余は不覚にも、蛸《たこ》博士の禿頭《とくとう》なる事実を余の妻に教えておかなかったのである。〈坂口安吾◆風博士〉

類義語 千里一曲《せんりいっきょく》・知者一失《ちしゃのいっしつ》・百慮一失《ひゃくりょのいっしつ》

対義語 愚者一得《ぐしゃのいっとく》・千慮一得《せんりょのいっとく》

【千慮一得】 せんりょのいっとく

意味 いかに愚かな者でも、多くの考えの中には取るべきよい考えも、一つくらいはあるということ。また、自分の意見を述べる際に謙遜《けんそん》していう言葉。
（補説）「千慮」は何度も繰り返し考えること。十分に思慮をこらすこと。「一得」は一つの利点。
（出典）『晏子春秋《あんししゅう》』内篇《ないへん》・雑《ざっ》下／『史記《しき》』淮陰侯伝《わいいんこうでん》
（類義語）一得之愚《いっとくのぐ》・愚者一得《ぐしゃのいっとく》・百慮一得《ひゃくりょのいっとく》
（対義語）千里一曲《せんりいっきょく》・千慮一失《せんりょのいっしつ》

【善隣外交】 ぜんりんがいこう

（意味）隣国との親善を積極的にはかって、協力体制を作り上げることを目的とした外交。

（補説）特に、一九三〇年代前半にアメリカ合衆国が、中南米諸国に対して行った外交政策を指す。「善隣」は隣の家や国と親しい交わりを結ぶこと。

【善隣友好】 ぜんりんゆうこう

（意味）隣国と友好関係を結ぶこと。

（補説）「善隣」は隣の家や国と親しい交わりを結ぶこと。

（用例）最初は善隣友好の範囲を遠く出《い》づる事は適当であるまい。〈石原莞爾◆戦争史大観〉

【賤斂貴出】 せんれんきしゅつ

（意味）昔の中国の物価政策の一つ。

（補説）穀物の価格が下がって農民が苦しんでいるときには、平価で買い取って暴落を防ぎ、穀物が不足しているときには、手持ちの穀物を平価で売って高騰を防ぐもの。また、安いときに買い込んで高くなってから売ること。「賤」は値段が安い、「貴」は値段が高い。「斂」は集める。「賤《せん》に斂《おさ》め貴《き》に出《いだ》す」と訓読する。「賤斂貴発《せんれんきはつ》」ともいう。

（出典）韓愈《かんゆ》「曹成王碑《そうせいおうのひ》」

（類義語）糶糴斂散《ちょうてきれんさん》・販賤売貴《はんせんばいき》

【賤斂貴発】 せんれんきはつ

⇓ 賤斂貴出 せんれんきしゅつ 403

【前狼後虎】 ぜんろうこうこ

⇓ 前虎後狼 ぜんこうろう 389

そ

【粗衣粗食】 そいそしょく

（意味）質素な暮らし、貧しい生活の形容。
（補説）「粗」は粗末、質のよくないこと。「衣」「食」は生活の基本。
（注意）「麁衣麁食」とも書く。
（用例）まず自己の墓を築いておいて粗衣粗食で激しく労働しつつ無言の行をやるというあの修道院のなかの僧侶《ぼうさん》たちに自分の身をたとえてみたこともある。〈島崎藤村◆新生〉
（類義語）悪衣悪食《あくいあくしょく》・一汁一菜《いちじゅういっさい》・節衣縮食《せついしゅくしょく》・草衣木食《そういもくしょく》・簇酒斂衣《そうしゅれんい》・冬月赤足《とうげつせきそく》
（対義語）錦衣玉食《きんいぎょくしょく》・侈衣美食《しいびしょく》・暖衣飽食《だんいほうしょく》

【創意工夫】 そういくふう 〈—スル〉

（意味）今まで誰《だれ》も思いつかなかったことを考え出し、それを行うためのよい方策をあれこれ考えること。

（補説）「創意」は新しい思いつき、今まで考え出されなかった考え。「工夫」は物事を実行するために、よい方策をあれこれひねり出すこと。

（用例）朝倉先生夫妻が、その真剣な反省と創意工夫とによって、一回ごとの向上のあとを示したことは、いうまでもない。〈下村湖人◆次郎物語〉

【草偃風従】 そうえんふうじゅう

（意味）天子が有徳ならば、民は自然に教化を受けて、それに従うようになるということ。

（補説）草がなびいて風に従うようにする意から。「草偃」は草がなびくこと。風が吹くと草がなびくように、君主が徳によって政治を行えば、民は自然とそちらのほうになびくという意。「草《くさ》のごとくに偃《ふ》し風《かぜ》のごとくに従《したが》う」と訓読する。

（出典）『論語《ろんご》』顔淵《がんえん》◎「君子の徳は風なり、小人の徳は草なり。草之《これ》に風を上《くわ》うれば必ず偃《ふ》す」／『文選《もんぜん》』任昉《じんぼう》「天監《てんかん》三年秀才に策《さく》する文」

（類義語）君子徳風《くんしとくふう》

【滄海桑田】 そうかいそうでん

（意味）世の中が大きく変わるたとえ。世の中の移り変わりが激しいたとえ。

補説 「滄海変じて桑田と為《な》る」の略。「滄海」は大きな海原。「桑田」は桑畑。もとは青い大海原だったものが桑畑にまでなってしまったという意。「桑海之変《そうかいのへん》」「滄桑之変《そうそうのへん》」「桑田滄海《そうでんそうかい》」「桑田碧海《そうでんへきかい》」ともいう。類義の表現に「桑田変じて海と為《な》る」がある。
出典 『神仙伝《しんせんでん》』王遠《おうえん》
類義語 滄海揚塵《そうかいようじん》・東海桑田《とうかいそうでん》・陵谷遷貿《りょうこくせんぼう》

【滄海遺珠】 そうかいのいしゅ

意味 才能がありながら取り立てられず、埋没している人のたとえ。世に知られていない賢者のたとえ。
補説 「滄海」は大きな海原。「遺」は取り残す意。広い海の中で採集しそこなった珠《たま》という意。
出典 『新唐書《しんとうじょ》』狄仁傑伝《てきじんけつでん》

【滄海一粟】 そうかいのいちぞく

意味 大きなものの中にあって、とりわけ微細なもののたとえ。
補説 「滄海」は大きな海原。その中にある小さな一粒のアワの意。広大な宇宙に比べれば、人間の存在は小さいものであるという意にも用いられる。
出典 蘇軾《そしょく》「前赤壁賦《ぜんせきへきのふ》」
類義語 九牛一毛《きゅうぎゅうのいちもう》・太倉稊米《たいそうていまい》

【桑海之変】 そうかいのへん

⇒滄海桑田 そうかいそうでん 403

【総角之好】 そうかくのよしみ

意味 幼いころからの親密な付き合い。また、そうした親友。
補説 「総角」は昔の中国の子どもの髪形。髪を二つに分けて、頭の両側に束ねて結ぶもの。角のような形状であることからこう称される。転じて、子どものこと。「好」は親しい交際。
出典 『呉志《ごし》』周瑜伝《しゅうゆでん》の裴注《はいちゅう》に引く『江表伝《こうひょうでん》』
類義語 総角之交《そうかくのまじわり》・竹馬之友《ちくばのとも》

【喪家之狗】 そうかのいぬ

意味 やつれて元気のない人、落胆して志を得ない人のたとえ。また、身を落ち着かせるところがなく放浪している者のたとえ。
補説 「喪家」は喪に服している家のこと。「狗」は犬。喪中の家では悲しみのあまり犬に餌《えさ》をやることも忘れてしまい、犬がやせ衰えてしまうということからいう。「喪」は失う意で、宿なしの犬と解釈する説もある。
注意 「喪家之犬」とも書く。「そうかのく」とも読む。
出典 『史記《しき》』孔子世家《こうしせいか》

【爪牙之士】 そうがのし

意味 君主を守り助ける臣下。頼りとなる臣下。
補説 爪となり牙となって君を守る臣の意。
出典 『詩経《しきょう》』小雅《しょうが》・祈父《きほ》
類義語 爪牙之臣《そうがのしん》

【造化小児】 ぞうかのしょうじ

意味 天地創造の神や運命のことを戯れていう語。
補説 「造化」は天地万物の創造主。「小児」は、つまらない者という意の人の蔑称《べっしょう》。造物主や運命を冗談めいていう語。
注意 「ぞうかのしょうに」とも読む。
出典 『新唐書《しんとうじょ》』杜審言伝《としんげんでん》

【相関関係】 そうかんかんけい

意味 一方が変化すれば、他方もそれに伴って変化するという関係。
用例 庭では一面に蝉《せみ》が鳴き立てている。その蝉の声と背中の熱い痛さとが何かしら相関関係のある現象であったかのような幻覚が残っている。〈寺田寅彦◆自由画稿〉

【草間求活】 そうかんきゅうかつ

意味 地位を失った者などが市井で無為に生きながらえるたとえ。
補説 草深い田舎に隠れ、不本意ながら生きること。「草間」は草深い土地、田舎のこと。「草間《そうかん》に活《かつ》を求《もと》む」と訓読する。
出典 『晋書《しんじょ》』周顗伝《しゅうぎでん》

【双管斉下】 そうかんせいか

意味 二方面の事柄を同時に処理すること。また、ある目的のために同時に二つの手段をつかうこと。
補説 両手にそれぞれ筆を持って、同時に別の絵を描く意から。「管」は筆のこと。「斉」

は等しく、そろって の意。「双管《そうかん》斉《ひと》しく下《くだ》る」と訓読する。

故事 中国唐の張璪《ちょうそう》が左右両手に筆を持ち、一方で若松を、一方で枯山古松を描いた故事から。

出典 『図画見聞志《ずがけんぶんし》』張璪《ちょうそう》

【桑間濮上】 そうかん ぼくじょう

意味 淫乱《いんらん》な音楽。また亡国の音楽。

補説 「桑間濮上の音《おん》」の略。「濮上」は濮水という川のほとりのこと。「桑間」はその地名。一説に桑の木の間の意とする。この音楽は中国殷《いん》王朝最後の暴君紂王《ちゅうおう》が作らせた淫靡《いんび》なもの。「桑濮之音《そうぼくのおん》」「鄭衛之音《ていえいのおん》」「濮上之音《ぼくじょうのおん》」「鄭衛桑間《ていえいそうかん》」ともいう。

故事 中国衛の霊公が晋《しん》に行く途中に濮上で聴いた音楽をすばらしいと思い、晋に行って演奏したところ、晋の楽官師曠《しこう》が、この音楽は殷の最後の王、紂王が作らせたなまめかしい音楽で、殷を滅亡させた不吉なものだといって、演奏をやめさせたという故事から。

出典 『礼記《らいき》』楽記《がっき》

(『韓非子《かんぴし》』十過《じっか》)

用例 儒教主義の教育を受けたる予も、また桑間濮上の譏《そし》りをおそれたるをもって、無限の離愁を抱きつつ、孤笈飄然《こきゅうひょうぜん》として英京に去れり。〈芥川龍之介◆開化の殺人〉

【操奇計贏】 そうき けいえい

意味 機に乗じて利益をむさぼること。珍しく値打ちのある品物を蓄え、大きな利益を得ること。

補説 「奇」は珍しい物、特にすぐれた物のこと。「贏」はもうける、また、余る意。余分のもうけ。「奇《き》を操《と》りて贏《えい》を計《はか》る」と訓読する。

出典 『漢書《かんじょ》』食貨志《しょっかし》

類義語 奇貨可居《きかかきょ》・操奇逐贏《そうきちくえい》

【僧伽藍摩】 そうぎゃらんま

意味 寺院の建物のこと。

補説 仏教語。僧が集まって修行する清浄な場所の意のサンスクリット語を漢字に音訳したもの。「僧伽」は修行僧の集団。僧伽藍《そうぎゃらん》。伽藍《がらん》。

注意 「そうがらんま」とも読む。

【創業守成】 そうぎょう しゅせい

意味 新しく事業を興すことよりも、それを維持発展させていくことのほうが難しいということ。

補説 新しく事業を興すことと、それを維持継承していくことの意。「創業は易《やす》く、守成は難《かた》し」「創業は難く、守成は更《さら》に難し」の略。「創業」は事業を新しく興すこと。「守成」は先達の興した事業を受け継いで守っていくこと。

出典 『貞観政要《じょうがんせいよう》』君道《くんどう》 ◎「帝王の業、草創と守文と孰《いず》れか難《かた》き」

類義語 創業守文《そうぎょうしゅぶん》

【痩軀長身】 そうく ちょうしん

⇒ 長身痩軀 ちょうしんそうく 452

【蒼狗白衣】 そうく はくい

⇒ 白衣蒼狗 はくいそうく 521

【叢軽折軸】 そうけい せつじく

意味 ほんのささいなものでもたくさん集まれば大きな力を発揮するということ。

補説 軽いものでもたくさん乗れば、丈夫な車軸も折ってしまうという意から。「叢軽」はたくさん集まった軽いもの。「叢」は多くのものが一つに集まること。「軸」は車軸。「叢軽《そうけい》軸《じく》を折《お》る」と訓読する。

出典 『漢書《かんじょ》』中山靖王劉勝伝《ちゅうざんせいおうりゅうしょうでん》

類義語 羽翮飛肉《うかくひにく》・群軽折軸《ぐんけいせつじく》・積羽沈舟《せきうちんしゅう》・積水成淵《せきすいせいえん》・積土成山《せきどせいざん》

【蔵形匿影】 ぞうけい とくえい

⇒ 匿影蔵形 とくえいぞうけい 495

【象牙之塔】 ぞうげの とう

意味 俗世間を離れて、芸術や学問に専念する境地や場所のこと。

補説 現実から遊離した研究者の学究生活やそれを行う大学・研究施設などをさす。一九世紀のフランスの文芸批評家サント・ブーブの言葉「tour d'ivoire(トゥール・ディボワール)」から。英語では「ivory tower(アイボリー・タワー)」という。

【造言蜚語】 ぞうげん ひご

意味 いつわりの言葉と根拠のないうわさ。

補説 「造言」はいつわりの言葉。「蜚語」は

そ

根拠のないうわさ。

注意「造言飛語」とも書く。

類義語 流言蜚語《りゅうげんひご》

【糟糠之妻】そうこうのつま

意味 貧しいときから一緒に苦労を重ねてきた妻。

補説「糟糠」は酒かすと米ぬか。貧しい食事の形容。貧しさを共にしてきた妻は、自分が富貴になっても大切にするという意。「糟糠の妻は堂より下さず」の略。「糟粕之妻《そうはくのつま》」ともいう。

故事 中国後漢の光武帝が寡婦となった姉と家臣の宋弘《そうこう》を結婚させようとしたところ、妻帯の身である宋弘が「貧しいときに交わった友は忘れてはならず、貧しい生活を共にした妻は、正堂から下し棄《す》てて離縁するようなことはしないと聞いております」と言って断った故事から。

出典『後漢書《ごかんじょ》』宋弘伝《そうこうでん》

用例 碌々《ろくろく》夫の栄華の日にも会わずに、死んでいった糟糠の妻に対する、せめてもの心やりとして、此処《ここ》に広大な墓地を営んだ。〈菊池寛・真珠夫人〉

類義語 宋弘不諧《そうこうふかい》・貧賤之交《ひんせんのまじわり》

【草行露宿】そうこうろしゅく〈―スル〉

意味 非常に苦しい旅をすること。旅の行程が非常につらく、また、差し迫っていること。

補説 草の生い茂った険しい場所をかき分けて野宿するという意から。「草行」は道なき道を、草をかき分けて行くこと。「露宿」は野宿すること。

出典『晋書《しんじょ》』謝玄伝《しゃげんでん》

【送故迎新】そうこげいしん

意味 前任者を見送り、後任者を迎えること。転じて、人を見送ったり迎えたりすること。また、旧年を見送り新年を迎えること。

補説「故」は古い、以前の。「故《ふる》きを送《おく》り新《あら》しきを迎《むか》う」と訓読する。

出典『漢書《かんじょ》』王嘉伝《おうかでん》

類義語 送旧迎新《そうきゅうげいしん》

【瘦骨窮骸】そうこつきゅうがい

意味 老いぼれた身のこと。

補説「瘦骨」「窮骸」はともにやせ衰えたからだ。「骨」「骸」はともに骨格。体格。

出典『長生殿《ちょうせいでん》』弾詞《だんし》

【操觚之士】そうこのし

意味 文字を書く人。特に、文筆業の人。

補説 觚を操《と》る人の意。「觚」は昔、紙のなかった時代、中国で文字を記すのに使用した四角い木の札のこと。

出典『文選《もんぜん》』陸機《りくき》

【相互扶助】そうごふじょ

意味 お互いに助け合うこと。

補説「扶」は支える、「助」は助けること。ロシアの地理学者・社会学者クロポトキンの社会学説の基本概念。生存競争説のダーウィンに反対し、自発的に助け合うことが生物や社会の発展の要因であるとする考え。

【桑弧蓬矢】そうこほうし

意味 男子が志を立てるたとえ。また、その遠大な志のたとえ。

補説 桑でできた弓と、ヨモギでできた矢のこと。「弧」は弓。古代中国の諸侯が、男児が生まれると「桑弧」で「蓬矢」を天地四方に向けて射て、将来世の中に大きく羽ばたいてほしいと願ったことから。「桑蓬之志《そうほうのこころざし》」ともいう。

出典『礼記《らいき》』射義《しゃぎ》

【荘厳華麗】そうごんかれい〈―ナ〉

意味 重々しく厳かで、華やかなさま。

補説「荘厳」は厳かで立派なこと。「華麗」は華やかで美しいこと。「荘厳美麗《そうごんびれい》」ともいう。

用例 この大遠征の規模作戦の雄大さは、彼の全生涯を通じて最も荘厳華麗を極めていた。〈横光利一・ナポレオンと田虫〉

類義語 絢爛豪華《けんらんごうか》・豪華絢爛《ごうかけんらん》

【荘厳美麗】そうごんびれい〈―ナ〉

⇒荘厳華麗 そうごんかれい 406

【草根木皮】そうこんぼくひ

意味 まっとうな食べ物ではないもののこと。また、漢方薬で用いられる原料のこと。

補説 草の根と木の皮のこと。前者の意は、飢饉《ききん》などで食糧不足に陥ったときの粗末な食べ物。後者の意は、漢方薬の原料の代表をいったもの。

注意「そうこんもくひ」とも読む。
出典『金史《きんし》』食貨志《しょっかし》
用例 昔の草根木皮が再びその新しい科学的の意義と価値とを認められる時代がそろそろめぐって来そうな傾向が見える。〈寺田寅彦◆糸車〉

【走尸行肉】そうしこうにく

意味 役立たずの人をけなしていう言葉。
補説「尸」はしかばね。「肉」は生身の肉体。走るしかばね、歩く肉の塊、生きている死体の意。
出典 安井息軒《やすいそっけん》「三計塾記《さんけいじゅくき》」
用例 食うて寝ておきて又食うという様な走尸行肉となるを愧《は》ずるものなれば、数年前より読書の極《きわみ》は終《つい》に我身体をして脳病か肺病かに陥らしむるとは万々承知の上なり。〈正岡子規◆読書弁〉
類義語 行尸走肉《こうしそうにく》

【相思相愛】そうしそうあい

意味 互いに慕い合い、愛し合っていること。
補説「相思」は相手を慕い合うこと。「相愛」は互いに愛し合うこと。類義の語を重ねて意味を強調し、語調を整えたもの。多く男女間に用いるが、自分の入りたいチームが自分を獲得したがっている状態をいう場合などにも用いる。
用例 相思相愛で、婚礼をあげようということになったが、何がさて麿《まろ》は怠け者で余分のたくわえがないから酒が買えない。〈坂口安吾◆土の中からの話〉

【造次顚沛】ぞうじてんぱい

意味 とっさの場合。危機の迫ったとき。また、わずかの間。

補説「造次」は慌ただしいさま。せっぱつまったさま。また、わずかの間。「顚沛」はつまずき倒れる意。「造」は突然にの意。比喩《ひゆ》的に用いられて、とっさのときのこと。

出典『論語《ろんご》』里仁《りじん》 ◎「君子は食を終うる間も仁に違うこと無し。造次にも必ず是《ここ》に於《お》いてし、顚沛にも必ず是に於いてす」

用例「造次顚沛にもかれらの取締法を研究して置かんとナ」〈内田魯庵◆復活〉

【荘周之夢】そうしゅうのゆめ

⇒胡蝶之夢 こちょうのゆめ 240

【双宿双飛】そうしゅくそうひ

意味 夫婦の仲がよく、常に離れることがないこと。
補説 ここでは、「双」はつがいの鳥のこと。「宿」は住むこと。つがいの鳥が一緒にすみ、一緒に飛ぶという意。雄と雌が寝るときも起きているときも、いつも寄り添って一緒にいること。
出典 石徳玉《せきとくぎょく》『紫雲庭《しうんてい》』楔子《せっし》
類義語 鴛鴦之契《えんおうのちぎり》・比翼連理《ひよくれんり》

【簇酒斂衣】そうしゅれんい

意味 貧しい生活のこと。
補説「簇」は集める。「簇酒」は皆から少しずつもらい受けて集めた酒。「斂」はおさめる、集めて取る意。「斂衣」は端ぎれを集めて作った衣服のこと。
注意「斂」は「歛」と混同して用いられ、「けん」「かん」とも読まれることがある。
故事 昔、辛洞《しんとう》という酒好きの男がいた。非常に貧しかったので、彼は酒だるを持って家々を回り、杯に一杯ずつの酒をもらっては酒だるにためて飲んだという。また、伊処士《いしょし》という者も貧しくて、人から端ぎれをもらって、それを継ぎはぎして衣服を作ったという故事から。
出典『雲仙雑記《うんぜんざっき》』四
類義語 粗衣粗食《そいそしょく》

【相乗効果】そうじょうこうか

意味 複数の要因が重なって、個々に得られる以上の効果をもたらすこと。

【宋襄之仁】そうじょうのじん

意味 無益な哀れみをかけることのたとえ。不必要に情けをかけて、その結果、自分が痛い目に遭うこと。
補説 宋襄の思いやりの意から。「宋襄」は中国春秋時代の宋国の王襄公のこと。「仁」は情け。
故事 中国春秋時代、宋が楚《そ》と戦ったとき、敵が河を渡りきらず、陣形が整わないうちに攻撃しようという進言に対して襄公が、「君子は人の困っているときに苦しめてはいけない。堂々と戦うべきだ」といって聞き入れず、結局楚に敗れてしまったという故事から。
出典『春秋左氏伝《しゅんじゅうさしでん》』僖公《きこう》二二年

そ

【壮士凌雲】《そうしりょううん》

⇒ 凌雲之志《りょううんのこころざし》 662

【蚤寝晏起】《そうしんあんき》〈―スル〉

(意味) 早く寝て遅く起きること。

(補説) 「蚤」は「早」と同じ。「晏」は時刻が遅いこと。『礼記《らいき》』では、大人は一番鶏の声で起きるが、小児は早く寝てゆっくり起きてよいとする。「蚤《はや》く寝《い》ね晏《おそ》く起《お》く」と訓読する。

(出典) 『礼記《らいき》』内則《だいそく》 ◎「孺子《じゅし》（小児）は蚤く寝ね晏く起く、唯《ただ》欲する所のままなり」

【曽参殺人】《そうしんさつじん》

(意味) 誤った情報やうその情報であっても、何度もそれを聞かされると、人はそれを信じてしまうというたとえ。

(補説) 流言の恐ろしさをいった言葉。「曽参」は中国春秋時代の人で、孔子の弟子。親孝行で有名。曽子。「曽参《そうしん》人《ひと》を殺《ころ》す」と訓読する。「曽母投杼《そうぼとうちょ》」ともいう。

(故事) 中国春秋時代、曽参と同姓同名の人が人を殺した。曽参の母は「曽参が人を殺した」と人から告げられたが、初めは信じなかった。しかし、三人目も同じことを言うと、さすがの母も織りかけの機《はた》を投げ出して飛び出したという故事から。

(出典) 『戦国策《せんごくさく》』秦策《しんさく》

[類義語] 三人成虎《さんにんせいこ》・市虎三伝《しこさんでん》・衆議成林《しゅうぎせいりん》・衆口鑠金《しゅうこうしゃくきん》・聚蚊成雷《しゅうぶんせいらい》・浮石沈木《ふせきちんぼく》

【痩身長軀】《そうしんちょうく》

⇒ 長身痩軀《ちょうしんそうく》 452

【曽参歌声】《そうしんのかせい》

(意味) 貧窮していても公明正大で私欲にとらわれないことのたとえ。

(補説) 「曽参」は中国春秋時代の人で、孔子の弟子。曽子。

(故事) 中国春秋時代、曽参が衛の国で暮らしていたころ、生活が貧しくて衣食にも事欠くありさまであった。ところが『詩経』の商頌《しょうしょう》の詩を歌うと、その声は天地に満ち、まるで楽器を演奏するような美しく高潔な調べであったという故事から。

(出典) 『荘子《そうじ》』譲王《じょうおう》

【甑塵釜魚】《そうじんふぎょ》

(意味) 食事をするのにも事欠くくらいに貧しいこと。

(補説) 甑《こしき》に塵《ちり》が積もり、釜に魚が生じる意。「甑中《そうちゅう》に塵《ちり》を生じ、釜中《ふちゅう》に魚を生ず」の略。「甑」は蒸籠《せいろ》を蒸す道具。「釜」は大なべ。ともに炊事の必需品。「釜魚甑塵《ふぎょそうじん》」ともいう。

(故事) 中国後漢の范冉《はんぜん》は、貧しくて食事をするにも事欠き、釜や甑を長い間使わなかったので、釜には魚が生じ、甑には塵が積もってしまったという故事から。

(出典) 『後漢書《ごかんじょ》』独行伝《どっこうでん》・范冉伝《はんぜんでん》

[類義語] 釜中生魚《ふちゅうせいぎょ》

【騒人墨客】《そうじんぼっかく》

(意味) 詩を作ったり書画をたしなんだりする風流な文人のこと。

(補説) 「騒人」は「離騒《りそう》」の作者で中国楚《そ》の詩人屈原およびその一派のこと。転じて、広く詩人を指す言葉となった。また、風流を解する人の意。「墨客」は書画や文筆に巧みな人。

(注意) 「そうじんぼっきゃく」とも読む。

(出典) 『宣和画譜《せんながふ》』三

[類義語] 詩人墨客《しじんぼっかく》・騒人詞客《そうじんしかく》・騒人墨士《そうじんぼくし》・文人墨客《ぶんじんぼっかく》

【痩身矮軀】《そうしんわいく》

(意味) やせていて、しかも背の低いからだのこと。

(補説) 「痩身」はやせたからだ。「矮」は背丈の低いこと。「軀」はからだのこと。

【漱石枕流】《そうせきちんりゅう》

(意味) 自分の失敗を認めず、屁理屈《へりくつ》を並べて言い逃れをすること。負け惜しみの強いこと。

(補説) 俗世を離れ山中に隠れ住んで自由に暮らす意の「枕石漱流《ちんせきそうりゅう》」を誤ってできた言葉。「石《いし》に漱《くちすす》ぎ流《なが》れに枕《まくら》す」と訓読され、夏目漱石の雅号「漱石」の由来として有名。「枕流漱石《ちんりゅうそうせき》」「孫楚漱石《そんそそうせき》」ともいう。

(故事) 中国西晋《せいしん》の孫楚《そんそ》は「石に枕し流れに漱ぐ」と言うべきところを、「石に漱ぎ流れに枕す」と言ってしまい、誤りを指摘されると、「石に漱ぐのは歯を磨くため、流れに枕するのは世俗でけがれた耳を洗うためだ」と言ってごまかしたという故事から。

出典 『世説新語《せせつしんご》』排調《はいちょう》

類義語 牽強付会《けんきょうふかい》・指鹿為馬《しろくいば》

【蒼然暮色】 そうぜん ぼしょく

⇒ 暮色蒼然 ぼしょくそうぜん 607

【滄桑之変】 そうそうのへん

⇒ 滄海桑田 そうかいそうでん 403

【蹌蹌踉踉】 そうそう ろうろう 〈―タル〉〈―ト〉

意味 足もとがしっかりせず、ふらつきよろめきながら歩くさま。

補説 足もとが確かでなくよろめくさまを表す「蹌踉」を二度繰り返して意味を強めた語。「飄飄踉踉《ひょうひょうろうろう》」ともいう。

用例 人々の蹌々踉々、谷川を伝って行くの危さに、冷汗が思わず出る。〈江見水蔭◆炭焼の煙〉

【相即不離】 そうそく ふり

意味 関係が非常に密接で切り離すことができないこと。区別がつかないほど密接な関係のこと。

補説 「相即」は二つの事象が溶け合って、差別なく一体となること。「不離」はぴったりくっついて離れないこと。

用例 しかも空間と時間との相即不離が明らかにせられる。〈和辻哲郎◆風土〉

【蚤知之士】 そうちのし

意味 時流の先を見通すことができる人。先見の明のある人。

補説 「蚤」は「早」に同じで、「蚤知」は早い段階で知る、事前に知るという意。「士」は男子。

出典 『戦国策《せんごくさく》』燕策《えんさく》

類義語 先見之明《せんけんのめい》

【象箸玉杯】 ぞうちょ ぎょくはい

意味 ぜいたくな心が生まれ始めること。また、ぜいたくな暮らしぶりの形容。

補説 「象箸」は象牙《ぞうげ》でできた箸《はし》、「玉杯」は玉で作った杯のこと。

故事 中国殷《いん》の暴君紂《ちゅう》王は象牙の箸を作らせた。名臣箕子《きし》は、象牙の箸を用いたら土器では満足できず、次は玉の杯を作り、食もそれにふさわしいものにし、ぜいたくは際限なくなるだろうと恐れた。紂王は箕子の心配通りぜいたくを重ね、ついに殷は滅んだという故事から。

出典 『韓非子《かんぴし》』喩老《ゆろう》

【桑田滄海】 そうでん そうかい

⇒ 滄海桑田 そうかいそうでん 403

【桑田碧海】 そうでん へきかい

⇒ 滄海桑田 そうかいそうでん 403

【操刀傷錦】 そうとう しょうきん

意味 未熟な者に重大な任務を任せることはできないことのたとえ。また、政治に通じていない者が政務を担当すれば必ず失敗するたとえ。

補説 未熟な者が刀を使って高価な錦《にしき》を切断しようとすると、失敗して傷をつけてしまうことから。「刀《かたな》を操《と》りて錦《にしき》を傷《きず》つく」と訓読する。

出典 『春秋左氏伝《しゅんじゅうさしでん》』襄公《じょうこう》三一年

類義語 折足覆餗《せっそくふくそく》

【草頭天子】 そうとう てんし

意味 盗賊の首領のこと。

補説 「草頭」は草冠《そうこう》（こそどろ・盗賊）の頭《かしら》の意。また、「草頭露（草の葉先に降りた露。はかないもののたとえ）」の略で、一時の勢力を張っている首領の意にも解される。「天子」は首領をからかっていった言葉。

出典 『京本通俗小説《けいほんつうぞくしょうせつ》』馮玉梅団円《ふうぎょくばいだんえん》

類義語 梁上君子《りょうじょうくんし》・緑林白波《りょくりんはくは》

【蔵頭露尾】 ぞうとう ろび

意味 真相を隠そうとあいまいな態度をとること。わざと一部を明らかにして、全部を明らかにしようとしないこと。また、自分では隠しているつもりでも、他人からは丸見えであるということ。頭隠して尻《しり》隠さず。

補説 頭を隠しても尾は出ている意から。「蔵」は隠す、「露」は外に現れる意。「頭《あたま》を蔵《かく》して尾《お》を露《あら》わす」と訓読する。

出典 『桃花女《とうかじょ》』二

類義語 蔵頭之雉《ぞうとうのち》

【桑土綢繆】《そうどちゅうびゅう》

意味 災難を未然に防ぐために備えること。

補説 「桑土」は桑の根。「綢繆」はひもを巻きつけて繕うこと。鳥は風雨がくる前に、桑の根で巣穴をふさいで備えることから。

出典 『詩経《しきょう》』豳風《ひんぷう》・鴟鴞《しきょう》

類義語 綢繆未雨《ちゅうびゅうみう》・綢繆牖戸《ちゅうびゅうゆうこ》・有備無患《ゆうびむかん》

【走馬看花】《そうばかんか》

〈―スル〉

意味 物を慌ただしく大ざっぱにしか観察せず、理解のしかたが浅いことのたとえ。また、物事がうまくいって得意げなさま。この上なく愉快なさま。

補説 もとは科挙（中国の官吏登用試験）に合格した者が馬を走らせ、得意げに都の花を見て回ったこと。「走馬」は馬を走らせること。「看花」は花を見ること。馬を走らせつつ花を見る、大急ぎで花を見る意。「馬《うま》を走《はし》らせ花《はな》を看《み》る」と訓読する。

出典 孟郊《もうこう》―詩「登科後《とうかのち》」

【糟粕之妻】《そうはくのつま》

⇒ 糟糠之妻 そうこうのつま 406

【造反無道】《ぞうはんむどう》

意味 謀反を起こして、道理にはずれること。

補説 「造反」は体制に反抗して決起すること。「無道」は人としての道にはずれた行為をすること。

対義語 左建外易《さけんがいえき》・造反有理《ぞうはんゆうり》

【造反有理】《ぞうはんゆうり》

意味 体制に逆らうのには、それなりの道理があるということ。

補説 「造反」は体制に反抗して決起すること。「有理」は道理があること。一九三九年、中国の毛沢東が演説に用いた言葉。のち文化大革命のときに、紅衛兵がスローガンの一つとして用いた。

対義語 造反無道《ぞうはんむどう》・造反無理《ぞうはんむり》

【宗廟社稷】《そうびょうしゃしょく》

意味 国家、朝廷のこと。

補説 先祖をまつる霊廟と、土地と穀物の神のやしろ。「宗廟」は先祖、特に君主の祖先の霊をまつった建物。みたまや。「社」は土地の神、「稷」は五穀の神で、「社稷」を国の守り神としてまつった。

出典 『書経《しょきょう》』太甲《たいこう》上

用例 恐懼修省《きょうくしゅうせい》の工夫が有れば、以《もっ》て宗廟社稷を守り、以て祭主と為《な》るべきである。〈幸田露伴◆震は亨る〉

類義語 社稷宗廟《しゃしょくそうびょう》

【草茅危言】《そうぼう（の）きげん》

意味 国政に対して浴びせられる民間の批判の声。

補説 在野にいて国政を痛論すること。「草茅」は草むら。転じて、朝廷・官界に対する民間・在野の意。草莽《そうもう》に同じ。「危言」は厳しい言葉。

出典 李覯《りこう》「袁州学記《えんしゅうがくき》」

【桑蓬之志】《そうほうのこころざし》

⇒ 桑弧蓬矢 そうこほうし 406

【桑濮之音】《そうぼくのおん》

⇒ 桑間濮上 そうかんぼくじょう 405

【曽母投杼】《そうぼとうちょ》

⇒ 曽参殺人 そうしんさつじん 408

【草満囹圄】《そうまんれいご》

意味 よい政治が行われていて、犯罪のないことのたとえ。

補説 「草満」は草が生い茂ること。「囹圄」は牢獄《ろうごく》のこと。牢獄に誰《だれ》も人がいないので、ついに草が生い茂ってしまったという意。「草《くさ》囹圄《れいご》に満《み》つ」と訓読する。

注意 「そうまんれいぎょ」とも読む。

出典 『隋書《ずいしょ》』循吏伝《じゅんりでん》・劉曠伝《りゅうこうでん》

類義語 囹圄空虚《れいぎょくうきょ》

【聡明叡知】《そうめいえいち》

意味 生まれつき才能があり、賢くて先々まで見通せること。物事に通暁していて、すぐれた才知があること。

補説 「聡明」は道理に明るいこと。賢いこと。「叡知」はすぐれた知恵。なお、「聡」「明」「叡」「知」は聖人のもつ四つの徳。「聡」はすべてを聞き分けること。「明」はすべてを見分けること。「叡」はすべてに通ずること。「知」はすべてを知っていること。

注意 「叡知」は「叡智」「英知」「英智」と

も書く。

出典　『易経《えききょう》』繋辞《けいじ》上

用例　しかるに、今われわれの喚問《コール》に最初に答えたこの愛すべき先覚者、国民全体の触覚ともいうべき聡明叡知なる青年の哀願に、聾《し》いたる耳を向けるということは、われわれが帯びている真の使命に対する反逆ではなかろうか。〈菊池寛◆船医の立場〉

【聡明剛介】そうめいごうかい

意味　賢明で意志強固なこと。

補説　「聡明」は道理に明るいこと。賢いこと。「剛介」は性格が強く、屈することがない意。

用例　諸君。有川君が聡明剛介の志を以《もっ》て腰纏万金《ようてんばんきん》の資を携《ひっさ》げて墨西哥《メキシコ》に渡航せらるるは〈内田魯庵◆くれの廿八日〉

類義語　聡明英毅《そうめいえいき》

【争名争利】そうめいそうり

意味　名誉・利益を求めて争い合うこと。

補説　「名」は名誉、「利」は利益のこと。

出典　『史記《しき》』張儀伝《ちょうぎでん》

類義語　争名競利《そうめいきょうり》・争名奪利《そうめいだつり》

【草莽之臣】そうもうのしん

意味　官職につかず民間にいる人、在野の人のこと。また、臣下が自分をへりくだっていう言葉。

補説　「莽」は雑草の意で、「草莽」は草むら・田舎。転じて、官界に対して在野のこと。後者の意では、草深い田舎に住む臣下の意。

注意　「そうぼうのしん」とも読む。

出典　『孟子《もうし》』万章《ばんしょう》下

類義語　市井之臣《しせいのしん》・刺草之臣《せきそうのしん》・草茅下士《そうぼうかし》・草茅之臣《そうぼうのしん》

【草木皆兵】そうもくかいへい

意味　恐れおののくあまり、何でもないものに対しても、自分の敵であるかのように錯覚しておびえること。

補説　草や木を見てすべて敵兵と思い、恐れおののく意。「草木《そうもく》皆《みな》兵《へい》」と訓読する。

出典　『晋書《しんじょ》』苻堅載記《ふけんさいき》

類義語　疑心暗鬼《ぎしんあんき》・風声鶴唳《ふうせいかくれい》

【草木禽獣】そうもくきんじゅう

⇒ 禽獣草木　きんじゅうそうもく　172

【装模作様】そうもさくよう

意味　もったいぶって、見栄を張ったり気取ったりすること。

補説　わざとらしく何かをする意。「装」は何かのふりをする、飾ること。「模」は似せること。「作」は動作をすること。「様」は様子。「装模《そうも》様《よう》を作《な》す」と訓読する。

類義語　装模做様《そうもさよう》・装模装様《そうもそうよう》

【蒼蠅驥尾】そうようきび

意味　つまらぬ者であっても、すぐれた人についていけば功名を得ることができるということのたとえ。

補説　「蒼蠅、驥尾に付して千里を致《いた》す」の略。「蒼蠅」はアオバエ、「驥尾」は一日に千里を走るという名馬のしっぽ。ハエは遠くには飛べないが、駿馬《しゅんめ》の尾についていれば遠くまで行くことができるということ。単に「驥尾に付す」ともいう。

出典　『史記《しき》』伯夷伝《はくいでん》・索隠《さくいん》

【叢蘭秋風】そうらんしゅうふう

意味　悪い者が善い者に危害を加えるたとえ。生い茂った蘭が芳しい花を咲かせようとすると、秋風がこれを傷つけやぶる意から。

補説　「叢」は多く群がっていること。「叢蘭茂らんと欲《ほっ》して、秋風之《これ》を敗《やぶ》る」の略。

出典　『文子《ぶんし》』上徳《じょうとく》

【総量規制】そうりょうきせい

意味　使用量や金額の上限を定めて、それを超えないように全体量を規制すること。

補説　現代の行政の用語。公害対策や金融・不動産対策などに広く用いる。

【巣林一枝】そうりんいっし

意味　分相応の暮らしに満足すること。不必要に他の物まで求めようとせず、分相応を守るたとえ。

補説　鳥は木のたくさんある林に巣を作っても、自分で使うのは一本の枝だけであるという意から。「巣林」は林に巣を作ること。「一枝巣林《いっしそうりん》」ともいう。

出典　『荘子《そうじ》』逍遥遊《しょうようゆう》　◎「鷦鷯《しょうりょう》（ミソサザイ）深林に巣くうも一枝に過ぎず」

類義語　安分守己《あんぶんしゅき》・偃鼠飲河《えんそいんが》・知足安分《ちそくあんぶん》

【草廬三顧】そうろさんこ

意味 中国三国時代、蜀《しょ》の劉備《りゅうび》が諸葛亮《しょかつりょう》のいおりを三度も訪ねて、自分の軍師となることを願った故事。

補説 「廬」はいおり。「三顧」は三度訪ねる。「草廬」は草ぶきのいおり。

故事 →「三顧之礼《さんこのれい》」 261

類義語 三顧之礼《さんこのれい》

【楚越同舟】そえつどうしゅう

⇒呉越同舟 ごえつどうしゅう 229

【鼠牙雀角】そがじゃっかく

意味 訴訟のこと。訴訟して争うこと。

補説 「鼠牙」はネズミの牙、「雀角」はスズメの角。またスズメのくちばし。出典の『詩経』では、スズメやネズミには角や牙がないのに、我が家の壁や塀に穴をあける。角や牙があるようだが実はないのだと詠《うた》い起こし、凶暴な男が訴訟を起こし無理に婚姻を迫る、一見、婚姻の礼を備えているように見えるが実はそれがないのだという主題を詠い起こす。「興《きょう》」という『詩経』の技巧の一つで、一種の連想法。別の解釈もある。「雀角鼠牙《じゃっかくそが》」ともいう。

出典 『詩経《しきょう》』召南《しょうなん》・行露《こうろ》

【素気清泚】そきせいせい 〈―タル〉〈―ト〉

意味 秋の気の清く澄み渡っている様子。

補説 「素」は白色の意。五行説では白色を秋とすることから秋を指す。「泚」は清く明らかなこと。

出典 『宋史《そうし》』文苑伝《ぶんえんでん》・夏侯嘉正伝《かこうかせいでん》

【惻隠之心】そくいんのこころ

意味 人をあわれんだり、思いやったりする心のこと。

補説 「惻隠」はあわれむこと。「惻隠之情《そくいんのじょう》」ともいう。

出典 『孟子《もうし》』公孫丑《こうそんちゅう》上 ◎「惻隠《そくいん》の心は仁《じん》の端《たん》なり」

【足音跫然】そくおんきょうぜん

意味 足音のひびくさま。転じて、久しく会えなかった客人が訪ねて来てくれたことの形容。また、得がたい人物に遭遇するたとえ。

補説 旅の途中で迷っているときに、人の足音を聞くとほっとして喜ぶことから。「跫然」はどたどたと足音が聞こえるさま。

注意 「そくいんきょうぜん」とも読む。

出典 『荘子《そうじ》』徐無鬼《じょむき》

【俗言俚語】ぞくげんりご

⇒俚言俗語 りげんぞくご 657

【息災延命】そくさいえんめい

意味 災いをなくし、寿命を延ばすこと。無事に長生きをすること。

補説 「息災」は災難をおさえること。「延命」は寿命を延ばすこと。仏や神への祈願の内容として用いられることが多い。「延命息災《えんめいそくさい》」ともいう。

用例 かれは日ごろ信心する神社や仏寺に参詣して、娘の無事出産を祈るのは勿論《もちろん》、まだ見ぬ孫の息災延命をひたすらに願った。〈岡本綺堂・経帷子の秘密〉

類義語 延年転寿《えんねんてんじゅ》・無事息災《ぶじそくさい》・無病息災《むびょうそくさい》

【粟散辺地】ぞくさんへんじ

意味 辺境の小国。

補説 「粟散」は粟散国（アワのように散在する小国）のこと。「辺地」は最果ての地。特に日本人自身が、日本のことを中国やインドと対照させて、このように表現することがあった。「粟散辺土《ぞくさんへんど》」「辺地粟散《へんちぞくさん》」ともいう。

注意 「ぞくさんへんち」とも読む。

類義語 粟散辺州《ぞくさんへんしゅう》

【粟散辺土】ぞくさんへんど

⇒粟散辺地 ぞくさんへんじ 412

【即時一杯】そくじいっぱい

意味 後で手に入る大きな利益よりも、今手に入る小さな利益、喜びのほうがよいということ。

補説 一般に「即時一杯の酒」として用いる。その場の一杯の酒が大事であるという意。

故事 中国晋《しん》の張翰《ちょうかん》は、何も気にしない気ままな暮らしをしていた。ある人が「死後に名を残したくないのか」と忠告すると、張翰は「死後の名誉より、生きている間の一杯の酒のほうがよい」と答えた故事から。

出典 『世説新語《せせつしんご》』任誕《にんたん》

【俗臭芬芬】 ぞくしゅうふんぷん 〈―タル〉〈―ト〉

意味 下品で気品がないさま。富や名誉といった社会的価値観に執着するさま。

補説 「俗臭」は卑しく下品な雰囲気。世間の価値観に執着する様子。「芬芬」は臭いが強いさま。本来はよい香りのときに用いる。

注意 「俗臭紛紛」とも書く。

用例 ことごとく、団九郎の意外であった。一言一動俗臭芬々として、甚だ正視に堪えなかった。〈坂口安吾◆閑山〉

【束手無策】 そくしゅむさく

意味 成す術《すべ》がないこと。

補説 「束手」は手を縛ったように、手出しをしないこと。「手《て》を束《つか》ねて策《さく》無《な》し」と訓読する。

出典 『太平広記《たいへいこうき》』二二〇に引く『集異記《しゅういき》』

類義語 束手無措《そくしゅむそ》

【即身成仏】 そくしんじょうぶつ 〈―スル〉

意味 この世の肉体のままで仏になること。

補説 「即身」は生身のままの意。真言密教の教義。衆生《しゅじょう》が、身・口・意の三密を修行することによって如来《にょらい》の三密と一体となり、成仏すること。

類義語 即身是仏《そくしんぜぶつ》・即身菩薩《そくしんぼさつ》

【束晳竹簡】 そくせきちくかん

意味 遠い昔の出土資料を見事に解読した中国晋《しん》の束晳の故事。

補説 「束晳」は晋の人で、博識として広く知られていた。「竹簡」は竹を細長く削って作った札。ひもでつなぎ合わせて巻き物にした。『蒙求《もうぎゅう》』の表題の一つ。

故事 中国晋の束晳は、戦国時代の王の墓から出土した竹簡や、誰《だれ》も読めなかった昔の文字を解読して、その博学多聞をたたえられたという故事。

出典 『晋書《しんじょ》』束晳伝《そくせきでん》

【速戦即決】 そくせんそっけつ 〈―スル〉

意味 短時間で物事の決着をつけたり仕事を処理したりすること。

補説 戦いの際に、即座に敵を撃破すること。戦闘を長期化させず、短い時間のうちに勝利をおさめようとすること。また、その戦法。

用例 歴史的事実に拘泥することなく、総《すべ》てを自己の理想の表現のために枉《ま》げておる有様である。危険を伴うものと言わねばならぬが、速戦即決の徹底を要したドイツのため止《や》むに止まれぬ彼の意気は真に壮とせねばならぬ。〈石原莞爾◆戦争史大観〉

類義語 短期決戦《たんきけっせん》

対義語 緩兵之計《かんぺいのけい》

【即断即決】 そくだんそっけつ 〈―スル〉

意味 その場で直ちに決めること。

補説 「即断」「即決」はともに物事の判断をすぐに行うこと。類義の語を重ねて意味を強調している。「即決即断《そっけつそくだん》」ともいう。

類義語 進取果敢《しんしゅかかん》・迅速果断《じんそくかだん》・当機立断《とうきりつだん》

対義語 熟慮断行《じゅくりょだんこう》・優柔不断《ゆうじゅうふだん》

【続短断長】 ぞくたんだんちょう

⇒ 断長続短 だんちょうぞくたん 436

【俗談平語】 ぞくだんへいご

⇒ 俗談平話 ぞくだんへいわ 413

【俗談平話】 ぞくだんへいわ

意味 日常的に用いる俗語・話し言葉。

補説 蕉風《しょうふう》の俳諧では、詩的な言語にまで洗練された日常語をいう。「俗談平語《ぞくだんへいご》」ともいう。

出典 松尾芭蕉《まつおばしょう》『芭蕉翁二十五箇条《ばしょうおうにじゅうごかじょう》』

類義語 平談俗語《へいだんぞくご》・平談俗話《へいだんぞくわ》

【続貂之譏】 ぞくちょうのそしり

⇒ 狗尾続貂 くびぞくちょう 180

【則天去私】 そくてんきょし

意味 小さな私にとらわれず、身を天地自然にゆだねて生きていくこと。

補説 「則天」は天地自然の法則や普遍的な妥当性に従うこと。「去私」は私心を捨て去ること。夏目漱石《なつめそうせき》が晩年に理想とした境地を表した言葉で、宗教的な悟りを意味するとも、漱石の文学観とも解されている。「天《てん》に則《のっと》り私《わたくし》を去《さ》る」と訓読する。

用例 先生は則天去私の真理によって多くの者の迷いをさましてやりたいと言っていられたそうだ。〈阿部次郎◆三太郎の日記〉

【束帛加璧】《そくはくかへき》

(意味) 最高の礼物《れいもつ》を意味する表現。

(補説) 一束の帛の上に璧をのせたもの。古代の中国で最高級の礼物とされた。「束帛」は束ねた絹織物。十反《たん》を一束として礼物に用いた。「璧」は玉《ぎょく》の意で、中国で珍重された宝玉の一種。「束帛《そくはく》に璧《へき》を加《くわ》う」と訓読する。

(出典) 『礼記《らいき》』礼器《れいき》

(類義語) 束錦加璧《そくきんかへき》

【束馬懸車】《そくばけんしゃ》

(意味) 険しい道を進むことのたとえ。

(補説) 険しく切り立った山に登るときに、馬を何頭もしっかりとつないで車をひき上げさせる意から。「束馬」は馬を縛る、つなぐ意。「馬《うま》を束《つか》ね車《くるま》を懸《か》く」と訓読する。

(出典) 『管子《かんし》』封禅《ほうぜん》

【束髪封帛】《そくはつふうはく》

(意味) 堅く貞操を守る妻のたとえ。

(補説) 「束髪」は髪を束ねること。「封帛」は白い絹布で包み封印すること。

(故事) 中国唐の賈直言《かちょくげん》は、罪が及んで遠方に左遷されることになった。直言は妻が年若いこともあったので「私が行ったら、すぐに再婚しなさい。私の帰りを待つことはない」と言ったところ、妻は縄で髪を束ねて白い絹布で包み、これに直言に署名させて、「あなた以外の人にこの縄は解かせない」と言った。それから二十年の後、罪を許された直言が戻ると、署名した絹布はそのままであったという故事から。

(出典) 『新唐書《しんとうじょ》』列女伝《れつじょでん》・賈直言妻董氏伝《かちょくげんつまとうしでん》

【属毛離裏】《ぞくもうりり》

(意味) 親と子の関係の深いこと。

(補説) 「属」は付属する、つながる意。「毛」はからだの表面にあることから、陽の存在を意味して父親のこと。「離」は着く意。「裏」は血肉・母胎を意味し母親のこと。子が父親を手本とし、母親に愛育されて成長することをいう。また、子が父親の気を受け継ぎ、母親の胎内を経て生まれ出ることをいい、血肉のつながりが深いことをいう。

(出典) 『詩経《しきょう》』小雅《しょうが》・小弁《しょうべん》

【粟粒一炊】《ぞくりゅういっすい》

⇒ 邯鄲之夢 かんたんのゆめ 127

【鏃礪括羽】《ぞくれいかつう》

(意味) 現在の能力に甘んじることなく、学識を磨いて、さらにすぐれた人材になること。

(補説) 「鏃礪」は鏃《やじり》をつけることと、それを研ぐこと。「括羽」は矢はず（矢をつがえるところ）と羽をつける意。竹に研いだ鏃をつけ、さらに矢はずと羽をつければ、ただの竹よりも深く物を貫くことができることから、学問や知識を身につけて有為の人物となることにたとえた。

(出典) 『孔子家語《こうしけご》』子路《しろ》 ◎「括《かっ》して之《これ》に羽《う》し、鏃《ぞく》して之を礪《みが》く」

【麤言細語】《そげんさいご》

(意味) 粗野な言葉とささいな言葉。

(補説) 「麤言」は粗野な言葉。「細語」はひそひそ声で話すような言葉。

(注意) 「粗言細語」とも書く。

(出典) 蘇軾《そしょく》「竜尾硯歌《りゅうびけんか》」

【楚材晋用】《そざいしんよう》

(意味) すぐれた人材が流出し、他国に登用されること。また、よその人材や物を利用する意で用いられることもある。

(補説) 「楚」「晋」は中国春秋時代の国名。楚の国の人材が晋の国で重用される意。「材」は人材。

(出典) 『春秋左氏伝《しゅんじゅうさしでん》』襄公《じょうこう》二十六年

【麤枝大葉】《そしたいよう》

(意味) 細かな規則や技巧にとらわれず自由に筆力をふるっている文章のたとえ。また、細かなことにこだわらないこと。大まかなこと。

(補説) 「麤枝」は大ぶりでまばらな枝、「大葉」は大きな葉の意。

(注意) 「粗枝大葉」とも書く。

(出典) 『朱子語類《しゅしごるい》』七八

(用例) これ余が特に中編を設け、もっぱらこの問題の攻究にあてんと擬せしゆえんである。しかもわずかに粗枝大葉の論を終えたるにとどまり、説のいまだ尽くさざるものなお多けれども、駄目を推さばひっきょう限りなからん。〈河上肇・貧乏物語〉

(類義語) 椽大之筆《てんだいのふで》

【咀嚼英華】 そしゃくえいか

(意味) すぐれた文章・詩文を味わい、胸の内にとどめること。

(補説) 花ぶさや花を口に含み、かみしめ、その香りを味わう意から。「咀」はよくかみくだいて味わうこと。「嚼」はかむ、かみくだくこと。「英」は花びらのこと。「英華」は美しい花。すぐれた詩や文章のたとえ。「英華《えいか》を咀嚼《そしゃく》す」と訓読する。

(出典) 『詩品《しひん》』

(類義語) 含英咀華《がんえいしょか》

【素車白馬】 そしゃはくば

(意味) 中国で葬儀に用いられた車馬のこと。

(補説) 白い車と白い馬の意。「素車」は飾りがなく、着色を施さない車。白木の車。「白馬」は「素車」を引く白い馬。降伏や謝罪のとき、死を覚悟していることを示すために用いられる例もあった。

(出典) 『史記《しき》』高祖紀《こうそき》

【楚囚南冠】 そしゅうなんかん

(意味) とらわれの身になって異国にあること。また、虜囚として異境にあっても故国を忘れないこと。

(補説) 「楚囚」は他国で囚人となっている楚国の人。「南冠」は南方（楚）の様式の冠。異国の習俗に染まらず、故国の礼を守る意。

(故事) 中国春秋時代、楚の楽人鍾儀《しょうぎ》は晋《しん》に虜囚としてあったが、楚の冠をかぶって、南にある故国の礼を守った。そのため晋侯の目にとまり、和睦《わぼく》の使者として帰国する機会を得たという故事から。

(出典) 『春秋左氏伝《しゅんじゅうさしでん》』成公《せいこう》九年

【粗酒粗餐】 そしゅそさん

(意味) 粗末な酒と食事。酒食を客にすすめるときに謙遜《けんそん》していう言葉。

(補説) 「餐」は食べ物、間食の意。

(類義語) 粗酒粗肴《そしゅそこう》

【俎上之肉】 そじょうのにく

(意味) 他人に自分の運命がすべて握られてしまっている状態のたとえ。まな板の上の鯉《こい》。

(補説) まな板の上に置かれた料理される直前の肉の意から。「俎」はまな板のこと。「釜中之魚《ふちゅうのうお》」ともいう。

(出典) 『史記《しき》』項羽紀《こううき》

(類義語) 俎上之鯉《そじょうのこい》・釜底游魚《ふていのゆうぎょ》

【粗製濫造】 そせいらんぞう 〈―スル〉

(意味) いい加減な作り方の質の悪い製品を、むやみやたらに数多く作ること。

(補説) 「粗製」は粗末な作り方、「濫造」は無計画に大量に物を作ること。

(注意) 「粗製乱造」とも書く。

【鼠窃狗盗】 そせつくとう

(意味) こそ泥のこと。

(補説) 「鼠窃」はネズミのように人に隠れて盗みを行う者の意。「狗盗」は犬が人目を盗んで食べ物をあさるように盗みを行う者。また、犬の鳴きまねをして忍び込む泥棒の意。

(出典) 『史記《しき》』叔孫通伝《しゅくそんとうでん》

【祖先崇拝】 そせんすうはい

(意味) 祖先を尊びまつり、加護を祈ること。祖先に対する信仰。

(補説) 「崇拝」は尊いものとしてあがめる意。

(用例) 祖先崇拝の教義や機関も、特にそのために危害を受ける筈《はず》はない。〈森鷗外◆かのように〉

【祖先伝来】 そせんでんらい

⇓ 先祖伝来 せんぞでんらい 396

【蘇張之弁】 そちょうのべん

(意味) 弁舌が巧みなこと。非常に雄弁なこと。

(補説) 「蘇」「張」は中国戦国時代の縦横家である蘇秦《そしん》と張儀《ちょうぎ》のこと。それぞれ「合従《がっしよう》策」と「連衡策」を提唱した。（→「合従連衡《がっしょうれんこう》」110・「傾危之士《けいきのし》」185）

【即決即断】 そっけつそくだん 〈―スル〉

⇓ 即断即決 そくだんそっけつ 413

【率先躬行】 そっせんきゅうこう 〈―スル〉

(意味) 人の先に立って、自ら物事を実行すること。

(補説) 「率先」は人の先頭に立って物事を行うこと。「躬」は自らの意。

(用例) 決して吝嗇《りんしょく》な人ではないのである。国のために質素倹約を率先躬行していたわけなのである。〈太宰治◆新釈諸国噺〉

(類義語) 実践躬行《じっせんきゅうこう》・陣頭指揮《じんとうしき》・率先垂

範《そっせんすいはん》・率先励行《そっせんれいこう》

【率先垂範】そっせんすいはん 〈―スル〉

意味 人の先頭に立って物事を行い、模範を示すこと。

補説 「率先」は人の先頭に立って物事を行うこと。「垂範」は模範を示すこと。

用例 兵と苦楽をともにせしめねばならぬ。率先垂範の美風は兵と全く同一生活の体験の中から生まれ出るべき筈《はず》である。〈石原莞爾◆戦争史大観〉

類義語 現身説法《げんしんせっぽう》・実践躬行《じっせんきゅうこう》・陣頭指揮《じんとうしき》・率先躬行《そっせんきゅうこう》・率先励行《そっせんれいこう》

【率先励行】そっせんれいこう 〈―スル〉

意味 自ら進んで先頭に立ち、決められたことをきちんと行うこと。

補説 「率先」は人の先頭に立って物事を行うこと。「励行」は決められたことをきちんと行うこと。

類義語 実践躬行《じっせんきゅうこう》・陣頭指揮《じんとうしき》・率先躬行《そっせんきゅうこう》・率先垂範《そっせんすいはん》

【啐啄同時】そったくどうじ

意味 逸することのできない絶好の機会。それぞれちょうどよく合い、今を逃すと他に得ることができないような機会。

補説 本来、禅宗で弟子が悟りを開く一歩手前にまで成長したとき、師が直ちに教導して悟りに到達させることをいう。「啐」は呼ぶ、叫ぶ意で、卵から雛《ひな》がかえろうとするとき、殻の中で鳴く声。「啄」はついばむ意で、親鳥が外から殻をつつき壊すこと。師と弟子の呼吸がぴったり合うことをいう。

注意 「しゅったくどうじ」とも読む。

【率土之浜】そっとのひん

意味 国中、世界中、大地の尽きるところまですべての土地のこと。

補説 「率」は従う、続く意。「率土」は人の従い行くことができるところ。土地から土地へと続くこと。すべての土地の意。「浜」は大地の尽きるところ。水浜の果て。土地から土地と続き、海際の果てまでの意。

出典 『詩経《しきょう》』小雅《しょうが》・北山《ほくざん》

類義語 普天率土《ふてんそつど》

【祖逖之誓】そてきのせい

意味 目的が達成されるまでは生きて帰らないという決意のこと。

補説 「祖逖」は中国東晋《とうしん》の将軍。

注意 「そてきのちかい」とも読む。

故事 中国東晋の祖逖が、長江（揚子江《ようすこう》）を渡って北方の異民族討伐に向かう際、戦果を上げなければ、この川の流れように二度とは帰ってこないと誓ったという故事から。

出典 『晋書《しんじょ》』祖逖伝《そてきでん》

【素波銀濤】そはぎんとう

意味 白い波のこと。また、雲やもやなどの流れるさまのたとえ。

補説 「素」は白色、「濤」は波、大波の意。「素波」「銀濤」はともに白い波、白波《しらなみ》のことをいう。

【楚夢雨雲】そむううん

⇒ 巫山之夢 ふざんのゆめ 574

【粗鹵迂遠】そろうえん 〈―ナ〉

意味 粗末で実際の役に立たないさま。

補説 「粗鹵」は粗末で役に立たないこと。「鹵」はおろかの意。「迂遠」はまわりくどいさま。

注意 「疎鹵迂遠」「麁鹵迂遠」とも書く。

用例 故に権力不平均の害を述《の》ぶるに当《あた》て、自《おの》ずから粗鹵迂遠の弊なきを得ず。〈福沢諭吉◆文明論之概略〉

【粗鹵狭隘】そろきょうあい 〈―ナ〉

意味 粗末で狭いさま。見識・学問内容などの狭い形容として用いる。

補説 「粗鹵」は粗末で役に立たないこと。「鹵」はおろかの意。「狭隘」は狭い意。

注意 「疎鹵狭隘」「麁鹵狭隘」とも書く。

用例 我国開港以来、世の学者は頻《しき》りに洋学に向い、その研究する所、固《もと》より粗鹵狭隘なりといえども、〈福沢諭吉◆文明論之概略〉

【孫康映雪】そんこうえいせつ

意味 苦労して学問に励むこと。苦学のたとえ。

補説 「映雪」は雪明かりで書物を照らす意。中国東晋《とうしん》の孫康が雪明かりで読書したこと。車胤《しゃいん》とともに「蛍雪之功」の故事で知られる。『蒙求《もうぎゅう》』の表題の一つ。

故事 東晋の孫康が、家が貧しかったため灯油が買えず、雪を集めてその光で勉強したという故事から。（↓「蛍雪之功《けいせつのこう》」188）

出典 『初学記《しょがくき》』二に引く『宋斉語《そうせいご》』

類義語 蛍雪之功《けいせつのこう》・車胤聚蛍《しゃいんしゅうけい》・車蛍孫雪《しゃけいそんせつ》・囊蛍映雪《のうけいえいせつ》

【損者三友】 そんしゃさんゆう

意味 交際して損をする三種の友人のこと。

補説 表むき礼儀正しいが心が正しくない人、顔つきは穏やかだが誠実でない人、口先がうまくて誠意がない人を友とするのは害であるということ。（↓「益者三友《えきしゃさんゆう》」71）

出典 『論語《ろんご》』季氏《きし》 ◎「損者三友、便辟《べんぺき》を友とし、善柔を友とし、便佞《べんねい》を友とするは損なり」

対義語 益者三友《えきしゃさんゆう》

【損者三楽】 そんしゃさんらく

意味 人が楽しむものの中で、有害な三つのもの。

補説 おごり高ぶって欲望のままに振る舞うことと、なまけて遊び暮らすことと、酒色にふけることをいう。この場合の「楽」は、「願い」「願う」の意。（↓「益者三楽《えきしゃさんらく》」71）

注意 伝統的には「そんしゃさんごう」と読み習わしてきた。

出典 『論語《ろんご》』季氏《きし》 ◎「損者三楽、驕楽《きょうらく》を楽しみ、佚遊《いつゆう》を楽しみ、宴楽を楽しむは損なり」

対義語 益者三楽《えきしゃさんらく》

【尊尚親愛】 そんしょうしんあい 〈─スル〉

意味 尊敬し親しみ愛すること。大切な人に対して丁寧にすること。

補説 「尊尚」は敬い大切にする意。「親愛」は親しみ愛する意。

用例 假令《よし》その人と為《な》りは如何《どう》有ろうとも叔母は叔母有恩《うおん》の人に相違ないから、尊尚親愛して水乳の如《ごと》くシックリと和合し度《た》いとこそ願え、〈二葉亭四迷◆浮雲〉

【樽俎折衝】 そんそせっしょう 〈─スル〉

意味 宴会でなごやかに交渉し、うまく話を運ぶこと。

補説 「樽俎」は、酒だると肉料理を載せる台のことで、転じて、宴会のごちそうのこと。「折衝」は攻めてくる敵の勢いをくじくこと。

注意 「尊俎折衝」とも書く。

故事 中国春秋時代、晋《しん》の平公は斉を攻めようとして、まず范昭《はんしょう》に斉の様子をうかがいに行かせた。そこで斉の景公は晏子《あんし》の策通り范昭を宴席に招きもてなし、戦争を回避した故事から。

出典 『晏子春秋《あんししゅんじゅう》』内篇《ないへん》・雑《ざつ》上

用例 一人で樽俎折衝の役目を引受けた母の骨折は、並たいていの事ではなかったのである。〈徳冨蘆花◆思出の記〉

類義語 樽俎之間《そんそのかん》

【孫楚漱石】 そんそそうせき

⇒ 漱石枕流 そうせきちんりゅう 408

【樽俎之間】 そんそのかん

意味 宴席の場のこと。宴席において外交を行い、談判をすること。

補説 「樽俎」は酒だると肉料理を載せる台のことで、転じて、宴会のごちそうのこと。

注意 「尊俎之間」とも書く。

類義語 樽俎折衝《そんそせっしょう》

【尊皇攘夷】 そんのうじょうい

意味 天皇を尊崇し、外国の勢力を排斥しようとする思想。尊皇論と攘夷論とが結びついた江戸時代末期の反幕政治思想。

補説 「攘」は追い払う意、「夷」は異民族・外敵の意。尊皇論と攘夷論はもともと別の思想であったが、天皇の権威を絶対視する思想と封建的な排外思想とが結びついて、王政復古を目指す政治思想の中心となった。

注意 「尊王攘夷」とも書く。

用例 それからまた、当時尊王攘夷論、これは幕臣のうちにも、諸大名の手を借りずに幕府自身攘夷を決行すれば、それでよろしいのである。〈三田村鳶魚◆話に聞いた近藤勇〉

類義語 勤王攘夷《きんのうじょうい》

た

【大安吉日】 たいあんきちじつ

意味 暦の上で、旅行・結婚など物事を行うのに最も縁起がよいとされる日。

補説 「大安」は先勝《せんしょう》・友引《ともびき》・先負《せんぷ》・仏滅《ぶつめつ》・赤口《しゃっく》とともに六曜《ろくよう》（吉凶を決める基準になる六つの日）の一つ。

注意 「大安」は「だいあん」、「吉日」は「きちにち」「きつじつ」「きつにち」などとも読む。

類義語 吉日良辰《きちじつりょうしん》・黄道吉日《こうどうきちにち》

【大異小同】 だいいしょうどう

意味 全体としては違いが大きくて、一致するところは僅《わず》かしかないということ。

補説 「大異」は大きく異なること。「小同」は少し似たところがあること。

対義語 大同小異《だいどうしょうい》

【大隠朝市】 たいいんちょうし

意味 本当の隠者は山野に隠れ住むのではなく、衆人の中、俗世間の中で生活をしながら、超然としてその身の潔癖さを保つものであるということ。

補説 「大隠は朝市に隠《かく》る」の略。「大隠」は超然として俗事に心を乱されない真の隠者の意。「朝市」は人の集まる所をいう。

出典 王康琚《おうこうきょ》「反招隠《はんしょういん》」詩

類義語 市中閑居《しちゅうのかんきょ》

【太液芙蓉】 たいえきのふよう

意味 美人の顔のたとえ。

補説 太液池に咲くハスの花の意から。「太液」は中国漢代に長安の都の建章宮の北にあった池の名。「芙蓉」はハスの花。中唐の詩人白居易《はくきょい》が玄宗皇帝と楊貴妃《ようきひ》の悲恋を歌った詩句に基づいた語。

出典 白居易《はくきょい》「長恨歌《ちょうごんか》」

類義語 一顧傾城《いっこけいせい》・国色天香《こくしょくてんこう》・仙姿玉質《せんしぎょくしつ》・天香国色《てんこうこくしょく》

【大快人心】 たいかいじんしん

意味 世間の人を痛快な気分にさせること。

補説 主として、悪人や悪事などが厳しく糾弾されたときに用いられる。「大《おお》いに人心《じんしん》を快《こころよ》くす」と訓読する。

出典 『明史《みんし》』余懋学伝《よぼうがくでん》

類義語 痛快無比《つうかいむひ》

【大海撈針】 たいかいろうしん

意味 きわめて困難で、ほとんど実現の可能性のないことのたとえ。

補説 大海の底に落ちた一本の針をすくい上げる意から。「撈」はすくい上げる、水中に入っているものを取る意。「大海《たいかい》に針《はり》を撈《すく》う」と訓読する。

出典 『法苑珠林《ほうおんじゅりん》』慙愧《ざんき》

類義語 海底撈針《かいていろうしん》・水底撈針《すいていろうしん》・東海撈針《とうかいろうしん》

【大壑拐然】 たいがくかいぜん 〈―タル〉〈―ト〉

意味 海の波がうねっているさま。また、大きな谷が曲がりうねっているさま。

補説 「大壑」は大きな谷の意。「拐然」は曲がりうねっているさま。また、海のこと。

【大廈高楼】 たいかこうろう

意味 大きく高い建物。豪壮な建物。また、それらが立ち並んでいる様子。

補説 「大廈」は高く大きな家、「高楼」は高く立派な建物のこと。「高楼大廈《こうろうたいか》」ともいう。

用例 自分の気持ちにしっくりはまるようなものはこれと言って頭にとどまっていない。海岸は心騒がしく、山の中は物恐ろしい。立派な大廈高楼はどうも気楽そうに思われない。〈寺田寅彦◆写生紀行〉

【大喝一番】 だいかついちばん

⇒ 大喝一声 だいかついっせい 418

【大喝一声】 だいかついっせい

意味 大きなひと声でしかりつけること。また、その声。

補説 「大喝」は大声でしかりつけること。「大喝一番《だいかついちばん》」ともいう。

用例 兄が何か反古《ほご》を揃《そろ》えて居る処《ところ》を、私がドタバタ踏んで通った所が兄が大喝一声、コリヤ待てと酷《ひど》く叱《しか》りつけて、〈福沢諭吉◆福翁自伝〉

類義語 大声一喝《たいせいいっかつ》

【大廈棟梁】 たいかのとうりょう

意味 国家を支える重任にある人、国の重要な任務を担う人材のたとえ。

補説 「大廈」は高く大きな建物。「棟梁」は家のむな木とはりのことで、ともに家屋の重要な部分をいう。転じて、一国の重任の地位にある人のこと。

出典 『世説新語《せせつしんご》』賞誉《しょうよ》

【大旱雲霓】 たいかん(の)うんげい

意味 非常に待ち望むこと。苦しいときに、強く援助を待ち望むことのたとえ。

補説 大日照りのときに雨雲が集まって雨が降り、虹《にじ》が出るのを待ち望むように、強く求める意。「旱」は日照りで、「大旱」は大日照りのこと。「雲霓」は雨雲と虹の意。「大旱の雲霓を望む」の略。「大旱慈雨《たいかんじう》」ともいう。

出典『孟子《もうし》』梁恵王《りょうけいおう》下 ◎「民の之《これ》を望むこと、大旱の雲霓を望むが若《ごと》きなり」

用例「有川君かい?好丈夫来たる何ぞ遅きや。君を待つ声《こと》大旱雲霓の如《ごと》しだ」と地方訛《いなかなま》りの黄色い声は云《い》った。〈内田魯庵◆くれの廿八日〉

類義語 旱天慈雨《かんてんじう》・大旱望雲《たいかんぼううん》

【大寒索裘】たいかんさくきゅう

意味 準備を怠り、その場になって焦りあわてるたとえ。

補説 厳しい寒さに直面して初めて、皮ごろもを求める意から。「裘」は皮ごろも、獣の皮で作った衣類のこと。「索」は求めること。「大寒《たいかん》に裘《きゅう》を索《もと》む」と訓読する。類義の表現に「盗人《ぬすびと》を見て縄をなう」がある。

出典『揚子法言《ようしほうげん》』寡見《かけん》

【大旱慈雨】たいかんじう

⇒大旱雲霓 たいかんうんげい 418

【大願成就】たいがんじょうじゅ 〈―スル〉

意味 大きな望みがかなえられること。神仏に願ったことがそのとおりになること。

注意「だいがんじょうじゅ」とも読む。

用例 いや、大出来、大出来。それだけありゃあ大願成就だ。〈岡本綺堂◆相馬の金さん〉

類義語 心願成就《しんがんじょうじゅ》

【対岸火災】たいがんのかさい

意味 自分に直接は関係のないできごとのたとえ。

補説 向こう岸で起きた火事の意で、直接影響がなく無関心でいられることから。「対岸」は岸の向こう側。また、広く外国の意にも用いられ、「火災」も単に火事だけでなく、暴動や大事故、内乱や戦争などにもたとえられる。一般には「対岸の火事」と慣用する。

類義語 隔岸観火《かくがんかんか》

【大器小用】たいきしょうよう

意味 大人物につまらない仕事をさせること。人材の用い方が当を得ていないことのたとえ。

補説 大きな器を小さなことに用いる意。「大器」は優れた才能・度量。また、それを備えた偉大な人物のこと。「大材小用《たいざいしょうよう》」ともいう。

出典『後漢書《ごかんじょ》』辺譲伝《へんじょうでん》

類義語 驥服塩車《きふくえんしゃ》・大才小用《たいさいしょうよう》

対義語 黜陟幽明《ちゅっちょくゆうめい》・適材適所《てきざいてきしょ》・量才録用《りょうさいろくよう》

【対機説法】たいきせっぽう

意味 相手の水準や事情に応じて、それぞれにふさわしい法を説くこと。人を見て法を説く。

補説 仏教語。「機《き》に対《たい》して法《ほう》を説《と》く」と訓読する。「機」は機根。教えを受ける側の資質・能力をいう。「因機説法《いんきせっぽう》」ともいう。

出典『観無量寿経疏《かんむりょうじゅきょうしょ》』

用例「そうそう、それは昔盗人だと聞いていたから対機説法ということをして見たのだ。一寸《ちょっと》は分ったように見えたわい」〈中里介山◆法然行伝〉

類義語 応病与薬《おうびょうよやく》・随機説法《ずいきせっぽう》・善巧方便《ぜんぎょうほうべん》

【大器晩成】たいきばんせい

意味 真に偉大な人物は大成するのが遅いということ。

補説 大きな器は完成するまでに時間がかかることから。才能がありながら不遇である人に対する慰めの言葉としても用いる。「大器」は優れた才能・度量。また、それを備えた偉大な人物のこと。「晩成」は多くの時間を費やして成就すること。「大器《たいき》は晩成《ばんせい》す」と訓読する。「大才晩成《たいさいばんせい》」ともいう。

出典『老子《ろうし》』四一

用例 僕は、孤独なんだ。大器晩成の自信があるんだ。早く毛虫に這《は》いのぼられる程の身分になりたい。どれ、きょうも高邁《こうまい》の瞑想《めいそう》にふけるか。〈太宰治◆失敗園〉

類義語 快犢破車《かいとくはしゃ》・大本晩成《たいほんばんせい》

対義語 栴檀双葉《せんだんのふたば》

【大義名分】たいぎめいぶん

意味 人として、国家や君主に対して守るべき道理・本分や節義。また、ある行為のよりどころとなる正当な理由や道理。

補説「大義」は人として踏み行うべき正し

い道。「名分」は身分などに応じて守るべき本分。

用例 家康《いえやす》が立てば信雄《のぶかつ》がつく、信雄は信長《のぶなが》の子供であるから、大義名分が敵方にあり諸将の動向分裂も必至だ。〈坂口安吾◆黒田如水〉

【大義滅親】たいぎめっしん

意味 大義のため、特に国家や君主に報いるためには、親兄弟も顧みないということ。

補説 「大義」は人として踏み行うべき正しい道。「親」は親兄弟など身内のこと。「大義《たいぎ》親《しん》を滅《めっ》す」と訓読する。

出典 『春秋左氏伝《しゅんじゅうさしでん》』隠公《いんこう》四年

【大逆無道】たいぎゃくむどう〈―ナ〉

意味 道理や人の道を甚だしく踏みはずした行為。後に、君主や親を殺すことをいう。

補説 「大逆」は主君や親を殺すなど、人道に背く行為。「無道」は人道に背くひどい行いの意。

注意 「大逆」は「だいぎゃく」、「無道」は「ぶどう」とも読む。

出典 『史記《しき》』高祖紀《こうそき》

用例 慶喜《よしのぶ》公や会津《あいづ》桑名のみが大逆無道の汚名を負わせられるのは何の事か。〈島崎藤村◆夜明け前〉

類義語 悪逆非道《あくぎゃくひどう》・悪逆無道《あくぎゃくむどう》・極悪非道《ごくあくひどう》・大逆不道《たいぎゃくふどう》

【対牛弾琴】たいぎゅうだんきん

意味 何の効果もなく無駄なこと。愚かな人に深遠な道理を説いて聞かせること。せっかくの好意や努力が無駄に終わること。

補説 牛に対して琴《きん》を弾いて聞かせる意から。「牛《うし》に対《たい》して琴《こと》を弾《だん》ず」と訓読する。

故事 昔、ある人が牛に向かって琴で優雅な曲を演奏してみたが、牛は変わることもなく草を食べ続けていたという故事から。

出典 牟融《ぼうゆう》「理惑論《りわくろん》」

類義語 呼牛呼馬《こぎゅうこば》・対驢撫琴《たいろぶきん》・馬耳東風《ばじとうふう》

【耐久之朋】たいきゅうのとも

意味 いつまでも変わらぬ友情をもち続ける友のこと。

補説 「耐久」は長い間変わらないこと。「朋」は友人。

出典 『旧唐書《くとうじょ》』魏玄同伝《ぎげんどうでん》

類義語 管鮑之交《かんぽうのまじわり》・金蘭之契《きんらんのちぎり》・金蘭之交《きんらんのまじわり》・膠漆之交《こうしつのまじわり》・金蘭之友《きんらんのとも》・水魚之交《すいぎょのまじわり》・断金之交《だんきんのまじわり》・莫逆之友《ばくぎゃくのとも》・刎頸之交《ふんけいのまじわり》・雷陳膠漆《らいちんこうしつ》

【大驚失色】たいきょうしっしょく〈―スル〉

意味 非常に驚き恐れて、顔色が青ざめること。

補説 「大驚」はたいへん驚く意。驚愕《きょうがく》すること。「失色」は顔色を失う、顔色が青ざめること。「大《おお》いに驚《おどろ》きて色《いろ》を失《うしな》う」と訓読する。

類義語 吃驚仰天《きっきょうぎょうてん》・瞠目結舌《どうもくけつぜつ》・茫然自失《ぼうぜんじしつ》

【大驚小怪】だいきょうしょうかい

意味 怪しむほどではないことに大げさに驚くことのたとえ。つまらぬことを騒ぎ立てること。

補説 「大《おお》いに小怪《しょうかい》に驚《おどろ》く」と訓読する。

出典 朱熹《しゅき》「林択之《りんたくし》に答《こた》うる書《しょ》」

【堆金積玉】たいきんせきぎょく

意味 莫大《ばくだい》な富を集めること。

補説 金銀珠玉を積み上げる意から。「堆」「積」はともに積み上げる意。「金《きん》を堆《うずたか》くし玉《ぎょく》を積《つ》む」と訓読する。

出典 『論衡《ろんこう》』命禄《めいろく》

類義語 猗頓之富《いとんのとみ》・積金累玉《せききんるいぎょく》・陶朱猗頓《とうしゅいとん》

【大衾長枕】たいきんちょうちん

意味 夫婦の仲むつまじいことのたとえ。後に兄弟仲のよいたとえ。また、交情が親密なことをいう。

補説 大きな掛け布団と長いまくらの意から。「衾」は夜着・掛け布団のこと。本来は夫婦仲のよいことのたとえであったが、中国唐の玄宗が兄弟仲よく寝られるように、大きな掛け布団と長いまくらを作らせたことから、兄弟仲のよいたとえとして用いられるようになった。「長枕大被《ちょうちんたいひ》」ともいう。

出典 蔡邕《さいよう》「協和婚賦《きょうわこんぷ》」／『資治通鑑《しじつがん》』唐紀《とうき》・玄宗《げんそう》開元《かいげん》二年

類義語 唐明友悌《とうめいゆうてい》

【大慶至極】たいけいしごく 〈―ナ〉

意味 この上なくめでたく、よろこばしいこと。

補説 「大慶」は大きなよろこび、非常にめでたいこと。「至極」はこの上なく。

用例 わけのわからぬ客を相手に、二円の収入あり。まず大慶至極。泥んこ道の夜店の古本屋で、チェホフとトルストイの回想を五十銭で買う。〈林芙美子◆放浪記〉

【大桀小桀】たいけつしょうけつ

意味 暴虐な君主、悪逆な為政者のこと。

補説 「桀」は中国古代、夏《か》王朝最後の王。殷《いん》の紂《ちゅう》王と並んで、暴虐非道な帝王の代表とされる。中国古代伝説上の聖天子である尭《ぎょう》・舜《しゅん》は税率を収入の十分の一としたが、それより過重なことが甚だしいことを「大桀」、それほどでもないことを「小桀」ともいう。

出典 『春秋公羊伝《しゅんじゅうくようでん》』宣公《せんこう》一五年

類義語 大貉小貉《たいばくしょうばく》

【大月小月】たいげつしょうげつ

意味 日数が三十一日ある大の月と、三十日以下の小の月のこと。

補説 「大月」は一・三・五・七・八・十・十二の各月。「小月」はそれ以外の月。陰暦では、「大月」は三十日、「小月」は二十九日。

出典 『書経《しょきょう》』洪範《こうはん》・孔穎達《くえいだつ》・疏《そ》

【戴月披星】たいげつひせい

⇒ 披星戴月 ひせいたいげつ 548

【体元居正】たいげんきょせい

意味 善徳を心にとどめて、正しい立場に身をおくこと。

補説 「体元」は善徳を身につけること。「体」は身をもって行う。また、よる、のっとる意。「元」は善徳の意。『春秋《しゅんじゅう》』で公（王）の即位の一年を「元年」、一月を「正月」と記すのは、王の即位の初めに「元（善）」を体《たい》して「正」に居《い》ようとするからである、とする。「元《げん》を体《たい》して正《せい》に居《お》る」と訓読する。

出典 『春秋左氏伝《しゅんじゅうさしでん》』隠公《いんこう》元年・杜預《どよ》

【大賢虎変】たいけんこへん

⇒ 大人虎変 たいじんこへん 424

【大言壮語】たいげんそうご 〈―スル〉

意味 できそうにもないことや威勢のいいことをおおげさに言うこと。また、その言葉。

補説 「大言」はおおげさな物言い。「壮語」は威勢のよい言葉の意。

用例 私は少年の時から至極元気の宜《よ》い男で、時として大言壮語したことも多いが、〈福沢諭吉◆福翁自伝〉

類義語 針小棒大《しんしょうぼうだい》・壮言大語《そうげんたいご》・放言高論《ほうげんこうろん》

【滞言滞句】たいげんたいく

意味 言葉にばかりこだわっていて、本質が理解できないこと。

補説 もと仏教語。「滞」はこだわる意。「言」「句」はともに言葉のこと。

出典 『正法眼蔵《しょうぼうげんぞう》』山水経《さんすいきょう》

類義語 尋言逐語《じんごんちくご》・尋章摘句《じんしょうてきく》

【太羹玄酒】たいこうげんしゅ

意味 規則のみにとらわれた、淡白無味な文章のたとえ。

補説 「太羹」は調味料を加えない肉汁。「玄酒」は水の別名。その色が黒く見えるのでいう。酒の代わりに祭りに用いられた。

注意 「大羹玄酒」とも書く。

出典 『新唐書《しんとうじょ》』文芸伝《ぶんげいでん》・駱賓王《らくひんのう》伝

【大巧若拙】たいこうじゃくせつ

意味 真に技量のあるものは、かえって不器用に見えるということ。

補説 この上なく巧みなものは、一見稚拙に見える意から。一般に「大巧《たいこう》は拙《せつ》なるが若《ごと》し」と訓読して用いる。

出典 『老子《ろうし》』四五

類義語 大成若欠《たいせいじゃくけつ》・大弁若訥《たいべんじゃくとつ》・大智如愚《だいちじょぐ》・大智不智《だいちふち》

【大公無私】たいこうむし

意味 公正で私心がないこと。

補説 「大公」はこの上なく公平なこと。「無私」は私心がないこと。

出典 『説苑《ぜいえん》』至公《しこう》

類義語 公正無私《こうせいむし》・公明正大《こうめいせいだい》・心地光明《しんちこうめい》

【体国経野】 たいこくけいや

（意味）国都を分画し、田野を測量して国土を定めること。転じて、建国すること。国を治めること。

（補説）「体」は分かつ、区分する意。「国」は国都。「経」は里数をはかる意。「国《くに》を体《たい》し野《や》を経《けい》す」と訓読する。

（出典）『周礼《しゅらい》』天官《てんかん》・序官《じょかん》

【大悟徹底】 たいごてってい〈―スル〉

（意味）すべての迷いを打ち破り、煩悩を離れて悟りきること。

（補説）仏教語。「大悟」は悟りきること。「徹底」は隅々までとどく、一貫している意。

（注意）「だいごてってい」とも読む。

（出典）『無門関《むもんかん》』二

（用例）死に対する覚悟に就いてだけは、この未熟で気障《きざ》な青年も、大悟徹底した高僧と似通ったものを有《も》っていた。〈中島敦◆光と風と夢〉

（類義語）廓然大悟《かくねんたいご》

【大材小用】 たいざいしょうよう

⇒大器小用 たいきしょうよう 419

【大才晩成】 たいさいばんせい

⇒大器晩成 たいきばんせい 419

【泰山圧卵】 たいざんあつらん

（意味）物事がいとも簡単に行われることのたとえ。また、非常に強大なものからは逃れ難いことのたとえ。

（補説）「泰山」は中国山東省にある名山。泰山のような大きなもので小さな卵をつぶす意で、力の差が歴然としていて、容易に行うことができるということ。「泰山《たいざん》卵《たまご》を圧《あっ》す」と訓読する。

（注意）「太山圧卵」とも書く。

（出典）『後漢書《ごかんじょ》』広陵思王荊伝《こうりょうしおうけいでん》

（類義語）猛獣呑狐《もうじゅうどんこ》

【泰山鴻毛】 たいざんこうもう

（意味）非常に重いものと非常に軽いもの、重んずべきものと軽んずべきもののたとえ。へだたりが甚だしいことのたとえ。

（補説）「泰山」は中国山東省にある名山で、きわめて重いもののたとえ。「鴻毛」は鴻《おおとり》の羽毛の意で、きわめて軽いもののたとえ。

（注意）「太山鴻毛」とも書く。

（出典）『文選《もんぜん》』司馬遷《しばせん》「任少卿《じんしょうけい》に報《ほう》ずる書《しょ》」◎「人固《もと》より一死有り。或《ある》いは太山より重く、或いは鴻毛より軽し。用《よう》の趨《おもむ》く所異《こと》なればなり」

【泰山之安】 たいざんのやすき

（意味）泰山のように、どっしりと安定して揺るぎのないことのたとえ。安泰で堅固なさま。危なげのないこと。

（補説）「泰山」は中国山東省にある名山。大きな山で、安定感があるためにいう。

（注意）「太山之安」とも書く。

（出典）『文選《もんぜん》』枚乗《ばいじょう》「書《しょ》を上《たてまつ》りて呉王《ごおう》を諫《いさ》む」

【泰山府君】 たいざんふくん

（意味）中国の泰山の神。道教で人の寿命・福禄《ふくろく》をつかさどる神とされる。

（補説）仏教と習合し十王の一人に数えられ、閻魔《えんま》王の太子とも、その書記ともいう。「泰山」は中国山東省にある名山。「府君」はここでは神の名。「東岳大帝《とうがくたいてい》」ともいう。日本では素戔嗚尊《すさのおのみこと》と同一視されて、陰陽家《おんようけ》でまつられる。

（注意）「太山府君」とも書く。「たいざんぶくん」とも読む。

（出典）『捜神記《そうしんき》』四

【泰山北斗】 たいざんほくと

（意味）その道で大家として仰ぎ尊ばれる人。また、学問・芸術などある分野の権威・第一人者のたとえ。

（補説）「泰山」は中国山東省にある名山。「北斗」は北斗七星で、ともに誰《だれ》もが仰ぎ見る存在であることから。略して「泰斗」という。

（注意）「太山北斗」とも書く。

（出典）『新唐書《しんとうじょ》』韓愈伝《かんゆでん》・賛

（用例）何となれば彼は俳諧者流の泰山北斗にして、その人物もまたわが歴史中に一位置を占む〈山路愛山◆平民的短歌の発達〉

（類義語）天下無双《てんかむそう》・天下無敵《てんかむてき》・斗南一人《となんのいちにん》

【大山鳴動】 たいざんめいどう〈―スル〉

（意味）騒ぎだけ大きくて、結果は意外に小さいことのたとえ。

補説 ふつう「大山鳴動して鼠《ねずみ》一匹」として使われる。古代ローマの詩人ホラティウスの「山々が産気づいて、滑稽《こっけい》な鼠が生まれる」という西洋のことわざによる。

注意 「太山鳴動」「泰山鳴動」とも書く。

用例 大山鳴動して一鼠《いっそ》が飛び出したといったようなときの笑いは理知的であり、校長先生の時ならぬくしゃめが生徒の間に呼び起こす笑いなどには道徳的の色彩がある。〈寺田寅彦◆自由画稿〉

【泰山梁木】 たいざんりょうぼく

意味 賢者のこと。

補説 人々から仰ぎ尊ばれる泰山と、建物の中で最も重要な梁《はり》の意から。また、孔子が自分の死を予知してうたった歌の中で、自らをたとえていい、後に偉大な人物の死をいうようになった。「泰山」は中国山東省にある名山。「梁木」は屋根を支えるため、横に渡した太く長い材木のこと。

注意 「太山梁木」とも書く。

出典 『礼記《らいき》』檀弓《だんぐう》上 ◎「泰山其《そ》れ頽《くず》れんか、梁木其れ壊《やぶ》れんか、哲人其れ萎《や》まんか」

類義語 一世師表《いっせいのしひょう》

【大死一番】 だいしいちばん

意味 死んだつもりになって奮起すること。

補説 仏教語。それまでの思慮分別をなげすて、心をむなしくして修行にはげむことの意から。

注意 「たいしいちばん」とも読む。

出典 『碧巌録《へきがんろく》』

用例 禅家の言葉でいえば、全国民が大死一番してこそ、初めて勝利が得られるということである。〈菊池寛◆話の屑籠〉

類義語 懸崖撒手《けんがいさっしゅ》

【大慈大悲】 だいじだいひ

意味 広大無辺な仏の慈悲のこと。大慈悲。

補説 仏教語。「大慈」は仏が衆生《しゅじょう》に楽を与えること、「大悲」は衆生の苦しみを救うこと。

注意 「大悲大慈《だいひだいじ》」ともいう。「だいずだいひ」とも読む。

出典 『法華義疏《ほっけぎしょ》』譬喩品《ひゆぼん》

用例 少しのものもあいあいにほどこして、人をたすくるこころこそ、大慈大悲のきょうようにて候え。〈倉田百三◆出家とその弟子〉

【大樹将軍】 たいじゅしょうぐん

意味 功績を自慢しない指導者のたとえ。また、立派な将軍の異称。

故事 中国後漢の将軍である馮異《ふうい》は、他の将軍たちが軍功を自慢しあっている時に、大樹の下に一人退いて手柄を誇らなかったため、大樹将軍と呼ばれて尊敬されたという故事から。

出典 『後漢書《ごかんじょ》』馮異伝《ふういでん》

類義語 馮異大樹《ふういたいじゅ》

【大樹美草】 たいじゅびそう

意味 立派な人物の下では、よい人材が育たないことのたとえ。

補説 大きな木の下には、その陰になるために美しい草は生えないということから。「大樹の下《もと》に美草無《な》し」の略。

出典 『説苑《ぜいえん》』談叢《だんそう》

【大醇小疵】 たいじゅんしょうし

意味 大体すぐれていてよいのだが、わずかに欠点があることのたとえ。

補説 「醇」はよく成熟した味の濃い酒。または、混じり気のない意。「疵」は小さな傷・欠点の意。

出典 韓愈《かんゆ》「読荀《どくじゅん》」

【対症下薬】 たいしょうかやく

意味 問題点を確認したうえで、有効な解決方法を講ずることのたとえ。

補説 病状に応じて薬を処方することから。「対症」は病気の種々の症状に応ずる意。「下薬」は薬を与えること。「症《しょう》に対《たい》して薬《くすり》を下《くだ》す」と訓読する。

出典 『朱子語類《しゅしごるい》』四一

類義語 因機説法《いんきせっぽう》・応機接物《おうきせつもつ》・応病与薬《おうびょうよやく》・善巧方便《ぜんぎょうほうべん》・対機説法《たいきせっぽう》

【対牀風雪】 たいしょうふうせつ

意味 風雪の夜、床《とこ》に座したり横たわったりして友と語り明かすこと。夜通し隣同士の寝床の中で語り合うこと。

補説 「牀」は寝台・腰掛けの意。

注意 「対床風雪」とも書く。

出典 韋応物《いおうぶつ》詩「全真元常《ぜんしんげんじょう》に示《しめ》す」

類義語 夜雨対牀《やうたいしょう》

た

【対牀夜雨】 たいしょうやう

⇒ 夜雨対牀 やうたいしょう 635

【大所高所】 たいしょこうしょ

意味 細部にとらわれない大きな観点、広い視野をいう。

補説 「大所」は大きな立場。「高所」は高い見地。類義の語を重ねて意味を強調している。「高所大所《こうしょたいしょ》」ともいう。

用例 かくまで書道を純真に芸術的に理解することが出来て、大所高所からそれを見下すことの出来るということは書道を愛好するものの最大理想である。〈北大路魯山人◆良寛様の書〉

【大処着墨】 たいしょちゃくぼく

意味 最も大切なポイントを押さえて物事を行うたとえ。

補説 大事なところから墨をつける意。絵や文章を書くに当たって、まず最も大事なところを押さえてから筆をおろすことから。「大処《たいしょ》より墨《すみ》を着《つ》く」と訓読する。

類義語 大処落墨《たいしょらくぼく》

【大書特書】 たいしょとくしょ 〈―スル〉

意味 ある事柄を特に強調して書き、はっきりと示すこと。特に人目につくように強調して書くこと。

補説 「大書」は大きく書く、「特書」は特筆する。

出典 韓愈《かんゆ》「元侍御《げんじぎょ》に答《こた》うるの書《しょ》」

類義語 特筆大書《とくひつたいしょ》

【大人虎変】 たいじんこへん

意味 すぐれた統治者によって、法・制度・文化が立派に改められること。

補説 たいへんすぐれた人物の徳が、時などの変化に従って日々新たに進むこと。また、貧賤《ひんせん》の人が栄達を遂げることもいう。「大人」は有徳の人格者のこと。「虎変」は秋のころ、虎の毛が抜け変わり、その文様が色を変じて美しくなるような、美しくはっきりした変化・改革の意。「大賢虎変《たいけんこへん》」ともいう。

出典 『易経《えききょう》』革《かく》

類義語 君子豹変《くんしひょうへん》

【大信不約】 たいしんふやく

意味 本当の信頼関係は、約束をしなければ守られないというような瑣末《さまつ》なものではないということ。信義・真心がなければ、どんな形の約束も反故《ほご》に等しいということ。

補説 「大信」はこのうえない誠。また、本当の信頼関係。「大信《たいしん》は約《やく》せず」と訓読する。

出典 『礼記《らいき》』学記《がくき》

類義語 大道不器《たいどうふき》・大徳不官《だいとくふかん》

【大声疾呼】 たいせいしっこ 〈―スル〉

意味 大声で激しく叫ぶこと。

補説 「疾呼」は激しく呼び立てる意。

用例 なるほど、きさまは大声疾呼したさ。けれども、きさまの大声疾呼の後ろは空っぽだった。〈有島武郎◆星座〉

類義語 疾声大呼《しっせいたいこ》・励声疾呼《れいせいしっこ》

【太盛難守】 たいせいなんしゅ

意味 大きな勢力をもった者は、それを維持するのが難しいということ。

補説 「太」は非常にの意。一般に「太《はなは》だ盛《さか》んなるは守《まも》り難《がた》し」と訓読して用いる。

出典 『墨子《ぼくし》』親士《しんし》

【大政奉還】 たいせいほうかん

意味 一八六七年（慶応三年）に、江戸幕府十五代将軍徳川慶喜《よしのぶ》が政権を朝廷に返したこと。

補説 「大政」は天下の政治。「奉還」は天皇に返上すること。

用例 幕府をしてその終りを全うせしむる意味で、大政奉還の止《や》むなき所以《ゆえん》を説いた建白書を、慶喜に呈した。〈菊池寛◆鳥羽伏見の戦〉

【泰然自若】 たいぜんじじゃく 〈―タル〉〈―ト〉

意味 落ち着いていてどんなことにも動じないさま。

補説 「泰然」は落ち着いて物事に動じないさま。「自若」は何に対してもあわてず、驚かず、落ち着いているさま。類義の語を重ねて意味を強調している。

用例 ソクラテスは嫣然《えんぜん》笑って、（中略）そして誰《だれ》も恨《うら》まず、天も地も怨《うら》みず、泰然自若として振りかかる運命を迎えたのである。〈新渡戸稲造◆ソクラテス〉

類義語 意気自如《いきじじょ》・鷹揚自若《おうようじじゃく》・言笑自

若《げんしょうじじゃく》・従容自若《しょうようじじゃく》・従容無為《しょうようむい》・神色自若《しんしょくじじゃく》・余裕綽綽《よゆうしゃくしゃく》・周章狼狽《しゅうしょうろうばい》

対義語 右往左往《うおうさおう》

【大千世界】 だいせんせかい

⇒ 三千世界 さんぜんせかい 265

【待対世界】 たいたいせかい

意味 利害得失・善悪美醜などが相対立している現実の世の中。絶対世界に対しての相対世界。

補説 「待対」は「相対」に同じで、向き合っている、対立していること。

用例 ただ詩人と画客《がかく》なるものあって、あくまでこの待対世界の精華をかんで、徹骨徹髄の清きを知る。〈夏目漱石◆草枕〉

【滞滞泥泥】 たいたいでいでい 〈—タル〉〈—ト〉

意味 あることにこだわってしまうこと。滞ってしまい、融通がきかなくなること。

補説 「滞泥」のそれぞれの字を重ねて、意味を強調した語。「滞泥」は固執する意。

出典 『陸象山語録《りくしょうざんごろく》』下

対義語 融通無礙《ゆうずうむげ》

【頽堕委靡】 たいだいび

意味 体力や気力などがだんだんにくずれ衰えていくこと。

補説 「頽堕」はくずれ落ちる、だらしがなくなること。「委靡」は衰える、弱る意。

出典 韓愈《かんゆ》「高閑上人《こうかんしょうにん》を送《おく》るの序《じょ》」

【大沢礨空】 だいたくらいくう

意味 大と小が非常にかけ離れたたとえ。

補説 大きな沢と小さい穴のこと。「大沢」は大きな沢。広い沼地、湖沼地帯。「礨空」は小さな穴。一説にアリ塚。

注意 「だいたくらいこう」とも読む。

出典 『荘子《そうじ》』秋水《しゅうすい》

【大胆不敵】 だいたんふてき 〈—ナ〉

意味 度胸がすわっていて、まったく恐れないこと。また、そのさま。

補説 「大胆」は度胸があって物事に気後れしないさま。「不敵」は恐れを知らず敵を敵とも思わない意。

用法 大胆不敵な行動

用例 壱岐《いき》を当に騒がず急がず漕《こ》ぎ行きしは大胆不敵の男なり。〈幸田露伴◆いさなとり〉

類義語 一身是胆《いっしんしたん》・明目張胆《めいもくちょうたん》

対義語 小心翼翼《しょうしんよくよく》

【黛蓄膏渟】 たいちくこうてい

意味 水面が静かであることの形容。青黒いあぶらをたたえたような静かな水面をいう。

補説 「黛蓄」はまゆずみのような色に水がたまる、青黒色の深い水のさま。「膏渟」は淵《ふち》などがあぶらのように滑らかによどんで静かなさま。「渟」はたたえる、水がたまって流れない意。

出典 柳宗元《りゅうそうげん》「黄渓《こうけい》に遊《あそ》ぶの記《き》」

類義語 渟膏湛碧《ていこうたんぺき》

【大智如愚】 だいちじょぐ

意味 真にすぐれた知恵を備えた者は、人に対して自分の才能をひけらかしたりしないから、一見愚か者のように見えるということ。

補説 「大智」はすぐれた知恵、それを備えた人の意。一般に「大智《だいち》は愚《ぐ》なるが如《ごと》し」と訓読して用いる。

出典 蘇軾《そしょく》「欧陽少師《おうようしょうし》の致仕《ちし》するを賀《が》するの啓《けい》」

類義語 大巧若拙《たいこうじゃくせつ》・大智不智《だいちふち》・知者不言《ちしゃふげん》

【大智不智】 だいちふち

意味 真にすぐれた知恵を備えた者は、人に対して自分の才能をひけらかしたりしないから、一見無知のように見えること。

補説 「大智」はすぐれた知恵、それを備えた人の意。一般に「大智《だいち》は智《ち》ならず」と訓読して用いる。

出典 『六韜《りくとう》』武韜《ぶとう》

類義語 大巧若拙《たいこうじゃくせつ》・大智若愚《だいちじゃくぐ》・大智如愚《だいちじょぐ》・知者不言《ちしゃふげん》

【大椿之寿】 だいちんのじゅ

意味 長寿のたとえ。

補説 「大椿」は伝説上の大木。八千年を春とし、八千年を秋として、人間の三万二千年がそれの一年にあたるという。転じて、人の長寿を祝う言葉。

出典 『荘子《そうじ》』逍遥遊《しょうようゆう》 ◎「上古には大椿なる者有り。八千歳を以《もっ》て春と為《な》し、

「八千歳を秋と為す」

類義語 南山之寿《なんざんのじゅ》

【大同小異】だいどう しょうい

意味 細かい点に違いがあるが、だいたいは同じこと。似たりよったり。大差のないこと。

補説 「大同」はだいたい同じであること。「小異」はごくわずかな違いの意。

出典 『荘子《そうじ》』天下《てんか》

用例 三時間目も、四時間目も昼過ぎの一時間も大同小異であった。最初の日に出た級は、孰《いず》れも少々ずつ失敗した。教師ははたで見る程楽じゃないと思った。〈夏目漱石◆坊っちゃん〉

類義語 五分五分《ごぶごぶ》・同工異曲《どうこういきょく》

対義語 大異小同《だいいしょうどう》

【大同団結】だいどう だんけつ 〈―スル〉

意味 いくつかの団体・政党などが、小さな意見の違いを越えて共通の目的に向かって一つにまとまること。

補説 「大同」は同じ目的をもつ者が一つにまとまること。

用例 お得意の新知識網羅主義は至極結構ですが、後藤の大同団結よりは些《ち》と復《ま》た風呂敷を広げ過ぎたようです。〈内田魯庵◆社会百面相〉

【大道微意】たいどう びい

意味 儒教の経典《けいてん》に記されている人の踏み行うべき立派な道と、微妙で奥深い大義のこと。

補説 儒教の経典の奥義を指す。「大道」は天地の理法である人の踏み行うべき立派な道。「微意」は奥深く測りがたい大義の意。

用例 さて斯《かく》の如《ごと》く小学に熟練して後に、六経を窮めたらんには、聖人の大道微意に通達すること必ず成就すべし〈森鷗外◆渋江抽斎〉

【大道不器】たいどう ふき

意味 聖人の行う大いなる道は、限られた物しか盛ることのできない器とは異なり、広く大きな作用を発揮することができるものであるということ。

補説 「大道」は聖人が踏み行う大いなる道の意。「器」は器物・道具で、ある用途・作用しかもたないもののたとえ。「大道《たいどう》は器《き》ならず」と訓読する。

出典 『礼記《らいき》』学記《がくき》

類義語 大信不約《たいしんふやく》・大徳不官《だいとくふかん》

【大貉小貉】たいばく しょうばく

意味 文化の低い異民族のような為政者のこと。

補説 「貉」はえびす。中国東北方に住んでいた異民族をさげすんで呼んだ名。蛮貉《ばんばく》。中国古代伝説上の聖天子である尭《ぎょう》・舜《しゅん》は税率を収入のだいたい十分の一と定めているが、それより軽減することが甚だしいことを「大貉」、それほどでもないことを「小貉」ともいう。

出典 『春秋公羊伝《しゅんじゅうくようでん》』宣公《せんこう》一五年

類義語 大桀小桀《たいけつしょうけつ》

【大悲大慈】だいひ だいじ

⇓ 大慈大悲 だいじだいひ 423

【大兵肥満】だいひょう ひまん

意味 大きな体で太っていること。また、そのような人。

補説 「大兵」は大きくたくましい体格。また、その人。「肥満」は体が肥え太っていること。

用例 あるちょっとした腫物《はれもの》を切開しただけで脳貧血を起して卒倒し半日も起きられなかった大兵肥満の豪傑が一方の代表者で、これに対する反対に気の強い方の例として挙げられたのは六十余歳の老婆であった。〈寺田寅彦◆追憶の医師達〉

【台風一過】たいふう いっか

意味 台風が過ぎ去ること。過ぎ去った後の晴天。また、大きな騒動が過ぎ去って静けさを取り戻すたとえ。

補説 「一過」はさっと通り過ぎること。

用法 台風一過の青空

用例 月があらたまるとともに、むしろ台風一過の感さえあった。事変後の国内諸状勢の深刻さは、まだ多くの塾生たちの関心のそとにあったのである。〈下村湖人◆次郎物語〉

【大腹便便】たいふく べんべん 〈―タル〉〈―ト〉

意味 太って腹が出ている様子。

補説 「便便」は肥えているさま。

出典 『後漢書《ごかんじょ》』辺韶伝《へんしょうでん》

【体貌閑雅】 たいぼう かんが 〈—ナ〉

意味 姿かたちが落ち着いて上品なさま。

補説 「体貌」は姿と顔だち、容貌《ようぼう》。「閑雅」は物静かで上品な趣があること。また、そのさま。

【大法小廉】 たいほう しょうれん

意味 すべての上下の臣が皆忠義で善良であること。

補説 大臣は法を守り、小臣は清く正しく、国家に対して忠節を尽くすこと。臣下の心得をいう。「廉」は清く正しいこと。

出典 『礼記《らいき》』礼運《らいうん》 ◎「大臣は法あり、小臣は廉に、官職相序し、君臣相正しきは、国の肥えたるなり」

【戴封積薪】 たいほう せきしん

意味 中国後漢の戴封が、雨乞《あまごい》の祈りをしたが雨は降らず、たきぎを積んで、その上に座って自分を焼いて犠牲になろうとしたところ、大雨が降ってきたという故事。

補説 「戴封」は後漢の人。「積薪」はたきぎを積み重ねる意。『蒙求《もうぎゅう》』の表題の一つ。

出典 『後漢書《ごかんじょ》』戴封伝《たいほうでん》

【退歩返照】 たいほ へんしょう 〈—スル〉

意味 外界への執着を捨てて、内に反省すること。

補説 仏教語。「退歩」は基本に立ち返ること、「返照」は内省・反省して自己の本当の姿を明らかにすること。

【大梵高台】 だいぼん こうだい

意味 華やかな宮中のたとえ。

補説 「大梵」は「大梵天」の意で、仏教において、色界四禅天（色界の四つの領域、色界は仏教において心をもつもののいる三つの世界〔三界〕の一つ）の主とされる。大梵天の宮殿を指す。「高台」は高層建築物の意で、大梵天の宮殿を指す。

用例 扨《さて》も世を無常と観じては斯《か》かる侘《わび》しき住居も、大梵高台の楽しみに換えらるるものよと思えば、〈高山樗牛◆滝口入道〉

【戴盆望天】 たいぼん ぼうてん

意味 二つのことを一度に実現させるのは無理だということのたとえ。また、よいことも二つ同時に兼ね備えることはできないということ。

補説 頭に盆を載せたまま天を仰ぎ見ることはできないことから。天を見上げるのに頭上の盆は邪魔であることから、手段や方法が目的にかなっていないたとえともなる。「盆《ぼん》を戴《いただ》きて天《てん》を望《のぞ》む」と訓読する。

出典 『文選《もんぜん》』司馬遷《しばせん》「任少卿《じんしょうけい》に報《ほう》ずるの書《しょ》」

【怠慢忘身】 たいまん ぼうしん

意味 本来なすべきことを怠り、自分自身を磨くことを忘れること。

補説 そうしていると災いがその身に降りかかることを戒めた語。「怠慢《たいまん》身《み》を忘《わす》る」と訓読する。

出典 『荀子《じゅんし》』勧学《かんがく》

【大味必淡】 たいみ ひったん

意味 淡泊なものこそ真にすぐれており、好まれるものだということ。

補説 本当においしい食べ物は味が淡泊であることから。濃厚な味は一時的に好まれても長続きはせず、淡泊な味はいつまでも好まれるという意。「大味」はすぐれたよい味の意。「淡」はうすい、あっさりしている意。「大味《たいみ》、必《かなら》ず淡《あわ》し」と訓読する。

出典 『漢書《かんじょ》』揚雄伝《ようゆうでん》

【大名鼎鼎】 たいめい ていてい 〈—タル〉〈—ト〉

意味 大きな評判が世間に鳴り響いていることの形容。

補説 「大名」は大きな名声、大評判のこと。「鼎鼎」は華々しいさま。

類義語 名声赫赫《めいせいかくかく》

【大門高台】 だいもん こうだい

意味 立派な御殿のこと。

補説 「大門」は大きくて立派な門の意。「高台」は高い建物、高層建築物のこと。

用例 昨日まではさしも美麗に建て連ねし大門高台、一夜の煙と立ち昇りて、焼野原、〈高山樗牛◆滝口入道〉

【大欲非道】 たいよく ひどう 〈—ナ〉

意味 たいへん欲が深く、行いが道理に外れているさま。

補説 「大欲」は大きな望み・欲望。また、非常に欲の深いこと。「非道」は人としての

た

道に外れていること。

注意「大慾非道」とも書く。「だいよくひどう」とも読む。

【帯厲之誓】 たいれいのちかい

意味 決して変わらない誓約のこと。
補説 天子が功臣たちに国を与えるときの誓いの言葉。黄河が帯のように細くなり、泰山が砥石《といし》のように平らになることなどありえないが、たとえそうなったとしても、功臣の家は永久に断絶させないという約束のこと。「帯厲」はもとは帯と砥石の意。
注意「帯礪之誓」とも書く。
出典『史記《しき》』高祖功臣侯者年表《こうそこうしんこうしゃねんぴょう》
類義語 河山帯礪《かざんたいれい》・山礪河帯《さんれいかたい》・礪山帯河《れいざんたいが》

【太牢滋味】 たいろうのじみ

意味 盛大なごちそうのこと。
補説 牛・羊・豕《し》(豚)のおいしい味の意。「太牢」は祭りのときに供えるいけにえのことで、牛・羊・豕の三種。「滋味」はおいしい味わいの食べ物のこと。
注意「大牢滋味」とも書く。
出典『文選《もんぜん》』王褒《おうほう》「聖主《せいしゅ》賢臣《けんしん》を得《う》るの頌《しょう》」
類義語 香美脆味《こうびぜいみ》・三汁七菜《さんじゅうしちさい》・食前方丈《しょくぜんほうじょう》・炊金饌玉《すいきんせんぎょく》

【大輅椎輪】 たいろのついりん

意味 物事は簡から繁に、粗から精に移り、ついに完備に至ることのたとえ。
補説 のちに、物事の始め、創始者の意にも用いられる。飾り気のない質素な車輪が、天子の乗る車にまで発達したことから。「大輅」は天子の乗る車のこと。「椎輪」は、飾りがなく質素な車のこと。転じて、始めで完備していないもののたとえ。物事の始めのこと。「椎」は飾り気のない意。
出典 昭明太子《しょうめいたいし》「文選序《もんぜんじょ》」◎「夫《か》の椎輪は大輅の始め為《た》るも、大輅に寧《いずく》んぞ椎輪の質有らんや」

【対驢撫琴】 たいろぶきん

意味 愚かな者にものの道理を説いても役立たないことのたとえ。
補説 ロバに対して琴を奏でる意から。「驢」はロバのこと。「撫」は奏でる意。「驢《ろ》に対《たい》して琴《こと》を撫《つまび》く」と訓読する。
類義語 対牛弾琴《たいぎゅうだんきん》・馬耳東風《ばじとうふう》

【大惑不解】 たいわくふかい

意味 自分の迷いを認識できない凡人は、生涯真理を悟ることはできないということ。また、大いなる疑問はなかなか解けないこと。

補説「大惑」は大いに惑うこと。甚だしい迷い。「不解」は(疑問を)解くことができない意。「大惑《たいわく》解《と》けず」と訓読する。

出典『荘子《そうじ》』天地《てんち》

【高手小手】 たかてこて

意味 人を後ろ手にして厳重に縛り上げること。
補説 両腕を背の後ろに回し、首から肘・手首に縄をかけて縛り上げることで、「高手」は肩から肘まで、「小手」は肘から手首までの部分。
用例 やがて足をふみすべらいて、思わずどうとまろんだれば、えたりやおうと侍だちは、いやが上にも折り重って、怒り狂う「れぷろぼす」を高手小手に括《くく》り上げた。〈芥川龍之介◆きりしとほろ上人伝〉

【高嶺之花】 たかねのはな

意味 遠くから眺めるだけで、手に入れることのできない人や物。魅力的な人や高価な物などのたとえ。
補説 高い山の上に咲く花には手が届かない意。「高嶺」は高い峰。

【多感多恨】 たかんたこん

⇒ 多情多恨 たじょうたこん 431

【多感多情】 たかんたじょう

⇒ 多情多感 たじょうたかん 431

【多岐多端】 たきたたん

意味 出来事が複雑で多くあり、穏やかでないこと。また、事件や仕事が多くて、忙しいこと。
補説「多岐」はいろいろな方面に分かれていること。「多端」は出来事や仕事が多いこと。
用例 現世は、コントンとして、多岐多端。なにも大文学者だけが文士でなければならぬという厳正にして面倒なところではあるまい。〈坂口安吾◆我が人生観〉

類義語 多事多端《たじたん》

【多岐多様】たきたよう

意味 多方面にわたっており、さまざまであること。

補説 「多岐」はいろいろな方面に分かれていること。「多様」はさまざまであること。

用例 彼女の人生の行路が、その時から一段険しくなり、多岐多様になっていった分岐点が、その時であった。〈長谷川時雨◆マダム貞奴〉

類義語 多種多様《たしゅたよう》

【多岐亡羊】たきぼうよう

意味 どれを選んだらよいのか思案にあまることのたとえ。学問の道があまりに細分化しすぎ、真理が見失われがちになるたとえ。

補説 枝道が多いため逃げた羊を見失う意。道を求める者が末節にこだわり、真理に到達し難いことをいう。「多岐」は分かれ道が多いさま。「岐」は枝道・分かれ道。「亡」は逃げる意。「岐《き》多《おお》くして羊《ひつじ》を亡《うしな》う」と訓読する。「岐路亡羊《きろぼうよう》」「亡羊之嘆《ぼうようのたん》」ともいう。

故事 中国戦国時代、羊一匹が逃げたのでそれを大勢で追いかけたが、分かれ道が多いため、取り逃がしてしまった。それを聞いた隣家の楊朱《ようしゅ》は、学問も同様であると深く悲しむ様子をしたという故事から。

出典 『列子《れっし》』説符《せっぷ》

用例 世人をしてその帰着するところを知らず、多岐亡羊の感を起こさしむるに至れり。〈正岡子規◆獺祭書屋俳話〉

【惰気満満】だきまんまん（―タル）（―ト）

意味 怠け心が満ち満ちているさま。何かをしようとする熱意が失われているさま。

補説 「惰気」は怠け心。怠る心。

用例 沼南《しょうなん》統率下の毎日新聞社の末期が惰気満々として一人も本気に働くものがなかったのはこれがためであった。〈内田魯庵◆三十年前の島田沼南〉

対義語 意欲満満《いよくまんまん》

【濯纓濯足】たくえいたくそく

意味 時勢に応じて自分の生き方を決めるたとえ。また、世俗を超越した態度。

補説 水が澄んだら纓《えい》を洗い、水が濁ったら汚れた自分の足を洗おうという意から。また、善行をすれば尊ばれ、逆に悪行をすれば卑しまれるたとえとして用いられることもある。「纓」は冠《かん》のひも。「濯」はあらう、すすぐ意。

出典 『楚辞《そじ》』漁父《ぎょふ》 ◎「滄浪《そうろう》の水清《す》まば以《もっ》て吾《わ》が纓を濯《あら》う可《べ》し、滄浪の水濁《にご》らば以て吾が足を濯う可し」

【択言択行】たくげんたくこう

意味 すべて道理にかなった立派な言行のこと。また、選択された言葉や行い。

補説 「択言択行無し」という形で用いられ、善悪の区別をつける必要のない言行の意。「択」は善悪を区別して、よいものを選びとる意。

出典 『孝経《こうきょう》』卿大夫章《けいたいふしょう》 ◎「口に択言無く、身に択行無し」

【託孤寄命】たくこきめい

意味 国の大事を信頼してまかせること。また、それができる人のこと。

補説 父に死なれ、幼くして即位した君主の補佐を頼み、国政をゆだねられる重臣の意から。「託」は頼む、「孤」は父をなくした者で、「託孤」は孤児を頼む意。「寄命」は政治をゆだねること。「孤《こ》を託《たく》し命《めい》を寄《き》す」と訓読する。

出典 『論語《ろんご》』泰伯《たいはく》

【卓爾不群】たくじふぐん

意味 並はずれてすぐれていること。また、その人のこと。

補説 「卓爾」は高くすぐれているさま。「不群」は群を抜いている意。

出典 『漢書《かんじょ》』景十三王伝《けいじゅうさんおうでん》・賛

【度徳量力】たくとくりょうりょく（―スル）

意味 自分や他人の徳をはかり、自ら信望や力量を確かめて、事に当たるべきであること。また、為政者が、人々に信頼される人格と政治を行う能力をもっているかどうかを推し量ること。

補説 「度」「量」はともにはかる意。出典では、他国を伐《う》つときに、相手の立派な徳を考えず、自分の力の弱いことも考えず、という文脈で使われている。「徳《とく》を度《はか》り、力《ちから》を量《はか》る」と訓読する。

注意「たくとくりょうりき」とも読む。
出典『春秋左氏伝《しゅんじゅうさしでん》』隠公《いんこう》一一年

【拓落失路】たくらくしつろ

意味 十分な地位を得られず、出世の道が断たれること。
補説「拓落」は役人などが落ちぶれるさま、不遇なさま。「失路」は出世の道を失うこと。「拓落《たくらく》して路《みち》を失《うしな》う」と訓読する。
用例 直樹《なおき》の父は、彼の留守中に亡くなった。意気相投じた達雄は、最早《もはや》拓落失路の人と成った。〈島崎藤村◆家〉

【濁流滾滾】だくりゅうこんこん 〈ータル〉〈ート〉

意味 濁った水が盛んに流れるさま。
補説「濁流」は濁った水の流れ。「滾滾」は水が流れ尽きない様子。
用例 百里の平野を流れて、濁流滾々たるの趣を見るべからず。〈松原岩五郎◆社会百方面〉

【踔厲風発】たくれいふうはつ

意味 議論の激しい様子。雄弁であること。また、精神が奮起し、闘志をたぎらせるさま。
補説 風のように勢いよく言葉が口から出ることから。「踔」はすぐれる、まさる、「厲」は激しい意。「風発」は言葉が勢いよく口から出る意。
出典 韓愈《かんゆ》「柳子厚墓誌銘《りゅうしこうぼしめい》」

【多言数窮】たげんすうきゅう

意味 言葉数が多ければ、かえって言葉に行き詰まることが多いということ。
補説 口数が多いと、その言葉は力を失うという意でも用いる。おしゃべりの戒め。一般に「多言《たげん》は数《しば》しば窮《きゅう》す」と訓読して用いる。
注意「たごんすうきゅう」とも読む。
出典『老子《ろうし》』五
類義語 多言多敗《たげんたはい》

【多恨多情】たこんたじょう

⇒ 多情多恨 たじょうたこん 431

【他言無用】たごんむよう

意味 秘密にすべき事柄を他人にしゃべってはならないということ。
補説「他言」は秘密のことなどを他人に言うこと。「無用」はしてはならない意。
注意「たげんむよう」とも読む。
用例 玄白斎は、岩の上の木片、蛇皮を頤《あご》で差した。和田が拾っていると「他言無用だぞ」と、やさしくいった。〈直木三十五◆南国太平記〉
類義語 口外無用《こうがいむよう》

【多才能弁】たさいのうべん

意味 いろいろな才能に恵まれたうえ、弁舌も巧みなこと。
補説「才」は才能・知恵の意。「多才」は才知に富んでいること。「能弁」は弁舌の巧みなこと。雄弁。
用例 昌庵《しょうあん》は抽斎の門人で、多才能弁を以《もっ》て儕輩《せいはい》に推されていた。〈森鷗外◆渋江抽斎〉

【他山之石】たざんのいし

意味 自分の人格を磨くのに役立つ、他人のよくない言行のこと。
補説 よその山から出た粗悪な石も、自分の宝玉を磨くのに役立つという意。他人の誤った言行も、自分の反省・修養の助けとなりうることのたとえ。
出典『詩経《しきょう》』小雅《しょうが》・鶴鳴《かくめい》◎「他山の石、以《もっ》て玉を攻《みが》く（攻《おさ》む）可《べ》し」
類義語 殷鑑不遠《いんかんふえん》・反面教師《はんめんきょうし》

【多士済済】たしせいせい 〈ータル〉〈ート〉

意味 すぐれた人物が数多くいること。また、そのさま。
補説「多士」は多くのすぐれた人材の意。「済済」は数が多くて盛んな様子。「済済多士《せいせいたし》」ともいう。
注意「たしさいさい」とも読む。
出典『詩経《しきょう》』大雅《たいが》・文王《ぶんのう》
用例 多士済々のお役所には、下にも上にも、うの目たかの目がそろっているから、〈森鷗外◆不思議な鏡〉
類義語 人才済済《じんさいせいせい》
対義語 少数精鋭《しょうすうせいえい》

【多事争論】たじそうろん

意味 多くの人々がいろいろな事柄について議論を盛んにたたかわせ、論争すること。
補説「多事」は、多くの事柄の意。「争論」は「論争」と同じで、議論をして争うこと。
用例 故に単一の説を守れば、その説の性質はたとい純精善良なるも、これに由《よ》りて決して自由の気を生ずべからず。自由の気風はただ多事争論の間にありて存するものと知るべし。〈福沢諭吉◆文明論之概略〉

【多事多端】たじたたん 〈―ナ〉

意味 仕事が多くてたいへん忙しいさま。

補説 「多事」はするべき仕事が多いこと。「端」は物事の始めの意で、「多端」は仕事が多く忙しいさまをいう。

用例 明治革新史上、明治三十五年から十年間といえば、収穫の夕であると同時に更に播種《はしゅ》の暁でもあった多事多端な時代である。〈蒲原有明◆竜土会の記〉

類義語 多岐多端《たきたたん》・多事多忙《たじたぼう》

【多事多難】たじたなん 〈―ナ〉

意味 事件や困難が多いさま。

補説 「事」は事件・出来事、「難」は困難や災難などの意。

用例 かえりみると、八月九月はきわめて多事多難だった、自分で自分を殺すような日夜がつづいた、そして死にもしないで、私はこの境地まで来た。〈種田山頭火◆其中日記〉

類義語 多事多患《たじたかん》

対義語 平穏無事《へいおんぶじ》

【多愁善感】たしゅうぜんかん

意味 常に憂い、感傷にひたっていること。人の感情の脆《もろ》い様子。

補説 「愁」は憂える意。「善」はすぐにそうなりやすいの意。

【多種多様】たしゅたよう 〈―ナ〉

意味 種類や様子がいろいろさまざまであること。

補説 「多種」は種類が多いこと。「多様」はいろいろな種類のものがあって変化に富んでいること。類義の語を重ねて意味を強めている。

用例 一体墨画は自然界の多種多様の色彩美を写し得ぬという不便はあるが、一方また他の彩画よりも材料の駆使において自由な処《ところ》がある。〈津田左右吉◆偶言〉

類義語 十人十色《じゅうにんといろ》・種種雑多《しゅじゅざった》・種種様様《しゅじゅさまざま》・千差万別《せんさばんべつ》・多岐多様《たきたよう》・多趣多面《たしゅためん》・多趣多様《たしゅたよう》

【打成一片】だじょういっぺん

意味 一切のことを忘れてある事柄に徹底すること。

補説 仏教語。禅宗で、座禅に没頭すること。座禅によって実現する、すべてが一体となった悟りの境地。「打」は強意の助字。

注意 「たじょういっぺん」とも読む。

出典 『碧巌録《へきがんろく》』

類義語 一行三昧《いちぎょうざんまい》・一心不乱《いっしんふらん》

【多情多感】たじょうたかん 〈―ナ〉

意味 感情が豊かで、物事に感じやすいこと。また、そのさま。

補説 「多情」は物事に感じやすいこと。「多感」は感受性の強いこと。「情」「感」それぞれに「多」を添えて意味を強めた言葉。「多感多情《たかんたじょう》」ともいう。

用例 多情多感で天才型のこの学者は魅惑を覚えるものを何でも溺愛する性質であった。〈岡本かの子◆小町の芍薬〉

【多情多恨】たじょうたこん 〈―ナ〉

意味 感じやすい気持ちをもっているために、恨んだり悔やんだり悲しんだりすることも多いこと。また、そのさま。

補説 「多情」は物事に感じやすいこと。「恨」はうらむ、憎む意。「多感多恨《たかんたこん》」「多恨多情《たこんたじょう》」ともいう。

用例 芸術家は本来多情多恨だから、泣いた事には同情するが、〈夏目漱石◆吾輩は猫である〉

対義語 無念無想《むねんむそう》

【多生之縁】たしょうのえん

意味 この世に生まれ出る前の、多くの生を経る間に結ばれた因縁。前世で結ばれた縁。

補説 通常「袖《そで》振《ふ》り合うも多生の縁」という、道で見知らぬ人と袖が触れ合うようなことも、前世からの深い因縁によるものだという意で用いられる。

注意 「多生」は「他生」と書くこともあるが、本来は誤用。

【多情仏心】たじょうぶっしん

意味 情が多く移り気だが、無慈悲にはなれないこと。

補説 人や物事に対して情の多いことが、仏の慈悲の心であるという意から。

【多銭善賈】たせん ぜんこ

意味 条件が十分に整っていれば、たやすく事を行うことができるということ。

補説 元手・資本がたくさんあれば、自然と有利に商売ができることから。「賈」は商い、商うこと。一般に「多銭《たせん》善《よ》く賈《か》う」と訓読して用いる。

出典 『韓非子《かんぴし》』五蠹《ごと》

類義語 多財善賈《たざいぜんこ》・長袖善舞《ちょうしゅうぜんぶ》

【打草驚蛇】だそう きょうだ

意味 よけいなことをしたために、つまらない災難を受けたり、相手に警戒心を起こさせてしまったりするたとえ。

補説 草をたたいてその奥にいる蛇を驚かす意から。「打草」は草をたたく、「驚蛇」は蛇を驚かす意。一般に「草《くさ》を打《う》って蛇《へび》を驚《おどろ》かす」と訓読して用いる。

出典 『南唐近事《なんとうきんじ》』

【多蔵厚亡】たぞう こうぼう

意味 欲が深いと人間関係が駄目になって、やがては財物ばかりかすべてを失ってしまうというたとえ。

補説 財物をたくさん蓄えると、失うものも多くなる意。「多蔵」はたくさん蓄えること。「厚亡」は損失が大きい意。一般に「多《おお》く蔵《ぞう》すれば厚《あつ》く亡《うしな》う」と訓読して用いる。

出典 『老子《ろうし》』四四 ◎「甚だ愛すれば必ず大いに費やし、多く蔵すれば必ず厚く亡う。足るを知れば辱められず」

【立居振舞】たちい ふるまい

意味 日常生活におけるいろいろな動作、身のこなしのこと。

補説 「立居」は立ったり座ったりすること。「振舞」は動作や行動。

注意 「起居振舞」とも書く。

用例 朝夕《ちょうせき》平穏な時がなくなって、始終興奮している。苛々《いらいら》したような起居振舞をする。〈森鷗外◆護持院原の敵討〉

類義語 起居動静《ききょどうじょう》・行住坐臥《ぎょうじゅうざが》・挙止進退《きょしんたい》・挙措進退《きょそしんたい》・常住坐臥《じょうじゅうざが》

【達人大観】たつじん たいかん

意味 物事の道理に深く通じた人は、全体を広く客観的に観察できるということ。

補説 「達人」は広く道理に通じる人の意。「大観」は大局から観察すること。「達人《たつじん》は大観《たいかん》す」と訓読する。

出典 『鶡冠子《かつかんし》』世兵《せいへい》

類義語 大人大観《たいじんたいかん》・着眼大局《ちゃくがんたいきょく》

【脱俗超凡】だつぞく ちょうぼん 〈―ナ〉

意味 俗世間を超越し、凡人の域から抜きんでているさま。

補説 「脱俗」は俗世間から離れて生活すること。世俗の気風から抜け出ること。「超凡」は凡人よりもはるかに抜きんでていること。

用例 「ところが問題がマグネつけられたノッズルについてなどという乾燥無味なものじゃないんだ、首くくりの力学という脱俗超凡な演題なのだから傾聴する価値があるさ」〈夏目漱石◆吾輩は猫である〉

【奪胎換骨】だったい かんこつ

⇒ 換骨奪胎 かんこつだったい 122

【脱兎之勢】だっとの いきおい

意味 素早い動きの形容。

補説 「脱兎」は逃げるウサギ。勢いがよく、動きが素早いものにたとえられる。

出典 『孫子《そんし》』九地《きゅうち》 ◎「始めは処女の如《ごと》く、敵人《てきじん》戸《こ》を開くや、後《のち》は脱兎の如くにして、敵は拒《ふせ》ぐに及ばず」

類義語 電光石火《でんこうせっか》

【拖泥帯水】たでい たいすい

意味 苦しみにまみれている人を助けるために、慈悲の心で、その人と一緒に生活しながら救済するたとえ。

補説 もと仏教語。泥水をかぶりながら行くこと。泥まみれ、水びたしになること。「拖泥」は泥をひきずる意。「帯水」は水を浴びること。「泥《どろ》を拖《ひ》き水《みず》を帯《お》ぶ」と訓読する。

出典 楊万里《ようばんり》「竹枝歌《ちくしか》」／『滄浪詩話《そうろうしわ》』詩法《しほう》

用例 拖泥帯水の陋《ろう》を遺憾なく示して、本来円満の相に戻るわけにはいかぬ。〈夏目漱石◆草枕〉

類義語 合水和泥《がっすいわでい》

【他人行儀】たにん ぎょうぎ 〈―ナ〉

意味 他人に対するような行動や態度。

補説 親しい仲なのに他人に接するようによ

そよそしく振る舞う意。「行儀」はここでは日常の行動や動作のこと。
用例 いや、気持ちのややこしい説明はよそう。つまり、お互い、大人になったのであろう。大人というものは侘《わび》しいものだ。愛し合っていても、用心して、他人行儀を守らなければならぬ。〈太宰治◆津軽〉

【蛇蚹蜩翼】 だふ ちょうよく

意味 双方互いに頼りにしている関係のたとえ。持ちつ持たれつの関係のたとえ。
補説 「蛇蚹」は蛇の下腹部にあるうろこのこと。「蜩翼」はセミの羽のこと。蛇はうろこがあることで動くことができ、うろこも蛇が動くことで動くことができる。一方、セミは羽があることで飛ぶことができ、羽はセミが飛ぶことで羽ばたくことができる意。
出典 『荘子《そうじ》』斉物論《せいぶつろん》

【多謀善断】 たぼう ぜんだん

意味 よく考えて、物事を上手にさばき処置すること。
補説 「謀」は考えをめぐらすこと。「善断」はうまく処置すること。「好謀善断《こうぼうぜんだん》」ともいう。
類義語 多略善断《たりゃくぜんだん》

【多様複雑】 たよう ふくざつ

⇒ 複雑多様 ふくざつたよう 571

【堕落腐敗】 だらく ふはい

⇒ 腐敗堕落 ふはいだらく 579

【他力本願】 たりき ほんがん

意味 自分の力でなく、他人の力によって望みをかなえようとすること。
補説 仏教語。もと、自己の修行ではなく仏・菩薩《ぼさつ》や阿弥陀如来《あみだにょらい》の本願にすがって極楽往生を願うこと。「本願」は仏が修行しているときに立てた誓い。
用例 婚礼だけが本人の承知不承知を喧《やかま》しく言うにも当るまい。親の決めたものと、黙って一所になってたらええのじゃ、他力本願でなア。〈上司小剣◆ごりがん〉
類義語 悪人正機《あくにんしょうき》

【暖衣飽食】 だんい ほうしょく 〈—スル〉

意味 衣食に何の不足もない生活のこと。ぜいたくな生活をすること。
補説 「暖衣」は暖かい衣服、「飽食」は飽きるほど食べる、十分な食料のこと。「飽食暖衣《ほうしょくだんい》」ともいう。
注意 「煖衣飽食」とも書く。
出典 『孟子《もうし》』滕文公《とうぶんこう》上
用例 彼の幸福は、決して暖衣飽食して富家に飼われ養われて居る生活のなかには感じられなかったのです。〈岡本かの子◆慈悲〉
類義語 金衣玉食《きんいぎょくしょく》・錦衣玉食《きんいぎょくしょく》・膏粱子弟《こうりょうしてい》・侈衣美食《しいびしょく》・豊衣飽食《ほういほうしょく》
対義語 悪衣悪食《あくいあくしょく》・縮衣節食《しゅくいせっしょく》・節衣縮食《せついしゅくしょく》・粗衣粗食《そいそしょく》

【断崖絶壁】 だんがい ぜっぺき

意味 切り立ったがけ。
補説 「断崖」「絶壁」はともに非常に険しいがけのこと。非常に危機的な状況のたとえとして用いられることもある。
用例 断崖絶壁の寄り集まった渓谷で、村はどこに人家が隠されてあるかわからないほどに散らかっている〈野上豊一郎◆吹雪のユンクフラウ〉

【断鶴続鳧】 だんかく ぞくふ

意味 むやみに人の手を加えることで自然を害すること。また、無理をして規律に違反することのたとえ。
補説 鶴の長い足を切り、カモの短い足に継ぎ足して長くしてもどちらも喜ばない。自然のものにいたずらに手を加えてはいけないという戒めの語。「鳧」はカモのこと。「鶴《つる》を断《た》ちて鳧《ふ》に続《つ》ぐ」と訓読する。
出典 『荘子《そうじ》』駢拇《べんぼ》 ◎「鳧《ふ》の脛《すね》は短しと雖《いえど》も之《これ》を続《つ》がば則《すなわ》ち憂え、鶴《つる》の脛は長しと雖も、之を断《た》たば則ち悲しまん」

【短褐穿結】 たんかつ せんけつ

意味 貧しい人や卑しい人の着る衣服。貧者の粗末な姿の形容。
補説 「短褐」は短い粗布でできた着物。「穿結」は破れていたり、結び合わせてあったりすること。
出典 陶潜《とうせん》「五柳先生伝《ごりゅうせんせいでん》」◎「短褐穿結して箪瓢《たんぴょう》屢《しばしば》空《むな》しけれど晏如《あんじょ》たり」（「箪瓢」は飯を盛る器と飲料を入れるひさご。「晏如」は心安らかなさま）
類義語 短褐不完《たんかつふかん》・箪食瓢飲《たんしひょういん》

【弾丸雨注】 だんがんうちゅう

(意味) 弾丸が雨の降り注ぐような激しさで飛んでくること。

(補説) 「弾丸」はスズメなどを捕るために使うはじき玉。また、鉄砲の玉。「雨注」は雨のように降り注ぐということ。「弾丸《だんがん》雨《あめ》のごとく注《そそ》ぐ」と訓読する。

(類義語) 弾丸雨飛《だんがんうひ》・砲煙弾雨《ほうえんだんう》

【貪官汚吏】 たんかんおり

(意味) 職権を利用して不正を働く役人。

(補説) 「官」は高級官僚、「吏」は下級役人で、貪る役人と汚れた役人を並べて強調している。

(注意) 「どんかんおり」とも読む。

(用例) 「貪官汚吏は、賄賂《わいろ》を取って法を曲げるので、金のある者は罪を逃れ、貧しい者は罪になる、これはこの世ばかりと思っていたのに、冥府《めいふ》はこれよりもえらいと見える」〈田中貢太郎◆令狐生冥夢録〉

【弾丸黒子】 だんがんこくし

(意味) きわめて狭い土地、極めて小さいもののたとえ。

(補説) 「弾丸」はスズメなどを捕るために使うはじき玉。「黒子」はほくろ。

(注意) 「弾丸黒痣」とも書く。

(出典) 庾信《ゆしん》「哀江南賦《あいこうなんのふ》」◎「地は惟《これ》黒子、城は猶《な》お弾丸のごとし」

(類義語) 黒子之地《こくしのち》・尺寸之地《せきすんのち》・弾丸之地《だんがんのち》

【断簡残編】 だんかんざんぺん

⇒ 断編残簡 だんぺんざんかん 438

【弾丸之地】 だんがんのち

(意味) きわめて狭い土地のたとえ。

(補説) 「弾丸」はスズメなどを捕るために使うはじき玉。

(出典) 『戦国策《せんごくさく》』趙策《ちょうさく》

(類義語) 黒子之地《こくしのち》・尺寸之地《せきすんのち》・弾丸黒子《だんがんこくし》

【断簡零墨】 だんかんれいぼく

(意味) ちょっとした書き物や、切れぎれになった書き物。文書の断片。

(補説) 「断簡」は切れぎれになってしまった文書。「零墨」は一滴の墨のことで墨跡の断片の意。「片簡零墨《へんかんれいぼく》」ともいう。

(用例) 未発表の断簡零墨もあるようだし、書簡などもあるから、当分は材料に窮しないし、材料がなくなれば彼に関するあらゆる文章をのせてもいいと思う。〈菊池寛◆芥川の事ども〉

(類義語) 断編残簡《だんぺんざんかん》・断編零楮《だんぺんれいちょ》・断編零墨《だんぺんれいぼく》

【断機之戒】 だんきのいましめ

⇒ 孟母断機 もうぼだんき 632

【断金之交】 だんきんのまじわり

(意味) 友人同士が非常に親密な友情で結ばれていること。

(補説) 「断金」は金属を切るということで、金属を切るほど固い友情で結ばれていることをいう。

(注意) 「だんきんのこう」とも読む。

(出典) 『易経《えききょう》』繋辞《けいじ》上

(類義語) 管鮑之交《かんぽうのまじわり》・金石之交《きんせきのまじわり》・金蘭之契《きんらんのちぎり》・膠漆之交《こうしつのまじわり》・古琴之友《こきんのとも》・水魚之交《すいぎょのまじわり》・耐久之朋《たいきゅうのとも》・断金之契《だんきんのちぎり》・断金之利《だんきんのり》・莫逆之友《ばくぎゃくのとも》・刎頸之交《ふんけいのまじわり》・雷陳膠漆《らいちんこうしつ》

【談言微中】 だんげんびちゅう

(意味) 面と向かってはっきりとは言わず、それとなく遠回しに人の急所や弱点などをつく話しぶりのこと。

(補説) 「談言」は話す言葉の意。「微中」はひそかに当てる意で、さりげない話しぶりで要点をつくことをいう。「中」はぴたりと当てる意。

(出典) 『史記《しき》』滑稽伝《こっけいでん》・論賛

【男耕女織】 だんこうじょしょく

(意味) 男女それぞれに天から与えられた自然の職分のこと。

(補説) 「男耕」は男は田畑を耕すということ。「女織」は女は機《はた》を織るということ。

(出典) 『路史《ろし》』後紀《こうき》十二・夏后氏《かこうし》

【断港絶潢】 だんこうぜっこう

(意味) 他から孤立し、連絡の途絶えた場所のこと。

(補説) 行きどまりの港と出口のない池の意。

「断港」は海に通じる経路を断たれた港。「潰」は水たまり・池。「絶潰」は流出する口がない水たまり、池のこと。
出典 韓愈《かんゆ》「王秀才《おうしゅうさい》を送《おく》るの序《じょ》」

【談虎色変】 だんこしきへん

意味 実際に体験したことのある者だけが真実を知ることのたとえ。また、恐ろしい話を聞いただけで、顔色を変えて緊張することをいう。
補説 虎に襲われたことがある人は、虎の話を耳にするだけで顔色を変える意から。「色」は顔色。「虎《とら》を談《だん》じて色《いろ》変《へん》ず」と訓読する。
出典 『河南程氏遺書《かなんていしいしょ》』二上

【断根枯葉】 だんこんこよう

意味 災いを根源からすべて断ち切ること。
補説 「断根」は根を断ち切ること。「根《ね》を断《た》ち葉《は》を枯《か》らす」と訓読する。
出典 『国語《こくご》』晋《しん》 ◎「其《そ》の枝葉《しよう》を去《さ》り、其《そ》の本根《ほんこん》を断《た》つ」
類義語 削株掘根《さくしゅくっこん》・剪草除根《せんそうじょこん》・抽薪止沸《ちゅうしんしふつ》・抜本塞源《ばっぽんそくげん》

【箪食壺漿】 たんしこしょう

意味 民衆が自分たちを救ってくれる義兵をねぎらうこと。また広く、歓迎することをいう。
補説 食べ物・飲み物を用意し、軍隊を歓迎すること。「箪」は竹でできたわりご。「食」は飯。「壺」はつぼ。ここではひさごの類。「漿」は飲み物。食べ物を竹の器に入れ、飲み物を壺《つぼ》に入れて歓迎すること。
出典 『孟子《もうし》』梁恵王《りょうけいおう》下

【箪食瓢飲】 たんしひょういん

意味 粗末な食事のたとえ。
補説 「箪食」はわりご一杯の飯。「瓢飲」はひさご一杯の汁。もと孔子が、弟子である顔淵《がんえん》（名は、回）の貧しい生活に甘んじて学問に励むのを褒めた言葉。「顔回箪瓢《がんかいたんぴょう》」ともいう。
故事 →「一箪之食《いったんのし》」43
出典 『論語《ろんご》』雍也《ようや》 ◎「一箪の食《し》、一瓢の飲、陋巷《ろうこう》に在り。人は其《そ》の憂いに堪えず。回や其の楽しみを改めず」
類義語 一汁一菜《いちじゅういっさい》・一箪一瓢《いったんいっぴょう》・一箪之食《いったんのし》・羹藜含糗《こうれいがんきゅう》・短褐穿結《たんかつせんけつ》・箪瓢屢空《たんぴょうるくう》・朝齏暮塩《ちょうせいぼえん》
対義語 漿酒霍肉《しょうしゅかくにく》

【単純明快】 たんじゅんめいかい 〈―ナ〉

意味 複雑でなく分かりやすいさま。
補説 「単純」は混じり気がないさま。ものごとが簡単でこみ入っていないこと。「明快」は筋道がはっきりしていて分かりやすいさま。文章や話が分かりやすいさまをいう。
用例 寄棟《よせむね》造りの単純明快なのに比べて、この金堂の屋根に複雑異様な感じがあるのは、入母屋《いりもや》造りのせいであるともいえよう。〈和辻哲郎◆古寺巡礼〉
類義語 簡単明瞭《かんたんめいりょう》・直截簡明《ちょくせつかんめい》
対義語 複雑怪奇《ふくざつかいき》

【断章取義】 だんしょうしゅぎ 〈―スル〉

意味 書物や詩を引用するときなどに、その一部だけを取り出して自分の都合のいいように解釈すること。
補説 「章」は文章。「断章」は、本や一編の文章などから一句か数句、都合のいい一部分を抜き出すこと。「取義」はその意味を都合のいいようにとること。「章《しょう》を断《た》ち義《ぎ》を取《と》る」と訓読する。
出典 『文心雕竜《ぶんしんちょうりょう》』章句《しょうく》
用例 その講ずるところの書は翻訳書を用い、足らざるときは漢書をも講じ、ただ字義を説くにあらず、断章取義、もって文明の趣旨を述ぶるを主とせり。〈福沢諭吉◆京都学校の記〉
類義語 断章取意《だんしょうしゅい》・断章截句《だんしょうせっく》

【淡粧濃抹】 たんしょうのうまつ

意味 美しい女性の容貌《ようぼう》や装いのこと。
補説 「淡粧」は薄い化粧、「濃抹」は濃い化粧。どちらも趣があって美しいということ。
注意 「淡粧濃沫」とも書く。「たんしょうのうばつ」とも読む。
出典 蘇軾《そしょく》一詩「湖上《こじょう》に飲《いん》す初《はじ》めは晴《は》れ後《のち》に雨《あめ》ふる」

【丹書鉄契】 たんしょてっけい

意味 天子が功臣に与えた、鉄に朱で書いた誓文《せいもん》のこと。
補説 「丹」は深いあかいろ。「鉄契」は功臣に賜る鉄製の割り符。これに消えないように朱で書いて功臣に与え、本人やその子孫が罪を犯したとき、減免される証《あかし》となった。

出典 『漢書《かんじょ》』高帝紀《こうていき》

【断薺画粥】 だんせいかくしゅく

意味 貧窮に耐えて学問に励むこと。

補説 「薺」はナズナで、ぺんぺん草ともいい、粗末な食べ物のこと。「断」は刻む意。「画」は縦・横に線を引いて区切るということで、固い粥《かゆ》を区切り分けること。

注意 「だんせいかくじゅく」とも読む。

故事 中国北宋《ほくそう》の范仲淹《はんちゅうえん》は若いときたいへん貧しく、ナズナ数十本を刻んでおかずとして、冷えて固くなった粥を四つに切って、朝晩二つずつ食べるという生活をしていたという故事から。

出典 『宋朝事実類苑《そうちょうじじつるいえん》』九に引く『湘山野録《しょうざんやろく》』

類義語 苦学力行《くがくりっこう》・蛍雪之功《けいせつのこう》・蛍窓雪案《けいそうせつあん》・車胤聚蛍《しゃいんしゅうけい》・昼耕夜誦《ちゅうこうやしょう》

【祖裼裸裎】 たんせきらてい 〈—スル〉

意味 甚だ無礼な振る舞いのこと。

補説 衣服を脱ぎ裸になることから。「祖裼」はひじをあらわす、肌脱ぎになる意。「裸裎」は身をあらわにする、裸になる意。

出典 『孟子《もうし》』公孫丑《こうそんちゅう》上

【胆戦心驚】 たんせんしんきょう

意味 恐怖で恐れおののくこと。また、臆病《おくびょう》なこと。

補説 「胆」は肝臓・きも。「心」は心臓のこと。ここでは、ともに心の意。「戦」は恐ろしくて震える、おののくこと。

出典 『西遊記《さいゆうき》』五八

【澹然無極】 たんぜんむきょく

意味 どこまでも静かで安らかなこと。

補説 「澹然」は静かで安らかなさま。「無極」はきわまりないこと。

用例 「志を得るとは軒冕《けんべん》の謂《いい》ではない。」と。澹然無極とでもいうのが此《こ》の老人の理想なのであろう。〈中島敦◆弟子〉

【単槍匹馬】 たんそうひつば

意味 誰《だれ》にも力を借りず、単独で行動すること。

補説 一本の槍《やり》と一頭の馬で敵陣に乗り込む意から。「単槍」は一本の槍、「匹馬」は一匹の馬の意。「単槍独馬《たんそうどくば》」ともいう。

出典 汪遵《おうじゅん》—詩「烏江《うこう》」

【男尊女卑】 だんそんじょひ

意味 男が尊く、女は卑しいとする考え方。

出典 『列子《れっし》』天瑞《てんずい》

用例 社会階級や官尊民卑や男尊女卑の如《ごと》き人格以外の差違を軽んじ、また職業により て上下の区別をなしたり、家柄、教育を以《もっ》て人の位附を定める如き事なく、人皆平等、〈新渡戸稲造◆平民道〉

対義語 女尊男卑《じょそんだんぴ》

【胆大心小】 たんだいしんしょう

意味 大胆でいて、しかも細かな注意を払うさま。

補説 「胆」は度胸。「心」は気配りのこと。

出典 『旧唐書《くとうじょ》』方伎伝《ほうぎでん》・孫思邈伝《そんしばくでん》 ◎「胆《きも》は大なるを欲《ほっ》して心は小なるを欲し、智《ち》は円《まど》かなるを欲して行は方《ほう》なるを欲す」

類義語 胆大心細《たんだいしんさい》

【胆大妄為】 たんだいもうい

意味 大胆不敵に、好き勝手な振る舞いをすること。

補説 「胆大」は肝っ玉が大きく、大胆なこと。ここでは気配りが欠けているさまをいう。「妄為」はみだりな振る舞い。手前勝手な行為。

【断長続短】 だんちょうぞくたん

意味 過不足のないように物事を調整すること。また、天性をないがしろにして無用な調整をすること。

補説 「続」は継ぎ足すこと。長いものを断ち切り、短いものに継いで、ほどよく調整する意。「長《ちょう》を断《だん》じ短《たん》を続《つ》ぐ」と訓読する。「続短断長《ぞくたんだんちょう》」ともいう。

出典 『荀子《じゅんし》』礼論《れいろん》／『荘子《そうじ》』駢拇《べんぼ》

類義語 採長補短《さいちょうほたん》・舎短取長《しゃたんしゅちょう》・助長補短《じょちょうほたん》

【断腸之思】 だんちょうのおもい

意味 腸《はらわた》が断ち切られるばかりの、激しい悲しみや苦しみ。

補説 「腸」は、はらわた。「断」はずたずたに断ち切られる意。「母猿断腸《ぼえんだんちょう》」ともいう。

故事 中国晋《しん》の桓公《かんこう》が蜀《しょく》の地に攻め入り、三峡《さんきょう》あたりに船でさしかかったとき、部下の兵士の中に猿の子を捕まえた者があった。その母猿は岸を伝いながら激しく鳴き叫んで船を追いかけ、やっと追いついて船に飛び込んだが息絶えた。その腹を裂いてみると、腸がずたずたに断ち切られていた。桓公は怒って、その兵士の罷免を命じたという故事から。

出典 『世説新語《せせつしんご》』黜免《ちゅつめん》

用例 ここに再び旧時の悲哀を繰返して、断腸の思未《いま》だ全く消失《きえう》せないのに、また己《おの》が愛児の一人を失うようになった。〈西田幾多郎◆我が子の死〉

類義語 九腸寸断《きゅうちょうすんだん》・断腸之悲《だんちょうのかなしみ》

【談天雕竜】だんてんちょうりょう

意味 弁論や文章が広大で深遠なことのたとえ。

補説 「談天」は天を論じること。「雕竜」は竜を彫るように立派に文章を飾り立てること。転じて、大きいが実用には役に立たない無用の議論や努力をいうこともある。「天《てん》を談《だん》じて竜《りょう》を雕《ほ》る」と訓読する。

注意 「談天彫竜」とも書く。「だんてんちょうりゅう」とも読む。

故事 中国戦国時代、斉の騶衍《すうえん》は天体を論じ、騶奭《すうせき》は立派な文章を作って、斉の人がそれを褒めた故事から。

出典 『史記《しき》』荀卿伝《じゅんけいでん》

【単刀直入】たんとうちょくにゅう 〈―ナ〉

意味 遠回しでなく前置きなしに、いきなり本題に入り要点をつくさま。

補説 一本の刀を持ち、ただ一人で敵陣に切り込む意から。「単刀」は一本の刀。「直入」はまっすぐに入る意。

出典 『景徳伝灯録《けいとくでんとうろく》』一二・廬州澄心院旻徳和尚《ろしゅうちょうしんいんびんとくおしょう》

用例 ところで、単刀直入は、（中略）極めて象徴的な一言を放って、相手が応と受けとめてくれることを期待するところがないではない。〈岸田國士◆空地利用〉

類義語 単刀趣入《たんとうしゅにゅう》

【断悪修善】だんなくしゅぜん

意味 一切の煩悩を断つ誓願。

補説 仏教語。菩薩《ぼさつ》の誓願の一つ。悪を断ち、善を修めるという意。「悪《あく》を断《た》ち善《ぜん》を修《おさ》む」と訓読する。

注意 「断悪」は「だんあく」「だんまく」とも読む。

出典 『原人論《げんにんろん》』

【断髪文身】だんぱつぶんしん

意味 野蛮な風習のこと。

補説 「断髪」は髪を短く切ること。「文身」は刺青《いれずみ》のこと。古代中国長江南部の風習。

出典 『春秋左氏伝《しゅんじゅうさしでん》』哀公《あいこう》七年

【耽美主義】たんびしゅぎ

意味 美を最高の価値と考え、それを善悪などの道徳より上に置き、感覚・形式・虚構を重んじる芸術思潮。

補説 十九世紀後半にイギリス、フランスを中心に起こった芸術思潮。「耽美」は美を最高の価値としてそれに耽《ふけ》ること。

用例 一個の仙人掌《サボテン》は美的鑑賞に上す価値があるばかりでなく、わたくしには耽美主義そのもののように考えられもする。〈蒲原有明◆仙人掌と花火の鑑賞〉

類義語 唯美主義《ゆいびしゅぎ》

【貪夫徇財】たんぷじゅんざい

意味 欲の深い者は、命がけで金を求める。また、金のためには何でもする。

補説 「貪夫」は欲の深い男のこと。「徇財」は命がけで金を求めること。「徇」は従う意。「徇」は「殉」に通じ、金のためなら命を捨てるという意にもなる。「貪夫《たんぷ》は財《ざい》に徇《したが》う」と訓読する。

注意 「貪夫殉財」とも書く。

出典 『鶡冠子《かつかんし》』世兵《せいへい》

類義語 我利我利《がりがり》

対義語 烈士徇名《れっしじゅんめい》

【単文孤証】たんぶんこしょう

意味 きわめて弱い証拠のこと。証拠が不十分で信用するに足りないこと。

補説 「単文」はわずか一つの文章、「孤証」はたった一つの証拠の意。

出典 『水経注《すいけいちゅう》』涑水《そくすい》

対義語 博引旁証《はくいんぼうしょう》

【短兵急接】たんぺいきゅうせつ

意味 突然何かを行うこと。

補説 急遽《きゅうきょ》相手を勢いよく攻めることか

ら。「短兵」は相手に接近して使う短い武器。「急接」は相手と急に接して戦う意。短兵を用いて急に戦うことから、出し抜けに何かを行うことをいうようになった。一般に「短兵急」の形で用いられる。

出典 『太平記《たいへいき》』一〇

用例 政論の性質も切迫したるものにて、短兵急接、直ちに当局者の心臓を刺さんとする。〈山路愛山・現代金権史〉

【断編残簡】だんぺん ざんかん

意味 切れぎれになって残った書物の一部。

補説 「編」は竹簡をとじるひも。転じて、書物。「簡」は竹簡。竹の札で、古くはこれに文章を書き付けていたことから、書物のこと。「断編」「残簡」はともに切れぎれになって残った書物の一部。「断簡残編《だんかんざんぺん》」「残編断簡《ざんぺんだんかん》」ともいう。

出典 『宋史《そうし》』欧陽脩伝《おうようしゅうでん》

類義語 断簡零墨《だんかんれいぼく》

【端木辞金】たんぼく じきん

意味 納得のいかない金は受け取らないということ。

補説 「端木」は孔子の弟子の子貢《しこう》の姓。「辞金」は金を受け取ることを辞退すること。「端《たん》木《ぼく》金《きん》を辞《じ》す」と訓読する。『蒙求《もうぎゅう》』の表題の一つ。

故事 中国春秋時代、魯《ろ》の国の法律では、他国で使われている魯国の召し使いを買い戻す場合、その代金は国からの公金を使うように決められていた。しかし、子貢はこのことを潔白な行いではないとして、公金を受け取ることを辞退し、私財によって買い戻した。これに対して孔子が、魯の国には貧しい人が多く、公金によって人を買い戻すのが清廉でないとすると、いったい何によって諸侯から人を買い戻すことができるのかと戒めたという故事から。

出典 『孔子家語《こうしけご》』致思《ちし》

【単樸浅近】たんぼく せんきん 〈―ナ〉

意味 単純で工夫がなく底が浅いさま。

補説 「単樸」は単純で工夫を欠いている意。「樸」は飾り気がない、生地のままの意。「浅近」は底が浅くて卑近な意。

用例 あまりに単樸浅近にて興味うすかるものなんどは、いつしか輿論《よろん》にしりぞけられ、世に行われぬ事ともなるべし。〈坪内逍遥・小説神髄〉

類義語 浅薄愚劣《せんぱくぐれつ》

【旦暮周密】たんぼ しゅうみつ

意味 絶えず注意し続けること。朝から晩まで絶えず気をつけること。

補説 「旦暮」は朝から晩まで、一日中の意。「周密」は細かく抜け目がない、注意深いこと。「周」は細やか、行き届くの意。

用例 そこで五百《いお》は旦暮周密に其《その》挙動を監視しなくてはならなかった。〈森鷗外・渋江抽斎〉

【鍛冶研磨】たんや けんま 〈―スル〉

意味 肉体や精神・技術などを鍛え抜くこと。

補説 「鍛冶」は金属を打ち鍛えて道具を作ること。「研磨」はそれをやすりなどで磨くこと。金属の道具を作る工程を人間にたとえたもの。

類義語 切磋琢磨《せっさたくま》

【胆勇無双】たんゆう むそう 〈―ナ〉

意味 並ぶ者がないほどの大胆さと勇気をもっているさま。

補説 「胆勇」は大胆で勇気があること。「無双」は二つとない、世に並ぶ者がいないこと。「双」は並ぶ、匹敵する。

【断爛朝報】だんらん ちょうほう

意味 切れぎれになって欠落した朝廷の記録のこと。

補説 「断爛」は切れぎれに破れてぼろぼろになること。「朝報」は朝廷の記録。

故事 中国宋《そう》の王安石《おうあんせき》は『春秋《しゅんじゅう》』を解き明かして天下に示そうとしたが、孫莘老《そんしんろう》が先に注釈を出すと、それ以上のものは作れないと判断し、とたんに『春秋』を「断爛朝報」と言ってそしったという故事から。

出典 『宋史《そうし》』王安石伝《おうあんせきでん》

【探卵之患】たんらんの うれい

意味 自分のより所を襲われることへの恐れ。また、内幕を見抜かれる恐れ。

補説 「探卵」は卵を探して取ってしまうということで、親鳥が巣を離れている間に卵を取られてしまう心配のこと。

出典 『北史《ほくし》』斉孝昭帝紀《せいこうしょうていき》

【探驪獲珠】たんりかくしゅ

意味 危険を冒して大きな利益を得ること。

補説 「驪」は黒の意で、驪竜《りりょう》（黒竜）のこと。千金の値打ちのある珠《たま》は、驪竜の頷《あご》の下にあるといわれる。竜は恐ろしいもので、もし、目覚めて見つかってしまうと食べられてしまうことからいう。「驪《り》を探《さぐ》って珠《しゅ》を獲《う》」と訓読する。よく要領を得た詩・文章を作ることや試験に合格するたとえとしても使われる。（↓「頷下之珠《がんかのしゅ》」119）

出典 『荘子《そうじ》』列禦寇《れつぎょこう》

類義語 頷下之珠《がんかのしゅ》・探驪得珠《たんりとくしゅ》・驪竜之珠《りりょうのたま》

【短慮軽率】たんりょけいそつ

⇒ 軽率短慮 けいそつたんりょ 188

【湛盧之剣】たんろのけん

意味 宝剣のこと。

補説 古代の宝剣の名。中国春秋時代、欧冶子《おうやし》の作。呉王闔閭《こうりょ》の剣。「湛」はたたえる、澄む、深い意。「盧」は黒い意。

出典 『越絶書《えつぜつしょ》』外伝記宝剣《がいでんきほうけん》

類義語 湛盧之刀《たんろのとう》

【談論風発】だんろんふうはつ（―スル）

意味 盛んに語り論ずること。

補説 「風発」は風が吹くような盛んな勢いであること。

用例 ほとんどわめくようにマルクスだとかレーニンだとか談論風発を続け、果ては刻下の文壇をプチブル的、半死蛇等と罵《のの》り立てる。〈岡本かの子◆鶴は病みき〉

類義語 議論百出《ぎろんひゃくしゅつ》・談論風生《だんろんふうせい》・百家争鳴《ひゃっかそうめい》

ち

【徴羽之操】ちうのそう

意味 正しい典雅な音楽のこと。

補説 「徴羽」は五音《ごいん》（音楽の五つの音色・調べである、宮・商・角・徴・羽）の徴と羽。「操」はあやつる、演奏する意から、趣・調べのこと。

出典 『淮南子《えなんじ》』説林訓《ぜいりんくん》

【智円行方】ちえんこうほう（―ナ）

意味 あらゆる知識に精通し、行いも方正であること。また、そのさま。

補説 「智円」は知恵が自在で、万物について知らないことがないこと。「円」は円転自在で、欠けたところがない意。「行方」は行いが方正・厳格で、礼にかなっていること。

出典 『文子《ぶんし》』微明《びめい》／『淮南子《えなんじ》』主術訓《しゅじゅつくん》 ◎「智は円ならんと欲し、行いは方ならんと欲す」

対義語 無知蒙昧《むちもうまい》

【治外法権】ちがいほうけん

意味 国際法上、特定の外国人が、滞在している国の法律、とくに裁判権に服さない権利。

補説 治外法権が認められるのは、現在では元首・外交使節などに限定されるが、幕末明治期にはより多くの適用がなされていた。転じて、規制に拘束されないことをいう際にも用いられる。

用例 当時この国の辱《はじ》とする治外法権を撤廃して東洋に独立する近代国家の形態を具《そな》えたい〈島崎藤村◆夜明け前〉

【地角天涯】ちかくてんがい

⇒ 天涯地角 てんがいちかく 469

【遅疑逡巡】ちぎしゅんじゅん（―スル）

意味 ぐずぐずとして、いつまでも疑い、決断せずにためらうこと。

補説 「遅疑」はいつまでも疑って決心できないこと。「逡巡」はためらう、しりごみする、ぐずぐずすること。

注意 「遅疑逡循」とも書く。

用例 なに知らぬ者にはちょっと飛び込みにくい様相を呈し、遅疑逡巡、終《つい》には素通りする者も少なくなかろう。〈北大路魯山人◆握り寿司の名人〉

類義語 右顧左眄《うこさべん》・狐疑逡巡《こぎしゅんじゅん》・咨咀逡巡《しそしゅんじゅん》・首鼠両端《しゅそりょうたん》・遅疑不決《ちぎふけつ》・遅疑不断《ちぎふだん》・遅疑不定《ちぎふてい》

対義語 知者不惑《ちしゃふわく》

【知己朋友】ちきほうゆう

意味 よく自分のことを知ってくれている友人のこと。また、よく待遇してくれる人。

補説 「知己」は自分のことをよくわかって

くれている人。親友の意。「己」はおのれ。「朋友」は友達、友人。

用例 江戸へ参れば知己朋友は幾人もいて、だんだん面白くなって来た。〈福沢諭吉◆福翁自伝〉

【池魚故淵】ちぎょこえん

意味 故郷を懐かしく思うことのたとえ。

補説 池で飼われているコイは、自分が生まれたもとの川の淵《ふち》に帰りたいと思っているという意。「故」はもとの、以前の。「池魚《ちぎょ》故淵《こえん》を思う」の略。

出典 陶潜《とうせん》－詩「園田《えんでん》の居《きょ》に帰《かえ》る」

◎「羈鳥《きちょう》旧林《きゅうりん》を恋《こ》い、池魚は故淵を思う」

類義語 越鳥南枝《えっちょうなんし》・狐死首丘《こししゅきゅう》・胡馬北風《こばほくふう》・蓴羹鱸膾《じゅんこうろかい》

【池魚之殃】ちぎょのわざわい

意味 何のかかわりもないのに、思いがけない災難に遭うこと。まきぞえをくうこと。

補説 特に、火事で類焼に遭うことや、火事のことをいう。「池魚」は池の中の魚。「殃」は災い・災難のこと。

注意 「池魚之禍」とも書く。

故事 中国春秋時代の宋《そう》の桓魋《かんたい》が罪を犯して出奔したときに池に投げこんだ珠《たま》を探すため、宋の景公の部下が水をさらったので池の魚が死んでしまったという故事から(『呂氏春秋《りょししゅんじゅう》』必己《ひっき》)。ほかに、城門が火事で焼けたとき、池の水を使って消火したために魚が死んでしまったという故事や、池魚という城門近くに住む人が焼死してしまったという故事もある(『意林《いりん》』四に引く『風俗通《ふうぞくつう》』)。

出典 『呂氏春秋《りょししゅんじゅう》』必己《ひっき》

【池魚籠鳥】ちぎょろうちょう

意味 不自由な身の上・生活のこと。また、宮仕えのこと。

補説 「池魚」は池の中の魚。「籠鳥」は籠《かご》の中の鳥。生まれ故郷をなつかしむたとえとしても使われる。

出典 『文選《もんぜん》』潘岳《はんがく》「秋興賦《しゅうきょうのふ》」

【竹苑椒房】ちくえんしょうぼう

意味 天子の子孫と皇后。また、皇室・宮中のこと。

補説 「竹苑」は天子の子孫の意。中国前漢の文帝の子の孝王が梁《りょう》に封ぜられ、そこに竹園を造った故事にもとづく。「椒房」は「椒壁の房室」のこと。「椒壁」は、中国で皇后の居室の壁に用いた山椒《さんしょう》の実をぬり込めた壁。その実のように子孫繁栄を祈ったとも、湿気を取り去り邪気を払うためともいう。転じて、皇后の居室、高貴な女性の部屋。また、皇后。

注意 「ちくえんしょうほう」とも読む。

出典 『太平記《たいへいき》』二一

用例 竹苑椒房の昔に変り、破れ頽《くず》れたる僧庵《そうあん》に如何《いか》なる夜をや過し給《たま》える、露深き枕辺に夕の夢を残し置きて起出《おきい》で給える維盛卿《これもりきょう》。〈高山樗牛◆滝口入道〉

類義語 竹苑椒庭《ちくえんしょうてい》

【築室道謀】ちくしつどうぼう

意味 意見ばかり多くてまとまらず、物事がなかなか完成しないこと、また、結局失敗することのたとえ。

補説 「築室」は家を建てること。「道謀」は道を行き来する人に相談すること。家を建てようとして道行く人に相談していると、いろいろな意見があって一定の見解がなく、決着できないことから。「室《しっ》を築《きず》くを道《みち》に謀《はか》る」「室《しっ》を築《きず》きて道《みち》に謀《はか》る」と訓読する。

出典 『詩経《しきょう》』小雅《しょうが》・小旻《しょうびん》

【竹頭木屑】ちくとうぼくせつ

意味 つまらないものでも、何かで役に立つかもしれないから粗末にしないこと。廃物を利用すること。

補説 「竹頭」は竹の切れはし。「木屑」は木のくず。どちらも役に立たないもののたとえ。また、細かなもののたとえ。

故事 中国晋《しん》の陶侃《とうかん》が、船を造るときにできた竹の切れはしや木のくずという不用になったものをとっておき、木のくずは雪の降ったときのぬかるみ防止に、竹の切れはしは竹釘《たけくぎ》にして、船の修理に役立てたという故事から。

出典 『世説新語《せせつしんご》』政事《せいじ》

用例 どんな竹頭木屑でも粗末にしてはならない。きっと何かに役立つ。〈種田山頭火◆一草庵日記〉

類義語 鶏鳴狗盗《けいめいくとう》

【竹帛之功】ちくはくのこう

意味 歴史に名前が残るような功績・手柄のこと。

補説 「竹帛」は竹簡と白い絹の布で、昔、紙がなかったころ書き物に使った。転じて、書物。また、歴史のこと。

出典 『後漢書《ごかんじょ》』鄧禹伝《とううでん》

類義語 垂名竹帛《すいめいちくはく》・著於竹帛《ちょおちくはく》・豹死留皮《ひょうしりゅうひ》

【竹馬之友】ちくばのとも

意味 幼友達のこと。

補説 幼いころ竹馬に乗って、一緒に遊んだ友達の意。中国の竹馬は、日本とは異なり、一本の竹を馬に見立ててたてがみをつけ、またいで後ろを引きずりながら走りまわる。

故事 中国晋《しん》代、殷浩《いんこう》は幼いころから桓温《かんおん》と常に競い合っていた。桓温は自ら豪傑であると自負し殷浩を軽んじたが、殷浩はこれを気にしなかった。桓温は殷浩と並び称されることが不満で、「少年のときに私と浩はともに竹馬に乗って遊んだが、自分が捨てた竹馬を浩が拾ったものだった」として、自分が上に立つべきだと主張した故事から。

出典 『晋書《しんじょ》』殷浩伝《いんこうでん》

用例 メロスには竹馬の友があった。セリヌンティウスである。今は此《こ》のシラクスの市で、石工をしている。その友を、これから訪ねてみるつもりなのだ。〈太宰治◆走れメロス〉

類義語 総角之好《そうかくのよしみ》・竹馬之好《ちくばのよしみ》

【竹苞松茂】ちくほうしょうも

意味 新築の建築物の完成を祝う言葉。また、基礎が強固で発展するたとえ。

補説 「竹苞」は竹の根が強く、竹が群がり生えているように堅固なことで、家の下部構造を指す。「松茂」は松が青々と繁茂していることで、家屋の上部が立派なことをほめていう。

出典 『詩経《しきょう》』小雅《しょうが》・斯干《しかん》

【矗立千尺】ちくりゅうせんせき

意味 とてつもなく長くまっすぐなこと。直立し、それが非常な高さに達していること。

補説 「矗立」はまっすぐにそびえ立つ意。「千尺」は非常な高さ、深さの意。

用例 そこから車に離れ、真直《まっすぐ》に行ッて、矗立千尺、空《くう》を摩《な》でそうな杉の樹立《こだち》の間を通抜けて、東照宮の側面《よこ》へ出た。〈二葉亭四迷◆浮雲〉

【竹林七賢】ちくりん(の)しちけん

意味 竹の林の中で清談を交わしていた七人の隠者のこと。

補説 中国魏晋《ぎしん》のころ、俗世間を避けて礼法を軽んじ、竹林で老子や荘子の思想を慕い、酒をくみかわし、清談を楽しんだと伝えられる七人の隠者、阮籍《げんせき》・阮咸《げんかん》・山濤《さんとう》・向秀《しょうしゅう》・嵇康《けいこう》・劉伶《りゅうれい》・王戎《おうじゅう》のこと。転じて、風流を語る人々、また、隠者のたとえとしても使われる。

出典 『世説新語《せせつしんご》』任誕《じんたん》

類義語 竹林名士《ちくりんめいし》

【知行合一】ちこうごういつ

意味 知識と行為は一体であるということ。本当の知は実践を伴わなければならないということ。

補説 中国明《みん》の王陽明が唱えた陽明学の学説。南宋《なんそう》の朱熹《しゅき》の先知後行説（はじめに理論を知り、その後実践するという考え方）に対したもの。

出典 『伝習録《でんしゅうろく》』上

用例 行わないのだから、知らないのも同じだ。何事でもすべて知行合一でなければいけない。〈勝海舟◆氷川清話〉

類義語 知行一致《ちこういっち》

【治山治水】ちさんちすい

意味 山を整備し、川の流れをよくし、氾濫《はんらん》を防ぎ、運輸をよくすること。

補説 「治山」は植林などによって山を整備し、山から災害の原因を除くこと。「治水」は河川の水流を整備して氾濫を防ぎ、運輸や灌漑《かんがい》の便をよくすること。

【致仕懸車】ちしけんしゃ

⇒懸車致仕 けんしゃちし 200

【知者一失】ちしゃのいっしつ

意味 どんなに知恵がある人でも、一つくらいは誤りがあるということ。

補説 「知者」は知恵が豊かで物事の道理に通達した人のこと。「一失」は一つの過失のこと。「知者も千慮に必ず一失有り」の略。
注意「智者一失」とも書く。
故事 中国前漢の韓信《かんしん》は趙《ちょう》の軍を破って、広武君を生け捕りにして師事を願い出、燕《えん》と斉の討伐について考えを聞いた。広武君は、知恵のある人でも時には誤ったことを言うし、愚かな者でも時には得るものがあると謙遜《けんそん》して、自分の考える討伐策を語ったという故事から。
出典『史記《しき》』淮陰侯伝《わいいんこうでん》
類義語 千慮一失《せんりょのいっしつ》・百慮一失《ひゃくりょのいっしつ》
対義語 愚者一得《ぐしゃのいっとく》

【知者不言】ちしゃふげん

意味 物事を本当に知っている者は、心の中に深く蔵して言わないということ。

補説「知者」は知恵が豊かで物事の道理に通達した人の意。一般に「知者《ちしゃ》は言《い》わず」と訓読して用いる。同じ出典の「言者不知《げんしやふち》（むやみに口に出す人は実は物事をよく知らない）」と合わせて、「知る者は言わず、言う者は知らず」として用いることが多い。

注意「智者不言」とも書く。

出典『老子《ろうし》』五六 ◎「知者は言わず、言う者は知らず」

類義語 大智如愚《だいちじょぐ》・大智不智《だいちふち》

【知者不惑】ちしゃふわく

意味 賢い人は物事の道理を承知しているから、物事の判断に迷うことはないということ。
補説「知者」は知恵が豊かで物事の道理に通達した人。「不惑」は惑わないということ。一般に「知者《ちしゃ》は惑《まど》わず」と訓読して用いる。
注意「智者不惑」とも書く。
出典『論語《ろんご》』子罕《しかん》
類義語 仁者不憂《じんしゃふゆう》・勇者不懼《ゆうしゃふく》
対義語 右顧左眄《うこさべん》・狐疑逡巡《こぎしゅんじゅん》・遅疑逡巡《ちぎしゅんじゅん》

【知者楽水】ちしゃらくすい

意味 知恵のある賢い人は、水が流れるように才知を働かせ滞ることがないから、水を好んで楽しむということ。
補説 知者の風格についていう。「知者」は知恵が豊かで物事の道理に通達した人のこと。「知者《ちしゃ》は水《みず》を楽《たの》しむ」と訓読する。
注意「智者楽水」とも書く。
出典『論語《ろんご》』雍也《ようや》 ◎「知者は水を楽しみ、仁者は山を楽しむ」
類義語 仁者楽山《じんしゃらくざん》・楽山楽水《らくざんらくすい》

【置酒高会】ちしゅこうかい

意味 盛大に酒宴を催すこと。また、酒宴のこと。
補説「置酒」は酒宴を開くこと。「高会」は盛大な宴会のこと。
出典『漢書《かんじょ》』高帝紀《こうていき》
用例 別荘も立てた。日本食と洋食と別別に料理番も置いた。置酒高会もする。俺の生活費は段段嵩《かさ》んでくる。〈平出修◆畜生道〉

【知小謀大】ちしょうぼうだい

意味 見識が浅いにもかかわらず、大きなことを企てること。自分の力を考えず、むやみに大きな計略をめぐらすこと。

補説「知小」は知力が乏しいこと。「謀大」ははかりごとが大きいということ。

注意「智小謀大」とも書く。

出典『易経《えききょう》』繋辞《けいじ》下
類義語 知小言大《ちしょうげんだい》

【痴心妄想】ちしんもうそう

意味 迷った愚かな心とみだりな空想。実現性のない、でたらめな空想のこと。

補説「痴心」は愚かな心。また、迷った心。

出典『醒世恒言《せいせいこうげん》』

【地水火風】ちすいかふう

意味 地と水と火と風。仏教で、万物を構成する四つの元素として、「四大《しだい》」「四大種」と呼ばれる。
用例 古代の人が言った地水火風というようなことまで、しきりと彼の想像に上って来たのも、あの車の上であった。〈島崎藤村◆新生〉

【置錐之地】ちすいのち

意味 少しばかりの狭い土地。わずかな空間。
補説「置錐」は錐《きり》を立てること。錐を突き立てることができるほどの狭い土地の意。
出典『荘子《そうじ》』盗跖《とうせき》
類義語 立錐之地《りっすいのち》・立錐之土《りっすいのど》

【知崇礼卑】ちすうれいひ

意味 本当の知者は知識を得れば得るほど、他人に対しては謙虚になり、礼を尽くすもの

ち

だということ。

補説 「知崇」は知能が高くなることで、それによって徳も高まること。「礼卑」は、礼においてはへりくだるということで、それによって人に慕われるということ。「知《ち》崇《たか》く礼《れい》卑《ひく》し」と訓読する。

出典 『易経《えききょう》』繋辞《けいじ》上

【知足安分】 ちそくあんぶん

意味 高望みをせず、自分の境遇に満足すること。

補説 「知足」は足ることを知る意。分《ぶん》をわきまえて欲をかかないこと。「安分」は自分の境遇・身分に満足すること。「足《た》るを知り分《ぶん》に安《やす》んず」と訓読する。

用例 知足安分の境地、何よりも貪る心があさましい、酒に対する私の態度は何という醜さぞ。〈種田山頭火◆旅日記〉

類義語 安分守己《あんぶんしゅき》・巣林一枝《そうりんいっし》・知足守分《ちそくしゅぶん》・知足常楽《ちそくじょうらく》

【知足不辱】 ちそくふじょく

意味 自分の分《ぶん》を知り、それで満足をすれば辱めを受けないということ。

補説 「知足」は足ることを知る意。「不辱」は恥辱を受けないということ。分をこえた欲望を戒めたもの。一般に「足《た》るを知《し》れば辱《はずかし》められず」と訓読して用いる。

出典 『老子《ろうし》』四四 ◎「足ることを知れば辱められず。止《とど》まることを知れば殆《あや》うからず。以《もっ》て長久なる可《べ》し」

類義語 止足之分《しそくのぶん》・知足者富《ちそくしゃふ》

【致知格物】 ちちかくぶつ

意味 『大学』の八条目の「格物」と「致知」をいう。

補説 古来、大きく見て二説行われている。中国南宋《なんそう》の朱熹《しゅき》の説では、「致」は徹底して明らかにする意。「致知」は知識を極め尽くすこと。自己の知識を最大限に広めること。「格」は至る意。「物」は客観的な事々物々。また、そこに宿る道理。「格物（物に格《いた》る）」は事々物々の理《ことわり》を極め尽くすこと。すべての客観的な事物に即してその理を極めていく（「格物」）ことで、知識を最大限に広めて自分の天賦の英知を悟ることができる（「致知」）とする。「知《ち》を致《いた》すは物《もの》に格《いた》るに在《あ》り」と訓読する。一方、明《みん》代の王守仁《おうしゅじん》（陽明）の説では、事々物々に理を追求するのは、理と心を別々に考えたものであるとし、「心即理《しんそくり》」（心の動きがそのまま天理であるとする説）から、「格物」と「致知」の順序性を否定し次のように解釈した。「致」は至る意。「知」は先天的な良知（人が生まれつきもっている知力。思慮しないで自然に知る能力）。「致知」は生まれつき備わっている良知を明らかにして天理を悟ること。「格」は正す意。「物」は「事」で、外界の事物ではなく意志・心のあるところ、意志の発現した事物の意。「格物（物を格《ただ》す）」は意志の発現した事物についてその不正を正すこと。生まれつき備わる良知を明らかにし天理を悟ること（「致知」）が、すなわち自己の意志が発現した日常の万事の善悪を正すこと（「格物」）であるとする。「知《ち》を致《いた》すは物《こと》を格《ただ》すに在《あ》り」と訓読する。他にも諸説ある。「格物致知《かくぶつちち》」「格物究理《かくぶつきゅうり》」ともいう。

【蟄居屛息】 ちっきょへいそく （―スル）

意味 家にこもって外出せず、じっと隠れていること。

補説 「蟄居」は動物や虫が冬眠しているように、一つの場所にとどまって、じっと隠れていること。「屛息」は「屛気」と同じで、息を殺してじっと隠れていること。江戸時代、公家・武士に科した刑罰の一つで、外出を禁じて一室に謹慎させたもの。

類義語 蟄居閉門《ちっきょへいもん》

【蟄居閉門】 ちっきょへいもん （―スル）

意味 門や窓を閉じて部屋にこもり謹慎すること。

補説 「蟄居」は、ここでは、江戸時代、武士に科せられた刑罰の一つで、閉門のうえ一室で謹慎させたもの。「閉門」は、江戸時代、武士や僧侶に科せられた刑罰の一つで、門や窓を閉ざして出入りを禁止したもの。「閉門蟄居《へいもんちっきょ》」ともいう。

用例 軽くても蟄居閉門、あるいは切腹――将軍家からはさすがに切腹しろとは申渡すまいが、当人自身が申訳の切腹という羽目にならないとも限らない。〈岡本綺堂◆鐘ヶ淵〉

類義語 蟄居屛息《ちっきょへいそく》

【馳騁縦横】 ちていじゅうおう

意味 思うままに馳《は》せること。ほしいままに振る舞うこと。また、思うままに支配すること。
〔補説〕「馳騁」は馬をかけ走らす、馬でかけ回ること。転じて、ほしいままに行動すること。「縦横」はたてとよこの意から、心のままに、自由自在に振る舞うこと。
〔用例〕其《その》自由自在なるは事実に忠実なるより来り、其感情の馳騁縦横なるは道理を離れず縄墨を忘れざるに伴う。〈徳冨蘆花◆自然と人生〉
〔類義語〕縦横無尽《じゅうおうむじん》・自由自在《じゆうじざい》

【智徳俊英】ちとくしゅんえい

〔意味〕すぐれた知識と人徳を兼ね備えること。また、その人。

〔補説〕「智徳」は知識と人徳、学識と人格を兼ね備える意。「俊英」はすぐれていること。

〔注意〕「知徳俊英」とも書く。

〔用例〕今、西洋諸国を文明といい、亜細亜《アジア》諸国を半開といえども、二、三の人物を挙《あげ》てこれを論ずれば、西洋にも頑陋至愚《がんろうしぐ》の民あり、亜細亜にも智徳俊英の士あり。〈福沢諭吉◆文明論之概略〉

【地平天成】ちへいてんせい

〔意味〕世の中が平穏で、天地が治まること。
〔補説〕「地平」は地の変動がなく、世の中が平穏に治まること。「天成」は天の運行が順調で、万物が栄えることをいう。「地《ち》平《たい》らかに天《てん》成《な》る」と訓読する。『春秋左氏伝《しゅんじゅうさしでん》』および『史記《しき》』中の「内平外成《ないへいがいせい》」（→505）とともに、年号「平成」の出典とされる語。
〔出典〕『書経《しょきょう》』大禹謨《だいうぼ》
〔類義語〕天下泰平《てんかたいへい》・天平地成《てんぺいちせい》・内平外成《ないへいがいせい》
〔対義語〕天災地変《てんさいちへん》・天変地異《てんぺんちい》

【智謀浅短】ちぼうせんたん〈―ナ〉

〔意味〕考えや計画が浅はかなさま。知恵の浅いこと。

〔補説〕「智謀」は巧みなはかりごと。また、知恵と計画のこと。「浅短」は浅はかで未熟なさま。

〔注意〕「知謀浅短」とも書く。

〔出典〕『漢書《かんじょ》』孔光伝《こうこうでん》
〔類義語〕軽率短慮《けいそつたんりょ》・短慮軽率《たんりょけいそつ》

【遅暮之嘆】ちぼのたん

〔意味〕年老いていくのを嘆くこと。また、晩年のこと。

〔補説〕「遅暮」はだんだんと年をとること。「遅」は「晩」の意。「嘆」はなげきのこと。

〔注意〕「遅莫之嘆」とも書く。「ちぼのなげき」とも読む。

〔出典〕『楚辞《そじ》』離騒《りそう》◎「草木の零落《れいらく》を惟《おも》い、美人の遅暮《ちぼ》を恐る」

【魑魅魍魎】ちみもうりょう

〔意味〕人に害を与える様々な化け物の総称。また、私欲のために悪だくみをする者のたとえ。
〔補説〕「魑魅」は山林の気から生じる山の化け物。「魍魎」は山川の気から生じる水の化け物。
〔注意〕「魑魅」は「螭魅」、「魍魎」は「罔両」とも書く。
〔出典〕『春秋左氏伝《しゅんじゅうさしでん》』宣公《せんこう》三年
〔用例〕人は夜の夢の中で、樹人や火人であった頃の、先祖の古い記憶を再現し、いつも我等《われら》の生命を脅かして居たところの、妖怪変化の恐しい姿や、得体の解《わか》らぬ怪獣やの、魑魅魍魎の大群に取り囲まれて魘《うな》されている。〈萩原朔太郎◆夢〉
〔類義語〕悪鬼羅刹《あっきらせつ》・蛟竜毒蛇《こうりょうどくじゃ》・狐狸変化《こりへんげ》・狐狸妖怪《こりようかい》・百怪魑魅《ひゃっかいちみ》・百鬼夜行《ひゃっきやこう》・妖怪変化《ようかいへんげ》

【知目行足】ちもくぎょうそく

〔意味〕悟りに達するためには、知恵と修行を兼ね備えていなければならないということ。

〔補説〕仏教語。知恵（理論的研究）を目に、実践的修行を足にたとえている。

〔注意〕「智目行足」とも書く。

〔出典〕『大智度論《だいちどろん》』八三

【着眼大局】ちゃくがんたいきょく

〔意味〕物事を全体的に大きくとらえること。また、広く物事を見て、その要点や本質を見抜くこと。
〔補説〕「着眼」は目をつけること。また、目のつけどころ。「大局」は物事の全体としての成りゆきのこと。「眼《め》を大局《たいきょく》に着《つ》く」と訓読する。
〔類義語〕達人大観《たつじんたいかん》
〔対義語〕着手小局《ちゃくしゅしょうきょく》

ち

【着手成春】 ちゃくしゅせいしゅん

意味 技巧にすぐれた詩人の、生き生きとして自然で清新な詩句表現のこと。また、名医や芸術家の腕のすばらしさのたとえ。

補説 手をつけると春ができあがるという意から。「春」は生命力を象徴している。「手《て》を着《つ》くれば春《はる》を成《な》す」と訓読する。

出典 『二十四詩品《にじゅうししひん》』

類義語 妙手回春《みょうしゅかいしゅん》

【忠君愛国】 ちゅうくんあいこく

意味 君主に対して忠節を尽くし、国を愛すること。

補説 「忠君」は君主に対して忠節であること。「愛国」は国を愛すること。

【中扃外閉】 ちゅうけいがいへい

意味 内なる心をしっかり閉ざし、内なる欲望を外に出さず、邪悪なものが外から入ってこないようにすること。

補説 「扃」は門にかんぬきをかけて閉ざすこと。

出典 『淮南子《えなんじ》』主術訓《しゅじゅつくん》

【忠言逆耳】 ちゅうげんぎゃくじ

意味 真心のこもった率直な忠告は聞くほうにとっては気分のよいものではないが、必ず身のためになるということ。

補説 「忠言」は忠告のこと。「逆耳」は耳に逆らうことで聞きづらい、聞いて気分がよくないこと。一般に「忠言《ちゅうげん》は耳《みみ》に逆《さか》らう」と訓読して用いる。「忠言は耳に逆らえども行いに利あり」の略。

出典 『孔子家語《こうしけご》』六本《ろっぽん》／『史記《しき》』留侯世家《りゅうこうせいか》

類義語 良薬苦口《りょうやくくこう》

【中権後勁】 ちゅうけんこうけい

意味 謀略・陣容ともに整っていること。また、重要なものすべてがそろっていること。

補説 「権」ははかりごと・策略のことで、「中権」は中央の軍にいる将軍が策略を練ること。「勁」は強い意で、「後勁」は後ろに控えている強い軍隊が殿《しんがり》をつとめること。「中《ちゅう》は権《はか》り後《のち》は勁《つよ》し」と訓読する。

出典 『春秋左氏伝《しゅんじゅうさしでん》』宣公《せんこう》一二年

【中原逐鹿】 ちゅうげんちくろく

意味 群雄が帝王の位を得ようと争い合うこと。また、ある地位や目的物をねらって諸氏が争うこと。

補説 「中原」は中国の中央である黄河中流域を指す。「鹿」は、その音が「禄《ろく》」に通ずることから天子の位のこと。中国の戦国時代に天子の位を得ようとして天下を争ったことを、猟師たちがシカを追うのにたとえた。一般に「中原《ちゅうげん》に鹿《しか》を逐《お》う」と訓読して用いる。「中原之鹿《ちゅうげんのしか》」ともいう。

出典 『史記《しき》』淮陰侯伝《わいいんこうでん》

類義語 中原行鹿《ちゅうげんこうろく》

【中原之鹿】 ちゅうげんのしか

⇒ 中原逐鹿 ちゅうげんちくろく 445

【智勇兼備】 ちゅうけんび 〈―スル〉

意味 知恵と勇気とを兼ね備えていること。

注意 「知勇兼備」とも書く。

出典 『史記《しき》』藺相如伝《りんしょうじょでん》・賛

用例 人間は智勇兼備でなければならんぞ。キサマらは民主主義をはきちがえとる。平和こそ力の時代である。〈坂口安吾◆現代忍術伝〉

類義語 高材疾足《こうざいしっそく》・知勇兼全《ちゆうけんぜん》・知勇双全《ちゆうそうぜん》

【忠孝一致】 ちゅうこういっち

意味 主君に忠節を尽くすことと、親に孝行を尽くすことが同じであること。また、それらを全うすることができること。

補説 「忠」は主君に対する忠義、「孝」は親孝行。

出典 吉田松陰《よしだしょういん》「士規七則《しきしちそく》」

類義語 忠孝両全《ちゅうこうりょうぜん》

【抽黄対白】 ちゅうこうたいはく

意味 美しい色を巧みに配合すること。また、美しい文章を作ること。

補説 「抽黄」は黄色を抜き出すこと。「対白」は白に対するということ。黄色や白色の美しい色を配合する意。四六駢儷文《しろくべんれいぶん》（四字句と六字句を基本として対句《つい》を多用した美しい文章。→「四六駢儷《しろくべんれい》」340）の作成についていう。「黄《こう》を抽《ぬ》きて白《はく》に対《たい》す」と訓読する。

出典 柳宗元《りゅうそうげん》「乞巧文《きっこうぶん》」

【中冓之言】ちゅうこうのげん

（意味）夫婦、男女の戯《ざ》れ言。

（補説）「中冓」は屋敷の奥にある部屋で、夫婦の寝室のこと。

（出典）『詩経《しきょう》』鄘風《ようふう》・牆有茨《しょうゆうし》 ◎「中冓の言は道《い》う可からざるなり。道う可き所なれども之《これ》を言えば醜《みにく》ければなり」

（類義語）閨中之言《けいちゅうのげん》

【昼耕夜誦】ちゅうこうやしょう 〈―スル〉

（意味）昼は田畑を耕し、夜は書物を読むこと。転じて、生活の苦しい中でも学問に励むこと。

（補説）「昼耕」は昼間に畑を耕すこと。「夜誦」は夜に書物を声に出して読む、勉強をすること。「昼《ひる》耕《たがや》し夜《よる》誦《しょう》す」と訓読する。

（出典）『魏書《ぎしょ》』崔光伝《さいこうでん》

（類義語）蛍雪之功《けいせつのこう》・蛍窓雪案《けいそうせつあん》・精励恪勤《せいれいかっきん》・断薺画粥《だんせいかくしゅく》

【忠孝両全】ちゅうこうりょうぜん

（意味）君主に対しての忠義と親に対しての孝行をともに全うすること。

（補説）「忠」は君主に対する忠義、「孝」は親に対する孝行。忠と孝が一致するものという考えではなく、別々の両者を両立させることと考えられる。

（出典）李商隠《りしょういん》「濮陽公陳許《ぼくようこうちんきょ》の為《ため》に上《たてまつ》るの表《ひょう》」

（類義語）忠孝一致《ちゅうこういっち》・忠孝双全《ちゅうこうそうぜん》・忠孝両立《ちゅうこうりょうりつ》

（対義語）忠孝不並《ちゅうこうふへい》

【忠魂義胆】ちゅうこんぎたん

（意味）忠義を重んじ守る心のこと。

（補説）「忠魂」は忠義ひとすじの精神。「義胆」は正義を重んじる真心。「魂」「胆」ともに、精神、真心の意で、それぞれに「忠」「義」を配した言葉。

（出典）滝沢馬琴《たきざわばきん》「八犬士伝序《はっけんしでんじょ》」

（用例）「それにはおよぶまいと存ぜられます。ずっと昔から今日まで、変らずお持ちつづけておいでになる、その忠魂義胆だけで、もうもう十分でございますよ」〈国枝史郎◆娘煙術師〉

【鋳山煮海】ちゅうさんしゃかい

（意味）山海の産物が豊富であること。また、多くの財貨をたくわえるたとえ。

（補説）山の銅を採掘して銭を鋳造し、海水を煮て塩を造る意。「鋳山」は山の銅を採り、それを溶かして貨幣を造ること。「煮海」は海水を煮て塩を造る意。「山《やま》を鋳《い》、海《うみ》を煮《に》る」と訓読する。自然の資源を開発することに長《た》けているたとえにも用いる。

（注意）「ちゅうざんしゃかい」とも読む。

（出典）『史記《しき》』呉王濞伝《ごおうびでん》

【疇咨之憂】ちゅうしのうれい

（意味）有能な人材を集めなければいけないという悩み。

（補説）「疇咨」は人と相談して人材を求めること。「疇」は誰《だれ》、「咨」は問いはかる意で、誰か私（王）のために人材をたずね求めよ、の意。「咨」は、ああ、という嘆辞ともいう。為政者にとっては人材確保がいつも大きな悩みであるということ。

（出典）『書経《しょきょう》』堯典《ぎょうてん》

（対義語）桃李満門《とうりまんもん》

【中秋玩月】ちゅうしゅうがんげつ

（意味）陰暦八月十五日の夜に月をめでること。

（補説）「中秋」は、陰暦の八月十五日の意。また、「仲秋」に通じて陰暦八月の異称。「玩月」は月をめでる、観賞すること。

（注意）「中秋翫月」とも書く。

（出典）『曲洧旧聞《きょくいきゅうぶん》』

（類義語）中秋名月《ちゅうしゅうのめいげつ》

【中秋名月】ちゅうしゅうのめいげつ

（意味）陰暦八月十五日の夜の月のこと。

（補説）「中秋」は、陰暦の八月十五日の意。また、「仲秋」に通じて陰暦八月の異称。

（注意）「仲秋名月」とも書く。

（類義語）中秋玩月《ちゅうしゅうがんげつ》

【中秋無月】ちゅうしゅうむげつ

（意味）秋の十五夜に月が現れないこと。風流でないこと。風流を邪魔されることのたとえ。

（補説）「中秋」は陰暦八月十五日。その日は美しい満月をめで、観賞する。「無月」は空が曇って、月が現れないこと。中秋に肝心の月が出ないという意。

（出典）司空図《しくうと》—詩「中秋《ちゅうしゅう》」◎「此《こ》の夜若《も》し月無くんば、一年虚《むな》しく秋を過ごさん」

【稠人広衆】ちゅうじんこうしゅう

意味 群衆・公衆のこと。多くの人が集まった席。

補説 「稠」は多い意。「稠人」は多くの人を表す。「広衆」は広く集まること。「稠人広坐《ちゅうじんこうざ》」ともいう。

出典 『史記《しき》』灌夫伝《かんぷでん》

類義語 稠人広坐《ちゅうじんこうざ》

【忠信孝悌】ちゅうしんこうてい

⇒ 孝悌忠信 こうていちゅうしん 220

【抽薪止沸】ちゅうしんしふつ

意味 物事を根本から解決することのたとえ。

補説 「抽薪」は燃えているたきぎを竈《かまど》から引き抜くこと。「止沸」は沸騰した湯を火を止めてさますこと。問題を解決するには根本から対処するということ。「薪《たきぎ》を抽《ぬ》きて沸《たぎり》を止《とど》む」と訓読する。

出典 『魏志《ぎし》』董卓伝《とうたくでん》裴注《はいちゅう》に引く『続漢書《しょくかんじょ》』

類義語 削株掘根《さくしゅくっこん》・断根枯葉《だんこんこよう》・抜本塞源《ばっぽんそくげん》・釜底抽薪《ふていちゅうしん》

【誅心之法】ちゅうしんのほう

意味 行動に現れなくても、心中に悪意があれば、それを責め立てること。

補説 「誅心」は不純な心を責め立て、その不純を罰すること。春秋の筆法の一つ。

出典 『春秋左氏伝《しゅんじゅうさしでん》』宣公《せんこう》二年・会箋《かいせん》

【疇昔之夜】ちゅうせきのよ

意味 昨晩。昨日の夜。

補説 「疇昔」は先日・昨日の意。「疇」は過ぎ去った時を表す語、「昔」は前の意。

出典 『礼記《らいき》』檀弓《だんぐう》上

【昼想夜夢】ちゅうそうやむ

意味 目が覚めている昼に思ったことを、夜に寝て夢見ること。また、日夜思いつづけていることの形容。

補説 「昼《ひる》想《おも》い夜《よる》夢《ゆめ》む」と訓読する。

出典 『列子《れっし》』周穆王《しゅうぼくおう》

【躊躇逡巡】ちゅうちょしゅんじゅん 〈―スル〉

意味 決心がつかず、ためらってぐずぐずすること。

補説 「躊躇」はためらう、「逡巡」はしり込みする意。類義の語を重ねて意味を強調した言葉。

用例 しかもその態度のあくまで確信的にして毫《すこ》しも躊躇逡巡の態なきことは、すくなくとも我々をして一種の敬虔《けいけん》なる感じを抱かしめるだけの力がある。〈赤木桁平◆所謂『自然主義前派』に就て〉

【中通外直】ちゅうつうがいちょく

意味 君子の心は邪心がなく広々として、その行いはまっすぐなこと。

補説 「中通」はハスの茎の中に穴があいているさま。心に邪心のないたとえ。「外直」は外形がまっすぐで正しいこと。ともにハスの茎の形容。「中《なか》通《つう》じ外《そと》直《なお》し」と訓読する。

出典 周敦頤《しゅうとんい》「愛蓮説《あいれんのせつ》」

【中途半端】ちゅうとはんぱ 〈―ナ〉

意味 物事が完成していないさま。徹底せずどっちつかずなさま。

補説 「中途」は道の中ほどの意。「半端」はどっちつかずではっきりしないこと。

用例 もう、五十の年をきいては、中途半端でいる事は何よりも不安至極で、人間として少しも値打ちのないような空白を感じてくる。〈林芙美子◆崩浪亭主人〉

【中肉中背】ちゅうにくちゅうぜい

意味 普通の体重で、普通の身長であること。

補説 「中肉」は太り過ぎでもなくやせ過ぎでもない肉付き、「中背」は高くもなく低くもない身長。

用例 二十になるかならぬかの女の装飾としては、殆《ほとん》ど異様に思われる程である。中肉中背で、可哀らしい円顔をしている。〈森鷗外◆百物語〉

【虫臂鼠肝】ちゅうひそかん

意味 きわめてささいで、つまらないものの形容。また、物の変化は人の力では予測しがたいことのたとえ。

補説 「虫臂」は虫のひじ、「鼠肝」はネズミの肝の意。ともに、ごく小さく大したものでないものを指す。

出典 『荘子《そうじ》』大宗師《たいそうし》

【綢繆未雨】ちゅうびゅうみう

意味 あらかじめ用意をして、災いを未然に防ぐたとえ。
補説 「綢繆」は緩んだところを固めて巣を修理すること。「未雨」は雨が降る前の意。ミソサザイが雨の降る前に巣のすき間を修理することから。「未雨綢繆《みうちゅうびゅう》」ともいう。
出典 『詩経《しきょう》』豳風《ひんぷう》・鴟鴞《しきょう》
類義語 桑土綢繆《そうどちゅうびゅう》・綢繆牖戸《ちゅうびゅうゆうこ》・有備無患《ゆうびむかん》

【昼夜兼行】ちゅうやけんこう 〈―スル〉

意味 昼夜をわかたずに仕事をすること。また、昼も夜も休まず道を急行すること。
補説 「昼夜」は昼と夜。一日中。「兼行」は急いで一日に普通の倍の道のりを歩くこと。
出典 『呉志《ごし》』呂蒙伝《りょもうでん》
類義語 晨夜兼道《しんやけんどう》・倍日并行《ばいじつへいこう》・不解衣帯《ふかいいたい》・不眠不休《ふみんふきゅう》・連日連夜《れんじつれんや》

【忠勇義烈】ちゅうゆうぎれつ 〈―ナ〉

意味 忠義の心に厚く、勇気があって、正義感も強いこと。
補説 「忠勇」は忠義心が厚く勇気があること。「義烈」は正義の心が強いこと。
用例 回顧すれば日露の戦役は連戦連勝の勢いに乗じて平和克復を告げ、吾《わが》忠勇義烈なる将士は、今や過半、万歳声裏《り》に凱歌《がいか》を奏し、国民の歓喜何ものかこれに若《し》かん。〈夏目漱石◆吾輩は猫である〉
類義語 忠勇無双《ちゅうゆうむそう》

【忠勇無双】ちゅうゆうむそう

意味 他に並ぶものがないほど、忠義心が厚く勇気があること。また、そのような人。
補説 「忠勇」は忠義心が厚く勇気があるさま。「無双」は二つとない、世に並ぶものがないこと。「双」は並ぶ、匹敵する。
用例 饑《う》えた動物ほど、忠勇無双の兵卒の資格を具《そな》えているものはない筈《はず》である〈芥川龍之介◆桃太郎〉
類義語 忠勇義烈《ちゅうゆうぎれつ》

【中庸之道】ちゅうようのみち

意味 極端に偏らず、過剰も不足もない調和のとれた処世態度のこと。
補説 儒家の政治・哲学思想の一つ。「中庸」は考え方・行動などが偏らず、中正であることをいう。
出典 『論語《ろんご》』雍也《ようや》 ◎「中庸の徳たるや、其《そ》れ至《いた》れるかな」
用例 同じ旦那衆の一人でも、伊之助《いのすけ》だけは中庸の道を踏もうとしている。〈島崎藤村◆夜明け前〉

【中流砥柱】ちゅうりゅうしちゅう

意味 困難な状況の中や乱世にあっても、ゆるがずに節義を守ることのたとえ。
補説 「砥柱」は中国河南省三門峡市の東北、黄河の激流中にある小山の名。砥柱山。砥石《といし》のように滑らかであるという。「砥柱中流《しちゅうちゅうりゅう》」ともいう。
出典 『晏子春秋《あんししゅんじゅう》』内篇《ないへん》・諫《かん》下

【仲連蹈海】ちゅうれんとうかい

意味 清廉で節操が高いこと。
補説 「仲連」は中国戦国時代末期の斉の人、魯仲連《ろちゅうれん》のこと。「蹈海」は海に身を投げて死ぬこと。「蹈」は足でふむ、ゆく、あるくの意。『蒙求《もうぎゅう》』の表題の一つ。
故事 斉の魯仲連は他人を助けるのを好み、世俗を超越していて仕官しなかった。魯仲連が趙《ちょう》の国に行き、秦《しん》軍に囲まれたとき、非道の国である秦が帝となって天下に誤った政治を行うのならば、自分は東海に身を投げて死ぬつもりだと言った故事から。
出典 『史記《しき》』魯仲連伝《ろちゅうれんでん》

【沖和之気】ちゅうわのき

意味 天地間のよく調和した気のこと。
補説 「沖和」は調和した気のこと。「気」は天地の間に満ちている万物を構成する物質的要素。この調和を得たものが人間とされる。
出典 『列子《れっし》』天瑞《てんずい》

【黜陟幽明】ちゅっちょくゆうめい

意味 功績によって官吏の待遇を上下させること。
補説 「黜陟」は人材を評価することで、「黜」は退けること、「陟」は進めることを意味する。「幽」は功績のない愚者、「明」は功績のある賢者のこと。「幽明《ゆうめい》を黜陟《ちゅっちょく》す」と訓読する。
出典 『書経《しょきょう》』堯典《ぎょうてん》
類義語 適材適所《てきざいてきしょ》・量才取用《りょうさいしゅよう》・量才

録用《りょうさいろくよう》

対義語 大器小用《たいきしょうよう》・大材小用《たいざいしょうよう》

【寵愛一身】ちょうあいいっしん

意味 大勢のうちから特に大切にされ、愛情を独占すること。

補説 「寵」は君主の気に入り。また、気に入りの女性のこと。「寵愛」は特別に大切にしてかわいがること。「一身」は自分ただ一人の意。「三千の寵愛一身に在《あ》り」の略。

出典 白居易《はくきょい》「長恨歌《ちょうごんか》」◎「後宮《こうきゅう》の佳麗《かれい》（美女）三千人、三千の寵愛一身に在り」

【懲悪勧善】ちょうあくかんぜん

⇒ 勧善懲悪 かんぜんちょうあく 126

【長安日辺】ちょうあんにっぺん

意味 遠い場所のたとえ。また、才知に富んでいるたとえ。

補説 「長安」は中国西安市の古名。多くの王朝の都となった都市。「日辺」は太陽のあるあたり。

故事 中国晋《しん》の元帝が「長安と太陽はどちらが遠いか」と、幼い太子（後の明帝）に質問したところ、太子は「太陽のほうが遠い。長安から来たという人の話は聞いたことがあるが、太陽から来た人の話は聞いたことがないので」と答えた。翌日、群臣の前で同じ質問をされた太子は、逆に「長安のほうが遠い」と答えた。驚いてその理由を尋ねた元帝に、太子が「太陽は見えるが、長安は見えないので」と答えたという故事から。

出典 『世説新語《せせつしんご》』夙恵《しゅくけい》

【朝衣朝冠】ちょういちょうかん

意味 朝廷における公式の服装のこと。

補説 朝廷に出仕するときに着る衣服やかんむり。礼服。「朝衣」が衣服、「朝冠」がかんむり。

出典 『孟子《もうし》』公孫丑《こうそんちゅう》上

【超軼絶塵】ちょういつぜつじん

意味 他から抜きんでてすぐれていることのたとえ。

補説 馬などが群れから抜け出て、非常に速く走る形容。「超軼」は他から抜きんでていること。「軼」はすぐれる、まさる意。「絶塵」はちりを絶つ意で、ちりも立たぬくらいに、きわめて速く走ること。

注意 「超逸絶塵」とも書く。

出典 『荘子《そうじ》』徐無鬼《じょむき》

類義語 奔逸絶塵《ほんいつぜつじん》

【朝雲暮雨】ちょううんぼう

⇒ 巫山之夢 ふざんのゆめ 574

【朝盈夕虚】ちょうえいせききょ

意味 人生が無常であることのたとえ。人生のはかなさをいう語。

補説 朝に栄えて夕べに滅びる意。「盈」は満ちる、満たす、「虚」は盈の対語で、空になる意。

類義語 諸行無常《しょぎょうむじょう》・朝栄夕滅《ちょうえいせきめつ》

【長煙短焔】ちょうえんたんえん

意味 火事が生じて、煙が立ち昇り、炎が燃え立つさま。

補説 長く立ち昇る煙や短くめらめらと燃え立つ炎のこと。「長煙」は高く立ち昇る煙の意。「短焔」は短く低く燃え立つ炎の意。

注意 「長烟短焔」とも書く。

用例 家屋も土蔵も一夜の烟《けむり》となりて、鰐淵《わにぶち》の跡とては赤土と灰との外に覓《もと》むべきものもあらず、風吹き迷う長烟短焔の紛糾する処《ところ》に、独り無事の形を留めたるは、主が居間に備え付けたりし金庫のみ。〈尾崎紅葉◆金色夜叉〉

【張王李趙】ちょうおうりちょう

意味 ごく普通の一般人のこと。

補説 張・王・李・趙は中国の最もありふれた姓。

出典 『梁書《りょうしょ》』儒林伝《じゅりんでん》・范縝伝《はんしんでん》

類義語 張三李四《ちょうさんりし》

【朝改暮変】ちょうかいぼへん

⇒ 朝令暮改 ちょうれいぼかい 456

【朝開暮落】ちょうかいぼらく

意味 人の命のはかないこと。

補説 朝に花が開き、夕暮れには花びらが散ること。「朝《あした》に開《ひら》き暮《くれ》に落《お》つ」と訓読する。

出典 杜荀鶴《とじゅんかく》―詩「花木障《かぼくしょう》に題《だい》す」

類義語 朝栄暮落《ちょうえいぼらく》・朝生暮死《ちょうせいぼし》

ち

【朝改暮令】 ちょうかい ぼれい

⇒朝令暮改 ちょうれいぼかい 456

【鳥革翬飛】 ちょうかく きひ

意味 建物の造りが美しく立派なこと。

補説 「鳥革」は鳥の翼の意。一説に「革」は「変」の意で、鳥が驚いて貌《かたち》を変じて、飛び立とうとするさまともいい、また、鳥の毛が生え変わる意ともいう。「翬」は五色の模様のあるキジのこと。宮殿のひさしに色彩があって、華麗なことをたとえていう。

出典 『詩経《しきょう》』小雅《しょうが》・斯干《しかん》

類義語 雕梁画棟《ちょうりょうがとう》

【朝過夕改】 ちょうか せきかい

意味 自分の過ちをすぐ改めること。また、その改め方の迅速な様子。

補説 「朝過」は朝に犯した過ち。「夕改」はその日の夕方までに改めること。「朝《あした》に過《あやま》ちて夕《ゆう》べに改《あらた》む」と訓読する。

出典 『漢書《かんじょ》』翟方進伝《てきほうしんでん》

類義語 朝聞夕改《ちょうぶんせきかい》

【朝歌夜絃】 ちょうか やげん

意味 一日中遊楽にふけること。

補説 朝は歌い、夜は楽器を奏する意。

注意 「朝歌夜弦」とも書く。

出典 杜牧《とぼく》「阿房宮賦《あぼうきゅうのふ》」

【朝観夕覧】 ちょうかん せきらん 〈―スル〉

意味 朝な夕なに見ること。絵画などを愛玩《あいがん》することをいう。

補説 「観」「覧」ともに見る意。

出典 『歴代名画記《れきだいめいがき》』

【張冠李戴】 ちょうかん りたい

意味 名実が食い違うことのたとえ。はきちがえ。

補説 張さんの帽子を李さんがかぶる意から。「戴」は頭にのせる意。

出典 『戯瑕《ぎか》』三

【重熙累洽】 ちょうき るいこう

意味 天子の功績が積み重なって、その恩恵が広く行き渡ること。

補説 「重熙」は光明を重ねる意。「重」「累」は重ねる意。「熙」は光。天子の徳が盛んなさま。「累洽」は恩沢を累《っ》む意。「洽」は恩沢のこと。

出典 『文選《もんぜん》』班固《はんこ》「東都賦《とうとのふ》」

類義語 重熙累盛《ちょうきるいせい》・重熙累績《ちょうきるいせき》・重熙累葉《ちょうきるいよう》

【長頸烏喙】 ちょうけい うかい

意味 長い頸《くび》ととがった口先。

補説 「烏」はカラス。このような人相をした人物はカラスのように強欲・陰険で、苦労をともにすることはできても安楽をともにすることはできないという。中国春秋時代、越の国の范蠡《はんれい》が越王勾践《こうせん》について言った言葉。

出典 『史記《しき》』越世家《えつせいか》

類義語 鷹視狼歩《ようしろうほ》

【重見天日】 ちょうけん てんじつ

意味 暗い状況から抜け出すこと。悪い状態から脱却し、再びよいほうに向かうこと。

補説 「重見」は再び見る意。「天日」は太陽。「重《かさ》ねて天日《てんじつ》を見《み》る」と訓読する。

出典 『古今小説《ここんしょうせつ》』・楊八老越国奇逢《ようはちろうえつこくきほう》』

類義語 開雲見日《かいうんけんじつ》・撥雲見天《はつうんけんてん》

【朝憲紊乱】 ちょうけん びんらん

意味 国家の基本を乱すこと。また、国のきまりが乱れること。

補説 「朝憲」は国家を治める基本の規則や制度のこと。「紊乱」は乱すこと。

用例 平民新聞は朝憲紊乱の嫌疑を以《もっ》て告発せられたり。〈木下尚江◆良人の自白〉

【懲羹吹膾】 ちょうこう すいかい

意味 一度の失敗に懲りて、必要以上の用心をすること。臆病《おくびょう》になること。

補説 一度羹《あつもの》を口にし失敗した者は、冷たい膾《なます》まで吹いて食べる意。「羹」は熱い汁物、「膾」は魚介類を調理し酢にひたした料理。一般に「羹《あつもの》に懲《こ》りて膾《なます》を吹《ふ》く」と訓読して用いる。「懲羹吹齏《ちょうこうすいせい》」ともいう。

出典 『楚辞《そじ》』九章《きゅうしょう》・惜誦《せきしょう》

類義語 呉牛喘月《ごぎゅうぜんげつ》

【長江天塹】 ちょうこう てんざん

意味 長江は天然の要害であるということ。

補説 長江は天然の堀である意から。「長江」

は揚子江。「塹」は堀や塹壕《ざんごう》で、城などの周囲にめぐらし敵の侵入を防ぐもの。「天塹」は天然の堀。

出典 『南史《なんし》』孔範伝《こうはんでん》

【朝耕暮耘】 ちょうこうぼうん

意味 農事に励むこと。

補説 朝に耕し夕べに雑草をとる意から。「耕」はたがやす意。「耘」はくさぎる、田畑の雑草をとる意。「朝《あした》に耕《たがや》し暮《く》れに耘《くさぎ》る」と訓読する。

出典 『輟耕録《てっこうろく》』検田吏《けんでんり》

【鳥語花香】 ちょうごかこう

意味 春の風物や情景のこと。

補説 鳥の鳴き声と花の香りの意から。

出典 呂本中《りょほんちゅう》－詩「庵居《あんきょ》」

類義語 桃紅柳緑《とうこうりゅうりょく》・柳暗花明《りゅうあんかめい》

【兆載永劫】 ちょうさいようごう

意味 きわめて長い時間のこと。

補説 仏教語。「兆載」は兆で数えるほどのきわめて長い年月。「載」は年の意。「劫」は仏教でいうきわめて長い時間の単位。菩薩《ぼさつ》が仏になるまでの長い修行の期間を表した語。

注意 「永」は「えい」、「劫」は「こう」とも読む。

出典 『無量寿経《むりょうじゅきょう》』上

用例 また仏様の兆載永劫のご苦労を思えば、感謝の念と衆生《しゅじょう》を哀れむ愛とが常に胸にあふれていなくてはなりませんからな。〈倉田百三◆出家とその弟子〉

【朝三暮四】 ちょうさんぼし

意味 目先の違いにとらわれて、結局は同じ結果であることを理解しないこと。また、言葉巧みに人を欺くこと。

補説 変わりやすく一定しないことや生計の意でも使われる。「朝四暮三《ちょうしぼさん》」ともいう。

故事 中国宋《そう》の狙公《そこう》（猿回し）が群れをなすほど猿を飼っていたが、急に貧しくなったので、猿に与えるトチの実を減らすことにした。猿が自分になつかなくなることを心配した狙公は、猿をたぶらかすためにまず「お前たちにやるトチの実を、朝は三つで晩は四つにする」と言うと、猿は皆立ち上がって怒りだした。そこで「朝は四つで晩は三つにしよう」と言うと、皆大喜びをしたという故事から

出典 『荘子《そうじ》』斉物論《せいぶつろん》／『列子《れっし》』黄帝《こうてい》

類義語 狙公配事《そこうはいじ》・暮四朝三《ぼしちょうさん》・漏脯充飢《ろうほじゅうき》

【朝参暮請】 ちょうさんぼしん

意味 仏教の修行者が、早朝と夕方に寺に出向いて住職より説法を受けること。

補説 「参」は師のもとで親しく指導を受けること。「請」は師に教えを請う意。

出典 『正法眼蔵《しょうぼうげんぞう》』重雲堂式《じゅううんどうしき》

【張三李四】 ちょうさんりし

意味 ありふれた平凡な人のたとえ。

補説 張氏の三男と李氏の四男の意。張も李も中国ではありふれた非常に多い姓であることから。

出典 『景徳伝灯録《けいとくでんとうろく》』一九・漳州保福院従展禅師《しょうしゅうほふくいんじゅうてんぜんじ》

用例 われは数冊の古書の外に一体のマリア観音を蔵するに過ぎず。若《も》しわれをしも蒐集家《しゅうしゅうか》と言わば、張三李四の徒も蒐集家たるべし。〈芥川龍之介◆わが家の古玩〉

類義語 張王李趙《ちょうおうりちょう》・張甲李乙《ちょうこうりいつ》・張三呂四《ちょうさんりょし》

【朝四暮三】 ちょうしぼさん

⇒ 朝三暮四 ちょうさんぼし 451

【長者三代】 ちょうじゃさんだい

意味 金持ちの家は、せいぜい親子三代までしかもたないということ。

補説 息子・孫とだんだんぜいたくになり、財産を次第に失うはめになることから。「長者」は金持ちのこと。

【長者万灯】 ちょうじゃのまんとう

意味 金持ちの用意するたくさんの灯火。経済力にものをいわせて多くの施しをしているが、心はあまりこもっていないこと。

補説 「貧者一灯《ひんじゃのいっとう》」と対にして、「長者の万灯より貧者の一灯」として用いることが多い。

注意 「ちょうじゃのまんどう」とも読む。

故事 ↓「貧者一灯《ひんじゃのいっとう》」561

出典 『阿闍世王受決経《あじゃせおうじゅけつきょう》』

対義語 貧者一灯《ひんじゃのいっとう》

【趙州先鉢】ちょうしゅうせんぱつ

意味 仏道の修行の要点は、日常生活を当たり前に行っているのと同じように、余計なことを考える前に日々の務めに励むべきであるということ。

補説 仏教語。「趙州」は中国唐の高僧従諗《じゅうしん》のこと。この言葉は従諗が悟りの手引きとして出した問題。粥《かゆ》を食べたら鉢を洗うべく、鐘が鳴ったら法堂（仏法を説くための堂）に行くべく、日々の事柄をきちんと行い、そこに余計な思考を差し挟まないことが大切であると説いたもの。

出典 『景徳伝灯録《けいとくでんとうろく》』一〇・趙州観音院従諗禅師《ちょうしゅうかんのんいんじゅうしんぜんし》

【長袖善舞】ちょうしゅうぜんぶ

意味 財産や資質に恵まれた者のほうが、事を達成しやすいというたとえ。

補説 「長袖」は長い袖《そで》の衣服、「善舞」は巧みに舞うこと。長い袖の衣服を着ていたほうが、舞ったときに美しく見えるということから。「長袖《ちょうしゅう》善《よ》く舞《ま》う」と訓読する。

出典 『韓非子《かんぴし》』五蠹《ごと》 ◎「長袖善く舞い多銭善く賈《あきな》う」

類義語 多銭善賈《たせんぜんこ》

【朝種暮穫】ちょうしゅぼかく

意味 時間の短いたとえ。また、方針が定まらないことのたとえ。

補説 朝に作物の種を植えて、暮れには収穫する意から。

出典 『漢書《かんじょ》』郊祀志《こうしし》

【鳥尽弓蔵】ちょうじんきゅうぞう

意味 目的が達せられた後には、それまで重用されていた者が捨てられるということのたとえ。

補説 鳥を射尽くしてしまうと、不必要となった弓がしまわれてしまうという意から。一般に「鳥《とり》尽《つ》き弓《ゆみ》蔵《おさ》めらる」と訓読して用いる。

出典 『史記《しき》』越世家《えつせいか》／淮陰侯伝《わいいんこうでん》

類義語 狡兎良狗《こうとりょうく》・得魚忘筌《とくぎょぼうせん》・兎死狗烹《としくほう》・忘恩負義《ぼうおんふぎ》

【超塵出俗】ちょうじんしゅつぞく

意味 世俗の見方と同じでないこと。また、世間の俗なものより、はるかに抜きんでてすぐれていること。

補説 「塵」はちり。転じて、世俗。俗世間のけがれ。

類義語 超世抜俗《ちょうせいばつぞく》・超俗抜俗《ちょうぞくばつぞく》

【長身痩軀】ちょうしんそうく

意味 背丈が高く体つきがやせていること。

補説 「痩軀長身《そうくちょうしん》」「痩身長軀《そうしんちょうく》」ともいう。

用例 長身痩軀、漆黒な髪をオールバックにした三木雄は立派な一個の美青年だった。〈岡本かの子◆明暗〉

【朝真暮偽】ちょうしんぼぎ

意味 真実とうその定めがたいことのたとえ。

補説 朝と夕で真実とうそが入れ替わる意。中国唐の白居易《はくきょい》が節操なく変節する人を風刺した語。

出典 白居易《はくきょい》一詩「放言《ほうげん》」

【朝秦暮楚】ちょうしんぼそ

意味 ふらふらして住所が定まらず、流浪するたとえ。

補説 朝には中国の西部にある秦にいて、暮れには南部にある楚にいるということから。また、朝には秦国に頼り、暮れには楚国に頼るという、主義・主張が一定でない意に使われることもある。

出典 晁補之《ちょうほし》「北渚亭賦《ほくしょていのふ》」

【彫心鏤骨】ちょうしんるこつ 〈—スル〉

意味 たいへんな苦労をすること。特に、非常に苦心して詩文などを作り上げること。

補説 心に彫りつけ骨に刻み込む意。「彫心」は心に刻み込む意。「鏤骨」は骨に刻みつける意。大きな苦労のたとえ。「心《こころ》に彫《ほ》り骨《ほね》に鏤《きざ》む」と訓読する。

注意 「ちょうしんろうこつ」とも読む。

用例 一茶《いっさ》の作品は極めて無造作に投げ出したようであるが、その底に潜んでいる苦労は恐らく作家でなければ味読することが出来まい（勿論《もちろん》、芭蕉《ばしょう》ほど彫心鏤骨ではないが）。〈種田山頭火◆片隅の幸福〉

類義語 刻骨銘肌《こっこつめいき》・刻骨銘心《こっこつめいしん》・彫肝琢腎《ちょうかんたくじん》・粉骨砕身《ふんこつさいしん》・銘肌鏤骨《めいきるこつ》・銘心鏤骨《めいしんるこつ》

【長生久視】ちょうせいきゅうし

意味 長生きをすること。

補説 「長生」は長生きをすること。「久視」は長い間目で見るということで、この世に長く生存するという意。

出典 『老子《ろうし》』五九

類義語 不老長寿《ふろうちょうじゅ》・不老長生《ふろうちょうせい》

【長生不死】ちょうせいふし

意味 長生きして死なないこと。

補説 「長生」は長生きをすること。

用例 それで道教の方では養生の為《ため》の薬を丹と申しますが、丹は長生不死の薬でありますが、宋《そう》以前は外丹の法でありましたが、宋以後は内丹の法というものになった。〈内藤湖南◆近代支那の文化生活〉

類義語 長生不老《ちょうせいふろう》・不老長寿《ふろうちょうじゅ》・不老長生《ふろうちょうせい》・不老不死《ふろうふし》

【朝齏暮塩】ちょうせいぼえん

意味 極貧の暮らしのたとえ。

補説 朝に塩漬けの野菜を食べ、晩にはおかずに塩をなめる意から。「齏」はなます、あえもの。塩漬けの野菜。

出典 韓愈《かんゆ》「窮《きゅう》を送《おく》るの文《ぶん》」

類義語 一汁一菜《いちじゅういっさい》・箪食瓢飲《たんしひょういん》・顔子一瓢《がんしいっぴょう》・羹藜含糗《こうれいがんきゅう》

【朝成暮毀】ちょうせいぼき

意味 朝に完成して夕べには破壊すること。建物などの造営が頻繁なことのたとえ。

補説 「成」は完成する意。「毀」はこぼつ、破壊する意。「朝《あした》に成《な》り暮《く》れに毀《こぼ》つ」と訓読する。

出典 『宋書《そうしょ》』少帝紀《しょうていき》

類義語 朝成夕毀《ちょうせいせきき》・朝穿暮塞《ちょうせんぼそく》

【朝生暮死】ちょうせいぼし

意味 生命のきわめて短いこと。人生のはかないことのたとえ。

補説 カゲロウの類などが朝に生まれて夕べには死ぬことから。「朝《あした》に生《う》まれ暮《く》れに死《し》す」と訓読する。

出典 『山海経《せんがいきょう》』海外東経《かいがいとうけい》

類義語 朝開暮落《ちょうかいぼらく》・朝活暮死《ちょうかつぼし》・朝生夕死《ちょうせいせきし》

【長舌三寸】ちょうぜつさんずん

意味 口先ではよいことを言っておきながら、陰で人をあざ笑うこと。陰で舌を出して笑うこと。

補説 「長舌」は心にもないお世辞を言うこと。また、おしゃべりなこと。「三寸」は長さの短いことから舌先にたとえられる。舌先だけでお世辞を言うこと。

類義語 巧言令色《こうげんれいしょく》

【懲前毖後】ちょうぜんひご

意味 前に犯した失敗を悔いて自らを戒め、その後の行動を用心して慎重になること。

補説 「毖」は慎むこと。「前《さき》に懲《こ》りて後《あと》を毖《つつし》む」と訓読する。

出典 『詩経《しきょう》』周頌《しゅうしょう》・小毖《しょうひ》

【朝穿暮塞】ちょうせんぼそく

意味 建築や造営が頻繁に行われることのたとえ。

補説 朝に穴を開けて夕べにはふさぐこと。「穿」はうがつ、「塞」はふさぐ意。「朝《あした》に穿《うが》ち暮《く》れに塞《ふさ》ぐ」と訓読する。

出典 『南斉書《なんせいしょ》』東昏侯紀《とうこんこうき》

類義語 朝成暮毀《ちょうせいぼき》

【彫題黒歯】ちょうだいこくし

⇒ 黒歯彫題 こくしちょうだい 233

【長短之説】ちょうたんのせつ

意味 話す内容に応じて、臨機応変に話を長くも短くもできること。

補説 中国戦国時代の縦横家《じゅうおうか》の弁舌法。

出典 『史記《しき》』田儋伝《でんたんでん》・賛

【冢中枯骨】ちょうちゅう(の)ここつ

意味 無能で恐れるに足りない人のたとえ。志が卑しく為《な》すことがない人のたとえ。

補説 墓の中の朽ち果てた骨の意。「冢」は墓のこと。「枯骨」は朽ち果てた白骨、死んだ人のこと。

出典 『蜀志《しょくし》』先主伝《せんしゅでん》

類義語 無芸大食《むげいたいしょく》

【彫虫篆刻】ちょうちゅうてんこく

意味 詩文を作る際に、あまりに細部の技巧にこだわること。また、その技巧による内容のない文章のことも表す。

補説「彫虫」は小さな虫を彫刻すること。また、一説に、中国後漢代の字書『説文解字《せつもんかいじ》』に見える秦《しん》代の書体の虫書を刻みつける意。「彫」「刻」はともに刻みつける意。「篆刻」は木や石に篆書の字を刻むこと。戦国から秦漢にかけて虫書・篆書など複雑な線の装飾的な字体が流行していた。
注意「雕虫篆刻」とも書く。
出典『揚子法言《ようしほうげん》』吾子《ごし》
用例詩は閑人の囈語《げいご》に非《あら》ず、詩は彫虫篆刻の末技に非ず。〈土井晩翠◆天地有情〉
類義語咬文嚼字《こうぶんしゃくじ》・雕虫小技《ちょうちゅうしょうぎ》・雕虫薄技《ちょうちゅうはくぎ》

【喋喋喃喃】ちょうちょうなんなん 〈―タル〉〈―ト〉

意味男女がむつまじげに語り合うさま。また、小さい声で親しそうに語り合うさま。

補説「喋喋」は口数の多いさま。「喃喃」は小声でしゃべる意。

用例私がそういう状況でもって、脂ぎった女の霊媒と喋々喃々の時間を、他に人気のない夜の部屋で続けていたら、俗人らしい間違いをしでかしたかも知れないと思う。〈海野十三◆心霊研究会の怪〉

【丁丁発止】ちょうちょうはっし

意味激しく議論し合うさま。また、刀などで激しく音を立てて打ち合うさま。

補説「丁丁」は続けて打ちたたく擬音。「発止」は堅い物同士が打ち当たる擬音。

注意「丁丁」は「打打」、「止」は「矢」とも書く。

用例江戸時代の文学の、斬り合いの描写といえば、所謂《いわゆる》、「丁々発止、虚々実々の云々《うんぬん》」の流儀に定っていたものであった。〈直木三十五◆大衆文芸作法〉

【朝朝暮暮】ちょうちょうぼぼ

意味毎朝毎晩。朝な夕な。

補説「朝朝」は毎朝。朝な朝な。「暮暮」は毎夕。夕な夕な。「朝」「暮」をそれぞれ重ねて繰り返しを強調している。「暮暮朝朝《ぼぼちょうちょう》」ともいう。

出典『文選《もんぜん》』宋玉《そうぎょく》「高唐賦《こうとうのふ》」序

【長枕大被】ちょうちんたいひ

⇒ 大衾長枕 たいきんちょうちん 420

【長汀曲浦】ちょうていきょくほ

意味長く続くなぎさと曲がりくねった入り江。

補説美しい海岸線の形容。「汀」はなぎさ・みぎわ、「浦」は浜辺・湾の意。

用例長汀曲浦にひたひたと水量を寄せながら、浜の椰子《やし》林をそのまま投影させて、よろけ縞《じま》のように揺らめかし、その遥《はる》かの末に新嘉坡《シンガポール》の白堊《はくあ》の塔と高楼と煤煙《ばいえん》を望ましている海の景色に眼《め》を慰めていた。〈岡本かの子◆河明り〉

【糶糴斂散】ちょうてきれんさん

意味政府が豊作の年に米を買い上げて保管しておき、凶作の年に安く売り出すこと。
補説「糶」は穀物を売る意。「糴」は穀物を買い入れる意。「斂」は収め入れる。「散」は出す、くばる意。中国春秋時代、斉の宰相管仲に始まった経済政策。
出典『文献通考《ぶんけんつうこう》』市糴考《してきこう》
類義語賤斂貴出《せんれんきしゅつ》・賤斂貴発《せんれんきはつ》

【頂天立地】ちょうてんりっち

意味独立の気概をいう。

補説志が遠大で気概が平凡でなく、堂々としていることの形容。独り立ちして他人には頼らないこと。また、この世に生きていくとの形容。「頂天」は天を頂く意。「立地」は地に立つ意。「天《てん》を頂《いただ》いて地《ち》に立《た》つ」と訓読する。

出典『五灯会元《ごとうえげん》』二〇・道場法全禅師《どうじょうほうぜんぜんじ》

【張眉怒目】ちょうびどもく

意味眉《まゆ》をつり上げ目を怒らせること。怒ったさま。

補説「張眉」は眉を張る意。精神が興奮したさま。「眉《まゆ》を張《は》り目《め》を怒《いか》らす」と訓読する。

類義語横眉怒目《おうびどもく》・柳眉倒豎《りゅうびとうじゅ》

【凋氷画脂】ちょうひょうがし

意味労力が無駄に費やされることのたとえ。苦労しても効果のないたとえ。

補説「凋」は「彫」に同じで、「凋氷」は氷に刻むこと。「画脂」はあぶらに描くこと。「氷《こおり》に凋《ほ》りて脂《あぶら》に画《えが》く」と訓読する。

注意「ちょうひょうかくし」とも読む。

出典 『甲乙剰言《こうおつじょうげん》』

類義語 画脂鏤氷《がしろうひょう》・鏤氷雕朽《ろうひょうちょうきゅう》

【嘲風弄月】ちょうふうろうげつ

意味 風や月を題材にして即興で詩歌を作ること。また、現実から乖離《かいり》した、思想内容に乏しい軟弱な詩文の形容に用いられることもある。

補説 「嘲」「弄」はともに、たわむれる意。たわむれに詩文を作ること。「風《かぜ》を嘲《あざけ》り月《つき》を弄《ろう》す」と訓読する。

注意 「嘲風哢月」とも書く。

出典 白居易《はくきょい》‐詩「将《まさ》に渭村《いそん》に帰《かえ》らんと、先《ま》ず舎弟《しゃてい》に寄《よ》す」

類義語 吟風弄月《ぎんぷうろうげつ》・嘯風弄月《しょうふうろうげつ》・嘲風詠月《ちょうふうえいげつ》・風雲月露《ふううんげつろ》

【超仏越祖】ちょうぶつおっそ

意味 仏や祖師を超越すること。

補説 禅宗の語。仏や祖師と同等の悟りに達して完結するのでなく、さらに仏や祖師をも乗り越えてゆかねばならぬ、ということ。

出典 『景徳伝灯録《けいとくでんとうろく》』一九「雲門文偃《うんもんぶんえん》」

【雕文刻鏤】ちょうぶんこくる 〈—スル〉

意味 器などに細工をして飾ること。転じて、文章の細部を工夫し飾ること。

補説 「雕文」は模様を彫刻すること。「刻鏤」は彫りつけること。「刻」は木に彫りつける、「鏤」は金属に彫りつける意。

注意 「彫文刻鏤」とも書く。

出典 『管子《かんし》』重令《ちょうれい》

【朝聞夕死】ちょうぶんせきし

意味 道を体得しようとする人の心構え。

補説 通常は「朝《あした》に道を聞かば夕《ゆうべ》に死すとも可なり」という形で用いられる。孔子は自らの道を求める気持ちを「朝に道の何たるかを聞くことができたならば、その日のうちに死んでも悔いはない」と表現した。「朝…夕（暮）…」の形は期間の短いことのたとえによく用いられる。

出典 『論語《ろんご》』里仁《りじん》

【長鞭馬腹】ちょうべんばふく

意味 いかに強い力があっても人力では及ばないものがあるというたとえ。また、長すぎたり大きすぎたりして役に立たないたとえ。

補説 「長鞭馬腹に及ばず」の略。いかに鞭《むち》が長くても馬の腹にまでは届かないことから。

出典 『春秋左氏伝《しゅんじゅうさしでん》』宣公《せんこう》一五年

【眺望絶佳】ちょうぼうぜっか 〈—ナ〉

意味 目の前に広がる風景がすばらしくよいさま。

補説 「眺望」は景色を遠くまで眺め見渡すこと。また、その眺め。「絶佳」はすぐれて美しいさま。

用例 しかし、この村には眺望絶佳の場所が一つある。そこが眼《め》から放れない。〈横光利一◆夜の靴〉

類義語 一望千里《いちぼうせんり》・眺望佳絶《ちょうぼうかぜつ》

【長命富貴】ちょうめいふうき

意味 長寿で財産があり、身分も高いこと。

補説 「富」は財産が多いこと。「貴」は身分が高いこと。高貴。

出典 『旧唐書《くとうじょ》』姚崇伝《ようすうでん》

類義語 富貴長生《ふうきちょうせい》

【鳥面鵠形】ちょうめんこくけい

意味 飢えのためたいへんやせて、両頰《ほお》がこけているさま。

補説 鳥のような顔で、白鳥のような体をしている意から。「面」は顔。「鵠」は白鳥。「形」は体。

出典 『資治通鑑《しじつがん》』梁紀《りょうき》・簡文帝《かんぶんてい》大宝《たいほう》元年

類義語 鳩形鵠面《きゅうけいこくめん》・鵠面鳩形《こくめんきゅうけい》・鵠面鳥形《こくめんちょうけい》

【長目飛耳】ちょうもくひじ

⇒ 飛耳長目 ひじちょうもく 547

【頂門一針】ちょうもんのいっしん

意味 相手の急所をつく訓戒のたとえ。痛烈で的を射た戒め。

補説 「頂門」は頭のてっぺん。鍼灸《しんきゅう》医療で、頭の頂に針を打って病に対処することから。

注意 「頂門一鍼」とも書く。「ちょうもんのひとはり」とも読む。

出典 『鶴林玉露《かくりんぎょくろ》』一三

類義語 寸鉄殺人《すんてつさつじん》・頂門金椎《ちょうもんのきんつい》・当頭

ち

一棒《とうとういちぼう》

【頂門金椎】 ちょうもんのきんつい

(意味) 頭上を金属のつちで打つ意で、急所を押さえて痛切に戒めるたとえ。痛切に相手の急所をつく訓戒のたとえ。

(補説) 「頂門」は頭のてっぺん。「金椎」は金属のつちの意。

(出典) 『佩文韻府《はいぶんいんぷ》』に引く黄庭堅《こうていけん》の詞

(類義語) 寸鉄殺人《すんてつさつじん》・頂門一針《ちょうもんのいっしん》・当頭一棒《とうとういちぼう》

【長夜之飲】 ちょうやのいん

(意味) 夜通しの酒宴。夜通し酒を飲み、夜が明けても窓を閉じたままで、明かりをつけて何日も続行すること。

(補説) 中国殷《いん》の紂《ちゅう》王が催したという宴会。「長夜之楽《ちょうやのたのしみ》」ともいう。

(出典) 『韓非子《かんぴし》』説林《ぜいりん》上

(類義語) 酒池肉林《しゅちにくりん》・長夜之宴《ちょうやのえん》

【長夜之楽】 ちょうやのたのしみ

⇒ 長夜之飲 ちょうやのいん 456

【朝有紅顔】 ちょうゆうこうがん

(意味) 人生の無常やはかないことのたとえ。

(補説) 「紅顔」は若くて皮膚につやのある血色のよい顔。「朝《あした》には紅顔《こうがん》有りて、夕《ゆうべ》には白骨となれる身なり」の略。

(出典) 蓮如《れんにょ》「御文章《おぶんしょう》」

(類義語) 愛別離苦《あいべつりく》・会者定離《えしゃじょうり》・諸行無常《しょぎょうむじょう》

【長幼之序】 ちょうようのじょ

(意味) 年長者と年少者の間の守るべき社会的秩序のこと。

(補説) 五倫《ごりん》（儒教において人間関係〔君臣・父子・夫婦・長幼・朋友の間柄〕を規律する五つの基本的な徳目）の一つ。「長幼」は年長者と年少者、おとなと子ども。「序」は席次のこと。「長幼有序《ちょうようゆうじょ》」ともいう。

(出典) 『礼記《らいき》』楽記《がくき》

(類義語) 長幼之節《ちょうようのせつ》

【朝蠅暮蚊】 ちょうようぼぶん

(意味) 小人物がはびこるたとえ。

(補説) 朝には蠅《はえ》が集まり、暮れには蚊が集まる意から。「蠅」「蚊」はともに小人物のたとえ。

(出典) 韓愈《かんゆ》「雑詩《ざっし》」

【長幼有序】 ちょうようゆうじょ

⇒ 長幼之序 ちょうようのじょ 456

【重卵之危】 ちょうらんのき

⇒ 累卵之危 るいらんのき 671

【彫梁画棟】 ちょうりょうがとう

(意味) 豪華で美しい建物のたとえ。

(補説) 華やかに彫刻された梁《はり》と、美しい絵の描かれた棟木のこと。「雕」はきざむ意で、「彫」と同じ。

(出典) 鄭廷玉《ていていぎょく》『看銭奴《かんせんど》』三

(類義語) 鳥革翬飛《ちょうかくきひ》

【跳梁跋扈】 ちょうりょうばっこ 〈―スル〉

(意味) 悪人などがのさばり、はびこること。

(補説) 「跳梁」ははね回ること。「跋扈」は悪人などが権威を無視して、わがもの顔に振る舞いのさばること。「跋」はふみつける、あるく意。「扈」は水中に置き魚をとる竹の籠《かご》。大魚はそれを躍り越えて逃げることからいう。「跋扈跳梁《ばっこちょうりょう》」ともいう。

(用例) しかしこの時代でも、こうした悪鬼の跳梁跋扈をいつまでも見逃がしてはおかなかった。〈岡本綺堂◆一本足の女〉

(類義語) 横行闊歩《おうこうかっぽ》・横行跋扈《おうこうばっこ》・昂首闊歩《こうしゅかっぽ》・飛揚跋扈《ひようばっこ》・陸梁跋扈《りくりょうばっこ》

【朝令暮改】 ちょうれいぼかい

(意味) 命令や政令などが頻繁に変更されて、一定しないこと。

(補説) 朝出した命令が夕方にはもう改められるという意から。「朝《あした》に令《れい》して暮《く》れに改《あらた》む」と訓読する。「朝改暮変《ちょうかいぼへん》」「朝改暮令《ちょうかいぼれい》」ともいう。

(出典) 『漢書《かんじょ》』食貨志《しょっかし》

(用例) 時々の政府の科学的理解のない官僚の気まぐれなその日その日の御都合による朝令暮改の嵐にこの調査の系統が吹き乱される憂いが多分にあった。〈寺田寅彦◆新春偶語〉

(類義語) 朝出暮改《ちょうしゅつぼかい》・朝変暮改《ちょうへんぼかい》・朝立暮廃《ちょうりつぼはい》・天下法度《てんかはっと》・三日法度《みっかはっと》

【凋零磨滅】 ちょうれいまめつ 〈―スル〉

(意味) 文物などが滅びてなくなること。

ち

補説 「凋零」は草花がしぼんで落ちること。「磨滅」はすりへりなくなること。
出典 『新唐書《しんとうじょ》』芸文志《げいもんし》・論

【直往邁進】ちょくおうまいしん 〈—スル〉

意味 ためらわずにまっすぐ突き進むこと。
補説 「直往」はまっすぐに行くこと。「邁進」は恐れずにひたすら前進すること。
用例 能《よ》く国民の理想を体達して、一路信念の動く所、個人の権威、心霊の命令を神の如《ごと》く尊重し、直往邁進毫《ごう》も撓《たわ》むなき政治的天才によって経緯せらるる所に御座候。〈石川啄木◆渋民村より〉
類義語 勇往邁進《ゆうおうまいしん》

【直躬証父】ちょくきゅうしょうふ

意味 度の過ぎた正直さのこと。
補説 正直すぎる子が、父親の罪を証言することから。「直躬」の「直」は正直者、「躬」は人の名。「躬《み》を直《なお》くする」意とする説もある。「直躬《ちょくきゅう》父《ちち》を証《しょう》す」と訓読する。
注意 「ちょっきゅうしょうふ」とも読む。
故事 →「子為父隠《しいふいん》」270
出典 『論語《ろんご》』子路《しろ》
対義語 子為父隠《しいふいん》

【直言極諫】ちょくげんきょっかん 〈—スル〉

意味 正しいと思うことを遠慮せずに言って、手厳しく諫《いさ》めること。
補説 「直言」は思ったことをはばからずに言う意。「極諫」は強く諫める意。もともとは君主に対して臣下が行ったこと。
出典 晁錯《ちょうそ》「賢良《けんりょう》を挙《あ》ぐるの対策《たいさく》」
類義語 直言骨鯁《ちょくげんこっこう》・直言正諫《ちょくげんせいかん》・直言無諱《ちょくげんむき》・直言切諫《ちょくげんせっかん》

【直言骨鯁】ちょくげんこっこう

意味 不快に聞こえるが道理にはそっている諫《いさ》めの言葉を、遠慮せずに言うこと。
補説 「直言」は思ったことをはばからずに言う。「鯁」は魚の骨。「骨鯁」はその諫めの言葉を、魚の骨が喉《のど》につかえることにたとえている。耳ざわりな諫言《かんげん》をする正直な臣の意。
出典 韓愈《かんゆ》「争臣論《そうしろん》」
類義語 直言極諫《ちょくげんきょっかん》・直言正諫《ちょくげんせいかん》・直言無諱《ちょくげんむき》・直言切諫《ちょくげんせっかん》

【直情径行】ちょくじょうけいこう

意味 感情の赴くに任せて思うとおりに行動すること。
補説 「直情」はありのままの感情、「径行」は思うことを曲げないで、そのままに行動すること。「情《じょう》を直《なお》くして径《ただ》ちに行《おこな》う」と訓読する。
出典 『礼記《らいき》』檀弓《だんぐう》下
用例 このような社会にあってはすべてにおいて持ってまわった謎のような表現がとうとばれ、形式だけの儀礼の形骸が重視される。したがって直情径行は嘲笑と侮蔑の対象でしかなくなる。〈伊丹万作◆余裕のことなど〉
類義語 軽率短慮《けいそつたんりょ》・直言直行《ちょくげんちょっこう》・猪突猛進《ちょとつもうしん》
対義語 熟慮断行《じゅくりょだんこう》

【直截簡明】ちょくせつかんめい 〈—ナ〉

意味 まわりくどくなく、簡潔で分かりやすいさま。
補説 「直截」は直ちに裁決する意。「簡明」は簡潔明瞭《めいりょう》なこと。「簡明直截《かんめいちょくせつ》」ともいう。
注意 「ちょくさいかんめい」とも読む。
用例 これは活花台だ。月光を線に延ばして奇怪な形に編み上げたようなアームチェーアや現代機械の臓腑《ぞうふ》の模型がグロテスクな物体となって睥睨《へいげい》し嘲笑し、旧様式美に対する新様式の反逆を直截簡明に宣言している一群の進撃隊のようだ。〈岡本かの子◆バットクラス〉
類義語 単純明快《たんじゅんめいかい》
対義語 婉曲迂遠《えんきょくうえん》・複雑怪奇《ふくざつかいき》

【直立不動】ちょくりつふどう

意味 まっすぐに立ち、身動きしないこと。
用例 かれは少尉の顔を見るといつも直立不動の姿勢で最敬礼をするのであった。〈佐藤紅緑◆ああ玉杯に花うけて〉

【佇思停機】ちょしていき

意味 思いわずらい、心の働きを止めてしまうこと。
補説 仏教語。特に禅宗の語。「佇思」は立ち止まって思いわずらうこと。「機」は心の働き。「佇《たたず》みて思《おも》い、機《き》を停《とど》む」と訓読する。
出典 『碧巌録《へきがんろく》』

ち

【猪突豨勇】 ちょとつきゆう

意味 イノシシのように向こう見ずに進む勇士の形容。

補説 中国漢の王莽《おうもう》が囚人などの中から選抜して組織した軍隊の名。「猪」「豨」はともに、イノシシの一種。「猪突」はイノシシのように向こう見ずに突き進むこと。

出典 『漢書《かんじょ》』食貨志《しょっかし》下

【猪突猛進】 ちょとつもうしん 〈―スル〉

意味 一つのことに向かって、向こう見ずに突き進むこと。

補説 イノシシの突進にたとえていう。「猪突」はイノシシのように向こう見ずに突き進むこと。

用例 本多正信《ほんださのぶ》の智略《ちりゃく》よりも大久保彦左衛門《おおくぼひこざえもん》の猪突猛進が武士の正道と見られるようになってしまった。〈坂口安吾◆鉄砲〉

類義語 直情径行《ちょくじょうけいこう》・匹夫之勇《ひっぷのゆう》・勇往邁進《ゆうおうまいしん》

【佇立瞑目】 ちょりつめいもく 〈―スル〉

意味 甚だしい悲しみのため、目を閉じたまま立ちつくすこと。

補説 「佇立」は長い間立ちつくす意。「瞑目」は目を閉じる意。

用例 衛の政変を聞いた孔子は即座に、「柴《さい》や、それ帰らん。由《ゆう》や死なん」と言った。はたしてその言のごとくなったことを知った時、老聖人は佇立瞑目することしばし、やがて潸然《さんぜん》として涙下った。〈中島敦◆弟子〉

【樗櫟散木】 ちょれきさんぼく

意味 役に立たない人物や物のたとえ。自己の謙称としても用いる。

補説 「樗」はニワウルシ。「櫟」はクヌギ。ともに材木として役に立たない木のたとえ。「散木」は役に立たない木。「樗櫟之材《ちょれきのざい》」ともいう。

出典 『荘子《そうじ》』逍遥遊《しょうようゆう》・人間世《じんかんせい》

類義語 樗櫟庸材《ちょれきようざい》

【樗櫟之材】 ちょれきのざい

⇒ 樗櫟散木 ちょれきさんぼく 458

【治乱興廃】 ちらんこうはい

⇒ 治乱興亡 ちらんこうぼう 458

【治乱興亡】 ちらんこうぼう

意味 世の中が治まって盛んになることと、乱れて衰えること。

補説 「興亡治乱《こうぼうちらん》」「治乱興廃《ちらんこうはい》」ともいう。

出典 欧陽脩《おうようしゅう》「朋党論《ほうとうろん》」

用例 生涯に瑕瑾《かきん》もないという事は、今みたいな治乱興亡の劇《はげ》しい中にある武将には、求めても求められない無理なはなしだ。〈吉川英治◆源頼朝〉

類義語 一治一乱《いっちいちらん》・群雄割拠《ぐんゆうかっきょ》

【知略縦横】 ちりゃくじゅうおう

意味 才知を働かせて、はかりごとを思うままにめぐらせること。

補説 「知略」は才知に富んだ計略の意。「縦横」は思いのまま、自由自在の意。

注意 「智略縦横」とも書く。

類義語 機略縦横《きりゃくじゅうおう》・知謀縦横《ちぼうじゅうおう》

【地霊人傑】 ちれいじんけつ

意味 すぐれた土地からはすぐれた人材が輩出されるということ。

補説 すぐれた人材はその土地の霊気が育むという意。「地霊」は大地に宿るとされる不思議な力をもつ存在。また、そうしたものが宿る土地。「人傑」は傑出した人物。

出典 王勃《おうぼつ》「滕王閣序《とうおうかくのじょ》」

【沈鬱頓挫】 ちんうつとんざ

意味 文章中の辞句や内容に含蓄や深みがありすぎ、調子に変化があって、意味がすらすら通らないこと。

補説 「沈鬱」は気分が晴れ晴れしない意で、ここでは文に含みがあって重いこと。「頓挫」は勢いがくじける意で、ここでは筆勢が急に柔らかくなること。

出典 杜甫《とほ》「雕賦《ちょうふ》を進《すす》むるの表《ひょう》」

【沈鬱悲壮】 ちんうつひそう

意味 気分が沈みふさがる中で、雄々しく勇ましいところがあるさま。

補説 「沈鬱」は気分が沈みふさがる、気分が晴れ晴れとしない意。「悲壮」は悲愁の中にりりしさのあること。

用例 惨《さん》として風雨の来襲を待つ状《さま》、ウ

オトルルーの英陣も斯《か》くと思われて、沈鬱悲壮、跌宕《てっとう》なる自然の威力の森然として身に浸《し》むを覚う。〈徳冨蘆花◆自然と人生〉

【枕戈寝甲】 ちんかしんこう

意味 いつでも戦えるように、常に準備を怠らないことのたとえ。

補説 ほこを枕《まくら》にして、よろいを身につけたまま眠りにつく意。「戈」は、ほこ。長い柄の先にかぎ形の両刃をつけた武器。「戈《ほこ》を枕《まくら》にし甲《よろい》に寝《い》ぬ」と訓読する。

出典 『晋書《しんじょ》』赫連勃勃載記《かくれんぼっさいき》

類義語 枕戈待旦《ちんかたいたん》

【枕戈待旦】 ちんかたいたん

意味 戦いの準備をいつも怠らないたとえ。

補説 ほこを枕《まくら》にして寝て、あしたを待つ意から。「戈」は、ほこ。長い柄の先にかぎ形の両刃をつけた武器。「旦」はあしたの意。「戈《ほこ》を枕《まくら》にして旦《あした》を待《ま》つ」と訓読する。

出典 『晋書《しんじょ》』劉琨伝《りゅうこんでん》

類義語 枕戈寝甲《ちんかしんこう》

【沈魚落雁】 ちんぎょらくがん

意味 絶世の美人の形容。

補説 あまりの美しさに、魚は深くかくれ、ガンは空から落ちる意。もとは『荘子《そうじ》』斉物論《せいぶつろん》に見える逸話で、人間の基準での美人を見ても魚や鳥は逃げるだけだという、価値の相対性を表した語。

出典 『荘子《そうじ》』斉物論《せいぶつろん》

用例 だから西洋の美人の形容詞には、東西共通の、沈魚落雁、閉月羞花《へいげつしゅうか》とか、花顔柳腰《かがんりゅうよう》明眸皓歯《めいぼうこうし》とかという美人に共通の資格の外に、「動」というものが美人の美人たる資格の内に含まれているのである。〈堀口九萬一◆東西ほくろ考〉

類義語 羞花閉月《しゅうかへいげつ》

対義語 人三化七《にんさんばけしち》・敗柳残花《はいりゅうざんか》

【枕経藉書】 ちんけいしゃしょ

意味 読書にふけることのたとえ。

補説 経書《けいしょ》を枕《まくら》にして、書物を敷物にすること。「藉」は敷く、敷物にするの意。「経《けい》を枕《まくら》にし書《しょ》を藉《し》く」と訓読する。

出典 『文選《もんぜん》』班固《はんこ》「賓《ひん》の戯《たわむ》れしに答《こた》う」

【椿萱並茂】 ちんけんへいも

意味 父母がともに健在なことのたとえ。

補説 「椿」はツバキではなく、古代の霊木。大椿《だいちん》。長寿の木で、父を指す。「萱」はワスレナグサで、主婦の居室の前に植えたことから、母を指す。「並茂」は並んで繁茂する意。「椿萱《ちんけん》並《なら》び茂《しげ》る」と訓読する。

類義語 椿庭萱堂《ちんていけんどう》

【陳蔡之厄】 ちんさいのやく

意味 旅先や旅の途中で災難に遭うことのたとえ。

補説 孔子が陳と蔡の国境あたりで、兵に囲まれ、食料が乏しくなり苦労した災厄をいう。「陳」は今の中国河南省中部あたりにあった小国。「蔡」はその南にあった国。

出典 『史記《しき》』孔子世家《こうしせいか》

【沈思凝想】 ちんしぎょうそう 〈―スル〉

意味 物事をじっくりと考え、深く思いをこらすこと。

補説 「沈思」は深く考える意。「凝想」は思いをこらす、じっと考える意。

類義語 熟思黙想《じゅくしもくそう》・沈思黙考《ちんしもっこう》

【沈思黙考】 ちんしもっこう 〈―スル〉

意味 黙ってじっくりと深く物事を考え込むこと。

補説 「沈思」は深く考える意。「黙考」は黙って考える意。

用例 原稿を書く場合、止《や》むを得ず徹夜でペンを走らせることもあるが、真の勤勉努力というものが私には足りない。机に向って沈思黙考することなど殆《ほと》んどない。気乗りがしなければ、ぶらりと外に出かけて酒を飲む。〈豊島与志雄◆私の信条〉

類義語 熟思黙想《じゅくしもくそう》・沈思凝想《ちんしぎょうそう》

【陳勝呉広】 ちんしょうごこう

意味 中国秦《しん》末に反乱の火ぶたを切った陳勝と呉広のこと。転じて、先駆けをなす人、また、反乱の火ぶたを切った指導者のたとえ。

補説 紀元前二〇九年、楚《そ》の陳勝と呉広は、秦の二世皇帝の暴政に苦しむ民衆を率いて秦を打倒すべく兵を挙げた。陳勝は一時王を称したが、その後敗れた。しかし、これが口火となって、項羽《こうう》・劉邦《りゅうほう》らに代表されるように、各地で反秦ののろしを上げる者が続

ち

出し、やがて秦は滅亡した。（↓「王侯将相《おうこうしょうしょう》」81・「鴻鵠之志《こうこくのこころざし》」213）

出典 『史記《しき》』陳渉世家《ちんしょうせいか》

【陳詞濫調】 ちんし らんちょう

意味 陳腐で内容の乏しい表現のこと。

補説 言い古された言葉とはずれてまとまりのない調子の意から。「陳詞」は陳腐な言葉。「濫」はみだれる意で、「濫調」は調子はずれでまとまりのないさま。

類義語 陳辞濫調《ちんじらんちょう》

【枕石漱流】 ちんせき そうりゅう

意味 俗世を離れ、山水の間に隠居して、自由に暮らすことのたとえ。隠士の生活をいう。

補説 一般に「石《いし》に枕《まくら》し流《なが》れに漱《くちすす》ぐ」と訓読して用いる。（↓「漱石枕流《そうせきちんりゅう》」408）

注意 「枕石嗽流」とも書く。

出典 曹操《そうそう》「秋胡行《しゅうこう》」

【沈竈産蛙】 ちんそう さんあ

意味 洪水の程度が甚だしいたとえ。

補説 竈《かまど》が水の中に沈み、その中からカエルが発生する意から。「竈」はかまど。「蛙」はカエル。「沈竈《ちんそう》蛙《あ》を産《さん》す」と訓読する。

故事 中国春秋時代、晋《しん》の智伯《ちはく》が晋陽の趙襄子《ちょうじょうし》の城を水攻めにしたとき、浸水のために城中の人家のかまどが水中に没して、そこからカエルが発生したという故事から。

出典 『国語《こくご》』晋語《しんご》

【沈滞萎靡】 ちんたい いび 〈—スル〉

⇒ 萎靡沈滞 いびちんたい 50

【沈著痛快】 ちんちゃく つうかい 〈—ナ〉

意味 落ち着きがあって、きわめて心地よいさま。

補説 芸術作品や人の性質についていう。

注意 「沈着痛快」とも書く。

【沈着冷静】 ちんちゃく れいせい 〈—ナ〉

⇒ 冷静沈着 れいせいちんちゃく 673

【沈痛慷慨】 ちんつう こうがい 〈—スル〉

意味 ひどく嘆くこと。痛切に憤り嘆くこと。

補説 「沈痛」は深く憂える意。「慷慨」は憤り嘆くこと。「慷」も「慨」も、嘆く意。

【沈博絶麗】 ちんぱく ぜつれい 〈—ナ〉

意味 奥深くかつ広く、この上もなく美しいさま。すぐれた文章の形容として使われる。

補説 「沈」は深い、「博」は広い、「絶」は非常に、「麗」は美しいの意。

出典 揚雄《ようゆう》「劉歆《りゅうきん》に答《こた》うるの書《しょ》」

【珍味佳肴】 ちんみ かこう

意味 めったに食べられない、たいへんおいしいごちそう。

補説 「珍味」は珍しくおいしい食べ物、「佳肴」はうまいさかなの意。

注意 「珍味嘉肴」とも書く。

用例 然《しか》し、この悪魔は、殆《ほと》んど好色なところがなかった。さのみ珍味佳肴も欲せず、金殿玉楼の慾《よく》もなかった。〈坂口安吾◆織田信長〉

類義語 山海珍味《さんかいのちんみ》・美味佳肴《びみかこう》

【沈湎冒色】 ちんめん ぼうしょく

意味 酒や女色にふけりおぼれること。前向きに生きず、身持ちが悪いこと。

補説 「沈湎」はしずみおぼれること。特に酒色におぼれる意。「冒色」は色事をむさぼる意。

出典 『書経《しょきょう》』泰誓《たいせい》上

用例 これを譬《たと》えば、ここに沈湎冒色放蕩《ほうとう》無頼《ぶらい》の子弟あらん。これを御するの法如何《いか》がすべきや。〈福沢諭吉◆学問のすすめ〉

【沈黙寡言】 ちんもく かげん 〈—ナ〉

意味 無口なこと。落ち着いていて言葉数が少ないこと。

補説 「沈黙」は口をきかないこと。「寡」は少ない意。「寡言沈黙《かげんちんもく》」ともいう。

出典 『旧唐書《くとうじょ》』郭釗伝《かくしょうでん》

用例 良致さんという人が、この通り沈黙寡言な、哲学者かと思っていたらば、先日、ごく心やすくしていたという男の人が来て話すには、なかなか隅におけない、〈長谷川時雨◆九条武子〉

対義語 饒舌多弁《じょうぜつたべん》

【枕流漱石】 ちんりゅう そうせき

⇒ 漱石枕流 そうせきちんりゅう 408

【枕冷衾寒】 ちんれい きんかん

意味 独り寝することの寂しさの形容。

補説 枕《まくら》が冷たく布団が冷え冷えとしていて寒い様子。「衾」は掛け布団のこと。「枕《まくら》冷《ひ》ややかに衾《しとね》寒《さむ》し」と訓読する。

出典 賈仲石《かちゅうせき》『対玉梳《たいぎょくそ》』一

つ

【墜茵落溷】 ついいん らくこん

意味 人には運不運がつきものであることのたとえ。

補説 「墜」「落」はともにおちる意。「茵」はしとね・敷物。「溷」は便所の意。散った花が風に吹かれて、あるものは運よく敷物の上に落ち、あるものは運悪く便所に落ちる意。中国南朝梁《りょう》の范縝《はんしん》が、人間の富貴貧賤《ひんせん》は因果応報によるものではない、ということを説くのに用いたたとえ。「茵《いん》に墜《お》ち溷《こん》に落《お》つ」と訓読する。

出典 『南史《なんし》』儒林伝《じゅりんでん》・范縝伝《はんしんでん》

類義語 運否天賦《うんぷてんぷ》

【追根究底】 ついこん きゅうてい （―スル）

意味 物事をその根本まで調べ尽くすこと。

補説 根底まで追究する意。

類義語 追根究蒂《ついこんきゅうたい》・追根尋底《ついこんじんてい》・追根問底《ついこんもんてい》・追本溯源《ついほんさくげん》

【椎心泣血】 ついしん きゅうけつ （―スル）

意味 激しく憤り悲しむこと。

補説 激しい憤りに自分の胸をたたいて悲しみ、血の涙を流す意から。「椎心」は怒りや悲しみがあまりに激しいとき、握りこぶしで自分の胸をたたくこと。「椎」はたたく意。「泣血」は涙がつきて血が流れる。または、血が流れるように涙を流す。「心《むね》を椎《う》ちて泣血《きゅうけつ》す」と訓読する。

出典 『文選《もんぜん》』李陵《りりょう》「蘇武《そぶ》に答《こた》うるの書《しょ》」

【追善供養】 ついぜん くよう

意味 死者の冥福《めいふく》を祈って営む仏事。

補説 「追善」は死者の冥福を祈り仏事などの善事を行うこと。「供養」は物を供えて冥福を祈ること。

用例 暗に亡ぼされた宗徒に同情する人々の心情を慮って、切支丹の供養碑を立てて、そこに埋められた宗徒たちの追善供養をしたという。〈長谷健◆天草の春〉

【追奔逐北】 ついほん ちくほく

意味 逃げる賊などを追い、走ること。

補説 「追」「逐」はともに追う意。「奔」は逃げ走る、「北」も逃げる意。「奔《はし》るを追《お》い北《に》ぐるを逐《お》う」と訓読する。

出典 『文選《もんぜん》』李陵《りりょう》「蘇武《そぶ》に答《こた》うるの書《しょ》」

類義語 追亡逐遁《ついぼうちくとん》・追亡逐北《ついぼうちくほく》

【痛快無比】 つうかい むひ （―ナ）

意味 他に比べるものがないほど、非常に愉快な様子。

補説 「痛快」は非常に愉快な様子。「無比」は他に比べるものがないこと。

用例 ますます名人の捕物捌《さば》きに痛快無比な精彩を添えることになりましたから、それから先に御紹介しておきたいと思います。〈佐々木味津三◆右門捕物帖〉

【通暁暢達】 つうぎょう ちょうたつ （―ナ）

意味 ある物事に奥深く通じていて、文章や言葉などがのびのびしているさま。

補説 「通暁」は明らかに通じていること。「暢達」はのびのびしているさま。

【通功易事】 つうこう えきじ

意味 仕事を分担して受けもつこと。できあがった品物をそれぞれ交換したり、仕事を分業して製品を流通させること。

補説 「功」はできあがった品物・製品、またそのできばえの意。「通」「易」はともに交換すること。「事」は仕事。「易事」は分業すること。「功《こう》を通《つう》じ事《こと》を易《か》う」と訓読する。

出典 『孟子《もうし》』滕文公《とうぶんこう》下

【通今博古】 つうこん はくこ

⇒ 博古通今 はくこつうこん 523

【通儒碩学】つうじゅせきがく

⇓ 碩学大儒 せきがくたいじゅ 377

【痛定思痛】つうていしつう

〔意味〕昔の苦難を振り返り、将来に備えることのたとえ。また、それを今の戒めとすることのたとえ。

〔補説〕痛みが治ったのちに、その痛みを思う意から。「痛定」は痛みがおさまる意。「痛《いた》み定《さだ》まりて痛《いた》みを思《おも》う」と訓読する。

〔出典〕韓愈《かんゆ》「李翱《りこう》に与《あた》うるの書《しょ》」

【痛烈無比】つうれつむひ 〈—ナ〉

〔意味〕この上なく激しく、手厳しいこと。

〔補説〕「痛烈」は激しく責めたてること。「無比」は他に比べるものがないこと。

【津津浦浦】つつうらうら

〔意味〕全国至る所。全国のすみずみ。

〔補説〕「津」は港。「浦」は海辺や海岸のこと。至る所の港や海辺ということから。

〔注意〕「つづうらうら」とも読む。

〔用例〕こうして二人は幾日か舟に明かし暮らした。宮崎は越中、能登《のと》、越前、若狭《わかさ》の津々浦々を売り歩いたのである。〈森鷗外◆山椒太夫〉

【九十九折】つづらおり

〔意味〕くねくねと幾重にも曲がりくねっているさま。また、そのような坂道や山道。

〔補説〕「つづら」はツヅラフジのことで、「つづら折」はそのつるのように折れ曲がっていること。「つづら」を「九十九」と書くのは幾重にも折れ曲がることから。「葛折」とも書く。

〔用例〕熱海《あたみ》へ下る九十九折のピンヘッド曲路では車体の傾く度に乗合の村嬢の一団からけたたましい嬌声《きょうせい》が爆発した。〈寺田寅彦◆箱根熱海バス紀行〉

〔類義語〕斗折蛇行《とせつだこう》・羊腸小径《ようちょうしょうけい》

て

【殢雨尤雲】ていうゆううん

〔意味〕寄り添って親しみ合うさま。転じて、男女の情交をいう。

〔補説〕「殢」はしなだれかかる、まつわりつく意。「尤」は近づき親しむ意。「雲」「雨」は女性を象徴する。「尤雲殢雨《ゆううんていう》」ともいう。

〔出典〕柳永《りゅうえい》—詞「浪陶沙《ろうとうさ》」

〔類義語〕殢雲尤雨《ていうんゆうう》・巫山之夢《ふざんのゆめ》

【鄭衛桑間】ていえいそうかん

⇓ 桑間濮上 そうかんぼくじょう 405

【鄭衛之音】ていえいのおん

⇓ 桑間濮上 そうかんぼくじょう 405

【低回顧望】ていかいこぼう 〈—スル〉

〔意味〕気にかかり、行きつ戻りつ見回すこと。

〔補説〕「低回」は、徘徊《はいかい》すること、思案にふけりながら行きつ戻りつすること。「顧望」は振り返って見回すこと。方々を見回すこと。

〔注意〕「低」は「彽」、「回」は「徊」「佪」とも書く。

〔出典〕『日本外史《にほんがいし》』新田氏前記《にったしぜんき》

【低徊趣味】ていかいしゅみ

〔意味〕世俗的なわずらわしさを避けて、ゆったりと余裕をもって人間や世間、また、自然や芸術をながめようとする態度。

〔補説〕夏目漱石《なつめそうせき》が高浜虚子《たかはまきょし》の『鶏頭』序文で唱えた語。「低徊」は行きつ戻りつするさま。

〔注意〕「低」は「彽」、「徊」は「回」「佪」とも書く。

〔出典〕夏目漱石・『鶏頭《けいとう》』（高浜虚子）序

◎「文章に低徊趣味と云《い》う一種の趣味がある。（中略）先《ま》ず一と口に云うと一事に即して、独特もしくは連想の興味を起して、左から眺めたり右から眺めたりして容易に去り難いと云う風な趣味を指すのである。」

【棣鄂之情】ていがくのじょう

〔意味〕兄弟のうるわしい愛情。兄弟が寄り添い、仲よくするたとえ。

〔補説〕「棣」は木の名で、ニワウメ、「鄂」は「萼《がく》」と同じで、花のがく・うてなの意。兄弟が仲よくするのを、ニワウメの花のがくが花のもとを支えて花が美しく咲くことにたとえたもの。

出典『詩経《しきょう》』小雅《しょうが》・常棣《じょうてい》
類義語 鶺鴒之情《せきれいのじょう》・棣華増映《ていかぞうえい》・鴒原之情《れいげんのじょう》
対義語 尺布斗粟《しゃくふとぞく》

【泥牛入海】 でいぎゅうにゅうかい
意味 行ったきり消息がなく、戻ってこないたとえ。
補説 泥の牛が海に入る意。泥で作った牛は海に入れば溶けてなくなってしまうことからいう。「泥牛《でいぎゅう》海《うみ》に入《い》る」と訓読する。
出典『景徳伝灯録《けいとくでんとうろく》』八・潭州竜山和尚《たんしゅうりゅうざんおしょう》

【程孔傾蓋】 ていこうけいがい
意味 孔子が郯《たん》に行ったとき、偶然に道で賢士として名高い程子に出会い、乗っていた車のおおいを傾けて、旧知のように親しく語り合ったという故事。親しく語り合うことにもいう。
補説「程孔」は程子と孔子のこと、「傾蓋」は車のかさ（蓋）を傾ける意。「程孔《ていこう》蓋《がい》を傾《かたむ》く」と訓読する。『蒙求《もうぎゅう》』の表題の一つ。
出典『孔子家語《こうしけご》』致思《ちし》
類義語 傾蓋知己《けいがいのちき》

【提綱挈領】 ていこうけつりょう
意味 要領をつかむこと。事の主要な点を挙げることのたとえ。
補説 もとづなをつかみ、衣服のえりを持つ意から。「綱」はおおづな、網のもとづなの意で、物事の要点、おおどころのこと。「挈」は携えること。「領」は、えり。「綱《つな》を提《さ》げ領《えり》を挈《と》る」と訓読する。
出典 朱熹《しゅき》「謝上蔡語録後序《しゃじょうさいごろくこうじょ》」

【渟膏湛碧】 ていこうたんぺき
意味 澄んだ水があぶらをたたえたようにたまって、静かに深緑色をたたえていること。
補説「渟」は水がよどんで、流れないこと。「膏」はあぶら。「湛碧」は濃い深緑色の水をたたえていること。
出典 文徴明《ぶんちょうめい》「玉女潭山居記《ぎょくじょたんさんきょのき》」
類義語 黛蓄膏渟《たいちくこうてい》

【禰衡一覧】 でいこうのいちらん
意味 非常に記憶力のよいたとえ。
補説「禰衡」は中国後漢末の般（山東省）の人。文筆にすぐれていた。
故事 後漢の禰衡が、たった一度しか見ていない蔡邕《さいよう》（後漢の文人）の碑文を、石が欠けていた部分の二字以外見事にすべて書き表した故事から。
出典『後漢書《ごかんじょ》』禰衡伝《でいこうでん》

【梯山航海】 ていざんこうかい（―スル）
意味 学問をする人、道に志す人が各地を訪ね歩いて精進すること。
補説「梯山」ははしごをかけて山を登ること。「航海」は海を船で渡ること。道やそれを教えてくれる先生を訪ね歩くために、困難な旅も辞さないことをいった言葉。
出典『正法眼蔵《しょうぼうげんぞう》』渓声山色《けいせいさんしき》

【提耳面命】 ていじめんめい
意味 懇切に教え諭すこと。
補説 相手の耳を引き寄せ、口を近づけて言い聞かせ、面と向かって教え諭す意から。「提耳」は耳を引き上げ寄せて諭すこと。「面命」は目前で言いつける、目の前で教え諭すこと。「耳《みみ》に提《てい》して面《まのあた》りに命《めい》ず」と訓読する。「耳提面命《じていめんめい》」ともいう。
出典『詩経《しきょう》』大雅《たいが》・抑《よく》
類義語 三令五申《さんれいごしん》・耳提面訓《じていめんくん》・面命耳提《めんめいじてい》

【泥車瓦狗】 でいしゃがこう
意味 役に立たないもののたとえ。また、子どもの玩具。
補説 泥で作った車と瓦《かわら》で作った犬の意。
出典『潜夫論《せんぷろん》』浮侈《ふし》
類義語 陶犬瓦鶏《とうけんがけい》・土牛木馬《どぎゅうもくば》

【泥首銜玉】 でいしゅかんぎょく
意味 謝罪や降伏をすること。
補説 頭を地面にこすりつけ、口に玉《ぎょく》を含む意から。謝罪降伏する時の礼。「泥首」は頭を泥土、すなわち地につけておじぎをすること。「銜」は口にくわえる、口に含む意。
出典『後漢書《ごかんじょ》』公孫述伝《こうそんじゅつでん》・論

【亭主関白】 ていしゅかんぱく
意味 夫が家庭の中で妻に対して威張っていて、支配者のように振る舞うこと。
補説「関白」は「関《あず》かり白《もう》す」意で、平

安時代中期以降、天皇を補佐して政務を行った重職。転じて、権力や威力の強い者のたとえ。「亭主関白」に対する語は「嬶天下《かかあでんか》」。

(用例) それでも、とにかく自分が働いて女房子供を養っているうちは、曲りなりにも亭主関白の超論理で女房側の正論を屈服させ、封じこめておくことができる。〈坂口安吾◆安吾人生案内〉

【低唱浅斟】 ていしょう せんしん 〈―スル〉
⇒ 浅酌低唱 せんしゃくていしょう 392

【低唱微吟】 ていしょう びぎん 〈―スル〉
(意味) しんみりと、低く小さい声で詩歌をうたうこと。
(補説) 「低唱」は低い声でうたうこと。「微吟」も小声で詩歌などをうたうことで、類義の語を重ねて意味を強調している。
(用例) 彼女もし問うものに向ってあらわに事の仔細《しさい》を語る事を欲せずとせんか、代るに低唱微吟以《も》てその所思を託せしむべき歌曲に乏しからざるべし。〈永井荷風◆矢はずぐさ〉
(類義語) 低吟微詠《ていぎんびえい》

【鼎新革故】 ていしん かくこ
⇒ 革故鼎新 かくこていしん 101

【蹄涔尺鯉】 ていしん せきり
(意味) 小さい器には、大きなものを入れることはできないということのたとえ。
(補説) 「蹄涔」は牛や馬の足跡にたまった雨水。ごく小さいものの形容。「尺鯉」は一尺(中国周代の大尺で約二二・五センチメートル)もある大きなコイ。わずかな水たまりに大きなコイを入れる意で、入れるものに比べて、器が小さすぎることをたとえたもの。
(出典) 『淮南子《えなんじ》』俶真訓《しゅくしんくん》

【定省温清】 ていせい おんせい
⇒ 温清定省 おんせいていせい 86

【泥船渡河】 でいせん とか
(意味) 世渡りの危険なことのたとえ。
(補説) 泥で作った船で川を渡る意から。「泥船に乗りて河を渡る」の略。
(出典) 『三慧経《さんえきょう》』

【廷争面折】 ていそう めんせつ 〈―スル〉
⇒ 面折廷争 めんせつていそう 629

【泥中之蓮】 でいちゅうの はす
(意味) 劣悪な環境の中でも、その汚れに染まらず、清らかさや美しさを保っている人のたとえ。

(補説) 泥の中で咲くハスの花のこと。仏教語で、本来、真理や悟りなどが煩悩に汚染されないことのたとえ。

(注意) 「でいちゅうのはちす」とも読む。

(出典) 『維摩経《ゆいまぎょう》』

【亭亭皎皎】 ていてい こうこう 〈―タル〉〈―ト〉

(意味) 遠くはるかに浮かび上がって光り輝くさま。はるかかなたから降り注ぐ光のさま。月光の形容。

(補説) 「亭亭」は遠くに浮かんで見える様子。「皎皎」は月が白く見えるさま。また、明るく光り輝くさま。

(注意) 「ていていきょうきょう」とも読む。

(用例) 蒼空《あおぞら》一面にてりわたる清光素色《せいこうそしょく》、ただ亭々皎々として雫《しずく》もしたたるばかり。〈二葉亭四迷◆浮雲〉

【鼎鐺玉石】 ていとう ぎょくせき
(意味) 非常なぜいたくのたとえ。

(補説) 宝物の鼎《かなえ》をふつうの鍋《なべ》のように用い、玉《ぎょく》を石ころと同様にみなす意から。「鼎」は三脚の器で、主に祭器として用いられ、権威の象徴とされた。「鐺」は三本脚の鍋。主に酒を温めるのに用いた。「鼎《てい》をば鐺《とう》のごとく玉《ぎょく》をば石《いし》のごとく」と訓読する。

(注意) 「ていそうぎょくせき」とも読む。

(出典) 杜牧《とぼく》「阿房宮賦《あぼうきゅうのふ》」

(類義語) 金塊珠礫《きんかいしゅれき》

【低頭傾首】 ていとう けいしゅ 〈―スル〉
(意味) 頭を低くして、謹慎すること。また、うなだれること。
(補説) 「低頭」は頭を低くする意。「傾首」も頭をかたむける意。「頭《こうべ》を低《た》れて首《くび》を傾《かたむ》く」と訓読する。
(出典) 『北史《ほくし》』薛灯伝《せっとうでん》

【低頭平身】 ていとう へいしん 〈―スル〉
⇒ 平身低頭 へいしんていとう 589

【剃頭弁髪】 ていとうべんぱつ

意味 中国北方の周辺民族で行われた男子の髪形。

補説 北アジア諸民族の男子の風習で、一部を残して頭髪をそり落とし、残った髪を長く編んで後ろにたらしたもの。時代や民族により形は異なる。中国東北地方の女真族（満州族）が建国した清《しん》朝では漢民族にも強制され、清朝が崩壊するまで続いた。「剃頭」は髪をそること。「弁髪」は、本来は「辮髪」と書いた。「辮」は編む意。

出典 『曲園雑纂《きょくえんざっさん》』

【丁寧懇切】 ていねいこんせつ 〈—スル〉

⇒ 懇切丁寧 こんせつていねい 247

【剃髪落飾】 ていはつらくしょく 〈—スル〉

意味 髪をそり出家すること。

補説 「剃髪」は髪をそること。「落飾」は高貴の人が髪をそり落として、仏門に入ること。

【綈袍恋恋】 ていほうれんれん

意味 旧恩を忘れないことのたとえ。友情の厚いことのたとえ。

補説 「綈袍」は厚い絹の綿入れ、どてらの類。「恋恋」は情の厚いこと。

故事 中国戦国時代の秦《しん》の宰相范雎《はんしょ》が、昔、魏《ぎ》の須賈《しゅこ》から寒苦をあわれんで綈袍を贈られた恩を忘れず、須賈の命を救った故事から。

出典 『史記《しき》』 范雎伝《はんしょでん》

【程門立雪】 ていもんりっせつ

意味 弟子が師を深く尊敬し、心から教えを乞うことのたとえ。

補説 「程門」は程家の門の意。また、中国宋《そう》の程顥《ていこう》・程頤《ていい》の学問を受け継ぐ者のこと。「立雪」は雪に立つこと。「程門《ていもん》雪《ゆき》に立《た》つ」と訓読する。

故事 中国北宋の時代、游酢《ゆうさく》と楊時《ようじ》の二人が教えを受けようと、初めて程頤の家を訪ねたところ、程頤は瞑想《めいそう》中だったので、傍らに控えて待っていた。しばらくして二人に気づいた程頤に促され、門を出て見ると、知らぬ間に雪が一尺余りも積もっていたという故事から。

出典 『河南程氏外書《かなんていしげしょ》』 一二

【羝羊触藩】 ていようしょくはん

意味 勇にまかせて猛進する者は、進退きわまることのたとえ。また、単に進退きわまるたとえ。

補説 雄の羊が勢いよく走って生け垣に突っ込み、その角を引っかけてしまって身動きがとれなくなること。「羝羊」は雄の羊。「藩」は生け垣のこと。「羝羊《ていよう》藩《まがき》に触《ふ》る」と訓読する。

出典 『易経《えききょう》』 大壮《たいそう》

【手枷足枷】 てかせあしかせ

意味 人の行動の自由を束縛するもの。桎梏《しっこく》。

補説 「枷」は刑具の一つで、首や手足にはめて自由に動けないようにするもの。手にはめるものが「手枷」、足にはめるものが「足枷」。転じて、「手枷」「足枷」はともに自由を束縛するものの意。類義の語を重ねて意味を強調している。

注意 「てがせあしがせ」とも読む。

用例 幾時代かの伝習はその抗しがたい手枷足枷で女を捉《とら》えた。そして、この国の女を変えた。〈島崎藤村◆夜明け前〉

【適怨清和】 てきえんせいわ

意味 うらめしくなるほどすばらしく、清らかで調和がとれていること。

補説 非常に典雅であり、優美であるさまを形容する語。「適怨」はあまりにもすばらしいので、うらめしい思いがわき起こってくる意。「清和」は清らかで調和している意。

用例 二人共に何《いず》れ劣らぬ優美の姿、適怨清和、曲に随《したが》って一糸も乱れぬ歩武の節、首尾能《よ》く青海波をぞ舞い納めける。〈高山樗牛◆滝口入道〉

【敵愾同仇】 てきがいどうきゅう

意味 恨むべき相手に、一緒になって立ち向かう意。

補説 「敵愾」は恨む相手に立ち向かうこと。「愾」は憤る、かっとなって怒ること。「仇」はかたき、かたきとする意。「同仇」は同じ者をかたきとすること。「同仇敵愾《どうきゅうてきがい》」ともいう。

出典 『詩経《しきょう》』 春風《しゅんぷう》・無衣《むい》／『春秋左氏伝《しゅんじゅうさしでん》』 文公《ぶんこう》四年

て

【擲果満車】 てきか まんしゃ

(意味) 非常に人気があることのたとえ。また、大変な美少年のたとえ。

(補説) 「擲」は投げつける意。「果」は果実のこと。「擲果《てきか》車《くるま》に満《み》つ」と訓読する。

(注意) 「てっかまんしゃ」とも読む。

(故事) 中国晋《しん》の潘岳《はんがく》は容姿が並外れて美しく、洛陽《らくよう》の町を行くと、婦人たちが彼をとりまいて果物を投げ、そのために車が果物でいっぱいになったという故事から。

(出典) 『世説新語《せせつしんご》』容止《ようし》の注に引く『語林《ごりん》』

【適材適所】 てきざい てきしょ

(意味) その人の能力・性質によくあてはまる地位や任務を与えること。
(用例) 一応賛成であるが、適材適所の法則は、如何《いか》なる時代に於《お》いても奨励されなければならぬ。〈岸田國士◆新劇の始末〉
(類義語) 黜陟幽明《ちゅっちょくゆうめい》・適才適処《てきざいてきしょ》・量才録用《りょうさいろくよう》
(対義語) 驥服塩車《きふくえんしゃ》・大器小用《たいきしょうよう》・大材小用《たいざいしょうよう》

【適者生存】 てきしゃ せいぞん

(意味) 生存競争で、環境に最も適した生物が生き残り、適していないものは滅びるということ。
(補説) イギリスの哲学者・社会学者スペンサーによって提唱され、ダーウィンが『種の起源』の中で用いた生物進化論。英語「survival of the fittest（サバイバル・オブ・ザ・フィッテスト）」の訳語。
(用例) 適者生存は、犯し難い真理であります。驕《おご》る者久しからず、これを思えばもっと人間は、動物に対して、親切であるべき筈《はず》である。〈小川未明◆天を怖れよ〉
(類義語) 自然淘汰《しぜんとうた》・弱肉強食《じゃくにくきょうしょく》・生存競争《せいぞんきょうそう》・優勝劣敗《ゆうしょうれっぱい》

【擿埴冥行】 てきしょく めいこう

⇒ 冥行擿埴 めいこうてきしょく 624

【滴水成氷】 てきすい せいひょう

(意味) 冬の厳しい寒さのたとえ。また、極寒の地の寒さの形容。
(補説) 滴《したた》り落ちる水がすぐに氷になる意から。「滴水《てきすい》氷《こおり》を成《な》す」と訓読する。
(出典) 『醒世恒言《せいせいこうげん》』李玉英獄中訟冤《りぎょくえいごくちゅうしょうえん》
(類義語) 滴水成凍《てきすいせいとう》

【滴水滴凍】 てきすい てきとう

(意味) わずかな凡情もいれぬ、厳しく険しい心境のたとえ。

(補説) 一滴一滴、滴《したた》り落ちる水が、はしから滴《しずく》のまま凍りつくほどの極寒の意から。

(出典) 『碧巌録《へきがんろく》』

【敵前逃亡】 てきぜん とうぼう 〈―スル〉

(意味) 物事に直面して責任を放棄するたとえ。

(補説) 敵のすぐ前から戦わずに逃げ出すことから。「敵前」は敵の目の前。

【適楚北轅】 てきそ ほくえん

⇒ 北轅適楚 ほくえんてきそ 605

【倜儻不群】 てきとう ふぐん

(意味) 才気が衆人とは比べようもないほどすぐれているさま。また、豪快で世俗の礼法は気にせず、衆に組しないさま。
(補説) 「倜儻」は力量が抜群にすぐれているさま。また、豪快で世俗の礼法にはしばられないさま。「不群」は群を抜いているさま。また、衆に組しないさま。類義の語を重ねて意味を強調している。
(出典) 『晋書《しんじょ》』索靖伝《さくせいでん》
(類義語) 倜儻不羈《てきとうふき》

【敵本主義】 てきほん しゅぎ

(意味) 他に目的があるように見せかけて、本来の目的を遂げようとするやり方。

(補説) 安土桃山《あづちももやま》時代、毛利《もうり》攻めを名目に出陣した明智光秀《あけちみつひで》が織田信長《おだのぶなが》を討ったときの「敵は本能寺にあり」から出た言葉。

(用例) また独身者は農産物を炊事場に出すのを忘れてこっそり女舎に貢《みつ》いだり、将を射んとせば先《ま》ず馬を射よで、相手の娘の兄のところへ提供して敵本主義をやる。〈北條民雄◆癩院記録〉

【鉄硯磨穿】 てっけん ません

⇒ 磨穿鉄硯 ませんてっけん 612

【手甲脚半】てっこう きゃはん

意味 昔、旅や屋外作業の時に手や脚を保護するために身に着けたもの。

補説 「手甲」は手の甲をおおう布。「脚半」は旅行用には多く紺の木綿が用いられた。脚を保護し、動きやすくするために脛《すね》に巻く布。

注意 「手甲脚絆」とも書く。

用例 丁度《ちょうど》稲田の初番《しょて》の草取りの時期になっていた。村の者達は幾人か連れ立って、手甲脚絆のいでたちで稲田へ出かけてきた。〈豊島与志雄◆土地〉

【徹骨徹髄】てっこつ てつずい

意味 心の奥底、心底にしみ込むこと。また、物事の中核や奥底まで達すること。

補説 骨身にしみる意。「骨髄に徹する」という慣用句から出た四字の造語。骨や髄にしみ込む意。

用例 ただ詩人と画客《がかく》なるものあって、あくまでこの待対世界の精華をかんで、徹骨徹髄の清きを知る。〈夏目漱石◆草枕〉

【鉄樹開花】てつじゅ かいか

意味 いつまで待っても見込みがないたとえ。また、きわめてまれなことのたとえ。

補説 仏教語。ありえないこと、めったに来るものではないことからいう。「鉄樹」は鉄でできた木。一説にソテツのこと。「鉄樹《てつじゅ》花《はな》を開《ひら》く」と訓読する。

出典 『五灯会元《ごとうえげん》』二〇・焦山師体禅師《しょうざんしたいぜんじ》

【鉄心石腸】てっしん せきちょう

意味 意志が鉄や石のように堅くて、容易には動かせないこと。強く堅い精神や意志のたとえ。

補説 「心」「腸」は心臓や腸などの内臓で、心や意志のたとえ。「石心鉄腸《せきしんてっちょう》」「鉄腸石心《てっちょうせきしん》」「鉄石心腸《てっせきしんちょう》」ともいう。

出典 蘇軾《そしょく》「李公択《りこうたく》に与《あた》うるの書《しょ》」

用例 汝《なんじ》は状《かたち》豆よりも小なれども鉄心石腸、万鈞《ばんきん》より重し、〈内田魯庵◆社会百面相〉

類義語 堅忍不抜《けんにんふばつ》・鉄肝石腸《てっかんせきちょう》・剛腸石心《ごうちょうせきしん》・匪石之心《ひせきのこころ》・鉄意石心《てついせきしん》

【鉄中錚錚】てっちゅうの そうそう

意味 凡俗の人の中では、少しはすぐれた者のたとえ。

補説 金や銀に比べて価値の低い鉄の中では、よい音のするものの意から。「錚錚」は金属の触れ合う音。また、すぐれているもののたとえ。

出典 『後漢書《ごかんじょ》』劉盆子伝《りゅうぼんしでん》

類義語 庸中佼佼《ようちゅうのこうこう》

【鉄腸石心】てっちょう せきしん

⇒ 鉄心石腸 てっしんせきちょう 467

【跌宕猖介】てっとう けんかい 〈―ナ〉

意味 勝手気ままで意地っ張りなさま。

補説 「跌宕」は気ままで自分勝手に振る舞うこと。「猖介」は自分を守ることにこだわり、人に妥協しない意。

用例 元来純之助《じゅんのすけ》は跌宕猖介敢《あえ》て人に下らず、堅く自ら信ずる主義を奉じて世間を傲睨《ごうげい》する癖物《へきぶつ》であるのが、どうした拍子か〈内田魯庵◆くれの廿八日〉

【徹頭徹尾】てっとう てつび

意味 最初から最後まで。終始。また、あくまで。けっして。

補説 頭から尾まで貫き通す意から。「徹」は貫く意。

出典 『河南程氏遺書《かなんていしいしょ》』一八

用例 そこが、猫の自主的精神というものですよ。犬はなんですか。徹頭徹尾、奴隷根性だ。〈豊島与志雄◆猫先生の弁〉

類義語 終始一貫《しゅうしいっかん》・首尾一貫《しゅびいっかん》

【跌蕩放言】てっとう ほうげん 〈―スル〉

意味 あたりを気にせず、勝手気ままにしゃべりちらすこと。

補説 「跌蕩」は、しまりがなく勝手気ままなこと。

出典 『後漢書《ごかんじょ》』孔融伝《こうゆうでん》

【哲婦傾城】てっぷ けいせい

意味 女性の利口すぎることが災いを招くことのたとえ。

補説 賢すぎる女性があれこれ口出しすると、家や国を滅ぼしかねないということ。「哲婦」は賢い女性、「傾城」は城（国）を傾ける意。一般に「哲婦《てっぷ》城《くに》を傾《かたむ》く」と訓読して用いる。

注意 「てっぷけいじょう」とも読む。
出典 『詩経《しきょう》』大雅《たいが》・瞻卬《せんぎょう》
類義語 牝鶏之晨《ひんけいのしん》・牝鶏牡鳴《ひんけいぼめい》
対義語 哲夫成城《てっぷせいじょう》

【轍鮒之急】てっぷのきゅう

意味 差し迫った危急や困難のたとえ。
補説 車の通った跡のくぼみにたまった水の中にいるフナが、今にも水がなくなって死にそうなことから。「轍」は車が通った後に残った車輪の跡、わだちのこと。
出典 『荘子《そうじ》』外物《がいぶつ》
類義語 涸轍鮒魚《こてつのふぎょ》・小水之魚《しょうすいのうお》・風前之灯《ふうぜんのともしび》・釜底游魚《ふていのゆうぎょ》

【鉄網珊瑚】てつもうさんご

意味 奇才や珍しい物を探し求めるたとえ。
補説 鉄製の網で珊瑚《さんご》を採る意から。古代中国に伝わった西方の国での珊瑚を採る方法で、鉄の網を海底に沈め、その上に珊瑚を着生させて後でそれを採取した。
出典 『世説新語《せせつしんご》』汰侈《たいし》の注に引く『南州異物誌《なんしゅういぶつし》』

【轍乱旗靡】てつらんきび

意味 軍隊が敗退また敗走するさま。
補説 兵車のわだちが乱れ、軍旗が倒れ伏す意から。「轍」はわだち、車が通った後に残る車輪の跡の意。「靡」はしおれる、倒れ伏す意。
出典 『春秋左氏伝《しゅんじゅうさしでん》』荘公《そうこう》一〇年
類義語 喪旗乱轍《そうきらんてつ》

【手前味噌】てまえみそ

意味 自分で自分を褒めること。自慢。
補説 かつて味噌は自家製で、自分が造った味噌を互いに自慢し合ったことからできた言葉。
用例 母親は目も口も一ツにして大よろこび、尋ねぬ人にまで風聴《ふいちょう》する娘自慢の手前味噌、しきりに涎《よだれ》を垂《た》らしていた。〈二葉亭四迷◆浮雲〉
類義語 自画自賛《じがじさん》・自負自賛《じふじさん》

【手練手管】てれんてくだ

意味 思うままに人を操りだます方法や技術のこと。あの手この手と、巧みに人をだます手段や方法。
補説 「手練」「手管」は、ともに人をだます手段や技術のこと。類義の語を重ねて意味を強調している。もとは遊女が客をだます手段をいう語。
用例 アメリカは然《しか》らず、厭《いや》がる女を長年月にわたり手練手管、金にあかし術策を尽して物にするという脂ぎった性質である。〈坂口安吾◆予告殺人事件〉

【天威咫尺】てんいしせき

意味 天子のそば近くに仕えること。また、あまり天子に近づき過ぎて恐れ多いこと。
補説 天子の威光がごく近くにある意から。「天威」は天帝の威力、天子の威光、また天の刑罰の意。「咫」は中国周代、女性の指十本分で、八寸。「尺」は十寸。「咫尺」はきわめて近い距離のこと。また、貴人に接近すること。
出典 『春秋左氏伝《しゅんじゅうさしでん》』僖公《きこう》九年
類義語 天顔咫尺《てんがんしせき》

【顚委勢峻】てんいせいしゅん

意味 上流も下流も流れが急であること。
補説 「顚」は頂、てっぺんの意。「委」は末、流れる水の集まるところの意から、「顚委」は水源と末流、上流と下流の意。「勢峻」は勢いがよくて激しいこと。
出典 柳宗元《りゅうそうげん》「鈷鉧潭記《こぼたんのき》」

【天一地二】てんいちちに

意味 天の数と地の数のこと。その数の中に宇宙のすべての変化を含むとされている。
補説 出典の『易経《えききょう》』にある言葉。易《えき》では、天は陽、地は陰を表し、奇数は陽（天）に属し、偶数は陰（地）に属すとする。「天一」の「一」は、奇数を代表して陽を表し、「地二」の「二」は、偶数を代表して陰を表す。
出典 『易経《えききょう》』繋辞《けいじ》上

【天衣無縫】てんいむほう 〈―ナ〉

意味 人柄が飾り気がなく、純真で無邪気なさま。天真爛漫《てんしんらんまん》なこと。
補説 天人・天女の衣には縫い目がまったくないことから。本来は文章や詩歌がわざとらしくなく、自然に作られていて巧みなこと。また、物事が完全無欠である形容にも用いられることがある。「天衣」は天人・天女の着物。「無縫」は着物に縫い目のないこと。「無縫天衣《てんいむほう》」ともいう。

出典 『太平広記《たいへいこうき》』六八に引く『霊怪集《れいかいしゅう》』郭翰《かくかん》

用例 如水《じょすい》は律儀であるけれども、天衣無縫の律儀でなかった。律儀という天然の砦《とりで》がなければ支えることの不可能な身に余る野望の化け者だ。〈坂口安吾◆黒田如水〉

類義語 純真無垢《じゅんしんむく》・天真爛漫《てんしんらんまん》

【天宇地廬】てんうちろ

意味 天と地のこと。この世。世界。

補説 「天宇」は天空・天下の意。「地廬」は地のいおりの意で、大地のこと。

出典 『文選《もんぜん》』左思《さし》「魏都賦《ぎとのふ》」

【顚越不恭】てんえつふきょう

意味 道を外れて慎み深くないこと。逆らって上からの命を慎んで受けないこと。

補説 「顚越」は転がり落ちる意で、正しくない、道から外れていること。転じて、反逆すること。「不恭」はうやうやしくない意。上命を慎み受けないこと。

出典 『書経《しょきょう》』盤庚《ばんこう》

【田園将蕪】でんえんしょうぶ

意味 雑草が生い茂って、田畑がまさに荒れ果てようとしていること。

補説 中国東晋《とうしん》の陶潜が官を辞して、帰郷するときの言葉。「田園」は田畑。「蕪」は雑草が生い茂ること。一般に「田園《でんえん》将《まさ》に蕪《あ》れなんとす」と訓読して用いる。

出典 陶潜《とうせん》「帰去来辞《ききょらいのじ》」◎「帰りなんいざ、田園将に蕪れなんとす。胡《なん》ぞ帰らざる」

【天淵之差】てんえんのさ

意味 隔たりが非常に大きいことのたとえ。

補説 高い天と深い淵《ふち》ほどの大きな差の意から。「天淵」は天と淵。

出典 『詩経《しきょう》』大雅《たいが》・旱麓《かんろく》

類義語 雲泥之差《うんでいのさ》・霄壌之差《しょうじょうのさ》・天淵之別《てんえんのべつ》・天壌懸隔《てんじょうけんかく》・天淵氷炭《てんえんひょうたん》・天懸地隔《てんけんちかく》・天壌之別《てんじょうのべつ》・天地懸隔《てんちけんかく》

【天淵氷炭】てんえんひょうたん

意味 非常に隔たっていること。

補説 天と淵《ふち》、氷と炭の意で、差の非常に大きいことのたとえ。「天淵」は天と淵。隔たりの大きいたとえ。「氷炭」は氷と炭火。性質が正反対であることから、天と地ほどの差のたとえとして用いられる。

出典 陸游《りくゆう》一詩「書《しょ》を読《よ》みて子遹《しいつ》に示《しめ》す」

類義語 雲泥之差《うんでいのさ》・霄壌之差《しょうじょうのさ》・天淵之差《てんえんのさ》・天淵之別《てんえんのべつ》・天懸地隔《てんけんちかく》・天壌懸隔《てんじょうけんかく》・天壌之別《てんじょうのべつ》・天地懸隔《てんちけんかく》

【天涯海角】てんがいかいかく

意味 きわめて遠く辺鄙《へんぴ》な地のたとえ。また、遠く離れている様子のたとえ。

補説 天の果てと海の角《すみ》の意。「天涯」は空の果て。「海角」は海の果て。ともに遠く離れているたとえ。「海角天涯《かいかくてんがい》」ともいう。

出典 呂巖《りょがん》一詩「絶句《ぜっく》」

類義語 天涯地角《てんがいちかく》

【天涯孤独】てんがいこどく〈―ナ〉

意味 身寄りがひとりもなく、ひとりぼっちであるさま。また、故郷を遠く離れて、ひとりぼっちで暮らすさま。

補説 「天涯」は空の果て。また、非常に遠い所の意。

用例 父中隊長の戦死後その少年が天涯孤独になったのを三人が引き取って共同で育てているのだ。〈織田作之助◆電報〉

類義語 鰥寡孤独《かんかこどく》

【塡街塞巷】てんがいそくこう

意味 繁華街のにぎやかな様子。

補説 大通り・小路を問わず、通りがにぎやかで人や車馬で埋めつくされている様子。「塡」はうずめる、ふさぐこと。「巷」は町や村にある小道のこと。「塞」はふさぐこと。「街《まち》を塡《うず》め巷《ちまた》を塞《ふさ》ぐ」と訓読する。

出典 衛宏《えいこう》『漢旧儀《かんきゅうぎ》』

【天涯地角】てんがいちかく

意味 きわめて遠く辺鄙《へんぴ》な地のたとえ。また、遠く離れている様子のたとえ。

補説 天の果てと地の果ての意から。「天涯」は空の果て。「地角」は大地の果て。ともに遠く離れているたとえ。「地角天涯《ちかくてんがい》」ともいう。

出典 徐陵《じょりょう》「武皇帝《ぶこうてい》相《しょう》と作《な》りし時《とき》嶺南《れいなん》の酋豪《しゅうごう》に与《あた》うる書《しょ》」

用例 天涯地角到る処《ところ》に花の香《かんば》しきを嗅

ぎ人情の温かきに住む、〈国木田独歩◆空知川の岸辺〉
類義語 天涯海角《てんがいかいかく》

【天下一品】てんか いっぴん
意味 この世で比べるものがないほどのすぐれた品。また、そのさま。
補説 「天下」は全国、また全世界。「一品」はただ一つしかない品。この場合は、品物だけでなく人物も指す。
用例 唐太常は吃驚《びっくり》した。天下一品と誇っていたものが他所《よそ》にもあったというのだからである。〈幸田露伴◆骨董〉
類義語 海内無双《かいだいむそう》・国士無双《こくしむそう》・天下第一《てんかだいいち》・天下無双《てんかむそう》・天下無敵《てんかむてき》・天下無類《てんかむるい》・当代第一《とうだいだいいち》・当代無双《とうだいむそう》

【天涯比隣】てんがい ひりん
意味 たとえ遠く離れていても、すぐ近くにいるように親しく思われること。
補説 親しい友人などについていう。「天涯」は非常に遠い所、「比隣」は隣近所の意。「天涯比隣の若《ごと》し」の略。
出典 王勃《おうぼつ》ー詩「杜少府《としょうふ》の任《にん》に蜀州《しょくしゅう》に之《ゆ》くを送《おく》る」
類義語 千里比隣《せんりひりん》

【転禍為福】てんか いふく
意味 災難・不幸を幸福に変えること。不利な状況、不運な状況をうまく利用して、幸運な状況に変えること。
補説 「禍」は災い、災難。一般に「禍《わざわい》転《てん》じて福《ふく》と為《な》す」と訓読して用いる。
出典 『戦国策《せんごくさく》』燕《えん》
類義語 禍福糾纆《かふくきゅうぼく》・塞翁失馬《さいおうしつば》・塞翁之馬《さいおうのうま》

【天下御免】てんか ごめん
意味 誰にはばかることなく、堂々と行うことを許されていること。世間一般に認められていること。
補説 「天下」は全国、または全世界の意。「御免」は許可の意味を表す尊敬語。
用例 むろん鑑札も免状も、税金も何も要らない。商売往来にも何もない。天下御免の国益事業だ。〈夢野久作◆超人鬚野博士〉
類義語 世間周知《せけんしゅうち》・天下周知《てんかしゅうち》

【天下三分】てんか さんぶん
意味 国が三つの勢力に分かれて争うこと。
補説 「天下」は全国のこと。中国では後漢が滅んだのち、魏《ぎ》・呉・蜀《しょく》の三国に分かれ、互いに覇を争った。これを天下三分と称した。
出典 『後漢書《ごかんじょ》』献帝紀《けんていき》
類義語 三国鼎立《さんごくていりつ》

【天下蒼生】てんか そうせい
意味 天下の万民のこと。
補説 「天下」は全国、世界。「蒼生」は人民、万民の意。
出典 『晋書《しんじょ》』王衍伝《おうえんでん》
用例 孔子が嘆じたのは天下蒼生のためだったが、子路の泣いたのは天下のためではなく孔子一人のためである。〈中島敦◆弟子〉

【天下泰平】てんか たいへい〈―ナ〉
意味 世の中がよく治まり、穏やかな様子。また、何の心配事もなく、のんびりしているさま。
補説 「天下」は全国、「泰平」は世の中が平和であること。「天下平泰《てんかへいたい》」ともいう。
注意 「天下太平」とも書く。
出典 『礼記《らいき》』仲尼燕居《ちゅうじえんきょ》
用例 斯《かか》る暢気《のんき》な政治家どの宗教家どの学者どの文士どのが世間にお構いなく鼻突合わして太平楽をならべる、是《これ》ぞ真の天下太平なる哉《かな》。アア真の天下太平なる哉。〈内田魯庵◆社会百面相〉
類義語 尭年舜日《ぎょうねんしゅんじつ》・尭風舜雨《ぎょうふうしゅんう》・四宇和平《しうわへい》・泰平無事《たいへいぶじ》・地平天成《ちへいてんせい》

【天下多事】てんか たじ
意味 世の中が不穏で騒がしいこと。
補説 戦乱などにより、世の中が騒然としてくること。「天下」は全国、また世の中。「多事」はさまざまな事件が数多く生ずる意。
用例 抽斎は天下多事の日に際会して、言《こと》偶《たまたま》政事に及び、武備に及んだが、此《かく》の如《ごと》きは固《もと》より其《その》本色では無かった。〈森鷗外◆渋江抽斎〉

【伝家宝刀】でんかの ほうとう
意味 よくよくのことがなければ使わない、非常に威力のあるとっておきの物や手段のたとえ。
補説 代々家に伝えられている名刀の意。「伝家」は代々その家に伝わること。「家伝」に同じ。

【天下平泰】てんかへいたい
⇒ 天下泰平 てんかたいへい 470

【天下無双】てんかむそう
意味 天下に並ぶ者がいないほど、すぐれているさま。また、その人。
補説 「天下」は全国。「無双」は二つとない、世に並ぶものがないこと。「双」は並ぶ、匹敵する。「天下無類《てんかむるい》」ともいう。
注意 「天下」は「てんが」、「無双」は「ぶそう」とも読む。
出典 『史記《しき》』李将軍伝《りしょうぐんでん》
用例 就いては当今天下無双の強者《つわもの》と申すは、いずくの国の大将でござろうぞ。〈芥川龍之介◆きりしとほろ上人伝〉
類義語 海内無双《かいだいむそう》・寡二少双《かじしょうそう》・挙世無双《きょせいむそう》・国士無双《こくしむそう》・泰山北斗《たいざんほくと》・天下一品《てんかいっぴん》・天下第一《てんかだいいち》・天下無敵《てんかむてき》・天下無比《てんかむひ》・当代無双《とうだいむそう》・斗南一人《となんのいちにん》

【天下無敵】てんかむてき
意味 この世の中にかなう者がいないほど強くすぐれていること。
補説 「天下」は世の中、全世界。「無敵」は相手になる者がいないほど強いこと。「天下《てんか》に敵《てき》無《な》し」と訓読する。
出典 『荘子《そうじ》』説剣《せつけん》
用例 戦えば必ず勝つ。負けたためしは一度もない。古今東西天下無敵、ワッハッハ。〈坂口安吾◆二流の人〉
類義語 海内無双《かいだいむそう》・国士無双《こくしむそう》・泰山北斗《たいざんほくと》・天下一品《てんかいっぴん》・天下第一《てんかだいいち》・天下無双《てんかむそう》・当代無双《とうだいむそう》・連戦連勝《れんせんれんしょう》

【天下無類】てんかむるい
⇒ 天下無双 てんかむそう 471

【天顔咫尺】てんがんしせき
意味 天子や主君のそば近くにひかえて仕えること。
補説 「天顔」は天子の顔。「咫」は中国周代、女性の指十本分で、八寸。「尺」は十寸。「咫尺」はきわめて近い距離のこと。また、貴人に接近すること。
出典 白居易《はくきょい》の詩
類義語 天威咫尺《てんいしせき》

【伝観播弄】でんかんはろう 〈—スル〉
意味 人が次々に手にとってはもてあそぶこと。また、そうされること。
補説 「伝観」は次々と伝えて見ること。「回覧」に同じ。「播」は広く行う、広く布《し》くの意。「弄」はもてあそぶ意。
出典 『日本外史《にほんがいし》』徳川氏前記《とくがわしぜんき》

【天空海闊】てんくうかいかつ
意味 心が広々として度量が大きく、何のわだかまりもないたとえ。また、言葉や発想などが限りなく広がるたとえ。
補説 海や空がきわまりなく広がっていることから。「天空」は空がからりと晴れ上がってどこまでも広いこと。「海闊」は大海が広々としていること。「海闊天空《かいかつてんくう》」ともいう。
出典 湯恢《とうかい》—詞「満江紅《まんこうこう》」
類義語 豪放磊落《ごうほうらいらく》・自由闊達《じゆうかったつ》

【天花乱墜】てんげらんつい
意味 話が生き生きしていて、人を引きつけ感動させる形容。また、事実を誇張して話すこと。言葉巧みに人をだますこと。
補説 「天花」は天上の妙花のこと。「乱墜」は乱れ落ちる意。
注意 「天華乱墜」とも書く。
故事 中国梁《りょう》の武帝のとき、雲光法師が説法したところ、感動して天上の花が散り落ちてきた故事から。
出典 『法華経《ほけきょう》』序品《じょほん》

【天懸地隔】てんけんちかく
意味 天と地のように、隔たりの甚だしいことのたとえ。
補説 「懸」「隔」は、ともに隔たる意。
出典 『南斉書《なんせいしょ》』陸厥伝《りくけつでん》
類義語 雲泥之差《うんでいのさ》・霄壌之差《しょうじょうのさ》・天淵之差《てんえんのさ》・天淵之別《てんえんのべつ》・天淵氷炭《てんえんひょうたん》・天壌懸隔《てんじょうけんかく》・天壌之別《てんじょうのべつ》・天地懸隔《てんちけんかく》

【甜言蜜語】てんげんみつご
意味 蜜のように甘い言葉。聞いて快く感じる言葉。人にへつらうような話や勧誘の言葉。
補説 「甜」は甘い、うまいの意。「甜言」も「蜜語」も甘い言葉。類義の語を重ねて意味を強調している。
出典『醒世恒言《せいせいこうげん》』蔡瑞虹忍辱報仇《さいたんこうにんじょくほうきゅう》
類義語 甘言蜜語《かんげんみつご》・甜言美語《てんげんびご》・甜語花言《てんごかげん》

【電光影裏】 でんこうえいり

意味 人生は束の間であるが、人生を悟った者は永久に滅びることがなく、存在するというたとえ。
補説 稲妻が光る一瞬のうちにの意。「電光」は、いなびかり。「影」は光の意。「裏」は中、うち。「電光影裏春風を斬《き》る（稲妻が春風を斬るようなもので、魂まで滅し尽くすことはできない）」の略。中国宋《そう》の僧祖元《そげん》を元の兵士が襲って殺そうとしたとき、祖元が唱えた偈《げ》（経文《きょうもん》の一句）。

【天高気清】 てんこうきせい

意味 空がすっきりと晴れ渡り、大気が高く澄んでいること。
補説「天《てん》高《たか》く気《き》清《きよ》し」と訓読する。
出典『楚辞《そじ》』九弁《きゅうべん》
類義語 秋高気爽《しゅうこうきそう》

【天香桂花】 てんこうけいか

意味 月の中にあるという桂《かつら》の花のこと。また、美人の形容。

補説「天香」は天からの妙《たえ》なる香り。「桂花」は日本のカツラとは異なり、月にあるとされる伝説上の樹木。

出典『長生殿《ちょうせいでん》』十二齣《じゅうにせき》

【天香国色】 てんこうこくしょく

⇒ 国色天香 こくしょくてんこう 233

【電光石火】 でんこうせっか

意味 動きが非常に素早いことのたとえ。また、非常に短い時間のたとえ。
補説 いなびかりや石を打ったとき出る火花の意から。「電光」は、いなびかり、「石火」は火打ち石などを打つときに出る火花の意。「石火電光《せっかでんこう》」ともいう。
出典『五灯会元《ごとうえげん》』七・保福従展禅師《ほふくじゅうてんぜんじ》
用例 そういう場合において、学者は現象の起こっている最中に電光石火の早わざで現象の急所急所に鋭利な観察力の腰刀でとどめを刺す必要がある。〈寺田寅彦◆空想日録〉
類義語 疾風迅雷《しっぷうじんらい》・脱兎之勢《だっとのいきおい》・熛至風起《ひょうしふうき》

【天高聴卑】 てんこうちょうひ

意味 天帝は高いところにいるのだが、低いところや地上にいる人のこともよく聴き知ることができること。
補説 おもに帝王の聡明《そうめい》さをたたえる言葉として用いられる。一般に「天《てん》高《たか》きも卑《ひく》きを聴《き》く」と訓読して用いる。
出典『史記《しき》』宋微子世家《そうびしせいか》

【電光朝露】 でんこうちょうろ

意味 きわめて短い時間のたとえ。また、はかない人生やはかないもののたとえ。
補説 稲妻の光や朝の露の意。「電光」は、いなびかり。「朝露」は葉に宿る朝の露。いなびかりは一時の光で、朝露も太陽が昇ればすぐに消えてしまうことからいう。
出典『金剛経《こんごうきょう》』
用例 人生は京の夢、大阪の夢だ。電光朝露応作如是観《おうさにょぜかん》だ。まあ聞け……そんな経緯《わけ》で吾輩《わがはい》は、その未亡人の手に付くと、お母さんだか姉だか訳のわからないステキな幸福に恵まれながら学問を教わった。〈夢野久作◆超人鬚野博士〉
類義語 一炊之夢《いっすいのゆめ》・邯鄲之夢《かんたんのゆめ》・黄粱之夢《こうりょうのゆめ》

【天潢之派】 てんこうのは

意味 皇族のこと。
補説「天潢」は天の川のこと、「派」は分かれ出たものの意。皇族を天の川の支流にたとえている。
出典 庾信《ゆしん》「杞公《きこう》の為《ため》に宗師驃騎《そうしひょうき》を譲《ゆず》るの表《ひょう》」

【電光雷轟】 でんこうらいごう

⇒ 雷轟電撃 らいごうでんげき 651

【天闓地垠】 てんこんちぎん

意味 天の門と地の果てのこと。

補説「闓」はしきみ・しきい（門の内外を区切る仕切り）のこと。「垠」は地の果て・かぎり・境の意。

出典『文選《もんぜん》』揚雄《ようゆう》「甘泉賦《かんせんのふ》」◎「天闓決《ひら》けて地垠開く。八荒協《かな》いて万国諧《やわら》ぐ」

【天災地変】てんさいちへん
意味 自然界に起こるさまざまな災い。
補説 「天災」は自然がもたらす災害。「地変」は地上に現れる異変。暴風・地震・落雷・洪水などの災害のこと。
出典 『魏書《ぎしょ》』崔浩伝《さいこうでん》
用例 食料は余る位だ。別に天災地変に見舞われた訳でもない。では、何故《なぜ》だ。何故、赤ん坊が生れないか。〈中島敦◆環礁〉
類義語 天変地異《てんぺんちい》
対義語 地平天成《ちへいてんせい》

【天資英邁】てんしえいまい（―ナ）
意味 生まれつき才知が抜きんでてすぐれているさま。
補説 「天資」は生まれつきの性質・資質。天性・天分のこと。「英邁」はふつうの人と比べて、才知が非常にすぐれているさま。「天資英明《てんしえいめい》」ともいう。
用例 王の年長ずるに及《および》て天資英邁、よく祖先の遺業を承《うけ》て、国内を威服したるのみならず、しばしば外国と兵を交えて、戦《たたか》って勝たざるはなし。〈福沢諭吉◆文明論之概略〉

【天資英明】てんしえいめい（―ナ）
⇒天資英邁 てんしえいまい 473

【天姿国色】てんしこくしょく
意味 生まれつきの絶世の美人のこと。
補説 「天姿」は生まれつきの姿、天から賦与された美しい姿。「国色」は国中で一番の美人。
出典 『西廂記《せいしょうき》』
類義語 一顧傾城《いっこけいせい》・傾城傾国《けいせいけいこく》

【天資刻薄】てんしこくはく
意味 生来、性質が残忍でむごいこと。
補説 「天資」は生まれつきの性質・資質。「刻薄」は残忍でむごいこと。「刻」はむごい、「薄」は人情が薄いこと。
出典 『史記《しき》』商君伝《しょうくんでん》・論

【天日之表】てんじつのひょう
意味 天子となるべき人相のこと。
補説 「天日」は太陽、また、天子のこと。「表」はおもて・顔の意。
出典 『新唐書《しんとうじょ》』太宗紀《たいそうき》

【諂上欺下】てんじょうぎか
意味 目上の人には媚《こ》びおもねり、目下の人には不誠実でばかにした態度をとること。
補説 「諂」は媚びへつらうこと。「欺」は欺くこと。「上《かみ》に諂《へつら》い下《しも》を欺《あざむ》く」と訓読する。
類義語 諂上傲下《てんじょうごうか》・諂上抑下《てんじょうよくか》・吐剛茹柔《とごうじょじゅう》

【天上皇帝】てんじょうこうてい
意味 天にまします神。キリストのこと。
補説 「天上」は空の上、天空の意。「皇帝」は帝国の君主・最高権力者の意だが、ここでは神の意として用いられている。
用例 私どもが天上皇帝を祈りましたせいか、あの恐ろしい幻は間もなく消えてしまいましたが、〈芥川龍之介◆邪宗門〉

【天井桟敷】てんじょうさじき
意味 劇場で天井に近い後方最上階にある、他の席より低料金の席。
補説 「桟敷」は左右に一段高くした見物席。舞台から最も遠い席で、見づらくせりふも聞き取りにくいが、芝居を見なれた見巧者《みごうしゃ》が多く集まるので、俳優には重視された。
用例 クレムリンの合唱隊のバスうたいが一人、天井桟敷に陣どって見物してたんですが、とつぜん藪《やぶ》から棒に、いやどうも驚くまいことか、その天井桟敷から、「ブラボー、シルヴァ！」と、やってのけた〈神西清訳チェーホフ◆かもめ〉

【天上人間】てんじょうじんかん
意味 天上界と人間界のこと。また、互いに通ずることのない、はるかな隔たりのたとえ。遠く離れていることのたとえ。
出典 白居易《はくきょい》「長恨歌《ちょうごんか》」／李煜《りいく》一詞「浪淘沙令《ろうとうされい》」

【天上天下】てんじょうてんげ
意味 天上の世界と地上の世界。天地の間。全世界。（→「唯我独尊《ゆいがどくそん》」 637）
注意 「てんじょうてんか」とも読む。
用例 私の此《この》話は、日本の古代の暦法、天上天下の関係を説かねばならなくなった。〈折口信夫◆高御座〉

【天壌無窮】てんじょうむきゅう

意味 天地とともに永遠に極まりなく続くさま。

補説 「天壌」は天と地。「無窮」は極まりないさま、永遠の意。

注意 「てんじょうぶきゅう」とも読む。

出典 『日本書紀《にほんしょき》』神代紀《じんだいき》

用例 我等《われら》こと、捜査のヒントを与えてやろうと天壌無窮の慈善的精神によってフツカヨイだというのに、こういう俗界へ降臨してやったんだぞ。〈坂口安吾◆投手殺人事件〉

類義語 天長地久《てんちょうちきゅう》・百載無窮《ひゃくさいむきゅう》

【転生輪廻】てんしょうりんね

⇒輪廻転生 りんねてんしょう 670

【天人相関】てんじんそうかん

意味 天と、それが生み出した人間とには密接な関係があるという考え。

補説 中国漢代に儒家の董仲舒《とうちゅうじょ》が『春秋繁露《しゅんじゅうはんろ》』で提唱した政治思想。皇帝の治世は天の意志に基づき、天はその治世に感応して禍福をくだす、とする。

類義語 天人感応《てんじんかんのう》・天人相応《てんじんそうおう》・天人相与《てんじんそうよ》・天人冥合《てんじんめいごう》

【天神地祇】てんしんちぎ

意味 天地の神々、すべての神々の意。

補説 「天神」は天の神、「地祇」は地の神・国土の神の意。

注意 「てんじんちぎ」とも読む。

用例 このドルメンが、天神地祇をまつる祭壇であるか、それともだれか貴人を葬った墓標であるか、まだ断定されていない。〈河東碧梧桐◆南予枇杷行〉

類義語 天地神明《てんちしんめい》

【天人冥合】てんじんめいごう

意味 天意と人の言行が自然に一致すること。

補説 人の言行が正しければ、おのずと天意に一致することをいう。「冥」は暗に、おのずとの意。「冥合」は知らず知らずのうちに合致すること。

類義語 天人感応《てんじんかんのう》・天人相応《てんじんそうおう》・天人相関《てんじんそうかん》・天人相与《てんじんそうよ》

【天真爛漫】てんしんらんまん 〈—ナ〉

意味 飾らず自然のままの姿があふれ出ているさま。明るく純真で無邪気なさま。

補説 「天真」は生まれつきの純粋な性格、「爛漫」は自然のままに輝き現れる様子。

出典 『宝真斎法書賛《ほうしんさいほうしょさん》』五

用例 その昔この広い北海道は、私たちの先祖の自由の天地でありました。天真爛漫な稚児の様に、美しい大自然に抱擁されてのんびりと楽しく生活していた彼等は、真に自然の寵児《ちょうじ》、なんという幸福な人だちであったでしょう。〈知里幸恵編訳◆アイヌ神謡集〉

類義語 天衣無縫《てんいむほう》

【点睛開眼】てんせいかいがん

⇒画竜点睛 がりょうてんせい 116

【天造草昧】てんぞうそうまい

意味 天地創造のとき、この世にまだ秩序がなく混沌《こんとん》として定まらないこと。

補説 世の中に秩序がなく、天下のまだ定まらないことにもいう。「天造」は天が万物を創造すること、また、その創造物。「草昧」は物事が始まったころの混乱したさま。「草」ははじめの意。また、乱雑の意。「昧」は暗い意。

出典 『易経《えききょう》』屯《ちゅん》

【天孫降臨】てんそんこうりん

意味 記紀《きき》（『古事記』と『日本書紀』）神話で、天津彦彦火瓊瓊杵尊《あまつひこひこほのににぎのみこと》が国土平定のため、天照大神《あまてらすおおみかみ》の命を受けて、高天原《たかまがはら》から日向国《ひゅうがのくに》（今の宮崎県）の高千穂峰《たかちほのみね》に天下ったこと。

補説 「天孫」は天上界の神の子孫の意で、ここでは、天照大神の孫の瓊瓊杵尊のこと。「降臨」は神仏が天界から地上に来臨すること。

出典 『日本書紀《にほんしょき》』神代紀《じんだいき》

【霑体塗足】てんたいとそく

意味 つらい労働の様子。体をぬらし、足を泥まみれにして、田畑で仕事をする姿から。

補説 「霑」はぬらすこと。「塗」は泥にまみれること。「霑体」はからだをぬらす意。「塗足」は足を泥まみれにする意。「体《からだ》を霑《うる》おし、足《あし》に塗《ぬ》る」と訓読する。

出典 『国語《こくご》』斉語《せいご》

【椽大之筆】てんだいのふで

意味 堂々とした立派な文章のたとえ。大家の手筆のたとえ。

補説 「椽」は垂木《たるき》のこと。屋根を支えるために棟から軒に渡す太い木材のこと。特別に大きな筆の意から。

故事 中国西晋《せいしん》の王珣《おうじゅん》が垂木のような大きな筆を授けられる夢を見た。近々、大いに筆をふるう機会があるに違いないと思っていたところ、はたして、武帝が崩御し、王珣はその弔辞や諡《おくりな》を定める文章など、すべてをまかされ、堂々とした文章を書いたという故事から。

出典 『晋書《しんじょ》』王珣伝《おうじゅんでん》

類義語 麤枝大葉《そしたいよう》

【恬淡寡欲】てんたんかよく 〈―ナ〉

意味 あっさりとして淡泊で、欲の少ないさま。

補説 「恬淡」はあっさりしていて、物事に執着しないさま。「寡」は少ない意。人柄や性格についていう語。

【天地一指】てんちいっし

意味 この世に存在するものは、個々の違いを超えて斉一なものであるという考え。

補説 すべての対立を超えた絶対的な観点からみれば、天も地も一本の指と同じものであるという意。

出典 『荘子《そうじ》』斉物論《せいぶつろん》

類義語 万物一馬《ばんぶついちば》・万物斉同《ばんぶつせいどう》

【天地開闢】てんちかいびゃく

意味 天と地ができた世界の始まり。世界の初め。

補説 古代中国では混沌《こんとん》とした一物が二つに分かれて天と地となり、世界が始まったと考えられていた。「開闢」は開き分かれること。

出典 『太平御覧《たいへいぎょらん》』二に引く徐整《じょせい》『三五暦紀《さんごれきき》』

用例 このパラドックスを道破した者は、天地開闢以来吾輩《わがはい》のみであろうと考えると、自分ながらまんざらな猫でもないと虚栄心も出るから、〈夏目漱石◆吾輩は猫である〉

類義語 開天闢地《かいてんへきち》・天地創造《てんちそうぞう》

【天地玄黄】てんちげんこう

意味 天地のこと。また、四つのものの順序を示すのに用いる言葉。

補説 天は黒く、地は黄色であるという意。「玄」は、黒色の意。中国の古い教科書で、書写の練習によく用いられた『千字文《せんじもん》』の第一句。

出典 『易経《えききょう》』坤《こん》

用例 なるほど天地玄黄を三寸裏に収めるほどの霊物だけあって、とうてい吾輩《わがはい》の手に合わない、尻尾をめぐる事七たび半にしてくたびれたからやめにした。〈夏目漱石◆吾輩は猫である〉

類義語 天玄地黄《てんげんちおう》

【天地渾沌】てんちこんとん 〈―タル〉〈―ト〉

意味 天地がいまだ分離していない始原の状態。世界の起源の様子。

補説 「渾沌」は物事の区別がはっきりしないさま。ここでは、神話で天地ができたばかりでいまだ分離しない状態をいう。

注意 「天地混沌」とも書く。

用例 天地混沌として日月《じつげつ》も未《いま》だ成らざりし先高天原《たかまがはら》に出現ましませしに因《よ》りて、天上天下万物の司《つかさ》と仰ぎ、〈尾崎紅葉◆金色夜叉〉

【天地四時】てんちしいじ

意味 天地と春夏秋冬のこと。

補説 「四時」は四季の意。

【天地神明】てんちしんめい

意味 天と地のあらゆる神々のこと。

補説 「神明」は神々。「明」も、ここでは神の意。

用例 我こそは競輪の秘密を見破り、十八万円の大穴をせしめてやろうと天地神明に誓をたてていたのだから。〈坂口安吾◆安吾巷談〉

類義語 天神地祇《てんしんちぎ》・俯仰天地《ふぎょうてんち》

【天地長久】てんちちょうきゅう

⇒ 天長地久《てんちょうちきゅう》 476

【天地万象】てんちばんしょう

意味 天地間に存在するすべての現象・事物のこと。

補説 「天地」は天と地。転じて、世の中の意。「万象」はさまざまな現象・事物のこと。万物。「天地万物《てんちばんぶつ》」「天地万有《てんちばんゆう》」ともいう。

用例 造物主は天地万象を造りて私なし。〈坪内逍遥◆小説神髄〉

類義語 森羅万象《しんらばんしょう》

【天地万物】てんちばんぶつ

⇒ 天地万象 てんちばんしょう 475

【天地万有】てんちばんゆう

⇒ 天地万象 てんちばんしょう 475

【天地無用】てんちむよう

意味 破損の恐れがあるので、荷物の上下を逆さまに扱ってはいけないということ。

補説 荷物の包装の外側に記し、取り扱いに際して注意を促す言葉。「天地」は、ここでは上下のこと。「無用」は、ここでは、してはならないの意。

【天長地久】てんちょうちきゅう

意味 天地の存在が永遠であるように、物事がいつまでも続くことのたとえ。

補説 「天」「地」がともに「長」であり「久」であるという互文（双方補い合って意味を完成する表現法）。「天《てん》は長《なが》く地《ち》は久《ひさ》し」と訓読する。「天地長久《てんちちょうきゅう》」ともいう。

出典 『老子《ろうし》』七

類義語 天壌無窮《てんじょうむきゅう》・天地無窮《てんちむきゅう》・百載《ひゃくさい》無窮《むきゅう》

【点滴穿石】てんてきせんせき

意味 わずかな力の積み重ねによって、非常に大きな事業を達成できること。

補説 一滴一滴の小さな水滴でも、長い年月の間には固い石に穴をあけることができるという意から。「点滴」はしたたり落ちるしずく。一般に「点滴《てんてき》石《いし》をも穿《うが》つ」と訓読して用いる。「水滴石穿《すいてきせきせん》」ともいう。

出典 『文選《もんぜん》』枚乗《ばいじょう》「書《しょ》を上《たてまつ》りて呉王《ごおう》を諫《いさ》む」◎「太山《たいざん》の霤《りゅう》は石を穿《うが》つ」

類義語 愚公移山《ぐこういざん》・山溜穿石《さんりゅうせんせき》・積土成山《せきどせいざん》・磨杵作針《ましょさくしん》・積水成淵《せきすいせいえん》

【点鉄成金】てんてつせいきん

意味 人の作った平凡な文章などに手を加えて、見事なものにすること。

補説 仙道術（仙人の術）で、鉄を変化させて金にすることから。「点」は手を加える、直すこと。「鉄《てつ》を点《てん》じて金《きん》を成《な》す」と訓読する。

出典 黄庭堅《こうていけん》「洪駒《こうく》の父《ちち》に答《こた》うるの書《しょ》」

用例 点鉄成金は仙術の事だが、利休《りきゅう》は実に霊術を有する〈幸田露伴◆骨董〉

類義語 換骨奪胎《かんこつだったい》

【輾転反側】てんてんはんそく 〈―スル〉

意味 何度も寝返りを打つこと。

補説 心配ごとや悩みごとを抱えたり恋する人を思ったりして、眠れない様子を表す語。「輾転」「反側」はともに寝返りを打つこと。

注意 「展転反側」とも書く。

出典 『詩経《しきょう》』周南《しゅうなん》・関雎《かんしょ》

用例 曰《いわ》く恋愛なり、美人を天の一方に思求し、輾転反側する者、実に此《この》際に起るなり。〈北村透谷◆厭世詩家と女性〉

【転倒黒白】てんとうこくびゃく

意味 事実を曲げること。

補説 黒を白と言い、白を黒と言うことから。「黒白」は是非・善悪・正邪のたとえ。「黒白《こくびゃく》を転倒《てんとう》す」と訓読する。

類義語 転倒是非《てんとうぜひ》

【天道是非】てんどうぜひ

意味 人生の幸不幸、運命の良し悪しに対する不満・怒りを述べた言葉。

補説 天は果たして正しいのか、間違っているのかの意。一般に「天道《てんどう》是《ぜ》か非《ひ》か」と訓読して用いる。清廉に生きた伯夷《はくい》・叔斉《しゅくせい》が餓死する一方で、大盗賊の盗跖《とうせき》が天寿を全うするなど、正しい人が不幸な境遇で一生を終えたり、大悪人が一生安楽なまま過ごしたりすることが多いので、人の運命をつかさどる天は果たして正しい存在なのか、と憤った中国漢の歴史家司馬遷《しばせん》の言葉。

出典 『史記《しき》』伯夷伝《はくいでん》◎「余《よ》甚だ惑う。儻《ある》いは所謂《いわゆる》天道是か非か」

類義語 天道寧論《てんどうねいろん》

【天道無親】てんどうむしん

意味 天の働きは、えこひいきすることがなく、常に公平であること。

補説 「無親」は特定の者のみに親しくすることはしないという意。「天道《てんどう》親《しん》無《な》し」と訓読する。

（出典）『老子《ろうし》』七九 ◎「天道は親無く、常に善人に与《くみ》す。」

【天人五衰】てんにんのごすい

（意味）天人が死を迎えるときに現れるという五つの相。
（補説）仏教語。「天人」は、仏教で語られる欲界六天および色界諸天、あるいは極楽に住むという神々しい姿の人々。天上界の人のこと。「五衰」は諸説あるが、『涅槃経《ねはんぎょう》』では衣服が垢《あか》で汚れる、頭上の華鬘《けまん》がしおれる、からだが汚れ臭くなる、腋《わき》の下に汗が流れる、自分がいるべき座席を楽しまない、の五つとする。
（出典）『涅槃経《ねはんぎょう》』
（用例）群集の思わんほども憚《はばか》られて、腋の下に衝っと冷き汗を覚えたのこそ、天人の五衰のはじめとも言おう。〈泉鏡花◆伯爵の釵〉
（類義語）天上五衰《てんじょうごすい》

【諂佞阿諛】てんねいあゆ 〈—スル〉

（意味）こびへつらうこと。おべっかを使って相手に取り入ること。
（補説）「諂佞」「阿諛」はともに、おもねりへつらう意。類義の語を重ねて意味を強調している。
（用例）「君はネ、頗《すこぶ》る義人だから一飯の恩になつくと殆《ほと》んど幇間《ほうかん》の様に諂佞阿諛百方到らざるなしだよ。」〈内田魯庵◆くれの廿八日〉
（類義語）阿諛曲従《あゆきょくしょう》・阿諛追従《あゆついしょう》・阿諛便佞《あゆべんねい》

【天然自然】てんねんしぜん

（意味）人間が手を加えないで、物事がそのまま存在する状態を表す語。

（補説）天がつくった、そのままであること。また、ひとりでに物事が起こること。「天然」も「自然」も、人為の加わらない、あるがままの意で、類義の語を重ねて意味を強調している。「自然天然《しぜんてんねん》」ともいう。

（用例）彼女は自分を夫の前に開放しようという努力も決心もなしに、天然自然自分を開放してしまった。〈夏目漱石◆明暗〉

【天之美禄】てんのびろく

（意味）酒の美称。
（補説）天から授かったありがたい贈り物の意。「美禄」はすばらしい俸禄。
（出典）『漢書《かんじょ》』食貨志《しょっかし》
（類義語）儀狄之酒《ぎてきのさけ》・杯賢杓聖《はいけんしゃくせい》・麦曲之英《ばくきょくのえい》・百薬之長《ひゃくやくのちょう》・忘憂之物《ぼうゆうのもの》

【天之暦数】てんのれきすう

（意味）天の巡り合わせ。運命。また、天命によって帝位につく運。

（補説）自然の順序として帝王となる運命。「暦数」は、自然に定まった運命。中国古代伝説上の聖天子である堯《ぎょう》帝が、自分の息子ではなく臣下の舜《しゅん》に帝位を譲るときに語った言葉。清《しん》朝の文献では、皇帝の諱《いみな》を避けて、多く「暦」を「歴」としたので、「天之歴数」と表記されていることもある。

（出典）『論語《ろんご》』堯曰《ぎょうえつ》

【顛沛流離】てんぱいりゅうり 〈—スル〉

⇒ 顛沛流浪 てんぱいるろう 477

【顛沛流浪】てんぱいるろう 〈—スル〉

（意味）つまずき倒れながら、さまよい歩くこと。非常に苦しみながら、頼るあてもなくさまようこと。

（補説）「顛沛」はつまずき倒れること。「流浪」は災害や戦乱のために各地を転々として、肉親が離れ離れになること。「顛沛流離《てんぱいりゅうり》」ともいう。

【天馬行空】てんばこうくう

（意味）思想や行動が何ものにも束縛されずに自由であること。また、文章や書の勢いが奔放ですぐれていること。

（補説）天馬が大空を駆けめぐる意。「天馬」は天帝が空を駆けめぐるために乗るという馬。転じて、名馬の意。一般に「天馬《てんば》空《くう》を行《ゆ》く」と訓読して用いる。

（注意）「てんまこうくう」とも読む。

（出典）劉子鍾《りゅうししょう》「薩天錫詩集序《さつてんせきししゅうじょ》」

（用例）殊に新聞紙の論説の如《ごと》きは奇想湧くが如く、運筆飛ぶが如く、一気に揮洒《きさい》し去って多く改竄《かいざん》しなかったに拘《かか》わらず、字句軒昂《けんこう》して天馬行空の勢いがあった。〈幸徳秋水◆文士としての兆民先生〉

（類義語）自由奔放《じゆうほんぽう》・不羈奔放《ふきほんぽう》

【天罰覿面】てんばつてきめん

（意味）悪事を働くと、その報いとしてすぐさま天罰が下される意。

補説 「天罰」は天の下す罰。「覿」は見る、目の当たりにする意。「覿面」は、ある事柄の効果や報いが即座に目の当たりに現れることをいう。

用例 ところが天罰覿面とはこの事であったろうか。こうした彼の不正直さが根こそぎ暴露する時機が来た。〈夢野久作◆木魂〉

類義語 応報覿面《おうほうてきめん》・効果覿面《こうかてきめん》・天網恢恢《てんもうかいかい》

【天覆地載】てんぷうちさい

意味 ありとあらゆる場所。また、天と地のように広大な仁徳。何物をも受け入れるおおらかな心のこと。

補説 天の覆うところの限り、地の載せるところの限りの意から。「天覆」は天が上にあって、広く万物を覆うこと。「地載」は地が下にあって、万物をあまねく載せること。天地ともその間にある物を余さず包み込むことから、広大な仁徳やおおらかな心の意にも用いる。

出典 『中庸《ちゅうよう》』三一 ◎「天の覆《おお》う所、地の載《の》する所」

【天府之国】てんぷのくに

意味 地形が天然の要害となって外敵の進入を防ぎ、さらに、地味が肥えていて産物に富む土地。

補説 「府」は文書や財物を収蔵する建物で、「天府」は天然の倉庫の意。

出典 『戦国策《せんごくさく》』秦策《しんさく》

【田父之功】でんぷのこう

意味 争っているものが共倒れし、第三者が利益を独占すること。

補説 「田父」は農夫のこと。

注意 「でんぽのこう」とも読む。

故事 中国戦国時代、斉と魏《ぎ》が争うことが大国秦《しん》や楚《そ》の思うつぼであることを悟らせるため、斉の淳于髡《じゅんうこん》が斉王に以下のたとえ話をした。足の速い犬が逃げ足の速いウサギを延々と追いかけて、山を三回まわり、五回も駆け上ったが、ついには疲れ果てて両者ともに死んでしまった。そこに通りかかった農夫がなんの苦もなく両方を手に入れてしまったという。

出典 『戦国策《せんごくさく》』斉策《せいさく》

類義語 鷸蚌之争《いつぼうのあらそい》・漁夫之利《ぎょふのり》・犬兎之争《けんとのあらそい》・田父之獲《でんぷのかく》

【田夫野嫗】でんぷやおう

⇒田夫野人 でんぷやじん 478

【田夫野人】でんぷやじん

意味 教養がなく、礼儀を知らない粗野な人。

補説 「田夫」は農夫。「野人」は庶民、いなか者の意。「田夫野嫗《でんぷやおう》」「田夫野老《でんぷやろう》」「野人田夫《やじんでんぷ》」ともいう。

用例 先祖を尋ぬれば、甲斐《かい》国の住人武田大膳太夫信玄入道、田夫野人の為《ため》に欺かれて、このまま断絶する家へ誰《だれ》が嫁に来る。〈尾崎紅葉◆金色夜叉〉

類義語 斉東野人《せいとうやじん》

【田夫野老】でんぷやろう

⇒田夫野人 でんぷやじん 478

【天変地異】てんぺんちい

意味 天地間に起こる自然の災害や、変わった出来事のこと。

補説 「天変」は天空に起こる変動のこと。異常気象やそれによってもたらされる災害で、日食・隕石《いんせき》・彗星《すいせい》・暴風・大雨などをいう。「地異」は、地震・津波・火山の噴火など地上で発生する異変のこと。

用例 慶長の初めには疫病が流行《はや》り、天変地異がつづいた。こんな事を仏僧や神官が神仏の怒りとして持ち出さずにはおく訳はなかった。〈長与善郎◆青銅の基督〉

類義語 天災地変《てんさいちへん》・天変地変《てんぺんちへん》

対義語 地平天成《ちへいてんせい》

【天保九如】てんぽうきゅうじょ

意味 長寿を祈る語。

補説 「天保」は『詩経《しきょう》』の小雅《しょうが》の篇名《へんめい》。この詩は、天子の長寿と平安を祈るもので、詩中の句の中に「如」の字を九個連ねて、長寿・平安が長く続くのを祝した語から。

出典 『詩経《しきょう》』小雅《しょうが》・天保《てんぽう》

類義語 千秋万歳《せんしゅうばんざい》

【天歩艱難】てんぽかんなん

意味 天の運行に支障が生じること。転じて、時運に恵まれず、非常に苦労すること。

補説 「天歩」は天体の運行。天命・時運のこと。また、国家の運命の意。「艱難」は悩み・苦しみの意。また、難儀すること。
出典『詩経《しきょう》』小雅《しょうが》・白華《はくか》

【顚撲不破】 てんぼくふは
意味 どのようなことをしても、動かし破ることができないこと。
補説 言論や学説が正しく動かしがたいものなので、論駁《ろんばく》することができないことをいう。「顚」はくつがえす、「撲」は打つ。くつがえしても打っても破れないほど強い意。
出典『朱子語類《しゅしごるい》』五

【典謨訓誥】 てんぼくんこう
意味『書経《しょきょう》』の文体の名。『書経』の篇名《へんめい》の併称。転じて、聖人の教え。
補説 経典《けいてん》の文を広く指すこともある。『書経』は儒教の経典の一つで、中国の夏《か》・殷《いん》・周三代から秦《しん》の穆公《ぼっこう》までの政治に関する記録を集めたもの。「典」は常法の意で、いずれの時代でも変わらず通用する規範のこと。堯典《ぎょうてん》・舜典《しゅんてん》の二典がある。「謨」ははかりごとの意で、君臣がともに治世のあり方を謀ることを述べる文。大禹謨《だいうぼ》・皐陶謨《こうようぼ》・益稷謨《えきしょくぼ》の三謨がある。「訓」は、君主を教え導く類の文で伊訓《いくん》など、「誥」は、臣下を教え諭す語で大誥《たいこう》などがある。
出典 孔安国《こうあんこく》「古文尚書序《こぶんしょうしょじょ》」

【天魔外道】 てんまげどう
意味 天上にいる魔王と仏教を信じない者のこと。
補説 仏教語。「天魔」は仏教の修行者に悪事をなしたり、人が善事を行うのを妨げて、邪道に誘ったりする魔王の意。「外道」は仏教以外の宗教や邪説の意。また、それを信じる者の意。いずれも仏法を妨げて、害をなす者。
出典『梵網経《ぼんもうきょう》』上
用例 されば神といい仏という天魔外道の類《たぐい》を信仰せられて、その形になぞらえた木石《ぼくせき》にも香花《こうげ》を供えられる。〈芥川龍之介◆邪宗門〉
類義語 煩悩外道《ぼんのうげどう》

【天魔波旬】 てんまはじゅん
意味 仏道に害を及ぼす、天上にいる悪魔のこと。
補説 仏教語。「天魔」は仏道修行者に悪事をなしたり人が善事を行うのを妨げて邪道に誘ったりする魔王。悪魔。「波旬」はその悪魔の名（サンスクリット語を音訳したもの）。
出典『正法眼蔵随聞記《しょうぼうげんぞうずいもんき》』二
用例 解脱同相《げだつどうそう》の三衣《さんえ》の下に天魔波旬の欲情を去りやらず、〈高山樗牛◆滝口入道〉

【転迷開悟】 てんめいかいご 〈―スル〉
意味 迷いを転じて悟りを開くこと。
補説 仏教語。「転迷」は煩悩がもたらす迷いや悩みを捨てること。「開悟」は涅槃《ねはん》の悟りを得ること。
注意「転迷解悟」とも書く。
用例 従来僧侶《そうりょ》でさえあれば善男善女に随喜渇仰《ずいきかつごう》されて、一生食うに困らず、葬礼、法事、会式《えしき》に専念して、作善《さぜん》の道を講ずるでもなく、転迷開悟を勧めるでもなく、真宗以外におおぴらで肉食《にくじき》妻帯する者はなかったが、〈島崎藤村◆夜明け前〉

【天網恢恢】 てんもうかいかい
意味 天が張りめぐらした網は広く、目が粗いようだが、悪人・悪事は決して取り逃がさないということ。
補説 天道は厳正であり、悪は早晩罰を受けるということで、悪事を戒める言葉。「天網」は天が張りめぐらす網。「恢恢」は広く大きいさま。「天網恢恢疎《そ》にして失わず」「天網恢恢疎にして漏らさず」の略。
出典『老子《ろうし》』七三
用例「おもしろい！なるほど。浴衣《ゆかた》の片袖《かたそで》が無い！天も……何とやらで、何とかして漏《もら》さず……ですな。」弁者ハ此《この》訛言《かたこと》を可笑《おかし》がりて、「天網恢々疎にして漏さずかい。」〈泉鏡花◆義血俠血〉
類義語 天罰覿面《てんばつてきめん》・天羅地網《てんらちもう》・網目不疎《もうもくふそ》
対義語 天網之漏《てんもうのろう》

【天網之漏】 てんもうのろう
意味 天罰をまぬがれること。また、国の法をすり抜けること。
補説「天網」は、天が張りめぐらす網。転じて、国の法の意。また、鳥や魚が網にからめ捕られるように、悪事が天の厳粛な処罰からまぬがれないことをたとえる語。その天網から漏れる（すり抜ける）ということ。

て

出典 『晋書《しんじょ》』劉頌伝《りゅうしょうでん》

対義語 天網恢恢《てんもうかいかい》・天羅地網《てんらちもう》・網目不疎《もうもくふそ》

【天門開闔】てんもんかいこう

意味 万物が生滅し、変化すること。

補説 天の造化の門が開けば万物が生成し、閉ざされると消失すること。「天門」については諸説あるが、あらゆる事物が生まれ出る根源の意。「闔」は閉じる意。「開闔」は生滅や変化のこと。

出典 『老子《ろうし》』一〇

【天門登八】てんもんとうはち

意味 仕官して、その頂点を極めようとすれば、かえって自分の身を危うくすることのたとえ。

補説 「天門」は天上の門の意。古来中国では天は九層あり、九つの天門を通らないと天の最上層を極められないと考えられていた。

故事 中国晋《しん》の陶侃《とうかん》は、夢の中で八翼を生じて飛翔《ひしょう》し、天の門を八つくぐり抜けた。そして最後の門を入ろうとしたが、どうしても入ることができず、門番に杖《つえ》でうたれて地におち、翼を折ってしまった。後に八州を管理する高い位に登り、さらなる栄達を望んだが、この夢を思い出して自制したという故事から。

出典 『晋書《しんじょ》』陶侃伝《とうかんでん》

【天佑神助】てんゆうしんじょ

意味 天や神の助け。ご加護。また、偶然に恵まれて助かること。

補説 「佑」「助」はともに助けの意。類義の語を重ねて意味を強調している。

注意 「天祐神助」とも書く。

用例 この伝授がもう一年間もつづいたら按吉《あんきち》は厭世自殺《えんせいじさつ》をしなければならないような結果になったかもしれなかった。ところが、ここに天祐神助あり、按吉は一命をひろったのである。〈坂口安吾◆勉強記〉

類義語 神佑天助《しんゆうてんじょ》

【天理人欲】てんりじんよく

意味 自然の条理と人の欲望。

補説 人間の心の中に本性として存在する天の道理と、心が外からの影響を受けて生じる感情や欲望。「天理」は万物の正しい道理。万物の調和を保つ自然の条理。「人欲」は、心が外界に触発されて生じる動き。人の本性を覆い隠すもの。

出典 『礼記《らいき》』楽記《がくき》

類義語 天理人情《てんりにんじょう》

【天理人情】てんりにんじょう

意味 自然の条理と人の情のこと。

補説 「天理」は万物の正しい道理。万物の調和を保つ自然の条理。「人情」は人の情、人の道。

用例 天理人情にさえ叶《かな》う事ならば、一命をも抛《なげう》って争うべきなり。これ即《すなわ》ち一国人民たる者の分限《ぶげん》と申すものなり。〈福沢諭吉◆学問のすすめ〉

類義語 天理人欲《てんりじんよく》

【転轆轆地】てんろくろくじ

⇒ 阿轆轆地 あろくろくじ 6

【転彎抹角】てんわんまっかく

意味 曲がりくねった道のこと。転じて、まわりくどく、直接的ではないことのたとえ。

補説 「転彎」は角を曲がること。方向を変えること。「抹角」は曲がり角のこと。

出典 『水滸伝《すいこでん》』三

類義語 転彎磨角《てんわんまかく》・転湾抹角《てんわんまっかく》

と

【東夷西戎】とういせいじゅう

意味 中国の東方や西方周辺に住んでいた異民族。

補説 「東夷」は、東方に住む異民族。また、日本でも昔、京都から見て関東人をそう呼んだ。「西戎」は、西北部にいた異民族のこと。いずれも、さげすんで言った言葉。「西戎東夷《せいじゅうとうい》」ともいう。漢民族は、中国の四方に住む異民族を「東夷」「西戎」「南蛮」「北狄《ほくてき》」と卑しめて呼んでいた。

出典 『礼記《らいき》』曲礼《きょくらい》下

用例 革命軍の飛報、頻々として櫛《くし》の歯をひくが如《ごと》し。東夷西戎、並び起り、三色旗は日一日より平安の都に近づかんとす。〈芥川龍之介◆木曽義仲論〉

類義語 夷蛮戎狄《いばんじゅうてき》・禽獣夷狄《きんじゅういてき》・南蛮北狄《なんばんほくてき》

【当意即妙】とういそくみょう 〈—ナ〉

意味 即座に、場に適《かな》った機転を利かせること。また、そのさま。

補説 「当意」はその場に応じて、素早く適切な対応をとったり工夫したりすること。仏教語の「当位即妙」（何事もそのままで真理や悟りに適っていること。また、その場の軽妙な適応）から。

用例 平常は冗談口を喋《しゃべ》らせると、話術の巧《うま》さや、当意即妙の名言や、駄洒落《だじゃれ》の巧さで、一座をさらって、聴き手に舌を巻かせてしまう映画俳優で、いざカメラの前に立つと、一言も満足に喋《しゃべ》れないのが、いるが、ちょうどこれと同様である。〈織田作之助◆大阪の可能性〉

【蕩佚簡易】とういつかんい 〈—ナ〉

意味 寛大で緩やかなさま。また、おおまかで物事にこだわらないこと。

補説 物事のやり方や心構え、また人柄についていう。「蕩佚」は寛大でおおらかなこと。おおまかなこと。「簡易」は、ほしいままに振る舞うこと。また、ここでは細かいことにこだわらないこと。

出典 『後漢書《ごかんじょ》』班超伝《はんちょうでん》

【堂宇伽藍】どううがらん

意味 寺の、大きくて立派な建物。

補説 「堂宇」は堂の建物。「伽藍」は寺の建物。

用例 昔し蕃山熊沢《ばんさんくまざわ》氏は曰《い》えり堂宇伽藍の巍々《ぎぎ》たる今日は即《すなわ》ち是《これ》仏教衰微の時代也《なり》と、〈山路愛山◆英雄論〉

類義語 七堂伽藍《しちどうがらん》・堂塔伽藍《どうとうがらん》

【桃園結義】とうえんけつぎ

意味 義兄弟の契りを結び、力を合わせること。

補説 中国の小説『三国演義《さんごくえんぎ》』の中で、主人公の劉備《りゅうび》・関羽《かんう》・張飛《ちょうひ》の三英雄が、張飛の家の桃畑で義兄弟の契りを結んだこと。「桃園《とうえん》に義《ぎ》を結《むす》ぶ」と訓読する。

出典 『三国演義《さんごくえんぎ》』一

類義語 桃園之義《とうえんのぎ》

【冬温夏凊】とうおんかせい

意味 親孝行することのたとえ。

補説 冬は暖かく、夏は涼しく、過ごしやすい環境を整えることから。「凊」は「涼」と同義。涼しい、涼しくする意。

注意 「冬温夏清」とも書く。

出典 『礼記《らいき》』曲礼《きょくらい》上

類義語 温凊定省《おんせいていせい》・晨昏定省《しんこんていせい》・扇枕温衾《せんちんおんきん》

【頭会箕斂】とうかいきれん 〈—スル〉

意味 税をあちこちからかき集めて、たくさん取り立てること。税を収奪することの形容。

補説 「頭会」は頭数を数える。「箕斂」は箕《み》ですくい取る。人の数を数えて、片っ端から箕ですくい取るようにかき集める意。

出典 『史記《しき》』陳余伝《ちんよでん》

類義語 苛斂誅求《かれんちゅうきゅう》

【凍解氷釈】とうかいひょうしゃく 〈—スル〉

意味 疑問や問題が、氷が解けてなくなるように解決すること。

補説 ここでは、「解」「釈」はともに氷が解けること。

出典 朱熹《しゅき》「中和旧説序《ちゅうわきゅうせつじょ》」

【東海揚塵】とうかいようじん

意味 世の中の移り変わりが甚だしいたとえ。

補説 東の大海が陸地に変わって、土ぼこりが立つ意から。「塵」は土ぼこり。「東海《とうかい》塵《ちり》を揚《あ》ぐ」と訓読する。

出典 『神仙伝《しんせんでん》』麻姑《まこ》

【灯火可親】とうかかしん

意味 秋の涼しさと長い夜は、明かりの下で読書するのに適しているということ。初秋のすがすがしい季節の形容。

補説 一般に「灯火《とうか》親《した》しむ可《べ》し」と訓読して用いる。

出典 韓愈《かんゆ》–詩「符《ふ》書《しょ》を城南《じょうなん》に読《よ》む」

類義語 新涼灯火《しんりょうとうか》

【桃花癸水】とうかきすい

意味 月経《げっけい》の意。

補説 「癸」は十干のみずのと。五行《ごぎょう》の水に配され、「癸水」で女性の月のものの意で用いられる。「桃花」は女性を象徴する雅語。

出典 『妝楼記《しょうろうき》』紅潮《こうちょう》

【東岳大帝】とうがく たいてい

⇒泰山府君 たいざんふくん 422

【冬夏青青】とうか せいせい 〈―タル〉〈―ト〉

意味 節操が堅く、常に変わらないことのたとえ。

補説 松やコノテガシワといった常緑樹は、色を変えることなく冬も夏も青々と茂っていることから。

出典 『荘子《そうじ》』徳充符《とくじゅうふ》 ◎「命を地に受けて、唯《ただ》松柏《しょうはく》のみ独《ひと》り在《あ》り。冬夏青青たり」

【投瓜得瓊】とうか とくけい

意味 男女が愛情の誓いの品を贈ること。

補説 女が情を寄せる男に瓜《か》の木の実を投げて求愛し、男は受け入れのしるしに美玉を贈るという、古代中国の習慣から。「投」は投げ与えること。「瓜」はここでは木瓜《ぼくか》。ボケの木。「瓊」は、美しい玉のこと。「瓜《うり》を投《とう》じて瓊《たま》を得《う》」と訓読する。

出典 『詩経《しきょう》』衛風《えいふう》・木瓜《ぼくか》

【東家之丘】とうかの きゅう

意味 人を見る目のないたとえ。また、身近にいる人の真価はわからないものだということのたとえ。

補説 「東家」は東隣の家。「丘」は、孔子の名。

故事 孔子の優秀さを知らず、西隣に住む人が「東隣の丘さん」と呼んでいた故事から。

出典 『魏志《ぎし》』邴原伝《へいげんでん》の裴注《はいちゅう》に引く『原別伝《げんべつでん》』

【堂下周屋】どうかの しゅうおく

意味 廊下のこと。

補説 「周屋」は部屋をめぐる意。詩語として用いられた。

出典 『海録砕事《かいろくさいじ》』地《ち》・屋宅《おくたく》

【童顔鶴髪】どうがん かくはつ

⇒鶴髪童顔 かくはつどうがん 102

【同甘共苦】どうかん きょうく

意味 苦楽を共にする。苦楽を分かち合う。

補説 一般に「甘《かん》を同《おな》じくし苦《く》を共《とも》にす」と訓読して用いる。

出典 『戦国策《せんごくさく》』燕《えん》

類義語 同甘同苦《どうかんどうく》

【投閑置散】とうかん ちさん

意味 要職についていないことのたとえ。

補説 暇な身分に身を投じ、暇な場所に置かれる意。「閑」「散」ともに暇。また、暇な役職のこと。「閑《かん》に投《とう》じ散《さん》に置《お》く」と訓読する。

出典 韓愈《かんゆ》「進学解《しんがくかい》」

【恫疑虚喝】どうぎ きょかつ 〈―スル〉

意味 内心はびくびくしながら、虚勢を張って相手をおどすこと。

補説 「恫疑」は恐れてためらうさま。「虚喝」は虚勢を張っておどすこと。こけおどし。また、息を切らせて恐れることともいう。「恫疑虚喝」を略して「恫喝《どうかつ》」（「恫猲」）という。

注意 「恫疑虚猲」とも書く。

出典 『史記《しき》』蘇秦伝《そしんでん》

【同帰殊塗】どうき しゅと

⇒殊塗同帰 しゅとどうき 316

【東窺西望】とうき せいぼう 〈―スル〉

意味 あちこちをちらちらとうかがい見ること。また、落ち着かないさま。

補説 「東…西…」であちこちの意。「窺」はうかがい見る、ひそかに見ること。「望」は遠くを見ること。

【同気相求】どうき そうきゅう

意味 同じような性質をもつ者は互いに求め合い、自然に寄り集まること。

補説 「同気」は、同じ気質・心情をもっていること。また、気の合う仲間の意。「同気《どうき》相《あい》求《もと》む」と訓読する。

出典 『易経《えききょう》』乾《けん》

類義語 同類相求《どうるいそうきゅう》

【同軌同文】どうき どうぶん

⇒同文同軌 どうぶんどうき 491

【道揆法守】どうき ほうしゅ

意味 道理に基づいて判断を下し、法度を自ら守ること。

補説 「揆」は、はかる意。「道揆」は支配者の立場のあり方、「法守」は家臣など下位の者の立場のあり方として語られたもの。

出典『孟子《もうし》』離婁《りろう》上

【童牛角馬】どうぎゅうかくば

意味 ありえない物事のたとえ。本当でない事物のたとえ。

補説 「童牛」は角のない牛。「角馬」は角のある馬。ともにありえないことからいう。

出典『太玄経《たいげんきょう》』更《こう》

類義語 烏白馬角《うはくばかく》・亀毛蛇足《きもうだそく》・亀毛兎角《きもうとかく》

【同仇敵愾】どうきゅうてきがい

⇒敵愾同仇 てきがいどうきゅう 465

【童牛之牿】どうぎゅうのこく

意味 年若く血気にはやるのを防ぎ止めるもののたとえ。また、人の自由を奪うことのたとえ。

補説 子牛の生えかけた角に横木を掛けて、人を突かないようにする意。「童牛」は角の生えかけた子牛のこと。「牿」は牛の角の端に結びつけて、人を突かないようにする横木。

出典『易経《えききょう》』大畜《だいちく》

【刀鋸鼎鑊】とうきょていかく

意味 古代の中国で、刑罰の執行に用いられた道具。転じて、厳しい刑罰の意。

補説 「刀鋸」は刀とのこぎり。「鼎鑊」は鼎《かなえ》(三本の脚のあるかま)と鑊(脚のない鼎)。ともに肉などを煮るものだが、ここでは人を煮る刑具。「刀鋸」「鼎鑊」はいずれも刑罰の意に用いられる。

出典 蘇軾《そしょく》「留侯論《りゅうこうろん》」

【当機立断】とうきりつだん

意味 機会に臨んで、素早く決断すること。

補説 「機」は時機・機会の意。「当機」は機に臨むこと。「立」は即刻、直ちにの意。「立断」ですばやく決断すること。「機《き》に当《あ》たりて、立《た》ちどころに断《だん》ず」と訓読する。

類義語 応機立断《おうきりつだん》・即断即決《そくだんそっけつ》・臨機応変《りんきおうへん》

【同気連枝】どうきれんし

意味 血のつながった兄弟姉妹のこと。

補説 気質が同じで、枝と枝とが一つに連なっている木の意から。「連枝」は連なった枝。兄弟姉妹のたとえ。「気《き》を同《おな》じくして枝《えだ》を連《つら》ぬ」と訓読する。

出典『千字文《せんじもん》』

【同衾共枕】どうきんきょうちん

意味 同じ寝床に一つの枕《まくら》で寝ること。

補説 主として男女が布団を同じくして情愛を交わすことを指す。「衾」は、掛け布団。夜具。しとね。「衾《きん》を同《おな》じくして枕《まくら》を共《とも》にす」と訓読する。

【冬月赤足】とうげつせきそく

意味 寒い冬にはだしでいること。清貧のたとえ。

補説 「冬月」は冬のこと。「赤足」ははだし。「赤」は何もない意。

出典『前言往行録《ぜんげんおうこうろく》』

類義語 粗衣粗食《そいそしょく》

【陶犬瓦鶏】とうけんがけい

意味 形ばかり立派で、実際の役に立たないもののたとえ。

補説 「陶犬」は陶製の犬。「瓦鶏」は素焼きの鶏。犬には夜の番をする役目、鶏には夜明けを告げるという役目があるが、作り物ではその役目を果たすことができないことから。「瓦鶏陶犬《がけいとうけん》」ともいう。

出典『金楼子《きんろうし》』立言《りつげん》上

用例 それやこれやで脳はズキズキ、医者も薬も、陶犬瓦鶏。〈巌谷小波◆妹背貝〉

類義語 泥車瓦狗《でいしゃがこう》

【洞見癥結】どうけんちょうけつ

意味 物事がうまくいかない原因や人の心の機微など、表面に現れにくいものを見抜くこと。

補説 腹中に生じた病を見通す意。「洞見」は見通す、見抜く意。「癥結」は、腹の中にできたしこり。がん。病気がこじれること。また、人や物事の問題点。「癥結《ちょうけつ》を洞見《どうけん》す」と訓読する。

故事 中国戦国時代、鄭《てい》の扁鵲《へんじゃく》が、長桑君《ちょうそうくん》と名乗る人物から授けられた、どんなものでも見通せるようになるという薬を服用したところ、土塀の向こう側の人が見えるようになった。その眼力で、病人の五臓にできたしこりをすべて見通すことができたという故事から。

出典『史記《しき》』扁鵲伝《へんじゃくでん》

【倒懸之急】 とうけんのきゅう

意味 状況が差し迫っていること。

補説 「倒懸」は手足をしばって、からだを逆さまにして吊《つ》り下げること。非常な苦しみのたとえ。

注意 「倒県之急」とも書く。

出典 『孟子《もうし》』公孫丑《こうそんちゅう》上

【同工異曲】 どうこういきょく

意味 音楽や詩文などで、その手際や技量が同じでも味わいや趣がまちまちであること。転じて、見た目は異なるが、内容は似たり寄ったりであること。

補説 「工」は巧みさ・技量。「異曲同工《いきょくどうこう》」ともいう。

出典 韓愈《かんゆ》「進学解《しんがくかい》」

用例 この民話は、吾国《わがくに》の蒟蒻《こんにゃく》問答という落語と、同工異曲……という以上に、同工同曲であって、共に沈黙の雄弁さを示すものである。〈豊島与志雄◆「沈黙」の話〉

類義語 大同小異《だいどうしょうい》

【韜光晦迹】 とうこうかいせき

意味 すぐれた資質や才能を包み隠して、人前に現さないこと。

補説 「韜」は包み隠す意。「光」は人の才能などのすぐれたさまのたとえ。「晦」は隠す。「迹」は形跡の意。また、仏教では、悟りに達した人が俗世を避けて隠れ住むことをいう。「光《ひかり》を韜《つつ》み、迹《あと》を晦《くら》ます」と訓読する。「晦迹韜光《かいせきとうこう》」ともいう。

注意 「韜光晦跡」とも書く。仏教では「とうこうまいせき」と読む。

出典 『太平御覧《たいへいぎょらん》』六五六に引く『高僧伝《こうそうでん》』

類義語 自己韜晦《じことうかい》・韜光隠迹《とうこういんせき》・韜光養晦《とうこうようかい》・被褐懐玉《ひかつかいぎょく》

【刀耕火種】 とうこうかしゅ

意味 焼畑農業のこと。

補説 山林を伐採し、火を放って草木を焼き払い、そこに種をまく意。古来、山地で行われた農法で、広く原始的な農業形態の意でも用いられる。

出典 『旧唐書《くとうじょ》』厳震伝《げんしんでん》

類義語 刀耕火耨《とうこうかどう》

【騰蛟起鳳】 とうこうきほう

意味 文才があり、才能があふれるほど盛んなさま。

補説 躍り上がるみずちと飛び立つ鳳凰《ほうおう》の意から。「騰」は躍り上がる意。「蛟」はみずち。竜の一種とされる伝説上の動物で、躍り上がれば洪水を起こすという。「起」は、飛び立つ意。「鳳」は鳳凰で、聖天子の出現のしるしとして現れるという想像上の鳥。

出典 王勃《おうぼつ》「滕王閣序《とうおうかくのじょ》」

【倒行逆施】 とうこうぎゃくし

意味 物事を行うに当たって、正しい道理に逆らった手段・方法を採ること。

補説 時代の風潮に逆らうよくない行いにも用いる。「倒」も「逆」もさからう、「行」も「施」もおこなう意。類義の語を重ねて意味を強調している。「逆施倒行《ぎゃくしとうこう》」ともいう。

出典 『史記《しき》』伍子胥伝《ごししょでん》

【刀光剣影】 とうこうけんえい

意味 殺気がみなぎり、今にも戦いが起こりそうな雰囲気のこと。また、殺し合いの激しいさま。

補説 刀がきらめき、剣の影がちらつくという意から。

類義語 一触即発《いっしょくそくはつ》・剣抜弩張《けんばつどちょう》

【灯紅酒緑】 とうこうしゅりょく

⇒ 紅灯緑酒 こうとうりょくしゅ 221

【東行西走】 とうこうせいそう 〈―スル〉

意味 あわただしく、あちこち走り回ること。

補説 東西に奔走すること。「東…西…」であちこちの意。

出典 『易林《えきりん》』

類義語 東行西歩《とうこうせいほ》・東奔西走《とうほんせいそう》・南行北走《なんこうほくそう》・南船北馬《なんせんほくば》

【偸香窃玉】 とうこうせつぎょく

⇒ 窃玉偸香 せつぎょくとうこう 381

【韜光晦迹】 とうこうまいせき

⇒ 韜光晦迹 とうこうかいせき 484

【桃紅柳緑】 とうこうりゅうりょく

意味 美しくさまざまな色彩に満ちた春の景色。

【桃弧棘矢】《とうこきょくし》

（意味）災いを払うこと。

（補説）魔除《まよ》けに用いられた桃の木の弓といばらの矢。「桃弧」は桃の木で作った弓。「棘矢」はいばらの矢。ともに魔除けのために用いられた道具。

（出典）『春秋左氏伝《しゅんじゅうさしでん》』昭公《しょうこう》四年

【董狐之筆】《とうこのふで》

（意味）権力におもねることなく、歴史事実を正しく書き記すこと。

（補説）「董狐」は中国春秋時代の歴史記録官の名。

（注意）「とうこのひっ」とも読む。

（故事）中国春秋時代、晋《しん》の霊公が部下に殺された。上席家老の趙盾《ちょうとん》は国境を越えるところであったが急を聞いて引き返した。董狐は、「上席家老が主君を殺した」と記録した。家老は抗議したが、「大事に何もせずに逃げた責任者の罪でなくして誰《だれ》の罪だ」と言って筆を曲げなかった故事から。

（出典）『春秋左氏伝《しゅんじゅうさしでん》』宣公《せんこう》二年

（類義語）董狐書盾《とうこしょとん》

【党錮之禍】《とうこのわざわい》

（意味）中国後漢末に起きた政治上の弾圧事件のこと。

（補説）「党」は仲間。同じ意見をもつ気の合う者たちの集まり。「錮」は禁固刑。また、公の活動を禁止すること。「党錮」だけでもこの事件をさす。「党錮之禍」は、略して「党禍《とうか》」ともいう。また、「党錮之禁《とうこのきん》」ともいう。

（注意）「とうこのか」とも読む。

（故事）中国後漢の末、宦官《かんがん》（去勢されて宮廷に仕えた男性）が政治をほしいままにしたので、李膺《りよう》らは同志を募り、その腐敗した政治を厳しく批判した。これに対して宦官は、官僚層を主体とする反宦官派の人々を党人と呼んで弾圧を加え、終身の禁固刑に処したという故事。

（出典）『後漢書《ごかんじょ》』党錮伝《とうこでん》

（類義語）党人之禍《とうじんのわざわい》

【倒載干戈】《とうさいかんか》

（意味）再び戦争をすることはないという意志表示。また、平和な世の中のたとえ。

（補説）武器を逆さにして車に載せる意。「干戈」は盾と矛で武器の総称。「倒」は逆さにするの意。出征するときは刃を前に向けて車に載せ、凱旋《がいせん》するときは後ろに向けて載せることから。「干戈《かんか》を倒載《とうさい》す」と訓読する。

（故事）中国周の武王が殷《いん》の紂《ちゅう》王を討伐して帰るとき、武器を逆さまに車に載せ、刃を虎の皮で覆って、二度と戦いをしないことを示した故事から。

（出典）『礼記《らいき》』楽記《がくき》

（類義語）倒置干戈《とうちかんか》

（対義語）干戈倥偬《かんかこうそう》・干戈不息《かんかふそく》

【東西古今】《とうざいここん》

⇒ 古今東西《ここんとうざい》 236

【東西南北】《とうざいなんぼく》

（意味）東と西と南と北。また、四方。あちらこちら。

（用例）驚ろかんとあせる群集は弁天の祠《やしろ》を抜けて圧《お》して来る。向《むこ》うが岡を下りて圧して来る。東西南北の人は広い森と、広い池の周囲《まわり》を捨てことごとく細長い橋の上に集まる。〈夏目漱石◆虞美人草〉

（類義語）四方八方《しほうはっぽう》

【刀山剣樹】《とうざんけんじゅ》

（意味）残酷な刑罰のこと。また、きわめて危険な境遇のたとえ。

（補説）「刀山」は、地獄にあるという剣の山。仏教では「とうせん」と読む。「剣樹」は剣を林のように逆さに立て並べたもの。ともにその上を罪人に通らせるという地獄の刑罰に用いられる。

（出典）『阿含経《あごんきょう》』

【東山高臥】《とうざんこうが》〈―スル〉

（意味）俗世を避けて山野に隠れ住むこと。

（補説）「東山」は中国浙江《せっこう》省にある山の名。「高臥」は心を高潔に保つこと。また、高枕《たかまくら》をして寝る、何の束縛もなく自由に暮らすこと。隠遁《いんとん》の意。「高臥東山《こうがとうざん》」ともいう。

（故事）中国東晋《とうしん》の政治家謝安は若いころか

ら名声があり、朝廷から再三出仕の要請を受けたが、四十過ぎまで断り続けて東山に隠遁していた故事から。

出典 『晋書《しんじょ》』謝安伝《しゃあんでん》

対義語 東山再起《とうざんさいき》

【桃三李四】 とうさんりし

意味 桃は三年、スモモは四年かかって実をつけるということ。

補説 「李」はスモモ。「桃栗《くり》三年柿《かき》八年」に同じ。何事も成し遂げるためには相応の時間を必要とすることのたとえ。

出典 『埤雅《ひが》』釈木《しゃくぼく》

【同始異終】 どうしいしゅう

意味 物事は、もとの原因が同じでも、状況の変化によって、結果は常に違ってくるということ。

補説 「始《はじ》めを同《おな》じくするも終《お》わりを異《こと》にす」と訓読する。

出典 『春秋左氏伝《しゅんじゅうさしでん》』昭公《しょうこう》七年 ◎「始めを同じくするも終わりを異にす。胡《なん》ぞ常とす可《べ》けんや」

【道之以徳】 どうしいとく

意味 人を導くのに道徳心で誘導すれば、人は自ら正しい生き方や考え方をするようになるという教え。

補説 「道」はここでは、みちびく、指導する意。一般に「之《これ》を道《みちび》くに徳《とく》を以《もっ》てす」と訓読して用いる。

出典 『論語《ろんご》』為政《いせい》

【同室操戈】 どうしつそうか

意味 兄弟、あるいは、内輪で相争うことのたとえ。

補説 同じ家の者が武器を持って互いに争う意から。「同室」は部屋を同じくする者の意で、家族・身内をいう。「操」は手に持つ意。「戈」は武器の名で、ほこ。「同室《どうしつ》戈《ほこ》を操《と》る」と訓読する。

出典 『後漢書《ごかんじょ》』鄭玄伝《じょうげんでん》

【冬日之温】 とうじつのおん

意味 家臣に注がれる君主の恩恵が、冬の陽光のようにやさしく暖かいことのたとえ。

補説 冬の日光の暖かさの意から。「冬日」は冬の太陽。

出典 王倹《おうけん》「褚淵碑文《ちょえんひぶん》」

【同而不和】 どうじふわ

意味 おもねって同調するが、心から親しみ合ってはいないこと。

補説 孔子が小人の交際のありかたを言った言葉。一般に「同《どう》じて和《わ》せず」と訓読して用いる。

出典 『論語《ろんご》』子路《しろ》

対義語 和而不同《わじふどう》

【闘志満満】 とうしまんまん 〈—タル〉〈—ト〉

意味 闘争心が満ち満ちているさま。

用例 東軍には尚《なお》細川政国《ほそかわまさくに》、西軍には大内政弘《おおうちまさひろ》、畠山義就《はたけやまよしのり》等《ら》闘志満々たる猛将が控えて居る。〈菊池寛◆応仁の乱〉

【陶朱猗頓】 とうしゅいとん

⇒猗頓之富 いとんのとみ 49

【同床異夢】 どうしょういむ

意味 同じ立場にありながら、考え方や目的とするものが違うこと。

補説 同じ寝床に寝ても、それぞれ違った夢を見る意から。「同床各夢《どうしょうかくむ》」ともいう。

注意 「同牀異夢」とも書く。

出典 陳亮《ちんりょう》「乙巳春《いっしはる》朱元晦秘書《しゅげんかいひしょ》に答《こた》うるの書《しょ》」

対義語 異榻同夢《いとうどうむ》

【同床各夢】 どうしょうかくむ

⇒同床異夢 どうしょういむ 486

【闘諍堅固】 とうじょうけんご

意味 仏教者が、互いに自説を主張し、他説に攻撃を加えて争うこと。

補説 仏教語。釈迦《しゃか》の入滅《にゅうめつ》後二千五百年の間続くとされる修行僧間の宗派争いの、五百年ごとに区切られた最後の第五期のこと。

出典 『教行信証《きょうぎょうしんしょう》』

用例 いわゆる「闘諍堅固」は彼にとって切実な体験であった。彼の心を何よりも痛めたのは高潔であるべきはずの僧侶の蔽《おお》いがたい倫理的頽廃《たいはい》であった。〈三木清◆親鸞〉

【蹈常襲故】 とうじょうしゅうこ

意味 従来のしきたりや方法を受け継いで、

と

そのとおりに物事を執り行うこと。

補説 「蹈」は踏む。踏み行う。「襲」は受け継ぐ意。「故」は古いこと。「常《つね》を蹈《ふ》んで故《こ》を襲《おそ》う」と訓読する。略して「蹈襲」（「踏襲」）という。

出典 蘇軾《そしょく》「伊尹論《いいんろん》」

類義語 旧套墨守《きゅうとうぼくしゅ》・循常習故《じゅんじょうしゅうこ》

【東床坦腹】 とうしょう たんぷく

意味 娘の婿。

補説 「床」は人が寝たり座ったりする器具。寝台。「坦腹」は腹をむき出して悠々とあおむけに寝ること。「東牀腹坦《とうしょうふくたん》」ともいい、略して「東床」「坦床《たんしょう》」ともいう。

注意 「東牀坦腹」とも書く。

故事 書聖として知られる中国晋《しん》の王羲之《おうぎし》が、婿選びの使者が来たときに、東の寝台に横になったまま腹をむき出して食事をしており、その変人ぶりから娘婿に選ばれたという故事から。

出典 『世説新語《せせつしんご》』雅量《がりょう》

【銅牆鉄壁】 どうしょう てっぺき

意味 守りの堅固なこと。また、どのような方法でも壊すことができないもののたとえ。

補説 銅の垣根と鉄の壁の意から。「牆」は垣根のこと。

出典 無名氏《むめいし》『謝金吾《しゃきんご》』楔子《せっし》

類義語 湯池鉄城《とうちてつじょう》

【東牀腹坦】 とうしょう ふくたん

⇓ 東床坦腹 とうしょうたんぷく 487

【桃傷李仆】 とうしょう りふ

意味 兄弟が互いに反目して争うことのたとえ。

補説 桃が傷つき、スモモがたおれる意から。「桃」はモモ、「李」はスモモで、「桃」と「李」は兄弟のたとえ。「仆」はたおれる、たおすの意。

出典 『海録砕事《かいろくさいじ》』人事《じんじ》・兄弟《けいてい》

【東食西宿】 とうしょく せいしゅく 〈―スル〉

意味 欲の深い人がなるべく多くの利益を得ようと努めるたとえ。

補説 「東食」は東で食事をすること。「西宿」は西で床に入る、西で泊まること。

故事 中国斉の一人の女性に、東西二家から結婚の申し込みがあった。東家は金持ちで醜く、西家は貧しく美男子だった。どちらに嫁ぎたいかの母の問いに対して、この女性は「東家で食事をして西家で床に入る」と答えたという故事から。

出典 『芸文類聚《げいもんるいじゅう》』四〇に引く『風俗通《ふうぞくつう》』

用例 馬《ば》はそれから一晩おきに黄英の方へ往《い》くのが例になった。黄英は笑って、「東食西宿ですね、廉潔な人はこんなことをしないでしょうね」と言った。馬もまた自分で笑って返事ができなかった。〈田中貢太郎◆黄英〉

対義語 無欲恬淡《むよくてんたん》

【同仁一視】 どうじん いっし

⇓ 一視同仁 いっしどうじん 37

【同心協力】 どうしん きょうりょく 〈―スル〉

意味 心と力を一つに合わせ、皆で団結して事に取り組むこと。

補説 「同心」は心を合わせて一つにすること。「協」は力を束ねて一つにする意。「同心」と「協力」という類義の語を重ねて意味を強調している。

出典 『魏書《ぎしょ》』尒朱天光伝《じしゅてんこうでん》

用例 宰相大臣たる者、仮に身を数十百年の後に置き、同心協力して一々旧規の陋《ろう》を除き、易《か》うるに新図の美を以《もっ》てせば、〈中江兆民◆三酔人経綸問答〉

類義語 一致団結《いっちだんけつ》・一徳一心《いっとくいっしん》・上下一心《しょうかいっしん》・同心戮力《どうしんりくりょく》・二人三脚《ににんさんきゃく》・戮力一心《りくりょくいっしん》・戮力協心《りくりょくきょうしん》・戮力斉心《りくりょくせいしん》・戮力同心《りくりょくどうしん》

【道心堅固】 どうしん けんご

意味 道を求める心が、確固として揺るがないこと。

補説 「道心」は仏道を求める心。「堅固」は意志が固く容易には動かされないこと。

出典 『十住毘婆沙論《じゅうじゅうびばしゃろん》』一三

用例 わが道心堅固なるむっつり右門に於《お》いては、そんな心で彼女に対《むか》い目元の微笑をほころばしたのではなかったからです。〈佐々木味津三◆右門捕物帖〉

類義語 志操堅固《しそうけんご》

【同心戮力】 どうしん りくりょく 〈―スル〉

意味 心を等しくして力を合わせること。一

と

致協力すること。

（補説）「同心」は心を合わせて一つにすること。「戮」は合わせる。「戮力」は力を合わせる意で、協力に同じ。「心《こころ》を同《おな》じくして力《ちから》を戮《あわ》す」と訓読する。「協心戮力《きょうしんりくりょく》」「戮力協心《りくりょくきょうしん》」「戮力同心《りくりょくどうしん》」ともいう。

（出典）『春秋左氏伝《しゅんじゅうさしでん》』成公《せいこう》一三年

（用例）何か己《おれ》とあの男と秘密を共有していて、それを同心戮力して隠蔽《いんぺい》している筈《はず》だというような態度を取って来る。〈森鷗外◆青年〉

（類義語）一徳一心《いっとくいっしん》・上下一心《しょうかいっしん》・同心協力《どうしんきょうりょく》・和衷協同《わちゅうきょうどう》

【同声異俗】 どうせいいぞく

（意味）生まれながらの性質・素質は同じだが、環境や教育といった後天的な要素によって、人物に差が生じること。

（補説）赤子の泣き声は誰《だれ》でも同じで変わりないようだが、成長するに従って風俗や習慣を異にするようになるという意から。教育の重要性を訴える言葉。「俗」は風習・習慣。「声《こえ》を同《おな》じくして俗《ぞく》を異《こと》にす」と訓読する。

（出典）『荀子《じゅんし》』勧学《かんがく》

【動静云為】 どうせいうんい

（意味）人の発言や行動のこと。言行。

（補説）「動静」は立ち居振る舞い。「云」は言うこと、発言。「為」は行為。

（出典）朱熹《しゅき》「中庸章句序《ちゅうようしょうくじょ》」

【蹈節死義】 とうせつしぎ

（意味）節操を守り、正義のために命を惜しまないこと。節義を守って死ぬこと。

（補説）「蹈」は踏み行う、守るの意で、「蹈節」は節操を守ること。「死義」は義を守るために死ぬこと。一般に「節《せつ》を蹈《ふ》み義《ぎ》に死《し》す」と訓読して用いる。

（出典）『晋書《しんじょ》』元帝紀《げんていき》

【冬扇夏炉】 とうせんかろ

⇓ 夏炉冬扇 かろとうせん 117

【陶潜帰去】 とうせんききょ

（意味）陶潜が世俗の煩わしさを嫌い、官を辞して故郷に帰った故事。

（補説）このときに名文の「帰去来辞《ききょらいのじ》」を作ったという故事を四字句にしたもの。「陶潜」は中国東晋《とうしん》の詩人。字《あざな》は淵明《えんめい》。五柳先生と自称した。自然を愛し叙景詩にすぐれたので、田園詩人と呼ばれた。『蒙求《もうぎゅう》』の表題の一つ。

（故事）陶潜が彭沢《ほうたく》の県令（長官）となったとき、巡察の役人には礼装して応対しなければならないと聞いて、五斗米の俸禄《ほうろく》（わずかな俸給の意）のために腰を折ることはできないと、職を辞して帰郷し、「帰去来辞」を書いたという故事。

（出典）『晋書《しんじょ》』陶潜伝《とうせんでん》

【東走西馳】 とうそうせいち 〈―スル〉

⇓ 東奔西走 とうほんせいそう 492

【刀槍矛戟】 とうそうぼうげき

（意味）武器のこと。

（補説）刀・槍《やり》・矛《ほこ》・戟《ほこ》のこと。「戟」は、えだ歯のあるほこ。

（用例）全軍の刀槍矛戟の類《たぐい》も半ばは折れ欠けてしまった。〈中島敦◆李陵〉

【踏足付耳】 とうそくふじ 〈―スル〉

（意味）他人に悟られないように、人にものを言うときのしぐさ。また、人に注意するときには相手の立場を考え、相手を傷つけないような配慮が必要であるということ。

（補説）「踏足」は足を踏むこと。「付耳」は、耳に口をつけてそっと言うこと。「足《あし》を踏《ふ》み耳《みみ》に付《つ》く」と訓読する。

（故事）中国前漢、漢王劉邦《りゅうほう》が楚《そ》に包囲されて苦戦している時に、斉を平定した韓信《かんしん》が使者を送って、斉を治めるために仮の王にしてほしいと頼んだ。漢王は怒ったが、側近の張良らが漢王の足を踏み付けて耳元でそっと、韓信の要望を聞き入れるように忠告し、漢王もそれを聞き入れて、韓信を斉王にしたという故事から。

（出典）『史記《しき》』淮陰侯伝《わいいんこうでん》

【東岱前後】 とうたいぜんご

（意味）人の命がはかないものであること。

（補説）「東岱」は中国の名山とされる泰山（山東省泰安県にある山）のこと。古来、人が死ぬと、その魂が泰山に帰着するとされたことから、ここでは人が死ぬ意。「前後」は前後不定《ふじょう》の意。泰山に立ち昇る煙のように、人の生死が一定しないことをいう。
(注意)「東黛前後」とも書く。
(出典)『易林本節用集《えきりんぼんせつようしゅう》』
(用例)人知らぬ思いに心を傷《やぶ》りて、あわれ一山風に跡もなき東岱前後の煙と立ち昇るうら弱《わか》き眉目《みめ》好《よ》き処女子《むすめ》は、年毎《としごと》に幾何《いくばく》ありとするや。〈高山樗牛◆滝口入道〉

【当代無双】 とうだいむそう
(意味)同時代で並ぶものがないほどすぐれていること。
(補説)「当代」は今の時代。「無双」は二つとない、世に並ぶものがないこと。「双」は並ぶ、匹敵する。
(用例)当代無双の染物家として、私の信頼する芹沢銈介《せりざわけいすけ》君が、和紙の型附《かたつけ》に寄与してくれた功績も大きい。〈柳宗悦◆和紙十年〉
(類義語)海内無双《かいだいむそう》・国士無双《こくしむそう》・天下一品《てんかいっぴん》・天下無双《てんかむそう》・天下無敵《てんかむてき》

【銅駝荊棘】 どうだけいきょく
(意味)国が滅ぶのを嘆くたとえ。

(補説)宮殿が破壊して銅製のラクダがいばらの中にうずもれるのを嘆く意から。「駝」はラクダ。「銅駝」は銅製のラクダの像。「荊棘」はいばらの意で、荒れ果てることのたとえ。「銅駝の荊棘中に在《あ》るを嘆く」の略。「荊棘銅駝《けいきょくどうだ》」ともいう。

(故事)中国晋《しん》の索靖《さくせい》は、国が滅ぶのを予知して、洛陽《らくよう》の宮門の銅駝が、荒れ果てたいばらの中にうずもれるのを見るのはつらいことだと嘆いた故事から。

(出典)『晋書《しんじょ》』索靖伝《さくせいでん》

【湯池鉄城】 とうちてつじょう
(意味)城のきわめて堅固なさま。
(補説)「湯池」は熱い湯をたたえた池、転じて、城の要害堅固な濠《ほり》の意。「鉄城」は鉄の城。堅固な城。
(出典)『世説新語《せせつしんご》』文学《ぶんがく》
(類義語)金城鉄壁《きんじょうてっぺき》・金城湯池《きんじょうとうち》・銅牆鉄壁《どうしょうてっぺき》・難攻不落《なんこうふらく》

【撞着矛盾】 どうちゃくむじゅん 〈―スル〉
⇒ 矛盾撞着 むじゅんどうちゃく 619

【道聴塗説】 どうちょうとせつ
(意味)知識などの理解がいい加減で、しっかり自分のものになっていないこと。また、根拠のない伝聞、受け売りの意。
(補説)「塗」は「道」と同じで道路のこと。道でたまたま聞き知ったことを、また道で得意そうに、人に話し伝えること。「道《みち》に聴《き》きて塗《みち》に説《と》く」と訓読する。
(出典)『論語《ろんご》』陽貨《ようか》
(用例)そうした道聴塗説は、今にも、鍋《なべ》の煮え湯へ、火のおちそうなうわさばかりであったが。〈吉川英治◆松のや露八〉
(類義語)街談巷説《がいだんこうせつ》・口耳講説《こうじこうせつ》・口耳四寸《こうじしすん》・口耳之学《こうじのがく》

【洞庭春色】 どうていしゅんしょく
(意味)酒の名。みかんを醸造してつくった酒。
(補説)洞庭湖の春の景色を意味する。転じて、美酒の異称として用いられることもある。「洞庭」は洞庭湖。中国湖南省にある湖。
(出典)『荊楚歳時記《けいそさいじき》』

【洞天福地】 どうてんふくち
(意味)この世のものとも思われないような名勝絶景の形容。美しい場所。
(補説)「洞天」は天に通じる場所、「福地」は幸福・安楽の場所で、ともに仙人の住む所といわれる。道教で、十大洞天、三十六小洞天、七十二福地のこと。
(出典)杜光庭《とこうてい》「洞天福地岳瀆名山記序《どうてんふくちがくとくめいざんきじょ》」

【堂塔伽藍】 どうとうがらん
(意味)寺院の建物の総称。
(補説)堂と塔と伽藍のことから。「堂」は仏をまつる建物。「塔」はもと仏骨を納めた建造物。転じて、供養などのための多層の建造物。「伽藍」は僧侶《そうりょ》たちが仏道修行をする場所。
(用例)これは堂塔伽藍を建つることは、法《のり》の為《ため》、仏の為の最善根であるから、寂心《じゃくしん》も例を追うて、其《そ》のため播磨《はりま》の国に行《ゆ》いて材木勧進をした折と見える。〈幸田露伴◆連環記〉
(類義語)七堂伽藍《しちどうがらん》・堂宇伽藍《どううがらん》

【滔滔汩汩】 とうとうこつこつ
(意味)水の盛んに流れるさま。
(補説)話が続いて、絶えないことのたとえに

と

用いられることが多い。「滔滔」は水の盛んに流れるさま。「汨汨」は水の速く流れるさま。また、波の音のさま。
用例 相模灘《さがみなだ》は須臾《すゆ》に白泡白波狂いに狂い、哮《たけ》けりに哮けり、滔々汨々としてまさに沿岸一帯の磯山《いそやま》を押し流しもて去らんとするの勢あり。〈徳冨蘆花◆自然と人生〉

【頭童歯豁】 とうどうしかつ

意味 老人になること。また、老人の様子。
補説 頭髪が薄くなり、歯が抜け落ちてまばらになることから。「頭童」は子どもの坊主頭の意で、頭髪が薄くなることをいう。「歯豁」は歯が抜け落ちてまばらになること。「歯豁頭童《しかつとうどう》」ともいう。
出典 韓愈《かんゆ》「進学解《しんがくかい》」

【東倒西歪】 とうとうせいわい 〈―スル〉

意味 物や人が倒れたり傾いたりするさま。また、人がちゃんと立っていられず、ふらふらしているさま。
補説 東に倒れ西にゆがむ意から。「歪」はゆがむ意。
出典 『醒世恒言《せいせいこうげん》』
類義語 東扶西倒《とうふせいとう》

【銅頭鉄額】 どうとうてつがく

意味 きわめて勇猛であるさま。また、刀や槍《やり》を通さない厚い甲冑《かっちゅう》や、それに身を包む兵士のこと。
補説 銅の頭と鉄のひたいの意。
出典 『海内十洲記《かいだいじっしゅうき》』聚窟洲《しゅうくつしゅう》

【堂堂之陣】 どうどうのじん

意味 整然として、わずかの乱れもない陣。陣容が整い盛んなさま。
補説 「堂堂」は、態度や姿形が立派で、いかめしいさま。
出典 『孫子《そんし》』軍争《ぐんそう》 ◎「堂堂の陳（陣）を撃《う》つこと毋《な》し」
類義語 旗鼓堂堂《きこどうどう》

【党同伐異】 とうどうばつい

意味 事の道理に関係なく、仲間に味方し、対立する他者を攻撃すること。
補説 「同《おな》じきに党《むら》がり異《こと》なるを伐《う》つ」と訓読する。「伐異党同《ばついとうどう》」ともいう。
出典 『後漢書《ごかんじょ》』党錮伝《とうこでん》・序
類義語 党同異伐《とうどういばつ》・付和雷同《ふわらいどう》

【投桃報李】 とうとうほうり

意味 友人間で贈物をやりとりすること。また、自分が徳を施せば、相手も必ずそれに報いることのたとえ。
補説 桃が贈られれば、その返礼にスモモを贈る意。「李」はスモモ。「桃《もも》を投《とう》じて李《すもも》に報《むく》ゆ」と訓読する。
出典 『詩経《しきょう》』大雅《たいが》・抑《よく》
類義語 投珠報宝《とうしゅほうほう》・桃来李答《とうらいりとう》

【東塗西抹】 とうとせいまつ

意味 文人が意のままに文章や絵を書き散らすたとえ。
補説 謙遜《けんそん》の言葉に用いる。もとは、女性が念入りに化粧をすること。「抹」は塗りつぶすこと。
出典 『唐摭言《とうせきげん》』三

【唐突千万】 とうとつせんばん 〈―ナ〉

意味 甚だしく突然で場違いなさま。
補説 「唐突」は突然・出し抜けの意。「千万」はこの上ない、程度の甚だしい意。
用例 「ナニ絶交してもらいたいと…何だ、唐突千万な。何だといって絶交しようというんだ。」〈二葉亭四迷◆浮雲〉

【頭髪種種】 とうはつしゅしゅ

意味 年老いて、髪の毛が短くなった状態。
補説 「種種」は種が発芽したばかりの短い状態のこと。
出典 『春秋左氏伝《しゅんじゅうさしでん》』昭公《しょうこう》三年

【頭髪上指】 とうはつじょうし

意味 激怒して髪の毛が逆立つこと。
補説 「上指」は上を指すこと。
出典 『史記《しき》』項羽紀《こううき》
類義語 眥裂髪指《しれつはっし》・怒髪指冠《どはつしかん》・怒髪衝冠《どはつしょうかん》・怒髪衝天《どはつしょうてん》

【刀筆之吏】 とうひつのり

意味 文字を書き取ることを仕事とする小役人のこと。
補説 筆と小刀を使う仕事をする下級役人の意。「刀」は、古代中国で文字を書くのに使った竹簡の誤字を削り取るための道具。「吏」は下級役人。

出典『戦国策《せんごくさく》』秦策《しんさく》

【蟷臂当車】 とうひ とうしゃ

⇒蟷螂之斧 とうろうのおの 493

【同病相憐】 どうびょう そうれん

意味 同じ境遇で苦しむ者同士は、互いになぐさめ合うこと。同じ病気に苦しむ人々が、互いに同情し合う意。

補説 一般に「同病《どうびょう》相《あい》憐《あわ》れむ」と訓読して用いる。

出典『呉越春秋《ごえつしゅんじゅう》』闔閭内伝《こうりょないでん》

【同風一俗】 どうふう いちぞく

意味 全国の風俗が同一のものとなり、天下が統一されること。

補説「風《ふう》を同《おな》じくし俗《ぞく》を一《いっ》にす」と訓読する。「風俗」を「同一」にす、の互文（双方補い合って意味を完成する表現法）。

【東風解凍】 とうふう かいとう

意味 春の暖かい風によって、氷が解けること。春の訪れをいう。

補説「東風」は春に吹く暖かい風のこと。

出典『礼記《らいき》』月令《がつりょう》

【東扶西倒】 とうふ せいとう

意味 酔ってまっすぐ立っていられないさま。転じて、しっかりした考えがなくふらついているさま。また、事態の困難なことのたとえ。

補説 東側を助け起こしても、その反対の西側が倒れてしまうこと。「扶」は助ける。

出典『朱子語類《しゅしごるい》』一二五

類義語 東倒西歪《とうとうせいわい》

【東父西母】 とうふ せいぼ

意味 不老長寿の仙人のこと。

補説「東父」は東王公のこと。「西母」は西王母のこと。どちらも中国古来の仙人で、東王公は男の仙人の頭、西王母は女の仙人の頭とされる。

出典 傅玄《ふげん》「正都賦《せいとのふ》」

用例 惟《おもん》みれば誰《た》が保ちけん東父西母が命、誰が嘗《な》めたりし不老不死の薬、電光の裏《うち》に仮の生を寄せて、妄念の間に露の命を苦しむ、愚なりし我身なりけり。〈高山樗牛◆滝口入道〉

【同文同軌】 どうぶん どうき

意味 天下を統一すること。また、天下が統一されていることの形容。

補説「同文」は文字を、「同軌」は車の車輪の幅を統一すること。「文《ぶん》を同《おな》じくし軌《き》を同《おな》じくす」と訓読する。「同軌同文《どうきどうぶん》」ともいう。類義の表現に「軌を一《いっ》にする」「軌を同じくする」がある。

出典『中庸《ちゅうよう》』二八

【同文同種】 どうぶん どうしゅ

意味 使われる文字、人種が同じであるということ。

補説「文」は文字、「種」は種族。主に日本と中国の関係をいうことが多い。

【投鞭断流】 とうべん だんりゅう

意味 軍勢が非常に多く、兵力が強力なことのたとえ。

補説 みんなの鞭《むち》を長江に投げ込み、水の流れをせき止めて川を渡ること。中国五胡《ごこ》十六国の一つ前秦《ぜんしん》の世祖苻堅《ふけん》が、東晋《とうしん》を攻めた際に発した言葉による。「鞭《むち》を投《とう》じて流《なが》れを断《た》つ」と訓読する。

出典『晋書《しんじょ》』苻堅載記《ふけんさいき》

【洞房花燭】 どうぼう かしょく

意味 新婚の夜。また、新婚のこと。

補説「洞房」は奥まった部屋。寝室。「花燭」は華やかなろうそくの明かりの意。「花燭洞房《かしょくどうぼう》」ともいう。

注意「洞房華燭」とも書く。

出典 庾信《ゆしん》―詩「舞《まい》を詠《えい》ずるに和《わ》す」

【豆剖瓜分】 とうぼう かぶん 〈―スル〉

意味 国土が小さく分裂すること。また、分割したり分裂したりすること。

補説 豆や瓜《うり》を割るように分かれる意。「剖」「分」はともに裂くの意。「瓜剖豆分《かぼうとうぶん》」ともいう。

出典『晋書《しんじょ》』地理志《ちりし》・序

類義語 豆分瓜剖《とうぶんかぼう》

【道貌岸然】 どうぼう がんぜん 〈―タル〉〈―ト〉

意味 表情や態度がいかめしく、まじめで近寄りがたい様子。また、人前だけまじめな態度をとることの風刺。

と

補説 「道貌」は道学者（朱子学を信奉する儒家。他学派からはそのかたさを非難されていた）の表情の意。「岸然」はいかめしい、厳正なさま。
出典 『巣林筆談《そうりんひつだん》』謁敬亭先生《えつけいていせんせい》
類義語 道貌儼然《どうぼうげんぜん》・道貌凜然《どうぼうりんぜん》

【道傍苦李】 どうぼう(の)くり

意味 人から見捨てられ、見向きもされない物事のたとえ。
補説 「道傍」は道ばたの意。「苦李」は苦いスモモのこと。道ばたの木に苦いスモモがなっていても、誰《だれ》もとろうとしないことから。
出典 『世説新語《せせつしんご》』雅量《がりょう》

【掉棒打星】 とうぼうだせい

意味 現実的でないことに無駄な労力を払うたとえ。また、思い通りにならず、もどかしいこと。
補説 棒を振り回して、夜空の星を打ち落とそうとする意。「掉」はふるう意。「棒《ぼう》を掉《ふる》いて星《ほし》を打《う》つ」と訓読する。
類義語 猿猴取月《えんこうしゅげつ》・猿猴捉月《えんこうそくげつ》・隔靴搔痒《かっかそうよう》

【同袍同沢】 どうほうどうたく

意味 苦労をともにする親密な間柄・友人。また、戦友同士のこと。
補説 衣服をともにすることから。「袍」は綿入れ。防寒用の衣服。「沢」は汗取り・肌着のこと。
出典 『詩経《しきょう》』秦風《しんぷう》・無衣《ぶい》

【東奔西走】 とうほんせいそう 〈—スル〉

意味 仕事や用事のため、東へ西へとあちこち忙しく走り回ること。
補説 「東西」に「奔走」すること。「奔」も走る意。「東西」に「奔走」す、の互文（双方補い合って意味を完成する表現法）。「東走西馳《とうそうせいち》」ともいう。
用例 ロイド眼鏡と小ジワと読書と冥想《めいそう》と人間観察の代りに、彼女がカバンをかかえて東奔西走し、あの街角この広場で絶叫する様を想像したのである。〈坂口安吾◆握った手〉
類義語 東行西走《とうこうせいそう》・東走西奔《とうそうせいほん》・南行北走《なんこうほくそう》・南船北馬《なんせんほくば》

【稲麻竹葦】 とうまちくい

意味 多くの人や物が入り乱れるように群がっているさま。また、何重にも取り囲まれているさま。
補説 稲・麻・竹・アシが群生している様子から。
出典 『法華経《ほけきょう》』方便品《ほうべんぼん》
用例 今は弾尽き糧尽き勢尽きて、大方は白旗を樹《た》てける中に、せめて一期《いちご》の思出に稲麻竹葦の此《この》重囲をば見事蹴破って、我此翁と故山の土にならばやと、〈徳冨蘆花◆自然と人生〉

【橦末之伎】 とうまつのぎ

意味 軽業《かるわざ》のこと。
補説 「橦末」は竿《さお》の先、「伎」は伎芸《ぎげい》のことで、竿《さお》の先で行う曲芸のこと。

【当面蹉過】 とうめんさか

出典 張衡《ちょうこう》「西京賦《せいけいのふ》」

意味 目前に見ながら見間違えること。目前にいながら誤ってすれ違うこと。
補説 「当面」は眼前・目の当たりの意。「蹉過」は踏み違える、間違えること。「当面《とうめん》に蹉過《さか》す」と訓読する。
注意 「とうめんしゃか」とも読む。
出典 『通俗編《つうぞくへん》』身体《しんたい》に引く『五灯会元《ごとうえげん》』
類義語 当面錯過《とうめんさくか》

【瞠目結舌】 どうもくけつぜつ

意味 ひどく驚くこと。呆然《ぼうぜん》としてものも言えないさま。
補説 「瞠目」は驚きあきれて目を見開く様子。「結舌」は舌がこわばってものも言えない様子。
類義語 吃驚仰天《きっきょうぎょうてん》・大驚失色《たいきょうしっしょく》・茫然自失《ぼうぜんじしつ》

【桐葉知秋】 どうようちしゅう

⇒ 一葉知秋 いちようちしゅう 30

【儻来之物】 とうらいのもの

意味 思いがけなく偶然に手に入った物のこと。また、賭博《とばく》で得た物のことをいう。自分の身になっていないこと。
補説 「儻」はたまたま、思いがけなく、偶然にの意。
出典 『荘子《そうじ》』繕性《ぜんせい》

と

【桃李成蹊】《とうりせいけい》

意味 徳がある人の周りには、何も言わなくても、徳を慕って、自然に人々が集まってくるということのたとえ。

補説 桃やスモモの木の下には、花の美しさにひかれて人が集まってくるために、おのずとそこへ至る小道ができるという意。「李」はスモモ。「蹊」は小道。「桃李《とうり》言《い》わざれども下《した》自《おの》ずから蹊《けい》を成《な》す」の略。

出典 『史記《しき》』李将軍伝《りしょうぐんでん》・賛

【党利党略】《とうりとうりゃく》

意味 自分が属する政党・党派の利益と、そのためにめぐらす策略のこと。

補説 「党利」は自分の政党・党派の利益。「党略」は政党・党派のめぐらす策略。

【桃李満門】《とうりまんもん》

意味 優秀な人材が一門に多く集まることのたとえ。

補説 おいしい桃やスモモが門に満ちあふれる意。「李」はスモモ。「桃李《とうり》門《もん》に満《み》つ」と訓読する。

出典 『資治通鑑《しじつがん》』唐紀《とうき》・則天后《そくてんこう》・久視《きゅうし》元年

対義語 疇咨之憂《ちゅうしのうれい》

【等量斉視】《とうりょうせいし》

意味 すべての人々を平等に扱うこと。

補説 「等」「斉」はともにひとしいの意。すべての人に対して平等に量り、平等に視《み》るということ。「等《ひと》しく量《はか》り斉《ひと》しく視《み》る」と訓読する。

【棟梁之材】《とうりょうのざい》

意味 国家や集団を支える重任に堪えうる人物のたとえ。

補説 家屋の構造上、重要な木材の意から。「棟梁」は、棟木と梁《はり》で、ともに家屋の重要な部分。

出典 『呉越春秋《ごえつしゅんじゅう》』勾践入臣外伝《こうせんにゅうしんがいでん》

類義語 棟梁之器《とうりょうのき》

【桃林処士】《とうりんのしょし》

意味 牛の異名。

補説 「桃林」は中国河南省にあった城塞《じょうさい》の名。「処士」は有能だが出仕しない人。ここでは桃林にすんでいる牛のこと。

故事 中国周の武王は暴虐な殷《いん》を滅ぼして平和を取り戻したとき、二度と戦場にならないように、その城塞に牛を放った（『書経《しょきょう》』武成《ぶせい》）。以来、そこにすんでいる牛をこのように称するようになった故事から。

出典 『史記《しき》』周紀《しゅうき》

【蟷螂之衛】《とうろうのえい》

意味 微弱な兵力や兵備のこと。

補説 「蟷螂」はカマキリ。「衛」は守備、防備する人のこと。

注意 「蟷螂」は「螳蜋」「螳螂」「蟷蜋」とも書く。

出典 『文選《もんぜん》』左思《さし》「魏都賦《ぎとのふ》」

【蟷螂之斧】《とうろうのおの》

意味 弱者が自分の力をわきまえず、強者に立ち向かうことのたとえ。

補説 「蟷螂」はカマキリ、「斧」はカマキリのかま（前足）。「蟷臂当車《とうひとうしゃ》」ともいう。

注意 「蟷螂」は「螳蜋」「螳螂」「蟷蜋」とも書く。

故事 中国斉の荘公が猟に出たとき、その車にカマキリが足を上げて立ち向かってきた。荘公は「人間であったなら天下の勇士となったであろう」と言って、車を回してカマキリを避けて進んだという故事から。

出典 『荘子《そうじ》』人間世《じんかんせい》／『韓詩外伝《かんしがいでん》』八

類義語 猿猴取月《えんこうしゅげつ》・猿猴捉月《えんこうそくげつ》・蟷螂之力《とうろうのちから》・蚊子咬牛《ぶんしこうぎゅう》

【当路之人】《とうろのひと》

意味 重要な地位にあって、権力を握っている人。

補説 「当路」は道をさえぎること。転じて、重要な地位について権力を握ることのたとえ。

出典 『孟子《もうし》』公孫丑《こうそんちゅう》上

類義語 当途之人《とうとのひと》

【十日之菊】《とおかのきく》

意味 時期に遅れて間に合わなくなったもののたとえ。

補説 十日は菊の節句である九月九日の翌日。つまり必要とされる日を一日過ぎてしまった菊のこと。

注意 「じゅうじつのきく」とも読む。

出典 鄭谷《ていこく》詩「十日菊《とおかのきく》」

類義語 六菖十菊《りくしょうじゅうぎく》

【土階三等】 どかいさんとう

意味 質素な宮殿のたとえ。転じて、住居や生活の質素なことのたとえ。

補説 入り口にある土の階段が三段しかない意。中国古代伝説上の聖天子である尭《ぎょう》の宮殿の様子。「等」は階段の段のこと。「土階茅茨《どかいぼうし》」ともいう。

出典 『史記《しき》』太史公自序《たいしこうじじょ》

類義語 尭階三尺《ぎょうかいさんじゃく》・采椽不斲《さいてんふたく》・堂高三尺《どうこうさんじゃく》・茅茨不剪《ぼうしふせん》・藜杖韋帯《れいじょういたい》

【土階茅茨】 どかいぼうし

⇒ 土階三等 どかいさんとう 494

【兎角亀毛】 とかくきもう

⇒ 亀毛兎角 きもうとかく 145

【兎葵燕麦】 ときえんばく

意味 名ばかりで実質が伴わないことのたとえ。また、荒涼たる景色の形容。

補説 「兎葵」は草の名で、イエニレ。「燕麦」はカラスムギ。スズメムギ。「葵《あおい》」や「麦」の名がついているが実際は違うことから。「菟糸燕麦《としえんばく》」ともいう。

出典 劉禹錫《りゅううしゃく》「再《ふた》び玄都観《げんとかん》に游《あそ》ぶ絶句《ぜっく》」引《いん》

類義語 有名無実《ゆうめいむじつ》

【兎起鶻落】 ときこつらく

意味 書画や文章に勢いがあることのたとえ。

補説 野ウサギが巣穴から素早く走り出したり、ハヤブサが急降下して獲物を捕らえたりする様子。「鶻」は、ハヤブサ。

出典 蘇軾《そしょく》「文与可《ぶんよか》の画《えが》きし篔簹谷《うんとうこく》の偃竹《えんちく》の記《き》」

【兎起鳧挙】 ときふきょ

意味 きわめて素早いことのたとえ。

補説 ウサギが素早く走り出し、カモがぱっと飛び上がる意。「鳧」はカモ。「挙」はさっと飛び立つこと。「兎《うさぎ》起《た》ち鳧《かも》挙《あ》がる」と訓読する。

出典 『呂氏春秋《りょししゅんじゅう》』論威《ろんい》

【吐気揚眉】 ときようび

⇒ 揚眉吐気 ようびとき 648

【蠹居棋処】 ときょきしょ

意味 木の芯《しん》を食うキクイムシがあちこちにいたり、碁石が盤面に散らばっていたりするように、至るところに悪人がいることのたとえ。

補説 「蠹」はキクイムシで、樹木の材部を食う害虫。「棋」は碁盤の石。

出典 韓愈《かんゆ》「潮州刺史謝上表《ちょうしゅうのししゃじょうひょう》」

【時世時節】 ときよじせつ

意味 その時々のめぐり合わせ。その時代その時代の世の中のありよう。

補説 「時世」は時代・時流。「時節」は時機・おり・世の情勢。

注意 「じせいじせつ」とも読む。

用例 「でもの、まあ考えて見ば。時世時節と云うこともあるら。こりゃどうにも仕かたのなえこんだの。」〈芥川龍之介◆一塊の土〉

【得意忘形】 とくいぼうけい

意味 喜びのあまり我を忘れるさま。また、芸術作品などで、その精神を大切にしてその外形を忘れてしまうこと。

補説 「得意」は、満足して愉快なこと。また、心につかみたいと願っていた精神や真理をつかむこと。「形」は、自分の肉体のこと。また、外形。「得意忘言《とくいぼうげん》」（→494）にもとづく語。一般に「意《い》を得《え》て形《かたち》を忘《わす》る」と訓読して用いる。

出典 『晋書《しんじょ》』阮籍伝《げんせきでん》

【得意忘言】 とくいぼうげん

意味 言葉よりもその真理や真意のほうが大切だということ。

補説 真理や真意を体得したならば、言葉に表現しなくてよいという意から。「意」は真理・真意・趣旨。一般に「意《い》を得《え》て言《げん》を忘《わす》る」と訓読して用いる。

出典 『荘子《そうじ》』外物《がいぶつ》

【得意満面】 とくいまんめん

意味 事が思いどおりに運び、誇らしさが顔全体に表れるさま。

補説 「得意」は思いどおりになること。また、思いどおりになり満足すること。
用例 この場合笑うというのは勝利者として相手をちょっと軽蔑《けいべつ》するという意味でありますけれども、こういう笑いは、成程得意満面には違いありませんけれども、余り感心したものとは言えません。〈岸田國士◆笑について〉
類義語 喜色満面《きしょくまんめん》

【匿影蔵形】 とくえい ぞうけい

意味 事の真相を明かさないこと。
補説 影も形も隠して見えなくしてしまうことから。「影《かげ》を匿《かく》し形《かたち》を蔵《かく》す」と訓読する。「蔵形匿影《ぞうけいとくえい》」ともいう。
出典 『鄧析子《とうせきし》』無厚《むこう》
類義語 匿跡潜形《とくせきせんけい》

【独学孤陋】 どくがく ころう

意味 先生や学友もなく、ひとりで学問をすると、見識が狭く、ひとりよがりでかたくなになってしまうこと。
補説 「孤陋」は見識が狭く、ひとりよがりなこと。
出典 『礼記《らいき》』学記《がくき》 ◎「独学にして友無ければ、則《すなわ》ち孤陋にして聞くこと寡《すくな》し」
用例 しかし、それほどの師にすら、秋成《あきなり》の現実の対照に向っては、いつも絶対の感情の流露を許さぬ習癖が、うそ寒い疑心をもち（中略） 独窓のもとでこそ却《かえ》って研究は徹底すると独学孤陋の徳を讃美《さんび》して居る。〈岡本かの子◆上田秋成の晩年〉

【跿跔科頭】 とく かとう

意味 恐れを知らない勇猛な兵士のこと。
補説 「跿跔」は足に何もはかないこと。「科頭」はかぶとや頭巾などをつけていない頭。「科」は、むき出しである意。
出典 『戦国策《せんごくさく》』韓策《かんさく》

【得魚忘筌】 とくぎょ ぼうせん

意味 目的を達すると、それまでに役立ったものを忘れてしまうことのたとえ。
補説 魚を捕ってしまうと、その道具の筌《やな》のことなど忘れてしまうという意。「筌」は水中に沈めて魚を捕る竹かご。一般に「魚《うお》を得《え》て筌《せん》を忘《わす》る」と訓読して用いる。
出典 『荘子《そうじ》』外物《がいぶつ》
類義語 狡兎走狗《こうとそうく》・狡兎良狗《こうとりょうく》・鳥尽弓蔵《ちょうじんきゅうぞう》・得兎忘蹄《とくとぼうてい》・兎死狗烹《としくほう》・忘恩負義《ぼうおんふぎ》
対義語 飲水思源《いんすいしげん》

【独具匠心】 どくぐ しょうしん

意味 独自の技巧や創造性を備えること。
補説 「匠心」は詩文などの芸術作品の創作に工夫をこらす心のこと。
類義語 匠心独運《しょうしんどくうん》・独具隻眼《どくぐせきがん》・独出心裁《どくしゅつしんさい》

【独弦哀歌】 どくげん あいか

意味 ひとり弦をつまびきながら、悲しい調べで歌うこと。転じて、ひとり悲痛な調子で弁舌することのたとえ。
注意 「独絃哀歌」とも書く。
出典 『荘子《そうじ》』天地《てんち》

【徳高望重】 とくこう ぼうじゅう

意味 人徳が高く、人望が厚いこと。
補説 「望重」は人望が厚いこと。「徳《とく》高《たか》く望《ぼう》重《おも》し」と訓読する。

【篤実温厚】 とくじつ おんこう 〈―ナ〉

⇓ 温厚篤実 おんこうとくじつ 85

【得衆得国】 とくしゅう とくこく

意味 民衆の支持を得れば、一国を統治することができるということ。
補説 一般に「衆《しゅう》を得《う》れば国《くに》を得《う》」と訓読して用いる。

【独出心裁】 どくしゅつ しんさい

意味 他人と違う独創的な発想。
補説 本来、芸術作品などにおける独創的な表現のこと。「心裁」は創造的発想のこと。「独《ひと》り心裁《しんさい》を出《いだ》す」と訓読する。
出典 『鏡花縁《きょうかえん》』九一
類義語 独具匠心《どくぐしょうしん》・独出新裁《どくしゅつしんさい》・別出心裁《べっしゅつしんさい》

【読書三到】 どくしょ さんとう

意味 読書に大切な三つの心得。
補説 中国宋《そう》の朱熹《しゅき》が唱えた。目でよく見ること（眼到）、声を出して読むこと（口到）、心を集中して読むこと（心到）の三つ。
出典 朱熹《しゅき》「訓学斎規《くんがくさいき》」

と

【読書三昧】 どくしょざんまい

(意味) 一日中、ひたすら書物を読むことにひたりきるさま。

(補説) 「三昧」はそのことに夢中になって他をかえりみないこと。

(用例) この三年間、自分は山の手の郊外に、雑木林のかげになっている書斎で、平静な読書三昧に耽《ふけ》っていたが、それでもなお、月に二、三度は、あの大川の水を眺めにゆくことを忘れなかった。〈芥川龍之介◆大川の水〉

【読書三余】 どくしょさんよ

(意味) 読書をするのに好都合な三つの余暇。

(補説) 一年のうちでは冬、一日のうちでは夜、時のうちでは雨降りをいう。中国三国時代、魏《ぎ》の董遇《とうぐう》が勉学する時間がないと嘆く弟子を諭した語。「余」はひま・余暇の意。

(出典) 『魏志《ぎし》』王粛伝《おうしゅくでん》の裴注《はいちゅう》に引く『魏略《ぎりゃく》』

【読書尚友】 どくしょしょうゆう

(意味) 書物を読んで、昔の賢人を友人とすること。

(補説) 「尚友」は過去にさかのぼって古人を友とすること。「尚」は上の意。書物を読んで、それを書いた人の人柄やその時代を論じ明らかにすること。

(出典) 『孟子《もうし》』万章《ばんしょう》下

【読書百遍】 どくしょひゃっぺん

(意味) 難解な文章でも繰り返し読めば、意味が自然と分かってくるということ。

(補説) 「百遍」は回数が多いこと。「読書百遍意《い》義《ぎ》自《おのずか》ら見《あらわ》る」、あるいは「読書百遍意自ら通ず」の略。中国三国時代、魏《ぎ》の董遇《とうぐう》が弟子に何度も読書することの必要性を説いた語。

(出典) 『魏志《ぎし》』王粛伝《おうしゅくでん》の裴注《はいちゅう》に引く『魏略《ぎりゃく》』

【読書亡羊】 どくしょぼうよう

(意味) 他のことに気をとられて、肝心な仕事をおろそかにすることのたとえ。

(補説) 羊の放牧中、本を読んでいて番を怠けたため、羊に逃げられてしまった意から。「書《しょ》を読《よ》みて羊《ひつじ》を亡《うしな》う」と訓読する。

(故事) ある二人の男が羊の放牧をしていて、羊に逃げられてしまった。事情を問うと、一人は読書に夢中になっていたからと答え、もう一人は博打《ばくち》に夢中になっていたからと答えた。理由の差こそあれ、二人とも羊を逃がしてしまったという点では同罪であるとした故事から。

(出典) 『荘子《そうじ》』駢拇《べんぼ》

【徳性滋養】 とくせいじよう

(意味) 徳性を養い育てること。

(補説) 「徳性」は天から与えられた道徳的に立派な性質。「滋養」は養い育てるの意。

【独断専行】 どくだんせんこう 〈―スル〉

(意味) 自分だけの判断に基づいて、勝手に行動すること。
(補説) 「独断」は自分ひとりの考えで決めること。「専行」は自分ひとりだけの判断で勝手に行うこと。
(用例) 終《しま》いには熱中のあまり助手と離れ離れになって、各自《めいめい》に何百人かの患者を受持って独断専行で片付けなければならない状態に陥った。〈夢野久作◆戦場〉
(類義語) 得手勝手《えてかって》

【独知之契】 どくちのけい

(意味) 自分だけで約束が成立したつもりになっていること。

(補説) 確認ができていない約束ということ。「独知」は自分だけが知っていること。「契」は約束・契約。

(出典) 『戦国策《せんごくさく》』西周策《せいしゅうさく》

【特筆大書】 とくひつたいしょ 〈―スル〉

(意味) ことさら人目につくように、大きく書くこと。人目につくように特に強調すること。
(補説) 「特筆」は、特に取りたてて記すこと。
(用例) そのとき気のついたのは自分の日記にはとかく食いものの記事が多いということであった。先生とどこで何を食ったというようなことがやたらに特筆大書されているのである。〈寺田寅彦◆詩と官能〉
(類義語) 大書特書《たいしょとくしょ》

【独立自存】 どくりつじそん

(意味) 他から束縛されたり助けられたりすることなく、自分の力で存在していること。

(補説) 「独立」は自力でやっていくこと。「自存」は他に頼らず、自力で生存すること。「自存独立《じそんどくりつ》」ともいう。
用例 長ずれば梶《かじ》も取り櫓《かい》も漕《こ》ぎ、あるいは深海に飛込んで魚貝を漁《あさ》って生活しているので、自《おのずか》ら意志が強固になり、独立自存の気象に富んでいる。〈与謝野晶子◆平塚、山川、山田三女史に答う〉
類義語 自主独立《じしゅどくりつ》・独立自尊《どくりつじそん》・独立不羈《どくりつふき》

【独立自尊】どくりつじそん

意味 他に頼らず自分の力だけで事を行い、自己の人格・尊厳を保つこと。
補説 「自尊」は自身の品格を保つこと。
用例 物の後を追掛《おいか》け、追ん廻《ま》わしている程辛《つら》い事はない。なんでも敵に逢《あ》ったら敵を呑《の》むに限る。呑む事が出来なければ呑まれて仕舞うが好い。もし両方共困難ならぷつりと縁を截《き》って、独立自尊の態度で敵を見ているがいい。〈夏目漱石◆坑夫〉
類義語 自主独立《じしゅどくりつ》・独立自存《どくりつじそん》

【独立独歩】どくりつどっぽ 〈—スル〉

意味 他に頼らず自分の力で信ずる道を進み、自分の思うとおりにすること。
補説 「独歩」は他の力を借りずに、自分だけで事を行うこと。
用例 あの昂然《こうぜん》とした独立独歩の足どりで、早くこの戸を明け放てと告げに来る人のように。〈島崎藤村◆夜明け前〉
類義語 独立独住《どくりつどくじゅう》・独立独行《どくりつどっこう》・独立不羈《どくりつふき》

【特立之士】とくりつのし

意味 世間一般の人に比べ、卓越した能力・人徳をもち合わせている人。
補説 「特立」は特に抜きんでてすぐれていること。
出典 『漢書《かんじょ》』元帝紀《げんていき》
類義語 蓋世之才《がいせいのさい》・人中之竜《じんちゅうのりゅう》

【独立不羈】どくりつふき

意味 他に頼らず自分の力で行動し、他から束縛されないこと。
補説 「羈」はつなぎ止める意。「不羈独立《ふきどくりつ》」ともいう。
用例 子路が他の所ではあく迄《まで》人の下風に立つを潔しとしない独立不羈の男であり、一諾千金《いちだくせんきん》の快男児であるだけに、碌々《ろくろく》たる凡弟子《ぼんていし》然として孔子の前に侍《はんべ》っている姿は、人々に確かに奇異な感じを与えた。〈中島敦◆弟子〉
類義語 独立自存《どくりつじそん》・独立独住《どくりつどくじゅう》・独立独行《どくりつどっこう》・独立独歩《どくりつどっぽ》

【独立不撓】どくりつふとう

意味 他に頼らず自分の力で活動し、困難にあってもくじけないこと。
補説 「撓」は枝などがたわむ意。転じて、くじける、たじろぐ意。
用例 試みに路傍の草の一葉をとりあげて見るならば、吾等《われら》はそこに独立不撓の計らざる小さな叡智《えいち》が働いていることを知るであろう。〈牧野信一◆風媒結婚〉

類義語 百折不撓《ひゃくせつふとう》・不撓不屈《ふとうふくつ》

【徳量寛大】とくりょうかんだい 〈—ナ〉

意味 人徳があり度量が広く大きいこと。
補説 「徳量」は人徳と度量の意。「寛大」は広くて大きいこと。

【得隴望蜀】とくろうぼうしょく

意味 欲望の尽きないことのたとえ。
補説 中国後漢の光武帝が、隴の地（今の中国甘粛《かんしゅく》省）を得ただけでは満足せず、さらに蜀の地（今の中国四川《しせん》省）まで手に入れたいと望んだという故事から。一般に「隴《ろう》を得《え》て蜀《しょく》を望《のぞ》む」と訓読して用いる。「望蜀之嘆《ぼうしょくのたん》」ともいう。
出典 『後漢書《ごかんじょ》』岑彭伝《しんぽうでん》

【妬賢嫉能】とけんしつのう

意味 賢人や才能のある人に嫉妬すること。
補説 「妬」「嫉」はともにねたむ、憎むこと。「賢《けん》を妬《ねた》み能《のう》を嫉《にく》む」と訓読する。「賢能」を「妬嫉」す、の互文（双方補い合って意味を完成する表現法）。
出典 『史記《しき》』高祖紀《こうそき》
類義語 嫉賢妬能《しつけんとのう》・蔽賢妬能《へいけんとのう》

【杜口結舌】とこうけつぜつ

意味 権勢のある者に対して、あえてものを言わないたとえ。
補説 口を閉ざして舌を動かさないこと。「口《くち》を杜《ふさ》ぎ舌《した》を結《むす》ぶ」と訓読する。

と

出典 『易林《えきりん》』

【吐剛茹柔】 とごうじょじゅう

意味 弱い者に対しては押さえつけるが、強い者に対しては恐れ避けること。

補説 かたい物は吐き出し、やわらかい物は食べる意から。「吐剛」はかたい物を吐き出す意で、強い者に対して恐れること。「茹」は「食」に同じ。「剛《ごう》を吐《は》き柔《じゅう》を茹《く》らう」と訓読する。

出典 『詩経《しきょう》』大雅《たいが》・烝民《じょうみん》

類義語 諂上欺下《てんじょうぎか》

【土豪劣紳】 どごうれっしん

意味 昔、中国で官僚や軍閥と組み人民から搾取した地方豪族・地主を卑しめていう語。

補説 「土豪」は地方の豪族。「劣紳」は卑劣な紳士の意で、地方地主などを卑しめていう語。

類義語 土豪悪覇《どごうあくは》

【斗斛之禄】 とこくのろく

意味 わずかな俸給のこと。

補説 「斗」「斛」はともに分量の単位。「禄」は官吏の俸給。手当て。転じて、わずかの意。

出典 韓愈《かんゆ》「十二郎《じゅうにろう》を祭《まつ》るの文《ぶん》」

類義語 斗升之禄《としょうのろく》

【吐故納新】 とこのうしん

意味 古いものを捨て、新しいものを取り入れること。

補説 「吐故」は古いものを吐き出すこと。「納新」は新しいものを入れること。「故《ふる》きを吐《は》きて新《あら》たしきを納《い》る」と訓読する。

出典 『荘子《そうじ》』刻意《こくい》

類義語 除旧更新《じょきゅうこうしん》・新旧交代《しんきゅうこうたい》・新陳代謝《しんちんたいしゃ》

対義語 因循守旧《いんじゅんしゅきゅう》・旧套墨守《きゅうとうぼくしゅ》

【菟糸燕麦】 としえんばく

⇒ 兎葵燕麦 ときえんばく 494

【兎死狗烹】 としくほう

意味 利用価値があるときだけ用いられ、無用になると捨てられてしまうことのたとえ。

補説 ウサギが死んでしまえば、それを捕えるのに用いられた猟犬は不必要となって、煮て食べられてしまう意。もと戦時に活躍した武将が、太平の世となると、用なしとして殺されてしまうことをたとえた言葉。一般に「兎《うさぎ》死《し》して狗《いぬ》烹《に》らる」と訓読して用いる。類義の表現に「狡兎《こうと》死して走狗《そうく》烹《に》らる」がある。

出典 『韓非子《かんぴし》』内儲説《ないちょせつ》下

類義語 狡兎走狗《こうとそうく》・狡兎良狗《こうとりょうく》・鳥尽弓蔵《ちょうじんきゅうぞう》・得魚忘筌《とくぎょぼうせん》・得兎忘蹄《とくとぼうてい》・忘恩負義《ぼうおんふぎ》

【蠹紙堆裏】 としたいり

意味 うずたかく積まれた、虫がくったような古い書物の中のこと。

補説 「蠹紙」は虫くい書の意。「堆」はうずたかく積む意。「裏」は中の意。

用例 人の説く法のうち、他の弁ずる道のうち、ないしは五車にあまる蠹紙堆裏に自己が存在するゆえんがない。〈夏目漱石◆吾輩は猫である〉

【徒手空拳】 としゅくうけん

意味 何かを始めようとするときに、身一つで他に頼むものがないこと。

補説 手に何も持っていない意。「徒手」「空拳」は、ともに素手の意。類義の語を重ねて意味を強調している。

用例 私たちはこれから徒手空拳、この幾万とも数知れぬ負傷者の前に立たされる。まったくの原始医学だ。〈永井隆◆長崎の鐘〉

類義語 赤手空拳《せきしゅくうけん》

【度衆生心】 どしゅじょうしん

意味 世の人々を迷いから救おうとする心。

補説 仏教語。「度」は渡す、悩みの多い此岸《しがん》（この世）から悟りの境地である彼岸へ導くこと。

注意 語構成は「度衆生」＋「心」。「度衆生」は世の人々を救う意。

出典 『往生論《おうじょうろん》』

【斗酒隻鶏】 としゅせきけい

意味 亡き友人を哀悼し述懐すること。

補説 一斗の酒と一羽の鶏の意。「斗酒」は一斗の酒。「隻」は鳥を数える単位。一斗の酒と一羽の鶏は、昔死者を祭るのに用いたもの。中国魏《ぎ》の曹操《そうそう》が友人の橋玄《きょうげん》の墓を祭ったときに作った文にこの語を用いたことから。

出典 曹操《そうそう》「故太尉橋玄《こたいいきょうげん》を祀《まつ》る文」

【斗酒百篇】 としゅひゃっぺん

意味 中国唐の詩人李白《りはく》が酒を大いに飲みつつ、たくさんの詩を作った故事。

補説 「斗酒」は一斗の酒で、多量の酒のこと。「篇」は詩文を数える数詞。

出典 杜甫《とほ》─詩「飲中八仙歌《いんちゅうはっせんか》」◎「李白一斗詩百篇」

【斗筲之人】 としょうのひと

意味 器量の小さい取るに足らない人物のこと。

補説 「斗」は一斗分のます、「筲」は一斗二升分が入る竹の籠《かご》で、ともに小さな容器。

出典 『論語《ろんご》』子路《しろ》

類義語 斗筲之器《としょうのうつわ》・斗筲之材《としょうのさい》・斗筲之子《としょうのし》

【徒食無為】 としょくむい

⇒ 無為徒食　むいとしょく　616

【屠所之羊】 としょのひつじ

意味 死期を間近にひかえている人のたとえ。また、人生のはかなさのこと。

補説 屠殺場《とさつじょう》に引き入れられていく羊の意。「屠所」は家畜を殺して処理する所。

出典 『涅槃経《ねはんぎょう》』

【斗折蛇行】 とせつだこう〈―スル〉

意味 道や川などにカーブが多く、くねくねと続いていくさま。

補説 北斗七星のように折れ曲がり、蛇のようにくねくねと曲がりながら進むこと。「斗」は北斗七星。「蛇行」は曲がりくねって進むこと。

出典 柳宗元《りゅうそうげん》「小邱《しょうきゅう》の西《にし》小石潭《しょうせきたん》に至《いた》るの記《き》」

類義語 九十九折《つづらおり》・羊腸小径《ようちょうしょうけい》

【兎走烏飛】 とそううひ

意味 歳月のあわただしく過ぎ去るたとえ。月日の速く過ぎるたとえ。

補説 「烏」はカラスで日（太陽）、「兎」はウサギで月を意味し、転じて、月日・歳月のたとえ。太陽に三本足のカラスがすみ、月にウサギがすむという中国古代の伝説による。「烏飛兎走《うひとそう》」ともいう。

出典 荘南傑《そうなんけつ》「傷歌行《しょうかこう》」

類義語 烏兎匆匆《うとそうそう》・光陰如箭《こういんじょせん》・露往霜来《ろおうそうらい》

【斗粟尺布】 とぞくしゃくふ

⇒ 尺布斗粟　しゃくふとぞく　298

【塗炭之苦】 とたんのくるしみ

意味 泥沼にはまり、炭火で焼かれるような、耐え難い苦痛のこと。

補説 「塗炭」は泥沼と炭火の意。「塗」は泥。

出典 『書経《しょきょう》』仲虺之誥《ちゅうきのこう》

【塗炭之民】 とたんのたみ

意味 泥沼にはまり、炭火で焼かれるような、非常に苦しい境遇におかれている民衆。

補説 「塗炭」は泥沼と炭火の意。

出典 『書経《しょきょう》』仲虺之誥《ちゅうきのこう》

【弩張剣抜】 どちょうけんばつ

⇒ 剣抜弩張　けんばつどちょう　203

【訥言敏行】 とつげんびんこう

意味 徳のある人は、口数は少なく、行動に敏捷《びんしょう》であるものだということ。

補説 「訥言」は口べたの意。「敏行」は行いを敏捷にすること。「言《げん》に訥《とつ》にして行《おこな》いに敏《びん》なり」と訓読する。

出典 『論語《ろんご》』里仁《りじん》

類義語 不言実行《ふげんじっこう》

【独鈷鎌首】 とっこかまくび

意味 論争好きの歌人。

補説 「独鈷」は僧が祈禱《きとう》のときに左手に持つ杵形《きねがた》の仏具。独鈷杵《とっこしょ》。「鎌首」は鎌の形をしたような首。蛇が直立したような首の形を指す。

故事 鎌倉時代のはじめ、大がかりな歌合わせがあった。そのときに顕昭《けんしょう》と寂蓮《じゃくれん》は毎日参加しては激しく論争していがみ合った。顕昭は独鈷を手に、寂蓮は坊主頭を突き上げてやり合ったので、侍女たちは「例の独鈷鎌首がまたやっているわ」と言い合ったという故事から。

出典 『井蛙抄《せいあしょう》』六

【突兀磽确】 とっこつこうかく〈―タル〉〈―ト〉

意味 高く険しくそびえ立つ山や岩、石の多い痩《や》せ地の意。

と

補説 「突兀」は山や岩などが高く突き出るさま。「磽」「确」ともに石が多く、土質が硬くて地味の痩せている土地のこと。
注意 「とっこつぎょうかく」とも読む。
用例 風雨を描き突兀磽确たる荒寥《こうりょう》の景を描かんより寧《むし》ろ舒《の》びやかなる風景和やかなる自然の態度を描くを好みぬ。〈徳冨蘆花◆自然と人生〉

【咄嗟叱咤】とっさしった 〈―スル〉

意味 叫びながら、大声でしかりつけること。
補説 「咄嗟」はしかること。大声で叫ぶこと。「叱咤」は大声でしかりつけること。
出典 蘇軾《そしょく》「三国論《さんごくろん》」

【突怒偃蹇】とつどえんけん 〈―タル〉〈―ト〉

意味 人が怒ったり、おごり高ぶったりするさま。転じて、岩石のごつごつと突き出た様子をたとえたもの。
補説 「突怒」は激しく怒るさま。「偃蹇」はおごり高ぶるさま。
出典 柳宗元《りゅうそうげん》「鈷鉧潭西小丘記《こぼたんさいしょうきゅうのき》」

【咄咄怪事】とつとつかいじ

意味 思いもよらず急に起こった奇怪なこと。
補説 「咄咄」は、いぶかしく思い嘆息する声。「咄々たる怪事」とも用いられる。
出典 『世説新語《せせつしんご》』黜免《ちゅつめん》
用例 斯《かく》の如《ごと》き咄々怪事は我党の主義に反《そむ》いてると一同大憤激で恰《あたか》も今君が党籍除名問題を議しとる最中だ。〈内田魯庵◆くれの廿八日〉

【屠毒筆墨】とどくのひっぽく

意味 読むと害になる書物のこと。
補説 「屠毒」は毒を盛ること。害し、損なうこと。「筆墨」は筆と墨で、書き物・書物の意。
出典 『紅楼夢《こうろうむ》』一

【斗南一人】となんのいちにん

意味 天下第一の人。
補説 世に並ぶ者のないすぐれた人のことをいう。「斗」は北斗七星。「斗南」は北斗七星以南の意で、転じて、天下のこと。
出典 『新唐書《しんとうじょ》』狄仁傑伝《てきじんけつでん》
類義語 泰山北斗《たいざんほくと》・天下無双《てんかむそう》

【図南鵬翼】となん(の)ほうよく

意味 大事業や海外進出を企てることのたとえ。大きな志のたとえ。
補説 「図南」は南の海(南冥《なんめい》)に行くことをはかる意。「鵬」はおおとり。出典の『荘子《そうじ》』にある、おおとりが南の果ての海(南冥)を目指して大きく羽ばたいていったという話から。
出典 『荘子《そうじ》』逍遥遊《しょうようゆう》
類義語 回天事業《かいてんじぎょう》・図南之翼《となんのよく》

【駑馬十駕】どばじゅうが

意味 才能の劣っている者でも、努力を怠らなければ、やがては才能のある者に並ぶことができるというたとえ。
補説 「駑馬」はのろい馬。「駕」は馬に車をつけて走ること。驥《き》(足の速い優秀な馬)は一日で千里の距離を走ってしまうが、たとえ駑馬であっても十日かけて休まず走っていけば、これに追いつくことができるという意から。
出典 『荀子《じゅんし》』脩身《しゅうしん》 ◎「驥は一日にして千里なるも、駑馬も十駕すれば則ち亦《また》之《これ》に及ぶ」

【怒髪衝冠】どはつしょうかん

⇒ 怒髪衝天 どはつしょうてん 500

【怒髪衝天】どはつしょうてん

意味 髪の毛が逆立つほど怒り狂うさま。
補説 「怒髪」は、怒りのために逆立った髪のこと。「衝」は上に向かって突き上げること。「怒髪《どはつ》天《てん》を衝《つ》く」と訓読する。「怒髪衝冠《どはつしょうかん》(怒髪冠《かん》を衝《つ》く)」からできた語。
出典 『史記《しき》』藺相如伝《りんしょうじょでん》 ◎「怒髪上《のぼ》りて冠《かん》を衝《つ》く」
用例 憎い奴《やつ》は左馬助《さまのすけ》という小僧であると怒髪天をついて歯がみをした。〈坂口安吾◆二流の人〉
類義語 眥裂髪指《しれつはっし》・頭髪上指《とうはつじょうし》・怒髪冠《どはつかん》・忿忿之心《ふんぷんのこころ》

【土扶成牆】どふせいしょう

意味 土を寄せ集めると、土は互いにくっつき合って垣根ができる。人々が互いに助け合って、一つの物事を達成することのたとえ。
補説 「扶」は助ける意。「牆」は垣根。「土

《つち》扶《たす》けて牆《しょう》を成《な》す」と訓読する。
出典 李白《りはく》「君道曲《くんどうきょく》」

【吐哺握髪】とほあくはつ
⇒ 握髪吐哺 あくはつとほ 4

【土崩瓦解】どほうがかい 〈—スル〉
意味 土が崩れ、瓦《かわら》がばらばらに砕けるように、物事が崩れて手の付けようがないたとえ。
補説 「瓦解」は瓦が砕けるようにばらばらに分散すること。「瓦解土崩《がかいどほう》」ともいう。
出典 『史記《しき》』秦始皇紀《しんしこうき》
用例 フルダの「護符」なる童話劇が一大成功を博し、自然主義の王国は忽《たちま》ち土崩瓦解して世は象徴主義のものとなった。〈片山孤村◆自然主義脱却論〉
類義語 空中分解《くうちゅうぶんかい》・土崩魚爛《どほうぎょらん》・氷散瓦解《ひょうさんがかい》・氷消瓦解《ひょうしょうがかい》

【土崩魚爛】どほうぎょらん 〈—スル〉
意味 国や物事などが内部から崩壊すること。国などが内乱などで滅亡すること。
補説 「土崩」は積み上げた土が崩れ落ちること。「魚爛」は魚が内部から腐ること。「魚爛土崩《ぎょらんどほう》」ともいう。
出典 陳琳《ちんりん》「曹洪《そうこう》の為《ため》に魏《ぎ》の文帝《ぶんてい》に与《あた》うる書《しょ》」
類義語 空中分解《くうちゅうぶんかい》・土崩瓦解《どほうがかい》

【途方途轍】とほうとてつ
意味 方法・理屈・筋道のこと。
補説 「途方」は方法・道筋のこと。「途轍」は通っていく道の意から、方法・道筋のこと。「途方途轍もない」と否定の形で道理に合わない意に使われることが多い。
用例 人の心の狂いを直すの。古今独歩の研究なんどと。途方途轍もない事並べて。寄付を集めるイカサマ坊主じゃ。そんな古手にかかると思うか。〈夢野久作◆ドグラ・マグラ〉

【土木形骸】どぼくけいがい
意味 飾らず自然体で生きることのたとえ。
補説 からだを自然の土石や木のようにすることから。「土木」とは、自然の土石や木で、自然のまま飾らないことのたとえ。「形骸」は人のからだ。「形骸《けいがい》を土木《どぼく》にす」と訓読する。「形骸土木《けいがいどぼく》」ともいう。
出典 『世説新語《せせつしんご》』容止《ようし》

【土木壮麗】どぼくそうれい 〈—ナ〉
意味 庭園や建物が大きくて美しいさま。
補説 「土木」は、ここでは家づくりのことで、庭や建物の意。「壮麗」は規模が大きく美しいさま。
出典 『国史略《こくしりゃく》』円融天皇《えんゆうてんのう》

【吐哺捉髪】とほそくはつ
⇒ 握髪吐哺 あくはつとほ 4

【塗抹詩書】とまつししょ
意味 幼児のこと。また、幼児のいたずらのたとえ。
補説 幼児は大切な詩書でもかまわずに塗りつぶしてしまうことから。「塗抹」は塗り消すこと。「詩書」は儒教の重要な古典である『詩経』と『書経』のこと。「詩書《ししょ》を塗抹《とまつ》す」と訓読する。
出典 盧仝《ろどう》詩「添丁《てんてい》に示《しめ》す」

【左見右見】とみこうみ 〈—スル〉
意味 あちこち見ること。また、至るところに気を配ること。
補説 「と」「こう」（「かく」の転）はそれぞれ副詞で、そのように、このようにの意。また、「み」はそれぞれ異なる二つの事柄を並べて表現するときに添える接尾語とする説がある。
用例 夫人から頂戴《ちょうだい》して恭しく掌《てのひら》へ載せた指環《ゆびわ》を左見右見して『まア……』と言いつつ嬉《うれ》しい色を満面に漲《みなぎ》らした。〈内田魯庵◆社会百面相〉
類義語 右顧左眄《うこさべん》

【杜默詩撰】ともくしせん
意味 詩文や文章に誤りが多く、いいかげんなこと。
補説 「杜默」は中国北宋《ほくそう》代の詩人。「詩撰」は詩文を作ること。「撰」は詩文を作る意。略して「杜撰《ずさん》」ともいう。
注意 「ともくしさん」とも読む。
故事 北宋の詩人杜默の作る詩の多くが、定型詩の規則に合っていなかったという故事から。
出典 『野客叢書《やかくそうしょ》』八
類義語 杜撰脱漏《ずさんだつろう》

と

杜門却掃　ともんきゃくそう

意味 門を閉めきって世間との交わりを絶つこと。

補説 「杜」は閉じる意。「却掃」は客をしりぞけはらう意。世間との交際を絶つこと。また、道を掃除して客を迎えるのをやめる意。

出典 『風俗通義《ふうぞくつうぎ》』十反《じったん》

類義語 杜門謝客《ともんしゃかく》・閉門却掃《へいもんきゃくそう》

都門桂玉　ともんけいぎょく

⇒ 桂玉之艱　けいぎょくのかん　185

屠羊之肆　とようのし

意味 分《ぶん》にあった本来の職業のたとえ。

補説 羊を殺して、その肉を販売する店のこと。「屠」は牛馬などを殺すこと。「肆」は店のこと。

故事 中国春秋時代、楚《そ》の昭王が国を追われている間、供についていた屠羊説《とようせつ》（羊肉売りの説という人）に対し、無事に帰国した際に恩賞を与えようとしたが、「本来の職業である羊肉売りに戻れただけで十分であって、その他に恩賞を頂くのは筋違いです」と言って、決して受け取ろうとしなかったという故事から。

出典 『荘子《そうじ》』譲王《じょうおう》

斗量帚掃　とりょうそうそう

意味 ますで量り、ほうきで掃き捨てるほど、人や物がたくさんあるたとえ。

補説 自分を謙遜《けんそん》していう語。「斗量」はますで量ること。「帚掃」はほうきで掃くこと。

出典 『日本外史《にほんがいし》』源氏正記《げんじせいき》

屠竜之技　とりょうのぎ

意味 見事ではあっても実際には役立たない技術のたとえ。

補説 竜を殺す技術の意。「屠竜」は竜を殺すこと。その技を練習しても、現実には竜はいないので役には立たないという意から。

注意 「竜」は「りゅう」、「技」は「わざ」とも読む。

出典 『荘子《そうじ》』列禦寇《れつぎょこう》

類義語 屠竜余技《とりょうのよぎ》

努力奮励　どりょくふんれい　〈―スル〉

⇒ 奮励努力　ふんれいどりょく　587

呑雲吐霧　どんうんとむ

意味 方士（神仙術を行う者）がその不思議な仙術によって、雲をのみ霧をはくこと。また、方士が修行するとき、五穀を食べず気を養うさま。

補説 たばこなどを吸う様子にもいう。「雲《くも》を呑《の》み霧《きり》を吐《は》く」と訓読する。

出典 沈約《しんやく》「郊居賦《こうきょのふ》」

呑花臥酒　どんかがしゅ

意味 春の日に、花と酒とを楽しみ尽くすこと。

補説 「呑花」は美しい花を見ながら酒を飲むこと。「臥酒」は酒に酔って気持ちよくなり横になること。「花《はな》に呑《の》み酒《さけ》に臥《ふ》す」と訓読する。

出典 『雲仙雑記《うんぜんざっき》』五

呑牛之気　どんぎゅうのき

意味 牛を丸呑《の》みにするほど意気が盛んなこと。

補説 「食牛之気《しょくぎゅうのき》」ともいう。

出典 『尸子《しし》』下

豚魚之信　とんぎょのしん

意味 あらゆる者に信《まこと》の心を行き渡らせることができるような人徳者。また、そうした至誠の心。

補説 「豚魚」は豚と魚。供え物。卑しい者のたとえ。異説もある。豚魚に至るまで誠信を及ぼすことができるのは信の究極であるとされている。

出典 『易経《えききょう》』中孚《ちゅうふ》

曇華一現　どんげいちげん

意味 滅多に出会えない機会のこと。

補説 仏教語。「曇華」は優曇華《うどんげ》のこと。花が咲くのは仏の出現の時など三千年に一度といわれる。転じて、ごくまれにしか訪れない機会のことに用いられる。「曇華一たび現ずるがごとし」の略。

注意 「曇花一現」とも書く。

出典 『法華経《ほけきょう》』方便品《ほうべんぼん》

類義語 千載一遇《せんざいいちぐう》・盲亀浮木《もうきふぼく》

敦煌五竜　とんこうごりょう

意味 中国晋《しん》代、敦煌出身で太学（官吏養

成の学校）において名声のあった、索靖《さくせい》・索紟《さくしん》・索永《さくえい》・氾衷《はんちゅう》・張甝《ちょうかん》の五人のことをいう。

補説「敦煌」は甘粛《かんしゅく》省西北部の地で、中国の西の玄関に位置する土地。「竜」は伝説上の動物で、非凡な人物のたとえとする。

注意「燉煌五竜」とも書く。「とんこうごりゅう」とも読む。

出典『晋書《しんじょ》』索靖伝《さくせいでん》

【豚児犬子】 とんじ けんし

意味 人を軽蔑していう語。また、出来の悪い子供。自分の子供をへりくだっていう語。愚息。

出典『通俗編《つうぞくへん》』倫常《りんじょう》・豚児犬子《とんじけんし》

【吞舟之魚】 どんしゅうの うお

意味 常人をはるかに超えた才能をもつ大物。大人物。

補説 善人・悪人ともに用いる。「吞舟」は舟をのみ込むこと。舟をのみ込んでしまうほどの大きな魚の意味。「吞波之魚《どんぱのうお》」ともいう。

出典『荘子《そうじ》』庚桑楚《こうそうそ》

【頓首再拝】 とんしゅ さいはい 〈—スル〉

意味 頭を下げて、深く丁寧にお辞儀をすること。

補説「頓首」は頭を地面に打ちつけてお辞儀すること。「再拝」は二度拝む意。手紙の末尾に書き、相手への敬意を表す語。「再拝稽首《さいはいけいしゅ》」ともいう。

【貪小失大】 どんしょう しつだい

意味 目先の小さな利益に気をとられて、大きな利益を失うこと。

補説「小《しょう》を貪《むさぼ》りて大《だい》を失《うしな》う」と訓読する。

出典『呂氏春秋《りょししゅんじゅう》』権勲《けんくん》

類義語 為小失大《いしょうしつだい》・顧小失大《こしょうしつだい》

【吞声忍気】 どんせい にんき

⇒ 忍気吞声 にんきどんせい 512

【吞炭漆身】 どんたん しっしん

⇒ 漆身吞炭 しっしんどんたん 290

【豚蹄穣田】 とんてい じょうでん

意味 わずかな贈り物・供物で、たくさんの見返りを期待すること。

補説「豚蹄」は豚のひづめ、わずかな供物のたとえ。「穣田」は豊作を祈る。「穣」は豊かな実り。豚のひづめのようなささいな物を供えて、五穀豊穣のような大きなことを祈るという意味。

出典『史記《しき》』滑稽伝《こっけいでん》・淳于髡伝《じゅんうこんでん》

類義語 豚蹄一酒《とんていいっしゅ》

【吞刀刮腸】 どんとう かっちょう 〈—スル〉

意味 今までの過ちを自覚し、全力で心を入れ替えて善人になること。

補説「刮」は小刀でえぐるように削る。「刮腸」は腸の汚れを削り取ること。自ら刀をのんで、腹の奥底にたまった悪を削り取るという意味。「刀《かたな》を吞《の》んで腸《ちょう》を刮《けず》る」と訓読する。

故事 →「飲灰洗胃《いんかいせんい》」53

出典『南史《なんし》』荀伯玉伝《じゅんはくぎょくでん》

類義語 飲灰洗胃《いんかいせんい》

【敦篤虚静】 とんとく きょせい 〈—ナ〉

意味 人情に厚く、しかも心がさっぱりしていて落ち着いているさま。

補説「敦」も「篤」も手厚い、人情に厚いという意。「虚静」は心を空にして落ち着ける、感情に心が乱されることがないこと。

出典『近思録《きんしろく》』存養《そんよう》

類義語 温柔敦厚《おんじゅうとんこう》・敦厚周慎《とんこうしゅうしん》

【吞吐不下】 どんと ふげ 〈—スル〉

意味 質問の答えに窮して、どうにも返答ができないことの形容。

補説 仏教語。「吞吐」は飲むことと吐くこと。何かが出たり入ったり、現れたり消えたりするときに広く用いる。ここでは答えを出そうにも出せないこと。「不下」はある行為をする余地のないこと。

出典『虚堂録《きどうろく》』一

【吞波之魚】 どんぱの うお

⇒ 吞舟之魚 どんしゅうのうお 503

【貪欲吝嗇】 どんよく りんしょく 〈—ナ〉

意味 非常に欲が深く、けちで過度に物惜しみするさま。

補説「貪欲」はむさぼり欲張るさま。「吝嗇」

はけち、度を超して物惜しみするさま。
注意「貪欲吝嗇」とも書く。「たんよくりんしょく」とも読む。
用例 もし然《しか》らずして一方に偏し、敢為の働《はたら》きなくして節倹を専《もっぱ》らとすれば、その弊や貪欲吝嗇に陥り、（中略）何《いず》れも理財の大本《たいほん》に背くものというべし。〈福沢諭吉◆文明論之概略〉

【貪吝刻薄】どんりんこくはく
意味 欲が深くて冷酷なこと。
補説 主として気質についていう語。「貪吝」は欲深いこと。「刻薄」は冷酷で人情味がない意。
注意「たんりんこくはく」とも読む。
用例 美術は人の心目を娯楽し気格を高尚にするを以《もっ》て目的となせばなり。心目を娯楽するが故に友愛温厚の風を起し、気格高尚なるが故に貪吝刻薄の状を伏す。〈坪内逍遥◆小説神髄〉

な

【内外之分】ないがいのぶん
意味 内と外との区別。
補説 自分のなすべきことと、自分の関《かか》わりあうべきでないことの区別。自分に備わっているものと外に存在するものの区別。自分を治めて自身を確立することと、功名や利益など世俗のことの区別をいう。
出典『荘子《そうじ》』逍遥遊《しょうようゆう》
対義語 渾然一体《こんぜんいったい》

【内剛外柔】ないごうがいじゅう
⇒ 外柔内剛 がいじゅうないごう 93

【内柔外剛】ないじゅうがいごう
意味 内面は弱いのに、外見は強く見えること。また、気が弱いのに、外には強気な態度に出ること。
補説「内柔」は内面が弱いこと。「外」は表に現れる態度。「内」は内面・心の中、「外」は表に現れる態度。「柔」は柔らかで弱い、「剛」は堅くて強いこと。「外剛内柔《がいごうないじゅう》」ともいう。
出典『易経《えききょう》』否《ひ》・彖伝《たんでん》
対義語 外柔内剛《がいじゅうないごう》・内剛外柔《ないごうがいじゅう》

【内助之功】ないじょのこう
意味 夫が外で十分に働けるように、妻が家庭内で陰ながら助けること。
補説「内助」は内部にあって助けること。

【内清外濁】ないせいがいだく
意味 心の中は清潔でありながら、うわべでは世俗にまみれて汚れたふりをすること。
補説 乱れた世の中を生き抜く、処世術の一つ。「内」は内面・心の中。「外」は表に現れる態度。あえて正義を主張するようなことはしないで、世俗との衝突を避け、心の中に清潔な心をしまっておくこと。
類義語 和光同塵《わこうどうじん》

【内政干渉】ないせいかんしょう（―スル）
意味 政治・経済などの国内問題に、他の国が強制的に介入して主権を侵害すること。
補説「内政」は国内の政治。「干渉」は自分とは関《かか》わりのないことに口出しをして、自分の思いどおりにしようとすること。「干」は関わる、他人の領域に入り込むこと。
用例 其《そ》の頃《ころ》から丁度、白人の内政干渉が烈《はげ》しくなって来た。以前は、会議《フォノ》及び其の実権者、ツラファレ（大地主）達が王を操っていたのに、今は、アピアの街に住む極《ご》く少数の白人が之《これ》に代ったのである。〈中島敦◆光と風と夢〉

【内疎外親】ないそがいしん
意味 内心では嫌っていながら、表面上は親しげにすること。
補説「内」は内面・心の中、「外」は表に現れる態度。「疎」はうとんじる、そばにいたくないと思う意。「親」は親しくすること。
出典『韓詩外伝《かんしがいでん》』二
類義語 外巧内嫉《がいこうないしつ》

【内典外典】ないてんげてん
意味 仏教の立場から見て、「内」である仏典と、「外」である仏教以外の書のこと。
補説 仏教語。「外典」は特に儒教・道教の書をいう。
用例 最後に、内供《ないぐ》は、内典外典の中に、自分と同じような鼻のある人物を見出《みいだ》して、せめても幾分の心やりにしようとさえ思

った事がある。〈芥川龍之介◆鼻〉

【内平外成】《ないへいがいせい》

意味 家庭内がよく治まり、家庭外や近隣も平和に治まっていること。また、国内がよく統治され、周辺の諸国との関係も安定していること。

補説 世の中の平和な状態。「内《うち》平《たい》らかに外《そと》成《な》る」と訓読する。『書経《しょきょう》』中の「地平天成《ちへいてんせい》」（↓444）の句とともに、年号「平成《へいせい》」の出典といわれている。

出典 『春秋左氏伝《しゅんじゅうさしでん》』文公《ぶんこう》一八年／『史記《しき》』五帝紀《ごていき》

類義語 地平天成《ちへいてんせい》

【内憂外患】《ないゆうがいかん》

意味 国内の心配事と、外国との間に生じるやっかいな事態。

補説 内にも外にも憂慮すべき問題が多いこと。「内」は国内、「外」は国外、「憂」「患」はともに憂えるの意。もとは国内外に解決すべきやっかいな問題が山積みしていることを表したが、現在では会社組織や家庭などの様子を表すときにも広く用いられる。

出典 『管子《かんし》』戒《かい》

用例 病軀《びょうく》を起して、この内憂外患の時節に、一方には倒れかけた幕府の威信を保ち、一方には諸国の頑強な溢《あぶ》れ者を処分してゆく、悪《にく》まれ役は会津が一身に引受けたのでありますす。〈中里介山◆大菩薩峠〉

類義語 内患外禍《ないかんがいか》

対義語 平穏無事《へいおんぶじ》

【南無三宝】《なむさんぼう》

意味 仏に帰依を誓って、救いを求めること。転じて、突然起こったことに驚いたり、しくじったりしたときに発する言葉。

補説 仏教語。「南無」は経典や仏などの名の前につけて、それに対する絶対的帰依を誓う言葉。「三宝」は、仏と仏の教えと教えを広める僧のことで、仏・法・僧という。救いを求めることから驚いたときなどに発するようになった。略して「南無三《なむさん》」ともいう。

用例 鮭川《さけがわ》の入海《いりうみ》のほとりにたどり着いた時には、南無三宝、父は荒蓆《あらむしろ》の上にあさましい冷いからだを横たえていた。〈太宰治◆新釈諸国噺〉

類義語 帰命頂礼《きみょうちょうらい》

【南轅北轍】《なんえんほくてつ》

⇒ 北轅適楚《ほくえんてきそ》 605

【南郭濫吹】《なんかくらんすい》

意味 無能の者が才があるように見せかけること。

補説 「南郭」は中国斉の人。「濫吹」は吹けもしない笛を勝手に吹くこと。「濫」はみだりにの意。「濫竽充数《らんうじゅうすう》」ともいう。

故事 中国斉の宣王は、楽士三百人による竽（笛の一種）の演奏を好み楽しんだ。南郭は笛がうまくないのに、ごまかして楽士の中に紛れ込み、高給を得ていた。次の王は独奏を好み、一人ずつ演奏させようとしたところ、南郭は逃げ去ったという故事から。

出典 『韓非子《かんぴし》』内儲説《ないちょせつ》上

類義語 南郭濫竽《なんかくらんう》

【南華之悔】《なんかのくい》

意味 上司の怒りに触れる発言をしたため、才能をもちながらも、出世の道が断たれること。また、その悔い。

補説 「南華」は『南華真経《なんかしんきょう》』（『荘子《そうじ》』の別称）のこと。

故事 中国唐の詩人温庭筠《おんていいん》が、当時の宰相からの質問に対して、「そのことは『南華真経』に出ているはずです。それは珍しい書物ではありません」と言ったため宰相の怒りを買い、才能があったにもかかわらず、最後まで科挙（中国の官吏登用試験）に合格できなかったという故事から。

出典 『唐詩紀事《とうしきじ》』温庭筠《おんていいん》

【南柯之夢】《なんかのゆめ》

意味 夢全般のこと。また、この世ははかなく、むなしいものであるということのたとえ。物事がつかの間の夢にすぎないたとえ。

補説 「南柯」は南側に伸びる枝のこと。唐の李公佐《りこうさ》の『南柯太守伝《なんかたいしゅでん》』に基づく。

故事 中国唐の淳于棼《じゅんうふん》が、槐《かい》（エンジュ）の木の下で眠って夢を見、槐安《かいあん》国に行き、その国王の娘と結婚して南柯郡の太守となり、その後失脚するなどの栄枯盛衰をきわめたところで目が覚めたが、槐安国とは、槐の下にあるアリの国であったという故事から。

出典 『太平広記《たいへいこうき》』四七五・淳于棼《じゅんうふん》に引く『異聞録《いぶんろく》』

類義語 一炊之夢《いっすいのゆめ》・槐安之夢《かいあんのゆめ》・邯鄲之夢《かんたんのゆめ》・南柯一夢《なんかのいちむ》

【南橘北枳】 なんきつほくき

意味 人間は住む環境が変われば性質も変わってしまうということ。

補説 中国江南《こうなん》（淮水《わいすい》〔淮河《わいが》〕以南の長江中下流域）で産する橘《たちばな》はたいへんな美味であるが、淮水以北に植えると橘は枳《からたち》となり、味が全く異なってしまうということから。「橘」はミカンのことだが、「たちばな」と読まれてきた。

出典 『晏子春秋《あんししゅんじゅう》』雑《ざっ》下

類義語 哭岐泣練《こくききゅうれん》・水随方円《すいずいほうえん》・墨子泣糸《ぼくしきゅうし》・墨子悲糸《ぼくしひし》・麻中之蓬《まちゅうのよもぎ》

【南箕北斗】 なんきほくと

意味 名前ばかりで、実質が伴わないことのたとえ。

補説 「箕」は穀物をふるう農具の箕《み》、「斗」は酒をつぐためのひしゃくのこと。「南箕」は星座の名。みぼし。「北斗」は北斗七星。どちらも箕や斗を名前にしているが、実際には手に取って用いることができないことから。

出典 『詩経《しきょう》』小雅《しょうが》・大東《だいとう》

類義語 有名無実《ゆうめいむじつ》

【難行苦行】 なんぎょうくぎょう 〈―スル〉

意味 さまざまな苦労・苦難にたえる修行のこと。転じて、ひどく苦労をすること。

補説 仏教語。「行」はもともと仏教の修行のこと。「苦行難行《くぎょうなんぎょう》」ともいう。

出典 『法華経《ほけきょう》』提婆達多品《だいばだったぼん》

用例 肉体を苦しめる難行苦行と、肉体的な歓《よろこ》びの崇拝と、その両極端の不思議な結びつきは、密教の輸入以来のことのようにも見える。〈島崎藤村◆桃の雫〉

類義語 悪戦苦闘《あくせんくとう》

対義語 易往易行《いおういぎょう》

【軟紅塵中】 なんこうじんちゅう

意味 華やかで、にぎやかな都会の様子。

補説 「軟紅」は、やわらかい花びら。転じて、都会の華やかな雑踏の形容。「塵中」は車馬の行き交う際に舞い上がるちりやほこりの中の意。

出典 蘇軾《そしょく》ー詩「蔣穎叔《しょうえいしゅく》・銭穆父《せんぼくほ》の駕《が》に景霊宮《けいれいきゅう》に従《したが》うに次韻《じいん》す」

類義語 軟紅香塵《なんこうこうじん》・軟紅車塵《なんこうしゃじん》

【難攻不落】 なんこうふらく

意味 攻めることが困難で、なかなか陥落しないこと。転じて、こちらがいくら働きかけても、相手がなかなか自分の要望を受け入れてくれないこと。

補説 「難攻」は攻めにくい、攻めるのが難しい意。「不落」は陥落しないこと。

用例 しかし、秀吉《ひでよし》がその愛児秀頼《ひでより》に、この難攻不落の名城を遺《のこ》したことは、却《かえ》って亡滅の因を遺したようなものである。〈菊池寛◆大坂夏之陣〉

類義語 金城鉄壁《きんじょうてっぺき》・金城湯池《きんじょうとうち》・湯池鉄城《とうちてつじょう》・南山不落《なんざんふらく》・要害堅固《ようがいけんご》・湯池

【南洽北暢】 なんこうほくちょう

意味 天子の恩恵と威徳が、国の隅々まで広く行き渡ること。

補説 「洽」はあまねく行き渡る、「暢」は広く達すること。「南北」は国の南と北。ここでは国のあらゆる方向ということ。天子の恩沢が南にも北にもあらゆる方面に行き渡っているという意。

出典 『漢書《かんじょ》』終軍伝《しゅうぐんでん》

【南山捷径】 なんざんしょうけい

⇒ 終南捷径 しゅうなんしょうけい 307

【南山之寿】 なんざんのじゅ

意味 事業が崩壊せずに、永遠に続いていくこと。また、長寿を祝うときに用いる語。

補説 「南山」は中国の西安の南にある終南山《しゅうなんざん》のこと。堅固で崩壊しない物事のたとえに用いられる。

出典 『詩経《しきょう》』小雅《しょうが》・天保《てんぽう》◎「南山の寿の如《ごと》く、騫《か》けず崩れず」

類義語 寿比南山《じゅひなんざん》・千秋万歳《せんしゅうばんざい》・大椿之寿《だいちんのじゅ》・万寿無疆《ばんじゅむきょう》・彭祖之寿《ほうそのじゅ》

【南山不落】 なんざんふらく

意味 永遠に崩れ落ちないこと。

補説 城や要塞《ようさい》などが非常に堅固で、陥落しがたいことを述べた言葉。「南山」は中国の西安の南にある終南山《しゅうなんざん》のこと。堅固で崩壊しない物事のたとえに用いられる。「不落」は陥落しないこと。

な

用例 南山不落と祝わせられ、千万年の後迄《まで》もと築かせられし大阪城。〈坪内逍遥◆桐一葉〉
類義語 金城鉄壁《きんじょうてっぺき》・金城湯池《きんじょうとうち》・難攻不落《なんこうふらく》

【南征北伐】《なんせいほくばつ》

意味 多くの戦いを経ること。また、戦いに明け暮れて、いとまのないことのたとえ。
補説 「征」も「伐」も、戦うこと。「南」「北」は広い地域を行き来することの形容。戦いのために、南へ北へ奔走することを述べた言葉。
出典 韋昭《いしょう》「呉歌吹曲《ごかすいきょく》」
用例 ローマが南征北伐して、しかもその鋒《ほこさき》ますます鋭く、地中海岸の主人公となりしは、〈山路愛山◆現代金権史〉
類義語 南征北戦《なんせいほくせん》・南征北討《なんせいほくとう》

【南船北馬】《なんせんほくば》

意味 全国を忙しく旅行すること。また、絶えず旅をしてせわしないこと。
補説 「南船」「北馬」は中国の交通手段。南は川が多いので船が用いられ、北は山が多く、馬をよく用いた。そうした移動手段に絶えず乗っていることから、頻繁に旅をする意。「北馬南船《ほくばなんせん》」ともいう。
出典 『淮南子《えなんじ》』斉俗訓《せいぞくくん》
用例 南といわず、北といわず、いわゆる南船北馬というわけで、ゆく先々を飲みあるく。これでなければ豪傑の英気を養うことは出来ませんぞ。〈岡本綺堂◆正雪の二代目〉
類義語 東行西走《とうこうせいそう》・東走西奔《とうそうせいほん》・東奔西走《とうほんせいそう》・南行北走《なんこうほくそう》

【難中之難】《なんちゅうのなん》

意味 難しい事柄のうち、特に難しいもの。
出典 『無量寿経《むりょうじゅきょう》』下
類義語 至難之業《しなんのわざ》

【南都北嶺】《なんとほくれい》

意味 奈良と比叡山《ひえいざん》のこと。また、奈良の興福寺《こうふくじ》と比叡山の延暦寺《えんりゃくじ》のこと。
補説 「南都」は奈良のこと。奈良には仏教の大きな派閥が六つあったが、法相宗《ほっそうしゅう》興福寺はその代表。「北嶺」は比叡山のこと。延暦寺の僧兵は山法師、興福寺の僧兵は奈良法師として平安時代末期から室町時代にかけて勢威を振るった。「北嶺南都《ほくれいなんと》」ともいう。
出典 『歎異抄《たんにしょう》』二
用例 南都北嶺とやらの聖《ひじり》僧たちも少からぬように見うけたが、一人としてこの摩利信乃法師《まりしのほうし》と法力を較《くら》べようずものも現れぬ〈芥川龍之介◆邪宗門〉

【男女老幼】《なんにょろうよう》

⇒ 老若男女《ろうにゃくなんにょ》 678

【南蛮鴃舌】《なんばんげきぜつ》

意味 外国人の意味の分からない言葉を、さげすんでいう言葉。
補説 「南蛮」は南方の異民族をさげすんでいう語。「鴃舌」はモズの鳴く声。また、モズが鳴き合うように騒ぎ合って、意味が分からないことのたとえ。昔の中国で、南方の人の話す調子が、北方の人にはモズが鳴いているかのようにやかましく聞こえ、何を言っているのか分からないと感じられたことから。
出典 『孟子《もうし》』滕文公《とうぶんこう》上

【南蛮北狄】《なんばんほくてき》

意味 中国周辺の異民族。
補説 昔の中国で、漢民族が異民族を卑しめて用いた語。「南蛮」は南方の異民族をさげすんでいう語。「北狄」は北方の異民族。「北狄南蛮《ほくてきなんばん》」ともいう。
類義語 夷蛮戎狄《いばんじゅうてき》・禽獣夷狄《きんじゅういてき》・東夷西戎《とういせいじゅう》

【南風之薫】《なんぷうのくん》

意味 南から吹く温暖な風の、人の心を和ませる薫りのこと。転じて、君主の恩沢が、民衆に行き渡っていくこと。
補説 「南風」は南から吹く風。温和で、万物を生育する。「南風之詩《なんぷうのし》」（↓507）の歌詞の一部。
出典 『尸子《しし》』綽子《しゃくし》
類義語 南風之詩《なんぷうのし》

【南風之詩】《なんぷうのし》

意味 中国古代伝説上の聖天子である舜《しゅん》が作った歌。
補説 舜帝が五弦の琴《きん》を弾き、南風の詩をうたって、天下がよく治まった故事をいう。世の中が平和に治まっていることのたとえ。また、子を育《はぐ》む父母の慈愛に報いる孝行を教えたもの。「南風」は生物を育む温和な南の風のこと。君主の情け深い恩沢、また、子を育み養う父母の慈愛のたとえ。
出典『礼記《らいき》』楽記《がくき》 ◎「昔、舜は五弦の琴を作り、以《もっ》て南風を歌う」
類義語 南風之薫《なんぷうのくん》

に

【二河白道】にがびゃくどう

意味 極楽浄土に往生したいと願う人の、入信から往生に至る道筋をたとえたもの。
補説 仏教語。「二河」は南の火の川と、北の水の川。火の川は怒り、水の川はむさぼる心の象徴。その間に一筋の白い道が通っているが、両側から水火が迫って危険である。しかし、後ろからも追っ手が迫っていて退けず、一心に白道を進むと、ついに浄土にたどりついたという話。煩悩にまみれた人でも、念仏一筋に努めれば、悟りの彼岸に至ることができることを説いている。
出典『観経疏《かんぎょうそ》』散善義《さんぜんぎ》
用例 動悸《どうき》に波を打たし、ぐたりと手をつきそうになった時は、二河白道のそれではないが――石段は幻に白く浮いた、卍《まんじ》の馬の、片鐙《かたあぶみ》をはずして倒《さかさま》に落ちそうにさえ思われた。〈泉鏡花◆開扉一妖帖〉

【肉山脯林】にくざんほりん

意味 宴会などが、ぜいたくをきわめていることのたとえ。
補説 肉を山のように積み、干し肉を林のように並べる意。「肉」は生肉、「脯」は干し肉のこと。ともに当時のぜいたく品。「山」「林」はともに量がたくさんあることのたとえ。中国夏《か》の桀《けっ》王の故事から。
故事 →「酒池肉林《しゅちにくりん》」314
出典『帝王世紀《ていおうせいき》』夏《か》
類義語 酒池肉林《しゅちにくりん》・肉山酒海《にくざんしゅかい》

【肉食妻帯】にくじきさいたい 〈―スル〉

意味 僧侶《そうりょ》が肉を食べ、妻をめとること。
補説 僧侶は殺生をしてはならず、禁欲生活を送るべきものであるとされ、かつて浄土真宗以外の宗派ではこれを禁じていた。
注意 「にくしょくさいたい」とも読む。
用例 暗い寺院に肉食妻帯の厳禁を廃し、多くの僧尼の生活から人間を解き放ったというのも、虚偽を捨てて自然《おのずから》に帰れとの教えから出たことである。〈島崎藤村◆夜明け前〉

【肉袒牽羊】にくたんけんよう

意味 降伏して相手に服従し、臣僕となることを請願すること。
補説 肌を脱ぎ、上半身裸になって羊をひく意から。「肉袒」は肌を脱いで上半身をあらわにすること。降伏・謝罪のときに、どのような処分も受け入れることを表す。「牽羊」は羊をひいていくこと。料理人として相手に仕え、しもべとなることを請う意。「肉袒《にくたん》して羊《ひつじ》を牽《ひ》く」と訓読する。
出典『春秋左氏伝《しゅんじゅうさしでん》』宣公《せんこう》一二年
類義語 肉袒面縛《にくたんめんばく》

【肉袒負荊】にくたんふけい 〈―スル〉

意味 心から謝罪することのたとえ。
補説 「肉袒」は肌を脱いで上半身をあらわにすること。「負荊」はいばらを背負うこと。むち打ちの刑では上半身をあらわにさせ、いばらのむちを用いた。自分でむち打ちの刑罰の用意を整えることによって、相手に思うままに罰して欲しいという謝罪の意志を表す。「肉袒《にくたん》して荊《けい》を負《お》う」と訓読する。
故事 →「刎頸之交《ふんけいのまじわり》」583
出典『史記《しき》』廉頗藺相如伝《れんぱりんしょうじょでん》
類義語 廉頗負荊《れんぱふけい》

【肉袒面縛】にくたんめんばく 〈―スル〉

意味 降伏・恭順の意志を伝えること。
補説 「肉袒」は肌を脱いで上半身をあらわにすること。降伏・謝罪のときに、どのような処分も受け入れることを表す。「面縛」は後ろ手に縛り上げて、顔だけを見せること。一説に両手を前に縛って、死を覚悟すること。
出典『史記《しき》』宋微子世家《そうびしせいか》
類義語 肉袒牽羊《にくたんけんよう》

【二者選一】にしゃせんいつ

⇒二者択一 にしゃたくいつ 508

【二者択一】にしゃたくいつ

意味 二つの事柄の、どちらか一方を選ぶこと。二つの選択肢のうちの一方を選ぶこと。
補説 「択一」は用意されているいくつかの

に

事項の、どれか一つを選ぶこと。「二者選一《にしゃせんいつ》」ともいう。
用例 今や国民は国民の総意か一部の暴力かの、二者択一の分岐点に立ちつつある。〈河合栄治郎◆二・二六事件に就て〉

【二姓之好】にせいのこう

意味 両家が結婚することのたとえ。結婚する両家の良好な交わりの意。
補説 「二姓」は異なる二つの姓、婚約を交わした両家。古来、中国では同姓不婚の習わしがあったので、「二姓」で結婚する両家を意味する。
注意 「にせいのよしみ」とも読む。
出典 『礼記《らいき》』昏義《こんぎ》
類義語 両姓之好《りょうせいのこう》

【二束三文】にそくさんもん

意味 売値が非常に安いこと。投げ売りの値段。
補説 昔、金剛草履（藁《わら》や藺《い》などで作られた大形で丈夫な草履）が、二足でわずか三文の値段で売られていたことから。
注意 「二足三文」とも書く。
用例 両親の死後何かに尽力したという親類の某《なにがし》が、二束三文で譲受ける事に親族会議で決まってしまった。〈有島武郎◆或る女〉

【日常坐臥】にちじょうざが

意味 寝ているときも座っているときも。ふだん、いつでも。
補説 「坐臥」は座ることと寝ること。すなわち、起きているときも寝ているときもの意。
注意 「日常座臥」とも書く。
用例 今の世は政治学芸のことに留《とど》まらず日常坐臥の事まで一として鑑別批判の労をからなくてはならない。〈永井荷風◆百花園〉
類義語 行住坐臥《ぎょうじゅうざが》・常住坐臥《じょうじゅうざが》

【日常茶飯】にちじょうさはん

意味 日々のありふれたこと。いつものことで特に取り上げるまでもない物事。
補説 毎日の食事の意から。「家常茶飯《かじょうさはん》」ともいう。類義の表現に「日常茶飯事」がある。
用例 日常茶飯の世界のかなたに、常識では測り知り難い世界がありはしないかと思う事だけでも、その心は知らず知らず自然の表面の諸相の奥に隠れたある物への省察へ導かれるのである。〈寺田寅彦◆化け物の進化〉

【日陵月替】にちりょうげったい

意味 日に日に衰退していくこと。
補説 「陵替」はしだいに衰えること。「陵」「替」ともに衰え廃れる意。「陵」「替」を分けて、日に月にそうなっていく意の「日…月…」に配した語。「日《ひ》に陵《りょう》し月《つき》に替《たい》す」と訓読する。
出典 『貞観政要《じょうがんせいよう》』君道《くんどう》

【日居月諸】にっきょげっしょ

意味 君臣、君主とその夫人、父と母などのたとえ。また、月日が流れ去ること。
補説 「居」「諸」はともに句末に置いて語調を整える字。「日よ月よ」と呼び掛けている。「日」と「月」は、ともに天に輝き下界を照らしていることから、君主と夫人にたとえられる。のち、日付の月日の意味をもたせるようになった。一般に「日《ひ》や月《つき》や」と訓読して用いる。
出典 『詩経《しきょう》』邶風《はいふう》・日月《じつげつ》

【日削月朘】にっさくげっせん

意味 人民が来る日も来る日も過酷な税に苦しめられ、搾取される形容。
補説 日ごとに削られ、月ごとに縮められる意から。「日…月…」は日に月にそうなっていくこと。「削」は削られる、「朘」は縮められること。
出典 『漢書《かんじょ》』董仲舒伝《とうちゅうじょでん》
類義語 歳朘月削《さいせんげっさく》・日朘月削《にっせんげっさく》

【日昃之労】にっしょくのろう

意味 一生懸命、労働に努め励むさま。
補説 昼食の時間がきても食べずに働くことから。「昃」は傾く。「日昃」は日が西に傾く意で、昼過ぎ、今の午後二時ごろを指す。
注意 「にっそくのろう」とも読む。
出典 『漢書《かんじょ》』董仲舒伝《とうちゅうじょでん》

【日進月歩】にっしんげっぽ〈―スル〉

意味 日ごと月ごとに、絶えず進歩すること。進歩の度合いが急速であること。
補説 「日…月…」は日に月にそうなっていくこと。ここでは「進歩」という一つの単語を二つに分けて、日に月に進歩するという意を表す。

（用例）洋学は、その創始者より、次の代の者、その者よりも、近頃《ちかごろ》の者と、だんだん、その学文が研究され、究理されて、日進月歩しておる。〈直木三十五◆南国太平記〉

［類義語］日就月将《にっしゅうげっしょう》・日新月異《にっしんげっい》

［対義語］旧態依然《きゅうたいいいぜん》

【日省月試】にっせいげっし 〈―スル〉

（意味）官僚などの働きを常に観察し、審査すること。

（補説）「省」は観察する、「試」は調べる意。日ごと月ごとに働きを調べるということ。「日《ひ》に省《かえり》み月《つき》に試《こころ》みる」と訓読する。

（出典）『中庸《ちゅうよう》』二〇

［類義語］日省月課《にっせいげっか》

【二転三転】にてんさんてん 〈―スル〉

（意味）形勢や態度、内容などが何度も変わること。

【二桃三士】にとうさんし

（意味）はかりごとによって人を殺すこと。

（補説）「二桃《にとう》三士《さんし》を殺す」の略。

（注意）「二桃三子」とも書く。

（故事）中国春秋時代、斉の宰相《さいしょう》晏嬰《あんえい》が、将来斉の国の憂いとなるであろう三人の勇者、公孫接《こうそんしょう》・田開彊《でんかいきょう》・古治子《こやし》を互いに争わせることをねらって、「三人のうち功の大きいもの二人に与える」と、二つの桃を斉王から贈らせた。公孫接・田開彊の二人が自分の功を誇って真っ先にその桃を手に入れたが、実は古治子の功が一番大きいことを知り、二人とも恥じて自害した。古治子も、自分だけ生きているのは義に反すると後を追ったため、晏嬰の思惑通りになったという故事から。

（出典）『晏子春秋《あんししゅんじゅう》』諫《かん》下

【二人三脚】ににんさんきゃく

（意味）二人が歩調を合わせ、協力して物事を成し遂げようとすることのたとえ。

（注意）二人が並び、互いの内側の足首をひもで縛って固定し、二人合わせて三本の足で走る競技の名から。

（用法）二人三脚で家庭を築く

（用例）お互いにワルデルゼイ大佐の命令の意味がわからないまま、月の出ている方向へ、息も絶え絶えの二人三脚を続けた。〈夢野久作◆戦場〉

［類義語］同心協力《どうしんきょうりょく》

【二枚看板】にまいかんばん

（意味）人々の興味と関心を集め、他に誇ることができる二人の代表的な人物。また、そのような二つのもの。

（補説）芝居などで、中心となる二人の出演者の意。主役を掲げる看板が二枚になることから。「看板」は劇場などで題目や出演者の名を書いて表に掲げる板。

（用例）帰ってから八丁堀の朝田が柳桜《りゅうおう》師匠とうちの師匠の二枚看板で、このときに師匠は「仏国《ふっこく》三人男」という新作の西洋人情噺《せいようにんじょうばなし》を、三遊の円朝さんの向こうを張ってこしらえていましたが、〈正岡容◆初看板〉

【入境問禁】にゅうきょうもんきん

（意味）他の国や地方に行ったら、まずそこで禁じられていることを尋ね、それを犯さないようにすべきであるということ。

（補説）よそに行ったら、そこの慣習を守るべきことを述べた言葉。「入境」は国境を越える意で、別の国や地域に行くこと。「問」は質問すること。「禁」は禁止する意、また、禁止事項。一般に「境《さかい》に入《い》りては禁《きん》を問《と》う」と訓読して用いる。

（出典）『礼記《らいき》』曲礼《きょくらい》上

［類義語］殊俗帰風《しゅぞくきふう》・入郷従郷《にゅうきょうじゅうきょう》・入境問俗《にゅうきょうもんぞく》

【入室升堂】にゅうしつしょうどう

⇓ 升堂入室 しょうどうにゅうしつ 330

【入幕之賓】にゅうばくのひん

（意味）囲った垂れ幕の中に招くほど親しい客。また、重要機密事項について相談をする相手。

（補説）広く軍の幕僚をいう。「賓」は客のこと。敬いもてなすべき客。

（出典）『晋書《しんじょ》』郗超伝《ちちょうでん》

［類義語］帷幄之臣《いあくのしん》

【入木三分】にゅうぼくさんぶ

（意味）書道で、筆勢が力強いことのたとえ。また、議論や考えの内容が深くて鋭いこと。

（補説）「入木」は、ここでは木（板）に染み込むこと。「三分」は長さで、今の約七ミリメートル。一説に、厚みの十分の三とする。「木《き》に入《い》ること三分《さんぶ》」と訓読する。
注意「じゅぼくさんぶ」とも読む。
故事 中国東晋《とうしん》の書家王羲之《おうぎし》の書く字は筆勢があって、書かれた板を削ったところ、墨が三分の深さまで染み込んでいたという故事による。書道のことを「入木道《じゅぼくどう》」というのもここから。
出典『書断《しょだん》』王羲之《おうぎし》（『説郛《せっぷ》』八七引）

【如意宝珠】にょいほうじゅ

意味 一切の望みをかなえてくれるとされる珠《たま》。
補説 仏教語。一説に、仏陀《ぶっだ》の遺骨が変じたものといわれる。民衆の願いを成就させてくれる仏の徳の象徴。「如意」は思いどおりになること。「宝珠」は貴重な珠玉。宝の玉。
出典『大智度論《だいちどろん》』五九
用例 竜女がお前様に惚《ほ》れましてエンゲージいたしたく此方《こっち》からは如意宝珠あげます程に〈幸田露伴◆真美人〉
類義語 如意摩尼《にょいまに》

【如是我聞】にょぜがもん

意味 仏典の冒頭に置かれる定型句。「このように、私はお聞きした」の意。
補説 経典の内容は、釈迦《しゃか》が生前に口で説いた教えを弟子の阿難《あなん》が記憶しておき、釈迦没後にまとめたものとされている。そのため経典はみな「是《か》くの如《ごと》く我《われ》聞けり」という阿難の言葉で始まることになっている（阿難は釈迦の身辺に長く仕え、教えの言葉を最も多く聞き覚えていたことから「多聞第一《たもんだいいち》」と称されていた）。漢文の語順としては「我聞くこと是くの如し（我聞如是）」というほうが自然であり、現にそう漢訳している経典もあるが、多くはインド・西域の言葉の直訳体で「如是我聞」と記している。
用例 如是我聞、仏説阿弥陀経《あみだきょう》、声は松風に和して心のちりも吹払わるべき御寺様の庫裏より〈樋口一葉◆たけくらべ〉

【女人禁制】にょにんきんせい

意味 特定の場所や行事に、女性の立ち入りや参加を禁止すること。
補説「禁制」はある行為を禁ずること。また、その法律や規則。かつては女性は修行の妨げになるとして、仏教の霊場や修行の場への立ち入りを禁じられていた。比叡山《ひえいざん》や高野山のものなどが有名。
注意「にょにんきんぜい」とも読む。
用例 しずかに読書していると、若い女の足音がちかづいてきた、女人禁制ではないが、珍らしいなと思っていると、彼女はF屋のふうちゃんだった、〈種田山頭火◆其中日記〉
類義語 女人結界《にょにんけっかい》

【女人成仏】にょにんじょうぶつ

意味 女性が悟りを開いて仏となること。また、女性も仏になれること。
補説 古代インドでは五障のため、女性は仏にはなれないとされていた（→「五障三従《ごしょうさんじゅう》」237）が、大乗仏教では、女性も道を得れば、いったん男子に身を変じ、そのうえで仏になれるとした。（→「変成男子《へんじょうなんし》」592）『法華経《ほけきょう》』提婆達多品《だいばだったぼん》に説かれる竜女《りゅうにょ》の故事が、その典型とされる。（→「竜女成仏《りゅうにょじょうぶつ》」661）
用例 ついには人間をこえたみ仏の位にまで達することができるので、そうなれば女人成仏の本懐をとげるわけである。〈倉田百三◆女性の諸問題〉
類義語 女人往生《にょにんおうじょう》・変成男子《へんじょうなんし》・竜女成仏《りゅうにょじょうぶつ》

【如法暗夜】にょほうあんや

意味 本当の暗闇《くらやみ》。文字通り真っ暗な状態のこと。
補説「如法」はここでは、文字通り、もちろんの意。どこから見ても、全くの闇夜であるということ。
用例 裾野《すその》もいちめんの如法暗夜、ただ、ザワザワと鳴るすすきの風に、つめたい雨気さえふくんできた。〈吉川英治◆神州天馬侠〉

【二律背反】にりつはいはん（―スル）

意味 二つの相反する命題や推論が、同じだけの合理性・妥当性をもっていること。
補説 ドイツ語の「Antinomie（アンチノミー）」の訳。「Aが真だったらBは偽《ぎ》」といった同時には存在し得ない二つの事柄について、Aが真である可能性とBのそれとが同じであること。

【二六時中】にろくじちゅう

意味 一日じゅう、終日。また、しょっちゅ

に

う、いつも。
補説 昔は一日十二刻制で、一日を昼六刻、夜六刻の二つに分けていた。二掛ける六で一日十二刻を表す。二十四時間制が使われてからは、「四六時中」（四掛ける六）というようにもなった。
用例 汚い肉欲の塊物で、二六時中煩悩の業火に焚《た》かれて煩悶《はんもん》しています。〈内田魯庵◆社会百面相〉
類義語 四六時中《しろくじちゅう》

【忍気呑声】 にんき どんせい 〈―スル〉

意味 怒りや悔しさ悲しさなどの感情をこらえて、じっと堪え忍ぶこと。
補説 「忍気」は気持ちを抑える意。「呑声」は声をのむ、声を外に漏らさないこと。はばかることがあって、あえて怒りの気持ちを抑えていることをいう。「呑声忍気《どんせいにんき》」ともいう。
出典 『京本通俗小説《けいほんつうぞくしょうせつ》・菩薩蛮《ぼさつばん》』

【人三化七】 にんさん ばけしち

意味 容貌《ようぼう》がきわめて醜いこと。多く、女性を侮蔑《ぶべつ》していう語。
補説 人間が三割、化け物が七割に見える意から。
用例 まして田舎のアンチャン方は都会のセビロやジャンパアなどを買い集め、洋モクをくゆらしてダンスを踊る貴公子であるから、人三化七には見向きもしない。〈坂口安吾◆退歩主義者〉
対義語 羞花閉月《しゅうかへいげつ》・沈魚落雁《ちんぎょらくがん》

【人情澆薄】 にんじょう ぎょうはく(の) 〈―ナ〉

意味 世の人々の心が冷たく、情に薄いさま。
補説 「人情」は人としての感情・慈悲の心。「澆薄」は薄いこと、薄情で中身のない意。

【人情世態】 にんじょう せたい

意味 人間の感情や、世の中のありさま。
補説 「人情」は人としての感情・慈悲の心。「世態」は世の中の様子・世情の意。「世態人情《せたいにんじょう》」ともいう。
用例 彫像《ほりもの》師が鑿《のみ》をもて人または獣の形を彫れるが如《ごと》く、専ら真に逼《せま》るを主として、傾向を構え、列伝をもうけ、人情世態を穿《うが》てるものなり。〈坪内逍遥◆小説神髄〉

【人情冷暖】 にんじょうの れいだん

意味 人情の軽薄なことをいう。また、人情の移ろいやすいことの形容。
補説 人情の冷たいことと、温かいことの意。「人情」は人としての感情・慈悲の心。富や名誉があるときには温かく言い寄り、志を得ないときには冷淡にあしらわれること。「冷暖」は薄情と厚情。
出典 白居易《はくきょい》「詩「迂叟《うそう》」」

【忍辱負重】 にんじょく ふじゅう

意味 屈辱を受けながらもじっと堪え忍び、重責を担い、それを全うすること。
補説 「辱」は屈辱、「忍」は堪え忍ぶ、「重」は重責の意。「辱《はずかし》めを忍《しの》び重《おも》きを負《お》う」と訓読する。
出典 『呉志《ごし》』陸遜伝《りくそんでん》

【人相風体】 にんそう ふうてい

意味 人の顔つきや身なりのこと。
補説 「人相」は顔つき。「風体」は身なりのこと。印象のよくない場合に使うことが多い。
注意 「にんそうふうたい」とも読む。
用例 知ることをえなかった、それなる罪人の人相風体を、搦手《からめて》から嗅《か》ぎ出そうと言う計画のためでした。〈佐々木味津三◆右門捕物帖〉

【人人具足】 にんにん ぐそく

意味 一人ひとりすべての人に、もとから十全に具《そな》わっている意。
補説 もと仏教語で、人間にはみな仏性《ぶっしょう》が本来完全な形で具わっている、ということ。「人人具足、箇箇円成《ここえんじょう》」という形で使われることが多い。
出典 『碧巌録《へきがんろく》』
用例 有体《ありてい》にいえば詩境といい、画界というも皆人々具足の道である。〈夏目漱石◆草枕〉

【認奴作郎】 にんぬ さくろう

意味 価値の高低を識別できないことのたとえ。また、事理をわきまえないことのたとえ。
補説 仏教語。下僕を主人と見間違える意。「奴」は下僕・使用人のこと、「郎」は主人の意。「奴《ぬ》を認《みと》めて郎《ろう》と作《な》す」と訓読する。
注意 「にんどさくろう」とも読む。

【出典】『景徳伝灯録《けいとくでんとうろく》』一五・筠州洞山《いんしゅうどうざん》良价禅師《りょうかいぜんじ》
【類義語】認賊為子《にんぞくいし》

【忍之一字】にんのいちじ

【意味】耐えることこそ、あらゆる物事を成し遂げることにつながるのだということ。
【補説】「忍の一字は衆妙《しゅうみょう》の門（あらゆる道理の入り口）」の略。
【出典】『官箴《かんしん》』
【類義語】隠忍自重《いんにんじちょう》

ぬ

【盗人根性】ぬすびとこんじょう

【意味】盗みをはたらくような者のずるくていやしい根性。物ほしそうでよこしまな性質。

【補説】多くは、人をあざけったり、たしなめたりするときに用いる。

【注意】「ぬすっとこんじょう」とも読む。

【用例】おれたち四人、しっかり盗人《ぬすっと》根性になって探って参りました。〈新美南吉◆花のき村と盗人たち〉

【盗人上戸】ぬすびとじょうご

【意味】酒も甘いものも両方好む人。また、酒を大量に飲んでも、顔色や状態に酔いが表れないで平然としている人。

【補説】「上戸」は酒に強い人。

ね

【佞奸邪智】ねいかんじゃち

⇒ 奸佞邪智 かんねいじゃち 129

【熱願冷諦】ねつがんれいてい

【意味】熱心に願い求めることと、冷静に本質を見極めること。

【補説】「熱願」は熱心に願うこと。また、熱烈な願い。「諦」は明らかにすること。よく見てはっきりさせること。

【熱烈峻厳】ねつれつしゅんげん 〈―ナ〉

【意味】ひたむきに激しく、厳しくおごそかなさま。

【補説】「熱烈」は感情が高まって激しいさま。「峻厳」はいかめしく厳格なさま。

【用例】自分さえ好《よ》ければ人はどうでもいい、百姓や町人はどうなってもいい、そんな学問のどこに熱烈峻厳な革新の気魄《きはく》が求められましょうか。〈島崎藤村◆夜明け前〉

【涅槃寂静】ねはんじゃくじょう

【意味】悟りの境地に到達すること。

【補説】仏教語。悟りの境地は静かで落ち着いたものだということ。「涅槃」はすべての煩悩・輪廻《りんね》の苦しみを脱した、仏教の目指す生死を超越した悟りの境地。「寂静」は心が静かで、落ち着いているさま。悟りの心境を表す。「涅槃寂滅《ねはんじゃくめつ》」ともいう。

【涅槃寂滅】ねはんじゃくめつ

⇒ 涅槃寂静 ねはんじゃくじょう 513

【拈華微笑】ねんげみしょう

【意味】言葉を使わず、心から心へ伝えること。また、伝えることができること。

【補説】仏教語。「拈華」は花をひねる意。「華」は草木の花の総称。「拈」は指先でひねること。

【故事】釈迦《しゃか》が弟子に説法しているとき、一本の花をひねって見せたが、弟子たちはその意味を理解できず沈黙していた。ただ一人、迦葉《かしょう》だけが悟ってにっこりと笑った。釈迦は、迦葉が言葉で表せない仏教の奥義を理解できる者として、彼に仏法の奥義を授けたという故事から。

【用例】「拈華微笑」の昔は勿論《もちろん》、百数十行に亘《わた》る新聞記事さえ他人の気もちと応じない時には到底合点の出来るものではない。「彼」の言葉を理解するものはいつも「第二の彼」であろう。〈芥川龍之介◆十本の針〉

【類義語】以心伝心《いしんでんしん》・教外別伝《きょうげべつでん》・拈華破顔《ねんげはがん》・不立文字《ふりゅうもんじ》・維摩一黙《ゆいまいちもく》

【年功序列】ねんこうじょれつ

【意味】勤続年数や年齢に従って、職場での地位や賃金が上がっていくこと。また、その体系。

【補説】長年その職場で働いたことを功績として評価する考え方のこと。「年功」は長年の功労。

【年高徳邵】《ねんこうとくしょう》

意味 年を重ねるにしたがって、ますます徳がうるわしいこと。

補説 「年高」は年をとること。「邵」は、うるわしい意。また、高い、すぐれる意。

出典 『揚子法言《ようしほうげん》』孝至《こうし》 ◎「年弥《いよい》よ高くして徳弥《いよい》よ邵《たか》きは、是《こ》れ孔子の徒《と》か」

【年災月殃】《ねんさいげつおう》

意味 時運が悪く、しばしば災難に遭うこと。また、最も不幸な日。

補説 「災」も「殃」も災いの意。

出典 『水滸伝《すいこでん》』八

類義語 年災月厄《ねんさいげつやく》

【燃犀之明】《ねんさいのめい》

意味 物事の本質を鋭く見抜くこと。見識がすぐれていることのたとえ。

補説 「燃犀」はサイの角《つの》を燃やして暗いところを明るく照らす意から転じて、見識がすぐれていることのたとえ。「明」はものを見抜く力。

故事 中国東晋《とうしん》の温嶠《おんきょう》は、牛渚磯《ぎょしょき》という淵《ふち》の深さを測ることにした。ここは水も深く、化け物も出ると言われていたが、サイの角を燃やして水底を照らすと、本当に水底の奇怪なものを見ることができたという故事から。

出典 『晋書《しんじょ》』温嶠伝《おんきょうでん》

類義語 燃犀之見《ねんさいのけん》

【年中行事】《ねんちゅうぎょうじ》

意味 一年の中で、毎年一定の時期に行われる儀式や催しのこと。

補説 もとは宮中で行われる行事をいったが、後に民間の行事や祭礼にも用いられるようになった。「年中」は一年の間。「行事」は一定の時期に行う儀式や催し。

注意 「ねんじゅうぎょうじ」とも読む。

用例 何処《どこ》でも不景気だ不景気だと零《こぼ》している。年中行事でいえば、春の相撲が近くに始まろうとしている。要するに世の中は大変多事である。〈夏目漱石◆硝子戸の中〉

【年頭月尾】《ねんとうげつび》

意味 一年中のこと。

補説 年の始めと月の終わりの意から。また、科挙（中国の官吏登用試験）で、大義にかかわりのない、字句上の取るに足らない設問を非難した言葉。

出典 林光朝《りんこうちょう》の詩／『新唐書《しんとうじょ》』楊場伝《ようようでん》

【念念刻刻】《ねんねんこくこく》

意味 時の経過とともに。次第に。時を追って次々と。また、いつもいつもの意。

補説 「念念」は仏教語で、一瞬一瞬の意。「刻刻」は刻一刻、時間がたつにつれての意。

注意 「ねんねんこっこく」とも読む。

用例 お継母《かあ》さんはあのとおり真向な、念々刻々の働き者だからいい人だと思うけれど、何しろあの毒舌には敵《かな》わん。〈葛西善蔵◆贋物〉

類義語 時時刻刻《じじこくこく》

【年年歳歳】《ねんねんさいさい》

意味 毎年毎年。この年も明くる年も。

補説 「年」も「歳」も年月のこと。名詞を二つ重ねることによって「どの…も」という意味を表す。唐の詩人劉希夷《りゅうきい》の言葉。「歳歳年年《さいさいねんねん》」ともいう。

出典 劉希夷《りゅうきい》―詩「白頭《はくとう》を悲《かな》しむ翁《おきな》に代《か》わる」◎「年年歳歳花《はな》相《あい》似《に》たり、歳歳年年人《ひと》同《おな》じからず」

用例 吾《わ》が愛する春逝き、夏逝きて而《しこう》して此《こ》の秋来りぬ。年々歳々、等しき季節は来る也《なり》。〈国木田独歩◆欺かざるの記〉

【念念生滅】《ねんねんしょうめつ》 〈―スル〉

意味 万物は時の移るにつれて、一刻一刻と、あるいは生じあるいは滅して、止《や》むことなく変化し続けること。

補説 仏教語。「念念」は一瞬一瞬。時の移るさま。「生滅」は生まれることと死ぬこと。生ずることと滅びること。

類義語 生生流転《せいせいるてん》

【燃眉之急】《ねんびのきゅう》

意味 危険がすぐそこまで迫っていること。事態が非常に切迫していること。

補説 眉《まゆ》が燃えるほど、火が自分に迫ってきている緊急事態という意。

出典 『文献通考《ぶんけんつうこう》』市糴《してき》

類義語 焦眉之急《しょうびのきゅう》

【年百年中】ねんびゃくねんじゅう

意味 一年中いつも。常に。始終。

補説 年がら年中の意。

用例 色恋に限らず、何でもやることがドジで星のめぐり合せが悪くて、年百年中わが身の運命のつたなさを嘆いているのである。〈坂口安吾・土の中からの話〉

【念仏三昧】ねんぶつざんまい

意味 心を静かにして、一心に仏を思い浮かべること。また、それによって得られる心の安らぎ。さらに、ひたすら念仏を唱え、それにより雑念妄想を取り払うこと。

補説 仏教語。「念仏」は、仏を思い浮かべること。また、南無阿弥陀仏《なむあみだぶつ》を唱えて、阿弥陀仏を思うこと。「三昧」は、何かに集中することによって、心が安定し動かされないこと。

の

【能事畢矣】のうじひつい

意味 成すべきことは、すべて成し終えたということ。

補説 「能事」はできること、成すべきこと。「矣」は動作の完了を表す助字。一般に「能事《のうじ》畢《おわ》れり」と訓読して用いる。

出典 『易経《えききょう》』繋辞《けいじ》上

【能者多労】のうしゃたろう

意味 能力のある人は、とかく仕事をまかされて苦労が多いものだということ。

補説 人の苦労や多忙をほめたり、慰めたりするときに用いる。「能者」は能力のある人。一般に「能者《のうしゃ》、労《ろう》多《おお》し」と訓読して用いる。

出典 『荘子《そうじ》』列御寇《れつぎょこう》

【嚢沙之計】のうしゃのけい

意味 中国漢の将軍、韓信《かんしん》のとった水攻めの作戦。

補説 多くの土嚢《どのう》で川の上流をせき止めておき、敵が川を渡るときを見計らって土嚢を取り払い、一挙に水を流して、敵を打ち破った。「嚢沙」は土砂を入れた袋のこと。「沙」は砂。

注意 「のうしゃのはかりごと」とも読む。

出典 『史記《しき》』淮陰侯伝《わいいんこうでん》

類義語 嚢沙背水《のうしゃはいすい》

【嚢中之錐】のうちゅうのきり

意味 すぐれた才能をもつ人は、凡人の中に交じっていても、自然とその才能が目立ってくるということ。

補説 「嚢中」は袋の中。袋の中に錐《きり》を入れておくと、自然に袋を突き抜けて、とがった刃先が見えてくる。それと同じように、すぐれた人は自然と凡人の中から突き抜けて、その才能を現すということ。

出典 『史記《しき》』平原君伝《へいげんくんでん》 ◎「夫《そ》れ賢士の世に処《お》るや、譬《たと》えば錐の嚢中に処るが若《ごと》し。其《そ》の末立ちどころに見《あら》わる」

類義語 嚢中之穎《のうちゅうのたぐい》

【能鷹隠爪】のうよういんそう

意味 本当に実力のある人は、それをやたらと誇示したりはしないということ。

補説 「能鷹」はすぐれたタカ。「隠爪」は自分の爪を隠して外に見せない。能力のあるタカほど、その能力と強さの象徴である爪を、やたらとひけらかして威嚇《いかく》したりはしないということ。一般に「能《のう》ある鷹《たか》は爪《つめ》を隠《かく》す」と訓読して用いる。

類義語 能猫陰爪《のうびょういんそう》

【喉元思案】のどもとじあん

意味 あさはかな考えのこと。

補説 心の中でよく考えたのではなく、喉のあたりで、ちょっと思いついただけの考えということ。「喉元」は喉のところ、喉のあたり。「思案」は考えを巡らすこと。「鼻先思案《はなさきじあん》」「鼻元思案《はなもとじあん》」ともいう。

注意 「咽元思案」とも書く。

類義語 軽佻浮薄《けいちょうふはく》

は

【佩韋佩絃】はいいはいげん

⇒ 韋弦之佩《いげんのはい》 14

【吠影吠声】はいえい はいせい 〈—スル〉

⇒ 吠形吠声 はいけいはいせい 516

【廃格沮誹】はいかく そひ 〈—スル〉

意味 政策などが行われないように邪魔をして、その悪口を述べ立てること。

補説 「廃格」は、行われないように邪魔すること。「格」は、こばむ意。「沮誹」は物事の実行をはばんで、それに対する非難をすること。「沮」ははばむ、「誹」はそしる意。

出典 『史記《しき》』平準書《へいじゅんしょ》

【稗官野史】はいかん やし

意味 民間のこまごました逸話を記録した文章のこと。また、小説を卑しめていう言葉。

補説 昔、中国の為政者は、民間で広まっている物語やうわさ話などを集めて政治の参考にしたが、「稗官」はそれを集めた身分の低い役人。「稗」はもと野生の雑穀のこと。中国では長い間、小説のような作り話は、正当な文学とは認められなかったことから、民間の小説にたとえたもの。「野史」は正史に対して、民間で書かれた歴史本のこと。

出典 『児女英雄伝《じじょえいゆうでん》』一六

類義語 稗官小説《はいかんしょうせつ》

【敗軍之将】はいぐんの しょう

意味 戦いに敗れた将軍のこと。物事に失敗した人の場合にもいう。

補説 「敗軍の将は兵を語らず」の形で用いられることが多い。戦いに敗れた将軍は、兵法について語ってはいけないという意。潔く負けを認めて、あれこれ弁解してはならず、また、失敗した事柄について意見をしてはいけないという意。

出典 『史記《しき》』淮陰侯伝《わいいんこうでん》 ◎「敗軍の将は以《もっ》て勇を言う可《べ》からず」

【吠形吠声】はいけい はいせい 〈—スル〉

意味 ひとりが言い出すと、ことの真偽も確かめず周りが軽々しく同調して、そのことを言い広めることの形容。

補説 一匹の犬が物の形を見て吠《ほ》えると、付近にいる他の犬がその声につられて、みな吠え出すという意から。「一犬形《かたち》に吠《ほ》ゆれば百犬声に吠ゆ」の略。「形《かたち》に吠《ほ》ゆれば声《こえ》に吠《ほ》ゆ」と訓読する。「吠影吠声《はいえいはいせい》」ともいう。類義の表現に「一犬虚《きょ》に吠ゆれば万犬《ばんけん》実《じつ》を伝う」がある。

出典 『潜夫論《せんぷろん》』賢難《けんなん》

類義語 阿附雷同《あふらいどう》・付和随行《ふわずいこう》・付和雷同《ふわらいどう》

【杯賢杓聖】はいけん しゃくせい

意味 酒を飲むことを美化した表現。「杯」と「杓」を賢聖にたとえたもの。

補説 「杯」はさかずき、「杓」は酒を酌むひしゃくの意。杯杓で酒盛りの意になる。賢聖は知恵と徳の高い人。

類義語 天之美禄《てんのびろく》・百薬之長《ひゃくやくのちょう》

【売剣買牛】ばいけん ばいぎゅう

意味 戦争をやめ、農業に力を尽くして盛んにすること。また、武器を捨てて、農業に従事すること。

補説 剣を売って牛を買う意から。「剣《けん》を売《う》り牛《うし》を買《か》う」と訓読する。

故事 中国前漢時代、渤海《ぼっかい》の長官龔遂《きょうすい》は盗賊を平定し、人民に倹約と農業を奨励した。また、ぜいたくに慣れ、生産に従事せず富を得ている者が多いのを見て、刀剣を売って牛を買うことを奨励した結果、生産が増加して税収も増え、役人も人民も皆豊かになったという故事から。

出典 『漢書《かんじょ》』循吏《じゅんり》・龔遂伝《きょうすいでん》

類義語 売刀買犢《ばいとうばいとく》

【梅妻鶴子】ばいさい かくし

意味 気ままで風流な暮らしぶりのたとえ。また、世の煩わしさを避けて、風流に暮らす人の形容。

補説 「梅妻」は、妻をめとらずに梅を植えること。「鶴子」は子の代わりに鶴を飼うこと。ともに、風雅な趣味をたとえている。

故事 中国宋《そう》の林逋《りんぽ》が、世を避けて西湖《せいこ》に隠れ住み、妻をめとらず梅を植え、子をもうけず鶴を飼い、舟を湖に浮かべるなど、孤高で清らかな生活をしていたという故事から。

出典 『古今図書集成《ここんとしょしゅうせい》』に引く『詩話総亀《しわそうき》』

類義語 妻梅子鶴《さいばいしかく》・子猷尋戴《しゆうじんたい》

【買妻恥醮】ばいさい ちしょう

意味 見切りをつけて夫を捨てた妻が、その

は

後の結婚を恥じること。
補説 「買妻」は中国漢の朱買臣の妻のこと。「醮」は結婚式で杯を受けて返さないという礼の意から、嫁ぐ意。『蒙求《もうぎゅう》』の表題の一つ。
故事 漢の朱買臣は、貧しい生活を苦にせず学問に励んでいたが、その妻はこれに耐えきれず、あと十年足らずで富貴となるという夫の言葉を信じられずに離婚した。その後、地方長官となった買臣は、故郷で工事人夫と再婚している前妻を見つけ、夫とともに宿舎に呼んで食事の世話をしたが、一か月後、前妻は恥じて自殺したという故事から。
出典 『漢書《かんじょ》』朱買臣伝《しゅばいしんでん》

【吠日之怪】 はいじつのあやしみ

意味 見識の狭い者が、すぐれた人の言動を理解せず、むやみに疑って非難すること。また、珍しいものを見て驚くこと。見識が狭くてどんなものでもやたらと珍しがること。
補説 「吠日」は犬が太陽を見て吠《ほ》えること。中国蜀《しょく》地方は周囲を高い山に囲まれているためいつも曇りがちで、太陽を見る機会が少ないので、たまに太陽が出ると、犬が怪しんで吠えるといわれていることによる。(→「蜀犬吠日《しょっけんはいじつ》」337)
注意 「はいじつのかい」とも読む。
出典 柳宗元《りゅうそうげん》「韋中立《いちゅうりつ》に答《こた》えて師道《しどう》を論《ろん》ずるの書《しょ》」
類義語 呉牛喘月《ごぎゅうぜんげつ》・蜀犬吠日《しょっけんはいじつ》

【倍日幷行】 ばいじつへいこう 〈―スル〉

意味 夜を日に継いで、目的地に急行すること。転じて、物事の完成を急ぐこと。
補説 「倍日」は二日分を一日にまとめること。「幷行」は進むべき道のりを二つ合わせる、一日に進むべき距離を倍にすること。「幷」は合わせるの意。「日《ひ》を倍《ばい》し行《こう》を幷《あわ》す」と訓読する。
出典 『史記《しき》』孫子伝《そんしでん》
類義語 昼夜兼行《ちゅうやけんこう》・昼夜兼道《ちゅうやけんどう》・倍道兼行《ばいどうけんこう》・連日連夜《れんじつれんや》

【杯酒解怨】 はいしゅかいえん

意味 酒を仲立ちとして、仲直りをすること。
補説 酒を酌み交わすことで互いに心を開き、昔の恨みや心の中のわだかまりを忘れていくこと。「杯酒」は杯に酌んだ酒。また、酒を飲むこと。酒盛り。「解怨」は心のしこりや恨みを解き放つこと。「怨」は恨み・憎しみの意。「杯酒《はいしゅ》に怨《うら》みを解《と》く」と訓読する。
出典 『新唐書《しんとうじょ》』張延賞伝《ちょうえんしょうでん》

【悖出悖入】 はいしゅつはいにゅう

意味 道理に反した言葉を言えば、道理に反した言葉で報いられるということ。
補説 道理に反した政令を下すと民の怨嗟《えんさ》の声として返ってくるということ。また、道理に外れたことをすれば、道理に外れた報いを受けることのたとえ。「悖」は道理にそむく、反する。「悖《もと》りて出《い》ずるは悖《もと》りて入《い》る」と訓読する。
出典 『大学《だいがく》』◎「言の悖りて出ずる者は亦《また》悖りて入る」

【倍称之息】 ばいしょうのそく

意味 非常な高利のたとえ。
補説 元金《がんきん》の倍の利息のこと。「称」は挙と同じく、あげる意。「倍称」は金を借りると、元金と同じ額の利息をつけて返すこと。
出典 『漢書《かんじょ》』食貨志《しょっかし》

【背信棄義】 はいしんきぎ

意味 信頼にそむき、道義を捨て去ること。
補説 「背信」は信頼を裏切ること。「棄義」は義を捨てる、人として行うべき道理を捨て去ること。「信《しん》に背《そむ》き義《ぎ》を棄《す》つ」と訓読する。
出典 『北史《ほくし》』周紀《しゅうき》・高祖武帝《こうそぶてい》
類義語 棄信忘義《きしんぼうぎ》

【廃寝忘食】 はいしんぼうしょく 〈―スル〉

意味 他のことを考えず、ひとつのことに一心に取り組むこと。
補説 寝食を忘れて熱中する意。「廃」はやめる意で、「廃寝」は寝ることをやめる。「忘食」は食事をとることを忘れる。「寝《しん》を廃《はい》し食《しょく》を忘《わす》る」と訓読する。
出典 『魏書《ぎしょ》』趙黒伝《ちょうこくでん》
類義語 廃寝忘餐《はいしんぼうさん》・不知寝食《ふちしんしょく》

【杯水車薪】 はいすいしゃしん

意味 努力や援助がごくわずかで、なんの役にも立たないこと。
補説 わずか杯一ぱいの水で、燃えている車一台分のたきぎを救おうとする意から。「杯

は

水」は杯一ぱいの水。「車薪」は車一台分のたきぎ。「猶《な》お一杯の水を以《もっ》て一車薪の火を救うがごとし」の略。
(出典)『孟子《もうし》』告子《こくし》上
(類義語)杯水輿薪《はいすいよしん》

【背水之陣】はいすいのじん

(意味)もう一歩も後にはひけない状況に身を置いて、必死に物事に取り組むこと。

(補説)川を背にしたところに陣を敷き、退却できないようにして必死に戦う意から。「背水」は川を背にすること。

(故事)中国漢の韓信《かんしん》が、趙《ちょう》との決戦にあたり、わざと川を背にした陣を敷いて退却できないようにし、自軍に決死の覚悟をさせて大勝利をおさめた故事から。

(出典)『史記《しき》』淮陰侯伝《わいいんこうでん》
(類義語)破釜沈船《はふちんせん》

【背井離郷】はいせいりきょう

(意味)故郷を離れて、他の土地に住むこと。

(補説)「井」は人々の集まる井戸のことで、まち・市井のこと。「郷」はさと・むらの意。「井《せい》に背《そむ》き郷《きょう》を離《はな》る」と訓読する。「離郷背井《りきょうはいせい》」ともいう。

(出典)馬致遠《ばちえん》「漢宮秋《かんきゅうしゅう》」三

【排斥擠陥】はいせきせいかん

(意味)人を押しのけ、おとしいれること。悪意をもって人を退け、罪におとしいれること。

(補説)「排斥」は拒みしりぞける、「擠陥」は悪意をもって人をおとしいれる意。

(注意)「はいせきさいかん」とも読む。

(用例)漢初以来の骨肉相喰《は》む内乱や功臣連の排斥擠陥の跡を例に引いてこう言われた時、李陵《りりょう》はほとんど返す言葉に窮した。〈中島敦◆李陵〉

【杯中蛇影】はいちゅうのだえい

(意味)なんでもないことでも、ひとたび疑い出せば心を疲労させてしまうことのたとえ。また、病気は必要以上に気にやむことから起こるというたとえ。

(補説)杯の中に映った蛇の影の意から。

(故事)中国漢の杜宣《とせん》が友人の家で酒を飲んだときに、自分の杯に映った弓の影を蛇だと思って不吉に感じたが、杯を断るわけにいかずに飲み干し、それを気にして病気になってしまった。その後、それが弓の影であったことを知ると、病気が治ったという故事から。

(出典)『風俗通義《ふうぞくつうぎ》』怪神《かいしん》
(類義語)疑心暗鬼《ぎしんあんき》・杯弓蛇影《はいきゅうだえい》

【買櫝還珠】ばいとくかんしゅ

(意味)ものの価値が分からず、本質を捨てて末節を大事にすること。また、取捨選択が適切でないこと。

(補説)箱だけ買って中身の珠玉は返却してしまう意から。「櫝」は箱のこと。「還」は返却する、「珠」は珠玉の意。「櫝《とく》を買《か》いて珠《たま》を還《かえ》す」と訓読する。

(故事)中国楚《そ》の人が、飾り箱に入れた珠玉を売っていた。鄭《てい》の人が、美しい箱だけ買って、珠玉は返してしまったという故事から。

(出典)『韓非子《かんぴし》』外儲説《がいちょせつ》左上
(類義語)得匣還珠《とくこうかんしゅ》

【悖徳没倫】はいとくぼつりん

(意味)道徳に外れ、人として守るべき道を失うこと。

(補説)「悖徳」は道徳にそむくこと。「没倫」は人としての道に外れる意。「倫」は人間相互の道徳的な関係のこと。「徳《とく》に悖《もと》り倫《みち》を没《ぼっ》す」と訓読する。

(注意)「背徳没倫」とも書く。

(類義語)不義不正《ふぎふせい》・不義不貞《ふぎふてい》

【悖入悖出】はいにゅうはいしゅつ

(意味)不当な手段で手に入れた財産は、不当な手段によって出ていってしまうこと。

(補説)道理に外れたことをすれば、道理に外れた報いを受けるたとえ。「悖」は道理にそむく意。「悖《もと》りて入《い》れば悖《もと》りて出《い》ず」と訓読する。

(出典)『大学《だいがく》』◎「貨の悖りて入る者は亦《また》悖りて出ず」

【廃藩置県】はいはんちけん

(意味)明治四（一八七一）年、明治新政府が藩を廃して、全国に府県を置いたこと。

(補説)これにより、「版籍奉還《はんせきほうかん》」（→540）以降、明治政府によって推進されてきた中央集権化が確立された。

(用例)是《これ》より先七月十四日の詔《みことのり》を以《もっ》て廃藩置県の制が布《し》かれたので、弘前《ひろさき》県が成立していたのである。〈森鷗外◆渋江抽斎〉

は

【杯盤狼藉】 はいばん ろうぜき 〈—タル〉〈—ト〉

(意味) 酒宴で、あたり一面に杯や皿が散らかっていること。また、宴会のあとの乱れたありさま。

(補説) 「杯盤」は、ここでは杯と皿のこと。「狼藉」は乱雑に散らかったさま。オオカミは、寝た痕跡《こんせき》を消すために、藉《し》いて寝た下草を踏み荒らして立ち去るとされたことから。

(出典) 『史記《しき》』 滑稽《こっけい》・淳于髡伝《じゅんうこんでん》

(用例) 電気灯が杯盤狼藉たる紫檀《したん》の食台の上に輝いているばかりで吉岡さんも江田さんも誰《だれ》の姿も見えない。〈永井荷風◆腕くらべ〉

類義語 落花狼藉《らっかろうぜき》

対義語 浅酌低唱《せんしゃくていしょう》

【廃仏毀釈】 はいぶつ きしゃく

(意味) 仏教排斥の運動のこと。

(補説) 仏法を廃し、釈迦《しゃか》の教えを放棄する意。「釈」は釈迦のこと。「毀」は壊す、悪口を言う意。仏教の排斥には、中国では南北朝時代から宋《そう》代の直前までに起こった四回の廃仏令「三武一宗の法難」がある。日本も何度かあるが、一般に「廃仏毀釈」という場合は、明治政府の神仏分離令に基づく寺社排斥運動を指す。「仏《ほとけ》を廃《はい》して釈《しゃく》を毀《そし》る」と訓読する。

(注意) 「排仏棄釈」とも書く。

(用例) これは、水戸の廃仏毀釈に一歩を進めたもので、言わば一種の宗教改革である。〈島崎藤村◆夜明け前〉

【肺腑之言】 はいふの げん

(意味) 心の奥底から発した、誠意のこもった言葉。

(補説) 「肺腑」は内臓全般のこと。また、心の奥底の意。「言」は言葉。

(出典) 鄭光祖《ていこうそ》「㑳梅香《すうばいこう》」二

【廃忘怪顛】 はいもう けでん

(意味) うろたえて、あわてふためくこと。

(補説) 「廃忘」はうろたえること。「怪顛」は驚くこと。

【敗柳残花】 はいりゅう ざんか

(意味) 美人が盛りを過ぎて、容貌《ようぼう》が衰えたことのたとえ。

(補説) 「敗柳」は枯れた柳。「敗」はものが腐ったり枯れたりすること。「残花」はすでに色香が落ちた花の咲き残り。中国では柳葉眉《りゅうようび》・柳腰《りゅうよう》・花顔《かがん》など、柳や花は美人の形容に用いられる。それが枯れて花がらが残ったということで、美人の容貌の衰えのたとえとなる。

(出典) 『西廂記《せいしょうき》』

対義語 羞花閉月《しゅうかへいげつ》・羞月閉花《しゅうげつへいか》・沈魚落雁《ちんぎょらくがん》

【梅林止渇】 ばいりん しかつ

(意味) 梅の林を思い出させて、口につばを生じさせ、喉《のど》の渇きをいやした故事。

(補説) 代用のものでも、一時しのぎになるたとえとして用いられることもある。「止渇」は喉の渇きをいやすこと。「梅林《ばいりん》渇《かつ》を止《とど》む」と訓読する。

(故事) 中国魏《ぎ》の曹操《そうそう》の一団が行軍中に道に迷い、兵士達が喉の渇きを訴え始めた。そこで曹操が、「前方に梅の林があり実がなっているから、それを食べて渇きをいやせ」と言ったところ、兵士達の口に唾液《だえき》が生じ、一時的に渇きをしのぐことができたという故事から。

(出典) 『世説新語《せせつしんご》』 仮譎《かきつ》

類義語 止渇之梅《しかつのうめ》・梅酸止渇《ばいさんしかつ》・望梅止渇《ぼうばいしかつ》

【覇王之輔】 はおうの ほ

(意味) 覇者・王者の補佐役。

(補説) 組織の最高実力者やそれを目指す人物を補佐する人のこと。「覇王」は覇者と王者。「輔」は車を支える添え木のこと。主体を支える意に用いる。

(出典) 『史記《しき》』 斉太公世家《せいたいこうせいか》

類義語 阿衡之佐《あこうのさ》・覇王之佐《はおうのさ》

【破戒無慙】 はかい むざん

(意味) 戒律を破っているのに、それを恥と思っていないこと。また、そのさま。

(補説) 仏教語。「破戒」は、僧侶《そうりょ》が守るべき不殺生《ふせっしょう》・不偸盗《ふちゅうとう》・不邪淫《ふじゃいん》・不妄語《ふもうご》・不飲酒《ふおんじゅ》の五つの戒めを破ること。「慙」は恥じること。

(注意) 「破戒無慚」とも書く。

(用例) あの薄暗い尼寺を若いもの同士にあけ渡して、御機嫌よう、か何かで、ふいとどこ

かへ遁《に》げた日になって見りゃ、破戒無慙というのだね。乱暴じゃあないか。〈泉鏡花◆清心庵〉

【馬鹿慇懃】ばかいんぎん 〈—ナ〉
(意味) 過度に丁寧なこと。また、そのさま。また、言葉や態度が丁寧すぎて、かえって無礼であるさま。
(補説) 「馬鹿」は接頭語的に用いて、度の過ぎたさまを表す。「慇懃」は非常に丁寧で、礼儀正しいこと。「馬鹿丁寧《ばかていねい》」ともいう。
(類義語) 慇懃無礼《いんぎんぶれい》

【馬鹿果報】ばかかほう
(意味) 愚かな者は人から憎まれたりしないので、かえって生涯を全《まっと》うできるということ。愚かでも純真な者には福が巡ってくること。また、偶然手に入れた大きな幸運をいう。
(補説) 「果報」は運に恵まれて幸せなこと。幸運。

【馬鹿丁寧】ばかていねい 〈—ナ〉
⇓ 馬鹿慇懃 ばかいんぎん 520

【破瓜之年】はかのとし
(意味) 女性の十六歳のこと。
(補説) 「瓜」の字を縦に割ると「八」が二つでき、足して十六となることから。また、「八」掛ける「八」で、男性の六十四歳のこともいう。現在では、「破瓜」に女性の処女喪失の意もある。
(出典) 孫綽《そんしゃく》「情人碧玉歌《じょうじんへきぎょくか》」二

【破顔一笑】はがんいっしょう 〈—スル〉
(意味) にっこり笑うこと。
(補説) 「破顔」は顔をほころばせること。ほほえむこと。「一笑」はちょっと笑うこと。
(用例) 彼は破顔一笑した。彼の顔はおどけたような、威厳のあるような、妙な顔である。どうも悪い奴《やっ》らしくはない。〈森鷗外◆ヰタ・セクスアリス〉

【波詭雲譎】はきうんけつ
(意味) 文章などが、変化の妙をきわめているたとえ。
(補説) 波や雲のように、自在に限りなく変化すること。「詭」「譎」はともに、あざむく、あやしい意で、人の目を奪い驚かすこと。もと建物の千姿万態な様子をいう語。「波《なみ》のごとく詭《あや》しく雲《くも》のごとく譎《あや》し」と訓読する。「波譎雲詭《はけつうんき》」ともいう。
(出典) 『文選《もんぜん》』揚雄《ようゆう》「甘泉賦《かんせんのふ》」

【馬牛襟裾】ばぎゅうきんきょ
(意味) 学識のない者、礼儀知らずな者をののしっていう語。
(補説) 馬や牛が人の衣服を着たようなものという意から。「襟裾」はえりとすそ。転じて、衣服を着ること。
(出典) 韓愈《かんゆ》—詩「符《ふ》、書《しょ》を城南《じょうなん》に読《よ》む」

【波及効果】はきゅうこうか
(意味) 波紋が広がるように、徐々に広い範囲にききめが広がっていくこと。
(補説) 「波及」はだんだんに影響が広がり伝わっていくこと。「効果」はききめ、よい結果の意。

【破鏡重円】はきょうじゅうえん
(意味) 離ればなれになったり、離婚したりした夫婦が、また一緒になることのたとえ。
(補説) 二つに割られた鏡が、再び元の丸い形に戻る意から。「破鏡」は鏡を半分に割る意。夫婦離別の際に、鏡を二つに割って、それぞれ半分ずつを持ったことから、夫婦離別のたとえ。「重」は重ねて、再びの意。
(注意) 「はきょうちょうえん」とも読む。
(故事) 中国南朝陳の徐徳言《じょとくげん》が戦乱の中、妻と別れるとき、再会のために鏡を半分に割ってそれぞれが所持していたところ、果たして無事に夫婦は再会できたという故事から。
(出典) 『太平広記《たいへいこうき》』一六六・楊素《ようそ》に引く『本事詩《ほんじし》』
(対義語) 破鏡不照《はきょうふしょう》・覆水難収《ふくすいなんしゅう》・覆水不返《ふくすいふへん》

【破鏡之嘆】はきょうのなげき
(意味) 夫婦離縁の嘆き。
(補説) 「破鏡」は鏡を半分に割る意。夫婦離別の際に、鏡を二つに割って、それぞれ半分ずつを持ったことから、夫婦離別のたとえ。
(注意) 「破鏡之歎」とも書く。
(故事) 昔、ある夫婦が別れて暮らすことになり、鏡を割ってそれぞれ一片ずつを持ったが、妻が別の男と通じると、妻の持つ一片の鏡がカササギとなって夫のもとに飛んでいき、密事が発覚して離縁したという故事から。

出典 『太平御覧《たいへいぎょらん》』七一七に引く『神異経《しんいけい》』

【破鏡不照】はきょうふしょう

意味 一度壊れたものは二度と元には戻らないこと。特に、一度仲違《なかたが》いしてしまった夫婦は、修復することができないということ。

補説 「覆水盆に返らず」と同意。夫婦離別の際に、鏡を二つに割って、それぞれ半分ずつを持ったことから、夫婦離別のたとえ。「破鏡」は鏡を半分に割る意。「不照」は割れた鏡があたりを照らすことはない意。なお、禅宗では、完全円満な悟りを開いたものは再び迷うことはないことのたとえとする。「破鏡重ねて照らさず」の略。

出典 『景徳伝灯録《けいとくでんとうろく》』一七・京兆《けいちょう》華厳休静禅師《けごんきゅうじょうぜんじ》

類義語 覆水難収《ふくすいなんしゅう》・覆水不返《ふくすいふへん》

対義語 破鏡重円《はきょうじゅうえん》

【灞橋驢上】はきょうろじょう

意味 詩を作るのによい環境。詩情を催すには、それにふさわしい環境が必要であること。

補説 「灞橋」は長安の東、灞水に架かる橋のこと。「驢上」は驢馬《ろば》の上の意。「詩思《しし》は灞橋風雪の中、驢子《ろし》の上に在《あ》り」の略。

故事 中国唐の鄭綮《ていけい》が、最近よい詩はできたかと尋ねられ、「詩情は灞橋風雪の中、驢馬の背にあるときにこそわくものであって、今のように俗事にかかわっていては、全く詩を作りたくなる気も起こらない」と答えたという故事から。

出典 『北夢瑣言《ほくむさげん》』七

類義語 灞橋風雪《はきょうふうせつ》

【伯夷叔斉】はくいしゅくせい

意味 清廉高潔な人のたとえ。

補説 伯夷と叔斉という古代中国の清廉で高潔な兄弟のことから。二人は清廉の士の代表とされる。

故事 伯夷と叔斉は、中国古代、殷《いん》の孤竹君《こちくくん》の子で、父は弟の叔斉に跡を継がせようとしたが、二人はともに譲り合って国を出奔した。兄弟はのちに周の文王に身を寄せたが、跡を継いだ武王が殷の紂王《ちゅうおう》を討とうとしたので、君臣の義を重んじて臣が君を討つことの非を諫《いさ》めたが聞き入れられず、周の統一後は周の禄《ろく》を食《は》むのを恥として、首陽山に隠れて野草をとりながら露命をつなぎ、ついに餓死したという故事から。

出典 『史記《しき》』伯夷伝《はくいでん》

類義語 伯夷之清《はくいのせい》・伯夷之廉《はくいのれん》

【白衣蒼狗】はくいそうく

意味 世の中の変化が早いたとえ。

補説 白衣のように見えた空の雲がたちまち青い犬の形のように変化する意から。「蒼狗」は青い犬。「蒼狗白衣《そうくはくい》」ともいう。

出典 杜甫《とほ》―詩「歎《たん》ず可《べ》し」

【白衣宰相】はくいのさいしょう

意味 無位無官の人。また、その職にないのに宰相のような権勢のある人のたとえ。また、無位無官でありながら、宰相の待遇を受ける者のこと。

補説 「白衣」は無位無官の人をいう。「宰相」は天子を補佐して政治を行う者。

出典 『新唐書《しんとうじょ》』令狐滈伝《れいここうでん》

【白衣三公】はくいのさんこう

意味 庶民から出世して、高い位につくこと。

補説 無位無官から身を起こして、三公という高位に出世する意から。「白衣」は無位無官の人。「三公」は最も高い三つの位で、中国前漢では丞相《じょうしょう》・大司馬・御史大夫《ぎょしたいふ》。「白衣より天子の三公と為《な》る」の略。

故事 中国漢代の公孫弘《こうそんこう》が、無位無官から身を起こして三公にのぼり、平津侯《へいしんこう》に封《ほう》ぜられた故事から。

出典 『史記《しき》』儒林伝《じゅりんでん》・贊

【伯夷之清】はくいのせい

意味 清廉高潔な人のたとえ。

補説 「伯夷」は中国古代、殷《いん》の人。君臣の義を重んじ、王朝交代に際して節義を守り、新王朝に仕えなかったことから、清廉の至りとされている。

故事 →「伯夷叔斉《はくいしゅくせい》」521

出典 『孟子《もうし》』万章《ばんしょう》下 ◎「伯夷《はくい》は聖の清なる者なり」

類義語 伯夷叔斉《はくいしゅくせい》・不事二君《ふじにくん》

【博引旁証】はくいんぼうしょう 〈―スル〉

意味 事物を説明するのに、多くの例を引き、

は

証拠をあげて論ずること。
補説 「博引」は広く例を引用すること。「旁」は広く行き渡る意。「証」は証拠の意。
用例 全く自ら筆を操る事が出来なくなってからの口授作《くじゅさく》にも少しも意気消沈した痕が見えないで相変らずの博引旁証をして気焔《きえん》を揚げておる。〈内田魯庵◆八犬伝談余〉
類義語 考証該博《こうしょうがいはく》・博引旁捜《はくいんぼうそう》
対義語 単文孤証《たんぶんこしょう》

【白雲孤飛】 はくうんこひ
意味 旅の途中で、親を思い起こすことのたとえ。
補説 青い空に白い雲が一片ぽつんと浮かんでいるのを見て、その下に住んでいる親を思って悲しむことから。
出典 『大唐新語《だいとうしんご》』挙賢《きょけん》
類義語 白雲親舎《はくうんしんしゃ》・望雲之情《ぼううんのじょう》

【白屋之士】 はくおくのし
意味 庶民。また、官に仕えず、貧困な中にある読書人のこと。
補説 「白屋」は白い茅葺《かやぶ》き屋根の家。転じて、貧しい者の家、庶民の家。
出典 『説苑《ぜいえん》』尊賢《そんけん》

【博学才穎】 はくがくさいえい
意味 学識が豊かで、才知に長けていること。
補説 「博学」は学識が豊かなこと。「才穎」は才知が抜きん出ていること。「穎」は聡明の意。
用例 隴西《ろうせい》の李徴《りちょう》は博学才穎、天宝の末年、若くして名を虎榜《こぼう》に連ね、ついで江南尉《こうなんい》に補せられたが、性、狷介《けんかい》、自ら恃《たの》む所頗《すこぶ》る厚く、賤吏《せんり》に甘んずるを潔しとしなかった。〈中島敦◆山月記〉
類義語 博学卓識《はくがくたくしき》・博学多才《はくがくたさい》・博学多識《はくがくたしき》・博識多才《はくしきたさい》
対義語 浅学菲才《せんがくひさい》

【博学審問】 はくがくしんもん
意味 広く学んで知識を広め、細かに詳しく疑問を起こし問うこと。
補説 儒教、特に朱子学でいう学問の道程で、「学ぶ、問う、思う、弁ずる、行う」のうち、「学ぶ、問う」に当たる。「博」は広い意。「審問」は詳しく調べて尋ねる意。
出典 『中庸《ちゅうよう》』二〇 ◎「博《ひろ》く之《これ》を学び、審《つまび》らかに之を問い、慎《つつし》みて之を思い、明らかに之を弁じ、篤《あつ》く之を行う」

【博学卓識】 はくがくたくしき
意味 学識が豊かで、すぐれた見識があること。
補説 「博学」は学識が豊かなこと。「卓識」はすぐれた考え、見識。
類義語 博学才穎《はくがくさいえい》・博学多才《はくがくたさい》・博学多識《はくがくたしき》・博識多才《はくしきたさい》

【博学多才】 はくがくたさい 〈—ナ〉
意味 学識が豊かで、多くの分野の才能に恵まれていること。
補説 「博学」は学識が豊かなこと。「多才」はいろいろな才能に恵まれていること。「博識多才《はくしきたさい》」ともいう。
用例 彼の博学多才には伝二郎もほとほと敬意を表していた。何一つとして識《し》らないことはないように見受けられた。〈林不忘◆釘抜藤吉捕物覚書〉
類義語 博学才穎《はくがくさいえい》・博学卓識《はくがくたくしき》・博学多識《はくがくたしき》
対義語 区聞陬見《くぶんすうけん》・浅学菲才《せんがくひさい》

【博学多識】 はくがくたしき
意味 学識が広く豊かなこと。物知り。
補説 「博学」も「多識」も、学識が豊かなこと。「博覧多識《はくらんたしき》」ともいう。
用例 更に疑う所なくしてこれを知り博学多識となるものは、かくのごとき仕事は仕遂げられないのである。〈寺田寅彦◆知と疑い〉
類義語 博学才穎《はくがくさいえい》・博学卓識《はくがくたくしき》・博学多才《はくがくたさい》・博識多才《はくしきたさい》
対義語 区聞陬見《くぶんすうけん》・無学無識《むがくむしき》

【博学篤志】 はくがくとくし
意味 広く学んで、熱心に志すこと。
補説 学問する者の心構えについて述べた言葉。「博学」は広く学ぶこと。「篤志」は熱心に志すこと。「博《ひろ》く学《まな》び篤《あつ》く志《こころざ》す」と訓読する。
出典 『論語《ろんご》』子張《しちょう》

【伯牙絶弦】 はくがぜつげん
意味 自分を本当に理解してくれる親友を失った悲しみのたとえ。
補説 「伯牙」は人の名。琴《きん》の名手。「絶弦」

は琴の弦を断ち切ること。『蒙求《もうぎゅう》』の表題の一つ。「絶弦」のみでも同意。

注意 「伯牙絶絃」とも書く。

故事 中国春秋時代、琴の名手の伯牙は、自分の琴の音色をよく理解してくれた友人の鍾子期《しょうしき》が死んだとき、自分の音を分かってくれる人はいなくなったと嘆いて、琴を打ち破り、弦を断ち切って、二度と琴を弾かなかったという故事から。（→「高山流水《こうざんりゅうすい》」214）

出典 『呂氏春秋《りょししゅんじゅう》』本味《ほんみ》 ◎「鍾子期死す。伯牙琴を破り絃《げん》を絶ち、終身復《ま》た琴を鼓せず」

類義語 伯牙破琴《はくがはきん》

【白眼青眼】 はくがんせいがん

⇒ 阮籍青眼 げんせきせいがん 202

【莫逆之契】 ばくぎゃくのちぎり

⇒ 莫逆之交 ばくぎゃくのまじわり 523

【莫逆之友】 ばくぎゃくのとも

意味 互いに気心が通じ合う親友。争うことのないかたい絆《きずな》で結ばれた友。

補説 「莫逆」は逆らうことがない意。「莫」は否定の助字。

注意 「ばくげきのとも」とも読む。

出典 『荘子《そうじ》』大宗師《だいそうし》 ◎「心に逆《さか》らう莫《な》く、遂《つい》に相《あい》与《とも》に友と為《な》る」

類義語 管鮑之交《かんぽうのまじわり》・金石之交《きんせきのまじわり》・金蘭之契《きんらんのちぎり》・膠漆之交《こうしつのまじわり》・水魚之交《すいぎょのまじわり》・耐久之朋《たいきゅうのとも》・断金之交《だんきんのまじわり》・莫逆之契《ばくぎゃくのちぎり》・莫逆之交《ばくぎゃくのまじわり》・刎頸之交《ふんけいのまじわり》・雷陳膠漆《らいちんこうしつ》

【莫逆之交】 ばくぎゃくのまじわり

意味 互いに争うことのない親しい間柄や付き合いのこと。

補説 気持ちがぴったりと合った非常に親しい付き合いをいう。「莫逆」は逆らうことがない意。「莫」は否定の助字。「莫逆之契《ばくぎゃくのちぎり》」ともいう。

注意 「莫逆」は「ばくげき」、「交」は「こう」とも読む。

出典 『北史《ほくし》』司馬膺之伝《しばようしでん》

類義語 莫逆之友《ばくぎゃくのとも》

【璞玉渾金】 はくぎょくこんきん

意味 人の性質・素質がすぐれていて、飾り気のないことのたとえ。また、すぐれたものになる性質を備えているたとえ。

補説 まだ磨かれていない宝玉と精錬されていない鉱石の意から、天然の美質をいう。「璞」はあらたまで、磨き加工していない玉。「渾金」はあらがねで、精錬されていない鉱石。「渾金璞玉《こんきんはくぎょく》」ともいう。

出典 『世説新語《せせつしんご》』賞誉《しょうよ》

類義語 天然美質《てんねんのびしつ》

【麦曲之英】 ばくきょくのえい

意味 酒のこと。

補説 「麦」の字と「曲」の字を組み合わせると、「麯《きく》」（麹《こうじ》の意）の字となることから。麹は醸して酒を造るもの。「英」はすぐれたもの、すぐれた部分の意。

類義語 儀狄之酒《ぎてきのさけ》・清聖濁賢《せいせいだくけん》・天之美禄《てんのびろく》・麦麹之英《ばくきくのえい》・百薬之長《ひゃくやくのちょう》・忘憂之物《ぼうゆうのもの》

【白玉微瑕】 はくぎょくのびか

⇒ 白璧微瑕 はくへきのびか 527

【白玉楼成】 はくぎょくろうせい

⇒ 白玉楼中 はくぎょくろうちゅう 523

【白玉楼中】 はくぎょくろうちゅう

意味 文人の死のこと。

補説 「白玉楼」は白玉造りの天上の楼閣のこと。文人が死後行くところといわれる。「白玉楼成《はくぎょくろうせい》」ともいう。

注意 語構成は「白玉楼」＋「中」。

故事 中国中唐の詩人李賀《りが》が、夢の中で天帝の使いに「天帝が白玉楼を完成させ、あなたを招いてその記《き》を書かせることになった」と告げられ、まもなく死んだという故事から。

出典 李商隠《りしょういん》「李長吉小伝《りちょうきつしょうでん》」

用例 生《い》きているうちから伝説化されて、いまは白玉楼中に、清浄におさまられた死者を、今更批判するなど、そんな非議はしたくない。〈長谷川時雨◆九条武子〉

【博古通今】 はくこつうこん

意味 古今の事情に広く精通していること。また、学識が深いこと。

補説 「博古」は昔のことに広く通じていること。「通今」は今のことに精通していること。

は

「古《いにしえ》に博《ひろ》く今《いま》に通《つう》ず」と訓読する。「通今博古《つうこんはくこ》」ともいう。

出典 『晋書《しんじょ》』石崇伝《せきすうでん》

類義語 博古知今《はくこちこん》

【白砂青松】はくさせいしょう

⇒ 白砂青松 はくしゃせいしょう 524

【白紙委任】はくしいにん 〈—スル〉

意味 条件を付けずに、すべてを任せること。

補説 「白紙」は何も書かれていない紙のこと。転じて、自分の見解をもたないこと。「委任」は他人に任せること。

【博識洽聞】はくしきこうぶん 〈—ナ〉

意味 見聞が広く、知識が豊富であるさま。

補説 「博識」は広く物事を知っているさま。「洽聞」は広い見聞。「洽」はあまねくの意。

注意 「博識広聞」とも書く。

類義語 博物洽聞《はくぶつこうぶん》・博聞強記《はくぶんきょうき》・博覧強記《はくらんきょうき》

【博識多才】はくしきたさい 〈—ナ〉

⇒ 博学多才 はくがくたさい 522

【博施済衆】はくしさいしゅう

意味 広く人民に恩恵を与え、民衆を苦しみから救済すること。

補説 為政者の心得。「博施」は広く人民に恩恵を施すこと。「済」は救う、助ける意。「衆」は人々。多くの人。「博《ひろ》く施《ほどこ》して衆《しゅう》を済《すく》う」と訓読する。

出典 『論語《ろんご》』雍也《ようや》

【薄志弱行】はくしじゃっこう

意味 意志が弱く、決断力に欠けること。

補説 「薄志」は意志が薄弱である意。「弱行」は決断力や実行力の乏しいこと。

用例 手紙の内容は簡単でした。そうしてむしろ抽象的でした。自分は薄志弱行で到底行先《ゆくさき》の望みがないから、自殺するというだけなのです。〈夏目漱石◆こころ〉

類義語 意志薄弱《いしはくじゃく》・游移不定《ゆういふてい》・優柔不断《ゆうじゅうふだん》

対義語 意志堅固《いしけんご》・確乎不動《かっこふどう》・確乎不抜《かっこふばつ》・進取果敢《しんしゅかかん》

【白日昇天】はくじつしょうてん

意味 仙人になること。急に富貴になること。身分の低い者が大いに出世すること。

補説 昼間に天に昇る意から。「白日」は昼間。また、輝く太陽。

出典 『神仙伝《しんせんでん》』陰長生《いんちょうせい》／『唐摭言《とうせきげん》』好放孤寒《こうほうこかん》

【白日青天】はくじつせいてん

⇒ 青天白日 せいてんはくじつ 373

【白紙撤回】はくしてっかい 〈—スル〉

意味 出していた要求・計画などを、何もなかったもとの状態に戻して取り下げること。

補説 「白紙」は白い紙のように何もしていない状態のこと。「撤回」は一度出したものを取り下げること。

【白砂青松】はくしゃせいしょう

意味 海岸の美しい景観の形容。

補説 白い砂浜と青々とした松林の続く海岸線の意から。

注意 「白沙青松」とも書く。「はくさせいしょう」とも読む。

用例 そこは大阪と神戸とのあいだにある美しい海岸の別荘地で、白砂青松と言った明るい新開の別荘地であった。〈徳田秋声◆蒼白い月〉

【白首一節】はくしゅいっせつ

意味 老人になっても節義の衰えないこと。また、堅く節義を守り通すこと。

補説 「白首」は白髪頭。転じて、老人のこと。「首」はここではくびから上、頭の意。「一節」は一貫した節操の意。「白首《はくしゅ》まで一節《いっせつ》なり」と訓読する。

出典 『後漢書《ごかんじょ》』呉良伝《ごりょうでん》

類義語 黄花晩節《こうかばんせつ》

【麦秀黍離】ばくしゅうしょり

⇒ 麦秀之歌 ばくしゅうのうた 524

【麦秀之歌】ばくしゅうのうた

意味 亡国の嘆き。中国殷《いん》の王族の箕子《きし》が、殷王朝の滅亡ののち殷の故都を過ぎたとき、その廃墟《はいきょ》に麦が伸びているのを見て、悲しんで作った歌。

補説 「麦秀」は麦の穂がすらりと伸びること。「秀」は伸び出る、成長する意。「麦秀黍離《ばくしゅうしょり》」「麦秀之嘆《ばくしゅうのたん》」ともいう。
出典 『史記《しき》』宋微子世家《そうびしせいか》
類義語 黍離之歎《しょりのたん》

【柏舟之操】 はくしゅうのそう

意味 夫を失った妻が、操《みさお》を立てて再婚しないこと。
補説 「柏舟」は、『詩経《しきょう》』の篇名《へんめい》。
注意 「はくしゅうのみさお」とも読む。
故事 中国春秋戦国時代、衛の太子共伯の妻共姜《きょうきょう》が、夫に先立たれたのを見かねた両親からの再婚話を断り、「柏舟」の詩を作って、操を立てることを誓ったという故事から。
出典 『詩経《しきょう》』鄘風《ようふう》・柏舟《はくしゅう》
類義語 柏舟之節《はくしゅうのせつ》・柏舟之誓《はくしゅうのちかい》

【麦秀之嘆】 ばくしゅうのたん

⇒ 麦秀之歌 ばくしゅうのうた 524

【拍手喝采】 はくしゅかっさい 〈―スル〉

意味 手をたたき、大声でほめたたえること。
補説 「喝采」は、どっとほめはやすこと。
用法 拍手喝采を浴びる
用例 大衆は低級なものだ。他愛ないものだ。拍手喝采するであろう。〈林不忘◆仇討たれ戯作〉

【白手起家】 はくしゅきか

意味 基礎のない状態から、一代で事業を盛んにすること。
補説 「白手」は素手のこと。「起家」は家を繁栄させること。「白手《はくしゅ》もて家《いえ》を起《お》こす」と訓読する。
類義語 赤手起家《せきしゅきか》

【白首窮経】 はくしゅきゅうけい

意味 年を取るまで学問に励むこと。
補説 白髪頭になるまで経書《けいしょ》(基本的古典)を研究する意から。「白首」は白髪頭。転じて、老人。「窮経」は儒教の経書を究めること。
出典 蘇軾《そしょく》「西掖告詞《せいえきこくし》、范鎮《はんちん》侍読太一宮詞《じどくたいいつきゅうし》を可《か》とす」

【白首北面】 はくしゅほくめん 〈―スル〉

意味 年老いても、なお向学心の衰えないこと。また、老人になっても、なお先生について教えを請うこと。
補説 老いてなお北面して若い師に対面することから、学問するうえで年齢は問題にならないことをいう。「白首」は白髪頭。転じて、老人。「首」は頭の意。「北面」は北を向いて座ること。中国では位の高い者は南を向いて座り、低い者は北を向いて座ったことから、先生の指導を仰ぐことをいう。
出典 『文中子《ぶんちゅうし》』立命《りつめい》

【薄唇軽言】 はくしんけいげん

意味 おしゃべりで口が軽いこと。
補説 多弁な人を皮肉っていう言葉。
出典 『黄帝内経《こうていだいけい》』逆順肥痩《ぎゃくじゅんひそう》

【白水真人】 はくすいしんじん

意味 中国の貨幣、銭の異称。
補説 後漢王朝が興る予言となった語。
故事 中国の前漢を倒して新を建国した王莽《おうもう》は、銭の表面の文字に「金刀」とあったのを二字合わせると、漢王朝の姓である劉《りゅう》の字の一部になり、劉氏が再び勢力を巻き返す兆しであるとして「貨泉」と改めた。しかし、この貨泉の文字も分解すると泉は白水、貨は眞(真)人となり、後漢の初代皇帝、光武帝が白水郷(湖北省)から興る兆しとなったという故事から。
出典 『後漢書《ごかんじょ》』光武紀《こうぶき》・論

【麦穂両岐】 ばくすいりょうき

意味 豊作のしるし。また、善政が敷かれていることのたとえ。
補説 麦の穂が二またになって実る意から。「両岐」は二またに分かれること。
注意 「ばくすいりょうぎ」とも読む。
出典 『後漢書《ごかんじょ》』張堪伝《ちょうたんでん》
類義語 両岐麦秀《りょうきばくしゅう》

【百代過客】 はくたいのかかく

⇒ 百代過客 ひゃくだいのかかく 554

【伯仲叔季】 はくちゅうしゅくき

意味 兄弟の順序の呼び名。年長の順に伯、仲、叔と呼び、末弟を季という。
補説 「孟仲叔季《もうちゅうしゅくき》」ともいう。一説に、「伯」は嫡子、「孟」は庶子という。
出典 『論語《ろんご》』微子《びし》

【伯仲之間】 はくちゅうのかん

⇒ 勢力伯仲 せいりょくはくちゅう 375

【幕天席地】ばくてんせきち

意味 志気が非常に盛んなこと。また、気持ちの大きいたとえ。
補説 天を屋根の代わりの幕とし、大地を座席のむしろにする意から。野宿の形容としても用いられる。「席」はむしろ。「天《てん》を幕《まく》とし地《ち》を席《せき》とす」と訓読する。
出典 劉伶《りゅうれい》「酒徳頌《しゅとくしょう》」
用例 墨西哥《メキシコ》経綸を抛棄《ほうき》し、暫《しばら》く幕天席地の志をつつんでお吉が希望のままに銀行会社の配当に喜憂し〈内田魯庵◆くれの廿八日〉

【白兎赤烏】はくとせきう

意味 月日・時間のこと。
補説「白兎」は月にウサギがいるという伝説から、月の別称。「赤烏」は太陽に三本足のカラスがいるという伝説から、日の別称。月と日の意から時間を表す。
出典 白居易《はくきょい》―詩「酒《さけ》を勧《すす》む」

【白荼赤火】はくとせきか

意味 戦場一面に展開する軍勢の盛んなありさま。
補説 一面に広がる白い花をつけたチガヤと赤い火の意。「荼」はチガヤの類。
故事 中国の春秋時代、呉王の夫差《ふさ》が晋《しん》を攻撃する際、一万人の方陣を作り、一方に白一色の兵を、他方には赤一色の兵を配置した。遠望すると、それが一面のチガヤの白い花と、燃え広がる赤い火の原のようだったという故事から。
出典『国語《こくご》』呉語《ごご》 ◎「万人以《もっ》て方陣を為《つく》り、皆白裳《はくしょう》、白旂《はくき》、素甲（白の甲冑《かっちゅう》）、……之《これ》を望めば荼の如《ごと》し。……左軍も亦《また》之の如くにして、皆赤裳、赤旟《せきよ》、丹甲（赤の甲冑）、……之を望めば火の如し」

【漠漠濛濛】ばくばくもうもう 〈―タル〉〈―ト〉

意味 ぼんやりしていて、はっきりしないさま。薄暗くぼんやりしたさま。
補説「漠漠」は薄暗いさま、はるかなさま。「濛濛」は雨・もやなどで薄暗いさま。「漠」「濛」を繰り返して意味を強調している。

【白髪青衫】はくはつせいさん

意味 晩年になってようやく官職を得ること。年老いて功名のない人のたとえ。また、無位の者という説もある。

補説「青衫」は青色のひとえの短服。中国唐・宋《そう》代のとき、文官の下級な者がこれを着用したという。「白髪青袗《はくはつせいしん》」ともいう。

出典『侯鯖録《こうせいろく》』七

【白髪青袗】はくはつせいしん

⇒ 白髪青衫 はくはつせいさん 526

【白波之賊】はくはのぞく

意味 盗賊のこと。
補説 日本で盗賊の意味を表す「しらなみ」は、「白波」を訓読みしてできた言葉。
故事 中国の後漢末期、黄巾賊《こうきんぞく》の残党が白波谷《はくはこく》にこもって略奪をはたらいたため、当時の人が「白波賊《はくはぞく》」と呼んだ故事から。前漢末の「緑林賊《りょくりんぞく》」とともに「緑林白波《りょくりんはくは》」と併称される。（↓「緑林白波《りょくりんはくは》」668）
出典『後漢書《ごかんじょ》』霊帝紀《れいていき》
類義語 白波之士《はくはのし》・梁上君子《りょうじょうのくんし》・緑林白波《りょくりんはくは》

【白馬非馬】はくばひば

意味 こじつけや詭弁《きべん》のたとえ。
補説 中国戦国時代末に公孫竜が唱えた説で、「白馬」という語は、色を表す「白」と、形を表す「馬」という二つの概念から成り立っており、単に「馬」という概念とは同じでなく、よって白馬は馬ではないというもの。「白馬《はくば》は馬《うま》に非《あら》ず」と訓読する。（↓「堅白同異《けんぱくどうい》」203）
出典『公孫竜子《こうそんりゅうし》』白馬論《はくばろん》
用例 即《すなわ》ち彼等《かれら》は、論理学でいうMの重犯を犯しているのだ。故にその結論は、自由詩が自由詩たる為《ため》に定律詩でなければならないという如《ごと》き、白馬非馬的の曲弁に導かれる。〈萩原朔太郎◆詩の原理〉
類義語 堅白同異《けんぱくどうい》・有厚無厚《ゆうこうむこう》

【白板天子】はくはんのてんし

意味 中国晋《しん》王朝が北方民族の勢いに押されて南遷し、天子がその象徴である国璽《こくじ》を持たずに即位して東晋を建てたことから、北方民族が東晋の天子を呼んだ称。
補説「白板」は何も書いていない板。六朝《りくちょう》時代には官位を授けるとき、白板に命令

は

を記して任命したことから、正当な手続きを経ずに即位した天子の意。
出典 『南斉書《なんせいじょ》』輿服志《よふくし》

【白眉最良】 はくびさいりょう

意味 兄弟の中で、いちばんすぐれた者。転じて、大勢の中で、最も抜きん出た者のこと。
補説 「白眉」は白い眉《まゆ》の意。「白眉《はくび》最《もっと》も良《よ》し」と訓読する。「馬良白眉《ばりょうはくび》」ともいう。また、単に「白眉」ともいう。
故事 中国三国時代、蜀《しょく》の馬良《ばりょう》は、優秀な兄弟五人の中でも最もすぐれていた。その良の眉には幼いころから白い毛があったので、人々が「白眉最も良し」と言ったという故事から。（→「馬氏五常《ばしのごじょう》」529）
出典 『蜀志《しょくし》』馬良伝《ばりょうでん》

【博物窮理】 はくぶつきゅうり

意味 物事に広く通じて、道理をきわめること。また、自然科学のこと。
補説 「博物」は広く物事に通じる、万般の事情に通じる意。また、博物学（動物学・植物学・鉱物学・生理学など）のこと。「窮理」は事物の道理をきわめる意。また、物理学の意。「窮」はきわめる意。
注意 「博物究理」とも書く。
用例 そして窃《ひそ》かに漢訳の博物窮理の書を閲《けみ》し、ますます洋学の廃すべからざることを知った。〈森鷗外◆渋江抽斎〉

【薄物細故】 はくぶつさいこ

意味 ささいな、取るに足りない物事。無価値なもの、役に立たないもののたとえ。
補説 「薄物」「細故」はともに、取るに足りないささいな物事の意。「故」は事《こと》の意。
出典 『史記《しき》』匈奴伝《きょうどでん》

【博聞強記】 はくぶんきょうき

意味 広く物事を聞き知って、よく覚えていること。
補説 「博聞」は広く物知りであること。「強記」は記憶力の強いこと。「博聞彊識《はくぶんきょうし》・《はくぶんきょうしき》」ともいう。
注意 「博聞彊記」とも書く。
出典 『韓詩外伝《かんしがいでん》』三
用例 「一体御主人の博聞強記は好《い》いが、科学を遣《や》っている癖に仏法の本なんかを読むのは分からないて。仏法の本は坊様が読めば好いではないか。」〈森鷗外◆独身〉
類義語 博識洽聞《はくしきこうぶん》・博聞強志《はくぶんきょうし》・博覧強記《はくらんきょうき》

【博聞彊識】 はくぶんきょうし

⇒ 博聞強記 はくぶんきょうき 527

【博文約礼】 はくぶんやくれい

意味 広く書物を読んで見識を高め、礼を基準にしてそれをまとめ、実践すること。
補説 孔子が唱えた学問の指針。「博文」は広く学問を修めること。「文」は書物・学問。「約」は締めくくる、まとめること。「礼」は社会的な行動規範や道徳規範であり、儒教では最も重視された。
出典 『論語《ろんご》』雍也《ようや》 ◎「君子は博《ひろ》く文を学びて之《これ》を約するに礼を以《もっ》てせば、亦《ま》た以て畔《そむ》かざるべきか」

【白璧断獄】 はくへきだんごく

意味 罪の疑わしきは罰せず、賞の疑わしきは賞を与える裁決。
補説 「白璧」は白く美しい宝玉。「断獄」は罪人をさばくこと。裁判。
故事 昔、中国の梁《りょう》で疑獄があり、なかなか判決が出しにくい事件だった。王が朱叟《しゅそう》に問うたところ、「まったく同じように見える二つの白璧が大きく値を異にしている。それは、見る方向を変えると、一方はもう一方の厚さの倍に見えるからである」と言った。これを聞いて王はよしとして、罪の疑わしきは罰せず、賞の疑わしきには賞を与えたという故事から。
出典 『瑯琊代酔編《ろうやだいすいへん》』

【白璧微瑕】 はくへきのびか

意味 立派な人や物に、わずかな欠点があることのたとえ。また、それがあって惜しまれること。
補説 白い珠玉のわずかな瑕《きず》の意から。「白璧」は白く美しい宝玉。「微瑕」はわずかな瑕。現在では一般に「白璧の微瑕にすぎない」と、すぐれたものを評論するとき、わずかな欠点もあるが全体の立派さを損なうものではないと、好意的に用いられることが多い。「白玉微瑕《はくぎょくのびか》」ともいう。
出典 蕭統《しょうとう》「陶淵明集序《とうえんめいしゅうじょ》」
類義語 狐裘羔袖《こきゅうこうしゅう》

は

【薄暮冥冥】 はくぼめいめい 〈―タル〉〈―ト〉

意味 夕暮れどきのうす暗いさま。

補説 「薄暮」は迫る、近づく意。「薄暮」は夕暮れ、たそがれどき。「暮」は日暮れ。夕方。「冥冥」は暗いさま。暗くて見分けにくいさま。

出典 范仲淹《はんちゅうえん》「岳陽楼記《がくようろうのき》」

【白面書郎】 はくめんしょろう

⇒ 白面書生 はくめんのしょせい 528

【白面書生】 はくめんのしょせい

意味 年が若く、経験や見識の乏しい者のたとえ。また、広く読書人を指す。

補説 色の白い、学に志す若者の意から。「白面」は顔が白いことで、年若く経験の乏しい者のたとえ。「書生」は学問をする人。「白面書郎《はくめんしょろう》」ともいう。

出典 『宋書《そうじょ》』沈慶之伝《しんけいしでん》

類義語 白面儒生《はくめんじゅせい》・白面郎君《はくめんろうくん》

【伯兪泣杖】 はくゆきゅうじょう

意味 親が年老いたことに気づき、嘆き悲しむこと。

補説 「伯兪」は中国漢代の人、韓伯兪《かんはくゆ》。「杖」はむち。「伯兪《はくゆ》杖《つえ》に泣《な》く」と訓読する。

故事 漢の韓伯兪は、親孝行で知られていた。あるとき過ちを犯して母にむち打たれたが、少しも痛くなく、それが老母の力の衰えのせいだと気づいて泣いたという故事から。

出典 『説苑《ぜいえん》』建本《けんぽん》

【伯楽一顧】 はくらくのいっこ

意味 賢者が名君や名相にその才知を認められ、重用されるたとえ。世にうもれていた人が、能力を認めてくれる実力者に出会って力を発揮することのたとえ。

補説 もとは伯楽がひとたび顧みる意で、名馬が伯楽に会って、その真価を認められること。「伯楽」は中国春秋時代の人で、よく名馬を見分けたことで知られる。

故事 ある人が駿馬《しゅんめ》を朝市に出したが、三日間も買い手がつかなかった。そこで伯楽に頼んで、馬の市でその馬を見て立ち去るとき、ひとたび振り返ってもらったところ、馬はたちまち十倍の値段で売れたという故事から。

出典 『戦国策《せんごくさく》』燕策《えんさく》

【博覧強記】 はくらんきょうき

意味 広く物事を見知って、よく覚えていること。

補説 「博覧」は広く書物を読んで、多くの物事を知っていること。「強記」は記憶力のすぐれていること。

注意 「博覧彊記」とも書く。

用例 さすが、博覧強記をもって自負している先生にも、この名ばかりはなんのことだかわからない。〈芥川龍之介◆手巾〉

類義語 博識洽聞《はくしきこうぶん》・博識多才《はくしきたさい》・博聞強記《はくぶんきょうき》・博聞強志《はくぶんきょうし》・博聞彊識《はくぶんきょうし》

【博覧多識】 はくらんたしき

⇒ 博学多識 はくがくたしき 522

【薄利多売】 はくりたばい

意味 一つの商品の利益を少なくして大量に売り、全体として利益が上がるようにすること。また、その商法。

補説 「薄利」は利益が少ないこと。「多売」は大量に売ること。

用例 しかしやはり数多くやり、いわば薄利多売的傾向をもっているので案外の金になるそうである。〈北條民雄◆癩院記録〉

【白竜魚服】 はくりょうぎょふく

意味 高貴な人がひそかに出歩いて、危険に遭うたとえ。

補説 「白竜」は白い竜。天帝の使者とされ、貴人のたとえ。「魚服」は魚の服装をする意で、身分の高い人が身をやつすたとえ。

注意 「はくりゅうぎょふく」とも読む。

故事 ↓「予且之患《よしょのかん》」650

出典 『説苑《ぜいえん》』正諫《せいかん》

用例 牛飼君が内閣を組織した暁は伊勢武熊《いせたけくま》も一足飛に青雲に攀《よ》じて駟馬《しば》に鞭《むちう》つ事が出来る身じゃ。白竜魚服すれば予且に苦める。〈内田魯庵◆貧書生〉

類義語 予且之患《よしょのかん》

【白竜白雲】 はくりょうはくうん

意味 中国古代の法官（裁判官）の称。

補説 「白竜」は伏羲《ふっき》時代の法官の称。「白雲」は黄帝時代の法官の称。伏羲・黄帝は中国古代伝説上の聖天子。

出典 『唐律疏議《とうりつそぎ》』名例《めいれい》・序

【波譎雲詭】 はけつうんき

⇓ 波詭雲譎 はきうんけつ 520

【播糠眯目】 はこうべいもく

意味 ほんの小さな障害でも、判断を誤らすことがあることのたとえ。外物にくもらされて方向を見失うたとえ。

補説 ぬかをまき散らして、相手の目をくらますこと。「糠《ぬか》を播《ま》き目《め》を眯《くら》ます」と訓読する。

注意 「はこうびもく」とも読む。

出典 『荘子《そうじ》』天運《てんうん》

【馬耳東風】 ばじとうふう

意味 他人の意見や批評に注意を払わず、聞き流すことのたとえ。

補説 春風が馬の耳に吹く意。人が心地よいと感じる春風が吹いても、馬は何も感じないように見えることからいう。「東風」は東から吹く風。春風のこと。

出典 李白《りはく》―詩「王十二《おうじゅうに》の寒夜独酌《かんやどくしゃく》懐《おも》う有《あ》るに答《こた》う」◎「世人此《こ》れを聞き て皆頭《こうべ》を掉《ふ》る、東風の馬耳を射るが如《ごと》き有り（世の人はこれを聞くと皆頭をふって聞き入れない。まさに春風が馬の耳に吹きつけるようなものだ）」

用例 むすこはおかしさを前歯でぐっと噛《か》んで、女たちの小さい抵抗を小気味よく馬耳東風に聞き流すふりをしている。〈岡本かの子◆母子叙情〉

類義語 呼牛呼馬《こぎゅうこば》・対牛弾琴《たいぎゅうだんきん》・対驢撫琴《たいろぶきん》

【馬歯徒増】 ばしとぞう

意味 なすこともなく、いたずらに年を取ること。自分が年を取ったことの謙称。

補説 「馬歯」は「馬齢」に同じ。自分の年齢の謙称。「徒」はただいたずらにの意。一般に「馬歯《ばし》、徒《いたずら》に増《ま》す」と訓読して用いる。

類義語 馬歯加長《ばしかちょう》・馬歯日増《ばしにちぞう》

【馬氏五常】 ばしのごじょう

意味 兄弟が全員優秀なことを褒めること。

補説 中国三国時代、ともに字《あざな》に「常」のつく字をもつ馬家の五人兄弟が、そろって優秀だったことをたたえた言葉。この馬氏の五兄弟のうち、長兄の馬良《ばりょう》が最もすぐれ、その眉《まゆ》には幼少から白毛が混じっていたことから、「白眉《はくび》」（よいものの中で特にすぐれていること）という語が生まれた。（↓「白眉最良《はくびさいりょう》」527）また、馬良の弟に、「泣いて馬謖《ばしょく》を斬《き》る」で知られる馬謖がいる。（↓「泣斬馬謖《きゅうざんばしょく》」148）

出典 『蜀志《しょくし》』馬良伝《ばりょうでん》

【破邪顕正】 はじゃけんしょう

意味 誤った考えを打破し、正しい考えを示し守ること。

補説 仏教語。「破邪」は邪道・邪説を打ち破ること。

注意 「はじゃけんせい」とも読む。

出典 『三論玄義《さんろんげんぎ》』

用例 破邪顕正を標榜《ひょうぼう》する書物の性質上、故意の脱漏を利としたからでもあろうか。〈芥川龍之介◆るしへる〉

【馬痩毛長】 ばそうもうちょう

意味 貧しさに耐えかね気力が衰えること。

補説 馬が痩《や》せこけると、毛ばかりが長く伸び放題となることから。「馬《うま》痩《や》せて毛《け》長《なが》し」と訓読する。

出典 『五灯会元《ごとうえげん》』一九・五祖法演禅師《ごそほうえんぜんじ》

類義語 馬疲毛長《ばひもうちょう》

【破綻百出】 はたんひゃくしゅつ 〈―スル〉

意味 言動などで、次々と欠点が現れること。

補説 「破綻」は破れほころびること。物事がうまくいかないこと。「百出」は数多く現れること。次々と出てくること。

用例 すると吉元《よしもと》は或《あるい》は進んで、破綻百出のこの不自然な恋愛の不合理を説き、庸三《ようぞう》自身のためにも、葉子のためにも、彼女を解放することを力説したかもしれず、〈徳田秋声◆仮装人物〉

【破竹之勢】 はちくのいきおい

意味 勢いが激しく盛んで、押さえがたいことのたとえ。勢いのすさまじいさま。

補説 「破竹」は竹を割る、裂くこと。竹は初めの一節を裂くと次々によく裂けていくことからいう。

出典 『晋書《しんじょ》』杜預伝《どよでん》

類義語 騎虎之勢《きこのいきおい》・旭日昇天《きょくじつしょうてん》・旭日

東天《きょくじっとうてん》・決河之勢《けっかのいきおい》

【八元八愷】 はちげん はちがい

(意味) 心が善良で徳の高い立派な人のこと。

(補説) もとは中国太古、伝説時代の高辛氏《こうしんし》のときの八人の善人（八元）と、高陽氏《こうようし》のときの八人の高徳の人（八愷）のこと。「元」は善の意。「愷」は徳の大きいこと、温和なこと。

(注意) 「八元八凱」とも書く。

(出典) 『春秋左氏伝《しゅんじゅうさしでん》』文公《ぶんこう》一八年

【八字打開】 はちじだかい 〈―スル〉

(意味) 心を広くあけ広げて、隠さないこと。八の字に開く意から。

(補説) 「打開」はあけ広げる意。「打」は接頭語。

(出典) 朱熹《しゅき》「劉子澄《りゅうしちょう》に与《あた》うるの書《しょ》」

【八大地獄】 はちだいじごく

(意味) 仏教で説かれる八種の地獄。

(補説) 具体的には次の八種をいう。「等活《とうかつ》」（責め苦によって絶命しても、また生き返って責め苦を受け続けなければならない地獄）、「黒縄《こくじょう》」（鉄の黒縄で縛られ、その縄に沿って身を切り裂かれる地獄）、「衆合《しゅごう》」（鉄の臼に放り込まれ鉄の杵《きね》で打ち砕かれるなど、長期間、各種の責め苦を受け続ける地獄）、「叫喚《きょうかん》」（熱湯や猛火の責め苦のために叫び声をあげる地獄）、「大叫喚《だいきょうかん》」（「叫喚」の責め苦がいっそう激しくなった地獄）、「焦熱《しょうねつ》」（猛火・炎熱の責め苦を受ける地獄）、「大焦熱《だいしょうねつ》」（「焦熱」の責め苦がいっそう激しくなった地獄）、「無間《むけん》」（「阿鼻《あび》」とも いい、間断なく苦しみを受け続ける地獄）。「八熱地獄《はちねつじごく》」ともいう。

(用例) わしはどうも、金に困るとなおさら酒を飲みたいたちで、そのために不義理の借金が山積して年の瀬を迎えるたびに、さながら八大地獄を眼前に見るような心地が致す。〈太宰治◆新釈諸国噺〉

【馬遅枚疾】 ばちばいしつ

(意味) 文章を作るのに司馬相如《しばしょうじょ》は遅く、枚皐《ばいこう》は速かったという故事。

(補説) 「馬」は中国前漢の司馬相如のこと。「枚」は前漢の枚皐のこと。ともに叙事的韻文体である賦《ふ》の大家。

(出典) 『漢書《かんじょ》』枚皐伝《ばいこうでん》

(類義語) 馬工枚速《ばこうばいそく》・馬遅枚速《ばちばいそく》

【八面美人】 はちめんびじん

⇓ 八方美人 はっぽうびじん 532

【八面玲瓏】 はちめんれいろう 〈―タル〉〈―ト〉

(意味) どこから見ても透き通っていて、曇りのないさま。また、心中にわだかまりがなく、清らかに澄みきっているさま。また、誰《だれ》とでも円満、巧妙に付き合うことができるさま。

(補説) 四方の窓が広々として、室内が清らかに明るいさまから。「八面」はあらゆる方面、四方八方。「玲瓏」は玉《ぎょく》のように美しく輝くさま。澄みきって美しいさま。

(出典) 馬熙《ばき》「詩」「窓《まど》を開《ひら》きて雨《あめ》を看《み》る」

(用例) 死生を超越した八面玲瓏の働きをするのだぞ……そうして徹底的にやっつけるのだぞ……と改めて自分自身に云《い》い聞かすように考えながら、もう一度腰のポケットを撫《な》でてみた。〈夢野久作◆暗黒公使〉

(類義語) 八方美人《はっぽうびじん》

【八面六臂】 はちめんろっぴ

(意味) 多方面で、めざましい活躍をすること。また、一人で何人分もの活躍をすること。

(補説) もとは仏像などで、八つの顔と六本の腕をもっていること。「面」は顔、「臂」はひじ・腕。

(用例) 母は、一歳の次女におっぱいを含ませながら、そうして、お父さんと長女と長男のお給仕をするやら、子供たちのこぼしたものを拭くやら、拾うやら、鼻をかんでやるやら、八面六臂のすさまじい働きをして、〈太宰治◆桜桃〉

(類義語) 三面六臂《さんめんろっぴ》

【伐異党同】 ばついとうどう

⇓ 党同伐異 とうどうばつい 490

【撥雲見天】 はつうんけんてん

⇓ 開雲見日 かいうんけんじつ 88

【抜角脱距】 ばっかくだっきょ

(意味) 敵の武器や道具を奪い取り、敵を死地に追い込むことのたとえ。

(補説) 角を抜き取り、距《けづめ》をはずし取る意から。「角」は動物のつの、「距」は鶏のけづめ

（雄鳥《おんどり》の足の後方に出た突起部）の意。「角《つの》を抜《ぬ》き距《けづめ》を脱《だっ》す」と訓読する。
出典 韓愈《かんゆ》「元和聖徳詩《げんわせいとくし》」

【白駒空谷】はっくくうこく

意味 賢者が登用されず、民間にいるたとえ。また逆に、賢者がみな朝廷にいて、民間にいないたとえとして用いられることもある。
補説 「白駒」は白い毛の馬。賢者の乗る白い馬。「空谷」は誰《だれ》もいない寂しい谷。前者の意では、賢者の乗った白駒が寂しい谷に去る意。後者の意では、みな出仕して谷が空っぽになった意。
出典 『詩経《しきょう》』小雅《しょうが》・白駒《はっく》

【抜苦与楽】ばっくよらく

意味 苦しみを除いて、安楽を与えること。
補説 もと仏教語で、仏や菩薩《ぼさつ》が衆生《しゅじょう》を苦しみから救い、福楽を与えること。仏の慈悲のこと。「抜」は取り除くこと。
出典 『秘蔵宝鑰《ひぞうほうやく》』中
用例 弘法大師《こうぼうだいし》は今に存在して、遍路の行者とまでも云《い》えない世の常の大師まいりをする位の者の間にも時によりて現われて、抜苦与楽転迷開悟の教を垂れて下さるという俗間信仰がある。〈幸田露伴◆連環記〉

【抜群出類】ばつぐんしゅつるい

意味 人の才能などが、他より飛び抜けてすぐれていること。
補説 「抜群」「出類」ともに同類のものから抜きん出てすぐれている意。
出典 『顔氏家訓《がんしかくん》』勉学《べんがく》
類義語 出類抜萃《しゅつるいばっすい》・抜群出萃《ばつぐんしゅっすい》・抜萃出類《ばっすいしゅつるい》

【八紘一宇】はっこういちう

意味 全世界を一つにまとめて、一家のように和合させること。
補説 第二次世界大戦のとき日本が国家の理念として打ち出し、海外進出を正当化する標語として用いた語。「八紘」は天地の八方の隅、地の果てまでの意。転じて、全世界の意。「宇」は家の意。
出典 『日本書紀《にほんしょき》』神武紀《じんむき》

【白虹貫日】はっこうかんじつ

意味 白い虹《にじ》が太陽を貫く現象のこと。
補説 「白虹」は兵。「日」は太陽のことで、君主を暗示する。君主が兵乱のため危難に遭う徴候。また、天下に非常な変事が起こる徴候。また、真心が天に通じたときに現れるともいう。「白虹《はっこう》日《ひ》を貫《つらぬ》く」と訓読する。
出典 『戦国策《せんごくさく》』魏策《ぎさく》

【白黒分明】はっこくぶんめい（—ナ）

意味 善悪などの区別がはっきりしているさま。
補説 「白黒」は善悪・正邪・是非などの意。「分明」は明白なこと。
出典 『漢書《かんじょ》』薛宣伝《せっせんでん》

【跋扈跳梁】ばっこちょうりょう（—スル）

⇒ 跳梁跋扈 ちょうりょうばっこ 456

【八索九丘】はっさくきゅうきゅう

意味 古書の名。
補説 「八索」は八卦《はっか》を、「九丘」は地理を記すといわれるが、現在は伝わっていない。ともに中国古代の書物の名。
出典 『春秋左氏伝《しゅんじゅうさしでん》』昭公《しょうこう》一二年

【抜山蓋世】ばつざんがいせい

意味 威勢がきわめて盛んなさま。
補説 山を引き抜くほどの強大な力と、世を覆い尽くすほどの気力があること。「抜山」は山を引き抜くこと。「蓋世」は世を覆い圧倒すること。「山《やま》を抜《ぬ》き世《よ》を蓋《おお》う」と訓読する。
故事 中国戦国時代、楚《そ》の項羽《こうう》が、天下を争った漢の劉邦《りゅうほう》の軍に垓下《がいか》で包囲されたとき、寵愛《ちょうあい》する虞美人《ぐびじん》と最後の酒宴を催した折に、みずからを鼓舞するために、「力は山を抜き、気は世を蓋う」と詠じて自分の盛んな力量と意気をいった故事から。
出典 『史記《しき》』項羽紀《こううき》
用例 抜山蓋世の雄、此《ここ》に坐《ざ》して身を亡《ほろ》ぼし国を喪《うしな》い、繡口錦心《しゅうこうきんしん》の士、茲《これ》に因《よ》りて節を敗り名を堕《おと》す、〈幸田露伴◆対髑髏〉
類義語 回山倒海《かいざんとうかい》・抜山倒河《ばつざんとうか》・抜山倒海《ばつざんとうかい》・抜山翻海《ばつざんほんかい》

【跋山渉水】ばつざんしょうすい

意味 多くの困難を乗り越えて、長い旅路を行くこと。

は

補説「跋山」は山を踏み越えること。「渉」は渡る意。「山《やま》を跋《ふ》み水《みず》を渉《わた》る」と訓読する。「跋山渉川《ばつざんしようせん》」ともいう。
出典『能改斎漫録《のうかいさいまんろく》』七
用例東西洋の交通いまだ開けざりしや、インドに赴く者、みな跋山渉水、陸路によれり。〈三宅雪嶺◆我観小景〉

【抜山翻海】 ばつざん ほんかい

意味非常に意気盛んなことの形容。
補説山を引き抜き、海をひっくり返すほど勇壮である意から。「抜山」は山を引き抜くこと。「翻海」は海をひっくり返すこと。
用例さらぬだに一年の慙愧《ざんき》悔恨を集むる押し迫《つま》った日に、抜山翻海の壮図をまさに行わんとする首途《かどで》に〈内田魯庵◆くれの廿八日〉
類義語抜山蓋世《ばつざんがいせい》

【発縦指示】 はっしょう しじ

意味戦いなどを指揮すること。また、その人。

補説猟犬を解き放ち、獲物のありかを指し示すこと。「発」「縦」はともに解き放つ意。

注意「発蹤指示」とも書く。

故事長い戦いの末、天下を平定した中国前漢の高祖（劉邦《りゅうほう》）が、蕭何《しょうか》を最大の功労者としたが、実際に戦闘を行った功臣らは納得せず、蕭何はただ文墨《ぶんぼく》をもって議論したにすぎないと非難した。高祖はこれに答えて、猟をするとき、獣を追いたて殺すのは犬であって、犬に獣のいる場所を指示するのは人である。諸君の働きは犬に相当し、蕭何の功績は人に当たると言ったという故事から。

出典『史記《しき》』蕭相国世家《しょうしょうこくせいか》

【発人深省】 はつじん しんせい

意味人を発憤させ啓発して、物事を深く考えるようにさせること。

補説「発」は啓発すること。「深省」は深くかえりみ、考えること。

出典杜甫《とほ》一詩「竜門奉先寺《りょうもんほうせんじ》に游《あそ》ぶ」

【伐性之斧】 ばっせいの おの

意味人の心身に害を与える事物のたとえ。また、女色やみだらな音楽におぼれたり、身の程をわきまえず、偶然の幸運を求めたりすることのたとえ。

補説人の本性を損なう斧の意から。「伐性」は人の本性を損なうこと。

注意「ばっせいのふ」とも読む。

出典『呂氏春秋《りょししゅんじゅう》』孟春紀《もうしゅんき》・本性《ほんせい》／『韓詩外伝《かんしがいでん》』九
類義語酒色財気《しゅしょくざいき》・逐禍之馬《ちっかのうま》

【八相成道】 はっそう じょうどう

意味「成道」（道を成就して仏となること）を中心とする、釈迦《しゃか》の生涯の八つの場面。「釈迦八相《しゃかはっそう》」ともいう。

補説仏教語。「八相」は仏伝を構成する八つの段階・局面。順に、「降兜率《ごうとそつ》」（兜率天からこの世に降りてくる）、「托胎《たくたい》」（母親である摩耶夫人《まやぶにん》の胎内に宿る）、「出胎《しゅったい》」（誕生）、「出家《しゅっけ》」（家を捨てて修行者となる）、「降魔《ごうま》」（菩提樹《ぼだいじゅ》の下に座して悪魔を降伏する）、「成道《じょうどう》」（仏道を成就して仏陀《ぶっだ》となる）、「転法輪《てんぽうりん》」（教えを説く）、「入滅《にゅうめつ》」（涅槃《ねはん》に入る）の八つ。

【伐氷之家】 ばっぴょうの いえ

意味高貴な家柄。卿大夫《けいたいふ》以上の家柄。

補説昔、中国で卿大夫以上の身分の家では、喪祭のときに氷を使用したことによる。「伐」は切り出す意。

出典『大学《だいがく》』

【発憤興起】 はっぷん こうき 〈―スル〉

意味心を奮い起こして立ち上がること。気持ちを奮い立たせて、つとめ励むこと。

補説「発憤」は心を奮い立たせること。「興起」は奮い起こす、立ち上がること。

注意「発奮興起」とも書く。

【発憤忘食】 はっぷん ぼうしょく 〈―スル〉

意味心を奮い起こして、食事をとるのも忘れるほどに励むこと。

補説「発憤」は心を奮い立たせること。「憤《いきど》おりを発《はっ》して食《しょく》を忘《わす》る」と訓読する。

注意「発奮忘食」とも書く。

出典『論語《ろんご》』述而《じゅつじ》

【八方美人】 はっぽう びじん

意味誰《だれ》に対しても、如才《じょさい》なく振る舞うこと。また、そのような人。

補説どこから見ても欠点のない美人の意か

ら。「八方」はあらゆる方向。この言葉は、悪い意味で用いられることが多い。「八面美人《はちめんびじん》」ともいう。

用例 Kは、僕を憎んでいる。僕の八方美人を憎んでいる。ああ、わかった。Kは、僕の強さを信じている。僕の才を買いかぶっている。〈太宰治◆秋風記〉

類義語 八面玲瓏《はちめんれいろう》

【抜茅連茹】ばつぼうれんじょ

意味 有能な者たちが、自分だけ用いられようとせず、仲間と一緒に進んでいくこと。

補説 高い能力をもっている者たちが、互いの能力を認めて推薦し合い、一人が登用されると、そのほかの者も次々と登用されることをいう。「抜茅」はチガヤを抜くこと。チガヤはその根がつながっていて、一本を引き抜くと次々と抜けてくることから。「連」「茹」はともに連なり引っ張り合っている形容。

出典 『易経《えききょう》』泰《たい》 ◎「茅《ちがや》を抜くに茹《じょ》たり。其《そ》の彙《たぐい》（仲間）と以《とも》にして征《ゆ》けば吉《きち》」

【伐木之契】ばつぼくのちぎり

意味 非常に厚い友情の形容。

補説 「伐木」は『詩経《しきょう》』の詩の一編。この詩は、山中で友を呼び合う鳥と、人が友人旧知と楽しく酒を酌み交わす様子とを描写し、朋友《ほうゆう》旧知を大切にすることを詠んでいる。

出典 『詩経《しきょう》』小雅《しょうが》・伐木《ばつぼく》

類義語 金蘭之契《きんらんのちぎり》・金蘭之交《きんらんのまじわり》

【潑墨淋漓】はつぼくりんり （―タル）（―ト）

意味 筆にじゅうぶん墨を含ませて、雲や煙の趣などを奔放に勢いよく描くさま。

補説 「潑墨」は水墨山水画の一つ。墨面の濃淡の変化を積極的に用い、線的表現を抑えて墨をはね散らすなどした奔放な画風のこと。「淋漓」は勢いがあふれるさま。元気盛んなさま。

用例 片鱗《へんりん》を潑墨淋漓の間に点じて、（中略）芸術的に観じて申し分のない、空気と、あたたかみと、冥邈《めいばく》なる調子とをそなえている。〈夏目漱石◆草枕〉

【抜本塞源】ばっぽんそくげん

意味 災いの原因になるものを、徹底的に取り除くこと。

補説 木の根を抜き、水源をふさぎ止める意から。もとは、根本を忘れて道理を乱すたとえとして用いられた。「本」は木の根。「源」は水源。「本《もと》を抜《ぬ》き、源《みなもと》を塞《ふさ》ぐ」と訓読する。

出典 『春秋左氏伝《しゅんじゅうさしでん》』昭公《しょうこう》九年

用例 藤原氏退治の政策としてこれを見れば、真に抜本塞源の手段なりと言わざるべからず。〈山路愛山◆為朝論〉

類義語 削株掘根《さくしゅくっこん》・剪草除根《せんそうじょこん》・断根枯葉《だんこんこよう》・抽薪止沸《ちゅうしんしふつ》・釜底抽薪《ふていちゅうしん》

【発蒙振落】はつもうしんらく

意味 非常にたやすいことのたとえ。

補説 物の上にある覆いを取り、葉などをふるい落とす意から。「発」は外に出して明らかにすること。「蒙」は覆い隠すこと。

出典 『史記《しき》』汲黯伝《きゅうあんでん》

【発揚蹈厲】はつようとうれい

意味 舞の手振りや足踏みが激しく荒々しいさま。精神を奮い立たせ意気を上げるさま。

補説 「発揚」は盛んにあがる意。「蹈厲」は奮い起こすこと。「蹈」は足踏みすること。跳ぶこと。「厲」は激しく厳しいさま。

出典 『礼記《らいき》』楽記《がくき》

類義語 発揚踔厲《はつようたくれい》

【抜来報往】ばつらいほうおう

意味 急いでやって来たり、速やかに去ったりすること。また、たびたび行き来すること。

補説 旅行で中間の駅を経ずに、急ぎ往復する意から、物事の次第・順序を飛び越えて行うたとえとして用いられることもある。「抜」「報」はともに疾《はや》い、急速にの意。「抜《と》く来《きた》り報《と》く往《ゆ》く」と訓読する。

出典 『礼記《らいき》』少儀《しょうぎ》

【撥乱反正】はつらんはんせい

意味 乱れた世の中を治めて、正常な世に戻すこと。

補説 「撥」は治める意。「反」は返す、戻す意。「乱《らん》を撥《おさ》めて正《せい》に反《かえ》す」と訓読する。

出典 『春秋公羊伝《しゅんじゅうくようでん》』哀公《あいこう》一四年

【破天荒解】はてんこうかい

意味 それまで誰《だれ》もしたことのないことを

は

成し遂げるたとえ。また、型破りのこと。

補説「破」は破り開く意。「天荒」は天地がまだ分かれず、混沌《こんとん》としたさま。未開の地。また、凶作、不毛の地の意。「解」は科挙（中国の官吏登用試験）で、地方の予備試験に合格して中央での本試験を受ける者をいう。

注意 語構成は「破」＋「天荒」＋「解」。

故事 中国唐の荊州《けいしゅう》の地は、長い間科挙の予備試験合格者の中で中央の本試験に合格する者が出なかったので、「天荒解」と称されていた。やがて劉蛻《りゅうぜい》がその本試験に合格して前例を破ると、人々は、未開の状態を脱したという意で「破天荒（天荒を破る）」と呼んだという故事から。

出典『北夢瑣言《ほくむさげん》』四

類義語 前人未踏《ぜんじんみとう》・前代未聞《ぜんだいみもん》

【波濤万里】 はとう ばんり

意味 遠い異国の形容。

補説 はるか遠く海を隔てている意。「波濤」は大きな波。「万里」はきわめて遠い距離の形容。かなたの外国へ行くときの航路・航程などの形容に用いられることもある。

【鼻先思案】 はなさき じあん

⇒ 喉元思案 のどもとじあん 515

【鼻元思案】 はなもと じあん

⇒ 喉元思案 のどもとじあん 515

【破釜沈船】 はふ ちんせん

意味 決死の覚悟で出陣すること。生きて帰らない決意を示すこと。

補説 出陣のとき、飯を炊く釜《かま》を打ち壊し、船を沈めて退路を断つ意から。「釜《かま》を破《やぶ》り船《ふね》を沈《しず》む」と訓読する。

出典『史記《しき》』項羽紀《こううき》

類義語 背水一戦《はいすいいっせん》・背水之陣《はいすいのじん》

【馬舞之災】 ばぶの わざわい

意味 火事のこと。

補説「馬舞」は舞楽の一種で、馬の上で美しい衣装をまとって踊ること。「舞馬之災《ぶばのさい》」ともいう。

注意「ばぶのさい」とも読む。

故事 中国晋《しん》の黄平《こうへい》が占いの名人索紞《さくたん》に、「昨夜、家の中で馬舞が行われ、その馬に向かって大勢の人が拍手をしている夢を見たが、これはいったい何の前触れであろうか」と尋ねた。紞は、「馬は火、舞は火が起こること、馬に向かっての拍手は火事を消し止めることを指します」と答えたところ、黄平が帰宅しないうちに、本当に火事に見舞われたという故事から。

出典『晋書《しんじょ》』芸術伝《げいじゅつでん》・索紞伝《さくたんでん》

【跛鼈千里】 はべつ せんり

意味 たゆまず努力を重ねていけば、能力の劣る者でも成功するたとえ。

補説 足の悪いスッポンも、足を止めなければ、千里の道を行くことができるという意から。「跛鼈」は足の悪いスッポン。「鼈」はスッポンの意。

出典『荀子《じゅんし》』脩身《しゅうしん》

【爬羅剔抉】 はら てきけつ〈―スル〉

意味 隠れた人材を求めて用いること。また、人の欠点や秘密をあばき出すこと。

補説 爪《つめ》でかき集め、えぐり出す意から。「爬」は爪などでかき寄せる、「羅」は網で鳥を残らず捕る意。「剔」「抉」はともに、そぎ取る、えぐり取る意。「爬羅」があまねく人材を求めることで、「剔抉」が悪い者を除き去る意とする説もある。

出典 韓愈《かんゆ》「進学解《しんがくかい》」

用例 通常の史体とは歩を異にし、身跡を爬羅剔抉して、もって偉人の真面目を世に紹介せん。〈村岡素一郎・史疑〉

【波瀾曲折】 はらん きょくせつ〈―スル〉

意味 物事が進んでいくときに、さまざまに込み入った変化や事情が起こってくること。

補説「波瀾」は物事に変化や起伏があること。また、もめごと。「波」は小さな波、「瀾」は大波。「曲折」は折れ曲がる意から、複雑に変化した経路、込み入った事情。

注意「波乱曲折」とも書く。

用例 そうして同じ見せられるなら、もう少し面白い波瀾曲折のある碁が見たいと思った。〈夏目漱石・彼岸過迄〉

類義語 波瀾万丈《はらんばんじょう》

【波瀾万丈】 はらん ばんじょう〈―ナ〉

意味 変化が激しく、劇的であるさま。

補説「波瀾」は物事に変化や起伏があること。また、もめごと。「波」は小さな波、「瀾」

は大波。「万丈」は非常に高いことや深いことの形容。「丈」は長さの単位。
(注意)「波乱万丈」とも書く。
(用例)ましてその閲歴は波瀾万丈、我国新女優の先駆者であり、泰西の劇団にもその名を輝かして来た、マダム貞奴《さだやっこ》を、細かに書いたらばどれほど大部の人間生活の縮図が見られるであろう。〈長谷川時雨◆マダム貞奴〉
(類義語)波瀾曲折《はらんきょくせつ》

【罵詈讒謗】《ばりざんぼう》〈―スル〉

(意味)きたない言葉で悪口を並べ立て、ののしりそしること。
(補説)「罵詈」は口ぎたなくののしること。「讒謗」は非難してそしる意。「讒謗罵詈《ざんぼうばり》」ともいう。
(用例)クルウの先輩連が、ぼくに浴びせる罵詈讒謗には、嫉妬《しっと》以上の悪意があって、当時、ぼくはこれを、気が変になるまで、憎んだのです。〈田中英光◆オリンポスの果実〉
(類義語)悪口雑言《あっこうぞうごん》・罵詈雑言《ばりぞうごん》

【罵詈雑言】《ばりぞうごん》

(意味)きたない言葉で悪口を並べ立て、ののしること。また、その言葉。

(補説)「罵詈」は口ぎたなくののしること。「雑言」はいろいろな悪口や、でたらめな言いがかり。

(注意)「ばりぞうげん」とも読む。

(用例)椰子《やし》の葉を叩《たた》くスコールの如《ごと》く、麺麭《パン》の樹に鳴く蟬時雨《せみしぐれ》の如く、環礁の外に荒れ狂う怒濤《どとう》の如く、ありとあらゆる罵詈雑言が夫の上に降り注いだ。〈中島敦◆南島譚〉

(類義語)悪口雑言《あっこうぞうごん》・罵詈讒謗《ばりざんぼう》

【跛立箕坐】《はりゅうきざ》

(意味)無作法・無礼なさま。

(補説)片足で立ったり、両足を開き投げ出して座ったりすること。「跛」はかたよる、片足で立つこと。「箕」はざるの類の「み」。両足を開き突き出した形が、箕《み》のようであることからいう。

(注意)「ひりゅうきざ」とも読む。

(出典)『礼記《らいき》』曲礼《きょくらい》上

【波流弟靡】《はりゅうたいび》〈―スル〉

(意味)変化し続ける世の中の形容。世の中の変化に従って、生きていくこと。また、自分に定見がなく、世に流されること。

(補説)「波流」は水の流れ。変化してきわまることのない、世の中のたとえ。「弟靡」は草木が風になびくこと。外の世界の物事になびき従うこと。

(類義語)波流茅靡《はりゅうぼうび》

【馬良白眉】《ばりょうはくび》

⇒白眉最良《はくびさいりょう》 527

【氾愛兼利】《はんあいけんり》

(意味)人を区別なく広く愛し、互いに利益を与え合うこと。
(補説)中国戦国時代の墨子の思想。「氾愛」は広くすみずみまで愛情を及ぼす意。「兼利」は利益をともにして、広く分け合う意。「兼」は自他の区別なくすべて、ともにの意。
(出典)『荘子《そうじ》』天下《てんか》
(類義語)兼愛交利《けんあいこうり》

【汎愛博施】《はんあいはくし》

(意味)多くの人々を公平に愛し、広く恩恵を施すこと。

(補説)「汎愛」はすべての人々を広く公平に愛すること。「汎」はあまねく、広くの意。「汎《ひろ》く愛《あい》し博《ひろ》く施《ほどこ》す」と訓読する。

【蛮夷戎狄】《ばんいじゅうてき》

⇒夷蛮戎狄《いばんじゅうてき》 50

【斑衣之戯】《はんいのたわむれ》

(意味)親に孝養の限りを尽くすたとえ。親孝行のたとえ。

(補説)「斑衣」は模様のある派手な服。ここでは幼子が身につける派手な服。「老萊斑衣《ろうらいはんい》」ともいう。

(故事)中国春秋時代、楚《そ》の老萊子《ろうらいし》が、七十歳になっても親の前では派手な子供の服を着、幼子が親にまとわりつくように戯れ、年を取ったことを忘れさせようとしたという故事から。

(出典)『北堂書鈔《ほくどうしょしょう》』一二九に引く『孝子伝《こうしでん》』老萊子《ろうらいし》
(類義語)老萊戯綵《ろうらいぎさい》・老萊之戯《ろうらいのたわむれ》

【攀轅臥轍】《はんえんがてつ》

(意味)すぐれた人の留任を懇願して、引き留めるたとえ。
補説 すぐれた地方長官などが転任したり退任したりするのを、人民らが名残を惜しんで引き留めるさまをいう。「攀」はすがりつく、「轅」は車の前に出した二本の棒「ながえ」で、「攀轅」は車のながえにすがりつくこと。「臥」はからだを横たえることで、「臥轍」は車の進行を止めるために車の轍《わだち》に身を臥《ふ》せること。「轅《ながえ》に攀《よ》じ轍《わだち》に臥《ふ》す」と訓読する。「攀轅扣馬《はんえんこうば》」ともいう。
故事 →「侯覇臥轍《こうはがてつ》」222
出典 『後漢書《ごかんじょ》』侯覇伝《こうはでん》／第五倫伝／孟嘗伝《もうしょうでん》

【攀轅扣馬】はんえんこうば
⇒攀轅臥轍 はんえんがてつ 535

【半解半知】はんかいはんち
⇒一知半解 いっちはんかい 43

【反間苦肉】はんかんくにく
意味 敵情を探ったり、敵を陥れたりする策略。
補説 敵の間者を使って敵情を知り、敵の仲を裂く「反間の計」と、自分の身を傷つけて、相手の信頼を得て密偵行為を行う「苦肉の計」のこと。転じて、目的達成のためのあらゆる手段の意でも使われる。（→「苦肉之計《くにくのけい》」179・「反間之計《はんかんのけい》」536）
出典 （反間）『孫子《そんし》』用間《ようかん》／（苦肉）『三国演義《さんごくえんぎ》』四六
類義語 苦肉之計《くにくのけい》・反間之計《はんかんのけい》

【播間酒肉】はんかんしゅにく
意味 あさましい方法で、富貴や利益を求めることのたとえ。
補説 墓の祭りの後に残った酒と肉を請い、食べる意から。「播間」は墓の間。
故事 昔、ある男が、外出して帰るたびに妻に「今日は富貴な人とごちそうを食べた」と自慢していた。不思議に思った妻が調べると、夫があちこちで供物の肉や酒をねだってもらい受けているのを見て、妻はそのあさましさにすっかり幻滅してしまったという故事から。
出典 『孟子《もうし》』離婁《りろう》下

【反間之計】はんかんのけい
意味 敵の間者を逆利用して敵情を探ったり、敵に仕えて偽の情報を送り、敵を内部から乱すこと。また、計略を用いて敵を仲違《なかたが》いさせ、内紛を起こさせること。
補説 「間」は間者・スパイ。「反」は逆のものの意。「反間」は敵方の間者のこと。自分が間者の立場なら敵に仕えることになる。
出典 『孫子《そんし》』用間《ようかん》
類義語 苦肉之計《くにくのけい》・反間苦肉《はんかんくにく》

【半官半民】はんかんはんみん
意味 政府と民間が、共同出資して事業を行うこと。また、その事業形態のこと。
補説 半ばは官（半官）、半ばは民（半民）で、政府と民間とが共同で出資する事業形態。
用例 大製鉄所を国家の事業としてやると、国際的にうるさい。半官半民でも、おもしろくない。〈坂口安吾・明治開化 安吾捕物〉

【半饑半渇】はんきはんかつ
意味 飲食物が十分でなく、半ば飢えていること。
補説 「饑」は飢える意。「渇」はのどが渇く意。
注意 「半飢半渇」とも書く。
用例 社会の最下層に呻吟《しんぎん》する半饑半渇の人物にして、かくのごとくきぜんたるを見るときは、〈中江兆民・国会論〉

【反逆縁坐】はんぎゃくえんざ
意味 謀反に連座して処罰されること。
補説 「反逆」は逆らい背くこと。背いて兵を起こすこと。「縁坐」は他人の罪に連なって自分も罰せられること。連座。
注意 「反逆縁座」とも書く。

【反躬自省】はんきゅうじせい（—スル）
⇒反躬自問 はんきゅうじもん 536

【反躬自問】はんきゅうじもん（—スル）
意味 自己反省すること。
補説 自ら省みて自分に問う意から。「反躬」は自分で自分を省みる。「躬」は自分自身。「自問」は自分で自分に問いはかること。「反躬自省《はんきゅうじせい》」ともいう。
類義語 反躬自責《はんきゅうじせき》・反聴内視《はんちょうないし》

【班荊道故】はんけいどうこ
意味 昔の友人と道で偶然に出会い、ともに語り合うこと。

(補説) 道端に草を敷いて座り、語り合う意から。「班」は広げる、敷く意。「荊」は草、また雑木のこと。「道故」はある事柄について話し合うこと。「道」は話す、言う。「故」は事柄・事件の意。また一説に昔のこと。「荊《けい》を班《し》きて故《こと》を道《い》う」と訓読する。

(故事) 中国春秋時代、楚《そ》の伍挙《ごきょ》が讒言《ざんげん》に遭って鄭《てい》に出奔し、すぐに晋《しん》に行こうとしたとき、鄭の郊外で旧知の声子とばったり会った。二人は草を敷いて座り、ともに食事をして語り合ったが、楚に戻りたいという挙の気持ちに、声子が「とりあえず晋に行きなさい。私がきっと楚に戻してあげよう」と言った故事から。

(出典) 『春秋左氏伝《しゅんじゅうさしでん》』襄公《じょうこう》二十六年 ◎「荊を班きて相《あい》与《とも》に食し復《かえ》らん故を言う」

【万頃瑠璃】 ばんけいるり

(意味) 青々として、はるかに広がっているさま。青く輝き広々としているさま。

(補説) 青く広々とした水面や空などの形容。「万頃」は、はるかに広いこと。「頃」は面積の単位で、一頃は百畝《ひゃくせ》。「瑠璃」は紺青色の美玉。また、紺青色。

(注意) 「万頃琉璃」とも書く。

(出典) 杜甫《とほ》「渼陂行《びはこう》」◎「波濤《はとう》万頃瑠璃堆《うずたかし》」

【繁劇紛擾】 はんげきふんじょう

(意味) 非常にあわただしく、混乱していること。

(補説) 「繁劇」はきわめて忙しくわずらわしいこと。「劇」は激しい意。「紛擾」は乱れごたごたしていること。

(出典) 蘇洵《そじゅん》「養才《ようさい》」

【繁絃急管】 はんげんきゅうかん

(意味) 音楽の調子が激しくさかんであること。

(補説) 「絃」は琴などの弦楽器。「管」は笛などの管楽器。「繁」「急」はともにさかんなこと。

(注意) 「繁弦急管」とも書く。

(出典) 銭起《せんき》「瑪瑙杯歌《めのうはいのうた》」

(用例) さと帛《きぬ》を裂くが如《ごと》き四絃一撥《しげんいっぱつ》の琴の音につれて、繁絃急管のしらべ洋々として響きわたれば、堂上堂下俄《にわか》に動揺《どよ》めきて、〈高山樗牛◆滝口入道〉

【煩言砕辞】 はんげんさいじ

(意味) わずらわしくて細かい言葉。

(補説) 「煩」はわずらわしい意。「砕」は細かい意。「辞」は言葉。

(出典) 『漢書《かんじょ》』劉歆伝《りゅうきんでん》

【反抗憤怒】 はんこうふんぬ

(意味) 怒り憤ってはむかうこと。

(補説) 「反抗」ははむかうこと。相手に逆らうこと。「憤怒」は憤り怒る意。

(注意) 「はんこうふんど」とも読む。

(用例) 夕日のひかりは部屋の内に満ちた。反抗憤怒の情は青木の胸を衝《つ》いて湧き上って来た。〈島崎藤村◆春〉

【反行両登】 はんこうりょうとう

(意味) ふだんとは反対のことを行って、しかも一石二鳥の利益を得る方法。

(補説) 「反行」は正反対のことをする意。「両登」は両得の意。普通「反行両登の計」という。中国秦《しん》の商鞅《しょうおう》の計略といわれ、戦争によって相手に損害を与える代わりに、国境付近の敵国の民に未開の土地を与えて開墾させ、それにより敵国は人口を失い、本国は食料を得ることができるというもの。

(出典) 『商子《しょうし》』徠民《らいみん》

(類義語) 一挙両得《いっきょりょうとく》・一石二鳥《いっせきにちょう》

【万国共通】 ばんこくきょうつう

(意味) 世界中のどの国でも当てはまること。

(補説) 「万国」は世界のすべての国。「共通」は複数のもののどこにも当てはまること。

(用例) 万国共通の平和幸福に貢献するのは、我等《われら》の任とすべき所だと思います。〈幸徳秋水◆筆のしずく〉

【万古千秋】 ばんこせんしゅう

⇒千秋万古 せんしゅうばんこ 393

【万古長青】 ばんこちょうせい

(意味) 永久に変わらないこと。

(補説) 青々としていつまでも変わらない意から。「万古」はいつまでも。永久に。「長青」は松の葉がいつも青々として、とこしえに変わらないこと。

(出典) 無名氏《むめいし》『謝金吾《しゃきんご》』四

は

類義語 万古長春《ばんこちょうしゅん》・万古不易《ばんこふえき》

【飯後之鐘】はんごのしょう

意味 定刻に遅れて来ること。また、貧窮し他から冷遇されることのたとえ。

補説 「飯後」は食後の意。

注意 「はんごのかね」とも読む。

故事 中国唐の王播《おうは》は子どものころとても貧しく、揚州《ようしゅう》の恵照寺《けいしょうじ》に身を寄せていた。しかし、寺の僧が王播を嫌って、食事のとき、合図の鐘をわざと食後にたたいておいて、それを聞いてやってきた王播に、遅刻だと言って食事をさせなかったという故事から。『北夢瑣言《ほくむさげん》』三では段文昌《だんぶんしょう》の故事としている。

出典 『唐摭言《とうせきげん》』

【万古不易】ばんこふえき

意味 永久に変わらないこと。

補説 「万古」はいつまでも。永久に。「不易」は変わらないこと。「易」は変わる意。

用例 吾輩《わがはい》ポカンは断言する。「物を考える脳髄が、物を考える脳髄のことを考え得ない」ということは「二つの物体が、同時に、同所に存在し得ない」という物理学上の原則と同様に、万古不易の公理でなければならぬ。〈夢野久作◆ドグラ・マグラ〉

類義語 永遠不変《えいえんふへん》・永久不変《えいきゅうふへん》・千古不易《せんこふえき》・千古不朽《せんこふきゅう》・千古不抜《せんこふばつ》・千古不変《せんこふへん》・万古長青《ばんこちょうせい》・万世不易《ばんせいふえき》・万代不易《ばんだいふえき》・百世不磨《ひゃくせいふま》

対義語 一時流行《いちじりゅうこう》・有為転変《ういてんぺん》

【万古不磨】ばんこふま

意味 いつまでも滅びないこと。永久にすり減ることがないこと。

補説 「万古」はいつまでも。永久に。「不磨」はすぐれたものが永久に残ること。

用例 滔々《とうとう》たる流俗に抗する万古不磨の穴の集合体であって、大《おおい》に吾人《ごじん》の尊敬に値する凸凹と云《い》って宜《よろ》しい。〈夏目漱石◆吾輩は猫である〉

類義語 永遠不滅《えいえんふめつ》・千古不朽《せんこふきゅう》・百世不磨《ひゃくせいふま》

【盤根錯節】ばんこんさくせつ

意味 物事が複雑に入り組んで、解決しがたいことのたとえ。また、ある勢力がはびこって取り除きがたいたとえ。

補説 「盤根」は曲がりくねった木の根。「錯節」は入り組んだ木の節《ふし》の意。

注意 「槃根錯節」とも書く。

出典 『後漢書《ごかんじょ》』虞詡伝《ぐくでん》

用例 名もない町人の妻ではあるが、だんだん彼も付き合って見て、盤根錯節を物ともしないその稀《まれ》な気質を彼も知っていた。〈島崎藤村◆夜明け前〉

類義語 紆余曲折《うよきょくせつ》・複雑多岐《ふくざつたき》・複雑多様《ふくざつたよう》

【万死一生】ばんしいっせい

意味 必死の覚悟を決めること。また、ほとんど死を避けがたい危険な瀬戸際で、かろうじて助かること。

補説 「万死」はほとんど助かる見込みのないこと。前者の意は「万死に一生を顧《かえり》みず」、後者の意は「万死を出《い》でて一生に遇《あ》う」「万死に一生を得《う》」の略。

注意 「ばんしいっしょう」とも読む。

出典 『史記《しき》』張耳陳余伝《ちょうじちんよでん》／『貞観政要《じょうがんせいよう》』君道《くんどう》

用例 後に聞けば、この夜が私の万死一生、恐ろしいときであったというのは、〈福沢諭吉◆福翁自伝〉

類義語 九死一生《きゅうしいっしょう》

【万紫千紅】ばんしせんこう

⇒ 千紫万紅 せんしばんこう 392

【半死半生】はんしはんしょう

意味 ほとんど死にかかっていること。今にも死にそうで、やっと生きている状態。

補説 「半生半死《はんしょうはんし》」ともいう。

注意 「半死」は「はんじ」、「半生」は「はんせい」「はんじょう」とも読む。

出典 枚乗《ばいじょう》「七発《しちはつ》」

用例 しかしその酔《よい》が醒《さ》めた後の苦痛は、精神の疲弊《ひへい》と一緒に働いて、葉子を半死半生の堺《さかい》に打ちのめした。〈有島武郎◆或る女〉

類義語 気息奄奄《きそくえんえん》

【盤石之固】ばんじゃくのかため

意味 非常に堅固なこと。安定していて動揺しないことのたとえ。

補説 「盤石」は大きい岩。堅固なこと、安定して動かないことのたとえ。

注意 「磐石之固」とも書く。「固」は「かたき」「こ」とも読む。

出典 『荀子《じゅんし》』富国《ふこく》

類義語 盤石之安《ばんじゃくのあん》

【反首抜舎】はんしゅばっしゃ

意味 悲壮な思いで辛苦を重ねて、事に当たるたとえ。

補説 髪を振り乱し、哀れな姿で野宿することから。「反首」は頭髪を束ねず、乱し垂らしたさま。「抜舎」は野宿をすること。「抜」は草に寝る意。

出典 『春秋左氏伝《しゅんじゅうさしでん》』僖公《きこう》一五年

【万寿無疆】ばんじゅむきょう

意味 いつまでも長生きすること。長寿を祝う語。

補説 寿命に限りがない意から。「万寿」は万年の寿命の意。長生きすること。「無疆」はきわまりがない意。「万寿《ばんじゅ》疆《きわ》まり無《な》し」と訓読する。

出典 『詩経《しきょう》』豳風《ひんぷう》・七月《しちがつ》

類義語 南山之寿《なんざんのじゅ》

【万乗之君】ばんじょうのきみ

意味 天子、また、天皇のこと。

補説 兵車一万台を出すことのできる大国の君主の意。「乗」は四頭立ての戦車（兵車）を数える語で、「万乗」は兵車一万台の意。中国周代の制では兵車一乗には甲兵（武装した兵）三人、歩卒七十二人、輜重《しちょう》（荷物を運ぶ者）二十五人の合計百人がついたとされ、「万乗」では兵車一万台・百万人の兵力となる。「一天万乗《いってんばんじょう》」ともいう。類義の表現に「一天万乗の君《きみ》」「一天万乗の天子《てんし》」がある。（「一天」は天下中の意）

出典 『孟子《もうし》』公孫丑《こうそんちゅう》上

類義語 万乗之主《ばんじょうのしゅ》・万乗之尊《ばんじょうのそん》

【万乗之国】ばんじょうのくに

意味 兵車一万台を出す力をもつ大国。

補説 「乗」は四頭立ての戦車（兵車）を数える語で、「万乗」は兵車一万台の意。中国周代の制では兵車一乗には甲兵（武装した兵）三人、歩卒七十二人、輜重《しちょう》（荷物を運ぶ者）二十五人の合計百人がついたとされ、「万乗」では兵車一万台・百万人の兵力となる。（↓「千乗之国《せんじょうのくに》」393）

類義語 千乗之国《せんじょうのくに》

【半生半死】はんしょうはんし

⇒半死半生 はんしはんしょう 538

【伴食宰相】ばんしょくさいしょう

意味 実力が伴わない無能な大臣。無能な大官や職務を果たさない者のたとえ。また、地位にはあるが実権の伴わない大臣。

補説 「伴食」は主客のお供をしてごちそうになること。また、職務を果たさず俸給を受けること。「宰相」は大臣。「伴食大臣《ばんしょくだいじん》」ともいう。

故事 中国唐の盧懐慎《ろかいしん》は姚崇《ようすう》とともに国務をつかさどっていたが、役人としての能力は崇には及ばないと思い、何事においても崇にへりくだって、独断で事を処理することをしなかったので、人々が盧懐慎のことを「伴食宰相」と呼んだ故事から。

出典 『旧唐書《くとうじょ》』盧懐慎伝《ろかいしんでん》

類義語 尸位素餐《しいそさん》

【伴食大臣】ばんしょくだいじん

⇒伴食宰相 ばんしょくさいしょう 539

【班女辞輦】はんじょじれん

意味 中国漢の成帝が、班倢伃《はんしょうよ》を寵愛《ちょうあい》するあまり車に一緒に乗るよう言ったところ、班倢伃が「昔の絵画によれば、聖賢と呼ばれる君主はみなすぐれた臣下を従え、王朝の末期の天子はみなその側にお気に入りの女を侍《はべ》らせております」と言って断った故事。

補説 「班女」は前漢の班倢伃のことで、成帝の寵愛した人。倢伃は女官の位の名。「辞」は辞退する意。「輦」は人の引く車。手押し車。また、特に天子の乗る車。「班女《はんじょ》輦《れん》を辞《じ》す」と訓読する。

出典 『漢書《かんじょ》』孝成班倢伃伝《こうせいはんしょうよでん》、『蒙求《もうぎゅう》』の表題の一つ。

【万杵千砧】ばんしょせんちん

意味 あちらこちらから聞こえてくる、きぬたの音。また、きぬたを打つ多くの婦人のこと。

補説 「万」「千」は数の多いことを表す。「杵」はきぬたを打つ棒。「砧」はきぬた。布を打って柔らかくし、つやを出すのに用いる石や木の台。

出典『経国集《けいこくしゅう》』

【半信半疑】 はんしんはんぎ

意味 うそか本当か判断に迷う様子。信じきれないさま。

用例 当時フランスのものについて知識の極めて貧弱であった私は、実は、半信半疑であったのだが、ともかくフランマリオンの叢書《そうしょ》であるから、信用して買って帰った。〈三木清◆辞書の客観性〉

【半身不随】 はんしんふずい

意味 身体の左右どちらかが麻痺《まひ》して思うように動かないこと。

補説「半身」は、ここでは身体の右または左半分。「不随」は病気などで身体が思うように動かないこと。

用例 ときどき神経痛のために半身不随になるということを彼は聞いていたが、そんな時は一人でどうするのだろうと、その老衰した様子を見ながら彼は思った。〈堀辰雄◆恢復期〉

【万水千山】 ばんすいせんざん

⇒ 千山万水 せんざんばんすい 391

【半推半就】 はんすいはんしゅう

意味 心の中ではその気になっているのに、その気がないように見せかけること。また、物事をぐずぐずと決めかねている様子。

補説「推」は押しやる、辞退する意。「就」は近づく意。

出典『西廂記《せいしょうき》』四

【半睡半醒】 はんすいはんせい

⇒ 半醒半睡 はんせいはんすい 540

【万世一系】 ばんせいいっけい

意味 永久に一つの系統が続くこと。

補説 多く皇室・皇統についていう。「万世」は永久の意。「一系」は同じ血筋。

用例 我《わが》皇室が万世一系として永遠の過去から永遠の未来へと云《い》うことは、単に直線的と云うことではなく、永遠の今として、何処《どこ》までも我々の始であり終であると云うことでなければならない。〈西田幾多郎◆世界新秩序の原理〉

【半醒半睡】 はんせいはんすい

意味 意識が朦朧《もうろう》としているさま。

補説 半ば目覚め、半ば眠った状態。「醒」は目が覚める意。「睡」は眠る意。「半睡半醒《はんすいはんせい》」ともいう。

用例 復一は半醒半睡の朦朧状態で、仰向けに寝ていた。朦朧とした写真の乾板色の意識の板面に、真佐子の白い顔が大きく煙る眼《め》だけをつけてぽっかり現われたり、〈岡本かの子◆金魚撩乱〉

類義語 半覚半醒《はんかくはんせい》

【万世不易】 ばんせいふえき

意味 永久に変わらないこと。

補説「万世」は永久の意。「易」は変わる意。「万代不易《ばんだいふえき》」ともいう。

用例 永久なるべき文芸は、万世不易の根本的人情を描いたものであるなど言えど、〈金子筑水◆実生活と文芸〉

類義語 永久不変《えいきゅうふへん》・千古不易《せんこふえき》・千古不抜《せんこふばつ》・万古不易《ばんこふえき》

【万世不刊】 ばんせいふかん

意味 長く伝わって、いつまでも滅びないこと。永遠に残ること。

補説「万世」は永久の意。「不刊」は滅びないこと。磨滅しないこと。「刊」は削る意。昔は竹や木に漆で文字を書き、誤りや不要な部分は削り消したことからいう。

出典 揚雄《ようゆう》「十八侯銘《じゅうはちこうめい》」

類義語 万世不滅《ばんせいふめつ》・万代不刊《ばんだいふかん》

【万世不朽】 ばんせいふきゅう

意味 永久に滅びないこと。いつの世までも存在すること。いつまでも残ること。

補説「万世」は永久の意。「不朽」はいつまでも朽ちないこと。長くなくならないこと。

用例 またわれわれが『論語』や『聖書』を読み万世不朽の金言と称せらるる教訓に触れても、(中略)おのれの身にあてはめて考えるよりは、他人に応用する心地することがままある。〈新渡戸稲造◆自警録〉

類義語 永久不変《えいきゅうふへん》・百世不磨《ひゃくせいふま》

【版籍奉還】 はんせきほうかん〈―スル〉

意味 明治二(一八六九)年に、各藩主が領地と領民を朝廷に返還した政治改革。

補説 これにより、明治政府は全国の支配権を得て、藩主を知藩事に任命し、以降、「廃藩置県」（→518）など政府による中央集権化が進んだ。「版籍」は版図と戸籍。転じて、領地とその人民のこと。「奉還」は返上する意。
注意 「藩籍奉還」とも書く。
用例 半蔵らは最早《もはや》革新潮流の渦の中にいた。その勢は、一方に版籍奉還奏請の声となり、一方には神仏混淆《こんこう》禁止の叫びにまで拡《ひろ》がった。〈島崎藤村◆夜明け前〉

【万全之策】ばんぜんのさく
意味 完璧《かんぺき》で、手落ちのないはかりごと。
補説 「万全」は万に一つの手落ちもないこと。
出典 『魏志《ぎし》』劉表伝《りゅうひょうでん》
類義語 万全之計《ばんぜんのけい》

【万代不易】ばんだいふえき
⇒万世不易 ばんせいふえき 540

【半知半解】はんちはんかい
⇒一知半解 いっちはんかい 43

【反聴内視】はんちょうないし 〈―スル〉
意味 自分でよくよく反省すること。
補説 「反聴」は人の言葉を聞いてよく反省すること。「内視」はよく自分を省みること。
出典 『史記《しき》』商君伝《しょうくんでん》
類義語 反躬自省《はんきゅうじせい》・反躬自問《はんきゅうじもん》

【班田収授】はんでんしゅうじゅ
意味 律令《りつりょう》制で、一定の年齢に達した人民に一定面積の田地を分け与え、死後これを返納させる制度。
補説 中国唐代の均田法にならって大化改新後に行われたが、律令制の弛緩《しかん》とともに十世紀ごろには廃絶された。「班」は分ける、配分する意。

【万能一心】ばんのういっしん
意味 何事をするにも、心を集中して取り組まなければならないということ。また、あらゆる技芸をこなせても、真心が欠けていれば、何の役にも立たないということ。
補説 万能よりも真心が大切なことをいう。また、真心を込めてする意に用いられることもある。「万能足りて一心足らず」の略。
出典 『竹馬抄《ちくばしょう》』

【飯囊酒甕】はんのうしゅおう
意味 ただ生きているだけで、生涯を無為に過ごす人をののしっていう語。無知無能の人。
補説 飯ぶくろと酒がめの意で、いたずらに飯を食らい酒を飲むだけの人のことから。「飯囊」は飯を入れる袋。「酒甕」は酒を入れるかめ。「酒甕《しゅおう》飯囊《はんのう》」「酒囊飯袋《しゅのうはんたい》」ともいう。
出典 『顔氏家訓《がんしかくん》』誡兵《かいへい》
類義語 禽息鳥視《きんそくちょうし》・行尸走肉《こうしそうにく》・無芸大食《むげいたいしょく》

【万馬奔騰】ばんばほんとう
意味 勢いのきわめて盛んなさま。
補説 多くの馬が走ったり跳ねたりする意から。「奔」は勢いよく走る意。「騰」は高くとび跳ねる意。

【万万千千】ばんばんせんせん
意味 数の限りなく多いことの形容。
補説 数の多いことを表す「万」「千」を繰り返して強調した語。
出典 『論衡《ろんこう》』自然《しぜん》
類義語 幾千幾万《いくせんいくまん》

【叛服不常】はんぷくふじょう
意味 背いたり服従したりと、態度が定まらない様子。
補説 「叛」は背くこと。「服」は服従すること。一般に「叛服《はんぷく》常《つね》ならず」と訓読して用いる。
出典 蘇軾《そしょく》「司馬温公神道碑《しばおんこうしんどうひ》」
類義語 叛服無常《はんぷくむじょう》

【帆腹飽満】はんぷくほうまん
意味 舟の帆《ほ》が風をいっぱいに含んで膨らんでいるさま。
補説 「帆腹」は舟の帆。「飽満」は飽きるほど満腹に食べる意で、ここでは帆に風をいっぱい含むさま。軽快に進む様子をいう。
出典 陸游《りくゆう》「入蜀記《にっしょくき》」

【万物一馬】ばんぶついちば
意味 すべてのものは同一であるということのたとえ。
補説 すべてのものは一頭の馬である意から。相対的な知を否定し、唯一絶対の道から

は

すれば万物はすべて同一であるとする荘子《そうし》の思想。（→「万物斉同《ばんぶつせいどう》」542）
出典『荘子《そうじ》』斉物論《せいぶつろん》
類義語 天地一指《てんちいっし》・万物一斉《ばんぶついっせい》・万物一府《ばんぶついっぷ》・万物斉同《ばんぶつせいどう》

【万物一府】ばんぶつ いっぷ

意味 万物は皆同じであるということ。
補説 自分と天地・自然を一体とする価値観。「一府」は一つの蔵。
出典『荘子《そうじ》』天地《てんち》
類義語 天地一指《てんちいっし》・万物一馬《ばんぶついちば》・万物一斉《ばんぶついっせい》・万物斉同《ばんぶつせいどう》

【万物殷富】ばんぶつ いんぷ

意味 国が繁栄し、すべてが富み栄えて豊かなこと。
補説「殷」は盛んなこと。「殷富」は栄えて豊かなこと。
出典『史記《しき》』陸賈伝《りくかでん》

【万物斉同】ばんぶつ せいどう

意味 人の相対的な知を否定した荘子《そうし》の思想。
補説 人の認識は善悪・是非・美醜・生死など、相対的対立概念で成り立っているが、これを超越した絶対の無の境地に立てば、対立と差別は消滅し、すべてのものは同じであるとする説。「斉」は等しい意。
出典『荘子《そうじ》』斉物論《せいぶつろん》
類義語 天地一指《てんちいっし》・万物一馬《ばんぶついちば》・万物一斉《ばんぶついっせい》・万物一府《ばんぶついっぷ》

【万物逆旅】ばんぶつの げきりょ

意味 天地のこと。
補説「逆旅」は旅人が一時的に宿泊する旅館の意。「逆」は迎える意。天地はすべてのものが一時的に宿る場所であることから。
出典 李白《りはく》「春夜《しゅんや》桃李園《とうりえん》に宴《えん》する序《じょ》」

【万物流転】ばんぶつ るてん 〈―スル〉

意味 世の中のすべてのものは、常に変化してやまないということ。
補説「万物」は天地間のすべての存在。「流転」は変化してやまないこと。
用例 私は、「山上の館」で万物流転の法則を研究するよりも、一杯の「ファティアの夢」に酔って健康な己れを感じたい唯物至上派でございます。〈牧野信一◆ファティアの花鬘〉
類義語 諸行無常《しょぎょうむじょう》・生生流転《せいせいるてん》・流転無窮《るてんむぐう》

【万夫之望】ばんぷの ぼう

意味 天下万民に仰ぎ慕われること。また、その人。
補説「万夫」は多くの人々。万民。「望」は仰ぎ見る意。
注意「ばんぷののぞみ」とも読む。
出典『易経《えききょう》』繋辞《けいじ》下

【万夫不当】ばんぷ ふとう

意味 多くの人が立ち向かってもかなわないほどの剛強な人の形容。
補説「万夫」は多くの人々。「当」は敵対する意。「不当」は相手にならない、かなわないこと。「万夫《ばんぷ》当《あた》らず」と訓読する。
用例 剣を持っては万夫不当のかれではないから、無念や、そこへ追われてきた伊那丸《いなまる》と咲耶子《さやこ》のすがたを見ながら、〈吉川英治◆神州天馬侠〉

【繁文縟礼】はんぶん じょくれい

意味 礼儀や規則・形式などがこまごまして煩わしいこと。
補説「繁文」は規則などがこまごまと煩わしいこと。「文」はあや・飾り、また礼儀・規則の条文などの意。「縟礼」は込み入った礼儀作法のこと。「縟」は多すぎて煩わしい、込み入っている意。略して「繁縟」ともいう。
出典 元稹《げんじん》「王永太常博士《おうえいたいじょうはくし》の制」
用例 いわゆる慶応の改革がそれで、二百年間の繁文縟礼が非常な勢で廃止され、上下共に競って西洋簡易の風に移ったのも皆その結果であった。〈島崎藤村◆夜明け前〉

【万邦無比】ばんぽう むひ 〈―ナ〉

意味 すべての国を通じて、並ぶものがないほどすぐれていること。
補説「万邦」はあらゆる国、万国。「無比」は他に比べるもののないさま。
用例 万邦無比の国体だから古来の名作だけについて考えてみても数々のものが古くから散じたり、滅びたりしないでちゃんと残っている。〈上村松園◆余齢初旅〉

【反哺之孝】 はんぽのこう

(意味) 子が親の恩に報いて孝養を尽くすこと。親孝行のたとえ。

(補説)「反哺」は、餌《えさ》を返し与える意。カラスは幼いときに親が口移しで餌を与えてくれた恩を忘れず、成長すると親に餌を与えてその恩を返すことをいう。「哺」は口の中の食物。「孝」は親孝行の意。「反哺之羞《はんぽのしゅう》」ともいう。

(類義語) 烏鳥私情《うちょうのしじょう》・三枝之礼《さんしのれい》・慈烏反哺《じうはんぽ》・反哺之心《はんぽのこころ》

【反哺之羞】 はんぽのしゅう

⇒ 反哺之孝 はんぽのこう 543

【反面教師】 はんめんきょうし

(意味) 悪い面の見本で、そうなってはいけないと教えられ、反省の材料となるような人や事例のこと。

(補説) 言行が、そうしてはいけないという反対の面から人の教育に役立つのでいう。

(類義語) 他山之石《たざんのいし》・反面教員《はんめんきょういん》

【半面之識】 はんめんのしき

(意味) ほんの少し会っただけの人を、よく覚えていること。また、少し会った程度の浅い知り合い。

(補説) 「半面」は顔の半分の意。少し見かけること。「半面識」ともいう。

(故事) 中国後漢の応奉は、二十歳のとき、扉を開けて顔を半分出した人を見かけたが、数十年の後、路上でその人を見かけて声を掛けたという故事から。

(出典) 『後漢書《ごかんじょ》』応奉伝《おうほうでん》・注

(用例) はたと行き逢《あ》いたる二人の一人は目から鼻へぬける様な通人の林田翰長《かんちょう》、半面の識もあればと一礼するに、何しに来たと云《い》う様な冷瞥《れいべつ》を頭から浴せられ、そこそこに退陣しつ。〈徳冨蘆花◆燕尾服着初の記〉

(類義語) 半面之雅《はんめんのが》・半面之旧《はんめんのきゅう》

【万目睚眥】 ばんもくがいさい

⇒ 万目睚眥 まんもくがいさい 613

【反目嫉視】 はんもくしっし 〈―スル〉

⇒ 嫉視反目 しっしはんもく 289

【煩悶懊悩】 はんもんおうのう 〈―スル〉

⇒ 懊悩煩悶 おうのうはんもん 83

【煩悶憂苦】 はんもんゆうく

(意味) もだえ苦しんだり、いろいろと思い煩ったりすること。

(補説) 「煩悶」は、煩いもだえること。「憂苦」は憂え苦しむこと。

(用例) 得ようと思えば得られた愛を棄《す》てて今日の不平不愉快を求めて買ったのは全く自分の罪過だ―と斯《こ》う覚悟《あきら》めると其《その》応報としても煩悶憂苦は忍ばねばならぬ様な気がして、〈内田魯庵◆くれの廿八日〉

【班門弄斧】 はんもんろうふ

(意味) 自分の力をわきまえないこと。

(補説) 名大工、公輸班《こうしゅはん》の家の門前で斧《おの》を振るってみせることから。「班」は中国春秋時代、魯《ろ》の国の名匠公輸班のこと。「班門《はんもん》に斧《おの》を弄《もてあそ》ぶ」と訓読する。

(出典) 柳宗元《りゅうそうげん》「王氏伯仲《おうしはくちゅう》唱和《しょうわ》する の詩《し》」序

【盤楽遊嬉】 ばんらくゆうき

(意味) 大いに遊び楽しむこと。

(補説) 「盤楽」も「遊嬉」もともに遊び楽しむ、遊び戯れる意。類義の語を重ねて意味を強めたもの。

(用例) 盤楽遊嬉の物といえども、よくその内情を探りて、その帰する所の効能を察すれば、また以《もっ》て文明中の箇条に入るべきもの多し。〈福沢諭吉◆文明論之概略〉

【汎濫停蓄】 はんらんていちく

(意味) 学識が広く深いことの形容。

(補説) 水があふれるほど蓄えられている意から。「汎濫」は水があふれる意から、学識が広くあふれること。「停蓄」は水が深くたまる意で、学識が蓄えられて深いこと。

(出典) 韓愈《かんゆ》「柳子厚墓誌銘《りゅうしこうぼしめい》」

【万里長風】 ばんりちょうふう

(意味) 雄大さ、雄々しさを形容する語。

(補説) 「万里」ははるかかなたのこと。「長風」ははるかかなたまで吹く風の意。もとは、はるかかなたまで吹く風に乗るかのように、大業を成し遂げようとする意。

(用例) 有川君が聡明剛介《そうめいごうかい》の志をもって腰

纏万金《ようてんばんきん》の資を携《ひっさ》げて墨西哥《メキシコ》に渡航せらるるは鵬翼《ほうよく》に乗じて万里長風に駕《が》するもので〈内田魯庵◆くれの廿八日〉
類義語 長風破浪《ちょうふうはろう》

【万里同風】 ばんりどうふう

意味 天下が統一されること。また、世の中が平和に治まること。
補説 天下が統一されて平和に治まり、はるか遠くまで風俗・文化が同じになる意から。「万里」ははるかかなたのこと。「同風」は同じ風俗になることで、天下が統一される意。「風」は風俗の意。「万里《ばんり》、風《ふう》を同《おな》じうす」と訓読する。
出典 『漢書《かんじょ》』終軍伝《しゅうぐんでん》
用例 災難にかけては誠に万里同風である。浜の真砂《まさご》が磨滅して泥になり、野の雑草の種族が絶えるまでは、災難の種も尽きないというのが自然界人間界の事実であるらしい。〈寺田寅彦◆災難雑考〉
類義語 千里同風《せんりどうふう》

【万里之望】 ばんりののぞみ

意味 立身出世を望むこと。また、その望み。
補説 はるかかなたを望む、また、はるか遠くにかける希望の意から。「万里」ははるかかなたのこと。「望」は希望・願い。
出典 『文選《もんぜん》』応璩《おうきょ》「侍郎《じろう》の曹長思《そうちょうし》に与《あた》うる書《しょ》」

【万里鵬程】 ばんりほうてい

⇒ 鵬程万里 ほうていばんり 601

【万里鵬翼】 ばんりほうよく

意味 はるか遠く隔たった広い天空、旅路などのたとえ。また、非常に大きな気概や勢いのたとえ。
補説 「万里」ははるかかなたのこと。「鵬」は想像上の巨大な鳥。背中の広さは何千里あるか分からず、つむじ風を起こして九万里の上空に舞い上がるという。
出典 『荘子《そうじ》』逍遥遊《しょうようゆう》
類義語 鵬程万里《ほうていばんり》

【攀竜附驥】 はんりょうふき

⇒ 攀竜附鳳 はんりょうふほう 544

【攀竜附鳳】 はんりょうふほう

意味 すぐれた君主に付き従って勲功をたてること。有力者やすぐれた人物に付き従って出世しようとするたとえ。
補説 竜につかまり鳳凰《ほうおう》にしがみつく意から。「攀」はつかまる、すがりつく意。「鳳」は鳳凰。「竜《りょう》に攀《よ》じ鳳《ほう》に附《つ》く」と訓読する。「攀竜附驥《はんりょうふき》」ともいう。
注意 「はんりゅうふほう」とも読む。
出典 『揚子法言《ようしほうげん》』淵騫《えんけん》

【万緑一紅】 ばんりょくいっこう

意味 多くの平凡なものの中に、一つだけすぐれたものがあるたとえ。また、たくさんの男性の中にただ一人女性がいるたとえ。また、その女性。
補説 一面の緑の草むらの中の一輪の紅《あか》い花の意から。「紅一点」ともいう。出典としては、明《みん》代の『書言故事《しょげんこじ》』に王安石の詩「柘榴《ざくろ》を詠《えい》ず」とあるが、確認ができず、一説には唐人の作ともされる。

【煩労汚辱】 はんろうおじょく

意味 煩わしい苦労や恥のこと。
補説 「煩労」は煩わしい骨折りの意。「汚辱」ははずかしめ・恥のこと。
用例 精神的には導かれ守られる代りに、世俗的な煩労汚辱を一切己《おの》が身に引受けること。僭越《せんえつ》ながら之《これ》が自分の務だと思う。〈中島敦◆弟子〉

【ひ】

【美意延年】 びいえんねん

意味 心を楽しませて、つまらないことに悩まなければ、自然と長寿を保てること。
補説 「美」は「楽」に同じで、楽しむ、楽しませる意。「意」は心。「延年」は寿命を延ばす意で、長生きをすること。「意《い》を美《たの》しむれば年《とし》を延《の》ばす」と訓読する。
出典 『荀子《じゅんし》』致士《ちし》

【贔屓偏頗】 ひいきへんぱ

意味 自分の気に入った者を、特に目をかけてかわいがり、公平でないこと。えこひいき。
補説 「贔屓」は気に入った者に、特に肩入れし応援する意。「偏頗」はかたよって不公平なさま。

注意「贔負偏頗」とも書く。「ひいきへんば」とも読む。

【靡衣婾食】《びいとうしょく》 〈—スル〉

意味 美しい服を好み、一時の食をむさぼって、将来を考えないこと。

補説「靡」は華やかの意。「婾」はかりそめの意。「婾食」は飯さえ食べられればよいということで、希望のない暮らしを送る意。

出典『史記抄《しきしょう》』一一

【皮開肉綻】《ひかいにくたん》

意味 けがのひどい様子をいう。

補説 皮膚が破れ、肉が裂ける意から。特に、拷問や刑罰の際に用いる。「綻」は裂ける意。「皮《かわ》開《ひら》き肉《にく》綻《ほころ》ぶ」と訓読する。

出典『胡蝶夢《こちょうのゆめ》』第二折

類義語 皮開肉破《ひかいにくは》

【被害妄想】《ひがいもうそう》

意味 他人から、ありもしない危害を受けていると思い込むこと。

補説「妄想」は根拠もないのに、あることを真実と確信し、いくらその誤りを立証しても承知しないこと。精神疾患にしばしば見られる。

用例 言わなければわからぬという興ざめの事実。卑屈は、恥に非《あら》ず。被害妄想と一般に言われている心の状態は、必ずしも精神病でない。〈太宰治◆みみずく通信〉

【悲歌慷慨】《ひかこうがい》 〈—スル〉

意味 社会の乱れや自分の不運などを悲壮に歌い、憤り嘆くこと。壮烈な気概のたとえ。

補説「悲歌」は悲痛な気持ちで歌う意。「慷慨」は憤り嘆くこと。「慷慨悲歌《こうがいひか》」ともいう。

出典『史記《しき》』項羽紀《こううき》

用例 政論には客気の悲歌慷慨論多く、品行においては大塊肉を喫し大椀《だいわん》酒を飲むということで、〈山路愛山◆経済雑論〉

類義語 慷慨憤激《こうがいふんげき》・悲憤慷慨《ひふんこうがい》

【悲歌悵飲】《ひかちょういん》 〈—スル〉

意味 悲壮に歌い、嘆きながら酒盛りをすること。

補説「悲歌」は悲痛な気持ちで歌う意。「悵飲」は悲しみ嘆きながら酒を飲む意。

用例 然《しか》るに虞美人《ぐびじん》の涙に悲歌悵飲して眷々《けんけん》別るるに忍びなかッたは鉄作の心も恃《あて》にならぬと我々は常に人間の愚劣なのを憐《あわれ》んでおる。〈内田魯庵◆くれの廿八日〉

【被褐懐玉】《ひかつかいぎょく》

意味 すぐれた才能を秘めているたとえ。

補説 うわべは粗末な服を着ていながら、ふところに玉を隠している意から。すぐれた才能を表に現さず、包み隠しているということ。「被」はまとう、「褐」は粗末な衣服の意。「懐」はふところにする意。「褐《かっ》を被《こうむ》り玉《たま》を懐《いだ》く」と訓読する。

出典『老子《ろうし》』七〇

類義語 自己韜晦《じことうかい》・韜光晦迹《とうこうかいせき》・被褐懐宝《ひかつかいほう》

【飛花落葉】《ひからくよう》

意味 絶えず移り変わるこの世の、無常なことのたとえ。

補説 春に咲く花も風に吹かれて散り、青葉もやがて枯れ落ちる意から。

用例 兎《と》に角あの婦人が急にそんな病気になった事を考えると、実に飛花落葉の感慨で胸が一杯になって、総身の活気が一度にストライキを起した様に元気がにわかに滅入《めい》って仕舞いまして、〈夏目漱石◆吾輩は猫である〉

【眉間一尺】《びかんいっしゃく》

意味 両眉《まゆ》の間、また、額が広いこと。賢人の相のたとえ。

補説「眉間」は両眉の間。また、額。「尺」は中国戦国時代以前では、約二二・五センチメートル。

出典『呉越春秋《ごえつしゅんじゅう》』王僚使公子光伝《おうりょうしこうしこうでん》

【媚眼秋波】《びがんしゅうは》

意味 美人のなまめいた、媚《こ》びるような目つきのこと。

補説「媚眼」はなまめかしい目つきの意。「秋波」は秋の澄みきった波から、美人の澄んだ目もとの意。転じて、媚びる目つき、色目、流し目のことをいう。

ひ

【悲歓離合】ひかんりごう

意味 人生におけるさまざまな場面・心情のこと。

補説 悲しみと歓《よろこ》び、別れと出会いの意から。「離合悲歓《りごうひかん》」ともいう。

出典 蘇軾《そしょく》―詞「水調歌頭《すいちょうかとう》」

類義語 悲歓合散《ひかんがっさん》

【被官郎党】ひかんろうとう

意味 武士やその家来のこと。

補説 「被官」は大名や小名など上級の武士に直属した下級武士。「郎党」は武士の従僕で、主人と血縁関係がなく、所領ももたない者。

注意 「被官」は「被管」、「郎党」は「郎等」とも書く。

用例 嗚呼《ああ》、被官郎党の日頃《ひごろ》寵《ちょう》に誇り恩を恣《ほしいまま》にせる者、そも幾百千人の多きぞや。〈高山樗牛◆滝口入道〉

【悲喜交交】ひきこもごも

意味 悲しみと喜びを、代わる代わる味わうこと。また、悲しみと喜びが入り交じっていること。

用例 九州の青年の多くが、その青雲を志し成功を夢みて、奔流する水道を、白波たつ波頭を蹴散らし蹴散らし、いささかのセンチを目に浮べて、悲喜交々、闘志を抱いて渡る関門の海峡を、逆に白波を追っていた連絡船の中で、夢野久作の正体を発見したのである。〈青柳喜兵衛◆夢の如く出現した彼　夢野久作氏を悼む〉

類義語 悲喜交集《ひきこうしゅう》

【非義非道】ひぎひどう

意味 義理や道理を欠いた、人の道に反する行為。

補説 「非義」は正義・義理に背くこと。「非道」は道理や人の道に外れる意。「道」は人が守り行うべき正しい生き方、道理の意。

用例 彼等《かれら》の非義非道を働いて暴利を貪《むさぼ》る所以《ゆえん》の者は、やはり旨《うま》いものを食い、好《よ》い女を自由にして、好きな栄耀《えよう》がして見たいと云《い》う、唯《ただ》それだけの目的より外に無いのだ〈尾崎紅葉◆金色夜叉〉

類義語 不義不正《ふぎふせい》・不義不貞《ふぎふてい》

【卑躬屈節】ひきゅうくっせつ

意味 節操なく主義を変えて、人にこびへつらうこと。

補説 「躬」は「身」に同じで、「卑躬」は腰をかがめて頭を下げること。人にへつらうさま。「屈節」は自分の主義や主張、また節を曲げること。「躬《み》を卑《いや》しくし節《せつ》を屈《くっ》す」と訓読する。

類義語 阿諛追従《あゆついしょう》・卑躬屈膝《ひきゅうくっしつ》

【匪躬之節】ひきゅうのせつ

意味 自分の利害を顧みないで尽くす忠節のこと。

補説 「匪躬」は自分の利害や得失を無視すること。「匪」は「非」、「躬」は「身」に同じ。

出典 『易経《えききょう》』蹇《けん》 ◎「王臣蹇蹇《けんけん》たり、躬《み》の故《ゆえ》に匪《あら》ず」

【卑怯千万】ひきょうせんばん 〈―ナ〉

意味 卑劣この上ないさま。甚だしく性根が卑しいさま。

補説 「卑怯」は心立てがずるく卑しいさま。卑劣なさま。「千万」は接尾語で、この上ない、程度の甚だしい意。

用例 雖然《しかし》長年の贔屓《ひいき》であッて見れバ、まず愛相を尽《つか》す前に十分勧告をして、卑怯千万な虚偽《いつわり》の申立《もうしたて》などハ、命に換えても為《さ》せん積《つもり》だ。〈泉鏡花◆義血侠血〉

【披荊斬棘】ひけいざんきょく

意味 大きな困難を克服しながら進むたとえ。

補説 いばらを切り開いて進む意。「荊」「棘」はともに、いばらのこと。とげのあることから困難のたとえ。「披」は切り開く意。「斬」は切る意。「荊《けい》を披《ひら》き棘《きょく》を斬《き》る」と訓読する。

出典 『後漢書《ごかんじょ》』馮異伝《ふういでん》

【比肩継踵】ひけんけいしょう

意味 多くの人があとからあとへと次々に続くさま。

補説 「比肩」は肩を並べる意から、同等であること。匹敵すること。「踵」はかかと。「継踵」はかかとを接して続くこと。「肩《かた》を比《なら》べ踵《くびす》を継《つ》ぐ」と訓読する。「摩肩接踵《まけんせっしょう》」ともいう。

出典 『晏子春秋《あんししゅんじゅう》』内篇《ないへん》・雑《ざっ》下

類義語 揮汗成雨《きかんせいう》・肩摩轂撃《けんまこくげき》・比肩随

踵《ひけんずいしょう》・比肩接踵《ひけんせっしょう》

【被堅執鋭】 ひけんしつえい

意味 堅固なよろいを身にまとい、鋭利な武器を持つこと。

補説 多く将軍が自ら前線で敵に当たる意に用いられた。「被堅」は堅いよろいを身につけること。「執鋭」は鋭い武器を持つこと。「堅《けん》を被《こうむ》り鋭《えい》を執《と》る」と訓読する。

注意 「披堅執鋭」とも書く。「ひけんしゅうえい」とも読む。

出典 『戦国策《せんごくさく》』楚策《そさく》

【微言大義】 びげんたいぎ

意味 簡潔な言葉の中に、深い意味や道理が含まれていること。微妙な表現の中に含まれた奥深い道理。

補説 「微言」は微妙な言葉、奥深い言葉の意。「大義」は、ここでは大切な意味の意。もと孔子の言葉について評した語。また、孔子が筆削したとされる『春秋《しゅんじゅう》』の記述の法をいった語。

出典 『文選《もんぜん》』劉歆《りゅうきん》「書《しょ》を移《うつ》して太常博士《たいじょうはくし》を譲《せ》む」

用例 公羊学派《くようがくは》は勿論《もちろん》清朝《しんちょう》の学派中では考証を主としたのでは無く、考拠を離れて微言大義から観察を下したものであって、観察には鋭利な所があるが、其《その》判断の基礎となっているものは全く公羊学説である。〈内藤湖南◆尚書稽疑〉

類義語 意在言外《いざいげんがい》・一字褒貶《いちじほうへん》・意味深長《いみしんちょう》・春秋筆法《しゅんじゅうのひっぽう》・微言精義《びげんせいぎ》・筆削褒貶《ひっさくほうへん》・皮裏陽秋《ひりのようしゅう》

【備荒貯蓄】 びこうちょちく

意味 凶年の備えとして作物・金銭などをたくわえておくこと。また、そのたくわえ。

補説 「備荒」は凶作や災害に対して準備しておくこと。

【避坑落井】 ひこうらくせい

意味 一つの災難を乗り越えても、すぐに次の災難がやって来ることのたとえ。

補説 穴に落ちないように、注意深く脇《わき》に寄って通り過ぎたのに、井戸に落ちてしまう意から。「坑」は地に掘った穴、「井」は井戸の意。「坑《こう》を避《さ》け井《せい》に落《お》つ」と訓読する。

出典 『晋書《しんじょ》』褚翜伝《ちょしゅうでん》

類義語 避井入坎《ひせいにゅうかん》・避井落坑《ひせいらくこう》

【飛耳長目】 ひじちょうもく

意味 物事の観察に鋭敏で、見聞が広く精通していること。観察力や情報の収集力があり、物事に通じていることの形容。

補説 「飛耳」は遠くのことを聞くことができる耳。「長目」は遠くまでよく見通す目。「長目飛耳《ちょうもくひじ》」ともいう。

出典 『管子《かんし》』九守《きゅうしゅ》

用例 また、清盛《きよもり》入道の飛耳長目―六波羅童《わっぱ》と呼んで市人《まちびと》に恐れられている赤い直垂《ひたたれ》を着た十四、五歳の少年らが〈吉川英治◆親鸞〉

類義語 鳶目兎耳《えんもくとじ》

【誹刺諷誡】 ひしふうかい

意味 他人についてあれこれと批判を加え、遠まわしに戒めること。

補説 「誹刺」は他人のことを悪くいう意。「諷誡」はそれとなく遠まわしに戒める意。

注意 「誹刺」は「非刺」、「諷誡」は「風戒」とも書く。

用例 されば模写主意の小説には、求めずして誹刺諷誡の法そなわり、暗に人を教化するの力あり。〈坪内逍遥◆小説神髄〉

【美酒佳肴】 びしゅかこう

意味 非常においしいごちそうのこと。

補説 「美酒」はおいしい酒、「佳肴」はうまいさかな、おいしい料理の意。

用例 寝台には赤い小さな机が置かれ、その上に美酒佳肴がならべられて、数刻前から客を待ち顔である。〈太宰治◆竹青〉

類義語 肥肉厚酒《ひにくこうしゅ》・肥肉大酒《ひにくたいしゅ》

【美鬚豪眉】 びしゅごうび

意味 強く立派な男の形容。

補説 「美鬚」は美しいひげの意。「豪眉」は太く豪快な眉《まゆ》のこと。

注意 「美須豪眉」とも書く。

出典 『後漢書《ごかんじょ》』文苑《ぶんえん》・趙壱伝《ちょういつでん》

【悲傷憔悴】 ひしょうしょうすい 〈―スル〉

意味 悲しみのあまり、憂いやつれること。

補説 「悲傷」は悲しみいたむこと。「憔悴」は憂い苦しんでやつれ衰えること。

ひ

出典 蘇轍《そてつ》「黄州快哉亭記《こうしゅうかいさいていのき》」

【非常之功】ひじょうのこう

意味 普通の人と違ったすばらしい功績。きわめてすぐれた勲功のこと。

補説「非常」は普通ではない、人並みすぐれた物事の意。「功」はすぐれた手柄のこと。

出典『文選《もんぜん》』司馬相如《しばしょうじょ》「蜀《しょく》の父老《ふろう》を難《なん》ず」

類義語 非常之勲《ひじょうのくん》

【非常之人】ひじょうのひと

意味 またとない逸材。卓越した能力をもった人物のこと。

補説「非常」は普通ではない、人並みすぐれた物事の意。

出典『文選《もんぜん》』司馬相如《しばしょうじょ》「蜀《しょく》の父老《ふろう》を難《なん》ず」

類義語 国士無双《こくしむそう》・非常之士《ひじょうのし》

【飛絮漂花】ひじょひょうか

意味 女性がつらい境遇にあって、あてもなく苦労するさま。

補説 遊女などに身を落とし、心頼みもなく苦労する女性のたとえ。「飛絮」は風に飛ぶ柳のわた。あてもなく漂うたとえ。「漂」は漂う意。「花」は女性をたとえたもの。

類義語 飛絮流花《ひじょりゅうか》

【美辞麗句】びじれいく

意味 巧みに美しく飾った言葉。うわべだけ飾った内容の乏しく真実味のない言葉の意。

補説「辞」は言葉・言語。「麗句」は美しい語句の意。

用例 美辞麗句必ずしも戯曲とならず、日常の自然な会話、常に、生命ある劇的文体とならないのは、以上の関係を無視した結果であって、詩人として、また小説家として立流な才能ある人々でも、一旦戯曲の筆を取ると、思うように「場面」が生きて来ない〈岸田國士◆「せりふ」について〉

【美人薄命】びじんはくめい

意味 美しい人は、とかく病弱であったり、数奇な運命にもてあそばれたりして、短命な者が多いということ。

補説「薄命」は不幸せの意。主に短命なことをいう。

用例 美人薄命というが、オレがキリョウ好みをしたのが思えば失敗のモトであろう。〈坂口安吾◆明治開化 安吾捕物〉

類義語 佳人薄命《かじんはくめい》・才子多病《さいしたびょう》

【披星戴月】ひせいたいげつ

意味 朝早くから夜遅くまで、懸命に働くさま。また、昼夜を分かたず急いで行くさま。

補説 朝は星の出ている暗いうちから、夜は月が高く昇るころまでの意から。「披星」は星をかぶる意で、早朝。「戴月」は月をいただく意で、夜遅く。「星《ほし》を披《かぶ》り月《つき》を戴《いただ》く」と訓読する。「戴月披星《たいげつひせい》」ともいう。

出典 呂岩《りょがん》─詩「七言《しちごん》」

類義語 夙興夜寝《しゅくこうやしん》・夙興夜寐《しゅくこうやび》・披星帯月《ひせいたいげつ》・巫馬戴星《ふばたいせい》

【尾生之信】びせいのしん

意味 いったん交わした約束は固く守ること。また、融通がきかず、ばか正直なこと。

補説「尾生」は中国春秋時代の人の名。「信」は信義・信実の意。「抱柱之信《ほうちゅうのしん》」ともいう。

故事 中国春秋時代、魯《ろ》の国の尾生という男が一人の女性と橋の下で会う約束を交わしたが、相手は現れず、そのうち大雨で川が増水してきた。しかし尾生はその場を立ち去らず、女性との約束を守りとおし、ついに橋の柱に抱きついたままおぼれ死んだという故事から。

出典『荘子《そうじ》』盗跖《とうせき》

【匪石之心】ひせきのこころ

意味 志操堅固な動揺しない心のこと。心や志の堅いたとえ。

補説「匪」は「非」に同じ。心が堅く、石ころのように転がしてその位置を変えることはできない意。

出典『詩経《しきょう》』邶風《はいふう》・柏舟《はくしゅう》

類義語 鉄心石腸《てっしんせきちょう》・鉄石之心《てっせきのこころ》・鉄腸石心《てっちょうせきしん》

【飛雪千里】ひせつせんり

意味 吹雪の激しいことの形容。

補説「飛雪」は雪が風に乗って飛ぶこと。「千里」は遠くの意。雪が風によって、千里のかなたへ飛ばされること。

出典『楚辞《そじ》』招魂《しょうこん》 ◎「増氷《ぞうひょう》は峨峨《がが》として飛雪千里なり」

【皮相浅薄】 ひそうせんぱく 〈―ナ〉

意味 物事の見方や考え方がうわべだけで、浅く不十分なさま。

補説 「皮相」はうわべ・上っ面・表面。「浅薄」は浅くて薄っぺらなさま、あさはかなさま。「浅薄皮相《せんぱくひそう》」ともいう。

類義語 皮膚之見《ひふのけん》

【非僧非俗】 ひそうひぞく

意味 僧でもなく、俗人でもない、ということ。

補説 念仏弾圧のため僧籍を剝奪されて越後《えちご》に遠流《おんる》になった親鸞《しんらん》が、自らの立場を宣言した語。体制仏教にも属さず、俗人ともならず、世俗の現実の中で仏道を歩むという意を示す。ここから親鸞は、自ら「愚禿《ぐとく》親鸞」と名乗った。

出典 『教行信証《きょうぎょうしんしょう》』後序

【悲壮淋漓】 ひそうりんり 〈―タル〉〈―ト〉

意味 悲しみの中にも、勇ましさ・意気があるさま。

補説 「悲壮」は悲しみの中にも雄々しいところもあるさま。「淋漓」は勢いのあふれるさま。

用例 小説といえるものは、千変万化の世態を描写し、千変万化の情趣を写して、毫末遺漏《ごうまついろう》なからんことをば其《その》務めとはなすものなるから、富麗の文あり、豪宕《ごうとう》の文あり、或《ある》いは悲壮淋漓たる、或いは優婉閑雅《ゆうえんかんが》なるあり。〈坪内逍遥◆小説神髄〉

【肥大蕃息】 ひだいはんそく 〈―スル〉

意味 物がますます肥えて大きくなり、盛んにふえること。

補説 「肥大」は肥え太ること。「蕃息」は繁殖する、茂りふえること。

出典 韓愈《かんゆ》「柳州羅池廟碑《りゅうしゅうらちびょうひ》」

類義語 肥大繁殖《ひだいはんしょく》

【尾大不掉】 びだいふとう

意味 上の者が下の者を制御できないこと。

補説 「尾大」は尾が大きいこと。「掉」は振り動かす意。尾が大き過ぎると自分の力では振り動かせない意から、臣下の勢力が強大なために君主の制御ができないたとえ。「尾《お》大《おお》きくして掉《ふ》れず」と訓読する。

出典 『春秋左氏伝《しゅんじゅうさしでん》』昭公《しょうこう》一一年

用例 山陽外史、足利《あしかが》の政《まつりごと》を評して尾大不掉とて、その大失策とせり。〈福沢諭吉◆文明論之概略〉

【飛短流長】 ひたんりゅうちょう

意味 根拠のないうわさをまき散らし、悪意をもって中傷すること。

補説 「飛」「流」は根拠がないこと。「長」「短」は是非・優劣。

出典 沈亜之《しんあし》「韓北渚《かんほくしょ》の江西《こうせい》に赴《おもむ》くを送《おく》るの序《じょ》」

類義語 飛流短長《ひりゅうたんちょう》

【秘中之秘】 ひちゅうのひ

意味 非常に大事な秘密のこと。

補説 秘密の中でも、特に守りたい秘密という意味。

【必求壟断】 ひっきゅうろうだん

意味 利益を独り占めすること。

補説 「壟断」は小高い丘の高く切り立ったところ。転じて、利益を独占するたとえ。「必《かなら》ず壟断《ろうだん》を求《もと》む」と訓読する。

注意 「必求竜断」「必求隴断」とも書く。

故事 昔、ある商人が、切り立った見晴らしのよい丘に登り、市場の商品の動きを観察して、商品を売るのに適して儲《もう》かりそうな所を見つけては、そこへ行き利益を独占したという故事から。

出典 『孟子《もうし》』公孫丑《こうそんちゅう》下

【畢竟寂滅】 ひっきょうじゃくめつ

意味 究極の悟りの境地に達すること。究極の安らぎ。

補説 仏教語。「畢竟」は究極のこと。「寂滅」は煩悩の火がすべて消えた心の究極の静けさ。悟りの境地のこと。

出典 『維摩経《ゆいまきょう》』

【筆硯紙墨】 ひっけんしぼく

⇒ 筆墨硯紙 ひつぼくけんし 550

【筆耕硯田】 ひっこうけんでん

意味 文筆で暮らしを立てること。

補説 文筆家の硯《すずり》を農夫の田に見立てて、筆で硯の田を耕す意。

類義語 心織筆耕《しんしょくひっこう》・傭書自資《ようしょじし》

ひ

【筆削褒貶】ひっさくほうへん〈—スル〉

意味 文章の筆法で、物事を批評する態度が中正で厳しいこと。

補説 もと孔子が編んだといわれる五経《ごきょう》の一つ『春秋《しゅんじゅう》』の筆法を評した語。「筆削」は詩や文章の語句に書き加えるべきものは書き加え、取り去るべきところは削ること。添削。「褒貶」は褒めるべきところは褒め、けなすべきところはけなすこと。

類義語 一字褒貶《いちじほうへん》・春秋筆法《しゅんじゅうのひっぽう》・微言大義《びげんたいぎ》・皮裏陽秋《ひりのようしゅう》

【匹夫之勇】ひっぷのゆう

意味 深く考えず、ただがむしゃらに血気にはやるだけの勇気。小人《しょうじん》の勇気。

補説 「匹夫」は身分の低い男の意。転じて、思慮の浅い修養の足りない小人をいう。

出典 『孟子《もうし》』梁恵王《りょうけいおう》下

類義語 血気之勇《けっきのゆう》・小人之勇《しょうじんのゆう》・猪突猛進《ちょとつもうしん》・暴虎馮河《ぼうこひょうが》

【匹夫匹婦】ひっぷひっぷ

意味 身分の低い男と女。また、教養がなく、道理をわきまえない者たちのこと。

補説 封建的な身分制度下で使われた言葉。「匹夫」は身分の低い、教養のない男、「匹婦」は身分の低い、道理をわきまえない女の意。転じて、平凡なつまらぬ男女のことをいう。

出典 『論語《ろんご》』憲問《けんもん》

用例 歴史及び伝説中の偉大なる人物に対する敬虔《けいけん》の心を転じて之《これ》を匹夫匹婦が陋巷《ろうこう》の生活に傾注することを好んだ。〈永井荷風◆申訳〉

【筆墨硯紙】ひつぼくけんし

意味 文房具・筆記具のこと。

補説 「筆」「墨」「硯」「紙」は、それぞれふで・すみ・すずり・かみのこと。この四つは文房具の中で最もよく使われたことから、文房具を表す語となった。「筆硯紙墨《ひっけんしぼく》」ともいう。

類義語 文房四宝《ぶんぼうしほう》

【必由之路】ひつゆうのみち

意味 人が守り従わなければならない道。

補説 人が必ず通過しなければならない道の意から。「由」は経由する、従う意。「路」は道に同じ。

出典 『論語《ろんご》』雍也《ようや》・集注《しっちゅう》

類義語 必経之路《ひっけいのみち》

【筆力扛鼎】ひつりょくこうてい

意味 文章が力強いこと。

補説 筆の力が、鼎《かなえ》を持ち上げるほどに強いという意から。「筆力」は文章の勢いのこと。「扛鼎」は鼎を持ち上げること。鼎は食物を煮るのに用いる金属製の容器で、三本の足を持つ。「筆力《ひつりょく》鼎《かなえ》を扛《あ》ぐ」と訓読する。

出典 韓愈《かんゆ》—詩「病中《びょうちゅう》張十八《ちょうじゅうはち》に贈《おく》る」

【篳路藍縷】ひつろらんる

意味 苦労して物事を始めるたとえ。貧しく低い地位から身を起こし、苦難に耐えて事業を始めるたとえ。また、倹約を心掛けた生活をするたとえ。

補説 「篳路」は柴《しば》で作った粗末な車のこと。「藍縷」はぼろの着物のこと。

出典 『春秋左氏伝《しゅんじゅうさしでん》』宣公《せんこう》一二年

【人之安宅】ひとのあんたく

意味 仁徳のたとえ。

補説 「安宅」は人が安心して住める場所。仁徳を備えた者に対しては危害を加える者は誰《だれ》もいないので、仁というものは人を安全に住まわせる場所といえることから。

出典 『孟子《もうし》』公孫丑《こうそんちゅう》上

類義語 天之尊爵《てんのそんしゃく》

【人身御供】ひとみごくう

意味 集団や個人の利益のために、ある個人を犠牲にすること。また、その人。

補説 本来は、神への供え物として人の体を捧げることや、その人のことを指した。「人身」は人の身体。「御供」は神への供え物。

用例 私が相手を申込むと、其《そ》の人が人身御供にでも上ったように、廻《まわ》りの人が目交《めまぜ》で笑い合うのを見た。〈久米正雄◆私の社交ダンス〉

【飛兎竜文】ひとりょうぶん

意味 才能あるすぐれた若者や子どものこと。

補説 「飛兎」「竜文」はともに、非常によく走るすぐれた馬、駿馬《しゅんめ》の名前。転じて、俊童の意となった。

ひ

注意「竜」は「りゅう」、「文」は「もん」とも読む。
類義語 麟子鳳雛《りんしほうすう》

【非難囂囂】ひなんごうごう〈―タル〉〈―ト〉

意味 欠点や過失などをそしりとがめる声がやかましいさま。
補説「囂囂」は声のやかましいさま、騒がしいさま。
用例 謂《い》わば非難囂々たるバルザックの文体も、根本は当時の社会生活の特質によって来らしめたものである〈宮本百合子◆バルザックに対する評価〉
対義語 好評嘖嘖《こうひょうさくさく》

【肥肉厚酒】ひにくこうしゅ

意味 ぜいたくな食べ物と酒。
補説 肥えてたいへん美味な肉と、上等なうまい酒の意。「肥肉」は鳥やけものの肥えておいしい肉、「厚酒」はおいしい酒の意。「厚酒肥肉《こうしゅひにく》」ともいう。
出典『韓非子《かんぴし》』揚権《ようけん》
類義語 美酒佳肴《びしゅかこう》・肥肉大酒《ひにくたいしゅ》

【髀肉之嘆】ひにくのたん

意味 実力・手腕を発揮する機会に恵まれないのを嘆くこと。むなしく日々を過ごすことの嘆きをいう。
補説「髀肉」はももの肉、「嘆」はため息をついて嘆く意。
注意「髀肉」は「脾肉」、「嘆」は「歎」とも書く。
故事 中国三国時代、蜀《しょく》の劉備《りゅうび》が、わたしは常に身を馬の鞍《くら》から離さず、ももにもぜい肉は全くついていなかったのに、馬に乗って戦場に出る機会もなくなって、ももの内側にぜい肉がついてしまった、といって嘆いたという故事から。
出典『蜀志《しょくし》』先主伝《せんしゅでん》の裴注《はいちゅう》に引く『九州春秋《きゅうしゅうしゅんじゅう》』

【肥馬軽裘】ひばけいきゅう

⇒ 軽裘肥馬 けいきゅうひば 185

【被髪纓冠】ひはつえいかん〈―スル〉

意味 非常に急いでいること。たいへん急いで行動すること。
補説「被髪」は髪を結ばず振り乱したさま。髪を束ねる間がなく、ざんばら髪であること。「纓冠」は冠のひもを結ぶ意。髪を振り乱したまま束ねずに冠のひもを結ぶことから。また、冠のひもを結ぶ間もなく冠とひもをいっしょに頭の上にのせる意。
出典『孟子《もうし》』離婁《りろう》下

【被髪左衽】ひはつさじん

意味 未開の野蛮な風俗のたとえ。
補説 髪を束ねず、着物を左前に着る意から。「被髪」は髪を結ばず振り乱したさま。「衽」はおくみの意で、「左衽」は着物のおくみを左で合わせる、つまり着物を左前に着ること。普通とは逆の着方をする意。「髪《かみ》を被《こうむ》り衽《えり》を左《ひだり》にす」と訓読する。
出典『論語《ろんご》』憲問《けんもん》
用例 人類を大別して二とす。一はすなわち夷狄《いてき》にして、被髪左衽の俗を有するものなり。〈山路愛山◆経済雑論〉
類義語 黒歯彫題《こくしちょうだい》・被髪文身《ひはつぶんしん》

【被髪文身】ひはつぶんしん

意味 異民族の野蛮な風俗のこと。
補説「被髪」は髪を結ばず振り乱したさま。「文身」はからだに入れ墨をする意。
出典『礼記《らいき》』王制《おうせい》
類義語 黒歯彫題《こくしちょうだい》・被髪左衽《ひはつさじん》

【被髪佯狂】ひはつようきょう

意味 髪を振り乱し、気がふれたふりをすること。
補説「被髪」は髪を結ばず振り乱したさま。「佯」はいつわる、ふりをする意。
故事 中国殷《いん》末、酒と女におぼれ、政治を顧みない紂《ちゅう》王を臣下の箕子《きし》が諫《いさ》めたが、紂王は聞き入れなかった。紂王の下を去れば君主の悪が世間に分かり、また、自分自身の言いわけになると考えた箕子は、髪を振り乱し、気がふれたふりをして奴隷となったという故事から。
出典『漢詩外伝《かんしがいでん》』六

【麋沸蟻動】びふつぎどう

意味 世の中が大いに乱れ、世間が混乱するたとえ。
補説 おかゆが沸騰して煮え立ち、アリがうごめく意から。「麋沸」は、おかゆが煮え立つ意で、騒ぎ乱れるたとえ。「麋」はおかゆのこと。「蟻」は、アリ。
注意 「麋沸」は「糜沸」、「蟻動」は「螘動」とも書く。
出典 『淮南子《えなんじ》』兵略訓《へいりゃくくん》
類義語 麋沸蟻聚《びふつぎしゅう》

【皮膚之見】ひふのけん
意味 物事の表面・外見・見かけで判断し、実質をとらえようとしないあさはかな考え。
補説 「皮膚」は肌で、うわべ・表面・見かけの意。「見」は考え・見解の意。
出典 阮逸《げんいつ》「文中子序《ぶんちゅうしじょ》」
類義語 皮相浅薄《ひそうせんぱく》・皮相之見《ひそうのけん》・皮肉之見《ひにくのけん》

【悲憤慷慨】ひふんこうがい 〈―スル〉
意味 運命や社会の不正などを憤って、悲しみ嘆くこと。
補説 「悲憤」は悲しみ憤ること。「慷慨」は憤り嘆く意。類義の語を重ねて意味を強調している。「慷慨悲憤《こうがいひふん》」ともいう。
用例 が、一月、二月経《た》つうちに、そうした悲憤慷慨が、結局鬼界ヶ島《きかいがしま》の荒磯《ありそ》に打ち寄する波と同じに、無意味な繰り返しに過ぎないことに気がつくと、もう誰《だれ》も、そうしたことを口にする勇気も無くしていた。〈菊池寛◆俊寛〉
類義語 悲歌慷慨《ひかこうがい》

【誹謗中傷】ひぼうちゅうしょう 〈―スル〉
意味 根拠のない悪口を言って、他人の名誉を傷つけること。
補説 「誹謗」は悪口を言うこと。「誹」も「謗」も、そしる意。「中傷」は根拠のないことを言って他人の名誉を傷つけること。類義の語を重ねて、度の過ぎたさまを表す。

【美味佳肴】びみかこう
意味 立派で、味のよい料理のこと。
補説 「美味」は味がよいこと。「佳肴」はうまいさかな。立派な料理。
用例 食卓には今度も美味佳肴が堆《うずたか》く載っている。〈中島敦◆南島譚〉
類義語 珍味佳肴《ちんみかこう》

【微妙玄通】びみょうげんつう
意味 奥深くて知りがたく、すべてに通じていること。
補説 真理を体得した者の様子をいう語。「微妙」は深遠で奥深く知りがたいさま。「玄通」は奥深く通じていること。また、奥深く果てしないこと。
出典 『老子《ろうし》』一五

【美妙巧緻】びみょうこうち
意味 巧みできめ細かく、味わいがあって美しいこと。
補説 「美妙」は美しくすぐれている意。「巧緻」は巧みで細かいこと。
用例 しからば如何《いか》なる文章をもて師表となしなば可ならんかと問わんに、千変万化極りなき美妙巧緻の好文章は、希世の大家の手になりたる小説の文に越えたるものなし。〈坪内逍遥◆小説神髄〉

【眉目温厚】びもくおんこう 〈―ナ〉
意味 顔つきが温和なさま。容貌《ようぼう》が温かく優しげで、穏やかな様子。
補説 「眉目」は眉《まゆ》と目、転じて、容貌の意。「温厚」は穏やかで温かい意。
用例 容《かたち》は痩《や》せたれど未《いま》だ老の衰《おとろえ》も見えず、眉目温厚にして頗《すこぶ》る古井《こせい》波無きの風あり。〈尾崎紅葉◆金色夜叉〉

【眉目秀麗】びもくしゅうれい 〈―ナ〉
意味 容貌《ようぼう》がすぐれ、たいへん美しいさま。
補説 特に男性に用いる語。「眉目」は眉《まゆ》と目、転じて、容貌の意。「秀麗」はすぐれてうるわしいさま。「眉目清秀《びもくせいしゅう》」ともいう。
用例 嘱託医尾形というのが、これまた生活の刻印を捺《お》された四十男であるのに、この役は、二十幾歳の眉目秀麗な青年に与えられた。実に、配役上、最も避けなければならない年齢距離である。〈岸田國士◆築地座の『ママ先生』〉
類義語 容姿端麗《ようしたんれい》

【眉目清秀】びもくせいしゅう
⇒ 眉目秀麗 びもくしゅうれい 552

【比目同行】ひもくどうこう 〈―スル〉
意味 二人が仲むつまじく離れないたとえ。
補説 目を並べて一緒に行く意。「比目」は目を並べる、合わす意。「同行」は一緒に行くこと。鰈《ちょう》（比目魚）という魚は目を一つしかもたないため、二匹並んではじめて泳ぐことができるという伝説から。
出典 『韓詩外伝《かんしがいでん》』五
類義語 比目連枝《ひもくれんし》

【百依百順】 ひゃくい ひゃくじゅん
意味 何でも人の言いなりになること。
補説 「依」は寄りかかる、もたれる、頼る意。「順」は逆らわない、従う意。
類義語 唯唯諾諾《いいだくだく》・百依百随《ひゃくいひゃくずい》・百順百依《ひゃくじゅんひゃくい》

【百載無窮】 ひゃくさい むきゅう
意味 永久きわまりなく無限なこと。
補説 天地は永遠に不変であることについていう。「百載」は「百歳」に同じ。百年、転じて、永遠に、永久に、長くの意。「無窮」はきわまりないさま。果てしがないこと。永遠。
類義語 天壌無窮《てんじょうむきゅう》・天地長久・天長地久《てんちょうちきゅう》

【百尺竿頭】 ひゃくしゃく かんとう
意味 到達することのできる極点・最高点のこと。
補説 もと、禅宗の語。百尺もある長い竿《さお》の先の意。「百尺」は約三〇メートルの長さ。「竿頭」は竿の先。禅宗では、修行の結果到達した悟りの境地をいう。「百尺竿頭に一歩を進む」という形で用いて、すでに工夫をし尽くしたうえにさらに先に進むことで、いっそう向上の工夫を加える意に用いる。「百丈竿頭《ひゃくじょうかんとう》」ともいう。
注意 「ひゃくせきかんとう」とも読む。
出典 『景徳伝灯録《けいとくでんとうろく》』一〇・景岑禅師《けいしんぜんし》
用例 ところが彼女のこうした不可思議な創作能力は、それからさらに百尺竿頭百歩を進めて、真に意表に出ずる怪奇劇を編み出す事になった。〈夢野久作◆少女地獄〉

【百舎重趼】 ひゃくしゃ ちょうけん
意味 困難を冒して遠路を行くこと。
補説 「百舎」は長途の旅、遠路の意。旅に出て百度宿る、また、百里行って一泊すること。「舎」は宿る意。「趼」は足にできるたこ。「重趼」はたくさんのたこの意。長い道程の旅で足にたこをたくさんつくることから。
注意 「百舎重繭」とも書く。「ひゃくしゃじゅうけん」とも読む。
出典 『荘子《そうじ》』天道《てんどう》

【百術千慮】 ひゃくじゅつ せんりょ
意味 さまざまな方策を考え、思慮をめぐらすこと。
補説 「百」「千」は数の多いこと。さまざま。「術」は方法・手段、「慮」はおもんぱかる意。
類義語 千思万考《せんしばんこう》・千方百計《せんぽうひゃっけい》

【百姓一揆】 ひゃくしょう いっき
意味 江戸時代に、生活に窮した農民が結束して起こした集団的反抗行動。
補説 年貢の減免や代官・役人の交代などを求めた。「百姓」は農民。「一揆」は心を同じにすること、一致団結すること。
用例 しかも一揆が、かりそめの百姓一揆とちがって、手強い底力を持っていることが知れるに従って、一藩の人心はいよいよ猛《たけ》り立った。〈菊池寛◆恩を返す話〉

【百丈竿頭】 ひゃくじょう かんとう
⇒ 百尺竿頭 ひゃくしゃくかんとう 553

【百縦千随】 ひゃくしょう せんずい
意味 どのようなわがままでも聞き入れて、相手の思いどおりにしてやること。また、自分の思いどおりになること。
補説 「縦」はわがまま、ほしいままにする意。「百」「千」は数が多いこと、さまざま。「随」は従う、意のままになる意。
出典 『竇娥冤《とうがえん》』二
類義語 百様依順《ひゃくよういじゅん》

【百世之師】 ひゃくせいの し
意味 のちの世まで人々から尊敬され、師と仰がれる人のこと。
補説 「百世」は百代、長い年月の意。
出典 『孟子《もうし》』尽心《じんしん》下

【百世之利】 ひゃくせいの り
意味 いつまでも続く利益のこと。
補説 「百世」は百代、長い年月の意。「利」は利益。
出典 『呂氏春秋《りょししゅんじゅう》』義賞《ぎしょう》

【百世不磨】 ひゃくせい ふま
意味 永久に消えずに残ること。不朽。
補説 「百世」は百代、長い年月の意。「不磨」

はすり減らないこと。
出典『後漢書《ごかんじょ》』南匈奴伝《なんきょうどでん》・論
類義語 永遠不滅《えいえんふめつ》・永久不変《えいきゅうふへん》・永垂不朽《えいすいふきゅう》・千古不易《せんこふえき》・万古不易《ばんこふえき》・万古不磨《ばんこふま》・万世不朽《ばんせいふきゅう》・百世不易《ひゃくせいふえき》・百古不磨《ひゃっこふま》
対義語 一時流行《いちじりゅうこう》

【百折不撓】ひゃくせつふとう

意味 何回失敗してもくじけないこと。
補説 意志がきわめて固いことのたとえ。「百折」は何度も折れること。「不撓」はたわまない、曲がらない、くじけないこと。
出典 蔡邕《さいよう》「太尉喬玄碑《たいいきょうげんひ》」
用例 貴邦人の独立不羈《どくりつふき》、百折不撓の気、余を奨励するもの多し、〈東海散士◆佳人之奇遇〉
類義語 独立不撓《どくりつふとう》・百挫不折《ひゃくざふせつ》・不撓不屈《ふとうふくつ》

【百川学海】ひゃくせんがっかい

意味 誰《だれ》でも道を不断に学んでいけば、いつかは大道を知ることができるということ。
補説 「百川海を学びて海に至る」の略。「百川」はあらゆる川のこと。すべての川は海をめざして流れ、やがてそこに至る意。「海」は水の終着点で、大道にたとえられる。
出典『揚子法言《ようしほうげん》』学行《がくこう》
類義語 丘陵学山《きゅうりょうがくさん》

【百川帰海】ひゃくせんきかい

意味 離ればなれになっているものが、一か所に集まること。多くの人々の気持ち・考えが一致すること。
補説 「百川」はあらゆる川。すべての川が最終的には海に注ぎ込む意から。「百川源《みなもと》を異にして皆海に帰す」の略。「百川《ひゃくせん》海《うみ》に帰《き》す」と訓読する。
出典『淮南子《えなんじ》』氾論訓《はんろんくん》
類義語 百川赴海《ひゃくせんふかい》

【百戦百勝】ひゃくせんひゃくしょう〈―スル〉

意味 どんな戦いにも、戦えば必ず勝つこと。
補説 中国の兵法家孫子は、百戦百勝することは最高によいことではなく、戦わないで敵に勝つことこそが、最高の策であるとした。
出典『孫子《そんし》』謀攻《ぼうこう》 ◎「百戦百勝は、善の善なる者に非《あら》ず」
用例 失敗すれば、当然の成り行き、しかりである。投機は百戦百勝ということはない。〈江森泰吉◆大隈伯百話〉
類義語 全戦全勝《ぜんせんぜんしょう》・百挙百捷《ひゃっきょひゃくしょう》・連戦連勝《れんせんれんしょう》

【百戦錬磨】ひゃくせんれんま

意味 数々の実戦で鍛えられること。また、多くの経験を積んでいること。
補説 「百戦」は数多くの戦い。「錬磨」は練り磨くこと、よく鍛えること。多くの戦いにのぞんで武芸を鍛え磨くことをいう。
注意 「百戦練磨」とも書く。
用例 この人間の態度と答弁が、最も要領を得ていると思った。百戦練磨の功がある。〈佐藤垢石◆議会見物〉
類義語 海千山千《うみせんやません》・千軍万馬《せんぐんばんば》・飽経風霜《ほうけいふうそう》

【百代過客】ひゃくだいのかかく

意味 永遠に歩き続ける旅人のこと。
補説 次々と過ぎ去って永久に絶えることのない時間・歳月を、永遠にとどまることのない旅人にたとえたもの。「百代」は幾代も続くことで、永遠のこと。「過客」は旅人の意。
注意 「百代」は「ひゃくたい」「はくたい」、「過客」は「かきゃく」とも読む。
出典 李白《りはく》「春夜《しゅんや》桃李園《とうりえん》に宴《えん》するの序《じょ》」

【百鍛千練】ひゃくたんせんれん〈―スル〉

意味 詩文の字句の推敲《すいこう》を重ねること。
補説 百回も千回も苦心して詩文の字句を練りに練る意。「百」「千」はともに数の多いこと。何回も何回もということ。「鍛練」は金属を鍛え練る意から転じて、詩や文章の字句を考え練ること。
類義語 月下推敲《げっかすいこう》・練句練字《れんくれんじ》

【百端待挙】ひゃくたんたいきょ

意味 処理しなければならないことがたくさんあること。
補説 多くの事柄が行われることを待っている意から。「百」は数の多いことで、「百端」はあらゆる糸口、多くの事柄の意。「待挙」は機会を待っていること。「百端《ひゃくたん》挙《あ》ぐるを待《ま》つ」と訓読する。

【百二山河】ひゃくにのさんが

(意味) きわめて堅固な要害・とりでのこと。
(補説) もと中国秦《しん》の要害が堅固なことをいった語。「百二」は百分の二で、二で百に対抗できること。一説に百で二百に対抗すること。「山河」は山と川で、国土・土地の意。険しくて敵を防ぐのに容易な土地のこと。
(出典) 『史記《しき》』高祖紀《こうそき》
(類義語) 百二河山《ひゃくにのかざん》

【百人百態】ひゃくにんひゃくたい

⇓ 百人百様 ひゃくにんひゃくよう 555

【百人百様】ひゃくにんひゃくよう

(意味) 人は、それぞれ違った考え方ややり方をするということ。

(補説) 百人いれば、百種類のすがたがあるという意。「百」は数の多いこと。「様」はすがたの意。「百人百態《ひゃくにんひゃくたい》」ともいう。

(類義語) 各種各様《かくしゅかくよう》・各人各様《かくじんかくよう》・三者三様《さんしゃさんよう》・十人十色《じゅうにんといろ》

【百年河清】ひゃくねんかせい

(意味) あてにならず望みのないものをずっと待つこと。いつまで待っても無駄なこと。

(補説) 「百年」は長い年月の意。「河」は黄河のこと。一般には「百年河清を俟《ま》つ」として用いる。黄河は常に黄色く濁っていて、その水はいつまで待っても清らかに澄むことはないという意。

(出典) 『春秋左氏伝《しゅんじゅうさしでん》』襄公《じょうこう》八年

【百年大計】ひゃくねん(の)たいけい

(意味) 遠い将来を考えた、規模の大きい長期的な計画。

(補説) 「百年」は長い年月の意。「大計」は大きな計画の意。

(類義語) 百年之業《ひゃくねんのぎょう》

【百年之業】ひゃくねんのぎょう

(意味) 後々の世まで残るようなすばらしい仕事のこと。また、古くから代々伝わっている仕事のこと。

(補説) 「百年」は長い年月の意。「業」は仕事の意。

(出典) 『文選《もんぜん》』班固《はんこ》「西都賦《せいとのふ》」

(類義語) 百年大計《ひゃくねんたいけい》

【百年之柄】ひゃくねんのへい

(意味) 後々のことまで考えに入れた政柄のこと。長期間、政権を保とうと画策すること。

(補説) 「百年」は長い年月の意。「柄」は権力、支配する力の意。

(出典) 『後漢書《ごかんじょ》』班彪伝《はんぴょうでん》

【百売千買】ひゃくばいせんばい

(意味) 取引の盛んなことのたとえ。

(補説) 「百」「千」はともに数の多いことを表す。売買の多さを「百」「千」という言葉で形容している。

【百八煩悩】ひゃくはちぼんのう

(意味) 人間のすべての煩悩。

(補説) 「煩悩」は仏教用語で、人間の心身をわずらわし悩ませる迷いの心の意。「百八」はインドで非常に大きい数の象徴。百八種の煩悩を具体的に列記する文献もあるが、その内容は諸説あって一定しない。除夜の鐘を百八回つくのは、百八煩悩を一つ一つ清めるためと言われている。

(用例) 静かに思えば、鬼の形しけるは我身を纏《まと》う百八煩悩の現躰《げんたい》なりける。〈北村透谷◆松島に於て芭蕉翁を読む〉

【百福荘厳】ひゃくふくしょうごん

(意味) 無数の福徳で、美しく厳かに飾られた身。仏の身をいう。

(補説) 仏の身には三十二のすぐれた特徴(「三十二相《さんじゅうにそう》」)が備わっており、その一つ一つの相は、みな過去世における百のよき行い(福業《ふくごう》)の積み重ねによって形づくられたとされている。

(注意) 「ひゃっぷくしょうごん」「ひゃくぷくしょうごん」とも読む。

(出典) 『法華経《ほけきょう》』

【百聞一見】ひゃくぶんいっけん

(意味) 人の話を何度も聞くよりも、実際に自分の目で確かめたほうがよいということ。
(補説) 「百」は数の多いこと。「百聞」は何度も聞く。「一見」は一度見る。一般には「百聞《ひゃくぶん》は一見《いっけん》に如《し》かず」として用いる。
(出典) 『漢書《かんじょ》』趙充国伝《ちょうじゅうこくでん》
(用例) 併《しか》し古い言葉だが百聞一見に如《し》かず。実景はまた格別であろうが、残念ながら

ひ

諸君の話を羨《うらや》ましそうに聞いて居るのみであった。〈戸川秋骨◆道学先生の旅〉
対義語 貴耳賤目《きじせんもく》

【百味飲食】 ひゃくみのおんじき
意味 さまざまな味のよいお供えの飲食物。また、種々の美味・珍味のこと。
補説 仏教語。「百味」はいろいろなうまい食べ物・ごちそうの意。「飲食」は飲み物と食べ物。
出典 『祖庭事苑《そていじえん》』

【百薬之長】 ひゃくやくのちょう
意味 酒のこと。
補説 あらゆる薬のうち、最もよく効くものの意。酒を賞賛した言葉。「百薬」は多くの薬、いろいろな薬の意。「長」はかしらの意。
出典 『漢書《かんじょ》』食貨志《しょっかし》
類義語 儀狄之酒《ぎてきのさけ》・清聖濁賢《せいせいだくけん》・天之美禄《てんのびろく》・杯賢杓聖《はいけんしゃくせい》・麦曲之英《ばくきょくのえい》・忘憂之物《ぼうゆうのもの》

【百様玲瓏】 ひゃくようれいろう
意味 さまざまな美しさがあるさま。
補説 「百様」はさまざまな状態、いろいろなありさま。「玲瓏」は玉《ぎょく》のようにきれいで美しいさま。また、透き通るように美しく輝くさま。

【百里之才】 ひゃくりのさい
意味 一県を統治できる程度の能力。
補説 「百里」は百里四方で、昔の中国の行政単位である県の広さを意味する。ここでは、そこそこ、ある程度の意。
出典 『蜀志《しょくし》』龐統伝《ほうとうでん》

【百里之命】 ひゃくりのめい
意味 一国の政治や政令のこと。
補説 「百里」は百里四方の領地をもつ諸侯の国のこと。「命」は政治や政令、または一国の運命のこと。
出典 『論語《ろんご》』泰伯《たいはく》

【百伶百利】 ひゃくれいひゃくり
意味 たいへんに賢く聡明《そうめい》なさま。
補説 「百」は程度の甚だしいさまを表す。「伶」は賢いさま。「利」は利口・利発なさま。
注意 「百伶百俐」とも書く。

【百錬成鋼】 ひゃくれんせいこう
意味 何度も心身を鍛錬することによって、はじめて立派な人物になるのだということ。
補説 「百錬」は何度も鍛えること。「成鋼」は鋼《はがね》になる意。鋼は錬成に錬成してやっとできるものだという意から。意志などが強固なことのたとえとしても使われる。「百錬《ひゃくれん》鋼《こう》を成《な》す」と訓読する。
注意 「百煉成鋼」とも書く。
類義語 百錬之鋼《ひゃくれんのはがね》

【百怪魑魅】 ひゃっかいちみ
意味 多くの怪物のこと。もろもろの悪人たちを形容する語。
補説 「魑魅」は山林より生じる悪霊のこと。転じて、妖怪《ようかい》一般を指す。
用例 百怪魑魅横行する当今の黒暗々を破るに足る快事である、〈内田魯庵◆くれの廿八日〉
類義語 魑魅魍魎《ちみもうりょう》

【百花斉放】 ひゃっかせいほう
意味 学問・科学・文化・芸術活動などが、自由にまた活発に行われること。
補説 いろいろな花が一斉に咲き開く意から。中国共産党のスローガンの一つ。「百花」は種々の花、「放」は開く意で、「斉放」は一斉にそろって咲くこと。
類義語 百花繚乱《ひゃっかりょうらん》

【百家争鳴】 ひゃっかそうめい
意味 いろいろな立場にある人が自由に議論をたたかわせること。
補説 中国共産党のスローガンの一つ。「百家」はたくさんの学者・専門家。「争鳴」は自由、活発に論争すること。
類義語 侃侃諤諤《かんかんがくがく》・議論百出《ぎろんひゃくしゅつ》・諸子百家《しょしひゃっか》・談論風発《だんろんふうはつ》・百花繚乱《ひゃっかりょうらん》

【百下百全】 ひゃっかひゃくぜん
意味 完全なこと。万全。
補説 百のうち一つも欠けることがない意。
出典 『漢書《かんじょ》』馮奉世伝《ふうほうせいでん》
類義語 百下百着《ひゃっかひゃくちゃく》・百発百中《ひゃっぱつひゃくちゅう》

【百花繚乱】 ひゃっかりょうらん 〈―タル〉〈―ト〉
意味 秀でた人物が多く出て、すぐれた立派な業績が一時期にたくさん現れること。**補説**「百花」は種々の花の意。「繚乱」はたくさん咲き乱れている様子。いろいろな花が、はなやかに美しく咲き乱れることから。**用例**明治の文壇に百花繚乱の春を来らしめよ。〈戸川秋骨◆近年の文海に於ける暗潮〉**類義語**千紫万紅《せんしばんこう》・万紫千紅《ばんしせんこう》・百花斉放《ひゃっかせいほう》・百家争鳴《ひゃっかそうめい》

【百鬼夜行】 ひゃっきやこう〈―スル〉
意味多くの悪人が勝手に振る舞うこと。**補説**「百鬼」はいろいろな妖怪《ようかい》のこと。「夜行」は暗夜に列をなして歩き回ること。多くの化け物が、夜中に行列をつくって歩き回る意から。**注意**「ひゃっきやぎょう」とも読む。**用例**今や世は愛も誠実もあったものでない。厚化粧の亡霊等は苟安《こうあん》の中に百鬼夜行する。〈中原中也◆生と歌〉**類義語**魑魅魍魎《ちみもうりょう》

【百挙百捷】 ひゃっきょひゃくしょう〈―スル〉
意味どんなことも、うまくいくこと。**補説**「百挙」はさまざまな行動・企て・振る舞いの意。「捷」は戦いに勝つ意。**出典**『呉志《ごし》』周魴伝《しゅうほうでん》**類義語**百戦百勝《ひゃくせんひゃくしょう》・百挙百全《ひゃっきょひゃくぜん》

【百孔千瘡】 ひゃっこうせんそう
意味劣っている点や不十分な所がたくさんあること。また、非常に困苦している形容。**補説**「百孔」は百の穴、「千瘡」は千の切り傷の意。「百」「千」はともに数が多いこと。「千瘡百孔《せんそうひゃっこう》」ともいう。**注意**「百孔千創」とも書く。**出典**韓愈《かんゆ》「孟簡《もうかん》尚書《しょうしょ》に与《あた》うるの書《しょ》」**類義語**千孔百瘡《せんこうひゃくそう》・満身創痍《まんしんそうい》

【百古不磨】 ひゃっこふま
意味ずっと後の世まで滅びずに残ること。**補説**「百古」は遠い後世、後々の世。非常に長い年月のこと。「不磨」はすり減らない、永久になくならない意。**類義語**百世不磨《ひゃくせいふま》

【百発百中】 ひゃっぱつひゃくちゅう〈―スル〉
意味予想した計画やねらいがすべて当たること。**補説**発射した弾丸や矢などがすべて命中することから。「百発」は矢や弾丸を百回放つこと。「中」は当たる意で、「百中」は百すべて命中すること。**故事**中国楚《そ》の養由基《ようゆうき》は弓の名人で、百歩離れた所から柳の葉を射たが、百本射たところ、百本ともことごとく命中させたという故事から。**出典**『戦国策《せんごくさく》』西周策《せいしゅうさく》**用例**己の師と頼むべき人物を物色するに、当今弓矢をとっては、名手・飛衛《ひえい》に及ぶ者があろうとは思われぬ。百歩を隔てて柳葉《りゅうよう》を射るに百発百中するという達人だそうである。〈中島敦◆名人伝〉**類義語**百下百全《ひゃっかひゃくぜん》・百歩穿楊《ひゃっぽせんよう》

【百歩穿楊】 ひゃっぽせんよう
意味射術（弓術）にすぐれていること。**補説**百歩の距離から細い柳の葉を矢で射る意から。「穿」はうがつ、穴をあける意。「楊」は柳。「百歩《ひゃっぽ》楊《やなぎ》を穿《うが》つ」と訓読する。**故事**→「百発百中《ひゃっぱつひゃくちゅう》」557 **出典**『戦国策《せんごくさく》』西周策《せいしゅうさく》**類義語**百発百中《ひゃっぱつひゃくちゅう》

【謬悠之説】 びゅうゆうのせつ
意味でたらめで、事実として存在し得ない話。また、とりとめのない説。**補説**「謬」は誤り・間違いの意。「悠」ははるか、広遠の意。とらえどころのない意。また、とらえどころのない広遠な言論のこと。**出典**『荘子《そうじ》』天下《てんか》**類義語**荒唐無稽《こうとうむけい》

【氷甌雪椀】 ひょうおうせつわん
意味清く風雅な文具のこと。また、それで詩や文を書き写すこと。**補説**「氷甌」は氷のかめ、「雪椀」は雪のわんの意。そのような風雅な文具のこと。**出典**范成大《はんせいだい》－詩「甄雲卿《けんうんけい》の晩《ばん》に浮丘亭《ふきゅうてい》に登《のぼ》るに次韻《じいん》す」

【剽悍無比】 ひょうかんむひ〈―ナ〉
意味非常に素早くて、性質が荒々しいこと。**補説**「剽悍」は動作が素早くて、荒々しいさま。「無比」は、他に比べるものがないほどであること。

(用例) 芹沢《せりざわ》といえども剽悍無比なる新撰組《しんせんぐみ》の頭とまで立てられた男である。まして手負猪《ておいじし》の荒れ方である。〈中里介山◆大菩薩峠〉
(類義語) 迅速果断《じんそくかだん》

【氷肌玉骨】ひょうき ぎょっこつ

(意味) 美人の形容。また、梅の花のたとえ。

(補説) 「氷肌」は氷のように清らかな肌のこと。また、寒中に白い花を開いた梅の花の形容。「玉骨」は高潔な風姿の意。

(出典) 孟昶《もうちょう》―詞「王楼春《おうろうしゅん》」

(類義語) 曲眉豊頰《きょくびほうきょう》・氷姿玉骨《ひょうしぎょっこつ》・明眸《めいぼう》皓歯《こうし》

【憑虚御風】ひょうきょ ぎょふう

(意味) のびのびとして、世俗を遠く超越したような気持ち・気分の形容。

(補説) 大空に身を任せて、風に乗ってどこまで行くのかが分からない意から。「憑」は頼りにする、よりどころとする意。「虚」は虚空・大空、「御」は馬車などを操ること。「虚《きょ》に憑《ょ》り風《かぜ》に御《ぎょ》す」と訓読する。

(出典) 蘇軾《そしょく》「前赤壁賦《ぜんせきへきのふ》」

【表敬訪問】ひょうけい ほうもん 〈―スル〉

(意味) 敬意を表すことを目的として人を訪ねること。

(補説) 「表敬」は、敬意を表すこと。

【氷壺秋月】ひょうこ しゅうげつ

(意味) 心が清らかで、澄んでいることのたとえ。清廉潔白な心をいう。

(補説) 「氷壺」は氷の入った玉《ぎょく》の壺《つぼ》、「秋月」は秋の夜の澄んだ月の意。ともに心の清らかで清潔なさまを表す。

(出典) 蘇軾《そしょく》―詩「潘谷《はんこく》に贈《おく》る」

【飄忽震蕩】ひょうこつ しんとう 〈―スル〉

(意味) 非常に早く、激しくゆり動かすこと。

(補説) 「飄忽」は素早いさま。「震蕩」は激しく動かす、震え動くこと。

(注意) 「飄忽震盪」とも書く。

【飄忽滂湃】ひょうこつ ひょうほう 〈―タル〉〈―ト〉

(意味) 風が速く物を吹きつけるさま。また、その音。

(補説) 「飄忽」は素早いさま。「滂湃」は風が物に当たってひゅうひゅう鳴る音。

(注意) 「ひょうこつほうほう」とも読む。

(出典) 『文選《もんぜん》』宋玉《そうぎょく》「風賦《ふうふ》」

(類義語) 疾風怒濤《しっぷうどとう》

【描虎類狗】びょうこ るいく

⇒ 画虎類狗 がこるいく 104

【氷姿雪魄】ひょうし せっぱく

⇒ 雪魄氷姿 せっぱくひょうし 384

【剽疾軽悍】ひょうしつ けいかん 〈―ナ〉

(意味) 動作がすばしこくて、たけだけしく気が強いさま。

(補説) 「剽疾」は素早い、すばしこいさま。「悍」はあらあらしい意で、「軽悍」はすばしこくて気が強いこと。

(出典) 『淮南子《えなんじ》』兵略訓《へいりゃくくん》

【標至風起】ひょうし ふうき

(意味) 物事が素早く起こることの形容。
(補説) 「標」は飛び火・火の粉で、「標至」は飛び火のようにやってくること。「風起」は風のようにわき起こる意。「標」「風」はともに素早いことの形容。「標《ひょう》のごとく至《いた》り風《かぜ》のごとく起《おこ》る」と訓読する。
(出典) 『史記《しき》』淮陰侯伝《わいいんこうでん》
(類義語) 電光石火《でんこうせっか》

【氷消瓦解】ひょうしょう がかい 〈―スル〉

(意味) 事柄が次々と壊れてばらばらになること。また、すっかりなくなってしまうこと。

(補説) 「氷消」は氷が溶けること。「瓦解」は一部分の崩れから全体が次々と壊れ、ばらばらになること。「瓦解氷消《がかいひょうしょう》」ともいう。

(注意) 「氷銷瓦解」とも書く。

(出典) 成公綏《せいこうすい》「雪賦《せっぷ》」

(類義語) 瓦解氷泮《がかいひょうはん》・土崩瓦解《どほうがかい》・氷散瓦解《ひょうさんがかい》

【庇葉傷枝】ひよう しょうし

(意味) 末節にこだわり、本質的なことをだいなしにするたとえ。わずかな欠点を直そうとして、かえって全体をだめにするたとえ。

(補説) 葉を保護しておきながら、枝を傷つけてしまうことから。「庇」はかばう意。「葉《は》を庇《かば》いて枝《えだ》を傷《きず》つく」と訓読する。

(出典) 『史記《しき》』汲黯伝《きゅうあんでん》

類義語 矯角殺牛《きょうかくさつぎゅう》

【豹死留皮】ひょうしりゅうひ

意味 死後に名声を残すたとえ。

補説 豹は死んだ後、その美しい毛皮を残す意から。人が生きているうちに功績をあげ、死後に功名を残すことにたとえる。一般に「豹《ひょう》は死《し》して皮《かわ》を留《とど》む」と訓読して用いる。「虎は死して皮を残す」という類句もある。

出典 欧陽脩《おうようしゅう》「王彦章画像記《おうげんしょうがぞうき》」◎「豹は死して皮を留め、人は死して名を留む」

類義語 垂名竹帛《すいめいちくはく》・竹帛之功《ちくはくのこう》

【標新立異】ひょうしんりつい

意味 人とは違った新しい見解を提出すること。また、創造性を発揮すること。

補説 「標」は目立たせる、高く掲げる意。「新」も「異」も、人とは違った新しいことの意。「新《あたら》しきを標《かか》げ異《い》を立《た》つ」と訓読する。

出典 『世説新語《せせつしんご》』文学《ぶんがく》

類義語 標新領異《ひょうしんりょうい》

【氷清玉潤】ひょうせいぎょくじゅん

意味 父親と娘婿がともに徳の高い人物であることのたとえ。また、高潔な人柄のたとえ。

補説 氷のように清く、玉《ぎょく》のように潤うという意。

故事 中国晋《しん》の楽広《がくこう》は、心身ともに一点の曇りもない人柄と評されていたが、彼の娘をめとった衛玠《えいかい》も、高潔な潤いのある人物だったので、世の人が楽広は氷清、衛玠は玉潤と、その清潔さを氷と玉にたとえて賞賛した故事から。

出典 『晋書《しんじょ》』衛玠伝《えいかいでん》

類義語 氷清玉潔《ひょうせいぎょっけつ》

【飛鷹走狗】ひようそうく

意味 狩りをすること。

補説 タカを飛ばし、犬を走らせる意。「飛鷹」はタカを飛ばすこと。「狗」は犬で、猟犬のこと。

出典 『後漢書《ごかんじょ》』袁術伝《えんじゅつでん》

類義語 飛鷹奔犬《ひようほんけん》

【猫鼠同眠】びょうそどうみん

意味 上役と下役とが共謀して悪事を働くこと。また、盗人を捕まえる者と盗人とがなれ合うこと。

補説 猫とネズミが一緒に眠る意から。

出典 『新唐書《しんとうじょ》』五行志《ごぎょうし》◎「洛州《らくしゅう》の猫鼠《びょうそ》処《ところ》を同《おな》じくす」

類義語 猫鼠同処《びょうそどうしょ》

【氷炭相愛】ひょうたんそうあい

意味 性質の反対のものが、互いに助け合うこと。また、この世の中には起こり得ないことのたとえで用いられることもある。

補説 氷は炭火の燃え尽きるのを防いで炭として残し、炭火は氷をもとの水に戻すことから、相反するものが調和し、その性質を保つことのたとえ。「氷炭《ひょうたん》相《あい》愛《あい》す」と訓読する。

出典 『淮南子《えなんじ》』説山訓《せつざんくん》

【廟堂之器】びょうどうのき

意味 朝廷で政治を行うことのできる立派な才能ある人物のこと。

補説 「廟堂」は王宮の政殿、政治を行う所、朝廷のこと。「器」は器量で、ものの役に立つ才能の意。一国の首相や大臣として、天下の政務をとるにふさわしい器量のこと。

出典 李白《りはく》詩「華州王司士《かしゅうおうしし》に贈《おく》る」

用例 紀氏《きし》の、名は徳民、字《あざな》は世馨《せいけい》、号は平洲《へいしゅう》とした。後に一種の性行を養い得て、所謂《いわゆる》「廟堂之器」となったのが此人《このひと》である。〈森鷗外◆伊沢蘭軒〉

【評頭品足】ひょうとうひんそく（―スル）

意味 人の長所・短所などを、評論すること。また、あら探しをすること。

補説 もとは女性の容姿をあれこれ評論する意。「品」は品定めする、品等づける意。「頭《あたま》を評《ひょう》し足《あし》を品《ひん》す」と訓読する。

類義語 評頭論足《ひょうとうろんそく》

【漂蕩奔逸】ひょうとうほんいつ（―スル）

意味 あてもなくさすらうこと。行き着く所がないたとえ。

補説 「漂蕩」はさまようこと、さすらうこと。「奔逸」は自由気ままな行動をすること。

出典 王守仁《おうしゅじん》「教条《きょうじょう》竜場《りゅうじょう》の諸生《しょせい》に示《しめ》す」

【病入膏肓】びょうにゅうこうこう

意味 悪癖や弊害などが、手のつけられないほどになることのたとえ。

(補説) もとは、不治の病にかかる、病気が重くなり回復する見込みがなくなる意。「膏」は心臓の下の部分、「肓」は横隔膜の上の隠れた部分をいう。身体の最深部にあり、薬も鍼《はり》もとどかず、病気の治しにくいところとされている。一般に「病《やまい》膏肓《こうこう》に入《い》る」と訓読して用いる。

(故事) 中国春秋時代、病が重くなった晋《しん》の景公の夢に二人の子どもの姿となった病魔が現れたが、名医の来ることを知って、治療できない膏の下、肓の上に隠れたという故事から。

(出典) 『春秋左氏伝《しゅんじゅうさしでん》』成公《せいこう》一〇年

(類義語) 膏肓之疾《こうこうのしつ》・膏肓之病《こうこうのやまい》

【飛揚跋扈】 ひようばっこ 〈―スル〉

(意味) 思うままにのさばり振る舞うこと。また、臣下が権威をほしいままにして君主をしのぐたとえ。

(補説) 「飛揚」は猛禽《もうきん》が飛び上がる、舞い上がること。「跋扈」は規制や拘束などを無視して横暴に振る舞うこと。「扈」は水中に仕掛けて魚を捕らえる竹垣の意、「跋」は越える意で、大魚がそれを越えて抜け出ることから。

(出典) 『北史《ほくし》』斉紀《せいき》・斉神武紀《せいしんぶき》

(類義語) 横行闊歩《おうこうかっぽ》・横行跋扈《おうこうばっこ》・昂首闊歩《こうしゅかっぽ》・跳梁跋扈《ちょうりょうばっこ》

【飄飄踉踉】 ひょうひょうろうろう

⇒ 蹌蹌踉踉 そうそうろうろう 409

【摽末之功】 ひょうまつのこう

(意味) きわめてわずかな功績のこと。

(補説) 「摽」は刀の切っ先、刀末のこと。転じて、ごくわずかなことのたとえ。「功」は手柄・功績などの意。

(出典) 『漢書《かんじょ》』王莽伝《おうもうでん》

【表裏一体】 ひょうりいったい

(意味) 二つのものの関係が、表と裏のように密接で切り離せないこと。

(補説) 「表裏」はおもてとうら。「一体」は一つのものの意。表裏は同体で切り離すことができない関係にあること。

(用例) その戯作者《げさくしゃ》に特別な意味があるのは、小説家の内部に思想家と戯作者と同時に存して表裏一体をなしているからで、日本文学が下らないのは、この戯作者の自覚が欠けているからだ。〈坂口安吾◆大阪の反逆〉

【比翼連理】 ひよくれんり

(意味) 男女の情愛の、深くむつまじいことのたとえ。夫婦仲のむつまじいたとえ。

(補説) 「比翼」は比翼の鳥のことで、雌雄それぞれ目と翼が一つずつで、常に一体となって飛ぶという想像上の鳥。「連理」は連理の枝のことで、根元は別々の二本の木で幹や枝が途中でくっついて、木理（木目）が連なったもの。男女の離れがたく仲むつまじいことのたとえ。「連理之枝《れんりのえだ》」ともいう。

(出典) 白居易《はくきょい》「長恨歌《ちょうごんか》」

(用例) そこでこの奇妙な新婦新郎は、誰も知らない秘密に更に快い興奮を加えつつ、翠帳紅閨《すいちょうこうけい》に枕を並べて比翼連理の語らいに夜の短かさを嘆ずることとはなった。〈海野十三◆ヒルミ夫人の冷蔵鞄〉

(類義語) 鴛鴦之契《えんおうのちぎり》・偕老同穴《かいろうどうけつ》・関関雎鳩《かんかんしょきゅう》・関雎之化《かんしょのか》・琴瑟相和《きんしつそうわ》・双宿双飛《そうしゅくそうひ》・鳳凰于飛《ほうおううひ》

【皮裏春秋】 ひりのしゅんじゅう

⇒ 皮裏陽秋 ひりのようしゅう 560

【皮裏陽秋】 ひりのようしゅう

(意味) 心の中で是非・善悪を厳しく判断し批判すること。

(補説) 「皮裏」は皮膚の内側、すなわち心の中の意。「陽秋」は『春秋《しゅんじゅう》』に同じ。『春秋』は孔子が編集したと伝えられ、春秋の筆法によって歴史・政治への毀誉褒貶《きよほうへん》を行ったとされる歴史書。胸中の陽秋（春秋）とはすなわち、心の中で厳しく是非・善悪を判断し批判すること。『春秋』を「陽秋」としたのは、晋《しん》代、簡文帝の生母鄭太后《ていたいこう》の諱《いみな》、阿春の「春」を避けたため。「皮裏春秋《ひりのしゅんじゅう》」ともいう。

(出典) 『晋書《しんじょ》』褚裒伝《ちょほうでん》

(類義語) 一字褒貶《いちじほうへん》・春秋筆法《しゅんじゅうのひっぽう》・微言大義《びげんたいぎ》・筆削褒貶《ひっさくほうへん》

(対義語) 舌端月旦《ぜったんげったん》

【飛竜乗雲】 ひりょうじょううん

(意味) 賢者や英雄など傑出した人物が時勢に乗じて、十二分に才能を発揮するたとえ。

ひ

補説 竜が雲に乗って空を行く意。「飛竜《ひりょう》雲《くも》に乗《の》る」と訓読する。
注意 「ひりゅうじょううん」とも読む。
出典 『韓非子《かんぴし》』難勢《なんぜい》

【疲労困憊】ひろう こんぱい 〈—スル〉

意味 疲れきってしまうこと。
補説 「困憊」はすっかり疲れきること。疲れて弱りきること。
用例 日はすでに高くのぼって、村人たちは野に出て仕事をはじめていた。メロスの十六の妹も、きょうは兄の代りに羊群の番をしていた。よろめいて歩いて来る兄の、疲労困憊の姿を見つけて驚いた。〈太宰治◆走れメロス〉
類義語 精疲力尽《せいひりきじん》・満身創痍《まんしんそうい》

【麤鹿之姿】びろくの すがた

意味 粗末で飾り気のない格好のたとえ。
補説 山に棲《す》む鹿の姿の意。「麤」は、ナレシカ。大形の鹿。「麤鹿」は大鹿と鹿の意で、粗野なことのたとえ。自分の容貌《ようぼう》を謙遜《けんそん》していう場合が多い。
注意 「びろくのし」とも読む。
出典 蘇軾《そしょく》―詩「陶《とう》の飲酒《いんしゅ》二十首《にじっしゅ》に和《わ》す」

【非驢非馬】ひろ ひば

意味 区別がつかず得体の知れないことのたとえ。
補説 ロバや馬のようでありながら、そのどちらでもないこと。「驢《ろ》に非《あら》ず馬《うま》に非《あら》ず」と訓読する。
出典 『漢書《かんじょ》』西域伝《せいいきでん》・渠梨伝《きょりでん》

【貧窮福田】びんぐう ふくでん

意味 貧しい者に施せば、報いを求めなくても自然に福を得るということ。
補説 仏教語。「報恩」「功徳」「貧窮」の三福田の一つ。「福田」は福を生ずるよりどころとなるもの。田が多くの作物を産出するところから。
出典 『優婆塞戒経《うばそくかいきょう》』

【牝鶏之晨】ひんけいの しん

意味 女性が権勢を振るうたとえ。また、女性が権勢を振るうと国や家が滅びる、というたとえ。災いのもと。
補説 「牝鶏」はめんどり、「晨」は夜明けの意。朝の時を告げるのはおんどりで、それをめんどりがするのは秩序が失われたことであり、国や家が滅亡することにたとえられた。
出典 『書経《しょきょう》』牧誓《ぼくせい》
類義語 哲婦傾城《てっぷけいせい》・牝鶏牡鳴《ひんけいぼめい》・牝鶏司晨《ひんけいししん》・牝鶏晨鳴《ひんけいしんめい》

【牝鶏牡鳴】ひんけい ぼめい

意味 女性が権力を握ること。
補説 「牝鶏」はめんどり、「牡鳴」はおんどりの鳴きまねをする意。めんどりがおんどりの鳴きまねをするところから。
出典 『後漢書《ごかんじょ》』楊震伝《ようしんでん》
類義語 哲婦傾城《てっぷけいせい》・牝鶏司晨《ひんけいししん》・牝鶏晨鳴《ひんけいしんめい》・牝鶏之晨《ひんけいのしん》

【品行方正】ひんこう ほうせい 〈—ナ〉

意味 心や行いが正しく立派なさま。
補説 「品行」は行い・振る舞い・行状のこと。「方正」は心や行いが、正しくきちんとしているさま。
用例 私は品行方正な人間として周囲から待遇されて居る。私が此所《ここ》にいうような秘密を打ち明けても私を知って居る人の幾分は容易に信じないであろうと思われる。〈長塚節◆隣室の客〉
類義語 規行矩歩《きこうくほ》・方正之士《ほうせいのし》
対義語 悪逆非道《あくぎゃくひどう》

【貧者一灯】ひんじゃの いっとう

意味 真心のこもった行いの尊さのたとえ。
補説 「長者の万灯より貧者の一灯」の略。金持ちが金に飽かして捧《ささ》げる一万もの灯明よりも、貧しい者が苦しい中からやっと捧げる、真心のこもった一つの灯明のほうが尊いという意。
故事 仏の話を聞くために、阿闍世王《あじゃせおう》が万灯の明かりをともした。ある老婆も貧しい中でやりくりして、一灯をともした。王の万灯は油が尽きて消えたが、老婆の一灯は一晩中燃え続けたという故事から。
出典 『阿闍世王受決経《あじゃせおうじゅけつきょう》』
類義語 貧女一灯《ひんじょのいっとう》
対義語 長者万灯《ちょうじゃのまんとう》

【貧賤驕人】ひんせん きょうじん

意味 貧しくて卑しい人は、失うべき物を持っていないから他人に対しておごり高ぶることができるということ。

補説 「貧」は貧しい人、「賤」は卑しい人のこと。諸侯がおごり高ぶれば国を失い、大夫《たいふ》がおごれば家を失う。貧しく卑しい者は、失うべき物を持たないので容易に他国に逃れることができるから、権力者に対してもおごり高ぶることができるという意。一般に「貧賤《ひんせん》人《ひと》に驕《おご》る」と訓読して用いる。

出典 『史記《しき》』魏世家《ぎせいか》

【貧賤之交】 ひんせんのまじわり

意味 貧しくて苦労しているころからの友人。また、そうした友人は大切にすべきだということ。

補説 出世すると、それまでの友人を捨てて、地位の高い人と付き合おうとするのが人情だが、それをしてはならないということ。「交」は交際、また友人のこと。

出典 『後漢書《ごかんじょ》』宋弘伝《そうこうでん》 ◎「貧賤の交《まじわり》は忘る可《べ》からず」

類義語 糟糠之妻《そうこうのつま》・貧賤之知《ひんせんのち》

【貧富貴賤】 ひんぷきせん

意味 貧しい人と金持ち、身分の高い人と身分の低い人のこと。また、貧しいことと富むこと、尊いことと卑しいこと。

補説 「貴賤貧富《きせんひんぷ》」ともいう。

用例 この一区に一所の小学校を設け、区内の貧富貴賤を問わず、男女生れて七、八歳より十三、四歳にいたる者は、皆、来りて教を受くるを許す。〈福沢諭吉◆京都学校の記〉

【牝牡驪黄】 ひんぼりこう

意味 物事は外見にとらわれず、内実や本質を見抜くことが重要であるというたとえ。

補説 雌と雄、黒と黄を間違えること。「牝牡」は雌と雄、「驪黄」は黒色と黄色の意。

故事 中国秦《しん》の穆《ぼく》公は、馬をよく見抜く伯楽《はくらく》が推薦した九方皐《きゅうほうこう》に名馬を探しに行かせた。九方皐が見つけだした名馬は、雌で黄色の馬と報告されたのに、連れて来てみると、雄で黒い馬だったので、穆公は馬の色や雄・雌さえ見分けられないのかと怒った。伯楽はこれに対して、馬は形や色・性別などにこだわらずに自然に備わった能力をこそ見るべきだと説いた。その馬は、果たして世にすぐれた名馬であったという故事から。

出典 『列子《れっし》』説符《せっぷ》

ふ

【布衣韋帯】 ふいいたい

意味 官位のない一般の人のこと。

補説 「布衣」は布で作った衣服。一般庶民の着物。転じて、官位のない人の意。平民・庶民のこと。「韋帯」はなめし革の帯。布製の着物となめし革の帯を身につけた者の意。どちらも貧しく卑しい者の服装。

出典 『漢書《かんじょ》』賈山伝《かざんでん》

用例 而《しか》して嘗《かっ》て屢々《しばしば》京童《きょうわらべ》の嘲笑《ちょうしょう》を蒙《こうむ》れる、布衣韋帯の高平太は、却《かえっ》て彼等《かれら》をして其《その》足下に膝行《しっこう》せしめんとしたるにあらずや。〈芥川龍之介◆木曽義仲論〉

【布衣之極】 ふいのきょく

意味 庶民としての最高の出世。

補説 「布衣」は布で作った衣服。一般庶民の着物。転じて、官位のない人の意。平民・庶民のこと。「極」は最高・最上の意。

注意 「ふいのきわみ」とも読む。

出典 『史記《しき》』留侯世家《りゅうこうせいか》

【布衣之交】 ふいのまじわり

意味 身分や地位などにこだわらない、心からの交わり。また、庶民同士、身分の低い者同士の付き合い。

補説 「布衣」は布で作った衣服。一般庶民の着物。転じて、官位のない人の意。平民・庶民のこと。

注意 「ふいのこう」とも読む。

出典 『戦国策《せんごくさく》』斉策《せいさく》

類義語 布衣之友《ふいのとも》・布素之交《ふそのまじわり》

【無為不言】 ぶいふげん

意味 何もせず何も言わないこと。何もせず何も言わなくても、万事がうまくいくこと。

補説 「無為」は何もしない意。「不言」は何も言わない意。

注意 「むいふげん」とも読む。

出典 『老子《ろうし》』四三 ◎「不言の教《おし》え、無為の益は、天下之《これ》に及ぶもの希《な》し」

用例 聖人の道と事々しく言えども、前に言える如《ごと》く、六経《りくけい》を読破したる上にては、論語、老子の二書にて事足るなり。其《その》中にも過猶不及《すぎたるはなおおよばざるがごとし》を身行の要《かなめ》として、無為不言を心術の掟《おきて》となす。此《この》二書をさえ能《よ》く守ればすむ事なり〈森鷗外◆渋江抽斎〉

【馮異大樹】 ふうい たいじゅ

意味 中国後漢の将軍であった馮異が謙譲の美徳で大樹将軍と呼ばれて尊敬された故事。

補説 「馮異」は後漢の将軍。謙虚な人柄で尊敬された。『蒙求《もうぎゅう》』の表題の一つ。

故事 →「大樹将軍《たいじゅしょうぐん》」423

出典 『後漢書《ごかんじょ》』馮異伝《ふういでん》

類義語 大樹将軍《たいじゅしょうぐん》

【風雨凄凄】 ふうう せいせい 〈—タル〉〈—ト〉

意味 風が吹き雨が降って、寒々としてわびしいさま。

補説 乱世のたとえとして用いられることもある。「凄凄」は寒々としてわびしいさま。

注意 「風雨凄凄」とも書く。

出典 『詩経《しきょう》』鄭風《ていふう》・風雨《ふうう》

【風雨対牀】 ふうう たいしょう

⇒ 夜雨対牀 やうたいしょう 635

【風雨同舟】 ふうう どうしゅう

意味 困難や苦難をともにすること。

補説 激しい嵐の中で舟を同じくする意から。「風雨」は風や雨、転じて、世の荒波や困難のたとえ。

故事 →「呉越同舟《ごえつどうしゅう》」229

出典 『孫子《そんし》』九地《きゅうち》

類義語 呉越同舟《ごえつどうしゅう》

【風雲月露】 ふううん げつろ

意味 詩興を催す自然の風物のこと。また、実際の生活には役に立たない自然の風物を詠んだだけの詩文のこと。

補説 「風」「雲」「月」「露」は詩歌の題材で、自然の風物。詩文が花鳥風月を詠んで技巧にのみ流れ、社会や人心に何の益もないのをそしった語。

出典 『隋書《ずいしょ》』李諤伝《りがくでん》

類義語 煙雲月露《えんうんげつろ》・嘲風詠月《ちょうふうえいげつ》・嘲風弄月《ちょうふうろうげつ》

【風雲際会】 ふううん さいかい

意味 すぐれた人が時勢を得て力を発揮し、功名を得ること。また、すぐれた臣がよい主君に出会い、才能を認められ重用されること。

補説 「風雲」は竜が風雲を得て天に昇るように、すぐれた人・英雄が機会を得て世に出るたとえ。また、世の中が大きく動こうとする気運。「際会」は出会う、遭遇すること。「風雲之会《ふううんのかい》」ともいう。

出典 秦韜玉《しんとうぎょく》—詩「仙掌《せんしょう》」

用例 我も幸いに風雲際会の時機を得ば、再び出京せんも知るべからざれど、今はこれも空《むな》しき望みとあきらむるの外なしなど。〈清水紫琴◆葛のうら葉〉

【風雲之会】 ふううんの かい

⇒ 風雲際会 ふううんさいかい 563

【風雲之器】 ふううんの き

意味 時勢に乗って活躍するすぐれた人のこと。風雲児。

補説 「風雲」は竜が風雲を得て天に昇るように、すぐれた人・英雄が機会を得て世に出るたとえ。また、世の中が大きく動こうとする気運。「器」は器量、人物の才能・人格の大きさの意。

出典 『後漢紀《ごかんき》』

【風雲之志】 ふううんの こころざし

意味 時勢に乗じて手柄を立て、功名をあげようとする志。

補説 「風雲」は竜が風雲を得て天に昇るように、すぐれた人・英雄が機会を得て世に出るたとえ。また、世の中が大きく動こうとする気運。

出典 『晋書《しんじょ》』涼武昭王李玄盛伝《りょうぶしょうおうりげんせいでん》

【風格丰神】 ふうかく ぼうしん

意味 その人の風采《ふうさい》・容姿・品格のこと。

補説 「風格」は風采・品格の意。「丰神」は容姿も心も美しいこと。

用例 髪もいつもの束髪ながら、何とか結びとかいう手のこんだ束ね方で、大形の薔薇《ばら》の花挿頭《はなかんざし》をさし、本化粧は自然にそむくとかいッて薄化粧の清楚《せいそ》な作り、風格丰神共に優美で。〈二葉亭四迷◆浮雲〉

【風花雪月】 ふうか せつげつ

⇒ 雪月風花 せつげつふうか 381

ふ

【風鬟雨鬢】ふうかんうびん

意味 女性の髪の毛がひどく乱れているさま。また、非常に苦労して仕事に励むたとえ。

補説 髪が風にくしけずられ、雨に洗われる意。「鬟」は、わげ。束ねて輪にした女性の髪型のこと。「鬢」は、びん。耳ぎわの髪の毛をいう。

出典 『柳毅伝《りゅうきでん》』

類義語 櫛風沐雨《しっぷうもくう》・櫛風浴雨《しっぷうよくう》・風櫛雨沐《ふうしつうもく》

【風岸孤峭】ふうがんこしょう

意味 人となれなれしくせず、超然としていること。

補説 「風岸」は角立っていて人と調和しない、人となれなれしくしない性質の形容。「孤峭」は山などが一つだけ険しくそそり立っているさまで、性質が険しくて、世俗と調和せず超然としていること。

出典 『続通鑑綱目《ぞくつがんこうもく》』二三

類義語 狷介孤高《けんかいここう》・狷介固陋《けんかいころう》・風骨峭俊《ふうこつしょうしゅん》

【風起雲湧】ふうきうんゆう

意味 いろいろな物事が切れ目なく次々と起こる様子。また、勢いが盛んな様子。

補説 次々と風が起こり、雲がわいてくる様子から。「風《かぜ》のごとく起《お》こり雲《くも》のごとく湧《わ》く」と訓読する。

出典 『史記《しき》』大史公自序《たいしこうじじょ》

類義語 風起雲蒸《ふうきうんじょう》・風起水湧《ふうきすいゆう》

【富貴栄華】ふうきえいが

意味 身分が高く、富み栄えること。

補説 「富貴」は財産があって身分が高いこと。「栄華」は華やかに栄えること。

出典 『潜夫論《せんぷろん》』論栄《ろんえい》

用例 河野《こうの》一族随一の艶。其《そ》の一門の富貴栄華は、一に此《こ》の夫人に因《よ》って代表さると称して可《よ》い。〈泉鏡花◆婦系図〉

【富貴在天】ふうきざいてん

意味 富や位を手に入れるのは天命によるので、人の思うようにはならないこと。

補説 「富貴」は財産があって身分が高いこと。一般に「富貴《ふうき》天《てん》に在《あ》り」と訓読して用いる。

出典 『論語《ろんご》』顔淵《がんえん》 ◎「死生《しせい》命有り、富貴天に在り」

【富貴寿考】ふうきじゅこう

意味 財産があり、地位や身分が高く、そのうえ長生きしていること。

補説 「富貴」は財産があって身分が高いこと。「寿考」は長寿・長生きの意。「考」は「老」の意。

出典 『旧唐書《くとうじょ》』郭子儀伝《かくしぎでん》

【風紀紊乱】ふうきびんらん

意味 社会道徳や、風俗・規律が乱れること。また、乱すこと。

補説 「風紀」は社会生活上守るべき規律。特に男女間の交遊の規律や節度についていう。「紊」はもつれ乱れる意で、「紊乱」は入り乱れる、乱すこと。「びんらん」は慣用読みで、本来は「ぶんらん」。

類義語 傷風敗俗《しょうふうはいぞく》・風俗壊乱《ふうぞくかいらん》

【富貴浮雲】ふうきふうん

意味 富と地位は、はかなく頼りにならないものであるたとえ。

補説 人としての道を逸脱して得た富や地位は、はかなく頼りにならない意から。金銭や地位に無関心なたとえとしても用いられる。「富貴」は財産があって身分が高いこと。「浮雲」は空に浮かぶ雲で、頼りなく定まらないたとえ。

出典 『論語《ろんご》』述而《じゅつじ》 ◎「不義にして富み且つ貴きは我に於《お》いて浮雲の如《ごと》し」

【富貴福沢】ふうきふくたく

意味 富んで地位が高く幸せなこと。

補説 天が人に与える富貴や恩沢をいう。「富貴」は財産があって身分が高いこと。「福沢」は幸せと恵みの意。

出典 『近思録《きんしろく》』論学《ろんがく》

類義語 富貴福禄《ふうきふくろく》

対義語 貧賤憂戚《ひんせんゆうせき》

【風魚之災】ふうぎょのわざわい

意味 海上交通で起こる暴風などによる災難。また、海賊や外敵などによる災難。

補説 「風」は暴風。「魚」は悪魚。また鰐魚《がくぎょ》で、ワニの意。盗賊、外敵などのたとえ。

出典 韓愈《かんゆ》「鄭尚書《ていしょうしょ》を送《おく》るの序《じょ》」

【富貴利達】ふうきりたつ

意味 富んで身分が高くなること。また、立身出世すること。
補説 「富貴」は財産があって身分が高いこと。「利達」は利益と栄達の意。
出典 『孟子《もうし》』離婁《りろう》下
用例 彼は福を得たというものは、即《すなわ》ち富貴利達、若《もし》くは富貴利達の断片的なるものを得たのをいうのである。〈幸田露伴◆努力論〉

【風月玄度】ふうげつげんたく

意味 人と久しく会っていないことのたとえ。また、清廉潔白な人物を思うこと。
補説 「風月」は、清風と明月。「玄度」は許詢《きょじゅん》という人の字《あざな》。
故事 中国晋《しん》の劉惔《りゅうたん》が、「風さわやかで月が美しい夜になると、友の許詢を思い出す」と語った故事から。二人はともに清談（世俗を離れた高尚な論議）の名手と言われた。
出典 『世説新語《せせつしんご》』言語 ◎「劉尹《りゅういん》（劉惔）云《い》う、清風朗月《せいふうろうげつ》には、輒《すなわ》ち玄度を思う、と」

【風月無辺】ふうげつむへん

意味 自然の眺めがこの上なく美しいこと。
補説 「風月」は自然の風景、「無辺」は限りのないこと。
出典 朱熹《しゅき》『六先生画像賛《ろくせんせいがぞうさん》・濂渓先生《れんけいせんせい》』
類義語 風月無涯《ふうげつむがい》

【風言風語】ふうげんふうご

意味 根も葉もないうわさや中傷のこと。
補説 「風言」「風語」はともに、うわさの意。
類義語 耳食之談《じじょくのだん》・風言風説《ふうげんふうせつ》

【風光明媚】ふうこうめいび 〈―ナ〉

意味 自然の眺めが清らかで美しいこと。また、そのさま。
補説 「風光」は自然の眺め・景色。「明媚」は清らかで美しいさま。
用例 しかし唐の融合文化のうちに生まれた人も、養われた人も、黄海を越えてわが風光明媚な内海にはいって来た時に、何らか心情の変移するのを感じないであろうか。〈和辻哲郎◆古寺巡礼〉

【風餐雨臥】ふうさんうが

意味 風雨にさらされて辛苦すること。また、野宿をすること。
補説 旅の苦しみや外での仕事の苦労の形容。「風餐」は風に吹きさらされて食事をすること。「雨臥」は雨にうたれて寝ること。
出典 杜甫《とほ》詩「舟中《しゅうちゅう》」
類義語 飡風宿水《そんぷうしゅくすい》・風餐露宿《ふうさんろしゅく》

【風餐露宿】ふうさんろしゅく

意味 旅の苦労のたとえ。
補説 風にさらされて食事をし、露に濡《ぬ》れて野宿する意。「風餐」は風に吹きさらされて食事をすること。「露宿」は露に濡れながら寝ること。野外の仕事の苦しみのたとえとしても用いる。
出典 陸游《りくゆう》「壮子吟《そうしぎん》」
用例 ところで御正客様を迎いにやると、君、驚いたよ――正に風餐露宿の程に上ろうという矢先に妻君携帯で大磯《おおいそ》へ旅行ッてのは頗《すこぶ》る驚いたよ。〈内田魯庵◆くれの廿八日〉
類義語 飡風宿水《そんぷうしゅくすい》・風餐雨臥《ふうさんうが》

【風櫛雨沐】ふうしつうもく

⇒ 櫛風沐雨 しっぷうもくう 291

【風樹之歎】ふうじゅのたん

意味 父母がすでにこの世になく、孝行を尽くすことができない嘆き。
補説 「風樹」は風にゆれる木。木が静かになりたいと思っても風が止まらなければどうにもならないように、思うようにならないことをいう。ここでは親孝行したいときにはすでに親は亡くなっていて、どうにもならないこと。「風木之悲《ふうぼくのかなしみ》」ともいう。
注意 「風樹之嘆」とも書く。
出典 『韓詩外伝《かんしがいでん》』九
類義語 哀哀父母《あいあいふぼ》・枯魚銜索《こぎょかんさく》・風樹之悲《ふうじゅのかなしみ》・風樹之感《ふうじゅのかん》・風木之歎《ふうぼくのたん》・蓼莪之詩《りくがのし》

【風檣陣馬】ふうしょうじんば

意味 勇壮果敢なことのたとえ。転じて、文章や詩句の気勢の強さの形容。
補説 風に乗った帆船と戦場で戦っている馬の勢いの意から。「檣」は帆船のマストのこと。
出典 『李賀歌詩集《りがかししゅう》』序

【風塵外物】ふうじん がいぶつ

意味 世俗の人間をはるかに超えた、すぐれた人物のこと。

補説 風塵の外にいる人物の意。「風塵」は風に舞うちりや土ぼこりで、わずらわしく汚れたもののたとえ。転じて、汚れた浮き世の意味をもつ。

出典 『世説新語《せせつしんご》』賞誉《しょうよ》

類義語 塵外孤標《じんがいこひょう》・風塵表物《ふうじんひょうぶつ》

【風塵之会】ふうじんのかい

意味 戦乱や混乱の激しい時局のこと。

補説 風が吹きすさび、ちりが舞い躍るさまから。「風塵」は風に舞うちりや土ぼこりで、混乱や兵乱のたとえ。「会」はめぐり合わせ、また、とき・おりの意。

出典 『文選《もんぜん》』班固《はんこ》「賓《ひん》の戯《たわむ》れしに答《こた》う」

【風塵僕僕】ふうじん ぼくぼく 〈―タル〉〈―ト〉

意味 長い旅で苦しむことの形容。また、旅で疲れ果てている様子。

補説 「風塵」は風に舞うちりや土ぼこりで、旅中の苦しみのたとえ。「僕僕」は難儀するさま、苦しむさま。

類義語 風塵碌碌《ふうじんろくろく》

【風声鶴唳】ふうせい かくれい

意味 おじけづいて、わずかなことにも恐れおののくことのたとえ。

補説 「風声」は風の音。「鶴唳」は鶴の鳴き声。わずかな物音にもおびえるたとえ。「鶴唳風声《かくれいふうせい》」ともいう。

故事 中国東晋《とうしん》代、五胡《ごこ》十六国の一つ前秦《ぜんしん》の苻堅《ふけん》の軍が敗走し、その敗軍の兵が風の音や鶴の鳴き声を聞いただけで、敵兵の追撃と思い、恐れおののいたという故事から。

出典 『晋書《しんじょ》』謝玄伝《しゃげんでん》

用例 「私が暗殺を心配したのは毎度の事で、あるいは風声鶴唳に驚きました。」〈福沢諭吉◆福翁自伝〉

類義語 影駭響震《えいがいきょうしん》・疑心暗鬼《ぎしんあんき》・草木皆兵《そうもくかいへい》

【風清月白】ふうせい げっぱく

⇒月白風清 げっぱくふうせい 195

【風清弊絶】ふうせい へいぜつ

意味 風俗・風習がよくなって、悪事や弊害がなくなること。

補説 「風清」は風俗や風習がよくなること。「風」は社会の気風・習俗。「弊」は悪事・害になるようなこと。「絶」は絶える意。「弊絶風清《へいぜつふうせい》」ともいう。

出典 周敦頤《しゅうとんい》「拙賦《せっぷ》」

【風前之灯】ふうぜんの ともしび

意味 物事のはかなさ、また、危険が近くに迫っていることのたとえ。

補説 風が吹いている所に置かれ、今にも消えそうになっている灯火の意から。「風前灯火《ふうぜんのとうか》」ともいう。

類義語 涸轍鮒魚《こてつのふぎょ》・小水之魚《しょうすいのうお》・絶体絶命《ぜったいぜつめい》・轍鮒之急《てっぷのきゅう》・釜底游魚《ふていのゆうぎょ》

【風霜高潔】ふうそう こうけつ

意味 清らかに澄んだ秋の景色の形容。また、けだかくて潔く、堅く節操を守ること。

補説 風が高い空を吹きわたり、霜が白く清らかに降りる意。

出典 欧陽脩《おうようしゅう》「酔翁亭記《すいおうていのき》」

類義語 刻露清秀《こくろせいしゅう》

【風霜之気】ふうそうのき

意味 文章に込められた、激しく厳しい気風のこと。

補説 「風霜」は吹きすさぶ風の激しさと寒々とした霜のような厳しさ。転じて、激しく厳しいさまを表す。

出典 『西京雑記《せいけいざっき》』三

【風霜之任】ふうそうのにん

意味 司法官のこと。

補説 厳しく不正を糾弾するのでいう。「風霜」は吹きすさぶ風の激しさと寒々とした霜のような厳しさ。転じて、厳しく厳かなものや、高潔な節操のたとえ。「任」は任務の意。

出典 杜甫《とほ》詩「衡州《こうしゅう》に入《い》る」／『文献通考《ぶんけんつうこう》』職官《しょっかん》

【風俗壊乱】ふうぞく かいらん

意味 社会のよい風俗や習慣を破壊し混乱させること。また、そういう状態になること。

補説 「壊乱」は壊れ乱れること。

注意 「風俗潰乱」とも書く。

類義語 傷風敗俗《しょうふうはいぞく》・風紀紊乱《ふうきびんらん》

【風波之民】ふうはのたみ

意味 世間のうわさ、利欲、栄達などに左右される主体性のない人のたとえ。

補説 風に騒ぎ立つ波のように落ち着きがない人の意から。「風波」は動揺して安定しないもののたとえ。

出典 『荘子《そうじ》』天地《てんち》

【風旛之論】ふうはんのろん

意味 決着のつかない議論のこと。

補説 仏教語。「旛」は幟《のぼり》のこと。

故事 風ではためいた幟を見ていた二人の僧侶《そうりょ》の一方が「幟が動いた」と言い、もう一方が「風が動いた」と言って、お互い一歩も譲らぬ議論が続いたという故事から。

出典 『景徳伝灯録《けいとくでんとうろく》』五・慧能大師《えのうたいし》

類義語 非風非旛《ひふうひはん》

【風木之悲】ふうぼくのかなしみ

⇒ 風樹之歎 ふうじゅのたん 565

【風流韻事】ふうりゅういんじ

意味 自然に親しみ、詩歌を作って遊ぶこと。また、詩歌を作ったり、書画を書いたりする風雅な遊びの意。

補説 「風流」は優雅な趣のあること。みやびやかなこと。「韻事」は詩歌や書画などの風流な遊び。

用例 公家《くげ》堂上家の生活は風流韻事に耽《ふ》けるか、仏教の信仰にうちこむか、いずれにしてもスタイルが万事を支配する形式主義の時代だったが、〈久生十蘭◆無月物語〉

類義語 花鳥風月《かちょうふうげつ》・琴歌酒賦《きんかしゅふ》・風流佳事《ふうりゅうかじ》・風流閑事《ふうりゅうかんじ》・風流三昧《ふうりゅうざんまい》

【風流雲散】ふうりゅううんさん〈―スル〉

意味 別れ別れになる、離散することの形容。

補説 風のように流れ去り、雲のように飛び散る意。「風《かぜ》のごとく流《なが》れ雲《くも》のごとく散《ち》る」と訓読する。

出典 『文選《もんぜん》』王粲《おうさん》「蔡子篤《さいしとく》に贈《おく》る詩《し》」

用例 往時の産業は破れ、知己親縁の風流雲散せざるはなく、快く疇昔《かみ》を語るべき古老の存するなし。〈北村透谷◆三日幻境〉

【風流警抜】ふうりゅうけいばつ〈―ナ〉

意味 みやびやかで、非常に賢いさま。

補説 「風流」は優雅な趣のあること。みやびやかなこと。「警抜」は飛び抜けて賢いさま。

出典 『北斉書《ほくせいしょ》』裴譲之伝《はいじょうしでん》

【風流三昧】ふうりゅうざんまい

意味 自然に親しみ、詩歌を作るなどして優雅な遊びにふけること。

補説 「風流」は優雅な趣のあること。みやびやかなこと。「三昧」はそのことにふけって他をかえりみないこと。

用例 祖先の苦労を忘れて風流三昧に現《うつ》を抜かす当世武士を尻目にかけし、半歳《はんとし》前の我は今何処《いづく》にあるぞ。〈高山樗牛◆瀧口入道〉

類義語 風流韻事《ふうりゅういんじ》・風流佳事《ふうりゅうかじ》

【風林火山】ふうりんかざん

意味 戦いにおける四つの心構えを述べた語。転じて、時機や情勢などに応じた物事の対処の仕方。

補説 戦国時代の武将、武田信玄《たけだしんげん》が旗に大書し、旗印に用いたとされる『孫子』の句「其《そ》の疾《はや》きこと風の如《ごと》く、其の徐《しず》かなること林の如く、侵掠《しんりゃく》すること火の如く、動かざること山の如し」の略。風のように素早く動き、林のように静かに構え、火のような激しい勢いで侵略し、山のようにどっしりと構えて動かない意。

出典 『孫子《そんし》』軍争《ぐんそう》

【浮雲翳日】ふうんえいじつ

⇒ 浮雲蔽日 ふうんへいじつ 568

【浮雲驚竜】ふうんきょうりょう

意味 筆勢が空行く雲のように勢いのあるさまで、竜が天に昇るように自由闊達《かったつ》

補説 「浮雲」は筆の勢いが著しく自由奔放なさま。「游雲驚竜《ゆううんきょうりょう》」ともいう。

注意 「ふうんきょうりゅう」とも読む。

出典 『晋書《しんじょ》』王羲之伝《おうぎしでん》

【巫雲蜀雨】ふうんしょくう

意味 離れている夫婦が、お互いを思いやることのたとえ。

補説 巫山《ふざん》の雲と蜀の雨の意から。「巫」は中国四川省巫山県の東にある巫山のこと。

ふ

「蜀」は四川省にあった国名。
出典 李賀《りが》詩「湘妃《しょうひ》」◎「巫雲蜀雨、遥《はる》かに相通ず」

【武運長久】ぶうんちょうきゅう

意味 武人としての命運が長く続くこと。また、出征した兵がいつまでも無事なこと。
補説 「武運」は戦いにおける勝敗の運。また、武人としての命運。
用例 戦地にある人々の武運長久を祈るのは、誰《だれ》しも同じ思いであろうが、そういうことと違って、一層個人的な一層打算的なものの匂いがする。〈豊島与志雄◆風俗時評〉

【浮雲朝露】ふうんちょうろ

意味 頼りなくはかないもののたとえ。また、時の切迫していることの形容。
補説 「浮雲」は空に浮かぶ雲。頼りなく定まらないたとえ。また、確かでないことのたとえ。「朝露」は朝おりる露。すぐに消えるはかないもののたとえ。
出典 『周書《しゅうしょ》』蕭大圜伝《しょうたいえんでん》
類義語 朝露夕電《ちょうろせきでん》

【浮雲蔽日】ふうんへいじつ

意味 悪い家臣が君主の英明をまどわすたとえ。また、悪人が政権をとって世の中が暗くなるたとえ。悪人が善人に害を及ぼすたとえ。
補説 浮き雲が日の光をさえぎる意から。「浮雲」は悪人のたとえ。「蔽」は覆い隠す意。「浮雲《ふうん》日《ひ》を蔽《おお》う」と訓読する。「浮雲翳日《ふうんえいじつ》」ともいう。

出典 『文子《ぶんし》』上徳《じょうとく》／『文選《もんぜん》』古詩十九首《こしじゅうきゅうしゅ》

【不易流行】ふえきりゅうこう

意味 いつまでも変化しない本質的なものを忘れない中にも、新しく変化を重ねているものをも取り入れていくこと。また、新味を求めて変化を重ねていく流行性こそが不易の本質であること。
補説 「蕉風俳諧《しょうふうはいかい》」の理念の一つ。（↓「蕉風俳諧《しょうふうはいかい》」331）解釈には諸説ある。「不易」はいつまでも変わらないこと。「流行」は時代時代に応じて変化すること。
対義語 一時流行《いちじりゅうこう》

【不壊金剛】ふえこんごう

⇒金剛不壊 こんごうふえ 247

【婦怨無終】ふえんむしゅう

意味 男性からの愛情を失った女性の恨みは、いつまでも消えないということ。
補説 「婦怨《ふえん》終《お》わり無《な》し」と訓読する。
出典 『春秋左氏伝《しゅんじゅうさしでん》』僖公《きこう》二十四年

【不解衣帯】ふかいいたい

意味 あることに非常に専念すること。
補説 衣服を着替えることもせず、不眠不休で仕事に熱中することから。「衣帯」は着物と帯。「衣帯《いたい》を解《と》かず」と訓読する。また、「衣帯不解《いたいふかい》」ともいう。
出典 『漢書《かんじょ》』王莽伝《おうもうでん》
類義語 一心不乱《いっしんふらん》・昼夜兼行《ちゅうやけんこう》・不眠不休《ふみんふきゅう》・乱首垢面《らんしゅこうめん》

【付会之説】ふかいのせつ

意味 関係ないものを結びつけて、道理をこじつけること。また、こじつけた論説のこと。
補説 「付会」は道理をこじつけること。
注意 「附会之説」とも書く。
出典 欧陽脩《おうようしゅう》「故覇州文安県主簿蘇君墓誌銘《こはしゅうぶんあんけんしゅぼそくんぼしめい》」
類義語 牽強付会《けんきょうふかい》・付会穿鑿《ふかいせんさく》

【不可抗力】ふかこうりょく

意味 天災など、人力ではどうすることもできない、外からの大きな力や事態。また、通常必要と認められる注意や予防策を講じても、なお損害を防ぐことができないこと。
補説 「抗すべからざる力」で、対抗すること、さからうことができない力の意。「不可抗」は人の力ではどうにもならないこと。
注意 語構成は「不可抗」＋「力」。
用例 毎日毎日波のように上下しながら、それでも潮が満ちて来るように悪くなって行くんです。ほんとに不可抗力なんですよ。〈北條民雄◆いのちの初夜〉

【不可思議】ふかしぎ〈―ナ〉

意味 思い測ることができない。思考によっては至り得ない。
補説 もとは、凡俗の思慮の及ばぬ高次のものをいう仏教語。例えば悟りの世界を「不可思議境界《ふかしぎきょうがい》」「不可思議解脱《ふかしぎげだつ》」などといった。現代では、常識で理解できないという意に通俗化され、「不可解」とほぼ同義に用いられる。わけがわからないという非難の語感を帯びることもある。「不思議」はその略。
用例 然《しか》し一度足を踏み入れたら、もう二度とそれを抜かしめないのが、都会と呼ばる文明の泥沢の有《も》っている不可思議の一つである。〈石川啄木◆田園の思慕〉
類義語 意路不倒《いろふとう》・奇異荒唐《きいこうとう》・奇怪千万《きかいせんばん》・奇奇怪怪《ききかいかい》・奇想天外《きそうてんがい》・奇妙奇態《きみょうきたい》

【浮瓜沈李】《ふかちんり》

意味 暑気払いを兼ねた、夏の風雅な遊びのたとえ。
補説 「浮瓜」はウリを水に浮かべること。「沈李」はスモモを水にひたすこと。
出典 『文選《もんぜん》』魏《ぎ》文帝《ぶんてい》「朝歌《ちょうか》の令呉質《れいごしつ》に与《あた》うる書《しょ》」◎「甘瓜《かんか》を清泉に浮かべ、朱李《しゅり》を寒水に沈む」

【夫家之征】《ふかのせい》

意味 中国周代に、一定の仕事をもたず働かない者に、罰金として出させた税。
補説 農民一組の夫婦に与えられた田に対する税に相当する額を徴収したという。「夫家」は男女。夫婦。「征」は税をとる意。
出典 『周礼《しゅらい》』地官《ちかん》・載師《さいし》

【浮家泛宅】《ふかはんたく》

意味 漂泊する隠者の生活のたとえ。
補説 一定の所にとどまらず漂泊することから。船の中に住んで、水上生活をする意。「泛」は浮かぶ、浮かべる意。「泛宅」は水に浮かんでいる家の意で、船のこと。
出典 顔真卿《がんしんけい》「浪跡先生玄真子張志和碑銘《ろうせきせんせいげんしんしちょうしわひめい》」

【浮花浪蕊】《ふかろうずい》

意味 とりえのない平凡なもののたとえ。
補説 実を結ばない花の意から。「浮花」「浪蕊」はともに実を結ばない花。むだばな。「蕊」は花のしべで、花を指す。
出典 韓愈《かんゆ》一詩「杏花《きょうか》」

【不刊之書】《ふかんのしょ》

意味 世の中に永久に伝わって、滅びることのない書物。不朽の名著をいう。
補説 「不刊」は滅びない意。「刊」は削る意。昔、文字は木簡や竹簡に書いたが、修正や削除の際は刀で削ったことからいう。
出典 揚雄《ようゆう》「劉歆《りゅうきん》に答《こた》うるの書《しょ》」
類義語 不刊之典《ふかんのてん》・不刊之論《ふかんのろん》・不朽之書《ふきゅうのしょ》

【不羈自由】《ふきじゆう》

意味 束縛されず自由なこと。また、非凡な性質のため、一つのものにつなぎ止めておくことができないこと。
補説 「羈」はつなぐこと。「不羈」は束縛を受けず自由なこと。
用例 人の一身も一国も、天の道理に基づきて不羈自由なるものなれば、もしこの一国の自由を妨げんとする者あらば世界万国を敵とするも恐るるに足らず、〈福沢諭吉◆学問のすすめ〉
類義語 不羈奔放《ふきほんぽう》

【不羈独立】《ふきどくりつ》

⇒ 独立不羈 どくりつふき 497

【不帰之客】《ふきのきゃく》

意味 死者のこと。
補説 「不帰」は帰らないことから、転じて、死ぬこと。「客」は旅人のこと。ふたたびこの世には帰らぬ旅に出た人の意。

【不羈之才】《ふきのさい》

意味 人並み外れてすぐれた才能のこと。
補説 才能がすぐれているため、その人を束縛できない意。「羈」はつなぐこと。「不羈」は束縛を受けず自由なこと。
出典 『新語《しんご》』資質《ししつ》

【不義富貴】《ふぎのふうき》

意味 不正な手段で得た富や地位のこと。
補説 「不義」は人の道に外れること。「富貴」は財産があって身分が高いこと。
出典 『論語《ろんご》』述而《じゅつじ》（↓「富貴浮雲《ふうきふうん》」564）

【不義不正】《ふぎふせい》

意味 人の道に外れていて、正しくないこと。
補説 「不義」は人の道に外れること。「不正」は正しくないこと。「不正不義《ふせいふぎ》」ともいう。
用例 代理殺人者《トリッガーマン》の銃口を扉のそとに控えていても、暗黒街《アンダーワールド》の閻魔《えんま》夫婦を眼《め》

のまえに見ていても、不義不正や圧迫には一分の揺ぎもしないかれには、骨というものがある。〈小栗虫太郎◆人外魔境〉
［類義語］悖徳没倫《はいとくぼつりん》・非義非道《ひぎひどう》・不義不貞《ふぎふてい》

【不義不貞】 ふぎふてい
［意味］節操がなくて、道理に外れていること。
［補説］「不義」は人の道に外れること。「不貞」は貞操を守らないこと。「不貞不義《ふていふぎ》」ともいう。
［用例］吾《われ》は彼の不義不貞を憤るが故に世上の恋なる者を疑い、かつ渾《すべ》てこれを斥《しりぞ》けぬ。〈尾崎紅葉◆金色夜叉〉
［類義語］悖徳没倫《はいとくぼつりん》・非義非道《ひぎひどう》・不義不正《ふぎふせい》

【不義不徳】 ふぎふとく
［意味］人としての道に外れそむくこと。
［補説］「不義」は人の道に外れること。「不徳」は人としての道にそむく意。
［用例］商人根性といえども決して不義不徳を容《ゆる》さんことは、武士の魂と敢《あえ》て異るところは無い。〈尾崎紅葉◆金色夜叉〉

【不羈奔放】 ふきほんぽう 〈—ナ〉
［意味］何ものにも拘束されず、思いどおりに振る舞うこと。また、そのさま。
［補説］「羈」はつなぐ意。「不羈」は束縛を受けず自由なこと。「奔放」も思うままに振る舞うこと。「奔放不羈《ほんぽうふき》」ともいう。
［類義語］自由奔放《じゆうほんぽう》・天馬行空《てんばこうくう》・不羈自由《ふきじゆう》・不羈磊落《ふきらいらく》

【不急之務】 ふきゅうのむ
［意味］急いでやる必要のない仕事のこと。
［補説］「不急」は差し迫っていないさま。「務」は「つとめ」とも読む。
［出典］『呉志《ごし》』孫和伝《そんかでん》

【不朽不滅】 ふきゅうふめつ
［意味］永久に朽ち滅びることがないこと。
［補説］「朽滅《きゅうめつ》」（朽ち滅びる）の語それぞれに「不」を添えた言葉。
［用例］彼れ独り勝手に不朽不滅の霊魂、虚霊真空の精神、軀殻《くかく》の中に居て軀殻を支配し、〈中江兆民◆続一年有半〉

【俯仰天地】 ふぎょうてんち
［意味］天に対しても、地に対しても、すべてのものに対して、ということ。
［補説］「俯仰」は、うつむくこととあおむくこと。「天地」は天と地。「俯仰天地に愧《はじ》ず（少しもやましいところがない）」の形で使うことが多い。
［用例］私は当時「正直」の二字を理想として、俯仰天地に愧じざる生活をしたいという考えを有《も》っていた。〈二葉亭四迷◆予が半生の懺悔〉
［類義語］天地神明《てんちしんめい》

【俯仰之間】 ふぎょうのかん
［意味］わずかの間のこと。つかの間。

［補説］「俯仰」は、うつむくこととあおむくこと。うつむいたりあおむいたりする間の意から。

［注意］「俛仰之間」とも書く。

［出典］『漢書《かんじょ》』鼂錯伝《ちょうそでん》

【不協和音】 ふきょうわおん
［意味］意見の不一致や対立が出て、調和がとれていない状態。

［補説］もともとは、音楽で、同時に響くいくつかの音がよく調和する協和音に対して、調和せずに不安定で耳障りな響きを残す和音の意。

［注意］語構成は「不協和」＋「音」。

［用例］もし何者か悪魔よりももっと怖《おそ》ろしい、人智《じんち》の想像を絶したものがあって、それを仮に虚無と名づけるとすれば、それは正しくこの虚無の発する名状すべからざる不協和音であった。〈神西清◆母たち〉

【釜魚甑塵】 ふぎょそうじん
⇒ 甑塵釜魚 そうじんふぎょ 408

【不羈磊落】 ふきらいらく 〈—ナ〉
［意味］世間一般の慣習や小事にこだわらず、束縛されないさま。
［補説］「羈」はつなぐ意。「不羈」は束縛を受けず自由なこと。また、非凡な才能をもち、自由に振る舞うこと。「磊落」は度量が広く細部にこだわらないさま。
［用例］生の天性は、不羈磊落我儘気随《わがままきずい》なるに、斯《こ》のやかましき祖父と、我が利益には余り心配せぬ祖母との間に養育せられたる

なれば、ここに生が淡泊なる小児思想は或《あ》る奸曲《かんきょく》なるむずかしき想像心にからまれて、〈島崎藤村◆春〉

類義語 不羈奔放《ふきほんぽう》

【覆雨翻雲】ふくう ほんうん

⇒ 雲翻雨覆 うんぽんうふく 66

【伏寇在側】ふくこう ざいそく

意味 いつも身辺に注意を払い、言動に慎重であるべきこと。

補説 「伏寇」はひそみ隠れている外敵や盗賊。「在側」は側にいる意。出典には「牆《かき》に耳有り、伏寇、側《かたわら》に在《あ》り」とあり、「壁に耳あり障子に目あり」ということわざの類句。一般に「伏寇《ふくこう》側《かたわら》に在《あ》り」と訓読して用いる。

出典 『管子《かんし》』君臣《くんしん》下

類義語 油断大敵《ゆだんたいてき》

【複雑怪奇】ふくざつ かいき 〈―ナ〉

意味 事情などが込み入っていて、怪しく不思議なさま。

補説 「怪奇」は説明のできない怪しく不思議なさま。

用例 潜在意識というものは、いわば本音というものでしょう。それをめぐって複雑怪奇にモヤモヤと現実がもつれている。〈坂口安吾◆安吾人生案内〉

類義語 複雑奇怪《ふくざつきかい》

対義語 簡単明瞭《かんたんめいりょう》・単純明快《たんじゅんめいかい》・直截《ちょくせつ》簡明《かんめい》

【複雑多岐】ふくざつ たき 〈―ナ〉

意味 事情などが入り組んでいて、しかも多方面に分かれて分かりにくいさま。

補説 「多岐」は道がいくつにも分かれているさま。

用例 この無形の説話者は第五人称にも第六人称にもなりえて、益々《ますます》複雑多岐な働きをすることもできようと思うのである。〈坂口安吾◆文章の一形式〉

類義語 紆余曲折《うよきょくせつ》・盤根錯節《ばんこんさくせつ》・複雑多様《ふくざつたよう》

【複雑多様】ふくざつ たよう

意味 物事が様々に絡み合っていること。

補説 「複雑」は絡み合って入り組んでいること。「多様」は様々であること。「多様複雑《たようふくざつ》」ともいう。

用例 今天然に起る現象を予報せんとする際に感ずる第一の困難は、その現象を限定すべき条件の複雑多様なる事なり。〈寺田寅彦◆自然現象の予報〉

類義語 盤根錯節《ばんこんさくせつ》・複雑多岐《ふくざつたき》

【覆車之戒】ふくしゃの いましめ

⇒ 前車覆轍 ぜんしゃふくてつ 392

【腹心内爛】ふくしん ないらん

意味 内部から崩壊すること。

補説 「腹心」は体の中心部。「内爛」は内側から腐ること。腹の中から腐っていくという意味。

出典 『宋書《そうしょ》』五行志《ごぎょうし》

類義語 内部崩壊《ないぶほうかい》

【腹心之疾】ふくしんの しつ

⇒ 心腹之疾 しんぷくのしつ 355

【腹心之臣】ふくしんの しん

意味 心から信頼できる家臣のこと。

補説 「腹心」は自らの腹となり心ともなるほど、親しく信頼の置ける人の意。

出典 『詩経《しきょう》』周南《しゅうなん》・兎罝《としゃ》 ◎「赳赳《きゅうきゅう》たる武夫《ぶふ》は、公侯《こうこう》の腹心」

類義語 股肱之臣《ここうのしん》

【覆水難収】ふくすい なんしゅう

意味 一度変わってしまった局面は、挽回するのが難しいたとえ。一度失敗すれば取り返すことが難しいたとえ。また、一度こわれた夫婦の仲がもとに戻るのは難しいたとえ。

補説 一度こぼれた水は二度と集めることはできない意から。一般に「覆水《ふくすい》収《おさ》め難《がた》し」と訓読して用いる。

出典 『後漢書《ごかんじょ》』何進伝《かしんでん》

類義語 破鏡不照《はきょうふしょう》・覆水不返《ふくすいふへん》

対義語 破鏡重円《はきょうじゅうえん》

【覆水不返】ふくすい ふへん

意味 一度してしまったことは、もはや取り返しがつかないたとえ。また、一度離婚した夫婦は、もとどおりにならないたとえ。

補説 一度器からこぼれた水は、もとには戻らない意から。「覆水」はこぼれた水。「覆水

《ふくすい》は返《かえ》らず」と訓読する。一般には「覆水盆《ぼん》に返らず」と用いる。

故事 中国周の呂尚《りょしょう》（太公望）は読書ばかりして貧しかったので、妻の馬氏《ばし》はがまんできず離婚したが、呂尚がのちに出世して斉王となると、馬氏は復縁を求めた。そのとき、呂尚は盆（口の広い器）の水を地面にこぼして、「あなたは復縁を言うが、こぼれた水はもとの器には戻れないのだ」と言った故事から。漢の朱買臣《しゅばいしん》にも同じような説話がある。

出典『拾遺記《しゅういき》』

類義語 破鏡不照《はきょうふしょう》・覆水難収《ふくすいなんしゅう》

対義語 破鏡重円《はきょうじゅうえん》

【福善禍淫】 ふくぜんかいん

意味 天は、善なる者には幸福を与え、不善なる者には、不幸を与えるということ。

補説「善《ぜん》に福《さいわい》し淫《いん》に禍《わざわい》す」と訓読する。

出典『書経《しょきょう》』湯誥《とうこう》

用例 元来大劫なるものは水火刀兵の災に過ぐるものはない。この劫《こう》に遇《あ》うものは賢愚倶《とも》に滅びてしまう。福善禍淫の説も往往此《ここ》に至って窮まるものである。〈芥川龍之介◆鴉片〉

類義語 因果応報《いんがおうほう》・禍福無門《かふくむもん》

【不倶戴天】 ふぐたいてん

意味 恨みや憎しみの深いこと。

補説 同じ天の下には一緒にはいない、同じ天の下には生かしておかない意。もとは父の敵《かたき》を言った。「倶《とも》に天《てん》を戴《いただ》かず」と訓読する。

出典『礼記《らいき》』曲礼《きょくらい》上

用例 諸将が東西に分れた所以《ゆえん》のものは、射利の目的と云《い》うよりは寧《むし》ろ武士の義である。故に必死の死闘を試みる相手でなく、不倶戴天の仇敵《きゅうてき》でもない。〈菊池寛◆応仁の乱〉

類義語 倶不戴天《ぐふたいてん》

【覆地翻天】 ふくちほんてん

⇒ 翻天覆地 ほんてんふくち 610

【腹中之書】 ふくちゅうのしょ

意味 博識であることを自慢する言葉。

補説 腹の中に書物がたまっている意から。

故事 中国晋《しん》の郝隆《かくりゅう》は、七月七日の日に腹を出しておおむけになっていた。人がわけを尋ねると、「今日は虫干しの日だから、私は自分の腹の中の書物を虫干ししているのだ」と答えたという故事から。

出典『世説新語《せせつしんご》』排調《はいちょう》

類義語 曬腹中書《さいふくちゅうしょ》

【腹中鱗甲】 ふくちゅうりんこう

意味 心が険しく、人と争いやすい性質のたとえ。また、陰険で腹黒いことのたとえ。

補説 心の中に鱗《うろこ》や甲羅がある意。鱗や甲羅は固く、触れると傷つくことからいう。

出典『蜀志《しょくし》』陳震伝《ちんしんでん》 ◎「腹中に鱗甲有り」

類義語 胸中鱗甲《きょうちゅうりんこう》・腹中之針《ふくちゅうのはり》・平腹鱗甲《へいふくりんこう》

【不屈不撓】 ふくつふとう〈—ナ〉

⇒ 不撓不屈 ふとうふくつ 579

【福徳円満】 ふくとくえんまん〈—ナ〉

意味 幸福や財産に恵まれ、満ち足りているさま。

補説「福徳」は幸福と利益の意。「円満」は満ち足りているさま。

用例 仏の顔も三度というが、あの福徳円満な家主さんも、三つも溜《た》めたら少しは人間的な顔を見せるかもしれない。〈高田保◆貸家を探す話〉

類義語 円満具足《えんまんぐそく》

対義語 不平不満《ふへいふまん》

【不虞之誉】 ふぐのほまれ

意味 思いがけない名誉のこと。

補説「不虞」は思いがけないこと。「虞」はおもんぱかる、前もって考える意。多くは自分の名誉を謙遜《けんそん》して用いる。

出典『孟子《もうし》』離婁《りろう》上

対義語 求全之毀《きゅうぜんのそしり》

【腹誹之法】 ふくひのほう

意味 口には出さなくとも、心の中で非難すれば、それも罰する法律。

補説 腹の底で誹謗《ひぼう》した者も処罰する法の意から。「腹誹」は口には出さないが心の中で非難すること。「誹」はそしる意。

注意「腹非之法」とも書く。

ふ

出典『史記《しき》』平準書《へいじゅんしょ》

【伏竜鳳雛】 ふくりょう ほうすう

意味 機会を得ず、まだ世に隠れているすぐれた人物のたとえ。また、将来が期待される若者のたとえとしても用いる。

補説「伏竜」は伏し隠れている竜。「鳳雛」は鳳《おおとり》のひな。「鳳」は想像上の瑞鳥《ずいちょう》、鳳凰《ほうおう》のこと。もと、中国三国時代の諸葛亮(伏竜)と龐統《ほうとう》(鳳雛)を評した語。「臥竜鳳雛《がりょうほうすう》」ともいう。

注意「ふくりゅうほうすう」とも読む。

出典『蜀志《しょくし》』諸葛亮伝《しょかつりょうでん》の裴注《はいちゅう》に引く『襄陽記《じょうようき》』

類義語 孔明臥竜《こうめいがりょう》・鳳凰在笯《ほうおうざいど》・猛虎伏草《もうこふくそう》・竜虎鳳雛《りょうこほうすう》・麟子鳳雛《りんしほうすう》

【不繋之舟】 ふけいの ふね

意味 心にわだかまりがなく、無心なことの形容。また、定めなく流れ漂っているような人のたとえ。

補説 つながれていない舟の意から。「繋」はつなぎ止める意。

出典『荘子《そうじ》』列禦寇《れつぎょこう》

【武芸百般】 ぶげい ひゃっぱん

意味 あらゆる武芸。

補説「百般」はいろいろな方面、あらゆる種類。「百」は数が多いことを表し、すべての意。関連する語に「武芸十八般《ぶげいじゅうはっぱん》」があり、武人に必要とされた十八種類の武芸の意で用いられる。

【不言実行】 ふげん じっこう 〈―スル〉

意味 あれこれ言わず、黙ってなすべきことを実行すること。

補説「不言」は何も言わないこと。

用例 だから、僕は、リアリストはいやだ。も少し、気のきいたことを言ってもらいたいね。どうせ、その金は、君のものさ。僕の負けさ。どうも、不言実行には、かなわない。〈太宰治◆春の盗賊〉

類義語 訥言実行《とつげんじっこう》・訥言敏行《とつげんびんこう》

対義語 有言実行《ゆうげんじっこう》・有口無行《ゆうこうむこう》

【不言之教】 ふげんの おしえ

意味 何も言わずに、相手に体得させることができる教えのこと。何も言わないことで、また、何も言わずに相手に悟らせること。

補説「不言」は何も言わないこと。もと、老荘思想の「無為自然《むいしぜん》」の教え。(↓「無為自然《むいしぜん》」616)

出典『老子《ろうし》』二

【不言不語】 ふげん ふご

意味 口に出して何も言わないこと。

補説「言」「語」のそれぞれに打ち消しの意の「不」を添えた語。一般に「言わず語らず」の形で用いられることが多い。

用例 この道理は小謡の一節、囃子《はやし》の一クサリ、舞の一と手を習っても、直《すぐ》に不言不語の裏《うち》にうなずかれる。〈夢野久作◆能とは何か〉

類義語 以心伝心《いしんでんしん》

【傅虎為翼】 ふこ いよく

⇓ 為虎傅翼 いこふよく 15

【不耕不織】 ふこう ふしょく

意味 生産的な仕事をしないこと。また、そのような身分をいう。武士。

補説 田を耕さず、機《はた》を織らない意から。「耕」は耕す。「織」は機を織ること。「耕」「織」のそれぞれに打ち消しの意の「不」を添えた語。

【不遑枚挙】 ふこう まいきょ

意味 数がきわめて多くて、数え切れないこと。

補説「遑」はゆとりのあるさま。「枚挙」は一つ一つ数え上げること。一般に「枚挙《まいきょ》に遑《いとま》あらず」と訓読し、現在では「枚挙に遑がない」の形で使われる。

出典 藤田東湖《ふじたとうこ》『弘道館記述義《こうどうかんきじゅつぎ》』下

【富国強兵】 ふこく きょうへい

意味 国を豊かにし、兵力を増強して、国の経済力や軍事力を高めること。

補説 明治政府の基本政策の一つ。

出典『商子《しょうし》』壱言《いちげん》

用例 私の考えは、塾に少年を集めて原書を読ませるばかりが目的ではない。如何様《いかよう》にもしてこの鎖国の日本を開いて西洋流の文明に導き、富国強兵を以《もっ》て、世界中に後れをとらぬようにしたい。〈福沢諭吉◆福翁自伝〉

ふ

【巫蠱神仏】 ふこしんぶつ

(意味) まじないや神仏のこと。

(補説) 「巫」は巫女《みこ》の意、「蠱」は邪道をもって人を惑わすものの意。

(用例) これをかのアジア諸州の人民が、虚誕妄説を軽信して巫蠱神仏に惑溺《わくでき》し、或《ある》いはいわゆる聖賢者の言を聞きて一時にこれに和するのみならず、〈福沢諭吉◆学問のすすめ〉

【武骨一辺】 ぶこついっぺん

(意味) もっぱら無作法で風流を解さないこと。風情・風流とは縁遠いさま。

(補説) 「武骨」は洗練されておらず、風情のないこと。無風流。「一辺」はそればかり、一方の意。

(注意) 「無骨一辺」とも書く。

(用例) 早く母に別れ、武骨一辺の父の膝下《ひざもと》に養われしかば、朝夕耳にせしものは名ある武士が先陣抜懸《ぬけが》けの誉《ほまれ》ある功名談《こうみょうばなし》にあらざれば、弓箭《ゆみや》甲冑《かっちゅう》の故実《こじつ》、〈高山樗牛◆滝口入道〉

【不在証明】 ふざいしょうめい

(意味) 犯罪などの事件の発生当時に、被疑者がその現場にいなかったことを証明すること。アリバイ。

(補説) 「現場《げんじょう》不在証明」の略。

【夫妻胖合】 ふさいはんごう

(意味) 夫と妻は一つの物の半分ずつで、両方を合わせて初めて完全になること。夫婦は一体であることをいう。

(補説) 「胖」は半分の意で、「胖合」は半分を合わせることから、夫婦のこと。

(出典) 『儀礼《ぎらい》』喪服《そうふく》

(類義語) 夫婦胖合《ふうふはんごう》

【俯察仰観】 ふさつぎょうかん 〈—スル〉

⇒ 仰観俯察 ぎょうかんふさつ 154

【巫山雲雨】 ふざんうんう

⇒ 巫山之夢 ふざんのゆめ 574

【巫山之夢】 ふざんのゆめ

(意味) 男女の契り、情交のたとえ。

(補説) 「巫山」は四川と湖北省の境にある山。ここに神女が住んでいたとされる。「雲雨巫山《うんうふざん》」「行雨朝雲《こううちょううん》」「楚夢雨雲《そむううん》」「朝雲暮雨《ちょううんぼう》」「巫山雲雨《ふざんうんう》」ともいう。

(故事) 中国戦国時代、楚《そ》の懐王が高唐（楚の雲夢沢《うんぼうたく》にあった高殿の名）に遊び疲れて昼寝をしていたとき、夢の中で巫山の神女と情を交わし、別れぎわに神女が、朝には雲となり夕べには雨となって朝な夕なここに参りましょう、と言ったという故事から。

(出典) 『文選《もんぜん》』宋玉《そうぎょく》「高唐賦《こうとうのふ》」

(類義語) 殢雨尤雲《ていうゆううん》

【父子相伝】 ふしそうでん

(意味) 学問や技芸などの奥義を、父から子だけに伝えていくこと。

(補説) 「相伝」は代々伝えること。

(用例) 父の蒐集《しゅうしゅう》した資料と、宮廷所蔵の秘冊とを用いて、すぐにも父子相伝の天職にとりかかったのだが、任官後の彼にまず課せられたのは暦の改正という大事業であった。〈中島敦◆李陵〉

(類義語) 一子相伝《いっしそうでん》

【無事息災】 ぶじそくさい 〈—ナ〉

(意味) 病気や災いなど、心配事がなく、平穏に暮らしていること。また、そのさま。

(補説) 「息災」は災いを防ぎ止めること。「息」はやめる、しずめる意。「息災無事《そくさいぶじ》」ともいう。

(用例) しかし、惣八郎《そうはちろう》は無事息災であった。事変の起りやすい狩場などでも、彼は軽捷《けいしょう》に立ち回って、怪我《けが》一つ負わなかった。〈菊池寛◆恩を返す話〉

(類義語) 延命息災《えんめいそくさい》・息災延命《そくさいえんめい》・無事平安《ぶじへいあん》・平穏無事《へいおんぶじ》・無病息災《むびょうそくさい》

【不失正鵠】 ふしつせいこく

(意味) 物事の要点や急所を正確にとらえること。的をはずさないこと。

(補説) 「正鵠」は弓の的の中心。的の真ん中の黒い星をいう。転じて、物事の要点・急所の意。「せいこう」と読むのは慣用読み。「正鵠《せいこく》を失《うしな》わず」と訓読する。

(出典) 『礼記《らいき》』射義《しゃぎ》

【付耳之言】 ふじのげん

(意味) ひそひそ話。また、秘密は漏れやすく、すぐに広まるということのたとえ。

（補説）相手の耳に口を近づけて小声でする内緒話も、すぐに千里も離れた所にまで聞こえてしまうということ。「付耳」は相手の耳に口を近づける意。「付耳の言も千里に聞こゆ」の略。

（注意）「附耳之言」とも書く。

（出典）『淮南子《えなんじ》』説林訓《ぜいりんくん》

【不時之需】ふじのじゅ
（意味）突発的に発生した必要・需要のこと。
（補説）時ならぬ要求の意から。「不時之須《ふじのもとめ》」ともいう。

【不時之須】ふじのもとめ
（注意）「ふじのもとめ」とも読む。
（出典）蘇軾《そしょく》「後赤壁賦《こうせきへきのふ》」◎「我に斗酒有りて、之《これ》を蔵すること久しうして以《もっ》て子《し》の不時の須を待つ」
⇒ 不時之需 ふじのじゅ 575

【不死不朽】ふしふきゅう
（意味）永久に滅びないこと。
（補説）「不死」は死なないこと。「不朽」は滅びることなく、いつまでも残ること。「朽」は朽ちる、だめになる意。
（用例）不死不朽、渠《かれ》と与《とも》にあり。衰老病死、我と与にあり。〈島崎藤村◆春〉
（類義語）長生不老《ちょうせいふろう》・不老長寿《ふろうちょうじゅ》・不老不死《ふろうふし》

【無事平穏】ぶじへいおん 〈―ナ〉
⇒ 平穏無事 へいおんぶじ 588

【不惜身命】ふしゃくしんみょう
（意味）自分の身や命を惜しまないこと。
（補説）仏教語。もとは仏道のためには自らの身命を顧みない意。「不惜」は惜しまないこと。
（出典）『法華経《ほけきょう》』譬喩品《ひゆぼん》
（用例）我らは道を求め道に奉仕せんがために、不惜身命でなければならない。〈阿部次郎◆三太郎の日記〉
（対義語）可惜身命《あたらしんみょう》

【俛首帖耳】ふしゅちょうじ
（意味）哀れみをこうさま。人にこびる卑しい態度のこと。

（補説）「俛」は伏せる、うつむく意で、「俛首」は頭を伏せること。「帖耳」は耳を垂れること。「帖」は垂れる意。犬が飼い主に服従するさま。

（注意）「俯首帖耳」とも書く。

（出典）韓愈《かんゆ》「科目《かもく》に応《おう》ずる時《とき》人《ひと》に与《あた》うる書《しょ》」◎「首《こうべ》を俛《ふ》し耳《みみ》を帖《た》る」と訓読する。

【膚受之愬】ふじゅのうったえ
（意味）身に迫った痛切な訴え。
（補説）「膚受」は肌を切りつけるような痛切なことのたとえ。「愬」はそしり訴えること。皮膚に垢《あか》がたまるように、じわじわと人を偽りそしって傷つける意でも用いられる。
（注意）「ふじゅのそ」とも読む。
（出典）『論語《ろんご》』顔淵《がんえん》
（類義語）浸潤之譖《しんじゅんのそしり》

【不渉階梯】ふしょうかいてい
（意味）段階を踏まず、直截《ちょくせつ》、悟りに達すること。
（補説）禅宗の語。「階梯」は修行が進んでゆく段階の意。一般に「階梯《かいてい》に渉《わた》らず」と訓読して用いる。
（出典）『無門関《むもんかん》』三二

【不将不迎】ふしょうふげい
（意味）過ぎたことをくよくよと悔やんだり、先のことをあれこれ悩んだりしないこと。
（補説）去るものを送ったり、来るものを迎えたりしない意から。「将」は送る意。「将迎」は送り迎えの意で、「将」「迎」それぞれに打ち消しの「不」を添えた語。「将《おく》らず迎《むか》えず」と訓読する。
（出典）『荘子《そうじ》』応帝王《おうていおう》
（類義語）不将不逆《ふしょうふぎゃく》

【不承不承】ふしょうぶしょう
（意味）いやいやながら、物事を行うこと。

（補説）「不承」はいやいやながら承知する意。「不承」を重ねて意味を強調した語。

（注意）「不請不請」とも書く。

（用例）そうすると、どうでしょう、まあ、那奴《あいつ》はその晩二時過までうで付いていて、それでも不承々々に還《かえ》ったのは可《よ》い。〈尾崎紅葉◆金色夜叉〉

【夫唱婦随】ふしょうふずい
（意味）夫婦の仲が非常によいこと。

補説 夫が言い出し妻がそれに従う意から。「唱」は言い出すこと。提唱。
注意 「夫倡婦随」とも書く。「婦唱夫随」と書かない。
出典 『関尹子《かんいんし》』三極《さんきょく》
用例 この傾向に対して、これではいかぬということに気づき、早く云《い》えば、夫唱婦随の真精神をつとに実行に遷《うつ》そうと努力したのは彼女であった。〈岸田國士◆妻の日記〉
類義語 嫁鶏随鶏《かけいずいけい》・関関雎鳩《かんかんしょきゅう》

【婦女童蒙】 ふじょどうもう
意味 女性や子供。
補説 「婦女」は女・女子のこと。「童蒙」は幼くて、まだものの道理の分からない者の意。子どものこと。
用例 併《しか》しながら小説をもて婦女童蒙の玩具《がんぐ》と見做《みな》して美術視せざりし誤りより原因したる過失《あやまり》にして、其《その》罪おおかたは見識なき作者の上にありというべし。〈坪内逍遥◆小説神髄〉

【負薪汲水】 ふしんきゅうすい
⇒ 採薪汲水 さいしんきゅうすい 252

【負薪之憂】 ふしんのうれい
意味 自分の病気のことをいう謙譲語。
補説 たきぎを背負って働いた疲れで病気になること。また、病気でたきぎを背負うことができなくなること。「負」は背負う意。「憂」は病気の意。「負薪之病《ふしんのやまい》」ともいう。
出典 『礼記《らいき》』曲礼《きょくらい》下
類義語 採薪之憂《さいしんのうれい》・負薪之疾《ふしんのしつ》

【負薪之病】 ふしんのやまい
⇒ 負薪之憂 ふしんのうれい 576

【鳧趨雀躍】 ふすうじゃくやく
意味 大いに喜び小躍りするさま。大いに喜ぶことの形容。
補説 「鳧趨」はカモが小走りに歩くこと。カモが歩くとからだが左右に揺れて、踊っているように見えることからいう。「趨」は小走りに進む意。「雀躍」はスズメが躍ること。喜んで小躍りするさま。
出典 盧照鄰《ろしょうりん》「窮魚賦《きゅうぎょのふ》」
類義語 手舞足踏《しゅぶそくとう》

【付贅懸疣】 ふぜいけんゆう
意味 余計な厄介もののたとえ。
補説 くっついているこぶや、引っかかっているいぼの意から。「贅」「疣」はともに、こぶ・いぼのこと。
注意 「付」は「附」、「疣」は「肬」とも書く。
出典 『荘子《そうじ》』大宗師《だいそうし》

【浮生若夢】 ふせいじゃくむ
意味 人生は夢のようにはかないこと。
補説 「浮生」ははかない人生。一般に「浮生《ふせい》は夢《ゆめ》の若《ごと》し」と訓読して用いる。
出典 李白《りはく》「春夜《しゅんや》桃李園《とうりえん》に宴《えん》するの序《じょ》」
類義語 人生如夢《じんせいじょむ》・人生朝露《じんせいちょうろ》・泡沫夢幻《ほうまつむげん》・夢幻泡影《むげんほうよう》

【浮声切響】 ふせいせっきょう
意味 声・響き・リズムの軽重や高下をいう。また、漢字の声調を分類した四声のうち、平声《ひょうせい》と仄声《そくせい》のこと。
補説 「浮声」は軽やかに浮き上がった声。「切響」は重々しくつまった声調。また、鋭く厳しい響きをいう。
出典 『宋書《そうしょ》』謝霊運伝論《しゃれいうんでんろん》

【不正不義】 ふせいふぎ
⇒ 不義不正 ふぎふせい 569

【不正不公】 ふせいふこう
意味 正しくなく、また公平でないこと。よこしまであること。
補説 「不正」は正しくないこと。正当でないこと。「不公」は公平でない意。
用例 不正不公の羈軛《きやく》を脱して別に一世界を開き、人口繁殖せざるにあらず、財用富饒《ふじよう》ならざるにあらず、土地もまた広くして、耕すに余《あま》りあり、〈福沢諭吉◆文明論之概略〉

【不正不便】 ふせいふべん 〈―ナ〉
意味 正義でなく、そのうえ自分にとっても好都合でないさま。
補説 「不正」は正しくないこと。正当でないこと。「不便」は便利でないこと。都合の悪いさま。
用例 故に国法は不正不便なりと雖《いえ》ども、その不正不便を口実に設けてこれを破るの理なし。〈福沢諭吉◆学問のすすめ〉

【浮石沈木】ふせき ちんぼく

意味 一般大衆の無責任な言論が、道理に反して威力をもつたとえ。
補説 水に沈むはずの石を浮かせ、水に浮くはずの木を沈める意から。「石《いし》を浮《う》かせ木《き》を沈《しず》む」と訓読する。
出典 『新語《しんご》』弁惑《べんわく》
類義語 三人成虎《さんにんせいこ》・衆議成林《しゅうぎせいりん》・衆口鑠金《しゅうこうしゃくきん》・衆心成城《しゅうしんせいじょう》・聚蚊成雷《しゅうぶんせいらい》・曽参殺人《そうしんさつじん》

【不説一字】ふせつ いちじ

⇒ 一字不説 いちじふせつ 23

【不争之徳】ふそうの とく

意味 争わないという人徳。
補説 「不争」は人と争わないこと。「徳」は偉大な人格。人徳。本当に強い人は争わず、人に勝とうとしない。人を使うのがうまい人は、むしろ人にへりくだる。常に争わず人の下にいることを説いた老子の言葉。
出典 『老子《ろうし》』六八
対義語 取争之術《しゅそうのじゅつ》

【不即不離】ふそく ふり

意味 二つのものの関係がつかず離れず、ちょうどよい関係にあること。
補説 「即」はくっつく意。「即《つ》かず離《はな》れず」と訓読する。「不離不即《ふりふそく》」ともいう。
出典 『円覚経《えんがくきょう》』
用例 衆人の前では岡は遠慮するようにあまり葉子に親しむ様子は見せずに不即不離の態度を保っていた。〈有島武郎◆或る女〉

【父祖伝来】ふそ でんらい

⇒ 先祖伝来 せんぞでんらい 396

【二股膏薬】ふたまた こうやく

⇒ 内股膏薬 うちまたこうやく 60

【不断節季】ふだん せっき

意味 毎日節季のつもりで、借金をせず地道でまじめに生活していれば、将来困ることはないということ。
補説 「不断」は日常、平生の意。「節季」は盆と暮れの年二回の決算期で、昔は借金もこのとき清算された。

【不知案内】ふち あんない

意味 知識や心得がなく、実情や様子が分からないこと。
補説 「不知」は知らないこと。「案内」は事情、様子のこと。「案内《あない》を知《し》らず」と訓読する。
用例 大器氏は全く不知案内の暗中の孤立者になったから、黙然として石の地蔵のように身じろぎもしないで、〈幸田露伴◆観画談〉

【不智不徳】ふち ふとく

意味 知恵・学識がなく、また、徳行・人格に欠けていること。
補説 「智徳」は智恵・知識・学識と道徳・徳行・人格を兼ね備えていること。そのそれぞれに「不」を添えて否定している語。
注意 「不知不徳」とも書く。
用例 人望は智徳に属すること当然の道理にして、必ず然《しか》るべき筈《はず》なれども、（中略）甚だしきに至っては人望の属するを見て本人の不智不徳を卜《ぼく》すべき者なきに非《あら》ず、〈福沢諭吉◆学問のすすめ〉

【釜中之魚】ふちゅうの うお

⇒ 俎上之肉 そじょうのにく 415

【物換星移】ぶっかん せいい

意味 世の中が移り変わること。
補説 物事は変わり、歳月が過ぎゆく意から。「物換」は物事が変わること。「星」は歳月の意。「星移」は歳月が過ぎること。「物《もの》換《かわ》り星《ほし》移《うつ》る」と訓読する。
出典 王勃《おうぼつ》「滕王閣詩《とうおうかくのし》」

【物議騒然】ぶつぎ そうぜん 〈―タル〉〈―ト〉

意味 世論が何かと騒がしく、人心が落ち着かないさま。
補説 「物議」は世間の評判やうわさ。世論。「騒然」は騒々しいさま。落ち着かないさま。
類義語 物情騒然《ぶつじょうそうぜん》・物論囂囂《ぶつろんごうごう》

【物情騒然】ぶつじょう そうぜん 〈―タル〉〈―ト〉

意味 世の中が落ち着かず騒がしいさま。
補説 「物情」は世の中の様子。人々の心。「騒然」は騒がしいさま。落ち着かないさま。
用例 「しかし、見るところ静かだが、何んとなく物情騒然として来た様子だね。今ごろは日本も眼《め》を廻《まわ》して来ているよ。どこも

ふ

かしこも火点《ひっ》けと火消しの立廻《たちまわ》りだ。」〈横光利一◆旅愁〉

類義語 物議騒然《ぶつぎそうぜん》・物論囂囂《ぶつろんごうごう》

【物色比類】 ぶっしょくひるい 〈―スル〉

意味 外見をよく検討し、他の物と比べ合わせてよい物を選び取ること。

補説 もともとは、犠牲《いけにえ》の供物を選ぶ要領を述べた語。「物色」は犠牲の毛の色。「比類」は他の物と比較し検討すること。「比」はくらべる意。毛の色のよい物を選び出し、供物に合った祭礼を適切に組み合わせ、慎重に犠牲の供物を選ぶべきことをいった語。

出典 『礼記《らいき》』月令《がつりょう》

類義語 比較検討《ひかくけんとう》

【仏心鬼手】 ぶっしんきしゅ

⇒ 鬼手仏心 きしゅぶっしん 140

【物是人非】 ぶつぜじんぴ

意味 自然の風物はそのままだが、人は変わって、昔の人はいなくなったということ。

補説 「物《もの》是《ぜ》にして人《ひと》非《ひ》なり」と訓読する。

出典 曹丕《そうひ》「朝歌《ちょうか》の令呉質《れいごしつ》に与《あた》うるの書《しょ》」

【仏足石歌】 ぶっそくせきか

意味 奈良薬師寺《やくしじ》の仏足石歌碑に刻まれた二十一首の歌。仏を賛美する上代の歌謡。

補説 「仏足石」は、釈迦《しゃか》の足の裏の形を彫りつけた石。現存する日本最古のものが、歌碑とともに薬師寺にある。その歌碑にある歌の五・七・五・七・七・七の形式は仏足石歌体といわれる。この形式の歌謡は『古事記』『日本書紀』『万葉集』『風土記』にもわずかに見られる。「仏足石の歌」ともいう。

【物物交換】 ぶつぶつこうかん 〈―スル〉

意味 貨幣を媒介せずに、物と物とを直接交換すること。

補説 貨幣流通以前の交換形態だが、状況によっては現在でも行われる。

用例 米と酒だけ何《ど》うにかすれば、何、それだって、魚や蜜柑《みかん》や小鳥を売ったりすればね、物々交換というやつを始めても好《よ》い。〈牧野信一◆村のストア派〉

【仏籬祖室】 ぶつりそしつ

意味 仏門、特に禅宗のこと。

補説 仏門を家の垣根や部屋にたとえたもの。「仏籬」は仏のまがき。「籬」は竹などで作った垣根のこと。「祖室」は達磨《だるま》を開祖とする禅宗の奥深い教え。

出典 松尾芭蕉《まつおばしょう》「幻住庵記《げんじゅうあんのき》」

用例 ある時は仕官懸命の地をうらやみ、まさか仏籬祖室の扉の奥にはいろうとは、思わなかったけれど、教壇に立って生徒を叱る身振りにあこがれ、機関車あやつる火夫の姿に恍惚《こうこつ》として、〈太宰治◆春の盗賊〉

【物論囂囂】 ぶつろんごうごう 〈―タル〉〈―ト〉

意味 世間の評判やうわさが騒々しいこと。

補説 「物論」は世間の評判やうわさ。世論。「囂囂」は多くの声が騒がしいさま。

類義語 物議洶然《ぶつぎきょうぜん》・物議騒然《ぶつぎそうぜん》・物情騒然《ぶつじょうそうぜん》

【釜底抽薪】 ふていちゅうしん

意味 問題の解決には、根本の原因を取り除く必要があるということのたとえ。

補説 釜《かま》の湯の煮えたぎるのを止めるために、釜の下のたきぎを抜き出して火を止める意から。「抽」は抜く、抜き取る意。「釜底《ふてい》、薪《たきぎ》を抽《ぬ》く」と訓読する。

出典 『漢書《かんじょ》』枚乗伝《ばいじょうでん》

類義語 剪草除根《せんそうじょこん》・断根枯葉《だんこんこよう》・抽薪止沸《ちゅうしんしふつ》・抜本塞源《ばっぽんそくげん》

【釜底游魚】 ふていのゆうぎょ

意味 死が目前に迫っていることのたとえ。

補説 今にも煮られようとする魚が、釜《かま》の中で泳いでいる意から。「游」は泳ぐ意。

注意 「釜底遊魚」とも書く。

出典 『後漢書《ごかんじょ》』張綱伝《ちょうこうでん》

類義語 小水之魚《しょうすいのうお》・俎上之肉《そじょうのにく》・轍鮒之急《てっぷのきゅう》・風前之灯《ふうぜんのともしび》・釜中之魚《ふちゅうのうお》

【不貞不義】 ふていふぎ

⇒ 不義不貞 ふぎふてい 570

【普天率土】 ふてんそつど

意味 天の覆う限り、地の続く限りのすべての地。天下至る所。

補説 「普」は大の意。また、あまねくの意。「率土」は人の従い行く所。土地から土地へと続くこと。「普天の下《もと》、率土の浜《ひん》」の略。

注意 「普天」は「敷天」「溥天」とも書く。「ふてんそっと」とも読む。

出典 『詩経《しきょう》』小雅《しょうが》・北山《ほくざん》

用例 士族と平民との名義上の区別は置けども、普天率土同一なる義務と同一なる権利とを享有し、〈北村透谷◆明治文学管見〉

類義語 率土之浜《そっとのひん》

【敷天之下】ふてんのもと

意味 あまねく覆う大空の下の意。あまねくすべての所。天下至る所。

補説 「敷」は大の意。また、あまねくの意。

注意 「敷天」は「普天」「溥天」とも書く。

出典 『詩経《しきょう》』周頌《しゅうしょう》・般《はん》

【赴湯蹈火】ふとうとうか

意味 苦しみを恐れず、危険を冒すたとえ。危険を顧みないたとえ。

補説 熱さをものともせずに、沸騰している湯に向かい、燃えさかる火を踏みつける意から。「赴」は向かう意。「湯」は熱湯。「蹈」は踏みつける意。「湯《ゆ》に赴《おもむ》き火《ひ》を蹈《ふ》む」と訓読する。

出典 『荘子《そうじ》』達生《たっせい》

【不撓不屈】ふとうふくつ〈―ナ〉

意味 強い意志をもって、どんな苦労や困難にもくじけないさま。

補説 「撓」はたわむ意。転じて、屈すること。「不屈不撓《ふくつふとう》」ともいう。

注意 「不橈不詘」とも書く。

出典 『漢書《かんじょ》』叙伝《じょでん》

用例 実にこうした思索の点では、僕は自分の柄にもなく、地獄の悪魔の如《ごと》き執念深さと、不撓不屈の精神を有している。倒れても倒れても、僕は起きあがって戦ってくる人間だ。〈萩原朔太郎◆詩の原理〉

類義語 七転八起《しちてんはっき》・独立不撓《どくりつふとう》・百折不撓《ひゃくせつふとう》

対義語 戦意喪失《せんいそうしつ》

【不同不二】ふどうふじ

意味 ただ一つだけで、二つとないこと。

補説 「不同」は同じでないさま。「不二」は世に二つとないこと。

用例 またこの不同不二の乾坤《けんこん》を建立し得るの点において、我利私欲の羈絆《きはん》を掃蕩《そうとう》するの点において、――千金の子よりも、万乗の君よりも、あらゆる俗界の寵児《ちょうじ》よりも幸福である。〈夏目漱石◆草枕〉

類義語 唯一不二《ゆいいつふじ》・唯一無二《ゆいいつむに》

【不得要領】ふとくようりょう〈―ナ〉

意味 要点がはっきりしないこと。

補説 「要領」は着物で大切な腰帯と襟のことで、物事の重要な部分の意味。「要領《ようりょう》を得《え》ず」と訓読する。

出典 『史記《しき》』大宛伝《だいえんでん》 ◎「月氏《げっし》の要領を得る能《あた》わず」

用例 この問答は私にとってすこぶる不得要領のものであったが、私はその時底まで押さずに帰ってしまった。〈夏目漱石◆こころ〉

対義語 理路整然《りろせいぜん》・論旨明快《ろんしめいかい》

【腐敗堕落】ふはいだらく〈―スル〉

意味 健全な精神がゆるみ乱れて、品行が悪くなること。品行が悪くなって身をもち崩すこと。

補説 「腐敗」は腐り崩れる意から、堕落と同意。「堕落腐敗《だらくふはい》」ともいう。

用例 しかし今日の我々が「官場現形記」を読むと、官界の腐敗堕落の諸相は清朝《しんちょう》のものではなくて、そッくり日本の現実だ。〈坂口安吾◆安吾巷談〉

【不敗之地】ふはいのち

意味 決して敗れるおそれのない態勢。攻撃しづらく、決して攻め落とせない要害の場所に位置していること。

補説 一般に「不敗の地に立つ」として用いられることが多い。

出典 『孫子《そんし》』軍形《ぐんけい》

【不買美田】ふばいびでん

意味 子孫のために、財産はあえて残さないこと。

補説 子孫のために肥えたよい田を買わないという意。財産を残すと、子孫はそれに頼って努力せず安逸な生き方をしてしまうので、財産はあえて残さないということ。「美田」は地味の肥えた作物のよくとれる田地。一般には、西郷隆盛《さいごうたかもり》が言った「児孫《じそん》のために美田を買わず」という詩句を用いることが多い。

出典 北宋の真宗《しんそう》詩「勧学《かんがく》」◎「家を富

ますに良田《りょうでん》を買うを用いず、書中、自《おのずか》ら千鍾《せんしょう》の粟《ぞく》あり」

【布帛菽粟】ふはくしゅくぞく

意味 人が生活するのになくてはならないもののたとえ。また、人のする、あたりまえで有益な物事のたとえ。

補説 布と絹と豆と穀物。いずれも衣食の必需品であることからいう。「帛」は絹、「菽」は豆の意。「粟」は穀物の総称。

出典 『宋史《そうし》』程頤伝《ていいでん》

【不抜之志】ふばつのこころざし

意味 決してくじけない堅い意志のこと。

補説 「不抜」は抜き取れない、堅くて動じないこと。堅い意志のたとえ。

出典 『南史《なんし》』沈約伝《しんやくでん》

類義語 堅忍不抜《けんにんふばつ》

対義語 意志薄弱《いしはくじゃく》・優柔不断《ゆうじゅうふだん》

【舞馬之災】ぶばのわざわい

⇒ 馬舞之災 ばぶのわざわい 534

【舞文曲筆】ぶぶんきょくひつ

意味 いたずらに言辞をもてあそび、事実を曲げて書くこと。

補説 「舞文」は言辞をもてあそぶ意。「曲筆」は事実を曲げて書くこと。「文《ぶん》を舞《ま》わし筆《ふで》を曲《ま》ぐ」と訓読する。「曲筆舞文《きょくひつぶぶん》」ともいう。

出典 （「舞文」）『史記《しき》』貨殖伝《かしょくでん》（「曲筆」）『後漢書《ごかんじょ》』臧洪伝《ぞうこうでん》

【不聞不問】ふぶんふもん

意味 無関心な態度のこと。

補説 「不聞」は聞こうともしない、「不問」は尋ねようともしない意味。「聞《き》かず問《と》わず」と訓読する。

【舞文弄法】ぶぶんろうほう

意味 法の条文を都合のいいように解釈して、乱用すること。

補説 「舞」「弄」はともに、もてあそぶ、思うように解釈する意。「文《ぶん》を舞《ま》わし法《ほう》を弄《もてあそ》ぶ」と訓読する。

出典 『史記《しき》』貨殖伝《かしょくでん》

類義語 徇私舞弊《じゅんしぶへい》・舞文巧法《ぶぶんこうほう》・舞文弄墨《ぶぶんろうぼく》

【不平煩悶】ふへいはんもん

意味 いろいろな不満や悩み・苦しみのこと。

補説 「不平」は思いどおりにならず、満足しないこと。「煩悶」はもだえ苦しみ、考え悩む意。

用例 愉快適悦、不平煩悶にも相感じ、気が気に通じ心が心を喚《よ》び起こして決して齟齬《そご》し扞格《かんかく》する者でないと今日が日まで文三《ぶんぞう》は思っていたに、〈二葉亭四迷◆浮雲〉

類義語 不平不満《ふへいふまん》

【不平不満】ふへいふまん

意味 物事が思うようにいかないために、満足できず、気持ちが穏やかでない様子。

補説 「不平」は満足できず心が穏やかでないこと。「不満」は満足できないこと。類義の語を重ねて意味を強めている。

用例 「なるほど、世の中は変りもしよう。しかし、よりよい世の中は――決して。」――とは、不平不満の遣《や》りどころのないようなそれらの人たちより陰に陽に聞えて来る強い非難の声だ。〈島崎藤村◆夜明け前〉

類義語 不平煩悶《ふへいはんもん》・欲求不満《よっきゅうふまん》

対義語 円満具足《えんまんぐそく》・福徳円満《ふくとくえんまん》

【布襪青鞋】ふべつせいあい

意味 旅の装い。

補説 「布襪」は布の脚半《きゃはん》（足を保護するために、足のすねにつける布）。「青鞋」はわらじのこと。「青鞋布襪《せいあいふべつ》」ともいう。

【普遍妥当】ふへんだとう（―ナ）

意味 どんな条件下でも、すべてのものに共通して当てはまること。

補説 「普遍」はすべてのものに共通していること。「妥当」は適切に当てはまること。

用例 彼は普遍妥当の真理を超時間的に、いつの時代にも一様にあてはまるように説くことでは満足しなかった。〈倉田百三◆学生と先哲〉

【不偏不党】ふへんふとう

意味 いずれの主義や党派に偏ることなく、公正・中立な立場をとること。

補説 「不偏」は偏らないこと。公正であること。「不党」は仲間や党派に加わらないこと。「無偏無党《むへんむとう》」ともいう。

出典『墨子《ぼくし》』兼愛《けんあい》

用例 さてその不偏不党とは口でこそ言え、口に言いながら心に偏する所があって、〈福沢諭吉◆福翁自伝〉

類義語 無私無偏《むしむへん》

【母望之人】ぶぼうのひと

意味 危急のとき、思いがけなく自分を助けてくれる人のこと。

補説「母望」は思いがけない意。「母」は「不」と同じで、否定の言葉。

出典『史記《しき》』春申君伝《しゅんしんくんでん》

【榑木之地】ふぼくのち

意味 東方にあるという太陽が昇る地。

補説 一説に日本の異称。「榑木」は東方の日の出る所にあるという神木の名。榑桑《ふそう》。

注意「扶木之地」とも書く。

出典『呂氏春秋《りょししゅんじゅう》』求人《きゅうじん》

【不眠不休】ふみんふきゅう

意味 休まず事に当たること。

補説 眠ったり休んだりしないことから。

用例 施《し》先生をはじめ一同は不眠不休で看病すると同時に、頭脳を絞って療法の発見に努めた。〈永井隆◆長崎の鐘〉

類義語 昼夜兼行《ちゅうやけんこう》・不解衣帯《ふかいいたい》

【不毛之地】ふもうのち

意味 作物が育たない瘦《や》せた土地の意。また、成果や見るべきものがないこと。

補説「毛」は地に生える草木や穀物の総称。

出典『春秋公羊伝《しゅんじゅうくようでん》』宣公《せんこう》一二年

類義語 不食之地《ふしょくのち》

【蜉蝣一期】ふゆうのいちご

意味 人生の短くはかないたとえ。

補説「蜉蝣」はかげろう。朝生まれて夕方には死ぬといわれ、はかないもののたとえ。「一期」は一生。

類義語 蜉蝣之命《ふゆうのいのち》

【不要不急】ふようふきゅう

意味 さして重要でもないこと。

補説 必要でもなく、急いでもいない意から。

【芙蓉覆水】ふようふくすい

意味 花が、盛りの季節に美しくたくさん咲く様子。

補説 ハスの花が、池を覆うように咲き誇る意。「芙蓉」はハスの花。ハスの花が盛りで、まるで池を埋め尽くしているようであるということ。「芙蓉《ふよう》水《みず》を覆《おお》う」と訓読する。

出典『文選《もんぜん》』張衡《ちょうこう》「東京賦《とうけいのふ》」

類義語 秋蘭被涯《しゅうらんひがい》

【不埒千万】ふらちせんばん

〈―ナ〉

意味 非常にふとどきなこと。この上なくけしからぬこと。また、そのさま。

補説「不埒」はけしからぬこと。ふとどきなこと。「埒」はもと馬場などの囲いの意。「千万」は程度の甚だしいことを表す接尾語。

用例「今日はどうだったい。由雄《よしお》さんが何とか云《い》やしなかったかね。おおかたぐずぐず云ったんだろう。おれが病気で寝ているのに貴様一人芝居《しばや》へ行くなんて不埒千万だとか何とか。え？　きっとそうだろう」「不埒千万だなんて、そんな事云やしないわ」〈夏目漱石◆明暗〉

【夫里之布】ふりのふ

意味 中国古代の税制で、「夫布」は人夫税の一種、「里布」は地税の一種。ともに本来の税とは別に課した付加税。

補説「夫布」は無職の者に、「里布」は宅地に桑や麻を植えない者に課した税。「布」は銭のこと。

出典『孟子《もうし》』公孫丑《こうそんちゅう》上 ◎「廛《てん》（住居）に夫里の布無ければ、則《すなわ》ち天下の民、皆悦《よろこ》んで之が氓《たみ》と為《な》る（そこに帰化することを願わん）」

【不離不即】ふりふそく

⇒ 不即不離 ふそくふり 577

【不立文字】ふりゅうもんじ

意味 文字による教義・教条を定立しないということ。

補説 禅宗の語。先行の各宗は、経典《きょうてん》を根拠として教理学の体系を構築していた。それに対して禅宗は、経典の所説でなく、仏の心そのものを伝えるのだと主張し、その立場を「不立文字」「教外別伝《きょうげべつでん》」「以心伝心《いしんでんしん》」などの語で標榜《ひょうぼう》した。いずれも経典に記された教説の外で、悟りそのものを心から心に直《じか》に伝える、という意を表したも

ふ

のである。なお、「不立文字」は特定の教義・教条を打ち立てないということであって、文字・言語を一切用いないということではない。

出典『無門関《むもんかん》』

用例 禅宗のように不立文字を標榜して教学を撥無《はつむ》するものもあれば、念仏の直入を力調して戒行をかえりみないものもあった。〈倉田百三◆学生と先哲〉

類義語 以心伝心《いしんでんしん》・教外別伝《きょうげべつでん》・拈華微笑《ねんげみしょう》・維摩一黙《ゆいまいちもく》

【武陵桃源】 ぶりょうとうげん

意味 俗世間からかけ離れた平和な別天地、理想郷のこと。

補説「武陵」は地名。中国湖南省にある。「桃源」は世俗を離れた平和な別天地。一般に「桃源郷」という語で使われる。「世外桃源《せがいとうげん》」ともいう。

故事 武陵の漁師が、川をさかのぼって桃林に入り、山腹の洞穴を抜けたところに、美しく桃の花が咲き乱れる別天地があった故事から。

出典 陶潜《とうせん》「桃花源記《とうかげんのき》」

用例 私達は島に来て、伝説的な想像は少しく幻滅しましたが、併《しか》し温暖な気候と日光との中に、満山の椿《つばき》と水仙とを目にした実感は猶《なお》武陵桃源の趣がありました。〈与謝野晶子◆初島紀行〉

【不倫不類】 ふりんふるい 〈―ナ〉

意味 規格に合わず、どこにも分類できないことのたとえ。また、いい加減なさま。

補説「不倫」「不類」はともに同じ仲間ではないことを表す。「倫」は同じ仲間の意。

出典 呉炳《ごへい》『療妬羹《りょうとかん》』絮影《じょえい》

【不霊頑冥】 ふれいがんめい 〈―ナ〉

⇒冥頑不霊 めいがんふれい 624

【無礼傲慢】 ぶれいごうまん 〈―ナ〉

⇒傲慢無礼 ごうまんぶれい 225

【無礼千万】 ぶれいせんばん 〈―ナ〉

意味 甚だしく礼儀を欠いているさま。この上なく失礼なこと。

補説「無礼」は礼儀をわきまえないさま。「千万」は程度の甚だしいことを表す接尾語。

用例 家の書生には其様《そのよう》な無礼千万な野蛮な所為《しょい》をさしては外聞に関《かか》わる。〈内田魯庵◆社会百面相〉

類義語 失礼千万《しつれいせんばん》・無礼至極《ぶれいしごく》

【不労所得】 ふろうしょとく

意味 働かないで得る収入のこと。

補説 配当金、利子、地代など労働の対価ではない所得（収入）をいう。

用例 資本家や政治家自身に手入れは出来ない迄《まで》も、不労所得の代表者と考えられている名流文士や上流婦人の、賭博や不行跡には手を入れる。〈戸坂潤◆思想と風俗〉

対義語 勤労所得《きんろうしょとく》

【不老長寿】 ふろうちょうじゅ

意味 いつまでも老いず、長生きすること。

補説「長寿」は長生き・長命。「不老長生《ふろうちょうせい》」ともいう。

類義語 松喬之寿《しょうきょうのじゅ》・長生久視《ちょうせいきゅうし》・長生不死《ちょうせいふし》・長生不老《ちょうせいふろう》・不老不死《ふろうふし》・不死不朽《ふしふきゅう》

【不老長生】 ふろうちょうせい

⇒不老長寿 ふろうちょうじゅ 582

【不老不死】 ふろうふし

意味 いつまでも老いることなく死なないこと。

出典『列子《れっし》』湯問《とうもん》

用例 この神丹を服用すると、その人はいつまでも不老不死で、そしてまた生身《いきみ》のままで鳥のように空を飛ぶことが出来るということだった。〈薄田泣菫◆独楽園〉

類義語 長生不死《ちょうせいふし》・不老長寿《ふろうちょうじゅ》・長生不老《ちょうせいふろう》・不死不朽《ふしふきゅう》

【付和雷同】 ふわらいどう 〈―スル〉

意味 自分にしっかりとした考えがなく、他人の言動にすぐ同調すること。

補説「付和」は定見をもたず、すぐ他人の意見に賛成すること。「雷同」は雷が鳴ると万物がそれに応じて響くように、むやみに他人の言動に同調すること。「雷同一律《らいどういちりつ》」「雷同付和《らいどうふわ》」ともいう。

注意「附和雷同」とも書く。

用例 日頃、へりくだった心の持主で、附和雷同なぞをいさぎよしとしない景蔵ですらこれだ。〈島崎藤村◆夜明け前〉

類義語 阿附雷同《あふらいどう》・唯唯諾諾《いいだくだく》・軽挙妄動《けいきょもうどう》・党同伐異《とうどうばつい》・吠形吠声《はいけいはいせい》・付和随行《ふわずいこう》・矮子看戯《わいしかんぎ》

【文化遺産】ぶんかいさん

意味 歴史的な価値があるものとして、現在まで残され、未来に継承されるべき過去の時代の文化財。

用例 博士が、その受けられた手の重みの中には、世界の文化遺産の重みが、同時に音もなく、博士の全身にかかってゆくところのものがあったに違いない。〈中井正一◆少年に文化を嗣ぐこころを〉

【紛華奢靡】ふんかしゃび

意味 派手派手しく華美であること。

補説 特に花柳街を形容する語。「紛華」は華美の意。「奢靡」は派手な意。

用例 優善は渋江一族の例を破って、少《わこ》うして煙草《たばこ》を喫《の》み、好んで紛華奢靡の地に足を容《い》れ、兎角《とかく》市井のいきな事、しゃれた事に傾き易く、当時早く既に前途のために憂うべきものがあった。〈森鷗外◆渋江抽斎〉

類義語 紛華靡麗《ふんかびれい》

【文過飾非】ぶんかしょくひ

意味 過ちや誤りを取りつくろうこと。自分の過ちをもっともらしく言いつくろうこと。

補説 「文」「飾」はともに、かざる、つくろう意。「過」「非」は過ちや誤りのこと。「過《あやま》ちに文《あや》し非《ひ》を飾《かざ》る」と訓読する。

出典 『史通《しつう》』惑経《わくけい》

【焚琴煮鶴】ふんきんしゃかく

意味 殺風景なこと。また、風流心のないことのたとえ。

補説 琴を焼いて鶴を煮る意から。「焚」は焼く意。「琴《こと》を焚《や》き鶴《つる》を煮《に》る」と訓読する。

出典 『義山雑纂《ぎざんざっさん》』殺風景《さっぷうけい》

類義語 清泉濯足《せいせんたくそく》・背山起楼《はいざんきろう》

【刎頸之交】ふんけいのまじわり

意味 首を切られても悔いないほど、固い友情で結ばれた交際。心を許し合った非常に親密な交際。

補説 「刎頸」は首を切ること。「頸」は首。「刎」は切る、はねる意。

注意 「ふんけいのこう」とも読む。

故事 中国戦国時代、趙《ちょう》の将軍廉頗《れんぱ》は、弁舌のみによる外交戦略で功績を上げて恵文王の信頼の厚かった藺相如《りんしょうじょ》を恨んでいたが、相如は、二人が相争えば趙は強国の秦《しん》に攻め滅ぼされてしまう、として争いを避けていた。これを聞いた廉頗は大いに恥じて、肌脱ぎになりいばらのむちを背負って、藺相如を訪ねて心から謝罪した。ついに二人は、相手のためなら首を切られてもよいと思うほどの深い親交を結んだという故事から。

出典 『史記《しき》』廉頗藺相如伝《れんぱりんしょうじょでん》

類義語 管鮑之交《かんぽうのまじわり》・金石之交《きんせきのまじわり》・金蘭之契《きんらんのちぎり》・膠漆之交《こうしつのまじわり》・水魚之交《すいぎょのまじわり》・耐久之朋《たいきゅうのとも》・断金之交《だんきんのまじわり》・莫逆之友《ばくぎゃくのとも》・刎頸之友《ふんけいのとも》・雷陳膠漆《らいちんこうしつ》

【文芸復興】ぶんげいふっこう

意味 十四世紀から十六世紀にかけて、イタリアから西ヨーロッパに拡大した、人間性の尊重、個性の解放を目指す文化革新運動。

補説 古代ギリシア・ローマの文化の復興という形をとった。文学・美術・建築・自然科学などに広がりを見せ、西欧の近代化の源流となった。「再生」を意味するフランス語「ルネサンス（Renaissance）」の訳語。

用例 当時欧州が中世の長き眠りより醒《さ》めて、文芸復興の光りにより、ここに新鮮の天地を見たりし喜びは、おのずから映じて彼らが一代の作にあり。〈島村抱月◆囚はれたる文芸〉

【分形連気】ぶんけいれんき

意味 親と子の関係が極めて密接なこと。また、兄弟の密接な関係にもいう。

補説 からだは別だが意志や気持ちがつながっている意から。「分形」はからだが別々であること。「形」は形としてのからだの意。「連気」は気持ちがつながっていること。

出典 『呂氏春秋《りょししゅんじゅう》』精通《せいつう》

類義語 分形共気《ぶんけいきょうき》・分形同気《ぶんけいどうき》

【紛紅駭緑】ふんこうがいりょく

意味 花が咲き誇り、葉が風にひるがえっているさま。花や葉が繁茂し、風に揺れるさま。

補説 「紅」は花の色、「緑」は葉の色。「紛」は入り乱れるさま。「駭」は乱れ動くさま。

出典 柳宗元《りゅうそうげん》「袁家渴記《えんかかつき》」

ふ

【分合集散】 ぶんごうしゅうさん 〈―スル〉

⇒ 離合集散 りごうしゅうさん 657

【粉骨砕身】 ふんこつさいしん 〈―スル〉

〔意味〕力の限り努力すること。また、骨身を惜しまず一生懸命に働くこと。

〔補説〕骨を粉にし、身を砕くほど努力する意から。「砕身粉骨《さいしんふんこつ》」ともいう。

〔出典〕『霍小玉伝《かくしょうぎょくでん》』

〔用例〕いずれも江戸の方で浪士《ろうし》の募集に応じ、尽忠報国をまっこうに振りかざし、京都の市中を騒がす攘夷《じょうい》党の志士浪人に対抗して、幕府のために粉骨砕身しようという剣客揃《ぞろ》いだ。〈島崎藤村◆夜明け前〉

〔類義語〕砕骨粉身《さいこつふんしん》・彫心鏤骨《ちょうしんるこつ》・粉身砕骨《ふんしんさいこつ》

【蚊子咬牛】 ぶんしこうぎゅう

〔意味〕痛くもかゆくもないこと。また、自分の力をわきまえずに、無謀に行動するたとえ。

〔補説〕小さな蚊が大きな牛を咬《か》む意から。「子」は接尾語。「蚊子《ぶんし》、牛《うし》を咬《か》む」と訓読する。

〔類義語〕蟷螂之斧《とうろうのおの》

〔対義語〕蚊虻走牛《ぶんぼうそうぎゅう》

【文質彬彬】 ぶんしつひんぴん 〈―タル〉〈―ト〉

〔意味〕外面の美しさと内面の質朴さが、ほどよく調和しているさま。洗練された教養や態度と、飾り気のない本性が、よく調和しているさま。

〔補説〕「文」は表面の美しさ。洗練された教養や美しい態度、容貌《ようぼう》などの外見。「質」は内実、実質。飾らない本性。「彬彬」はほどよくつりあっているさま。

〔出典〕『論語《ろんご》』雍也《ようや》

【文事武備】 ぶんじぶび

〔意味〕文化的素養のある者は、武備もしっかりしているものであるということ。また、平和なときにも乱を忘れず、文武両方の充実が必要であるという戒め。

〔補説〕「文事」は政治・学問・芸術・外交などをいう。「文事有る者は必ず武備有り」の略。

〔故事〕中国春秋時代、魯《ろ》の定公が斉の景公の和睦の申し入れに応じて、防備もなく斉を訪れようとしたときに、宰相職にあった孔子が「学問文化のある者は必ず軍備のことも考えているし、軍備のある者も必ず学問文化のことを考えている。どうか武官を供にお出かけください」と忠告した故事から。

〔出典〕『史記《しき》』孔子世家《こうしせいか》

〔類義語〕緯武経文《いぶけいぶん》・允文允武《いんぶんいんぶ》・経文緯武《けいぶんいぶ》・左文右武《さぶんゆうぶ》・文武両道《ぶんぶりょうどう》

【粉愁香怨】 ふんしゅうこうえん

〔意味〕美人が恨み憂える様子。

〔補説〕「粉」はおしろい、「香」はお香で、ともに美しく化粧をした女性のたとえ。

〔出典〕丁鶴年《ていかくねん》「故宮人詩《こきゅうじんのし》」

【文従字順】 ぶんじゅうじじゅん

〔意味〕文章がよどみなく、よく筋が通って分かりやすいこと。文章表現が分かりやすく、文字遣いに無理がなく自然なこと。

〔補説〕「文《ぶん》従《したが》い字《じ》順《したが》う」と訓読する。

〔出典〕韓愈《かんゆ》「南陽樊紹述墓誌銘《なんようはんしょうじゅつぼしめい》」

【粉粧玉琢】 ふんしょうぎょくたく

〔意味〕女性の容貌《ようぼう》が美しい形容。

〔補説〕「粉粧」は化粧の意。「玉琢」は玉を磨く意で、女性が化粧を施して玉を磨いたように美しいこと。

〔出典〕『紅楼夢《こうろうむ》』一

【紛擾雑駁】 ふんじょうざっぱく 〈―ナ〉

〔意味〕雑然としてまとまりがなく、混乱しているさま。

〔補説〕「紛擾」は乱れている意。「雑駁」は混雑して統一を欠いている意。

〔用例〕この紛擾雑駁の際に就《つい》て、条理の紊《みだ》れざるものを求めんとすることなれば、文明の議論、また難しというべし。〈福沢諭吉◆文明論之概略〉

〔類義語〕紛擾多端《ふんじょうたたん》

【紛擾多端】 ふんじょうたたん

〔意味〕いろいろな物事がもつれ、整理がつかなくて混乱をきたす様子。

〔補説〕「紛擾」は乱れている意。「多端」はなすべき仕事がこまごまあって忙しいさま。

〔類義語〕右往左往《うおうさおう》・紛擾雑駁《ふんじょうざっぱく》

【文章絶唱】 ぶんしょうのぜっしょう

〔意味〕きわめてすぐれた詩歌や文章。

補説「絶唱」は、この上なくすぐれた詩歌の意。

【粉飾決算】《ふんしょくけっさん》

意味 企業などの不正な会計処理。故意に利益や損失を過大もしくは過小に扱い収支をごまかすこと。

出典『鶴林玉露《かくりんぎょくろ》』伯夷伝赤壁賦《はくいでんせきへきのふ》

補説「粉飾」はよく見せようとしてうわべを飾ること。「決算」は企業などで、一定の期間内の収支を算定して、財務状況を明らかにすること。

注意「扮飾決算」とも書く。

【焚書坑儒】《ふんしょこうじゅ》

意味 言論・思想・学問などを弾圧すること。

補説 書物を焼いて儒学者を穴埋めにする意から。「焚」は焼く意。「坑」は穴埋めにする意。「儒」は儒学者・学者の意。

故事 中国秦《しん》の始皇帝が政治批判を抑えるために、一部の実用書を除くすべての書物を民間に置くことを禁じて焼却するよう命じ、禁令を犯したとして、批判的な儒学者数百人を生き埋めにした故事から。

出典『史記《しき》』秦始皇紀《しんしこうき》

用例 改名主のような人間は何時《いつ》の世にも絶えた事はありません。焚書坑儒が昔だけあったと思うと、大きに違います。〈芥川龍之介◆戯作三昧〉

【文人相軽】《ぶんじんそうけい》

意味 文人は他の文人を軽侮蔑視する傾向があるということ。

補説 文人はお互いに認め合わないということ。「文人」は知識人・芸術家などのこと。一般に「文人《ぶんじん》相《あい》軽《かろ》んず」と訓読して用いる。

出典 曹丕《そうひ》「典論《てんろん》」

類義語 文人無行《ぶんじんむこう》

【文人墨客】《ぶんじんぼっかく》

意味 詩文や書画などの風流に親しむ人をいう。

補説「文人」は詩文・書画などに親しむ人。「墨客」は書画をよくする人。

注意「ぶんじんぼっきゃく」とも読む。

用例 忠兵衛《ちゅうべえ》は詩文書画を善《よ》くして、多く文人墨客に交わり、財を捐《す》ててこれが保護者となった。〈森鷗外◆渋江抽斎〉

類義語 騒人墨客《そうじんぼっかく》・子墨客卿《しぼくかくけい》・子墨兎毫《しぼくとごう》

【文人無行】《ぶんじんむこう》

意味 文人の品行や作風がよくないこと。

補説「文人」は知識人・芸術家などのこと。「無行」は品行が悪い意。

類義語 文人相軽《ぶんじんそうけい》

【紛然雑然】《ふんぜんざつぜん》

⇒ 雑然紛然 ざつぜんふんぜん 256

【文恬武嬉】《ぶんてんぶき》

意味 世の中が太平なことの形容。

補説 文官は安心し、武官は楽しんでいる意から。「恬」は安らかなこと。出典では文官も武官も心安らかに平和を楽しんで、禍根を考えない意に用いている。

出典 韓愈《かんゆ》「淮西《わいせい》を平《たい》らぐの碑《ひ》」

【奮闘努力】《ふんとうどりょく》〈―スル〉

意味 奮い立って、力いっぱい励むこと。

補説「奮闘」は力いっぱいたたかうこと。「努力」は力を尽くして励むこと。

用例 商人といえども理想を高く掲げて、奮闘努力してこそ自《おのず》からその途《みち》も開拓されるのであって、〈相馬愛蔵◆私の小売商道〉

類義語 精励恪勤《せいれいかっきん》・奮励努力《ふんれいどりょく》・力戦奮闘《りきせんふんとう》

【糞土之牆】《ふんどのしょう》

⇒ 朽木糞牆 きゅうぼくふんしょう 152

【噴薄激盪】《ふんぱくげきとう》〈―スル〉

意味 水が激しく吹きあがり、勢いよく揺れ動くこと。勢いの強い水流が、激しく水しぶきを上げて流れること。

補説「噴薄」は水流の勢いが強く、水しぶきが激しく吹き上がること。「激盪」は水が激しく揺れ動くこと。「薄」は迫る意。

用例 かの巌《いわお》の頭上に聳《そび》ゆる辺《あたり》に到れば、谿《たに》急に激折して、水これが為《ため》に鼓怒し、咆哮《ほうこう》し、噴薄激盪して、奔馬の乱れ競うが如《ごと》し。〈尾崎紅葉◆金色夜叉〉

【粉白黛墨】《ふんぱくたいぼく》

意味 美しく化粧をした美人のこと。

ふ

補説 おしろいを白く塗り、まゆずみで眉《まゆ》を黒く引くこと。「粉白」はおしろい。「黛墨」はまゆずみ。
出典 『列子《れっし》』同穆王《どうぼくおう》
類義語 曲眉豊頬《きょくびほうきょう》・粉白黛黒《ふんぱくたいこく》・粉白黛緑《ふんぱくたいりょく》・粉白墨黒《ふんぱくぼっこく》

【文武一途】 ぶんぶいっと
意味 文事と武事、文官と武官は一体であること。
補説 「文」は文事で、学問のこと。「武」は武事で、武術のこと。「一途」は同じ方法や方向。文武が両端に分かれてしまっていることを戒める言葉。諸藩の藩校などで心得としてよく掲げられた。
類義語 好学尚武《こうがくしょうぶ》・文武兼備《ぶんぶけんび》・文武両道《ぶんぶりょうどう》

【聞風喪胆】 ぶんぷうそうたん
意味 評判やうわさを聞いただけで、驚いて肝をつぶすこと。ひどく恐れることの形容。
補説 「風」は風の音。また、うわさ。「喪胆」は肝を失う、びっくりすること。「風《ふう》を聞《き》きて胆《きも》を喪《うしな》う」と訓読する。

【文武兼備】 ぶんぶけんび
⇒ 文武両道 ぶんぶりょうどう 586

【文武百官】 ぶんぶひゃっかん
意味 あらゆる役人たちのこと。
補説 「文」は「文官」で、軍事以外をつかさどる役人。「武」は「武官」で、軍務をつかさどる役人。「百官」は数多くの（あらゆる）役人の意。
用例 皇帝はじめ文武百官は、すっかり顔色を変えてしまった。「いま辺境に騒がせられては、ちょっと防ぐに策はない。一体どうしたらいいだろう」〈国枝史郎◆岷山の隠士〉

【文武両道】 ぶんぶりょうどう
意味 学芸と武道の意。また、その両方にすぐれていること。
補説 「文」は文事で、学問のこと。「武」は武事で、武道のこと。「両道」は二つの方面の意。「文武兼備《ぶんぶけんび》」ともいう。
用例 要するに文武両道に達するものが良将名将の資格とされて居た時代の信仰にも因《よ》ったろうが、そればかりでも無く、人間の本然《ほんねん》を欺き掩《おお》う可《べ》からざるところから、優等資質を有して居る者が文雅を好尚するのは自《おの》ずからなることでも有ったろう。〈幸田露伴◆蒲生氏郷〉
類義語 緯武経文《いぶけいぶん》・允文允武《いんぶんいんぶ》・経文緯武《けいぶんいぶ》・好学尚武《こうがくしょうぶ》・左文右武《さぶんゆうぶ》・文事武備《ぶんじぶび》・文武一途《ぶんぶいっと》・文武兼資《ぶんぶけんし》・文武二道《ぶんぶにどう》

【忿忿之心】 ふんぷんのこころ
意味 激怒している心。
補説 「忿」は怒る、恨む、憤る。「忿忿」はその様子。
出典 『漢書《かんじょ》』武五子伝《ぶごしでん》・戻太子劉拠伝《れいたいしりゅうきょでん》
類義語 怒髪衝天《どはつしょうてん》

【蚊虻走牛】 ぶんぼうそうぎゅう
意味 小さなものでも、強大なものを制することができるたとえ。また、小さなことが原因で、大きな事件や災難を引き起こすたとえ。
補説 蚊やアブのような微小の虫でも、大きな牛はたかられて血を吸われるのを嫌い、走って逃げる意から。「蚊虻」は蚊とアブ。弱小なもの、つまらないもののたとえ。「蚊虻《ぶんぼう》、牛羊《ぎゅうよう》を走らす」の略。
注意 「蚊蝱走牛」とも書く。
出典 『説苑《ぜいえん》』談叢《だんそう》
対義語 蚊子咬牛《ぶんしこうぎゅう》

【蚊虻之労】 ぶんぼうのろう
意味 取るに足りない技能のたとえ。
補説 「蚊虻」は蚊とアブ。弱小なもの、つまらないもののたとえ。
出典 『荘子《そうじ》』天下《てんか》

【分崩離析】 ぶんぽうりせき 〈—スル〉
意味 人心が君主から離れ、ばらばらになること。また、組織などがくずれて、散り散りばらばらになること。
補説 「分」は人心が君主から離れること。「崩」は民が国を逃亡したいと思っている状態。「離析」はばらばらに分裂すること。
出典 『論語《ろんご》』季氏《きし》
類義語 四分五裂《しぶんごれつ》

【墳墓之地】 ふんぼのち
意味 自分の祖先の墓のある所。生まれ故郷。

また、自分が一生を終わるつもりの場所。

補説 「墳墓」は墓のこと。

出典 月性《げっしょう》詩「壁《かべ》に題《だい》す」

用例 人間墳墓の地を忘れてはならない。椎《しい》の若葉に光りあれ、僕はどこに光りと熱とを求めてさまようべきなんだろうか。〈葛西善蔵◆椎の若葉〉

【憤懣焦燥】ふんまんしょうそう

意味 憤って焦ること。

補説 世の中に自分の志や意見が入れられないために憤りもだえ、いら立ちや焦りが生じること。「憤懣」は憤りもだえる意。「焦燥」はいら立ち焦る意。

用例 世の溷濁《こんだく》と諸侯の無能と孔子の不遇とに対する憤懣焦燥を幾年か繰り返した後、ようやくこのごろになって、漠然とながら、孔子及びそれに従う自分らの運命の意味がわかりかけて来たようである。〈中島敦◆弟子〉

【文明開化】ぶんめいかいか

意味 人間の知力が進んで、世の中が進歩し開けること。

補説 特に明治時代初期の思想・文化・制度の近代化、西洋化をいう。「開化」は人知や物事が開け進むこと。「開化文明《かいかぶんめい》」ともいう。

用例 戦後はグンと民主化や文明開化が行きとどいて、古来の因習が少くなり、ヒノエウマの迷信なぞはもう問題にならないように一口に言われがちだが、果してそうか、甚だしく疑問である。〈坂口安吾◆ヒノエウマの話〉

【分憂之寄】ぶんゆうのき

意味 諸国の政務をつかさどった地方官である国司のこと。

補説 民と憂いを分かつ任務の意から。「分憂」は憂いを分かつ意。「寄」は任務。また委任。

出典 『本朝文粋《ほんちょうもんずい》』

類義語 分憂之官《ぶんゆうのかん》

【蚊雷殷殷】ぶんらいいんいん（―タル）（―ト）

意味 蚊が多く集まり飛んで、その羽音が雷のようにうるさいさま。

補説 「蚊雷」は集まった蚊の羽音が雷のようにうるさい意。「殷殷」は盛んなさま。とどろくさま。

【奮励努力】ふんれいどりょく（―スル）

意味 気力を奮い起こして励むこと。

補説 「奮励」は気力を奮い起こして努めること。努める意の「努力」に「奮励」の語を添えて意味を強めた言葉。「努力奮励《どりょくふんれい》」ともいう。

用例 省て退歩せる点あらばさらに理想に向かって奮励努力一番し、かくしてつねに若い心持ちで向上する。これすなわち僕の若返りの工夫である。〈新渡戸稲造◆自警録〉

類義語 艱苦奮闘《かんくふんとう》・勤倹力行《きんけんりっこう》・精励恪勤《せいれいかっきん》・奮闘努力《ふんとうどりょく》

【分路揚鑣】ぶんろようひょう

意味 それぞれの道を進むこと。また、力量の匹敵する者が各々、それぞれの地位を占めていること。また、それぞれが独自のやり方で活躍すること。

補説 「鑣」は馬のくつわで、「揚鑣」は馬を駆って前進すること。

出典 『魏書《ぎしょ》』拓跋志伝《たくばつしでん》

へ

【平安一路】へいあんいちろ

⇒ 一路平安　いちろへいあん　32

【平安無事】へいあんぶじ（―ナ）

⇒ 平穏無事　へいおんぶじ　588

【弊衣破帽】へいいはぼう

意味 身なりに気を使わず、粗野でむさくるしいこと。

補説 破れてぼろぼろの衣服や帽子の意。特に、旧制高校の学生が好んで身につけた蛮カラな服装を指す。「弊衣」は傷み破れた衣服。「破帽」は破れてぼろぼろの帽子。「破帽弊衣《はぼうへいい》」ともいう。

注意 「敝衣破帽」とも書く。

用例 弊衣破帽の一高生は、三階の客のうちでは目についたに違いない。〈菊池寛◆半自叙伝〉

類義語 無精打彩《ぶしょうださい》・敝衣草履《へいいそうり》・弊衣破袴《へいいはこ》・弊衣蓬髪《へいいほうはつ》・蓬首散帯《ほうしゅさんたい》・蓬頭垢面《ほうとうこうめん》

【弊衣蓬髪】へいいほうはつ

意味 汚い格好。なりふりに構わないこと。

補説 破れてぼろぼろの衣服に、汚く乱れた頭髪の意。「弊衣」は傷み破れた衣服。「蓬髪」はよもぎのように乱れた髪。

注意 「敝衣蓬髪」とも書く。

類義語 敝衣草屩《へいいそうく》・弊衣破袴《へいいはこ》・弊衣破帽《へいいはぼう》・蓬頭垢面《ほうとうこうめん》・蓬頭乱髪《ほうとうらんぱつ》

【米塩瑣屑】べいえんさせつ

意味 こまごまとして、わずらわしいことのたとえ。

補説 「米」「塩」はともに細かく小さな粒であることから、非常に細かいもののたとえ。「瑣屑」は、わずらわしいこと。

【米塩博弁】べいえんはくべん

意味 議論が詳細かつ多方面に際限なく交わされること。また、その議論。また、些末《さまつ》なことをくだくだと話すこと。

補説 「米」「塩」はともに細かく小さな粒であることから、非常に細かいもののたとえ。「博弁」は間口を限りなく広げていく能弁。

出典 『韓非子《かんぴし》』説難《ぜいなん》

【平穏無事】へいおんぶじ 〈―ナ〉

意味 変わったこともなく穏やかなさま。

補説 「平穏」は穏やか、安らかの意。変わった事がない意の「無事」に「平穏」を添えて意味を強調した語。「平安無事《へいあんぶじ》」「無事平穏《ぶじへいおん》」ともいう。

用例 その時思うさま嬉《うれ》しがらしてやれば効果はむしろ平穏無事の時より以上になるだろう。〈永井荷風◆つゆのあとさき〉

類義語 安穏無事《あんのんぶじ》・泰平無事《たいへいぶじ》・無事息災《ぶじそくさい》・無病息災《むびょうそくさい》

対義語 多事多難《たじたなん》・内憂外患《ないゆうがいかん》

【並駕斉駆】へいがせいく 〈―スル〉

意味 実力・能力・地位などに差がないこと。

補説 数頭の馬がくつわを並べて、一台の車を引っ張り疾走する意から。「駕」は馬車・のりもの。「斉」は等しい意。「駆」は馬が走ること。また、馬を走らせること。「斉駆並駕《せいくへいが》」「並駆斉駕《へいくせいが》」ともいう。

出典 『文心雕竜《ぶんしんちょうりょう》』附会《ふかい》

類義語 方駕斉駆《ほうがせいく》

【兵戈搶攘】へいかそうじょう

意味 激しい戦いの形容。

補説 武器が乱れ動く意から。「兵戈」はほこ。転じて、武器・戦争の意。「搶攘」は乱れるさま。

出典 『金史《きんし》』粘葛奴申伝《ねんかつどしんでん》

【平滑流暢】へいかつりゅうちょう 〈―ナ〉

意味 なめらかで、よどみがないさま。

補説 「平滑」は平らでなめらかなさま。「流暢」は水などが滞ることなく流れるように、言葉がすらすら出て、よどみのないさま。

用例 記憶すると暗誦するとに便ならんことを望むが故に自然にして、用うる言語の如《ごと》きも成るべく平滑流暢にて吟誦《ぎんしょう》なすに便なるをば力《つと》めて選み用いしなるべし〈坪内逍遥◆小説神髄〉

【平気虚心】へいききょしん

⇒虚心平気 きょしんへいき 164

【兵強馬壮】へいきょうばそう

意味 兵力が充実していることのたとえ。

補説 兵士が強く、軍馬が勇ましいこと。「兵《へい》強《つよ》くして馬《うま》壮《さか》んなり」と訓読する。

出典 『捜神記《そうしんき》』三

【並駆斉駕】へいくせいが

⇒並駕斉駆 へいがせいく 588

【閉月羞花】へいげつしゅうか

⇒羞花閉月 しゅうかへいげつ 302

【平衡感覚】へいこうかんかく

意味 空間で身体の位置や運動の変化を知る感覚。また、一方にかたよらずに判断・処理する能力のたとえ。

補説 「平衡」は物体のつり合いがとれ、一方にかたよらず安定していること。

用例 溺死《できし》しようと、この実験動物が水槽の中で見せた水中動物らしいあのすばらしい運動や反射作用や平衡感覚などはあたしの説を正しいものと証明したじゃありませんか。〈海野十三◆海底都市〉

【閉口頓首】へいこうとんしゅ

意味 まったく困り果てること。お手上げ。

また、やりこめられて返答に窮すること。

補説 「閉口」は口を閉ざしてものを言わないさま。また、どうしようもなく困るさま。「頓首」は地に頭をつけてお辞儀をすること。

用例 翻訳料の請求に参候処《まいりそうろうところ》、いまだ帰京致さざる趣にて、閉口頓首なり。〈坪内逍遥◆当世書生気質〉

【兵荒馬乱】へいこうばらん

意味 戦争によって乱され、世の中が荒れ果ててしまった状態のこと。

補説 兵や馬が入り乱れている意から。「兵《へい》荒《あ》れ馬《うま》乱《みだ》る」と訓読する。

出典 『梧桐葉《ごとうよう》』四

【米穀菜蔬】べいこくさいそ

意味 米と野菜のこと。農作物。

補説 「米穀」は米のこと。また、「米」は脱穀したもの、「穀」は脱穀していないものという意もある。「菜蔬」は野菜の意。

用例 金帛《きんぱく》を以《もっ》て謝することの出来ぬものも、米穀菜蔬を輸《おく》って庖厨《ほうちゅう》を賑《にぎわ》した。後には遠方から轎《かご》を以て迎えられることもある。馬を以て請《しょう》ぜられることもある。〈森鷗外◆渋江抽斎〉

【平沙万里】へいさばんり

意味 広く大きな砂漠のこと。

補説 砂原が限りなく広がるさまをいう。「平沙」は平らで広々とした砂原。「沙」は「砂」に同じ。「万里」ははるかに広がる形容。

出典 岑参《しんじん》―詩「磧中作《せきちゅうのさく》」

【平沙落雁】へいさらくがん

意味 中国の瀟湘八景《しょうしょうはっけい》の一つ。また、琴曲の名。

補説 砂漠に降り立つガンの意。「平沙」は平らで広々とした砂原。「落雁」は空から降りてくるガン。「沙」は「砂」に同じ。（↓「瀟湘八景《しょうしょうはっけい》」326）

【兵車之会】へいしゃのかい

意味 兵車を率いて、武力を誇示しながら行う諸侯の会合。

補説 「兵車」は戦争に用いる車。戦車。古代中国で、二頭ないし四頭の馬に引かせた二輪の戦闘用の車。

出典 『周礼《しゅらい》』夏官《かかん》・戎僕《じゅうぼく》

類義語 兵車之属《へいしゃのぞく》

対義語 衣裳之会《いしょうのかい》・乗車之会《じょうしゃのかい》

【米珠薪桂】べいしゅしんけい

意味 生活必需品が高いことのたとえ。

補説 米の値段が宝玉ほどに高く、たきぎが桂《かつら》ぐらいに高価なこと。「桂」は肉桂《にっけい》・木犀《もくせい》などの芳香樹の総称。また、特にクスノキ科の常緑高木。香気があり、香や薬用に用いた。

出典 『戦国策《せんごくさく》』楚策《そさく》

【秉燭夜遊】へいしょくやゆう

意味 人生ははかないものだから、好機を逃さずに行楽すること。

補説 夜も明かりをともして遊び楽しむ意から。「秉」は持つ意。「燭《ともしび》を秉《と》りて夜《よる》遊《あそ》ぶ」と訓読する。

出典 『文選《もんぜん》』曹丕《そうひ》「呉質《ごしつ》に与《あた》うる書《しょ》」

【平心定気】へいしんていき

意味 心を穏やかにし、気持ちを落ち着けること。心を平静にすること。

補説 「平心」「定気」はともに心を落ち着かせる意。「心《こころ》を平《たいら》かにして気《き》を定《さだ》む」と訓読する。

出典 『官箴《かんしん》』

類義語 虚心平気《きょしんへいき》・平心静気《へいしんせいき》

【平身低頭】へいしんていとう〈―スル〉

意味 ひたすら恐縮すること。また、ひたすらあやまる形容。

補説 からだをかがめ頭を低く下げて、恐れ入る意から。「平身」はからだをかがめること。「低頭」は頭を低く下げること。「低頭平身《ていとうへいしん》」ともいう。

用例 幕の外の三味線の音と共に、演じ終ると手拭《てぬぐい》で汗を押えながら、一同の前に平身低頭した。〈前田河広一郎◆三等船客〉

類義語 三跪九叩《さんききゅうこう》・三拝九拝《さんぱいきゅうはい》・奴顔婢膝《どがんひしつ》

【萍水相逢】へいすいそうほう

意味 旅先などで人と人が偶然に知り合いになること。

補説 「萍」は浮き草。浮き草と水とが出会うように、偶然に知り合いになる意。一説に、

へ

水に漂う浮き草同士が出会う意とも。「萍水《へいすい》相《あい》逢《あ》う」と訓読する。
出典 王勃《おうぼつ》「滕王閣序《とうおうかくじょ》」
類義語 萍水相遇《へいすいそうぐう》

【弊絶風清】 へいぜつ ふうせい

⇒ 風清弊絶 ふうせいへいぜつ 566

【米泉之精】 べいせんの せい

意味 酒のこと。
補説 酒は主として米から造ることからいう。「米泉」は酒の別名。
出典 白居易《はくきょい》「酒功賛《しゅこうさん》」
類義語 儀狄之酒《ぎてきのさけ》・清聖濁賢《せいせいだくけん》

【弊帚千金】 へいそう せんきん

意味 自分のものならどんなにつまらないものでも、宝物のように思えるたとえ。
補説 「弊帚」は破れてぼろぼろになったほうき。「千金」は貴重なことの形容。大したことのない自分のものを貴重と思う意。「千金弊帚《せんきんへいそう》」ともいう。
注意 「敝帚千金」とも書く。
出典 『東観漢記《とうかんかんき》』光武帝《こうぶてい》

【兵隊勘定】 へいたい かんじょう

意味 大勢が飲食する際、その代金を人数割りして各自が等分に支払うこと。割り勘。
補説 同じ兵隊だから平等にということから、あるいは、いつ戦死するかしれない身だから貸し借りを後に残さないため、などの説がある。

【平談俗語】 へいだん ぞくご

意味 ふだんの会話で使う、ごく普通の言葉。
補説 「平談」は日常の会話。「俗語」はふだん使う通俗的な言葉。
用例 俳諧《はいかい》や浄瑠璃《じょうるり》の作者があらわれて、縦横に平談俗語を駆使し、〈島崎藤村◆千曲川のスケッチ〉
類義語 俗談平話《ぞくだんへいわ》・平談俗話《へいだんぞくわ》

【平地風波】 へいちの ふうは

意味 思いがけず起こる出来事・事件のたとえ。また、好んで争いを起こすことのたとえ。
補説 穏やかなところに波風が立つ意。
出典 劉禹錫《りゅううしゃく》「竹枝詞《ちくしし》」
類義語 平地波瀾《へいちはらん》・平地風濤《へいちふうとう》

【瓶墜簪折】 へいつい しんせつ

意味 男女が離ればなれになって、再び会うことができないたとえ。
補説 つるべの縄が切れて、井戸の底に落ち沈み、玉《ぎょく》のかんざしが折れる意から。「瓶」はつるべ。「簪」は玉のかんざし。「瓶沈簪折《へいちんしんせつ》」ともいう。
出典 白居易《はくきょい》―詩「井底《せいてい》銀瓶《ぎんぺい》を引《ひ》く」

【兵者凶器】 へいは きょうき

意味 武器は人を殺す道具だということ。
補説 「兵」は武器・兵器。「凶器」は、人を殺傷するわざわいの道具。「者」はこの場合、主語の後にあって主題を提示する助字。
出典 『国語《こくご》』越語《えつご》下 ◎「夫《そ》れ勇は逆徳なり、兵は凶器なり、争いは事の末なり。」

【兵馬倥偬】 へいば こうそう 〈―タル〉〈―ト〉

意味 戦乱であわただしいさま。
補説 「兵馬」は兵器と軍馬。転じて、戦争のこと。「倥偬」は忙しいさま。また、苦しむさま。
用例 兵馬倥偬の間に、ともかく墨のついたものに一心に見惚《みと》れているくらいだから、この甲士の眼《め》には、多少翰墨《かんぼく》の修養があったものに相違ない。〈中里介山◆大菩薩峠〉
類義語 干戈倥偬《かんかこうそう》・戎馬倥偬《じゅうばこうそう》

【平伏膝行】 へいふく しっこう 〈―スル〉

意味 神仏や貴人の前で、恐れ敬って進退するさま。
補説 両手をつき、頭を地につけるようにしてひれ伏し、ひざまずいて這《は》うように進退すること。「平伏」はひれ伏すこと。「膝行」はひざがしらをついて進退すること。

【平平凡凡】 へいへい ぼんぼん 〈―タル〉〈―ト〉

意味 特にすぐれたところや変わったところがなく、ごくありふれているさま。
補説 「平凡」を繰り返して意味を強調した語。
用例 小田原の北条《ほうじょう》氏は全関東の統領、東国随一の豪族だが、すでに早雲の遺風なく、君臣共にドングリの背くらべ、家門を知って天下を知らぬ平々凡々たる旧家であった。〈坂口安吾◆黒田如水〉
類義語 無声無臭《むせいむしゅう》

【閉明塞聡】 へいめい そくそう

意味 世俗との関係や接触を断ち切ること。また、現実から逃避すること。

補説 目を閉じ耳をふさぐことから。「明」は物事をよく見抜くこと。また、目。「聡」は聴力にすぐれよく聞こえること。また、耳。「塞」はふさぐ意。「明《めい》を閉じ聡《そう》を塞《ふさ》ぐ」と訓読する。

出典 『論衡《ろんこう》』自紀《じき》

類義語 閉目塞聡《へいもくそくそう》・閉目塞聴《へいもくそくちょう》

【平明之治】 へいめいのち

意味 公平で道理が明らかな政治のこと。

補説 「平明」は公平で明らかなこと。「治」は政治。

出典 諸葛亮《しょかつりょう》「前出師表《ぜんすいしのひょう》」

類義語 平明之理《へいめいのり》

【閉門蟄居】 へいもん ちっきょ 〈―スル〉

⇒ 蟄居閉門 ちっきょへいもん 443

【平和共存】 へいわ きょうぞん 〈―スル〉

意味 多くの国々や人々が、争うことなく穏やかにともに生きること。

補説 東西冷戦期に広く唱えられた、資本主義国と社会主義国が平和的に共存できるという主張から。

注意 「へいわきょうそん」とも読む。

【碧眼紅毛】 へきがん こうもう

⇒ 紅毛碧眼 こうもうへきがん 226

【碧血丹心】 へきけつ たんしん

意味 この上ない真心の意。また、この上ない忠誠心のこと。

補説 「碧」は青の意。「丹心」は真心。赤心。「丹」は赤の意。

故事 中国周の霊王・敬王に仕えた萇弘《ちょうこう》は、讒言《ざんげん》に遭って郷里の蜀《しょく》に戻り自殺した。蜀の人が哀れに思ってその血を隠していたが、三年ほど経ってその血が化して、青く美しい碧玉になったという故事から。

出典 （碧血）『荘子《そうじ》』外物《がいぶつ》

類義語 丹石之心《たんせきのこころ》

【碧落一洗】 へきらく いっせん

意味 大空が青々と晴れ渡ること。

補説 「碧落」は青空のこと。道教の語。「一洗」はさっぱり洗い流す意。雨後にからっと晴れ渡る青空のさま。また、一般にからっと晴れ渡った青空の形容に用いる。

【汨羅之鬼】 べきらのき

意味 溺死《できし》した人のこと。

補説 「汨羅」は川の名。汨羅江。中国湖南省北部を流れる湘江《しょうこう》の支流。「鬼」は霊魂のこと。

注意 「べきらのおに」とも読む。

故事 中国戦国時代、楚《そ》の屈原《くつげん》は、懐王に忠節を尽くしていたが、讒言《ざんげん》に遭って王の怒りにふれ、失意のうちに汨羅に身を投じて入水自殺したという故事から。

出典 斎藤拙堂《さいとうせつどう》「岐蘇川記《きそがわのき》」

【壁立千仞】 へきりつ せんじん

意味 岩山や絶壁が高くそびえ立つさま。

補説 仏教では、仏法の真理が高遠で絶対であることのたとえとする。「仞」は高さや深さを表す単位。一仞は七尺。

注意 仏教では「へきりゅうせんじん」と読む。

出典 張載《ちょうさい》「剣閣銘《けんかくめい》」

用例 ムッとした紀昌を導いて、老隠者は、其処《そこ》から二百歩ばかり離れた絶壁の上まで連れて来る。脚下は文字通りの屏風《びょうぶ》の如《ごと》き壁立千仞、遥《はる》か真下に糸のような細さに見える渓流を一寸《ちょっと》覗《のぞ》いただけで忽《たちま》ち眩暈《めまい》を感ずる程の高さである。〈中島敦・名人伝〉

類義語 壁立万仞《へきりつばんじん》

【霹靂一声】 へきれき いっせい

意味 急に雷がとどろくこと。また、突然大声でどなること。

補説 「霹靂」は激しく鳴りひびく雷。

用例 「待てっ」霹靂一声、背後に響いた。俊三《しゅんぞう》の振り向く暇もあらせず、〈木下尚江・良人の自白〉

【霹靂閃電】 へきれき せんでん

意味 勢いがあって素早いことのたとえ。

補説 稲妻が突然に激しくとどろき、きらめき光る意。「霹靂」は激しく鳴りひびく雷。「閃電」はぴかっときらめく稲妻。

出典 『隋書《ずいしょ》』長孫晟伝《ちょうそんせいでん》

【平等平等】 へらへいとう 〈—ナ〉

意味 すべて一様であるさま。いっしょくた。

注意 「へらへいと」とも読む。また、「平平等」とも書く。

【片簡零墨】 へんかんれいぼく

⇒ 断簡零墨 だんかんれいぼく 434

【変幻自在】 へんげんじざい 〈—ナ〉

意味 現れたり消えたり変化したりが、自由自在であるさま。思いのままに変化するさま。また、変わり身が早いさまにも用いる。

補説 「変幻」は幻のように素早く現れたり消えたりすること。「自在」は思うままであること。

用例 神出鬼没、変幻自在の怪犯人、残忍非道のイタズラ者のトリックの真相をドン底まで突き止めて来たのだ。〈夢野久作◆ドグラ・マグラ〉

類義語 千変万化《せんぺんばんか》・変幻出没《へんげんしゅつぼつ》・臨機応変《りんきおうへん》

対義語 千篇一律《せんぺんいちりつ》

【片言隻句】 へんげんせきく

意味 わずかな言葉。ひとこと。

補説 「片言」「隻句」はともに、わずかな言葉の意。類義の語を重ねて意味を強調している。「隻」は一つ。転じて、わずか、少しの意。「片言隻語《へんげんせきご》」ともいう。

注意 「へんげんせっく」とも読む。

用例 しかし、彼にとって、朝倉先生の言葉は、とりわけそれが彼自身のことに関して発せられた場合、どんな片言隻句でも、軽い意味をもつものではなかった。〈下村湖人◆次郎物語〉

類義語 一語一句《いちごいっく》・一言一句《いちごんいっく》・一言半句《いちごんはんく》・一字一句《いちじいっく》・片言隻言《へんげんせきげん》・片言隻辞《へんげんせきじ》

【片言隻語】 へんげんせきご

⇒ 片言隻句 へんげんせきく 592

【片言折獄】 へんげんせつごく

意味 ただ一言で人々の納得のいくような裁判の判決を下すこと。また、一方だけの言い分を信じて、裁判の判決を下すこと。

補説 「片言」は一言での意。また、後者の意のときは、一方だけの言い分の意。「折」は「断」と同義で、善悪を折中して判決を下すこと。「獄」は訴訟のこと。「片言《へんげん》獄《ごく》を折《さだ》む」と訓読する。

故事 孔子の弟子である子路は、一度承諾したことは翌日まで延ばさない責任感のある人物で、人々からの信頼が厚かった。孔子も、ただ一言で裁判の判決を下して人を納得させることができる者は、門人の中では子路だけであろうと称賛したことから。

出典 『論語《ろんご》』顔淵《がんえん》

【弁才無礙】 べんざいむげ

意味 弁舌に巧みで、よどみなく話すこと。

補説 「弁才」は巧みに弁舌する才能。「無礙」はさえぎるものがないこと。もと仏教語で、仏・菩薩《ぼさつ》が仏の教えを巧みに他人に説き伝える力をいう。

注意 「弁才無碍」とも書く。「べんさいむげ」とも読む。

類義語 弁才無竭《べんざいむけつ》・弁才無尽《べんざいむじん》

【眄視指使】 べんししし 〈—スル〉

意味 人に対して傲慢《ごうまん》な態度をとること。

補説 「眄視」は横目でちらりと見ること。「指使」は指で指図して人を使うこと。いずれも傲慢な態度で人をあしらう様子。

出典 『戦国策《せんごくさく》』燕策《えんさく》

類義語 傲慢不遜《ごうまんふそん》・傲慢無礼《ごうまんぶれい》

【変成男子】 へんじょうなんし

意味 女性が仏になる際、いったん男性の身に変わること。

補説 古代インドでは、五障のため、女性は仏にはなれないとされていた。（↓「五障三従《ごしょうさんじゅう》」237）大乗仏教では女性も成仏できるとされるようになったが、ただ、いったん女性の身から男性の身に変わり、そのうえで仏となるという説明がなされた。（↓「女人成仏《にょにんじょうぶつ》」511）『法華経《ほけきょう》』提婆達多品《だいばだったぼん》に説かれる竜女《りゅうにょ》の故事が、その典型とされる。（↓「竜女成仏《りゅうにょじょうぶつ》」661）

出典 『法華経《ほけきょう》』提婆達多品《だいばだったぼん》

類義語 転成男子《てんじょうなんし》・転女成男《てんにょじょうなん》・女人往生《にょにんおうじょう》・女人成仏《にょにんじょうぶつ》・竜女成仏《りゅうにょじょうぶつ》

【駢四儷六】 べんしれいろく

⇒ 四六駢儷 しろくべんれい 340

【鞭声粛粛】べんせい しゅくしゅく

意味 相手に気づかれないように、静かに馬に鞭《むち》打つさま。

補説 「鞭声」は鞭の音。「粛粛」は静かなさま。つつしむさま。頼山陽《らいさんよう》の詩句「鞭声粛粛夜《よ》河《かわ》を過《わた》る」から。これは川中島の戦いで上杉謙信《うえすぎけんしん》が武田信玄《たけだしんげん》の機先を制すべく、夜のうちに妻女山《さいじょざん》の陣を下って、敵に気づかれないように馬にあてる鞭の音も静かに、千曲川《ちくまがわ》を渡ったことを詠んだもの。

出典 頼山陽《らいさんよう》—詩「不識庵《ふしきあん》機山《きざん》を撃《う》つ図《ず》に題《だい》す」

用例 いかがわしい女に壮士の装をさせて鞭声粛々を吟じさせたりして、どこも、この興行は中《あた》っていた。〈吉川英治◆松のや露八〉

【変相殊体】へんそう しゅたい

意味 出家して僧の姿になること。僧侶《そうりょ》となって、俗人とは異なる姿かたちとなること。

補説 「変相」はさまざまに姿を変える意。また、その変化した姿の意。「殊体」は他とは異なるありさまの意。特に僧侶の姿についていう。

【変態百出】へんたい ひゃくしゅつ

意味 次々に姿や形を変えていくこと。

補説 「変態」はその形態をいろいろに変えること。また、変わった形態。「百出」は次から次へと出ること。

出典 『新唐書《しんとうじょ》』芸文志《げいもんし》

【偏袒右肩】へんだん うけん

意味 右肩をはだ脱ぎ、左肩だけを袈裟で覆うこと。

補説 古代インドの礼法。恭順・敬意を表す。右手が利き腕であることから、敵意がなく攻撃しないことを示した。日本では単に片肌脱ぎになることをいう場合もある。「偏露右肩《へんろうけん》」ともいう。

注意 「へんたんうけん」とも読む。

【偏袒扼腕】へんたん やくわん 〈—スル〉

意味 怒りなどの感情を激しく高ぶらせるさま。

補説 「偏袒」は片肌を脱ぐこと。意気込む様子。「扼腕」は自分の片手でもう一方の腕を強く握りしめること。奮起するさま。感情を激しく高ぶらせるさま。「扼」は押さえつける意。

出典 『戦国策《せんごくさく》』燕策《えんさく》

類義語 切歯扼腕《せっしやくわん》

【遍地開花】へんち かいか

意味 よいことや幸せが至る所に訪れること。また、各地に広まっていくこと。

補説 あたり一面に花が咲く意から。「遍地」はあたり一面。「遍」はあまねく行き渡ること、至る所の意。「地《ち》に遍《あまね》く花《はな》を開《ひら》く」と訓読する。

【辺地粟散】へんち ぞくさん

⇒ 粟散辺地 ぞくさんへんじ 412

【胼胝之労】へんちの ろう

意味 大いに苦労すること。たいへんな苦労。

補説 「胼胝」はたこ。また、ひび・あかぎれのこと。たこやひびができるほどの骨折りの意。

注意 「へんていのろう」とも読む。

出典 『梁書《りょうしょ》』賀琛伝《がちんでん》

類義語 手足胼胝《しゅそくへんち》

【偏聴生姦】へんちょう しょうかん

意味 論争の際に、どちらか一方の言い分だけを聞き入れて判断してしまうと、災いを生じるということ。

補説 「偏聴」はどちらか一方だけの言い分を聞き入れること。「姦」は道理にはずれること、悪いことの意。一般に「偏聴《へんちょう》姦《かん》を生《しょう》ず」と訓読して用いる。

出典 『史記《しき》』鄒陽伝《すうようでん》

【辺幅修飾】へんぷく しゅうしょく 〈—スル〉

⇒ 修飾辺幅 しゅうしょくへんぷく 306

【鞭辟近裏】べんぺき きんり

意味 外物にとらわれず、身に切実なことを考えるたとえ。また、努力勉励して物事の道理、学問の深奥に迫るたとえ。また、文章などが的を射て、深みのあることのたとえ。

補説 鞭《むち》を打ち鳴らして車前の人を払い、馬車を内部深く進める意から。「鞭辟」は貴人が馬車で道を進むとき、御者が鞭を打ち鳴らして、進行の妨げとなる人々を追い払うこと。「辟」はひらく、きりひらく意。「裏」は内、内側の意。「鞭辟《べんぺき》して裏《うち》に近《ちか》づく」と訓読する。

出典 『河南程子遺書《かなんていしいしょ》』一一

【偏僻蔽固】 へんぺき へいこ 〈―ナ〉

意味 心がねじけていて道理に暗く、かたくななさま。また、その性質。

補説 「偏僻」は心が偏りねじけていること。「蔽固」は道理に暗く、かたくななさま。

【偏旁冠脚】 へんぼう かんきゃく

意味 漢字を構成する部分の名称。

補説 左にある部分が「偏《へん》」、右にある部分が「旁《つくり》」、上にある部分が「冠《かんむり》」、下にある部分が「脚《あし》」。このほかには「垂《たれ》」「構《かまえ》」「繞《にょう》」などがあるが、これらの総称としても用いられる。

【変法自強】 へんぽう じきょう

意味 法律や制度を変えて、自国を強くする意。

補説 「自強」はみずからを強くする意。中国清朝《しんちょう》末期に康有為《こうゆうい》・梁啓超《りょうけいちょう》らが、制度や法の根本的改革を主張して推進した政治改革運動。

注意 「変法自彊」とも書く。

【片利共生】 へんり きょうせい

意味 ともに生きていながら、一方は利益を受けるが、他方は利益も害も受けないこと。

補説 樹木とその樹皮につく地衣類の関係などをいう。「共生」はともに生活すること。また、異種の生物が一緒に生活をすること。

注意 「片利共棲」とも書く。

対義語 相利共生《そうりきょうせい》

【偏露右肩】 へんろ うけん

⇓ 偏袒右肩 へんだんうけん 593

ほ

【縫衣浅帯】 ほうい せんたい

意味 儒者の服。転じて、儒者・学者・文人のこと。

補説 袖《そで》の下から両わきを縫い合わせた服と広い帯のこと。「縫衣」は縫腋《ほうえき》・縫掖《ほうえき》のことで、袖の下から両わきを縫いつけた服。「浅帯」は広い帯。帯が広いと服に食い込むのが浅いことからいうが、諸説ある。「逢掖之衣《ほうえきのい》」ともいう。

注意 「逢衣浅帯」とも書く。

出典 『荘子《そうじ》』盗跖《とうせき》

類義語 褒衣博帯《ほういはくたい》・方領矩歩《ほうりょうくほ》

【豊衣足食】 ほうい そくしょく

⇓ 豊衣飽食 ほういほうしょく 594

【放佚無慙】 ほういつ むざん 〈―ナ〉

意味 わがままで、恥を知らないこと。また、その様子。

補説 「放佚」は勝手気ままなこと。「慙」は恥の意。

注意 「放逸無慙」とも書く。

【放逸遊惰】 ほういつ ゆうだ 〈―ナ〉

⇓ 遊惰放逸 ゆうだほういつ 641

【褒衣博帯】 ほうい はくたい

意味 儒者の服。転じて、儒者・学者・文人のこと。

補説 袖《そで》の広い服と幅の広い帯の意。「褒衣」は、袖の広い服。また、裾《すそ》の広い服。「博帯」は幅の広い帯。

注意 「豊衣博帯」とも書く。

出典 『淮南子《えなんじ》』氾論訓《はんろんくん》

類義語 大衣広帯《たいいこうたい》・縫衣浅帯《ほういせんたい》・方領矩歩《ほうりょうくほ》

【豊衣飽食】 ほうい ほうしょく

意味 生活が豊かであることのたとえ。

補説 ゆったりとした衣服で、食べ物も十分にあることから。「豊衣」はゆったりした服。「飽食」は食べ物が豊富なこと。飽きるまで食べる意。「豊衣足食《ほういそくしょく》」ともいう。

出典 李翺《りこう》「幽懐賦《ゆうかいふ》」

類義語 衣豊食足《いほうしょくそく》・温衣飽食《おんいほうしょく》・錦衣玉食《きんいぎょくしょく》・暖衣飽食《だんいほうしょく》・飽食暖衣《ほうしょくだんい》

【暴飲暴食】 ぼういん ぼうしょく 〈―スル〉

意味 度を過ごして飲食すること。

補説 「暴」は程度が甚だしい意。「飲」は特に飲酒についていう。

(用例) 人間には苦労のタネというものがある。暴飲暴食が胃病のモトと知りつつ暴飲暴食して胃病になるのと同じように、苦労のタネにクヨクヨ悩むのがいけないと知りつつ神経衰弱になるようなこともある。〈坂口安吾◆安吾人生案内〉
(類義語) 牛飲馬食《ぎゅういんばしょく》・鯨飲馬食《げいいんばしょく》

【冒雨剪韮】《ぼううせんきゅう》

(意味) 友人の来訪を喜んでもてなすことのたとえ。友情に厚いたとえ。

(補説) 雨にもかかわらずニラを摘んで、ごちそうを作る意から。「冒」はおかす、押し切ってする意。「剪韮」はニラを摘む意。「雨《あめ》を冒《おか》して韮《にら》を剪《き》る」と訓読する。

(故事) 中国後漢の郭太《かくたい》が、夜に友人が来訪したとき、雨にもかかわらずニラを摘み、ごちそうを作ってもてなした故事から。

(出典) 『郭林宗別伝《かくりんそうべつでん》』

【望雲之情】《ぼううんのじょう》

(意味) 遠く父母を思うこと。また、その心情。

(補説) 「望雲」は遠くの雲を眺めること。転じて、遠くにいる人のことを考えるたとえ。

(故事) 中国唐の狄仁傑《てきじんけつ》は、父母の元を離れたところに赴任していた。太公山《たいこうざん》という山に登ったとき、南方を遠く望み雲が一つ流れているのを見て、側近に「私の父母はあの雲の下にいるのだ」と語って、しばらくそこにたたずんでいたという故事から。

(出典) 『旧唐書《くとうじょ》』狄仁傑伝《てきじんけつでん》
(類義語) 白雲孤飛《はくうんこひ》

【逢掖之衣】《ほうえきのい》

⇒ 縫衣浅帯《ほういせんたい》 594

【報怨以徳】《ほうえんいとく》

(意味) 恨みを抱いている人にも、愛情をもって接し、恩恵を与えること。

(補説) 一般に「怨《うら》みに報《むく》ゆるに徳《とく》を以《もっ》てす」と訓読して用いる。

(出典) 『老子《ろうし》』六三

【砲煙弾雨】《ほうえんだんう》

(意味) 砲弾を撃ち合う激しい戦い。また、そのさま。

(補説) 「砲煙」は大砲を撃つときに出る煙。「弾雨」は弾丸が雨のように盛んに飛んで来るさま。

(注意) 「砲烟弾雨」とも書く。

(用例) 砲煙弾雨の間に暮した前半生も、社交と旅行とに費やした後半生も、実は皆人心の観察や解剖に捧げたのだ。〈上田敏◆うづまき〉

(類義語) 硝煙弾雨《しょうえんだんう》・弾丸雨注《だんがんうちゅう》

【鳳凰于飛】《ほうおううひ》

(意味) 聡明《そうめい》な天子の下には、賢人が多く集まること。また、夫婦の仲がむつまじいことのたとえ。

(補説) 鳳凰が飛ぶと他の鳥も従い飛ぶとされることからいう。また、後者の意は、雌雄つがいの鳳凰が仲むつまじく飛ぶ意から。「鳳凰」は古代中国の想像上のめでたい鳥で、徳の高い天子が世に現れたときに出現するという。また、「鳳」が雄、「凰」が雌であることから、「鳳凰」は雌雄のつがいのこと。夫婦の意。「于」は助字。「鳳凰《ほうおう》、于《ここ》に飛《と》ぶ」と訓読する。

(注意) 「鳳皇于飛」とも書く。

(出典) 『詩経《しきょう》』大雅《たいが》・巻阿《けんあ》
(類義語) 鴛鴦交頸《えんおうこうけい》・鴛鴦之契《えんおうのちぎり》・比翼双飛《ひよくそうひ》・比翼連理《ひよくれんり》

【鳳凰銜書】《ほうおうがんしょ》

(意味) 天子の使いが勅書をたずさえて伝達すること。

(補説) 鳳凰が文書を口にくわえている意から。「鳳凰」は古代中国の想像上のめでたい鳥で、徳の高い天子が世に現れたときに出現するという。雄が「鳳」、雌が「凰」。「銜」は口にくわえる意。「鳳凰《ほうおう》書《しょ》を銜《ふく》む」と訓読する。

(注意) 「鳳皇銜書」とも書く。

(出典) 『芸文類聚《げいもんるいじゅう》』九九に引く『春秋元命苞《しゅんじゅうげんめいほう》』

【鳳凰在笯】《ほうおうざいど》

(意味) すぐれた人が在野にいて地位に恵まれないたとえ。

(補説) 鳳凰が鳥かごに閉じこめられて、自由にならない意から。「鳳凰」は古代中国の想像上のめでたい鳥で、徳の高い天子が世に現れたときに出現するという。雄が「鳳」、雌が「凰」。聖賢のたとえとされる。「笯」は鳥かご。「鳳凰《ほうおう》笯《ど》に在《あ》り」と訓読する。

ほ

注意「鳳皇在笯」とも書く。
出典『楚辞《そじ》』九章《きゅうしょう》・懐沙《かいさ》
類義語 臥竜鳳雛《がりょうほうすう》・孔明臥竜《こうめいがりょう》・伏竜鳳雛《ふくりょうほうすう》・匏瓜空繫《ほうかくうけい》・猛虎伏草《もうこふくそう》

【鳳凰来儀】ほうおう らいぎ

意味 太平の世のたとえ。
補説 鳳凰が飛んで来て舞う意から。「鳳凰」は古代中国の想像上のめでたい鳥で、徳の高い天子が世に現れたときに出現するという。雄が「鳳」、雌が「凰」。「来儀」は徳に感じて飛来し、礼儀正しい態度でいるさま。一説に、雌雄つがいでいるさま。
注意「鳳皇来儀」とも書く。
出典『書経《しょきょう》』益稷《えきしょく》

【茅屋采椽】ぼうおく さいてん

意味 質素な家、粗末な家のこと。また、自分の家の謙称。

補説「茅屋」は茅葺《かやぶ》きの家。「采椽」はクヌギのたるき。一説に、山から切り出したままのたるき。

出典『漢書《かんじょ》』芸文志《げいもんし》

【報恩謝徳】ほうおん しゃとく

意味 受けた恩や徳にむくい、感謝の気持ちをもつこと。
補説「報」はむくいること、お返しをすること。「謝」は礼をいう意。
用例 自分の身に利得を求めようとするのは、皆欲情である。報恩謝徳の厚志があらば、神明の加護もあろう。〈島崎藤村◆夜明け前〉

【忘恩負義】ぼうおん ふぎ

意味 恩義を忘れて義理に背くこと。
補説「負」は背く、裏切る意。一般に「恩《おん》を忘《わす》れ義《ぎ》に負《そむ》く」と訓読して用いる。「忘恩背義《ぼうおんはいぎ》」「忘恩失義《ぼうおんしつぎ》」ともいう。
出典『自警編《じけいへん》』器量《きりょう》
類義語 鳥尽弓蔵《ちょうじんきゅうぞう》・得魚忘筌《とくぎょぼうせん》・兎死狗烹《としくほう》

【法界悋気】ほうかい りんき

意味 自分に無関係な人のことに嫉妬《しっと》すること。また、他人の恋をねたむこと。
補説「法界」はもと仏教語で、全世界の意。転じて、自分とは何の関係もない他人の意。「悋気」は嫉妬心。
注意「ほっかいりんき」とも読む。
用例 課長殿は「見所のある奴《やっ》じゃ」と御意あそばしてごひいきにあそばすが、同僚の者はよく言わぬ。昇の考えでは皆法界悋気でよく言わぬのだという。〈二葉亭四迷◆浮雲〉

【匏瓜空繫】ほうか くうけい

意味 すぐれた才能をもつ人が用いられず、何の役にも立っていないことのたとえ。
補説 食べられずに、つるにぶら下がっているひさごのこと。「匏瓜」はウリの一種で、ひさごのこと。「空」はむなしい意。「繫」はぶら下がること。「匏瓜《ほうか》空《むな》しく繫《かか》る」と訓読する。
出典『論語《ろんご》』陽貨《ようか》 ◎「吾《われ》豈《あ》に匏瓜ならんや。焉《いずく》んぞ能《よ》く繫《かか》りて食《く》らわれざらん」
類義語 鳳凰在笯《ほうおうざいど》

【放歌高吟】ほうか こうぎん 〈―スル〉

意味 あたり構わず、大きな声で歌うこと。
補説「放歌」は周囲を気にせず大声で歌うこと。「高吟」は大きな声で詩を吟ずること。「高歌放吟《こうかほうぎん》」「高吟放歌《こうぎんほうか》」ともいう。
用例 十一時過ぎとはいえ、新秋の宵の本郷通りは放歌高吟の書生の群が往来繁《しげ》く、ときどき赤門のほうで歓声が上がった。〈正岡容◆円朝花火〉
類義語 放歌高唱《ほうかこうしょう》
対義語 浅酌低唱《せんしゃくていしょう》・浅斟低唱《せんしんていしょう》

【泛駕之馬】ほうがの うま

意味 普通のやり方にはとらわれない英雄のたとえ。
補説 暴走して車をひっくり返す馬の意から。「泛」はひっくり返す、くつがえす意。「駕」は乗り物・車。
出典『漢書《かんじょ》』武帝紀《ぶていき》

【烽火連天】ほうか れんてん

意味 戦火が各地に拡大すること。戦火がいたるところで燃え上がること。
補説「烽火」は危急を告げるのろし火のことで、戦火や戦争のたとえ。「連天」はのろし火や戦火が天空にまで接するほど燃え上がること。昔、中国で、辺境に危急が生じた際、都までの要所に設置された烽火台に次々とのろしをあげて合図としたことから。「烽火《ほうか》

ほ

天《てん》に連《つら》なる」と訓読する。
出典 『牡丹亭《ぼたんてい》』移鎮《いちん》

【抱関撃柝】 ほうかんげきたく

意味 低い役職の人のこと。
補説 門番や夜回りの意。「抱関」は門番のこと。「関」はかんぬきの意。「撃柝」は拍子木をたたいて夜回りをすること。「柝」は拍子木の意。
出典 『孟子《もうし》』万章《ばんしょう》下
用例 月給は運不運にて、下落する事も騰貴する事もあるものなり。抱関撃柝の輩《やから》時にあるいは公卿に優るの器を有す。〈夏目漱石◆愚見数則〉

【判官贔屓】 ほうがんびいき

意味 弱者や薄幸の者に同情し、味方したり応援したりすること。また、その気持ち。
補説 「判官」は官職の名で、ここでは検非違使《けびいし》の尉《じょう》（判官）の職にあった源義経《みなもとのよしつね》のこと。「贔屓」は目をかけること。源義経が兄の頼朝《よりとも》にねたまれて滅んだことに、人々が同情を寄せたことからいう。
注意 「判官贔負」とも書く。「はんがんびいき」とも読む。
用例 蓋《けだ》し、此《こ》の年紀《とし》ごろの人数《ひとかず》には漏れない、判官贔負が、其《そ》の故跡を、取散らすまい、犯すまいとしたのであった――〈泉鏡花◆瓜の涙〉

【暴虐非道】 ぼうぎゃくひどう（―ナ）

意味 乱暴でむごたらしく、道にはずれた行為をするさま。また、その人。
用法 暴虐非道な行い
類義語 悪逆無道《あくぎゃくむどう》・暴虐無道《ぼうぎゃくむどう》

【報仇雪恨】 ほうきゅうせっこん

⇒報仇雪恥 ほうきゅうせっち 597

【報仇雪恥】 ほうきゅうせっち

意味 かたきを討って、屈辱を晴らすこと。
補説 「仇」はあだ・かたき。「雪」はすすぐ、洗い清める意。「仇《あだ》を報《むく》い恥《はじ》を雪《すす》ぐ」と訓読する。「報仇雪恨《ほうきゅうせっこん》」ともいう。
出典 『水滸伝《すいこでん》』
類義語 報仇雪辱《ほうきゅうせつじょく》

【豊頰曲眉】 ほうきょうきょくび

⇒曲眉豊頰 きょくびほうきょう 163

【暴君汚吏】 ぼうくんおり

意味 人道にはずれた暴虐な君主と、心の汚れた役人のこと。
補説 「暴君」は人民を苦しめる悪虐な君主の意。「汚吏」は不正を働く役人の意。
出典 『孟子《もうし》』滕文公《とうぶんこう》上
用例 今この人の心事を推《おし》て計《はか》るに、その暴君汚吏を嫌《いと》うは固《もと》より論を俟《ま》たず、あるいは全世界に政府なるものを廃却してその痕跡《こんせき》なからしめんとするほどの素志なるべし。〈福沢諭吉◆文明論之概略〉

【暴君暴吏】 ぼうくんぼうり

意味 人民を苦しめる、人道にはずれた暴虐な君主と、非道で不正な官吏。
補説 「暴」は荒々しく激しいこと。また、虐げること。「君」は君主、「吏」は官吏・役人の意。
用例 されば一国の暴政は、必ずしも暴君暴吏の所為《しょい》のみに非《あら》ず、その実は人民の無智《むち》をもって自ら招く禍《わざわい》なり。〈福沢諭吉◆学問のすすめ〉

【飽経風霜】 ほうけいふうそう

意味 厳しい世の中の苦労を味わい尽くして、世渡り上手で、したたかなこと。
補説 「飽経」は飽きるほど経験する意。「風霜」は厳しいもの、困難や苦労のたとえ。「風霜《ふうそう》を飽経《ほうけい》す」と訓読する。
類義語 海千山千《うみせんやません》・千軍万馬《せんぐんばんば》・百戦錬磨《ひゃくせんれんま》

【放言高論】 ほうげんこうろん（―スル）

意味 思ったまま、言いたい放題に論じること。また、そのさま。
補説 「放言」は思ったままを言い放つこと。「高論」は声高に論ずること。また、すぐれた議論。
出典 蘇軾《そしょく》「荀卿論《じゅんけいろん》」
用例 批評とは何ぞや、夫《そ》の中に愛憎の念を挟み、妬評《とひょう》、諛評《ゆひょう》、悪言罵詈《ばり》を逞《たくま》しくし、若《も》しくは放言高論高く自ら標し、己を尊拝して他人を卑しみ、胸中自家の主義を定めて人を上下するが如《ごと》き者奚《なん》ぞ批評の消息を解せん。〈山路愛山◆明治文学史〉
類義語 大言壮語《たいげんそうご》

【暴言多罪】 ぼうげん たざい

意味 手紙の文末に記し失礼をわびる語。

補説 乱暴な言葉を並べて傷つけ、多くの罪を犯してしまいましたという意から。

類義語 妄言多謝《もうげんたしゃ》・妄評多罪《もうひょうたざい》

【妨功害能】 ぼうこう がいのう

意味 功績のある者の邪魔をし、才能のある者を損なうこと。

補説 「妨」も「害」も妨げる、邪魔をすること。「功」は功績のある人、「能」は才能のある人。「功《こう》を妨《さまた》げ能《のう》を害《がい》す」と訓読する。

出典 『文選《もんぜん》』 李陵《りりょう》「蘇武《そぶ》に答《こた》うるの書《しょ》」

【奉公守法】 ほうこう しゅほう

意味 一身を捧《ささ》げて懸命に尽くし、法をきちんと守ること。

補説 特に公務員の務めのことをいう語。「奉公」は公に仕える意。

出典 『史記《しき》』 廉頗藺相如伝《れんぱりんしょうじょでん》

類義語 滅私奉公《めっしほうこう》

【貌合心離】 ぼうごう しんり

意味 交際などでうわべは親密そうに振る舞いながら、内心では裏切りの気持ちがあったり、誠意がなかったりするたとえ。

補説 表面上は似ているが実質は違うたとえにも用いる。「貌」は表面上、表向きの意。「貌《ぼう》合《がっ》し心《しん》離《はな》る」と訓読する。

注意 「貌合神離」とも書く。

出典 『素書《そしょ》』 遵義《じゅんぎ》

【放虎帰山】 ほうこ きざん

意味 虎を山に放つことから、自分の身の安全を脅かす者を逃がして、将来に災いの原因を残すことのたとえ。

補説 「虎」は危険なもの、敵や自分の身を脅かす者のたとえ。「虎《とら》を放《はな》ち山《やま》に帰《かえ》す」と訓読する。

出典 『蜀志《しょくし》』 劉巴伝《りゅうはでん》の裴注《はいちゅう》に引く『零陵先賢伝《れいりょうせんけんでん》』

類義語 放虎還山《ほうこかんざん》・養虎遺患《ようこいかん》

【報国尽忠】 ほうこく じんちゅう

⇒ 尽忠報国 じんちゅうほうこく 353

【暴虎馮河】 ぼうこ ひょうが

意味 血気にはやって向こう見ずなことをすること。無謀な行為。

補説 虎に素手で立ち向かい、黄河を徒歩で渡る意から。「暴」は打つ、なぐる意。「馮」は川などを徒歩で渡る意。「河」は黄河。

出典 『詩経《しきょう》』 小雅《しょうが》・小旻《しょうびん》

用例 「蛸《たこ》め。式部は卑怯《ひきょう》だ。かまわぬ、つづけ！」と式部の手のゆるんだすきを見て駒に一鞭《ひとむち》あて、暴虎馮河、ざんぶと濁流に身をおどらせた。〈太宰治◆新釈諸国噺〉

類義語 血気之勇《けっきのゆう》・匹夫之勇《ひっぷのゆう》

対義語 謹小慎微《きんしょうしんび》

【放語漫言】 ほうご まんげん 〈—スル〉

⇒ 漫言放語 まんげんほうご 612

【方鑿円枘】 ほうさく えんぜい

⇒ 円鑿方枘 えんさくほうぜい 75

【抱残守欠】 ほうざん しゅけつ

意味 大半が失われて不完全となった古書や、わずかに残された断片を大切に守ること。

補説 完全でないものや、古いものを固守することをいう。また、思想が保守的で新しい考えを受容しないたとえ。「残」「欠」は失われたものの残りの意。「抱」「守」は抱くようにして大事に守ること。「残《ざん》を抱《いだ》き欠《けつ》を守《まも》る」と訓読する。

注意 「抱残守闕」とも書く。

出典 『文選《もんぜん》』 劉歆《りゅうきん》「書《しょ》を移《うつ》して太常博士《たいじょうはくし》を譲《せ》む」

類義語 保残守欠《ほざんしゅけつ》

【放恣佚楽】 ほうし いつらく

意味 放蕩《ほうとう》にふけること。したい放題に遊び暮らす日々を送ること。

補説 「放恣」はしたい放題のこと。「佚楽」は放蕩におぼれる意。

注意 「放恣」は「放肆」、「佚楽」は「逸楽」とも書く。

用例 只《ただ》一人生き残った次男優善は、少時放恣佚楽のために、頗《すこぶ》る渋江一家を困《くるし》めたものである。〈森鷗外◆渋江抽斎〉

類義語 放肆遊惰《ほうしゆうだ》

【方趾円顱】 ほうし えんろ

⇒ 円頭方足 えんとうほうそく 77

ほ

【旁時掣肘】ぼうじせいちゅう

意味 わきから邪魔をして、人の行動を妨げること。

補説 「旁」は「傍」と同じで、わき、かたわら。「掣肘」は人の肘《ひじ》を引っぱること。転じて、人の邪魔をすること。「旁《かたわ》らより時《とき》に肘《ひじ》を掣《ひ》く」と訓読する。

出典 『呂氏春秋《りょししゅんじゅう》』具備《ぐび》

【封豕長蛇】ほうしちょうだ

意味 貪欲《どんよく》で残酷なもののたとえ。

補説 大きな豚と長い蛇の意から。「封」は大きい意。「豕」は豚、イノシシの意。何でもむさぼり食うとされることから貪欲のたとえ。「蛇」は大きな物を丸のみするところから。「封豨脩蛇《ほうきしゆうだ》」ともいう。

出典 『春秋左氏伝《しゅんじゅうさしでん》』定公《ていこう》四年

用例 封豕長蛇荐《しきり》に上国を呑《の》まんとする欧米の強敵に当らんと欲し、〈東海散士◆佳人之奇遇〉

【茅茨不剪】ぼうしふせん

意味 屋敷の茅葺《かやぶ》き屋根を切りそろえず、そのままにしておくこと。きわめて質素な生活のたとえ。

補説 「茅茨」は、チガヤといばらのことで、ともに屋根を葺《ふ》くための材料。一般に「茅茨《ぼうし》剪《き》らず」と訓読して用いる。

故事 中国古代の聖天子である堯《ぎょう》が、天下の王となった際にも自分の宮殿の屋根をかやで葺《ふ》いたまま切りそろえないなど、質素な生活を旨としたという故事から。

出典 『韓非子《かんぴし》』五蠹《ごと》

類義語 采椽不斲《さいてんふたく》・土階三等《どかいさんとう》・土階茅茨《どかいぼうし》・茅茨土階《ぼうしどかい》

【傍若無人】ぼうじゃくぶじん ──〈─ナ〉

意味 人目をはばからず、勝手に振る舞う様子。他人を無視して、勝手で無遠慮な言動をする様子。

補説 「傍《かたわら》に人《ひと》無《な》きが若《ごと》し」と訓読する。

注意 「旁若無人」とも書く。

出典 『史記《しき》』刺客伝《しかくでん》／荊軻伝《けいかでん》

用法 傍若無人に振る舞う

用例 やがて、周囲の人々は今は早やその傍若無人な子僧の歌を誰《だれ》も相手にしなくなって来た。そうして、車内は再びどこも退窟《たいくつ》と眠気のために疲れていった。〈横光利一◆頭ならびに腹〉

類義語 得手勝手《えてかって》・眼中無人《がんちゅうむじん》・傲岸不遜《ごうがんふそん》・傲岸無礼《ごうがんぶれい》・昂首闊歩《こうしゅかっぽ》・放辟邪侈《ほうへきじゃし》

対義語 遠慮会釈《えんりょえしゃく》

【放縦恣横】ほうじゅうしおう

意味 ほしいまま、わがまま勝手なこと。

補説 「放縦」「恣横」はともに、ほしいまま、わがまま勝手の意。類義の語を重ねて意味を強めた語。

注意 「ほうしょうしおう」とも読む。

用例 雑然として放縦恣横到《いた》らざる所なく、画に見ては到底信ず可《べ》からざるもの、〈徳冨蘆花◆自然と人生〉

【放肆遊惰】ほうしゆうだ

意味 したい放題、勝手気ままに遊びほうけていること。

補説 「放肆」はしたい放題の意。「遊惰」は遊びほうけて怠ける意。

注意 「放恣遊惰」とも書く。

用例 殿はこの失望の極《きわみ》放肆遊惰の裏《うち》に聊《いささ》か懐《おも》いを遣《や》り、一具の写真機に千金を擲《なげう》ちて、〈尾崎紅葉◆金色夜叉〉

類義語 放恣佚楽《ほうしいつらく》

【包羞忍恥】ほうしゅうにんち

意味 屈辱を受けとめ、じっと耐えること。

補説 「羞」「恥」はともに恥辱の意。「羞《はじ》を包《つつ》み恥《はじ》を忍《しの》ぶ」と訓読する。

出典 杜牧《とぼく》「詩「烏江亭《うこうてい》に題《だい》す」◎「勝敗は兵家も事期せず羞を包み恥を忍ぶは是《こ》れ男児」

類義語 含垢忍辱《がんこうにんじょく》

【放縦不羈】ほうじゅうふき

意味 一切束縛されず、したい放題に振る舞うこと。何ものにも縛られずに好きなようにすること。

補説 「放縦」はしたい放題にする意。「不羈」は束縛されないこと。

注意 「ほうしょうふき」とも読む。

用例 しかもその廃せられた所以《ゆえん》を書して放縦不羈にして人に容《い》れられず、遂《つい》に多病をもって廃せらると云《い》ってあったらしい。

〈森鷗外・渋江抽斎〉
類義語 放蕩不羈《ほうとうふき》

【蓬首散帯】ほうしゅさんたい
意味 身なりがだらしないこと。
補説 「蓬首」はヨモギのように髪が乱れた頭のこと。「蓬」はヨモギ。ものの乱れているたとえ。「散帯」は服の帯がきちんとしていないことで、身なりが整っていない形容。
出典 『晋書《しんじょ》』王徽之伝《おうきしでん》
類義語 弊衣破帽《へいいはぼう》・蓬頭垢面《ほうとうこうめん》

【飽食終日】ほうしょくしゅうじつ
意味 一日中、腹一杯食べて、何もせずに日を過ごすこと。
補説 「飽食」は飽きるほど食べること。「終日」は一日中。朝から晩まで。
出典 『論語《ろんご》』陽貨《ようか》 ◎「飽くまで食らいて日を終え、心を用うる所無し、難いかな」
類義語 無為徒食《むいとしょく》

【飽食暖衣】ほうしょくだんい
⇒暖衣飽食 だんいほうしょく 433

【望蜀之嘆】ぼうしょくのたん
⇒得隴望蜀 とくろうぼうしょく 497

【鳳翥竜蟠】ほうしょりょうばん
意味 筆勢が生き生きと自在に変化するさま。
補説 おおとりが舞い飛び、竜がとぐろを巻いてわだかまる意から。「鳳翥」は、おおとりが力強く舞い飛ぶこと。「鳳」は鳳凰。古代中国の想像上のめでたい鳥、おおとり。「竜蟠」は竜がとぐろを巻いてわだかまるさま。もとは「書聖」と呼ばれた王羲之《おうぎし》の筆遣いを讃《たた》えた言葉。
出典 『晋書《しんじょ》』八〇・制
類義語 雲煙飛動《うんえんひどう》・落紙雲煙《らくしうんえん》

【亡脣寒歯】ぼうしんかんし
⇒脣亡歯寒 しんぼうしかん 355

【抱薪救火】ほうしんきゅうか
意味 害を除こうとして、かえってその害を大きくすることのたとえ。
補説 たきぎを抱えて火を消しに行く意から。「薪《たきぎ》を抱《いだ》きて火《ひ》を救《すく》う」と訓読する。
出典 『戦国策《せんごくさく》』魏策《ぎさく》
類義語 鑿竇止水《さくとくしすい》・負薪救火《ふしんきゅうか》

【砲刃矢石】ほうじんしせき
意味 戦争のこと。
補説 「砲」「刃」「矢」「石」は、それぞれ大砲、刀剣、弓の矢と弩《いしゆみ》の石矢などの武器。
用例 幕府方にはすでに砲刃矢石の間に相見る心が初めからない。〈島崎藤村◆夜明け前〉

【望塵之拝】ぼうじんのはい
意味 身分の高い人に媚《こ》びへつらうこと。また、人に先んじられること。
補説 高貴な人の乗る車が巻き上げるちりを、後ろから眺め拝むことから。類義の表現に「後塵《こうじん》を拝《はい》す」がある。
出典 『晋書《しんじょ》』潘岳伝《はんがくでん》

【忘身忘家】ぼうしんぼうか
意味 自分自身や自分の家庭のことも顧みず、主君や国家のために尽くすこと。
補説 「身」は自分のからだのこと。「身《み》を忘《わす》れ家《いえ》を忘《わす》る」と訓読する。
出典 賈誼《かぎ》「治安策《ちあんさく》」
類義語 忘家忘私《ぼうかぼうし》

【方枘円鑿】ほうぜいえんさく
⇒円鑿方枘 えんさくほうぜい 75

【方正謹厳】ほうせいきんげん〈—ナ〉
意味 きわめてまじめで慎み深く、心や行いが正しいさま。
補説 「方正」は行いがきちんとしていて正しいこと。「謹厳」はきわめてまじめで、浮ついたところがないさま。
用例 其《その》為人《ひととなり》を問えば、方正謹厳、其行《おこない》を質《ただ》せば学問好き。〈泉鏡花◆義血俠血〉

【方正之士】ほうせいのし
意味 行いのきちんとして正しい人。
補説 「方正」は行いなどがきちんとしていて正しいこと。「士」は成年の男子の称。
類義語 品行方正《ひんこうほうせい》

【蜂準長目】ほうせつちょうもく
意味 賢く抜け目のない人相。また、人情のない陰険な人相。

補説 蜂のように高い鼻すじと、細長い目の意から。「準」は鼻すじ・鼻ばしらの意。

出典 『史記《しき》』秦始皇紀《しんしこうき》

【茫然自失】ぼうぜん じしつ 〈―スル〉

意味 あっけにとられたり、あきれ果てたりして、我を忘れること。気が抜けてぼんやりとしてしまうこと。

補説 「茫然」はあっけにとられるさま。ぼんやりと気抜けするさま。「自失」は我を忘れてぼんやりとすること。

注意 「呆然自失」とも書く。

出典 『荘子《そうじ》』説剣《せっけん》

用例 彼は、その茫然自失したような人の言葉の意味を聞き流せなかったことを覚えている。〈島崎藤村◆夜明け前〉

類義語 吃驚仰天《きっきょうぎょうてん》・大驚失色《たいきょうしっしょく》・瞠目結舌《どうもくけつぜつ》

【包蔵禍心】ほうぞう かしん

意味 悪事のたくらみをひそかに心に抱くこと。

補説 「包蔵」は包みもつ、心の中に抱くこと。「禍心」は人に害を与えようという心。悪事のたくらみ。一般に「禍心《かしん》を包蔵《ほうぞう》す」と訓読して用いる。

注意 「苞蔵禍心」とも書く。

出典 『春秋左氏伝《しゅんじゅうさしでん》』昭公《しょうこう》元年

【放胆小心】ほうたん しょうしん

意味 漢文で、文章を書くとき、初めのうちは思い切って大胆に表現して書くのがよく、ある程度習熟してからは細かい点に注意を払って、よく字句を練るのがよいこと。また、この二つの文体。

補説 「放胆」は、修辞や文法の規則からは少しはずれても、思い切って大胆に表現すること。また、その文（「放胆文」）。「小心」は、細かい点に注意を払って、よく字句を練ること。また、その文（「小心文」）。

出典 『文章軌範《ぶんしょうきはん》』

【抱柱之信】ほうちゅうの しん

⇒尾生之信 びせいのしん 548

【忙中有閑】ぼうちゅう ゆうかん

意味 忙しい中にも、わずかな暇はあるものだということ。

補説 多忙な仕事の合間にも、ほっと一息つく時間はあるものであること。一般に「忙中《ぼうちゅう》閑《かん》有《あ》り」と訓読して用いる。

類義語 忙裏偸閑《ぼうりとうかん》

【抱痛西河】ほうつう せいか

⇒西河之痛 せいかのいたみ 367

【方底円蓋】ほうてい えんがい

意味 物事が食い違って、お互いに合わないたとえ。

補説 四角い底の器に丸い蓋《ふた》の意から。「方」は四角いこと。

出典 『顔氏家訓《がんしかくん》』兄弟《けいてい》

類義語 円鑿方枘《えんさくほうぜい》

【庖丁解牛】ほうてい かいぎゅう

意味 熟練者の神業のような技術のたとえ。

補説 名料理人の丁《てい》という者の、牛の肉を解体する際の見事な腕前のことから。「庖」は料理人のこと。「丁」は人の名。牛を解体するのに骨と肉を分ける技に巧みな名料理人であった。この「庖丁《ほうてい》」は「包丁《ほうちょう》」の語源でもある。一般に「庖丁《ほうてい》牛《うし》を解《と》く」と訓読して用いる。

出典 『荘子《そうじ》』養生主《ようじょうしゅ》

【鵬程万里】ほうてい ばんり

意味 はるか遠く隔たった旅路・道程のたとえ。また、限りなく広がる大海の形容。

補説 おおとりの飛ぶ道程の意から。前途洋々たる形容に用いられることもある。「鵬」は古代中国の想像上の巨大な鳥。おおとり。背中の大きさは何千里あるか分からず、つむじ風を起こして九万里の上空に飛び上がるという。「程」は道程の意。「万里鵬程《ばんりほうてい》」ともいう。

出典 『荘子《そうじ》』逍遥遊《しょうようゆう》

類義語 前程万里《ぜんていばんり》・前途洋洋《ぜんとようよう》・万里鵬翼《ばんりほうよく》・鵬霄万里《ほうしょうばんり》

【宝鈿玉釵】ほうでん ぎょくさい

意味 金銀・珠玉などで、美しく飾ったかんざし。また、そのように美しいものの形容。

補説 「鈿」はかんざし。「釵」は足が二股《ふたまた》になったかんざし。

出典 斎藤拙堂《さいとうせつどう》「月瀬記勝《つきがせきしょう》」

【蓬頭垢面】 ほうとう こうめん

意味 身だしなみに無頓着《むとんちゃく》で、むさくるしいこと。また、疲れ切った貧しい様子。

補説 乱れた髪と垢《あか》まみれの顔の意から。「蓬頭」はヨモギのような、ぼさぼさに乱れた髪。「蓬」はヨモギの意。「垢面」は垢まみれの顔。「蓬髪垢面《ほうはつこうめん》」ともいう。

注意 「ほうとうくめん」とも読む。

出典 『魏書《ぎしょ》』封軌伝《ほうきでん》

用例 蓬頭垢面、窮鬼《すだま》のごとき壮佼《わかもの》あり、「先生！」と叫んで遠山の胸に縋《すが》りついた。〈泉鏡花◆式部小路〉

類義語 囚首喪面《しゅうしゅそうめん》・弊衣破帽《へいいはぼう》・弊衣蓬髪《へいいほうはつ》・蓬首散帯《ほうしゅさんたい》・蓬頭赤脚《ほうとうせききゃく》・蓬頭乱髪《ほうとうらんぱつ》

【放蕩三昧】 ほうとう ざんまい

意味 ほしいままに振る舞うこと。酒色におぼれて品行が定まらないこと。

補説 「放蕩」は勝手気まま、ほしいままに振る舞うこと。「三昧」は接尾辞で、「…の限りを尽くす」の意。

用例 母親からもまた伯父自身の口からも度々聞かされていた伯父の放蕩三昧の経歴が恋の苦痛を知り初めた長吉の心には凡《すべ》て新しい何かの意味を以《もっ》て解釈されはじめた。〈永井荷風◆すみだ川〉

類義語 放蕩不羈《ほうとうふき》・放蕩無頼《ほうとうぶらい》

【朋党比周】 ほうとう ひしゅう 〈―スル〉

意味 仲間をつくって結託し、仲間以外を排斥すること。

補説 悪い意で用いられることが多い。「朋党」は利害や考え方を同じくする仲間。「比周」は、ここでは徒党を組むこと。仲間をつくって悪事をすること。

出典 『戦国策《せんごくさく》』斉策《せいさく》

用例 太史令《たいしれい》という職が地味な特殊な技能を要するものだったために、官界につきものの朋党比周の擠陥讒誣《せいかんざんぶ》による地位（あるいは生命）の不安定からも免れることができた。〈中島敦◆李陵〉

【放蕩不羈】 ほうとう ふき

意味 自由で勝手気ままなこと。

補説 「放蕩」は勝手気まま、ほしいままに振る舞うこと。「羈」はつなぐ、束縛する意。「不羈」は束縛を受けず自由なこと。

出典 『晋書《しんじょ》』王長文伝《おうちょうぶんでん》

類義語 放縦不羈《ほうじゅうふき》・放蕩三昧《ほうとうざんまい》・放蕩無頼《ほうとうぶらい》

【放蕩無頼】 ほうとう ぶらい 〈―ナ〉

意味 酒色にふけり、勝手気ままに振る舞って品行の定まらないさま。

補説 「放蕩」は勝手気まま、ほしいままに振る舞うこと。酒色におぼれて身もちが定まらないこと。「無頼」は定職をもたず素行の悪いさま。

用例 ふと老人は鶴子が操を破ったのはあるいは放蕩無頼な倅《せがれ》に欺かれたためではないかという気がした。〈永井荷風◆つゆのあとさき〉

類義語 淫虐暴戻《いんぎゃくぼうれい》・放蕩三昧《ほうとうざんまい》・放蕩不羈《ほうとうふき》・流連荒亡《りゅうれんこうぼう》

【蓬頭乱髪】 ほうとう らんぱつ

意味 身だしなみに無頓着《むとんちゃく》で、むさくるしいこと。

補説 ヨモギのように、髪がぼさぼさに乱れている意。「蓬頭」はヨモギのような、ぼさぼさに乱れた髪。「蓬」はヨモギの意。

出典 『近古史談《きんこしだん》』台徳公美事《だいとくこうびじ》

用例 大塊肉を喫し大椀酒を飲むという蓬頭乱髪、露骨無造作、殺風景なる世の中において、〈山路愛山◆経済雑論〉

類義語 囚首喪面《しゅうしゅそうめん》・弊衣蓬髪《へいいほうはつ》・蓬頭赤脚《ほうとうせききゃく》・蓬頭垢面《ほうとうこうめん》

【茅堵蕭然】 ぼうと しょうぜん 〈―タル〉〈―ト〉

意味 かやの垣根で囲った粗末な家の、寂しげにひっそりとしているさま。

補説 「茅堵」はかやの垣根で囲った粗末な家。田舎家《いなかや》。「堵」は垣根。「蕭然」は寂しげなさま。

【法爾自然】 ほうに じねん

⇒自然法爾 じねんほうに 292

【豊年満作】 ほうねん まんさく

意味 作物が豊かに実って、収穫の多いこと。

補説 「豊年」は穀物がよく実ること。また、そうした年。「満作」は作物が十分に実ること。

用例 ぼつぼつ稲刈がはじまった、豊年満作だ。〈種田山頭火◆其中日記〉

【磅礴鬱積】ほうはく うっせき 〈―スル〉

意味 抑えつけられた不満で、心の中がいっぱいになっていること。不平・不満を外に出すことができず、気がふさがること。

補説 「磅礴」は充満する意。「鬱積」は不平・不満が抑えつけられ、心中につもる意。

出典 韓愈《かんゆ》「廖道士《りょうどうし》を送《おく》るの序《じょ》」

用例 文三《ぶんぞう》無念で残念で口惜しくて、堪《た》え切れぬ憤怒《ふんぬ》の気がカッと計《ばか》りに激昂《げきこう》したのをば無理無体に圧《お》し着けたために、発しこじれて内攻して胸中に磅礴鬱積する、胸板が張り裂ける、腸《はらわた》が断絶《ちぎ》れる。〈二葉亭四迷◆浮雲〉

【蓬髪垢面】ほうはつ こうめん

⇒ 蓬頭垢面 ほうとうこうめん 602

【放飯流歠】ほうはん りゅうせつ

意味 大口で飯をほしいままに食べて、大口で汁を流し込むようにすすること。礼儀のない不作法な食べ方をいう。

補説 「放飯」は大口を開けてかき込むように飯を食べること。「流歠」は流し込むようにすすって飲むこと。

出典 『礼記《らいき》』曲礼《きょくれい》上

【尨眉皓髪】ぼうび こうはつ

意味 老人の形容。

補説 白い毛の交じった眉《まゆ》と白い髪の意。「尨」は交じる意。「皓」は白の意。

出典 『後漢書《ごかんじょ》』劉寵伝《りゅうちょうでん》

【捧腹絶倒】ほうふく ぜっとう 〈―スル〉

意味 腹を抱えて大笑いすること。また、そのさま。

補説 「捧腹」は腹を抱えて大笑いすること。「絶倒」は転がるほど大いに笑う、笑い転げる意。「捧腹大笑《ほうふくたいしょう》」ともいう。

注意 「抱腹絶倒」とも書く。

用例 現に拙者などは嫌われぬいているから何時《いつ》訪ねても奥様の厳命で不在と仰《おっしゃ》る。まだまだ捧腹絶倒な話がある。〈内田魯庵◆社会百面相〉

類義語 呵呵大笑《かかたいしょう》・破顔大笑《はがんたいしょう》

【捧腹大笑】ほうふく たいしょう 〈―スル〉

⇒ 捧腹絶倒 ほうふくぜっとう 603

【望文生義】ぼうぶん せいぎ

意味 文字の字面を見ただけで意味を深く考えず、前後の文章から見当をつけて、文章や語句の意味を勝手に解釈すること。

補説 「文」は文字・字面。「義」は意味。「文《ぶん》を望《のぞ》みて義《ぎ》を生《しょう》ず」と訓読する。

出典 『吹網録《すいもうろく》』胡注望文生義之誤《こちゅうぼうぶんせいぎのあやまり》

類義語 望文生訓《ぼうぶんせいくん》

【望聞問切】ぼうぶん もんせつ

意味 医者の重要な四つの診察法。

補説 「望」は目で察すること。「聞」は耳でよく聴くこと。「問」は言葉で患者に問いただすこと。「切」は指でさすって診《み》ること。

出典 『難経《なんけい》』六一

【放辟邪侈】ほうへき じゃし

意味 勝手気ままで、わがまま放題に悪い行為をすること。

補説 「放」はほしいまま、わがままの意。「辟」は偏る意。「邪」はよこしまの意。「侈」はおごり高ぶる意。

出典 『孟子《もうし》』梁恵王《りょうけいおう》上

類義語 勝手気儘《かってきまま》・傍若無人《ぼうじゃくぶじん》・我儘放題《わがままほうだい》

【蜂房水渦】ほうぼう すいか

意味 建物が密集して立ち並ぶさま。

補説 蜂の巣の穴のように隣接して並び、水の渦がぐるぐる巡るように建物がつながっている意から。「蜂房」は蜂の巣。

出典 杜牧《とぼく》「阿房宮賦《あぼうきゅうのふ》」

【報本反始】ほうほん はんし

意味 天地や祖先などの恩に報いること。

補説 人が天地や祖先など、存在の根本に感謝し報い、発生のはじめに思いを致すこと。「本《もと》に報《むく》い始《はじ》めに反《かえ》る」と訓読する。

出典 『礼記《らいき》』郊特牲《こうとくせい》

【泡沫夢幻】ほうまつ むげん

意味 人生のはかないたとえ。水の泡と夢まぼろしの意から。

補説 「泡沫」はあわ・あぶくの意。「夢幻泡沫《むげんほうまつ》」ともいう。

用例 泡沫夢幻の世に楽をせでは損と帳場の

ほ

金を攫《つか》み出して御歯涅溝《おはぐろどぶ》の水と流す〈幸田露伴◆風流仏〉

類義語 一炊之夢《いっすいのゆめ》・邯鄲之夢《かんたんのゆめ》・浮生若夢《ふせいじゃくむ》・夢幻泡影《むげんほうよう》

【鳳鳴朝陽】ほうめいちょうよう

意味 天下太平のめでたいしるしのこと。また、すぐれた人物が時を得て大志を発揮する機会を得ること。

補説 鳳凰《ほうおう》が朝日のさす山の東で鳴く意から。すぐれた才能や行為、珍しい行いのたとえとして用いられることもある。「鳳」は鳳凰。古代中国の想像上のめでたい鳥で、徳の高い天子が世に現れたときに出現するという。雄が「鳳」、雌が「凰」。「朝陽」は朝日の当たる日当たりのよいところ。山の東面をいう。

出典 『詩経《しきょう》』大雅《たいが》・巻阿《けんあ》 ◎「鳳凰鳴く、彼《か》の高岡《こうこう》に、梧桐《ごとう》生ず、彼の朝陽に。」「鳳《ほう》朝陽《ちょうよう》に鳴《な》く」と訓読する。

【蜂目豺声】ほうもくさいせい

意味 凶悪で残忍な人の形容。

補説 蜂のような目と山犬のような鳴き声の意から。「蜂目」は蜂のように細い目。「豺」はオオカミに似た山犬、「豺声」はその山犬のような不気味な声のこと。悪人のしるしと考えられた。

出典 『春秋左氏伝《しゅんじゅうさしでん》』文公《ぶんこう》元年

【忘憂之物】ぼうゆうのもの

意味 酒のこと。

補説 飲むと憂いを忘れさせてくれることから。

出典 陶潜《とうせん》―詩「飲酒《いんしゅ》」

類義語 儀狄之酒《ぎてきのさけ》・清聖濁賢《せいせいだくけん》・天之美禄《てんのびろく》・麦曲之英《ばくきょくのえい》・百薬之長《ひゃくやくのちょう》

【朋友有信】ほうゆうゆうしん

意味 友人関係には、互いの信頼が大切であるということ。

補説 「朋友」は友人のこと。一般に「朋友《ほうゆう》信《しん》有《あ》り」と訓読して用いる。

出典 『孟子《もうし》』滕文公《とうぶんこう》上 ◎「父子《ふし》親《しん》有り、君臣義有り、夫婦別有り、長幼序有り、朋友信有り」

【鳳友鸞交】ほうゆうらんこう

意味 男女がなれ親しみ合うたとえ。男女の情事・交接のたとえ。また、好いた男女が結ばれて夫婦となるたとえ。

補説 「鳳」は鳳凰《ほうおう》。古代中国の想像上のめでたい鳥で、徳の高い天子が世に現れたときに出現するという。雄が「鳳」、雌が「凰」。「鸞」は鳳凰に似た想像上の霊鳥。「鸞交鳳友《らんこうほうゆう》」ともいう。

出典 湯式《とうしき》『集賢賓《しゅうけんひん》』「友人《ゆうじん》の愛姫《あいき》権豪《けんごう》の奪《うば》う所《ところ》と為《な》る」

類義語 鳳友鸞諧《ほうゆうらんかい》

【望洋興嘆】ぼうようこうたん

⇒ 望洋之嘆 ぼうようのたん 604

【亡羊之嘆】ぼうようのたん

⇒ 多岐亡羊 たきぼうよう 429

【望洋之嘆】ぼうようのたん

意味 はるか遠くを仰ぎ見て、感嘆するさま。大きく果てしないものを前にし、自分の度量の小ささを嘆くこと。

補説 転じて、自分の力が及ばず、どうすることもできないことを嘆くときにも用いる。「望洋」は仰ぎ見る。また、広々として果てしないさま。偉大な人物や学問などに対して使われる。「望洋興嘆《ぼうようこうたん》」ともいう。

注意 「望陽之嘆」「望羊之嘆」「望佯之嘆」とも書く。

出典 『荘子《そうじ》』秋水《しゅうすい》

【亡羊補牢】ぼうようほろう

意味 失敗したあとで、慌てて改善するたとえ。あとのまつり。また、失敗したあとで、すぐに手当てをすれば、災いや過ちを大きくしないですむたとえ。

補説 羊が逃げたあとで、その囲いを修繕する意から。「羊《ひつじ》を亡《うしな》いて牢《ろう》を補《おぎな》う」と訓読する。

出典 『戦国策《せんごくさく》』楚策《そさく》

類義語 牢補羊亡《ろうほようぼう》

【法誉無上】ほうよむじょう

意味 仏教界での名誉が最も高いこと。仏教者の間で、並ぶ者のない名声を得ていること。

補説 「法誉」は仏教界における名誉・名声の意。「無上」は最上、最高である意。ここでは「法誉」の意味を強めている。

用例 横川《よかわ》の僧都《そうず》は、今天《あめ》が下《した》に法

誉無上の大和尚と承わったが、〈芥川龍之介◆邪宗門〉

【蓬莱弱水】 ほうらいじゃくすい

意味 遠く隔たっていることのたとえ。

補説 「蓬莱」は中国からはるか東方にある、仙人の住むという伝説上の島。「弱水」は中国からはるか西方の仙境にあるという伝説上の川の名。両者の隔たりは三十万里あるとされる。

出典 『太平広記《たいへいこうき》』二一

【忙裏偸閑】 ぼうりとうかん

意味 忙しい合間にも、暇を見つけて楽しむこと。

補説 「忙裏」は忙しい最中の意。「偸閑」は暇を盗む意。「忙裏《ぼうり》に閑《かん》を偸《ぬす》む」と訓読する。

注意 「忙裏偸間」とも書く。

出典 『江湖長翁集《こうこちょうおうしゅう》』

類義語 苦中作楽《くちゅうさくらく》・忙中有閑《ぼうちゅうゆうかん》

【方領矩歩】 ほうりょうくほ

意味 きちんとした正しい身なりや態度のたとえ。

補説 儒学者の形容。四角い襟の衣服と正しい歩き方の意から。「方領」は儒者の身につける四角い襟の服。「矩」はさしがね、物差し。「矩歩」はきちんとした決まりに合った歩き方の意。

出典 『後漢書《ごかんじょ》』儒林伝《じゅりんでん》・序

類義語 縫衣浅帯《ほういせんたい》・褒衣博帯《ほういはくたい》

【暴戻恣睢】 ぼうれいしき

意味 極めて横暴で残忍なさま。

補説 乱暴で道理に反し、ほしいままに行動して、人を怒ってはにらみつける意。「暴戻」は乱暴で道理に背くこと。「恣」はほしいままの意。「睢」は怒ってにらみつける意。また、わがままに振る舞うこと。

出典 『史記《しき》』伯夷伝《はくいでん》

類義語 悪逆非道《あくぎゃくひどう》・乱暴狼藉《らんぼうろうぜき》

【暮雲春樹】 ぼうんしゅんじゅ

意味 遠くに離れている友を思う情のこと。

補説 「暮雲」は夕暮れの雲の意。「春樹」は芽吹いた春の樹木の意。「春樹暮雲《しゅんじゅぼうん》」ともいう。

出典 杜甫《とほ》―詩「春日《しゅんじつ》李白《りはく》を憶《おも》う」

◎「渭北《いほく》春天の樹、江東日暮の雲（今私は渭北にあって春の芽吹いた樹木を見ながらあなたを思っていますが、あなたも江東にいて日暮れの雲を眺めて私のことを思っていることでしょう）」

類義語 渭樹江雲《いじゅこううん》

【母猿断腸】 ぼえんだんちょう

⇒ 断腸之思 だんちょうのおもい 436

【保革伯仲】 ほかくはくちゅう 〈―スル〉

意味 政党政治において、議会で保守と革新それぞれの議員数がほぼ同じであること。

補説 与党と野党の勢力がほぼ同じ場合にも用いられる。「保」は保守。「革」は革新。「伯」は長兄、「仲」は次兄の意で、「伯仲」は優劣のつけにくいこと、力が近接していること。

【北轅適楚】 ほくえんてきそ

意味 目的と行動とが相反するたとえ。

補説 車のながえを北に向けて、南の楚に行く意から。「北轅」は、ながえを北に向けること。「轅」はながえのことで、車の二本のかじ棒。「適」は行く意。「楚」は中国で、南方の楚の国。「轅《ながえ》を北《きた》にして楚《そ》に適《ゆ》く」と訓読する。「適楚北轅《てきそほくえん》」「南轅北轍《なんえんほくてつ》」「北轍南轅《ほくてつなんえん》」ともいう。

出典 『申鑒《しんかん》』雑言《ざつげん》下

【木牛流馬】 ぼくぎゅうりゅうば

意味 敵の目を欺くために、中国三国時代に蜀《しょく》の諸葛亮《しょかつりょう》が造った食料運搬具。

補説 「木牛」は牛を象《かた》どった一輪車、「流馬」は馬を象った四輪車。

注意 「もくぎゅうりゅうば」とも読む。

出典 『蜀志《しょくし》』諸葛亮伝《しょかつりょうでん》

【撲朔迷離】 ぼくさくめいり

意味 男か女か見分けのつかないことのたとえ。また、物事が複雑で、見分けや区別がつきにくいことのたとえ。

補説 「撲朔」は雄のウサギが足をばたばたさせること。「迷離」は雌のウサギが目を細くして静かにすること。ウサギの雌雄は見分けにくく、ウサギの耳をつかんで吊《つる》したときに、足をばたばたさせるのが雄、目を細くして静かにするのが雌で、それによってはじ

ほ

めて見分けられるといわれる。

出典 『楽府詩集《がふししゅう》』 横吹曲辞《おうすいきょくじ》五・木蘭詩《もくらんし》一

【墨子泣糸】 ぼくし きゅうし

意味 人は境遇・習慣や他人の影響などで、善くも悪くもなるということ。

補説 墨子が白い糸が何色にも染まるのを見て泣いた故事から。「墨子」は、中国戦国時代の思想家墨翟《ぼくてき》。「墨子悲糸《ぼくしひし》」ともいう。

故事 墨子が、白い糸が染め方で黄色にも黒色にもなるのを見て、物事はどれを選ぶかで結果が大きく分かれ決して戻ることができず、人間も環境によって善人にも悪人にもなってしまうことを嘆いて涙を流した故事から。

出典 『淮南子《えなんじ》』 説林訓《ぜいりんくん》

類義語 哭岐泣練《こくききゅうれん》・水随方円《すいずいほうえん》・潜移暗化《せんいあんか》・南橘北枳《なんきつほくき》・墨子悲染《ぼくしひせん》・麻中之蓬《まちゅうのよもぎ》・楊子岐泣《ようしききゅう》

【墨子兼愛】 ぼくし けんあい

意味 墨子が、儒家の差別愛に対して唱えた博愛主義の考え方。

補説 「墨子」は中国戦国時代の思想家墨翟《ぼくてき》。兼愛・非戦・節倹などを主張した。「兼愛」は博愛の意。

出典 『孟子《もうし》』 尽心《じんしん》上

【墨子薄葬】 ぼくし はくそう

意味 墨子が、葬儀は質素がよいと説いたということ。

補説 「墨子」は中国戦国時代の思想家墨翟《ぼくてき》。「薄葬」は簡素な葬式のこと。反対語は「厚葬」で、儒家は厚葬を主張していた。

出典 『孟子《もうし》』 滕文公《とうぶんこう》上 ◎「墨（墨子）の喪を治むる（葬式をする）や、薄き（質素倹約）を以《もっ》て其《そ》の道と為《な》す。」

【墨子悲糸】 ぼくし ひし

⇒ 墨子泣糸 ぼくしきゅうし 606

【墨守成規】 ぼくしゅ せいき

意味 古くからのしきたりや習慣を固く守って、改めないこと。

補説 「墨守」は自分の考えなどを固く守って改めないこと。中国戦国時代の思想家墨子が城を堅く守ったことからいう。「成規」はできあがった決まり、古くからのしきたりや規範の意。「成規《せいき》を墨守《ぼくしゅ》す」と訓読する。

類義語 頑迷固陋《がんめいころう》・旧套墨守《きゅうとうぼくしゅ》

【濮上之音】 ぼくじょうの おん

⇒ 桑間濮上 そうかんぼくじょう 405

【木人石心】 ぼくじん せきしん

意味 情が薄く冷酷な人のたとえ。

補説 木でできた人のからだと、石でできた人の心の意から。もとは意志が固く、簡単に心を動かされない人の形容。

出典 『晋書《しんじょ》』 夏統伝《かとうでん》

【北窓三友】 ほくそうの さんゆう

意味 琴《きん》・詩・酒のこと。

出典 白居易《はくきょい》一詩「北窓三友《ほくそうさんゆう》」

【北狄南蛮】 ほくてき なんばん

⇒ 南蛮北狄 なんばんほくてき 507

【墨翟之守】 ぼくてきの まもり

意味 自分の考えなどを、固く守って改めないこと。

補説 もとは、城を敵の攻撃から強固に守るの意。「墨翟」は中国戦国時代の思想家墨子のこと。

故事 ↓「輪攻墨守《りんこうぼくしゅ》」 312

出典 『戦国策《せんごくさく》』 斉策《せいさく》

【北轍南轅】 ほくてつ なんえん

⇒ 北轅適楚 ほくえんてきそ 605

【北斗七星】 ほくと しちせい

意味 北の空、大熊座《おおぐまざ》の七つの星。

補説 北の空にひしゃくの形をなして連なるのでいう。「斗」はひしゃくの意。古来、時刻の測定や航海の指針とされてきた。

用例 もうマヂエル様と呼ぶ烏《からす》の北斗七星が、大きく近くなって、その一つの星のなかに生えている青じろい苹果《りんご》の木さえ、ありありと見えるころ、どうしたわけか二人とも、急にはねが石のようにこわばって、まっさかさまに落ちかかりました。〈宮沢賢治◆烏の北斗七星〉

【北馬南船】 ほくば なんせん

⇒ 南船北馬 なんせんほくば 507

【墨名儒行】 ぼくめい じゅこう

【意味】表向き吹聴《ふいちょう》している主義・主張と実際の行動が違うたとえ。

【補説】表面（名目）は墨家といいながら、実際には儒家の行いをしている意。墨家・儒家は中国春秋戦国時代の思想集団をいう。

【出典】韓愈《かんゆ》「浮屠《ふと》の文暢師《ぶんちょうし》を送《おく》るの序《じょ》」

【対義語】儒名墨行《じゅめいぼくこう》

【北面稽首】 ほくめん けいしゅ

【意味】最上の挨拶《あいさつ》方法のこと。

【補説】相手に対して臣下の位置にいて、頭を地面につくまで下げる礼の仕方のこと。「北面」は北向きに座ること。南向きの玉座に対することから、臣下の位置にいる意。「稽首」は頭が地面につくまで下げて礼をする意。

【用例】孔子の北面稽首の礼に対し、南子《なんし》が再拝して応《こた》えると、夫人の身に着けた環佩《かんぱい》が璆然《きゅうぜん》として鳴ったとある。〈中島敦◆弟子〉

【北門之嘆】 ほくもんの たん

【意味】仕官先の主人が暗愚であるため重用されず、悲嘆にくれること。

【補説】「北門」は臣下が君に仕えて志を得ないことを歌った『詩経』の詩篇《しへん》の名。陰気に向かう門で、悪い事柄を暗示する。

【注意】「北門之歎」とも書く。「ほくもんのなげき」とも読む。

【出典】『詩経《しきょう》』邶風《はいふう》・北門《ほくもん》◎「北門より出《い》ずれば憂心殷殷《いんいん》たり（北の門から出てくれば、憂える心が胸につのる）」

【北嶺南都】 ほくれい なんと

⇒ 南都北嶺 なんとほくれい 507

【朴魯疎狂】 ぼくろ そきょう

【意味】飾り気なく愚かで、そそっかしくて人並みはずれていること。また、その人。

【補説】人は、やたらと世間に熟達していたり、礼儀にかなう振る舞いをしようとするよりも、むしろ少しくらい愚直で、勝手な振る舞いをするくらいのほうがよいということ。「朴魯」は飾り気がなくて愚かなこと。「疎狂」はあわて者で奔放なこと。

【出典】『菜根譚《さいこんたん》』上

【暮鼓晨鐘】 ぼこ しんしょう

【意味】仏寺で朝晩、鐘と太鼓を打って時を知らせること。

【補説】転じて、人を目覚めさせるような戒めの言葉のことを指すようになった。「暮」は夜、「鼓」は太鼓、「晨」は朝の意。「晨鐘暮鼓《しんしょうぼこ》」ともいう。

【出典】李咸用《りかんよう》–詩「山中《さんちゅう》」

【類義語】夕鼓晨鐘《せきこしんしょう》・朝鐘暮鼓《ちょうしょうぼこ》

【輔車唇歯】 ほしゃ しんし

⇒ 唇歯輔車 しんしほしゃ 347

【輔車相依】 ほしゃ そうい

⇒ 唇歯輔車 しんしほしゃ 347

【保守退嬰】 ほしゅ たいえい

【意味】従来の考え・習慣・制度などにこだわって、新しいものを受け入れようとしないこと。

【補説】「保守」はこれまでの考え・習慣などを守ること。「退嬰」は尻込みすること。

【用例】このアジアの外交界を押し渡ろうとする気魄《きはく》の嵐を何と呼ぶかはとに角として、之《これ》によって吹き飛ばされる保守退嬰・因循姑息《いんじゅんこそく》は、「自由主義」と云《い》うものだそうである。〈戸坂潤◆現代日本の思想対立〉

【類義語】旧態依然《きゅうたいいぜん》・旧套墨守《きゅうとうぼくしゅ》

【暮色蒼然】 ぼしょく そうぜん （―タル）（―ト）

【意味】夕暮れどきの、徐々にあたりが薄暗くなっていく様子。

【補説】「暮色」は夕暮れどきの薄暗い景色。「蒼然」は日暮れどきの薄暗いさま。「蒼然暮色《そうぜんぼしょく》」ともいう。

【出典】柳宗元《りゅうそうげん》「始《はじ》めて西山《せいざん》を得《え》て宴游《えんゆう》するの記《き》」

【保泰持盈】 ほたい じえい

⇒ 持盈保泰 じえいほたい 271

【法華三昧】 ほっけ ざんまい

【意味】心を集中させ、法華経《ほけきょう》を読んで、その奥義をきわめること。

【補説】仏教語。「法華」は法華経のこと。大乗仏教の代表的な経典。「三昧」は一つのことに心を集中させること。

【墨痕淋漓】ぼっこんりんり 〈―タル〉〈―ト〉
意味 筆で書いたものが、生き生きとしてみずみずしいさま。
補説 「墨痕」は墨のあと、墨を使って表現したもの。「淋漓」は水や汗や血などが流れ落ちるさま。また、筆の勢いが盛んなさま。
用例 お粂《くめ》の眼《め》には、父が筆のはこびにすこしの狂いも見出《みいだ》されなかった。墨痕淋漓としたその真剣さはかえって彼女の胸に迫った。〈島崎藤村◆夜明け前〉

【没風流漢】ぼつふうりゅうかん
意味 風流を解さない通俗的な男のこと。
補説 「没」は、ないこと。「没風流」で無風流の意。「漢」は男子の意。
注意 語構成は「没風流」＋「漢」。
用例 余は画工である。画工であればこそ趣味専門の男として、たとい人情世界に堕在《だざい》するも、東西両隣の没風流漢よりも高尚である。〈夏目漱石◆草枕〉

【没分暁漢】ぼつぶんぎょうかん
意味 ものの道理をわきまえない男のこと。分からず屋。
補説 「没」は、ないこと。「分暁」は道理に明らかなこと。「没分暁」で訳が分からない、道理をわきまえない意。「漢」は男子の意。
注意 語構成は「没分暁」＋「漢」。
用例 都鄙《とひ》両方に往来する人は両方を少しずつ知っている。その結果はどちらもわからない前の二者よりも悪いかもしれない。性格が分裂して徹底した没分暁漢になれなくなるから。〈寺田寅彦◆田園雑感〉

【発菩提心】ほつぼだいしん
意味 悟りを開こうと、仏門に入ることを決意すること。また、出家や遁世《とんせい》をすること。
補説 仏教語。「発」は物事をやり始める意。「菩提心」は心を悩ます一切のことを断ち切って、悟りを求める心をいう。「発菩提心」を略して「発心《ほっしん》」ともいう。
注意 語構成は「発」＋「菩提心」。
用例 たしかに太子が推古の御代《みよ》を深くおもい給《たま》い、蒼生《そうせい》の苦楽をあわれませられ、更には衆生《しゅじょう》の発菩提心に大悲願をかけさせられる生御魂《みたま》がここにおわすのである。〈高村光太郎◆美の日本的源泉〉

【没没求活】ぼつぼつきゅうかつ
意味 大事を成し遂げようとする志をもたず、ただ平々凡々と生きていくこと。
補説 「没没」は何もせず、埋もれていくこと。うずもれかくれるさま。「活」は平凡に生きること。一般に「没没《ぼつぼつ》として活《かっ》を求《もと》む」と訓読して用いる。
出典 『南史《なんし》』王僧達伝《おうそうたつでん》

【捕風捉影】ほふうそくえい
⇒ 繋風捕影 けいふうほえい 190

【匍匐膝行】ほふくしっこう 〈―スル〉
意味 腹ばうようにして、膝《ひざ》をついたままで進むこと。
補説 多く高貴の人の前で、恐縮して進み出るときに用いる。「匍」「匐」はともに腹ばう意。「膝行」は地や床にひざまずいて進んだり退いたりすること。
用例 身分が卑しいので、直接の主人たる此《こ》の第一長老《ルバック》は固《もと》より、第二第三第四ルバックの前を通る時でも、立って歩くことは許されなかった。必ず匍匐膝行して過ぎなければならないのである。〈中島敦◆南島譚〉
類義語 匍匐前進《ほふくぜんしん》

【蒲鞭之政】ほべんのせい
意味 寛大な政治を行うこと。
補説 「蒲鞭」は、ガマでできたむち。柔らかくてむち打たれても痛くない材質。辱めだけを与えて罪を示し、肉体的な苦痛は与えない寛大な政治の意。「蒲鞭之罰《ほべんのばつ》」ともいう。「蒲鞭」だけでも同じ意味を表す。
注意 「ほべんのまつりごと」とも読む。
故事 →「刑鞭蒲朽《けいべんほきゅう》」190
出典 『後漢書《ごかんじょ》』劉寛伝《りゅうかんでん》
類義語 刑鞭蒲朽《けいべんほきゅう》・蒲鞭示辱《ほべんじじょく》・劉寛温恕《りゅうかんおんじょ》

【蒲鞭之罰】ほべんのばつ
⇒ 蒲鞭之政 ほべんのせい 608

【暮暮朝朝】ぼぼちょうちょう
⇒ 朝朝暮暮 ちょうちょうぼぼ 454

【謨猷籌画】ぼゆうちゅうかく
意味 はかりごとのこと。

ほ

補説 「謨」「猷」「籌」「画」は、みな策略の意。
出典 李白《りはく》「韓荊州《かんけいしゅう》に与《あた》うるの書《しょ》」◎「謨猷籌画、安《いずく》んぞ能《よ》く自ら矜《ほこ》らんや」

【保養鬱散】ほよううっさん

意味 養生し、気晴らしをすること。休養をとり、気を晴らすこと。
補説 「鬱散」は気を晴らす意。
用例 この寥々《りょうりょう》たる山中に来り宿《とま》れる客なれば、保養鬱散の為《ため》ならずして、湯治の目的なるを思うべし。〈尾崎紅葉◆金色夜叉〉

【蒲柳之質】ほりゅうのしつ

意味 生まれつきからだが弱く、病気になりやすい体質のたとえ。
補説 「蒲柳」はカワヤナギ。その葉が早く落ちてしまうことから、虚弱な体質をいう。
出典 『世説新語《せせつしんご》』言語《げんご》
用例 瀬川の息子は、東京の頃の少年の親しい学友たちに共通する美貌《びぼう》と柔弱さと気立ての優しさとを、ある程度まで一身に兼ねそなえていた。ついでに蒲柳の質をまで兼備していたのである〈神西清◆少年〉
類義語 尫繊懦弱《おうせんだじゃく》・虚弱体質《きょじゃくたいしつ》・蒲柳之姿《ほりゅうのし》
対義語 松柏之姿《しょうはくのし》・松柏之質《しょうはくのしつ》

【賁育之勇】ほんいくのゆう

意味 何者をも恐れない勇気と気力をもっていること。
補説 「賁」は孟賁《もうほん》、「育」は夏育《かいく》を指し、ともに秦《しん》の武王に仕えた有名な腕力家。孟賁・夏育のような勇気の意。
出典 『戦国策《せんごくさく》』秦策《しんさく》

【奔逸絶塵】ほんいつぜつじん

意味 空を切るようにちりひとつ立てず、非常に速く走ること。
補説 「奔逸」は走り逃げること。また、速く走ること。「絶塵」はちりひとつ立てないことで、馬などが非常に速く走る意。他の人をしのいで、その上に出ることを示す場合もある。もとは、孔子の弟子の顔淵《がんえん》が、孔子が何も言わないのに人々から信じられ、人と親しもうとしなくても人々から親しまれ、特別な地位や名誉をもっていないのに人々が心服して集まることをたとえた語。
注意 「奔佚絶塵」とも書く。
出典 『荘子《そうじ》』田子方《でんしほう》
類義語 韋駄天走《いだてんばしり》・超軼絶塵《ちょういつぜつじん》

【翻雲覆雨】ほんうんふくう

⇒雲翻雨覆 うんぽんうふく 66

【本覚大悟】ほんがくだいご

意味 すべての心の迷いを脱して、仏性《ぶっしょう》を悟ること。
補説 「本覚」は本来人間にそなわっている仏性の悟りの意。「大悟」は煩悩を脱却して悟りを開く意。
注意 「ほんがくたいご」とも読む。
用例 あわれ、本覚大悟の智慧《ちえ》の火よ、我が胸に尚《な》お蛇の如《ごと》く縈《まつ》われる一切煩悩を渣滓《さし》も残らず焼き尽せよかし。〈高山樗牛◆滝口入道〉
類義語 本覚真如《ほんがくしんにょ》

【本家本元】ほんけほんもと

意味 いちばんのおおもと。また、その家や人。
補説 「本家」は一族・一門のおおもとの家筋。また、分派から見たおおもとの家。「本元」はいちばんのもと。類義の語を重ねて本家であることを強調している。
用例 全体、天狗《てんぐ》のことは当地が本家本元でありますから、ただ今お話をいたしませんでも、定めし諸君らの方がくわしく御承知のことでありましょう。〈井上円了◆妖怪談〉

【本地垂迹】ほんじすいじゃく

意味 日本の神は、インドの仏や菩薩《ぼさつ》が本体が人を救うため、神の姿を借りて現れたという考え方。
補説 仏教語。もともとは仏・菩薩が、衆生《しゅじょう》を救うために、いろいろなものの姿を借りて現れる意。それが仏教と神道とを融合させた考え方を指すようになった。本地垂迹説。「本地」は仏・菩薩の本来の姿のこと。「垂迹」は仏が借りたいろいろな神の意。
用例 唯《ただ》気をつけて頂きたいのは、本地垂迹の教《おし》えの事です。〈芥川龍之介◆神々の微笑〉
類義語 神仏混淆《しんぶつこんこう》
対義語 神仏分離《しんぶつぶんり》

ほ

【翻邪帰正】ほんじゃきせい 〈―スル〉

意味 よこしまな思いを改めて、正しい道に立ち帰ること。

補説 仏教語。「邪《じゃ》を翻《ひるがえ》し正《せい》に帰《き》す」と訓読する。

注意 「ほんじゃきしょう」とも読む。

出典 『往生要集《おうじょうようしゅう》』

類義語 改邪帰正《かいじゃきせい》

【奔車朽索】ほんしゃきゅうさく

意味 きわめて危険な状態のたとえ。

補説 人に注意を喚起させるときに用いられる。「奔車」は無鉄砲に速く走る車、「朽索」は朽ちた縄のこと。ともに危険な状態をたとえる語。

出典 魏徴《ぎちょう》「太宗《たいそう》を諫《いさ》む十思《じっし》の疏《そ》」

【凡聖一如】ぼんしょういちにょ

意味 誰《だれ》にでも仏となる可能性があり、本質的には変わりのないこと。

補説 仏教語。煩悩に迷っている凡人と、煩悩に打ち勝った聖者の別はあるが、人の本性は平等であり、大差はないこと。「凡」は凡夫で、常に煩悩に迷っている者。「聖」は聖者で、迷いを超越した者。

出典 『金剛経《こんごうきょう》』注

類義語 凡聖不二《ぼんしょうふに》

【翻天覆地】ほんてんふくち

意味 大きく変化することのたとえ。また、社会の秩序が大きく乱れること。

補説 天地がひっくりかえること。「翻」も「覆」も、ひっくりかえる意。「天《てん》を翻《ひるがえ》し地《ち》を覆《くつがえ》す」と訓読する。「覆地翻天《ふくちほんてん》」ともいう。

出典 劉商《りゅうしょう》「胡笳十八拍《こかじゅうはっぱく》」

類義語 地覆天翻《ちふくてんぽん》・天翻地覆《てんぽんちふく》

【奔南狩北】ほんなんしゅほく

意味 天子が難を避けて逃れること。

補説 「奔」は逃げはしる意。「狩」は狩りをする意で、天子が逃げるというのをはばかった表現。

出典 鄭思肖《ていししょう》―詩「春日偶成《しゅんじつぐうせい》」

【煩悩外道】ぼんのうげどう

意味 欲望や迷いにとらわれて、仏教を信じない者のこと。

補説 仏教語。さまざまな欲望や迷いによって体や心が乱され、仏教を信ぜずに異端・邪説を信奉して仏教に害をなす者のこと。「煩悩」は心身を悩ます欲望や執着などの心の働きの意。「外道」は仏教以外の宗教や邪説の意。また、それを信じる者の意。

用例 煩悩外道とは予が事じゃと、再々悪《あ》しざまに罵《ののし》りおった。〈芥川龍之介◆邪宗門〉

類義語 天魔外道《てんまげどう》

【煩悩劫苦】ぼんのうごうく

意味 迷いや苦しみが絶えることなく継続すること。悟りを開かない限り、迷いや苦しみに悩み続けること。

補説 仏教語。「煩悩」は心身を悩ます欲望や執着などの心の働きの意。「劫苦」は長々と続く苦しみの意。

用例 無上菩提《ぼだい》の願いの外、何御不足のあれば煩悩劫苦の浮世に非道の権勢を貪《むさぼ》り給《たも》う浅ましさ。〈高山樗牛◆滝口入道〉

【煩悩菩提】ぼんのうぼだい

意味 悟りの障害となる迷いの煩悩も、そのまま悟りにつながるきっかけとなること。

補説 大乗仏教の言葉。悟りも悟りの実現を妨げる煩悩も、永久不変の真如《しんにょ》の現れであり、人間の本性であるから、本来別のものでなく、二つは一体であるということ。また、迷いがあって初めて悟りもあるという意。「煩悩」は心身を悩ます欲望や執着などの心の働きの意。「菩提」は一切の迷いのない悟りに至る境地の意。「煩悩即《そく》菩提」の略。

出典 『六祖壇経《ろくそだんぎょう》』

【奔放自由】ほんぽうじゆう 〈―ナ〉

⇒ 自由奔放 じゆうほんぽう 309

【奔放不羈】ほんぽうふき 〈―ナ〉

⇒ 不羈奔放 ふきほんぽう 570

【本末転倒】ほんまつてんとう 〈―スル〉

意味 物事の根本的なことと、末節のこととを取り違えること。

補説 「本末」は根本的なことと枝葉のこと。「転倒」はひっくり返すこと。

注意 「本末顛倒」とも書く。

用例 商人がいろいろな奢侈《しゃし》ぜいたく品を作り出してこれを販売すればこそ買う人もあるというように考えられるけれども、それは本末転倒の見方なので、（中略）買う人があるから、それで商人の方ではそういう品物を引き続きこしらえて売り出すのである。〈河上肇◆貧乏物語〉

類義語 冠履転倒《かんりてんとう》・冠履倒易《かんりとうえき》・釈根灌枝《しゃくこんかんし》・捨根注枝《しゃくこんちゅうし》・舎本逐末《しゃほんちくまつ》・主客転倒《しゅかくてんとう》

【本来面目】 ほんらいのめんもく

意味 もともとの顔。後天的な意味づけを加えられる以前の、本来の自己をいう。

補説 禅宗の言葉。「面目」は顔かたちの意。「父母未生以前《ふぼみしょういぜん》本来の面目」ともいう（「父母未生以前」は、父母から生み出される以前の、という意味だが、日本では、自己はおろか父母さえもがまだ生まれていなかった時、と解されることが多い）。

出典 『六祖壇経《ろくそだんぎょう》』

【本領安堵】 ほんりょうあんど

意味 鎌倉・室町時代、幕府や領主が忠誠を誓った武士に対して、その者の領地の所有権を認め、保証したこと。

補説 「本領」はもともと所有していた領地の意。「安堵」は所有権などを承認すること。

用例 主人というのは関白一条兼良《かねら》で、去年の十一月に本領安堵がてら落してやった孫房家《ふさいえ》の安否を尋ねに、貞阿《ていあ》を使に出したのである。〈神西清◆雪の宿り〉

ま

【真一文字】 まいちもんじ

意味 「一」の字のように、まっすぐであること。また、そのさま。一直線。

補説 「真」は正確な、ぴったりでずれがない意を表す接頭語。

注意 語構成は「真」＋「一文字」。

用例 それより先に「しめおん」は、さかまく火の嵐の中へ、「ろおれんぞ」を救おうず一念から、真一文字に躍りこんだに由《よ》って、翁《おきな》の声は再《ふたた》び気づかわしげな、いたましい祈りの言《こと》ばとなって、夜空に高くあがったのでござる。〈芥川龍之介◆奉教人の死〉

【摩肩接踵】 まけんせっしょう

⇒ 比肩継踵 ひけんけいしょう 546

【麻姑搔痒】 まこそうよう

意味 物事が思いどおりになること。

補説 もとは、かゆいところに手が届くこと。「麻姑」は中国伝説上の仙女の名。鳥のような長い爪《つめ》をもっているので、かゆいところをかくのに適しているといわれた。「搔痒」はかゆいところをかくこと。背中をかくための孫の手は「麻姑の手」からきているという。

注意 「麻姑搔癢」とも書く。

故事 中国後漢の桓《かん》帝のとき、蔡経《さいけい》という者が麻姑の長い爪を見て、あの爪で背中をかかせたら、さぞかし気持ちがよいだろうと心の中で思ったという故事から。

出典 『神仙伝《しんせんでん》』麻姑《まこ》

用例 緻篇《ちへん》意匠巧全にして文章軽妙真に麻姑搔痒の快あり。〈末広鉄腸◆訂正増補雪中梅〉

対義語 隔靴搔痒《かっかそうよう》

【磨揉遷革】 まじゅうせんかく

意味 教え諭して、人をよい方向に導くこと。

補説 「磨」は善をみがく、「揉」は欠点を正し直す意。「遷」は本来のよい状態に戻すこと。「革」はよい状態に改めること。

出典 欧陽脩《おうようしゅう》「吉州学記《きっしゅうがっき》」

【磨杵作針】 ましょさくしん

意味 くじけず努力を続けていけば、どんなことでも成し遂げられるたとえ。

補説 太い鉄の棒をひたすら磨き続けて、細い針にする意。「磨」は磨く。「杵」は鉄杵《てっしょ》（鉄製のきね）。「杵《きね》を磨《みが》いて針《はり》と作《な》す」と訓読する。「磨斧作針《まふさくしん》」ともいう。

故事 中国唐の詩人李白《りはく》がまだ若いころ、学問に行き詰まり、書物を投げ出して外を歩いていると、道端で鉄杵をひたすら磨き続けている老婆に出会った。その理由を尋ねると、細い針を作ろうとしていると言った。李白はこの言葉に感動し、再び学問の道に戻って大きな成果を挙げたという故事から。

出典 『潜確類書《せんかくるいしょ》』六〇

類義語 水滴石穿《すいてきせきせん》・鉄杵成針《てっしょせいしん》・点滴穿石《てんてきせんせき》・磨穿鉄硯《ませんてっけん》

【磨穿鉄硯】 ませんてっけん

（意味） 物事を達成するまで、強い意志をもち続けて変えないこと。また、学問にたゆまず励むたとえ。

（補説） 鉄でできている硯《すずり》をすり減らして、穴をあけるほど勉強するという意から。「磨」は磨滅させる、すり減らす意。「穿」はうがつ、穴をあける意。「鉄硯《てっけん》を磨穿《ません》す」と訓読する。「鉄硯磨穿《てっけんません》」ともいう。

（故事） 中国五代の桑維翰《そういかん》が、鉄の硯がすり減るまで猛勉強を続け、念願の科挙（中国の官吏登用試験）合格を成し遂げた故事から。

（出典） 『新五代史《しんごだいし》』晋臣伝《しんしんでん》・桑維翰伝《そういかんでん》

（類義語） 蛍雪之功《けいせつのこう》・蛍窓雪案《けいそうせつあん》・坐破寒氈《ざはかんせん》・磨杵作針《ましょさくしん》

【麻中之蓬】 まちゅうのよもぎ

（意味） よい環境の中にいると、悪い者もおのずと正しくなることのたとえ。また、環境によってよくも悪くもなることのたとえ。

（補説） ヨモギは曲がりくねって生えるが、まっすぐに伸びる麻の中に育つと、麻と同様まっすぐに育つという意から。

（出典） 『荀子《じゅんし》』勧学《かんがく》

（類義語） 哭岐泣練《こくききゅうれん》・水随方円《すいずいほうえん》・南橘北枳《なんきつほくき》・墨子泣糸《ぼくしきゅうし》・墨子悲糸《ぼくしひし》

【摩頂放踵】 まちょうほうしょう

（意味） 頭の先から足のかかとまですり減らすほどに、自分を顧みず、他人のために努力すること。

（補説） 孟子《もうし》が墨子を評した語。「摩」はすり減らす意。「頂」は頭のこと。「放」はいたる、とどく意。「頂《いただき》を摩《ま》して踵《くびす》に放《いた》る」と訓読する。

（出典） 『孟子《もうし》』尽心《じんしん》上

【抹月批風】 まつげつひふう

（意味） 文人の貧しくて客を十分にもてなせないことのたとえ。文人の貧しい形容。また、俗世間を離れて、趣味の世界に遊ぶこと。

（補説） 貧しいために客をもてなすのに風月をさかなとする意。「抹」は細かく切る意。「批」は薄く切る意。「月《つき》を抹《まっ》し、風《かぜ》を批《ひ》す」と訓読する。

（出典） 蘇軾《そしょく》－詩「何長官《かちょうかん》の六言《ろくごん》に和《わ》す、次韻《じいん》五首《ごしゅ》」四

【末法思想】 まっぽうしそう

（意味） 仏教における歴史観の一つ。仏法の衰える世。

（補説） 釈迦《しゃか》の入滅《にゅうめつ》後、初めの五百年を正法《しょうぼう》、次の千年を像法《ぞうぼう》、そしてその後の一万年を末法《まっぽう》という。末法では教えのみがあるが、修行する者もなく悟りの証もない時代となる。末法の世には真の仏法が衰えて、救いがたい世の中になるという。各時期の長さには諸説がある。仏道修行者の危機意識を喚起するために説かれた。

（用例） 末法思想は鎌倉時代の仏教の著しい特色をなしている。それはこの時代における宗教改革の運動、新宗教の誕生にとって共通の思想的背景となっている。〈三木清◆親鸞〉

【末法末世】 まっぽうまっせ

（意味） 時代がくだり、仏教が衰え、道徳が乱れた末の世のこと。

（補説） 「末法」は釈迦《しゃか》の入滅《にゅうめつ》後、正法《しょうぼう》（五百年間）、像法《ぞうぼう》（千年間）に続くその後の一万年のこと。末法では教えのみがあるが、修行する者もなく悟りの証もない時代となる。末法の世には真の仏法が衰えて、救いがたい世の中になるという。「末世」は仏法のすたれた世、末法の世の意。

【末路窮途】 まつろきゅうと

⇒ 窮途末路 きゅうとまつろ 151

【磨斧作針】 まふさくしん

⇒ 磨杵作針 ましょさくしん 611

【磨礱砥礪】 まろうしれい

（意味） いつのまにか物が磨滅すること。

（補説） 「磨」はひきうす、「礱」はすりうす、「砥」と「礪」は砥石《といし》。いずれも石で作った道具で、こする、磨く意をもつ。石でこすったり、磨いたりすれば、物はいつかは磨滅することからいう。

（出典） 『文選《もんぜん》』枚乗《ばいじょう》「書《しょ》を上《たてまつ》りて呉王《ごおう》を諫《いさ》む」

【漫言放語】 まんげんほうご 〈―スル〉

（意味） 深く考えないで勝手なことを言い散らすこと。

補説「漫言」は思いつきで言う言葉。「放語」は勝手なことを言い散らすこと。「放語漫言《ほうごまんげん》」「漫語放言《まんごほうげん》」ともいう。

【満腔春意】まんこう（の）しゅんい

意味 なごやかな気分が、全身に満ちていること。

補説 人を祝う語。「満腔」は体じゅう、胸いっぱい、全身。転じて、心からの、の意。「春意」は華やかで、なごやかな春の気分の意。

出典『書言故事大全《しょげんこじたいぜん》』時令類《じれいるい》

【慢業重畳】まんごうちょうじょう

意味 この上なく傲慢《ごうまん》なこと。また、そのような気持ちをいだくこと。

補説「慢業」は仏教語で、他人に対して自らを誇ったり、尊大ぶったりする意。「重畳」は幾重にも重なり合う意。ここでは「慢業」の意味を強めている。

用例 先《ま》ず一口に申しましたなら、慢業重畳とでも名づけましょうか。とにかく当時天が下で、自分ほどの偉い人間はないと思っていた男でございます。〈芥川龍之介◆地獄変〉

【万劫末代】まんごうまつだい

意味 遠い先の世のこと。永遠の後。

補説「劫」は仏教語で無限ともいえるほどの長い時間の意。「万劫」は一万劫のことで、きわめて長い歳月の意。「末代」はのちのちの世。

類義語 永永無窮《えいえいむきゅう》・永劫末世《えいごうまっせ》・未来永劫《みらいえいごう》・末世末代《まっせまつだい》・来来世世《らいらいせせ》

【漫語放言】まんごほうげん 〈―スル〉

⇒ 漫言放語 612

【満場一致】まんじょういっち

意味 その場にいる全員の意見や考えが一つにまとまること。

補説「満場」は場所全体に満ちている様子を表し、場所いっぱい、また場所にいる全員の意味。

類義語 異口同音《いくどうおん》・衆議一決《しゅうぎいっけつ》・衆口一致《しゅうこういっち》

対義語 甲論乙駁《こうろんおつばく》・賛否両論《さんぴりょうろん》・諸説紛紛《しょせつふんぷん》

【満城風雨】まんじょうふうう

意味 ある事が広く知れ渡り、あちこちで大騒ぎになることのたとえ。

補説 北宋《ほくそう》の潘大臨《はんだいりん》の「満城《まんじょう》風雨《ふうう》重陽《ちょうよう》近し」という句から。もとは町じゅうに風雨が吹きすさぶ意で、重陽（陰暦九月九日）の節句前の秋の雨景色をいう語。「城」は城壁に囲まれた町のこと。城市。

出典『冷斎夜話《れいさいやわ》』四

【満身是胆】まんしんしたん

⇒ 一身是胆 いっしんしたん 40

【満身創痍】まんしんそうい

意味 体じゅうが傷だらけの様子。また、ひどく非難されて痛めつけられること。

補説「満身」は体じゅうの意。「創」「痍」はともに傷のこと。

用例 中学を卒《お》えてから私は遊学のため上京叔父のもとへころがりこんだが、已《すで》にそのころ満身創痍の態《てい》にあった傷心の叔父に懇望され、夏は山、冬は南海へという式にまことに道行のような愚劣な旅をつづけねばならず、帰省する折がなかった。〈坂口安吾◆狼園〉

類義語 百孔千瘡《ひゃっこうせんそう》・疲労困憊《ひろうこんぱい》・満身傷痍《まんしんしょうい》

【曼倩三冬】まんせんさんとう

意味 才能がたぐいまれな人は、短期間で教養を身に付けられることをいうたとえ。

補説「曼倩」は中国前漢の人、東方朔《とうぼうさく》のこと。「三冬」は三たびの冬の意で、三か年ともいう。また、冬の三か月。『蒙求《もうぎゅう》』の表題の一つ。

故事 前漢の東方朔（字《あざな》は曼倩）が十三歳のとき書を学び、三か年（または冬季三か月間）に、文書を記し史伝が読めるほどに上達したという故事から。

出典『漢書《かんじょ》』東方朔伝《とうぼうさくでん》

【万目睚眥】まんもくがいさい

意味 たくさんの人ににらまれ、自分の居場所がなくなること。

補説「万目」は多くの目。多くの人。「睚眥」は目をむいてにらみつけること。

注意「ばんもくがいさい」とも読む。

出典『紅楼夢《こうろうむ》』五

類義語 百口嘲謗《ひゃっこうちょうぼう》

【満目荒涼】まんもくこうりょう 〈—タル〉〈—ト〉

意味 一面に荒れ果てて物寂しいさま。

補説 「満目」は見渡す限り、あたり一面の意。「荒涼」は荒れ果てて物寂しいさま。

用例 工場は無造作に圧《お》しひしゃがれて煙突は折れ、商店街は瓦礫《がれき》の浜となり、住宅地はただ石垣の段ばかり、畑は禿《は》げ、林は燃え、森の巨木はマッチを並べたように倒され、満目荒涼、犬一匹生きて動くものはない。〈永井隆◆長崎の鐘〉

類義語 満目荒寥《まんもくこうりょう》・満目蕭条《まんもくしょうじょう》・満目蕭然《まんもくしょうぜん》

【満目蕭条】まんもくしょうじょう 〈—タル〉〈—ト〉

意味 見渡す限り、物寂しいさま。

補説 「満目」は見渡す限り、あたり一面の意。「蕭条」は物寂しいさま。

用例 満目蕭条たる平野に雑草の花が揺れて、雲の往来《ゆきき》が早い。〈谷譲次◆踊る地平線〉

類義語 満目荒涼《まんもくこうりょう》・満目荒寥《まんもくこうりょう》・満目蕭然《まんもくしょうぜん》

【満目蕭然】まんもくしょうぜん

意味 見渡す限り、物寂しいさま。

補説 「満目」は見渡す限り。あたり一面の意。「蕭然」は物寂しいさま。

出典 范仲淹《はんちゅうえん》「岳陽楼記《がくようろうのき》」◎「この楼に登るや、即《すなわ》ち国を去りて郷を懐《おも》い、讒《ざん》を憂え譏《そし》りを畏《おそ》れ、満目蕭然として、感極まりて悲しむ者有らん」

類義語 満目荒涼《まんもくこうりょう》・満目蕭条《まんもくしょうじょう》

【曼理皓歯】まんりこうし

意味 美人の形容。

補説 きめ細かく美しい肌と白い歯の意から。「曼」はつやがある、きめが細かい意。「理」は皮膚のきめ。「皓歯」は白くきれいな歯の意。「皓」は白の意。

出典 『韓非子《かんぴし》』揚権《ようけん》

類義語 朱唇皓歯《しゅしんこうし》・明眸皓歯《めいぼうこうし》

み

【未雨綢繆】みうちゅうびゅう

⇒ 綢繆未雨 ちゅうびゅうみう 448

【密雲不雨】みつうんふう

意味 兆候はあるのに、依然として事が起こらないことのたとえ。また、恩沢が行き渡らないたとえ。

補説 雨雲で覆われているにもかかわらず、まだ雨が降らない意から。「密雲」は空いっぱいに厚い雲が重なっている様子。「不雨」は雨がまだ降ってきていない意。「密雲《みつうん》雨《あめ》ふらず」と訓読する。

出典 『易経《えききょう》』小畜《しょうちく》

【三日天下】みっかてんか

意味 権力を握っている期間が、きわめて短いことの形容。

補説 安土桃山時代、明智光秀《あけちみつひで》が本能寺で織田信長《おだのぶなが》を討って天下をとったが、十数日で豊臣秀吉《とよとみひでよし》に討たれたことから。「三日」はごく短い期間のこと。

注意 「みっかでんか」とも読む。

用例 ヤミ屋の御時世よ。インフレの終ると共に、誰《だれ》かさんの三日天下も終りを告げます〈坂口安吾◆ジロリの女〉

類義語 三日大名《みっかだいみょう》

【三日法度】みっかはっと

意味 実効性の薄い法律や規則をあざ笑っていう語。また、薬などが大して効かないときにも使う。

補説 「三日」はごく短い期間のこと。「法度」は規則・法律。

出典 『経済録《けいざいろく》』九・制度《せいど》

類義語 朝令暮改《ちょうれいぼかい》

【三日坊主】みっかぼうず

意味 非常に飽きやすくて、長く続かないこと。また、そのような人をからかっていう語。

補説 「三日」はごく短い期間のこと。「坊主」は他の語の下に付けて用い、あざけりの気持ちを含めて、そのような人の意を表している。

用例 いったい煩悶《はんもん》と云《い》う言葉は近頃だいぶはやるようだが、大抵は当座のもので、いわゆる三日坊主のものが多い。〈夏目漱石◆野分〉

類義語 一暴十寒《いちばくじっかん》・隠公左伝《いんこうさでん》・桐壺源氏《きりつぼげんじ》・三月庭訓《さんがつていきん》・須磨源氏《すまげんじ》・雍也論語《ようやろんご》

み

【脈絡通徹】《みゃくらくつうてつ》

意味 連続していて、断絶やくい違いがないこと。

補説 一貫性があり、矛盾がないこと。「脈絡」は筋道・連続性の意。「通徹」は一貫し、連続していること。

用例 小説を綴《つづ》るに当りて最もゆるかせにすべからざることは、脈絡通徹という事なり。脈絡通徹とは編中の事物巨細《こさい》となく互いに脈絡を相通じて、相隔離せざるをいうなり。〈坪内逍遥◆小説神髄〉

類義語 脈絡一貫《みゃくらくいっかん》・脈絡通貫《みゃくらくつうかん》

対義語 前後矛盾《ぜんごむじゅん》

【妙計奇策】《みょうけいきさく》

⇒奇策妙計《きさくみょうけい》 139

【名字帯刀】《みょうじたいとう》

意味 江戸時代、姓を名乗り、刀を所持したり携行したりすること。

補説 武士の身分を象徴する特権であった。庶民は功績・善行などを認められたごく少数の農民・町人に限り許された。「名字」はその家ごとに伝えられる家の名のこと。姓。「帯刀」は刀を腰に携帯していること。

注意 「苗字帯刀」「苗氏帯刀」などとも書く。

用例 私の妻の祖母は――と云《い》って、もう三四年前に死んだ人ですが――蔵前《くらまえ》の札差《ふださし》で、名字帯刀御免で可なり幅を利かせた山長――略さないで云えば、山城屋長兵衛《ちょうべえ》の一人娘でした。〈菊池寛◆ある恋の話〉

【名詮自性】《みょうせんじしょう》

意味 物の名は、その物自体の本性を表すということ。

補説 仏教語。名と実質が一体となっているということ。略して「名詮」ということもある。「詮」はときあかす意。「自性」はその物の性質、本性。

注意 「名詮自称」とも書く。

出典 『成唯識論《じょうゆいしきろん》』二

類義語 名実一体《めいじついったい》・名実相応《めいじつそうおう》

【妙法一乗】《みょうほういちじょう》

意味 法華経《ほけきょう》に説かれている一乗の教えのこと。

補説 仏教語。「妙法」は仏法と同義。とりわけ妙法蓮華経《みょうほうれんげきょう》を指す。「一乗」は絶対無二の真実の教えのこと。

出典 『本朝文粋《ほんちょうもんずい》』

【名聞利養】《みょうもんりよう》

意味 世間の名声を得たいという欲望と、財産を蓄えたいという欲望。

補説 仏教語。仏教の五欲〈財欲・色欲・飲食欲・名誉欲・睡眠欲〉のうちの二つ。「名聞」は世俗の評判の意で、名誉欲。「利養」は財産を作り、生活を豊かにすることで、財欲にあたる。

出典 『菩提心論《ぼだいしんろん》』

用例 名聞利養が如何《いか》ばかり向上するとても解脱《げだつ》、出離の道を示してはくれない。〈中里介山◆法然行伝〉

【未来永劫】《みらいえいごう》

意味 これから未来にわたる、果てしなく長い年月。永遠。

補説 仏教語。「未来」は将来のこと。「永劫」は想像できないほど長い時間を表す。「未来」を添えて意味を強めた語。「永劫未来《えいごうみらい》」ともいう。

注意 仏教では「みらいようごう」と読む。

用例 ああもう未来永劫取返しのつかぬ肉体になっていたのか！〈近松秋江◆うつり香〉

類義語 永永無窮《えいえいむきゅう》・生生世世《しょうじょうせぜ》・万劫末代《まんごうまつだい》・未来永永《みらいえいえい》・未来永久《みらいえいきゅう》・来来世世《らいらいせせ》

【未練未酌】《みれんみしゃく》

意味 相手の気持ち・事情をくみとることができず、心残りであること。

補説 「未練」はあきらめきれないさま。心残り。「酌」は「斟酌《しんしゃく》」の酌で、相手の事情をくみとり、ほどよく取り計らうこと。「未練未酌がない」と否定の語とともに用いて、斟酌する心もなくきわめて冷淡で、同情心のないさまをいう。

【民族自決】《みんぞくじけつ》

意味 各民族は、他の民族や国家の干渉を受けることなく、みずからの意志に基づいて、その政治体制や帰属を決定する権利を有するという考え方。

補説 第一次世界大戦後、アメリカのウィルソン大統領が提唱した考え方。第二次大戦後

み

は植民地独立運動の指導的理念となった。

用例 各国家民族が自己を越えて一つの世界を構成すると云《い》うことは、ウィルソン国際連盟に於《お》いての如《ごと》く、単に各民族を平等に、その独立を認めるという如き所謂《いわゆる》民族自決主義ではない。〈西田幾多郎◆世界新秩序の原理〉

む

【無為渾沌】《むいこんとん》〈—タル〉〈—ト〉

意味 あるがままで、ぼんやりとしたさま。天地が未分化のときのさま。

補説 「無為」はあるがままで、作為のないこと。また、そのさま。「渾沌」は物事の区別がはっきりしないこと。天地未分化の状態の意。

注意 「無為混沌」「無為渾敦」とも書く。

用例 無為渾沌にして人事少なき世にありては、人民を維持するに便利なれども、人文の開《ひら》くるに従《したが》って次第にその力を失わざるを得ず。〈福沢諭吉◆文明論之概略〉

【無為自然】《むいしぜん》

意味 人の手を加えないで、何もせずあるがままにまかせること。

補説 老子や荘子の思想を指す言葉。「無為」はあるがままで、作為のないこと。また、そのさま。「自然」は人間の手が加わっていないもともとの姿の意。

用例 この病気の経験から、私は「無為自然」という哲学の意味を知った。私はエピクロスを知り、老子を知り、そして尚《なお》且つストイックの本来の意味さえ解《わか》った。〈萩原朔太郎◆病床生活からの一発見〉

【無為徒食】《むいとしょく》〈—スル〉

意味 何もしないで、ただ無駄に毎日を過ごすこと。

補説 「無為」は何もしないこと。「徒食」は働くこともせず、無駄に日を送ること。「徒食無為《としょくむい》」ともいう。

用例 事業好きで活動家だった先代譲りの財産によって、ふところ手のまま、無為徒食している退屈な身分。〈武田麟太郎◆銀座八丁〉

類義語 翫歳愒日《がんさいかいじつ》・蹉跎歳月《さたさいげつ》・禽息鳥視《きんそくちょうし》・酔生夢死《すいせいむし》・坐食逸飽《ざしょくいっぽう》・靡衣媮食《びいとうしょく》・飽食終日《ほうしょくしゅうじつ》・無所用心《むしょようじん》

【無位無官】《むいむかん》

意味 特別な地位や肩書きのないこと。また、その人。

補説 もとは、位階・官職（官制上の地位）がない意。「位」は身分・くらい、「官」は国務における役目・地位の意で、それぞれに「無」を添えた語。

用例 その代りまた、詩歌管絃《しいかかんげん》の道に長じてさえ居《お》りますれば、無位無官の侍でも、身に余るような御褒美を受けた事がございます。〈芥川龍之介◆邪宗門〉

対義語 高位高官《こういこうかん》

【無位無冠】《むいむかん》

意味 位を与えられていないこと。また、主要な地位についていないこと。

補説 「位」は身分・くらい。「冠」はその人の位を表すかんむりのこと。「無位」「無冠」はともに位がないこと。類義の語を重ねて意味を強めている。

用例 無位無冠でも一人前の独立した人間だ。独立した人間が頭を下げるのは百万両より尊といお礼と思わなければならない。〈夏目漱石◆坊っちゃん〉

【無為無策】《むいむさく》

意味 なんの対策も方法もたてられず、ただ腕をこまぬいていること。

補説 「無為」は何もしないこと。「無策」は起こった事態に対して、効果的な対策や方法がとれないこと。「無策無為《むさくむい》」ともいう。

用例 現在の日本は政治、軍事、生産ともに行き当りばったりであり、万事が無為無策の一語に尽きる。〈伊丹万作◆戦争中止を望む〉

類義語 拱手傍観《きょうしゅぼうかん》

【無為無能】《むいむのう》〈—ナ〉

意味 何もできないこと。行うこともやり遂げる力もないということ。

補説 へりくだるときにも用いられる。「無為」は何もしないこと。「無能」は能力や才能がなく、役に立たないこと。

用例 口々にこう罵《のの》しられて、余はいさぎよく退席した。無為無能の村長をもって任じて

いるから、反撃をくらえばこだわりなく退くだけの悟りは開いていたのである。〈坂口安吾◆中庸〉

類義語 無為無知《むいむち》・無学無能《むがくむのう》・無芸無能《むげいむのう》

【無影無踪】 むえい むそう

意味 姿を消してどこへ行ったか分からず、行方の知れないこと。消息がつかめないこと。

補説 「影」は姿・形の意。「踪」はあと・行方の意。

類義語 雪泥鴻爪《せつでいこうそう》・無影無蹤《むえいむしょう》

【無益有害】 むえき ゆうがい 〈―ナ〉

⇒ 有害無益 ゆうがいむえき 638

【無援孤立】 むえん こりつ

⇒ 孤立無援 こりつむえん 245

【無学浅識】 むがく せんしき 〈―ナ〉

⇒ 無学無識 むがくむしき 617

【無学無識】 むがく むしき 〈―ナ〉

意味 学問も知識もないこと。

補説 「無学」は学問がないこと。「無識」は知識がないこと。「無学無知《むがくむち》」「無学浅識《むがくせんしき》」ともいう。

用例 名誉を得ざりしものは主として其《その》句の平民的ならざりしと、蕪村《ぶそん》以後の俳人の尽《ことごと》く無学無識なるとに因《よ》れり。〈正岡子規◆俳人蕪村〉

類義語 無学文盲《むがくもんもう》・無知蒙昧《むちもうまい》・無知文盲《むちもんもう》

【無学無知】 むがく むち 〈―ナ〉

⇒ 無学無識 むがくむしき 617

対義語 博学多識《はくがくたしき》

【無学文盲】 むがく もんもう

意味 学問や知識を身に付けておらず、字が読めないこと。また、その人。

補説 「無学」は学問・知識がないこと。「文盲」は文字が読めない意。

類義語 一文不知《いちもんふち》・一文不通《いちもんふつう》・無学無識《むがくむしき》・無知文盲《むちもんもう》

【无何之郷】 むかの きょう

⇒ 無何有郷 むかゆうきょう 617

【無我夢中】 むが むちゅう

意味 ある事にすっかり心を奪われて、我を忘れてしまうさま。

補説 「無我」はもと仏教語。自分にとらわれる心を超越した心。そこから自分を忘れる意。「夢中」は物事にすっかり熱中して、他のことを考えられないさま。

用例 しかし、一瞬後のぼくは、馬鈴薯《ばれいしょ》の葉に身を埋め、ほこほこする黒土を両手の爪《つめ》で無我夢中で掘り起していた。〈吉川英治◆忘れ残りの記〉

類義語 一心不乱《いっしんふらん》・無我無心《むがむしん》

【無何有郷】 むかゆう(の) きょう

意味 理想郷のこと。何物も存在しない広々とした世界のこと。

補説 「無何有」は、何も有ること無しの意。絶対の無の世界のこと。「无何之郷《むかのきょう》」ともいう。

注意 「无何有郷」とも書く。「むかう(の)きょう」「むかうのさと」とも読む。語構成は「無何有」＋「郷」。

出典 『荘子《そうじ》』逍遥遊《しょうようゆう》 ◎「今、子《し》大樹有りてその用無きを患《うれ》う。何ぞ之《これ》を無何有の郷の広莫《こうばく》の野に樹《う》えて、彷徨乎《ほうこうこ》として其《そ》の側に為《な》す無く、逍遥乎《しょうようこ》として其の下《もと》に寝臥《しんが》せざるや（今、あなたのところに大樹があって役に立たないことを心配している。これを何もない土地の広々とした野に植えて、のんびりと何もせずその側にいて、気ままにその下に寝そべっていればいいではないか）」

用例 こんな豪傑がすでに一世紀も前に出現しているなら、吾輩《わがはい》のようなろくでなしは、とうにお暇《いとま》をちょうだいして無何有郷に帰臥《きが》してもいいはずであった。〈夏目漱石◆吾輩は猫である〉

【無垢清浄】 むく せいじょう 〈―ナ〉

⇒ 清浄無垢 せいじょうむく 370

【無稽荒唐】 むけい こうとう 〈―ナ〉

⇒ 荒唐無稽 こうとうむけい 221

【無芸大食】 むげい たいしょく

意味 特技や取り柄がないにもかかわらず、食べることだけは人並み以上であること。ま

む

た、そのような人をさげすんでいう語。
補説 自分のことを謙遜《けんそん》していう場合にも用いられる。「無芸」は芸や特技を何も身に付けていないこと。「大食」はたくさん食べる人。大食い。
用例 それじゃあ帝国主義は奈何《どう》だと、帝国主義は椀白《わんぱく》主義だ、無芸大食だ。〈内田魯庵◆社会百面相〉
類義語 飲食之人《いんしょくのひと》・酒嚢飯袋《しゅのうはんたい》・冢中枯骨《ちょうちゅうここつ》・飯嚢酒甕《はんのうしゅおう》

【無稽之言】《むけいのげん》
意味 よりどころのない、でたらめな言葉。
補説 「無稽」は根拠のはっきりしない意。「無稽之談《むけいのだん》」ともいう。
出典 『書経《しょきょう》』大禹謨《たいうぼ》 ◎「稽《かんが》うる無きの言《げん》は聴《き》くこと勿《なか》れ」

【無稽之談】《むけいのだん》
⇒ 無稽之言 むけいのげん 618

【無間地獄】《むけんじごく》
意味 大悪を犯した者が、死後絶えることのない極限の苦しみを受ける地獄。
補説 仏教語。八大地獄の八番目。「阿鼻地獄《あびじごく》」ともいう。（→「八大地獄《はちだいじごく》」530）
注意 「むげんじごく」とも読む。
用例 じゃによって一つは三宝の霊験《れいげん》を示さんため、一つはその方の魔縁に惹《ひ》かれて、無間地獄に堕《お》ちようず衆生《しゅじょう》を救うてとらさんため、老衲《ろうのう》自らその方と法験《ほうげん》を較《くら》べに罷《まかり》出た。〈芥川龍之介◆邪宗門〉

【夢幻泡沫】《むげんほうまつ》
⇒ 泡沫夢幻 ほうまつむげん 603

【夢幻泡影】《むげんほうよう》
意味 人生や世の中の物事は実体がなく、非常にはかないことのたとえ。
補説 仏教語。「夢《ゆめ》」「幻《まぼろし》」「泡《あわ》」「影《かげ》」はいずれも実体のないもの。壊れやすく、はかないもののたとえ。
注意 「むげんほうえい」とも読む。
出典 『金剛般若経《こんごうはんにゃきょう》』
用例 真理は、かくのごとく無形無声なるものなれども、夢幻泡影のごときものにあらず。〈西村茂樹◆日本道徳論〉
類義語 浮生若夢《ふせいじゃくむ》・泡沫夢幻《ほうまつむげん》

【無告之民】《むこくのたみ》
意味 救いを訴え求める方法をもたない人。また、頼るあてがない無力な人々のこと。
補説 貧しい人、老人や孤児など弱い立場の人をいう。また、身寄りのない独り者。「無告」は自分の苦しみを誰《だれ》かに告げたり、訴えたりすることができない意。
出典 『書経《しょきょう》』大禹謨《たいうぼ》
類義語 鰥寡孤独《かんかこどく》

【無辜之民】《むこのたみ》
意味 罪がないにもかかわらず、被害を受けた人々のこと。
補説 凶作や洪水など天災による被害だけでなく、人為的な被害にも使われる。「無辜」はなんの罪もないこと。
出典 『書経《しょきょう》』湯誥《とうこう》

【無根無蔕】《むこんむてい》
意味 頼るべきところがまったくないこと。
補説 「無根」「無蔕」は、ともに根がないこと。転じて、よりどころがない意。「根《こん》無《な》く蔕《てい》無《な》し」と訓読する。
出典 『漢書《かんじょ》』叙伝《じょでん》

【無罪放免】《むざいほうめん》〈—スル〉
意味 刑事事件で勾留《こうりゅう》していた被疑者や被告人の身体の拘束を解いて自由にすること。また、広く疑いが晴れることをいう。
補説 「無罪」は、刑事事件で被疑者や被告人の行為に証拠がなく、犯罪にならないこと。「放免」は拘束していた者をゆるして自由にすること。
用例 ついに当人は無罪放免、これからはたとい女たりとも産婆営業勝手たるべき事と云《い》う御布令《おふれ》さえ出てめでたく落着を告げました〈夏目漱石◆吾輩は猫である〉

【無策無為】《むさくむい》〈—ナ〉
⇒ 無為無策 むいむさく 616

【無慙無愧】《むざんむき》
意味 悪事を働いても、それを恥じることなく平気でいること。
補説 仏教語。「無慙」は仏の教えを破りながらもそれを恥じない心。「無愧」は自分の罪を他人に対して恥じない心のこと。

注意「無残無愧」とも書く。

【無始曠劫】 むしこうごう

意味 いつ始まったのかも分からないほど、遠い過去のこと。

補説 仏教語。「無始」は始まりがない、果てしなく遠い過去の意。「曠劫」は過去に向かってきわめて長い年月のこと。

類義語 無始劫来《むしごうらい》

【無師独悟】 むしどくご

意味 師の教えによらず、自ら悟ること。

出典『大荘嚴論經《だいしょうごんろんきょう》』一〇

類義語 無師自悟《むしじご》・無師自証《むしじしょう》

【無始無終】 むしむじゅう

意味 始めも終わりもなく、限りなく続いていること。

補説 仏教語。あの世からこの世へと生まれ、苦しみを味わい、再び死んであの世へ戻っていくという輪廻《りんね》が無限であること。「始終」を分けて、それぞれに「無」をつけた語。「始《はじ》め無《な》く終《お》わり無《な》し」と訓読する。

注意「むしむしゅう」とも読む。

用例 神は無始無終であって原因なくして存在するというならば、此《この》世界も何故にその様に存在するということはできないか。〈西田幾多郎◆善の研究〉

【無私無偏】 むしむへん

意味 個人的な利益や名誉を優先せず、公平に判断・行動するさま。

補説「無私」は個人的な利害や感情にとらわれないこと。「無偏」は判断が偏っていないこと。

類義語 公平無私《こうへいむし》・不偏不党《ふへんふとう》・無偏無党《むへんむとう》

【武者修行】 むしゃしゅぎょう

意味 技術や技能を磨くためによその土地へ行って修行すること。

補説 もとは、武芸者が諸国を巡り、試合を通して武芸を修めることを表した言葉。「修行」は本来は仏の教えに従って身を修めること。

用例 読書思索観察の三事は小説かくものの寸毫《すんごう》も怠りてはならぬものなり。読書と思索とは剣術使の毎日道場にて竹刀《しない》を持つが如《ごと》く、観察は武者修行に出《い》でて他流試合をなすが如し。〈永井荷風◆小説作法〉

類義語 天下周遊《てんかしゅうゆう》

【矛盾撞着】 むじゅんどうちゃく 〈―スル〉

意味 二つの事柄が論理的に食い違って、つじつまが合わないこと。

補説「矛盾」「撞着」はともに論理が一貫していないこと。食い違っていること。類義の語を重ねて意味を強調している。「撞着矛盾《どうちゃくむじゅん》」ともいう。「矛盾」については、中国戦国時代、楚《そ》国で矛《ほこ》と盾《たて》を売っていた商人が、矛を売るときには、この矛はどんな堅固な盾も突き破るほど鋭いと言い、盾を売るときにはこの盾はどんな鋭利な矛でも破れないと言ったところ、聞いていた人に、それではその矛でその盾を突いたらいったいどうなるのかと聞かれ、返答に困った、という故事（『韓非子《かんぴし》』難《なん》一）がある。

注意「矛盾」は「矛楯」、「撞着」は「撞著」とも書く。

用例 彼女がついに精神の破綻《はたん》を来すに至った更に大きな原因は何といってもその猛烈な芸術精進と、私への純真な愛に基く日常生活の営みとの間に起る矛盾撞着の悩みであったであろう。〈高村光太郎◆智恵子の半生〉

類義語 自家撞着《じかどうちゃく》・自家撲滅《じかぼくめつ》・自己撞着《じこどうちゃく》・自己矛盾《じこむじゅん》・前後矛盾《ぜんごむじゅん》

【無常因果】 むじょういんが

意味 この世のはかなさと、前世の報い。

補説 仏教語。「無常」は、万物は生滅流転《しょうめつるてん》して、永遠に変わらないものはないということ。この世のはかないこと。「因果」は「因」が原因、「果」が結果。「因」があれば必ず「果」がある。現在・過去・未来の三世《さんぜ》にわたって、この「因果」の理《ことわり》が貫いているということ。

【無上趣味】 むじょうしゅみ

意味 なんでも至高・最高・最上のものを好んで求める気持ちのこと。

補説「無上」はこのうえないこと。最上・最高の意。「趣味」は楽しみとして好むもの。

用例 画というも、詩というも、あるは芝居というも、この悲酸のうちにこもる快感の別号にすぎん。この趣《おもむき》を解しえて、はじめて吾人《ごじん》の所作は壮烈にもなる、閑雅にもなる、

すべての困苦に打ち勝って、胸中一点の無上趣味を満足せしめたくなる。〈夏目漱石◆草枕〉

【無常迅速】むじょうじんそく

意味 この世のすべてには、確実なものも恒常なものもなく（「無常」）、その転変はきわめて急速である（「迅速」）、ということ。

補説 仏教、特に禅宗の語。人生において死はつねにさし迫ったものである、という意で用いられる。「生死事大《しょうじじだい》」とともに用いられる。（↓「生死事大《しょうじじだい》」324）

出典 『六祖壇経《ろくそだんぎょう》』

用例 私達の親しむ自然は無常迅速の思いをそそらないものはない。〈島崎藤村◆春を待ちつつ〉

類義語 老少不定《ろうしょうふじょう》

【無上菩提】むじょうぼだい

意味 最高の悟り。

補説 仏教語。「無上」は最高・至高の意。仏の悟りであるから、この語を用いて強調する。「菩提」は悟りの意。

類義語 無上正覚《むじょうしょうがく》

【無声之詩】むせいのし

意味 絵画のこと。

補説 声を出さない詩の意。見ていると詩意・詩興がうかがえることから。

出典 黄庭堅《こうていけん》—詩「子瞻《しせん》子由《しゆう》が憩寂図《けいじやくず》に題《だい》するに次韻《じいん》す」◎「淡墨《たんぼく》もて写出す無声の詩」

【無声無臭】むせいむしゅう

意味 天道のたとえ。また、事の影響がないこと。

補説 声も聞こえなければ、においもない意。人にその存在が知られないことから。

出典 『詩経《しきょう》』大雅《たいが》・文王《ぶんのう》

類義語 平平凡凡《へいへいぼんぼん》・無味無臭《むみむしゅう》

【無想無念】むそうむねん

⇒ 無念無想 むねんむそう 621

【無駄方便】むだほうべん

意味 とても役に立たないだろうと思えるものでも、時によっては何らかの役に立つこともあるということ。

補説 「無駄」は役に立たない意。「方便」は目的を達するための状況に応じた手段の意。

類義語 無用之用《むようのよう》

【無知愚昧】むちぐまい〈—ナ〉

⇒ 無知蒙昧 むちもうまい 620

【無恥厚顔】むちこうがん〈—ナ〉

⇒ 厚顔無恥 こうがんむち 209

【無知蒙昧】むちもうまい〈—ナ〉

意味 知恵や学問がなく、愚かなさま。

補説 「無知」は知識がないこと。「蒙昧」は物事の道理をよく知らない意。「昧」は暗い意。「無知愚昧《むちぐまい》」ともいう。

注意 「無智蒙昧」とも書く。

用例 その方どもの罪業は無知蒙昧の然《しか》らしめた所じゃによって、天上皇帝も格別の御宥免《ごゆうめん》を賜わせらるるに相違あるまい。〈芥川龍之介◆邪宗門〉

類義語 愚昧無知《ぐまいむち》・不学無術《ふがくむじゅつ》・無学無識《むがくむしき》・無知低能《むちていのう》・無知無学《むちむがく》・無知無能《むちむのう》

【無知文盲】むちもんもう

意味 学問や知識がなく、文字が読めないこと。また、そのような人。

補説 「無知」は知識のないこと。「文盲」は文字の読めないこと。また、無学なこと。

注意 「無智文盲」とも書く。

類義語 無学無識《むがくむしき》・無学文盲《むがくもんもう》

対義語 智円行方《ちえんこうほう》

【無茶苦茶】むちゃくちゃ〈—ナ〉

意味 物事の順序が、筋道立っていないさま。また、物事が度を越して激しいさま。

補説 単に「無茶」ということもある。「苦茶」は「無茶」を強める語。「無茶」も「苦茶」も、もともとあった音に漢字を当てたもの。

用例 しなければするまで投げる。しまいには三つも四つも握って無茶苦茶に投げる。〈鈴木三重吉◆千鳥〉

類義語 滅茶苦茶《めちゃくちゃ》・目茶目茶《めちゃめちゃ》

【夢中説夢】むちゅうせつむ

意味 中身がなくて、よりどころにならない話や考え。また、すべての現象は実体がなく、はかなくむなしい存在であるということ。

む

補説 仏教語。夢の中で夢の話をする意味から。「夢中《むちゅう》夢《ゆめ》を説《と》く」と訓読する。

出典 『大般若波羅密多経《だいはんにゃはらみったきょう》』

【無手勝流】むてかつりゅう

意味 戦わずに、策略で相手に勝つこと。また、その方法。また、師伝によらず、自分で勝手にきめた流儀。自己流。

補説 無手で勝つ流儀の意から。「無手」は手に武器・道具などを持たないこと。剣客塚原卜伝《つかはらぼくでん》が渡し舟の中で、武者修行者から真剣勝負をいどまれたとき、相手を小洲に上がらせ、自分は上がらずに竿《さお》で船を突き放し、「戦わずして勝つ、これが無手勝流だ」と言って血気の勇を戒めた逸話から。

注意 語構成は「無手勝」＋「流」。

用例 甲州流だの楠《くすのき》流だの、みんな無手勝流、つまり実力なくして、戦わず勝つ、あるいはゴマカシて勝つ戦法。〈坂口安吾◆散る日本〉

【無二無三】むにむさん

意味 ただ一つしかなく、それに代わるものがないこと。転じて、一つの物事に心を傾けてそれに打ち込むさま。

補説 もと仏教語。仏になる道は一乗だけで、ほかに道はないという意から。

注意 「むにむざん」とも読む。

出典 『法華経《ほけきょう》』方便品《ほうべんぼん》

用例 その物音には彼れもさすがにぎょっとした位だった。子供はと見ると、もう車から七八間のところを無二無三に駈《か》けていた。〈有島武郎◆卑怯者〉

類義語 遮二無二《しゃにむに》・唯一無二《ゆいいつむに》

【無念残念】むねんざんねん〈―ナ〉

⇒ 残念無念 ざんねんむねん 267

【無念千万】むねんせんばん〈―ナ〉

意味 非常に悔しがること。

補説 「無念」は悔しく思うさま。「千万」は程度が甚だしいことを表す語。

類義語 残念至極《ざんねんしごく》・残念無念《ざんねんむねん》・無念至極《むねんしごく》

【無念無想】むねんむそう

意味 一切の邪念から離れて、無我の境地に到達した状態。単に何も考えていないことを指すこともある。

補説 仏教語。「無念」は雑念を生じる心を捨て無我の境地に至ること。余計なことを考えないこと。「無想」は俗事などを思う心の働きがない意。「無想無念《むそうむねん》」ともいう。

用例 それらの人が朝目覚めた時の無念無想、即《すなわ》ち瞑想《めいそう》状態が、精神にも物質にも有益であって、其処《そこ》にこそ現実があり欣怡《きんい》のあることに想到されるよう、私一介の馬鹿は希《ねが》っている。〈中原中也◆詩に関する話〉

類義語 虚気平心《きょきへいしん》

対義語 千思万考《せんしばんこう》・多情多恨《たじょうたこん》

【無病呻吟】むびょうしんぎん

意味 大したことはないのに、大げさに騒ぎ立てること。また、大げさに嘆息して見せるだけの、真実味に乏しい詩文などのたとえ。

補説 病気でもないのに、苦しげにうめきたてる意。「無病」は病気にかかっていないこと。「呻吟」は苦しんでうなること。また、ため息をつくこと。大げさなさま。

出典 辛棄疾《しんきしつ》「臨江仙《りんこうせん》」詩

【無病息災】むびょうそくさい

意味 病気せず、健康で元気なこと。

補説 「無病」は病気にかかっていないこと。「息」はやめる、防ぐ意。「息災」はもとは仏の力によって災害・病気など災いを除く意。転じて、健康で元気なさまをいう。

用例 ときどき船酔いを感ぜしが、今度は無病息災、我ながら達者なるにあきれ、〈徳冨蘆花◆不如帰〉

類義語 一病息災《いちびょうそくさい》・延命息災《えんめいそくさい》・息災延命《そくさいえんめい》・無事息災《ぶじそくさい》・平穏無事《へいおんぶじ》

【霧鬢風鬟】むびんふうかん

意味 黒く細密で美しい髪の形容。

補説 「霧鬢」は墨でかいたように黒く美しい髪。「風鬟」は風になびいている美しい髪の意。「鬟」は髪を丸く輪のように束ねたもの。

出典 蘇軾《そしょく》「洞庭春色賦《どうていしゅんしょくのふ》」

【無辺無礙】むへんむげ

意味 限りなく広く、自由で何の障害もないこと。

補説 仏教語。「無辺」は果てしなく広いこと。「無礙」は妨げがなく、自由であること。

煩悩などに煩わされていないこと。

注意「無辺無碍」とも書く。

類義語 融通無礙《ゆうずうむげ》

【無偏無党】《むへんむとう》

⇒ 不偏不党《ふへんふとう》 580

【無縫天衣】《むほうてんい》

⇒ 天衣無縫《てんいむほう》 468

【無妄之福】《むぼうのふく》

意味 突然、降ってわいた幸運のこと。

補説「無妄」は思いがけないこと。「妄」は「望」と同義。「福」は幸運。

注意「無」は「毋」「无」、「妄」は「望」とも書く。「ぶぼうのふく」「むもうのふく」とも読む。

出典『戦国策《せんごくさく》』楚策《そさく》
対義語 毋望之禍《むぼうのわざわい》

【無法之法】《むほうのほう》

意味「法」とよぶべき何物も存在しない、という「法」。また、法律や規則を事細かに明文化しなくても、自然と秩序が保たれるような法。

補説 前者の意は仏教語。すべては空であり、真実すらも実在しない、それが真実だ、ということ。後者の意は、法治主義に対する儒家の徳治主義の主張。道徳を行き渡らせれば、細かな法律を作らなくても秩序は自然に保たれるということ。

出典『宗鏡録《すきょうろく》』一五

【毋望之禍】《むぼうのわざわい》

意味 突然の災いのこと。予期せぬ災難。

補説「毋望」は思いがけないこと。「禍」は災い。

注意「毋」は「無」「无」、「望」は「妄」とも書く。「ぶぼうのわざわい」とも読む。

出典『史記《しき》』春申君伝《しゅんしんくんでん》
対義語 無妄之福《むぼうのふく》

【無味乾燥】《むみかんそう》 〈―ナ〉

意味 なんの面白みも味わいもないさま。
補説「無味」は味がない、面白みがないこと。「乾燥」は物事に潤いや趣がないこと。「乾燥無味《かんそうむみ》」ともいう。
用例 ここに現れている天堂の光景は、我々にははなはだしく無味乾燥である。〈正宗白鳥・ダンテについて〉

【無明長夜】《むみょうじょうや》

意味 根本的な聡明《そうめい》さに欠けるため、衆生《しゅじょう》が煩悩にとらわれ、真理を得にくいこと。悟りの境地に達しないこと。
補説 仏教語。衆生が煩悩にとらわれている姿を明けることのない長い夜にたとえた。「無明」は衆生を迷わせる煩悩があるために、物事の真理が見えず、仏道にくらいこと。「長夜」は長い間、長い時間にわたっての意。
用例 悲しいことに皆様はいつかこの無明長夜の夢からお醒《さ》めになる時がありましても、私共にはこの生涯においては、そのことがあるまいと思われますのでございます。〈中里介山・大菩薩峠〉

【夢熊之喜】《むゆうのよろこび》

意味 男の子が生まれるのを喜ぶこと。
補説「夢熊」は熊《くま》の夢を見ること。男の子が生まれる前兆とされた。熊は山にあって陽の祥、強壮の動物で男子の祥とされ、蛇は陰物で穴におり、柔弱の動物で女子の祥といわれる。
出典『詩経《しきょう》』小雅《しょうが》・斯干《しかん》
類義語 夢兆熊羆《むちょうゆうひ》

【無用之用】《むようのよう》

意味 役に立ちそうもないと思っていたものが、かえって重要な働きをすること。
補説「無用」は役に立つような働きがないこと。「用」はその逆で役に立っていること。
出典『老子《ろうし》』一一
類義語 不用之用《ふようのよう》・無駄方便《むだほうべん》
対義語 有用之用《ゆうようのよう》

【無用有害】《むようゆうがい》 〈―ナ〉

⇒ 有害無益《ゆうがいむえき》 638

【無欲恬淡】《むよくてんたん》 〈―タル〉〈―ト〉

意味 淡泊で欲がなく、物に執着しないさま。
補説「無欲」はあれこれ欲しがらないこと。「恬淡」はこだわりがなく、あっさりしている意。
注意「無欲」は「無慾」、「恬淡」は「恬澹」「恬憺」とも書く。
用例 あいつは、人の顔を見るとすぐ、靴下

を買えと吐《ぬ》かすよ。そこへ行くと、ジャンヌの方が無欲恬淡だ。〈吉川英治◆達磨町七番地〉

類義語 雲煙過眼《うんえんかがん》・雲心月性《うんしんげっせい》・虚静恬淡《きょせいてんたん》・少欲知足《しょうよくちそく》・清淡寡慾《せいたんかよく》

対義語 東食西宿《とうしょくせいしゅく》

【無余涅槃】むよねはん

意味 肉体上の束縛から解放された完全な境地。

補説 仏教語。一切の煩悩を断ち切っただけでなく、肉体もその煩いを断ち切り、すべてを滅し尽くした悟りの境地。「無余」は残っているものが何もないこと。「涅槃」はあらゆる煩悩が消滅し、悟りの境地に入ること。

出典『法華経《ほけきょう》』序品《じょぼん》

対義語 有余涅槃《うよねはん》

【夢賚之良】むらいのりょう

意味 夢に賜った良臣。

補説「賚」はいただく意。「良」は良臣の意。

故事 中国殷《いん》の高宗《こうそう》が、天がよい臣下を下されることを夢見た。そこで夢に見た良臣の人相書をもって全国に探し求めたところ、傅巌《ふがん》というところで、道路工事をしていた説《えつ》という人物が似ていることをつきとめた。その後、説は宰相として活躍し、大いに高宗を助けたという故事から。

出典『書経《しょきょう》』説命《えつめい》上

【無理往生】むりおうじょう

意味 無理に自分の言動を押しつけ、承知させること。

補説「無理」は道理の通らないこと。困難を承知で強引に物事を行うこと。「往生」は、本来は「圧状」と書く。「圧状」は人を脅して、むりやり書かせた文書のこと。

用例 段々そうなった挙句《あげく》、私は思い決して、厭《いや》がる彼女を無理往生に納得させ、国もとへ預けることにした。〈嘉村礒多◆神前結婚〉

類義語 無理無体《むりむたい》

【無理算段】むりさんだん〈―スル〉

意味 苦しいやりくりをして、物事や金銭の都合をつけること。

補説「無理」は困難を承知で強引に物事を行うこと。「算段」は方法を工夫すること。特に金銭の場合に用いる。

用例 総領の兄は無理算段までして調達してやった。〈田山花袋◆生〉

【無理難題】むりなんだい

意味 理屈に合わない無理な注文。実現がとうてい不可能な要求。

補説 できないことを承知でする、道理に合わない要求のこと。「無理」は理由が立たないこと。道理が通らないこと。「難題」は簡単に解決できない問題、言い掛かりの意。

用例 阿濃《あこぎ》は猪熊《いのくま》の婆《ばば》の気に逆っては、よくむごたらしく打擲《ちょうちゃく》された。猪熊の爺《おじ》には、酔った勢いで、よく無理難題を言いかけられた。〈芥川龍之介◆偸盗〉

類義語 無理無体《むりむたい》・無理無法《むりむほう》

【無理非道】むりひどう

意味 道理や人の道に外れていること。道理に合わないこと。

補説「無理」「非道」はともに人の道に反し、道理や人情を欠いていること。

用例 いずれ中津川からも人が出張しているから、篤《とく》と評議の上、随分一札も入れさせ、今後無理非道のないように取扱いたい、〈島崎藤村◆夜明け前〉

【無理無体】むりむたい〈―ナ〉

意味 相手の考えなどかまわず、強引に物事を行うさま。

補説「無理」は道理の通らないこと。困難を承知で強引に物事を行うこと。「無体」も道理をわきまえず、強引に物事を行うこと。無法。

用例 お前達二人が之《これ》ほどの語らいとは知らずに、無理無体に勧めて嫁にやったは悪かった。〈伊藤左千夫◆野菊の墓〉

類義語 無理往生《むりおうじょう》・無理難題《むりなんだい》

【無量無辺】むりょうむへん

意味 あらゆる物事の程度や分量などが、はかりしれないほど大きいことのたとえ。際限なく広大な様子。

補説 仏教語。「無辺」は広大で限りないこと。

出典『法華経《ほけきょう》』序品《じょぼん》

用例 吾《わ》が仏成道《ぶつじょうどう》このかた年処幾《いくばく》も無し。如何《いか》にして是《かく》の如《ごと》き無量無辺の大菩薩《ぼさつ》を教化し得たりじゃ。〈高山樗牛◆

日蓮上人とは如何なる人ぞ〉

【無累之人】むるいのひと
意味 わずらわしさから解放されている人。心の自由を得ている人。
補説 「累」はわずらわしさの意。
出典 『淮南子《えなんじ》』精神訓《せいしんくん》

め

【明快闊達】めいかいかったつ〈―ナ〉
意味 心が広くて小さいことにこだわらず、明るくて気持ちがよいさま。
補説 「明快」は明るくて気持ちがよい意。「闊達」は心が広くて、小さな物事にこだわらないさま。度量が大きいさま。
注意 「明快豁達」とも書く。
用例 気取りのない率直さが荒っぽい土地の人気に投じたらしい。壮士連はことごとく子路の明快闊達に推服した。〈中島敦◆弟子〉

【冥頑不霊】めいがんふれい〈―ナ〉
意味 かたくなで道理に暗く、頭の働きが鈍いさま。また、頭が古く、かたくななさま。
補説 「冥頑」はかたくなで道理に暗いさま。「不霊」は聡明《そうめい》でないさま。「霊」は頭の回転が早い意。霊妙な知能の働きがないさま。
注意 「頑冥不霊《がんめいふれい》」「不霊頑冥《ふれいがんめい》」ともいう。「迷頑不霊」とも書く。

出典 韓愈《かんゆ》「鱷魚文《がくぎょのぶん》」
用例 それにしても冥頑不霊の主人も今度は少し悟らずばなるまい。〈夏目漱石◆吾輩は猫である〉
類義語 頑迷固陋《がんめいころう》

【明鏡止水】めいきょうしすい
意味 邪念がなく、澄み切って落ち着いた心の形容。
補説 「明鏡」は一点の曇りもない鏡のこと。「止水」は止まって、静かにたたえている水のこと。
注意 「めいけいしすい」とも読む。
出典 『荘子《そうじ》』徳充符《とくじゅうふ》
用例 ただただ一切の思慮を捨ててしまって妄想や邪念が、霊智《れいち》をくもらすことのないようにしておくばかりだ。すなわちいわゆる明鏡止水のように、心を磨き澄ましておくばかりだ。〈勝海舟◆氷川清話〉
類義語 虚心坦懐《きょしんたんかい》・光風霽月《こうふうせいげつ》
対義語 意馬心猿《いばしんえん》

【銘肌鏤骨】めいきるこつ〈―スル〉
意味 深く心にきざみつけて忘れないこと。
補説 肌にきざみつけ、骨に彫り込む意から。「銘肌」は肌にきざみ込むこと。「鏤骨」は骨にきざみ込むこと。「肌《はだ》に銘《めい》じ骨《ほね》に鏤《きざ》む」と訓読する。「銘心鏤骨《めいしんるこつ》」ともいう。
注意 「めいきろうこつ」とも読む。
出典 『顔氏家訓《がんしかくん》』序致《じょち》
類義語 刻骨銘肌《こくこつめいき》・刻骨銘心《こくこつめいしん》・刻骨鏤心《こくこつるしん》・彫心鏤骨《ちょうしんるこつ》

【明月清樽】めいげつせいそん
意味 美しい月と上等の酒の意。
補説 美しい月の下で友人と酒を酌み交わしている場面を詠んだ詩の一句。「明月」は美しい月。「清樽」は美しい樽《たる》の意で、清酒のたとえ。
注意 「明月清尊」とも書く。
出典 皇甫冉《こうほぜん》詩「曽山送別《そうざんそうべつ》」

【明月之珠】めいげつのたま
意味 暗い夜でも自ら光を発するという宝玉のこと。
注意 「めいげつのしゅ」とも読む。
出典 『淮南子《えなんじ》』説山訓《せつざんくん》
類義語 夜光之璧《やこうのへき》

【迷悟一如】めいごいちにょ
意味 迷いや悟りにとらわれることはないという意。
補説 仏教語。迷いも悟りも本来は同一のもので、たどりつくところは一つであるということ。「一如」は一体であること。「如」は異ならない意。
類義語 迷悟一体《めいごいったい》・迷悟一途《めいごいっと》・迷悟不二《めいごふに》

【冥行擿埴】めいこうてきしょく
意味 学問をするのにその方法を知らず、やみくもに行うこと。
補説 「冥」は暗いところの意。「擿埴」は目の不自由な人が杖《つえ》を頼りに道を行くこと。

「擿」はつついて探ること。「埴」は地面・粘土のこと。「冥行《めいこう》して埴《しょく》を擿《さぐ》る」と訓読する。「擿埴冥行《てきしょくめいこう》」ともいう。

出典『揚子法言《ようしほうげん》』脩身《しゅうしん》

【明察秋毫】 めいさつしゅうごう

意味 どんな小さなことも見逃さず、洞察できることのたとえ。眼力が非常に鋭いこと。

補説 細かい毛までも、はっきりと見ることができる意。「明察」は事態をはっきりと見抜くこと。「秋毫」は秋になって新しく生える鳥獣の細かい毛のこと。微細なもののたとえ。「秋毫《しゅうごう》を明察《めいさつ》す」と訓読する。

出典『孟子《もうし》』梁恵王《りょうけいおう》上

【名山勝川】 めいざんしょうせん

意味 景色のすぐれた山や川。景勝地をいう。

補説「名勝」と「山川」を組み合わせた言葉。「名勝」は景色の美しい有名な場所。

出典『晋書《しんじょ》』孫統伝《そんとうでん》

類義語 名山勝水《めいざんしょうすい》

【名実一体】 めいじついったい

意味 名目と実体が一致していること。

補説「名」は表向きの名目や評判のこと。「実」は実体・実質。「一体」は一つのからだ、一つのものの意。

対義語 名詮自性《みょうせんじしょう》・名存実亡《めいそんじつぼう》・有名無実《ゆうめいむじつ》

【迷者不問】 めいしゃふもん

意味 分からないことは、積極的に人に尋ねるべきだという戒め。

補説 道に迷う人は、人に相談せずに、自分勝手に行動してしまうから迷うのだということ。「迷者」は、自分の行く道を分かっていない者の意。「迷える者は路《みち》を問わず」の略。

出典『荀子《じゅんし》』大略《たいりゃく》

【明珠暗投】 めいしゅあんとう

意味 どんなに貴重な物でも、贈り方がよくないと誤解されてしまうたとえ。転じて、立派な才能をもっているのに世に認められないこと。また、貴重な物をその価値の分かっていない人が所有していること。

補説 宝玉を暗闇《くらやみ》で人に投げ与える意から。「明珠」は輝き光る宝玉のこと。

故事 中国梁《りょう》の孝王の臣である鄒陽《すうよう》が、王の側近にこびへつらわなかったため讒言《ざんげん》され、罪を着せられたとき、孝王に「明月の珠《しゅ》や夜光の璧《へき》でも、暗闇の中を行く人に投げつければ、剣に手をかけてにらみつけない者はない。それは、思いがけず目の前に飛んでくるからだ」との書状を奉り弁明して、身の潔白を主張した故事から。

出典『文選《もんぜん》』鄒陽《すうよう》「獄中《ごくちゅう》にて書《しょ》を上《たてまつ》り自《みずか》ら明《あき》らかにす」

【名所旧跡】 めいしょきゅうせき

意味 景色が優れていることで名高い所や歴史的に名高い所。

補説「旧跡」は歴史的なできごとや建造物などがあった場所。「名所古跡《めいしょこせき》」ともいう。

注意「名所旧蹟」「名所旧迹」とも書く。

用例 またいわゆる名所旧跡などのすぐ前を通りながら知らずに見のがしてしまったりするのは有りがちな事である。〈寺田寅彦◆案内者〉

【名所古跡】 めいしょこせき

⇒ 名所旧跡 めいしょきゅうせき 625

【盟神探湯】 めいしんたんとう

意味 古代日本における神判法。

補説 事の真偽・正邪を判断するのに、神に誓（盟）わせて、手で熱湯を探らせたことをいう。正しい者はただれず、邪《よこしま》な者は焼けただれるとしたもの。本来、和語で「くかたち」という。

注意「くがたち」「くだたち」とも読む。

出典『日本書紀《にほんしょき》』允恭紀《いんきょうき》・注

【銘心鏤骨】 めいしんるこつ 〈—スル〉

⇒ 銘肌鏤骨 めいきるこつ 624

【名声赫赫】 めいせいかくかく 〈—タル〉〈—ト〉

意味 世間での、よい評判が盛んなさま。

補説「名声」はよい評判の意。「赫赫」は勢いが盛んなさま。

注意「めいせいかっかく」とも読む。

用例 一向《ひたぶる》に名声赫々の豪傑を良人《おっと》に持ち思いにて、その以後は毎日公判廷に出《い》づるを楽しみ、かの人を待ち焦れしぞかつは怪しき。〈福田英子◆妾の半生涯〉

類義語 好評嘖嘖《こうひょうさくさく》・大名鼎鼎《たいめいていてい》・名声日月《めいせいじつげつ》

め

【名声過実】めいせいかじつ

意味 評判が実体よりも高いこと。

補説 「名声」はよい評判、「過」は超える、超過するの意。「実」は実体・実質。一般に「名声《めいせい》実《じっ》に過《す》ぐ」と訓読して用いる。

出典 『史記《しき》』陳豨伝《ちんきでん》

類義語 声聞過情《せいぶんかじょう》

【名声籍甚】めいせいせきじん

意味 よい評判が世間に広く知れ渡っていること。

補説 「名声」はよい評判。「籍甚」は名声や評判が高いさま。

注意 「名声藉甚」とも書く。

出典 『史記《しき》』陸賈伝《りくかでん》

用例 少年時代から友達同士の山田美妙《やまだびみょう》が同じ文壇に立って名声籍甚し、『以良都女《いらつめ》』や『都之花《みやこのはな》』の主筆として収入もまた豊かであるのを見ては、二葉亭の生活上の煮え切らない態度が戻《もと》かしくなって、〈内田魯庵◆二葉亭四迷の一生〉

類義語 赫赫之名《かくかくのな》

【命世之才】めいせいのさい

意味 世に名高い、傑出した才能。そのような才能のある人のこと。

補説 「命世」は「名世」と同義で、世に名高い、世の中に名が通っていること。

出典 『文選《もんぜん》』李陵《りりょう》「蘇武《そぶ》に答《こた》うるの書《しょ》」

類義語 命世之英《めいせいのえい》・命世之雄《めいせいのゆう》

【鳴蟬潔飢】めいせんけっき

意味 人格高潔な人は、いかなるときも節を曲げることがないことのたとえ。

補説 「鳴蟬」は秋のセミ。「潔飢」は飢えても潔いこと。セミは潔癖な生き物で、たとえ飢えることがあっても、糞虫のように汚物を食べて腹を満たすようなことはしないというたとえ話から。

出典 『抱朴子《ほうぼくし》』広譬《こうひ》

【明窓浄机】めいそうじょうき

意味 明るく清らかで、学問をするのに適した書斎の形容。

補説 明るい窓と塵《ちり》一つない清潔な机の意から。「清窓浄机《せいそうじょうき》」ともいう。

注意 「明窓浄几」とも書く。

出典 欧陽脩《おうようしゅう》「試筆《しひつ》」学書為楽（書を学ぶを楽しみと為《な》す）

用例 明窓浄机。これが私の趣味であろう。閑適を愛するのである。小さくなって懐手して暮したい。明るいのが良い。暖かいのが良い。〈夏目漱石◆文士の生活〉

類義語 窓明几潔《そうめいきけつ》

【名存実亡】めいそんじつぼう

意味 名目は残っているが、実質がなくなっていること。

補説 「名《な》存《そん》し実《じっ》亡《ほろ》ぶ」と訓読する。

出典 韓愈《かんゆ》「処州孔子廟碑《しょしゅうこうしびょうひ》」

類義語 有名無実《ゆうめいむじつ》

対義語 名実一体《めいじついったい》

【明哲保身】めいてつほしん

意味 聡明《そうめい》で道理に明るい人は、危険を避け身を安全に保つこと。

補説 本来の意味とは異なり、「保身」の意味が誤解されて、自分の身の安全だけを考え、要領よく生きるという意味で使われることもある。「明哲」は賢くて物事の道理に明るいこと。また、その人やそのさま。「明哲《めいてつ》身《み》を保《たも》つ」と訓読する。

出典 『詩経《しきょう》』大雅《たいが》・烝民《じょうみん》

用例 その一方、どこかしら明哲保身を最上智《さいじょうち》と考える傾向が、時々師の言説の中に感じられる。〈中島敦◆弟子〉

類義語 明哲防身《めいてつぼうしん》

【迷頭認影】めいとうにんえい

意味 真理を見失い、ただその影ばかりを追い求めること。

補説 仏教語。経典《きょうてん》の字句の解釈にのみこだわって、仏道を身につけることを忘れること。「頭《こうべ》を迷《まよ》いて影《かげ》を認《みと》む」と訓読する。

出典 『首楞厳経《しゅりょうごんきょう》』

【明眸皓歯】めいぼうこうし

意味 美女の形容。

補説 美しく澄んだ目もとと、白く美しい歯並びの意から。中国唐の詩人杜甫《とほ》が、非業の死を遂げた楊貴妃《ようきひ》をしのんで作った詩で、楊貴妃の美貌《びぼう》を形容した語。「眸」は瞳《ひとみ》のこと。「皓」は白くきれいなこと。「皓

め

歯明眸《こうしめいぼう》」ともいう。
注意 「明眸皓歯」とも書く。
出典 杜甫《とほ》–詩「哀江頭《あいこうとう》」
用例 振り向いて見ると、月光を浴びて明眸皓歯、二十《はたち》ばかりの麗人がにっこり笑っている。〈太宰治◆竹青〉
類義語 宛転蛾眉《えんてんがび》・蛾眉皓歯《がびこうし》・曲眉豊頬《きょくびほうきょう》・紅口白牙《こうこうはくが》・紅粉青蛾《こうふんせいが》・朱唇皓歯《しゅしんこうし》・仙姿玉質《せんしぎょくしつ》・氷肌玉骨《ひょうきぎょっこつ》・曼理皓歯《まんりこうし》

【明明赫赫】めいめいかくかく 〈—タル〉〈—ト〉

意味 非常に明るく光り輝くさま。はっきりと輝くさま。
補説 「明明」は、はっきりと明らかなさま。「赫赫」は光り輝くさま。また、勢いが盛んなさま。「赫赫明明《かくかくめいめい》」ともいう。
注意 「めいめいかっかく」とも読む。
出典 『詩経《しきょう》』大雅《たいが》・大明《たいめい》

【冥冥之志】めいめいのこころざし

意味 人知れず心の中に期するものがあり、努力を重ねる志。
補説 「冥冥」は暗いさま、人の目につかないさま。
出典 『荀子《じゅんし》』勧学《かんがく》

【明明白白】めいめいはくはく 〈—タル〉〈—ナ〉〈—ト〉

意味 非常にはっきりとしていて疑わしいところが全くないさま。
補説 「明白」のそれぞれの語を重ねて、意味を強めた表現。
用例 確証は、筆端に顕《あら》わるる所の語気を見て明明白白たり。〈福沢諭吉◆文明論之概略〉
対義語 曖昧模糊《あいまいもこ》・暗中模索《あんちゅうもさく》・五里霧中《ごりむちゅう》・渾渾沌沌《こんこんとんとん》

【明目張胆】めいもくちょうたん 〈—スル〉

意味 恐れることなく、思い切って事に当たること。また、はばかることなく、公然と物事をやってのけること。
補説 「明目」は目を見張って、よく物を見ること。「張胆」は肝《きも》を張る、勇気を奮って事に当たる意。後世には、よくないことを公然とするときに多く用いるようになった。「目《め》を明《あき》らかにし胆《きも》を張《は》る」と訓読する。
出典 『晋書《しんじょ》』王敦伝《おうとんでん》
類義語 大胆不敵《だいたんふてき》

【瞑目沈思】めいもくちんし 〈—スル〉

意味 目を閉じて、じっくりと考えること。
補説 「瞑目」は目をつぶる意。「沈思」はじっくりと考える意。
用例 講じ畢《おわ》った後、貞固《さだかた》は暫《しば》らく瞑目沈思していたが、徐《しず》かに起《た》って仏壇の前に往《い》って、祖先の位牌《いはい》の前にぬかづいた。〈森鷗外◆渋江抽斎〉

【名誉毀損】めいよきそん

意味 他人の名誉や社会的評価を傷つけること。
補説 法律用語。人の品性・能力・信用など社会的評価を違法に侵害し、ひき下げること。「毀損」は傷つけこわす意。
用例 偉大なる風博士は僕と共謀のうえ遺書を捏造《ねつぞう》して自殺を装い、かくてかの憎むべき蛸《たこ》博士の名誉毀損をたくらんだに相違あるまいと睨《にら》んだのである。〈坂口安吾◆風博士〉

【名誉挽回】めいよばんかい 〈—スル〉

意味 失った信用や名声を取り戻すこと。
補説 「名誉」は世間から受ける高い評価。尊厳。名声。「挽回」はもとに引き戻すこと。
用例 これでよし、いまからでも名誉挽回が出来るかも知れぬ、と私は素直に喜んでいた。ところが、それからが、いけなかった。〈太宰治◆善蔵を思う〉
類義語 汚名返上《おめいへんじょう》・失地回復《しっちかいふく》・名誉回復《めいよかいふく》・面目一新《めんもくいっしん》

【明来暗往】めいらいあんおう 〈—スル〉

意味 公然と、またひそかに行き来すること。しきりに行き来すること。
補説 関係の緊密なことのたとえ。多く悪い意で用いる。「往」は行く。「来」と「往」で行き来すること。

【明朗快活】めいろうかいかつ 〈—ナ〉

意味 明るく朗らかで、生き生きとしているさま。
補説 「明朗」は明るく朗らかなさま。「快活」は元気ではきはきしていること。「快活明朗《かいかつめいろう》」ともいう。
用例 ヒネクレた考えはミヂンもなく、概《おおむ》

め

ね明朗快活、自分勝手にとびだし、こうなっているだけの、素直にして自然の体をそのまま存しているのである。〈坂口安吾◆パンパンガール〉
類義語 明朗闊達《めいろうかったつ》

【明朗闊達】めいろうかったつ〈―ナ〉
意味 明るく朗らかで、細事にこだわらないさま。
補説 「明朗」は明るく朗らかなさま。「闊達」は心が大きく、小さなことにこだわらないさま。「闊達明朗《かったつめいろう》」ともいう。
注意 「明朗豁達」とも書く。
用例 「ええ、これから防空演習の件について、いささか申し上げます」と、その声はまた明朗闊達であった。〈原民喜◆壊滅の序曲〉
類義語 英朗闊達《えいろうかったつ》・明朗快活《めいろうかいかつ》

【名論卓説】めいろんたくせつ
意味 見識の高い立派な議論や意見のこと。
補説 「名論」も「卓説」も、すぐれた意見の意。類義の語を重ねて意味を強調している。
用例 まア聞いていたまえ名論卓説、こんこんとして尽きずだから〈国木田独歩◆牛肉と馬鈴薯〉
類義語 高論卓説《こうろんたくせつ》

【迷惑至極】めいわくしごく〈―ナ〉
意味 非常に困らされたり、いやな思いをさせられたりすること。
補説 「迷惑」は他の人がしたことで困ったりいやな思いをしたりすること。「至極」はこの上なくという意味を表す語。
用例 このごろではふたり揃《そろ》うてゆくのはきまりが悪い。特に光一に取っては迷惑至極であった。〈佐藤紅緑◆ああ玉杯に花うけて〉
類義語 迷惑千万《めいわくせんばん》

【迷惑千万】めいわくせんばん〈―ナ〉
意味 迷惑きわまりないさま。
補説 「千万」は程度がこの上もなく甚だしいこと。「迷惑」に「千万」を添えて意味を強調した語。
用例 風俗時勢の新旧を問わず宴会というものほど迷惑千万なるはなし。〈永井荷風◆桑中喜語〉
類義語 迷惑至極《めいわくしごく》

【目茶目茶】めちゃめちゃ〈―ナ〉
意味 全く筋道が立たず、わけの分からないさま。また、道理に外れて全く話にならないさま。程度のひどすぎるさま。また、非常に混乱したさま。
補説 当て字。「目茶」を二つ重ねて意味を強めた言い方。
注意 「滅茶滅茶」とも書く。
用例 はっきりさかさまなら、まだいいのでございます。目茶目茶なんですのよ、それが。だから心細いの。逃げられますわよ、あれじゃ。〈太宰治◆彼は昔の彼ならず〉
類義語 無茶苦茶《むちゃくちゃ》・滅茶苦茶《めちゃくちゃ》

【滅私奉公】めっしほうこう〈―スル〉
意味 私利私欲を捨てて、主人や公のために忠誠を尽くすこと。
補説 「滅私」は私利私欲を捨てること。「奉公」は国や社会、また主人や主君・上位の者などに自分の身をささげて尽くすこと。
用例 私は無償の行為というものを最高の人の姿と見るのであるが、日本流にはまぎれもなく例の滅私奉公で、戦争中は合言葉に至極簡単に言いすてていたが、こんなことが百万人の一人もできるものではないのである。〈坂口安吾◆特攻隊に捧ぐ〉
類義語 奉公克己《ほうこうこっき》・奉公守法《ほうこうしゅほう》

【滅頂之災】めっちょうのさい
意味 おぼれ死ぬこと。また、壊滅的な打撃のたとえ。
補説 頭が水中に没する災難の意から。「滅頂」は頭が水中に沈んでしまうこと。
出典 『易経《えききょう》』大過《たいか》

【免許皆伝】めんきょかいでん
意味 武術や技芸などの奥義を、師匠が弟子に残らず伝えること。
補説 「免」「許」はともに許すこと。「皆伝」は師から奥義をすべて伝えられること。
用例 十九の年に、免許皆伝を許されると、彼は直ちに報復の旅に上ったのである。〈菊池寛◆恩讐の彼方に〉

【面向不背】めんこうふはい
意味 前後どちらから見ても、整っていて美しく立派なことのたとえ。
補説 もとは、三方正面の仏像のことをいう。

「面向」は額《ひたい》の真ん中、真っ向のこと。「不背」は裏がないこと。

【麺市塩車】めんしえんしゃ

意味 雪の積もったさま。

補説 麦粉を売る市場（市街）と塩を載せた車の意。どちらも真っ白に見えることから。「麺市」は麦粉を売る市場。雪の積もった市街のたとえ。「塩車」は塩を載せた車を雪が積もっているようにたとえたもの。「麺」は麦をひいて作った粉のこと。麦粉。一説に、「市」字をひざ掛けの意の「市《ふつ》」字として、「ふつ」と読み、ひざ掛けの意に解する。

出典 李商隠《りしょういん》－詩「雪《ゆき》を喜《よろこ》ぶ」

【面従後言】めんじゅうこうげん〈—スル〉

意味 直接面と向かったときはこびへつらって従うが、陰ではあれこれと悪口を言うこと。

補説 「面従」は人の面前でだけ従うこと。「後言」は陰で悪口を言うこと。

出典 『書経《しょきょう》』益稷《えきしょく》

類義語 面従背毀《めんじゅうはいき》・面従腹背《めんじゅうふくはい》・面従腹誹《めんじゅうふくひ》・面誉不忠《めんよふちゅう》

【面従腹背】めんじゅうふくはい

意味 うわべだけ上の者に従うふりをしているが、内心では従わないこと。

補説 「面従」は人の面前でだけ従うこと。「腹」は心の中のこと。「背」は背くこと。

用例 彼等《かれら》は面従腹背を人の当然の行為であると信じていた。彼等はむしろ押勝《おしかつ》よりも悪辣《あくらつ》であり老獪《ろうかい》であり露骨であった。〈坂口安吾◆道鏡〉

類義語 面従後言《めんじゅうこうげん》・面従背毀《めんじゅうはいき》・面従腹誹《めんじゅうふくひ》・面誉不忠《めんよふちゅう》

【面授口訣】めんじゅくけつ〈—スル〉

意味 師が弟子に直面し、口伝えに奥義を授けること。

補説 仏教で、一般には伝えない重要な教義や儀式を伝える方法として重視された。一対一が原則。「面授」は対面して直接伝えること。「口訣」は口頭で直接伝えること。

注意 「面授口決」とも書く。

出典 『止観輔教伝弘決《しかんぶぎょうでんぐけつ》』一

類義語 口訣面授《くけつめんじゅ》・面授嗣法《めんじゅしほう》

【面折廷争】めんせつていそう〈—スル〉

意味 君主の面前で臆することなく、大胆に諫《いさ》めること。

補説 剛直の臣についていう。「折」は責めること。「廷」は朝廷のこと。「廷争面折《ていそうめんせつ》」ともいう。

注意 「面折廷諍」とも書く。

故事 中国前漢代、権勢をほしいままにしていた呂太后《りょたいこう》に反対した右丞相《うじょうしょう》の王陵に対し、左丞相《さじょうしょう》の陳平らが、「面折廷争という点ではあなたには及ばないが、国家を安んじ、漢室の劉《りゅう》氏の後継者を決めるような事態においては、あなたはわれらに及ばない」と言った故事から。

出典 『史記《しき》』呂后紀《りょこうき》

類義語 犯顔直諫《はんがんちょっかん》・面引廷争《めんいんていそう》・面争廷論《めんそうていろん》

【面張牛皮】めんちょうぎゅうひ

意味 非常に厚かましいこと。鉄面皮。

補説 面に牛皮を張る意から、面の皮の厚いことのたとえ。

出典 『源平盛衰記《げんぺいじょうすいき》』一八

【面壁九年】めんぺきくねん

意味 一つのことに忍耐強く専念して、やり遂げることのたとえ。長い間わき目もふらずに努力を続けることのたとえ。

補説 「面壁」は壁に向かって座禅を組むこと。「九年面壁《くねんめんぺき》」ともいう。

故事 中国南北朝時代、達磨《だるま》大師が中国の嵩山《すうざん》の少林寺に籠《こも》り、九年もの長い間壁に向かって座禅を組み続け、ついに悟りを開いたという故事から。

出典 『景徳伝灯録《けいとくでんとうろく》』三・菩提達磨《ぼだいだるま》

用例 面壁九年の修学をば、なお終《おえ》ずして早く已《すで》に、尻《しり》が裂《やぶ》れたる書生もあるべし。以下の物語を読む人々は、情欲の種類のいろいろなるをば、些《ち》と気をつけて見たまえかし。〈坪内逍遥◆当世書生気質〉

【面目全非】めんぼくぜんひ〈—スル〉

意味 顔かたちが全く変わってしまうこと。また、物事の様子が著しく変わってしまうこと。

補説 「面目」は、ここでは外に表れた様子。顔かたち。「全非」は全く異なること。

注意 「めんもくぜんひ」とも読む。

出典 『聊斎志異《りょうさいしい》』陸判《りくはん》

【面目一新】めんもくいっしん〈—スル〉

意味 外見や内容が全く新しく変わること。世間の評判が一新して、それまでとは違う高い評価を得ること。

補説 「面目」は世間に対する体面。また、外に表れた様子。「一新」はすっかり新しくなること。

注意 「めんぼくいっしん」とも読む。

用例 それがためか、電車開通して街路の面目一新したにかかわらず、今以《いまもって》何処《どこ》となく駅路の臭味《しゅうみ》が去りやらぬような心持がする。〈永井荷風◆日和下駄〉

類義語 名誉挽回《めいよばんかい》

【面目躍如】めんもくやくじょ〈—タル〉〈—ト〉

意味 世間の評価に値する活躍をしていて、生き生きとしているさま。また、名声などがよりよくなるさま。

補説 「面目」は世間に対する体面の意。「躍如」は生き生きとして勢いのよいさま。

注意 「めんぼくやくじょ」とも読む。

用例 咲き誇る桜の下で、当時流行の連歌会を催し、義政《よしまさ》自ら発句《ほっく》を作って、「咲き満ちて、花より外に色もなし。」と詠じた。一代の享楽児の面目躍如たるものがある。〈菊池寛◆応仁の乱〉

【面誉不忠】めんよふちゅう

意味 面と向かってほめる人は、心に誠実さが欠けているものだということ。

補説 「面誉」は人前でほめること。「面誉《めんよ》忠《ちゅう》ならず」と訓読する。

出典 『大戴礼《だたいれい》』文王官人《ぶんのうかんじん》

類義語 面従後言《めんじゅうこうげん》・面従腹背《めんじゅうふくはい》

【綿裏包針】めんりほうしん

意味 表面は柔和で穏やかに見えるが、内心はひそかに悪意をもっていることのたとえ。

補説 綿の中に針を包み隠している意から。「裏」は内側・中の意。「包針」は針を包み隠す意。「針」は言動の中にある、人の心を傷つける気持ち。害意。「綿裏《めんり》に針《はり》を包《つつ》む」と訓読する。

出典 石徳玉《せきとくぎょく》『曲江池《きょうこうち》』二

類義語 笑中有刀《しょうちゅうゆうとう》・綿裏之針《めんりのはり》

【綿力薄材】めんりょくはくざい

意味 弱々しく、頼りないこと。また、才能の乏しいこと。

補説 「綿力」は綿のように弱々しい力のこと。「薄材」は乏しい才能のこと。

出典 『漢書《かんじょ》』厳助伝《げんじょでん》

も

【盲亀浮木】もうきふぼく

意味 会うことが非常に難しいこと、めったにないことのたとえ。

補説 もと仏教語で、輪廻する間に人として生まれ、そして仏、または仏の教えに会うことの難しさのたとえ。大海中にすみ、百年に一度だけ水面に浮かび上がる盲目の亀が、漂っている浮木のたった一つの穴に入ろうとするが、容易に入ることができないという寓話《ぐうわ》による。「盲亀浮木に値《あ》う」の略。

出典 『雑阿含経《ぞうあごんきょう》』一六

類義語 千載一遇《せんざいいちぐう》・曇華一現《どんげいちげん》

【罔極之恩】もうきょくのおん

意味 報いたいと思っても、果てしがない父母の恩のたとえ。

補説 「罔」は無に同じ。「罔極」は限りない、果てしないこと。

注意 「ぼうきょくのおん」とも読む。

出典 『詩経《しきょう》』小雅《しょうが》・蓼莪《りくが》

【毛挙細故】もうきょさいこ

意味 きわめてささいな事柄を取り上げること。

補説 「毛挙」は毛の先ほどの細かなことをいちいちあげつらうこと。「細故」は細かな事柄。ささいな事。「故」は事の意。「細故《さいこ》を毛挙《もうきょ》す」と訓読する。

出典 『後漢書《ごかんじょ》』刑法志《けいほうし》

類義語 毛挙細事《もうきょさいじ》・毛挙細務《もうきょさいむ》

【妄言多謝】もうげんたしゃ

意味 口から出まかせに、いい加減な言葉を並べたてたことを深くわびる意。

補説 手紙などで自分の意見や考えを包み隠さず言った後に添える言葉。「妄言」はでたらめな言葉、でまかせの言葉の意。「多謝」

は深くわびること。
注意 「ぼうげんたしゃ」とも読む。
用例 そうして、僕の意味する日本的なることが然《そ》ういう新らたな発展に結びつこうとしているために、特に貴兄のような外国文学に堪能な士から日本人をききたいという僕の微意も分っていただけるでしょう。妄言多謝。〈坂口安吾◆日本人に就て〉
類義語 暴言多罪《ぼうげんたざい》・妄評多罪《もうひょうたざい》

【妄言妄聴】 もうげん もうちょう

意味 むやみやたらな発言をしたり、いい加減に聞いたりすること。話し手も聞き手もいい加減なさま。
補説 「妄言」はでたらめな言葉、でまかせの言葉の意。「妄聴」はでたらめに聞くこと。
出典 『荘子《そうじ》』斉物論《せいぶつろん》 ◎「予《われ》嘗《こころ》みに女《なんじ》の為《ため》に之《これ》を妄言せん。女以《もっ》て之を妄聴せば奚《いかん》」

【孟光荊釵】 もうこう けいさい

意味 中国後漢の梁鴻《りょうこう》の妻選びの故事。
補説 「孟光」は後漢の梁鴻の妻。「荊釵」はいばらでできたかんざし。質素な装飾具のたとえ。『蒙求《もうぎゅう》』の表題の一つ。
故事 中国後漢代、梁鴻は自分の妻として、色黒で醜い孟光をあえて選んだ。嫁ぐに当たって彼女はおしろいを塗って着飾ったが、梁鴻は全く応対してくれない。訳を聞くと梁鴻は、自分は一緒に山奥に隠遁《いんとん》できる人を探したのだ、と答えた。孟光は思い違いをわびて、もとの粗末ないでたちに戻していばらのかんざしをつけたところ、梁鴻は喜んで彼女を迎えたという故事から。
出典 『後漢書《ごかんじょ》』逸民《いつみん》・梁鴻伝《りょうこうでん》

【毛骨悚然】 もうこつ しょうぜん 〈―タル〉〈―ト〉

意味 非常に恐れおののく形容。
補説 髪の毛や骨の中にまで、ひどく恐れを感じるということ。「悚」は恐れる、ぞっとすること。「悚然」はこわがるさま。
注意 「毛骨竦然」とも書く。
類義語 毛髪悚然《もうはつしょうぜん》

【猛虎伏草】 もうこ ふくそう

意味 英雄が世に隠れているたとえ。また、隠れてはいても一時のことであって、いつかは必ず世に出るということ。
補説 「猛虎」はたけだけしい虎の意で、英雄のたとえ。「猛虎《もうこ》草《くさ》に伏《ふ》す」と訓読する。
出典 李白《りはく》―詩「魯郡尭祠《ろぐんぎょうし》にて張十四《ちょうじっし》の河北《かほく》に遊《あそ》ぶを送《おく》る」◎「猛虎尺草《せきそう》に伏す、蔵《かく》ると雖《いえど》も身を蔽《おお》い難し」
類義語 臥竜鳳雛《がりょうほうすう》・孔明臥竜《こうめいがりょう》・駿馬伏櫪《しゅんめふくれき》・伏竜鳳雛《ふくりょうほうすう》・鳳凰在笯《ほうおうざいど》

【妄想之縄】 もうぞうの なわ

意味 身を苦しめしばる、誤った思いや迷い。
補説 仏教語。誤った思いや迷いが身をしばることを、縄にたとえていう。「妄想」は真実でないことを真実であるとする誤った思い。また、迷いの心。
注意 「もうそうのなわ」とも読む。

【妄談臆解】 もうだん おくげ

意味 でたらめな言説と勝手な理解。
補説 仏教語。仏道修行を怠っている者の誤った考えのこと。「妄談」は、根拠のないいいかげんな言説。「臆解」は独善的で根拠のない理解。

【妄誕無稽】 もうたん むけい 〈―ナ〉

意味 でたらめでよりどころのないこと。
補説 「妄誕」はでたらめ。「無稽」は根拠がないこと。「妄」も「誕」も偽りの意。「稽」は考える意。
注意 「ぼうたんむけい」とも読む。
類義語 荒唐無稽《こうとうむけい》

【孟仲叔季】 もうちゅう しゅくき

⇒ 伯仲叔季 はくちゅうしゅくき 525

【妄評多罪】 もうひょう たざい

意味 でたらめで無遠慮な批評をしたことを、深くわびること。
補説 他人の文章などへの批評のあとに書く謙譲語。「妄評」はいい加減な批評。「多罪」は多くの罪がある意。無礼などを謝る手紙文の言葉。
注意 「ぼうひょうたざい」とも読む。
用例 ひとり我が円朝のみを責むるは太《はなは》だ当っていないかもしれない。三遊亭円朝無舌居士《さんゆうていえんちょうむぜつこじ》、妄評多罪、乞諒焉《こうりょうえんせられよ》。〈正岡容◆我が円朝研究〉
類義語 暴言多罪《ぼうげんたざい》・妄言多謝《もうげんたしゃ》

【孟母三遷】もうぼさんせん

意味 子供は周囲の影響を受けやすいので、子供の教育には環境を選ぶことが大切であるという教え。

補説 孟子《もうし》の母親が三度住居を移したことから。「孟」は孟軻《もうか》のこと。一般には尊称して孟子という。儒教で、孔子に次ぐ大学者。「孟母」は孟子の母。「遷」は移る、転居すること。（→「孟母断機《もうぼだんき》」632）

故事 中国春秋時代、孟子の母がわが子の教育に環境の悪い影響が及ぶのを避けるため、墓地のそばから市場のそばへ、市場のそばから学校のそばへと三度住居を移した故事から。

出典 『列女伝《れつじょでん》』鄒孟軻母《すうのもうかのはは》

用例 そして、幼いころから幾十回となく、孟母三遷の教えというものを聞かされて、それになみなみならぬ感激を覚えていた。〈下村湖人◆次郎物語〉

類義語 慈母三遷《じぼさんせん》・孟母三居《もうぼさんきょ》

【孟母断機】もうぼだんき

意味 物事を途中で投げ出したり、その志を捨ててはいけないという戒めの語。

補説 孟子《もうし》の母親が織りかけの機《はた》を断ち切る意から。「孟」は孟軻《もうか》のこと。一般には尊称して孟子という。儒教で、孔子に次ぐ大学者。「孟母」は孟子の母。「断機」は織り布を断ち切ること。「機」は織り布のこと。「軻親断機《かしんだんき》」「断機之戒《だんきのいましめ》」ともいう。（→「孟母三遷《もうぼさんせん》」632）

故事 中国春秋時代、孟子が学問を途中でやめて家に帰ったとき、その母は織りかけの布を断ち切り、「今、お前が学問を中途で放り出すのは、私が織りかけの機織りの布を断ち切るのに等しい」と言って戒めた故事から。

出典 『列女伝《れつじょでん》』鄒孟軻母《すうのもうかのはは》 ◎「子《し》の学を廃するは、吾《わ》が斯《こ》の織を断つがごとし」

類義語 引刀趣機《いんとうしゅき》・断機之教《だんきのおしえ》

【網目不失】もうもくふしつ

⇒網目不疎 もうもくふそ 632

【網目不疎】もうもくふそ

意味 法令が厳密で抜け道のないこと。

補説 網の目が細かい意から。「網目」は網の目。転じて、法令の条項。「疎」はまばら、あらい意。一般に「網目《もうもく》疎《そ》ならず」と訓読して用いる。「網目不失《もうもくふしつ》」ともいう。

出典 『世説新語《せせつしんご》』言語《げんご》

類義語 天網恢恢《てんもうかいかい》

対義語 天網之漏《てんもうのろう》

【孟浪咄嗟】もうろうとっさ

意味 いい加減な対処をすること。何も考えずに、さっと適当に済ませてしまうこと。

補説 「孟浪」はとりとめがなく、いい加減であること。おおざっぱで、でたらめなこと。「咄嗟」は急なこと。

用例 作者が意匠の成れるままに孟浪咄嗟の筆を下ろして書き綴《つづ》る物語とも思いあやまてるやからもあらめど、そは浅見の惑いにして、稗史《はいし》の性質の何たるをば会得せざるに因《よ》ることなり。〈坪内逍遥◆小説神髄〉

【沐雨櫛風】もくうしっぷう

⇒櫛風沐雨 しっぷうもくう 291

【目指気使】もくしきし 〈―スル〉

意味 言葉でなく、目で合図したり顔色で示したりして目下の者を指図し、こき使うこと。また、勢い盛んで、傲慢《ごうまん》な態度のことをいう。

補説 「目指」は目くばせで人を指図し使うこと。「気使」は口にすることなく素振りで人に指示すること。

出典 『説苑《ぜいえん》』君道《くんどう》

【目食耳視】もくしょくじし

意味 衣食の本来の意義を忘れて、ぜいたくな方向に流れていくこと。

補説 味よりも外見が豪華な食べ物を選び、世間の評判を気にして衣服を選ぶということ。「目食」は見た目が豪華なものを食べること。「耳視」は世間のうわさを気にして、高価な衣服を着るということ。「目《め》もて食《く》らい耳《みみ》もて視《み》る」と訓読する。「耳視目食《じしもくしょく》」ともいう。

出典 『迂書《うしょ》』官失《かんしつ》

【目挑心招】もくちょうしんしょう

意味 女性が目で挑み、人を誘惑するさま。

補説 「目挑」は目で挑むこと。「心招」は心から招くこと。心で誘惑すること。「目《め》に挑

も

《いど》み心《こころ》に招《まね》く」と訓読する。

【出典】『史記《しき》』貨殖伝《かしょくでん》

【目迷五色】もくめいごしき

【意味】色彩の鮮やかさに目を奪われて、本当の色が見えないこと。

【補説】「五色」は人工的文明や文化などの視覚的産物を指す。それらの見かけの華やかさに惑わされ、物事の本質や本当に大切なものを見失っている人々をからかって生まれた言葉。「目《め》五色《ごしき》に迷《まよ》う」と訓読する。

【注意】「もくめいごしょく」とも読む。

【出典】『老子《ろうし》』一二 ◎「五色《ごしょく》は人の目をして盲《もう》ならしむ。五音《ごおん》は人の耳をして聾《ろう》ならしむ」

【沐浴斎戒】もくよくさいかい 〈―スル〉

⇒ 斎戒沐浴 さいかいもくよく 249

【沐浴抒溷】もくよくじょこん

【意味】ちぐはぐな行動のたとえ。

【補説】体の汚れを清めてから、便所のくみ取りを行うようなものだということから。「沐浴」は髪や体を洗って身を清めること。「抒溷」は便所などの汚れを取り除くこと。「抒」はくみ出す。取り除く。「溷」は汚れ、汚物、また、便所。

【出典】『淮南子《えなんじ》』説山訓《せつざんくん》

【百舌勘定】もずかんじょう

【意味】みんなで勘定するとき、自分は金を出さず、人にばかり出させようとすること。

【補説】「百舌」はモズ。よく鳴くため百舌と呼ばれた。モズとハトとシギが十五文の買い物をし、いざ金を払う段階になって、口達者なモズはハトに八文、シギに七文を払わせ、自分は一文も払わず済ませたという昔話から。

【物我一体】もつがいったい

【意味】仏教において、物（他者）と我（自分）が一体になっていて、その間には何の隔たりもなく、うまく調和した状態のことをいう。

【補説】「物我」は他者と自分のこと。主観と客観のこと。

【注意】「ぶつがいったい」とも読む。

【木刻郅都】もっこくのしっと

【意味】中国漢代、北方で活躍した騎馬民族の匈奴《きょうど》が、漢の雁門《がんもん》の長官だった郅都の木像を作り弓矢の標的としたが、恐ろしさのあまり誰《だれ》も命中させられなかった故事。

【補説】「郅都」は漢の人。厳しく人を責め容赦なく処罰するため、諸鳥を捕らえるタカにたとえて蒼鷹《そうよう》と呼ばれ恐れられた。雁門は匈奴を防ぐ国境の地。

【出典】『史記《しき》』郅都伝《しっとでん》

【物臭道心】ものぐさどうしん

【意味】生活の苦労をいやがって僧侶《そうりょ》になること。また、そういう僧侶。

【補説】心から仏道修行に励むために出家するのではなく、仕事をしたくないので僧侶にでもなるか、という軽い気持ちで出家することをいう。「物臭」は物事をするのを面倒がること。また、そういう人。無精。「道心」は仏道に帰依《きえ》する心。また、その修行者。

【物見遊山】ものみゆさん

【意味】あちこちを回って、見たり遊んだりして楽しむこと。

【補説】見物する意味の「物見」と野山に遊びに行く意味の「遊山」とを合わせて、行楽を表す言葉。

【用例】母親は、物見遊山にも行かず、着物も買わない代りに月々の店の売上げ額から、自分だけの月がけ貯金をしていた。〈岡本かの子◆鮨〉

【茂林脩竹】もりんしゅうちく

【意味】こんもりと茂った林と、長く伸びた竹林のこと。

【補説】「脩竹」は長く伸びた竹。

【注意】「茂林修竹」とも書く。

【出典】王羲之《おうぎし》「蘭亭集序《らんていしゅうじょ》」◎「此《こ》の地に崇山《すうざん》峻嶺《しゅんれい》、茂林脩竹有り」

【両刃之剣】もろはのつるぎ

【意味】有用な物も使い方いかんによってはさらに危険が降りかかるというたとえ。

【補説】両側に刃のある剣は、扱いを誤ると剣を操る人間にも危害が加わる、ということから。「両刃」は刀剣などで、両側に刃がついていること。

【注意】「諸刃之剣」とも書く。「りょうばのつるぎ」とも読む。

【門外不出】 もんがいふしゅつ

意味 大切な物を部外者に見せないように、外に持ち出さないこと。

補説 すぐれた技術や貴重な物などを厳重にしまっておいて、決して他人に見せたり貸したりしないこと。

用例 名器は名器にしろ、あの薄ぎたない茶壺《ちゃつぼ》が、柳生家《やぎゅうけ》門外不出の逸品と伝えられていたのは、さては、そういう宝の山の鍵《かぎ》がおさめられてあったのか。〈林不忘◆丹下左膳〉

【問牛知馬】 もんぎゅうちば

意味 相手の隠している心情を、巧みに誘導して聞き出すこと。

補説 法官の、相手に知らず知らずのうちに真実を言わせる方法。「牛《うし》を問《と》うて馬《うま》を知《し》る」と訓読する。

故事 中国前漢代、都の長官だった趙広漢《ちょうこうかん》の、相手の本心を聞き出す方法が、たとえば馬の値段が知りたいときにはまず犬の値段を問い、続いて羊・牛を経て、最終的に馬の本当の値段を聞き出してしまうといった具合に、非常に巧みであったという故事から。

出典 『漢書《かんじょ》』趙広漢伝《ちょうこうかんでん》

類義語 問羊知馬《もんようちば》

【門巷塡隘】 もんこうてんあい

意味 人が多く集まり、密集しているさま。

補説 門や門前の小道が、人が多く集まることでふさがってしまい、通れなくなるほど狭くなってしまう意。「門巷」は門と巷《ちまた》（路地、小道）のこと。「塡隘」は満たされ、ふさがってしまい、狭くなること。「塡」はふさぐ意。「隘」は狭くなること。

出典 『新唐書《しんとうじょ》』李邕伝《りようでん》

類義語 門巷塡集《もんこうてんしゅう》・門前成市《もんぜんせいし》

対義語 門前雀羅《もんぜんじゃくら》

【門戸開放】 もんこかいほう 〈―スル〉

意味 制約を取り払って、出入りを自由にすること。また、外国に対し市場を開放して、経済活動を自由にすること。

補説 「門戸」は門と戸のこと。家の出入り口。

用例 家では、すっかり、門戸開放主義なの。その代り、御馳走《ごちそう》はありませんよ。栄太楼のうめぼしくらいなら……。〈豊島与志雄◆操守〉

【文殊知恵】 もんじゅのちえ

意味 すぐれたよい考え・知恵のこと。

補説 「文殊」は知恵をつかさどる文殊菩薩《ぼさつ》のこと。文殊菩薩のようなすぐれた知恵の意。

用例 「三人寄れば文殊の知恵とありますから、何とか知恵をお貸し下さいまし、ほんとにひとごとではありますまい」〈中里介山◆大菩薩峠〉

【門衰祚薄】 もんすいそはく

意味 一族の勢力が衰退し、幸福に見放されること。

補説 「門」は家門・一族の意。「祚」は幸いの意。「門《もん》衰《おとろ》え祚《さいわい》薄《うす》し」と訓読する。

出典 李密《りみつ》「陳情表《ちんじょうひょう》」

【悶絶躄地】 もんぜつびゃくじ

意味 非常な苦しみの形容。

補説 立っていることができないほど悶《もだ》え苦しんで、転がってはいずり回ること。「悶絶」は悶え苦しんで意識を失うこと。「躄地」は両足で立つことができず、地をはうこと。「悶絶《もんぜつ》して地《ち》を躄《いざ》る」と訓読する。

【門前雀羅】 もんぜんじゃくら

意味 訪問者も人の往来もない寂れたさま。

補説 門の前に網を張ってスズメを捕まえることができるほどである意。「雀羅」はスズメを捕まえるときに使う霞網《かすみあみ》のこと。「羅」は「網」に同じ。「門前雀羅を設《もう》くべし」の略。一般に「門前雀羅を張る」という形で用いる。

出典 『史記《しき》』汲鄭伝《きゅうていでん》・賛

用例 其《それ》に最《も》う内が台なしですからね、私が一週間も居なかった日にゃ、門前雀羅を張るんだわ。〈泉鏡花◆婦系図〉

対義語 千客万来《せんきゃくばんらい》・門巷塡隘《もんこうてんあい》・門前成市《もんぜんせいし》

【門前成市】 もんぜんせいし

意味 人が多く押し寄せ集まっているさま。

補説 門の前に人が多く集まり、市場のようににぎわっている状態。「成市」は市場のように人々が多く集まり、にぎやかなこと。一

も

般に「門前《もんぜん》市《いち》を成《な》す」と訓読して用いる。
故事 中国前漢末、反対派に、人を多く集め謀反を企てようとしていると上奏された鄭崇《ていすう》が、哀帝に呼び出され「貴侯の門前には市場のように人が集まるというではないか」と問いただされたときに、「私の家の門前は市場のようですが、私の心は水のように清らかです」と自分の潔白を訴えたという故事から。
出典 『漢書《かんじょ》』鄭崇伝《ていすうでん》
類義語 商売繁盛《しょうばいはんじょう》・千客万来《せんきゃくばんらい》・門巷塡隘《もんこうてんあい》・門庭若市《もんていじゃくし》
対義語 門前雀羅《もんぜんじゃくら》

【門地門閥】 もんち もんばつ

意味 家柄のこと。よい家柄をいう。
補説 「門地」も「門閥」も家柄のこと。同類の語を並べて強調した表現。

【問鼎軽重】 もんてい けいちょう

意味 一般に身分・地位が高いと思われている人の力をあなどり、取って代わろうとするたとえ。また、人の実力や権威を疑問視して軽視するたとえ。
補説 「鼎」は古代中国、夏《か》・殷《いん》・周の時代に盛んに作られた円形青銅器のことで、多くは三本の足と二つの手がついている。食物を盛ったり、煮炊きに用いたりしたが、ここでは帝位継承の象徴の重宝の鼎《かなえ》のこと。「軽重」は軽いか重いか。重さのこと。一般に「鼎《かなえ》の軽重《けいちょう》を問《と》う」と訓読して用いる。
故事 中国古代、異民族を征服し、勢いにのった楚《そ》の荘《そう》王が周王室の権威をねらい、周の国境でその兵威を示して、周の大夫《たいふ》の王孫満に周王室の鼎は重いのか軽いのかと尋ねた。これに対して王孫満は「鼎の大小軽重は徳に関《かか》わることで、鼎そのものとは関わりはありません。周の国運は天命で定まっていることであり、たとえ周王室の徳が衰えたとしても、まだ鼎の軽重を問うべきではありません」と答えたという故事から。
出典 『春秋左氏伝《しゅんじゅうさしでん》』宣公《せんこう》三年

【門庭若市】 もんてい じゃくし

意味 門や庭に市場のように多くの人が群がること。人の多く騒がしいさま。
補説 「門庭《もんてい》市《いち》の若《ごと》し」と訓読する。
出典 『戦国策《せんごくさく》』斉策《せいさく》
類義語 門前成市《もんぜんせいし》

【門当戸対】 もんとう こたい

意味 両方の家柄や勢力が互いに釣り合っている様子。多く婚姻のときに用いる語。
補説 「門」「戸」はともに家柄のこと。「当」「対」はどちらも互いに釣り合っていること。
出典 『世説新語《せせつしんご》』文学《ぶんがく》

【問答無益】 もんどう むえき 〈―ナ〉

意味 話し合ってもなんの利益にもならないさま。
補説 話し合いを続けてもらちがあかないため、議論を終わらせる場合などに使う言葉。「問答」は話し合いを繰り返すこと。「無益」は無駄なさま。役に立たないこと。
注意 「もんどうむやく」とも読む。
用例 もはや問答無益じゃ。この頼母《たのも》の申すことに御同意の方々は、両手を挙げて下され。〈菊池寛◆仇討禁止令〉
類義語 問答無用《もんどうむよう》

【問答無用】 もんどう むよう 〈―ナ〉

意味 話し合っても無意味なさま。
補説 話し合いを続けても無駄なため、議論を終わらせる場合などに使う言葉。「問答」は話し合いを繰り返すこと。「無用」は用のないさま。役に立たないさま。
用例 むしろ、同意をもとめて、変にクズレた、ウワズッたヤリトリなどをしたくはなかった。問答無用、と私は考えていたのだ。〈坂口安吾◆三十歳〉
類義語 問答無益《もんどうむえき》

【問柳尋花】 もんりゅう じんか

⇒ 尋花問柳 じんかもんりゅう 341

や

【夜雨対牀】 やう たいしょう

意味 兄弟関係や友人関係が良好で、仲むつまじいことのたとえ。また、兄弟が会うこと。
補説 夜、雨の音を聞きながら、兄弟が寝台を並べて仲よく眠る意から。「夜雨」は夜の雨。「対牀」は寝台を並べること。「牀」は寝台のこと。「夜雨《やう》牀《しょう》を対《たい》す」と訓読する。「対牀夜雨《たいしょうやう》」「風雨対牀《ふううたいしょう》」ともいう。中国北宋《ほくそう》の詩人蘇軾《そしょく》の詩「劉寺丞《りゅうじじょう》の余姚《よよう》に赴くを送る」に「君と牀を対して夜雨を聴く」の句がある。

注意「夜雨対床」とも書く。

出典 韋応物《いおうぶつ》―詩「全真元常《ぜんしんげんじょう》に示《しめ》す」◎「寧《いずく》んぞ知らん風雪の夜、復《ま》た此《ここ》に牀を対して眠るを」

類義語 対牀風雪《たいしょうふうせつ》・風雪対牀《ふうせつたいしょう》

【冶金踊躍】 やきん ようやく

意味 現状に甘んじることができないたとえ。分相応に満足しないことのたとえ。

補説 鍛冶師《かじし》の鋳《い》る金属が、るつぼから跳ね上がって外に出ようとする意から。「冶金」は鍛冶師などが金属を加工すること。金属を溶かすこと。「踊躍」は飛び踊ること。勢いよく飛び跳ねること。

出典『荘子《そうじ》』大宗師《たいそうし》

【薬石之言】 やくせきの げん

意味 人の戒めとなる語。

補説 人に過ちを正すように忠告する言葉。自分のために益になる苦言。「薬石」は薬と石針《いしばり》（中国の鍼術《しんじゅつ》で用いる石で作った針）のことで、医薬品や医療器具のこと。病気を治療するためのもの。転じて、人の欠点を正すのに有益な言葉の意で用いられる。

出典『春秋左氏伝《しゅんじゅうさしでん》』襄公《じょうこう》二三年

【薬石無効】 やくせき むこう

意味 薬や治療も効き目がないこと。転じて、あらゆる手を尽くしたが、結局そのかいなく、死んでしまうこと。

補説 人の死に用いる言葉。「薬石」は薬と石針《いしばり》（中国の鍼術《しんじゅつ》で用いる石で作った針）のことで、医薬品や医療器具のこと。「石」はみょうばんなどの石をもとに作った薬のこともいう。一般に「薬石《やくせき》効《こう》無《な》し」と訓読して用いる。

注意「薬石無功」とも書く。

出典 唐宣宗《とうせんそう》「皇太子《こうたいし》の位《くらい》に即《つ》くを命《めい》ずるの冊文《さくぶん》」

【約法三章】 やく ほうさんしょう

意味 中国前漢の高祖劉邦《りゅうほう》が、法律を三つにすることを民衆に約束したこと。転じて、法令を簡素化しゆるやかにすること。

補説「約」は約束すること。「法三章」は劉邦の定めた三つの法律のこと。

故事 中国前漢の劉邦が、秦《しん》を滅ぼして王になったときに、今までの秦の多種多様で苛酷《かこく》な法律を廃止し、三法、すなわち殺人は死刑に処し、傷害および窃盗を行った者は相応の罪とする、という簡易な法律のみとすると約束して、民衆を喜ばせたという故事から。

【薬籠中物】 やくろうちゅうの もの

出典『史記《しき》』高祖紀《こうそき》

意味 いつでも自分の役に立てられるもの。

補説 深く身に付けた技術や知識など、また、自分が手なずけて、思いのままに操ることのできる人物のたとえ。自分の薬箱の中の薬の意で、使いたいときにいつでも自由に使えることからいう。「薬籠」は薬箱。一般には「自家薬籠中《じかやくろうちゅう》の物」という形で用いることが多い。「自家薬籠《じかやくろう》」ともいう。

注意 語構成は「薬籠中」＋「物」。

出典『旧唐書《くとうじょ》』元行沖伝《げんこうちゅうでん》

【野人田夫】 やじん でんぷ

⇒田夫野人 でんぷやじん 478

【野心満満】 やしん まんまん 〈―タル〉〈―ト〉

意味 身の程知らずの大きな望みを企てようとする気が満ち満ちているさま。

補説「野心」は野望と同じで、大それた望み。「満満」は満ちあふれている様子。

用例 秋葉が磊落《らいらく》な風をして鞍馬《くらま》令嬢に野心満々だから、奈何《どう》です、奥さん、なかなか隅へは置けませんナ。〈内田魯庵◆社会百面相〉

類義語 野心勃勃《やしんぼつぼつ》

【野戦攻城】 やせん こうじょう

⇒攻城野戦 こうじょうやせん 216

【八咫之鏡】 やたの かがみ

意味 皇位継承のしるしである三種の神器の一つ。伊勢神宮《いせじんぐう》の神体。

補説 天照大神《あまてらすおおみかみ》が天の岩戸に閉じこもったときに、石凝姥命《いしこりどめのみこと》が作ったという鏡。「咫」はわが国上代の長さの単位で、「八咫」は大きいという意味。「八咫鏡」と三文字で書き表される例が多い。（→「三種神器《さんしゅのじんぎ》」263）

【野蛮草昧】 やばん そうまい 〈—ナ〉

意味 文明が開けておらず、物事に秩序のないさま。

補説 「野蛮」は文化が開けていないこと。未開なさま。「草昧」は物事の始めで乱れて秩序のないさま。また、文明の開け始めで暗いさま。

用例 そもそも孔子の時代は、明治を去ること二千有余年、野蛮草昧の世の中なれば、教えの趣意もその時代の風俗人情に従い、天下の人心を維持せんがためには、知って故《こと》さらに束縛するの権道なかるべからず。〈福沢諭吉◆学問のすすめ〉

【野卑滑稽】 やひ こっけい 〈—ナ〉

意味 卑しく下品で、ばかげた感じがするさま。

補説 「野卑」は洗練されておらず、下品で卑しいさま。「滑稽」は非常にばかげた感じがするさま。ばかばかしくてくだらないさま。

注意 「野鄙滑稽」とも書く。

用例 はじめ一概に野卑滑稽としか映らなかった胡地《こち》の風俗が、しかし、その地の実際の風土、気候等を背景として考えてみると決して野卑でも不合理でもないことが、しだいに李陵《りりょう》にのみこめて来た。〈中島敦◆李陵〉

【山雀利根】 やまがら りこん

意味 一つのことだけ知っていて広く知らないこと。小利口。

補説 自分が知っていることのみに固執し、他を知ろうとしないことのたとえ。ヤマガラは芸を仕込むと、覚えた芸を繰り返すだけであるという意から。「山雀」はシジュウカラ科の小鳥、ヤマガラ。飼いならすと、芸をするようになる。「利根」は生まれつき賢いこと。利口。

【大和撫子】 やまと なでしこ

意味 日本女性の清楚《せいそ》な美しさをたたえていうことば。

補説 心の強さと清らかなりりしさをそなえた日本女性を、ナデシコの花になぞらえたもの。

【夜郎自大】 やろう じだい

意味 自分の力量を知らずに、いばっている者のたとえ。

補説 「夜郎」は中国前漢代に、中国西南の地にあった未開の部族の小国の名。「自大」は自らいばり、尊大な態度をとること。

故事 中国前漢代、漢帝国の大きさを知らない夜郎国の王が、自国に漢の使いが来たとき、自国のみが大国だと思い込んで、「わが国と漢とではどちらが大きいか」と尋ねたという故事から。

出典 『史記《しき》』西南夷伝《せいなんいでん》

用例 孤高というような言葉は多くの場合に於《おい》て夜郎自大のシノニムに過ぎない。〈種田山頭火◆草木塔〉

類義語 坎井之蛙《かんせいのあ》・自高自大《じこうじだい》・井蛙之見《せいあのけん》・尺沢之鯢《せきたくのげい》・用管窺天《ようかんきてん》・遼東之豕《りょうとうのいのこ》

ゆ

【唯一不二】 ゆいいつ ふじ

⇒唯一無二 ゆいいつむに 637

【唯一無二】 ゆいいつ むに

意味 この世でただ一つしかないこと。

補説 他に同類のものがなく、それ以外並ぶものがないこと。「唯一」「無二」は、ともに二つとないことを表す語で、これを重ねて意味を強調した語。「唯一不二《ゆいいつふじ》」ともいう。

用例 斯《か》くして漸《ようや》く自分というもののあるのを知る。そうして其処《そこ》に見出《みい》でた唯一無二の自分というものに対して次第に親しみを感じ始めるのはこれは自然である。〈若山牧水◆樹木とその葉〉

類義語 不同不二《ふどうふじ》・無二無三《むにむさん》

【唯我独尊】 ゆいが どくそん

意味 この世で、自分ほど偉いものはいないとうぬぼれること。独りよがり。

補説 釈迦《しゃか》が生まれたときに七歩歩き、一方で天を指し、他方で地を指して唱えたという言葉と伝えられる。この世の中で自分より尊いものはいないという意味。「天上天下《てんげ》唯我独尊」の略。「唯我」はただ自分のみという意。「独尊」は一人自分だけが尊いという意。

出典 『長阿含経《ちょうあごんきょう》』一

用例 誰《だ》れに恐れる事も諛《へつら》う事も入らぬ、唯我独尊の生涯で愉快だろうと夢のような呑気《のんき》な事を真面目に考えていた。〈寺田寅彦◆枯菊の影〉

類義語 遼東之豕《りょうとうのいのこ》

【維摩一黙】ゆいま(の)いちもく

意味 あれこれ言葉を重ねていくより、黙っていたほうがよいというたとえ。

補説 「維摩」は釈迦《しゃか》と同時代に生きた人物。大富豪であったが、釈迦の教化を受け、在家ながら仏道を修行し、釈迦の弟子となった。

故事 釈迦の弟子たちが仏教の教理について激しく議論していたとき、ただ一人維摩だけが沈黙を守って、仏教の本質は、言葉や文字では表すことができないということをその態度で示したという、「維摩の一黙、雷《いかずち》のごとし」として知られる故事から。

出典 『維摩経《ゆいまきょう》』

類義語 以心伝心《いしんでんしん》・教外別伝《きょうげべつでん》・拈華微笑《ねんげみしょう》・不立文字《ふりゅうもんじ》

【黝堊丹漆】ゆうあくたんしつ

意味 黒色・白色・赤色・漆塗りの装飾。また、青・白・赤・黒色のこと。

補説 「黝堊」は、青黒い色と白色を塗ること。「丹漆」は赤色と漆を塗ること。これらの塗料で極彩色に飾るのが廟《びょう》の古法である。

注意 「ゆうあたんしつ」とも読む。

出典 李覯《りこう》「袁州学記《えんしゅうがくき》」◎「殿堂門廡《もんぶ》、黝堊丹漆、挙《あ》げて法故を以《もっ》てす」

【游移不定】ゆういふてい

意味 ためらって、なかなか決心がつかないこと。また、ゆれ動いて定まらないこと。

補説 「游移」は、ぐずぐずすること。また、行ったり来たりとゆれ動くこと。「不定」は定まらず、ふらふらすること。「游移《ゆうい》して定《さだ》まらず」と訓読する。

類義語 意志薄弱《いしはくじゃく》・薄志弱行《はくしじゃっこう》・優柔不断《ゆうじゅうふだん》

対義語 意志堅固《いしけんご》・確乎不動《かっこふどう》・確乎不抜《かっこふばつ》

【誘引開導】ゆういんかいどう〈―スル〉

意味 人を導いて、仏道に入らせること。また、葬式の際、僧侶《そうりょ》が死者に対して、極楽往生の法を説くこと。

補説 仏教語。「引導《いんどう》」の語源。「誘引」は興味をそそってひきつけること。「開導」は(仏道に)導きさとらせること。

出典 『法華経《ほけきょう》』方便品《ほうべんぽん》

【游雲驚竜】ゆううんきょうりょう

⇒ 浮雲驚竜 ふうんきょうりょう 567

【尤雲殢雨】ゆううんていう

⇒ 殢雨尤雲 ていうゆううん 462

【優婉閑雅】ゆうえんかんが〈―ナ〉

意味 美しく上品であるさま。あでやかで、しとやかなさま。

補説 「優婉」はやさしく、きれいなさま。「閑雅」は品がよく、みやびやかなさま。

注意 「優婉嫺雅」とも書く。

用例 小説といえるものは、千変万化の世態を描写し、千変万化の情趣を写して、毫末遺漏《ごうまついろう》なからんことをば其《その》務めとはなすものなるから、富麗の文あり、豪宕《ごうとう》の文あり、或《あるい》は悲壮淋漓《りんり》たる、或いは優婉閑雅なるあり。〈坪内逍遥◆小説神髄〉

【勇往邁進】ゆうおうまいしん〈―スル〉

意味 恐れることなく、自分の目的・目標に向かって、ひたすら前進すること。

補説 「勇往」は勇んで行くこと。「邁進」は勇敢に突き進んで行くこと。

用例 或《あるい》は馬を陣頭に立てて幾百幾千の敵を切りまくりつつ勇往邁進する戦士の如《ごと》き辛酸をも嘗《な》めねばならぬ。〈厨川白村◆創作論〉

類義語 一往直前《いちおうちょくぜん》・勇往猛進《ゆうおうもうしん》・直往邁進《ちょくおうまいしん》・猪突猛進《ちょとつもうしん》

【有害無益】ゆうがいむえき〈―ナ〉

意味 害ばかりあって、何の利益・効果もないさま。

補説 「有害」は害のあるさま。「無益」は利益・効果のないさま。何の役にも立たないさま。無駄。「無益有害《むえきゆうがい》」「無用有害《むようゆうがい》」ともいう。

用例 さればこそ具眼の士は我《わ》が小説を鄙技《ひぎ》とそしり、有害無益とも罵《ののし》るなれ。是《こ》れ豈《あ》に小説家の迷惑ならずや。〈坪内逍遥◆小説神髄〉

【遊嬉宴楽】 ゆうきえんらく 〈—スル〉

(意味) うちとけて遊び楽しむこと。また、遊び・楽しみの意。

(補説) 「遊嬉」は遊び楽しむこと。「嬉」は楽しむ、喜ぶ意。「宴楽」はくつろいで楽しむこと。「宴」は心を安んずる意。「宴」を酒盛りの意にとれば、「宴楽」は酒盛りをして楽しむという意になる。

(注意) 「遊」は「游」、「宴」は「燕」とも書く。

(用例) 都《すべ》て人間万事遊嬉宴楽のことに至るまでも、人々《にんにん》その事を共にしてその好尚を別にするもの多し。一時その人の挙動を皮相して、遽《にわか》にその心事を判断すべからざるなり。〈福沢諭吉◆文明論之概略〉

【雄気堂堂】 ゆうきどうどう 〈—タル〉〈—ト〉

(意味) 勇ましく力強い気質にあふれた立派な様子。

(補説) 「雄気」は雄々しい気質。「堂堂」は立派な様子。

(出典) 岳飛《がくひ》「青泥市《せいでいし》の寺壁《じへき》に題《だい》す」

(類義語) 勇気百倍《ゆうきひゃくばい》・雄心勃勃《ゆうしんぼつぼつ》・勇気凜然《ゆうきりんぜん》・勇気凜凜《ゆうきりんりん》

【有脚陽春】 ゆうきゃくようしゅん

(意味) 行く先々で仁徳を施す人のたとえ。

(補説) 脚のある陽春という意から。恩徳を施す人を、さまざまな物を生成する陽春に重ねたたとえ。「有脚」は脚のあること。「陽春」は暖かな春の時節のこと。

(故事) 中国唐の宋璟《そうえい》は赴任する先々で人々に対して仁徳ある行動をとり、民に暖かでうららかな春の幸せをもたらした。これが人々に喜ばれ、宋璟は「脚のある陽春」と称された故事から。

(出典) 『開元天宝遺事《かいげんてんぽういじ》』

【勇気凜凜】 ゆうきりんりん 〈—タル〉〈—ト〉

(意味) 何事も恐れず、勇敢に物事に立ち向かっていこうという気力にあふれているさま。

(補説) 「凜凜」は勇ましく勢い盛んなさまりりしいさま。

(用例) 勝敗は戦の常、小勢が勝たぬには定まらず、あわよくば此方《こなた》が切勝って、旗を天下に樹《た》つるに及ぼうも知れず、思召《おぼしめし》かえさせられて然《しか》るべしと存ずる、と勇気凜々四辺《あたり》を払って扇を膝《ひざ》に戦場叱咤《しった》の猛者声《もさごえ》で述べ立てた。〈幸田露伴◆蒲生氏郷〉

(類義語) 雄気堂堂《ゆうきどうどう》

【有形無形】 ゆうけいむけい

(意味) 形のあるものと、形のないもの。目に見えるものと、見えないもの。

(用例) その顔が石鹸《せっけん》と摂津大掾《せっつだいじょう》を聞こうと云《い》う希望との二つで、有形無形の両方面から輝やいて見える。〈夏目漱石◆吾輩は猫である〉

【邑犬群吠】 ゆうけんぐんばい

(意味) つまらない者が集まって、人のうわさなどを盛んに言い合うことの形容。また、つまらない者が集まって賢人を非難するたとえ。

(補説) 村里にすむ犬が群がって吠《ほ》えるという意から。「邑」は村里のこと。「群吠」は群がって吠える意。「邑犬《ゆうけん》群《むら》がり吠《ほ》ゆ」と訓読する。

(注意) 「ゆうけんぐんべい」とも読む。

(出典) 『楚辞《そじ》』九章《きゅうしょう》・懐沙《かいさ》

【右賢左戚】 ゆうけんさせき

⇒ 左戚右賢 させきゆうけん 256

【有言実行】 ゆうげんじっこう 〈—スル〉

(意味) 口にしたことは、何が何でも成し遂げるということ。

(補説) 「有言」は言ったこと。「不言実行」をもじってできた語。

(対義語) 不言実行《ふげんじっこう》

【油腔滑調】 ゆうこうこっちょう

(意味) 話や文などが、上すべりして軽薄なことの形容。

(補説) 「油」はあぶら、「滑」はなめらか、すべる意で、上すべりして実の伴わない形容。「腔」「調」はともに言葉の調子や語気の意。

(出典) 『師友詩伝録《しゆうしでんろく》』一

【有口無行】 ゆうこうむこう

(意味) 口先からの出まかせばかりで、実行が伴わないこと。言行の一致しないこと。

(補説) 「有口」は口ばかりが達者なこと。やかましいこと。「無行」は実行がないこと。

(出典) 『後漢書《ごかんじょ》』史弼伝《しひつでん》

ゆ

対義語 不言実行《ふげんじっこう》

【有厚無厚】ゆうこうむこう

意味 詭弁《きべん》のこと。

補説 極端に厚いものは、そのものが厚いとか薄いとかいうことができないから、厚いも薄いも同じもので、もともとは厚さという概念などないのだ、という詭弁。

出典 『荀子《じゅんし》』脩身《しゅうしん》

類義語 堅白同異《けんぱくどうい》・白馬非馬《はくばひば》

【雄材大略】ゆうざいたいりゃく

意味 傑出した才能と偉大な計画のこと。

補説 「雄材」は優秀な才能のこと。「雄」は秀でる、すぐれること。「材」は才能・能力のこと。「略」は計画・計略のこと。

注意 「ゆうさいたいりゃく」とも読む。

出典 『漢書《かんじょ》』武帝紀《ぶていき》・賛

【宥坐之器】ゆうざのき

意味 身の回りにあって、自らの戒めとなる道具。

補説 中に何も入っていない状態のときは傾いていて、水を中ごろまで注ぐとまっすぐになり、いっぱいまでたまるとあふれてしまう容器のこと。「宥坐」は「座右」に同じで、常に身近に置いて戒めとすること。「宥」は右のこと。

注意 「宥座之器」とも書く。「ゆうざのうつわ」とも読む。

故事 水をいっぱいまで入れるとあふれ出てしまう「宥坐之器」を見た子路は、孔子に「満ちた状態を維持するにはどうすればよいか」と尋ねた。それに対し孔子が、「すばらしい智《ち》があればこれを守るのに愚を装い、功業が天下にとどろくときはこれを守るのに謙譲をもってし、すばらしい力があるときはこれを守るのに臆病な態度をとり、富み栄えているならばこれを守るのに謙遜《けんそん》をもってすればよい」と答え、満を維持していくことができる道を説いた故事から。

出典 『荀子《じゅんし》』宥坐《ゆうざ》

【遊山玩水】ゆうざんがんすい

意味 山水の美しい所を遊覧して、大いに自然を楽しむこと。

補説 「玩」はもてあそぶ、心ゆくまで楽しむ意。「山《やま》に遊《あそ》びて水《みず》を玩《もてあそ》ぶ」と訓読する。

注意 「遊」は「游」、「玩」は「翫」とも書く。

出典 『景徳伝灯録《けいとくでんとうろく》』一九・韶州雲門山文偃禅師《しょうしゅううんもんざんぶんえんぜんじ》

【幽寂閑雅】ゆうじゃくかんが〈―ナ〉

意味 ひっそりともの静かで、趣深いさま。

補説 「幽寂」は奥深くひっそりしているさま。「閑雅」はもの静かで趣深いこと。

注意 「幽寂閒雅」とも書く。

用例 掃き浄《きよ》めた朝の座敷で幽寂閑雅な気分に浸る。それが唯一の自分の心を開く道で、この機会に於《お》いてのみ娘に対しても素直な愛情を示す微笑も洩《も》らせた。〈岡本かの子◆東海道五十三次〉

類義語 幽趣佳境《ゆうしゅかきょう》

【勇者不懼】ゆうしゃふく

意味 勇気のある者は恐れないこと。

補説 「懼」は恐れおののくこと。一般に「勇者《ゆうしゃ》は懼《おそ》れず」と訓読して用いる。

出典 『論語《ろんご》』子罕《しかん》 ◎「智者は惑《まど》わず、仁者は憂《うれ》えず、勇者は懼れず」

類義語 仁者不憂《じんしゃふゆう》・知者不惑《ちしゃふわく》

【幽愁暗恨】ゆうしゅうあんこん

意味 人知れぬ深い憂いや恨み。

補説 「幽愁」は人知れぬ深い憂い。「暗恨」は人知れぬ恨み。

注意 「幽愁闇恨」とも書く。

出典 白居易《はくきょい》「琵琶行《びわこう》」

類義語 幽暗愁恨《ゆうあんしゅうこん》

【優柔寡断】ゆうじゅうかだん〈―ナ〉

⇒ 優柔不断 ゆうじゅうふだん 640

【有終之美】ゆうしゅうのび

意味 物事を最後までやり通して、立派に成し遂げること。

補説 「有終」は物事の最後を全うすること。

類義語 有終完美《ゆうしゅうかんび》

【優柔不断】ゆうじゅうふだん〈―ナ〉

意味 ぐずぐずして、物事の決断がにぶいこと。また、そのさま。

補説 「優柔」はぐずぐずしているさま。「不断」は決断力がないこと。「優柔寡断《ゆうじゅうかだん》」「優游不断《ゆうゆうふだん》」ともいう。

ゆ

用例 君もご存じのように、ハムレット王家の血の中には、優柔不断な、弱い気質が流れて居《お》ります。先王も、わしも、幼い時から泣き虫でした。〈太宰治◆新ハムレット〉
類義語 意志薄弱《いしはくじゃく》・縮手縮脚《しゅくしゅしゅくきゃく》・薄志弱行《はくしじゃっこう》・游移不定《ゆういふてい》
対義語 意志堅固《いしけんご》・確乎不動《かっこふどう》・確乎不抜《かっこふばつ》・剛毅果断《ごうきかだん》・進取果敢《しんしゅかかん》・即断即決《そくだんそっけつ》・不抜之志《ふばつのこころざし》・勇猛果敢《ゆうもうかかん》

【幽趣佳境】ゆうしゅかきょう

意味 奥ゆかしく上品な趣や境地。
補説 上質の芸術に触れて生じる感覚のこと。「幽趣」は奥ゆかしい味わいの意。「佳境」はよい場所のこと。転じて、興味深いところ。上品で味わい深い境地の意。
用例 其《その》妙ほとほと神に通じて、看者《みるもの》をしてしらずしらず神飛び魂馳《は》するが如《ごと》きは是《こ》れ本然の目的にして、美術の美術たる所以《ゆえん》なれども、幽趣佳境を感ぜしむるは是《こ》れ本然の目的にして、美術の美術たる所以《ゆえん》なれども、〈坪内逍遥◆小説神髄〉
類義語 幽寂閑雅《ゆうじゃくかんが》

【優勝劣敗】ゆうしょうれっぱい

意味 生存競争で、境遇に適した者や強い者が生き残って栄え、弱い者が滅びること。
補説 すぐれた者が勝ち、劣っている者が負けることから。
用例 此《この》目的を成し遂げんには、一個の大哲学家となりて、欧洲に流行する優勝劣敗の学派を破砕すべしと考えたり。〈島崎藤村◆春〉

【雄心勃勃】ゆうしんぼつぼつ 〈―タル〉〈―ト〉

類義語 自然淘汰《しぜんとうた》・弱肉強食《じゃくにくきょうしょく》・生存競争《せいぞんきょうそう》・適者生存《てきしゃせいぞん》

意味 雄々しい勇気が盛んに起こるさま。
補説 「雄心」は雄々しい心、勇ましい精神。「勃勃」は盛んに起こるさま。
類義語 雄気堂堂《ゆうきどうどう》・勇気勃勃《ゆうきぼつぼつ》

【遊刃余地】ゆうじんよち

意味 熟達していて、物事に余裕をもって対処できること。
補説 「遊刃」は包丁を思いのままに使うこと。「余地」は余裕。ここでは肉片と肉片との間に隙《すき》があること。
故事 牛をさばく名人の庖丁《ほうてい》が、包丁には厚みがないが、肉の筋と骨との間には必ず隙間があるのだから、実に余裕をもって肉をさばくことができる、と自らの技を語ったという故事から。
出典 『荘子《そうじ》』養生主《ようせいしゅ》
類義語 遊刀有余《ゆうとうゆうよ》

【融通無礙】ゆうずうむげ 〈―ナ〉

意味 行動や考えが何の障害もなく、自由で伸び伸びしていること。
補説 「融通」は滞りなく通ること。「無礙」は妨げのないこと。
注意 「融通無碍」とも書く。
用例 なんという秀でたお方でございましょう。融通無碍とでもいうのでございましょうか。お心に一点のわだかまりも無い。〈太宰治◆右大臣実朝〉
類義語 異類無礙《いるいむげ》・無礙自在《むげじざい》・無辺無礙《むへんむげ》・融通自在《ゆうずうじざい》
対義語 四角四面《しかくしめん》・杓子定規《しゃくしじょうぎ》・滞滞泥泥《たいたいでいでい》

【有職故実】ゆうそくこじつ

意味 朝廷や公家、武家の昔からの行事や法令・儀式・制度・官職などの先例、典故。また、それらを研究する学問。
補説 「有職」は公家の制度や行事などに精通していること。また、その人。「故実」は儀式や法制・作法などの古い規定・習慣。
注意 「職」は、もと「識」と書いた。「有職」は「ゆうしょく」「ゆうそこ」とも読む。
用例 高家《こうけ》筆頭として、公卿《くぎょう》堂上の取次ぎ、神仏の代参、天奏衆上下の古礼、その他有職故実に通じている吉良《きら》だった。〈林不忘◆元禄十三年〉

【雄大豪壮】ゆうだいごうそう 〈―ナ〉

意味 雄々しくて、規模が大きいさま。また、盛んで立派なさま。
補説 「雄大」は雄々しく大きいさま。「豪壮」は大きく立派なさま。

【遊惰放逸】ゆうだほういつ 〈―ナ〉

意味 したい放題に遊びほうけているさま。自分勝手に怠け遊んでいるさま。
補説 「遊惰」は怠けて遊びほうける意。「放逸」は自分勝手に、わがままにの意。「放逸遊惰《ほういつゆうだ》」ともいう。

ゆ

注意「遊」は「游」、「逸」は「佚」とも書く。
用例 小説の寓意《ぐうい》の如《ごと》きは婦女稚童のためにもうけたるものにあらざれば、遊惰放逸に日をくらせる凡庸の徒のためにせしならん。〈坪内逍遥◆小説神髄〉

【有頭無尾】ゆうとうむび

意味 始めばかりで終わりがないこと。物事を最後までやり遂げないこと。
補説「頭《こうべ》有《あ》りて尾《お》無《な》し」と訓読する。
出典『朱子語類《しゅしごるい》』四二
類義語 有始無終《ゆうしむしゅう》・有頭没尾《ゆうとうぼつび》・竜頭蛇尾《りゅうとうだび》

【優美高妙】ゆうびこうみょう〈―ナ〉

意味 美しくすぐれているさま。上品で美しく、言うに言われぬほどすぐれているさま。
補説「優美」は上品で美しいさま。「高妙」は非常にすぐれているさま。言葉で表せないほどすばらしいさま。
用例 ああ不幸なるは女性かな、厭世《えんせい》詩家の前に優美高妙を代表すると同時に、醜穢《しゅうわい》なる俗世の通弁となりて、其《その》嘲罵《ちょうば》する所となり、其冷遇する所となり、〈島崎藤村◆春〉

【有備無患】ゆうびむかん

意味 常日ごろから準備をしておけば、いざというときにも心配はないということ。
補説「患」は思い悩む、心配事の意。一般に「備《そな》え有《あ》れば患《うれい》無《な》し」と訓読して用いる。

出典『春秋左氏伝《しゅんじゅうさしでん》』襄公《じょうこう》一一年
類義語 常備不懈《じょうびふかい》・桑土綢繆《そうどちゅうびゅう》・綢繆未雨《ちゅうびゅうみう》

【雄風高節】ゆうふうこうせつ

意味 雄大で高潔な人格のこと。
補説「雄風」は雄大な風格の意。「高節」は高潔な操のこと。
用例 盛んに純之助《じゅんのすけ》の雄風高節を称《たた》えて殆《ほと》んど古今独歩の大豪傑に祀《まつ》り上げて了《しま》った。〈内田魯庵◆くれの廿八日〉

【右文左武】ゆうぶんさぶ

意味 文武の両道を兼ね備えること。また、文武をともに重んじること。
補説 文を右にし、武を左にする意から。「文」は学問、「武」は武芸の意。「文《ぶん》を右《みぎ》に武《ぶ》を左《ひだり》にす」と訓読する。「左武右文《さぶゆうぶん》」ともいう。
出典『明史《みんし》』選挙志《せんきょし》

【有朋遠来】ゆうほうえんらい

意味 同じ道を志す友人が、はるか遠くから慕い訪ねてきてくれること。また、その喜び。

補説「朋《とも》有《あ》り遠方《えんぽう》より来《き》たる」「朋遠方より来たる有り」の略。また、「有朋」で友人の意に解することもある。

出典『論語《ろんご》』学而《がくじ》

【勇邁卓犖】ゆうまいたくらく

意味 勇敢かつ優秀で、衆に抜きんでていること。勇気・器量に富み非常にすぐれていること。
補説「勇邁」は勇気がありすぐれた器量を有している意。「卓犖」は非常にすぐれていること。
用例 我輩《わがはい》は敢《あえ》て君が家庭の琴瑟調和《きんしつちょうわ》しとる幸福を破るを欲しないが、社会は実に君の如《ごと》き勇邁卓犖の士が人道《ヒューマニチー》の為《ため》起《た》つを渇望しとるんだ。〈内田魯庵◆くれの廿八日〉

【幽明異境】ゆうめいいきょう

意味 現世と冥土《めいど》とに死に別れること。
補説「幽明」はここでは彼岸《ひがん》と此岸《しがん》、死後の世界と現世のこと。「異境」は住む世界を異にするという意。一般に「幽明境《ゆうめいさかい》を異《こと》にす」と訓読して用いる。弔辞などで用いられる。
類義語 広宵大暮《こうしょうたいぼ》・幽明隔処《ゆうめいかくしょ》

【有名無実】ゆうめいむじつ〈―ナ〉

意味 名ばかりが立派で、それに見合う実質が伴わないさま。
出典『国語《こくご》』晋語《しんご》
用例 柴田《しばた》を初めとした諸将の代官なぞ、京都に来ているが、有名無実である。〈菊池寛◆賤ケ岳合戦〉
類義語 兎葵燕麦《ときえんばく》・菟糸燕麦《としえんばく》・南箕北斗《なんきほくと》・名存実亡《めいそんじつぼう》・有名亡実《ゆうめいぼうじつ》
対義語 名実一体《めいじついったい》

【優孟衣冠】ゆうもういかん（の）

意味 他人の模倣をする人、また、演技をす

ゆ

る人のたとえ。また、外形だけは似ているが、実体の違うもののたとえ。

補説 「優孟」は中国春秋時代、楚《そ》の俳優の名。「衣冠」は衣服と冠。

故事 中国春秋時代、楚の宰相孫叔敖《そんしゅくごう》は清廉な人物であったが、その死後、子孫は貧困に苦しんだ。そこで、かつて叔敖の庇護《ひご》を受けたことのある俳優の優孟が、叔敖の衣服と冠を身に付けて叔敖になりすまし、叔敖の業績と子孫の不遇を訴えた。反省した荘王は落ちぶれていた叔敖の子に領地を与えたという故事から。

出典 『史記《しき》』滑稽伝《こっけいでん》／優孟伝《ゆうもうでん》

【勇猛果敢】 ゆうもうかかん 〈―ナ〉

意味 勇ましくて力強く、決断力のあるさま。

補説 「勇猛」は勇ましく、たけだけしいさま。「果敢」は思いきりのよいさま。決断力のあるさま。「勇猛果断《ゆうもうかだん》」ともいう。

出典 『漢書《かんじょ》』翟方進伝《てきほうしんでん》

用例 日本は今や君国のために水火をも辞さない勇猛果敢な青年を求めているのだ。〈下村湖人◆次郎物語〉

類義語 剛毅果断《ごうきかだん》・進取果敢《しんしゅかかん》・勇猛精進《ゆうもうしょうじん》・勇猛無比《ゆうもうむひ》

対義語 優柔不断《ゆうじゅうふだん》

【勇猛果断】 ゆうもうかだん 〈―ナ〉

⇒ 勇猛果敢 ゆうもうかかん 643

【勇猛精進】 ゆうもうしょうじん 〈―スル〉

意味 勇敢かつ精力的に物事を行うこと。

補説 もと仏教語で、心を勇猛にして修行に励む意。「勇猛」は勇ましく、たけだけしいさま。「精進」は精神を打ち込んで努力すること。「精進勇猛《しょうじんゆうもう》」ともいう。

注意 仏教では「ゆうみょうしょうじん」と読む。

用例 が、彼らの先駆者としての勇猛精進は、すべてを、征服せずにはいなかった。〈菊池寛◆蘭学事始〉

類義語 勇猛果敢《ゆうもうかかん》

【勇猛無比】 ゆうもうむひ 〈―ナ〉

意味 比べるものがないほど、勇ましくて強いこと。

補説 「勇猛」は勇ましく、たけだけしいさま。「無比」は比べるものがないほど、という意。

用例 「ユーデットは、操を犠牲にしましたが、それは相手が、勇猛無比なホロフェルネス、操を捨ててかからなければ、油断をしなかったからです。」〈菊池寛◆真珠夫人〉

類義語 剛毅果断《ごうきかだん》・勇猛果敢《ゆうもうかかん》

【遊冶懶惰】 ゆうやらんだ 〈―ナ〉

意味 酒色にふけり、働かずになまけているさま。

補説 「遊冶」は酒色にふけること。「懶惰」はなまける、怠るさま。

注意 「遊冶嬾惰」とも書く。

用例 年来心の店の取締は行届きて遊冶懶惰など名づくる召使のために穴を明けられたる事はなきや。〈福沢諭吉◆学問のすすめ〉

類義語 遊蕩三昧《ゆうとうざんまい》

【優游涵泳】 ゆうゆうかんえい 〈―スル〉

意味 ゆったりとした心のままに、じっくりと学問や芸術を深く味わうこと。

補説 「優游」はゆったりしていること。伸び伸びとしてこせつかないこと。「涵泳」は水にひたり泳ぐ意で、ひたり味わうこと。

注意 「優遊涵泳」とも書く。

出典 『論語《ろんご》』為政《いせい》・集注《しっちゅう》

類義語 悠悠閑閑《ゆうゆうかんかん》

【悠悠閑閑】 ゆうゆうかんかん 〈―タル〉〈―ト〉

意味 ゆったりして気長に構え、のんびりするさま。

補説 「悠悠」は余裕があり、ゆったりと落ち着いたさま。「閑閑」は静かで落ち着いたさま。類義の語を重ねて意味を強調している。

注意 「悠悠」は「優優」、「閑閑」は「緩緩」「簡簡」とも書く。

出典 『淮南子《えなんじ》』時則訓《じそくくん》

用例 悠々閑々と澄み渡った水の隣りに、薄紙一重の界《さかい》も置かず、たぎり返って渦巻き流れる水がある。〈有島武郎◆或る女〉

類義語 悠然自得《ゆうぜんじとく》・優游涵泳《ゆうゆうかんえい》・悠悠閑適《ゆうゆうかんてき》・悠悠自適《ゆうゆうじてき》

【悠悠閑適】 ゆうゆうかんてき

意味 ゆったりとして、心静かに楽しむこと。

補説 「悠悠」は余裕があり、ゆったりと落ち着いたさま。「閑適」は心静かに楽しむこと。

注意 「優悠閑適」「優游閑適」とも書く。

用例 思うに散文体の言語は、之《これ》を人世に

喩《たと》うるに、猶《なお》其《その》平時の操業に於《お》けるが如《ごと》くにして、人心の優悠閑適なるを表するに適するものとす。〈坪内逍遥◆小説神髄〉

類義語 悠悠閑閑《ゆうゆうかんかん》・悠悠自適《ゆうゆうじてき》

【悠悠自適】 ゆうゆうじてき

意味 俗事にわずらわされず、のんびりと心静かに、思うままに過ごすこと。

補説 「悠悠」は余裕があり、ゆったりと落ち着いたさま。「自適」は自分の思うままに楽しむこと。

注意 「優遊自適」「優游自適」とも書く。

用例 なぜなら彼らは、老後において妻子眷族《けんぞく》にかしずかれ、五枚蒲団《ぶとん》の上に坐《すわ》って何の心身の苦労もなく、悠々自適の楽隠居をすることができるからだ。〈萩原朔太郎◆老年と人生〉

類義語 一竿風月《いっかんふうげつ》・採薪汲水《さいしんきゅうすい》・逍遥自在《しょうようじざい》・悠然自得《ゆうぜんじとく》・悠悠閑閑《ゆうゆうかんかん》・悠悠閑適《ゆうゆうかんてき》・悠悠自得《ゆうゆうじとく》

【悠悠舒舒】 ゆうゆうじょじょ 〈―タル〉〈―ト〉

意味 ゆったりとして、ゆるやかなさま。急がず慌てず、ゆったりとしているさま。

補説 「悠悠」は余裕があり、ゆったりと落ち着いたさま。「舒舒」は伸びやかでゆったりしたさま。

用例 一端お吉を棄《す》てぬと決したからは悠々舒々赤子《せきし》を教ゆる心でお吉の穉心《ちしん》を開発する覚悟だが、〈内田魯庵◆くれの廿八日〉

類義語 優游不迫《ゆうゆうふはく》

【優游不断】 ゆうゆうふだん 〈―ナ〉

⇓ 優柔不断 ゆうじゅうふだん 640

【憂来無方】 ゆうらいむほう

意味 心配事はいつ、どこからやって来るか分からないということ。

補説 「憂」は心配事。「方」は方向で、「無方」は定まった方向がないこと。「憂《うれ》いの来《き》たる方《ほう》無《な》し」と訓読する。

出典 『文選《もんぜん》』魏文帝《ぎのぶんてい》「善哉行《ぜんさいこう》」

【愉快活発】 ゆかいかっぱつ 〈―ナ〉

意味 活気があって楽しい気分のさま。勢いがよく、生き生きしていて快いさま。

補説 「愉快」は楽しくて気分のよいさま。「活発」は生き生きとして勢いがよい意。

用例 生は人の意表に出《い》ずる議論を好みて、文章を作るに愉快活発の気象を顕《あら》わしければ、卑屈コンモンなる数多《あまた》の教師どもにわかに生を敬愛するに至りたり。〈島崎藤村◆春〉

【愉快適悦】 ゆかいてきえつ 〈―ナ〉

意味 楽しい気分で喜ばしいこと。

補説 「愉快」は楽しくて気分がよいさま。「適悦」は満足して喜ぶ意。楽しくうれしいこと。類義の語を重ねて意味を強調している。

用例 愉快適悦、不平煩悶《はんもん》にも相感じ、気が気に通じ心が心を喚《よ》び起こして決して齟齬《そご》し扞格《かんかく》する者でないと今日が日まで文三《ぶんぞう》は思っていたに、〈二葉亭四迷◆浮雲〉

【瑜伽三密】 ゆがさんみつ

意味 密教の修行。手に印《いん》を結び、口に真言《しんごん》をとなえ、心に本尊《ほんぞん》を念ずること。

補説 仏教語。「三密」は身《しん》・口《く》・意《い》で行う右の三つの行。「瑜伽」は行者の三密が仏の三密と相互に交流・浸透すること。「三密瑜伽《さんみつゆが》」ともいう。

用例 他目《よそめ》にも数あるまじき君父の恩義惜気《おしげ》もなく振り捨てて、人の譏《そし》り、世の笑いを思い給《たま》わで、弓矢とる御身《おんみ》に瑜伽三密の嗜《たしなみ》は、世の無常を如何《いか》に深く観じ給いけるぞ。〈高山樗牛◆滝口入道〉

【遊戯三昧】 ゆげざんまい

意味 仏の境地に遊び、俗念などの何ものにもとらわれないこと。自由自在で何ものにもとらわれない境地に遊ぶこと。

補説 仏教語。俗に、遊びふけることの意にも用いられる。「遊戯」は仏・菩薩《ぼさつ》や修行者が、自由自在にふるまうこと。「三昧」は物事に熱中して、他をかえりみないこと。

用例 願くば一生後生《こうせい》を云《い》わず、紛々たる文壇の張三李四《ちょうさんりし》と、トルストイを談じ、西鶴《さいかく》を論じ、或《あるい》は又甲主義乙傾向の是非曲直を喋々《ちょうちょう》して、遊戯三昧の境に安んぜんかな。〈芥川龍之介◆骨董羹〉

類義語 遊蕩三昧《ゆうとうざんまい》

【輸写心腹】 ゆしゃしんぷく

意味 心に思ったことを隠さずに打ち明けること。

補説「輸写」は気持ちを書き尽くすこと。心中を十分に打ち明けること。「輸」は吐露する意。「心腹」は自分の心の奥底。本心まで表し尽くすという意味。「心腹《しんぷく》を輸写《ゆしゃ》す」と訓読する。
注意「しゅしゃしんぷく」とも読む。
出典『漢書《かんじょ》』趙広漢伝《ちょうこうかんでん》
類義語 傾心吐胆《けいしんとたん》

【踰牆鑽隙】ゆしょうさんげき
意味 男女が人目をしのんで会うことのたとえ。また、だらしなく付き合うこと。
補説 垣根を乗り越えて密会したり、壁に穴をあけてのぞき合う意から。転じて、正当でない方法を用いることのたとえにも用いられる。「踰牆」は垣根を乗り越えること。「隙」は細長い穴のこと。「鑽」は穴をあけること。「牆《しょう》を踰《こ》え隙《げき》を鑽《うが》つ」と訓読する。
出典『孟子《もうし》』滕文公《とうぶんこう》下

【油断大敵】ゆだんたいてき
意味 注意を少しでも怠れば思わぬ失敗を招くから、十分に気をつけるべきであるという戒め。
補説「油断」は気をゆるめて、必要な注意を怠ること。油断は大失敗を招くから、どんなものより恐るべき敵として気をつけよ、という意。
用例 人の智恵《ちえ》は、善悪にかかわらず、思《おもい》のほかに成長するものなり。油断大敵、用心せざるべからず。〈福沢諭吉◆学者安心論〉
類義語 伏寇在側《ふくこうざいそく》・油断強敵《ゆだんごうてき》

よ

【余韻嫋嫋】よいんじょうじょう（―タル）（―ト）
意味 音が鳴りやんでも、なお、かすかに残る響き。また、その音が細く長く続く様子。
補説 詩や文章の言外の趣や、事が終わったあとの情緒あふれる風情にもたとえる。「余韻」はあとまで残る音の響き。また、言外の趣や情緒。「嫋嫋」は音声の細く長く続くさま。
注意「余音嫋嫋」とも書く。
出典 蘇軾《そしょく》「前赤壁賦《ぜんせきへきのふ》」
用例 森閑たる昼なお暗きところに蒼然《そうぜん》たる古池があって、そこに、どぶうんと（大川へ身投げじゃあるまいし）蛙《かえる》が飛び込み、ああ、余韻嫋々、一鳥啼《な》きて山さらに静かなりとはこの事だ、と教えられていたのである。〈太宰治◆津軽〉

【用意周到】よういしゅうとう（―ナ）
意味 心遣いが隅々まで行き届いて、準備に手抜かりがないさま。
補説「用意」は前もって整えておくこと。「周到」は行き届いて手抜かりのないさま。
用例 寝るから起きるから乳を飲ます時間から何やかやと用意周到のほど驚くばかりに候。〈国木田独歩◆初孫〉

【用意万端】よういばんたん
意味 準備するものすべて。また、準備するものはすべて整っていること。
補説「用意」は前もって整えておくこと。「万端」はそのことについてのすべて、という意。
用例 御《お》客人もやがて見えるであろう。座敷の用意万端とどこおりなく致して置け。〈岡本綺堂◆番町皿屋敷〉

【揚威耀武】よういようぶ
⇒ 耀武揚威 ようぶようい 649

【要害堅固】ようがいけんご（―ナ）
意味 地形が険しく、外敵に対する備えの堅いさま。
補説「要害」は険しい地形で、敵の攻撃を防ぐのに便利な地をいう。また、そのようなとりで。
用例 秀吉《ひでよし》はかの浅井長政《あさいながまさ》との合戦以来、江州《ごうしゅう》には長く住んで居て、地理にも下情にも通じて居るので、忽《たちま》ちにして要害堅固な塁《とりで》が出来た。〈菊池寛◆賤ヶ岳合戦〉
類義語 金城鉄壁《きんじょうてっぺき》・難攻不落《なんこうふらく》

【妖怪変化】ようかいへんげ
意味 人知を超えた不思議な現象を引き起こす化け物。
補説「妖怪」は人知を超えた不思議な存在や現象、「変化」は霊魂や動物などが姿を変えて現れたもので、ともに化け物のこと。
用例 妖怪変化というものは、「無」いといってしまっては曲のないものにはちがいない。人間というものは、何事でも面白い方が好きなもので、ばけもの等も、本当は、無い

のだという事になる事はちと興ざめな話なのである。〈岸田劉生◆ばけものばなし〉

類義語 悪鬼羅刹《あっきらせつ》・魑魅魍魎《ちみもうりょう》

【用管窺天】 ようかんきてん

意味 細い管から天をうかがい見るように、視野や見識が狭いことのたとえ。

補説 一般に「管《かん》を用《もっ》て天《てん》を窺《うかが》う」と訓読して用いる。

出典 『荘子《そうじ》』秋水《しゅうすい》

類義語 管窺之見《かんきのけん》・管窺蠡測《かんきれいそく》・管中窺豹《かんちゅうきひょう》・夜郎自大《やろうじだい》

【陽関三畳】 ようかんさんじょう

意味 別れを惜しんで別れの歌の「陽関」の曲を繰り返し歌うこと。

補説 「陽関」は「陽関曲」。また、「渭城曲《いじょうきょく》」。中国唐の詩人、王維《おうい》の詩「元二《げんじ》の安西《あんせい》に使《つか》いするを送《おく》る」の別名で送別詩の名作。「畳」は繰り返すこと。「三畳」については、第四句を三度繰り返して歌うこと、第二句以下の三句を二度繰り返して歌うことなど諸説ある。

出典 蘇軾《そしょく》『仇池筆記《きゅうちひっき》』陽関《ようかん》三畳《さんじょう》

【羊裘垂釣】 ようきゅうすいちょう

意味 隠者の形容。

補説 羊の皮ごろもを身に付け、釣り糸をたれる意。「裘」は皮ごろも、「釣」は釣り針の意。「羊裘《ようきゅう》釣《ちょう》を垂《た》る」と訓読する。

出典 『後漢書《ごかんじょ》』逸民《いつみん》・厳光伝《げんこうでん》

【庸言之謹】 ようげんのきん

意味 まことのある言葉を使うように常に心掛けること。

補説 「庸」は「常」の仮借《かしゃ》文字。単に日用・平常の意ではなく、常に一定の道にかなっている意を含む。「庸言」は中庸を得た言葉。「謹」はつつしむ、気をくばる意。「庸言《ようげん》之《これ》謹《つつし》む」と訓読する。

出典 『中庸《ちゅうよう》』一三

【鷹犬之才】 ようけんのさい

意味 狩猟時に飼い主の意のままに行動するタカや犬のような才能の意から。他人の手先となって働く才能のこと。また、その持ち主。

補説 「鷹犬」はタカと犬。ともに狩猟に用いる。また、悪事の手先として使われる者のたとえ。

出典 『文選《もんぜん》』陳琳《ちんりん》「袁紹《えんしょう》の為《ため》に予州《よしゅう》に檄《げき》す」

【庸言庸行】 ようげんようこう

意味 ふだんの言葉や行い。

補説 「庸言」はふだん用いる言葉。「庸行」はふだんの行動。素行。

出典 『易経《えききょう》』乾《けん》・文言伝《ぶんげんでん》

【妖言惑衆】 ようげんわくしゅう

意味 あやしげな言葉を言い広めて、多くの人々を惑わせること。

補説 「妖言」はあやしげな言説。「衆」は民衆。「妖言《ようげん》衆《しゅう》を惑《まど》わす」と訓読する。

出典 『魏書《ぎしょ》』刑罰志《けいばつし》

【養虎遺患】 ようこいかん

意味 敵を許してしまって、後に災いを残すこと。また、不安を先に残すこと。

補説 「養虎」は虎を養うことで、討っておくべき敵を許すたとえ。「遺患」は心配事の種を後に残すこと。一般に「虎《とら》を養《やしな》いて患《うれ》いを遺《のこ》す」と訓読して用いる。

故事 中国前漢代、項羽《こうう》討伐をためらっている劉邦《りゅうほう》に対し、側近の張良らが、今項羽の軍は疲れ切っている、ここをたたかないと「虎を養いて患いを遺す」ことになる、と劉邦を説き伏せたという故事から。

出典 『史記《しき》』項羽紀《こううき》

類義語 放虎帰山《ほうこきざん》

【用行舎蔵】 ようこうしゃぞう

意味 出処進退の時機をわきまえていること。

補説 君主に任用されれば、世に出て能力を発揮し、見捨てられれば、世間から身を隠し、静かに暮らすということ。「舎」は「捨」に同じで、捨てる意。「蔵」は隠れる意。「用《もち》うれば行《おこな》い舎《す》つれば蔵《かく》る」と訓読する。

注意 「用行捨蔵」とも書く。

出典 『論語《ろんご》』述而《じゅつじ》

類義語 出処進退《しゅっしょしんたい》・進退去就《しんたいきょしゅう》

【羊很狼貪】 ようこんろうどん

意味 心がねじけて道理にもとり、非常に貪

よ

欲《どんよく》であること。

補説「羊很」は羊のように心がねじけ道理に背くこと。「很」はもとる意。「羊」は従順なように見えて指示に従わないとも解されている。「狼貪」はオオカミのように欲深くむさぼること。

出典『史記《しき》』項羽紀《こううき》 ◎「猛《もう》なること虎の如《ごと》く、很なること羊の如く、貪《たん》なること狼の如し」

類義語 暴戻貪欲《ぼうれいどんよく》

【容姿端麗】ようし たんれい〈―ナ〉
意味 顔や姿が整い、美しいさま。
補説「容姿」は顔立ちや体つき。姿かたち。「端麗」はすらりとして美しいさま。整って美しいさま。
用例 ところで、お前は妾《めかけ》のことをお千鶴《ちづ》に嗅《か》ぎつけられても、一向平気で、それどころか、霞町《かすみちょう》の本舗でとくに容姿端麗の女事務員を募集し、それにも情けを掛けようとした。〈織田作之助◆勧善懲悪〉
類義語 曲眉豊頰《きょくびほうきょう》・姿色端麗《ししょくたんれい》・眉目秀麗《びもくしゅうれい》

【羊質虎皮】ようしつ こひ
意味 外見は立派だが、実質がないたとえ。
補説 実際は羊なのに、虎の皮をかぶっている意から。「質」は、ここでは、実体、実質の意。また、「羊質《ようしつ》にして虎皮《こひ》す」と訓読する。「虎皮羊質《こひようしつ》」ともいう。
出典『揚子法言《ようしほうげん》』吾子《ごし》
類義語 羊頭狗肉《ようとうくにく》

【養志之孝】ようしの こう
意味 親の意志を察し、その気持ちを満たしてやろうとする孝行のこと。

補説「養志」は親の志を養う意で、父母の志に従って楽しませること。親の志に従ってよく仕えること。

出典『孟子《もうし》』離婁《りろう》上

【妖姿媚態】ようし びたい
意味 なまめかしく美しい姿。また、そのような女性が、人を惑わすしぐさをするさま。

補説「妖姿」はなまめかしく美しい姿。「媚態」はなまめかしくこびるさま。

出典『本事詩《ほんじし》』人面桃花《じんめんとうか》

【養児備老】ようじ びろう
意味 老後に備えて子どもを育てること。
補説 一般に「児《こ》を養《やしな》いて老《ろう》に備《そな》う」と訓読して用いる。
出典 元稹《げんじん》―詩「夏《なつ》を表《ひょう》す」
類義語 養児防老《ようじぼうろう》

【用舎行蔵】ようしゃ こうぞう
⇒ 用行舎蔵 ようこうしゃぞう 646

【傭書自資】ようしょ じし
意味 文書を書き写して生計を立てること。
補説「傭書」は雇われて文書を書き写すこと。「資」は生活費を稼ぐこと。
出典『魏書《ぎしょ》』劉芳伝《りゅうほうでん》
類義語 筆耕硯田《ひっこうけんでん》

【鷹視狼歩】ようし ろうほ〈―スル〉
意味 猛々しく欲深で残忍な人物の形容。
補説 タカのように鋭い目つきと、オオカミのように欲深く獲物を求めるような歩き方の意。勇猛ですきを見せない豪傑の形容としても用いられる。「鷹視」は欲深で凶悪な人の鋭い目つきのたとえ。
出典『呉越春秋《ごえつしゅんじゅう》』句践伐呉外伝《こうせんばつごがいでん》
類義語 長頸烏喙《ちょうけいうかい》

【揺唇鼓舌】ようしん こぜつ
意味 盛んにしゃべりまくること。
補説 唇を揺るがし、舌を鳴らしてしゃべりたてる意から。「唇」は、くちびる。「鼓」は打ち鳴らす。「唇《くちびる》を揺《うご》かし舌《した》を鼓《こ》す」と訓読する。
出典『荘子《そうじ》』盗跖《とうせき》

【揚清激濁】ようせい げきだく
⇒ 激濁揚清 げきだくようせい 192

【養生喪死】ようせい そうし
意味 生ある者を十分に養い、死んだ者を手厚く弔うこと。
補説 孟子《もうし》は、これを王道政治の始めとした。「養生」は父母や妻子を豊かに生活させる意。「生《せい》を養《やしな》い死《し》を喪《そう》す」と訓読する。
注意「ようじょうそうし」とも読む。
出典『孟子《もうし》』梁恵王《りょうけいおう》上
類義語 養生送死《ようせいそうし》

【耀蟬之術】ようぜんのじゅつ

意味 為政者が徳を示すことによって、自然と人民がその人を慕って集まって来るようにすること。

補説 明かりをつけるとセミはそこに集まってくるから、そこを捕らえること。転じて、君主が自分の徳を明らかにして人民を従わせることにたとえる。「蟬」はセミ。「耀」はかがやかす、明らかにする意。

出典 『荀子《じゅんし》』致仕《ちし》

【庸中佼佼】ようちゅうのこうこう

意味 平凡な人々の中で、少しすぐれた者のこと。

補説 「庸」は凡庸・平凡の意。「佼佼」はすぐれたさま。

注意 「傭中佼佼」とも書く。

出典 『後漢書《ごかんじょ》』劉盆子伝《りゅうぼんしでん》

類義語 鉄中錚錚《てっちゅうのそうそう》

【窈窕淑女】ようちょうしゅくじょ

意味 美しく、しとやかな女性の形容。

補説 通常「窈窕たる淑女」という。「窈窕」はたおやかで奥ゆかしいさま。「窈」は奥深い、「窕」はゆったりしたさま。「淑女」は良き乙女の意。見た目にも内面もしとやかで、清純な女性のこと。

出典 『詩経《しきょう》』周南《しゅうなん》・関雎《かんしょ》 ◎「窈窕たる淑女は君子の好逑《こうきゅう》（たおやかな乙女は立派な人のよきつれあい）」

類義語 仙姿玉質《せんしぎょくしつ》

【羊腸小径】ようちょう（の）しょうけい

意味 細かく曲がりくねった山道や小道のこと。

補説 「羊腸」は羊のはらわたのこと。「径」は小道。

類義語 九十九折《つづらおり》・斗折蛇行《とせつだこう》

【腰纏万金】ようてんばんきん

意味 多量の金銭を所持していること。財布の中身がぎっしりつまっていること。

補説 「腰纏」は胴巻きの意。また、所持金そのもの。「万金」は多額の金銭のこと。

用例 有川君が聡明剛介《そうめいごうかい》の志を以《もっ》て腰纏万金の資を携《ひっさ》げて墨西哥《メキシコ》に渡航せらるるは鵬翼《ほうよく》に乗じて万里長風に駕《が》するもので百怪魑魅《ひゃっかいちみ》横行する当今の黒暗々を破るに足る快事である、〈内田魯庵◆くれの廿八日〉

【羊頭狗肉】ようとうくにく

意味 見かけや表面と、実際・実質とが一致しないたとえ。良品に見せかけたり、宣伝は立派だが、実際には粗悪な品を売るたとえ。

補説 羊の頭を看板にかけながら、実際は犬の肉を売る意から。「狗」は犬。「羊頭を懸《か》けて（懸《かか》げて）狗肉を売る」の略。「牛首馬肉《ぎゅうしゅばにく》」ともいう。

出典 『晏子春秋《あんししゅんじゅう》』雑《ざっ》下

用例 いまだ両書を読まぬ人だけが、買うとよい。両書を読んだ人も、この新しい編輯《へんしゅう》に依《よ》って読み直したいと思ったら、買うがよい。羊頭狗肉ではないつもりだ。〈太宰治◆『老ハイデルベルヒ』序〉

類義語 羊質虎皮《ようしつこひ》・羊頭馬脯《ようとうばほ》

【蠅頭細書】ようとうさいしょ

意味 きわめて小さい文字のこと。

補説 「蠅頭」はハエの頭の意。転じて、きわめて小さいもののたとえ。「細書」は細かく書くこと。また、細かな文字。

【揺頭擺尾】ようとうはいび

意味 満足なさま。また、人に気に入られようと、こびへつらうこと。機嫌をとること。

補説 頭を揺らして尾を振る意から。「擺」はゆれ動く、ゆり動かす意。「頭《かしら》を揺《うご》かし尾《お》を擺《うご》かす」と訓読する。

出典 『五灯会元《ごとうえげん》』六・洛浦元安禅師《らくほげんあんぜんじ》

【揚眉吐気】ようびとき

意味 意気盛んな様子。大いに気勢をあげること。また、思いが晴れたり、大きなことを成し遂げたりして喜ぶこと。

補説 「揚眉」は眉《まゆ》をあげること。「吐気」は気を吐くこと。ともに意気盛んな様子。「眉《まゆ》を揚《あ》げて気《き》を吐《は》く」と訓読する。「吐気揚眉《ときようび》」ともいう。

出典 李白《りはく》「韓荊州《かんけいしゅう》に与《あた》うるの書《しょ》」

【庸夫愚婦】ようふぐふ

意味 ありふれた普通の人々。平凡な男女。

補説 「庸」は凡庸の意。

出典 欧陽脩《おうようしゅう》「相州昼錦堂記《しょうしゅうちゅうきんどうき》」

〖楊布之狗〗 ようふのいぬ

類義語 愚夫愚婦《ぐふぐふ》

意味 外見の変化を見て、内面も変わったと信じるたとえ。また、外見が変われば内面も変わったと考えるのが人情であるたとえ。

補説 「楊布」は中国戦国時代の思想家である楊朱《ようしゅ》の弟。「狗」は犬。「狗吠緇衣《くはいしい》」ともいう。

故事 中国戦国時代、楊朱の弟の楊布が白い衣で外出したところ、雨に降られたので黒い衣に着がえて帰って来ると、飼い犬は主人と気づかず吠《ほ》えた。腹を立てた楊布は犬を叩《たた》こうとしたが、楊朱が、白い犬が泥だらけになり黒くなって戻ってくればお前だって怪しまずにはいられないだろう、と言ってこれを制したという故事から。

出典 『韓非子《かんぴし》』説林《ぜいりん》下

〖耀武揚威〗 ようぶようい

意味 武力や威勢を示して、力を誇ること。

補説 「耀」はかがやかす、誇示する意。「武《ぶ》を耀《かがや》かし威《い》を揚《あ》ぐ」と訓読する。「揚威耀武《よういようぶ》」ともいう。

類義語 威風堂堂《いふうどうどう》

〖容貌魁偉〗 ようぼうかいい〈―ナ〉

意味 容姿が堂々として大きく立派なさま。

補説 「魁偉」は大きくて立派なさま。

出典 『後漢書《ごかんじょ》』郭太伝《かくたいでん》

用例 それ等《ら》の人々は脂粉の気が立ち籠《こ》めている桟敷の間にはさまって、秋水の出演を待つのだそうである。其《その》中へ毎晩のように、容貌魁偉な大男が、湯帷子《ゆかた》に兵児帯《へこおび》で、ぬっとはいって来るのを見る。〈森鷗外◆余興〉

〖雍也論語〗 ようやろんご

意味 勉強が長続きしないこと。

補説 「雍也」は『論語』の篇《へん》名。全二十篇中六番目にあたる。論語を冒頭から読み始めて、「雍也篇」でやめてしまうことから。

類義語 隠公左伝《いんこうさでん》・桐壺源氏《きりつぼげんじ》・三月庭訓《さんがつていきん》・須磨源氏《すまげんじ》・三日坊主《みっかぼうず》

〖溶溶漾漾〗 ようようようよう〈―タル〉〈―ト〉

意味 水の広々として、静かに揺れ動きながら流れゆくさまの形容。

補説 「溶溶」は水の豊かに流れるさま。「漾漾」は水の揺れ動くさま。

出典 杜牧《とぼく》―詩「漢江《かんこう》」

〖瑶林瓊樹〗 ようりんけいじゅ

意味 人品が気高く、人並み以上にすぐれているたとえ。

補説 宝玉のように美しい木や林の意から。「瑶」「瓊」は、ともに美しい玉で、すぐれて美しいもの、高潔なもののたとえ。

出典 『世説新語《せせつしんご》』賞誉《しょうよ》

〖用和為貴〗 ようわいき

意味 仲よくすることが、最も大切であるということ。

補説 人と人とが和合することの重要性をいう語。一般に「和《わ》を用《もっ》て貴《とうと》し（貴《たっと》し）と為《な》す」と訓読して用いる。また「用」は「以」に同じ。聖徳太子が定めた「十七条憲法」の第一条にある有名な語。

出典 『論語《ろんご》』学而《がくじ》／『礼記《らいき》』儒行《じゅこう》

〖薏苡明珠〗 よくいめいしゅ

意味 無実の疑いをかけられるたとえ。

補説 「薏苡」はハトムギ。実は白色で食用・薬用にされる。「明珠」は宝玉の意。

故事 中国後漢の馬援《ばえん》が交趾《こうし》（今のベトナム）から薬用に車一台分の薏苡の実を持ち帰った。薏苡の実を知らない人々はそれを南方の宝玉だと思い、天子に讒言《ざんげん》する者もいて、馬援は天子からあらぬ嫌疑をかけられたという故事から。

出典 『後漢書《ごかんじょ》』馬援伝《ばえんでん》

類義語 薏苡之謗《よくいのそしり》

〖浴沂之楽〗 よくきのたのしみ

意味 悠々自適の楽しみのたとえ。名誉や利得の追求に心を向けないこと。

補説 「浴沂」は沂水《きすい》という川（川の近くに温泉があったという説もある）で浴する意。

故事 孔子が弟子たちにそれぞれの志を述べさせたところ、他の弟子たちが行政官として治績を上げるといった抱負を述べたのに対して、曽皙《そうせき》は、春の終わりごろ、青年や少年とともに沂水で湯あみして、雨乞《あまごい》の祭壇で涼み、歌いながら帰りたいと答えた。孔子は感嘆して、これに賛成したという故事から。

出典 『論語《ろんご》』先進《せんしん》

よ

【翼覆嫗煦】よくふうく 〈—スル〉

意味 慈しみ愛すること。転じて、愛撫《あいぶ》すること。

補説 翼で雛《ひな》や卵を包み抱き温める意から。「翼覆」は翼でおおうこと。「嫗煦」は温め育てること。親が子を慈しみ育てることが原義だが、男が女を、また、為政者が人民を慈しむ場合にもいう。

【沃野千里】よくやせんり

意味 よく肥え、広々とした平地のこと。

補説 「沃野」はよく肥えた平地。「千里」は広くどこまでも続くことの形容。

出典 『戦国策《せんごくさく》』秦策《しんさく》

用例 斯《こ》うして高い所に登って見ると、沃野千里という感があるねと、橋本に話しかけたが、橋本にはそんな感がなかったと見えて、別に要領の好《い》い返事をしなかった。〈夏目漱石◆満韓ところどころ〉

【抑揚頓挫】よくようとんざ 〈—スル〉

意味 文や声などの調子を上げ下げしたり、途中で滞らせたりして、全体的な効果をはかること。

補説 調子に起伏があり、途中で停滞、転折して調和のとれていることをいう。また、盛んな勢いが途中でくじけること。「抑揚」は文や声などの調子の上げ下げ。「頓挫」は急に滞りくじけること。切れ目や転折のこと。

出典 陸機《りくき》「遂志賦《すいしふ》」序

用例 譬《たと》えば文章を作るに当たりて、しいて抑揚頓挫を試み、故意《わざ》と照応波瀾《はらん》を設けて、ひたすらに規律にしたがうを其《その》目的となすときには、〈坪内逍遥◆小説神髄〉

【翼翼小心】よくよくしょうしん 〈—タル〉〈—ト〉

⇒ 小心翼翼 しょうしんよくよく 328

【予譲呑炭】よじょうどんたん

意味 予譲が仇討《あだう》ちを果たすために、炭を飲んで声をつぶして、自分を別人のように見せた故事。

補説 「予譲」は中国戦国時代、晋《しん》の人。「予譲《よじょう》炭《すみ》を呑《の》む」と訓読する。『蒙求《もうぎゅう》』の表題の一つ。

故事 中国戦国時代、晋の予譲は漆を体に塗って爛《ただ》れさせ、炭を飲んで声をつぶして別人を装い主君の仇を討とうとした。失敗して事が発覚したが、相手の寛大な処置に感じて、代わりに相手の衣服を刺してから自殺したという故事から。

出典 『史記《しき》』予譲伝《よじょうでん》

【予且之患】よしょのかん

意味 身分の高い者が、身分の低い者に危害を加えられる危険、憂いのこと。

補説 「予且」は漁師の名。「患」は災い。

注意 「よしょのうれい」とも読む。

故事 中国春秋時代、呉王が民衆と一緒に酒を飲みたいと言い出したとき、宰相の伍子胥《ごししょ》が、「昔、白竜が魚に化して淵《ふち》にいたところ、漁師の予且にその目を射抜かれました。この災いの原因は、本来の貴い姿から卑しい姿に変えたことにあります。もし今、王がその貴い位をかえりみず民衆と同席して酒を飲めば、同様の災いに見舞われるでしょう」と言っていさめたという故事から。

出典 『説苑《ぜいえん》』正諫《せいかん》

類義語 白竜魚服《はくりょうぎょふく》

【輿馬風馳】よばふうち

意味 非常に速いことのたとえ。

補説 車や馬が風のように疾走する意。「輿馬」は乗り物と馬。「風馳」は風のごとく速く走ること。

出典 『桃花扇《とうかせん》』余韻《よいん》

【夜目遠目】よめとおめ

意味 女の人は、よく見えないときのほうが美しく見えるということ。

補説 夜見たとき、遠くから見たとき、笠《かさ》を着けていてはっきり見えないときのほうが、実際より美しく見えるということ。「夜目遠目笠の内」の略。

【余裕綽綽】よゆうしゃくしゃく 〈—タル〉〈—ト〉

意味 ゆったりと落ち着きはらったさま。

補説 「余裕」はあせらずゆったりとしていること。ゆとりのあること。「綽綽」はゆったりしてこせつかないさま。

出典 『孟子《もうし》』公孫丑《こうそんちゅう》下

用例 そこにすでに男の虚勢を見透すがゆえに、余裕綽々とした自分であることを男に示したかった。〈岡本かの子◆富士〉

類義語 泰然自若《たいぜんじじゃく》

ら

【来迎引接】らいごういんじょう

意味 念仏者の臨終の際、浄土に導くべく、阿弥陀仏《あみだぶつ》や菩薩《ぼさつ》たちが迎えに来ること。

補説 その様子を描いた「来迎図《らいごうず》」が平安・鎌倉時代に多数作られた。略して「迎接《ごうしょう》」ともいう。

類義語 聖衆来迎《しょうじゅらいこう》

【雷轟電撃】らいごうでんげき

意味 勢いがきわめて激しい様子。

補説 雷が激しくとどろき、電光が走る意から。「雷轟」は雷が鳴り響くこと。「電撃」は稲妻がきらめくように、急に激しく攻撃すること。「電光雷轟《でんこうらいごう》」ともいう。

出典『近古史談《きんこしだん》』織篇《しょくへん》・謙信《けんしん》私市《きさい》を陥《おとしい》る

【雷轟電転】らいごうでんてん

意味 町中がひどく騒がしいことの形容。

補説 雷鳴が鳴り響き、稲妻が走るように、人馬が激しく叫び声を上げること。「雷轟」は雷が鳴り響くこと。「電転」は稲光がきらめくさま。

出典『長生殿《ちょうせいでん》』合囲《ごうい》

【雷陳膠漆】らいちんこうしつ

意味 友情が堅く厚いたとえ。

補説「雷陳」の「雷」は雷義《らいぎ》、「陳」は陳重《ちんちょう》のこと。ともに中国後漢の人。「膠漆」は、にかわとうるし。接着剤として用いられ、親密な関係のたとえとする。

故事 中国後漢の雷義と陳重の友情は、にかわやうるしでくっついた以上に堅いものである、と称された故事から。

出典『後漢書《ごかんじょ》』独行伝《どくこうでん》・雷義伝《らいぎでん》

類義語 管鮑之交《かんぽうのまじわり》・膠漆之約《こうしつのやく》・金蘭之契《きんらんのちぎり》・水魚之交《すいぎょのまじわり》・膠漆之交《こうしつのまじわり》・莫逆之友《ばくぎゃくのとも》・耐久之朋《たいきゅうのとも》・刎頸之交《ふんけいのまじわり》・断金之交《だんきんのまじわり》

【雷霆万鈞】らいていばんきん

意味 威勢が大きく、他を圧するほどの力強さをもっていることのたとえ。

補説 雷鳴がきわめて大きく、地を揺るがすこと。力強く迫力があることの形容。「雷霆」は雷鳴。「万鈞」はきわめて重いたとえ。「鈞」は重量の単位。

出典『漢書《かんじょ》』賈山伝《かざんでん》

【雷同一律】らいどういちりつ

⇒ 付和雷同 ふわらいどう 582

【雷騰雲奔】らいとううんぽん

意味 現れたかと思うと、すぐに去ってしまうたとえ。また、わずかな間もとどまることなく、かなたへ過ぎ去っていくたとえ。

補説 雷が鳴り響き、雲が急速に流れる意から。「雷騰」は雷がわき起こること。「雲奔」は雲が流れ去ること。「奔」は走る意。

出典 柳宗元《りゅうそうげん》「興州江運記《こうしゅうこううんき》」

【雷同付和】らいどうふわ 〈—スル〉

⇒ 付和雷同 ふわらいどう 582

【来来世世】らいらいせせ

意味 来世の来世、次の次の世のこと。転じて、はるか遠い未来の意。

補説「来世」のそれぞれの語を重ねて、意味を強調した語。

注意「らいらいよよ」とも読む。

類義語 万劫末代《まんごうまつだい》・未来永劫《みらいえいごう》

【磊磊落落】らいらいらくらく 〈—タル〉〈—ト〉

意味 心が大きく、ささいなことにこだわらないさま。

補説 小事にこだわらず、さっぱりしている意の「磊落」のそれぞれの語を重ねて、意味を強調した語。

出典『晋書《しんじょ》』石勒載記《せきろくさいき》

用例 民主の制は、磊々落々として、その胸中、半点の塵汚《じんお》なき者なり。〈中江兆民◆三酔人経綸問答〉

類義語 豪放磊落《ごうほうらいらく》

対義語 小心翼翼《しょうしんよくよく》

【磊落闊達】らいらくかったつ 〈—ナ〉

意味 心が大きく、ささいな事にこだわらないさま。

補説「磊落」「闊達」はともに、おおらかで小事にこだわらない意。

用例 生涯孔子の番犬に終ろうとも些《いささ》かの

悔も無い。世俗的な虚栄心が無い訳ではないが、なまじいの仕官はかえって己《おの》れの本領たる磊落闊達を害するものだと思っている。〈中島敦◆弟子〉

類義語 豪放磊落《ごうほうらいらく》

【羅綺千箱】 らき せんばこ

意味 無駄なぜいたくのこと。

補説 「羅」はうすぎぬ、「綺」は綾《あや》ぎぬのことで、ともに高価で美しい布。また、「羅綺」でうすものの綾ぎぬの意。そのような布で作られた衣服が、千の衣装箱に収まるほどあったとしても、一度にまとえるのは一着に過ぎないと、ぜいたくを戒める言葉。「羅綺千箱一暖《いちだん》に過ぎず」の略。

【落英繽紛】 らくえい ひんぷん 〈―タル〉〈―ト〉

意味 花びらがはらはらと乱れ散るさま。

補説 「英」は花・花びら。「落英」は散る花びら、また、散った花びらのこと。「繽紛」は花の盛んに乱れ散るさま。「落花繽紛《らっかひんぷん》」ともいう。

出典 陶潜《とうせん》「桃花源記《とうかげんのき》」◎「岸を夾《はさ》むこと数百歩、中に雑樹無く、芳草鮮美、落英繽紛たり」

用例 右も桜左も桜、上も桜下も桜、天地は桜の花にうずもれて白一白《はくいっぱく》、落英繽紛として顔に冷たい。〈佐藤紅緑◆ああ玉杯に花うけて〉

【楽禍幸災】 らくか こうさい

⇓ 幸災楽禍 こうさいらくか 214

【楽髪苦爪】 らくがみ くづめ

⇓ 苦髪楽爪 くがみらくづめ 177

【落月屋梁】 らくげつ おくりょう

意味 友人を心から思う情。

補説 「落月」は沈みかけた月。「屋梁」は屋根の梁《はり》の意。「屋梁落月《おくりょうらくげつ》」ともいう。

故事 中国唐の杜甫《とほ》が南方に流された友人李白《りはく》を思い、「夜空に沈みかかった月の光がこの部屋の梁のあたりをいっぱいに照らし、その光がまだあなたの顔を照らし出しているように思えてならない」と詠じた詩から。

出典 杜甫《とほ》―詩「李白《りはく》を夢《ゆめ》む」◎「落月屋梁に満ち、猶《な》お顔色を照らすかと疑う」

類義語 空梁月落《くうりょうげつらく》

【落紙雲煙】 らくし うんえん

意味 書画の筆勢の美しく力あるさま。

補説 達筆の文字をたたえる言葉。「落紙」は紙に筆をおろし、文字を書くこと。「雲煙」は書かれた文字や画が雲や煙のわき上がる姿に似て、勢いがあること。

注意 「落紙雲烟」とも書く。

出典 潘岳《はんがく》「楊荊州誄《ようけいしゅうのるい》」◎「翰《ふで》は動いて飛ぶがごとく、紙に落ちて雲のごとし」

類義語 雲煙飛動《うんえんひどう》・鳳翥竜蟠《ほうしょりょうばん》

【落穽下石】 らくせい かせき

意味 人の弱味につけ入って、さらに害を与えること。

補説 落とし穴に落ちた人に、さらに上から石を落とす意から。「穽」は落とし穴。「穽《せい》に落《お》つるに石《いし》を下《くだ》す」と訓読する。

注意 「落井下石」とも書く。

出典 韓愈《かんゆ》「柳子厚墓誌銘《りゅうしこうぼしめい》」

類義語 下井落石《かせいらくせき》

【落胆失望】 らくたん しつぼう 〈―スル〉

⇓ 失望落胆 しつぼうらくたん 291

【落筆点蠅】 らくひつ てんよう

意味 過ちをうまく処理して、逆に上手に仕上げること。画家のすぐれた技をいうたとえ。

補説 誤って筆を落としてつけた墨の汚れを、うまくハエに描く意から。「落筆」は筆を落とすこと。「点」は描く意。「落筆《らくひつ》蠅《はえ》を点《てん》ず」と訓読する。

故事 中国三国時代、呉の画家曹不興《そうふこう》が孫権の命を受けて屏風《びょうぶ》に絵を描いていたとき、誤って筆を落としてつけた汚れを、巧みにハエに描き変えたという故事から。

出典 『呉志《ごし》』趙達伝《ちょうたつでん》の裴注《はいちゅう》に引く『呉録《ごろく》』

【洛陽紙価】 らくようの しか

意味 著書が好評で、売れ行きがよいことのたとえ。

補説 「洛陽」は中国河南省の都市。多くの王朝の都となった。「紙価」は紙の値段のこと。一般に「洛陽の紙価を高める」「洛陽の紙価高からしむ」「洛陽の紙価貴《たか》し」の形で用いられる。

故事 中国西晋《せいしん》の左思は詩文にすぐれてい

たが、その作品「三都賦《さんとのふ》」が発表されると洛陽中の評判になり、人々は争ってこの作品を書写した。そのために洛陽の紙が不足して紙の値段が急騰したという故事から。

出典 『晋書《しんじょ》』左思伝《さしでん》

【落落晨星】らくらく しんせい

⇒晨星落落 しんせいらくらく 351

【羅織虚構】らしき きょこう

意味 無実の罪をでっちあげること。

補説 無実の者に対して、いろいろともっともらしい事をもち出して罪を作り上げてしまうこと。「羅織」は罪に陥れる。罪のない者を捕らえて、その罪を作り上げる意。「虚構」は作り事を事実らしく組み立てる意。

注意 「らしょくきょこう」とも読む。

用例 聞くところによると彼らは羅織虚構をもって良民を罪に陥れる事さえあるそうだ。〈夏目漱石◆吾輩は猫である〉

【羅雀掘鼠】らじゃく くっそ

意味 食べる物がなく、ひどく困窮している状態のたとえ。

補説 網を張ってスズメを捕らえ、地中の巣を掘ってネズミを捕まえて食べる意から。「雀《すずめ》を羅《あみ》し鼠《ねずみ》を掘《ほ》る」と訓読する。

故事 中国唐代、安禄山《あんろくざん》の乱のとき、食糧が尽きてしまった張巡《ちょうじゅん》が、スズメやネズミはもちろん鎧《よろい》や弩《いしゆみ》をも煮て食べたという故事から。

出典 『新唐書《しんとうじょ》』張巡伝《ちょうじゅんでん》

類義語 羅掘倶窮《らくつぐきゅう》

【落花啼鳥】らっか ていちょう

意味 自然・天然の風情のこと。

補説 咲き誇っていた花の散り落ちるさま、また、散った花、鳥のさえずる声の風流な味わいなどをいう。「落花」は花が散り落ちること。また、散り落ちた花。「啼鳥」は鳥の鳴き声。また、鳴く鳥のこと。

出典 孟浩然《もうこうねん》─詩「春暁《しゅんぎょう》」

用例 落花啼鳥の情けも心に浮かばぬ。蕭々《しょうしょう》としてひとり春山《しゅんざん》を行くわれの、いかに美しきかはなおさらに解せぬ。〈夏目漱石◆草枕〉

【落花繽紛】らっか ひんぷん

⇒落英繽紛 らくえいひんぷん 652

【落花流水】らっか りゅうすい

意味 ゆく春の景色。転じて、物事の衰えゆくことのたとえ。また、男女の気持ちが互いに通じ合い、相思相愛の仲にあること。

補説 落ちた花が水に従って流れる意。後者の意では、散る花と流れ去る水を、それぞれ男と女に写し変えている。水の流れに身をまかせたい落花を男に、落花を浮かべたい水の流れを女になぞらえて、男に女を思う情があれば、女にもその男を慕う情が生ずるということ。「流水落花《りゅうすいらっか》」ともいう。

出典 高駢《こうべん》─詩「隠者《いんじゃ》を訪《たず》ねて遇《あ》わず」

用例 笑みとは何ぞ夢にも忘れて知るものは人生の憂という憂きの数々来るものは無意無心の春夏秋冬落花流水ちりて流れて寄せ返る波の年又一年今日は心のとけやする明日は思いの離るべきやは〈樋口一葉◆別れ霜〉

【落花狼藉】らっか ろうぜき

意味 物が散乱すること。また、女性や子どもに乱暴をはたらくこと。

補説 「落花」は花が散って地面に落ちたもの。「狼藉」は、ここでは、乱雑に散らかったさま。オオカミは寝た痕跡《こんせき》を消すために、藉《し》いて寝た下草を踏み荒らして立ち去る習性があるとされたことから。花びらが乱れ散った様子をいう。また、花を女性に見立てて、女性や子どもに乱暴をはたらく意を表す。

出典 『和漢朗詠集《わかんろうえいしゅう》』

用例 ゆかは暖炉の温《ぬく》まりにて解けたる、靴の雪にぬれたれば、あたりの人々、かれ笑い、これ罵《のの》しるひまに、落花狼藉、なごりなく泥土に委ねたり。〈森鷗外◆うたかたの記〉

類義語 杯盤狼藉《はいばんろうぜき》・乱暴狼藉《らんぼうろうぜき》

【乱離骨灰】らり こっぱい

意味 ばらばらに離れ散ること。めちゃめちゃになった様子。さんざん。

補説 「乱離」はばらばらになること、「骨灰」は粉々になるから、ともいわれるが、いずれもはっきりしたことは分からない。

注意 「乱離」は「羅利」とも書き、「骨灰」は「粉灰」「骨敗」「忽敗」とも書く。「らりこはい」とも読む。

用例 その敵の大将がきりきりと宙に舞いながら、味方の陣中へどうと落ちて、乱離骨灰

ら

になったのと、「あんちおきや」の同勢が鯨波《とき》の声を轟《とどろ》かいて、帝《みかど》の御輦《ぎょれん》を中にとりこめ、雪崩の如《ごと》く攻めかかったのとが、間に髪をも入れまじい、殆《ほとん》ど同時の働きじゃ。〈芥川龍之介◆きりしとほろ上人伝〉

類義語 乱離拡散《らんりかくさん》

【濫竽充数】 らんう じゅうすう

⇒ 南郭濫吹 なんかくらんすい 505

【嵐影湖光】 らんえい ここう

意味 もやに包まれた山の姿と湖面の輝き。

補説 山水の風景の美しさを表現した語。「嵐」は山に立ち込めるもや。「湖光」は湖面の輝き。

出典 邵長衡《しょうちょうこう》「夜《よる》孤山《こざん》に遊《あそ》ぶの記《き》」

類義語 山紫水明《さんしすいめい》

【爛額焦頭】 らんがく しょうとう

⇒ 焦頭爛額 しょうとうらんがく 330

【蘭薫桂馥】 らんくん けいふく

意味 ランや桂《かつら》が生育し、豊かに香りを発するように、子孫が繁栄することのたとえ。また、徳を積んですぐれた人物になり、その人徳が芳香のようにかぐわしく香ること。

補説 「蘭」「桂」は、ともに芳香を発する代表的な植物で、人徳をたたえて用いられる。「薫」「馥」はともに香る意。

出典 駱賓王《らくひんのう》「張司馬《ちょうしば》に上《たてまつ》るの啓《けい》」

類義語 蘭桂騰芳《らんけいとうほう》

【蘭桂騰芳】 らんけい とうほう 〈—スル〉

意味 子孫が栄えることのたとえ。

補説 ランや桂《かつら》が育ち、豊かな芳香を発する意から。「蘭」「桂」は、ともに芳香を発する代表的な植物。「騰芳」は香り立つこと。

出典 『晋書《しんじょ》』謝玄伝《しゃげんでん》

類義語 蘭薫桂馥《らんくんけいふく》

【鸞交鳳友】 らんこう ほうゆう

⇒ 鳳友鸞交 ほうゆうらんこう 604

【覧古考新】 らんこ こうしん

意味 古い事柄を顧みて、新しい問題を考察すること。

補説 「覧古」は古い物事を深く思うこと。「古《ふる》きを覧《み》、新《あらた》しきを考《かんが》う」と訓読する。

注意 「覧故考新」とも書く。

出典 『漢書《かんじょ》』叙伝《じょでん》

類義語 温故知新《おんこちしん》

【蘭摧玉折】 らんさい ぎょくせつ

意味 賢人や美人などが、若くして、世を去ること。

補説 本来の意味は、ランの花が散り、玉《ぎょく》が砕け割れること。「摧」は砕ける意。

出典 『世説新語《せせつしんご》』言語《げんご》

対義語 蕭敷艾栄《しょうふがいえい》

【乱雑無章】 らんざつ むしょう

意味 物や事柄がばらばらのまま整理されていないこと。

補説 「無章」は筋道が立たないこと。出典では、言辞が乱雑で表現の美しさがない意。「章」は、あやの意。「乱雑《らんざつ》にして章《しょう》無《な》し」と訓読する。

出典 韓愈《かんゆ》「孟東野《もうとうや》を送《おく》るの序《じょ》」

類義語 支離滅裂《しりめつれつ》

対義語 理路整然《りろせいぜん》

【鸞翔鳳集】 らんしょう ほうしゅう

意味 すぐれた才能をもった人が集まり来るたとえ。

補説 「鸞」は鳳凰《ほうおう》の一種、「鳳」は鳳凰のことで、いずれも伝説上の霊鳥。鸞や鳳凰が飛んで集まってくる意から。二種類の霊鳥をすぐれた人物にたとえた言葉。

出典 傅咸《ふかん》「申懐賦《しんかいふ》」

【乱臣賊子】 らんしん ぞくし

意味 人の踏み行うべき道に外れ、悪事をはたらく者のこと。

補説 国に害を与える悪い家臣と、親の心に背いて悪事をはたらく子どもの意から。「乱臣」は主君に反逆する家臣のこと。「乱臣」は主君の恩情に背き国を乱す家臣のこと。

出典 『孟子《もうし》』滕文公《とうぶんこう》下

用例 これに煽動《せんどう》された吉田《よしだ》、原、早水《はやみ》、堀部《ほりべ》などは、皆一種の興奮を感じたように、愈《いよいよ》手ひどく、乱臣賊子を罵殺《ばさつ》しにかかった。〈芥川龍之介◆或日の大石内蔵助〉

類義語 逆臣賊子《ぎゃくしんぞくし》・乱臣逆子《らんしんぎゃくし》

【乱世英雄】
らんせいのえいゆう

意味 乱れた世の中にあって、力を発揮し、偉大な事業を成し遂げる人物。

補説 「乱世」は戦乱の絶えない乱れた世。「乱世之雄《らんせいのゆう》」ともいう。

故事 中国後漢の時代、人物鑑定で有名な許劭《きょしょう》という人物がいた。後に魏《ぎ》を建国する曹操《そうそう》は、まだ駆け出しで官位も低かったころ、常にへりくだって述べ礼を厚くして、許劭に自分を評価してくれることを求めたが、許劭は曹操を卑しんでこれに答えなかった。そこで曹操が隙《すき》を見て許劭を脅したために、許劭もやむをえず「清平の姦賊《かんぞく》（平和な世の極悪人）、乱世の英雄」と評した。これを聞いた曹操は大笑して去ったという故事から。なお、『魏志《ぎし》』武帝紀《ぶていき》では、許劭は「治世の能臣、乱世の姦雄（よく治まっている世の有能な臣下、乱れた世で名をあげる悪知恵にたけた人物）」と言った、とある。

出典 『後漢書《ごかんじょ》』許劭伝《きょしょうでん》

類義語 乱世姦雄《らんせいのかんゆう》

対義語 清平姦賊《せいへいのかんぞく》・治世能臣《ちせいのうしん》

【乱世姦雄】
らんせいのかんゆう

意味 乱れた世にたくみに乗じて名をあげる悪知恵にたけた人物。

故事 →「乱世英雄」655

出典 『魏志《ぎし》』武帝紀《ぶていき》「乱世英雄《らんせいのえいゆう》」に引く孫盛《そんせい》『異同雑語《いどうざつご》』裴注《はいちゅう》

類義語 乱世英雄《らんせいのえいゆう》・乱世之雄《らんせいのゆう》

対義語 清平姦賊《せいへいのかんぞく》・治世能臣《ちせいのうしん》

【乱世之雄】
らんせいのゆう

⇒乱世英雄 らんせいのえいゆう 655

【爛腸之食】
らんちょうのしょく

意味 自分の胃腸に負担をかけるような暴食のこと。

補説 腸をただれさせる大量の肉と酒のごちそうの意から。「爛腸」はごちそうをたらふく飲食して、内臓をただれさせること。

注意 「らんちょうのし」とも読む。

出典 『呂氏春秋《りょししゅんじゅう》』本生《ほんせい》◎「肥肉厚酒、務めて以《もっ》て自《みずか》ら彊《し》うる、之《これ》を命《なづ》けて爛腸の食《し》と曰《い》う」

【蘭亭殉葬】
らんていじゅんそう

意味 芸術品などを非常に愛好し、異常なまでの執着心をみせること。また、その思い入れが高じて、独占欲にかられること。

補説 王羲之《おうぎし》の名筆「蘭亭集序《らんていしゅうじょ》」を一緒に埋葬する意から。「殉葬」は物品などを死者とともに埋めること。

故事 中国唐の太宗《たいそう》は書を好み、書聖といわれた東晋《とうしん》の王羲之の名筆「蘭亭集序」を愛した。その真筆を死後も自分の手元に置いて永久に自分のものにしたいと考えて、遺命で棺《ひつぎ》に入れさせたという故事から。

出典 何延之《かえんし》「蘭亭記《らんていき》」

【藍田生玉】
らんでんしょうぎょく

意味 家柄のよい家庭から、それに見合った優秀な子弟が輩出するたとえ。

補説 「藍田」は中国陝西《せんせい》省にある山の名。美しい宝玉が掘り出されることで有名。一般に「藍田《らんでん》、玉《ぎょく》を生《しょう》ず」と訓読して用いる。

出典 『呉志《ごし》』諸葛恪伝《しょかっかくでん》の裴注《はいちゅう》に引く『江表伝《こうひょうでん》』

【乱暴狼藉】
らんぼうろうぜき

意味 考えもなく思いつくままに暴れたり、無法な行為をはたらいたりすること。

補説 「狼藉」は、ここでは「乱暴」とともに、乱暴で無法な振る舞いをする意。類義の語を重ねて意味を強調している。

用例 塾風は不規則と云《い》いわんか不整頓と云わんか乱暴狼藉、丸で物事に無頓着。〈福沢諭吉◆福翁自伝〉

類義語 暴戻恣睢《ぼうれいしき》・落花狼藉《らっかろうぜき》

【乱離拡散】
らんりかくさん 〈―スル〉

意味 世の中が戦乱などの動乱状態に陥って、人々が離れ離れになってしまうこと。

補説 「乱離」は動乱などで人々が離散すること。

注意 「らりかくさん」とも読む。

類義語 乱離骨灰《らりこっぱい》

【り】

【利害得失】
りがいとくしつ

意味 自分の利益と損失のこと。得をすること、損をすること。
補説「利害」は利益と損害、「得失」は得ることと失うこと。ともに損得の意で、類義の語を重ねて意味を強調した語。「利害得喪《りがいとくそう》」ともいう。
用例 感じ易《やす》き我が心は、利害得失の思慮を運《めぐ》らす暇もなく、彼の目に溢《あふ》れた好意を其儘《そのまま》自分の胸の杯で享《う》けたのだ。〈石川啄木◆雲は天才である〉
類義語 利害失得《りがいしっとく》・利害損得《りがいそんとく》

【利害得喪】りがいとくそう

⇒利害得失 りがいとくしつ 655

【李下瓜田】りかかでん

⇒瓜田李下 かでんりか 113

【力戦奮闘】りきせんふんとう 〈—スル〉

意味 力を尽くして、努力すること。
補説「力戦」は全力で戦うこと。「奮闘」は気力をふるいたたせて戦う、力いっぱい格闘する意。力を尽くして努力すること。
注意「りょくせんふんとう」とも読む。
用例 腕に覚の柔道で、とびこんでくるやつを腰車にかけてなげとばし、つづいて拳固《げんこ》をつきだす奴《やっ》の手を逆にとって背負いなげにと、阿修羅のように力戦奮闘した。〈海野十三◆浮かぶ飛行島〉
類義語 奮闘努力《ふんとうどりょく》

【犂牛之子】りぎゅうのこ

⇒犂牛之喩 りぎゅうのたとえ 656

【犂牛之喩】りぎゅうのたとえ

意味 身分や地位が低く卑しい家に生まれても、才能次第で立身出世できるというたとえ。
補説「犂牛」はまだらな毛色の牛。ここでは生まれの卑しいことをたとえていう。「犂牛之子《りぎゅうのこ》」ともいう。
故事 孔子の弟子の仲弓《ちゅうきゅう》は、微賤《びせん》の出で悪い父をもっていたが、賢明な人物であった。孔子は仲弓に、まだら牛の子でも、赤い毛なみで角がまっすぐならば、祭祀《さいし》の供物に用いることができるすばらしい牛として捨て置かれることはないとたとえて励ました故事から。
出典『論語《ろんご》』雍也《ようや》 ◎「子《し》仲弓に謂《い》いて曰《いわ》く、犂牛の子も騂《あか》くして且つ角《かく》ならば、用うることなからんと欲すといえども、山川それ諸《これ》を舎《す》てんやと」

【離郷背井】りきょうはいせい

⇒背井離郷 はいせいりきょう 518

【蓼莪之詩】りくがのし

意味 親孝行な子どもが、賦役のために家を空けて、親に孝養を尽くすことができなかったことを、両親の死後に悲しみうたった詩。転じて、父母を亡くして孝養を尽くそうとしてもできない悲しみの意。
補説「蓼莪」は『詩経《しきょう》』の篇名《へんめい》。「蓼」は長く大きいさまで、「蓼蓼」で生長するさま。「莪」はカワラヨモギ。
出典『詩経《しきょう》』小雅《しょうが》・蓼莪《りくが》 ◎「蓼蓼《りくりく》たる莪《が》は、莪に匪《あら》ず伊《こ》れ蒿《こう》、哀哀たる父母、我を生みて劬労《くろう》す」
類義語 哀哀父母《あいあいふぼ》・枯魚銜索《こぎょかんさく》・風樹之歎《ふうじゅのたん》

【六言六蔽】りくげん(の)りくへい

意味 努力をして学問や教養を積めば、人には六つの徳が備わるが、学問につとめなければ、六つの弊害が六つの徳の発露を妨げるということ。

補説「六言」とは仁(友愛)・知(知識)・信(信義)・直(正直)・勇(勇気)・剛(剛強)の六つの徳。「六蔽」は愚(愚直)・蕩《とう》(放蕩)・賊(有害)・絞(緊迫)・乱(無秩序)・狂(狂気・思い上がり)の六つの弊害。

出典『論語《ろんご》』陽貨《ようか》

【六合同風】りくごうどうふう

意味 戦乱が終息し、平和が訪れること。
補説 ばらばらに分かれていた天下が統一され、風習・しきたりなどが同じになる意から。「六合」は天地と四方を指す。天下の意。「風」は風俗の意。「六合《りくごう》、風《かぜ》を同《おな》じうす」と訓読する。
出典『漢書《かんじょ》』王吉伝《おうきつでん》

【六菖十菊】りくしょうじゅうぎく

意味 適切な時期が過ぎてしまい、なんの役にも立たないこと。
補説「菖」はショウブ。「六菖」は、五月五日の端午《たんご》の節句の翌六日のショウブを指し、「十菊」は、九月九日の重陽《ちょうよう》の節句の翌十日の菊を指す。類義の表現に「六日の菖蒲《あやめ》、十日の菊」がある。
注意 「六」は「ろく」、「十菊」は「じっきく」とも読む。
用例 今更に獅子舞《ししまい》の起原とか目的とかを、考証せんと企てることは、所謂《いわゆる》六菖十菊の愚を敢《あ》えてするものとして、〈中山太郎◆獅子舞雑考〉
類義語 夏炉冬扇《かろとうせん》・十日之菊《とおかのきく》

【六親不和】 りくしん ふわ
意味 家族・親族の仲が悪く、憎み合い、争うこと。
補説 「六親」は父・子・兄・弟・夫・妻をいう。「六親《りくしん》和《わ》せず」と訓読する。「六親和せずして、孝慈《こうじ》有り」の略。
注意 「ろくしんふわ」とも読む。
出典 『老子《ろうし》』一八
類義語 骨肉相食《こつにくそうしょく》

【六尺之孤】 りくせきの こ
意味 成年に達していない孤児。また、幼少で父に死別し即位した君主。
補説 「六尺」は、ここでは約一・四メートルで、十四、五歳の子どもの身長。一説に、一尺は二歳半にあたるから、六尺は十五歳のことを指す、ともいう。「孤」は父を失った子。
出典 『論語《ろんご》』泰伯《たいはく》

【六韜三略】 りくとう さんりゃく
意味 中国の有名な兵法書『六韜』と『三略』。転じて、兵法・軍略などの奥義。
補説 『六韜』は周の太公望呂尚《りょしょう》の作とされる。文・武・竜・虎《こ》・豹《ひょう》・犬の六巻からなる。「虎」の巻から、「虎《とら》の巻（秘伝。奥の手）」の語が生まれた。『三略』は前漢の功臣、張良の師である黄石公《こうせきこう》の作とされ、上略・中略・下略の三巻。ともに後世の偽作という説もある。「韜」は弓袋の意で、兵法の奥義、戦略のこと。「略」ははかりごと・計略の意。
用例 さりながら論語に唾《つ》を吐きて梅暦を六韜三略とする当世の若檀那気質《わかだんなかたぎ》は其《そ》れとは反対《うらはら》にて愈々《いよいよ》頼もしからず。〈三文字屋金平◆為文学者経〉

【陸梁跋扈】 りくりょう ばっこ 〈―スル〉
意味 勝手気ままにわがままの限りを尽くし、横暴に振る舞うこと。
補説 「陸梁」は躍り上がり跳ね回ること。勝手気ままに振る舞うこと。「陸」は跳びはねる意。「梁」は川の中に仕掛けて魚をとるやな。「跋扈」は横暴に振る舞う意。「扈」は水中に置き、魚をとる竹垣。大魚はそれを躍り越えて逃げることからいう。
注意 「陸梁抜扈」とも書く。
用例 今の社会は日月星辰《せいしん》なき黒暗々で君子は韜晦《とうかい》し徳人は影を潜《かく》し小人匹夫《しょうじんひっぷ》単《ひと》り時を得顔《えがお》に陸梁跋扈しとる。〈内田魯庵◆くれの廿八日〉
類義語 跳梁跋扈《ちょうりょうばっこ》

【戮力協心】 りくりょく きょうしん 〈―スル〉
⇒ 同心戮力 どうしんりくりょく 487

【戮力同心】 りくりょく どうしん 〈―スル〉
⇒ 同心戮力 どうしんりくりょく 487

【離群索居】 りぐん さっきょ
意味 仲間と離れて一人で孤独にいること。山里でわび住まいをすること。
補説 「群」は仲間、「索」は寂しい、離れる意。「索居」は寂しく一人でいること。
出典 『礼記《らいき》』檀弓《だんぐう》上
類義語 一雁高空《いちがんこうくう》

【俚言俗語】 りげん ぞくご
意味 世間で使われている日常的な言葉。
補説 「俚言」も「俗語」も、俗世間で使われている日常的な言葉のこと。「俚語俗言《りごぞくげん》」「俗言俚語《ぞくげんりご》」ともいう。

【離合開闔】 りごう かいこう 〈―スル〉
意味 開閉すること。
補説 離れたり合ったり、開いたり閉じたりすること。「闔」は閉じる意。
用例 正面に控えたる細君はこれまた無言のまま箸《はし》の上下に運動する様子、主人の両顎《りょうがく》の離合開闔のぐあいを熱心に研究している。〈夏目漱石◆吾輩は猫である〉

【離合集散】 りごう しゅうさん 〈―スル〉
意味 離れ離れになったり、集まったりすること。
補説 「離合」は離れることと一つに集まること。協同したり反目したりすること。「集散」

は集まることと離れ去ること。類義の語を重ねて意味を強めている。「集散離合《しゅうさんりごう》」「分合集散《ぶんごうしゅうさん》」ともいう。

注意 「離合聚散」とも書く。

用例 何《ど》うもならないのさ。離合聚散、共に自由にならない。だから結婚は考え物だよ。〈夏目漱石◆三四郎〉

類義語 雲集霧散《うんしゅうむさん》・離散集合《りさんしゅうごう》

【離合悲歓】りごう ひかん

⇓ 悲歓離合 ひかんりごう 546

【利己主義】りこ しゅぎ

意味 自分だけの利益や幸福を最優先に考え、他人や社会全般の利害などを全く考えようとしない態度。エゴイズム。

用例 内供《ないぐ》が、理由を知らないながらも、何となく不快に思ったのは、池の尾の僧俗の態度に、この傍観者の利己主義をそれとなく感づいたからに外ならない。〈芥川龍之介◆鼻〉

対義語 利他主義《りたしゅぎ》

【俚語俗言】りご ぞくげん

⇓ 俚言俗語 りげんぞくご 657

【離心離徳】りしん りとく

意味 君主と国民の心がばらばらで行いに調和がとれていないこと。人民の心をひきつけられなくなり、徳に離れ背いてゆくこと。

補説 統治者の徳がなくなり、天命が尽きて滅びようとしていることの形容。

出典 『書経《しょきょう》』泰誓《たいせい》中

対義語 一心一徳《いっしんいっとく》・一徳一心《いっとくいっしん》・同心同徳《どうしんどうとく》

【理世撫民】りせい ぶみん

意味 天下を治めて、民衆をいたわること。

補説 「理」は整え治める意。「撫民」は人民をいたわり安泰にさせること。「世《よ》を理《おさ》め民《たみ》を撫《ぶ》す」と訓読する。

出典 『新古今和歌集《しんこきんわかしゅう》』真名序《まなじょ》

【履霜堅氷】りそう けんぴょう

⇓ 履霜之戒 りそうのかい 658

【履霜之戒】りそうの かい

意味 小さな前兆を見たら、やがてくる大きな災難に備えて用心せよという戒め。

補説 霜を踏んで歩く季節がくれば、やがてさらに寒くなり氷が張る季節になることから、災いは一気にくるのではなく、少しずつ段階を追ってやってくることをいう。「履霜堅氷《りそうけんぴょう》」ともいう。

注意 「りそうのいましめ」とも読む。

出典 『易経《えききょう》』坤《こん》

【立身出世】りっしん しゅっせ 〈―スル〉

意味 社会的に高い地位について名声を得ること。

補説 「立身」は社会的によい地位を得ること。名声を得ること。「出世」は社会に出て、立派な地位・身分を得ること。

用例 フム学問学問とお言いだけれども、立身出世すればこそ学問だ。〈二葉亭四迷◆浮雲〉

類義語 立身揚名《りっしんようめい》

【立身処世】りっしん しょせい

意味 社会に出て、一人前になって世の中を渡っていくこと。

補説 「立身」は社会的によい地位を得ること。名声を得ること。「処世」は世間で暮らしを立てていくこと。「身《み》を立《た》てて世《よ》に処《しょ》す」と訓読する。

【立錐之地】りっすいの ち

意味 錐《きり》の先をやっと立てることができるほどの非常に狭い土地。

補説 「錐」は道具のきり。一般には「立錐の余地もない」、あるいは「立錐の地もない」と用いることが多い。

出典 『呂氏春秋《りょししゅんじゅう》』為欲《いよく》

類義語 咫尺之地《しせきのち》・置錐之地《ちすいのち》・立錐之土《りっすいのど》

【立命安心】りつめい あんしん 〈―スル〉

⇓ 安心立命 あんしんりつめい 8

【理非曲直】りひ きょくちょく

意味 道理にかなっていることと外れていること。道徳的に正しいことと間違っていること。

補説 「理非」は道理にかなうこととそうでないこと。「曲直」は曲がったこととまっすぐなこと。正しくないことと正しいこと。

り

（用例）目標はダルメイダが滞在し説教していた信者の家であった。しかしこの争の理非曲直は明白である。〈和辻哲郎◆鎖国〉
（類義語）正邪曲直《せいじゃきょくちょく》・是非曲直《ぜひきょくちょく》・是非善悪《ぜひぜんあく》

【柳暗花明】りゅうあんかめい

（意味）春の野が花や緑に満ちて、美しい景色にあふれること。

（補説）春の山水の美しい景色を表現したもの。花柳界・遊郭のことを指すこともある。「柳暗」は柳が茂って、その陰がほの暗くなること、薄暗い様子。「花明」は花が咲いて明るい色があふれること。中国南宋《なんそう》の陸游《りくゆう》の詩「山西《さんせい》の村《むら》に遊《あそ》ぶ」にある「柳暗花明又一村《りゅうあんかめいまたいっそん》」の句は有名。

（出典）王維《おうい》―詩「早朝《そうちょう》」

（用例）柳暗花明の好時節と相成り候ところ、いよいよご壮健、賀し奉り候〈夏目漱石◆虞美人草〉

（類義語）花紅柳緑《かこうりゅうりょく》・鳥語花香《ちょうごかこう》・桃紅柳緑《とうこうりゅうりょく》・柳媚花明《りゅうびかめい》・柳緑花紅《りゅうりょくかこう》

【劉寛温恕】りゅうかんおんじょ

（意味）きわめて寛大なことのたとえ。

（補説）中国後漢の劉寛が、非常に温厚で人に対して怒ることがなかったということから。「温恕」は、心穏やかで思いやりのあること。

（故事）後漢の劉寛はふだんからきわめて温厚だった。そこで妻が一度怒らせてみようと女中に命じて夫の公用の服にスープをこぼさせたところ、劉寛は怒るどころか、女中がやけどをしていないかと心配したという故事から。

（出典）『後漢書《ごかんじょ》』劉寛伝《りゅうかんでん》
（類義語）刑鞭蒲朽《けいべんほきゅう》・蒲鞭之政《ほべんのせい》・劉寛長者《りゅうかんちょうじゃ》・劉寛蒲鞭《りゅうかんほべん》

【竜肝豹胎】りゅうかんひょうたい

⇒竜肝豹胎 りょうかんひょうたい 662

【流汗滂沱】りゅうかんぼうだ 〈―タル〉〈―ト〉

（意味）汗がからだ中からだらだらとしたたり落ちるさま。
（補説）「流汗」は汗を流す、汗をかく意。「滂沱」は盛んに流れるさま。
（用例）御者は縦横に鞭《むち》を揮《ふる》いて、激しく手綱を搔繰《かいく》れば、馬背の流汗滂沱として掬《きく》すべく、轡頭《くつわづら》にはみいだしたる白泡は木綿《きわた》の一袋もありぬべし。〈泉鏡花◆義血俠血〉
（類義語）流兮滂沱《りゅうけいぼうだ》

【流汗淋漓】りゅうかんりんり 〈―タル〉〈―ト〉

（意味）汗がからだ中からだらだらとしたたり落ちるさま。

（補説）「流汗」は汗を流す、汗をかく意。「淋漓」は水や汗や血などがしたたり落ちる意。

（用例）向うの樫《かし》の木の下に乳母さんが小供をつれてロハ台に腰を懸けてさっきから頻《しき》りに感服して見て居る、何を感服して居るのか分らない、大方流汗淋漓大童《おおわらわ》となって自転車と奮闘しつつある健気《けなげ》な様子に見とれて居るのだろう、〈夏目漱石◆自転車日記〉

【竜吟虎嘯】りゅうぎんこしょう

⇒竜吟虎嘯 りょうぎんこしょう 662

【流金鑠石】りゅうきんしゃくせき

（意味）厳しい暑さを表現したもの。

（補説）高温によって金属を溶かして流し、また、石をも溶かしてしまうこと。「鑠」は溶かす意。「金《きん》を流《なが》し石《いし》を鑠《とか》す」と訓読する。

（故事）中国の伝説で、十個の太陽が東方の果てに茂る扶桑の木の上に昇り、順に天空を回って、その熱で、溶けたり燃えたりしない金石などもみな溶かしたという。

（出典）『楚辞《そじ》』招魂《しょうこん》 ◎「十日代わるがわる出《い》で、金を流し石を鑠す」

（類義語）流金焦土《りゅうきんしょうど》

【竜駒鳳雛】りゅうくほうすう

⇒竜駒鳳雛 りょうくほうすう 663

【竜華三会】りゅうげさんね

（意味）弥勒仏《みろくぶつ》が竜華樹《りゅうげじゅ》の下で行うとされる、三度の法会《ほうえ》。

（補説）釈迦《しゃか》が滅してから五十六億七千万年後、弥勒菩薩《みろくぼさつ》が人間界に降り、竜華樹の下で悟りを開いて仏となり、そこで三度説法して人々を救済するとされている。「竜華樹」は、竜が百宝の花を吐くようだといわれる枝をもつ想像上の巨木。

（注意）「りゅうげさんえ」とも読む。

（出典）『弥勒下生経《みろくげしょうきょう》』

類義語 慈尊三会《じそんさんね》・弥勒三会《みろくさんね》

【流血浮尸】りゅうけつふし

意味 戦場で、死傷者の多い形容。

補説 流れ出た血が川のようになって、死体を浮かせるほどである意。「流血」は流れ出る血。「尸」はしかばね・死体のこと。「流血《りゅうけつ》尸《しかばね》を浮《う》かす」と訓読する。

出典 『越絶書《えつぜつしょ》』越絶外伝記呉王占夢《えつぜつがいでんきごおうせんむ》

類義語 流血漂杵《りゅうけつひょうしょ》・流血漂鹵《りゅうけつひょうろ》・流血浮丘《りゅうけつふきゅう》

【流血淋漓】りゅうけつりんり 〈―タル〉〈―ト〉

意味 流れ出る血がしたたり落ちる様子。

補説 「流血」は流れ出る血。「淋漓」は水や汗や血などがしたたり落ちる様子。

出典 『剪灯新話《せんとうしんわ》』「牡丹灯記《ぼたんとうき》」

用例 これは即《すなわ》ち好運を牽《ひ》き出し得べき線は、之《これ》を牽く者の掌《たなごころ》を流血淋漓たらしめ、否運を牽き出すべき線は滑膩油沢《かつじゅうたく》なる柔軟のものであるという事実である。〈幸田露伴◆努力論〉

類義語 鮮血淋漓《せんけつりんり》

【流言蜚語】りゅうげんひご

意味 事実とは異なる伝聞。確かな根拠のないうわさ。デマ。

補説 「流言」「蜚語」はともに世間に飛び交う根拠のないうわさ話。類義の語を重ねて意味を強めている。「蜚」は飛ぶ意。

注意 「流言飛語」とも書く。

用例 領主の暴政に、人心離反して次第に動揺し、流言蜚語また盛んに飛んだ。〈菊池寛◆島原の乱〉

類義語 街談巷説《がいだんこうせつ》・造言蜚語《ぞうげんひご》・流言流説《りゅうげんりゅうせつ》

【柳巷花街】りゅうこうかがい

意味 酒色を供する遊郭・色町のこと。

補説 「柳巷」は柳の木を並べて植えてある街路のこと。「花街」は花の咲いている街を指した。昔、色町には多く柳や花が植えられていたとも、艶《なま》めかしい遊女を柳や花にたとえたともいわれる。「花柳」は、この語の略。「花街柳巷《かがいりゅうこう》」ともいう。

出典 黄庭堅《こうていけん》―詞「満庭芳《まんていほう》・妓女《きじょ》」

類義語 花柳狭斜《かりゅうきょうしゃ》・柳陌花街《りゅうはくかがい》・路花墻柳《ろかしょうりゅう》・路柳墻花《ろりゅうしょうか》

【竜興致雲】りゅうこうちうん

⇓ 竜興致雲 りょうこうちうん 663

【竜虎相搏】りゅうこそうはく

⇓ 竜虎相搏 りょうこそうはく 663

【竜舟鳳艒】りゅうしゅうほうぼう

⇓ 竜舟鳳艒 りょうしゅうほうぼう 664

【流觴曲水】りゅうしょうきょくすい

⇓ 曲水流觴 きょくすいりゅうしょう 162

【竜驤虎視】りゅうじょうこし 〈―スル〉

⇓ 竜驤虎視 りょうじょうこし 664

【竜攘虎搏】りゅうじょうこはく

⇓ 竜攘虎搏 りょうじょうこはく 664

【流觴飛杯】りゅうしょうひはい

意味 宴会を催して、大いに酒を飲むこと。

補説 「流觴」は庭園に巡らせた水の流れにさかずきを浮かべること。「觴」はさかずき。「飛杯」はさかずきを盛んに交わすこと。

出典 王韜《おうとう》「後楽園《こうらくえん》」

【竜章鳳姿】りゅうしょうほうし

⇓ 竜章鳳姿 りょうしょうほうし 664

【竜驤麟振】りゅうじょうりんしん

⇓ 竜驤麟振 りょうじょうりんしん 664

【柳絮之才】りゅうじょのさい

⇓ 詠雪之才 えいせつのさい 69

【流水高山】りゅうすいこうざん

⇓ 高山流水 こうざんりゅうすい 214

【流水落花】りゅうすいらっか

⇓ 落花流水 らっかりゅうすい 653

【流星光底】りゅうせいこうてい

意味 流星のように一瞬の間きらめく光。

補説 もと、勢いよく振り下ろす刀剣の閃光《せんこう》を流星にたとえていったもの。「底」はここでは、下の意。川中島の合戦で上杉謙信が武田信玄を討ちもらした場面をうたった頼山陽の詩から。
出典 頼山陽《らいさんよう》詩「不識庵《ふしきあん》機山《きざん》を撃《う》つ図《ず》に題《だい》す」◎「遺恨なり十年一剣を磨し、流星光底長蛇を逸す（十年の間、一本の剣を磨いている間に、振り下ろす刀の閃光のもと、宿敵を切り損ねた）」
用例 もし向後《こうご》あの女に逢《あ》う事が出来ないとすると此《この》事件は判然と分りそうにもない。入らぬ遠慮をして流星光底じゃないが逃がしたのは惜しい事だ。〈夏目漱石◆趣味の遺伝〉

【竜象之力】 りゅうぞうのちから
⇓竜象之力 りょうぞうのちから 665

【竜蛇之歳】 りゅうだのとし
⇓竜蛇之歳 りょうだのとし 665

【竜跳虎臥】 りゅうちょうこが
⇓竜跳虎臥 りょうちょうこが 665

【竜頭鷁首】 りゅうとうげきす
⇓竜頭鷁首 りょうとうげきす 665

【竜騰虎闘】 りゅうとうことう
⇓竜騰虎闘 りょうとうことう 666

【竜頭蛇尾】 りゅうとうだび
意味 初めは勢いがよいが、終わりのほうになると振るわなくなること。
補説 頭は竜のように立派なのに、尾は蛇のようにか細い意から。類義の表現に「頭でっかち尻すぼり（尻つぼみ）」がある。
注意「りょうとうだび」とも読む。
出典『景徳伝灯録《けいとくでんとうろく》』二二・杭州天竺山子儀禅師《こうしゅうてんじくさんしぎぜんじ》
用例「もうおしまいか。竜頭蛇尾だね。そんな話なら、誉《ほ》めなけりゃあ好《よ》かった」〈森鷗外◆独身〉
類義語 虎頭蛇尾《ことうだび》・有頭無尾《ゆうとうむび》
対義語 有終完美《ゆうしゅうかんび》

【竜瞳鳳頸】 りゅうどうほうけい
⇓竜瞳鳳頸 りょうどうほうけい 666

【竜女成仏】 りゅうにょじょうぶつ
意味 竜王の娘が仏となること。
補説「竜女」は娑竭羅《しゃから》竜王の八歳の娘。古代インドでは、女性は五障のため仏にはなれないとされていた（↓「五障三従《ごしょうさんじゅう》」237）が、竜女は『法華経《ほけきょう》』の教えを聞いて、男の身に変じ（↓「変成男子《へんじょうなんし》」592）、ついに仏になったと伝えられる。女人成仏《にょにんじょうぶつ》の典拠とされる故事。（↓「女人成仏《にょにんじょうぶつ》」511）
出典『法華経《ほけきょう》』提婆達多品《だいばだったぼん》
類義語 女人成仏《にょにんじょうぶつ》・変成男子《へんじょうなんし》・竜女得果《りゅうにょとくか》・竜女変成《りゅうにょへんじょう》

【竜蟠蚖肆】 りゅうばんげんし
⇓竜蟠蚖肆 りょうばんげんし 666

【竜蟠虎踞】 りゅうばんこきょ 〈—スル〉
⇓竜蟠虎踞 りょうばんこきょ 666

【柳眉倒豎】 りゅうびとうじゅ
意味 麗しい女性が細い眉《まゆ》を逆立てて怒ること。
補説 女性が感情的になって怒りたつことを形容する。「柳眉」は柳の葉や枝のように細い眉の意から、若くて美しい女性そのものを指す。「倒」は逆さまにする、「豎」は立てる意で、眉をつり上げるさまをいう。一般に「柳眉を逆立てる」という。
出典『水滸伝《すいこでん》』二一
類義語 横眉怒目《おうびどもく》・張眉怒目《ちょうびどもく》・柳眉踢豎《りゅうびてきじゅ》

【流風余韻】 りゅうふうよいん
意味 後々まで残り伝わるようなよい習わし、美風のこと。
補説「流風」は先人から伝えられたよい風習、美風。「余韻」は後まで残る味わい、ひびき。

【竜逢比干】 りゅうほうひかん
⇓竜逢比干 りょうほうひかん 667

【竜躍雲津】 りゅうやくうんしん
⇓竜躍雲津 りょうやくうんしん 667

【粒粒辛苦】 りゅうりゅうしんく 〈—スル〉
意味 細かな努力を積み重ねて、たいへんな苦労をすること。
補説 穀物の一粒一粒は、農民の苦労と努力の結果実ったものである意から。
出典 李紳《りしん》詩「農《のう》を憫《あわれ》む」

(用例) 親から貰《もら》った粒々辛苦の学費を何年も喰潰《くいつぶ》した上に、親戚故旧に泣きついて、〈内田魯庵◆社会百面相〉

(類義語) 意匠惨澹《いしょうさんたん》・艱難辛苦《かんなんしんく》・苦心惨憺《くしんさんたん》・焦唇乾舌《しょうしんかんぜつ》・千辛万苦《せんしんばんく》

【柳緑花紅】 りゅうりょく かこう

⇒ 花紅柳緑 かこうりゅうりょく 104

【柳緑桃紅】 りゅうりょく とうこう

⇒ 桃紅柳緑 とうこうりゅうりょく 484

【劉伶之鍤】 りゅうれいの すき

(意味) 好きなように酒を飲み、物事にとらわれず気ままに生きること。

(補説) 「鍤」は田畑を耕す農具の一種。すき。

(故事) 中国晋《しん》の劉伶は、いつも鹿が引く車に乗り、一壺《ひとつぼ》の酒を携え、すきを担いだ従者を従えていた。そして従者に、もし私が死んだら、その場に埋めてしまってくれ、と言っていたという故事から。

(出典) 『晋書《しんじょ》』劉伶伝《りゅうれいでん》

(類義語) 劉伶之酒《りゅうれいのさけ》

【流連荒亡】 りゅうれん こうぼう 〈―スル〉

(意味) 遊興や酒色にふけって家庭を顧みず、仕事も放棄して無為な暮らしを送ること。

(補説) 「流連」は遊蕩《ゆうとう》して家に帰らない意。「荒亡」は狩猟や酒色などの遊興にふけり、仕事を顧みないこと。

(出典) 『孟子《もうし》』梁恵王《りょうけいおう》下 ◎「流連荒亡、諸侯の憂いと為《な》る」

(用例) 乃木《のぎ》将軍さえ若い頃には盛んに柳暗花明の巷《ちまた》に馬を繋《つな》いだ事があるので、若い沼南《しょうなん》が流連荒亡した半面の消息を剔抉《てっけつ》しても毫《ごう》も沼南の徳を傷つける事はないだろう。〈内田魯庵◆三十年前の島田沼南〉

(類義語) 荒亡之行《こうぼうのおこない》・放蕩無頼《ほうとうぶらい》

【凌雲之志】 りょううんの こころざし

(意味) 俗世間を超越して超然としたいという高い志。また、立身出世しようという志。

(補説) 「凌雲」は「雲を凌《しの》ぐ」と読み、俗世間を超越する意。「壮士凌雲《そうしりょううん》」「凌霄之志《りょうしょうのこころざし》」ともいう。

(注意) 「陵雲之志」とも書く。

(出典) 『漢書《かんじょ》』揚雄伝《ようゆうでん》 ◎「陵雲之志有り」

(類義語) 青雲之志《せいうんのこころざし》・凌雲之気《りょううんのき》

【竜肝豹胎】 りょうかん ひょうたい

(意味) きわめて手に入りにくい貴重な食材のたとえ。

(補説) 竜の肝とヒョウの胎児の意から。「肝」は肝臓のこと。

(注意) 「りゅうかんひょうたい」とも読む。

(出典) 『晋書《しんじょ》』潘尼伝《はんじでん》

【梁冀跋扈】 りょうき ばっこ

(意味) 自分の欲望にとらわれ、わがままな振る舞いをすること。目上の者をないがしろにして、わが者顔で振る舞うこと。

(補説) 「跋扈」はわがままに振る舞うこと。「扈」は水中に置き、魚をとる竹垣。大魚はそれを躍り越えて逃げることからいう。『蒙求《もうぎゅう》』の表題の一つ。

(故事) 中国後漢の梁冀は大将軍として横暴をきわめ、幼少ながら賢い質帝に「跋扈将軍」とあだなをつけられたため、質帝を深く憎んで毒殺した故事から。

(出典) 『後漢書《ごかんじょ》』梁冀伝《りょうきでん》

【良弓難張】 りょうきゅう なんちょう

(意味) 才能のあるすぐれた人物は自信が強く、使いこなすことは難しいが、上手に使って本人をその気にさせれば、大いに役立つものだということ。

(補説) よい弓の弦《つる》を張るのは難しいが、良弓にひとたび弦が張られれば、大きな威力を発揮できるという意。一般に「良弓《りょうきゅう》は張《は》り難《がた》し」と訓読して用いる。

(出典) 『墨子《ぼくし》』親士《しんし》

【良玉精金】 りょうぎょく せいきん

⇒ 精金良玉 せいきんりょうぎょく 367

【竜吟虎嘯】 りょうぎん こしょう

(意味) 同じ考えや心をもった者は、相手の言動に気持ちが通じ合い、互いに相応じ合うこと。また、人の歌声や笛・琴の音などが、あたかも竜や虎のさけび声が天空にとどろき渡るように響くこと。

(補説) 「吟」は鳴き声をあげる、「嘯」はほえること。竜が声をあげれば雲がわき起こり、虎がうなれば風が生ずるといわれる。「竜《りょう》吟《ぎん》じ虎《とら》嘯《うそぶ》く」と訓読する。

り

注意 「りゅうぎんこしょう」とも読む。

出典 『文選《もんぜん》』張衡《ちょうこう》「帰田賦《きでんのふ》」

【良禽択木】りょうきんたくぼく

意味 賢者は立派な主人を選んで仕えることのたとえ。

補説 賢い鳥はすみやすく外敵や食物の心配のない、よい木を選んで巣を作る意から。「良禽」は賢い鳥。賢者のたとえ。一般に「良禽《りょうきん》は木《き》を択《えら》ぶ」と訓読して用いる。

出典 『春秋左氏伝《しゅんじゅうさしでん》』哀公《あいこう》一一年

【竜駒鳳雛】りょうくほうすう

意味 将来大人物となることを予見させるような、すぐれた素質をもつ子ども。

補説 将来性豊かな子馬と鳳《おおとり》のひなの意。「竜駒」は駿馬《しゅんめ》・名馬。「鳳雛」は伝説上の霊鳥鳳凰《ほうおう》のひな。

注意 「りゅうくほうすう」とも読む。

故事 中国西晋《せいしん》の詩人陸雲は、幼いときから才能を発揮して、神童の誉れが高かった。この天才少年を見た呉の大臣の呂閔鴻《りょびんこう》が言ったという言葉による。

出典 『晋書《しんじょ》』陸雲伝《りくうんでん》 ◎「此《こ》の児《こ》、若《も》し竜駒に非《あら》ざれば、当《まさ》に是《こ》れ鳳雛なるべし」

類義語 臥竜鳳雛《がりょうほうすう》・伏竜鳳雛《ふくりょうほうすう》・麟子鳳雛《りんしほうすう》

【燎原之火】りょうげんのひ

意味 勢いが盛んで、簡単に止められないことのたとえ。

補説 「燎」は焼く、「燎原」は野原を焼く意。一度野原に火がつくと、勢いよく燃え広がり、近づけなくなることから、物事の影響や風俗・思想などが、並はずれた勢いで広がり、とどめることができないことのたとえ。

出典 『書経《しょきょう》』盤庚《ばんこう》上

類義語 燎原烈火《りょうげんれっか》

【利用厚生】りようこうせい

意味 事物を十分に活用し、人々の生活を豊かにすること。

補説 「利用」は財貨などの利用を円滑にする、「厚生」は国民が豊かで幸せな生活をする意味。政治の要諦《ようてい》を説いた語。

出典 『書経《しょきょう》』大禹謨《だいうぼ》

用例 五勺《ごしゃく》の種で八升の収穫は、百六十倍の収穫でございます、この天地の大きな力を、人間の手で最もよく利用厚生しなければならないということを、しみじみとさとりましたのが、十六歳の時でございました。〈中里介山・大菩薩峠〉

【竜興致雲】りょうこうちうん

意味 徳のある天子が立つと、おのずと賢明な臣下が現れるたとえ。

補説 竜が天空に奮い興って、雲をわき起こすこと。「致」はもたらす意。「竜《りょう》興《おこ》りて雲《くも》を致《いた》す」と訓読する。

注意 「りゅうこうちうん」とも読む。

出典 『文選《もんぜん》』王褒《おうほう》「聖主賢臣《せいしゅけんしん》を得《う》るの頌《しょう》」

類義語 虎嘯風生《こしょうふうしょう》・虎嘯風烈《こしょうふうれつ》

【陵谷遷貿】りょうこくせんぼう

意味 世の中が大きく移り変わり、これまでと異なる姿になってしまうことのたとえ。

補説 高く大きな丘陵が浸食されて険しい谷になり、深い谷が土石によって埋めたてられて、大きな丘陵になるような大変貌《だいへんぼう》を遂げること。「遷貿」は「遷易《せんえき》」と同じで、移り変わること。「陵谷変遷《りょうこくへんせん》」ともいう。

出典 『詩経《しきょう》』小雅《しょうが》・十月之交《じゅうげつのこう》

類義語 滄海桑田《そうかいそうでん》・陵谷之変《りょうこくのへん》

【陵谷変遷】りょうこくへんせん

⇒ 陵谷遷貿 りょうこくせんぼう 663

【竜虎相搏】りょうこそうはく

意味 強い者同士が激しく戦うこと。

補説 竜や虎のように力の伯仲した豪傑・強豪などが全力で勝負することをいう。一般に「竜虎《りょうこ》相《あい》搏《う》つ」と訓読して用いる。

注意 「りゅうこそうはく」とも読む。

類義語 虎擲竜拏《こてきりょうだ》・竜攘虎搏《りょうじょうこはく》

【良妻賢母】りょうさいけんぼ

意味 夫に対してはよい妻であり、子どもに対しては養育に励む賢い母であること。また、そのような人。

補説 近代日本の女子教育の中心理念であった。「賢母良妻《けんぼりょうさい》」ともいう。

用例 これまでの良妻賢母主義の教育は、人間を殺して女性を誇大視し、男子の隷属者たるに適するように、わざと低能扱いの教育を

り

施していました。〈与謝野晶子◆文化学院の設立について〉

【量才録用】 りょうさいろくよう

意味 人がもっている才能をよく見はからって、その能力を十分に生かす地位に登用すること。

補説 「量才」は才能を量ること、「録用」は採用する意。

出典 蘇軾《そしょく》「神宗皇帝《しんそうこうてい》に上《たてまつ》るの書《しょ》」

類義語 黜陟幽明《ちゅっちょくゆうめい》・適材適所《てきざいてきしょ》・量才取用《りょうさいしゅよう》

対義語 驥服塩車《きふくえんしゃ》・大器小用《たいきしょうよう》・大材小用《たいざいしょうよう》

【良師益友】 りょうしえきゆう

意味 すぐれた先生と、ためになる友人のこと。

補説 「益友」は有益な友、付き合うとためになる友人。

【竜舟鷁首】 りょうしゅうげきしゅ

⇒竜頭鷁首 りょうとうげきす 665

【竜舟鳳艒】 りょうしゅうほうぼう

意味 天子や貴人の乗る立派な船。

補説 竜や鳳凰《ほうおう》の装飾を船首・船側につけた船。竜・鳳凰はともに伝説上の霊獣・霊鳥で、天子を象徴する。「艒」は小船。

注意 「りゅうしゅうほうぼう」とも読む。

出典 『隋書《ずいしょ》』煬帝紀《ようだいき》

類義語 竜舟鷁首《りょうしゅうげきしゅ》・竜頭鷁首《りょうとうげきす》

【竜驤虎視】 りょうじょうこし 〈―スル〉

意味 竜や虎のように意気が盛んで、権力をもち世の中を威圧すること。

補説 「竜驤」は竜が躍り上がること。「虎視」は虎が鋭い目つきで獲物をにらむこと。

注意 「りゅうじょうこし」とも読む。

出典 『蜀志《しょくし》』諸葛亮伝《しょかつりょうでん》

類義語 竜驤虎歩《りょうじょうこほ》・竜驤虎躍《りょうじょうこやく》

【竜攘虎搏】 りょうじょうこはく

意味 互角の力をもった強い者同士が激しく戦うこと。力の伯仲した英雄・強豪などが、あたかも竜と虎とがぶつかって戦うように勝負すること。

補説 竜がうちはらい、虎がなぐる意から。「攘」は排除する、うちはらう、「搏」はなぐる意。

注意 「りゅうじょうこはく」とも読む。

用例 そうほうまっ赤な口から火炎をふきあって、ジッとにらみあっているのだ。まさに竜攘虎搏よりものすごい決闘の最中。〈吉川英治◆神州天馬侠〉

類義語 虎擲竜挐《こてきりょうだ》・竜虎相搏《りょうこそうはく》・竜戦虎争《りょうせんこそう》・竜騰虎闘《りょうとうことう》・両雄相闘《りょうゆうそうとう》

【梁上君子】 りょうじょうのくんし

意味 泥棒・盗賊のこと。また、天井を走り回ることから、ネズミの異名。

補説 「梁上」は梁《はり》の上。「君子」は、ここでは、からかっていう語。

故事 中国後漢の陳寔《ちんしょく》は、ある夜、天井の梁の上に泥棒が隠れているのに気づいた。陳寔は、追い払うよりも教え諭して反省させたほうがよいだろうと考えて、子どもを起こし、「人は努力して生きてゆかなければいけない。悪人だって生まれつき悪人なのではなく、ただ悪い習慣が身について悪事を働くようになったのだ。あの梁の上の君子もそうだ」と戒めたところ、泥棒が降りてきて、罪をわびて改心したという故事から。

出典 『後漢書《ごかんじょ》』陳寔伝《ちんしょくでん》

類義語 草頭天子《そうとうてんし》・白波之賊《はくはのぞく》・緑林好漢《りょくりんのこうかん》・緑林白波《りょくりんはくは》

【凌霄之志】 りょうしょうのこころざし

⇒凌雲之志 りょううんのこころざし 662

【竜章鳳姿】 りょうしょうほうし

意味 威厳に満ちた立派な容姿。

補説 竜のように勇壮で、鳳凰《ほうおう》のように気高い姿をしている意。内面の充実が外面に現れたすぐれた風采《ふうさい》をいう。「章」は模様。竜・鳳凰はともに伝説上の霊獣・霊鳥。

注意 「りゅうしょうほうし」とも読む。

出典 『晋書《しんじょ》』嵆康伝《けいこうでん》

【竜驤麟振】 りょうじょうりんしん

意味 気力・体力が充実し、周囲を威圧するように勢力が盛んなこと。

補説 竜のように力強く、天高く上り、麒麟《きりん》のように勢いよく輝かしい姿で世に現れる意から。「竜驤」は竜が躍り上がる意。「振」は、奮いたつ意。いずれも、世に威勢よく現れることを比喩した語。竜・麒麟はともに伝説上の霊獣。
注意 「りゅうじょうりんしん」とも読む。
出典 『晋書《しんじょ》』段灼伝《だんしゃくでん》

【竜戦虎争】りょうせん こそう

⇒ 竜騰虎闘 りょうとうことう 666

【竜象之力】りょうぞうの ちから

意味 高徳の人物や賢者・高僧のこと。
補説 水中における竜や、陸上における象のように、他から突出したすぐれた力のこと。仏教では「竜象」は象のことで、転じて、学徳ともに衆に抜きんでてすぐれた力量のある僧のたとえ。
注意 「りゅうぞうのちから」とも読む。
出典 李白《りはく》一詩「宣州《せんしゅう》霊源寺《れいげんじ》仲濬公《ちゅうしゅんこう》に贈《おく》る」

【量体裁衣】りょうたい さいい

意味 実際の状況に応じて、物事を現実に適した形で処理する策を講じること。
補説 体の寸法を測って、寸法通りに衣服を作る意から。「量体」は体・現実の姿を量ること。「体《たい》を量《はか》りて衣《い》を裁《た》つ」と訓読する。
出典 『南斉書《なんせいしょ》』張融伝《ちょうゆうでん》
類義語 称体裁衣《しょうたいさいい》・深厲浅掲《しんれいせんけい》・臨機応変《りんきおうへん》

【竜拏虎擲】りょうだ こてき

⇒ 虎擲竜拏 こてきりょうだ 242

【竜蛇之歳】りょうだの とし

意味 辰《たつ》と巳《み》の年のこと。それらの年には賢人が死ぬとされる。また、凶年をいう。
補説 「竜蛇」は竜と蛇で、非凡な人物のたとえとしても用いられる。
注意 「りゅうだのとし」とも読む。
故事 中国後漢の高名な学者鄭玄《じょうげん》は、夢で出会った孔子に「今年は辰《たつ》年で、来年は巳《み》年である」と告げられた。すると鄭玄は、その年の内に亡くなってしまったという故事から。
出典 『後漢書《ごかんじょ》』鄭玄伝《じょうげんでん》

【蓼虫忘辛】りょうちゅう ぼうしん

意味 人の好みにはいろいろあって、一度好きになったり、その状況に慣れてしまうと、何事も気にならなくなるというたとえ。
補説 とても辛いタデの葉を常食としている虫には、その辛さが全く気にならない意から。「蓼」はタデ科の一年草。辛みがあり、香辛料に用いられる。「蓼虫」はタデを食う虫。「蓼虫《りょうちゅう》辛《しん》を忘《わす》る」と訓読する。類義の表現に「蓼《たで》食う虫も好きずき」がある。
出典 王粲《おうさん》「七哀詩《しちあいし》」三
類義語 十人十色《じゅうにんといろ》

【竜跳虎臥】りょうちょう こが

意味 筆勢が何の束縛も受けず、縦横自在であるさま。
補説 竜が天に向かって身を躍らせて跳び上がったり、虎が大地に体を伏せる様子を筆の勢いにたとえたもの。もと、中国東晋《とうしん》の王羲之《おうぎし》の書を評した言葉。
注意 「りゅうちょうこが」とも読む。
出典 『法書要録《ほうしょようろく》』に引く袁昂《えんこう》『古今書評《ここんしょひょう》』

【良知良能】りょうち りょうのう

意味 人間が生まれながらにもっている知恵と才能のこと。
補説 学問や経験によるものではなく、人が本来もっている正しい心の働きと能力のこと。子が親を敬愛する類《たぐい》をいう。孟子《もうし》の性善説《せいぜんせつ》（人間の本性は善良である、というもの）に基づく考え方。
出典 『孟子《もうし》』尽心《じんしん》上
用例 陽明派の良知良能、禅僧の心は宇宙の至粋にして心と真理と殆《ほとんど》一体視するが如《ごと》きは、基督《キリスト》教の心を備えたる後に真理を迎うるものと同一視すべからず。〈北村透谷◆各人心宮内の秘宮〉
類義語 生知安行《せいちあんこう》

【竜頭鷁首】りょうとう げきす

意味 天子や貴人の乗る船。また、立派な船。
補説 竜の頭の彫り物や鷁の頭を船首につけた船。二艘《そう》で一対。平安から鎌倉時代、宮中の行事・寺社の祭礼・貴族の遊宴などに用いられた。御座舟となったり、楽人を乗せて管弦を奏したりした。「鷁」は水鳥の名。風波に耐えてよく飛ぶところから水難よけとされる。「竜舟鷁首《りょうしゅうげきしゅ》」ともいう。
注意 「竜」は「りゅう」、「首」は「しゅ」

り

とも読む。

用例 竜頭鷁首の船はすっかり唐風に装われてあって、梶《かじ》取《と》り、棹《さお》取《と》りの童侍《わらわざむらい》は髪を耳の上でみずらに結わせて、これも支那風の小童《こわらわ》に仕立ててあった。〈与謝野晶子訳紫式部◆源氏物語〉

類義語 竜舟鳳艒《りょうしゅうほうぼう》

【竜闘虎争】りょうとうこそう

⇒ 竜騰虎闘 りょうとうことう 666

【竜騰虎闘】りょうとうことう

意味 竜と虎のように力の伯仲する二者が、力を尽くして激しく戦うこと。

補説 「竜騰」は竜が勢い盛んに天に昇ること。「竜戦虎争《りょうせんこそう》」「竜闘虎争《りょうとうこそう》」ともいう。

注意 「りゅうとうことう」とも読む。

用例 竜騰虎闘の壮観があるだろうと予期した交渉は、かくのごとく散文的なる談判をもって無事に、迅速に結了した。〈夏目漱石◆吾輩は猫である〉

類義語 虎擲竜挐《こてきりょうだ》・竜虎相闘《りょうこそうとう》・竜攘虎搏《りょうじょうこはく》・竜挐虎擲《りょうだこてき》

【遼東之豕】りょうとうのいのこ

意味 狭い世界で育ち、他の世界を知らないために、自分だけすぐれていると思い込んで得意になっていること。ひとりよがり。

補説 「遼東」は遼河（河の名）の東、現在の中国遼寧《りょうねい》省南部地方のこと。「豕」は豚の意。

注意 「りょうとうのい」とも読む。

故事 昔、中国遼東地方の人が、飼っている豚が白い頭の豚を産んだのを大変珍しく思い、これを献上しようと河東（山西省）まで行ったところ、豚の群れに出会い、それがみな白い頭の豚だったので、自分の無知を恥じて帰ったという故事から。

出典 『後漢書《ごかんじょ》』朱浮伝《しゅふでん》

類義語 井蛙之見《せいあのけん》・井底之蛙《せいていのあ》・尺沢之鯢《せきたくのげい》・夜郎自大《やろうじだい》・唯我独尊《ゆいがどくそん》

【竜瞳鳳頸】りょうどうほうけい

意味 きわめて高貴な人の気品に満ちた容貌《ようぼう》を評した語。

補説 竜も鳳凰《ほうおう》も伝説上の霊獣・霊鳥であり、その瞳《ひとみ》や首のように、神々しい雰囲気をたたえているさま。「頸」はくび。

注意 「りゅうどうほうけい」とも読む。

故事 幼少のころの唐の則天武后《そくてんぶこう》を男の子として紹介された人が、その姿を見て、「この男の子がもし女の子だったら、天子になるだろう」と言った言葉による。

出典 『新唐書《しんとうじょ》』方伎伝《ほうぎでん》・袁天綱伝《えんてんこうでん》

【量入為出】りょうにゅういしゅつ

意味 収入を計算した上で、支出を決めること。収支のバランスをとること。

補説 健全な財政運営の原則をいった語。一般に「入《い》るを量《はか》りて出《い》ずるを為《な》す」と訓読して用いる。「量入制出《りょうにゅうせいしゅつ》」ともいう。類義の表現に「入《い》るを量りて出《い》ずるを制す」がある。

出典 『礼記《らいき》』王制《おうせい》 ◎「五穀皆《みな》入《い》りて、然《しか》る後に国用を制す。（中略）入《い》るを量りて以《もっ》て出《いだ》すを為《な》す」

類義語 開源節流《かいげんせつりゅう》

【量入制出】りょうにゅうせいしゅつ

⇒ 量入為出 りょうにゅういしゅつ 666

【両刃之剣】りょうばのつるぎ

⇒ 両刃之剣 もろはのつるぎ 633

【竜蟠蚖肆】りょうばんげんし

意味 いかにすぐれた人であっても、民間にあって実力を発揮することがなければ、凡人にあなどられること。

補説 竜も水中でじっと静かにしていてその真の能力を発揮せず、正しい評価をされなければ、イモリも竜の威力を恐れず勝手に振る舞う意から。「蟠」はとぐろをまく意。「蚖」はイモリ。「肆」は勝手気まま。

注意 「りゅうばんげんし」とも読む。

出典 『揚子法言《ようしほうげん》』問神《もんしん》 ◎「竜、泥に蟠《わだかま》れば、蚖其《そ》れ肆《ほしいまま》にす」

【竜蟠虎踞】りょうばんこきょ（―スル）

意味 地勢が険しい要害の地で、帝王の都にふさわしい場所。また、竜や虎のように抜きんでた能力をもった者がある地域にとどまって、そこでその能力を存分に発揮すること。

補説 「蟠」はとぐろをまくこと。「踞」はうずくまること。近づくのが困難な状態を指す。本来は、地勢が険しく、攻めるのに困難の意ばれる。転じて、竜や虎のように力強い勢力をもった者が居座って、他を威圧する地域・集団を形成する意味になった。「虎踞竜蟠《こきょりょうばん》」ともいう。
(注意)「竜盤虎踞」とも書く。「りゅうばんこきょ」とも読む。
(出典)『太平御覧《たいへいぎょらん》』一五六に引く「呉録《ごろく》」注
(用例)文芸の野は互《たがい》に竜蟠虎踞して将《まさ》に風雲を齎《もたら》さんとし、〈内田魯庵◆復活〉

【竜飛鳳舞】りょうひほうぶ
(意味)山々が連なり勇壮なさま。また、書法や筆勢が生き生きと自在なさま。

(補説)竜が飛び、鳳凰《ほうおう》が舞う様子から。竜・鳳凰はともに伝説上の霊獣・霊鳥。「竜《りゅう》飛《と》び鳳《ほう》舞《ま》う」と訓読する。

(注意)「りゅうひほうぶ」とも読む。

(出典)『鄭堂札記《ていどうさっき》』二に引く郭璞《かくはく》『臨安志《りんあんし》』

【涼風一陣】りょうふういちじん
(意味)さっとひと吹きする涼しい風のこと。
(補説)「涼風」は涼やかな風。涼しくさわやかな風の意。「一陣」はひとしきり風や雨が吹きつけること。
(用例)涼風一陣吹きいたるごとに、ませ籬《がき》によろぼいかかる夕顔の影法師がばさとして舞い出し、〈二葉亭四迷◆浮雲〉

【良風美俗】りょうふうびぞく
(意味)健康的で美しい風習・風俗。
(補説)「風」「俗」はともに習わし、習慣の意。
(用例)或《ある》者は、成金の金に委《まか》せての横暴が、世の良風美俗を破ると云《い》って憤慨した。〈菊池寛◆真珠夫人〉
(類義語)淳風美俗《じゅんぷうびぞく》

【竜逢比干】りょうほうひかん
(意味)忠臣のたとえ。

(補説)伝説的な中国最古の王朝夏《か》の関竜逢《かんりょうほう》と、殷《いん》の比干のこと。両者ともそれぞれの王である桀《けっ》・紂《ちゅう》(ともに暴君として有名)をいさめて亡くなったことから。

(注意)「りゅうほうひかん」とも読む。

(出典)『荘子《そうじ》』人間世《じんかんせい》

【両鳳連飛】りょうほうれんぴ
(意味)兄弟がそろって栄誉を獲得し、高い地位に昇ることのたとえ。
(補説)二羽の鳳凰《ほうおう》が並んで飛ぶ意から。鳳凰は伝説上のめでたい鳥。もと中国北斉《ほくせい》の崔悛《さいしゅん》・仲文《ちゅうぶん》兄弟が同じ日に出世したときに、人々が二人のすぐれた能力を評した語。
(出典)『北史《ほくし》』崔仲文伝《さいちゅうぶんでん》
(類義語)両鳳斉飛《りょうほうせいひ》

【竜躍雲津】りょうやくうんしん
(意味)勢いを得て出世すること。また、才気が満ちあふれていることの形容。
(補説)竜が空高く舞い上がり、銀河まで昇って行く意。「雲津」は銀河のこと。「竜《りょう》雲津《うんしん》に躍《おど》る」と訓読する。
(注意)「りゅうやくうんしん」とも読む。

【良薬苦口】りょうやくくこう
(意味)身のためになる忠言は聞きづらいということ。
(補説)よく効く薬は苦くて飲みにくいという意味から。一般に「良薬《りょうやく》は口《くち》に苦《にが》し」と訓読して用いる。
(出典)『韓非子《かんぴし》』外儲説《がいちょせつ》左上/『孔子家語《こうしけご》』六本《りくほん》 ◎「良薬は口に苦けれども病に利あり、忠言は耳に逆らえども行ないに利あり」
(出典)『世説新語《せせつしんご》』賞誉《しょうよ》
(類義語)忠言逆耳《ちゅうげんぎゃくじ》

【綾羅錦繡】りょうらきんしゅう
⇒ 錦繡綾羅 きんしゅうりょうら 172

【寥寥冥冥】りょうりょうめいめい(―タル)(―ト)
(意味)寂しく暗いさま。暗闇《くらやみ》に包まれて人気《ひとけ》のないさま。
(補説)「寥寥」は寂しいさま。「冥冥」は暗いさま。
(用例)人この裏《うち》に立ちて寥々冥々たる四望の間に、争《いかで》か那《な》の世間あり、社会あり、都あり、町あることを想《おも》得《う》べき、〈尾崎紅葉◆金色夜叉〉

【慮外千万】りょがいせんばん(―ナ)
(意味)きわめて意外であること。また、非常にぶしつけであること。
(補説)「慮外」は意外。また、ぶしつけ、無礼。「千万」は、程度がこの上もなく甚だしいことを表す語。

(用例) 奥方様という女乗物の一行が、まともにそれと打突《ぶっつ》かったのは気の毒でもあり、慮外千万な出来事でもありました。〈中里介山◆大菩薩峠〉

[類義語] 心外千万《しんがいせんばん》

【緑酒紅灯】りょくしゅこうとう

⇓ 紅灯緑酒 こうとうりょくしゅ 221

【緑葉成陰】りょくようせいいん

(意味) 女性が嫁いで、多くの子を産み育てるたとえ。

(補説) 緑の葉が陰をなすほど茂る意で、子ども・子孫の繁栄をたとえる。「緑葉《りょくよう》陰《かげ》を成《な》す」と訓読する。

(故事) 中国唐代、杜牧《とぼく》が湖州《こしゅう》に遊んだとき、一人の美しい少女を見いだした。十四年後、杜牧が刺史《しし》として湖州に来ると、その少女は結婚して子どもをもうけていた。杜牧はそれを残念に思い、少女の変化を木の生長に託した詩を賦したという。(『唐詩紀事《とうしきじ》』)

(出典) 杜牧《とぼく》詩「歎花《たんか》」◎「緑葉《りょくよう》陰《かげ》を成し子《こ》枝に満つ」

【緑林好漢】りょくりんのこうかん

(意味) 侠客《きょうかく》、また、盗賊・無法者のこと。

(補説) 「緑林」は今の中国湖北省にある山名。「好漢」は好男児・立派な男。また、漢の武帝のとき、匈奴《きょうど》を征し、匈奴は漢兵を好漢・漢児と呼び畏《おそ》れたことから、勇敢な者をいう。

(故事) 中国新の王莽《おうもう》が天下を支配していたとき、生活に窮した農民たちが緑林山を拠点に強盗を働き、これを鎮圧しようとした軍隊にも武装して抵抗したという故事から。

(出典) 『漢書《かんじょ》』王莽伝《おうもうでん》／『後漢書《ごかんじょ》』劉玄伝《りゅうげんでん》

[類義語] 梁上君子《りょうじょうのくんし》・緑林豪客《りょくりんのごうかく》・緑林豪傑《りょくりんのごうけつ》・緑林白波《りょくりんはくは》

【緑林白波】りょくりんはくは

(意味) 泥棒・盗賊のこと。また、その潜伏場所をいう。

(故事) 中国新の王莽《おうもう》が天下を支配していたとき、生活に窮した農民たちが緑林山を拠点にして強盗を働いていた。また、後漢の時代に張角を主領とし、頭に黄色の布切れをつけた黄巾《こうきん》の賊が白波谷を拠点として乱を起こしたという故事から。

(出典) 『漢書《かんじょ》』王莽伝《おうもうでん》／『後漢書《ごかんじょ》』霊帝記《れいていき》

[類義語] 草頭天子《そうとうてんし》・白波之賊《はくはのぞく》・梁上君子《りょうじょうのくんし》・緑林好漢《りょくりんのこうかん》

【驪竜之珠】りりょうのたま

(意味) 黒い竜のあごの下についていると想像されていた宝玉。

(補説) 危険を冒さなければ得られないことから、世にも珍しい貴重な物のたとえ。また、危険を冒して大きな利益を得るたとえ。転じて、群を抜いてすばらしい詩文にもたとえる。「驪竜」は黒い竜。

(注意) 「竜」は「りゅう」、「珠」は「しゅ」とも読む。

(出典) 『荘子《そうじ》』列禦寇《れつぎょこう》

[類義語] 頷下之珠《がんかのしゅ》・虎穴虎子《こけつこし》・探驪獲珠《たんりかくしゅ》

【理路整然】りろせいぜん 〈—タル〉〈—ト〉

(意味) 文章や話が、秩序立てた論理で展開されているさま。

(補説) 「理路」は筋道のこと。「整然」は秩序正しいさま。

(用例) また彼等《かれら》は、一切の情緒感的《センチメンタル》なものや、曖昧茫漠《あいまいぼうばく》としたものを排斥して、ひとえに判然明白たる、理路整然たる詩を尊んだ。〈萩原朔太郎◆詩の原理〉

[類義語] 順理成章《じゅんりせいしょう》

[対義語] 支離滅裂《しりめつれつ》・不得要領《ふとくようりょう》・乱雑無章《らんざつむしょう》

【霖雨蒼生】りんうそうせい

(意味) 苦しんでいる人々に、救いの手を差し伸べること。また、民衆の苦しみを救う慈悲深い人のこと。

(補説) 「霖雨」は三日以上降り続く長雨。喉《のど》の渇きをいやし植物を生育させる恵みの雨。転じて、恩恵。民の苦しみを救う人のたとえ。「蒼生」は世の人民のこと。

(出典) 『書経《しょきょう》』説命《えつめい》上

【臨淵羨魚】りんえんせんぎょ

(意味) 望むだけでなく、適切な手段を講じなければ、願いごとはかなわないという教え。

(補説) 川のほとりに立って、何もしないまま

り

ただ魚を得たいと願うのではなく、まず家に帰って網を作らなければならないという意。何の努力もせずに幸福を手に入れようと思うのではなく、自分で幸福になる方策を考えたほうがよいということ。一般に「淵《ふち》に臨《のぞ》んで魚《うお》を羨《うらや》む」と訓読して用いる。
出典『漢書《かんじょ》』董仲舒伝《とうちゅうじょでん》
類義語 羨魚結網《せんぎょけつもう》・臨淵之羨《りんえんのせん》・臨河羨魚《りんがせんぎょ》

【麟角鳳嘴】 りんかくほうし
意味 ごくまれにしか見ることができないもののたとえ。
補説 麒麟《きりん》の角と鳳凰《ほうおう》の嘴《くちばし》の意から。麒麟・鳳凰はともに伝説上の霊獣・霊鳥。
出典『海内十洲記《かいだいじっしゅうき》』鳳麟洲《ほうりんしゅう》

【林下風気】 りんかのふうき
意味 女性の立ち居振る舞いの物静かで上品なことの形容。また、中国六朝《りくちょう》時代、山林に隠棲《いんせい》した竹林の七賢のような風雅な趣。
補説「林下」は林の中。「風気」は気風・趣。もとは晋《しん》の王凝之《おうぎょうし》の妻の謝道韞《しゃどううん》を評した語。
出典『世説新語《せせつしんご》』賢媛《けんえん》
類義語 林下風致《りんかのふうち》

【林間紅葉】 りんかんこうよう
意味 林の中で紅葉を集めてたき火をし、酒を温めて飲むという、秋の風流な楽しみ方を述べた言葉。
補説「林間に酒を煖《あたた》めて紅葉を焼《た》く」という詩中の一句の略。
出典 白居易《はくきょい》—詩「王十八《おうじゅうはち》の山《やま》に帰《かえ》るを送《おく》り仙遊寺《せんゆうじ》に題《だい》す」

【臨機応変】 りんきおうへん
意味 状況に応じた行動をとること。場合によって、その対応を変えること。
補説「臨機」はその場その時に応じて適切な処置をとること。「応変」は変化に応じる意。「機《き》に臨《のぞ》み変《へん》に応《おう》ず」と訓読する。「随機応変《ずいきおうへん》」ともいう。
出典『南史《なんし》』梁宗室伝《りょうそうしつでん》／『朱子語類《しゅしごるい》』一三六
用例 父は交際家だけあって、斯《こ》ういう妙な話を沢山頭の中に仕舞っていた。そうして客でもあると、献酬《けんしゅう》の間によくそれを臨機応変に運用した。〈夏目漱石◆行人〉
類義語 深厲浅掲《しんれいせんけい》・当機立断《とうきりつだん》・変幻自在《へんげんじざい》・量体裁衣《りょうたいさいい》
対義語 杓子定規《しゃくしじょうぎ》

【鱗次櫛比】 りんじしっぴ 〈—スル〉
意味 うろこや櫛《くし》の歯のように、すき間なく整然と並ぶこと。
補説「鱗」はうろこ。「次」「比」はともに並ぶ意。
出典 潘岳《はんがく》「射雉賦《しゃちふ》」

【麟子鳳雛】 りんしほうすう
意味 将来性のある子どものたとえ。
補説 麒麟《きりん》の子と鳳凰《ほうおう》のひなの意から。麒麟も鳳凰も伝説上の霊獣・霊鳥で、これらが現れると、めでたい兆しとされた。
出典『易林《えきりん》』一
類義語 飛兎竜文《ひとりょうぶん》・伏竜鳳雛《ふくりょうほうすう》・竜駒鳳雛《りょうくほうすう》

【臨終正念】 りんじゅうしょうねん
意味 死に臨んでも、心が平静で乱れないこと。また、心静かに念仏を唱えて極楽往生を願いつつ死んでいくこと。
補説 仏教語。「臨終」は「臨命終時《りんみょうじゅうじ》」の略。（→「臨命終時《りんみょうじゅうじ》」670）「正念」は往生を信じ、一心に思うこと。
用例 爰《ここ》こそ天の恵み、臨終正念違《たが》わず、安《やす》らかなる大往生、南無阿弥陀仏《なみあみだぶつ》は嬌喉《きょうこう》に粋《すい》の果《はて》を送り三重《さんじゅう》、鳥部野《とりべの》一片の煙となって〈幸田露伴◆風流仏〉

【臨池学書】 りんちがくしょ
意味 熱心に書の練習をすること。
補説 池のほとりで書道の練習をする意から。「臨池」は「書道」の意味にも使われる。「池《いけ》に臨《のぞ》んで書《しょ》を学《まな》ぶ」と訓読する。「臨池之志《りんちのこころざし》」ともいう。
故事 中国後漢の張芝《ちょうし》が池のほとりで書道をしたとき、あまりにも熱心に練習をしたので、池の水が硯《すずり》の墨で真っ黒になったという故事から。

【臨池之志】 りんちのこころざし
出典 王羲之《おうぎし》「人《ひと》に与《あた》うるの書《しょ》」
⇒臨池学書 りんちがくしょ 669

【輪廻応報】りんねおうほう

意味 ながい輪廻のくり返しのなかで、自身の行為の報いを受けること。

補説 偶然や不条理と見えるできごとも、実は前世の行いの結果なのだとする考え方を表す。「輪廻」は回り続ける車輪のように、生あるものが死後、迷いの世界で際限なく生死をくり返してゆくこと。仏教の基本的な概念。「応報」は善悪の行いに応じてその報いを受けること。「輪廻」も「応報」も仏教語だが、「輪廻応報」と四字で用いるのは日本での通俗的用法。

注意 「輪回応報」とも書く。

用例 なんぼ敵同士とは云いながら現在汝《なんじ》の槍先《やりさき》に命を果すとは輪廻応報、ああ実に殺生は出来んものだなア。〈三遊亭圓朝◆怪談牡丹灯籠〉

類義語 因果応報《いんがおうほう》

【輪廻転生】りんねてんしょう〈―スル〉

意味 人が生まれ変わり、死に変わりし続けること。

補説 仏教語。「輪廻」は回り続ける車輪のように、生あるものが死後、迷いの世界で際限なく生死をくり返してゆくこと。仏教の基本的な概念。「転生」は生まれ変わること。「転生輪廻《てんしょうりんね》」ともいう。

用例 不可思議をそのまま神として崇拝する万有神教は、輪廻転生の説と木乃伊《ミイラ》とを生みました。〈夢野久作◆鼻の表現〉

類義語 流転輪廻《るてんりんね》・六道輪廻《ろくどうりんね》

【麟鳳亀竜】りんぽうきりょう

意味 太平の世になると現れると信じられていた四種の霊獣・霊鳥。

補説 麒麟《きりん》・鳳凰《ほうおう》・亀・竜のこと。転じて、非常にまれで珍しいもの、聖人・賢者のたとえ。麒麟・鳳凰・竜はいずれも伝説上の霊獣・霊鳥で、太平の世に出現するというめでたいもの。

注意 「りんぽうきりゅう」とも読む。

出典 『礼記《らいき》』礼運《れいうん》

【臨命終時】りんみょうじゅうじ

意味 死の時に臨んで。亡くなる間際に。

補説 「命終」は死ぬこと。命の終わること。略して、「臨終《りんじゅう》」という。

注意 語構成は「臨」＋「命終時」。

出典 『阿弥陀経《あみだきょう》』

用例 妻子珍宝及王位、臨命終時不随者というので御釈迦様《おしゃかさま》はすました者だけれど、なかなかそうは覚悟しても居ないから凡夫の御台様《みだいさま》や御姫様《おひめさま》はさぞ泣きどおしで居られるであろう。〈正岡子規◆墓〉

類義語 臨寿終時《りんじゅじゅうじ》

【淋漓尽致】りんりじんち

意味 詩や文章の表現がのびやかで、余すことなく意を尽くしている様子。

補説 「淋漓」は、勢いがあふれているさま。ここでは、筆勢の盛んなさま。のびやかなさま。「尽致」は徹底していること。非常に痛快なこと。

【林林総総】りんりんそうそう〈―タル〉〈―ト〉

意味 非常に多くあるさま。

補説 「林林」は群がるさま。多いさま。「総総」はたくさんあるさま。

出典 柳宗元《りゅうそうげん》「貞符《ていふ》」

【琳琅璆鏘】りんろうきゅうそう

意味 美しい音をかなでること。

補説 美玉が触れ合って美しい音色をかなでること。美しい詩文や歌の響きにもいう。「琳琅」は美しい玉《ぎょく》。「璆鏘」は玉が触れ合って鳴る美しい音。

注意 「りんろうきゅうしょう」とも読む。

出典 『楚辞《そじ》』九歌《きゅうか》・東皇太一《とうこうたいいつ》 ◎「長剣の玉珥《ぎょくじ》（白玉《はくぎょく》で飾った柄頭《つかがしら》。一説に、玉で飾ったつば）を撫《ぶ》すれば、璆鏘として琳琅鳴る」

用例 「琳琅璆鏘として鳴るじゃないか」とむずかしい事を持ち出したのは独仙君であったが、だれも取り合わなかったのは気の毒である。〈夏目漱石◆吾輩は猫である〉

【琳琅珠玉】りんろうしゅぎょく

意味 きわめて美しい宝玉。転じて、美しい詩文を指す。また広く、すばらしいもの。すばらしい人の意。

補説 「琳琅」は美しい玉《ぎょく》。

出典 『世説新語《せせつしんご》』容止《ようし》 ◎「還《かえ》りて、人に語りて曰《いわ》く、今日《こんにち》の行《こう》、触目《しょくもく》、琳琅珠玉を見たり」

類義語 琳琅満目《りんろうまんもく》

り

【琳琅満目】 りんろうまんもく

(意味) きわめて美しい宝玉が目の前に満ちあふれているさま。

(補説) 美しいものが、あふれるほどたくさんそろっていることのたとえ。「琳琅」は美しい玉《ぎょく》。「琳琅《りんろう》目《め》に満《み》つ」と訓読する。

(類義語) 琳琅珠玉《りんろうしゅぎょく》・琳琅触目《りんろうしょくもく》

る

【累世同居】 るいせいどうきょ

(意味) 数代にもわたる家族が、一つの家に一緒に住むこと。

(補説) 「累世」は世を重ねること。累代。「同居」は同じ家にともに住む意。長命の家系で、その繁栄を祝した語。

(類義語) 四世同堂《しせいどうどう》

【類比推理】 るいひすいり 〈―スル〉

(意味) 二つの物事の間にある類似性から他の部分での類似性を推理すること。

(補説) 論理学の言葉。略して「類推」ともいう。アナロジー。

【累卵之危】 るいらんのき

(意味) きわめて不安定で危ういことの形容。

(補説) 卵を積み上げたように、壊れやすく危険な状態のたとえ。「累」は積み重ねること。一般に「累卵の危うき」の形で用いる。「重卵之危《ちょうらんのき》」ともいう。

(注意) 「るいらんのあやうき」とも読む。

(出典) 『戦国策《せんごくさく》』 秦策《しんさく》／『文選《もんぜん》』 枚乗《ばいじょう》「書《しょ》を上《たてまつ》りて呉王《ごおう》を諫《いさ》む」

(類義語) 一縷千鈞《いちるせんきん》・一触即発《いっしょくそくはつ》・一髪千鈞《いっぱつせんきん》・危機一髪《ききいっぱつ》

【鏤塵吹影】 るじんすいえい

⇒ 吹影鏤塵 すいえいろうじん 358

【流転無窮】 るてんむぐう

(意味) さまざまな状態に転々と移り変わって、とどまることがないこと。

(補説) 「流転」は次々と移り変わること。また、因果関係など、すべての事柄が限りなくくり返されること。「無窮」は際限なく続いていくこと。「窮」は終点の意。

(類義語) 万物流転《ばんぶつるてん》

【流転輪廻】 るてんりんね 〈―スル〉

(意味) 無限に生死をくり返しながら、迷いの世界をさまよい続けること。

(補説) 仏教語。「流転」と「輪廻」は同義。六道《ろくどう》（地獄《じごく》・餓鬼《がき》・畜生《ちくしょう》・修羅《しゅら》・人間《にんげん》・天上《てんじょう》）をめぐりながら、際限なく生まれかわること。

(注意) 「流転輪回」とも書く。

(出典) 『教行信証《きょうぎょうしんしょう》』 化身土巻《けしんどかん》

(用例) 憂うるなかれ、宇宙の万物は、すべて流転輪廻の法則の下に存在するのである、〈木村小舟◆太陽系統の滅亡〉

(類義語) 生死流転《しょうじるてん》・生生流転《せいせいるてん》・輪廻転生《りんねてんしょう》・六趣輪廻《ろくしゅりんね》・六道輪廻《ろくどうりんね》

【縷縷綿綿】 るるめんめん 〈―タル〉〈―ト〉

(意味) 話が長くて、くどくどしいさま。また、広く延々と長く続くさま。

(補説) 中身のない話が、延々と繰り返されるさまをいう。「縷縷」は細長く続くさま。また、細々と話すさま。「綿綿」はいつまでも続いて絶えない意。

(用例) 談話は縷々綿々として尽きず、それからそれと興に乗じて種種《いろいろ》な昔話しも出る。〈幸田露伴◆不安〉

れ

【冷艶清美】 れいえんせいび 〈―ナ〉

(意味) 白い花や雪などのように、冷ややかで美しいさま。

(補説) 「冷艶」は冷ややかな美しさの意。白い花や雪などの形容に多く用いられる。「清美」は清らかで美しい意。

(用例) 飛沫《ひまつ》は箇々《ここ》日光を捉《とら》えて金紫の色に輝き、其《そ》の落ちてまたむらむらと湧《わ》き上る時、冷艶清美実に言う可《べ》からざる緑青色《エメラルドグリーン》を帯ぶ。〈徳冨蘆花◆自然と人生〉

【礼楽刑政】 れいがくけいせい

(意味) 礼節・音楽・刑法・政令（また政府機

る

関）のこと。

補説 中国古代において社会の秩序を維持し、国を成り立たせると考えられたもの。支配者がこの四者を有効に用いれば、人々が幸福に暮らせる太平の世を実現できるという政治理念を表す。「礼」は人に行いを慎ませ、社会の秩序を定めるもの。「楽」は人心を和ませ、感化するもの。「刑」は邪悪な行いを防ぐための法と罰。「政」は人の行動を規制する命令や統治のための諸機関。

出典『礼記《らいき》』楽記《がくき》

【礼楽征伐】れいがくせいばつ

意味 政治・文教・軍事のこと。

補説「礼楽」は典礼と音楽の意。中国では古来、これらは治世の要諦《ようてい》として重視された。転じて、文化のこと。「征伐」は有罪者や反逆者を討伐すること。

用例 昔トルコの政府も威権最も強盛にして、礼楽征伐の法、斉整《せいせい》ならざるはなし、〈福沢諭吉◆学問のすすめ〉

【冷汗三斗】れいかんさんと

意味 強い恐怖感を抱いたり、恥ずかしい思いをして、体中から冷や汗が流れること。

補説「斗」は容量の単位。一升の十倍。「三斗」は量の多いことを誇張していったもの。

用例 その時期のなつかしい思い出の中にも、たった一つ、冷汗三斗の、生涯わすれられぬ悲惨なしくじりがあったのです。〈太宰治◆人間失格〉

類義語 汗顔無地《かんがんむち》・冷水三斗《れいすいさんと》

【冷眼傍観】れいがんぼうかん（—スル）

意味 冷静・冷淡な態度で、脇《わき》から眺めること。

補説 目の前の出来事に対して、関係をもつことをせず傍観することをいう。「冷眼」は冷静な目。「傍観」は関《かか》わりをもとうとせず、脇から見ていること。

出典『水滸伝《すいこでん》』九

類義語 隔岸観火《かくがんかんか》・拱手傍観《きょうしゅぼうかん》

【零絹尺楮】れいけんせきちょ

意味 書画の切れ端・断片。

補説 絹や紙の切れ端の意。「零」「尺」はともにわずかの意。「楮」は紙の原料のコウゾ。転じて、紙。

【鴒原之情】れいげんのじょう

意味 兄弟姉妹の深い情愛のこと。

補説「鴒」は水鳥のセキレイのこと。セキレイは兄弟仲のよい鳥とされ、飛べば鳴き、歩めば尾羽を振って、何か差し迫ったことでもあるようにせわしない。それは兄弟が互いの難儀を急ぎ救う様子を見るようだという。また、そのように、兄弟の間に急なことがあれば、何としても助け合わなければならないということ。「鴒原」はセキレイが鳴く高原のこと。水辺を離れていることで危急の場合であることを表す。

出典『詩経《しきょう》』小雅《しょうが》・常棣《じょうてい》 ◎「脊令《せきれい》原《げん》に在り、兄弟《けいてい》難に急《おもむ》く」

類義語 棣鄂之情《ていがくのじょう》

【冷酷無情】れいこくむじょう（—ナ）

意味 思いやりに欠け、同情心もないこと。

補説「冷酷」は思いやりがなくむごいこと。「無情」は思いやりや同情心がないこと。類義の語を重ねて意味を強調している。

用例 貴公子のようなこの青年に、彼の過去がすべてそうであったように、現在も冷酷無情な現実がヒシヒシとりまいていることを、はじめて長平は知ることができた。〈坂口安吾◆街はふるさと〉

類義語 冷淡無情《れいたんむじょう》

【霊魂不滅】れいこんふめつ

意味 人間の魂は永遠で、肉体が死んでも変わらず存在しているという考え方。

補説「霊魂」は肉体に宿ってその精神を支配するもの。たましい。

用例 病中のために疲れて来たロレンゾに代って、フロイス自身が日乗との間に霊魂不滅の議論を始めたのである。〈和辻哲郎◆鎖国〉

【礪山帯河】れいざんたいが

⇒ 河山帯礪 かざんたいれい 104

【醴酒不設】れいしゅふせつ

意味 人をもてなす礼儀が粗略になること。

補説「醴酒」は甘酒。飲酒を始めようとする人や、酒を好まない人のための酒。「醴酒《れいしゅ》設《もう》けず」と訓読する。

故事 中国前漢、楚《そ》の元《げん》王は穆生《ぼくせい》を師の一人として学んでいたが、酒宴のときには、酒をたしなまない穆生のために必ず甘酒を用意した。元王の孫の戊《ぼ》が楚王になると、甘酒を用意しなくなった。穆生は、楚を去るべきときだ、甘酒を用意しないのは王の関心が薄れてきたからで、去らなければ楚の人々はわたしに首かせをして市にさらすだろう、と言って病と称して臥《ふ》したという故事から。

【藜杖韋帯】 れいじょういたい

意味 質素で清廉な生活の形容。また、そのような生活をする人。

補説 アカザの杖《つえ》となめし革の帯の意。「藜」はアカザ。この茎で杖を作る。「韋」はなめし革。いずれも粗末なもの。

出典 『陳書《ちんしょ》』宣帝紀《せんていき》

類義語 采椽不斲《さいてんふたく》・土階三等《どかいさんとう》・土階茅茨《どかいぼうし》

【励声一番】 れいせいいちばん

意味 ここ一番というときに、声を張り上げること。

補説 「励声」は声を張り上げること。声を荒らげること。「一番」はここでは最上の意で、最もだいじなときということ。

用例 否、この度の解散は微弱な私一人のためのみならず、日本人全体のために日本人自らが励声一番した「気を附《つ》け」の号令ではなかったか。〈与謝野晶子◆鏡心灯語〉

【励声疾呼】 れいせいしっこ（―スル）

意味 大声を出して、しきりに呼ぶこと。

補説 「励声」は声を張り上げること。声を荒らげること。「疾呼」は、あわただしく声を発すること。本来、速い音調のこと。

類義語 大声疾呼《たいせいしっこ》

【励声叱咤】 れいせいしった（―スル）

意味 声を荒らげてしかること。怒鳴ってしかりつけること。

補説 「励声」は声を張り上げること。声を荒らげること。「叱咤」はしかりつけること。

用例 いつものように女の愚痴蒙昧《もうまい》を憫《あわ》れむ勘弁はなくなッて励声叱咤して断然離縁すると言い出した。〈内田魯庵◆くれの廿八日〉

【冷静沈着】 れいせいちんちゃく（―ナ）

意味 落ち着いていて動じないこと。

補説 「冷静」は感情的になることなく落ち着いている様子。「沈着」は物事に動じず落ち着いていること。類義の語を重ねて意味を強調している。「沈着冷静《ちんちゃくれいせい》」ともいう。

用例 足も決してふるえていない。こぶしなども決して握っていない。あくまでも冷静沈着である。〈国枝史郎◆怪しの館〉

【霊台方寸】 れいだいほうすん

意味 心のこと。胸のうちをいう。

補説 「霊台」は魂のあるところ。「方寸」は一寸四方。転じて、心・心中・胸中の意。昔、心の働きは胸中の方寸の間（心臓）にあると考えられていた。

用例 ただおのが住む世を、かく観じ得て、霊台方寸のカメラに澆季溷濁《ぎょうきこんだく》の俗界を清くうららかに収め得れば足る。〈夏目漱石◆草枕〉

【冷暖自知】 れいだんじち

意味 自分のことは自分で分かること。

補説 水が冷たいか温かいかは、飲めばおのずと分かる意から。禅宗では、悟りの境地は自分自身で知ることができることで、他人のあずかり知ることではない意。「冷暖《れいだん》自《みずか》ら知《し》る」と訓読する。

出典 『景徳伝灯録《けいとくでんとうろく》』四・袁州蒙山道明禅師《えんしゅうもうざんどうみょうぜんじ》

用例 五十知命、いいかえれば冷暖自知ではあるまいか。〈種田山頭火◆其中日記〉

【冷嘲熱罵】 れいちょうねつば

意味 冷ややかにあざけって、盛んになじり非難すること。

補説 「冷」は冷ややか、また、言葉にとげがある意。「嘲」はあざけり・嘲笑《ちょうしょう》の意。「熱」は辛辣《しんらつ》で厳しい様子。

用例 予が一身上に加えられたる冷嘲熱罵は、予が言論の権威を棄傷したる多大なるべし。〈徳富蘇峰◆時務一家言〉

【冷嘲熱諷】 れいちょうねっぷう

意味 嘲笑《ちょうしょう》と辛辣《しんらつ》な諷刺《ふうし》のこと。

補説 「冷」は冷ややか、また、言葉にとげがある意。「嘲」はあざけり・嘲笑の意。「熱」は辛辣で厳しい様子。「諷」は諷刺《ふうし》、また、いさめる意もある。

れ

類義語 冷議熱嘲《れいぎねっちょう》・冷諷熱嘲《れいふうねっちょう》

【零丁孤苦】れいていこく

意味 落ちぶれ貧窮して、周囲に助ける者もなく、孤独で苦労すること。

補説 「零丁」は落ちぶれて孤独なこと。「孤苦」は身寄りがなく、たいへん貧しいこと。「孤苦零丁《こくれいてい》」ともいう。

注意 「伶仃孤苦」とも書く。

故事 中国晋《しん》の李密《りみつ》が、病に臥《ふ》せる祖母を日夜帯も解かずに看病しているなかで武帝から召されたとき、「私は不幸な運命に生まれ、幼くして孤児になり祖母の手によって育ちましたが、幼い頃《ころ》から病弱で、九歳になっても出歩くことができず、零丁孤苦して成人しました」と言って、病床の祖母のために任官を辞退したい旨を上表した文中の語。

出典 『文選《もんぜん》』李密《りみつ》「陳情表《ちんじょうひょう》」

用例 それを昇は、官途を離れて零丁孤苦、みすぼらしい身になったといって、文三《ぶんぞう》を見くびって、失敬にも無礼にも、復職ができたらこの上がなかろうといった。〈二葉亭四迷◆浮雲〉

【冷土荒堆】れいどこうたい

意味 墓の別名。

補説 物寂しい墓のこと。また、荒れ果てた墓にもいう。「堆」は土を高く盛ること。

出典 『長生殿《ちょうせいでん》』冥追《めいつい》

【霊肉一致】れいにくいっち

意味 キリスト教で、霊魂と肉体はともに大切であるという考え方。

補説 肉体を悪とし、霊魂を善とする考え方に対していう。「霊肉」は霊魂と肉体。

【令聞令望】れいぶんれいぼう

意味 よい評判。すぐれたほまれ。名声。

補説 「令聞」「令望」はともに、よい評判のこと。

出典 『詩経《しきょう》』大雅《たいが》・巻阿《けんあ》 ◎「顒顒卬卬《ぎょうぎょうこうこう》として、圭《けい》の如《ごと》く璋《しょう》の如く、令聞あり令望あり、豈弟《がいてい》の君子は、四方則《のり》と為《な》す（和やかで盛んに、圭や璋の玉器のように気高く、すぐれたほまれがあり、楽しみ和らぐ祖先の霊は、四方の国々の規範となる）」

【烈士徇名】れっしじゅんめい

意味 道理を大切にする人は、命をかけて道義や名誉を守るということ。

補説 利益や地位など世俗的な価値にこだわらず、道理を通して名誉を守るということ。「烈士」は義理堅く正しい人。「徇」はあることのために命を投げ出すこと。「烈士《れっし》、名《な》に徇《したが》う」と訓読する。

出典 『史記《しき》』伯夷伝《はくいでん》

対義語 貪夫徇財《たんぷじゅんざい》

【烈日赫赫】れつじつかくかく 〈―タル〉〈―ト〉

意味 激しく太陽が照りつけて、非常に暑いさま。

補説 「烈日」は激しく照りつける夏の太陽。「赫赫」は日照りの厳しいさま。

注意 「れつじつかっかく」とも読む。

【蓮華往生】れんげおうじょう

意味 死後、極楽浄土の世界に行くこと。

補説 「蓮華」は仏・菩薩《ぼさつ》の座、また、釈迦《しゃか》の教化する世界をたとえていう。（→「蓮華宝土《れんげほうど》」674）「往生」はこの世を去って、他の世界に生まれ変わること。転じて、死ぬこと。

【蓮華宝土】れんげほうど

意味 阿弥陀仏《あみだぶつ》のいる極楽浄土のこと。

補説 西方に向かって十万億土のかなたにあって、清らかな蓮《はす》の華《はな》が輝くばかりに咲き乱れており、常に阿弥陀仏が説法をしていて、全く苦しみのない安楽な世界。「蓮華」はハス、あるいは睡蓮《すいれん》の花の意。インドでは、理想の境地を象徴するものとして古来親しまれ、また仏教では、泥土に生じても泥に汚されずに美しい花を咲かせることから、仏や菩薩《ぼさつ》の座する席として用いられる。「宝土」は、仏の国の美称。また、理想郷の意。

用例 萩《はぎ》、桔梗《ききょう》、女郎花《おみなえし》などの褄《つま》や袖口《そでぐち》の彩りと申し、うららかな日の光を浴びた、境内一面の美しさは、目のあたりに蓮華宝土の景色を見るようでございました。〈芥川龍之介◆邪宗門〉

類義語 蓮華世界《れんげせかい》

【憐香惜玉】れんこうせきぎょく

意味 女性を大切に思うことのたとえ。

補説 香《こう》や玉《ぎょく》を女性になぞらえて、香や

玉をいつくしみ愛する意から。「憐」はかわいがる、いつくしむ意。「惜」は大切にする意。「惜玉憐香《せきぎょくれんこう》」ともいう。

【連鎖反応】 れんさはんのう

意味 一つの出来事がきっかけとなって、次から次へと関連して同様の事が起こること。

補説 ある一つの反応によって他の反応が引き起こされ、次々と同じ反応が進行するという化学反応の意味から。

用例 もしこの問題が、連鎖反応式に中央アジアのいくつかの遺蹟《いせき》の発掘をひき起こしたとしたら、やがて千四百年前の中央アジアの偉観がわれわれの前に展開してくるであろう。〈和辻哲郎◆麦積山塑像の示唆するもの〉

【連日連夜】 れんじつれんや

意味 毎日毎夜引き続いて。

補説 「連日」は毎日。「連夜」は毎夜。

用例 そして全道の警察の神経と血管が、連日連夜、どれ程の努力に疲れ果てて来たことか……。〈夢野久作◆白菊〉

類義語 晨夜兼道《しんやけんどう》・昼夜兼行《ちゅうやけんこう》・倍日幷行《ばいじつへいこう》

【連城之璧】 れんじょうのへき

⇒ 和氏之璧《かしのへき》 105

【連戦連勝】 れんせんれんしょう 〈—スル〉

意味 戦うたびに勝ち続けること。

補説 「連戦」は続けて戦うこと。「連勝」は続けて勝つこと。

用例 ところが日清《にっしん》戦争、連戦連勝、軍隊万歳、軍人でなければ夜も日も明けぬお目出度《めでた》いこととなって、そして自分の母と妹《いもと》とが堕落した。〈国木田独歩◆酒中日記〉

類義語 全戦全勝《ぜんせんぜんしょう》・天下無敵《てんかむてき》・百戦百勝《ひゃくせんひゃくしょう》

対義語 連戦連敗《れんせんれんぱい》

【連帯責任】 れんたいせきにん

意味 二人以上の人が、ある行為や結果に対して、ともに責任を負うこと。

補説 「連帯」は、ここでは、二人以上の人が共同すること。

用例 しかし自由とは我我の行為に何の拘束もないことであり、即《すなわ》ち神だの道徳だの或《ある》いは又社会的習慣だのと連帯責任を負うことを潔しとしないものである。〈芥川龍之介◆侏儒の言葉〉

類義語 同腹一心《どうふくいっしん》

【廉恥功名】 れんちこうみょう

意味 清らかで恥を知る心、手柄を立てて名をあげようという心があること。

補説 「廉」はいさぎよい、清く正しい意。「功名」は手柄と誉れ。

用例 既《すで》に生命をも安んずること能《あた》わず、何ぞ他を顧《かえり》みるに遑《いとま》あらん。廉恥功名の心は身を払《はら》って尽き果て、文学技芸等に志すべき余地を遺《のこ》さず、ただ上命に従《したが》いて政府の費用を供するのみにて、身心共に束縛を蒙《こうむ》るものというべし。〈福沢諭吉◆文明論之概略〉

【廉頗負荊】 れんぱふけい

意味 心から謝罪すること。

補説 「廉頗」は中国戦国時代の趙《ちょう》の名将。藺相如《りんしょうじょ》と「刎頸之交《ふんけいのまじわり》」を結んだことで有名。「負荊」はいばらのむちを背負うこと。「廉頗《れんぱ》、荊《いばら》を負《お》う」と訓読する。

故事 ↓「刎頸之交《ふんけいのまじわり》」583

出典 『史記《しき》』廉頗藺相如伝《れんぱりんしょうじょでん》

類義語 肉袒負荊《にくたんふけい》・肉袒廉頗《にくたんれんぱ》

【聯袂辞職】 れんべいじしょく 〈—スル〉

意味 大勢の者がまとまって、一斉に職を辞すること。

補説 多く、抗議の意思表示や責任者の決断を促すためなどに行われる。「聯袂」はたもとを連ねることから、人々が並んで行動を一緒にすることを指す。「聯」は「連」と同じで、連ねる意。

注意 「連袂辞職」とも書く。

用例 純正美術派の先生たちは、「からつ屋や細工屋の職人を、我が校で養成する必要はない」と、大変な反対意見を出され、そのために学校当局とごたごたが起き、絵の先生は大半連袂辞職されてしまいました。〈上村松園◆画学校時代〉

【連璧賁臨】 れんぺきひりん

意味 二人の客人が同時に訪れること。

補説 「連璧」は対《つい》の玉《ぎょく》。すぐれた二人の友のたとえ。「賁臨」は客の訪問の敬称。「光臨」に同じ。「賁」は華やかで美しい意。

【連理之枝】れんりのえだ
⇒比翼連理　ひよくれんり　560

ろ

【弄瓦之喜】ろうがのよろこび
意味　女児が生まれること。また、その喜び。
補説　女子誕生の祝詞に用いる。「弄」は手で持っておもちゃにする意。「瓦」は紡磚《ぼうせん》（機織りに用いる陶製の糸巻き）。古代の中国では、生まれた女の子に糸巻きを玩具《がんぐ》として与え、手先が器用になることを願った。
出典　『詩経《しきょう》』小雅《しょうが》・斯干《しかん》
類義語　弄璋之慶《ろうしょうのけい》・弄璋之喜《ろうしょうのよろこび》

【老気横秋】ろうきおうしゅう
意味　老練さがあふれ出ていて、その気概や自負が満ちあふれていること。転じて、年寄りや古参者が横柄であること。また、分《ぶん》不相応に老練ぶること。
補説　「老気」は老練の気や気概の意。「横秋」はあふれていること。本来、霧が秋空を覆い満ちているさま。
出典　『文選《もんぜん》』孔稚珪《こうちけい》「北山移文《ほくざんいぶん》」
類義語　壮気横秋《そうきおうしゅう》・胆気横秋《たんきおうしゅう》

【螻蟻潰堤】ろうぎかいてい
意味　大きな事件や事故もほんの小さな原因からもたらされることのたとえ。
補説　ケラやアリが掘ったようなごく小さな穴でも、いずれは大きな堤防を壊してしまうことになる意から。「螻」はケラ。「蟻」はアリ。「潰」はつぶれる、壊れる意。「螻蟻《ろうぎ》堤《つつみ》を潰《つい》やす」と訓読する。
出典　『韓非子《かんぴし》』喩老《ゆろう》
類義語　小隙沈舟《しょうげきちんしゅう》・尺蚓穿堤《せきいんせんてい》

【螻蟻之誠】ろうぎのせい
意味　自分の誠意のことを謙遜《けんそん》していう語。
補説　ケラやアリのような小さな生き物がもつ誠意。「螻」はケラ。「蟻」はアリ。
出典　蘇轍《そてつ》「兄軾《あにしょく》の獄《ごく》に下《くだ》さるるが為《ため》に上書《じょうしょ》す」

【老驥伏櫪】ろうきふくれき
意味　年老いても、なお若者と変わらぬ大志を抱くこと。
補説　年老いた駿馬《しゅんめ》が活躍の場を失い、馬屋に伏していながら、なお若いころの千里を駆ける志を捨てない意から。能力のある人が、それを発揮することなく老いるたとえとしても用いられることがある。「驥」は一日に千里を走る駿馬。「櫪」はクヌギの木。クヌギが多く用いられたことから転じて、ねだ（床下の横木）の意。ここでは馬屋のねだで、馬小屋のこと。「老驥《ろうき》、櫪《れき》に伏《ふ》す」と訓読する。
出典　曹操《そうそう》「歩出夏門行《ほしゅつかもんこう》」◎「驥老《きろう》櫪に伏すも、志千里に在《あ》り」

【弄巧成拙】ろうこうせいせつ
意味　技巧を用いすぎて、かえって失敗してしまうこと。
補説　「拙」はつたない意。「巧《こう》を弄《ろう》し拙《せつ》を成《な》す」と訓読する。
出典　黄庭堅《こうていけん》「拙軒頌《せっけんのしょう》」
類義語　弄巧反拙《ろうこうはんせつ》

【螻蛄之才】ろうこのさい
⇒鼯鼠之技　ごそのぎ　239

【狼子野心】ろうしやしん
意味　性質が凶暴な人は、まっとうな方向へ教化しがたいことのたとえ。
補説　オオカミの子は飼い慣らそうとしても野性の心を失わず、いつまでも凶暴性を発揮する意から。また、凶暴な人間が野心を抱くこと。また、その野心。「狼」はオオカミ。「野心」は野獣の本性。
出典　『春秋左氏伝《しゅんじゅうさしでん》』宣公《せんこう》四年
類義語　狼子獣心《ろうしじゅうしん》

【弄璋之喜】ろうしょうのよろこび
意味　男子が生まれること。また、その喜び。
補説　男児誕生の祝詞に用いる。「弄」は手で持っておもちゃにする意。「璋」は玉器の一種。古代の中国では、生まれた男子に、玩具《がんぐ》として玉《ぎょく》を与え、その子が成長して、高い位に昇ることを祈願した。
出典　『詩経《しきょう》』小雅《しょうが》・斯干《しかん》
類義語　弄瓦之喜《ろうがのよろこび》

【老少不定】ろうしょう ふじょう

意味 人の生死は予測できないものだということ。

補説 人生の無常をいう仏教語。人間の寿命は老若にかかわりなく、老人が先に死に、若者が後から死ぬとは限らないということ。「不定」は一定しないこと、決まった法則や規則がないこと。「少」は若い意。

出典『観心略要集《かんじんりゃくようしゅう》』

用例 左様《そう》です。老少不定人の命ほどわからないものはありません。〈永井荷風◆腕くらべ〉

類義語 無常迅速《むじょうじんそく》

【狼心狗肺】ろうしん こうはい

意味 人の心が残酷で、貪欲《どんよく》なことのたとえ。また、そのような人。悪人。

補説 オオカミや犬のような心の意。恩知らずの意もある。「狼心」はオオカミのように残忍な心。貪欲な心の意。「狗」は犬。悪いこと、卑しいことのたとえ。「肺」は、ここでは、心底、内心。

注意「ろうしんくはい」とも読む。

出典『醒世恒言《せいせいこうげん》』

【鏤塵吹影】ろうじん すいえい

⇒ 吹影鏤塵《すいえいろうじん》 358

【老成円熟】ろうせい えんじゅく

意味 豊富な経験に裏打ちされて、人格・知識・技能・教養などが熟達していること。

補説「老成」は経験を積んで、人格・技能・教養などが十分に熟達していること。「円熟」は人格や技量などが十分に発達していて、豊かな内容をもつこと。

【老成持重】ろうせい じちょう

意味 十分に経験を積んで物事に長じ、しかも慎重なこと。

補説「老成」は経験を積んで、人格・技能・教養などが熟達していること。「持重」は大事をとって慎重にする意。

【老生常譚】ろうせいの じょうだん

意味 聞き慣れた、新鮮さのない話。

補説 老人がいつも口にする平凡な議論、きまりきった話の意。「老生」は年取った書生、また、老人の意。「譚」は「談」と同じ。

出典『魏志《ぎし》』管輅伝《かんろでん》

【籠鳥檻猿】ろうちょう かんえん

意味 自由を束縛されて、思い通りに生きられないもののたとえ。

補説 籠《かご》の中に閉じ込められた鳥と檻《おり》に閉じ込められた猿の意から。不自由な生き方を強いられるこの二者は、ともに左遷された白居易《はくきょい》とその友人の元稹《げんしん》を比喩《ひゆ》して言ったもの。「檻猿籠鳥《かんえんろうちょう》」ともいう。

出典 白居易《はくきょい》—詩「山中《さんちゅう》にて元九《げんきゅう》に書《しょ》を与《あた》え因《よ》りて書後《しょご》に題《だい》す」◎「籠鳥檻猿倶《とも》に未《いま》だ死せず、人間《じんかん》相《あい》見るは是《こ》れ何《いず》れの年ぞ（この世の中、会えるのはいつのことか）」

【籠鳥恋雲】ろうちょう れんうん

意味 拘束されている者が、自由な境遇をうらやむことのたとえ。

補説 籠《かご》の中に閉じ込められた鳥が、自由にさまよう雲を恋い慕う意から。「籠鳥」は自由にならない身のたとえ。「籠鳥《ろうちょう》雲《くも》を恋《こ》う」と訓読する。

出典『鶡冠子《かっかんし》』世兵《せいへい》

類義語 籠鳥望雲《ろうちょうぼううん》

【狼貪虎視】ろうどん こし （—スル）

意味 野心の盛んなことの形容。また、無道で貪欲なことの形容。

補説 オオカミのように貪欲で、虎のように鋭くにらむこと。

出典『長生殿《ちょうせいでん》』陥関《かんかん》

類義語 虎狼之心《ころうのこころ》・虎狼之毒《ころうのどく》

【老若貴賤】ろうにゃく きせん

意味 老人と若者、そして身分の高貴な者と卑しい者。転じて、それらの人々みんな。すべての人々。

補説 年老いた人も若い人も、身分の高い人も低い人もかかわりなく、ということ。年齢や身分によって限定されないこと。「貴賤老若《きせんろうにゃく》」ともいう。

注意「ろうじゃくきせん」とも読む。

用例 江戸は諸国の老若貴賤が集まっている所だけに、敵の手がかりを尋ねるのにも、何かと便宜が多そうであった。〈芥川龍之介◆或敵打の話〉

【老若男女】ろうにゃくなんにょ

意味 年齢や男女の区別なく、すべての人ということ。

補説 老人も若者も男性も女性も。年老いた者も、若い者も、男も女もみんなということ。「男女老幼《なんにょろうよう》」「老幼男女《ろうようなんにょ》」ともいう。

注意 「ろうじゃくだんじょ」とも読む。

用例 しかし映画は元来館を単位として成長を遂げてきたものであるから、何もわざわざ家庭の中にまで侵入して行かなくても、毎日館を掃除して待ってさえいれば老若男女がどこからともなく賽銭《さいせん》を持って集まってくる仕組みになっている。〈伊丹万作◆映画の普及力とは〉

【老婆心切】ろうばしんせつ

意味 老婆のような、くどいほどの世話焼き。善意からの行為ではあるが、一方的で過剰な親切。

補説 老女が子や孫をよくいつくしむ意から。もと禅語。「老婆心」は老婆が子や孫をいつくしむ心。親切心。「切」は切実・懇切の意。自分の親切をよけいな世話と謙遜する場合にも用いる。

注意 語構成は「老婆心」＋「切」。

出典 『碧巌録《へきがんろく》』

用例 やはり其方《そち》の身の上に就いて善かれと計《はか》らいたい老婆心切。〈尾崎紅葉◆金色夜叉〉

類義語 苦口婆心《くこうばしん》

【老馬之智】ろうばのち

意味 経験を積み、見識の豊かな人のたとえ。また、ものには、それぞれ学ぶべき点のあることのたとえ。

補説 老いた馬には経験によって培われた独自の知恵があり、特に道の判断は正確で迷うことがないことから。「智」は経験を積んで得たすぐれた知恵や知識。

注意 「老馬之知」とも書く。

故事 中国春秋時代、斉の桓《かん》公に従っていた管仲と隰朋《しゅうほう》らが孤竹を討つ戦いの帰途で道に迷った。遠征に出たのは春だったが、帰りは冬であり、風景が変わっていたのである。そのとき、管仲が「老馬の知恵を用いたらいい」と、一度通った道は覚えているという老馬の知恵を信じてこれを放ち、その後につき従っていくと帰路を発見し、無事帰ることができたという故事から。

出典 『韓非子《かんぴし》』説林《ぜいりん》上

類義語 識途老馬《しきとろうば》・老馬知道《ろうばちどう》・老馬弁道《ろうばべんどう》

【廊廟之器】ろうびょうのき

意味 朝廷で政治を行うに足る才能。大臣や宰相としての才能。また、その才能のある人物のこと。

補説 「廊廟」は政務を執り行う建物。「器」は才能のこと。

注意 「ろうびょうのうつわ」とも読む。

出典 『蜀志《しょくし》』許靖伝評《きょせいでんぴょう》

類義語 廊廟之才《ろうびょうのさい》

【老蚌生珠】ろうぼうせいしゅ

意味 賢くすぐれた子どもをもつ人を褒める言葉。また、父子ともに評判のよいことをもいう。

補説 年老いたドブ貝が、真珠を生むこと。「老蚌」は年老いたドブ貝のこと。老人のたとえに使われる。一般に「老蚌《ろうぼう》珠《たま》を生《しょう》ず」と訓読して用いる。

出典 孔融《こうゆう》「韋端《いたん》に与《あた》うる書《しょ》」

類義語 珠生老蚌《しゅしょうろうぼう》・老蚌出珠《ろうぼうしゅつしゅ》

【漏脯充飢】ろうほじゅうき

意味 目前の利益だけにとらわれて、後の心配をしないことのたとえ。

補説 腐りかけた悪臭を放つ肉を食べて、飢えをしのぐ意から。「漏」は「螻《ろう》」に通じ、腐っている状態を表す。「脯」はほじし。干し肉。「漏脯《ろうほ》飢《う》えを充《みた》す」と訓読する。

注意 「漏脯充饑」とも書く。

出典 嵆康《けいこう》「養生論《ようせいろん》を難ずるに答う」

類義語 飲鴆止渇《いんちんしかつ》・朝三暮四《ちょうさんぼし》

【老幼男女】ろうようなんにょ

⇒老若男女 ろうにゃくなんにょ 678

【老莱斑衣】ろうらいはんい

⇒斑衣之戯 はんいのたわむれ 535

【露往霜来】ろおうそうらい

意味 時の過ぎるのが早いたとえ。

補説 露が降りる秋の季節が去って、霜の降りる冬の季節が到来する意から。「露《つゆ》往《ゆ》き霜《しも》来《きた》る」と訓読する。本来は、けものの肉付きがよくなる時期を表現した言葉。

出典 左思《さし》「呉都賦《ごとのふ》」◎「露往き霜来たりて、日月其《そ》れ除《い》ぬ（月日は瞬く間に去って行く）」

類義語 烏兎匆匆《うとそうそう》・光陰如箭《こういんじょせん》・兎走烏飛《とそううひ》

【露槐風棘】ろかいふうきょく

⇒ 槐門棘路《かいもんきょくろ》 97

【魯魚亥豕】ろぎょがいし

意味 書き誤りやすい文字のこと。

補説 「魯」と「魚」、「亥」と「豕」の字はそれぞれ字形が似ていて、書き誤りやすいことから。

出典 （魯魚）『抱朴子《ほうぼくし》』遐覧《かかん》／（亥豕）『呂氏春秋《りょししゅんじゅう》』察伝《さつでん》

類義語 烏焉魯魚《うえんろぎょ》・亥豕之譌《がいしのか》・三豕渉河《さんししょうか》・魯魚章草《ろぎょしょうそう》・魯魚帝虎《ろぎょていこ》・魯魚陶陰《ろぎょとういん》・魯魚之謬《ろぎょのあやまり》

【魯魚章草】ろぎょしょうそう

意味 書き誤りやすい文字のこと。

補説 「魯」と「魚」、「章」と「草」の字はそれぞれ字形が似ていて、書き誤りやすいことから。

類義語 烏焉成馬《うえんせいば》・烏焉魯魚《うえんろぎょ》・焉馬之誤《えんばのあやまり》・亥豕之譌《がいしのか》・三豕渉河《さんししょうか》・三豕渡河《さんしとか》・魯魚亥豕《ろぎょがいし》・魯魚帝虎《ろぎょていこ》・魯魚陶陰《ろぎょとういん》・魯魚之謬《ろぎょのあやまり》

【魯魚之謬】ろぎょのあやまり

意味 文字の書き誤りや写し間違い。

補説 「魯」と「魚」の字は字形が似ていて、書き誤りやすいことから。

注意 「魯魚之誤」とも書く。

類義語 烏焉成馬《うえんせいば》・烏焉魯魚《うえんろぎょ》・焉馬之誤《えんばのあやまり》・亥豕之譌《がいしのか》・三豕渉河《さんししょうか》・三豕渡河《さんしとか》・魯魚亥豕《ろぎょがいし》・魯魚章草《ろぎょしょうそう》・魯魚帝虎《ろぎょていこ》・魯魚陶陰《ろぎょとういん》

【六十耳順】ろくじゅうじじゅん

意味 六十歳で、人の言葉を素直に聞くことができるようになるということ。また、蓄積された知識によって、聞くに従って、ことごとく理解できるということ。

補説 孔子が自分の生涯を振り返って述べた語で、ここから六十歳を「耳順」という。一般に「六十《ろくじゅう》にして耳《みみ》順《したが》う」と訓読して用いる。（→「十五志学《じゅうごしがく》」 303）

出典 『論語《ろんご》』為政《いせい》

類義語 五十知命《ごじゅうちめい》・三十而立《さんじゅうじりつ》・四十不惑《しじゅうふわく》・十五志学《じゅうごしがく》・而立之年《じりつのとし》

【六道輪廻】ろくどうりんね

意味 六種の世界を経めぐりながら、生まれかわり死にかわりしてゆくこと。

補説 仏教語。「六道」は衆生がめぐる六種の世界。「地獄《じごく》」「餓鬼《がき》」「畜生《ちくしょう》」「修羅《しゅら》」「人間《にんげん》」「天上《てんじょう》」。そのうちのどこに生まれ変わるかは、生前の行為の善悪によ る。「輪廻」は、車輪が回転するように、際限なく生死をくり返してゆくこと。

出典 張説《ちょうえつ》「唐陳州竜興寺碑《とうちんしゅうりゅうこうじひ》」

類義語 輪廻転生《りんねてんしょう》・流転輪廻《るてんりんね》・六趣輪廻《ろくしゅりんね》

【鹿苹之歓】ろくへいのよろこび

意味 太平の世に客を招いて宴を催すこと。

補説 「苹」はヨモギ。鹿が鳴き交わし、集まり、野原でヨモギをはむ姿を、平和な時代に君主が賓客を招いて宴会することにたとえたことから。

出典 『詩経《しきょう》』小雅《しょうが》・鹿鳴《ろくめい》 ◎「呦呦《ゆうゆう》として鹿鳴き、野《や》の苹《へい》を食《は》む、我に嘉賓《かひん》有り、瑟《しっ》を鼓《こ》し笙《しょう》を吹く」

類義語 鹿鳴之宴《ろくめいのえん》

【鹿鳴之宴】ろくめいのえん

意味 賓客をもてなす酒宴のこと。また、中国唐代、官吏登用試験に及第して都に上るときに催した宴会。

補説 『詩経《しきょう》』（小雅《しょうが》）にある「鹿鳴」の詩を歌い前途を祝ったことから。出典の詩では、鹿が口をすぼめて長く鳴いて仲間を呼び集め野草を食べていることから歌い起こし、君主が賓客を招いて酒宴を催し琴瑟《きんしつ》をひいてもてなすことを歌う。鹿はよい草を見つけると独りで食べず、仲間を呼んでともに食らうという。明治初期の東京に作られた「鹿鳴館」は、この語に由来する。

出典 『詩経《しきょう》』小雅《しょうが》・鹿鳴《ろくめい》 ◎「呦呦《ゆうゆう》として鹿鳴き、野《や》の苹《へい》を食《は》む、我に嘉賓《かひん》有り、瑟《しっ》を鼓《こ》し笙《しょう》を吹く」

【盧生之夢】 ろせいのゆめ

類義語 鹿苹之歓《ろくへいのよろこび》

⇒ 邯鄲之夢 かんたんのゆめ 127

【六根清浄】 ろっこんしょうじょう

意味 欲や迷いを断ち切って、心身が清らかになること。

補説 仏教語。「六根」は六つの感覚・認識器官。「眼《げん》」「耳《に》」「鼻《び》」「舌《ぜっ》」「身《しん》」「意《い》」。「清浄」は煩悩を離れ、清らかで汚れがないこと。日本では、山岳に登る修行者がこの語をとなえながら歩む慣わしがある。「六根浄」ともいう。

出典 『法華経《ほけきょう》』常不軽《じょうふぎょう》菩薩品《ぼさつぼん》

用例 朝の汽車でいっしょに戻る、そして河へ飛びこんで泳いだ、こうでもしなければ、身心のおきどころがないのだ、午後また泳いだ、六根清浄、六根清浄。〈種田山頭火◆行乞記〉

類義語 六根自在《ろっこんじざい》

【魯之男子】 ろのだんし

意味 すぐれた人物の行いを学ぶには、行為そのものではなく、その精神を学ばなくてはいけないということ。

補説 女嫌いの男性をいうこともある。一説に男女の関係に礼節をもってする人。「魯」は中国周代の国名。現在の中国山東省にあった。

故事 昔、魯の国に一人暮らしの男がいた。ある夜、暴風雨が隣に住む女性の家を壊してしまったので、その女性は男の家に逃げて来た。しかし、男は扉を閉ざして、女性を中に入れようとしない。女性が理由を尋ねると、男は、若い男女が一つ屋根の下にいるのは礼に反するという。女性が柳下恵《りゅうかけい》（孔子と同時代の魯の賢人）は無関係な女性を家に泊めても、みな彼の高潔な人柄を知っていて、誰《だれ》も咎《とが》めなかったと言い、入室を請う。しかし、男は、柳下恵と自分の人格には差があり、女性を室内に入れないことで、柳下恵の人格に学びたいと、ついにその女性を家の中に入れなかったという故事から。

出典 『詩経《しきょう》』小雅《しょうが》・巷伯《こうはく》・毛伝《もうでん》

【魯般雲梯】 ろはんのうんてい

意味 魯国のすぐれた工人である魯般が作った、雲まで届くほどの高いはしご。

補説 「魯般」は中国春秋時代、魯の哀公のときの工匠、公輸般《こうしゅはん》のこと。後世、工匠の祭神とされる。生没年不詳。（→「輪攻墨守《しゅこうぼくしゅ》」312）機械を作るのに巧みで、木を刻んで作った鳥が飛んだと伝えられている。「雲梯」は雲に届くほど高いはしごのこと。敵城を攻めるのに用いた。『蒙求《もうぎゅう》』の表題の一つ。

出典 『墨子《ぼくし》』公輸《こうしゅ》／『淮南子《えなんじ》』脩務訓《しゅうむくん》

類義語 魯般之雲《ろはんのくも》・魯般之巧《ろはんのこう》

【炉辺談話】 ろへんだんわ

意味 囲炉裏のそばでする、世間話やうちとけたおしゃべり。炉ばたのよもやま話。

補説 「炉辺」は囲炉裏や暖炉のそば。アメリカの大統領フランクリン・ルーズベルトがラジオで行った政見放送のことをいうこともある。

【驢鳴犬吠】 ろめいけんばい

意味 取るに足りない文章や、聞く価値のない話のたとえ。

補説 ロバや犬の鳴き声程度であり、ありふれていて聞く価値もない意。「驢」はロバ。「驢鳴犬吠」と訓読する。「犬吠驢鳴《けんばいろめい》」ともいう。

出典 『朝野僉載《ちょうやせんさい》』六

類義語 蛙鳴蟬噪《あめいせんそう》・春蛙秋蟬《しゅんあしゅうぜん》・驢鳴牛吠《ろめいぎゅうばい》・驢鳴狗吠《ろめいくばい》

【論功行賞】 ろんこうこうしょう

意味 功績の有無や大きさの程度を調べ、それに応じてふさわしい賞を与えること。

補説 「論功」は手柄の大小を調べること。「功《こう》を論《ろん》じ賞《しょう》を行《おこな》う」と訓読する。

出典 傅幹《ふかん》「曹公《そうこう》の南征《なんせい》を諫《いさ》む」

用例 戦後の論功行賞にしてもそうだが、尊氏《たかうじ》や義貞《よしさだ》に比して、正成《まさしげ》は寧《むし》ろ軽賞である。〈菊池寛◆四条畷の戦〉

【論旨明快】 ろんしめいかい〈―ナ〉

意味 文章や議論の主旨が、筋道が通っていて分かりやすいこと。また、そのさま。

補説 「論旨」は議論・意見の要点・主旨、「明快」は筋道がはっきりしていること。

類義語 論旨明瞭《ろんしめいりょう》

対義語 不得要領《ふとくようりょう》・論旨不明《ろんしふめい》

ろ

わ

【矮子看戯】 わいし(の)かんぎ

意味 他者の批評や意見を聞き、よく考えもせずに同調・雷同すること。見識のないことのたとえ。

補説 背の低い人が背の高い人の後ろで、よく見えないまま芝居を鑑賞することから。「矮」は背が低いこと。「戯」は芝居の意。「看」は「観」に同じで、見ること。

注意 「矮子観戯」とも書く。

出典 『朱子語類《しゅしごるい》』一一七

類義語 観場矮人《かんじょうのわいじん》・付和雷同《ふわらいどう》・矮人看戯《わいじんかんぎ》・矮人観場《わいじんかんじょう》

【淮南鶏犬】 わいなんのけいけん

意味 他人の権勢によって、自分が利益を得たり、栄達できたりすること。

補説 「淮南」は中国前漢の王国の名。淮水《わいすい》以南の地で、かつて劉安《りゅうあん》(劉邦《りゅうほう》の孫で、『淮南子《えなんじ》』の編者)がここの王であった。

故事 中国前漢代、淮南王劉安が昇天したとき、あとに残っていた仙薬をなめた鶏や犬までも昇天できたという故事から。

出典 『神仙伝《しんせんでん》』劉安《りゅうあん》

【我儘気随】 わがままきずい 〈―ナ〉

意味 勝手気ままなこと。自分の思うとおりに行動すること。

補説 「我儘」は他人の迷惑を考えないで行動すること。「気随」も気まま・わがままの意。類義の語を重ねて意味を強めている。

【和顔愛語】 わがんあいご

意味 和やかで温和な顔つきや言葉つき。

補説 穏やかで、親しみやすい振る舞いのこと。「和顔」はやさしげな顔つきのこと。「愛語」は親愛の気持ちがこもった言葉の意。

注意 仏教では「わげんあいご」と読む。

類義語 端正和顔《たんせいわがん》・和顔悦色《わがんえつしょく》・和容悦色《わようえつしょく》

【和気藹藹】 わきあいあい 〈―タル〉〈―ト〉

意味 心と心が通じ合い、和やかな気分が周囲に満ちあふれている様子。

補説 「和気」は穏やかな気分。「藹藹」は和やかなさま。

注意 「和気靄靄」とも書く。

出典 李邕《りよう》「春賦《はるのふ》」◎「和気藹として寓《ぐう》に充《み》つ(住まいに満ちている)」

用例 「そうかも知れませんね。……それでもよろしかったら、先生に私から進物にしますわ。」雀斑《そばかす》のある若い娘も笑いながら、そんな返事をしている。「実は持て余していたところなんでしょう?」と老外人の見事な応酬。――そんな和気靄々たる常談の云《い》いあいをあとに、私はビスケットだけ包んで貰《もら》って、さっさと店を出て来た。〈堀辰雄◆晩夏〉

類義語 和気靄然《わきあいぜん》・和気洋洋《わきようよう》

対義語 嫉視反目《しっしはんもく》

【和敬清寂】 わけいせいじゃく

意味 茶道で、主人と客が互いの心を和らげてつつしみ敬い、茶室の品々や雰囲気を清浄な状態に保つこと。

補説 安土桃山《あづちももやま》時代の茶人、千利休《せんのりきゅう》の茶道の精神・境地を表した語。「和」「敬」はともに主客の心得を、「清」「寂」は茶庭・茶室・茶器などに関する心得をいう。

用例 旅をしていると、一期一会をしみじみ感じる、山を歩いていると和敬静寂を考える。〈種田山頭火◆旅日記〉

【和羹塩梅】 わこうえんばい

意味 主君を補佐して、国を適切に治める有能な宰相・大臣のたとえ。

補説 「和羹」はいろいろな材料・調味料をまぜ合わせ、味を調和させて作った吸い物。「塩梅」は塩と調味に用いる梅酢のこと。「和羹」は、塩と、酸味の梅酢とを程よく加えて味つけすることから、上手に手を加えて、国をよいものに仕上げる宰相らにたとえる。

注意 「わこうあんばい」とも読む。

出典 『書経《しょきょう》』説命《えつめい》◎「若《も》し和羹を作らば、爾《なんじ》は惟《これ》塩梅」

【和光同塵】 わこうどうじん 〈―スル〉

意味 自分の才能や徳を隠して、世俗の中に交じってつつしみ深く、目立たないように暮らすこと。

補説 「和光」は才知の光を和らげ、隠すこと。「塵」はちりのこと。転じて、俗世間。「同塵」

わ

は俗世間に交わる、合わせること。また、仏教では、仏や菩薩《ぼさつ》が仏教の教化を受け入れることのできない人を救うために、本来の姿を隠し変えて、人間界に現れることをいう。

出典 『老子《ろうし》』四 ◎「其《そ》の光を和らげ、其の塵《ちり》に同ず」

類義語 内清外濁《ないせいがいだく》・和光混俗《わこうこんぞく》・和光垂迹《わこうすいじゃく》

【和魂漢才】《わこんかんさい》

意味 日本固有の精神と中国伝来の学問の才。また、日本古来の精神を失わずに、中国伝来の学問を消化し活用すべきであるということ。

補説 「和魂」は日本固有の精神のこと。「漢才」は中国の学問・知識の意。

出典 『菅家遺誡《かんけいかい》』

用例 和魂漢才と云《い》う事もあって、日本には日本の長所がある。〈徳冨蘆花◆黒潮〉

類義語 和魂洋才《わこんようさい》

【和魂洋才】《わこんようさい》

意味 日本固有の精神を失わずに、西洋伝来のすぐれた学問・知識を摂取し、活用すべきであるということ。

補説 「和魂」は日本固有の精神のこと。「洋才」は西洋の学問に関する才能や知識のこと。「和魂漢才」との類推から生まれた語。

用例 日本の国家社会で有用の材となるには、和魂洋才でなくてはいけません。〈森鷗外◆なのりそ〉

類義語 和魂漢才《わこんかんさい》

【和而不同】《わじふどう》

意味 人と協和はするが、いたずらに同調しないこと。

補説 一般に「和《わ》して同《どう》ぜず」と訓読して用いる。「君子は和して同ぜず、小人《しょうじん》は同じて和せず」という孔子の言葉から。

出典 『論語《ろんご》』子路《しろ》

対義語 同而不和《どうじふわ》

【和衷共済】《わちゅうきょうさい》

⇒ 和衷協同 わちゅうきょうどう 682

【和衷協同】《わちゅうきょうどう》

意味 心を同じくしてともに力を合わせ、仕事や作業に当たること。

補説 「和衷」は心の底からなごみ和らぐこと。また、心を同じくすること。「衷」は中心・心の意。「協同」は力を合わせて物事を行うこと。「和衷共済《わちゅうきょうさい》」ともいう。

出典 『書経《しょきょう》』皐陶謨《こうようぼ》

類義語 同心戮力《どうしんりくりょく》

【和泥合水】《わでいがっすい》

⇒ 合水和泥 がっすいわでい 110

【和風慶雲】《わふうけいうん》

意味 温厚で徳の備わった人格者のたとえ。

補説 穏やかに吹くそよ風と、吉兆を示すめでたい雲の意。本来は孔子の高弟の顔淵《がんえん》を評した語。「和」は穏やかなさま、「慶」は吉兆を表す。

出典 『近思録《きんしろく》』総論聖賢《そうろんせいけん》 ◎「仲尼《ちゅうじ》(孔子)は天地なり。顔子《がんし》は和風慶雲なり」

【和風細雨】《わふうさいう》

意味 人に過ちを改めるように忠告するときなどに用いる、穏やかな態度や方法の形容。

補説 「和風」はのどかな風、ふつう春風の意。「細雨」は優しく降る雨の意。

出典 張先《ちょうせん》―詞「八宝装《はっぽうそう》」

【和洋折衷】《わようせっちゅう》

意味 日本風と西洋風の様式を、程よく取り混ぜること。

補説 「折衷」は二つ以上の事物や考え方などのそれぞれよい所を、適度に合わせて一つにすること。

注意 「和洋折中」とも書く。

【剜肉補瘡】《わんにくほそう》

意味 応急の処置で問題を処理すること。余裕のないことのたとえ。

補説 傷を治すのに、自分の肉をえぐって患部にあてがう意から。また、処理を急いで有害な手段をとり、かえってその後事態を悪化させることのたとえ。「剜肉」は肉をえぐり取る意。「瘡」は傷・外傷。「肉《にく》を剜《えぐ》って瘡《きず》を補《おぎな》う」と訓読する。

出典 聶夷中《しょういちゅう》―詩「田家《でんか》を詠《えい》ず」

類義語 剜肉医瘡《わんにくいそう》

わ

付録目次

中国王朝興亡表

年	王朝〔都〕	
	殷〔小屯《ショウトン》(殷墟《インキョ》)〕	
前1100頃	西周〔鎬《コウ》(長安)〕	
前770	東周〔洛邑《ラクユウ》(洛陽)〕	春秋時代
前403		戦国時代
前256		
前221	秦〔咸陽《カンヨウ》〕	
前206	前漢〔長安〕	
8	新〔長安〕	
25	後漢〔洛陽〕	
220	三国時代	
265	西晋〔洛陽〕	
317	東晋〔洛陽〕(五胡十六国＊1)	
420	南北朝時代	
581	隋〔大興(長安)〕	
618	唐〔長安〕	
907	五代十国＊2	
960	北宋〔汴京《ベンケイ》(開封)〕	(遼)
1127	南宋〔臨安《リンアン》(杭州)〕	(金)
1279	元〔大都(北京)〕	
1368	明〔南京-北京〕	
1616 / 1644	清〔北京〕	
1912	中華民国(台湾)〔台北(公式には南京)〕	
1949	中華人民共和国〔北京〕	

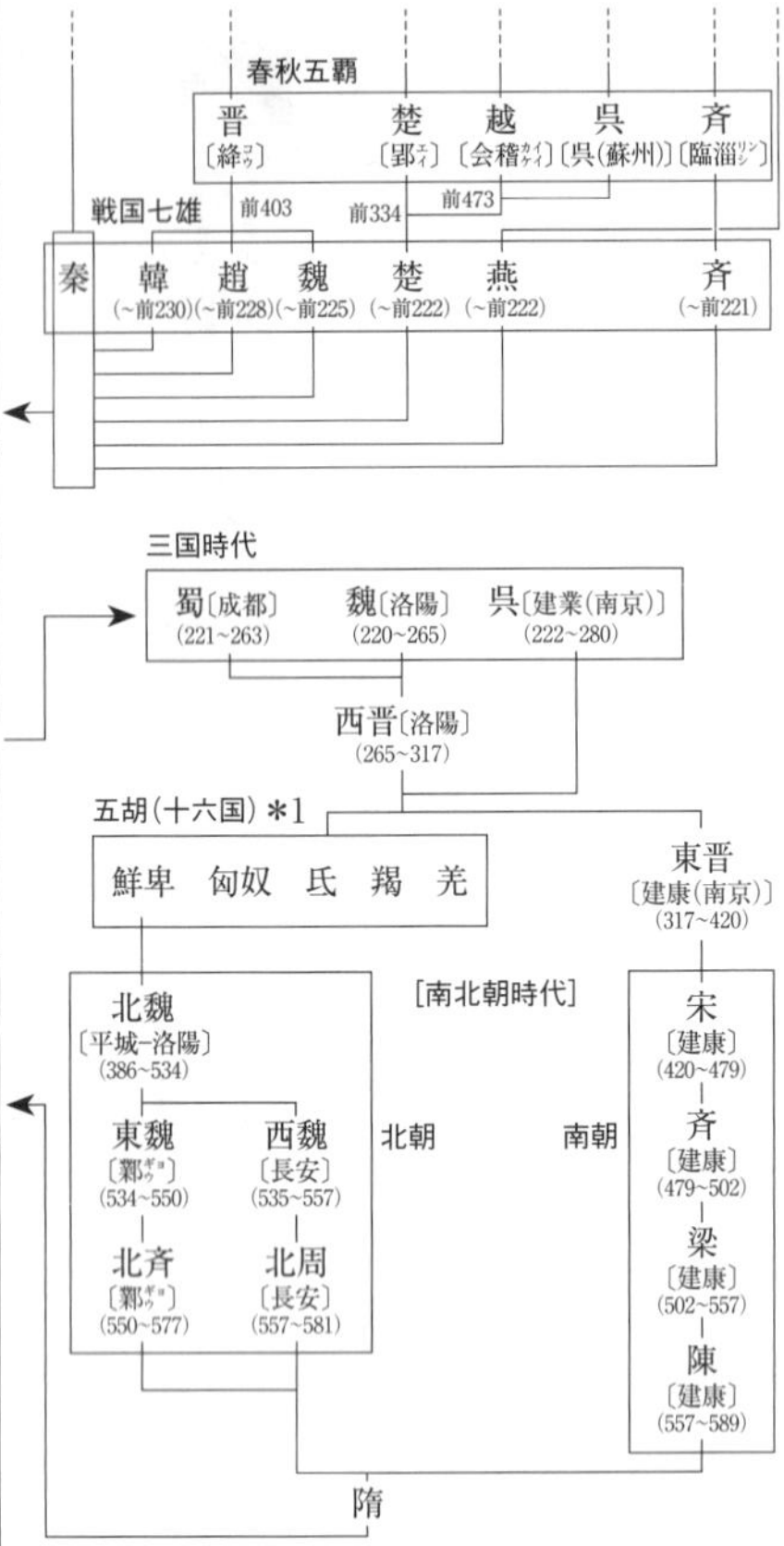

＊2 五代十国

●五代	●十国
後梁(907~923)	前蜀(907~925)
後唐(923~936)	後蜀(934~965)
後晋(936~946)	荊南(907~963)
後漢(947~950)	楚 (907~951)
後周(951~960)	呉 (902~937)
	南唐(937~975)
	呉越(907~978)
	閩 (909~945)
	南漢(917~971)
	北漢(951~979)

＊1 五胡十六国

種族	国名
●匈奴	前趙(304~329)
	北涼(397~439)
	夏 (407~431)
●羯	後趙(319~351)
●鮮卑	前燕(337~370)
	後燕(384~409)
	西秦(385~431)
	南涼(397~414)
	南燕(398~410)
●氐	成漢(304~347)
	前秦(351~394)
	後涼(386~403)
●羌	後秦(384~417)
●漢人	前涼(301~376)
	西涼(400~421)
	北燕(409~436)

主要出典解説

本辞典に収録した四字熟語の出典のうち、特に重要な漢籍五十五点について、その特徴的な概略を解説した。

【晏子春秋】あんししゅんじゅう

春秋時代の斉の晏嬰《あんえい》（生没年未詳）の言行録。著者・成立年代ともに未詳。晏嬰は斉の霊公・荘公・景公の三君に仕え、よく君を諫《いさ》め民を治めたが、その言行を後人が記録し、漢初までには成立していたとされる。内篇《へん》六篇と外篇二篇の八巻からなる。大半は宰相として仕えた景公を諫める政治問答で、勤労・節約が強調され、儒家の説く礼楽をしりぞける墨家的な内容を含む。一方、君臣の秩序を正すことにより民衆の生活も安定するという儒家的な色彩も強い。内篇の説話がほぼ年代順に並んでいることから、「春秋（歴史の意）」の名がある。『晏子《あんし》』ともいう。

【易経】えききょう

周代の占いの書。儒教の五経の一つ。占筮《せんぜい》の書であるとともに宇宙論・処世哲学の書でもある。上下の経文とその解釈からなる。経の部分は陰と陽の組み合わせで八卦《はっか》、これを重ねて万物を象徴する六十四卦、卦全体の説明をした彖辞《たんじ》と、卦を構成する爻《こう》を説明した爻辞からなる。しかし、文章はきわめて象徴的で難解であるため、経の解釈として十翼《じゅうよく》がある。八卦は伏羲《ふっき》、六十四卦は神農《しんのう》、彖辞は文王、爻辞は周公、十翼は孔子の作と伝えられるが定かでない。陰陽の観念は中国自然哲学には普遍的であるが、『易経』はそれを宇宙論の原理にまで高め、宇宙万物の法則性を人間社会の変化と関連づけた。『易』『周易』ともいう。

【淮南子】えなんじ

前漢の武帝初期に成立した雑家（儒家・法家・道家など各種の学説を統合した学派）の書。漢の高祖劉邦《りゅうほう》の孫、淮南王《わいなんおう》劉安《りゅうあん》（前一七九?～前一二二）の編著。『漢書《かんじょ》』芸文志《げいもんし》には、もと内篇《へん》二十一巻・外篇三十三巻があったとされているが現存するのは内篇二十一巻のみである。儒家・法家・陰陽家などの説を混在させながらも、無為自然の道家思想に基づいて、天文・地理などの自然秩序と政治・軍事・処世などの人事百般を統一的に説こうとした傾向がみられる。記述された年代が比較的一定しているため、同じく雑家の書である『呂氏春秋《りょししゅんじゅう》』とともに、先秦《せんしん》思想研究上も重要な書である。また、神話・伝説などの民俗学上の資料としても重視されている。

【管子】かんし

春秋時代の斉の宰相管仲《かんちゅう》（?～前六四五）とその系列下の学者の言行をまとめた思想書。管仲の死後に関する記述もあり、管仲に仮託されたもので、古い部分もあるが、おおむね戦国後期から漢初の成立と考えられている。もと八十六篇《へん》あったが、七十六篇が現存。唐の房玄齢《ぼうげんれい》（実際は尹知章《いんちしょう》）の注がある。内容は現実主義的な経済政策・支配政策が列挙されている。『漢書《かんじょ》』芸文志《げいもんし》では道家に分類され、隋《ずい》・唐ころから法家に分類されて今日にいたっている。法家的思想の色彩が強いが、内容的には雑家的である。管仲は斉の宰相として、農業や商業を重視し、近隣の五家を一組として平時は耕作させ戦時には軍隊にするなど富国強兵につとめ、孔子もその政治上の功績を高く評価している。親友の鮑叔牙《ほうしゅくが》との麗しい友情で知られる。

【韓詩外伝】かんしがいでん

先秦《せんしん》時代の故事・哲学論・寓話《ぐうわ》を用いて『詩経《しきょう》』の詩句の意義を解説した書。前漢の韓嬰《かんえい》（生没年未詳）の撰《せん》。十巻。前漢時代に三家詩《さんかし》（「魯詩《ろし》」、「韓詩《かんし》」、「斉詩《せいし》」）が『詩経』を伝えるテキストとして隆盛した。韓嬰はその中の一つ「韓詩」の注解として『内伝』『外伝』を著したが、後漢以降、『詩経』のテキストには「毛詩《もうし》」が用いられるようになり三家詩は衰退した。「斉詩」は魏《ぎ》、「魯詩」は西晋《せいしん》のときに滅んだとされる。「韓詩」も北宋《ほくそう》代になると『内伝』は消滅し、『韓詩外伝《かんしがいでん》』の十巻を残すのみとなった。前漢の詩経学を伝える書として、また当時伝承されていた寓言《ぐうげん》を知るうえでもその価値は貴重である。

【顔氏家訓】がんしかくん

子孫のために書き残した家訓としての教訓や雑感の書。南北朝時代、北斉《ほくせい》の顔之推《がんしすい》（五三一～六〇二?）の撰《せん》。五九〇年前後の隋《ずい》代に成立。二巻二十篇《ぺん》からなり政治・学問・思想・風俗・処世などの見解を示し、世俗の誤りを正すなどして、子孫への訓戒としたもの。唐代以後、家訓類の祖となり、児童教育の教科書ともなった。また、儒家思想を基調としながらも仏教への傾斜も見られる。乱世を生き抜く貴族のありようや処世の知恵を知るうえで貴重な資料となっている。

【漢書】かんじょ

高祖の建国や武帝の匈奴《きょうど》征伐などの前漢の事跡を記した歴史書。『史記』の次に成立した二番目の正史。二十四史の一つ。後漢の班固《はんこ》（三二～九二）の撰《せん》とされているが、すでに班固の父班彪《はんぴょう》が着手したものを班固が受け継ぎ、班固の死後、妹の班昭《はんしょう》が表十巻と「天文志」を補った。本紀《ほんぎ》十三巻、表十巻、志十八巻、列伝七十九巻の全百二十巻。形式は『史記』同様に紀伝体で記されている。しかし『史記』が上古から漢代までを記述した通史であるのに対して『漢書』は前漢一代のみの断代史《だんだいし》である。以後の正史は『漢書』にならって断代史とするのが通例となる。なお、その「芸文志《げいもんし》」は当時の書籍目録としてよく知られている。

【韓非子】かんぴし

法家《ほうか》思想を集大成した書。戦国時代末、韓《かん》の韓非《かんぴ》（前二八〇?～前二三三）の撰《せん》とされるが、実際は韓非一人の手によるものかは不明。二十巻五十五篇からなっている。『史記』に記されている韓非の伝記では十余万言となっており、分量的にはほぼ一致する。内容は商鞅《しょうおう》の法、申不害《しんふがい》の術に由来する法至上主義で、刑名参同の思想（→191）、信賞必罰を説き、君主が臣下に対し厳正な賞罰を行い、臣下の忠誠心を喚起することによって、富国強兵が達成できると主張している。元来は『韓子《かんし》』と呼ばれていたが、宋《そう》代以後は唐の韓愈《かんゆ》と区別するために『韓非子』と改められた。

【魏書】ぎしょ

南北朝時代の北魏《ほくぎ》から東魏までの歴史を編年体で記した歴史書。文宣帝のときの北斉の魏収（五〇六～五七二）が勅命を受けて編纂《へんさん》。帝紀十二巻、列伝九十二巻、志十巻の百十四巻。帝紀・列伝は五五四年に成立。志はその後完成した。中国歴代の正史である二十四史の一つに数えられているが、記事や論説に不公正な部分が多く、当時から世に「穢史《わいし》」（けがれた歴史、不正確な史書）と称されている。『三国志』の「魏書」と区別するために『後魏書《こうぎしょ》』、『北魏書《ほくぎしょ》』ともいう。

【近思録】きんしろく

宋学《そうがく》の入門書とされる儒学書。朱熹《しゅき》（一一三〇～一二〇〇）と呂祖謙《りょそけん》（一一三七～一一八一）の共著。宋学の基礎を築いた北宋の周濂渓《しゅうれんけい》、程明道《ていめいどう》、程伊川《ていいせん》、張横渠《ちょうおうきょ》の遺文から学問を修める大綱を示すものなど六百二十二条を十四巻に分けて編集した。宋学は、人倫の学と宇宙論とを統一的に体系化した宋代の儒学で、「朱子学」「理学」「性理学」ともいう。この宋学の理論と体系がほぼ明示されており、「四書」は「六経《りくけい》」の足がかり、『近思録』は「四書」の足がかりとされ、宋学の初学者にとって必読の書であった。書名の「近思」は『論語』の「切に問いて近くを思う、仁その中《うち》にあり」からとったもので、あり、身近なことから考えてゆく意。朱子学は日本には鎌倉時代に伝えられ、江戸時代には官学として封建社会の中心思想となったが、『近思録』は朱子学入門の書として用いられた。

【旧唐書】くとうじょ

唐一代の事跡を紀伝体で記した歴史書。五代、後晋《こうしん》の劉昫《りゅうく》（八八七～九四六）らが勅命を受けて編纂《へんさん》。本紀《ほんぎ》二十巻、志三十巻、列伝百五十巻の二百巻からなり九四五年に完成した。前期の記事は詳細であったが後期の記事は粗略な部分が多かったため、宋《そう》代に欧陽脩《おうようしゅう》らが改修して『新唐書《しんとうじょ》』を編集した。『新唐書』の出現によって『旧唐書』は重んじられなくなったが、清代になると『旧唐書』の史実重視の記述が再評価されて、『新唐書』とともに正史として二十四史の一つにあげられている。

【景徳伝灯録】けいとくでんとうろく

宋《そう》代の仏教書。法眼文益《ほうげんもんえき》の孫弟子にあたる道原（生没年未詳）が過去の七仏から法眼の弟子に至る千七百一人の問答を集めたもの。三十巻。一〇〇四年（北宋の景徳元年）に成立。禅宗の法体系を明らかにし、すぐれた法語・詩文などを収めている。最初は『仏祖同参集』と呼ばれていた。大蔵経《だいぞうきょう》に入れられて流布した。禅宗の基本的な典籍であり、中国禅宗史研究の重要な資料である。後の禅宗に与えた影響はきわめて大きい。

【孝経】こうきょう

儒教の徳目である「孝」について説いた経書《けいしょ》。十三経《じゅうさんぎょう》の一つ。孔子が弟子の曽参《そうしん》に問答形式で「孝」について述べた形で、曽参の門人がそれを筆録したものといわれたり、孔子の自作であるといわれてもいるが、作者は不詳。おそらく戦国時代に曽子学派の人々によって作成されたものと思われる。家族道徳的な「孝」の観念を君子に仕えることに結びつけ、より大きな社会道徳の根源とした。孔安国《こうあんこく》が注を加えた二十二章からなる「古文孝経」と鄭玄《じょうげん》が注を加えた十八章の「今文《きんぶん》孝経」とがあるが、唐代に玄宗が今文を中心に古文の解釈も取り入れた『御注《ぎょちゅう》孝経』を完成させ、これが通行本となっている。日本でも天平宝字元（七五七）年に詔勅《しょうちょく》により各家に『孝経』一冊を備えさせて重宝され、国民道徳に多大な影響を与えた。

【孔子家語】こうしけご

春秋時代の思想家孔子の言行や門人たちとの問答・伝聞などを集めた書物。『漢書《かんじょ》』芸文志《げいもんし》に「孔子家語二十七巻」とあるが、今日伝わる『孔子家語』は三国魏《ぎ》の王粛《おうしゅく》が当時主流を占めていた鄭玄《じょうげん》の学派に異論をとなえ自説の正統性を主張するために、前漢の孔安国《こうあんこく》の名をかりて偽作したとされる。十巻四十四篇が伝えられる。『左伝《さでん》』、『国語』、『孟子』、『荀子《じゅんし》』、『礼記《らいき》』、『史記』などから孔子に関する記事を集めたもの。不透明な部分が多いものの、古い時代に散逸した文章や事実が多く含まれており、有益なものである。日本にも平安初期から伝わっており『日本見在書《げんざいしょ》目録』（平安時代初期に現存した漢籍の目録）にも記載されている。

【紅楼夢】こうろうむ

清代中期の長編小説。全書百二十回からなるが八十回までが原作で曹雪芹《そうせっきん》（一七一五頃～一七六四頃）の作、残りの四十回が別人の続作とされる。続作者については高鶚《こうがく》ともいわれるが確かではない。絢爛《けんらん》豪華な生活を繰り広げる大貴族の賈《か》家が没落していくさまを写実的に描いている。これは作者自身の家である曹家が、作者が幼いころに父が罪を犯して、家産を没収されて没落していった経験がモデルとなっているかと思われる。若君賈宝玉《かほうぎょく》と従妹林黛玉《りんたいぎょく》との悲恋を描いた恋愛小説の形式をとっており、その巧みな人物描写で多くの人々に親しまれた。また、作中に中国の封建制度に対する痛烈な批判精神も見受けられる。文芸的な価値はもちろん、「紅学」といわれるほど『紅楼夢』研究は多岐にわたって行われている。

【後漢書】ごかんじょ

後漢一代の事跡を紀伝体で記した歴史書。南朝の宋《そう》の范曄《はんよう》（三九八～四四五）と西晋《せいしん》の司馬彪《しばひょう》の撰《せん》。本紀《ほんぎ》十巻、列伝八十巻、志三十巻の百二十巻からなる。本紀・列伝は范曄の撰で、唐の李賢《りけん》が注をくわえている。志は梁《りょう》の劉昭《りゅうしょう》が司馬彪の『続漢書』から取ったもので、注もくわえている。成立の時期は西晋の陳寿《ちんじゅ》の『三国志』よりも下る。二十四史の一つ。范曄の時代には『東観漢記《とうかんかんき》』などすでに後漢の歴史書があり、范曄はそれらを参照して『後漢書』を編纂《へんさん》した。これにより引用史料の原文を自己の見地から取捨選択する学風が開かれたとされる。

【五灯会元】 ごとうえげん

宋《そう》代の仏教書。南宋《なんそう》の普済《ふさい》の撰《せん》。二十二巻。道原の『景徳伝灯録』以下、李遵勗《りじゅんきょく》の『天聖広灯録』、白運中の『建中靖国続灯録』、通明の『聯灯会要《れんとうえよう》』、正受《しょうじゅ》の『嘉泰《かたい》普灯録』の五灯録の内容の重複を整理し一書としたため、『五灯会元』と名付けた。過去の七仏から西天二十七祖、東土六祖、さらに南岳下十七世徳山子涓《しけん》に至るまでの禅匠の列伝が記されている。中国禅宗史の貴重な資料である。日本では貞治三（一三六四）年の刊本が見られる。

【三国志】 さんごくし

後漢滅亡後の魏《ぎ》・蜀《しょく》・呉の三国時代の事跡を紀伝体で記した歴史書。二十四史の一つ。西晋《せいしん》の陳寿（二三三～二九七）の撰《せん》。「魏志」三十巻、「蜀志」十五巻、「呉志」二十巻の六十五巻からなっている。陳寿は魏を正統としているため「魏志」のみ本紀《ほんぎ》がある。これは南宋《なんそう》の朱熹《しゅき》の『資治通鑑綱目《しじつがんこうもく》』をはじめ、後年蜀を正統とする説が優勢となって非難を受けた。また南朝の宋の裴松之《はいしょうし》（三七二～四五一）は後漢末から晋初にかけての史料を収集して陳寿の記述にない事柄、異聞などを注し、その資料性は高く称せられている。その注は、後に羅貫中《らかんちゅう》の『三国演義』（『三国志演義』）を生み出すもととなった話も多く含んでいる。「魏志」の「東夷伝《とういでん》」中にある「倭人伝《わじんでん》」は、日本に関する最古の文献として知られている。

【史記】 しき

伝説時代から前漢の武帝までの歴史を記した通史。二十四史の一つ。帝王・諸侯の盛衰を本紀《ほんぎ》・世家《せいか》に記し、各分野で活躍した諸家の事跡を列伝に記す紀伝体の形式は、『漢書』以降の歴史書に受け継がれていった。前漢の司馬遷《しばせん》（前一四五～前八六？）の撰《せん》。本紀十二巻、表十巻、書八巻、世家三十巻、列伝七十巻の百三十巻からなる。司馬遷は史官であった父司馬談《しばだん》の遺志を継いで『史記』を撰したが、自らが宮刑に処せられた屈辱に耐えて、修史の事業に没入したと述懐している。そのため、その文は単なる歴史の記述ではなく、鋭い洞察、不条理への憤りなど情熱に満ち、また、名文とたたえられて、文学的にも高い評価を得ている。もと『太史公書』『太史公記』と呼ばれていた。この『史記』の形式は、日本の『日本書紀』の模範となった。

【詩経】 しきょう

中国最古の詩集。五経の一つで、儒教の経典として伝えられる。『史記』に、三千余篇《へん》あった古詩を孔子が手を加えて成立したとされるが、定かではない。三百十一篇の詩が集められており六篇は題名のみ。ほぼ西周初期（前一一〇〇年ごろ）から春秋半ば（前六〇〇年ごろ）の詩が集められている。風・雅・頌《しょう》の三部で構成されている。風は国風ともいい黄河流域の諸国の民謡で、十五に分かれ百六十篇からなる。雅は宮廷の楽歌で、大雅と小雅に分かれ百五篇。頌は宗廟の楽歌や祭祀の詩で、周頌・魯《ろ》頌・商頌の三つに分かれ四十篇が伝えられている。前漢のときには三つのテキスト（「魯詩《ろし》」「韓詩《かんし》」「斉詩」の三家詩）が伝えられていたが、後漢以降は前漢の毛亨《もうこう》が伝えた「毛詩」が隆盛し、今日の『詩経』は「毛詩」系のテキストである。儒教の経典としてのみでなく中国古典詩の源流として、文学の研究対象としても高い評価を得ている。

【資治通鑑】 しじつがん

周の威烈王（前四〇三年）から五代後周《こうしゅう》の世宗《せいそう》（九五九年）まで一三六一年間の史実を『春秋左氏伝』にならって編年体で記した歴史書。略して『通鑑《つがん》』ともいう。北宋《ほくそう》の司馬光（一〇一九～一〇八六）の撰《せん》。二百九十四巻。目録三十巻。考異三十巻。初めは個人の著述であったが、後に国から全面的な援助を受け、十九年の歳月を費やして元豊七（一〇八四）年に完成。個人の伝記を主とする紀伝体の正史は膨大で煩雑に過ぎること、君主が為政の手本とするに足る通史がないことなどが本書の動機であるが、「治を資《たす》ける通鑑（通史）」という題名の通り、あるべき君臣関係と帝王の為政上の鑑《かがみ》となるべく編纂されたもの。三国魏を正統としたことは朱熹《しゅき》などに批判もされるが、これも司馬光の主観を排し客観を重んずる現実主義の史観のあらわれである。続撰や類書も多く著された。北畠親房《きたばたけちかふさ》の『神皇正統記《じんのうしょうとうき》』もこの書に触発されてできたもの。

【十八史略】じゅうはっしりゃく

太古から南宋《なんそう》の滅亡までの約四千年の歴史が時代を追って簡潔に記された書。元の曽先之《そうせんし》（生没年未詳）の撰《せん》。二巻（後に七巻）。『史記』をはじめ十七種の正史に取材し、さらに宋の歴史を加えて「十八史」とした。このほか、正史の記載を補う形で歴史書以外の書からも取材している。「略」はダイジェストの意。王朝の興亡や人物の事跡が故事成語や格言を交えながら要領よく記述され、この書で中国の歴史の最低限の知識が得られるように仕立てられており、中国よりもむしろ日本で、中国史の格好の入門書として広く読まれた。

【朱子語類】しゅしごるい

南宋《なんそう》の朱熹《しゅき》（尊称して朱子という）（一一三〇～一二〇〇）とその門人の問答を、弟子たちが記録したものをもとに分類別に収録した書。南宋の黎靖徳《れいせいとく》の編。百四十巻。朱熹は朱子学の大成者。朱熹の門人が記録したおびただしい数の師の言説は、黎靖徳によって理気・性理・学などのテーマごとに再編成され、一二七〇年ごろ現在のテキストができあがった。その話題は哲学のみならず、歴史・宇宙・人物評など多岐にわたっている。当時の問答を記しているので、しばしば当時の口語が記されており、言語資料としても高い評価を受けている。

【荀子】じゅんし

戦国時代の儒家、荀況《じゅんきょう》（尊称して荀子という）の思想・学説を記した書。荀況（前三一〇?～前二三〇?）の撰《せん》。二十巻三十二篇《へん》。もと数万言の書を唐の楊倞《ようりょう》が注を書くとき体裁を改め現行の形にした。荀況は儒家で孟子《もうし》と併称されるが、その思想の特色としては、天の拘束から人を解き放った人間優位の論、孟子の性善説に対して展開された性悪説、混乱した社会を秩序づけるために人の欲望追求に一定の限度を課す礼の重要性を力説していることなどがあげられる。記述は比喩《ひゆ》を多用するなど明晰で、論理的である。のち、韓非《かんぴ》などに受け継がれ、法家思想を生んだ。荀子は儒家の正統と見なされる孟子の言説を多く批判し、さらにその性悪説と極端に礼の重要性を立説したことが嫌われて、儒家の中で正統な評価がなされているとはいいがたく、『孟子』が四書に数えられるのに比べて注釈の数も少ない。

【春秋左氏伝】しゅんじゅうさしでん

儒教の五経の一つ『春秋』の解釈書。春秋時代の左丘明《さきゅうめい》（生没年未詳）の撰《せん》と伝えられるが異説も多い。三十巻。略して『左伝』『左氏伝』といわれる。孔子が筆削したとされる『春秋』は魯《ろ》の隠公から哀公までを編年体で記した歴史書であるが、記述が簡略であり、後に三伝（左氏伝・穀梁伝《こくりょうでん》・公羊伝《くようでん》）という三種の解釈書が成立した。左氏伝はこのうちでも最も重視された解釈書である。他の二伝が孔子の筆削褒貶の義を説くのに対して、多くの事実や史話を収録し、詳細に史実を伝えようとしているところに特色がある。代表的な注釈として、西晋《せいしん》の杜預《どよ》の『春秋経伝集解《しゅんじゅうけいでんしっかい》』がある。

【小学】しょうがく

古人の言行を取り上げ、儒教社会や家庭における理想的な人間を養成しようとする啓蒙《けいもう》・教訓の書。南宋《なんそう》の朱熹《しゅき》の編とされるが、朱熹に依託された友人の劉子澄《りゅうしちょう》（生没年未詳）が編纂した。六巻内外二篇《へん》。一一八七年に完成。内篇は『書経』『儀礼《ぎらい》』『論語』『孟子《もうし》』などの儒教の重要な典籍から、外篇は多くは宋代の人物の言行を抄録しており、古今の聖賢の言行を集めて、応対・進退などの作法、修養・道徳の格言、忠臣や孝子の事跡などを収録し、模範的な社会人、為政者になるための啓蒙や教訓を目途としている。

【貞観政要】じょうがんせいよう

唐の太宗《たいそう》李世民《りせいみん》（在位六二六～六四九）とその臣下との政治問答を中心に編録した書。唐の呉競《ごきょう》の撰《せん》。十巻四十篇《へん》からなる。太宗は人材を広く求め適材適所に用い、臣下の諫言《かんげん》をよく受け入れて、およそ三百年続く唐王朝の基礎を固めた。その政治は「貞観の治」と呼ばれ、社会は安定した。本書の内容は、為政に関わる太宗と臣下との問答を記録したもので、後世、帝王学の教科書として、中国はもちろん日本でも尊ばれ、歴代の皇帝・政治家の必読書とされた。日本にも平安時代には伝わっており、後に源頼朝《みなもとのよりとも》、日蓮《にちれん》、徳川家康《いえやす》らも愛読している。

【書経】しょきょう

儒教の五経の一つ。太古の尭《ぎょう》・舜《しゅん》から秦の穆公《ぼくこう》までの政治において模範となる古帝王の言行を記したもの。孔子が百篇《ひゃっぺん》にまとめたとされるが定かではない。漢代には『尚書』といわれ、宋《そう》代以降『書経』と呼ばれるようになった。百篇あったとされる『尚書』は秦の焚書《ふんしょ》によって散佚《さんいつ》した。前漢の文帝のとき伏生《ふくせい》が壁中から得た二十九篇は隷書で書かれていたため「今文《きんぶん》尚書」といわれる。同じく前漢の景帝のとき孔子の旧宅を壊して得た「尚書」は蝌蚪《かと》文字（古代の文字の一種）で書かれており、「古文尚書」といわれ「今文尚書」よりも十六篇多かった。その後「古文尚書」は亡失し、東晋《とうしん》の元帝のとき梅賾《ばいさく》が五十八篇の「尚書」を奏上し、唐の孔穎達《くえいだつ》らはこれに「正義」を作ったが、偽作の疑いが濃く「偽古文尚書」といわれる。

【晋書】しんじょ

西晋四代と東晋十一代のおよそ一五〇年間の事跡を記した歴史書。唐の太宗《たいそう》が房玄齢《ぼうげんれい》（五七八～六四八）らに命じて編纂《へんさん》させた。斉の臧栄緒《ぞうえいしょ》の「晋書」を中心に、晋から六朝《りくちょう》にかけての十八史家（陸機・王隠《おういん》・謝霊運《しゃれいうん》など）の晋史を参考にして編纂された歴史書。貞観《じょうがん》二十（六四六）年に編纂された。帝紀十巻、志二十巻、列伝七十巻、載紀三十巻の百三十巻からなる。正史として二十四史の一つであるが、『捜神記《そうしんき》』や『世説新語《せせつしんご》』などの小説からも記事を引いているため史実から離れ歴史書としての価値を疑う評もある。しかし、唐初まで伝わっていた十八家の史書は、今日『晋書』によって知られるのみである。

【新唐書】しんとうじょ

『旧唐書《くとうじょ》』に改訂を加えた歴史書。北宋《ほくそう》の欧陽脩《おうようしゅう》（一〇〇七～一〇七二）らのが勅命を受けて編纂《へんさん》。本紀《ほんぎ》十巻、志五十巻、表十五巻、列伝百五十巻の二百二十五巻からなる。嘉祐《かゆう》五（一〇六〇）年に成立。『旧唐書』にくらべて史料を豊富にし文章を簡潔にしたという。しかし簡潔すぎる文章のため史実の記述に疎略な部分も生じた。また韓愈《かんゆ》・柳宗元《りゅうそうげん》らの古文運動を評価する復古思想が底流にあり主観的な記述が多くなるきらいがあった。そのため素朴にかつ忠実に史実を記す『旧唐書』の価値が見直され、両者ともに二十四史の一つにかぞえられている。

【隋書】ずいしょ

隋代の事跡を記した歴史書。唐の太宗《たいそう》の勅命で魏徴《ぎちょう》（五八〇～六四三）らの撰《せん》。帝紀五巻、志三十巻、列伝五十巻の八十五巻からなる。大運河の開削や宮殿の修築などで人民に多大な負担を与え悪名高い煬帝《ようだい》に関する記事の中で不都合なものは省くなどの曲筆もあるものの、簡潔で洗練された文章などで、古くから「良史」と評されている。また「経籍志《けいせきし》」は後漢から唐初までの書籍を経・史・子・集の四部に分類して記録しており、高い評価を得ている。この分類方法は後の中国古典書籍の分類に用いられ、現代でも用いられている。

【説苑】ぜいえん

儒家思想にもとづいた春秋時代から漢代に至るまでの先賢・先哲の故事説話集。前漢の劉向《りゅうきょう》（前七七～前六？）の撰《せん》。もともと『説苑雑事』という書があり、劉向が取捨選択、増補して編纂《へんさん》した。二十巻。各巻頭に趣旨を述べ、例話を配列している。取材の範囲はきわめて広く、諸子百家すべての系統の話が収録され雑家的な面もあるが、その根底には君子のあり方、臣下の心得、処世を中心とした儒家思想による統一がみられる。『新序《しんじょ》』とともに天子の教育に用いられた。原典がすでに散佚《いっさん》した説話と見られるものも含まれており、資料的な価値も高い。

【世説新語】せせつしんご

後漢から東晋《とうしん》までの知識人に関する逸話や人物批評などを集めた書。六朝《りくちょう》時代、南朝宋《そう》の劉義慶《りゅうぎけい》（四〇四～四四四）の撰《せん》とされる。現在伝わるものは梁《りょう》の劉孝標《りゅうこうひょう》が注をくわえたもの。三巻三十六篇《へん》。「徳行」「言語」「政事」「文学」などからなる。魏晋《ぎしん》時代に貴族社会で流行した「清談」といわれる世俗を離れた談論・批評が反映されており、六朝時代の貴族・知識人の風潮や言行を知るうえで重要な資料である。文章には当時の白話（口語）が含まれており、また面白くユーモアにも富んで、史料的価値のみならず文学作品としても定評がある。

【戦国策】せんごくさく

周の元王（前四七六年）から秦の始皇帝二十五（前二二二年）年にいたる二五十余年にわたって戦国の遊説家《ゆうぜいか》の弁論を編纂《へんさん》した書。前漢の劉向《りゅうきょう》（前七七～前六?）の撰《せん》。もと『国策』『国事』『短長』などと呼ばれていた戦国遊説家の諸書を劉向が比較校訂し、国別に目次を立てて三十三篇《へん》にして『戦国策』と名づけた。政治・軍事・外交など当時の時勢、風潮を知るうえで貴重な書である。現在伝わるものは北宋《ほくそう》の曽鞏《そうきょう》が欠けたところを補って復元したものに姚宏《ようこう》が注を加えた三十三巻本と、別に鮑彪《ほうひょう》が出した十巻本の二系統がある。鮑氏本は江戸時代以降、日本人にもよく親しまれた。

【荘子】そうじ

『老子』とならび老荘思想を説く道家思想の書。荘周（生没年不詳、紀元前四世紀後半ごろの宋《そう》の人。尊称して荘子《そうし》という）の著作とされるが、後学の手が加えられているとされる。現在伝わるものは西晋《せいしん》の郭象《かくしょう》（二五二～三一二）が整理改修した内篇《へん》七篇、外篇十五篇、雑篇十一篇の三十三篇本だが、篇数については諸説ある。いずれの説も内篇は七篇で内容もほぼ一定であるため、内篇が本来の『荘子』に近いと考えられる。なかでも「逍遥遊《しょうようゆう》」「斉物論《せいぶつろん》」二篇に中心思想があるとされ、万物を支配する根本原理を「道」とし、「道」から見れば、すべての事物に差異はないとする万物斉同（→542）の思想が展開されている。さらに、その「道」と一体化するためには、人為を排斥し無為自然であることを説いた。荘周以後の荘子学派と多学派との接触交渉がよく反映されており、戦国中期から漢代初期までの思想の展開を知る資料として価値が高い。また寓話《ぐうわ》と比喩《ひゆ》が巧みに用いられ、文芸的な評価も高い。唐の玄宗《げんそう》が荘周に南華真人《なんかしんじん》の号を贈ったため『南華真経』《なんかしんきょう》とも呼ばれる。

【楚辞】そじ

戦国時代の楚の詩人屈原《くつげん》を主題にした作品を中心として楚の地方の古い歌辞を集めたもの。前漢の劉向《りゅうきょう》（前七七～前六?）が屈原の「離騒《りそう》」を中心に、継承者である宋玉《そうぎょく》、景差《けいさ》及びその影響を受けた漢の賈誼《かぎ》の作品を十六巻に編集した。その後、後漢の王逸《おういつ》が自らの作品を一巻加え十七巻としたものが現行の王逸本である。もともと楚辞とは楚の地方のうたの意であるが、戦国時代以前に楚の地方に発生した韻文、巫子《みこ》の言葉が原形であったと考えられる。北方系の『詩経』が現実的・写実的であるのに対して、南方系の『楚辞』は幻想的・神秘的であることが特色とされる。『詩経』とともに後世の文学や思想に与えた影響は大きい。また「天問《てんもん》」には多くの神話が収められている。

【孫子】そんし

古代中国の兵法の書。春秋時代の呉の孫武《そんぶ》の撰《せん》という説と戦国時代の斉の孫臏《そんぴん》の撰という説がある。一九七二年に山東省臨沂《りんき》県の銀雀山漢墓から「孫子兵法」と別に「孫臏兵法」の竹簡が発見された。一巻十三篇。内容は戦わず敵を屈服させることを最上の策とし、兵法も自然界と同様に静止不動のものではなく敵の変化に応じるべきであるとしている。『孫子』が兵器も戦争形態も異なる今日においても読み継がれているのは、単なる戦争技術の書ではなく、人間の本性に対する鋭い洞察がなされているからである。日本にも古くから伝わっており、武田信玄が用いたとされる旗印「風林火山」は、この書に基づくとされる。

【大学】だいがく

政治哲学と学問に関する儒学の書。四書の一つ。一巻からなる。もとは『中庸《ちゅうよう》』と同じく『礼記《らいき》』の中の一篇《ぺん》。作者については孔子の遺書とも曽参《そうしん》の作ともいわれて異論が多い。成立は戦国時代末期から漢の武帝までのあいだと推定される。南宋《なんそう》の朱熹《しゅき》が『大学章句』を著して注釈を施してから世に広まった。朱熹は『大学』の本文に脱文があるとして順序を改め、伝を一つ補った。朱熹は「明徳を明らかにする、民を新たにする、至善に止まる」の三綱領におき、それに至る修養の順序に八条目をあげて「己を修めて人を治める」ことを主張した。明《みん》代になると、王陽明《おうようめい》が、『大学章句』に対して『大学』を原文にもどすべきだとして『大学古本旁註《ぼうちゅう》』をつくった。いずれにしても『大学』は近世儒学の枢要な地位を占めており、儒家思想を知る上でも重要な資料である。

【太平御覧】たいへいぎょらん

多くの書物の事項や語句などを分類し編集した百科事典的な書物。北宋《ほくそう》の太宗《たいそう》の命を受けて太平興国二（九七七）年から同八年にかけて、李昉《りほう》（九二五〜九九六）らが勅命を受けて編纂《へんさん》。天・時序・地・皇王から獣・果・菜など五十五門に分類され、千巻からなる。当初は『太平総類』と呼ばれていたが、太宗が一日に三巻ずつ読み一年間かけて全てを閲読し（→「乙夜之覧《いつやのらん》」49）、ここから『太平御覧』と名付けられたといわれる。引用した書物はおびただしい数に及び、貴重な資料となっている。しかし、一つの書をいくつかの異名で記したり、原書にはないような不注意な引用も見られる。

【中庸】ちゅうよう

儒家思想の哲学的根拠を説いた書。四書の一つ。もともとは『大学』と同じく『礼記《らいき》』の中の一篇《ぺん》。孔子の孫である子思《しし》の著と伝えられるが異説が多い。一巻からなる。前半では「中庸」「天人一理」の哲学思想を説き、後半では具体的な運用である「誠」を説いている。「中庸」とは偏らず、過不及のない平常不変の道理の意。儒学の重要文献として重んじられたのは宋《そう》代からで、とくに朱熹《しゅき》が「四書」の一つに数えてからは儒学入門の必読書となった。以後、朱熹がつくった注釈書『中庸章句』の『中庸』が定本となっている。日本でも江戸時代に広く読まれ、伊藤仁斎《いとうじんさい》の『中庸発揮』、荻生徂来《おぎゅうそらい》の『中庸解』などがある。

【伝習録】でんしゅうろく

明《みん》代の王守仁（号は陽明。一四七二〜一五二八）の語録と書簡を集めた陽明学の書。王陽明の門人の徐愛《じょあい》らが王陽明の言や書簡を筆録したとされる。上中下の三巻からなる。「伝習」の二字は『論語』学而篇《がくじへん》の「伝不習乎（伝えて習わざるか）」に基づくといわれる。上巻は陽明学の基本思想である「心即理」「知行合一」を説き、中・下巻では「致良知論」「万物一体論」などが説かれている。朱子学から脱却しきれない門弟に対して丁寧に比喩《ひゆ》など用いながら学説を説く王陽明の態度から、王陽明の思想と人間像を知ることもできる。また、明代にさかんであった講学の雰囲気や中国人の思考を知るうえでも貴重な資料となっている。日本には慶長年間（一五九六〜一六一五）に伝わっており、中江藤樹らに影響を与えた。

【碧巌録】へきがんろく

宋《そう》代の仏教書。古典的な禅の問答公案集。雲門宗の雪竇重顕《せっちょうじゅうけん》が『景徳伝灯録』三十巻から禅の公案千七百則を選び、その中から、さらに重要な百則を選んで、『頌古《じゅこ》百則』を著した。これに対して、臨済宗の圜悟克勤《えんごこくごん》が各則ごとに垂示《すいじ》（序説の垂訓）、著語《じゃくご》（部分の短評）、評唱《ひょうしょう》（全体の評釈）を加えたのが本書である。十巻百篇《ぺん》からなる。古典的な禅問答を美しい表現で解説しており、仏教書であるとともに優れた文学書としての評価を得ている。元代以後、臨済宗の間で重視され、公案の教科書としても用いられた。『碧巌集』『仏果圜悟禅師《ぶっかえんごぜんじ》碧巌録』

（集）』ともいわれる。

【法言】 ほうげん

『論語』の体裁を模して聖人を尊び王道を論じた儒学の書。前漢の揚雄《ようゆう》（前五三～後一八）の撰《せん》。十三巻からなる。『論語』同様に問答形式で学問論・人生論などについて説かれ、『論語』への模倣は文章の体裁だけでなく思想面にも及んでいる。孟子《もうし》と荀子《じゅんし》の調和をはかり性善悪混在説を唱えている。人間観・学問観・迷信批判・政治思想に関して古典的な儒家思想に近いが、処世観に関しては時勢という運命観に基づいており道家思想の色彩も濃い。『揚子法言』ともいわれる。北宋《ほくそう》の司馬光の『法言集注《ほうげんしっちゅう》』十巻が注釈書として知られている。

【抱朴子】 ほうぼくし

神仙道教の書。東晋《とうしん》の葛洪《かっこう》（二八三?～三四三?）の撰《せん》。三一七年ごろ成立。八巻で内篇《へん》二十篇、外偏五十二篇からなる。内篇は神仙思想の理論と実戦を説き、外篇は儒教的思想によって現実の政治・社会の得失を論じている。通常、『抱朴子』といえば仙人の実在の証明・神仙術とそれを得るための方法・仙人の種類を記した内篇をさす。神仙を自力で実現可能とした書で、術についての体系的な理論書として道教に大きな影響を与えた。また丹薬の製法・養生理論など医学的・薬学的な面も記されているため中国科学技術史上においても貴重な書であるといえる。

【墨子】 ぼくし

戦国時代に儒家と対抗した思想集団の墨家の書。墨翟《ぼくてき》（前四六八?～前三七六?）の撰《せん》とされるが、墨翟以後の学統の人の撰と考えられる。もと七十一篇《ぺん》あったが明代までに十八篇が失われ、兼愛・非攻・節用など五十三篇が現存する。墨家は儒家の唱える仁は差別愛であると非難し、平等無差別な愛として「兼愛」を主張した。また非攻（非戦論）と節倹の思想にも特色を持つが、節葬や非楽などの主張は礼楽を尊重する儒家と対立し、孟子《もうし》はこれを激しく非難している。一時は儒家とならぶほどの勢力を持ったが、その後三派に分裂し、儒教が国教化した漢代に入ると急速に衰微した。清の孫詒譲《そんいじょう》の『墨子間詁《かんこ》』が注釈書として知られている。

【蒙求】 もうぎゅう

秦漢《しんかん》以前の時代から南北朝までの古人の有名な故事・言行を集めた幼学書。唐の李瀚《りかん》の撰《せん》。現在の流布本は徐子光《じょしこう》の補注本。「蒙求」の二字は『易経』蒙訃《もうか》の「我の童蒙に求むるにあらず、童蒙我に求む（道というものはこちらから進んで児童に教えるのではなく、児童から進んで教えを求めるべきものだ）」を出典とし、ここから本書編纂の目的が児童向きの教科書であったことがうかがえる。記憶しやすいように標題を四字句の韻語で記し、類似の事項を一対にし、その後に出典を引用した注が施されている。中国文化の有名な故事が多く含まれており、中国古典を学ぶ者の格好の入門書として尊ばれている。日本にも平安時代にはすでに伝わり、古くから愛読された。出典は別書にあるものの『蒙求』によって広く知られた説話や熟語も多い。

【孟子】 もうし

戦国時代、魯《ろ》の孟軻《もうか》（尊称して孟子という）の言行を記した儒家の書。四書の一つ。孟軻（前三七二?～前二八九?）の撰《せん》とされるが、孟軻と弟子の万章の共著、門人の撰という説もある。いずれにしても孟軻の言行をかなり忠実に伝えている。七篇《へん》よりなり、後漢の趙岐《ちょうき》がこれに注を施し、各篇を上下に分けて以来、十四篇に定着している。性善説に基づき仁義礼智を説き、覇道を否定して王道（仁徳者が徳をもって行う政治）を提唱している。南宋《なんそう》の朱熹《しゅき》が「四書」に列し、『孟子集注《もうししっちゅう》』を著して以来、特に重んじられた。『孟子』の民主思想による革命論が日本の国情とは合わないため『孟子』を船載した船は遭難するという伝説があり、そのことは『雨月物語《うげつものがたり》』にも記されている。

【文選】 もんぜん

南朝梁《りょう》の昭明太子《しょうめいたいし》蕭統《しょうとう》（五〇一～五三一）が文士の協力を得て編纂《へんさん》した詩文選集。東周から梁に至る約千年間にわたる作家百三十余人、八百首に近い作品が三十巻に収められている。作品は「賦」「詩」以下三十七体（三十八体とする説もある）に分けられ、後世の文体分類の模範となっている。編纂にあたっては、すぐれた文章であっても、経書・諸子・史書は文学と区別して除いている。『玉台新詠《ぎょくだいしんえい》』とともに六朝《りくちょう》文学を知るには貴重な資料である。唐の李善《りぜん》の注釈六十巻は評価が高く、宋《そう》代に唐の開元六（七一八）年の「五臣注」に加えられ、「六臣注《りくしんちゅう》文選」と呼ばれた。日本にも奈良時代には伝わっている。清少納言に「ふみは文集《もんじゅう》・文選」と並称され、平安時代から鎌倉室町期の文学に多大な影響を与えた。

【礼記】らいき

儒教の五経の一つ。はじめ前漢の戴徳《たいとく》の伝えた『大戴礼《だたいれい》』八十五篇《へん》と、その甥といわれる戴聖《たいせい》の伝えた『小戴礼《しょうたいれい》』四十九篇をともに『礼記《らいき》』といったが、のちに『礼記』といえば『小戴礼』を指すようになった。一定の目的や標準のもとに編纂《へんさん》されたのではなく、周末から秦漢《しんかん》にかけての礼に関する諸説を集め、礼の理論と実際を記録した書と考えられる。そのため各篇の間に矛盾するところもみられるが、日常の礼儀作法、冠婚葬祭の儀礼から身分制度、学問・修養など生活のあらゆる面にまで及ぶ記述があり当時の社会制度、習俗を知るうえでは貴重な資料である。四書の『大学』『中庸』は、もと『礼記』の一篇である。

【呂氏春秋】りょししゅんじゅう

道家・儒家・墨家・兵家・法家など先秦《せんしん》諸子の学説や説話などを集めた百科全書的な書。『呂覧』ともいう。雑家の祖といわれる。秦の宰相呂不韋《りょふい》（?~前二三五）が食客たちに論説を集録させたもの。八覧・六論・十二紀の二十六巻からなる。その編纂《へんさん》の目的は、諸子百家の思想や学問を包括的に整理し天下統一への方向を示すことにあったと思われる。雑駁としているが、諸子百家の諸説を収めており先秦時代の学説・説話を知るうえでは貴重な資料である。呂不韋はこの書が完成すると秦の都咸陽《かんよう》の城門で「これを一字でも添削できる者がいれば千金を与える」と豪語したといわれる。（→「一字千金《いちじせんきん》」22）後漢の高誘の注釈二十六巻が知られている。

【列子】れっし

『老子』『荘子《そうじ》』と並ぶ道家の書。周の列禦寇《れつぎょこう》（生没年不詳）の撰《せん》とされるが、詳細は不明。八巻からなる。戦国時代以来の道家思想に基づいて天地の変化・死生などを説くが内容は雑多である。文章は簡明で力強く表現され名文と評される。唐代には尊ばれて「沖虚真経《ちゅうきょしんけい》」といわれ、宋《そう》代には「沖虚至徳真経《ちゅうきょしとくしんけい》」と称された。晋《しん》の張湛《ちょうたん》の注がある。古代寓話《ぐうわ》の宝庫としても知られる。

【列女伝】れつじょでん

中国古代の女性の伝記集。前漢の劉向《りゅうきょう》（前七七?~前六(?)）の撰《せん》。もと七巻であったが、現行本は北宋《ほくそう》の王回が整理したもので『続列女伝』が加わり八巻となっている。劉向の編集部分は『古列女伝』といい、区別されている。儒家的な色彩が強く、母儀・賢明・仁智・貞順などの徳目によって分類されているが、編纂《へんさん》の目的は、成帝の時に後宮の秩序が乱れ、それを正すために古書の中から手本や戒めとなる女性の伝記を集めて天子を諫《いさ》めることであったとされる。これを受けて後世に婦徳をたたえる教訓書が多く起こった。清の梁端《りょうたん》の『列女伝校注』が注釈として知られている。

【老子】ろうし

道家思想の代表的な書。『史記』に「周室の衰退を見、老聃《ろうたん》（姓は李、名は耳。聃は字《あざな》。尊称して老子という。生没年不詳）が隠退しようとして、関所まで来たところ、そこの役人尹喜《いんき》に教訓を残すように請われて著した」とあり、道家の祖である春秋時代の楚の老聃の撰《せん》と伝えられる。しかし、思想・文体・用語が不統一なことから一人一時の作ではないと考えられ、道家に属する人々の思想を老子の名に仮託して編纂《へんさん》した書とみる説が有力である。上下二巻からなり、現行本のように八十一章に分かれるものは後漢のころに始まるとされる。おもに政治・処世の術を説き、儒家のいう仁義などの人為・虚飾では道をとらえることはできないとし、無為自然であることを主張した。逆説的表現や象徴的表現に富み、解釈には異説も多いが、道教のみならず後世の思想に与えた影響はきわめて大きい。『老子道徳経』『道徳経』ともいわれる。

【論語】ろんご

春秋時代の魯《ろ》の思想家孔子（名は丘。前五五一～前四七九頃）の言行、孔子と門人や当時の人たちとの問答を記録した書。四書の一つ。確かな撰者《せんじゃ》、成立年代は不明。漢代には『斉論語』『魯論語』と孔子旧宅の壁中より出た『古論語』の三つのテキストがあり、前漢末に張禹《ちょうう》が『魯論語』を中心に三者の校定本を作り、これが今日に伝わっている。十巻二十章からなる。主題は人間としての正しい生き方の追求であるため、神や自然についてはほとんど関心が示されていない。しかし、現実的な人生の多方面にわたる言葉は、現代人にとっても有益な教訓となるものが多い。また、それらの言葉は孔子や門人の人間像をうかがう資料であるとともに、周代の政治・社会を知るうえでの貴重な資料でもある。代表的な注釈として魏《ぎ》の何晏《かあん》の『論語集解《ろんごしっかい》』の古注、南宋《なんそう》の朱熹《しゅき》の『論語集注《ろんごしっちゅう》』の新注がある。日本にも五世紀ごろには伝わっており、現代にいたるまで最も親しまれた漢籍であるといえる。

【論衡】ろんこう

漢代の諸学説を合理的な批判精神と厳密な実証で批判した書。雑家に分類される。後漢の王充（二七～九七？）の撰《せん》。もと百篇《ぺん》あったが、現存するものは八十五篇三十巻。本書の中で「論衡とは軽重の言を詮《はか》り、真偽の平を立つるゆえんなり」と語っており、当時の儒学や迷信などの世俗思想や人情の低俗化を激しく非難している。後漢の思想界では王権は天の意志に由来するという王権神受説が一般的であったが、王充はこれを鋭く批判し、天は自然なもので意志をもたぬとして天の人格性を否定した。王充の合理・実証主義に徹し真実を明らかにしようとする態度は、当時の国教であった儒教にもはばかることなく批判を下したため、長く評価されず、近代に至ってにわかに注目を集めている。

名作の中の四字熟語

明治から昭和初期にかけて活躍した文豪の名作を取り上げ、作品別に本辞典で見出しとして採録した四字熟語の使用例を掲げ、五十音順で配列して、本文での掲載ページを示した。作者名には生没年、作品名には発表年を西暦で示した。

なお、それぞれの四字熟語は本辞典の見出しと同じ形で示したが、作品中では異なる表記・読み方で使われている場合がある。

芥川龍之介　一八九二～一九二七

【地獄変】　一九一八年

異類異形（いるいいぎょう）……52
栄耀栄華（えいようえいが）……70
月卿雲客（げっけいうんかく）……195
牽強付会（けんきょうふかい）……198
剣山刀樹（けんざんとうじゅ）……200
五趣生死（ごしゅしょうじ）……237
牛頭馬頭（ごずめず）……239
三面六臂（さんめんろっぴ）……268
四苦八苦（しくはっく）……274
自業自得（じごうじとく）……275
四方八方（しほうはっぽう）……294
十逆五悪（じゅうぎゃくごあく）……302
人面獣心（じんめんじゅうしん）……356
百鬼夜行（ひゃっきやこう）……557
慢業重畳（まんごうちょうじょう）……613
老若男女（ろうにゃくなんにょ）……678

【邪宗門】　一九一八年

阿鼻叫喚（あびきょうかん）……5
一芸一能（いちげいいちのう）……20
右往左往（うおうさおう）……58
騎虎之勢（きこのいきおい）……138
広大無辺（こうだいむへん）……219
功徳無量（こうとくむりょう）……221
紅毛碧眼（こうもうへきがん）……226
金剛邪禅（こんごうじゃぜん）……246
詩歌管弦（しいかかんげん）……270
笑止千万（しょうしせんばん）……324
生滅遷流（しょうめつせんる）……332
世尊金口（せそんこんく）……380
切磋琢磨（せっさたくま）……382
千万無量（せんまんむりょう）……401
桑海之変（そうかいのへん）……404
大兵肥満（だいひょうひまん）……426
天上皇帝（てんじょうこうてい）……473
天魔外道（てんまげどう）……479
南都北嶺（なんとほくれい）……507
半信半疑（はんしんはんぎ）……540
百鬼夜行（ひゃっきやこう）……557
法誉無上（ほうよむじょう）……604
煩悩外道（ぼんのうげどう）……610
無位無官（むいむかん）……616
無間地獄（むけんじごく）……618
無知蒙昧（むちもうまい）……620
唯一不二（ゆいいつふじ）……637
蓮華宝土（れんげほうど）……674
老若男女（ろうにゃくなんにょ）……678

尾崎紅葉　一八六七～一九〇三

【金色夜叉】　一八九七～一九〇二年

暗中模索（あんちゅうもさく）……9
一挙一動（いっきょいちどう）……34
一生懸命（いっしょうけんめい）……38
一心不乱（いっしんふらん）……40
陰森凄幽（いんしんせいゆう）……56
右往左往（うおうさおう）……58
栄耀栄華（えいようえいが）……70
応報覿面（おうほうてきめん）……84
怨敵退散（おんてきたいさん）……87
艱難辛苦（かんなんしんく）……129
貴貴重重（ききちょうちょう）……136
奇想天外（きそうてんがい）……142
教外別伝（きょうげべつでん）……155

金泥精描（きんでいせいびょう）……174
経営惨澹（けいえいさんたん）……183
厳談酷促（げんだんこくそく）……202
公明正大（こうめいせいだい）……226
牛頭馬頭（ごずめず）……239
昏迷乱擾（こんめいらんじょう）……248
災難即滅（さいなんそくめつ）……253
三綱五常（さんこうごじょう）……260
山精木魅（さんせいもくび）……264
残忍酷薄（ざんにんこくはく）……267
自業自得（じごうじとく）……275
七転八倒（しちてんばっとう）……286
深山幽谷（しんざんゆうこく）……345
絶体絶命（ぜったいぜつめい）……383
絶痛絶苦（ぜっつうぜっく）……384
千言万語（せんげんばんご）……388
前後不覚（ぜんごふかく）……390
千万無量（せんまんむりょう）……401
樽俎之間（そんそのかん）……417
長煙短焰（ちょうえんたんえん）……449
徹頭徹尾（てっとうてつび）……467
天地渾沌（てんちこんとん）……475
田夫野人（でんぷやじん）……478
盤根錯節（ばんこんさくせつ）……538
半死半生（はんしはんしょう）……538
非義非道（ひぎひどう）……546
眉目温厚（びもくおんこう）……552
不義不貞（ふぎふてい）……570
不義不徳（ふぎふとく）……570
不承不承（ふしょうぶしょう）……575
噴薄激盪（ふんぱくげきとう）……585
傍若無人（ぼうじゃくぶじん）……599
放肆遊惰（ほうしゆうだ）……599
保養鬱散（ほよううっさん）……609
無二無三（むにむさん）……621
寥寥冥冥（りょうりょうめいめい）……667
臨機応変（りんきおうへん）……669
老若貴賤（ろうにゃくきせん）……677
老婆心切（ろうばしんせつ）……678

島崎藤村　一八七二～一九四三

【春】　一九〇八年

意気軒昂（いきけんこう）……12
意気消沈（いきしょうちん）……12
意気阻喪（いきそそう）……13
一生懸命（いっしょうけんめい）……38
一徹無垢（いってつむく）……45
鬱鬱怏怏（うつうつおうおう）……61
永遠偉大（えいえんいだい）……67
英雄豪傑（えいゆうごうけつ）……70
穏着沈黙（おんちゃくちんもく）……87
快語満堂（かいごまんどう）……91
活火激発（かっかげきはつ）……109
虚虚実実（きょきょじつじつ）……161
謹厚慎重（きんこうしんちょう）……171
傲世逸俗（ごうせいいつぞく）……217
傲慢不羈（ごうまんふき）……225
傲慢磊落（ごうまんらいらく）……225
失望落胆（しつぼうらくたん）……291
自分勝手（じぶんかって）……294
四方八方（しほうはっぽう）……294
秋風蕭条（しゅうふうしょうじょう）……308
純潔無垢（じゅんけつむく）……317
酔生夢死（すいせいむし）……360
精神鬱怏（せいしんうつおう）……370
青天白日（せいてんはくじつ）……373
鮮美透涼（せんびとうりょう）……400
沈痛慷慨（ちんつうこうがい）……460
薄志弱行（はくしじゃっこう）……524
反抗憤怒（はんこうふんぬ）……537
半信半疑（はんしんはんぎ）……540
不羈磊落（ふきらいらく）……570
不死不朽（ふしふきゅう）……575
無理無体（むりむたい）……623
優勝劣敗（ゆうしょうれっぱい）……641
優美高妙（ゆうびこうみょう）……642
愉快活発（ゆかいかっぱつ）……644
我儘気随（わがままきずい）……681

太宰治　一九〇九～一九四八

【人間失格】一九四八年
阿鼻叫喚（あびきょうかん）……5
阿鼻地獄（あびじごく）……5
一喜一憂（いっきいちゆう）……33
一進一退（いっしんいったい）……40
一顰一笑（いっぴんいっしょう）……48
危機一髪（ききいっぱつ）……135
月下氷人（げっかひょうじん）……194
五里霧中（ごりむちゅう）……245
三三五五（さんさんごご）……261
酒池肉林（しゅちにくりん）……314
全知全能（ぜんちぜんのう）……397
千変万化（せんぺんばんか）……401
馬耳東風（ばじとうふう）……529
万世一系（ばんせいいっけい）……540
冷汗三斗（れいかんさんと）……672

【走れメロス】一九四〇年
奸佞邪智（かんねいじゃち）……129
獅子奮迅（ししふんじん）……280
邪知暴虐（じゃちぼうぎゃく）……300
新郎新婦（しんろうしんぷ）……357
竹馬之友（ちくばのとも）……441
疲労困憊（ひろうこんぱい）……561

坪内逍遥 一八五九〜一九三五

【小説神髄】一八八五〜一八八六年
医鬱排悶（いうつはいもん）……11
以心伝心（いしんでんしん）……17
一言一句（いちごんいっく）……21
一挙一動（いっきょいちどう）……34
一笑一顰（いっしょういっぴん）……38
雲壌月鼈（うんじょうげつべつ）……65
栄達落魄（えいたつらくはく）……69
誨淫導欲（かいいんどうよく）……88
快活愉快（かいかつゆかい）……89
悔悟慙羞（かいござんしゅう）……91
架空無稽（かくうむけい）……100
雅俗折衷（がぞくせっちゅう）……107
活溌婉麗（かっぱつえんれい）……111
活溌豪宕（かっぱつごうとう）……112
勧奨懲誡（かんしょうちょうかい）……124
勧善懲悪（かんぜんちょうあく）……126
完全無欠（かんぜんむけつ）……126
艱難辛苦（かんなんしんく）……129
感孚風動（かんぷふうどう）……130
奇異荒唐（きいこうとう）……133
規矩準縄（きくじゅんじょう）……137
行住坐臥（ぎょうじゅうざが）……156
興味索然（きょうみさくぜん）……159
空前絶後（くうぜんぜつご）……176
荒唐無稽（こうとうむけい）……221
毫末遺漏（ごうまついろう）……225
才色兼備（さいしょくけんび）……252
事序繽紛（じじょひんぷん）……282
自然淘汰（しぜんとうた）……283
醜悪奸邪（しゅうあくかんじゃ）……301
縦横無尽（じゅうおうむじん）……301
周密精到（しゅうみつせいとう）……309
熟読玩味（じゅくどくがんみ）……311
峻抜雄健（しゅんばつゆうけん）……319
森羅万象（しんらばんしょう）……357
清絶高妙（せいぜつこうみょう）……371
千古不抜（せんこふばつ）……390
千差万別（せんさばんべつ）……391
浅識菲才（せんしきひさい）……392
千状万態（せんじょうばんたい）……393
千変万化（せんぺんばんか）……401
造次顛沛（ぞうじてんぱい）……407
単樸浅近（たんぼくせんきん）……438
徹頭徹尾（てっとうてつび）……467
天地万象（てんちばんしょう）……475
貪吝刻薄（どんりんこくはく）……504
人情澆薄（にんじょう（の）ぎょうはく）……512
人情世態（にんじょうせたい）……512
誹刺諷誡（ひしふうかい）……547
悲壮淋漓（ひそうりんり）……549
美妙巧緻（びみょうこうち）……552
婦女童蒙（ふじょどうもう）……576
平滑流暢（へいかつりゅうちょう）……588
捧腹絶倒（ほうふくぜっとう）……603

脈絡通徹（みゃくらくつうてつ）……615
矛盾撞着（むじゅんどうちゃく）……619
妄誕無稽（もうたんむけい）……631
孟浪咄嗟（もうろうとっさ）……632
優婉閑雅（ゆうえんかんが）……638
有害無益（ゆうがいむえき）……638
幽趣佳境（ゆうしゅかきょう）……641
優勝劣敗（ゆうしょうれっぱい）……641
遊惰放逸（ゆうだほういつ）……641
悠悠閑適（ゆうゆうかんてき）……643
抑揚頓挫（よくようとんざ）……650
臨機応変（りんきおうへん）……669
老若男女（ろうにゃくなんにょ）……678

徳富蘆花 一八六八〜一九二七

【自然と人生】 一九〇〇年

艶麗繊巧（えんれいせんこう）……80
温柔敦厚（おんじゅうとんこう）……86
快活温柔（かいかつおんじゅう）……89
蟹行鳥跡（かいこうちょうせき）……91
勝手気儘（かってきまま）……111
活潑潑地（かっぱつはっち）……112
鬼気森然（ききしんぜん）……136
皎皎晶晶（きょうきょうしょうしょう）……154
九分九厘（くぶくりん）……180
巧言令色（こうげんれいしょく）……212
孤影飄零（こえいひょうれい）……229
才華爛発（さいからんぱつ）……250
細心臨摸（さいしんりんも）……252
質実朴素（しつじつぼくそ）……289
秀色神采（しゅうしょくしんさい）……305
秀麗皎潔（しゅうれいこうけつ）……310
春蕪秋野（しゅんぶしゅうや）……320
晶瑩玲瓏（しょうえいれいろう）……321
紫瀾洶湧（しらんきょうゆう）……338
塵思埃念（じんしあいねん）……345
森羅万象（しんらばんしょう）……357
星河一天（せいがいってん）……366
清光溶溶（せいこうようよう）……368
清絶幽絶（せいぜつゆうぜつ）……372
清淡寡慾（せいたんかよく）……372
清籟蕭蕭（せいらいしょうしょう）……375
千荊万棘（せんけいばんきょく）……388
専心一意（せんしんいちい）……394
大壑拐然（たいがくかいぜん）……418
馳騁縦横（ちていじゅうおう）……443
沈鬱悲壮（ちんうつひそう）……458
東西南北（とうざいなんぼく）……485
滔滔汨汨（とうとうこつこつ）……489
稲麻竹葦（とうまちくい）……492
突兀磽确（とっこつこうかく）……499
年中行事（ねんちゅうぎょうじ）……514
半死半生（はんしはんしょう）……538
放縦恣横（ほうじゅうしおう）……599
無理非道（むりひどう）……623
冷艶清美（れいえんせいび）……671
老若男女（ろうにゃくなんにょ）……678

中島敦 一九〇九〜一九四二

【弟子】 一九四三年

一諾千金（いちだくせんきん）……25
一片氷心（いっぺん（の）ひょうしん）……48
闊達自在（かったつじざい）……111
苛斂誅求（かれんちゅうきゅう）……117
気骨稜稜（きこつりょうりょう）……138
空理空論（くうりくうろん）……177
九分九厘（くぶくりん）……180
巧言令色（こうげんれいしょく）……212
荒怠暴恣（こうたいぼうし）……219
公平無私（こうへいむし）……223
虎視眈眈（こしたんたん）……237
骨肉之親（こつにくのしん）……241
才弁縦横（さいべんじゅうおう）……253
殺伐激越（さつばつげきえつ）……257
杓子定規（しゃくしじょうぎ）……297
出処進退（しゅっしょしんたい）……315
千乗之国（せんじょうのくに）……393
澹然無極（たんぜんむきょく）……436
佇立瞑目（ちょりつめいもく）……458
陳蔡之厄（ちんさいのやく）……459

天下蒼生(てんかそうせい)……470
独立不羈(どくりつふき)……497
煩労汚辱(はんろうおじょく)……544
憤懣焦燥(ふんまんしょうそう)……587
放蕩無頼(ほうとうぶらい)……602
北面稽首(ほくめんけいしゅ)……607
明快闊達(めいかいかったつ)……624
明哲保身(めいてつほしん)……626
磊落闊達(らいらくかったつ)……651

【李陵】 一九四三年

阿諛迎合(あゆげいごう)……6
一騎当千(いっきとうせん)……33
巨眼赭髯(きょがんしゃぜん)……160
高邁闊達(こうまいかったつ)……225
孤軍奮闘(こぐんふんとう)……235
妻子眷族(さいしけんぞく)……251
疾痛惨憺(しっつうさんたん)……290
秋天一碧(しゅうてんいっぺき)……307
擠陥讒誣(せいかんざんぶ)……367
生気溌溂(せいきはつらつ)……367
男尊女卑(だんそんじょひ)……436
刀槍矛戟(とうそうぼうげき)……488
排斥擠陥(はいせきせいかん)……518
悲歌慷慨(ひかこうがい)……545
父子相伝(ふしそうでん)……574
朋党比周(ほうとうひしゅう)……602
野卑滑稽(やひこっけい)……637

夏目漱石 一八六七〜一九一六

【草枕】 一九〇六年

一心不乱(いっしんふらん)……40
雲煙飛動(うんえんひどう)……64
雲容煙態(うんようえんたい)……66
栄辱得喪(えいじょくとくそう)……69
円枘方鑿(えんぜいほうさく)……76
雅俗混淆(がぞくこんこう)……107
我利私欲(がりしよく)……116
閑人適意(かんじんてきい)……125
澆季溷濁(ぎょうきこんだく)……154
空花乱墜(くうげらんつい)……175
空山一路(くうざんいちろ)……176
九寸五分(くすんごぶ)……178
行屎走尿(こうしそうにょう)……215
呉牛喘月(ごぎゅうぜんげつ)……231
古今東西(ここんとうざい)……236
言語道断(ごんごどうだん)……247
色相世界(しきそうせかい)……273
四苦八苦(しくはっく)……274
四肢五体(ししごたい)……278
澌尽礱磨(しじんろうま)……282
十万億土(じゅうまんおくど)……309
蜀犬吠日(しょっけんはいじつ)……337
私利私欲(しりしよく)……339
支離滅裂(しりめつれつ)……339
人事葛藤(じんじかっとう)……345
人身攻撃(じんしんこうげき)……350
随縁放曠(ずいえんほうこう)……358
千万無量(せんまんむりょう)……401
大千世界(だいせんせかい)……425
待対世界(たいたいせかい)……425
拖泥帯水(たでいたいすい)……432
忠君愛国(ちゅうくんあいこく)……445
徹骨徹髄(てっこつてつずい)……467
人人具足(にんにんぐそく)……512
溌墨淋漓(はつぼくりんり)……533
万乗之君(ばんじょうのきみ)……539
不即不離(ふそくふり)……577
不同不二(ふどうふじ)……579
没風流漢(ぼつふうりゅうかん)……608
無上趣味(むじょうしゅみ)……619
勇猛精進(ゆうもうしょうじん)……643
落花啼鳥(らっかていちょう)……653
霊台方寸(れいだいほうすん)……673

【吾輩は猫である】 一九〇五〜一九〇六年

悪事千里(あくじせんり)……3
暗澹溟濛(あんたんめいもう)……9
遺憾千万(いかんせんばん)……12
異体同心(いたいどうしん)……17
一字一句(いちじいっく)……22
一樹之陰(いちじゅのかげ)……24
一念万年(いちねんばんねん)……26

一家相伝（いっかそうでん）……32
一気呵成（いっきかせい）……33
一騎当千（いっきとうせん）……33
一結杳然（いっけつようぜん）……35
一所不住（いっしょふじゅう）……39
一世一代（いっせいちだい）……41
一飯君恩（いっぱんくんおん）……47
有為転変（ういてんぺん）……58
右往左往（うおうさおう）……58
烏合之衆（うごうのしゅう）……59
雲水行脚（うんすいあんぎゃ）……65
英姿颯爽（えいしさっそう）……68
円転滑脱（えんてんかつだつ）……77
延命息災（えんめいそくさい）……79
横行闊歩（おうこうかっぽ）……81
偕老同穴（かいろうどうけつ）……97
蝸牛之廬（かぎゅうのいおり）……99
廓然無聖（かくねんむしょう）……102
臥薪嘗胆（がしんしょうたん）……106
豁然大悟（かつぜんたいご）……111
歓言愉色（かんげんゆしょく）……121
歓天喜地（かんてんきち）……128
間不容髪（かんふようはつ）……130
貴賤老若（きせんろうにゃく）……142
狂瀾怒濤（きょうらんどとう）……159
琴瑟調和（きんしつちょうわ）……172
苦心惨憺（くしんさんたん）……178
具不退転（ぐふたいてん）……180
軽便信用（けいべんしんよう）……190
見性自覚（けんしょうじかく）……201
行雲流水（こううんりゅうすい）……206
皎皎冽冽（こうこうれつれつ）……213
黄白青銭（こうはくせいせん）……222
黒甜郷裏（こくてんきょうり）……233
孤城落日（こじょうらくじつ）……238
梧前灯下（ごぜんとうか）……239
枯木寒巌（こぼくかんがん）……244
金剛不壊（こんごうふえ）……247
蒟蒻問答（こんにゃくもんどう）……248
塞翁之馬（さいおうのうま）……249
洒掃薪水（さいそうしんすい）……253
四海天下（しかいてんか）……271
七擒七縦（しちきんしちしょう）……285
質朴剛健（しつぼくごうけん）……291
灼然炳乎（しゃくぜんへいこ）……298
縦横無尽（じゅうおうむじん）……301
十人十色（じゅうにんといろ）……307
衆目環視（しゅうもくかんし）……310
樹下石上（じゅげせきじょう）……312
生者必滅（しょうじゃひつめつ）……325
焦熱地獄（しょうねつじごく）……330
尽未来際（じんみらいさい）……356
随処任意（ずいしょにんい）……360
頭寒足熱（ずかんそくねつ）……364
前後不覚（ぜんごふかく）……390
千載一遇（せんざいいちぐう）……391
全知全能（ぜんちぜんのう）……397
多情多恨（たじょうたこん）……431
脱俗超凡（だつぞくちょうぼん）……432
忠勇義烈（ちゅうゆうぎれつ）……448
徹骨徹髄（てっこつてつずい）……467
徹頭徹尾（てっとうてつび）……467
電光影裏（でんこうえいり）……472
天地開闢（てんちかいびゃく）……475
天地玄黄（てんちげんこう）……475
蠹紙堆裏（としたいり）……498
呑舟之魚（どんしゅうのうお）……503
難行苦行（なんぎょうくぎょう）……506
悖徳没倫（はいとくぼつりん）……518
万古不磨（ばんこふま）……538
万全之策（ばんぜんのさく）……541
飛花落葉（ひからくよう）……545
暮色蒼然（ぼしょくそうぜん）……607
無何有郷（むかゆう（の）きょう）……617
無罪放免（むざいほうめん）……618
無常迅速（むじょうじんそく）……620
冥頑不霊（めいがんふれい）……624
有形無形（ゆうけいむけい）……639
羅織虚構（らしききょこう）……653
離合開闔（りごうかいこう）……657
梁上君子（りょうじょうのくんし）……664
竜騰虎闘（りょうとうことう）……666
琳琅璆鏘（りんろうきゅうそう）……670

福沢諭吉　一八三四～一九〇一

【学問のすすめ】　一八七二～一八七六年

意気揚揚（いきようよう）……13
痿縮震慄（いしゅくしんりつ）……16
一言半句（いちごんはんく）……22
一心一向（いっしんいっこう）……39
陰徳恩賜（いんとくおんし）……57
雲壌懸隔（うんじょうけんかく）……65
怨望隠伏（えんぼういんぷく）……79
豁達大度（かったつたいど）……111
鰥寡孤独（かんかこどく）……118
偽詐術策（ぎさじゅっさく）……139
喜怒哀楽（きどあいらく）……144
虚誕妄説（きょたんもうせつ）……165
錦衣玉食（きんいぎょくしょく）……168
金甌無欠（きんおうむけつ）……168
言行齟齬（げんこうそご）……199
権理通義（けんりつうぎ）……205
賢良方正（けんりょうほうせい）……205
巧言令色（こうげんれいしょく）……212
傲慢不遜（ごうまんふそん）……225
山村僻邑（さんそんへきゆう）……265
事事物物（じじぶつぶつ）……280
至大至重（しだいしちょう）……284
自由自在（じゆうじざい）……304
衆生済度（しゅじょうさいど）……313
小心翼翼（しょうしんよくよく）……328
心事高尚（しんじこうしょう）……346
真実無妄（しんじつむもう）……346
信賞必罰（しんしょうひつばつ）……348
切磋琢磨（せっさたくま）……382
浅学寡聞（せんがくかぶん）……386
千状万態（せんじょうばんたい）……393
前代未聞（ぜんだいみもん）……397
粗衣粗食（そいそしょく）……403
治乱興廃（ちらんこうはい）……458
沈湎冒色（ちんめんぼうしょく）……460
天地万物（てんちばんぶつ）……476
天理人情（てんりにんじょう）……480
半解半知（はんかいはんち）……536
不羈自由（ふきじゆう）……569
不羈独立（ふきどくりつ）……569
巫蠱神仏（ふこしんぶつ）……574
不正不便（ふせいふべん）……576
不智不徳（ふちふとく）……577
文明開化（ぶんめいかいか）……587
平身低頭（へいしんていとう）……589
暴君暴吏（ぼうくんぼうり）……597
放蕩無頼（ほうとうぶらい）……602
無知文盲（むちもんもう）……620
野蛮草昧（やばんそうまい）……637
遊冶懶惰（ゆうやらんだ）……643
理非曲直（りひきょくちょく）……658
臨機応変（りんきおうへん）……669
礼楽征伐（れいがくせいばつ）……672

二葉亭四迷　一八六四～一九〇九

【浮雲】　一八八七～一八八九年

悪口雑言（あっこうぞうごん）……5
衣香襟影（いこうきんえい）……14
一刻千秋（いっこくせんしゅう）……36
一生懸命（いっしょうけんめい）……38
一心不乱（いっしんふらん）……40
一飯之恩（いっぱんのおん）……47
有頂天外（うちょうてんがい）……60
睚眥之怨（がいせいのうらみ）……92
和気香風（かきこうふう）……99
我慢勝他（がまんしょうた）……115
機嫌気褄（きげんきづま）……137
虚有縹渺（きょうひょうびょう）……158
愚痴無知（ぐちむち）……179
蛍雪之功（けいせつのこう）……188
瓊葩繡葉（けいはしゅうよう）……190
恍恍惚惚（こうこうこつこつ）……212
極大苦悩（ごくだいくのう）……233
極楽浄土（ごくらくじょうど）……234
古色蒼然（こしょくそうぜん）……238
孤灯一穂（ことういっすい）……242
四角四面（しかくしめん）……271
自家撲滅（じかぼくめつ）……272

四苦八苦(しくはっく)……274
自負自賛(じふじさん)……294
洒洒落落(しゃしゃらくらく)……299
縦横無尽(じゅうおうむじん)……301
熟思黙想(じゅくしもくそう)……311
修羅苦羅(しゅらくら)……316
進退去就(しんたいきょしゅう)……352
審念熟慮(しんねんじゅくりょ)……354
蜃楼海市(しんろうかいし)……357
寸善尺魔(すんぜんしゃくま)……364
清光素色(せいこうそしょく)……368
千思万考(せんしばんこう)……392
千態万状(せんたいばんじょう)……397
尊尚親愛(そんしょうしんあい)……417
拓落失路(たくらくしつろ)……430
矗立千尺(ちくりゅうせんせき)……441
亭亭皎皎(ていていこうこう)……464
手前味噌(てまえみそ)……468
唐突千万(とうとつせんばん)……490
篤実温厚(とくじつおんこう)……495
杯盤狼藉(はいばんろうぜき)……519
風格丰神(ふうかくぼうしん)……563
不倶戴天(ふぐたいてん)……572
不平煩悶(ふへいはんもん)……580
紛然雑然(ふんぜんざつぜん)……585
平身低頭(へいしんていとう)……589
法界悋気(ほうかいりんき)……596
磅礴鬱積(ほうはくうっせき)……603
無茶苦茶(むちゃくちゃ)……620
無理無体(むりむたい)……623
愉快適悦(ゆかいてきえつ)……644
抑揚頓挫(よくようとんざ)……650
利害得喪(りがいとくそう)……656
立身出世(りっしんしゅっせ)……658
涼風一陣(りょうふういちじん)……667
零丁孤苦(れいていこく)……674

森鷗外 一八六二～一九二二

【渋江抽斎】一九一六年

意気阻喪(いきそそう)……13
一言一句(いちごんいっく)……21
一子相伝(いっしそうでん)……37
威風堂堂(いふうどうどう)……51
飲醼贈遺(いんえんぞうい)……53
温潤良玉(おんじゅんりょうぎょく)……86
華冑家世(かちゅうかせい)……108
歌舞音曲(かぶおんぎょく)……114
挙止迂拙(きょしうせつ)……164
経史子集(けいししじゅう)……187
啓沃之功(けいよくのこう)……192
絜矩之道(けっくのみち)……194
言行一致(げんこういっち)……199
康衢通逵(こうくつうき)……211
古言古義(こげんこぎ)……235
殊域同嗜(しゅいきどうし)……301
縦説横説(じゅうせつおうせつ)……306
酒家妓楼(しゅかぎろう)……310
銷遣之具(しょうけんのぐ)……323
深慮遠謀(しんりょえんぼう)……357
大道微意(たいどうびい)……426
多才能弁(たさいのうべん)……430
旦暮周密(たんぼしゅうみつ)……438
天下多事(てんかたじ)……470
廃藩置県(はいはんちけん)……518
莫逆之友(ばくぎゃくのとも)……523
博物窮理(はくぶつきゅうり)……527
百尺竿頭(ひゃくしゃくかんとう)……553
無為不言(ぶいふげん)……562
紛華奢靡(ふんかしゃび)……583
文人墨客(ぶんじんぼっかく)……585
米穀菜蔬(べいこくさいそ)……589
放恣佚楽(ほうしいつらく)……598
放縦不羈(ほうじゅうふき)……599
瞑目沈思(めいもくちんし)……627
老驥伏櫪(ろうきふくれき)……676

場面・用途別索引

人生のさまざまな場面を想定し、それぞれの場面や用途に応じた四字熟語の例を示した。

〔場面・用途一覧〕では、本索引に収録した場面・用途の一覧を示し、本索引での掲載ページを示した。

〔場面・用途別索引〕では、本辞典に見出しとして収録した四字熟語のうち、掲示した場面・用途に応じた四字熟語の例を集め、五十音順で配列して、本文での掲載ページを示した。

場面・用途一覧

人生の節目で

【祝う】
結婚……706
誕生……706
長寿……706
【故人を悼む】……706
【門出・旅立ち】
門出……706
無事を祈る……706

自然や季節を表す

【季節を感じる】
季節……707
春……707
夏……707
秋……707
冬……707
【自然】
自然を愛でる……707
さまざまな自然・風景……707
【天候・気候】……708

人知を越えたものを表す

【時間】
長い時間……708
貴重……708
あわただしい・一瞬……708
無常・はかない……709
時間とともに変化……709
【機会・好機】……709
【運命・因果】……709

人間関係を表す

【夫婦・男女の愛】……710
【親子・家族】
親子の情……710
親孝行……710
親から子へ……711
家族同居・子孫繁栄……711
【友情・友人関係】……711

人物像を表す

【知徳に優れた人】……711
【英雄豪傑】……712
【学識がある】……712
【容貌・外見】……712
【性格】
穏やかな・慎ましい……713
むごい・きびしい……714

喜怒哀楽を表す

【喜ぶ】
喜ぶこと……714
喜ぶ内容……714
【楽しむ】……714
【満ち足りる】……714
【感謝する】……714
【悲しむ】……714
【怒る】……715
【嘆く】……715
【苦しむ・苦労する】……715
【うらむ】……716
【驚く・慌てる・焦る】……716

揺れる気持ちを表す
【不安・動揺】……716
【優柔不断】……717
【悩む】……717
【残念・後悔】……717
【困難・耐える】……717
【待ちわびる】……717
【故郷を思う】……718
【別れのつらさ】……718
【孤独・さびしさ】……718

言動を表す
【立ち居振る舞い】……718
【じっくり考える】……718
【決断・強い意志】……718
【話す】
議論・相談……719
弁舌巧み……720
ほら話・でたらめ……720
こじつけ・詭弁……720

元気・健康を表す
【元気・活気がある】……720
【元気がない】……721
【健康・病気】……721

暮らしぶりを表す
【贅沢・ごちそう】
贅沢……721
ごちそう……722
酒・酒飲み……722
【貧しさ・質素】……722
【風流な暮らし】……723

励ましたり、褒めたり
【励ます・勇気づける】……723
【褒める・評価する】……723
【努力する】……725

非難する
【傲慢・傍若無人】
驕り高ぶる……725
勝手気まま……726
【無礼・下品】……726
【見識が狭い】……726
【簡単に信じる】
追随する……726
大勢が言う……726
【すぐに飽きる】……726
【おもねる・へつらう】……726
【軽はずみ・浅はか】……727
【悪口】
悪口を言う……727
悪口の内容……727
【悪意・ねたみ】……728

【いたずらに生きる】……728

さまざまな状態を表す
【人が多い・にぎやか】……728
【矛盾する】……728
【役に立たない】……728
【有事に備える】……729
【実行が伴わない】……729
【保守的】……729
【危険】
危険・緊迫した状態……729
危険を脱する……729
【ちりもつもれば】……730
【追いつめられれば】……730
【疑心暗鬼】……730
【朱に交われば】……730
【かけ離れた】……730
【本末転倒】……730
【お役御免】……730

社会との関わりを表す
【人の上に立つ心得】……730
【真心・誠意・忠誠】……731

生きる指針
【戒めの語】……732
【人生訓・指針】……732

場面・用途別索引

人生の節目で

【祝う】

◉結婚

倚玉之栄（いぎょくのえい）……13
栄諧伉儷（えいかいこうれい）……67
鴛鴦之契（えんおうのちぎり）……73
嘉耦天成（かぐうてんせい）……100
華燭之典（かしょくのてん）……106
吉日良辰（きちじつりょうしん）……143
月下氷人（げっかひょうじん）……194
赤縄繋足（せきじょうけいそく）……378

◉誕生

二姓之好（にせいのこう）……509
夢熊之喜（むゆうのよろこび）……622
弄瓦之喜（ろうがのよろこび）……676
弄璋之喜（ろうしょうのよろこび）……676

◉長寿

延年転寿（えんねんてんじゅ）……78
偕老同穴（かいろうどうけつ）……97
鶴寿千歳（かくじゅせんざい）……101
君子万年（くんしばんねん）……182
黄花晩節（こうかばんせつ）……208
松喬之寿（しょうきょうのじゅ）……322
松柏之寿（しょうはくのじゅ）……331
千秋万歳（せんしゅうばんざい）……393
息災延命（そくさいえんめい）……412
大椿之寿（だいちんのじゅ）……425
長生久視（ちょうせいきゅうし）……453
長生不死（ちょうせいふし）……453
長命富貴（ちょうめいふうき）……455
天保九如（てんぽうきゅうじょ）……478
南山之寿（なんざんのじゅ）……506
万寿無疆（ばんじゅむきょう）……539
美意延年（びいえんねん）……544
不老長寿（ふろうちょうじゅ）……582
不老不死（ふろうふし）……582

【故人を悼む】

哀哀父母（あいあいふぼ）……1
哀毀骨立（あいきこつりつ）……1
銜哀致誠（がんあいちせい）……117
鶏骨支床（けいこつししょう）……186
広宵大暮（こうしょうたいぼ）……216
鼓琴之悲（こきんのかなしみ）……232
死児之齢（しじのよわい）……279
人琴之嘆（じんきんのたん）……342
西河之痛（せいかのいたみ）……367
斗酒隻鶏（としゅせきけい）……498
伯牙絶弦（はくがぜつげん）……522
風樹之歎（ふうじゅのたん）……565
幽明異境（ゆうめいいきょう）……642
蓼莪之詩（りくがのし）……656

【門出・旅立ち】

◉門出

衣錦之栄（いきんのえい）……13
一路順風（いちろじゅんぷう）……32
一路平安（いちろへいあん）……32
燕雀相賀（えんじゃくそうが）……76
改過自新（かいかじしん）……89
人間青山（じんかんせいざん）……342
心機一転（しんきいってん）……342
青雲之志（せいうんのこころざし）……366
洗心革面（せんしんかくめん）……394
前程万里（ぜんていばんり）……398
前途有為（ぜんとゆうい）……398
前途有望（ぜんとゆうぼう）……398
前途洋洋（ぜんとようよう）……398
送故迎新（そうこげいしん）……406
桑弧蓬矢（そうこほうし）……406
竹苞松茂（ちくほうしょうも）……441
万里之望（ばんりののぞみ）……544

◉無事を祈る

安穏無事（あんのんぶじ）……10
無事息災（ぶじそくさい）……574
平穏無事（へいおんぶじ）……588
無病息災（むびょうそくさい）……621

自然や季節を表す

【季節を感じる】

◉季節

春夏秋冬（しゅんかしゅうとう）……317
春愁秋思（しゅんしゅうしゅうし）……318

◉春

一陽来復（いちようらいふく）……30
春寒料峭（しゅんかんりょうしょう）……317
春日遅遅（しゅんじつちち）……318
春宵一刻（しゅんしょういっこく）……318
春風駘蕩（しゅんぷうたいとう）……319
春和景明（しゅんわけいめい）……320
鳥語花香（ちょうごかこう）……451
桃紅柳緑（とうこうりゅうりょく）……484
東風解凍（とうふうかいとう）……491
落花流水（らっかりゅうすい）……653

◉夏

九夏三伏（きゅうかさんぷく）……147
流金鑠石（りゅうきんしゃくせき）……659
烈日赫赫（れつじつかくかく）……674

◉秋

月白風清（げっぱくふうせい）……195
刻露清秀（こくろせいしゅう）……235
五色霜林（ごしきのそうりん）……236
秋高馬肥（しゅうこうばひ）……303
秋日荒涼（しゅうじつこうりょう）……304
秋天一碧（しゅうてんいっぺき）……307
秋風索莫（しゅうふうさくばく）……308
秋風冽冽（しゅうふうれつれつ）……309
初秋涼夕（しょしゅう（の）りょうせき）……336
新涼灯火（しんりょうとうか）……357
素気清沚（そきせいせい）……412
灯火可親（とうかかしん）……481
風霜高潔（ふうそうこうけつ）……566

◉冬

和気香風（かきこうふう）……99
小春日和（こはるびより）……243
三寒四温（さんかんしおん）……259
滴水成氷（てきすいせいひょう）……466
麺市塩車（めんしえんしゃ）……629

【自然】

◉自然を愛でる

煙霞痼疾（えんかのこしつ）……73
淵明把菊（えんめいはきく）……79
吟風弄月（ぎんぷうろうげつ）……174
泉石膏肓（せんせきこうこう）……396
中秋玩月（ちゅうしゅうがんげつ）……446
風光明媚（ふうこうめいび）……565
遊山玩水（ゆうざんがんすい）……640

◉さまざまな自然・風景

暗香疎影（あんこうそえい）……7
暗香浮動（あんこうふどう）……7
一望千里（いちぼうせんり）……27
一望無垠（いちぼうむぎん）……28
一身軽舟（いっしんけいしゅう）……40
一碧万頃（いっぺきばんけい）……48
煙波縹渺（えんぱひょうびょう）……78
桜花爛漫（おうからんまん）……80
鶴汀鳧渚（かくていふしょ）……102
花紅柳緑（かこうりゅうりょく）……104
岸芷汀蘭（がんしていらん）……123
金波銀波（きんぱぎんぱ）……174
山光水色（さんこうすいしょく）……260
山紫水明（さんしすいめい）……262
山川草木（さんせんそうもく）……265
山容水態（さんようすいたい）……269
紫幹翠葉（しかんすいよう）……272
秀色神采（しゅうしょくしんさい）……305
上下天光（しょうかてんこう）……321
晨煙暮靄（しんえんぼあい）……341
深山窮谷（しんざんきゅうこく）……345
深山幽谷（しんざんゆうこく）……345
水光接天（すいこうせってん）……359
翠色冷光（すいしょくれいこう）……360
水声山色（すいせいさんしょく）……360
水天一碧（すいてんいっぺき）……361
星河一天（せいがいってん）……366
晴好雨奇（せいこううき）……368
清光素色（せいこうそしょく）……368
清光溶溶（せいこうようよう）……368
青山一髪（せいざんいっぱつ）……368

清絶幽絶(せいぜつゆうぜつ)……372
青苔黄葉(せいたいこうよう)……372
清風明月(せいふうめいげつ)……374
尺山寸水(せきざんすんすい)……377
雪月風花(せつげつふうか)……381
千巌万壑(せんがんばんがく)……387
千山万水(せんざんばんすい)……391
千紫万紅(せんしばんこう)……392
素波銀濤(そはぎんとう)……416
大壑拐然(たいがくかいぜん)……418
黛蓄膏渟(たいちくこうてい)……425
中秋名月(ちゅうしゅうのめいげつ)……446
長汀曲浦(ちょうていきょくほ)……454
眺望絶佳(ちょうぼうぜっか)……455
亭亭皎皎(ていていこうこう)……464
洞天福地(どうてんふくち)……489
突兀磽确(とつこつこうかく)……499
白砂青松(はくしゃせいしょう)……524
万頃瑠璃(ばんけいるり)……537
風月無辺(ふうげつむへん)……565
紛紅駭緑(ふんこうがいりょく)……583
壁立千仞(へきりつせんじん)……591
名山勝川(めいざんしょうせん)……625
名所旧跡(めいしょきゅうせき)……625
茂林脩竹(もりんしゅうちく)……633
溶溶漾漾(ようようようよう)……649
落英繽紛(らくえいひんぷん)……652
落花啼鳥(らっかていちょう)……653
嵐影湖光(らんえいここう)……654
柳暗花明(りゅうあんかめい)……659
竜飛鳳舞(りょうひほうぶ)……667

【天候・気候】

雨露霜雪(うろそうせつ)……63
恵風和暢(けいふうわちょう)……190
黒雲白雨(こくうんはくう)……232
十風五雨(じゅうふうごう)……308
天高気清(てんこうきせい)……472
薄暮冥冥(はくぼめいめい)……528
飛雪千里(ひせつせんり)……548
飄忽淜滂(ひょうこつひょうほう)……558
風雨凄凄(ふううせいせい)……563
碧落一洗(へきらくいっせん)……591
霹靂一声(へきれきいっせい)……591
暮色蒼然(ぼしょくそうぜん)……607
涼風一陣(りょうふういちじん)……667

人知を越えたものを表す

【時間】

◉長い時間

永永無窮(えいえいむきゅう)……67
永遠偉大(えいえんいだい)……67
永垂不朽(えいすいふきゅう)……69
往古来今(おうこらいこん)……81
河山帯礪(かざんたいれい)……104
窮年累世(きゅうねんるいせい)……151
古往今来(こおうこんらい)……230
尽未来際(じんみらいさい)……356
千秋万古(せんしゅうばんこ)……393
兆載永劫(ちょうさいようごう)……451
天長地久(てんちょうちきゅう)……476
南山不落(なんざんふらく)……506
万古長青(ばんこちょうせい)……537
万世不刊(ばんせいふかん)……540
万世不朽(ばんせいふきゅう)……540
百載無窮(ひゃくさいむきゅう)……553
百世不磨(ひゃくせいふま)……553
百代過客(ひゃくだいのかかく)……554
百古不磨(ひゃっこふま)……557
不刊之書(ふかんのしょ)……569
不死不朽(ふしふきゅう)……575
万劫末代(まんごうまつだい)……613
未来永劫(みらいえいごう)……615
無始曠劫(むしこうごう)……619
来来世世(らいらいせせ)……651

◉貴重

一刻千金(いっこくせんきん)……35
一寸光陰(いっすんのこういん)……41
歳月不待(さいげつふたい)……250
寸陰尺璧(すんいんせきへき)……364
尺璧非宝(せきへきひほう)……379

◉あわただしい・一瞬

烏兎匆匆（うとそうそう）……61
騏驥過隙（ききかげき）……135
光陰如箭（こういんじょせん）……206
光陰流転（こういんりゅうてん）……206
日月逾邁（じつげつゆまい）……288
兎走烏飛（とそううひ）……499
俯仰之間（ふぎょうのかん）……570
露往霜来（ろおうそうらい）……678

◉無常・はかない

一栄一辱（いちえいいちじょく）……19
役夫之夢（えきふのゆめ）……71
薤露蒿里（かいろこうり）……98
華胥之国（かしょのくに）……106
華胥之夢（かしょのゆめ）……106
邯鄲之夢（かんたんのゆめ）……127
槿花一日（きんかいちじつ）……169
枯魚銜索（こぎょかんさく）……232
歳月不待（さいげつふたい）……250
生死不定（しょうじふじょう）……324
生死無常（しょうじむじょう）……324
盛者必衰（じょうしゃひっすい）……325
生者必滅（しょうじゃひつめつ）……325
諸行無常（しょぎょうむじょう）……335
人生如夢（じんせいじょむ）……351
人生朝露（じんせいちょうろ）……351
雪泥鴻爪（せつでい（の）こうそう）……384
川上之歎（せんじょうのたん）……393
朝盈夕虚（ちょうえいせききょ）……449
朝開暮落（ちょうかいぼらく）……449
朝生暮死（ちょうせいぼし）……453
朝有紅顔（ちょうゆうこうがん）……456
東岱前後（とうたいぜんご）……488
南柯之夢（なんかのゆめ）……505
飛花落葉（ひからくよう）……545
浮雲朝露（ふうんちょうろ）……568
浮生若夢（ふせいじゃくむ）……576
蜉蝣一期（ふゆうのいちご）……581
泡沫夢幻（ほうまつむげん）……603
夢幻泡影（むげんほうよう）……618
無常迅速（むじょうじんそく）……620
老少不定（ろうしょうふじょう）……677

◉時間とともに変化

往事渺茫（おうじびょうぼう）……82
隔世之感（かくせいのかん）……101
今昔之感（こんじゃくのかん）……247
十年一昔（じゅうねんひとむかし）……308
世運隆替（せうんりゅうたい）……376
滄海桑田（そうかいそうでん）……403
東海揚塵（とうかいようじん）……481
念念生滅（ねんねんしょうめつ）……514
万物流転（ばんぶつるてん）……542
物換星移（ぶっかんせいい）……577
物是人非（ぶつぜじんぴ）……578
無常迅速（むじょうじんそく）……620

【機会・好機】

一期一会（いちごいちえ）……21
奇貨可居（きかかきょ）……134
好機到来（こうきとうらい）……210
虎視眈眈（こしたんたん）……237
戢鱗潜翼（しゅうりんせんよく）……310
千載一遇（せんざいいちぐう）……391
啐啄同時（そったくどうじ）……416
重見天日（ちょうけんてんじつ）……450
秉燭夜遊（へいしょくやゆう）……589

【運命・因果】

因果因縁（いんがいんねん）……54
因果応報（いんがおうほう）……54
因果覿面（いんがてきめん）……54
陰徳恩賜（いんとくおんし）……57
陰徳陽報（いんとくようほう）……57
有為転変（ういてんぺん）……58
栄枯盛衰（えいこせいすい）……68
会者定離（えしゃじょうり）……72
応報覿面（おうほうてきめん）……84
禍福倚伏（かふくいふく）……114
禍福糾纆（かふくきゅうぼく）……114
禍福得喪（かふくとくそう）……114
禍福無門（かふくむもん）……114
吉凶禍福（きっきょうかふく）……143
塞翁失馬（さいおうしつば）……249
自業自得（じごうじとく）……275
自作自受（じさくじじゅ）……278

死生有命（しせいゆうめい）……283
盛者必衰（じょうしゃひっすい）……325
生者必滅（しょうじゃひつめつ）……325
墜茵落溷（ついいんらくこん）……461
転禍為福（てんかいふく）……470
天之暦数（てんのれきすう）……477
天罰覿面（てんばつてきめん）……477
悖出悖入（はいしゅつはいにゅう）……517
富貴在天（ふうきざいてん）……564
福善禍淫（ふくぜんかいん）……572

人間関係を表す

【夫婦・男女の愛】

合縁奇縁（あいえんきえん）……1
愛屋及烏（あいおくきゅうう）……1
異体同心（いたいどうしん）……17
盈盈一水（えいえいいっすい）……67
割臂之盟（かっぴのめい）……112
関関雎鳩（かんかんしょきゅう）……120
関雎之化（かんしょのか）……124
挙案斉眉（きょあんせいび）……152
琴瑟相和（きんしつそうわ）……172
形影一如（けいえいいちにょ）……183
合歓綢繆（ごうかんちゅうびゅう）……209
三千寵愛（さんぜん（の）ちょうあい）……265
寸歩不離（すんぽふり）……365
糟糠之妻（そうこうのつま）……406
相思相愛（そうしそうあい）……407
双宿双飛（そうしゅくそうひ）……407
束髪封帛（そくはつふうはく）……414
大衾長枕（たいきんちょうちん）……420
中冓之言（ちゅうこうのげん）……446
喋喋喃喃（ちょうちょうなんなん）……454
殢雨尤雲（ていうゆううん）……462
投瓜得瓊（とうかとくけい）……482
同衾共枕（どうきんきょうちん）……483
洞房花燭（どうぼうかしょく）……491
柏舟之操（はくしゅうのそう）……525
比翼連理（ひよくれんり）……560
巫雲蜀雨（ふうんしょくう）……567
夫妻胖合（ふさいはんごう）……574
巫山之夢（ふざんのゆめ）……574
夫唱婦随（ふしょうふずい）……575
瓶墜簪折（へいついしんせつ）……590
鳳凰于飛（ほうおうひ）……595
鳳友鸞交（ほうゆうらんこう）……604
踰牆鑽隙（ゆしょうさんげき）……645
落花流水（らっかりゅうすい）……653

【親子・家族】

◉親子の情

倚門之望（いもんのぼう）……52
凱風寒泉（がいふうかんせん）……96
厳父慈母（げんぷじぼ）……204
骨肉之親（こつにくのしん）……241
顧復之恩（こふくのおん）……243
子為父隠（しいふいん）……270
四鳥別離（しちょうべつり）……287
舐犢之愛（しとくのあい）……292
慈母敗子（じぼはいし）……295
孺慕之思（じゅぼのおもい）……316
寸草春暉（すんそうしゅんき）……365
属毛離裏（ぞくもうりり）……414
椿萱並茂（ちんけんへいも）……459
白雲孤飛（はくうんこひ）……522
伯兪泣杖（はくゆきゅうじょう）……528
罔極之恩（もうきょくのおん）……630

◉親孝行

烏鳥私情（うちょうのしじょう）……60
温凊定省（おんせいていせい）……86
家貧孝子（かひんこうし）……114
齧指痛心（げっしつうしん）……195
枯魚銜索（こぎょかんさく）……232
昏定晨省（こんていしんせい）……248
三枝之礼（さんしのれい）……262
三牲之養（さんせいのよう）……264
三釜之養（さんぷのよう）……268
慈烏反哺（じうはんぽ）……270
菽水之歓（しゅくすいのかん）……311
噬指棄薪（ぜいしきしん）……369
全生全帰（ぜんせいぜんき）……395
扇枕温衾（せんちんおんきん）……397

冬温夏凊(とうおんかせい)……481
斑衣之戯(はんいのたわむれ)……535
反哺之孝(はんぽのこう)……543
望雲之情(ぼううんのじょう)……595
養志之孝(ようしのこう)……647

◉親から子へ

一子相伝(いっしそうでん)……37
過庭之訓(かていのおしえ)……112
父子相伝(ふしそうでん)……574

◉家族同居・子孫繁栄

瓜瓞綿綿(かてつめんめん)……112
三世一爨(さんせいいっさん)……264
螽斯之化(しゅうしのか)……304
蘭薫桂馥(らんくんけいふく)……654
蘭桂騰芳(らんけいとうほう)……654
累世同居(るいせいどうきょ)……671

【友情・友人関係】

渭樹江雲(いじゅこううん)……16
以心伝心(いしんでんしん)……17
一蓮托生(いちれんたくしょう)……31
一種一瓶(いっしゅいっぺい)……38
益者三友(えきしゃさんゆう)……71
肝胆相照(かんたんそうしょう)……127
管鮑之交(かんぽうのまじわり)……131
旧雨今雨(きゅううこんう)……146
金亀換酒(きんきかんしゅ)……169
金石之交(きんせきのまじわり)……173
金蘭之契(きんらんのちぎり)……175
傾蓋知己(けいがいのちき)……184
高山流水(こうざんりゅうすい)……214
膠漆之交(こうしつのまじわり)……215
古琴之友(こきんのとも)……232
爾汝之交(じじょのまじわり)……282
情意投合(じょういとうごう)……321
杵臼之交(しょきゅうのまじわり)……335
深情厚誼(しんじょうこうぎ)……348
晨星落落(しんせいらくらく)……351
心腹之友(しんぷくのとも)……355
水魚之交(すいぎょのまじわり)……359
清風故人(せいふうこじん)……374
千里結言(せんり(の)けつげん)……401
総角之好(そうかくのよしみ)……404
足音跫然(そくおんきょうぜん)……412
損者三友(そんしゃさんゆう)……417
耐久之朋(たいきゅうのとも)……420
断金之交(だんきんのまじわり)……434
知己朋友(ちきほうゆう)……439
竹馬之友(ちくばのとも)……441
綈袍恋恋(ていほうれんれん)……465
天涯比隣(てんがいひりん)……470
投桃報李(とうとうほうり)……490
同袍同沢(どうほうどうたく)……492
伯牙絶弦(はくがぜつげん)……522
莫逆之友(ばくぎゃくのとも)……523
莫逆之交(ばくぎゃくのまじわり)……523
伐木之契(ばつぼくのちぎり)……533
班荊道故(はんけいどうこ)……536
貧賤之交(ひんせんのまじわり)……562
布衣之交(ふいのまじわり)……562
刎頸之交(ふんけいのまじわり)……583
冒雨剪韮(ぼううせんきゅう)……595
暮雲春樹(ぼうんしゅんじゅ)……605
有朋遠来(ゆうほうえんらい)……642
雷陳膠漆(らいちんこうしつ)……651
落月屋梁(らくげつおくりょう)……652

人物像を表す

【知徳に優れた人】

鶴鳴九皐(かくめいきゅうこう)……102
鶴鳴之士(かくめいのし)……102
冠前絶後(かんぜんぜつご)……126
胸襟秀麗(きょうきんしゅうれい)……155
君子九思(くんしのきゅうし)……181
君子不器(くんしふき)……182
荊山之玉(けいざんのぎょく)……186
瓊枝栴檀(けいしせんだん)……187
景星鳳凰(けいせいほうおう)……188
見賢思斉(けんけんしせい)……198
高材疾足(こうざいしっそく)……213
高山景行(こうざんけいこう)……214
参天弐地(さんてんじち)……266

志士仁人（ししじんじん）……279
衆賢茅茹（しゅうけんぼうじょ）……302
仁言利博（じんげんりはく）……343
仁者不憂（じんしゃふゆう）……347
仁者無敵（じんしゃむてき）……347
仁者楽山（じんしゃらくざん）……347
聖人君子（せいじんくんし）……370
聖人無夢（せいじんむむ）……371
生知安行（せいちあんこう）……373
盛徳大業（せいとくたいぎょう）……374
碩学大儒（せきがくたいじゅ）……377
碩師名人（せきしめいじん）……377
聡明叡知（そうめいえいち）……410
泰山梁木（たいざんりょうぼく）……423
達人大観（たつじんたいかん）……432
知者不言（ちしゃふげん）……442
知者不惑（ちしゃふわく）……442
知者楽水（ちしゃらくすい）……442
知崇礼卑（ちすうれいひ）……442
中通外直（ちゅうつうがいちょく）……447
桃李成蹊（とうりせいけい）……493
徳高望重（とくこうぼうじゅう）……495
訥言敏行（とつげんびんこう）……499
豚魚之信（とんぎょのしん）……502
八元八愷（はちげんはちがい）……530
百世之師（ひゃくせいのし）……553
飛竜乗雲（ひりょうじょううん）……560
竜象之力（りゅうぞうのちから）……665
和風慶雲（わふうけいうん）……682

【英雄豪傑】

一人当千（いちにんとうせん）……26
一身是胆（いっしんしたん）……40
一世之雄（いっせいのゆう）……41
雲蒸竜変（うんじょうりょうへん）……65
英俊豪傑（えいしゅんごうけつ）……68
英雄欺人（えいゆうぎじん）……70
英雄豪傑（えいゆうごうけつ）……70
蓋世之才（がいせいのさい）……94
蓋世不抜（がいせいふばつ）……94
海内冠冕（かいだいのかんべん）……94
海内奇士（かいだいのきし）……94
海内無双（かいだいむそう）……94
寡二少双（かじしょうそう）……105
気宇壮大（きうそうだい）……133
希世之雄（きせいのゆう）……142
挙世無双（きょせいむそう）……165
孔明臥竜（こうめいがりょう）……226
蛟竜雲雨（こうりょううんう）……228
国士無双（こくしむそう）……233
虎嘯風生（こしょうふうしょう）……238
虎擲竜拏（こてきりょうだ）……242
三国無双（さんごくぶそう）……261
峻抜雄健（しゅんばつゆうけん）……319
胆勇無双（たんゆうむそう）……438
地霊人傑（ちれいじんけつ）……458
天下無双（てんかむそう）……471
天下無敵（てんかむてき）……471
当代無双（とうだいむそう）……489
斗南一人（となんのいちにん）……500
泛駕之馬（ほうがのうま）……596
乱世英雄（らんせいのえいゆう）……655
乱世姦雄（らんせいのかんゆう）……655

【学識がある】

洽覧深識（こうらんしんしき）……228
碩学大儒（せきがくたいじゅ）……377
博学才穎（はくがくさいえい）……522
博学審問（はくがくしんもん）……522
博学卓識（はくがくたくしき）……522
博学多才（はくがくたさい）……522
博学多識（はくがくたしき）……522
博古通今（はくこつうこん）……523
博識洽聞（はくしきこうぶん）……524
博聞強記（はくぶんきょうき）……527
博覧強記（はくらんきょうき）……528

【容貌・外見】

一顧傾城（いっこけいせい）……36
宛転蛾眉（えんてんがび）……77
花顔柳腰（かがんりゅうよう）……99
鶴髪童顔（かくはつどうがん）……102
佳人薄命（かじんはくめい）……107
肌肉玉雪（きにくぎょくせつ）……145

曲眉豊頬(きょくびほうきょう)……163
傾国美女(けいこくのびじょ)……186
傾城傾国(けいせいけいこく)……187
鶏皮鶴髪(けいひかくはつ)……190
妍姿艶質(けんしえんしつ)……200
紅口白牙(こうこうはくが)……213
黄髪番番(こうはつはは)……222
紅粉青蛾(こうふんせいが)……223
国色天香(こくしょくてんこう)……233
枯木朽株(こぼくきゅうしゅ)……244
才色兼備(さいしょくけんび)……252
慈眉善目(じびぜんもく)……293
羞花閉月(しゅうかへいげつ)……302
朱唇皓歯(しゅしんこうし)……313
清矑明眉(せいろめいび)……376
仙姿玉質(せんしぎょくしつ)……392
太液芙蓉(たいえきのふよう)……418
沈魚落雁(ちんぎょらくがん)……459
天香桂花(てんこうけいか)……472
天姿国色(てんしこくしょく)……473
頭童歯豁(とうどうしかつ)……490
頭髪種種(とうはつしゅしゅ)……490
道貌岸然(どうぼうがんぜん)……491
眉目秀麗(びもくしゅうれい)……552
氷肌玉骨(ひょうきぎょっこつ)……558
粉粧玉琢(ふんしょうぎょくたく)……584
弊衣破帽(へいいはぼう)……587
弊衣蓬髪(へいいほうはつ)……588
蓬首散帯(ほうしゅさんたい)……600
蓬頭垢面(ほうとうこうめん)……602
尨眉皓髪(ぼうびこうはつ)……603
曼理皓歯(まんりこうし)……614
明眸皓歯(めいぼうこうし)……626
容貌魁偉(ようぼうかいい)……649

【性格】

◉穏やかな・慎ましい

安閑恬静(あんかんてんせい)……7
安居楽業(あんきょらくぎょう)……7
安常処順(あんじょうしょじゅん)……8
安然無恙(あんぜんむよう)……9
意気自如(いきじじょ)……12
怡然自得(いぜんじとく)……17
雲煙過眼(うんえんかがん)……63
遠慮会釈(えんりょえしゃく)……80
鷹揚自若(おうようじじゃく)……84
温厚篤実(おんこうとくじつ)……85
温柔敦厚(おんじゅうとんこう)……86
温潤良玉(おんじゅんりょうぎょく)……86
穏着沈黙(おんちゃくちんもく)……87
温文爾雅(おんぶんじが)……87
温良恭倹(おんりょうきょうけん)……87
温和怜悧(おんわれいり)……88
廓然大公(かくぜんたいこう)……101
寛仁大度(かんじんたいど)……125
虚心坦懐(きょしんたんかい)……164
虚心平気(きょしんへいき)……164
虚静恬淡(きょせいてんたん)……165
虚堂懸鏡(きょどうけんきょう)……165
言笑自若(げんしょうじじゃく)……201
浩然之気(こうぜんのき)……218
光風霽月(こうふうせいげつ)……223
三平二満(さんぺいじまん)……268
情恕理遣(じょうじょりけん)……327
従容自若(しょうようじじゃく)……333
従容中道(しょうようちゅうどう)……333
従容不迫(しょうようふはく)……333
従容無為(しょうようむい)……334
思慮分別(しりょふんべつ)……339
心定理得(しんていりとく)……353
心平気和(しんぺいきわ)……355
精金良玉(せいきんりょうぎょく)……367
麤枝大葉(そしたいよう)……414
泰然自若(たいぜんじじゃく)……424
澹然無極(たんぜんむきょく)……436
沈著痛快(ちんちゃくつうかい)……460
蕩佚簡易(とういつかんい)……481
敦篤虚静(とんとくきょせい)……503
不繋之舟(ふけいのふね)……573
平穏無事(へいおんぶじ)……588
平心定気(へいしんていき)……589
明鏡止水(めいきょうしすい)……624
優游涵泳(ゆうゆうかんえい)……643

悠悠閑閑(ゆうゆうかんかん)……643
悠悠閑適(ゆうゆうかんてき)……643
悠悠自適(ゆうゆうじてき)……644
悠悠舒舒(ゆうゆうじょじょ)……644
余裕綽綽(よゆうしゃくしゃく)……650
冷静沈着(れいせいちんちゃく)……673
和風細雨(わふうさいう)……682

◉むごい・きびしい

悪逆非道(あくぎゃくひどう)……3
悪逆無道(あくぎゃくむどう)……3
剣戟森森(けんげきしんしん)……198
残酷非道(ざんこくひどう)……260
残忍酷薄(ざんにんこくはく)……267
天資刻薄(てんしこくはく)……473
暴虐非道(ぼうぎゃくひどう)……597

喜怒哀楽を表す

【喜ぶ】

◉喜ぶこと

有頂天外(うちょうてんがい)……60
歓天喜地(かんてんきち)……128
含哺鼓腹(がんぽこふく)……131
喜色満面(きしょくまんめん)……141
喜躍抃舞(きやくべんぶ)……146
恐悦至極(きょうえつしごく)……153
狂喜乱舞(きょうきらんぶ)……154
欣喜雀躍(きんきじゃくやく)……170
手舞足踏(しゅぶそくとう)……316
千歓万悦(せんかんばんえつ)……387
大慶至極(たいけいしごく)……421
得意忘形(とくいぼうけい)……494
得意満面(とくいまんめん)……494
不虞之誉(ふぐのほまれ)……572
鳧趨雀躍(ふすうじゃくやく)……576
捧腹絶倒(ほうふくぜっとう)……603

◉喜ぶ内容

一網打尽(いちもうだじん)……28
一攫千金(いっかくせんきん)……32
一挙両得(いっきょりょうとく)……34
一石二鳥(いっせきにちょう)……42
一箭双雕(いっせんそうちょう)……42
一発五豝(いっぱつごは)……46
羽化登仙(うかとうせん)……59
求漿得酒(きゅうしょうとくしゅ)……149
漁夫之利(ぎょふのり)……165
空谷跫音(くうこくのきょうおん)……176
事半功倍(じはんこうばい)……293
杓子果報(しゃくしかほう)……297
田父之功(でんぷのこう)……478
豊年満作(ほうねんまんさく)……602
無妄之福(むぼうのふく)……622

【楽しむ】

活計歓楽(かっけいかんらく)……109
曲肱之楽(きょくこうのたのしみ)……161
琴棋書画(きんきしょが)……170
苦中作楽(くちゅうさくらく)……179
心曠神怡(しんこうしんい)……344
盤楽遊嬉(ばんらくゆうき)……543
遊嬉宴楽(ゆうきえんらく)……639
愉快適悦(ゆかいてきえつ)……644

【満ち足りる】

円満具足(えんまんぐそく)……79
家給人足(かきゅうじんそく)……99
心満意足(しんまんいそく)……356
福徳円満(ふくとくえんまん)……572

【感謝する】

一言芳恩(いちごんほうおん)……22
一宿一飯(いっしゅくいっぱん)……38
一飯君恩(いっぱんくんおん)……47
一飯千金(いっぱんせんきん)……47
一飯之徳(いっぱんのとく)……47
嘘寒問暖(きょかんもんだん)……160
君恩海壑(くんおんかいがく)……180
報恩謝徳(ほうおんしゃとく)……596

【悲しむ】

盈盈一水(えいえいいっすい)……67
泣血漣如(きゅうけつれんじょ)……148
九腸寸断(きゅうちょうすんだん)……150

窮途之哭（きゅうとのこく）……151
悽愴流涕（せいそうりゅうてい）……372
断腸之思（だんちょうのおもい）……436
断編残簡（だんぺんざんかん）……438
椎心泣血（ついしんきゅうけつ）……461
悲傷憔悴（ひしょうしょうすい）……547

【怒る】

一朝之忿（いっちょうのいかり）……44
暗噁叱咤（いんおしった）……53
横眉怒目（おうびどもく）……83
叫喚呼号（きょうかんこごう）……154
激憤慷慨（げきふんこうがい）……192
慷慨忠直（こうがいちゅうちょく）……207
慷慨憤激（こうがいふんげき）……207
修羅苦羅（しゅらくら）……316
眥裂髪指（しれつはっし）……340
人主逆鱗（じんしゅ（の）げきりん）……347
切歯痛憤（せっしつうふん）……382
切歯腐心（せっしふしん）……382
切歯扼腕（せっしやくわん）……382
張眉怒目（ちょうびどもく）……454
頭髪上指（とうはつじょうし）……490
突怒偃蹇（とつどえんけん）……500
怒髪衝天（どはつしょうてん）……500
反抗憤怒（はんこうふんぬ）……537
悲歌慷慨（ひかこうがい）……545
悲歌悵飲（ひかちょういん）……545
忿忿之心（ふんぷんのこころ）……586
憤懣焦燥（ふんまんしょうそう）……587
偏袒扼腕（へんたんやくわん）……593
柳眉倒豎（りゅうびとうじゅ）……661

【嘆く】

鶴鳴之歎（かくめいのたん）……103
轗軻不遇（かんかふぐう）……119
驥服塩車（きふくえんしゃ）……145
仰天長嘆（ぎょうてんちょうたん）……158
才難之嘆（さいなんのたん）……253
沈痛慷慨（ちんつうこうがい）……460
髀肉之嘆（ひにくのたん）……551

【苦しむ・苦労する】

一日九回（いちじつきゅうかい）……22
轅下之駒（えんかのこま）……74
縁木求魚（えんぼくきゅうぎょ）……79
臥薪嘗胆（がしんしょうたん）……106
艱苦奮闘（かんくふんとう）……121
含垢忍辱（がんこうにんじょく）……122
韓信匍匐（かんしんほふく）……125
艱難辛苦（かんなんしんく）……129
汗馬之労（かんばのろう）……130
崎嶇坎坷（きくかんか）……136
匡衡鑿壁（きょうこうさくへき）……155
苦心孤詣（くしんこけい）……178
苦心惨憺（くしんさんたん）……178
苦節十年（くせつじゅうねん）……179
求不得苦（ぐふとくく）……180
経営惨澹（けいえいさんたん）……183
桂玉之艱（けいぎょくのかん）……185
攻苦食啖（こうくしょくたん）……211
敲氷求火（こうひょうきゅうか）……223
極大苦悩（ごくだいくのう）……233
刻苦精進（こっくしょうじん）……241
刻苦勉励（こっくべんれい）……241
歳寒松柏（さいかん（の）しょうはく）……250
坐薪懸胆（ざしんけんたん）……256
山窮水尽（さんきゅうすいじん）……259
四苦八苦（しくはっく）……274
死生契闊（しせいけっかつ）……282
七転八倒（しちてんばっとう）……286
七難八苦（しちなんはっく）……286
漆身呑炭（しっしんどんたん）……290
櫛風沐雨（しっぷうもくう）……291
慈悲忍辱（じひにんにく）……293
四面楚歌（しめんそか）……296
車胤聚蛍（しゃいんしゅうけい）……296
車蛍孫雪（しゃけいそんせつ）……298
愁苦辛勤（しゅうくしんきん）……302
手足重繭（しゅそくちょうけん）……314
焦唇乾舌（しょうしんかんぜつ）……327
辛苦遭逢（しんくそうほう）……343
辛労辛苦（しんろうしんく）……357
積薪之嘆（せきしんのたん）……378

絶痛絶苦（ぜっつうぜっく）……384
千辛万苦（せんしんばんく）……394
孫康映雪（そんこうえいせつ）……416
昼耕夜誦（ちゅうこうやしょう）……446
彫心鏤骨（ちょうしんるこつ）……452
霑体塗足（てんたいとそく）……474
顚沛流浪（てんぱいるろう）……477
天歩艱難（てんぽかんなん）……478
塗炭之苦（とたんのくるしみ）……499
塗炭之民（とたんのたみ）……499
難行苦行（なんぎょうくぎょう）……506
反首抜舎（はんしゅばっしゃ）……539
煩悶憂苦（はんもんゆうく）……543
煩労汚辱（はんろうおじょく）……544
飛絮漂花（ひじょひょうか）……548
篳路藍縷（ひつろらんる）……550
風鬟雨鬢（ふうかんうびん）……564
風餐雨臥（ふうさんうが）……565
風餐露宿（ふうさんろしゅく）……565
風塵僕僕（ふうじんぼくぼく）……566
胼胝之労（へんちのろう）……593
悶絶躄地（もんぜつびゃくじ）……634
粒粒辛苦（りゅうりゅうしんく）……661

【うらむ】

冤家路窄（えんかろさく）……74
怨気満腹（えんきまんぷく）……74
睚眥之怨（がいさいのうらみ）……92
疑雲猜霧（ぎうんさいむ）……133
鬼哭啾啾（きこくしゅうしゅう）……138
咬牙切歯（こうがせっし）……208
嫉視反目（しっしはんもく）……289
食肉寝皮（しょくにくしんぴ）……335
敵愾同仇（てきがいどうきゅう）……465
不倶戴天（ふぐたいてん）……572
幽愁暗恨（ゆうしゅうあんこん）……640

【驚く・慌てる・焦る】

啞然失笑（あぜんしっしょう）……5
影駭響震（えいがいきょうしん）……67
危言聳聴（きげんしょうちょう）……137
鬼出電入（きしゅつでんにゅう）……140
吃驚仰天（きっきょうぎょうてん）……143
驚心動魄（きょうしんどうはく）……157
驚天動地（きょうてんどうち）……158
魂飛魄散（こんひはくさん）……248
徙宅忘妻（したくぼうさい）……285
疾言遽色（しつげんきょしょく）……288
失魂落魄（しっこんらくはく）……288
焦唇乾舌（しょうしんかんぜつ）……327
心慌意乱（しんこういらん）……344
震天動地（しんてんどうち）……354
青天霹靂（せいてんのへきれき）……373
大寒索裘（たいかんさくきゅう）……419
大驚失色（たいきょうしっしょく）……420
胆戦心驚（たんせんしんきょう）……436
東行西走（とうこうせいそう）……484
唐突千万（とうとつせんばん）……490
瞠目結舌（どうもくけつぜつ）……492
咄咄怪事（とつとつかいじ）……500
廃忘怪顛（はいもうけでん）……519
繁劇紛擾（はんげきふんじょう）……537
聞風喪胆（ぶんぷうそうたん）……586
毛骨悚然（もうこつしょうぜん）……631
冷汗三斗（れいかんさんと）……672

揺れる気持ちを表す

【不安・動揺】

暗雲低迷（あんうんていめい）……7
一所不住（いっしょふじゅう）……39
一朝之患（いっちょうのうれい）……44
意馬心猿（いばしんえん）……50
有耶無耶（うやむや）……62
応接不暇（おうせつふか）……83
隔靴搔痒（かっかそうよう）……109
挙棋不定（きょきふてい）……160
傾揺解弛（けいようかいし）……191
後患無窮（こうかんむきゅう）……209
後顧之憂（こうこのうれい）……213
孤立無援（こりつむえん）……245
五里霧中（ごりむちゅう）……245
左顧右眄（さこうべん）……255

左右他言(さゆうたげん)……257
三心二意(さんしんじい)……264
思案投首(しあんなげくび)……270
試行錯誤(しこうさくご)……275
咨咀逡巡(しそしゅんじゅん)……284
周章狼狽(しゅうしょうろうばい)……305
心煩意乱(しんはんいらん)……354
東窺西望(とうきせいぼう)……482
左見右見(とみこうみ)……501

【優柔不断】

因循苟且(いんじゅんこうしょ)……55
右顧左眄(うこさべん)……59
狐疑逡巡(こぎしゅんじゅん)……231
首鼠両端(しゅそりょうたん)……314
遅疑逡巡(ちぎしゅんじゅん)……439
躊躇逡巡(ちゅうちょしゅんじゅん)……447
朝種暮穫(ちょうしゅぼかく)……452
朝令暮改(ちょうれいぼかい)……456
東扶西倒(とうふせいとう)……491
優柔不断(ゆうじゅうふだん)……640

【悩む】

雨露霜雪(うろそうせつ)……63
懊悩呻吟(おうのうしんぎん)……83
懊悩煩悶(おうのうはんもん)……83
艱難辛苦(かんなんしんく)……129
疾痛惨憺(しっつうさんたん)……290
焦心苦慮(しょうしんくりょ)……328
千辛万苦(せんしんばんく)……394
粒粒辛苦(りゅうりゅうしんく)……661

【残念・後悔】

遺憾千万(いかんせんばん)……12
意趣遺恨(いしゅいこん)……16
遺臭万載(いしゅうばんさい)……16
衣繡夜行(いしゅうやこう)……16
一知半解(いっちはんかい)……43
一敗塗地(いっぱいとち)……46
飲鴆止渇(いんちんしかつ)……57
鬱肉漏脯(うつにくろうほ)……61
燕雁代飛(えんがんだいひ)……74
猿猴取月(えんこうしゅげつ)……75
悔悟慙羞(かいござんしゅう)……91
悔悟憤発(かいごふんぱつ)……91
開門揖盗(かいもんゆうとう)……97
汗顔無地(かんがんむち)……120
急功近利(きゅうこうきんり)……148
敲氷求火(こうひょうきゅうか)……223
残念至極(ざんねんしごく)……267
残念無念(ざんねんむねん)……267
自暴自棄(じぼうじき)……294
千恨万悔(せんこんばんかい)……390

【困難・耐える】

草行露宿(そうこうろしゅく)……406
束馬懸車(そくばけんしゃ)……414
大海撈針(たいかいろうしん)……418
多事多難(たじたなん)……431
忍気吞声(にんきどんせい)……512
忍辱負重(にんじょくふじゅう)……512
忍之一字(にんのいちじ)……513
跋山渉水(ばつざんしょうすい)……531
披荊斬棘(ひけいざんきょく)……546
百舎重趼(ひゃくしゃちょうけん)……553
風雨同舟(ふううどうしゅう)……563
包羞忍恥(ほうしゅうにんち)……599

【待ちわびる】

一日三秋(いちじつさんしゅう)……22
一日千秋(いちじつせんしゅう)……23
一刻千秋(いっこくせんしゅう)……36
雲霓之望(うんげいののぞみ)……64
延頸鶴望(えんけいかくぼう)……74
延頸挙踵(えんけいきょしょう)……74
鶴立企佇(かくりつきちょ)……103
家書万金(かしょばんきん)……106
刮目相待(かつもくそうたい)……112
旱天慈雨(かんてん(の)じう)……128
咫尺天涯(しせきてんがい)……283
戢鱗潜翼(しゅうりんせんよく)……310
千載一遇(せんざいいちぐう)……391
大旱雲霓(たいかん(の)うんげい)……418

【故郷を思う】
越鳥南枝（えっちょうなんし）……72
狐死首丘（こししゅきゅう）……236
胡馬北風（こばほくふう）……243
蓴羹鱸膾（じゅんこうろかい）……318
黍離之歎（しょりのたん）……338
楚囚南冠（そしゅうなんかん）……415
池魚故淵（ちぎょこえん）……440

【別れのつらさ】
愛別離苦（あいべつりく）……2
河梁之吟（かりょうのぎん）……116
河梁之別（かりょうのわかれ）……116
牽衣頓足（けんいとんそく）……196
生離死別（せいりしべつ）……375
朝有紅顔（ちょうゆうこうがん）……456

【孤独・さびしさ】
一雁高空（いちがんこうくう）……19
形影相弔（けいえいそうちょう）……184
形単影隻（けいたんえいせき）……189
孤影悄然（こえいしょうぜん）……229
孤影飄零（こえいひょうれい）……229
蕭条無人（しょうじょうむにん）……327
凄凄切切（せいせいせつせつ）……371
枕冷衾寒（ちんれいきんかん）……461
天涯孤独（てんがいこどく）……469
道傍苦李（どうぼう（の）くり）……492
満目荒涼（まんもくこうりょう）……614
満目蕭条（まんもくしょうじょう）……614
満目蕭然（まんもくしょうぜん）……614
門前雀羅（もんぜんじゃくら）……634
離群索居（りぐんさっきょ）……657

言動を表す

【立ち居振る舞い】
衣食礼節（いしょくれいせつ）……17
一挙一動（いっきょいちどう）……34
外寛内深（がいかんないしん）……89
嘉言善行（かげんぜんこう）……104
起居動静（ききょどうじょう）……138
行住坐臥（ぎょうじゅうざが）……156
挙止迂拙（きょしうせつ）……164
挙止進退（きょししんたい）……164
挙措失当（きょそしっとう）……165
挙措動作（きょそどうさ）……165
軽挙妄動（けいきょもうどう）……185
坐臥行歩（ざがこうほ）……254
坐作進退（ざさしんたい）……255
左程右準（さていゆうじゅん）……257
持盈保泰（じえいほたい）……271
常住坐臥（じょうじゅうざが）……325
立居振舞（たちいふるまい）……432
日常坐臥（にちじょうざが）……509

【じっくり考える】
三思九思（さんしきゅうし）……261
三思後行（さんしこうこう）……261
熟思黙想（じゅくしもくそう）……311
熟読三思（じゅくどくさんし）……312
深識遠慮（しんしきえんりょ）……345
審念熟慮（しんねんじゅくりょ）……354
千思万考（せんしばんこう）……392
沈思凝想（ちんしぎょうそう）……459
瞑目沈思（めいもくちんし）……627

【決断・強い意志】
夷険一節（いけんいっせつ）……14
意志堅固（いしけんご）……15
一念発起（いちねんほっき）……26
一六勝負（いちろくしょうぶ）……31
一士諤諤（いっしがくがく）……37
一刀両断（いっとうりょうだん）……45
慧可断臂（えかだんぴ）……70
諤諤之臣（がくがくのしん）……100
確乎不動（かっこふどう）……109
確乎不抜（かっこふばつ）……110
敢作敢当（かんさくかんとう）……123
気骨稜稜（きこつりょうりょう）……138
起死回生（きしかいせい）……139
仰首伸眉（ぎょうしゅしんび）……157

漁夫之勇（ぎょふのゆう）……165
緊褌一番（きんこんいちばん）……171
具不退転（ぐふたいてん）……180
勁草之節（けいそうのせつ）……188
懸崖撒手（けんがいさっしゅ）……196
乾坤一擲（けんこんいってき）……199
捲土重来（けんどちょうらい）……202
堅忍果決（けんにんかけつ）……202
剛毅果断（ごうきかだん）……209
剛毅直諒（ごうきちょくりょう）……210
剛毅木訥（ごうきぼくとつ）……210
抗拒不承（こうきょふしょう）……211
傲骨嶙峋（ごうこつりんしゅん）……213
豪胆無比（ごうたんむひ）……219
剛腸石心（ごうちょうせきしん）……220
豪放磊落（ごうほうらいらく）……224
虎穴虎子（こけつこし）……235
金剛不壊（こんごうふえ）……247
斬釘截鉄（ざんていせってつ）……266
志操堅固（しそうけんご）……284
七転八起（しちてんはっき）……286
死中求活（しちゅうきゅうかつ）……287
疾風勁草（しっぷうけいそう）……291
舎生取義（しゃせいしゅぎ）……299
射石飲羽（しゃせきいんう）……299
遮二無二（しゃにむに）……300
熟慮断行（じゅくりょだんこう）……312
松柏之質（しょうはくのしつ）……330
松柏之操（しょうはくのみさお）……331
初志貫徹（しょしかんてつ）……336
心堅石穿（しんけんせきせん）……343
迅速果断（じんそくかだん）……352
瞋目張胆（しんもくちょうたん）……356
雪中松柏（せっちゅうのしょうはく）……384
前仆後継（ぜんふこうけい）……400
即断即決（そくだんそっけつ）……413
祖逖之誓（そてきのせい）……416
鉄心石腸（てっしんせきちょう）……467
冬夏青青（とうかせいせい）……482
当機立断（とうきりつだん）……483
蹈節死義（とうせつしぎ）……488
白首一節（はくしゅいっせつ）……524
破釜沈船（はふちんせん）……534
万死一生（ばんしいっせい）……538
匪石之心（ひせきのこころ）……548
百折不撓（ひゃくせつふとう）……554
赴湯蹈火（ふとうとうか）……579
不撓不屈（ふとうふくつ）……579
不抜之志（ふばつのこころざし）……580
賁育之勇（ほんいくのゆう）……609
磨穿鉄硯（ませんてっけん）……612
勇気凜凜（ゆうきりんりん）……639

【話す】

◉議論・相談

横説竪説（おうせつじゅせつ）……82
侃侃諤諤（かんかんがくがく）……119
危言覈論（きげんかくろん）……137
鳩首凝議（きゅうしゅぎょうぎ）……149
議論百出（ぎろんひゃくしゅつ）……168
喧喧諤諤（けんけんがくがく）……198
喧喧囂囂（けんけんごうごう）……198
口角飛沫（こうかくひまつ）……207
高談闊歩（こうだんかっぽ）……219
高談雄弁（こうだんゆうべん）……219
甲論乙駁（こうろんおつばく）……229
高論卓説（こうろんたくせつ）……229
鼓舌揺唇（こぜつようしん）……239
才弁縦横（さいべんじゅうおう）……253
賛否両論（さんぴりょうろん）……268
指天画地（してんかくち）……292
衆議一決（しゅうぎいっけつ）……302
衆口一致（しゅうこういっち）……303
縦説横説（じゅうせつおうせつ）……306
春蛙秋蟬（しゅんあしゅうぜん）……317
饒舌多弁（じょうぜつたべん）……329
諸説紛紛（しょせつふんぷん）……337
唇焦口燥（しんしょうこうそう）……348
崇論閎議（すうろんこうぎ）……363
千言万語（せんげんばんご）……388
踔厲風発（たくれいふうはつ）……430
多事争論（たじそうろん）……430
談論風発（だんろんふうはつ）……439
丁丁発止（ちょうちょうはっし）……454

百家争鳴（ひゃっかそうめい）……556
米塩博弁（べいえんはくべん）……588
弁才無礙（べんざいむげ）……592
放言高論（ほうげんこうろん）……597
満場一致（まんじょういっち）……613
名論卓説（めいろんたくせつ）……628
揺唇鼓舌（ようしんこぜつ）……647

◉弁舌巧み

喙長三尺（かいちょうさんじゃく）……95
懸河瀉水（けんがしゃすい）……197
懸河之弁（けんがのべん）……197
舌先三寸（したさきさんずん）……285
平滑流暢（へいかつりゅうちょう）……588

◉ほら話・でたらめ

河漢之言（かかんのげん）……99
花言巧語（かげんこうご）……103
胡説乱道（こせつらんどう）……239
三百代言（さんびゃくだいげん）……268
説三道四（せつさんどうし）……382
舌敝耳聾（ぜっぺいじろう）……385
謬悠之説（びゅうゆうのせつ）……557
漫言放語（まんげんほうご）……612
無稽之言（むけいのげん）……618

◉こじつけ・詭弁

郢書燕説（えいしょえんせつ）……69
牽強付会（けんきょうふかい）……198
堅白同異（けんぱくどうい）……203
指鹿為馬（しろくいば）……340
漱石枕流（そうせきちんりゅう）……408
白馬非馬（はくばひば）……526
付会之説（ふかいのせつ）……568
有厚無厚（ゆうこうむこう）……640

元気・健康を表す

【元気・活気がある】

意気軒昂（いきけんこう）……12
意気衝天（いきしょうてん）……12
意気揚揚（いきようよう）……13
雨後春筍（うごしゅんじゅん）……59
鬱鬱葱葱（うつうつそうそう）……61
鬱鬱勃勃（うつうつぼつぼつ）……61
回山倒海（かいざんとうかい）……92
鎧袖一触（がいしゅういっしょく）……92
快犢破車（かいとくはしゃ）……96
呵呵大笑（かかたいしょう）……98
活火激発（かっかげきはつ）……109
渇驥奔泉（かっきほんせん）……109
豁達豪放（かったつごうほう）……111
闊達自在（かったつじざい）……111
豁達大度（かったつたいど）……111
活潑婉麗（かっぱつえんれい）……111
活潑豪宕（かっぱつごうとう）……112
活潑潑地（かっぱつはっち）……112
撼天動地（かんてんどうち）……128
感奮興起（かんぷんこうき）……131
気炎万丈（きえんばんじょう）……134
旗鼓堂堂（きこどうどう）……138
旭日昇天（きょくじつしょうてん）……161
決河之勢（けっかのいきおい）……194
元気潑剌（げんきはつらつ）……198
光焔万丈（こうえんばんじょう）……207
昂首闊歩（こうしゅかっぽ）……216
骨騰肉飛（こっとうにくひ）……241
三面六臂（さんめんろっぴ）……268
死灰復然（しかいふくねん）……271
士気高揚（しきこうよう）……272
獅子奮迅（ししふんじん）……280
縦横無尽（じゅうおうむじん）……301
自由闊達（じゆうかったつ）……302
自由奔放（じゆうほんぽう）……309
少壮気鋭（しょうそうきえい）……329
少壮有為（しょうそうゆうい）……329
進取果敢（しんしゅかかん）……347
新進気鋭（しんしんきえい）……350
人心沸騰（じんしんふっとう）……350
振臂一呼（しんぴいっこ）……354
生気潑溂（せいきはつらつ）……367
精力絶倫（せいりょくぜつりん）……375
脱兎之勢（だっとのいきおい）……432
直往邁進（ちょくおうまいしん）……457
闘志満満（とうしまんまん）……486
呑牛之気（どんぎゅうのき）……502

幕天席地（ばくてんせきち）……526
破竹之勢（はちくのいきおい）……529
抜山蓋世（ばつざんがいせい）……531
抜山翻海（ばつざんほんかい）……532
発揚蹈厲（はつようとうれい）……533
万馬奔騰（ばんばほんとう）……541
噴薄激盪（ふんぱくげきとう）……585
霹靂閃電（へきれきせんでん）……591
勇往邁進（ゆうおうまいしん）……638
愉快活発（ゆかいかっぱつ）……644
揚眉吐気（ようびとき）……648
雷轟電撃（らいごうでんげき）……651
雷霆万鈞（らいていばんきん）……651
竜驤虎視（りょうじょうこし）……664
竜驤麟振（りょうじょうりんしん）……664

【元気がない】

青息吐息（あおいきといき）……3
黯然失色（あんぜんしっしょく）……9
意気消沈（いきしょうちん）……12
意気阻喪（いきそそう）……13
一蹶不振（いっけつふしん）……35
萎靡沈滞（いびちんたい）……50
萎靡不振（いびふしん）……50
陰陰滅滅（いんいんめつめつ）……53
鬱鬱怏怏（うつうつおうおう）……61
尫繊懦弱（おうせんだじゃく）……83
灰心喪気（かいしんそうき）……93
顔面蒼白（がんめんそうはく）……132
気息奄奄（きそくえんえん）……143
窮極無聊（きゅうきょくぶりょう）……147
局促不安（きょくそくふあん）……162
跼天蹐地（きょくてんせきち）……162
形銷骨立（けいしょうこつりつ）……187
形容枯槁（けいようここう）……191
槁項黄馘（こうこうこうかく）……212
槁木死灰（こうぼくしかい）……225
鵠面鳩形（こくめんきゅうけい）……234
孤城落日（こじょうらくじつ）……238
虎頭蛇尾（ことうだび）……242
枯木死灰（こぼくしかい）……244
再起不能（さいきふのう）……250
士気阻喪（しきそそう）……273
秋風蕭条（しゅうふうしょうじょう）……308
縮手縮脚（しゅくしゅしゅくきゃく）……311
銷鑠縮栗（しょうしゃくしゅくりつ）……325
垂頭喪気（すいとうそうき）……362
精神鬱怏（せいしんうつおう）……370
精疲力尽（せいひりきじん）……374
喪家之狗（そうかのいぬ）……404
痩骨窮骸（そうこつきゅうがい）……406
頽堕委靡（たいだいび）……425
沈鬱悲壮（ちんうつひそう）……458
日陵月替（にちりょうげったい）……509

【健康・病気】

可惜身命（あたらしんみょう）……5
医食同源（いしょくどうげん）……16
一病息災（いちびょうそくさい）……27
彊食自愛（きょうしょくじあい）……157
膏肓之疾（こうこうのしつ）……213
才子多病（さいしたびょう）……251
採薪之憂（さいしんのうれい）……252
四百四病（しひゃくしびょう）……293
十全健康（じゅうぜんけんこう）……306
心腹之疾（しんぷくのしつ）……355
頭寒足熱（ずかんそくねつ）……364
無事息災（ぶじそくさい）……574
負薪之憂（ふしんのうれい）……576
蒲柳之質（ほりゅうのしつ）……609
無病息災（むびょうそくさい）……621

暮らしぶりを表す

【贅沢・ごちそう】

◉贅沢

驕奢淫逸（きょうしゃいんいつ）……156
魚竜爵馬（ぎょりょうしゃくば）……167
錦衣玉食（きんいぎょくしょく）……168
金塊珠礫（きんかいしゅれき）……168
軽裘肥馬（けいきゅうひば）……185
倹存奢失（けんそんしゃしつ）……202
香美脆味（こうびぜいみ）……223

三汁七菜（さんじゅうしちさい）……263
侈衣美食（しいびしょく）……270
奢侈淫佚（しゃしいんいつ）……299
奢侈文弱（しゃしぶんじゃく）……299
酒池肉林（しゅちにくりん）……314
漿酒霍肉（しょうしゅかくにく）……325
鐘鳴鼎食（しょうめいていしょく）……332
食前方丈（しょくぜんほうじょう）……335
炊金饌玉（すいきんせんぎょく）……359
贅沢三昧（ぜいたくざんまい）……372
象箸玉杯（ぞうちょぎょくはい）……409
暖衣飽食（だんいほうしょく）……433
置酒高会（ちしゅこうかい）……442
長夜之飲（ちょうやのいん）……456
鼎鐺玉石（ていとうぎょくせき）……464
肉山脯林（にくざんほりん）……508
豊衣飽食（ほういほうしょく）……594
目食耳視（もくしょくじし）……632
羅綺千箱（らきせんばこ）……652

◉ごちそう

山海珍味（さんかいのちんみ）……258
持粱歯肥（じりょうしひ）……339
太牢滋味（たいろうのじみ）……428
珍味佳肴（ちんみかこう）……460
美酒佳肴（びしゅかこう）……547
肥肉厚酒（ひにくこうしゅ）……551
美味佳肴（びみかこう）……552
爛腸之食（らんちょうのしょく）……655
鹿鳴之宴（ろくめいのえん）……679

◉酒・酒飲み

開懐暢飲（かいかいちょういん）……89
儀狄之酒（ぎてきのさけ）……144
高陽酒徒（こうようのしゅと）……227
壺中之天（こちゅうのてん）……240
清聖濁賢（せいせいだくけん）……371
浅酌低唱（せんしゃくていしょう）……392
天之美禄（てんのびろく）……477
洞庭春色（どうていしゅんしょく）……489
杯賢杓聖（はいけんしゃくせい）……516
麦曲之英（ばくきょくのえい）……523
百薬之長（ひゃくやくのちょう）……556
米泉之精（べいせんのせい）……590
忘憂之物（ぼうゆうのもの）……604
流觴飛杯（りゅうしょうひはい）……660

【貧しさ・質素】

悪衣悪食（あくいあくしょく）……3
一汁一菜（いちじゅういっさい）……23
一裘一葛（いっきゅういっかつ）……34
一箪一瓢（いったんいっぴょう）……43
一箪之食（いったんのし）……43
衣弊履穿（いへいりせん）……51
甕牖縄枢（おうゆうじょうすう）……84
褞袍粗糲（おんぽうそれい）……87
葛屨履霜（かっくりそう）……109
家徒四壁（かとしへき）……113
環堵蕭然（かんとしょうぜん）……129
窮閻漏屋（きゅうえん（の）ろうおく）……147
窮途之哭（きゅうとのこく）……151
曲肱之楽（きょくこうのたのしみ）……161
荊釵布裙（けいさいふくん）……186
羹藜含糗（こうれいがんきゅう）……228
枯槁之士（ここうのし）……235
困苦欠乏（こんくけつぼう）……246
采椽不斲（さいてんふたく）……253
三旬九食（さんじゅんきゅうしょく）……263
四海困窮（しかいこんきゅう）……271
囚首喪面（しゅうしゅそうめん）……305
縮衣節食（しゅくいせっしょく）……311
上漏下湿（じょうろうかしゅう）……334
赤貧如洗（せきひんじょせん）……379
節衣縮食（せついしゅくしょく）……380
節倹力行（せっけんりっこう）……381
千里無煙（せんりむえん）……402
粗衣粗食（そいそしょく）……403
簇酒斂衣（そうしゅれんい）……407
甑塵釜魚（そうじんふぎょ）……408
短褐穿結（たんかつせんけつ）……433
箪食瓢飲（たんしひょういん）……435
断齏画粥（だんせいかくしゅく）……436
朝齏暮塩（ちょうせいぼえん）……453
鳥面鵠形（ちょうめんこくけい）……455
冬月赤足（とうげつせきそく）……483
土階三等（どかいさんとう）……494

半饑半渇（はんきはんかつ）……536
麋鹿之姿（びろくのすがた）……561
茅屋采椽（ぼうおくさいてん）……596
茅茨不剪（ぼうしふせん）……599
茅堵蕭然（ぼうとしょうぜん）……602
羅雀掘鼠（らじゃくくっそ）……653
零丁孤苦（れいていこく）……674

【風流な暮らし】

一竿風月（いっかん(の)ふうげつ）……32
一丘一壑（いっきゅういちがく）……33
一觴一詠（いっしょういちえい）……38
花鳥風月（かちょうふうげつ）……109
閑人適意（かんじんてきい）……125
吸風飲露（きゅうふういんろ）……152
曲水流觴（きょくすいりゅうしょう）……162
琴歌酒賦（きんかしゅふ）……169
琴棋詩酒（きんきししゅ）……169
琴心剣胆（きんしんけんたん）……173
行雲流水（こううんりゅうすい）……206
傲世逸俗（ごうせいいつぞく）……217
孤雲野鶴（こうんやかく）……229
採薪汲水（さいしんきゅうすい）……252
山棲谷飲（さんせいこくいん）……264
山中暦日（さんちゅうれきじつ）……266
嘯風弄月（しょうふうろうげつ）……332
乗桴浮海（じょうふふかい）……332
逍遥自在（しょうようじざい）……333
晴耕雨読（せいこううどく）……368
枕石漱流（ちんせきそうりゅう）……460
杜門却掃（ともんきゃくそう）……502
呑花臥酒（どんかがしゅ）……502
梅妻鶴子（ばいさいかくし）……516
風流韻事（ふうりゅういんじ）……567
風流三昧（ふうりゅうざんまい）……567
浮瓜沈李（ふかちんり）……569
浮家泛宅（ふかはんたく）……569
浴沂之楽（よくきのたのしみ）……649
林間紅葉（りんかんこうよう）……669

励ましたり、褒めたり

【励ます・勇気づける】

悪戦苦闘（あくせんくとう）……4
殷殷奨飾（いんいんしょうしょく）……53
雨過天晴（うかてんせい）……59
温言慰謝（おんげんいしゃ）……85
開雲見日（かいうんけんじつ）……88
会稽之恥（かいけいのはじ）……90
吉人天相（きつじんてんしょう）……144
鼓舞激励（こぶげきれい）……243
歯牙余論（しがのよろん）……272
叱咤激励（しったげきれい）……290
節哀順変（せつあいじゅんぺん）……380
大器晩成（たいきばんせい）……419
能者多労（のうしゃたろう）……515

【褒める・評価する】

一日千里（いちじつせんり）……23
一日之長（いちじつのちょう）……23
一目十行（いちもくじゅうぎょう）……29
一騎当千（いっきとうせん）……33
一狐之腋（いっこのえき）……36
一唱三歎（いっしょうさんたん）……38
倚馬七紙（いばしちし）……50
允文允武（いんぶんいんぶ）……57
有智高才（うちこうさい）……60
運斤成風（うんきんせいふう）……64
英華発外（えいかはつがい）……68
英姿颯爽（えいしさっそう）……68
詠雪之才（えいせつのさい）……69
瑰意琦行（かいいきこう）……88
咳唾成珠（がいだせいしゅ）……95
科挙圧巻（かきょあっかん）……100
赫赫之名（かくかくのな）……100
歌功頌徳（かこうしょうとく）……104
几案之才（きあんのさい）……133
気韻生動（きいんせいどう）……133
奇策妙計（きさくみょうけい）……139
挙一反三（きょいちはんさん）……153
玉昆金友（ぎょっこんきんゆう）……165
錦心繡口（きんしんしゅうこう）……173
金声玉振（きんせいぎょくしん）……173

閨英闈秀(けいえいいしゅう)……183
鶏群一鶴(けいぐんのいっかく)……185
玄圃積玉(げんぽせきぎょく)……204
挙一明三(こいちみょうさん)……206
曠世之感(こうせいのかん)……217
曠世之才(こうせいのさい)……217
功成名遂(こうせいめいすい)……218
黄中内潤(こうちゅうないじゅん)……219
好評嘖嘖(こうひょうさくさく)……223
高邁闊達(こうまいかったつ)……225
狐裘羔袖(こきゅうこうしゅう)……231
古今独歩(ここんどっぽ)……236
古今無双(ここんむそう)……236
孤峰絶岸(こほうぜつがん)……244
才華蓋世(さいかがいせい)……249
才華爛発(さいからんぱつ)……250
才気煥発(さいきかんぱつ)……250
才子佳人(さいしかじん)……251
才徳兼備(さいとくけんび)……253
子建八斗(しけんはっと)……275
耳聡目明(じそうもくめい)……284
七歩之才(しちほのさい)……286
七歩八叉(しちほはっさ)……286
資弁捷疾(しべんしょうしつ)……294
秀外恵中(しゅうがいけいちゅう)……302
十全十美(じゅうぜんじゅうび)……306
秀麗皎潔(しゅうれいこうけつ)……310
出将入相(しゅっしょうにゅうしょう)……315
出藍之誉(しゅつらんのほまれ)……315
出類抜萃(しゅつるいばっすい)……315
晶瑩玲瓏(しょうえいれいろう)……321
匠石運斤(しょうせきうんきん)……328
芝蘭玉樹(しらんぎょくじゅ)……338
塵外孤標(じんがいこひょう)……341
神機妙算(しんきみょうさん)……342
人傑地霊(じんけつちれい)……343
神工鬼斧(しんこうきふ)……344
神采英抜(しんさいえいばつ)……345
神算鬼謀(しんさんきぼう)……345
尽善尽美(じんぜんじんび)……352
人中之竜(じんちゅうのりゅう)……353
清音幽韻(せいおんゆういん)……366
成効卓著(せいこうたくちょ)……368
清絶高妙(せいぜつこうみょう)……371
精明強幹(せいめいきょうかん)……375
石破天驚(せきはてんきょう)……379
絶世独立(ぜっせいどくりつ)……383
絶類離倫(ぜつるいりりん)……385
仙才鬼才(せんさいきさい)……391
栴檀双葉(せんだんのふたば)……397
先知先覚(せんちせんがく)……397
全知全能(ぜんちぜんのう)……397
鮮美透涼(せんびとうりょう)……400
千里之足(せんりのあし)……402
蚤知之士(そうちのし)……409
聡明剛介(そうめいごうかい)……411
卓爾不群(たくじふぐん)……429
多才能弁(たさいのうべん)……430
超軼絶塵(ちょういつぜつじん)……449
超塵出俗(ちょうじんしゅつぞく)……452
適怨清和(てきえんせいわ)……465
倜儻不群(てきとうふぐん)……466
天資英邁(てんしえいまい)……473
騰蛟起鳳(とうこうきほう)……484
棟梁之材(とうりょうのざい)……493
独具匠心(どくぐしょうしん)……495
独出心裁(どくしゅつしんさい)……495
特立之士(とくりつのし)……497
呑舟之魚(どんしゅうのうお)……503
燃犀之明(ねんさいのめい)……514
嚢中之錐(のうちゅうのきり)……515
能鷹隠爪(のうよういんそう)……515
馬氏五常(ばしのごじょう)……529
抜群出類(ばつぐんしゅつるい)……531
万邦無比(ばんぽうむひ)……542
万緑一紅(ばんりょくいっこう)……544
非常之功(ひじょうのこう)……548
非常之人(ひじょうのひと)……548
美妙巧緻(びみょうこうち)……552
百伶百利(ひゃくれいひゃくり)……556
百歩穿楊(ひゃっぽせんよう)……557
廟堂之器(びょうどうのき)……559
風塵外物(ふうじんがいぶつ)……566
不羈之才(ふきのさい)……569

庖丁解牛（ほうていかいぎゅう）……601
曼倩三冬（まんせんさんとう）……613
命世之才（めいせいのさい）……626
雄材大略（ゆうざいたいりゃく）……640
鸞翔鳳集（らんしょうほうしゅう）……654
竜駒鳳雛（りょうくほうすう）……663

【努力する】

意匠惨澹（いしょうさんたん）……16
一意攻苦（いちいこうく）……18
一意専心（いちいせんしん）……18
一往直前（いちおうちょくぜん）……19
一簣之功（いっきのこう）……33
一球入魂（いっきゅうにゅうこん）……34
一生懸命（いっしょうけんめい）……38
一所懸命（いっしょけんめい）……39
一心一意（いっしんいちい）……39
一心一向（いっしんいっこう）……39
一心不乱（いっしんふらん）……40
韋編三絶（いへんさんぜつ）……51
引錐刺股（いんすいしこ）……56
円木警枕（えんぼく（の）けいちん）……79
嘔心瀝血（おうしんれきけつ）……82
我武者羅（がむしゃら）……115
勤倹力行（きんけんりっこう）……171
愚公移山（ぐこういざん）……178
稽古之力（けいこのちから）……186
懸頭刺股（けんとうしこ）……202
孤軍奮闘（こぐんふんとう）……235
山溜穿石（さんりゅうせんせき）……269
孜孜忽忽（ししこつこつ）……278
獅子搏兎（ししはくと）……279
孜孜不倦（ししふけん）……280
修己治人（しゅうこちじん）……303
十年磨剣（じゅうねんまけん）……308
夙興夜寝（しゅくこうやしん）……311
朱墨爛然（しゅぼくらんぜん）……316
砥砺切磋（しれいせっさ）……340
薪水之労（しんすいのろう）……351
精励恪勤（せいれいかっきん）……376
全身全霊（ぜんしんぜんれい）……394
全力投球（ぜんりょくとうきゅう）……402
鏃礪括羽（ぞくれいかつう）……414
梯山航海（ていざんこうかい）……463
駑馬十駕（どばじゅうが）……500
日昃之労（にっしょくのろう）……509
廃寝忘食（はいしんぼうしょく）……517
発憤興起（はっぷんこうき）……532
発憤忘食（はっぷんぼうしょく）……532
跛鼈千里（はべつせんり）……534
披星戴月（ひせいたいげつ）……548
不解衣帯（ふかいいたい）……568
不眠不休（ふみんふきゅう）……581
粉骨砕身（ふんこつさいしん）……584
奮闘努力（ふんとうどりょく）……585
奮励努力（ふんれいどりょく）……587
鞭辟近裏（べんぺききんり）……593
磨杵作針（ましょさくしん）……611
摩頂放踵（まちょうほうしょう）……612
無二無三（むにむさん）……621
冥冥之志（めいめいのこころざし）……627
面壁九年（めんぺきくねん）……629
臨池学書（りんちがくしょ）……669

非難する

【傲慢・傍若無人】

◉驕り高ぶる

頤指気使（いしきし）……15
我慢勝他（がまんしょうた）……115
驕慢放縦（きょうまんほうじゅう）……159
蒹葭玉樹（けんかぎょくじゅ）……197
傲岸不遜（ごうがんふそん）……209
傲岸無礼（ごうがんぶれい）……209
傲慢不羈（ごうまんふき）……225
傲慢不遜（ごうまんふそん）……225
傲慢無礼（ごうまんぶれい）……225
傲慢磊落（ごうまんらいらく）……225
狐仮虎威（こかこい）……230
自高自大（じこうじだい）……275
自負自賛（じふじさん）……294
出言不遜（しゅつげんふそん）……314
飛揚跋扈（ひようばっこ）……560

眄視指使（べんしし）……592
目指気使（もくしきし）……632
唯我独尊（ゆいがどくそん）……637
◉勝手気まま
放歌高吟（ほうかこうぎん）……596
傍若無人（ぼうじゃくぶじん）……599
放縦恣横（ほうじゅうしおう）……599
放縦不羈（ほうじゅうふき）……599
放蕩三昧（ほうとうざんまい）……602
放蕩不羈（ほうとうふき）……602
放蕩無頼（ほうとうぶらい）……602
放辟邪侈（ほうへきじゃし）……603
慢業重畳（まんごうちょうじょう）……613
【無礼・下品】
慇懃無礼（いんぎんぶれい）……55
俗臭芬芬（ぞくしゅうふんぷん）……413
袒裼裸裎（たんせきらてい）……436
跛立箕坐（はりゅうきざ）……535
不埒千万（ふらちせんばん）……581
無礼千万（ぶれいせんばん）……582
放飯流歠（ほうはんりゅうせつ）……603
野蛮草昧（やばんそうまい）……637
野卑滑稽（やひこっけい）……637
【見識が狭い】
夏虫疑氷（かちゅうぎひょう）……108
管窺蠡測（かんきれいそく）……121
管中窺天（かんちゅうきてん）……128
管中窺豹（かんちゅうきひょう）……128
区聞陬見（くぶんすうけん）……180
孤陋寡聞（ころうかぶん）……246
蜀犬吠日（しょっけんはいじつ）……337
井蛙之見（せいあのけん）……365
尺沢之鯢（せきたくのげい）……379
浅学寡聞（せんがくかぶん）……386
浅学菲才（せんがくひさい）……386
全豹一斑（ぜんぴょういっぱん）……400
粗鹵狭隘（そろきょうあい）……416
吠日之怪（はいじつのあやしみ）……517
不知案内（ふちあんない）……577
夜郎自大（やろうじだい）……637
用管窺天（ようかんきてん）……646
遼東之豕（りょうとうのいのこ）……666
【簡単に信じる】
◉追随する
亦歩亦趨（えきほえきすう）……71
貴耳賤目（きじせんもく）……139
渾崙呑棗（こんろんどんそう）……249
耳食之談（じしょくのだん）……281
百依百順（ひゃくいひゃくじゅん）……553
矮子看戯（わいし（の）かんぎ）……681
◉大勢が言う
一里撓椎（いちりどうつい）……30
三人成虎（さんにんせいこ）……267
衆議成林（しゅうぎせいりん）……302
聚蚊成雷（しゅうぶんせいらい）……309
曽参殺人（そうしんさつじん）……408
吠形吠声（はいけいはいせい）……516
浮石沈木（ふせきちんぼく）……577
【すぐに飽きる】
一暴十寒（いちばくじっかん）……27
隠公左伝（いんこうさでん）……55
三月庭訓（さんがつていきん）……259
三日坊主（みっかぼうず）……614
雍也論語（ようやろんご）……649
【おもねる・へつらう】
阿附迎合（あふげいごう）……5
阿諛迎合（あゆげいごう）……6
阿諛傾奪（あゆけいだつ）……6
阿諛追従（あゆついしょう）……6
阿諛便佞（あゆべんねい）……6
唯唯諾諾（いいだくだく）……11
艶言浮詞（えんげんふし）……75
欺軟怕硬（ぎなんはこう）……145
曲意逢迎（きょくいほうげい）……161
曲学阿世（きょくがくあせい）……161
巧言令色（こうげんれいしょく）……212
呼牛呼馬（こぎゅうこば）……231
讒諂面諛（ざんてんめんゆ）……266
舐痔得車（しじとくしゃ）……279

揣摩迎合（しまげいごう）……295
柔茹剛吐（じゅうじょごうと）……306
承顔順旨（しょうがんじゅんし）……322
随波逐流（ずいはちくりゅう）……362
随風倒舵（ずいふうとうだ）……362
趨炎附熱（すうえんふねつ）……363
前倨後恭（ぜんきょこうきょう）……387
諂上欺下（てんじょうぎか）……473
諂佞阿諛（てんねいあゆ）……477
同而不和（どうじふわ）……486
卑躬屈節（ひきゅうくっせつ）……546
俛首帖耳（ふしゅちょうじ）……575
付和雷同（ふわらいどう）……582
望塵之拝（ぼうじんのはい）……600
揺頭擺尾（ようとうはいび）……648

【軽はずみ・浅はか】

軽率短慮（けいそつたんりょ）……188
軽佻浮薄（けいちょうふはく）……189
軽慮浅謀（けいりょせんぼう）……192
智謀浅短（ちぼうせんたん）……444
皮膚之見（ひふのけん）……552

【悪口】

◉悪口を言う

悪口雑言（あっこうぞうごん）……5
衆矢之的（しゅうしのまと）……304
浸潤之譖（しんじゅんのそしり）……348
数黒論黄（すうこくろんこう）……363
擠陥讒誣（せいかんざんぶ）……367
赤口毒舌（せきこうどくぜつ）……377
罵詈讒謗（ばりざんぼう）……535
罵詈雑言（ばりぞうごん）……535
非難囂囂（ひなんごうごう）……551
誹謗中傷（ひぼうちゅうしょう）……552
風言風語（ふうげんふうご）……565
冷嘲熱罵（れいちょうねつば）……673
冷嘲熱諷（れいちょうねっぷう）……673

◉悪口の内容

浅瀬仇波（あさせあだなみ）……4
按図索驥（あんずさくき）……9
一毛不抜（いちもうふばつ）……29
一門数竈（いちもんすうそう）……29
一文不通（いちもんふつう）……29
一丘之貉（いっきゅうのかく）……34
引喩失義（いんゆしつぎ）……58
有財餓鬼（うざいがき）……59
内股膏薬（うちまたこうやく）……60
得手勝手（えてかって）……73
甕裏醯鶏（おうり（の）けいけい）……85
仮公済私（かこうさいし）……104
活剝生呑（かっぱくせいどん）……111
我田引水（がでんいんすい）……112
我利我利（がりがり）……116
我利私欲（がりしよく）……116
干名采誉（かんめいさいよ）……132
頑陋至愚（がんろうしぐ）……133
朽木糞牆（きゅうぼくふんしょう）……152
狂言綺語（きょうげんきご）……155
拒諫飾非（きょかんしょくひ）……160
虚誕妄説（きょたんもうせつ）……165
空理空論（くうりくうろん）……177
鶏鳴狗盗（けいめいくとう）……190
外題学問（げだいがくもん）……193
譎詐百端（けっさひゃくたん）……195
好逸悪労（こういつあくろう）……206
公私混同（こうしこんどう）……214
苟且偸安（こうしょとうあん）……217
荒怠暴恣（こうたいぼうし）……219
咬文嚼字（こうぶんしゃくじ）……223
荒亡之行（こうぼうのおこない）……224
極悪非道（ごくあくひどう）……232
言語道断（ごんごどうだん）……247
左建外易（さけんがいえき）……255
尸位素餐（しいそさん）……270
失礼千万（しつれいせんばん）……292
自分勝手（じぶんかって）……294
邪知暴虐（じゃちぼうぎゃく）……300
醜悪奸邪（しゅうあくかんじゃ）……301
獣聚鳥散（じゅうしゅうちょうさん）……305
城狐社鼠（じょうこしゃそ）……323
人面獣心（じんめんじゅうしん）……356
浅薄愚劣（せんぱくぐれつ）……399
大桀小桀（たいけつしょうけつ）……421

大欲非道（たいよくひどう）……427
敵前逃亡（てきぜんとうぼう）……466
顚越不恭（てんえつふきょう）……469
田夫野人（でんぷやじん）……478
人三化七（にんさんばけしち）……512
喉元思案（のどもとじあん）……515
馬牛襟裾（ばぎゅうきんきょ）……520
伴食宰相（ばんしょくさいしょう）……539
卑怯千万（ひきょうせんばん）……546
無為無策（むいむさく）……616
無為無能（むいむのう）……616
無学無識（むがくむしき）……617
無学文盲（むがくもんもう）……617
無知蒙昧（むちもうまい）……620
無知文盲（むちもんもう）……620

【悪意・ねたみ】
暗箭傷人（あんせんしょうじん）……9
陰謀詭計（いんぼうきけい）……57
機械之心（きかいのこころ）……134
鬼瞰之禍（きかんのわざわい）……135
偽詐術策（ぎさじゅっさく）……139
求全之毀（きゅうぜんのそしり）……150
幸災楽禍（こうさいらくか）……214
洗垢索瘢（せんこうさくはん）……389
排斥擠陥（はいせきせいかん）……518
飛短流長（ひたんりゅうちょう）……549

【いたずらに生きる】
飲食之人（いんしょくのひと）……56
翫歳愒日（がんさいかいじつ）……123
禽息鳥視（きんそくちょうし）……174
行尸走肉（こうしそうにく）……215
坐食逸飽（ざしょくいつほう）……255
酔生夢死（すいせいむし）……360
走尸行肉（そうしこうにく）……407
飯嚢酒甕（はんのうしゅおう）……541
飽食終日（ほうしょくしゅうじつ）……600
無為徒食（むいとしょく）……616
無芸大食（むげいたいしょく）……617

さまざまな状態を表す

【人が多い・にぎやか】
揮汗成雨（きかんせいう）……135
煕煕攘攘（ききじょうじょう）……136
肩摩轂撃（けんまこくげき）……204
紅灯緑酒（こうとうりょくしゅ）……221
項背相望（こうはいそうぼう）……222
車水馬竜（しゃすいばりょう）……299
人口稠密（じんこうちゅうみつ）……344
千客万来（せんきゃくばんらい）……387
千門万戸（せんもんばんこ）……401
填街塞巷（てんがいそくこう）……469
軟紅塵中（なんこうじんちゅう）……506
比肩継踵（ひけんけいしょう）……546
門巷填隘（もんこうてんあい）……634
門前成市（もんぜんせいし）……634
門庭若市（もんていじゃくし）……635

【矛盾する】
一口両舌（いっこうりょうぜつ）……35
韓文之疵（かんぶんのし）……131
言行齟齬（げんこうそご）……199
口是心非（こうぜしんひ）……218
自家撞着（じかどうちゃく）……272
自家撲滅（じかぼくめつ）……272
自己矛盾（じこむじゅん）……277
前後矛盾（ぜんごむじゅん）……390
矛盾撞着（むじゅんどうちゃく）……619

【役に立たない】
夏炉冬扇（かろとうせん）……117
塵垢粃糠（じんこうひこう）……344
粗鹵迂遠（そろうえん）……416
竹頭木屑（ちくとうぼくせつ）……440
樗櫟散木（ちょれきさんぼく）……458
泥車瓦狗（でいしゃがこう）……463
陶犬瓦鶏（とうけんがけい）……483
十日之菊（とおかのきく）……493
杯水車薪（はいすいしゃしん）……517
六菖十菊（りくしょうじゅうぎく）……656

【有事に備える】

居安思危(きょあんしき)……152
曲突徙薪(きょくとつししん)……163
毫毛斧柯(ごうもうふか)……226
常備不懈(じょうびふかい)……331
綢繆未雨(ちゅうびゅうみう)……448
桑土綢繆(そうどちゅうびゅう)……410
枕戈寝甲(ちんかしんこう)……459
枕戈待旦(ちんかたいたん)……459
有備無患(ゆうびむかん)……642
履霜之戒(りそうのかい)……658

【実行が伴わない】

按図索驥(あんずさくき)……9
眼高手低(がんこうしゅてい)……122
机上空論(きじょうのくうろん)……141
記問之学(きもんのがく)……146
空理空論(くうりくうろん)……177
口耳講説(こうじこうせつ)……214
口耳之学(こうじのがく)……215
紙上談兵(しじょうだんぺい)……281
志大才疎(しだいさいそ)……284
道聴塗説(どうちょうとせつ)……489

【保守的】

因循苟且(いんじゅんこうしょ)……55
因循姑息(いんじゅんこそく)……55
頑迷固陋(がんめいころう)……132
旧態依然(きゅうたいいぜん)……150
旧調重弾(きゅうちょうちょうだん)……150
旧套墨守(きゅうとうぼくしゅ)……151
狷介孤高(けんかいここう)……196
狷介固陋(けんかいころう)……196
刻舟求剣(こくしゅうきゅうけん)……233
十年一日(じゅうねんいちじつ)……308
守株待兎(しゅしゅたいと)……313
蹈常襲故(とうじょうしゅうこ)……486
墨守成規(ぼくしゅせいき)……606
保守退嬰(ほしゅたいえい)……607
冥頑不霊(めいがんふれい)……624

【危険】

◉危険・緊迫した状態

一縷千鈞(いちるせんきん)……31
一触即発(いっしょくそくはつ)……39
一髪千鈞(いっぱつせんきん)……46
委肉虎蹊(いにくこけい)……49
葦末之巣(いまつのす)……52
燕巣幕上(えんそうばくじょう)……76
火中取栗(かちゅうしゅりつ)……108
餓狼之口(がろうのくち)……117
危機一髪(ききいっぱつ)……135
危急存亡(ききゅうそんぼう)……136
九死一生(きゅうしいっしょう)……149
窮途末路(きゅうとまつろ)……151
鶏犬不寧(けいけんふねい)……185
剣抜弩張(けんばつどちょう)……203
涸轍鮒魚(こてつのふぎょ)……242
虎尾春氷(こびしゅんぴょう)……243
狐狼盗難(ころうとうなん)……246
至緊至要(しきんしよう)……274
小水之魚(しょうすいのうお)……328
焦眉之急(しょうびのきゅう)……331
進退維谷(しんたいいこく)……352
進退両難(しんたいりょうなん)……352
寸歩難行(すんぽなんこう)……365
絶体絶命(ぜったいぜつめい)……383
千荊万棘(せんけいばんきょく)……388
前虎後狼(ぜんここうろう)……389
前跋後疐(ぜんばつこうち)……400
俎上之肉(そじょうのにく)……415
断崖絶壁(だんがいぜっぺき)……433
泥船渡河(でいせんとか)……464
羝羊触藩(ていようしょくはん)……465
轍鮒之急(てっぷのきゅう)……468
倒懸之急(とうけんのきゅう)……484
燃眉之急(ねんびのきゅう)……514
背水之陣(はいすいのじん)……518
釜底游魚(ふていのゆうぎょ)……578
閉口頓首(へいこうとんしゅ)……588
奔車朽索(ほんしゃきゅうさく)……610
累卵之危(るいらんのき)……671

◉危険を脱する

懸崖勒馬(けんがいろくば)……197
虎口余生(ここうよせい)……236
枯樹生華(こじゅせいか)……237
枯木逢春(こぼくほうしゅん)……244
枯木竜吟(こぼくりょうぎん)……244
十死一生(じっしいっしょう)……289
毋望之人(ぶぼうのひと)……581

【ちりもつもれば】

羽翮飛肉(うかくひにく)……58
群軽折軸(ぐんけいせつじく)……181
衆少成多(しゅうしょうせいた)……305
聚蚊成雷(しゅうぶんせいらい)……309
積羽沈舟(せきうちんしゅう)……376
積水成淵(せきすいせいえん)……378
積土成山(せきどせいざん)……379
叢軽折軸(そうけいせつじく)……405
点滴穿石(てんてきせんせき)……476
蚊虻走牛(ぶんぼうそうぎゅう)……586

【追いつめられれば】

窮猿投林(きゅうえんとうりん)……146
窮鼠嚙猫(きゅうそごうびょう)……150
禽困覆車(きんこんふくしゃ)……171

【疑心暗鬼】

疑心暗鬼(ぎしんあんき)……141
杞人天憂(きじんてんゆう)……141
呉牛喘月(ごぎゅうぜんげつ)……231
蜀犬吠日(しょっけんはいじつ)……337
窃鈇之疑(せっぷのうたがい)……384
草木皆兵(そうもくかいへい)……411
懲羹吹膾(ちょうこうすいかい)……450
杯中蛇影(はいちゅうのだえい)……518
風声鶴唳(ふうせいかくれい)……566

【朱に交われば】

近朱必赤(きんしゅひっせき)……172
哭岐泣練(こくききゅうれん)……232
水随方円(すいずいほうえん)……360
潜移暗化(せんいあんか)……386
同始異終(どうしいしゅう)……486
南橘北枳(なんきつほくき)……506
墨子泣糸(ぼくしきゅうし)……606
麻中之蓬(まちゅうのよもぎ)……612

【かけ離れた】

雲壌月鼈(うんじょうげつべつ)……65
雲壌懸隔(うんじょうけんかく)……65
雲泥之差(うんでいのさ)……65
雲泥万里(うんでいばんり)……65
天淵之差(てんえんのさ)……469
天淵氷炭(てんえんひょうたん)……469
天上人間(てんじょうじんかん)……473

【本末転倒】

冠履倒易(かんりとうえき)……132
矯角殺牛(きょうかくさつぎゅう)……153
削足適履(さくそくてきり)……254
釈根灌枝(しゃくこんかんし)……297
舎本逐末(しゃほんちくまつ)……301
主客転倒(しゅかくてんとう)……310
庇葉傷枝(ひようしょうし)……558
本末転倒(ほんまつてんとう)……610

【お役御免】

狡兎良狗(こうとりょうく)……222
鳥尽弓蔵(ちょうじんきゅうぞう)……452
得魚忘筌(とくぎょぼうせん)……495
兎死狗烹(としくほう)……498
忘恩負義(ぼうおんふぎ)……596

社会との関わりを表す

【人の上に立つ心得】

遏悪揚善(あつあくようぜん)……5
晏嬰狐裘(あんえいのこきゅう)……7
一罰百戒(いちばつひゃっかい)……27
一饋十起(いっきじっき)……33
一世木鐸(いっせいのぼくたく)……41
一張一弛(いっちょういっし)……44
一放一収(いっぽういっしゅう)……48
偃武修文(えんぶしゅうぶん)……78

応機接物（おうきせつもつ）……81
王道楽土（おうどうらくど）……83
応病与薬（おうびょうよやく）……84
恩威並行（おんいへいこう）……85
解衣推食（かいいすいしょく）……88
下意上達（かいじょうたつ）……93
誨人不倦（かいじんふけん）……93
塊然独処（かいぜんどくしょ）……94
階前万里（かいぜんばんり）……94
苛政猛虎（かせいもうこ）……107
尭階三尺（ぎょうかいさんじゃく）……153
九年之蓄（くねんのたくわえ）……179
君子自重（くんしじちょう）……181
経世済民（けいせいさいみん）……188
綱紀粛正（こうきしゅくせい）……210
載舟覆舟（さいしゅうふくしゅう）……252
車轍馬跡（しゃてつばせき）……300
舟中敵国（しゅうちゅう（の）てきこく）……307
上医医国（じょういいこく）……320
宵衣旰食（しょういかんしょく）……321
信賞必罰（しんしょうひつばつ）……348
垂拱之化（すいきょうのか）……359
善巧方便（ぜんぎょうほうべん）……387
僭賞濫刑（せんしょうらんけい）……394
吮疽之仁（せんそのじん）……396
先憂後楽（せんゆうこうらく）……401
草偃風従（そうえんふうじゅう）……403
草満囹圄（そうまんれいご）……410
対機説法（たいきせっぽう）……419
対症下薬（たいしょうかやく）……423
大人虎変（たいじんこへん）……424
度徳量力（たくとくりょうりょく）……429
天高聴卑（てんこうちょうひ）……472
冬日之温（とうじつのおん）……486
博施済衆（はくしさいしゅう）……524
平明之治（へいめいのち）……591
蒲鞭之政（ほべんのせい）……608
耀蟬之術（ようぜんのじゅつ）……648
利用厚生（りようこうせい）……663
量才録用（りょうさいろくよう）……664

【真心・誠意・忠誠】

一諾千金（いちだくせんきん）……25
一死報国（いっしほうこく）……38
一寸丹心（いっすんのたんしん）……41
一徹無垢（いってつむく）……45
飲馬投銭（いんばとうせん）……57
開心見誠（かいしんけんせい）……93
柯会之盟（かかいのめい）……98
鞠躬尽瘁（きくきゅうじんすい）……136
蹇蹇匪躬（けんけんひきゅう）……199
巧偽拙誠（こうぎせっせい）……210
高潔無比（こうけつむひ）……211
公明正大（こうめいせいだい）……226
懇到切至（こんとうせっし）……248
三釁三浴（さんきんさんよく）……259
三顧之礼（さんこのれい）……261
三舎退避（さんしゃたいひ）……262
三拝九拝（さんぱいきゅうはい）……267
四海兄弟（しかいけいてい）……271
正笏一揖（しょうしゃくいちゆう）……324
食馬解囲（しょくばかいい）……336
信誓旦旦（しんせいたんたん）……351
尽忠報国（じんちゅうほうこく）……353
誠心誠意（せいしんせいい）……370
精忠無比（せいちゅうむひ）……373
跖狗吠尭（せきくはいぎょう）……377
赤心奉国（せきしんほうこく）……378
截髪易酒（せっぱつえきしゅ）……384
洗手奉職（せんしゅほうしょく）……393
草廬三顧（そうろさんこ）……412
大義滅親（たいぎめっしん）……420
肺腑之言（はいふのげん）……519
匪躬之節（ひきゅうのせつ）……546
貧者一灯（ひんじゃのいっとう）……561
腹心之臣（ふくしんのしん）……571
碧血丹心（へきけつたんしん）……591
奉公守法（ほうこうしゅほう）……598
忘身忘家（ぼうしんぼうか）……600
朋友有信（ほうゆうゆうしん）……604
滅私奉公（めっしほうこう）……628

生きる指針

【戒めの語】

哀矜懲創（あいきょうちょうそう）……1
悪因悪果（あくいんあっか）……3
悪事千里（あくじせんり）……3
悪木盗泉（あくぼくとうせん）……4
以身殉利（いしんじゅんり）……17
一意孤行（いちいここう）……18
一粒万倍（いちりゅうまんばい）……31
一成不変（いっせいふへん）……41
飲水思源（いんすいしげん）……56
隠忍自重（いんにんじちょう）……57
宴安酖毒（えんあんちんどく）……73
瓜田李下（かでんりか）……113
佳兵不祥（かへいふしょう）……115
邯鄲之歩（かんたんのほ）……127
既往不咎（きおうふきゅう）……134
疑事無功（ぎじむこう）……140
兢兢業業（きょうきょうぎょうぎょう）……154
金玉之言（きんぎょくのげん）……170
鼯鼠之技（ごそのぎ）……239
再思三省（さいしさんせい）……251
釈近謀遠（しゃくきんぼうえん）……297
諸悪莫作（しょあくまくさ）……320
小隙沈舟（しょうげきちんしゅう）……322
垂堂之戒（すいどうのいましめ）……362
前車覆轍（ぜんしゃ（の）ふくてつ）……392
怠慢忘身（たいまんぼうしん）……427
多言数窮（たげんすうきゅう）……430
多蔵厚亡（たぞうこうぼう）……432
天網恢恢（てんもうかいかい）……479
薄唇軽言（はくしんけいげん）……525
誹刺諷誡（ひしふうかい）……547
迷者不問（めいしゃふもん）……625
薬石之言（やくせきのげん）……636
油断大敵（ゆだんたいてき）……645

【人生訓・指針】

安心立命（あんしんりつめい）……8
一期一会（いちごいちえ）……21
一日不食（いちにちふしょく）……26
緯武経文（いぶけいぶん）……51
殷鑑不遠（いんかんふえん）……54
運否天賦（うんぷてんぷ）……66
温故知新（おんこちしん）……86
嫁鶏随鶏（かけいずいけい）……103
管仲随馬（かんちゅうずいば）……128
脚下照顧（きゃっかしょうこ）……146
仰天不愧（ぎょうてんふき）……158
驕兵必敗（きょうへいひっぱい）……159
金科玉条（きんかぎょくじょう）……169
鶏口牛後（けいこうぎゅうご）……185
鶏尸牛従（けいしぎゅうしょう）……187
厚徳載福（こうとくさいふく）……221
狡兎三窟（こうとさんくつ）……222
毫毛斧柯（ごうもうふか）……226
在邇求遠（ざいじきゅうえん）……251
座右之銘（ざゆうのめい）……257
疾足先得（しっそくせんとく）……290
失道寡助（しつどうかじょ）……291
射将先馬（しゃしょうせんば）……299
彰善癉悪（しょうぜんたんあく）……329
人事天命（じんじてんめい）……346
則天去私（そくてんきょし）……413
忠言逆耳（ちゅうげんぎゃくじ）……445
長幼之序（ちょうようのじょ）……456
覆水難収（ふくすいなんしゅう）……571
覆水不返（ふくすいふへん）……571
不惜身命（ふしゃくしんみょう）……575
不断節季（ふだんせっき）……577
覧古考新（らんここうしん）……654
良薬苦口（りょうやくくこう）……667
和而不同（わじふどう）……682

漢字索引

本辞典に見出し語として収録したすべての四字熟語について、一字目の漢字ごとに、画数順（同画数の場合は伝統的な部首順）で配列して、本文での掲載ページを示した。一字目の漢字が同じ語は、二字目以降の漢字の画数順（同画数の場合は伝統的な部首順）に配列した。

一画

一

一国三公……35
一夜十起……29
一夜検校……29
一往一来……19
一往直前……19
一往深情……19
一念三千……26
一念万年……26
一念化生……26
一念往生……26
一念発起……26
一念通天……26
一所不住……39
一所懸命……39
一放一収……48
一枝巣林……37
一枚看板……28
一治一乱……43
一波万波……46
一炊之夢……41
一知半解……43
一長一短……44
一門数竈……29
一栄一辱……19
一栄一落……19
一点一画……45
一点素心……45
一狐之腋……36
一発五犯……46
一発必中……46
一竿風月……32
一草一木……42
一面之辞……28
一家団欒……32
一家相伝……32
一家眷族……32
一将万骨……39
一挙一動……34
一挙両失……34
一挙両得……34
一旅中興……31
一時名流……23
一時流行……24
一殺多生……42
一病息災……27
一笑一顰……38
一笑千金……39
一紙半銭……38
一能一芸……27
一致団結……43
一致百慮……44
一竜一猪……31
一唱三歎……38
一問一答……29
一宿一飯……38
一張一弛……44
一得一失……46
一措一画……42
一敗塗地……46
一族郎党……25
一望千里……27
一望千頃……27
一望無垠……28
一球入魂……34
一粒万倍……31
一虚一実……34
一虚一盈……34
一視同仁……37
一貧一富……48
一進一退……40
一部始終……27
一酔千日……40
一割之利……32
一喜一憂……33
一場春夢……24
一壺千金……36
一斑全豹……47
一期一会……21
一期四相……21
一朝一夕……44
一朝之忿……44
一朝之患……44
一朝富貴……44
一琴一鶴……34
一短一長……43
一筆三礼……47
一筆勾消……47
一筆抹殺……47
一筆啓上……47
一結杳然……35
一葉知秋……30
一落千丈……30
一詠一觴……19
一貴一賤……33
一超直入……44
一遊一予……30
一陽来復……30
一雁高空……19
一飲一啄……19
一飯之恩……47
一飯之報……47
一飯之徳……47
一飯千金……47
一飯君恩……47
一塊之肉……32
一意攻苦……18
一意孤行……18
一意専心……18
一新紀元……24
一業所感……21
一蓮托生……31
一裘一葛……34
一触即発……39
一路平安……32
一路順風……32
一飽一襲……48
一塵不染……25
一塵法界……25
一徳一心……46
一碧万頃……48
一種一瓶……38
一網打尽……28
一罰百戒……27
一語一句……21
一読三嘆……25
一銭一厘……42
一髪千鈞……46
一徹無垢……45
一暴十寒……27
一盤散沙……27
一箭双雕……42
一諾千金……25
一樹之陰……24
一樹百穫……24
一薫一蕕……34
一瓢一箪……48
一縷千鈞……31
一擲千金……45
一擲乾坤……45
一瀉千里……38

一簣之功……33
一簞一瓢……43
一簞之食……43
一觴一詠……38
一闔一闢……35
一騎当千……33
一蹶不振……35
一離一合……30
一韻到底……19
一顧傾城……36
一饋十起……33
一攫千金……32
一顰一笑……48

乙
乙夜之覧……49

二画

七
七十古稀……285
七五三縄……296
七生報国……286
七里結界……287
七歩八叉……286
七歩之才……286
七珍万宝……290
七堂伽藍……286
七転八倒……286
七転八起……286
七種菜羹……285
七嘴八舌……285
七擒七縦……285
七縦七擒……285
七難九厄……286
七難八苦……286

丁
丁丁発止……454
丁寧懇切……465

九
九十九折……462
九寸五分……178
九分九厘……180
九牛一毛……147
九仞之功……149
九年之蓄……179
九年面壁……180
九死一生……149
九品蓮台……180
九夏三伏……147
九皐鳴鶴……148
九棘三槐……147
九損一徳……179
九腸寸断……150
九鼎大呂……151

二
二人三脚……510
二六時中……511
二束三文……509
二姓之好……509
二枚看板……510
二河白道……508
二者択一……508
二者選一……508
二股膏薬……577
二律背反……511
二桃三士……510
二転三転……510

人
人人具足……512
人三化七……512
人之安宅……550
人口稠密……344
人口膾炙……344
人中之竜……353
人心一新……349
人心収攬……350
人心向背……350
人心沸騰……350
人心洶洶……350
人主逆鱗……347
人生如夢……351
人生行路……351
人生朝露……351
人生羈旅……351
人死留名……349
人身攻撃……350
人身御供……550
人事不省……346
人事天命……346
人事葛藤……345
人物月旦……355
人品骨柄……354
人海戦術……341
人為淘汰……340
人相風体……512
人面桃花……356
人面獣心……356
人面獣身……356
人畜無害……353
人情世態……512
人情冷暖……512
人情澆薄……512
人貧智短……355
人琴之嘆……342
人間青山……342
人傑地霊……343
人跡未踏……351
人権蹂躙……343

入
入木三分……510
入室升堂……510
入幕之賓……510
入境問禁……510

八
八大地獄……530
八元八愷……530
八方美人……532
八字打開……530
八咫之鏡……636
八相成道……532
八面六臂……530
八面玲瓏……530
八面美人……530
八紘一宇……531
八索九丘……531

几
几案之才……133

刀
刀山剣樹……485
刀光剣影……484
刀耕火種……484
刀筆之吏……490
刀槍矛戟……488
刀鋸鼎鑊……483

力
力戦奮闘……656

十
十人十色……307
十万億土……309
十中八九……290
十五志学……303
十日一水……304
十日之菊……493
十全十美……306
十全健康……306
十字砲火……304
十年一日……308
十年一昔……308
十年一剣……308
十年磨剣……308
十死一生……289
十羊九牧……310
十室九空……289

十逆五悪……302
十風五雨……308
十悪五逆……301
十進九退……289
十寒一暴……288
十誡五倫……288

三画

下
下化衆生……192
下学上達……98
下学之功……98
下陵上替……116
下喬入幽……100
下意上達……93

三
三人文殊……267
三人成虎……267
三十六計……263
三十六策……263
三十而立……263
三三五五……261
三千世界……265
三千寵愛……265
三寸之轄……264
三寸不律……264
三分鼎足……268
三尺秋水……262
三尺童子……265
三心二意……264
三日天下……614
三日坊主……614
三日法度……614
三日新婦……262
三月庭訓……259
三世一爨……264
三世了達……265
三令五申……269
三平二満……268
三汁七菜……263
三旬九食……263
三百代言……268
三老五更……269
三衣一鉢……258
三位一体……268
三角関係……259
三豕渉河……261
三豕渡河……262
三舎退避……262
三国無双……261
三拝九拝……267
三枝之礼……262
三者三様……262
三者鼎立……263
三者鼎談……263
三思九思……261
三思後行……261
三段論法……266
三牲之養……264
三界火宅……258
三界流転……258
三界無安……258
三界無宿……258
三草二木……265
三軍暴骨……260
三面六臂……268
三従四徳……263
三浴三薫……269
三釜之養……268
三密瑜伽……268
三寒四温……259
三業供養……260
三聖吸酸……264
三跪九叩……259
三槐九棘……258
三種神器……263
三綱五常……260
三輪空寂……269
三輪清浄……269
三薫三沐……260
三諦円融……265
三諦止観……266
三頭両緒……266
三顧之礼……261
三釁三浴……259

上
上下一心……321
上下天光……321
上行下効……323
上医医国……320
上求菩提……322
上命下達……332
上昇気流……326
上援下推……321
上意下達……320
上漏下湿……334

万
万万千千……541
万夫之望……542
万夫不当……542
万水千山……540
万世一系……540
万世不刊……540
万世不朽……540
万世不易……540
万代不易……541
万古千秋……537
万古不易……538
万古不磨……538
万古長青……537
万目睚眥……613
万全之策……541
万死一生……538
万劫末代……613
万寿無疆……539
万邦無比……542
万里之望……544
万里同風……544
万里長風……543
万里鵬程……544
万里鵬翼……544
万国共通……537
万杵千砧……539
万物一府……542
万物一馬……541
万物斉同……542
万物逆旅……542
万物殷富……542
万物流転……542
万乗之君……539
万乗之国……539
万能一心……541
万馬奔騰……541
万頃瑠璃……537
万紫千紅……538
万緑一紅……544

及
及肩之牆……148

乞
乞食飯牛……144

于
于公高門……59

亡
亡羊之嘆……604
亡羊補牢……604
亡唇寒歯……600

凡
凡聖一如……610

千
千万無量……401

千山万水……391
千方百計……401
千仞之山……394
千仞之谿……394
千古万古……389
千古不朽……390
千古不抜……390
千古不易……390
千古不滅……390
千古不磨……390
千両役者……402
千成瓢箪……399
千朶万朶……397
千村万落……397
千状万態……393
千言万語……388
千辛万苦……394
千里一曲……401
千里之志……402
千里之足……402
千里之駕……402
千里同風……402
千里命駕……402
千里無煙……402
千里結言……401
千呼万喚……389
千波万波……400
千金一刻……387
千金一笑……387
千金一擲……387
千金弊帚……388
千門万戸……401
千乗万騎……393
千乗之国……393
千変万化……401
千姿万態……392
千客万来……387
千思万考……392
千恨万悔……390
千秋万古……393
千秋万歳……393
千紅万紫……389
千荊万棘……388
千軍万馬……388
千射万箭……392
千差万別……391
千般計較……400
千紫万紅……392
千鈞一髪……388
千載一遇……391
千違万別……386
千態万状……397
千態万様……397
千緒万端……394
千慮一失……402
千慮一得……402
千歓万悦……387
千瘡百孔……396
千篇一律……400
千磨百錬……401
千錯万綜……391
千巌万壑……387

口

口中雌黄……220
口耳之学……215
口耳四寸……215
口耳講説……214
口角飛沫……207
口尚乳臭……216
口是心非……218
口誅筆伐……220
口蜜腹剣……225

土

土木壮麗……501
土木形骸……501
土扶成牆……500
土崩瓦解……501
土崩魚爛……501
土階三等……494
土階茅茨……494
土豪劣紳……498

士

士気阻喪……273
士気高揚……272
士農工商……293
士魂商才……278

大

大人虎変……424
大千世界……425
大山鳴動……422
大才晩成……422
大公無私……421
大月小月……421
大処着墨……424
大巧若拙……421
大同小異……426
大同団結……426
大名鼎鼎……427
大安吉日……417
大死一番……423
大兵肥満……426
大声疾呼……424
大快人心……418
大旱雲霓……418
大旱慈雨……419
大材小用……422
大沢礨空……425
大言壮語……421
大味必淡……427
大和撫子……637
大所高所……424
大法小廉……427
大門高台……427
大信不約……424
大政奉還……424
大海撈針……418
大胆不敵……425
大逆無道……420
大悟徹底……422
大書特書……424
大衾長枕……420
大喝一声……418
大喝一番……418
大桀小桀……421
大梵高台……427
大欲非道……427
大異小同……418
大寒索裘……419
大悲大慈……426
大惑不解……428
大智不智……425
大智如愚……425
大道不器……426
大道微意……426
大廈高楼……418
大廈棟梁……418
大慈大悲……423
大椿之寿……425
大義名分……419
大義滅親……420
大腹便便……426
大貉小貉……426
大輅椎輪……428
大隠朝市……418

大器小用……419
大器晩成……419
大慶至極……421
大盤振舞……85
大醇小疵……423
大樹美草……423
大樹将軍……423
大賢虎変……421
大壑拐然……418
大願成就……419
大驚小怪……420
大驚失色……420

女

女人成仏……511
女人禁制……511
女尊男卑……337

子

子子孫孫……279
子見南子……275
子建八斗……275
子為父隠……270
子虚烏有……274
子墨兎毫……295
子墨客卿……295

寸

寸土寸金……365
寸田尺宅……365
寸歩不離……365
寸歩難行……365
寸指測淵……364
寸草春暉……365
寸馬豆人……365
寸進尺退……364
寸陰尺璧……364
寸善尺魔……364
寸鉄殺人……365

小

小人之勇……328
小人閑居……327
小心翼翼……328
小心謹慎……327
小水之魚……328
小利大損……334
小国寡民……323
小春日和……243
小家碧玉……322
小隙沈舟……322
小懲大誡……330

尸

尸位素餐……270

山

山川草木……265
山中暦日……266
山光水色……260
山村僻邑……265
山河襟帯……259
山肴野蔌……260
山海珍味……258
山容水態……269
山高水長……260
山雀利根……637
山棲谷飲……264
山紫水明……262
山溜穿石……269
山精木魅……264
山窮水尽……259
山窮水断……259
山濤識量……266
山簡倒載……259
山藪蔵疾……265
山礪河帯……269

川

川上之歎……393

已

已己巳己……15

巾

巾幗之贈……169
巾箱之寵……173

干

干戈不息……119
干戈倥傯……118
干名采誉……132
干将莫邪……124
干戚羽旄……125
干雲蔽日……117

弓

弓道八節……151
弓調馬服……150

才

才子多病……251
才子佳人……251
才弁縦横……253
才気煥発……250
才色兼備……252
才華蓋世……249
才華爛発……250
才徳兼備……253
才難之嘆……253

四画

不

不毛之地……581
不刊之書……569
不可抗力……568
不可思議……568
不失正鵠……574
不平不満……580
不平煩悶……580
不正不公……576
不正不便……576
不正不義……576
不立文字……581
不争之徳……577
不同不二……579
不在証明……574
不朽不滅……570
不死不朽……575
不老不死……582
不老長生……582
不老長寿……582
不労所得……582
不即不離……577
不抜之志……580
不言之教……573
不言不語……573
不言実行……573
不協和音……570
不屈不撓……572
不承不承……575
不易流行……568
不知案内……577
不急之務……570
不要不急……581
不貞不義……578
不倶戴天……572
不倫不類……582
不埒千万……581
不将不迎……575
不帰之客……569
不時之須……575
不時之需……575
不眠不休……581
不耕不織……573
不偏不党……580
不得要領……579
不敗之地……579
不惜身命……575
不断節季……577
不渉階梯……575
不智不徳……577
不買美田……579
不義不正……569
不義不貞……570

不義不徳……570
不義富貴……569
不虞之誉……572
不解衣帯……568
不遑枚挙……573
不聞不問……580
不説一字……577
不撓不屈……579
不霊頑冥……582
不壊金剛……568
不繋之舟……573
不離不即……581
不羈之才……569
不羈自由……569
不羈奔放……570
不羈独立……569
不羈磊落……570

中

中肉中背……447
中局外閉……445
中秋名月……446
中秋玩月……446
中秋無月……446
中冓之言……446
中原之鹿……445
中原逐鹿……445
中流砥柱……448
中通外直……447
中途半端……447
中庸之道……448
中権後勁……445

丹

丹書鉄契……435

予

予且之患……650
予譲呑炭……650

五

五十知命……237
五分五分……244
五方雑処……244
五色霜林……236
五行相剋……231
五体投地……240
五角六張……230
五里霧中……245
五風十雨……243
五倫十起……246
五倫五常……245
五盛陰苦……237
五陰盛苦……230
五穀豊穣……236
五障三従……237
五趣生死……237
五濁悪世……238
五臓六腑……239
五蘊皆空……229
五蘊盛苦……229

井

井底之蛙……373
井渫不食……372
井蛙之見……365

亢

亢竜有悔……228

今

今来古往……249
今昔之感……247
今是昨非……247

仁

仁言利博……343
仁者不憂……347
仁者無敵……347
仁者楽山……347

仏

仏心鬼手……578
仏足石歌……578
仏籬祖室……578

允

允文允武……57

元

元気潑剌……198
元亨利貞……199
元軽白俗……198

公

公平無私……223
公序良俗……217
公私混同……214
公明正大……226
公門桃李……227
公孫布被……219

六

六十耳順……679
六尺之孤……657
六合同風……656
六言六蔽……656
六根清浄……680
六菖十菊……656
六道輪廻……679
六親不和……657
六韜三略……657

円

円孔方木……75
円木警枕……79
円成実性……76
円柄方鑿……76
円首方足……76
円転自在……77
円転滑脱……77
円頂黒衣……77
円満具足……79
円滑洒脱……73
円頓止観……77
円融三諦……77
円融滑脱……80
円頭方足……77
円顱方趾……80
円鑿方枘……75

内

内外之分……504
内平外成……505
内助之功……504
内典外典……504
内股膏薬……60
内政干渉……504
内柔外剛……504
内剛外柔……504
内清外濁……504
内疎外親……504
内憂外患……505

冗

冗員淘汰……321

凶

凶終隙末……156

切

切切偲偲……383
切問近思……385
切歯扼腕……382
切歯咬牙……382
切歯痛憤……382
切歯腐心……382
切磋琢磨……382

分

分合集散……584
分形連気……583
分崩離析……586
分路揚鑣……587
分憂之寄……587

区

区区之心……178
区聞陬見……180

匹

匹夫之勇……550
匹夫匹婦……550

升

升堂入室……330

双

双宿双飛……407
双管斉下……404

反

反目嫉視……543
反行両登……537
反抗憤怒……537
反逆縁坐……536
反面教師……543
反首抜舎……539

反哺之孝……543
反哺之羞……543
反躬自省……536
反躬自問……536
反間之計……536
反間苦肉……536
反聴内視……541

太

太牢滋味……428
太液芙蓉……418
太盛難守……424
太羹玄酒……421

天

天一地二……468
天人五衰……477
天人相関……474
天人冥合……474
天下一品……470
天下三分……470
天下平泰……471
天下多事……470
天下泰平……470
天下御免……470
天下無双……471
天下無敵……471
天下無類……471
天下蒼生……470
天上人間……473
天上天下……473
天上皇帝……473
天之美禄……477
天之暦数……477
天井桟敷……473
天日之表……473
天地一指……475
天地万有……476
天地万物……476
天地万象……475
天地四時……475
天地玄黄……475
天地長久……475
天地神明……475
天地渾沌……475
天地無用……476
天地開闢……475
天宇地廬……469
天衣無縫……468
天佑神助……480
天災地変……473
天花乱墜……471
天府之国……478
天歩艱難……478
天空海闊……471
天長地久……476
天門登八……480
天門開闔……480
天保九如……478
天変地異……478
天威咫尺……468
天姿国色……473
天神地祇……474
天香国色……472
天香桂花……472
天孫降臨……474
天真爛漫……474
天造草昧……474
天馬行空……477
天高気清……472
天高聴卑……472
天涯比隣……470
天涯地角……469
天涯孤独……469
天涯海角……469
天理人情……480
天理人欲……480
天淵之差……469
天淵氷炭……469
天然自然……477
天道是非……476
天道無親……476
天資刻薄……473
天資英明……473
天資英邁……473
天網之漏……479
天網恢恢……479
天罰覿面……477
天潢之派……472
天闔地垠……472
天壌無窮……474
天叢雲剣……6
天覆地載……478
天顔咫尺……471
天懸地隔……471
天魔外道……479
天魔波旬……479

夫

夫里之布……581
夫妻胖合……574
夫家之征……569
夫唱婦随……575

孔

孔孟老荘……227
孔明臥竜……226
孔席墨突……218
孔翊絶書……227

少

少壮有為……329
少壮気鋭……329
少欲知足……334
少数精鋭……328

尤

尤雲殢雨……638

尺

尺二秀才……377
尺寸之功……378
尺寸之地……378
尺寸之柄……378
尺山寸水……377
尺布斗粟……298
尺沢之鯢……379
尺蚓穿堤……376
尺短寸長……379
尺璧非宝……379

引

引伸触類……56
引決自裁……55
引足救経……57
引喩失義……58
引縄批根……56
引錐刺股……56

心

心外千万……341
心平気和……355
心広体胖……344
心地光明……353
心事高尚……346
心定理得……353
心神耗弱……350
心神喪失……350
心悦誠服……341
心悸亢進……342
心堅石穿……343
心慌意乱……344
心満意足……356
心象風景……349
心間手敏……341
心煩意乱……354
心猿意馬……341
心腹之友……355

心腹之疾……355
心慕手追……356
心領神会……357
心機一転……342
心頭滅却……354
心織筆耕……349
心曠神怡……344
心願成就……342

手

手甲脚半……467
手足重繭……314
手前味噌……468
手枷足枷……465
手練手管……468
手舞足踏……316

支

支葉碩茂……329
支離滅裂……339

文

文人相軽……585
文人無行……585
文人墨客……585
文化遺産……583
文芸復興……583
文事武備……584
文明開化……587
文武一途……586
文武両道……586
文武百官……586
文武兼備……586
文恬武嬉……585
文従字順……584
文殊知恵……634
文章絶唱……584
文過飾非……583
文質彬彬……584

斗

斗折蛇行……499
斗南一人……500
斗酒百篇……499
斗酒隻鶏……498
斗斛之禄……498
斗粟尺布……499
斗量帚掃……502
斗筲之人……499

斤

斤斤計較……170

方

方正之士……600
方正謹厳……600
方底円蓋……601
方枘円鑿……600
方趾円顱……598
方領矩歩……605
方鑿円枘……598

无

无何之郷……617

日

日月星辰……288
日月逾邁……288
日居月諸……509
日昃之労……509
日削月朘……509
日省月試……510
日常坐臥……509
日常茶飯……509
日進月歩……509
日陵月替……509

月

月下氷人……194
月下老人……194
月下推敲……193
月中蟾蜍……195
月旦春秋……195
月白風清……195
月卿雲客……195

木

木人石心……606
木牛流馬……605
木刻郅都……633
木端微塵……242

欠

欠席裁判……195

止

止渇飲鴆……272

毋

毋望之人……581
毋望之禍……622

比

比目同行……552
比肩継踵……546
比翼連理……560

毛

毛挙細故……630
毛骨悚然……631

水

水天一碧……361
水天彷彿……361
水月鏡花……359
水火無情……358
水平思考……362
水光接天……359
水声山色……360
水村山郭……361
水到渠成……361
水清無魚……360
水魚之交……359
水紫山明……359
水落石出……363
水随方円……360
水滴石穿……361

火

火上加油……105
火上注油……105
火中之栗……108
火中取栗……108
火牛之計……99
火宅之境……108
火樹銀花……105

爪

爪牙之士……404

父

父子相伝……574
父祖伝来……577

片

片利共生……594
片言折獄……592
片言隻句……592
片言隻語……592
片簡零墨……592

牛

牛刀割鶏……151
牛首馬肉……149
牛鬼蛇神……147
牛飲馬食……146
牛溲馬勃……149
牛頭馬頭……239
牛驥同皁……147

犬

犬牙相制……197
犬吠驢鳴……203
犬馬之心……203
犬馬之年……203
犬馬之労……203
犬馬之歯……203
犬馬之養……203
犬猿之仲……196

王

王佐之才……82
王法為本……84
王述忿狷……82
王門伶人……84
王侯将相……81
王政復古……82
王道楽土……83
王楊廬駱……84

五画

丘

丘山之功……148

世

世代交代……380
世外桃源……376
世尊金口……380
世智弁聡……380

世運隆替……376
世道人心……385
世態人情……380

巨
巨眼赭髯……160

主
主客転倒……310
主義主張……311
主権在民……312

以
以心伝心……17
以夷制夷……11
以身殉利……17
以毒制毒……49

仙
仙才鬼才……391
仙姿玉質……392
仙風道骨……400

他
他人行儀……432
他力本願……433
他山之石……430
他言無用……430

付
付会之説……568
付耳之言……574
付和雷同……582
付贅懸疣……576

令
令聞令望……674

兄
兄友弟恭……191

処
処女脱兎……336

出
出世本懐……315
出処進退……315
出没自在……315
出言不遜……314
出谷遷喬……315
出奇制勝……314
出家遁世……314
出将入相……315
出藍之誉……315
出類抜萃……315
出離生死……315

加
加持祈禱……104

功
功名利禄……226
功成名遂……218
功徳兼隆……221
功徳無量……221

包
包羞忍恥……599
包蔵禍心……601

北
北斗七星……606
北狄南蛮……606
北門之嘆……607
北面稽首……607
北馬南船……606
北窓三友……606
北嶺南都……607
北轅適楚……605
北轍南轅……606

半
半生半死……539
半死半生……538
半身不随……540
半官半民……536
半知半解……541
半信半疑……540
半面之識……543
半推半就……540
半睡半醒……540
半解半知……536
半醒半睡……540
半饑半渇……536

去
去華就実……160
去就進退……164

右
右文左武……642
右往左往……58
右賢左戚……639
右顧左眄……59

可
可惜身命……5

句
句駮省便……222

古
古人糟魄……239
古今東西……236
古今独歩……236
古今無双……236
古色蒼然……238
古言古義……235
古往今来……230
古琴之友……232

史
史上空前……281
史魚屍諫……274
史籀大篆……287

只
只管打坐……272

叱
叱咤激励……290

台
台風一過……426

四
四十不惑……280
四六時中……340
四六駢儷……340
四分五散……294
四分五裂……294
四方八方……294
四弘誓願……274
四宇和平……271
四百四病……293
四角四面……271
四肢五体……278
四苦八苦……274
四門出遊……296
四門遊観……296
四海天下……271
四海兄弟……271
四海同胞……271
四海困窮……271
四神相応……282
四荒八極……276
四面楚歌……296
四面滃浡……296
四書五経……282
四通八達……287
四曼不離……295
四絃一撥……275
四鳥之別……287
四鳥別離……287
四無量心……295
四塞之国……284
四顧寥廓……277
四衢八街……274

囚
囚首喪面……305

冬
冬日之温……486
冬月赤足……483
冬夏青青……482
冬扇夏炉……488
冬温夏凊……481

外
外巧内嫉……91
外交辞令……91
外柔内剛……93
外剛内柔……91
外強中乾……89
外寛内深……89
外題学問……193

失
失礼千万……292
失地回復……290
失笑噴飯……289
失望落胆……291
失敬千万……288
失道寡助……291
失魂落魄……288

巧
巧言令色……212
巧言乱徳……212

巧発奇中……222
巧偽拙誠……210
巧遅拙速……219
巧語花言……213
左
左支右吾……255
左右他言……257
左史右史……255
左図右史……257
左見右見……501
左往右往……254
左武右文……257
左建外易……255
左眄右顧……257
左戚右賢……256
左程右準……257
左顧右眄……255
市
市井之徒……282
市虎三伝……276
布
布衣之交……562
布衣之極……562
布衣韋帯……562
布帛菽粟……580
布襪青鞋……580
平
平心定気……589
平平凡凡……590
平伏膝行……590
平地風波……590
平安一路……587
平安無事……587
平気虚心……588
平沙万里……589
平沙落雁……589
平身低頭……589
平和共存……591
平明之治……591
平等平等……592
平滑流暢……588
平談俗語……590
平穏無事……588
平衡感覚……588
広
広大無辺……219
広宵大暮……216
広廈万間……208
弁
弁才無礙……592
必
必由之路……550
必求壟断……549
打
打成一片……431
打草驚蛇……432
旧
旧雨今雨……146
旧套墨守……151
旧態依然……150
旧調重弾……150
旦
旦暮周密……438
朮
朮羹艾酒……315
本
本末転倒……610
本地垂迹……609
本来面目……611
本家本元……609
本覚大悟……609
本領安堵……611
末
末法末世……612
末法思想……612
末路窮途……612
未
未来永劫……615
未雨綢繆……614
未練未酌……615
正
正正堂堂……371
正当防御……373
正当防衛……373
正邪曲直……369
正真正銘……328
正笏一揖……324
母
母猿断腸……605
民
民族自決……615
永
永久不変……68
永永無窮……67
永字八法……68
永劫不変……68
永劫未来……68
永劫回帰……68
永垂不朽……69
永遠不変……67
永遠不滅……67
永遠回帰……67
永遠偉大……67
永遠無窮……67
氷
氷肌玉骨……558
氷姿雪魄……558
氷炭相愛……559
氷消瓦解……558
氷清玉潤……559
氷壺秋月……558
氷甌雪椀……557
氾
氾愛兼利……535
玄
玄圃積玉……204
玄裳縞衣……201
玉
玉友金昆……163
玉石同砕……162
玉石同匱……162
玉石混淆……162
玉兎銀蟾……163
玉昆金友……165
玉砕瓦全……161
玉趾珠冠……161
玉葉金枝……163
玉楼金殿……163
玉蟾金兎……162
瓦
瓦釜雷鳴……114
瓦解土崩……98
瓦解氷消……98
瓦鶏陶犬……103
甘
甘井先竭……125
甘言蜜語……121
甘棠之愛……128
生
生生世世……326
生生流転……371
生存競争……372
生死不定……324
生死妄念……324
生死肉骨……369
生死事大……324
生死流転……327
生死無常……324
生気潑溂……367
生老病死……335
生呑活剝……374
生知安行……373
生者必滅……325
生殺与奪……368
生寄死帰……367
生滅滅已……332
生滅遷流……332
生離死別……375
用
用行舎蔵……646
用舎行蔵……647
用和為貴……649
用意万端……645
用意周到……645
用管窺天……646
田
田夫野人……478

田夫野老……478
田夫野嫗……478
田父之功……478
田園将蕪……469

甲
甲論乙駁……229

白
白手起家……525
白日昇天……524
白日青天……524
白水真人……525
白玉微瑕……523
白玉楼中……523
白玉楼成……523
白衣三公……521
白衣宰相……521
白衣蒼狗……521
白兎赤烏……526
白板天子……526
白河夜船……338
白波之賊……526
白屋之士……522
白眉最良……527
白砂青松……524
白虹貫日……531
白面書生……528
白面書郎……528
白首一節……524
白首北面……525
白首窮経……525
白紙委任……524
白紙撤回……524
白茶赤火……526
白馬非馬……526
白竜白雲……528
白竜魚服……528
白眼青眼……523
白黒分明……531
白雲孤飛……522
白髪青衫……526
白髪青袗……526
白駒空谷……531
白璧断獄……527
白璧微瑕……527

皮
皮相浅薄……549
皮開肉綻……545
皮裏春秋……560
皮裏陽秋……560
皮膚之見……552

目
目指気使……632
目挑心招……632
目茶目茶……628
目迷五色……633
目食耳視……632

矛
矛盾撞着……619

石
石上樹下……378
石心鉄腸……378
石火電光……381
石画之臣……381
石破天驚……379
石部金吉……15

礼
礼楽刑政……671
礼楽征伐……672

禾
禾黍油油……106

立
立身処世……658
立身出世……658
立命安心……658
立居振舞……432
立錐之地……658

辺
辺地粟散……593
辺幅修飾……593

六画

両
両刃之剣……633
両鳳連飛……667

争
争名争利……411

亦
亦歩亦趨……71

亥
亥豕之譌……92

交
交淡如水……219
交頭接耳……221

伊
伊尹負鼎……11

仮
仮公済私……104

会
会者定離……72
会釈遠慮……72
会稽之恥……90

休
休心息念……149

仰
仰天不愧……158
仰天長嘆……158
仰事俯畜……156
仰首伸眉……157
仰観俯察……154

全
全力投球……402
全生全帰……395
全身全霊……394
全知全能……397
全豹一斑……400

仲
仲連蹈海……448

伝
伝家宝刀……470
伝観播弄……471

伐
伐木之契……533
伐氷之家……532
伐性之斧……532
伐異党同……530

伏
伏竜鳳雛……573
伏寇在側……571

光
光芒一閃……224
光明遍照……226
光風霽月……223
光彩陸離……214
光彩奪目……213
光陰如箭……206
光陰流転……206
光焔万丈……207
光禄池台……229
光輝燦然……210

充
充耳不聞……304
充棟汗牛……307

先
先手必勝……398
先甲後甲……389
先声後実……395
先声奪人……395
先花後果……386
先見之明……388
先事後得……392
先刻承知……389
先制攻撃……395
先庚後庚……389
先知先覚……397
先祖伝来……396
先従隗始……393
先斬後奏……391
先義後利……387
先聖先師……395
先憂後楽……401
先難後獲……399

兆
兆載永劫……451

共
共存共栄……157

再
再三再四……251
再拝稽首……253
再思三省……251
再起不能……250

刑
刑名参同……191

刑故無小……186
刑鞭蒲朽……190

刖

刖趾適屨……195

刎

刎頸之交……583

匡

匡衡鑿壁……155

匠

匠石運斤……328

印

印象批評……56

危

危言危行……137
危言聳聴……137
危言覈論……137
危急存亡……136
危機一髪……135

各

各人各様……101
各種各様……101

吉

吉人天相……144
吉凶禍福……143
吉日良辰……143
吉辰良日……144
吉祥悔過……143

吃

吃驚仰天……143

吸

吸風飲露……152

叫

叫喚地獄……154
叫喚呼号……154

向

向上機縁……216
向天吐唾……220
向壁虚造……223

合

合水和泥……110
合従連衡……110
合歓綢繆……209
合縁奇縁……1

吐

吐気揚眉……494
吐故納新……498
吐剛茹柔……498
吐哺捉髪……501
吐哺握髪……501

同

同工異曲……484
同仇敵愾……483
同仁一視……487
同心協力……487
同心戮力……487
同文同軌……491
同文同種……491
同甘共苦……482
同気相求……482
同気連枝……483
同而不和……486
同声異俗……488
同床各夢……486
同床異夢……486
同始異終……486
同室操戈……486
同軌同文……482
同風一俗……491
同帰殊塗……482
同病相憐……491
同衾共枕……483
同袍同沢……492

名

名山勝川……625
名字帯刀……615
名存実亡……626
名声過実……626
名声赫赫……625
名声籍甚……626
名実一体……625
名所古跡……625
名所旧跡……625
名詮自性……615
名誉挽回……627
名誉毀損……627
名聞利養……615
名論卓説……628

因

因小失大……56
因往推来……53
因果因縁……54
因果応報……54
因果報応……54
因果覿面……54
因循姑息……55
因循苟且……55
因機説法……54

回

回山倒海……92
回天之力……95
回天事業……95
回心転意……93
回生起死……93
回光返照……71
回向発願……71

在

在在所所……251
在邇求遠……251

地

地水火風……442
地平天成……444
地角天涯……439
地盤沈下……293
地霊人傑……458

壮

壮士凌雲……408

夙

夙夜夢寐……312
夙興夜寝……311

多

多士済済……430
多才能弁……430
多生之縁……431
多岐亡羊……429
多岐多様……429
多岐多端……428
多言数窮……430
多事争論……430
多事多端……431
多事多難……431
多恨多情……430
多情仏心……431
多情多恨……431
多情多感……431
多感多恨……428
多感多情……428
多愁善感……431
多様複雑……433
多種多様……431
多銭善賈……432
多蔵厚亡……432
多謀善断……433

夷

夷険一節……14
夷蛮戎狄……50

夸

夸父逐日……115

奸

奸佞邪智……129
奸智術数……127

好

好事多魔……215
好学尚武……207
好逸悪労……206
好評嘖嘖……223
好機到来……210
好謀善断……224

如

如法暗夜……511
如是我聞……511
如意宝珠……511

妄

妄言多謝……630
妄言妄聴……631
妄評多罪……631
妄想之縄……631
妄誕無稽……631
妄談臆解……631

安

安土重遷……10

安分守己……10
安心立命……8
安宅正路……9
安車蒲輪……8
安居危思……7
安居楽業……7
安常処順……8
安然無恙……9
安閑恬静……7
安楽浄土……10
安寧秩序……10
安穏無事……10

守
守株待兎……313

当
当代無双……489
当面蹉過……492
当意即妙……481
当路之人……493
当機立断……483

尽
尽未来際……356
尽忠報国……353
尽善尽美……352

屹
屹然特立……144

帆
帆腹飽満……541

年
年中行事……514
年功序列……513
年年歳歳……514
年百年中……515
年災月殃……514
年高徳卲……514
年頭月尾……514

忙
忙中有閑……601
忙裏偸閑……605

戎
戎馬倥偬……308

成
成事不説……369
成効卓著……368
成性存存……371
成敗利害……374
成敗利鈍……374

扞
扞格齟齬……118

旭
旭日昇天……161

曳
曳尾塗中……69

曲
曲水流觴……162
曲学阿世……161
曲直分明……162
曲直正邪……162
曲直是非……162
曲突徙薪……163
曲肱之楽……161
曲眉豊頬……163
曲筆舞文……163
曲意逢迎……161

有
有口無行……639
有名無実……642
有形無形……639
有言実行……639
有朋遠来……642
有厚無厚……640
有為転変……58
有為無常……58
有耶無耶……62
有害無益……638
有財餓鬼……59
有情世間……60
有情非情……60
有終之美……640
有脚陽春……639
有頂天外……60
有備無患……642
有智高才……60
有無相生……62
有象無象……60
有漏無漏……63
有頭無尾……642
有職故実……641

机
机上之論……141
机上空論……141

朽
朽木糞土……152
朽木糞牆……152

朱
朱唇皓歯……313
朱墨爛然……316

朴
朴魯疎狂……607

死
死中求活……287
死生有命……283
死生契闊……282
死灰復然……271
死児之齢……279
死屍累累……282

気
気宇広大……133
気宇壮大……133
気炎万丈……134
気息奄奄……143
気骨稜稜……138
気韻生動……133

汚
汚名返上……85

汗
汗牛充棟……120
汗馬之労……130
汗顔無地……120

池
池魚之殃……440
池魚故淵……440
池魚籠鳥……440

汎
汎愛博施……535
汎濫停蓄……543

灰
灰心喪気……93
灰身滅智……193

灯
灯火可親……481
灯紅酒緑……484

牝
牝牡驪黄……562
牝鶏之晨……561
牝鶏牡鳴……561

瓜
瓜田李下……113
瓜剖豆分……115
瓜瓞綿綿……112
瓜葛之親……98

百
百二山河……555
百人百態……555
百人百様……555
百八煩悩……555
百下百全……556
百丈竿頭……553
百川学海……554
百川帰海……554
百孔千瘡……557
百尺竿頭……553
百世之利……553
百世之師……553
百世不磨……553
百代過客……554
百古不磨……557
百年之柄……555
百年之業……555
百年大計……555
百年河清……555
百舌勘定……633
百伶百利……556
百売千買……555
百折不撓……554
百花斉放……556
百花繚乱……556
百里之才……556
百里之命……556

百依百順……553
百舎重趼……553
百味飲食……556
百姓一揆……553
百怪魑魅……556
百歩穿楊……557
百家争鳴……556
百発百中……557
百挙百捷……557
百鬼夜行……557
百術千慮……553
百戦百勝……554
百戦錬磨……554
百福荘厳……555
百載無窮……553
百様玲瓏……556
百端待挙……554
百聞一見……555
百縦千随……553
百薬之長……556
百錬成鋼……556
百鍛千練……554

竹

竹帛之功……441
竹林七賢……441
竹苑椒房……440
竹苞松茂……441
竹馬之友……441
竹頭木屑……440

米

米泉之精……590
米珠薪桂……589
米塩博弁……588
米塩瑣屑……588
米穀菜蔬……589

羊

羊很狼貪……646
羊腸小径……648
羊裘垂釣……646
羊質虎皮……647
羊頭狗肉……648

羽

羽化登仙……59
羽翮飛肉……58
羽翼已成……63

老

老少不定……677
老幼男女……678
老生常譚……677
老成円熟……677
老成持重……677
老気横秋……676
老若男女……678
老若貴賤……677
老蚌生珠……678
老馬之智……678
老婆心切……678
老萊斑衣……678
老驥伏櫪……676

考

考績幽明……218

而

而今而後……277

耳

耳目之欲……296
耳食之談……281
耳視目食……280
耳提面命……292
耳竪垂肩……280
耳聡目明……284
耳聞目見……294
耳熟能詳……280

肉

肉山脯林……508
肉食妻帯……508
肉袒負荊……508
肉袒面縛……508
肉袒牽羊……508

肌

肌肉玉雪……145

自

自力更生……339
自己弁護……277
自己矛盾……277
自己陶酔……277
自己欺瞞……276
自己満足……277
自己嫌悪……276
自己嫌厭……276
自己暗示……275
自己撞着……277
自己犠牲……276
自己顕示……276
自己韜晦……277
自今以後……277
自分勝手……294
自主独立……280
自他不二……285
自由民権……309
自由自在……304
自由奔放……309
自由放任……309
自由闊達……302
自存独立……284
自作自受……278
自作自演……278
自利利他……339
自受法楽……281
自明之理……296
自画自賛……272
自浄作用……281
自浄意志……281
自負自賛……294
自家撞着……272
自家撲滅……272
自家薬籠……272
自殺行為……278
自高自大……275
自問自答……296
自然天然……283
自然法爾……292
自然淘汰……283
自給自足……273
自業自得……275
自暴自棄……294
自縄自縛……281

至

至上命令……281
至大至重……284
至大至剛……284
至公至平……276
至恭至順……274
至高無上……276
至理名言……339
至道無難……292
至微至妙……293
至緊至要……274

舌

舌先三寸……285
舌敝耳聾……385
舌端月旦……383
舌頭落地……384

舟

舟中敵国……307

色

色即是空……273
色相世界……273

芝

芝蘭之化……338
芝蘭之交……339
芝蘭之室……338
芝蘭玉樹……338
芝蘭結契……338

虫

虫臂鼠肝……447

血

血気方剛……194
血脈相承……193

血脈貫通……195
行
行尸走肉……215
行住坐臥……156
行雨朝雲……206
行屎走尿……215
行動半径……221
行雲流水……206
行儀作法……154
衣
衣冠束帯……12
衣冠盛事……12
衣食礼節……17
衣香襟影……14
衣帯不解……18
衣帯中賛……17
衣鉢相伝……50
衣弊履穿……51
衣錦之栄……13
衣錦尚絅……13
衣錦還郷……13
衣繍夜行……16
西
西方浄土……253
西戎東夷……369
西河之痛……367
西施捧心……369
西狩獲麟……370
迅
迅速果断……352
迅速果敢……352
迅雷風烈……357
阡
阡陌交通……399

七画

乱
乱世之雄……655
乱世英雄……655
乱世姦雄……655
乱臣賊子……654
乱雑無章……654
乱暴狼藉……655
乱離拡散……655
乱離骨灰……653
位
位階勲等……11
佐
佐命立功……257
作
作文三上……254
作史三長……254
伸
伸縮自在……347
体
体元居正……421
体国経野……422
体貌閑雅……427
佇
佇立瞑目……458
佇思停機……457
低
低回顧望……462
低唱浅斟……464
低唱微吟……464
低頭平身……464
低頭傾首……464
佞
佞奸邪智……513
伯
伯牙絶弦……522
伯仲之間……525
伯仲叔季……525
伯夷之清……521
伯夷叔斉……521
伯兪泣杖……528
伯楽一顧……528
伴
伴食大臣……539
伴食宰相……539
余
余裕綽綽……650
余韻嫋嫋……645
克
克己復礼……240
克伐怨欲……234
兎
兎死狗烹……498
兎角亀毛……494
兎走烏飛……499
兎起鳧挙……494
兎起鶻落……494
兎葵燕麦……494
売
売剣買牛……516
兵
兵戈搶攘……588
兵車之会……589
兵者凶器……590
兵荒馬乱……589
兵馬倥偬……590
兵強馬壮……588
兵隊勘定……590
冶
冶金踊躍……636
冷
冷土荒堆……674
冷汗三斗……672
冷眼傍観……672
冷暖自知……673
冷酷無情……672
冷静沈着……673
冷嘲熱罵……673
冷嘲熱諷……673
冷艶清美……671
初
初志貫徹……336
初秋涼夕……336
初転法輪……338
判
判官贔屓……597
利
利己主義……658
利用厚生……663
利害得失……655
利害得喪……656
助
助長抜苗……337
助長補短……337
努
努力奮励……502
励
励声一番……673
励声叱咤……673
励声疾呼……673
医
医食同源……16
医鬱排悶……11
即
即決即断……415
即身成仏……413
即時一杯……412
即断即決……413
含
含牙戴角……118
含沙射影……123
含英咀華……118
含垢忍辱……122
含哺鼓腹……131
含笑入地……124
含飴弄孫……117
吟
吟風弄月……174
君
君子九思……181
君子三戒……182
君子三畏……181
君子三楽……182
君子万年……182
君子不器……182
君子自重……181
君子殉名……181
君子豹変……182
君命無二……183
君恩海壑……180
君辱臣死……182
君側之悪……182
呉
呉下阿蒙……230
呉牛喘月……231
呉市吹簫……237
呉越之富……230
呉越同舟……229
告
告朔餼羊……232
吹
吹毛求疵……363

吹影鏤塵……358

吮
吮疽之仁……396

呑
呑刀刮腸……503
呑牛之気……502
呑吐不下……503
呑舟之魚……503
呑声忍気……503
呑花臥酒……502
呑波之魚……503
呑炭漆身……503
呑雲吐霧……502

吠
吠日之怪……517
吠形吠声……516
吠影吠声……516

困
困知勉行……248
困苦欠乏……246
困苦窮乏……246

図
図南鵬翼……500

坎
坎井之蛙……125

坐
坐作進退……255
坐臥行歩……254
坐食逸飽……255
坐薪懸胆……256

声
声名狼藉……375
声聞過情……375

妨
妨功害能……598

妙
妙法一乗……615
妙計奇策……615

妖
妖言惑衆……646
妖怪変化……645
妖姿媚態……647

孝
孝悌忠信……220

孜
孜孜不倦……280
孜孜忽忽……278

完
完全無欠……126
完全燃焼……126
完璧帰趙……131

宋
宋襄之仁……407

寿
寿則多辱……313

対
対牛弾琴……420
対岸火災……419
対牀夜雨……424
対牀風雪……423
対症下薬……423
対機説法……419
対驢撫琴……428

尨
尨眉皓髪……603

局
局外中立……161
局促不安……162
局面打開……163

尾
尾大不掉……549
尾生之信……548

岐
岐路亡羊……168

巫
巫山之夢……574
巫山雲雨……574
巫雲蜀雨……567
巫蠱神仏……574

希
希少価値……140
希世之雄……142

庇
庇葉傷枝……558

廷
廷争面折……464

弄
弄巧成拙……676
弄瓦之喜……676
弄璋之喜……676

形
形直影正……189
形単影隻……189
形容辺幅……191
形容枯槁……191
形息名彰……188
形影一如……183
形影不離……184
形影相弔……184
形影相同……184
形影相随……184
形銷骨立……187
形骸土木……184

役
役夫之夢……71

応
応用無辺……84
応急措置……81
応病与薬……84
応接不暇……83
応報覿面……84
応機接物……81

志
志士仁人……279
志大才疎……284
志節堅固……283
志操堅固……284

忍
忍之一字……513
忍気呑声……512
忍辱負重……512

忘
忘身忘家……600
忘恩負義……596
忘憂之物……604

快
快人快語……93
快刀乱麻……96
快活明朗……89
快活愉快……89
快活温柔……89
快語満堂……91
快犢破車……96

我
我田引水……112
我利我利……116
我利私欲……116
我武者羅……115
我慢勝他……115
我儘気随……681

戒
戒慎之韜……93

抗
抗拒不承……211

折
折花攀柳……381
折足覆餗……383
折衝禦侮……382
折檻諫言……381

択
択言択行……429

投
投瓜得瓊……482
投桃報李……490
投閑置散……482
投鞭断流……491

抜
抜山蓋世……531
抜山翻海……532
抜本塞源……533
抜来報往……533
抜角脱距……530
抜苦与楽……531
抜茅連茹……533
抜群出類……531

抑
抑揚頓挫……650

改
改弦易轍……90
改邪帰正……92
改過自新……89
改頭換面……96

攻
攻苦食啖……211
攻城野戦……216

早
早天慈雨……128

旰
旰食宵衣……124

杞
杞人之憂……141
杞人天憂……141

杓
杓子定規……297
杓子果報……297

条
条件反射……323

束
束手無策……413

束帛加璧……414
束馬懸車……414
束皙竹簡……413
束髪封帛……414

杜
杜口結舌……497
杜門却掃……502
杜撰脱漏……364
杜默詩撰……501

来
来来世世……651
来迎引接……651

李
李下瓜田……656

求
求不得苦……180
求全之毀……150
求名求利……152
求栄反辱……146
求魚縁木……147
求漿得酒……149

汲
汲汲忙忙……147

決
決河之勢……194

沙
沙中偶語……256

冲
冲和之気……448

沈
沈思黙考……459
沈思凝想……459
沈著痛快……460
沈魚落雁……459
沈博絶麗……460
沈湎冒色……460
沈痛慷慨……460
沈着冷静……460
沈滞萎靡……460
沈黙寡言……460
沈竈産蛙……460
沈鬱悲壮……458
沈鬱頓挫……458

泛
泛駕之馬……596

汨
汨羅之鬼……591

没
没分暁漢……608
没没求活……608
没風流漢……608

沐
沐雨櫛風……632
沐浴抒溷……633
沐浴斎戒……633

沃
沃野千里……650

災
災難即滅……253

灼
灼然炳乎……298

狂
狂言綺語……155
狂悖暴戻……158
狂喜乱舞……154
狂瀾怒濤……159

男
男女老幼……507
男耕女織……434
男尊女卑……436

社
社交辞令……298
社鼠城狐……300
社稷之守……299
社稷之臣……299
社燕秋鴻……297

私
私利私欲……339

秀
秀外恵中……302
秀色神采……305
秀麗皎潔……310

肝
肝胆相照……127
肝胆胡越……127
肝胆楚越……127
肝脳塗地……130
肝腎肝文……124

臣
臣一主二……340

良
良弓難張……662
良玉精金……662
良妻賢母……663
良知良能……665
良風美俗……667
良師益友……664
良禽択木……663
良薬苦口……667

花
花天酒地……113
花言巧語……103
花紅柳緑……104
花鳥風月……109
花鳥諷詠……109
花朝月夕……108
花街柳巷……98
花燭洞房……106
花顔柳腰……99

芙
芙蓉覆水……581

見
見性成仏……201
見賢思斉……198

言
言文一致……204
言外之意……196
言行一致……199
言行齟齬……199
言近旨遠……198
言易行難……196
言者不知……200
言笑自若……201
言語道断……247
言語漏洩……199

豆
豆剖瓜分……491

豕
豕交獣畜……276

赤
赤口毒舌……377
赤心奉国……378
赤手空拳……377
赤貧如洗……379
赤縄繋足……378

走
走尸行肉……407
走馬看花……410

足
足音跫然……412

身
身中之虫……353
身心一如……349
身心脱落……350
身体髪膚……352
身言書判……343
身軽言微……343

車
車水馬竜……299
車胤聚蛍……296
車蛍孫雪……298
車魚之嘆……297
車載斗量……298
車轍馬跡……300

辛
辛労辛苦……357
辛苦辛労……343
辛苦遭逢……343
辛苦艱難……343

迂
迂直之計……61

近
近在近郷……172
近朱必赤……172
近所合壁……173
近郷近在……171

邑
邑犬群吠……639

阮
阮簡曠達……197
阮籍青眼……202

麦
麦曲之英……523
麦秀之嘆……525
麦秀之歌……524
麦秀黍離……524
麦穂両岐……525

＝八画＝

並
並駆斉駕……588

並駕斉駆……588
乳
乳母日傘……87
事
事上磨錬……281
事大主義……285
事半功倍……293
事序繽紛……282
事事物物……280
事実無根……279
事後承諾……276
事急計生……273
事理明白……339
事過境遷……271
依
依他起性……72
依怙贔屓……72
依流平進……52
佳
佳人才子……106
佳人薄命……107
佳兵不祥……115
侃
侃侃諤諤……119
佶
佶屈聱牙……143
侈
侈衣美食……270
舎
舎本逐末……301
舎生取義……299
舎近求遠……297
舎短取長……300
佩
佩韋佩絃……515
尭
尭年舜日……158
尭風舜雨……158
尭階三尺……153
免
免許皆伝……628
具
具不退転……180
典
典謨訓誥……479
刮
刮目相待……112
刻
刻舟求剣……233
刻苦勉励……241
刻苦精励……241
刻苦精進……241
刻露清秀……235
刹
刹那主義……384
刺
刺字漫滅……280
刺股懸頭……276
刺草之臣……379
効
効果覿面……208
協
協心戮力……157
卓
卓爾不群……429
参
参天弐地……266
参差錯落……346
参商之隔……348
取
取捨選択……312
受
受胎告知……314
呵
呵呵大笑……98
呼
呼牛呼馬……231
周
周知徹底……307
周密精到……309
周章狼狽……305
咀
咀嚼英華……415
咄
咄咄怪事……500
咄嗟叱咤……500
命
命世之才……626
和
和氏之璧……105
和光同塵……681
和気香風……99
和気藹藹……681
和而不同……682
和泥合水……682
和洋折衷……682
和衷共済……682
和衷協同……682
和風細雨……682
和風慶雲……682
和敬清寂……681
和魂洋才……682
和魂漢才……682
和顔愛語……681
和羹塩梅……681
固
固定観念……242
固陋頑迷……246
固陋蠢愚……246
国
国士無双……233
国民主権……234
国色天香……233
国利民福……235
国君含垢……241
国歩艱難……234
国威発揚……232
垂
垂名竹帛……362
垂直思考……361
垂拱之化……359
垂拱之治……359
垂涎三尺……360
垂堂之戒……362
垂髫戴白……361
垂頭喪気……362
垂頭塞耳……362
垂簾聴政……363
夜
夜目遠目……650
夜雨対牀……635
夜郎自大……637
奇
奇技淫巧……135
奇奇怪怪……135
奇怪千万……134
奇異荒唐……133
奇貨可居……134
奇策妙計……139
奇策縦横……138
奇想天外……142
奉
奉公守法……598
奔
奔車朽索……610
奔放不羈……610
奔放自由……610
奔南狩北……610
奔逸絶塵……609
委
委肉虎蹊……49
妻
妻子眷族……251
妬
妬賢嫉能……497
学
学知利行……101
季
季布一諾……145
孟
孟母三遷……632
孟母断機……632
孟仲叔季……631
孟光荊釵……631
孟浪咄嗟……632
宛
宛転蛾眉……77
官
官官接待……120
官尊民卑……126
実
実力伯仲……292
実事求是……289
実践躬行……290
宗
宗廟社稷……410
定
定省温清……464
宝
宝鈿玉釵……601
尪
尪繊懦弱……83
居
居安思危……152
居敬窮理……163
岡
岡目八目……85
岸
岸芷汀蘭……123
幸
幸災楽禍……214
庖
庖丁解牛……601
延
延年転寿……78

延命息災……79
延陵季子……80
延頸挙踵……74
延頸鶴望……74
弩
弩張剣抜……499
往
往古来今……81
往生素懐……82
往生極楽……82
往事茫茫……82
往事渺茫……82
彽
彽徊趣味……462
忠
忠君愛国……445
忠孝一致……445
忠孝両全……446
忠言逆耳……445
忠信孝悌……447
忠勇無双……448
忠勇義烈……448
忠魂義胆……446
念
念仏三昧……515
念念生滅……514
念念刻刻……514
忿
忿忿之心……586
怡
怡然自得……17
怪
怪力乱神……97
怪怪奇奇……89
怪誕不経……95
怯
怯防勇戦……159
性
性行淑均……368
所
所所在在……336
承
承前啓後……329
承顔順旨……322
拒
拒諫飾非……160
招
招揺過市……333
拖
拖泥帯水……432
拓
拓落失路……430
抽
抽黄対白……445
抽薪止沸……447
拈
拈華微笑……513
拍
拍手喝采……525
披
披星戴月……548
披荊斬棘……546
抱
抱柱之信……601
抱残守欠……598
抱痛西河……601
抱関撃柝……597
抱薪救火……600
抹
抹月批風……612
放
放佚無慙……594
放言高論……597
放虎帰山……598
放胆小心……601
放恣佚楽……598
放逸遊惰……594
放飯流歠……603
放肆遊惰……599
放辟邪侈……603
放歌高吟……596
放語漫言……598
放蕩三昧……602
放蕩不羈……602
放蕩無頼……602
放縦不羈……599
放縦恣横……599
易
易姓革命……71
易往易行……11
易簀之際……70
昂
昂首闊歩……216
昏
昏天黒地……248
昏定晨省……248
昏迷乱擾……248
明
明月之珠……624
明月清樽……624
明目張胆……627
明快闊達……624
明来暗往……627
明明白白……627
明明赫赫……627
明哲保身……626
明朗快活……627
明朗闊達……628
明珠暗投……625
明眸皓歯……626
明窓浄机……626
明察秋毫……625
明鏡止水……624
朋
朋友有信……604
朋党比周……602
枉
枉尺直尋……82
枉法徇私……84
枉駕来臨……84
枝
枝葉末節……332
杵
杵臼之交……335
松
松柏之寿……331
松柏之質……330
松柏之操……331
松風水月……331
松喬之寿……322
東
東山高臥……485
東父西母……491
東夷西戎……480
東行西走……484
東西古今……485
東西南北……485
東床坦腹……487
東扶西倒……491
東走西馳……488
東奔西走……492
東岳大帝……482
東岱前後……488
東牀腹坦……487
東海揚塵……481
東風解凍……491
東食西宿……487
東倒西歪……490
東家之丘……482
東塗西抹……490
東窺西望……482
杯
杯中蛇影……518
杯水車薪……517
杯酒解怨……517
杯盤狼藉……519
杯賢杓聖……516
枕
枕戈待旦……459
枕戈寝甲……459
枕石漱流……460
枕冷衾寒……461
枕流漱石……461
枕経藉書……459
林
林下風気……669
林林総総……670
林間紅葉……669
欣
欣求浄土……246
欣喜雀躍……170
武
武芸百般……573
武者修行……619
武骨一辺……574
武陵桃源……582
武運長久……568
河
河山帯礪……104

河図洛書……113
河梁之別……116
河梁之吟……116
河魚腹疾……100
河漢之言……99

泣
泣血漣如……148
泣斬馬謖……148

治
治山治水……441
治外法権……439
治乱興亡……458
治乱興廃……458

泥
泥中之蓮……464
泥牛入海……463
泥車瓦狗……463
泥首銜玉……463
泥船渡河……464

波
波及効果……520
波流弟靡……535
波詭雲譎……520
波濤万里……534
波譎雲詭……529
波瀾万丈……534
波瀾曲折……534

法
法界悋気……596
法華三昧……607
法誉無上……604
法爾自然……602

泡
泡沫夢幻……603

油
油断大敵……645
油腔滑調……639

炊
炊臼之夢……358
炊金饌玉……359

炉
炉辺談話……680

采
采色不定……252
采椽不斲……253

爬
爬羅剔抉……534

牀
牀上施牀……326

版
版籍奉還……540

物
物色比類……578
物我一体……633
物見遊山……633
物物交換……578
物是人非……578
物臭道心……633
物情騒然……577
物換星移……577
物論囂囂……578
物議騒然……577

狗
狗吠緇衣……180
狗尾続貂……180
狗馬之心……180
狗頭生角……179

玩
玩人喪徳……125
玩物喪志……130

画
画虎類狗……104
画脂鏤氷……106
画竜点睛……116
画蛇添足……108

盂
盂蘭盆会……63

直
直立不動……457
直言骨鯁……457
直言極諫……457
直往邁進……457
直指人心……273
直躬証父……457
直情径行……457
直截簡明……457

盲
盲亀浮木……630

知
知小謀大……442
知己朋友……439
知目行足……444
知行合一……441
知足不辱……443
知足安分……443
知者一失……441
知者不言……442
知者不惑……442
知者楽水……442
知崇礼卑……442
知略縦横……458

秉
秉燭夜遊……589

空
空山一路……176
空中分解……177
空中楼閣……177
空手還郷……176
空即是色……176
空花乱墜……175
空谷跫音……176
空空寂寂……175
空空漠漠……175
空前絶後……176
空理空論……177

突
突兀磽确……499
突怒偃蹇……500

罔
罔極之恩……630

肩
肩摩轂撃……204

股
股肱之力……236
股肱之臣……236
股肱羽翼……235

肥
肥大蕃息……549
肥肉厚酒……551
肥馬軽裘……551

臥
臥竜鳳雛……117
臥榻之側……113
臥薪嘗胆……106

英
英明闊達……70
英俊豪傑……68
英姿颯爽……68
英華発外……68
英雄欺人……70
英雄豪傑……70
英邁闊達……70

苛
苛政猛虎……107
苛斂誅求……117

苦
苦口婆心……178
苦中作楽……179
苦心孤詣……178
苦心惨憺……178
苦爪楽髪……179
苦肉之計……179
苦肉之策……179
苦肉之謀……179
苦行難行……177
苦学力行……177
苦雨凄風……176
苦節十年……179
苦髪楽爪……177

苟
苟且偸安……217

茅
茅屋采椽……596
茅茨不剪……599
茅堵蕭然……602

茂
茂林脩竹……633

虎
虎口余生……236
虎皮羊質……243
虎穴虎子……235
虎尾春氷……243
虎豹之文……243
虎渓三笑……235
虎視眈眈……237
虎踞竜蟠……232

虎嘯風生……238
虎頭蛇尾……242
虎擲竜拏……242

表

表敬訪問……558
表裏一体……560

述

述而不作……315
述懐奉公……314

邯

邯鄲之歩……127
邯鄲之夢……127
邯鄲学歩……126

邪

邪宗異端……299
邪知暴虐……300
邪智奸佞……300
邪説異端……300

金

金口木舌……171
金口玉言……171
金友玉昆……175
金玉之言……170
金玉満堂……170
金石之交……173
金石糸竹……173
金声玉振……173
金谷酒数……171
金枝玉葉……172
金泥精描……174
金波銀波……174
金城湯池……173
金城鉄壁……172
金屋貯嬌……168
金科玉条……169
金剛不壊……247
金剛邪禅……246
金剛輪際……247
金烏玉兎……168
金亀換酒……169
金塊珠礫……168
金殿玉楼……174
金碧輝煌……175
金輪奈落……249
金甌無欠……168
金蘭之契……175
金襴緞子……175

長

長幼之序……456
長幼有序……456
長汀曲浦……454
長生久視……453
長生不死……453
長目飛耳……455
長安日辺……449
長江天塹……450
長舌三寸……453
長身痩軀……452
長命富貴……455
長夜之飲……456
長夜之楽……456
長枕大被……454
長者三代……451
長者万灯……451
長袖善舞……452
長短之説……453
長煙短焰……449
長頸烏喙……450
長鞭馬腹……455

門

門戸開放……634
門外不出……634
門地門閥……635
門当戸対……635
門前成市……634
門前雀羅……634
門巷塡隘……634
門庭若市……635
門衰祚薄……634

阿

阿世曲学……5
阿吽之息……2
阿附迎合……5
阿爺下頷……6
阿鼻叫喚……5
阿鼻地獄……5
阿諛迎合……6
阿諛便佞……6
阿諛追従……6
阿諛傾奪……6
阿衡之佐……4
阿轆轆地……6

雨

雨奇晴好……59
雨後春筍……59
雨笠煙蓑……63
雨過天晴……59
雨霖鈴曲……63
雨露霜雪……63

青

青山一髪……368
青天白日……373
青天霹靂……373
青史汗簡……368
青松落色……370
青苔黄葉……372
青息吐息……3
青雲之士……366
青雲之志……366
青蓋黄旗……366
青銭万選……372
青鞋布襪……365
青藍氷水……375

非

非常之人……548
非常之功……548
非僧非俗……549
非義非道……546
非難囂囂……551
非驢非馬……561

斉

斉東野人……373
斉東野語……373
斉紫敗素……369
斉駆並駕……368

九画

乗

乗桴浮海……332
乗輿車駕……334
乗輿播越……334

亭

亭主関白……463
亭亭皎皎……464

侯

侯覇臥轍……222

信

信誓旦旦……351
信賞必罰……348

俎

俎上之肉……415

俗

俗言俚語……412
俗臭芬芬……413
俗談平話……413
俗談平語……413

俛

俛首帖耳……575

保

保守退嬰……607
保革伯仲……605
保泰持盈……607
保養鬱散……609

俚

俚言俗語……657
俚語俗言……658

冠

冠前絶後……126
冠婚葬祭……123
冠履倒易……132
冠履転倒……132

削

削足適履……254

前

削株掘根……254
前人未踏……395
前仆後継……400
前代未聞……397
前言往行……388
前車覆轍……392
前虎後狼……389
前後不覚……390
前後矛盾……390
前倨後恭……387
前狼後虎……403
前途多望……398
前途多難……398
前途有為……398
前途有望……398
前途洋洋……398
前途遼遠……398
前程万里……398
前跋後疐……400
前覆後戒……400

則

則天去私……413

剃

剃髪落飾……465
剃頭弁髪……465

勁

勁勇無双……191
勁草之節……188

勇

勇気凛凛……639
勇往邁進……638
勇者不懼……640
勇猛果断……643
勇猛果敢……643
勇猛無比……643
勇猛精進……643
勇邁卓犖……642

匍

匍匐膝行……608

単

単刀直入……437
単文孤証……437
単純明快……435
単槍匹馬……436
単樸浅近……438

南

南山之寿……506
南山不落……506
南山捷径……506
南征北伐……507
南柯之夢……505
南洽北暢……506
南風之詩……507
南風之薫……507
南華之悔……505
南船北馬……507
南郭濫吹……505
南都北嶺……507
南無三宝……505
南蛮北狄……507
南蛮鴃舌……507
南箕北斗……506
南橘北枳……506
南轅北轍……505

卑

卑怯千万……546
卑躬屈節……546

厚

厚酒肥肉……216
厚徳載福……221
厚貌深情……224
厚顔無恥……209

叙

叙位叙勲……320

叛

叛服不常……541

哀

哀糸豪竹……2
哀哀父母……1
哀矜懲創……1
哀感頑艶……1
哀毀骨立……1
哀鳴啾啾……2
哀鴻遍野……1

咽

咽喉之地……55

咳

咳唾成珠……95

咬

咬文嚼字……223
咬牙切歯……208

咨

咨咀逡巡……284

咫

咫尺万里……283
咫尺之地……283
咫尺之書……283
咫尺天涯……283

品

品行方正……561

城

城下之盟……321
城狐社鼠……323

変

変幻自在……592
変成男子……592
変法自強……594
変相殊体……593
変態百出……593

威

威迫利誘……49
威風堂堂……51
威風凛然……51
威風凛凛……51
威恩並行……11

姦

姦人之雄……125
姦声乱色……125

妍

妍姿艶質……200

孤

孤立無援……245
孤灯一穂……242
孤行一意……235
孤苦零丁……235
孤城落日……238
孤独矜寡……242
孤軍奮闘……235
孤陋寡聞……246
孤峰絶岸……244
孤高狷介……235
孤掌難鳴……238
孤雲野鶴……229
孤寡不穀……231
孤雌寡鶴……236
孤影悄然……229
孤影飄零……229
孤論難持……246

客

客塵煩悩……146

宣

宣戦布告……396

宥

宥坐之器……640

専

専心一意……394
専売特許……399
専断偏頗……397

封

封豕長蛇……599

屋

屋下架屋……85
屋上架屋……85
屋烏之愛……85
屋梁落月……85

屍

屍山血河……278

幽

幽明異境……642
幽寂閑雅……640
幽愁暗恨……640
幽趣佳境……641

度

度衆生心……498
度徳量力……429

彦

彦倫鶴怨……205

後

後生大事……238
後生可畏……217
後生菩提……238
後車之誡……216
後悔噬臍……207
後患無窮……209
後顧之憂……213

徇 徇私舞弊……318
待 待対世界……425
怨 怨女曠夫……76
怨気満腹……74
怨望隠伏……79
怨憎会苦……87
怨敵退散……87
怨親平等……86
急 急功近利……148
急流勇退……152
急転直下……151
思 思案投首……270
思索生知……278
思慮分別……339
怠 怠慢忘身……427
怒 怒髪衝天……500
怒髪衝冠……500
悔 悔悟慙羞……91
悔悟憤発……91
恪 恪勤精励……109
恒 恒久平和……211
恒河沙数……208
恒産恒心……214
恍 恍恍惚惚……212
恍然大悟……218
恬 恬淡寡欲……475
恫 恫疑虚喝……482
按 按甲休兵……7
按兵不動……10
按図索驥……9
挟 挟山超海……156
拱 拱手傍観……157
指 指天画地……292
指差喚呼……278
指鹿為馬……340
持 持盈保泰……271
持粱歯肥……339
拾 拾遺補闕……301
故 故事来歴……239
故歩自封……245
政 政教分離……367
昨 昨非今是……254
春 春日遅遅……318
春和景明……320
春秋筆法……318
春風得意……319
春風駘蕩……319
春夏秋冬……317
春宵一刻……318
春蚓秋蛇……317
春寒料峭……317
春蛙秋蟬……317
春愁秋思……318
春蕪秋野……320
春蘭秋菊……320
春露秋霜……320
昭 昭穆倫序……332
是 是生滅法……380
是邪非邪……376
是非之心……385
是非正邪……385
是非曲直……385
是非善悪……385
是是非非……380
星 星火燎原……367
星河一天……366
星羅雲布……375
星離雨散……375
昼 昼夜兼行……448
昼耕夜誦……446
昼想夜夢……447
栄 栄枯休咎……68
栄枯盛衰……68
栄華之夢……68
栄華秀英……67
栄華栄耀……67
栄辱得喪……69
栄達落魄……69
栄諧伉儷……67
栄耀栄華……70
架 架空無稽……100
柯 柯会之盟……98
枯 枯木朽株……244
枯木死灰……244
枯木枯草……244
枯木竜吟……244
枯木逢春……244
枯木寒巌……244
枯魚銜索……232
枯槁之士……235
枯樹生華……237
柔 柔茹剛吐……306
柔能制剛……308
柏 柏舟之操……525
柳 柳巷花街……660
柳眉倒豎……661
柳絮之才……660
柳暗花明……659
柳緑花紅……662
柳緑桃紅……662
泉 泉石煙霞……396
泉石膏肓……396
海 海千山千……62
海内奇士……94
海内冠冕……94
海内殷富……94
海内紛擾……94
海内無双……94
海市蜃楼……92
海角天涯……89
海底撈月……95
海翁失鷗……88
海誓山盟……93
海闊天空……89
活 活火激発……109
活計歓楽……109
活剝生呑……111
活殺自在……110
活潑婉麗……111
活潑豪宕……112
活潑潑地……112
活霊活現……112
洪 洪範九疇……222
洽 洽覧深識……228
洒 洒洒落落……299
洒掃薪水……253
浄 浄潔快豁……323
津 津津浦浦……462
浅 浅学非才……386
浅学短才……386
浅学寡聞……386
浅酌低唱……392
浅斟低唱……394
浅薄皮相……400
浅薄愚劣……399
浅瀬仇波……4
浅識菲才……392
洗 洗心革面……394
洗手奉職……393

洗垢索瘢……389

洞
洞天福地……489
洞見癥結……483
洞房花燭……491
洞庭春色……489

洛
洛陽紙価……652

為
為虎傅翼……15

点
点睛開眼……474
点鉄成金……476
点滴穿石……476

狐
狐仮虎威……230
狐死兎泣……237
狐死首丘……236
狐狸妖怪……245
狐狸変化……245
狐狼盗難……246
狐裘羔袖……231
狐裘蒙戎……231
狐疑逡巡……231

狡
狡兎三窟……222
狡兎良狗……222

独
独出心裁……495
独立不撓……497
独立不羈……497
独立自存……496
独立自尊……497
独立独歩……497
独具匠心……495
独学孤陋……495
独弦哀歌……495
独知之契……496
独断専行……496
独鈷鎌首……499

珍
珍味佳肴……460

畏
畏怖嫌厭……51

発
発人深省……532
発菩提心……608
発揚蹈厲……533
発蒙振落……533
発憤忘食……532
発憤興起……532
発縦指示……532

皇
皇統連綿……221

盈
盈盈一水……67
盈満之咎……70

相
相互扶助……406
相如四壁……327
相即不離……409
相乗効果……407
相思相愛……407
相碁井目……2
相関関係……404

眉
眉目秀麗……552
眉目清秀……552
眉目温厚……552
眉間一尺……545

眄
眄視指使……592

冒
冒雨剪韮……595

砂
砂上楼閣……255

砕
砕身粉骨……252

祇
祇園精舎……134

神
神工鬼斧……344
神仏混淆……355
神仙思想……351
神出鬼没……347
神会黙契……341
神色自若……349
神采英抜……345
神荼鬱塁……354
神算鬼謀……345
神機妙算……342
神韻縹渺……341

祖
祖先伝来……415
祖先崇拝……415
祖逖之誓……416

禹
禹行舜趨……59
禹歩舜趨……62
禹湯文武……61

科
科挙圧巻……100

秋
秋天一碧……307
秋日荒涼……304
秋風冽冽……309
秋風索莫……308
秋風落莫……308
秋風蕭条……308
秋高馬肥……303
秋毫之末……303
秋霜三尺……307
秋霜烈日……307

窃
窃玉偸香……381
窃位素餐……380
窃鈇之疑……384

穿
穿壁引光……400

紆
紆余曲折……62
紆余委蛇……62

紀
紀事本末……139

紅
紅口白牙……213
紅毛碧眼……226
紅灯緑酒……221
紅粉青蛾……223
紅葉良媒……227
紅顔可憐……209

約
約法三章……636

美
美人薄命……548
美妙巧緻……552
美味佳肴……552
美酒佳肴……547
美意延年……544
美辞麗句……548
美鬚豪眉……547

耐
耐久之朋……420

胡
胡孫入袋……240
胡馬北風……243
胡漢陵轢……231
胡説乱道……239
胡蝶之夢……240

胆
胆大心小……436
胆大妄為……436
胆勇無双……438
胆戦心驚……436

背
背井離郷……518
背水之陣……518
背信棄義……517

肺
肺腑之言……519

臭
臭肉来蠅……307

荊
荊山之玉……186
荊妻豚児……186
荊釵布裙……186
荊棘銅駝……185
荊棘叢裏……185

荒
荒亡之行……224
荒怠暴恣……219
荒唐之言……221
荒唐不稽……221
荒唐無稽……221
荒瘠斥鹵……218

茹
茹柔吐剛……336

草
草木皆兵……411
草木禽獣……411
草行露宿……406

草茅危言……410
草莽之臣……411
草根木皮……406
草偃風従……403
草満囹圄……410
草間求活……404
草頭天子……409
草廬三顧……412

荘
荘周之夢……407
荘厳美麗……406
荘厳華麗……406

茫
茫然自失……601

衍
衍曼流爛……79

要
要害堅固……645

負
負薪之病……576
負薪之憂……576
負薪汲水……576

赴
赴湯蹈火……579

迦
迦陵頻伽……116

逆
逆取順守……146

送
送故迎新……406

退
退歩返照……427

追
追奔逐北……461
追根究底……461
追善供養……461

迷
迷者不問……625
迷悟一如……624
迷惑千万……628
迷惑至極……628
迷頭認影……626

郁
郁郁青青……14

重
重卵之危……456
重見天日……450
重厚長大……303
重重無尽……305
重熙累洽……450

面
面目一新……630
面目全非……629
面目躍如……630
面向不背……628
面折廷争……629
面従後言……629
面従腹背……629
面張牛皮……629
面授口訣……629
面誉不忠……630
面壁九年……629

革
革命易姓……102
革故鼎新……101

音
音吐朗朗……87
音信不通……86

風
風月玄度……565
風月無辺……565
風木之悲……567
風光明媚……565
風声鶴唳……566
風花雪月……563
風言風語……565
風岸孤峭……564
風林火山……564
風波之民……567
風雨同舟……563
風雨対牀……563
風雨凄凄……563
風俗壊乱……566
風前之灯……566
風紀紊乱……564
風格丰神……563
風流三昧……567
風流雲散……567
風流警抜……567
風流韻事……567
風起雲湧……564
風清月白……566
風清弊絶……566
風魚之災……564
風雲之会……563
風雲之志……563
風雲之器……563
風雲月露……563
風雲際会……563
風塵之会……566
風塵外物……566
風塵僕僕……566
風樹之歎……565
風餐雨臥……565
風餐露宿……565
風檣陣馬……565
風霜之任……566
風霜之気……566
風霜高潔……566
風旛之論……567
風櫛雨沐……565
風鬟雨鬢……564

飛
飛耳長目……547
飛兎竜文……550
飛花落葉……545
飛竜乗雲……560
飛雪千里……548
飛揚跋扈……560
飛短流長……549
飛絮漂花……548
飛鷹走狗……559

食
食牛之気……335
食肉之禄……336
食肉寝皮……335
食前方丈……335
食客三千……337
食馬解囲……336

首
首尾一貫……316
首尾貫徹……316
首施両端……313
首鼠両端……314

香
香気芬芬……210
香囲粉陣……206
香美脆味……223

十画

倚
倚玉之栄……13
倚門之望……52
倚馬七紙……50
倚閭之望……52

倶
倶会一処……177

倹
倹存奢失……202

個
個個別別……236

借
借花献仏……300

修
修己治人……303
修身斉家……306
修飾辺幅……306
修羅苦羅……316

倜
倜儻不群……466

倒
倒行逆施……484
倒載干戈……485
倒懸之急……484

倍
倍日并行……517
倍称之息……517

俯
俯仰之間……570
俯仰天地……570
俯察仰観……574

党
党同伐異……490

党利党略……493
党錮之禍……485
兼
兼弁之徒……204
兼弱攻昧……200
兼愛交利……195
兼愛無私……196
冤
冤家路窄……74
冢
冢中枯骨……453
冥
冥行擿埴……624
冥冥之志……627
冥頑不霊……624
凄
凄風苦雨……374
凄凄切切……371
凋
凋氷画脂……454
凋零磨滅……456
凍
凍解氷釈……481
凌
凌雲之志……662
凌霄之志……664
剡
剡渓訪戴……388
剣
剣山刀樹……200
剣抜弩張……203
剣戟森森……198
剛
剛健質朴……212
剛健質実……212
剛腸石心……220
剛毅木訥……210
剛毅果断……209
剛毅直諒……210
剗
剗削消磨……261
剜
剜肉補瘡……682
匿
匿影蔵形……495
匪
匪石之心……548
匪躬之節……546
哭
哭岐泣練……232
唇
唇亡歯寒……355
唇焦口燥……348
唇歯之国……346
唇歯輔車……347
哲
哲婦傾城……467
唐
唐突千万……490
夏
夏下冬上……99
夏虫疑氷……108
夏炉冬扇……117
夏侯拾芥……104
夏癸殷辛……99
夏雲奇峰……98
娑
娑羅双樹……257
孫
孫康映雪……416
孫楚漱石……417
宴
宴安酖毒……73
家
家内狼藉……113
家徒四壁……113
家書万金……106
家常茶飯……105
家族団欒……107
家貧孝子……114
家給人足……99
家鶏野雉……103
家鶏野鶩……103
宮
宮車晏駕……149
宵
宵衣旰食……321
容
容姿端麗……647
容貌魁偉……649
射
射石飲羽……299
射法八節……301
射将先馬……299
将
将門有将……333
将錯就錯……325
屐
屐履之間……192
峻
峻抜雄健……319
帰
帰正反本……142
帰依三宝……133
帰命頂礼……145
帰家穏座……134
帰真反璞……141
帰馬放牛……145
帰巣本能……142
師
師勝資強……281
師資相承……279
師曠之聡……276
帯
帯厲之誓……428
座
座右之銘……257
弱
弱肉強食……298
従
従容不迫……333
従容中道……333
従容自若……333
従容就義……333
従容無為……334
徒
徒手空拳……498
徒食無為……499
恩
恩威並行……85
恩讐分明……86
恐
恐恐謹言……154
恐悦至極……153
恐惶謹言……155
恐懼感激……155
恵
恵風和暢……190
息
息災延命……412
悖
悖入悖出……518
悖出悖入……517
悖徳没倫……518
扇
扇枕温衾……397
扇枕温被……398
扇影衣香……386
挙
挙一反三……153
挙一明三……206
挙止迂拙……164
挙止進退……164
挙世無双……165
挙足軽重……165
挙国一致……163
挙案斉眉……152
挙措失当……165
挙措動作……165
挙措進退……165
挙棋不定……160
拳
拳拳服膺……199
振
振臂一呼……354
捕
捕風捉影……608
旁
旁時掣肘……599
既
既成事実……142
既成概念……141
既往不咎……134
晏
晏子之御……8
晏子高節……8
晏嬰狐裘……7
時
時世時節……494
時代錯誤……284
時雨之化……270
時時刻刻……278
時期尚早……273
時節到来……283
時機到来……273
書
書画骨董……335
桜
桜花爛漫……80
格
格物究理……102
格物致知……102
格致日新……101
株
株連蔓引……317
桂
桂玉之艱……185

桂林一枝……192
桂冠詩人……184
桂宮柏寝……185
桂殿蘭宮……189
根
根深柢固……247
桟
桟雲峡雨……258
栴
栴檀双葉……397
桑
桑土綢繆……410
桑田滄海……409
桑田碧海……409
桑弧蓬矢……406
桑海之変……404
桑間濮上……405
桑蓬之志……410
桑濮之音……410
桃
桃三李四……486
桃李成蹊……493
桃李満門……493
桃花癸水……481
桃林処士……493
桃弧棘矢……485
桃紅柳緑……484
桃傷李仆……487
桃園結義……481
桐
桐葉知秋……492
梅
梅妻鶴子……516
梅林止渇……519
残
残山剰水……261
残忍酷薄……267
残念至極……267
残念無念……267
残杯冷炙……267
残息奄奄……265
残膏賸馥……260
残酷非道……260
残編断簡……268
殊
殊俗帰風……313
殊域同嗜……301
殊塗同帰……316
殷
殷殷奨飾……53
殷鑑不遠……54
殺
殺生禁断……383
殺伐激越……257
殺妻求将……256
泰
泰山之安……422
泰山北斗……422
泰山圧卵……422
泰山府君……422
泰山梁木……423
泰山鴻毛……422
泰然自若……424
涓
涓埃之功……196
浩
浩然之気……218
消
消化不良……321
消息盈虚……329
浸
浸潤之譖……348
涅
涅槃寂滅……513
涅槃寂静……513
浮
浮生若夢……576
浮石沈木……577
浮瓜沈李……569
浮声切響……576
浮花浪蕊……569
浮家泛宅……569
浮雲朝露……568
浮雲蔽日……568
浮雲翳日……567
浮雲驚竜……567
浴
浴沂之楽……649
流
流水高山……660
流水落花……660
流汗淋漓……659
流汗滂沱……659
流血浮尸……660
流血淋漓……660
流言蜚語……660
流星光底……660
流金鑠石……659
流風余韻……661
流連荒亡……662
流転無窮……671
流転輪廻……671
流觴曲水……660
流觴飛杯……660
烏
烏之雌雄……115
烏白馬角……62
烏合之衆……59
烏兎匆匆……61
烏飛兎走……62
烏焉魯魚……58
烏鳥私情……60
烏集之交……60
烏獲之力……58
烈
烈士徇名……674
烈日赫赫……674
特
特立之士……497
特筆大書……496
狷
狷介不羈……197
狷介固陋……196
狷介孤高……196
狼
狼子野心……676
狼心狗肺……677
狼貪虎視……677
珠
珠聯璧合……317
珠襦玉匣……313
班
班女辞輦……539
班田収授……541
班門弄斧……543
班荊道故……536
疾
疾言遽色……288
疾足先得……290
疾風迅雷……291
疾風勁草……291
疾風怒濤……291
疾痛惨憺……290
疲
疲労困憊……561
病
病入膏肓……559
益
益者三友……71
益者三楽……71
眥
眥裂髪指……340
真
真一文字……611
真正真銘……348
真実一路……346
真実無妄……346
真相究明……352
真剣勝負……343
砥
砥柱中流……287
砥砺切磋……340
破
破天荒解……533
破瓜之年……520
破竹之勢……529
破戒無慙……519
破邪顕正……529
破釜沈船……534
破綻百出……529
破顔一笑……520
破鏡之嘆……520
破鏡不照……521
破鏡重円……520
砲
砲刃矢石……600

砲煙弾雨……595

祥
祥月命日……330

秘
秘中之秘……549

窈
窈窕淑女……648

笑
笑止千万……324
笑比河清……331
笑面夜叉……333
笑裏蔵刀……334

粉
粉白黛墨……585
粉骨砕身……584
粉粧玉琢……584
粉愁香怨……584
粉飾決算……585

索
索然寡味……254

紙
紙上談兵……281

純
純一無雑……317
純真可憐……319
純真無垢……319
純情可憐……318
純精無雑……319
純潔清浄……317
純潔無垢……317

素
素気清泚……412
素車白馬……415
素波銀濤……416

紛
紛紅駭緑……583
紛華奢靡……583
紛然雑然……585
紛擾多端……584
紛擾雑駁……584

耆
耆老久次……167

耽
耽美主義……437

胸
胸中甲兵……157
胸中成竹……157
胸襟秀麗……155

能
能事畢矣……515
能者多労……515
能鷹隠爪……515

脈
脈絡通徹……615

致
致仕懸車……441
致知格物……443

舐
舐痔得車……279
舐糠及米……275
舐犢之愛……292

荷
荷衣蕙帯……90

華
華亭鶴唳……112
華封三祝……115
華胥之国……106
華胥之夢……106
華冑家世……108
華冑摂籙……108
華燭之典……106

莫
莫逆之友……523
莫逆之交……523
莫逆之契……523

蚊
蚊子咬牛……584
蚊虻之労……586
蚊虻走牛……586
蚊雷殷殷……587

蚕
蚕食鯨呑……264

蚤
蚤知之士……409
蚤寝晏起……408

衰
衰老病死……363

袖
袖手傍観……305

袒
袒裼裸裎……436

被
被官郎党……546
被害妄想……545
被堅執鋭……547
被褐懐玉……545
被髪文身……551
被髪左衽……551
被髪佯狂……551
被髪纓冠……551

記
記問之学……146

託
託孤寄命……429

豺
豺狼当路……254

豹
豹死留皮……559

財
財多命殆……253

起
起死回生……139
起居動静……138
起承転結……140

躬
躬行実践……148

造
造化小児……404
造反有理……410
造反無道……410
造次顛沛……407
造言蜚語……405

速
速戦即決……413

通
通今博古……461
通功易事……461
通暁暢達……461
通儒碩学……462

途
途方途轍……501

連
連日連夜……675
連城之璧……675
連帯責任……675
連理之枝……676
連戦連勝……675
連璧賁臨……675
連鎖反応……675

郢
郢書燕説……69

酒
酒入舌出……316
酒池肉林……314
酒食徴逐……312
酒家妓楼……310
酒酔酒解……313
酒甕飯嚢……310
酒嚢飯袋……316

釜
釜中之魚……577
釜底抽薪……578
釜底游魚……578
釜魚甑塵……570

針
針小棒大……349

降
降志辱身……215

陣
陣中見舞……353
陣頭指揮……354

隻
隻紙断絹……377
隻履西帰……379

韋
韋弦之佩……14
韋駄天走……18
韋編三絶……51

飢
飢腸轆轆……143

馬
馬氏五常……529
馬牛襟裾……520
馬耳東風……529
馬良白眉……535
馬鹿丁寧……520
馬鹿果報……520
馬鹿慇懃……520
馬痩毛長……529
馬遅枚疾……530
馬歯徒増……529
馬舞之災……534

骨
骨肉之親……241
骨肉相食……241
骨騰肉飛……241

高
高下在心……211
高山流水……214
高山景行……214
高手小手……428

高牙大纛……208
高位高官……206
高吟放歌……211
高材疾足……213
高車駟馬……216
高所大所……217
高枕安眠……220
高枕無憂……220
高臥東山……208
高屋建瓴……207
高軒寵過……212
高陽酒徒……227
高楼大廈……229
高慢無礼……225
高歌放吟……208
高鳳漂麦……224
高潔無比……211
高談雄弁……219
高談闊歩……219
高論卓説……229
高邁闊達……225
高嶺之花……428

鬼

鬼手仏心……140
鬼出電入……140
鬼気森然……136
鬼斧神工……145
鬼面仏心……145
鬼面嚇人……145
鬼哭啾啾……138
鬼家活計……135
鬼瞰之禍……135

竜

竜女成仏……661
竜舟鳳艒……664
竜舟鷁首……664
竜吟虎嘯……662
竜肝豹胎……662
竜虎相搏……663
竜飛鳳舞……667
竜拏虎擲……665
竜華三会……659
竜章鳳姿……664
竜蛇之歳……665
竜逢比干……667
竜象之力……665
竜戦虎争……665
竜跳虎臥……665
竜駒鳳雛……663
竜興致雲……663
竜頭蛇尾……661
竜頭鷁首……665
竜瞳鳳頸……666
竜蟠虎踞……666
竜蟠蚖肆……666
竜闘虎争……666
竜攘虎搏……664
竜騰虎闘……666
竜躍雲津……667
竜驤虎視……664
竜驤麟振……664

＝十一画＝

乾

乾坤一擲……199
乾乾浄浄……119
乾端坤倪……202
乾燥無味……126

偃

偃武修文……78
偃鼠飲河……76

偕

偕老同穴……97

偽

偽詐術策……139

偶

偶像破壊……176
偶像崇拝……176

偸

偸香窃玉……484

偏

偏旁冠脚……594
偏袒右肩……593
偏袒扼腕……593
偏僻蔽固……594
偏聴生姦……593
偏露右肩……594

剰

剰水残山……328

剪

剪草除根……396

動

動静云為……488

匏

匏瓜空繫……596

啞

啞然失笑……5

啓

啓沃之功……192

商

商山四皓……324
商売繁盛……330

啐

啐啄同時……416

問

問牛知馬……634
問柳尋花……635
問答無用……635
問答無益……635
問鼎軽重……635

唯

唯一不二……637
唯一無二……637
唯我独尊……637
唯唯諾諾……11

執

執行猶予……288

堆

堆金積玉……420

堂

堂下周屋……482
堂宇伽藍……481
堂堂之陣……490
堂塔伽藍……489

婉

婉曲迂遠……74
婉娩聴従……78

婦

婦女童蒙……576
婦怨無終……568

寄

寄田仰穀……144

寂

寂光浄土……300
寂滅為楽……298

宿

宿執開発……311

密

密雲不雨……614

崎

崎嶇坎坷……136

崇

崇論閎議……363

帷

帷幄上奏……10
帷幄之臣……10
帷蓋不棄……12

常

常山蛇勢……324
常在戦場……324
常住不断……325
常住不滅……325
常住坐臥……325
常命六十……332
常套手段……330
常備不懈……331
常楽我浄……334
常鱗凡介……334

康

康衢通逵……211

庶

庶人食力……337

庸

庸中佼佼……648
庸夫愚婦……648
庸言之謹……646
庸言庸行……646

強

強迫観念……158
強食弱肉……157
強悪強善……153
強理勁直……160
強幹弱枝……154
強談威迫……219

張

張三李四……451
張王李趙……449

張冠李戴……450
張眉怒目……454

彗
彗汜画塗……362

彩
彩鳳随鴉……253

彫
彫心鏤骨……452
彫虫篆刻……453
彫題黒歯……453

徙
徙木之信……295
徙宅忘妻……285
徙家忘妻……272
徙薪曲突……282

得
得手勝手……73
得魚忘筌……495
得衆得国……495
得意忘形……494
得意忘言……494
得意満面……494
得隴望蜀……497

悪
悪人正機……4
悪口雑言……5
悪木盗泉……4
悪因悪果……3
悪衣悪食……3
悪事千里……3
悪逆非道……3
悪逆無道……3
悪鬼羅刹……5
悪婦破家……4
悪酔強酒……3
悪戦苦闘……4

患
患得患失……129

悉
悉有仏性……288
悉皆成仏……288

悠
悠悠自適……644
悠悠舒舒……644
悠悠閑閑……643
悠悠閑適……643

惨
惨澹経営……266

情
情状酌量……326
情恕理遣……327
情意投合……321
情緒纏綿……327

悽
悽愴流涕……372

惜
惜玉憐香……377

掩
掩耳盗鐘……75

捲
捲土重来……202

控
控馭之術……211

採
採長補短……253
採菓汲水……250
採薪之憂……252
採薪汲水……252

捨
捨根注枝……298
捨閑閣抛……300

推
推本溯源……362
推陳出新……361

接
接見応対……381

探
探卵之患……438
探驪獲珠……439

掉
掉棒打星……492

排
排斥擠陥……518

描
描虎類狗……558

捧
捧腹大笑……603
捧腹絶倒……603

救
救世済民……150
救国済民……148
救経引足……148

教
教外別伝……155
教唆扇動……156

敗
敗柳残花……519
敗軍之将……516

斬
斬衰斉衰……261
斬釘截鉄……266
斬新奇抜……264

断
断金之交……434
断長続短……436
断根枯葉……435
断崖絶壁……433
断悪修善……437
断章取義……435
断港絶潢……434
断腸之思……436
断髪文身……437
断編残簡……438
断機之戒……434
断齏画粥……436
断簡残編……434
断簡零墨……434
断爛朝報……438
断鶴続鳧……433

旌
旌旗巻舒……367

旋
旋乾転坤……388
旋転囲繞……398

晦
晦迹韜光……94

晨
晨去暮来……342
晨夜兼道……356
晨星落落……351
晨煙暮靄……341
晨鐘暮鼓……349

曽
曽母投杼……410
曽参殺人……408
曽参歌声……408

曼
曼倩三冬……613
曼理皓歯……614

望
望文生義……603
望洋之嘆……604
望洋興嘆……604
望雲之情……595
望蜀之嘆……600
望塵之拝……600
望聞問切……603

梧
梧前灯下……239
梧桐一葉……242

梓
梓匠輪輿……281

巣
巣林一枝……411

梯
梯山航海……463

梁
梁上君子……664
梁冀跋扈……662

毫
毫毛斧柯……226
毫末之利……225
毫末遺漏……225
毫釐千里……228

淫
淫虐暴戻……54
淫祠邪教……55

渇
渇驥奔泉……109

涸
涸沢之蛇……240
涸轍鮒魚……242

混
混水模魚……247

済
済済多士……371

淑
淑女紳士……311

淳
淳風美俗……319

深
深山幽谷……345
深山窮谷……345
深居簡出……342
深根固柢……344
深造自得……352
深情厚誼……348
深溝高塁……344
深厲浅掲……357
深層心理……352
深慮遠謀……357

深謀遠慮……355
深識長慮……345
深識遠慮……345

清
清光素色……368
清光溶溶……368
清浄無垢……370
清浄潔白……326
清音幽韻……366
清風明月……374
清風故人……374
清淡虚無……373
清淡寡慾……372
清窓浄机……372
清絶幽絶……372
清絶高妙……371
清廉潔白……376
清聖濁賢……371
清濁併呑……372
清矑明眉……376
清籟蕭蕭……375

淡
淡粧濃抹……435

涼
涼風一陣……667

淋
淋漓尽致……670

淮
淮南鶏犬……681

焄
焄蒿悽愴……181

烽
烽火連天……596

牽
牽羊悔亡……204
牽衣頓足……196
牽強付会……198
牽攣乖隔……205

猗
猗頓之富……49

猜
猜疑嫉妬……250

猪
猪突猛進……458
猪突豨勇……458

猫
猫鼠同眠……559

猛
猛虎伏草……631

率
率土之浜……416
率先励行……416
率先垂範……416
率先躬行……415

現
現世利益……202
現状打破……201
現状維持……200
現身説法……201

理
理世撫民……658
理非曲直……658
理路整然……668

瓶
瓶墜簪折……590

甜
甜言蜜語……471

産
産学協同……259

異
異口同音……14
異曲同工……13
異体同心……17
異国情緒……14
異国情調……15
異域之鬼……10
異路同帰……53
異端邪宗……18
異端邪説……18
異聞奇譚……51
異類中行……52
異類異形……52
異類無礙……52

畢
畢竟寂滅……549

皎
皎皎冽冽……213
皎皎晶晶……154

盛
盛者必衰……325
盛衰栄枯……371
盛衰興亡……371
盛粧麗服……372
盛徳大業……374

盗
盗人上戸……513
盗人根性……513

眼
眼中之釘……128
眼光炯炯……122
眼光紙背……122
眼高手低……122

眺
眺望絶佳……455

祭
祭政一致……252

移
移木之信……52
移風易俗……50

章
章句小儒……322

笙
笙磬同音……322

粗
粗衣粗食……403
粗酒粗餐……415
粗鹵迂遠……416
粗鹵狭隘……416
粗製濫造……415

粒
粒粒辛苦……661

経
経文緯武……190
経世済民……188
経史子集……187
経国大業……186
経国済民……186
経営惨澹……183
経緯万端……183

紺
紺紙金泥……247

細
細心翼翼……252
細心臨摸……252

終
終始一貫……304
終南捷径……307
終歳馳駆……303

紳
紳士協定……345
紳士淑女……346

累
累世同居……671
累卵之危……671

羞
羞月閉花……302
羞花閉月……302
羞渋疑阻……304

羝
羝羊触藩……465

脚
脚下照顧……146

脱
脱兎之勢……432
脱俗超凡……432

舳
舳艫千里……274

萎
萎靡不振……50
萎靡沈滞……50

菜
菜圃麦隴……254

菽
菽水之歓……311

萋
萋斐貝錦……374

萍
萍水相逢……589

虚
虚心平気……164
虚心坦懐……164
虚妄分別……245
虚有縹渺……158
虚気平心……160
虚実皮膜……164
虚往実帰……160
虚堂懸鏡……165
虚虚実実……161
虚無恬淡……166
虚無縹渺……166
虚静恬淡……164
虚誕妄説……165
虚融澹泊……245

蛍
蛍窓雪案……188
蛍雪之功……188

蛇
蛇蚹蜩翼……433

規
規行矩歩……138
規制緩和……142
規則縄墨……143

規矩準縄……137

視
視野狭窄……297
視聴言動……287

許
許由巣父……167

訥
訥言敏行……499

豚
豚児犬子……503
豚魚之信……502
豚蹄穣田……503

貫
貫朽粟陳……120

責
責任転嫁……379

貪
貪小失大……503
貪夫徇財……437
貪吝刻薄……504
貪官汚吏……434
貪欲吝嗇……503

貧
貧者一灯……561
貧富貴賤……562
貧窮福田……561
貧賤之交……562
貧賤驕人……561

跂
跂行喙息……137

転
転生輪廻……474
転迷開悟……479
転倒黒白……476
転禍為福……470
転轆轆地……480
転彎抹角……480

軟
軟紅塵中……506

逍
逍遥自在……333
逍遥法外……333

逢
逢掖之衣……595

進
進寸退尺……351
進取果敢……347
進退出処……352
進退去就……352
進退両難……352
進退維谷……352

都
都門桂玉……502

酔
酔生夢死……360
酔歩蹣跚……362
酔眼朦朧……358

釈
釈近謀遠……297
釈迦八相……297
釈根灌枝……297

野
野人田夫……636
野心満満……636
野卑滑稽……637
野蛮草昧……637
野戦攻城……636

閉
閉口頓首……588
閉月羞花……588
閉明塞聡……591
閉門蟄居……591

陰
陰陰滅滅……53
陰森凄幽……56
陰陽五行……58
陰徳恩賜……57
陰徳陽報……57
陰謀詭計……57

陳
陳勝呉広……459
陳詞濫調……460
陳蔡之厄……459

陶
陶犬瓦鶏……483
陶朱猗頓……486
陶潜帰去……488

陸
陸梁跋扈……657

陵
陵谷変遷……663
陵谷遷貿……663

雀
雀角鼠牙……300

雪
雪上加霜……382
雪中四友……384
雪中松柏……384
雪中送炭……383
雪月風花……381
雪泥鴻爪……384
雪案蛍窓……380
雪萼霜葩……380
雪裏清香……385
雪魄氷姿……384

頂
頂天立地……454
頂門一針……455
頂門金椎……456

魚
魚目混珠……166
魚目燕石……166
魚竜爵馬……167
魚菽之祭……164
魚塩之中……160
魚塩之利……160
魚網鴻離……166
魚質竜文……164
魚爛土崩……167
魚鱗之陣……167
魚鱗鶴翼……167

鳥
鳥尽弓蔵……452
鳥面鵠形……455
鳥革翬飛……450
鳥語花香……451

鹿
鹿苹之歓……679
鹿鳴之宴……679

麻
麻中之蓬……612
麻姑掻痒……611

黄
黄中内潤……219
黄白青銭……222
黄衣廩食……206
黄花晩節……208
黄茅白葦……224
黄金時代……81
黄道吉日……220
黄粱一炊……228
黄粱之夢……228
黄絹幼婦……212
黄塵万丈……217
黄裳元吉……216
黄髪垂髫……222
黄髪番番……222
黄霧四塞……226

黒
黒白分明……234
黒白混淆……234
黒風白雨……234
黒甜郷裏……233
黒貂之裘……233
黒雲白雨……232
黒歯彫題……233

斎
斎戒沐浴……249

亀
亀毛兎角……145
亀甲獣骨……144

＝十二画＝

傀
傀儡政権……97

備
備荒貯蓄……547

傅
傅虎為翼……573

傍
傍若無人……599

凱
凱風寒泉……96

割
割席分坐……110
割臂之盟……112
割鶏牛刀……109

創
創意工夫……403
創業守成……405

勤
勤王攘夷……174
勤労奉仕……175

勤倹力行……171
勤倹小心……170
勤倹尚武……170

勝
勝手気儘……111

博
博引旁証……521
博文約礼……527
博古通今……523
博学才穎……522
博学多才……522
博学多識……522
博学卓識……522
博学審問……522
博学篤志……522
博物窮理……527
博施済衆……524
博聞強記……527
博聞彊識……527
博覧多識……528
博覧強記……528
博識多才……524
博識洽聞……524

卿
卿相雲客……187

厥
厥角稽首……193

喙
喙長三尺……95

喜
喜色満面……141
喜怒哀楽……144
喜新厭旧……141
喜躍抃舞……146

喬
喬木故家……159
喬松之寿……157

喧
喧喧諤諤……198
喧喧囂囂……198
喧嘩囂躁……197

喉
喉元思案……515

善
善巧方便……387
善因善果……386
善男善女……399
善後処置……389
善後措置……389
善悪是非……386
善隣友好……403
善隣外交……403

喪
喪家之狗……404

喋
喋喋喃喃……454

堅
堅甲利兵……199
堅白同異……203
堅白異同……203
堅忍不抜……203
堅忍果決……202
堅忍質直……203
堅牢堅固……205
堅塞固塁……200

堕
堕落腐敗……433

報
報仇雪恨……597
報仇雪恥……597
報本反始……603
報国尽忠……598
報怨以徳……595
報恩謝徳……596

壺
壺中之天……240

奢
奢侈文弱……299
奢侈淫佚……299

媚
媚眼秋波……545

寒
寒山拾得……123
寒気凜冽……121
寒江独釣……122
寒花晩節……119
寒煖饑飽……126
寒巌枯木……119

富
富国強兵……573
富貴在天……564
富貴利達……565
富貴寿考……564
富貴栄華……564
富貴浮雲……564
富貴福沢……564

尋
尋花問柳……341
尋言逐語……345
尋常一様……348
尋章摘句……348

尊
尊尚親愛……417
尊皇攘夷……417

属
属毛離裏……414

屠
屠羊之肆……502
屠所之羊……499
屠毒筆墨……500
屠竜之技……502

嵐
嵐影湖光……654

廃
廃仏毀釈……519
廃忘怪顚……519
廃格沮誹……516
廃寝忘食……517
廃藩置県……518

廊
廊廟之器……678

弾
弾丸之地……434
弾丸雨注……434
弾丸黒子……434

循
循名責実……320
循規蹈矩……317

悲
悲壮淋漓……549
悲喜交交……546
悲傷憔悴……547
悲歌慷慨……545
悲憤慷慨……552
悲歓離合……546

悶
悶絶躄地……634

惻
惻隠之心……412

惰
惰気満満……429

愉
愉快活発……644
愉快適悦……644

掌
掌上明珠……326
掌中之珠……329

握
握髪吐哺……4

換
換骨羽化……122
換骨奪胎……122

揮
揮汗成雨……135

揣
揣摩迎合……295
揣摩臆測……295

提
提耳面命……463
提綱挈領……463

揚
揚威耀武……645
揚眉吐気……648
揚清激濁……647

揺
揺唇鼓舌……647
揺頭擺尾……648

敢
敢作敢当……123

敬
敬天愛人……189

散
散文精神……268

敦
敦煌五竜……502
敦篤虚静……503

斑
斑衣之戯……535

晷
晷漏粛唱……168

景
景星鳳凰……188

晶
晶瑩玲瓏……321

晴
晴好雨奇……368
晴耕雨読……368
晴雲秋月……366

智
智円行方……439
智勇兼備……445

智徳俊英……444
智謀浅短……444

普
普天率土……578
普遍妥当……580

最
最後通牒……251

朝
朝三暮四……451
朝令暮改……456
朝四暮三……451
朝生暮死……453
朝成暮毀……453
朝有紅顔……456
朝衣朝冠……449
朝改暮令……450
朝改暮変……449
朝参暮請……451
朝盈夕虚……449
朝穿暮塞……453
朝真暮偽……452
朝秦暮楚……452
朝耕暮耘……451
朝朝暮暮……454
朝過夕改……450
朝開暮落……449
朝雲暮雨……449
朝歌夜絃……450
朝種暮穫……452
朝聞夕死……455
朝憲紊乱……450
朝観夕覧……450
朝蠅暮蚊……456
朝齏暮塩……453

極
極大苦悩……233
極悪非道……232
極楽往生……234
極楽浄土……234
極楽蜻蛉……234

森
森羅万象……357

椎
椎心泣血……461

棣
棣鄂之情……462

棟
棟梁之材……493

椀
椀飯振舞……83

欺
欺世盗名……142
欺軟怕硬……145

渭
渭川漁父……17
渭浜漁父……50
渭樹江雲……16

淵
淵広魚大……75
淵明把菊……79

温
温文爾雅……87
温良恭倹……87
温良篤厚……88
温言慰謝……85
温和怜悧……88
温和篤厚……88
温厚質実……85
温厚篤実……85
温故知新……86
温柔敦厚……86
温清定省……86
温潤良玉……86

渦
渦中之人……108

減
減収減益……200
減価償却……197

渾
渾金璞玉……246
渾崙呑棗……249
渾渾沌沌……247
渾然一体……248

湛
湛盧之剣……439

渟
渟膏湛碧……463

湯
湯池鉄城……489

満
満目荒涼……614
満目蕭条……614
満目蕭然……614
満身是胆……613
満身創痍……613
満城風雨……613
満場一致……613
満腔春意……613

游
游移不定……638
游雲驚竜……638

煮
煮豆燃萁……300

焦
焦心苦慮……328
焦眉之急……331
焦唇乾舌……327
焦熬投石……323
焦熱地獄……330
焦頭爛額……330

焚
焚書坑儒……585
焚琴煮鶴……583

無
無二無三……621
無上菩提……620
無上趣味……619
無手勝流……621
無用之用……622
無用有害……622
無礼千万……582
無礼傲慢……582
無辺無礙……621
無妄之福……622
無位無官……616
無位無冠……616
無何有郷……617
無余涅槃……623
無告之民……618
無声之詩……620
無声無臭……620
無我夢中……617
無私無偏……619
無芸大食……617
無事平穏……575
無事息災……574
無味乾燥……622
無始無終……619
無始曠劫……619
無学文盲……617
無学浅識……617
無学無知……617
無学無識……617
無念千万……621
無念残念……621
無念無想……621
無明長夜……622
無法之法……622
無知文盲……620
無知愚昧……620
無知蒙昧……620
無垢清浄……617
無為不言……562
無為自然……616
無為徒食……616
無為渾沌……616
無為無能……616
無為無策……616
無茶苦茶……620
無師独悟……619
無恥厚顔……620
無根無蔕……618
無病呻吟……621
無病息災……621
無益有害……617

無偏無党……622
無常因果……619
無常迅速……620
無欲恬淡……622
無理往生……623
無理非道……623
無理無体……623
無理算段……623
無理難題……623
無累之人……624
無援孤立……617
無策無為……618
無辜之民……618
無量無辺……623
無間地獄……618
無想無念……620
無罪放免……618
無駄方便……620
無影無踪……617
無慙無愧……618
無稽之言……618
無稽之談……618
無稽荒唐……617
無縫天衣……622

犀
犀舟勁楫……251

犂
犂牛之子……656
犂牛之喩……656

琴
琴心剣胆……173
琴棋書画……170
琴棋詩酒……169
琴瑟相和……172
琴瑟調和……172
琴歌酒賦……169

琳
琳琅珠玉……670
琳琅満目……671
琳琅璆鏘……670

畳
畳牀架屋……326

痩
痩身長軀……408
痩身矮軀……408
痩骨窮骸……406
痩軀長身……405

痛
痛快無比……461
痛定思痛……462
痛烈無比……462

皓
皓月千里……211
皓歯明眸……216

短
短兵急接……437
短褐穿結……433
短慮軽率……439

硝
硝煙弾雨……321

程
程孔傾蓋……463
程門立雪……465

童
童牛之牿……483
童牛角馬……483
童顔鶴髪……482

等
等量斉視……493

筆
筆力扛鼎……550
筆削褒貶……550
筆耕硯田……549
筆硯紙墨……549
筆墨硯紙……550

粟
粟粒一炊……414
粟散辺土……412
粟散辺地……412

結
結跏趺坐……194
結縁灌頂……193
結縄之政……195

絜
絜矩之道……194

絢
絢爛豪華……204

紫
紫幹翠葉……272
紫電一閃……292
紫電清霜……292
紫緋紋綾……293
紫髯緑眼……284
紫瀾洶湧……338

絶
絶世独立……383
絶巧棄利……381
絶体絶命……383
絶言絶慮……381
絶痛絶苦……384
絶観忘守……381
絶類離倫……385

着
着手成春……445
着眼大局……444

胼
胼胝之労……593

菟
菟糸燕麦……498

葭
葭莩之親……114

葛
葛屨履霜……109

葷
葷酒山門……182

董
董狐之筆……485

落
落月屋梁……652
落花流水……653
落花狼藉……653
落花啼鳥……653
落花繽紛……653
落英繽紛……652
落穽下石……652
落胆失望……652
落紙雲煙……652
落筆点蠅……652
落落晨星……653

蛙
蛙鳴蟬噪……6

蛟
蛟竜毒蛇……228
蛟竜雲雨……228

蛮
蛮夷戎狄……535

衆
衆人環視……306
衆口一致……303
衆口熏天……303
衆少成多……305
衆生済度……313
衆目環視……310
衆矢之的……304
衆妙之門……309
衆酔独醒……306
衆寡不敵……302
衆賢茅茹……302
衆議一決……302
衆議成林……302

街
街談巷語……95
街談巷説……95

裁
裁断批評……253

装
装模作様……411

詠
詠雪之才……69

詐
詐謀偽計……257

証
証拠隠滅……323

評
評頭品足……559

象
象牙之塔……405
象箸玉杯……409

貴
貴人多忘……141
貴耳賤目……139
貴貴重重……136
貴種流離……140
貴賤上下……142
貴賤老若……142
貴賤貧富……142
貴顕紳士……137

買
買妻恥醮……516
買櫝還珠……518

賁
賁育之勇……609

越
越俎之罪……72

越俎代庖……72
越畔之思……72
越鳥南枝……72
越鳧楚乙……73
越権行為……72
超
超仏越祖……455
超軼絶塵……449
超塵出俗……452
跖
跖狗吠尭……377
跌
跌宕涓介……467
跌蕩放言……467
跛
跛立箕坐……535
跛鼈千里……534
跋
跋山渉水……531
跋扈跳梁……531
軻
軻親断機……107
軽
軽妙洒脱……190
軽車熟路……187
軽佻浮薄……189
軽便信用……190
軽重緩急……189
軽挙妄動……185
軽率短慮……188
軽裘肥馬……185
軽慮浅謀……192
軽諾寡信……189
軽薄才子……189
軽薄短小……190
運
運斤成風……64
運否天賦……66
過
過大評価……107
過小評価……105
過庭之訓……112
過剰防衛……105
達
達人大観……432
遅
遅暮之嘆……444
遅疑逡巡……439
道
道之以徳……486
道心堅固……487
道傍苦李……492
道揆法守……482
道貌岸然……491
道聴塗説……489
遍
遍地開花……593
遊
遊刃余地……641
遊山玩水……640
遊冶懶惰……643
遊惰放逸……641
遊嬉宴楽……639
遊戯三昧……644
量
量入制出……666
量入為出……666
量才録用……664
量体裁衣……665
開
開口一番……90
開化文明……89
開天闢地……95
開心見誠……93
開示悟入……92
開物成務……97
開門揖盗……97
開巻有益……89
開眼供養……90
開雲見日……88
開源節流……90
開権顕実……91
開懐暢飲……89
開闢以来……96
開闢草昧……96
間
間不容髪……130
閑
閑人適意……125
閑居養志……120
閑雲孤鶴……117
閑雲野鶴……118
閑話休題……133
階
階前万里……94
随
随処任意……360
随宜所説……358
随波逐流……362
随侯之珠……359
随風倒舵……362
随珠和璧……359
随珠弾雀……360
随喜功徳……358
随喜渇仰……358
随感随筆……358
随縁放曠……358
随鴉彩鳳……358
随機応変……358
随類応同……363
陽
陽関三畳……646
集
集中砲火……307
集散離合……304
集腋成裘……301
雄
雄大豪壮……641
雄心勃勃……641
雄気堂堂……639
雄材大略……640
雄風高節……642
雄蝶雌蝶……85
雲
雲中白鶴……65
雲心月性……65
雲水行脚……65
雲合霧集……64
雲行雨施……64
雲泥万里……65
雲泥之差……65
雲雨巫山……63
雲容煙態……66
雲消霧散……65
雲竜井蛙……66
雲竜風虎……66
雲散鳥没……64
雲散霧消……64
雲遊萍寄……66
雲集霧散……65
雲煙万里……63
雲煙飛動……64
雲煙過眼……63
雲煙縹渺……64
雲蒸竜変……65
雲壌月鼈……65
雲壌懸隔……65
雲霓之望……64
雲濤煙浪……66
雲霞之交……64
雲翻雨覆……66
項
項背相望……222
順
順逆一視……317
順風満帆……320
飲
飲水思源……56
飲灰洗胃……53
飲至策勲……55
飲河之願……54
飲河満腹……54
飲食之人……56
飲馬投銭……57
飲鴆止渇……57
飲醼贈遺……53
飯
飯後之鐘……538

飯嚢酒甕……541

馮
馮異大樹……563

黍
黍離之歎……338

歯
歯亡舌存……294
歯牙余論……272
歯豁頭童……272

十三画

傾
傾危之士……185
傾国美人……186
傾国美女……186
傾国傾城……186
傾城傾国……187
傾盆大雨……190
傾家蕩産……184
傾側偃仰……188
傾揺解弛……191
傾蓋知己……184

傲
傲世逸俗……217
傲岸不遜……209
傲岸無礼……209
傲骨嶙峋……213
傲慢不遜……225
傲慢不羈……225
傲慢無礼……225
傲慢磊落……225

傷
傷弓之鳥……322
傷天害理……330
傷風敗俗……332

僧
僧伽藍摩……405

傭
傭書自資……647

剽
剽悍無比……557
剽疾軽悍……558

勧
勧百風一……130
勧善懲悪……126
勧奨懲誡……124

勢
勢力伯仲……375

嗇
嗇夫口弁……336
嗇夫利口……336

塊
塊然独処……94

塞
塞翁之馬……249
塞翁失馬……249

塡
塡街塞巷……469

塗
塗抹詩書……501
塗炭之民……499
塗炭之苦……499

夢
夢中説夢……620
夢幻泡沫……618
夢幻泡影……618
夢熊之喜……622
夢賚之良……623

嫁
嫁娶不同……105
嫁鶏随鶏……103

嫉
嫉視反目……289

寛
寛仁大度……125

幕
幕天席地……526

廉
廉恥功名……675
廉頗負荊……675

微
微妙玄通……552
微言大義……547

愛
愛及屋烏……1
愛月撤灯……1
愛多憎生……2
愛別離苦……2
愛屋及烏……1
愛楊葉児……2

意
意中之人……30
意匠惨澹……16
意在言外……15
意気自如……12
意気投合……13
意気阻喪……13
意気消沈……12
意気軒昂……12
意気揚揚……13
意気衝天……12
意志堅固……15
意志薄弱……15
意到筆随……49
意味深長……52
意思表示……15
意料無限……52
意馬心猿……50
意路不倒……53
意趣卓逸……16
意趣遺恨……16
意識朦朧……15

感
感孚風動……130
感応道交……129
感情移入……123
感慨無量……118
感奮興起……131

愚
愚公移山……178
愚者一得……178
愚問愚答……180
愚痴無知……179

慈
慈母敗子……295
慈眉善目……293
慈烏反哺……270
慈悲忍辱……293

愁
愁苦辛勤……302

慎
慎始敬終……346
慎重居士……353

戢
戢鱗潜翼……310

戦
戦意喪失……386
戦戦慄慄……396
戦戦兢兢……396

摂
摂取不捨……382

損
損者三友……417
損者三楽……417

数
数黒論黄……363

斟
斟酌折衷……347

新
新郎新婦……357
新鬼故鬼……342
新婦新郎……355
新涼灯火……357
新進気鋭……350
新陳代謝……353

暗
暗中飛躍……9
暗中模索……9
暗送秋波……9
暗香浮動……7
暗香疎影……7
暗香蓊葧……7
暗黒沈静……8
暗黒時代……8
暗雲低迷……7
暗噁叱咤……53
暗箭傷人……9
暗澹溟濛……9

暖
暖衣飽食……433

楽
楽羊啜子……103
楽禍幸災……652
楽髪苦爪……652

棄
棄甲曳兵……137
棄灰之刑……134

業
業果法然……208

楚
楚囚南冠……415
楚材晋用……414
楚越同舟……412

楚夢雨雲……416

椿
椿萱並茂……459

椽
椽大之筆……475

楊
楊布之狗……649

歳
歳月不待……250
歳寒三友……250
歳寒松柏……250
歳歳年年……251

毀
毀誉褒貶……166

溢
溢美溢悪……47

滑
滑稽之雄……241
滑稽洒脱……241

滄
滄海一粟……404
滄海桑田……403
滄海遺珠……404
滄桑之変……409

滞
滞言滞句……421
滞滞泥泥……425

滔
滔滔汨汨……489

漠
漠漠濛濛……526

滅
滅私奉公……628
滅頂之災……628

溶
溶溶漾漾……649

煙
煙波渺茫……78
煙波縹渺……78
煙視媚行……75
煙雲過眼……73
煙霞痼疾……73

煥
煥然一新……126

照
照猫画虎……331
照顧脚下……323

煎
煎水作氷……395

煩
煩労汚辱……544
煩言砕辞……537
煩悩外道……610
煩悩劫苦……610
煩悩菩提……610
煩悶憂苦……543
煩悶懊悩……543

猿
猿猴取月……75
猿猴捉月……75
猿臂之勢……78

獅
獅子身中……279
獅子搏兎……279
獅子奮迅……280

瑜
瑜伽三密……644

瑶
瑶林瓊樹……649

痿
痿縮震慄……16

痴
痴心妄想……442

盟
盟神探湯……625

睚
睚眥之怨……92

矮
矮子看戯……681

禍
禍棗災梨……107
禍福糾纆……114
禍福倚伏……114
禍福得喪……114
禍福無門……114

禅
禅譲放伐……394

福
福善禍淫……572
福徳円満……572

禽
禽困覆車……171
禽息鳥視……174
禽獣夷狄……172
禽獣草木……172

稠
稠人広衆……447

稗
稗官野史……516

節
節衣縮食……380
節哀順変……380
節倹力行……381

続
続短断長……413
続貂之譏……413

綈
綈袍恋恋……465

罪
罪悪滔天……249
罪業消滅……250

置
置酒高会……442
置錐之地……442

義
義理一遍……167
義理人情……167

群
群竜無首……183
群策群力……181
群軽折軸……181
群集心理……182
群雄割拠……183
群疑満腹……181
群蟻附羶……180
群鶏一鶴……181

聖
聖人君子……370
聖人無夢……371
聖読庸行……374

腹
腹中之書……572
腹中鱗甲……572
腹心之臣……571
腹心之疾……571
腹心内爛……571
腹誹之法……572

腰
腰纏万金……648

舜
舜日尭年……318

葦
葦末之巣……52

蓋
蓋天蓋地……95
蓋世之才……94
蓋世不抜……94
蓋瓦級甎……89
蓋棺事定……89

蒹
蒹葭玉樹……197

蒟
蒟蒻問答……248

蒼
蒼狗白衣……405
蒼然暮色……409
蒼蠅驥尾……411

蒲
蒲柳之質……609
蒲鞭之政……608
蒲鞭之罰……608

蓮
蓮華宝土……674
蓮華往生……674

虞
虞芮之訴……178

蜀
蜀犬吠日……337

蜃
蜃楼海市……357

蜉
蜉蝣一期……581

蜂
蜂目豺声……604
蜂房水渦……603
蜂準長目……600

解
解甲帰田……90
解衣推食……88
解脱幢相……193
解語之花……91

詭
詭計多端……137
詭道険語……144

誇
誇大妄想……240

詩
詩人蛻骨……282
詩腸鼓吹……287
詩歌管弦……270

試
試行錯誤……275

誠
誠心誠意……370
誠惶誠恐……368
誠意誠心……366
誠歓誠喜……367

誅
誅心之法……447

豊
豊年満作……602
豊衣足食……594
豊衣飽食……594
豊頬曲眉……597

暮暮朝朝……608
槐 槐門棘路……97
権 権管之利……101
槁 槁木死灰……225
槁項黄馘……212
榑 榑木之地……581
歌 歌功頌徳……104
歌舞音曲……114
歌舞優楽……114
漁 漁夫之利……165
漁夫之勇……165
滾 滾瓜爛熟……246
漆 漆身呑炭……290
漸 漸入佳境……399
漱 漱石枕流……408
滴 滴水成氷……466
滴水滴凍……466
漂 漂蕩奔逸……559
漫 漫言放語……612
漫語放言……613
漏 漏脯充飢……678
爾 爾汝之交……282
爾雅温文……271
瑰 瑰意琦行……88
瑣 瑣砕細膩……255
疑 疑心暗鬼……141
疑事無功……140
疑雲猜霧……133
碩 碩学大儒……377
碩師名人……377
碧 碧血丹心……591
碧眼紅毛……591
碧落一洗……591
種 種種雑多……313
稲 稲麻竹葦……492
端 端木辞金……438
管 管中窺天……128
管中窺豹……128
管仲随馬……128
管窺蠡測……121
管鮑之交……131
箝 箝口結舌……122
箕 箕山之志……139
箕裘之業……136
箚 箚青淋漓……256
精 精力絶倫……375
精励恪勤……376
精忠無比……373
精明強幹……375
精金良玉……367
精神一到……370
精神統一……370
精神鬱快……370
精疲力尽……374
精進勇猛……328
精進潔斎……328
精衛塡海……366
維 維摩一黙……638
綺 綺襦紈袴……140
綱 綱紀粛正……210
綱紀廃弛……210
綱紀頽弛……210
綱挙網疏……211
緇 緇林杏壇……340
総 総角之好……404
総量規制……411
綢 綢繆未雨……448
綿 綿力薄材……630
綿裏包針……630
網 網目不失……632
網目不疎……632
綾 綾羅錦繡……667
緑 緑林白波……668
緑林好漢……668
緑酒紅灯……668
緑葉成陰……668
翠 翠色冷光……360
翠帳紅閨……361
聚 聚蚊成雷……309
聚散十春……304
聚斂之臣……310
聡 聡明剛介……411
聡明叡知……410
聞 聞風喪胆……586
腐 腐敗堕落……579
膏 膏火自煎……208
膏肓之疾……213
膏粱子弟……228
蓴 蓴羹鱸膾……318
蓬 蓬首散帯……600
蓬莱弱水……605
蓬髪垢面……603
蓬頭乱髪……602
蓬頭垢面……602
蓼 蓼虫忘辛……665
蓼莪之詩……656
蜿 蜿蜿長蛇……73
複 複雑多岐……571
複雑多様……571
複雑怪奇……571
誨 誨人不倦……93
誨淫誨盗……88
誨淫導欲……88
誨盗誨淫……96
説 説三道四……382
読 読書三余……496
読書三到……495
読書三昧……496
読書亡羊……496
読書百遍……496
読書尚友……496
認 認奴作郎……512
誘 誘引開導……638
豪 豪放磊落……224
豪胆無比……219
豪華絢爛……207
貌 貌合心離……598
赫 赫赫之功……100
赫赫之名……100
赫赫明明……100
趙 趙州先鉢……452
跼 跼天蹐地……162
跿 跿跔科頭……495
輔 輔車相依……607
輔車唇歯……607
遮 遮二無二……300
適 適材適所……466
適者生存……466
適怨清和……465
適楚北轅……466
銜 銜尾相随……130
銜哀致誠……117
銀 銀杯羽化……174
銀河倒瀉……169
銀波金波……174
銅 銅駝荊棘……489
銅頭鉄額……490
銅牆鉄壁……487
銘 銘心鏤骨……625

銘肌鏤骨……624
関
関雎之化……124
関関雎鳩……120
閨
閨英閨秀……183
隠
隠公左伝……55
隠忍自重……57
隠居放言……55
隠悪揚善……53
隠晦曲折……53
雑
雑然紛然……256
雌
雌伏雄飛……293
静
静寂閑雅……369
魁
魁梧奇偉……91
魁塁之士……97
魂
魂飛魄散……248
鳶
鳶目兎耳……79
鳶飛魚躍……78
鳳
鳳友鸞交……604
鳳凰于飛……595
鳳凰在笯……595
鳳凰来儀……596
鳳凰銜書……595
鳳鳴朝陽……604
鳳翥竜蟠……600
鳴
鳴蟬潔飢……626
鼻
鼻元思案……534
鼻先思案……534

十五画

儀
儀狄之酒……144
劉
劉伶之鍤……662
劉寛温恕……659
勲
勲労功伐……183
器
器用貧乏……158
嘘
嘘寒問暖……160
嘲
嘲風弄月……455
噴
噴薄激盪……585
墜
墜茵落溷……461
播
播間酒肉……536
墳
墳墓之地……586
嬉
嬉笑怒罵……140
審
審念熟慮……354
履
履霜之戒……658
履霜堅氷……658
廟
廟堂之器……559
弊
弊衣破帽……587
弊衣蓬髪……588
弊帚千金……590
弊絶風清……590
影
影迹無端……69
影隻形単……69
影駭響震……67
徹
徹骨徹髄……467
徹頭徹尾……467
慧
慧可断臂……70
憂
憂来無方……644
慮
慮外千万……667
憤
憤懣焦燥……587
戯
戯作三昧……193
戮
戮力同心……657
戮力協心……657
撃
撃柝一声……192
撃排冒没……192
撃壌之歌……192
撃壌鼓腹……192
摩
摩肩接踵……611
摩頂放踵……612
撞
撞着矛盾……489
播
播糠眯目……529
撥
撥乱反正……533
撥雲見天……530
撲
撲朔迷離……605
敵
敵本主義……466
敵前逃亡……466
敵愾同仇……465
敷
敷天之下……579
暫
暫労永逸……269
暴
暴君汚吏……597
暴君暴吏……597
暴戻恣睢……605
暴言多罪……598
暴虎馮河……598
暴虐非道……597
暴飲暴食……594
横
横行跋扈……81
横眉怒目……83
横草之功……83
横徴暴斂……83
横説竪説……82
槿
槿花一日……169
槿花一朝……169
権
権理通義……205
権謀術策……204
権謀術数……204
樗
樗櫟之材……458
樗櫟散木……458
標
標新立異……559
歓
歓天喜地……128
歓言愉色……121
歓欣鼓舞……121
歓喜抃舞……120
歓楽哀情……132
殢
殢雨尤雲……462
潁
潁水隠士……69
漿
漿酒霍肉……325
澆
澆季末世……154
澆季溷濁……154
澌
澌尽礱磨……282
潜
潜在意識……391
潜移暗化……386
潑
潑墨淋漓……533
熙
熙熙攘攘……136
熟
熟思黙想……311
熟読三思……312
熟読玩味……311
熟慮断行……312
熱
熱烈峻厳……513
熱願冷諦……513
熛
熛至風起……558
瑾
瑾瑜匿瑕……175
盤
盤石之固……538
盤根錯節……538
盤楽遊嬉……543
瞋
瞋目張胆……356
瞑
瞑目沈思……627
磑
磑風舂雨……97
確
確乎不抜……110
確乎不動……109
磅
磅礴鬱積……603
磊
磊落闊達……651
磊磊落落……651
稽
稽古之力……186
窮
窮山幽谷……149
窮年累世……151
窮余一策……152
窮兵黷武……152
窮形尽相……148
窮途之哭……151

窮途末路……151
窮途潦倒……151
窮鳥入懐……150
窮極無聊……147
窮愁著書……149
窮猿投林……146
窮鼠噛猫……150
窮閻漏屋……147

縁
縁木求魚……79

緩
緩兵之計……131
緩急自在……120
緩急剛柔……120
緩急軽重……120
緩絃朗笛……121
緩歌慢舞……119

緊
緊褌一番……171

罵
罵詈雑言……535
罵詈讒謗……535

翫
翫歳愒日……123

膠
膠漆之交……215

膝
膝癢掻背……292

膚
膚受之愬……575

舞
舞文曲筆……580
舞文弄法……580
舞馬之災……580

蕉
蕉風俳諧……331
蕉鹿之夢……335

蔵
蔵形匿影……405
蔵頭露尾……409

蕩
蕩佚簡易……481

蝸
蝸牛之廬……99
蝸牛角上……99
蝸角之争……98

褒
褒衣博帯……594

褞
褞袍粗糲……87

諸
諸子百家……336
諸行無常……335
諸事万端……336
諸国漫遊……336
諸法無我……338
諸悪莫作……320
諸説紛紛……337

談
談天雕竜……437
談言微中……434
談虎色変……435
談論風発……439

諂
諂上欺下……473
諂佞阿諛……477

誹
誹刺諷誡……547
誹謗中傷……552

論
論功行賞……680
論旨明快……680

賛
賛否両論……268

質
質朴剛健……291
質実朴素……289
質実剛健……289
質素倹約……290
質疑応答……288

賞
賞罰之柄……331

賤
賤斂貴出……403
賤斂貴発……403

趣
趣舎万殊……313

踔
踔厲風発……430

踏
踏足付耳……488

輪
輪廻応報……670
輪廻転生……670

遺
遺臭万載……16
遺風残香……51
遺憾千万……12
遺簪墜屨……17

遷
遷客騒人……386
遷徙偃仰……391
遷喬之望……387

遼
遼東之豕……666

鄭
鄭衛之音……462
鄭衛桑間……462

銷
銷遺之具……323
銷鑠縮栗……325

鋳
鋳山煮海……446

震
震天動地……354

霊
霊台方寸……673
霊肉一致……674
霊魂不滅……672

頤
頤指気使……15

養
養生喪死……647
養児備老……647
養志之孝……647
養虎遺患……646

餓
餓狼之口……117
餓鬼偏執……99

駟
駟介旁旁……271

駑
駑馬十駕……500

魯
魯之男子……680
魯般雲梯……680
魯魚之謬……679
魯魚亥豕……679
魯魚章草……679

鴉
鴉巣生鳳……5
鴉雀無声……4

＝十六画＝

儒
儒林棟梁……316

嚆
嚆矢濫觴……217

嘯
嘯風弄月……332

噬
噬指棄薪……369

壁
壁立千仞……591

奮
奮励努力……587
奮闘努力……585

彊
彊食自愛……157

憑
憑虚御風……558

懊
懊悩呻吟……83
懊悩煩悶……83

懐
懐才不遇……92
懐玉有罪……90
懐宝迷邦……97

憐
憐香惜玉……674

撼
撼天動地……128

擒
擒縦自在……172

操
操刀傷錦……409
操奇計贏……405
操觚之士……406

整
整理整頓……375

曇
曇華一現……502

機
機会均等……134
機械之心……134
機略縦横……167
機嫌気褄……137

橘
橘中之楽……144

樹
樹下石上……312

樽
樽俎之間……417
樽俎折衝……417

橦
橦末之伎……492

激
激憤慷慨……192
激濁揚清……192

濁
濁流滾滾……430

澹
澹然無極……436

燕
燕巣幕上……76
燕雀相賀……76
燕雀鴻鵠……75
燕雁代飛……74

燕頷投筆……74
燕頷虎頸……74
燕頷虎頭……74

燃
燃眉之急……514
燃犀之明……514

燎
燎原之火……663

獣
獣聚鳥散……305
獣蹄鳥跡……307

璞
璞玉渾金……523

盧
盧生之夢……680

瞠
瞠目結舌……492

磨
磨斧作針……612
磨杵作針……611
磨穿鉄硯……612
磨揉遷革……611
磨礱砥礪……612

穏
穏着沈黙……87

積
積土成山……379
積日累久……377
積水成淵……378
積羽沈舟……376
積厚流光……377
積悪余殃……376
積善余慶……378
積薪之嘆……378

窺
窺伺傚慕……139

篝
篝火狐鳴……207

築
築室道謀……440

篤
篤実温厚……495

緯
緯武経文……51

縞
縞衣綦巾……206

縦
縦塗横抹……307
縦説横説……306
縦横自在……301
縦横無尽……301
縦横無礙……301

繁
繁文縟礼……542
繁絃急管……537
繁劇紛擾……537

縫
縫衣浅帯……594

興
興亡治乱……224
興言利口……155
興味本位……159
興味津津……159
興味索然……159

薙
薙露蒿里……98

薑
薑桂之性……155

蕭
蕭条無人……327

薪
薪水之労……351
薪尽火滅……349

薄
薄利多売……528
薄志弱行……524
薄物細故……527
薄唇軽言……525
薄暮冥冥……528

薬
薬九層倍……178
薬石之言……636
薬石無効……636
薬籠中物……636

薏
薏苡明珠……649

融
融通無礙……641

衡
衡陽雁断……227

親
親類縁者……357

諤
諤諤之臣……100

賢
賢母良妻……204
賢良方正……205
賢明愚昧……204

蹄
蹄涔尺鯉……464

踰
踰牆鑽隙……645

輸
輸写心腹……644
輸攻墨守……312

避
避坑落井……547

錦
錦上添花……173
錦心繍口……173
錦衣玉食……168
錦繍心肝……172
錦繍綾羅……172

闍
闍浮檀金……78

雕
雕文刻鏤……455
雕梁画棟……456

霓
霓裳羽衣……187

霑
霑体塗足……474

霖
霖雨蒼生……668

頷
頷下之珠……119

頽
頽堕委靡……425

頭
頭北面西……364
頭会箕斂……481
頭脳明晰……364
頭寒足熱……364
頭童歯豁……490
頭髪上指……490
頭髪種種……490

髻
髻中明珠……189

鴛
鴛鴦之契……73

鴟
鴟目虎吻……296

鴿
鴿原之情……672

麺
麺市塩車……629

黔
黔驢之技……205

黛
黛蓄膏渟……425

＝十七画＝

優
優孟衣冠……642
優柔不断……640
優柔寡断……640
優美高妙……642
優婉閑雅……638
優勝劣敗……641
優游不断……644
優游涵泳……643

孺
孺慕之思……316

懇
懇切丁寧……247
懇到切至……248

戴
戴月披星……421
戴封積薪……427
戴盆望天……427

擠
擠陥讒誣……367

厳
厳父慈母……204
厳正中立……201
厳塞要徼……200
厳談酷促……202

曖
曖昧模糊……2

濠
濠濮間想……224

濯
濯纓濯足……429

濮
濮上之音……606

環
環堵蕭然……129

甑
甑塵釜魚……408

矯
矯角殺牛……153
矯枉過直……153

簇
簇酒斂衣……407

篳
篳路藍縷……550

糟
糟粕之妻……410
糟糠之妻……406

糞
糞土之牆……585

縮
縮手縮脚……311
縮地補天……311
縮衣節食……311

縷
縷縷綿綿……671

翼
翼翼小心……650
翼覆嫗煦……650

聯
聯袂辞職……675

臆
臆測揣摩……85

膾
膾炙人口……92

艱
艱苦辛苦……121
艱苦奮闘……121
艱難辛困……129
艱難辛苦……129

螽
螽斯之化……304

蟄
蟄居屏息……443
蟄居閉門……443

螻
螻蛄之才……676
螻蟻之誠……676
螻蟻潰堤……676

覧
覧古考新……654

謹
謹言慎行……170
謹厚慎重……171
謹厳実直……170

謨
謨猷籌画……608

豁
豁然大悟……111
豁然開朗……110
豁達大度……111
豁達豪放……111

趨
趨炎附熱……363

蹇
蹇蹇匪躬……199

蹉
蹉跎白髪……256
蹉跎歳月……256

蹌
蹌蹌踉踉……409

蹈
蹈常襲故……486
蹈節死義……488

轅
轅下之駒……74
轅門二竜……79

轂
轂撃肩摩……232

輾
輾転反側……476

輿
輿馬風馳……650

醜
醜婦之仇……309
醜悪奸邪……301

鍛
鍛冶研磨……438

闊
闊達自由……111
闊達自在……111
闊達明朗……111

鞠
鞠躬尽瘁……136

駿
駿足長阪……319

鮮
鮮血淋漓……388
鮮美透涼……400

鴻
鴻門之会……227
鴻門玉斗……227
鴻雁哀鳴……209
鴻鵠之志……213

麋
麋沸蟻動……551
麋鹿之姿……561

黜
黜陟幽明……448

黝
黝堊丹漆……638

＝十八画＝

叢
叢軽折軸……405
叢蘭秋風……411

懲
懲前毖後……453
懲悪勧善……449
懲羹吹膾……450

擲
擲果満車……466

擿
擿埴冥行……466

檻
檻猿籠鳥……118

濫
濫竽充数……654

瓊
瓊枝玉葉……187
瓊枝栴檀……187
瓊葩繡葉……190

甕
甕裏醯鶏……85
甕牖縄枢……84

瞬
瞬息万変……319

瞻
瞻望咨嗟……401

簡
簡明扼要……132
簡明直截……132
簡単明瞭……127
簡潔明瞭……121

簞
簞食壺漿……435
簞食瓢飲……435

翻
翻天覆地……610
翻邪帰正……610
翻雲覆雨……609

職
職権濫用……337

臍
臍下丹田……366

臨
臨池之志……669
臨池学書……669
臨命終時……670
臨終正念……669
臨淵羨魚……668
臨機応変……669

藕
藕断糸連……177

藍
藍田生玉……655

藜
藜杖韋帯……673

蟬
蟬噪蛙鳴……396

覆
覆水不返……571
覆水難収……571
覆地翻天……572
覆車之戒……571
覆雨翻雲……571

観
観測気球……126
観感興起……119

謬
謬悠之説……557

贅
贅沢三昧……372

鎧
鎧袖一触……92

闘
闘志満満……486
闘諍堅固……486

難
難中之難……507
難行苦行……506
難攻不落……506

鞦
鞦韆院落……306

鞭
鞭声粛粛……593
鞭辟近裏……593

韓
韓文之疵……131
韓信匍匐……125
韓海蘇潮……118
韓雲孟竜……117

顔
顔回簞瓢……118
顔厚忸怩……122
顔面蒼白……132
顔常山舌……124
顔筋柳骨……121

類
類比推理……671

騎
騎虎之勢……138
騎驢覓驢……168

騏
騏驥過隙……135

騒
騒人墨客……408

駢
駢四儷六……592

髀
髀肉之嘆……551

鵠
鵠面鳩形……234

鵜
鵜目鷹目……61

＝十九画＝

嚮
嚮壁虚造……159

寵
寵愛一身……449

攀
攀竜附鳳……544
攀竜附驥……544
攀轅扣馬……536
攀轅臥轍……535

曠
曠日弥久……215
曠日持久……215
曠世之才……217
曠世之感……217
曠世不羈……218

櫛
櫛風沐雨……291

櫛風浴雨……291
瀟 瀟湘八景……326
疇 疇昔之夜……447
疇咨之憂……446
礪 礪山帯河……672
禰 禰衡一覧……463
繋 繋風捕影……190
繋影捕風……184
繡 繡口錦心……303
羅 羅雀掘鼠……653
羅綺千箱……652
羅織虚構……653
羹 羹藜含糗……228
艶 艶言浮詞……75
艶麗繊巧……80
蘇 蘇張之弁……415
蘭 蘭亭殉葬……655
蘭桂騰芳……654
蘭摧玉折……654
蘭薫桂馥……654
蟹 蟹行鳥跡……91
蟷 蟷螂之斧……493
蟷螂之衛……493
蟷臂当車……491
蠅 蠅頭細書……648
覇 覇王之輔……519
譎 譎詐百端……195
譎詭不経……194
譎詭変幻……194
轍 轍乱旗靡……468
轍鮒之急……468
鏡 鏡花水月……153
鏃 鏃礪括羽……414
鏤 鏤塵吹影……671
鏤塵吹影……677
離 離心離徳……658
離合悲歓……658
離合開闔……657
離合集散……657
離郷背井……656
離群索居……657
霧 霧鬢風鬟……621
靡 靡衣媮食……545
韻 韻鏡十年……55
顛 顛沛流浪……477
顛沛流離……477
顛委勢峻……468
顛越不恭……469
顛撲不破……479
鯨 鯨飲馬食……183
鶏 鶏口牛後……185
鶏尸牛従……187
鶏犬不寧……185
鶏皮鶴髪……190
鶏骨支床……186
鶏群一鶴……185
鶏鳴之助……191
鶏鳴狗盗……190
鵲 鵲巣鳩占……298
鵲巣鳩居……298
鵬 鵬程万里……601

二十画

懸 懸車致仕……200
懸河之弁……197
懸河瀉水……197
懸軍万里……198
懸崖勒馬……197
懸崖撒手……196
懸腕枕腕……205
懸腕直筆……205
懸頭刺股……202
懸鶉楽道……200
攘 攘臂疾言……331
耀 耀武揚威……649
耀蟬之術……648
議 議論百出……168
轗 轗軻不遇……119
醴 醴酒不設……672
鐘 鐘鳴鼎食……332
韜 韜光晦迹……484
飄 飄忽溯滂……558
飄忽震蕩……558
飄飄踉踉……560
騰 騰蛟起鳳……484
鼯 鼯鼠之技……239

二十一画

巍 巍然屹立……142
爛 爛腸之食……655
爛額焦頭……654
贔 贔屓偏頗……544
躊 躊躇逡巡……447
霹 霹靂一声……591
霹靂閃電……591
露 露往霜来……678
露槐風棘……679
顧 顧小失大……238
顧復之恩……243
饒 饒舌多弁……329
饌 饌玉炊金……387
魑 魑魅魍魎……444
鰥 鰥寡孤独……118
鶴 鶴汀鳧渚……102
鶴立企佇……103
鶴寿千歳……101
鶴唳風声……103
鶴髪童顔……102
鶴鳴九皐……102
鶴鳴之士……102
鶴鳴之歎……103
鶴翼之囲……103
鶴翼之陣……103
黯 黯然失色……9
齧 齧指痛心……195

二十二画

儻 儻来之物……492
嚢 嚢中之錐……515
嚢沙之計……515
懿 懿公好鶴……14
懿公喜鶴……14
灑 灑掃応対……252
籠 籠鳥恋雲……677
籠鳥檻猿……677
蠹 蠹紙堆裏……498
襲 襲名披露……310
驚 驚天動地……158
驚心動魄……157
驕 驕兵必敗……159
驕奢淫逸……156
驕慢放縦……159

二十三画

鷸 鷸蚌之争……49

二十四画

灞 灞橋驢上……521
矗 矗立千尺……441
羈 羈紲之僕……142

蠹
蠹居棋処……494
讒
讒諂面諛……266
讒謗罵詈……268
鱗
鱗次櫛比……669
鷹
鷹犬之才……646
鷹視狼歩……647
鷹揚自若……84
麟
麟子鳳雛……669
麟角鳳嘴……669
麟鳳亀竜……670

二十五画

糶
糶糴斂散……454
躡
躡足附耳……329

二十六画

驥
驥服塩車……145
驢
驢鳴犬吠……680

二十八画

鑿
鑿窓啓牖……254
鑿歯尺牘……254
鑿壁偸光……255
鑿壁読書……255

二十九画

驪
驪竜之珠……668
鬱
鬱肉漏脯……61
鬱塁神荼……61
鬱鬱怏怏……61
鬱鬱勃勃……61
鬱鬱葱葱……61

三十画

鸞
鸞交鳳友……654
鸞翔鳳集……654

三十三画

麤
麤言細語……414
麤枝大葉……414

総索引

本辞典に見出し語として収録した四字熟語をはじめ、類義語 対義語 補説 欄で示されたすべての四字熟語を、五十音順で配列して、本文での掲載ページを示した。太字の数字は見出し語として示したページ、細字の数字は 類義語 対義語 補説 欄に示したページであることを示す。

【あ】

哀哀父母〈あいあいふぼ〉……**1**, 232, 565, 656
合縁奇縁〈あいえんきえん〉……**1**
愛屋及烏〈あいおくきゅうう〉……**1**
哀感頑艶〈あいかんがんえん〉……**1**
哀毀骨立〈あいきこつりつ〉……**1**, 187
愛及屋烏〈あいきゅうおくう〉……**1**
哀矜懲創〈あいきょうちょうそう〉……**1**
愛月撤灯〈あいげつてっとう〉……**1**
哀鴻遍地〈あいこうへんち〉……2
哀鴻遍野〈あいこうへんや〉……**1**
相碁井目〈あいごせいもく〉……**2**
哀糸豪竹〈あいしごうちく〉……**2**
愛多憎至〈あいたぞうし〉……2
愛多憎生〈あいたぞうせい〉……**2**
愛別離苦〈あいべつりく〉……**2**, 87, 274, 456
曖昧模糊〈あいまいもこ〉……**2**, 62, 245, 247, 627
哀鳴啾啾〈あいめいしゅうしゅう〉……**2**
愛楊葉児〈あいようように〉……**2**
阿吽之息〈あうんのいき〉……**2**
青息吐息〈あおいきといき〉……**3**
悪衣悪食〈あくいあくしょく〉…**3**, 87, 168, 270, 380, 403, 433
悪因悪果〈あくいんあっか〉……**3**, 54, 386
悪因苦果〈あくいんくか〉……3, 54
悪逆非道〈あくぎゃくひどう〉……**3**, 232, 260, 420, 561, 605
悪逆無道〈あくぎゃくむどう〉……**3**, 232, 260, 267, 420, 597
悪事千里〈あくじせんり〉……**3**
悪酔強酒〈あくすいきょうしゅ〉……**3**
悪声狼藉〈あくせいろうぜき〉……375
悪戦苦闘〈あくせんくとう〉…**4**, 178, 395, 506
悪人正機〈あくにんしょうき〉……**4**, 433
握髪吐哺〈あくはつとほ〉……**4**, 33
悪婦破家〈あくふはか〉……**4**
悪木盗泉〈あくぼくとうせん〉……**4**, 113
阿衡之佐〈あこうのさ〉……**4**, 519
阿衡之才〈あこうのさい〉……4
阿衡之任〈あこうのにん〉……4
浅瀬仇波〈あさせあだなみ〉……**4**
鴉雀無声〈あじゃくむせい〉……**4**
鴉鵲無聞〈あじゃくむぶん〉……5
阿世曲学〈あせいきょくがく〉……**5**, 161
啞然失笑〈あぜんしっしょう〉……**5**
鴉巣生鳳〈あそうせいほう〉……**5**
可惜身命〈あたらしんみょう〉……**5**, 575
遏悪揚善〈あつあくようぜん〉……**5**, 126, 192
悪鬼羅刹〈あっきらせつ〉……**5**, 444, 646
悪口雑言〈あっこうぞうごん〉……**5**, 535
悪口罵詈〈あっこうばり〉……5
阿鼻叫喚〈あびきょうかん〉……**5**
阿鼻地獄〈あびじごく〉……**5**, 618
阿附迎合〈あふげいごう〉……**5**, 6
阿附雷同〈あふらいどう〉……516, 583
蛙鳴雀噪〈あめいじゃくそう〉……6, 317
蛙鳴蟬噪〈あめいせんそう〉……**6**, 317, 680
天叢雲剣〈あめのむらくものつるぎ〉……**6**
鴉黙雀静〈あもくじゃくせい〉……5
阿爺下頷〈あや(の)あがん〉……**6**
阿諛曲従〈あゆきょくしょう〉……5, 6, 161, 477
阿諛迎合〈あゆげいごう〉……5, **6**
阿諛傾奪〈あゆけいだつ〉……**6**
阿諛苟合〈あゆこうごう〉……5, 6
阿諛取容〈あゆしゅよう〉……6
阿諛承迎〈あゆしょうげい〉……5
阿諛追従〈あゆついしょう〉……5, **6**, 161, 295,

477, 546
阿諛追随〈あゆついずい〉……5, 6
阿諛便佞〈あゆべんねい〉……5, **6**, 161, 477
阿諛逢迎〈あゆほうげい〉……5, 6
阿諛奉承〈あゆほうしょう〉……5, 6
阿轆轆地〈あろくろくじ〉……**6**
暗雲低迷〈あんうんていめい〉……**7**
晏嬰狐裘〈あんえいのこきゅう〉……**7**
安家楽業〈あんからくぎょう〉……7
安閑恬静〈あんかんてんせい〉……**7**
安居危思〈あんきょきし〉……**7**, 152
晏御揚揚〈あんぎょようよう〉……8
安居楽業〈あんきょらくぎょう〉……**7**
按軍不動〈あんぐんふどう〉……10
暗香蓊勃〈あんこうおうぼつ〉……**7**, 8
按甲休兵〈あんこうきゅうへい〉……**7**, 91, 137
按甲寝兵〈あんこうしんぺい〉……7
暗香疎影〈あんこうそえい〉……**7**, 8
暗香浮動〈あんこうふどう〉……**7**
暗黒時代〈あんこくじだい〉……**8**, 82
暗黒沈静〈あんこくちんせい〉……**8**
晏子之御〈あんしのぎょ〉……**8**
晏子高節〈あんしのこうせつ〉……**8**
安車軟輪〈あんしゃなんりん〉……8
安車蒲輪〈あんしゃほりん〉……**8**
安常処順〈あんじょうしょじゅん〉……**8**
安心決定〈あんしんけつじょう〉……9
安心立命〈あんしんりつめい〉……**8**
按図求駿〈あんずきゅうしゅん〉……9
按図索驥〈あんずさくき〉……**9**, 141, 177, 281
按図索駿〈あんずさくしゅん〉……**9**, 177, 281
黯然失色〈あんぜんしっしょく〉……**9**
黯然銷魂〈あんぜんしょうこん〉……9
暗箭傷人〈あんせんしょうじん〉……**9**
安然無事〈あんぜんぶじ〉……9
安然無恙〈あんぜんむよう〉……**9**
暗送秋波〈あんそうしゅうは〉……**9**
安宅正路〈あんたくせいろ〉……**9**
暗澹溟濛〈あんたんめいもう〉……**9**
暗中飛躍〈あんちゅうひやく〉……**9**
暗中模索〈あんちゅうもさく〉……**9**, 245, 627
安土重遷〈あんどじゅうせん〉……**10**
安土楽業〈あんどらくぎょう〉……7
安土恋本〈あんどれんぽん〉……10
安寧秩序〈あんねいちつじょ〉……**10**
安穏無事〈あんのんぶじ〉……**10**, 588
安分守己〈あんぶんしゅき〉……**10**, 411, 443
按兵不動〈あんぺいふどう〉……**10**
案兵無動〈あんぺいむどう〉……10
暗無天日〈あんむてんじつ〉……8
安養宝国〈あんようほうこく〉……234
安楽浄土〈あんらくじょうど〉……**10**, 234, 246, 300
安楽世界〈あんらくせかい〉……234

い

帷幄上奏〈いあくじょうそう〉……**10**
帷幄之臣〈いあくのしん〉……**10**, 510
異域之鬼〈いいきのき〉……**10**
以夷制夷〈いいせいい〉……**11**, 49
唯唯諾諾〈いいだくだく〉……**11**, 553, 583
依依不舎〈いいふしゃ〉……17
唯唯連声〈いいれんせい〉……11
伊尹負鼎〈いいんふてい〉……**11**, 125
医鬱排悶〈いうつはいもん〉……**11**
易往易行〈いおういぎょう〉……**11**, 506
易往易修〈いおういしゅう〉……11
威恩並行〈いおんへいこう〉……**11**, 85
位階勲等〈いかいくんとう〉……**11**
帷蓋不棄〈いがいふき〉……**12**
以管窺天〈いかんきてん〉……128
衣冠盛事〈いかんせいじ〉……**12**
遺憾千万〈いかんせんばん〉……**12**, 267, 391
衣冠束帯〈いかんそくたい〉……**12**
意気軒昂〈いきけんこう〉……**12**, 13, 93, 362
意気昂然〈いきこうぜん〉……13
意気自若〈いきじじゃく〉……12, 305
意気自如〈いきじじょ〉……**12**, 58, 305, 349, 424
畏犠辞聘〈いぎじへい〉……70
意気消沈〈いきしょうちん〉……**12**, 13, 93, 362
意気衝天〈いきしょうてん〉……**12**, 13, 93, 362
意気阻喪〈いきそそう〉……12, **13**, 93, 362
意気投合〈いきとうごう〉……**13**, 321
易行易修〈いぎょういしゅう〉……11

意気揚揚〈いきようよう〉……12, **13**, 93, 362
威脅利誘〈いきょうりゆう〉……49
異曲同工〈いきょくどうこう〉……**13**, 484
倚玉之栄〈いぎょくのえい〉……**13**
衣錦栄帰〈いきんえいき〉……13, 14
衣錦還郷〈いきんかんきょう〉……**13**, 14, 16
衣錦帰郷〈いきんききょう〉……13, 14
衣錦尚絅〈いきんしょうけい〉……**13**
衣錦昼行〈いきんちゅうこう〉……16
衣錦之栄〈いきんのえい〉……**13**, 16
衣錦夜行〈いきんやこう〉……16
郁郁青青〈いくいくせいせい〉……**14**
幾千幾万〈いくせんいくまん〉……541
異口同音〈いくどうおん〉……**14**, 303, 613
異口同辞〈いくどうじ〉……14
夷険一節〈いけんいっせつ〉……**14**
韋弦之佩〈いげんのはい〉……**14**
懿公喜鶴〈いこうきかく〉……**14**
衣香襟影〈いこうきんえい〉……**14**
懿公好鶴〈いこうこうかく〉……**14**
懿公之鶴〈いこうのつる〉……14
異国情緒〈いこくじょうちょ〉……**14**
異国情調〈いこくじょうちょう〉……14, **15**
為虎添翼〈いこてんよく〉……15
為虎傅翼〈いこふよく〉……**15**
已己巳己〈いこみき〉……**15**
意在言外〈いざいげんがい〉……**15**, 52, 547
移山造海〈いざんぞうかい〉……92
頤指気使〈いしきし〉……**15**
意識朦朧〈いしきもうろう〉……**15**
意志堅固〈いしけんご〉……**15**, 110, 524, 638, 641
意志薄弱〈いしはくじゃく〉……**15**, 110, 347, 524, 580, 638, 641
意思表示〈いしひょうじ〉……**15**
頤指風使〈いしふうし〉……15
石部金吉〈いしべきんきち〉……**15**
意趣遺恨〈いしゅいこん〉……**16**
遺臭万載〈いしゅうばんさい〉……**16**, 363
遺臭万世〈いしゅうばんせい〉……16
遺臭万年〈いしゅうばんねん〉……16
衣繡夜行〈いしゅうやこう〉……13, 14, **16**
痿縮震慄〈いしゅくしんりつ〉……**16**
渭樹江雲〈いじゅこううん〉……**16**, 605
意趣卓逸〈いしゅたくいつ〉……**16**
意出字外〈いしゅつじがい〉……15
意匠惨澹〈いしょうさんたん〉……**16**, 178, 184, 327, 662
為小失大〈いしょうしつだい〉……503
衣裳之会〈いしょうのかい〉……589
医食同源〈いしょくどうげん〉……**16**
衣食礼節〈いしょくれいせつ〉……**17**
以身殉利〈いしんじゅんり〉……**17**
遺簪墜屨〈いしんついく〉……**17**
遺簪墜履〈いしんついり〉……17
以心伝心〈いしんでんしん〉……**17**, 155, 513, 573, 581, 582, 638
遺簪弊履〈いしんへいり〉……17
怡然自若〈いぜんじじゃく〉……17
怡然自得〈いぜんじとく〉……**17**
怡然自楽〈いぜんじらく〉……17
渭川漁父〈いせんのぎょほ〉……**17**, 50
葦巣之悔〈いそうのかい〉……52
衣帯一江〈いたいいっこう〉……19
衣帯中賛〈いたいちゅうのさん〉……**17**
異体同心〈いたいどうしん〉……**17**, 40, 183, 365
衣帯之水〈いたいのみず〉……19
衣帯不解〈いたいふかい〉……**18**, 568
為蛇画足〈いだがそく〉……108
韋駄天足〈いだてんあし〉……18
為蛇添足〈いだてんそく〉……108
韋駄天走〈いだてんばしり〉……**18**, 609
異端邪宗〈いたんじゃしゅう〉……**18**, 55
異端邪説〈いたんじゃせつ〉……**18**, 55
一意繫心〈いちいけいしん〉……18
一意攻苦〈いちいこうく〉……**18**, 39, 40
一意孤行〈いちいここう〉……**18**
一意専心〈いちいせんしん〉……**18**, 39, 40
一衣帯水〈いちいたいすい〉……**18**
一飲一啄〈いちいんいったく〉……**19**
一韻到底〈いちいんとうてい〉……**19**
一栄一辱〈いちえいいちじょく〉……**19**, 68, 114
一栄一落〈いちえいいちらく〉……**19**, 68, 114
一栄一枯〈いちえいいっこ〉……19

一詠一觴〈いちえいいっしょう〉……**19**, 38
一往一来〈いちおういちらい〉……**19**
一往情深〈いちおうじょうしん〉……19
一往深情〈いちおうしんじょう〉……**19**
一往直前〈いちおうちょくぜん〉……**19**, 638
一往邁進〈いちおうまいしん〉……19
一往無前〈いちおうむぜん〉……19
一月三舟〈いちがつさんしゅう〉……**19**
一雁高空〈いちがんこうくう〉……**19**, 657
一牛吼地〈いちぎゅうこうち〉……**20**
一牛鳴地〈いちぎゅうめいち〉……**20**
一行三昧〈いちぎょうざんまい〉……**20**, 431
一行半句〈いちぎょうはんく〉……21, 22
一芸一能〈いちげいいちのう〉……**20**
一月三舟〈いちげつさんしゅう〉……**20**, 40
一言一句〈いちげんいっく〉……**20**
一言一行〈いちげんいっこう〉……**20**, 34
一言九鼎〈いちげんきゅうてい〉……**20**, 22, 151
一言居士〈いちげんこじ〉……**20**
一言千金〈いちげんせんきん〉……22
一言万鈞〈いちげんばんきん〉……20
一言半句〈いちげんはんく〉……**20**
一元描写〈いちげんびょうしゃ〉……**20**
一期一会〈いちごいちえ〉……**21**
一伍一什〈いちごいちじゅう〉……**21**, 27
一語一句〈いちごいっく〉……**21**, 22, 389, 592
一合一離〈いちごういちり〉……**21**
一業所感〈いちごうしょかん〉……**21**
一毫不抜〈いちごうふばつ〉……29
一語九鼎〈いちごきゅうてい〉……20
一期四相〈いちごしそう〉……**21**
一言一句〈いちごんいっく〉……**21**, 22, 389, 592
一言居士〈いちごんこじ〉……**21**
一言万鈞〈いちごんばんきん〉……**22**
一言半句〈いちごんはんく〉……21, **22**, 389, 592
一言片句〈いちごんへんく〉……21, 22
一言芳恩〈いちごんほうおん〉……**22**
一字一句〈いちじいっく〉……21, **22**, 389, 592
一時緩急〈いちじかんきゅう〉……43
一字三礼〈いちじさんらい〉……**22**, 45
一字千金〈いちじせんきん〉……**22**
一日九回〈いちじつきゅうかい〉……**22**
一日九遷〈いちじつきゅうせん〉……**22**, 167
一日三秋〈いちじつさんしゅう〉……**22**, 23, 36
一日千秋〈いちじつせんしゅう〉……**23**, 36
一日千里〈いちじつせんり〉……**23**
一日之長〈いちじつのちょう〉……**23**
一日片時〈いちじつへんじ〉……**23**
一時之傑〈いちじのけつ〉……41
一字百金〈いちじひゃっきん〉……22
一字不識〈いちじふしき〉……29
一字不説〈いちじふせつ〉……**23**
一字褒貶〈いちじほうへん〉……**23**, 318, 547, 550, 560
一時名流〈いちじ(の)めいりゅう〉……**23**
一汁一菜〈いちじゅういっさい〉……**23**, 263, 325, 335, 359, 380, 403, 435, 453
一入再入〈いちじゅうさいじゅう〉……**24**
一樹之陰〈いちじゅのかげ〉……**24**
一樹百穫〈いちじゅひゃっかく〉……**24**
一上一下〈いちじょういちげ〉……**24**
一杖一鉢〈いちじょういっぱつ〉……**24**
一場春夢〈いちじょうのしゅんむ〉……**24**, 127
一時流行〈いちじりゅうこう〉……**24**, 390, 538, 554, 568
一字連城〈いちじれんじょう〉……22
一新紀元〈いちしんきげん〉……**24**
一塵不染〈いちじんふせん〉……**25**
一塵法界〈いちじんほっかい〉……**25**
一族郎党〈いちぞくろうとう〉……**25**, 32, 251, 357
一大決心〈いちだいけっしん〉……**25**
一代英雄〈いちだいのえいゆう〉……41
一諾千金〈いちだくせんきん〉……**25**, 189
一団和気〈いちだんのわき〉……**25**
一堂和気〈いちどうのわき〉……25
一読三嘆〈いちどくさんたん〉……**25**, 39
一日三秋〈いちにちさんしゅう〉……**26**
一日千秋〈いちにちせんしゅう〉……**26**
一日千里〈いちにちせんり〉……**26**
一日之長〈いちにちのちょう〉……**26**
一日不食〈いちにちふしょく〉……**26**
一日片時〈いちにちへんじ〉……**26**
一人当千〈いちにんとうせん〉……**26**, 33

一人当百〈いちにんとうひゃく〉……26, 33
一念往生〈いちねんおうじょう〉……**26**
一念化生〈いちねんけしょう〉……**26**
一念三千〈いちねんさんぜん〉……**26**
一念通天〈いちねんつうてん〉……**26**, 300
一念万年〈いちねんばんねん〉……**26**
一念発起〈いちねんほっき〉……**26**, 131, 171
一念発心〈いちねんほっしん〉……27
一能一芸〈いちのういちげい〉……20, **27**
一暴十寒〈いちばくじっかん〉……**27**, 614
一罰百戒〈いちばつひゃっかい〉……**27**
一盤散沙〈いちばんさんさ〉……**27**
一病息災〈いちびょうそくさい〉……**27**, 621
一分一厘〈いちぶいちりん〉……**27**, 37
一部始終〈いちぶしじゅう〉……21, **27**
一分自慢〈いちぶじまん〉……272
一別以来〈いちべついらい〉……**27**
一望千頃〈いちぼうせんけい〉……**27**, 28, 48
一望千里〈いちぼうせんり〉……**27**, 28, 48, 455
一望無垠〈いちぼうむぎん〉……27, **28**, 48
一望無際〈いちぼうむさい〉……27, 28
一木一草〈いちぼくいっそう〉……**28**
一木難支〈いちぼくなんし〉……**28**
一枚看板〈いちまいかんばん〉……**28**
一味合体〈いちみがったい〉……28
一味同心〈いちみどうしん〉……**28**, 34
一味徒党〈いちみととう〉……**28**, 34
一味郎党〈いちみろうとう〉……**28**
一面之詞〈いちめんのし〉……28
一面之辞〈いちめんのじ〉……**28**
一網打尽〈いちもうだじん〉……**28**, 46
一毛不抜〈いちもうふばつ〉……**29**, 109
一網無遺〈いちもうむい〉……29
一目十行〈いちもくじゅうぎょう〉……**29**
一目即了〈いちもくそくりょう〉……29
一目瞭然〈いちもくりょうぜん〉……**29**, 127
一問一答〈いちもんいっとう〉……**29**
一門数竈〈いちもんすうそう〉……**29**
一文半銭〈いちもんはんせん〉……**29**, 38, 42
一文不知〈いちもんふち〉……**29**, 617
一文不通〈いちもんふつう〉……**29**, 617
一夜検校〈いちやけんぎょう〉……**29**
一夜十起〈いちやじっき〉……**29**, 246
一遊一予〈いちゆういちよ〉……**30**
意中之人〈いちゅうのひと〉……**30**
一葉知秋〈いちようちしゅう〉……**30**, 242
一陽来復〈いちようらいふく〉……**30**
一落千丈〈いちらくせんじょう〉……**30**, 151
一利一害〈いちりいちがい〉……**30**, 44, 46
一離一合〈いちりいちごう〉……21, **30**
一里撓椎〈いちりどうつい〉……**30**, 267, 302
一粒万倍〈いちりゅうまんばい〉……**31**
一竜一蛇〈いちりょういちだ〉……31
一竜一猪〈いちりょういっちょ〉……**31**
一了百当〈いちりょうひゃくとう〉……31
一了百了〈いちりょうひゃくりょう〉……**31**
一力当先〈いちりょくとうせん〉……**31**
一旅中興〈いちりょちゅうこう〉……**31**
一縷千金〈いちるせんきん〉……31
一縷千鈞〈いちるせんきん〉……**31**, 39, 46, 135, 203, 671
一蓮托生〈いちれんたくしょう〉……**31**
一労永逸〈いちろうえいいつ〉……**31**, 217, 269, 399, 401
一労久逸〈いちろうきゅういつ〉……31
一六勝負〈いちろくしょうぶ〉……**31**, 199
一路順風〈いちろじゅんぷう〉……**32**
一路平安〈いちろへいあん〉……**32**
一塊之肉〈いっかいのにく〉……**32**
一攫千金〈いっかくせんきん〉……**32**
一攫万金〈いっかくばんきん〉……32
一家眷族〈いっかけんぞく〉……25, **32**, 251, 357
一家眷属〈いっかけんぞく〉……32
一家相伝〈いっかそうでん〉……**32**
一家団欒〈いっかだんらん〉……**32**
一割之利〈いっかつのり〉……**32**, 77
一竿風月〈いっかん(の)ふうげつ〉……**32**, 33, 252, 644
一喜一憂〈いっきいちゆう〉……**33**, 317
一貴一賤〈いっきいっせん〉……**33**, 48
一気呵成〈いっきかせい〉……**33**, 38
一饋七起〈いっきしちき〉……33
一饋十起〈いっきじっき〉……4, **33**
一騎当千〈いっきとうせん〉……26, **33**

一簣之功〈いっきのこう〉……**33**
一丘一壑〈いっきゅういちがく〉……**33**
一裘一葛〈いっきゅういっかつ〉……**34**
一球入魂〈いっきゅうにゅうこん〉……**34**, 402
一丘之貉〈いっきゅうのかく〉……28, **34**
一虚一盈〈いっきょいちえい〉……**34**
一虚一実〈いっきょいちじつ〉……**34**
一挙一動〈いっきょいちどう〉……20, **34**
一虚一満〈いっきょいちまん〉……34
一境四面〈いっきょうしめん〉……40
一挙双擒〈いっきょそうきん〉……42
一挙両失〈いっきょりょうしつ〉……**34**, 42
一挙両全〈いっきょりょうぜん〉……34
一挙両得〈いっきょりょうとく〉……**34**, 42, 537
一挙両利〈いっきょりょうり〉……34
一琴一鶴〈いっきんいっかく〉……**34**
一句一語〈いっくいちご〉……21, **34**
一薫一蕕〈いっくんいちゆう〉……**34**
一欠十求〈いっけつじっきゅう〉……**35**
一決雌雄〈いっけつしゆう〉……**35**
一蹶不興〈いっけつふきょう〉……35
一蹶不振〈いっけつふしん〉……**35**, 202
一結杳然〈いっけつようぜん〉……**35**
一件落着〈いっけんらくちゃく〉……**35**
一闔一闢〈いっこういちびゃく〉……**35**
一口三舌〈いっこうさんぜつ〉……35
一口両舌〈いっこうりょうぜつ〉……**35**
一国一城〈いっこくいちじょう〉……**35**
一国三公〈いっこくさんこう〉……**35**
一刻三礼〈いっこくさんらい〉……45
一刻千金〈いっこくせんきん〉……**35**
一刻千秋〈いっこくせんしゅう〉……23, **36**
一顧傾国〈いっこけいこく〉……36
一顧傾城〈いっこけいせい〉…**36**, 39, 186, 187, 418, 473
一壺千金〈いっこせんきん〉……**36**
一狐之腋〈いっこのえき〉……**36**
一呼百応〈いっこひゃくおう〉……36
一呼百諾〈いっこひゃくだく〉……**36**
一切有情〈いっさいうじょう〉……**36**, 37
一切皆空〈いっさいかいくう〉……**36**, 177, 229, 273
一切合切〈いっさいがっさい〉……**36**, 357
一歳九遷〈いっさいきゅうせん〉……22
一切衆生〈いっさいしゅじょう〉……**37**, 172
一切即一〈いっさいそくいち〉……**37**
一糸一毫〈いっしいちごう〉……27, **37**
一弛一張〈いっしいっちょう〉……**37**, 44
一士諤諤〈いっしがくがく〉……**37**
一死七生〈いっししちしょう〉……**37**
一子相伝〈いっしそうでん〉……**37**, 574
一枝巣林〈いっしそうりん〉……**37**, 411
一失一得〈いっしついっとく〉……**37**, 46
一視同仁〈いっしどうじん〉……**37**, 86, 196
一視之仁〈いっしのじん〉……37, 196
一紙半銭〈いっしはんせん〉……29, **38**, 42
一死報国〈いっしほうこく〉……**38**, 286, 353
一瀉千里〈いっしゃせんり〉……33, **38**
一瀉万里〈いっしゃばんり〉……38
一瀉百里〈いっしゃひゃくり〉……38
一種一瓶〈いっしゅいっぺい〉……**38**
一聚一散〈いっしゅういっさん〉……21
一宿一飯〈いっしゅくいっぱん〉……**38**, 47
一觴一詠〈いっしょういちえい〉……**38**, 162
一笑一顰〈いっしょういっぴん〉……**38**, 48
一生懸命〈いっしょうけんめい〉……**38**, 39, 402
一唱三歎〈いっしょうさんたん〉……25, **38**
一笑千金〈いっしょうせんきん〉……36, **39**
一将万骨〈いっしょうばんこつ〉……**39**
一生不犯〈いっしょうふぼん〉……**39**
一触即発〈いっしょくそくはつ〉……31, **39**, 46, 135, 203, 484, 671
一所懸命〈いっしょけんめい〉……38, **39**, 402
一所不住〈いっしょふじゅう〉……**39**, 66
一心一意〈いっしんいちい〉……18, **39**, 40
一心一計〈いっしんいっけい〉……39
一心一向〈いっしんいっこう〉……18, **39**, 40
一進一退〈いっしんいったい〉……**40**
一心一徳〈いっしんいっとく〉……**40**, 46, 658
一身軽舟〈いっしんけいしゅう〉……**40**
一身是胆〈いっしんしたん〉……**40**, 425
一心同体〈いっしんどうたい〉……17, **40**, 183, 365
一心不乱〈いっしんふらん〉……18, 39, **40**, 431,

一筆勾消〈いっぴつこうしょう〉……**47**
一筆勾断〈いっぴつこうだん〉……47
一筆三礼〈いっぴつさんらい〉……22, 45, **47**
一筆抹殺〈いっぴつまっさつ〉……**47**
一筆抹倒〈いっぴつまっとう〉……47
一瓢一箪〈いっぴょういったん〉……43, **48**
一瓢之飲〈いっぴょうのいん〉……43
一顰一笑〈いっぴんいっしょう〉……**48**
一貧一富〈いっぴんいっぷ〉……**48**
一夫一妻〈いっぷいっさい〉……48
一夫一婦〈いっぷいっぷ〉……**48**
一夫多妻〈いっぷたさい〉……**48**
一碧万頃〈いっぺきばんけい〉……27, 28, **48**
一片氷心〈いっぺん(の)ひょうしん〉……**48**
一歩一趨〈いっぽいっすう〉……71
一放一収〈いっぽういっしゅう〉……**48**
一飽一襲〈いっぽういっしゅう〉……**48**
鷸蚌之争〈いつぼうのあらそい〉……**49**, 166, 478
一本調子〈いっぽんぢょうし〉……**49**, 401
乙夜之覧〈いつやのらん〉……**49**
意到心随〈いとうしんずい〉……49
異榻同夢〈いとうどうむ〉……486
意到筆随〈いとうひつずい〉……**49**
以毒攻毒〈いどくこうどく〉……49
以毒制毒〈いどくせいどく〉……11, **49**
異塗同帰〈いとどうき〉……53, 316
猗頓之富〈いとんのとみ〉……**49**, 230, 420
委肉虎蹊〈いにくこけい〉……**49**
威迫利誘〈いはくりゆう〉……**49**
倚馬七紙〈いばしちし〉……**50**
意馬心猿〈いばしんえん〉……**50**, 164, 624
衣鉢相伝〈いはつそうでん〉……**50**
倚馬之才〈いばのさい〉……50
夷蛮戎狄〈いばんじゅうてき〉……**50**, 172, 481, 507
萎靡沈滞〈いびちんたい〉……**50**
萎靡不振〈いびふしん〉……**50**
渭浜之器〈いひんのうつわ〉……50
渭浜漁父〈いひんのぎょほ〉……**50**
移風易俗〈いふうえきぞく〉……**50**, 332
遺風残香〈いふうざんこう〉……**51**, 260
威風堂堂〈いふうどうどう〉……**51**, 649
遺風余香〈いふうよこう〉……51, 260
威風凜然〈いふうりんぜん〉……**51**
威風凜凜〈いふうりんりん〉……**51**
緯武経文〈いぶけいぶん〉……**51**, 584, 586
畏怖嫌厭〈いふけんえん〉……**51**
威武堂堂〈いぶどうどう〉……51
異聞奇譚〈いぶんきたん〉……**51**
衣弊履穿〈いへいりせん〉……**51**
韋編三絶〈いへんさんぜつ〉……**51**
衣豊食足〈いほうしょくそく〉……594
移木之信〈いぼくのしん〉……**52**, 295
葦末之巣〈いまつのす〉……**52**
意味深長〈いみしんちょう〉……15, **52**, 547
倚門倚閭〈いもんいりょ〉……52
倚門之望〈いもんのぼう〉……**52**
意欲満満〈いよくまんまん〉……429
依流平進〈いりゅうへいしん〉……**52**
意料無限〈いりょうむげん〉……**52**, 118
倚閭之望〈いりょのぼう〉……**52**
異類異形〈いるいいぎょう〉……**52**
異類中行〈いるいちゅうぎょう〉……**52**
異類無礙〈いるいむげ〉……**52**, 641
異路同帰〈いろどうき〉……**53**, 316
意路不倒〈いろふとう〉……**53**, 569
隠悪揚善〈いんあくようぜん〉……**53**
隠悪揚美〈いんあくようび〉……53
陰陰鬱鬱〈いんいんうつうつ〉……53
殷殷奨飾〈いんいんしょうしょく〉……**53**
陰陰滅滅〈いんいんめつめつ〉……**53**
霪雨沐浴〈いんうもくよく〉……63
飲醼贈遺〈いんえんぞうい〉……**53**
因往推来〈いんおうすいらい〉……**53**, 321
暗噁叱咤〈いんおしった〉……**53**
隠晦曲折〈いんかいきょくせつ〉……**53**
飲灰洗胃〈いんかいせんい〉……**53**, 93, 503
因果因縁〈いんがいんねん〉……**54**
因果応報〈いんがおうほう〉……3, **54**, 386, 572, 670
淫楽慝礼〈いんがくとくれい〉……125
因果覿面〈いんがてきめん〉……**54**
飲河之願〈いんがのねがい〉……**54**, 76
因果報応〈いんがほうおう〉……**54**

飲河満腹〈いんかまんぷく〉……**54**, 76
因果歴然〈いんがれきぜん〉……54
殷鑑不遠〈いんかんふえん〉……**54**, 430
因機説法〈いんきせっぽう〉……**54**, 419, 423
淫虐暴戻〈いんぎゃくぼうれい〉……**54**, 602
韻鏡十年〈いんきょうじゅうねん〉……**55**
隠居放言〈いんきょほうげん〉……**55**
慇懃尾籠〈いんぎんびろう〉……55
慇懃無礼〈いんぎんぶれい〉……**55**, 520
引決自裁〈いんけつじさい〉……**55**
隠公左伝〈いんこうさでん〉…**55**, 259, 614, 649
咽喉之地〈いんこうのち〉……**55**
飲至策勲〈いんしさっくん〉……**55**
淫祠邪教〈いんしじゃきょう〉……18, **55**
因循苟且〈いんじゅんこうしょ〉……**55**, 56
因循姑息〈いんじゅんこそく〉……**55**
因循守旧〈いんじゅんしゅきゅう〉……498
因小失大〈いんしょうしつだい〉……**56**, 82
引縄排根〈いんじょうはいこん〉……56
印象批評〈いんしょうひひょう〉……**56**
引縄批根〈いんじょうへつこん〉……**56**
飲食之人〈いんしょくのひと〉……**56**, 174, 215, 618
引伸触類〈いんしんしょくるい〉……**56**
陰森凄幽〈いんしんせいゆう〉……**56**
音信不通〈いんしんふつう〉……**56**
飲水懐源〈いんすいかいげん〉……56
飲水思源〈いんすいしげん〉……**56**, 495
引錐刺股〈いんすいしこ〉……**56**, 202
引錐自刺〈いんすいじし〉……57
飲水弁源〈いんすいべんげん〉……56
引足救経〈いんそくきゅうけい〉……**57**
飲鴆止渇〈いんちんしかつ〉……**57**, 61, 678
殷天動地〈いんてんどうち〉……158
引刀趣機〈いんとうしゅき〉……632
陰徳恩賜〈いんとくおんし〉……**57**
陰徳陽報〈いんとくようほう〉……**57**, 59, 386
隠忍自重〈いんにんじちょう〉……**57**, 185, 513
飲馬投銭〈いんばとうせん〉……**57**
允文允武〈いんぶんいんぶ〉……**57**, 584, 586
因病下薬〈いんぺいかやく〉……81, 387
陰謀詭計〈いんぼうきけい〉……**57**
陰謀詭秘〈いんぼうきひ〉……57
引喩失義〈いんゆしつぎ〉……**58**
陰陽五行〈いんようごぎょう〉……**58**
引狼入室〈いんろうにゅうしつ〉……97

う

有為転変〈ういてんぺん〉……**58**, 67, 68, 325, 335, 538
有為無常〈ういむじょう〉……**58**, 335
烏焉成馬〈うえんせいば〉……58, 679
烏焉魯魚〈うえんろぎょ〉……**58**, 92, 262, 679
右往左往〈うおうさおう〉……12, **58**, 305, 349, 425, 584
烏獲之力〈うかくのちから〉……**58**
烏獲之任〈うかくのにん〉……58
羽翮飛肉〈うかくひにく〉……**58**, 181, 377, 378, 379, 405
雨過天晴〈うかてんせい〉……**59**
羽化登仙〈うかとうせん〉……**59**
雨奇晴好〈うきせいこう〉……**59**, 368
于公高門〈うこうこうもん〉……57, **59**
禹行舜趨〈うこうしゅんすう〉……**59**
烏合之衆〈うごうのしゅう〉……**59**, 60, 305
右顧左顧〈うこさこ〉……59, 255
右顧左眄〈うこさべん〉…**59**, 60, 231, 255, 314, 439, 442, 501
雨後春筍〈うごしゅんじゅん〉……**59**
有財餓鬼〈うざいがき〉……**59**
烏集之衆〈うしゅうのしゅう〉……59, 60
烏集之交〈うしゅうのまじわり〉……59, **60**
有情世間〈うじょうせけん〉……**60**
有情非情〈うじょうひじょう〉……**60**, 357
有相無相〈うそうむそう〉……60
有象無象〈うぞうむぞう〉……**60**, 357
有智高才〈うちこうさい〉……**60**
内股膏薬〈うちまたこうやく〉……59, **60**
有頂天外〈うちょうてんがい〉……**60**, 155, 170
烏鳥之狡〈うちょうのこう〉……60
烏鳥私情〈うちょうのしじょう〉……**60**, 262, 270, 543
烏鳥之情〈うちょうのじょう〉……61, 262
迂直之計〈うちょくのけい〉……**61**

鬱鬱怏怏〈うつうつおうおう〉……**61**
鬱鬱葱葱〈うつうつそうそう〉……**61**
鬱鬱勃勃〈うつうつぼつぼつ〉……**61**
鬱肉漏脯〈うつにくろうほ〉……57, **61**
鬱塁神荼〈うつりつしんと〉……**61**, 354
禹湯文武〈うとうぶんぶ〉……**61**
烏兎匆匆〈うとそうそう〉……**61**, 206, 499, 679
鵜目鷹目〈うのめたかのめ〉……**61**
烏白馬角〈うはくばかく〉……**62**, 146, 483
烏飛兎走〈うひとそう〉……61, **62**, 206, 499
傴伏孕鬻〈うふうよういく〉……**62**
禹歩舜趨〈うほしゅんすう〉……59, **62**
海千河千〈うみせんかわせん〉……62
海千山千〈うみせんやません〉……**62**, 388, 554, 597
有無相生〈うむそうせい〉……**62**
有耶無耶〈うやむや〉……2, **62**
紆余委蛇〈うよいい〉……**62**, 73
紆余曲折〈うよきょくせつ〉……**62**, 538, 571
羽翼已成〈うよくいせい〉……**63**
羽翼之臣〈うよくのしん〉……235
有余涅槃〈うよねはん〉……623
盂蘭盆会〈うらぼんえ〉……**63**
雨笠煙蓑〈うりゅうえんさ〉……**63**
雨霖鈴曲〈うりんれいきょく〉……**63**
雨露霜雪〈うろそうせつ〉……**63**, 129, 291
有漏無漏〈うろむろ〉……**63**
雲雨巫山〈うんうふざん〉……**63**, 574
雲煙過眼〈うんえんかがん〉……**63**, 164, 207, 623
雲煙万里〈うんえんばんり〉……**63**
雲煙飛動〈うんえんひどう〉……**64**, 600, 652
雲煙縹渺〈うんえんひょうびょう〉……**64**
雲霞之交〈うんかのまじわり〉……**64**
雲間独歩〈うんかんどくほ〉……341
雲間之鶴〈うんかんのつる〉……65
雲起竜驤〈うんきりょうじょう〉……65
運斤成風〈うんきんせいふう〉……**64**, 329, 344
雲霓之望〈うんげいののぞみ〉……**64**
雲行雨施〈うんこううし〉……**64**
雲合霧集〈うんごうむしゅう〉……**64**, 65
雲散鳥没〈うんさんちょうぼつ〉……**64**
雲散霧消〈うんさんむしょう〉……**64**
雲集霧散〈うんしゅうむさん〉……64, **65**, 658
雲消雨散〈うんしょううさん〉……64
雲壌月鼈〈うんじょうげつべつ〉……**65**, 66
雲壌懸隔〈うんじょうけんかく〉……**65**, 66
雲消霧散〈うんしょうむさん〉……64, **65**
雲蒸竜騰〈うんじょうりょうとう〉……65
雲蒸竜変〈うんじょうりょうへん〉……**65**, 228
雲心月性〈うんしんげっせい〉……**65**, 623
雲水行脚〈うんすいあんぎゃ〉……**65**
雲中白鶴〈うんちゅう(の)はっかく〉……**65**
雲泥異路〈うんでいいろ〉……65
雲泥之差〈うんでいのさ〉……**65**, 66, 469, 471
雲泥万天〈うんでいばんてん〉……66
雲泥万里〈うんでいばんり〉……**65**
雲濤煙浪〈うんとうえんろう〉……**66**
雲屯霧集〈うんとんむしゅう〉……64
運否天賦〈うんぷてんぷ〉……**66**, 461
雲翻雨覆〈うんぽんうふく〉……**66**
雲遊萍寄〈うんゆうへいき〉……39, **66**, 207
雲容煙態〈うんようえんたい〉……**66**
雲竜井蛙〈うんりょうせいあ〉……65, **66**
雲竜風虎〈うんりょうふうこ〉……**66**

え

盈盈一水〈えいえいいっすい〉……**67**
永永無窮〈えいえいむきゅう〉……**67**, 613, 615
永遠偉大〈えいえんいだい〉……**67**
永遠回帰〈えいえんかいき〉……**67**, 68
永遠不変〈えいえんふへん〉……58, **67**, 390, 538
永遠不滅〈えいえんふめつ〉……**67**, 390, 538, 554
永遠無窮〈えいえんむきゅう〉……**67**
影駭響震〈えいがいきょうしん〉……**67**, 566
栄諧伉儷〈えいかいこうれい〉……**67**
栄華栄耀〈えいがえいよう〉……**67**, 70
栄華秀英〈えいかしゅうえい〉……**67**
栄華之夢〈えいがのゆめ〉……**68**, 71, 127
英華発外〈えいかはつがい〉……**68**
永久不変〈えいきゅうふへん〉……58, **68**, 538, 540, 554
咏月嘲風〈えいげつちょうふう〉……175
永劫回帰〈えいごうかいき〉……**68**
永劫不変〈えいごうふへん〉……67, **68**

永劫末世〈えいごうまっせ〉……67, 613
永劫未来〈えいごうみらい〉……**68**, 615
栄枯休咎〈えいこきゅうきゅう〉……**68**
栄枯窮達〈えいこきゅうたつ〉……68
栄枯盛衰〈えいこせいすい〉…19, **68**, 325, 371, 376
栄枯浮沈〈えいこふちん〉……68, 376
英姿渙発〈えいしかんぱつ〉……68
英姿颯爽〈えいしさっそう〉……**68**
永字八法〈えいじはっぽう〉……**68**
英俊豪傑〈えいしゅんごうけつ〉……**68**
郢書燕説〈えいしょえんせつ〉……**69**
栄辱得喪〈えいじょくとくそう〉……**69**
詠絮之才〈えいじょのさい〉……69
穎水隠士〈えいすいのいんし〉……**69**
永垂不朽〈えいすいふきゅう〉……**69**, 554
永世無窮〈えいせいむきゅう〉……67
影隻形単〈えいせきけいたん〉……**69**, 189
影迹無端〈えいせきむたん〉……**69**
詠雪之才〈えいせつのさい〉……**69**
永存不朽〈えいぞんふきゅう〉……69
栄達落魄〈えいたつらくはく〉……**69**
永伝不朽〈えいでんふきゅう〉……69
曳尾塗中〈えいびとちゅう〉……**69**
英邁闊達〈えいまいかったつ〉……**70**
盈満之咎〈えいまんのとがめ〉……**70**, 325
盈満之災〈えいまんのわざわい〉……70
英明闊達〈えいめいかったつ〉……**70**
英雄欺人〈えいゆうぎじん〉……**70**
英雄豪傑〈えいゆうごうけつ〉……**70**
栄耀栄華〈えいようえいが〉……**70**
英朗闊達〈えいろうかったつ〉……628
慧可断臂〈えかだんぴ〉……**70**
易簀之際〈えきさくのさい〉……**70**
益者三楽〈えきしゃさんごう〉……**71**
益者三友〈えきしゃさんゆう〉……**71**, 417
益者三楽〈えきしゃさんらく〉……**71**, 417
易姓革命〈えきせいかくめい〉……**71**
役夫之夢〈えきふのゆめ〉……**71**, 127
亦歩亦趨〈えきほえきすう〉……**71**
回光返照〈えこうへんしょう〉……**71**
回向発願〈えこうほつがん〉……**71**
依怙贔屓〈えこひいき〉……**72**
会釈遠慮〈えしゃくえんりょ〉……**72**, 80
会者定離〈えしゃじょうり〉……**72**, 325, 456
依他起性〈えたきしょう〉……**72**, 76
越王之胆〈えつおうのたん〉……107
越権行為〈えっけんこうい〉……**72**, 73
越犬吠雪〈えっけんはいせつ〉……337
越俎代庖〈えっそだいほう〉……**72**
越俎之罪〈えっそのつみ〉……**72**, 73
越鳥南枝〈えっちょうなんし〉……**72**, 237, 243, 318, 440
越畔之思〈えっぱんのおもい〉……**72**
越鳧楚乙〈えつふそいつ〉……**73**
得手勝手〈えてかって〉……**73**, 111, 113, 294, 496, 599
栄耀栄華〈えようえいが〉……**73**
掩悪揚善〈えんあくようぜん〉……53
宴安酖毒〈えんあんちんどく〉……**73**
煙雲過眼〈えんうんかがん〉……63, **73**
煙雲月露〈えんうんげつろ〉……563
蜿蜿長蛇〈えんえんちょうだ〉……62, **73**
鴛鴦交頸〈えんおうこうけい〉……73, 595
鴛鴦之偶〈えんおうのぐう〉……73
鴛鴦之契〈えんおうのちぎり〉……**73**, 120, 124, 172, 407, 560, 595
円滑洒脱〈えんかつしゃだつ〉……**73**, 77
煙霞痼疾〈えんかのこしつ〉……**73**, 396
轅下之駒〈えんかのこま〉……**74**
煙霞之癖〈えんかのへき〉……74
掩過揚善〈えんかようぜん〉……53
冤家路狭〈えんかろきょう〉……74
冤家路窄〈えんかろさく〉……**74**
燕頷虎頸〈えんがんこけい〉……**74**
燕頷虎頭〈えんがんことう〉……**74**
燕雁代飛〈えんがんだいひ〉……**74**, 348
燕頷投筆〈えんがんとうひつ〉……**74**
怨気衝天〈えんきしょうてん〉……74
縁希望魚〈えんきぼうぎょ〉……79
怨気満腹〈えんきまんぷく〉……**74**
婉曲迂遠〈えんきょくうえん〉……**74**, 457
延頸鶴望〈えんけいかくぼう〉……**74**, 75, 103
延頸企踵〈えんけいきしょう〉……74, 75, 103

延頸挙踵〈えんけいきょしょう〉……**74**, 103
艶言浮詞〈えんげんふし〉……**75**
淵広魚大〈えんこうぎょだい〉……**75**
遠交近攻〈えんこうきんこう〉……**75**
猿猴取月〈えんこうしゅげつ〉……**75**, 95, 492, 493
猿猴捉月〈えんこうそくげつ〉……**75**, 492, 493
塩香風色〈えんこうふうしょく〉……146
円孔方木〈えんこうほうぼく〉……**75**
円鑿方枘〈えんさくほうぜい〉……**75**, 601
縁山求魚〈えんざんきゅうぎょ〉……79
煙散霧消〈えんさんむしょう〉……64
掩耳盗鐘〈えんじとうしょう〉……**75**
掩耳盗鈴〈えんじとうれい〉……75
煙視媚行〈えんしびこう〉……**75**
燕雀鴻鵠〈えんじゃくこうこく〉……**75**, 213
燕雀相賀〈えんじゃくそうが〉……**76**
燕雀之賀〈えんじゃくのが〉……76
円首方足〈えんしゅほうそく〉……**76**, 77
円成実性〈えんじょうじっしょう〉……**76**
煙消霧散〈えんしょうむさん〉……64
怨女曠夫〈えんじょこうふ〉……**76**
遠水近火〈えんすいきんか〉……**76**
遠水近渇〈えんすいきんかつ〉……76
円枘方鑿〈えんぜいほうさく〉……75, **76**
嫣然一笑〈えんぜんいっしょう〉……**76**
偃鼠飲河〈えんそいんが〉……**76**, 411
燕巣幕上〈えんそうばくじょう〉……**76**
猿狙之便〈えんそのべん〉……243
円頂黒衣〈えんちょうこくい〉……**77**
円頂緇衣〈えんちょうしい〉……77
円転滑脱〈えんてんかつだつ〉……73, **77**
宛転蛾眉〈えんてんがび〉……**77**, 163, 627
円転自在〈えんてんじざい〉……**77**
鉛刀一断〈えんとういちだん〉……77
鉛刀一割〈えんとういっかつ〉……**77**
円頭方足〈えんとうほうそく〉……**77**
円頓止観〈えんどんしかん〉……**77**
円融三諦〈えんにゅうさんだい〉……**77**
炎熱地獄〈えんねつじごく〉……330
延年益寿〈えんねんえきじゅ〉……78
延年転寿〈えんねんてんじゅ〉……**78**, 412
焉馬之誤〈えんばのあやまり〉……58, 92, 679
煙波縹渺〈えんぱひょうびょう〉……**78**
煙波渺茫〈えんぱびょうぼう〉……**78**
鳶飛魚躍〈えんぴぎょやく〉……**78**
猿臂之勢〈えんぴのいきおい〉……**78**
偃武恢文〈えんぶかいぶん〉……78
偃武修文〈えんぶしゅうぶん〉……**78**, 145
閻浮檀金〈えんぶだんごん〉……**78**
厭聞飫聴〈えんぶんよちょう〉……**78**
婉娩聴従〈えんべんちょうじゅう〉……**78**
怨望隠伏〈えんぼういんぷく〉……**79**
遠謀深慮〈えんぼうしんりょ〉……**79**, 345, 355
縁木希魚〈えんぼくきぎょ〉……223
縁木求魚〈えんぼくきゅうぎょ〉……**79**, 223, 292, 395
円木警枕〈えんぼく(の)けいちん〉……**79**, 188, 202
円満具足〈えんまんぐそく〉……**79**, 572, 580
衍曼流爛〈えんまんりゅうらん〉……**79**
延命息災〈えんめいそくさい〉……78, **79**, 412, 574, 621
淵明把菊〈えんめいはきく〉……**79**
鳶目兎耳〈えんもくとじ〉……**79**, 547
掩目捕雀〈えんもくほじゃく〉……75
轅門二竜〈えんもんにりょう〉……**79**
円融滑脱〈えんゆうかつだつ〉……77, **80**
厭離穢土〈えんりえど〉……**80**, 246
延陵季子〈えんりょうのきし〉……**80**
遠慮会釈〈えんりょえしゃく〉……**80**, 599
遠慮近憂〈えんりょきんゆう〉……**80**
遠慮深謀〈えんりょしんぼう〉……**80**, 355
艶麗繊巧〈えんれいせんこう〉……**80**
円顱方趾〈えんろほうし〉……77, **80**

お

嘔唖嘲哳〈おうあちょうたつ〉……**80**
枉駕来臨〈おうがらいりん〉……**80**
桜花爛漫〈おうからんまん〉……**80**
応機接物〈おうきせつもつ〉……**81**, 84, 387, 423
応急処置〈おうきゅうしょち〉……81
応急措置〈おうきゅうそち〉……**81**
応機立断〈おうきりつだん〉……483

横行闊歩〈おうこうかっぽ〉……**81**, 216, 456, 560
王公貴人〈おうこうきじん〉……206
横行冪桀〈おうこうごうけつ〉……81
王侯将相〈おうこうしょうしょう〉……**81**, 206
王公大人〈おうこうたいじん〉……81
王侯大人〈おうこうたいじん〉……206
横行跋扈〈おうこうばっこ〉……**81**, 216, 456, 560
横行覇道〈おうこうはどう〉……81
横行不法〈おうこうふほう〉……81
往古来今〈おうこらいこん〉……**81**, 230, 236
黄金時代〈おうごんじだい〉……8, **81**
王佐之才〈おうさのさい〉……**82**
王佐之材〈おうさのざい〉……82
王佐之符〈おうさのふ〉……82
王思怒蝿〈おうしどよう〉……82
往事渺茫〈おうじびょうぼう〉……**82**
往事茫茫〈おうじぼうぼう〉……**82**
王述擲卵〈おうじゅつてきらん〉……82
王述忿狷〈おうじゅつふんけん〉……**82**
往生極楽〈おうじょうごくらく〉……**82**, 234
往生素懐〈おうじょう(の)そかい〉……**82**
往生本懐〈おうじょうほんかい〉……82
枉尋直尺〈おうじんちょくせき〉……82
嘔心瀝血〈おうしんれきけつ〉……**82**
王政復古〈おうせいふっこ〉……**82**
枉尺直尋〈おうせきちょくじん〉……56, **82**
横説縦説〈おうせつじゅうせつ〉……83
横説竪説〈おうせつじゅせつ〉……**82**

応接不暇〈おうせつふか〉……**83**
尪繊懦弱〈おうせんだじゃく〉……**83**, 609
横草之功〈おうそうのこう〉……**83**
横草之労〈おうそうのろう〉……83
横徴暴賦〈おうちょうぼうふ〉……83
横徴暴斂〈おうちょうぼうれん〉……**83**
王道楽土〈おうどうらくど〉……**83**
懊悩呻吟〈おうのうしんぎん〉……**83**
懊悩煩悶〈おうのうはんもん〉……**83**
椀飯振舞〈おうばんぶるまい〉……**83**
横眉竪眼〈おうびじゅがん〉……83
横眉怒目〈おうびどもく〉……**83**, 454, 661
応病与薬〈おうびょうよやく〉……81, **84**, 387, 419, 423
横眉立眼〈おうびりつがん〉……83
横眉立目〈おうびりつもく〉……83
王法為本〈おうぼういほん〉……**84**
枉法従私〈おうほうじゅうし〉……84
枉法徇私〈おうほうじゅんし〉……**84**
応報覿面〈おうほうてきめん〉……**84**, 478
王門伶人〈おうもん(の)れいじん〉……**84**
甕牖縄枢〈おうゆうじょうすう〉……**84**
甕牖桑枢〈おうゆうそうすう〉……84
応用無辺〈おうゆうむへん〉……**84**
鷹揚自若〈おうようじじゃく〉……**84**, 305, 396, 424
王楊盧駱〈おうようろらく〉……**84**
甕裏醯鶏〈おうり(の)けいけい〉……**85**, 366

大盤振舞〈おおばんぶるまい〉……83, **85**
岡目八目〈おかめはちもく〉……**85**
屋烏之愛〈おくうのあい〉……1, **85**
屋下架屋〈おくかかおく〉……**85**, 326
屋上架屋〈おくじょうかおく〉……**85**, 108, 326
臆測揣摩〈おくそくしま〉……**85**, 295
屋梁落月〈おくりょうらくげつ〉……**85**, 652
雄蝶雌蝶〈おちょうめちょう〉……**85**
汚名返上〈おめいへんじょう〉……**85**, 290, 627
親子団欒〈おやこだんらん〉……32
恩威兼済〈おんいけんせい〉……85
恩威並行〈おんいへいこう〉……**85**, 348
恩威並重〈おんいへいじゅう〉……85
恩威並用〈おんいへいよう〉……85
温衣飽食〈おんいほうしょく〉……594
厭穢欣浄〈おんえごんじょう〉……246
温言慰謝〈おんげんいしゃ〉……**85**
温厚質実〈おんこうしつじつ〉……**85**
温厚篤実〈おんこうとくじつ〉……**85**, 88, 327
温故知新〈おんこちしん〉……**86**, 654
温柔敦厚〈おんじゅうとんこう〉……**86**, 503
恩讐分明〈おんしゅうぶんめい〉……**86**
温潤良玉〈おんじゅんりょうぎょく〉……**86**
怨親平等〈おんしんびょうどう〉……37, **86**, 196
音信不通〈おんしんふつう〉……**86**
遠塵離苦〈おんじんりく〉……86
遠塵離垢〈おんじんりく〉……**86**
音声相和〈おんせいそうわ〉……62

温清定省〈おんせいていせい〉……**86**, 248, 398, 481
怨憎会苦〈おんぞうえく〉……2, **87**, 274
穏着沈黙〈おんちゃくちんもく〉……**87**
怨敵退散〈おんてきたいさん〉……**87**
音吐清朗〈おんとせいろう〉……87
音吐朗朗〈おんとろうろう〉……**87**
乳母日傘〈おんばひがさ〉……**87**
温文爾雅〈おんぶんじが〉……**87**
温文儒雅〈おんぶんじゅが〉……87
縕袍粗糲〈おんぽうそれい〉……3, **87**
陰陽五行〈おんようごぎょう〉……**87**
厭離穢土〈おんりえど〉……**87**
温良恭倹〈おんりょうきょうけん〉……**87**
温良篤厚〈おんりょうとっこう〉……86, **88**
温和篤厚〈おんわとっこう〉……86, **88**
温和怜悧〈おんわれいり〉……**88**

か

槐安之夢〈かいあんのゆめ〉……506
瑰意琦行〈かいいきこう〉……**88**
解衣推食〈かいいすいしょく〉……**88**
誨淫誨盗〈かいいんかいとう〉……**88**, 96
誨淫導欲〈かいいんどうよく〉……**88**
開雲見日〈かいうんけんじつ〉……**88**, 450
外円内方〈がいえんないほう〉……93
海翁失鷗〈かいおうしつおう〉……**88**
怪怪奇奇〈かいかいきき〉……**89**, 135
槐階棘路〈かいかいきょくろ〉……97
開懐暢飲〈かいかいちょういん〉……**89**
蓋瓦級甎〈がいがきゅうせん〉……**89**
海角天涯〈かいかくてんがい〉……**89**, 469
改過作新〈かいかさくしん〉……89
改過自新〈かいかじしん〉……**89**
悔過自新〈かいかじしん〉……89
快活温柔〈かいかつおんじゅう〉……**89**
海闊天空〈かいかつてんくう〉……**89**, 471
快活明朗〈かいかつめいろう〉……**89**, 627
快活愉快〈かいかつゆかい〉……**89**
開化文明〈かいかぶんめい〉……**89**, 587
蓋棺事定〈がいかんじてい〉……**89**
開巻第一〈かいかんだいいち〉……90
蓋棺定論〈がいかんていろん〉……89
外寛内深〈がいかんないしん〉……**89**, 93
開巻有益〈かいかんゆうえき〉……**89**
開巻有得〈かいかんゆうとく〉……89
外強中乾〈がいきょうちゅうかん〉……**89**
外強中枯〈がいきょうちゅうこ〉……90
懐玉有罪〈かいぎょくゆうざい〉……**90**
荷衣蕙帯〈かいけいたい〉……**90**
会稽之恥〈かいけいのはじ〉……**90**
改弦易轍〈かいげんえきてつ〉……**90**
開眼供養〈かいげんくよう〉……**90**
改弦更張〈かいげんこうちょう〉……90
開源節流〈かいげんせつりゅう〉……**90**, 666
開口一番〈かいこういちばん〉……**90**
解甲帰田〈かいこうきでん〉……7, **90**, 137
外交辞令〈がいこうじれい〉……**91**, 298
蟹行鳥跡〈かいこうちょうせき〉……**91**
解甲倒戈〈かいこうとうか〉……91
外巧内嫉〈がいこうないしつ〉……**91**, 504
外剛内柔〈がいごうないじゅう〉……**91**, 93, 504
回光返照〈かいこうへんしょう〉……**91**
魁梧奇偉〈かいごきい〉……**91**
悔悟慙羞〈かいござんしゅう〉……**91**
回顧之憂〈かいこのうれい〉……213
解語之花〈かいごのはな〉……**91**, 233
悔悟憤発〈かいごふんぱつ〉……**91**
快語満堂〈かいごまんどう〉……**91**
開権顕実〈かいごんけんじつ〉……**91**
睚眥之怨〈がいさいのうらみ〉……**92**
懐才不遇〈かいさいふぐう〉……**92**, 119
開三顕一〈かいさんけんいち〉……92
回山倒海〈かいざんとうかい〉……**92**, 531
開示悟入〈かいじごにゅう〉……**92**
海市蜃楼〈かいししんろう〉……**92**, 177, 255
亥豕之譌〈がいしのか〉……58, **92**, 262, 679
改邪帰正〈かいじゃきせい〉……**92**, 610
開迹顕本〈かいしゃくけんぽん〉……92
膾炙人口〈かいしゃじんこう〉……**92**
鎧袖一触〈がいしゅういっしょく〉……**92**
外柔中剛〈がいじゅうちゅうごう〉……93
外柔内剛〈がいじゅうないごう〉……89, **93**, 504
下意上達〈かいじょうたつ〉……**93**, 320

薤上之露〈かいじょうのつゆ〉……98
快人一語〈かいじんいちご〉……93
快人快語〈かいじんかいご〉……**93**
開心見誠〈かいしんけんせい〉……**93**
灰心喪意〈かいしんそうい〉……93
灰心喪気〈かいしんそうき〉……12, 13, **93**
回心転意〈かいしんてんい〉……54, **93**
戒慎之韜〈かいしんのとう〉……**93**
誨人不厭〈かいじんふえん〉……93
誨人不倦〈かいじんふけん〉……**93**
回生起死〈かいせいきし〉……**93**, 139
海誓山盟〈かいせいさんめい〉……**93**
蓋世之才〈がいせいのさい〉……**94**, 497
蓋世之材〈がいせいのざい〉……94
開誠布公〈かいせいふこう〉……93
蓋世不抜〈がいせいふばつ〉……**94**
蓋世無双〈がいせいむそう〉……165
晦迹韜光〈かいせきとうこう〉……**94**, 484
怪絶奇絶〈かいぜつきぜつ〉……135
塊然独坐〈かいぜんどくざ〉……94
塊然独処〈かいぜんどくしょ〉……**94**
階前万里〈かいぜんばんり〉……**94**
海内殷富〈かいだいいんぷ〉……**94**
海内冠冕〈かいだいのかんべん〉……**94**
海内奇士〈かいだいのきし〉……**94**
海内紛擾〈かいだいふんじょう〉……**94**
海内無双〈かいだいむそう〉……**94**, 165, 236, 470, 471, 489
外沢中乾〈がいたくちゅうかん〉……90
咳唾成珠〈がいだせいしゅ〉……**95**
街談巷議〈がいだんこうぎ〉……95
街談巷語〈がいだんこうご〉……**95**
街談巷説〈がいだんこうせつ〉……**95**, 489, 660
怪誕不経〈かいたんふけい〉……**95**, 194, 221
海中撈月〈かいちゅうろうげつ〉……95
喙長三尺〈かいちょうさんじゃく〉……**95**
海底撈月〈かいていろうげつ〉……75, **95**
海底撈針〈かいていろうしん〉……95, 418
改轍易途〈かいてつえきと〉……90
蓋天蓋地〈がいてんがいち〉……**95**
回天事業〈かいてん(の)じぎょう〉……**95**, 500
回天之力〈かいてんのちから〉……**95**
開天闢地〈かいてんへきち〉……**95**, 475
誨盗誨淫〈かいとうかいいん〉……**96**
改頭換尾〈かいとうかんび〉……96
改頭換面〈かいとうかんめん〉……**96**
快刀乱麻〈かいとうらんま〉……45, **96**
快犢破車〈かいとくはしゃ〉……**96**, 419
開闢以来〈かいびゃくいらい〉……**96**
開闢草昧〈かいびゃくそうまい〉……**96**
凱風寒泉〈がいふうかんせん〉……**96**
磑風舂雨〈がいふうしょうう〉……**97**
開物成務〈かいぶつせいむ〉……**97**
懐宝迷邦〈かいほうめいほう〉……**97**
槐門棘路〈かいもんきょくろ〉……**97**
開門揖盗〈かいもんゆうとう〉……**97**, 276
海約山盟〈かいやくさんめい〉……94
外腴中乾〈がいゆちゅうかん〉……90
傀儡政権〈かいらいせいけん〉……**97**
怪力乱神〈かいりきらんしん〉……**97**
魁塁之士〈かいるいのし〉……**97**
偕老同穴〈かいろうどうけつ〉……**97**, 560
薤露蒿里〈かいろこうり〉……**98**
家殷人足〈かいんじんそく〉……99
夏雲奇峰〈かうんきほう〉……**98**
瓦解土崩〈がかいどほう〉……**98**, 501
柯会之盟〈かかいのめい〉……**98**
瓦解氷消〈がかいひょうしょう〉……**98**, 558
瓦解氷泮〈がかいひょうはん〉……558
花街柳巷〈かがいりゅうこう〉……**98**, 660
下学上達〈かがくじょうたつ〉……**98**
蝸角之争〈かかくのあらそい〉……**98**
下学之功〈かがくのこう〉……**98**
呵呵大笑〈かかたいしょう〉……**98**, 603
瓜葛之親〈かかつのしん〉……**98**
夏下冬上〈かかとうじょう〉……**99**
河漢斯言〈かかんしげん〉……99
河漢之言〈かかんのげん〉……**99**
花顔柳腰〈かがんりゅうよう〉……**99**
夏癸殷辛〈かきいんしん〉……**99**
和気香風〈かきこうふう〉……**99**
餓鬼偏執〈がきへんしゅう〉……**99**
蝸牛角上〈かぎゅうかくじょう〉……98, **99**
家給人足〈かきゅうじんそく〉……**99**

蝸牛之廬〈かぎゅうのいおり〉……**99**
火牛之計〈かぎゅうのけい〉……**99**
科挙圧巻〈かきょあっかん〉……**100**
下喬入幽〈かきょうにゅうゆう〉……**100**
河魚之患〈かぎょのかん〉……100
河魚之疾〈かぎょのしつ〉……100
河魚腹疾〈かぎょのふくしつ〉……**100**
嘉耦天成〈かぐうてんせい〉……**100**
架空無稽〈かくうむけい〉……**100**, 221
赫赫之功〈かくかくのこう〉……**100**
諤諤之臣〈がくがくのしん〉……**100**, 119
赫赫之名〈かくかくのな〉……**100**, 626
赫赫之光〈かくかくのひかり〉……100
赫赫明明〈かくかくめいめい〉……**100**, 627
赫赫有名〈かくかくゆうめい〉……100
隔岸観火〈かくがんかんか〉……**100**, 157, 305, 419, 672
権管之利〈かくかんのり〉……**101**
革旧鼎新〈かくきゅうていしん〉……101
革故鼎新〈かくこていしん〉……**101**
各種各様〈かくしゅかくよう〉……**101**, 555
鶴寿千歳〈かくじゅせんざい〉……**101**, 393
各人各様〈かくじんかくよう〉……**101**, 262, 308, 555
隔世之感〈かくせいのかん〉……**101**, 247
廓然大公〈かくぜんたいこう〉……**101**
格致日新〈かくちにっしん〉……**101**
学知利行〈がくちりこう〉……**101**
鶴汀鳧渚〈かくていふしょ〉……**102**
廓然大悟〈かくねんたいご〉……**102**, 111, 218, 422
廓然無聖〈かくねんむしょう〉……**102**
鶴髪童顔〈かくはつどうがん〉……**102**
格物究理〈かくぶつきゅうり〉……**102**, 443
格物致知〈かくぶつちち〉……**102**, 443
革命易姓〈かくめいえきせい〉……71, **102**
鶴鳴九皐〈かくめいきゅうこう〉……**102**, 103
鶴鳴之士〈かくめいのし〉……**102**, 103
鶴鳴之歎〈かくめいのたん〉……102, **103**
楽羊啜子〈がくようてっし〉……**103**
鶴翼之囲〈かくよくのかこみ〉……**103**, 167
鶴翼之陣〈かくよくのじん〉……**103**, 167
鶴立企佇〈かくりつきちょ〉……74, 75, **103**
鶴唳風声〈かくれいふうせい〉……**103**, 566
駕軽就熟〈がけいしゅうじゅく〉……187
嫁鶏随鶏〈かけいずいけい〉……**103**, 576
瓦鶏陶犬〈がけいとうけん〉……**103**, 483
家鶏野雉〈かけいやち〉……**103**
家鶏野鶩〈かけいやぼく〉……**103**
花言巧語〈かげんこうご〉……**103**
寡見少聞〈かけんしょうぶん〉……**104**, 115
嘉言善行〈かげんぜんこう〉……**104**
寡言沈黙〈かげんちんもく〉……**104**, 460
仮公営私〈かこうえいし〉……104
仮公済私〈かこうさいし〉……**104**
夏侯拾芥〈かこうしゅうかい〉……**104**
歌功頌徳〈かこうしょうとく〉……**104**
嫁狗随狗〈かこうずいこう〉……103
花紅柳緑〈かこうりゅうりょく〉……**104**, 659
画虎成狗〈がこせいく〉……104
画虎不成〈がこふせい〉……104
画虎類狗〈がこるいく〉……**104**, 331
華山帰馬〈かざんきば〉……78, 145
河山帯礪〈かざんたいれい〉……**104**, 428
加持祈禱〈かじきとう〉……**104**
寡二少双〈かじしょうそう〉……**105**, 471
和氏之璧〈かしのへき〉……**105**, 359, 360
火樹琪花〈かじゅきか〉……105
火樹銀花〈かじゅぎんか〉……**105**
嫁娶不同〈かしゅふどう〉……**105**
火上加油〈かじょうかゆ〉……**105**
火上澆油〈かじょうぎょうゆ〉……105
家常茶飯〈かじょうさはん〉……**105**, 509
火上注油〈かじょうちゅうゆ〉……**105**
過小評価〈かしょうひょうか〉……**105**, 108
過剰防衛〈かじょうぼうえい〉……**105**, 373
花燭洞房〈かしょくどうぼう〉……**106**, 491
華燭之式〈かしょくのしき〉……106
華燭之典〈かしょくのてん〉……**106**
華胥之国〈かしょのくに〉……**106**
華胥之夢〈かしょのゆめ〉……**106**
家書万金〈かしょばんきん〉……**106**
禾黍油油〈かしょゆうゆう〉……**106**
花嘴利舌〈かしりぜつ〉……104

画脂鏤氷〈がしろうひょう〉……**106**, 455
花晨月夕〈かしんげっせき〉……109
花唇巧舌〈かしんこうぜつ〉……104
佳人才子〈かじんさいし〉……**106**, 251
臥薪嘗胆〈がしんしょうたん〉……**106**, 256
雅人深致〈がじん(の)しんち〉……**107**
軻親断機〈かしんだんき〉……**107**, 632
佳人薄命〈かじんはくめい〉……**107**, 251, 548
嘉辰令月〈かしんれいげつ〉……**107**
河誓山盟〈かせいさんめい〉……94
苛政猛虎〈かせいもうこ〉……**107**
下井落石〈かせいらくせき〉……652
禍棗災梨〈かそうさいり〉……**107**
雅俗混淆〈がぞくこんこう〉……**107**
雅俗折衷〈がぞくせっちゅう〉……**107**
家族団欒〈かぞくだんらん〉……32, **107**
過大評価〈かだいひょうか〉……105, **107**
火宅之境〈かたくのさかい〉……**108**, 258
火宅之門〈かたくのもん〉……108, 258
画蛇添足〈がだてんそく〉……85, **108**
華胄家世〈かちゅうかせい〉……**108**
夏虫疑氷〈かちゅうぎひょう〉……**108**, 366, 379
火中取栗〈かちゅうしゅりつ〉……**108**
華胄摂籙〈かちゅうせつろく〉……**108**
火中之栗〈かちゅうのくり〉……**108**
渦中之人〈かちゅうのひと〉……**108**
花朝月夕〈かちょうげっせき〉……**108**
花朝月夜〈かちょうげつや〉……109
花鳥諷詠〈かちょうふうえい〉……**109**
花鳥風月〈かちょうふうげつ〉……**109**, 169, 381, 567
活火激発〈かっかげきはつ〉……**109**
隔靴搔痒〈かっかそうよう〉……**109**, 492, 611
隔靴之搔〈かっかのそう〉……109
隔靴爬痒〈かっかはよう〉……109
渇驥奔泉〈かっきほんせん〉……**109**
恪勤精励〈かっきんせいれい〉……**109**, 376
葛屨履霜〈かっくりそう〉……29, **109**
活計歓楽〈かっけいかんらく〉……**109**, 290, 372
割鶏牛刀〈かっけいぎゅうとう〉……**109**, 151
確乎不動〈かっこふどう〉……15, **109**, 110, 138, 524, 638, 641
確乎不抜〈かっこふばつ〉……15, **110**, 138, 524, 638, 641
活殺自在〈かっさつじざい〉……**110**, 368
合従連横〈がっしょうれんおう〉……110
合従連衡〈がっしょうれんこう〉……**110**
合水和泥〈がっすいわでい〉……**110**, 432
割席分坐〈かっせきぶんざ〉……**110**
豁然開朗〈かつぜんかいろう〉……**110**, 111
豁然大悟〈かつぜんたいご〉……102, **111**, 218
豁達豪放〈かったつごうほう〉……**111**, 224
闊達自在〈かったつじざい〉……**111**, 302
闊達自由〈かったつじゆう〉……**111**, 302
豁達大度〈かったつたいど〉……**111**, 125
闊達明朗〈かったつめいろう〉……**111**, 628
勝手気儘〈かってきまま〉……73, **111**, 294, 603
豁然頓悟〈かつねんとんご〉……111
活剝生呑〈かっぱくせいどん〉……**111**
活潑婉麗〈かっぱつえんれい〉……**111**
活潑豪宕〈かっぱつごうとう〉……**112**
活潑潑地〈かっぱつはっち〉……**112**
割臂之盟〈かっぴのめい〉……**112**
刮目相看〈かつもくそうかん〉……112
刮目相待〈かつもくそうたい〉……**112**
活竜活現〈かつりょうかつげん〉……112
活霊活現〈かつれいかつげん〉……**112**
華亭鶴唳〈かていかくれい〉……**112**
過庭之訓〈かていのおしえ〉……**112**
瓜瓞綿綿〈かてつめんめん〉……**112**
我田引水〈がでんいんすい〉……73, **112**, 272
花天酒地〈かてんしゅち〉……**113**
瓜田之履〈かでんのくつ〉……113
瓜田李下〈かでんりか〉……4, **113**
寡頭政治〈かとうせいじ〉……**113**
臥榻之側〈がとうのかたわら〉……**113**
家徒四壁〈かとしへき〉……**113**, 129
家徒壁立〈かとへきりつ〉……113
河図洛書〈かとらくしょ〉……**113**
家内狼藉〈かないろうぜき〉……**113**
鉄梃大尽〈かなてこだいじん〉……**113**
蛾眉皓歯〈がびこうし〉……313, 627
家貧孝子〈かひんこうし〉……**114**

歌舞音曲〈かぶおんぎょく〉……**114**
禍福倚伏〈かふくいふく〉……**114**, 249
禍福糾纏〈かふくきゅうじょう〉……114
禍福糾纆〈かふくきゅうぼく〉……19, **114**, 249, 470
禍福相倚〈かふくそうい〉……114
禍福相貫〈かふくそうかん〉……114
禍福同門〈かふくどうもん〉……114
禍福得喪〈かふくとくそう〉……**114**
禍福之転〈かふくのてん〉……114
禍福無門〈かふくむもん〉……**114**, 572
葭莩之誼〈かふのぎ〉……114
葭莩之親〈かふのしん〉……**114**
葭莩之類〈かふのるい〉……114
歌舞優楽〈かぶゆうらく〉……**114**
瓦釜雷鳴〈がふらいめい〉……**114**
寡聞少見〈かぶんしょうけん〉……**115**, 246
寡聞浅学〈かぶんせんがく〉……**115**, 386
寡聞鮮見〈かぶんせんけん〉……115
佳兵黷武〈かへいとくぶ〉……152
佳兵不祥〈かへいふしょう〉……**115**
瓜剖豆分〈かぼうとうぶん〉……**115**, 491
華封三祝〈かほうのさんしゅく〉……**115**
夸父逐日〈かほちくじつ〉……**115**
我慢勝他〈がまんしょうた〉……**115**
我武者者〈がむしゃもの〉……115
我武者羅〈がむしゃら〉……**115**, 300
烏之雌雄〈からすのしゆう〉……**115**
我利我利〈がりがり〉……**116**, 437
我利私欲〈がりしよく〉……**116**, 339
花柳狭斜〈かりゅうきょうしゃ〉……660
河梁携手〈かりょうけいしゅ〉……116
下陵上替〈かりょうじょうたい〉……**116**
画竜点睛〈がりょうてんせい〉……**116**
河梁之吟〈かりょうのぎん〉……**116**
河梁之誼〈かりょうのよしみ〉……2, 116
河梁之別〈かりょうのわかれ〉……**116**
迦陵頻伽〈かりょうびんが〉……**116**
臥竜鳳雛〈がりょうほうすう〉……**117**, 226, 573, 596, 631, 663
寡廉鮮恥〈かれんせんち〉……**117**, 209
苛斂誅求〈かれんちゅうきゅう〉……**117**, 481
餓狼之口〈がろうのくち〉……**117**
夏炉冬扇〈かろとうせん〉……**117**, 657
銜哀致誠〈がんあいちせい〉……**117**
含飴弄孫〈がんいろうそん〉……**117**
閑雲孤鶴〈かんうんこかく〉……**117**, 118, 169, 229
干雲蔽日〈かんうんへいじつ〉……**117**
韓雲孟竜〈かんうんもうりょう〉……**117**
閑雲野鶴〈かんうんやかく〉……**118**, 169, 229
含英咀華〈がんえいしょか〉……**118**, 415
檻猿籠鳥〈かんえんろうちょう〉……**118**, 677
鑑往知来〈かんおうちらい〉……53, 321
韓海蘇潮〈かんかいそちょう〉……**118**
顔回簞瓢〈がんかいたんぴょう〉……**118**, 435
感慨無量〈かんがいむりょう〉……52, **118**
扞格齟齬〈かんかくそご〉……**118**
干戈倥偬〈かんかこうそう〉……**118**, 119, 485, 590
鰥寡孤独〈かんかこどく〉……**118**, 229, 469, 618
含牙戴角〈がんがたいかく〉……**118**
頷下之珠〈がんかのしゅ〉……**119**, 439, 668
寒花晩節〈かんかばんせつ〉……**119**
轗軻不遇〈かんかふぐう〉……**119**, 136
干戈不息〈かんかふそく〉……118, **119**, 485
緩歌慢舞〈かんかまんぶ〉……**119**
侃侃諤諤〈かんかんがくがく〉……100, **119**, 168, 198, 556
観感興起〈かんかんこうき〉……**119**
寒巌枯木〈かんがんこぼく〉……**119**, 244
乾乾浄浄〈かんかんじょうじょう〉……**119**
関関雎鳩〈かんかんしょきゅう〉……73, **120**, 124, 172, 560, 576
官官接待〈かんかんせったい〉……**120**
敢諫之鼓〈かんかんのこ〉……93
汗顔無地〈かんがんむち〉……**120**, 122, 672
歓喜雀躍〈かんきじゃくやく〉……170
管窺之見〈かんきのけん〉……121, 128, 646
歓喜抃舞〈かんきべんぶ〉……**120**, 146
緩急軽重〈かんきゅうけいちょう〉……**120**
緩急剛柔〈かんきゅうごうじゅう〉……**120**
緩急自在〈かんきゅうじざい〉……44, **120**
汗牛充棟〈かんぎゅうじゅうとう〉……**120**, 252

貫朽粟陳〈かんきゅうぞくちん〉……**120**
閑居養志〈かんきょようし〉……**120**, 327
寒気凜冽〈かんきりんれつ〉……**121**
管窺蠡測〈かんきれいそく〉……**121**, 128, 366, 379, 646
歓欣鼓舞〈かんきんこぶ〉……**121**, 128, 146
顔筋柳骨〈がんきんりゅうこつ〉……**121**
艱苦辛苦〈かんくしんく〉……**121**, 129
艱苦奮闘〈かんくふんとう〉……**121**, 241, 587
簡潔明瞭〈かんけつめいりょう〉……**121**, 127
甘言美語〈かんげんびご〉……121
甘言蜜語〈かんげんみつご〉……**121**, 472
歓言愉色〈かんげんゆしょく〉……**121**
緩絃朗笛〈かんげんろうてき〉……**121**
頑固一徹〈がんこいってつ〉……**121**
眼光炯炯〈がんこうけいけい〉……**122**
箝口結舌〈かんこうけつぜつ〉……**122**
顔厚忸怩〈がんこうじくじ〉……120, **122**
眼光紙背〈がんこうしはい〉……**122**, 311
眼高手生〈がんこうしゅせい〉……122
眼高手低〈がんこうしゅてい〉……**122**, 284
寛洪大量〈かんこうたいりょう〉……125
巻甲韜旗〈かんこうとうき〉……7
寒江独釣〈かんこうどくちょう〉……**122**
含垢忍辱〈がんこうにんじょく〉……**122**, 599
含垢忍恥〈がんこうにんち〉……122
含垢納汚〈がんこうのうお〉……122
喚呼応答〈かんこおうとう〉……278
紈袴子弟〈がんこしてい〉……140
換骨羽化〈かんこつうか〉……**122**
換骨奪胎〈かんこつだったい〉……**122**, 476
還顧之憂〈かんこのうれい〉……213
還魂起死〈かんこんきし〉……139
冠婚葬祭〈かんこんそうさい〉……**123**
翫歳愒日〈がんさいかいじつ〉……**123**, 256, 616
敢作敢当〈かんさくかんとう〉……**123**
寒山拾得〈かんざんじっとく〉……**123**
顔子一瓢〈がんしいっぴょう〉……453
岸芷汀蘭〈がんしていらん〉……**123**
含沙射影〈がんしゃせきえい〉……**123**
感情移入〈かんじょういにゅう〉……**123**
顔常山舌〈がんじょうざんのした〉……**124**
勧奨懲誡〈かんしょうちょうかい〉……**124**, 126
含笑入地〈がんしょうにゅうち〉……**124**
観場矮人〈かんじょうのわいじん〉……681
干将莫邪〈かんしょうばくや〉……**124**
旰食宵衣〈かんしょくしょうい〉……**124**, 321
関雎之化〈かんしょのか〉……73, 120, **124**, 172, 560
肝腎肝文〈かんじんかんもん〉……**124**
玩人喪徳〈がんじんそうとく〉……**125**, 130
寛仁大度〈かんじんたいど〉……111, **125**
閑人適意〈かんじんてきい〉……**125**
姦人之雄〈かんじんのゆう〉……**125**
韓信匍匐〈かんしんほふく〉……11, **125**
甘井先竭〈かんせいせんけつ〉……**125**
坎井之蛙〈かんせいのあ〉……85, 108, 121, **125**, 365, 379, 637
歓声雷動〈かんせいらいどう〉……146
姦声乱色〈かんせいらんしょく〉……**125**
干戚羽旄〈かんせきうぼう〉……**125**
頑石点頭〈がんせきてんとう〉……**126**
煥然一新〈かんぜんいっしん〉……**126**
勧善戒悪〈かんぜんかいあく〉……126
冠前絶後〈かんぜんぜつご〉……**126**, 176
勧善黜悪〈かんぜんちゅつあく〉……126
勧善懲悪〈かんぜんちょうあく〉……5, 124, **126**, 329
完全燃焼〈かんぜんねんしょう〉……**126**, 402
甘泉必竭〈かんせんひっけつ〉……125
完全無欠〈かんぜんむけつ〉……**126**, 168, 306, 352, 397
乾燥無味〈かんそうむみ〉……**126**, 622
観測気球〈かんそくききゅう〉……**126**
官尊民卑〈かんそんみんぴ〉……**126**
邯鄲学歩〈かんたんがくほ〉……**126**, 127
寒煖饑飽〈かんだんきほう〉……**126**
肝胆胡越〈かんたんこえつ〉……**127**
肝胆相照〈かんたんそうしょう〉……**127**
肝胆楚越〈かんたんそえつ〉……**127**
肝胆塗地〈かんたんとち〉……130
邯鄲之歩〈かんたんのほ〉……**127**
邯鄲之枕〈かんたんのまくら〉……127
邯鄲之夢〈かんたんのゆめ〉……24, 71, **127**, 351,

472, 506, 604
簡単明瞭〈かんたんめいりょう〉…29, **127**, 435, 571
管中窺豹〈かんちゅうきひょう〉……121, **128**, 400, 646
管中窺天〈かんちゅうきてん〉……**128**
奸智術数〈かんちじゅっすう〉……**127**, 204
奸智術策〈かんちじゅっさく〉……127, 204
管仲随馬〈かんちゅうずいば〉……**128**
眼中之釘〈がんちゅうのくぎ〉……**128**, 323
眼中之刺〈がんちゅうのし〉……128
眼中抜釘〈がんちゅうばってい〉……128
眼中無人〈がんちゅうむじん〉……599
歓天喜地〈かんてんきち〉……**128**, 146, 155, 170
旱天慈雨〈かんてん(の)じう〉……**128**, 419
撼天動地〈かんてんどうち〉……**128**, 158, 354
感動振奮〈かんどうしんぷん〉……131
甘棠之愛〈かんとうのあい〉……**128**
甘棠遺愛〈かんとうのいあい〉……129
甘棠之恵〈かんとうのめぐみ〉……129
患得患失〈かんとくかんしつ〉……**129**
環堵蕭然〈かんとしょうぜん〉……113, **129**
頑鈍無恥〈がんどんむち〉……**129**
艱難苦労〈かんなんくろう〉……129
艱難辛苦〈かんなんしんく〉……63, **129**, 274, 286, 328, 395, 662
艱難辛困〈かんなんしんこん〉……**129**
奸佞邪心〈かんねいじゃしん〉……129
奸佞邪智〈かんねいじゃち〉……**129**
感応道交〈かんのうどうこう〉……**129**
肝脳塗地〈かんのうとち〉……46, **130**
眼横鼻直〈がんのうびちょく〉……176
汗馬功労〈かんばこうろう〉……130
汗馬之功〈かんばのこう〉……130
汗馬之労〈かんばのろう〉……**130**, 204
銜尾相随〈かんびそうずい〉……**130**
完美無欠〈かんびむけつ〉……126
勧百風一〈かんびゃくふういつ〉……**130**
管豹一斑〈かんぴょうのいっぱん〉……128, 180
玩物喪志〈がんぶつそうし〉……125, **130**, 164
感孚風動〈かんぷふうどう〉……**130**
間不容髪〈かんふようはつ〉……**130**
間不容縷〈かんふようる〉……131
感奮激厲〈かんぷんげきれい〉……131
感奮興起〈かんぷんこうき〉……27, **131**
韓文之疵〈かんぶんのし〉……**131**
玩兵黷武〈がんぺいとくぶ〉……152
緩兵之計〈かんへいのけい〉……**131**, 413
完璧帰趙〈かんぺききちょう〉……**131**
管鮑之交〈かんぽうのまじわり〉……**131**, 173, 175, 215, 359, 420, 434, 523, 583, 651
含哺鼓腹〈がんぽこふく〉……**131**, 243
頑迷固陋〈がんめいころう〉……**132**, 196, 606, 624
干名采誉〈かんめいさいよ〉……**132**
簡明直截〈かんめいちょくせつ〉……**132**, 457
頑冥不霊〈がんめいふれい〉……**132**, 624
簡明扼要〈かんめいやくよう〉……**132**
顔面蒼白〈がんめんそうはく〉……**132**, 143
慣用手段〈かんようしゅだん〉……330
歓楽哀情〈かんらくあいじょう〉……**132**
冠履雑処〈かんりざっしょ〉……132
冠履転倒〈かんりてんとう〉……**132**, 611
冠履倒易〈かんりとうえき〉……**132**, 611
冠屨倒施〈かんりとうし〉……132
冠履倒置〈かんりとうち〉……132
頑廉懦立〈がんれんだりつ〉……**132**
頑陋至愚〈がんろうしぐ〉……**133**
閑話休題〈かんわきゅうだい〉……**133**

き

几案之才〈きあんのさい〉……**133**
奇異荒唐〈きいこうとう〉……**133**, 221, 569
気韻生動〈きいんせいどう〉……**133**
気宇軒昂〈きうけんこう〉……133
気宇広大〈きうこうだい〉……**133**
気宇壮大〈きうそうだい〉……**133**
気宇雄豪〈きうゆうごう〉……133
疑雲猜霧〈ぎうんさいむ〉……**133**
帰依三宝〈きえさんぽう〉……**133**
気炎万丈〈きえんばんじょう〉……**134**
既往不咎〈きおうふきゅう〉……**134**
祇園精舎〈ぎおんしょうじゃ〉……**134**
機会均等〈きかいきんとう〉……**134**

奇怪至極〈きかいしごく〉……134, 135
奇怪千万〈きかいせんばん〉……**134**, 135, 569
棄灰之刑〈きかいのけい〉……**134**
機械之心〈きかいのこころ〉……**134**
帰家穏座〈きかおんざ〉……**134**
奇貨可居〈きかかきょ〉……**134**, 405
鬼家活計〈きか(の)かっけい〉……**135**
亀鶴之寿〈きかくのじゅ〉……101
帰家本能〈きかほんのう〉……142
揮汗成雨〈きかんせいう〉……**135**, 546
鬼瞰之禍〈きかんのわざわい〉……**135**, 215
危機一髪〈ききいっぱつ〉……31, 39, 46, **135**, 671
奇技淫巧〈きぎいんこう〉……**135**
奇奇怪怪〈ききかいかい〉……134, **135**, 569
騏驥過隙〈ききかげき〉……**135**
熙熙攘攘〈ききじょうじょう〉……**136**
鬼気森然〈ききしんぜん〉……**136**
貴貴重重〈ききちょうちょう〉……**136**
奇奇妙妙〈ききみょうみょう〉……134, 135
危急存亡〈ききゅうそんぼう〉……**136**
箕裘之業〈ききゅうのぎょう〉……**136**
起居動作〈ききょどうさ〉……164
崎嶇坎坷〈きくかんか〉……119, **136**
鞠躬尽瘁〈きくきゅうじんすい〉……**136**
鞠躬尽力〈きくきゅうじんりょく〉……136
規矩準縄〈きくじゅんじょう〉……**137**, 143, 216
規矩縄墨〈きくじょうぼく〉……137, 143, 216
詭計多端〈きけいたたん〉……**137**
鬼臉嚇人〈きけんかくじん〉……145
危言覈論〈きげんかくろん〉……**137**
危言危行〈きげんきこう〉……**137**
機嫌気褄〈きげんきづま〉……**137**
危言聳聴〈きげんしょうちょう〉……**137**
貴顕紳士〈きけんしんし〉……**137**
棄甲曳兵〈きこうえいへい〉……7, 91, **137**
跂行喙息〈きこうかいそく〉……**137**
規行矩歩〈きこうくほ〉……**138**, 317, 561
棄甲倒戈〈きこうとうか〉……137
疑行無名〈ぎこうむめい〉……140
鬼哭啾啾〈きこくしゅうしゅう〉……**138**
旗鼓相当〈きこそうとう〉……**138**
気骨稜稜〈きこつりょうりょう〉……110, **138**, 284
起居動静〈きこどうじょう〉……**138**, 156, 164, 325, 432
旗鼓堂堂〈きこどうどう〉……**138**, 490
騎虎之勢〈きこのいきおい〉……**138**, 529
奇策縦横〈きさくじゅうおう〉……**138**, 167, 342, 345
奇策妙計〈きさくみょうけい〉……**139**
偽詐術策〈ぎさじゅっさく〉……**139**, 204
箕山之志〈きざんのこころざし〉……**139**, 167
箕山之節〈きざんのせつ〉……139, 167
箕山之操〈きざんのみさお〉……139
起死回骸〈きしかいがい〉……139
起死回生〈きしかいせい〉……**139**
窺伺傚慕〈きしこうぼ〉……**139**
起死再生〈きしさいせい〉……139
魏紫姚黄〈ぎししょうこう〉……233
旗幟鮮明〈きしせんめい〉……**139**
貴耳賤目〈きじせんもく〉……**139**, 556
紀事本末〈きじほんまつ〉……**139**
疑事無功〈ぎじむこう〉……**140**
棄邪従正〈きじゃじゅうせい〉……92
騎獣之勢〈きじゅうのいきおい〉……138
綺襦紈袴〈きじゅがんこ〉……**140**, 228
鬼出神行〈きしゅつしんこう〉……348
鬼出神入〈きしゅつしんにゅう〉……140
鬼出電入〈きしゅつでんにゅう〉……**140**, 348
鬼手仏心〈きしゅぶっしん〉……**140**
貴種流離〈きしゅりゅうり〉……**140**
希少価値〈きしょうかち〉……**140**
喜笑顔開〈きしょうがんかい〉……141
起承転結〈きしょうてんけつ〉……**140**
起承転合〈きしょうてんごう〉……140
嬉笑怒罵〈きしょうどば〉……**140**, 144
机上空論〈きじょうのくうろん〉……9, **141**, 177, 281
机上之論〈きじょうのろん〉……**141**, 281
喜色満面〈きしょくまんめん〉……**141**, 495
疑心暗鬼〈ぎしんあんき〉……**141**, 164, 231, 385, 411, 518, 566
喜新厭旧〈きしんえんきゅう〉……**141**
喜新厭故〈きしんえんこ〉……141

貴人健忘〈きじんけんぼう〉……141
貴紳淑女〈きしんしゅくじょ〉……346
貴人多忘〈きじんたぼう〉……**141**
杞人天憂〈きじんてんゆう〉……**141**, 231, 337
杞人之憂〈きじんのゆう〉……**141**
帰真反璞〈きしんはんはく〉……**141**
棄信忘義〈きしんぼうぎ〉……517
杞人憂天〈きじんゆうてん〉……141
気随気儘〈きずいきまま〉……111
既成概念〈きせいがいねん〉……**141**
規制緩和〈きせいかんわ〉……**142**
規制強化〈きせいきょうか〉……142
既成事実〈きせいじじつ〉……**142**
欺世盗名〈ぎせいとうめい〉……**142**
希世之雄〈きせいのゆう〉……**142**
帰正反本〈きせいはんぽん〉……**142**
毀瘠骨立〈きせきこつりつ〉……1
奇絶怪絶〈きぜつかいぜつ〉……134, 135
羈紲之僕〈きせつのぼく〉……**142**
巍然屹立〈ぎぜんきつりつ〉……**142**, 144
貴賤上下〈きせんじょうげ〉……**142**
貴賤貧富〈きせんひんぷ〉……**142**, 562
貴賤老若〈きせんろうにゃく〉……**142**, 677
奇想天外〈きそうてんがい〉……**142**, 264, 569
帰巣本能〈きそうほんのう〉……**142**
気息奄奄〈きそくえんえん〉……**143**, 538
規則縄墨〈きそくじょうぼく〉……137, **143**
機知奇策〈きちきさく〉……138
吉日良辰〈きちじつりょうしん〉…**143**, 221, 418
機知縦横〈きちじゅうおう〉……167
吉祥悔過〈きちじょうけか〉……**143**
吉祥懺悔〈きちじょうさんげ〉……143
飢腸轆轆〈きちょうろくろく〉……**143**
奇怪千万〈きっかいせんばん〉……**143**
吉凶禍福〈きっきょうかふく〉……**143**
吃驚仰天〈きっきょうぎょうてん〉……132, **143**,
420, 492, 601
佶屈晦渋〈きっくつかいじゅう〉……144
佶屈聱牙〈きっくつごうが〉……**143**, 216
亀甲獣骨〈きっこうじゅうこつ〉……**144**
乞漿得酒〈きっしょうとくしゅ〉……149
乞食飯牛〈きっしょくはんぎゅう〉……**144**
吉人天相〈きつじんてんしょう〉……**144**
吉辰良日〈きっしんりょうじつ〉……143, **144**
屹然特立〈きつぜんとくりつ〉……142, **144**
橘中之仙〈きっちゅうのせん〉……144
橘中之楽〈きっちゅうのたのしみ〉……**144**
儀狄之酒〈ぎてきのさけ〉…**144**, 371, 477, 523,
556, 590, 604
寄田仰穀〈きでんぎょうこく〉……**144**
喜怒哀楽〈きどあいらく〉……141, **144**
詭道険語〈きどうけんご〉……**144**
機到筆随〈きとうひつずい〉……49
欺軟怕硬〈ぎなんはこう〉……**145**
肌肉玉雪〈きにくぎょくせつ〉……**145**
帰馬放牛〈きばほうぎゅう〉……78, **145**
驥服塩車〈きふくえんしゃ〉……**145**, 419, 466,
664
鬼斧神工〈きふしんこう〉……**145**, 344
季布一諾〈きふのいちだく〉……25, **145**, 189
詭変多端〈きへんたたん〉……137
機謀権略〈きぼうけんりゃく〉……138
箕濮之情〈きぼくのじょう〉……139
奇妙奇態〈きみょうきたい〉……569
帰命稽首〈きみょうけいしゅ〉……145
帰命頂礼〈きみょうちょうらい〉……**145**, 505
喜無量心〈きむりょうしん〉……295
鬼面嚇人〈きめんかくじん〉……**145**
鬼面仏心〈きめんぶっしん〉……**145**, 356
亀毛蛇足〈きもうだそく〉……146, 179, 483
亀毛兎角〈きもうとかく〉……62, **145**, 179, 483
記問之学〈きもんのがく〉……**146**
逆施倒行〈ぎゃくしとうこう〉……484
逆取順守〈ぎゃくしゅじゅんしゅ〉……**146**
逆臣賊子〈ぎゃくしんぞくし〉……654
客塵煩悩〈きゃくじんぼんのう〉……**146**
喜躍抃舞〈きやくべんぶ〉…128, **146**, 170, 316
隔歴三諦〈きゃくりゃくさんだい〉……78
脚下照顧〈きゃっかしょうこ〉……**146**
牛飲馬食〈ぎゅういんばしょく〉…**146**, 183, 595
旧雨今雨〈きゅううこんう〉……**146**
求栄反辱〈きゅうえいはんじょく〉……**146**
窮猿投林〈きゅうえんとうりん〉……**146**
窮猿奔林〈きゅうえんほんりん〉……147

窮閻漏屋〈きゅうえん(の)ろうおく〉……**147**
九夏三伏〈きゅうかさんぷく〉……**147**
旧慣墨守〈きゅうかんぼくしゅ〉……151
牛驥一皁〈ぎゅうきいっそう〉……147
牛驥共牢〈ぎゅうききょうろう〉……147
牛鬼蛇神〈ぎゅうきだしん〉……**147**
牛驥同皁〈ぎゅうきどうそう〉……**147**, 162
九牛一毛〈きゅうぎゅうのいちもう〉……**147**, 404
汲汲忙忙〈きゅうきゅうぼうぼう〉……**147**
求魚縁木〈きゅうぎょえんぼく〉……79, **147**
九棘三槐〈きゅうきょくさんかい〉……97, **147**
窮極無聊〈きゅうきょくぶりょう〉……**147**
鳩居鵲巣〈きゅうきょじゃくそう〉……**147**
救経引足〈きゅうけいいんそく〉……57, **148**
鳩形鵠面〈きゅうけいこくめん〉……**148**, 234, 455
窮形尽相〈きゅうけいじんそう〉……**148**
窮形尽態〈きゅうけいじんたい〉……148
泣血漣如〈きゅうけつれんじょ〉……**148**
及肩之牆〈きゅうけんのしょう〉……**148**
急功近利〈きゅうこうきんり〉……**148**
躬行実践〈きゅうこうじっせん〉……**148**, 290
九皐鳴鶴〈きゅうこうのめいかく〉……102, 103, **148**
窮巷陋屋〈きゅうこうろうおく〉……147
窮巷陋室〈きゅうこうろうしつ〉……147
救国済民〈きゅうこくさいみん〉……**148**, 188
窮困潦倒〈きゅうこんろうとう〉……151
窮山通谷〈きゅうざんつうこく〉……149, 345
丘山之功〈きゅうざんのこう〉……**148**
泣斬馬謖〈きゅうざんばしょく〉……**148**
窮山幽谷〈きゅうざんゆうこく〉……**149**, 345
九死一生〈きゅうしいっしょう〉……**149**, 289, 538
宮車晏駕〈きゅうしゃあんが〉……**149**
宮車晩駕〈きゅうしゃばんが〉……149
窮愁著書〈きゅうしゅうちょしょ〉……**149**
牛溲馬勃〈ぎゅうしゅうばぼつ〉……**149**
旧習墨守〈きゅうしゅうぼくしゅ〉……151
鳩首協議〈きゅうしゅきょうぎ〉……**149**
鳩首凝議〈きゅうしゅぎょうぎ〉……**149**
牛首馬肉〈ぎゅうしゅばにく〉……**149**, 648
鳩首謀議〈きゅうしゅぼうぎ〉……**149**
鳩首密議〈きゅうしゅみつぎ〉……149
求漿得酒〈きゅうしょうとくしゅ〉……**149**
九仞一簣〈きゅうじんいっき〉……33
九仞之功〈きゅうじんのこう〉……**149**
休心息念〈きゅうしんそくねん〉……**149**
救世済民〈きゅうせいさいみん〉……**150**, 188
求全之毀〈きゅうぜんのそしり〉……**150**, 572
窮鼠噛猫〈きゅうそごうびょう〉……**150**, 171
窮鼠噛狸〈きゅうそごうり〉……150
旧態依然〈きゅうたいいぜん〉……**150**, 308, 510, 607
窮鳥帰人〈きゅうちょうきじん〉……150
九腸寸断〈きゅうちょうすんだん〉……**150**, 437
旧調重弾〈きゅうちょうちょうだん〉……**150**
窮鳥投人〈きゅうちょうとうじん〉……150
窮鳥入懐〈きゅうちょうにゅうかい〉……**150**
弓調馬服〈きゅうちょうばふく〉……**150**
九鼎大呂〈きゅうていたいりょ〉……20, **151**
急転直下〈きゅうてんちょっか〉……30, **151**
牛刀割鶏〈ぎゅうとうかっけい〉……**151**
弓道八節〈きゅうどうはっせつ〉……**151**, 301
旧套墨守〈きゅうとうぼくしゅ〉……**151**, 233, 313, 487, 498, 606, 607
窮途之哭〈きゅうとのこく〉……**151**
窮途末路〈きゅうとまつろ〉……**151**, 259, 383
窮途潦倒〈きゅうとろうとう〉……**151**
窮年累月〈きゅうねんるいげつ〉……152
窮年累世〈きゅうねんるいせい〉……**151**
吸風飲露〈きゅうふういんろ〉……**152**
牛糞馬涎〈ぎゅうふんばせん〉……149
窮兵黷武〈きゅうへいとくぶ〉……**152**
義勇奉公〈ぎゆうほうこう〉……353
朽木之材〈きゅうぼくのざい〉……152
朽木糞牆〈きゅうぼくふんしょう〉……**152**
朽木糞土〈きゅうぼくふんど〉……**152**
求名求利〈きゅうめいきゅうり〉……**152**
窮余一策〈きゅうよのいっさく〉……**152**, 179
九流百家〈きゅうりゅうひゃっか〉……336
急流勇退〈きゅうりゅうゆうたい〉……**152**
丘陵学山〈きゅうりょうがくさん〉……554
居安思危〈きょあんしき〉……**152**
挙案斉眉〈きょあんせいび〉……**152**
居安慮危〈きょあんりょき〉……152

挙一反三〈きょいちはんさん〉……**153**, 206
強悪強善〈きょうあくきょうぜん〉……**153**
尭雨舜風〈ぎょううしゅんぷう〉……158
恐悦至極〈きょうえつしごく〉……**153**
矯枉過正〈きょうおうかせい〉……153
矯枉過中〈きょうおうかちゅう〉……153
矯枉過直〈きょうおうかちょく〉……**153**
跫音空谷〈きょうおんくうこく〉……**153**, 176
尭階三尺〈ぎょうかいさんじゃく〉……**153**, 494
矯角殺牛〈きょうかくさつぎゅう〉……**153**, 559
鏡花水月〈きょうかすいげつ〉……**153**
叫喚呼号〈きょうかんこごう〉……**154**
叫喚地獄〈きょうかんじごく〉……**154**
強幹弱枝〈きょうかんじゃくし〉……**154**
仰観俯察〈ぎょうかんふさつ〉……**154**
澆季溷濁〈ぎょうきこんだく〉……**154**
行儀作法〈ぎょうぎさほう〉……**154**
驚喜雀躍〈きょうきじゃくやく〉……146, 170
澆季末世〈ぎょうきまっせ〉……**154**
驚弓之鳥〈きょうきゅうのとり〉……322
兢兢業業〈きょうきょうぎょうぎょう〉……**154**
恐恐謹言〈きょうきょうきんげん〉……**154**, 155
皎皎晶晶〈きょうきょうしょうしょう〉……**154**
狂喜乱舞〈きょうきらんぶ〉…60, 128, **154**, 170
胸襟秀麗〈きょうきんしゅうれい〉……**155**
恐懼感激〈きょうくかんげき〉……**155**
恐懼再拝〈きょうくさいはい〉……155
僑軍孤進〈きょうぐんこしん〉……**155**, 235, 245
薑桂之性〈きょうけいのせい〉……**155**
教外別伝〈きょうげべつでん〉……17, **155**, 513, 581, 582, 638
狂言綺語〈きょうげんきご〉……**155**
興言利口〈きょうげんりこう〉……**155**
共業共果〈きょうごうきょうか〉……21
恐惶謹言〈きょうこうきんげん〉……**155**
恐惶敬白〈きょうこうけいはく〉……155
匡衡鑿壁〈きょうこうさくへき〉……**155**, 188
尭鼓舜木〈ぎょうこしゅんぼく〉……**156**
驚魂動魄〈きょうこんどうはく〉……157
教唆扇動〈きょうさせんどう〉……**156**
挟山超海〈きょうざんちょうかい〉……**156**
仰事俯育〈ぎょうじふいく〉……156
仰事俯畜〈ぎょうじふちく〉……**156**
驕奢淫逸〈きょうしゃいんいつ〉……**156**, 299
凶終隙末〈きょうしゅうげきまつ〉……**156**
行住坐臥〈ぎょうじゅうざが〉…138, **156**, 164, 165, 254, 255, 325, 432, 509
翹首企足〈ぎょうしゅきそく〉……75, 103
仰首伸眉〈ぎょうしゅしんび〉……**157**
拱手傍観〈きょうしゅぼうかん〉……101, **157**, 305, 616, 672
喬松之寿〈きょうしょうのじゅ〉……**157**, 322
彊食自愛〈きょうしょくじあい〉……**157**
強食弱肉〈きょうしょくじゃくにく〉…**157**, 298
驚心動魄〈きょうしんどうはく〉……**157**
驚心破胆〈きょうしんはたん〉……157
協心戮力〈きょうしんりくりょく〉……**157**, 488
澆世季世〈ぎょうせいきせい〉……154
喬遷之喜〈きょうせんのき〉……100
翹足引領〈ぎょうそくいんりょう〉……75
共存共栄〈きょうそんきょうえい〉……**157**, 298
驚地動天〈きょうちどうてん〉……158
胸中成竹〈きょうちゅう(の)せいちく〉……**157**
胸中甲兵〈きょうちゅうのこうへい〉……**157**
胸中鱗甲〈きょうちゅうりんこう〉……572
驚天駭地〈きょうてんがいち〉……158
尭天舜日〈ぎょうてんしゅんじつ〉……158
仰天長嘆〈ぎょうてんちょうたん〉……**158**
驚天動地〈きょうてんどうち〉……128, **158**, 354
仰天不愧〈ぎょうてんふき〉……**158**
尭年舜日〈ぎょうねんしゅんじつ〉……**158**, 470
狂悖暴戻〈きょうはいぼうれい〉……**158**
強迫観念〈きょうはくかんねん〉……**158**
虚有縹渺〈きょうひょうびょう〉……**158**
器用貧乏〈きようびんぼう〉……**158**, 240
尭風舜雨〈ぎょうふうしゅんう〉……**158**, 190, 271, 470
行不踰方〈ぎょうふゆほう〉……257
驕兵必敗〈きょうへいひっぱい〉……**159**
嚮壁虚造〈きょうへききょぞう〉……**159**
怯防勇戦〈きょうぼうゆうせん〉……**159**
喬木故家〈きょうぼくこか〉……**159**
驕慢放縦〈きょうまんほうじゅう〉……**159**
興味索然〈きょうみさくぜん〉……**159**

興味津津〈きょうみしんしん〉……**159**
興味本位〈きょうみほんい〉……**159**
狂瀾怒濤〈きょうらんどとう〉……**159**, 291
強理勁直〈きょうりけいちょく〉……**160**
澆漓末代〈ぎょうりまつだい〉……154
魚塩之中〈ぎょえんのうち〉……**160**
魚塩之利〈ぎょえんのり〉……**160**
虚往実帰〈きょおうじっき〉……**160**
去華就実〈きょかしゅうじつ〉……**160**
巨眼赭髯〈きょがんしゃぜん〉……**160**
拒諫飾非〈きょかんしょくひ〉……**160**
嘘寒問暖〈きょかんもんだん〉……**160**
挙棋不定〈きょきふてい〉……**160**
虚気平心〈きょきへいしん〉……**160**, 621
虚虚実実〈きょきょじつじつ〉……**161**
曲意逢迎〈きょくいほうげい〉……6, **161**
局外中立〈きょくがいちゅうりつ〉……**161**, 201
曲学阿世〈きょくがくあせい〉……**161**
玉肌香膩〈ぎょくきこうじ〉……145
曲肱之楽〈きょくこうのたのしみ〉……**161**
玉砕瓦全〈ぎょくさいがぜん〉……**161**
玉趾珠冠〈ぎょくししゅかん〉……**161**
旭日昇天〈きょくじつしょうてん〉……**161**, 529
旭日東天〈きょくじつとうてん〉……162, 529
曲水之宴〈きょくすいのえん〉……162
曲水流觴〈きょくすいりゅうしょう〉……**162**
玉石混淆〈ぎょくせきこんこう〉……147, **162**
玉石雑糅〈ぎょくせきざつじゅう〉……162
玉石同架〈ぎょくせきどうか〉……162
玉石同匱〈ぎょくせきどうき〉……**162**
玉石同砕〈ぎょくせきどうさい〉……**162**
玉石同沈〈ぎょくせきどうちん〉……162
曲折浮沈〈きょくせつふちん〉……63
玉蟾金兎〈ぎょくせんきんと〉……**162**, 163
局促不安〈きょくそくふあん〉……**162**
曲直正邪〈きょくちょくせいじゃ〉……**162**, 369
曲直是非〈きょくちょくぜひ〉……**162**, 385
曲直分明〈きょくちょくぶんめい〉……**162**
跼天蹐地〈きょくてんせきち〉……**162**
玉兎銀蟾〈ぎょくとぎんせん〉……**163**
曲突徙薪〈きょくとつししん〉……**163**
玉杯象箸〈ぎょくはいぞうちょ〉……270
曲筆舞文〈きょくひつぶぶん〉……**163**, 580
曲眉豊頬〈きょくびほうきょう〉……77, **163**, 233, 558, 586, 627, 647
局面打開〈きょくめんだかい〉……**163**, 201
玉友金昆〈ぎょくゆうきんこん〉……**163**, 165
玉葉金枝〈ぎょくようきんし〉……**163**, 172
玉楼金殿〈ぎょくろうきんでん〉……**163**, 174
居敬窮理〈きょけいきゅうり〉……**163**
虚言巧語〈きょげんこうご〉……104
居高思危〈きょこうしき〉……152
御溝紅葉〈ぎょこうのこうよう〉……227
挙国一致〈きょこくいっち〉……**163**
挙止迂拙〈きょしうせつ〉……**164**
挙止進退〈きょししんたい〉……138, 156, **164**, 165, 254, 255, 432
虚実皮膜〈きょじつひまく〉……**164**
魚質竜文〈ぎょしつりょうぶん〉……**164**
挙止動作〈きょしどうさ〉……164
虚弱体質〈きょじゃくたいしつ〉……609
去就進退〈きょしゅうしんたい〉……**164**, 352
魚菽之祭〈ぎょしゅくのまつり〉……**164**
許劭月旦〈きょしょうげったん〉……195
許劭品題〈きょしょうひんだい〉……195
虚心坦懐〈きょしんたんかい〉……50, 130, 141, **164**, 165, 223, 328, 366, 624
漁人之利〈ぎょじんのり〉……166
虚心平意〈きょしんへいい〉……164, 165
虚心平気〈きょしんへいき〉……**164**, 589
虚静恬淡〈きょせいてんたん〉……63, **164**, 166, 623
挙世無双〈きょせいむそう〉……95, **165**, 471
挙世無比〈きょせいむひ〉……165
挙足軽重〈きょそくけいちょう〉……**165**
挙措失当〈きょそしっとう〉……**165**
挙措進退〈きょそしんたい〉……164, **165**, 255, 432
挙措動作〈きょそどうさ〉……156, 164, **165**, 255
虚誕妄説〈きょたんもうせつ〉……**165**
玉昆金友〈ぎょっこんきんゆう〉……**165**
虚堂懸鏡〈きょどうけんきょう〉……164, **165**, 223
毀誉得失〈きよとくしつ〉……69
漁夫之勇〈ぎょふのゆう〉……**165**

漁夫之利〈ぎょふのり〉……49, **165**, 478
挙袂成幕〈きょべいせいまく〉……135
毀誉褒貶〈きよほうへん〉……**166**
虚無恬淡〈きょむてんたん〉……164, **166**, 373
虚無縹渺〈きょむひょうびょう〉……**166**, 341
魚網鴻離〈ぎょもうこうり〉……**166**
魚目燕石〈ぎょもくえんせき〉……**166**
魚目間珠〈ぎょもくかんしゅ〉……166
魚目混珠〈ぎょもくこんしゅ〉……**166**
魚目混珍〈ぎょもくこんちん〉……166
魚目入珠〈ぎょもくにゅうしゅ〉……166
許由一瓢〈きょゆういっぴょう〉……167
許由巣父〈きょゆうそうほ〉……139, **167**
魚爛土崩〈ぎょらんどほう〉……**167**, 501
魚竜爵馬〈ぎょりょうしゃくば〉……**167**
魚鱗鶴翼〈ぎょりんかくよく〉……**167**
魚鱗之陣〈ぎょりんのじん〉……**167**
熙来攘往〈きらいじょうおう〉……136
義理一遍〈ぎりいっぺん〉……**167**
桐壺源氏〈きりつぼげんじ〉…55, 259, 614, 649
義理人情〈ぎりにんじょう〉……**167**
機略縦横〈きりゃくじゅうおう〉…138, **167**, 458
耆老久次〈きろうきゅうじ〉……22, **167**
晷漏粛唱〈きろうしゅくしょう〉……**168**
騎驢覓驢〈きろべきろ〉……**168**
岐路亡羊〈きろぼうよう〉……**168**, 429
議論百出〈ぎろんひゃくしゅつ〉……119, **168**, 229, 303, 337, 439, 556
議論風生〈ぎろんふうせい〉……168
議論沸騰〈ぎろんふっとう〉……168, 229
議論紛紛〈ぎろんふんぷん〉……168, 229
金衣玉食〈きんいぎょくしょく〉……433
錦衣玉食〈きんいぎょくしょく〉……3, **168**, 270, 380, 403, 433, 594
金烏玉兎〈きんうぎょくと〉……**168**
金甌無欠〈きんおうむけつ〉……126, **168**
金屋阿嬌〈きんおくあきょう〉……168
金屋貯嬌〈きんおくちょきょう〉……**168**
金塊珠礫〈きんかいしゅれき〉……**168**, 464
槿花一日〈きんかいちじつ〉……**169**, 351
槿花一朝〈きんかいっちょう〉……**169**
金科玉条〈きんかぎょくじょう〉……**169**
金科玉律〈きんかぎょくりつ〉……169
巾幗之贈〈きんかくのぞう〉……**169**
琴歌酒賦〈きんかしゅふ〉…109, 118, **169**, 229, 567
銀河倒瀉〈ぎんがとうしゃ〉……**169**
金亀換酒〈きんきかんしゅ〉……**169**
琴棋詩酒〈きんきししゅ〉……**169**, 170
欣喜雀躍〈きんきじゃくやく〉……60, 128, 146, 155, **170**, 316
琴棋書画〈きんきしょが〉……**170**
緊急措置〈きんきゅうそち〉……81
緊急防衛〈きんきゅうぼうえい〉……373
欣喜踊躍〈きんきようやく〉……170
金玉之言〈きんぎょくのげん〉……**170**
金玉満堂〈きんぎょくまんどう〉……**170**
金玉良言〈きんぎょくりょうげん〉……170
斤斤計較〈きんきんけいこう〉……**170**
謹厳温厚〈きんげんおんこう〉……170
謹厳実直〈きんげんじっちょく〉……**170**, 171
謹厳重厚〈きんげんじゅうこう〉……170
勤倹小心〈きんけんしょうしん〉……**170**
勤倹尚武〈きんけんしょうぶ〉……**170**
謹言慎行〈きんげんしんこう〉……**170**
勤倹力行〈きんけんりっこう〉……**171**, 376, 587
金口玉言〈きんこうぎょくげん〉……**171**
金口玉音〈きんこうぎょくおん〉……171
近郷近在〈きんごうきんざい〉……**171**, 173
謹厚慎重〈きんこうしんちょう〉……**171**
金口木舌〈きんこうぼくぜつ〉……41, **171**
金谷酒数〈きんこくのしゅすう〉……**171**
緊褌一番〈きんこんいちばん〉……27, **171**
禽困覆車〈きんこんふくしゃ〉……150, **171**
近在近郷〈きんざいきんごう〉……171, **172**
金枝花蕚〈きんしかがく〉……172, 187
金枝玉葉〈きんしぎょくよう〉……**172**, 187
琴瑟相和〈きんしつそうわ〉……73, 120, 124, **172**, 560
琴瑟調和〈きんしつちょうわ〉……120, 124, **172**
琴瑟之好〈きんしつのこう〉……172
琴瑟之和〈きんしつのわ〉……172
琴瑟不調〈きんしつふちょう〉……172
琴瑟和同〈きんしつわどう〉……172

禽獣夷狄〈きんじゅういてき〉……50, **172**, 481, 507
錦繍心肝〈きんしゅうしんかん〉……**172**, 173
禽獣草木〈きんじゅうそうもく〉……37, **172**
錦繍之腸〈きんしゅうのはらわた〉……173
錦繍綾羅〈きんしゅうりょうら〉……**172**, 207
近朱必赤〈きんしゅひっせき〉……**172**
擒縦自在〈きんしょうじざい〉……**172**
謹小慎微〈きんしょうしんび〉……598
金城鉄壁〈きんじょうてっぺき〉……**172**, 173, 200, 205, 489, 506, 507, 645
錦上添花〈きんじょうてんか〉……**173**
金城湯池〈きんじょうとうち〉……**173**, 200, 489, 506, 507
近所合壁〈きんじょがっぺき〉……171, **173**
琴心剣胆〈きんしんけんたん〉……**173**
錦心繍口〈きんしんしゅうこう〉……**173**
謹慎重厚〈きんしんじゅうこう〉……171
錦心繍腸〈きんしんしゅうちょう〉……173
錦心繍腹〈きんしんしゅうふく〉……173
金声玉振〈きんせいぎょくしん〉……**173**
金石交情〈きんせきこうじょう〉……173
金石至交〈きんせきしこう〉……173
金石糸竹〈きんせきしちく〉……**173**
金石之言〈きんせきのげん〉……170
金石之交〈きんせきのまじわり〉……131, **173**, 175, 215, 359, 434, 523, 583
金石良言〈きんせきりょうげん〉……170
巾箱之寵〈きんそうのちょう〉……**173**
禽息鳥視〈きんそくちょうし〉……56, **174**, 215, 541, 616
欽定詩宗〈きんていしそう〉……184
金泥精描〈きんでいせいびょう〉……**174**
金殿玉楼〈きんでんぎょくろう〉……**174**
勤王攘夷〈きんのうじょうい〉……**174**, 417
銀杯羽化〈ぎんぱいうか〉……**174**
金波銀波〈きんぱぎんぱ〉……**174**
銀波金波〈ぎんぱきんぱ〉……**174**
吟風咏月〈ぎんぷうえいげつ〉……175
吟風弄月〈ぎんぷうろうげつ〉……**174**, 332, 455
金碧輝煌〈きんぺききこう〉……**175**
金碧相輝〈きんぺきそうき〉……175
金碧爛然〈きんぺきらんぜん〉……175
金友玉昆〈きんゆうぎょっこん〉……165, **175**
瑾瑜匿瑕〈きんゆとくか〉……**175**, 265
金襴緞子〈きんらんどんす〉……**175**
金蘭之契〈きんらんのちぎり〉……131, 173, **175**, 215, 359, 420, 434, 523, 533, 583, 651
金蘭之友〈きんらんのとも〉……175, 215, 420
金蘭之交〈きんらんのまじわり〉……175, 215, 420, 533
金律金科〈きんりつきんか〉……169
勤労所得〈きんろうしょとく〉……582
勤労奉仕〈きんろうほうし〉……**175**

く

空空寂寂〈くうくうじゃくじゃく〉……**175**
空空漠漠〈くうくうばくばく〉……**175**
空花乱墜〈くうげらんつい〉……**175**
空谷跫然〈くうこくきょうぜん〉……176
空谷之音〈くうこくのおん〉……176
空谷跫音〈くうこくのきょうおん〉……**176**
空谷足音〈くうこくのそくおん〉……176
空山一路〈くうざんいちろ〉……**176**
空手還郷〈くうしゅげんきょう〉……**176**
苦雨凄風〈くうせいふう〉……**176**, 374
空前絶後〈くうぜんぜつご〉……126, **176**, 281, 397
偶像崇拝〈ぐうぞうすうはい〉……**176**
偶像破壊〈ぐうぞうはかい〉……**176**
空即是色〈くうそくぜしき〉……36, **176**, 273
藕断糸連〈ぐうだんしれん〉……**177**
空中分解〈くうちゅうぶんかい〉……**177**, 501
空中楼閣〈くうちゅう(の)ろうかく〉……92, **177**, 255
空中楼台〈くうちゅうろうだい〉……92, 177, 255
空中楼殿〈くうちゅうろうでん〉……177
空理空論〈くうりくうろん〉……9, 141, **177**, 255, 281
空梁月落〈くうりょうげつらく〉……652
倶会一処〈ぐえいっしょ〉……**177**
苦学力行〈くがくりっこう〉……**177**, 188, 248, 436
苦髪楽爪〈くがみらくづめ〉……**177**

苦行難行〈くぎょうなんぎょう〉……**177**, 506
区区之意〈くくのい〉……178
区区之心〈くくのこころ〉……**178**
口訣面授〈くけつめんじゅ〉……629
愚公移山〈ぐこういざん〉…**178**, 269, 378, 379, 476
苦口婆心〈くこうばしん〉……**178**, 678
愚妻愚息〈ぐさいぐそく〉……186
愚者一得〈ぐしゃのいっとく〉……**178**, 402, 403, 442
苦心孤詣〈くしんこけい〉……**178**
苦心惨憺〈くしんさんたん〉……4, 16, **178**, 184, 327, 662
薬九層倍〈くすりくそうばい〉……**178**
九寸五分〈くすんごぶ〉……**178**
虞芮之訴〈ぐぜいのうったえ〉……**178**
苦節十年〈くせつじゅうねん〉……**179**
九損一徳〈くそんいっとく〉……**179**
愚痴無知〈ぐちむち〉……**179**
苦中作楽〈くちゅうさくらく〉……**179**, 605
苦爪楽髪〈くづめらくがみ〉……177, **179**
狗頭生角〈くとうせいかく〉……146, **179**
苦肉之計〈くにくのけい〉……152, **179**, 536
苦肉之策〈くにくのさく〉……152, **179**
苦肉之謀〈くにくのはかりごと〉……**179**
九年之蓄〈くねんのたくわえ〉……**179**
九年面壁〈くねんめんぺき〉……**180**, 629
狗吠緇衣〈くはいしい〉……**180**, 649
狗馬之心〈くばのこころ〉……**180**, 203
苦髭楽爪〈くひげらくづめ〉……177
狗尾続貂〈くびぞくちょう〉……**180**
愚夫愚婦〈ぐふぐふ〉……649
九分九厘〈くぶくりん〉……**180**, 290
具不退転〈ぐふたいてん〉……**180**
倶不戴天〈ぐふたいてん〉……572
求不得苦〈ぐふとくく〉……**180**, 274
区聞陬見〈くぶんすうけん〉……**180**, 366, 522
九品浄土〈くほんじょうど〉……234, 300
九品之台〈くほんのうてな〉……180
九品蓮台〈くほんれんだい〉……**180**
愚昧無知〈ぐまいむち〉……620
愚問愚答〈ぐもんぐとう〉……**180**
苦輪之海〈くりんのうみ〉……258
君恩海壑〈くんおんかいがく〉……**180**
群蟻附羶〈ぐんぎふせん〉……**180**
群疑満腹〈ぐんぎまんぷく〉……**181**
群軽折軸〈ぐんけいせつじく〉……59, **181**, 377, 378, 379, 405
群鶏一鶴〈ぐんけいのいっかく〉……**181**, 185
焄蒿悽愴〈くんこうせいそう〉……**181**
群策群力〈ぐんさくぐんりょく〉……43, **181**
君子自重〈くんしじちょう〉……**181**
君子殉名〈くんしじゅんめい〉……**181**
君子徳風〈くんしとくふう〉……403
君子九思〈くんしのきゅうし〉……**181**
君子三畏〈くんしのさんい〉……**181**
君子三戒〈くんしのさんかい〉……**182**
君子三楽〈くんしのさんらく〉……**182**
君子万年〈くんしばんねん〉……**182**
君子豹変〈くんしひょうへん〉……**182**, 424
君子不器〈くんしふき〉……**182**
群集心理〈ぐんしゅうしんり〉……**182**
葷酒山門〈くんしゅさんもん〉……**182**
君辱臣死〈くんじょくしんし〉……**182**
君側之悪〈くんそくのあく〉……**182**, 323
君側之奸〈くんそくのかん〉……182
群雄割拠〈ぐんゆうかっきょ〉……**183**, 458
君命無二〈くんめいむに〉……**183**
群竜無首〈ぐんりょうむしゅ〉……**183**
勲労功伐〈くんろうこうばつ〉……**183**

け

経緯万端〈けいいばんたん〉……**183**, 394
経緯万方〈けいいばんぽう〉……183
鯨飲馬食〈げいいんばしょく〉……146, **183**, 595
閨英闈秀〈けいえいいしゅう〉……**183**
形影一如〈けいえいいちにょ〉……17, **183**, 184, 365
形影一切〈けいえいいっさい〉……40
閨英閨秀〈けいえいけいしゅう〉……183
閨英閣香〈けいえいかっこう〉……183
経営惨澹〈けいえいさんたん〉……16, 178, **183**
形影相親〈けいえいそうしん〉……184
形影相随〈けいえいそうずい〉……183, **184**, 189

形影相弔〈けいえいそうちょう〉……**184**
形影相同〈けいえいそうどう〉……183, **184**, 189
形影相伴〈けいえいそうはん〉……183
形影相憐〈けいえいそうりん〉……118
形影不離〈けいえいふり〉……183, **184**
繫影捕風〈けいえいほふう〉……**184**, 190
形枉影曲〈けいおうえいきょく〉……189
形骸土木〈けいがいどぼく〉……**184**, 501
傾蓋知己〈けいがいのちき〉……**184**, 463
傾家竭産〈けいかけっさん〉……184
傾家蕩産〈けいかとうさん〉……**184**
傾家敗産〈けいかはいさん〉……184
傾家破産〈けいかはさん〉……184
桂冠詩人〈けいかんしじん〉……**184**
傾危之士〈けいきのし〉……**185**
桂宮柏寝〈けいきゅうはくしん〉……**185**
軽裘肥馬〈けいきゅうひば〉……**185**
荊棘叢裏〈けいきょくそうり〉……**185**
荊棘銅駝〈けいきょくどうだ〉……**185**, 489
桂玉之艱〈けいぎょくのかん〉……**185**
桂玉之地〈けいぎょくのち〉……185
軽挙妄動〈けいきょもうどう〉……57, **185**, 192,
312, 339, 583
鶏群孤鶴〈けいぐんこかく〉……185
鶏群一鶴〈けいぐんのいっかく〉……**185**, 385
醯鶏甕裏〈けいけいおうり〉……85
鶏犬不寧〈けいけんふねい〉……**185**
鶏口牛後〈けいこうぎゅうご〉……**185**, 187
迎合追従〈げいごうついしょう〉……5
傾国傾城〈けいこくけいせい〉……**186**, 187
経国済民〈けいこくさいみん〉……**186**, 188
経国大業〈けいこくのたいぎょう〉……**186**
傾国美女〈けいこくのびじょ〉……36, **186**, 187
傾国美人〈けいこくのびじん〉……**186**
鶏骨支床〈けいこつししょう〉……**186**
稽古之力〈けいこのちから〉……**186**
刑故無小〈けいこむしょう〉……**186**
荊妻豚児〈けいさいとんじ〉……**186**
荊釵布裙〈けいさいふくん〉……**186**
荊山之玉〈けいざんのぎょく〉……**186**
鶏尸牛従〈けいしぎゅうしょう〉……186, **187**
瓊枝玉葉〈けいしぎょくよう〉……172, **187**
経史子集〈けいししじゅう〉……**187**
瓊枝栴檀〈けいしせんだん〉……**187**
軽車熟路〈けいしゃじゅくろ〉……**187**
稽首作礼〈けいしゅされい〉……240
霓裳羽衣〈げいしょううい〉……**187**
卿相雲客〈けいしょううんかく〉……**187**, 195
形銷骨立〈けいしょうこつりつ〉……1, **187**
傾心吐胆〈けいしんとたん〉……645
傾城傾国〈けいせいけいこく〉……36, 186, **187**,
473
経世済民〈けいせいさいみん〉……150, **188**
景星鳳凰〈けいせいほうおう〉……**188**
蛍雪之功〈けいせつのこう〉……
79, 156, 177, **188**, 202, 248, 297, 298, 416,
417, 436, 446, 612
蛍窓雪案〈けいそうせつあん〉……177, **188**, 202,
248, 297, 436, 446, 612
勁草之節〈けいそうのせつ〉……**188**, 250, 284,
291, 384
傾側偃仰〈けいそくえんぎょう〉……**188**
形息名彰〈けいそくめいしょう〉……**188**
軽率短慮〈けいそつたんりょ〉……**188**, 189, 339,
355, 444, 457
軽諾寡信〈けいだくかしん〉……25, **189**
形単影隻〈けいたんえいせき〉……**189**
閨中之言〈けいちゅうのげん〉……446
髻中明珠〈けいちゅうみょうしゅ〉……**189**
軽重緩急〈けいちょうかんきゅう〉……120, **189**
軽佻佞巧〈けいちょうねいこう〉……189
軽佻浮華〈けいちょうふか〉……189
軽佻浮薄〈けいちょうふはく〉……**189**, 515
形直影正〈けいちょくえいせい〉……184, **189**
兄弟鬩牆〈けいていげきしょう〉……300
敬天愛人〈けいてんあいじん〉……**189**
敬天愛民〈けいてんあいみん〉……189
桂殿蘭宮〈けいでんらんきゅう〉……**189**
軽薄才子〈けいはくさいし〉……**189**
軽薄短小〈けいはくたんしょう〉……**190**, 303
瓊葩繡葉〈けいはしゅうよう〉……**190**
啓発激励〈けいはつげきれい〉……290
鶏皮鶴髪〈けいひかくはつ〉……**190**
繫風捕影〈けいふうほうえい〉……**190**

恵風和暢〈けいふうわちょう〉……**190**
経文緯武〈けいぶんいぶ〉……51, **190**, 584, 586
軽便信用〈けいべんしんよう〉……**190**
刑鞭蒲朽〈けいべんほきゅう〉……159, **190**, 402, 608, 659
傾盆大雨〈けいぼんのたいう〉……**190**
軽妙洒脱〈けいみょうしゃだつ〉…**190**, 241, 299
鶏鳴狗盗〈けいめいくとう〉……**190**, 440
刑名参同〈けいめいさんどう〉……**191**, 199, 320
刑名審合〈けいめいしんごう〉……191, 199, 320
鶏鳴之助〈けいめいのじょ〉……**191**
兄友弟恭〈けいゆうていきょう〉……**191**
勁勇無双〈けいゆうぶそう〉……**191**
傾揺解弛〈けいようかいし〉……**191**
形容枯槁〈けいようここう〉……**191**
形容辺幅〈けいようへんぷく〉……**191**
啓沃之功〈けいよくのこう〉……**192**
軽慮浅謀〈けいりょせんぼう〉……185, **192**
桂林一枝〈けいりんのいっし〉……**192**
撃壌鼓腹〈げきじょうこふく〉……**192**, 243
撃鐘陳鼎〈げきしょうちんてい〉……332
撃壌之歌〈げきじょうのうた〉……**192**, 243
撃柝一声〈げきたくいっせい〉……**192**
激濁揚清〈げきだくようせい〉……5, **192**
撃排冒没〈げきはいぼうぼつ〉……**192**
激憤慷慨〈げきふんこうがい〉……**192**
屐履之間〈げきりのあいだ〉……**192**
下化衆生〈げけしゅじょう〉……**192**, 322
戯作三昧〈げさくざんまい〉……**193**
灰身滅智〈けしんめっち〉……**193**
外題学者〈げだいがくしゃ〉……193
外題学問〈げだいがくもん〉……**193**
解脱幢相〈げだつどうそう〉……**193**
結縁灌頂〈けちえんかんじょう〉……**193**
結縁八講〈けちえんはっこう〉……193
血脈相承〈けちみゃくそうしょう〉……**193**, 279
厥角稽首〈けっかくけいしゅ〉……**193**
月下推敲〈げっかすいこう〉……**193**, 554
月下氷人〈げっかひょうじん〉……**194**
決河之勢〈けっかのいきおい〉……**194**, 207, 530
結跏趺坐〈けっかふざ〉……**194**
月下老人〈げっかろうじん〉……**194**, 378
血気之勇〈けっきのゆう〉……550, 598
譎詭不経〈けっきふけい〉……95, **194**
譎詭変幻〈けっきへんげん〉……**194**
血気方剛〈けっきほうごう〉……**194**
絜矩之道〈けっくのみち〉……**194**
月卿雲客〈げっけいうんかく〉……**195**, 206
桀犬吠尭〈けっけんはいぎょう〉……377
譎詐百端〈けっさひゃくたん〉……**195**
齧指痛心〈げっしつうしん〉……**195**, 369
刖趾適屨〈げっしてきく〉……**195**, 254
結縄之政〈けつじょうのまつりごと〉……**195**
欠席裁判〈けっせきさいばん〉……**195**
刖足適履〈げっそくてきり〉……254
月旦春秋〈げったんしゅんじゅう〉……**195**, 355, 383
月中蟾蜍〈げっちゅうのせんじょ〉……**195**
竭能尽力〈けつのうじんりょく〉……82
月白風清〈げっぱくふうせい〉……**195**
月鼈雲泥〈げつべつうんでい〉……65
血脈貫通〈けつみゃくかんつう〉……**195**
血脈不断〈けつみゃくふだん〉……193
兼愛交利〈けんあいこうり〉……**195**, 535
涓埃之功〈けんあいのこう〉……**196**
兼愛無私〈けんあいむし〉……37, 86, **196**
言易行難〈げんいこうなん〉……**196**
牽衣頓足〈けんいとんそく〉……**196**
犬猿之仲〈けんえんのなか〉……**196**
狷介孤高〈けんかいここう〉……132, **196**, 564
狷介孤独〈けんかいこどく〉……196
狷介固陋〈けんかいころう〉……132, **196**, 564
懸崖撒手〈けんがいさっしゅ〉……**196**, 423
言外之意〈げんがいのい〉……**196**
狷介不羈〈けんかいふき〉……**197**
狷介不屈〈けんかいふくつ〉……196
懸崖勒馬〈けんがいろくば〉……**197**
蒹葭玉樹〈けんかぎょくじゅ〉……**197**
犬牙交錯〈けんがこうさく〉……197
喧嘩囂躁〈けんかごうそう〉……**197**
犬牙差互〈けんがさご〉……197
懸河瀉水〈けんがしゃすい〉……**197**
減価償却〈げんかしょうきゃく〉……**197**
犬牙相制〈けんがそうせい〉……**197**

懸河注水〈けんがちゅうすい〉……197
懸河之弁〈けんがのべん〉……**197**
阮簡曠達〈げんかんこうたつ〉……**197**
元気潑剌〈げんきはつらつ〉……**198**, 367
牽強付会〈けんきょうふかい〉……**198**, 409, 568
牽強付合〈けんきょうふごう〉……198
言近旨遠〈げんきんしえん〉……**198**
堅苦卓絶〈けんくたくぜつ〉……203
懸軍万里〈けんぐんばんり〉……**198**
元軽白俗〈げんけいはくぞく〉……**198**
剣戟森森〈けんげきしんしん〉……**198**
喧喧諤諤〈けんけんがくがく〉……**198**
喧喧囂囂〈けんけんごうごう〉……119, **198**
見賢思斉〈けんけんしせい〉……**198**
拳拳服膺〈けんけんふくよう〉……**199**
蹇蹇匪躬〈けんけんひきゅう〉……**199**, 286
言行一致〈げんこういっち〉……191, **199**, 218
言行相反〈げんこうそうはん〉……199
言行齟齬〈げんこうそご〉……**199**, 218
堅甲利刃〈けんこうりじん〉……199
元亨利貞〈げんこうりてい〉……**199**
堅甲利兵〈けんこうりへい〉……**199**
堅固不抜〈けんごふばつ〉……205
言語漏洩〈げんごろうせつ〉……**199**
乾坤一擲〈けんこんいってき〉……32, **199**
堅塞固塁〈けんさいこるい〉……173, **200**, 344
厳塞要徼〈げんさいようきょう〉……173, **200**
言三語四〈げんさんごし〉……382
剣山刀樹〈けんざんとうじゅ〉……**200**
妍姿艶質〈けんしえんしつ〉……**200**
兼弱攻昧〈けんじゃくこうまい〉……**200**
懸車告老〈けんしゃこくろう〉……200
懸車致仕〈けんしゃちし〉……**200**
懸車之年〈けんしゃのとし〉……200
言者不知〈げんしゃふち〉……**200**, 442
減収減益〈げんしゅうげんえき〉……**200**
減収増益〈げんしゅうぞうえき〉……200
剣樹地獄〈けんじゅじごく〉……200
剣樹刀山〈けんじゅとうざん〉……200
懸鶉楽道〈けんじゅんらくどう〉……**200**
現状維持〈げんじょういじ〉……163, **200**, 201
玄裳縞衣〈げんしょうこうい〉……**201**
見性悟道〈けんしょうごどう〉……201
見性自覚〈けんしょうじかく〉……**201**
言笑自若〈げんしょうじじゃく〉……**201**, 305, 349, 424
見性成仏〈けんしょうじょうぶつ〉……155, **201**, 273
現象世界〈げんしょうせかい〉……273
現状打破〈げんじょうだは〉……163, **201**
堅城鉄壁〈けんじょうてっぺき〉……173
現状凍結〈げんじょうとうけつ〉……201
現状保持〈げんじょうほじ〉……201
現身説法〈げんしんせっぽう〉……**201**, 416
厳正中立〈げんせいちゅうりつ〉……161, **201**
阮籍青眼〈げんせきせいがん〉……**202**
堅石白馬〈けんせきはくば〉……203
現世利益〈げんぜりやく〉……**202**
倹存奢失〈けんそんしゃしつ〉……**202**
厳談酷促〈げんだんこくそく〉……**202**
乾端坤倪〈けんたんこんげい〉……**202**
懸頭刺股〈けんとうしこ〉……57, 79, 188, **202**
懸頭錐股〈けんとうすいこ〉……202
捲土重来〈けんどちょうらい〉……35, **202**, 286
犬兎之争〈けんとのあらそい〉……166, 478
堅忍果決〈けんにんかけつ〉……**202**
堅忍持久〈けんにんじきゅう〉……203
堅忍質直〈けんにんしっちょく〉……**203**
堅忍不抜〈けんにんふばつ〉……**203**, 284, 467, 580
犬吠驢鳴〈けんばいろめい〉……**203**, 680
堅白異同〈けんぱくいどう〉……**203**
堅白同異〈けんぱくどうい〉……**203**, 526, 640
剣抜弩張〈けんばつどちょう〉……31, 39, 46, **203**, 484
犬馬之心〈けんばのこころ〉……**203**
犬馬之年〈けんばのとし〉……**203**
犬馬之報〈けんばのほう〉……204
犬馬之養〈けんばのよう〉……**203**
犬馬之歯〈けんばのよわい〉……**203**
犬馬之労〈けんばのろう〉……130, **203**
見風使舵〈けんぷうしだ〉……362
厳父慈母〈げんぷじぼ〉……**204**
言文一致〈げんぶんいっち〉……**204**

兼弁之徒〈けんぺいのと〉……**204**
権謀術策〈けんぼうじゅっさく〉……127, **204**
玄圃積玉〈げんぽせきぎょく〉……**204**
賢母良妻〈けんぼりょうさい〉……**204**, 663
肩摩裙接〈けんまくんせつ〉……204
肩摩轂撃〈けんまこくげき〉……**204**, 546
肩摩踵接〈けんましょうせつ〉……204
賢明愚昧〈けんめいぐまい〉……**204**
牽羊悔亡〈けんようかいぼう〉……**204**
絢爛華麗〈けんらんかれい〉……207
絢爛豪華〈けんらんごうか〉……**204**, 207, 406
権理通義〈けんりつうぎ〉……**205**
懸梁刺股〈けんりょうしこ〉……202
懸梁錐股〈けんりょうすいこ〉……202
賢良方正〈けんりょうほうせい〉……**205**
彦倫鶴怨〈げんりんかくえん〉……**205**
牽攣乖隔〈けんれんかいかく〉……**205**
堅牢堅固〈けんろうけんご〉……173, **205**
黔驢之技〈けんろのぎ〉……**205**
懸腕直筆〈けんわんちょくひつ〉……**205**
懸腕枕腕〈けんわんちんわん〉……**205**

こ

挙一明三〈こいちみょうさん〉……153, **206**
強悪非道〈ごうあくひどう〉……232
縞衣綦巾〈こういききん〉……**206**
高位高官〈こういこうかん〉……81, 195, **206**, 616
好逸悪労〈こういつあくろう〉……**206**
香囲粉陣〈こういふんじん〉……**206**
黄衣廩食〈こういりんしょく〉……**206**
光陰如箭〈こういんじょせん〉……41, 61, **206**, 499, 679
光陰流水〈こういんりゅうすい〉……206
光陰流転〈こういんりゅうてん〉……**206**
行雨朝雲〈こううちょううん〉……**206**, 574
行雲流水〈こううんりゅうすい〉……63, 66, **206**
光焔万丈〈こうえんばんじょう〉……**207**
高屋建瓴〈こうおくけんれい〉……194, **207**
後悔噬臍〈こうかいぜいせい〉……**207**
慷慨忠直〈こうがいちゅうちょく〉……**207**
慷慨悲歌〈こうがいひか〉……**207**, 545
慷慨悲憤〈こうがいひふん〉……**207**, 552
慷慨憤激〈こうがいふんげき〉……**207**, 545
口外無用〈こうがいむよう〉……430
慷慨搤腕〈こうがいやくわん〉……207
好学尚武〈こうがくしょうぶ〉……**207**, 586
口角飛沫〈こうかくひまつ〉……**207**
口角流沫〈こうかくりゅうまつ〉……207
豪華絢爛〈ごうかけんらん〉……172, **207**, 406
篝火狐鳴〈こうかこめい〉……**207**
膏火自煎〈こうかじせん〉……**208**
恒河沙数〈ごうがしゃすう〉……**208**
咬牙切歯〈こうがせっし〉……**208**, 382
高牙大纛〈こうがたいとう〉……**208**
効果覿面〈こうかてきめん〉……**208**, 478
高臥東山〈こうがとうざん〉……**208**, 485
広廈万間〈こうかばんげん〉……**208**, 524
黄花晩節〈こうかばんせつ〉……**208**
高歌放吟〈こうかほうぎん〉……**208**, 596
業果法然〈ごうかほうねん〉……**208**
鴻雁哀鳴〈こうがんあいめい〉……**209**
紅顔可憐〈こうがんかれん〉……**209**
合歓綢繆〈ごうかんちゅうびゅう〉……**209**
紅顔薄命〈こうがんはくめい〉……107
傲岸不屈〈ごうがんふくつ〉……209
傲岸不遜〈ごうがんふそん〉……**209**, 225, 599
傲岸無礼〈ごうがんぶれい〉……**209**, 225, 599
後患無窮〈こうかんむきゅう〉……**209**
厚顔無恥〈こうがんむち〉……117, **209**
功虧一簣〈こうきいっき〉……33
剛毅果敢〈ごうきかかん〉……210
剛毅果断〈ごうきかだん〉……**209**, 311, 347, 641, 643
綱紀厳正〈こうきげんせい〉……210
光輝燦然〈こうきさんぜん〉……**210**
黄旗紫蓋〈こうきしがい〉……366
綱紀粛正〈こうきしゅくせい〉……**210**
巧偽拙誠〈こうぎせっせい〉……**210**
綱紀頽弛〈こうきたいし〉……**210**
剛毅直諒〈ごうきちょくりょう〉……**210**
好機到来〈こうきとうらい〉……**210**, 283, 391
綱紀廃弛〈こうきはいし〉……**210**
香気馥郁〈こうきふくいく〉……210

香気芬然〈こうきふんぜん〉……210
香気芬芬〈こうきふんぷん〉……**210**
剛毅木訥〈ごうきぼくとつ〉……**210**, 212, 289, 291
剛毅勇敢〈ごうきゆうかん〉……210
恒久平和〈こうきゅうへいわ〉……**211**
控馭之術〈こうぎょのじゅつ〉……**211**
抗拒不承〈こうきょふしょう〉……**211**
綱挙網疏〈こうきょもうそ〉……**211**
敲金戛玉〈こうきんかつぎょく〉……211
敲金撃石〈こうきんげきせき〉……**211**
高吟放歌〈こうぎんほうか〉……**211**, 596
攻苦食啖〈こうくしょくたん〉……**211**
攻苦茹淡〈こうくじょたん〉……211
康衢通逵〈こうくつうき〉……**211**
公卿大夫〈こうけいたいふ〉……97
高下在心〈こうげざいしん〉……**211**
高下相傾〈こうげそうけい〉……62
皓月千里〈こうげつせんり〉……**211**
高潔無比〈こうけつむひ〉……**211**
剛健質実〈ごうけんしつじつ〉……**212**, 289
剛健質朴〈ごうけんしつぼく〉……**212**, 291
高軒寵過〈こうけんちょうか〉……**212**
黄絹幼婦〈こうけんようふ〉……**212**
巧言乱徳〈こうげんらんとく〉……**212**
巧言令色〈こうげんれいしょく〉……210, **212**, 289, 291, 453
槁項黄馘〈こうこうこうかく〉……**212**
恍恍惚惚〈こうこうこつこつ〉……**212**
嗷嗷待哺〈ごうごうたいほ〉……**212**
膏肓之疾〈こうこうのしつ〉……**213**, 560
膏肓之病〈こうこうのやまい〉……213, 560
紅口白牙〈こうこうはくが〉……**213**, 223, 313, 627
紅口白舌〈こうこうはくぜつ〉……213
皎皎冽冽〈こうこうれつれつ〉……**213**
巧語花言〈こうごかげん〉……104, **213**
鴻鵠之志〈こうこくのこころざし〉……76, **213**, 402
傲骨嶙峋〈ごうこつりんしゅん〉……**213**
後顧之憂〈こうこのうれい〉……**213**
高材逸足〈こうざいいっそく〉……213
光彩煥発〈こうさいかんぱつ〉……214
高材疾足〈こうざいしっそく〉……**213**, 402, 445
高材捷足〈こうざいしょうそく〉……213, 290
光彩奪目〈こうさいだつもく〉……**213**, 214
幸災楽禍〈こうさいらくか〉……**214**
光彩陸離〈こうさいりくり〉……**214**
巧詐拙誠〈こうさせっせい〉……210
高山景行〈こうざんけいこう〉……**214**
恒産恒心〈こうさんこうしん〉……**214**
高山流水〈こうざんりゅうすい〉……**214**, 232
公子王孫〈こうしおうそん〉……228
口耳講説〈こうじこうせつ〉……**214**, 215, 489
公私混同〈こうしこんどう〉……**214**
口耳四寸〈こうじしすん〉……214, **215**, 489
降志辱身〈こうしじょくしん〉……**215**
行尸走骨〈こうしそうこつ〉……215
行尸走肉〈こうしそうにく〉……56, 174, **215**, 407, 541
行屎走尿〈こうしそうにょう〉……**215**
好事多慳〈こうじたけん〉……215
好事多阻〈こうじたそ〉……215
好事多魔〈こうじたま〉……135, **215**, 364
曠日持久〈こうじつじきゅう〉……**215**
膠漆之心〈こうしつのこころ〉……215
膠漆之契〈こうしつのちぎり〉……215
膠漆之分〈こうしつのぶん〉……215
膠漆之交〈こうしつのまじわり〉……131, 173, 175, **215**, 359, 420, 434, 523, 583, 651
膠漆之約〈こうしつのやく〉……651
曠日弥久〈こうじつびきゅう〉……**215**
口耳之学〈こうじのがく〉……214, **215**, 489
皓歯明眸〈こうしめいぼう〉……**216**, 626
高車駟馬〈こうしゃしば〉……**216**
恒沙塵数〈ごうしゃじんじゅ〉……208
後車之誡〈こうしゃのいましめ〉……**216**, 392
巧者貧乏〈こうしゃびんぼう〉……158
昂首闊歩〈こうしゅかっぽ〉……81, **216**, 456, 560, 599
厚酒肥肉〈こうしゅひにく〉……**216**, 551
考証該博〈こうしょうがいはく〉……522
鉤縄規矩〈こうじょうきく〉……137, **216**
鉤章棘句〈こうしょうきょくく〉……144, **216**

黄裳元吉〈こうしょうげんきつ〉……**216**
広宵大暮〈こうしょうたいぼ〉……**216**, 642
口尚乳臭〈こうしょうにゅうしゅう〉……**216**
向上機縁〈こうじょうのきえん〉……**216**
攻城野戦〈こうじょうやせん〉……**216**
高所大所〈こうしょたいしょ〉……**217**, 424
苟且偸安〈こうしょとうあん〉……31, **217**, 269, 399, 401
公序良俗〈こうじょりょうぞく〉……**217**
嚆矢濫觴〈こうしらんしょう〉……**217**
鉤心闘角〈こうしんとうかく〉……**217**
黄塵万丈〈こうじんばんじょう〉……**217**
傲世逸俗〈ごうせいいつぞく〉……**217**
後生可畏〈こうせいかい〉……**217**
曠世之感〈こうせいのかん〉……**217**
曠世之才〈こうせいのさい〉……**217**
曠世之度〈こうせいのど〉……218
公正平等〈こうせいびょうどう〉……223, 226
曠世不羈〈こうせいふき〉……**218**
公正無私〈こうせいむし〉……421
功成名遂〈こうせいめいすい〉……**218**
荒瘠斥鹵〈こうせきせきろ〉……**218**, 224
孔席墨突〈こうせきぼくとつ〉……**218**
考績幽明〈こうせきゆうめい〉……**218**
口是心非〈こうぜしんひ〉……199, **218**
曠前空後〈こうぜんくうご〉……176
曠前絶後〈こうぜんぜつご〉……126, 176
恍然大悟〈こうぜんたいご〉……102, 111, **218**
浩然之気〈こうぜんのき〉……**218**, 284
公孫布被〈こうそんふひ〉……**219**
荒怠暴恣〈こうたいぼうし〉……**219**
広大無辺〈こうだいむへん〉……**219**
強談威迫〈ごうだんいはく〉……**219**
高談闊歩〈こうだんかっぽ〉……**219**
高談闊論〈こうだんかつろん〉……219
交淡如水〈こうたんじょすい〉……**219**
高談放論〈こうだんほうろん〉……219
荒誕無稽〈こうたんむけい〉……221
豪胆無比〈ごうたんむひ〉……**219**
高談雄弁〈こうだんゆうべん〉……**219**
豪竹哀糸〈ごうちくあいし〉……2
巧遅拙速〈こうちせっそく〉……**219**
膠柱鼓瑟〈こうちゅうこしつ〉……233
黄中内潤〈こうちゅうないじゅん〉……**219**
口中雌黄〈こうちゅうのしおう〉……**220**
口誅筆伐〈こうちゅうひつばつ〉……**220**
剛腸石心〈ごうちょうせきしん〉……**220**, 467
高枕安臥〈こうちんあんが〉……220
高枕安寝〈こうちんあんしん〉……220
高枕安眠〈こうちんあんみん〉……**220**
高枕無憂〈こうちんむゆう〉……**220**
孝悌忠信〈こうていちゅうしん〉……**220**
向天吐唾〈こうてんとだ〉……**220**, 276, 281
黄道吉日〈こうどうきちにち〉……143, **220**, 418
交頭接耳〈こうとうせつじ〉……**221**
荒唐之言〈こうとうのげん〉……**221**
行動半径〈こうどうはんけい〉……**221**
荒唐不稽〈こうとうふけい〉……100, 133, **221**
荒唐無稽〈こうとうむけい〉……95, 100, 133, **221**, 557, 631
紅灯緑酒〈こうとうりょくしゅ〉……**221**
皇統連綿〈こうとうれんめん〉……**221**
功徳兼隆〈こうとくけんりゅう〉……**221**
厚徳載福〈こうとくさいふく〉……**221**
功徳無量〈こうとくむりょう〉……**221**
狡兎三窟〈こうとさんくつ〉……**222**
狡兎三穴〈こうとさんけつ〉……222
狡兎走狗〈こうとそうく〉……222, 495, 498
孔突墨席〈こうとつぼくせき〉……218
狡兎良狗〈こうとりょうく〉……**222**, 452, 495, 498
項背相望〈こうはいそうぼう〉……**222**
侯覇臥轍〈こうはがてつ〉……**222**
黄白青銭〈こうはくせいせん〉……**222**
句駮省便〈こうはくせいべん〉……**222**
巧発奇中〈こうはつきちゅう〉……**222**
黄髪垂髫〈こうはつすいちょう〉……**222**
黄髪番番〈こうはつはは〉……**222**
洪範九疇〈こうはんきゅうちゅう〉……**222**
香美脆味〈こうびぜいみ〉……**223**, 263, 325, 335, 359, 428
敲氷求火〈こうひょうきゅうか〉……79, **223**, 395
敲氷索火〈こうひょうさくか〉……223
好評嘖嘖〈こうひょうさくさく〉……**223**, 551, 625

光風霽月〈こうふうせいげつ〉……164, **223**, 366, 624
咬文嚙字〈こうぶんごうじ〉……223
咬文嚼字〈こうぶんしゃくじ〉……**223**, 454
紅粉青蛾〈こうふんせいが〉……213, **223**, 313, 627
公平無私〈こうへいむし〉…165, **223**, 226, 353, 619
向壁虚造〈こうへききょぞう〉……**223**
光芒一閃〈こうぼういっせん〉……**224**, 292
豪放豁達〈ごうほうかったつ〉……111, **224**
厚貌深情〈こうぼうしんじょう〉……**224**
興亡盛衰〈こうぼうせいすい〉……371
好謀善断〈こうぼうぜんだん〉……**224**, 433
興亡治乱〈こうぼうちらん〉……**224**, 458
荒亡之行〈こうぼうのおこない〉……**224**, 662
黄茅白葦〈こうぼうはくい〉……218, **224**
高鳳漂麦〈こうほうひょうばく〉……**224**
豪放磊落〈ごうほうらいらく〉…111, **224**, 328, 471, 651, 652
濠濮間想〈ごうぼくかんのおもい〉……**224**
槁木死灰〈こうぼくしかい〉……**225**, 244
高邁闊達〈こうまいかったつ〉……**225**
毫末遺漏〈ごうまついろう〉……**225**
毫末之利〈ごうまつのり〉……**225**
傲慢不羈〈ごうまんふき〉……**225**
傲慢不遜〈ごうまんふそん〉……209, **225**, 592
高慢無礼〈こうまんぶれい〉……**225**
傲慢無礼〈ごうまんぶれい〉……209, **225**, 592
傲慢磊落〈ごうまんらいらく〉……**225**
口蜜腹剣〈こうみつふくけん〉……**225**
光明遍照〈こうみょうへんじょう〉……**226**
功名利禄〈こうみょうりろく〉……**226**
黄霧四塞〈こうむしそく〉……**226**
孔明臥竜〈こうめいがりょう〉…**226**, 573, 596, 631
公明正大〈こうめいせいだい〉…223, **226**, 353, 371, 394, 421
毫毛斧柯〈ごうもうふか〉……**226**
紅毛碧眼〈こうもうへきがん〉……**226**, 284
孔孟老荘〈こうもうろうそう〉……**227**
鴻門之会〈こうもんのかい〉……**227**
鴻門玉斗〈こうもんのぎょくと〉……**227**
公門桃李〈こうもんのとうり〉……**227**
衡陽雁断〈こうようがんだん〉……**227**
衡陽帰雁〈こうようきがん〉……227
紅葉題詩〈こうようだいし〉……227
高陽酒徒〈こうようのしゅと〉……**227**
紅葉良媒〈こうようりょうばい〉……**227**
孔翊絶書〈こうよくぜっしょ〉……**227**
洽覧深識〈こうらんしんしき〉……**228**
毫釐千里〈ごうりせんり〉……**228**
黄粱一炊〈こうりょういっすい〉…24, 127, **228**, 351
蛟竜雲雨〈こうりょううんう〉……65, **228**
膏粱子弟〈こうりょうしてい〉……140, **228**, 433
蛟竜毒蛇〈こうりょうどくじゃ〉……**228**, 444
蛟竜得水〈こうりょうとくすい〉……228
膏粱年少〈こうりょうねんしょう〉……228
濠梁之上〈ごうりょうのうえ〉……225
濠梁之想〈ごうりょうのおもい〉……225
黄粱之夢〈こうりょうのゆめ〉…127, **228**, 351, 472
亢竜有悔〈こうりょうゆうかい〉……**228**
羹藜含糗〈こうれいがんきゅう〉…**228**, 435, 453
高楼大廈〈こうろうたいか〉……**229**, 418
光禄池台〈こうろくのちだい〉……**229**
甲論乙駁〈こうろんおつばく〉…168, **229**, 303, 337, 613
高論卓説〈こうろんたくせつ〉……**229**, 628
高論名説〈こうろんめいせつ〉……229
五蘊皆空〈ごうんかいくう〉……36, **229**, 273
五蘊空寂〈ごうんくうじゃく〉……229
五蘊盛苦〈ごうんじょうく〉……**229**, 230
孤雲野鶴〈こうんやかく〉……118, 169, **229**
孤影孑然〈こえいけつぜん〉……229
孤影悄然〈こえいしょうぜん〉……118, **229**
孤影飄零〈こえいひょうれい〉……**229**
孤影寥寥〈こえいりょうりょう〉……229
呉越同舟〈ごえつどうしゅう〉……**229**, 563
呉越之富〈ごえつのとみ〉……49, **230**
古往今来〈こおうこんらい〉……81, **230**
五陰盛苦〈ごおんじょうく〉……**230**, 274
五角六張〈ごかくろくちょう〉……**230**

狐仮虎威〈こかこい〉……**230**
呉下阿蒙〈ごかのあもう〉……**230**
孤寡不穀〈こかふこく〉……**231**
胡漢陵轢〈こかんりょうれき〉……**231**
狐疑逡巡〈こぎしゅんじゅん〉……59, **231**, 311, 314, 439, 442
鼓旗相当〈こきそうとう〉……138, **231**
狐疑不決〈こぎふけつ〉……231
狐裘羔袖〈こきゅうこうしゅう〉……**231**, 527
呼牛呼馬〈こぎゅうこば〉……**231**, 420, 529
呉牛喘月〈ごぎゅうぜんげつ〉……141, **231**, 337, 450, 517
狐裘蒙戎〈こきゅうもうじゅう〉……**231**
五行相剋〈ごぎょうそうこく〉……**231**
五行相生〈ごぎょうそうしょう〉……231
五行相勝〈ごぎょうそうしょう〉……231
枯魚銜索〈こぎょかんさく〉……**232**, 565, 656
虎虚之誤〈こきょのあやまり〉……92
虎踞竜蟠〈こきょりょうばん〉……**232**, 667
鼓琴之悲〈こきんのかなしみ〉……**232**
古琴之友〈こきんのとも〉……214, **232**, 434
極悪凶猛〈ごくあくきょうもう〉……3
極悪非道〈ごくあくひどう〉……3, **232**, 420
極悪無道〈ごくあくむどう〉……3
国威宣揚〈こくいせんよう〉……232
国威発揚〈こくいはつよう〉……**232**
黒雲白雨〈こくうんはくう〉……**232**
国艶天香〈こくえんてんこう〉……233
哭岐泣練〈こくききゅうれん〉……**232**, 360, 506, 606, 612
轂撃肩摩〈こくげきけんま〉……204, **232**
刻鵠類鶩〈こくこくるいぼく〉……104
刻骨銘肌〈こくこつめいき〉……452, 624
刻骨銘心〈こくこつめいしん〉……452, 624
刻骨鏤心〈こくこつるしん〉……624
告朔餼羊〈こくさくのきよう〉……**232**
黒歯彫題〈こくしちょうだい〉……**233**, 551
黒子之地〈こくしのち〉……378, 434
国士無双〈こくしむそう〉……**233**, 236, 470, 471, 489, 548
刻舟求剣〈こくしゅうきゅうけん〉……151, **233**, 313
国色天香〈こくしょくてんこう〉……91, 163, **233**, 392, 418
極大苦悩〈ごくだいくのう〉……**233**
黒貂之裘〈こくちょうのきゅう〉……**233**
黒甜郷裏〈こくてんきょうり〉……**233**
克伐怨欲〈こくばつえんよく〉……**234**
黒白混淆〈こくびゃくこんこう〉……**234**
黒白分明〈こくびゃくぶんめい〉……**234**
黒風白雨〈こくふうはくう〉……**234**
国歩艱難〈こくほかんなん〉……**234**
国民主権〈こくみんしゅけん〉……**234**, 312
鵠面鳩形〈こくめんきゅうけい〉……**234**, 455
鵠面鳥形〈こくめんちょうけい〉……234, 455
極楽往生〈ごくらくおうじょう〉……**234**
極楽国土〈ごくらくこくど〉……234
極楽浄土〈ごくらくじょうど〉……10, **234**, 300, 309
極楽世界〈ごくらくせかい〉……234
極楽蜻蛉〈ごくらくとんぼ〉……**234**
国利民福〈こくりみんぷく〉……**235**
孤苦零丁〈こくれいてい〉……**235**, 674
刻露清秀〈こくろせいしゅう〉……**235**, 566
孤軍奮闘〈こぐんふんとう〉……155, **235**, 245, 296
虎渓三笑〈こけいさんしょう〉……**235**
孤景飄零〈こけいひょうれい〉……229
虎穴虎子〈こけつこし〉……**235**, 668
古言古義〈こげんこぎ〉……**235**
胡言乱語〈こげんらんご〉……239
孤行一意〈ここういちい〉……18, **235**
股肱羽翼〈ここううよく〉……**235**, 236
孤高狷介〈ここうけんかい〉……196, **235**
枯槁憔悴〈ここうしょうすい〉……235
孤高之士〈ここうのし〉……229
枯槁之士〈ここうのし〉……**235**
股肱之臣〈ここうのしん〉……235, **236**, 571
股肱之力〈ここうのちから〉……**236**
股肱之良〈ここうのりょう〉……236
虎口抜牙〈ここうばつが〉……235
虎口余生〈ここうよせい〉……**236**
箇箇円成〈ここえんじょう〉……512
五穀豊穣〈ごこくほうじょう〉……**236**

個個別別〈ここべつべつ〉……**236**
古今東西〈ここんとうざい〉……81, **236**
古今独歩〈ここんどっぽ〉……95, **236**
古今無双〈ここんむそう〉……95, 233, **236**
古今無比〈ここんむひ〉……236
古今無類〈ここんむるい〉……236
孤雌寡鶴〈こしかかく〉……**236**
五色霜林〈ごしきのそうりん〉……**236**
狐死首丘〈こししゅきゅう〉……72, **236**, 243, 318, 440
呉市吹簫〈ごしすいしょう〉……**237**
虎視眈眈〈こしたんたん〉……**237**
五日一石〈ごじついっせき〉……304
狐死兎泣〈こしときゅう〉……**237**
五十知命〈ごじゅうちめい〉……**237**, 263, 280, 303, 679
五趣生死〈ごしゅしょうじ〉……**237**
枯樹生華〈こじゅせいか〉……**237**, 245
五盛陰苦〈ごじょうおんく〉……230, **237**
五障三従〈ごしょうさんじゅう〉……**237**
顧小失大〈こしょうしつだい〉……**238**, 503
後生大事〈ごしょうだいじ〉……**238**
孤掌難鳴〈こしょうなんめい〉……**238**
股掌之臣〈こしょうのしん〉……236
虎嘯風生〈こしょうふうしょう〉……**238**, 663
虎嘯風烈〈こしょうふうれつ〉……238, 663
後生菩提〈ごしょうぼだい〉……**238**
孤城落月〈こじょうらくげつ〉……238
孤城落日〈こじょうらくじつ〉……**238**, 245
五濁悪世〈ごじょくあくせ〉……**238**
古色古香〈こしょくここう〉……239
古色蒼然〈こしょくそうぜん〉……**238**
故事来歴〈こじらいれき〉……**239**
古人糟魄〈こじんのそうはく〉……**239**
牛頭馬頭〈ごずめず〉……**239**
胡説白道〈こせつはくどう〉……239
胡説八道〈こせつはちどう〉……239
鼓舌揺唇〈こぜつようしん〉……**239**
胡説乱道〈こせつらんどう〉……**239**
梧前灯下〈ごぜんとうか〉……**239**
五臓六腑〈ごぞうろっぷ〉……**239**
鼯鼠五技〈ごそごぎ〉……240
鼯鼠五能〈ごそごのう〉……240
鼯鼠之技〈ごそのぎ〉……158, **239**
胡孫入袋〈こそんにゅうたい〉……**240**
五体投地〈ごたいとうち〉……**240**
誇大妄想〈こだいもうそう〉……**240**, 349
涸沢之蛇〈こたくのへび〉……**240**
壺中之天〈こちゅうのてん〉……**240**
壺中天地〈こちゅうのてんち〉……240
胡蝶之夢〈こちょうのゆめ〉……**240**, 335
国家殷富〈こっかいんぷ〉……94
克己復礼〈こっきふくれい〉……**240**
刻苦精進〈こっくしょうじん〉……**241**
刻苦精励〈こっくせいれい〉……**241**
刻苦勉励〈こっくべんれい〉……121, **241**, 376
国君含垢〈こっくんがんこう〉……**241**, 265
滑稽洒脱〈こっけいしゃだつ〉……190, **241**
滑稽之雄〈こっけいのゆう〉……**241**
骨騰肉飛〈こっとうにくひ〉……**241**
骨肉至親〈こつにくししん〉……241
骨肉相食〈こつにくそうしょく〉……**241**, 657
骨肉相争〈こつにくそうそう〉……241
骨肉相呑〈こつにくそうどん〉……241
骨肉之親〈こつにくのしん〉……**241**
木端微塵〈こっぱみじん〉……**242**
固定観念〈こていかんねん〉……**242**
虎擲竜拏〈こてきりょうだ〉……**242**, 663, 664, 666
涸轍鮒魚〈こてつのふぎょ〉……**242**, 328, 468, 566
梧桐一葉〈ごとういちよう〉……30, **242**
孤灯一穂〈ことういっすい〉……**242**
虎頭蛇尾〈ことうだび〉……**242**, 661
孤独矜寡〈こどくかんか〉……**242**
孤独狷介〈こどくけんかい〉……196
狐兎之悲〈ことのかなしみ〉……237
胡馬北風〈こばほくふう〉……72, 237, **243**, 318, 440
小春日和〈こはるびより〉……**243**
寤寐思服〈ごびしふく〉……**243**
虎尾春氷〈こびしゅんぴょう〉……**243**
虎皮羊質〈こひようしつ〉……**243**, 647
虎豹之文〈こひょうのぶん〉……**243**

五風十雨〈ごふうじゅうう〉……**243**, 308
鼓腹撃壌〈こふくげきじょう〉……132, 192, **243**
顧復之恩〈こふくのおん〉……**243**
鼓舞激励〈こぶげきれい〉……**243**, 290
五分五分〈ごぶごぶ〉……**244**, 426
虎吻鴟目〈こふんしもく〉……356
五方雑厝〈ごほうざっさく〉……244
五方雑処〈ごほうざっしょ〉……**244**
孤峰絶岸〈こほうぜつがん〉……**244**
枯木開花〈こぼくかいか〉……244
枯木寒灰〈こぼくかんかい〉……244
枯木寒巌〈こぼくかんがん〉……225, **244**
枯木朽株〈こぼくきゅうしゅ〉……**244**
枯木枯草〈こぼくこそう〉……**244**
枯木死灰〈こぼくしかい〉……225, **244**
枯木生華〈こぼくせいか〉……237, 244
枯木生葉〈こぼくせいよう〉……237
枯木発栄〈こぼくはつえい〉……244, 271
枯木逢春〈こぼくほうしゅん〉……**244**, 245
枯木竜吟〈こぼくりょうぎん〉……237, **244**
枯木冷灰〈こぼくれいかい〉……225
故歩自封〈こほじふう〉……**245**
故歩不離〈こほふり〉……245
五無間業〈ごむけんごう〉……301
虚妄分別〈こもうふんべつ〉……**245**
虚融澹泊〈こゆうたんぱく〉……**245**
孤立無援〈こりつむえん〉…155, 235, 238, **245**, 296
孤立無親〈こりつむしん〉……245
狐狸変化〈こりへんげ〉……**245**, 444
五里霧中〈ごりむちゅう〉……2, 10, **245**, 627
狐狸妖怪〈こりようかい〉……**245**, 444
五倫五常〈ごりんごじょう〉……**245**
五倫十起〈ごりんじっき〉……30, **246**
五輪著地〈ごりんじゃくち〉……240
孤陋寡聞〈ころうかぶん〉……115, **246**
固陋頑迷〈ころうがんめい〉……132, **246**
固陋蠢愚〈ころうしゅんぐ〉……**246**
狐狼盗難〈ころうとうなん〉……**246**
虎狼之心〈ころうのこころ〉……677
虎狼之毒〈ころうのどく〉……677
孤論難持〈ころんなんじ〉……**246**
滾瓜爛熟〈こんからんじゅく〉……**246**
渾金璞玉〈こんきんはくぎょく〉……**246**, 523
困苦窮乏〈こんくきゅうぼう〉……**246**
困苦欠乏〈こんくけつぼう〉……**246**
金口直説〈こんくじきせつ〉……380
欣求浄土〈ごんぐじょうど〉……10, 80, **246**
金剛堅固〈こんごうけんご〉……247
金剛邪禅〈こんごうじゃぜん〉……**246**
金剛不壊〈こんごうふえ〉……**247**
金剛輪際〈こんごうりんざい〉……**247**, 249
言語道過〈ごんごどうか〉……247
言語道断〈ごんごどうだん〉……**247**
渾渾沌沌〈こんこんとんとん〉……2, **247**, 627
崑山片玉〈こんざんへんぎょく〉……192
紺紙金泥〈こんしこんでい〉……**247**
今昔之感〈こんじゃくのかん〉……101, **247**
困獣猶闘〈こんじゅうゆうとう〉……150
魂銷魄散〈こんしょうはくさん〉……248
根深柢固〈こんしんていこ〉……**247**, 344
混水模魚〈こんすいもぎょ〉……**247**
混水撈魚〈こんすいろうぎょ〉……247
今是昨非〈こんぜさくひ〉……**247**
懇切周到〈こんせつしゅうとう〉……248
懇切丁寧〈こんせつていねい〉……**247**
渾然一体〈こんぜんいったい〉……**248**, 504
困知勉行〈こんちべんこう〉……102, 177, 188, **248**
昏定晨省〈こんていしんせい〉……87, **248**, 398
昏天暗地〈こんてんあんち〉……248
昏天黒地〈こんてんこくち〉……**248**
懇到切至〈こんとうせっし〉……**248**
蒟蒻問答〈こんにゃくもんどう〉……**248**
魂飛胆裂〈こんひたんれつ〉……248
魂飛魄散〈こんひはくさん〉……**248**
昏迷乱擾〈こんめいらんじょう〉……**248**
言忘慮絶〈ごんもうりょぜつ〉……53
今来古往〈こんらいこおう〉……230, **249**
金輪奈落〈こんりんならく〉……247, **249**
渾崙呑棗〈こんろんどんそう〉……**249**

さ

罪悪滔天〈ざいあくとうてん〉……**249**

塞翁失馬〈さいおうしつば〉……114, **249**, 470
塞翁之馬〈さいおうのうま〉……114, **249**, 470
斎戒沐浴〈さいかいもくよく〉……**249**, 328
才華蓋世〈さいかがいせい〉……**249**
採菓汲水〈さいかきっすい〉……**250**
才華爛発〈さいからんぱつ〉……**250**
歳寒三友〈さいかん(の)さんゆう〉……**250**
歳寒松柏〈さいかん(の)しょうはく〉…188, **250**, 291, 331, 384
歳寒三友〈さいかんのさんゆう〉……384
才気横溢〈さいきおういつ〉……250
才気煥発〈さいきかんぱつ〉……**250**
猜疑嫉妬〈さいぎしっと〉……**250**
再起不能〈さいきふのう〉……**250**
歳月不待〈さいげつふたい〉……**250**
罪業消滅〈ざいごうしょうめつ〉……**250**
最後通牒〈さいごつうちょう〉……**251**
砕骨粉身〈さいこつふんしん〉……584
在在所所〈ざいざいしょしょ〉……**251**
歳歳年年〈さいさいねんねん〉……**251**, 514
再三再四〈さいさんさいし〉……**251**
才子佳人〈さいしかじん〉……**251**
在邇求遠〈ざいじきゅうえん〉……**251**, 297
妻子眷族〈さいしけんぞく〉……25, 32, **251**
再思三考〈さいしさんこう〉……251
再思三省〈さいしさんせい〉……**251**
才子多病〈さいしたびょう〉……107, **251**, 548
犀舟勁楫〈さいしゅうけいしゅう〉……**251**
載舟覆舟〈さいしゅうふくしゅう〉……**252**
才色兼備〈さいしょくけんび〉……**252**, 302
采色不定〈さいしょくふてい〉……**252**
採薪汲水〈さいしんきゅうすい〉…33, **252**, 333, 644
採薪之憂〈さいしんのうれい〉……**252**, 576
採薪之疾〈さいしんのやまい〉……252
砕身粉骨〈さいしんふんこつ〉……**252**, 584
細心翼翼〈さいしんよくよく〉……**252**, 328
細心臨摸〈さいしんりんも〉……**252**
祭政一致〈さいせいいっち〉……**252**, 367
祭政分離〈さいせいぶんり〉……252, 367
載籍浩瀚〈さいせきこうかん〉……120, **252**
歳朘月削〈さいせんげっさく〉……509
才疎意広〈さいそいこう〉……284
灑掃応対〈さいそうおうたい〉……**252**
洒掃薪水〈さいそうしんすい〉……**253**
財多命殆〈ざいためいたい〉……**253**
裁断批評〈さいだんひひょう〉……**253**
採長補短〈さいちょうほたん〉…**253**, 300, 337, 436
采椽不斲〈さいてんふたく〉……**253**, 494, 599, 673
殺頭便冠〈さいとうべんかん〉……254
才徳兼備〈さいとくけんび〉……**253**
災難即滅〈さいなんそくめつ〉……**253**
才難之嘆〈さいなんのたん〉……**253**
再拝稽首〈さいはいけいしゅ〉……**253**, 503
妻梅子鶴〈さいばいしかく〉……516
曬腹中書〈さいふくちゅうしょ〉……572
才弁縦横〈さいべんじゅうおう〉……**253**
西方浄土〈さいほうじょうど〉…234, **253**, 300
彩鳳随鴉〈さいほうずいあ〉……**253**
西方世界〈さいほうせかい〉……234, 300
才貌両全〈さいぼうりょうぜん〉……252, 302
菜圃麦隴〈さいほばくろう〉……**254**
豺狼当路〈さいろうとうろ〉……**254**
左往右往〈さおううおう〉……58, **254**
坐臥行歩〈ざがこうほ〉…156, 164, **254**, 255, 325
鑿歯尺牘〈さくしせきとく〉……**254**
作史三長〈さくしのさんちょう〉……**254**
削株掘根〈さくしゅくっこん〉…**254**, 396, 435, 447, 533
索然寡味〈さくぜんかみ〉……**254**
索然無味〈さくぜんむみ〉……254
鑿窓啓牖〈さくそうけいゆう〉……**254**
削足適履〈さくそくてきり〉……**254**
鑿竇止水〈さくとくしすい〉……600
昨非今是〈さくひこんぜ〉……247, **254**
作文三上〈さくぶんさんじょう〉……**254**
鑿壁偸光〈さくへきとうこう〉……156, **255**
鑿壁読書〈さくへきどくしょ〉……156, **255**
左建外易〈さけんがいえき〉……**255**, 410
左顧右視〈さこうし〉……255
左顧右眄〈さこうべん〉……59, **255**

瑣砕細膩〈ささいさいじ〉……**255**
坐作進退〈ざさしんたい〉…156, 164, 165, 254, **255**
坐視不救〈ざしふきゅう〉……101
左支右吾〈さしゆうご〉……**255**
左史右史〈さしゆうし〉……**255**
砂上楼閣〈さじょうのろうかく〉…92, 177, **255**
坐食逸飽〈ざしょくいつほう〉……**255**, 616
坐薪懸胆〈ざしんけんたん〉……107, **256**
坐薪嘗胆〈ざしんしょうたん〉……256
左戚右賢〈させきゆうけん〉……**256**
蹉跎歳月〈さたさいげつ〉……123, **256**, 616
蹉跎白髪〈さたはくはつ〉……**256**
沙中偶語〈さちゅう(の)ぐうご〉……**256**
沙中之語〈さちゅうのご〉……256
沙中之謀〈さちゅうのぼう〉……256
察言観色〈さつげんかんしき〉……**256**
殺妻求将〈さっさいきゅうしょう〉……**256**
殺生与奪〈さっせいよだつ〉……368
箚青淋漓〈さっせいりんり〉……**256**
雑然紛然〈ざつぜんふんぜん〉……**256**
殺伐激越〈さつばつげきえつ〉……**257**
左程右準〈さていゆうじゅん〉……**257**
左図右史〈さとゆうし〉……**257**
坐破寒氈〈ざはかんせん〉……612
左武右文〈さぶゆうぶん〉……**257**, 642
左文右武〈さぶんゆうぶ〉……51, 584, 586
左眄右顧〈さべんうこ〉……59, 255, **257**
詐謀偽計〈さぼうぎけい〉……**257**
佐命之勲〈さめいのいさお〉……257
佐命之功〈さめいのこう〉……257
佐命之臣〈さめいのしん〉……257
佐命立功〈さめいりっこう〉……**257**
左右傾側〈さゆうけいそく〉……59, 314
左右他言〈さゆうたげん〉……**257**
座右之銘〈ざゆうのめい〉……**257**
娑羅双樹〈さらそうじゅ〉……**257**
桟雲峡雨〈さんうんきょうう〉……**258**
三衣一鉢〈さんえいっぱち〉……**258**
三界皆苦〈さんがいかいく〉……258
三槐九棘〈さんかいきゅうきょく〉…97, **258**
三界苦輪〈さんがいくりん〉……258
三界火宅〈さんがいのかたく〉……108, **258**
山海珍味〈さんかいのちんみ〉……**258**, 460
山海之盟〈さんかいのめい〉……94
三界無安〈さんがいむあん〉……**258**
三界無家〈さんがいむけ〉……258
三界無宿〈さんがいむしゅく〉……**258**
三界流転〈さんがいるてん〉……**258**
山河襟帯〈さんがきんたい〉……**259**, 284
三角関係〈さんかくかんけい〉……**259**
産学協同〈さんがくきょうどう〉……**259**
三月庭訓〈さんがつていきん〉…55, **259**, 614, 649
三家鼎立〈さんかていりつ〉……268
三寒四温〈さんかんしおん〉……**259**
山簡倒載〈さんかんとうさい〉……**259**
三跪九叩〈さんききゅうこう〉……**259**, 267, 589
三跪九拝〈さんききゅうはい〉……259, 267
残虐非道〈ざんぎゃくひどう〉……260, 267
山窮水尽〈さんきゅうすいじん〉…151, **259**, 383
山窮水断〈さんきゅうすいだん〉……**259**
三釁三浴〈さんきんさんよく〉……**259**
三薫三沐〈さんくんさんもく〉……259, **260**
三軍暴骨〈さんぐんばくこつ〉……**260**
三業供養〈さんごうくよう〉……**260**
三綱五常〈さんこうごじょう〉……**260**
残膏賸馥〈ざんこうしょうふく〉……51, **260**
山光水色〈さんこうすいしょく〉…**260**, 262, 269
山高水長〈さんこうすいちょう〉……**260**
山肴野蔌〈さんこうやそく〉……**260**
残羹冷炙〈ざんこうれいしゃ〉……268
三国鼎立〈さんごくていりつ〉……268, 470
残酷非道〈ざんこくひどう〉……3, **260**, 267
三国無双〈さんごくぶそう〉……**261**
三顧之礼〈さんこのれい〉……**261**, 412
斬衰斉衰〈ざんさいしさい〉……**261**
剗削消磨〈さんさくしょうま〉……**261**
三三五五〈さんさんごご〉……**261**
残山賸水〈ざんざんしょうすい〉……261
残山剰水〈ざんざんじょうすい〉……**261**
三豕己亥〈さんしきがい〉……262
三思九思〈さんしきゅうし〉……**261**
三家金根〈さんしきんこん〉……262

三思後行〈さんしこうこう〉……**261**
三豕渉河〈さんししょうか〉……**261**, 262, 679
山紫水明〈さんしすいめい〉……260, **262**, 654
三日新婦〈さんじつしんぷ〉……**262**
三豕渡河〈さんしとか〉……58, 92, **262**, 679
三枝之礼〈さんしのれい〉……61, **262**, 270, 543
三尺秋水〈さんじゃく(の)しゅうすい〉……**262**, 307
三者三様〈さんしゃさんよう〉……101, **262**, 308, 555
三舎退避〈さんしゃたいひ〉……**262**
三者鼎談〈さんしゃていだん〉……**263**
三者鼎立〈さんしゃていりつ〉……**263**, 268
三汁七菜〈さんじゅうしちさい〉……24, 223, **263**, 335, 359, 428
三従四徳〈さんじゅうしとく〉……**263**
三十而立〈さんじゅうじりつ〉……237, **263**, 280, 303, 679
三秋之思〈さんしゅうのおもい〉……23
三十六策〈さんじゅうろくさく〉……**263**
三十六計〈さんじゅうろっけい〉……**263**
三種神器〈さんしゅのじんぎ〉……**263**
三旬九食〈さんじゅんきゅうしょく〉……**263**
蚕食鯨呑〈さんしょくげいどん〉……**264**
斬新奇抜〈ざんしんきばつ〉……142, **264**
三心二意〈さんしんじい〉……**264**
三寸之轄〈さんずんのくさび〉……**264**
三寸不律〈さんずんふりつ〉……**264**
三世一爨〈さんせいいっさん〉……**264**
三聖吸酸〈さんせいきゅうさん〉……**264**
山棲谷飲〈さんせいこくいん〉……266
山清水秀〈さんせいすいしゅう〉……262
三世同居〈さんせいどうきょ〉……264
三世同財〈さんせいどうざい〉……264
三世同爨〈さんせいどうさん〉……264
三世同堂〈さんせいどうどう〉……264
三牲之養〈さんせいのよう〉……**264**
山精木魅〈さんせいもくび〉……**264**
三世応報〈さんぜおうほう〉……54
三尺童子〈さんせきのどうじ〉……**265**
三世了達〈さんぜりょうだつ〉……**265**
三千世界〈さんぜんせかい〉……**265**
山川草木〈さんせんそうもく〉……**265**
三千寵愛〈さんぜん(の)ちょうあい〉……**265**
斬草除根〈ざんそうじょこん〉……396
山藪蔵疾〈さんそうぞうしつ〉……175, 241, **265**
三草二木〈さんそうにもく〉……**265**
残息奄奄〈ざんそくえんえん〉……143, **265**
三足鼎立〈さんそくていりつ〉……263, 268
山村僻邑〈さんそんへきゆう〉……**265**
三諦円融〈さんたいえんにゅう〉……78, **265**
三諦止観〈さんたいしかん〉……**266**
三多三上〈さんたさんじょう〉……255
惨澹経営〈さんたんけいえい〉……184, **266**
三段論法〈さんだんろんぽう〉……**266**
山中暦日〈さんちゅうれきじつ〉……**266**
三徴七辟〈さんちょうしちへき〉……261
斬釘截鉄〈ざんていせってつ〉……**266**
斬鉄截釘〈ざんてつせってい〉……266
参天弐地〈さんてんじち〉……**266**
讒諂面諛〈ざんてんめんゆ〉……**266**
参天両地〈さんてんりょうち〉……266
山濤識量〈さんとうしきりょう〉……**266**
三頭両緒〈さんとうりょうしょ〉……**266**
残忍酷薄〈ざんにんこくはく〉……3, 260, **267**
三人成虎〈さんにんせいこ〉……30, **267**, 302, 309, 408, 577
残忍非道〈ざんにんひどう〉……260, 267
三人文殊〈さんにんもんじゅ〉……**267**
残念至極〈ざんねんしごく〉……12, **267**, 621
残念無念〈ざんねんむねん〉……**267**, 621
三拝九叩〈さんぱいきゅうこう〉……259
三拝九拝〈さんぱいきゅうはい〉……259, **267**, 589
残杯冷肴〈ざんぱいれいこう〉……268
残杯冷炙〈ざんぱいれいしゃ〉……**267**
暫費永寧〈ざんぴえいねい〉……31
三百代言〈さんびゃくだいげん〉……**268**
賛否両論〈さんぴりょうろん〉……**268**, 303, 613
三釜之養〈さんぷのよう〉……**268**
散文精神〈さんぶんせいしん〉……**268**
三分鼎足〈さんぶんていそく〉……263, **268**
三分鼎立〈さんぶんていりつ〉……263, 268
三平二満〈さんぺいじまん〉……**268**
残編断簡〈ざんぺんだんかん〉……**268**, 438

讒謗罵詈〈ざんぼうばり〉……5, **268**, 535
山木自寇〈さんぼくじこう〉……125, 208
三位一体〈さんみいったい〉……**268**
三密瑜伽〈さんみつゆが〉……**268**, 644
山明水秀〈さんめいすいしゅう〉……262
三面六臂〈さんめんろっぴ〉……**268**, 530
山容水色〈さんようすいしょく〉……260, 269
山容水態〈さんようすいたい〉……260, **269**
三浴三薫〈さんよくさんくん〉……259, **269**
山溜穿石〈さんりゅうせんせき〉……**269**, 476
三輪空寂〈さんりんくうじゃく〉……**269**
三輪清浄〈さんりんしょうじょう〉……**269**
三輪体空〈さんりんたいくう〉……269
山礪河帯〈さんれいかたい〉……104, **269**, 428
三令五申〈さんれいごしん〉……**269**, 463
暫労永逸〈ざんろうえいいつ〉……31, 217, **269**, 399, 401
三老五更〈さんろうごこう〉……**269**

し

思案投首〈しあんなげくび〉……**270**
詩歌管弦〈しいかかんげん〉……**270**
詩歌弦管〈しいかげんかん〉……270
尸位素餐〈しいそさん〉……**270**, 539
侈衣美食〈しいびしょく〉……3, 168, **270**, 403, 433
子為父隠〈しいふいん〉……**270**, 457
時雨之化〈じうのか〉……**270**
慈烏反哺〈じうはんぽ〉……61, 262, **270**, 543
四宇和平〈しうわへい〉……**271**, 470
持盈守成〈じえいしゅせい〉……271
持盈保泰〈じえいほたい〉……**271**
四海一家〈しかいいっか〉……271
四海兄弟〈しかいけいてい〉……**271**
四海困窮〈しかいこんきゅう〉……159, **271**
死灰再燃〈しかいさいねん〉……271
四海天下〈しかいてんか〉……**271**
四海同胞〈しかいどうほう〉……**271**
死灰復然〈しかいふくねん〉……**271**
駟介旁旁〈しかいほうほう〉……**271**
爾雅温文〈じがおんぶん〉……87, **271**
事過境遷〈じかきょうせん〉……**271**
四角四面〈しかくしめん〉……**271**, 297, 641
自画自賛〈じがじさん〉……113, **272**, 294, 468
事過情遷〈じかじょうせん〉……271
止渇飲鴆〈しかついんちん〉……57, **272**
歯豁頭童〈しかつとうどう〉……**272**, 490
止渇之梅〈しかつのうめ〉……519
自家撞着〈じかどうちゃく〉……**272**, 277, 619
歯牙余論〈しがのよろん〉……**272**
徙家忘妻〈しかぼうさい〉……**272**, 285
自家撲滅〈じかぼくめつ〉……**272**, 277, 619
自家薬籠〈じかやくろう〉……**272**, 636
紫幹翠葉〈しかんすいよう〉……**272**
只管打坐〈しかんたざ〉……**272**
士気高揚〈しきこうよう〉……**272**, 273
直指人心〈じきしにんしん〉……155, **273**
時期尚早〈じきしょうそう〉……**273**
色相世界〈しきそうせかい〉……**273**
色即是空〈しきそくぜくう〉……36, 176, 177, 229, **273**
士気阻喪〈しきそそう〉……**273**
時機到来〈じきとうらい〉……210, **273**, 283
識途老馬〈しきとろうば〉……678
事急計生〈じきゅうけいせい〉……**273**
自給自足〈じきゅうじそく〉……**273**
自行化他〈じぎょうけた〉……340
至恭至順〈しきょうしじゅん〉……**274**
子虚烏有〈しきょうゆう〉……**274**
史魚屍諫〈しぎょしかん〉……**274**
史魚黜殯〈しぎょちゅつひん〉……274
史魚之直〈しぎょのちょく〉……274
至緊至要〈しきんしよう〉……**274**
四弘誓願〈しぐぜいがん〉……**274**
四衢八街〈しくはちがい〉……**274**, 288
四苦八苦〈しくはっく〉……129, **274**, 286, 335
舳艫千里〈じくろせんり〉……**274**
四絃一声〈しげんいっせい〉……275
四絃一撥〈しげんいっぱつ〉……**275**
子見南子〈しけんなんし〉……**275**
子建八斗〈しけんはっと〉……**275**
自己暗示〈じこあんじ〉……**275**
舐糠及米〈しこうきゅうまい〉……**275**
試行錯誤〈しこうさくご〉……**275**

至高至上〈しこうしじょう〉……276
自高自大〈じこうじだい〉……**275**, 637
自業自得〈じごうじとく〉……97, 220, **275**, 278, 281
自業自縛〈じごうじばく〉……276, 281
至公至平〈しこうしへい〉……**276**
豕交獣畜〈しこうじゅうちく〉……**276**
師曠之聡〈しこうのそう〉……**276**
四荒八極〈しこうはっきょく〉……**276**
揣合逢迎〈しごうほうげい〉……295
至高無上〈しこうむじょう〉……**276**
自己犠牲〈じこぎせい〉……**276**
自己欺瞞〈じこぎまん〉……**276**
自己嫌厭〈じこけんえん〉……**276**
自己嫌悪〈じこけんお〉……**276**, 277
自己顕示〈じこけんじ〉……**276**
刺股懸頭〈しこけんとう〉……202, **276**
刺股懸梁〈しこけんりょう〉……57
市虎三伝〈しこさんでん〉……267, **276**, 302, 408
事後承諾〈じごしょうだく〉……**276**
自己韜晦〈じことうかい〉……**277**, 484, 545
自己陶酔〈じことうすい〉……276, **277**
自己撞着〈じこどうちゃく〉……272, **277**, 619
刺股読書〈しこどくしょ〉……202
自己批判〈じこひはん〉……277
自己弁護〈じこべんご〉……**277**
自己満足〈じこまんぞく〉……**277**
自己矛盾〈じこむじゅん〉……272, **277**, 619
四顧寥廓〈しこりょうかく〉……**277**
自今以後〈じこんいご〉……**277**
而今而後〈じこんじご〉……**277**
士魂商才〈しこんしょうさい〉……**278**
指差喚呼〈しさかんこ〉……**278**
自作自演〈じさくじえん〉……**278**
自作自受〈じさくじじゅ〉……276, **278**
思索生知〈しさくせいち〉……**278**
自殺行為〈じさつこうい〉……**278**
屍山血河〈しざんけつが〉……**278**
四散五裂〈しさんごれつ〉……294
時時刻刻〈じじこくこく〉……**278**, 514
四肢五体〈ししごたい〉……**278**
孜孜忽忽〈ししこつこつ〉……**278**
志士仁人〈ししじんじん〉……**279**
獅子身中〈しししんちゅう〉……**279**, 353
師資相承〈ししそうしょう〉……193, **279**
子子孫孫〈ししそんそん〉……**279**
事実無根〈じじつむこん〉……**279**
舐痔得車〈しじとくしゃ〉……**279**
死児之齢〈しじのよわい〉……**279**
獅子搏兎〈ししはくと〉……**279**
孜孜不懈〈ししふかい〉……280
孜孜不倦〈ししふけん〉……**280**
孜孜不怠〈ししふたい〉……280
事事物物〈じじぶつぶつ〉……**280**
獅子奮迅〈ししふんじん〉……**280**
刺字漫滅〈しじまんめつ〉……**280**
事事無礙〈じじむげ〉……305
孜孜無倦〈ししむけん〉……280
孜孜無怠〈ししむたい〉……280
耳視目食〈じしもくしょく〉……**280**, 632
四十不惑〈しじゅうふわく〉……237, 263, **280**, 303, 679
耳熟能詳〈じじゅくのうしょう〉……**280**
耳竪垂肩〈じじゅすいけん〉……**280**
自主独立〈じしゅどくりつ〉……**280**, 497
自受法楽〈じじゅほうらく〉……**281**
自浄意志〈じじょういし〉……**281**
至上一往〈しじょういちおう〉……19
史上空前〈しじょうくうぜん〉……**281**
自浄其意〈じじょうごい〉……320
自浄作用〈じじょうさよう〉……**281**
師勝資強〈ししょうしきょう〉……**281**
自縄自縛〈じじょうじばく〉……220, 276, **281**
紙上談兵〈しじょうだんぺい〉……9, 141, 177, **281**
紙上空論〈しじょうのくうろん〉……281
事上磨錬〈じじょうまれん〉……**281**
至上命令〈しじょうめいれい〉……**281**
梓匠輪輿〈ししょうりんよ〉……**281**
事上錬磨〈じじょうれんま〉……281
姿色端麗〈ししょくたんれい〉……647
耳食之学〈じしょくのがく〉……215
耳食之談〈じしょくのだん〉……**281**, 565
耳食之論〈じしょくのろん〉……282

四書五経〈ししょごきょう〉……**282**
爾汝之交〈じじょのまじわり〉……**282**
事序繽紛〈じじょひんぷん〉……**282**
死屍累累〈ししるいるい〉……**282**
澌尽灰滅〈じじんかいめつ〉……282
徙薪曲突〈ししんきょくとつ〉……163, **282**
詩人蛻骨〈しじんぜいこつ〉……**282**
四神相応〈しじんそうおう〉……**282**
詩人墨客〈しじんぼっかく〉……408
澌尽礱磨〈しじんろうま〉……**282**
死生契闊〈しせいけっかつ〉……**282**
時世時節〈じせいじせつ〉……**282**
至聖先師〈しせいせんし〉……395
至誠通天〈しせいつうてん〉……26
四世同堂〈しせいどうどう〉……671
市井之臣〈しせいのしん〉……283, 411
市井之徒〈しせいのと〉……**282**
市井之人〈しせいのひと〉……283
市井無頼〈しせいぶらい〉……283
死生有命〈しせいゆうめい〉……**283**
咫尺千里〈しせきせんり〉……283
咫尺天涯〈しせきてんがい〉……**283**
咫尺之功〈しせきのこう〉……378
咫尺之書〈しせきのしょ〉……**283**
咫尺之地〈しせきのち〉……**283**, 378, 658
咫尺万里〈しせきばんり〉……**283**
志節堅固〈しせつけんご〉……**283**, 284
時節到来〈じせつとうらい〉……210, **283**
自然選択〈しぜんせんたく〉……284
自然天然〈しぜんてんねん〉……**283**, 477
自然淘汰〈しぜんとうた〉…**283**, 298, 341, 372, 466, 641
四戦之国〈しせんのくに〉……284
四戦之地〈しせんのち〉……284
紫髯緑眼〈しぜんりょくがん〉……227, **284**
志操堅確〈しそうけんかく〉……284
志操堅固〈しそうけんご〉…138, 188, 203, **284**, 307, 331, 384, 487
耳聡目明〈じそうもくめい〉……**284**
四塞之国〈しそくのくに〉……259, **284**
四塞之地〈しそくのち〉……259, 284
止足之分〈しそくのぶん〉……443
咨咀逡巡〈しそしゅんじゅん〉……**284**, 439
慈尊三会〈じそんさんね〉……659
自存独立〈じそんどくりつ〉……**284**, 497
志大才疎〈しだいさいそ〉……122, **284**
時代錯誤〈じだいさくご〉……**284**
至大至剛〈しだいしごう〉……**284**
至大至重〈しだいしちょう〉……**284**
事大主義〈じだいしゅぎ〉……**285**
志大智小〈しだいちしょう〉……284
徙宅忘妻〈したくぼうさい〉……**285**
舌先三寸〈したさきさんずん〉……**285**
歯堕舌存〈しだぜっそん〉……294
四達八通〈したつはっつう〉……288
自他平等〈じたびょうどう〉……285
自他不二〈じたふに〉……**285**
七擒七縦〈しちきんしちしょう〉……**285**
七死七生〈しちしちしょう〉……37
七嘴八舌〈しちしはちぜつ〉……**285**
七十古稀〈しちじゅうこき〉……**285**
七種菜羹〈しちしゅのさいこう〉……**285**
七縦七擒〈しちしょうしちきん〉……**285**
七縦八横〈しちしょうはちおう〉……304
七生報国〈しちしょうほうこく〉…38, 199, **286**, 353
四地相応〈しちそうおう〉……282
七転八起〈しちてんはっき〉……202, **286**, 579
七転八倒〈しちてんばっとう〉……**286**
七堂伽藍〈しちどうがらん〉……**286**, 481, 489
七難九厄〈しちなんくやく〉……**286**
七難八苦〈しちなんはっく〉……129, 274, **286**
七歩成詩〈しちほせいし〉……286, 287
七歩之才〈しちほのさい〉……**286**, 287
七歩八叉〈しちほはっさ〉……**286**
死中求活〈しちゅうきゅうかつ〉……**287**
死中求生〈しちゅうきゅうせい〉……287
史籀大篆〈しちゅうだいてん〉……**287**
砥柱中流〈しちゅうちゅうりゅう〉……**287**, 448
市中閑居〈しちゅうのかんきょ〉……418
視聴言動〈しちょうげんどう〉……**287**
詩腸鼓吹〈しちょうのこすい〉……**287**
四鳥之別〈しちょうのわかれ〉……**287**
四鳥別離〈しちょうべつり〉……**287**

司直之人〈しちょくのひと〉……93
七里結界〈しちりけっかい〉……**287**
四通五達〈しつうごたつ〉……288, 400
四通八達〈しつうはったつ〉……274, **287**, 400
悉有仏性〈しつうぶっしょう〉……**288**
十誡五倫〈じっかいごりん〉……**288**
悉皆成仏〈しっかいじょうぶつ〉……**288**
十寒一暴〈じっかんいちばく〉……27, **288**
質疑応答〈しつぎおうとう〉……**288**
失敬千万〈しっけいせんばん〉……**288**, 292
日月星辰〈じつげつせいしん〉……**288**
日月逾邁〈じつげつゆまい〉……**288**
疾言遽色〈しつげんきょしょく〉……**288**
嫉賢妬能〈しっけんとのう〉……497
執行猶予〈しっこうゆうよ〉……**288**
失魂喪魄〈しっこんそうはく〉……289
失魂落魄〈しっこんらくはく〉……**288**
十死一生〈じっしいっしょう〉……149, **289**
実事求是〈じつじきゅうぜ〉……**289**
十室九虚〈じっしつきゅうきょ〉……289
十室九空〈じっしつきゅうくう〉……**289**
質実剛健〈しつじつごうけん〉……210, 212, **289**, 291
質実朴素〈しつじつぼくそ〉……**289**, 291
嫉視反目〈しっしはんもく〉……**289**, 681
失笑噴飯〈しっしょうふんぱん〉……**289**
十進九退〈じっしんくたい〉……**289**
漆身呑炭〈しっしんどんたん〉……**290**
失神落魄〈しっしんらくはく〉……289
疾声大呼〈しっせいたいこ〉……424
実践躬行〈じっせんきゅうこう〉……**290**, 415, 416
疾足先得〈しっそくせんとく〉……213, **290**
質素倹約〈しっそけんやく〉……109, **290**, 372
叱咤激励〈しったげきれい〉……244, **290**
叱咤督励〈しったとくれい〉……290
失地回復〈しっちかいふく〉……85, **290**, 627
十中八九〈じっちゅうはっく〉……180, **290**
七珍万宝〈しっちんまんぽう〉……**290**
疾痛惨怛〈しっつうさんだつ〉……291
疾痛惨憺〈しっつうさんたん〉……**290**
失道寡助〈しつどうかじょ〉……**291**
疾風勁草〈しっぷうけいそう〉……188, 250, **291**, 331, 384
十風五雨〈じっぷうごう〉……**291**
疾風迅雷〈しっぷうじんらい〉……**291**, 357, 472
疾風怒濤〈しっぷうどとう〉……160, **291**, 558
櫛風沐雨〈しっぷうもくう〉……63, **291**, 564
櫛風浴雨〈しっぷうよくう〉……**291**, 564
失望落胆〈しつぼうらくたん〉……**291**
質朴剛健〈しつぼくごうけん〉……210, 212, 289, **291**
膝癢掻背〈しつようそうはい〉……79, **292**
実力伯仲〈じつりょくはくちゅう〉……**292**, 376
失礼千万〈しつれいせんばん〉……**292**, 582
耳提面訓〈じていめんくん〉……269, 463
耳提面命〈じていめんめい〉……269, **292**, 463
紫電一閃〈しでんいっせん〉……224, **292**
指天画地〈してんかくち〉……**292**
紫電清霜〈しでんせいそう〉……**292**
至道無難〈しどうぶなん〉……**292**
舐犢之愛〈しとくのあい〉……**292**
至難之業〈しなんのわざ〉……507
自然法爾〈じねんほうに〉……**292**
自然法然〈じねんほうねん〉……293
士農工商〈しのうこうしょう〉……**293**
事倍功半〈じばいこうはん〉……293
紙背之意〈しはいのい〉……122, 311
事半功倍〈じはんこうばい〉……**293**
地盤沈下〈じばんちんか〉……**293**
至微至妙〈しびしみょう〉……**293**
慈眉善目〈じびぜんもく〉……**293**
慈悲忍辱〈じひにんにく〉……**293**
紫緋紋綾〈しひもんりょう〉……**293**
四百四病〈しひゃくしびょう〉……**293**
雌伏雄飛〈しふくゆうひ〉……**293**, 310
自負自賛〈じふじさん〉……272, **294**, 468
自分勝手〈じぶんかって〉……73, 111, **294**
耳聞眼見〈じぶんがんけん〉……294
四分五割〈しぶんごかつ〉……294
四分五散〈しぶんごさん〉……**294**
四分五剖〈しぶんごぼう〉……294
四分五落〈しぶんごらく〉……294
四分五裂〈しぶんごれつ〉……**294**, 339, 586
耳聞目撃〈じぶんもくげき〉……294

耳聞目見〈じぶんもくけん〉……**294**
耳聞目睹〈じぶんもくと〉……294
歯弊舌存〈しへいぜっそん〉……294
資弁捷疾〈しべんしょうしつ〉……**294**
四方雑処〈しほうざっしょ〉……244
自暴自棄〈じぼうじき〉……**294**
歯亡舌存〈しぼうぜっそん〉……**294**, 308
四方八方〈しほうはっぽう〉……**294**, 485
子墨客卿〈しぼくかくけい〉……**295**, 585
子墨兎毫〈しぼくとごう〉……**295**, 585
徙木之信〈しぼくのしん〉……**295**
慈母三遷〈じぼさんせん〉……632
慈母敗子〈じぼはいし〉……**295**
揣摩臆測〈しまおくそく〉……**295**
揣摩臆断〈しまおくだん〉……295
揣摩迎合〈しまげいごう〉……6, **295**
四曼相即〈しまんそうそく〉……295
四曼不離〈しまんふり〉……**295**
四無量心〈しむりょうしん〉……**295**
慈無量心〈じむりょうしん〉……295
自明之理〈じめいのり〉……**296**, 339
七五三縄〈しめなわ〉……**296**
四面滃浡〈しめんおうぼつ〉……**296**
四面楚歌〈しめんそか〉……235, 245, **296**
鴟目虎吻〈しもくこふん〉……**296**
耳目聡明〈じもくそうめい〉……284
耳目之欲〈じもくのよく〉……**296**
自問自答〈じもんじとう〉……**296**
四門出遊〈しもんしゅつゆう〉……**296**
四門遊観〈しもんゆうかん〉……**296**
車胤聚蛍〈しゃいんしゅうけい〉……188, **296**,
298, 417, 436
社燕秋鴻〈しゃえんしゅうこう〉……**297**
釈迦八相〈しゃかはっそう〉……**297**, 532
視野狭窄〈しやきょうさく〉……**297**
車魚之嘆〈しゃぎょのなげき〉……**297**
舎近求遠〈しゃきんきゅうえん〉……251, **297**
舎近図遠〈しゃきんとえん〉……297
舎近謀遠〈しゃきんぼうえん〉……251, 297
釈近謀遠〈しゃくきんぼうえん〉……251, **297**
釈根灌枝〈しゃくこんかんし〉……**297**, 301, 310,
611
捨根注枝〈しゃくこんちゅうし〉……611
杓子果報〈しゃくしかほう〉……**297**
杓子定規〈しゃくしじょうぎ〉……272, **297**, 641,
669
灼然炳乎〈しゃくぜんへいこ〉……**298**
鵲巣鳩居〈じゃくそうきゅうきょ〉……148, **298**
鵲巣鳩占〈じゃくそうきゅうせん〉……148, **298**
弱肉強食〈じゃくにくきょうしょく〉……157, 284,
298, 372, 466, 641
弱能制強〈じゃくのうせいきょう〉……308
尺布斗粟〈しゃくふとぞく〉……**298**, 463
寂滅為楽〈じゃくめついらく〉……**298**, 333
酌量減刑〈しゃくりょうげんけい〉……326
車蛍孫雪〈しゃけいそんせつ〉……188, 297, **298**,
417
社交辞令〈しゃこうじれい〉……91, **298**
舎虎逢狼〈しゃこほうろう〉……389
捨根灌枝〈しゃこんかんし〉……297
捨根注枝〈しゃこんちゅうし〉……297, **298**
車載斗量〈しゃさいとりょう〉……**298**
奢侈淫佚〈しゃしいんいつ〉……156, **299**
奢侈文弱〈しゃしぶんじゃく〉……**299**
洒洒落落〈しゃしゃらくらく〉……190, **299**
邪宗異端〈じゃしゅういたん〉……18, **299**
射将先馬〈しゃしょうせんば〉……**299**
社稷宗廟〈しゃしょくそうびょう〉……410
社稷之臣〈しゃしょくのしん〉……**299**
社稷之守〈しゃしょくのまもり〉……**299**
射人先馬〈しゃじんせんば〉……299
車水馬竜〈しゃすいばりょう〉……**299**
舎生取義〈しゃせいしゅぎ〉……**299**
射石飲羽〈しゃせきいんう〉……26, **299**, 370
邪説異端〈じゃせついたん〉……18, **300**
社鼠城狐〈しゃそじょうこ〉……**300**, 323
舎短取長〈しゃたんしゅちょう〉……253, **300**,
337, 436
邪智奸佞〈じゃちかんねい〉……129, **300**
邪知暴虐〈じゃちぼうぎゃく〉……**300**
雀角鼠牙〈じゃっかくそが〉……**300**, 412
借花献仏〈しゃっかけんぶつ〉……**300**
寂光浄土〈じゃっこうじょうど〉……10, 234, **300**,
309

車轍馬跡〈しゃてつばせき〉……**300**
煮豆燃萁〈しゃとうねんき〉……**300**
遮二無二〈しゃにむに〉……115, **300**, 621
捨閉閣抛〈しゃへいかくほう〉……**300**
射法八節〈しゃほうはっせつ〉……**301**
舎本事末〈しゃほんじまつ〉……301
舎本逐末〈しゃほんちくまつ〉……297, **301**, 310, 611
捨無量心〈しゃむりょうしん〉……295
殊域同嗜〈しゅいきどうし〉……**301**
醜悪奸邪〈しゅうあくかんじゃ〉……**301**
十悪五逆〈じゅうあくごぎゃく〉……**301**
拾遺補過〈しゅういほか〉……301
拾遺補闕〈しゅういほけつ〉……**301**
集腋成裘〈しゅうえきせいきゅう〉……**301**
縦横自在〈じゅうおうじざい〉……**301**, 302, 304
縦横無隅〈じゅうおうむぐう〉……302
縦横無礙〈じゅうおうむげ〉……**301**, 302, 304
縦横無尽〈じゅうおうむじん〉……**301**, 304, 444
秀外恵中〈しゅうがいけいちゅう〉……252, **302**
自由闊達〈じゆうかったつ〉……111, **302**, 471
衆寡不敵〈しゅうかふてき〉……**302**
羞花閉月〈しゅうかへいげつ〉……**302**, 459, 512, 519
衆議一決〈しゅうぎいっけつ〉……**302**, 303, 613
衆議成林〈しゅうぎせいりん〉……30, 267, **302**, 309, 408, 577
衆蟻慕羶〈しゅうぎぼせん〉……181
十逆五悪〈じゅうぎゃくごあく〉……301, **302**
愁苦辛勤〈しゅうくしんきん〉……**302**
羞月閉花〈しゅうげつへいか〉……**302**, 519
衆賢茅茹〈しゅうけんぼうじょ〉……**302**
衆口一致〈しゅうこういっち〉……14, 168, 229, 268, 302, **303**, 613
秋高気爽〈しゅうこうきそう〉……472
繍口錦心〈しゅうこうきんしん〉……173, **303**
衆口熏天〈しゅうこうくんてん〉……**303**
衆口鑠金〈しゅうこうしゃくきん〉……181, 267, 302, 309, 408, 577
重厚長大〈じゅうこうちょうだい〉……190, **303**
秋毫之末〈しゅうごうのすえ〉……**303**
秋高馬肥〈しゅうこうばひ〉……**303**
十五志学〈じゅうごしがく〉……237, 263, 280, **303**, 679
修己治人〈しゅうこちじん〉……**303**
終歳馳駆〈しゅうさいちく〉……**303**
聚散十春〈しゅうさんじっしゅん〉……**304**
集散離合〈しゅうさんりごう〉……**304**, 658
終始一貫〈しゅうしいっかん〉……**304**, 316, 390, 467
自由自在〈じゆうじざい〉……302, **304**, 444
十日一水〈じゅうじついっすい〉……**304**
秋日荒涼〈しゅうじつこうりょう〉……**304**
螽斯之化〈しゅうしのか〉……**304**
衆矢之的〈しゅうしのまと〉……**304**
充耳不聞〈じゅうじふぶん〉……**304**
十字砲火〈じゅうじほうか〉……**304**, 307
羞渋疑阻〈しゅうじゅうぎそ〉……**304**
獣聚鳥散〈じゅうしゅうちょうさん〉……59, **305**
重重無尽〈じゅうじゅうむじん〉……**305**
囚首垢面〈しゅうしゅこうめん〉……305
囚首喪面〈しゅうしゅそうめん〉……**305**, 602
袖手傍観〈しゅうしゅぼうかん〉……101, 157, **305**
衆少成多〈しゅうしょうせいた〉……**305**
周章狼狽〈しゅうしょうろうばい〉……12, 58, 84, 201, **305**, 344, 349, 425
秀色神采〈しゅうしょくしんさい〉……**305**
修飾辺幅〈しゅうしょくへんぷく〉……**306**
柔茹剛吐〈じゅうじょごうと〉……**306**
衆人環視〈しゅうじんかんし〉……**306**
修身斉家〈しゅうしんせいか〉……**306**
衆心成城〈しゅうしんせいじょう〉……267, 577
子猷尋戴〈しゆうじんたい〉……388, 516
集翠成裘〈しゅうすいせいきゅう〉……301
衆酔独醒〈しゅうすいどくせい〉……**306**
縦説横説〈じゅうせつおうせつ〉……**306**
鞦韆院落〈しゅうせんいんらく〉……**306**
十全健康〈じゅうぜんけんこう〉……**306**
十全十美〈じゅうぜんじゅうび〉……126, **306**, 352, 397
秋霜三尺〈しゅうそうさんじゃく〉……262, **307**
秋霜春露〈しゅうそうしゅんろ〉……320
秋霜烈日〈しゅうそうれつじつ〉……284, **307**, 319
周知徹底〈しゅうちてってい〉……**307**

舟中敵国〈しゅうちゅう(の)てきこく〉……**307**
集中砲火〈しゅうちゅうほうか〉……304, **307**
獣蹄鳥跡〈じゅうていちょうせき〉……**307**
秋天一碧〈しゅうてんいっぺき〉……**307**
充棟汗牛〈じゅうとうかんぎゅう〉……120, **307**
縦塗横抹〈じゅうとおうまつ〉……**307**
就毒攻毒〈しゅうどくこうどく〉……49
終南捷径〈しゅうなん(の)しょうけい〉……**307**
臭肉来蠅〈しゅうにくらいよう〉……**307**
十人十色〈じゅうにんといろ〉……101, 262, **307**, 391, 431, 555, 665
十人十腹〈じゅうにんとはら〉……308
十年一日〈じゅうねんいちじつ〉……150, **308**
十年一剣〈じゅうねんいっけん〉……**308**
十年一昔〈じゅうねんひとむかし〉……**308**
十年磨剣〈じゅうねんまけん〉……**308**
柔能克剛〈じゅうのうこくごう〉……308
柔能制剛〈じゅうのうせいごう〉……294, **308**
戎馬倥偬〈じゅうばこうそう〉……**308**, 590
十風五雨〈じゅうふうごう〉……243, **308**
秋風索莫〈しゅうふうさくばく〉……**308**
秋風蕭条〈しゅうふうしょうじょう〉……**308**
秋風寂莫〈しゅうふうせきばく〉……308
秋風落莫〈しゅうふうらくばく〉……**308**
秋風凜冽〈しゅうふうりんれつ〉……309
秋風冽冽〈しゅうふうれつれつ〉……**309**
醜婦之仇〈しゅうふのあだ〉……**309**
聚蚊成雷〈しゅうぶんせいらい〉……267, 302, **309**, 408, 577
自由放任〈じゆうほうにん〉……**309**
自由奔放〈じゆうほんぽう〉……**309**, 477, 570
十万億土〈じゅうまんおくど〉……234, 300, **309**
周密精到〈しゅうみつせいとう〉……**309**
衆妙之門〈しゅうみょうのもん〉……**309**
自由民権〈じゆうみんけん〉……**309**
自由無碍〈じゆうむげ〉……304
襲名披露〈しゅうめいひろう〉……**310**
衆目環視〈しゅうもくかんし〉……306, **310**
十羊九牧〈じゅうようきゅうぼく〉……**310**
秋蘭被涯〈しゅうらんひがい〉……581
戢鱗潜翼〈しゅうりんせんよく〉……294, **310**
秀麗皎潔〈しゅうれいこうけつ〉……**310**
聚斂之臣〈しゅうれんのしん〉……**310**
酒甕飯袋〈しゅおうはんたい〉……215
酒甕飯嚢〈しゅおうはんのう〉……215, **310**, 541
酒家妓楼〈しゅかぎろう〉……**310**
主客転倒〈しゅかくてんとう〉……297, 301, **310**, 611
樹下石上〈じゅかせきじょう〉……**310**
主義主張〈しゅぎしゅちょう〉……**311**
縮衣節食〈しゅくいせっしょく〉……**311**, 380, 433
夙興夜寝〈しゅくこうやしん〉……**311**, 548
夙興夜寐〈しゅくこうやび〉……311, 548
熟思黙想〈じゅくしもくそう〉……**311**, 459
宿執開発〈しゅくしゅうかいほつ〉……**311**, 386
宿習開発〈しゅくじゅうかいほつ〉……311
縮手縮脚〈しゅくしゅしゅくきゃく〉……210, 231, **311**, 641
淑女紳士〈しゅくじょしんし〉……**311**, 346
菽水之歓〈しゅくすいのかん〉……**311**
宿善開発〈しゅくぜんかいほつ〉……311
縮地補天〈しゅくちほてん〉……**311**
熟読玩味〈じゅくどくがんみ〉……122, **311**, 312
熟読三思〈じゅくどくさんし〉……311, **312**
夙夜夢寤〈しゅくやむご〉……312
夙夜夢寐〈しゅくやむび〉……**312**
熟慮断行〈じゅくりょだんこう〉……185, **312**, 339, 413, 457
樹下石上〈じゅげせきじょう〉……**312**
主権在民〈しゅけんざいみん〉……**312**
輸攻墨守〈しゅこうぼくしゅ〉……**312**
酒食徴逐〈しゅしちょうちく〉……**312**
取捨選択〈しゅしゃせんたく〉……**312**
趣舎万殊〈しゅしゃばんしゅ〉……**313**
珠襦玉匣〈しゅじゅぎょっこう〉……**313**
種種雑多〈しゅじゅざった〉……**313**, 431
種種様様〈しゅじゅさまざま〉……313, 391, 431
守株待兎〈しゅしゅたいと〉……151, 233, **313**
衆生済度〈しゅじょうさいど〉……**313**
衆生世間〈しゅじょうせけん〉……60
珠生老蚌〈しゅしょうろうぼう〉……678
酒色財気〈しゅしょくざいき〉……532
主辱臣死〈しゅじょくしんし〉……182
首施両端〈しゅしりょうたん〉……**313**, 314

朱唇皓歯〈しゅしんこうし〉……213, 223, **313**, 614, 627
朱脣榴歯〈しゅしんりゅうし〉……313
酒酔酒解〈しゅすいしゅかい〉……**313**
衆善奉行〈しゅぜんぶぎょう〉……320
取争之術〈しゅそうのじゅつ〉……577
殊俗帰風〈しゅぞくきふう〉……**313**, 510
寿則多辱〈じゅそくたじょく〉……**313**
手足重繭〈しゅそくちょうけん〉……**314**
手足之愛〈しゅそくのあい〉……191
手足之情〈しゅそくのじょう〉……191
手足胼胝〈しゅそくへんち〉……593
首鼠両端〈しゅそりょうたん〉……59, 231, **314**, 439
受胎告知〈じゅたいこくち〉……**314**
酒池肉林〈しゅちにくりん〉……**314**, 456, 508
取長補短〈しゅちょうほたん〉……253, 337
述懐奉公〈じゅっかいぼうこう〉……**314**
出奇制勝〈しゅっきせいしょう〉……**314**
出群抜萃〈しゅつぐんばっすい〉……315
出家遁世〈しゅっけとんせい〉……**314**
出言不遜〈しゅつげんふそん〉……**314**
朮羹艾酒〈じゅっこうがいしゅ〉……**315**
出谷遷喬〈しゅっこくせんきょう〉……**315**
述而不作〈じゅつじふさく〉……**315**
出将入相〈しゅっしょうにゅうしょう〉……**315**
出処進退〈しゅっしょしんたい〉……**315**, 352, 646
出世本懐〈しゅっせのほんがい〉……**315**
出仏身血〈しゅつぶっしんけつ〉……301
出没自在〈しゅつぼつじざい〉……**315**, 348
出藍之誉〈しゅつらんのほまれ〉……**315**, 375
出離生死〈しゅつりしょうじ〉……**315**
出類抜萃〈しゅつるいばっすい〉……**315**, 531
殊塗同帰〈しゅとどうき〉……53, **316**
酒入舌出〈しゅにゅうぜつしゅつ〉……**316**
酒嚢飯袋〈しゅのうはんたい〉……215, **316**, 541, 618
首尾一貫〈しゅびいっかん〉……304, **316**, 390, 467
首尾貫徹〈しゅびかんてつ〉……**316**
首尾相応〈しゅびそうおう〉……304, 316
寿比南山〈じゅひなんざん〉……506
手舞足踏〈しゅぶそくとう〉……146, 170, **316**, 576
入木三分〈じゅぼくさんぶ〉……**316**
朱墨爛然〈しゅぼくらんぜん〉……**316**
孺慕之思〈じゅぼのおもい〉……**316**
儒名墨行〈じゅめいぼくこう〉……607
修羅苦羅〈しゅらくら〉……**316**
儒林棟梁〈じゅりんのとうりょう〉……**316**
珠聯玉映〈しゅれんぎょくえい〉……317
珠聯璧合〈しゅれんへきごう〉……**317**
株連蔓引〈しゅれんまんいん〉……**317**
春蛙秋蟬〈しゅんあしゅうぜん〉……6, **317**, 680
純一無雑〈じゅんいつむざつ〉……**317**, 319
春蚓秋蛇〈しゅんいんしゅうだ〉……**317**
峻宇雕牆〈しゅんうちょうしょう〉……153
春花秋月〈しゅんかしゅうげつ〉……109, 381
春夏秋冬〈しゅんかしゅうとう〉……**317**
春寒料峭〈しゅんかんりょうしょう〉……**317**
循規蹈矩〈じゅんきとうく〉……138, **317**
順逆一視〈じゅんぎゃくいっし〉……33, **317**
純潔清浄〈じゅんけつしょうじょう〉……**317**
純潔無垢〈じゅんけつむく〉……**317**
蓴羹鱸膾〈じゅんこうろかい〉……72, 237, 243, **318**, 440
春恨秋懐〈しゅんこんしゅうかい〉……318
舜日尭年〈しゅんじつぎょうねん〉……158, 159, **318**
春日遅遅〈しゅんじつちち〉……**318**
徇私舞弊〈じゅんしぶへい〉……**318**, 580
春愁秋思〈しゅんしゅうしゅうし〉……**318**
春秋筆削〈しゅんじゅうのひっさく〉……318
春秋筆法〈しゅんじゅうのひっぽう〉……23, **318**, 547, 550, 560
春樹暮雲〈しゅんじゅぼうん〉……605
春宵一刻〈しゅんしょういっこく〉……**318**
純情可憐〈じゅんじょうかれん〉……**318**, 319
循常習故〈じゅんじょうしゅうこ〉……487
純真可憐〈じゅんしんかれん〉……318, **319**
純真無垢〈じゅんしんむく〉……**319**, 370, 469
純粋無垢〈じゅんすいむく〉……319
純精無雑〈じゅんせいむざつ〉……317, **319**
瞬息千変〈しゅんそくせんぺん〉……319

駿足長阪〈しゅんそくちょうはん〉……**319**
瞬息万状〈しゅんそくばんじょう〉……319
瞬息万変〈しゅんそくばんぺん〉……**319**
峻抜雄健〈しゅんばつゆうけん〉……**319**
春風駘蕩〈しゅんぷうたいとう〉……307, **319**
春風得意〈しゅんぷうとくい〉……**319**
淳風美俗〈じゅんぷうびぞく〉……**319**, 667
順風満帆〈じゅんぷうまんぱん〉……**320**
春風満面〈しゅんぷうまんめん〉……141
春風料峭〈しゅんぷうりょうしょう〉……317
春蕪秋野〈しゅんぶしゅうや〉……**320**
循名責実〈じゅんめいせきじつ〉……191, **320**
駿馬伏櫪〈しゅんめふくれき〉……631
春蘭秋菊〈しゅんらんしゅうぎく〉……**320**
順理成章〈じゅんりせいしょう〉……339, 668
春露秋霜〈しゅんろしゅうそう〉……**320**
春和景明〈しゅんわけいめい〉……**320**
諸悪莫作〈しょあくまくさ〉……**320**
叙位叙勲〈じょいじょくん〉……**320**
上医医国〈じょういいこく〉……**320**
上意下達〈じょういかたつ〉……93, **320**
宵衣旰食〈しょういかんしょく〉……**321**
情意投合〈じょういとうごう〉……13, **321**
冗員淘汰〈じょういんとうた〉……**321**
晶瑩玲瓏〈しょうえいれいろう〉……**321**
上援下推〈じょうえんかすい〉……**321**
硝煙弾雨〈しょうえんだんう〉……**321**, 595
攘往熙来〈じょうおうきらい〉……136
彰往考来〈しょうおうこうらい〉……53, 321
彰往察来〈しょうおうさつらい〉……53, **321**
従横之言〈しょうおうのげん〉……110
上下一心〈しょうかいっしん〉……43, 46, **321**, 487, 488
上下天光〈しょうかてんこう〉……**321**
城下之盟〈じょうかのめい〉……**321**
傷化敗俗〈しょうかはいぞく〉……332
消化不良〈しょうかふりょう〉……**321**
小家碧玉〈しょうかへきぎょく〉……**322**
承顔候色〈しょうがんこうしょく〉……322
承顔順旨〈しょうがんじゅんし〉……**322**
商鑑不遠〈しょうかんふえん〉……54
銷毀骨立〈しょうきこつりつ〉……187
傷弓之鳥〈しょうきゅうのとり〉……**322**
松喬之寿〈しょうきょうのじゅ〉……**322**, 582
章句小儒〈しょうく(の)しょうじゅ〉……**322**
章句之徒〈しょうくのと〉……322
上求菩提〈じょうぐぼだい〉……192, 193, **322**
商君徙木〈しょうくんしぼく〉……295
笙磬同音〈しょうけいどうおん〉……**322**
小隙沈舟〈しょうげきちんしゅう〉……**322**, 676
浄潔快豁〈じょうけつかいかつ〉……**323**
銷遣之具〈しょうけんのぐ〉……**323**
条件反射〈じょうけんはんしゃ〉……**323**
証拠隠滅〈しょうこいんめつ〉……**323**
上行下効〈じょうこうかこう〉……**323**
上行下従〈じょうこうかじゅう〉……323
焦熬投石〈しょうごうとうせき〉……**323**
照顧脚下〈しょうこきゃっか〉……146, **323**
小国寡民〈しょうこくかみん〉……**323**
城狐社鼠〈じょうこしゃそ〉……128, 182, **323**
常在戦場〈じょうざいせんじょう〉……**324**
商山四皓〈しょうざん(の)しこう〉……**324**
常山蛇陣〈じょうざんのだじん〉……324
常山蛇勢〈じょうざんのだせい〉……**324**
生死事大〈しょうじじだい〉……**324**, 620
生死長夜〈しょうじじょうや〉……324
笑止千万〈しょうしせんばん〉……**324**
生死転変〈しょうじてんぺん〉……327
生死不定〈しょうじふじょう〉……**324**
生死無常〈しょうじむじょう〉……**324**
生死妄念〈しょうじもうねん〉……**324**
正笏一揖〈しょうしゃくいちゆう〉……**324**
銷鑠縮栗〈しょうしゃくしゅくりつ〉……**325**
将錯就錯〈しょうしゃくしゅうしゃく〉……**325**
常寂光土〈じょうじゃっこうど〉……300
乗車之会〈じょうしゃのかい〉……589
盛者必衰〈じょうしゃひっすい〉……58, 68, 70, **325**
生者必滅〈しょうじゃひつめつ〉……72, **325**, 380
盛者必滅〈じょうしゃひつめつ〉……325
常住坐臥〈じょうじゅうざが〉……138, 156, 254, **325**, 432, 509
常住不壊〈じょうじゅうふえ〉……325
常住不断〈じょうじゅうふだん〉……**325**

常住不滅〈じょうじゅうふめつ〉……**325**
漿酒霍肉〈しょうしゅかくにく〉…24, 223, **325**, 335, 435
聖衆来迎〈しょうじゅらいこう〉……651
畳牀架屋〈じょうしょうかおく〉……85, **326**
承上起下〈しょうじょうきか〉……329
上昇気流〈じょうしょうきりゅう〉……**326**
清浄潔白〈しょうじょうけっぱく〉……**326**, 376
呫囁耳語〈しょうしょうじご〉……221
牀上施牀〈しょうじょうししょう〉……85, **326**
情状酌量〈じょうじょうしゃくりょう〉……**326**
生生世世〈しょうじょうせぜ〉……**326**, 371, 615
霄壌之差〈しょうじょうのさ〉……65, 469, 471
掌上之珠〈しょうじょうのたま〉……326
掌上明珠〈しょうじょうのめいしゅ〉…**326**, 330
瀟湘八景〈しょうしょうはっけい〉……**326**
蕭条無人〈しょうじょうむにん〉……**327**
生生流転〈しょうじょうるてん〉……**327**
相如四壁〈しょうじょしへき〉……**327**
情緒纏綿〈じょうしょてんめん〉……**327**
情恕理遣〈じょうじょりけん〉……86, **327**
生死流転〈しょうじるてん〉……**327**, 371, 671
情深一往〈じょうしんいちおう〉……19
小人革面〈しょうじんかくめん〉……182
小人閑居〈しょうじんかんきょ〉……121, **327**
焦唇乾舌〈しょうしんかんぜつ〉…16, 178, **327**, 348, 662
小心謹慎〈しょうしんきんしん〉……**327**
焦心苦慮〈しょうしんくりょ〉……129, 164, **328**
精進潔斎〈しょうじんけっさい〉……249, **328**
正真正銘〈しょうしんしょうめい〉……**328**
匠心独運〈しょうしんどくうん〉……495
小人之学〈しょうじんのがく〉……215
小人之勇〈しょうじんのゆう〉……**328**, 550
精進勇猛〈しょうじんゆうもう〉……**328**, 643
小心翼翼〈しょうしんよくよく〉……224, **328**, 333, 425, 651
剰水残山〈じょうすいざんざん〉……261, **328**
小水之魚〈しょうすいのうお〉…242, **328**, 468, 566, 578
少数精鋭〈しょうすうせいえい〉……**328**, 430
匠石運斤〈しょうせきうんきん〉…64, **328**, 344
支葉碩茂〈しようせきも〉……**329**
饒舌多弁〈じょうぜつたべん〉……**329**, 460
承先啓後〈しょうせんけいご〉……329
承前啓後〈しょうぜんけいご〉……**329**
彰善癉悪〈しょうぜんたんあく〉……126, **329**
少壮気鋭〈しょうそうきえい〉……**329**, 350, 398
少壮有為〈しょうそうゆうい〉……**329**, 350
消息盈虚〈しょうそくえいきょ〉……**329**
捷足先得〈しょうそくせんとく〉……290
躡足附耳〈じょうそくふじ〉……**329**
称体裁衣〈しょうたいさいい〉……665
掌中之珠〈しょうちゅうのたま〉……326, **329**
笑中之刀〈しょうちゅうのとう〉……334
笑中有刀〈しょうちゅうゆうとう〉……630
消長盛衰〈しょうちょうせいすい〉……371
小懲大誡〈しょうちょうたいかい〉……**330**
祥月命日〈しょうつきめいにち〉……**330**
鐘鼎玉帛〈しょうていぎょくはく〉……314, 332
傷天害理〈しょうてんがいり〉……**330**
常套手段〈じょうとうしゅだん〉……**330**
升堂入室〈しょうどうにゅうしつ〉……**330**
焦頭爛額〈しょうとうらんがく〉……**330**
浄土往生〈じょうどおうじょう〉……234
焦熱地獄〈しょうねつじごく〉……**330**
商売繁盛〈しょうばいはんじょう〉……**330**, 387, 635
松柏之志〈しょうはくのこころざし〉……331
松柏之姿〈しょうはくのし〉……609
松柏之質〈しょうはくのしつ〉……**330**, 609
松柏之寿〈しょうはくのじゅ〉……**331**
松柏之操〈しょうはくのみさお〉……250, 284, 291, **331**, 384
賞罰之柄〈しょうばつのへい〉……**331**
笑比河清〈しょうひかせい〉……**331**
攘臂疾言〈じょうひしつげん〉……**331**
焦眉之急〈しょうびのきゅう〉……**331**, 514
常備不懈〈じょうびふかい〉……**331**, 642
照猫画虎〈しょうびょうがこ〉……104, **331**
松風水月〈しょうふうすいげつ〉……**331**
蕉風俳諧〈しょうふうはいかい〉……**331**, 568
傷風敗俗〈しょうふうはいぞく〉…51, **332**, 564, 567

乗風破浪〈じょうふうはろう〉……320
嘯風弄月〈しょうふうろうげつ〉…175, **332**, 455
蕭敷艾栄〈しょうふがいえい〉……654
枝葉扶疏〈しようふそ〉……329
乗桴浮海〈じょうふふかい〉……**332**
昭穆倫序〈しょうぼくりんじょ〉……**332**
枝葉末節〈しようまっせつ〉……**332**
枝葉末端〈しようまったん〉……332
常命六十〈じょうみょうろくじゅう〉……**332**
上命下達〈じょうめいかたつ〉……320, **332**
鐘鳴鼎食〈しょうめいていしょく〉……**332**
鐘鳴鼎列〈しょうめいていれつ〉……332
生滅去来〈しょうめつこらい〉……332
生滅遷流〈しょうめつせんる〉……**332**
生滅滅已〈しょうめつめつい〉……298, **332**
笑面夜叉〈しょうめんやしゃ〉……**333**, 334
笑面老虎〈しょうめんろうこ〉……333, 334
相門有相〈しょうもんゆうしょう〉……333
将門有将〈しょうもんゆうしょう〉……**333**
招揺過市〈しょうようかし〉……**333**
逍遥自在〈しょうようじざい〉……252, **333**, 644
従容自若〈しょうようじじゃく〉……328, **333**, 396, 425
従容就義〈しょうようしゅうぎ〉……**333**
従容中道〈しょうようちゅうどう〉……**333**
従容赴死〈しょうようふし〉……333
従容不迫〈しょうようふはく〉……**333**
逍遥法外〈しょうようほうがい〉……**333**
従容無為〈しょうようむい〉……**334**, 425
少欲知足〈しょうよくちそく〉……**334**, 623
乗輿車駕〈じょうよしゃが〉……**334**
乗輿播越〈じょうよはえつ〉……**334**
常楽我浄〈じょうらくがじょう〉……**334**
笑裏蔵刀〈しょうりぞうとう〉……333, **334**
小利大害〈しょうりたいがい〉……334
小利大損〈しょうりだいそん〉……**334**
常鱗凡介〈じょうりんぼんかい〉……**334**
上漏下湿〈じょうろうかしゅう〉……**334**
生老病死〈しょうろうびょうし〉…274, **335**, 363
上漏旁風〈じょうろうぼうふう〉……334
蕉鹿之夢〈しょうろくのゆめ〉……240, **335**
書画骨董〈しょがこっとう〉……**335**
除旧更新〈じょきゅうこうしん〉……498
杵臼之交〈しょきゅうのまじわり〉……**335**
諸行無常〈しょぎょうむじょう〉…58, **335**, 380, 449, 456, 542
食牛之気〈しょくぎゅうのき〉……**335**, 502
食玉炊桂〈しょくぎょくすいけい〉……185
蜀犬吠日〈しょくけんはいじつ〉……**335**
稷狐社鼠〈しょくこしゃそ〉……323
蜀日越雪〈しょくじつえつせつ〉……337
食前方丈〈しょくぜんほうじょう〉……24, 223, 263, 325, **335**, 359, 428
食肉寝皮〈しょくにくしんひ〉……**335**
食肉之禄〈しょくにくのろく〉……**336**
食馬解囲〈しょくばかいい〉……**336**
嗇夫口弁〈しょくふこうべん〉……**336**
嗇夫利口〈しょくふりこう〉……**336**
諸国漫遊〈しょこくまんゆう〉……**336**
初志貫徹〈しょしかんてつ〉……**336**
諸事万端〈しょじばんたん〉……**336**
諸子百家〈しょしひゃっか〉……**336**, 556
茹柔吐剛〈じょじゅうとごう〉……**336**, 498
初秋涼夕〈しょしゅう(の)りょうせき〉……**336**
所所在在〈しょしょざいざい〉……251, **336**
処女脱兎〈しょじょだっと〉……**336**
処処方方〈しょしょほうぼう〉……251
庶人食力〈しょじんしょくりょく〉……**337**
諸説紛紛〈しょせつふんぷん〉…168, 229, **337**, 613
女尊男卑〈じょそんだんぴ〉……**337**, 436
助長抜苗〈じょちょうばつびょう〉……**337**
助長補短〈じょちょうほたん〉…253, 300, **337**, 436
食客一千〈しょっかくいっせん〉……337
食客三千〈しょっかくさんぜん〉……**337**
蜀犬吠日〈しょっけんはいじつ〉……141, 231, **337**, 517
職権濫用〈しょっけんらんよう〉……**337**
初転法輪〈しょてんぽうりん〉……**338**
諸法無我〈しょほうむが〉……**338**
黍離之歎〈しょりのたん〉……**338**, 525
除狼得虎〈じょろうとくこ〉……389
白河夜船〈しらかわよふね〉……**338**

紫瀾洶湧〈しらんきょうゆう〉……**338**
芝蘭玉樹〈しらんぎょくじゅ〉……**338**
芝蘭結契〈しらんけっけい〉……**338**, 339
芝蘭之化〈しらんのか〉……**338**, 339
芝蘭之室〈しらんのしつ〉……**338**
芝蘭之契〈しらんのちぎり〉……339
芝蘭之交〈しらんのまじわり〉……**339**
自力更生〈じりきこうせい〉……**339**
私利私欲〈しりしよく〉……116, **339**
而立之年〈じりつのとし〉……263, 679
至理名言〈しりめいげん〉……**339**
事理明白〈じりめいはく〉……296, **339**
支離滅裂〈しりめつれつ〉……294, **339**, 654, 668
持粱歯肥〈じりょうしひ〉……**339**
思慮分別〈しりょふんべつ〉……185, 189, 312, **339**
自利利他〈じりりた〉……**339**
緇林杏壇〈しりんきょうだん〉……**340**
砥砺切磋〈しれいせっさ〉……**340**, 382
眥裂髪指〈しれつはっし〉……**340**, 490, 500
指鹿為馬〈しろくいば〉……**340**, 409
四六時中〈しろくじちゅう〉……**340**, 512
四六駢儷〈しろくべんれい〉……**340**
心安理得〈しんあんりとく〉……354
神怡心静〈しんいしんせい〉……344
人為選択〈じんいせんたく〉……340
臣一主二〈しんいつしゅに〉……**340**
人為淘汰〈じんいとうた〉……284, **340**
人員整理〈じんいんせいり〉……321
神韻縹渺〈しんいんひょうびょう〉……166, **341**
心悦誠服〈しんえつせいふく〉……**341**
心猿意馬〈しんえんいば〉……50, **341**
晨煙暮靄〈しんえんぼあい〉……**341**
心回意転〈しんかいいてん〉……93
塵外孤標〈じんがいこひょう〉……**341**, 566
人海作戦〈じんかいさくせん〉……341
人海戦術〈じんかいせんじゅつ〉……**341**
心外千万〈しんがいせんばん〉……**341**, 668
神会黙契〈しんかいもくけい〉……**341**
尋花問柳〈じんかもんりゅう〉……**341**
唇乾口燥〈しんかんこうそう〉……348
心間手敏〈しんかんしゅびん〉……**341**
心願成就〈しんがんじょうじゅ〉……**342**, 419
人間青山〈じんかんせいざん〉……**342**
心寛体舒〈しんかんたいじょ〉……344
心機一転〈しんきいってん〉……**342**
心悸亢進〈しんきこうしん〉……**342**
新鬼故鬼〈しんきこき〉……**342**
神機妙算〈しんきみょうさん〉……139, **342**, 345
神機妙道〈しんきみょうどう〉……342, 345
人給家足〈じんきゅうかそく〉……99
新旧交代〈しんきゅうこうたい〉……380, 498
心狂意乱〈しんきょういらん〉……354
深居簡出〈しんきょかんしゅつ〉……**342**
晨去暮来〈しんきょぼらい〉……**342**
人琴之嘆〈じんきんのたん〉……**342**
辛苦艱難〈しんくかんなん〉……129, **343**
辛苦辛労〈しんくしんろう〉……**343**, 357
辛苦遭逢〈しんくそうほう〉……**343**
身軽言微〈しんけいげんび〉……**343**
神経衰弱〈しんけいすいじゃく〉……350
人傑地霊〈じんけつちれい〉……**343**
人権蹂躙〈じんけんじゅうりん〉……**343**
真剣勝負〈しんけんしょうぶ〉……**343**
身言書判〈しんげんしょはん〉……**343**
人権侵害〈じんけんしんがい〉……343
心堅石穿〈しんけんせきせん〉……**343**
仁言利博〈じんげんりはく〉……**343**
心慌意乱〈しんこういらん〉……305, **344**
信口開河〈しんこうかいが〉……220
人口膾炙〈じんこうかいしゃ〉……92, **344**
神工鬼斧〈しんこうきふ〉……64, 329, **344**
深溝高塁〈しんこうこうるい〉……200, **344**
信口雌黄〈しんこうしおう〉……220
心曠神怡〈しんこうしんい〉……**344**
尋行数墨〈じんこうすうぼく〉……345
心広体胖〈しんこうたいはん〉……**344**
人口稠密〈じんこうちゅうみつ〉……**344**
塵羹土飯〈じんこうとはん〉……354
塵垢粃糠〈じんこうひこう〉……**344**
人口密集〈じんこうみっしゅう〉……344
深根固柢〈しんこんこてい〉……**344**
尋言逐語〈じんごんちくご〉……**345**, 348, 421
晨昏定省〈しんこんていせい〉……481

神采英抜〈しんさいえいばつ〉……**345**
人才済済〈じんさいせいせい〉……430
神算鬼謀〈しんさんきぼう〉……139, 342, **345**
深山窮谷〈しんざんきゅうこく〉……149, **345**
深山幽谷〈しんざんゆうこく〉……149, **345**
塵思埃念〈じんしあいねん〉……**345**
人事葛藤〈じんじかっとう〉……**345**
深識遠慮〈しんしきえんりょ〉……**345**, 355
深識長慮〈しんしきちょうりょ〉……**345**, 355
紳士協定〈しんしきょうてい〉……**345**
紳士協約〈しんしきょうやく〉……346
慎始敬終〈しんしけいしゅう〉……**346**
心事高尚〈しんじこうしょう〉……**346**
参差錯落〈しんしさくらく〉……**346**
紳士淑女〈しんししゅくじょ〉……**346**
真実一路〈しんじついちろ〉……**346**
真実一到〈しんじついっとう〉……346
尽十方界〈じんじっぽうかい〉……95
真実無妄〈しんじつむもう〉……**346**
人事天命〈じんじてんめい〉……**346**
唇歯之国〈しんしのくに〉……**346**, 347, 356
参差不斉〈しんしふせい〉……346
人事不省〈じんじふせい〉……**346**, 390
唇歯輔車〈しんしほしゃ〉……346, **347**, 356
斟酌折衷〈しんしゃくせっちゅう〉……**347**
仁者不憂〈じんしゃふゆう〉……**347**, 442, 640
仁者無敵〈じんしゃむてき〉……**347**
仁者楽山〈じんしゃらくざん〉……**347**, 442
進取果敢〈しんしゅかかん〉……15, 210, **347**, 413, 524, 641, 643
伸縮自在〈しんしゅくじざい〉……**347**
人主逆鱗〈じんしゅ(の)げきりん〉……**347**
神出鬼行〈しんしゅつきこう〉……140
神出鬼没〈しんしゅつきぼつ〉……140, **347**
浸潤之譖〈しんじゅんのそしり〉……**348**, 575
尋常一様〈じんじょういちよう〉……**348**
深情厚誼〈しんじょうこうぎ〉……**348**
唇焦口燥〈しんしょうこうそう〉……327, **348**
真正真銘〈しんしょうしんめい〉……328, **348**
尋章摘句〈じんしょうてきく〉……345, **348**, 421
参商之隔〈しんしょうのへだて〉……74, **348**
信賞必罰〈しんしょうひつばつ〉……85, **348**, 394
心象風景〈しんしょうふうけい〉……**349**
針小棒大〈しんしょうぼうだい〉……240, **349**, 421
晨鐘暮鼓〈しんしょうぼこ〉……**349**, 607
神色自若〈しんしょくじじゃく〉……12, 58, 201, 305, **349**, 425
神色泰然〈しんしょくたいぜん〉……349
心織筆耕〈しんしょくひっこう〉……**349**, 549
人死留名〈じんしりゅうめい〉……**349**
身心一如〈しんじんいちにょ〉……**349**
人心一新〈じんしんいっしん〉……**349**
薪尽火滅〈しんじんかめつ〉……**349**
新進気鋭〈しんしんきえい〉……329, **350**
人心洶洶〈じんしんきょうきょう〉……**350**
尽心竭力〈じんしんけつりょく〉……82
人身攻撃〈じんしんこうげき〉……**350**
心神耗弱〈しんしんこうじゃく〉……**350**
人心収攬〈じんしんしゅうらん〉……**350**
心神喪失〈しんしんそうしつ〉……**350**
身心脱落〈しんじんだつらく〉……**350**
心塵脱落〈しんじんだつらく〉……350
人心向背〈じんしんのこうはい〉……**350**
人心沸騰〈じんしんふっとう〉……**350**
人心籠絡〈じんしんろうらく〉……350
薪水之労〈しんすいのろう〉……**351**
進寸退尺〈しんすんたいしゃく〉……**351**, 364
人生羈旅〈じんせいきりょ〉……**351**
心正気和〈しんせいきわ〉……355
人生行路〈じんせいこうろ〉……**351**
人生如夢〈じんせいじょむ〉……127, **351**, 576
信誓旦旦〈しんせいたんたん〉……**351**
人生朝露〈じんせいちょうろ〉……169, **351**, 576
晨星落落〈しんせいらくらく〉……**351**
人跡未踏〈じんせきみとう〉……**351**
神仙思想〈しんせんしそう〉……**351**
尽善尽美〈じんぜんじんび〉……126, 306, **352**
真相究明〈しんそうきゅうめい〉……**352**
深造自得〈しんぞうじとく〉……**352**
深層心理〈しんそうしんり〉……**352**
迅速果敢〈じんそくかかん〉……291, **352**
迅速果断〈じんそくかだん〉……291, **352**, 413, 558
進退維谷〈しんたいいこく〉……**352**, 353

進退去就〈しんたいきょしゅう〉…315, **352**, 646
進退出処〈しんたいしゅっしょ〉…315, **352**
進退動作〈しんたいどうさ〉…254
進退両難〈しんたいりょうなん〉…**352**
身体髪膚〈しんたいはっぷ〉…**352**
人畜無害〈じんちくむがい〉…**353**
心地光明〈しんちこうめい〉…223, 226, **353**, 421
震地動天〈しんちどうてん〉…158, 354
人中騏驥〈じんちゅうのきき〉…353
人中獅子〈じんちゅうのしし〉…353
人中之竜〈じんちゅうのりゅう〉…**353**, 497
身中之虫〈しんちゅうのむし〉…279, **353**
尽忠報国〈じんちゅうほうこく〉…38, 286, **353**, 378
陣中見舞〈じんちゅうみまい〉…**353**
神籌妙算〈しんちゅうみょうさん〉…342
慎重居士〈しんちょうこじ〉…**353**
新陳代謝〈しんちんたいしゃ〉…**353**, 498
心定理得〈しんていりとく〉…**353**
震天駭地〈しんてんがいち〉…128, 354
震天撼地〈しんてんかんち〉…128
震天動地〈しんてんどうち〉…128, 158, **354**
陣頭指揮〈じんとうしき〉…**354**, 415, 416
人頭畜鳴〈じんとうちくめい〉…356
神荼鬱塁〈しんとうつりつ〉…**354**
心頭滅却〈しんとうめっきゃく〉…**354**
真如三昧〈しんにょざんまい〉…20
審念熟慮〈しんねんじゅくりょ〉…**354**
心搏急速〈しんぱくきゅうそく〉…342
心煩意悶〈しんはんいもん〉…354
心煩意乱〈しんはんいらん〉…**354**
塵飯塗羹〈じんぱんとこう〉…**354**
振臂一呼〈しんぴいっこ〉…**354**
人微言軽〈じんびげんけい〉…343
人品骨柄〈じんぴんこつがら〉…**354**
人貧智短〈じんぴんちたん〉…**355**
心腹之患〈しんぷくのうれい〉…355
心腹之交〈しんぷくのこう〉…355
心腹之疾〈しんぷくのしつ〉…**355**
心腹之友〈しんぷくのとも〉…**355**
心腹之病〈しんぷくのやまい〉…355
新婦新郎〈しんぷしんろう〉…**355**, 357
人物月旦〈じんぶつげったん〉…195, **355**, 383
神仏混淆〈しんぶつこんこう〉…**355**, 609
神仏習合〈しんぶつしゅうごう〉…355
神仏分離〈しんぶつぶんり〉…355, 609
心平気和〈しんぺいきわ〉…**355**
心平徳和〈しんぺいとくわ〉…355
神変出没〈しんぺんしゅつぼつ〉…140, 348
深謀遠慮〈しんぼうえんりょ〉…189, 345, **355**
人亡家破〈じんぼうかは〉…355
唇亡歯寒〈しんぼうしかん〉…346, 347, **355**
心慕手追〈しんぼしゅつい〉…**356**
心満意足〈しんまんいそく〉…**356**
尽未来際〈じんみらいさい〉…**356**
人面獣心〈じんめんじゅうしん〉…145, **356**
人面獣身〈じんめんじゅうしん〉…**356**
人面桃花〈じんめんとうか〉…**356**
瞋目張胆〈しんもくちょうたん〉…**356**
晨夜兼道〈しんやけんどう〉…**356**, 448, 675
心融神会〈しんゆうしんかい〉…357
神佑天助〈しんゆうてんじょ〉…480
迅雷風烈〈じんらいふうれつ〉…291, **357**
森羅万象〈しんらばんしょう〉…37, 60, **357**, 476
心領意会〈しんりょういかい〉…357
心領神会〈しんりょうしんかい〉…**357**
心領神悟〈しんりょうしんご〉…357
新涼灯火〈しんりょうとうか〉…**357**, 481
深慮遠謀〈しんりょえんぼう〉…189, 345, 355, **357**
親類縁者〈しんるいえんじゃ〉…25, 32, **357**
深厲浅掲〈しんれいせんけい〉…**357**, 665, 669
蜃楼海市〈しんろうかいし〉…92, **357**
辛労辛苦〈しんろうしんく〉…**357**
新郎新婦〈しんろうしんぷ〉…**357**

す

随鴉彩鳳〈ずいあさいほう〉…254, **358**
吹影鏤塵〈すいえいろうじん〉…**358**
随縁放曠〈ずいえんほうこう〉…**358**
随和之材〈ずいかのざい〉…360
随和之宝〈ずいかのたから〉…359, 360

水火無情〈すいかむじょう〉……**358**
随感随筆〈ずいかんずいひつ〉……**358**
酔眼朦朧〈すいがんもうろう〉……**358**, 362
随機応変〈ずいきおうへん〉……357, **358**, 669
随喜渇仰〈ずいきかつごう〉……**358**
随喜功徳〈ずいきくどく〉……**358**
随宜所説〈ずいぎしょせつ〉……**358**, 363
随機説法〈ずいきせっぽう〉……419
随宜説法〈ずいぎせっぽう〉……358
推究根源〈すいきゅうこんげん〉……362
水窮山尽〈すいきゅうさんじん〉……259
炊臼之夢〈すいきゅうのゆめ〉……**358**
垂拱之化〈すいきょうのか〉……**359**
垂拱之治〈すいきょうのち〉……**359**
水魚之交〈すいぎょのまじわり〉……131, 173, 175, 215, **359**, 420, 434, 523, 583, 651
炊金饌玉〈すいきんせんぎょく〉……24, 223, 263, 335, **359**, 428
水月鏡花〈すいげつきょうか〉……153, **359**
水月鏡像〈すいげつきょうぞう〉……154
水光接天〈すいこうせってん〉……**359**, 361
随侯之珠〈ずいこうのたま〉……105, **359**, 360
水紫山明〈すいしさんめい〉……262, **359**
随珠和璧〈ずいしゅかへき〉……105, **359**
随珠弾雀〈ずいしゅだんじゃく〉……**360**
随珠弾鵲〈ずいしゅだんじゃく〉……360
随処為主〈ずいしょいしゅ〉……360
翠色冷光〈すいしょくれいこう〉……**360**
随処任意〈ずいしょにんい〉……**360**
随人歩趨〈ずいじんほすう〉……71
水随方円〈すいずいほうえん〉……232, **360**, 386, 506, 606, 612
水声山色〈すいせいさんしょく〉……**360**
水清無魚〈すいせいむぎょ〉……**360**
酔生夢死〈すいせいむし〉……**360**, 616
垂涎三尺〈すいぜんさんじゃく〉……**360**
垂涎欲滴〈すいぜんよくてき〉……361
水村山郭〈すいそんさんかく〉……**361**
吹竹弾糸〈すいちくだんし〉……211
水中捉月〈すいちゅうそくげつ〉……95
水中撈月〈すいちゅうろうげつ〉……95
翠帳紅閨〈すいちょうこうけい〉……**361**
垂髫戴白〈すいちょうたいはく〉……**361**
垂直思考〈すいちょくしこう〉……**361**, 362
推陳出新〈すいちんしゅっしん〉……**361**
水底撈針〈すいていろうしん〉……418
水滴石穿〈すいてきせきせん〉……**361**, 476, 611
水天一色〈すいてんいっしょく〉……359, 361
水天一碧〈すいてんいっぺき〉……359, **361**
水天彷彿〈すいてんほうふつ〉……359, **361**
水到魚行〈すいとうぎょこう〉……361
水到渠成〈すいとうきょせい〉……**361**
垂頭喪気〈すいとうそうき〉……12, 13, **362**
垂頭塞耳〈すいとうそくじ〉……**362**
垂堂之戒〈すいどうのいましめ〉……**362**
随波逐流〈ずいはちくりゅう〉……**362**
垂髪戴白〈すいはつたいはく〉……361
随波漂流〈ずいはひょうりゅう〉……362
彗氾画塗〈すいはんがと〉……**362**
随風倒舵〈ずいふうとうだ〉……**362**
水平思考〈すいへいしこう〉……361, **362**
酔歩蹣跚〈すいほまんさん〉……358, **362**
推本溯源〈すいほんさくげん〉……**362**
垂名竹帛〈すいめいちくはく〉……16, **362**, 441, 559
吹毛求疵〈すいもうきゅうし〉……**363**, 389
吹毛之求〈すいもうのもとめ〉……363
水落石出〈すいらくせきしゅつ〉……**363**
随類応同〈ずいるいおうどう〉……358, **363**
垂簾聴政〈すいれんちょうせい〉……**363**
垂簾之政〈すいれんのせい〉……363
衰老病死〈すいろうびょうし〉……**363**
嵩雲秦樹〈すううんしんじゅ〉……16
鄒衍降霜〈すうえんこうそう〉……**363**
趨炎附勢〈すうえんふせい〉……363
趨炎附熱〈すうえんふねつ〉……**363**
趨炎奉勢〈すうえんほうせい〉……363
数往知来〈すうおうちらい〉……53, 321
数黄道黒〈すうこうどうこく〉……363
数黒論黄〈すうこくろんこう〉……**363**
鄒魯遺風〈すうろ(の)いふう〉……**363**
鄒魯之学〈すうろのがく〉……363
崇論閎議〈すうろんこうぎ〉……**363**
頭寒足暖〈ずかんそくだん〉……364

頭寒足熱〈ずかんそくねつ〉……**364**
杜撰脱漏〈ずさんだつろう〉……**364**, 501
頭脳明晰〈ずのうめいせき〉……**364**
頭北面西〈ずほくめんさい〉……**364**
須磨源氏〈すまげんじ〉……55, 259, 614, 649
寸陰尺璧〈すんいんせきへき〉……**364**
寸指測淵〈すんしそくえん〉……**364**
寸進尺退〈すんしんしゃくたい〉……**364**
寸善尺魔〈すんぜんしゃくま〉……215, **364**
寸草春暉〈すんそうしゅんき〉……**365**
寸草之心〈すんそうのこころ〉……365
寸鉄殺人〈すんてつさつじん〉……**365**, 455, 456
寸田尺宅〈すんでんしゃくたく〉……**365**
寸土尺地〈すんどしゃくち〉……365
寸土寸金〈すんどすんきん〉……**365**
寸馬豆人〈すんばとうじん〉……**365**
寸歩難移〈すんぽなんい〉……365
寸歩難行〈すんぽなんこう〉……**365**
寸歩不離〈すんぽふり〉……17, 40, 183, **365**

せ

青鞋布襪〈せいあいふべつ〉……**365**, 580
井蛙之見〈せいあのけん〉…108, 121, 180, **365**, 637, 666
誠意誠心〈せいいせいしん〉……**366**, 370
晴雲秋月〈せいうんしゅうげつ〉…164, 223, **366**
青雲之志〈せいうんのこころざし〉……**366**, 662
青雲之士〈せいうんのし〉……**366**
精衛填海〈せいえいてんかい〉……**366**
清音幽韻〈せいおんゆういん〉……**366**
青蓋黄旗〈せいがいこうき〉……**366**
星河一天〈せいがいってん〉……**366**
臍下丹田〈せいかたんでん〉……**366**
西河之痛〈せいかのいたみ〉……**367**
星火燎原〈せいかりょうげん〉……**367**
擠陥讒誣〈せいかんざんぶ〉……**367**
誠歓誠喜〈せいかんせいき〉……**367**
旌旗巻舒〈せいきけんじょ〉……**367**
生寄死帰〈せいきしき〉……**367**
旌旗堂堂〈せいきどうどう〉……138
生気潑溂〈せいきはつらつ〉……198, **367**
政教一致〈せいきょういっち〉……252, 367
政教分離〈せいきょうぶんり〉……252, **367**
精金良玉〈せいきんりょうぎょく〉……**367**
斉駆並駕〈せいくへいが〉……**368**, 588
晴好雨奇〈せいこううき〉……**368**
晴耕雨読〈せいこううどく〉……**368**
性行淑均〈せいこうしゅくきん〉……**368**
誠惶誠恐〈せいこうせいきょう〉……**368**
清光素色〈せいこうそしょく〉……**368**
成効卓著〈せいこうたくちょ〉……**368**
清光溶溶〈せいこうようよう〉……**368**
生殺与奪〈せいさつよだつ〉……110, **368**
青山一髪〈せいざんいっぱつ〉……**368**
青史汗簡〈せいしかんかん〉……**368**
噬指棄薪〈ぜいしきしん〉……195, **369**
生死存亡〈せいしそんぼう〉……136
生死肉骨〈せいしにくこつ〉……**369**
斉紫敗素〈せいしはいそ〉……**369**
成事不説〈せいじふせつ〉……**369**
西施捧心〈せいしほうしん〉……**369**
正邪曲直〈せいじゃきょくちょく〉……**369**, 385, 659
静寂閑雅〈せいじゃくかんが〉……**369**
西戎東夷〈せいじゅうとうい〉……**369**, 480
西狩獲麟〈せいしゅかくりん〉……**370**
清浄潔白〈せいじょうけっぱく〉……**370**
清浄無垢〈せいじょうむく〉……319, **370**
青松落色〈せいしょうらくしょく〉……**370**
精神一到〈せいしんいっとう〉……300, **370**, 371
精神鬱怏〈せいしんうつおう〉……**370**
聖人君子〈せいじんくんし〉……**370**
聖人賢者〈せいじんけんじゃ〉……370
精心孤詣〈せいしんこけい〉……178
誠心誠意〈せいしんせいい〉……**370**
聖人糟粕〈せいじんそうはく〉……239
精神統一〈せいしんとういつ〉……**370**
聖人無夢〈せいじんむむ〉……**371**
盛衰栄枯〈せいすいえいこ〉……68, **371**
盛衰興亡〈せいすいこうぼう〉……68, **371**
凄凄切切〈せいせいせつせつ〉……**371**
成性存存〈せいせいそんそん〉……**371**
清聖濁賢〈せいせいだくけん〉……144, **371**, 523, 556, 590, 604

済済多士〈せいせいたし〉……**371**, 430
正正堂堂〈せいせいどうどう〉……226, **371**
生生流転〈せいせいるてん〉……326, 327, **371**, 514, 542, 671
清絶高妙〈せいぜつこうみょう〉……**371**
井渫不食〈せいせつふしょく〉……**372**
清絶幽絶〈せいぜつゆうぜつ〉……**372**
清泉濯足〈せいせんたくそく〉……583
青銭万選〈せいせんばんせん〉……**372**
清窓浄机〈せいそうじょうき〉……**372**, 626
悽愴流涕〈せいそうりゅうてい〉……**372**
盛粧麗服〈せいそうれいふく〉……**372**
生存競争〈せいぞんきょうそう〉……284, 298, **372**, 466, 641
青苔黄葉〈せいたいこうよう〉……**372**
正大之気〈せいだいのき〉……218
贅沢三昧〈ぜいたくざんまい〉……109, 290, **372**
清濁併呑〈せいだくへいどん〉……**372**
清淡寡慾〈せいたんかよく〉……**372**, 373, 623
清淡虚無〈せいたんきょむ〉……166, **373**
生知安行〈せいちあんこう〉……101, **373**, 665
精忠無比〈せいちゅうむひ〉……**373**
井底之蛙〈せいていのあ〉……85, 121, 365, **373**, 379, 666
青天霹靂〈せいてんのへきれき〉……**373**
青天白日〈せいてんはくじつ〉……**373**, 376
正当防衛〈せいとうぼうえい〉……106, **373**
正当防御〈せいとうぼうぎょ〉……**373**
斉東野語〈せいとうやご〉……**373**, 374
斉東野人〈せいとうやじん〉……**373**, 478
盛徳大業〈せいとくたいぎょう〉……**374**
聖読庸行〈せいどくようこう〉……**374**
生呑活剝〈せいどんかっぱく〉……111, **374**
成敗利害〈せいはいりがい〉……**374**
成敗利鈍〈せいはいりどん〉……**374**
萋斐貝錦〈せいひばいきん〉……**374**
精疲力尽〈せいひりきじん〉……**374**, 561
凄風苦雨〈せいふうくう〉……**374**
清風故人〈せいふうこじん〉……**374**
清風明月〈せいふうめいげつ〉……**374**
凄風冷雨〈せいふうれいう〉……374
清風朗月〈せいふうろうげつ〉……374
声聞過情〈せいぶんかじょう〉……**375**, 626
清平姦賊〈せいへいのかんぞく〉……655
精明強幹〈せいめいきょうかん〉……**375**
声名狼藉〈せいめいろうぜき〉……**375**
清籟蕭蕭〈せいらいしょうしょう〉……**375**
星羅雲布〈せいらうんぷ〉……**375**
星羅棋布〈せいらきふ〉……375
青藍氷水〈せいらんひょうすい〉……315, **375**
星離雨散〈せいりうさん〉……**375**
生離死絶〈せいりしぜつ〉……375
生離死別〈せいりしべつ〉……**375**
整理整頓〈せいりせいとん〉……**375**
精力旺盛〈せいりょくおうせい〉……375
精力絶倫〈せいりょくぜつりん〉……**375**
勢力伯仲〈せいりょくはくちゅう〉……292, **375**
精励恪勤〈せいれいかっきん〉……171, 241, **376**, 446, 585, 587
精励勤勉〈せいれいきんべん〉……376
清廉潔白〈せいれんけっぱく〉……326, 373, **376**
清矑明眉〈せいろめいび〉……**376**
世運隆替〈せうんりゅうたい〉……68, **376**
世外桃源〈せがいとうげん〉……**376**, 582
世外之交〈せがいのまじわり〉……64
是邪非邪〈ぜかひか〉……**376**
積悪之報〈せきあくのむくい〉……54
積悪余殃〈せきあくのよおう〉……**376**, 379
尺蚓穿堤〈せきいんせんてい〉……**376**, 676
積羽沈舟〈せきうちんしゅう〉……59, 181, **376**, 378, 379, 405
碩学鴻儒〈せきがくこうじゅ〉……377
碩学大儒〈せきがくたいじゅ〉……**377**
惜玉憐香〈せきぎょくれんこう〉……**377**, 675
積金累玉〈せききんるいぎょく〉……420
跖狗吠堯〈せきくはいぎょう〉……**377**
赤口毒舌〈せきこうどくぜつ〉……**377**
赤口白舌〈せきこうはくぜつ〉……213
積厚流光〈せきこうりゅうこう〉……**377**
夕鼓晨鐘〈せきこしんしょう〉……607
尺呉寸楚〈せきごすんそ〉……377
尺山寸水〈せきざんすんすい〉……**377**
隻紙断絹〈せきしだんけん〉……**377**
積日累久〈せきじつるいきゅう〉……**377**

尺二秀才〈せきじのしゅうさい〉……**377**
碩師名人〈せきしめいじん〉……**377**
寂若無人〈せきじゃくむじん〉……327
赤手起家〈せきしゅきか〉……525
赤手空拳〈せきしゅくうけん〉……**377**, 498
赤縄繋足〈せきじょうけいそく〉……194, **378**
石上樹下〈せきじょうじゅげ〉……312, **378**
積少成多〈せきしょうせいた〉……305, 379
石心鉄腸〈せきしんてっちょう〉…220, **378**, 467
積薪之嘆〈せきしんのたん〉……**378**
赤心奉国〈せきしんほうこく〉……353, **378**
積水成淵〈せきすいせいえん〉……59, 178, 181, 377, **378**, 379, 405, 476
尺寸之功〈せきすんのこう〉……**378**
尺寸之地〈せきすんのち〉……283, **378**, 434
尺寸之柄〈せきすんのへい〉……**378**
積善余慶〈せきぜんのよけい〉……376, **378**
刺草之臣〈せきそうのしん〉……**379**, 411
尺沢之鯢〈せきたくのげい〉……108, 121, 366, **379**, 637, 666
尺短寸長〈せきたんすんちょう〉……44, **379**
積土成山〈せきどせいざん〉……59, 178, 181, 377, 378, **379**, 405, 476
責任転嫁〈せきにんてんか〉……**379**
積年累月〈せきねんるいげつ〉……152
石破天驚〈せきはてんきょう〉……**379**
赤貧如洗〈せきひんじょせん〉……**379**
尺布斗粟〈せきふとぞく〉……**379**
尺璧非宝〈せきへきひほう〉……**379**
隻履西帰〈せきりせいき〉……**379**
隻履達磨〈せきりのだるま〉……380
鶺鴒之情〈せきれいのじょう〉……463
世間周知〈せけんしゅうち〉……470
世辞追従〈せじついしょう〉……5, 6, 161
是生滅法〈ぜしょうめっぽう〉……325, 335, **380**
是諸仏教〈ぜしょぶっきょう〉……320
是是非非〈ぜぜひひ〉……**380**
世尊金口〈せそんこんく〉……**380**
世代交代〈せだいこうたい〉……**380**
世態人情〈せたいにんじょう〉……**380**, 512
世智弁聡〈せちべんそう〉……**380**
節哀順変〈せつあいじゅんぺん〉……**380**
殺阿羅漢〈せつあらかん〉……301
雪案蛍窓〈せつあんけいそう〉……188, **380**
節衣縮食〈せついしゅくしょく〉……3, 24, 168, 311, **380**, 403, 433
窃位素餐〈せついそさん〉……270, **380**
雪萼霜葩〈せつがくそうは〉……**380**, 384, 385
石画之臣〈せっかくのしん〉……**381**
石火電光〈せっかでんこう〉……**381**, 472
折花攀柳〈せっかはんりゅう〉……**381**
折檻諫言〈せっかんかんげん〉……**381**
絶観忘守〈ぜっかんぼうしゅ〉……**381**
窃玉偸香〈せつぎょくとうこう〉……**381**
雪月風花〈せつげつふうか〉……109, **381**
接見応対〈せっけんおうたい〉……**381**
節倹力行〈せっけんりっこう〉……**381**
絶巧棄利〈ぜっこうきり〉……**381**
絶後再甦〈ぜつごさいせい〉……196
絶言絶慮〈ぜつごんぜつりょ〉……**381**
切磋琢磨〈せっさたくま〉……340, **382**, 438
説三道四〈せつさんどうし〉……**382**
切歯咬牙〈せっしこうが〉……208, **382**
切歯痛心〈せっしつうしん〉……382
切歯痛憤〈せっしつうふん〉……**382**
截趾適屨〈せっしてきく〉……254, **382**
截趾適履〈せっしてきり〉……254, **382**
切歯拊心〈せっしふしん〉……382
切歯腐心〈せっしふしん〉……**382**
切歯扼腕〈せっしやくわん〉……208, **382**, 593
摂取不捨〈せっしゅふしゃ〉……**382**
雪上加霜〈せつじょうかそう〉……**382**
折衝禦侮〈せっしょうぎょぶ〉……**382**
殺生禁断〈せっしょうきんだん〉……**383**
折衝千里〈せっしょうせんり〉……383
絶世独立〈ぜっせいどくりつ〉……**383**
切切偲偲〈せつせつしし〉……**383**
折足覆餗〈せっそくふくそく〉……**383**, 409
絶体絶命〈ぜったいぜつめい〉……151, 259, **383**, 566
舌端月旦〈ぜったんげったん〉……195, 355, **383**, 560
截断衆流〈せつだんしゅる〉……**383**
雪中送炭〈せっちゅうそうたん〉……**383**

善後措置〈ぜんごそち〉……**389**
前後撞着〈ぜんごどうちゃく〉……390
千呼万喚〈せんこばんかん〉……**389**
千古万古〈せんこばんこ〉……**389**
千古不易〈せんこふえき〉……24, 67, **390**, 538, 540, 554
前後不覚〈ぜんごふかく〉……347, **390**
千古不朽〈せんこふきゅう〉……**390**, 538
千古不抜〈せんこふばつ〉……67, **390**, 538, 540
千古不変〈せんこふへん〉……390, 538
千古不磨〈せんこふま〉……67, **390**
千古不滅〈せんこふめつ〉……**390**
前後矛盾〈ぜんごむじゅん〉……304, 316, **390**, 615, 619
千恨万悔〈せんこんばんかい〉……12, **390**
潜在意識〈せんざいいしき〉……**391**
千載一会〈せんざいいちえ〉……391
千載一遇〈せんざいいちぐう〉……210, **391**, 502, 630
千載一合〈せんざいいちごう〉……391
千載一時〈せんざいいちじ〉……391
仙才鬼才〈せんさいきさい〉……**391**
千載不易〈せんざいふえき〉……24, 390
千錯万綜〈せんさくばんそう〉……**391**
千差万別〈せんさばんべつ〉……308, **391**, 431
先斬後奏〈せんざんこうそう〉……**391**
千山万水〈せんざんばんすい〉……387, **391**
仙姿佚色〈せんしいっしょく〉……392
遷徙偃仰〈せんしえんぎょう〉……**391**
漸至佳境〈ぜんしかきょう〉……399
浅識菲才〈せんしきひさい〉……386, **392**
仙姿玉質〈せんしぎょくしつ〉……233, **392**, 418, 627, 648
仙姿玉色〈せんしぎょくしょく〉……392
先事後得〈せんじこうとく〉……**392**, 399
先事後禄〈せんじこうろく〉……392
善始善終〈ぜんしぜんしゅう〉……346
千思万考〈せんしばんこう〉……261, **392**, 401, 553, 621
千紫万紅〈せんしばんこう〉……**392**, 557
千思万想〈せんしばんそう〉……392
千姿万態〈せんしばんたい〉……**392**, 397
千思万慮〈せんしばんりょ〉……392
浅酌低吟〈せんしゃくていぎん〉……392
浅酌低唱〈せんしゃくていしょう〉……**392**, 519, 596
浅酌微吟〈せんしゃくびぎん〉……392
前車之鑑〈ぜんしゃのかん〉……393
千射万箭〈せんしゃばんせん〉……**392**
前車覆轍〈ぜんしゃ(の)ふくてつ〉……**392**
先従隗始〈せんじゅうかいし〉……**393**
千秋万古〈せんしゅうばんこ〉……**393**
千秋万歳〈せんしゅうばんざい〉……101, **393**, 478, 506
千秋万世〈せんしゅうばんせい〉……393
全受全帰〈ぜんじゅぜんき〉……395
千種万別〈せんしゅばんべつ〉……391
千種万様〈せんしゅばんよう〉……391
洗手奉職〈せんしゅほうしょく〉……**393**
千乗之国〈せんじょうのくに〉……**393**, 539
川上之歎〈せんじょうのたん〉……**393**
千乗万騎〈せんじょうばんき〉……**393**
千状万態〈せんじょうばんたい〉……392, **393**, 397
千条万緒〈せんじょうばんちょ〉……394
禅譲放伐〈ぜんじょうほうばつ〉……**394**
僭賞濫刑〈せんしょうらんけい〉……226, 348, **394**
僭賞濫罰〈せんしょうらんばつ〉……**394**
千緒万端〈せんしょばんたん〉……183, **394**
千緒万縷〈せんしょばんる〉……394
専心一意〈せんしんいちい〉……18, **394**
洗心革面〈せんしんかくめん〉……**394**
専心専意〈せんしんせんい〉……18
全心全意〈ぜんしんぜんい〉……18, 40
全心全力〈ぜんしんぜんりょく〉……394
全身全霊〈ぜんしんぜんれい〉……**394**
浅斟低唱〈せんしんていしょう〉……392, **394**, 596
千仞之谿〈せんじんのたに〉……**394**
千仞之山〈せんじんのやま〉……**394**
千辛万苦〈せんしんばんく〉……4, 129, 388, **394**, 662
前人未踏〈ぜんじんみとう〉……**395**, 534
煎水作氷〈せんすいさくひょう〉……79, 223, **395**
先制攻撃〈せんせいこうげき〉……**395**, 398
先声後実〈せんせいこうじつ〉……**395**

全生全帰〈ぜんせいぜんき〉……**395**
先聖先師〈せんせいせんし〉……**395**
先声奪人〈せんせいだつじん〉……**395**
泉石煙霞〈せんせきえんか〉……**396**
泉石膏肓〈せんせきこうこう〉……74, **396**
戦戦兢兢〈せんせんきょうきょう〉……84, 333, **396**
瞻前顧後〈せんぜんこご〉……231
全戦全勝〈ぜんせんぜんしょう〉……554, 675
宣戦布告〈せんせんふこく〉……**396**
戦戦慄慄〈せんせんりつりつ〉……**396**
蟬噪蛙鳴〈せんそうあめい〉……6, **396**
前爪後距〈ぜんそうこうきょ〉……119
剪草除根〈せんそうじょこん〉……254, **396**, 435, 533, 578
千瘡百孔〈せんそうひゃっこう〉……**396**, 557
先祖伝来〈せんぞでんらい〉……**396**
吮疽之仁〈せんそのじん〉……**396**
千村万落〈せんそんばんらく〉……**397**
千態万状〈せんたいばんじょう〉……392, **397**
千態万様〈せんたいばんよう〉……392, **397**
先代未聞〈せんだいみもん〉……397
前代未聞〈ぜんだいみもん〉……176, 281, **397**, 534
川沢納汚〈せんたくのうお〉……265
千朶万朶〈せんだばんだ〉……**397**
栴檀双葉〈せんだんのふたば〉……**397**, 419
千端万緒〈せんたんばんしょ〉……183, 394
専断偏頗〈せんだんへんぱ〉……**397**
先知先覚〈せんちせんがく〉……**397**
全知全能〈ぜんちぜんのう〉……126, 306, **397**
浅知短才〈せんちたんさい〉……386
扇枕温衾〈せんちんおんきん〉……87, 248, **397**, 481
扇枕温席〈せんちんおんせき〉……398
扇枕温被〈せんちんおんぴ〉……**398**
前程遠大〈ぜんていえんだい〉……398
前程万里〈ぜんていばんり〉……**398**, 399, 601
先手必勝〈せんてひっしょう〉……395, **398**
旋転囲繞〈せんてんいじょう〉……**398**
旋転乾坤〈せんてんけんこん〉……388
千頭万緒〈せんとうばんちょ〉……391, 394
前途多難〈ぜんとたなん〉……**398**, 399
前途多望〈ぜんとたぼう〉……**398**
前途万里〈ぜんとばんり〉……398
前途有為〈ぜんとゆうい〉……329, **398**
前途有望〈ぜんとゆうぼう〉……**398**, 399
前途洋洋〈ぜんとようよう〉……**398**, 399, 601
前途遼遠〈ぜんとりょうえん〉……**398**
千成瓢簞〈せんなりびょうたん〉……**399**
先難後獲〈せんなんこうかく〉……31, 217, 269, 392, **399**, 401
善男信女〈ぜんなんしんにょ〉……399
善男善女〈ぜんなんぜんにょ〉……**399**
漸入佳境〈ぜんにゅうかきょう〉……**399**
専売特許〈せんばいとっきょ〉……**399**
浅薄愚劣〈せんぱくぐれつ〉……**399**, 438
阡陌交通〈せんぱくこうつう〉……288, **399**
浅薄皮相〈せんぱくひそう〉……**400**, 549
前跋後疐〈ぜんばつこうち〉……**400**
先発制人〈せんぱつせいじん〉……398
千波万波〈せんぱばんぱ〉……**400**
千般計較〈せんぱんけいこう〉……**400**
鮮美透涼〈せんびとうりょう〉……**400**
全豹一斑〈ぜんぴょういっぱん〉……128, **400**
仙風道格〈せんぷうどうかく〉……400
仙風道気〈せんぷうどうき〉……400
仙風道骨〈せんぷうどうこつ〉……**400**
前覆後戒〈ぜんぷくこうかい〉……392, **400**
前仆後継〈ぜんふこうけい〉……**400**
千兵万馬〈せんぺいばんば〉……388
穿壁引光〈せんぺきいんこう〉……156, **400**
千篇一律〈せんぺんいちりつ〉……49, **400**, 401, 592
千篇一体〈せんぺんいったい〉……401
千変万化〈せんぺんばんか〉……49, **401**, 592
瞻望咨嗟〈せんぼうしさ〉……**401**
千方百計〈せんぽうひゃっけい〉……392, **401**, 553
千磨百錬〈せんまひゃくれん〉……**401**
千万無量〈せんまんむりょう〉……**401**
千門万戸〈せんもんばんこ〉……**401**
先憂後楽〈せんゆうこうらく〉……31, 217, 269, 399, **401**
千里一曲〈せんりいっきょく〉……**401**, 402, 403

千里結言〈せんり(の)けつげん〉……**401**
千里同風〈せんりどうふう〉……190, **402**, 544
千里之足〈せんりのあし〉……213, **402**
千里之駕〈せんりのが〉……**402**
千里之志〈せんりのこころざし〉……213, **402**
千里比隣〈せんりひりん〉……470
千里無煙〈せんりむえん〉……**402**
千里命駕〈せんりめいが〉……**402**
千両役者〈せんりょうやくしゃ〉……**402**
全力投球〈ぜんりょくとうきゅう〉……34, 38, 39, 126, **402**
千慮一失〈せんりょのいっしつ〉……178, 401, **402**, 403, 442
千慮一得〈せんりょのいっとく〉…178, 401, **402**
善隣外交〈ぜんりんがいこう〉……**403**
善隣友好〈ぜんりんゆうこう〉……**403**
賤斂貴出〈せんれんきしゅつ〉……**403**, 454
賤斂貴発〈せんれんきはつ〉……**403**, 454
前狼後虎〈ぜんろうこうこ〉……389, **403**

そ

粗衣粗食〈そいそしょく〉……3, 24, 168, 270, 380, **403**, 407, 433, 483
粗衣糲食〈そいれいしょく〉……3
創意工夫〈そういくふう〉……**403**
草衣木食〈そういもくしょく〉……380, 403
草偃風従〈そうえんふうじゅう〉……**403**
滄海一滴〈そうかいいってき〉……147
滄海桑田〈そうかいそうでん〉……**403**, 663
滄海遺珠〈そうかいのいしゅ〉……**404**
滄海一粟〈そうかいのいちぞく〉……147, **404**
桑海之変〈そうかいのへん〉……**404**
滄海揚塵〈そうかいようじん〉……404
総角之交〈そうかくのまじわり〉……404
総角之好〈そうかくのよしみ〉……**404**, 441
喪家之狗〈そうかのいぬ〉……**404**
爪牙之士〈そうがのし〉……**404**
造化小児〈ぞうかのしょうじ〉……**404**
爪牙之臣〈そうがのしん〉……404
相関関係〈そうかんかんけい〉……**404**
草間求活〈そうかんきゅうかつ〉……**404**
双管斉下〈そうかんせいか〉……**404**
桑間濮上〈そうかんぼくじょう〉……**405**
壮気横秋〈そうきおうしゅう〉……676
操奇計贏〈そうきけいえい〉……135, **405**
操奇逐贏〈そうきついえい〉……405
僧伽藍摩〈そうぎゃらんま〉……**405**
送旧迎新〈そうきゅうげいしん〉……406
創業守成〈そうぎょうしゅせい〉……**405**
創業守文〈そうぎょうしゅぶん〉……405
喪旗乱轍〈そうきらんてつ〉……468
痩軀長身〈そうくちょうしん〉……**405**, 452
蒼狗白衣〈そうくはくい〉……**405**, 521
叢軽折軸〈そうけいせつじく〉……59, 181, 377, 378, 379, **405**
蔵形匿影〈ぞうけいとくえい〉……**405**, 495
象牙之塔〈ぞうげのとう〉……**405**
壮言大語〈そうげんたいご〉……421
造言蜚語〈ぞうげんひご〉……**405**, 660
糟糠之妻〈そうこうのつま〉……**406**, 562
宋弘不諧〈そうこうふかい〉……406
糟糠不飽〈そうこうふほう〉……325
草行露宿〈そうこうろしゅく〉……**406**
送故迎新〈そうこげいしん〉……**406**
痩骨窮骸〈そうこつきゅうがい〉……**406**
操觚之士〈そうこのし〉……**406**
相互扶助〈そうごふじょ〉……**406**
桑弧蓬矢〈そうこほうし〉……**406**
荘厳華麗〈そうごんかれい〉……207, **406**
荘厳美麗〈そうごんびれい〉……**406**
草根木皮〈そうこんぼくひ〉……**406**
走尸行肉〈そうしこうにく〉……215, **407**
相思相愛〈そうしそうあい〉……**407**
造次顛沛〈ぞうじてんぱい〉……**407**
増収減益〈ぞうしゅうげんえき〉……200
増収増益〈ぞうしゅうぞうえき〉……200
荘周之夢〈そうしゅうのゆめ〉……240, **407**
双宿双飛〈そうしゅくそうひ〉……73, **407**, 560
簇酒斂衣〈そうしゅれんい〉……403, **407**
相乗効果〈そうじょうこうか〉……**407**
宋襄之仁〈そうじょうのじん〉……**407**
壮士凌雲〈そうしりょううん〉……**408**, 662
蚤寝晏起〈そうしんあんき〉……**408**
曽参殺人〈そうしんさつじん〉……267, 302, 309,

408, 577
騒人詞客〈そうじんしかく〉……408
痩身長軀〈そうしんちょうく〉……**408**, 452
曽参歌声〈そうしんのかせい〉……**408**
甑塵釜魚〈そうじんふぎょ〉……**408**
騒人墨士〈そうじんぼくし〉……408
騒人墨客〈そうじんぼっかく〉……**408**, 585
痩身矮軀〈そうしんわいく〉……**408**
漱石枕流〈そうせきちんりゅう〉…198, 340, **408**
蒼然暮色〈そうぜんぼしょく〉……**409**, 607
滄桑之変〈そうそうのへん〉……404, **409**
蹌蹌踉踉〈そうそうろうろう〉……**409**
相即不離〈そうそくふり〉……**409**
蚤知之士〈そうちのし〉……388, **409**
象箸玉杯〈ぞうちょぎょくはい〉……**409**
桑田滄海〈そうでんそうかい〉……404, **409**
桑田碧海〈そうでんへきかい〉……404, **409**
操刀傷錦〈そうとうしょうきん〉……383, **409**
草頭天子〈そうとうてんし〉……**409**, 664, 668
蔵頭之雉〈ぞうとうのち〉……409
蔵頭露尾〈ぞうとうろび〉……**409**
桑土綢繆〈そうどちゅうびゅう〉…**410**, 448, 642
走馬看花〈そうばかんか〉……**410**
糟粕之妻〈そうはくのつま〉……406, **410**
造反無道〈ぞうはんむどう〉……255, **410**
造反無理〈ぞうはんむり〉……410
造反有理〈ぞうはんゆうり〉……**410**
宗廟社稷〈そうびょうしゃしょく〉……**410**
草茅下士〈そうぼうかし〉……411
草茅危言〈そうぼう(の)きげん〉……**410**
双眸炯炯〈そうぼうけいけい〉……122
桑蓬之志〈そうほうのこころざし〉……406, **410**
草茅之臣〈そうぼうのしん〉……411
桑濮之音〈そうぼくのおん〉……405, **410**
曽母投杼〈そうぼとうちょ〉……309, 408, **410**
草満囹圄〈そうまんれいご〉……**410**
聡明英毅〈そうめいえいき〉……411
聡明叡知〈そうめいえいち〉……**410**
窓明几潔〈そうめいきけつ〉……626
争名競利〈そうめいきょうり〉……411
聡明剛介〈そうめいごうかい〉……**411**
争名争利〈そうめいそうり〉……**411**
争名奪利〈そうめいだつり〉……411
草莽之臣〈そうもうのしん〉……379, **411**
草木皆兵〈そうもくかいへい〉……141, **411**, 566
草木禽獣〈そうもくきんじゅう〉……172, **411**
装模作様〈そうもさくよう〉……**411**
装模做様〈そうもさよう〉……411
装模装様〈そうもそうよう〉……411
蒼蠅驥尾〈そうようきび〉……**411**
叢蘭秋風〈そうらんしゅうふう〉……**411**
相利共生〈そうりきょうせい〉……594
総量規制〈そうりょうきせい〉……**411**
巣林一枝〈そうりんいっし〉……10, 76, **411**, 443
草廬三顧〈そうろさんこ〉……261, **412**
楚越同舟〈そえつどうしゅう〉……230, **412**
鼠牙雀角〈そがじゃっかく〉……**412**
素気清泚〈そきせいせい〉……**412**
惻隠之心〈そくいんのこころ〉……**412**
惻隠之情〈そくいんのじょう〉……412
足音跫然〈そくおんきょうぜん〉……**412**
束錦加璧〈そくきんかへき〉……414
俗言俚語〈ぞくげんりご〉……**412**, 657
息災延命〈そくさいえんめい〉……78, **412**, 574, 621
息災無事〈そくさいぶじ〉……574
粟散辺地〈ぞくさんへんじ〉……**412**
粟散辺州〈ぞくさんへんしゅう〉……412
粟散辺土〈ぞくさんへんど〉……**412**
即時一杯〈そくじいっぱい〉……**412**
俗臭芬芬〈ぞくしゅうふんぷん〉……**413**
束手束脚〈そくしゅそくきゃく〉……311
束手無策〈そくしゅむさく〉……**413**
束手無措〈そくしゅむそ〉……413
即身成仏〈そくしんじょうぶつ〉……**413**
即身是仏〈そくしんぜぶつ〉……413
即身菩薩〈そくしんぼさつ〉……413
束皙竹簡〈そくせきちくかん〉……**413**
速戦即決〈そくせんそっけつ〉……131, **413**
即断即決〈そくだんそっけつ〉……312, 347, 352, **413**, 483, 641
続短断長〈ぞくたんだんちょう〉……253, 300, 337, **413**, 436
俗談平語〈ぞくだんへいご〉……**413**

俗談平話〈ぞくだんへいわ〉……**413**, 590
続貂之譏〈ぞくちょうのそしり〉……180, **413**
則天去私〈そくてんきょし〉……**413**
束帛加璧〈そくはくかへき〉……**414**
束馬懸車〈そくばけんしゃ〉……**414**
束髪封帛〈そくはつふうはく〉……**414**
属毛離裏〈ぞくもうりり〉……**414**
粟粒一炊〈ぞくりゅういっすい〉……127, **414**
鏃礪括羽〈ぞくれいかつう〉……**414**
麤言細語〈そげんさいご〉……**414**
狙公配事〈そこうはいじ〉……451
楚材晋用〈そざいしんよう〉……**414**
素餐尸禄〈そさんしろく〉……270
麤枝大葉〈そしたいよう〉……**414**, 475
咀嚼英華〈そしゃくえいか〉……118, **415**
素車白馬〈そしゃはくば〉……**415**
楚囚南冠〈そしゅうなんかん〉……**415**
粗酒粗肴〈そしゅそこう〉……415
粗酒粗餐〈そしゅそさん〉……**415**
俎上之鯉〈そじょうのこい〉……415
俎上之肉〈そじょうのにく〉……**415**, 578
粗製濫造〈そせいらんぞう〉……**415**
鼠窃狗盗〈そせつくとう〉……**415**
祖先崇拝〈そせんすうはい〉……**415**
祖先伝来〈そせんでんらい〉……396, **415**
蘇張之弁〈そちょうのべん〉……**415**
即決即断〈そっけつそくだん〉……413, **415**
率先躬行〈そっせんきゅうこう〉……290, 354, **415**, 416
率先垂範〈そっせんすいはん〉……201, 290, 354, 415, **416**
率先励行〈そっせんれいこう〉……290, 354, **416**
啐啄同時〈そったくどうじ〉……**416**
率土之浜〈そっとのひん〉……**416**, 579
祖逖之誓〈そてきのせい〉……**416**
素波銀濤〈そはぎんとう〉……**416**
楚夢雨雲〈そむううん〉……**416**, 574
粗鹵迂遠〈そろうえん〉……**416**
粗鹵狭隘〈そろきょうあい〉……**416**
孫康映雪〈そんこうえいせつ〉……188, 297, 298, **416**
損者三友〈そんしゃさんゆう〉……71, **417**
損者三楽〈そんしゃさんらく〉……71, **417**
尊尚親愛〈そんしょうしんあい〉……**417**
樽俎折衝〈そんそせっしょう〉……**417**
孫楚漱石〈そんそそうせき〉……408, **417**
樽俎之間〈そんそのかん〉……**417**
尊皇攘夷〈そんのうじょうい〉……174, **417**
飧風宿水〈そんぷうしゅくすい〉……565

た

大悪無道〈たいあくむどう〉……3
大安吉日〈たいあんきちじつ〉……143, 221, **417**
大衣広帯〈たいいこうたい〉……594
大異小同〈だいいしょうどう〉……**418**, 426
大隠朝市〈たいいんちょうし〉……**418**
太液芙蓉〈たいえきのふよう〉……36, 233, 392, **418**
大海一滴〈たいかいいってき〉……147
大快人心〈たいかいじんしん〉……**418**
大海撈針〈たいかいろうしん〉……**418**
大壑拐然〈たいがくかいぜん〉……**418**
大廈高楼〈たいかこうろう〉……**418**
大喝一番〈だいかついちばん〉……**418**
大喝一声〈だいかついっせい〉……**418**
大廈棟梁〈たいかのとうりょう〉……**418**
大旱雲霓〈たいかん(の)うんげい〉……128, **418**
大寒索裘〈たいかんさくきゅう〉……**419**
大旱慈雨〈たいかんじう〉……128, **419**
大願成就〈たいがんじょうじゅ〉……342, **419**
対岸火災〈たいがんのかさい〉……101, **419**
大旱望雲〈たいかんぼううん〉……128, 419
大器小用〈たいきしょうよう〉……145, **419**, 449, 466, 664
対機説法〈たいきせっぽう〉……81, 84, 387, **419**, 423
戴逵破琴〈たいきはきん〉……84
大器晩成〈たいきばんせい〉……96, 397, **419**
大義名分〈たいぎめいぶん〉……**419**
大義滅親〈たいぎめっしん〉……**420**
大逆非道〈たいぎゃくひどう〉……3
大逆不道〈たいぎゃくふどう〉……420
大逆無道〈たいぎゃくむどう〉……3, 232, **420**
対牛弾琴〈たいぎゅうだんきん〉……231, **420**,

428, 529
耐久之朋〈たいきゅうのとも〉……131, 175, 215, 359, **420**, 434, 523, 583, 651
大驚失色〈たいきょうしっしょく〉……**420**, 492, 601
大驚小怪〈だいきょうしょうかい〉……**420**
堆金積玉〈たいきんせきぎょく〉……49, **420**
大衾長枕〈たいきんちょうちん〉……**420**
大慶至極〈たいけいしごく〉……**421**
大桀小桀〈たいけつしょうけつ〉……**421**, 426
大月小月〈たいげつしょうげつ〉……**421**
戴月披星〈たいげつひせい〉……**421**, 548
体元居正〈たいげんきょせい〉……**421**
大賢虎変〈たいけんこへん〉……**421**, 424
大言壮語〈たいげんそうご〉……349, **421**, 597
滞言滞句〈たいげんたいく〉……345, 348, **421**
太羹玄酒〈たいこうげんしゅ〉……**421**
大巧若拙〈たいこうじゃくせつ〉……**421**, 425
大公無私〈たいこうむし〉……226, 353, **421**
体国経野〈たいこくけいや〉……**422**
大悟徹底〈たいごてってい〉……102, **422**
大根役者〈だいこんやくしゃ〉……402
大才小用〈たいさいしょうよう〉……419
大材小用〈たいざいしょうよう〉……145, 419, **422**, 449, 466, 664
大才晩成〈たいさいばんせい〉……419, **422**
泰山圧卵〈たいざんあつらん〉……**422**
泰山鴻毛〈たいざんこうもう〉……**422**
泰山之安〈たいざんのやすき〉……**422**
泰山府君〈たいざんふくん〉……**422**
泰山北斗〈たいざんほくと〉……**422**, 471, 500
大山鳴動〈たいざんめいどう〉……**422**
泰山梁木〈たいざんりょうぼく〉……**423**
大死一番〈だいしいちばん〉……196, **423**
大慈大悲〈だいじだいひ〉……**423**
大樹将軍〈たいじゅしょうぐん〉……**423**, 563
大樹美草〈たいじゅびそう〉……**423**
大醇小疵〈たいじゅんしょうし〉……**423**
対症下薬〈たいしょうかやく〉……81, 84, 387, 419, **423**
対牀風雪〈たいしょうふうせつ〉……**423**, 636
対牀夜雨〈たいしょうやう〉……**424**, 635
大所高所〈たいしょこうしょ〉……**424**
大処着墨〈たいしょちゃくぼく〉……**424**
大書特書〈たいしょとくしょ〉……**424**, 496
大処落墨〈たいしょらくぼく〉……424
大人虎変〈たいじんこへん〉……182, **424**
大人大観〈たいじんたいかん〉……432
大信不約〈たいしんふやく〉……**424**, 426
大声一喝〈たいせいいっかつ〉……418
大声疾呼〈たいせいしっこ〉……**424**, 673
大成若欠〈たいせいじゃくけつ〉……421
太盛難守〈たいせいなんしゅ〉……**424**
大政奉還〈たいせいほうかん〉……**424**
泰然自若〈たいぜんじじゃく〉…12, 58, 84, 201, 305, 333, 334, 349, **424**, 650
大千世界〈だいせんせかい〉……265, **425**
太倉稊米〈たいそうていまい〉……404
待対世界〈たいたいせかい〉……**425**
滞滞泥泥〈たいたいでいでい〉……**425**, 641
頽堕委靡〈たいだいび〉……**425**
大沢礨空〈だいたくらいくう〉……**425**
大胆不敵〈だいたんふてき〉…40, 328, **425**, 627
黛蓄膏渟〈たいちくこうてい〉……**425**, 463
大智若愚〈だいちじゃくぐ〉……425
大智如愚〈だいちじょぐ〉……421, **425**, 442
大智不智〈だいちふち〉……421, **425**, 442
大椿之寿〈だいちんのじゅ〉……**425**, 506
大同小異〈だいどうしょうい〉…244, 418, **426**, 484
大同団結〈だいどうだんけつ〉……**426**
大道微意〈たいどうびい〉……**426**
大道不器〈たいどうふき〉……424, **426**
大徳不官〈だいとくふかん〉……424, 426
大敗塗地〈たいはいとち〉……46
大貉小貉〈たいばくしょうばく〉……421, **426**
大悲大慈〈だいひだいじ〉……423, **426**
大兵肥満〈だいひょうひまん〉……**426**
台風一過〈たいふういっか〉……**426**
大腹便便〈たいふくべんべん〉……**426**
泰平無事〈たいへいぶじ〉……470, 588
大弁若訥〈たいべんじゃくとつ〉……421
体貌閑雅〈たいぼうかんが〉……**427**
大法小廉〈たいほうしょうれん〉……**427**

戴封積薪〈たいほうせきしん〉……**427**
退歩返照〈たいほへんしょう〉……**427**
大梵高台〈だいぼんこうだい〉……**427**
大本晩成〈たいほんばんせい〉……419
戴盆望天〈たいぼんぼうてん〉……**427**
大曼荼羅〈だいまんだら〉……295
怠慢忘身〈たいまんぼうしん〉……**427**
大味必淡〈たいみひったん〉……**427**
大名鼎鼎〈たいめいていてい〉……**427**, 625
大門高台〈だいもんこうだい〉……**427**
大欲非道〈たいよくひどう〉……**427**
帯厲之誓〈たいれいのちかい〉……104, **428**
太牢滋味〈たいろうのじみ〉……223, 263, 335, 359, **428**
大輅椎輪〈たいろのついりん〉……**428**
対驢撫琴〈たいろぶきん〉……420, **428**, 529
大惑不解〈たいわくふかい〉……**428**
高手小手〈たかてこて〉……**428**
高嶺之花〈たかねのはな〉……**428**
多感多恨〈たかんたこん〉……**428**, 431
多感多情〈たかんたじょう〉……**428**, 431
多岐多端〈たきたたん〉……**428**, 431
多岐多様〈たきたよう〉……**429**, 431
多岐亡羊〈たきぼうよう〉……**429**
惰気満満〈だきまんまん〉……**429**
濯纓濯足〈たくえいたくそく〉……**429**
択言択行〈たくげんたくこう〉……**429**
託公報私〈たくこうほうし〉……104
託孤寄命〈たくこきめい〉……**429**
卓爾不群〈たくじふぐん〉……**429**
度徳量力〈たくとくりょうりょく〉……**429**
拓落失路〈たくらくしつろ〉……**430**
濁流滾滾〈だくりゅうこんこん〉……**430**
踔厲風発〈たくれいふうはつ〉……**430**
多言数窮〈たげんすうきゅう〉……**430**
多言多敗〈たげんたはい〉……430
多元描写〈たげんびょうしゃ〉……21
多恨多情〈たこんたじょう〉……**430**, 431
他言無用〈たごんむよう〉……**430**
多財餓鬼〈たざいがき〉……60
多財善賈〈たざいぜんこ〉……432
多才能弁〈たさいのうべん〉……**430**
他山之石〈たざんのいし〉……54, **430**, 543
多士済済〈たしせいせい〉……328, **430**
多事争論〈たじそうろん〉……**430**
多事多患〈たじたかん〉……431
多事多端〈たじたたん〉……429, **431**
多事多難〈たじたなん〉……**431**, 588
多事多忙〈たじたぼう〉……431
多愁善感〈たしゅうぜんかん〉……**431**
多趣多面〈たしゅためん〉……431
多種多様〈たしゅたよう〉…308, 313, 391, 429, **431**
多趣多様〈たしゅたよう〉……431
打成一片〈だじょういっぺん〉……20, 40, **431**
多情多感〈たじょうたかん〉……**431**
多情多恨〈たじょうたこん〉……**431**, 621
多生之縁〈たしょうのえん〉……**431**
多情仏心〈たじょうぶっしん〉……**431**
多銭善賈〈たせんぜんこ〉……**432**, 452
打草驚蛇〈だそうきょうだ〉……**432**
多蔵厚亡〈たぞうこうぼう〉……**432**
蛇足塩香〈だそくえんこう〉……146
立居振舞〈たちいふるまい〉……138, 157, 164, 325, **432**
達人大観〈たつじんたいかん〉……**432**, 444
脱俗超凡〈だつぞくちょうぼん〉……**432**
奪胎換骨〈だったいかんこつ〉……123, **432**
脱兎之勢〈だっとのいきおい〉……**432**, 472
拖泥帯水〈たでいたいすい〉……110, **432**
他人行儀〈たにんぎょうぎ〉……**432**
多念往生〈たねんおうじょう〉……26
蛇蚹蜩翼〈だふちょうよく〉……**433**
多謀善断〈たぼうぜんだん〉……**433**
多様複雑〈たようふくざつ〉……**433**, 571
堕落腐敗〈だらくふはい〉……**433**, 579
他力本願〈たりきほんがん〉……4, **433**
多略善断〈たりゃくぜんだん〉……433
暖衣飽食〈だんいほうしょく〉……3, 168, 228, 270, 311, 380, 403, **433**, 594
断崖絶壁〈だんがいぜっぺき〉……**433**
断鶴続鳧〈だんかくぞくふ〉……**433**
短褐穿結〈たんかつせんけつ〉……**433**, 435
短褐不完〈たんかつふかん〉……433

弾丸雨注〈だんがんうちゅう〉……**434**, 595
弾丸雨飛〈だんがんうひ〉……434
貪官汚吏〈たんかんおり〉……**434**
弾丸黒子〈だんがんこくし〉……378, **434**
断簡残編〈だんかんざんぺん〉……**434**, 438
弾丸之地〈だんがんのち〉……378, **434**
断簡零墨〈だんかんれいぼく〉……**434**, 438
胆気横秋〈たんきおうしゅう〉……676
短期決戦〈たんきけっせん〉……413
断機之戒〈だんきのいましめ〉……**434**, 632
断機之教〈だんきのおしえ〉……632
断金之契〈だんきんのちぎり〉……434
断金之交〈だんきんのまじわり〉……131, 173, 175, 215, 232, 359, 420, **434**, 523, 583, 651
断金之利〈だんきんのり〉……434
談言微中〈だんげんびちゅう〉……**434**
男耕女織〈だんこうじょしょく〉……**434**
断港絶潢〈だんこうぜっこう〉……**434**
談虎色変〈だんこしきへん〉……**435**
断根枯葉〈だんこんこよう〉……254, 396, **435**, 447, 533, 578
摶沙一散〈たんさいっさん〉……27
簞食壺漿〈たんしこしょう〉……**435**
簞食瓢飲〈たんしひょういん〉……24, 43, 228, 325, 433, **435**, 453
単純明快〈たんじゅんめいかい〉……127, **435**, 457, 571
断章取意〈だんしょうしゅい〉……435
断章取義〈だんしょうしゅぎ〉……**435**
断章截句〈だんしょうせっく〉……435
淡粧濃抹〈たんしょうのうまつ〉……**435**
丹書鉄契〈たんしょてっけい〉……**435**
断齏画粥〈だんせいかくしゅく〉……177, 188, 297, **436**, 446
端正和顔〈たんせいわがん〉……681
丹石之心〈たんせきのこころ〉……591
袒裼裸裎〈たんせきらてい〉……**436**
胆戦心驚〈たんせんしんきょう〉……**436**
澹然無極〈たんぜんむきょく〉……**436**
単槍独馬〈たんそうどくば〉……436
単槍匹馬〈たんそうひつば〉……**436**
男尊女卑〈だんそんじょひ〉……337, **436**
胆大心細〈たんだいしんさい〉……436
胆大心小〈たんだいしんしょう〉……**436**
胆大妄為〈たんだいもうい〉……**436**
断長続短〈だんちょうぞくたん〉……253, 300, 337, **436**
断腸之思〈だんちょうのおもい〉……150, **436**
断腸之悲〈だんちょうのかなしみ〉……437
断長補短〈だんちょうほたん〉……253
談天雕竜〈だんてんちょうりょう〉……**437**
単刀趣入〈たんとうしゅにゅう〉……437
単刀直入〈たんとうちょくにゅう〉……**437**
断悪修善〈だんなくしゅぜん〉……**437**
断髪文身〈だんぱつぶんしん〉……**437**
耽美主義〈たんびしゅぎ〉……**437**
簞瓢屢空〈たんぴょうるくう〉……435
貪夫徇財〈たんぷじゅんざい〉……116, **437**, 674
単文孤証〈たんぶんこしょう〉……**437**, 522
短兵急接〈たんぺいきゅうせつ〉……**437**
断編残簡〈だんぺんざんかん〉……434, **438**
断編零楮〈だんぺんれいちょ〉……434
断編零墨〈だんぺんれいぼく〉……434
端木辞金〈たんぼくじきん〉……**438**
単樸浅近〈たんぼくせんきん〉……399, **438**
旦暮周密〈たんぼしゅうみつ〉……**438**
鍛冶研磨〈たんやけんま〉……382, **438**
胆勇無双〈たんゆうむそう〉……**438**
断爛朝報〈だんらんちょうほう〉……**438**
探卵之患〈たんらんのうれい〉……**438**
探驪獲珠〈たんりかくしゅ〉……119, **439**, 668
探驪得珠〈たんりとくしゅ〉……439
短慮軽率〈たんりょけいそつ〉……188, **439**, 444
湛盧之剣〈たんろのけん〉……**439**
湛盧之刀〈たんろのとう〉……439
談論風生〈だんろんふうせい〉……439
談論風発〈だんろんふうはつ〉……168, **439**, 556

ち

徴羽之操〈ちうのそう〉……**439**
智円行方〈ちえんこうほう〉……**439**, 620
治外法権〈ちがいほうけん〉……**439**
地角天涯〈ちかくてんがい〉……**439**, 469
遅疑逡巡〈ちぎしゅんじゅん〉……59, 231, 284,

314, **439**, 442
遅疑不決〈ちぎふけつ〉……439
遅疑不断〈ちぎふだん〉……439
遅疑不定〈ちぎふてい〉……439
知己朋友〈ちきほうゆう〉……**439**
池魚故淵〈ちぎょこえん〉……72, 237, 243, 318, **440**
池魚之殃〈ちぎょのわざわい〉……**440**
池魚籠鳥〈ちぎょろうちょう〉……**440**
竹苑椒庭〈ちくえんしょうてい〉……440
竹苑椒房〈ちくえんしょうぼう〉……**440**
築室道謀〈ちくしつどうぼう〉……**440**
竹頭木屑〈ちくとうぼくせつ〉……191, **440**
竹帛之功〈ちくはくのこう〉……363, **441**, 559
竹馬之友〈ちくばのとも〉……404, **441**
竹馬之好〈ちくばのよしみ〉……441
竹苞松茂〈ちくほうしょうも〉……**441**
矗立千尺〈ちくりゅうせんせき〉……**441**
竹林七賢〈ちくりん(の)しちけん〉……**441**
竹林名士〈ちくりんめいし〉……441
知行一致〈ちこういっち〉……441
知行合一〈ちこうごういつ〉……**441**
治山治水〈ちさんちすい〉……**441**
致仕懸車〈ちしけんしゃ〉……200, **441**
知者一失〈ちしゃのいっしつ〉……178, 402, **441**
知者不言〈ちしゃふげん〉……425, **442**
知者不惑〈ちしゃふわく〉……59, 231, 347, 439, **442**, 640
知者楽水〈ちしゃらくすい〉……347, **442**
置酒高会〈ちしゅこうかい〉……**442**
知小言大〈ちしょうげんだい〉……442
知小謀大〈ちしょうぼうだい〉……**442**
痴心妄想〈ちしんもうそう〉……**442**
地水火風〈ちすいかふう〉……**442**
置錐之地〈ちすいのち〉……**442**, 658
知崇礼卑〈ちすうれいひ〉……**442**
治世能臣〈ちせいのうしん〉……655
知足安分〈ちそくあんぶん〉……10, 411, **443**
知足者富〈ちそくしゃふ〉……443
知足守分〈ちそくしゅぶん〉……443
知足常楽〈ちそくじょうらく〉……443
知足不辱〈ちそくふじょく〉……**443**
致知格物〈ちちかくぶつ〉……**443**
逐禍之馬〈ちっかのうま〉……532
蟄居屏息〈ちっきょへいそく〉……**443**
蟄居閉門〈ちっきょへいもん〉……**443**
馳騁縦横〈ちていじゅうおう〉……302, 304, **443**
智徳俊英〈ちとくしゅんえい〉……**444**
地覆天翻〈ちふくてんほん〉……610
地平天成〈ちへいてんせい〉……**444**, 470, 473, 478, 505
知謀縦横〈ちぼうじゅうおう〉……458
智謀浅短〈ちぼうせんたん〉……189, **444**
遅暮之嘆〈ちぼのたん〉……**444**
魑魅魍魎〈ちみもうりょう〉……5, 228, 245, **444**, 556, 557, 646
知目行足〈ちもくぎょうそく〉……**444**
着眼大局〈ちゃくがんたいきょく〉……432, **444**
着手小局〈ちゃくしゅしょうきょく〉……444
着手成春〈ちゃくしゅせいしゅん〉……**445**
忠君愛国〈ちゅうくんあいこく〉……**445**
中扃外閉〈ちゅうけいがいへい〉……**445**
忠言逆耳〈ちゅうげんぎゃくじ〉……**445**, 667
中権後勁〈ちゅうけんこうけい〉……**445**
中原行鹿〈ちゅうげんこうろく〉……445
知勇兼全〈ちゆうけんぜん〉……445
中原逐鹿〈ちゅうげんちくろく〉……**445**
中原之鹿〈ちゅうげんのしか〉……**445**
智勇兼備〈ちゆうけんび〉……213, **445**
忠孝一致〈ちゅうこういっち〉……**445**, 446
忠孝双全〈ちゅうこうそうぜん〉……446
抽黄対白〈ちゅうこうたいはく〉……**445**
中冓之言〈ちゅうこうのげん〉……**446**
忠孝不並〈ちゅうこうふへい〉……446
昼耕夜誦〈ちゅうこうやしょう〉……188, 376, 436, **446**
忠孝両全〈ちゅうこうりょうぜん〉……445, **446**
忠孝両立〈ちゅうこうりょうりつ〉……446
忠魂義胆〈ちゅうこんぎたん〉……**446**
鋳山煮海〈ちゅうさんしゃかい〉……**446**
疇咨之憂〈ちゅうしのうれい〉……**446**, 493
中秋玩月〈ちゅうしゅうがんげつ〉……**446**
中秋名月〈ちゅうしゅうのめいげつ〉……**446**
中秋無月〈ちゅうしゅうむげつ〉……**446**

稠人広坐〈ちゅうじんこうざ〉……447
稠人広衆〈ちゅうじんこうしゅう〉……**447**
忠信孝悌〈ちゅうしんこうてい〉……220, **447**
抽薪止沸〈ちゅうしんしふつ〉……254, 435, **447**, 533, 578
誅心之法〈ちゅうしんのほう〉……**447**
疇昔之夜〈ちゅうせきのよ〉……**447**
知勇双全〈ちゆうそうぜん〉……445
昼想夜夢〈ちゅうそうやむ〉……**447**
躊躇逡巡〈ちゅうちょしゅんじゅん〉……**447**
中通外直〈ちゅうつうがいちょく〉……**447**
中途半端〈ちゅうとはんぱ〉……**447**
中肉中背〈ちゅうにくちゅうぜい〉……**447**
虫臂鼠肝〈ちゅうひそかん〉……**447**
綢繆未雨〈ちゅうびゅうみう〉……410, **448**, 642
綢繆牖戸〈ちゅうびゅうゆうこ〉……410, 448
昼夜兼行〈ちゅうやけんこう〉……356, **448**, 517, 568, 581, 675
昼夜兼道〈ちゅうやけんどう〉……517
忠勇義烈〈ちゅうゆうぎれつ〉……**448**
忠勇無双〈ちゅうゆうむそう〉……**448**
中庸之道〈ちゅうようのみち〉……**448**
中流砥柱〈ちゅうりゅうのしちゅう〉……**448**
仲連蹈海〈ちゅうれんとうかい〉……**448**
沖和之気〈ちゅうわのき〉……**448**
黜陟幽明〈ちゅっちょくゆうめい〉……419, **448**, 466, 664
寵愛一身〈ちょうあいいっしん〉……**449**
懲悪勧善〈ちょうあくかんぜん〉……126, **449**
長安日辺〈ちょうあんにっぺん〉……**449**
朝衣朝冠〈ちょういちょうかん〉……**449**
超軼絶塵〈ちょういつぜつじん〉……**449**, 609
朝雲暮雨〈ちょううんぼう〉……**449**, 574
朝盈夕虚〈ちょうえいせききょ〉……335, **449**
朝栄夕滅〈ちょうえいせきめつ〉……449
朝栄暮落〈ちょうえいぼらく〉……449
長煙短焔〈ちょうえんたんえん〉……**449**
張王李趙〈ちょうおうりちょう〉……**449**, 451
朝改暮変〈ちょうかいぼへん〉……**449**, 456
朝開暮落〈ちょうかいぼらく〉……**449**, 453
朝改暮令〈ちょうかいぼれい〉……**450**, 456
鳥革翬飛〈ちょうかくきひ〉……**450**, 456
朝過夕改〈ちょうかせきかい〉……**450**
朝活暮死〈ちょうかつぼし〉……453
朝歌夜絃〈ちょうかやげん〉……**450**
朝観夕覧〈ちょうかんせきらん〉……**450**
彫肝琢腎〈ちょうかんたくじん〉……452
張冠李戴〈ちょうかんりたい〉……**450**
重熙累洽〈ちょうきるいこう〉……**450**
重熙累盛〈ちょうきるいせい〉……450
重熙累績〈ちょうきるいせき〉……450
重熙累葉〈ちょうきるいよう〉……450
長頸烏喙〈ちょうけいうかい〉……**450**, 647
重見天日〈ちょうけんてんじつ〉……88, **450**
朝憲紊乱〈ちょうけんびんらん〉……**450**
懲羹吹膾〈ちょうこうすいかい〉……231, **450**
懲羹吹齏〈ちょうこうすいせい〉……**450**
長江天塹〈ちょうこうてんざん〉……**450**
朝耕暮耘〈ちょうこうぼうん〉……**451**
張甲李乙〈ちょうこうりいつ〉……451
鳥語花香〈ちょうごかこう〉……**451**, 485, 659
兆載永劫〈ちょうさいようごう〉……**451**
朝三暮四〈ちょうさんぼし〉……**451**, 678
朝参暮請〈ちょうさんぼしん〉……**451**
張三李四〈ちょうさんりし〉……449, **451**
張三呂四〈ちょうさんりょし〉……451
朝四暮三〈ちょうしぼさん〉……**451**
長者三代〈ちょうじゃさんだい〉……**451**
長者万灯〈ちょうじゃのまんとう〉……**451**, 561
趙州先鉢〈ちょうしゅうせんぱつ〉……**452**
長袖善舞〈ちょうしゅうぜんぶ〉……432, **452**
朝出暮改〈ちょうしゅつぼかい〉……456
朝種暮穫〈ちょうしゅぼかく〉……**452**
朝鐘暮鼓〈ちょうしょうぼこ〉……607
鳥尽弓蔵〈ちょうじんきゅうぞう〉……222, **452**, 495, 498, 596
超塵出俗〈ちょうじんしゅつぞく〉……**452**
長身痩軀〈ちょうしんそうく〉……**452**
朝真暮偽〈ちょうしんぼぎ〉……**452**
朝秦暮楚〈ちょうしんぼそ〉……**452**
彫心鏤骨〈ちょうしんるこつ〉……**452**, 584, 624
長生久視〈ちょうせいきゅうし〉……**453**, 582
朝成夕毀〈ちょうせいせきき〉……453
朝生夕死〈ちょうせいせきし〉……453

超世抜俗〈ちょうせいばつぞく〉……452
長生不死〈ちょうせいふし〉……**453**, 582
長生不老〈ちょうせいふろう〉……453, 575, 582
朝齏暮塩〈ちょうせいぼえん〉……24, 228, 435, **453**
朝成暮毀〈ちょうせいぼき〉……**453**
朝生暮死〈ちょうせいぼし〉……449, **453**
長舌三寸〈ちょうぜつさんずん〉……212, **453**
超然絶後〈ちょうぜんぜつご〉……176
懲前毖後〈ちょうぜんひご〉……**453**
朝穿暮塞〈ちょうせんぼそく〉……**453**
超俗抜俗〈ちょうぞくばつぞく〉……452
彫題黒歯〈ちょうだいこくし〉……233, **453**
長短相形〈ちょうたんそうけい〉……62
長短之説〈ちょうたんのせつ〉……**453**
冢中枯骨〈ちょうちゅう(の)ここつ〉……**453**, 618
雕虫小技〈ちょうちゅうしょうぎ〉……454
彫虫篆刻〈ちょうちゅうてんこく〉……223, **453**
雕虫薄技〈ちょうちゅうはくぎ〉……454
喋喋喃喃〈ちょうちょうなんなん〉……**454**
丁丁発止〈ちょうちょうはっし〉……**454**
朝朝暮暮〈ちょうちょうぼぼ〉……**454**
長枕大被〈ちょうちんたいひ〉……420, **454**
長汀曲浦〈ちょうていきょくほ〉……**454**
糶糴斂散〈ちょうてきれんさん〉……403, **454**
頂天立地〈ちょうてんりっち〉……**454**
張眉怒目〈ちょうびどもく〉……83, **454**, 661
凋氷画脂〈ちょうひょうがし〉……106, **454**
嘲風詠月〈ちょうふうえいげつ〉……455, 563
長風破浪〈ちょうふうはろう〉……544
嘲風弄月〈ちょうふうろうげつ〉……175, 332, **455**, 563
超仏越祖〈ちょうぶつおっそ〉……**455**
雕文刻鏤〈ちょうぶんこくる〉……**455**
朝聞夕改〈ちょうぶんせきかい〉……450
朝聞夕死〈ちょうぶんせきし〉……**455**
長鞭馬腹〈ちょうべんばふく〉……**455**
朝変暮改〈ちょうへんぼかい〉……456
眺望佳絶〈ちょうぼうかぜつ〉……455
眺望絶佳〈ちょうぼうぜっか〉……27, **455**
長命安楽〈ちょうめいあんらく〉……78
長命富貴〈ちょうめいふうき〉……**455**
鳥面鵠形〈ちょうめんこくけい〉……234, **455**
長目飛耳〈ちょうもくひじ〉……**455**, 547
頂門一針〈ちょうもんのいっしん〉……365, **455**, 456
頂門金椎〈ちょうもんのきんつい〉……365, 455, **456**
長夜之飲〈ちょうやのいん〉……314, **456**
長夜之宴〈ちょうやのえん〉……456
長夜之楽〈ちょうやのたのしみ〉……**456**
朝有紅顔〈ちょうゆうこうがん〉……2, 72, 335, **456**
長幼之序〈ちょうようのじょ〉……**456**
長幼之節〈ちょうようのせつ〉……456
朝蠅暮蚊〈ちょうようぼぶん〉……**456**
長幼有序〈ちょうようゆうじょ〉……**456**
重卵之危〈ちょうらんのき〉……**456**, 671
朝立暮廃〈ちょうりつぼはい〉……456
雕梁画棟〈ちょうりょうがとう〉……450, **456**
跳梁跋扈〈ちょうりょうばっこ〉……81, 216, **456**, 560, 657
朝令暮改〈ちょうれいぼかい〉……**456**, 614
凋零磨滅〈ちょうれいまめつ〉……**456**
朝露夕電〈ちょうろせきでん〉……568
著於竹帛〈ちょおちくはく〉……441
直往邁進〈ちょくおうまいしん〉……**457**, 638
直躬証父〈ちょくきゅうしょうふ〉……**457**
直言極諫〈ちょくげんきょっかん〉……**457**
直言骨鯁〈ちょくげんこっこう〉……**457**
直言正諫〈ちょくげんせいかん〉……457
直言切諫〈ちょくげんせっかん〉……457
直言直行〈ちょくげんちょっこう〉……457
直言不諱〈ちょくげんふき〉……457
直言無諱〈ちょくげんむき〉……457
直情径行〈ちょくじょうけいこう〉……189, 312, **457**, 458
直截簡明〈ちょくせつかんめい〉……74, 435, **457**, 571
直木先伐〈ちょくぼくせんばつ〉……125
直立不動〈ちょくりつふどう〉……**457**
佇思停機〈ちょしていき〉……**457**
直躬証父〈ちょっきゅうしょうふ〉……270
猪突豨勇〈ちょとつきゆう〉……**458**

猪突猛進〈ちょとつもうしん〉……457, **458**, 550, 638
佇立瞑目〈ちょりつめいもく〉……**458**
樗櫟散木〈ちょれきさんぼく〉……**458**
樗櫟之材〈ちょれきのざい〉……**458**
樗櫟庸材〈ちょれきようざい〉……458
治乱興廃〈ちらんこうはい〉……43, **458**
治乱興亡〈ちらんこうぼう〉……43, 183, **458**
知略縦横〈ちりゃくじゅうおう〉……167, **458**
地霊人傑〈ちれいじんけつ〉……**458**
沈鬱頓挫〈ちんうつとんざ〉……**458**
沈鬱悲壮〈ちんうつひそう〉……**458**
枕戈寝甲〈ちんかしんこう〉……**459**
枕戈待旦〈ちんかたいたん〉……**459**
沈魚落雁〈ちんぎょらくがん〉……302, **459**, 512, 519
枕経藉書〈ちんけいしゃしょ〉……**459**
椿萱並茂〈ちんけんへいも〉……**459**
陳蔡之厄〈ちんさいのやく〉……**459**
沈思凝想〈ちんしぎょうそう〉……311, **459**
陳思七歩〈ちんししちほ〉……286, 287
沈思黙考〈ちんしもっこう〉……311, **459**
陳勝呉広〈ちんしょうごこう〉……**459**
陳詞濫調〈ちんしらんちょう〉……**460**
陳辞濫調〈ちんじらんちょう〉……460
枕石漱流〈ちんせきそうりゅう〉……408, **460**
沈竈産蛙〈ちんそうさんあ〉……**460**
沈滞萎靡〈ちんたいいび〉……50, **460**
沈著痛快〈ちんちゃくつうかい〉……**460**
沈着冷静〈ちんちゃくれいせい〉……**460**, 673
沈痛慷慨〈ちんつうこうがい〉……**460**
椿庭萱堂〈ちんていけんどう〉……459
沈博絶麗〈ちんぱくぜつれい〉……**460**
珍聞奇聞〈ちんぶんきぶん〉……51
珍味佳肴〈ちんみかこう〉……258, **460**, 552
沈湎冒色〈ちんめんぼうしょく〉……**460**
沈黙寡言〈ちんもくかげん〉……329, **460**
枕流漱石〈ちんりゅうそうせき〉……408, **461**
枕冷衾寒〈ちんれいきんかん〉……**461**

つ

墜茵落溷〈ついいんらくこん〉……66, **461**
追根究蒂〈ついこんきゅうたい〉……461
追根究底〈ついこんきゅうてい〉……**461**
追根尋底〈ついこんじんてい〉……461
追根問底〈ついこんもんてい〉……461
椎心泣血〈ついしんきゅうけつ〉……**461**
追善供養〈ついぜんくよう〉……**461**
追亡逐遁〈ついぼうちくとん〉……461
追亡逐北〈ついぼうちくほく〉……461
追本究源〈ついほんきゅうげん〉……362
追本溯源〈ついほんさくげん〉……461
追奔逐北〈ついほんちくほく〉……**461**
痛飲大食〈つういんたいしょく〉……146, 183
痛快無比〈つうかいむひ〉……418, **461**
通暁暢達〈つうぎょうちょうたつ〉……**461**
通功易事〈つうこうえきじ〉……**461**
通今博古〈つうこんはくこ〉……**461**, 524
通儒碩学〈つうじゅせきがく〉……377, **462**
痛定思痛〈つうていしつう〉……**462**
痛烈無比〈つうれつむひ〉……**462**
津津浦浦〈つつうらうら〉……**462**
九十九折〈つづらおり〉……**462**, 499, 648

て

定員削減〈ていいんさくげん〉……321
殢雨尤雲〈ていうゆううん〉……**462**, 574
殢雲尤雨〈ていうんゆうう〉……462
鄭衛桑間〈ていえいそうかん〉……405, **462**
鄭衛之音〈ていえいのおん〉……405, **462**
低回顧望〈ていかいこぼう〉……**462**
低徊趣味〈ていかいしゅみ〉……**462**
棣鄂之情〈ていがくのじょう〉……298, **462**, 672
棣華増映〈ていかぞうえい〉……463
泥牛入海〈でいぎゅうにゅうかい〉……**463**
低吟微詠〈ていぎんびえい〉……464
程孔傾蓋〈ていこうけいがい〉……184, **463**
提綱挈領〈ていこうけつりょう〉……**463**
渟膏湛碧〈ていこうたんぺき〉……425, **463**
禰衡一覧〈でいこうのいちらん〉……**463**
梯山航海〈ていざんこうかい〉……**463**
提耳面命〈ていじめんめい〉……269, **463**
泥車瓦狗〈でいしゃがこう〉……**463**, 483
泥首銜玉〈でいしゅかんぎょく〉……**463**

亭主関白〈ていしゅかんぱく〉……**463**
低唱浅斟〈ていしょうせんしん〉……392, **464**
低唱微吟〈ていしょうびぎん〉……**464**
鼎新革故〈ていしんかくこ〉……101, **464**
蹄涔尺鯉〈ていしんせきり〉……**464**
定省温凊〈ていせいおんせい〉……86, **464**
泥船渡河〈でいせんとか〉……**464**
廷争面折〈ていそうめんせつ〉……**464**, 629
泥中之蓮〈でいちゅうのはす〉……**464**
亭亭皎皎〈ていていこうこう〉……**464**
鼎鐺玉石〈ていとうぎょくせき〉……168, **464**
低頭傾首〈ていとうけいしゅ〉……**464**
低頭平身〈ていとうへいしん〉……**464**, 589
剃頭弁髪〈ていとうべんぱつ〉……**465**
丁寧懇切〈ていねいこんせつ〉……247, **465**
程邈隷書〈ていばくれいしょ〉……287
剃髪落飾〈ていはつらくしょく〉……**465**
綈袍恋恋〈ていほうれんれん〉……**465**
程門立雪〈ていもんりっせつ〉……**465**
羝羊触藩〈ていようしょくはん〉……**465**
手枷足枷〈てかせあしかせ〉……**465**
適怨清和〈てきえんせいわ〉……**465**
敵愾同仇〈てきがいどうきゅう〉……**465**
擲果満車〈てきかまんしゃ〉……**466**
適才適処〈てきざいてきしょ〉……466
適材適所〈てきざいてきしょ〉……145, 419, 448, **466**, 664
適者生存〈てきしゃせいぞん〉……284, 298, 372, **466**, 641
擿埴冥行〈てきしょくめいこう〉……**466**, 625
擲身報国〈てきしんほうこく〉……286
滴水成凍〈てきすいせいとう〉……466
滴水成氷〈てきすいせいひょう〉……**466**
滴水滴凍〈てきすいてきとう〉……**466**
敵前逃亡〈てきぜんとうぼう〉……**466**
適楚北轅〈てきそほくえん〉……**466**, 605
倜儻不羈〈てきとうふき〉……466
倜儻不群〈てきとうふぐん〉……**466**
敵本主義〈てきほんしゅぎ〉……**466**
鉄意石心〈てついせきしん〉……467
鉄肝石腸〈てっかんせきちょう〉……467
鉄硯磨穿〈てっけんません〉……**466**, 612
手甲脚半〈てっこうきゃはん〉……**467**
徹骨徹髄〈てっこつてつずい〉……**467**
鉄樹開花〈てつじゅかいか〉……**467**
鉄杵成針〈てっしょせいしん〉……611
鉄心石腸〈てっしんせきちょう〉……203, 220, **467**, 548
鉄石心腸〈てっせきしんちょう〉……467
鉄石之心〈てっせきのこころ〉……548
鉄中錚錚〈てっちゅうのそうそう〉……**467**, 648
鉄腸石心〈てっちょうせきしん〉……**467**, 548
跌宕狷介〈てっとうけんかい〉……**467**
徹頭徹尾〈てっとうてつび〉……304, 316, **467**
跌蕩放言〈てっとうほうげん〉……**467**
哲婦傾城〈てっぷけいせい〉……**467**, 561
哲夫成城〈てっぷせいじょう〉……468
轍鮒之急〈てっぷのきゅう〉……242, 328, **468**, 566, 578
鉄網珊瑚〈てつもうさんご〉……**468**
轍乱旗靡〈てつらんきび〉……**468**
手前勝手〈てまえがって〉……113, 294
手前味噌〈てまえみそ〉……272, 294, **468**
手練手管〈てれんてくだ〉……**468**
天威咫尺〈てんいしせき〉……**468**, 471
顚委勢峻〈てんいせいしゅん〉……**468**
天一地二〈てんいちちに〉……**468**
天衣無縫〈てんいむほう〉……319, **468**, 474
天宇地廬〈てんうちろ〉……**469**
顚越不恭〈てんえつふきょう〉……**469**
田園将蕪〈でんえんしょうぶ〉……**469**
天淵之差〈てんえんのさ〉……65, **469**, 471
天淵之別〈てんえんのべつ〉……469, 471
天淵氷炭〈てんえんひょうたん〉……65, **469**, 471
天下安寧〈てんかあんねい〉……271
天涯一望〈てんがいいちぼう〉……27, 28
天涯海角〈てんがいかいかく〉……**469**, 470
天涯孤独〈てんがいこどく〉……118, **469**
塡街塞巷〈てんがいそくこう〉……**469**
天涯地角〈てんがいちかく〉……**469**
天開地辟〈てんかいちへき〉……96
天下一品〈てんかいっぴん〉……95, 233, **470**, 471, 489
塡海之志〈てんかいのこころざし〉……366

天涯比隣〈てんがいひりん〉……**470**
転禍為福〈てんかいふく〉……114, 249, **470**
天下御免〈てんかごめん〉……**470**
天下三分〈てんかさんぶん〉……**470**
天下至大〈てんかしだい〉……284
天下周知〈てんかしゅうち〉……470
天下周遊〈てんかしゅうゆう〉……619
天下蒼生〈てんかそうせい〉……**470**
天下第一〈てんかだいいち〉……95, 470, 471
天下泰平〈てんかたいへい〉……158, 159, 271, 444, **470**
天下多事〈てんかたじ〉……**470**
伝家宝刀〈でんかのほうとう〉……**470**
天下法度〈てんかはっと〉……456
天下平泰〈てんかへいたい〉……470, **471**
天下無双〈てんかむそう〉……95, 105, 165, 233, 422, 470, **471**, 489, 500
天下無敵〈てんかむてき〉……95, 233, 422, 470, **471**, 489, 675
天下無比〈てんかむひ〉……471
天下無類〈てんかむるい〉……470, **471**
天顔咫尺〈てんがんしせき〉……468, **471**
伝観播弄〈でんかんはろう〉……**471**
天空海闊〈てんくうかいかつ〉……224, 302, **471**
天花乱墜〈てんげらんつい〉……**471**
天玄地黄〈てんげんちおう〉……475
天懸地隔〈てんけんちかく〉……65, 469, **471**
甜言美語〈てんげんびご〉……472
甜言蜜語〈てんげんみつご〉……121, **471**
電光影裏〈でんこうえいり〉……**472**
天高気清〈てんこうきせい〉……**472**
天香桂花〈てんこうけいか〉……**472**
天香国色〈てんこうこくしょく〉……233, 392, 418, **472**
電光石火〈でんこうせっか〉……291, 432, **472**, 558
天高聴卑〈てんこうちょうひ〉……**472**
電光朝露〈でんこうちょうろ〉……127, **472**
天潢之派〈てんこうのは〉……**472**
電光雷轟〈でんこうらいごう〉……**472**, 651
甜語花言〈てんごかげん〉……472
天閫地垠〈てんこんちぎん〉……**472**
天災地変〈てんさいちへん〉……444, **473**, 478
天資英邁〈てんしえいまい〉……**473**
天資英明〈てんしえいめい〉……**473**
天姿国色〈てんしこくしょく〉……36, 187, **473**
天資刻薄〈てんしこくはく〉……**473**
天日之表〈てんじつのひょう〉……**473**
諂上欺下〈てんじょうぎか〉……**473**, 498
天壌懸隔〈てんじょうけんかく〉……469, 471
諂上傲下〈てんじょうごうか〉……473
天上皇帝〈てんじょうこうてい〉……**473**
天上五衰〈てんじょうごすい〉……477
天井桟敷〈てんじょうさじき〉……**473**
天上人間〈てんじょうじんかん〉……**473**
天上天下〈てんじょうてんげ〉……**473**
転成男子〈てんじょうなんし〉……592
天壌之別〈てんじょうのべつ〉……469, 471
天壌無窮〈てんじょうむきゅう〉……**474**, 476, 553
諂上抑下〈てんじょうよくか〉……473
転生輪廻〈てんしょうりんね〉……**474**, 670
天人感応〈てんじんかんのう〉……474
天人相応〈てんじんそうおう〉……474
天人相関〈てんじんそうかん〉……**474**
天人相与〈てんじんそうよ〉……474
天神地祇〈てんしんちぎ〉……**474**, 475
天人冥合〈てんじんめいごう〉……**474**
天真爛漫〈てんしんらんまん〉……469, **474**
点睛開眼〈てんせいかいがん〉……116, **474**
天造草昧〈てんぞうそうまい〉……**474**
天孫降臨〈てんそんこうりん〉……**474**
霑体塗足〈てんたいとそく〉……**474**
椽大之筆〈てんだいのふで〉……414, **475**
恬淡寡欲〈てんたんかよく〉……**475**
天地一指〈てんちいっし〉……**475**, 542
天地開闢〈てんちかいびゃく〉……96, **475**
天地懸隔〈てんちけんかく〉……65, 469, 471
天地玄黄〈てんちげんこう〉……**475**
天地渾沌〈てんちこんとん〉……**475**
天地四時〈てんちしいじ〉……**475**
天地神明〈てんちしんめい〉……474, **475**, 570
天地創造〈てんちそうぞう〉……**475**
天地長久〈てんちちょうきゅう〉……**475**, 476, 553
天地之差〈てんちのさ〉……65

天地万象〈てんちばんしょう〉……357, **475**
天地万物〈てんちばんぶつ〉……475, **476**
天地万有〈てんちばんゆう〉……475, **476**
天地無窮〈てんちむきゅう〉……476
天地無用〈てんちむよう〉……**476**
天長地久〈てんちょうちきゅう〉…474, **476**, 553
点滴穿石〈てんてきせんせき〉…178, 269, 378, 379, **476**, 611
点鉄成金〈てんてつせいきん〉……123, **476**
輾転反側〈てんてんはんそく〉……**476**
天道虧盈〈てんどうきえい〉……70
転倒黒白〈てんとうこくびゃく〉……**476**
転倒是非〈てんとうぜひ〉……476
天道是非〈てんどうぜひ〉……**476**
天道寧論〈てんどうねいろん〉……476
天道無親〈てんどうむしん〉……**476**
転女成男〈てんにょじょうなん〉……592
天人五衰〈てんにんのごすい〉……**477**
諂佞阿諛〈てんねいあゆ〉……6, **477**
天然自然〈てんねんしぜん〉……**477**
天然美質〈てんねんのびしつ〉……523
天之尊爵〈てんのそんしゃく〉……550
天之美禄〈てんのびろく〉…144, 371, **477**, 516, 523, 556, 604
天之暦数〈てんのれきすう〉……**477**
顛沛流離〈てんぱいりゅうり〉……**477**
顛沛流浪〈てんぱいるろう〉……**477**
天馬行空〈てんばこうくう〉……309, **477**, 570
天罰覿面〈てんばつてきめん〉……84, 208, **477**, 479
天覆地載〈てんぷうちさい〉……**478**
田父之獲〈でんぷのかく〉……478
天府之国〈てんぷのくに〉……**478**
田父之功〈でんぷのこう〉……49, 166, **478**
田夫野嫗〈でんぷやおう〉……**478**
田夫野人〈でんぷやじん〉……374, **478**
田夫野老〈でんぷやろう〉……374, **478**
天平地成〈てんへいちせい〉……444
天変地異〈てんぺんちい〉……444, 473, **478**
天変地変〈てんぺんちへん〉……478
天保九如〈てんぽうきゅうじょ〉……393, **478**
天歩艱難〈てんぽかんなん〉……**478**
顛撲不破〈てんぼくふは〉……**479**
典謨訓誥〈てんぼくんこう〉……**479**
天翻地覆〈てんほんちふく〉……610
天魔外道〈てんまげどう〉……**479**, 610
天魔波旬〈てんまはじゅん〉……**479**
転迷開悟〈てんめいかいご〉……**479**
天網恢恢〈てんもうかいかい〉…478, **479**, 480, 632
天網之漏〈てんもうのろう〉……**479**, 632
天門開闔〈てんもんかいこう〉……**480**
天門登八〈てんもんとうはち〉……**480**
天佑神助〈てんゆうしんじょ〉……**480**
天羅地網〈てんらちもう〉……479, 480
天理人欲〈てんりじんよく〉……**480**
天理人情〈てんりにんじょう〉……**480**
転轆轆地〈てんろくろくじ〉……7, **480**
転彎磨角〈てんわんまかく〉……480
転湾抹角〈てんわんまっかく〉……480
転彎抹角〈てんわんまっかく〉……**480**

と

東夷西戎〈とういせいじゅう〉……50, 172, **480**, 507
当位即妙〈とういそくみょう〉……481
当意即妙〈とういそくみょう〉……**481**
蕩佚簡易〈とういつかんい〉……**481**
堂宇伽藍〈どううがらん〉……286, **481**, 489
桃園結義〈とうえんけつぎ〉……**481**
桃園之義〈とうえんのぎ〉……481
冬温夏凊〈とうおんかせい〉……87, 398, **481**
頭会箕斂〈とうかいきれん〉……117, **481**
東海桑田〈とうかいそうでん〉……404
凍解氷釈〈とうかいひょうしゃく〉……**481**
東海揚塵〈とうかいようじん〉……**481**
東海撈針〈とうかいろうしん〉……418
灯火可親〈とうかかしん〉……357, **481**
桃花癸水〈とうかきすい〉……**481**
東岳大帝〈とうがくたいてい〉……422, **482**
冬夏青青〈とうかせいせい〉……**482**
投瓜得瓊〈とうかとくけい〉……**482**
東家之丘〈とうかのきゅう〉……**482**
堂下周屋〈どうかのしゅうおく〉……**482**

童顔鶴髪〈どうがんかくはつ〉……102, **482**
同甘共苦〈どうかんきょうく〉……**482**
投閑置散〈とうかんちさん〉……**482**
同甘同苦〈どうかんどうく〉……482
恫疑虚喝〈どうぎきょかつ〉……**482**
同帰殊塗〈どうきしゅと〉……316, **482**
東窺西望〈とうきせいぼう〉……**482**
同気相求〈どうきそうきゅう〉……**482**
同軌同文〈どうきどうぶん〉……**482**, 491
道揆法守〈どうきほうしゅ〉……**482**
童牛角馬〈どうぎゅうかくば〉……62, 146, **483**
同仇敵愾〈どうきゅうてきがい〉……465, **483**
童牛之牿〈どうぎゅうのこく〉……**483**
刀鋸鼎鑊〈とうきょていかく〉……**483**
当機立断〈とうきりつだん〉……413, **483**, 669
同気連枝〈どうきれんし〉……**483**
同衾共枕〈どうきんきょうちん〉……**483**
冬月赤足〈とうげつせきそく〉……403, **483**
陶犬瓦鶏〈とうけんがけい〉……463, **483**
洞見癥結〈どうけんちょうけつ〉……**483**
倒懸之急〈とうけんのきゅう〉……**484**
同工異曲〈どうこういきょく〉……426, **484**
韜光隠迹〈とうこういんせき〉……484
韜光晦迹〈とうこうかいせき〉……277, **484**, 545
刀耕火種〈とうこうかしゅ〉……**484**
刀耕火耨〈とうこうかどう〉……484
騰蛟起鳳〈とうこうきほう〉……**484**
倒行逆施〈とうこうぎゃくし〉……**484**
刀光剣影〈とうこうけんえい〉……39, 203, **484**
堂高三尺〈どうこうさんじゃく〉……494
灯紅酒緑〈とうこうしゅりょく〉……221, **484**
東行西走〈とうこうせいそう〉……**484**, 492, 507
東行西歩〈とうこうせいほ〉……484
偸香窃玉〈とうこうせつぎょく〉……381, **484**
韜光晦迹〈とうこうまいせき〉……**484**
韜光養晦〈とうこうようかい〉……277, 484
桃紅柳緑〈とうこうりゅうりょく〉……451, **484**, 659
桃弧棘矢〈とうこきょくし〉……**485**
董狐書盾〈とうこしょとん〉……485
董狐之筆〈とうこのふで〉……**485**
党錮之禁〈とうこのきん〉……485
党錮之禍〈とうこのわざわい〉……**485**
倒載干戈〈とうさいかんか〉……118, 119, **485**
東西古今〈とうざいここん〉……236, **485**
東西南北〈とうざいなんぼく〉……295, **485**
刀山剣樹〈とうざんけんじゅ〉……**485**
東山高臥〈とうざんこうが〉……**485**
東山再起〈とうざんさいき〉……486
桃三李四〈とうさんりし〉……**486**
同始異終〈どうしいしゅう〉……**486**
道之以徳〈どうしいとく〉……**486**
同室操戈〈どうしつそうか〉……**486**
冬日之温〈とうじつのおん〉……**486**
同而不和〈どうじふわ〉……**486**, 682
闘志満満〈とうしまんまん〉……**486**
瞠若驚嘆〈どうじゃくきょうたん〉……143
陶朱猗頓〈とうしゅいとん〉…49, 230, 420, **486**
同舟共済〈どうしゅうきょうさい〉……230
投珠報宝〈とうしゅほうほう〉……490
頭上安頭〈とうじょうあんとう〉……85, 326
同床異夢〈どうしょういむ〉……**486**
冬上夏下〈とうじょうかか〉……99
同床各夢〈どうしょうかくむ〉……**486**
闘諍堅固〈とうじょうけんご〉……**486**
蹈常襲故〈とうじょうしゅうこ〉……151, **486**
東床坦腹〈とうしょうたんぷく〉……**487**
銅牆鉄壁〈どうしょうてっぺき〉……**487**, 489
東牀腹坦〈とうしょうふくたん〉……**487**
桃傷李仆〈とうしょうりふ〉……**487**
東食西宿〈とうしょくせいしゅく〉……**487**, 623
同仁一視〈どうじんいっし〉……37, **487**
同心協力〈どうしんきょうりょく〉…43, 46, 321, **487**, 488, 510
道心堅固〈どうしんけんご〉……284, **487**
同心同徳〈どうしんどうとく〉……46, 658
党人之禍〈とうじんのわざわい〉……485
同心戮力〈どうしんりくりょく〉…46, 321, **487**, 682
同声異俗〈どうせいいぞく〉……**488**
動静云為〈どうせいうんい〉……**488**
蹈節死義〈とうせつしぎ〉……**488**
冬扇夏炉〈とうせんかろ〉……117, **488**
陶潜帰去〈とうせんききょ〉……**488**

東走西馳〈とうそうせいち〉……**488**, 492
東走西奔〈とうそうせいほん〉……492, 507
刀槍矛戟〈とうそうぼうげき〉……**488**
踏足付耳〈とうそくふじ〉……**488**
東岱前後〈とうたいぜんご〉……**488**
当代第一〈とうだいだいいち〉……470, 471
当代無双〈とうだいむそう〉……95, 233, 470, 471, **489**
銅駝荊棘〈どうだけいきょく〉……**489**
倒置干戈〈とうちかんか〉……118, 485
湯池鉄城〈とうちてつじょう〉……173, 487, **489**, 506
撞着矛盾〈どうちゃくむじゅん〉…390, **489**, 619
道聴塗説〈どうちょうとせつ〉……95, 214, 215, **489**
洞庭春色〈どうていしゅんしょく〉……**489**
洞天福地〈どうてんふくち〉……**489**
当頭一棒〈とうとういちぼう〉……455, 456
党同異伐〈とうどういばつ〉……490
堂塔伽藍〈どうとうがらん〉……286, 481, **489**
滔滔汨汨〈とうとうこつこつ〉……**489**
頭童歯豁〈とうどうしかつ〉……**490**
東倒西歪〈とうとうせいわい〉……**490**, 491
銅頭鉄額〈どうとうてつがく〉……**490**
堂堂之陣〈どうどうのじん〉……138, **490**
党同伐異〈とうどうばつい〉……**490**, 583
投桃報李〈とうとうほうり〉……**490**
東塗西抹〈とうとせいまつ〉……**490**
唐突千万〈とうとつせんばん〉……**490**
当途之人〈とうとのひと〉……493
頭髪種種〈とうはつしゅしゅ〉……**490**
頭髪上指〈とうはつじょうし〉……340, **490**, 500
刀筆之吏〈とうひつのり〉……**490**
蟷臂当車〈とうひとうしゃ〉……**491**, 493
同病相憐〈どうびょうそうれん〉……**491**
同風一俗〈どうふういちぞく〉……**491**
東風解凍〈とうふうかいとう〉……**491**
同腹一心〈どうふくいっしん〉……675
東扶西倒〈とうふせいとう〉……490, **491**
東父西母〈とうふせいぼ〉……**491**
豆分瓜剖〈とうぶんかぼう〉……491
同文同軌〈どうぶんどうき〉……**491**
同文同種〈どうぶんどうしゅ〉……**491**
投鞭断流〈とうべんだんりゅう〉……**491**
洞房花燭〈どうぼうかしょく〉……**491**
豆剖瓜分〈とうぼうかぶん〉……**491**
道貌岸然〈どうぼうがんぜん〉……**491**
道傍苦李〈どうぼう(の)くり〉……**492**
道貌儼然〈どうぼうげんぜん〉……492
掉棒打星〈とうぼうだせい〉……75, 109, **492**
同袍同沢〈どうほうどうたく〉……**492**
道貌凜然〈どうぼうりんぜん〉……492
東奔西走〈とうほんせいそう〉……484, **492**, 507
稲麻竹葦〈とうまちくい〉……**492**
橦末之伎〈とうまつのぎ〉……**492**
唐明友悌〈とうめいゆうてい〉……420
当面蹉過〈とうめんさか〉……**492**
当面錯過〈とうめんさくか〉……492
瞠目結舌〈どうもくけつぜつ〉……420, **492**, 601
桐葉知秋〈どうようちしゅう〉……30, **492**
儻来之物〈とうらいのもの〉……**492**
桃来李答〈とうらいりとう〉……490
桃李成蹊〈とうりせいけい〉……**493**
党利党略〈とうりとうりゃく〉……**493**
桃李満門〈とうりまんもん〉……446, **493**
等量斉視〈とうりょうせいし〉……**493**
棟梁之器〈とうりょうのき〉……493
棟梁之材〈とうりょうのざい〉……**493**
桃林処士〈とうりんのしょし〉……**493**
同類相求〈どうるいそうきゅう〉……482
同類無礙〈どうるいむげ〉……53
蟷螂之衛〈とうろうのえい〉……**493**
蟷螂之斧〈とうろうのおの〉……75, **493**, 584
蟷螂之力〈とうろうのちから〉……493
当路之人〈とうろのひと〉……**493**
十日之菊〈とおかのきく〉……**493**, 657
土階三尺〈どかいさんじゃく〉……153
土階三等〈どかいさんとう〉……153, 253, **494**, 599, 673
土階茅茨〈どかいぼうし〉…153, 253, **494**, 599, 673
兎角亀毛〈とかくきもう〉……145, **494**
奴顔婢膝〈どがんひしつ〉……589
兎葵燕麦〈ときえんばく〉……**494**, 642

兎起鶻落〈ときこつらく〉……**494**
兎起鳧挙〈ときふきょ〉……**494**
土牛木馬〈どぎゅうもくば〉……463
吐気揚眉〈ときようび〉……**494**, 648
蠹居棋処〈ときょきしょ〉……**494**
時世時節〈ときよじせつ〉……**494**
得意忘形〈とくいぼうけい〉……**494**
得意忘言〈とくいぼうげん〉……**494**
得意満面〈とくいまんめん〉……141, **494**
匿影蔵形〈とくえいぞうけい〉……**495**
独学孤陋〈どくがくころう〉……**495**
跿跔科頭〈とくかとう〉……**495**
得魚忘筌〈とくぎょぼうせん〉……56, 222, 452, **495**, 498, 596
独具匠心〈どくぐしょうしん〉……**495**
独具隻眼〈どくぐせきがん〉……495
独弦哀歌〈どくげんあいか〉……**495**
得匣還珠〈とくこうかんしゅ〉……518
徳高望重〈とくこうぼうじゅう〉……**495**
篤実温厚〈とくじつおんこう〉……85, **495**
得衆得国〈とくしゅうとくこく〉……**495**
独出心裁〈どくしゅつしんさい〉……**495**
独出新裁〈どくしゅつしんさい〉……495
読書三到〈どくしょさんとう〉……**495**
読書三昧〈どくしょざんまい〉……**496**
読書三余〈どくしょさんよ〉……**496**
読書尚友〈どくしょしょうゆう〉……**496**
読書百遍〈どくしょひゃっぺん〉……**496**
読書亡羊〈どくしょぼうよう〉……**496**
徳性滋養〈とくせいじよう〉……**496**
匿跡潜形〈とくせきせんけい〉……495
独断専行〈どくだんせんこう〉……73, **496**
独知之契〈どくちのけい〉……**496**
得兎忘蹄〈とくとぼうてい〉……495, 498
特筆大書〈とくひつたいしょ〉……424, **496**
独立自存〈どくりつじそん〉……280, **496**, 497
独立自尊〈どくりつじそん〉……280, **497**
独立独住〈どくりつどくじゅう〉……497
独立独行〈どくりつどっこう〉……497
独立独歩〈どくりつどっぽ〉……**497**
特立之士〈とくりつのし〉……94, 353, **497**
独立不羈〈どくりつふき〉……**497**
独立不撓〈どくりつふとう〉……**497**, 554, 579
徳量寛大〈とくりょうかんだい〉……**497**
得隴望蜀〈とくろうぼうしょく〉……**497**
怒猊抉石〈どげいけっせき〉……109
妬賢嫉能〈とけんしつのう〉……**497**
土豪悪覇〈どごうあくは〉……498
杜口結舌〈とこうけつぜつ〉……**497**
吐剛茹柔〈とごうじょじゅう〉……473, **498**
土豪劣紳〈どごうれっしん〉……**498**
斗斛之禄〈とこくのろく〉……**498**
吐故納新〈とこのうしん〉……151, 353, **498**
菟糸燕麦〈としえんばく〉……494, **498**, 642
兎死狗烹〈としくほう〉……222, 452, 495, **498**, 596
兎死狐悲〈としこひ〉……237
蠹紙堆裏〈としたいり〉……**498**
徒手空拳〈としゅくうけん〉……378, **498**
度衆生心〈どしゅじょうしん〉……**498**
斗酒隻鶏〈としゅせきけい〉……**498**
斗酒百篇〈としゅひゃっぺん〉……**499**
斗筲之器〈としょうのうつわ〉……499
斗筲之材〈としょうのさい〉……499
斗筲之子〈としょうのし〉……499
斗筲之人〈としょうのひと〉……**499**
斗升之禄〈としょうのろく〉……498
徒食無為〈としょくむい〉……**499**, 616
屠所之羊〈としょのひつじ〉……**499**
斗折蛇行〈とせつだこう〉……462, **499**, 648
兎走烏飛〈とそううひ〉……61, 206, **499**, 679
斗粟尺布〈とぞくしゃくふ〉……298, **499**
塗炭之苦〈とたんのくるしみ〉……**499**
塗炭之民〈とたんのたみ〉……**499**
弩張剣抜〈どちょうけんばつ〉……203, **499**
訥言実行〈とつげんじっこう〉……573
訥言敏行〈とつげんびんこう〉……**499**, 573
独鈷鎌首〈とっこかまくび〉……**499**
突兀磽确〈とつこつこうかく〉……**499**
咄嗟叱咤〈とっさしった〉……**500**
突怒偃蹇〈とつどえんけん〉……**500**
咄咄怪事〈とつとつかいじ〉……**500**
屠毒筆墨〈とどくのひつぼく〉……**500**
斗南一人〈となんのいちにん〉……422, 471, **500**

図南之翼〈となんのよく〉……95, 500
図南鵬翼〈となん(の)ほうよく〉……95, **500**
駑馬十駕〈どばじゅうが〉……**500**
怒髪指冠〈どはつしかん〉……490, 500
怒髪衝冠〈どはつしょうかん〉……490, **500**
怒髪衝天〈どはつしょうてん〉……340, 490, **500**, 586
土扶成牆〈どふせいしょう〉……**500**
吐哺握髪〈とほあくはつ〉……4, 33, **501**
土崩瓦解〈どほうがかい〉……177, **501**, 558
土崩魚爛〈どほうぎょらん〉……177, **501**
途方途轍〈とほうとてつ〉……**501**
土木形骸〈どぼくけいがい〉……**501**
土木壮麗〈どぼくそうれい〉……**501**
吐哺捉髪〈とほそくはつ〉……4, **501**
塗抹詩書〈とまつししょ〉……**501**
左見右見〈とみこうみ〉……59, **501**
杜黙詩撰〈ともくしせん〉……364, **501**
杜門却掃〈ともんきゃくそう〉……**502**
都門桂玉〈ともんけいぎょく〉……185, **502**
杜門謝客〈ともんしゃきゃく〉……502
屠羊之肆〈とようのし〉……**502**
斗量帚掃〈とりょうそうそう〉……**502**
屠竜之技〈とりょうのぎ〉……**502**
屠竜余技〈とりょうのよぎ〉……502
努力奮励〈どりょくふんれい〉……**502**, 587
呑雲吐霧〈どんうんとむ〉……**502**
頓開茅塞〈とんかいぼうそく〉……111
呑花臥酒〈どんかがしゅ〉……**502**
呑牛之気〈どんぎゅうのき〉……**502**
豚魚之信〈とんぎょのしん〉……**502**
曇華一現〈どんげいちげん〉……391, **502**, 630
敦煌五竜〈とんこうごりょう〉……**502**
敦厚周慎〈とんこうしゅうしん〉……503
豚児犬子〈とんじけんし〉……**503**
呑舟之魚〈どんしゅうのうお〉……**503**
頓首再拝〈とんしゅさいはい〉……**503**
貪小失大〈どんしょうしつだい〉……56, 82, 238, **503**
呑声忍気〈どんせいにんき〉……**503**, 512
呑炭漆身〈どんたんしっしん〉……290, **503**
豚蹄一酒〈とんていいっしゅ〉……503
豚蹄穣田〈とんていじょうでん〉……**503**
呑刀刮腸〈どんとうかっちょう〉……54, **503**
敦篤虚静〈とんとくきょせい〉……86, **503**
呑吐不下〈どんとふげ〉……**503**
呑波之魚〈どんぱのうお〉……**503**
貪欲吝嗇〈どんよくりんしょく〉……**503**
貪吝刻薄〈どんりんこくはく〉……**504**

な

内外之分〈ないがいのぶん〉……248, **504**
内患外禍〈ないかんがいか〉……505
内剛外柔〈ないごうがいじゅう〉……93, **504**
内剛外順〈ないごうがいじゅん〉……93
内柔外剛〈ないじゅうがいごう〉……93, **504**
内峻外和〈ないしゅんがいわ〉……93
内助之功〈ないじょのこう〉……**504**
内清外濁〈ないせいがいだく〉……**504**, 682
内政干渉〈ないせいかんしょう〉……**504**
内疎外親〈ないそがいしん〉……91, **504**
内典外典〈ないてんげてん〉……**504**
内部崩壊〈ないぶほうかい〉……571
内平外成〈ないへいがいせい〉……444, **505**
内憂外患〈ないゆうがいかん〉……**505**, 588
南無三宝〈なむさんぼう〉……145, **505**
南轅北轍〈なんえんほくてつ〉……**505**, 605
南郭濫竽〈なんかくらんう〉……505
南郭濫吹〈なんかくらんすい〉……**505**
南柯一夢〈なんかのいちむ〉……506
南華之悔〈なんかのくい〉……**505**
南柯之夢〈なんかのゆめ〉……127, **505**
南橘北枳〈なんきつほくき〉……232, 360, **506**, 606, 612
南箕北斗〈なんきほくと〉……**506**, 642
難行苦行〈なんぎょうくぎょう〉……4, 11, **506**
軟紅香塵〈なんこうこうじん〉……506
軟紅車塵〈なんこうしゃじん〉……506
軟紅塵中〈なんこうじんちゅう〉……**506**
難攻不落〈なんこうふらく〉……173, 489, **506**, 507, 645
南行北走〈なんこうほくそう〉……484, 492, 507
南洽北暢〈なんこうほくちょう〉……**506**
南山捷径〈なんざんしょうけい〉……307, **506**

南山之寿〈なんざんのじゅ〉……393, 426, **506**, 539
南山不落〈なんざんふらく〉……173, **506**
南征北戦〈なんせいほくせん〉……507
南征北討〈なんせいほくとう〉……507
南征北伐〈なんせいほくばつ〉……**507**
南船北馬〈なんせんほくば〉……484, 492, **507**
難中之難〈なんちゅうのなん〉……**507**
南都北嶺〈なんとほくれい〉……**507**
男女老幼〈なんにょろうよう〉……**507**, 678
南蛮鴃舌〈なんばんげきぜつ〉……**507**
南蛮北狄〈なんばんほくてき〉……50, 172, 481, **507**
南風之歌〈なんぷうのうた〉……192
南風之薫〈なんぷうのくん〉……**507**, 508
南風之詩〈なんぷうのし〉……192, **507**

に

二河白道〈にがびゃくどう〉……**508**
肉山酒海〈にくざんしゅかい〉……508
肉山脯林〈にくざんほりん〉……314, **508**
肉食妻帯〈にくじきさいたい〉……**508**
肉袒牽羊〈にくたんけんよう〉……**508**
肉袒負荊〈にくたんふけい〉……**508**, 675
肉袒面縛〈にくたんめんばく〉……**508**
肉袒廉頗〈にくたんれんぱ〉……675
二者選一〈にしゃせんいつ〉……**508**, 509
二者択一〈にしゃたくいつ〉……**508**
二心両意〈にしんりょうい〉……264
二姓之好〈にせいのこう〉……**509**
二束三文〈にそくさんもん〉……**509**
日常坐臥〈にちじょうざが〉……157, 325, **509**
日常茶飯〈にちじょうさはん〉……**509**
日陵月替〈にちりょうげったい〉……**509**
日居月諸〈にっきょげっしょ〉……**509**
日削月朘〈にっさくげっせん〉……**509**
日就月将〈にっしゅうげっしょう〉……510
日昃之労〈にっしょくのろう〉……**509**
日新月異〈にっしんげつい〉……510
日進月歩〈にっしんげっぽ〉……150, **509**
日省月課〈にっせいげっか〉……510
日省月試〈にっせいげっし〉……**510**
日朘月削〈にっせんげっさく〉……509
二転三転〈にてんさんてん〉……**510**
二桃三士〈にとうさんし〉……**510**
二人三脚〈ににんさんきゃく〉……487, **510**
二枚看板〈にまいかんばん〉……**510**
入郷従郷〈にゅうきょうじゅうきょう〉……510
入境問禁〈にゅうきょうもんきん〉……313, **510**
入境問俗〈にゅうきょうもんぞく〉……510
入室升堂〈にゅうしつしょうどう〉……330, **510**
入幕之賓〈にゅうばくのひん〉……10, **510**
入木三分〈にゅうぼくさんぶ〉……**510**
如意宝珠〈にょいほうじゅ〉……**511**
如意摩尼〈にょいまに〉……511
如是我聞〈にょぜがもん〉……**511**
女人往生〈にょにんおうじょう〉……511, 592
女人禁制〈にょにんきんせい〉……**511**
女人結界〈にょにんけっかい〉……511
女人成仏〈にょにんじょうぶつ〉……**511**, 592, 661
如法暗夜〈にょほうあんや〉……**511**
二律背反〈にりつはいはん〉……**511**
二六時中〈にろくじちゅう〉……340, **511**
忍気呑声〈にんきどんせい〉……**512**
人三化七〈にんさんばけしち〉……302, 459, **512**
人情澆薄〈にんじょう(の)ぎょうはく〉……**512**
人情世態〈にんじょうせたい〉……**512**
人情冷暖〈にんじょうのれいだん〉……**512**
忍辱負重〈にんじょくふじゅう〉……**512**
人相風体〈にんそうふうてい〉……**512**
認賊為子〈にんぞくいし〉……513
人人具足〈にんにんぐそく〉……**512**
認奴作郎〈にんぬさくろう〉……**512**
忍之一字〈にんのいちじ〉……57, **513**

ぬ

盗人根性〈ぬすびとこんじょう〉……**513**
盗人上戸〈ぬすびとじょうご〉……**513**

ね

佞奸邪智〈ねいかんじゃち〉……129, **513**
熱願冷諦〈ねつがんれいてい〉……**513**
熱烈峻厳〈ねつれつしゅんげん〉……**513**
涅槃寂静〈ねはんじゃくじょう〉……**513**

涅槃寂滅〈ねはんじゃくめつ〉……**513**
拈華破顔〈ねんげはがん〉……513
拈華微笑〈ねんげみしょう〉……17, 155, **513**, 582, 638
年功序列〈ねんこうじょれつ〉……**513**
年高徳邵〈ねんこうとくしょう〉……**514**
年災月殃〈ねんさいげつおう〉……**514**
年災月厄〈ねんさいげつやく〉……514
燃犀之見〈ねんさいのけん〉……514
燃犀之明〈ねんさいのめい〉……**514**
年中行事〈ねんちゅうぎょうじ〉……**514**
年頭月尾〈ねんとうげつび〉……**514**
念念刻刻〈ねんねんこくこく〉……278, **514**
年年歳歳〈ねんねんさいさい〉……**514**
念念生滅〈ねんねんしょうめつ〉……371, **514**
燃眉之急〈ねんびのきゅう〉……331, **514**
年百年中〈ねんびゃくねんじゅう〉……**515**
念仏三昧〈ねんぶつざんまい〉……**515**

の

嚢蛍映雪〈のうけいえいせつ〉……297, 298, 417
能事畢矣〈のうじひつい〉……**515**
能者多労〈のうしゃたろう〉……**515**
嚢沙之計〈のうしゃのけい〉……**515**
嚢沙背水〈のうしゃはいすい〉……515
嚢中之錐〈のうちゅうのきり〉……**515**
嚢中之類〈のうちゅうのたぐい〉……515
嚢中之枕〈のうちゅうのまくら〉……127
能猫陰爪〈のうびょういんそう〉……515
能鷹隠爪〈のうよういんそう〉……**515**
喉元思案〈のどもとじあん〉……189, **515**

は

佩韋佩絃〈はいいはいげん〉……14, **515**
吠影吠声〈はいえいはいせい〉……**516**
廃格沮誹〈はいかくそひ〉……**516**
稗官小説〈はいかんしょうせつ〉……516
稗官野史〈はいかんやし〉……**516**
杯弓蛇影〈はいきゅうだえい〉……518
敗軍之将〈はいぐんのしょう〉……**516**
吠形吠声〈はいけいはいせい〉……**516**, 583
杯賢杓聖〈はいけんしゃくせい〉……477, **516**, 556
売剣買牛〈ばいけんばいぎゅう〉……**516**
梅妻鶴子〈ばいさいかくし〉……**516**
買妻恥醮〈ばいさいちしょう〉……**516**
背山起楼〈はいざんきろう〉……583
梅酸止渇〈ばいさんしかつ〉……519
吠日之怪〈はいじつのあやしみ〉……231, 337, **517**
倍日并行〈ばいじつへいこう〉……356, 448, **517**, 675
背邪向正〈はいじゃこうせい〉……92
杯酒解怨〈はいしゅかいえん〉……**517**
悖出悖入〈はいしゅつはいにゅう〉……**517**
倍称之息〈ばいしょうのそく〉……**517**
背信棄義〈はいしんきぎ〉……**517**
廃寝忘餐〈はいしんぼうさん〉……517
廃寝忘食〈はいしんぼうしょく〉……**517**
背水一戦〈はいすいいっせん〉……534
杯水車薪〈はいすいしゃしん〉……**517**
背水之陣〈はいすいのじん〉……**518**, 534
杯水輿薪〈はいすいよしん〉……518
背井離郷〈はいせいりきょう〉……**518**
排斥擠陥〈はいせきせいかん〉……**518**
敗俗傷化〈はいぞくしょうか〉……332
杯中蛇影〈はいちゅうのだえい〉……141, **518**
倍道兼行〈ばいどうけんこう〉……517
売刀買犢〈ばいとうばいとく〉……516
買櫝還珠〈ばいとくかんしゅ〉……**518**
悖徳没倫〈はいとくぼつりん〉……**518**, 570
悖入悖出〈はいにゅうはいしゅつ〉……**518**
廃藩置県〈はいはんちけん〉……**518**, 541
杯盤狼藉〈はいばんろうぜき〉……392, **519**, 653
廃仏毀釈〈はいぶつきしゃく〉……**519**
肺腑之言〈はいふのげん〉……**519**
廃忘怪顛〈はいもうけでん〉……**519**
敗柳残花〈はいりゅうざんか〉……302, 459, **519**
梅林止渇〈ばいりんしかつ〉……**519**
覇王之佐〈はおうのさ〉……519
覇王之輔〈はおうのほ〉……4, **519**
破戒無慙〈はかいむざん〉……**519**
馬鹿慇懃〈ばかいんぎん〉……55, **520**
馬鹿果報〈ばかかほう〉……**520**
馬鹿正直〈ばかしょうじき〉……272
馬鹿丁寧〈ばかていねい〉……**520**

破瓜之年〈はかのとし〉……**520**
破顔一笑〈はがんいっしょう〉……**520**
波詭雲譎〈はきうんけつ〉……603
馬牛襟裾〈ばぎゅうきんきょ〉……**520**
波及効果〈はきゅうこうか〉……**520**
破鏡重円〈はきょうじゅうえん〉……**520**, 521, 571, 572
破鏡之嘆〈はきょうのなげき〉……**520**
灞橋風雪〈はきょうふうせつ〉……521
破鏡不照〈はきょうふしょう〉……520, **521**, 571, 572
灞橋驢上〈はきょうろじょう〉……**521**
博愛主義〈はくあいしゅぎ〉……86
伯夷叔斉〈はくいしゅくせい〉……**521**
白衣蒼狗〈はくいそうく〉……**521**
白衣宰相〈はくいのさいしょう〉……**521**
白衣三公〈はくいのさんこう〉……**521**
伯夷之清〈はくいのせい〉……**521**
伯夷之廉〈はくいのれん〉……521
博引旁証〈はくいんぼうしょう〉……437, **521**
博引旁捜〈はくいんぼうそう〉……522
白雲孤飛〈はくうんこひ〉……**522**, 595
白雲親舎〈はくうんしんしゃ〉……522
白屋之士〈はくおくのし〉……**522**
博学洽聞〈はくがくこうぶん〉……228
博学才穎〈はくがくさいえい〉……386, **522**
博学審問〈はくがくしんもん〉……**522**
博学卓識〈はくがくたくしき〉……**522**
博学多才〈はくがくたさい〉……180, 386, **522**
博学多識〈はくがくたしき〉……180, **522**, 617
博学篤志〈はくがくとくし〉……**522**
伯牙絶弦〈はくがぜつげん〉……**522**
伯牙破琴〈はくがはきん〉……523
白眼青眼〈はくがんせいがん〉……202, **523**
麦麹之英〈ばくきくのえい〉……523
莫逆之契〈ばくぎゃくのちぎり〉……**523**
莫逆之友〈ばくぎゃくのとも〉……131, 173, 175, 215, 359, 420, 434, **523**, 583, 651
莫逆之交〈ばくぎゃくのまじわり〉……173, **523**
璞玉渾金〈はくぎょくこんきん〉……**523**
麦曲之英〈ばくきょくのえい〉……144, 371, 477, **523**, 556, 604
白玉微瑕〈はくぎょくのびか〉……**523**, 527
白玉楼成〈はくぎょくろうせい〉……**523**
白玉楼中〈はくぎょくろうちゅう〉……**523**
博古知今〈はくこちこん〉……524
博古通今〈はくこつうこん〉……**523**
白砂青松〈はくさせいしょう〉……**524**
白紙委任〈はくしいにん〉……**524**
博識洽聞〈はくしきこうぶん〉……**524**, 527, 528
博識多才〈はくしきたさい〉……180, 386, 522, **524**, 528
博施済衆〈はくしさいしゅう〉……**524**
薄志弱行〈はくしじゃっこう〉……15, 110, 347, **524**, 638, 641
白日昇天〈はくじつしょうてん〉……**524**
白日青天〈はくじつせいてん〉……373, **524**
白紙撤回〈はくしてっかい〉……**524**
白砂青松〈はくしゃせいしょう〉……**524**
白首一節〈はくしゅいっせつ〉……208, **524**
麦秀黍離〈ばくしゅうしょり〉……**524**
麦秀之歌〈ばくしゅうのうた〉……338, **524**
柏舟之節〈はくしゅうのせつ〉……525
柏舟之操〈はくしゅうのそう〉……**525**
麦秀之嘆〈ばくしゅうのたん〉……338, **525**
柏舟之誓〈はくしゅうのちかい〉……525
拍手喝采〈はくしゅかっさい〉……**525**
白手起家〈はくしゅきか〉……**525**
白首窮経〈はくしゅきゅうけい〉……**525**
白首北面〈はくしゅほくめん〉……**525**
薄唇軽言〈はくしんけいげん〉……**525**
白水真人〈はくすいしんじん〉……**525**
麦穂両岐〈ばくすいりょうき〉……**525**
百代過客〈はくたいのかかく〉……**525**
伯仲叔季〈はくちゅうしゅくき〉……**525**
伯仲之間〈はくちゅうのかん〉……292, 376, **525**
幕天席地〈ばくてんせきち〉……**526**
白兎赤烏〈はくとせきう〉……**526**
白茶赤火〈はくとせきか〉……**526**
漠漠濛濛〈ばくばくもうもう〉……**526**
白髪青衫〈はくはつせいさん〉……**526**
白髪青袗〈はくはつせいしん〉……**526**
白髪童顔〈はくはつどうがん〉……102

白波之士〈はくはのし〉……526
白波之賊〈はくはのぞく〉……**526**, 664, 668
白馬非馬〈はくばひば〉……203, **526**, 640
白板天子〈はくはんのてんし〉……**526**
白眉最良〈はくびさいりょう〉……**527**
博物窮理〈はくぶつきゅうり〉……**527**
博物洽聞〈はくぶつこうぶん〉……524
薄物細故〈はくぶつさいこ〉……**527**
博聞強記〈はくぶんきょうき〉……524, **527**, 528
博聞強志〈はくぶんきょうし〉……527, 528
博聞彊識〈はくぶんきょうし〉……**527**, 528
博聞多識〈はくぶんたしき〉……228
博文約礼〈はくぶんやくれい〉……**527**
白璧断獄〈はくへきだんごく〉……**527**
白璧微瑕〈はくへきのびか〉……231, **527**
薄暮冥冥〈はくぼめいめい〉……**528**
白面儒生〈はくめんじゅせい〉……528
白面書郎〈はくめんしょろう〉……**528**
白面書生〈はくめんのしょせい〉……**528**
白面郎君〈はくめんろうくん〉……528
伯兪泣杖〈はくゆきゅうじょう〉……**528**
伯楽一顧〈はくらくのいっこ〉……**528**
博覧強記〈はくらんきょうき〉……524, 527, **528**
博覧強識〈はくらんきょうしき〉……228
博覧多識〈はくらんたしき〉……522, **528**
薄利多売〈はくりたばい〉……**528**
白竜魚服〈はくりょうぎょふく〉……**528**, 650
白竜白雲〈はくりょうはくうん〉……**528**
波譎雲詭〈はけつうんき〉……520, **529**
馬工枚速〈ばこうばいそく〉……530
播糠眯目〈はこうべいもく〉……**529**
馬歯加長〈ばしかちょう〉……529
馬耳東風〈ばじとうふう〉……231, 420, 428, **529**
馬歯徒増〈ばしとぞう〉……**529**
馬歯日増〈ばしにちぞう〉……529
馬氏五常〈ばしのごじょう〉……**529**
破邪顕正〈はじゃけんしょう〉……**529**
馬痩毛長〈ばそうもうちょう〉……**529**
破綻百出〈はたんひゃくしゅつ〉……**529**
破竹之勢〈はちくのいきおい〉……138, 162, 194, **529**
八元八愷〈はちげんはちがい〉……**530**
八字打開〈はちじだかい〉……**530**
八大地獄〈はちだいじごく〉……**530**
八熱地獄〈はちねつじごく〉……530
馬遅枚疾〈ばちばいしつ〉……**530**
馬遅枚速〈ばちばいそく〉……530
八面美人〈はちめんびじん〉……**530**, 533
八面玲瓏〈はちめんれいろう〉……**530**, 533
八面六臂〈はちめんろっぴ〉……269, **530**
伐異党同〈ばついとうどう〉……490, **530**
撥雲見日〈はつうんけんじつ〉……88
撥雲見天〈はつうんけんてん〉……88, 450, **530**
抜角脱距〈ばっかくだっきょ〉……**530**
白駒過隙〈はっくかげき〉……135
白駒空谷〈はっくくうこく〉……**531**
抜苦与楽〈ばっくよらく〉……**531**
抜群出萃〈ばつぐんしゅっすい〉……531
抜群出類〈ばつぐんしゅつるい〉……315, **531**
八紘一宇〈はっこういちう〉……**531**
白虹貫日〈はっこうかんじつ〉……**531**
白黒分明〈はっこくぶんめい〉……**531**
跋扈跳梁〈ばっこちょうりょう〉……456, **531**
八索九丘〈はっさくきゅうきゅう〉……**531**
抜山蓋世〈ばつざんがいせい〉……92, **531**, 532
跋山渉水〈ばつざんしょうすい〉……**531**
跋山渉川〈ばつざんしょうせん〉……532
抜山倒河〈ばつざんとうか〉……531
抜山倒海〈ばつざんとうかい〉……531
抜山翻海〈ばつざんほんかい〉……531, **532**
発縦指示〈はっしょうじし〉……**532**
発人深省〈はつじんしんせい〉……**532**
抜萃出類〈ばっすいしゅつるい〉……531
伐性之斧〈ばっせいのおの〉……**532**
八相成道〈はっそうじょうどう〉……**532**
伐氷之家〈ばっぴょうのいえ〉……**532**
発憤興起〈はっぷんこうき〉……**532**
発憤忘食〈はっぷんぼうしょく〉……**532**
八方美人〈はっぽうびじん〉……530, **532**
抜茅連茹〈ばつぼうれんじょ〉……**533**
伐木之契〈ばつぼくのちぎり〉……175, **533**
潑墨淋漓〈はつぼくりんり〉……**533**
抜本塞源〈ばっぽんそくげん〉……254, 396, 435, 447, **533**, 578

発蒙振落〈はつもうしんらく〉……**533**
発揚踔厲〈はつようたくれい〉……533
発揚蹈厲〈はつようとうれい〉……**533**
抜来報往〈ばつらいほうおう〉……**533**
撥乱反正〈はつらんはんせい〉……**533**
破天荒解〈はてんこうかい〉……395, 397, **533**
波濤万里〈はとうばんり〉……**534**
鼻先思案〈はなさきじあん〉……189, 515, **534**
花八層倍〈はなはっそうばい〉……178
鼻元思案〈はなもとじあん〉……515, **534**
馬疲毛長〈ばひもうちょう〉……529
破釜沈船〈はふちんせん〉……518, **534**
馬舞之災〈ばぶのわざわい〉……**534**
跛鼈千里〈はべつせんり〉……**534**
破帽弊衣〈はぼうへいい〉……587
爬羅剔抉〈はらてきけつ〉……**534**
波瀾曲折〈はらんきょくせつ〉……**534**, 535
波瀾万丈〈はらんばんじょう〉……**534**
罵詈讒謗〈ばりざんぼう〉……5, **535**
罵詈雑言〈ばりぞうごん〉……5, **535**
跛立箕坐〈はりゅうきざ〉……**535**
波流弟靡〈はりゅうたいび〉……**535**
波流茅靡〈はりゅうぼうび〉……535
馬良白眉〈ばりょうはくび〉……527, **535**
破和合僧〈はわごうそう〉……301
氾愛兼利〈はんあいけんり〉……196, **535**
汎愛博施〈はんあいはくし〉……**535**
蛮夷戎狄〈ばんいじゅうてき〉……50, **535**
斑衣之戯〈はんいのたわむれ〉……**535**
攀轅臥轍〈はんえんがてつ〉……**535**
攀轅扣馬〈はんえんこうば〉……**536**
半解半知〈はんかいはんち〉……44, **536**
半覚半醒〈はんかくはんせい〉……540
反間苦肉〈はんかんくにく〉……**536**
播間酒肉〈はんかんしゅにく〉……**536**
犯顔直諫〈はんがんちょっかん〉……629
反間之計〈はんかんのけい〉……**536**
半官半民〈はんかんはんみん〉……**536**
半饑半渇〈はんきはんかつ〉……**536**
反逆縁坐〈はんぎゃくえんざ〉……**536**
反躬自省〈はんきゅうじせい〉……**536**, 541
反躬自責〈はんきゅうじせき〉……536
反躬自問〈はんきゅうじもん〉……**536**, 541
班荊道故〈はんけいどうこ〉……**536**
万頃瑠璃〈ばんけいるり〉……**537**
繁劇紛擾〈はんげきふんじょう〉……**537**
繁絃急管〈はんげんきゅうかん〉……**537**
煩言砕辞〈はんげんさいじ〉……**537**
反抗憤怒〈はんこうふんぬ〉……**537**
反行両登〈はんこうりょうとう〉……**537**
万国共通〈ばんこくきょうつう〉……**537**
万古千秋〈ばんこせんしゅう〉……393, **537**
万古長春〈ばんこちょうしゅん〉……538
万古長青〈ばんこちょうせい〉……**537**, 538
反顧之憂〈はんこのうれい〉……213
飯後之鐘〈はんごのしょう〉……**538**
万古不易〈ばんこふえき〉…24, 58, 67, 68, 390, **538**, 540, 554
万古不磨〈ばんこふま〉……67, 390, **538**, 554
盤根錯節〈ばんこんさくせつ〉……63, **538**, 571
万死一生〈ばんしいっせい〉……149, **538**
万紫千紅〈ばんしせんこう〉……392, **538**, 557
万事如意〈ばんじにょい〉……320
半死半生〈はんしはんしょう〉……143, **538**
盤石之安〈ばんじゃくのあん〉……539
盤石之固〈ばんじゃくのかため〉……**538**
反首抜舎〈はんしゅばっしゃ〉……**539**
万寿無疆〈ばんじゅむきょう〉……506, **539**
万乗之君〈ばんじょうのきみ〉……**539**
万乗之国〈ばんじょうのくに〉……393, **539**
万乗之主〈ばんじょうのしゅ〉……539
万乗之尊〈ばんじょうのそん〉……539
半生半死〈はんしょうはんし〉……538, **539**
伴食宰相〈ばんしょくさいしょう〉……**539**
伴食大臣〈ばんしょくだいじん〉……270, **539**
蛮触之争〈ばんしょくのあらそい〉……98
班女辞輦〈はんじょじれん〉……**539**
万杵千砧〈ばんしょせんちん〉……**539**
半信半疑〈はんしんはんぎ〉……**540**
半身不随〈はんしんふずい〉……**540**
万水千山〈ばんすいせんざん〉……391, **540**
半推半就〈はんすいはんしゅう〉……**540**
半睡半醒〈はんすいはんせい〉……**540**
万世一系〈ばんせいいっけい〉……**540**

半醒半睡〈はんせいはんすい〉……**540**
万世不易〈ばんせいふえき〉……68, 390, 538, **540**
万世不刊〈ばんせいふかん〉……**540**
万世不朽〈ばんせいふきゅう〉……68, **540**, 554
万世不滅〈ばんせいふめつ〉……540
版籍奉還〈はんせきほうかん〉……518, **540**
万全之計〈ばんぜんのけい〉……541
万全之策〈ばんぜんのさく〉……**541**
販賤売貴〈はんせんばいき〉……403
万代不易〈ばんだいふえき〉……538, 540, **541**
万代不刊〈ばんだいふかん〉……540
半知半解〈はんちはんかい〉……44, **541**
反聴内視〈はんちょうないし〉……536, **541**
班田収授〈はんでんしゅうじゅ〉……**541**
万能一心〈ばんのういっしん〉……**541**
飯嚢酒甕〈はんのうしゅおう〉……56, 174, 215, **541**, 618
万馬奔騰〈ばんばほんとう〉……**541**
万万千千〈ばんばんせんせん〉……**541**
叛服不常〈はんぷくふじょう〉……**541**
帆腹飽満〈はんぷくほうまん〉……**541**
叛服無常〈はんぷくむじょう〉……541
万物一馬〈ばんぶついちば〉……475, **541**, 542
万物一斉〈ばんぶついっせい〉……542
万物一府〈ばんぶついっぷ〉……**542**
万物殷富〈ばんぶついんぷ〉……**542**
万物斉同〈ばんぶつせいどう〉……475, **542**
万物逆旅〈ばんぶつのげきりょ〉……**542**
万物流転〈ばんぶつるてん〉……335, 371, **542**, 671
万夫之望〈ばんぷのぼう〉……**542**
万夫不当〈ばんぷふとう〉……**542**
繁文縟礼〈はんぶんじょくれい〉……**542**
万邦無比〈ばんぽうむひ〉……**542**
反哺之孝〈はんぽのこう〉……61, 262, 270, **543**
反哺之心〈はんぽのこころ〉……543
反哺之羞〈はんぽのしゅう〉……270, **543**
反面教員〈はんめんきょういん〉……543
反面教師〈はんめんきょうし〉……430, **543**
半面之雅〈はんめんのが〉……543
半面之旧〈はんめんのきゅう〉……543
半面之識〈はんめんのしき〉……**543**
万目睚眥〈ばんもくがいさい〉……**543**
反目嫉視〈はんもくしっし〉……289, **543**
煩悶懊悩〈はんもんおうのう〉……83, **543**
煩悶憂苦〈はんもんゆうく〉……**543**
班門弄斧〈はんもんろうふ〉……**543**
盤楽遊嬉〈ばんらくゆうき〉……**543**
汎濫停蓄〈はんらんていちく〉……**543**
万里長風〈ばんりちょうふう〉……**543**
万里同風〈ばんりどうふう〉……402, **544**
万里之望〈ばんりののぞみ〉……**544**
万里鵬程〈ばんりほうてい〉……**544**, 601
万里鵬翼〈ばんりほうよく〉……**544**, 601
攀竜附驥〈はんりょうふき〉……**544**
攀竜附鳳〈はんりょうふほう〉……**544**
万緑一紅〈ばんりょくいっこう〉……**544**
煩労汚辱〈はんろうおじょく〉……**544**

ひ

美意延年〈びいえんねん〉……**544**
贔屓偏頗〈ひいきへんぱ〉……**544**
靡衣婾食〈びいとうしょく〉……**545**, 616
皮開肉綻〈ひかいにくたん〉……**545**
皮開肉破〈ひかいにくは〉……545
被害妄想〈ひがいもうそう〉……**545**
比較検討〈ひかくけんとう〉……578
悲歌慷慨〈ひかこうがい〉……207, **545**, 552
悲歌悵飲〈ひかちょういん〉……**545**
被褐懐玉〈ひかつかいぎょく〉……277, 484, **545**
被褐懐宝〈ひかつかいほう〉……545
飛花落葉〈ひからくよう〉……**545**
眉間一尺〈びかんいっしゃく〉……**545**
悲歓合散〈ひかんがっさん〉……546
媚眼秋波〈びがんしゅうは〉……**545**
悲歓離合〈ひかんりごう〉……**546**
被官郎党〈ひかんろうとう〉……**546**
悲喜交集〈ひきこうしゅう〉……546
悲喜交交〈ひきこもごも〉……**546**
非義非道〈ひぎひどう〉……**546**, 570
卑躬屈膝〈ひきゅうくっしつ〉……546
卑躬屈節〈ひきゅうくっせつ〉……6, **546**
匪躬之節〈ひきゅうのせつ〉……**546**
卑怯千万〈ひきょうせんばん〉……**546**

披荊斬棘〈ひけいざんきょく〉……**546**
比肩継踵〈ひけんけいしょう〉……135, 204, **546**
被堅執鋭〈ひけんしつえい〉……**547**
比肩随踵〈ひけんずいしょう〉……204, 546
微言精義〈びげんせいぎ〉……547
比肩接踵〈ひけんせっしょう〉……547
微言大義〈びげんたいぎ〉……15, 23, 52, 318, **547**, 550, 560
備荒貯蓄〈びこうちょちく〉……**547**
避坑落井〈ひこうらくせい〉……**547**
美事多磨〈びじたま〉……215
飛耳長目〈ひじちょうもく〉……79, **547**
誹刺諷誡〈ひしふうかい〉……**547**
美酒佳肴〈びしゅかこう〉……**547**, 551
美鬚豪眉〈びしゅごうび〉……**547**
悲傷憔悴〈ひしょうしょうすい〉……**547**
非常之勲〈ひじょうのくん〉……548
非常之功〈ひじょうのこう〉……**548**
非常之士〈ひじょうのし〉……548
非常之人〈ひじょうのひと〉……233, **548**
飛絮漂花〈ひじょひょうか〉……**548**
飛絮流花〈ひじょりゅうか〉……548
美辞麗句〈びじれいく〉……**548**
美人薄命〈びじんはくめい〉……107, 251, **548**
披星帯月〈ひせいたいげつ〉……548
披星戴月〈ひせいたいげつ〉……311, **548**
避井入坎〈ひせいにゅうかん〉……547
尾生之信〈びせいのしん〉……**548**
避井落坑〈ひせいらくこう〉……547
匪石之心〈ひせきのこころ〉……467, **548**
飛雪千里〈ひせつせんり〉……**548**
皮相浅薄〈ひそうせんぱく〉……**549**, 552
皮相之見〈ひそうのけん〉……552
非僧非俗〈ひそうひぞく〉……**549**
悲壮淋漓〈ひそうりんり〉……**549**
肥大繁殖〈ひだいはんしょく〉……549
肥大蕃息〈ひだいはんそく〉……**549**
尾大不掉〈びだいふとう〉……**549**
飛短流長〈ひたんりゅうちょう〉……**549**
秘中之秘〈ひちゅうのひ〉……**549**
必求壟断〈ひっきゅうろうだん〉……**549**
畢竟寂滅〈ひっきょうじゃくめつ〉……**549**
必経之路〈ひっけいのみち〉……550
筆硯紙墨〈ひつけんしぼく〉……**549**, 550
筆耕硯田〈ひっこうけんでん〉……349, **549**, 647
筆削褒貶〈ひっさくほうへん〉……23, 318, 547, **550**, 560
匹夫之勇〈ひっぷのゆう〉……328, 458, **550**, 598
匹夫匹婦〈ひっぷひっぷ〉……**550**
筆墨硯紙〈ひつぼくけんし〉……**550**
必由之路〈ひつゆうのみち〉……**550**
筆力扛鼎〈ひつりょくこうてい〉……**550**
篳路藍縷〈ひつろらんる〉……**550**
人之安宅〈ひとのあんたく〉……**550**
人身御供〈ひとみごくう〉……**550**
飛兎竜文〈ひとりょうぶん〉……**550**, 669
非難囂囂〈ひなんごうごう〉……223, **551**
肥肉厚酒〈ひにくこうしゅ〉……547, **551**
肥肉大酒〈ひにくたいしゅ〉……547, 551
皮肉之見〈ひにくのけん〉……552
髀肉之嘆〈ひにくのたん〉……**551**
肥馬軽裘〈ひばけいきゅう〉……185, **551**
被髪纓冠〈ひはつえいかん〉……**551**
被髪左衽〈ひはつさじん〉……233, **551**
被髪文身〈ひはつぶんしん〉……233, **551**
被髪佯狂〈ひはつようきょう〉……**551**
費半功倍〈ひはんこうばい〉……293
非風非旛〈ひふうひはん〉……567
麋沸蟻聚〈びふつぎしゅう〉……552
麋沸蟻動〈びふつぎどう〉……**551**
皮膚之見〈ひふのけん〉……549, **552**
悲憤慷慨〈ひふんこうがい〉……192, 207, 545, **552**
誹謗中傷〈ひぼうちゅうしょう〉……**552**
誹謗之木〈ひぼうのき〉……93
美味佳肴〈びみかこう〉……460, **552**
微妙玄通〈びみょうげんつう〉……**552**
美妙巧緻〈びみょうこうち〉……**552**
悲無量心〈ひむりょうしん〉……295
披毛求瑕〈ひもうきゅうか〉……363, 389
眉目温厚〈びもくおんこう〉……**552**
眉目秀麗〈びもくしゅうれい〉……**552**, 647
眉目清秀〈びもくせいしゅう〉……**552**
比目同行〈ひもくどうこう〉……**552**

比目連枝〈ひもくれんし〉……553
百依百順〈ひゃくいひゃくじゅん〉……11, **553**
百依百随〈ひゃくいひゃくずい〉……553
百載無窮〈ひゃくさいむきゅう〉…474, 476, **553**
百挫不折〈ひゃくざふせつ〉……554
百尺竿頭〈ひゃくしゃくかんとう〉……**553**
百舎重趼〈ひゃくしゃちょうけん〉……**553**
百術千慮〈ひゃくじゅつせんりょ〉……392, 401, **553**
百順百依〈ひゃくじゅんひゃくい〉……553
百姓一揆〈ひゃくしょういっき〉……**553**
百丈竿頭〈ひゃくじょうかんとう〉……**553**
百縦千随〈ひゃくしょうせんずい〉……**553**
百世之師〈ひゃくせいのし〉……**553**
百世之利〈ひゃくせいのり〉……**553**
百世不易〈ひゃくせいふえき〉……554
百世不羈〈ひゃくせいふき〉……218
百世不磨〈ひゃくせいふま〉……24, 67, 68, 69, 390, 538, 540, **553**, 557
百折不撓〈ひゃくせつふとう〉…497, **554**, 579
百川学海〈ひゃくせんがっかい〉……**554**
百川帰海〈ひゃくせんきかい〉……**554**
百戦百勝〈ひゃくせんひゃくしょう〉…**554**, 557, 675
百川赴海〈ひゃくせんふかい〉……554
百戦錬磨〈ひゃくせんれんま〉……62, 388, **554**, 597
百代過客〈ひゃくだいのかかく〉……**554**
百鍛千練〈ひゃくたんせんれん〉……193, **554**
百端待挙〈ひゃくたんたいきょ〉……**554**
百二河山〈ひゃくにのかざん〉……555
百二山河〈ひゃくにのさんが〉……**555**
百人百態〈ひゃくにんひゃくたい〉……**555**
百人百様〈ひゃくにんひゃくよう〉……101, 262, 308, **555**
百年河清〈ひゃくねんかせい〉……**555**
百年大計〈ひゃくねん(の)たいけい〉……**555**
百年之業〈ひゃくねんのぎょう〉……**555**
百年之柄〈ひゃくねんのへい〉……**555**
百売千買〈ひゃくばいせんばい〉……**555**
百八煩悩〈ひゃくはちぼんのう〉……**555**
百福荘厳〈ひゃくふくしょうごん〉……**555**
百聞一見〈ひゃくぶんいっけん〉……139, **555**
百味飲食〈ひゃくみのおんじき〉……**556**
百薬之長〈ひゃくやくのちょう〉……144, 371, 477, 516, 523, **556**, 604
百様依順〈ひゃくよういじゅん〉……553
百様玲瓏〈ひゃくようれいろう〉……**556**
百里之才〈ひゃくりのさい〉……**556**
百里之命〈ひゃくりのめい〉……**556**
百慮一失〈ひゃくりょのいっしつ〉……178, 402, 442
百慮一得〈ひゃくりょのいっとく〉……178, 403
百伶百利〈ひゃくれいひゃくり〉……**556**
百錬成鋼〈ひゃくれんせいこう〉……**556**
百錬之鋼〈ひゃくれんのはがね〉……556
百怪魑魅〈ひゃっかいちみ〉……444, **556**
百家九流〈ひゃっかきゅうりゅう〉……336
百花斉放〈ひゃっかせいほう〉……**556**, 557
百家争鳴〈ひゃっかそうめい〉…119, 168, 336, 439, **556**, 557
百下百全〈ひゃっかひゃくぜん〉……**556**, 557
百下百着〈ひゃっかひゃくちゃく〉……556
百花繚乱〈ひゃっかりょうらん〉……392, **556**
百鬼夜行〈ひゃっきやこう〉……444, **557**
百挙百全〈ひゃっきょひゃくぜん〉……557
百挙百捷〈ひゃっきょひゃくしょう〉……554, **557**
百孔千瘡〈ひゃっこうせんそう〉……**557**, 613
百口嘲謗〈ひゃっこうちょうぼう〉……613
百古不磨〈ひゃっこふま〉……554, **557**
百発百中〈ひゃっぱつひゃくちゅう〉……556, **557**
百歩穿楊〈ひゃっぽせんよう〉……**557**
謬悠之説〈びゅうゆうのせつ〉……221, **557**
氷甌雪椀〈ひょうおうせつわん〉……**557**
剽悍無比〈ひょうかんむひ〉……352, **557**
氷肌玉骨〈ひょうきぎょっこつ〉…163, **558**, 627
憑虚御風〈ひょうきょぎょふう〉……**558**
表敬訪問〈ひょうけいほうもん〉……**558**
氷壺秋月〈ひょうこしゅうげつ〉……**558**
飄忽震蕩〈ひょうこつしんとう〉……**558**
飄忽淜滂〈ひょうこつひょうほう〉……291, **558**
描虎類狗〈びょうこるいく〉……104, **558**
氷散瓦解〈ひょうさんがかい〉……501, 558
氷姿玉骨〈ひょうしぎょっこつ〉……558

氷姿雪魄〈ひょうしせっぱく〉……384, **558**
剽疾軽悍〈ひょうしつけいかん〉……**558**
熛至風起〈ひょうしふうき〉……472, **558**
氷消瓦解〈ひょうしょうがかい〉……501, **558**
庇葉傷枝〈ひようしょうし〉……153, **558**
豹死留皮〈ひょうしりゅうひ〉……363, 441, **559**
標新立異〈ひょうしんりつい〉……**559**
標新領異〈ひょうしんりょうい〉……559
氷清玉潤〈ひょうせいぎょくじゅん〉……**559**
氷清玉潔〈ひょうせいぎょっけつ〉……559
飛鷹走狗〈ひようそうく〉……**559**
猫鼠同処〈びょうそどうしょ〉……559
猫鼠同眠〈びょうそどうみん〉……**559**
氷炭相愛〈ひょうたんそうあい〉……**559**
廟堂之器〈びょうどうのき〉……**559**
評頭品足〈ひょうとうひんそく〉……**559**
漂蕩奔逸〈ひょうとうほんいつ〉……**559**
評頭論足〈ひょうとうろんそく〉……559
病入膏肓〈びょうにゅうこうこう〉……213, **559**
飛揚跋扈〈ひようばっこ〉……81, 216, 456, **560**
飄飄踉踉〈ひょうひょうろうろう〉……409, **560**
飛鷹奔犬〈ひようほんけん〉……559
標末之功〈ひょうまつのこう〉……**560**
表裏一体〈ひょうりいったい〉……**560**
比翼双飛〈ひよくそうひ〉……595
比翼連理〈ひよくれんり〉……73, 98, 120, 124, 172, 407, **560**, 595
皮裏春秋〈ひりのしゅんじゅう〉……**560**
皮裏陽秋〈ひりのようしゅう〉……23, 318, 383, 547, 550, **560**
飛流短長〈ひりゅうたんちょう〉……549
飛竜乗雲〈ひりょうじょううん〉……**560**
卑陋頑固〈ひろうがんこ〉……132
疲労困憊〈ひろうこんぱい〉……374, **561**, 613
麋鹿之姿〈びろくのすがた〉……**561**
非驢非馬〈ひろひば〉……**561**
貧窮福田〈びんぐうふくでん〉……**561**
牝鶏司晨〈ひんけいししん〉……561
牝鶏晨鳴〈ひんけいしんめい〉……561
牝鶏之晨〈ひんけいのしん〉……468, **561**
牝鶏牡鳴〈ひんけいぼめい〉……468, **561**
品行方正〈ひんこうほうせい〉……3, 138, **561**, 600
貧者一灯〈ひんじゃのいっとう〉……451, **561**
貧小失大〈ひんしょうしつだい〉……238
貧女一灯〈ひんじょのいっとう〉……561
貧賤驕人〈ひんせんきょうじん〉……**561**
貧賤之知〈ひんせんのち〉……562
貧賤之交〈ひんせんのまじわり〉……406, **562**
貧賤憂戚〈ひんせんゆうせき〉……564
貧富貴賤〈ひんぷきせん〉……**562**
牝牡驪黄〈ひんぼりこう〉……**562**

ふ

布衣韋帯〈ふいいたい〉……**562**
父為子隠〈ふいしいん〉……270
布衣之極〈ふいのきょく〉……**562**
布衣之友〈ふいのとも〉……562
布衣之交〈ふいのまじわり〉……**562**
無為不言〈ぶいふげん〉……**562**
馮異大樹〈ふういたいじゅ〉……423, **563**
風雨凄凄〈ふううせいせい〉……**563**
風雨対牀〈ふううたいしょう〉……**563**, 636
風雨同舟〈ふううどうしゅう〉……230, **563**
風雲月露〈ふううんげつろ〉……455, **563**
風雲際会〈ふううんさいかい〉……**563**
風雲之会〈ふううんのかい〉……**563**
風雲之器〈ふううんのき〉……**563**
風雲之志〈ふううんのこころざし〉……**563**
風格丰神〈ふうかくぼうしん〉……**563**
風花雪月〈ふうかせつげつ〉……381, **563**
風鬟雨鬢〈ふうかんうびん〉……291, **564**
風岸孤峭〈ふうがんこしょう〉……196, **564**
風起雲蒸〈ふうきうんじょう〉……564
風起雲湧〈ふうきうんゆう〉……**564**
富貴栄華〈ふうきえいが〉……**564**
富貴在天〈ふうきざいてん〉……**564**
富貴寿考〈ふうきじゅこう〉……**564**
風起水湧〈ふうきすいゆう〉……564
富貴長生〈ふうきちょうせい〉……455
風紀紊乱〈ふうきびんらん〉……332, **564**, 567
富貴浮雲〈ふうきふうん〉……**564**
富貴福沢〈ふうきふくたく〉……**564**
富貴福禄〈ふうきふくろく〉……564

風魚之災〈ふうぎょのわざわい〉……**564**
富貴利達〈ふうきりたつ〉……**565**
風月玄度〈ふうげつげんたく〉……**565**
風月無涯〈ふうげつむがい〉……565
風月無辺〈ふうげつむへん〉……**565**
風言風語〈ふうげんふうご〉……282, **565**
風言風説〈ふうげんふうせつ〉……565
風光明媚〈ふうこうめいび〉……**565**
風骨峭俊〈ふうこつしょうしゅん〉……564
風餐雨臥〈ふうさんうが〉……**565**
風餐露宿〈ふうさんろしゅく〉……**565**
風櫛雨沐〈ふうしつうもく〉……291, 564, **565**
風樹之悲〈ふうじゅのかなしみ〉……565
風樹之感〈ふうじゅのかん〉……565
風樹之歎〈ふうじゅのたん〉……1, 232, **565**, 656
風檣陣馬〈ふうしょうじんば〉……**565**
風塵外物〈ふうじんがいぶつ〉……341, **566**
風塵之会〈ふうじんのかい〉……**566**
風塵表物〈ふうじんひょうぶつ〉……341, 566
風塵僕僕〈ふうじんぼくぼく〉……**566**
風塵碌碌〈ふうじんろくろく〉……566
風声鶴唳〈ふうせいかくれい〉……67, 141, 411, **566**
風清月白〈ふうせいげっぱく〉……195, **566**
風清弊絶〈ふうせいへいぜつ〉……**566**
風雪対牀〈ふうせつたいしょう〉……636
風前灯火〈ふうぜんのとうか〉……566
風前之灯〈ふうぜんのともしび〉……242, 328, 383, 468, **566**, 578
風霜高潔〈ふうそうこうけつ〉……235, **566**
風霜之気〈ふうそうのき〉……**566**
風霜之任〈ふうそうのにん〉……**566**
風俗壊乱〈ふうぞくかいらん〉……332, 564, **566**
風波之民〈ふうはのたみ〉……**567**
風旛之論〈ふうはんのろん〉……**567**
夫婦牉合〈ふうふはんごう〉……574
風木之悲〈ふうぼくのかなしみ〉……565, **567**
風木之歎〈ふうぼくのたん〉……565
風流韻事〈ふうりゅういんじ〉……109, 169, **567**
風流雲散〈ふうりゅううんさん〉……**567**
風流佳事〈ふうりゅうかじ〉……567
風流閑事〈ふうりゅうかんじ〉……567
風流警抜〈ふうりゅうけいばつ〉……**567**
風流三昧〈ふうりゅうざんまい〉……**567**
風林火山〈ふうりんかざん〉……**567**
浮雲翳日〈ふうんえいじつ〉……**567**, 568
浮雲驚竜〈ふうんきょうりょう〉……**567**
巫雲蜀雨〈ふうんしょくう〉……**567**
武運長久〈ぶうんちょうきゅう〉……**568**
浮雲朝露〈ふうんちょうろ〉……**568**
浮雲蔽日〈ふうんへいじつ〉……**568**
不易流行〈ふえきりゅうこう〉……24, **568**
不壊金剛〈ふえこんごう〉……247, **568**
婦怨無終〈ふえんむしゅう〉……**568**
不解衣帯〈ふかいいたい〉……40, 448, **568**, 581
付会穿鑿〈ふかいせんさく〉……568
付会之説〈ふかいのせつ〉……198, **568**
不学無術〈ふがくむじゅつ〉……620
不可抗力〈ふかこうりょく〉……**568**
不可思議〈ふかしぎ〉…53, 133, 134, 135, 142, **568**
浮瓜沈李〈ふかちんり〉……**569**
夫家之征〈ふかのせい〉……**569**
浮家泛宅〈ふかはんたく〉……**569**
浮花浪蕊〈ふかろうずい〉……**569**
不刊之書〈ふかんのしょ〉……**569**
不刊之典〈ふかんのてん〉……569
不刊之論〈ふかんのろん〉……569
不羈自由〈ふきじゆう〉……**569**, 570
不羈独立〈ふきどくりつ〉……497, **569**
不帰之客〈ふきのきゃく〉……**569**
不羈之才〈ふきのさい〉……**569**
不義富貴〈ふぎのふうき〉……**569**
不義不正〈ふぎふせい〉……518, 546, **569**, 570
不義不貞〈ふぎふてい〉……518, 546, **570**
不義不徳〈ふぎふとく〉……**570**
不羈奔放〈ふきほんぽう〉…309, 477, 569, **570**, 571
不朽之書〈ふきゅうのしょ〉……569
不急之務〈ふきゅうのむ〉……**570**
不朽不滅〈ふきゅうふめつ〉……**570**
俯仰天地〈ふぎょうてんち〉……475, **570**
俯仰之間〈ふぎょうのかん〉……**570**
不協和音〈ふきょうわおん〉……**570**

釜魚甑塵〈ふぎょそうじん〉……408, **570**
不羈磊落〈ふきらいらく〉……**570**
覆雨翻雲〈ふくうほんうん〉……66, **571**
伏寇在側〈ふくこうざいそく〉……**571**, 645
複雑怪奇〈ふくざつかいき〉……127, 435, 457, **571**
複雑奇怪〈ふくざつきかい〉……571
複雑多岐〈ふくざつたき〉……63, 538, **571**
複雑多様〈ふくざつたよう〉……538, **571**
覆車之戒〈ふくしゃのいましめ〉……392, **571**
腹心内爛〈ふくしんないらん〉……**571**
腹心之疾〈ふくしんのしつ〉……355, **571**
腹心之臣〈ふくしんのしん〉……236, **571**
覆水難収〈ふくすいなんしゅう〉……520, 521, **571**, 572
覆水不返〈ふくすいふへん〉……520, 521, **571**
福善禍淫〈ふくぜんかいん〉……54, 114, **572**
不倶戴天〈ふぐたいてん〉……180, **572**
覆地翻天〈ふくちほんてん〉……**572**, 610
腹中甲兵〈ふくちゅうのこうへい〉……157
腹中之書〈ふくちゅうのしょ〉……**572**
腹中之針〈ふくちゅうのはり〉……572
腹中鱗甲〈ふくちゅうりんこう〉……**572**
不屈不撓〈ふくつふとう〉……**572**, 579
福徳円満〈ふくとくえんまん〉……79, **572**, 580
不虞之誉〈ふぐのほまれ〉……150, **572**
腹誹之法〈ふくひのほう〉……**572**
伏竜鳳雛〈ふくりょうほうすう〉……226, **573**, 596, 631, 663, 669
不繋之舟〈ふけいのふね〉……**573**
武芸百般〈ぶげいひゃっぱん〉……**573**
不言実行〈ふげんじっこう〉……499, **573**, 639, 640
不言之教〈ふげんのおしえ〉……**573**
不言不語〈ふげんふご〉……17, **573**
傅虎為翼〈ふこいよく〉……15, **573**
不耕不織〈ふこうふしょく〉……**573**
不遑枚挙〈ふこうまいきょ〉……**573**
富国強兵〈ふこくきょうへい〉……**573**
巫蠱神仏〈ふこしんぶつ〉……**574**
武骨一辺〈ぶこついっぺん〉……**574**
不在証明〈ふざいしょうめい〉……**574**
夫妻胖合〈ふさいはんごう〉……**574**
俯察仰観〈ふさつぎょうかん〉……154, **574**
巫山雲雨〈ふざんうんう〉……**574**
巫山之夢〈ふざんのゆめ〉……462, **574**
父子相伝〈ふしそうでん〉……37, **574**
無事息災〈ぶじそくさい〉……27, 412, **574**, 588, 621
不失正鵠〈ふしつせいこく〉……**574**
不事二君〈ふじにくん〉……521
付耳之言〈ふじのげん〉……**574**
不時之需〈ふじのじゅ〉……**575**
不時之須〈ふじのもとめ〉……**575**
不死不朽〈ふしふきゅう〉……**575**, 582
無事平安〈ぶじへいあん〉……574
無事平穏〈ぶじへいおん〉……**575**, 588
不惜身命〈ふしゃくしんみょう〉……5, **575**
俛首帖耳〈ふしゅちょうじ〉……**575**
膚受之愬〈ふじゅのうったえ〉……348, **575**
不渉階梯〈ふしょうかいてい〉……**575**
無精打彩〈ぶしょうださい〉……587
不将不逆〈ふしょうふぎゃく〉……575
不将不迎〈ふしょうふげい〉……**575**
不承不承〈ふしょうぶしょう〉……**575**
夫唱婦随〈ふしょうふずい〉……103, 120, **575**
不食之地〈ふしょくのち〉……581
婦女童蒙〈ふじょどうもう〉……**576**
負薪救火〈ふしんきゅうか〉……600
負薪汲水〈ふしんきゅうすい〉……252, **576**
負薪之憂〈ふしんのうれい〉……252, **576**
負薪之疾〈ふしんのしつ〉……576
負薪之病〈ふしんのやまい〉……**576**
鳧趨雀躍〈ふすうじゃくやく〉……316, **576**
付贅懸疣〈ふぜいけんゆう〉……**576**
浮生若夢〈ふせいじゃくむ〉……351, **576**, 604, 618
浮声切響〈ふせいせっきょう〉……**576**
不正不義〈ふせいふぎ〉……569, **576**
不正不公〈ふせいふこう〉……**576**
不正不便〈ふせいふべん〉……**576**
浮石沈木〈ふせきちんぼく〉……267, 302, 309, 408, **577**
不説一字〈ふせついちじ〉……23, **577**

不争之徳〈ふそうのとく〉……**577**
不即不離〈ふそくふり〉……**577**
父祖伝来〈ふそでんらい〉……396, **577**
布素之交〈ふそのまじわり〉……562
二股膏薬〈ふたまたこうやく〉……59, 60, **577**
不断節季〈ふだんせっき〉……**577**
不知案内〈ふちあんない〉……**577**
不知寝食〈ふちしんしょく〉……517
不智不徳〈ふちふとく〉……**577**
釜中生魚〈ふちゅうせいぎょ〉……408
釜中之魚〈ふちゅうのうお〉……415, **577**, 578
物換星移〈ぶっかんせいい〉……**577**
物議洶然〈ぶつぎきょうぜん〉……578
物議騒然〈ぶつぎそうぜん〉……**577**, 578
物質代謝〈ぶっしつたいしゃ〉……353
物情騒然〈ぶつじょうそうぜん〉……**577**, 578
物色比類〈ぶっしょくひるい〉……**578**
仏心鬼手〈ぶっしんきしゅ〉……140, **578**
物是人非〈ぶつぜじんぴ〉……**578**
仏足石歌〈ぶっそくせきか〉……**578**
物物交換〈ぶつぶつこうかん〉……**578**
物来順応〈ぶつらいじゅんのう〉……101
仏籬祖室〈ぶつりそしつ〉……**578**
物論囂囂〈ぶつろんごうごう〉……577, **578**
釜底抽薪〈ふていちゅうしん〉……396, 447, 533, **578**
釜底游魚〈ふていのゆうぎょ〉……328, 415, 468, 566, **578**
釜底遊魚〈ふていのゆうぎょ〉……578
不貞不義〈ふていふぎ〉……570, **578**
普天率土〈ふてんそつど〉……416, **578**
敷天之下〈ふてんのもと〉……**579**
赴湯蹈火〈ふとうとうか〉……**579**
不撓不屈〈ふとうふくつ〉……286, 386, 497, 554, **579**
不同不二〈ふどうふじ〉……**579**, 637
不得要領〈ふとくようりょう〉……**579**, 668, 680
腐敗堕落〈ふはいだらく〉……**579**
不敗之地〈ふはいのち〉……**579**
不買美田〈ふばいびでん〉……**579**
布帛菽粟〈ふはくしゅくぞく〉……**580**
巫馬戴星〈ふばたいせい〉……548
不抜之志〈ふばつのこころざし〉……15, 203, **580**, 641
舞馬之災〈ぶばのわざわい〉……534, **580**
舞文曲筆〈ぶぶんきょくひつ〉……**580**
舞文巧法〈ぶぶんこうほう〉……580
不聞不問〈ふぶんふもん〉……**580**
舞文弄法〈ぶぶんろうほう〉……318, **580**
舞文弄墨〈ぶぶんろうぼく〉……580
不平煩悶〈ふへいはんもん〉……**580**
不平不満〈ふへいふまん〉……79, 572, **580**
布襪青鞋〈ふべつせいあい〉……**580**
普遍妥当〈ふへんだとう〉……**580**
不偏不党〈ふへんふとう〉……**580**, 619
母望之人〈ぶぼうのひと〉……**581**
榑木之地〈ふぼくのち〉……**581**
不眠不休〈ふみんふきゅう〉……448, 568, **581**
不毛之地〈ふもうのち〉……**581**
武勇冠世〈ぶゆうかんせい〉……191
蜉蝣一期〈ふゆうのいちご〉……**581**
蜉蝣之命〈ふゆうのいのち〉……581
不用之用〈ふようのよう〉……622
不要不急〈ふようふきゅう〉……**581**
芙蓉覆水〈ふようふくすい〉……**581**
不埒千万〈ふらちせんばん〉……**581**
夫里之布〈ふりのふ〉……**581**
不離不即〈ふりふそく〉……577, **581**
不立文字〈ふりゅうもんじ〉……17, 23, 155, 273, 513, **581**, 638
武陵桃源〈ぶりょうとうげん〉……**582**
武力絶倫〈ぶりょくぜつりん〉……191
不倫不類〈ふりんふるい〉……**582**
不霊頑冥〈ふれいがんめい〉……**582**, 624
無礼傲慢〈ぶれいごうまん〉……225, **582**
無礼至極〈ぶれいしごく〉……292, 582
無礼千万〈ぶれいせんばん〉……292, **582**
不労所得〈ふろうしょとく〉……**582**
不老長寿〈ふろうちょうじゅ〉……322, 453, 575, **582**
不老長生〈ふろうちょうせい〉……453, **582**
不老不死〈ふろうふし〉……453, 575, **582**
付和随行〈ふわずいこう〉……516, 583
付和雷同〈ふわらいどう〉……11, 185, 490, 516,

582, 681
文化遺産〈ぶんかいさん〉……**583**
紛華奢靡〈ふんかしゃび〉……**583**
文過飾非〈ぶんかしょくひ〉……**583**
紛華靡麗〈ふんかびれい〉……583
焚琴煮鶴〈ふんきんしゃかく〉……**583**
分形共気〈ぶんけいきょうき〉……583
分形同気〈ぶんけいどうき〉……583
刎頸之友〈ふんけいのとも〉……583
刎頸之交〈ふんけいのまじわり〉……131, 173, 175, 215, 359, 420, 434, 523, **583**, 651, 675
文芸復興〈ぶんげいふっこう〉……**583**
分形連気〈ぶんけいれんき〉……**583**
紛紅駭緑〈ふんこうがいりょく〉……**583**
分合集散〈ぶんごうしゅうさん〉……**584**, 658
粉骨砕身〈ふんこつさいしん〉……452, **584**
蚊子咬牛〈ぶんしこうぎゅう〉……493, **584**, 586
文質彬彬〈ぶんしつひんぴん〉……**584**
文事武備〈ぶんじぶび〉……51, 57, **584**, 586
粉愁香怨〈ふんしゅうこうえん〉……**584**
文従字順〈ぶんじゅうじじゅん〉……**584**
粉粧玉琢〈ふんしょうぎょくたく〉……**584**
紛擾雑駁〈ふんじょうざっぱく〉……**584**
紛擾多端〈ふんじょうたたん〉……58, **584**
文章絶唱〈ぶんしょうのぜっしょう〉……**584**
粉飾決算〈ふんしょくけっさん〉……**585**
焚書坑儒〈ふんしょこうじゅ〉……**585**
粉身砕骨〈ふんしんさいこつ〉……584
文人相軽〈ぶんじんそうけい〉……**585**
文人墨客〈ぶんじんぼっかく〉……295, 408, **585**
文人無行〈ぶんじんむこう〉……**585**
紛然雑然〈ふんぜんざつぜん〉……256, **585**
文恬武嬉〈ぶんてんぶき〉……**585**
奮闘努力〈ふんとうどりょく〉……376, **585**, 587, 656
糞土之牆〈ふんどのしょう〉……152, **585**
噴薄激盪〈ふんぱくげきとう〉……**585**
粉白黛黒〈ふんぱくたいこく〉……586
粉白黛墨〈ふんぱくたいぼく〉……163, **585**
粉白黛緑〈ふんぱくたいりょく〉……586
粉白墨黒〈ふんぱくぼっこく〉……586
文筆之才〈ぶんぴつのさい〉……133
文武一途〈ぶんぶいっと〉……207, **586**
聞風喪胆〈ぶんぷうそうたん〉……**586**
文武兼資〈ぶんぶけんし〉……586
文武兼備〈ぶんぶけんび〉……207, **586**
文武二道〈ぶんぶにどう〉……586
文武百官〈ぶんぶひゃっかん〉……**586**
文武両道〈ぶんぶりょうどう〉……51, 57, 207, 584, **586**
紛紛聚訴〈ふんぷんしゅうそ〉……337
忿忿之心〈ふんぷんのこころ〉……500, **586**
文房四宝〈ぶんぼうしほう〉……550
蚊虻走牛〈ぶんぼうそうぎゅう〉……584, **586**
蚊虻之労〈ぶんぼうのろう〉……**586**
分崩離析〈ぶんぽうりせき〉……294, **586**
墳墓之地〈ふんぼのち〉……**586**
憤懣焦燥〈ふんまんしょうそう〉……**587**
文明開化〈ぶんめいかいか〉……**587**
分憂之官〈ぶんゆうのかん〉……587
分憂之寄〈ぶんゆうのき〉……**587**
蚊雷殷殷〈ぶんらいいんいん〉……**587**
奮励努力〈ふんれいどりょく〉……121, 171, 376, 585, **587**
分路揚鑣〈ぶんろようひょう〉……**587**

へ

平安一路〈へいあんいちろ〉……32, **587**
平安無事〈へいあんぶじ〉……**587**, 588
敝衣草履〈へいいそうり〉……587, 588
弊衣破袴〈へいいはこ〉……587, 588
弊衣破帽〈へいいはぼう〉……**587**, 588, 600, 602
弊衣蓬髪〈へいいほうはつ〉……587, **588**, 602
米塩瑣屑〈べいえんさせつ〉……**588**
米塩博弁〈べいえんはくべん〉……**588**
平穏無事〈へいおんぶじ〉……10, 431, 505, 574, **588**, 621
並駕斉駆〈へいがせいく〉……**588**
兵戈搶攘〈へいかそうじょう〉……**588**
平滑流暢〈へいかつりゅうちょう〉……**588**
平気虚心〈へいききょしん〉……164, **588**
兵強馬壮〈へいきょうばそう〉……**588**
並駆斉駕〈へいくせいが〉……**588**
閉月羞花〈へいげつしゅうか〉……302, **588**

蔽賢妬能〈へいけんとのう〉……497
平衡感覚〈へいこうかんかく〉……**588**
閉口頓首〈へいこうとんしゅ〉……**588**
兵荒馬乱〈へいこうばらん〉……**589**
米穀菜蔬〈べいこくさいそ〉……**589**
平沙万里〈へいさばんり〉……**589**
平沙落雁〈へいさらくがん〉……**589**
兵車之会〈へいしゃのかい〉……**589**
兵車之属〈へいしゃのぞく〉……589
米珠薪桂〈べいしゅしんけい〉……**589**
秉燭夜遊〈へいしょくやゆう〉……**589**
平心易気〈へいしんいき〉……164
平心静気〈へいしんせいき〉……164, 589
平心定気〈へいしんていき〉……164, **589**
平身低頭〈へいしんていとう〉……259, 267, **589**
萍水相遇〈へいすいそうぐう〉……590
萍水相逢〈へいすいそうほう〉……**589**
弊絶風清〈へいぜつふうせい〉……566, **590**
米泉之精〈べいせんのせい〉……144, 371, **590**
弊帚千金〈へいそうせんきん〉……**590**
兵隊勘定〈へいたいかんじょう〉……**590**
平談俗語〈へいだんぞくご〉……413, **590**
平談俗話〈へいだんぞくわ〉……413, 590
平地風波〈へいちのふうは〉……**590**
平地波瀾〈へいちはらん〉……590
平地風濤〈へいちふうとう〉……590
瓶沈簪折〈へいちんしんせつ〉……590
瓶墜簪折〈へいついしんせつ〉……**590**
兵者凶器〈へいはきょうき〉……**590**
兵馬倥偬〈へいばこうそう〉……118, 308, **590**
平伏膝行〈へいふくしっこう〉……**590**
平腹鱗甲〈へいふくりんこう〉……572
平平凡凡〈へいへいぼんぼん〉……**590**, 620
閉明塞聡〈へいめいそくそう〉……**591**
平明之治〈へいめいのち〉……**591**
平明之理〈へいめいのり〉……591
平面描写〈へいめんびょうしゃ〉……21
閉目塞聡〈へいもくそくそう〉……591
閉目塞聴〈へいもくそくちょう〉……591
閉門却掃〈へいもんきゃくそう〉……502
閉門蟄居〈へいもんちっきょ〉……443, **591**
平和共存〈へいわきょうぞん〉……**591**
碧眼紅毛〈へきがんこうもう〉……226, **591**
碧血丹心〈へきけつたんしん〉……**591**
碧落一洗〈へきらくいっせん〉……**591**
汨羅之鬼〈べきらのき〉……**591**
壁立千仞〈へきりつせんじん〉……**591**
壁立万仞〈へきりつばんじん〉……591
霹靂一声〈へきれきいっせい〉……**591**
霹靂閃電〈へきれきせんでん〉……**591**
別出心裁〈べつしゅつしんさい〉……495
平等平等〈へらへいとう〉……**592**
卞和泣璧〈べんかきゅうへき〉……105
卞和之璧〈べんかのへき〉……105
片簡零墨〈へんかんれいぼく〉……434, **592**
片言九鼎〈へんげんきゅうてい〉……20
変幻自在〈へんげんじざい〉……401, **592**, 669
変幻出没〈へんげんしゅつぼつ〉……592
片言隻句〈へんげんせきく〉……21, 22, **592**
片言隻言〈へんげんせきげん〉……592
片言隻語〈へんげんせきご〉……21, 22, **592**
片言隻辞〈へんげんせきじ〉……592
片言折獄〈へんげんせつごく〉……**592**
弁才無礙〈べんざいむげ〉……**592**
弁才無竭〈べんざいむけつ〉……592
弁才無尽〈べんざいむじん〉……592
眄視指使〈べんしし〉……225, **592**
変成男子〈へんじょうなんし〉……511, **592**, 661
駢四儷六〈べんしれいろく〉……340, **592**
鞭声粛粛〈べんせいしゅくしゅく〉……**593**
変相殊体〈へんそうしゅたい〉……**593**
変態百出〈へんたいひゃくしゅつ〉……**593**
偏袒右肩〈へんだんうけん〉……**593**
偏袒扼腕〈へんたんやくわん〉……382, **593**
遍地開花〈へんちかいか〉……**593**
辺地粟散〈へんちぞくさん〉……412, **593**
胼胝之労〈へんちのろう〉……**593**
偏聴生姦〈へんちょうしょうかん〉……**593**
辺幅修飾〈へんぷくしゅうしょく〉……306, **593**
鞭辟近裏〈べんぺききんり〉……**593**
偏僻蔽固〈へんぺきへいこ〉……**594**
偏旁冠脚〈へんぼうかんきゃく〉……**594**
変法自強〈へんぽうじきょう〉……**594**
片利共生〈へんりきょうせい〉……**594**

偏露右肩〈へんろうけん〉……593, **594**

ほ

縫衣浅帯〈ほういせんたい〉……**594**, 605
豊衣足食〈ほういそくしょく〉……**594**
放佚無慙〈ほういつむざん〉……**594**
放逸遊惰〈ほういつゆうだ〉……**594**, 641
褒衣博帯〈ほういはくたい〉……**594**, 605
豊衣飽食〈ほういほうしょく〉……168, 433, **594**
暴飲暴食〈ぼういんぼうしょく〉…146, 183, **594**
冒雨剪韮〈ぼううせんきゅう〉……**595**
望雲之情〈ぼううんのじょう〉……522, **595**
逢掖之衣〈ほうえきのい〉……594, **595**
報怨以徳〈ほうえんいとく〉……**595**
砲煙弾雨〈ほうえんだんう〉……321, 434, **595**
鳳凰于飛〈ほうおううひ〉……73, 560, **595**
鳳凰銜書〈ほうおうがんしょ〉……**595**
鳳凰在笯〈ほうおうざいど〉……226, 573, **595**, 596, 631
鳳凰来儀〈ほうおうらいぎ〉……**596**
茅屋采椽〈ぼうおくさいてん〉……**596**
忘恩失義〈ぼうおんしつぎ〉……596
報恩謝徳〈ほうおんしゃとく〉……**596**
忘恩背義〈ぼうおんはいぎ〉……596
忘恩負義〈ぼうおんふぎ〉…452, 495, 498, **596**
法界悋気〈ほうかいりんき〉……**596**
匏瓜空繫〈ほうかくうけい〉……**596**
放歌高吟〈ほうかこうぎん〉……392, **596**
放歌高唱〈ほうかこうしょう〉……596
方駕斉駆〈ほうがせいく〉……588
泛駕之馬〈ほうがのうま〉……**596**
忘家忘私〈ぼうかぼうし〉……600
烽火連天〈ほうかれんてん〉……**596**
抱関撃柝〈ほうかんげきたく〉……**597**
傍観縮手〈ぼうかんしゅくしゅ〉……305
判官贔屓〈ほうがんびいき〉……**597**
封豨脩蛇〈ほうきしゅうだ〉……599
暴虐非道〈ぼうぎゃくひどう〉……3, **597**
暴虐無道〈ぼうぎゃくむどう〉……597
報仇雪恨〈ほうきゅうせっこん〉……**597**
報仇雪辱〈ほうきゅうせつじょく〉……597
報仇雪恥〈ほうきゅうせっち〉……**597**
豊頬曲眉〈ほうきょうきょくび〉……163, **597**
鮑魚之肆〈ほうぎょのし〉……338
暴君汚吏〈ぼうくんおり〉……**597**
暴君暴吏〈ぼうくんぼうり〉……**597**
飽経風霜〈ほうけいふうそう〉……62, 388, 554, **597**
放言高論〈ほうげんこうろん〉……421, **597**
暴言多罪〈ぼうげんたざい〉……**598**, 631
妨功害能〈ぼうこうがいのう〉……**598**
奉公克己〈ほうこうこっき〉……628
奉公守法〈ほうこうしゅほう〉……**598**, 628
貌合心離〈ぼうごうしんり〉……**598**
蓬戸甕牖〈ほうこおうゆう〉……84
放虎還山〈ほうこかんざん〉……598
放虎帰山〈ほうこきざん〉……**598**, 646
報国尽忠〈ほうこくじんちゅう〉…286, 353, **598**
暴虎馮河〈ぼうこひょうが〉……550, **598**
放語漫言〈ほうごまんげん〉……**598**, 613
方鑿円枘〈ほうさくえんぜい〉……75, **598**
抱残守欠〈ほうざんしゅけつ〉……**598**
放恣佚楽〈ほうしいつらく〉……**598**, 599
方趾円顱〈ほうしえんろ〉……77, **598**
旁時掣肘〈ぼうじせいちゅう〉……**599**
封豕長蛇〈ほうしちょうだ〉……**599**
茅茨土階〈ぼうしどかい〉……599
茅茨不剪〈ぼうしふせん〉……253, 494, **599**
傍若無人〈ぼうじゃくぶじん〉……73, 80, 209, 216, **599**, 603
放縦恣横〈ほうじゅうしおう〉……**599**
放肆遊惰〈ほうしゆうだ〉……598, **599**
包羞忍恥〈ほうしゅうにんち〉……122, **599**
放縦不羈〈ほうじゅうふき〉……**599**, 602
蓬首散帯〈ほうしゅさんたい〉……587, **600**, 602
法性自爾〈ほうしょうじに〉……293
鵬霄万里〈ほうしょうばんり〉……601
飽食終日〈ほうしょくしゅうじつ〉……**600**, 616
飽食暖衣〈ほうしょくだんい〉……433, 594, **600**
望蜀之嘆〈ぼうしょくのたん〉……497, **600**
鳳翥竜蟠〈ほうしょりょうばん〉……64, **600**, 652
亡脣寒歯〈ぼうしんかんし〉……356, **600**
抱薪救火〈ほうしんきゅうか〉……**600**
砲刃矢石〈ほうじんしせき〉……**600**

望塵之拝〈ぼうじんのはい〉……**600**
忘身忘家〈ぼうしんぼうか〉……**600**
方枘円鑿〈ほうぜいえんさく〉……75, **600**
方正謹厳〈ほうせいきんげん〉……**600**
忘性脳子〈ぼうせいのうし〉……285
方正之士〈ほうせいのし〉……561, **600**
蜂準長目〈ほうせつちょうもく〉……**600**
茫然自失〈ぼうぜんじしつ〉……143, 420, 492, **601**
包蔵禍心〈ほうぞうかしん〉……**601**
彭祖之寿〈ほうそのじゅ〉……506
放胆小心〈ほうたんしょうしん〉……**601**
抱柱之信〈ほうちゅうのしん〉……548, **601**
忙中有閑〈ぼうちゅうゆうかん〉……**601**, 605
抱痛西河〈ほうつうせいか〉……367, **601**
方底円蓋〈ほうていえんがい〉……75, **601**
庖丁解牛〈ほうていかいぎゅう〉……**601**
鵬程万里〈ほうていばんり〉……398, 544, **601**
宝鈿玉釵〈ほうでんぎょくさい〉……**601**
蓬頭垢面〈ほうとうこうめん〉……305, 587, 588, 600, **602**
放蕩三昧〈ほうとうざんまい〉……**602**
蓬頭赤脚〈ほうとうせききゃく〉……602
朋党比周〈ほうとうひしゅう〉……**602**
放蕩不羈〈ほうとうふき〉……600, **602**
放蕩無頼〈ほうとうぶらい〉……**602**, 662
蓬頭乱髪〈ほうとうらんぱつ〉……305, 588, **602**
法統連綿〈ほうとうれんめん〉……193
茅堵蕭然〈ぼうとしょうぜん〉……**602**
法爾自然〈ほうにじねん〉……293, **602**
法爾法然〈ほうにほうねん〉……293
豊年満作〈ほうねんまんさく〉……**602**
望梅止渇〈ぼうばいしかつ〉……519
磅礴鬱積〈ほうはくうっせき〉……**603**
蓬髪垢面〈ほうはつこうめん〉……602, **603**
放馬南山〈ほうばなんざん〉……145
放飯流歠〈ほうはんりゅうせつ〉……**603**
尨眉皓髪〈ぼうびこうはつ〉……**603**
暴風怒濤〈ぼうふうどとう〉……160
捧腹絶倒〈ほうふくぜっとう〉……98, **603**
捧腹大笑〈ほうふくたいしょう〉……**603**
望文生義〈ぼうぶんせいぎ〉……**603**
望文生訓〈ぼうぶんせいくん〉……603
望聞問切〈ぼうぶんもんせつ〉……**603**
放辟邪侈〈ほうへきじゃし〉……111, 599, **603**
蜂房水渦〈ほうぼうすいか〉……**603**
忙忙碌碌〈ぼうぼうろくろく〉……147
報本反始〈ほうほんはんし〉……**603**
泡沫夢幻〈ほうまつむげん〉……127, 576, **603**, 618
法曼荼羅〈ほうまんだら〉……295
鳳鳴朝陽〈ほうめいちょうよう〉……**604**
蜂目豺声〈ほうもくさいせい〉……**604**
忘憂之物〈ぼうゆうのもの〉……144, 371, 477, 523, 556, **604**
朋友有信〈ほうゆうゆうしん〉……**604**
鳳友鸞諧〈ほうゆうらんかい〉……604
鳳友鸞交〈ほうゆうらんこう〉……**604**
望洋興嘆〈ぼうようこうたん〉……**604**
亡羊之嘆〈ぼうようのたん〉……429, **604**
望洋之嘆〈ぼうようのたん〉……**604**
亡羊補牢〈ぼうようほろう〉……**604**
法誉無上〈ほうよむじょう〉……**604**
蓬萊弱水〈ほうらいじゃくすい〉……**605**
忙裏偸閑〈ぼうりとうかん〉……179, 601, **605**
方領矩歩〈ほうりょうくほ〉……594, **605**
暴戻恣睢〈ぼうれいしき〉……3, **605**, 655
暴戻貪欲〈ぼうれいどんよく〉……647
暮雲春樹〈ぼうんしゅんじゅ〉……16, **605**
母猿断腸〈ぼえんだんちょう〉……150, 436, **605**
保革伯仲〈ほかくはくちゅう〉……**605**
北轅適楚〈ほくえんてきそ〉……**605**
木牛流馬〈ぼくぎゅうりゅうば〉……**605**
撲朔迷離〈ぼくさくめいり〉……**605**
墨子泣糸〈ぼくしきゅうし〉……232, 360, 386, 506, **606**, 612
墨子兼愛〈ぼくしけんあい〉……**606**
墨子薄葬〈ぼくしはくそう〉……**606**
墨子悲糸〈ぼくしひし〉……232, 506, **606**, 612
墨子悲染〈ぼくしひせん〉……232, 606
墨守成規〈ぼくしゅせいき〉……132, 151, **606**
濮上之音〈ぼくじょうのおん〉……405, **606**
木人石心〈ぼくじんせきしん〉……**606**
北窓三友〈ほくそうのさんゆう〉……**606**

北狄南蛮〈ほくてきなんばん〉……507, **606**
墨翟之守〈ぼくてきのまもり〉……**606**
北轍南轅〈ほくてつなんえん〉……605, **606**
北斗七星〈ほくとしちせい〉……**606**
北馬南船〈ほくばなんせん〉……507, **606**
墨名儒行〈ぼくめいじゅこう〉……**607**
北面稽首〈ほくめんけいしゅ〉……**607**
北門之嘆〈ほくもんのたん〉……**607**
北嶺南都〈ほくれいなんと〉……507, **607**
朴魯疎狂〈ぼくろそきょう〉……**607**
暮鼓晨鐘〈ぼこしんしょう〉……**607**
保残守欠〈ほざんしゅけつ〉……598
暮四朝三〈ぼしちょうさん〉……451
輔車脣歯〈ほしゃしんし〉……347, 356, **607**
輔車相依〈ほしゃそうい〉……347, 356, **607**
保守退嬰〈ほしゅたいえい〉……150, 151, **607**
暮色蒼然〈ぼしょくそうぜん〉……**607**
保泰持盈〈ほたいじえい〉……271, **607**
法華三昧〈ほっけざんまい〉……**607**
法華七喩〈ほっけしちゆ〉……189
墨痕淋漓〈ぼっこんりんり〉……**608**
没風流漢〈ぼつふうりゅうかん〉……**608**
没分暁漢〈ぼつぶんぎょうかん〉……**608**
発菩提心〈ほつぼだいしん〉……**608**
没没求活〈ぼつぼつきゅうかつ〉……**608**
捕風捉影〈ほふうそくえい〉……190, **608**
匍匐膝行〈ほふくしっこう〉……**608**
匍匐前進〈ほふくぜんしん〉……608
蒲鞭示辱〈ほべんじじょく〉……608
蒲鞭之政〈ほべんのせい〉……190, **608**, 659
蒲鞭之罰〈ほべんのばつ〉……**608**
暮暮朝朝〈ぼぼちょうちょう〉……454, **608**
謨猷籌画〈ぼゆうちゅうかく〉……**608**
保養欝散〈ほよううっさん〉……**609**
蒲柳之姿〈ほりゅうのし〉……609
蒲柳之質〈ほりゅうのしつ〉……83, 331, **609**
蒲柳之身〈ほりゅうのしん〉……331
賁育之勇〈ほんいくのゆう〉……**609**
奔逸絶塵〈ほんいつぜつじん〉……18, 449, **609**
翻雲覆雨〈ほんうんふくう〉……66, **609**
本覚真如〈ほんがくしんにょ〉……609
本覚大悟〈ほんがくだいご〉……**609**
本家本元〈ほんけほんもと〉……**609**
本地垂迹〈ほんじすいじゃく〉……355, **609**
翻邪帰正〈ほんじゃきせい〉……92, **610**
奔車朽索〈ほんしゃきゅうさく〉……**610**
凡聖一如〈ぼんしょういちにょ〉……**610**
凡聖不二〈ぼんしょうふに〉……610
翻然大悟〈ほんぜんたいご〉……102
翻天覆地〈ほんてんふくち〉……**610**
奔南狩北〈ほんなんしゅほく〉……**610**
煩悩外道〈ぼんのうげどう〉……479, **610**
煩悩劫苦〈ぼんのうごうく〉……**610**
煩悩菩提〈ぼんのうぼだい〉……**610**
奔放自在〈ほんぽうじざい〉……309
奔放自由〈ほんぽうじゆう〉……309, **610**
奔放不羈〈ほんぽうふき〉……309, 570, **610**
本末転倒〈ほんまつてんとう〉……132, 297, 301, 310, **610**
本来面目〈ほんらいのめんもく〉……**611**
本領安堵〈ほんりょうあんど〉……**611**

ま

邁往直進〈まいおうちょくしん〉……19
真一文字〈まいちもんじ〉……**611**
摩訶止観〈まかしかん〉……77
摩肩接踵〈まけんせっしょう〉……546, **611**
麻姑掻痒〈まこそうよう〉……109, **611**
磨揉遷革〈まじゅうせんかく〉……**611**
磨杵作針〈ましょさくしん〉……269, 476, **611**, 612
磨穿鉄硯〈ませんてっけん〉……188, 611, **612**
股座膏薬〈またぐらこうやく〉……60
麻中之蓬〈まちゅうのよもぎ〉……232, 360, 506, 606, **612**
摩頂放踵〈まちょうほうしょう〉……**612**
抹月批風〈まつげつひふう〉……**612**
末世末代〈まっせまつだい〉……613
末法思想〈まっぽうしそう〉……**612**
末法末世〈まっぽうまっせ〉……**612**
末路窮途〈まつろきゅうと〉……151, **612**
磨斧作針〈まふさくしん〉……611, **612**
磨礱砥礪〈まろうしれい〉……**612**
万言倚馬〈まんげんいば〉……50

漫言放語〈まんげんほうご〉……**612**
満腔春意〈まんこう(の)しゅんい〉……**613**
慢業重畳〈まんごうちょうじょう〉……**613**
万劫末代〈まんごうまつだい〉……67, **613**, 615, 651
漫語放言〈まんごほうげん〉……**613**
満場一致〈まんじょういっち〉……14, 229, 268, 302, 303, 337, **613**
満城風雨〈まんじょうふうう〉……**613**
満身是胆〈まんしんしたん〉……40, **613**
満身傷痍〈まんしんしょうい〉……613
満身創痍〈まんしんそうい〉……557, 561, **613**
曼倩三冬〈まんせんさんとう〉……**613**
万目睚眥〈まんもくがいさい〉……**613**
満目荒涼〈まんもくこうりょう〉……**614**
満目荒寥〈まんもくこうりょう〉……614
満目蕭条〈まんもくしょうじょう〉……**614**
満目蕭然〈まんもくしょうぜん〉……**614**
曼理皓歯〈まんりこうし〉……313, **614**, 627

み

未雨綢繆〈みうちゅうびゅう〉……448, **614**
密雲不雨〈みつうんふう〉……**614**
三日大名〈みっかだいみょう〉……614
三日天下〈みっかてんか〉……**614**
三日法度〈みっかはっと〉……456, **614**
三日坊主〈みっかぼうず〉……27, 55, 259, **614**, 649
脈絡一貫〈みゃくらくいっかん〉……615
脈絡通貫〈みゃくらくつうかん〉……615
脈絡通徹〈みゃくらくつうてつ〉……390, **615**
妙計奇策〈みょうけいきさく〉……139, **615**
名字帯刀〈みょうじたいとう〉……**615**
妙手回春〈みょうしゅかいしゅん〉……445
名詮自性〈みょうせんじしょう〉……**615**, 625
妙法一乗〈みょうほういちじょう〉……**615**
名聞利養〈みょうもんりよう〉……**615**
未来永永〈みらいえいえい〉……615
未来永久〈みらいえいきゅう〉……615
未来永劫〈みらいえいごう〉……67, 326, 613, **615**, 651
未練未酌〈みれんみしゃく〉……**615**
弥勒三会〈みろくさんね〉……659
民給家足〈みんきゅうかそく〉……99
民族自決〈みんぞくじけつ〉……**615**

む

無為渾沌〈むいこんとん〉……**616**
無為自然〈むいしぜん〉……573, **616**
無為徒食〈むいとしょく〉…123, 174, 255, 256, 360, 545, 600, **616**
無位無官〈むいむかん〉……206, **616**
無位無冠〈むいむかん〉……**616**
無為無策〈むいむさく〉……157, **616**
無為無知〈むいむち〉……617
無為無能〈むいむのう〉……**616**
無影無蹤〈むえいむしょう〉……617
無影無踪〈むえいむそう〉……384, **617**
無益有害〈むえきゆうがい〉……**617**, 638
無援孤立〈むえんこりつ〉……245, **617**
無学浅識〈むがくせんしき〉……**617**
無学無識〈むがくむしき〉……522, **617**, 620
無学無知〈むがくむち〉……**617**
無学無能〈むがくむのう〉……617
無学文盲〈むがくもんもう〉……29, **617**, 620
无何之郷〈むかのきょう〉……**617**
無我無心〈むがむしん〉……617
無我夢中〈むがむちゅう〉……40, **617**
無何有郷〈むかゆう(の)きょう〉……**617**
無垢清浄〈むくせいじょう〉……370, **617**
無稽荒唐〈むけいこうとう〉……221, **617**
無芸大食〈むげいたいしょく〉……56, 453, 541, **617**
無稽之言〈むけいのげん〉……**618**
無稽之談〈むけいのだん〉……**618**
無芸無能〈むげいむのう〉……617
無礙自在〈むげじざい〉……641
無間地獄〈むけんじごく〉……301, **618**
夢幻泡沫〈むげんほうまつ〉……603, **618**
夢幻泡影〈むげんほうよう〉……576, 604, **618**
無告之民〈むこくのたみ〉……118, **618**
無辜之民〈むこのたみ〉……**618**
無根無蔕〈むこんむてい〉……**618**
無財餓鬼〈むざいがき〉……60

無罪放免〈むざいほうめん〉……**618**
無策無為〈むさくむい〉……616, **618**
無慙無愧〈むざんむき〉……**618**
無始曠劫〈むしこうごう〉……**619**
無始劫来〈むしごうらい〉……619
無師自悟〈むしじご〉……619
無師自証〈むしじしょう〉……619
無師独悟〈むしどくご〉……**619**
無始無終〈むしむじゅう〉……**619**
無私無偏〈むしむへん〉……223, 581, **619**
武者修行〈むしゃしゅぎょう〉……**619**
矛盾撞着〈むじゅんどうちゃく〉……272, 277, 390, **619**
無常因果〈むじょういんが〉……**619**
無上趣味〈むじょうしゅみ〉……**619**
無上正覚〈むじょうしょうがく〉……620
無常迅速〈むじょうじんそく〉……324, **620**, 677
無上菩提〈むじょうぼだい〉……**620**
無所用心〈むしょようじん〉……616
無声之詩〈むせいのし〉……**620**
無声無臭〈むせいむしゅう〉……590, **620**
無想無念〈むそうむねん〉……**620**, 621
無駄方便〈むだほうべん〉……**620**, 622
無知愚昧〈むちぐまい〉……**620**
無恥厚顔〈むちこうがん〉……209, **620**
無知低能〈むちていのう〉……620
無知無学〈むちむがく〉……620
無知無能〈むちむのう〉……397, 620
無知蒙昧〈むちもうまい〉……439, 617, **620**
無知文盲〈むちもんもう〉……617, **620**
無茶苦茶〈むちゃくちゃ〉……**620**, 628
夢中説夢〈むちゅうせつむ〉……**620**
夢兆熊羆〈むちょうゆうひ〉……622
無手勝流〈むてかつりゅう〉……**621**
無二無三〈むにむさん〉……300, **621**, 637
無念残念〈むねんざんねん〉……267, **621**
無念至極〈むねんしごく〉……267, 621
無念千万〈むねんせんばん〉……267, **621**
無念無想〈むねんむそう〉……160, 392, 431, **621**
無病呻吟〈むびょうしんぎん〉……**621**
無病息災〈むびょうそくさい〉……27, 412, 574, 588, **621**
霧鬢風鬟〈むびんふうかん〉……**621**
無辺無礙〈むへんむげ〉……**621**, 641
無偏無党〈むへんむとう〉……580, 619, **622**
無縫天衣〈むほうてんい〉……468, **622**
無法之法〈むほうのほう〉……**622**
無妄之福〈むぼうのふく〉……**622**
母望之禍〈むぼうのわざわい〉……**622**
無味乾燥〈むみかんそう〉……**622**
無味無臭〈むみむしゅう〉……620
無明長夜〈むみょうじょうや〉……**622**
夢熊之喜〈むゆうのよろこび〉……**622**
無用之用〈むようのよう〉……620, **622**
無用有害〈むようゆうがい〉……**622**, 638
無欲恬淡〈むよくてんたん〉……63, 65, 164, 334, 373, 487, **622**
無余涅槃〈むよねはん〉……**623**
夢賚之良〈むらいのりょう〉……**623**
無理往生〈むりおうじょう〉……**623**
無理算段〈むりさんだん〉……**623**
無理難題〈むりなんだい〉……**623**
無理非道〈むりひどう〉……**623**
無理無体〈むりむたい〉……**623**
無理無法〈むりむほう〉……623
無量無辺〈むりょうむへん〉……**623**
無累之人〈むるいのひと〉……**624**

め

明快闊達〈めいかいかったつ〉……**624**
冥頑不霊〈めいがんふれい〉……132, **624**
明鏡止水〈めいきょうしすい〉……50, 164, 223, 366, **624**
銘肌鏤骨〈めいきるこつ〉……452, **624**
明月清樽〈めいげつせいそん〉……**624**
明月之珠〈めいげつのたま〉……**624**
明見万里〈めいけんばんり〉……94
迷悟一如〈めいごいちにょ〉……**624**
迷悟一体〈めいごいったい〉……624
迷悟一途〈めいごいっと〉……624
冥行擿埴〈めいこうてきしょく〉……**624**
迷悟不二〈めいごふに〉……624
明察秋毫〈めいさつしゅうごう〉……**625**
名山勝水〈めいざんしょうすい〉……625

名山勝川〈めいざんしょうせん〉……**625**
名実一体〈めいじついったい〉……615, **625**, 626, 642
名実相応〈めいじつそうおう〉……615
迷者不問〈めいしゃふもん〉……**625**
明珠暗投〈めいしゅあんとう〉……**625**
明珠弾雀〈めいしゅだんじゃく〉……360
名所旧跡〈めいしょきゅうせき〉……**625**
名所古跡〈めいしょこせき〉……**625**
盟神探湯〈めいしんたんとう〉……**625**
銘心鏤骨〈めいしんるこつ〉……452, 624, **625**
名声赫赫〈めいせいかくかく〉……223, 427, **625**
名声過実〈めいせいかじつ〉……375, **626**
名声嘖嘖〈めいせいさくさく〉……223
名声日月〈めいせいじつげつ〉……625
名声籍甚〈めいせいせきじん〉……100, **626**
命世之英〈めいせいのえい〉……626
命世之才〈めいせいのさい〉……**626**
命世之雄〈めいせいのゆう〉……626
鳴蟬潔飢〈めいせんけっき〉……**626**
明窓浄机〈めいそうじょうき〉……**626**
名存実亡〈めいそんじつぼう〉……625, **626**, 642
明哲防身〈めいてつぼうしん〉……626
明哲保身〈めいてつほしん〉……**626**
迷頭認影〈めいとうにんえい〉……**626**
明眸皓歯〈めいぼうこうし〉……77, 163, 213, 223, 313, 392, 558, 614, **626**
明明赫赫〈めいめいかくかく〉……**627**
冥冥之志〈めいめいのこころざし〉……**627**
明明白白〈めいめいはくはく〉……2, 10, 245, 247, **627**
明目張胆〈めいもくちょうたん〉……425, **627**
瞑目沈思〈めいもくちんし〉……**627**
名誉回復〈めいよかいふく〉……85, 627
名誉毀損〈めいよきそん〉……**627**
名誉挽回〈めいよばんかい〉……85, 290, **627**, 630
明来暗往〈めいらいあんおう〉……**627**
名流夫人〈めいりゅうふじん〉……23
明朗快活〈めいろうかいかつ〉……**627**, 628
明朗闊達〈めいろうかったつ〉……**628**
名論卓説〈めいろんたくせつ〉……229, **628**
迷惑至極〈めいわくしごく〉……**628**
迷惑千万〈めいわくせんばん〉……**628**
滅茶苦茶〈めちゃくちゃ〉……620, 628
目茶目茶〈めちゃめちゃ〉……620, **628**
滅私奉公〈めっしほうこう〉……598, **628**
滅頂之災〈めっちょうのさい〉……**628**
面引廷争〈めんいんていそう〉……629
免許皆伝〈めんきょかいでん〉……**628**
面向不背〈めんこうふはい〉……**628**
麺市塩車〈めんしえんしゃ〉……**629**
面従後言〈めんじゅうこうげん〉……**629**, 630
面従背毀〈めんじゅうはいき〉……629
面従腹背〈めんじゅうふくはい〉……**629**, 630
面従腹誹〈めんじゅうふくひ〉……629
面授口訣〈めんじゅくけつ〉……**629**
面授嗣法〈めんじゅしほう〉……629
面折廷争〈めんせつていそう〉……**629**
面争廷論〈めんそうていろん〉……629
面張牛皮〈めんちょうぎゅうひ〉……**629**
面壁九年〈めんぺきくねん〉……**629**
面目全非〈めんぼくぜんひ〉……**629**
面命耳提〈めんめいじてい〉……463
面目一新〈めんもくいっしん〉……627, **630**
面目躍如〈めんもくやくじょ〉……**630**
面誉不忠〈めんよふちゅう〉……629, **630**
綿裏之針〈めんりのはり〉……630
綿裏包針〈めんりほうしん〉……**630**
綿力薄材〈めんりょくはくざい〉……**630**

も

妄画蛇足〈もうがだそく〉……108
盲亀浮木〈もうきふぼく〉……391, 502, **630**
罔極之恩〈もうきょくのおん〉……**630**
毛挙細故〈もうきょさいこ〉……**630**
毛挙細事〈もうきょさいじ〉……630
毛挙細務〈もうきょさいむ〉……630
妄言多謝〈もうげんたしゃ〉……598, **630**, 631
妄言妄聴〈もうげんもうちょう〉……**631**
孟光荊釵〈もうこうけいさい〉……**631**
毛骨悚然〈もうこつしょうぜん〉……**631**
猛虎伏草〈もうこふくそう〉……226, 573, 596, **631**
猛獣呑狐〈もうじゅうどんこ〉……422

妄想之縄〈もうぞうのなわ〉……**631**
妄談臆解〈もうだんおくげ〉……**631**
妄誕無稽〈もうたんむけい〉……221, **631**
孟仲叔季〈もうちゅうしゅくき〉……525, **631**
毛髪悚然〈もうはつしょうぜん〉……631
妄評多罪〈もうひょうたざい〉……598, **631**
孟母三居〈もうぼさんきょ〉……632
孟母三遷〈もうぼさんせん〉……**632**
孟母断機〈もうぼだんき〉……**632**
網目不失〈もうもくふしつ〉……**632**
網目不疎〈もうもくふそ〉……479, 480, **632**
孟浪咄嗟〈もうろうとっさ〉……**632**
朦朧模糊〈もうろうもこ〉……2
沐雨櫛風〈もくうしっぷう〉……291, **632**
目指気使〈もくしきし〉……**632**
目食耳視〈もくしょくじし〉……**632**
目挑心招〈もくちょうしんしょう〉……**632**
目迷五色〈もくめいごしき〉……**633**
沐浴斎戒〈もくよくさいかい〉……249, **633**
沐浴抒溷〈もくよくじょこん〉……**633**
百舌勘定〈もずかんじょう〉……**633**
物我一体〈もつがいったい〉……**633**
木刻郅都〈もっこくのしっと〉……**633**
物臭道心〈ものぐさどうしん〉……**633**
物見遊山〈ものみゆさん〉……**633**
茂林脩竹〈もりんしゅうちく〉……**633**
両刃之剣〈もろはのつるぎ〉……**633**
門外不出〈もんがいふしゅつ〉……**634**
問寒問暖〈もんかんもんだん〉……160
問牛知馬〈もんぎゅうちば〉……**634**
門巷塡隘〈もんこうてんあい〉……**634**, 635
門巷塡集〈もんこうてんしゅう〉……634
門戸開放〈もんこかいほう〉……**634**
文殊知恵〈もんじゅのちえ〉……**634**
門衰祚薄〈もんすいそはく〉……**634**
悶絶躄地〈もんぜつびゃくじ〉……**634**
門前雀羅〈もんぜんじゃくら〉……387, **634**, 635
門前成市〈もんぜんせいし〉……330, 387, **634**, 635
門地門閥〈もんちもんばつ〉……**635**
問鼎軽重〈もんていけいちょう〉……**635**
門庭若市〈もんていじゃくし〉……**635**
門当戸対〈もんとうこたい〉……**635**
問答無益〈もんどうむえき〉……**635**
問答無用〈もんどうむよう〉……**635**
問羊知馬〈もんようちば〉……634
問柳尋花〈もんりゅうじんか〉……341, **635**

や

夜雨対牀〈やうたいしょう〉……423, **635**
冶金踊躍〈やきんようやく〉……**636**
薬石之言〈やくせきのげん〉……**636**
薬石無効〈やくせきむこう〉……**636**
約法三章〈やくほうさんしょう〉……**636**
薬籠中物〈やくろうちゅうのもの〉……**636**
夜光之璧〈やこうのへき〉……624
夜行被繡〈やこうひしゅう〉……16
野人田夫〈やじんでんぷ〉……478, **636**
野心勃勃〈やしんぼつぼつ〉……**636**
野心満満〈やしんまんまん〉……636
野戦攻城〈やせんこうじょう〉……216, **636**
八咫之鏡〈やたのかがみ〉……**636**
野蛮草昧〈やばんそうまい〉……**637**
野卑滑稽〈やひこっけい〉……**637**
山雀利根〈やまがらりこん〉……**637**
大和撫子〈やまとなでしこ〉……**637**
冶容誨淫〈やようかいいん〉……88
夜郎自大〈やろうじだい〉……275, 366, 379, **637**, 646, 666

ゆ

唯一不二〈ゆいいつふじ〉……579, **637**
唯一無二〈ゆいいつむに〉……579, 621, **637**
唯我独尊〈ゆいがどくそん〉……**637**, 666
唯美主義〈ゆいびしゅぎ〉……437
維摩一黙〈ゆいま(の)いちもく〉……17, 155, 513, 582, **638**
黝堊丹漆〈ゆうあくたんしつ〉……**638**
幽暗愁恨〈ゆうあんしゅうこん〉……640
游移不定〈ゆういふてい〉……15, 110, 524, **638**, 641
誘引開導〈ゆういんかいどう〉……**638**
游雲驚竜〈ゆううんきょうりょう〉……567, **638**
尤雲殢雨〈ゆううんていう〉……462, **638**

優婉閑雅〈ゆうえんかんが〉……**638**
勇往邁進〈ゆうおうまいしん〉……19, 457, 458, **638**
勇往猛進〈ゆうおうもうしん〉……638
有害無益〈ゆうがいむえき〉……**638**
勇悍果敢〈ゆうかんかかん〉……210
遊嬉宴楽〈ゆうきえんらく〉……**639**
雄気堂堂〈ゆうきどうどう〉……**639**, 641
勇気百倍〈ゆうきひゃくばい〉……639
勇気勃勃〈ゆうきぼつぼつ〉……641
有脚陽春〈ゆうきゃくようしゅん〉……**639**
雄気凜然〈ゆうきりんぜん〉……639
勇気凜凜〈ゆうきりんりん〉……**639**
有形無形〈ゆうけいむけい〉……**639**
邑犬群吠〈ゆうけんぐんばい〉……**639**
右賢左戚〈ゆうけんさせき〉……256, **639**
有言実行〈ゆうげんじっこう〉……573, **639**
油腔滑調〈ゆうこうこっちょう〉……**639**
有口無行〈ゆうこうむこう〉……573, **639**
有厚無厚〈ゆうこうむこう〉……203, 526, **640**
雄材大略〈ゆうざいたいりゃく〉……**640**
宥坐之器〈ゆうざのき〉……**640**
遊山玩水〈ゆうざんがんすい〉……**640**
勇姿英発〈ゆうしえいはつ〉……68
有始無終〈ゆうしむしゅう〉……642
幽寂閑雅〈ゆうじゃくかんが〉……**640**, 641
勇者不懼〈ゆうしゃふく〉……347, 442, **640**
幽愁暗恨〈ゆうしゅうあんこん〉……**640**
優柔寡断〈ゆうじゅうかだん〉……**640**
有終完美〈ゆうしゅうかんび〉……640, 661
有終之美〈ゆうしゅうのび〉……**640**
優柔不断〈ゆうじゅうふだん〉……15, 110, 210, 311, 347, 413, 524, 580, 638, **640**, 643
幽趣佳境〈ゆうしゅかきょう〉……640, **641**
優勝劣敗〈ゆうしょうれっぱい〉……284, 298, 372, 466, **641**
雄心勃勃〈ゆうしんぼつぼつ〉……639, **641**
遊刃余地〈ゆうじんよち〉……**641**
融通自在〈ゆうずうじざい〉……641
融通無礙〈ゆうずうむげ〉……53, 272, 297, 425, 622, **641**
遊生夢死〈ゆうせいむし〉……360
悠然自得〈ゆうぜんじとく〉……643, 644
有職故実〈ゆうそくこじつ〉……**641**
雄大豪壮〈ゆうだいごうそう〉……**641**
遊惰放逸〈ゆうだほういつ〉……**641**
遊蕩三昧〈ゆうとうざんまい〉……643, 644
有頭没尾〈ゆうとうぼつび〉……642
有頭無尾〈ゆうとうむび〉……**642**, 661
遊刀有余〈ゆうとうゆうよ〉……641
優美高妙〈ゆうびこうみょう〉……**642**
有備無患〈ゆうびむかん〉……331, 410, 448, **642**
雄風高節〈ゆうふうこうせつ〉……**642**
右文左武〈ゆうぶんさぶ〉……**642**
有朋遠来〈ゆうほうえんらい〉……**642**
勇邁卓犖〈ゆうまいたくらく〉……**642**
幽明異境〈ゆうめいいきょう〉……216, **642**
幽明隔処〈ゆうめいかくしょ〉……642
有名亡実〈ゆうめいぼうじつ〉……642
有名無実〈ゆうめいむじつ〉……494, 506, 625, 626, **642**
優孟衣冠〈ゆうもう(の)いかん〉……**642**
勇猛果敢〈ゆうもうかかん〉……210, 347, 641, **643**
勇猛果断〈ゆうもうかだん〉……**643**
勇猛精進〈ゆうもうしょうじん〉……**643**
勇猛無比〈ゆうもうむひ〉……210, **643**
遊冶懶惰〈ゆうやらんだ〉……**643**
優游涵泳〈ゆうゆうかんえい〉……**643**
悠悠閑閑〈ゆうゆうかんかん〉……**643**, 644
悠悠閑適〈ゆうゆうかんてき〉……**643**, 644
悠悠自適〈ゆうゆうじてき〉……33, 252, 333, 643, **644**
悠悠自得〈ゆうゆうじとく〉……333, 644
悠悠舒舒〈ゆうゆうじょじょ〉……**644**
優游不断〈ゆうゆうふだん〉……640, **644**
優游不迫〈ゆうゆうふはく〉……644
有用之用〈ゆうようのよう〉……622
悠揚不迫〈ゆうようふはく〉……333
憂来無方〈ゆうらいむほう〉……**644**
愉快活発〈ゆかいかっぱつ〉……**644**
愉快適悦〈ゆかいてきえつ〉……**644**
瑜伽三密〈ゆがさんみつ〉……**644**
遊戯三昧〈ゆげざんまい〉……**644**

輪写心腹〈ゆしゃしんぷく〉……**644**
踰牆鑽隙〈ゆしょうさんげき〉……**645**
油断強敵〈ゆだんごうてき〉……645
油断大敵〈ゆだんたいてき〉……571, **645**

よ

余韻嫋嫋〈よいんじょうじょう〉……**645**
用意周到〈よういしゅうとう〉……**645**
揚威耀武〈よういようぶ〉……**645**, 649
要害堅固〈ようがいけんご〉……173, 506, **645**
要害之地〈ようがいのち〉……284
妖怪変化〈ようかいへんげ〉……5, 444, **645**
用管窺天〈ようかんきてん〉……121, 128, 637, **646**
陽関三畳〈ようかんさんじょう〉……**646**
羊裘垂釣〈ようきゅうすいちょう〉……**646**
庸言之謹〈ようげんのきん〉……**646**
鷹犬之才〈ようけんのさい〉……**646**
庸言庸行〈ようげんようこう〉……**646**
妖言惑衆〈ようげんわくしゅう〉……**646**
養虎遺患〈ようこいかん〉……598, **646**
用行舎蔵〈ようこうしゃぞう〉……315, 352, **646**
羊很狼貪〈ようこんろうどん〉……**646**
楊子岐泣〈ようしききゅう〉……606
容姿端麗〈ようしたんれい〉……163, 552, **647**
羊質虎皮〈ようしつこひ〉……**647**, 648
養志之孝〈ようしのこう〉……**647**
妖姿媚態〈ようしびたい〉……**647**
養児備老〈ようじびろう〉……**647**
養児防老〈ようじぼうろう〉……647
用舎行蔵〈ようしゃこうぞう〉……646, **647**
楊朱泣岐〈ようしゅきゅうき〉……232
傭書自資〈ようしょじし〉……549, **647**
擁書万巻〈ようしょばんかん〉……120
鷹視狼歩〈ようしろうほ〉……450, **647**
揺唇鼓舌〈ようしんこぜつ〉……**647**
揚清激濁〈ようせいげきだく〉……192, **647**
養生送死〈ようせいそうし〉……647
養生喪死〈ようせいそうし〉……**647**
耀蟬之術〈ようぜんのじゅつ〉……**648**
庸中佼佼〈ようちゅうのこうこう〉……467, **648**
窈窕淑女〈ようちょうしゅくじょ〉……392, **648**
羊腸小径〈ようちょう(の)しょうけい〉……462, 499, **648**
腰纏万金〈ようてんばんきん〉……**648**
羊頭狗肉〈ようとうくにく〉……647, **648**
蠅頭細書〈ようとうさいしょ〉……**648**
揺頭擺尾〈ようとうはいび〉……**648**
羊頭馬脯〈ようとうばほ〉……648
揚眉吐気〈ようびとき〉……**648**
庸夫愚婦〈ようふぐふ〉……**648**
楊布之狗〈ようふのいぬ〉……**649**
耀武揚威〈ようぶようい〉……51, **649**
容貌魁偉〈ようぼうかいい〉……**649**
雍也論語〈ようやろんご〉……55, 259, 614, **649**
溶溶漾漾〈ようようようよう〉……**649**
葉落知秋〈ようらくちしゅう〉……30
瑶林瓊樹〈ようりんけいじゅ〉……**649**
用和為貴〈ようわいき〉……**649**
薏苡之謗〈よくいのそしり〉……649
薏苡明珠〈よくいめいしゅ〉……**649**
浴沂之楽〈よくきのたのしみ〉……**649**
翼覆嫗煦〈よくふうく〉……**650**
沃野千里〈よくやせんり〉……**650**
抑揚頓挫〈よくようとんざ〉……**650**
翼翼小心〈よくよくしょうしん〉……328, **650**
予譲呑炭〈よじょうどんたん〉……**650**
予且之患〈よしょのかん〉……528, **650**
与世偃仰〈よせいえんぎょう〉……392
与世俯仰〈よせいふぎょう〉……392
与奪自在〈よだつじざい〉……48
欲求不満〈よっきゅうふまん〉……356, 580
輿馬風馳〈よばふうち〉……**650**
夜目遠目〈よめとおめ〉……**650**
余裕綽綽〈よゆうしゃくしゃく〉……425, **650**

ら

来迎引接〈らいごういんじょう〉……**651**
雷轟電撃〈らいごうでんげき〉……**651**
雷轟電転〈らいごうでんてん〉……**651**
雷陳膠漆〈らいちんこうしつ〉……131, 175, 215, 359, 420, 434, 523, 583, **651**
雷霆万鈞〈らいていばんきん〉……**651**

雷同一律〈らいどういちりつ〉……582, **651**
雷騰雲奔〈らいとううんぽん〉……**651**
雷同付和〈らいどうふわ〉……582, **651**
来来世世〈らいらいせせ〉……613, 615, **651**
磊磊落落〈らいらいらくらく〉……224, 328, **651**
磊落闊達〈らいらくかったつ〉……224, **651**
羅綺千箱〈らきせんばこ〉……**652**
落英繽紛〈らくえいひんぷん〉……**652**
楽禍幸災〈らくかこうさい〉……214, **652**
楽髪苦爪〈らくがみくづめ〉……177, **652**
落月屋梁〈らくげつおくりょう〉……**652**
楽山楽水〈らくざんらくすい〉……442
落紙雲煙〈らくしうんえん〉……64, 600, **652**
落穽下石〈らくせいかせき〉……**652**
落胆失望〈らくたんしつぼう〉……291, **652**
羅掘倶窮〈らくつぐきゅう〉……653
落筆点蠅〈らくひつてんよう〉……**652**
洛陽紙価〈らくようのしか〉……**652**
落落晨星〈らくらくしんせい〉……351, **653**
羅織虚構〈らしききょこう〉……**653**
羅雀掘鼠〈らじゃくくっそ〉……**653**
落花啼鳥〈らっかていちょう〉……**653**
落花繽紛〈らっかひんぷん〉……652, **653**
落花流水〈らっかりゅうすい〉……**653**
落花狼藉〈らっかろうぜき〉……519, **653**, 655
乱離骨灰〈らりこっぱい〉……**653**, 655
濫竽充数〈らんうじゅうすう〉……505, **654**
嵐影湖光〈らんえいここう〉……262, **654**
爛額焦頭〈らんがくしょうとう〉……330, **654**
蘭薫桂馥〈らんくんけいふく〉……**654**
蘭桂騰芳〈らんけいとうほう〉……**654**
鸞交鳳友〈らんこうほうゆう〉……604, **654**
覧古考新〈らんここうしん〉……86, **654**
蘭摧玉折〈らんさいぎょくせつ〉……**654**
乱雑無章〈らんざつむしょう〉……339, **654**, 668
乱首垢面〈らんしゅこうめん〉……568
鸞翔鳳集〈らんしょうほうしゅう〉……**654**
乱臣逆子〈らんしんぎゃくし〉……654
乱臣賊子〈らんしんぞくし〉……**654**
乱世英雄〈らんせいのえいゆう〉……**655**
乱世姦雄〈らんせいのかんゆう〉……**655**
乱世之雄〈らんせいのゆう〉……**655**
爛腸之食〈らんちょうのしょく〉……**655**
蘭亭殉葬〈らんていじゅんそう〉……**655**
藍田生玉〈らんでんしょうぎょく〉……**655**
乱暴狼藉〈らんぼうろうぜき〉……605, 653, **655**
乱離拡散〈らんりかくさん〉……654, **655**

り

利害失得〈りがいしっとく〉……656
利害損得〈りがいそんとく〉……656
利害得失〈りがいとくしつ〉……**655**
利害得喪〈りがいとくそう〉……655, **656**
李下瓜田〈りかかでん〉……113, **656**
李下之冠〈りかのかんむり〉……113
力戦奮闘〈りきせんふんとう〉……585, **656**
犂牛之子〈りぎゅうのこ〉……**656**
犂牛之喩〈りぎゅうのたとえ〉……**656**
離郷背井〈りきょうはいせい〉……518, **656**
蓼莪之詩〈りくがのし〉……1, 232, 565, **656**
六言六蔽〈りくげん(の)りくへい〉……**656**
六合同風〈りくごうどうふう〉……**656**
六菖十菊〈りくしょうじゅうぎく〉……117, 494, **656**
六親不和〈りくしんふわ〉……241, **657**
六尺之孤〈りくせきのこ〉……**657**
六韜三略〈りくとうさんりゃく〉……**657**
陸梁跋扈〈りくりょうばっこ〉……456, **657**
戮力一心〈りくりょくいっしん〉……46, 487
戮力協心〈りくりょくきょうしん〉……321, 487, 488, **657**
戮力同心〈りくりょくどうしん〉……487, 488, **657**
戮力斉心〈りくりょくせいしん〉……487
離群索居〈りぐんさっきょ〉……20, **657**
俚言俗語〈りげんぞくご〉……**657**
離合開闔〈りごうかいこう〉……**657**
離合集散〈りごうしゅうさん〉……65, **657**
離合悲歓〈りごうひかん〉……546, **658**
利己主義〈りこしゅぎ〉……**658**
俚語俗言〈りごぞくげん〉……657, **658**
離散集合〈りさんしゅうごう〉……658
離心離徳〈りしんりとく〉……46, **658**
理世撫民〈りせいぶみん〉……**658**
履霜堅氷〈りそうけんぴょう〉……**658**

履霜之戒〈りそうのかい〉……**658**
利他主義〈りたしゅぎ〉……658
立身出世〈りっしんしゅっせ〉……**658**
立身処世〈りっしんしょせい〉……**658**
立身揚名〈りっしんようめい〉……658
立錐之地〈りっすいのち〉……283, 442, **658**
立錐之土〈りっすいのど〉……442, 658
立命安心〈りつめいあんしん〉……8, **658**
利鈍斉列〈りどんせいれつ〉……147
理非曲直〈りひきょくちょく〉……369, 385, **658**
裏面工作〈りめんこうさく〉……9
柳暗花明〈りゅうあんかめい〉……104, 451, 485, **659**
竜淵太阿〈りゅうえんたいあ〉……124
劉寛温恕〈りゅうかんおんじょ〉……190, 608, **659**
劉寛長者〈りゅうかんちょうじゃ〉……659
竜肝豹胎〈りゅうかんひょうたい〉……**659**
流汗滂沱〈りゅうかんぼうだ〉……**659**
劉寛蒲鞭〈りゅうかんほべん〉……659
流汗淋漓〈りゅうかんりんり〉……**659**
竜吟虎嘯〈りゅうぎんこしょう〉……**659**
流金鑠石〈りゅうきんしゃくせき〉……**659**
流金焦土〈りゅうきんしょうど〉……659
竜駒鳳雛〈りゅうくほうすう〉……**659**
流兮滂沱〈りゅうけいぼうだ〉……659
竜華三会〈りゅうげさんね〉……**659**
流血漂杵〈りゅうけつひょうしょ〉……660
流血漂鹵〈りゅうけつひょうろ〉……660
流血浮丘〈りゅうけつふきゅう〉……660
流血浮尸〈りゅうけつふし〉……**660**
流血淋漓〈りゅうけつりんり〉……388, **660**
流言蜚語〈りゅうげんひご〉……95, 406, **660**
流言流説〈りゅうげんりゅうせつ〉……660
柳巷花街〈りゅうこうかがい〉……**660**
竜興致雲〈りゅうこうちうん〉……**660**
竜虎相搏〈りゅうこそうはく〉……**660**
竜舟鳳艒〈りゅうしゅうほうぼう〉……**660**
流觴曲水〈りゅうしょうきょくすい〉……162, **660**
竜驤虎視〈りゅうじょうこし〉……**660**
竜攘虎搏〈りゅうじょうこはく〉……**660**
流觴飛杯〈りゅうしょうひはい〉……**660**
竜章鳳姿〈りゅうしょうほうし〉……**660**
竜驤麟振〈りゅうじょうりんしん〉……**660**
柳絮才高〈りゅうじょさいこう〉……69
柳絮之才〈りゅうじょのさい〉……69, **660**
流水高山〈りゅうすいこうざん〉……214, **660**
流水落花〈りゅうすいらっか〉……653, **660**
流星光底〈りゅうせいこうてい〉……**660**
竜象之力〈りゅうぞうのちから〉……**661**
竜蛇之歳〈りゅうだのとし〉……**661**
竜跳虎臥〈りゅうちょうこが〉……**661**
竜頭鷁首〈りゅうとうげきす〉……**661**
竜騰虎闘〈りゅうとうことう〉……**661**
竜頭蛇尾〈りゅうとうだび〉……242, 642, **661**
竜瞳鳳頸〈りゅうどうほうけい〉……**661**
竜女成仏〈りゅうにょじょうぶつ〉……511, 592, **661**
竜女得果〈りゅうにょとくか〉……661
竜女変成〈りゅうにょへんじょう〉……661
柳陌花街〈りゅうはくかがい〉……660
竜蟠蚖肆〈りゅうばんげんし〉……**661**
竜蟠虎踞〈りゅうばんこきょ〉……**661**
柳媚花明〈りゅうびかめい〉……659
柳眉踢豎〈りゅうびてきじゅ〉……661
柳眉倒豎〈りゅうびとうじゅ〉……83, 454, **661**
流風余韻〈りゅうふうよいん〉……**661**
流芳後世〈りゅうほうこうせい〉……16
竜逢比干〈りゅうほうひかん〉……**661**
竜躍雲津〈りゅうやくうんしん〉……**661**
粒粒辛苦〈りゅうりゅうしんく〉……16, 129, 178, 327, 395, **661**
柳緑花紅〈りゅうりょくかこう〉……104, 659, **662**
柳緑桃紅〈りゅうりょくとうこう〉……485, **662**
劉伶之酒〈りゅうれいのさけ〉……662
劉伶之鍤〈りゅうれいのすき〉……**662**
流連荒亡〈りゅうれんこうぼう〉……224, 602, **662**
亮遺巾幗〈りょういきんかく〉……169
凌雲之気〈りょううんのき〉……662
凌雲之志〈りょううんのこころざし〉……366, **662**
竜肝豹胎〈りょうかんひょうたい〉……**662**
両岐麦秀〈りょうきばくしゅう〉……525
梁冀跋扈〈りょうきばっこ〉……**662**
良弓難張〈りょうきゅうなんちょう〉……**662**
良玉精金〈りょうぎょくせいきん〉……367, **662**

竜吟虎嘯〈りょうぎんこしょう〉……**662**
良禽択木〈りょうきんたくぼく〉……**663**
竜駒鳳雛〈りょうくほうすう〉……**663**, 669
燎原之火〈りょうげんのひ〉……**663**
燎原烈火〈りょうげんれっか〉……663
利用厚生〈りようこうせい〉……**663**
竜興致雲〈りょうこうちうん〉……238, **663**
陵谷遷貿〈りょうこくせんぼう〉……404, **663**
陵谷之変〈りょうこくのへん〉……663
陵谷変遷〈りょうこくへんせん〉……**663**
竜虎相闘〈りょうこそうとう〉……666
竜虎相搏〈りょうこそうはく〉……242, **663**, 664
竜虎鳳雛〈りょうこほうすう〉……573
良妻賢母〈りょうさいけんぼ〉……**663**
量才取用〈りょうさいしゅよう〉……448, 664
量才録用〈りょうさいろくよう〉……145, 419, 448, 466, **664**
良師益友〈りょうしえきゆう〉……**664**
竜舟鷁首〈りょうしゅうげきしゅ〉……**664**, 665
竜舟鳳艒〈りょうしゅうほうぼう〉……**664**, 666
竜驤虎視〈りょうじょうこし〉……**664**
竜攘虎搏〈りょうじょうこはく〉……242, 663, **664**, 666
竜驤虎歩〈りょうじょうこほ〉……664
竜驤虎躍〈りょうじょうこやく〉……664
梁上君子〈りょうじょうのくんし〉……409, 526, **664**, 668
凌霄之志〈りょうしょうのこころざし〉……662, **664**
竜章鳳姿〈りょうしょうほうし〉……**664**
竜驤麟振〈りょうじょうりんしん〉……**664**
両姓之好〈りょうせいのこう〉……509
竜戦虎争〈りょうせんこそう〉……664, **665**, 666
竜象之力〈りょうぞうのちから〉……**665**
量体裁衣〈りょうたいさいい〉……357, **665**, 669
竜拏虎擲〈りょうだこてき〉……242, **665**, 666
竜蛇之歳〈りょうだのとし〉……**665**
蓼虫忘辛〈りょうちゅうぼうしん〉……308, **665**
竜跳虎臥〈りょうちょうこが〉……**665**
良知良能〈りょうちりょうのう〉……373, **665**
竜頭鷁首〈りょうとうげきす〉……664, **665**
竜闘虎争〈りょうとうこそう〉……**666**
竜騰虎闘〈りょうとうこっとう〉……242, 664, **666**
遼東之豕〈りょうとうのいのこ〉……366, 379, 637, 638, **666**
竜瞳鳳頸〈りょうどうほうけい〉……**666**
量入為出〈りょうにゅういしゅつ〉……90, **666**
量入制出〈りょうにゅうせいしゅつ〉……**666**
両刃之剣〈りょうばのつるぎ〉……**666**
竜蟠蚖肆〈りょうばんげんし〉……**666**
竜蟠虎踞〈りょうばんこきょ〉……**666**
竜飛鳳舞〈りょうひほうぶ〉……**667**
涼風一陣〈りょうふういちじん〉……**667**
良風美俗〈りょうふうびぞく〉……320, **667**
両鳳斉飛〈りょうほうせいひ〉……667
竜逢比干〈りょうほうひかん〉……**667**
両鳳連飛〈りょうほうれんぴ〉……**667**
竜躍雲津〈りょうやくうんしん〉……**667**
良薬苦口〈りょうやくくこう〉……445, **667**
両雄相闘〈りょうゆうそうとう〉……664
綾羅錦繡〈りょうらきんしゅう〉……172, **667**
寥寥冥冥〈りょうりょうめいめい〉……**667**
慮外千万〈りょがいせんばん〉……341, **667**
緑酒紅灯〈りょくしゅこうとう〉……221, **668**
緑葉成陰〈りょくようせいいん〉……**668**
緑林豪客〈りょくりんのごうかく〉……668
緑林好漢〈りょくりんのこうかん〉……664, **668**
緑林豪傑〈りょくりんのごうけつ〉……668
緑林白波〈りょくりんはくは〉……409, 526, 664, **668**
驪竜之珠〈りりょうのたま〉……119, 235, 439, **668**
理路整然〈りろせいぜん〉……339, 579, 654, **668**
霖雨蒼生〈りんうそうせい〉……**668**
臨淵羨魚〈りんえんせんぎょ〉……**668**
臨淵之羨〈りんえんのせん〉……669
麟角鳳嘴〈りんかくほうし〉……**669**
臨河羨魚〈りんがせんぎょ〉……669
林下風気〈りんかのふうき〉……**669**
林下風致〈りんかのふうち〉……669
林間紅葉〈りんかんこうよう〉……**669**
臨機応変〈りんきおうへん〉……297, 357, 483, 592, 665, **669**
鱗次櫛比〈りんじしっぴ〉……**669**

麟子鳳雛〈りんしほうすう〉……551, 573, 663, **669**
臨終正念〈りんじゅうしょうねん〉……**669**
臨寿終時〈りんじゅじゅうじ〉……670
臨池学書〈りんちがくしょ〉……**669**
臨池之志〈りんちのこころざし〉……**669**
輪廻応報〈りんねおうほう〉……54, **670**
輪廻転生〈りんねてんしょう〉……**670**, 671, 679
麟鳳亀竜〈りんぽうきりょう〉……**670**
臨命終時〈りんみょうじゅうじ〉……**670**
淋漓尽致〈りんりじんち〉……**670**
林林総総〈りんりんそうそう〉……**670**
琳琅璆鏘〈りんろうきゅうそう〉……**670**
琳琅珠玉〈りんろうしゅぎょく〉……**670**, 671
琳琅触目〈りんろうしょくもく〉……671
琳琅満目〈りんろうまんもく〉……670, **671**

る

累世同居〈るいせいどうきょ〉……**671**
羸瘠骨立〈るいせきこつりつ〉……1
類比推理〈るいひすいり〉……**671**
累卵之危〈るいらんのき〉……31, 39, 46, 135, **671**
鏤塵吹影〈るじんすいえい〉……358, **671**
流転無窮〈るてんむぐう〉……542, **671**
流転輪廻〈るてんりんね〉……327, 371, 670, **671**, 679
縷縷綿綿〈るるめんめん〉……**671**

れ

冷艶清美〈れいえんせいび〉……**671**
礼楽刑政〈れいがくけいせい〉……**671**
礼楽征伐〈れいがくせいばつ〉……**672**
冷汗三斗〈れいかんさんと〉……120, **672**
冷眼傍観〈れいがんぼうかん〉……101, 157, **672**
礼儀作法〈れいぎさほう〉……154
冷譏熱嘲〈れいきねっちょう〉……674
囹圄空虚〈れいぎょくうきょ〉……410
零絹尺楮〈れいけんせきちょ〉……**672**
鴒原之情〈れいげんのじょう〉……463, **672**
冷酷無情〈れいこくむじょう〉……**672**
霊魂不滅〈れいこんふめつ〉……**672**
礪山帯河〈れいざんたいが〉……104, 428, **672**
醴酒不設〈れいしゅふせつ〉……**672**
藜杖韋帯〈れいじょういたい〉……253, 494, **673**
冷水三斗〈れいすいさんと〉……672
励声一番〈れいせいいちばん〉……**673**
励声疾呼〈れいせいしっこ〉……424, **673**
励声叱咤〈れいせいしった〉……**673**
冷静沈着〈れいせいちんちゃく〉……**673**
霊台方寸〈れいだいほうすん〉……**673**
冷暖自知〈れいだんじち〉……**673**
冷淡無情〈れいたんむじょう〉……672
冷嘲熱罵〈れいちょうねつば〉……**673**
冷嘲熱諷〈れいちょうねっぷう〉……**673**
零丁孤苦〈れいていこく〉……**674**
冷土荒堆〈れいどこうたい〉……**674**
霊肉一致〈れいにくいっち〉……**674**
冷諷熱嘲〈れいふうねっちょう〉……674
令聞令望〈れいぶんれいぼう〉……**674**
烈士徇名〈れっしじゅんめい〉……437, **674**
烈日赫赫〈れつじつかくかく〉……**674**
錬句錬字〈れんくれんじ〉……554
蓮華往生〈れんげおうじょう〉……**674**
蓮華世界〈れんげせかい〉……674
蓮華宝土〈れんげほうど〉……**674**
憐香惜玉〈れんこうせきぎょく〉……**674**
連鎖反応〈れんさはんのう〉……**675**
連日連夜〈れんじつれんや〉……356, 448, 517, **675**
連城之璧〈れんじょうのへき〉……105, **675**
連袵成幃〈れんじんせいい〉……135
連戦連勝〈れんせんれんしょう〉……471, 554, **675**
連戦連敗〈れんせんれんぱい〉……675
連帯責任〈れんたいせきにん〉……**675**
廉恥功名〈れんちこうみょう〉……**675**
廉頗負荊〈れんぱふけい〉……508, **675**
聯袂辞職〈れんべいじしょく〉……**675**
連璧賁臨〈れんぺきひりん〉……**675**
連理之枝〈れんりのえだ〉……560, **676**

ろ

弄瓦之慶〈ろうがのけい〉……676
弄瓦之喜〈ろうがのよろこび〉……**676**

老気横秋〈ろうきおうしゅう〉……**676**
螻蟻潰堤〈ろうぎかいてい〉……323, 376, **676**
螻蟻之誠〈ろうぎのせい〉……**676**
老驥伏櫪〈ろうきふくれき〉……**676**
老牛舐犢〈ろうぎゅうしとく〉……292
弄巧成拙〈ろうこうせいせつ〉……**676**
弄巧反拙〈ろうこうはんせつ〉……676
螻蛄之才〈ろうこのさい〉……**676**
狼子獣心〈ろうしじゅうしん〉……676
狼子野心〈ろうしやしん〉……**676**
弄璋之喜〈ろうしょうのよろこび〉……**676**
老少不定〈ろうしょうふじょう〉……620, **677**
狼心狗肺〈ろうしんこうはい〉……**677**
鏤塵吹影〈ろうじんすいえい〉……358, **677**
老成円熟〈ろうせいえんじゅく〉……**677**
老成持重〈ろうせいじちょう〉……**677**
老生常譚〈ろうせいのじょうだん〉……**677**
籠鳥檻猿〈ろうちょうかんえん〉……**677**
老調重弾〈ろうちょうちょうだん〉……150
籠鳥望雲〈ろうちょうぼううん〉……677
籠鳥恋雲〈ろうちょうれんうん〉……**677**
狼貪虎視〈ろうどんこし〉……**677**
老若貴賤〈ろうにゃくきせん〉……**677**
老若男女〈ろうにゃくなんにょ〉……**678**
老婆心切〈ろうばしんせつ〉……178, **678**
老馬知道〈ろうばちどう〉……678
老馬之智〈ろうばのち〉……**678**
老馬弁道〈ろうばべんどう〉……678
鏤氷雕朽〈ろうひょうちょうきゅう〉……106, 455
廊廟之器〈ろうびょうのき〉……**678**
廊廟之才〈ろうびょうのさい〉……678
鏤氷描水〈ろうひょうびょうすい〉……106
老蚌出珠〈ろうぼうしゅつしゅ〉……678
老蚌生珠〈ろうぼうせいしゅ〉……**678**
漏脯充飢〈ろうほじゅうき〉……57, 451, **678**
牢補羊亡〈ろうほようぼう〉……604
老幼男女〈ろうようなんにょ〉……**678**
老莱戯綵〈ろうらいぎさい〉……535
老莱之戯〈ろうらいのたわむれ〉……535
老莱斑衣〈ろうらいはんい〉……535, **678**
露往霜来〈ろおうそうらい〉……61, 206, 499, **678**
露槐風棘〈ろかいふうきょく〉……97, **679**
路花墻柳〈ろかしょうりゅう〉……660
魯魚亥豕〈ろぎょがいし〉……58, 92, 262, **679**
魯魚章草〈ろぎょしょうそう〉……58, 92, 262, **679**
魯魚帝虎〈ろぎょていこ〉……58, 92, 679
魯魚陶陰〈ろぎょとういん〉……58, 92, 679
魯魚之謬〈ろぎょのあやまり〉……58, 92, 262, **679**
六十耳順〈ろくじゅうじじゅん〉……237, 263, 280, 303, **679**
六趣輪廻〈ろくしゅりんね〉……671, 679
六塵不染〈ろくじんふせん〉……25
六道輪廻〈ろくどうりんね〉……670, 671, **679**
鹿苹之歓〈ろくへいのよろこび〉……**679**, 680
鹿鳴之宴〈ろくめいのえん〉……**679**
盧生之夢〈ろせいのゆめ〉……24, 127, 351, **680**
六根自在〈ろっこんじざい〉……680
六根清浄〈ろっこんしょうじょう〉……**680**
魯之男子〈ろのだんし〉……**680**
魯般雲梯〈ろはんのうんてい〉……**680**
魯般之雲〈ろはんのくも〉……680
魯般之巧〈ろはんのこう〉……680
炉辺談話〈ろへんだんわ〉……**680**
驢鳴牛吠〈ろめいぎゅうばい〉……680
驢鳴狗吠〈ろめいくばい〉……680
驢鳴犬吠〈ろめいけんばい〉……6, 317, **680**
路柳墻花〈ろりゅうしょうか〉……660
論功行賞〈ろんこうこうしょう〉……**680**
論旨不明〈ろんしふめい〉……680
論旨明快〈ろんしめいかい〉……579, **680**
論旨明瞭〈ろんしめいりょう〉……680

わ

矮子看戯〈わいし(の)かんぎ〉……583, **681**
矮人看戯〈わいじんかんぎ〉……681
矮人観場〈わいじんかんじょう〉……681
淮南鶏犬〈わいなんのけいけん〉……**681**
我儘気随〈わがままきずい〉……**681**
我儘放題〈わがままほうだい〉……603
和顔愛語〈わがんあいご〉……**681**
和顔悦色〈わがんえっしょく〉……681
和気藹藹〈わきあいあい〉……289, **681**

和気靄然〈わきあいぜん〉……681
和気洋洋〈わきようよう〉……681
和敬清寂〈わけいせいじゃく〉……**681**
和羹塩梅〈わこうえんばい〉……**681**
和光混俗〈わこうこんぞく〉……682
和光垂迹〈わこうすいじゃく〉……682
和光同塵〈わこうどうじん〉……504, **681**
和魂漢才〈わこんかんさい〉……278, **682**
和魂洋才〈わこんようさい〉……**682**
和而不同〈わじふどう〉……486, **682**
和衷共済〈わちゅうきょうさい〉……**682**
和衷協同〈わちゅうきょうどう〉……488, **682**
和泥合水〈わでいがっすい〉……110, **682**
和風慶雲〈わふうけいうん〉……**682**
和風細雨〈わふうさいう〉……**682**
和容悦色〈わようえつしょく〉……681
和洋折衷〈わようせっちゅう〉……**682**
剜肉医瘡〈わんにくいそう〉……682
剜肉補瘡〈わんにくほそう〉……**682**

1998年2月1日 初版発行
2013年7月20日 第2版発行

新明解四字熟語辞典 第二版

二〇二三年二月二〇日 第四刷発行

編 者 三省堂編修所
発行者 株式会社 三省堂 代表者 瀧本多加志
印刷者 三省堂印刷株式会社
発行所 株式会社 三省堂
〒一〇二‐八三七一
東京都千代田区麹町五丁目七番地二
電話 (〇三) 三二三〇‐九四一一
https://www.sanseido.co.jp/
商標登録番号 三八二五四四

〈2版新明解四字熟語・896 pp.〉

落丁本・乱丁本はお取り替えいたします。

ISBN978-4-385-13622-6

本書の内容に関するお問い合わせは、弊社ホームページの「お問い合わせ」フォーム(https://www.sanseido.co.jp/support/)にて承ります。

あ
か
さ
た
な
は
ま
や
ら
わ